- 이 책은 신경심리학을 이해하는 데 필요한 기본적인 배경 지식을 제공한다. 이는 역사, 진화, 유전학과 후성유전학, 해부학, 생리학, 약물학과 방법론을 포함하며 제1장부터 제7장까지, 즉 제1부에 소개되어 있다.
- 제8장에서 제12장에 해당하는 제2부는 대뇌피질의 전반적인 조직화와 기능에 대해 기술하고 있다. 이는 이후에 이어질 내용을 이해하는 데 큰 도움이 될 것이다.
- 제13장에서 제17장까지의 제3부는 해부  있다. 대뇌피질의 조직화를 이해하는 것은 뇌가 어떻게 복잡 을 생성하기 위해 기능하는지를 이해하는 데 매우 중요하다.
- 제18장에서 제22장에 해당하는 제4부어 , 사회적 행동과 정서, 공간 행동 및 주의와 의식이 제3부에 기술된 신경 네트워크에 이어 소개되어 있다. 해부에 관한 내용에서 심리학적인 과정으로 넘어오면서 이전에 다뤘던 부분들을 재검토하게 될 것이다. 하지만 제4부에서는 해부학적인 관점이 아닌 심리학적 이론의 맥락에서 재검토할 것이다.
- 제23장에서 제28장까지의 제5부에는 뇌 발달과 가소성이 기술되어 있다. 또한 책의 초반에 소개된 뇌 장애에 대해 더 자세하게 기술되어 있다. 신경질환, 정신장애와 신경심리평가에 관한 장들을 통해 이 책이 다양한 학문 간 관점을 통해 뇌기능을 이해하는 것이 중요하다는 점을 강조한다는 것을 알 수 있을 것이다.

이번 개정판에서는 신경심리학에 변화를 가져온 새로운 내용을 살펴보고, 일부 새로운 주제(22.4절의 신경경제학과 27.9절의 미량영양소)를 포함하기 위해 모든 장과 용어 사전을 보완했다. 책의 적절한 분량을 유지하기 위해선 이전 판에서 중요하게 다뤘던 일부 세부 내용을 희생할 수밖에 없었다.

포괄적인 내용을 소개하는 이 책에서 독자들이 효율적으로 정보를 활용하는 것을 돕기 위해 각 장의 큰 제목에 절번호를 기재하였다. 이를 통해 독자들은 서로 연관 있는 내용을 쉽게 찾고, 자신들이 가지고 있는 지식을 환기하며, 더 많은 것을 학습할 수 있을 것이다.

Bryan Kolb와 Ian Q. Whishaw

요약 차례

FUNDAMENTALS OF HUMAN NEUROPSYCHOLOGY

제7판

신경심리학의 기초

Bryan Kolb, Ian Q. Whishaw 지음 | 김명선, 김제종, 진영선, 한상훈 옮김

Σ 시그마프레스

신경심리학의 기초, 제7판

발행일 | 2018년 3월 2일 1쇄 발행
　　　　2022년 8월 5일 2쇄 발행

지은이 | Bryan Kolb · Ian Q . Whishaw
옮긴이 | 김명선 · 김제중 · 진영선 · 한상훈
발행인 | 강학경
발행처 | Σ 시그마프레스
디자인 | 김정하
편　집 | 이지선

등록번호 | 제10-2642호
주소 | 서울특별시 영등포구 양평로 22길 21 선유도코오롱디지털타워 A401~402호
전자우편 | sigma@spress.co.kr
홈페이지 | http://www.sigmapress.co.kr
전화 | (02)323-4845, (02)2062-5184~8
팩스 | (02)323-4197

ISBN | 979-11-6226-037-1

Fundamentals of Human Neuropsychology, Seventh Edition

* 책값은 책 뒤표지에 있습니다.

* 이 도서의 국립중앙도서관 출판시도서목록(CIP)은 서지정보유통지원시스템 홈페이지 (http://seoji.nl.go.kr)와 국가자료공동목록시스템(http://www.nl.go.kr/kolisnet)에 서 이용하실 수 있습니다. (CIP제어번호: CIP2018004693)

역자 서문

Bryan Kolb와 Ian Q. Whishaw의 *Fundamentals of Human Neuropsychology* 제7판을 신경심리학의 기초라는 제목으로 번역, 출판하게 된 것을 감사하게 여긴다. 대학원의 고급생물심리학과 고급신경심리학의 강의 교재로 이 책을 오랫동안 사용하면서 이 책에 매료되어 왔다. 이전 판들도 신경심리학과 인지신경과학 분야에서 제공하는 당시의 최신 내용을 소개하였으나, 특히 이번 개정판은 이전 판에서는 소개되지 않았던 많은 새로운 주제, 예를 들어 신경경제학, 미량영양소 등을 포함하고 있다.

이 책은 전체 28장을 5부로 나누어 소개하고 있다. 제1부는 신경심리학의 이해에 필요한 기본적인 배경 지식을 제공하고, 제2부는 대뇌피질의 전반적인 조직화와 기능에 관해 기술하고 있다. 또한 제3부는 피질 영역을 해부학적 관점에서 소개하고, 제4부는 언어, 기억, 정서를 포함한 심리적 기능의 신경 기제를 기술하고 있으며, 마지막 제5부는 뇌 가소성과 발달에 관해 소개하고 있다. 신경심리학과 인지신경과학의 이해에 필요한 거의 모든 지식과 최신 정보를 포괄적으로 소개하고 있는 점이 이 책이 가진 가장 큰 장점이다. 따라서 이 책은 신경심리학과 인지신경과학을 전공하는 대학원생뿐만 아니라 이 분야에서 연구 활동을 하고 있는 연구자에게도 큰 도움이 될 것으로 여겨진다.

인지신경과학과 신경심리학에 관한 수많은 교재 중에서도 특히 이 책을 번역하고자 한 가장 큰 이유는, 이 책이 인간의 상위 인지 기능에 중추적인 역할을 하는 대뇌피질의 조직화와 기능에서부터 피질과 피질하 영역의 연결성, 다양한 심리적 기능의 신경 기제, 뇌의 가소성과 발달, 뇌구조 및 기능이상과 관련되어 발병하는 신경질환과 정신장애에 이르기까지 매우 포괄적인 지식과 정보를 제공하고 있기 때문이다.

전체 28장 중 제1~10장, 제28장은 김명선 교수, 제11~16장은 진영선 교수, 제17~21장은 한상훈 교수, 제22~27장은 김제중 교수가 번역하였다. 강의와 연구 활동으로 바쁜 중에도 기꺼이 번역에 참여해준 교수들께 감사드린다. 역자들이 원서에 충실하게 번역하려고 노력하였으나 용어번역의 미숙함이나 원저자들의 의도를 잘못 전달하는 등의 실수를 범하지 않았는지 우려된다.

인간행동의 이해에 관한 신경심리학과 인지신경과학의 역할이 날로 증가하고 있으며 이 분야들에 대한 관심 역시 최근 들어 급증하고 있다. 또한 세련되고 정밀한 연구 기법의 발전으로 말미암아 이제까지 베일에 싸여 있던 인간 행동의 신경기제까지 이해되고 있다. 역자들의 바람은 이 번역서가 인지신경과학과 신경심리학이 국내에서 더욱더 성장되는 데 토대가 되는 것이다. 세심한 교정 과정을 거쳐 멋진 책으로 편집해준 (주)시그마프레스 여러분들에게 깊은 감사를 드린다.

2018년 2월
역자 대표 김명선

저자 서문

이 책의 제1판이 발행된 1980년을 되돌아보면, 1970년대까지만 해도 신경심리학이 인간 뇌에 대한 통합적인 학문으로 존재하지 않았다는 것을 깨닫고는 한다. 그 당시 신경심리학은 원숭이, 고양이 및 쥐를 대상으로 한 실험 연구와 간혹 보고되는 뇌 손상 환자 연구에 근거한 짐작과 추론만으로 이루어졌다. 그러나 40년이 지나면서 신경심리학은 발전했으며, 인지 및 사회신경과학이 새로운 학문으로 부상하였다. 또한 그 어느 때보다 정밀한 비침습적인 뇌영상 기법의 발달과 다양한 연구 방법의 발전으로 뇌 구조에 대한 이해는 더욱 깊어지고 있다.

　동물을 대상으로 하는 연구는 여전히 신경심리학에 크게 기여하고 있다. 특히 영장류 뇌의 구조와 연결성을 이해하는 데 크게 기여하지만 행동 수준의 현상보다는 행동 기저의 기제에 더 초점을 둔다. 많은 연구자들은 기능뇌영상 기법이 뇌 손상 환자 연구와 동물 대상 연구를 대체할 수 있다는 편견을 가지고 있다. 반면 뇌 처리 과정의 복잡성과 뇌영상 기법에서 사용하는 감산법의 본질을 고려해볼 때, 위의 주장에 회의적인 연구자들도 있다. 이 두 가지 접근방식은 상호보완적이며 이번 제7판에서는 이러한 점을 모두 고려하였다.

- 뇌영상 기법은 신경 네트워크와 뇌의 커넥톰을 이해하는 데 주도적인 역할을 맡아왔다. 이번 개정판에서는 제7장(뇌 활성화의 영상)을 확장하여 새로운 기법들을 추가했고 사용 목적과 비용 면에서 다양한 기법의 장단점을 살펴보았다(7.5절 참조). 역동적인 신경 네트워크에 관한 내용은 책 전반에 걸쳐 소개되고 있으나 특히 제10장, 제16장~22장과 제27장에 집중적으로 소개되어 있다.
- 후성유전학은 행동이 어떻게 뇌를 변화시키는지 설명한다. 2.3절에 유전학과 후성유전학의 기본 원리가 소개되어 있다. 또한 책 전반에 걸쳐 유전학과 후성유전학에 대해 살펴봄으로써 뇌 조직화에서 후성유전학이 중요한 요소로 강조되는 점을 반영하고자 하였다.
- 신경심리평가는 국소적 뇌 손상을 가진 환자의 평가에 필수적이다. 인지신경과학의 발전으로 얻은 예상치 못한 부작용 중 하나는 신경심리학 이론과 임상 환경에 대한 관심이 감소했다는 것이다. 이번 개정판에서는 (오른쪽에 제시된) 미로 아이콘을 사용하여 이론과 심리평가를 연결하는 논의점, 사례, 표 및 그림들을 구분하였다.

내용 및 구조
이 책은 다른 심리학, 인지신경과학 혹은 신경과학 교재와는 다르다. 우리 경험에 따르면 학생들은 뇌를 두 가지 관점, 즉 해부학적 관점과 행동학적 관점에서 살펴볼 때 많은 도움을 받는다.

차례

06 약물과 호르몬이 행동에 미치는 영향 127

07 뇌 활성화의 영상 159

제2부 | 피질 조직화

1

신경심리학의 발달

 사례 보기   외상성 뇌 손상을 입은 채 살아가기

골프광인 L.D.는 요리사였다. L.D.의 변호사들은 그가 뇌 손상 후 골프는 전처럼 계속해서 잘 쳤지만 이전 직업인 요리사로는 왜 활동할 수 없는가를 이해하려고 노력하였다.

4년 전, 즉 그가 21세였을 때 L.D.는 한 술집에서 개최된 스포츠 프로모션에 초대되었다. 그는 갑자기 아프기 시작하였고 술집 종업원의 도움을 받아 발코니로 나왔다. 발코니에서 종업원의 손을 놓치게 되었고 5층 높이의 계단으로 떨어지면서 벽과 계단에 머리를 부닥쳤다. 그는 의식이 없는 상태로 응급실로 이송되었고, 응급실에서 글래스고 혼수 척도(Glasgow Coma Scale)를 실시한 결과 그의 의식 상태는 가장 낮은 수준인 3으로 평정되었다.

컴퓨터 단층촬영술(CT)을 실시한 결과 L.D.의 우반구에 출혈과 부종이 있음이 확인되었다. 신경외과 의사가 우반구 전두엽의 개두술(craniotomy)을 시행하여 뇌압을 낮추고 피를 제거하였다. 이후에 촬영한 CT 스캔에서 좌반구에 출혈이 있음이 관찰되어 두 번째 개두술이 실시되었다.

6주 후 퇴원할 당시 L.D.는 자신이 술집으로 들어간 사실과 자신이 병원에 입원해 있는 것을 입원 3주 후에야 알게 된 것만을 기억할 수 있었다. 그는 자신의 전직인

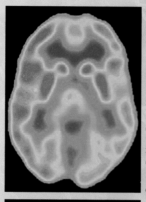

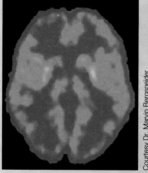

Courtesy Dr. Marvin Bergsneider

요리사로 일할 수 없게 되었는데, 이는 그가 음식을 만드는 것과 같은 멀티테스킹을 하는 것을 매우 어려워하였기 때문이다. 그는 스포츠 프로모션을 주최한 회사와 자신이 부상을 입었던 술집으로부터 보상을 받으려고 하고 있었다.

우리는 L.D.가 요리를 할 때 좌절하고 짜증스러워하는 것을 관찰하였다. 그는 후각과 미각을 상실하였고 사회적 관계에 흥미를 잃어버렸다. 그와 여자친구는 4년간의 관계를 끝냈다. 포괄적인 신경심리검사를 실시한 결과 그는 언어 기억과 주의력 검사를 제외한 대부분의 검사에서 평균 점수를 보였다. 뇌 구조를 상세하게 보여주는 뇌스캔 기법인 자기공명영상법(MRI)을 통해 좌우반구의 광범위한 부위에 병변이 있는 것을 알 수 있었다. 제시되어 있는 양전자방출 단층촬영술(PET) 영상은 건강한 뇌의 혈류(위)와 L.D.와 같은 환자의 혈류(아래)를 비교해서 보여준다.

L.D.와 유사한 외상성 뇌 손상과 행동 및 뇌 증상을 보였던 이전 환자들에 근거하여 우리는 L.D.에게 보상과 요리사보다 덜 요구적인 직업을 찾는 것을 추천하였다. 그는 스스로 생활할 수 있었고 골프 시합도 다시 할 수 있었다.

미국 국립 신경질환과 뇌졸중 연구소(National Institute of Neurological Disorders and Stroke)의 추정에 따르면 미국인 중 170만 명이 매년 **외상성 뇌 손상**(traumatic brain injury, TBI), 즉 두부의 강타로 인한 뇌 손상으로 말미암아 치료를 받고 있다고 한다(26.3절에 기술되어 있는 뇌진탕, 즉 경미한 TBI를 일컫는 데 자주 사용되는 용어 참조). 사고사의 30% 정도를 차지하는 TBI는 스포츠 경기, 추락과 교통사고 등으로 말미암은 두부 강타로 초래될 수 있다. 군에서 전역하는 가장 주된 원인(Gubata et al., 2013)이기도 한 TBI는 6세 이하의 아동, 젊은 성인과 65세 이상의 노인에서 가장 빈번하게 발생한다. TBI를 경험하지만 이를 보고하지 않는 사람들의 수는 알려져 있지 않다.

L.D.처럼 환자 자신이나 가족의 입장에서 보면 TBI로부터 많이 회복된 것처럼 보이지만 후유증으로 말미암아 손상 이전의 직업 수준으로 돌아가지 못하는 경우는 흔하다. L.D.처럼 일부 일은 잘 수행할 수 있는 반면 쉬워 보이는 일조차 수행하지 못하는 경우 역시 흔하다. 마지막으로 L.D.처럼 뇌스캔 기법(제7장 참조)을 통해 발견된 광범위한 뇌 손상이 환자의 능력이나 장애(disability)를 예견하지 못하는 것도 흔하게 관찰된다.

신경심리검사는 환자가 인지 결함을 가지고 있는가를 확인하고 또 이러한 결함이 무엇인지 확인하기 위해 실시된다. L.D.가 기억과 주의력 검사에서 낮은 점수를 받은 것은 그가 일상생활의 문제해결 (이를 **집행 기능**이라고 부른다)에서 경험하는 어려움과 관련되어 있다. 따라서 L.D.가 골프를 잘 칠 수 있는 것은 골프가 한번에 하나의 행동만을 하는 것을 요구하기 때문이다. 반면 그는 멀티태스크를 요구하는 요리는 할 수 없다.

이 책의 목적은 뇌기능과 행동 사이의 관련성을 과학적으로 연구하는 **신경심리학**(neuropsychology)을 소개하는 것이다. 신경심리학은 다양한 분야, 예를 들어 해부학, 생물학, 생물물리학, 행동학, 약물학, 생리학, 생리심리학, 철학 등으로부터 정보를 받는다. 뇌와 행동 사이의 관련성에 관한 신경심리학적 연구는 뇌외상 혹은 뇌에 영향을 미치는 질환으로 말미암아 초래되는 행동 결함을 확인할 수 있다.

신경심리학은 뇌기능에 관한 두 가지 실험 및 이론적 연구의 영향을 크게 받는다. 즉 **뇌 이론**(brain theory)은 뇌가 행동의 근원이라고 주장하고 **뉴런 이론**(neuron theory)은 뇌 구조와 기능의 기본 단위가 **뉴런**(neuron) 혹은 신경세포(nerve cell)라고 주장한다. 이 장은 이 두 이론이 어떻게 발달되었는가와 뇌기능에 관한 연구로부터 제공되는 신경심리학의 주된 원리들을 소개하는데, 이 원리들은 뒷장들에서 다시 살펴볼 것이다.

1.1 뇌 이론

사람들은 뇌가 무엇을 하는가를 알기 훨씬 전부터 뇌가 어떻게 생겼는가를 알았다. 인류 역사의 초기에 사냥꾼들은 모든 동물이 뇌를 가지고 있고, 인간을 포함한 서로 다른 동물들의 뇌가 비록 크기는 다르지만 매우 비슷한 모양을 가지고 있다는 것을 알았다. 지난 2000년 이상 동안 해부학자들은 뇌와 뇌 부위들을 명명하고 뇌 부위의 기능을 기술하는 방법을 개발하였다.

뇌는 무엇인가

고대 영어 단어로서 **뇌**(brain)는 두개골 내에서 발견되는 조직을 의미한다. **그림 1.1A**는 똑바로 서 있는 사람의 두개골 방향에서의 뇌를 보여준다. 여러분의 신체가 2개의 팔과 2개의 다리를 가지면서 대칭적인 것처럼 뇌도 대칭적이다. 2개의 거의 대칭적인 반구를 **대뇌반구**(hemisphere)라고 부르며, 정면에서 바라보면 한 대뇌반구는 신체의 왼쪽에, 다른 대뇌반구는 오른쪽에 위치한다. 오른손으로 주먹 쥐고 엄지손가락을 앞을 향하게 하면 주먹이 두개골 내에 위치하는 뇌의 좌반구의 모양을 나타낼 수 있다(그림 1.1B).

뇌는 **뇌척수액**(cerebrospinal fluid, CSF)이라고 불리는 염분기 있는 액체로 차 있는 관(tube)으로부터 시작되는데, 뇌척수액은 뇌에 쿠션의 역할을 하고 신진대사 찌꺼기를 제거하는 것을 돕는다. 관의 일부가 밖으로 돌출되고 주름 잡히면서 눈에 띄는 다소 복잡하게 보이는 구조를 형성한다(그림 1.1A

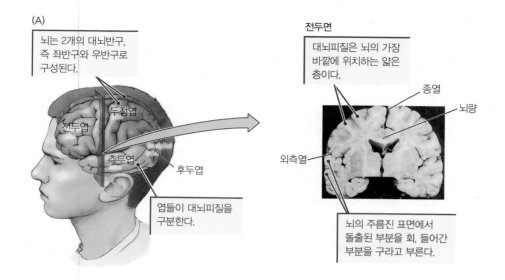

(A)

뇌는 2개의 대뇌반구, 즉 좌반구와 우반구로 구성된다.

두정엽

전두엽

측두엽

후두엽

엽들이 대뇌피질을 구분한다.

전두면

대뇌피질은 뇌의 가장 바깥에 위치하는 얇은 층이다.

종열

뇌량

외측열

뇌의 주름진 표면에서 돌출된 부분을 회, 들어간 부분을 구라고 부른다.

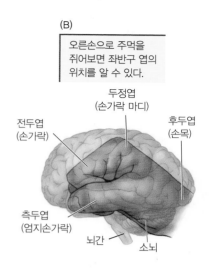

(B)

오른손으로 주먹을 쥐어보면 좌반구 엽의 위치를 알 수 있다.

두정엽 (손가락 마디)

전두엽 (손가락)

후두엽 (손목)

측두엽 (엄지손가락)

뇌간

소뇌

그림 1.1 ▲

인간의 뇌 (A) 머릿속에 있는 인간의 뇌. 눈에 보이는 부위가 대뇌피질, 즉 많이 주름 잡힌 얇은 조직층으로 두개골 안에 있다. (B) 여러분의 오른쪽 주먹은 뇌와 대뇌 엽들의 방향을 이해하는 데 사용될 수 있다.

(Photograph: Arthur Glauberman/Science Source.)

참조). 뇌의 가장 바깥은 주름이 잡힌 조직인데, 이는 관의 앞쪽에서부터 확장되어 뇌의 나머지 영역들 대부분을 덮는다(그림 1.1A 오른쪽). 이 바깥층이 **대뇌피질**(cerebral cortex) 혹은 **피질**(cortex)이다. 피질은 라틴어로 '껍질'을 의미하는데, 이는 피질의 주름 잡힌 모습이 나무껍질을 닮았고 마치 껍질이 나무를 덮고 있듯이 피질 조직이 뇌의 나머지 부분을 거의 덮고 있기 때문이다.

주름에서 돌출된 부분이 **회**(gyri, 단수인 *gyrus*는 그리스어로 '원'을 의미)이고 돌출된 부분들 사이의 움푹 들어간 부분은 **구**(sulci, 단수인 *sulcus*는 그리스어로 '고랑'을 의미)이다. 일부 큰 구를 **열**(fissure)이라고 부르는데, 예를 들어 **종열**(longitudinal fissure)은 두 대뇌반구를 구분하는 열이다(앞서 제시한 비유를 빌리면 외측열은 엄지손가락과 나머지 손가락을 분리하는 고랑이다). **교련**(commissure)이라고 불리는 경로 중 가장 큰 것이 **뇌량**(corpus callosum)인데, 뇌량은 뇌의 두 대뇌반구를 연결한다.

각 대뇌반구의 피질은 4개의 엽(lobe)으로 구성되는데, 각 엽은 위치하는 곳 아래에 있는 두개골 뼈에 근거하여 명명되었다. **측두엽**(temporal lobe)은 외측열 아래에 위치하고, 주먹을 쥘 경우 엄지손가락과 거의 동일한 위치에 있다(그림 1.1B). 측두엽 바로 위에 위치하는 엽이 **전두엽**(frontal lobe)인데, 이는 전두엽이 뇌의 전측, 전두뼈 아래에 위치하기 때문이다. **두정엽**(parietal lobe)은 전두엽 뒤에 위치하고 **후두엽**(occipital lobe)은 각 반구의 후측에 위치한다.

대뇌피질이 **전뇌**(forebrain)의 대부분을 차지하는데, 배아의 원시적 뇌를 구성하는 신경관의 전측 부위로부터 발달하기 때문에 전뇌라고 불린다. 피질 아래에 있는 '관'의 나머지 부위가 **뇌간**(brainstem)이다. 뇌간은 다시 **척수**(spinal cord)와 연결되고, 척수는 척주 내에 위치하며 등을 따라 내려간다. 이러한 뇌 부위들 사이의 관련성을 시각화하기 위해 주먹을 쥐는 것을 다시 한번 상상해보자. 접힌 손가락은 피질을 나타내고 손바닥의 불룩한 부위는 뇌간을 나타내고 팔은 척수를 나타낸다.

뇌의 이 세 부분에 관한 개념은 진화론적·해부학적 및 기능적 측면에서 유용하다. 진화적 측면의 경우 척수만을 가지고 있는 동물이 뇌간을 가지고 있는 동물보다 먼저 진화되었고 뇌간을 가지는 동물은 전뇌를 가지는 동물보다 먼저 진화되었다. 해부학적 측면에서는 출생 전 발달 동안 척수가 뇌간보다 먼저 형성되고 뇌간은 전뇌보다 먼저 형성된다. 기능적인 면에서는 전뇌가 인지 기능을 매개하고 뇌간은 섭식, 물마시기와 움직임 등과 같은 제어 기능(regulatory function)을 매개한다. 마지막으로 척수는 뇌로 감각 정보를 전달하고 뇌로부터 정보를 받아 근육으로 전달하여 움직임이 일어나게 한다.

뇌는 신경계의 나머지 부분과 어떻게 연결되어 있는가

포유동물의 뇌와 척수는 뼈로 보호를 받고 있는데, 즉 두개골이 뇌를 보호하는 한편 척추뼈(vertebrae)가 척수를 보호한다. 뇌와 척수를 묶어 **중추신경계**(central nervous system) 혹은 CNS라고 부른다. CNS는 신경섬유(nerve fiber)를 통하여 신체의 나머지 부위들과 연결된다.

　일부 섬유는 CNS로부터 정보를 가지고 가는 반면 일부 섬유는 CNS로 정보를 가지고 온다. 이 신경섬유들이 **말초신경계**(peripheral nervous system) 혹은 PNS를 구성한다. 중추신경계와 말초신경계의 두드러진 차이는 PNS 조직들은 손상 후 재성장하는 반면 CNS 조직들은 상실되면 재성장하지 않는다. 따라서 L.D.의 장기적 예후는 계획 등과 같은 상위 뇌기능은 거의 회복되지 못하지만 골프 실력은 향상될 수 있다는 것이다.

　CNS로 정보를 전달하는 신경섬유들은 신체 표면에 있는 감각 수용기 및 근육과 밀접하게 연결되어 있으며, 이로 말미암아 뇌는 세계를 감지하고 반응할 수 있다. 이 PNS의 하위 구성요소가 **체성신경계**(somatic nervous system, SNS)이다. 체성신경계의 **감각 경로**(sensory pathway)는 청각, 시각, 촉각 등과 같은 특정 감각에 관한 메시지를 전달하는 섬유군이다. 감각 경로는 신체의 한 면에서 수용한 정보를 주로 반대편 대뇌반구의 피질로 전달한다. 뇌는 이 정보를 활용하여 세상에 대한 지각, 지난 사건들에 대한 기억과 미래에 대한 기대를 만들어낸다.

　운동 경로(motor pathway)는 뇌와 척수를 SNS를 통해 신체의 근육과 연결시키는 신경섬유군이다. 운동 경로에 의해 일어나는 움직임에는 이 책을 읽기 위해 여러분이 행하는 눈 운동, 페이지를 넘기기 위한 손 운동과 현재 여러분의 자세 등이 포함된다. 운동을 생산하는 피질 부위들은 주로 운동 경로를 통해 정보를 반대편 신체의 근육으로 보낸다. 따라서 한 대뇌반구는 반대편 신체의 근육을 사용하여 움직임을 생산한다.

　감각 경로와 운동 경로는 내부 기관의 근육에도 영향을 미치는데, 이를 통해 심장박동, 위의 수축과 폐의 확장 및 축소를 위해 횡격막을 높이거나 낮추는 등의 움직임이 일어난다. 이러한 기관들을 통제하는 경로는 PNS의 하위 체계인 **자율신경계**(autonomic nervous system, ANS)이다. **그림 1.2**는 인간 신경계의 주요 구조들을 보여준다.

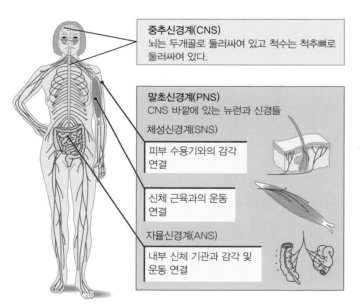

그림 1.2 ▼

인간 신경계의 주요 구분　뇌와 척수가 CNS를 구성한다. CNS로부터 뻗어져 나온 신경들과 CNS 바깥에 있는 모든 뉴런들이 SNS에서 감각 수용기와 근육들과 연결되고 ANS에서 내부 기관과 연결된다. SNS와 ANS가 말초신경계(PNS)를 구성한다.

중추신경계(CNS)
뇌는 두개골로 둘러싸여 있고 척수는 척추뼈로 둘러싸여 있다.

말초신경계(PNS)
CNS 바깥에 있는 뉴런과 신경들

체성신경계(SNS)

피부 수용기와의 감각 연결

신체 근육과의 운동 연결

자율신경계(ANS)

내부 신체 기관과 감각 및 운동 연결

◎ 1.2 뇌와 행동에 관한 입장

신경심리학의 핵심적인 주제는 어떻게 뇌와 행동이 관련되어 있는가이다. 세 가지 고전적 이론, 즉 정신론, 이원론과 물질론을 먼저 살펴보는데, 이 이론들은 뇌와 행동 사이의 관련성에 관한 많은 과학자와 철학자의 생각을 대변하고 있다. 그런 다음 왜 오늘날의 뇌 연구자들이 물질론을 선호하는가를 살펴보기로 하자. 이 이론들을 살펴보는 동안 여러분은 자신이 가지고 있는 행동에 관한 일부 '상식적'인 생각들이 이 이론들 중 하나로부터 나왔다는 것을 알게 될 것이다(Finger, 1994).

Aristotle : 정신론

행동에 관한 이론을 처음으로 제안한 사람이 그리스의 철학자인 Aristotle(기원전 384~322)이다. 그는 비물질인 **정신**(psyche)이 인간의 사고, 지각, 정서, 나아가서는 상상, 의견, 욕망, 즐거움, 고통, 기억과 추론에 중추적인 역할을 한다고 제안하였다.

그는 정신이 신체와 독립적으로 작용하지만 심장을 통해 작용하여 행동을 생산한다고 여겼다. Aristotle 시대뿐만 아니라 오늘날에도 행동을 기술하기 위해 심장 은유가 사용된다. 예를 들면 "최선을 다하라(put your heart into it).", "그녀는 숨기지 않고 솔직히 말하였다(She wore her heart on her sleeve)." 등이 사용되고 있다. 비물질적인 정신이 행동을 지배한다는 Aristotle의 견해는 기독교의 영혼이라는 개념에 영향을 미쳤고 전 세계에 널리 퍼지게 되었다. **마음**(mind)은 기억을 의미하는 앵글로색슨 단어이고, '정신'이 영어로 번역되면서 '마음'이 되었다.

인간의 마음이 행동에 중요한 역할을 한다는 철학적 입장을 **정신론**(mentalism)이라고 부른다. 정신론은 여전히 현대 신경심리학에 영향을 미치고 있는데, 많은 용어들, 예를 들어 감각, 지각, 주의, 상상, 정서, 기억, 의욕 등과 같은 용어들이 여전히 행동 패턴을 언급하는 데 사용되고 있다(이 책의 여러 장들의 제목을 살펴보라). 정신론은 뇌의 작용 기제에 관한 사람들의 생각에도 영향을 미치는데, 이는 마음이 비물질적이고, 따라서 어떤 '작동 부위'도 가지고 있지 않는 것으로 여기게 하기 때문이다. 뇌가 여러 부위들로 구성되어 있고 1.3절에 기술되어 있는 것처럼 뇌 부위들이 독립된 기능을 가지고 있다는 것을 인식하고 있음에도 불구하고 우리는 마치 우리가 단일의 의식을 가지고 있는 것처럼 우리 자신의 지각을 마음이라는 용어로 기술하고 있다.

Descartes : 이원론

프랑스의 해부학자인 동시에 철학자인 René Descartes(1596~1650)는 1684년 최초의 신경심리학 교재라고 여길 만한 책을 출판하였다. 그는 이 책에서 뇌가 무엇보다 중요한 역할을 한다고 주장했다. Descartes는 그 당시에 만들어진 기계, 예를 들어 파리의 물 정원에 세워진 동상에서 영감을 얻었다. 만약 지나가는 사람이 동상 앞에 멈추면, 즉 그 사람의 몸무게가 인도 아래에 있는 레버를 누르면 동상이 움직이기 시작하면서 그 사람의 얼굴에 물을 뿜어냈다. Descartes는 신체가 이 기계와 같다고 제안했다. 신체는 물질적이고 공간을 차지하며, 신체에 가해지는 사건에 기계적·반사적으로 반응한다(**그림 1.3**).

Descartes는 비물질적이고 공간을 차지하지 않는 마음은 신체와 다르다고 여겼다. 신체는 기계와 유사한 원리로 작동하지만 정신이 기계의 움직임을 결정한다. Descartes는 정신이 뇌간 위에 있는 작은 구조인 **송과체**(pineal body)에 위치한다고 주장하였는데, 그 이유는 송과체가 신경계에 있는 구조들 중 좌우 쌍으로 존재하지 않는 유일한 구조이고 더욱이 뇌실 가까이에 위치하기 때문이었다. Descartes는 송과체를 통하여 작용하는 마음이 벨브, 즉 신경을 통해 CSF를 뇌실에서 근육으로 흐르게 하여 근육을 채우고 움직이게 하는 벨브를 통제한다고 여겼다.

Descartes는 피질이 단지 송과체를 덮고 있는 신경조직에 불과하다고 여겼다. 추후 송과체에 손상을 입어도 뚜렷한 행동 변화가 일어나지 않는 것이 발견되면서 Descartes의 가설에 대한 비판이 일어났다. 오늘날, 송과체 대신 송과선(pienal gland)으로 불리는 이 구조가 일주율(daily rhythm)과 계절성 바이오리듬에 영향을 미치는 것으로 알려졌다. 그리고 피질이 행동을 이해하는 데 가장 핵심적인 구조라는 것이 점차 발견되기 시작하였는데, 이는 Descartes가 비물질적 마음이 수행한다고 주장한 기능을 피질이 수행하는 것으로 밝혀지기 시작하였기 때문이다.

그림 1.3 ▼

Descartes의 반사 행동 개념 불길에서 오는 뜨거움이 신경 안에 있는 끈을 잡아당겨 열린 구멍을 통해 뇌실액이 분비되게 한다. 신경을 따라 흐르는 뇌실액이 불로부터 발을 철수시킬뿐만 아니라 눈과 머리를 불 쪽으로 향하게 하고 손을 이동하게 하며 손을 보호하기 위해 몸 전체를 구부리게 한다. Descartes는 이를 반사 행동으로 이해하였으나 오늘날에는 이 행동이 반사 행동으로 보기에는 너무 복잡하다고 여긴다. 그는 오늘날 반사 행동이라고 여기는 행동을 상상하지 못하였다.

(From Descartes, 1664. Print Collector/Getty Images.)

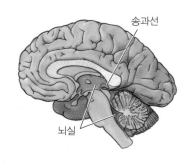

송과선

뇌실

마음과 신체가 독립적이지만 서로 상호작용한다는 Descartes의 입장은 **이원론**(dualism)으로 불리는데, 이는 행동이 2개의 요인에 의해 일어나는 것을 시사한다. 이원론은 **마음-신체 문제**(mind-body problem)를 야기하였다. Descartes에 의하면 개인이 의식적이고 합리적일 수 있는 이유는 단지 마음을 가지고 있기 때문이라고 하는데, 그렇다면 비물질적인 마음이 어떻게 물질적인 신체를 움직이게 할 수 있는가?

마음이 신체에 영향을 미치기 위해서는 마음이 에너지를 확대, 즉 물질적 세계에 새로운 에너지를 첨가해야 한다. 새로운 에너지의 자발적 생성은 물리학의 기본적 원칙, 즉 물질과 에너지의 보존 법칙에 위배된다. 따라서 신체와 마음이 서로 상호작용한다고 주장하는 이원론자들은 이 상호작용이 어떻게 일어나는가를 설명하지 못한다.

일부 이원론자들은 마음과 신체가 서로 상호작용하지 않고 병렬적으로 기능하거나 신체는 마음에 영향을 미칠 수 있지만 마음은 신체에 영향을 미치지 못한다고 추론함으로써 이 문제를 회피하고자 한다. 이 이원론 입장은 물리학 법칙을 위배하는 것을 피하는 것과 동시에 신체와 마음 모두를 인정한다.

Descartes 이론은 예기치 않은 불행한 결과를 초래하였다. Descartes는 뇌기능에 관한 자신의 이원론 이론을 제안하면서 동물이 마음을 가지고 있지 않고 단지 기계와 같으며, 언어 발달과 더불어 마음이 발달하고, 정신질환은 마음의 합리적 과정을 손상시킨다고 제안하였다. 그의 추종자들 중 일부는 동물, 아동, 정신장애자들이 마음을 가지고 있지 않기 때문에 그들을 비인간적으로 대하는 것이 정당하다고 여겼다. 동물은 마음을 가지고 있지 않고 아동의 경우 말하기와 추론이 가능한 7세가 되어야만 마음이 발달하고 정신질환자들은 '마음을 잃어버렸다'는 것이다. 이와 유사하게 Descartes의 입장을 잘못 이해한 결과 일부 사람들은 동물 연구가 인간 신경심리학에 유용한 정보를 제공할 수 없다고 여전히 주장한다.

그러나 Descartes 자신은 독단적이지 않았다. 그는 자신의 애완견이었던 무슈 그라에게 친절하였다. 그는 동물이 마음을 가지고 있는가를 실험을 통해 검증할 수 있다고 제안하였다. 그는 마음이 존재하는 것을 알려주는 핵심적인 지표가 언어와 추론의 사용이라고 주장하였다. 즉 만약 동물이 말을 하거나 추론할 수 있다면 이것이 바로 동물이 마음을 가지는 것을 시사한다고 제안하였다. 이 책에서 소개되는 현대 실험신경심리학에서 실시되는 일련의 연구들은 동물과 인간을 언어와 추론 능력에서 서로 비교한다.

Darwin : 물질론

19세기 중반에 이르러 **물질론**(materialism)이 제안되었다. 비물질적인 마음을 언급하지 않고서도 합리적 행동을 신경계의 작용으로 충분히 설명할 수 있다는 것이다. 물질론은 2명의 영국 자연주의자인 Alfred Russel Wallace(1823~1913)와 Charles Darwin(1809~1892)의 진화 이론에 뿌리를 두고 있다.

자연 선택에 의한 진화

Darwin과 Wallace는 식물 및 동물의 구조와 동물 행동을 자세하게 관찰하였다. 두 사람은 다양한 생물이 존재함에도 불구하고 생물들이 매우 유사한 점에 놀랐다. 예를 들어 인간, 원숭이와 다른 포유동물의 두개골, 근육, 내부 기관, 신경계는 유사하다. 이러한 관찰은 Wallace와 Darwin 이전부터 널리 받아들여지고 있던 생각, 즉 생물들이 서로 관련되어 있다는 생각을 지지하게 하였다. 더 중요한 점은 모든 동물이 공통의 조상으로부터 진화된 것이면 이러한 유사점이 설명 가능하다는 생각으로 발전하였다는 것이다.

Darwin은 그의 이론을 1859년에 처음 출판된 저서 종의 기원(*On the Origin of Species by Means of Natural Selection, or the Preservation of Favord Races in the Struggle for Life*)에 기술하였다. 그는 살아 있거나 사라진 모든 유기체들이 먼 과거에 살았던 한 조상으로부터 내려왔다고 주장하였다. 동물들이 유사한 특성을 가지는 것은 이 특성들이 부모에서 자손으로 전달되어 왔기 때문이다. 신경계는 이 특성들 중 하나이고 동물 진화에서 단지 한번 일어난 적응이다. 결과적으로 살아 있는 동물의 신경계가 유사한 것은 이 첫 번째 신경계로부터 내려왔기 때문이다. 모든 동물의 뇌가 유사한 이유는 뇌가 진화된 첫 번째 동물로부터 뇌를 전달받았기 때문이다.

자연 선택(natural selection)은 어떻게 새로운 종이 진화하고 어떻게 시간이 지남에 따라 종들이 변하는가를 설명하는 Darwin의 이론이다. **종**(species)은 자신들 사이에는 번식하지만 다른 종 구성원과는 번식하지 않는 유기체 집단을 의미한다. 한 종에 포함되는 개개 유기체는 관찰 및 측정 가능한 **표현형**(phenotype)에서는 서로 다르다. 일부는 크고 일부는 작으며 일부는 뚱뚱하고 일부는 빠르고 일부는 피부색이 짙지 않고 일부는 큰 치아를 가진다. 환경 속에서 생존하는 데 도움이 되는 특성을 가진 개개 유기체는 이러한 특성을 가진 자손을 더 많이 낳는다.

자연 선택과 유전 요인

1857년 무렵부터 오스트리아의 수도사였던 Gregor Mendel(1822~1884)이 꽃 색깔이나 완두콩의 키 등과 같은 식물의 특성에 관한 실험을 한 결과 이러한 특성들이 유전자(2.3절 참조)에 의해 유전된다고 제안하였다. 따라서 개개 유기체가 생존과 번식에서 서로 다른 능력을 가지는 것은 자신의 부모로부터 받아 자손으로 전달하는 유전자가 서로 다른 것과 관련되어 있다.

Mendel은 환경이 유전자의 특성 발현에 중요한 역할을 하는 것을 인식하였다. 키가 큰 완두콩을 좋지 않은 토양에 심으면 키가 감소한다. 이와 마찬가지로 경험이 유전자 발현에 영향을 미친다. 교육을 받을 기회가 없는 아동은 교육을 받은 아동에 비해 사회에서 유능하지 않을 수 있다. 환경 및 경험과 관련된 **유전자 발현**(gene expression)의 차이를 연구하는 과학적 분야가 **후성유전학**(epigenetics)이다(2.3절 참조). 후성유전적 요인은 개인이 물려받은 유전자를 변화시키지 않지만 유전자가 발현될 것인지 혹은 발현되지 않을 것인지에 영향을 미치며, 이런 방식으로 개인의 표현형 특성에 영향을 미친다.

환경과 경험은 동물의 적응과 학습에 중요한 역할을 하고, 나아가 적응과 학습이 뇌가 새로운 연결과 경로를 형성하는 것을 가능하게 한다. 이 **신경가소성**(neuroplasticity)이 환경 변화에 대한 적응력을 높이고 뇌 손상을 보상하는 능력을 높이는 신경계의 물리적·화학적 변화이다. 후성유전학은 환경과 경험의 영향하에서 어떻게 유전자가 뇌의 가소적 변화를 발현하는가를 설명한다.

현대 입장

오늘날의 뇌 이론은 종교적 신념을 포함하여 신념에 대해 물질적이고 중립적 입장을 취한다. 과학은 신념 체계가 아니라 대신 연구자들로 하여금 각 질문에 대한 답을 확신할 수 있게 하는 일련의 절차이다. 종교적 신념을 가지고 있거나 그렇지 않은 행동 과학자들은 뇌와 행동 사이의 관련성을 연구하기 위해 혹은 뇌와 행동 사이의 관련성에 관한 다른 과학자의 연구를 재현하기 위해 과학적 방법을 사용한다. 오늘날 신경과학자들은 마음이라는 용어를 비물질적 실체를 언급하기 위해서가 아니라 뇌의 집합적 기능을 한마디로 기술하기 위해 사용한다.

◎ 1.3 뇌기능 : 뇌 손상으로부터의 통찰

여러분은 다음과 같은 말, 즉 "대부분의 사람들은 단지 뇌의 10%만을 사용한다." 혹은 "그는 그 문제에 전심 전력을 다한다."라는 것을 들은 적이 있을 것이다. 이 말들은 뇌 손상을 입은 사람들이 뇌 손상에도 불구하고 잘 기능하는 것에서 유래되었다. 이 장의 서두에 기술된 L.D.처럼 뇌 손상을 입은 대부분의 사람들에서 특정 행동은 상실되는 반면 특정 행동은 유지된다. 뇌기능에 관한 우리의 이해는 뇌 손상을 입은 환자들로부터 비롯되었다. 이러한 환자들의 연구에서 얻은 흥미로운 신경심리학적 개념 중 일부를 살펴보기로 하자.

기능 국재화

뇌의 서로 다른 부위들이 서로 다른 기능을 가진다는 첫 번째 이론은 1800년대 초 독일의 해부학자인 Franz Josef Gall(1758~1828)과 그의 동료인 Johann Casper Spurzheim(1776~1832)으로부터 제안되었다. Gall과 Spurzheim은 피질과 피질의 회가 단순히 송과체를 덮고 있는 것이 아니라 이 구조들이 뇌의 주요 기능 부위라고 주장하였다(Critchley, 1965). 그들은 뇌의 가장 두드러진 운동 경로인 피질척수로(corticospinal tract, 피질에서 척수로 향하는)의 해부를 통하여 자신들의 입장을 주장하였는데, 피질척수로는 한 대뇌반구의 피질에서부터 반대편 신체의 척수에 이르는 경로이다. 따라서 그들은 피질이 근육을 움직이는 지시를 척수로 보낸다고 주장하였다. 그들은 뇌의 두 대칭적인 대뇌반구가 뇌량으로 연결되어 있기 때문에 서로 상호작용할 수 있다고 인식하기도 하였다.

행동에 관한 Gall의 주장은 그가 젊었을 때 행한 관찰로부터 시작되었다. 보고에 의하면 그는 기억력이 좋은 학생들이 크고 돌출된 눈을 가지고 있는 것을 관찰한 것에 근거하여 눈 뒤에 위치하는 피질영역이 기억에 관여하고 이 결과 기억력이 좋은 학생의 눈이 돌출되었다고 추측하였다. 이러한 관찰에 근거하여 그는 뇌의 서로 다른 특정 영역이 각 행동 유형을 통제한다는 **기능 국재화**(localization of function)라고 불리는 가설을 제안하였다.

Gall과 Spurzheim은 주장을 입증하기 위해 개인차와 머리 및 두개골의 두드러진 특징 사이의 관련성에 관한 사례들을 더 모았다. 그들은 두개골이 돌출된 것은 그 아래에 위치하는 피질의 회가 잘 발달된 것과 나아가 특정 행동에 대한 뛰어난 능력을 시사한다고 제안하였다. 특정 영역이 움푹 들어가면 그 부위 아래에 위치하는 회가 잘 발달되지 못한 것과 특정 행동에 대한 능력이 감소된 것을 시사한다.

따라서 한 개인이 좋은 기억력을 가지고 있으면 돌출된 눈을 가지고 음악적 재능, 색채 감각, 공격성 혹은 수리적 기술이 뛰어난 사람은 두개골의 다른 부위들이 돌출된다. **그림 1.4**는 Gall과 Spurzheim이 호색(섹시함)이 위치하는 부위라고 제안한 부위를 보여준다. 이 부위가 돌출된 사람은 강한 성욕을 가지는 반면 성욕이 낮은 사람은 이 영역이 움푹 들어가 있다.

Gall과 Spruzheim은 당시 영국과 스코틀랜드 심리학에서 사용되던 행동 특성 목록에 근거하여 각 행동 특성을 두개골의 특정 부위 혹은 그 아래에 위치한다고 추측한 뇌 부위와 관련지었다. Spruzheim은 두개골의 표면적 특징과 개인의 정신 능력 사이를 관련짓는 것을 **골상학**(phrenology, *phren*은 그리스 단어 '마음'을 의미)이라고 불렀다. **그림 1.5**는 그와 Gall이 작성한 골상학 지도를 보여준다.

일부 사람들은 골상학을 성격 측정의 도구로 활용하였다. 즉 그들은 **두상학**(cranioscopy)이라고 불리는 방법을 개발하였는데, 이 검사는 두개골의 돌출된 부위와 들어간 부위를 측정한다. 이후 골상학 지도를 참조하여 개인이 어떤 행동 특성을 가지고 있을 것이라고 결론 내린다. 골상학에 기술되어 있

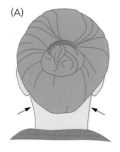

(A)

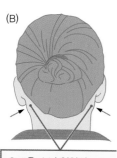

(B)

Gall은 소뇌 영역의 돌출 부위가 뇌의 '호색' 센터라고 여겼다.

그림 1.4 ▲

Gall의 이론 두개골의 움푹 들어간 부위 (A)와 돌출된 부위(B)가 그 아래에 있는 뇌의 크기를 시사한다고 여겼고, 이에 따라 이 부위들과 성격 특징을 서로 관련지어 특정 뇌 부위가 특정 성격 특징을 통제한다고 여겼다. 한 환자(그녀의 행동에 근거하여 그녀는 'Gall의 열정적 미망인'으로 불렸다)를 관찰한 결과 Gall은 그녀의 목 뒤가 돌출된 것을 발견하였고 '호색' 센터가 소뇌에 위치한다고 여겼다.

(Research from Olin, 1910.)

는 능력들, 예를 들어 신념, 자기애, 숭배 등과 같은 특성을 정의하는 것과 이 특성들을 객관적으로 측정하는 것이 불가능하다. 골상학은 두개골의 겉으로 드러나는 특징이 그 아래에 위치하는 뇌에 관해 거의 어떤 정보도 제공하지 못한다는 것을 인식하지 못하였다. 비록 과학적으로는 정확하지 않지만 Gall의 기능 국재화 개념은 현대 기능 국재화 입장의 토대가 되었는데, 현대 기능 국재화 이론은 언어의 국재화와 더불어 시작되었다.

Gall은 그의 많은 관찰 중에서 전두엽 손상 후 언어 산출 능력이 상실된 사례를 처음으로 설명하였다. 그의 환자는 칼이 눈을 통해 뇌를 관통한 군인이었다. 그림 1.5의 골상학 지도에 의하면 언어는 눈 아래에 위치한다. Gall은 이 사례를 중요하게 여기지 않았고 단지 자신의 이론을 지지하는 한 사례로만 여겼다. 추후에 보고된 사례들을 통해 뇌가 언어에 중요한 역할을 하는 것이 밝혀지게 되었다.

기능 편재화

아주 유명한 사례와 짐작으로 말미암아 언어가 뇌에 국재화되어 있는 동시에 편재화, 즉 뇌의 한 반구에 위치하는 것이 확인되었다. 이 발견으로 **기능 편재화**(lateralization of function) 원리, 즉 한 대뇌반구가 다른 대뇌반구와는 독립적으로 특정 기능을 수행한다는 것이 제안되었다(Benton, 1964). 1825년 2월 21일 프랑스의 내과의사인 Jean Baptiste Bouillaud(1796~1881)가 프랑스의 왕립 의학 아카데미에서 한 논문을 발표한 것에서부터 기능 편재화를 살펴보기로 하자. Bouillaud는 자신의 임상 연구에 근거하여 특정 기능이 피질에 위치하며, 특히 언어가 Gall이 주장한 것처럼 전두엽에 위치한다고 주장하였다.

쓰기, 그리기, 펜싱 등과 같은 행동이 오른손으로 행해지는 것을 관찰한 Bouillaud는 이러한 행동을 통제하는 뇌 부위가 좌반구에 위치한다고 제안하였다. 내과의사들은 뇌의 한 대뇌반구에 손상을 입을 경우 반대편 신체의 움직임이 방해를 받는 것을 오래전부터 인식하고 있었다. 몇 년 후, 즉 1836년 Marc Dax(1770~1837)가 프랑스의 몽펠리에서 한 논문을 발표하였는데, 그는 이 논문에서 일련의 사례를 통해 언어장애가 좌반구 병변과 관련되어 있음을 주장하였다. 그러나 Dax의 논문은 거의 관심을 받지 못하였고 1865년에 이르러서야 그의 아들에 의해 출판되었다.

Bouillaud의 사위인 Ernest Auburtin(1825~1893)은 Bouillaud의 주장을 지지하였다. 1861년 파리에서 열린 인류학회에서 그는 노출된 전두엽에 압력을 가했을 때 언어 산출 능력을 상실한 한 환자의 사례를 보고하였다. Auburtin은 또 다른 환자를 보고하였는데, 이 보고에 대해 다른 학자들은 놀랄 만한 것이라고 예고하였다.

> 나는 Bouillaud씨를 도와 일하는 동안 바슈라는 이름을 가진 한 환자를 진료하였다. 그는 말을 하는 능력을 상실하였지만 다른 사람의 말을 모두 이해하였고 모든 질문에 대해 매우 지적인 동작으로 답하였다. … 최근에 나는 그 환자를 다시 보았는데 그의 병이 더 깊어진 것을 알 수 있었다. 경미한 마비 증상을 보였지만 지적 수준은 유지하였고 말을 전혀 하지 못하였다. 의심할 여지없이 이 남성 환자는 곧 사망할 것이다. 그가 보이는 증상에 근거하여 우리는 그가 전측 엽의 연화증(softening)을 가지고 있다고 진단하였다. 만약 사망 후 부검을 통해 이 엽들이 손상을 입지 않은 것이 발견되면 나는 지금 여러분들에게 말한 것을 철회하겠다. (Stookey, 1954)

이 학회를 창설한 Paul Broca가 Auburtin의 발표를 들었다. 5일 후 그는 한 환자, 즉 르보르뉴 씨를

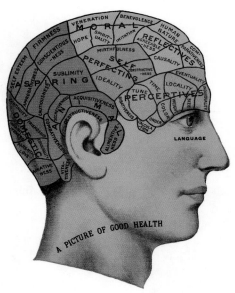

그림 1.5 ▲

골상학 흉상 원래 Gall은 27개 기능에 관여하는 영역들을 제시하였지만 골상학 연구가 진행되면서 더 많은 기능이 추가되었다. 언어는 뇌의 전측, 눈 아래에 위치한다고 주장하였는데, 이는 Gall의 사례 연구에 근거하였다. 칼이 눈을 통해 좌반구 전두엽을 관통하는 사건을 경험한 군인이 손상 후 더 이상 말을 하지 못하였다.

(Mary Evans Picture Library/Image Works.)

(A)

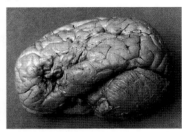

상전두회(첫 번째)
중전두회(두 번째)
하전두회(세 번째)
브로카 영역

Broca는 전두엽의 이 영역에
언어가 위치한다고 하였다.

(B)

그림 1.6 ▲

언어의 국재화　(A) 브로카 영역은 좌반구 전두엽의 후측 하전두회 혹은 세 번째 회에 위치한다. (B) Broca의 첫 번째 실어증 환자인 르보르뉴(탄)의 좌반구 사진

(Part B, Paul Broca's historic cases: High resolution MR imaging of the brains of Leborgne and Lelong, from N. F. Dronkers, O. Plaisant, M. T. Iba-Zizen, and E. A. Cabanis, *Brain*, Oxford University Press, May 1, 2007.)

진료하였는데, 이 환자는 단지 '탄'이라는 단어와 욕설만을 말할 수 있을 뿐 다른 말을 전혀 하지 못하였다. 신체의 오른쪽이 마비되어 있었지만 그의 지적 능력을 포함한 다른 기능은 정상 수준을 유지하고 있는 것처럼 보였다. Broca는 Auburtin의 발표 내용을 상기하고 Auburtin을 초대하여 이제 '탄'이라는 별명으로 불리게 된 환자의 진료를 요청하였다.

만약 Auburtin이 정확하다면 탄이 전두엽 병변을 가지고 있을 것이라고 두 사람은 동의하였다. 1861년 4월 17일 탄이 사망하였고 그다음 날 Broca는 자신이 탄에게서 발견한 것을 인류학회에 제출하였다(이 논문 제출은 과학계에서 가장 빠른 출판으로 여겨지고 있다). Auburtin의 견해가 정확하였다. 즉 탄은 좌반구 전두엽 병변을 가지고 있었다. 1863년까지 Broca는 탄과 유사한 증상을 보이는 여덟 가지 사례를 더 모았는데, 이 사례들은 모두 좌반구 전두엽 병변을 가지고 있었다(Broca, 1865).

연구 결과 Broca는 언어가 좌반구 전두엽의 세 번째 회에 위치한다고 제안하였다(**그림 1.6A**). 언어가 단지 한 대뇌반구에만 위치하는 것을 보여줌으로써 Broca는 뇌기능이 편재화되어 있음을 발견하였다. 언어가 인간 의식에 핵심적인 역할을 하기 때문에 좌반구의 언어 기능에서의 역할을 고려하여 좌반구가 우세 반구로 여겨진다(Joynt, 1964). Broca의 공헌을 기리기 위해 뇌의 전측 언어 영역을 **브로카 영역**(Broca's area)이라고 부르며, 이 영역의 손상으로 말미암아 초래되는 증후군을 **브로카 실어증**(Broca's aphasia, 그리스어의 *a*는 '없다'를 의미하고 *phasia*는 '언어'를 의미)이라고 한다.

흥미로운 부차적인 결과를 소개한다. Broca는 탄의 뇌(그림 1.6B) 표면만을 조사하였다. 프랑스의 해부학자 Pierre Marie(1906)는 Broca가 사망한 지 25년 후에 브로카의 처음 두 환자, 즉 탄과 를롱 씨의 뇌를 다시 조사한 결과에 근거하여 Broca가 수행한 해부학적 조사를 비난하였다. Marie는 자신의 논문 'The Third Left Frontal Convolution Plays No Particular Role in the Function of Language'에서 다음과 같이 기술하였다. 즉 를롱 씨의 뇌는 노화 과정에서 흔히 볼 수 있는 전반적인 위축을 보였고 탄의 경우 뇌의 후측 피질에서도 광범위한 손상이 발견되었는데, 이 손상이 실어증을 초래했을 수 있다고 기술하였다.

Broca도 탄이 뇌의 후측에도 손상을 가지고 있는 것을 알았다. 그러나 후측 뇌 손상이 그를 사망에 이르게 하였지만 후측보다 더 일찍 발생한 전측 손상이 실어증을 초래하였다고 결론내렸다. Broca의 국재화에 관한 입장과 편재화에 관한 발견이 추후 100여 년 동안 신경심리학에서 도그마였지만 Pierre Marie의 비난으로 말미암아 이 도그마가 누그러들었다.

편재화 언어 모델

독일의 해부학자인 Carl Wernicke(1848~1904)는 1874년 뇌가 어떻게 언어를 산출하는가에 관한 첫 번째 이론을 제안하였다. Wernicke는 귀로부터 전달되는 감각 정보가 도달하는 피질 부위, 즉 청각 피질이 브로카 영역의 바로 뒤인 측두엽에 위치하는 것을 알고 있었다. 따라서 그는 청각과 언어 기능이 서로 관련되어 있을 것으로 추측하였고 측두엽의 청각 영역의 병변을 가지고 있는 실어증 환자 사례들을 소개하였다.

이 환자들은 병변 반대편 신체의 마비를 보이지 않았다(브로카 실어증은 흔히 오른쪽 팔과 다리의 마비를 동반한다). 이들은 유창하게 말을 할 수 있었지만 이들의 말은 혼란스럽고 의미가 통하지 않았다(Broca의 환자들은 발음을 분명하게 할 수 없었지만 단어의 의미를 이해하는 것처럼 보였다). 비록

Wernicke의 환자들은 들을 수 있었지만 자신이 들은 말을 이해하거나 복창하지 못하였다. 베르니케 증후군은 **측두엽 실어증** 혹은 환자들이 단어를 말할 수 있다는 점을 강조하기 위해 **유창 실어증**(fluent aphasia)이라고도 불리지만 **베르니케 실어증**(Wernicke's aphasia)이라고 더 자주 불린다. 베르니케 실어증과 관련된 측두엽 영역을 **베르니케 영역**(Wernicke's area)이라고 부른다.

Wernicke가 제안한 좌반구 내의 언어 조직화에 관한 모델이 **그림 1.7A**에 제시되어 있다. 그는 청각 정보가 귀에 있는 청각 수용기로부터 측두엽으로 전달된다고 제안하였다. 베르니케 영역에서 소리는 청각 이미지 혹은 대상 개념(ideas of object)으로 처리되어 저장된다. 청각 정보는 **궁상속**(arcuate fasciculus, 라틴어로 *arc*는 '굽히다'를 의미하고 *fasciculus*는 '조직 밴드'를 의미하는데, 이 이름을 붙인 이유는 그림 1.7B에서 볼 수 있듯이 이 경로가 외측열 주위에 구부러져 있기 때문이다)이라는 경로를 통해 베르니케 영역에서 브로카 영역에 도달한다. 브로카 영역에는 말 산출에 필요한 움직임에 관한 정보가 저장되어 있고 지능에 관여하는 뇌 영역과 연결된다(그림 16.17 참조). 적절한 소리를 산출하기 위한 지시가 브로카 영역에서 입의 움직임을 통제하는 근육으로 전달된다.

Wernicke 모델에 의하면 만약 측두엽이 손상을 입으면 손상되지 않은 브로카 영역에 의해 언어 산출이 일어나지만 의미 없는 말을 하게 되는데, 이는 개인이 자신이 말하는 단어를 모니터할 수 없기 때문이다. 만약 브로카 영역이 손상을 입게 되면 언어 산출이 상실되는 반면 소리 이미지는 상실되지 않기 때문에 브로카 실어증에서는 언어 이해의 장애가 초래되지 않는다.

분리

Wernicke는 자신의 모델에서 자신이 한 번도 관찰하지 못한 새로운 언어장애를 예측하였다. 그는 만약 두 언어 영역을 연결하는 궁상속이 절단되어 두 영역 사이의 분리(disconnection)가 일어나지만 각 영역이 손상되지 않을 경우 **전도 실어증**(conduction aphasia)이 초래된다고 제안하였다. 이 경우 말소리와 움직임의 산출은 정상적으로 유지되지만 언어가 한 영역에서 다른 영역으로 전달되지 못하기 때문에 언어장애가 초래된다. 즉 환자는 자신이 들은 말을 복창하지 못한다. 이러한 베르니케의 예측이 추후 정확한 것으로 확인되었으며, 이에 근거하여 미국의 신경학자인 Norman Geschwind(1974)가 언어 모델을 수정하였고(그림 1.7B), 이 언어 모델은 현재 Wernicke-Geschwind 모델로 불린다.

Wernicke가 제안한 분리 개념은 연구자들로 하여금 뇌 손상으로 인해 초래되는 증상을 전혀 다른 새로운 관점에서 보게 하였다. 즉 비록 뇌의 서로 다른 영역들이 서로 다른 기능을 가지고 있지만 이 영역들이 서로 상호의존한다는 관점이다. 다리가 붕괴되면 자동차가 강의 한쪽에서 다른 쪽으로 건너가지 못하게 되고, 이로 말미암아 사람들이 상거래 혹은 응급 서비스 등과 같은 복잡한 행동을 하지 못하는 것처럼 연결되어 있는 뇌 경로가 절단되면 뇌 영역들이 서로 의사소통하거나 복잡한 기능을 수행하는 것에 방해를 받게 된다.

1892년 프랑스의 신경학자인 Joseph Dejerine(1849~1917)은 뇌의 시각 영역과 베르니케 영역이 서로 분리되어 읽기 능력을 상실한 사례, 즉 **실독증**(alexia, 그리스어 *lexia*는 '단어'를 의미하므로 *alexia*는 '단어맹'을 의미)을 보고하였다. 이와 유사하게 Wernicke의 제자인 Hugo Liepmann

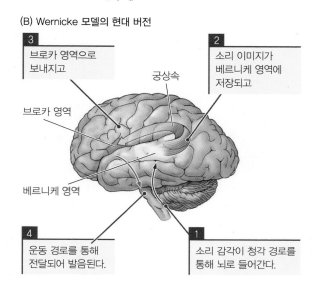

(A) 원래의 Wernicke의 모델

(B) Wernicke 모델의 현대 버전

3 브로카 영역으로 보내지고

2 소리 이미지가 베르니케 영역에 저장되고

궁상속

브로카 영역

베르니케 영역

4 운동 경로를 통해 전달되어 발음된다.

1 소리 감각이 청각 경로를 통해 뇌로 들어간다.

그림 1.7 ▲

언어의 뇌조직화 (A) 베르니케의 1874년 모델에 의하면 소리가 청각 경로를 통해 뇌로 들어간다(a). 베르니케 청각 영역(a')에 저장된 소리 이미지가 브로카 영역(b)으로 전달되고 다시 운동 경로(b')를 따라 전달되어 발음된다. a–a'–b–b' 경로 중 어느 부위가 손상을 입는가에 따라 서로 다른 유형의 실어증이 초래된다. 흥미롭게도 Wernicke는 좌반구가 언어 우세 반구라고 믿었음에도 불구하고 그의 언어 모델을 우반구를 사용하여 설명하였고, 이를 말을 하지 못하는 유인원의 뇌로 설명하였다.

(Part A research from Wernicke, 1874.)

(1863~1925)은 운동 영역과 감각 영역의 분리가 순차적인 움직임의 상실, 즉 **실행증**(apraxia, 그리스어 *praxia*는 '움직임'을 의미)을 초래함을 보여주었다.

분리는 신경심리학에서 중요한 개념인데, 그 이유는 첫째, 분리가 복잡한 행동이 조립라인의 형식으로 일어나는 것을 예상하게 하기 때문이다. 즉 감각계가 모은 정보가 뇌로 들어가서 여러 구조를 거친 후 반응이 일어나는 것을 예상하게 하기 때문이다. 두 번째는 연결 경로를 절단함으로써 뇌 구조들을 서로 분리할 경우 각 뇌 구조 자체가 손상을 입은 것과 같은 손상들이 이 뇌 구조들에서 일어나게 할 수 있기 때문이다. 이에 대해서는 제17장에서 자세하게 살펴볼 것이다.

신경가소성

19세기 프랑스의 생리학자인 Pierre Flourens(1794~1867)와 독일의 생리학자인 Friedrich L. Goltz (1834~1902)는 뇌기능의 국재화를 반대하였다(Flourens, 1960; Goltz, 1960). 두 사람은 동물 피질의 작은 영역을 제거함으로써 인간 임상 사례와 유사한 동물 모델을 개발하였다. 두 사람 모두 뇌의 일부 영역이 제거된 동물들이 특정 기능을 상실할 것으로 기대하였다. 그러나 Flourens는 시간이 지남에 따라 이 동물들이 수술 직후에 보였던 장애로부터 점차 회복되어 정상 행동을 하는 것을 관찰하였다. 즉 뇌 손상을 입은 비둘기가 손상 직후에는 먹지도 날지도 못하였지만 시간이 지남에 따라 이 두 기능 모두를 회복하였다.

이보다 더 극적으로 Goltz는 세 마리의 개를 대상으로 피질의 거의 모든 부위와 피질 아래의 상당한 뇌조직을 제거한 후 이 세 마리의 개가 57일, 92일, 18개월 후에 사망할 때까지 관찰하였다. 18개월 동안 생존한 개는 정상 개보다 더 활동적이었다. 수면과 각성의 주기가 정상 개보다 짧았지만 온도가 올라가면 숨을 헐떡이고 온도가 내려가면 몸을 떨었다. 경사진 곳에서도 잘 걸었고 미끄러지면 다시 균형을 잡을 수도 있었다. 또한 개에게 비정상적인 자세를 취하게 하면 자세를 수정하기도 하였다.

뒷발을 다친 개의 경우 다친 발을 떠받치면서 세 발로 걸어다녔다. 또한 신체에 가해진 촉각과 꼬집힘에 반응할 수 있었고 비록 방향이 정확하지 않았지만 물건을 덥석 물기도 하였다. 우유에 적신 고기는 먹었지만 쓴 키니네에 적신 고기는 먹지 않았다. 빛과 소리에 반응하였지만 역치는 정상 수준보다 올라갔는데, 이는 감각이 정상 개만큼 정확하지 않다는 것을 의미한다. 비록 장애는 있었지만 어느 정도 장애로부터 회복되었다는 것은, 손상되지 않은 뇌간이 피질을 대신하여 기능하였다는 것을 시사한다.

이 초기 실험들은 뇌 손상 후, 심지어 자세히 보기에 기술되어 있는 것처럼 매우 심한 손상 후에도 자발적인 기능 회복과 재활을 통한 회복이 가능하다는 것을 보여주는데, 이는 신경심리학에서 매우 중요하게 여겨지고 있다. 신경심리학자들은 뇌 손상 후 모든 기능이 회복되지는 않지만 뇌가 가지는 가소성이 상당한 기능 회복을 가능하게 한다는 것을 인식하고 있다.

위계적 조직화

Flourens와 Goltz가 행한 실험들의 결과는 기능 국재화와 행동에서의 피질 역할에 관해 의문을 가지게 하였다. 피질 제거가 비록 모든 기능을 어느 정도 감소시키는 것처럼 보이지만 어떤 기능도 완전히 사라지게 하지 않는다.

기능 국재화를 지지하는 실험과 기능 회복을 관찰한 실험 사이의 명백한 차이는 **위계적 조직화** (hierarchical organization)에 의해 설명될 수 있다. 영국의 신경학자인 John Hughlings-Jackson (1835~1911)은 정보가 뇌에서 순차적으로 처리되고 뇌가 기능적 위계로 조직화되어 있다고 제안하였

자세히 보기 | 행동과 의식을 서로 관련짓는 것의 딜레마

2007년 논문 'Consciousness Without a Cerebral Cortex: a Challenge for Neuroscience and Medicine'에서 Bjorn Merker는 무엇이 무의식적 행동이고 무엇이 의식적 행동인지를 결정하는 것의 어려움을 기술하였다. 3개의 서로 대조적인 사례를 살펴보자.

사례 1. 플로리다주 세인트피터즈버그에 거주하던 26세 여성 마리 '테리' 시아보는 1990년 자택에서 쓰러지면서 호흡 정지와 심장 마비를 경험하였다. 테리는 3주 동안 전혀 반응을 보이지 않았고 혼수상태에 있었으며 이후 다소 반응을 보이기는 하였지만 정상적인 의식적 행동은 보이지 않았다. 테리는 **지속적 식물 상태**(persistent vegetative state, PVS)에 있는 것으로 진단받았다. 그녀는 살아 있지만 의사소통을 할 수 없었고 가장 기본적인 수준의 독립적인 기능조차 할 수 없었는데, 이는 회복을 전혀 기대할 수 없을 만큼 뇌 손상이 심각하였기 때문이었다.

1998년 테리의 남편이자 후견인인 마이클 시아보는 그녀가 이러한 심각한 장애를 가지고 살기를 원하지 않는다고 주장하면서 그녀의 위 영양공급관을 제거하여 줄 것을 법원에 요청하였다. 테리의 부모인 로버트와 메리 쉰들러는 이에 반대하였다. 즉 그들은 테리가 의식이 있고 회복하려고 노력하고 있는 것을 그녀의 행동을 통해 알 수 있다고 주장하였다. 전국적인 논란 가운데 마이클 시아보가 이겼다. 테리의 영양공급관이 제거되고 13일 후, 즉 2005년 3월 31일에 41세의 나이로 그녀는 사망하였다.

사례 2. Giacino와 동료들(2012)은 폭행으로 말미암아 6년 이상 동안 최소한의 **의식 상태**(minimally conscious state, MCS)에 있는 38세 남성을 소개하였다. 그는 간혹 단어를 말할 수 있었고 몇 가지 동작도 하였지만 스스로 식사를 할 수 없었다. **임상 시험**(clinical trial, 치료법 개발을 위한 합의된 실험)의 한 부분으로 연구자들이 그의 뇌 간에 전선을 이식하여 하루에 12시간 동안 경미하게 이 부위를 전기적으로 자극하였다(7.2절에 이 뇌심부 자극에 대해

자세하게 기술되어 있음). 그 결과 환자의 행동이 극적으로 향상되었는데, 즉 그는 지시를 따를 수 있었고 스스로 식사를 할 수 있었으며 심지어 TV 시청까지 하였다.

사례 3. Adrian Owen(2013)은 몇 년 동안 식물 상태에 있던 환자들이 질문에 답할 수 있는가를 알아보기 위해 MRI를 사용하여 뇌의 전기적 혹은 신진대사 활동을 측정하였다. 예를 들어 환자에게 손 혹은 발을 움직여보라고 요구하거나 통증을 느끼는가를 물어보거나 남동생의 자녀 이름을 불렀을 때 이들이 반응하는가를 알아보고자 하였다. 환자들이 이에 답할 경우 특징적인 뇌 활동의 변화가 나타났다.

이러한 검사들이 의식 수준을 알아보는 것뿐만 아니라 의식이 있는 환자들이 로봇이나 뇌-컴퓨터 인터페이스(brain-computer interface, BCI)를 조작하기 위해 뇌활동을 활용하는 것을 학습하여 의사소통과 상호작용을 가능하게 하는 데에도 사용된다. 제9장의 서두 사례 보기에 상세하게 기술되어 있지만 BCI는 뇌의 전기적 신호를 활용하는 컴퓨터 기반 장치이다. 신경과학에서의 이러한 기술혁신은 식물 상태 혹은 최소한의 의식 상태에 있는 환자의 의식 수준 평가뿐만 아니라 의식이 있는 환자들의 의사소통과 일상생활에도 도움이 된다.

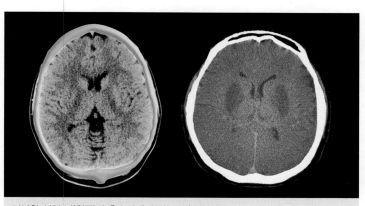

건강한 성인 뇌(왼쪽)와 혼수상태에 있는 뇌(오른쪽)의 CT 스캔

(Left: Du Cane Medical Imaging Ltd./Science Source: right: Zephyr/Science Source.)

Giacino, J., J. J. Fins, A. Machado, and N. D. Schiff. Central thalamic deep brain stimulation to promote recovery from chronic post-traumatic minimally conscious state: Challenges and opportunities. *Neuromodulation* 15:339–349, 2012.
Merker, B. Consciousness without a cerebral cortex: A challenge for neuroscience and medicine. *Behavioural and Brain Sciences* 30:63–134, 2007.
Owen, A. M. Detecting consciousness: A unique role for neuroimaging. *Annual Review of Psychology* 64:109–133, 2013.

다(1931). 위계의 낮은 수준에서 높은 수준으로 올라갈수록 더 복잡한 행동을 통제한다.

Hughlings-Jackson은 진화 과정 동안 차례로 발달한 세 가지 수준, 즉 척수, 뇌간과 전뇌로 신경계가 구성되어 있다고 주장하였지만 각 수준에 어떤 영역들이 포함되는가에 대해서는 언급하지 않았다. Hughlings-Jackson은 뇌의 가장 상위 수준에 영향을 미치는 질환이나 손상이 해산(dissolution), 즉 진화 과정의 역전이 일어나게 한다고 제안하였다. 동물들은 여전히 행동 레퍼토리를 가지지만 행동이 단순해지고 상실된 뇌 구조가 아직 진화하지 않은 동물들의 행동을 보인다.

이러한 주장은 Goltz의 개가 보인 증상들을 잘 설명해준다. Hughlings-Jackson의 이론은 기능이

뇌의 한 영역에 표상되는 것이 아니라 신피질, 뇌간과 척수에 재표상(re-represented)되는 것을 시사하는데, 이에 관해서는 10.3절에서 더 자세하게 살펴볼 것이다. 따라서 걷기와 같은 기능을 이해하기 위해서는 이 행동에 관여하는 조직화의 각 수준이 무엇을 하는가에 관한 이해가 필요하다.

다중 기억 체계

사람들은 "나는 기억력이 좋지 않다."처럼 기억을 단일 현상으로 여긴다. 그러나 60년 이상 진행되어 온 연구 결과에 의하면 다양한 기억 체계가 뇌에서 작용한다고 한다. 기억에 관한 현대 연구는 신경외과 의사인 William B. Scoville이 뇌전증 치료를 위해 H.M.이라는 환자의 양 반구 측두엽 일부를 제거하는 수술을 실시한 1953년부터 시작되었다. **뇌전증**(epilepsy)은 의식장애를 동반한 발작이 반복적으로 일어나는 질환이다. 수술 후 H.M.의 뇌전증은 호전되었지만 그는 심각한 기억장애, 즉 기억이 부분적으로 혹은 완전히 상실되는 **기억상실증**(amnesia)을 앓게 되었다(Scoville & Milner, 1957).

H.M.에 관한 연구는 50년 이상 지속되었고 어떤 신경심리 질환을 앓는 환자보다 그의 사례에 관한 과학적 논문이 더 많이 발표되었다(Corkin, 2000). 그의 사례는 제18장에 상세하게 기술되어 있다. 그에 관한 연구를 통해 뇌에 단일의 기억 구조가 존재하기보다는 다수의 구조들이 독립적으로 또 병렬적으로 정보를 부호화하는 것이 밝혀지게 되었다. H.M.은 수술 전에 형성한 기억은 유지하고 있는 것으로 보였지만 수술 후 새로운 정보를 몇 초에서 몇 분 이상 파지하는 것은 가능하지 않았다. 그는 운동 기술을 습득할 수 있었지만 운동 기술을 습득한 것을 기억하지는 못하였다. 따라서 H.M.과 이 장의 서두 사례 보기에서 소개한 L.D. 모두 운동 기술의 학습에 관여하는 뇌 구조들과 이러한 운동 기술의 기억에 관여하는 뇌 구조들이 서로 분리된다는 것을 보여준다.

기억상실증에 관한 연구는 사람들이 기억할 만한 경험을 하게 되면 이 경험의 여러 측면이 뇌의 서로 다른 부위들에 부호화하는 것을 보여준다. 공간 위치는 뇌의 한 영역에 저장되고 정서적 내용은 다른 부위에 저장되며 그 경험을 망라하는 사건은 또 다른 부위에 저장된다. 실제 뇌의 어느 부위도 경험의 모든 측면들을 통합하여 '기억'을 형성하는 데 관여하지 않는다.

그러면 뇌는 어떻게 단일의 그리고 다양한 감각과 운동 사건을 하나의 통합된 지각 혹은 행동 혹은 기억으로 묶는가? 이 **결합 문제**(binding problem)는 지각에서부터 운동, 인지 과정에까지 확대되는데, 서로 다른 부분들이 서로 다른 뇌 구조들에 의해 매개된다. 퍼즐의 핵심은 다음과 같다. 비록 뇌가 다양한 병렬적 채널을 통해 감각 정보를 분석하지만 이 정보가 뇌의 한 영역으로 모이지 않는데도 불구하고 우리가 단일의 경험, 예를 들어 기억을 지각한다는 것이다. 우리가 한 사건을 하나의 기억으로 회상하지만 실제로 우리는 한 사건에 대한 다양한 분리된 기억들을 가지고 있고 이 기억들은 뇌의 서로 다른 영역에 저장되어 있다.

2개의 뇌

1960년대 불치의 뇌전증 발작이 한 대뇌반구에서 다른 대뇌반구로 전달되는 것을 막기 위해 2명의 신경외과 의사, 즉 Joseph Bogen과 Phillip Vogel이 여러 뇌전증 환자들의 뇌량과 두 대뇌반구를 연결하는 작은 교련들을 절단하였다. 근본적으로 이 수술은 하나의 뇌에서 2개의 뇌로 만드는 것이었다. 수술 후 발작이 감소되었고 이 분리뇌(split-brain) 수술을 받은 환자의 생명이 연장되었다. Roger, W. Sperry는 이 환자들을 대상으로 일련의 연구를 수행하였으며, 그 결과 각 대뇌반구의 기능에 관한 새로운 정보를 제공하였다.

반대편 대뇌반구로 향하는 감각 경로의 해부학적 특성을 이용하여 Sperry는 정보를 분리뇌 환자의 좌반구와 우반구에 분리해서 제시하였다. 비록 우반구가 언어에 우세하지 않지만 단어를 큰 소리로 들려주면 이를 이해할 수 있고 인쇄된 단어를 읽을 수 있으며 이 단어에 상응하는 대상이나 그림을 지적할 수 있고, 역으로 대상이나 그림을 말로 불러주면 이에 상응하는 인쇄된 단어를 매칭할 수 있다(분리뇌 현상에 관해서는 11.2절과 17.4절 참조).

Sperry(1981)는 자신의 노벨상 시상식 강연에서 각 대뇌반구가 상호보완적으로 자의식과 사회적 의식을 소유하고, 특히 우반구가 소유하는 많은 내적 정신적 기능은 구어를 사용하여 분석하는 것이 가능하지 않다고 주장하였다. Sperry는 신경심리학이 사적인 내적 생활이 존재하는 것을 받아들이지 않고 행동을 양적으로 객관적으로 측정하는 것에 의존할 경우 뇌를 충분히 이해하지 못하게 되는데, 이는 내적 경험 그자체가 외적 행동을 표현하게 하기 때문이라고 제안하였다.

의식적 및 무의식적 신경 흐름

1988년 2월 이탈리아의 밀라노 인근에서 D.F.는 고장난 히터에서 방출된 일산화탄소(carbon monoxide, CO)에 중독되었다. CO가 혈액 내의 산소를 대신하기 때문에 D.F.의 뇌에 산소가 부족하게 되었고 그 결과 그녀는 혼수상태에 빠지게 되었다. D.F.가 병원에서 의식을 되찾았을 때 정신이 초롱초롱하였고 말을 할 수도 있었지만 아무것도 볼 수 없었다. 그녀에게 **피질맹**(cortical blindness)이라는 진단이 내려졌는데, 피질맹은 눈의 문제보다는 후두엽의 시각 영역의 손상 때문에 초래되었다.

D.F.는 추후 약간의 시력을 회복하였다. 즉 색채를 볼 수 있었고 그 색채를 띠는 대상이 무엇인지를 확인하는 것이 가능할 정도로 회복되었다. 그러나 그녀의 결함은 **시각 형태 실인증**(visual form agnosia)이었다. 즉 그녀는 대상의 형태를 볼 수 없었고 시각으로 제시된 대상의 형태를 인식하지 못하였다. 시력이 정상임에도 불구하고 수평선과 수직선을 구분하지 못하였다. 대상이나 대상의 그림을 인식하지 못하였다. 그녀는 대상을 기억해서 그릴 수 있었지만 자신이 그린 대상을 인식하지 못하였다.

스코틀랜드 세인트앤드루스의 어느 병원에서 스코틀랜드 신경심리학자인 David Milner와 캐나다의 신경심리학자인 Melvyn Goodale은 D.F.가 정확하게 손을 뻗어 자신들이 제공한 연필을 집는 것을 관찰하였다. 그럼에도 불구하고 그녀는 연필을 보지 못하였고 연필이 수평 혹은 수직으로 놓여 있는가를 말하지 못하였다. D.F.가 이런 행동을 정확하게 행하는 것이 모순처럼 보였다. 그녀가 자신이 무엇을 보았는지를 신경심리학자에게 말하지 못함에도 불구하고 어떻게 손을 뻗어 연필을 집을 수 있는가?

D.F.를 더 면밀하게 조사한 결과 그녀가 자신이 인식하지 못하는 많은 대상을 집기 위해 정확한 손 모양을 보이고 자신이 보지 못하는 대상을 피하기조차 할 수 있었다. 종합하면 D.F.는 행동을 수행하는 데 어떤 움직임이 필요한지를 볼 수 있는 것처럼 보였으나 대상의 형태는 보지 못한다(D.F.의 사례는 13.4절 참조).

D.F.의 시각 실인증은 **시각 운동실조증**(visual ataxia, *taxis*는 '어디로 향하여 움직인다'를 의미)으로 말미암아 손을 뻗어 대상을 집지는 못하지만 대상을 정확하게 인식할 수 있는 환자들이 보이는 결함과 대조를 보인다. D.F.와 같은 실인증 환자들의 경우 뇌병변이 **복측 흐름**(ventral stream)이라고 불리는 경로에 위치하는데, 복측 흐름은 시각피질에서 측두엽에 이르는 경로로 대상 인식에 중요한 역할을 한다. 시각 운동실조증 환자들의 뇌병변은 **배측 흐름**(dorsal stream)이라고 불리는 경로에 위치한다. 배측 경로는 시각피질에서 두정엽에 이르는 경로로 대상을 향한 움직임을 안내하는 데 중요한 역할을 한다(**그림 1.8**).

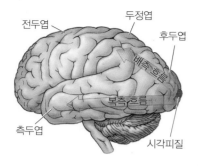

그림 1.8 ▲

신경 흐름 배측과 복측 흐름이 각각 행동과 인식을 위한 시각을 매개한다.

Goodale과 Milner(2004)는 복측 흐름이 의식적인 시지각에 의해 통제되는 행동을 매개하는 한편 배측 흐름은 무의식적 시각 과정에 의해 통제되는 행동을 매개한다고 제안하였다. 비록 우리는 우리가 의식적으로 시각 행동을 안내한다고 여기지만 우리의 많은 시각 행동이 의식적 시각 경험 밖에서 일어나고 근본적으로 자동적으로 일어난다. 따라서 언어 및 기억과 마찬가지로 시각은 단일 현상이 아니다.

다른 감각도 단일 현상이 아니라 무의식 혹은 의식적 행동을 매개하는 독립된 경로들로 구성되어 있다. 그럼에도 불구하고 우리는 의식과 무의식적 행동 사이의 끊임없는 결합된 상호작용을 경험한다. 우리, 심지어 이 장의 사례 보기에 소개된 L.D.처럼 외상성 뇌 손상을 입은 사람조차 세상과 자신을 전체로 보며 자신의 행동 결함을 인식하지 못할 수 있다. 의식과 무의식적 시각이 존재한다는 사실의 발견이 제공하는 역설은 신경심리학이 의식적 행동을 설명하기 위해서는 무의식적 행동을 확인하고 이를 설명할 수 있어야만 한다는 것이다.

1.4 뉴런 이론

뇌가 모든 행동의 근원이라는 **뇌 이론**과 더불어 현대 신경심리학에 영향을 미친 두 번째 주요 이론이 **뉴런 이론**이다. 뉴런 이론은 뇌 구조와 뇌기능의 기본 단위가 신경세포라는 것이다. 이 절에서 우리는 뉴런 이론의 세 가지 측면을 살펴보겠다. (1) 뉴런은 서로 상호작용을 하지만 물리적으로 서로 연결되어 있지 않은 대신 독립적이고 자율적인 세포이다. (2) 뉴런은 전기적 신호를 보내고 이 신호가 화학적 신호의 토대가 된다. (3) 뉴런은 다른 뉴런과 소통하기 위해 화학적 신호를 사용한다.

신경계의 세포

신경계는 두 가지 유형의 세포, 즉 뉴런과 **교세포**(glia, 그리스어의 '풀'을 의미)로 구성되어 있다. 뉴런이 행동을 생산하고 뇌 가소성을 매개하여 학습과 적응을 가능하게 한다. 교세포는 뉴런을 도와주는 역할을 하는데, 즉 뉴런을 고정시키고(풀과 같은 작용을 한다) 영양분을 공급하며 찌꺼기를 제거하는 역할을 한다. 인간 신경계는 대략 850억 개의 뉴런과 860억 개의 교세포로 구성되어 있다(Azevedo et al., 2009).

그림 1.9는 뉴런의 기본적인 세 부분을 보여준다. 핵심 영역은 **세포체**(cell body) 혹은 **소마**(soma, 그리스어로 '신체'를 의미하고 'somatic'과 같은 단어의 어원)라고 불린다. 뉴런의 확장된 가지를 **수상돌기**(dendrite, 라틴어의 '가지')라 부르고, 주요 '뿌리' 부위를 **축색**(axon, 그리스어의 '축')이라고 부른다. 대부분의 뉴런들은 하나의 축색과 많은 수상돌기를 가지고 있다. 앞으로 살펴보겠지만 일부 뉴런들은 지나치게 많은 수상돌기를 가지고 있어 마치 정원 울타리처럼 보인다.

수상돌기와 축색은 뉴런의 세포체로부터 분화되어 나오며, 뉴런의 표면을 확장시키고 이로 말미암아 다른 뉴런과의 상호작용이 증가하게 된다. 수상돌기는 몇 밀리미터 정도의 길이를 가지는 반면 축색은 1m나 될 만큼 길다.

길고 복잡한 돌기들을 가지는 몇십억 개의 세포가 어떻게 행동을 생산하는가를 이해하는 것은 만만찮은 과제이다. 초기 해부학자들이 성능이 좋지 않은 현미경을 가지고 뇌 구조를 연구하였던 당시를 상상해보자. 성능 좋은 현미경과 뇌 구조들을 선택적으로 염색하는 기법의 발달로 말미암아 19세기에 뉴런의 구조에 관한 이해가 높아졌다. 더 최근에 이루어진 기술 발달로 말미암아 뉴런이 어떻게 작용하고 수상돌기를 통해 어떻게 정보를 받으며 축색이 다른 뉴런에 어떻게 영향을 미치는가가 밝혀지고

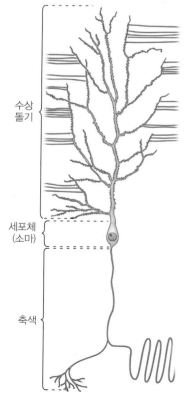

그림 1.9 ▲

뉴런의 주요 구조

수상돌기

세포체
(소마)

축색

있는데, 이에 관해서는 제4장과 제5장에서 상세하게 살펴볼 것이다.

뉴런의 확인

신경계의 구조를 연구한 최초의 해부학자들은 끈적끈적한 젤리와 같은 흰색 물질을 발견하였다. 추후 그들은 젤리와 같은 물질을 뇌 단백질의 구조를 변화시키는 포름알데히드에 담궈 상태를 유지하고 고정시켜 단단하게 만들 수 있음을 발견하였고, 단단해진 물질을 얇게 썬 후 현미경으로 관찰하였다. 이 절차를 사용하여 Amunts와 동료들(2013)이 '빅브레인', 즉 해상도가 높은 삼차원의 뇌지도를 만들었는데, 이 뇌지도는 당시까지 제작된 것 중 인간 뇌를 가장 상세하게 재구성한 것이었다(10.2절 참조). 빅브레인을 제작하기 위해 65세 여성의 뇌를 7,000번 이상 절단하였다(**그림 1.10**).

Descartes와 같은 초기 이론가들은 신경이 액체로 채워진 빈 관과 같다고 기술하였다(그림 1.3 참조). 그러나 1600년대 후반 최초의 세포 해부학자인 Anton van Leeuwenhoek(1632~1723)가 초기 현미경을 사용하여 신경을 조사한 결과 이와 다름을 발견하였다. 현미경의 성능이 향상됨에 따라 신경을 더 자세하게 관찰할 수 있게 되었고 그 결과 신체의 다른 부위처럼 뇌 구조의 기본 단위가 세포라는 것을 알 수 있게 되었다.

이 발견은 세포를 시각화할 수 있는 기법, 즉 염색법의 발달로 가능하게 되었는데, 염색법은 신경계의 서로 다른 부위들과 세포의 서로 다른 부위들을 구분하는 것을 가능하게 한다. 독일 섬유 산업에서 옷감을 염색하기 위해 사용되었던 다양한 염료들이 얇게 절단된 뇌조직에 적용되었다. 세포 내의 서로 다른 화학적 요소들과 상호작용하여 일부 염료는 소마를, 일부 염료는 핵을 그리고 일부 염료는 축색을 선택적으로 염색하였다. 가장 놀랄 만한 세포 염색은 사진 작업에 사용되는 화학물질을 신경계 조직에 적용한 것이었다.

1875년 이탈리아의 해부학자인 Camillo Golgi(1843~1926)가 질산은(흑백사진 이미지를 만드는 데 중요한 물질)을 조직에 스며들게 한 결과 세포 전체, 즉 세포체, 수상돌기와 축색이 은으로 뒤덮이게 되는 것을 발견하였다. 이 기법은 뉴런 전체를 시각화하는 것을 최초로 가능하게 하였다. Golgi는 이 놀랄 만한 발견을 하게 된 과정을 전혀 기술하지 않았다.

스페인의 해부학자인 Santiago Ramón y Cajal(1852~1934)는 Golgi가 개발한 은염색법을 사용하여 서로 다른 성장 단계에 있는 병아리 뇌를 조사한 결과 서로 다른 성장 단계에서의 뉴런의 모습을 발견하였다(1937). 그는 뉴런이 세포체와 몇 개의 돌기를 가지는 단순한 세포에서 많은 돌기를 가지는 복잡한 세포로 발달하는 것을 관찰할 수 있었다(**그림 1.11**). 그러나 그는 한 세포와 다른 세포가 서로 물리적으로 연결되어 있는 것을 관찰하지 못했다.

Golgi와 Cajal은 자신들이 관찰한 것을 다르게 해석하였다. Golgi는 뉴런들이 서로 연결되어 하나의 망(네트)을 형성하고 이 망이 통합된 마음의 토대가 된다고 제안하였다. Cajal은 뉴런들이 자율적이기 때문에 기능 국재화가 가능하다고 제안하였다. 1906년 노벨상 시상식의 강연에서 Golgi는 자신의 신경망을 지지하는 한편 Cajal은 자신의 뉴런 가설을 지지함으로써 두 사람이 신랄한 논쟁을 벌였다. 20세기 후반 전자현미경에 의해 생성된 이미지들은 Cajal이 주장한 뉴런 이론을 지지한다.

그림 1.10 ▲

빅브레인의 제작 한번에 하나씩 뇌를 매우 얇은 조직으로 썰고 이를 컨베이어벨트로 이동한 후 염색·스캔하고 디지털로 재조립하여 빅브레인 지도를 제작하는데, 이 지도는 가장 상세한 삼차원의 인간 뇌 모델이다. (K. Amunts et al., *Science*, 2013.)

그림 1.11 ▼

뉴런의 성장 푸르키네 세포라고 불리는 뉴런이 발달하는 단계(A~D)를 Ramón y Cajal이 정원 울타리를 비유해서 그린 그림이다.

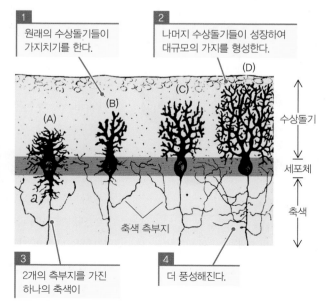

1
원래의 수상돌기들이 가지치기를 한다.

2
나머지 수상돌기들이 성장하여 대규모의 가지를 형성한다.

수상돌기
세포체
축색

축색 측부지

3
2개의 측부지를 가진 하나의 축색이

4
더 풍성해진다.

🎯 뉴런의 전기적 활동과 행동 사이의 관련성

뉴런이 어떻게 기능하는가에 관한 통찰은 18세기 이탈리아의 물리학자 Luigi Galvani(1737~1798)가 전선을 통해 전기적 자극을 개구리의 신경에 전달하면 근육 수축이 일어나는 것을 발견한 것으로부터 시작되었다. 이 실험에 관한 아이디어는 Galvani가 뇌우가 일어나는 동안 전선 위에 있던 개구리의 다리가 씰룩거리는 것을 관찰한 것으로부터 나왔다. 곧이어 신체에서 일어나는 전기 전도가 뉴런 내의 정보 전달과 어떻게 관련되는가에 관한 많은 연구들이 실시되었다(Brazier, 1959).

뇌에서의 정보 전달이 전기적 토대에서 일어나는 것을 보여준 가장 흥미로운 실험을 1870년 Gustav Theodor Fritsch(1838~1929)와 Eduard Hitzig(1838~1907)가 수행하였다. 그들은 가는 절연전선, 즉 **전극**(electrode)을 피질 표면 혹은 피질 내에 삽입하여 절연되지 않은 전선의 끝부분을 통해 약한 전류를 흘려 전선 가까이에 있는 조직을 자극하였다(Fritsch & Hitzig, 1960). Hitzig는 프러시아 전쟁 중 머리에 손상을 입은 군인을 치료하는 동안 관찰한 것에 근거하여 피질을 자극하는 아이디어를 얻었다. 군인의 한 대뇌반구를 기계적으로 자극한 결과 반대편 사지가 씰룩거렸다.

Fritsch와 Hitzig는 토끼와 개를 대상으로 이 실험을 성공적으로 수행하였다. 피질을 전기적으로 자극하면 움직임이 일어나는 것을 관찰하였다. 더욱이 전기적 자극이 피질을 선택적으로 흥분하게 하였다. 전두엽의 자극은 반대편 신체의 움직임이 일어나게 한 반면 두정엽의 자극에는 움직임이 일어나지 않았다. 전두엽의 제한된 부위를 자극하면 특정 신체 부위, 예를 들어 목, 앞발 혹은 뒷발의 움직임이 일어났는데(**그림 1.12**), 이는 피질이 신체의 서로 다른 부위에 관한 신경-공간 표상의 지형도를 형성하는 것을 시사한다. 뇌기능의 **지형적 조직화**(topographic organization)에 관한 연구는 오늘날에도 많이 실시되고 있다.

인간 피질의 전기적 자극에 관한 첫 번째 실험이 1874년 신시내티의 내과의사였던 Roberts Bartholow(1831~1904)에 의해 보고되었다. 그의 환자였던 메리 래퍼티는 각 대뇌반구의 피질 일부가 노출되는 두개골 결함을 가지고 있었다. 다음은 Bartholow의 보고 중 일부를 발췌한 것이다.

> 관찰 3. 절연 바늘을 좌반구 후측 엽에 삽입하여 절연되지 않은 바늘 끝이 뇌조직에 닿게 하였다. 또 다른 절연 바늘을 경막(dura matter)에 놓아 첫 번째 바늘과 0.25인치 정도 떨어지게 하였다. 전기 회로를 닫았을 때 지난 관찰 때와 마찬가지로 오른쪽 팔과 다리의 근육 수축이 일어났다. 경미하지만 눈에 띄는 왼쪽 눈꺼풀의 수축과 동공의 확대도 발생하였다. 메리는 오른쪽 사지, 특히 오른팔에 매우 강하고 불쾌한 따끔거림을 호소하였고 그녀는 왼손을 움켜잡아 오른팔을 강렬하게 문질렀다. 명백한 고통에도 불구하고 그녀는 즐겁다는 듯이 미소를 지었다. (Bartholow, 1874)

Bartholow의 논문에 대해 많은 이들이 항의를 하였고 그는 신시내티를 떠날 수밖에 없었다. 그럼에도 불구하고 그는 자극에 의해 초래된 주관적 감각을 보고할 수 있을 만큼의 의식이 있는 사람에게도 전기적 자극 기법이 적용될 수 있음을 보여주었다(래퍼티가 보고한 통증은 뇌에 있는 통증 수용기가 흥분되어 초래된 것은 아닌데, 이는 뇌에는 통증 수용기가 존재하지 않기 때문이다. 대신 정상적으로 신체의 다른 부위로부터 통증 메시지를 받는 뇌 부위에 의해 초래된 것으로 여겨진다).

20세기에 들어 과학계는 인간과 비인간 동물을 대상으로 하는 연구에 대한 윤리적 기준을 만들었고 뇌자극은 13쪽의 자세히 보기에 기술되어 있는 MCS 환자의 기능 향상을 포함하여 많은 표준적 신경외과 절차로 사용되고 있다. 전극을 의식이 있는 개인의 뇌에 삽입하지 않아도 전기적 자극에 관한 실험을 할 수 있다. 예를 들어 **경두개 자기자극**(transcranial magnetic stimulation, TMS)은 자기 코일을

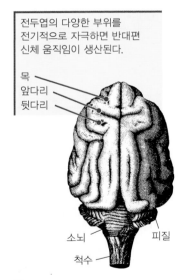

전두엽의 다양한 부위를 전기적으로 자극하면 반대편 신체 움직임이 생산된다.

목
앞다리
뒷다리

소뇌
피질
척수

그림 1.12 ▲

기능 국재화 Fritch와 Hitzig가 제시한 1870년의 이 그림은 배측에서 그린 것인데, 개의 뇌를 위에서 내려보고 그린 것이다. 개의 피질이 뇌간을 완전히 덮지 않기 때문에 소뇌를 볼 수 있는 것에 주목하라.

두개골 위에 놓음으로써 뇌의 전기적 활동을 초래하게 한다(7.2절 참조). 이 비침습적 기법은 정상적인 뇌가 어떻게 행동을 생산하고 뇌의 어떤 부위가 어떤 행동에 관여하는가에 대한 연구를 가능하게 한다.

◎ 학습의 토대가 되는 뉴런들 사이의 연결

신경심리학자인 Elliott Valenstein(2005)은 자신의 저서 *The War of the Soups and the Sparks*에서 뉴런들이 어떻게 서로 영향을 미치는가에 관해 상세하게 기술하고 있다. 20세기 초 영국 케임브리지대학교의 Alan Hodgkin과 Andrew Huxley는 뉴런들이 어떻게 정보를 전달하는가를 연구하였다. 그들은 뉴런들이 잠시 동안 전위를 발생하고 이를 축색을 따라 전달한다는 것을 밝혔고(4.2절 참조) 이 업적을 인정받아 1963년 생리학 분야에서 노벨상을 수상하였다.

그러나 여전히 의문이 남아 있다. 즉 어떻게 한 뉴런이 다른 뉴런에 영향을 미치는가이다. Valentein은 자신의 저서에서 '수프(soup)'는 뉴런이 화학물질을 분비하여 다른 뉴런과 근육의 활동에 영향을 미친다고 제안하고 '불꽃(spark)'은 전기 충동이 한 뉴런에서 다음 뉴런으로 전달된다고 제안하였다.

영국의 생리학자인 Charles Scott Sherrington(1857~1952)은 신경이 어떻게 근육과 연결되어 있는가를 조사하였다(1906). 그는 처음에는 어떠한 연속적인 연결도 존재하지 않는다고 제안하였다. 그는 개의 발에 불쾌한 자극을 제시한 후 개가 자신의 발을 철수하는 데 걸리는 시간을 측정하였고, 이 시간을 메시지가 축색을 따라 전달되는 속도율과 비교하였다. Sherrington의 계산에 의하면 개가 반응하는 데 걸린 시간이 5ms였고, 이 시간은 반응하는 데 너무 긴 시간이었다. Sherrington은 뉴런들이 시냅스(synapse, 그리스어 'clasp'에서 유래)라고 불리는 틈을 사이에 두고 분리되어 있으며, 정보가 이 틈을 건너는 데 여분의 시간이 필요하다고 주장하였다.

Otto Loewi(1953)는 메시지가 화학물질을 통해 시냅스를 건너가는 것을 발견하였다. 제5장의 서두 사례 보기에 자세하게 기술되어 있는 그의 단순하지만 결정적인 실험은 다음과 같다. 즉 개구리의 심장을 전기적으로 자극하면 심장에서 액체가 분비되고 이 액체를 모은 후 이 액체를 동일한 심장 혹은 다른 개구리의 심장에 주입하면 첫 번째 개구리의 심장에 전기적 자극을 가했을 때 심박률이 변하는 것과 동일하게 심박률이 변하였다.

Loewi의 실험 결과는 시냅스에서 화학물질이 분비되고 이 화학물질이 인접해 있는 뉴런에 영향을 미친다는 것을 시사한다. 이에 근거하여 캐나다의 신경심리학자인 Donald Hebb(1949)은 다음과 같은 학습 원리를 제안하였다. 개개 세포들이 동시에 활동하면 이 세포들이 새로운 연결 시냅스를 형성하거나 이미 존재하는 시냅스가 강화되어 하나의 기능 단위가 된다는 것이다.

Hebb은 헵 시냅스, 혹은 **가소적 시냅스**(plastic synapse)라고 불리는 새로이 형성된 연결 혹은 이미 존재하였지만 강화된 연결이 기억의 구조적 토대라고 제안하였다. 또한 그는 일련의 뉴런들이 서로 연결되어 **세포군**(cell assembly)을 형성하여 아이디어 등과 같은 행동 단위로 작용하며 세포군이 서로 연결되어 사고와 의식이 일어나게 한다고 제안하였다.

오늘날 뇌는 가소적이고 가소성의 한 특징이 변화라는 것을 인식하고 있다. 즉 변화는 뇌에 존재하는 수십억 개의 시냅스 각각에서 끊임없이 일어난다. 비록 우리는 우리의 정체감을 일생 동안 유지하지만 이 정체감은 역동적 구조 내에 있다. 매일 생각을 하거나 백일몽을 꾸거나 회상하거나 다른 사람과 관계를 맺을 때 여러분은 수백만 개의 존재하는 시냅스의 활동을 강화하고 새로운 시냅스를 만들어 낸다. 우리는 항상 진행 중에 있다.

🎯 1.5 신경심리학 발달에 공헌한 분야

신경심리학이 하나의 독립된 과학 분야로 발달할 수 있었던 것은 인접 분야의 공헌이 있었기 때문이다. 즉 신경외과학, 인간의 정신 능력을 측정하는 **심리측정학**(psychometrics)과 통계분석을 비롯하여 생존하는 뇌를 관찰 가능하게 한 기술 발전 등이 신경심리학의 발달에 큰 공헌을 하였다.

신경외과학

Wilder Penfield와 Herbert Jasper(1954)가 언급한 바와 같이 인류학자들은 선사시대 때부터 뇌 수술이 시행되었다는 증거를 발견하였다(**그림 1.13A**). 수술 후 회복을 보인 신석기시대의 두개골이 유럽에서 발견되었고 페루의 초기 잉카 시대의 두개골도 발견되었다. 고대 사람들은 손상을 입은 뇌의 부종 때문에 발생하는 뇌압을 감소시키는 데 수술이 효과적이라고 믿은 것으로 보인다.

Hippocrates는 손상된 부위 반대편 두개골에 **천공**(trephining, 두개골에 원형의 구멍을 내는 방법)을 하는 것이 뇌압을 감소하는 치료법이라고 기술하였다. 13~19세기 사이 수술을 통하여 다양한 증상을 완화하고자 하는 시도가 많았으며 이 중 일부는 성공적이었다는 것을 기술한 문서도 발견된다. TBI와 그 치료에 관해서는 오래전부터 인식되어 왔으며 천공술은 오늘날에도 계속 시행되고 있다(**그림 1.13B**). 이 장의 서두 사례 보기에 소개된 L.D.의 경우 CT 스캔에서 출혈과 부종이 발견되자 신경외과의사가 그의 우반구 전두 피질에 개두술(두개골 제거)을 시행하였다.

현대 신경외과학은 소독제, 마취제의 개발과 기능 국재화 원리의 발달과 더불어 시작되었다. 1880년대 많은 외과의사들이 뇌종기, 종양과 뇌전증으로 인한 상처를 치료하기 위한 수술에 성공하였다고 보고하였다. 추후 수술을 위해 뇌를 고정된 위치에 놓게 하는 **뇌정위 고정장치**(stereotaxic device)가 개발되었다(**그림 1.14**). 부분 마취제의 개발로 말미암아 환자가 깨어 있는 동안 수술을 하는 것이 가능해졌고, 그 결과 뇌의 제한된 영역을 자극하면 어떤 효과가 일어나는가에 관한 정보를 얻게 되었다.

인간의 일부 비정상적인 뇌를 성공적으로 치료하게 된 신경외과학의 발달은 신경심리학에 엄청난 영향을 미쳤다. 외과의사는 손상의 정확한 정도를 발견하기 위해 주위 조직들을 전기적으로 자극한 결과에 근거하여 병변 지도를 작성하였다. 그 결과 지엽적인 뇌 병변과 그 병변으로 초래된 행동 변화 사이의 관련성을 이해할 수 있게 되었다. 신경심리검사는 행동 변화를 측정하기 위해 개발되었으며, 이로 인하여 뇌와 행동을 평가하는 방법론이 발달하게 되었다(제28장 참조).

신경외과 수술을 받은 환자들이 제공하는 행동에 관한 정보는 다른 환자의 문제를 초래한 원인을 진단하는 데 큰 도움이 된다. 예를 들어 만약 측두엽 조직의 제거가 추후 기억 문제와 관련된다는 것이 관찰되면(H.M.의 기억상실증), 기억 문제를 가진 사람들이 측두엽의 손상 혹은 질환을 가진 것으로 진단하는 것이 가능하다.

심리측정과 통계적 평가

사람들의 뇌는 매우 유사한 것으로 보이지만 사람들마다 능력과 행동에서 심한 개인차를 보이는 것으로 미루어 뇌기능이 사람들마다 매우 다르다는 것을 알 수 있다. Charles Darwin의 사촌인 Francis Galton(1822~1911)이 개인차의 원인에 관한 체계적 연구를 처음으로 수행하였다(1891). Galton은 신체적 특징, 지각과 반응시간을

그림 1.13 ▼

신경수술의 기원 (A) 예리코에서 발굴된 4000년 전에 천공술을 받은 두개골. (B) 오늘날 남아프리카의 줄루족의 경우 전쟁에서 뇌외상을 입은 전사의 뇌압을 감소시키기 위해 어디에 천공을 내어야 하는가를 주술사가 두개골 모형을 가지고 알려준다.

(Part A, Photo by SSPL/Getty Images; part B, Obed Zilwa/AP.)

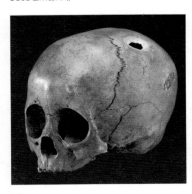

(A)

(B)

측정하기 위해 연구참여자들에게 3페니를 지불하였다. 그의 목적은 지능차를 설명할 수 있는 개인차를 발견하는 것이었다. Galton은 자신이 측정한 지각과 반응시간 차이가 지적으로 우수한 사람과 평균인 사람을 구분하지 못하는 것을 발견하였다.

그는 벨기에의 통계학자인 Adolphe Quetelet(1796~1874)의 통계법을 자신의 결과 분석에 적용하는 혁신적인 시도를 하였다(Quetelet, 1842). Galton이 '종커브(bell curve)'라고 불리는 빈도분포 그래프에 자신의 연구참여자들의 점수를 정렬한 결과 그가 측정한 거의 모든 요인에서 일부 사람들은 매우 높은 점수를 보였고 일부 사람은 매우 낮은 점수를 보였지만, 대부분의 사람들이 이 두 극단 사이에 위치함을 발견하였다. 이 혁신적인 시도는 현대 심리검사의 발달에 매우 중요한 역할을 하였다.

프랑스의 심리학자인 Alfred Binet(1857~1911)는 Galton이 가졌던 지능측정 문제를 해결하고자 하였다(1903). 프랑스의 교육부장관은 Binet에게 특수교육이 필요한 아동을 선별하는 검사를 개발할 것을 요청하였다. 그가 Theodore Simon(1872~1961)과 더불어 개발한 검사는 3~11세 사이의 정상 아동 50명과 학습장애를 보이는 몇 아동과 성인에게 실시한 질문에 근거하였다.

비네-사이몬 검사(Binet-Simon scale)는 1908년 개정되었다. 불만족스러운 검사들이 제거되었고 새로운 검사들이 첨부되었으며, 학생 전집은 3~13세 사이의 아동 300명으로 증가하였다. 이 검사에서 정신 수준은 특정 연령 정상 아동들의 80~90%가 보인 점수에 근거하여 계산되었다. 1916년 미국에서 Lewis Terman(1877~1956)이 스탠퍼드-비네 검사(Stanford-Binet test)를 개발하였는데, 이 검사에서 처음으로 **지능지수**(intelligence quotient, IQ)를, 정신 연령을 생활 연령으로 나누어 100을 곱한 값으로 사용하였다(Terman & Merrill, 1937). Terman은 평균 지능 수준을 IQ 100으로 정하였다.

신경심리학자들은 스탠퍼드-비네 검사에 포함된 소검사들, 예들 들어 수리적 추론과 기억을 측정하는 소검사들을 사용하여 뇌기능의 여러 측면들을 측정하였다. Donald Hebb이 처음으로 캐나다 몬트리올에서 뇌 손상 환자들에게 IQ 검사를 실시한 결과 Gall 시대 때부터 상위 지능의 센터로 여겨왔던 전두엽 병변이 IQ 점수를 감소시키지 않는다는 놀라운 사실을 발견하였다(Hebb & Penfield, 1940). (전두엽 손상이 L.D.의 집행 기능 수준을 감소시켰지만 IQ 점수는 감소시키지 않았음을 상기하라). '지능'에 관여하지 않는 것으로 여겨왔던 뇌 영역의 병변이 IQ 점수를 감소시켰다. 이러한 직관에 어긋나는 발견들은 검사들이 뇌 손상의 위치를 평가하는 데 유용하다는 것과 신경과학과 신경심리학 사이에 공통된 흥미를 불러일으켰다.

이 책에서 자주 기술될 신경심리검사는 통계적 절차를 사용하여 객관적으로 채점되고 표준화된다. 비록 '정신 검사'의 사용에 대한 비난도 있지만 비판자들조차 이러한 검사들이 신경심리학에서 적절하게 사용되고 있는 것을 인정한다(Gould, 1981). 무엇보다 중요한 점은 검사들이 L.D.의 사례처럼 광범위한 뇌 손상을 입은 경우에도 행동 변화를 확인하고 뇌 손상의 효과를 이해하는 데 도움이 된다는 것이다.

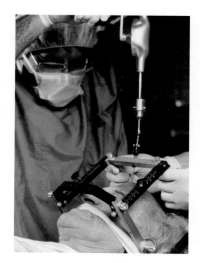

그림 1.14 ▲

오늘날의 신경수술 뇌수술을 받을 환자에게 뇌정위 고정장치를 적용한다. 이 기구는 외이도와 앞니 아래에 바(bar)를 놓아 머리를 움직이지 못하게 하는데, 이렇게 함으로써 뇌지도에 따라 정확한 위치에 전극을 놓을 수 있다.

(Michael English, M.D./Custom Medical Stock.)

뇌영상

신경심리학의 역사 초기에는 뇌와 행동 사이의 관련성이 부검을 통해서만 이해되었다. 프랑스의 내과의사이자 수천 명의 여성 환자들이 입원하고 있던 정신병원의 원장이었던 Jean Martin Charcot(1825~1893)와 같은 연구자들이 증상을 수집하는 방법과 사후 뇌병리와 수집한 증상 사이의 관련성을 보는 방법을 개발하였다(1889). 비록 이 방법은 많은 시간을 요하지만 그가 발견한 많은 사실 중 하나가 **다발성 경화증**(multiple sclerosis, MS), 즉 감각과 운동 기능의 상실로 특징되는 퇴행성 질환이 척수의 신경섬유 경로가 **굳어진**(*sclerosis*는 '굳어짐'을 의미) 결과로 초래된다는 것이다(4.3절 자세히 보기 참조).

오늘날 뇌영상 기법이 증상과 뇌 병리 사이의 관련성을 신속하게 알려주며 필수적인 진단도구로 사용되고 있다. 다양한 컴퓨터-지원 뇌영상 기법들이 이차원과 삼차원의 뇌영상을 재구성한다. 영상은 뇌 영역들의 구조 및 기능, 전기적 활동, 세포 농도 혹은 화학적 활성화(예 : 세포가 사용하는 포도당의 양이나 소모하는 산소의 양)의 차이들을 보여준다. 7.4절과 **그림 1.15**A~D에 제시되어 있는 주요 영상 기법은 다음과 같다.

- **컴퓨터단층촬영**(computed tomography, CT) 스캔은 머리에 X-레이를 통과시킨다. X-레이는 뇌세포보다 뇌척수액에 덜 흡수되고 뼈보다 뇌세포에 덜 흡수된다. 뇌 손상을 시각화할 수 있는데, 이는 손상된 영역 내에서 죽은 세포들은 수분을 덜 가지고 있는 건강하고 생존한 세포들에 비해 스캔에서 더 어두운 이미지로 나타나기 때문이다. 컴퓨터가 삼차원의 뇌 이미지와 손상된 영역의 삼차원 이미지를 만든다.

- **양전자방출단층촬영**(positron emission tomography, PET)은 방사성 물질을 주사하는 것이 요구되는데, 이 물질은 뇌에 전달되는 혈류 내에서 몇 분 이내에 소멸된다. 방사능이 소멸될 때 양전자를 방출하고 컴퓨터가 양전자의 위치에 근거하여 이차원 혹은 삼차원의 뇌를 재구성한다. 예를 들어 만약 산소의 방사성 형태(radioactive form of oxygen)가 주사되면 더 많은 산소를 사용하는 뇌 부위가 더 활성화되는 것을 확인할 수 있고, 이를 참여자가 수행하고 있는 과제에서 측정하는 행동과 관련짓는다. 손상된 뇌 영역들은 산소를 덜 사용한다. PET은 말하기, 읽기, 쓰기 등과 같은 정상 행동에 관여하는 뇌 영역들의 혈류를 조사하는 데에도 유용하게 사용된다.

- **자기공명영상**(magnetic resonance imaging, MRI)은 움직일 때 생성되는 전위의 탐지를 통해 움직이는 분자의 위치를 계산한다. 뇌조직이 분자 농도에서 서로 다르기 때문에(예 : 세포체와 신경섬유의 농도가 다르다) MRI는 뇌 영역들 사이의 농도차를 이용하여 훌륭한 뇌 이미지를 만든다. MRI는 산소와 이산화탄소의 상대적 농도를 확인하고 이에 근거하여 서로 다른 뇌 영역들의 활성화 차이를 결정하기도 한다. 따라서 뇌기능(functional MRI, fMRI)에 관한 이미지를 만들어 이를 뇌 구조(MRI) 위에 겹쳐 놓을 수 있다.

- **확산텐서영상**(diffusion tensor imaging, DTI)은 뇌의 신경섬유 경로 이미지를 생성하기 위해 물분

그림 1.15 ▼

뇌영상 기법　(A) 우반구에 뇌졸중 효과가 있는 것을 보여주는 CT 스캔. (B) 정상 뇌에서의 혈류를 보여주는 PET 스캔. 가장 강한 혈류가 있는 영역은 붉게 보이고 가장 약한 영역은 파랗게 보인다. (C) 좌반구를 절제한 뇌를 보여주는 MRI. (D) 측두엽 청각 회로의 DTI 신경다발 추적에 색채를 입혔는데 좌반구는 오렌지색, 우반구는 자주색을 입혔다.

(Part A, Canadian Stroke Network; part B, Hank Morgan/Science Source; part C, Dr. George Jallo/Johns Hopkins Hospital; part D, Loui, P., Li, H. C., Hohmann, A., & Schlaug, G. Enhanced Connectivity in Absolute Pitch Musicians: A Model of Hyperconnectivity. *Journal of Cognitive Neuroscience* 23(4):1015–1026, 2011.© 2011 Massachusetts Institute of Technology.)

(A) CT 스캔

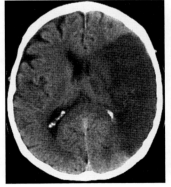

(B) PET 스캔

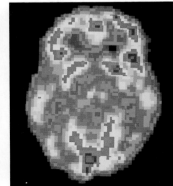

(C) MRI 스캔

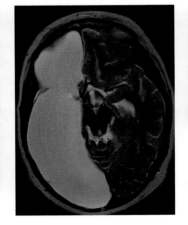

(D) DTI 추적 방법

자의 움직임 방향을 탐지하는 MRI 기법이다. DTI **추적 방법**(tractography)을 사용하여 인간 커넥톰 프로젝트(Human Connectome Project)는 인간 뇌의 연결성을 지도화하는 것을 시도하고 있다. 이 프로젝트는 발달 과정 동안 연결성이 어떻게 형성되는지와 노화와 뇌 손상 시 어떻게 연결성이 변하는지를 연구하고 있다(Johansen-Berg, 2013).

뇌영상 기법이 가지는 장점은 7.5절에 자세하게 기술되어 있다. CT 스캔은 신속하게 적은 비용으로 실시된다. PET은 많은 화학물질을 영상화할 수 있기 때문에 화학적 변화가 특징인 질환을 영상화할 수 있다. MRI가 가지는 높은 해상도는 뇌의 상세한 영상을 제공하고 특정 행동을 수행하는 동안 활성화하는 뇌 영역들을 상세하게 보여준다.

요약하면 뇌영상은 이전에는 부검으로만 알 수 있었던 죽은 뇌조직을 밝혀줄 뿐 아니라 순간순간의 해상력으로 뇌 활성화 영역들을 보여준다. 영상 기법은 신경심리학자들로 하여금 손상된 뇌와 건강한 뇌의 기능에 관한 연구를 가능하게 한다. 수백 명의 참여자들의 MRI 영상에 근거하여 과학자들은 골상학자들이 시도하였지만 성공하지 못하였던 인간 뇌기능 지도를 만들고 있다.

요약

이 첫 번째 장은 다음의 두 이론을 살펴봄으로써 신경심리학의 역사에 관해 기술하고 있다. (1) 뇌가 행동의 근원이다. (2) 뉴런이 기능 단위이다. 이 장은 뇌기능에 관한 주요 아이디어들이 어떻게 생기게 되었는가도 요약하고 있다. 오늘날의 과학적 신경심리학은 긴 역사를 가지고 있으며 이 역사 동안 일어난 주요 발전이 기술되어 있다. 이 발전들은 수많은 작은 발견을 초래하였고 많은 사람들이 오랫동안 연구해 온 것들을 능가하고 있다.

1.1 뇌 이론

거의 대칭적인 뇌의 좌반구와 우반구의 주름 잡힌 표면인 신피질은 4개의 엽, 즉 측두엽, 전두엽, 두정엽과 후두엽으로 구분된다. 뇌와 척수가 중추신경계를 구성한다. CNS 밖으로 뻗어 있는 모든 신경섬유 및 뇌와 척수 밖에 위치하는 모든 뉴런이 말초신경계를 구성한다. PNS의 감각 경로는 CNS로 정보를 전달하고 운동 경로는 CNS로부터 신체의 근육과 조직으로 정보를 전달한다.

1.2 뇌와 행동에 관한 입장

정신론은 행동이 마음이라고 불리는 무형의 실체에 의해 일어난다고 여긴다. 이원론은 뇌를 통해 마음이 언어와 합리적 행동과 같은 '상위' 기능을 생산하는 반면 뇌는 인간과 동물이 공통적으로 행하는 '하위' 기능을 담당한다고 주장한다. 물질론은 언어, 추론을 포함한 모든 행동이 뇌기능에 의해 충분히 설명될 수 있다고 여기며 오늘날 신경과학에서 이루어지는 연구는 물질론을 따른다.

1.3 뇌기능 : 뇌 손상으로부터의 통찰

질환, 부상 혹은 수술로 인하여 뇌 손상을 입은 환자의 행동을 관찰함으로써 뇌기능에 관한 통찰을 얻을 수 있다. 주요 원리는 다음과 같다. 기능 위계는 기능이 뇌의 한 영역에 의해 통제되는 것이 아니라 신피질, 뇌간과 척수에 의해 통제되는 것을 의미한다. **기능 국재화**는 서로 다른 뇌 영역들이 서로 다른 기능을 가지는 것을 의미한다. **기능 편재화**는 좌반구와 우반구가 서로 다른 기능을 가지며 일부는 의식적이고 일부는 무의식적이라는 것을 의미한다. 다중 기억 체계는 서로 다른 뇌 영역들이 서로 다른 기억 유형에 관여하는 것을 의미한다. 개개 환자의 연구는 신경가소성과 기능 회복에 근거하는 치료를 가능하게 한다. 심각한 행동장애를 초래하는 뇌 손상 후에도 상당한 정도의 회복이 가능하다.

1.4 뉴런 이론

뇌는 신경세포로 구성되는데, 이 세포가 뇌기능의 단위이다. 뉴런은 수상돌기와 축색을 따라 전기적 신호를 보내고 시냅스에서 화학적 메시지를 분비함으로써 정보를 교환한다. 뉴런은 가소성을 가진다. 즉 뉴런의 기능은 변화될 수 있고 이를 통해 학습을 매개한다.

1.5 신경심리학 발달에 공헌한 분야

뇌의 제한된 영역의 병변으로 인하여 신경외과 수술을 받은 환자들에 관한 연구와 통계적 기법의 향상이 행동 검사의 개발과 검사 결과의 해석에 공헌하였고, 아직도 발전 중에 있는 뇌영상 기법은 신경심리학적 이론과 실무를 평가하고 향상시키는 새로운 방법을 제공한다.

참고문헌

Amunts, K., C. Lepage, L. Borgeat, H. Mohlberg, T. Dickscheid, M-E. Rousseau, S. Bludau, P-L. Bazin, L. B. Lewis, A-M. Oros-Peusquens, N. J. Shah, T. Lippert, K. Zilles, and A. C. Evans. BigBrain: An ultrahigh-resolution 3D human brain model. *Science* 340:1472–1475, June 21, 2013.

Azevedo, F. A. C., L. R. B. Carvalho, L. T. Grinberg, J. M. Farfel, R. E. L. Ferretti, R. E. P. Leite, W. Jacob Filho, R. Lent, and S. Herculano-Houzel. Equal numbers of neuronal and nonneuronal cells make the human brain an isometrically scaled-up primate brain. *Journal of Comparative Neurology* 513(5):532–541, 2009.

Bartholow, R. Experimental investigation into the functions of the human brain. *American Journal of Medical Sciences* 67:305–313, 1874.

Benton, A. L. Contributions to aphasia before Broca. *Cortex* 1:314–327, 1964.

Binet, A. *Etude expérimentale de l'intelligence.* Paris: Librairie C. Reinwald, 1903.

Brazier, M. A. B. The historical development of neurophysiology. In J. Field, H. W. Magoun, and V. E. Hall, Eds. *Handbook of Physiology,* vol. 1. Washington, D.C.: American Physiological Society, 1959.

Broca, P. Sur le siège de la faculté du langage articulé. *Bulletin of the Society of Anthropology* 6:377–396, 1865.

Broca, P. Remarks on the seat of the faculty of articulate language, followed by an observation of aphemia. In G. von Bonin, Ed. *The Cerebral Cortex.* Springfield, Ill.: Charles C Thomas, 1960.

Charcot, J. M. *Clinical lectures on diseases of the nervous system [Leçons sur les maladies du système nerveux]* (Thomas Savill, Trans., Ed.). London: The New Sydenham Society, 1889.

Corkin, S. What's new with the amnesic patient H.M.? *Nature Reviews Neuroscience* 3(2):153–160, 2000.

Critchley, M. Neurology's debt to F. J. Gall (1758–1828). *British Medical Journal* 2:775–781, 1965.

Darwin, C. *On the Origin of Species by the Means of Natural Selection, or the Preservation of Favored Races in the Struggle for Life.* New York: New American Library, 1985. (Original publication 1859)

Descartes, R. *Traite de l'homme.* Paris: Angot, 1664.

Finger, S. *Origins of Neuroscience.* New York: Oxford University Press, 1994.

Flourens, P. Investigations of the properties and the functions of the various parts which compose the cerebral mass. In G. von Bonin, Ed. *The Cerebral Cortex.* Springfield, Ill.: Charles C Thomas, 1960.

Fritsch, G., and E. Hitzig. On the electrical excitability of the cerebrum. In G. von Bonin, Ed. *The Cerebral Cortex.* Springfield, Ill.: Charles C Thomas, 1960.

Galton, F. *Hereditary Genius.* New York: D. Appleton and Co., 1891.

Geschwind, N. *Selected Papers on Language and Brain.* Dordrecht, Holland, and Boston: D. Reidel, 1974.

Goltz, F. On the functions of the hemispheres. In G. von Bonin, Ed. *The Cerebral Cortex.* Springfield, Ill.: Charles C Thomas, 1960.

Goodale, M. A., and D. A. Milner. *Sight Unseen: An Exploration of Conscious and Unconscious Vision.* Oxford, U.K.: Oxford University Press, 2004.

Gould, S. J. *The Mismeasure of Man.* New York: Norton, 1981.

Gubata M. E., E. R. Packnett, C. D. Blandford, A. L. Piccirillo, D. W. Niebuhr, and D. N. Cowan. Trends in the epidemiology of disability related to traumatic brain injury in the US Army and Marine Corps: 2005 to 2010. *Journal of Head Trauma and Rehabilitation* (1):65–75, 2014.

Hebb, D. O. *The Organization of Behavior: A Neuropsychological Theory.* New York: Wiley, 1949.

Hebb, D. O., and W. Penfield. Human behavior after extensive bilateral removals from the frontal lobes. *Archives of Neurology and Psychiatry* 44:421–438, 1940.

Hughlings-Jackson, J. *Selected Writings of John Hughlings-Jackson,* J. Taylor, Ed., vols. 1 and 2. London: Hodder, 1931.

Johansen-Berg, H. Human connectomics—What will the future demand? *NeuroImage* 80:541–544, 2013.

Joynt, R. Paul Pierre Broca: His contribution to the knowledge of aphasia. *Cortex* 1:206–213, 1964.

Loewi, O. *From the Workshop of Discoveries.* Westbrooke Circle, Lawrence, Kansas: University of Kansas Press, 1953.

Marie, P. The third left frontal convolution plays no special role in the function of language. *Semaine Médicale* 26:241–247. Reprinted in *Pierre Marie's Papers on Speech Disorders,* M. F. Cole and M. Cole, Eds. New York: Hafner, 1906, 1971.

Olin, C. H. *Phrenology.* Philadelphia: Penn Publishing, 1910.

Penfield, W., and H. Jasper. *Epilepsy and the Functional Anatomy of the Human Brain.* Boston: Little, Brown, 1954.

Quetelet, A. M. *On Man and the Development of His Faculties.* Edinburgh: William and Robert Chambers, 1842.

Ramón y Cajal, S. *Recollections of My Life,* E. Horne Craigie, Trans., with assistance from J. Cano. Cambridge, Mass.: MIT Press, 1937, 1989.

Scoville, W. B., and B. Milner. Loss of recent memory after bilateral hippocampal lesions. *Journal of Neuropsychiatry and Clinical Neuroscience* 20(1):11–21, 1957.

Sherrington, C. S. *The Integrative Action of the Nervous System.* Cambridge, U.K.: Cambridge University Press, 1906.

Sperry, R. W. Some Effects of Disconnecting the Cerebral Hemispheres. Nobel Lecture, December 8, 1981.

Stookey, B. A note on the early history of cerebral localization. *Bulletin of the New York Academy of Medicine* 30:559–578, 1954.

Terman, L.M., and M. A. Merrill. *Measuring Intelligence.* Boston: Houghton Mifflin, 1937.

Valenstein, E. S. *The War of the Soups and the Sparks.* New York: Columbia University Press, 2005.

Wernicke, C. *Der aphasische Symptomenkomplex.* Breslau, Poland: M. Cohn and Weigert, 1874.

2 인간 뇌와 행동의 기원에 관한 연구

사례 보기 언어 능력의 발달

인간이 사용하는 언어의 선행(antecedent)을 비인간 동물들이 가지고 있는가? 어류와 개구리와 같이 전뇌가 발달되지 않은 많은 종들도 정교한 발성을 낼 수 있으나 새, 고래, 영장류와 같이 전뇌가 발달된 종들이 이들보다 더 정교한 발성을 한다.

그러나 언어는 단지 소리를 내는 것이 아니다. 우리는 손 동작 등을 포함하는 신체를 사용하여 자연스럽게 손짓으로 의사소통한다. 우리는 애완동물을 포함한 동물의 행동에서 소통 의도를 인식할 수 있다.

1969년 Beatrice와 Alan Gardner는 워쇼라고 불리는 침팬지에게 미국 수화(ASL)를 가르쳤다. 그들의 실험은 언어의 비언어적 형태가 구어보다 더 앞서 발달되었다는 증거를 제시하였다(Gardner & Gardner, 1969).

Sue Savage-Rumbaugh와 동료들(Gillespie-Lynch et al., 2013)은 여키스어(Yerkish)라고 불리는 상징 언어를 마라타라고 불리는 피그미침팬지에거 가르쳤다(피그미침팬지 혹은 보노보는 일반 침팬지보다 인간과 더 가까운 것으로 여겨지고 있다). 마라타의 아들인 칸지도 수업에 동참하였는데, 비록 어미보다 피상적으로 훈련을 받았음에도 불구하고 어미보다 더 많이 여키스어를 학습하였다.

AP Photo/Great Ape Trust of Iowa

성장한 후의 칸지 사진이 제시되어 있는데, 그는 인간의 언어도 이해하였다. Jared Taglialatela와 동료들은 칸지가 의미를 가지거나 의미적 맥락과 관련되는 소리를 내는 것을 관찰하였다. 또한 특정 먹이(라즈베리)와 관련된 짹짹 소리를 내거나 주의를 끌기 위해 불평을 나타내는 소리를 내었다. 새끼 침팬지들은 어미로부터 주의를 끄는 신호로서의 소리를 학습한다(Hopkins & Taglialatela, 2012).

'침팬지 언어'의 사용과 관련하여 침팬지의 뇌혈류를 영상화한 연구들은 침팬지가 자신의 언어를 사용할 때 인간이 언어를 사용할 때 활성화하는 영역이 활성화하는 것을 관찰하였다. 동물 발성, 제스처, 부모가 새끼에게 가르치는 것과 뇌활성화의 유사함은 인간의 언어가 비인간 동물의 언어로부터 발달하였음을 시사한다.

보노보(칸지)는 영장류의 구성원인데, 영장류는 여우원숭이, 안경원숭이, 원숭이, 유인원 및 인간을 포함하는 동물 집단이다. 모든 영장류는 공통의 조상으로부터 갈라졌다. 영장류 순서가 분기도 형태로 **그림 2.1**에 제시되어 있는데, **분기도**(cladogram)는 매우 밀접하게 관련되어 있는 동물집단 기원의 상대적 시간 순서를 보여주는 분기 차트이다. 각 분기점은 그 분기점 전후에 진화한 동물들을 하나 혹은 그 이상의 신체 및 행동 특성에 따라 구분한다. 예를 들어 모든 유인원은 팔을 들어 나무에 매달릴 수 있지만, 유인원 이전에 진화한 영장류는 이러한 행동을 할 수 없다.

영장류의 색채 시각과 향상된 깊이 지각이 그들의 손운동을 안내하는 것을 가능하게 하였다. 암컷 영장류는 한 번의 임신에 단 하나의 새끼만을 출산하고 다른 동물들보다 새끼를 돌보는 데 더 많은 시

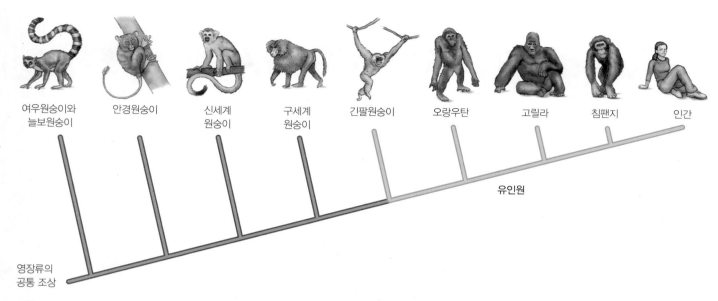

| 여우원숭이와 늘보원숭이 | 안경원숭이 | 신세계 원숭이 | 구세계 원숭이 | 긴팔원숭이 | 오랑우탄 | 고릴라 | 침팬지 | 인간 |

유인원

영장류의
공통 조상

그림 2.1 ▲

영장류 이 진화계통도는 영장류목 동물들의 가설적 관계를 보여주고 있다. 인간은 큰 유인원의 일원이다. 일반적으로 왼쪽에서 오른쪽 집단으로 갈수록 뇌 크기가 증가하는데, 인간이 영장류 중에서 가장 큰 뇌를 가지고 있다.

간을 보낸다. 지난 500만 년에서 800만 년 사이 우리 인간과 유사한 조상은 다른 유인원과 구분되는 특징을 획득하였다. 이 **인류 조상**(hominid)은 키가 크고 두 발로 걸으며 긴 다리를 가지고 먼 거리를 여행하였기 때문에 인간을 포함한 그들의 자손이 모든 대륙에서 번성하게 되었다.

인류 조상의 손 구조가 변하면서 도구 사용이 가능해졌다. 치아 구조의 변화와 턱 크기의 감소로 말미암아 다양한 음식의 섭취가 용이해졌다. 인간의 뇌 크기가 놀랄 만큼 진화하였는데, 즉 원래 부피보다 3배 이상 더 증가하였다. 현대의 인간 뇌를 이해하는 데 중요한 단서는 뇌 형성에 미친 진화적 강요를 알아보는 것, 다른 동물의 신경계의 연구를 통한 인간 뇌의 기능을 조사하는 것과 유전적 구성, 환경, 후성유전적 요인 사이의 상호작용을 알아보는 것이다.

2.1 인간 기원과 큰 뇌의 기원

유인원종에서 오늘날의 인간, 즉 **호모사피엔스**에 이를 때까지 인간의 진화는 직선적으로 이루어지지 않았다. 2~4만 년 전까지도 여러 인간종들이 공존하였는데, 즉 유럽에는 현대 인간인 네안데르탈인이, 시베리아에는 데니소바인들이, 인도네시아아의 플로레스섬에는 **호모플로레시언시스**가, 그리고 발견되지 않은 다른 종들도 존재하였다. 오늘날에는 우리 인간종이 유일하게 생존하고 있다.

인류 진화에 관한 연구

과학자들은 고고학, 생화학과 유전학 및 후성유전학, 행동의 세 연구 라인을 사용하여 인간 진화를 재구성하고자 시도한다.

고고학 연구

서로 다른 인류종과 우리 사이의 유사점과 차이점을 밝히기 위해 연구자들은 형태 재구성을 사용하여 뼈만 남은 인간 조상의 외양을 비슷하게 만들었다. 두개골이 발견된 장소인 독일 네안더의 이름을 붙인 네안데르탈인의 화석이 발견된 최초의 인류 조상이다. 이 사실이 인간 조상들 중 네안데르탈인이 가장 명성을 유지하는 이유 중 하나이다. 네안데르탈인이 야수와 같이 생겼을 것이라는 처음의 가정과는 상반되게 **그림 2.2**에 제시된 재구성은 우리와 얼마나 유사하게 생겼는가를 보여준다.

네안데르탈인은 그 당시에 생존하던 **호모사피엔스**가 사용하던 도구와 매우 유사한 도구를 사용하였다. 그들은 가족 집단으로 살았고 음악을 만들었으며 연장자들을 돌보았고 사후 매장을 하였다. 이러한 고고학적 정보로부터 우리는 네안데르탈인이 언어를 사용하여 의사소통하고 종교적 믿음을 가졌을 것으로 추측할 수 있다. 오늘날의 유전학 연구 결과는 현대 유럽인들이 네안데르탈인과 상호 교배를 하였고 그 결과 추위와 새로운 질병에 적응하도록 도와주거나 비타민 D를 섭취하는 것보다 피부에 햇빛을 쐬는 것을 더 선호하는 유전자를 물려받았다는 것을 보여준다(Zhang et al., 2011).

생화학, 유전학과 후성유전학 연구

4.1절에 기술되어 있는 것처럼 유전자는 체세포로 하여금 긴 아미노산 체인을 가지는 단백질 분자를 생산하도록 한다. 한 종과 다른 종들의 세포 단백질의 아미노산 배열을 서로 비교할 수 있다. 한 아미노산의 변화는 평균적으로 백만 년마다 한 번씩 일어나기 때문에 단백질의 차이를 통한 분자 시계를 만들 수 있고, 이를 서로 다른 종들의 상대적 나이를 비교하는 데 사용할 수 있다.

예를 들어 지질학적 증거에 의하면 구세계원숭이와 신세계원숭이가 3,000만 년 전에 서로 분기되었다고 한다. 그들은 24개 알부민 아미노산의 차이를 가지고 있으며, 한 아미노산은 125만 년마다 한 번씩 변화한다. 이를 유인원에게 적용하면 침팬지와 인간이 500~800만 년 사이에 서로 분기된 것을 알 수 있다.

종 관련성은 세포핵의 유전적 물질인 **디옥시리보핵산**(deoxyribonucleic acid, DNA)을 비교함으로써도 알 수 있다. 각 유전자는 긴 **뉴클레오티드 염기**(nucleotide bases) 체인을 가지고 있는데, 뉴클레오티드는 유전 부호를 담고 있는 구성 분자이다. 돌연변이 동안 염기의 순서가 어느 정도 변할 수 있지만 그럼에도 여전히 기능을 한다. 현대 인간과 침팬지는 유전자의 99%를 공유하고 이 둘은 서로에게 가장 가까운 친척이다. 따라서 침팬지와 인간은 공통 조상을 가지고 둘 사이의 서로 다른 1% 유전적 차이가 두 종 사이의 큰 차이를 만든다.

게놈(genome), 즉 한 종의 유전자 총체를 기술하는 것이 점차 가능해지고 서로 다른 종들의 유전자가 놀랄 만큼 서로 유사하다는 것이 점차 밝혀지고 있다. 그럼에도 불구하고 유전자 발현과 시기는 서로 다르다. 환경 및 경험과 관련된 유전자 발현의 차이를 연구하는 분야인 **후성유전학**은 우리 자신과 다른 동물종들 사이의 유사점과 차이점을 이해하는 데 공헌한다.

행동 연구

비교행동 연구는 인간이 가지는 많은 행동 특성의 기원을 밝혀줄 수 있다. 생태학자인 Jane Goodall(1986)의 침팬지 행동 연구는 침팬지의 행동이 마치 거울을 통해 보는 것처럼 인간 행동과 유사한 것을 보여준다. 침팬지는 큰 영역을 차지하고 이 영역을 수컷들이 집단으로 보호한다. 수컷들은 자신들의 영역을 확장하기 위해 이웃과 싸움을 하고 이웃을 죽인다.

침팬지는 하루에 8km 이상의 거리를 인간이 감탄할 정도의 속도로 이동한다. 또한 잡식성 동물이어서 야채, 과일, 곤충을 먹으며 서로 협력하여 원숭이, 돼지와 다른 포유동물을 사냥한다. 이들은 복잡한 사회 집단에 사는데, 즉 가족 관계가 개개 침팬지뿐만 아니라 집단 구조를 위해서도 중요하다. 이들은 손, 얼굴과 발성을 사용하여 의사소통을 많이 하

그림 2.2 ▲

네안데르탈인 여성 Elisabeth Daynes에 의해 재구성된 이 얼굴은 두개골의 주형으로 만들어졌다. 피에레트라는 이름을 붙인 이 여성은 17~20세에 사망한 것으로 보인다. 36,000년이 된 뼈가 네안데르탈 시대에 사용되었던 도구와 함께 1979년 프랑스의 서부에서 발견되었다.

(Philippe Plailly & Atelier Daynes/Science Source.)

▲ Gallup(1970)의 연구에서 침팬지가 자신의 이마에 있는 점을 가르키는데, 이는 침팬지가 상위 영장류가 가지는 인지 능력인 자기 인식(자의식)을 가지고 있음을 보여준다.
(Cognitive Evolution Group, University of Louisiana/The Povinelli Group, LLC.)

고 방어와 먹이, 물을 얻기 위해 도구를 제작하고 사용한다. 침팬지와 인간 행동의 셀 수 없을 만큼 유사한 점은 이 둘이 공통 조상을 가지고 있다는 유전적 증거를 지지한다.

인간 뇌와 행동의 진화

인간, 유인원과 원숭이는 신체적으로만 유사한 것이 아니라 뇌도 유사하다. 이제 서로 다른 종에서 관찰되는 뇌 크기와 행동 사이의 관련성을 살펴보고 신경계가 더 복잡해짐에 따라 어떻게 인간 뇌가 크게 되었는가를 설명하는 가설들을 이끌었던 연구들을 살펴보자.

오스트랄로피테쿠스 : 우리의 먼 조상

인류 조상들 중 하나가 아마도 **오스트랄로피테쿠스**(Australopithecus, 라틴어로 *austral*은 '남쪽'을 의미하고 그리스어로 *pithekos*는 '유인원'을 의미)이다. **그림 2.3**은 이 동물의 얼굴과 신체를 재구성하여 보여준다. 많은 **오스트랄로피테쿠스** 종들이 직립보행을 하였고 도구를 사용한 것으로 현재 알려져 있다(Pickering et al., 2011). 과학자들은 이들의 등뼈, 골반뼈, 무릎뼈, 발뼈의 모습과 이들이 남겨 놓은 화석화된 발자국으로부터 이들이 380만 년 전에 화산재 위를 직립보행하였다는 것을 추론하였다. 발자국 화석을 보면 다른 유인원과는 달리 인간과 유사하게 발바닥이 아치 형태를 이루고 엄지발가락이 곧았던 것을 알 수 있다. 도구 사용에 관한 증거는 손의 구조를 통해 알 수 있다(Pickering et al., 2011).

최초의 인간

인간에 속하는 가장 오래된 화석은 Mary Leakey와 Louis Leakey가 1964년 탄자니아의 올두바이 계곡에서 발견한 것으로 200만 년 전의 것이다. 이 골격을 남긴 영장류는 **오스트랄로피테쿠스**와 매우 유사하지만 한 가지 중요한 점에서 현대 인류와 더 유사한데, 이는 그들이 간단한 돌 연장을 만들었다는 것이다. Leakey 부부는 이 도구를 만들었다는 점을 강조하기 위해 이 종을 **호모하빌리스**(Homo Habilis, 도구를 만드는 인간)라고 불렀다.

최초의 인간 집단은 아프리카 밖, 즉 유럽과 아시아로 이주하였다. 이 종을 **호모에렉투스**(Homo erectus, 직립 인간)라고 부르는데, 이는 그들의 선조인 호모하빌리스가 구부정한 모습이라고 잘못 알려진 데에서 기인한 것이다. 호모에렉투스는 160만 년 전의 화석에서 처음으로 나타나고 있다. **그림 2.4**에서 볼 수 있듯이 이들의 뇌는 선조들의 뇌보다 더 크고 현재 인간의 뇌 크기와 거의 같다.

현재 인류인 **호모사피엔스**는 20만 년 전에 아프리카에서 나타났다. 그리고 유럽에서는 약 3만 년 전까지, 아시아에서는 약 1만 8,000년 전까지 다른 인간과 종들과 공존하였다. 어떻게 다른 인간과 종들에서 **호모사피엔스**로 완전히 대체되었는지에 관해서는 아직 잘 알려져 있지 않다. 아마 이들이 도구 제작, 언어 사용과 사회적 조직화에서 다른 종들보다 더 우수하였을 것으로 추측된다.

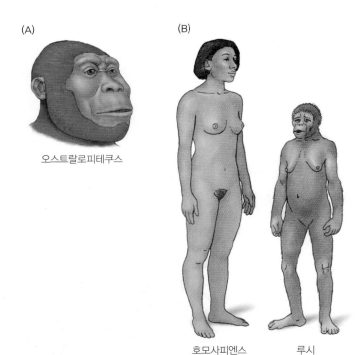

(A)

(B)

오스트랄로피테쿠스

호모사피엔스　　　　　루시

그림 2.3 ▲

오스트랄로피테쿠스　(A) 현대 인간처럼 이 인류 조상은 손을 자유롭게 한 채 직립보행을 하였지만 뇌 크기는 현대 인간 뇌 크기의 3분의 1 정도, 즉 오늘날의 원숭이의 뇌 크기만 하였다. (B) 가장 최근에 발견된 오스트랄로피테쿠스의 뼈를 근거로 하여 인간과 오스트랄로피테쿠스 모습을 비교한 것이다. 300만 년 전에 살았던 젊은 여성의 키는 약 1m 정도였고 루시라고 부른다.

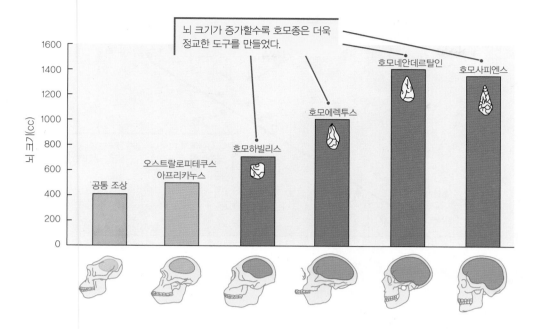

그림 2.4 ◀

인류 조상의 뇌 크기 증가 오스트랄로피
테쿠스의 뇌 크기는 현존하는 유인원의 뇌크
기와 거의 같았지만 이후의 인간계보의 뇌 크
기는 꾸준히 증가하였다. 호모사피엔스에 이
를 때까지 점차 더 복잡한 도구를 사용하였다.
(Data from Johanson and Edey, 1981.)

뇌 크기와 행동 간의 관계

뇌의 진화를 연구하는 과학자들은 여러 종들에서 뇌의 크기와 복잡성이 더 복잡한 행동의 진화를 가능
하게 하였다고 제안한다. 큰 뇌를 가지는 것이 인간에게 적응적이었지만 많은 동물들도 큰 뇌를 가진
다. 고래와 코끼리의 전체 뇌 크기는 우리 인간의 뇌보다 훨씬 더 크다. 물론 고래와 코끼리의 신체가
인간의 신체보다 훨씬 더 크다. 상대적 뇌 크기는 어떻게 측정되고 무엇을 의미하는가?

상대적 뇌 크기를 측정하는 두 가지 주된 방법은 뇌 크기와 신체 크기를 비교하는 것과 뇌세포의 수
를 세는 것이다. 예를 들어 신경과학자들이 자주 연구하는 작은 회충인 **예쁜꼬마선충**(Caenorhabditis
elegans)은 959개의 세포를 가지고 있는데, 이 중 302개가 뉴런이다. 이에 반하여 생존하는 동물 중 가
장 큰 흰긴수염고래(blue whale)는 몸무게가 200t이나 되고 뇌 무게는 15,000g이나 된다. 세포 수의
백분율로 보면 **예쁜꼬마선충** 세포의 30%가 신경계에 위치하는 반면 몸무게로 보면 흰긴수염고래의 신
경계 무게는 몸무게의 0.01%보다 적다.

상대적 뇌-신체 크기 대 뇌세포 수 추정

더 복잡한 행동을 보이는 종이 덜 복잡한 행동을 보이는 종보다 상대적으로 더 큰 뇌를 가진다는 것을
주장한 Harry Jerison(1973)은 서로 다른 종들의 뇌와 신체 크기를 비교하는 뇌 크기 지표를 개발하였
다. 그의 계산에 의하면 신체 크기가 증가하면 뇌 크기는 체중이 증가한 것의 3분의 2만큼 증가한다고
주장하였다.

특정 몸 무게를 가지는 포유동물을 대상으로 실제 뇌 크기 대 추정된 뇌 크기의 비율을 사용하여 뇌
크기의 정량적 측정치인 **뇌화지수**(encephalization quotient, EQ)를 개발하였다. **그림 2.5**의 대각선 아
래에 위치할수록 동물들의 뇌는 작은 EQ를 가지고 대각선 위에 위치할수록 더 큰 EQ를 가진다.

추정치보다 고양이의 뇌는 평균이고 쥐의 뇌는 약간 작으며(낮은 EQ), 코끼리의 뇌는 약간 더 크다
(높은 EQ). 현재 인간의 뇌는 다른 어떤 동물들보다 대각선에서 가장 위쪽에 위치, 즉 가장 큰 EQ를
가진다. 돌고래의 상대적 뇌 크기는 거의 인간 뇌만큼이나 크다. **표 2.1**은 흔한 포유동물, 예를 들어 원

그림 2.5 ▶

포유동물의 뇌-신체 크기 비율 이 그래프에는 광범위한 신체와 뇌 크기가 로그수치로 나타나 있다. 체중과 뇌 크기 비율의 평균치가 대각선을 따라 표시되어 있다. 고양이는 대각선에 위치해 있다.

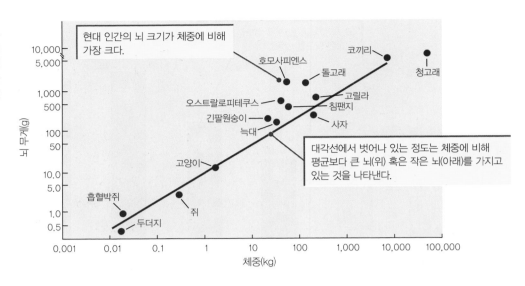

표 2.1 **신경심리학에서 가장 많이 연구되는 종의 뇌 크기**

종	뇌부피(ml)	뇌화지수
쥐	2.3	0.40
고양이	25.3	1.01
붉은털원숭이	106.4	2.09
침팬지	440.0	2.48
인간	1350.0	7.30

승이, 유인원, 인간의 뇌 크기와 EQ를 보여준다. 침팬지(EQ 2.5)에서 현재 인간(EQ 7.3)의 뇌 크기가 거의 3배나 증가한 것이 놀랄 만하다.

Jerison의 주장에 반대하여 Suzana Herculano-Houzel(Fonseca-Azevedo et al., 2012)은 신체 크기와 뇌 크기가 독립적으로 진화될 수 있다고 주장하였다. 예를 들어 고릴라는 현대 인간만큼 몸이 크지만 뇌는 더 작다. 고릴라는 큰 몸만을 가지게 진화된 반면 인간은 큰 몸과 큰 뇌를 가지게 진화되었다. Herculano-Houzel은 뇌 능력의 추정에 뇌의 기능단위인 뉴런의 수를 사용하는 것이 더 유용하다고 제안한다.

뇌 뉴런의 소마를 용해한 후 세포핵을 모아 그 수를 계산기를 사용하여 세는 기법을 사용하여 Herculano-Houzel은 영장류를 포함한 다양한 종들의 세포 농도와 수를 측정하였다. 영장류 혈통의 세포 농도가 일정하였기 때문에 뉴런의 수를 세는 것이 서로 다른 영장류 종들의 차이를 정확하게 알게 한다. 인류 조상의 뇌에 적용하면 **오스트랄로피테쿠스**는 약 500~600억 개의 뉴런을 가지고 있었고 **호모하빌리스**는 약 600억 개, **호모에렉투스**는 약 750~900억 개, 그리고 현대 인류는 약 860억 개의 뉴런을 가지고 있다.

현대 인간이 왜 다른 종들에 비해 많은 특별한 능력을 가지게 되었는가를 세포 수를 통해 어떻게 설명할 수 있는가? 비록 큰 EQ를 가지는 다른 동물종들의 뉴런 수를 세지는 못하였지만 Herculano-Houzel은 만약 뉴런들이 조밀하게 구성되어 있지 않으면, 예를 들어 설치류의 경우처럼 다소 느슨하게 구성되어 있으면 훨씬 적은 수의 뉴런을 가지고 있을 수 있다고 추측하였다. 예를 들어 돌고래는 높은 EQ에도 불구하고 침팬지처럼 300억 개 정도의 뉴런을 가지고 있다. 더 많은 종들의 뉴런 수를 알게 되면 무엇이 현대 인간종이 다른 동물에 비해 가장 많은 수의 뇌세포를 가지게 하였는가가 밝혀질 것이다.

인류의 뇌는 왜 큰가

왜 인간의 뇌가 큰가를 결정하기 위해서는 많은 수의 뉴런들이 어떤 적응적 이점을 가지고 어떻게 인간은 많은 뉴런 수에 따른 높은 신진대사를 극복할 수 있는가를 설명하는 것이 요구된다. 왜 현대 인간의 뇌가 갑자기 커졌는가를 설명하는 여러 가설 중 네 가지 가설을 살펴보자. 첫 번째 가설은 수많은 급격한 기후 변화가 인류의 조상에게 적응을 강요하였고 더 복잡한 음식 찾기와 음식 취득 행동을 하게 하였다는 것이다. 두 번째 가설은 영장류의 생활양식이 신경계를 더 복잡하게 하고 그중에서 인간이 가장 복잡한 신경계를 가지게 되었다는 것이다. 세 번째 가설은 뇌성장과 뇌냉각(brain cooling)을 관련시키는 것이고 네 번째 가설은 느린 성숙률이 더 큰 뇌를 가지게 하였다고 제안한다.

기후와 인류 조상 뇌의 진화   기후 변화는 인류 조상의 뇌를 포함한 신체에 많은 변화를 초래하였고 인류 문화가 발생하게 하였다. 기후 변화 후에 나타난 새로운 인류 조상종들은 오래된 환경을 버리고 새로운 환경을 만들었다.

약 800만 년 전에 대규모의 지각 변화 사건(지각의 변형)이 동아프리카 지구대(Great Rift Vally)를 형성하게 하였는데, 이 지구대는 동아프리카의 남북으로 걸쳐 있다. 이렇게 아프리카 대륙의 모양이 바뀌자 서쪽은 습한 정글 기후가 되었고 동쪽은 훨씬 건조한 사바나 기후가 되었다. 서쪽의 유인원은 변하지 않은 환경에서 계속 살았다. 그러나 화석 기록에 의하면 건조한 동쪽 영역에 살던 유인원은 선택적인 환경적 압력을 받아 직립인간으로 급속히 진화하였다. 이 변화된 환경이 두 발 보행, 신체 크기와 뇌 크기의 증가를 포함한 많은 적응을 일어나게 하였다.

200만 년 전 **호모하빌리스**가 나타나기 직전 아프리카의 기후는 급속하게 더 건조해졌고 초원지대는 증가하고 삼림지대는 감소하였다. 인류학자들은 **호모하빌리스**로 진화한 인류 조상들이 초식동물의 시체를 먹고 광활한 초지를 방랑하면서 이 새로운 거주지에 적응하였다고 추측한다. 100만 년 전의 **호모에렉투스**의 출현은 더 심각한 기후 변화, 즉 급속한 기후 하강이 해수면을 낮추고(물이 얼음으로 변함) 유럽과 아시아 사이에 육로가 나타난 것과 관련되어 있다. 이와 동시에 **호모에렉투스**는 자신들의 사냥 기술을 더 향상시켰고 동물을 죽이고 가죽을 벗기고 고기를 장만하는 데 사용하는 도구들을 더 세련되게 만들었다.

다른 기후 변화들이 인간과의 다른 구성원들을 멸종하게 하였다. 예를 들어 3만 년 전에 일어난 유럽에서의 기온 상승은 현대 인간들을 대륙으로 이주하게 하였고 네안데르탈인을 멸종하게 하였다.

무엇이 현대 인간을 특별하게 만드는가? 인류학자 Rick Potts(2010)는 **호모사피엔스**가 이 변화에 적응하기 위해서 진화되었고 이 적응으로 말미암아 지구의 거의 모든 영역에 인간이 살게 되었다고 제안한다. Potts는 현대 인간이 **호모에렉투스**가 생존하였던 100만 년에 비하여 비교적 짧은 시기 동안 생존하고 있으며 우리의 적응은 아직도 심한 테스트를 받고 있다고 경고한다.

영장류의 생활양식   영국의 인류학자인 Robin Dunbar(1998)는 영장류의 사회집단 크기와 생활양식이 뇌 크기와 관련있다고 주장한다. 그는 현대 인간이 평균적으로 150 정도의 집단 크기를 선호하는 것이 그들의 큰 뇌를 설명한다고 주장한다. 그는 사냥꾼 집단의 추정 크기, 군부대를 포함하는 현재 많은 기관들의 평균 크기와 우리가 험담하는 사람들의 수가 150 정도라는 것을 증거로 제시하였다.

집단의 크기가 어떻게 영장류로 하여금 먹이를 더 찾게 하는가를 예를 들어보자. 먹이 찾기는 모든 동물에게 중요하지만 일부 먹이 찾기 행동은 단순한 반면 일부 행동은 복잡하다. 초식이나 채식은 개인적 추구이고 동물은 단지 먹는 것만이 필요하다. 고릴라와 같이 채식을 하는 동물은 큰 뇌를 가지지 않는다. 이에 반하여 침팬지와 인간과 같이 과일을 먹는 유인원은 비교적 큰 뇌를 가진다.

Katharine Milton(2003)은 과일을 먹이로 삼는 것과 큰 뇌 사이의 관련성을 알아보기 위해 동일한 신체 크기를 가지는 두 마리의 남아메리카(신세계)원숭이의 섭식 행동과 뇌 크기를 조사하였다. 그녀

▲ 아프리카의 동아프리카 지구대로 말미암아 서쪽의 습한 기후에 사는 원숭이종과 동쪽의 건조 기후에 적응하여 이후 인간과로 진화한 원숭이종이 분리되었다.

(A) 거미원숭이

(B) 짖는원숭이

▲ Katharine Milton은 동일한 체중을 가지는 두 마리의 신세계원숭이의 섭식행동과 뇌 크기를 비교했다. 거미원숭이는 뇌 무게가 107g이고, 영양분의 72%를 과일을 통해 섭취한다. 짖는원숭이는 영양분의 42%만을 과일을 통해 섭취하고 뇌 무게는 50g이다.

(Top: P. A. Souders/Corbis; bottom: K. Schafer/Corbis.)

는 필요한 영양분 중 4분의 3을 과일을 통해 섭취하는 거미원숭이가 영양분의 단지 2분의 1만을 과일을 통해 섭취하는 짖는원숭이보다 2배나 큰 뇌를 가지고 있음을 발견하였다.

과일을 먹이로 삼는 것이 큰 뇌와 어떤 관련이 있는가? 색채 시각과 같은 좋은 감각 능력이 나무에서 잘 익은 과일을 발견하는 데 필요하고 과일에 접근해서 따기 위해서는 좋은 운동 기술이 요구된다. 또한 과일 나무를 찾기 위해서는 좋은 공간 기술도 필요하다. 어디에 과일 나무가 있고 언제 과일이 익으며 어떤 나무의 과일은 이미 따서 먹었는지를 알기 위해서는 기억력도 뛰어나야 한다.

과일을 먹이로 하는 동물들은 역시 과일을 원하는 같은 종의 동물들과 과일 경쟁에 대비해야 한다. 익은 과일을 찾기 위해서는 과일 찾는 것을 도와주는 친구를 가지는 것이 이익이 되기 때문에 과일을 먹는 동물들은 복잡한 사회적 관계를 맺고 동족과 다양한 방법으로 의사소통한다. 과일을 발견하는 기술을 가르쳐주는 부모가 있는 것이 과일을 먹고사는 동물들에게 중요하다. 그래서 좋은 학생과 선생이 되는 것이다.

과일을 먹는 것의 장점은 영양가가 높다는 것인데, 즉 신체 자원의 20% 이상을 사용하고 에너지에 절대적으로 의존하는 큰 뇌에 영양분을 제공할 수 있다는 것이다. 우리 인간은 먹이를 찾고 사냥하고 저장하는 동안 다른 한시적이고 쉽게 부패하는 먹이을 얻기 위해 과일먹기 기술을 개발하고 향상시켰다. 이 새로운 먹이 찾기 노력은 먼 거리를 이동하고 다양한 먹이가 있는 곳을 확인하는 데 협응을 요구하기도 하였다. 이와 동시에 먹이 찾기는 땅을 파거나 동물을 죽이거나 껍질을 제거하거나 뼈를 부수는 데 사용할 수 있는 도구를 만드는 것을 요구하였다.

Karina Fonseca-Azevedo와 Suzana Herculano-Houzel(2012)은 인류의 뇌 발달에 독특한 공헌을 한 것이 먹이 요리라고 제안하였다. 한 뉴런이 소모하는 에너지는 모든 동물에서 유사하기 때문에 많은 뉴런을 가지는 영장류는 많은 대사량을 해결해야 한다. 고릴라는 먹이를 찾거나 야채를 먹는 데 매일 약 8시간을 소요한다. 더 다양한 먹이를 섭취하였던 침팬지와 초기 인간은 더 많은 뉴런에게 에너지를 공급해야만 했고 이에 따라 깨어 있는 대부분의 시간을 먹이 찾기로 보냈다.

호모에렉투스와 이후의 인류 조상이 불을 사용하게 됨으로써 요리가 가능해졌다. 요리는 음식을 소화하기 쉽게 만들기 때문에 칼로리 섭취를 최대화할 수 있게 됨에 따라 이전보다 먹이 찾기에 훨씬 적은 시간을 소요하게 하였다. 마지막으로 인류 조상들 사이에 남성-남성, 여성-여성과 남성-여성 사이의 먹이 찾기와 요리 협응이 증가하게 되었고 이로 말미암아 더 큰 뇌가 진화하게 되었다.

인류 조상의 생리적 변화   우리 인간의 조상이 큰 뇌를 가지게 된 적응(adaptation) 중 하나가 두개골 형태의 변화이다. Dean Falk(1990)는 차의 엔진 크기가 커지면 엔진을 냉각시키는 라디에이터의 크기도 커져야만 한다는 자동차 정비사의 말에 근거하여 '라디에이터 가설'을 개발하였다. Falk는 뇌의 라디에이터인 혈류가 효과적으로 냉각되기 위해서는 뇌의 크기가 증가해야 한다고 추론하였다.

뇌의 냉각은 매우 중요한데, 이는 뇌의 신진대사가 많은 열을 발생시키고 운동이나 열 스트레스를 받으면 과열될 위험이 있기 때문이다. Falk는 오스트랄로피테쿠스의 두개골과 달리 **호모** 두개골은 뇌 혈관이 통과할 수 있는 구멍을 가지고 있다고 주장하였다. 초기 인류 조상에 비해 **호모종**들은 이 구멍을 통해 훨씬 더 많은 혈류를 뇌로부터 제거하였고 이로 말미암아 뇌의 냉각이 증가하였다.

Hansell Stedman과 동료들(2004)이 확인한 두 번째 적응은 안면근육 섬유와 저작근(masticatory muscle)의 크기를 두드러지게 감소시킨 한 유전적 돌연변이와 관련된다. Stedman 연구 팀은 저작근이 작아지면서 머리뼈가 더 작아지고 연약하게 되었다고 추측한다. 작아진 뼈는 나아가 음식의 변화,

즉 더 에너지가 풍부한 음식을 먹게 하였다.

유형 성숙 천천히 성숙되는 과정을 유형 성숙(neoteny)이라고 하는데, 선조들의 유년기가 후손에서는 성인기가 되는 것이다. 인간 해부학의 여러 측면을 보면, 다른 영장류의 유년기가 우리와 관련되어 있다. 이런 특징에는 작은 얼굴, 둥근 두개골, 곧은 엄지발가락, 곧게 선 자세, 머리털, 겨드랑이 털과 치모가 있다. 유아의 머리는 신체에 비해 크기 때문에 유형 성숙이라는 측면에서 보면 인간 성인은 큰 뇌를 담기 위해 비율적으로 큰 신체와 두개골을 가지고 있는 것이다.

어린 침팬지의 머리는 어른 침팬지보다 인간 성인의 머리와 더 유사하다(**그림 2.6**). 성인은 어린 영장류의 행동 중 일부를 가진다. 즉 놀이를 하고 탐색을 하며 새롭거나 학습에 강한 흥미를 보인다. 유형 성숙은 동물 세계에서 흔하다. 날지 못하는 새는 어른 새들의 유형 성숙이고 길들여진 개는 늑대의 유형 성숙이며 양은 염소의 유형 성숙이다. 인간 뇌 발달과 관련된 유형 성숙의 한 측면은 인간 성숙이 느려짐에 따라 신체와 뇌 크기의 증가에 더 많은 시간이 걸리게 되었다는 것이다(McKinney, 1998).

무엇이 유형 성숙을 촉진하는가에 대해서는 여러 견해가 있는데, 이 중 한 견해에 따르면 자원이 풍부할 때에는 생리적으로나 행동적으로 덜 성숙한 개체가 성공적으로 번식을 할 수 있게 되고 이러한 특성을 공유하는 후손이 나오게 된다. 이 "아이가 아이를 낳는다."라는 상황이 개체가 미성숙한 신체와 행동 특성을 가지는 동시에 성적으로는 성숙한 특성을 가지는 집단을 만들어낼 수 있다. 또 다른 입장은 식량이 충분하지 않을 때에는 성숙과 번식이 느려지고 이로 말미암아 발달에 더 긴 시간이 걸리게 된다는 것이다.

인간 뇌 크기 비교의 의미

Charles Darwin은 인간의 유래(*The Descent of Man*)에서 다음과 같은 모순을 자세하게 기술하였다.

> 나는 고릴라 혹은 오랑우탄에 비해 인간의 뇌 크기가 신체에 비해 큰 것이, 인간이 가지는 상위의 정신 능력과 밀접하게 관련되어 있다는 것을 의심하는 사람은 없다고 여긴다. … 반면 두 동물 혹은 두 사람의 지적 능력을 그들의 두개골 내에 있는 내용물로 정확하게 추정할 수 있다고 믿는 사람도 없다. (Darwin, 1871, p. 37)

Darwin의 주장과 달리 많은 이들은 개인의 지능을 뇌 전체 크기와 관련짓고자 시도하였다. 만약 뇌의 기능 단위가 뇌세포이고, 인간 뇌가 크면 클수록 더 많은 뇌세포를 가진다면 뇌 크기와 지적 능력은 서로 관련이 있다고 여기지 않겠는가? 경우에 따라 다르다.

그림 2.6 ▲

유형 성숙 인간 성인의 머리 모양은 어른 침팬지의 머리(아래)보다 어린 침팬지의 머리(위) 모양과 더 비슷하다. 이런 사실은 우리 인간이 유인원 공통 조상의 유형 성숙 후손이라는 가설을 낳았다.

(Top: PHOTO 24/ Getty Images, bottom: FLPA/SuperStock.)

인간 뇌가 어떻게 커졌는가를 설명하는 진화론적 입장은 종들을 서로 비교한 것에 근거한다. 또한 같은 종 구성원들이 신체적으로 어떻게 다른가, 특히 현대 인간들이 생물학적으로 어떻게 다른가를 비교하는 데 진화론적 원리를 적용한다. 인간 뇌 크기와 지적 수준 사이의 관련성을 밝히는 것이 얼마나 복잡한가를 통해 종 내 비교가 얼마나 어려운가를 설명하고자 한다(Deary, 2000).

뇌의 개인차가 매우 큰 것으로 보이지만 이 개인차가 일어나는 이유는 다양하고 복잡하다. 신체가 큰 사람이 작은 사람에 비해 큰 뇌를 가지는 경향이 있다. 남성이 여성보다 더 큰 뇌를 가지고 신체적으로도 더 크다. 그럼에도 불구하고 소녀들이 소년보다 더 일찍 성숙하고 청소년기에는 뇌 크기와 신체 크기 차이가 사라진다. 나이가 들어감에 따라 뇌세포가 상실되고 뇌도 작아진다.

노화와 관련되는 신경질환은 노화에 따른 뇌 크기의 감소를 가속화시킨다. 출생 전과 후에 발생

(A)

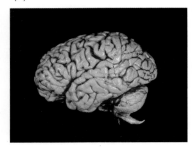

(B)

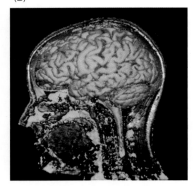

▲ 인간 뇌(A)와 fMRI로 제작한 가상 뇌(B)를 비교해보라.

(Part A, Science Source; part B, Collection CNRI/Phototake.)

한 뇌 손상은 손상된 부위와 멀리 떨어져 있는 뇌 영역의 크기까지 크게 감소시킨다. 유아기에 경험한 신체적 혹은 행동적 결핍과 관련된 스트레스 역시 뇌 크기의 감소를 초래한다(Herringa et al., 2013). 임산부의 알코올 혹은 다른 약물 남용으로 인한 신경장애는 태아알코올스펙트럼장애(fetal alcohol spectrum disorder, FASD)를 초래하는데, 이 장애를 가지는 아동의 뇌 크기가 크게 감소한다. 주로 유전적 원인으로 말미암아 발달에 영향을 미치는 자폐스펙트럼장애(autism spectrum disorder, ASD)는 다양한 뇌 이상을 초래하는데, 여기에는 환자에 따라 뇌 크기가 증가 혹은 감소하는 것이 포함된다. 두 장애에 관해서는 24.3절에 자세하게 기술되어 있다.

뇌 크기는 개인의 일생 동안 변화한다. 생의 초기에 좋은 영양을 섭취하면 신체 크기가 증가하는 것처럼 뇌 크기도 증가한다. 문화적으로 풍부한 환경은 뇌세포를 성장하게 하고 이에 따라 뇌 크기가 증가한다. 뇌가 새로운 기술과 기억을 저장하는 한 방법이 새로운 뇌세포들 사이의 연결을 형성하는 것이다. 이 가소적 적응이 나아가 뇌 크기가 증가하는 데 공헌한다.

뇌 크기가 지능과 관련되어 있다는 주장에 대해 1981년 Stephen Jay Gould는 자신의 저서 인간에 대한 오해(*The Mismeasure of Man*)에서 많은 초기 연구들을 검토한 결과 이 연구들을 다음의 두 가지 면에서 비난하였다. 첫째 한 개인의 뇌 크기를 측정하는 것이 어렵다. 현대에 개발된 뇌영상 기법조차 부피와 무게 중 어느 것이 더 좋은 측정치인가에 대한 일치된 의견을 제공하지 못하고 세포 집합의 농도와 세포 수의 측정은 아직까지 이루어지지 않고 있다.

Gould는 '지능'이 무엇을 의미하는지를 고려하는 것이 더 중요하다고 주장하였다. 서로 다른 종들의 행동을 비교할 때 우리는 **종 특유 행동**(species-typical behavior), 즉 한 종의 모든 구성원에서 관찰되는 행동 특징을 서로 비교한다. 예를 들어 칠성장어는 사지가 없어 걷지 못하는 반면 도롱뇽은 사지를 가지고 있고 걸을 수 있는데, 이 두 종 사이의 뇌 크기의 차이가 이 특성과 관련될 수 있다. 그러나 한 종 내의 행동을 비교할 때 한 개체가 다른 개체에 비해 특정 과제를 얼마나 잘 수행하는가를 비교한다. 예를 들어 한 도롱뇽이 다른 도롱뇽에 비해 얼마나 잘 걷는가를 비교한다.

한 세기 전 Charles Spearman(1863~1945)은 지능 혹은 IQ를 평가하는 다양한 검사 수행을 분석하였다. 그는 검사 점수들 사이의 정적 상관을 발견하였고 단일의 공통 요인이 이를 설명할 수 있다고 제안하였다. Spearman은 이 요인을 일반적 지능 요인, 즉 g요인으로 이름하였으나 g요인 역시 다양하다는 것이 밝혀졌다. 유전적 능력과 관련 없는 다양한 요인, 즉 기회, 흥미 수준, 훈련, 동기와 건강 등이 한 과제에서의 개인의 수행에 영향을 미친다.

예를 들어 한 세대의 젊은 성인에게 시행되었던 IQ 검사를 다음 세대의 젊은 성인에게 시행하면 점수가 25점이나 상승하는데, 이 현상을 플린 효과(Flynn effect)라고 부른다(Flynn, 2012). 물론 그렇게 하면 안 되지만 이 결과를 곧이 곧대로 받아들이면 대부분의 젊은 성인이 조부모에 비해 우수할 만큼 g요인이 두 세대 만에 증가하였음을 시사한다. 그러나 명백히 점수의 변화가 뇌 크기의 증가와 동반되어 일어나지 않았다. 뇌 크기의 증가보다 교육과 생의 다른 경험이 플린 효과를 설명하는 것으로 여겨진다.

사람들이 가지는 개개 능력은 매우 다양하다. 어떤 사람은 언어 능력이 우수한 반면 공간 능력은 평범하고, 어떤 사람은 공간 퍼즐은 잘 풀 수 있는 반면 글쓰기는 잘 못하며, 또 다른 사람은 수리적 추론은 우수한 반면 이외의 다른 능력은 보통 수준이다. 이 사람들 중 어느 사람이 가장 지적인가? 특정 기술에 더 많은 가중치를 주어야 하는가?

Howard Gardner와 동료들(1997)은 다수의 서로 다른 지능(언어, 음악, 산수, 사회 등)이 존재한다고 제안하였다. 각 지능 유형은 서로 다른 뇌 영역의 기능에 의존한다. Hampshire와 동료들(2012)은 참여자들에게 전형적인 지능검사 배터리를 실시한 결과에 근거하여 Gardner의 주장을 지지하였다. 참여자들이 검사들을 수행하는 동안 그들의 뇌 활성화를 뇌영상 기법을 사용하여 측정하였다. 이 연구에서 3개의 분리된 능력, 즉 추론, 단기 기억, 언어 능력이 확인되었는데, 이 능력들은 각각 서로 다른 뇌 네트워크와 관련되어 있었다. 그들은 이 결과가 Spearman의 *g*요인을 지지하지 않는다고 주장하였다. 나아가 그들은 더 많은 측정 도구를 사용하면 더 많은 지능 네트워크를 발견할 수 있다고 제안하였다.

뇌 크기를 측정하는 것과 지능을 정의하는 것이 어렵다는 것을 고려하면 오늘날 이에 관한 연구가 거의 없다는 것이 놀랄 만한 일은 아니다. 만약 여러분이 더 큰 뇌를 가지는 것이 공부를 덜 해도 된다는 것을 의미한다고 여기면 다음의 것을 고려해보자. 실제로 모든 사람이 매우 지적이라고 여기는 사람들도 우리 인간의 가장 작은 뇌에서부터 가장 큰 뇌에 이르기까지 다양한 크기의 뇌를 가지고 있다. 매우 우수한 물리학자였던 알버트 아인슈타인의 뇌는 평균 크기였다.

문화 획득

진화론적 관점에서 보면 현대 인간의 뇌는 급속하게 발달하였다. 많은 행동 변화가 우리와 우리의 영장류 조상을 서로 구분하고 이러한 행동 적응이 현대 뇌가 진화한 후에도 오랫동안 급속히 일어났다. 우리 뇌가 우리로 하여금 발달하게 한 가장 놀랄 만한 것이 **문화**(culture)인데, 이는 가르침과 경험을 통해 한 세대에서 다음 세대로 전해지는 복잡한 학습 행동이다.

문화 성장과 적응은 100,000년 전에 살았던 **호모사피엔스**의 행동과 우리의 행동을 뚜렷하게 구분한다. 단지 30,000년 전에 현대 인간들은 처음으로 예술적 문화 유적, 예를 들어 동굴 벽화와 상아 및 돌 조각 등을 창조하였다. 농업은 더 최근, 즉 약 15,000년 전에 발달하였고 읽기와 쓰기는 고작 7,000년 전에 발달되었다.

대부분의 계산법과 기계 및 디지털 도구를 사용하는 많은 기술이 더 최근에 발달되었다. 초기 **호모사피엔스**의 뇌는 스마트폰 앱을 선택하거나 멀리 떨어진 행성으로의 여행을 상상할 수 있을 만큼 진화되지 않았었다. 명백한 점은 인간의 뇌가 더 세련된 기술을 개발하는 데 필요한 것을 담기 위해 진화되었다는 것이다.

Alex Mesoudi와 동료들(2006)은 한 사람에서 다른 사람으로 전달되는 문화 요소, 아이디어, 행동, 스타일, 즉 **비유전적 문화요소**(meme)를 진화론적 관점에서 연구할 수 있다고 제안한다. 예를 들어 그들은 뇌 구조에서의 개인차가 특정 비유전적 문화요소의 발달을 선호한다고 제안한다. 비유전적 문화요소는 일단 발달되면 뇌 발달에 선택적 압력을 가한다. 예를 들어 개인들의 뇌 구조의 변이가 일부 개인들에게는 도구 사용을 선호하게 한다. 이 도구 사용이 유익하면 도구 개발 자체가 집단에게 선택적 압력을 가하여 도구 제작에 더 숙련되게 한다.

이와 유사한 주장이 다른 비유전적 문화요소, 즉 언어에서 음악 혹은 수학에서 예술에까지 적용된다. Mesoudi의 추론은 신경심리학이 얼핏 보기에는 관련 없는 분야, 예를 들어 언어학, 예술과 경제학에까지 확장되는 것을 지지한다. 신체 기관의 구조를 연구하는 것과 달리 인간 뇌의 연구는 뇌가 어떻게 문화를 획득하게 하고, 어떻게 세상의 변화에 적응하며, 어떻게 세상을 변하게 하는가를 연구하는 것이다.

물고기

개구리

새

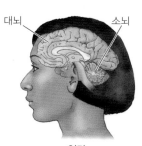

인간

▲ 물고기, 개구리, 새와 사람의 뇌 구조는 많은 공통점을 가지고 있는데, 이는 중추신경계를 가지는 종들의 뇌가 단일의 기본적 뇌 계획에 따라 일어난다는 것을 시사한다.

◎ 2.2 신경심리학에서의 비교 연구

비인간 동물의 연구가 신경심리학의 발달에 엄청난 공헌을 하고 있다. 인간, 원숭이, 쥐와 다른 동물들이 생리, 해부 및 행동에서 서로 유사하다는 사실은 이 모두를 연구하는 것이 인간의 뇌와 행동 사이의 관련성을 이해하는 데 도움이 된다는 것을 보여준다. 그리고 다른 동물의 행동-뇌 관련성은 그 자체로도 흥미로운데, 이는 조류관찰자, 애완동물 소유자, 축산업자 등에 의해 확인된다.

동물을 대상으로 한 신경심리학 연구는 다음의 세 가지 주된 주제를 가진다. (1) 기본적인 뇌 기제의 이해, (2) 인간 신경장애의 동물 모델 개발, (3) 진화와 유전이 뇌 발달에 미치는 영향이다. 각 연구 주제를 살펴보기로 하자.

뇌 기제의 이해

신경심리학자들은 뇌기능, 예를 들어 시각의 기본 기제를 이해하기 위해 여러 종을 서로 비교하는 연구를 한다. 서로 다른 종들은 매우 다른 눈 형태를 가진다. 초파리와 포유동물의 눈은 얼핏 보기에 전혀 유사하지 않는 것으로 보이고, 이 차이는 눈이 여러 번 진화되어 왔음을 시사하는 증거로 여겨진다. 그러나 눈이 어떻게 발달할 것인가에 관한 정보를 부호화하는 유전자들에 관한 연구는 모든 종들이 동일한 유전자를 가지고 있는 것을 보여준다. 이에 관한 좋은 예는 다음과 같다. 팍스라고 불리는 유전자는 시력을 가지는 모든 동물의 눈 발달에 관여한다(Nilsson, 2013).

이와 유사하게 홈박스 유전자는 초파리와 인간 모두에서 신체 구분을 지시한다(Heffer et al., 2013). 따라서 초파리에서 최초로 발견된 유전자는 인간의 중추신경계가 척수, 뇌간과 전뇌로 구분하는 데에도 관여한다. 서로 다른 동물종들에서 관찰되는 눈과 신경계 구조의 차이는 유전자의 경미한 변화와 이 유전자가 다른 유전자와 상호작용하는 방식의 차이 때문에 일어난다. 2.3절에 유전자의 변화와 상호작용에 관한 것이 기술되어 있다.

장애의 동물 모델 개발

비교 연구의 두 번째 목표는 인간 신경장애의 동물 모델을 개발하는 것이다. 인간 대신 동물을 대상으로 연구하는 이유는 장애의 발생과 치료의 기본 원리가 인간과 비인간 동물들에서 유사하게 작용하기 때문이다. 이상적인 것은 연구자가 동물에서 이러한 장애를 발생시키고 발병 원인을 이해하기 위해 여러 변인을 조작하고 궁극적으로는 치료법을 개발하는 것이다.

예를 들어 인구의 1% 정도가 운동계의 장애인 **파킨슨병**(Parkinson's disease)을 앓고 있다. 증상에는 진전, 근육 경직과 정서 및 기억의 변화가 포함되는데, 이에 대해서는 27.6절에 자세하게 기술되어 있다. 파킨슨병은 다양한 원인에 의해 발병하지만 대부분의 환자에서 발병 원인이 알려져 있지 않다. 비록 다양한 치료법이 개발되었지만 완치가 되지 않는다. 따라서 신경심리학자들과 다른 과학자들은 파킨슨병과 관련하여 다음의 세 가지 목표를 가지고 있다. 예방, 일단 발병되면 병의 진행을 느리게 하는 것과 병이 진행되는 동안 나타나는 증상을 치료하는 것이다.

생쥐, 쥐와 원숭이를 대상으로 하여 개발된 파킨슨병 모델은 이 목표들을 달성하는 데 도움이 되고 있다. 약물치료, 새로운 뇌조직의 대체와 이식 및 재활 등이 인간에게 적용되기 전에 동물 모델을 사용한 연구가 먼저 이루어지고 있다(Moore et al., 2013).

과학자들은 많은 뇌 장애의 동물 모델을 개발하였다. 조현병의 특징인 사회적 행동의 변화, 우울증의 특징인 정서 행동의 변화, 알츠하이머병의 특징인 기억 변화 등에 관한 동물 모델이 있다.

진화 적응의 기술

성인을 이해하기 위해 아동을 연구하는 것이 중요하듯이 인간 뇌의 진화적 발달, 즉 계통발생을 연구하는 것은 인간이 무엇인지를 이해하는 데 중요하다. 포유류의 뇌와 행동이 어떻게 진화되어 왔는가에 관한 비교 연구는 포유류의 조상과 가장 닮은 현존하는 종의 조상계통을 대상으로 한다

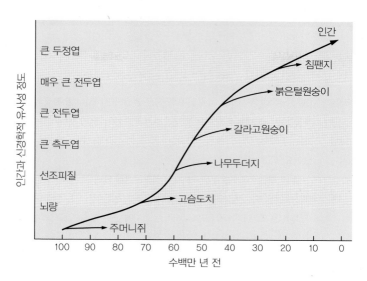

그림 2.7 ◀

계통발생론적 계통 신경심리학자는 생존하는 포유동물종, 예를 들어 고슴도치, 나무두더지. 갈라고원숭이, 원숭이와 유인원의 진화적 발달이 인간 조상과 매우 가깝다고 여긴다. 따라서 계통발생적 관련성은 뇌의 변화가 이 진화적 순서로 일어났음을 시사한다.

(Adapted with permission from Masterton and Skeen, 1972. © 1972 by the American Psychological Association.)

(Campbell & Hodos, 1970). 예를 들어 영장류의 조상계통에서 생존하는 포유류종이 조상종을 대표하기에 충분할 만큼 유사하다(Masterton & Skeen, 1972). 연구자들은 인류 조상의 뇌에 이를 때까지 행동과 뇌가 어떻게 진화되어 왔는가를 연구하였다. 다음에 기술할 4개의 피질엽 구조의 발달과 새로운 행동 사이의 관련성이 **그림 2.7**에 도표로 제시되어 있다.

1. **후두피질.** 일차 시각피질의 줄무늬 모양(선조피질)이 나무두더지에서 발달됨으로써 나무두더지가 나뭇가지, 높이와 곤충을 볼 수 있는 능력을 가지게 되었다. 이 능력은 고슴도치와 같이 지상에 사는 동물에는 중요하지 않고 실제로 이 동물들은 선조피질을 가지고 있지 않다. 우리는 나무두더지의 조상으로부터 우리의 시각 능력과 큰 시각피질을 물려받았다.

2. **측두피질.** 갈라고원숭이에 있는 큰 측두엽은 이 동물이 가지는 다양한 먹이, 예를 들어 곤충, 과일, 나뭇잎 등을 선택하는 능력 및 기억 능력과 관련된다. 우리가 가지는 다양한 음식과 훌륭한 기억력은 갈라고원숭이의 조상으로부터 물려받았다.

3. **전두엽.** 붉은털원숭이의 큰 전두엽은 이 동물의 복잡한 집단 사회생활과 관련되어 있다. 우리의 큰 전두엽과 복잡한 사회 상호작용은 붉은털원숭이의 조상으로부터 물려받았다.

4. **두정엽.** 인간과 유인원이 큰 두정엽을 가지는 것은 도구 제작에 요구되는 숙련된 움직임을 행할 수 있는 능력과 관련되어 있다. 우리의 도구 제작 능력은 유인원 조상으로부터 물려받았다.

인간의 조상계통에서의 뇌 변화는 영장류의 신경계 및 행동 진화의 근거가 되는 유전 분석을 통해 더 연구될 수 있다. 예를 들어 영장류 계열의 유전 분석이 언어와 다른 행동이 발달하게 된 신경학적 근거를 연구하는 데 사용되고 있다(Geschwind & Konopka, 2012).

◎ 2.3 유전자 및 환경과 행동

여러분의 **유전자형**(genotype, 유전적 구성)이 여러분의 신체 및 행동 특성에 영향을 미치고, 이 특성들이 결합하여 표현형을 형성한다. 인간 게놈 프로젝트에서 실시하는 유전 분석은 인간의 게놈을 분류하는데, 약 20,000개의 유전자가 우리 종에 있고 오늘날 개인의 게놈을 기록하는 것이 일상적이 일이 되었다. 이에 대해서는 자세히 보기에 기술되어 있다. DNA를 발견한 사람들 중의 한 사람인 James

이란성 쌍둥이인 알렉시스 비어리와 노아 비어리는 출생 시 후천성 뇌간 손상을 입었다. 뇌성마비로 진단을 받은 아동들은 대개 성장하면서 증상이 더 악화되지 않지만 쌍둥이의 상태는 지속적으로 악화되었는데, 즉 근긴장이 낮아지고 거의 걷지도 앉지도 못하였다. 노아는 침을 흘리고 구토를 하였고 알렉시스는 진전(떨림)을 보였다.

그들의 모친인 레타 비어리는 1991년도에 보도된 뉴스기사를 발견하였는데, 이 기사에는 다음과 같은 내용이 실려 있었다. 즉 처음에 뇌성마비로 진단을 받은 아동이 **도파-반응성 근긴장이상증**(dopa-responsive dystonia, 도파민의 부족으로 인한 비정상적 근긴장)이라는 희귀한 병을 가지고 있는 것으로 추후 밝혀졌다는 것이다. 이 병은 뇌간에 있는 소규모 세포군에 의해 생산되는 신경화학물질인 도파민의 결핍으로 초래된다

(5.7절 참조). 쌍둥이가 뇌에서 도파민으로 변환하는 화학물질인 L-도파를 매일 복용한 결과 그들의 증상이 눈에 띄게 완화되었다. 레타는 "우리는 기적을 보는 것 같았어요."라고 회상하였다.

몇 년 후인 2005년에 알렉시스가 호흡곤란을 동반하는 새로운 증상을 보이기 시작하였다. 그 당시 쌍둥이의 부친인 조가 라이프테크놀로지라는 회사에 근무하고 있었는데, 이 바이오테크 회사는 유전자 구성을 부호화하는 분자인 DNA 염기 배열을 분석하는 장비를 제작하고 있었다. 조는 쌍둥이의 혈액을 채취한 후 이를 베일러의과대학으로 보냈다.

쌍둥이의 게놈 배열이 밝혀졌고 이를 부모와 가까운 친척의 배열과 비교하였다. 분석 결과 쌍둥이의 경우 도파민뿐만 아니라 뇌간 세포들에 의해 생산되는 또 다른 화학물질인 세로토닌의 생산을 높이는 효소

를 부호화하는 유전자가 비정상적인 것으로 밝혀졌다(Bainbridge, 2011).

쌍둥이의 주치의가 한 화학물질을 추가적으로 쌍둥이에게 처방한 결과 증상이 완화되었는데, 이 화학물질은 세로토닌으로 변환된 후 다시 L-도파로 변환되는 물질이었다. 알렉시스는 중학교 육상부에서 활약하였고 노아는 청소년 올림픽에 배구선수로 참가하였다. 이들의 경우 게놈 배열을 통하여 진단을 받고 또 성공적으로 치료를 받은 첫 번째 사례이고 이는 정말 과학이 이룬 기적이다.

13년 동안 다국적으로 이루어지고 있는 인간 게놈 프로젝트는 모든 인간 게놈과 각 유전자를 구성하는 뉴클레오티드 염기쌍을 밝히는 목표를 가지고 있다. 이 프로젝트는 새로운 과학적 연구 분야와 응용 분야를 개척하였는데, 여기에 비어리 쌍둥이의 게놈 배열이 포함된다. 지속적인 기술 향상은 개인의 게놈을 밝히는 데 소요되는 시간과 비용을 감소시키고 인간 뇌질환을 진단하는 검사를 제공하고 있다(Alföldi & Lindblad-Toh, 2013).

노아, 레타, 조와 알렉시스 비어리가 쌍둥이의 게놈을 해독하는 데 사용된 베일러대학의 배열기 옆에 서 있다.
(Courtesy of Retta Beery.)

Alföldi, J., and K. Lindblad-Toh. Comparative genomics as a tool to understand evolution and disease. *Genome Research* 23:1063–1068, 2013. Bainbridge, M. N., W. Wiszniewski, D. R. Murdock, J. Friedman, C. Gonzaga-Jauregui, I. Newsham, J. G. Reid, J. K. Fink, M. B. Morgan, M. C. Gingras, D. M. Muzny, L. D. Hoang, S. Yousaf, J. R. Lupski, and R. A. Gibbs. Wholegenome sequencing for optimized patient management. *Science and Translation Medicine* 3:87re3, June 15, 2011.

Watson은 자신의 게놈을 분류화한 첫 번째 사람이다. 오래전에 멸종된 네안데르탈인의 게놈도 성공적으로 배열되었다. James Watson과 네안데르탈인의 게놈은 매우 유사하였는데, 이는 이들이 인류과의 가까운 친척이라는 것을 시사한다.

유전자가 개개의 표현형 특성에 미치는 영향을 연구하는 것이 유전자의 개념을 발견한 Gregor Mendel의 이름을 붙인 멘델유전학의 목표이다(1.2절 참조). 그러나 멘델유전학이 우리의 표현형 모두를 설명할 수 없다. 유전자가 발현되는가 혹은 발현된다면 어느 정도 발현되는가는 환경의 영향을 받을 수 있다. 예를 들어 생의 초기에 경험한 좋은 영양과 교육은 일생 동안 건강에 유익한 반면 생

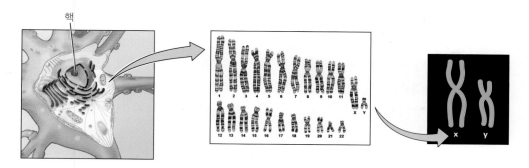

그림 2.8 ◀

인간 염색체 인간 세포핵에는 각각 아버지와 어머니로부터 받은 23쌍의 염색체가 있다. 성적 특징은 23번째 염색체 쌍, 즉 각각 어머니와 아버지로부터 받은 X와 Y 성염색체에 의해 결정된다.

(James Cavallini/Science Source.)

의 초기에 이러한 경험을 하지 못하면 뇌 발달과 일생 동안 건강에 나쁜 영향을 받게 된다(Twardosz, 2012). 환경이 어떻게 유전자 발현에 영향을 미치는가를 연구하는 것이 후성유전학의 목표이다. 이 절에서는 두 코드, 즉 유전과 후성유전이 어떻게 우리의 표현형에 영향을 미치는가를 살펴보기로 하자.

멘델유전학과 유전 부호

각 인간 체세포의 핵에는 23쌍의 염색체, 즉 총 46개의 염색체가 있다. 각 염색체 쌍 중 하나는 어머니로부터 다른 하나는 아버지로부터 온다. 염색체 쌍에는 대략 크기에 따라 1에서 23까지의 번호가 붙여지는데, 염색체 1번이 가장 크다(**그림 2.8**).

상염색체(autosome)라고 불리는 1번에서 22번까지의 염색체 쌍에는 외모와 행동에 관여하는 유전자들이 위치한다. 23번 쌍은 **성염색체**(sex chromosome)를 구성하는데, 즉 성적 특성이 외모와 행동으로 나타나게 한다. 모양 때문에 X, Y로 불리는 2개의 포유류 성염색체가 그림 2.8에 제시되어 있다. 암컷 포유류는 2개의 X 염색체를 가지는 한편 수컷은 X와 Y 염색체를 가진다.

성염색체를 제외한 모든 염색체가 쌍으로 이루어져 있기 때문에 각 세포는 모든 유전자의 복제본 2개를 가지는데, 하나는 어머니로부터 다른 하나는 아버지로부터 물려받은 것이다. 여기서 '쌍'이라는 것은 동일한 것을 의미하지 않는데, 이는 모든 유전자 쌍이 2개의 **대립유전자**(allele) 혹은 유전자의 대안적 형태를 가지고 있기 때문이다. 대립유전자 쌍의 뉴클레오티드 배열이 같거나 다를 수 있다. 만약 같으면 이 두 대립유전자는 **동형접합적**(homozygous, *homo*는 '같음'을 의미)이고 다르면 **이형접합적**(heterozygous, *hetero*는 '다름'을 의미)이다.

한 집단에서 가장 일반적인 뉴클레오티드 배열을 **야생형**(wild-type) 대립유전자라고 하고 드물게 일어나는 배열을 **돌연변이**(mutation)라고 한다. 돌연변이 유전자가 자주 유전질환을 일으킨다.

우성 대립유전자와 열성 대립유전자

만약 한 유전자 쌍을 이루는 두 대립유전자가 동형접합적이면 두 대립유전자는 동일한 단백질에 대한 부호를 가지지만, 두 대립유전자가 이형접합적이면 서로 다른 단백질에 대한 부호를 가진다. 단백질이 신체적 특성이나 행동 특성을 발현할 때 이형접합적 조건에서는 (1) 어머니로부터 물려받은 대립유전자만이 발현되거나, (2) 아버지로부터 물려받은 대립유전자만이 발현되거나, (3) 두 대립유전자 모두 동시에 발현되는 세 가지 결과가 나올 수 있다.

유전자 쌍 중 특성이 발현되는 것을 **우성**(dominant) 대립유전자라고 하는 반면 발현되지 않는 대립유전자를 **열성**(recessive)이라고 한다. 대립유전자들의 발현 정도는 상당히 다양하다. 완전 우성(complete dominance)은 우성 대립유전자가 가지는 특성만이 표현형에 발현되고 불완전 우성은 우성 대립유전자가 가지는 특성 중 일부분만 발현된다. **공우성**(codominance)의 경우에는 두 대립유전자 모두의 특성이 완전히 발현된다.

각 유전자는 독립적으로 자손에게 유전되지만 유전된 유전자들이 항상 자손의 표현형으로 발현되지 않는다. 열성 대립유전자가 우성 대립유전자와 짝을 이루면 흔히 발현되지 않지만 그럼에도 불구하고 열성 대립유전자가 다음 세대로 전달되고 우성 특성의 영향에 의해 가려지지 않는 한 자손의 표현형에 영향을 미칠 수 있다.

유전 돌연변이

유전자 복제와 자손에게 전달되는 기제에 착오가 생길 수 있다. 오류는 생식세포가 유전자를 복제할 때 뉴클리오티드 배열에서 일어날 수 있다. 변화된 대립유전자가 돌연변이다.

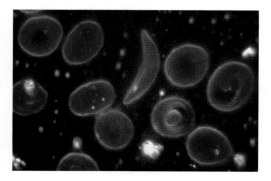

▲ 현미경 사진에서 겸상적혈구가 정상인 혈구로 둘러싸여 있는 것을 볼 수 있다. (Al Lamme/Phototake.)

돌연변이는 한 유전자의 뉴클레오티드 염기의 변화처럼 경미할 수 있다. 일반적으로 한 유전자는 1,200개 이상의 뉴클레오티드 염기를 가지고 있기 때문에 하나의 유전자에 상당한 수의 돌연변이가 일어날 수 있다. 예를 들어 17번 염색체에서 발견되는 *BRCA1*(유방암) 유전자는 유방암을 예방하는 유전자이지만 이미 1,000개 이상의 서로 다른 돌연변이가 발견되었다. 따라서 이론적으로는 이 유전자 하나에서만 유방암 소인을 유전시키는 1,000개 이상의 돌연변이가 존재한다.

한 유전자에서 뉴클레오티드 1개가 바뀌거나 뉴클레오티드 1개가 더해지는 것은 유익할 수도 파괴적일 수도 있다. 예를 들어 겸상적혈구빈혈증(sickle-cell anemia)을 유발하는 돌연변이는 두 경우 모두에 해당된다. 돌연변이로 말미암아 낫 형태의 비정상적인 혈구를 가지게 되면 말라리아에는 덜 걸리지만 이 혈구들의 산소 운반 능력이 저하되기 때문에 이런 혈구를 가지는 사람들을 쇠약하게 만든다.

어떤 유전적 돌연변이는 전적으로 유익한 한편 어떤 돌연변이는 별다른 영향을 주지 않는 것처럼 보인다. 그러나 대부분의 돌연변이는 부정적인 영향을 미친다. 치명적이지는 않더라도 이런 돌연변이를 가지는 사람은 신체적 혹은 행동적으로 이상을 보인다. 우리 각자는 놀랄 만큼 많은 수의 유전적 돌연변이를 가지고, 이 중 일부는 세포 분열 동안 발생한다. 신경과학자들은 신경계에 영향을 미치는 2,000개 정도의 유전적 이상이 초래하는 심각한 결과를 알고 있다. 예를 들어 한 유전자의 오류는 정상적으로 기능하는 것처럼 보이지만 실제로는 정상적으로 기능하지 못하는 뉴런을 생산하거나 비정상적인 구조나 기능을 가지는 뉴런을 생산할 수 있다.

멘델 법칙의 적용

19세기 Gregor Mendel이 완두콩의 연구를 통해 우성과 열성 대립유전자의 개념을 소개하였다. 멘델 유전학을 연구하는 과학자들은 어떻게 유전자, 뉴런과 행동이 서로 관련되어 있는가에 관해 이해하고 있다. 이러한 지식은 유전적 이상의 부정적 효과를 감소하거나 아마도 언젠가는 완전히 제거하는 데 도움이 되고 정상적인 뇌기능을 이해하는 데 기여한다.

뇌에 영향을 미치는 대립유전자 장애

돌연변이 유전자에 의해 초래되는 장애들 중 멘델의 우성과 열성 대립유전자 원리를 잘 설명해주는 것이 **테이삭스병**(Tay-Sachs disease)인데, 이 병을 처음으로 소개한 사람이 Warren Tay와 Bernard Sachs이다. 테이삭스병은 뇌 안에 있는 지방을 분해하는 데 필요한 효소 HexA(hexosaminidase A)를

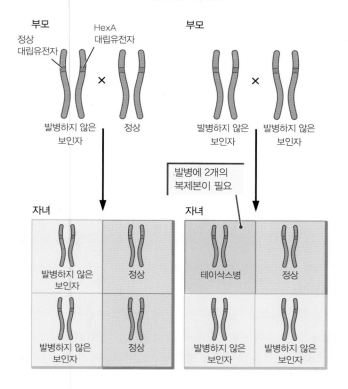

(A) 열성 유전자가 테이삭스 대립유전자를 전달

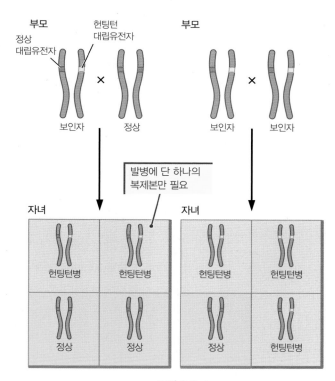

(B) 우성 유전자가 헌팅턴병 대립유전자 전달

그림 2.9 ▲

유전 패턴 (A) 열성 조건. 한 부모가 돌연변이 대립유전자를 가지고 있을 경우 질병 증상이 나타나지 않지만 보인자이다. 만약 부모 모두 돌연변이 대립유전자를 가지고 있으면 그들의 각 자녀가 질환을 앓을 확률이 25%이다. (B) 우성 조건. 하나의 대립유전자를 가지고 있어도 질병을 앓는다. 만약 이 사람이 정상적인 사람과 결혼하면 그들의 자녀가 질병을 앓을 확률이 50%이다. 만약 부모 모두 보인자일 경우 자녀가 질병을 앓을 확률이 75%이다.

부호화하는 유전자의 상실로 말미암아 발병하는 유전 결함이다.

대부분 출생 후 몇 달 내에 증상이 나타나고, 이보다 더 늦은 나이에 증상이 나타나는 경우는 드물다. 유아는 발작, 시력 상실, 운동과 정신 능력의 퇴행을 보이고 대부분 몇 년 내에 사망한다. 테이삭스 돌연변이는 유럽계 유대인과 프랑스계 캐나다인을 포함한 특정 인종에서 높은 비율로 발생하지만 돌연변이는 집단에 따라 서로 다르다.

테이삭스 HexA 효소의 이상은 15번 염색체에 있는 *HexA* 유전자의 열성 대립유전자로 인해 일어난다. 이러한 유전 양식은 2개의 열성 대립유전자로 인한 것인데, 왜냐하면 이 병의 발병에 2개의 복제본(하나는 어머니로부터 다른 하나는 아버지로부터)이 필요하기 때문이다. 자녀가 부모 모두로부터 열성 대립유전자를 물려받을 때만 테이삭스병이 발병한다. 부모 모두 성인이 될 때까지 생존하기 때문에 부모는 정상적인 우성 대립유전자도 가지고 있을 것이다. 따라서 부모가 생산한 정자세포와 난자세포가 열성 대립유전자를 가진 것도 있고 우성 대립유전자를 가진 것도 있을 것이다. 따라서 어떤 대립유전자가 자녀에게 전달될지는 전적으로 우연에 달려 있다.

2명의 테이삭스 보인자가 낳은 자녀가 가질 수 있는 세 가지 유전자 조합이 **그림 2.9A**에 도표로 제시되어 있다. 만약 아동이 2개의 정상적인 대립유전자를 가지고 있으면 그 아동은 이 병을 피할 수 있고 이 병을 후손에게 전달하지 않는다. 만약 아동이 하나의 정상적인 대립유전자와 하나의 테이삭스 대립유전자를 가진다면 이 아동은 부모처럼 이 병의 보인자가 된다. 그리고 만약 아동이 2개의 테이삭스 대립유전자를 가진다면 이 병을 앓게 된다.

열성 조건에서 부모 모두 보인자인 아동이 2개의 정상 대립유전자를 가질 확률은 25%, 보인자가 될 확률은 50%이고 테이삭스병을 앓을 확률은 25%이다. 만약 부모 중 한 사람만이 테이삭스 보인자일 경우 자녀가 정상이거나 보인자가 될 확률은 각각 50%이다. 이러한 부모의 자녀 중 어느 누구도 테이삭스병을 앓지 않는다.

테이삭스 대립유전자는 우성 대립유전자와는 무관하게 작용한다. 그 결과 열성 유전자는 계속 결함이 있는 HexA 효소를 생산하기 때문에 테이삭스 대립유전자를 가지는 사람은 정상 수준보다 많은 지질을 뇌에 축적한다. 그러나 그 사람은 정상 대립유전자도 가지고 있고 이 유전자가 정상적으로 기능하는 효소를 생산하기 때문에 테이삭스병을 유발할 만큼의 지질이 축적되지 않는다.

혈액 검사를 통하여 열성 테이삭스 대립유전자 보유 여부를 알 수 있고 보인자로 밝혀진 사람은 자녀를 갖는 것에 대한 결정을 내릴 수 있다. 만약 그 보인자가 다른 보인자와 자녀를 갖는 것을 방지한다면 자녀 중 보인자가 있을 수 있지만 그들의 자녀 중 어느 누구도 테이삭스병을 앓지 않는다. 효과적인 유전 상담으로 말미암아 이 병은 거의 사라졌다.

테이삭스 보인자가 가지고 있는 정상 대립유전자 하나만으로도 뇌가 충분히 작용할 수 있을 만큼의 효소가 생산된다. 그러나 만약 정상 대립유전자가 우성이 아닌 경우도 있는데, 또 다른 유전질환인 **헌팅턴병**(Huntington's disease)이 그러하다. 이 병에서는 헌팅턴이라고 알려진 비정상적인 단백질이 축적되어 피질세포를 포함한 뇌세포가 죽는다.

증상은 유아부터 노년기 동안의 어느 때나 시작되지만 대부분 중년에 증상이 나타나기 시작한다. 증상에는 비정상적인 불수의적 움직임과 기억상실이 포함되고 결국에는 행동이 완전이 와해되고 사망에 이른다. 비정상적인 헌팅턴 대립유전자가 정상 대립유전자에 대해 우성이기 때문에 결함이 있는 대립유전자가 하나만 있어도 이 병이 유발된다(Bordelon, 2013).

그림 2.9B는 헌팅턴병을 유발하는 4번 염색체에 있는 우성 대립유전자와 관련된 유전 양식을 보여준다. 만약 부모 중 한 사람이 결함 있는 대립유전자를 가지고 있으면 자녀 중 50%가 이 병을 물려받게 된다. 만약 부모 모두 결함 있는 대립유전자를 가지고 있으면 유전 확률은 75%로 증가한다. 비정상적인 헌팅턴 대립유전자가 대부분 중년, 즉 자녀를 가진 다음에 발현되기 때문에 치명적인 질환임에도 불구하고 한 세대에서 다음 세대로 전달될 수 있다.

테이삭스병을 일으키는 대립유전자처럼 유전 검사를 통하여 헌팅턴병을 초래하는 대립유전자를 보유하고 있는가를 알 수 있다. 만약 이 유전자를 가지고 있다고 밝혀지면 자녀를 갖지 않기로 결정할 수 있다. 만약 자녀를 갖지 않겠다고 결정하면 인간 유전자 풀에서 비정상적인 헌팅턴 대립유전자가 발생할 확률을 감소시킬 수 있다. 27.6절에 헌팅턴병에 관해 더 자세하게 기술되어 있다.

염색체 이상

결함 있는 대립유전자만이 유전질환을 초래하지 않는다. 일부 신경계 장애는 한 염색체 DNA 일부분 혹은 염색체 전체의 이상으로 발병한다. DNA 복제수 변화(copy number change)가 인간 뇌의 서로 다른 영역에도 존재한다. 부검한 뇌를 일부 표집하여 살펴본 결과 동일한 사람의 뉴런들에서 수많은 서로 다른 복제수 오류가 관찰되었다(McConnell et al., 2013). 일부 뉴런은 한 가지 이상의 오류를 가지고 있었다. DNA 복제수 오류는 그 뉴런의 활동에 영향을 미치고 그 결과 좋든 나쁘든지 간에 신경심리학자들의 관심을 끄는 행동 결과가 초래된다.

염색체 수의 변화로 인하여 초래되는 장애가 **다운증후군**(Down syndrome)인데, 주로 21번 염색체의 복제본 하나가 더 존재한다. 부모 중 한 사람(주로 어머니)이 자녀에게 21번 염색체 2개를 물려준다. 이 2개의 염색체가 다른 부모로부터 전달된 하나의 염색체와 결합하여 21번 염색체가 비정상적으로 3

개가 되는데, 이를 3염색체성(trisomy)라고 부른다. 비록 21번 염색체가 가장 작은 인간 염색체이지만 3염색체성은 다른 많은 염색체에 있는 유전자의 발현에 영향을 미치고 개인의 표현형을 심각하게 변화시킨다.

다운증후군 환자들은 특징적인 얼굴과 작은 체구를 가진다. 이들은 심장 결함, 호흡기 감염에 대한 취약성과 학습장애를 보인다. 또한 백혈병과 알츠하이머병이 발병하기 쉽다. 비록 다운증후군을 가지는 사람들이 일반인보다 단명하지만 일부 사람들은 중년 이후까지 생존한다. 700명의 아동 중 1명 정도의 발병률을 가지는 다운증후군 아동은 교육을 통해 학습장애를 초래하는 뇌 변화를 보상하는 능력이 크게 향상되고 있다.

유전 공학

유전학자들은 유전자가 표현하는 특성에 영향을 미치는 다양한 기법을 개발하였는데, 이러한 접근을 총괄하여 유전공학(genetic engineering)이라고 한다. 가장 단순한 유형의 유전공학은 게놈을 조작하거나 게놈에서 하나의 유전자를 제거하거나 유전자를 수정하거나 선택적 교배, 복제와 유전자 도입 등의 기법을 사용하여 게놈에 한 유전자를 첨부하는 것이다.

선택적 교배

약 30,000년 전부터 늑대를 개로 가축화하기 시작하였는데, 즉 많은 동물종들에서 특정 특성을 보이는 암컷과 수컷을 선택적으로 교배함으로써 가축으로 만들었다. 예를 들어 개의 선택적 교배를 통하여 빨리 달리거나 무거운 짐을 끌거나 사냥감을 찾아오거나 땅 속에 숨은 동물을 파내거나 바닷새를 찾기 위해 암벽을 오르거나 양과 소를 몰거나 주인의 무릎에 앉아 귀여움을 부리는 개를 생산하였다. Larson과 동료들(2012)이 기술한 바와 같이 유전자, 행동과 질병 사이의 관련성을 개를 대상으로 연구할 수 있는데, 이는 선택적 교배의 결과, 개가 모든 동물종 중에서 가장 다양한 특성을 보이기 때문이다.

자발적인 돌연변이를 유지하는 것이 선택적 교배의 목적 중 하나이다. 이 방법을 사용하여 연구자들은 어떤 흔하지 않은 특성을 가진 동물의 전체 집단을 만드는데, 그 특성은 원래 한 마리 혹은 소수의 동물에서 예기치 않게 발생한 돌연변이이다. 예를 들어 선택적으로 교배된 실험실 생쥐 집단에서 많은 자발적 돌연변이가 발견되었고 이 돌연변이들은 생쥐 혈통에 유지되었다.

일부 생쥐 혈통은 비정상적으로 움직인다. 즉 비틀거리고 다리를 절거나 뛰어오르는 움직임을 보인다. 일부는 면역질환을 보이고 일부는 감각 결함을 보여 보지 못하거나 듣지 못한다. 일부 생쥐는 영리하고 일부는 영리하지 못하다. 일부는 큰 뇌를 가지고 일부는 작은 뇌를 가진다. 많은 생쥐들이 독특한 행동 특성을 보인다. 이와 유사한 많은 유전적 변이가 인간에서도 관찰된다. 그 결과 연구자들은 생쥐의 변화된 행동이 어떤 신경학적 혹은 유전적 기제를 통해 일어나는가를 체계적으로 연구할 수 있게 되었고 이 연구 결과를 인간 질환의 치료법 개발에 적용하고 있다.

복제

유전적 특성의 발현을 보다 직접적으로 조작하는 방법은 배아발달 초기에 조작을 가하는 것이다. 이 방법들 중 하나가 복제(cloning), 즉 다른 동물과 유전적으로 동일한 자손을 만드는 것이다.

동물을 복제하기 위해 과학자들은 살아 있는 동물로부터 DNA를 포함하고 있는 세포핵을 핵이 제거된 난자에 넣고 난자를 자극하여, 분열이 시작되면 새 배아를 암컷의 자궁에 착상시킨다. 이 세포들

그림 2.10 ▲

복제 고양이와 어미 카피캣(위)과 카피캣의 복제를 위해 세포핵을 기증한 고양이 레인보우(아래). 비록 두 고양이의 게놈이 동일하지만 털 색깔을 포함한 표현형이 서로 다르다. 이는 복제동물에도 표현형 가소성이 일어나는 것을 의미한다. 즉 복제동물도 하나 이상의 표현형을 발달시킬 수 있는 능력을 가지고 있다.

(Photographs used with permission of Texas A&M College of Veterinary Medicine and Biochemical Sciences.)

로부터 발달된 개개 동물은 세포핵을 제공한 동물과 유전적으로 동일하기 때문에 복제는 가치 있는 특성을 보존하기 위해 혹은 유전과 환경의 상대적 영향을 연구하기 위해 혹은 제공자에게 이식할 조직이나 기관을 만들기 위해 사용될 수 있다. 암컷 양인 돌리는 스코틀랜드의 연구 팀에 의해 1996년에 처음으로 복제된 포유류이다.

복제는 실험적 조작에서 시작하여 사업으로 성장하였다. 복제된 첫 번째 고양이인 카피캣이 **그림 2.10**에 제시되어 있다. 희귀종으로 처음 복제된 것은 아시아산 들소인데, 이 동물은 젖소와 관련되어 있다. 한 연구 팀이 북극 툰드라에서 발견된 시체에서 채취한 세포를 사용하여 멸종된 코끼리종인 마스토돈(mastodon)을 복제하려고 시도하고 있다. 또 다른 연구 팀은 가장 나중에 죽은 나그네비둘기인 마사의 보존된 시체에서 채취한 세포를 사용하여 멸종된 나그네비둘기의 복제를 시도하고 있다.

유전자 도입 기법

유전자 도입 기법은 유전자를 배아에게 주입하거나 유전자를 제거하는 것을 가능하게 한다. 예를 들어 새로운 유전자를 염소에게 주입해서 그 염소의 젖에 약물이 생성하게 할 수 있으며 이 약물을 젖에서 추출하여 인간 질병을 치료하는 데 사용할 수 있다(Kues & Niemann, 2011).

한 종의 세포를 다른 종의 배아에게 주입하면 그 결과 키메라 **동물**(chimeric animal)의 세포가 두 부모 종의 유전자들을 가지게 되고 이 유전자들의 조합이 만든 행동을 보인다. 키메라 동물은 그 부모 종들의 행동이 혼합된 흥미로운 행동을 보인다. 예를 들어 닭이 배아 발생 초기에 일본 메추라기의 세포를 받으면 닭이 우는 것이라기보다는 메추라기가 우는 듯한 양상을 보이며, 이에 근거하여 조류 발성의 유전전 근거가 무엇인가를 알 수 있다(Balaban, 2005). 키메라 실험은 닭 울음소리의 신경학적 근거를 연구하는 도구가 될 수 있는데, 왜냐하면 현미경을 통하여 메추라기의 뉴런과 닭 뉴런을 구분할 수 있기 때문이다.

유전자 도입 기법(knock-in technology)은 한 종의 단일 유전자 혹은 많은 유전자들을 다른 종의 게놈에 첨가시켜 이 유전자를 **유전자 도입 동물**(transgenic animal)의 다음 세대로 전달하여 발현되게 하는 것이다. 이 기법은 인간 유전질환의 연구와 치료에 적용되고 있다. 예를 들어 헌팅턴병을 일으키는 인간 유전자를 생쥐와 원숭이에게 주입하면(Gill & Rego, 2009), 이 동물들에서 비정상적인 헌팅턴 대립유전자가 발현되어 인간에서 관찰되는 헌팅턴병 증상과 유사한 증상들이 초래되고, 이를 통해 헌팅턴병의 치료법을 연구하게 된다.

유전자 제거 기법(knockout technology)은 유전자를 비활성화시켜, 이 유전자가 특정 동물, 예를 들어 생쥐에서 발현하지 못하게 한다(Tarantino & Eisener-Dorman, 2012). 그런 다음 이 생쥐를 다음과 같은 연구, 즉 비활성화된 유전자가 인간 질병을 일으키는 원인인지를 결정하거나 그 질병의 가능한 치료법을 조사하는 연구에 사용한다. 정서 기억, 사회 기억 혹은 공간 기억과 같은 특정 유형의 기억과 관련된 유전자를 비활성화하는 것이 가능하다. 이러한 기법은 기억의 신경학적 근거를 조사하는 데 유용하다.

표현형 가소성과 후성유전적 부호

유전자형으로만 표현형을 설명할 수 없다. 태양빛에 노출되면 피부가 검게 되고 운동을 하면 근육이 커지며 공부를 하면 무엇인가를 배울 수 있다는 것을 우리 모두는 알고 있다. 표현형은 섭식과 노화의 영향을 받는다. 유전자형이 일정한 것에 비해 표현형의 변화 정도는 매우 심하다. 이 **표현형 가소성**

(phenotypic plasticity)은 다수의 표현형을 발현하는 게놈의 능력과 후성유전, 즉 환경이 표현형의 선택에 미치는 영향으로 일어난다.

표현형 가소성은 배아의 발달 과정 동안 일어나는 세포 분열로부터 시작된다. 한 세포에서 발현되는 유전자는 세포 내외와 세포 환경 내의 요인들의 영향을 받는다. 수정란이 분열되어 새로운 세포들이 생기면 이 세포들은 친세포(parent cell)의 환경과 다른 환경 내에 있게 된다. 세포의 환경이 어떤 유전자가 발현될 것인가를, 다시 말하면 이 세포가 어떤 조직이 되고 어떤 신경계 세포가 되는가를 결정한다. 추후 외적 환경과 그 환경 내에서의 세포 활동이 세포의 구조와 기능에 영향을 미친다.

조현병, 알츠하이머병, 다발성 경화증, 치매, 당뇨와 전립선암을 포함한 다양한 질환에서 일란성 쌍생아의 일치율이 30~60%이다. 구개파열(cleft palate)과 유방암의 일치율은 약 10%이다. 일치율이 100%에 미치지 않는다는 것은 Mendel의 유전 원리 외의 다른 요인들이 작용하는 것을 시사한다(Miyake et al., 2013).

후성유전적 부호의 적용

후성유전학은 어떻게 유전 부호가 서로 다른 유형의 세포들을 생산하는지, 어떻게 게놈이 서로 다른 표현형을 부호화하는지와 어떻게 세포가 암과 뇌기능 장애 등의 질병을 초래하는지를 연구한다. 따라서 첫 번째 부호인 게놈에 뒤이어 후성유전이 두 번째 부호로 여겨진다.

각 세포 안의 특정 유전자들이 신호에 의해 발현되고 이 유전자들이 특정 세포 유형을 생산한다. 이전에 휴면하던 유전자가 활성화되고 이로 인하여 세포가 특정 단백질을 생산한다. 특정 단백질은 피부 세포를 만드는 한편 다른 특정 단백질은 뉴런을 생산한다.

유전자를 발현하게 하는 신호에 관해서는 거의 알려진 바가 없지만 이 신호들이 아마도 화학적 특성을 가지고 후성유전의 근거가 된다고 여겨진다. 발달 과정 동안 유전자 발현을 억제하는 흔한 후성유전적 기제가 **유전자 메틸화**(gene methylation) 혹은 DNA 메틸화인데, 이는 메틸군(CH3)이 DNA 뉴클레오티드 염기쌍 배열에 부착하는 과정을 의미한다(**그림 2.11**). 서로 다른 표현형에서의 유전자 메틸화 수준은 전반적인 유전자 발현의 증가 혹은 감소를 반영한다. 유전자 발현은 4.1절에 기술되어 있는 다른 후성유전적 기제에 의해서도 조율된다.

요약하면 후성유전적 기제는 유전자를 막아 발현하지 못하게 하거나 유전자를 열어 발현하게 함으로써 단백질 생산에 영향을 미칠 수 있다. 여기에 환경이 영향을 미친다. 뇌세포와 피부 세포의 화학적 환경이 서로 다르기 때문에 이 세포들에 있는 서로 다른 유전자가 활성화되어 서로 다른 단백질과 세포 유형을 생산한다. 세포 분화를 일으키는 데 필요한 서로 다른 화학적 환경은 다른 인접 세포의 활성화 혹은 혈류를 통해 전달되는 호르몬과 같은 화학물질에 의해 일어난다. 일부 경험적 사건 역시 한 세대에서 다른 세대로 전달되는데, 이에 관해서는 다음의 연구가 잘 설명하고 있다.

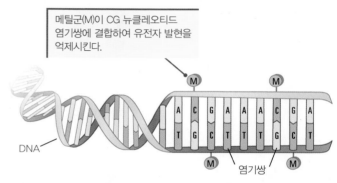

메틸군(M)이 CG 뉴클레오티드 염기쌍에 결합하여 유전자 발현을 억제시킨다.

DNA

염기쌍

그림 2.11 ▲

유전자 메틸화

경험의 유전 사례

유전자를 통해 특성이 부모에서 자녀에게 전달된다는 생각이 멘델유전학의 핵심이다. Mendel의 이론은 개인의 생활 경험이 유전되지 않는다는 것도 예견한다. 그러나 Lars Olov Bygren과 동료들(Kaati et al., 2007)은 개인의 영양상의 경험이 그 사람의 자손 건강에 영향을 미칠 수 있음을 발견하였다.

이 연구 팀은 스웨덴 북부 지역의 노르보텐주를 중심으로 연구하였다. 19세기 노르보텐주는 외부 세계와 거의 단절되어 있었다. 수확량이 적으면 주민들이 굶주렸다. 역사 기록에 의하면 1800년, 1812년, 1821년, 1836년과 1856년도에는 거의 수확을 하지 못하였다고 한다. 1801년, 1822년, 1828년, 1844년, 1863년에는 수확량이 풍부하였다.

Bygren과 동료들은 사춘기에 접어들기 직전에 기근 혹은 풍요를 경험한 사람들을 무작위로 선정한 후 이들의 자녀와 손주의 건강 기록과 수명을 조사하였다. 연구 결과는 사람들이 생각하였던 것과 정반대였다. 풍요로움을 경험한 집단의 자손들은 기근을 경험하였던 집단의 자손보다 심혈관 질환과 당뇨병을 더 많이 앓았고 기대 수명은 7년이 더 감소하였다! 두드러진 점은 이러한 효과가 남성의 남성 자손과 여성의 여성 자손에서만 관찰되었다는 것이다.

Bygren과 동료들은 **결정적 시기**(critical period), 즉 이 시기 동안에 경험한 일부 사건이 일생 동안 개인에게 영향을 미치는 발달 시기 동안의 영양 상태가 성염색체, 즉 남성의 Y 염색체와 여성의 X 염색체의 유전 발현을 수정할 수 있다는 것을 제안하였다. 나아가 이러한 변화가 다음 세대로 전달될 수 있다. 사춘기 전, 즉 성적 성숙이 일어나기 전의 영양 상태가 중요하다. 성염색체의 유전 발현이 이 시기에 시작된다.

Bygren과 동료들의 중요한 발견은 많은 다른 연구들에 의해 지지를 받는데, 이는 후성유전이 중요하고 후성유전의 영향 중 일부는 적어도 몇 세대까지 전달되는 것을 시사한다. 후성유전이 유전자 발현에 중요한 역할을 한다는 사실은 우리의 경험이 우리 뇌를 형성하여 우리가 어떤 사람이 되는가에 영향을 미친다는 것을 밝히고 있다.

요약

2.1 인간 기원과 큰 뇌의 기원

인류 조상은 적어도 500만 년 전에 유인원 혈통으로부터 분리되었다. 지난 200만 년 동안 인류 조상의 뇌와 신체가 커졌다. 초기 인류 조상은 아마도 **오스트랄로피테쿠스**였고 여기서 더 인간과 유사한 종, 즉 호모하빌리스와 호모에렉투스가 나왔다. 현대 인간인 호모사피엔스는 200,000~100,000년 전에 나타났다.

적응과 복잡한 사회적 형태를 유리하게 만든 환경적 도전과 기회, 생리적 변화와 유형 성숙이 인간종의 뇌 진화를 자극하였다. 인간의 뇌 구조는 쥐와 같이 비교적 단순한 동물을 포함한 다른 동물의 뇌 구조와 매우 유사하지만 인간 뇌가 더 큰데, 이는 더 많은 뉴런을 가지고 있기 때문이다.

사람들은 신체 크기와 뇌 크기에서 매우 다르고 가지고 있는 지적 능력도 서로 다르다. 따라서 뇌 크기와 일반 지능을 서로 비교하는 것은 불가능하다. 현대 인간의 연구에서 인간의 행동이 유전보다 문화적으로 학습된 것이라는 것을 인식하는 것이 중요하다.

2.2 신경심리학에서의 비교 연구

동물을 대상으로 하는 비교 연구는 다음의 세 가지 주된 주제를 가진다. (1) 기본적인 뇌 기제의 이해, (2) 인간 신경장애의 동물 모델 개발, (3) 뇌의 진화적 발달(계통발생적)의 기술이다.

2.3 유전자 및 환경과 행동

우리가 가지는 23개 염색체 쌍에서 각 염색체 쌍 중 하나를 한 부모로부터 물려받는다. 성염색체를 제외한 모든 염색체 쌍은 일치하고, 각 세포는 모든 유전자의 2개의 대립유전자를 가진다. 부모로부터 물려받은 대립유전자는 부모의 표현형에 의존한다. 때로 2개의 대립유전자가 동형접합적(동일한)인 한편, 때로는 이형접합적(다른)이다.

한 대립유전자가 우성이면 특성으로 발현된다. 열성은 발현되지 않는다. 공우성의 경우에는 두 대립유전자 모두 표현형에 발현된다. 한 대립유전자는 한 집단에서 가장 흔하게 나타나는 야생형인 반면 다른 대립유전자는 돌연변이이다. 유전자의 돌연변이는 뉴클레오티드 배열의 하나 혹은 그 이상에서 변화가 일어나서 유전자 부호가 바뀌는 경우이다. 대부분의 돌연변이는 해가 되고 신경계의 구조와 행동 기능의 이상을 초래한다.

선택적 교배는 가장 오래된 유형의 유전 조작이다. 한 동물의 게놈을 변화시키는 유전 공학은 비교적 새로운 과학 분야이다. 복제 동물의 유전 구성은 부모 혹은 형제의 유전 구성과 동일하고 유전자 도입

동물은 새롭거나 변화된 유전자를 가지고 있으며 유전자 제거 동물은 유전자가 제거된 게놈을 가지고 있다.

게놈은 다양한 표현형을 부호화하고 표현형 가소성을 일부 설명한다. 표현형은 결국 환경 내의 후성유전적 영향에 의해 결정된다. 후성유전적 기제는 유전 부호의 변화 없이도 유전 발현에 영향을 미칠 수 있다.

참고문헌

Balaban, E. Brain switching: Studying evolutionary behavioral changes in the context of individual brain development. *International Journal of Developmental Biology* 49:117–124, 2005.

Bordelon, Y. M. Clinical neurogenetics: Huntington disease. *Neurology Clinics* 31:1085–1094, 2013.

Campbell, C. B. G., and W. Hodos. The concept of homology and the evolution of the nervous system. *Brain, Behavior and Evolution* 3:353–367, 1970.

Darwin, C. *The Descent of Man, and Selection in Relation to Sex.* London: J. Murray, 1871.

Deary, I. J. *Looking Down on Human Intelligence: From Psychometrics to the Brain.* Oxford Psychology Series, No. 34. New York: Oxford University Press, 2000.

Dunbar, R. *Grooming, Gossip, and the Evolution of Language.* Cambridge, Mass.: Harvard University Press, 1998.

Falk, D. Brain evolution in *Homo*: The "radiator" theory. *Behavioral and Brain Sciences* 13:344–368, 1990.

Flynn, J. R. *Are We Getting Smarter? Rising IQ in the Twenty-First Century.* Cambridge, UK: Cambridge University Press, 2012.

Fonseca-Azevedo, K., and S. Herculano-Houzel. Metabolic constraint imposes tradeoff between body size and number of brain neurons in human evolution. *Proceedings of the National Academy of Sciences U.S.A.* 109:18571–18576, 2012.

Gallup, G. G., Jr. Chimpanzees: Self-recognition. *Science* 167:86–87, 1970.

Gardner, H. E., M. L. Kornhaber, and W. E. Wake. *Intelligence: Multiple Perspectives.* Fort Worth, Tex., and Toronto: Harcourt Brace College, 1997.

Gardner, R. A., and B. T. Gardner. Teaching sign language to a chimpanzee. *Science* 165:664–672, 1969.

Geschwind, D. H., and G. Konopka. Genes and human brain evolution. *Nature* 486(7404):481–482, June 28, 2012.

Gill, J. M., and A. C. Rego. The R6 lines of transgenic mice: A model for screening new therapies for Huntington's disease. *Brain Research Reviews* 59:410–431, 2009.

Gillespie-Lynch, K., P. M. Greenfield, Y. Feng, S. Savage-Rumbaugh, and H. A. Lyn. A cross-species study of gesture and its role in symbolic development: Implications for the gestural theory of language evolution. *Frontiers in Psychology* 4:160, 2013.

Goodall, J. *The Chimpanzees of Gombe: Patterns of Behavior.* Cambridge, Mass.: Belknap Press of the Harvard University Press, 1986.

Gould, S. J. *The Mismeasure of Man.* New York: Norton, 1981.

Hampshire, A., R. R. Highfield, B. L. Parkin, and A. M. Owen. Fractionating human intelligence. *Neuron* 76:1225–1237, 2012.

Heffer A., J. Xiang, and L. Pick. Variation and constraint in *Hox* gene evolution. *Proceedings of the National Academy of Science U.S.A.* 5:2211–2216, 2013.

Herringa, R. J., R. M. Birn, P. L. Ruttle, C. A. Burghy, D. E. Stodola, R. J. Davidson, and M. J. Essex. Childhood maltreatment is associated with altered fear circuitry and increased internalizing symptoms by late adolescence. *Proceedings of the National Academy of Science U.S.A.* 110(47):19119–19124, November 19, 2013.

Hopkins, W. D., and J. P. Taglialatela. Initiation of joint attention is associated with morphometric variation in the anterior cingulate cortex of chimpanzees (Pan troglodytes). *American Journal of Primatology* 75:441–449, 2012.

Jerison, H. J. *Evolution of the Brain and Intelligence.* New York: Academic Press, 1973.

Johanson, D., and M. Edey. *Lucy: The Beginnings of Humankind.* New York: Warner Books, 1981.

Kaati, G., L. O. Bygren, M. Pembrey, and M. Sjöström. Transgenerational response to nutrition, early life circumstances and longevity. *European Journal of Human Genetics* 15:784–790, 2007.

Kues, W. A., and H. Niemann. Advances in farm animal transgenesis. *Preventative Veterinary Medicine* 102:146–156, 2011.

Larson, G., E. K. Karlsson, A. Perri, M. T. Webster, S. Y. Ho, J. Peters, P. W. Stahl, P. J. Piper, F. Lingaas, M. Fredholm, K. E. Comstock, J. F. Modiano, C. Schelling, A. I. Agoulnik, P. A. Leegwater, K. Dobney, J. D. Vigne, C. Vilà, L. Andersson, and K. Lindblad-Toh. Rethinking dog domestication by integrating genetics, archeology, and biogeography. *Proceedings of the National Academy of Sciences U.S.A.* 109:8878–8883, 2012.

Masterton, B., and L. C. Skeen. Origins of anthropoid intelligence: Prefrontal system and delayed alternation in hedgehog, tree shrew, and bush baby. *Journal of Comparative and Physiological Psychology* 81:423–433, 1972.

McConnell, M. J., M. R. Lindberg, K. J. Brennand, J. C. Piper, T. Voet, C. Cowing-Zitron, S. Shumilina, R. S. Lasken, J. R. Vermeesch, I. M. Hall, and F. H. Gage. Mosaic copy number variation in human neurons. *Science* 342:632–637, 2013.

McKinney, M. L. The juvenilized ape myth—Our "overdeveloped" brain. *Bioscience* 48:109–118, 1998.

Mesoudi, A., A. Whiten, and K. N. Laland. Towards a unified science of cultural evolution. *Behavioural and Brain Sciences* 29:364–366, 2006.

Milton, K. The critical role played by animal source foods in human evolution. *Journal of Nutrition* 133:3893S–3897S, 2003.

Miyake, K., C. Yang, Y. Minakuchi, K. Ohori, M. Soutome, T. Hirasawa, Y. Kazuki, N. Adachi, S. Suzuki, M. Itoh, Y. I. Goto, T. Andoh, H. Kurosawa, M. Oshimura. M. Sasaki, A. Toyoda, and T. Kubota. Comparison of genomic and epigenomic expression in monozygotic twins discordant for Rett syndrome. PLoS ONE, June 21, 2013.

Moore, C. G., M. Schenkman, W. M. Kohrt, A. Delitto, D. A. Hall, and D. Corcos. Study in Parkinson Disease of Exercise (SPARX): Translating high-intensity exercise from animals to humans. *Contemporary Clinical Trials* 36:90–98, 2013.

Nilsson, D. E. Eye evolution and its functional basis. *Vision Neuroscience* 30:5–20, 2013.

Pickering, R., P. H. Dirks, Z. Jinnah, D. J. de Ruiter, S. E. Churchill, A. I. Herries, J. D. Woodhead, J. C. Hellstrom, and L. R. Berger. *Australopithecus sediba* at 1.977 Ma and implications for the origins of the genus *Homo. Science* 333:1421–1423, 2011.

Potts, R., and C. Sloan. *What Does It Mean to Be Human?* Washington, D.C.: National Geographic, 2010.

Stedman, H. H., B. W. Kozyak, A. Nelson, D. M. Thesier, L. T. Su, D. W. Low, C. R. Bridges, J. B. Shrager, N. Minugh-Purvis, and M. A. Mitchell. Myosin gene mutation correlates with anatomical changes in the human lineage. *Nature* 428:415–418, 2004.

Stephan, H., R. Bauchot, and O. J. Andy. Data on the size of the brain and of various parts in insectivores and primates. In C. R. Noback and W. Montagna, eds. *The Primate Brain*, pp. 289–297. New York: Appleton.

Tarantino, L. M., and A. F. Eisener-Dorman. Forward genetic approaches to understanding complex behaviors. *Current Topics in Behavioral Neuroscience*, 12:25–58, 2012.

Twardosz, S. Effects of experience on the brain: The role of neuroscience in early development and education. *Early Education & Development* 23:96–119, 2012.

Zhang, G., Z. Pei, E. V. Ball, M. Mort, H. Kehrer-Sawatzki, and D. N. Cooper. Cross-comparison of the genome sequences from human, chimpanzee, Neanderthal and a Denisovan hominin identifies novel potentially compensated mutations. *Human Genomics* 5:453–484, 2011.

신경계의 조직

사례 보기 　뇌졸중

R.S.는 극장 안내원이었던 자신의 첫 번째 직업을 즐겼다. 고등학교 졸업 후 그는 극장 매니저가 되었고 마침내 사장이 되었다. 그는 자신의 사업을 즐겼고 영화를 사랑하였다. 그는 영화에 관한 모든 것에 박식하였고 그에 관해 토론하는 것을 즐겼다.

어느 날 차고 지붕을 고치던 중 R.S.는 왼손이 마비되는 것을 느꼈고 곧이어 땅으로 추락하였다. 그는 뇌혈류의 흐름이 방해를 받아 뇌세포가 죽고 이로 말미암아 갑자기 신경과적 증상이 일어나는 **뇌졸중**(stroke)을 앓았다. 그의 뇌졸중은 **국소빈혈**(ische-mia) 때문에 초래되었는데, 국소빈혈은 혈전에 의해 혈관이 협착되어 뇌혈류가 막히는 것을 의미한다.

집에서 가까운 병원에서 촬영한 CT 스캔은 뇌졸중으로 말미암아 우반구 전두엽이 손상을 입은 것을 보여주었다(CT 스캔에서 오른쪽 어두운 부분이 혈류 감소로 인해 손상된 부위이다). 미국 질병관리 예방센터(U.S. Centers for Disease Control and Prevention)는 뇌졸중이 미국인의 세 번째 사망원인이고 장기간의 장애를 초래하는 주된 원인이라고 추정한다.

미국에서 40초마다 뇌졸중이 발병한다. 뇌졸중은 어떤 연령에서도 발병할 수 있다. 선진국에서 뇌졸중 발병률이 감소하는데, 이는 금연, 식습관 개선과 혈압 관리 덕분이다.

R.S.는 뇌졸중에 관한 어떤 의학적 치료도 받지 않았지만 재활 결과 비록 왼쪽 다리가 경직되었으나 걷는 능력을 회복하였다. 그의 왼팔은 경직되고 풀려(rigid and flexed) 있었기 때문에 그는 왼팔을 사용하려고 하지 않았다.

가족이 보기에는 R.S.가 뇌졸중 발병 전으로 거의 회복된 것처럼 보였지만 그는 매사에 무관심하였다. 즉 그는 더 이상 정원 가꾸기

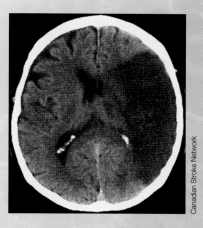

Canadian Stroke Network

를 즐기지 않았고 사업에 흥미를 보이지 않았으며 영화에 관해 더 이상 이야기하지 않고 TV 시청도 하지 않았다. 이전에는 말을 많이 하였지만 더 이상 대화를 먼저 시작하지 않았고 말을 할 때도 감정을 보이지 않았다. 신경심리 검사와 반복적인 행동 및 재활치료에도 불구하고 R.S.는 뇌졸중이 발병한 지 10년이 지나도 변화를 보이지 않았다.

갑작스러운 뇌출혈로 인해 초래되는 매우 심각한 **출혈성 뇌졸중**(hemorrhagic stroke)과 달리 허혈성 뇌졸중의 경우 발병 3시간 이내에 약물 t-PA를 투약하면 예후가 좋다. **조직 플라스미노겐 활성화 물질**(tissue palsminogen activator, t-PA)은 혈전을 분해하여 손상된 영역으로 혈류가 정상적으로 흐르게 한다.

그러나 R.S.에게는 뇌졸중 발병 3시간 이내에 이 약물이 투여되지 않았는데, 이는 담당 의사가 차고 지붕에서 추락한 것이 허혈성 뇌졸중 때문인지 혹은 뇌진탕과 뇌혈관 파열로 말미암아 출혈성 뇌졸중이 발병된 것인지를 확신하지 못하였기 때문이다. 항응고 약물은 허혈성 뇌졸중의 경우에는 조직이 죽는 것을 감소시키지만 출혈성 뇌졸중의 경우에는 세포 죽음을 악화시킨다.

대부분의 환자들이 발병 3시간 내에 응급실로 오지 않기 때문에 연구자들은 후급성(postacute) 뇌졸중 기간에 대한 새로운 치료법을 개발하고 있다. 연구자들은 허혈성 혹은 출혈성 뇌졸중 후 뇌의 회복 과정을 자극하는 방법을 찾고 있는데, 이는 많은 환자들이 뇌졸중 발병 후 오랫동안 생존하기 때문이다. 신경심리학자들도 환자들로 하여금 운동 증상뿐만 아니라 R.S.의 삶의 질을 감소시킨 무관심에 대처하고 이를 극복하게 하는 재활 절차의 개발에 관심을 가지고 있다.

뇌와 행동은 매우 복잡하기 때문에 뇌가 어떻게 행동을 생산하는가를 설명하는 것이 쉽지 않다. 인간의 뇌에는 약 850억 개의 뉴런이 정보처리 과정에 관여하고 860억 개의 교세포가 뉴런의 기능을 지지하고 있다 (Fonseca-Azevedo & Herculano-Houzel, 2012). 각 뉴런은 다른 세포들과 약 15,000개나 되는 연결을 가지고 있다.

◎ **그림 3.1** ▲

표현형 가소성 두 생쥐는 복제, 즉 유전적으로 동일하지만 표현형에서 매우 다른데, 이는 생쥐들의 어미들이 임신 중 서로 다른 식이요법을 하였기 때문이다. 서로 다른 섭식 행동이 서로 다른 신체 구조를 형성하는 데 일부 기여한다.

(Randy Jirtle/Duke University Medical Center)

피질에 있는 뉴런들은 층으로 조직화되어 있고, 또 무리를 지어 **핵**(nuclei, 라틴어의 *nux*는 '견과'를 의미)을 구성하는데, 핵은 행동을 매개하는 데 특유의 기능을 가진다. 뇌조직을 염색하면 층과 핵이 서로 구분되는 모양과 색채로 드러나기 때문에 이들을 확인하는 것이 가능하다. 층과 핵 안에 있는 세포들은 매우 가까이 위치하여 서로 연결되어 있지만 이 세포들은 장거리 연결도 맺어 **섬유 경로**(fiber pathway) 혹은 **로**(tract, 고전 프랑스어로 '길'을 의미)를 형성한다.

인간의 뇌는 각 동물종들의 뇌와 마찬가지로 두드러진 구조를 가진다. 각 개인의 뇌 역시 독특한 특징을 가진다. 개인마다 층과 핵이 다를 수 있으며 심지어 동일한 사람의 두 대뇌반구도 서로 다르다. 이러한 해부학적 개인차는 행동의 개인차와 관련되어 있다.

뇌는 가소성을 가지기도 한다. 즉 개인의 일생 동안 뇌는 엄청나게 변화한다. 뉴런들 사이의 연결도 변화한다. 뇌는 뉴런과 교세포를 상실하거나 새로 얻기도 한다. 신경가소성은 발달, 경험으로부터 얻는 학습으로 인한 변화와 뇌졸중 발병 후 R.S.가 경험한 것과 같은 뇌 손상을 보상하는 개인 능력의 변화 등을 매개한다. 뇌의 흔한 구조는 개인의 표현형에 의존하지만 2.3절에 기술되어 있는 후성유전적 영향도 개인의 표현형 가소성을 매개한다(**그림 3.1**).

3.1 신경해부학 : 뇌에서의 위치 찾기

신경심리학자가 뉴런과 그들의 연결에 관한 지식을 가지고 있는 것은 뇌기능을 이해하는 데 도움이 된다. 지금부터 뇌 구조를 살펴봄으로써 우리의 신경계가 어떻게 구성되어 있는가를 알아보자.

뇌 안에서의 위치 기술

뇌의 층, 핵과 경로의 해부학적 위치는 3개의 참조틀, 즉 동물의 다른 신체 부위, 상대적 위치와 관찰자의 관점에서 기술된다. **그림 3.2**는 가장 자주 사용되는 방위 용어를 소개하고 있다.

- 그림 3.2A는 다른 신체 부위에 대한 머리의 상대적 위치에서 본 뇌 구조를 기술한다. 라틴어 *rostrum*은 '부리', *caudum*은 '꼬리', *dorsum*은 '등', *ventrum*은 '복부'를 의미한다. 따라서 뇌의 문측(rostral), 미측(caudal), 배측(dorsal)과 복측(ventral) 부위는 이 신체 부위들에 대한 뇌의 위치를 의미한다. 때로는 상측(superior)과 하측(inferior)이 배측 혹은 복측에 위치하는 구조들을 언급하기 위해 사용된다.
- 그림 3.2B는 얼굴을 참조틀로 하여 어떻게 뇌 영역들이 기술되는가를 보여준다. 전측(anterior, frontal)은 앞쪽에 위치하는 구조, 후측(posterior)은 뒤쪽에 위치하는 구조, 외측(lateral)은 측면에 위치하는 구조, 내측(medial)은 중앙 혹은 사이(between)에 위치하는 구조를 기술할 때 사용된다.
- 그림 3.2C는 관찰자의 입장에서 본 뇌 절편의 방향을 기술한다. 관상면(coronal section)은 뇌를 수직 방향, 즉 머리의 위에서부터 아래로 잘라 뇌의 앞쪽 모습을 보여준다. 수평면(horizontal section, 뇌를 수평으로 자르기 때문)은 위에서 뇌를 내려다본 모습, 즉 배측 모습을 보여준다. 시상면(sagittal section)은 뇌를 앞쪽에서 뒤쪽으로 길이를 따라 자른 경우이며 뇌의 내측 모습을 보여준다(뇌의 방

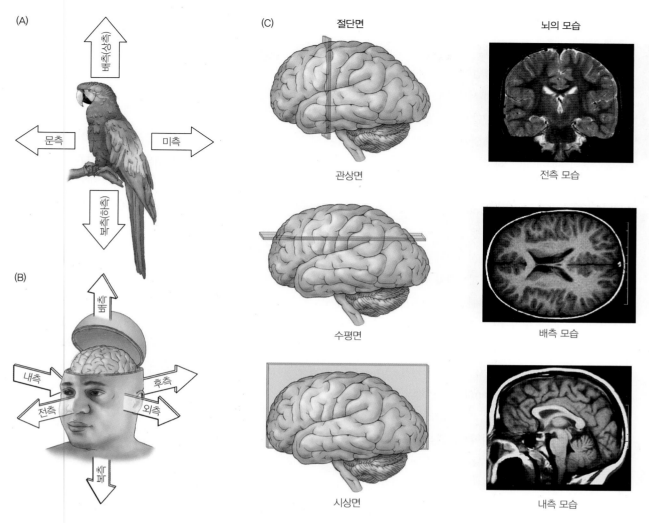

(A)

등(상)측

문측   미측

복(하)측

(B)

등측

내측   후측

전측   외측

복측

(C)

절단면   뇌의 모습

관상면   전측 모습

수평면   배측 모습

시상면   내측 모습

(◎) **그림 3.2** ▲

해부 방향 (A) 용어는 다른 신체 부위에 대한 머리 방향을 기준으로 뇌를 기술한다. (B) 용어는 인간 뇌를 얼굴 참조틀을 기준으로 기술한다. (C) 절단은 뇌의 내부 구조들을 보여준다. 관상면은 뇌의 전측, 수평면은 뇌의 배측, 시상면은 내측면을 보여준다.

(Photographs Dr. D. Armstrong, University of Toronto/Lifeart.)

향성을 화살표로 상상해보라. 라틴어 *sagittal*에서 유래되었다).

신체처럼 신경계는 왼쪽과 오른쪽이 대칭을 이루고 있다. 구조들이 동일면에 위치할 경우 **동측**(ipsilateral)이라고 하고, 서로 반대면에 있는 경우를 **대측**(contralateral)이라고 한다. 만약 구조가 각각의 대뇌반구 모두에 위치할 경우 **양측**(bilateral)이라고 하는데, 실제로 모든 뇌 구조들이 양측에 위치한다.

구조들이 서로 가까이 위치할 경우 **근위**(proximal)라 부르고 멀리 위치할 경우 **원위**(distal)라고 부른다. 정보가 한 뇌 구조로 전달되는 경우를 **구심성**(afferent)이라고 부르는 반면 정보가 한 구조로부터 빠져나오는 경우를 **원심성**(efferent)이라고 한다. 따라서 감각 경로는 신체로부터 뇌와 척수로 메시지를 전달하기 때문에 구심성인 반면 운동 경로는 메시지를 뇌와 척수로부터 신체로 전달하기 때문에 원심성이다.

인간은 직립보행을 하는 반면 비인간 동물은 네발 자세를 취한다. 인간과 비인간 동물 뇌의 공간 방위는 유사하지만 척수 공간 방위는 서로 다르다. 3.4절에 기술되어 있는 것처럼 네발 동물의 배측과 복측은 직립 인간의 경우에는 전측과 후측이 된다. 그러나 만약 인간이 '네발'로 서 있다고 가정하면 척수 방위는 다른 동물의 방위와 유사하다.

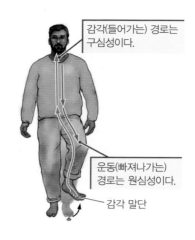

감각(들어가는) 경로는 구심성이다.

운동(빠져나가는) 경로는 원심성이다.

감각 말단

혼란스러운 명명법

처음으로 이 분야를 공부하는 학생들뿐만 아니라 이 분야의 전문가들에게도 뇌 부위의 이름은 매우 혼란스럽다. 그 이유는 신경과학자들이 오랫동안 뇌를 연구한 결과 뇌 부위와 기능에 관한 정보가 쌓이면서 서로 다른 이름들이 축적되어 왔기 때문이다. 결과적으로 구조들은 외양, 위치 혹은 기능에 따라 다양한 이름으로 불리게 되었다.

R.S.가 뇌졸중을 앓으면서 손상된 뇌 영역들 중 하나인 동시에 그의 운동 능력의 감소를 초래하게 한 **중심전회**(precentral gyrus)는 다양한 이름을 가지고 있다. 중심전회는 중심회와 관련되기 때문에 라틴어로는 *gyrus precentralis*로 불리고 중심전회가 가지는 운동 기능 때문에 영어에서는 '운동 스트립(motor strip)'이라고 불린다. 중심전회는 '잭슨 스트립(Jackson's strip)'이라고도 불리는데, 이는 뇌전증 발작 동안 신체의 사지가 일정 순서로 경련을 일으키는 것이 뇌에 신체가 순서대로 표상되는 것을 시사한다고 주장한 Hughlings-Jackson의 이름을 붙였기 때문이다.

전기생리학자들은 중심전회를 다른 피질 운동 영역과 구분하기 위해 **일차 운동피질** 혹은 *M1*이라고 부른다. 이 영역을 자극하면 신체의 서로 다른 부위의 움직임이 일어나기 때문에(그림 1.12 참조) 이 부위를 '체운동 스트립' 혹은 '운동 호문쿨루스(motor homunculus, motor human)'라고 부르기도 한다. 이에 덧붙여 Gall과 같은 해부학자들은 피질에서 척수까지 연결되는 추체로(pyramidal tract, 피질척수로)가 주로 피질의 이 부위에서 시작되는 것에 근거하여 중심전회를 '추체 영역(area pyramidalis)'이라고 불렀다.

많은 뇌 영역들에 대해 그리스어, 라틴어, 불어와 영어 용어들이 교대로 사용된다. 이에 덧붙여서 신경과학자들은 뇌 구조를 신체 구조(유두체), 식물(편도체 혹은 아몬드), 동물(해마)과 신화(암몬각)에 따라 부른다. 일부 뇌 구조들은 색채에 근거하여, 흑질(substantia nigra), 청반(locus coeruleus)과 적핵(red nucleus)으로 불리거나 혹은 교양질(substantia gelatinosa)처럼 농도에 근거하여 불린다.

일부 구조, 예를 들어 무명질(substantia innominata, 이름이 없는 물질), 미상 영역(zona incerta, 불확실 영역), 의문핵(nucleus ambiguus, 애매모호한 핵) 등에는 왜 이런 이름을 붙이게 되었는지 의문이다. 일부 이름은 전적으로 편의에 근거하여 붙여졌는데, 예를 들면 세포 집단 A-1에서 A-15 혹은 B1에서 B9 등이 그러하다. 뇌 구조 중 가장 긴 이름인 *nucleus reticularis tegmenti pontis Bechterewi*는 NRTP로 알려져 있는데, 이는 우리가 앞으로 살펴보겠지만 신경과학자들이 약어를 특히 좋아하기 때문이다. 우리는 이 책에서 일관되게 단순한 용어를 사용하도록 하겠지만 서로 다른 분야의 신경과학자들이 자신들의 연구 결과를 보고할 때 서로 다른 용어를 사용하기 때문에 이 책에서도 이런 경우에는 서로 다른 용어를 사용할 것이다.

3.2 신경계 구조와 기능에 관한 개관

해부학적 입장에서 보면 중추신경계(CNS)는 뼈로 둘러싸여 있는 뇌와 척수로 구성된다. 말초신경계(PNS)는 이외의 모든 구조를 포함한다(**그림 3.3A**). PNS는 다음과 같이 두 부분으로 나누어진다.

• 체성(신체)신경계(SNS)는 CNS로 가는 입력과 CNS로부터 나오는 출력 세트로 구성된다. 척수신경과 뇌신경은 감각 기관으로부터 정보를 CNS로 전달하거나 정보를 CNS로부터 근육, 관절 및 피부로 전달한다. SNS는 감각 정보, 예를 들어 시각, 청각, 통각, 온도 감각, 촉각과 신체의 위치 및 움

(A) 해부학적 신경계 조직

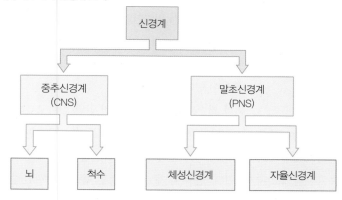

(B) 기능적 신경계 조직

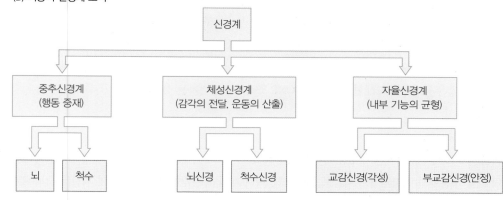

 그림 3.3 ◀

신경계 조직 (A) 신경계의 해부학적 구분. (B) 신경계의 세 부위가 어떻게 상호작용하는가에 초점을 둔 기능적 조직화

직임에 관한 정보를 CNS로 전달하고 이에 대한 반응으로 움직임을 생산한다.

- 자율신경계(ANS)는 신체 내부 기관의 기능을 통제하는데, **부교감 신경**(parasympathetic nerve)을 통하여 '안정과 소화'가 일어나고 **교감 신경**(sympathetic nerve)을 통해 '싸움 혹은 도주'가 일어난다.

이 책에서 사용되는 기능적 조직에서는 신경계를 구성하는 부분들이 어떻게 같이 작용하는가에 초점을 맞춘다. 그림 3.3B에 제시되어 있듯이 PNS의 두 주요 부분과 CNS가 서로 상호작용한다.

지지와 보호

뇌와 척수는 다음의 네 가지 방법을 통하여 지지를 받고, 부상과 감염으로부터 보호를 받는다.

1. 뇌는 두꺼운 뼈, 즉 두개골로 둘러싸여 있고, 척수는 일련의 서로 연결되어 있는 척추뼈로 둘러싸여 있다. 따라서 CNS는 뼈로 둘러싸여 있는 반면 CNS와 연결되어 있는 SNS와 ANS는 뼈 밖에 위치한다. PNS는 뼈로부터 보호를 받지 못하기 때문에 부상에 취약하지만 부상 후 새로운 축색과 수상돌기가 성장하여 재생할 수 있다. 반면 CNS는 매우 제한된 재생 능력을 가지고 있다.

2. CNS를 둘러싸고 있는 뼈는 세 층의 막, 즉 **뇌척수막**(meninges)으로 구성되어 있다(**그림 3.4**). 제일 바깥층인 경막(dura mater, 라틴어로 '튼튼한 포대기 혹은 엄마'의 의미)은 두 겹의 단단한 조직층으로 뇌를 느슨하게 감싸고 있다. 중간층은 **지주막**(arachnoid membrane, 그리스어로 '거미줄과 유

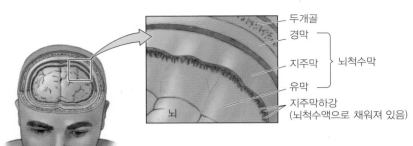

두개골
경막
지주막 ⎱ 뇌척수막
유막
지주막하강
(뇌척수액으로 채워져 있음)
뇌

그림 3.4 ▲

대뇌 보호 세 겹의 뇌척수막이 뇌와 척수를 감싸고 있으며 뇌척수액(CSF)이 완충 역할을 한다.

사함'의 의미)으로 굉장히 얇은 섬세한 조직으로 뇌의 굴곡을 따라 위치한다. 가장 안쪽에 있는 층인 **유막**(pia mater, 라틴어로 '부드러운 포대기 혹은 엄마'의 의미)은 적당히 단단한 조직으로 뇌의 표면에 붙어 있다.

3. 뇌와 척수는 쇼크와 갑작스런 압력 변화로부터 보호를 받는데, 이는 뇌척수액(cerebrospinal fluid, CSF)이 쿠션 역할을 하기 때문이다. CSF는 뇌에 있는 4개의 뇌실과 척추 및 뇌막에 있는 지주막하강을 따라 순환한다. CSF는 끊임없이 생산되고 뇌실들 사이의 연결 채널을 통해 순환계로 빠져나간다. 만약 이 채널들을 통한 배출이 막히면 **수두증**(hydrocephalus, 말 그대로 '물 뇌')이라고 불리는 장애가 발생하는데, 이 장애의 경우 CSF 압력 때문에 초래되는 심각한 지적장애를 앓게 되고 심하면 사망하게 된다.

4. **혈뇌장벽**(blood-brain barrier)은 신체의 나머지 부위로부터 CNS로 들어가는 화학물질을 제한함으로써 독성물질과 감염으로부터 뇌와 척수를 보호한다. **성상교세포**(astroglia)라고 불리는 교세포가 매우 작은 혈관인 모세혈관의 세포들을 자극하여 서로 단단하게 결속하게 함으로써 혈액 내에 있는 많은 물질들이 모세혈관으로부터 CNS 조직으로 건너가는 것을 막는다.

혈액 공급

뇌는 좌우 목에 있는 2개의 내경동맥과 2개의 척추동맥으로부터 혈액 공급을 받는다. 4개의 동맥은 뇌의 바닥 부분에서 연결되어 두개골로 들어가고, 여러 개의 작은 동맥으로 분리되어 뇌간과 소뇌에 혈액을 공급하며 3개의 대뇌동맥이 되어 전뇌에 혈액을 공급한다. 이 3개의 대뇌동맥이 혈액을 공급하는 피질 영역이 **그림 3.5**에 제시되어 있다.

손으로 비유하면 손목은 뇌의 바닥에 있는 동맥 몸통으로 여길 수 있고 손가락은 혈액 공급을 받는 피질 영역들로 여길 수 있다. 따라서 **전대뇌동맥**(anterior cerebral artery, ACA)은 피질의 내측과 배측 부위에 혈액을 공급하고, **중대뇌동맥**(middle cerebral artery, MCA)은 피질의 외측으로 혈액을 공급하며, **후대뇌동맥**(posterior cerebral artery, PCA)은 복측과 후측으로 혈액을 공급한다.

만약 대뇌동맥에 혈전이 생기면 뇌졸중이 초래될 수 있는데, 혈액 공급이 안 된 뇌 영역이 어디인가에 따라 서로 다른 증상들이 초래된다. 예를 들어, R.S.는 MCA 허혈성 뇌졸중을 앓았다. 그림 3.5에서 동맥의 기저 혹은 기저 가까이에 큰 혈전이 생성되면 피질의 많은 영역이 혈액 공급을 받지 못하는 반면 동맥 기저에서 멀리 떨어진 지부(branch)에 작은 혈전이 생기면 제한된 영역만이 손상된다. 일부 사람들의 경우 서로 다른 동맥들이 연결되어 있다. 따라서 혈전이 생기더라도 다른 동맥이 혈액을 공급할 수 있기 때문에 뇌졸중의 효과가 최소화된다.

심장으로 혈액을 되돌리는 역할을 하는 뇌정맥은 내/외 대뇌정맥과 소뇌정맥으로 분류된다. 정맥은 주요 동맥과 같은 경로로 흐르는 것이 아니라 자신들의 경로를 따라 흐른다.

뉴런과 교세포

뇌는 분화되지 않은 단일의 **신경줄기세포**(neural stem cell, germinal cell)로부터 생긴다. 자기 재생이 가능하고 다중 잠재력을 가진 신경줄기세포는 신경계에서 다양한 유형의 뉴런과 교세포가 생기게 한다. 신경과학자들은 한때 신생아가 일생 동안 소유할 모든 뉴런을 가지고 태어난다고 여겼으나 지금은

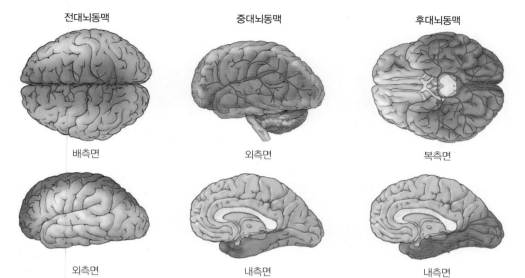

전대뇌동맥 중대뇌동맥 후대뇌동맥

배측면 외측면 복측면

외측면 내측면 내측면

그림 3.5 ◀

주요 뇌동맥의 분포 손으로 비유하면 손목을 대뇌동맥의 바닥으로 여길 수 있고 손가락은 그 동맥이 혈액을 공급하는 피질 영역들로 여길 수 있다.

생후 정상적인 발달 동안 뉴런이 상실될 수 있다는 것을 알고 있다. 성인 뇌의 일부 영역에서는 줄기세포가 새로운 뉴런을 생산할 수 있다.

줄기세포는 놀라울 정도의 자기 재생력을 가지고 있다. 뇌를 형성하기 위해 하나의 줄기세포가 2개의 줄기세포로 분열하고, 이 2개의 줄기세포는 다시 분열한다(**그림 3.6**). 성인의 경우 하나의 줄기세포가 분열 후 죽기 때문에 성숙한 뇌는 일정한 수의 분열 가능한 줄기세포를 가지고 있다.

배아 발달 동안 줄기세포는 **전구세포**(progenitor cell)로 되고 이 전구세포가 이동하여 **아세포**(blast)라고 불리는 분열하지 않는 원시 신경계 세포가 된다. 신경아세포는 뉴런으로 분화되는 한편 교아세포(glioblast)는 교세포로 분화된다. 이 2개의 기본 뇌세포의 많은 유형들이 성인 뇌 전체를 구성한다.

뉴런들은 생화학과 활동뿐만 아니라 크기, 길이, 축색 가지와 수상돌기의 복잡성에서도 서로 다르다. **그림 3.7**은 신경계의 서로 다른 부위들에 위치하는 세 가지 기본적인 뉴런 유형이 크기와 모양에서 어떻게 다른가를 보여준다.

1. **감각 뉴런**(sensory neuron). 감각 정보를 신경계 활동으로 전환하는 세포인 **감각 수용기**(sensory receptor) 중 가장 단순한 것이 그림 3.7A의 왼쪽에 제시된 **양극 뉴런**(bipolar neuron)이다. 양극세포의 세포체 한쪽으로는 하나의 수상돌기가 있고 다른 쪽으로는 하나의 축색이 있으며, 양극세포는 눈의 망막에 위치한다. **체감각 뉴런**(somatosensory neuron)은 신체의 감각 수용기에서 척수로 정보를 보낸다. 이 뉴런의 수상돌기와 축색이 서로 연결되어 있기 때문에 정보 전달이 빨리 일어나는데, 이는 정보가 세포체를 통과할 필요가 없기 때문이다(그림 3.7A 오른쪽).

2. **개재 뉴런**(interneuron). 뇌와 척수에 위치하는 개재 뉴런은 감각 뉴런과 운동 뉴런의 활동을 CNS에서 서로 연결한다. 개재 뉴런의 많은 유형들은 다수의 수상돌기를 가지고, 이 수상돌기들이 광범위하게 가지를 치지만(그림 3.7B), 다른 모든 뉴런들처럼 뇌

그림 3.6 ▼

뇌세포 기원 뇌세포는 다중 잠재력을 가진 줄기세포로부터 시작된다. 줄기세포는 아세포의 전구세포가 되고, 아세포는 특정 뉴런과 교세포로 발달한다. 성인 줄기세포는 뇌실을 둘러싸고 있는 뇌실하 영역을 따라 있고 척수와 망막의 눈에도 위치한다.

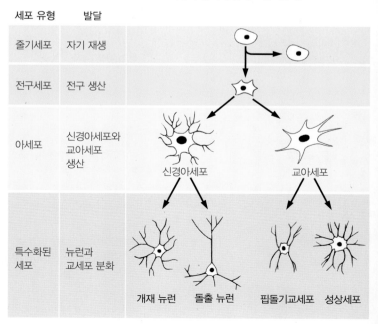

세포 유형	발달
줄기세포	자기 재생
전구세포	전구 생산
아세포	신경아세포와 교아세포 생산
특수화된 세포	뉴런과 교세포 분화

신경아세포 교아세포

개재 뉴런 돌출 뉴런 핍돌기교세포 성상세포

(A) 감각 뉴런

중추신경계로 정보를 가지고 간다.

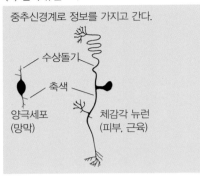

수상돌기
축색
양극세포
(망막)
체감각 뉴런
(피부, 근육)

(B) 개재 뉴런

중추신경계에서 감각 활동과 운동 활동을 연합한다.

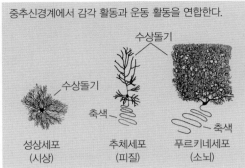

수상돌기
수상돌기
축색
축색
성상세포
(시상)
추체세포
(피질)
푸르키네세포
(소뇌)

(C) 운동 뉴런

정보를 뇌와 척수에서 근육으로 전달한다.

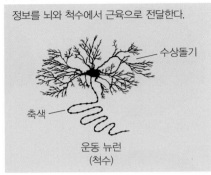

수상돌기
축색
운동 뉴런
(척수)

그림 3.7 ▲

뉴런 형태와 기능 (A) 감각 뉴런은 정보를 모으고 이 정보를 (B) 개재 뉴런으로 보내는데, 개재 뉴런의 풍성한 가지들이 많은 정보원으로부터 정보를 모으고, 이를 매우 큰 (C) 운동 뉴런으로 연결한다. 운동 뉴런은 근육을 움직이기 위해 정보를 근육으로 보낸다. 이 뉴런들이 일정한 비율로 그려져 있지 않다.

와 척수에 있는 개재 뉴런은 단지 하나의 축색만을 가진다(비록 축색이 가지치기를 하지만). 개재 뉴런에는 많은 가지를 가지는 별모양의 성상세포, 피라미드 모양의 세포체를 가지는 피질의 추체세포(pyramidal cell)와 소뇌의 푸르키네세포(Purkinje cell)가 포함된다. 추체세포와 푸르키네 세포는 구조상으로 출력 세포(output cell)이다.

3. **운동 뉴런**(motor neuron). 운동 뉴런은 뇌간과 척수에 위치하여 얼굴과 신체 근육으로 정보를 전달한다(그림 3.7C). 운동 뉴런은 '마지막 공통 경로(final common path)'라고 불리는데, 이는 뇌에 의해 생산되는 모든 행동(움직임)이 이들을 통해 일어나기 때문이다.

교세포의 다양한 유형은 서로 다른 기능을 가지고 있다. **표 3.1**에 다섯 가지 유형의 교세포가 기술되어 있다. **뇌실막세포**(ependymal cell)는 뇌실에 위치하고 CSF를 만든다. **성상교세포**(astroglia, 별모양의 교세포)는 앞서 혈뇌장벽를 기술할 때 언급되었는데, 뉴런의 구조를 지지하고 영양분을 공급하는 역할을 한다. **미세교세포**(micorglia, 작은 교세포)는 감염에 대항하고 부스러기를 제거한다. **핍돌기교세포**(oligodendroglia, 가지가 거의 없음)는 뉴런의 절연을 담당하고 **슈반세포**(Schwann cell)는 PNS의 감각 및 운동 뉴런의 절연을 담당하는데, 절연을 **수초**(myelin)라고 부른다.

표 3.1 교세포 유형

유형	외양	특징과 기능
뇌실막세포		작고 타원형, 뇌척수액(CSF)의 분비
성상교세포		별모양, 대칭적, 영양 공급과 지지 기능
미세교세포		작고 중배엽에서 기원, 방어 기능
핍돌기교세포		비대칭적, 뇌와 척수에서 수초를 형성하여 축색을 감쌈
슈반세포		비대칭적, 수초를 형성하여 말초신경을 감쌈

회백질 및 백질과 망상질

인간 뇌를 내부 구조가 드러나도록 절개하면 일부 부위는 회색으로, 일부는 흰색으로 일부는 얼룩덜룩하게 보인다. 이러한 부위들을 각각 회백질 및 백질과 망상질이라고 부른다(**그림 3.8**).

회백질(gray matter)은 이 부위에 많이 위치하는 모세혈관과 뉴런의 세포체 때문에 회갈색을 띤다. 피질이 주로 뉴런층으로 구성되기 때문에 회백질을 구어로 '우리의 회백질(our gray matter)'이라고 부르기도 한다. **백질**(white matter)은 다른 뇌 영역에 있는 뉴런들과 연결하기 위해 세포체로부터 분화되어 나온 축색들로 주로 구성된다. 축색이 핍돌기교세포와 슈반세포에 의해 수초화(절연)되어 있는데, 이들은 우윳빛을 내는 지방질(지질)로 구성되어 있다. 그 결과 축색

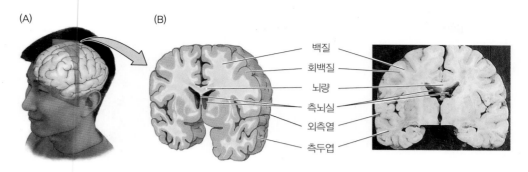

(A) (B)

백질
회백질
뇌량
측뇌실
외측열
측두엽

그림 3.8 ◀

뇌의 관상면 뇌를 (A) 위에서 아래로 절단하여 (B) 약간 기울어진 각도에서 전측 모습을 본 것이다. 비교적 흰 영역은 주로 수초화된 신경섬유로 구성되어 있고 회갈색을 띠는 영역은 세포체로 구성되어 있다. 두 대뇌반구를 연결하는 큰 섬유다발이 뇌실 위에 보이는데, 이것이 뇌량이다. 각 뇌실은 뇌척수액으로 채워져 있다.

(Photograph: Arthur Glauberman/Science Source.)

경로로 구성된 뇌 영역들이 흰색을 띠게 된다.

망상질(reticular matter, 라틴어로 *rete*는 '망'을 의미)에는 세포체와 축색이 혼합되어 있기 때문에 회색과 흰색으로 얼룩덜룩하게 보이거나 망과 비슷하게 보인다. 뇌의 세포군과 경로를 염색한 후 현미경을 통하여 보면 훨씬 더 자세하게 보인다(**그림 3.9**). 백질과 회백질은 서로 다른 염색에 민감하다.

층, 핵, 신경과 로

앞서 언급한 바와 같이 CNS에 있는 크고 명확한 세포체 집단은 층 혹은 핵을 형성한다. PNS에서는 이 집단을 **신경절**(ganglia)이라고 부른다. 로 혹은 삭(섬유 경로)은 CNS의 한 핵과 층으로 혹은 한 핵과 층으로부터 정보를 전달하는 큰 축색 집단을 의미한다.

로는 CNS 내의 한 위치에서 다른 위치로 정보를 전달한다. 예를 들어 피질척수로(추체로)는 피질에서 척수로 정보를 전달한다. 시삭(optic tract)은 눈의 망막에서 뇌에 있는 다른 시각 센터로 정보를 전달한다. CNS로 들어가거나 CNS로부터 나가는 섬유와 섬유 경로를 **신경**(nerve)이라고 부르는데, 예를 들어 청신경(auditory nerve)과 미주신경(vagus nerve)이 일단 중추신경계로 들어가면 이들을 **로**(tract) 혹은 삭으로 부른다.

3.3 중추신경계의 기원과 발달

성인 뇌에 비해 덜 복잡한 발달 중인 뇌는 3개로 구분된 구조로부터 시작된다(**그림 3.10A**). 발달 후반부에 이르러 세 부분 중 전측과 후측 부분이 크게 확장되고 하위 구조들로 더 나누어지며 결국에는 5개의 영역이 생겨난다(그림 3.10B). 발생학자들은 이 영역들을 상대적 위치에 따라 기술한다(그림 3.10C).

그림 3.10A에 제시되어 있는 뇌 발달 초기의 세 영역은 배아 척수의 끝에서 일련의 확장 과정을 거친다. 조류, 양서류와 파충류의 성숙한 뇌는 이 3개의 뇌 영역과 거의 동일하다. **전뇌**(prosencephalon, front brain)는 후각을 담당하고, **중뇌**(mesencephalon, middle brain)는 시각과 청각을 담당하며, **후뇌**(rhombencephalon, hindbrain)는 움직임과 균형을 담당한다. 여기서 척수는 후뇌의 일부로 여겨진다.

포유류의 경우(그림 3.10B), 전측의 전뇌가 대뇌반구(피질과 관련 구조)로 발달하고 이를 집합적으로 **종뇌**(telencephalon, endbrain)라고 부른다. 후측 전뇌는 **간뇌**(diencephalon, between brain)로 불리며 여기에 시상이 포함된다.

그림 3.9 ▼

피질층과 교세포 원숭이의 좌반구의 뇌 절편(정중선이 각 이미지의 왼쪽에 있다). 뉴런의 세포체를 선택적으로 염색한 것[(A)와 (C)]과 절연 교세포(수초)의 섬유를 선택적으로 염색한 것[(B)와 (D)]. 염색은 뇌의 매우 다른 그림을 제공한다.

(Courtesy of Bryan Kolb.)

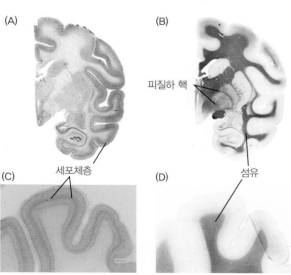

(A) (B)

피질하 핵

(C) 세포체층 (D) 섬유

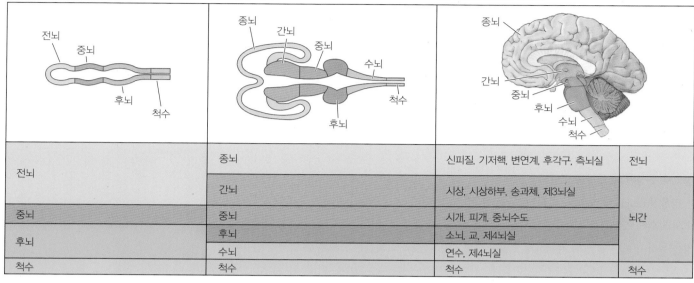

(A) 척추동물 배아	(B) 포유류 배아	(C) 완전히 발달된 인간뇌	
전뇌	종뇌	신피질, 기저핵, 변연계, 후각구, 측뇌실	전뇌
	간뇌	시상, 시상하부, 송과체, 제3뇌실	뇌간
중뇌	중뇌	시개, 피개, 중뇌수도	
후뇌	후뇌	소뇌, 교, 제4뇌실	
	수뇌	연수, 제4뇌실	
척수	척수	척수	척수

그림 3.10 ▲

뇌 발달 단계 (A) 3개의 방으로 구성된 뇌. (B) 5개의 방으로 구성된 뇌. (C) 성인 뇌의 중앙을 통한 내측 모습

중뇌 뒤에 위치하는 후뇌 역시 더 발달하여 소뇌를 포함하는 **후뇌**(metencephalon, across brain)와 뇌간의 아래쪽 영역을 포함하는 **수뇌**(myelencephalon, spinal brain)로 나누어진다.

인간 뇌는 포유류의 뇌보다 더 복잡하다(그림 3.10C). 다음 절에서 CNS의 주요 구조들을 살펴볼 때 이 구조들을 전뇌, 뇌간과 척수의 세 부분으로 묶을 것이다. 일반적으로 이 세 부분이 1.3절에서 기술한 뇌의 기능 수준을 구성한다. 즉 전뇌에 인지 과정이 위치하고 뇌간에는 제어 기능(마시고 먹고 잠자기 등)이 위치하고 척수에는 반사적 운동 기능이 위치한다. 그럼에도 불구하고 대부분의 행동은 신경계의 한 기능 수준보다는 모든 수준에 의해 일어난다.

뇌는 속이 빈 관에서 발달하기 시작하여 이후 접히고 성숙하더라도 내부는 CSF로 채워진 '빈 공간'이다. 이 빈 공간에 **뇌실**(ventricle)이라고 불리는 4개의 영역이 있는데, 이 뇌실들은 순서대로 첫 번째에서부터 네 번째로 이름 붙여진다. C 모양을 가지는 '측뇌실(lateral ventricle, 첫 번째와 두 번째)'은 대뇌피질 아래에 위치하는 한편, 세 번째와 네 번째 뇌실은 뇌간과 척수에까지 확장되어 있다(**그림 3.11**). **중뇌수도**(cerebral aqueduct)는 세 번째(제3뇌실)와 네 번째 뇌실(제4뇌실)을 연결한다. 앞서 언급한 바와 같이 CSF는 뇌실 옆에 위치하는 뇌실막교세포에 의해 생산된다(표 3.1 참조). CSF는 측뇌실에서부터 제4뇌실로 흐르며 뇌간의 바닥에서 순환계로 빠져나간다.

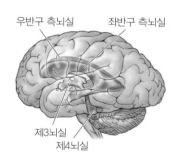

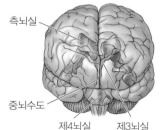

그림 3.11 ▲

뇌실 4개의 뇌실이 서로 연결되어 있다. 즉 2개의 측뇌실이 각 대뇌반구에 하나씩 위치하고 중뇌수도로 연결된 제3뇌실과 제4뇌실은 뇌간에 위치한다.

3.4 척수

척수의 신경해부를 먼저 살펴본 후 척수로부터 뻗어나오는 PNS의 두 요소, 즉 체성신경계와 자율신경계의 기능을 살펴보기로 하자.

척수의 구조와 척수 신경해부

지렁이와 같은 단순 동물의 몸은 여러 분절(segment)로 나누어지는 하나의 관이다. 몸속에 있는 신경세포의 관도 분절로 나누어진다. 각 신경세포 분절은 인접한 신체 부위에 있는 구심성 감각 수용기로부터 신경섬유를 받고 신체 부위의 근육을 통제하기 위해 원심성 섬유를 보낸다. 따라서 비록 섬유들이 분절을 서로 연결하고 활동을 조율하지만 각 신체 분절과 신경세포 분절이 지렁이의 기능 단위이다. 인간의 신체도 마찬가지이다.

우리 인간의 '신경관(tube of nerve)'을 살펴보자. 척수는 5개의 영역, 즉 경추(cervical, C), 흉추(thoracic, T), 요추(lumbar, L), 천추(sacral, S)와 미추(coccygeal)로 구분되는 일련의 등뼈(vertebrae)로 구성된 척추(spinal column) 안에 있다. **그림 3.12A**는 5개의 영역 안에 포함되는 30개의 척수 분절을 보여준다.

그림 3.12B는 인간 신체 안에 분절이 어떻게 조직되어 있는가를 보여준다. 각 신체 분절은 척추를 둘러싸는 고리 혹은 **피부 분절**(dermatome)을 형성한다. 포유류는 네발 자세에 적응하기 위해 사지가 척수에 수직이 되도록 진화되었으나 인간의 경우 두발로 서는 직립 자세로 말미암아 팔과 다리의 피부 분절이 그림 3.12B에서 보듯이 왜곡되어 있다. 그 결과 6개나 되는 분절(C4에서 T2까지)이 팔에 표상되어 있다. 만약 사람이 두 팔과 두 다리로 서 있다고 상상하면 이러한 양상이 어떻게 시작되었는가를 알 수 있을 것이다.

그림 3.12를 보면 각 척수 분절이 체성신경계의 척수 신경 섬유와 동일한 번호의 신체 분절, 즉 그 신체 분절에 있는 기관 및 근육과 연결되어 있는 것을 알 수 있다. 주로 경추 분절은 동물의 경우에는 앞다리, 인간에서는 팔을 통제하고, 흉추 분절은 몸통을 통제하며, 요추 분절은 뒷다리 혹은 다리를 통제한다.

척수가 노출된 사진이 **그림 3.13A**인데, 이 그림에서 보면 척수의 바깥은 백질로(white matter tract)로 구성되어 있다. 그림 3.13B의 횡단면은 척수의 안쪽을 보여주는데, 안쪽은 회백질, 즉 주로 뉴런의 세포체로 구성되어 있고 나비 모양을 가지고 있다. 횡단면은 척수의 전측-후측(네발 동물의 경우 복측-배측)의 해부를 보여준다. 일반적으로 각 척수 분절의 전측은 운동에 관여하고 후측은 감각에 관여한다.

신체의 감각 수용기로부터 정보를 전달하는 구심성 섬유들은 척수의 후측으로 들어간다. 이 척수 신경섬유들이 척수로 들어가면서 합해져서 **후근**(posterior root, dorsal root)이라고 불리는 섬유 가닥을 형성한다. 원심성 섬유들은 척수의 전측 부위로부터 척수를 빠져나와 근육으로 정보를 전달하는데, 이 섬유들도 **전근**(anterior root, ventral root)이라고 불리는 척수 신경섬유 가닥을 형성한다.

척수 기능과 척수신경

1822년 프랑스의 실험생리학자인 François Magendie(1783~1855)는 3쪽짜리 논문을 발표하였는데, 이 논문에서 그는 한 무리의 강아지의 후근과 다른 무리의 강아지의 전근을 절단하는 데 성공하였다고 발표하였다(강아지의 경우 후근과 전근을 분리하여 절단하는 것이 가능하지만 성숙한 개의 경우 후근과 전근이 결합되기 때문에 분리하는 것이 가능하지 않다). 그는 후근을 절단한 경우 감각 상실이 초래된 반면 전근을 절단할 경우에는 운동의 상실이 초래되는 것을 발견하였다.

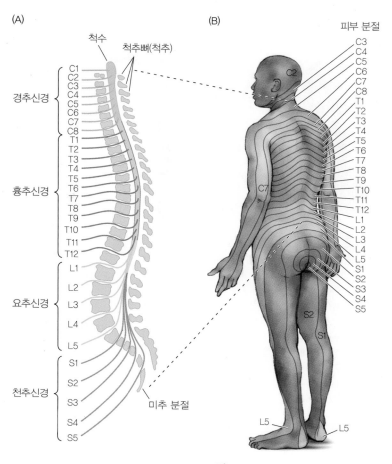

그림 3.12 ▲

척수 분절과 피부 분절 (A) 척추의 내측 모습으로 5개의 척수 분절을 볼 수 있다. (C : 경추, T : 흉추, L : 요추, S : 천추, C : 미추). (B) 각 척수 분절은 피부 분절과 상응하여 분절의 번호로 식별이 가능하다(예 : C5, L2).

(A)

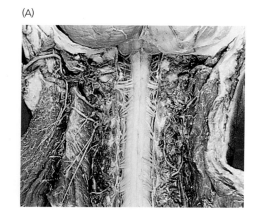

◎ 그림 3.13 ▲

척수신경의 연결 (A) 노출된 척수의 후측 모습. (B) 척수의 횡단면으로 전측 모습. 후근에 감각 뉴런이 있고 전근에 운동 뉴런이 있다. 감각 섬유의 측부지는 대측면으로 건너가 그쪽에 있는 운동 뉴런에 영향을 주고, 인접한 신체 부위를 담당하는 척수 분절에까지 확장된다. 척수의 내부 영역은 뉴런의 세포체(회백질)로 구성되고 바깥 영역은 뇌와 연결되는 로(백질)로 구성된다.

(Part A from VideoSurgery/Getty Images.)

(B)

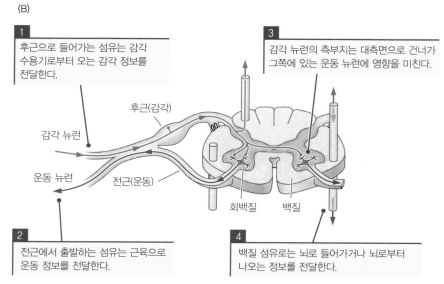

1. 후근으로 들어가는 섬유는 감각 수용기로부터 오는 감각 정보를 전달한다.

2. 전근에서 출발하는 섬유는 근육으로 운동 정보를 전달한다.

3. 감각 뉴런의 측부지는 대측면으로 건너가 그쪽에 있는 운동 뉴런에 영향을 미친다.

4. 백질 섬유로는 뇌로 들어가거나 뇌로부터 나오는 정보를 전달한다.

후근(감각)
감각 뉴런
운동 뉴런
전근(운동)
회백질 백질

이보다 11년 전, 즉 1811년 스코틀랜드의 Charles Bell(1774~1842)이 토끼를 대상으로 한 실험 결과와 해부학적 지식에 근거하여 전근과 후근이 서로 상반되는 기능을 가지고 있음을 보고하였다. Magendie의 논문이 발표되자 Bell은 자신이 이 발견을 먼저 하였다고 주장하였으며, 그의 주장이 어느 정도 받아들여졌다. 오늘날 척수의 후근이 감각에 관여하고 전근이 운동에 관여한다는 원리를 **벨-마장디 법칙**(Bell-Magendie law)이라고 부른다.

Magendie의 실험 결과는 신경계에 관한 가장 중요한 발견이다. 이 결과는 신경학자로 하여금 최초로 감각장애와 운동장애를 구분할 수 있게 하였고 환자가 보이는 증상에 근거하여 어느 척수 분절이 손상을 입었는가를 이해하게 하였다. 척수 기능에 관한 또 다른 주요 발견이 Charles Sherrington과 그의 제자들의 연구로부터 제공되었는데, 이 연구는 척수가 뇌로부터 분리되어도 많은 기능을 유지할 수 있음을 보여주었다. Sherrington의 연구 결과는 척수 손상을 입은 환자의 치료법을 개발하는 데 중요한 역할을 하였으며, 이로 인하여 그는 1932년 노벨상을 수상하였다.

척수 손상

척수의 경추 분절 아래가 절단된 사람들은 자신의 다리를 더 이상 통제하지 못하는데, 이를 대마비 혹은 **양측하지마비**(paraplegic)라고 한다. 만약 손상이 이보다 더 위쪽에서 발생하여 경추 분절까지 확장되면 다리뿐만 아니라 팔도 사용하지 못하는데, 이를 **사지마비**(quadriplegic)라고 한다. 척수 기능에 관한 이해가 증가함에 따라 척수 손상에 대한 치료가 놀랄 만큼 향상되어 척수 손상 환자들이 이전보다 더 오랫동안 생존할 수 있고, 생존하는 동안 더 적극적으로 활동할 수 있게 되었다.

1987년 양측하지마비 환자인 캐나다인 릭 핸슨은 장애인들의 잠재력을 인식시키고 장애인들 앞에 놓인 장해물을 제거하기 위해 그리고 척수 손상에 관한 연구와 치료를 위한 기금을 모으기 위해 전 세계를 휠체어를 타고 다니면서 캠페인을 하였다. 1978년에 방영된 영화에서 슈퍼맨 역할로 유명한 배우 크리스토퍼 리브는 낙마 사고로 인하여 사지마비가 되었지만 사망할 때까지 영화를 제작하였고 척수 손상에 대한 치료와 연구를 위한 캠페인을 하였다. 두 사람은 릭핸슨재단과 크리스토퍼앤다나리브재단을 각각 캐나다와 미국에 설립하였고 척수 손상의 치료 향상에 헌신하였다.

척수 손상의 주된 효과는 척수와 뇌 사이의 연결이 단절되는 것이다. 어류와 같은 일부 척추동물이나 조류와 같은 동물의 발달 초기에는 척수로 섬유(spinal tract fiber)가 손상을 입으면 이후 재성장하지만 성숙한 포유류의 경우에는 이러한 재성장이 일어나지 않는다. 따라서 척수 손상에 관한 연구는 다음의 세 가지 목적을 가진다.

1. 척수 손상 후 손상의 효과는 몇 시간에서 며칠에 걸쳐 일어난다. 따라서 퇴행 과정을 멈추게 하는 것이 기능을 유지시키는 데 중요하다.
2. 손상된 척수 부위의 섬유가 재성장되면 척수의 기능을 회복시킬 수 있다. 재성장이 일어나게 하는 방법에는 손상 조직의 제거, 약물치료로 재성장의 유도 혹은 축색의 재성장을 위해 손상 영역에 교세포를 이식하는 것이 포함된다.
3. 움직임에 도움이 되는 뇌-컴퓨터 인터페이스(BCI)와 이와 유사한 신경 활동과 테크놀로지의 결합이 손상의 효과를 피하게 하고 움직임을 회복하는 데 도움이 된다. 이에 관해서는 제9장의 서두 사례 보기에 기술되어 있다.

척수 반사와 감각 통합

척수에 있는 신경 회로가 **반사**(reflex), 즉 특정 유형의 감각 자극에 의해 유발되는 특정 움직임을 생산한다. 각 척수 분절이 자신과 관련되어 있는 신체 부위의 반사 행동에 관여한다. 각 분절이 서로 연결되어야만 더 복잡한 행동이 일어날 수 있는데, 복잡한 행동이 일어나기 위해서는 많은 척수 분절들 사이의 상호작용이 필요하기 때문이다. 예를 들어 통증 자극에 대한 반응으로 다리 하나가 철수하면 이와 동시에 다른 다리는 체중을 지지하기 위해 뻗어야 한다. 네발로 걷기 위해서는 사지의 협응이 필요하며, 여기에는 흉추와 요추 분절이 같이 작용해야 한다. 척수 분절을 가지는 인간과 동물 모두 신체가 지지를 받으면 걸을 수 있다. 따라서 척수는 동물이 행하는 대부분의 움직임의 생산에 필요한 연결을 가지고 있다.

서로 다른 감각 섬유들이 서로 다른 반사, 예를 들어 걷기, 자세 지지 및 방광 통제 등을 매개한다. 신체에 있는 많은 유형의 감각 수용기들 중에 통각, 온도 감각, 촉각, 압각, 근육 및 관절 움직임에 대한 수용기들이 있다. 이 각 유형의 수용기로부터 오는 척수 신경섬유의 크기가 서로 다른데, 일반적으로 통증과 온도 감각을 전달하는 섬유는 작은 반면 촉각과 근육 감각을 전달하는 섬유는 크다(8.2절 참조).

사지에 있는 통증과 온도 수용기를 자극하면 **굴곡 반사**(flexion reflex)가 일어난다. 즉 사지가 자극으로부터 멀리, 즉 신체 안으로 움직인다. 만약 자극이 경미하면 사지의 말단 부위만이 반사 반응을 보이지만 더 강한 자극이 연속적으로 주어지면 사지 전체가 물러날 때까지 움직임의 크기가 증가한다. 이와 상반되게 사지에 있는 촉각과 근육 수용기를 자극하면 **신전 반사**(extension reflex)가 일어난다. 즉 사지가 신체 밖으로 뻗는다. 신전 반사는 자극을 받은 사지 부위와 자극 사이의 접촉을 유지시킨다. 예를 들어 발 혹은 손 표면에 촉각 자극이 주어지면 신전 반사로 말미암아 자극받은 신체 부위와 자극 사이의 접촉이 유지되고 이 반사를 통해 체중이 지지된다.

뇌신경 연결

12쌍의 **뇌신경**(cranial nerve)이 머리로부터 혹은 머리로 감각과 운동 신호를 전달한다. 한 세트는 머리의 왼쪽 면을 통제하고 다른 세트는 오른쪽 면을 통제한다. 뇌와 머리 및 목의 여러 부위 사이를 연

표 3.2　뇌신경

번호	이름	기능	신경심리적 검사법	기능 이상 시의 전형적 증상
1	후신경	후각(감각)	각 콧구멍에 다양한 냄새 적용	후각소실
2	시신경	시각(감각)	시력, 시야지도	시각소실
3	동안신경	안구운동(운동)	빛에 대한 반응, 측면안구운동, 눈꺼풀운동(안검하수), 안구처짐	복시, 큰 동공, 불균등한 동공 확대, 눈꺼풀 처짐
4	활차신경	안구운동(운동)	상하안구운동	복시, 하방주시 결함
5	삼차신경	저작운동(감각, 운동)	면봉으로 가볍게 터치하기, 찔러서 통증 제공, 온냉튜브로 열 제공, 각막 터치에 의한 각막반사, 턱 터치에 의한 턱반사, 턱움직임	안면감각의 감소와 마비, 심한 통증 발작(삼차신경통), 안면근육 약화, 비대칭적 저작
6	외전신경	안구운동(운동)	측면운동	복시
7	안면신경	안면운동(감각, 운동)	안면운동, 얼굴표정, 미각검사	안면마비, 혀 전측 3분의 2의 미각상실
8	청신경, 전정신경	청각(감각)	청력도검사, 회전 자극, 냉온수를 귀에 끼얹기 (온도시험)	난청, 이명, 불균형, 정향반응장애
9	설인신경	혀와 인두(감각, 운동)	단맛 · 짠맛 · 쓴맛 · 신맛 검사, 인두반사 혹은 구역반사를 위한 인두벽 터치	부분적 입마름, 혀 후측 3분의 1의 미각상실, 상인두마비
10	미주신경	심장, 혈관, 내장, 후두/인두의 움직임(감각, 운동)	발성 시 구개 관찰, 구개반사를 위한 구개터치, 목과 어깨근육 운동 및 강도	쉰 목소리, 하인두마비, 모호한 내장통
11	부신경	목근육과 내장(운동)	목과 어깨근육 운동 및 강도	목 회전의 약화, 어깨를 움직이지 못함
12	설하신경	혀근육(운동)	혀운동, 진전, 혀의 주름	혀 운동의 약화

결하는 뇌신경과 뇌와 다양한 내부 기관 사이를 연결하는 뇌신경에 관한 것이 **표 3.2**와 **그림 3.14**에 제시되어 있다.

　뇌신경의 조직화와 기능에 관한 지식은 뇌 손상의 진단에 중요하다. 뇌신경은 감각 정보를 눈, 귀, 입과 코로부터 뇌로 전달하는 구심성 기능을 가지거나 얼굴 근육, 혀와 눈의 운동 통제 등과 같은 원심성 기능도 가진다. 척수의 조직화와 유사하게 감각 기능을 가지는 뇌신경은 뇌간의 후측 부위와 연결되고, 운동 기능을 가지는 뇌신경은 전측 부위와 연결된다. 일부 뇌신경은 감각 기능과 운동 기능 모두를 가진다. 척수 부신경(spinal accessory)과 미주신경은 자율신경계를 통하여 심장, 소화관과 분비선 등의 다양한 내부 기관과 연결되어 있다.

자율신경계 연결

ANS는 내부 기관과 분비선을 조절한다. ANS는 우리가 의식하지 않음에도 불구하고 심장박동, 간의 포도당 분비, 빛에 대한 동공 조절 등을 포함한 다양

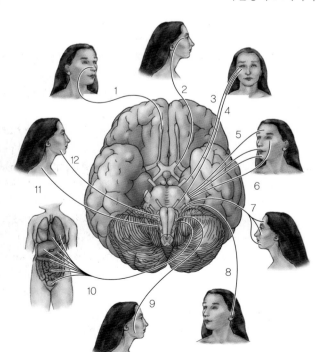

그림 3.14 ◀

뇌신경　12쌍의 뇌신경 각각이 가지는 서로 다른 기능은 표 3.2에 기술되어 있다. 일부 뇌신경은 감각 기능을 가지는 한편 일부는 운동 기능을 가지고 또 다른 일부 뇌신경은 감각과 운동 기능 모두를 가진다. 뇌신경의 순서를 암기하는 흔한 방법이 "On old Olympus's towering top, a Finn and German view some hops."의 문장을 외우는 것인데, 문장을 구성하는 각 단어 첫 철자가 각 뇌신경의 첫 철자이다.

한 기능을 수행한다. 이러한 자율적인 기능으로 말미암아 Terri Schiavo는 아주 심각한 뇌 손상을 입었음에도 불구하고 생존할 수 있었다(제1장 자세히 보기 참조).

ANS는 서로 상반되게 기능하는 교감신경계와 부교감신경계로 구분된다. 교감신경계는 신체를 각성시키는데, 예를 들어 심장박동이 더 빠르게 일어나게 하거나 운동을 하거나 스트레스를 받는 동안 소화 작용을 억제시킴으로써 '싸움 혹은 도주' 반응이 일어나게 한다. 부교감신경계는 신체를 안정시키는데, 예를 들어 심장박동률을 감소시키고 소화를 자극함으로써 활동 후 혹은 평온한 상태 동안 '안정과 소화 작용'이 일어나게 한다. **그림 3.15**의 왼쪽에 제시되어 있는 것처럼 척수신경이 목표 기관을 직접적으로 통제하지 않는다. 대신 척수가 일련의 자율적 통제 센터, 즉 **교감신경절**(sympathetic ganglia)이라고 불리는 세포 집단과 연결되어 내부 기관을 통제하는 원시 뇌와 같은 기능을 한다.

부교감신경계의 일부는 척수의 천추 영역과 직접적으로 연결되어 있다(그림 3.15의 가운데와 오른쪽 참조). 그러나 부교감신경계의 대부분은 3개의 뇌신경과 연결되는데, 즉 미주신경은 대부분의 내부

⊚ **그림 3.15 ▼**

자율신경계 자율신경계의 교감신경과 부교감신경은 각각 내부기관들로 하여금 반대 방향으로 작용하게 한다. 모든 자율신경계 섬유들은 중추신경계로부터 목표 기관으로 향하는 경로의 연결지점에서 서로 연결된다(왼쪽). 각성에 관여하는 교감신경 섬유는 척수 가까이에 있는 일련의 신경절과 연결된다(오른쪽). 안정에 관여하는 부교감신경 섬유는 목표 기관 가까이 있는 개별 부교감신경 신경절과 연결된다(가운데).

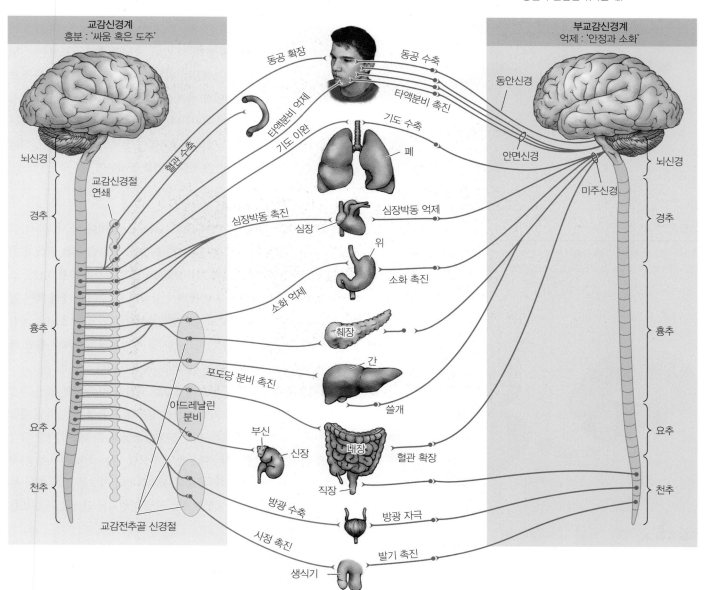

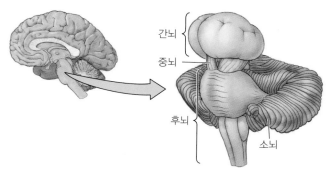

그림 3.16 ▲

뇌간 구조 뇌의 내측면(왼쪽)이 뇌간과 대뇌반구 사이의 관련성을 보여준다. 뇌간 구조들은 감각(후측 영역)과 운동(전측 영역) 기능 모두를 수행한다.

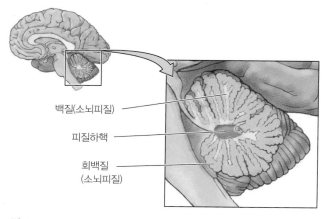

그림 3.17 ▲

소뇌 정교한 협응운동에 관여하는 소뇌는 대뇌처럼 매우 주름 잡힌 피질을 가지고 있는데, 여기에는 회백질, 백질과 피질하핵이 위치한다. 소뇌의 시상면이다.

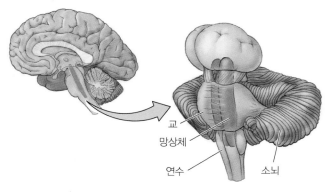

그림 3.18 ▲

후뇌 구조 후뇌의 주요 구조는 수의적 및 불수의적 신체 움직임을 통합하고 수면–각성 주기에 관여한다.

기관을 안정시키고 안면신경은 타액 분비를 통제하며 동안 신경은 동공 확대와 눈운동을 통제한다. 척수와 평행하는 신경절 체인을 가지는 교감신경계와 달리 부교감신경계는 목표 기관 가까이에 위치하는 부교감 신경절과 연결된다(그림 3.15 가운데와 오른쪽 참조).

내부 기관은 비록 척수 분절과 관련하여 배열되지만 자신만의 감각 표상을 가지고 있지 않다. 이 기관들의 통증은 다른 피부 분절 부위에서 오는 것처럼 지각되는데, 이를 **연관통**(referred pain)이라고 한다. 예를 들어 심장의 통증은 어깨와 팔의 통증처럼 느껴지고, 신장의 통증은 등의 통증처럼 느껴진다. 내과의사들은 연관통의 위치에 관한 정보에 근거하여 신체 내부의 문제를 진단한다.

3.5 뇌간

뇌간은 척수가 두개골로 들어간 부위부터 전뇌의 아래 영역까지를 의미한다. **그림 3.16**은 뇌간의 세 영역, 즉 간뇌, 중뇌와 후뇌를 보여준다. 뇌간의 일부 영역에 많은 뇌신경핵들이 위치하여 얼굴 근육으로 축색을 보낸다. 뇌간의 중심부에는 다양한 제어 기능(regulatory function)을 조정하는 뇌신경핵과 다른 핵들이 위치한다. 이에 덧붙여서 척수로부터 오는 감각신경섬유가 뇌간의 후측 영역을 통과하여 전뇌로 향하는 한편, 전뇌로부터 오는 운동 섬유가 뇌간의 전측 부위를 통과하여 척수로 간다.

후뇌

후뇌 구조 중 가장 두드러진 것이 **소뇌**(cerebellum)이다. 소뇌는 뇌간의 중심부 위에 돌출되어 있고 표면은 피질의 회와 구처럼 주름 잡혀 있지만 피질보다 주름이 더 작으며 이를 **회**(folia)라고 부른다(**그림 3.17**). 소뇌의 기저부에는 뇌의 다른 부위들과 연결되어 있는 여러 개의 핵이 있다. 소뇌의 크기는 신피질의 크기와 병행하여 진화되었다. 소뇌는 피질보다 약 4배 더 많은 뉴런을 가지고 있지만 신피질의 뉴런보다 훨씬 더 빽빽하게 밀집되어 있어, 크기는 신피질보다 훨씬 작다.

소뇌는 운동 협응과 운동 학습에 중요한 역할을 하고 다른 정신 과정을 조정하는 데 관여한다. 소뇌에 손상을 입을 경우 균형장애, 자세 결함과 숙련된 운동의 장애가 초래된다. 전정계(균형과 움직임에 대한 감각 수용기로 중이에 위치)로부터 대부분의 정보를 받는 소뇌 부위는 신체 균형을 유지하는 것을 돕는다. 몸통과 사지로부터 정보를 받는 소뇌 부위는 자세 반사를 통제하고 기능적으로 서로 관련되는 근육 집단을 조율하는 것에 관여한다.

후뇌 중심부 안에 핵과 신경들이 서로 혼재하여 네트워크를 형성하는데, 이를 **망상체**(reticular formation)라고 부른다(**그림 3.18**). 1949년

Giuseppe Moruzzi와 Horace Magoun는 마취 상태에 있는 고양이의 이 부위를 전기적으로 자극하였다. 이 자극으로 말미암아 고양이의 피질에서 깨어 있는 동안 관찰되는 전기적 활동이 관찰되었다. 이들은 망상체의 기능이 수면과 각성의 통제, 다시 말하면 '전반적 각성' 혹은 '의식'을 유지하는 것이라고 결론 내렸다. 그 결과 망상체는 **망상 활성화 체계**(reticular activating system)라고 알려지게 되었다. 이 영역의 손상은 영구적인 무의식 상태를 초래한다.

뇌간의 윗부분(교, pons)과 아랫부분(연수, medulla)에 있는 핵들은 생명 유지에 필수적인 신체 움직임을 통제한다. 교(*pons*는 라틴어로 '다리'를 의미)에 있는 핵들은 소뇌로부터 오는 정보를 뇌의 나머지 부분으로 전달하는 역할을 한다. 척수의 끝에 위치하는 연수의 핵들은 호흡, 심혈관 기능과 같은 생명 유지에 필요한 기능을 조절한다. 이 뇌 영역의 손상은 호흡 및 심장 기능의 정지를 초래하여 사망에 이르게 한다.

중뇌

그림 3.19A에 제시되어 있는 중뇌는 2개의 주요 하위 구조를 가지는데, 즉 감각을 담당하는 후측의 **시개**(tectum, '지붕'을 의미)는 제3뇌실의 위에 위치하고, 운동을 담당하는 전측의 **피개**(tegmentum)는 제3뇌실의 바닥에 위치한다. 시개는 눈과 귀로부터 다량의 감각 정보를 받는다. 양 반구에 대칭적으로 위치하는 핵 중 **상구**(superior colliculi, '위쪽 언덕')는 눈의 망막으로부터 정보를 받고, **하구**(inferior colliculi, '아래 언덕')는 귀로부터 정보를 받는다. 상구와 하구가 매개하는 행동에는 주위 공간에 있는 대상의 위치를 확인하는 것과 이 대상에 대한 시각 혹은 청각 정향 반응이 포함된다.

피개에 위치하는 핵들은 운동 기능과 관련된다(그림 3.19B). **적핵**(red nucleus)은 사지의 움직임을 통제하고 전뇌와 연결되어 있는 **흑질**(substantia nigra, '검은 물질'을 의미)은 원하는 대상으로의 접근과 같은 보상 행동에 중요한 역할을 한다. 중뇌수도를 둘러싸고 있는 세포체로 구성되는 **중뇌수도 주변 회백질**(periacqueductal gray matter, PAG)에는 종 특유 행동(예 : 성행동)의 통제와 통증 반응의 조절에 관여하는 회로가 포함되어 있다.

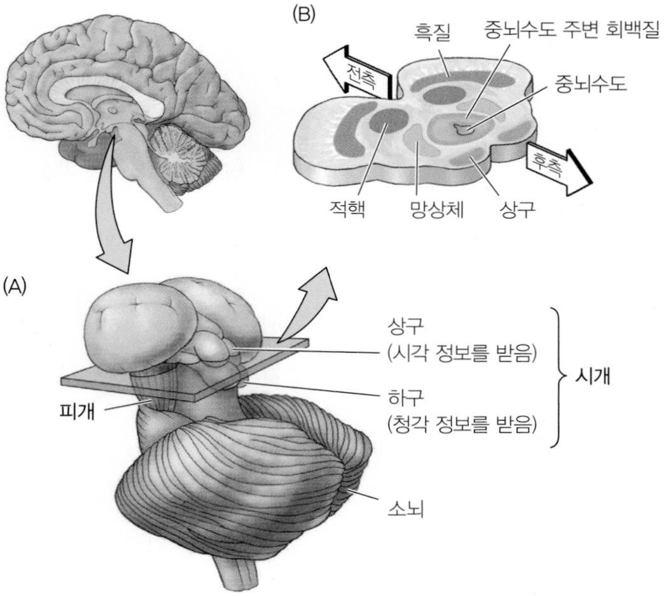

간뇌

중뇌와 전뇌의 접합부인 간뇌(그림 3.16 참조)에는 세 가지 시상 구조, 즉 시상하부('아랫방'을 의미), 시상상부('윗방'을 의미)와 시상('안쪽 방'을 의미)이 위치한다.

비록 뇌 전체 무게의 약 0.3%에 불과하지만 22개의 작은 핵과 섬유계가 통과하는 **시상하부**(hypothalamus)는 거의 모든 동기 행동, 즉 성행동, 수면, 체온 조절, 정서 행동과 움직임에 관여한다. 시상하부는 연결되어 있는 뇌하수체와 상호작용하여 내분비 기능을 통제한다.

간뇌 중 가장 큰 구조인 **시상**(thalamus)은 20개의 핵으로 구성되어 있는데, 각 핵은 대뇌피질의 특정 영역으로 정보를 전달한다(**그림 3.20**). 대뇌피질이 받는 거의 모든 정보는 먼저 시상을 통하여 중계된다. 시상은 많은 뇌 영역들을 서로 연결하는 '중심지'의 역할을 한다.

그림 3.19 ▲

중뇌 (A) 중뇌 구조들은 시각과 청각 관련 행동을 매개하고 정향 반응, 종 특유 행동의 생산과 통증지각에 중요한 역할을 한다. (B) 피개의 횡단면은 다양한 운동 관련 핵들을 보여준다.

그림 3.20 ▶

시상 연결 (A) 화살표는 시상의 주요 핵들로 들어가거나 핵들로부터 나오는 정보 출처를 의미한다. (A : 전측 핵, DM : 배내측 핵, VA : 복측 전핵, VL : 복외측 핵, LP : 외측 후핵, VLP : 복외측 후핵, P : 시상침, LGB : 외측 슬상핵, MGB : 내측 슬상핵). (B) (A)의 시상 주요핵들이 정보를 전달하는 피질 영역

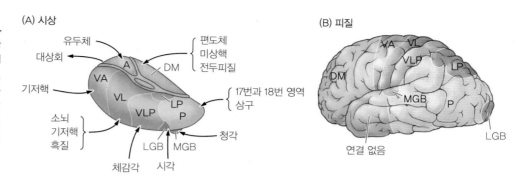

1. 한 집단의 시상핵은 감각계로부터 오는 정보를 피질의 목표 영역으로 중계한다. 예를 들어 **외측 슬상핵**(lateral geniculate body, LGB)은 시각 정보를 받고, **내측슬상핵**(medial geniculate body, MGB)은 청각 정보를 받으며, **복외측 후핵**(ventrolateral posterior nuclei, VLP)은 신체로부터 오는 촉각, 압각, 통각과 온도 정보를 받는다. 이 영역들은 이 정보를 피질의 시각 영역, 청각 영역과 체감각 영역으로 전달한다.

2. 일부 시상핵들은 피질 영역들 사이의 정보를 중계한다. 예를 들어 피질의 시각 영역들은 **시상침**(pulvinar nucleus, P)을 통해 다른 뇌 영역들과 상호 연결되어 있다.

3. 일부 시상핵들은 피질과 일부 뇌간 영역들 사이의 정보를 중계한다.

시상상부(epithalamus)는 간뇌 후측에 있는 핵들의 집합체이다. 앞서 언급한 송과선이 시상상부에 포함되는데, 송과선은 정신이 위치하는 영역이 아니라 신체의 일주율 혹은 계절 리듬에 영향을 미치는 멜라토닌을 분비한다. 멜라토닌은 낮밤 주기 중 어두운 시기 동안 분비되며 피로감을 일으켜 수면 동기가 일어나게 한다. 시상상부에 기아와 갈증을 조절하는 유상핵(habenular)도 포함된다.

3.6 전뇌

3개의 주요 전뇌 구조들 중 기저핵과 변연계는 피질하(subcortical)에 위치하며 이들을 둘러싸고 있는 또 다른 전뇌 구조가 대뇌피질이다. 이 영역들은 매우 밀접하게 연결되어 기능 회로를 구성하지만 각 구조가 매우 자율적으로 기능하기 때문에 이 구조들을 분리해서 기술하겠다.

기저핵

주로 피질의 전측 영역 아래에 위치하는 **기저핵**(basal ganglia, '피질 아래의 매듭'을 의미)은 피질과 회로를 구성하는 핵들의 집합체이다. **그림 3.21**에 제시되어 있는 기저핵은 **피각**(putamen, '껍질'을 의미), **담창구**(globus pallidus, '창백한 지구'를 의미)와 **미상핵**(caudate nucleus, '꼬리 달린 핵'을 의미)으로 구성된다.

미상핵은 피질의 모든 영역으로부터 정보를 받아 이 정보를 피각과 담창구를 통해 시상으로 보내며 시상은 이 정보를 전두피질 영역으로 보낸다. 또한 기저핵은 중뇌, 특히 중뇌의 피개에 위치하는 흑질과 상호 연결되어 있다(그림 3.19B 참조). 기저핵은 운동과 학습에 관여한다.

기저핵과 운동

기저핵의 기능에 관한 많은 정보는 기저핵의 손상으로 말미암아 초래되는 두 가지 질환의 연구로부터

제공된다. 이 질환들은 전반적인 움직임의 상실 혹은 과장된 움직임으로 특징된다. 27.6절에 상세하게 기술되어 있는 것처럼 이 질환들의 경우 마비처럼 움직임이 생산되지 못하는 것이 아니라 움직임이 통제되지 못한다. 따라서 기저핵은 움직임의 통제와 조정에 관여하지 근육의 활성화에 관여하지 않는다. 기저핵의 손상으로 말미암아 초래되는 질환에서 과도한 움직임과 움직임의 상실을 관찰할 수 있는데, 이는 기저핵이 운동 기능을 가지고 있음을 시사한다.

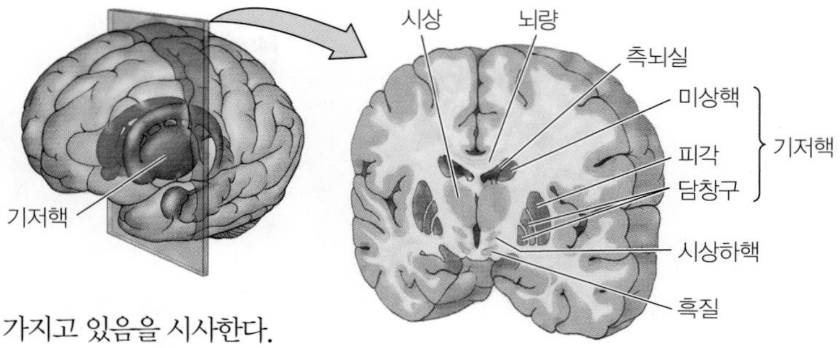

그림 3.21 ▲

기저핵 대뇌반구의 전측면은 주위 구조들에 대한 기저핵의 상대적 위치를 보여준다. 운동 통제와 협응에 중요한 역할을 하는 뇌간 구조인 흑질과 시상하핵도 보여준다.

과도한 움직임 2.3절에 소개되어 있는 헌팅턴병은 기저핵의 세포가 점진적으로 죽고 이로 말미암아 불수의적 신체 움직임이 거의 끊임없이 일어나는 유전질환이다. 이 비정상적인 움직임이 마치 '춤을 추는 것'처럼 보여 한때 **무도**(*chorea*는 라틴어로 '춤'을 의미)병이라고 불리었다.

투렛 증후군(Tourette's syndrome)의 가장 흔한 증상이 주로 얼굴과 머리에 나타나는 불수의적 운동 틱과 때리거나 돌진하거나 점프하는 것과 같은 복잡한 움직임이다. 투렛 증후군은 욕설과 동물 소리 등을 포함하는 불수의적 발성으로도 특징된다. 헌팅턴병과 투렛 증후군 모두 기저핵의 뉴런 상실과 관련되어 있다.

움직임의 상실 파킨슨병에는 많은 증상이 있는데, 그중에서 가장 두드러진 증상이 운동 개시의 어려움과 근육 경직이다. 환자는 의자에서 일어나는 것에 어려움을 보이거나 발을 끌며 걷거나 물건을 집는 데 어려움을 보인다. 또한 환자가 쉬는 동안 손과 다리에 주기적인 진전(rhythmic tremor)을 보이기도 한다. 파킨슨병은 기저핵 안팎의 연결, 특히 중뇌의 흑질과의 연결이 상실된 것과 관련된다.

기저핵과 학습

기저핵의 두 번째 기능이 자극과 그 자극의 결과 사이의 관련성을 학습하는 연합 학습 혹은 자극-반응 학습 혹은 습관 학습을 지지하는 것이다. 예를 들어 여러 번의 경험 결과 새는 밝은 색을 띠는 나비가 쓴맛을 내는 것을 학습한다. 이 경우 기저핵이 맛과 색채 사이의 연합을 학습하고 이러한 곤충을 먹는 것을 회피하는 데 매우 중요한 역할을 한다. 이와 유사하게 우리가 행하는 행동 중 많은 것이 감각 단서에 대한 반응인데, 이에 대한 예가 불을 켜기 위해 스위치를 누르거나 문을 열기 위해 손잡이를 돌리는 것 등이다. 기저핵의 손상을 가지는 사람들은 이러한 자극-반응 행동을 수행하는 데 어려움을 보인다.

변연계

양서류와 파충류의 뇌가 진화하는 동안 세 층의 피질 구조가 뇌간의 주변을 둘러싸기 위해 발달하였다. 이후 포유류에서 여섯 층의 **신피질**(neocortex, '새로운 껍질'을 의미)이 발달되면서 이 오래된 피질 영역은 뇌간과 신피질 사이에 끼게 되었다. 1878년 Paul Broca가 이 구조들을 **변연엽**(limbic lobe, 라틴어로 *limbus*는 '경계'를 의미)이라고 이름하였다. 이 구조들의 진화 기원에 근거하여 일부 해부학자들은 이 구조들을 **파충류 뇌**(reptilian brain)라고 불렀고, 이 명칭이 여전히 사용되고 있다.

오늘날 이 전뇌 구조는 한 기능 단위로 여겨지고 있다. **변연계**(limbic system)는 정서, 사적인 기억, 공간 행동과 사회적 행동을 포함하는 자기 제어 행동에 중요한 역할을 한다. 변연계를 구성하는 구조들(**그림 3.22A**) 중 측두엽의 기저부에 위치하는 핵인 **편도체**(amygdala, '아몬드'를 의미)는 정서에 관여하고 내측두엽의 전측에 위치하는 **해마**(hippocampus, '해마'를 의미)는 사적인 기억(내가 무엇을

그림 3.22 ▶

변연계 (A) 변연계의 주요 구조들은 정서와 성행동, 동기, 기억과 공간 이동에 중요한 역할을 한다. (B) Papez가 제안한 변연 회로. 시상하부의 유두체는 대상피질을 거쳐 해마와 연결되고 해마는 뇌궁을 통해 시상하부와 연결된다.

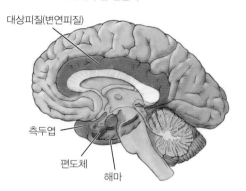

(A) 우반구 내측면에서 본 변연계

대상피질(변연피질)

측두엽

편도체

해마

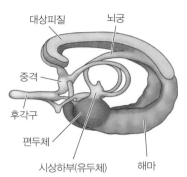

(B) 변연엽 해부

대상피질

뇌궁

중격

후각구

편두체

시상하부(유두체)

해마

하였고 언제 하였는가 등과 같은 기억)과 공간 이동에 관여한다. **대상피질**(cingulate cortex, *cingulate*는 '테두리'를 의미)은 대뇌반구의 내측 벽을 따라 위치하는 뇌량 바로 위에 위치하는 변연피질의 세 층 줄무늬 구조인데, 이 구조는 많은 사회적 상호작용 중에서도 성행동에 관여한다.

기능과 관련하여 변연엽은 흥미로운 역사를 가지고 있다. 변연엽은 후각구(olfactory bulb)로부터 정보를 받는데, 이 사실에 근거하여 초기 해부학자들은 변연 구조들이 후각 정보를 처리하는 데 관여한다고 가정하였고, 이 구조들을 후뇌(rhinencephalon) 혹은 '냄새뇌(smell brain)'라고 불렀다. 추후에 행해진 실험들은 변연엽이 가지는 후각 기능이 무엇인지를 자세하게 기술하였지만 변연엽은 단순히 냄새를 확인하는 데에만 관여하지 않는다.

James Papez(1937; MacLean, 1949)는 당시 어떤 기능을 하는지 확실하지 않았던 변연엽이 정서에 관여한다고 주장하였는데, 정서의 대뇌기제 역시 그 당시에는 알려지지 않았다. Papez는 정서뇌(emotional brain)가 다음의 회로, 즉 시상하부의 유두체(mammillary body)로부터의 정보가 전시상핵(anterior thalamic nuclei), 대상피질과 해마로 전달되어 다시 유두체로 되돌아오는 회로로 구성되어 있다고 제안하였다(그림 3.22B).

다른 뇌 구조들로부터 오는 정보가 이 회로로 들어와서 정서를 일으킨다. 예를 들어 신피질로부터 한 아이디어(예 : 어두울 때 걸어다니는 것은 위험하다)가 이 회로에 들어와서 공포(예 : 어둠 속에서 나는 공포를 느낀다)를 일으킬 수 있고, 이 공포가 시상하부에 영향을 미쳐 싸움 혹은 도주의 각성 반응을 활성화시키는 호르몬을 분비하게 한다. 해마에는 스트레스 호르몬인 코르티코스테론 수용기들이 많이 존재하며, 이에 따라 외상후 스트레스장애와 같은 스트레스 상황에서의 해마 역할에 관한 연구가 진행되고 있다(6.5절 참조). 해마의 또 다른 기능은 사적인 기억과 공간 행동에 관여하는 것인데, 여기에 관해서는 각각 제18장과 제21장에서 자세하게 살펴볼 것이다.

신피질

해부학자들은 피질이라는 용어를 세포의 바깥층을 언급하는 데 사용한다. 신경과학에서 피질과 **신피질**(neocortex, '새로운 피질'을 의미)이라는 용어 모두가 전뇌의 바깥 부분을 칭하기 위해 사용되고 있으며 이 책에서는 특별한 경우, 예를 들어 오래된 변연(대상)피질 등과 같은 경우를 제외하고는 피질이 신피질을 의미한다.

인간 신피질의 면적은 2,500cm²이지만 두께는 단지 1.5~3.0mm이다. 여섯 층의 회백질로 구성되어 있으며 심하게 주름 잡혀 있다. 대뇌피질의 주름은 매우 넓은 신피질 표면을 산도를 통과하기에 충

배측면

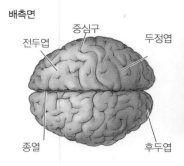 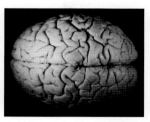

전두엽　중심구　두정엽
종열　후두엽

외측면

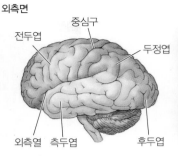 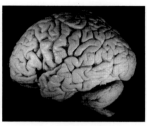

전두엽　중심구　두정엽
외측열　측두엽　후두엽

복측면

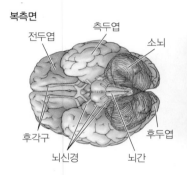 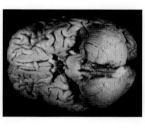

전두엽　측두엽　소뇌
후각구　뇌신경　뇌간　후두엽

내측면

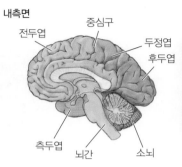 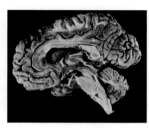

전두엽　중심구　두정엽
후두엽
측두엽　뇌간　소뇌

◎ **그림 3.23** ▲

인간 뇌의 모습　대뇌반구를 위, 아래, 측면
과 중앙에서 본 모습은 피질엽, 소뇌, 중심구,
종열 및 외측열의 위치를 보여준다. 후각구는
복측 전두엽으로 돌출되어 있다.

(Photographs courtesy of Yakovlev Collection
National Museum of Health and Medicine,
Silver Spring, MD.)

분히 작은 두개골 안에 제한시키는 문제를 자연적으로 해결하는 방법이다. 평평한 종이보다 구겨진 종이가 작은 상자 속에 들어가는 것과 같이 신피질의 주름은 뇌를 비교적 제한된 두개골 안에 위치하게 한다.

　1.1절에 소개된 신피질의 주요 특징에 관한 것이 **그림 3.23**에 제시되어 있는데, 즉 이 그림은 2개의 거의 대칭적인 좌우 대뇌반구가 종열(longitudinal fissure)로 구분되고 각 대뇌반구가 4개의 엽, 즉 전두엽, 두정엽, 측두엽과 후두엽으로 구분되는 것을 보여준다. 전두엽은 후측으로는 **중심구**(central sulcus), 아래로는 외측열, 그리고 내측으로는 대상구가 경계를 이루고 있다(그림 3.22A 참조).

　두정엽의 전측 경계는 중심구이고 아래쪽 경계가 외측열이다. 측두엽은 배측으로는 외측열이 경계를 이루고 있다. 후두엽을 두정엽과 측두엽으로 구분하는 명확한 경계가 뇌의 외측면에서 관찰되지 않는다.

열 및 구와 회

신피질 표면의 가장 두드러진 특징이 움푹 파인 부분과 돌출된 부분으로 구성된 주름이 있다는 것이다. 뇌의 깊숙한 부분, 즉 뇌실까지 움푹 파인 것을 **열**(fissure)이라고 부르는데, 대표적인 것이 종열과 외측열이다. 얕게 파인 것을 **구**(sulcus, 복수는 sulci)라고 한다. 돌출된 부분은 **회**(gyrus, 복수는 gyri)라고 부른다.

　그림 3.24는 주요 열, 구와 회의 위치를 보여준다. 한 개인의 두 대뇌반구에 있는 회와 구는 위치, 크기와 형태에서 다소 다르고 개인들 사이에는 매우 다르다. 인접한 회들은 세포 구조에서 서로 다르고 구에서는 한 유형의 세포 배열에서 다른 유형의 배열로 바뀐다.

　신피질의 바깥 표면과 내측면에 있는 주요 회들이 각각 그림 3.24A와 그림 3.24B에 제시되어 있다. 변연계의 한 요소인 대상회는 뇌량 바로 위에 위치하고 신피질의 모든 네 엽의 안쪽면에 걸쳐 있다. 그

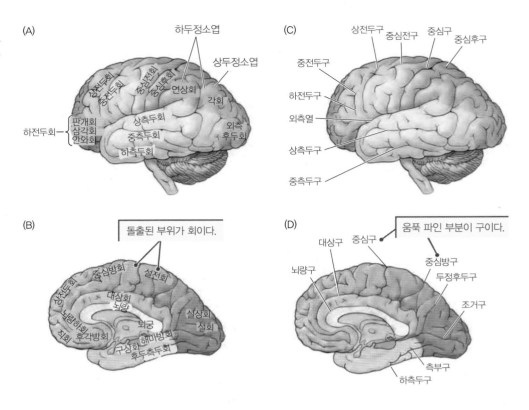

그림 3.24 ▶

주요 회와 구 외측(A)과 내측(B)에서 본 피질 회. 외측(C)과 내측(D)에서 본 피질 구

(A)
하두정소엽
상두정소엽
연상회
각회
상측두회
중측두회
하측두회
외측
후두회
하전두회
판개회
삼각회
안와회

(C)
상전두구
중심전구
중심구
중심후구
중전두구
하전두구
외측열
상측두구
중측두구

(B)
돌출된 부위가 회이다.
중심방회
설전회
대상회
뇌량
뇌궁
설상회
설회
해마방회
구상회
후두측두회

(D)
움푹 파인 부분이 구이다.
대상구
중심구
중심방구
뇌량구
두정후두구
조거구
측부구
하측두구

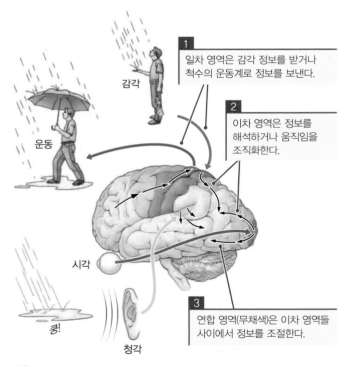

1 일차 영역은 감각 정보를 받거나 척수의 운동계로 정보를 보낸다.

2 이차 영역은 정보를 해석하거나 움직임을 조직화한다.

3 연합 영역(무채색)은 이차 영역들 사이에서 정보를 조절한다.

감각
운동
시각
청각
쿵!

그림 3.25 ▲

투사 지도 일차 영역은 감각계로부터 정보를 받거나 척수의 운동계로 정보를 보낸다. 이차 영역은 감각 정보를 해석하거나 움직임을 조직화한다. 화살표는 일차 감각 영역에서 이차 감각 영역으로 그리고 이차 운동 영역에서 일차 운동 영역으로 정보가 전달되는 것을 표시하고 있다. 정보는 이차 영역에서 더 상위의 연합 영역 혹은 삼차 영역으로 전달되기도 하고 4개의 피질 엽에 있는 연합 영역으로 전달된다.

림 3.24C는 피질의 외측면에 위치하는 주요 구와 열을 보여주고, 그림 3.24D는 내측면의 주요 구와 열 중 일부를 보여준다.

정보 입출력 및 기능과 관련된 피질 조직화

피질로의 정보 입력과 피질로부터의 정보 출력의 위치를 지도로 나타낼 수 있다. **투사 지도**(projection map)는 다양한 감각 정보의 처리와 움직임의 생산이 피질의 어느 부위에서 이루어지는가를 보여준다(**그림 3.25**). 각 피질엽이 특정 감각 혹은 움직임과 관련되어 있다. 즉 시각은 후두엽, 청각은 측두엽, 신체 감각은 두정엽, 그리고 운동 기능은 전두엽에 위치한다. 이러한 배열은 후측 피질(두정엽, 측두엽과 후두엽)이 주로 감각을 담당하고 전측 피질(전두엽)은 주로 운동을 담당하는 것을 시사한다. 피질 기능에 관한 단순한 이론은 정보가 일련의 단계, 즉 감각 영역에서부터 인접한 연합 영역으로, 나아가 이에 대한 반응을 산출하기 위해 운동 영역으로 전달된다는 것이다.

일차 영역

일차 영역(primary area)은 주요 감각계로부터 정보를 받고 근육으로 운동 정보를 보낸다. 그림 3.25에 제시되어 있는 뇌의 외측면은 일차 영역 전부를 보여주지 않는데, 이는 일차 영역들이 피질의 회와 열 깊숙이까지 확장되어 있기 때문이다. 예를 들어 청각 영역의 대부분은 외측열 안에 위치한다. 운동피질은 뇌간과 척수의 운동계로 정보를 전달한다.

그럼에도 불구하고 신피질의 일차 투사 영역은 신피질 전체 크기에 비해 상대적으로 작다.

이차 영역

이차 영역(secondary area)은 일차 영역 가까이에 위치하며 일차 영역으로부터 전달받은 정보를 더 정교하게 처리하거나 일차 운동 영역의 경우에는 운동에 대한 정보를 이차 영역으로 보낸다. 예를 들어 시각의 경우 이차 영역은 색채, 움직임과 형태를 포함하는 시각 정보를 더 정교하게 처리한다.

삼차 영역

다양한 이차 영역들 사이에 위치하는 대부분의 피질 영역들은 이차 영역들로부터 정보를 받거나 이 영역들로 정보를 보낸다. 이러한 피질 영역들을 **삼차 영역**(tertiary area) 혹은 **연합피질**(association cortex)이라고 부르는데, 이 영역들에는 감각 혹은 운동 기능을 담당하지 않는 모든 영역이 포함된다. 대신 연합 영역들은 언어, 계획, 기억과 주의 등과 같은 복잡한 행동을 매개한다.

피질 기능

그림 3.25의 투사 지도는 피질이 어떻게 기능하는가를 보여준다. 감각 정보가 일차 영역으로 들어가고 이후 이차 영역으로 가는데, 각 이차 영역은 감각 관련 기능(예 : 시각의 색채, 형태, 움직임과 청각의 음악, 단어 혹은 다른 소리들)을 가지고 있다. 신피질 후측 부위의 삼차 영역은 이차 영역으로부터 정보를 받아 더 복잡한 연합을 형성하는데, 예를 들면 아이디어나 개념을 형성하게 하여 이를 통해 우리는 세상을 이해하게 된다. 후측 부위의 삼차 영역은 정보를 전두엽의 삼차 영역으로 보내며, 여기서 행동 계획이 형성되고 이후 전두피질의 이차 및 일차 영역을 통해 행동이 집행된다.

10.2절에 상세하게 기술되어 있는 것처럼 많은 병렬적 경로가 신피질의 일차 및 이차와 삼차 영역들을 서로 상호 연결하고 있다. 각 경로는 비교적 특정한 기능을 매개한다. 이러한 연결들을 **재진입**(reentrant)이라고 하는데, 즉 각 영역은 정보를 받은 영역으로 다시 정보를 보낸다.

피질의 세포 조직

신피질의 뉴런들은 여섯 층(**그림 3.26**에 제시되어 있는 것처럼 각 층에 로마숫자를 붙인다)에 배열되어 있다. 신피질 영역들은 각 층에 위치하는 세포의 형태, 크기와 연결에서 서로 다르다. 각 층의 기능은 정보 입력 및 출력과 관련되어 있다.

- 안쪽 피질층인 V층과 VI층은 다른 뇌 영역으로 축색을 보낸다. 이 두 층과 이 층들에 위치하는 추체 뉴런은 매우 크고 운동피질, 즉 척수로 정보를 보내는 영역에서 두드러진다(먼 거리로 정보를 보내는 세포들은 전형적으로 크다).
- IV층의 축색은 감각계와 다른 피질 영역으로부터 정보를 받는다. 이 층에는 많은 수의 작은 성상 뉴런들이 위치하는데, 즉 시각, 체감각, 청각과 미각-후각 등의 감각 기관으로부터 정보를 받는 각 일차 영역들에 성상세포가 많이 존재한다. IV층에 많은 뉴런들이 존재하는 피질 영역들은 **과립 피질**(granular cortex)이라고도 부르는데, 이는 이들이 오톨토톨해 보이기 때문이다.

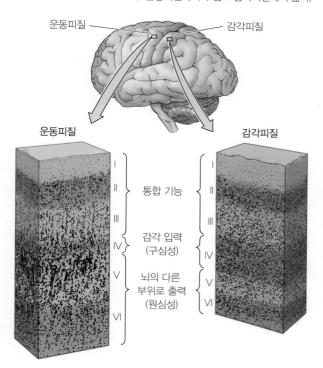

◎ **그림 3.26** ▼

신피질의 층 감각 영역과 운동 영역의 피질층을 비교해보면 IV층의 구심성의 경우 감각피질에서 상대적으로 두껍고 운동피질에서는 상대적으로 얇다. 반면 V층의 원심성의 경우 운동피질에서 두껍고 감각피질에서 얇다.

운동피질   감각피질

운동피질   감각피질

통합 기능

감각 입력 (구심성)

뇌의 다른 부위로 출력 (원심성)

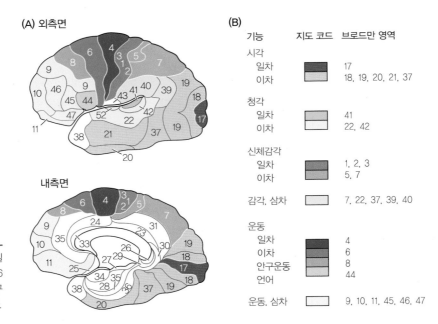

(A) 외측면

(B)

기능	지도 코드	브로드만 영역
시각		
일차		17
이차		18, 19, 20, 21, 37
청각		
일차		41
이차		22, 42
신체감각		
일차		1, 2, 3
이차		5, 7
감각, 삼차		7, 22, 37, 39, 40
운동		
일차		4
이차		6
안구운동		8
언어		44
운동, 삼차		9, 10, 11, 45, 46, 47

내측면

◎ 그림 3.27 ▶

피질 지도   (A) Brodmann이 개발한 피질 지도(원래의 지도에서 생략된 번호는 12~16번, 48~51번이다). (B) Brodmann의 세포구축 지도의 각 영역의 기능을 기술하고 있다.

- 바깥층인 I, II, III층은 주로 IV층으로부터 정보를 받고 피질의 이차 및 삼차 영역에 잘 발달되어 있으며 통합적 기능을 수행한다.

피질의 서로 다른 영역들이 서로 다른 세포 농도를 가지는 것에 근거하여 **세포구축 지도**(cytoarchitectonic map)가 개발되었는데, 이 지도는 피질을 여러 하위 영역으로 구분한다. Korbinian Brodmann(1909)에 의해 개발된 초기 지도가 오늘날에도 널리 사용되고 있으며 외측면과 내측면 지도가 **그림 3.27A**에 제시되어 있다. Brodmann은 뇌를 중심구를 중심으로 구분한 후 중심구 앞부분과 뒷부분을 분리해서 조사하였고, 세포 구성이 서로 다른 뇌 영역을 발견할 때마다 번호를 붙였다. 따라서 **브로드만 지도**(Brodmann's map)의 번호는 특별한 의미를 가지고 있지 않다. 그는 뇌 영역들을 체계적으로 조사한 것이 아니라 중심구 후측 부위를 조사한 후 이 영역에 1번과 2번을 붙였고 그다음에는 전측 부위를 조사하여 3번과 4번을 붙였으며 또 다시 후측 부분을 조사한 후 다른 영역들을 조사하였다.

그럼에도 불구하고 브로드만 영역들이 추후 전기적 자극, 로 추적법(tract tracing), 뇌 손상의 분석 등을 포함하는 비세포구축 기법(noncytoarchitectonic technique)을 사용하여 발견한 결과와 매우 유사하다. 그림 3.27B는 브로드만 지도의 영역과 이 영역의 알려진 기능 사이의 관련성을 요약하고 있다. 예를 들어 17번 영역은 일차 시각 영역에 해당되는 한편, 18번과 19번은 이차 시각 영역에 해당된다. 4번 영역은 일차 운동피질이다. 단어의 발음과 관련된 브로카 영역(1.3절 참조)은 삼차 영역인 44번에 해당된다. 이외의 다른 영역과 기능 사이의 관련성도 존재한다.

자세히 보기에 기술되어 있는 것과 같은 더 세련된 최근 분석 기법은 많은 브로드만 영역이 더 세분화될 수 있음을 보여주었고, 이에 따라 브로드만 지도를 기초로 개발된 새로운 지도들은 브로드만 영역을 더 세분화하였고 세분화된 영역들에 새로운 이름을 붙였다. 즉 새로운 영역에는 번호, 철자와 이름이 혼합되게 붙여졌고 이에 따라 명명이 더 혼동스러워졌다. 예를 들어 시각, 청각, 체감각과 운동 일차 영역을 각각 V1, A1, S1과 M1으로 부르기도 한다. 이차 영역에는 일차 영역보다 더 상위 번호가 붙여지는데, 즉 시각 이차 영역은 V2, V3, V4 등으로 불린다. 서로 경쟁되는 번호 시스템은 이 책의 제3부에 기술되는데, 제3부에 포함되는 각 장들은 피질과 엽의 특정 기능에 관해 기술하고 있다.

피질 연결

피질의 각 영역들이 전문화된 기능을 가지고 있다면 이 영역들 사이의 연결이 어떻게 상위 기능이 생산되는가를 설명하는 데 도움이 된다. **그림 3.28**은 신피질 영역들을 서로 상호 연결하는 네 가지 유형의 연결을 보여준다.

1. 한 엽과 다른 엽 사이의 긴 연결(그림 3.28A)
2. 한 엽 내에 있는 영역들 사이의 비교적 짧은 연결(그림 3.28B)
3. 한 대뇌반구와 다른 대뇌반구 사이의 반구 간 연결(교련, commissures; 그림 3.28C)
4. 시상을 통한 연결

대부분의 반구 간 연결은 두 대뇌반구의 **동일한 지점**(homotopic point), 즉 뇌의 거울상 구조를 서

자세히 보기 　브레인보우와 클래리티

만약 해부학적 기법이 개발되지 않았더라면 정교한 뇌 구조는 알려지지 않았을 것이다. 새로이 개발된 기법들이 이전보다 뇌 구조를 훨씬 더 자세하게 밝혀주고 있다. 하버드대학교의 Jean Livet와 동료들(2007)은 유전자이식 기법을 개발하였는데(2.3절 참조), 이는 서로 다른 뉴런들을 서로 다른 색으로 밝히는 기법으로, 이를 *rainbow*라는 단어에서 착안하여 '브레인보우(Brainbow)'라고 부른다.

TV 모니터가 단지 빨간색, 초록색과 파랑색을 혼합하여 인간의 눈이 볼 수 있는 모든 색을 만들어내는 것과 동일한 방법으로 브레인보우는 형광 파란색, 초록색, 노란색과 빨간색의 단백질을 생산하는 유전자를 생쥐의 뉴런에 이식하였다. 빨간색 유전자는 산호에서 얻었고 파란색과 초록색 유전자는 해파리에서 얻었다(산호와 해파리로부터 형광단백질을 발견한 공로를 인정받아 Roger Tsien, Osamu Shimomura와 Martin Chalfie

가 2008년 노벨화학상을 수상하였다).

이식된 유전자는 각 뉴런들에서 활성화되는 정도가 달랐지만 뉴런들은 100개 이상의 서로 다른 빛깔을 보였다. 파장에 민감한 형광현미경을 통해 각 뇌세포들과 이들 사이의 연결을 시각화할 수 있었는데, 이는 이 세포들이 약간 다른 색을 보였기 때문이다.

그러나 문제가 있었다. 한 뉴런의 수상돌기와 축색을 추적하기 위해서는 뇌를 얇은 절편으로 자르는 것이 필요하였고 여러 절편을 근거로 뉴런을 재구성하는 것은 어렵고 시간이 많이 소요되는 과제이었다. Kwanghun Chung과 동료들(2013)이 이 문제를 해결할 수 있는 방법을 발견하였다.

이들은 자신들이 '클래리티(CLARITY)'라고 부르는 화학적 방법을 사용하여 뇌단백질들을 매우 작은 비계로 결합시켜 뇌 전체를 딱딱하게 만들었다. 그런 후 조직으로부터 지질을 제거하면 뇌가 투명해지지만 뉴런

과 뉴런 사이의 연결은 제 위치에 있다. 형광 염색 혹은 브레인보우 기법으로 처리된 뉴런 요소들 혹은 화학물질들이 뇌에 위치하는 것을 형광 현미경으로 볼 수 있다. 따라서 브레인보우를 사용하여 색을 입힌 뉴런의 전체 모습과 뉴런들 사이의 연결들이 투명한 뇌 안에 있는 것을 볼 수 있다.

클래리티는 어떤 화학물질 혹은 뉴런이라도 시각화할 수 있고 인간 뇌를 포함한 어떤 뇌에도, 심지어 수년 동안 포름알데히드에 보존되어 온 뇌에도 적용될 수 있다. 따라서 뇌질환으로 사망한 사람의 뇌 혹은 사망 후 뇌은행에 저장되어 있는 뇌들을 조사하여 질환의 원인을 밝힐 수 있게 되었다.

Chung, K., J. Wallace, S. Y. Kim, S. Kalyanasundaram, A. S. Andalman, T. J. Davidson, J. J. Mirzabekov, K. A. Zalocusky, J. Mattis, A. K. Denisin, S. Pak, H. Bernstein, C. Ramakrishnan, L. Grosenick, V. Gradinaru, and K. eisseroth. Structural and molecular interrogation of intact biological systems. *Nature* 497:332–337, 2013.
Livet, J., T. A. Weissman, H. Kang, R.W. Draft, J. Lu, R. A Bennis, J. R. Sanes, and J. W. Lichtman. Transgenic strategies for combinatorial expression of fluorescent proteins in the nervous system. *Nature* 450:56–62, 2007.

브레인보우로 영상화한 뉴런 구조
(Livet, Draft, Sanes, and Lichtman, Harvard University.)

세포체

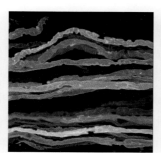

축색

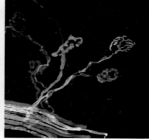

종말단추

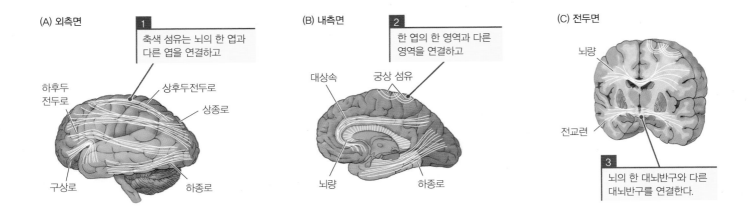

(A) 외측면

1 축색 섬유는 뇌의 한 엽과 다른 엽을 연결하고

하후두 전두로
상후두전두로
상종로
구상로
하종로

(B) 내측면

2 한 엽의 한 영역과 다른 영역을 연결하고

대상속
궁상 섬유
뇌량
하종로

(C) 전두면

뇌량
전교련

3 뇌의 한 대뇌반구와 다른 대뇌반구를 연결한다.

◎ **그림 3.28** ▲

피질 영역들 간의 연결

로 연결한다. 이 연결은 신체의 정중선을 표상하는 뇌 영역들에서 특히 강하다. 따라서 교련은 지퍼와 같은 역할을 하는데, 즉 각 대뇌반구에 형성된 세상에 관한 표상을 서로 연결한다. 2개의 주요 반구간 교련, 즉 뇌량과 전교련이 그림 3.28C에 제시되어 있다.

미국 국립보건원(National Institutes of Health)은 뇌 경로의 지도 개발을 위해 인간 커넥톰 프로젝트를 시작하였다. 이 프로젝트는 신경섬유를 선택적으로 확인하기 위해 뇌영상 기법을 사용하였고 삼차원 영상을 사용하여 피질 커넥톰이 전반적으로 어떻게 조직화되어 있는가를 시각화한다. 이 프로젝트는 다음과 같은 아이디어에 기초하는데, 즉 뇌의 경로를 확인하고 이러한 경로들의 개인차를 확인하는 것이 피질의 전반적인 기능을 이해하게 할 것이라는 것이다(Catani et al., 2013). 이 프로젝트를 통해 발견한 것 중 하나가 뇌의 주름을 펼치면 마치 건물에 있는 사무실들을 서로 연결하는 전선처럼 삼차원의 격자(grid)에 서로 연결되어 있는 것을 시각화할 수 있다는 것이다.

3.7 교차뇌

뇌 조직화의 특징 중 놀라운 것이 거의 대칭적인 각 대뇌반구가 대측 신체 혹은 감각 세상으로부터 전달되는 감각 자극에 주로 반응하고 대측 신체의 근육을 통제한다는 것이다. 시각계를 예로 들어보자.

그림 3.29의 왼쪽에 제시되어 있는 쥐처럼 머리의 측면에 눈을 가지는 동물의 경우 한 눈에서 나오는 시각 섬유들 중 약 95%가 반대편 대뇌반구로 전달된다. 그림의 오른쪽에 제시되어 있는 인간처럼 머리의 앞쪽에 눈이 있는 경우 한 눈에서 나오는 시각 섬유들 중 약 50%가 반대편 대뇌반구로 전달된다. 따라서 눈이 어디에 위치하는가와는 상관없이 각 대뇌반구는 반대편 시야로부터 오는 시각 정보를 받도록 피질 경로가 배열되어 있다.

이와 유사하게 운동계와 체감각계의 섬유들 중 약 90%가 척수에서 반대편으로 연결된다. 청각계의 경우 두 귀에서 오는 정보가 두 대뇌반구 모두로 전달되지만 각 귀에서 오는 정보가 대측 대뇌피질에 더 강한 신호를 전달한다(그림 11.12 참조). 이러한 해부학적 구조는 신경계의 정중선을 따라 감각 섬유와 운동 섬유의 수많은 **교차**(decussation 혹은 crossing)가 일어나게 한다. 기능적으로 이러한 교차적 조직화는 한 대뇌반구의 손상이 반대편 신체의 지각 및 운동 증상을 초래하게 한다는 것을 의미한다. 이 장의 서두 사례 보기에 소개한 R.S.의 경우 우반구 뇌졸중이 왼팔과 다리를 움직이지 못하게 하였다는 것을 회상해보자.

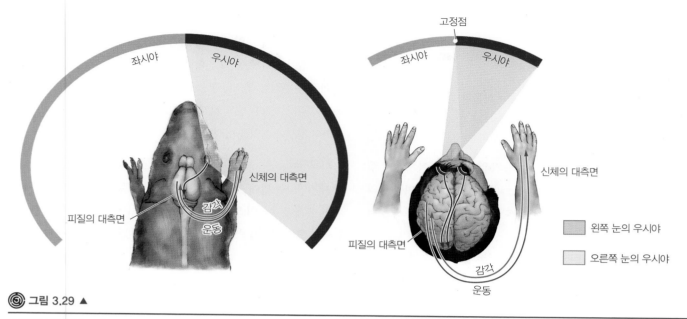

◎ 그림 3.29 ▲

신경회로의 교차   쥐(왼쪽의 빨간색 경로)와 인간(오른쪽) 뇌에 전달되는 체감각 정보는 완전히 교차된다. 예를 들어 오른발 혹은 오른손으로부터 오는 정보는 좌반구로 전달되고 좌반구의 운동 정보(파란색)는 오른발과 오른손으로 전달된다. 쥐의 눈은 측면에 위치하기 때문에 한 눈에서 오는 모든 시각 정보(이 그림에서는 자주색으로 표시된 우시야 정보)는 반대편 대뇌반구로 전달된다. 인간의 눈은 앞에 위치한다. 그 결과 시야 정보가 2개로 나누어진다. 즉 양눈에 도달한 세상의 오른쪽 면의 정보(자주색으로 표시)는 좌반구로 전달되고 왼쪽면의 정보는 우반구로 전달된다.

요약

3.1 신경해부학 : 뇌에서의 위치 찾기

뇌의 해부학, 즉 뇌 구조는 복잡하게 조직화되어 있고 뇌를 구성하는 많은 구조들의 이름이 혼란스러운데, 이는 뇌와 뇌 구조들의 기능을 기술하고자 한 오랫동안의 노력을 반영한다.

3.2 신경계 구조와 기능에 관한 개관

뇌는 두개골과 완충 역할을 하는 뇌척수막에 의해 보호를 받는다. 혈뇌장벽은 많은 물질들이 CNS로 들어가는 것을 막는다. 뇌에 대한 혈액 공급은 내경동맥과 척수 동맥에서부터 시작하여 전 · 중 · 후 대뇌동맥을 통하여 뇌의 특정 영역으로 혈액이 공급된다.

뇌는 여러 유형의 뉴런과 교세포로 구성된다. 뇌에는 층, 핵과 로가 존재하며 육안으로 보면 층과 핵은 회색을 띠는 한편 로는 흰색을 띤다. 뇌 구조를 더 자세하게 시각화하기 위해서는 뇌조직을 염색하는 것이 요구되는데, 이 염색법은 서로 다른 핵과 로 집단의 생화학적 구조의 차이를 밝힌다.

3.3 중추신경계의 기원과 발달

발달 중에 있는 CNS는 먼저 뇌척수액으로 채워져있는 관을 둘러싸는 3개의 부위로 구성된다. 성숙한 포유류에서 첫 번째와 세 번째 부위가 커지고 복잡해지며 이로 인하여 뇌가 5개의 서로 분리된 부위로 구성된다.

3.4 척수

척수는 감각을 담당하는 후근(배측)과 운동을 담당하는 전근(복측)을 통하여 신체와 소통한다. 척수는 5개의 분절로 나누어지며, 각 분절은 피부 분절 혹은 신체 분절을 표상한다.

체성신경계의 뇌신경과 척수신경에는 CNS로 감각 정보를 전달하는 구심성과 운동 정보를 뇌로부터 신체로 전달하는 원심성이 있다. 자율신경계는 신경절을 통하여 신체의 내부 기관을 활성화(교감신경계) 혹은 억제(부교감신경계)한다.

3.5 뇌간

뇌간은 간뇌, 중뇌와 후뇌로 구성된다. 후뇌 구조에 소뇌가 포함된다. 후뇌의 중심부는 뇌신경과 연결되는 핵들이 위치한다. 중뇌의 시개(지붕)에는 시각과 청각에 관여하는 상구와 하구가 위치하고 피개(바닥)에는 운동 기능을 가지는 많은 핵들이 위치한다. 간뇌는 3개의 시상 구조, 즉 바이오리듬에 관여하는 송과선이 위치하는 시상상부, 감각 정보를 피질로 중계하는 시상과 체온, 먹기, 마시기와 성행동 등과 같은 제어 기능을 통제하는 많은 핵들을 가지는 시상하부로 구성된다.

3.6 전뇌

전뇌를 구성하는 3개의 기능 영역이 운동 협응과 관련된 기저핵, 정서, 동기 및 기억과 관련된 변연계와 감각, 운동 및 인지 기능과 관련된 신피질이다.

신피질 혹은 피질은 매우 넓고 여섯 층의 얇은 뉴런층이 있으며 주름 잡혀 있어 회와 구가 형성되어 있다. 피질 영역에 따라 여섯 층의 두께가 다르며, 이로 말미암아 피질은 다양한 하위 영역들로 구성되어 있다.

각각의 피질 엽들은 독특한 기능을 가지는데, 즉 후두엽은 시각, 측두엽은 청각, 두정엽은 체감각, 전두엽은 운동을 담당한다. 피질 엽들은 다시 일차 영역 및 이차 영역과 삼차 영역으로 나뉘어지며 각각은 복잡한 감각-운동 및 연합 기능을 가진다.

피질은 피질하 구조들과 독립적으로 기능하지 않고 대신 시상을 통하여 감각 정보를 받고 기저핵을 통하여 운동을 생산하며 변연계를 통하여 정서와 기억을 형성한다.

3.7 교차뇌

각 대뇌반구는 반대편 신체로부터 전달되는 감각 자극에 반응하고 반대편 신체에 운동이 일어나게 한다. 예를 들어 시각 경로의 경우 각 눈에서 오는 정보가 반대편 대뇌반구로 전달된다.

참고문헌

Brodmann, K. *Vergleichende Lokalisationlehr der Grosshirnrinde in ihren Prinzipien dargestellt auf Grund des Zellenbaues.* Leipzig: J. A. Barth, 1909.

Catani, M., M. Thiebaut de Schotten, D. Slater, and F. Dell'acqua. Connectomic approaches before the connectome. *NeuroImage* 80:2–13, 2013.

Fonseca-Azevedo, K., and S. Houzel. Metabolic constraint imposes tradeoff between body size and number of brain neurons in human evolution. *Proceedings of the National Academy of Sciences U. S. A.* 109:18571–18576, 2012.

MacLean, P. D. Psychosomatic disease and the "visceral brain": Recent developments bearing on the Papez theory of emotion. *Psychosomatic Medicine* 11:338–353, 1949.

Moruzzi, G., and W. H. Magoun. Brain stem reticular formation and activation of the EEG. *Electroencephalography and Clinical Neurophysiology* 1:455–473, 1949.

Papez, J. W. A proposed mechanism of emotion. *Archives of Neurology and Psychiatry* 38:724–744, 1937.

4 뉴런의 구조와 전기적 활동

사례 보기 할리 베리 뉴런

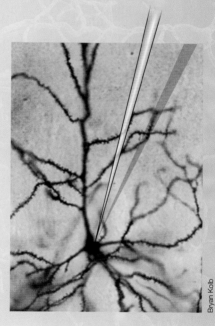

피험자는 침대에 누워 노트북 모니터에 짧은 시간 동안 제시되는 유명인, 일반인, 빌딩 혹은 철자를 주시한다. 이 피험자는 비정상적인 전기적 활동으로 말미암아 발작이 반복적으로 일어나는 것이 특징인 뇌전증을 앓는 환자였고 이 실험에 자발적으로 참여하였다(뇌전증에 관해서는 7.1절과 26.4절 참조).

두피에서 측정하는 비침습적 기록으로는 뇌전증의 병소를 정확하게 알 수 없었기 때문에 매우 가는 전선을 삽입하여 전선의 끝이 측두엽에 닿을 수 있도록 한 후 전선의 비절연 끝을 통해 뉴런의 전기적 활동을 기록하였다. 병소가 확인되면 외과의사들이 뇌전증을 초래하는 비정상적인 뇌조직을 제거할 수 있다.

각 전선은 뇌전증의 병소를 밝힐뿐만 아니라 인접해 있는 뉴런들의 활동도 기록할 수 있다. 피험자들이 로스앤젤레스의 캘리포니아대학교(UCLA)에서 수행된 단일 뉴런 기록법(single-cell-recording technique)에 관한 실험에 참여하였다. 실험을 통해 어떻게 단일 뉴런이 정보를 부호화하여 의식적

행동을 가능하게 하는가를 밝힐 수 있게 되었다.

한 피험자에 삽입된 전극은 피험자가 여배우 할리 베리의 사진을 볼 때 전극 가까이에 있는 세포가 전위를 생산하는 것을 보여주었다. 이 세포는 할리 베리가 서로 다른 자세를 취할 때, 예를 들어 그녀가 영화에서 역을 맡은 적이 있는 캣우먼의 옷을 입고 있거나 그녀의 이름 철자가 제시될 때에도 반응하였다. 이 세포는 다른 여배우 혹은 다른 사람이 제시되거나 다른 여배우가 배역을 맡은 캣우먼의 사진에는 반응하지 않았다.

UCLA에 재직 중인 Quian Quiroga와 동료들(2005)은 앞서 소개한 환자와 이 실험에 참여한 다른 환자들에서 특정 인물이나 잘 알려진 건물에 반응하는 뉴런들도 발견하였다. 이와 같은 '할리 베리' 뉴런은 뉴런 활동이 우리의 지각과 행동을 표상하는 것을 확인해준다.

Bryan Kolb

뉴런은 신경계의 기능 단위이다. 과학자들은 동시에 활동하는 수천 개의 뉴런들이 할리 베리의 표상 형성에 실제로 필요하지만 각각의 뉴런 반응이 어떻게 뉴런들이 우리로 하여금 현실 표상을 하게 하는가를 이해하는 데 공헌한다고 여긴다. 단일 뉴런이 어떻게 정보를 부호화하는가를 이해하기 위해 이 장에서는 뉴런의 물리적 특징, 뉴런의 전기적 활동을 연구하는 데 사용되는 기법과 행동을 생산하기 위해 뉴런이 어떻게 정보를 받고 이 정보를 신경계를 통해 전달하는가를 살펴보기로 하자.

4.1 뉴런의 구조

뉴런은 신체에 있는 다른 세포들과 특징을 공유하는 동시에 다른 세포들과 구분되는 특징도 가지고 있다. 전기 충동을 생산하고 메시지를 다른 세포들에게 전달함을 통해 뉴런은 정보 단위로 기능한다. 즉 뉴런의 활동은 행동과 관련되어 있다. 또한 뉴런은 가소적인데, 즉 변화하는 능력을 가지고 있으며 이를 통해 뉴런은 기억 단위로서의 기능을 가진다. 제18장에서 살펴볼 기억은 이전 경험을 회상하거나 인식하는 능력을 의미하며 우리 행동을 비교적 영구적으로 변화시킨다.

뉴런에 대한 개관

그림 4.1은 뉴런의 주요 내외적 특징을 보여준다. 수상돌기에는 **수상돌기 가시**(dendritic spin)라고 불리는 작은 돌기가 있어 뉴런 표면의 면적을 매우 증가시킨다(그림 4.1A). 한 뉴런은 1~20개 혹은 그 이상의 수상돌기를 가지며 각 수상돌기는 많은 가시를 가지고 있다. 한 뉴런은 단지 하나의 축색을 가지고 있으며 하나 혹은 그 이상의 **축색 측부지**(axon collateral)로 분기하는데, 축색 측부지는 대부분 축색에서 수직으로 나온다. 축색 측부지는 다른 뉴런의 수상돌기와 접촉하기 전에 **축색 끝가지**(teleodendria)라고 불리는 다수의 보다 더 작은 가지로 나누어진다.

각 축색 끝가지의 끝에 **종족**(end foot) 혹은 **종말단추**(terminal button)라고 불리는 작은 혹이 있다. 종말단추는 다른 뉴런의 수상돌기 가시와 비록 직접적으로 닿아 있지는 않지만 매우 가까이에 위치한다(그림 4.1B). 축색의 종족과 인접해 있는 뉴런의 수상돌기 가시 사이의 '거의 닿아 있는 것'과 둘 사이의 공간을 합하여 **시냅스**(synapse)라고 한다.

세포체 혹은 소마는 세포에 에너지를 공급하고 세포체의 핵에는 유전 지시를 전달하는 염색체가 위치한다(그림 4.1C). 축색은 소마의 한쪽 끝에 있는 **축색소구**(axon hillock, '작은 언덕'을 의미)라 알려진 팽창부에서 시작한다.

그림 4.2에 묘사되어 있는 것처럼 한 뉴런에서 정보는 수상돌기에서 종말단추로 전달된다. 즉 정보는 수상돌기에서 세포체, 축색소구, 축색을 거쳐 축색의 끝가지와 종말단추로 전달되고 각 종말단추에서 정보는 다음 뉴런으로 전달된다. 일부 시냅스는 **억제성**(inhibitory)을 띠는데, 즉 뉴런이 다른 뉴런으로 정보를 전달하는 능력을 감소시키는 역할을 한다. 다른 시냅스는 **흥분성**(excitatory)인데, 즉 뉴런이 다른 뉴런으로 정보를 전달하는 능력을 증가시킨다.

뉴런 내에서의 정보 전달은 전류 흐름으로 이루어지고, 전류 흐름은 수상돌기에서 시작하여 축색을 따라 축색 종말에 도달한다. 축색에서 개별의 전기 충동이 합해진다. 충동이 종말단추에 도달하면 화학적 메시지를 분비한다. **신경전달물질**(neurotransmitter)이라고 불리는 이 메시지는 시냅스를 건너 목표 세포로 전달되어 목표 세포의 전기적 활동을 흥분 혹은 억제시키고 정보를 전달한다.

이 장은 뉴런의 내적 기능, 뉴런이 어떻게 전위를 얻고 상실하는지와 이러한 전위 변화가 어떻게 정

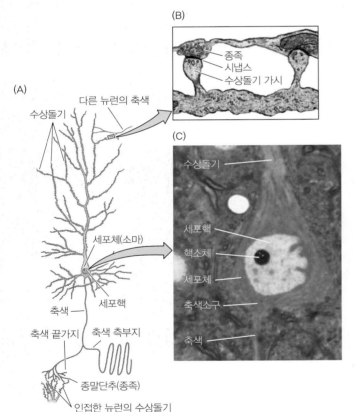

그림 4.1 ▲

뉴런의 주요 구조 (A) 전형적인 뉴런의 기본 구조들. (B) 한 뉴런의 종말단추와 다른 뉴런의 수상돌기 가시가 서로 만나는 시냅스를 보여주는 전자현미경 사진. (C) 고성능 광현미경으로 본 세포체 내부

(Bryan Kolb)

보를 전달하게 하는가를 기술하고 있다. 제5장은 신경전달물질이 어떻게 작용하는가를 소개한다.

공장으로서의 뉴런

생존하는 모든 세포들과 마찬가지로 뉴런은 세포의 주요 구성요소를 형성하는 복잡한 유기화합물인 단백질을 생산하는 작은 공장과 같은 역할을 한다. 세포의 DNA에 있는 각 유전자는 하나의 단백질 생산에 관한 계획을 담고 있지만 세포 조립라인을 재정비하면 세포는 더 많은 단백질을 생산할 수 있다. **그림 4.3**은 뉴런의 여러 부위를 보여주는데, 이 부위들이 상호협력하여 자신의 활동 조절에 사용되는 단백질을 생산하고 운반하거나 다른 뉴런으로 단백질을 보내어 다른 뉴런의 활동을 조절한다.

세포를 둘러싸고 있는 막은 불필요한 물질이 세포 내로 들어오는 것을 막는다. **세포막**(cell membrane)은 세포와 세포 주변을 분리하고 세포 안으로 들어오거나 세포 밖으로 나가는 물질을 조절한다. 세포막은 세포체, 수상돌기, 수상돌기 가시, 축색과 축색 끝을 감싸고 있으며, 세포 안을 둘러싸는 경계의 역할을 한다.

매우 제한된 물질만이 세포 안으로 들어오거나 세포 밖으로 나가는데, 이는 세포막이 거의 관통할 수 없는 장벽의 역할을 하기 때문이다. 세포막에 박혀 있는 단백질이 세포 문의 역할을 하는데, 즉 일부 물질을 세포 밖으로 나가게 하거나 세포 안으로 들어오게 하지만 나머지 물질은 통과시키지 않는다. 그림 4.3에서 볼 수 있듯이 세포 내부에서는 다른 막이 세포 내부 요소들을 구분한다. 이러한 구성은 세포가 필요로 하는 화학물질은 세포 내에 머물게 하는 반면 다른 물질은 세포 안에 머물지 못하게 한다.

세포 내부의 막 중에서 가장 두드러지는 것이 **핵막**(nuclear membrane)이다. 핵막은 공장의 사장실과 같은 역할을 하고 세포의 단백질이 어디에 저장되거나 복사되는가에 관한 청사진(유전자와 염색체)을 저장하고 있는 핵을 둘러싸고 있다. 필요할 경우 유전 지시와 메시지가 **소포체**(endoplasmic reticulum, ER)로 보내지는데, 핵막으로부터 확장된 소포체에서 세포의 생산품인 단백질이 조립된다.

단백질이 조립되면 **골지체**(Golgi body)에서 포장되어 출하되고, 골지체는 단백질을 세포의 수송망으로 보낸다. 이 수송망에 포함되는 **세관**(tubule)은 포장된 단백질을 목적지로 보내는데, 이는 마치 공장의 컨베이어벨트와 지게차 같은 역할을 한다. **미세섬유**(microfilament)라고 불리는 또 다른 소관은 세포의 구조를 강화한다.

세포 공장의 중요한 다른 두 요소가 **미토콘드리아**(mitochondria)와 **리소좀**(lysosome)이다. 미토콘드리아는 세포의 발전 장치로서 에너지를 공급하는 한편 리소좀은 주머니같은 소낭(vesicle)으로 세포 안으로 들어오는 공급품을 전달하고 쓰레기를 옮기며 저장하는 역할을 가지고 있다(어린 세포보다 오래된 세포에서 더 많은 리소좀이 발견된다. 이는 세포도 우리처럼 쓰레기를 버리는 데 어려움을 가지고 있는 것 같다).

세포 내부 구조에 관한 간략한 개관을 염두에 두고 이제 내부 구조에 관해 더 자세하게 살펴보자. 먼저 세포막부터 살펴보기로 하겠다.

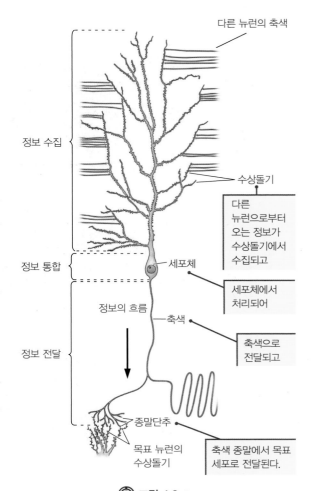

다른 뉴런의 축색

정보 수집

수상돌기

다른 뉴런으로부터 오는 정보가 수상돌기에서 수집되고

세포체

정보 통합

세포체에서 처리되어

정보의 흐름

축색

축색으로 전달되고

정보 전달

종말단추

목표 뉴런의 수상돌기

축색 종말에서 목표 세포로 전달된다.

◎ **그림 4.2** ▲

뉴런 내에서의 정보 흐름

그림 4.3 ▶

뉴런의 내부 구조 이 그림은 전형적인 세포 내부의 기관 및 구성요소를 보여준다.

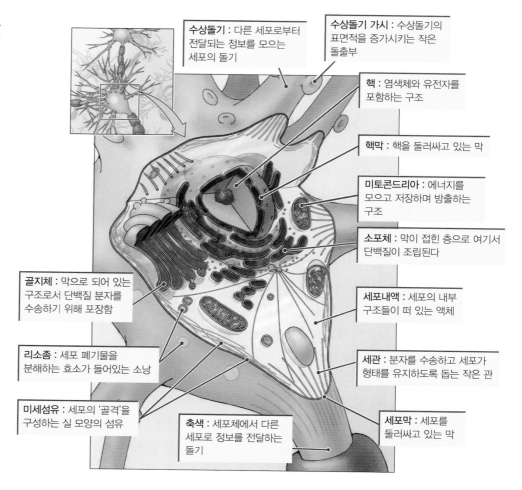

수상돌기 : 다른 세포로부터 전달되는 정보를 모으는 세포의 돌기

수상돌기 가시 : 수상돌기의 표면적을 증가시키는 작은 돌출부

핵 : 염색체와 유전자를 포함하는 구조

핵막 : 핵을 둘러싸고 있는 막

미토콘드리아 : 에너지를 모으고 저장하며 방출하는 구조

소포체 : 막이 접힌 층으로 여기서 단백질이 조립된다

골지체 : 막으로 되어 있는 구조로서 단백질 분자를 수송하기 위해 포장함

세포내액 : 세포의 내부 구조들이 떠 있는 액체

리소좀 : 세포 폐기물을 분해하는 효소가 들어있는 소낭

세관 : 분자를 수송하고 세포가 형태를 유지하도록 돕는 작은 관

미세섬유 : 세포의 '골격'을 구성하는 실 모양의 섬유

축색 : 세포체에서 다른 세포로 정보를 전달하는 돌기

세포막 : 세포를 둘러싸고 있는 막

세포막 : 장벽과 문지기

뉴런과 교세포는 뇌에 아주 **빽빽하게** 들어차 있지만 모든 세포처럼 이 세포들도 용해물질을 포함하고 있는 액체인 **세포외액**(extracellular fluid)에 의해 분리되고 완충된다. 액체는 세포 안에서도 발견되는데, 이 **세포내액**(intracellular fluid) 혹은 **세포질**(cytoplasm)도 물과 용해물질로 구성되어 있다. 세포막에 의해 서로 분리되어 있는 세포내액과 세포외액의 염류 및 다른 물질의 농도가 서로 다르다.

세포내액에 있는 한 물질이 염류인데 염류는 물에 용해되면 두 부분으로 분리된다. 한 부분은 양전하를 띠고 다른 부분은 음전하를 띠는데, 이를 집합적으로 **이온**(ion)이라고 부른다. 물에서 염화나트륨(NaCl)은 나트륨 이온(Na^+)과 염소 이온(Cl^-)으로 용해된다. 이 이온들이 세포외액과 세포내액에서 발견된다. 이보다 더 복잡한 이온들, 예를 들어 염류 이온보다 몇백 배 더 큰 단백질 분자도 존재한다. 이온의 크기와 전하가 세포막을 통과하는 데 영향을 미치고 이러한 차이가 뉴런의 정보 전달 능력을 설명한다.

세포막 구조

세포를 둘러싸고 있는 세포막은 세포가 독립적으로 기능하는 것을 가능하게 한다. 즉 세포막의 이중 구조는 물질이 세포 안과 밖으로 이동하는 것을 조절함으로써 세포가 독립적으로 기능하게 한다(**그림 4.4A**). 예를 들어 만약 너무 많은 물이 세포 안으로 들어오면 세포가 터지게 되고 만약 너무 많은 물이

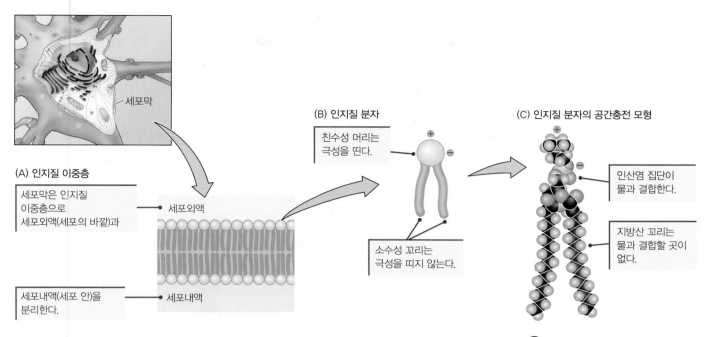

(A) 인지질 이중층

세포막은 인지질 이중층으로 세포외액(세포의 바깥)과

세포외액

세포내액(세포 안)을 분리한다.

세포내액

(B) 인지질 분자

친수성 머리는 극성을 띤다.

소수성 꼬리는 극성을 띠지 않는다.

(C) 인지질 분자의 공간충전 모형

인산염 집단이 물과 결합한다.

지방산 꼬리는 물과 결합할 곳이 없다.

세포막

⊚ 그림 4.4 ▲

세포막의 기본 구조 (A) 이중층의 세포막으로 각 층의 꼬리가 안으로 향하고 있다. (B) 인지질 분자의 전형적인 상징으로 머리 부분과 꼬리 부분으로 구분된다. (C) 인지질 분자의 공간충전 모형(space-filling model)으로 머리는 친수성의 극성인 반면 소수성인 꼬리는 물분자와 결합하지 않는 비극성 지방산으로 구성되어 있다.

세포 밖으로 나가면 세포가 줄어든다. 세포막은 이런 일들이 일어나지 않도록 돕는다. 세포막은 세포 안과 밖의 염류와 다른 화학물질의 농도를 조절하기도 하는데, 이는 세포 내부의 정확한 화학물질 농도가 세포가 정상적으로 기능하는 데 반드시 필요하기 때문이다.

그림 4.4B의 **인지질**(phospholipid) 분자는 세포막의 이중 구조를 형성한다. 인지질이라는 이름은 분자 구조로부터 왔는데, 인지질 분자의 '머리'는 인(phosphorus) 원소를 포함하고, 2개의 '꼬리'는 지질(지방) 분자이다. 머리 부분은 극성을 띠고 있는데, 즉 한쪽은 약한 양전하를 띠는 반면 다른 쪽은 약한 음전하를 띤다. 꼬리는 수소와 탄소 원자가 단단하게 결합되어 있기 때문에 극성을 띠지 않는다. 그림 4.4C는 인지질 분자의 구조를 보여준다.

그림 4.4A를 얼핏 보아도 인지질 분자가 정렬하여 **인지질 이중층**, 즉 이중의 세포막을 형성하고 있는 것을 알 수 있다. 머리와 꼬리의 극성이 서로 다른 점은 인지질이 세포막을 형성할 수 있는 근본적인 이유이다. 극성을 띠는 머리는 친수성(hydrophilic, 그리스어인 *hydro*는 '물'을 의미하고 *philic*은 '사랑'을 의미, 즉 '물 사랑'을 의미)으로, 머리 부분은 물에 끌리는데, 이는 물 분자가 매우 극성을 띠기 때문이다. 비극성인 꼬리는 물에 끌리지 않는다. 즉 꼬리는 소수성(hydrophobic, 그리스어의 *phobos*는 '공포'를 의미) 혹은 '혐수성(water hating)'이다.

따라서 문자 그대로 인지질 분자의 머리는 물을 좋아하고 꼬리는 물을 싫어한다. 분자가 이중층을 형성할 수 있도록 정렬되어 있어 한 층의 머리들은 세포내액과 접촉하고 다른 층의 머리들은 세포외액과 접촉한다. 두 층의 꼬리들은 물을 피하기 위해 이중층의 안쪽에 위치한다.

세포막은 어떻게 기능하는가

세포막은 다양한 물질이 세포내액과 세포외액으로 통과하지 못하게 하는데, 이는 극성을 띠는 물 분자가 이중층 안쪽에 있는 소수성 꼬리를 통과하지 못하기 때문이다. 인지질 머리는 세포외액과 세포내액에 있는 다른 극성을 띠는 분자들이 전달하는 전위를 물리침으로써 이 분자들이 세포막을 통과하는 것을 막는다. 따라서 단지 비극성 분자, 예를 들면 산소(O_2), 이산화탄소(CO_2)와 포도당 등과 같은 분자만이 인지질 이중층을 자유롭게 통과한다.

극성을 띠는 인지질 분자 머리는 세포막으로 하여금 세포내의 염류 농도를 조절하게 한다. 대개 인지질 세포막의 단단하게 결합되어 있는 극성 표면은 이온이 세포막을 통과하는 것을 막는데, 즉 이온을 물리치거나 이온과 결합하거나 큰 이온일 경우 세포막을 통과하는 것을 막는다. 세포막은 세포의 안전한 벽을 형성한다. 그러나 세포막에 박혀 있는 단백질 분자가 큰 이온과 같은 물질이 세포내외로 출입하는 문의 역할을 하고 공급물의 전달, 쓰레기의 처리와 생산품의 이송을 용이하게 한다.

핵 : 단백질 생산의 청사진

세포를 공장으로 비유하면 핵은 세포의 사장실인데, 즉 이곳은 단백질 합성을 위한 청사진, 다시 말하면 유전자가 저장되고 복제되며 전달되는 곳이다. 2.3절에서 살펴본 바와 같이 특정 단백질의 합성을 암호화하는 DNA 부분인 유전자가 염색체(chromosome) 안에 위치하는데, 염색체는 유기체의 전체 DNA 배열을 가지는 이중나선 분자 구조이다. 염색체는 청사진 책들과 같은데, 각 책은 수천 개의 유전자를 가지고 있다. 그리고 각 유전자는 1개의 단백질을 생산하는 암호를 가지고 있다. 세포핵에 있는 염색체의 위치, 형태와 염색체 안의 DNA구조가 **그림 4.5**에 제시되어 있다.

염색체들은 지속적으로 형태를 바꾸고 서로 간의 위치를 바꾼다. 형태를 바꿈으로써 염색체는 서로 다른 유전자들을 노출시키고, 이로 인해 유전자가 발현되며 단백질 합성 과정이 시작된다. DNA의 2% 미만이 이러한 기능적 유전자를 위한 암호를 가지고 있고 나머지는 유전자 발현을 조절하고 후성유전적 암호의 일부로서 유전자 발현을 조절하는 다양한 유형의 RNA(이에 관해서는 다음 절에 기술되어 있음)와 비기능적 유전자에 관한 암호를 가지고 있다.

그림 4.5에 제시되어 있는 DNA 분자의 이중가닥 각각의 배열은 매우 다양한데, 유전자 암호의 구성성분 분자인 4개의 뉴클레오티드 염기는 아데닌(adenine, A), 티민(thymine, T), 구아닌(guanine, G)과 사이토신(cytosine, C)이다. 한 가닥에 있는 아데닌은 항상 다른 가닥에 있는 티민과 짝을 이루는 한편 한 가닥에 있는 구아닌은 다른 가닥에 있는 사이토신과 항상 짝을 이룬다. DNA 나선의 두 가닥은 결합되는데, 이는 각 쌍에서 염기들끼리 서로 끌어당김으로써 이루어진다.

그림 4.5 ▶

염색체 세포핵에는 유전자들을 가지고 있는 염색체가 있다. 염색체는 아데닌(A), 티민(T), 구아닌(G)과 사이토신(C) 등의 뉴클레오티드 염기에 의해 서로 붙어 있는 이중가닥 DNA 분자이다.

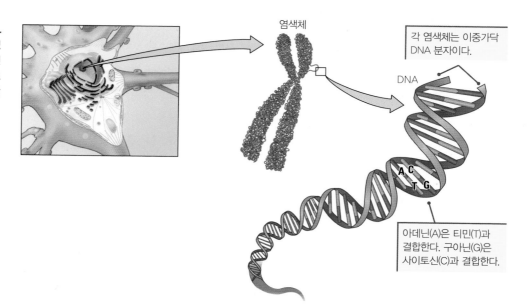

염색체

각 염색체는 이중가닥 DNA 분자이다.

DNA

A C
T G

아데닌(A)은 티민(T)과 결합한다. 구아닌(G)은 사이토신(C)과 결합한다.

염색체 안에 있는 수백 개에서 수천 개의 뉴클레오티드 염기들의 배열이 유전자 암호를 말해주는데, 과학자들은 이를 철자, 예를 들어 ATGCCG 등으로 나타낸다. 철자배열이 단어를 말해주는 것처럼 염기 순서는 단백질의 구성 분자인 **아미노산**(amino acid)이 특정 단백질을 생산하기 위해 조립되어야 할 순서이다.

단백질 합성 : 전사와 번역

단백질 합성이 이루어지기 위해서는 이중나선 DNA의 적절한 유전자 조각이 먼저 풀려야 한다. DNA 가닥들 중 한 가닥의 뉴클레오티드 염기들의 배열이 노출되고, 이는 떠다니는 뉴클레오티드 분자를 끌어당기는 형판이 된다. 따라서 그 형판에 달라붙은 뉴클레오티드는 상보적인 **리보핵산**(ribonucleic acid, RNA) 가닥을 형성하는데, 이 단일 가닥 핵산 분자가 단백질 합성에 필요하다. 이 **전사**(transcription) 과정이 **그림 4.6**의 1~2단계에 제시되어 있다(전사는 '복사'를 의미).

전사를 통해 생성된 RNA는 DNA 가닥 하나와 매우 유사하고 단지 염기 우라실(uracil, U)이 티민 대신 아데닌에 끌린다는 점만이 다르다. 전사된 RNA 가닥은 **전령 RNA**(messenger RNA, mRNA)로 불리는데, 이는 유전자 암호를 핵에서 단백질을 생산하는 소포체로 전달하기 때문이다.

그림 4.6의 3~4단계는 소포체가 수많은 채널을 형성하기 위해 접혀진 막들로 구성되어 있음을 보여준다. 소포체의 두드러진 특징은 **리보좀**이 많이 붙어 있다는 것인데, 리보좀은 단백질 구성에서 촉매 역할을 하는 단백질 구조이다. mRNA 분자가 소포체에 도달하면 리보좀을 통과하고, 여기서 유전 암호가 읽힌다.

번역(translation) 과정에서 mRNA에 있는 뉴클레오티드 염기의 특정 배열이 아미노산의 특정 배열로 변형된다(번역은 한 언어에서 다른 언어로 바뀌는 것을 의미하는데, 전사는 언어를 그대로 유지한다는 점에서 다르다). **운반 RNA**(transfer RNA, tRNA)가 번역을 돕는다.

그림 4.7에서 볼 수 있듯이 mRNA 분자를 따라 배열되어 있는 3개의 연속적인 뉴클레오티드 염기로 구성된 각 집단은 하나의 특정 아미노산을 암호화한다. 이 세 염기 배열을 **코돈**(codon)이라고 부른다. 예를 들어 코돈 사이토신, 구아닌, 구아닌 염기 배열(CGG)은 아미노산 아르기닌(arginine, Arg)을 암호화하는 한편 코돈 우라실, 우라실, 우라실 염기 배열(UUU)은 아미노산 페닐알라닌(phenylalanine, Phe)을 암호화한다. 하나의 아미

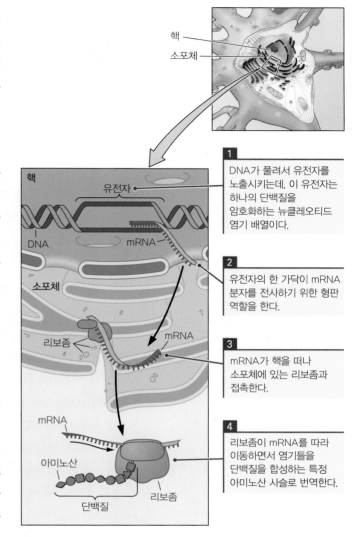

그림 4.6 ▲

단백질 합성 세포에서 정보가 DAN에서 mRNA, 단백질(아미노산의 펩티드 사슬)로 전달된다.

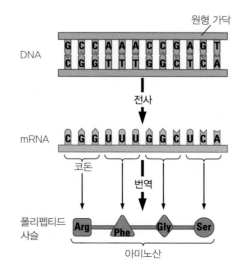

ⓢ **그림 4.7** ◀

전사와 번역 단백질 합성에서(그림 4.6 참조) DNA의 한 가닥이 mRNA로 전사되고 mRNA는 폴리펩티드 사슬로 번역된다. mRNA 가닥에서 세 염기 배열(코돈) 각각은 하나의 아미노산을 암호화한다. 코돈의 지시에 따라 아미노산이 서로 연결되어 폴리펩티드 사슬을 형성한다. 그림에 있는 아미노산은 아르기닌(Arg), 페닐알라닌(Phe), 글리신(Gly)과 세린(ser)이다.

노산이 사슬에 놓이면 이 아미노산은 이전에 놓인 아미노산과 펩티드 결합을 하기 때문에 이 사슬을 **폴리펩티드**(polypeptide, '많은 펩티드'라는 의미) 사슬이라고 부른다.

각 뉴클레오티드 코돈은 단백질 분자에서 발견되는 20개의 서로 다른 아미노산 중 하나를 암호화한다. 영어 알파벳의 26개의 철자를 통해 엄청난 수의 단어를 만들 수 있듯이 단백질을 형성하는 20개의 아미노산으로부터 엄청난 수의 펩티드 사슬이 만들어진다. 이 아미노산들은 400개(20 × 20)의 서로 다른 디펩티드(dipeptide, 2개의 펩티드 조합), 8,000개(20 × 20 × 20)의 트리펩티드(tripeptide, 세 펩티드 조합)와 거의 셀 수 없을 만큼 많은 폴리펩티드를 만들 수 있다.

후성유전적 기제의 적용

단일 게놈은 많은 표현형은 암호화할 수 있다. 2.3절에 소개된 유전자 메틸화를 포함한 후성유전적 기제가 유전자의 염기쌍 뉴클레오티드 순서 혹은 유전 암호를 변화시키지 않고도 이 표현형적 가소성을 생산한다(**그림 4.8A**). 대신 후성유전적 기제는 다양한 방법으로 단백질 생산에 영향을 미치는데, 여기에는 염색체를 풀어 유전자가 발현되도록 노출시키거나 유전자 전사의 시작이나 발현을 조절하거나 유전자 번역을 조절하는 것이 포함된다.

염색체는 히스톤(histone)이라고 불리는 단백질 지지분자(supporting molecule)를 감싸고 있다. 히스톤 포장은 아주 긴 염색체를 작은 공간에 꾸릴 수 있게 하는데, 이는 마치 긴 실을 하나의 실패에 감는 것과 같다. 유전자가 전령 RNA로 전사되기 위해서는 DNA가 히스톤으로부터 풀려나와야 한다. 히스톤 메틸화 DNA는 풀어지거나 풀리다가 중단될 수 있다. 그림 4.8B에서 볼 수 있듯이 메틸군(CH3)이 히스톤 꼬리에 결합하여 DNA가 풀리는 것을 막는다. 만약 메틸군이 제거되면 염색체가 풀릴 수 있고 DNA가 노출된다. 만약 풀려지고 전사 지시를 받으면 유전자가 발현될 수 있다.

마지막으로 mRNA 변형(modification)의 경우 유전자가 암호화하고 있는 단백질을 생산하기 위한 mRNA 메시지가 가능하게 되거나 방해를 받는다. 그림 4.8C는 비암호화 RNA(noncoding RNA, ncRNA)가 mRNA와 결합하여 전사를 방해하는 것을 보여준다. 세포의 환경이 이 과정 중 하나 혹은 그 이상에 영향을 미치고, 이를 통해 유전자 발현을 조절한다(Charney, 2012). 우리의 독특한 경험이 우리의 뇌를 변화시키고, 우리로 하여금 적응하게 하는 것은 이와 같은 후성유전적 기제를 통해서이다.

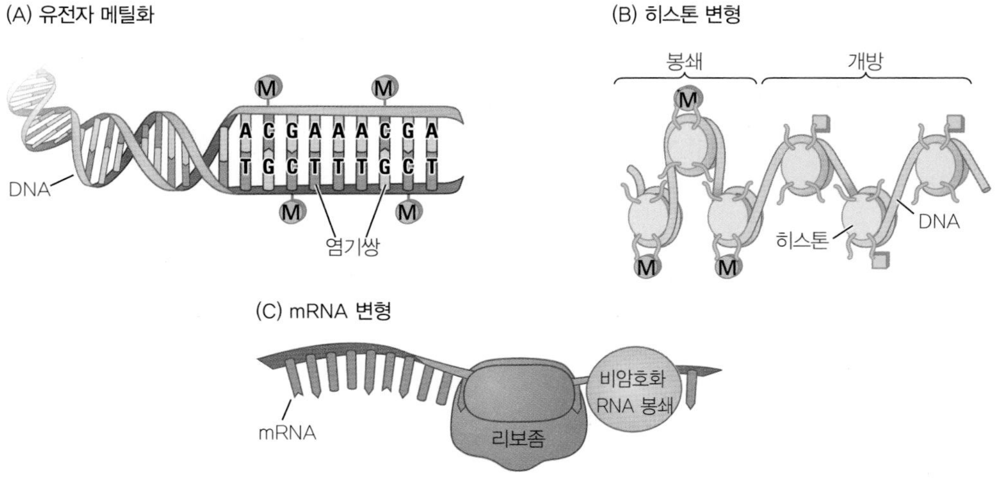

(A) 유전자 메틸화

(B) 히스톤 변형

(C) mRNA 변형

◎ 그림 4.8 ▶

세 가지 후성유전적 기제 (A) 메틸군(CH3, 오렌지색 원)이 뉴클레오티드 염기쌍에 결합하여 유전자 전사를 봉쇄한다. (B) 메틸군 혹은 다른 분자가 히스톤 꼬리와 결합하여 DNA가 풀리는 것을 방해하거나(오렌지색 원) 풀려 전사되도록 한다(초록색 사각형). (C) 유전자가 암호화하는 단백질을 합성하기 위한 mRNA 메시지가 가능하도록 혹은 그림에서 볼 수 있도록 비암호화 RNA로 봉쇄하여 번역을 하지 못하게 한다.

단백질 : 세포의 생산품

폴리펩티드 사슬과 단백질은 서로 관련되지만 동일한 것은 아니다. 둘 사이의 관계는 리본의 길이와 그 리본으로 만들 수 있는 특정 크기와 형태의 매듭과 비슷하다. **그림 4.9**는 폴리펩티드 사슬이 특정 형태로 바뀌면 단백질이 어떻게 생성되는가를 보여준다.

긴 폴리펩티드 사슬(그림 4.9A)이 나선 모양으로 꼬이거나 주름 잡힌 시트(그림 4.9B)의 모양을 가지는 경향이 있는데, 이 이차적 구조들이 나아가 서로 접혀 더 복잡한 형태를 취한다. 접힌 폴리펩티드 사슬이 단백질을 구성한다(그림 4.9C). 2개 혹은 그 이상의 폴리펩티드 사슬이 결합하면 단백질이 된다(그림 4.9D). 많은 단백질이 공 혹은 섬유 모양이지만 이 범주 내에서 수많은 변형이 가능하다.

인간은 적어도 20,000개의 유전자를 가지며 이 유전자들이 적어도 다양한 유전적으로 특정 폴리펩티드 사슬 혹은 단백질을 만들 수 있다. 원칙적으로 유전암호의 특성은 단순하다.

DNA → mRNA → 단백질

그러나 후성유전적 암호가 각 단계에 영향을 미칠 수 있다. DNA는 발현되거나 발현되지 못할 수 있고, mRNA는 조각으로 잘리는 등 변형될 수 있으며, 각 조각은 서로 다른 단백질로 번역될 수 있다. 형성된 단백질도 더 작은 크기로 변형되거나 다른 단백질과 결합되어 다른 단백질로 변형될 수 있다. 따라서 유전적 암호와 후성유전적 암호가 서로 협력하여 매우 다양한 단백질을 만들 수 있다.

골지체와 미세소관 : 단백질 포장과 수송

하나의 뉴런 안에 10,000개나 되는 서로 다른 단백질 분자가 존재하는데, 이 분자들은 모두 세포에서 생산된다. 일부 단백질은 세포 구조에 포함되도록 정해져 있는데, 이러한 단백질들은 세포막, 핵, 소포체 등의 부분이 된다. 다른 단백질들은 세포내액에 남아 효소로 작용하는데, 즉 세포의 많은 화학적 반응을 촉진한다. 또 다른 단백질은 호르몬 혹은 신경전달물질의 형태로 세포로부터 분비된다.

그림 4.10은 단백질이 포장되어 목적지까지 수송되는 단계를 보여준다. 세포에 있는 골지체는 포장, 표시 및 수송에 관여하는 일종의 포장 서비스를 담당한다. 골지체는 소포체에서 새로이 만들어진 단백질 분자를 받아 막으로 포장하여 목적지가 어디인지를 표시한다. 포장된 단백질은 운동분자들에 실리는데, 이들은 세포 전체에 걸쳐 뻗어 있는 미세소관을 따라 '이동'하면서 단백질을 목적지로 운반한다.

만약 단백질이 세포 안에 남아 있도록 정해지면 세포내액에서 하적된다. 세포막에 합해져야 하는 단백질은 세포막으로 수송되어 그곳에 삽입된다(그림 4.10 참조). 단백질 분자가 너무 크면 세포막을 통해 확산될 수 없다는 점을 기억할 것이다. 분비되도록 정해진 단백질은 자신을 감싸고 있는 막인 소낭에 머물다가 소낭이 세포막과 융합하면 소낭 안에 있던 단백질이 세포외액으로 분비되는데, 이 과정을 **세포외유출**(exocytosis)이라고 한다. 분비되는 단백질이 다른 뉴런으로 메시지를 전달하는 신경전달물질이다.

세포막 건너기 : 채널, 관문, 펌프

세포막에 삽입되어 있는 단백질은 여러 기능을 가지고 있다. 이 중 하나가 세포막을 건너 물질을 수송하는 것이다. **그림 4.11**은 세 범주의 세포막 단백질, 즉 채널, 관문과 펌프를 설명한다. 각 단백질의 기능은 자신의 형태를 만들거나 형태를 변화하는 것이다.

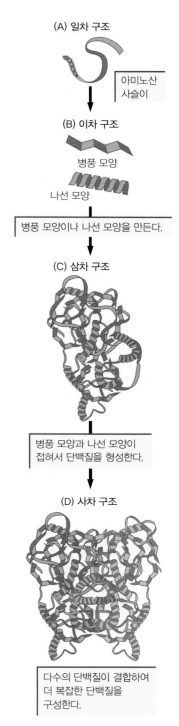

(A) 일차 구조

아미노산 사슬이

(B) 이차 구조

병풍 모양

나선 모양

병풍 모양이나 나선 모양을 만든다.

(C) 삼차 구조

병풍 모양과 나선 모양이 접혀서 단백질을 형성한다.

(D) 사차 구조

다수의 단백질이 결합하여 더 복잡한 단백질을 구성한다.

그림 4.9 ▲

단백질 구조의 4단계 하나의 폴리펩티드 사슬(A)이 병풍 모양이 되는지, 나선 모양이 되는지(B), 최종적으로 삼차원 형태가 되는지는 일차 구조의 아미노산 배열에 의해 결정된다.

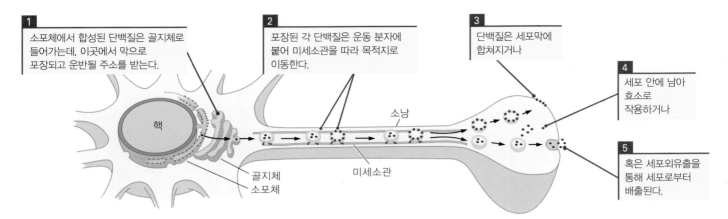

1 소포체에서 합성된 단백질은 골지체로 들어가는데, 이곳에서 막으로 포장되고 운반될 주소를 받는다.

2 포장된 각 단백질은 운동 분자에 붙어 미세소관을 따라 목적지로 이동한다.

3 단백질은 세포막에 합쳐지거나

4 세포 안에 남아 효소로 작용하거나

5 혹은 세포외유출을 통해 세포로부터 배출된다.

핵

골지체
소포체

소낭

미세소관

◎ **그림 4.10** ▲

단백질 수송 단백질 수송에는 포장, 운반과 목적지에서의 기능이 수반된다.

1. **채널**(channel). 일부 세포막 단백질은 물질이 통과하는 채널 혹은 미세공의 형태를 가진다. 서로 다른 크기의 서로 다른 단백질들은 서로 다른 물질들을 세포 안으로 들어오게 하거나 세포 밖으로 나가게 한다. 그림 4.11A는 칼륨 이온(K^+)이 통과하기에 충분할 만큼 크지만 다른 이온은 건널 수 없는 채널을 보여준다. 다른 단백질 분자는 다른 이온 혹은 물질에 대한 채널 기능을 한다.

2. **관문**(gate). 일부 단백질 분자는 자신의 형태를 변화시키는 능력을 가지고 있다. 그림 4.11B는 나트륨 이온(Na^+)이 어느 때는 들어올 수 있도록 열리고 어느 때는 들어오지 못하도록 닫히는 **관문 채널**(gated channel)을 보여준다. 일부 관문은 다른 화학물질이 자신과 결합하면 형태를 바꾼다. 이 경우 박혀 있는 단백질 분자가 자물쇠 역할을 한다. 적절한 크기와 형태의 열쇠가 들어오면 자물쇠가 형태를 바꾸어 관문으로 작용한다. 다른 관문은 전하 혹은 온도 등과 같은 환경 조건에 대한 반응으로 형태를 바꾼다.

3. **펌프**(pump). 형태를 변화시키는 또 다른 막단백질이 펌프 혹은 **수송 단백질**(transporter protein)로 작용하는데, 수송 단백질은 물질이 세포막을 통과하게 한다. 그림 4.11C에 제시되어 있는 수송 단백질은 모양을 바꾸어 한 방향으로는 Na^+, 또 다른 방향으로는 K^+을 펌프한다. 펌프는 다른 많은 물질들을 세포막을 통해 수송하기도 한다.

   채널, 관문과 펌프는 뉴런이 정보를 전달하는 것을 돕는데, 이 정보 전달 과정에 관여하는 전기적 기제가 4.2절과 4.3절에 기술되어 있다.

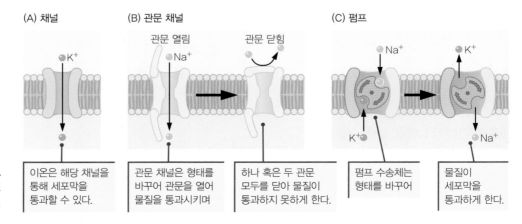

◎ **그림 4.11** ▶

막관통 단백질 채널, 관문과 펌프는 세포막에 삽입되어 있는 서로 다른 단백질들이다.

(A) 채널

K^+

이온은 해당 채널을 통해 세포막을 통과할 수 있다.

(B) 관문 채널

관문 열림

Na^+

관문 닫힘

관문 채널은 형태를 바꾸어 관문을 열어 물질을 통과시키며

하나 혹은 두 관문 모두를 닫아 물질이 통과하지 못하게 한다.

(C) 펌프

Na^+

K^+

K^+

Na^+

펌프 수송체는 형태를 바꾸어

물질이 세포막을 통과하게 한다.

⊚ 4.2 뉴런의 전기적 활동

인간을 포함한 대부분의 동물의 뉴런은 직경이 1~20마이크로미터(micrometers, μm; 1μm = 100만 분의 1m 혹은 1,000분의 1mm) 정도 밖에 되지 않을 만큼 매우 작다. 육안으로 볼 수 없을 정도로 작기 때문에 초기에는 뉴런을 연구하는 것이 어려웠다. 매우 큰 뉴런을 연구하였던 초기 연구들로 말미암아 뉴런을 연구할 수 있는 기술이 발달하게 되었고 오늘날에는 인간 뇌에 있는 단일 뉴런의 활동을 기록하는 것도 가능해졌다. 이에 관해서는 이 장의 서두 사례 보기에 기술되어 있다.

영국의 동물학자인 J. Z. Young(1962)은 북대서양오징어 *Loligo*를 해부하였을 때 직경이 1mm (1000 μm)나 되는 거대 축색을 발견하였다. 이 축색들은 오징어의 체벽(body wall) 혹은 꺼풀에 닿아 있고, 꺼풀의 수축을 통하여 오징어가 물속에서 추진력을 얻게 된다. **그림 4.12**에 제시되어 있는 *Loligo*는 거대 오징어가 아니다. 길이가 단지 30cm 정도이다. 그러나 *Loligo*의 축색이 거대하다. 각각의 거대 축색은 여러 개의 작은 축색들이 합쳐져서 만들어진다. 거대한 축색이 작은 축색보다 더 빨리 정보를 전달하기 때문에 이러한 거대 축색들로 인해 *Loligo*는 포식자들로부터 벗어날 수 있는 급속한 추진력을 낼 수 있다.

1936년 Young은 영국 케임브리지대학교의 두 신경과학자 Alan Hodgkin과 Andrew Huxley에게 *Loligo*의 축색이 연구하기에 충분할 정도로 크다고 제안하였다. 이 오징어로부터 축색을 적출한 후 이를 오징어의 체액과 유사한 생리식염수에 넣어 기능을 유지하게 하였다. 이런 방법으로 Hodgkin과 Huxley는 뉴런이 어떻게 정보를 전달하는가를 밝혔고, 현재 우리가 알고 있는 뉴런의 전기적 활동에 관한 기초 정보를 제공하였다. 이들은 세포막의 안과 밖에 존재하는 이온 농도의 차이가 세포막 사이에 미세한 전위를 생성한다는 것을 발견하였다. 이들은 막에 있는 채널이 이온들로 하여금 막을 건너게 하고, 이로 인하여 전위가 바뀌게 되는 것을 예견하였다. 또한 이들은 전위가 막의 표면을 따라 이동할 수 있다는 것을 발견하였다.

축색으로부터의 기록

거대한 오징어 축색을 대상으로 한 Hodgkin과 Huxley의 실험은 전기 변화를 시각적 신호로 볼 수 있게 하는 **오실로스코프**(oscilloscope)의 발명 때문에 가능하였다. 여러분은 한 유형의 오실로스코프를 잘 알고 있는데, 이것이 유리진공관을 사용하는 오래된 아날로그 TV 세트이다. 오실로스코프는 축색으로부터 오는 매우 작고 빠른 전류 변화를 측정하는 민감한 전압계로도 사용될 수 있다.

오늘날 오실로스코프는 전산화되어 있지만 작동 원리는 동일하다. **그림 4.13A**는 디지털 오실로스코프를 보여주는데, 이는 전자빔을 스크린으로 보내고, 스크린이 전자와 부딪치면 가시 트레이스 (visible trace)가 형성된다. 그림 4.13B는 오징어 축색과 연결된 오실로스코프를 보여주는데, 축색으로부터의 기록은 오실로스코프와 연결된 미세전극을 통하여 이루어진다. 미세전극은 끝이 절연되어 있지 않은 절연 전선이다(이와 같은 미세전극을 개인의 측두엽에 삽입하여 단일세포의 활동을 기록하는데, 여기에 관해서는 이 장의 서두 사례 보기에 기술되어 있다). 한 미세전극의 끝을 오징어 축색에 닿게 하면 축색의 매우 제한된 영역에서 발생하는 전류를 세포 밖에서 측정할 수 있다. 두 번째 미세전극의 끝을 축색 안 혹은 축색에 닿게 하고, 이를 기준 전극으로 사용한다.

그림 4.13C는 인접한 전극에서 측정한 세포막 안과 밖의 전위 변화를 그래프로 보여준다. 그래프의 *y*축은 볼트로 측정한 세포막 안과 밖의 전위 변화를 나타내고 *x*축은 시간을 나타낸다. 전위 크기가 작

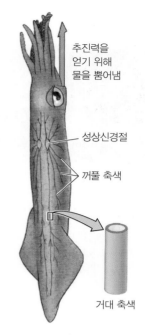

추진력을 얻기 위해 물을 뿜어냄

성상신경절

꺼풀 축색

거대 축색

그림 4.12 ▲

실험실 표본 *Loligo*의 거대 축색은 성상신경절(stellate ganglion)로부터 꺼풀까지 뻗어 있고 작은 축색들이 합쳐진 것이다. 이 오징어는 큰 축색으로 말미암아 정보가 매우 빨리 전달되어 꺼풀을 수축시켜 물속에서 추진력을 가지게 된다.

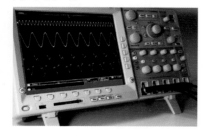

그림 4.13 ▲

오실로스코프 측정 (A) 디지털 오실로스코프에서 보여주는 기본 파형. 오실로스코프는 실시간으로 변하는 전기적 신호를 측정하고 시각화한다. (B) 오실로스코프로부터 거대축색으로 연결된 기록 및 참조 전극. (C) 오실로스코프에 나타난 그래프에서 S는 자극을 가한 시점이다. B에서 측정한 축색 세포막 안팎의 전압 크기가 −70mV를 나타내고 있다.

(Part A Vanderbilt University/XOS.)

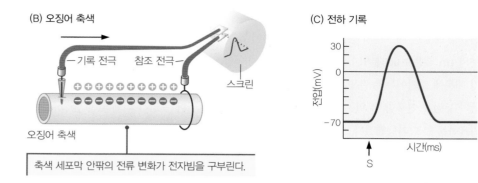

(B) 오징어 축색

기록 전극 참조 전극

스크린

오징어 축색

축색 세포막 안팎의 전류 변화가 전자빔을 구부린다.

(C) 전하 기록

시간(ms)

S

기 때문에 **밀리볼트**(millivolts, mV; 1mV = 1,000분의 1volt)로 측정하고, 전위변화가 빨리 일어나기 때문에 **밀리초**(milliscond, ms; 1ms = 1,000분의 1초)로 측정한다.

이온의 이동이 어떻게 전위를 생성하는가

거대 오징어 축색, 오실로스코프와 미세전극을 사용하여 Hodgkin과 Huxley는 세포 안과 밖의 이온 이동에 영향을 미치는 (1) 농도 기울기, (2) 전압 기울기, (3) 막구조의 세 요인으로 말미암아 뉴런의 전위가 발생한다고 제안하였다.

농도 기울기

모든 분자는 운동에너지를 가지고 있는데, 즉 이들은 끊임없이 움직인다. 이러한 열운동(thermal motion) 때문에 분자들은 농도가 높은 곳에서 낮은 곳으로 자발적으로 퍼지는 경향이 있다. 이러한 퍼짐 현상을 **확산**(diffusion)이라 한다.

아무런 일을 하지 않더라도 분자들이 서로 부딪히고 튀어오르는 등의 무작위적 움직임에 의해 일어난 확산이 용액 전체로 퍼진다. 잉크를 용액에 떨어뜨리면 잉크가 처음 떨어진 부분에서 용액의 모든 부분으로 확산된다. 물분자의 무작위적인 움직임에 의해 이온들은 거의 같은 농도가 될 때까지 용액 전체에 확산된다. 확산이 끝나면 이온과 물분자가 고르게 분산되는 평형 상태가 된다.

물질이 고르게 분산되지 않을 경우, 용기 내의 서로 다른 위치에서 물질의 양이 상대적으로 서로 다

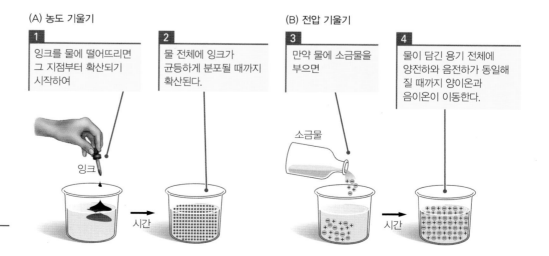

(A) 농도 기울기

1 잉크를 물에 떨어뜨리면 그 지점부터 확산되기 시작하여

2 물 전체에 잉크가 균등하게 분포될 때까지 확산된다.

잉크

시간

(B) 전압 기울기

3 만약 물에 소금물을 부으면

4 물이 담긴 용기 전체에 양전하와 음전하가 동일해질 때까지 양이온과 음이온이 이동한다.

소금물

시간

그림 4.14 ▶

평행 상태

른 **농도 기울기**(concentration gradient)가 일어난다. **그림 4.14A**에 설명되어 있듯이 물에 잉크를 떨어뜨리면 잉크와 물이 접촉한 부분의 농도가 높지만 젓지 않아도 잉크는 그 부위에서부터 빨리 확산된다.

잉크는 높은 농도 지점에서 낮은 지점으로 확산되는데, 이 확산은 물 전체에 잉크가 고르게 분산될 때까지 일어난다. 이 과정은 소금을 물에 넣을 때와 유사하다. 처음에는 소금이 들어간 부분에서 소금의 농도가 높지만 물 전체의 소금 농도가 동일할 때까지 이온들이 확산된다.

전압 기울기

소금이 물에 녹으면 이온이 전하를 띤다. 따라서 소금의 확산은 농도 기울기뿐만 아니라 **전압 기울기**(voltage gradient) 때문에도 일어난다. 전압 기울기는 두 영역의 전하량의 차이로 인해 발생하며 이 두 영역이 연결되면 전류가 일어난다. 전압 기울기는 양전하와 음전하의 상대적 농도를 측정하게 한다.

나트륨 이온(Na^+)과 염소 이온(Cl^-)이 마치 농도가 높은 곳에서 낮은 곳으로 움직이는 것과 같이 전하량이 높은 곳에서 낮은 곳으로 움직이는 것이 그림 4.14B에 제시되어 있다. 소금이 물에 녹으면 확산된다. 확산은 그림 4.14A에서 볼 수 있듯이 농도 기울기에 따른 움직임 혹은 그림 4.14B처럼 전압 기울기에 따른 움직임으로 묘사될 수 있다.

세포막 모델링

이온의 움직임에 영향을 미치는 세 번째 요인이 세포막 구조인데, 모의 실험을 통해 이를 설명할 수 있다. **그림 4.15A**는 세포막을 묘사하는 칸막이에 의해 반으로 나뉘어 있는 물이 담긴 용기를 보여준다. 만약 용기의 왼쪽에만 소금(NaCl)을 넣고 녹이면 왼쪽이 평행 상태가 될 때까지 나트륨 이온과 염소 이온이 농도 기울기와 전압 기울기에 따라 확산된다.

용기의 왼쪽에서는 모든 부분의 농도가 동일하기 때문에 나트륨 이온이나 염소 이온에 대한 농도 및 전압 기울기가 존재하지 않는다. 용기의 반대편, 즉 오른쪽에도 이 이온들에 대한 농도 및 전압 기울기가 존재하지 않는데, 이는 견고한 막이 이 이온들이 오른쪽으로 이동하는 것을 막기 때문이다. 그러나 막을 사이에 두고, 즉 왼쪽의 짠물과 오른쪽의 맹물에는 나트륨 이온과 염소 이온에 대한 농도 기울기와 전압 기울기가 존재한다.

앞서 세포막에 박혀 있는 단백질 분자가 특정 이온들이 통과할 수 있는 채널의 역할을 한다고 기술

그림 4.15 ▼

세포막의 모델링

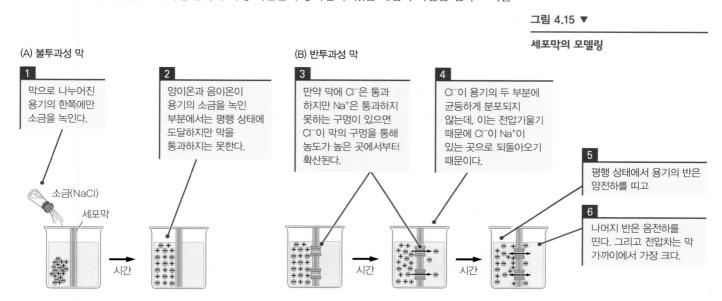

(A) 불투과성 막

1 막으로 나누어진 용기의 한쪽에만 소금을 녹인다.

2 양이온과 음이온이 용기의 소금을 녹인 부분에서는 평행 상태에 도달하지만 막을 통과하지는 못한다.

소금(NaCl)
세포막
시간

(B) 반투과성 막

3 만약 막에 Cl^-은 통과하지만 Na^+은 통과하지 못하는 구멍이 있으면 Cl^-이 막의 구멍을 통해 농도가 높은 곳에서부터 확산된다.

4 Cl^-이 용기의 두 부분에 균등하게 분포되지 않는데, 이는 전압기울기 때문에 Cl^-이 Na^+이 있는 곳으로 되돌아오기 때문이다.

5 평행 상태에서 용기의 반은 양전하를 띠고

6 나머지 반은 음전하를 띤다. 그리고 전압차는 막 가까이에서 가장 크다.

시간
시간

하였다(그림 4.11 참조). 앞의 모의 실험에서 용기를 반으로 나누는 칸막이에 염소 채널을 만들면 이 채널이 용해된 입자들의 활동에 어떤 영향을 미치는가를 상상해보자.

염소 이온은 막을 건너 확산되며, 이에 관한 것이 그림 4.15B의 왼쪽에 제시되어 있다. 이온들은 농도 기울기에 따라 농도가 높은 곳에서 낮은 곳으로 이동하게 되며, 이에 관한 것이 그림 4.15B에 제시되어 있다. 그러나 나트륨 이온은 여전히 막을 통과하지 못한다(염소 이온이 나트륨 이온보다 크지만 나트륨 이온은 물 분자와 결합하는 경향이 더 강하기 때문에 나트륨 이온이 염소 이온보다 더 부피가 크며 이로 인해 염소 채널을 통과하지 못한다).

만약 염소 이온의 농도 기울기가 염소 이온의 이동에 영향을 미치는 유일한 요인이라면 왼쪽의 짠물에서 오른쪽의 맹물로 일어나는 염소 이온의 유출이 양쪽의 염소 이온에 대한 농도가 평행 상태에 이를 때까지 계속되어야 한다. 그러나 이러한 현상은 일어나지 않는데, 이는 염소 이온이 음전하를 띠기 때문에 양전하를 띠는 나트륨 이온에게 끌려가기 때문이다(서로 상반되는 전하는 서로 끌어당긴다). 이 결과 그림 4.15B에 제시되어 있듯이 염소 이온의 농도가 오른쪽보다 왼쪽에서 더 높게 유지된다.

농도 기울기에 따라 염소 이온이 용기의 왼쪽에서 오른쪽으로 유출되는 것이 **전압 기울기** 때문에 염소 이온이 왼쪽으로 유입되는 것과 맞선다. 어느 시점에서는 염소 이온의 농도 기울기와 전압 기울기가 균형을 이루게 되는게, 이를 요약하면 다음과 같다.

농도 기울기 = 전압 기울기

이러한 평행 상태에서는 막 양쪽의 양이온과 음이온의 비율이 서로 다른, 즉 전압 기울기가 막을 사이에 두고 존재한다. 용기의 왼쪽은 양전하를 띠는데, 이는 일부 염소 이온이 오른쪽으로 이동해버려 양전하를 띠는 이온(Na^+)이 더 많이 남아 있기 때문이다. 용기의 오른쪽은 음전하를 띠는데, 이는 일부 염소 이온이 어떤 이온도 존재하지 않았던 오른쪽으로 이동하였기 때문이다. 즉 양이온과 음이온이 서로 균형을 맞추기 위해 모여 있는 막표면에서 전압차가 가장 높다.

이 가상 실험의 결과는 실제로 세포 안에서 일어나는 현상과 유사하다. 이를 염두에 두고 이온 채널, 관문과 펌프가 (1) 안정 전위, (2) 등급 전위, (3) 활동 전위, (4) 신경 충동, (5) 도약 전도의 다섯 가지 세포막의 전기적 활동에 어떻게 관여하는가를 살펴보기로 하자.

안정 전위

안정 상태에 있는 뉴런은 불균등한 이온 분포를 유지하는데, 즉 세포외액에 비해 세포내액이 더 음전하를 띤다. **그림 4.16**은 미세전극의 한 끝을 축색의 세포막 외표면에 두고 다른 끝을 내표면에 두면 이온의 불균등한 분포로 말미암아 약 70mV의 전압차가 있음을 보여준다.

비록 막 바깥의 전하가 실제로는 양으로 대전되어 있지만 과학자들은 편의상 이곳의 전하를 0이라

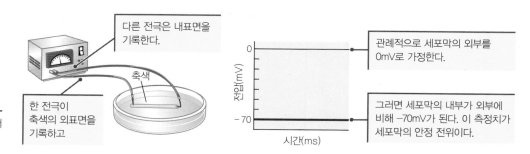

그림 4.16 ▶

안정 전위 안정 상태에 있는 세포막에서 측정된 전하는 잠재적 에너지를 저장한다.

다른 전극은 내표면을 기록한다.

축색

한 전극이 축색의 외표면을 기록하고

관례적으로 세포막의 외부를 0mV로 가정한다.

그러면 세포막의 내부가 외부에 비해 −70mV가 된다. 이 측정치가 세포막의 안정 전위이다.

전압(mV)

시간(ms)

고 가정한다. 불균등하게 분포되어 있는 이온의 전하량을 합하면 막의 내부가 외부에 비해 −70mV 정도 음으로 대전되어 있다. 이 전하를 막의 **안정 전위**(resting potential) 라고 한다. 안정 전위는 축색의 모든 부위에서 동일하지 않고 서로 다른 종의 축색에서 측정한 안정 전위는 −40mV에서 −90mV로 서로 다르다.

안정 전위에 관여하는 이온

네 유형의 이온인 나트륨 이온(Na^+), 염소 이온($Cl^−$), 칼륨 이온(K^+)과 거대 단백질 이 온($A^−$)은 서로 상호작용하여 안정 전위를 생산한다. **그림 4.17**에서 볼 수 있듯이 이 이 온들은 축색 막의 안과 밖에 불균등하게 분포되어 있는데, 즉 세포내액에는 단백질 이온과 칼륨 이온 이 더 많이 존재하고 세포외액에는 염소 이온과 나트륨 이온이 더 많이 존재한다.

안정 전위는 이후에 사용하기 위해 에너지를 저장하고 있는 것으로 여길 수 있다. 안정 전위를 여러 분이 은행에 예금하고 있는 돈의 재정적 잠재력으로 비유할 수 있다. 여러분이 예금하고 있는 돈을 미 래의 어느 시점에서도 사용할 수 있듯이 세포막의 안정 전위는 추후에 사용할 수 있는 에너지를 저장 하고 있다. 여러분이 은행에 돈을 예금하거나 인출하면 돈을 사용할 잠재력이 증가하거나 감소하듯이 안정 전위도 증가하거나 감소할 수 있다.

안정 전위의 유지

그림 4.18에 제시되어 있듯이 뉴런의 안정 전위를 조절하기 위해 세포막에 박혀 있는 단백질 분자는 채널, 관문과 펌프로 작용한다. 세포 내부에서 생산되는 단백질 이온은 세포 내부에 머무는데, 이는 단 백질 분자가 세포 밖으로 나갈 수 있을 만큼 큰 막채널이 없기 때문이다. 단백질 이온이 세포막 내부가 음전하를 띠게 하는 데 공헌한다. 단백질 이온이 띠는 음전하만으로도 막전위의 전압 기울기가 충분히 생겨난다. 신체에 있는 대부분의 세포들이 음전하를 띠는 큰 단백질 분자를 생산하기 때문에 대부분의 세포들은 막을 사이에 두고 전압차를 가진다.

거대 단백질 음이온들로 인해 생성되는 음전하에 대한 균형을 맞추기 위해 세포는 K^+ 이온들을 축 적한다. 열려 있는 세포막의 칼륨 채널을 통해 K^+ 이온이 세포 안으로 유입되는데, 이 유입은 세포 밖 보다 세포 안에 K^+ 이온이 20배 정도 더 많을 때까지 계속된다(그림 4.18 왼쪽). 세포 밖에 비해 안에 양전하를 띠는 K^+ 이온이 20배 정도 더 많이 있는 데에도 세포 안이 여전히 음으로 대전되어 있는가? 세포 내부에 있는 모든 K^+ 이온들이 세포 내부를 양으로 대전시켜야지 않는가?

그렇지 않다. K^+ 이온들이 단백질 음이온들의 음전하를 상쇄시킬 만 큼 충분히 세포 안으로 들어오지 못하기 때문이다. K^+ 이온은 세포 내 부에 들어올 수 있는 수가 제한되는데, 이는 세포 내부의 칼륨 이온의 농도가 세포 밖보다 더 높기 때문에, 즉 농도 기울기 때문에 세포 안에 있는 K^+ 이온이 세포 밖으로 이동하기 시작한다. 이런 K^+ 이온의 불균 등한 농도 기울기는 세포 내부를 음으로 대전시키는 데 충분하다.

만약 Na^+ 이온들이 세포막을 자유롭게 통과할 수 있다면 이 이온들 도 막전위를 감소시키기 위해 세포 안으로 확산될 수 있다. 실제로 세 포막에는 나트륨 채널이 있지만 이 채널들이 평상시에는 닫혀 있기 때 문에 대부분의 Na^+ 이온들이 안으로 들어오지 못한다(그림 4.18 가운

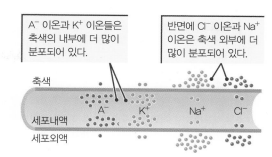

A⁻ 이온과 K^+ 이온들은 축색의 내부에 더 많이 분포되어 있다.

반면에 $Cl^−$ 이온과 Na^+ 이온은 축색 외부에 더 많이 분포되어 있다.

그림 4.17 ▲

안정 전위에서의 이온 분포 안정 전위 상 태에서 이온들은 세포막의 안팎에 균등하게 분포되어 있지 않다. A⁻은 단백질 분자를 의 미한다.

그림 4.18 ▼

안정 전위의 유지 세포막에 있는 관문 채 널과 펌프가 안정 전위의 유지에 기여한다.

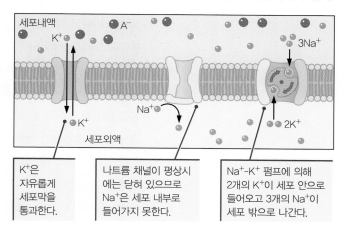

K^+은 자유롭게 세포막을 통과한다.

나트륨 채널이 평상시 에는 닫혀 있으므로 Na^+은 세포 내부로 들어가지 못한다.

Na^+-K^+ 펌프에 의해 2개의 K^+이 세포 안으로 들어오고 3개의 Na^+이 세포 밖으로 나간다.

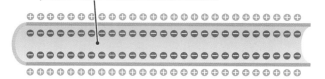

이온들이 불균등하게 분포되어 있으므로 축색의 내부는 외부에 비해 상대적으로 음전하를 띤다.

그림 4.19 ▲

안정 상태의 막전위

데). 하지만 충분한 시간이 주어지면 막전위를 감소시키기에 충분할 만큼 Na^+ 이온이 세포 안으로 새어 들어올 수 있다. 무엇이 이런 현상을 막는가?

Na^+ 이온의 농도가 세포 내부에 비해 세포 밖에 더 높게 유지되는 것은 **나트륨-칼륨 펌프**(sodium-potassium pump, Na^+-K^+ 펌프) 때문인데, 이는 Na^+ 이온을 세포 밖으로 유출하고 K^+ 이온을 세포 안으로 유입하는, 세포막에 박혀 있는 단백질 분자이다. 뉴런의 세포막에 있는 수천 개의 Na^+-K^+ 펌프는 지속적으로 작용하고 각 펌프는 세포 안에 있는 Na^+ 이온 3개를 세포 밖으로 보내는 대신 밖에 있는 K^+ 이온 2개를 세포 안으로 들어오게 한다(그림 4.18 오른쪽). K^+ 이온은 열려 있는 채널을 통해 자유롭게 세포 밖으로 나갈 수 있으나 나트륨 채널은 닫혀 있기 때문에 Na^+ 이온이 세포 내로 들어오지 못한다. 결과적으로 안정 상태에서는 Na^+ 이온이 세포 안에 비해 밖에 10배 정도 더 많이 존재한다.

Cl^- 이온은 막의 안정 전위 형성에 거의 영향을 미치지 않는다. 열려 있는 칼륨 채널을 통해 K^+ 이온이 이동하듯이 Cl^- 이온도 열려 있는 염소 채널을 통해 자유롭게 세포 안과 밖으로 이동한다. 평형 상태에서 Cl^- 이온의 농도 기울기와 전압 기울기가 대략 막의 안정 전위에서 동일하다.

안정 전위 요약

그림 4.19에 요약되어 있듯이 불균등하게 분포되어 있는 음이온과 양이온으로 말미암아 뉴런의 세포내액이 세포외액에 비해 $-70mV$ 정도로 음으로 대전되어 있다. 반투과성 세포막이 가지는 세 가지 특징이 안정 전위를 생성한다.

1. 거대 단백질 음이온은 세포 내부에 머문다.
2. 관문은 Na^+ 이온이 세포 안으로 들어오지 못하게 하고 K^+, Cl^- 이온의 채널들은 이 이온들을 자유롭게 이동하게 한다.
3. Na^+-K^+ 펌프는 Na^+ 이온을 세포내액으로부터 밀어낸다.

등급 전위

안정 전위는 이온 이동에 대한 세포막의 장벽이 제거될 때 세포가 사용할 수 있는 에너지를 저장하게 한다. 이 에너지 저장이 이온의 흐름에 의해 회복될 수도 있다. 만약 이온 흐름에 대한 장벽이 변화되면 막 사이의 전압이 변한다. 축색 세포막 전압의 경미한 감소 혹은 증가를 **등급 전위**(graded potential)라고 하는데, 이 전위는 자신이 생성된 축색 부근에만 존재한다. 막 전압이 감소하는 것을 **탈분극화**(depolarization)라고 하는 반면, 증가하는 것을 **과분극화**(hyperpolarization)라고 한다.

등급 전위가 일어나기 위해서는 축색이 이온 흐름을 변화시키는 자극을 받아야만 한다. 미세전극을 사용하여 축색을 전기적으로 자극하는 것이 막 전압을 증가 혹은 감소시키고(극화하기 위해) 등급 전위를 생성하게 하는 한 방법이다. 이러한 변화는 짧게, 즉 전류의 지속시간보다 아주 조금 더 길게 지속된다. 넓고 잔잔한 연못의 한가운데 생긴 파문이 멀리 가기 전에 사라지는 것처럼 막에서 생성되는 등급 전위도 멀리 이동하기 전에 쇠퇴한다.

만약 음전류를 세포막에 가하면 막 전위가 몇 밀리볼트 정도 더 음전하를 띠는데, 즉 극성(polarity)이 더 증가한다. **그림 4.20A**의 왼쪽에서 볼 수 있듯이 이 경우 안정 전위인 $-70mV$에서 $-73mV$가 된다. 막이 과분극화가 되기 위해서는 세포 내부가 더 음전하를 띠어야 되는데, 이는 채널을 통해 세

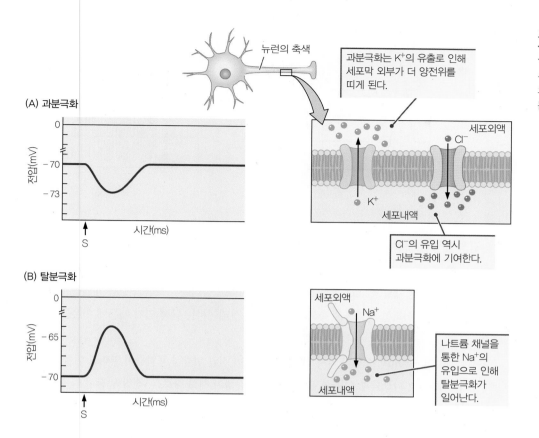

(A) 과분극화

과분극화는 K⁺의 유출로 인해 세포막 외부가 더 양전위를 띠게 된다.

세포외액

Cl⁻

K⁺

세포내액

Cl⁻의 유입 역시 과분극화에 기여한다.

(B) 탈분극화

세포외액

Na⁺

나트륨 채널을 통한 Na⁺의 유입으로 인해 탈분극화가 일어난다.

세포내액

그림 4.20 ◀

등급 전위 (A) 세포 안팎의 전압차를 증가시키는 자극(S)은 과분극화 등급 전위를 일으킨다. (B) 세포 안팎의 전압차를 감소시키는 자극은 탈분극화 등급 전위를 일으킨다.

포 안에 있는 K⁺ 이온이 유출되거나 세포 밖에 있는 Cl⁻ 이온이 유입됨을 통해 이루어질 수 있다(그림 4.20A 오른쪽 참조).

이와 상반되게 만약 세포막으로 양전류를 가하면 막 전위가 몇 밀리볼트 정도 탈분극화, 즉 극성이 감소된다. 그림 4.20B의 왼쪽에 설명되어 있듯이 −70mV의 안정 전위에서 약간 더 낮은, 예를 들면 −65mV로 변한다. 세포막이 탈분극화되기 위해서는 세포 내가 음전하를 덜 띠어야 하는데, 이는 열린 나트륨 채널을 통해 Na⁺ 이온이 유입되는 것으로 달성된다(그림 4.20B 참조).

활동 전위

안정 전위 상태에 있는 세포막을 전기적으로 자극하면 국지적으로 등급 전위가 발생한다. 이에 반해 **활동 전위**(action potential)는 굉장히 짧은 시간, 약 1ms 정도 지속되지만 축색 세포막의 극성이 완전히 뒤바뀐다(**그림 4.21A**).

활동 전위는 세포막이 −50mV 정도로 탈분극화될 때 유발된다. 이 **역치 전위**(threshold potential)에서는 더 이상의 자극이 없어도 막 전위가 급격한 변화를 일으킨다. 막 내부의 전위가 +30mV, 즉 총 전압 변화가 100mV가 될 때까지 막 전압이 갑자기 탈분극화한다. 이후 막 전위가 재빨리 다시 안정 전위 상태로 회복되며 약간의 과분극화, 즉 총전압 변화가 100mV 이상이 된다. 이후 세포막은 점차 −70mV의 안정 전위로 돌아온다.

그림 4.21B는 각 활동 전위가 분리된 사건이라는 것을 보여준다. 그림 4.21C는 약 30ms 이내에 뉴런이 많은 활동 전위를 만들 수 있다는 것을 보여준다. 뉴런이 신경계의 기능 단위인 것처럼 활동 전위는 뉴런의 정보 단위이다.

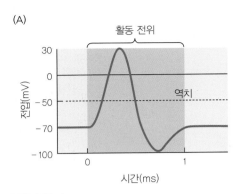

(A)

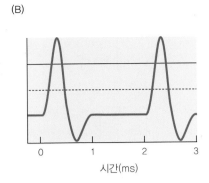

(B)

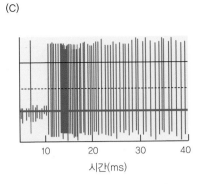

(C)

그림 4.21 ▲

활동 전위의 측정 (A) 단일 활동 전위가 일어나는 모습. 가로축의 시간 척도는 (B) 각 활동 전위가 독립적으로 일어나는 것과 (C) 짧은 시간 동안 세포막이 많은 활동 전위를 생산할 수 있다는 것을 나타내기 위해 압축되어 있다.

전압 민감성 채널의 역할

그림 4.22는 활동 전위를 발생시키는 Na^+ 이온과 K^+ 이온의 이동을 일어나게 하는 세포 기제를 설명하고 있다. **전압 민감성 채널**(voltage-sensitive channel)이라고 불리는 나트륨과 칼륨 채널들은 세포막의 전압에 민감하다. 이러한 채널들은 축색의 안정 전위 상태에서는 닫혀 있기 때문에 이온들이 통과할 수 없다.

그러나 축색막이 −50mV 정도의 역치 전압에 도달하면 전압 민감성 채널들이 열리고 이를 통해 이온들이 통과하게 된다. 나트륨과 칼륨 채널의 구조와 민감성이 서로 다르다. 전압 민감성 나트륨 채널은 2개의 관문을 가지고 있는데, 하나의 문은 주로 닫혀 있고 다른 문은 열려 있다. 역치 전압에서 닫혀 있는 관문이 열리고 뒤이어 열려 있는 관문이 닫힌다. 따라서 나트륨 채널을 통한 이온 흐름은 아주 짧은 시간 동안만 지속된다. 하나의 관문만을 가지고 있는 칼륨 채널은 천천히 열리고 더 오랫동안 열려 있다.

활동 전위와 불응기

전압 민감성 나트륨과 칼륨 채널의 개폐 시간이 활동 전위의 근거가 되는데, 이에 관한 것이 **그림 4.23**에 제시되어 있다. 안정 상태에서 나트륨 채널 1이 닫힌다. 자극의 역치 수준에서 관문 1이 열린다. Na^+ 이온이 뉴런으로 유입되고, 이에 따라 세포 안이 밖에 비해 더 양전위를 띠는 세포막 극성을 역전시키는 탈분극화가 일어나게 된다. 극성의 역전은 전압 민감성을 가지는 나트륨 채널의 관문 2를 자극하여 닫히게 하고 이로 인하여 탈분극화가 끝나게 된다.

그림 4.22 ▼

전압 민감성 채널의 자극을 통한 활동 전위의 생산

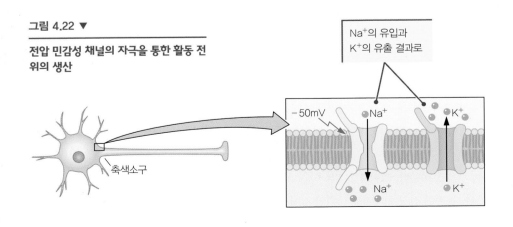

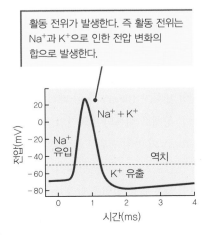

칼륨 채널은 나트륨 채널보다 더 천천히 열리고 K^+ 이온의 유출은 뉴런을 재극화시킨다. Na^+ 이온의 유입이 칼륨 이온이 세포 내부에서 유지하고 있는 양전위를 대체하기 때문에 K^+ 이온이 세포 밖으로 나간다. K^+ 이온이 세포 밖으로 나가면 칼륨 채널이 닫히기 전까지 세포막은 안정 전위를 넘어 과분극화 된다.

나트륨과 칼륨 채널에서 일어나는 극적인 변화가 활동 전위의 중요한 한 특징, 즉 불응기(refractory period)의 근거가 된다. 만약 활동 전위의 탈분극화 혹은 재분극화 동안 축색막이 자극을 받으면 이 자극에 대해 활동 전위로 반응하지 않는데, 이는 나트륨 채널이 이 자극에 민감하지 않기 때문이다. 이 단계가 **절대적 불응기**(absolutely refractory)이다. 반면 만약 과분극화 단계 동안 축색이 자극을 받으면 새로운 활동 전위가

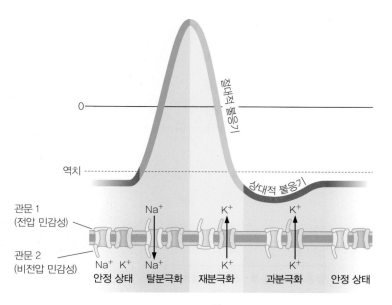

그림 4.23 ▲

활동 전위의 단계 전압 민감성 나트륨 채널과 칼륨 채널의 변화로 인한 탈분극화로 활동 전위가 발생되기 시작한다(나트륨 채널의 관문 1이 열리고 관문 2가 닫힌다). 천천히 칼륨 채널이 열리면서 재분극화와 과분극화가 진행되는데, 이는 안정 전위 상태로 복귀할 때까지 진행된다.

발생할 수 있지만 이 경우 자극의 강도가 처음에 활동 전위를 일으켰던 자극보다 더 강해야만 한다. 이 단계의 세포막은 **상대적 불응기**(relatively refractory)에 있다고 한다. 불응기는 활동 전위 발생 빈도를 제한한다. 따라서 뉴런은 다른 활동 전위가 발생하기 전에 안정 전위 상태로 돌아가야 하며, 이는 활동 전위가 왜 별개의 사건인가를 설명한다.

활동 전위의 단계를 레버로 작동하는 변기를 예로 들 수 있다. 레버를 약간만 누르면 물이 조금만 흐르고 레버를 놓으면 물이 흐르지 않는다. 이 반응은 등급 전위에 비유할 수 있다. 레버를 더 강하게 누르면 수조가 역치에 도달하고 레버가 완전히 풀리면서 변기로 물이 내려간다. 이 반응은 활동 전위에 비유된다. 물이 내려가는 동안 변기는 절대적 불응기에 있다고 여길 수 있는데, 이는 레버를 다시 누르더라도 물이 변기로 내려가지 않는 것을 의미한다. 수조에 물이 다시 채워지는 동안 변기는 상대적 불응기에 있는데, 즉 레버를 강하게 누르면 다시 물을 내릴 수 있다는 것을 의미한다. 변기에 물이 내려가고 수조에 물이 차는 과정이 완료되면 변기는 다시 '안정' 상태에 있다고 할 수 있으며 처음과 같이 물을 내리는 것이 다시 가능해진다.

활동 전위에 위협적인 독성

전압 민감성인 칼륨과 나트륨 채널이 활동 전위의 근거가 되는 것에 관한 직접적인 증거는 각 채널을 선택적으로 봉쇄하는 실험으로부터 제공되었다(**그림 4.24** 참조). 테트라에틸암모늄(tetraethylammonium, TEA)이라고 불리는 화학물질은 칼륨 채널을 봉쇄하여 칼륨 이온의 유출을 막는 반면 나트륨 채널에는 영향을 미치지 않아 나트륨 이온이 역치 수준까지 지속적으로 유입할 수 있다(그림 4.24 위). 탈분극화 과정에 나트륨 이온이 관여하는 것에 관한 것은 테트로도톡신(tetrodotoxin)이 나트륨 채널을 봉쇄하고(그림 4.24 아래) 이로 말미암아 나트륨 이온의 유입은 방해하지만 칼륨 채널에는 영향을 미치지 않아 칼륨 이온이 역치 수준까지 유출되게 한다는 사실로부터 제공된다.

일부 국가, 특히 일본에서 진미로 여겨지는 복어는 테트로도톡신을 분비하기 때문에 이 생선을 요리하는 데는 특별한 기술이 필요하다. 복어 요리는 치명적일 수 있는데, 이는 테트로도톡신이 뉴런의 전기적 활동을 방해하기 때문이다.

이 '독성' 실험은 환경에 있는 화학물질이 어떻게 뉴런에 영향을 미치는가를 알려주며 이에 관해서

▲ 복어

(The Photo Library–Sidney/Science Source.)

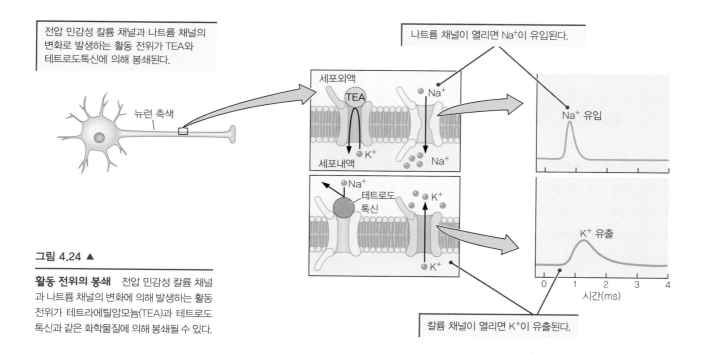

전압 민감성 칼륨 채널과 나트륨 채널의 변화로 발생하는 활동 전위가 TEA와 테트로도톡신에 의해 봉쇄된다.

나트륨 채널이 열리면 Na⁺이 유입된다.

세포외액
TEA
세포내액
K⁺
Na⁺
Na⁺

Na⁺ 유입

Na⁺
테트로도
톡신
K⁺
K⁺
K⁺

K⁺ 유출

0 1 2 3 4
시간(ms)

칼륨 채널이 열리면 K⁺이 유출된다.

그림 4.24 ▲

활동 전위의 봉쇄 전압 민감성 칼륨 채널과 나트륨 채널의 변화에 의해 발생하는 활동 전위가 테트라에틸암모늄(TEA)과 테트로도톡신과 같은 화학물질에 의해 봉쇄될 수 있다.

는 약물이 어떻게 행동에 영향을 미치는가를 기술하는 제6장에서 자세하게 살펴보기로 하자.

◎ 4.3 축색을 따라 메시지 전달하기

활동 전위 그 자체는 뉴런이 어떻게 메시지를 전달하는가를 설명하지 않는다. 축색을 따라 메시지를 전달하는 데에는 축색을 따라 활동 전위를 이동하게 하는 전압 변화가 요구된다. 어떻게 전압 변화가 축색을 따라 이동하고 그 결과 정보가 멀리 전달되는가를 살펴보자. 또한 왜 정보가 전달되는 동안 정보의 쇠퇴가 일어나지 않고 정보 전달이 한 방향으로만 일어나는가를 살펴보기로 한다.

신경 충동

2개의 전극을 한 축색 세포막에 어느 정도 거리를 두고 배치한 다음 이 전극들 중 하나의 전극 가까운 곳에 역치 수준까지 전기적 자극을 주는 상황을 가정해보자(**그림 4.25**). 이 전극에서 즉시 활동 전위가 기록되고 얼마 후 두 번째 전극에서도 활동 전위가 기록된다. 즉 활동 전위가 축색을 따라 이동하여 **신경 충동**(nerve impulse)을 일으킨다. 어떻게 이런 일이 일어나는가?

활동 전위 동안에 일어나는 총전압 변화량은 100mV이며, 이 변화량은 세포막의 인접 영역이 −50mV의 역치 수준에 도달하기에 충분하다. 인접한 축색 세포막이 −50mV에 도달하면 그 영역에 위치하는 전압 민감성 채널들이 열리고 이로 말미암아 그곳에서 활동 전위가 발생한다. 나아가 이 활동 전위는 축색을 따라 더 멀리 있는 세포막 부위의 전압 변화를 유발하고 이 과정이 축색을 따라 지속된다.

그림 4.25는 각 활동 전위가 어떻게 축색 세포막의 인접한 부위에서 다른 활동 전위를 일어나게 하는가, 즉 **전파**(propagate)하게 하는가를 설명한다. 전파라는 단어는 활동 전위의 발생을 의미한다. 활동 전위는 축색을 따라 다른 활동 전위를 연속적으로 발생하게 한다.

활동 전위의 불응기가 왜 활동 전위가 처음 발생한 부위에서 멀리 이동하는 동안 항상 일정한가를 설명한다. 축색 세포막은 활동 전위가 발생하는 동안과 발생한 후 짧은 시간 동안 불응하기 때문에 활동 전위가 축색막의 인접한 영역에서 전파될 때 전위가 역전될 수 없다. 이 때문에 각 분리된 신경 충동이 한 방향으로만 이동하게 한다.

신경 충동 작용을 설명하는 데 다음의 비유가 도움이 된다. 축색을 따라 위치하는 전압 민감성 채널들을 도미노 블록에 비유해보자. 첫 번째 도미노 블록이 쓰러지면 이것이 주변의 도미노 블록을 쓰러뜨리고 이 도미노 블록이 다시 주변의 블록을 쓰러뜨린다. 도미노 블록을 다시 세우지 않는 한 이러한 흐름은 거꾸로 되돌아갈 수 없다. 또한 도미노가 쓰러지는 강도의 감소도 없다. 다시 말하면 도미노 세트의 마지막 블록은 첫 번째 블록과 동일한 방향과 강도로 쓰러진다.

도약 전도와 수초

큰 축색은 신경 충동을 빨리 전달하는 반면 작은 축색은 충동을 천천히 전달한다. 오징어의 축색은 1mm 정도만큼 크기 때문에 신경 충동을 매우 빨리 전파한다. 가장 큰 포유류의 축색 직경이 단지 30μm 정도밖에 되지 않기 때문에 정보가 특별히 빨리 전달되지 않는다. 그럼에도 불구하고 포유류의 축색은 매우 빨리 반응을 전달하는데, 직경이 작은 축색이 어떻게 정보를 빨리 전달할 수 있는가?

포유류의 신경계에 있는 교세포는 충동 속도를 높이는 데 사용된다. 말초신경계의 슈반세포와 중추신경계의 핍돌기세포가 각 축색을 둘러싸는 절연물질인 수초(myelin sheath)를 형성한다(그림 4.26). 수초로 둘러싸여 있는 축색에서는 활동 전위가 발생할 수 없다. 절연물질인 수초가 전류의 흐름을 방해하고 수초 밑에 있는 축색 영역에는 전압 민감성 채널들이 거의 없기 때문에 활동 전위가 발생할 수 없다.

그러나 축색의 모든 영역이 수초로 둘러싸여 있지 않다. 수초로 둘러싸인 부분들 사이에 절연되지 않은 영역, 즉 **랑비에 결절**(node of Ranvier)이 있는데, 여기에는 전압 민감성 채널들이 많이 위치한다. 포유류 축색들 중 작은 축색보다 큰 축색이 더 많이 수초화되고 랑비에 결절들이 더 멀리 떨어져 있는 경향이 있다. 그럼에도 불구하고 결절들 사이의 간격이 한 결절에서 발생한 활동 전위가 인접한 결절에 있는 전압 민감성 채널들이 열리게 하는 데 충분할 만큼 가깝다. 이러한 방식으로 활동 전위가 한 결절에서 다음 결절로 점프하고(**그림 4.27** 참조), 이러한 에너지 흐름을 **도약 전도**(saltatory conduction, 라틴어 동사 saltare는 '뛰어넘다'를 의미)라고 한다.

한 결절에서 다음 결절로 점프하는 것은 활동 전위가 축색을 따라 이동하는 속도를 크게 증가시킨다. 가장 큰 수초화된 포유류 축색에서 신경 충동은 1초에 120m를 이동할 수 있는 반면 작고 덜수초화된 축색에서는 1초에 단지 30m만 이동할 수 있다.

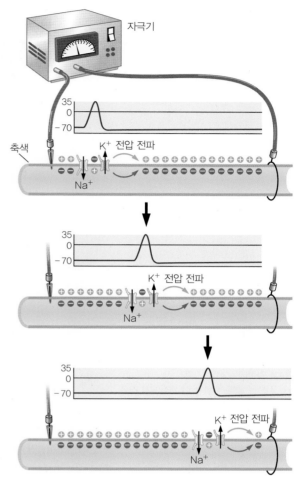

그림 4.25 ▲

활동 전위의 전파　나트륨 채널과 칼륨 채널을 열기에 충분한 전압(맨 위)이 세포막의 인접한 영역으로 전달되어, 그곳에서 전압 민감성 관문이 열리게 한다(가운데). 이런 방식으로 축색을 따라 전압 변화를 전달한다(아래). 관문은 닫힌 후 짧은 시간동안 활동하지 못하기 때문에 충동이 역전파되지 못한다. 여기서는 축색의 한쪽 면에서 일어나는 전압의 변화만 묘사하였다.

그림 4.26 ▼

수초화　중추신경계(CNS)에서는 핍돌기세포가 축색을 절연시키고(A), 말초신경계(PNS)에서는 슈반세포가 축색을 절연시킨다. 각 교세포들 사이에는 랑비에 결절이라고 불리는 틈이 존재한다.

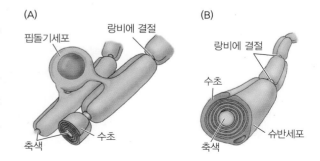

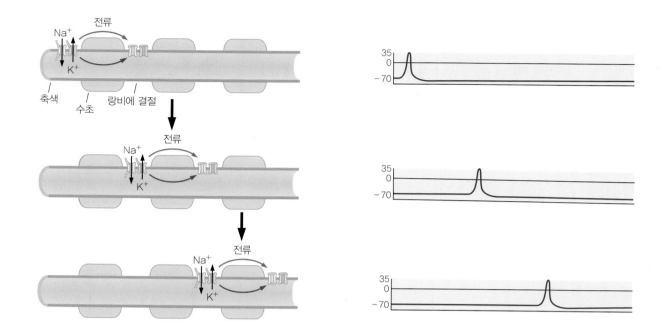

그림 4.27 ▲

도약 전도 축색의 수초 사이사이에 있는 랑비에 결절에는 전압 민감성 채널이 많다. 도약 전도는 활동 전위가 한 결절에서 다음 결절로 점프하기 때문에 활동 전위가 축색을 따라 빠른 속도로 전파된다.

다음의 비유를 들어보자. 운동 경기장에 있는 관중들이 발을 들어 파도타기 응원을 한다고 하자. 한 사람이 발을 들면 그 사람 바로 옆에 있는 사람이 발을 들기 시작하는 등의 방식으로 파도타기 효과가 만들어진다. 이 파도타기가 비절연화된 축색을 따라 전도되는 것과 유사하다. 만약 각 코너에 있는 한 사람의 관중만이 파도타기에 참여한다면 파도타기가 경기장을 돌아 얼마나 빨리 일어날 수 있는가를 생각해보자. 이 파도 효과는 한 랑비에 결절에서 다음 결절로 신경 충동이 이동하는 것과 유사하다. 인간과 포유동물들이 보이는 빠른 반응 능력은 이들의 신경계에서 도약 전도가 가능하기 때문이다. 수초가 와해되면 신경 충동이 방해를 받게 되는데, 이에 관한 것이 자세히 보기에 제시되어 있다.

4.4 뉴런은 어떻게 정보를 통합하는가

한 뉴런의 방대한 수상돌기는 가시들로 덮혀 있고 이 가시들을 통해 다른 뉴런들과 수천 개의 시냅스를 이루고 있다. 이 각각의 시냅스로부터 오는 신경 충동은 다양한 양식의 정보로 해당 뉴런에 입력된다. 이에 덧붙여 한 뉴런의 세포체는 다른 많은 뉴런들로부터 정보를 받는다.

어떻게 뉴런이 이 무수히 많은 신경 충동 입력들을 통합하는가? 1960년대 John C. Eccles(1965)와 그의 제자들은 이 질문에 답하기 위하여 실험을 수행하였고 그 결과 1963년 생리학/의학 분야의 노벨상을 받았다. Eccles는 오징어의 거대 축색의 전기적 활동을 측정하는 대신 척추동물의 척수에 있는 운동 뉴런의 세포체 활동을 측정하였다. 거대 오징어 축색을 연구하기 위해 Hodgkin과 Huxley가 개발한 자극 및 기록법 덕분에 그는 이 실험을 할 수 있었다.

척수의 운동 뉴런은 약 20개나 되는 수상돌기를 가지고 있으며 이 수상돌기들은 다시 여러 세부 가지들로 나뉘고 이들은 수상돌기 가시로 덮혀 있다. 운동 뉴런은 다양한 부위, 예를 들어 피부, 관절, 근육과 뇌로부터 정보를 받는다. 뉴런의 정보 통합을 연구하기 위해 Eccles는 척추동물의 척수에 미세전극의 끝이 운동 뉴런의 세포체 안 혹은 바로 옆에 위치할 때까지 삽입하였다. 그런 후 그는 척수의 후근으로 들어오는 감각 뉴런(그림 3.13B 참조)의 축색에 자극 전극을 놓았다. 그는 척수로 들어오는 감

자세히 보기 ┃ 다발성 경화증의 진단

퇴행성 신경질환인 **다발성 경화증**(multiple sclerosis, MS)은 축색을 둘러싸서 보호하는 수초를 공격하는 질환으로 이 결과 염증과 탈수초화가 일어난다(그림 참조). 결국에는 딱딱한 상처, 즉 플라크(plague) 혹은 반점이 생겨나는데, 이로 말미암아 이 질환을 경화증(sclerosis, '단단함'을 의미하는 그리스 단어)이라고 부른다. 반점이 생기면 축색을 따라 신경 충동이 전달되는 것이 방해를 받게 된다.

다발성 경화증은 예기치 않게 발병하고 흔히 장애를 초래한다. 발병 원인은 아직 알려져 있지 않지만 연구자들은 이 질환이 자가면역 질환, 다시 말하면 신체의 면역계가 수초를 공격하는 것으로 여기고 있다(Cappellano et al., 2013). 또한 이 질환이 흔한 바이러스 혹은 박테리아에 의해 초래되는 것과 유전적 요인으로 말미암아 일부 사람들이 MS에 더 취약한 것을 보여주는 연구 결과도 있다.

증상의 완화와 재발이 MS의 특징이다. MS가 예기치 않게 발병하기 때문에 자기공명영상(MRI)이 중요한 진단 도구이다. 명확한 다발성 경화증 병변이 뇌의 측뇌실 주위와 백질에 있는 것이 MRI 스캔에서 관찰된다.

다발성 경화증은 15∼40세 사이의 연령층, 즉 경력 혹은 가족을 구성하는 시기 동안에 주로 진단되지만 첫 번째 증상 출현이 어린 아동 혹은 노인들에서도 일어날 수 있다. 유병률은 약 500명 혹은 1,000명 중 1명 정도이다. 남성보다 여성에서 2배 이상 더 발병하고 북유럽 혹은 적도에서 멀리 떨어진 곳에 거주하는 사람들에서 가장 많이 발병한다. 이는 햇빛으로부터 얻는 비타민 D의 부족이 발병 원인일 가능성을 시사하며 실제로 환자들이 자주 비타민 D_3와 B_{12}를 섭취한다.

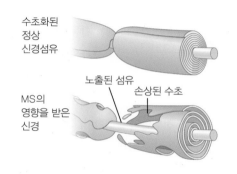

수초화된 정상 신경섬유

MS의 영향을 받은 신경

노출된 섬유

손상된 수초

MS 증상들은 예측할 수 없을 뿐만 아니라 개인에 따라 매우 다르고 복시(double vision) 혹은 시력저하 등과 같은 시각장애를 포함한다. 극심한 피로, 균형감 상실, 주의집중의 어려움, 근육 경직, 언어장애, 방광 및 장의 장애, 단기기억 장애와 부분 및 완전 마비 등이 흔한 증상들이다. 증상의 완화와 재발이 반복되는 것이 가장 흔한 반면 증상이 점진적으로 악화되는 경우는 덜 흔하다.

뇌로 향하는 혈류가 MS에서 감소되고 이로 말미암아 뇌에 독성 철분이 쌓인다는 주장이 있다. MS 치료법으로 뇌정맥을 확장하는 것이 제안되었으나 치료 효과는 아직 잘 알려져 있지 않다(Zamboni, 2012).

Cappellano, G., M. Carecchio, T. Fleetwood, L. Magistrelli, R. Cantello, U. Dianzani, and C. Comi. Immunity and inflammation in neurodegenerative diseases. *American Journal of Neurodegenerative Disease* 2(2):89–107, 2013.

Zamboni, P., A. Bertolotto, P. Boldrini, P. Cenni, R. D'Alessandro, R. D'Amico, M. Del Sette, R. Galeotti, S. Galimberti, A. Liberati, L. Massacesi, D. Papini, F. Salvi, S. Simi, A. Stella, L. Tesio, M. G. Valsecchi, and G. Filippini; Chair of the Steering Committee. Efficacy and safety of venous angioplasty of the extracranial veins for multiple sclerosis. Brave dreams study (brain venous drainage exploited against multiple sclerosis): Study protocol for a randomized controlled trial. Clinicaltrials.gov NCT01371760, 2012.

각 신경섬유들을 분리시켜 한 번에 하나의 신경섬유를 자극할 수 있었다.

흥분성 시냅스후 전위와 억제성 시냅스후 전위

그림 4.28은 Eccles가 사용한 실험 장비를 그린 것이다. 그림의 왼쪽에서 볼 수 있듯이 척수로 들어오는 감각 섬유의 일부를 자극하면 이 섬유와 연결되어 있는 운동 뉴런의 세포막에서 탈분극화되는 등급 전위(역치 수준에 미치지 않는 전위 감소)가 발생한다. Eccles는 이 등급 전위들을 **흥분성 시냅스후 전위**(excitatory postsynaptic potential, EPSP)라고 불렀다. EPSP는 활동 전위가 일어날 가능성을 높여준다. 그림의 오른쪽에서 볼 수 있듯이 Eccles는 척수로 들어오는 다른 감각 섬유를 자극한 결과 이와 연결된 운동 뉴런의 세포막에서 과분극화된 등급 전위(역치와 멀어지는 전위 증가)가 발생하는 것을 관찰하였다. Eccles는 이 등급 전위를 **억제성 시냅스후 전위**(inhibitory postsynaptic potential, IPSP)라고 불렀다. IPSP는 활동 전위가 일어날 가능성을 낮춘다.

EPSP와 IPSP는 단지 몇 밀리초만 지속된 후 사라지며 이후 뉴런은 안정 전위 상태로 되돌아간다. EPSP는 나트륨 채널을 열어 Na^+ 이온이 유입되게 한다. IPSP는 칼륨 채널을 열어 K^+ 이온이 유출되게 한다(혹은 염소 채널을 열어 Cl^- 이온이 유입되게 한다).

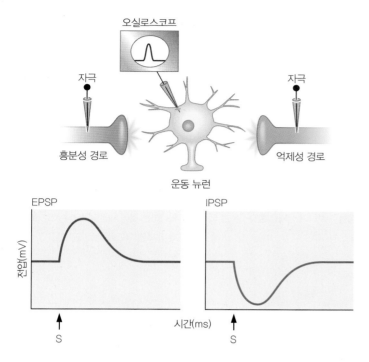

그림 4.28 ◄

Eccles의 실험 뉴런으로 입력되는 정보가 어떻게 뉴런의 흥분에 영향을 미치는가를 알아보기 위해 실시한 실험으로 운동 뉴런의 세포체에서 전기적 활동을 측정하였다. 이때 흥분성 경로(왼쪽) 혹은 억제성 경로(오른쪽)를 자극하였다. 흥분성 경로의 자극은 세포막을 탈분극화시키거나 흥분성 시냅스후 전위(EPSP)를 발생시켰다. 억제성 경로의 자극은 세포막을 과분극화시키거나 억제성 시냅스후 전위(IPSP)를 발생시켰다.

전압 민감성 채널과 활동 전위

비록 등급 전위의 크기는 자극 강도와 비례하지만 EPSP가 매우 강하더라도 운동 뉴런의 세포체의 세포막에서 활동 전위가 발생하지 않는다. 뉴런 세포체의 세포막에는 전압 민감성 채널들이 존재하지 않지만 축색소구에는 이러한 채널들이 많이 존재한다(**그림 4.29**).

활동 전위가 발생하기 위해서는 세포체의 세포막의 등급 전위들, 즉 IPSP와 EPSP들이 통합되어 축색소구의 세포막을 역치 전압에 이를 때까지 탈분극화시켜야만 한다(실제 역치 전압은 뉴런 유형에 따라 다르다). 만약 역치 수준의 전압이 매우 짧게 일어나면 단지 하나의 활동 전위만이 발생한다. 그러나 만약 역치 수준의 전압이 오랫동안 지속되면 전압 민감성 채널들이 원상태로 회복되자마자 다시 열리게 되어 활동 전위들이 연속적으로 발생한다. 이후 각 활동 전위는 반복적으로 신경 충동을 발생시켜 축색의 끝까지 전파된다.

뉴런들이 매우 방대한 수상돌기를 가지지만 수상돌기와 수상돌기 가지들에 많은 전압 민감성 채널들이 분포되어 있지 않기 때문에 대개 이곳에서 활동 전위가 발생하지 않는다. 수상돌기의 멀리 떨어진 가지는 가까이 있는 가지보다 축색소구에서 발생하는 활동 전위에 영향을 덜 미치는데, 이는 EPSP가 주로 국지적인 전압 변화이기 때문이다. 결과적으로 축색소구에서 멀리 떨어진 곳에서 발생하는 입력은 비록 조절 효과는 가지지만 축색소구와 인접한 곳에서 발생하는 입력이 활동 전위의 발생에 더 큰 영향을 미친다. 모든 민주주의에서처럼 일부 입력은 다른 입력보다 더 큰 영향력을 가진다(Debanne et al., 2013).

입력 정보의 통합

Eccles의 실험은 한 뉴런이 EPSP와 IPSP 모두를 받는 것을 보여주었다(그림 4.28 참조). 그러면 어떻게 이 유입된 등급 전위들이 서로 상호작용하는가? 만약 2개의 EPSP가 연속적으로 도달하면 무슨 일이 발생할까? 만약 이 둘 사이의 시간이 증가 혹은 감소하면 어떨까? 만약 하나의 EPSP와 하나의 IPSP가 동시에 도달하면 어떤 일이 발생할까?

시간적 통합

하나의 흥분성 자극이 가해진 다음 일정 시간 후 두 번째 흥분성 자극이 가해지면 하나의 EPSP가 측정된 다음 일정 시간 후 두 번째 EPSP가 측정되는데, 이에 관한 것이 **그림 4.30A**의 위에 제시되어 있다. 시간적으로 떨어져 있는 이 두 EPSP는 서로 상호작용하지 않는다. 만약 두 자극 사이의 간격이 충분히 짧아지면, 즉 두 자극이 매우 빨리 연속적으로 주어지면 하나의 큰 EPSP가 발생한다(그림 4.30A 가운데).

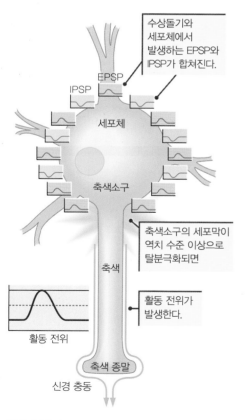

그림 4.29 ▲

활동 전위의 발생 뉴런의 수상돌기와 세포체에서 발생하는 등급 전위, 즉 EPSP와 IPSP의 합이 축색소구에서 역치 수준을 넘으면 활동 전위가 발생되어 축색을 따라 전파된다.

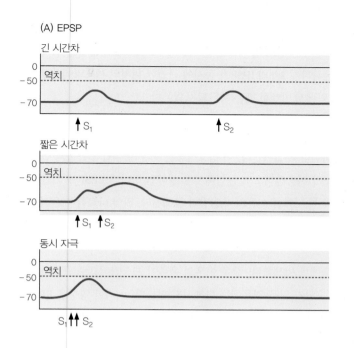

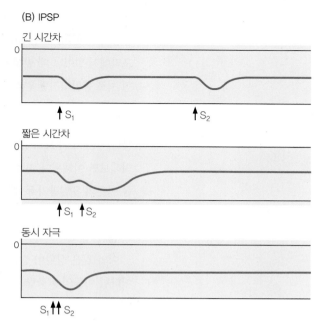

여기서는 2개의 흥분성 자극이 합쳐진다(각각의 자극이 일으키는 것보다 두 자극이 합해지면 더 큰 세포막 탈분극화가 발생한다). 이렇게 2개의 EPSP가 짧은 시간 간격을 두고 연속적으로 발생하거나 동시에 발생해서(그림 4.30A 아래) 2개의 EPSP가 합쳐지는 것을 **시간적 통합**(temporal summation) 이라고 한다. 그림 4.30B는 IPSP에 대한 시간적 통합을 보여준다. 따라서 시간적 통합은 EPSP와 IPSP 모두에서 일어난다.

공간적 통합

세포체의 세포막의 서로 가까운 곳 혹은 멀리 떨어진 곳에 정보가 입력되면 어떤 일이 발생할까? 2개의 전극(R_1과 R_2)을 사용하여 공간적으로 떨어진 곳에 전달된 정보가 어떻게 통합되는가를 살펴볼 수 있다.

만약 2개의 EPSP가 동시에 그러나 거리상으로 멀리 떨어진 세포막에서 각각 측정되면(**그림 4.31A**), 이 2개의 EPSP는 서로에게 영향을 미치지 않는다. 그러나 2개의 EPSP가 거의 동시에 거리상으로 가

그림 4.30 ▲

시간적 통합 (A) 긴 시간차를 두고 2개 의 탈분극화 자극(S_1과 S_2)이 주어지면 2개 의 EPSP가 비슷한 크기로 발생한다. 자극들 사이의 시간차가 짧아지면 각 자극으로 인해 발생하는 EPSP가 일부 합쳐진다. 두 자극을 동시에 제시하면 하나의 큰 EPSP가 발생한 다. (B) 2개의 과분극화 자극(S_1과 S_2)이 큰 시간차를 두고 제시하면 2개의 IPSP가 비슷 한 크기로 발생한다. 시간차가 짧아지면 부 분적으로 합해진다. 동시에 주어지면 하나의 큰 IPSP가 발생한다.

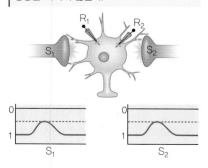

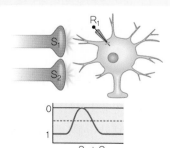

그림 4.31 ◀

공간적 통합 이 그림에는 EPSP의 경우만 제시되어 있다. IPSP 역시 EPSP와 동일한 방식으로 통합된다.

까운 곳에 전달되면 이 2개의 EPSP는 서로 통합되어 더 큰 EPSP로 측정된다(그림 4.31B). 이 **공간적 통합**(spatial summation)은 2개의 서로 다른 정보 입력이 같은 시간에 그리고 매우 근접한 위치의 세포막에서 일어날 때 발생한다. 이와 유사하게 2개의 IPSP가 동시에 근접한 위치의 세포막에서 발생하면 서로 통합되지만 멀리 떨어진 세포막에서 발생할 때는 통합되지 않는다.

정보 통합에서 이온 역할

통합은 EPSP와 IPSP를 어떻게 조합하더라도 일어난다. 이 상호작용은 이온의 유입과 유출의 합을 고려해보면 이해된다. 만약 2개의 EPSP가 시공간적으로 근접해서 발생하면 하나의 EPSP에 의한 나트륨 이온의 유입량이 두 번째 EPSP에 의한 나트륨 이온의 유입량과 합해진다. 만약 나트륨 이온의 유입이 시간적으로, 공간적으로 혹은 시공간적으로 떨어져 있으면 각각의 나트륨 이온의 유입량은 합해지지 않는다.

이와 같은 상황이 칼륨 이온의 유출에도 발생한다. 칼륨 이온의 유출이 시공간적으로 근접하게 일어나면 이들의 유출량은 합해지지만 그렇지 않을 경우에는 합해지지 않는다. 이러한 양상은 EPSP와 IPSP에 동일한 방식으로 나타난다. EPSP에 의한 나트륨 이온의 유입이 발생하고 IPSP에 의한 칼륨 이온의 유출이 발생한다. 만약 이 둘이 시공간적으로 근접하게 일어나면 나트륨 이온의 유입량과 칼륨 이온의 유출량은 서로 합해진다.

수천 개의 정보 입력을 받는 뉴런과 단지 몇 개의 정보 입력만을 받는 뉴런의 반응은 다르지 않다. 두 뉴런 모두 시공간적으로 근접하게 도달되는 모든 정보 입력을 합한다. 시간적 및 공간적 통합 때문에 뉴런은 자극에 대해 어떻게 반응할지 결정하기 전에 입력된 정보를 분석한다고 말할 수 있다. 입력된 정보들에 대한 최종 결정은 활동 전위가 처음 시작되는 축색소구에서 이루어진다.

다양한 뉴런

수상돌기는 등급 전위(EPSP와 IPSP)의 형식으로 정보를 모으고, 축색소구에서 활동 전위가 시작되어 축색을 통해 목표 세포로 전달된다. 이러한 뉴런의 정보 전달에 대한 예외가 존재한다. 예를 들어 해마에 있는 일부 세포들은 불응기 상태에서도 추가적인 활동 전위를 생산할 수 있는데, 이를 **탈분극화 전위**(depolarizing potential)라고 한다.

전형적으로 뉴런의 수상돌기에서는 활동 전위가 발생하지 않는데, 이는 수상돌기의 세포막이 전압 민감성 채널을 가지고 있지 않기 때문이다. 그러나 일부 뉴런들은 전압 민감성 채널을 수상돌기에 가지고 있어 여기서 활동 전위가 발생한다. 축색소구에서 수상돌기로 활동 전위가 전파되는 것을 **역전파**(back propagation)라고 한다. 역전파는 뉴런이 축색으로 활동 전위를 보내는 대신 수상돌기에 신호를 보내는 것으로 학습의 기저가 되는 뉴런의 가소적 변화에 영향을 주는 역할을 한다. 예를 들어 역전파는 수상돌기로 하여금 정보 입력에 반응을 하지 않게 하고 수상돌기가 전기적으로 중성을 띠게 하거나 특정 수상돌기로 들어오는 정보 입력을 강화하는 신호일 수 있다(Legenstein & Maass, 2011).

🎯 4.5 광유전학적 자극과 측정

전하보다는 빛에 반응을 보이는 세포막 채널과 전압 변화에 대한 반응으로 다양한 형광빛을 발하는 단백질이 조류와 박테리아에서 발견되었다. **광유전학**(optogenetics, 그리스어 *opto*는 '눈에 보이는'을 의미)이라고 불리는 유전자이식 기법은 이러한 단백질들에 대한 유전자를 다른 동물, 예를 들어 쥐와 원숭이의 게놈으로 이식한 후 빛을 사용하여 세포를 자극하고 카메라를 사용하여 세포의 빛 유발 반응을 측정한다.

광유전학에 사용된 첫 번째 채널이 채널로돕신-2(channelrhodopsin-2, CHR2)이다. CHR2이 뉴런에서 발현되고 파란빛에 노출되면 Na^+ 이온과 K^+ 이온 채널이 열리게 되어 뉴런이 즉각적으로 탈분극화되고 흥분한다. 이와 상반되게 유전적으로 첨가된 다른 단백질인 펌프 할로로돕신(pump halorhodopsin, NpHR)을 녹황색 빛으로 자극하면 Cl^- 이온이 세포내로 유입하여 뉴런을 과분극화시키고 억제시킨다. 만약 광섬유 빛을 뇌 영역에 선택적으로 보내면 이 단백질들을 발현하는 뉴런들이 즉각적으로 반응하는데, 즉 파란빛에는 흥분하고 노란빛에는 억제한다. 이에 따라 이 뉴런들에 의해 통제되는 행동들도 흥분 혹은 억제된다. 유전학의 이점은 빛 관련 채널들을 일부 뉴런이나 뉴런 집단에 이식하여 이 뉴런들이 통제하는 행동을 유발하거나 측정하거나 연구할 수 있다는 것이다. 광유전적 기법은 파킨슨병이나 알츠하이머병과 같은 신경질환을 연구하는 데 사용되는 동물 모델 그리고 동기 및 정서와 학습의 기저가 되는 신경계를 연구하는 데 널리 사용되고 있다.

광유전적 기법이 인간 뇌의 연구에 적용되는 데는 시간이 걸릴 것이다. 인간의 두꺼운 두개골과 큰 뇌가 국지적인 빛 자극의 적용과 빛 자극에 대한 반응을 측정하는 데 방해가 된다. 새로운 유전자를 인간 게놈에 이식하는 것 역시 잠재적 위험을 가지고 있다. 그럼에도 불구하고 광유전학은 뉴런이 어떻게 작용하고 정보를 전달하는가에 관한 보다 정확한 정보를 제공할 것이다. 새로운 분야인 **합성생물학**(synthetic biology)은 생물학적 시스템을 재설계하는데, 여기에는 빛 민감 단백질을 많은 세포 작용, 예를 들어 단백질 합성, 이송과 단백질이 세포막으로 통합되는 기제와 연결하는 것이 포함된다(Bacchus et al., 2013). 이러한 기법들을 사용함으로써 우리 행동의 기저가 되는 신경 과정의 많은 측면들을 통제하거나 측정하는 것이 가능하다.

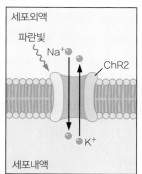
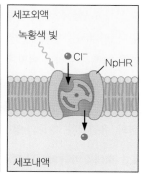

▲ **뉴런 밝히기** 특정 파장의 빛이 뉴런의 광민감성 단백질을 활성화시킨다.

요약

이 장은 뉴런의 다양한 부위를 기술하고 이러한 부위들을 이해하는 것이 전반적인 신경원 기능의 이해에 도움이 된다는 것을 설명하고 있다.

4.1 뉴런의 구조

세포는 단백질 분자를 생산하는 '공장'이다. 세포핵에 있는 염색체에 유전자가 위치한다. 각 유전자는 한 단백질의 폴리펩티드 사슬에 관한 암호를 가지고 있다. DAN는 mRNA로 전사되고, mRNA는 폴리펩티드에 관한 암호를 가지고 있으며, 리보좀은 이를 단백질을 구성하는 일련의 아미노산으로 번역한다. 후성유전적 기전은 유전자 발현을 촉진 혹은 봉쇄한다.

생산된 단백질은 골지체에 의해 포장되어 미세소관으로 이송되고,

미세소관은 단백질을 세포 내의 여러 목적지로 수송한다. 일부 단백질은 뉴런의 세포막에 삽입되어 이온의 흐름을 조절하는 채널, 관문과 펌프로 기능한다. 다른 단백질은 세포외유출을 통해 세포 밖으로 나간다.

4.2 뉴런의 전기적 활동

뉴런은 세포막을 사이에 두고 전하, 즉 안정 전위를 가진다. 세포 안과 밖에 불균등하게 분포되어 있는 이온들이 세포막의 이온 채널, 관문과 펌프에 의해 불균등하게 유지되고 조절되는데, 이로 말미암아 전하가 발생한다. 세포막의 관문이 짧은 시간 동안 열리면 이온의 유출과 유입이 일어나고 이로 인해 세포막 전하의 변화, 즉 등급 전위가 발생한다. 만약 등급 전위가 역치 수준에 도달하면 전압 민감성 나트

륨과 칼륨 채널들이 열리고 활동 전위가 발생한다.

모든 뉴런들은 다른 뉴런에 활동 전위를 유발하게 함으로써 소통한다. 따라서 뉴런의 전기적 활동을 이해하는 것이 뇌전증과 같은 질환을 이해하게 하고 어떻게 의식이 일어나는가를 이해하게 한다. 세포막을 통과하는 이온 흐름의 기저가 되는 채널들은 다양한 독성물질에 민감한데, 이를 통해 특정 유형의 중독, 유전적 돌연변이에 의한 변화, 유전질환, 행동의 영향 및 학습 등을 이해할 수 있다.

4.3 축색을 따라 메시지 전달하기

활동 전위에 의해 일어난 축색 세포막의 전압 변화는 인접해 있는 전압 민감성 채널을 여는 데 충분하기 때문에 활동 전위는 신경 충동의 형태로 세포막을 따라 전파한다. 활동 전위는 수초화된 축색에 있는 결절에서만 전파될 수 있다. 이 도약 전도는 굉장히 빠르게 일어난다.

4.4 뉴런은 어떻게 정보를 통합하는가

다른 뉴런으로부터 전달된 정보 입력들의 합은 흥분성 시냅스후 전위와 억제성 시냅스후 전위를 발생하게 한다. 유입되는 정보를 통합하기 위해 EPSP와 IPSP는 시공간적으로 통합된다. 축색소구에서 정보의 합이 역치 수준에 도달하면 세포막 전압이 변화되어 활동 전위가 발생하여 축색을 따라 이동한다.

뉴런은 다양하다. 대부분의 뉴런들의 수상돌기에서 활동 전위가 발생하지 않는데, 이는 세포체의 세포막이 전압 민감성 채널들을 가지고 있지 않기 때문이다. 그러나 수상돌기에 있는 일부 전압 민감성 채널들은 활동 전위가 일어나게 할 수 있다. 활동 전위가 축색소구에서 수상돌기로 역으로 이동하는 역전파는 학습의 기저가 되는 가소적 변화에 공헌한다.

4.5 광유전학적 자극과 측정

빛에 반응하는 채널, 펌프 및 다른 세포 구성요소에 관한 암호를 가지는 유전자를 이식하는 기법은 뉴런의 정보 전달 방식을 이해하게 하고 뉴런 기능을 기술하고 통제하는 방법을 제공한다.

참고문헌

Bacchus, W., D. Aubel, and M. Fussenegger. Biomedically relevant circuit-design strategies in mammalian synthetic biology. *Molecular Systems Biology* 9:691, 2013.

Charney, E. Behavior genetics and postgenomics. *Behavioral Brain Sciences* 35:331–358, 2012.

Debanne, D., A. Bialowas, and S. Rama. What are the mechanisms for analogue and digital signalling in the brain? *Nature Reviews Neuroscience* 14:63–69, 2013.

Eccles, J. The synapse. *Scientific American* 212:56–66, January 1965.

Hodgkin, A. L., and A. F. Huxley. Action potentials recorded from inside nerve fiber. *Nature* 144:710–711, 1939.

Quiroga, R. Q., L. Reddy, G. Dreiman, C. Koch, and I. Fried. Invariant visual representation by single neurons in the human brain. *Nature* 3687:1102–1107, 2005.

Young, J. Z. *The Life of Vertebrates.* New York: Oxford University Press, 1962.

5

뉴런들 사이의 의사소통

 사례 보기 | Otto Loewi의 꿈 실현

Otto Loewi는 꿈에서 실험에 관한 영감을 받았다. 단편 소설을 읽는 동안 잠이 들었던 Loewi(1965)가 갑작스럽게 완전히 잠에서 깨어났고 무엇인가를 종이에 갈겨 쓴 후 다시 잠이 들었다. 다음 날 아침 그는 자신이 휘갈겨 쓴 것을 읽을 수는 없었지만 중요한 내용을 담고 있다는 것을 느꼈다.

그날 하루 종일 Loewi는 혼란스러웠고 자신이 메모한 것을 가끔 들여다보았지만 그것이 무엇을 의미하는지 전혀 이해할 수 없었다. 그날 밤 다시 한밤중에 깨어난 그는 전날 밤에 자신이 꾼 꿈의 내용을 생생하게 기억하였다. 다음 날 아침에도 꿈을 기억한 그는 즉시 실험 준비를 하였고 성공적으로 실험을 마쳤다.

1921년 Loewi는 개구리의 뇌와 심장을 연결하는 미주신경을 전기적으로 자극한 후 심장을 액체로 채워진 용기에 담갔다. 그 후 그는 두 번째 용기에 그 액체를 부었고, 그림의 A에 제시되어 있듯

이 두 번째 용기에 전기적 자극을 받지 않은 다른 개구리의 심장을 담갔다.

Loewi는 두 심장의 심박률을 기록하였다. 전기적 자극을 받은 첫 번째 심장의 심박률이 감소하였지만 이보다 더 중요한 것은 첫 번째 용기에서 두 번째 용기로 옮겨 부은 액체에 담겨져 있던 두 번째 심장의 심박률도 감소하였다는 것이다(그림의 B). 이는 액체가 심박률에 관한 메시지를 전달하였다는 것을 의미한다.

그러나 이 메시지는 어디에서 온 것인가? 자극을 받은 미주신경으로부터 분비된 화학물질을 통해 메시지가 전달되는 것이 유일한 길이었다. 충분한 양의 화학물질이 액체에 용해되어 두 번째 심장에 영향을 미쳤다. 따라서 이 실험은 미주신경이 심장으로 하여금 느리게 뛰라고 말하는 화학물질을 가지고 있다는 것을 보여주었다.

추후 실험에서 Loewi는 다른 뇌신경인 촉진신경을 자극하였고 그 결과 심박률이 증가하는 것을 관찰하였다. 심박률이 증가한 심장이 담겨 있던 액체는 전기적 자극을 받지 않은 두 번째 심장의 심박률도 증가시켰다. 이 상호보완적인 연구들은 미주신경과 촉진신경으로부터 분비되는 화학물질이 심박률을 조율, 즉 증가 혹은 억제하는 것을 보여준다.

Loewi가 실험을 수행했던 당시 대부분의 과학자들은 이러한 뉴런의 화학적 반응, 즉 뉴런이 화학물질을 만들고, 분비하며 불활성화하고 마침내 제거하는 반응이 정보가 한 뉴런에서 다음 뉴런으로 전달될 만큼 빨리 일어나는가에 대해 의문을 가지고 있었다. 그럼에도 불구하고 40년 후 Otto Loewi가 사용하였던 기법이 뇌의 뉴런을 연구하는 데 사용되면서 중추신경계의 뉴런들 사이에 일어나는 대부분의 의사소통이 실제로 화학적 기제를 통해 일어나는 것이 입증되었다.

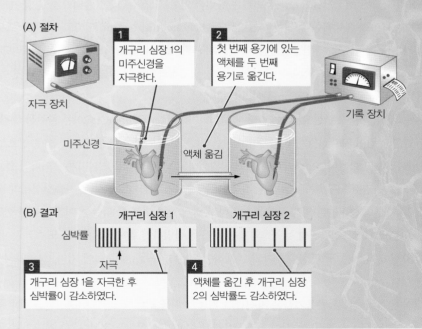

(A) 절차

1 개구리 심장 1의 미주신경을 자극한다.

2 첫 번째 용기에 있는 액체를 두 번째 용기로 옮긴다.

자극 장치

미주신경　　액체 옮김　　　기록 장치

(B) 결과　　개구리 심장 1　　개구리 심장 2

심박률

자극

3 개구리 심장 1을 자극한 후 심박률이 감소하였다.

4 액체를 옮긴 후 개구리 심장 2의 심박률도 감소하였다.

이 장에서 **신경전달이 일어나는 곳**, 즉 시냅스에서 화학적 신경전달이 어떻게 일어나는가를 살펴보기로 하자. 활동 전위가 도달하면 시냅스전막은 목표 세포와 의사소통하기 위해 자신의 세포에서 화학물질을 분비한다. 먼저 뉴런들의 의사소통이 가지는 일반적 기능에 관해 살펴본 후 시냅스의 전반적 구조와 신경계에 존재하는 다양한 유형의 시냅스를 살펴보기로 하자. 이 장을 통해 여러분은 신경전달물질과 우리의 일상 행동 사이의 관련성을 이해하게 될 것이다. 즉 신경화학물질과 신경질환 사이의 관련성과 약물, 호르몬과 독성물질이 어떻게 신경화학물질의 작용을 방해하거나 대체되거나 봉쇄하는지와 뇌질환 및 행동장애를 야기하는가를 이해하게 될 것이다.

5.1 신경전달물질의 발견

Otto Loewi는 개구리의 심박률을 억제 혹은 느리게 하는 메시지를 전달하는 화학물질이 **아세틸콜린**(acetylcholine, ACh)이고 심박률을 증가시키는 흥분 메시지를 전달하는 화학물질이 **에피네프린**(epinephrine, EP) 혹은 **아드레날린**(adrenaline)이라는 것을 확인하였다. 이러한 확인을 통해 그는 새로운 화학물질군, 즉 한 뉴런에서 다음 뉴런으로 메시지를 전달하는 신경전달물질을 발견하였다.

뉴런들 사이의 의사소통에 2개의 서로 상호보완적 화학물질만이 관여하는 것이 아니라 100개 이상의 화학물질이 신경전달물질로 작용한다. 확인된 수가 약 50개이다. 아드레날린(라틴어)과 에피네프린(그리스어)은 동일한 물질로서, 신장 위에 위치하는 부신에서 생산된다. 아드레날린이 사람들에게 더 잘 알려져 있는데, 이는 제약회사에서 이를 상품명으로 사용하였기 때문이다. 그러나 신경과학과 의학에서는 에피네프린이 통상적인 용어이고, 에피네프린 자가주사기(autoinjector) 혹은 '에피펜스'가 심각한 알레르기 반응의 치료에 사용되기 때문에 널리 알려져 있다.

특정 유형의 화학적 신경전달물질을 분비하는 뉴런 집단은 그 신경전달물질의 이름을 붙여 불려진다. 예를 들어, ACh를 분비하는 뉴런들을 **콜린성 뉴런**(cholinergic neuron)이라고 부른다. 포유동물의 경우 EP와 매우 관련된 신경전달물질인 **노르에피네프린**(norepinephrine, NE) 혹은 노르아드레날린(noradrenaline, NA)이 EP를 대신하여 흥분성 전달물질로 작용하는데, 이를 분비하는 뉴런들을 **노르아드레날린성 뉴런**(noradrenergic neuron)이라고 한다.

Otto Loewi가 심박률에 관한 실험을 할 당시 생리학자 Walter Cannon(1920)은 콜린성 뉴런과 노르아드레날린성 뉴런이 자율신경계에 의해 일어나는 많은 신체 기능을 통제하는 데 서로 상호보완적인 역할을 한다고 제안하였다. 이에 따라 행동에 광범위하고 조직화된 영향을 미치는 화학적 **활성화 체계**가 있는 것으로 여겨졌으며, 이에 관해서는 5.7절에 기술되어 있다. Cannon은 자율신경계의 부교감신경계에 있는 콜린성 뉴런들의 억제 작용을 설명하기 위해 '안정과 소화'라는 용어를 사용한 한편, 교감신경계에 있는 노르아드레날린성 뉴런들의 흥분 작용을 설명하기 위해 '싸움 혹은 도주'라는 용어를 사용하였다(그림 5.1). 뇌에도 활성화 체계가 존재하여 많은 행동들, 예를 들어 기억, 정서와 수면 및 각성을 통제한다.

신경전달물질이 작용하는 수용기들은 자신들의 기능 범위를 확대한다. 각 신경전달물질이 흥분성 혹은 억제성이 되는가는 신경전달물질이 상호작용하는 수용기에 의해 결정된다. 한 집단의 수용기는 대부분의 신경전달물질에 대해 흥분성으로 작용하는 반면 다른 수용기 집단은 억제성으로 작용한다. 예를 들어 ACh는 심장을 포함한 자율신경계의 기관에 있는 수용기에 의해 억제성으로 작용하여 안정과 소화 행동을 매개하는 반면 자율신경계와 연결되어 있는 신체 근육에서는 흥분성으로 작용한다. 수

아세틸콜린(ACh)

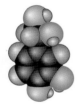

에피네프린(EP) 노르에피네프린(NE)

▲ 아세틸콜린은 심박률을 억제한다. 에피네프린과 노르에피네프린은 각각 개구리와 인간의 심장박동을 흥분시킨다.

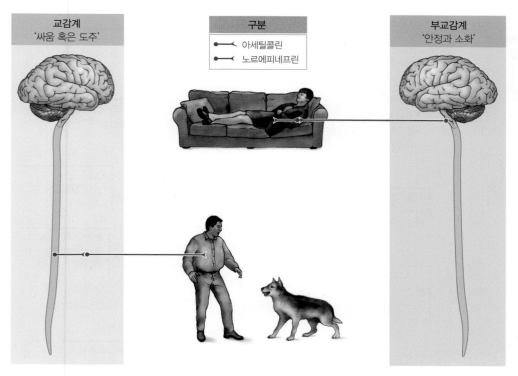

자율신경계의 생물적 기능 통제하기 (왼쪽) 교감계(각성)의 경우 척수를 떠나는 콜린성 뉴런이 자율신경계의 노르아드레날린 뉴런을 활성화시키고 이는 싸움 혹은 도주 반응에 필요한 기관들을 자극하고 안정과 소화에 관여하는 기관의 활동을 억제한다. (오른쪽) 부교감계의 경우 척수로부터 나오는 콜린성 뉴런들이 자율신경계의 콜린성 뉴런들을 활성화시키고 이는 싸움 혹은 도주에 관여하는 기관을 억제하고 안정과 소화에 관여하는 기관을 자극한다.

용기는 다른 역할도 하는데, 예를 들어 신경전달물질이 한 부위에서는 짧게 작용하게 하는 반면 다른 부위에서는 오랫동안 작용하게 한다.

5.2 시냅스의 구조

화학적 메신저에 의해 심박률이 조절된다는 Loewi의 발견은 신경원들이 어떻게 의사소통하는가에 관한 오늘날의 이해를 가능하게 한두 가지 주요 발견 중 첫 번째 발견이다. 두 번째 발견은 시냅스의 구조를 볼 수 있게 하는 전자현미경이 개발되기까지 거의 30년을 기다려야 했다. 전자현미경은 아주 얇은 조직 절편을 통과하는 전자빔을 쏘는데, 광현미경보다 해상도가 높아 매우 미세한 구조를 상세하게 관찰하는 것이 가능하다.

◎ 화학적 시냅스

1950년대에 개발된 첫 번째 사용 가능한 전자현미경은 전형적인 화학적 시냅스의 많은 구조들을 밝혔다(**그림 5.2A** 참조). 전자현미경으로 촬영한 그림 5.2A의 윗부분은 축색과 축색 종말을 보여주고 아랫부분은 수상돌기를 보여준다. 종말에 위치하는 둥근 과립물질(파란색)에 신경전달물질이 들어 있다. 수상돌기 안의 어두운 부분에 신경전달물질이 결합하는 수용기들이 위치한다. 종말과 수상돌기는 서로 붙어 있지 않고 작은 공간을 사이에 두고 떨어져 있다.

시냅스의 세 가지 주요 부위, 즉 축색 종말, 인접한 수상돌기 가시의 끝을 감싸고 있는 세포막과 이 구조들을 분리하는 작은 공간인 **시냅스틈**(synaptic cleft)이 그림 5.2B에 제시되어 있다. 수상돌기 가시의 끝을 둘러싸고 있는 것이 **시냅스후막**(postsynaptic membrane)이다. 그 안에 있는 어두운 부분은 화학적 메시지를 수용하는 단백질 분자로 주로 구성되어 있다(그림 5.2A 참조). **시냅스전막**

(A)

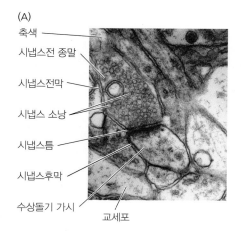

축색
시냅스전 종말
시냅스전막
시냅스 소낭
시냅스틈
시냅스후막
수상돌기 가시
교세포

그림 5.2 ▲

화학적 시냅스 (A) 시냅스의 전자현미경 사진. 교세포, 축색, 수상돌기와 다른 시냅스가 중심부에 위치한 시냅스를 감싸고 있다. (B) 시냅스의 특징적인 부분. 소낭에 담겨 있는 신경전달물질은 저장과립에서 분비된 후 시냅스전막으로 이동하고, 그곳에서 세포외 유출에 의해 시냅스틈으로 분비된다. 이후 신경전달물질이 시냅스틈을 건너 시냅스후막에 있는 수용기 단백질과 결합한다.

(Photomicrograph: Joseph F. Gennaro Jr./ Science Source; Colorization: Mary Martin.)

(B)

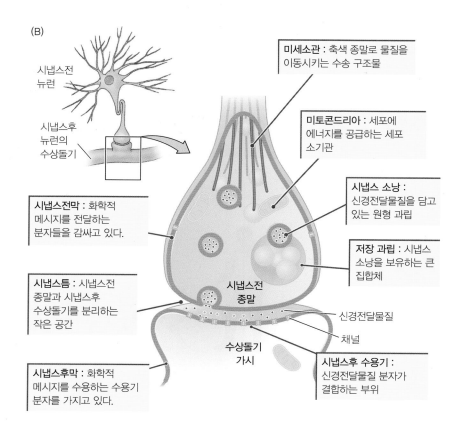

시냅스전 뉴런

시냅스후 뉴런의 수상돌기

미세소관 : 축색 종말로 물질을 이동시키는 수송 구조물

미토콘드리아 : 세포에 에너지를 공급하는 세포 소기관

시냅스 소낭 : 신경전달물질을 담고 있는 원형 과립

저장 과립 : 시냅스 소낭을 보유하는 큰 집합체

시냅스전막 : 화학적 메시지를 전달하는 분자들을 감싸고 있다.

시냅스틈 : 시냅스전 종말과 시냅스후 수상돌기를 분리하는 작은 공간

시냅스전 종말

신경전달물질

채널

수상돌기 가시

시냅스후막 : 화학적 메시지를 수용하는 수용기 분자를 가지고 있다.

시냅스후 수용기 : 신경전달물질 분자가 결합하는 부위

(presynaptic membrane), 즉 축색 종말의 세포막 안에 있는 어두운 물질도 주로 단백질 분자로 구성되는데, 이 분자들 대부분이 채널, 펌프와 수용기로 작용한다.

축색 종말 안에는 미토콘드리아(세포에 에너지를 공급하는 기관), 화학적 신경전달물질을 담고 있는 둥근 과립인 **시냅스 소낭**(synaptic vesicle)과 종말단추에 신경전달물질을 포함한 물질을 운반하는 미세소관 등의 구조들이 위치한다. 일부 축색 종말에는 큰 **저장과립**(storage granule)이 있는데 여기에는 다수의 시냅스 소낭이 위치한다. 그림 5.2A의 전자현미경 사진을 보면 시냅스(그림의 가운데)가 교세포, 다른 뉴런의 축색 및 수상돌기와 다른 시냅스 등과 같은 많은 다른 구조들로 둘러싸여 있다.

전기적 시냅스

포유동물의 신경계에는 대부분 화학적 시냅스가 존재하지만 이들이 유일한 시냅스는 아니다. 일부 뉴런들은 **갭 결합**(gap junction) 혹은 전기적 시냅스(electrical synapse)를 통해 서로 영향을 미치는데, 이 경우 결합전막과 결합후막이 서로 융합된다(**그림 5.3**). 한 세포막의 이온 채널들이 인접한 세포막의 이온 채널들과 서로 연결되어 한 뉴런에서 다른 뉴런으로 이온들이 직접 통과하는 미세공을 형성한다.

이 융합은 화학적 전달에서 일어나는 정보 흐름의 짧은 지연(한 시냅스마다 약 5ms)을 막는다(그림 5.3과 그림 5.2B의 비교 참조). 예를 들어, 가재에서 일어나는 갭 결합은 꼬리 치기 반응을 활성화하는데, 이 반응은 포식자로부터 빨리 도피하는 것을 가능하게 한다. 포유동물의 뇌에서도 갭 결합이 일부 영역에서 발견되는데, 갭 결합이 개재 뉴런군을 동시에 발화하는 것을 가능하게 한다. 갭 결합은 교세포와 뉴런이 서로 물질을 교환하는 것을 가능하게도 한다.

화학적 시냅스의 이점은 가소성에 있다. 즉 화학적 시냅스는 한 뉴런에서 다른 뉴런으로 정보를 전

달할 것인가를 융통성 있게 통제하여 한 뉴런에서 다른 뉴런으로 보내는 신호를 증가시키거나 감소시킬 수 있으며 경험과 상호작용하여 신호를 변화시키고 나아가 학습을 매개할 수 있다. 전기적 시냅스의 이점은 정보 전달을 빨리 할 수 있고 뉴런들을 서로 결합하여 팀워크에서의 역할을 강화시키는 데 있는데, 이러한 것들이 일부 기억 유형에서 요구된다(Bukalo et al., 2013).

◎ 5.3 신경전달의 4단계

화학적 시냅스를 통해 일어나는 정보 전달은 네 가지 기본 단계를 거치는데, 이에 관한 것이 **그림 5.4**에 제시되어 있다. 각 단계는 서로 다른 화학적 작용을 필요로 한다.

1. **합성(synthesis) 단계.** 신경전달물질이 세포의 DNA에 의해 합성되어 축색 종말로 수송되거나 축색 종말에서 합성된다.
2. **분비(release) 단계.** 신경전달물질이 시냅스전막으로 수송되어 활동 전위에 대한 반응으로 분비된다.
3. **수용기 작용(receptor action) 단계.** 신경전달물질이 시냅스틈을 건너 목표 세포의 세포막에 있는 수용기와 상호작용한다.
4. **불활성화(inactivation) 단계.** 신경전달물질이 시냅스전 축색으로 재흡수되거나 시냅스틈에서 분해된다. 그렇지 않을 경우 무한적으로 작용하게 된다.

1단계 : 신경전달물질의 합성과 저장

신경전달물질은 두 가지 일반적인 방식으로 얻는다. 일부는 뉴런의 DNA 지시에 따라 세포체에서 합성된다. 이후 골지체 안에서 포장되고 미세소관에 의해 축색 종말로 수송된다(그림 4.10 참조). 전령 RNA도 시냅스로 수송되는데, 전령 RNA는 핵을 둘러싸고 있는 리보좀 안보다 축색 종말에서 신경전달물질의 합성이 일어나게 한다.

다른 신경전달물질은 음식으로부터 얻은 재료를 바탕으로 축색 종말에서 합성된다. 물질을 펌프하여 세포막을 건너게 하는 세포막의 **수송 단백질(transpoter protein)**이 혈액으로부터 이러한 전구 화학물질을 흡수한다(그림 5.4 참조). 축색 종말에 있는 미토콘드리아는 전구 화학물질로부터 신경전달물질이 합성되는 데 필요한 에너지를 공급한다(때로 수송 단백질이 이미 만들어진 신경전달물질을 혈액으로부터 흡수한다).

신경전달물질을 합성하는 이 두 가지 기본 방식이 대부분의 신경전달물질을 크게 두 가지로 분류하는데, 즉 영양분으로부터 합성되어 빨리 작용하는 것과 세포의 DNA 지시에 따라 합성되어 천천히 작용하는 것으로 분류한다. 어떻게 합성되는가와는 무관하게 축색 종말에서 신경전달물질이 서로 모여 시냅스 소낭을 형성한다. 저장

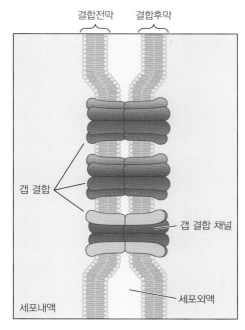

그림 5.3 ▲

갭 결합 전기적 시냅스에서 이온 채널이 결합전막과 결합후막을 서로 묶는다.

결합전막　결합후막

갭 결합

갭 결합 채널

세포내액　세포외액

그림 5.4 ▼

시냅스 전달

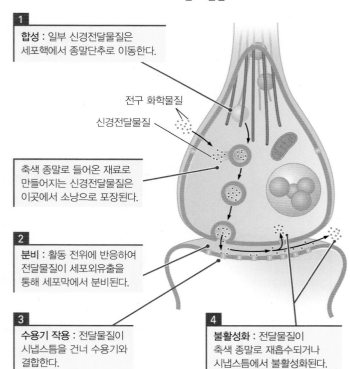

1 합성 : 일부 신경전달물질은 세포핵에서 종말단추로 이동한다.

전구 화학물질
신경전달물질

축색 종말로 들어온 재료로 만들어지는 신경전달물질은 이곳에서 소낭으로 포장된다.

2 분비 : 활동 전위에 반응하여 전달물질이 세포외유출을 통해 세포막에서 분비된다.

3 수용기 작용 : 전달물질이 시냅스틈을 건너 수용기와 결합한다.

4 불활성화 : 전달물질이 축색 종말로 재흡수되거나 시냅스틈에서 불활성화된다.

하는 신경전달물질의 유형에 따라 시냅스 소낭은 다음의 세 가지 방식으로 저장된다.

1. 일부는 저장과립 안에 저장된다.
2. 일부는 종말단추의 미세섬유에 부착한다.
3. 일부는 시냅스전막에 부착하여 시냅스틈에 신경전달물질을 분비할 준비를 한다.

시냅스전막에서 소낭이 비면 다른 소낭이 이를 대신하여 안에 있는 내용물을 분비하기 위해 준비한다.

2단계 : 신경전달물질의 분비

시냅스전막에 있는 전압 민감성 칼슘 채널이 시냅스전막으로부터 신경전달물질이 분비되는 것을 촉진시키는 역할을 한다. 시냅스전막을 둘러싸고 있는 세포외액에는 칼슘 이온(Ca^{2+})이 많이 존재한다. **그림 5.5**에 제시되어 있듯이 활동 전위가 도달하면 전압 민감성 칼슘 채널이 열리고 칼슘 이온이 축색 종말로 유입된다.

유입된 칼슘 이온은 칼모듈린(calmodulin)이라고 불리는 화학물질에 결합되어 다음의 두 가지 화학적 반응에 관여하는 복합 분자를 형성한다. 하나는 소낭을 시냅스전막에 부착하게 하고 다른 하나는 축색 종말의 섬유에 소낭을 부착하게 하는 것이다. 시냅스전막에 부착된 소낭은 **세포외유출**을 통해 내용물을 시냅스틈에 쏟아낸다(그림 4.1 참조). 전달물질을 둘러싸고 있는 막은 세포막과 융합된다. 섬유와 부착한 소낭은 내용물을 쏟아낸 소낭을 대체하기 위해 세포막으로 이동한다.

3단계 : 수용기 영역의 활성화

시냅스전막에서 분비된 신경전달물질은 시냅스틈에 확산되어 시냅스후막에 있는 단백질 분자와 결합한다(그림 5.5 참조). 신경전달물질에 의해 활성화되는 이 단백질 분자를 **수용기**(receptor)라고 하는데, 이는 수용기가 위치하는 세포막 부위가 전달물질을 수용하기 때문이다. 신경전달물질의 유형과 시냅스후막의 수용기 유형은 신경전달물질이 다음의 작용을 하는 것을 결정한다.

- 시냅스후막을 탈분극화시켜 흥분성 작용을 한다.
- 시냅스후막을 과분극화시켜 억제성 작용을 한다.
- 흥분성 혹은 억제성 효과를 조율할 수 있는 다른 화학적 작용을 개시하거나 시냅스후 뉴런의 다른 기능에 영향을 미친다.
- 새로운 시냅스를 생성한다. 혹은
- 세포 안에 다른 변화가 일어나게 한다.

신경전달물질은 시냅스후막의 수용기에 작용하는 것에 덧붙여서 자신이 분비된 시냅스전막의 **자가수용기**(autoreceptor)와도 상호작용하는데, 즉 자신이 분비된 세포에도 영향을 미친다. 자가수용기는 자신이 위치하는 세포의 축색 종말로부터 메시지를 받는다.

메시지의 전달에 필요한 신경전달물질의 양은 얼마만큼인가? Bernard Katz (1965)는 이에 대한 답을 제공함으로써 1970년 노벨상을 수상하였다. 그는 근육의 시

그림 5.5 ▼

신경전달물질의 분비

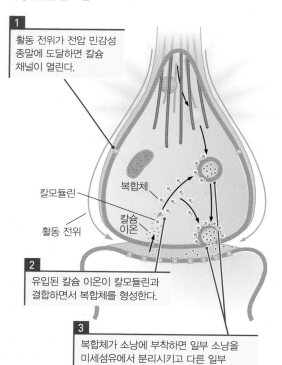

1. 활동 전위가 전압 민감성 종말에 도달하면 칼슘 채널이 열린다.

칼모듈린
활동 전위
복합체
칼슘 이온

2. 유입된 칼슘 이온이 칼모듈린과 결합하면서 복합체를 형성한다.

3. 복합체가 소낭에 부착하면 일부 소낭을 미세섬유에서 분리시키고 다른 일부 소낭을 시냅스전막에 붙게 하며 세포외유출을 통해 내용물을 비우게 한다.

냅스후막의 전기적 활동을 측정한 결과 오늘날 미소시냅스후 전위(miniature postsynaptic potential)라고 불리는 작은 자발적 탈분극화를 발견하였다. 전위의 크기는 다양하였지만 각각의 전위 크기는 가장 작은 전위의 배수 크기를 나타내었다.

Katz는 가장 작은 시냅스후 전위가 한 시냅스 소낭의 내용물이 분비됨으로써 생산된다고 결론 내렸다. 이 신경전달물질 양을 **양자**(quantum)라고 부른다. 시냅스후 전위가 시냅스후 활동 전위를 생성하기 위해서는 시냅스전 세포로부터 많은 양자가 동시에 분비되는 것이 필요하다.

추후 실험들의 결과는 단일의 활동 전위에 대한 반응으로 시냅스전막에서 분비되는 양자 수는 두 요인, 즉 활동 전위에 대한 반응으로 축색 종말로 들어간 Ca^{2+} 양과 세포막에 붙어 분비될 때를 기다리는 소낭의 수에 달려 있다는 것을 보여주었다. 두 요인 모두 시냅스 활성화에 의해 생성된 행동 반응의 크기와 이 반응이 학습을 중재하는 능력에 영향을 미친다.

4단계 : 신경전달물질의 불활성화

신경전달물질이 자신의 역할을 마친 후에는 수용기 영역과 시냅스틈에서 재빨리 제거되어야 시냅스전 뉴런이 보내는 다른 메시지가 전달될 수 있다. 신경전달물질의 불활성화는 적어도 다음의 네 가지 방식으로 일어난다.

1. **확산.** 일부 신경전달물질은 시냅스틈으로 확산되어 더 이상 수용기와 결합할 수 없게 된다.
2. **분해.** 시냅스틈에 있는 효소가 신경전달물질을 분해한다.
3. **재흡수**(reuptake). 막수송 단백질이 재사용을 위해 신경전달물질을 시냅스전 축색 종말로 다시 이동시킨다. 효소에 의한 분해로 말미암아 생산되는 부산물도 세포에서 재사용되기 위해 축색 종말로 회수된다.
4. 일부 신경전달물질은 주변의 교세포에 의해 회수된다. 교세포는 신경전달물질을 저장하였다가 추후 축색 종말로 다시 보낼 수 있다.

융통성 있는 시냅스 기능의 하나로 축색 종말의 화학적 기제는 사용 빈도에 반응할 수 있다. 만약 종말이 매우 활동적이면 그곳에서 생산되고 저장되는 신경전달물질의 양이 증가한다. 예를 들어 체성신경계의 근육에서 이루어지는 모든 시냅스는 콜린성, 즉 ACh를 신경전달물질로 사용한다(그림 5.6). 극심한 신체 운동의 결과로 말미암아 ACh 시냅스의 구조와 기능의 변화가 초래될 수 있다. 신경근 접합에서 많은 양의 ACh를 요구하는 운동은 종말에서 더 많은 ACh가 생산되도록 하여 장차 필요량이 증가될 경우를 준비하게 한다. CNS에서도 이와 유사한 시냅스 변화가 학습과 기억이 일어나게 한다.

◎ 5.4 시냅스의 유형

지금까지 대부분의 시냅스가 가지는 속성과 일반적 시냅스에 대해 살펴보았다. 그러나 신경계에는 매우 다양한 시냅스가 존재하며 각각의 시냅스 유형은 위치, 구조 및 기능에 특수화되어 있다.

시냅스의 다양성

시냅스는 매우 다양한 화학적 전달 체계이다. 그림 5.2에 제시되어 있는 **축색수상돌기 시냅스**(axodendritic synapse)에서는 한 뉴런의 축색 종말이 다른 뉴런의 수상돌기 혹은 수상돌기 가시와 만

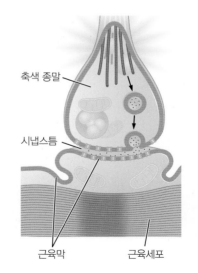

축색 종말

시냅스틈

근육막　　근육세포

그림 5.6 ▲

근육세포에서의 아세틸콜린 시냅스

그림 5.7 ▶

다양한 시냅스

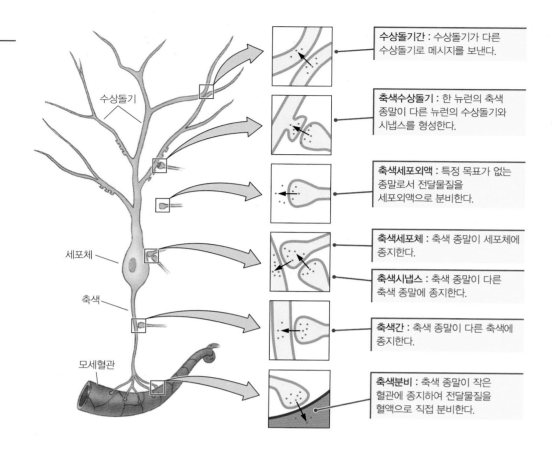

수상돌기

세포체

축색

모세혈관

수상돌기간 : 수상돌기가 다른 수상돌기로 메시지를 보낸다.

축색수상돌기 : 한 뉴런의 축색 종말이 다른 뉴런의 수상돌기와 시냅스를 형성한다.

축색세포외액 : 특정 목표가 없는 종말로서 전달물질을 세포외액으로 분비한다.

축색세포체 : 축색 종말이 세포체에 종지한다.

축색시냅스 : 축색 종말이 다른 축색 종말에 종지한다.

축색간 : 축색 종말이 다른 축색에 종지한다.

축색분비 : 축색 종말이 작은 혈관에 종지하여 전달물질을 혈액으로 직접 분비한다.

난다. 또 다른 시냅스 유형이 **축색근 시냅스**(axomuscular synapse)이다(그림 5.6 참조).

　그림 5.7은 앞서 언급한 시냅스를 포함한 다른 많은 유형의 시냅스를 보여주는데, 여기에는 축색 종말이 세포체에 종지하는 **축색세포체 시냅스**(axosomatic synapse), 축색 종말이 다른 축색에 종지하는 **축색간 시냅스**(axoaxonic synapse), 축색 종말이 다른 축색 종말에 종지하는 **축색시냅스 시냅스**(axosynaptic synapse)가 포함된다. 축색 종말이 시냅스를 형성할 특정 목표 세포를 갖는 대신 신경전달물질을 세포외액에 분비하는 경우를 **축색세포외액 시냅스**(axoextracellular synapse)라고 부른다.

　또한 축색 종말이 모세혈관과 시냅스를 형성하여 신경전달물질을 직접적으로 혈관으로 분비하는 경우를 **축색분비 시냅스**(axosecretory synapse)라고 한다. 시냅스에 축색 종말이 포함되지 않는 경우도 있는데, 즉 수상돌기가 **수상돌기간 시냅스**(dendrodendritic synapse)를 통해 다른 수상돌기에 메시지를 전달할 수 있다. 그림 5.3에 제시되어 있는 전기적 시냅스는 **세포체간**(somasomatic, 세포체에서 세포체로) 연결을 통해 주변 뉴런들이 신호를 동기화하도록 한다.

　요약하면 시냅스는 뉴런 혹은 근육에 매우 국지적 효과를 낼 수 있거나 뇌 혹은 혈관으로 화학물질을 분비함으로써 매우 광범위한 효과를 내기도 한다.

흥분성 메시지와 억제성 메시지

다양한 시냅스가 존재함에도 불구하고 결국 시냅스는 두 가지 유형, 즉 흥분성 혹은 억제성 메시지만을 전달한다. 다시 말하면 신경전달물질은 목표 세포에 활동 전위가 일어날 가능성을 증가 혹은 억제시킨다. 이러한 이중 메시지 체계에 근거하여 시냅스는 흥분성과 억제성, 혹은 I형과 II형으로 구분되는데, 이들은 위치와 형태에서 서로 다르다.

그림 **5.8**에 제시되어 있듯이 I형의 흥분성 시냅스는 전형적으로 수상돌기 가시에 위치하는 한편 II형의 억제성 시냅스는 전형적으로 세포체에 위치한다. 흥분성 시냅스는 둥근 시냅스 소낭을 가지고 있는 한편 억제성 시냅스의 소낭은 납작하다. 더욱이 시냅스전막과 시냅스후막을 구성하는 물질이 억제성 시냅스 영역보다 흥분성 시냅스 영역에 더 많이 위치하고 흥분성 시냅스틈이 억제성보다 더 넓다. 마지막으로 억제성 시냅스보다 흥분성 시냅스의 활성화 영역이 더 크다.

I형과 II형 시냅스가 서로 다른 위치에 존재하는 것은 뉴런을 두 영역, 즉 흥분성 수상돌기와 억제성 세포체 영역으로 나눈다. 이러한 구분은 흥분성 정보는 수상돌기로 들어와서 축색소구까지 전달되며 이곳에서 활동 전위가 시작되어 축색을 따라 이동하는 것을 의미한다. 만약 메시지의 전달이 억제되면 활동 전위가 시작되는 축색소구 가까이에서 억제가 일어나는 것이 가장 효율적이다.

◎ 5.5 신경전달물질의 다양성

Loewi가 흥분성 및 억제성 신경전달물질을 발견하였고 Cannon은 이 전달물질이 자율신경계와 관련되어 있음을 발견하였다. 이러한 초기 발견은 많은 연구자들로 하여금 뇌가 이중 통제의 방식으로 작용하고 있다는 것을 믿게 하였다. 다시 말하면 흥분성과 억제성 뇌세포가 있고 NE와 ACh가 이 뉴런들이 작용하는 데 사용되는 신경전달물질이라는 것이다. 오늘날 인간 뇌는 매우 다양한 신경전달물질을 사용하고 이 화학물질들이 다양한 방법으로 작용한다고 알려져 있다. 한 신경전달물질이 한 영역에서는 흥분성의 역할을 하고 다른 영역에서는 억제성의 역할을 하며 2개 이상의 신경전달물질이 하나의 시냅스에 작용하여 이 중 하나의 신경전달물질이 다른 전달물질보다 더 영향을 미치기도 한다.

이 절에서는 어떻게 신경전달물질이 확인되고 화학적 구조에 근거하여 세 가지 큰 범주 안에 포함되는가를 살펴보겠다. 신경전달물질은 하나의 신경전달물질이 하나의 행동에 관여하기보다는 여러 개의 신경전달물질들이 서로 상호작용하여 기능한다.

신경전달물질의 확인에 사용되는 네 가지 준거

신경전달물질의 확인에 사용되는 실험적 준거가 **그림 5.9**에 제시되어 있다. 신경전달물질의 확인은 그림 5.4의 화학적 신경전달의 4단계 과정을 따른다.

1. 화학물질이 뉴런 안에서 합성되거나 뉴런 안에 존재해야만 한다.
2. 뉴런이 활성화되면 반드시 분비되어 목표 세포의 반응을 초래해야만 한다.
3. 화학물질이 실험적 조작으로 합성되어 목표 세포에 적용되어도 목표 세포의 반응을 초래해야 한다.

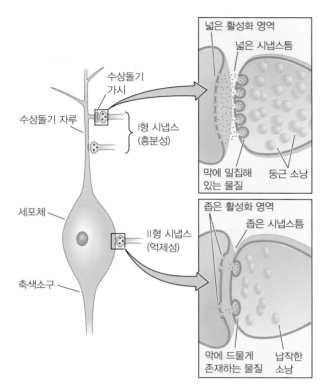

그림 5.8 ▲

흥분성과 억제성 시냅스 I형의 흥분성 시냅스는 뉴런의 수상돌기 가시와 수상돌기 자루에서 발견되고 II형의 억제성 시냅스는 세포체에서 발견된다. 두 유형의 시냅스는 소낭 모양, 시냅스막에서의 물질 농도, 틈의 크기와 시냅스후 활성화 영역의 크기 등에서 서로 다른 구조적 특징을 보인다.

그림 5.9 ▼

신경전달물질로 간주하기 위한 준거

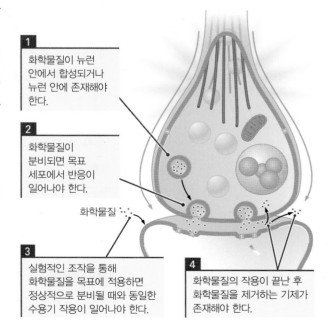

1 화학물질이 뉴런 안에서 합성되거나 뉴런 안에 존재해야 한다.

2 화학물질이 분비되면 목표 세포에서 반응이 일어나야 한다.

화학물질

3 실험적인 조작을 통해 화학물질을 목표에 적용하면 정상적으로 분비될 때와 동일한 수용기 작용이 일어나야 한다.

4 화학물질의 작용이 끝난 후 화학물질을 제거하는 기제가 존재해야 한다.

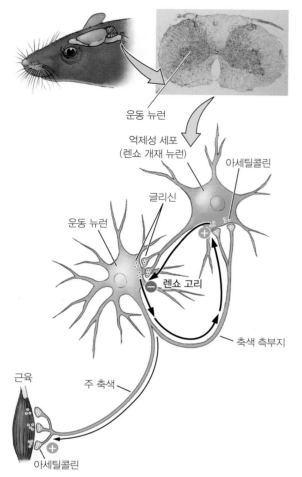

운동 뉴런

억제성 세포
(렌쇼 개재 뉴런)

아세틸콜린

글리신

운동 뉴런

렌쇼 고리

축색 측부지

근육

주 축색

아세틸콜린

그림 5.10 ▲

렌쇼 고리　(위) 쥐의 앞다리 근육으로 축색을 보내는 척수 운동 뉴런의 위치. (아래) 렌쇼 고리에서 운동 뉴런의 주 축색(초록색)은 근육으로 가고, 축색 측부지는 척수에 남아 억제성 렌쇼 개재 뉴런(빨간색)과 시냅스를 하는데, 개재 뉴런에는 억제성 전달물질인 글리신이 있다. 주 축색과 측부지 모두 아세틸콜린을 함유하고 있다. 운동 뉴런이 지나치게 흥분하면(+) 렌쇼 고리를 통해 활성화 수준이 조절된다(−).

(Ian Whishaw.)

4. 화학물질의 작용이 끝나면 작용 영역으로부터 제거되거나 **불활성화**되는 기제가 존재해야 한다.

연구자들이 이 준거들을 체계적으로 적용하면 모든 뉴런에 존재하는 수천 개의 화학 분자들 중 어느 것이 신경전달물질인가를 결정할 수 있고 신경전달물질을 합성할 수 있으며 약물로 사용할 수 있다(이에 관해서는 제6장 참조).

방법론적 측면에서 중추신경계의 신경전달물질을 확인하는 것이 쉽지 않다. 뇌와 척수에는 수천 개의 시냅스가 각 뉴런을 둘러싸고 있기 때문에 하나의 시냅스 활동에 접근하는 것이 어렵다. 결과적으로 중추신경계에 있는 수많은 물질 중 단지 일부 물질만이 네 가지 준거에 부합된다. 신경전달물질일 것이라고 추측은 되지만 아직 네 가지 준거를 갖추지 못한 물질들을 **추정 전달물질**(putative transmitter)이라고 부른다.

아세틸콜린이 처음으로 중추신경계의 신경전달물질로 확인되었는데, 이 물질을 실험적 방법으로 확인하기 이전부터 이 물질의 존재에 관한 논쟁이 있어 왔고, 이런 논쟁이 아세틸콜린에 대한 확인 과정을 촉진시켰다. 척수를 떠나는 모든 운동 뉴런의 축색은 아세틸콜린을 신경전달물질로 사용하고 축색 각각은 척수 내에서 인접한 중추신경계의 개재 뉴런과 시냅스를 맺는 축색 측부지를 가지고 있다. 그 개재 뉴런은 다시 운동 뉴런의 세포체와 시냅스를 형성한다. 이러한 순환적 연결을 최초로 발견한 연구자의 이름을 따서 **렌쇼 고리**(Renshaw loop)라고 부른다 (**그림 5.10** 참조).

근육으로 가는 주 축색이 아세틸콜린을 분비하기 때문에 연구자들은 이 축색의 측부지들도 아세틸콜린을 분비하는 것으로 추측하였다. 이 경우처럼 찾고자 하는 물질이 무엇인지 알고 있으면 아세틸콜린이 두 부위(주 축색과 축색 측부지) 모두에서 사용되는 신경전달물질이라는 것을 확인하는 것이 어렵지 않다. 렌쇼 고리는 운동 뉴런이 중추신경계로부터 흥분성 입력을 받을 때 과도하게 흥분되는 것을 스스로 억제하게 하는 피드백 회로처럼 작용한다. 만약 렌쇼 고리의 억제성 신경전달물질인 **글리신**(glycine) 아미노산이 독성 스트리크닌(strychnine)에 의해 봉쇄되면 운동 뉴런이 과도하게 흥분하게 되어 호흡을 방해하는 경련이 초래되고 사망하게 된다.

오늘날 **신경전달물질**이라는 용어는 매우 광범위하게 사용된다. 신경전달물질이 시냅스후 뉴런의 세포막의 전압에 영향을 미침으로써 한 뉴런에서 다른 뉴런으로 메시지가 전달되게 한다. 혹은 신경전달물질이 시냅스의 구조 변화와 같은 효과를 내기도 한다. 더욱이 연구자들은 신경전달물질이 시냅스전 뉴런에서 시냅스후 뉴런으로 메시지를 전달하는 정통적인 방식으로 소통할 뿐만 아니라 **역전파**에 의해 역방향으로, 즉 시냅스후막에서 시냅스전막으로 정보를 전달하는 경우도 있다는 것을 발견하였다. 마지막으로 각 뉴런이 시냅스에서 단지 하나의 신경전달물질만을 분비한다고 여겨왔지만 동일한 시냅스에 서로 다른 신경전달물질이 존재하고 동일한 세포에 작용하는 서로 다른 시냅스들이 서로 다른 신경전달물질을 사용한다(Sámano et al., 2012).

신경전달물질의 세 가지 분류

다양한 신경전달물질은 화학적 구성요소에 근거하여 다음의 세 가지, 즉 (1) 소분자 전달물질, (2) 뉴로

펩티드 신경전달물질, (3) 가스 전달물질로 분류된다.

소분자 전달물질

가장 먼저 확인된 신경전달물질은 빠르게 작용하는 아세틸콜린과 같은 **소분자 전달물질**(small-molecule transmitter)이다. 전형적으로 이 신경전달물질들은 음식물의 영양분으로부터 축색 종말에서 합성되고 포장되어 추후 사용된다. 축색 종말에서 분비된 소분자 전달물질은 시냅스 전막에서 신속하게 대체된다.

소분자 전달물질 혹은 이들의 주된 구성요소가 음식으로부터 얻어지기 때문에 이들의 체내 수준 및 활동이 다이어트의 영향을 받는다. 이 사실은 신경계에 영향을 미치는 약물을 개발하는 데 중요하다. 많은 신경활성화 약물들이 비록 소화 후 혈관에 의해 뇌에 수송되지만 이 약물들은 소분자 전달물질 혹은 전구물질과 동일한 방식으로 뇌에 도달하도록 개발된다. **표 5.1**은 잘 알려져 있는 동시에 가장 많이 연구되는 소분자 전달물질을 제시하고 있는데, 여기에는 아세틸 콜린, 아민계와 아미노산계 신경전달물질이 포함된다.

아세틸콜린 **그림 5.11**은 아세틸콜린 분자가 어떻게 합성되고 분해되는가를 보여 준다. 아세틸콜린은 2개의 물질, 즉 콜린(choline)과 아세테이트(acetate)로 구성된 다. 콜린은 달걀 노른자, 아보카도, 연어와 올리브유와 같은 음식에 들어있는 지방 의 분해산물 중 하나이고 아세테이트는 식초, 레몬 주스, 사과와 같은 산성 식품에 있는 화합물이다.

그림 5.11에 설명되어 있는 것과 같이 세포 내부에서 아세틸 조효소 A(acetyl coenzyme A, acetyl CoA)가 아세테이트를 합성 영역으로 이동시키고 콜린 아세 틸 전이효소(choline acetyltransferase, ChAT)라는 이차 효소가 ACh를 만들기 위 해 아세테이트를 콜린이 있는 곳으로 운반함으로써 전달물질이 합성된다. ACh가 시냅스틈으로 분비되어 시냅스후막의 수용기 영역으로 확산된 후에는 세 번째 효 소인 아세틸콜린 분해효소(acetylcholinesterase, AChE)가 콜린으로부터 아세테이 트를 분리시킨다. 이러한 분해산물은 재활용을 위해 시냅스전 종말로 다시 회수될 수 있다.

아민계 신경전달물질 소분자 전달물질 목록에 네 가지 아민계 전달물질을 포함되 어 있다(화학적 구조에 아민, 즉 NH를 포함하는 화학물질). 일부 아민계 전달물질 들은 공통된 생화학적 경로를 거쳐 합성되기 때문에 서로 관련되어 있다. 여기에 는 **도파민**(dopamine, 협응 운동, 주의 및 학습과 강화 행동에 중요한 역할을 함), 노르에피네프린과 에피네프린이 포함된다. 노르에피네프린과 에피네프린은 Otto Loewi의 실험을 기술할 때 살펴보았듯이 파충류의 심장과 포유류의 심장에서 흥 분성 전달물질이다.

표 5.1 소분자 신경전달물질

아세틸콜린(ACh)

아민
도파민(DA)
노르에피네프린(NE, 또는 노르아드레날린, NA)
에피네프린(EP, 또는 아드레날린)
세로토닌(5-HT)

아미노산
글루타메이트(Glu)
감마 아미노뷰티르산(GABA)
글리신(Gly)
히스타민(H)

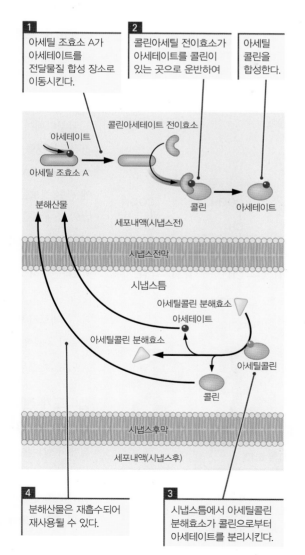

1. 아세틸 조효소 A가 아세테이트를 전달물질 합성 장소로 이동시킨다.

2. 콜린아세틸 전이효소가 아세테이트를 콜린이 있는 곳으로 운반하여

아세틸 콜린을 합성한다.

3. 시냅스틈에서 아세틸콜린 분해효소가 콜린으로부터 아세테이트를 분리시킨다.

4. 분해산물은 재흡수되어 재사용될 수 있다.

그림 5.11 ▶

아세틸콜린의 화학작용 두 효소, 즉 아세틸 조효소 A(CoA)와 콜린아세틸 전이효소(ChAT)가 음 식물로부터 온 ACh 전구물질을 세포 안에서 결합시키고, 세 번째 효소, 즉 아세틸콜린 분해효소 (AChE)가 재흡수를 위해 ACh를 시냅스틈에서 분해한다.

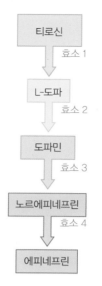

그림 5.12 ▲

세 아민계 전달물질의 순차적 합성 위의 생화학적 과정에 서로 다른 효소들이 연속적인 분자 변형에 관여한다.

그림 5.12는 아민계 전달물질들이 차례로 합성되는 생화학적 순서를 도표로 제시하고 있다. 전구 화학물은 음식(치즈와 바나나)에 풍부한 아미노산인 티로신이다. 티로신 수산화효소(tyrosine hydorxylase, 그림 5.12의 효소 1)가 티로신을 L-도파로 바꾸고, L-도파는 다른 효소들에 의해 도파민, 노르에피네프린, 그리고 마지막에는 에피네프린으로 전환된다.

이 생화학적 순서의 흥미로운 점은 체내의 티로신 수산화효소의 양이 제한되어 있다는 것이다. 결과적으로 얼마나 많은 티로신이 존재하는가 혹은 얼마나 섭취하느냐와는 무관하게 도파민, 노르에피네프린과 에피네프린의 합성 비율이 제한된다. 이 **비율 제한 요인**(rate-limiting factor)에 의한 제한은 L-도파를 경구 섭취함으로써 해결할 수 있는데, 이러한 점 때문에 도파민의 부족으로 발병하는 파킨슨병의 치료에 L-도파가 사용되고 있다.

세로토닌 아민계 전달물질인 **세로토닌**(serotonin, 5-hydroxytryptamine, 5-HT)은 다른 방식으로 합성된다. 세로토닌은 기분과 공격성, 식욕과 각성, 통증 지각과 호흡 조절에 중요한 역할을 한다. 세로토닌은 아미노산인 트립토판(tryptophan)으로부터 만들어지는데, 트립토판은 칠면조, 우유, 바나나 등에 풍부하게 존재한다.

아미노산계 전달물질 일부 아미노산계 전달물질은 아민뿐만 아니라 카르복실기(carboxyl group, COOH)를 포함하고 있다. 두 아미노산계 전달물질인 **글루타메이트**(glutamate, Glu)와 **감마 아미노뷰티르산**(gamma-aminobutyric acid, GABA)은 서로 관련되어 있다. 즉 글루타메이트에서 하나의 카르복실기가 제거되는 단순한 수정을 통해 GABA가 생성된다(**그림 5.13**). 글루타메이트와 GABA는 신경계의 일꾼으로 불리는데, 이는 이 두 전달물질이 많은 시냅스에서 사용되기 때문이다.

글루타메이트는 전뇌와 소뇌에서 주요 흥분성 전달물질로 작용하는 반면 GABA는 주요 억제성 신경전달물질로 작용한다. 따라서 I형 시냅스에는 글루타메이트가 신경전달물질로 사용되고, II형 시냅스에는 GABA가 사용된다. 즉 시냅스의 외관이 그 시냅스에서 사용되는 신경전달물질의 유형과 기능에 관한 정보를 제공한다. 흥미롭게도 글루타메이트는 뉴런들에 광범위하게 분포되어 있으나 축색 종말의 소낭으로 적절하게 포장되어 있을 때만 신경전달물질로 작용한다. 아미노산계 전달물질인 글리신(Gly)은 뇌간과 척수에 많이 존재하는 억제성 전달물질이며, 즉 그곳에서 렌쇼 고리에 작용한다.

히스타민 **히스타민**(histamine, H)은 아미노산 히스티딘(histidine)으로부터 합성된다. 히스타민은 각성과 잠에서 깨는 것의 통제를 포함한 많은 기능을 가진다. 히스타민은 평활근의 수축을 일으킬 수 있다. 알레르기 반응으로 활성화될 때 히스타민은 기도를 수축시켜 천식을 유발하게 한다. 여러분은 알레르기 치료에 항히스타민제가 사용되는 것을 알고 있을 것이다.

다른 몇 개의 물질도 소분자 전달물질로 분류된다. 앞으로 더 많은 전달물질이 발견될 것이다.

펩티드계 전달물질

50개 이상의 아미노산 사슬을 가진 다양한 길이의 펩티드계 전달물질이 **표 5.2**에 제시되어 있다. 4.1절에서 살펴본 바와 같이 펩티드에 의해 서로 연결된 아미노산은 사슬을 형성하고 이에 따라 이름이 붙여진다. 따라서 신경전달물질로 작용하는 **뉴로펩티드**(neuropeptide)는 뉴런의 DNA에 있는 지시를 mRNA가 번역하여 합성된 다기능성 아미노산 사슬이다(그림 4.7 참조).

비록 펩티드계 전달물질이 일부 뉴런에서는 축색 종말에서 생성되지만 대부분 세포의 리보좀에서 조립된 후 골지체에 의해 포장되어 미세소관을 통해 축색 종말로 수송된다. 이 전달물질은 소분자 전

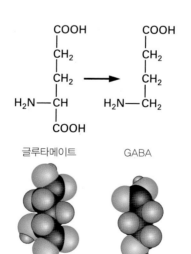

그림 5.13 ▲

아미노산 전달물질 (위) 글루타메이트 분자의 아래에 위치한 카르복실기를 제거하면 GABA가 생성된다. (아래) 두 아미노산 전달물질의 모양이 서로 다르므로 서로 다른 수용기와 결합한다.

달물질에 비해 천천히 합성되고 수송된다. 따라서 뉴로펩티드는 천천히 생성되고 수송된다.

펩티드계 전달물질은 신경계에 많이 존재하고 다양한 기능을 수행한다. 6.5절에 기술되어 있듯이 이 전달물질은 호르몬으로 작용하고(성장 호르몬), 스트레스에 반응하며(코르티코트로핀), 어미와 새끼를 밀착시키고(옥시토신), 학습을 용이하게 하며(글루코겐과 같은 펩티드) 섭식(콜레시스토키닌), 갈증(바소프레신), 즐거움과 통증(베타엔도르핀)을 조율한다.

즐거움과 통증의 경우 아편(양귀비씨로부터 생성)이 오랫동안 행복감을 일으키고 통증을 감소시키는 것으로 알려져 왔다. 아편과 모르핀과 같은 합성 물질은 세 가지 펩티드계 전달물질, 즉 **메트엔케팔린**(met-enkephalin), **루엔케팔린**(leu-enkephalin)과 **베타엔도르핀**(beta-endorphin)의 작용을 모방하는 것으로 보인다[*encephalin*은 '뇌 혹은 머릿속'을 의미하는 *cephalon*이라는 말에서 유래된 한편 *endorphin*은 '내인성 모르핀(endogenous morphin)'이 축약된 것이다].

세 가지 펩티드계 전달물질은 펩티드의 생화학적 활성화 부위를 형성하는 짧은 아미노산 사슬을 포함하고 있는 점에서 유사하다(**그림 5.14**). 아마도 아편이 사슬 중 이 부분을 모방하는 것으로 여겨진다. 자연적으로 생성되는 아편 유사한 펩티드의 발견은 하나 혹은 그 이상의 펩티드계 전달물질이 통증 관리에 관여하는 것을 시사한다. 그러나 아편계 펩티드는 통증에만 관여하지 않는다. 이 신경전달물질들은 뇌의 많은 영역에서 발견되고 구토 유발 등과 같은 다양한 기능을 가지고 있는 것으로 보인다. 따라서 아편과 같은 합성약물이 여전히 통증 관리에 더 많이 사용되고 있다.

소분자 전달물질과는 달리 펩티드의 아미노산 사슬은 소화 과정 동안 분해되기 때문에 이 물질들을 경구 복용하는 것이 일반적으로 효과적이지 않다. 혈관 내로 직접 들어갈 경우 큰 크기로 말미암아 혈뇌장벽을 넘을 수 없어 뇌에 도달되지 못한다.

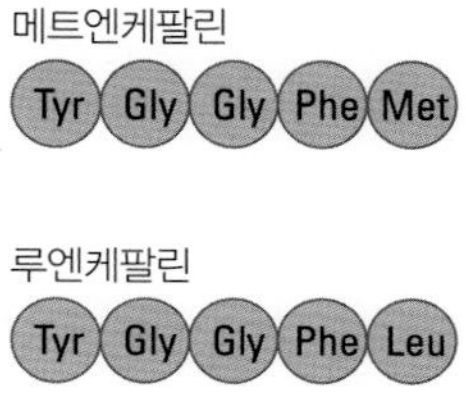

가스 전달물질

산화질소(nitric oxide, NO)와 **일산화탄소**(carbon monoxide, CO)와 같은 수용성 가스는 전달물질들이 보이는 생화학적 전략을 확대한다. 수용성 가스이기 때문이 이들은 시냅스 소낭에 저장되지 않고 전형적인 방법으로 분비되지 않는다. 대신 이들은 필요할 때마다 세포 안에서 합성된다. 전형적인 신경전달물질과는 달리 산화질소는 수상돌기를 포함한 뉴런의 많은 영역에서 생성된다. 이 가스들은 합성 후 합성된 장소에서 확산되어 세포막을 쉽게 건너 즉각적으로 작용한다. 산화질소와 일산화탄소 모두 다른 신경전달물질의 생산을 조절하는 것과 같은 세포 대사 과정(에너지를 소모하는 과정)을 활성화시킨다.

산화질소는 신체의 많은 부위에서 메신저의 역할을 한다. 즉 내장벽의 근육을 통제하고 활발하게 활동하는 뇌 영역의 혈관을 확장하여 이 영역이 더 많은 혈액을 공급받게 한다. 이에 덧붙여 산화질소는 생식 기관의 혈관을 확장시키기 때문에 남성의 음경 발기가 일어나게 한다. 남성의 발기부전 치료에 널리 사용되는 실데나필 구연산염(비아그라)은 산화질소의 작용을 증가시킨다. 산화질소 그 자체가 성적 각성을 야기하지 않는다.

표 5.2   펩티드계 신경전달물질

물질류	예
아편성	엔케팔린, 다이놀핀
신경하수체성	바소프레신, 옥시토신
세크레틴성	가스트린 억제 펩티드, 성장호르몬 분비촉진 펩티드
인슐린성	인슐린, 인슐린 성장인자
가스트린성	가스트린, 콜레시스토키닌
소마토스타틴성	췌장 폴리펩티드
부신피질스테로이드성	글루코코르티코이드, 미네랄로코르티코이드

메트엔케팔린

(Tyr)(Gly)(Gly)(Phe)(Met)

루엔케팔린

(Tyr)(Gly)(Gly)(Phe)(Leu)

그림 5.14 ▲

아편성 펩티드계   뇌의 쾌락과 통증 중추에 작용하는 신경펩티드들의 아미노산 사슬 일부는 구조적으로 유사하며, 이들의 기능을 모방하는 아편이나 모르핀과 같은 아편제도 유사한 아미노산 사슬을 가지고 있다.

◎ 5.6 흥분성과 억제성 수용기

시냅스전막에서 분비된 신경전달물질은 시냅스틈을 건너 시냅스후 세포의 수용기와 결합한다. 그다음에 어떤 일이 일어나는가는 수용기의 유형에 따라 달라진다. 한 부류의 수용기는 흥분성인 반면 다른 부류는 억제성이다.

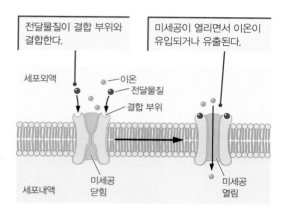

전달물질이 결합 부위와 결합한다.

미세공이 열리면서 이온이 유입되거나 유출된다.

세포외액

이온
전달물질
결합 부위

세포내액

미세공
닫힘

미세공
열림

그림 5.15 ▲

이온성 수용기 막에 삽입되어 있는 단백질로서 활성화하면 직접적이고 빠르게 막전압이 변화된다.

이온성 수용기와 흥분

그림 5.15에 기술되어 있듯이 **이온성 수용기**(ionotropic receptor)는 두 부분, 즉 신경전달물질과 결합하는 부분 및 이온들이 세포막을 통과하는 미세공 혹은 채널을 가지고 있다. 신경전달물질이 결합 부위에 부착하면 미세공은 이온이 세포막을 통과하는 것을 조절한다. 이온성 수용기는 대부분 흥분성이고 활동 전위가 일어날 가능성을 증가시킨다.

신경전달물질이 결합 부위에 부착하면 수용기가 형태를 변화시키는데, 즉 미세공을 열어 이온이 통과하게 하거나 미세공을 닫게 하여 이온 흐름을 봉쇄한다. 신경전달물질이 수용기와 결합하자마자 이온의 흐름에 직접적으로 영향을 미치는 미세공의 개폐가 일어나기 때문에 이온성 수용기는 매우 빠른 막전위 변화가 일어나게 한다.

이온성 수용기의 구조와 전압 민감성 채널을 포함한 막채널의 구조는 매우 유사하다. 수용기는 채널의 중앙 미세공을 형성하는 하위 단위(subunit)들로 구성되어 있다. 미세공 안에는 형태가 변화하는 부분이 있는데, 이를 통해 미세공이 개폐하게 되어 이온의 흐름을 조절한다.

대사성 수용기와 억제

이온성 수용기와 달리 **대사성 수용기**(metabotropic receptor)는 대부분 억제성이어서 활동 전위의 발생 가능성을 감소시킨다. 대사성 수용기는 이온이 이동할 수 있는 미세공을 가지고 있지 않다. **그림 5.16**의 상단에 제시되어 있듯이 수용기의 바깥 부분은 신경전달물질과 결합하지만 내부는 **구아닐뉴클레오티드 결합 단백질**(guanyl-nucleotide-binding protein) 짧게는 G-단백질이라고 불리는 단백질군 중 하나와 결합되어 있고 전달물질의 메시지를 번역하여 세포 내에서 생화학적 활동이 일어나게 한다.

G-단백질은 세 가지 하위 단위, 즉 알파, 베타와 감마로 구성되어 있다. 알파(alpha)는 신경전달물질이 G-단백질과 결합되어 있는 대사성 수용기와 결합하면 분리된다. 분리된 알파는 세포막이나 세포질 안에 있는 다른 단백질과 결합할 수 있다. 알파는 가까이에 있는 이온 채널과 결합하여 이 채널을 열리게 혹은 닫히게 하며 이를 통해 세포막의 전위를 조절한다. 이에 덧붙여 알파는 다른 분자와 결합하여 세포의 활동을 변화시키는 일련의 대사성 활동을 야기하거나 세포핵에 있는 유전자의 발현에 영향을 미친다.

그림 5.16A는 첫 번째 효과, 즉 이온 채널이 열리는 것을 보여준다. 만약 알파가 가까이에 위치하는 세포막의 이온 채널과 결합하면 채널의 구조가 변화되어 채널을 통과하는 이온의 흐름에 영향을 미친다. 채널이 이미 열려 있으면 알파가 이 채널을 닫게 하고 채널이 닫혀 있으면 알파가 이 채널을 열리게 한다. 채널과 막을 통과하는 이온 흐름의 이러한 변화는 막전위에 영향을 미친다.

신경전달물질이 대사성 수용기와 결합한 결과 초래되는 두 번째 효과는 세포의 생물 활동이 변하는 것이다. 그림 5.16B에 요약된 바와 같이 이 과정은 분리된 알파가 효소와 결합할 때 시작된다. 효소는 다시 **이차전령**(second messenger, 신경전달물질이 첫 번째 전령이다)이라고 불리는 다른 화학물질을

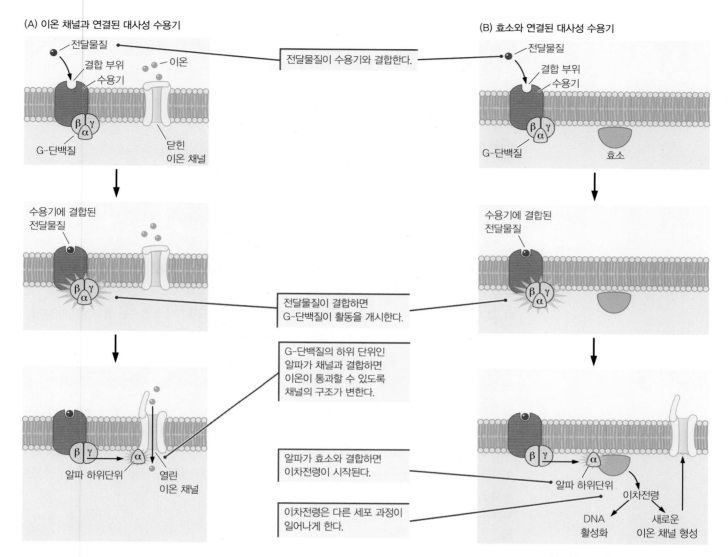

(A) 이온 채널과 연결된 대사성 수용기

전달물질
결합 부위
수용기
이온
G-단백질
닫힌
이온 채널

전달물질이 수용기와 결합한다.

(B) 효소와 연결된 대사성 수용기

전달물질
결합 부위
수용기
G-단백질
효소

수용기에 결합된
전달물질

수용기에 결합된
전달물질

전달물질이 결합하면
G-단백질이 활동을 개시한다.

G-단백질의 하위 단위인
알파가 채널과 결합하면
이온이 통과할 수 있도록
채널의 구조가 변한다.

알파 하위단위
열린
이온 채널

알파가 효소와 결합하면
이차전령이 시작된다.

이차전령은 다른 세포 과정이
일어나게 한다.

알파 하위단위
이차전령
DNA
활성화
새로운
이온 채널 형성

그림 5.16 ▲

대사성 수용기 대사성 수용기는 막에 삽입되어 있는 단백질로서 활성화하면 G-단백질의 활동을 개시시키고, G-단백질의 활동은 (A) 인접한 이온 채널 혹은 (B) 세포의 대사 활동에 간접적인 영향을 미친다.

활성화시킨다. 이름이 의미하는 것과 같이 이차전령은 세포 내부에 있는 다른 구조에 메시지를 전달한다. 그림 5.16B 하단에 제시되어 있는 바와 같이 이차전령은 다음과 같다.

- 세포막 채널에 결합하여 채널의 구조를 변화시키고 이에 따라 막을 통과하는 이온 흐름을 변화시킨다.
- 세포 내부에 있는 단백질 분자가 세포막에 병합되게 유발하는 반응을 개시하고 이로 인해 새로운 이온 채널이 형성되도록 한다.
- 세포의 DNA에 영향을 미쳐 유전자가 발현하도록 혹은 발현하지 못하게 하여 단백질 생산을 조절한다.

흥분성과 억제성 수용기 효과

한 유형의 수용기하고만 결합하거나 시냅스후 세포에 하나의 영향만을 미치는 신경전달물질은 없다. 전형적으로 동일한 신경전달물질이 이온성 수용기와 결합하여 목표 세포에 흥분성 효과를 가질 수 있고 대사성 수용기와 결합하여 억제성 효과를 낼 수도 있다.

예를 들어 아세틸콜린은 골격근에서 이온성 수용기를 활성화시켜 흥분성 효과를 내지만 심장에서는 대사성 수용기를 활성화시켜 억제성 효과를 낸다. 이에 덧붙여 각 전달물질은 서로 다른 유형의 이온성 혹은 대사성 수용기와 결합한다. 예를 들어 아세틸콜린은 신경계에서 다양한 유형의 수용기를 활성화시킨다.

◎ 5.7 신경전달물질 활성화 체계와 행동

화학적 신경전달물질에 따라 뉴런의 이름을 붙이는 것은 신경전달물질이 행동에 미치는 영향에 관한 것을 상기시킨다. 예를 들어 포유동물의 자율신경계에서 아세틸콜린은 '안정과 소화' 반응과 관련되고 노르아드레날린은 '싸움 혹은 도주' 반응과 관련된다는 것을 회상해보자.

특정 전달물질이 어디에서 발견되든지 간에 특정 기능 체계를 형성한다는 생각은 신경전달물질 유형에 근거하여 신경계를 구분할 수 있다고 여기게 한다. 연구자들이 약 50년 전에 시냅스에서의 신경전달을 연구하기 시작할 때 그들은 한 뉴런이 자신의 축색 종말에 오직 하나의 전달물질을 가진다고 여겼다. 추후 연구자들은 서로 다른 전달물질들이 동일한 종말 혹은 시냅스에 공존하는 것을 발견하였다.

뉴로펩티드계 전달물질은 소분자 전달물질과 공존하고 하나 이상의 소분자 전달물질이 단일 시냅스에서 발견된다. 어떤 경우에는 하나 이상의 전달물질이 단일 소낭 안에 포장되어 있다. 이 모든 사실은 엄청나게 많은 수의 신경전달물질-수용기 결합이 존재하며 하나의 신경전달물질과 하나의 행동 간의 단순한 인과관계를 가정해서는 안 된다는 것을 시사한다.

그럼에도 불구하고 하나의 축색 종말에 존재하는 지배적인(주된) 신경전달물질에 집중함으로써 신경전달을 단순화할 수 있다. 뉴런과 그 뉴런의 지배적인 전달물질을 한 기능 혹은 행동과 관련지을 수 있다. 이제 체성신경계, 자율신경계와 중추신경계에서의 신경전달물질과 행동 사이의 관련성에 관해 살펴보기로 하자.

말초신경계에서의 신경전달

체성신경계의 운동 뉴런들은 콜린성인데, 즉 아세틸콜린을 주요 신경전달물질로 사용한다. 뇌와 척수에 있는 운동 뉴런들은 축색을 눈과 얼굴, 몸통, 사지, 손가락과 발가락 등의 골격근으로 보낸다. 이름이 의미하는 바와 같이 체성신경계의 운동 뉴런은 우리의 움직임을 매개한다. 골격근에서 콜린성 뉴런은 흥분성이고 근수축을 일으킨다.

비록 아세틸콜린이 골격근에서의 주요 신경전달물질이지만 다른 신경전달물질도 콜린성 축색 종말에서 발견되며 아세틸콜린과 함께 근육에 분비된다. 이러한 신경전달물질 중 하나가 **칼시토닌 유전자 관련 펩티드**(calcitonin-gene-related peptide, CGRP)라는 펩티드계 신경전달물질인데, 이는 이차전령을 통하여 근육을 수축시키는 힘을 증가시키는 작용을 한다.

자율신경계의 상호보완적 관계인 교감계와 부교감계는 신체의 내적 환경을 조율한다. 자율신경계의 이 두 체계는 척수의 두 수준에서 중추신경계로부터 나오는 콜린성 뉴런들에 의해 통제된다(그림 5.1 참조). 중추신경계의 뉴런들은 아세틸콜린을 함유한 부교감계 뉴런들과 시냅스를 형성하는 한편 노르에피네프린을 함유한 교감계 뉴런들과 시냅스를 형성한다. 교감계의 노르에피네프린성 뉴런은 신체 기관으로 하여금 '싸움 혹은 도주' 반응을 하도록 준비시킨다. 부교감계의 콜린성 뉴런은 신체 기관으로 하여금 '안정과 소화' 반응을 하도록 한다.

특정 신체 기관에서의 아세틸콜린 혹은 노르에피네프린 시냅스가 흥분성 혹은 억제성 효과를 가지는가는 신체의 수용기에 달려 있다. 교감계에 의한 각성이 일어나는 동안 노르에피네프린은 심박률을 증가시키고 소화 기능을 억제하는데, 이는 심장에 있는 NE 수용기가 흥분성인 반면 소화관에 있는 NE 수용기는 억제성이기 때문이다. 이와 유사하게 ACh는 심박률을 감소시키고 소화 기능을 증가시키는데, 이는 심장에 있는 ACh 수용기가 억제성인 반면 소화관에 있는 ACh 수용기는 흥분성이기 때문이다.

한 영역에서는 흥분성이고 다른 영역에서는 억제성인 신경전달물질의 활동은 교감계와 부교감계가 여러 환경하에서 신체의 내부 환경이 적절하게 유지될 수 있도록 하는 상호보완적 자율조절 시스템을 만들도록 해준다.

중추신경계의 활성화 체계

뇌와 척수에 있는 많은 신경전달물질들이 특정 기능을 가지고 있지만 일부 전달물질은 광범위한 중추신경계의 활동을 조율하는 기능을 가지는 것으로 보인다. 이 **활성화 체계**(activating system)는 단일 신경전달물질을 통해 뇌 활동을 조율하는 신경 경로를 형성하며, 운동 행동, 각성, 기분과 전반적인 뇌가소성과 같은 기능을 통제한다.

네 가지 소분자 전달물질, 즉 ACh, 도파민, NE와 5-HT 활성화 체계가 가장 많이 연구되었다. 각 체계에 포함되는 뉴런들, 즉 콜린성, 도파민성, 노르아드레날린성과 세로토닌성 뉴런들의 세포체는 뇌간의 제한된 영역에 위치하고 축색을 뇌와 척수의 광범위한 영역으로 보낸다. **그림 5.17**에 제시되어 있는 PET 스캔은 건강한 사람의 뇌와 파킨슨병 환자의 뇌에 있는 5-HT 뉴런 농도와 수용기들을 서로 비교하여 보여준다. 비록 파킨슨병 증상의 주요 원인이 도파민의 감소에 있지만 이 질환이 다른 신경전달물질에도 영향을 미치는 것을 스캔을 통하여 알 수 있다.

중추신경계의 활성화 체계를 집에 전기를 공급하는 것으로 비유할 수 있다. 퓨즈 상자가 전원이 되며 이곳으로부터 나오는 선이 각 방으로 연결되지만 각 방의 전기장치는 서로 다르다. 이와 유사하게 뉴런의 세포체는 뇌간에 있는 몇 개의 핵에 모여 있지만 축색은 전뇌, 뇌간과 척수에 광범위하게 분포되어 있다. **그림 5.18**은 각 활성화 체계의 핵 위치와 축색 경로에 관한 지도인데, 화살표는 축색 종말이 위치하는 곳이다.

각 활성화 체계는 여러 행동 및 일부 질환과 관련되어 있고, 이에 관한 요약이 그림 5.18의 오른쪽에 제시되어 있다. 그러나 도파민이 파킨슨병과 관련되어 있는 것은 명확하지만 활성화 체계와 뇌질환 사이의 관련성 대부분은 아직 명확하지 않다. 활성화 체계에 관한 연구가 진행 중에 있다.

활성화 체계와 행동 또는 활성화 체계와 질환 사이의 관련성에 대한 정확한 상관관계를 밝히는 것이 어려운 이유는 이 활성화 체계의 축색들이 뇌의 거의 모든 영역과 연결되어 있기 때문이다. 지금까지 밝혀진 각 활성화 체계와 행동 및 질환 간의 관계에 대해 살펴보기로 하자.

콜린계

콜린계는 정상적인 각성 행동을 담당하고 주의와 기억에 관여하는 것

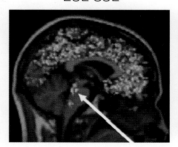

건강한 정상인   파킨슨병 환자

정중솔기(봉선핵)

그림 5.17 ▲

파킨슨병이 세로토닌계에 미치는 효과   PET 영상들은 세로토닌 수용기와 결합한 추적 화합물로부터 방출된 방사능을 나타낸다. 뇌간의 봉선핵에 있는 5-HT 뉴런들의 세포체의 자가수용기 농도와 전뇌의 종말단추에 있는 5-HT 수용기 농도가 높을 경우에는 빨간색으로, 낮은 경우에는 초록색으로 표시되어 있다.

(Brooks, D.J., Piccini, P. Imaging in Parkinson's disease. The role of monoamines in behavior, *Biological Psychiatry*, 59:908–918, 2006 © Elsevier.)

◎ **그림 5.18** ▶

주요 활성화 체계 각 체계의 세포체들이 모여 뇌간에서 핵을 이루고 있다(타원형). 축 색들은 뇌 전체에 걸쳐 광범위하게 투사하고 목표 기관에서 시냅스를 형성한다. 각각의 활성화 체계는 하나 혹은 그 이상의 행동 혹은 질병과 관련되어 있다.

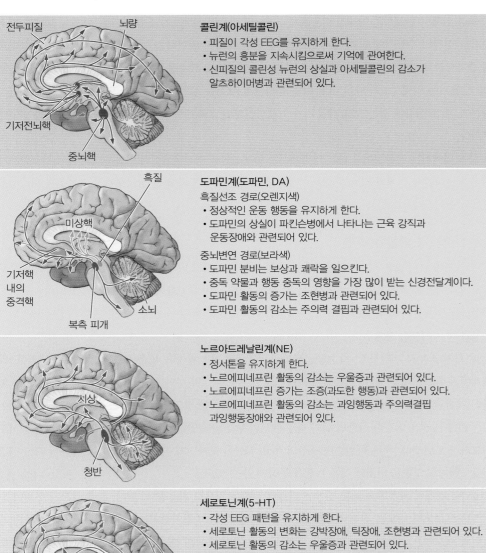

콜린계(아세틸콜린)
• 피질이 각성 EEG를 유지하게 한다.
• 뉴런의 흥분을 지속시킴으로써 기억에 관여한다.
• 신피질의 콜린성 뉴런의 상실과 아세틸콜린의 감소가 알츠하이머병과 관련되어 있다.

도파민계(도파민, DA)
흑질선조 경로(오렌지색)
• 정상적인 운동 행동을 유지하게 한다.
• 도파민의 상실이 파킨슨병에서 나타나는 근육 강직과 운동장애와 관련되어 있다.

중뇌변연 경로(보라색)
• 도파민 분비는 보상과 쾌락을 일으킨다.
• 중독 약물과 행동 중독의 영향을 가장 많이 받는 신경전달계이다.
• 도파민 활동의 증가는 조현병과 관련되어 있다.
• 도파민 활동의 감소는 주의력 결핍과 관련되어 있다.

노르아드레날린계(NE)
• 정서톤을 유지하게 한다.
• 노르에피네프린 활동의 감소는 우울증과 관련되어 있다.
• 노르에피네프린 증가는 조증(과도한 행동)과 관련되어 있다.
• 노르에피네프린 활동의 감소는 과잉행동과 주의력결핍 과잉행동장애와 관련되어 있다.

세로토닌계(5-HT)
• 각성 EEG 패턴을 유지하게 한다.
• 세로토닌 활동의 변화는 강박장애, 틱장애, 조현병과 관련되어 있다.
• 세로토닌 활동의 감소는 우울증과 관련되어 있다.
• 뇌간의 5-HT 뉴런의 이상은 수면 무호흡증과 영아 돌연사 증후군과 관련되어 있다.

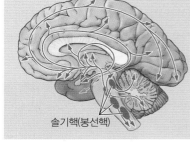

으로 여겨진다. 퇴행성 질환인 **알츠하이머병**(Alzheimer's disease)은 처음에는 경미한 망각으로 시작되지만 점차 기억장애, 나아가 치매로 진행되는데, 이 질병을 앓은 환자의 뇌를 부검하면 콜린성 뉴런이 상실되어 있다. 알츠하이머병의 한 가지 치료 전략은 각성을 높이기 위해 콜린계를 자극하는 약물을 개발하는 것이지만 아직 이 약물의 효과는 성공적이지 않다. ACh가 음식에 있는 영양분으로부터 합성된다는 사실을 고려하여 현재 다이어트가 ACh 수준의 유지에 가지는 역할에 대한 연구가 진행 중이다.

그러나 알츠하이머병과 관련된 뇌의 이상은 콜린성 뉴런에만 국한되어 있지 않다. 부검을 통해 신피질과 다른 뇌 영역의 광범위한 손상이 밝혀지는데, 여기에는 뉴런의 상실과 **반점**(plaque)이라고 불리는 비정상적 조직이 모여 있는 것이 포함된다. 그 결과 콜린성 뉴런이 이 질환의 진행에 어떤 역할을 가지는가는 아직 명확하지 않다. 아마 콜린성 뉴런의 상실이 피질의 변성을 초래하거나 피질의 변성이 콜린성 뉴런의 상실을 유발할 수 있다. 따라서 콜린성 뉴런의 상실이 알츠하이머병의 많은 신경 증상들 중 하나일 수 있다. 알츠하이머병과 다른 치매에 관한 것이 27.7절에 자세하게 기술되어 있다.

도파민계

그림 5.18에서 볼 수 있듯이 두 가지 도파민 경로가 뇌간에서 다른 뇌 영역으로 이어지는데, 하나는 흑질에서 시작되는 **흑질선조**(nigrostriatal) 경로이고 다른 하나는 복측 피개에서 시작되는 **중뇌변연** (mesolimbic) 경로이다.

흑질선조 도파민 경로는 운동의 조절에 관여한다. 흑질에 있는 도파민성 뉴런들이 상실되면 파킨슨병에서 관찰되는 극심한 근육의 경직이 초래된다. 동시에 길항근이 수축되기 때문에 환자는 움직이기 어려워진다. 파킨슨병 환자들은 특히 사지에서 리드미컬한 진전을 보이는데, 이는 정상적으로는 억제되는 운동이 표출됨을 의미한다. 비록 파킨슨병의 발병 원인이 잘 알려져 있지 않지만 도파민성 뉴런을 죽이는 선택적 독성물질 등과 같은 약물의 복용으로 시작될 수 있다(제6장 사례 보기 참조).

중뇌변연 경로의 도파민은 음식, 약물과 충동 통제의 상실을 동반하는 행동의 중독과 관련된다. 중독 행동의 공통된 특징은 중뇌변연 도파민계의 자극이 환경 자극에 대한 반응을 증가시켜 자극을 매력적이거나 보상적인 것으로 여기게 한다는 것이다. 이에 관해서는 6.4절에 기술되어 있다.

중뇌변연 도파민계의 지나친 활성화가 **조현병**(schizophrenia)과 관련되어 있다고 여겨지고 있는데, 조현병은 망상, 환각, 와해된 언어, 정서둔마, 안절부절못함과 자세 부동성이 특징인 행동장애이다 (27.2절 참조). 조현병은 가장 흔하고도 파괴적인 정신장애 중 하나이고 100명 중 1명꼴로 발병한다.

노르아드레날린계

노르아드날린계와 행동 및 질환 사이의 관련성은 주로 정서에 관한 것이다. 지속적인 무가치감과 죄책감, 정상적인 식습관의 와해, 수면장애, 전반적으로 느려진 행동과 빈번한 자살 사고 등이 특징으로 나타나는 기분장애인 **주요우울장애**(major depression)의 일부 증상이 노르아드레날린성 뉴런들의 활성화 감소와 관련되어 있다. 역으로 **조증**(mania, 지나친 흥분)의 일부 증상들은 동일 뉴런들의 활성화 증가와 관련되어 있다. 기분장애는 27.3절에 기술되어 있다.

NE 활성화 감소는 주의력결핍 과잉행동장애(attention-deficit/hyperactivity disorder, ADHD)와도 관련되어 있다(24.3절 참조). 노르에피네프린은 정상적인 뇌 발달을 촉진시키고 신경가소성을 자극함을 통해 행동 조직화와 학습에도 중요한 역할을 한다.

세로토닌계

세로토닌 활성화 체계는 콜린계처럼 우리가 움직이거나 깨어 있을 때 전뇌에서 각성 EEG를 유지하도록 한다. NE처럼 세로토닌은 학습에 중요한 역할을 하고 우울증의 일부 증상들은 세로토닌성 뉴런의 활성화 감소와 관련되어 있다. 우울증의 치료에 사용되는 약물들은 공통적으로 노르아드레날린계와 세로토닌계에 작용한다. 따라서 두 가지 유형의 우울증이 존재하는데, 한 유형은 노르에피네프린과 관련되고 다른 유형은 세로토닌과 관련된다.

일부 연구 결과는 조현병의 다양한 증상들이 세로토닌 활성화 증가와 관련되어 있다는 것을 보여주며, 이는 서로 다른 유형의 조현병이 존재함을 시사한다. 세로토닌의 활성화 증가는 **강박장애**

자세히 보기 | 영아 돌연사 증후군과 수면 무호흡증의 신경화학적 관련성

영아 돌연사 증후군(sudden infant death syndrome, SIDS)은 1세 이하의 건강한 영아가 갑작스럽게 뚜렷한 이유 없이 사망하는 경우이다. 전형적으로 SIDS 영아는 잠을 자는 동안 사망하고 고통스러워하는 사인을 보이지 않는다.

영아를 업드려 재우는 것 등이 SIDS의 위험 요인으로 확인되고 있지만 이 증후군의 생물학적 원인은 거의 이해되지 못하고 있다. 미국에서 1년에 약 2,500명이 SIDS로 사망하고 생후 1개월 이상의 건강한 영아의 사망 원인 1위이다.

연구자들은 SIDS로 사망한 영아의 뇌와 다른 원인으로 사망한 영아의 뇌를 비교하였다. SIDS 사망자들이 다른 이유로 사망한 영아에 비해 뇌간의 세로토닌 뉴런의 수가 감소된 것이 관찰되었다(Richerson, 2013). 세로토닌 뉴런과 관련된 또 다른 뇌간 핵이 오른쪽에 제시되어 있는 전뵈트징어 복합체(pre-Bötzinger complex)이다(Ramirez, 2011). 타원형의 작은 뇌간 뉴런은 호흡을 통제하고 뉴로키닌, 소마토스타틴 및 루엔케팔린 등과 같은 펩티드계 신경전달물질을 함유하고 있다.

동일한 뇌간 신경계가 코골이와 **수면 무호흡증**(sleep apnea)과도 관련되는데, 수면 무호흡증은 잠을 자는 동안 호흡장애를 일으키는 경우이다. 수면 무호흡증의 경우 뇌가 호흡을 위해 근육으로 신호를 보내지 못하고, 이로 말미암아 개인은 호흡을 하기 위해 잠에서 깨어나야 한다. 26.7절에 두 유형의 무호흡증이 기술되어 있는데, 무호흡증은 그리스 단어로 문자 그대로 '호흡 없이'를 의미한다. 수면 무호흡증을 치료하지 않으면 잠을 자는 동안 반복적으로 호흡을 멈추며 일부는 밤에 잠을 자는 동안 수백 번이나 1분 이상 동안 호흡을 멈춘다.

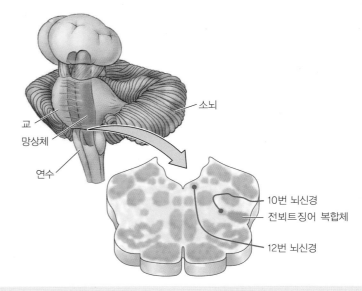

소뇌
교
망상체
연수
10번 뇌신경
전뵈트징어 복합체
12번 뇌신경

전뵈트징어 복합체. 뇌핵과 10번 뇌신경 및 12번 뇌신경을 포함하는 뇌간핵이 호흡 리듬에 매우 중요한 역할을 한다. 전뵈트징어 핵은 와인병의 라벨을 따라 이름 붙여졌다.

[Research from Schwarzacher SW1, U. Rüb and T. Deller. Neuroanatomcal characteristics of the human pre-Bötzinger complex and its involvement in neurodegenerative brainstem diseases. *Brain* 134 (Pt. 1):24 – 35, 2011.]

미국 국립보건원에 따르면 1,200만의 미국인이 수면 무호흡증을 앓고 있다고 한다. 위험 요인으로는 남성, 과체중, 40세 이상 등이 포함되지만 수면 무호흡증은 어느 연령층에서도 발생하며 심지어 아동에서도 발병된다. 수면 무호흡증이 심각한 결과를 초래할 수 있음에도 불구하고 대중과 건강 관련 전문가들의 인식 부족으로 수면 무호흡증을 가지는 대다수의 사람들이 진단

및 치료를 받지 않고 있다.

수면 무호흡증을 치료하지 않을 경우 고혈압 및 다른 심혈관장애, 기억장애, 체중 증가, 발기불능과 두통이 초래될 수 있다. 더욱이 수면 무호흡증을 치료하지 않을 경우 직업상의 어려움에서부터 교통사고에 이르기까지 다양한 결과가 초래될 수 있다.

Ramirez, J.-M. The human pre-Bötzinger complex identified. *Brain* 134: 8 – 10, 2011. Richerson, G. B. Serotonin: The Anti-SuddenDeathAmine? *Epilepsy Currents* 13(5):241 – 244, 2013.

(obsessive-compulsive disorder, OCD)의 증상과도 관련되어 있는데, OCD는 강박적으로 반복적 행동(손 씻기 등)과 반복적이고 때로 불쾌한 사고(강박사고)로 특징된다. 자세히 보기에는 세로토닌계 핵의 이상과 수면 무호흡증 및 영아 돌연사 증후군 사이의 관련성에 관해 기술되어 있다.

기타 뇌활성화 체계

비록 네 가지 주요 활성화 체계가 많은 행동 및 질환에 관여하지만 다른 신경화학적 체계 역시 행동에 전반적인 영향을 미치며, 여기에는 히스타민, 오렉신과 아편계가 포함된다.

시상하부 후측에 위치하는 히스타민계의 세포체는 축색을 전뇌로 보낸다. 히스타민은 소분자 신경 전달물질에 포함되고 수면과 각성에 관여한다. 히스타민의 활성화는 깨어 있을 때 가장 높고 수면 동안 가장 낮으며 항히스타민 약물은 수면을 야기한다.

오렉신(히포크레틴이라고도 불림)계는 펩티드계 신경전달물질로서 시상하부에 세포체가 위치하고 축색을 전뇌와 뇌간으로 보낸다. 이 체계는 수면-각성, 식욕, 에너지 사용('orexin'은 그리스어로 '식욕'을 의미)을 통제하는 것으로 알려져 있다. 오렉신계의 활성화 감소는 기면증(narcolepsy)과 같이 꿈을 꾸는 상태로 빠져들게 하는데, 이에 관해서는 26.7절에 기술되어 있다.

아편계는 다른 활성화 체계와 해부학적인 면에서 서로 다른데, 즉 다른 활성화 체계는 제한된 뇌 영역에서부터 시작되지만 아편성 뉴런들은 뇌와 척수에 광범위하게 분포되어 있다. 자연적으로 생성되거나 아편, 모르핀 및 헤로인과 같은 합성 아편 약물들은 아편성 뉴런들을 자극하고 정서, 통증과 식욕에 영향을 미친다.

요약

5.1 신경전달물질의 발견

뉴런들이 축색 종말에서 화학물질을 분비함으로써 서로 의사소통한다는 사실의 발견은 신경과학 연구에 혁신적인 사건이었다. 시냅스전막에서 분비되는 신경전달물질은 시냅스후 뉴런의 활동에 영향을 미친다. 즉 신경전달물질은 시냅스후 뉴런의 수용기와 결합하고 시냅스후 뉴런에서 활동 전위가 일어나도록 흥분시키거나 활동 전위가 일어나지 않도록 억제시킴으로써 시냅스후 뉴런의 전기적 활동을 변화시킨다. 약물, 호르몬과 독성물질은 신경화학물질의 작용을 모방하거나 억제한다.

5.2 시냅스의 구조

시냅스전막, 시냅스틈과 시냅스후막이 시냅스를 형성한다. 축색 종말에서 분비되는 신경화학물질은 시냅스틈을 건너 시냅스후막에 있는 수용기를 활성화시켜 시냅스후 뉴런의 전기적 활동을 증가 혹은 억제시키거나 시냅스후 뉴런의 기능을 변화시킨다. 신경계에 50여 개의 신경전달물질이 존재하는 것이 확인되었지만 100개 이상의 물질이 작용하고 있는 것으로 여겨진다.

5.3 신경전달의 4단계

전달물질의 작용 단계는 (1) 신경전달물질의 합성과 저장, (2) 세포외 유출을 통해 축색 종말에서 분비, (3) 시냅스후 수용기에 작용, (4) 신경전달물질의 불활성화와 재흡수이다.

약물은 이 모든 단계에 영향을 미칠 수 있다. 따라서 신경전달물질이 어떻게 작용하는가를 이해하는 것이 정상 행동뿐만 아니라 약물이 행동에 미치는 기제를 이해하게 한다.

5.4 시냅스의 유형

뉴런은 세포체, 축색, 수상돌기, 다른 시냅스, 근육 및 혈관 등과 시냅스를 형성할 수 있고 다양한 흥분성과 억제성 작용을 매개한다. 흥분성 작용은 뉴런의 수상돌기에서 일어나서 축색소구로 전달되며 그곳에서 활동 전위가 생성되어 축색을 따라 전달되거나 활동 전위가 억제된다.

5.5 신경전달물질의 다양성

신경전달물질은 다음의 세 가지, 즉 소분자 전달물질, 펩티드계 전달물질과 가스 전달물질로 분류된다. 신경전달물질들은 서로 관련되고 상호작용하기 때문에 단일 전달물질과 단일 행동 사이의 일대일의 관계는 없다. 서로 다른 신경전달물질들이 동일한 시냅스에 공존할 수 있고 동일한 세포의 서로 다른 시냅스들이 서로 다른 신경전달물질을 가질 수 있다.

5.6 흥분성과 억제성 수용기

이온성 수용기는 신경전달물질과 결합하는 부위와 이온 흐름이 가능한 미세공을 가지고 있기 때문에 흥분성을 띤다. 즉 신경전달물질의 작용이 직접적이고 신속하게 일어난다. 대사성 수용기는 미세공을 가지고 있지 않지만 이차전령을 통해 세포의 다양한 신진대사 활동에 영향을 미친다. 대사성 수용기는 억제성을 띠어 신경전달물질의 작용이 천천히 일어나게 한다.

5.7 신경전달물질 활성화 체계와 행동

동일한 주요 신경전달물질을 사용하는 뉴런들의 활성화 체계는 다양한 행동에 영향을 미친다. 많은 질환과 신경학적 상태는 활성화 체계의 신경전달물질 이상 기능과 관련되어 있다. 예를 들어 콜린계, 도파민계, 노르아드날린계와 세로토닌계 활성화 체계는 뇌질환과 관련되어 있다. 히스타민, 오렉신과 아편계를 포함하는 다른 활성화 체계는 각성에 영향을 미친다. 신경전달물질의 기능에 관한 이해가 치료에 도움이 된다.

참고문헌

Brook, D. J., and P. Piccini. Imaging in Parkinson's disease: The role of monoamines in behavior. *Biological Psychiatry* 49:906–918, 2006.

Bukalo, O., E. Campanac, D. A. Hoffman, and R. D. Fields. Synaptic plasticity by antidromic firing during hippocampal network oscillations. *Proceedings of the National Academy of Sciences U. S. A.* 110:5175–5180, 2013.

Cannon, W. B. *Bodily Changes in Pain, Hunger, Fear and Rage.* New York: D. Appleton and Co., 1920.

Iversen, L. L., S. D. Iversen, F. E. Bloom, and R. H. Roth. *Introduction to neuropsychopharmacology.* New York: Oxford University Press, 2009.

Katz, B. On the quantal mechanism of neurotransmitter release. *Nobel Lectures, Physiology or Medicine 1963–1970.* Amsterdam: Elsevier Publishing Company, 1965.

Loewi, O. *The Chemical Transmission of Nerve Action. Nobel Lectures, Physiology or Medicine 1922–1941.* Amsterdam: Elsevier Publishing Company, 1965.

Sámano, C., F. Cifuentes, and M. A. Morales. Neurotransmitter segregation: Functional and plastic implications. *Progress in Neurobiology* 97:277–287, 2012.

6

약물과 호르몬이 행동에 미치는 영향

사례 보기　프로즌 중독 사례

환자 1. 1982년 7월 첫 4일 동안 42세 남성이 '새로이 합성된 헤로인' 4.5g을 복용하였다. 이 약물을 매일 3~4차례 정맥 주사한 결과 주사를 놓은 부위에서 작열감을 경험하였다. 이 약물의 즉각적 효과가 헤로인의 효과와 달랐는데, 즉 이상할 정도의 '멍한' 느낌과 일시적인 시각적 왜곡과 환각을 야기하였다. 마지막으로 이 약물을 주사한 지 이틀 후 그는 자신이 '얼어붙은' 것처럼 느꼈고 단지 '천천히' 움직일 수밖에 없음을 알게 되었다. 그가 움직이기 위해서는 '각 동작을 생각하는 것'이 필요하였다. 7월 9일에서 11일까지 여러 차례 응급실을 방문하는 동안 그는 뻣뻣하고 움직임이 느렸으며 거의 말을 하지 않고 긴장되어 있었다. (Ballard et al., 1985, p. 949)

위 사례에 관한 과학적 연구가 시작되었다. 환자 1은 캘리포니아 주에 있는 병원에 거의 같은 시기에 입원하였던 7명의 성인 중 한 사람이다. 환자들 모두 심각한 파킨슨병 증상을 보였는데, 이 증상은 1982년 여름 거리에서 구입한 합성 헤로인을 주사한 후 갑작스럽게 나타났다.

J. William Langston(2008)과 동료들은 헤로인에 들어 있는 MPTP(1-methyl-4-phenyl-1, 2, 3, 6-tetrahydropyridine)가 합성 도중 오염된 것을 발견하였다. 쥐를 대상으로 한 실험 결과 MPTP 자체보다는 MPTP가 독성물질인 MPP$^+$(1-methyl-4-phenylpyridinium)로 신진대사한 결과로 말미암아 증상이 초래된 것으로 밝혀졌다.

MPTP 중독으로 사망한 것으로 여겨지는 한 환자를 부검한 결과 흑질의 도파민성 뉴런이 선택적으로 상실되었지만 뇌의 다른 부위들에는 이상이 관찰되지 않았다. MPTP를 원숭이, 쥐와 생쥐에 주사한 결과 환자들이 보인 증상들과 유사한 증상들이 나타났고 흑질에 있는 도파민성 뉴런들이 선택적으로 상실되었다.

1988년 환자 1은 스웨덴 룬드에 있는 한 대학병원에서 실험적 치료를 받았다. 즉 사망한 인간 태아의 뇌에서 도파민성 뉴런들을 추출하여 미상핵과 피각에 이식하는 수술을 받았다(Widner et al.,

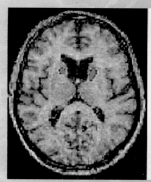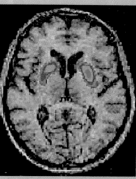

Mendez, et. al. Cell type analysis of functional fetal dopamine cell suspension ransplants in the striatum and substantia nigra of patients with Parkinson's disease. Brain 2005 Jul;128(Pt 7):1498-510. Epub 2005 May 4.

1992). 환자 1은 수술 후 심각한 합병 증상을 보이지 않았고 24개월 후 상태는 많이 호전되었다. 그는 스스로 옷을 입거나 음식을 먹을 수 있게 되었으며 도움을 받으면 화장실을 사용할 수 있었고 외출도 하였다. 그는 약물에 훨씬 잘 반응하였다. 파킨슨병 환자 뇌의 도파민 수준(왼쪽)과 이식 수술 후 28개월에 촬영한 환자의 MRI 사진(오른쪽)이 제시되어 있다.

이 과학적 발견은 신경심리학에도 중요하였는데, 즉 MPTP 약물이 파킨슨병의 동물 모델을 만드는 데 사용되기 시작하였다. MPTP 효과와 유사한 효과를 가지는 환경 내의 합성물에 관한 연구는 특정 살충제와 제초제가 파킨슨병을 유발할 수 있다는 것을 밝혔다. 신경 조직을 비교적 젊은 사람에게 이식하는 것이 효과적이라는 것을 보여준 연구 결과는 손상된 뇌가 회복될 수 있다는 희망을 가져다주었다. 마지막으로 약물이 신속하고 선택적으로 뇌를 손상시킬 수 있다는 사실은 많은 약물과 관련 합성물이 신경독성 작용을 할 수 있다는 의심을 높였다.

이 장의 주제는 **정신약물학**(psychopharmacology), 즉 약물이 어떻게 신경계와 행동에 영향을 미치는가이다. 먼저 투약 방법과 약물이 어떤 경로를 통해 중추신경계에 도달하는지, 약물이 어떻게 신체에서 제거되는지와 약물이 어떻게 시냅스에서 작용하는지를 살펴보기로 하자. 다음으로는 행동에 미치는 효과에 근거하여 **향정신성 약물**을 어떻게 분류하는가와 개인의 약물에 대한 반응과 중독에 관해 살펴보기로 하자. 약물과 관련된 많은 원리들이 호르몬의 작용에 적용되는데, 여기에 대해서는 이 장의 마지막 부분에서 살펴보겠다.

약물이 뇌에서 어떻게 작용하여 약물 효과를 내는가는 신중하게 살펴보아야 하는데, 이는 약물이 작용하는 신경전달물질, 수용기와 작용 부위가 엄청나게 많기 때문이다. 정신약물학 연구는 이에 관한 중요한 발견을 하였지만 아직까지 약물작용에 관한 충분한 이해가 이루어지지 않고 있다.

6.1 정신약물학 원리

약물은 신체 내에 원하는 변화를 일으키는 화학 합성물이다. 약물은 주로 질병의 진단, 치료와 예방을 위해, 통증과 고통을 경감하기 위해 혹은 해로운 생리적 상태를 완화시키기 위해 사용된다. 인류 역사를 통해 약물은 음식, 향락, 심지어 독성물질로 사용되어 왔다. 오늘날 약물은 연구 도구로도 사용되고 있다.

기분, 사고 혹은 행동을 변화시키는 물질인 **향정신성 약물**(psychoactive drug)은 신경심리 질병을 관리하기 위해 사용되거나 남용되고 있다. 일부 향정신성 약물은 독성물질로 작용하여 질병, 뇌 손상 혹은 사망을 초래한다.

투약 경로

향정신성 약물이 효과를 내기 위해서는 신경계 내의 목표물에 도달해야만 한다. 약물이 신체로 들어가서 신체를 통과하여 목표물에 도달하는 방법을 **투약 경로**(route of administration)라고 한다. 투약은 구강, 폐흡입, 직장 좌약, 피부에 부착한 패치 혹은 혈관, 근육 심지어는 뇌에 직접 주사함으로써 이루어진다(**그림 6.1**).

구강(입)으로 약물을 복용하는 것이 대개 쉽고 안전하지만 모든 약물이 위산을 견디거나 소화관 벽을 통과할 수 있는 것은 아니다. 약물이 혈관에 도달하기 위해서는 먼저 위 내벽 혹은 소장에 흡수되어야 한다. 액체로 된 약물이 고체 약물보다 더 쉽게 흡수된다. 고체 약물은 위산에 용해되지 않는 한 흡수되지 않는다.

약물이 가지는 화학적 속성도 흡수에 영향을 미친다. 알코올과 같은 약산은 위 내벽을 건너 쉽게 흡수된다. 비타민 B와 같은 염기(base)는 장에 도달할 때까지 쉽게 흡수되지 않는데, 장의 넓은 표면적이 흡수를 용이하게 한다.

흡수 후 약물은 혈관으로 들어가는데, 혈관에서 또 다른 장애물을 만나게 된다. 혈액의 수분 농도가 매우 높기 때문에 약물이 혈액에 섞이기 위해서는 친수성(hydrophilic)을 띠어야 한다. 소수성(hydrophobic) 물질은 혈액 내로 들어가지 못한다. 만약 약물이 혈액순환계로 들어가면 6L의 혈액이 약물을 희석한다.

신경계의 목표물에 도달하기 위해서는 약물이 혈액에서 세포외액으로 이동해야 하는데, 이때 약물 분자가 작아야만 혈액을 신체 세포로 전달하는 작은 혈관인 모세혈관의 미세공을 통과할 수 있다. 약

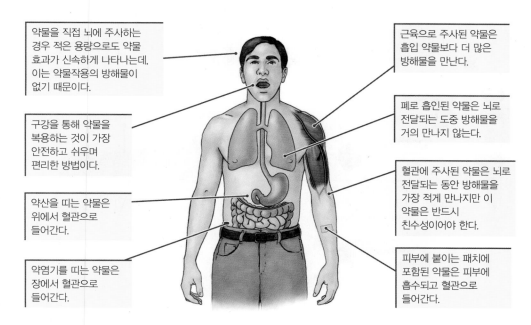

약물을 직접 뇌에 주사하는 경우 적은 용량으로도 약물 효과가 신속하게 나타나는데, 이는 약물작용의 방해물이 없기 때문이다.

구강을 통해 약물을 복용하는 것이 가장 안전하고 쉬우며 편리한 방법이다.

약산을 띠는 약물은 위에서 혈관으로 들어간다.

약염기를 띠는 약물은 장에서 혈관으로 들어간다.

근육으로 주사된 약물은 흡입 약물보다 더 많은 방해물을 만난다.

폐로 흡인된 약물은 뇌로 전달되는 도중 방해물을 거의 만나지 않는다.

혈관에 주사된 약물은 뇌로 전달되는 동안 방해물을 가장 적게 만나지만 이 약물은 반드시 친수성이어야 한다.

피부에 붙이는 패치에 포함된 약물은 피부에 흡수되고 혈관으로 들어간다.

◉ 그림 6.1 ◀

투약 경로

물이 모세혈관의 미세공을 통과하여도 또 다른 방해물이 기다리고 있다. 세포외액의 수분(약 35L)이 약물을 다시 희석하고 세포 안에서 일어나는 다양한 신진대사 과정에 의해 약물이 수정되거나 파괴될 수 있다.

약물 제거 경로

투약 직후부터 신체는 대사작용을 통해 약물을 분해하고 제거하기 시작한다. 희석된 약물은 신체 내의 많은 부위들에서 격리된다. 또한 약물은 담즙에 의해 장에서 분해될 뿐만 아니라 신장과 간에서도 분해된다. 약물은 소변, 대변, 땀, 모유와 내뿜는 숨을 통해서 배출된다. 치료 목적으로 개발된 약물은 목표물에 도달하는 가능성을 높일 뿐만 아니라 신체 내에 더 오래 머무를 수 있도록(예 : 지방세포에 의해 격리되는 것) 고안된다.

간은 약물을 분해하는데 특히 적극적인데, 이는 간에는 **시토크롬** P450(cytochrome P450)이라고 불리는 이화 효소가 있기 때문이다(이 효소의 일부는 위장관에도 존재한다). 분해되지 않거나 신체로부터 제거되지 않는 물질은 체내에 축적되어 독성을 띨 수 있다. 예를 들어 수은은 쉽게 신체 밖으로 제거되지 않기 때문에 심각한 신경학적 손상을 초래할 수 있다(Eto, 2006).

신체 밖으로 제거된 약물조차도 문제를 초래한다. 인간을 포함한 많은 동물종들이 이 약물들을 음식과 식수 형태로 재섭취할 수 있다. 재섭취된 약물은 태아의 발달과 심지어 성숙한 유기체의 생리적 과정과 행동에 영향을 미칠 수 있다. 이 문제는 철저한 배설물 관리 체계를 요구하는데, 이를 통하여 인간과 다른 동물들에서 배출되는 약물의 부산물을 제거할 수 있다(Radjenović et al., 2009).

혈뇌장벽

3.2절에서 **혈뇌장벽**(blood-brain barrier)이 많은 물질이 뇌의 풍부한 모세혈관 네트워크에 들어가는 것을 막는다는 것을 살펴보았다. 실제로 어떤 뉴런도 모세혈관으로부터 50mm 이상 떨어져 있지 않다. **그림 6.2**는 뇌의 모세혈관을 구성하는 단일층의 **내피세포**(endothelial cell)가 모세혈관의 외표면의 약 80%를 덮고 있는 성상교세포의 종족을 둘러싸고 있는 것을 보여준다. 성상교세포는 융합된 내피세

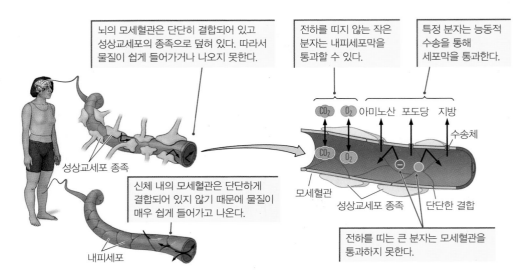

◎ **그림 6.2** ▶

혈뇌장벽 신체 내의 모세혈관 대부분은 모세혈관 세포막을 통해 물질이 통과하는 것을 허용하지만 뇌의 모세혈관은 성상교세포의 작용으로 인해 매우 단단히 결합되어 있는 혈뇌장벽을 형성한다.

뇌의 모세혈관은 단단히 결합되어 있고 성상교세포의 종족으로 덮여 있다. 따라서 물질이 쉽게 들어가거나 나오지 못한다.

전하를 띠지 않는 작은 분자는 내피세포막을 통과할 수 있다.

특정 분자는 능동적 수송을 통해 세포막을 통과한다.

성상교세포 종족

신체 내의 모세혈관은 단단하게 결합되어 있지 않기 때문에 물질이 매우 쉽게 들어가고 나온다.

내피세포

CO_2 O_2 아미노산 포도당 지방

수송체

모세혈관

성상교세포 종족

단단한 결합

전하를 띠는 큰 분자는 모세혈관을 통과하지 못한다.

포들의 단단한 결합이 유지되는 것을 돕는데, 이로 말미암아 물질은 다음의 두 가지 방법 중 하나를 통해서만 통과할 수 있다.

1. 산소와 이산화탄소와 같이 이온성을 띠지 않고 지용성인 소분자만이 모세혈관 벽을 통과할 수 있다.
2. 포도당, 아미노산과 다른 영양분들은 **능동-수송 체계**(active-transport system), 즉 4.2절에 기술되어 있는 나트륨-칼륨 이온 펌프처럼 특정 물질을 수송하는 단백질 펌프를 통해 모세혈관을 통과한다.

　그림 6.3에서 볼 수 있듯이 세 가지 뇌 영역의 모세혈관 벽에 있는 세포들에는 혈뇌장벽이 부족하다. 시상하부의 **뇌하수체**(pituitary gland)는 많은 호르몬을 혈액 내로 분비하고 혈액을 통해 뇌하수체로 전달되는 다른 호르몬들이 뇌하수체에서의 호르몬 분비를 촉진한다. 뇌의 아래 부위에 위치하는 **최후 영역**(area postrema)의 혈뇌장벽 부재는 혈액 내에 독성물질이 있을 경우 구토 반응이 일어나게 한다. **송과선**(pineal gland)에도 혈뇌장벽이 부족한데, 이로 인하여 송과선이 낮과 밤 주기를 조율하는 호르몬을 통제하게 된다.

약물 경로와 용량

약물이 목표물에 도달하는 도중 만나는 장애물의 수가 약물의 구강 복용보다 흡입될 때 일반적으로 더 적고 혈액 내로 직접 주사할 때 더 적다. 뇌로 직접 약물이 주사될 때 가장 적은 수의 방해물을 만나게 된다. 향정신성 약물이 입에서 뇌에 도달할 때까지 만나는 수많은 방해물을 고려하면 왜 약물을 흡입하거나 혈관에 직접 주사하는 것이 더 이로운지를 명확하게 이해할 수 있다. 이러한 약물 복용법은 위의 장애물을 피할 수 있게 한다. 실제 약물이 뇌로 가는 도중에 만나는 방해물이 제거될 때마다 약물 용량이 10분의 1로 감소되어도 동일한 약물 효과를 가질 수 있다.

　예를 들어 정신자극제 암페타민은 $1mg(1,000\mu g)$을 구강 복용하면 눈에 띄는 행동 변화가 초래된다. 만약 암페타민을 폐로 흡입하거나 혈액 내로 주사하면 이 약물이 위로 가는 경로를 피하게 되는데, 이 경우 단지 $100\mu g(1,000\mu g \div 10)$만으로도 동일한 효과를 초래할 수 있다. 이와 유사하게 만약 암페타민을 뇌척수액에 주사하여 위와 혈액으로 가는 경로를 피하게 하면 $10\mu g$으로도 동일한 효과를 낼

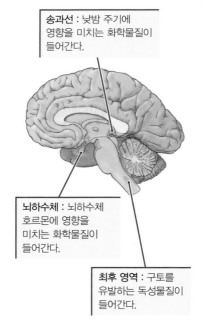

송과선 : 낮밤 주기에 영향을 미치는 화학물질이 들어간다.

뇌하수체 : 뇌하수체 호르몬에 영향을 미치는 화학물질이 들어간다.

최후 영역 : 구토를 유발하는 독성물질이 들어간다.

그림 6.3 ▲

혈뇌장벽을 갖지 않는 뇌 영역

표 6.1　정신질환의 치료약물

질환	약물군	대표 약물	상품명	발견자
조현병	페노티아진 부티로페논	클로르프로마진 할로페리돌	라각틸, 토라진 할돌	Jean Delay & Pierre Deniker(프랑스), 1952 Paul Janssen(벨기에), 1957
우울증	모노아민 산화효소(MAO) 억제제 삼환계 항우울제 선택적 세로토닌 재흡수 억제제	이프로나이아지드 이미프라민 플루옥세틴	마르실리드 토프라닐 프로작	Nathan S. Kline & J. C. Saunders(미국), 1956 Roland Kuhn(스위스), 1957 Eli Lilly Company, 1986.
양극성장애	리튬			John Cade(오스트레일리아), 1949
불안장애	벤조디아제핀	클로르디아제폭사이드 메프로바메이트	바리움 에콰닐, 밀타운	Leo Sternbach(폴란드), 1940 Frank Berger & William Bradley(체코슬로바키아), 1946

수 있고 만약 암페타민을 목표 뉴런에 직접 주사하면 이 약물이 뇌척수액에서 희석되는 것을 피할 수 있으며 이로 인하여 단지 1μg만으로도 동일한 행동 변화를 초래할 수 있다.

　이 수리적 공식은 약물 판매자와 불법 약물을 사용하는 사람들에게 잘 알려져 있다. 흡입 혹은 정맥 주사할 수 있는 약물의 가격이 매우 저렴한 것은 구강으로 복용할 경우보다 훨씬 적은 양의 약물이 뇌의 목표물에 신속하게 도달할 수 있기 때문이다.

6.2 시냅스에서의 약물작용

거의 모든 향정신성 약물은 수천 년 전 혹은 이보다 최근에 우연히 발견되어 신경심리적 질병의 치료에 사용되어 오고 있다(**표 6.1**). 대부분의 향정신성 약물 효과는 시냅스에서 일어나는 화학적 반응에 영향을 미침으로써 일어난다. 뇌의 시냅스 작용에 관한 이해는 약물의 향정신성 효과와 잠재적인 부정적 효과를 설명하게 한다. 따라서 약물의 향정신성 효과를 이해하기 위해 먼저 이 약물이 어떻게 시냅스 활동을 변화시키는가를 살펴보기로 하자.

시냅스 전달 단계

그림 6.4는 시냅스의 신경전달에서 일어나는 일곱 가지 주요 사건을 요약하고 있다. 각 단계마다 약물작용이 일어난다. 신경전달물질 합성은 (1) 세포체, 축색 혹은 축색 종말에서 일어날 수 있다. 합성된 신경전달물질은 (2) 저장과립 혹은 소낭에 저장되고, (3) 종말의 시냅스전막에서 분비되어, (4) 시냅스후막에 삽입되어 있는 수용기에 작용한다. 시냅스에 있는 과도한 신경전달물질은 (5) 불활성화되거나, (6) 시냅스전 종말로 재흡수되어 추후 재사용된다. 시냅스는 (7) 과도한 신경전달물질과 불필요한 부산물을 퇴화시키는 기제도 가지고 있다.

　신경전달의 각 요소는 약물이 영향을 미칠 수 있는 하나 혹은 그 이상의 화학적 반응을 수반한다. **효능제**(agonist)는 신경전달의 효과를 증가시키는 약물인 반면 **길항제**(antagonist)는 신경전달의 효과를 감소시키는 약물이다. 효능제와 길항제는 다양한 방법으로 작용할 수 있지만 어떤 방법으로 작용하든지 간에 결과는 동일하다. 신경전달물질인 아세틸콜린을 예로 들어보자.

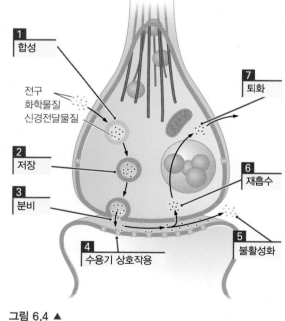

그림 6.4 ▲

약물 효과 과정　원칙적으로 약물은 7개의 주요 화학 과정 중 어느 과정에도 영향을 미치며, 약물이 효능제 혹은 길항제로 작용하는가에 따라 효과는 시냅스 전달을 증가 혹은 감소시키는 것으로 나타난다.

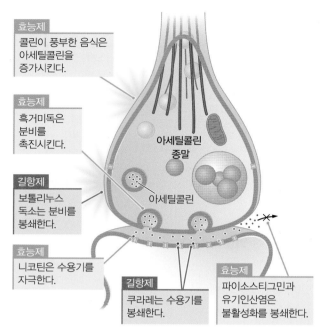

효능제
콜린이 풍부한 음식은 아세틸콜린을 증가시킨다.

효능제
흑거미독은 분비를 촉진시킨다.

길항제
보툴리누스 독소는 분비를 봉쇄한다.

효능제
니코틴은 수용기를 자극한다.

아세틸콜린 종말

아세틸콜린

길항제
쿠라레는 수용기를 봉쇄한다.

효능제
파이소스티그민과 유기인산염은 불활성화를 봉쇄한다.

그림 6.5 ▲

아세틸콜린 효능제와 길항제 아세틸콜린의 분비, 시냅스후 수용기와의 결합, 분해 혹은 불활성화 과정을 변화시킴으로써 아세틸콜린의 전달에 영향을 미치는 약물

약물작용의 예 : 아세틸콜린 시냅스

그림 6.5는 운동 뉴런과 근육 사이에서 일어나는 ACh 시냅스에서 약물과 독성물질이 어떻게 효능제 혹은 길항제로 작용하는가를 보여준다. 일부 물질은 여러분에게 생소하겠지만 일부 물질에 관해서는 이미 알고 있을 것이다. 그림 6.5에 소개되어 있는 두 가지 물질은 축색 종말에서 분비되는 ACh에 영향을 미치는 독성물질이다.

- **흑거미독**(black widow spider venom)은 효능제인데, 이는 이 독이 ACh를 과도하게 분비시키기 때문이다. 흑거미에 물린 곤충은 과도하게 분비된 ACh로 말미암아 마비되어 죽는다. 인간의 경우 흑거미에 물리면 마비되지는 않지만 근육이 약해지는 것을 경험한다.

- **보툴리누스 독소**(botulinum toxin) 혹은 **보툴린**(botulin)은 부적절하게 처리된 통조림 음식에서 자라는 박테리아에 의해 일어나는 독성물질이다. 보툴린은 ACh 길항제로서 ACh의 분비를 봉쇄한다. 보툴린 독소의 효과는 몇 주 혹은 몇 달까지 지속될 수 있다. 심한 경우 움직임과 호흡 마비가

초래되어 사망에 이를 수 있다. 보툴린은 의료적 목적으로도 사용된다. 근육에 주사하면 근육을 마비시키기 때문에 뇌성마비에서 관찰되는 원치 않는 근육 경련이나 수축을 막을 수 있다. 또한 보톡스라는 상표로 성형 목적, 즉 근육을 이완시켜 주름을 막는 데도 사용된다. 보툴린이 통증섬유의 활성화를 막을 수 있기 때문에 통증 완화를 위해 근육이나 관절에 주사되기도 한다.

그림 6.5는 ACh 수용기에 작용하는 다른 두 가지 약물도 보여준다.

- **니코틴**(nicotine)은 담배에 있는 화학물질로 콜린성 수용기를 자극하기 때문에 ACh 효능제이다. 이 작용 때문에 신경근 접합(그림 5.6 참조)에 있는 콜린성 수용기를 **니코틴성 수용기**(nicotinic receptor)라고도 부른다. 니코틴의 구조가 ACh 구조와 매우 유사하기 때문에 니코틴이 ACh 수용기의 결합 부위와 결합한다.

- **쿠라레**(curare)는 남미 식물의 씨로부터 추출되는 독성물질이고 콜린성 수용기에 길항제로 작용하여 ACh가 수용기와 결합하는 것을 막는다. 쿠라레는 신속하게 작용하고 몇 분 내로 신체에서 제거된다. 그러나 많은 양의 쿠라레는 사망에 이르게 할 정도로 움직임과 호흡을 정지시킨다.

초기 유럽 탐험가들이 아마존 강을 따라 거주하는 인디언들을 만났는데, 이들은 쿠라레를 입힌 화살을 쏘아 작은 동물을 사냥하였다. 사냥꾼들이 사냥한 동물을 먹어도 그들에게 해가 되지 않는데, 이는 쿠라레가 소화관을 통과하여 신체의 다른 부위로 가지 못하기 때문이다. 쿠라레와 유사한 많은 약물들이 합성되었다. 이 약물들 중 일부는 큰 동물을 일시 마비시켜 조사하거나 추후 확인을 위해 꼬리표를 붙이기 위해 사용되기도 한다. 호흡기 근육보다 근육근이 쿠라레와 같은 약물에 더 민감하기 때문에 적절한 양의 쿠라레는 동물을 일시적으로 움직이지 못하게 하지만 호흡은 가능하게 한다.

그림 6.5에 제시되어 있는 마지막 약물이 파이소스티그민(physostigmine)인데, 이 약물은 ACh를 분해하는 효소인 아세틸콜린 분해효소(AChE)의 작용을 억제한다. 따라서 파이소스티그민은 시냅스에서 ACh의 양을 증가시키는 효능제로 작용한다. 파이소스티그민은 아프리카산 콩으로부터 추출되며 아프리카 원주민들은 이 약물을 독성물질로 사용하였다. 많은 양은 독성을 띠는데, 이는 흑거미독처럼

신경근 시냅스의 지나친 흥분을 일으켜 움직임과 호흡을 방해하기 때문이다.

그러나 소량의 파이소스티그민이 중증근무력증(myasthenia gravis, '근육 약화'를 의미)의 치료에 사용되는데, 이 경우 근육 수용기가 정상보다 ACh 수용기에 덜 반응하여 피로 등을 초래한다. 중증근무력증은 남성보다 여성에게 더 영향을 미치기 때문에 이전에는 피곤한 **주부 증후군**(tired housewife's syndrome)이라고 여겼으나, 이 질환에 ACh 시냅스가 관여하는 것이 밝혀지면서부터 이 질환에 대한 정확한 이해와 치료가 가능하게 되었다(26.8절 참조).

파이소스티그민의 작용은 단기적이며 단지 몇 분, 길어도 30분 정도만 지속된다. 그러나 **유기인산염**(organophosphate)이라고 불리는 다른 합성물은 아세틸콜린 분해효소(AChE)와 결합하면 뒤집을 수 없을 만큼 강하게 결합하기 때문에 매우 강한 독성을 띤다. 많은 살충제와 제초제가 유기인산염이기 때문에 화학전에 사용되기도 한다. 강한 유기인산염 물질 중 하나가 치명적인 신경가스인 사린이다. 1993년의 화학무기 금지조약(Chemical Weapons Convention)에 의해 사용이 금지되었음에도 불구하고 1999년 이라크 정부, 2013년 시리아 정부는 자국민들에게 사린을 사용하였다.

신경근 시냅스에 영향을 미치는 약물 혹은 독성물질이 뇌에 있는 ACh 시냅스에도 영향을 미치는가? 이는 물질이 혈뇌장벽을 건널 수 있는가에 달려 있다. 파이소스티그민과 니코틴은 장벽을 통과할 수 있지만 쿠라레는 통과하지 못한다.

내성

내성(tolerance)은 약물의 반복적인 복용으로 말미암아 약물에 대한 반응이 감소되는 것을 의미하고, 이에 대한 극적인 예가 H. Isbell과 동료들(1955)의 연구에 제시되어 있다. 이들은 교도소 수감자들 중 연구에 자원한 사람들에게 13주 동안 매일 충분한 양의 알코올을 제공하여 일정한 수준의 술취함을 유지하게 하였다(그림 6.6A). 그러나 실험 결과 참여자들이 세 달 동안 줄곧 취해 있지는 않았다.

실험이 시작된 후 며칠 동안에는 참여자들의 혈중 알코올 수준이 급격하게 상승하였고 술에 취한 행동 사인을 보였다(그림 6.6B 위 그래프). 그러나 12~20일 사이에는 비록 참여자들이 일정량의 알코올을 섭취하였음에도 불구하고 혈중 알코올 수준과 술취한 행동이 감소하였다(가운데 그래프).

이러한 결과는 세 가지 서로 다른 유형의 내성 때문이다.

1. **신진대사 내성**(metabolic tolerance)이 발달하는 동안 간, 혈액과 뇌에서 알코올을 분해하는 데 필요한 효소의 수가 증가한다. 그 결과 섭취된 알코올이 더 빨리 신진대사되고 이로 인하여 혈중 알코올 수준이 감소한다.

2. **세포 내성**(cellular tolerance)은 혈액 내에 존재하는 알코올 효과를 감소시키기 위하여 뉴런들의 활동이 적응됨으로써 발달하게 된다. 세포 내성은 혈중 알코올 수준이 비교적 높은데도 불구하고 술취함의 행동 사인이 감소하는 것을 설명하는 데 도움이 된다.

3. **학습된 내성**(learned tolerance)도 술취함의 사인이 감소하게 한다. 사람들이 알코올의 영향을 받으면서도 일상생활의 요구에 대처하는 것을 학습하면서 술취함의 사인이 감소하게 된다.

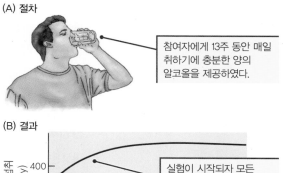

(A) 절차

참여자에게 13주 동안 매일 취하기에 충분한 양의 알코올을 제공하였다.

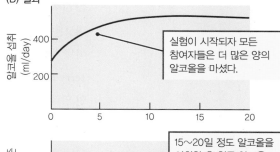

(B) 결과

실험이 시작되자 모든 참여자들은 더 많은 양의 알코올을 마셨다.

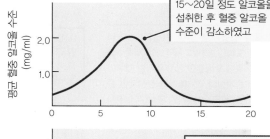

15~20일 정도 알코올을 섭취한 후 혈중 알코올 수준이 감소하였고

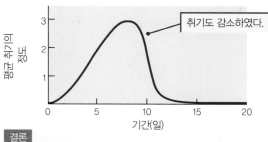

취기도 감소하였다.

기간(일)

결론

내성으로 말미암아 실험이 끝날 무렵, 실험 시작 당시의 취기 정도를 얻기 위해 더 많은 양의 알코올이 필요하였다.

그림 6.6 ▲

알코올 섭취, 혈중 알코올 수준과 행동 꾸준히 알코올을 섭취한 처음 20일 동안 내성으로 말미암아 혈중 알코올 수준과 취기의 행동적 사인의 관계가 변한다.

(Data from Isbell et al., 1955.)

많은 향정신성 약물을 반복적으로 복용하면 약물의 효과가 내성 때문에 점차적으로 감소한다. 모르핀을 처음 사용하는 사람들에게 100mg의 모르핀이 강력한 진정, 심지어는 사망에 이르게 하는 데 충분하지만 모르핀 내성이 발달된 사람은 4,000mg의 모르핀을 부작용 없이 복용하는 것으로 알려져 있다. 장기간 암페타민을 복용한 사람이 처음 복용할 때와 동일한 효과를 얻기 위해서는 처음보다 100배이상의 용량이 필요하다.

민감화

내성은 특정 약물을 끊임없이 반복적으로 사용한 결과 발달되는 반면 동일한 양의 약물에 대한 반응이 증가하는 **민감화**(sensitization)는 약물을 간혹 사용할 경우 발달되기 쉽다. 민감화를 연구하기 위해 Terry Robinson과 Jill Becker(1986)는 쥐를 관찰 상자 속에 넣은 다음 도파민 수용기를 자극하는 약물인 암페타민을 주사하였고 쥐가 암페타민에 보이는 반응을 기록하였다. 3~4일마다 쥐에게 암페타민

그림 6.7 ▶

효능제와 길항제로 인한 민감화 (A) 암페타민은 도파민 분비를 자극하고 재흡수를 봉쇄한다. 쥐에게 동일한 양을 주사할 때마다 운동량이 증가한다. (B) 메이저 진정제인 플루펜티졸은 도파민 수용기를 봉쇄한다. 주사할 때마다 쥐가 더 이상 수영풀로부터 나오지 못하게 될 때까지 수영 속도가 느려진다.

(Data from Robinson and Becker, 1986, and Whishaw et al., 1989.)

(A) 절차 1

Robinson과 Becker 연구에서 동일한 양의 암페타민을 주기적으로 쥐에게 주사하였다. 그 후 연구자들은 쥐가 케이지에서 뒷발로 서는 횟수를 측정하였다.

효능제
암페타민

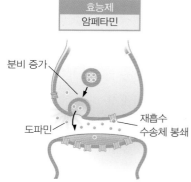

분비 증가

도파민

재흡수
수송체 봉쇄

결과 1

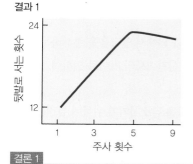

뒷발로 서는 횟수

주사 횟수

결론 1

뒷발로 서는 횟수의 증가는 민감화를 시사하며 민감화는 주기적으로 반복된 주사로 인해 초래된다.

(B) 절차 2

Whishaw 연구에서 플루펜티졸을 쥐에게 주사한 다음 서로 다른 횟수만큼 수영을 하게 하였다. 연구자들은 쥐가 수영풀에서 플랫폼으로 도피하는 속도를 측정하였다.

길항제
플루펜티졸

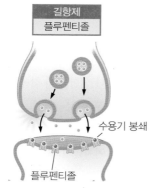

수용기 봉쇄

플루펜티졸

결과 2

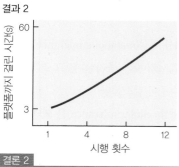

플랫폼까지 걸린 시간(s)

시행 횟수

결론 2

민감화는 행동 발생 횟수에 의존, 즉 수영 횟수만이 쥐가 플랫폼에 도달하는 데 걸린 시간을 증가시킨다.

을 주사한 후 쥐의 운동 반응, 예를 들어 코를 킁킁대는 것, 뒷다리로 서는 것과 걸어다니는 반응을 관찰하였는데, 그 결과 동일한 양의 약물을 주사할 때마다 쥐의 반응이 더 격렬해지는 것을 발견하였다(**그림 6.7A** 그래프 참조).

연속적인 약물 주사에 대해 반응이 증가하는 것은 쥐가 실험 상황에 점차 익숙해졌기 때문이 아니다. 약물이 제공되지 않던 통제 동물들은 이와 유사한 반응을 보이지 않았다. 더욱이 암페타민의 효과는 지속적이었다. 만약 한 달 간격으로 약물을 주사하여도 쥐는 약물에 대해 증가된 반응을 보였다.

민감화는 억제 효과를 가지는 약물에 대해서도 발달한다. 그림 6.7B는 도파민 수용기를 봉쇄하는 도파민 길항제인 플루펜티졸(flupentixol)에 대한 효과가 변화되는 것을 보여주는데, 이 연구에서 Ian Whishaw와 동료들(1989)은 쥐의 수영 행동을 조사하였다. 쥐들은 수영풀 안의 플랫폼까지 단거리를 헤엄치는 것을 훈련받았다. 훈련을 받은 쥐들은 풀에 들어간 지 1~2분 내에 플랫폼에 도달할 수 있었다. 플루펜티졸 주사 후 쥐들이 처음 몇 번은 평상시와 같은 속도로 헤엄을 쳤지만 그다음부터는 속도가 점차 감소하였다. 12회 이후부터 쥐들은 풀에 놓자마자 가라앉기 시작하였고 익사하는 것을 막기 위해 풀 밖으로 나오게 해야만 하였다.

이 효과는 단순히 피로 때문에 일어나는 것이 아니었다. 만약 약물을 주사한 12일 동안 쥐를 하루에 단 한 번만 풀에 넣어도 동일한 결과가 초래되었다. 헤엄친 횟수 사이의 시간 경과 혹은 약물 주사 횟수와는 무관하게 약물에 대한 민감화는 헤엄 횟수에 달려 있었다. 따라서 플루펜티졸은 쥐가 행하는 행동을 매개하는 도파민성 뉴런을 변화시켰다.

오랫동안 지속되는 뇌의 구조적 변화가 동반되기 때문에 민감화 효과는 장기간 지속된다. **그림 6.8**은 암페타민과 식염수가 피질하 기저핵의 한 부분인 중격핵(nucleus accumben)에 미치는 효과를 비교한 것이다. 식염수보다 암페타민으로 치료를 받은 뇌의 뉴런들이 더 풍성한 수상돌기 가지와 가시를 가지고 있다. 이러한 가소적 변화가 뇌 전체에서 발견되기보다는 도파민을 많이 받는 영역들에 제한되어 발견된다.

약물이 뇌 손상을 초래할 수 있는가

이 장의 서두에 소개된 사례 보기에서 보았듯이 약물 남용이 인간 뇌의 손상을 초래할 수 있지만 어느 약물이 이러한 손상을 초래하는가를 결정하는 것이 쉽지 않다. 약물 복용과 관련된 효과를 약물에 대한 유전적 민감성으로부터 분리하는 것이 어렵고, 약물을 반복적으로 사용하는 사람들에서도 경미한 구조적 변화를 확인하는 것이 어렵다. 많은 자연물들이 신경 독성으로 작용하는데, **표 6.2**에 이들 중 일부가 제시되어 있다. 이러한 물질들은 신진대사 경로에 해를 끼치거나 시냅스 작용을 봉쇄하거나 발달 과정을 변화시키는 등의 다양한 방법을 통해 뇌 손상을 일으킨다.

1960년대 말 짠 맛이 나면서 음식 맛을 좋게 하는 글루타민산모노나트륨(monosodium glutamate, MSG)이 일부 사람들에게 두통을 초래한다는 보고가 있었다. 이를 조사하는 과정 중 과학자들이 MSG를 배양 뉴런에 투입하거나 실험 동물의 뇌에 주사한 결과 뉴런들이 죽는 것을 관찰하였다. 이러한 결과는 MSG와 화학적 구조가 유사한

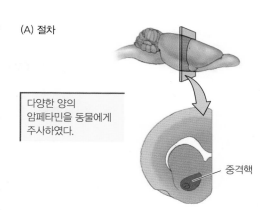

(A) 절차

다양한 양의 암페타민을 동물에게 주사하였다.

중격핵

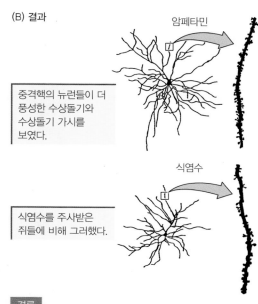

(B) 결과

암페타민

중격핵의 뉴런들이 더 풍성한 수상돌기와 수상돌기 가시를 보였다.

식염수

식염수를 주사받은 쥐들에 비해 그러했다.

결론

암페타민을 반복적으로 주사한 결과로 인해 초래된 민감화는 뉴런의 구조를 변화시킨다.

그림 6.8 ▲

향정신성 약물과 가소성 식염수를 주사한 쥐보다 암페타민(혹은 코카인)에 대한 민감성을 보인 쥐에서 수상돌기와 수상돌기 가시의 증가가 관찰된다.

(Data from Robinson and Kolb, 1997, p. 8495.)

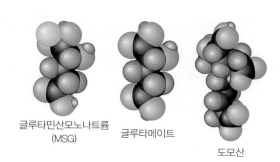

글루타민산모노나트륨 (MSG)　　글루타메이트　　도모산

표 6.2 신경독성물질의 근원과 작용

물질	근원	작용
알코올	발효	뇌 발달을 변화시킴
아파민	꿀벌과 말벌	칼슘 채널 봉쇄
보톨리누스 독소	클로스트리디움 보톨리눔 박테리아	아세틸콜린 분비 봉쇄
카페인	커피콩	아데노신 수용기와 칼슘 채널 봉쇄
콜히친	사프란	미세소관 봉쇄
쿠라레	스트리크노스속 포도나무 열매	아세틸콜린 분비 봉쇄
도모산	해초, 조개류	글루타메이트 모방
이보텐산	광대버섯과 마귀광대버섯	도모산과 유사
마그네슘	금속	칼슘 채널 봉쇄
수은	금속	뇌 효소 봉쇄
광견병 바이러스	동물에게 물림	아세틸콜린 수용기 봉쇄
레세르핀	로우월피아 관목	저장과립 파괴
거미독	흑거미	아세틸콜린 분비 자극
스트리크닌	스트리크노스속 식물	글리신 봉쇄
테트로도톡신	복어	나트륨 이온의 봉쇄

신경전달물질인 글루타메이트의 많은 양이 뉴런에 해가 되는가라는 의문을 제기하게 하였다. 연구 결과 해가 되는 것으로 밝혀졌다.

글루타메이트 수용기의 활성화는 Ca^{2+}이 세포로 유입되는 결과로 일어난다. 과도한 Ca^{2+}은 이차전령을 통해 세포의 DNA에 있는 '자살 유전자'를 활성화시키고 **세포자살**(apoptosis)이 일어나게 한다. 이 기제의 발견은 약물의 독성이 약물이 세포 기능에 미치는 일반적 효과뿐만 아니라 세포자살로 이끄는 유전 과정을 활성화하는 후성적 물질 때문에 초래될 수 있다는 것을 이해하게 하였다.

글루타메이트와 유사한 많은 화학물질, 예를 들어 어패류 중독의 원인이 되는 도모산(domoic acid), 해초에 있는 독성물질인 카인산(kainic acid), 독버섯에서 발견되는 이보텐산(ibotenic acid) 등이 글루타메이트와 유사한 작용을 통해 뉴런을 죽게 한다. 펜시클리딘과 케타민(두 약물 모두 마취제로 사용되었다) 등과 같은 일부 향정신성 약물도 글루타메이트 효능제로 작용하기 때문에 이 약물들의 많은 양도 뉴런을 죽게 할 가능성이 있다.

향락적 약물이 뇌 손상을 일으키는가를 결정하는 것은 어렵다. 예를 들어 만성적인 알코올 섭취는 시상과 변연계의 손상을 초래할 수 있고 이로 인하여 심각한 기억장애가 야기될 수 있다. 이러한 손상이 알코올 그자체보다는 알코올 남용과 관련된 합병증, 예를 들어 영양분의 부족으로 인한 티아민(비타민 B_1)의 결핍 등으로 일어난다. 티아민은 세포막 구조의 유지에 매우 중요한 역할을 한다.

그럼에도 불구하고 일부 약물 남용은 신체에 해로운 영향을 미친다(Milroy & Parai, 2011). 향락적 약물이 뇌 손상과 인지장애를 초래할 수 있다는 것을 보여주는 가장 강한 증거가 암페타민과 유사한 효과를 가지는 합성 약물인 MDMA(환각성 암페타민, 엑스터시, 혹은 순수 분말 형태는 몰리라고도 불림)의 연구로부터 제공된다(Buttner, 2011). 이 약물은 조명과 시끄러운 음악이 있는 파티의 효과를 높이기 위해 사용된다. 인간이 사용하는 양과 거의 동일한 양을 복용한 동물에서 세로토닌성 신경 종말이 퇴행되는 것이 관찰되었다. 원숭이에서는 영구적인 종말 상실이 관찰되었다(**그림 6.9** 참조).

MDMA 사용자들에서 기억장애와 뇌영상 스캔에서는 뇌 손상이 관찰되는데, 이는 동물들에서 관찰되는 신경 손상 때문에 초래되는 것으로 여겨진다(Cowan et al., 2008). MDMA에는 PMMA(파라메톡시메스암페타민)라는 오염물질도 포함되어 있다. 이 독성 암페타민은 닥터데스라고도 불리는데, 이는 행동 효과를 일으키는 양과 사망을 일으키는 양의 차이가 거의 없기 때문이다(Vevelstad et al., 2012). 알려져 있지 않은 화합물에 의한 오염은 길거리에서 구매하는 어떤 약물에서도 발생할 수 있다.

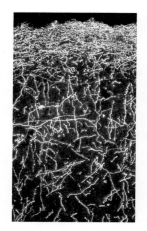 

그림 6.9 ▲

약물로 인한 손상 MDMA 복용은 다람쥐원숭이의 신피질에 있는 세로토닌 축색의 농도를 변화시킨다. (왼쪽) 정상 원숭이, (오른쪽) 18개월 동안 MDMA를 복용한 원숭이

(From U.D. McCann, K.A. Lowe, and G.A. Ricaurte, From Long Lasting Effects of Recreational Drugs of Abuse on the Central Nervous System, *The Neuroscientist* 3:401, 1997.)

코카인의 향정신성 속성이 암페타민의 속성과 유사하기 때문에 코카인도 해로운 부작용을 가진다. 코카인 사용은 대뇌혈류의 봉쇄와 혈액 순환의 다른 변화와 관련된다. 뇌영상 연구들은 코카인 사용자들의 뇌 영역들 중 일부에서 크기 감소가 관찰되기 때문에 코카인 사용이 뉴런에 해가 될 수 있다고 제안한다(Barrós-Loscertales et al., 2011).

만성적인 마리화나 사용은 정신병적 발작과 관련되어 있다. 대마식물은 적어도 400개의 화학물질을 가지고 있으며, 이 중 60개 이상이 마리화나의 활성 성분인 테트라하이드로칸나비놀(tetrahydrocannabinol, THC)과 구조적으로 관련되어 있다. 정신병적 발작이 THC 혹은 마리화나에 포함되어 있는 다른 구성 성분과 관련되어 있는지 혹은 개인이 이미 가지고 있는 정신병적 상태를 더 악화시키는지를 구분하는 것이 거의 불가능하다(DeLisi, 2008).

6.3 향정신성 약물의 분류

향정신성 약물을 체계적으로 분류하는 것이 어려운데, 이는 대부분의 약물들이 많은 행동에 영향을 미치기 때문이다. 더욱이 유사한 화학 구조를 가지는 약물들이 서로 다른 효과를 내고, 서로 다른 구조를 가지는 약물들이 유사한 효과를 낸다.

표 6.3에 제시되어 있는 향정신성 약물의 분류는 가장 두드러지는 행동 혹은 향정신성 효과에 근거한 것이다(Julien et al., 2011). 다섯 가지 범주 각각의 하위 범주에는 몇 가지에서부터 수천 가지에 이르는 서로 다른 화학물질이 포함된다. 대부분의 향정신성 약물은 적어도 세 가지 이름, 즉 화학명, 속명 혹은 비상품명(generic name)과 상표명을 가지고, 일부는 속칭을 가진다. 화학명은 약물의 화학적 구조를 기술하고 속명은 일반명을 의미하고 상표명은 그 약물을 판매하는 제약회사의 등록 상표명이다. 약초재배자, 약물판매자와 약물 사용자 모두가 약물의 속칭을 만들어낸다.

분류 I : 항불안제와 진정제

낮은 용량의 항불안제와 진정제(sedative hypnotic)는 불안을 감소시키고 중간 정도의 용량은 진정 효과를 가지며 높은 용량은 마취 혹은 혼수를 초래한다. 그리고 매우 높은 용량은 사망에 이르게 할 수 있다(**그림 6.10**). 진정제에 비해 항불안제는 높은 용량에도 더 안전하다.

가장 잘 알려진 **항불안제**(antianxiety agent) 혹은 마이너 진정제가 디아제팜과 같은 벤조디아제핀이다. 벤조디아제핀은 바리움, 자낙스와 클로노핀 등의 이름으로 널리 처방되고 있다. 벤조디아제핀은 생의 주요 스트레스의 대처에 어려움을 경험하는 사람들이 자주 사용한다. 이 약물은 수면 혹은 수술 전 이완을 위해서도 사용된다.

진정제에는 알코올과 바비튜레이트가 포함된다. 알코올은 매우 널리 사용되기 때문에 잘 알려져 있다. **바비튜레이트**(barbiturate)는 때로 수면제로 처방되지만 주로 수술전 마취제로 사용된다. 알코올과 바비튜레이트 모두 진정 효과에 필요한 용량보다 조금 더 많은 용량을 취할 경우 수면, 마취 및 혼수 상태를 야기한다.

진정제의 특징적 양상이 반복적으로 복용할 경우 내성이 발달하는 것이다. 즉 약물

표 6.3 향정신성 약물의 분류	

분류 I. 항불안제와 진정제

벤조디아제핀 : 디아제팜(바리움), 자낙스, 클로노핀
바비튜레이트(마취제) : 알코올
기타 마취제 : 감마하이드록시낙산(GHB), 케타민(스페셜 K), 펜시클리딘(PCP, 에인절 더스트)

분류 II. 항정신병 약물

1세대 : 페노티아진, 클로르프로마진(소라진)
부티로페논 : 할리페리돌(할돌)
2세대 : 클로자핀(클로자릴), 아리피프라졸(아빌리파이, 아리피프렉스)

분류 III. 항우울제와 기분안정제

항우울제
모노아민 산화효소 억제제
삼환계 항우울제 : 이미프라민(토프라닐)
SSRIs(비정형 항우울제) : 플루옥세틴(프로작), 설트랄린(졸로프트), 파록세틴(팍실, 세룩자트)
기분안정제
리튬, 발프로에이트, 카르바마제핀(테그레톨)

분류 IV. 아편성 진통제

모르핀, 코데인, 헤로인
엔도모르핀, 엔케팔린, 디놀핀

분류 V. 정신운동 자극제

행동 자극제 : 암페타민, 코카인
환각제
ACh 환각제 : 아트로핀, 니코틴
아난다미드 환각제 : 테트라하이드로칸나비놀(THC)
글루타메이트 환각제 : 펜시클리딘(PCP, 에인절 더스트)
케타민(스페셜 K)
노르에피네프린 환각제 : 메스칼린
세로토닌 환각제 : 리세르그산 디에틸아미드(LSD), 실로시빈, MDMA(엑스터시)
일반 자극제 : 카페인

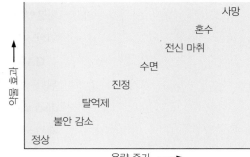

그림 6.10 ▲

진정 단계 진정제와 항불안제의 용량 증가는 행동에 영향을 미친다. 적은 용량은 불안을 감소시키고 매우 많은 용량은 사망에 이르게 한다.

GABA_A 수용기에서의 약물 효과 진정
제는 바비튜레이트 결합 부위(왼쪽)에 작용하
고 항불안제는 벤조디아제핀 부위에 작용한
다(가운데). 두 약물을 동시에 복용하면(오른
쪽) 치명적이다.

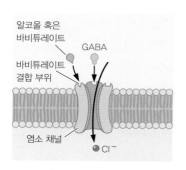

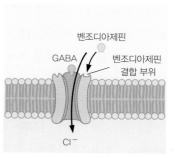

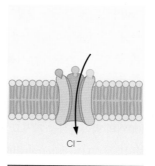

진정제(알코올 혹은 바비튜레이트)는
GABA 수용기에 결합하여 미세공이
열리는 시간을 최대화한다.

항불안제(벤조디아제핀)은 미세공이
열리는 빈도에 영향을 미친다.

두 약물의 작용이 서로 다르기
때문에 두 약물을 동시에
복용해서는 안 된다.

의 초기 효과를 유지하기 위해 더 많은 용량의 약물이 요구된다. **교차 내성**(crossed-tolerance)은 한 약
물에 대해 내성이 발달하면 같은 분류에 속하는 다른 약물에 대해서도 내성이 발달하는 것이다. 교차
내성은 항불안제와 진정제가 유사한 방식으로 신경계에 작용하는 것을 시사한다. 두 약물의 공통된 목
표물이 억제성 신경전달물질인 감마 아미노뷰티르산(GABA) 수용기이다. **그림 6.11**에 제시되어 있는
GABA_A 수용기는 염소 채널을 가지고 있다.

GABA가 수용기를 흥분시키면 미세공을 통해 Cl⁻ 이온이 유입된다. Cl⁻ 이온의 유입은 세포막 내
부에 음전위를 증가시켜 과분극화를 야기하여 활동 전위의 전파 가능성을 낮춘다. 따라서 GABA의
억제성 효과는 뉴런의 발화율을 감소시키는 것이다. 뉴런의 발화 감소는 GABA_A 시냅스에 영향을 미
치는 약물의 행동 효과의 근거가 된다.

그림 6.11에 제시되어 있는 GABA_A 수용기는 GABA 외의 다른 화학물질과 결합하는 부위를 가지
고 있는데, 즉 그림 6.11의 왼쪽 그림은 바비튜레이트와 결합하는 부위를 보여주고 가운데 그림은 벤
조디아제핀과 결합하는 부위를 보여준다. 각 결합 부위의 활성화가 Cl⁻ 이온의 유입을 증가시키지만
방법이 다르다. 즉 바비튜레이트 결합 부위의 활성화는 GABA의 결합을 증가시키고, 만약 벤조디아
제핀이 같이 존재하면 미세공이 열리는 시간이 최대한이 된다. 벤조디아제핀 결합 부위의 활성화는
GABA의 자연적인 작용을 증가시키는데, 이는 GABA에 대한 반응으로 이온 미세공이 열리는 빈도에
영향을 미침으로써 일어난다. 이 세 결합 부위의 작용이 통합되기 때문에 알코올을 포함한 진정제와
항불안제를 같이 복용해서는 안 된다. 두 약물의 동시 복용으로 인한 사망률이 미국에서 교통사고로
인한 사망률과 거의 같다.

GABA_A 수용기는 다른 결합 부위도 가지고 있는데, 이 부위가 활성화하면 이온 미세공이 봉쇄
된다. 미세공을 봉쇄하는 피크로톡신 화학물은 시냅스 뉴런을 과도하게 흥분시켜 발작파(epileptic
discharge)가 일어나게 한다. GABA_A 효능제가 피크로톡신의 작용을 막는다. 따라서 진정제와 항불안
제는 뇌전증의 치료에 효과적인데, 효과 중 일부는 GABA_A 수용기를 통해 일어난다.

다른 많은 향정신성 약물이 진정 및 항불안 작용을 가진다. 여기에는 펜시클리딘(PCP, 에인절 더스
트)과 데이트 성폭행 약물로 악명 높은 감마하이드록시낙산(gammahydroxybutyric acid, GHB)과 케
타민(스페셜 K)이 포함된다. 데이트 성폭행 약물은 알코올에 용해되고 빠르게 작용하며 다른 진정제처럼
최근 사건에 대한 기억을 손상시킨다. 이 약물들은 드링크제에 쉽게 용해되기 때문에 파티에서 낯선
사람이 권하는 것을 마시지 않아야 하고 펀치볼에서 떠서 마시지 않아야 하며 마시던 음료수를 아무렇

게나 버려두지 않아야 한다.

분류 II : 항정신병 약물

정신병이라는 용어는 환각(잘못된 감각 지각)과 망상(잘못된 믿음)으로 특징되는 조현병 등과 같은 행동장애에 적용된다. 지난 50여 년에 걸쳐 항정신병 약물이 조현병 환자의 기능을 향상시키고 입원 환자의 수를 감소시켰다. 조현병의 발병률이 100명 중 1명 정도로 비교적 높지만 항정신병 약물이 조현병을 완치시키지 못하고 많은 조현병 환자들이 노숙자가 되거나 교도소에 수감된다.

항정신병 약물은 현재 1세대 항정신병약물(first-generation antipsychotics, FGAs)이라고 불리는 약물이 개발되기 시작한 1950년대 중반부터 널리 사용되어 왔다. FGAs에는 페노티아진계에 속하는 약물(예 : 클로르프로마진, 소라진)과 부티로페논계에 속하는 약물(예 : 할리페리돌, 할돌)이 포함된다. FGAs는 D$_2$ 도파민 수용기를 봉쇄한다. 1980년 초부터 새로운 약물, 예를 들어 클로자핀과 다수의 다른 약물이 개발되었으며 이 약물들을 2세대 항정신병 약물(second-generation antipsychotics, SGAs)이라고 부른다. SGAs는 D$_2$ 수용기도 일부 봉쇄하지만 이와 동시에 5-HT$_2$ 세로토닌 수용기도 봉쇄한다. 항정신병 약물이 체중 증가, 안절부절못함, 동기 변화 등을 포함한 많은 부작용을 야기하기 때문에 현재 3세대 약물들이 개발되고 있다.

항정신병 약물의 치료 작용은 완전히 이해되지 못하고 있다. **조현병의 도파민 가설**(dopamine hypothesis of schizophrenia)은 조현병의 일부 유형이 과도한 도파민 활성화와 관련되어 있다고 제안한다. 도파민 가설을 지지하는 증거는 자극제인 암페타민을 장기적으로 복용할 경우 조현병과 유사한 증상이 초래되는 것이다. **그림 6.12**에서 볼 수 있듯이 암페타민은 도파민 효능제이다. 암페타민은 시냅스전막의 D$_2$ 시냅스에서 도파민의 분비를 촉진시키고 도파민이 시냅스틈에서 재흡수되는 것을 막는다. 만약 암페타민이 도파민 활성화를 증가시킴으로써 조현병과 유사한 증상을 초래하게 한다면 자연적으로 발생한 조현병이 지나친 도파민 활성화와 관련되어 있다고 여겨질 수 있다. FGAs와 SGAs 모두 D$_2$ 수용기를 봉쇄하는데, 이 작용의 즉각적 효과는 움직임이 감소되는 것이고 장기적 효과는 조현병 환자들이 보이는 다른 증상들이 감소되는 것이다.

조현병에 관한 다른 약물 모델에는 자극제인 LSD(리세르그산디에틸아미드)가 포함되는데, 이 약물은 환각을 초래하고 5-HT$_2$ 수용기에 작용하는 세로토닌 효능제이다. 환각은 조현병 증상이고 과도한 세로토닌 작용도 조현병과 관련된다고 제안되고 있다. 조현병과 유사한 증상, 즉 환각과 유체 이탈감 등을 초래하는 두 가지 향정신성 약물이 펜시클리딘과 케타민이다. 앞서 살펴본 바와 같이 마취제로 사용되는 이 약물들은 글루타메이트 수용기를 봉쇄한다. 따라서 흥분성 글루타메이트 시냅스도 조현병과 관련되어 있는 것으로 여겨진다(Merritt et al., 2013).

분류 III : 항우울제와 기분안정제

주요우울장애(major depression)는 지속적인 무가치감과 죄책감, 정상적인 섭식 습관의 와해, 수면장애, 느린 행동과 빈번한 자살 사고 등으로 특징되는 기분장애이다. 전체 성인 중 약 6%가 주요우울장애를 경험하며 일생 중 30% 정도가 몇 달 이상 지속되는 우울 삽화를 적어도 한 번은 경험한다.

◎ 그림 6.12 ▼

도파민 수용기(D$_2$)에서의 약물 효과   항정신병 약물인 클로르프로마진은 조현병 증상을 완화하는 반면 암페타민과 코카인의 남용은 증상을 악화시키는데, 이 사실은 D$_2$ 수용기의 과활성화가 조현병과 관련되어 있는 것을 시사한다.

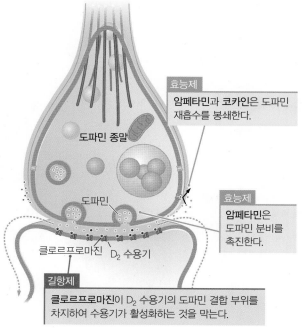

효능제
암페타민과 코카인은 도파민 재흡수를 봉쇄한다.

도파민 종말

효능제
암페타민은 도파민 분비를 촉진한다.

도파민

클로르프로마진   D$_2$ 수용기

길항제
클로르프로마진이 D$_2$ 수용기의 도파민 결합 부위를 차지하여 수용기가 활성화하는 것을 막는다.

부적절한 다이어트, 힘든 일상에서 오는 스트레스, 뉴런 기능의 갑작스러운 변화와 뇌의 손상 등이 우울증의 발병 원인에 포함된다. 이러한 요인들은 서로 관련되어 있는데, 즉 영양분의 결핍은 스트레스를 증가시키고 스트레스는 뉴런 기능의 변화, 나아가 뉴런의 손상을 초래한다.

영양분 결핍 중 우울 증상과 관련되어 있는 것이 엽산(folic acid), 비타민 B, 오메가-3 지방산과 생선에 풍부한 비타민 D이다(Smith et al., 2010). 태양빛에 노출되면 피부가 비타민 D를 합성하지만 우리 신체는 이를 저장하지 못한다. 비타민 D 결핍은 북쪽 기후에 사는 사람들에서 흔하게 발생하는데 이는 생선을 충분히 섭취하지 않거나 겨울 동안 충분한 햇볕을 받지 못하기 때문이다. 비록 Hoang과 동료들(2011)이 비타민 D 결핍과 우울 증상이 서로 관련되어 있다고 보고하였지만 장기적인 영양분 결핍, 우울증, 관련된 뇌 변화와 영양분 공급의 효과 사이의 관련성에 관해서는 거의 알려져 있지 않다.

항우울제

다양한 유형의 약물들이 항우울 효과를 가진다. 즉 **모노아민 산화효소 억제제**[monoamine oxidase (MAO) inhibitor], 3개의 고리로 된 화학 구조를 가지는 **삼환계 항우울제**(tricyclic antidepressant), **2세대 항우울제**(second-generation antidepressant, 때로는 비정형 항우울제라고도 불림; 표 6.3 참조)와 항불안제인 케타민 등이 항우울제로 사용된다. 2세대 항우울제는 3개의 고리 구조를 가지지 않지만 삼환계 항우울제와 유사한 작용을 한다.

항우울제는 세로토닌, 노르아드레날린, 히스타민, ACh 시냅스 혹은 도파민 시냅스의 활성화 증가를 통하여 항우울제로 작용한다. **그림 6.13**은 MAO 억제제와 2세대 항우울제의 세로토닌 시냅스에서의 작용을 보여주는데, 대부분의 연구들이 세로토닌 시냅스에 초점을 맞추고 있다. MAO 억제제와 삼환계 및 2세대 항우울제 모두 세로토닌 효능제이지만 서로 다른 기제를 통하여 세로토닌의 활성화를 증가시킨다.

MAO 억제제는 축색 종말 내에서 세로토닌을 분해하는 효소인 MAO를 억제시키며, 이로 인해 각 활동 전위에 대한 반응으로 더 많은 세로토닌이 분비되게 한다. 이와 달리 삼환계와 2세대 항우울제는 세로토닌을 축색 종말로 재흡수하는 수송체를 봉쇄한다. 2세대 항우울제는 특히 세로토닌 재흡수를 선택적으로 봉쇄하는 것으로 여겨지기 때문에 이 항우울제를 **선택적 세로토닌 재흡수 억제제**(selective serotonin reuptake inhibitors, SSRIs)라고도 부른다. 수송체가 봉쇄되기 때문에 세로토닌이 시냅스틈에 더 머물게 되고 이로 인하여 시냅스후 수용기에 더 오랫동안 작용한다.

비록 이 약물들이 시냅스에 매우 빨리 작용하지만 이 약물들이 가지는 항우울 작용이 일어나기 위해서는 2주가 소요된다. 이에 관한 한 설명이 항우울제, 특히 SSRIs가 스트레스에 의해 손상된 것을 복구하기 위해 이차전령을 자극한다는 것이다. 이와 관련된 한 가지 흥미로운 사실은 SSRIs 중 하나인 플루옥세틴(프로작)이 측두엽의 변연 구조 중 하나인 해마에서 새로운 뉴런들의 생성을 증가시킨다는 것이다(DeCarolis & Eisch, 2010). 6.5절에 기술되어 있듯이 해마는 스트레스에 의해 초래되는 손상에 취약하며 플루옥세틴에 의한 손상 회복이 이 약물이 가지는 항우울 효과의 근거가 되는 것으로 제안되고 있다(Mateus-Pinherio et al., 2013).

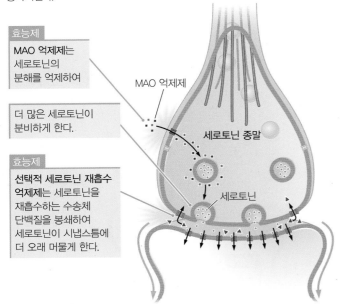

그림 6.13 ▼

세로토닌 시냅스에서의 약물 효과 서로 다른 항우울제는 다른 방식으로 세로토닌 시냅스에 작용하여 세로토닌의 활성화를 증가시킨다.

효능제
MAO 억제제는 세로토닌의 분해를 억제하여

더 많은 세로토닌이 분비하게 한다.

효능제
선택적 세로토닌 재흡수 억제제는 세로토닌을 재흡수하는 수송체 단백질을 봉쇄하여 세로토닌이 시냅스틈에 더 오래 머물게 한다.

MAO 억제제

세로토닌 종말

세로토닌

우울증 환자의 약 20%가 항우울제에 반응하지 않는다. 최근 연구들이 케타민이 매우 빨리 우울 증상을 완화시킨다고 보고함에 따라 케타민과 유사하지만 케타민이 가지는 환각 속성이 없는 화학물질을 찾는 노력이 이루어지고 있다(Browne & Lucki, 2013).

모든 심리장애 중에서 주요우울장애는 치료가 가장 잘되는 장애 중 하나이고 약물치료만큼 인지치료와 대인관계치료가 효과적이다(Comer, 2011). 대부분의 사람들은 발병 1년 이내에 우울장애로부터 회복된다. 그러나 만약 우울장애를 치료하지 않으면 자살 가능성이 높아진다.

기분 안정제

한때 조울증으로 언급되었던 **양극성장애**(bipolar disorder)는 우울을 경험하는 시기, 정상적인 기분을 경험하는 시기와 극심한 흥분, 즉 **조증**을 경험하는 시기가 교대로 나타나는 것이 특징이다. 미국 국립정신보건원(NIMH)에 의하면 미국 전체 성인 중 약 2.6%가 양극성장애를 앓는다고 한다.

약물로 양극성장애를 치료하는 것이 어려운 것은 어떻게 한 질환이 서로 상반되는 증상, 즉 조증과 우울증을 초래하는가를 이해하지 못하는 것과 관련되어 있다. 그 결과 양극성장애는 다수의 약물로 치료되는데, 각 약물은 서로 다른 증상에 초점을 맞춘다. 약용염 탄산리튬(salt lithium carbonate)을 포함하는 **기분 안정제**(mood stabilizer)는 양극성장애의 한 극의 강도를 억제하여 다른 극이 일어날 가능성을 낮춘다. 리튬은 직접적으로 기분에 영향을 미치지 않지만 뉴런 성장 인자의 생성과 같은 뉴런 회복의 기제를 자극함으로써 작용한다.

뇌전증의 치료에 카르바마제핀과 발프로에이트 등과 같은 다양한 약물이 사용되는데, 이 약물들이 조증 상태 동안 뉴런의 흥분을 억제하는 데 효과적인 것으로 여겨지고 있다. D_2 수용기를 봉쇄하는 항정신병 약물이 조증 상태에서 나타나는 환각과 망상의 통제에 효과적이다. 이 모든 치료들이 부작용을 가지기 때문에 부작용을 감소시키는 동시에 치료 효과를 높이는 새로운 약물의 개발이 주된 관심이다(Severus et al., 2012).

분류 IV : 아편성 진통제

아편유사제(opioid)는 모르핀에 민감한 일군의 뇌 수용기와 결합하는 화합물이다. 처음에는 **마취성 진통제**(narcotic analgesic)라는 용어가 이 약물을 기술하는 데 사용되었었는데, 이는 **아편성 진통제**(opioid analgesics)가 수면 유도(마취)와 통증 완화(진통)의 효과를 가지고 있기 때문이다. 아편유사제는 다음의 두 가지 자연 공급원으로부터 제공된다.

한 공급원이 아편인데, **그림 6.14**에 제시되어 있는 **양귀비**의 씨로부터 추출된다. 아편은 수천 년 동안 행복감, 진통, 수면, 설사 및 기침 완화를 위해 사용되어 왔다. 1805년 독일의 화학자인 Fridrich Sertuner가 두 가지 순수 아편제, 즉 코데인과 모르핀을 합성하였다. 코데인은 기침약과 진통제의 처방에 포함되는 성분으로 간에서 모르핀으로 전환된다. 그림 6.14의 가운데에 제시되어 있는 모르핀은 그리스 꿈의 신인 모르페우스의 이름을 붙인 것인데, 매우 강력한 통증 완화제이다. 수십 년 동안의 연구에도 불구하고 모르핀의 진통 효과를 능가하는 약물이 아직 발견되지 않고 있다.

아편유사제의 또 다른 공급원은 뇌이다. 1970년대 여러 과학자 집단들이 방사선 아편제를 뇌에 주사하여 이 아편과 결합하는 수용기를 확인하였다. 이와 거의 같은 시기에 다른 연구자 집단이 이 수용기에 영향을 미치는 여러 개의 펩티드계 신경전달물질을 발견하였다. 신체에 존재하여 모르핀과 유사한 효과를 내는 펩티드계 전달물질을 집합적으로 **엔도르핀**(endorphin, 내인성 모르핀)이라고 부른다.

그림 6.14 ▲

양귀비 아편은 양귀비의 씨로부터 얻는다(위). 모르핀(가운데)은 아편으로부터 추출되고 헤로인(아래)은 모르핀으로부터 합성된 분말이다.

(Top: Patrick Field/Eye Ubiquitous/Corbis. Center: Science Source. Bottom: Bonnie Kamin/PhotoEdit.)

세 부류의 엔도르핀, 즉 **엔도모르핀**, 엔케팔린(enkephalins, 머리에 있다는 의미)과 디놀핀(dynorphins)이 발견되었고, 각 엔도르핀이 작용하는 세 유형의 수용기, 즉 뮤(mu), 카파(kappa)와 델타(delta)가 확인되었다. 모든 엔도르핀과 그들의 수용기들이 소화 기관을 포함한 신체 부위뿐만 아니라 뇌와 척수의 많은 영역에서 발견되었다. 모르핀이 엔도모르핀과 가장 유사하며 뮤 수용기와 가장 선택적으로 결합한다.

자연적으로 발생하는 아편유사제뿐만 아니라 헤로인을 포함한 많은 합성 아편제가 뮤 수용기와 결합한다. 헤로인은 모르핀으로부터 합성되지만 모르핀보다 더 지용성을 띠고 혈뇌장벽을 더 빨리 통과하여 매우 빨리 통증 완화 효과를 내지만 효과가 짧은 시간 동안만 지속된다. 헤로인은 일부 국가에서는 합법적 약물이지만 미국을 포함한 다른 나라들에서는 불법이다.

통증 관리를 위해 임상에서 사용되는 합성 아편제에는 하이드로모르폰, 레보르파놀, 옥시모르폰, 메타돈, 메페리딘, 옥시코돈과 펜타닐이 있다. 모든 아편유사제는 매우 중독성이 강하고 처방 아편유사제의 남용이 흔하다. 아편유사제는 불법으로 수정되고 제조되어 배급된다. 만성 통증으로 고통을 받거나 통증 완화를 위해 아편유사제를 사용하는 사람들도 중독이 되는데, 일부 사람들은 처방을 여러번 받고 처방전을 불법으로 판매한다. 현재 뮤 수용기를 활성화하여 통증을 완화하는 동시에 델타 수용기를 봉쇄하여 중독을 감소시키는, 즉 하나 이상의 수용기에 영향을 미치는 아편유사제의 개발을 위한 실험 연구가 진행 중이다.

여러 약물들이 아편 수용기에서 길항제로 작용한다. 이러한 약물에는 **날로르핀**과 **날록손**이 포함된다. 이 약물들은 **경쟁적 억제제**(competitive inhibitor)로, 수용기에서 아편유사제와 경쟁한다. 이 약물들은 뇌에 빨리 들어가기 때문에 모르핀의 작용을 신속하게 봉쇄할 수 있다. 아편유사제에 중독된 많은 사람들이 과다복용을 치료하기 위해 경쟁적 억제제를 사용한다. 경쟁적 억제제가 장기간 작용할 수 있기 때문에 중독된 사람들이 금단 증상으로부터 회복된 후 아편 중독을 치료하기 위해 이 약물들을 사용한다.

뇌에 존재하는 엔도르핀이 모르핀에서 나타나는 중독 효과 없이 통증 완화제로 사용될 수 있는가가 집중적으로 연구되어 왔다. 연구 결과는 확실하지 않고, 중독을 유발하지 않는 진통제의 개발이 실현되기 어려울 수 있다.

헤로인과 같은 아편유사제는 중독성을 띠고 전 세계적으로 남용되고 있다. 1853년 피하 주삿바늘이 개발되었고 미국 남북전쟁 동안 통증 완화를 위해 모르핀을 정맥 주사할 때 사용되었다. 이 결과 400,000명 정도의 군인들이 모르핀 중독을 경험하게 되었다. 모르핀은 다양한 경로를 통해 신체 내로 공급될 수 있지만 정맥 주사가 선호되는데, 이는 정맥 주사할 경우 '러쉬(rush)'로 묘사되는 행복감이 일어나기 때문이다. 모르핀은 혈뇌장벽을 쉽게 통과하지 않는 반면 헤로인은 쉽게 통과한다. 따라서 헤로인이 러쉬를 더 경험하게 한다.

아편유사제를 반복적으로 사용하면 내성이 일어나는데, 즉 아편제 사용 후 몇 주 내에 동일한 효과를 얻기 위해 약의 용량이 10배 정도 증가한다. 그 후 통증과 중독에 대한 원하는 효과는 더 이상 일어나지 않는다. 그러나 중독된 사람은 약물 사용을 단순히 중단할 수 없다. 만약 약물 사용을 갑작스럽게 중단하면 심각한 금단 증상이 초래된다.

모르핀이 내성과 민감화 모두를 야기하기 때문에 모르핀 사용자는 항상 모르핀을 과잉 투여할 가능성을 가지고 있다. 불법 제조된 모르핀의 순도에 관한 적절한 정보를 얻을 수 없다는 점이 과잉 투여의 위험을 높인다. 주삿바늘을 살균처리하지 않는 점 역시 모르핀 사용자들을 AIDS(후천성 면역결핍 증후군)와 간염을 포함한 다양한 질병의 위험에 놓이게 한다.

아편유사제의 사용은 통증 완화뿐만 아니라 다양한 생리적 변화, 즉 이완과 수면, 행복감과 변비 등을 초래한다. 또 다른 효과로는 호흡 억제, 혈압 하강, 동공 수축, 저체온, 분비액 감소(예 : 입마름), 성충동의 감소와 홍조를 띤 화끈거리는 피부 등이 있다. 금단은 약물에 의해 초래되는 효과와는 상반되는 생리적 및 행동적 아픈 증상들로 특징된다. 따라서 중독 증후군의 주된 부분은 금단 증상을 막고자 하는 욕구이다.

분류 V : 정신운동 자극제

정신운동 자극제는 정신 활동, 움직임, 각성, 지각과 기분에 영향을 미치는 자극제이다. 행동 자극제는 움직임과 기분에 영향을 미친다. 환각제는 지각에 영향을 미치고 환각을 초래한다. 일반 자극제는 주로 기분에 영향을 미친다.

행동 자극제

행동 자극제는 개인의 기분과 각성을 고양시킬뿐만 아니라 운동 행동을 증가시킨다. 이 약물들이 각성의 증가를 위해 사용되지만 중독성을 띤다.

암페타민(amphetamine)은 CNS 신경전달물질인 에피네프린을 합성하기 위해 개발된 합성물인데, 에피네프린은 스트레스에 당면할 때 싸움 혹은 도주 반응을 위해 신체를 준비시키는 호르몬으로도 작용한다. 암페타민과 코카인 모두 도파민 효능제로서 도파민 재흡수 수송체를 봉쇄한다. 재흡수 기제가 방해를 받으면 더 많은 도파민이 시냅스틈에 머물게 된다. 암페타민은 시냅스전막에서 도파민 분비도 자극한다. 이 두 기제 모두 시냅스에서의 도파민 양을 증가시켜 도파민 수용기를 자극하게 한다. 암페타민 기반 약물이 **주의력결핍 과잉행동장애**(attention deficit/hyperactivity disorder, ADHD)의 치료에 널리 사용되는 동시에 불법으로는 학업에 도움을 주기 위해 사용되는데, 이에 관한 것이 자세히 보기에 기술되어 있다.

암페타민은 원래 천식 치료에 사용되었다. 1940년대에 암페타민의 한 유형인 벤제드린이 흡입 형태의 비처방 약물로 판매되었다. 곧 사람들은 원기를 얻기 위해 용기를 열어 그 속의 내용물을 흡입하기 시작하였다. 암페타민은 제2차 세계대전 동안에 널리 사용되었는데, 전시 노동자의 생산성을 증가시키기 위해 사용되었고, 오늘날에도 군인과 조종사의 각성 수준을 유지하고 자신감, 공격성과 사기를 증가시키기 위해 사용되고 있다. 암페타민은 체중 감소의 목적으로도 사용된다. 처방 없이 구입 가능한 많은 자극제 혹은 다이어트약이 암페타민과 유사한 약물작용을 한다.

암페타민의 파생물인 메타암페타민(메스, 스피드, 크랭크, 스모크, 크리스털 아이스 등으로도 알려져 있음)이 널리 사용되고 있다. 이 약물의 평생 유병률이 미국민의 약 8% 정도일 만큼 높은데(Durell et al., 2008), 이는 메타암페타민의 불법 제조가 쉽고 효능이 강하며 비교적 가격이 저렴한 것과 관련되어 있다.

코카인은 페루산 코카나무에서 추출되는 분말이다(**그림 6.15**). 페루 원주민들은 척박한 고산 환경에서 원기를 얻기 위해 몇 세대에 걸쳐 코카잎을 씹어 왔다. 정제된 코카 분말은 코로 흡입하거나 주사로 투여된다. 코카인을 정맥주사로 투여받는 것을 싫어하거나 분말 형태의 코카인을 구입할 경제적 여력이 없는 코카인 사용자들은 '크랙'으로 불리는 고농도 형태의 '록(rock)'을 코로 흡입하거나 피운다.

그림 6.15 ▶

행동 자극제 코카인(왼쪽)은 코카나무잎(가운데)에서 얻는다. 크랙 코카인(오른쪽)이 화학적으로 변형되어 록이 만들어지는데, 록은 열을 가하면 증발한다.

(Left: Timothy Ross/The Image Works. Center: Gregory G. Dimijian/Science Source. Right: Tek Image/Science Source.)

자세히 보기 　 인지 향상

오래된 게임에 새로운 이름 붙이기인가? 저명한 과학 저널인 '네이처'에 실린 한 논문에서 '인지 향상' 약물이 건강한 사람의 뇌기능을 향상시키고, 이로 인해 학업과 직무 능력이 향상된다고 제안되었다(Greely et al., 2008). 고등학생과 대학생의 20% 정도(일부 학교에서는 80%)가 과제 완수와 시험 성적을 높이기 위해 아데랄(덱스트로암페타민)과 리탈린(메틸페니데이트)을 사용한다고 보고되고 있다.

두 약물 모두 ADHD 치료를 위해 처방되는데, ADHD는 충동성, 과잉 행동과 부주의가 주된 증상인 발달장애이다(24.3절 참조). 메틸페니데이트와 덱스트로암페타민은 스케줄 II 약물, 즉 남용의 가능성이 있고 의료적

목적으로 사용하기 위해서는 처방전이 필요한 약물이다. 이 약물들의 불법 사용은 주로 가짜 처방전이나 다른 사람의 처방전을 구매하는 것을 통해 일어난다. 두 약물 모두 코카인의 약물 속성을 공유하기 때문에 도파민 분비를 자극하고 도파민의 재흡수를 방해한다(6.3절 참조).

인지 향상 약물의 사용이 새로운 것은 아니다. 1884년에 발표된 코카인에 관한 논문에서 비엔나의 정신분석가인 Sigmund Freud는 "코카인은 수 세기 동안 페루의 인디언들이 체력을 증가시키기 위해 사용되어 왔다."고 기술하였다. Freud는 코카인이 중독성을 띠는 것을 알고 난 후 코카인 사용의 지지를 철회하였다.

1937년 *Journal of the American Medical Association*에 발표된 한 논문은 암페타민의 유형인 벤제드린이 정신능력 검사의 수행을 향상시킨다고 기술하였다. 이 정보가 학생들 사이에 급속하게 전파되어 이 약물은 시험에 대비하기 위한 학습 도움 약물로 사용하기 시작하였다. 1950년대 덱세드린이라는 제

품명으로 판매된 덱스트로암페타민은 기면증 치료약으로 처방되고 학습 도움의 목적으로 학생들 사이에 불법으로 사용되었다.

암페타민이 학습에 미치는 복잡한 신경학적 효과는 습관화와 민감화를 통해 시냅스에서 일어난다. 이 약물을 비의료적 목적으로 반복해서 사용할 경우 수면장애, 식욕 부진과 두통을 포함한 부작용이 일어나기 시작한다. 일부 사람들은 심혈관 이상을 보이기도 하고 암페타민에 중독되기도 한다.

현재 ADHD를 주로 약물로 치료하고 있지만 이 치료법은 여전히 논란이 되고 있다. Aagaard와 Hansen(2011)은 인지 향상 약물이 가지는 부작용을 평가하는 것이 어려운 이유는 많은 연구참여자들이 연구 도중 탈락하고 연구 기간이 짧기 때문이라고 제안하였다.

자극제가 건강한 사람의 뇌기능을 향상시킴으로써 학업과 직무 수행을 향상시킨다는 자신들의 주장에도 불구하고 Greely와 동료들(2008)은 인지 향상 약물의 사용과 관련된 법적인 문제, 약물의 이점과 약물사용이 장기적으로 신경계에 미치는 효과에 관한 더 많은 연구가 요구된다고 한다.

Robert Stolarik/*The New York Times*/Redux

Aagaard, L., and E. H. Hansen. The occurrence of adverse drug reactions reported for attention deficit hyperactivity disorder (ADHD) medications in the pediatric population: A qualitative review of empirical studies. *Neuropsychiatric Disorders and Treatments* 7:729–744, 2011.
Freud, S. *Cocaine Papers* (R. Byck, Ed.). New York: Penguin, 1974.
Greely, H., B. Sahakian, J. Harris, R. C. Kessler, M. Gazzaniga, et al. Towards responsible use of cognitive-enhancing drugs by the healthy. *Nature* 456:702–705, 2008.

크랙은 화학적으로 변화되기 때문에 낮은 온도에서 증발되고 이 증기가 흡입된다.

1800년대 말 Sigmund Freud는 코카인을 항우울제로 널리 사용하였다. 코카인은 음료수와 와인 제조에 널리 사용되어 원기를 북돋우는 강장제로 선전되었다. 이것이 코카콜라라는 상표의 근원인데, 왜냐하면 한때 이 음료수에 코카인이 함유되어 있었기 때문이다(**그림 6.16**). 그러나 코카인이 중독성을 가지고 있다는 것이 곧 밝혀졌다.

Freud는 코카인이 국소 마취제로 사용될 수 있다고 추천하였다. 코카인이 국소 마취제로 유용하다는 것이 입증되었으며 노보카인(novocaine) 등과 같은 많은 파생 약물들이 오늘날 이 목적으로 사용되고 있다. 국소 마취제는 Na⁺ 이온이 세포 안으로 들어오는 것을 감소시킴으로써 신경전달을 감소시킨다.

환각제

환각제(psychedelic drug)는 감각 지각과 인지 과정을 변화시키고 환각을 야기한다. 특정 신경전달물질에서의 작용에 근거하여 환각제를 몇 가지로 분류할 수 있다(표 6.3 참조).

아세틸콜린 환각제 이 약물들은 ACh 시냅스에서의 신경전달을 봉쇄(아트로핀) 혹은 용이(니코틴)하게 한다.

아난다미드 환각제 여러 연구들에 의하면 이 내인성 신경전달물질이 망각을 증진시키는 데 중요한 역할을 한다고 한다. 아난다미드(산스크리트어로 '기쁨' 혹은 '축복'을 의미)는 우리가 매일 접하는 정보로 인하여 뇌의 기억 체계가 압도되는 것을 막는다. 테트라하이드로칸나비놀(THC)은 마리화나의 주된 성분이며 **그림 6.17**에 있는 삼나무(cannabis sativa)에서 얻으며, 아난다미드, CB1과 CB2 수용기로 불리는 내인성 THC 수용기에 작용한다. 따라서 THC 사용이 기억에 부정적 효과를 일으키거나 정신 과부하(mental overload)에 긍정적 효과를 낸다.

THC가 다수의 임상 상태를 치료하는 데 유용하다는 증거가 있다. THC는 항암치료를 받는 환자들이 경험하는 메스꺼움과 구토를 완화시키는 데 도움이 된다. 또한 식욕부진-악액질 증후군(anorexia-cachexia syndrome)을 앓는 AIDS 환자들의 식욕을 자극하는 데도 유용하다. THC는 아편제와 다른 기제를 통해 만성 통증을 치료하는 데에도 도움이 된다. 이에 덧붙여서 THC는 녹내장(안압의 증가)과 다발성 경화증과 같은 경련장애와 척수 손상과 관련된 장애의 치료에도 효과적인 것으로 입증되었다.

그림 6.17 ▲

대마 대마는 높이가 1~4.5m에 이르는 1년생 허브이다. 대마는 다양한 고도, 기후와 토양에서 자라며 밧줄, 의복과 종이의 제조를 포함한 다양한 용도에 사용된다.

일부 연구들은 THC가 신경 보호적 속성을 가지고 있다고 제안하고 있는데, 즉 외상성 뇌 손상 후 회복을 돕거나 뇌의 퇴화와 관련된 질환, 즉 알츠하이머병과 헌팅턴병 등의 진행을 늦추는 데 도움이 된다고 한다(Sarne et al., 2011). 마리화나에 포함되어 있는 일부 성분이 뇌전증 발작을 감소시킨다는 보고도 있다. 칸나비디올(cannabidiol)을 포함하는 기름은 가장 먼저 이것을 사용한 아동의 이름을 붙여 샬롯의 거미줄이라고 불리는 한 마리화나 종으로부터 얻는 화합물인데, 향정신성 효과를 거의 가지고 있지 않으며 아동 뇌전증의 치료에 효과적인 것으로 알려져 있다(Robson, 2014).

마리화나의 의학적 효과에 관한 연구는 마리화나의 사용을 법적으로 제한하는 것으로 말미암아 수십 년 동안 어려움을 겪어 왔다. 현재 마리화나에 관한 법적 제한이 감소되고 있지만 약용 THC가 널리 사용되고 있으며, 이로 인하여 통제된 연구를 수행하는 것이 어렵다.

글루타메이트 환각제 펜시클리딘(PCP)과 케타민(스페셜 K)은 환각과 유체 이탈 경험을 초래할 수 있다. 마취제로 사용되었던(표 6.3의 분류 I 참조) 두 약물 모두 학습에 관여하는 글루타메이트 NMDA 수용기를 봉쇄한다. 다른 NMDA 수용기 길항제에는 덱스트로메트로판과 아산화질소가 있다. 비록 환각제의 주된 향정신성 효과는 몇 시간 동안만 지속되지만 신체로부터 환각제를 완전히 제거하는 데에는 8일 이상이 소요된다.

노르에피네프린 환각제 페요테 선인장으로부터 추출되는 메스칼린은 북미 원주민이 종교 관례에 사용할 경우 합법이다. 메스칼린은 공간 경계가 없어진 것 같은 느낌과 환시를 포함하는 두드러진 초자연적 변화를 야기한다. 일회량(single dose)의 효과는 10시간 정도까지 지속된다.

세로토닌 환각제 합성물질인 리세르그산 디에틸아미드(LSD)와 자연물질인 실로시빈(특정 버섯으로부터 얻음)은 일부 세로토닌 수용기를 자극하고 세로토닌 재흡수를 통하여 다른 세로토닌성 뉴런의 활동을 봉쇄한다. MDMA(엑스터시)는 세로토닌 뉴런에 영향을 미치는 합성 암페타민 파생물 중 하나이다.

일반 자극제

일반 자극제(general stimulant)는 세포의 신진대사 활동을 전반적으로 증가시키는 약물을 의미한다. 널리 사용되는 자극제인 카페인은 이차전령 사이클릭 아데노신 모노포스페이트(cyclic adenosine monophosphate, cAMP)를 분해하는 효소를 억제한다. 이 결과 cAMP가 증가하게 되고 이로 인하여 세포 내의 포도당 생산이 증가하게 되어 더 많은 에너지가 생기고 세포 활동이 증가하게 된다.

커피 한 잔에는 100mg의 카페인이 함유되어 있고 많은 청량음료에 이와 유사한 양이 함유되어 있으나 일부 에너지 음료에는 500mg이나 함유되어 있다. 지나친 카페인 섭취는 신경과민을 일으킨다. 카페인 섭취를 중단할 경우 두통, 안절부절못함과 다른 금단 증상들을 경험할 수 있다.

◎ 6.4 중독에 대한 개인 반응과 영향

어떤 향정신성 약물도 서로 다른 시기에 서로 다른 사람들에게 서로 다르게 작용할 수 있다. 체중, 성, 연령 혹은 유전적 배경과 같은 신체적 차이와 학습된 행동 문화와 환경 맥락이 약물 효과에 영향을 미친다. 어느 누구라도 약물 의존 혹은 중독이 될 수 있다.

약물에 대한 행동

19세의 대학 신입생인 엘런은 안전하지 않은 성행동의 위험을 알고 있다. 기숙사에서 열린 홈커밍 파티에서 엘런은 즐거운 시간을 가졌으며 친구들과 마시고 춤을 추었고 새로운 사람들을 만났다. 그녀는 특히 대학 2학년생인 브래드와 어울렸고, 두 사람은 그녀의 방으로 가서 피자를 주문하기로 하였다. 서로에게 끌린 나머지 엘런과 브래드는 콘돔을 사용하지 않은 채 섹스를 하게 되었다. 다음 날 아침 엘런은 자신이 안전하지 않은 성행동을 한 것에 대해 자신에게 실망하고 놀랐다(MacDonald et al., 2000).

약물은 왜 사람들로 하여금 평상시와 전혀 다른 행동을 하게 하는 것일까? 알코올 사용과 관련된 위험한 행동은 개인과 사회에 큰 대가를 치르게 한다. 여기에는 안전하지 않은 성행동뿐만 아니라 음주 운전, 데이트 폭력, 배우자 및 아동 학대와 다른 유형의 공격적 행동과 범죄가 포함된다. 알코올 효과에 관한 초기 이론이지만 오늘날에도 널리 받아들여지고 있는 이론이 **탈억제 이론**(disinhibition theory)이다. 이 이론에 의하면 알코올이 피질, 즉 판단을 통제하는 뇌 영역을 선택적으로 억제하는 반면 욕망 등과 같은 원시적인 본능에 관여하는 피질하 구조들은 억제하지 않는 효과가 있다고 한다. 즉 알코올이 이성과 판단에 근거하는 학습된 억제를 억압하는 반면 '동물적인' 측면은 풀어놓는다는 것이다.

탈억제 이론은 알코올 관련 행동을 "그녀는 너무 취해 그런 행동을 할 수 밖에 없었다." 혹은 "남자 아이들이 너무 취해 자제력을 잃었다." 등의 표현으로 대변한다. 탈억제 이론이 엘런의 행동을 설명하는가? 그렇지 않다. 엘런은 과거에도 알코올을 섭취하였고 그럼에도 불구하고 안전한 성행동을 해왔다. 만약 알코올이 탈억제제라면 왜 항상 그런 효과를 내지 않는가?

Craig MacAndrew와 Robert Edgerton(1969)은 자신들의 저서 *Drunken Comportment*에서 탈억제 이론에 관한 의문을 제기하였다. 이들은 음주 행동이 맥락에 따라 변화되는 것을 보여주는 많은 예를 인용하였다. 집에서 술을 마실 경우에는 예의바른 사회적 행동을 보이는 사람이 바에서 술을 마실 경우 제멋대로 행동하고 공격적이 된다. 이들은 음주 행동의 문화적 차이에 관해서도 언급하였는데, 즉 일부 문화에서는 사람들이 술에 취하지 않은 상태에서는 억제되지 않지만 술을 마신 후에는 억제되고, 일부 문화에서는 술에 취하지 않은 상태에서 억제되지만 술을 마신 후에는 더 억제되는 경향이 있다고 하였다.

MacAndrew와 Edgerton은 음주 행동이 학습된 행동인 동시에 문화, 집단과 맥락에 대한 특정 행동이며 엘런이 브래드와 동침을 결정한 것을 일부 설명한다고 제안한다. 사회적 상호작용을 용이하게 하기 위해 음주를 하는 경우의 행동은 보다 보수적인 데이트 규칙으로부터 벗어난 '학습된 타임아웃'을 나타낸다. 그러나 학습 이론은 안전한 성행동에 관한 엘런의 판단 오류를 설명하는 데 어려움을 가지고 있다. 엘런은 이전에 안전하지 않은 성행동을 한 적이 결코 없고 안전하지 않은 성행동을 일상에서 벗어난 자신의 사회적 행동의 한 부분으로 결코 여기지 않았다.

엘런이 경험한 것과 같은 음주 관련 판단 오류에 관한 또 다른 설명이 **알코올 근시**(alcohol myopia)인데, 이 이론은 술을 마시면 사람들이 즉각적이고 두드러진 제한된 단서에 반응하는 반면 장기적인 단서나 잠재적 결과를 무시하는 경향이 있다고 제안한다. 엘런과 브래드가 엘런의 방에 도착하였을 때 그 순간의 성적 단서가 장기적인 안전에 관한 염려보다 더 즉각적이었다. 알코올 근시 이론은 공격, 데이트 강간과 음주 운전 등과 같은 위험한 행동으로 이끄는 많은 판단 오류를 설명할 수 있다. 음주 후 개인은 자신의 술취함 정도를 인식하지 못하는데, 즉 자신이 실제보다 훨씬 덜 취해 있다고 가정한다 (Lac & Berger, 2013).

중독과 의존

B.G.는 13세 때부터 흡연을 하였다. 현재 대학에서 강의를 하고 있는 그녀는 1명의 자녀를 두고 있고 흡연이 자신과 가족의 건강에 해가 된다는 것을 알고 있다. 여러 번 금연을 시도하였지만 성공하지 못하였는데, 가장 최근에는 흡연 대신 피부를 통해 니코틴을 흡수하는 니코틴 패치를 사용하였다.

B.G.는 약물 문제를 가지고 있다. 그녀는 북미 인구의 약 20%를 차지하는 흡연자들 중 한 사람이다. 대부분의 흡연자들은 15~35세에 흡연을 시작하고, 매일 약 18개비의 담배, 즉 거의 한 갑의 담배를 피운다. B.G.처럼 대부분의 흡연자들은 흡연이 건강에 나쁘다는 것을 알고 있고 흡연의 불쾌한 부작용을 경험하고 금연을 시도하지만 성공하지 못한다. 흡연과 관련되어 B.G.가 예외인 점은 그녀가 전문직 종사자라는 것이다. 오늘날 대부분의 흡연자들이 전문직보다는 노동직 종사자들이다.

물질 남용(substance abuse)은 사람들이 만성적으로 지나치게 약물에 의존하여 약물 사용이 자신의 생활에서 주된 자리를 차지하는 약물 사용의 패턴을 의미한다. 더 발전된 남용 상태가 **물질 의존**(substance dependence)인데, 이는 **중독**(addiction)으로 알려져 있다. 중독된 사람들은 약물을 남용할 뿐만 아니라 신체적으로 약물에 의존한다. 이들은 약물에 대한 내성을 가지고 있어 자신들이 원하는 약물 효과를 얻기 위해 더 많은 용량의 약물을 취한다.

약물 중독자들이 남용하는 약물을 갑작스럽게 중단할 경우 불쾌하고 때로는 위험한 신체적 **금단 증상**(withdrawal symptom)을 경험하기도 한다. 금단 증상에는 근육통과 경련, 불안 발작, 발한, 메스꺼움이 포함되고 일부 약물에 대한 금단 증상에는 경련과 사망이 포함되기까지 한다. 알코올 혹은 모르핀에 대한 금단 증상은 마지막으로 사용한 지 몇 시간 내에 시작될 수 있으며 증상은 며칠 동안 심하다가 점차 완화된다.

중독에서의 성차

약물에 대한 개인 반응에서의 다양한 차이는 연령, 신체 크기, 신진대사와 특정 물질에 대한 민감성 차이 때문이다. 예를 들어 신체가 큰 사람이 작은 사람보다 일반적으로 약물에 대해 덜 민감한데, 이는 많은 양의 체액에 약물이 더 희석되기 때문이다. 나이가 많은 사람이 젊은 사람에 비해 약물에 대해 2배 정도 더 민감한데, 이는 노인에서는 약물 흡수, 신진대사 및 신체로부터의 약물 제거 등의 과정이 덜 효과적이기 때문이다. 동일한 사람도 시간에 따라 약물에 대해 서로 다르게 반응한다.

여성이 남성보다 약물에 대해 약 2배 정도 더 민감한데, 이는 부분적으로는 남성에 비해 신체 크기가 더 작기 때문일 뿐만 아니라 호르몬 차이 때문이다. 오랫동안 받아들여지고 있는 일반적인 가정이 여성에 비해 남성이 약물 남용을 할 가능성이 더 높다는 것인데, 이 가정 때문에 여성의 약물 사용과 남용에 관한 연구가 소홀하였다. 최근에 이루어진 연구 결과에 의하면 여성이 남성보다 일부 약물에 대해서는 덜 중독되지만 일부 약물에 대해서는 남성만큼 혹은 남성보다 더 중독된다고 한다(Becker & Hu, 2008).

비록 남성과 여성의 약물 사용에 관한 일반적 패턴은 유사하지만 여성이 남성보다 니코틴, 알코올, 코카인, 암페타민, 아편제, 마리화나, 카페인과 펜시클리딘을 남용할 가능성이 더 높다. 여성이 남성보다 합법 혹은 불법 약물을 낮은 용량에서 규칙적으로 스스로 복용할 가능성이 더 높으며 더 빨리 중독되고 또 복용 중단 후 재발할 위험이 더 크다.

갈망-선호 이론

약물 남용과 중독을 설명하기 위해 T.E Robinson과 K.C. Berridge(1993)는 유인가-민감화 이론(incentive-sensitization theory)을 제안하였는데, 이 이론은 **갈망-선호 이론**(wanting-and-liking theory)이라고도 불린다. 갈망은 약물을 간절히 원하는 것을 의미하는 한편 선호는 약물 복용이 야기하는 즐거움을 의미한다. 반복적으로 약물을 사용하면 선호에 대한 내성이 발달하고 갈망은 민감화되는데, 즉 선호는 감소하고 갈망은 증가한다(**그림 6.18**).

아편제와 관련된 신경계는 선호와 관련된다. 약물 의존으로 가는 첫 번째 단계가 초기 경험인데, 이 시기 동안 약물은 즐거움에 관여하는 신경계에 영향을 미친다. 이 단계 동안 약물 사용자는 사회적 맥락에서 약물 사용을 선호하는 것을 포함하여 약물을 선호하는 것을 경험하게 된다. 약물을 반복적으로 사용하면 약물에 대한 선호가 처음 수준보다 감소하게 되는데, 이 단계에서 사용자는 선호를 증가시키

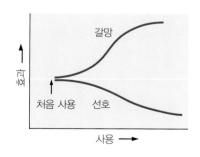

그림 6.18 ▲

갈망-선호 이론 약물을 반복적으로 사용할 경우 약물에 대한 갈망과 선호가 반대 방향으로 변한다. 갈망은 약물 단서와 관련된다.

기 위해 약용량을 증가시키기 시작한다.

갈망에는 도파민계가 관여하는 것으로 알려져 있다. 진정제, 항불안제, 아편제와 자극제를 포함한 많은 유형의 남용되거나 중독성을 띠는 약물들은 공통된 속성을 가지는데, 즉 이 약물들이 도파민계를 자극함으로써 **정신운동 활성화**(psychomotor activation)를 초래한다는 것이다. 이 공통된 효과는 모든 남용 약물들이 도파민, 특히 중뇌변연계의 도파민 활성화를 증가시킨다는 가설을 낳게 하였다(**그림 6.19**).

약물을 사용할 때마다 약물 사용자들은 약물 사용과 관련되어 있는 단서, 예를 들어 피하 주삿바늘, 투약하는 방, 같이 투약하는 사람 등의 단서와 약물 복용 경험을 연합한다(Everitt & Heberlein, 2013). 약물 사용자는 이 연합을 사용하는데, 이는 약물이 약물 복용과 관련되어 있는 단서들을 고전적 조건화시키기 때문이다. 이 조건화에는 도파민이 관여한다. 추후 이러한 선호 단서들을 만나게 되면 도파민 활성화가 증가되고, 이것이 갈망의 신경학적 근거가 된다(Fraioli, 1999).

남용 약물과 이 약물을 취하는 맥락이 처음에는 즐거움을 제공하지만 이 약물이 더 이상 즐거움을 제공하지 않아도 습관적 약물 사용자가 지속적으로 약물을 사용한다는 증거가 많이 보고되고 있다. 헤로인 중독자들은 불행하고 삶이 파괴되었으며 헤로인이 더 이상 즐거움을 주지 않는다고 자주 보고한다. 그러나 그들은 여전히 헤로인을 원한다. 더욱이 약물에 대한 갈망은 중독자들이 금단 증상을 경험할 때가 아니라 기분이 최고조에 달할 때 가장 강하다. 마지막으로 약물 복용과 관련되어 있는 단서들, 예를 들어 사회적 상황, 약물이 눈에 띄는 것 혹은 약물 용품 등과 같은 단서들이 약물을 복용하고자 하는 혹은 약물 복용을 계속하고자 하는 결정에 매우 강한 영향을 미친다.

약물 남용의 치료

약물에 대한 갈망-선호 이론은 많은 사회적 상황으로 확대 적용될 수 있다. 성행동, 음식, 심지어 운동과 관련된 단서들이 선호 없이도 갈망 상태를 유발할 수 있다. 배가 고프지 않거나 섭식 행동으로부터 즐거움을 거의 경험하지 않더라도 다른 사람이 음식을 먹고 있는 단서만으로도 섭식 행동이 일어날 수 있다. 과장된 정상 행동과 약물 중독이 매우 유사한 점은 이 모두가 동일한 학습 및 뇌기제에 의존한다는 것을 시사한다. 이 이유만으로도 중독은 매우 치료하기 어렵지만 이에 덧붙여서 법적 장애물, 유전적 영향, 심지어 복용하는 약물 모두 치료를 어렵게 한다.

법적 장애와 사회적 압력

약물 사용과 관련된 법적 금지가 비합리적이다. 미국의 경우 1914년 제정된 '해리슨 마약법(Harrison Narcotics Act)'이 헤로인을 포함한 다양한 약물 사용과 의사들이 자신들의 진료소에서 중독자를 치료하는 것을 불법으로 정하였다. 2000년에 발표된 '약물 중독 치료법(Drug Addiction Treatment Act)'은 이 금지 중 일부를 허용하지만 여전히 많은 제약을 두고 있다. 이에 덧붙여서 남용한 약물과 약물 사용이 일어난 관할권(jurisdiction)에 따라 약물 사용에 대한 법적 결과가 매우 달라진다.

건강의 관점에서 보면 마리화나를 사용하는 것보다 흡연이 훨씬 더 건강에 해가 된다. 알코올을 적당하게 마시면 오히려 건강에 도움이 된다. 그러나 아편제를 적당하게 사용하는 것은 거의 불가능하다. 사회적 강압이 흡연의 감소에 유용하다. 즉 공공장소에서 흡연을 금지한 결과 흡연이 상당히 감소하였다. 아편 중독자들에게 메타돈과 다른 약물치료를 제공하는 등의 의료적 개입이 필요하다.

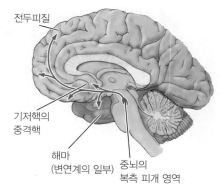

그림 6.19 ▲

중뇌변연 도파민 경로와 약물 갈망 복측 피개에 위치하는 도파민 세포들은 축색을 중격핵, 해마를 포함한 변연계와 전두피질로 보내는데, 이는 이 영역들이 중독에 중요한 역할을 하는 것을 시사한다.

▲ 샌프란시스코의 의약마리화나클리닉에서 직원들이 처방에 따라 제조하고 있다. 캘리포니아주는 의약마리화나를 합법화한 많은 주 중 하나이다.

유전 및 후성적 영향

약물 사용에 유전적 요인이 작용하는 것을 보여주는 세 가지 증거가 있다. 첫째, 이란성 쌍생아(일부 유전자만 공유)보다 일란성 쌍생아(동일한 유전자 구성을 가짐) 중 한 사람이 알코올 남용을 하면 다른 한 사람도 남용할 가능성이 더 높다. 둘째, 출생 후 입양된 사람의 경우 입양 후 생물학적 부모와 거의 혹은 전혀 접촉이 없었음에도 생물학적 부모가 알코올 중독자일 경우 입양된 자녀도 알코올 남용을 할 가능성이 높다. 셋째, 대부분의 동물이 알코올을 선호하지 않지만 생쥐, 쥐와 원숭이를 선택적으로 교배하면 많은 양의 알코올을 섭취하는 종을 생산할 수 있다.

후성적 요인이 중독 가능성에 대한 유전적 요인에 영향을 미친다(Robison & Nestler, 2011). 중독 약물이 유전자 통제에 직접적인 영향을 미칠 수 있다. 약물이 통제에 관여하는 유전자를 선택적으로 발현되지 못하게 하고 중독에 취약한 행동과 관련되어 있는 유전자를 발현하게 한다. 개인의 유전자 발현에서의 후성적 변화는 비교적 영구적이고 다음 세대로 전달될 수 있다(2.3절 참조). 이러한 이유로 말미암아 후성적 요인들이 중독을 지지하는 행동과 약물 중독이 유전되는 경향 모두를 설명할 수 있다.

약물치료를 성공적으로 하기 위해서는 중독이 일생 동안 지속되는 문제라는 것을 인식하는 것이 필요하다. 따라서 체중 통제를 위해 일생 동안 적절한 다이어트와 운동이 필요한 것과 유사하게 약물 중독을 여겨야 한다.

6.5 호르몬

정상 수탉

거세 수탉
(고환이 제거된 수탉)

1849년 유럽의 과학자인 A.A. Berthold는 수탉의 고환을 제거한 후 수탉이 더 이상 울지 못하고 성행동 혹은 공격적 행동을 하지 못하는 것을 발견하였다. Berthold가 수탉의 고환을 재이식한 결과 수탉이 다시 울기 시작하였고 정상적인 성행동과 공격적 행동을 보였다. 재이식된 고환이 어떤 신경 연결도 맺지 않았기 때문에 Berthold는 고환이 수탉의 순환계에 화학물질을 분비하고 이 화학물질이 수탉의 행동에 영향을 미쳤다고 결론 내렸다.

이 화학물질이 오늘날 고환에서 분비되는 성호르몬으로 남성 특징을 구분하게 하는 **테스토스테론**(testosterone)으로 알려져 있다. Berthold가 고환을 재이식함으로써 얻은 효과를 거세된 수탉에게 테스토스테론을 주사함으로써 얻을 수 있다. 호르몬만으로도 거세된 수탉이 고환을 가지고 있는 수탉처럼 행동한다.

테스트스테론이 수탉에 미치는 효과는 이 호르몬이 수컷 행동을 야기하는 방법 중 일부를 설명한다. 테스토스테론은 성숙한 수컷 신체의 크기와 외모의 변화가 일어나게 한다. 예를 들어 수탉의 경우 테스토스테론이 깃털과 볏을 만들고 다른 성기관을 활성화시킨다.

호르몬의 위계적 통제

그림 6.20은 뇌가 감각 경험과 인지적 활동에 반응할 때 시작되는 호르몬의 위계적 작용을 보여준다. 시상하부는 신경호르몬(neurohormone)을 생산하고 신경호르몬은 뇌하수체를 자극하여 방출호르몬(releasing hormone)을 순환계에 분비하게 한다. 차례로 뇌하수체 호르몬은 나머지 내분비선에 영향을 미쳐 적절한 호르몬을 혈액 내로 분비하게 한다. 이 호르몬들은 신체 내의 다양한 목표 기관에 작용하고 호르몬이 더 혹은 덜 필요한가에 관한 피드백을 뇌로 보낸다.

호르몬은 신체 기관뿐만 아니라 뇌와 뇌 속에 있는 신경전달물질 활성화 체계에도 영향을 미친다. 뇌에 있는 거의 모든 뉴런은 다양한 호르몬들과 작용하는 수용기들을 가지고 있다. 테스토스테론은 수탉의 성기관, 외모에 영향을 미치는 것에 덧붙여서 목표로 하는 뇌세포, 특히 울음, 수컷의 성행동과 공격 등을 통제하는 뉴런들에 대해서는 신경전달물질과 유사한 효과를 가진다.

테스토스테론은 이 뉴런들의 세포핵으로 전달되어 그곳에서 유전자들을 활성화시킨다. 차례로 유전자들은 수탉의 수컷 행동을 야기하는 세포 과정에 필요한 단백질 합성이 일어나게 한다. 이에 따라 수탉은 수컷의 신체뿐만 아니라 수컷의 뇌를 가지게 된다.

비록 호르몬이 어떻게 복잡한 행동을 생산하는가에 관한 많은 의문이 남아 있지만 테스토스테론이 가지는 다양한 기능을 보면 왜 신체가 호르몬을 메신저로 사용하는가가 명확해진다. 호르몬의 목표물이 매우 광범위하게 분포되어 있기 때문에 이 목표물들에 도착할 수 있는 가장 가능한 방법이 신체의 모든 곳으로 가는 혈관을 통해 전달되는 것이다.

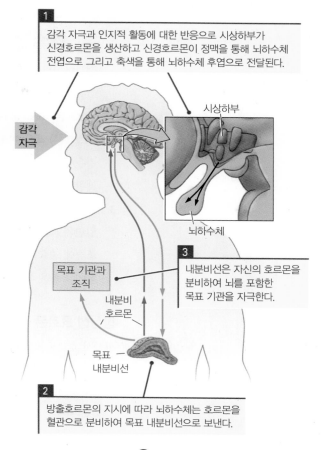

1 감각 자극과 인지적 활동에 대한 반응으로 시상하부가 신경호르몬을 생산하고 신경호르몬이 정맥을 통해 뇌하수체 전엽으로 그리고 축색을 통해 뇌하수체 후엽으로 전달된다.

감각 자극

시상하부

뇌하수체

목표 기관과 조직

3 내분비선은 자신의 호르몬을 분비하여 뇌를 포함한 목표 기관을 자극한다.

내분비 호르몬

목표 — 내분비선

2 방출호르몬의 지시에 따라 뇌하수체는 호르몬을 혈관으로 분비하여 목표 내분비선으로 보낸다.

◎ **그림 6.20** ▲

호르몬 위계

◎ 호르몬의 분류와 기능

호르몬은 질병을 치료하고 예방하는 약물로 사용된다. 사람들은 호르몬을 생산하는 분비선이 제거되거나 기능하지 못할 경우 이에 대한 대체 치료로 합성 호르몬을 복용한다. 또한 사람들은 노화 효과를 없애기 위해 호르몬, 특히 성호르몬을 복용하고 신체 강도와 지구력을 증가시키거나 운동 시합에서 이기기 위해 호르몬을 복용한다. 인간 신체에는 100가지나 되는 호르몬이 있는데, 이들은 화학적 구조에 따라 스테로이드와 펩티드로 분류된다.

테스토스테론과 코르티솔과 같은 **스테로이드 호르몬**(steroid hormone)은 콜레스테롤로부터 합성되고 지용성이다. 스테로이드는 생식선, 부신피질과 갑상샘 등과 같은 내분비선에서 합성되어 확산되며 세포막을 쉽게 통과한다. 이 호르몬은 동일한 방법으로 목표 세포로 들어가며 세포의 DNA에 작용하여 단백질 생산을 증가 혹은 감소시킨다.

인슐린, 성장호르몬, 엔도르핀과 같은 **펩티드 호르몬**(peptide hormone)은 다른 단백질처럼 세포의 DNA에 의해 생산된다. 이 호르몬은 세포막의 대사성 수용기와 결합하여 세포의 생리 기능에 영향을 미치는 이차전령을 생성함으로써 목표 세포의 활성화에 영향을 미친다.

스테로이드 호르몬과 펩티드 호르몬은 행동 효과에 근거하여 다음의 세 가지 주요 기능 집단 중 하나에 포함되고 이 집단 중 하나 이상에 기능한다.

1. **항상성 호르몬**(homeostatic hormone)은 유기체의 내적 신진대사 균형을 유지하고 생리 체계를 조절한다. 미네랄로코르티코이드(예 : 알도스테론)는 혈액과 세포 내의 수분 농도와 신체의 나트륨, 칼륨 및 칼슘 수준을 통제하고 소화 기능을 증가시킨다.

2. **성호르몬**[gonadal (sex) hormone]은 생식 기능을 통제한다. 이 호르몬은 신체로 하여금 남성(테스토스테론) 혹은 여성(에스트로겐)으로 발달하게 지시하고 성행동과 임신에 영향을 미치며 여성의 경우에는 월경 주기(에스트로겐과 프로게스테론), 출산과 모유의 분비(프로락틴, 옥시토신)를 통제한다.

3. **글루코코르티코이드**(glucocorticoids; 예 : 코르티솔과 코르티코스테론)는 스트레스 시에 분비되는 일련의 스테로이드 호르몬으로 단백질과 탄수화물의 신진대사와 혈당 수준 및 세포의 당 흡수의 조절에 중요하다. 심리적으로 도전이 되는 사건 혹은 위급 상황에서 활성화되는 호르몬은 신체로 하여금 싸움 혹은 도주 반응을 통하여 이에 대처하도록 준비하게 한다.

항상성 호르몬

항상성 호르몬은 신체의 내적 환경이 비교적 일정한 수준으로 유지되도록 조절한다. 당, 단백질, 탄수화물, 염분과 수분의 적절한 균형이 혈액, 근육의 세포외 영역, 뇌, 신체의 다른 구조와 모든 체세포 내에서 요구된다.

전형적인 항상성 기능이 혈당 수준의 통제이다. 췌장에 있는 세포들 중 일부가 인슐린을 분비하는데, 이 항상성 호르몬은 간으로 하여금 포도당을 분비하는 대신 저장하도록 지시하고 세포로 하여금 포도당 흡수를 증가하도록 지시함을 통하여 혈당 수준이 낮아지게 한다. 그 결과 포도당 수준이 낮아지면 췌장세포의 자극이 감소되고 이에 따라 췌장세포가 인슐린 생산을 중단하게 된다.

당뇨병은 췌장세포가 충분한 인슐린을 분비하지 못하거나 전혀 분비하지 못할 때 초래된다. 그 결과 혈당 수준이 낮아지거나(저혈당증) 높아지게 된다(고혈당증). 고혈당증의 경우 혈당 수준이 증가하는데, 이는 인슐린이 체세포로 하여금 포도당을 흡수하도록 지시하지 않기 때문이다. 그 결과 혈당 수준이 높음에도 불구하고 포도당 부족으로 말미암아 뉴런을 포함한 세포가 적절하게 기능하지 못하게 된다. 만성적인 고혈당 수준은 눈, 신장, 신경, 심장 및 혈관을 손상시킨다. Eric Steen과 동료들(2005)은 뇌세포의 인슐린 저항이 알츠하이머 병과 관련되어 있다고 제안하였다. 이들은 알츠하이머병이 당뇨병의 제3유형일 가능성을 제안하였다.

성호르몬

성호르몬은 개인의 성적 외모를 발달하게 하고 남성 혹은 여성으로서의 정체감을 가지게 하며 성 관련 행동을 가능하게 한다. 성호르몬은 개인이 출생하기 전에 이미 작용하기 시작하여 일생 동안 작용한다.

남성 Y 염색체는 성 결정 영역 혹은 *SRY* 유전자라고 불리는 유전자를 가지고 있다. 만약 초기 배아의 분화되지 않은 생식선 세포가 *SRY* 유전자를 가지고 있으면 이 세포들은 고환으로 발달하는 반면 *SRY* 유전자를 가지고 있지 않으면 난소로 발달한다. 남성의 경우 고환이 테스토스테론 호르몬을 생산하여 신체를 남성화하게 하여 남성 신체와 성기관 및 남성 뇌가 발달하게 된다.

조직화 가설(organizational hypothesis)은 발달 과정 동안의 호르몬 작용이 조직 분화를 변화시킨다고 제안한다. 따라서 테스토스테론이 생의 초기에 뇌세포에 의해 흡수됨으로써 뇌를 남성화하며 뇌에서 아로마타제(aromatase) 효소에 의해 테스토스테론이 에스트로겐으로 전환된다. 이후 에스트로겐은 에스트로겐 수용기에 작용하여 세포핵에 있는 특정 유전자의 활성화를 포함한 일련의 사건이 일어나게 한다. 이 유전자들은 뇌세포의 남성화와 남성화된 뇌세포와 다른 뇌세포들 사이의 상호작용이 일어나게 한다.

주로 여성과 관련된 호르몬으로 알려져 있는 에스트로겐이 남성 뇌를 남성화한다는 사실은 놀라울 것이다. 에스트로겐이 여성 뇌에 미치는 효과는 남성 뇌에서의 효과와 동일하지 않은데, 이는 여성이 에스트로겐과 결합하여 에스트로겐이 뇌로 들어가는 것을 방해하는 효소를 혈액에 가지고 있기 때문이다. 호르몬이 남성에 비해 여성 뇌뿐만 아니라 여성 신체를 발달시키는 데 덜 영향을 미치지만 월경 주기의 정신적 및 신체적 측면을 통제하고 임신과 출산을 조절하며 모유 생산을 자극한다.

호르몬은 뇌와 인지 행동에서의 성차에 관여하는데, 예를 들어 약물 의존과 중독에서의 성차에 호르몬이 중요한 역할을 한다(6.4절 참조). 신체 크기를 고려해도 남성 뇌가 여성 뇌보다 약간 더 크고 남성의 경우 좌반구보다 우반구가 약간 더 크다. 여성 뇌는 남성 뇌에 비해 대뇌 혈류와 포도당 활용률이 더 높다. 성기능과 관련된 시상하부의 핵을 포함하여 일부 뇌 영역들의 크기에서 성차가 관찰되는데, 예를 들어 뇌량의 일부와 언어 영역이 여성 뇌에서 더 크고 피질의 회백질에서도 성차가 관찰된다(Koolschijn et al., 2014).

Elizabeth Hampson과 Doreen Kimura(2005)가 요약한 세 라인에서 제공된 증거들이 인지 기능에서의 성차가 이러한 뇌 영역들의 차이에서 비롯된다는 것을 지지한다. 첫째 서로 다른 배경과 문화를 가지는 여성과 남성들에게 공간 검사와 언어 검사를 실시한 결과 남성은 공간 검사에서 더 우수한 수행을 보이는 한편 여성은 언어 검사에서 더 나은 수행을 보인다. 둘째 서로 다른 월경 주기에 있는 여성 참여자들에게 유사한 검사를 실시한 결과 월경 주기의 단계에 따라 검사 수행의 변화가 있음이 관찰되었다. 여성 호르몬인 에스트라디올(에스트로겐이 신진대사된 것)과 프로게스테론의 수준이 가장 낮은 단계에서는 공간 검사에서 더 나은 수행을 보이는 반면 이 호르몬들의 수준이 높은 단계에서는 언어 검사에서 더 나은 수행을 보인다. 셋째, 폐경 전과 후의 여성들, 임신의 여러 단계에 있는 여성들, 순환하는 호르몬의 수준이 서로 다른 여성과 남성의 검사 결과를 비교한 결과 성호르몬이 인지 기능에 영향을 미치는 것이 관찰된다.

아나볼릭-안드로제닉 스테로이드

테스토스테론과 관련되어 있는 합성 호르몬 부류는 근육 구성(아나볼릭)과 남성화(안드로제닉) 효과 모두를 가진다. 흔히 **아나볼릭 스테로이드**(anabolic steroid)로 알려진 이 **아나볼릭-안드로제닉 스테로이드**(anabolic-androgenic steroid, 혹은 로이드로 알려져 있음)는 원래 신체 크기를 키우고 지구력을 향상시키기 위해 합성되었다. 러시아의 역도선수들이 경기 실적을 올리고 국제 경기에서 이기기 위해 1952년에 처음으로 사용하였다.

이후 합성 스테로이드는 급속하게 다른 나라들과 다른 스포츠에도 사용되었고 결국 트랙과 필드에서 사용이 금지되는 것을 시작으로 다른 많은 스포츠에서도 사용이 금지되었다. 약물 검사 정책이 쥐와 고양이 게임으로 이어졌는데, 이는 새로운 아나볼릭 스테로이드와 이 스테로이드를 복용하는 새로운 방법과 약물 검사를 통과할 수 있는 새로운 방법들이 개발되기 때문이다.

오늘날 아나볼릭 스테로이드는 운동 선수와 일반인 모두에서 비슷한 비율로 사용되고 있다. 미국 내에서 100만 명 이상의 사람들이 운동 실력을 향상시키기 위해서뿐만 아니라 체격과 외모를 위해서 아나볼릭 스테로이드를 사용하고 있다. 남자 고등학생의 약 7%와 여자 고등학생의 3% 정도가 아나볼릭 스테로이드를 사용하고 있다.

아나볼릭 스테로이드의 사용은 건강상의 위험을 초래한다. 이를 복용할 경우 남성 호르몬인 테스토스테론의 생산이 감소하고, 나아가 이는 남성 생식력과 정자 생산을 감소시킨다. 근육 부피가 증가하고 남성의 공격성이 증가하기도 한다. 심혈관 효과에는 심장발작과 뇌졸중의 위험이 증가하는 것이 포함된다. 간과 신장 기능도 손상되고 종양의 위험이 증가한다. 남성 탈모가 증가하고 여성의 경우 음핵이 확장되고 체모가 증가하며 목소리가 낮고 굵어진다.

아나볼릭 스테로이드는 임상에서도 사용된다. 성기능이 저하된 남성의 치료에 테스토스테론 대체요법이 사용된다. 외상 후 초래되는 근육 상실의 치료와 영양 결핍으로 말미암아 감소된 근육량의 회복에도 유용하다. 여성의 경우 아나볼릭 스테로이드가 자궁내막증과 유방의 섬유낭병의 치료에 사용되고 있다.

◎ 글루코코르티코이드와 스트레스

스트레스는 공학에서 빌려온 용어로서 한 작용물이 한 대상에 대해 힘을 행사하는 과정을 기술하는 용어이다. 인간과 동물에 적용될 경우 **스트레스원**(stressor)은 신체의 항상성에 도전하고 각성을 일으키는 자극을 의미한다. 스트레스 반응은 생리적으로뿐만 아니라 행동으로도 일어나며 각성과 스트레스를 감소시키기 위한 시도를 포함한다. 스트레스 반응이 스트레스를 일으키는 사건보다 더 오래 지속될 수 있으며 명백한 스트레스원이 없을 경우에도 일어난다. 지속적인 스트레스와 더불어 살아가는 것이 사람을 지치게 한다.

즐겁거나 우울하거나 위협적일 때에도 스트레스원에 대한 신체 반응은 동일하다. Robert Sapolsky (2004)는 굶주린 사자나 사자가 추격하는 얼룩말 모두 동일한 생리적 스트레스 반응을 가지고 있다고 주장하였다. 신체가 스트레스원의 영향을 받을 때, 특히 뇌가 스트레스원을 지각하고 이에 대해 각성으로 반응할 때 스트레스 반응이 시작된다. 스트레스 반응은 2개의 분리된 순서, 즉 하나는 급속하게 일어나고 다른 하나는 천천히 일어나는 반응으로 구성된다.

그림 6.21의 왼쪽은 급속한 스트레스 반응을 보여준다. 자율신경계의 교감신경계가 '싸움 혹은 도주' 반응을 위해 신체와 신체 기관을 준비시키기 위해 활성화되고, '안정과 소화' 반응을 담당하는 부교감신경계는 활동을 멈춘다. 이에 덧붙어 교감신경계는 부신의 안쪽에 위치하는 부신수질을 자극하여 에피네프린을 분비하게 한다. 에피네프린의 급증(에피네프린의 원래 이름인 아드레날린을 따라 아드레날린 급증이라고도 함)은 갑작스러운 활동 증가에 대해 신체를 준비하게 한다. 에피네프린은 많은 기능 중에서도 특히 세포 신진대사를 자극하여 체세포가 활동할 수 있게 준비시킨다.

천천히 일어나는 스트레스 반응을 통제하는 호르몬이 스테로이드 코르티솔 혹은 글루코코르티코이드인데, 이 호르몬은 부신의 바깥층(부신피질)에서 분비된다(그림 6.21 오른쪽 참조). 코르티솔 경로는 몇 분에서 몇 시간에 걸쳐 천천히 활성화된다. 코르티솔은 다양한 기능을 가지는데, 여기에는 스트레스원 대처에 당장 필요하지 않은 모든 신체 체계를 중단하는 것이 포함된다. 예를 들어 코르티솔은 인슐린의 분비를 중단하게 함으로써 간에서 포도당을 분비시키기 시작하며, 이에 따라 신체의 에너지 공급이 일시적으로 증가한다. 또한 코르티솔은 생식 기능을 중단시키고 성장 호르몬의 생산을 억제한다.

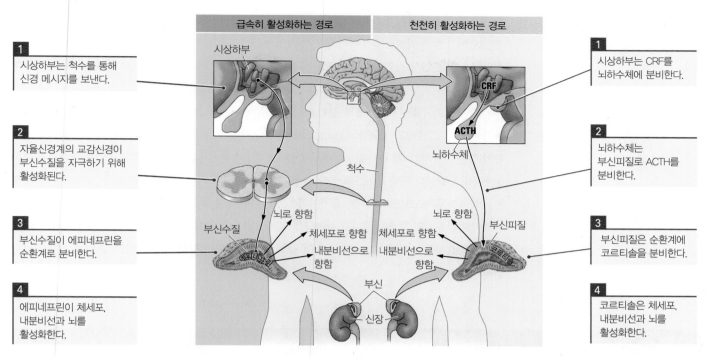

급속히 활성화하는 경로 | 천천히 활성화하는 경로

시상하부

CRF

ACTH

뇌하수체

척수

뇌로 향함

뇌로 향함

부신수질

부신피질

체세포로 향함

체세포로 향함

에피네프린

내분비선으로 향함

내분비선으로 향함

코르티솔

부신

신장

1 시상하부는 척수를 통해 신경 메시지를 보낸다.

2 자율신경계의 교감신경이 부신수질을 자극하기 위해 활성화된다.

3 부신수질이 에피네프린을 순환계로 분비한다.

4 에피네프린이 체세포, 내분비선과 뇌를 활성화한다.

1 시상하부는 CRF를 뇌하수체에 분비한다.

2 뇌하수체는 부신피질로 ACTH를 분비한다.

3 부신피질은 순환계에 코르티솔을 분비한다.

4 코르티솔은 체세포, 내분비선과 뇌를 활성화한다.

그림 6.21 ▲

스트레스 반응의 활성화 부신으로 향하는 두 가지 경로가 신체의 스트레스 반응을 통제한다. 급속히 활성화하는 경로는 싸움 혹은 도주 반응을 위해 신체를 즉각적으로 준비시킨다. 천천히 활성화하는 경로는 신체로 하여금 자원을 동원하여 스트레스원에 당면하게 하고, 스트레스로 인한 손상을 회복하게 한다. (CRF : 코르티코트로핀 방출 인자, ACTH : 부신피질자극 호르몬)

이런 방법을 통해 신체의 에너지 공급이 스트레스와 대처하는 데 집중될 수 있다.

◎ 스트레스 반응의 종결

정상적으로 스트레스 반응은 짧은 시간 동안만 일어난다. 신체는 자원을 동원하여 생리적 혹은 행동적으로 스트레스에 대처하며 그런 후 스트레스 반응을 종결한다. 뇌가 스트레스 반응이 일어나게 하듯이 스트레스 반응의 종결도 뇌에 의해 일어난다. 만약 스트레스 반응이 종결되지 않으면 신체는 에너지를 저장하는 대신 지속적으로 활용한다. 단백질이 모두 소모되어 근육이 상실되고 피로감을 느끼게 되며, 성장호르몬의 생산이 억제되어 신체가 성장하지 못하게 된다. 또한 소화계의 기능이 지속적으로 중단되면 사용된 자원을 대체할 수 있는 음식의 섭취와 소화 과정이 감소된다. 생식 기능이 억제되며, 면역계가 억제되어 감염 혹은 질병의 가능성이 높아진다.

Sapolsky(2005)는 해마가 스트레스 반응의 종결에 중요한 역할을 한다고 주장한다. 해마에는 상당히 많은 코르티솔 수용기가 위치하며 해마의 축색이 시상하부와 연결되어 있다. 코르티솔 수준은 해마에 의해 통제되지만 스트레스를 유발하는 상황이 지속되어 코르티솔 수준이 계속해서 상승하면 코르티솔이 결국 해마를 손상시킨다. 손상된 해마는 코르티솔 수준을 감소하지 못하게 한다. 따라서 해마가 점차 퇴행하고 코르티솔 수준이 통제되지 못하는 악순환이 일어나게 된다(**그림 6.22**). 이 아이디어가 **외상후 스트레스장애**(post-traumatic stress disorder, PTSD)를 설명할 수 있는데, 즉 PTSD는 종결되지 않은 스트레스 반응이다. PTSD를 앓는 사람들은 외상 후 몇 달 혹은 몇 년 동안 외상 사건을 자꾸 기억하거나 이에 관한 꿈을 꾸는데, 이때 동반되는 생리적 각성은 이들로 하여금 위험이 임박하였다고 믿게 한다(제26장 사례 보기 참조).

축적된 스트레스가 인간 해마를 손상시키는지에 관한 명확한 답은 아직 없다. 예를 들어 아동기에 성적 학대를 경험하고 이후 PTSD 진단을 받은 여성들을 대상으로 한 연구는 이들에서 뇌영상 기법으

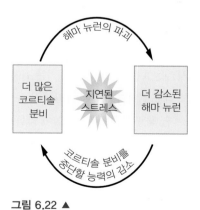

해마 뉴런의 파괴

더 많은 코르티솔 분비

지연된 스트레스

더 감소된 해마 뉴런

코르티솔 분비를 중단할 능력의 감소

그림 6.22 ▲

악순환

로 측정한 해마 부피의 변화가 관찰됨을 보고하였다. 그러나 다른 연구들에서는 학대를 경험한 여성들과 경험하지 않은 여성들에서 해마 부피의 차이가 관찰되지 않았다(Landre et al., 2010). 이러한 연구 결과의 차이는 영상 기법이 가지는 제한점과 스트레스 반응에 대한 개인차 때문에 초래되었을 가능성이 있다.

인간 수명이 길고 다양한 생의 경험을 하기 때문에 단일 스트레스 사건을 가지고 스트레스를 설명하기 어렵다. 그럼에도 불구하고 Patrick McGowan과 동료들(2009)은 아동기에 성적 학대를 받은 경험이 있는 자살자의 해마에 있는 글루코코르티코이드 수용기 농도가 학대 경험이 없는 자살자와 정상 통제군의 농도보다 낮다고 보고하였다. 수용기와 글루코코르티코이드 mRNA의 감소는 아동기 때 경험한 학대가 글루코코르티코이드 유전자의 발현에 후성적 변화를 야기하였음을 시사한다. 글루코코르티코이드 수용기의 감소가 해마로 하여금 스트레스 반응을 약화시키지 못하게 할 수 있다. McGowan 연구의 중요성은 스트레스가 해마 부피의 감소 없이도 해마 기능에 영향을 미칠 수 있는 기제를 밝힌 점에 있다.

요약

6.1 정신약물학 원리
향정신성 약물은 중추신경계를 목표로 한다. 약물이 구강, 폐, 혈관 혹은 뇌에 직접 작용할수록 필요한 약물량이 적어지고 뇌에 이르는 경로가 짧아진다. 약물작용에 대한 주요 방해물에는 위벽, 혈액에 의한 희석, 체세포에 의한 흡수, 세포외액에서의 희석과 혈뇌장벽이 포함된다. 약물 제거는 신진대사, 호흡, 대변, 소변 및 땀을 통해 일어난다.

6.2 시냅스에서의 약물작용
약물이 어떻게 행동에 영향을 미치는가에 시냅스가 중요한 역할을 한다. 약물은 전달물질의 합성, 축색 종말에서의 전달물질 분비, 전달물질과 시냅스후 수용기와의 상호작용, 전달물질의 불활성화 및 재흡수 혹은 퇴화 등 신경전달의 어느 생화학적 단계에도 영향을 미칠 수 있다. 시냅스 소통에서의 어떠한 수정도 전달물질 작용의 증가 혹은 감소를 초래한다. 이러한 방법을 통해 약물은 시냅스 전달을 증가시키는 효능제 혹은 감소시키는 길항제로 작용한다.

약물 효과가 개인에 따라 혹은 동일한 개인도 상황에 따라 매우 다르다. 약물 사용으로 말미암아 약물에 대한 반응이 감소하는 것을 내성이라고 하는 반면 증가하는 것을 민감화라고 한다.

6.3 향정신성 약물의 분류
엄청나게 많은 향정신성 약물들은 이들이 내는 행동 효과에 따라 분류될 수 있다. 약물은 진정제와 항불안제, 항정신병 약물, 항우울제와 기분 안정제, 아편제와 환각제로 분류된다. 약물 분류에 관한 것이

137쪽의 표 6.3에 제시되어 있는데, 표에는 자연적으로 생산되는 약물과 합성 약물 모두 포함되어 있지만 이 약물들의 작용은 서로 다른 방식으로 일어난다.

6.4 중독에 대한 개인 반응과 영향
약물은 모든 사람에게 동일하게 작용하지 않는다. 학습, 문화와 환경 맥락 등과 같은 행동 요인과 체중, 성, 연령 혹은 유전적 배경을 포함한 신체 차이가 약물이 한 개인에게 미치는 효과에 영향을 준다.

약물이 행동에 미치는 영향은 상황에 따라 혹은 개인이 학습한 약물 관련 행동에 따라 매우 다르다. 예를 들어 알코올 근시는 개인으로 하여금 환경 내의 두드러진 단서들에 주로 초점을 맞추게 한다. 이러한 단서들은 개인이 평상시에 하지 않는 행동을 하게 한다.

여성이 남성에 비해 약물에 더 민감하고 낮은 용량의 약물에 더 빨리 중독된다. 많은 약물에 대한 여성의 남용률이 남성의 남용률과 동일하거나 더 높다.

약물 복용은 처음에는 즐거움(선호)을 야기하지만 반복적으로 복용하면 약물 복용과 약물과 관련된 대상, 사건 및 장소 사이의 연합이 일어나게 된다. 결국에는 조건화된 단서들이 약물 사용자로 하여금 약물을 찾게 하고(갈망), 이로 인해 약물 복용을 더 많이 하게 한다. 이러한 주관적 경험이 약물에 대한 갈망을 증가시킨다. 중독이 진행되어감에 따라 내성에 의해 약물에 대한 선호는 감소하고 민감화 때문에 갈망은 증가하게 된다.

남용되는 약물에 따라 약물치료가 달라진다. 어떤 치료적 접근을 사용하는가와 무관하게 치료의 성공은 생활양식의 영구적인 변화에 달려 있다. 얼마나 많은 사람들이 흡연, 음주, 향락적 약물 혹은 처방 약물을 남용하는가를 고려하면 약물을 사용하지 않는 사람을 발견하는 것이 어렵다. 그러나 일부 사람들은 유전적 혹은 후성적 요인으로 인해 약물 사용과 중독에 취약한 것으로 보인다.

6.5 호르몬

내분비선에서 생산되는 스테로이드와 펩티드 호르몬은 혈관을 따라 순환하고 다양한 목표 기관에 영향을 미친다. 호르몬 수준을 조절하기 위해 뇌에서 감각 자극과 인지적 활동이 서로 상호작용하고 시상하부를 통해 뇌하수체를 자극한다. 뇌하수체는 내분비선을 자극 혹은 억제하며 다른 호르몬을 통해 뇌로 피드백을 보낸다.

항상성 호르몬은 신체 내의 혈당, 단백질, 탄수화물, 염류와 다른 물질의 균형을 조절한다. 성 호르몬은 성 특성과 행동, 생식과 자녀 돌봄 등과 관련된 신체 특징과 행동을 조절한다. 글루코코르티코이드는 스트레스, 즉 각성과 도전적 상황에 대처하는 신체 능력을 조절하는 스테로이드 호르몬이다. 테스토스테론의 효과를 모방한 합성 아나볼릭 스테로이드는 근육 부피, 스테미나와 공격성을 증가시키지만 해로운 부작용을 가진다.

스트레스원에 대한 스트레스 반응을 종결하지 못하면 PTSD와 다른 심리장애 및 신체질환의 발병 가능성이 높아진다. 지속적인 스트레스는 스트레스에 대한 호르몬 반응을 조절하는 유전자 발현을 수정하는 후성적 변화가 일어나게 하고 이로 인해 스트레스를 유발하는 사건이 끝난 후 오랫동안 뇌 변화가 일어나게 한다.

참고문헌

Ballard, P. A., J. W. Tetrud, and J. W. Langston. Permanent human Parkinsonism due to 1-methyl-4-phenyl-1, 2, 3, 6-tetrahydropyridine (MPTP). *Neurology* 35:949–956, 1985.

Barrós-Loscertales, A., H. Garavan, J. C. Bustamante, N. Ventura-Campos, J. J. Llopis, et al. Reduced striatal volume in cocaine-dependent patients. *NeuroImage* 56, 1021–1026, 2011.

Becker, J. B., S. M. Breedlove, D. Crews, and M. M. McCarthy. *Behavioral Endocrinology* (2nd ed.). Cambridge, MA: Bradford, 2002.

Becker, J. B., and M. Hu. Sex differences in drug abuse. *Frontiers in Neuroendocrinology* 29:(1), 36–47, 2008.

Browne, C. A., and I. Lucki. Antidepressant effects of ketamine: Mechanisms underlying fast-acting novel antidepressants. *Frontiers in Pharmacology* 4:161–172, December 27, 2013.

Büttner, A. Review: The neuropathology of drug abuse. *Neuropathology and Applied Neurobiology* 37:118–134, 2011.

Comer, R. J. *Fundamentals of Abnormal Psychology* (7th ed.). New York: Worth Publishers, 2011.

Cowan, R. L., D. M. Roberts, and J. M. Joers. Neuroimaging in human MDMA (Ecstasy) users. *Annals of the New York Academy of Sciences* 1139:291–298, 2008.

DeCarolis, N. A., and A. J. Eisch. Hippocampal neurogenesis as a target for the treatment of mental illness: A critical evaluation. *Neuropharmacology* 58:884–893, 2010.

DeLisi, L. E. The effect of Cannabis on the brain: Can it cause brain anomalies that lead to increased risk for schizophrenia? *Current Opinion in Psychiatry* 21(2):140–150, 2008.

Durell, T. M., L. A. Kroutil, P. Crits-Christoph, N. Barchha, and D. E. Van Brunt. Prevalence of nonmedical methamphetamine use in the United States. *Substance Abuse Treatment, Prevention, and Policy* 3:19, 2008.

Eto, K. Minamata disease: A neuropathological viewpoint. *Seishin Shinkeigaku Zasshi* 108:10–23, 2006.

Everitt, B. J., and U. Heberlein. Addiction. *Current Opinion in Neurobiology* 23:463, 2013.

Fraioli, S., H. S. Crombag, A. Badiani, and T. E. Robinson. Susceptibility to amphetamine-induced locomotor sensitization is modulated by environmental stimuli. *Neuropsychopharmacology* 20:533–541, 1999.

Freud, S. *Cocaine Papers* (R. Byck, Ed.). New York: Penguin, 1974.

Hampson, E., and D. Kimura. Sex differences and hormonal influences on cognitive function in humans. In J. B. Becker, S. M. Breedlove, and D. Crews (Eds.), *Behavioral Endocrinology* (pp. 357–398). Cambridge, MA: MIT Press, 2005.

Hoang, M. T., L. F. Defina, B. L. Willis, D. S. Leonard, M. F. Weiner, and E. S. Brown. Association between low serum 25-hydroxyvitamin D and depression in a large sample of healthy adults: Cooper Center Longitudinal Study. *Mayo Clinic Proceedings* 86:1050–1055, 2011.

Isbell, H., H. F. Fraser, R. E. Wikler, R. E. Belleville, and A. J. Eisenman. An experimental study of the etiology of "rum fits" and delirium tremens. *Quarterly Journal for Studies of Alcohol* 16:1–35, 1955.

Julien, R. M., C. D. Advokat, and J. E. Comaty. *A Primer of Drug Action* (12th ed.). New York: Worth Publishers, 2011.

Koolschijn, P. C., J. S. Peper, and E. A. Crone. The influence of sex steroids on structural brain maturation in adolescence. *PLoS ONE* 9:January 8, 2014.

Langston, W. J. *The Case of the Frozen Addicts*. New York: Pantheon, 2008.

Lac, A., and D. E. Berger. Development and validation of the alcohol myopia scale. *Psychological Assessment* 25:738–747, 2013.

Landré, L., C. Destrieux, M. Baudry, L. Barantin, J. P. Cottier, et al. Preserved subcortical volumes and cortical thickness in women with sexual abuse-related PTSD. *Psychiatry Research* 183:181–186, 2010.

MacAndrew, C., and R. B. Edgerton. *Drunken Comportment: A Social Explanation.* Chicago: Aldine, 1969.

MacDonald, T. K., G. MacDonald, M. P. Zanna, and G. T. Fong. Alcohol, sexual arousal, and intentions to use condoms in young men: Applying alcohol myopia theory to risky sexual behavior. *Health Psychology* 19:290–298, 2000.

Mateus-Pinheiro, A., L. Pinto, J. M. Bessa, M. Morais, N. D. Alves, S. Monteiro, P. Patrício, O. F. Almeida, and N. Sousa. Sustained remission from depressive-like behavior depends on hippocampal neurogenesis. *Translational Psychiatry* 15:3:e210, 2013.

McCann, U. D., K. A. Lowe, and G. A. Ricaurte. Long-lasting effects of recreational drugs of abuse on the central nervous system. *Neurologist* 3:399–411, 1997.

McGowan, P. O., A. Sasaki, A. C. D'Alessio, S. Dymov, B. Labonté, M. Szyf, G. Turecki, and M. J. Meaney. Epigenetic regulation of the glucocorticoid receptor in human brain associates with childhood abuse. *Nature Neurosciences* 12:342–348, 2009.

Merritt, K., P. McGuire, and A. Egerton. Relationship between glutamate dysfunction and symptoms and cognitive function in psychosis. *Frontiers in Psychiatry* 4:151–156, 2013.

Milroy, C. M., and J. L. Parai. The histopathology of drugs of abuse. *Histopathology* 59:579–593, 2011.

Radjenovic´, J., M. Petrovic´, and D. Barceló. Fate and distribution of pharmaceuticals in wastewater and sewage sludge of the conventional activated sludge (CAS) and advanced membrane bioreactor (MBR) treatment. *Water Research* 43:831–841, 2009.

Robinson, T. E., and J. B. Becker. Enduring changes in brain and behavior produced by chronic amphetamine administration: A review and evaluation of animal models of amphetamine psychosis. *Brain Research Reviews* 11:157–198, 1986.

Robinson, T. E., and K. C. Berridge. The neural basis of drug craving: An incentive-sensitization theory of addiction. *Brain Research Reviews* 18:247–291, 1993.

Robinson, T. E., and B. Kolb. Persistent structural adaptations in nucleus accumbens and prefrontal cortex neurons produced by prior experience with amphetamine. *Journal of Neuroscience* 17:8491–8498, 1997.

Robison, A. J., and E. J. Nestler. Transcriptional and epigenetic mechanisms of addiction. *Nature Reviews Neuroscience* 12:623–637, 2011.

Robson, P. J. Therapeutic potential of cannabinoid medicines. *Drug Testing and Analysis* 6:24–30, 2014.

Sapolsky, R. M. *Why Zebras Don't Get Ulcers.* 3d ed. New York: Henry Holt and Company, 2004.

Sapolsky, R. M. Stress and plasticity in the limbic system. *Neurochemical Research* 28:1735–1742, 2005.

Sarne, Y., F. Asaf, M. Fishbein, M. Gafni, and O. Keren. The dual neuroprotective-neurotoxic profile of cannabinoid drugs. *British Journal of Pharmacology* 163:1391–1401, 2011.

Severus, E., N. Schaaff, and H. J. Möller, State of the art: Treatment of bipolar disorders. *CNS Neuroscience Therapies* 18:214–218, 2012.

Smith, A. D., S. M. Smith, C. A. de Jager, P. Whitbread, C. Johnston, et al. Homocysteine-lowering by B vitamins slows the rate of accelerated brain atrophy in mild cognitive impairment: A randomized controlled trial. *PLoS ONE* 8:e12244, 2010.

Steen, E., B. M. Terry, E. J. Rivera, J. L. Cannon, T. R. Neely, R. Tavares, X. J. Xu, J. R. Wands, and S. M. de la Monte. Impaired insulin and insulin-like growth factor expression and signaling mechanisms in Alzheimer's disease: Is this type 3 diabetes? *Journal of Alzheimer's Disease* 7:63–80, 2005.

Vevelstad, M., E. L. Oiestad, G. Middelkoop, I. Hasvold, P. Lilleng, et al. The PMMA epidemic in Norway: Comparison of fatal and nonfatal intoxications. *Forensic Science International* 219:151–157, 2012.

Whishaw, I. Q., G. Mittleman, and J. L. Evenden. Training-dependent decay in performance produced by the neuroleptic cis(Z)-Flupentixol on spatial navigation by rats in a swimming pool. *Pharmacology, Biochemistry, and Behavior* 32:211–220, 1989.

Widner, H., J. Tetrud, S. Rehngrona, B. Snow, P. Brundin, B. Gustavii, A. Bjorklund, O. Lindvall, and W. J. Langston. Bilateral fetal mesencephalic grafting in two patients with Parkinsonism induced by 1-methyl-4-phenyl-1, 2, 3, 6 tetrahydropyradine (MPTP). *New England Journal of Medicine* 327:1551, 1992.

뇌 활성화의 영상

 사례 보기 | Angelo Mosso

19세기 말 이탈리아의 생리학자인 Angelo Mosso(1846~1910)는 혈류의 변화가 정신 활동(행동) 동안의 뇌기능을 측정하는 방법을 제공한다는 것을 처음으로 실험하였다. Mosso는 숨구멍(fontanelle), 즉 두개골뼈가 아직 융합되지 않은 신생아의 머리에 있는 연약한 부위가 심장 박동의 리듬에 따라 진동하는 것을 알았다.

그는 뇌 손상으로 말미암아 두개골 결함을 가지고 있는 2명의 성인에서 신생아와 유사한 진동을 발견하였고, 이들이 정신 활동을 수행하는 동안 이 진동의 크기가 갑자기 증가하는 것을 관찰하였다. 예를 들어 한 성인 환자가 교회종이 울리는 것을 듣고 이 종소리가 기도 시간을 의미하는가에 관한 질문을 받을 때 진동이 증가하였다.

진동 압력을 기록하는 동안 Mosso는 환자의 혈압도 측정하였다(그림 A 참조). Mosso는 자신의 환자가 산수 문제를 풀때 뇌압이 증가하지만 팔에서 측정한 혈압은 상승하지 않는 것을 발견하였다(그림 B 참조). 다시 말하면 정신 활동이 선

(A) 절차

환자의 팔(검정색)과 뇌(빨간색)에서 측정하였다.

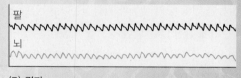

팔

뇌

(B) 결과

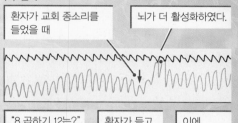

환자가 교회 종소리를 들었을 때

뇌가 더 활성화하였다.

"8 곱하기 12는?" 이라는 질문을

환자가 듣고

이에 답하였다.

결론

교회 종소리를 들을 때와 질문을 받고 답을 할 때 뇌진동의 크기가 증가하였으나 팔에서 측정한 혈압은 증가하지 않았다.

(Data from Posner and Raichle, 1994.)

택적으로 뇌 혈류의 증가를 동반한다는 것이다.

Mosso의 실험 결과는 뇌가 문제 해결에 관여하면 뇌 활성화가 변하는 것을 보여준다. 예를 들어 증가된 진동은 증가된 혈류를 의미하고 이는 나아가 활성화한 뇌 영역이 기능하기 위해서는 더 많은 산화 혈액(oxygenated blood)이 필요하다는 것을 시사한다. 더 많은 혈액이 요구된다는 사실은 활성화한 뇌 영역이 자신의 영역으로 더 많은 혈액이 오도록 순환계에 신호를 보내는 것을 의미한다.

Mosso의 실험 결과는 다음의 추론을 가능하게 한다. 즉 만약 뇌의 서로 다른 영역들이 서로 다른 기능을 가지고 있다면 뇌 영역들이 사용하는 에너지가 그 뇌 영역의 기능을 반영하는가? 이 추론에 근거하여 개발된 다양한 기록법과 영상 기법들은 많은 뇌 영역들의 활성화가 현재 수행 중인 행동에 관여하는가를 이해할 수 있게 한다.

이 장에서는 뇌영상 기법에 관해 살펴보는데, 먼저 뇌의 전기적 활동을 측정 가능하게 하는 여러 기록법들을 살펴보기로 하겠다. 그다음에는 뇌물질의 물리적 및 화학적 속성 차이를 보여주는 정적 기법(static technique)과 PET 스캔처럼 뇌의 신진대사 활동을 이해하게 하는 역동적 기법(dynamic technique)을 살펴보겠다. PET 스캔에서 초록색 혹은 파란색으로 표시된 부위보다 빨간색과 노란색으로 표시된 부위가 더 활성화되어 있음을 시사한다. 마지막으로 영상 기법의 장단점을 살펴보기로 하자.

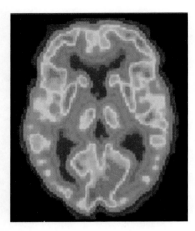

▲ 건강한 뇌의 혈류를 보여주는 PET 영상
(Hank Morgan/Science Source)

7.1 뇌의 전기적 활동 기록

뉴런은 두 유형의 전기적 활동, 즉 등급 전위와 활동 전위를 생산한다. 연구자들은 이 두 전위를 기록하기 위해 개발된 기법들을 실험과 임상 장면에 적용한다. 뇌의 등급 전위를 기록하는 기법에는 뇌전도(EEG)와 사건관련전위(ERP) 기록법과 뇌자도(MEG)가 포함되는 한편 단일세포 기록법은 활동 전위를 기록한다.

단일세포 기록법

뇌에 있는 개개 뉴런이 어느 주어진 순간에 어떤 일을 하는가? 단일세포 기록법이 이 질문에 대한 답을 제공하는데, 단일세포 기록법은 오징어 축색에서 전기적 활동을 처음으로 탐지하였던 실험에서 사용되었던 것을 개선한 것이다(4.2절 참조).

단일세포 기록법의 경우 전극을 뇌에 직접적으로 삽입하여 뉴런의 전기적 활동을 컴퓨터에 기록한 후 이 활동을 진행 중인 행동과 관련짓는다. 다양한 동물종을 대상으로 하는 실험들은 단일 뉴런이 무엇을 하는가에 관한 놀랄 만한 정보를 제공할 수 있다. 비록 말초신경계의 세포들의 활동은 쉽게 측정할 수 있지만 생존하는 인간 뇌의 활동을 직접적으로 측정하는 경우는 뇌수술 등과 같은 극히 제한된 상황에서만 가능하다.

초기 연구들은 단지 하나의 기록 전극만을 사용하였으나 한 순간에 하나의 세포 활동을 기록하기 위해서는 많은 전기 장치가 요구되었다. 오늘날에는 소형 컴퓨터, 수백 개의 전극을 사용하여 2,000개나 되는 뉴런들 각각의 활동을 동시에 측정하는 것이 가능하다(Nicolelis, 2012).

뇌의 활동 전위는 시각, 청각, 후각, 미각, 통각 및 온도 감각뿐만 아니라 심지어 욕구와 정서를 반영한다. 지각 연구에서 오랫동안 이해되지 못한 것이 어떻게 한 뉴런의 활동 전위가 시각을 반영하는 한편 다른 뉴런의 활동 전위는 청각을 반영하고 또 다른 뉴런의 활동 전위가 친척의 얼굴을 반영하는가이다. 이에 관한 이해가 만족할 만큼 이루어지지 않았지만 Miguel Nicolelis의 실험은 뉴런들이 자신들이 받은 감각 입력에 스스로 동조하는 것을 시사한다. 즉 뉴런이 빛에 대해서는 보고 촉각에 대해서는 느낀다는 것이다.

뉴런 코드

뉴런들의 발화 패턴이 코드를 구성한다. 일부 뉴런들은 일정한 비율로 발화하고 일부 뉴런들은 폭발하듯이 발화하고 또 다른 뉴런들은 거의 발화하지 않는다. 일부 뉴런들은 아침과 저녁, 즉 하루 주기 리듬(일주율)에 따라 발화한다. 다른 뉴런들은 1년에 한 번 발화하는데, 예를 들어 짝짓기 계절과 같은 연중 행사에 맞추어 발화한다.

100여 년 전에는 마치 점묘화가들이 작은 점들로 구성된 그림을 그리는 것과 똑같은 방법으로 시각계에 있는 뉴런들이 우리의 시각 세상을 반영한다고 추측하였다. 시각 이미지의 밝은 부분은 빨리 발화하는 뉴런들에 의해 표상되고 어두운 부분은 발화율이 낮거나 발화하지 않는 뉴런들에 의해 표상된다. 시각피질에서의 명암 패턴이 시각 이미지를 생산한다.

시각계의 해부학적 구조와 시각계의 다양한 수준에서 측정한 단일세포 활동이 서로 다른 그림, 즉 시각 정보를 표상하는 뉴런 코드를 만든다. 시각계의 다양한 수준, 즉 눈의 망막에 있는 수용기부터 피질 영역에 이르는 경로에 존재하는 뉴런들이 지각에 관여한다. **그림 7.1A**와 B에 제시되어 있듯이 시각피질에 이르는 각각의 연결에서 굉장히 많은 수의 뉴런들이 감소한다. 그러나 피질의 시각 연합 영역 내에서 세포 수가 다시 증가한다. 세포 수의 이러한 변화는 시각 정보가 코드, 즉 마치 하나의 전선이 전달하는 지상의 전화 전송이 마이크로폰이 탐지할 수 있는 모든 소리를 전달하는 방식과 유사하게 전달되어야만 한다는 것을 시사한다.

시각 연결의 서로 다른 수준에서 측정한 단일세포 기록은 시각 코드의 일부 특징을 밝혀준다(그림 7.1C). 첫째 시각 경로에 있는 세포들은 빛점에만 반응하고 일차 시각피질에 있는 세포들은 특정 방향의 빛막대에만 반응한다. 이보다 더 상위의 시각 영역에 있는 세포들은 대상의 위치, 움직임과 할머니 혹은 제4장의 사례 보기에 제시되어 있는 할리 베리의 얼굴 등과 같은 더 복잡합 자극에 반응한다. 따라서 시각피질은 점으로 부호화되어 있는 정보를 막대로 부호화된 정보로 전환하고, 이는 나아가 더 복잡한 표상으로 전환되어 우리의 환경이 무엇같이 '보인다'를 알려준다.

주로 신경외과 수술 동안 인간의 신피질에서 측정한 단일세포 활동은 인간 뇌에서 일어나는 단일세포 활동의 특징을 제공한다. 피질 뉴런들은 1분에 세 번 정도의 낮은 비율로 발화하지만 뉴런들이 활동을 하면 1분에 열 번 정도로 발화율이 증가한다. 대부분의 뉴런들은 제한된 행동 레퍼토리를 가지기 때문에 단지 하나의 감각적 사건 혹은 행동에만 반응한다. 뉴런이 활동하는 데 에너지가 필요하기 때문에 낮은 수준의 활동으로 표현되는 코드가 매우 유용하다.

인접한 뉴런들은 매우 다른 행동 레퍼토리를 가질 수 있는데, 이는 뇌의 연합 영역에서는 서로 다른 행동에 관여하는 네트워크가 밀접하게 상호작용한다는 것을 시사한다. 언어 산출에 관여하는 브로카 영역에서 한 뉴런은 단어 지각 동안 활성화할 수 있고, 이 뉴런과 이웃하는 뉴런은 단어 산출 동안 활성화할 수 있다. 이와 동시에 특정 자극 혹은 사건은 좌우 반구의 많은 영역들의 활성화와 관련될 수 있다.

활동의 억제 역시 뉴런 코드에 공헌한다. 시각피질 뉴런의 증가된 발화가 빨간색을 표상하고 감소된 발화가 초록색을 표상할 수 있다. 잘 학습된 행동은 비교적 적은 피질 활성화에 의해 부호화되는 반면 새로이 학습된 행동은 더 광범위한 피질 흥분을 필요로 한다. 이러한 발견은 뉴런이 발화율을 변화하는가를 결정하는 데 행동 유형이나 자극 사건뿐만 아니라 맥락과 경험도 중요하다는 것을 시사한다.

단일세포 기록법은 비교적 적은 수의 활동을 기록하는 제한점을 가지고 있다. 그럼에도 불구하고 단지 소수의 뇌세포의 활동을 기록하는 것이 뉴런이 어떻게 행동을 코드하는가와 뇌의 서로 다른 영역들이 행동에 어떻게 관여하는가에 관한 정보를 제공한다. 더 많은 수의 뉴런들의 활동을 기록하기 위해서는 다른 기법이 필요하다.

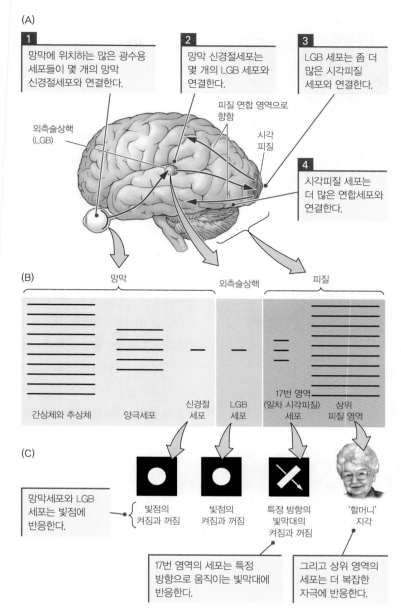

그림 7.1 ▲

처리 수준 (A) 눈에서 시각피질까지의 경로와 시각피질에서 피질 연합 영역까지의 경로. (B) A의 시각 경로의 각 수준에 있는 상대적인 세포 수가 선의 수와 길이로 표시되어 있다. 망막에서 시각피질까지는 비교적 적은 수의 뉴런들이 정보를 전달하는 반면 일차 시각피질과 연합 영역에서는 세포 수가 다시 증가한다. (C) 시각 경로에서의 정보 부호화

뇌전도 기록

1930년대 초 독일의 생리학자인 Hans Berger는 인간 뇌의 넓은 영역의 전기적 활동을 측정하는 기법을 개발하였다. Berger는 전극을 두피에 부착한 후 전압계에 연결함으로써 전압의 변화 혹은 '뇌파(brain wave)'를 기록할 수 있는 것을 발견하였다. 이 기록을 **뇌전도**(electroencephalograms, *electro*는 '전기적', *encephalo*는 '뇌', *gram*은 '그래프'를 의미) 혹은 EEG라고 부른다.

전형적으로 EEG 기록(**그림 7.2**)의 경우 하나의 전극(활동 전극이라고 불리는 작은 금속 원반)을 두피에 부착하여 전극 아래 뇌 영역의 전기적 활동을 탐지한다. 두 번째 전극(기준 전극, indifferent electrode)은 귓불 등을 포함하여 전기적 활동의 변화가 없는 영역에 부착된다. 2개의 전극이 두피에 부착한 전극 가까이의 전압 차이를 탐지함으로써 전극 아래의 뇌 활동을 측정한다.

뇌의 전기적 변화는 대개 1mV보다 훨씬 적지만 증폭하면 폴리그래프('많은 그래프'라는 의미)에 디스플레이될 수 있다. 원래 **폴리그래프**(polygraph)에는 모터가 끌어당기는 긴 종이 위에 펜이 전기적 신호를 기록하였는데, 즉 전기적 활동 패턴이 종이 위에 그려졌다. 오늘날에는 스마트폰을 포함하여 컴퓨터가 이 패턴을 저장하였다가 스크린 위에 전기적 신호를 재생한다.

EEG는 무엇을 기록하는가? 개개 뉴런이 등급 전위, 즉 막전압의 작은 탈분극화와 과분극화를 생산한다는 것을 상기해보자(그림 4.20 참조). 만약 많은 뉴런이 동시에 등급전위 변화를 생산한다면 이 신호가 두개골 표면처럼 멀리 떨어진 곳에서도 기록이 가능할 만큼 크다. 신피질 뉴런들은 수평층으로 배열되어 있고 EEG 신호의 상당한 부분이 V층과 VI층에 위치하는 큰 추체 뉴런으로부터 온다(그림 3.26 참조). 따라서 EEG가 기록하는 신호는 수천 개의 뉴런들이 생산하는 주기적인 등급 전위의 합이다.

세포 리듬은 다양한 방법으로 생산된다. 시상 혹은 뇌간에 있는 일부 세포들은 페이스메이커(pacemaker)로 작용하여 피질세포들의 등급 전위를 끌어낸다(driving). 수십 개의 인접한 세포들을 서로 연결하는 피질의 개재 뉴런들도 주기적으로 발화하여 리듬을 만들어낸다. 또한 세포들은 내재적 리듬을 가지고 있으며 인접한 뉴런들과의 연결이 이러한 패턴을 동기화한다. 마지막으로 세포의 리듬은 산소와 포도당을 세포로 제공하는 심박률 혹은 호흡에 따라 변화될 수 있기 때문에 세포의 활동에 영향을 미친다.

주어진 신호가 어떻게 생산되는가와 무관하게 신호를 생산하는 뉴런 세포막의 일부를 신호의 **발생지**(generator)라고 부른다. 한 위치에서 기록되는 많은 서로 다른 파형은 서로 다른 입력에 대한 발생지의 반응과 일치한다. 두개골을 통해 탐지되는 전기적 활동이 뇌에 위치하는 신호 발생지로부터 온다는 것은 여러 방법을 통해 확인되었다. 수술 동안 환자의 두개골과 두개골 아래의 뇌에서 EEG를 기록한 결과 두 위치에서 측정한 리듬이 유사한 것이 관찰되었다. 그러나 뇌에서 측정한 파형이 더 큰

1 뇌의 특정 영역과 일치하는 두개골 영역에 전극을 부착한다.

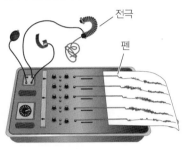

전극

펜

폴리그래프 펜 기록기

2 폴리그래프 전극이 펜과 연결되어 있는 마그넷에 연결된다.

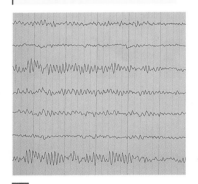

3 이를 통해 뇌의 전기적 활동이 종이 위에 기록된다. 그림의 뇌파는 이완 상태를 보여준다.

그림 7.2 ▲

폴리그래프 EEG 기록 간단하면서도 비침습적으로 인간 뇌의 전기적 활동 기록에 사용된 첫 번째 폴리그래프

(Photograph from Maximilian Stock Ltd./Getty Images; chart from Southern Illinois University/Science Source.)

▶ 컴퓨터를 통해 기록한 EEG파는 특정 뇌 영역의 활성화와 특정 의식 상태를 나타낸다.

(AJPhoto/Science Source)

진폭(파형의 높이)을 가지고 파형을 생산한 세포 가까이에서 측정할수록 진폭이 더 크다. 뉴런 안으로 미세전극을 삽입한 동물을 대상으로 한 연구들은 이 뉴런들이 파형을 생산하는 것을 보여준다.

두개골에서 기록된 파형은 파형이 물을 통과하는 것과 동일한 방법으로 뇌와 두개골을 통해 **부피 전도(volume conducted)**된 것이다. 전극이 근원지로부터 멀어질수록 발생지에서 나오는 파형의 진폭이 작아진다. 따라서 만약 다수의 전극을 두개골에 부착하면 이 전극들에서 측정하는 진폭 차이가 파형을 생산하는 발생지의 대략적인 위치를 추정하는 데 사용될 수 있다.

EEG는 의식 상태, 즉 깨어 있음, 수면 상태와 마취 상태의 연구, 뇌전증과 뇌 손상의 진단과 보철 장치의 신경학적 통제를 포함한 인지 기능의 연구에 유용한 도구이다.

의식 상태

그림 7.3은 특정 의식 상태 혹은 행동 상태와 관련된 뇌파 패턴을 보여준다. 개인이 각성되어 있거나 흥분하거나 혹은 단지 방심하지 않더라도 EEG 패턴은 낮은 진폭(파형의 높이)과 높은 주파수(일초당 뇌파 수)을 보인다(그림 7.3A 참조). 이 **베타파**[beta(β) rhythm]는 깨어 있는 사람 혹은 동물의 두개골 어디에서 뇌파를 측정해도 관찰되는 전형적인 패턴이다.

이와 상반되게 개인이 진정되고 매우 이완되어 있을 경우, 특히 눈을 감고 있을 경우 리드미컬하고 크며 느린 뇌파가 관찰된다(그림 7.3B). 이 알파파[alpha (α) rhythm]는 대략 1초에 11사이클의 주파수를 가지며 뇌파가 기록되는 동안 진폭이 커졌다 작아졌다 한다. 인간에서 가장 큰 알파파가 뇌의 후측에 위치하는 시각피질 영역에서 생성된다. 만약 이완되어 있는 사람이 방해를 받거나 눈을 뜰 경우 알파파가 갑자기 중단된다.

모든 사람이 알파파를 보이지 않고, 일부 사람들은 다른 사람들보다 훨씬 더 일관되게 알파파를 보인다. 만약 여러분이 관심이 있다면 작은 전압계를 통해 여러분의 알파파를 모니터할 수 있다. 전압계는 EEG 신호를 '삐'소리로 전환하여 뇌파 리듬을 소리로 들려줄 수 있다. 전압계의 한 극에서 나오는 전선을 두개골에 부착하고 기준 전선을 귓불에 부착한 후 눈을 감고 이완하면 전압계는 알파파를 삐 소리로 들려준다. 삐 소리를 내는 전압계는 초월 명상법의 학습을 위한 도구로 소개되기도 하였다.

EEG는 각성과 이완 이외의 다른 의식 상태에도 민감하다. 그림 7.3C~E는 개인이 졸린 상태에서 잠에 막 드는 상태, 나아가서는 깊은 잠에 빠지는 동안의 EEG 변화를 보여준다. EEG 리듬이 점차 느려지고 진폭은 커지면서 1초당 4~7사이클의 세타파[theta (θ) wave]가 나타나고 마침내는 1초당 1~3사이클의 **델타파**[delta (δ) wave]가 나타난다.

이러한 독특한 뇌파 패턴으로 말미암아 EEG는 깨어 있는 상태와 다른 상태를 모니터하는 데 매우 신뢰할 수 있는 도구이다. 서파는 마취 상태 동안에도 나타나기 때문에 EEG는 마취 수준의 평가에도 유용하다. 뇌외상이 EEG 서파를 초래하기 때문에 EEG는 뇌 손상의 심각성을 평가하는 데에도 유용하다. 만약 뇌기능이 중단되면(이러한 상태를 뇌사라고 한다) EEG 기록이 편평한 선이 된다.

뇌 손상과 뇌전증

EEG는 뇌 손상의 진단에 유용하게 사용되는데, 이는 손상된 뇌조직에서는 전기적 신호

(A) 깨어 있거나 흥분 상태─베타파

(B) 이완되어 있고 눈을 감은 상태─알파파

(C) 졸린 상태─주파수가 낮아지고 진폭이 높아진 파

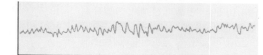

(D) 수면 상태─주파수가 더 낮아지고 진폭이 더 높아진 델타파

(E) 깊은 수면 상태─주파수가 더 낮아지고 진폭이 더 높아진 파

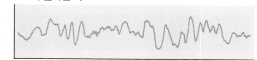

(F) 혼수 상태─주파수가 매우 낮은 파

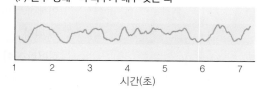

```
1      2      3      4      5      6      7
              시간(초)
```

그림 7.3 ▲

특징적인 EEG 기록　뇌파 패턴은 개인의 서로 다른 의식 상태를 반영한다.

(Data from W. Penfield and H. H. Jasper, *Epilepsy and the Functional Anatomy of the Human Brain.* Boston: Little, Brown, 1954. p. 12.)

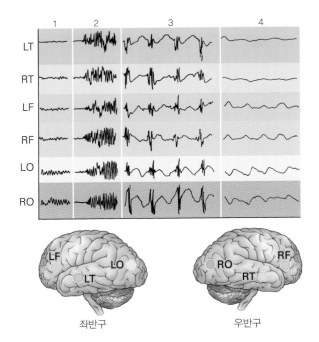

그림 7.4 ▲

발작 패턴 전신 발작 동안 기록된 EEG 패턴의 예. 대뇌반구에 있는 점들은 기록 부위를 나타낸다. 열의 숫자는 발작 단계를 나타낸다. (1) 전형적인 발작 전 패턴. (2) 발작 시작. (3) 간대성 단계로서 이 단계 동안 개인은 리드미컬한 움직임을 보이고 동시에 EEG에서는 크고 비전형적인 전위가 나타난다. (4) 발작이 멈춘 뒤의 혼수 상태. (LT와 RT : 좌우 반구 측두엽, LF와 RF : 좌우 반구 전두엽, LO와 RO : 좌우 반구 후두엽)

가 비정상적이거나 부재하기 때문이다. 뇌전증(epilepsy)은 변화된 감각, 기분 혹은 의식과 경련(convulsion)으로 특징된다(26.4절 참조). 발작의 원인은 뇌의 서로 다른 비정상적인 전기적 리듬이 서로 다른 유형의 발작(seizure)과 관련되어 있는 것이 EEG 실험에서 밝혀지기 전까지 알려지지 않았다(**그림 7.4**).

부분 발작(partial seizure)이라고 불리는 뇌전증 유형의 경우 비정상적인 전기적 활동이 하나 혹은 소수의 뇌 영역에 국한되어 일어난다. 부분 발작은 감각 혹은 정서(단순 부분 발작) 혹은 짧은 시간 동안의 의식 상실(복합 부분 발작)과 관련되어 있다. 이와 상반되게 **전신 발작**(generalized seizure)은 비정상적인 전기적 활동이 뇌의 광범위한 영역에서 일어난다. 전신 발작은 비정상적인 신체 움직임으로 특징되는데, 여기에는 경련(강직성-간대성 발작, tonic-clonic seizure), 근긴장 없이 넘어지는 것(무긴장성 발작, atonic seizure)과 의식 상실(결여 발작, absence seizure)이 포함된다.

EEG 기록은 뇌전증의 원인과 위치에 관한 정보를 제공할 수 있다. 뇌전증 발작의 지속 시간은 EEG 기록상에서 관찰되는 비정상적 활동, 예를 들어 크고 두드러지는 스파이크, 서파 혹은 EEG 신호의 부재 등의 지속 시간과 밀접하게 관련되어 있다. 이 관련성은 뇌전증이 비정상적인 뉴런 활동과 관련되어 있음을 시사한다. EEG는 비정상적인 리듬이 생산된 뇌 영역에 관한 정보를 제공하는데, 즉 첫 번째 비정상적인 활동이 생산된 뇌 영역이 뇌전증의 병소(focus)로 추정된다. 다양한 뇌 영역들로부터 비정상적인 뇌파를 기록함으로써 비정상적 뇌파의 근원을 확인하는 데 삼각 측량법(triangulation method)이 사용될 수 있다.

혹은 비정상적 뇌파가 특정 위치에서 처음 발생한 후 인접한 영역에서도 비정상적 활동이 일어날 수 있으며 이러한 방식으로 비정상적 활동이 뇌 전체로 번질 수 있다. 가장 큰 비정상적 스파이크(그림 7.4 맨 아래)가 우반구 후두 영역에서 비롯되는 것으로 여겨지는데, 이는 뇌전증 발작을 일으키는 비정상적인 활동이 이 뇌 영역에 위치하는 것을 시사한다. 뇌파의 시작 시점과 진폭을 비교하고 비정상적인 뇌파가 시작된 뇌 영역을 확인하는 데 전산화 기법이 사용되고 있다.

인지 기능

EEG 영상은 인지 기능의 연구에도 사용되고 있다. 장비의 축소로 말미암아 100개 이상의 두개골 영역에서 측정이 가능해졌다. 측정 후 컴퓨터가 뇌 표면의 이차원 지도를 만드는데, 이 지도에서 서로 다른 뇌 영역들의 상대적 활동이 서로 다른 색채로 표시된다. 이 기법은 '활동 중'인 뇌의 '온라인' 기능을 이해하게 한다.

뇌의 단일세포 활동 및 EEG 활동을 행동에 필요한 정보 처리 과정과 관련짓는 것을 목표로 하는 **코히어런스 이론**(coherence theory)은 뇌 활동이 다수의 의식적 '상태'들로 구성되기보다 높은 코히어런스에서부터 낮은 코히어런스에 이르는 연속적인 상태로 구성된다고 제안한다(Harris & Thiele, 2011). 높은 코히어런스는 EEG에서 큰 진폭의 서파가 관찰되고 단일세포들 사이의 활동이 매우 높은 상관을 보일 때(**그림 7.5A**) 일어나는 반면, 낮은 코히어런스는 EEG가 낮은 진폭의 고주파 베타 패턴을 보이고 단일세포들 사이의 활동이 서로 관련되지 않는, 즉 각 뉴런이 서로 다른 시기에 발화할 때 일어난다(그림 7.5B). 전자는 뇌가 게으른 상태이고 후자는 적극적으로 정보를 처리할 때이다.

코히어런스 이론은 EEG 활동의 매우 작은 차이를 측정함으로써 서로 다른 뇌 영역들의 정보 처리 과정에의 관여를 추정할 수 있다는 아이디어에 근거한다. 따라서 두개골에 부착된 많은 수의 EEG 기록 전극은 현재 진행 중인 행동에 서로 다른 뇌 영역들이 얼마나 관여하는가를 비교할 수 있게 한다. 코히어런스 이론은 역효과(reverse effect)의 근거가 되기도 하는데, 즉 EEG 파형을 통한 '뇌 정보'가 외적 장치를 통제하는 도구가 되기도 한다.

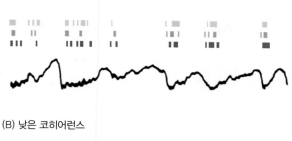

(A) 높은 코히어런스

(B) 낮은 코히어런스

EEG 신호와 단일세포 활동의 근거가 되는 코히어런스가 자기 주도적 행동에 따라 변하기 때문에 개인은 컴퓨터 혹은 로봇과 같은 외적 장치를 정신 활동을 통해 통제하는 것을 학습하기 위해 '사고'로 자신의 뇌코히어런스를 변화할 수 있다. 뇌-컴퓨터 인터페이스(BCIs; 제9장 사례 보기 참조)를 사용함으로써 마비된 환자가 컴퓨터 커서를 통제하는 것 혹은 로봇에게 잔심부름을 하도록 명령하는 것을 학습할 수 있다. 코히어런스 이론이 EEG보다 단일세포 활동에 훨씬 더 많은 정보가 있다고 제안하기 때문에 단일세포 신호가 EEG파보다 BCI를 더 효율적으로 통제할 수 있을 것이다.

사건관련전위

사건관련전위(event-related potentials, ERP)는 감각 자극에 대한 반응으로 EEG 신호가 아주 잠시 변하는 것을 의미한다. ERP는 주로 감각 자극에 의해 수상돌기에서 생산되는 흥분성과 억제성 등급전위들이다(그림 4.28 참조). ERP는 탐지하기 쉽지 않은데, 이는 신호가 뇌에서 일어나는 다른 많은 신호들에 섞여 있기 때문이다. ERP를 탐지하는 한 방법이 자극을 반복적으로 제시하여 그 자극에 대한 반응들을 평균하는 것이다. 평균화 과정을 통하여 불규칙한 전기적 활동 및 자극과 관련 없는 전기적 활동이 제거되는 반면 자극에 의해서 생성된 등급 전위만이 남게 된다.

다음의 비유를 통해 이 절차를 좀 더 명확하게 이해할 수 있다. 파도가 넘실거리는 호수에 작은 돌 하나를 던진다고 상상해보자. 비록 던진 돌이 첨벙하고 물을 튀기지만 호수에 있는 모든 잔물결과 파도 중에서 돌이 만들어낸 물 튀김을 보는 것이 어렵다. 돌로 인해 생긴 물 튀김은 감각 자극에 의해 야기된 ERP와 유사하다. 동일한 크기의 돌들을 호수의 동일한 지점에 여러 번 던지면 동일한 물 튀김이 생기고 이를 탐지하는 것이 보다 더 쉬워진다. 이후 컴퓨터를 사용하여 돌 던짐과 무관하게 일어난 잔물결은 제거되고 마치 하나의 돌을 잔잔한 호수에 던졌을 때와 같이 돌 던짐에 의해 일어난 물 튀김을 명확하게 볼 수 있다.

그림 7.6은 소리에 대한 반응으로 일어난 ERP를 평균하는 과정을 보여준다. 그림의 맨 위에 제시된 굉장히 불규칙적인 EEG는 소리가 처음 제시될 때 생성된다. 소리를 100번 이상 제시한 후 이에 대한 EEG를 평균할 경우 두드러진 파형, 즉 ERP가 나타난다(그림 맨 아래). ERP에는 다수의 부적 전위 혹은 음전위(negative potential)와 정적 전위 혹은 양전위(positive potential)를 띠는 정점이 자극 제시 후 수백 밀리초 동안 나타난다.

관례적으로 ERP 그래프에서 아래로 내려가는 EEG 파는 정적 전위, 위로 올라가는 파는 부적 전

그림 7.5 ◀

코히어런스 이론 (A) EEG에서 서파(델타파)가 관찰되면 단일 뉴런들의 활동이 매우 높은 상관을 보이고 뇌는 게으른 상태이다. (B) EEG에서 빠른 파(베타파)가 관찰되면 단일세포들이 서로 다른 시기에 발화하고 뇌는 적극적으로 정보를 처리한다.

(Data from Harris and Thiele, 2011.)

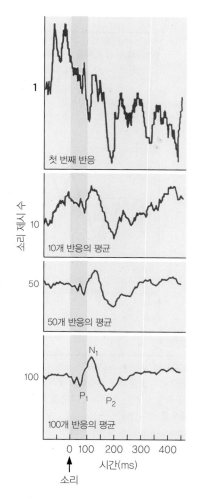

첫 번째 반응

10개 반응의 평균

50개 반응의 평균

100개 반응의 평균

N_1

P_1　P_2

0　100　200　300　400
시간(ms)

↑
소리

그림 7.6 ▲

ERP의 측정 청각 ERP의 평균화 과정은 다음과 같다. 하나의 음이 시간대 0(수직의 음영 막대)에 제시되고 이 음에 대한 반응으로 초래된 EEG가 기록된다. 음을 여러 번 반복 제시한 후 이 음들에 대한 EEG를 평균하는데, 대략 100개의 EEG를 평균하면 매우 명확한 ERP 패턴이 나타난다. 자극을 반복 제시한 후 서로 다른 시간대에 나타나는 정파(P)와 부파(N)를 분석한다.

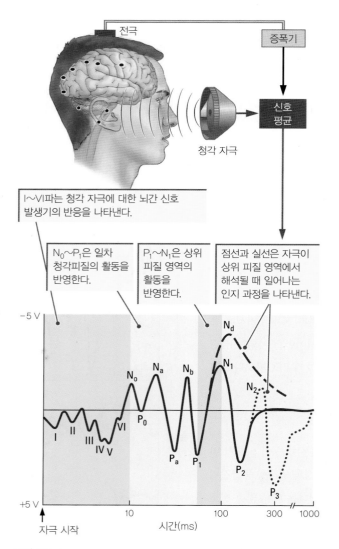

I~VI파는 청각 자극에 대한 뇌간 신호 발생기의 반응을 나타낸다.

N0~P1은 일차 청각피질의 활동을 반영한다.

P1~N1은 상위 피질 영역의 활동을 반영한다.

점선과 실선은 자극이 상위 피질 영역에서 해석될 때 일어나는 인지 과정을 나타낸다.

그림 7.7 ▲

ERP에 근거한 뇌지도 청각 자극의 반응으로 유발된 ERP를 참여자의 두정피질에서 측정. ERP는 자극이 신경계를 통과하는 경로를 추적한다.

(Data from Neville, 1980.)

위를 의미한다. 정파(positive wave, P)와 부파(negative wave, N)는 나타나는 순서대로 번호가 부여된다. 예를 들어 그림 7.6의 P_1은 자극 제시 후 100ms 정도에 나타난 정파를 의미한다.

ERP에 나타나는 모든 파는 특정 자극에 국한되어 나타나지 않는다. 일부 파는 뇌가 어떤 청각 자극을 지각하더라도 공통적으로 나타난다. 긴 잠재기(latency)를 가지는 파, 즉 자극 제시 후 100~300ms 동안에 나타나는 파들은 자극의 특정 속성을 반영한다. 예를 들어 *cat*과 *rat* 같은 단어를 들려줄 경우 ERP에서 서로 다른 파형이 관찰되므로 연구자들은 이 두 단어에 대한 반응을 구별할 수 있다.

ERPs는 또 다른 유용한 특징을 가진다. 감각 자극에 의해 유발되는 뉴런 반응은 감각 수용기에서부터 감각 정보가 순차적으로 더 처리되는 다수의 피질 영역들에 이를 때까지 많은 시냅스를 형성한다. 이 경로에 위치하는 각 뉴런은 새로운 ERP를 만들어낸다. 따라서 ERP 기록은 신경계를 거치는 동안에 발생하는 뉴런들의 반응을 지도화할 수 있다. ERPs는 뇌 경로에서의 정보 처리 과정과 각 경로의 기능이 적절한가를 측정할 수 있다.

그림 7.7은 청각 자극에 대한 반응으로 생산된 ERP를 보여준다. 각 파들은 뇌간에서 피질에 이르는 청각 경로 동안 일어나는 시냅스 연결의 순차적인 활동을 반영한다. I에서 VI로 표시된 ERP 신호는 뇌간의 신호 발생기들(경로에 있는 뉴런들)에서 생성되었고, N_0에서 P_1은 일차 청각피질(A1)에서 발생되었으며 N_1에서 P_3는 피질의 이차와 삼차(연합) 영역들에서 발생한 것이다. 점선은 신호에 대한 반응으로 일어난 사고 과정과 관련된 뇌파를 의미한다. 예를 들어 자극 제시 후 약 300ms에서 나타나는 P_3는 소리 의미의 해독을 반영한다.

그림 7.8은 피질 지도화를 위해 128개의 전극을 사용하여 다양한 영역에서 동시에 ERP를 측정하는 다채널 기록법을 보여준다. 전산화 평균기법이 대량의 정보를 단순화시켜 전극 부위들 사이의 비교를 가능하게 한다. 그림의 윗부분은 연구참여자가 컴퓨터 모니터의 동일한 부위에 반복적으로 제시되는 쥐 그림을 보고 있는 동안 ERP를 모니터한 것을 제시하고 있다. 이 연구참여자의 머리 오른쪽 후측 부위에서 기록된 P_3 진폭이 머리의 다른 부위에서 기록된 P_3 진폭보다 더 큰데(그림 7.8 가운데), 이는 이 영역이 쥐 그림을 처리하는 데 가장 '중추적인 부위'라는 것을 시사한다(그림 7.8 아래). 따라서 이 연구참여자의 경우 우반구 후측 부위가 쥐그림이 제시된 후 약 300ms에서 이 그림을 해독하는 데 중추적인 역할을 한다.

ERP는 뇌 작용이 언제, 어디서 계획되고 집행되는가에 대한 정보도 제공한다. 연구자들은 운동피질에서 자극 제시 후 300ms 무렵에 **준비 전위**(readiness potential)라고 불리는 ERP가 발생하는 것을 관찰하였다. 준비 전위는 움직임을 준비하는 운동피질과 곧 있을 움직임을 집행하는 데 관여하는 운동피질 내 일부 영역에게 보내는 신호이다.

뇌자도

자기장이 전선을 통과하면 전선에 전류가 발생한다. 또한 전선을 따라 전류가 흐르면 전선 주위에 자기장이 생기게 된다. 전기와 자기 사이의 이러한 상호적 관계는 뉴런에서도 관찰된다. 다시 말하면 전기장을 생성하는 뉴런 활동이 자기장도 생성한다는 것이다. 단일 뉴런에 의해 생성되는 자기장은 매우 작지만 수많은 뉴런들에 의해 생성되는 자기장은 두개골 표면에서 기록된다. 이와 같은 기록을 **뇌자도**(magnetoencephalogram, MEG)라고 부르며 이는 EEG 혹은 ERP의 자기적 대응물이다.

뇌자도 탐지기(probe)의 핵심은 뇌에서 발생하는 매우 약한 자기장을 탐지하는 데 필요한 초전자 코일을 가지고 있는 감지 장치(sensing device)이다. *SQUID*(superconducting quantum interference device)라고 불리는 이 장치는 헬륨 용액에 담겨 있는데, 이는 초전도에 필요한 낮은 온도를 유지하기 위해서이다. 하나 혹은 그 이상의 탐지기가 두개골의 표면을 건너 이동하여 SQUID에 신호를 보낸다.

각 탐지기는 '등고선 지도(isocontour map)'를 만드는데, 이는 뉴런의 자기장 내의 서로 다른 강도를 반영하는 동심원(기울기)을 표시하는 차트이다. 등고선 지도는 자기장을 생성하는 뉴런들의 위치를 삼차원에서 계산하는 것을 가능하게 한다. 이 지도는 MEG 지도를 전기적 사건의 그래프로 전환하며, 이는 EEG 장치로 기록하는 전위와 매우 유사하다.

7.2 뇌 자극

뉴런 가까이에 전극을 놓고 그 전극으로 전류를 흐르게 하면 그 뉴런에 활동 전위가 생성된다. 오래전 신경과학자들은 뇌조직을 전기적으로 자극함으로써 서로 다른 뇌 영역들의 기능을 연구할 수 있는 것을 발견하였다. 뇌 영역의 기능은 전기적 자극으로 말미암아 야기되는 행동으로부터 추론된다. 전극을 이동시킨 후 전기적 자극을 반복함으로써 연구자들은 뇌의 기능적 지도를 개발할 수 있다.

초기 뇌 자극 연구들의 결과는 운동피질을 자극하면 움직임이 초래되고, 감각피질을 자극하면 감각이 초래되며, 피질 언어 영역 등과 같은 연합 영역을 자극하면 언어와 같은 복잡한 인지 기능이 방해를 받는 것을 보여주었다. 쥐의 뇌간을 전기적으로 자극하면 짝짓기, 공격, 둥지 치기와 먹이 나르기 등과 같은 많은 복잡한 행동이 초래된다. 뇌간의 많은 부위를 전기적으로 자극하면 긍정적 보상이 초래되는데, 즉 동물이 자극을 받기 위해 지렛대를 누르는 등의 행동을 수행한다. 다른 부위의 전기적 자극은 부정적 보상을 초래하여 동물은 자신이 자극을 받은 위치를 회피하는 행동을 보인다.

뇌심부 자극

인간 뇌의 전기적 자극에 관한 초기 연구들은 뇌기능의 연구뿐만 아니라 정신질환의 치료를 위해 뇌활동을 통제하기 위해 실시되었다. Elliot Valenstein은 1975년 자신의 저서 *Brain Control: A Critical Examination of Brain Stimulation and Psychosurgery*에 이에 관한 것을 요약 기술하였다. 오늘날 **뇌심부 자극**(deep brain stimulation, DBS)을 위해 전극을 신경외과적으로 이식하는 것이 일상적이다(**그림 7.9**). DBS는 정신질환, 신경질환과 심리장애의 치료에 적용된다(Sankar et al., 2012). DBS 자극은 다른 치료법이 효과적이지 못할 경우 우울장애와 강박장애를 치료하는 데 사용된다. DBS는 뇌전증의 치료에도 사용되는데, 즉 비정상적인 활동에 관여하는 뉴런들의 활동을 억제시켜 비정상적 활동이 일어나는 것을 예방한다.

파킨슨병은 진전과 움직임이 전혀 일어나지 못하거나 충분하지 못한 **운동불능증**(akinesia, *a*는 '없음'을, *kinesia*는 '움직임'을 의미)으로 특징된다. DBS 전극을 담창구와 시상하핵을 포함한 기저핵의 여러 영역에 이식하면 진전과 운동불능증이 완화된다. 파킨슨병에 DBS를 적용할 경우 움직임, 인지와

연구참여자의 두피에 전극을 부착한다.

geodesic 센서 네트의 전극

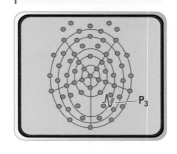

전기적 활동을 보여주는 컴퓨터. 머리의 오른쪽 후측 부위에 큰 정파(P_3)가 관찰된다.

P_3

제시된 시각 자극에 대한 반응인 이 전기적 활동을 색채로 표시할 수 있다.

휴지 상태   자극 제시 300ms 후

그림 7.8 ▲

ERP를 사용한 뇌 활성화 영상

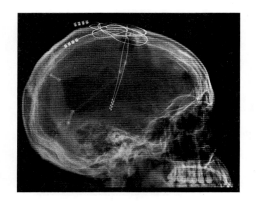

그림 7.9 ▲

뇌심부 자극 뇌심부 자극을 위해 전극을 인간 뇌의 시상에 이식한 것을 보여주는 X-레이 (The Cleveland Clinic.)

기분 등에서 치료 효과가 있음이 보고되고 있다(Kocabicak et al., 2012).

　실험이나 뇌질환의 치료에 DBS를 적용하는 것은 제한을 받는데 이는 DBS가 침습적, 즉 전극을 이식하기 위해 두개골을 열어야만 하기 때문이다. 이 절차 자체가 뇌를 손상시키거나 감염을 일으킬 수 있다. 따라서 두개내(intracranial) 자극 기법은 다른 치료적 선택이 제한을 받거나 존재하지 않을 경우에만 사용되어야 한다.

경두개 자기자극

자기장과 전기장이 서로 관련되어 있다는 사실이 비침습적으로 두개골을 통해 뇌를 자극하는 기법인 **경두개 자기자극**(transcranial magnetic stimulation, TMS)의 근거가 된다. 숫자 8의 모양인 작은 전선 코일을 두개골 가까이에 위치시킨다(**그림 7.10A**). 고압 전류가 1초에 50번 정도의 빠른 펄스로 코일을 통과한다. 각 전기 펄스가 코일 주위의 자기장을 급속하게 증가시킨 후 감소시킨다. 자기장이 두개골을 통과하여 인접한 뉴런의 전기적 활동을 변화시킨다(그림 7.10B).

　원래 TMS는 신경외과 의사가 뇌수술을 하는 동안 뇌조직을 자극하여 뇌조직의 기능을 모니터하거나 확인하기 위해 사용되었다. 이 동안 수천 번의 자극 펄스를 가하여도 뇌조직이 손상되지 않는 것이 명확해졌고 이에 따라 TMS가 두개골을 통해 건강한 뇌를 자극하는 데 사용될 수 있게 되었다.

　TMS 연구자들은 자극 부위를 이동하고 그 결과를 확인하며 이에 근거하여 DBS와 동일한 방법으로 피질 기능에 관한 지도를 개발한다. 또한 DBS처럼 TMS도 치료 목적으로 사용되는데, 즉 통증, 뇌졸중으로 인한 장애, 운동장애와 우울증 등의 치료에 사용된다(Berlim et al., 2013). 반복적 TMS(rTMS) 펄스는 짧은 시간 동안 뇌조직을 활동하지 못하게 하는데, 즉 연구자로 하여금 뇌에 일시적인 병변을 가하게 한 후 그 결과를 연구하는 것을 가능하게 한다.

그림 7.10 ▼

경두개 자기자극 (A) 우울증 치료를 위해 적용된 TMS가 제한된 뇌 영역의 신경 활동에 영향을 미친다. (B) TMS의 작용을 설명하는 합성 영상 그림

(A: Marcello Massimini/University of Milan. B: Composite MRI and PET scan from Tomas Paus, Montreal Neurological Institute.)

7.3 정적 영상 기법

생존하는 뇌를 직접 볼 수 있는 수술 외의 첫 번째 방법은 X-레이를 사용하는 것이었다. X-레이의 가장 두드러진 제한점이 이차원의 영상이었다. 삼차원과 사차원 영상법은 컴퓨터가 개발되면서 가능해졌다.

(A)

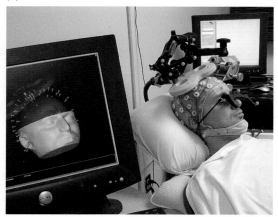

(B)

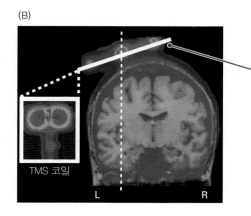

MRI와 PET 스캔 합성 사진에 제시되어 있는 TMS 코일이 인접한 뇌 영역의 기능을 방해한다.

TMS 코일

L　　R

X-레이에 의한 영상

향상된 X-레이 기법은 아직까지도 의학적 진단에 중요한 도구인데, 특히 뇌종양, 뇌졸중 혹은 뇌혈관 이상을 발견하고자 하는 신경과 의사들에게 중요한 도구이다.

전통적 방사선촬영술

전통적 방사선촬영술(conventional radiography)의 경우 X-레이가 두개골을 통과한 후 X-레이에 민감한 필름에 전달된다. 머리를 통과하는 X-레이는 서로 다른 뇌조직들에 의해 서로 다른 정도로 흡수된다. 즉 뼈와 같은 고밀도 조직은 X-레이를 많이 흡수하는 반면 혈관과 뇌실에 있는 액체는 덜 흡수한다. 이후 필름은 얼룩얼룩한 잔상을 보여주는데, 이 잔상을 통해 서로 다른 유형의 뇌조직들이 어디에 위치하는가를 알 수 있다. 즉 뼈는 흰색으로, 뇌는 회색으로, 뇌실은 검은색으로 나타난다. 방사선촬영술은 두개골 골절과 뇌의 총체적 이상을 진단하는 데 여전히 사용되고 있다.

기뇌조영술

기뇌조영술(pneumoencephalography, 문자 그대로 '공기-뇌 그래프'를 의미)은 전통적인 X-레이 방사선 촬영법을 향상시킨 기법이며, 이는 X-레이가 공기에 흡수되지 않는다는 사실을 이용한 것이다. 먼저 대상자의 척수의 지주막하강으로부터 소량의 뇌척수액을 제거한 후 대신 공기를 넣는다. 이후 대상자를 바로 앉게 한 후 공기가 척수를 따라 위로 움직여 뇌실계에 들어가는 동안 X-레이를 촬영한다. 공기가 뇌실 속에 있기 때문에 뇌실이 영상에 명확하게 나타난다. 이 기법을 통해 뇌실이 확장된 것이 관찰되면 이는 뇌조직이 상실된 것을 나타내고 뇌실이 수축되어 있는 것이 관찰되면 종양이 있는 것을 시사하기 때문에 이 기법이 진단적 가치를 가진다. 그러나 기뇌조영술은 고통스럽고 침습적이라는 제한점을 가지고 있다.

혈관조영술

혈관조영술(angiography, 그리스어인 *angeion*은 '혈관'을, *graph*는 '쓰다'를 의미)은 혈관을 영상화하는 기법이다. 이 기법은 X-레이를 흡수하는 물질을 혈관 내로 주사하는 점을 제외하고는 기뇌조영술과 유사하다(**그림 7.11**). 혈액 내에 있는 방사선 불투과성 물질이 혈관 이미지를 생산하며 이에 따라 혈관 확장, 수축 및 비정상 등과 같이 혈류에 영향을 미칠 수 있는 순환계 이상을 밝힐 수 있다. 그러나 혈관 내에 물질을 주사하는 것이 위험하고 고통을 초래할 수 있다. 따라서 새로운 영상 기법이 혈관조영술을 대체하고 있다.

컴퓨터단층촬영술

뇌영상의 새로운 시대는 1970년대 초에 시작되었는데, 이 당시 Allan Cormack과 Godfrey Hounsfield가 독자적으로 X-레이 기법에 근거하여 오늘날의 **CT 스캔**(CT scan)을 개발하였고 이 공로로 1979년 노벨상을 공동 수상하였다. **컴퓨터단층촬영술**(computed tomography, *tomo*는 '자르다'를 의미, 즉 뇌의 단일 절편을 영상화함을 의미)은 좁은 X-레이 빔이 다양한 각도에서 동일 물체를 통과하여 서로 다른 영상들을 만들어내고 이 영상들을 컴퓨터와 수리적 기법을 사용하여 조작한 후 삼차원의 영상을 만든다(**그림 7.12A**).

두개골은 흰색 경계로 보인다. 뇌의 회백질과 백질 밀도는 큰 차이가 나지 않기 때문에 CT 스캔에

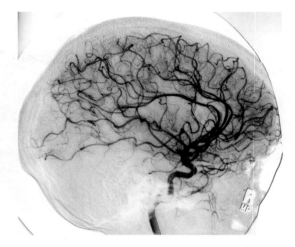

그림 7.11 ▲

X-레이 기법 경동맥 혈관촬영술 영상이 뇌의 큰 혈관을 보여준다. 얼굴이 오른쪽 아래로 향하고 있다.

(Medical Body Scans/Science Source.)

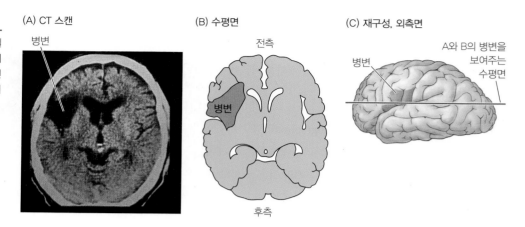

그림 7.12 ▶

X-레이 컴퓨터단층촬영술 (A) 브로카 실어증 환자의 수평 CT 스캔. 좌측전측 부위의 어두운 영역이 병변 위치이다. (B) 수평면의 도식으로 병변 부위가 회색으로 표시되어 있다. (C) 좌반구 외측면에서 본 병변(회색).

(Research from Damasio and Damasio, 1989, p. 56 © Elsevier)

서 이 둘을 명백하게 구분하기 어렵다. 따라서 피질과 그 아래에 있는 백질이 다소 동일한 회색으로 보인다. 뇌척수액은 X-레이를 덜 흡수하기 때문에 CT 스캔에서 뇌실과 열은 어둡게 나타난다.

영상의 각 점은 직경 약 1mm의 조직 범위를 나타내는데, 이 영역은 영상 해상도의 측정치로서 **복셀**(voxel)이라고 불리며, 각 화소는 한 복셀을 의미한다. 뇌종양과 병변을 위치화할 수 있을 만큼 CT 해상도는 높다. 그림 7.12A에서 어두운 영역으로 나타나는 것이 병변의 위치인데, 어둡게 나타나는 것은 다른 영역들에 비해 이 영역의 뉴런 수가 적고 더 많은 액체가 있기 때문이다. 브로카 실어증 증상을 보인 이 환자는 좌반구 전두피질(나비 모양의 측뇌실에 인접한 영역)의 병변이 확인됨으로써 브로카 실어증으로 진단받았다. 그림 7.12B는 이 병변 위치를 수평면으로 보여주고 있고, 그림 7.12C는 일련의 CT 수평면 스캔을 재구성하여 병변의 정도를 보여주는 좌반구 외측면 그림이다.

7.4 역동적 뇌영상

뇌 영역이 활성화하면 그 영역으로 가는 혈액, 산소와 포도당의 양이 증가한다. 정적 뇌영상에서 역동적 뇌영상으로의 발전으로 말미암아 연구자들이 뇌혈류와 산소의 변화를 측정하는 것과 이러한 측정으로부터 뇌 활성화의 변화를 추론하는 것이 가능해졌다. 이러한 논리에 따라 개발된 영상 기법들 중에는 양전자방출단층촬영술, 기능MRI와 광단층촬영술이 포함된다.

양전자방출단층촬영술

연구자들은 언어 등과 같은 기능에 관여하는 뇌세포의 신진대사를 연구하기 위해 **양전자방출단층촬영술**(positron emission tomography, PET)을 사용한다. PET 영상은 뇌 혈류의 변화를 간접적으로 탐지한다(Posner & Raichle, 1994). 그림 7.13의 왼쪽에서 볼 수 있듯이 PET 스캐너는 도넛 모양의 일련의 방사선 탐지기가 개인의 머리를 회전한다. 방사성 분자가 표시된 소량의 물이 혈관으로 주사된다. 방사성 동위원소 산소-15(^{15}O)와 같은 분자는 몇 분 내에 분해되어 신체로부터 제거되기 때문에 이러한 분자를 개인에게 주사하여도 위험하지 않다. 그림의 오른쪽에 제시되어 있는 컬러코드의 영상은 혈류량의 많고 적음을 컴퓨터가 재구성한 것이다.

^{15}O와 같은 방사성 분자가 양전자(양전위를 띠는 전자)를 방출한다. 양전자는 중성자가 부족한 불안정한 원자로부터 방출되고 뇌에 있는 음전위를 띠는 전자에 끌린다. 추후 양전하와 음전하를 띠는 입자들이 충돌하여 소멸되면서 2개의 광자(빛 입자) 형태로 에너지가 생성되는데, 광자는 정확하게 정반

방사성 표시가 된 소량의 수분이 피검자에게 주사된다. 높은 수준의 활성화를 보이는 영역이 더 많은 혈액을 사용하기 때문에 이 영역에 더 많은 방사성 표지가 있다.

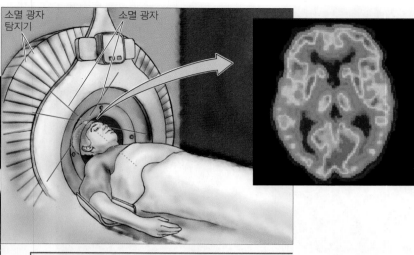

방사성으로부터 양전자가 방출된다. 뇌에서 양전자와 전자가 충돌하여 생산된 광자(에너지 형태)를 탐지한다.

그림 7.13 ▲

PET 스캐너와 영상 피검자가 PET 스캐너에 누워 있다(왼쪽). 스캐너 장치에 관한 그림이 제시되어 있다(가운데). 스캔(오른쪽)에서 밝은 빨간색과 노란색으로 표시된 부위들이 혈류량이 많은 영역이다.

(PET scanner from Hank Morgan/Science Source; PET scan from Science Source.)

대 방향으로 양전자와 전자가 소멸된 부위를 떠난다(**그림 7.14A**).

PET 스캐너에 있는 방사선 탐지기 쌍, 즉 머리를 회전하는 링 안에서 반대 방향에 위치하는 탐지기가 광자를 탐지한다(**그림 7.14B**). 탐지기 쌍은 광자가 동시에 발생할 경우만을 기록한다. 다양한 탐지기의 사용을 통하여 PET 카메라는 다양한 뇌절편을 동시에 영상화할 수 있으며(**그림 7.14C**), 이에 근거하여 영상이 만들어진다. 각 뇌절편 영상의 복셀 크기는 약 $2mm^3$이다.

PET은 뉴런의 활동이 증가하면 혈류량도 증가한다는 가정하에 지엽적인 뉴런 활동을 직접적으로 측정하기보다는 추론한다. 따라서 PET을 사용하여 혈류와 정신 활동 사이의 관련성을 조사하는 연구자들은 통계적 기술에 의존한다. 연구참여자가 실험 과제를 수행하는 동안 측정된 혈류 패턴에서 통제조건, 예를 들어 휴식을 취하는 등의 중립적 조건에서 측정된 혈류 패턴을 감하는 방법을 사용한다(그

(A)

불안정한 ^{15}O 핵에 의해 방출된 양전자가 전자를 만나 충돌하면 2개의 소멸 광자가 정반대 방향으로 이동한다.

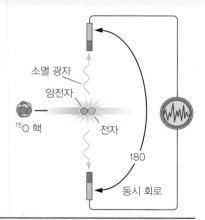

서로 마주 보는 방사선 탐지기들이 동시에 발생하는 소멸광자를 기록한다.

(B)

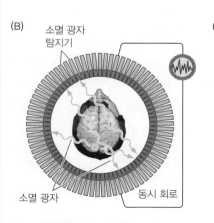

방사선 탐지기들이 피검자의 머리 위에 배열되어 있다.

(C)

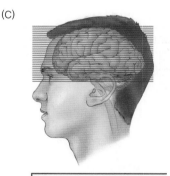

63개나 되는 수평면 절편 이미지가 동시에 기록된다.

그림 7.14 ▲

PET 영상 기법

(Research from Posner and Raichle, 1994, p. 19.)

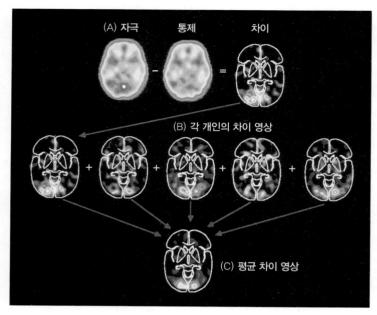

그림 7.15 ▲

감산 절차 (A)의 스캔은 깜빡거리는 체크보드(자극)를 보는 실험 조건에서 움직이지 않는 고정점(통제)를 보는 통제 조건을 빼는 과정을 보여준다. 감산은 5명의 피검자 각각에 대해 서로 다른 스캔을 생산하지만(B), 모든 피검자들에서 후두엽의 혈류량이 증가한 것을 관찰할 수 있다. 차이 스캔을 평균하여 하나의 대표 영상을 만든다(C).

(From M. E. Raichle, Malinckrodt Institute of Radiology, Washington University School of Medicine.)

그림 7.16 ▼

MRI의 물리학 I (A) 수소 양자의 전형적인 무작위 움직임. (B) 수직 자기장의 영향을 받아 양자의 방향이 배열되면 전류가 발생한다. 이 전류를 측정하여 MRI 영상을 만든다.

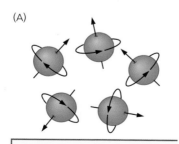

(A)

각 수소원자의 양자는 자신의 축을 따라 회전하여 남북의 쌍극자를 갖는 작은 자석과 같다. 전형적으로 양자는 무작위로 발산하기 때문에 네트 전위를 가지지 않는다.

(B)

수직 자기장

양자를 자기장에 놓으면 일렬로 배열한다.

림 7.15A). 이 감산 과정이 두 상태에서의 혈류 변화를 영상화한다. 모든 참여자에서 측정된 혈류 변화를 평균하여(그림 7.15B) 하나의 대표적인 평균 영상을 만들며, 이 대표적인 영상을 통해 주어진 실험 조건 동안 선택적으로 활성화를 보인 뇌 영역들을 알 수 있다(그림 7.15C).

방사성 물질이 PET 스캐너 옆에 위치하는 사이클로트론(cyclotron)에 준비되어 있어야 하는데, 이 비용이 매우 높지만 그럼에도 불구하고 PET는 다른 영상 기법보다 장점을 가지고 있다. 즉 PET는 수백 가지의 방사화학물질의 쇠퇴를 탐지할 수 있기 때문에 pH, 포도당, 산소, 아미노산, 신경전달물질과 단백질을 포함하는 다양한 조건과 뇌 변화에 관한 지도를 만드는 것을 가능하게 한다. PET은 특정 신경전달물질의 상대적 양, 신경전달물질 수용기의 밀도, 학습과 관련된 신진대사 활동, 뇌중독 및 노화와 관련된 퇴행 과정 등을 탐지할 수 있다. PET은 인지 기능의 연구에 매우 유용하게 사용되고 있다.

자기공명영상법

자기공명영상법(magnetic resonance imaging, MRI)의 경우 큰 자석(magnet, M)과 특정 무선주파수 펄스(radiofrequency pulse, R)가 만드는 뇌 신호를 근거로 영상(image, I)을 만든다. MRI는 비침습적인 방법으로 뇌 해부와 뉴런 기능을 연구하는 데 사용되고 있다. 그리고 MRI는 전리방사선을 사용하지 않기 때문에 자원자와 환자 혹은 성인과 아동에게 반복적으로 사용해도 안전하다.

이 기법은 단일 양성자로 구성된 수소 원자 핵이 막대 자석처럼 회전하는 원리에 기초한다. 각 양성자는 쌍극자(dipole)를 갖는데, 즉 한끝은 북극이고 다른 끝은 남극이다. 회전하는 각 양성자는 전류를 발생시킨다. 정상적으로 양성자는 무작위로 서로 다른 방향을 향하기 때문에 뇌조직(모든 연조직은 수분을 가지고 있고 수분에는 수소가 있다)은 망(net) 쌍극자를 가지지 않으며 이에 따라 망전류를 생성하지 않는다(그림 7.16A).

수소 원자가 자기장에 놓이면 회전하는 양성자가 장의 자력선과 같은 방향으로 정렬하게 된다(그림 7.16B). 다시 말하면 양성자는 지구 자기장의 북쪽과 남쪽으로 조정하는 나침판의 바늘처럼 행동한다. 양성자가 이렇게 정렬하면 양성자가 생성하는 전류의 합을 측정하는 것이 가능해진다.

양성자 밀도가 주로 뇌조직이 가지는 수분의 정도(뇌척수액, 수초, 뉴런)에 따라 다르기 때문에 정렬된 양성자에 의해 생성되는 전류도 서로 다르다. 즉 일부 조직에서 생성되는 전류는 높은 반면 다른 조직에서 생성되는 전류는 낮다. 측정된 전류가 MRI 영상의 제작에 사용된다.

MRI 영상을 제작하는 또 다른 방법은 양성자들이 정렬되어 있는 동안 동요시키고 동요 후 양성자들이 재정렬하는 동안 전기장에서 일어나는 변화를 기록하는 것이다. 짧은 무선주파수 펄스가 자기장과 수평되게 뇌에 적용된다. 펄스는 정렬된 양성자를 측면으로 밀어내는 두 번째 자기장을 형성한다(**그림 7.17A**). 넘어진 양성자는 2개의 움직임을 보이는데, 즉 자신의 축을 따라 회전하고 세로 방향을 따라 회전한다(**그림 7.17B**). 양성자는 천천히 회전하는 팽이처럼 흔들리는데, 이 움직임을 **프리세션**(precession)이라고 부른다.

수평의 자기장이 꺼지면 동시에 회전하던 양성자가 이완하기 시작한다. 즉 양성자들이 다시 한 번 '일어서기(stand up)' 시작하고 하나씩 동시적으로 움직이는 데서 빠져 나온다. 전류 탐지기를 사용하여 2개의 시간 상수, T_1과 T_2를 통해 두 이완 과정을 측정한다.

- T_1은 수직 축, 즉 양성자의 처음 정렬 방향에 대해 수평면으로 향한 전류 탐지기가 자기장이 꺼진 후 양성자가 넘어진 위치에서 '곧은(right)' 위치로 돌아가서 원래의 자지장에서처럼 정렬하는 데 걸린 시간을 측정한다(**그림 7.18A**).
- T_2는 첫 번째에 대해 직각으로 향한 두 번째 탐지기가 수평 펄스가 꺼진 후 동기화를 상실하는 비율을 측정한다(**그림 7.18B**).

서로 다른 뇌조직에 있는 양성자들은 이완율이 서로 다르며 이에 따라 서로 다른 T_1과 T_2 시간상수를 가진다(**그림 7.19A**). 예를 들어 뇌척수액의 이완율이 뇌조직의 이완율보다 더 느리다. 따라서 특정 시간, 예를 들어 이완 시간의 중앙 시점에서 뇌조직의 전류 차이를 측정할 수 있다.

(A)
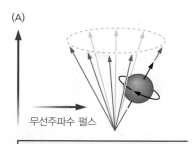

무선주파수 펄스

무선주파수 펄스가 조직에 적용되면 양자들이 측면으로 기울어지고 이로 인해 양자들이 자신들의 축, 남북 방향으로 동요한다. 이 움직임은

(B)
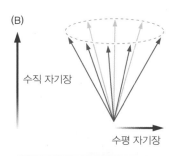

수직 자기장

수평 자기장

프리세션이라고 불리며 수직과 수평 자기장을 생성한다.

그림 7.17 ▲

MRI의 물리학 II (A) 수직 자기장에 무선주파수 펄스가 수평 방향으로 주어지면 정렬된 양자들이 동요하고 측면으로 기울어진다. (B) 양자의 프리세션(흔들림)이 2개의 측정 가능한 자기장을 생산한다. 동요 후 양자들이 재정렬하는 동안 자기장에서 일어나는 변화를 측정하여 MRI 영상을 만든다.

(A) 수직 자기장 회복
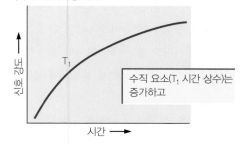

신호 강도

T_1

수직 요소(T_1 시간 상수)는 증가하고

시간 →

(B) 수평 자기장의 쇠퇴
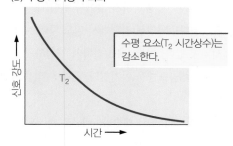

신호 강도

T_2

수평 요소(T_2 시간상수)는 감소한다.

시간 →

그림 7.18 ◀

MRI 시간상수 수평으로 주어진 무선주파수 펄스가 꺼지면 수직과 수평 자기장에서의 이완이 2개의 시간상수를 제공한다. 수직 자기장 회복에 걸리는 시간을 의미하는 T_1은 증가하는 반면 동시 회전이 사라지는 시간을 나타내는 T_2는 감소한다.

(A)
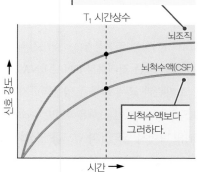

양자 이완율이 뇌조직에서 더 빠르다.

T_1 시간상수

뇌조직

뇌척수액(CSF)

신호 강도

뇌척수액보다 그러하다.

시간 →

(B) MRI
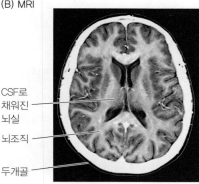

CSF로 채워진 뇌실

뇌조직

두개골

그림 7.19 ◀

이완율에 근거한 뇌영상 제작 (A) 서로 다른 뇌조직에 있는 양자들은 서로 다른 이완율을 가진다. (B) 이완율에 근거하여 뇌영상이 만들어진다.

(Medical Body Scans/Science Source. Colorization by: Matthew Bologna)

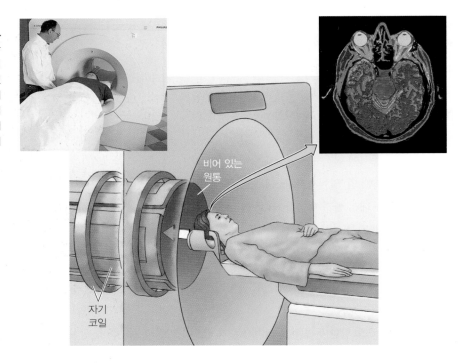

서로 다른 뇌조직들의 T_1과 T_2는 뇌영상의 그라데이션으로 나타나는데, 즉 저밀도 조직은 어둡게 나타나는 반면 고밀도 조직은 더 밝게 나타난다(그림 7.19B). T_1와 T_2 상수 중 하나가 주어진 상황에서 더 적절하게 사용될 수 있다. 예를 들어 T_1보다 T_2 영상이 손상된 뇌조직과 손상되지 않은 뇌조직의 차이에 더 민감하기 때문에 병변의 탐지에 유용하게 사용된다.

그림 7.20에 MRI 절차가 제시되어 있다. 피험자는 자석 코일의 중앙에 머리가 놓이도록 반듯이 누워 있고 가능한 한 움직이지 않아야 한다(대뇌혈류의 박동에 의해 초래되는 머리와 뇌의 경미한 움직임은 교정된다). 뇌영상 절편에서 밀도 차이는 색채로 표시되는데, 그림 7.20에 머리와 뇌의 수평 절편이 제시되어 있다. 비록 MRI 절차가 안전하지만 소음과 머리를 둘러싸고 있는 자석 코일이 일부 사람들에게는 폐쇄공포증을 야기한다. 금속 이식을 받은 사람은 자석의 힘 때문에 MRI를 실시받아서는 안 된다.

MRI 영상 해상도는 **테슬라**(tesla)로 측정되는 자기장의 강도에 달려 있다. 1.5 테슬라 자석은 1.5T 자석을 의미하고 의료용으로 사용되는 자석은 $0.5 \sim 3.0$T이다. 큰 자석의 해상도는 $1mm^3$ 복셀이고 이는 PET의 2배이다. 높은 해상도에도 불구하고 PET처럼 각 MRI 복셀은 수천 개 뉴런의 활동을 간접적으로 추론한다.

자기공명분광술

MRI 영상은 다양한 뇌조직들의 물 밀도의 차이에 근거한다. MRI 자기장의 영향을 받는 물 분자의 수소핵이 뇌의 연조직의 80%를 차지한다. MRI는 뇌의 나머지 20%, 즉 모든 거대분자(DNA, RNA, 대부분의 단백질과 인지질), 세포막, 미토콘드리아와 같은 세포 소기관과 교세포 등을 영상화하지 않는다. **자기공명분광술**(magnetic resonance spectroscopy, MRS)은 MRI 기법을 사용하지만 수소 양성자를 정렬하는 데 다른 무선주파수를 사용하고, 이를 통해 뇌의 나머지 영역들의 밀도를 영상화한다. 예를 들어 MRS는 뉴런과 교세포에서 관찰되는 뇌의 대사물인 N-아세틸 아스파르트산염(N-actyl aspartate, NAA)과 세포에 에너지를 공급하고 교세포보다 뉴런에 훨씬 더 많이 존재하는 크레아틴 밀도를 영상화할 수 있다.

따라서 MRS 영상은 뇌세포와 다른 물질 혹은 뉴런과 교세포를 구분하게 한다. MRS는 알츠하이머병과 같은 퇴행성 질환에서의 뇌세포 상실, 다발성 경화증과 같은 탈수초화 질환에서의 수초 상실과 뇌진탕 등에서의 뇌신진대사 이상을 탐지할 수 있다. MRS는 뉴런들 사이의 정보전달에 관여하는 분자들을 영상화할 수 있다. 이러한 분자들에는 아세틸콜린의 전구 분자인 콜린과 뇌의 주요 흥분성 신경전달물질인 글루타메이트 등이 포함된다. MRS는 다른 많은 뇌 분자들을 영상화할 수 있으며, 이러한 영상들은 뇌 발달, 기능과 질환의 연구에 새로운 길을 제공한다.

확산텐서영상술

확산텐서영상술(diffusion tensor imaging, DTI)은 물 분자의 움직임 방향을 탐지하여 뇌 신경섬유의 경로를 가상 영상화하는 MRI 기법이다(**확산**은 물 분자의 움직임을 의미하고, **텐서**는 선 특징이며, **영상**은 확산 방향을 탐지한다). 뇌척수액과 심지어 세포체에 있는 물 분자는 무작위 방향으로 비교적 방해 없이 움직인다. 그러나 신경섬유에서는 로(tract)의 방향과 내용물에 의해 움직임이 제한을 받고 이로 말미암아 세로축의 방향으로 움직이는 경향이 있는데, 이를 **이방성**(anisotropy, 부등한 움직임)이라고 한다.

따라서 DTI 섬유도(tractography)는 뇌의 경로와 연결을 지도화하는 데 사용된다. **그림 7.21**은 베르니케와 브로카 언어 영역을 연결하는 궁상섬유(arcuate fiber) 경로를 인간 뇌의 외측면에 겹쳐놓은 그림이다. 이 가상 섬유에 표시되어 있는 색채들은 서로 다른 방향을 나타내는데, 이는 궁상섬유 경로가 여러 개 하위 경로로 구성되어 있음을 시사한다. 이 영상은 실제 섬유들 중 일부를 컴퓨터가 재구성한 것으로 각 선은 수백 개의 섬유들을 반영한다. DTI는 섬유들이 구심성인가 원심성인가 혹은 시냅스의 위치에 관한 정보는 제공하지 않지만 영상술이 발달하면 이에 따라 해상도가 증가할 것으로 여겨진다 (Setsompop et al., 2013).

여러 연구센터들이 참여하고 있는 인간 커넥톰 프로젝트는 DTI 섬유도를 사용하여 인간 뇌의 연결성에 관한 지도를 만들고 있다(Toga et al., 2012). 이 프로젝트의 목적은 다발성 경화증에서 일어나는 축색 퇴화, 종양으로 말미암아 초래되는 섬유 뒤틀림과 외상성 뇌 손상 혹은 뇌졸중으로 말미암은 섬유 손상 등의 진단과 치료를 발전시키는 것이다. 커넥톰 분석은 유전질환을 가지고 있는 사람, 일란성 쌍생아와 남녀의 커넥톰을 비교, 기술함을 통하여 유전자가 어떻게 뇌 연결성에 영향을 미치는가를 이해하게 할 수 있다. 마지막으로 커넥톰 분석은 생의 경험과 학습에 의해 일어나는 후성적 과정이 뇌 연결성에 영향을 미치는가에 관한 정보도 제공할 것이다.

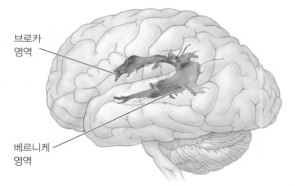

브로카 영역

베르니케 영역

그림 7.21 ▲

언어 경로의 확산텐서영상 뇌의 브로카 영역과 베르니케 영역을 연결하는 경로를 확산텐서영상이 보여주고 있다. 하위 경로들 (다른 색채로 표시)은 서로 다른 언어 기능에 관여한다.

(Research from Marco Catani.)

기능자기공명영상법

뉴런이 활성화하면 더 많은 산소를 필요로 하고 이에 따라 혈액 내의 산소 양이 일시적으로 급강하한다. 이와 동시에 활성화한 뉴런은 혈관을 확대시켜 그 영역으로 더 많은 혈액과 산소가 향하도록 신호한다. 인간 뇌가 활성화하는 동안 혈류량이 증가하고 이에 따라 산소량도 증가하는데, 이 증가된 산소량은 조직이 필요로 하는 양을 초과한다. 그 결과 활성화한 뇌 영역의 산소량이 증가한다(Fox & Raichle, 1986).

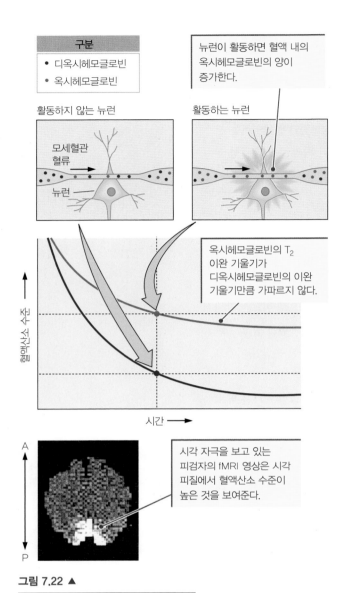

구분
- 디옥시헤모글로빈
- 옥시헤모글로빈

뉴런이 활동하면 혈액 내의 옥시헤모글로빈의 양이 증가한다.

활동하지 않는 뉴런 활동하는 뉴런

모세혈관 혈류

뉴런

옥시헤모글로빈의 T_2 이완 기울기가 디옥시헤모글로빈의 이완 기울기만큼 가파르지 않다.

혈액산소 수준

시간

A

P

시각 자극을 보고 있는 피검자의 fMRI 영상은 시각 피질에서 혈액산소 수준이 높은 것을 보여준다.

그림 7.22 ▲

혈액산소와 뇌 활성화 탈산화(파란색)와 산화(빨간색) 혈액의 양자는 서로 다른 이완 율을 보이며, 이에 근거하여 fMRI가 뇌 활성 화 영상을 만든다.

(Research from Kwong et al., 1992, p. 5678.)

혈액 내의 산소량의 증가는 혈액 내의 수분이 가지는 자기 속성을 변화시킨다. **기능자기공명영상법**(functional magnetic resonance imaging, fMRI)은 자기 속성의 이러한 변화가 뇌의 어느 특정 영역에서 일어났는가를 정확하게 탐지한다(Ogawa et al., 1990). 혈액 산소 수준에 의존하는 대비를 측정하는 것을 **BOLD 대비**(BOLD contrast)라고 부르며, 이는 뇌의 상대적 활성화의 지표를 제공한다.

그림 7.22는 BOLD 신호를 측정하는 과정을 보여준다. 뉴런이 활성화하기 전에는 디옥시헤모글로빈(산소가 없는 헤모글로빈) 양과 옥시헤모글로빈(산소가 있는 헤모글로빈) 양이 거의 동일하다. 뉴런이 활성화한 후에는 혈액 내의 옥시글로빈양이 증가한다(그림 7.22 위). 탈산화된 혈액(unoxygenated blood)의 자기 속성이 산화된 혈액보다 더 높고 T_2 신호가 산화된 상태보다 탈산화된 상태에서 더 빨리 변화한다(그림 7.22 가운데). 따라서 만약 참여자가 시각 자극을 보는 동안에 fMRI를 측정하면 시각피질에서 혈액 산화가 가장 높다(그림 7.22 아래).

MRI의 뇌영상 위에 겹쳐놓으면 fMRI의 활성화 변화가 어느 특정 구조에서 일어났는가를 알 수 있다. 대뇌피질로 혈액이 많이 공급되기 때문에 fMRI의 공간해상도는 MRI의 공간해상도와 거의 동일한, 즉 1mm³ 정도이며, 이는 뇌 활성화의 근원지를 충분히 밝혀줄 수 있는 공간해상도이다. 시간해상도 역시 높아서 산화된 혈액의 변화를 빨리 탐지할 수 있다.

그림 7.23은 주기적으로 빛 자극을 받고 있는 개인의 시각피질에서의 fMRI 신호 변화를 보여준다. 빛이 비춰지면 시각피질(뇌영상의 아래)이 기저선(빛이 비추어지지 않는 시기)보다 더 활성화한다. 다시 말하면 산소 수준의 변화에 따라 일어나는 fMRI 신호의 증감에 근거하여 뇌기능의 변화를 추론한다.

뉴런 기능의 어떤 측면을 fMRI가 측정하는가? 뉴런에서 가장 신진대사가 활발한 부위가 가장 많은 산소를 필요로 하는 것으로 추측되기 때문에 세포의 서로 다른 부위들, 예를 들어 시냅스, 세포막 혹은 축색의 신진대사 활동을 측정한다. 세포 발화를 일으키는 EPSP가 가장 많은 에너지를 필요로 하는 반면 IPSP와 활동 전위는 더 적은 에너지를 필요로 한다(Murayama et al., 2010). 따라서 fMRI는 EPSP, 즉 뉴런이 발화할 가능성을 측정하며, 이는 ERP가 측정하는 것과 매우 유사하다.

글루타메이트가 뇌의 주요 흥분성 신경전달물질이기 때문에 뉴런의 EPSP 발생과 뉴런으로의 혈류량 증가에 크게 관여한다. 글루타메이트는 쉽게 모세혈관을 자극하여 확장시키거나 혈류량을 증가시키기 위해 산화질소, 즉 혈관을 확장시키는 신경전달물질을 분비하는 신진대사 경로를 활성화시킨다.

휴지기 fMRI

생존하는 뇌는 항상 활동한다. 즉 우리가 휴식 혹은 수면을 취하거나 마취 상태에 있을 때조차 활동한다. 연구자들은 참여자들이 이러한 상태, 즉 두드러진 신체 활동이나 정신 활동을 하지 않는 상태 동안 측정한 fMRI 신호를 연구함으로써 뇌기능과 연결성을 추론하는 것에 성공하였다. **휴지기**

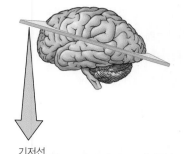

그림 7.23 ▼

뇌활성화 변화에 관한 영상 정상인이 시각 자극을 받는 동안 중후두엽(각 영상의 아래)의 활성화를 순차적으로 보여주는 기능 자기공명 영상. 빛이 없는 어두운 상태에서 얻은 기저선(맨 왼쪽)을 추후에 얻은 영상에서 감한다. 270초 동안 일련의 스캔이 빨리 이루어지는 동안 피검자는 켜고 꺼지는 빛 방출 다이오드가 포함된 보안경을 썼다. 빛이 켜질 때 시각피질이 두드러지게 활성화하고 빛이 꺼지면 활성화가 재빨리 중단된다. 이에 관한 것이 영상 아래의 신호 강도 그래프에 제시되어 있다.

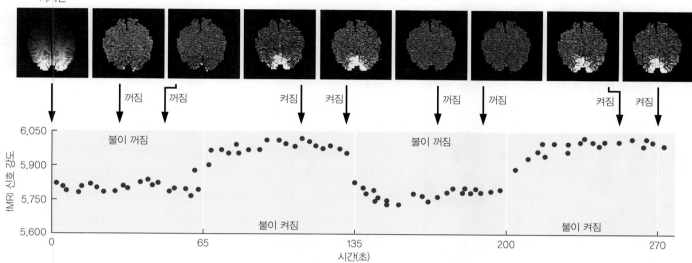

fMRI(resting-state fMRI, rs-fMRI) 신호는 참여자가 눈을 뜬 채 고정점을 바라보는 동안 측정된다. 스캐너가 적어도 4분 정도의 블록으로 뇌활성화를 측정한다.

휴지기 상태의 뇌는 균등하게 활동하지 않고 대신 다양한 뇌 영역들이 서로 다른 시기에 상호 활동을 보인다. 예를 들어 활동장이 시각 영역, 청각 영역, 운동 영역 등을 중심으로 일어난다. 기저핵과 운동 영역과 같은 일부 영역들의 기능 및 해부학적 연결성이 매우 높은 반면 집행 기능에 관여하는 전두 영역의 연결성은 낮다. 자주 같이 활동하는 영역들은 활동을 하지 않을 경우에도 적극적인 상호관련성을 유지하는 것으로 보인다. 이 발견으로 말미암아 뇌의 생득적 기능 관련성에 관한 지도를 개발하는 것이 가능해졌다.

생쥐의 피질에 있는 뉴런들의 전기적 활동을 측정한 re-fMRI 영상은 광범위한 피질 영역에 있는 뉴런들이 함께 활동하는 것을 보여준다. 활성화는 일차 시각피질과 같은 일차 영역에서 먼저 일어나고 점차 이차 및 삼차 피질 영역들로 활성화가 확장된다. 시각 영역들의 활성화가 감소되면 다른 피질 영역, 예를 들어 청각피질의 활성화가 시작된다.

따라서 자발적 활성화가 한 피질 체계에서 다른 피질 체계로 순환하는데, 한 체계의 활성화는 몇 초 동안 지속된다. 만약 쥐에게 감각 자극, 예를 들어 수염을 만지면 수염의 감각을 담당하는 피질 영역이 즉시 활성화를 보이고 이후 체감각을 담당하는 모든 피질 영역에서 활성화가 관찰된다. 이러한 일련의 활성화는 반복적인 요소 혹은 **모티브**(motif)로 나타나는데, 이는 피질 체계들 사이의 **기능적 연결성**(생득적 기능 관련성)을 시사한다(Mohajerani et al., 2013).

이러한 기능적 연결성 모티브가 다양한 조건에서 관찰됨에 따라 re-fMRI가 뇌의 조직화 연구에 사용되고 있다. 아동의 뇌가 발달하거나 성인의 뇌가 노화되거나 새로운 기술을 학습하는 경우처럼 전반적인 뇌기능이 변화되면 뇌의 휴지기 활성화의 모티브도 변하는데, 이는 해부학적 연결이 변화됨을 시사한다. 이러한 논리에 근거하여 re-fMRI를 통해 관찰된 모티브가 우울증, 알츠하이머병 등과 같은 질환 혹은 뇌 손상 후와 회복 동안 일어나는 기능적 연결성을 확인해준다(Power et al., 2011).

그림 7.24 ▲

광영상 기구 빛 주입기(빨간색)와 탐지기 (파란색)가 정렬되어 머리 전체에 분포되어 있다.

(Hitachi Ltd., Advanced Research aboratory. Photo by Atsushi Maki.)

광단층촬영술

광단층촬영술(optical tomography)은 물체를 통과하는 빛을 모으면 물체를 재구성할 수 있다는 원리에 근거하는 비침습적이고 역동적 영상 기법이다. 이 기법은 물체가 적어도 부분적으로나마 빛을 투과해야 하는 것을 필요로 하며 뇌조직과 같은 연조직은 빛을 투과하기 때문에 광단층촬영술을 사용하여 뇌조직을 영상화할 수 있다.

광단층촬영술의 일종인 기능근적외선 분광기록법(functional near-infrared spectroscopy, fNIRS)의 경우 반사된 적외선이 혈류를 반영하는데, 이는 혈류가 산화 혹은 탈산화되었는가에 따라 혈액 내의 헤모글로빈의 빛 흡수가 달라지기 때문이다. 따라서 혈액의 빛 흡수를 측정함으로써 뇌의 평균 산소소모량을 측정하는 것이 가능한데, 이는 마치 fMRI가 특정 뇌 영역에서의 산화된 혈액 증가를 통해 뇌 활성화를 추론하는 것과 같다. fNIRS를 사용하여 이를 측정하기 위해 **그림 7.24**에 제시되어 있는 것처럼 일련의 빛 송신기와 수신기 쌍을 두피에 부착하고 신호를 연결되어 있는 전선 혹은 무선으로 보낸다. 컴퓨터가 빛 농도의 차이에 근거하여 뇌 기능의 영상을 만든다.

fNIRS의 두드러진 장점은 개인에게 쉽게 적용된다는 점이며 이로 인해 영아에서부터 노인에 이르기까지 전 생애단계에 있는 사람들에서 측정이 가능하다. 단점은 빛이 뇌 깊숙이 침투하지 못하기 때문에 피질 활성화만을 측정할 수 있다는 것이다(자세히 보기 참조). 통계적 절차를 사용하여 뇌막, 두개골, 두피에 의한 빛 흡수를 평균화하여 결국 뇌의 산소소모량만을 측정하게 된다. 영상화된 뇌조직의 복셀 크기가 몇 센티미터 정도이기 때문에 해상도는 높지 않다. 100개 정도까지의 빛 송신기와 탐지기가 두개골을 둘러쌀 수 있지만 동시에 측정 가능한 뇌 영역의 수가 아직 제한되어 있다.

◎ 7.5 뇌영상 기법과 사용의 비교

다양한 뇌영상 기법을 살펴보았는데, 신경심리학자들은 이 기법들 중 어떤 기법을 선택하여 사용할 수 있는가? 기법의 선택에서 중요하게 고려해야 할 점이 연구 목적이다.

일부 연구자들은 특정 행동에 대해 뉴런이 어떻게 전기적 활동을 보이는가 혹은 특정 유형의 인지 과정 동안 뇌 활성화의 역동적 변화에 초점을 맞춘다. 두 접근 모두 뇌영상 기법을 사용할 수 있는데, 이는 둘 다 뇌와 행동 사이의 관련성을 이해하는 것을 목적으로 하기 때문이다. 그러나 연구자들은 현실적 문제, 즉 시간해상도(얼마나 빨리 측정 혹은 영상을 만들 수 있는가), 공간해상도(얼마나 정확하게 뇌 영역을 국재화할 수 있는가)와 침습 정도 등을 고려해야만 한다.

예를 들어 단일세포 기록법은 우수한 해상도를 제공하지만 이 기법을 인간에게 적용할 수 있는 경우는 매우 제한되어 있다. 아동을 대상으로 하는 연구에서는 MRI 기법을 적용하는 것이 비현실적인

자세히 보기 | 언어에 맞추어져 있다

인간 뇌가 어떻게 조직화되어 있고 기능하는가를 발견하고자 하는 연구는 새로이 개발되는 기법에 의해 일부 이루어지고 있다. 지난 10여 년 동안 신경과학자들은 의식이 있는 연구참여자의 뇌 활성화를 영상화할 수 있는 획기적이고 비침습적인 새로운 기법들을 개발해왔다. 그림에 제시되어 있는 fNIRS는 피질 조직을 투과한 빛을 모아 뇌의 혈액산소 소모와 산화헤모글로빈을 영상화한다.

fNIRS는 비교적 제한된 대뇌피질 영역의 산소 소모량을 측정하는 데 사용되며, 심지어 신생아에게도 적용 가능하다. 한 연구(May et al., 2011)에서 신생아(태어난 지 0~3일)에게 광섬유로 만들어진 캡을 착용시킨 후 신생아에게 친숙하거나 친숙하지 않은 언어를 들려주었다.

신생아들이 자신들의 언어를 역으로 들려주는 것을 듣거나 친숙하지 않은 언어를 들을 때보다 친숙한 언어를 들을 때 뇌의 산화헤모글로빈이 증가하였다. 신생아들이 '바바다'와 '다바바' 말소리의 관련성을 구분할 수 있고, 이 관련성이 시작 혹은 끝에 나타나는가를 구분할 수 있다. 이들은 말소리를 구분하거나 두 언어를 동시에 학습하기 위해 운율(말소리 어조)을 활용할 수 있다. 이들은 출생 시에 언어를 학습할 준비가 되어 있고 적극적으로 언어를 학습한다(Gervain & Werker, 2013).

NIRS의 장점은 다른 방법으로는 알 수 없는 영아의 뇌에 관한 정보를 제공한다는 것이다. ERP는 신호를 얻기 위해 자극을 반복 제시해야 하고 MRI는 영아가 움직이지 않는 것을 요구하는데, 이는 영아에게 상당히 어려운 과제이다. NIRS가 가지는 제한점은 단지 피질 활성화만을 측정하고 소수의 탐지기만을 캡에 부착할 수 있으며 해상 영역이 센티미터 정도로 크다는 것이다. 그럼에도 불구하고 NIRS는 비교적 저렴하고 이동 가능하며 언어를 포함한 기본적인 신경심리 기능을 조사할 수 있고 뇌기능을 측정할 수 있다(Aslin, 2012).

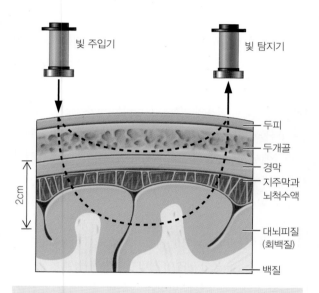

빛 주입기 · 빛 탐지기

두피
두개골
경막
지주막과 뇌척수액
대뇌피질 (회백질)
백질

2cm

NIRS의 작용 두피와 두개골을 통해 주입된 빛이 2cm 깊이 정도까지 뇌에 관통한다. 소량의 빛이 반사되고 이 반사된 빛을 두피 표면에 있는 탐지기가 탐지한다. 빛이 피질과 피질 위 조직으로부터 반사되는데, 이것이 점선의 커브로 표시되어 있다. 조직으로부터 나오는 신호를 제거하여 뇌에서 나오는 신호만을 얻는다.

(Research from L. Spinney, Optical Topography and the Color of Blood, *The Scientist* 19:25 – 27, 2005.)

Aslin, R. N. Questioning the questions that have been asked about the infant brain using *NIRS*. *Cognitive Neuropsychology* 29:7 – 33, 2012.
Gervain, J., and J. F. Werker. Prosody cues word order in 7–monthold bilingual infants. *Nature Communications* 4:1490, 2013.
May, L., K. Byers–Heinlein, J. Gervain, and J. Werker. Language and the newborn brain: Does prenatal language experience shape the neonate neural response to speech? *Frontiers in Psychology* 2:222 – 228, 2011.

데, 왜냐하면 매우 정확한 영상을 얻을 수 있기는 하지만 연구참여자가 오랫동안 절대 움직이지 않고 있어야 하기 때문이다. 이와 유사하게 뇌 손상 환자를 대상으로 하는 연구도 환자가 신경심리검사 혹은 영상 촬영을 하는 오랫동안 주의를 유지할 수 있는 능력을 가지고 있는가를 고려해야 한다. 그리고 뇌 손상으로 말미암아 운동 혹은 언어 장애를 가질 경우에도 연구자가 사용할 수 있는 기법이 제한된다.

비용은 항상 존재하는 현실적 문제이다. EEG, ERP와 fNIRS는 비침습적이고 설치에 드는 비용이 비교적 적다(10만 달러 이하). MRI에 기초하는 기법, MEG와 PET는 설치에 드는 비용이 매우 높기 때문에(200만 달러 이상) 주로 큰 연구센터나 병원에 설치된다.

그림 7.25에는 CT, PET와 MRI 영상의 뇌절편 그림이 각 기법의 해상도를 비교하기 위해 제시되어 있다. 그림에서 피질 표면의 회백질과 피질 아래 신경섬유의 백질이 쉽게 구분된다. 그림의 선명도가 각 기법의 해상도를 평가하는 기준이 된다.

그림 7.25 ▶

영상법 비교 배측에서 본 뇌의 수평 절편을 CT, PET와 MRI로 촬영한 영상. (A : 전측, P : 후측). 네 번째 영상은 사망한 사람의 동일한 뇌 부위 사진이다.

(Research from Posner & Raichle, 1994.)

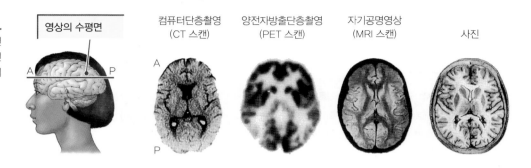

X-레이는 정적 스냅숏을 빠르고 저렴하게 제공하는데, 이 스냅숏은 두개골 골절, 두개 내 출혈, 종양과 혈관의 비정상 등을 진단하는 데 유용하다. 따라서 CT 스캔은 뇌 손상 혹은 종양의 진단에 사용될 수 있는 첫 번째 영상술이다. PET은 뇌의 화학 작용을 영상화할 수 있다는 장점을 가지고 있기 때문에 특정 행동에 관여하는 영역을 확인하거나 뇌의 화학 작용의 변화를 동반하는 질환을 진단하는 데 유용하다. 명백히 MRI는 세포 밀도가 높은 영역들과 그 영역들을 연결하는 섬유를 포함한 뇌 구조의 상세한 영상을 제공한다. MRS는 다발성 경화증에서 일어나는 수초의 퇴화나 알츠하이머병에서 관찰되는 뉴런의 퇴화 등과 같은 특정 화학적 사건을 탐지할 수 있다.

영상 기법의 장단점

뇌영상 기법은 뇌 손상과 질환의 진단에 가장 많이 사용된다. 뇌영상 기법이 개발되기 이전에는 뇌질환에 관한 정보는 부검을 통해서만 가능하였는데, 부검을 통한 발견이 사망한 환자에게 더 이상 도움이 되지 않았고 다른 생의 요인들이 부검 결과의 정확성에 영향을 미쳤다. 오늘날 즉각적인 뇌 진단, 질환의 과정 추적과 치료 효과의 측정이 가능해졌다.

PET은 뇌에서 일어나는 많은 화학적 사건에 관한 영상을 간접적으로 제공하는데, 즉 PET이 측정하는 뇌의 화학적 작용이나 뇌 영역으로의 혈류는 뉴런 활동을 측정하지 않는다. PET이 가지는 또 다른 제한점이 한 조건에서 기저선으로 사용되는 중립 조건을 감하는 감산 과정이다. 감산 과정은 어느 뇌 영역이 과제에 관여하는가에 관한 정보보다는 과제 수행 동안 어느 영역들이 다른 영역들보다 더 혹은 덜 활성화하는가에 관한 정보를 제공한다.

PET을 사용하는 일부 실험에는 다수의 감산 과정이 요구된다. 예를 들어 참여자가 책을 읽고 있는 상태에서 측정한 것으로부터 휴식을 취하는 동안 측정한 것을 감하고, 이 결과가 다시 참여자가 명사를 읽고 있는 상태에서 측정한 것으로부터 감해진다. 각 감산 과정은 뇌기능에 관한 더 자세하지만 더 인위적인 정보를 제공한다.

fMRI의 장점은 뇌 영역의 활성화와 활성화 변화에 관한 매우 상세한 정보를 제공하는 것이다. 단점은 데이터를 수집하는 데 시간이 소요되고 fMRI 절차가 일부 참여자들이 참기 어려운, 좁고 소음이 있는 공간에서 이루어진다는 것이다. 좁은 공간과 움직이지 못하는 것은 행동 실험의 유형을 제한하기도 한다. 좁은 공간과 움직이지 못하는 것에 관한 해결이 참여자로 하여금 거울에 제시되는 자극을 보고 손가락을 움직여 반응하게 하는 것이다. 이러한 단점에도 불구하고 MRI와 fMRI는 뇌 구조와 기능에 관한 놀랄 만한 정보를 제공한다.

fNIRS는 fMRI보다 비용이 덜 들고 이동이 가능하다. fNIRS와 같은 광단층촬영술의 장점은 움직이지 않고 있는 것이 어려운 영아에게도 측정이 가능하고 영아에서 노인에 이르기까지 전 연령층의 사람들에 적용 가능한 것이다. 단점은 피질 활성화만을 측정할 수 있는 것과 공간해상도가 다른 비침습적 기법들보다 낮다는 것이지만 이러한 단점들이 앞으로 개선될 것으로 여겨진다.

다중 뇌지도

뇌영상에 의한 뇌의 신진대사 및 기능에 관한 연구들은 많은 유형의 뇌지도를 개발하였다. 현재 개발된 지도는 인간 뇌 구조들의 위치 및 기능과 이 구조들이 서로 연결되어 있는 회로를 보여준다(Toga et al., 2006). 초기 뇌 지도는 하나 혹은 소수의 표본에 근거하여 제작되었다. 오늘날의 뇌영상 기법은 성, 연령 및 능력에서 서로 다른 많은 사람들을 대상으로 한다. 뇌영상 지도는 신경 구조들과 그들의 경로, 신경화학, 나아가 활동적인 유전자에 관한 정보를 제공한다. 미래의 뇌 지도는 기능을 고정된 시각 영상보다는 움직이는 영상으로 제공할 것으로 여겨진다.

영상 기법은 이론을 검증하는 신경과학자들의 능력을 향상시킨다. 예를 들어 **그림 7.26**은 5~20세에 이를 때까지 건강한 뇌의 회백질 두께가 어떻게 변하는지를 보여준다. 뇌기능에 관한 "클수록 더 좋다."는 관점에 근거하면 뇌가 성숙되는 발달 과정 동안 피질 두께가 증가할 것이라고 기대하게 된다. 그러나 연구 결과에 의하면 발달 과정 동안 뇌의 서로 다른 피질 영역들의 회백질이 서로 다른 방식으로 변화된다고 한다.

집행 기능에 관여하는 전두엽의 두께는 발달할수록 점차 얇아진다. 성숙될수록 전두엽이 작아진다. 언어 영역과 같은 피질 영역들은 회백질이 더 두꺼워진다. 그리고 다른 일부 영역들은 전반적인 회백질 두께는 얇아지는 반면 백질은 더 두꺼워진다. 두꺼워지고 얇아지는 것이 노년기에까지 지속되고 뇌영상을 통하여 일생 동안의 역동적 변화를 관찰할 수 있다(Zhou et al., 2013).

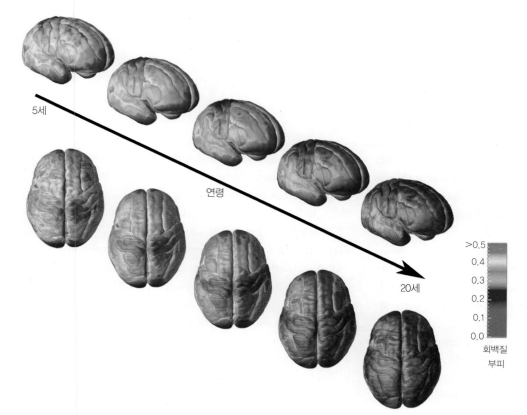

5세

연령

20세

>0.5
0.4
0.3
0.2
0.1
0.0

회백질
부피

그림 7.26 ◀

뇌영상 지도 발달 단계 동안 일어나는 회백질 성숙에 관한 MRI 스캔이 성숙 기간과 패턴을 보여준다.

(Image courtesy of Paul Thompson, Kiralee Hayashi, Arthur Toga, UCLA/Nitin Gogtay, Jay Giedd, Judy Rapoport, NIMH.)

요약

이 장에서 살펴본 뇌영상 기법들 중 일부는 뇌 구조의 정적 영상을 제공하고 일부는 뇌기능의 역동적 영상을 제공한다.

7.1 뇌의 전기적 활동 기록

단일세포 기록을 통하여 뉴런들이 코드를 사용하고 피질 뉴런들이 기능적 군집으로 조직화되어 있다는 것을 알게 되었다. EEG 기록은 개인이 깨어 있는 상태에서 어떤 행동을 할 때 뇌 전체가 활성화하는가와 신피질 전체가 베타 파형(낮은 코히어런스)을 보이는가를 알려준다. 이와 유사하게 개인이 휴식이나 수면을 취하면 뇌 전체가 휴식 혹은 수면을 취하는데, 이는 알파파와 델타파로 나타난다(높은 코히어런스). ERP는 깨어 있는 동안 뇌 전체가 활성화하지만 특정 부위가 다른 부위보다 순간적으로 훨씬 더 활성화를 보인다는 것과 정보 처리가 한 뇌 영역에서 다른 영역으로 옮겨가면 증가된 활성화의 위치가 변한다는 것을 보여준다.

7.2 뇌 자극

뇌 자극은 뇌의 전기적 활동을 변화시킨다. DBS의 경우 이식된 전극이 뇌조직을 직접적으로 자극하는 한편 경두개 자기자극은 비침습적인 신호가 두개골을 통과한다.

7.3 정적 영상 기법

X-레이 영상 기법은 뇌의 서로 다른 영역, 뇌실, 핵과 경로 등의 밀도차에 민감하다. 따라서 X-레이는 두개골 손상의 측정에 사용될 수 있고 CT 스캔은 외상성 뇌 손상 혹은 종양으로 인한 뇌 손상을 측정하는 데 사용될 수 있다.

7.4 역동적 뇌영상

신진대사 영상 기법은 어떤 행동이라도 광범위하게 분포된 뇌회로의 상호작용이 필요하다는 것을 보여준다. PET은 시간에 따른 혈류와 신진대사 변화를 기록하고 감산 절차를 사용하여 뇌 영역들의 상대적 활성화를 보여준다.

MRI는 뇌 구조, 즉 뇌핵과 섬유 경로에 관한 매우 명확한 영상을 제공하고 개인들의 뇌가 매우 다르게 구성되어 있음을 밝혀준다. MRS는 회백질과 백질을 구분하여 수초 혹은 뉴런의 퇴화를 탐지한다.

fMRI를 사용하여 얻은 뇌혈류 기록은 확산텐서영상술과 rs-fMRI 같은 MRI 기법과 결합하여 변화된 뇌 영역의 위치와 뇌의 기능적 연결성에 관한 정보를 제공한다.

7.5 뇌영상 기법과 사용의 비교

뇌영상 기법은 신경심리학자들에게 유용하게 사용된다. 즉 뇌질환의 진단, 뇌의 생리적 및 신진대사 과정의 추적과 행동 이론의 모니터 등에 사용된다. 영상 기법은 뇌기능과 뇌기능 이상의 연구에 현재 중추적인 역할을 한다. 추후 장들에서 이러한 기법이 사용되는 예들이 소개될 것이다.

참고문헌

Berlim, M. T., F. Van den Eynde, and Z. J. Daskalakis. High-frequency repetitive transcranial magnetic stimulation accelerates and enhances the clinical response to antidepressants in major depression: A meta-analysis of randomized, double-blind, and sham-controlled trials. *Journal of Clinical Psychiatry* 74:122–129, 2013.

Damasio, H., and A. R. Damasio. *Lesion Analysis in Neuropsychology.* New York: Oxford University Press, 1989.

DeArmond, S. J., M. M. Fusco, and M. Dewey. *Structure of the Human Brain: A Photographic Atlas*, 2nd ed. New York: Oxford University Press, 1976.

ffytche, D. H., and M. Catani. Beyond localization: From hodology to function. *Philosophical Transactions of the Royal Society B* 360:767–779, 2005.

Fox, P. T., and M. E. Raichle. Focal physiological uncoupling of cerebral blood flow and oxidative metabolism during somatosensory stimulation in human subjects. *Proceedings of the National Academy of Science U.S.A.* 83:1140–1144, 1986.

Harris, K. D., and A. Thiele. Cortical state and attention. *Nature Reviews Neuroscience* 12(9):509–523, August 10, 2011.

Kocabicak, E., S. K. Tan, and Y. Temel. Deep brain stimulation of the subthalamic nucleus in Parkinson's disease: Why so successful? *Surgery and Neurology International* 3(Suppl 4):S312–S314, 2012.

Kwong, K. K., et al. Dynamic magnetic resonance imaging of human brain activity during primary sensory stimulation. *Proceedings of the National Academy of Sciences U.S.A.* 89:5675–5679, 1992.

Mohajerani, M. H., A. W. Chan, M. Mohsenvand, J. LeDue, R. Liu, D. A. McVea, J. D. Boyd, Y. T. Wang, M. Reimers, and T. H. Murphy. Spontaneous cortical activity alternates between motifs defined by regional axonal projections. *Nature Neuroscience* 16:1426–1435, 2013.

Murayama, Y., F. Biessmann, F. C. Meinecke, K. R. Müller, M. Augath, A. Oeltermann, and N. K. Logothetis. Relationship between neural and hemodynamic signals during spontaneous activity studied with temporal kernel CCA. *Magnetic Resonance Imaging* 28:1095–1103, 2010.

Neville, H. Event-related potentials in neuropsychological studies of language. *Brain and Language* 11:300–318, 1980.

Nicolelis, M. A. Mind in motion. *Scientific American* 307:58–63, 2012.

Ogawa, S. L., L. M. Lee, A. R. Kay, and D. W. Tank. Brain magnetic resonance imaging with contrast dependent on blood oxygenation. *Proceedings of the National Academy of Sciences U.S.A.* 87:9868–9872, 1990.

Posner, M. I., and M. E. Raichle. *Images of Mind.* New York: Scientific American Library, 1994.

Power, J. D., A. L. Cohen, S. M. Nelson, G. S. Wig, K. A. Barnes, J. A. Church, A. C. Vogel, T. O. Laumann, F. M. Miezin, B. L. Schlaggar, and S. E. Petersen. Functional network organization of the human brain. *Neuron* 17:665–678, 2011.

Sankar, T., T. S. Tierney, and C. Hamani. Novel applications of deep brain stimulation. *Surgery and Neurology International* 3(Suppl 1):S26–S33, 2012.

Setsompop, K., R. Kimmlingen, E. Eberlein, T. Witzel, J. Cohen-Adad, J. A. McNab, B. Keil, M. D. Tisdall, P. Hoecht, P. Dietz, S. F. Cauley, V. Tountcheva, V. Matschl, V. H. Lenz, K. Heberlein, A. Potthast, H. Thein, J. Van Horn, A. Toga, F. Schmitt, D. Lehne, B. R. Rosen, V. Wedeen, and L. L. Wald. Pushing the limits of in vivo diffusion MRI for the Human Connectome Project. *NeuroImage* 80:220–233, 2013.

Toga, A.W., K. A. Clark, P. M. Thompson, D. W. Shattuck, and J. D. Van Horn. Mapping the human connectome. *Neurosurgery* 71(1):1–5, July 2012.

Toga, A. W., P. W. Thompson, S. Mori, K. Amunts, and K. Zilles. Towards multimodal atlases of the human brain. *NeuroImaging* 7:952–966, 2006.

Valenstein, E. S. *Brain Control: A Critical Examination of Brain Stimulation and Psychosurgery.* New York: John Wiley and Sons, 1975.

Zhou, D., C. Lebel, A. Evans, and C. Beaulieu. Cortical thickness asymmetry from childhood to older adulthood. *NeuroImage* 83:66–74, 2013.

8

감각계의 조직화

사례 보기 　　뇌의 환상

D.S.는 19세 때 오토바이 사고로 왼팔의 신경을 다쳤고 그 결과 왼팔이 마비되었다. 교통사고가 일어난 지 1년 후 팔꿈치 윗부분을 절단하였다. 11년 후에 실시된 검사에서 D.S.는 여전히 자신의 절단된 팔이 존재하는 것처럼 느끼고 있었다.

절단 전에 그가 경험한 마비와 통증이 '학습된 환상지'에 그대로 옮겨져 그는 자신의 왼팔이 여전히 정상적인 크기로 존재하고 마비되어 있으며 극심한 통증을 느끼게 한다고 여기고 있었다. 환상 감각(phantom sensation)은 매우 흔한 현상이다. 이는 마치 휴대전화 사용자들이 휴대전화의 벨소리와 유사한 소리에 대한 반응으로 환상 진동을 경험한다고 보고하는 것과 유사하다.

D.S.는 거울상자 착시(mirror box illusion)를 사용하여 치료를 받았다. 그는 자신의 손상되지 않은 손과 팔 그리고 이 손과 팔이 거울에 비추는 것을 동시에 보았는데, 거울에 비친 손과 팔은 자신의 절단된 손과 팔이 있어야 되는 위치에 있다. 이중맹 연구들은 피험자가 거울상자를 보면서 자신의 손상되지 않은 손과 팔을 움직이면 마치 자신의 상실된 사지가 움직이는 것 같은 착시를 경험하는 것을 보고한다. 착시는 경련과 통증을 포함하는 환상지가 가지는 불쾌한 특징을 상쇄한다.

Vilayanur Ramachandran과 동료들(2009)이 거울상자를 사용하여 D.S.를 치료하였는데, 그는 크기가 축소되는 유리(size-reducing glass)를 통해 자신의 팔을 보는 훈련을 받았다. 여러 번의 훈련을 받은 후 D.S.의 환상팔은 축소되어 손과 손가락에 관한 환상만이 남았다. 그는 더 이상 팔에서는 통증을 경험하지 않았고 단지 손가락

에서만 통증을 느꼈다. 크기가 축소되는 유리를 통한 추후 훈련이 손가락 환상과 통증을 사라지게 하였지만 이 효과는 단지 치료 동안에만 나타났다.

환상지 감각에 관한 설명 중 하나가 신체의 각 부위가 뇌에 표상된다는 것이다. 상실된 사지로부터의 감각 입력이 부재하면 뇌의 사지 표상이 자발적으로 통증 등을 포함하는 학습된 감각을 생산하는데, 이것이 환상으로 경험된다. 뇌 표상 이론을 지지하는 증거가 사지를 상실한 사람들이 환상지를 경험한다는 연구 결과이다. 다른 지지 증거는 사지 절단을 원하는 장애(아포템노필리아)를 가지는 환자의 사례 보고이다. 사지 표상을 담당하는 뇌 영역의 비정상적 활성화가 개인에게 매우 낯설고 원하지 않는 경험이기 때문에 이로 인하여 자신의 사지를 제거하고자 하는 바람을 가지게 된다.

신체 환상과 관련된 여러 흥미로운 발견은 뇌에서 이루어지는 신체 표상이 신체로부터 입력되는 감각 정보에 근거하는 것을 보여준다. 따라서 신체 이미지는 뇌 표상과 신체가 뇌에 제공하는 감각 정보의 산물이다. 감각 경험을 통한 순간순간의 뇌 표상의 최신화는 현실과 선천적 신체 표상이 일치되게 한다(Makin et al., 2013).

경험과 뇌 표상 사이의 불일치가 환상지뿐만 아니라 성 정체감과 섭식장애인 식욕부진증과 관련된 신체 이미지 및 다이어트를 설명한다. 과체중에 관한 지나친 염려가 부절적한 음식 섭취와 지나친 운동을 초래하고 이 결과 심각한 체중 감소와 심지어 단식에까지 이르게 된다.

© Gerry Lemmo

우리는 현실에 존재하는 실제적인 것을 보고, 듣고, 만지고, 냄새 맡고, 맛을 경험한다고 믿는다. 실제로 뇌가 '실재' 세상으로부터 받는 유일한 입력은 다양한 감각 경로를 따라 전달되는 일련의 활동 전위들이다. 예를 들어 우리는 시각과 체감각이 서로 다른 것을 경험하지만 이 두 감각계에 있는 뉴런들 뿐만 아니라 뉴런들을 통해 전달되는 신경 충동들은 거의 동일하다.

신경과학자들은 신경이 어떻게 광파(light wave)와 같은 에너지를 신경 충동으로 변환하는지를 이해한다. 이들은 이 신경 충동을 뇌로 전달하는 경로도 알고 있다. 그러나 이들은 우리가 어떻게 일련의 신경 충동을 무엇으로 보인다고 지각하고 또 다른 일련의 신경 충동을 우리를 움직이게 하는 것으로 지각하는지를 모른다. 이와 동시에 우리는 우리의 감각이 우리를 속일 수 있다는 것을 알고 있다. 예를 들어 두 사람이 동일한 착시(두 마리의 치타가 서로 붙어 있는 그림)를 보지만 매우 다른 이미지를 볼 수 있고, 꿈을 꾸는 사람은 대개 꿈 이미지가 실재라고 생각하지 않으며 자신의 사진을 바라보면서 간혹 자신과 닮지 않다고 생각한다.

이 장에서 감각 정보가 어떻게 피질에 도달하는가를 다음의 감각 조직화의 세 가지 특징을 중심으로 살펴보기로 하자. (1) 많은 하위 양상들이 각 감각계 내에 존재한다. (2) 각 하위 양상은 특정 기능을 한다. (3) 감각은 서로 상호작용한다.

8.1 감각계 기능의 일반적 원리

언뜻 보기에 시각, 청각, 체감각, 미각과 후각이 공통점을 거의 가지고 있지 않은 것으로 여겨진다. 그러나 비록 각 감각과 관련되어 일어나는 지각과 행동이 매우 다르지만 각 감각계는 유사한 위계로 조직되어 있다. 이 절에서 우리는 수용기, 수용기와 신피질 사이의 신경 연결, 감각 부호화 및 신피질 내의 다양한 표상을 포함하는 감각계의 공통적인 특징들을 살펴보고자 한다.

감각 수용기와 신경 연결

감각 수용기는 에너지, 예를 들어 빛광자를 신경 활동으로 변환(transduce)하는 기능을 가지는 특수 세포이다. 다양한 감각 수용기들이 많은 공통적인 특징을 가지며, 이로 말미암아 우리는 세상에 관한 풍부한 정보를 제공받는다. 모든 감각 수용기들은 일련의 개재 뉴런들을 통하여 피질과 연결되며, 이로 인해 각 감각계가 서로 다른 반응을 전달하고 다른 감각계와 상호작용하는 것이 가능하다.

에너지 여과기로서의 감각 수용기

만약 밀가루를 체에 넣고 흔들면 고운 입자는 체의 구멍을 통해 아래로 떨어지지만 굵은 입자나 덩어리진 것은 아래로 떨어지지 않는다. 감각 수용기는 마치 특정 크기의 입자만이 체에서 걸러지는 것과 유사하게 각 감각의 에너지 스펙트럼에서 좁은 에너지 대역에만 반응한다. 시각과 청각 수용기를 예로 들어보자.

시각 그림 8.1은 우리의 시각계가 탐지할 수 있는 전자기 스펙트럼(electromagnetic spectrum)을 보여준다. 만약 우리의 시각 수용기가 지금과 다르다면 우리는 다른 동물들이 볼 수 있는 자외선 혹은 적외선을 볼 수 있을 것이다.

흔히 색맹(color-blind)이라고 잘못 알려진 색채 결함(color deficient)이 있는 사람들에는 색채 지각에 관여하는 광수용기, 즉 빨강, 파랑과 초록 추상체들 중 하나 혹은 그 이상이 결핍되어 있다. 이들은 물

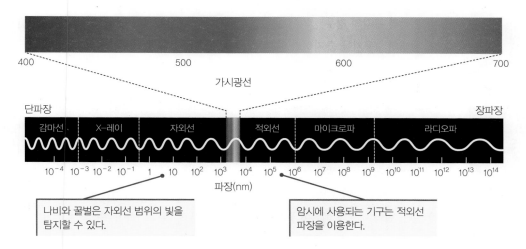

그림 8.1 ◀

전자기 스펙트럼 인간이 볼 수 있는 전자기 에너지 범위는 400nm(보라색)와 700nm(빨간색)에 불과하다. 1nm(나노미터)는 10억분의 1m이다.

론 다양한 색채를 볼 수 있지만 세 가지 유형의 추상체 모두를 가지고 있는 사람들과는 다르게 색채를 지각한다. 정상적으로 색채를 지각하는 사람들의 시각 수용기에도 차이가 있다. Joris Winderickx와 동료들(1992)은 남성의 약 60%가 한 유형의 빨강추상체를 가지는 반면 나머지 40%는 다른 유형의 추상체를 가진다고 보고하였다. 따라서 이 두 집단의 사람들은 빨간색을 다르게 지각한다. 많은 여성들이 두 가지 유형의 추상체 모두를 가지기 때문에 남성에 비해 빨간색뿐만 아니라 빨간색과 상호작용하는 다른 색채가 만들어내는 모든 색채를 더 풍부하게 경험한다.

청각 좁은 주파수 범위의 소리만을 들을 수 있는 새나 개구리에 비해 인간의 청각 범위는 넓지만 고래, 돌고래, 개 등을 포함하는 다른 포유류에 비해서는 훨씬 좁다. 인간의 청각 수용기는 20~20,000Hz(Hz는 초당 사이클 수를 의미)의 음파 주파수에 반응하지만 코끼리는 20Hz 미만의 소리를 들을 수 있고, 박쥐는 120,000Hz의 고주파수 소리를 들을 수 있고 또 낼 수도 있다. 더욱이 인간은 고주파수 청력을 빨리 상실한다. 그러나 다행히도 언어와 같이 우리에게 중요한 소리들은 저주파수를 가진다.

　다른 동물들의 감각 능력에 비해 인간의 감각 능력은 평균에 속한다. 애완견조차 '초인간적' 능력을 가지고 있다. 즉 애완견은 우리가 탐지하지 못하는 냄새를 맡고 쥐와 박쥐가 내는 초음파와 코끼리가 내는 저주파음을 들을 수 있으며 어두운 곳에서도 볼 수 있다. 인간은 단지 색채 지각에서만 개보다 우수하다. 각 종과 개개 종 구성원 특유의 현실 표상과 행동 적응을 가능하게 하기 위해 감각계는 감각 정보를 여과한다.

수용기의 에너지 변환

각 감각계의 수용기들은 물리적 혹은 화학적 에너지를 활동 전위로 변환한다.

- 시각의 경우 망막의 광수용기에 의해 광에너지가 화학에너지로 변환되고 화학에너지는 다시 활동 전위로 변환된다.
- 청각계에서는 공기압력파가 먼저 역학에너지로 변환된 후 활동 전위를 생산하는 청각 수용기를 활성화시킨다.
- 체감각계에서는 역학에너지가 촉각 혹은 압각에 민감한 수용기 세포들을 활성화시켜 활동 전위가 생산되게 한다. 통각의 경우 조직 손상이 신경전달물질처럼 작용하는 화학물질을 분비하고 이 화학물질이 통각 섬유를 활성화시켜 활동 전위가 생산된다.

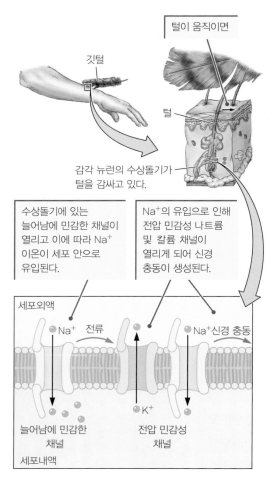

털이 움직이면

깃털

털

감각 뉴런의 수상돌기가
털을 감싸고 있다.

| 수상돌기에 있는 늘어남에 민감한 채널이 열리고 이에 따라 Na^+ 이온이 세포 안으로 유입된다. | Na^+의 유입으로 인해 전압 민감성 나트륨 및 칼륨 채널이 열리게 되어 신경 충동이 생성된다. |

세포외액

Na^+ 전류 Na^+신경 충동

늘어남에 민감한
채널

K^+

전압 민감성
채널

세포내액

그림 8.2 ▲

촉각 자극

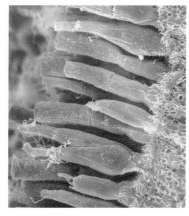

▲ 시각은 광수용기 세포들로부터 시작한다. 간상체는 광범위한 파장에 민감하고 추상체는 특정 빛 파장에 민감하다.

(SPL/Science Source)

• 미각과 후각의 경우 공기에 실려오거나 음식에 포함되어 있는 화학 분자가 다양한 형태의 수용기들 중 자신과 맞는 수용기와 결합하여 활동 전위가 생산된다.

따라서 각 유형의 감각 수용기는 자신이 탐지한 물리적 혹은 화학적 에너지를 활동 전위로 변환한다. **그림 8.2**는 팔에 있는 하나의 털이 움직이면 활동 전위가 발생하고 이로 인하여 우리가 촉각을 경험하게 되는 것을 설명한다. 체감각 뉴런의 수상돌기가 털의 아랫부분을 감싸고 있다. 털이 특정 방향으로 이동하면 이로 말미암아 수상돌기가 늘어난다.

수상돌기 세포막에 있는 나트륨 채널은 늘어남에 민감하여 늘어남에 대한 반응으로 열린다. 만약 나트륨 이온이 충분할 정도로 유입되고, 이로 인하여 초래되는 전압의 변화가 수상돌기를 역치 이상으로 탈분극화시키면 활동 전위가 발생하고 추후 전압 민감성 칼륨 및 나트륨 채널이 열리고 신경 충동이 발생하여 뇌로 전달된다.

수용장이 감각 사건의 위치를 찾다

모든 감각 기관과 세포는 **수용장**(receptive field)을 가지는데, 수용장은 각 기관과 세포가 반응하는 세상의 특정 부위를 의미한다. 예를 들어 바로 앞에 있는 한 지점에 눈을 고정할 때 여러분이 볼 수 있는 것은 여러분 두 눈의 수용장이다. 만약 한 눈을 감으면 시각 세상은 줄어들고 나머지 눈으로 보이는 것이 그 눈의 수용장이다.

각 광수용기가 약간 다른 방향으로 향하기 때문에 독자적인 수용장, 즉 독자적으로 세상을 '본다'. 뇌가 각 감각 수용기의 수용장에서 오는 정보를 사용하는 것이 감각 정보를 확인하기 위해서뿐만 아니라 각 수용장이 제공하는 정보를 서로 비교하기 위해서라는 것을 고려하면 수용장의 개념이 유용하다는 것을 이해할 수 있다.

수용장은 감각 정보를 수집할 뿐만 아니라 감각 사건의 공간 내의 위치를 아는 것과 공간 내에서 서로 다른 행동이 일어나는 것을 용이하게 한다. 서로 인접한 감각 수용기들의 수용장이 중복되기 때문에 사건에 대한 수용장들의 서로 다른 반응을 비교함으로써 감각의 위치를 알 수 있다. 시각 수용장의 아랫부분은 손으로 숙련된 행동을 하는 것을 용이하게 하는 한편 윗부분은 우리로 하여금 주위 환경 내를 이동하는 것을 용이하게 한다.

수용기가 불변과 변화를 확인하다

각 감각계는 다음과 같은 질문, 즉 "무엇이 거기에 있는가?"와 "아직도 거기에 있는가?" 등에 답한다. 이러한 질문에 답하기 위해 수용기들은 민감성에서 서로 다르다. 수용기들은 자극에 대해 **빠르게** 혹은 천천히 적응하거나 특정 유형의 에너지에만 반응한다.

빨리 적응하는 수용기(rapidly adapting receptor)는 무엇이 존재하는가를 탐지한다. 이 수용기들은 쉽게 활성화하지만 아주 짧게만 반응한다. 예를 들어 손가락으로 팔을 가볍게 만지면 즉시 촉각을 탐지하지만 만약 오랫동안 손가락으로 팔을 만지면 수용기들이 적응하면서 촉각이 점점 희미해진다. 이는 빨리 적응하는 피부의 유모 수용기가 피부에 있는 특정 대상의 **움직임**을 탐지하기 때문이다. **천천히 적응하는 수용기**(slowly adapting receptor)는 자극에 대해 더 천천히 반응한다. 만약 팔을 좀 더 강하게 만지면 촉각을 더 오랫동안 느낄 수 있는데, 이는 압력 민감(pressure-sensitive) 수용기들이 천천히 적응하기 때문이다.

눈 안에 있는 컵 모양의 망막에는 수천 개의 수용기, 즉 간상체와 추상체가 위치한다. 빨리 적응하는 간상체는 어떤 파장의 가시광선에도 반응하며 색채와 위치에 민감한 천천히 적응하는 추상체보다 더 낮은 반응 역치를 가진다. 따라서 색채 지각 능력이 없는 개는 움직이는 물체에 대해서는 매우 민감한 반면 정지되어 있는 물체의 탐지에는 어려움을 보인다. 흑백과 색채 모두를 지각하는 인간은 움직이거나 정지하고 있는 사람 혹은 물체 모두를 탐지할 수 있다.

수용기가 자신과 타인을 구분하다

우리의 감각계는 주위 환경에서 무엇이 일어나고 있는가와 우리 자신이 무엇을 하고 있는가를 인식할 수 있도록 구성되어 있다. 외적 자극에 반응하는 수용기를 **외수용기**(exteroceptive)라고 하는 반면 우리 자신의 행동에 반응하는 수용기는 **내수용기**(interoceptive)라고 한다. 우리가 보거나 우리를 만지거나 혹은 우리가 만지는 세상 속의 물체와 우리가 냄새를 맡거나 맛을 보는 것은 외수용기에 작용하는데, 즉 우리는 외적 물체가 이러한 감각을 생산하는 것을 인식한다.

움직이면 세상에 있는 대상의 지각된 속성이 변화되고 외적 세계와 아무런 관련이 없는 감각을 경험하게 된다. 달리면 시자극들이 우리 옆을 흐르는 것처럼 보이는데, 이를 **시각 흐름**(optic flow)이라고 부른다. 또한 소리가 나는 곳, 즉 음원을 지나가면 **청각 흐름**(auditory flow)을 듣게 된다. 즉 우리가 위치를 바꾸기 때문에 소리의 강도가 변하는 것을 듣게 된다. 시각 흐름과 청각 흐름은 우리가 얼마나 빨리 가는지 우리가 곧장 가는지 혹은 올라가고 내려가는지와 우리가 움직이는지 혹은 세상에 위치하는 사물이 움직이는지에 관한 정보를 제공하기 때문에 유용하다.

이러한 변화에 관한 일부 정보는 우리의 외수용기를 통해 제공되지만 일부 정보는 우리의 근육 및 관절과 내이(inner ear)의 전정 기관에 있는 내수용기로부터 제공된다. 내수용기는 우리가 행한 것과 우리에게 행해지는 것을 구분하는 것을 도울 뿐만 아니라 외적 자극의 의미를 해석하는 데에도 도움이 된다.

다음의 실험을 시도해보자. 손을 눈앞에서 천천히 앞뒤로 움직이다가 움직임의 속도를 점차 증가시켜보자. 손이 결국 흐릿하게 보이게 되는데, 이는 여러분의 눈의 움직임이 손의 움직임을 미처 따라가지 못하기 때문이다. 이번에는 손을 정지시켜두고 대신 머리를 앞뒤로 움직여보자. 손이 뚜렷하게 보일 것이다. 내이에 위치하는 내수용기가 시각계에 머리가 움직이고 있는 것을 알려주면 시각계가 머리 움직임에 대한 보상을 하게 되고 이로 인해 여러분은 손이 정지되어 있는 것을 볼 수 있다.

일부 심리장애는 자신과 타인을 구분하는 것의 어려움으로 특징된다. 환각을 경험하는 사람들은 자신의 내부에서 발생한 사건을 외부에서 발생한 것으로 지각한다. 이들은 실제 존재하지 않는 것이 존재한다고 믿는다. 강박장애 환자들에서 관찰되는 '확인' 행동은 문 잠금과 같은 행동을 자신이 했는가를 계속해서 확인하는 것이다. 이들은 자신이 이미 행하였다는 것을 알고 있음에도 불구하고 이를 믿지 않는다.

수용기 농도가 민감성을 결정한다

수용기 농도는 감각계의 민감성을 결정하는 데 중요하다. 예를 들어 팔에 비해 손가락의 촉각 수용기의 수가 훨씬 더 많다. 이러한 수용기 수의 차이가 손가락이 팔보다 촉각을 훨씬 더 잘 구분하는 것을 설명한다. 2개의 연필을 서로 다른 정도로 떨어지게 잡은 후 신체의 여러 부위를 두 연필의 끝으로 만져보면 이를 증명할 수 있다. 2개의 연필이 존재한다는 것을 인식하는 능력, 즉 **두 점 민감성**(two-point

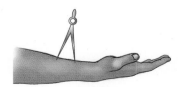

두 점 민감성

sensitivity)이 가장 많은 촉각 수용기를 가지고 있는 신체 부위에서 가장 높다.

우리의 감각계는 서로 다른 조건에서 민감성을 높이기 위해 서로 다른 수용기를 사용한다. 예를 들어 시각의 경우 서로 다른 광수용기가 빛과 색채에 반응한다. **중심와**(fovea, 색채 광수용기가 밀집되어 있는 망막의 작은 영역)에는 추상체가 밀집되어 있어 밝은 빛 아래서 민감하게 색채를 구분하게 한다. 망막의 주변부에는 암시에 관여하는 간상체가 넓게 흩어져 위치하지만 이들의 빛에 대한 민감도는 놀랄 만큼 높다.

감각 수용기의 농도 차이는 많은 동물이 가지는 특수한 능력을 결정하는데, 예를 들어 개는 우수한 후각을 가지고 있고 너구리는 우수한 촉각을 가진다. 인간의 청각 수용기의 농도 차이는 일부 음악가들이 보여주는 절대음감과 같은 능력을 설명한다.

신경 연결이 운동 반응의 위계를 결정한다

모든 수용기는 3~4개의 개재 뉴런을 통하여 피질과 연결되어 있다. 각 감각계의 일부 신경 연결은 척수에서 일어나고 일부는 뇌간에서 또 다른 일부는 신피질에서 일어나는데, 이것이 운동 행동의 위계를 규정한다. 예를 들어 통각 수용기의 첫 번째 연결은 척수에서 일어나며, 이 연결은 통증을 야기하는 자극으로부터 철수하는 반사 행동과 관련되어 있다. 척수에 손상을 입어 더 이상 척수가 뇌와 연결되지 못할 경우에도 통증을 야기하는 자극으로부터 사지를 철수할 수 있다. 뜨거운 화로에서 손가락을 빨리 철수하는 것이 척수 수준에서 일어나는 반사 행동이다.

통증 경로는 뇌간, 특히 중뇌수도를 둘러싸고 있는 **중뇌수도 주변 회백질**(midbrain periaqueductal gray matter, PAG) 핵에서 연결되고(그림 3.18 참조), 이 연결로 말미암아 통증 자극에 대한 복잡한 반응, 예를 들어 행동 활성화와 정서적 반응이 일어난다. 뜨거운 난로를 만진 후에 경험하는 통증은 PAG에서 일어나는 신경 활성화와 관련되어 있다.

통증은 신피질에서도 연결되는데, 이 연결은 통증 자극이 주어진 신체 부위의 위치뿐만 아니라 통증 확인, 통증의 원인과 가능한 통증 제거 등이 일어나게 한다. 피질은 뜨거운 난로와 관련된 경험을 저장하여 우리로 하여금 앞으로 이를 만지지 않게 한다.

중뇌의 상구는 뇌간의 주요 시각 센터이고 하구는 주요 청각 센터이다. 신피질에 시각 및 청각 영역을 가지고 있지 않는 동물들에서는 이 뇌간 영역들이 주요 지각 체계이다. 피질에 시각 및 청각 영역을 가지고 있는 동물들에서도 이 피질하 영역들이 원래의 기능을 수행한다. 즉 공간 내의 자극을 탐지하고 자극에 대한 움직임을 안내한다.

메시지 수정이 신경 연결에서 일어난다

감각계가 전달하는 메시지가 신경 연결에서 수정될 수 있다. 예를 들어 피질에서 전달되는 하향 충동이 통증 신호를 뇌간과 척수 수준에서 봉쇄하거나 더 증폭시킬 수 있다. 우리 대부분은 운동 경기와 같은 흥분된 상태에서 이를 경험해보았을 것이다. 다시 말하면 운동 경기 도중 부상을 입어도 이를 인식하지 못하다가 경기가 끝난 다음 아픔을 느낀 경험이 있을 것이다. 감각 정보의 억제 혹은 **관문**(gating)은 피질에서 내려오는 하향 신호에 의해 일어난다.

하향 메시지가 감각 신호를 증폭시킬 수도 있다. 추후 부상에 대해 생각하면 훨씬 더 통증을 경험하는데, 이는 뇌에서 전달되는 하향 신호가 척수로부터 전달되는 통증 신호를 증폭시키기 때문이다. 감각 정보의 관문은 많은 상황에서 일어난다. 우리는 우리에게 전달되는 소리를 전혀 '듣지' 못하거나 우리가 본 것을 '인식'하지 못할 수 있다. 22.2절에 기술되어 있는 주의가 피질에서 일어나는 관문의 한 유형인데, 주의는 한 행동에서 다른 행동으로 효율적으로 이동하는 것을 가능하게 한다.

감각계의 조직화

신경 연결을 통해 감각 수용기에서 전달되는 위계적 부호화는 뇌, 특히 신피질에서 해석되고 결국에는 지각, 기억과 행동으로 번역된다. 각 주요 감각계 안에서 생산되는 다양한 정보가 행동의 다양성을 결정하고 감각계의 하위 체계 혹은 정보 채널들이 신피질 안에서 다양한 표상으로 보존된다.

감각 정보의 부호화

감각 정보가 변환된 후 모든 감각계로부터 전달되는 모든 감각 정보는 활동 전위로 부호화되며, 뇌 혹은 척수에 도달할 때까지 말초신경계에 포함되는 신경을 따라, 그리고 중추신경계에 도달한 후에는 삭 혹은 로를 따라 전달된다. 모든 축색은 동일한 유형의 신호를 전달한다. 어떻게 활동 전위가 서로 다른 감각(예 : 어떻게 시각과 촉각이 구분되는가)을 부호화하고 특정 감각 특징(예 : 어떻게 자주색과 파란색이 구분되는가)을 부호화하는가?

이 질문들 중 일부는 쉽게 답할 수 있는 반면 일부는 신경과학이 해결해야 할 근본적인 도전이다. 한 자극의 존재는 뉴런의 발화율의 증감으로 부호화될 수 있으며 증감량이 자극의 강도를 부호화할 수 있다. 빨간색과 초록색의 구분과 같은 시각의 질적 변화는 서로 다른 뉴런의 활동을 통해 혹은 동일한 뉴런이 서로 다른 수준으로 발화하는 것을 통해 부호화될 수 있다. 예를 들어 한 뉴런이 더 많이 활동하면 빨간색, 덜 활동하면 초록색으로 부호화된다.

뉴런에 의한 감각 부호화는 다른 뉴런들이 무엇을 하는가와도 관련된다. 예를 들어 다양한 감각 조건에서도 색채를 동일한 것으로 지각하는 우리의 능력은 뇌의 계산에 의존한다. **색채 항상성**(color constancy)은 다양한 조명 아래에서도 초록색을 초록색으로 볼 수 있게 한다. 따라서 뇌는 단순히 감각 자극을 부호화하는 것이 아니라 유입된 감각 자극을 우리 행동에 유용하게 조작한다.

그러나 덜 명확한 것은 우리가 어떻게 촉각, 소리와 냄새가 서로 다르다는 것을 지각하는가이다. 이에 대한 설명 중 일부는 서로 다른 감각이 피질의 서로 다른 영역에서 처리된다는 것이다. 또 다른 설명은 우리가 학습을 통해 서로 다른 감각을 구분한다는 것이다. 세 번째 설명은 각 감각계가 감각 조직의 모든 수준에서 특정 행동과 우선적으로 연결되어 있다는 것인데, 예를 들어 통증 자극은 회피 반응을 일으키고 미세한 촉각과 압각 자극은 접근 반응을 일으킨다는 것이다.

감각계는 하위 체계로 구성되어 있다

인간이 가지는 다섯 가지 감각계 각각에는 많은 하위 체계들이 존재하고 각 하위 체계들은 놀라울 정도로 독립된 행동을 수행한다. 신경과학자들은 많은 하위 체계들이 작용한다는 것을 밝혔지만 정확하게 얼마나 많은 하위 체계들이 존재하는가는 앞으로의 뇌 연구를 통하여 밝혀질 것이다. **그림 8.3**은 일부 잘 알려진 시각 하위 체계들을 설명하는데, 이 체계들은 망막에서부터 뇌의 다양한 시각 센터로 연결되는 독립된 경로들이다.

눈에서 시상하부의 시교차상핵으로 가는 경로(1)는 빛의 변화에 대한 반응으로 일어나는 일주기 행동(예 : 섭식과 수면)을 통제한다. 중뇌의 시개전(pretectum)으로 연결되는 경로(2)는 빛에 대한 동공 반응을 통제하는데, 즉 밝은 빛에는 동공이 수축하는 반면 어두운 빛에는 확장한다. 송과선으로 연결되는 경로(3)는 송과선에서 분비되는 멜라토닌을 통하여 장기간의 일주기 리듬을 통제한다. 중뇌의 상

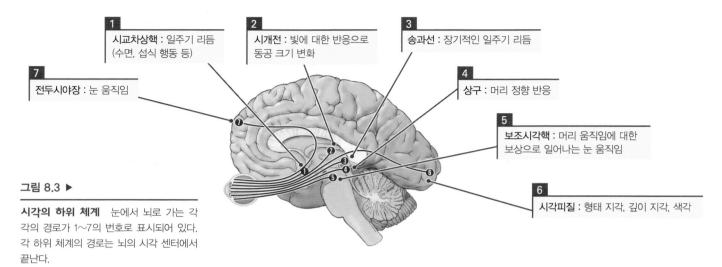

1 **시교차상핵** : 일주기 리듬 (수면, 섭식 행동 등)

2 **시개전** : 빛에 대한 반응으로 동공 크기 변화

3 **송과선** : 장기적인 일주기 리듬

7 **전두시야장** : 눈 움직임

4 **상구** : 머리 정향 반응

5 **보조시각핵** : 머리 움직임에 대한 보상으로 일어나는 눈 움직임

6 **시각피질** : 형태 지각, 깊이 지각, 색각

그림 8.3 ▶

시각의 하위 체계 눈에서 뇌로 가는 각 각의 경로가 1~7의 번호로 표시되어 있다. 각 하위 체계의 경로는 뇌의 시각 센터에서 끝난다.

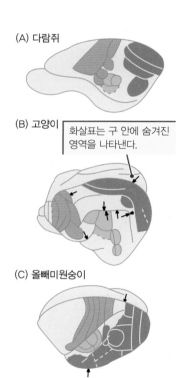

(A) 다람쥐

(B) 고양이

화살표는 구 안에 숨겨진 영역을 나타낸다.

(C) 올빼미원숭이

(D) 붉은털원숭이

시각 영역을 보여주기 위해 구를 당겨서 열은 그림이다.

구분
■ 체감각피질
■ 청각피질
■ 시각피질

구로 가는 경로(4)는 대상에 대한 머리의 정향 반응을 통제한다. 보조시각핵(accessory optic nucleus) 으로 가는 경로(5)는 머리 움직임에 대한 보상으로 일어나는 눈의 움직임을 통제한다. 시각피질로 향 하는 경로(6)는 형태 지각, 깊이 지각, 색채 지각과 움직이는 사물의 추적 등이 일어나게 한다. 전두엽 으로 향하는 경로(7)는 수의적인 눈 움직임을 통제한다.

이러한 시각 하위 체계들은 다시 하위 경로들로 구성된다. 예를 들어 시각피질로 가는 경로(6)에는 형태 지각, 색채 지각, 깊이 지각과 시각적 추적 등에 관여하는 하위 경로들이 포함된다. 청각 자극을 부호화하는 청각계와 맛을 부호화하는 미각계가 서로 독립적인 것처럼 이 하위 체계들도 서로 독립적 으로 기능한다. 시각계에 많은 하위 체계들이 존재하는 사실은 감각계가 감각 산출만을 위해서가 아니 라 특정 행동을 산출하기 위해서 진화되었다는 것을 시사한다.

시각계처럼 다른 모든 감각계도 독립적인 특정 역할을 수행하는 하위 체계들을 가지고 있다. 예를 들어 미각계는 2개의 서로 분리된 경로를 가진다. 혀의 전측 2/3 영역에 위치하는 미각 수용기는 안면 신경(뇌신경 7)을 통해 뇌로 정보를 보내는 한편 후측 1/3 영역은 설인신경(뇌신경 9)을 통해 뇌로 정 보를 보낸다(뇌신경의 위치와 기능은 그림 3.13과 표 3.2 참조).

인간 후각계는 400개나 되는 수용기 유형을 가지고 있으며, 각 수용기는 특정 냄새를 탐지한다. 만 약 각 냄새가 특정 행동과 관련된다면 우리는 상당한 수의 후각 하위 체계를 가지고 있다. 우수한 후각 능력을 가지는 동물을 구분하는 한 방법이 더 많은 수용기 유형을 가지고 있는가이다. 예를 들어 쥐는 1,000개 정도나 되는 후각 수용기 유형을 가지고 있다.

감각계는 다양한 신경 표상을 가진다

지형적 조직화(topographic organization)는 신체 혹은 감각 기관이 탐지하는 감각 세계의 영역들에 관 한 신경 공간적 표상이다. 대부분의 포유동물의 경우 각 감각 유형, 즉 시각, 청각, 촉각, 후각과 미각

그림 8.4 ◀

다중 감각 표상 일부 포유동물 뇌의 지형도는 다람쥐(A)는 5개의 체감각 영역, 2~3개의 청각 영역과 2~4개의 시각 영 역을 가지고 있고, 고양이(B)는 12개의 시각 영역, 4개의 체감각 영역과 5개의 청각 영역을 가지고 있는 것을 보여준다. 올 빼미원숭이(C)는 14개의 시각 영역, 4개의 청각 영역과 5개의 체감각 영역을 가지고 있고 붉은털원숭이(D)는 12개의 시각 영역, 4개의 청각 영역과 8개의 체감각 영역을 가지고 있다.

(Research from Kaas, 1987.)

의 감각장(sensory field)이 신피질의 여러 부위에 표상된다. 종의 행동이 복잡할수록 여러 영역들에 표상된다.

예를 들어 다람쥐의 뇌에는 3개의 시각 영역이 존재하는데(**그림 8.4A**), 각 영역은 눈의 수용장을 지형적으로 표상한다. 올빼미원숭이는 14개의 시각 영역을 가지고 있다(그림 8.4C). 만약 각 시각 영역이 하나의 환경 특징에 반응한다면 올빼미원숭이는 다람쥐보다 11개를 더 '볼' 수 있다. 이 두 종 모두 나무에서 살고 색채 지각, 깊이 지각 등을 할 수 있기 때문에 11개가 무엇인지는 명확하지 않다.

그러나 원숭이는 다람쥐보다 손가락을 더 잘 사용하고 얼굴 표정을 사용하며 더 다양한 먹이를 섭취하는데, 이러한 차이점들로 인하여 원숭이가 더 많은 시각 영역을 가지고 있을 수 있다. 30개 이상의 시각 영역을 가지는 우리 인간은 붉은털원숭이보다 더 많은 시각 영역을 가지고 있기 때문에 붉은털원숭이가 볼 수 없는 것을 지각할 수 있다(아마 인간이 더 많은 시각 영역을 가지는 것은 읽기와 쓰기와 같은 인지적 과제 때문일 것이다).

모든 포유동물은 각 감각계에 대해 적어도 하나의 주된 피질 영역(일차 영역)을 가지고 있다. 이 외의 추가적인 영역들을 **이차 영역**(secondary area)이라고 부르는데, 이는 이 영역들에 도달하는 대부분의 정보가 일차 영역을 통하기 때문이다(그림 3.27 참조). 각 추가 영역들은 감각 자극의 한 특정 측면을 부호화하는 데 관여하는 것으로 여겨진다. 따라서 시각의 경우 서로 다른 영역들이 색채, 움직임과 형태 지각에 관여한다.

8.2 감각 수용기와 경로

우리는 흔히 다섯 가지 감각을 가지고 있다고 하지만 각 감각계 안에 수많은 감각 수용기와 경로가 있다는 사실은 다섯 가지보다 더 많은 감각계가 작용한다는 것을 시사한다. 그러나 이 절에서는 다섯 가지 주요 감각계의 감각 수용기와 경로에 대해서만 살펴보겠다.

시각

> 내가 미래를 생각하면 인간의 눈으로 볼 수 있는 것보다 훨씬 더 멀리,
> 세상의 비전과 경이로움을 볼 수 있다.

알프레드 테니슨의 시 '록슬리 홀'의 한 구절인데, 이는 우리의 시각이 눈에 있는 시각 수용기에서부터 뇌간과 신피질의 시각 영역으로 전달되는 감각 부호화보다 훨씬 더 풍부하다는 것을 시사한다. 그럼에도 불구하고 이 장의 주제는 감각이다. 추후 장들은 테니슨이 언급한 시각의 지각 및 신경심리학적 측면에 대해 자세하게 기술하고 있다.

광수용기

그림 8.5에 눈, 시각 수용기와 망막 등의 해부학적 구조가 제시되어 있다. 그림 8.5A를 보면 눈으로 들어오는 빛은 각막에 의해 경미하게, 렌즈에 의해 더 많이 굴곡된 후 시각 이미지가 눈의 뒤편에 있는 수용기에 거꾸로 맺힌다.

빛이 망막 세포층을 통과해야 하지만 이는 다음의 두 가지 이유로 말미암아 시력을 거의 방해하지 않는다. 첫째 세포들이 투명하고 빛에 매우 민감한 광수용기들이 단일 광자를 흡수해도 흥분하기 때문이다. 둘째, 그림 8.5B에 제시되어 있듯이 시신경을 형성하는 많은 섬유들이 망막의 중앙 영역, 즉 중

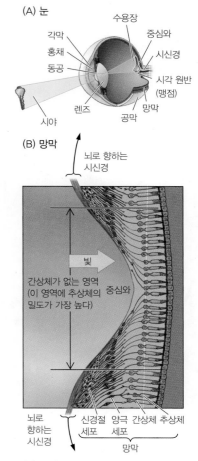

(A) 눈

수용장
중심와
각막
홍채
동공
렌즈
시야
시신경
시각 원반
(맹점)
망막
공막

(B) 망막

뇌로 향하는 시신경

빛

간상체가 없는 영역
(이 영역에 추상체의 밀도가 가장 높다)

뇌로 향하는 시신경

신경절 세포
양극 세포
간상체
추상체
망막

(C) 중심와의 SEM

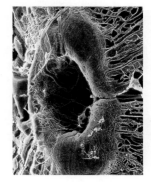

그림 8.5 ▲

눈의 해부

(Part C: SPL/Science Source.)

심와로부터 벗어나 굽어 있기 때문에 빛이 망막을 통과하는 데 거의 간섭을 하지 않는다. 이 굴곡 때문에 그림 8.5C의 주사형 전자현미경 사진(scanning electron micrograph, SEM)에서 보듯이 중심와가 망막 표면에서 함몰되어 있다.

8.1절에서 살펴보았듯이 인간 망막에는 두 가지 유형의 광수용기(photoreceptor)가 있다. **간상체**(rod)는 어두운 빛에 민감하고 암시(night vision)에 주로 사용된다. **추상체**(cone)는 밝은 빛에 민감하고 주간시(daytime vision)에 사용된다. 세 가지 유형의 추상체가 있으며, 각 유형의 추상체는 서로 다른 파장, 즉 빨강, 파랑, 초록 파장에 최대한으로 반응하여 색각(color vision)을 매개한다.

간상체와 추상체는 망막에 서로 다르게 분포되어 있다. 즉 추상체는 중심와 영역에 밀집되어 있는 반면 간상체는 중심와에는 전혀 위치하지 않고 중심와를 제외한 망막 부위에 드문드문 분포되어 있다(그림 8.5B). 따라서 밝은 빛에서는 사물을 바로 볼 때 시력이 가장 좋고 어두운 빛에서는 약간 빗나가게 볼 때 가장 잘 보인다.

그림 8.5B에 제시되어 있는 광수용기 세포들은 **양극세포**(bipolar cell)와 시냅스를 형성하고 여기서 등급 전위가 발생한다. 양극세포는 이후 **망막 신경절 세포**(retinal ganglion cell, RGC)에서 활동 전위가 일어나게 한다. RGC 축색다발이 시신경을 형성하여 시각 원반(optic disc), 즉 맹점(blind spot)에서 눈을 빠져나온다. 다른 망막 세포, 즉 수평세포와 무축색 세포는 시각 정보가 망막에서 처리되는 것에 관여한다.

시각 경로

시신경이 뇌로 들어가기 직전 2개의 시신경(한 눈으로부터 하나의 시신경이 온다)이 만나 **시교차**(optic chiasm, 그리스어 철자인 X 혹은 카이로부터 유래)를 형성한다. 시교차에서 각 눈에서 오는 섬유들 중 약 절반이 교차한다(**그림 8.6**). 따라서 각 눈의 시야 중 우시야는 좌반구에 표상되고 좌시야는 우반구에 표상된다. 이후 시신경은 시삭으로 불리게 되고, **그림 8.7**에 제시되어 있는 것처럼 2개의 주된 경로로 분리된다.

슬상선조 경로　그림 8.7의 위쪽에 제시되어 있는 시각 경로가 망막에서 시상의 외측슬상핵(lateral geniculate nucleus, LGN)을 거쳐 일차 시각 영역(V1, 브로드만 17번 영역)으로 가는 **슬상선조 경로**(geniculostriate pathway)이다. 이 경로의 이름은 LGN의 무릎 모양과 V1의 줄무늬 모양에 근거하였다(라틴어에서 *geniculates*는 '무릎', *stria*는 '줄무늬'를 의미).

슬상선조 경로는 형태, 색채와 움직임의 인식과 의식적 시각 기능에 관여한다(Livingston & Hubel, 1988). 슬상선조 경로에 손상을 입을 경우 형태, 색채와 움직임 지각의 결함과 대상을 인식하지 못하

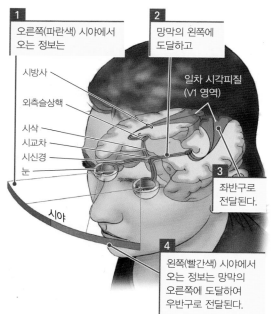

1 오른쪽(파란색) 시야에서 오는 정보는

2 망막의 왼쪽에 도달하고

일차 시각피질
(V1 영역)

시방사
외측슬상핵
시삭
시교차
시신경
눈

3 좌반구로 전달된다.

시야

4 왼쪽(빨간색) 시야에서 오는 정보는 망막의 오른쪽에 도달하여 우반구로 전달된다.

그림 8.6 ▲

시교차에서의 교차　이 수평면은 각 눈에서 후두엽의 일차 시각 영역에 이르는 시각 경로를 보여준다. 인간처럼 눈이 머리의 앞에 있을 경우 시신경의 약 절반이 시교차에서 교차한다. 쥐와 같이 눈이 머리의 측면에 있을 경우 시신경의 95% 정도가 교차한다.

그림 8.7 ▶

주요 시각 경로

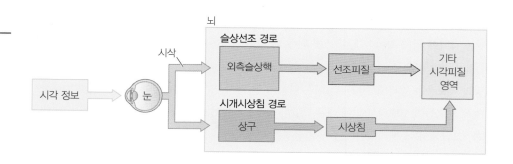

뇌

슬상선조 경로

시삭

시각 정보 → 눈 → 외측슬상핵 → 선조피질 → 기타 시각피질 영역

시개시상침 경로

상구 → 시상침

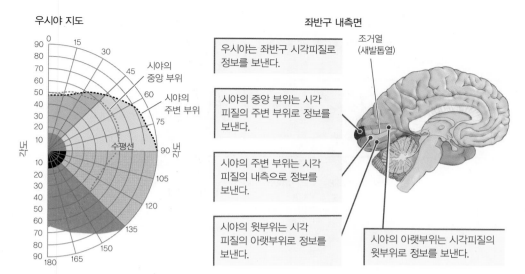

우시야 지도

좌반구 내측면

조거열
(새발톱열)

우시야는 좌반구 시각피질로 정보를 보낸다.

시야의 중앙 부위는 시각 피질의 주변 부위로 정보를 보낸다.

시야의 주변 부위는 시각 피질의 내측으로 정보를 보낸다.

시야의 윗부위는 시각 피질의 아랫부위로 정보를 보낸다.

시야의 아랫부위는 시각피질의 윗부위로 정보를 보낸다.

그림 8.8 ◀

망막시각 지도 우시야 지도(왼쪽)에서의 투사를 좌반구 내측면(오른쪽)에서 본 것. 시야 지형도와 피질 지형도 사이의 관련성에 주목하라.

(Data from Poggio, 1968.)

는 **시각 형태 실인증**(visual-form agnosia) 등의 증상이 초래된다(13.2절 참조).

　LGN은 여섯 층으로 구성되어 있는데 2, 3, 5층은 동측 눈으로부터 정보를 받는 반면 1, 4, 6층은 대측 눈으로부터 정보를 받는다. 시야의 지형도가 각 LGN 층에 반영되는데, 즉 LGN의 중앙 부위는 시야의 중앙 영역을 반영하는 반면 주변 부위는 시야의 주변 영역을 반영한다.

　LGN 세포들은 주로 일차 시각 영역(브로드만 17번 영역, V1)의 IV층으로 축색을 보내는데, 일차 시각 영역은 포유동물에서 매우 크고 줄무늬를 띠기 때문에 선조피질(striate cortex)이라고도 불린다. 시야의 지형도가 V1에도 반영되지만 거꾸로 반영된다(**그림 8.8**). 시야의 중앙 부위가 시각피질의 후측, 시야의 주변 부위가 전측에 표상된다. 시야의 윗부분은 후두엽 중앙의 새발톱 열(calcarine fissure) 아래에 표상되고 시야의 아랫부분은 새발톱 열 위에 표상된다. 빛과 색채 정보는 슬상선조 경로와 시각피질에서 분리되어 처리된다(13.1절 참조).

시개시상침 경로　두 번째 주요 시각 경로는 시자극의 탐지 및 정향 반응에 관여한다. 그림 8.7의 아래에 제시되어 있는 **시개시상침 경로**(tectopulvinar pathway)는 눈에서 중뇌의 시개에 있는 상구를 거쳐 시상의 후측 시상침을 통해 측두엽과 두정엽의 시각 영역에 도달한다.

　어류, 양서류와 파충류에서는 상구로 가는 경로가 전체 시각계를 구성하기 때문에 정교한 시각이 가능하다. 포유류의 경우 상구에서 시상의 시상침을 통해 피질로 가는 부가적인 경로가 대상의 절대적(관찰자의 응시와는 무관한) 공간 위치에 관한 정보를 제공한다. 시개시상침 경로의 손상은 대상이 어디에 위치하는가를 인식하지 못하는 **시각 운동실조증**(visual ataxia, 그리스어로 '정향 반응을 하지 못함'을 의미)을 초래한다(14.4절 참조).

　요약하면 피질 손상으로 초래되는 두 가지 주요 시기능 결함은 시각 실인증(무엇인지 인식하지 못함)과 시각 운동실조증(어디에 있는지를 인식하지 못함)인데, 각각 슬상선조 경로와 시개시상침 경로에서 정보 처리가 방해를 받는 것과 관련된다.

청각

공기의 압력파를 지각하는 능력인 청각에는 공기압력파의 출처를 확인하는 소리 위치(sound localization), 음파가 부딪쳐 튀어나오는 것을 통하여 대상이 무엇인지와 대상의 위치를 확인하는 **반향**

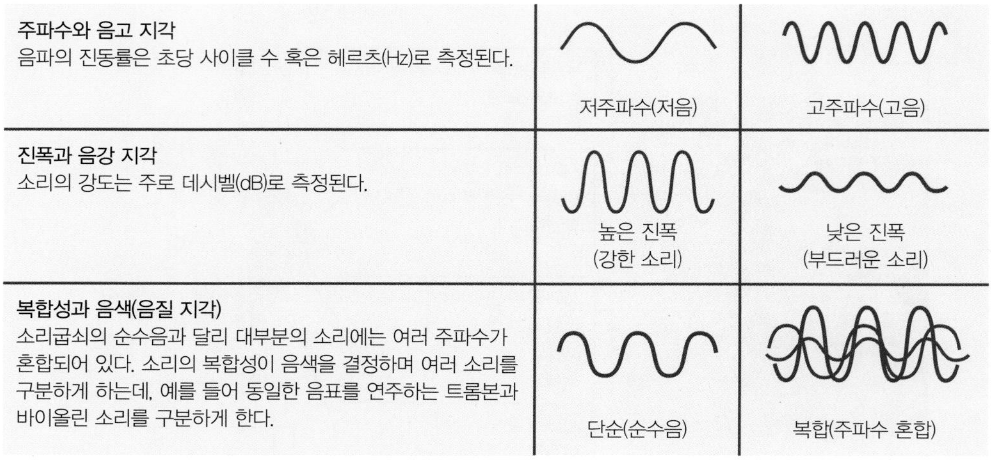

그림 8.9 ▶

음파의 물리적 차원 음파의 주파수, 진폭과 복합성은 음고, 음강과 음색 지각을 결정한다.

주파수와 음고 지각 음파의 진동률은 초당 사이클 수 혹은 헤르츠(Hz)로 측정된다.	저주파수(저음)	고주파수(고음)
진폭과 음강 지각 소리의 강도는 주로 데시벨(dB)로 측정된다.	높은 진폭 (강한 소리)	낮은 진폭 (부드러운 소리)
복합성과 음색(음질 지각) 소리굽쇠의 순수음과 달리 대부분의 소리에는 여러 주파수가 혼합되어 있다. 소리의 복합성이 음색을 결정하며 여러 소리를 구분하게 하는데, 예를 들어 동일한 음표를 연주하는 트롬본과 바이올린 소리를 구분하게 한다.	단순(순수음)	복합(주파수 혼합)

위치(echolocation)와 압력파의 복합성을 탐지하는 능력이 포함된다. 신경계는 음파의 복합성을 해석하여 언어와 음악으로 들리게 한다.

청각계는 다음의 두 가지 이유로 복잡하다. 첫째, 청신경에서 활동 전위가 생성되기 전에 귀에서 압력파의 많은 변형이 일어난다. 둘째, 청신경은 뇌간과 피질의 많은 영역으로 축색을 보낸다. 이 절에서는 청각계의 주요 특징만을 살펴보기로 하자.

청각 수용기

공기 압력의 변화가 음파를 만들고, 음파의 주파수, 진폭과 복합성이 우리가 무엇을 듣는가를 결정한다. 압력 변화의 주파수(frequency) 혹은 속도는 음고를 지각하게 하고 압력 변화의 **진폭**(amplitude) 혹은 강도가 음강을 지각하게 하며, 압력 변화의 복합성이 **음색**(timbre), 즉 소리의 독특성과 음질을 지각하게 한다(**그림 8.9**). 내이에 위치하는 수용기 세포는 공기 압력의 이러한 차이를 탐지하고 이 정보를 활동 전위의 형태로 뇌로 전달한다. 측두엽의 청각 영역은 활동 전위를 소음 혹은 언어와 음악과 같은 소리로 해석한다.

귀의 구조

인간 귀는 세 가지 주요 영역, 즉 외이, 중이와 내이로 구분된다(**그림 8.10**). 외이는 공기압력파를 모아 외이도로 보내는 **귓바퀴**(pinna)와 음파를 증폭하여 고막으로 전달하는 **외이도**(external ear canal)로 구성된다. 음파가 고막(eardrum)에 부딪치면 고막은 음파의 주파수에 따라 진동한다.

고막의 안쪽이 중이인데, 여기에는 인간 신체에서 가장 작고 서로 연결된 3개의 **뼈**가 위치한다. 이 세 **소골**(ossicles)은 생김새에 따라 **추골**(hammer), **침골**(anvil)과 **등골**(stirrup)로 불리며, 고막과 내이의 **난원창**(oval window)을 서로 연결한다.

내이는 **유모세포**(hair cell)라고 불리는 청감각 수용기가 위치하는 **와우관**(cochlea)으로 구성된다. 그림 8.10에 자세하게 제시되어 있는 것처럼 와우관은 달팽이 껍질처럼 말려 있다. 와우관은 액체로 채워져 있고 액체의 중간에 **기저막**(basilar membrane)이 떠 있다. 유모세포는 **코르티 기관**(organ of Corti)이라고 불리는 기저막의 일부에 묻혀 있다.

요약하면 외이는 소리를 모으고 중이는 소리를 증폭시킨다. 내이에서 소리는 활동 전위로 전환되고 청각 경로를 따라 뇌로 전달되며, 활동 전위가 해석되어 소리를 지각하게 된다.

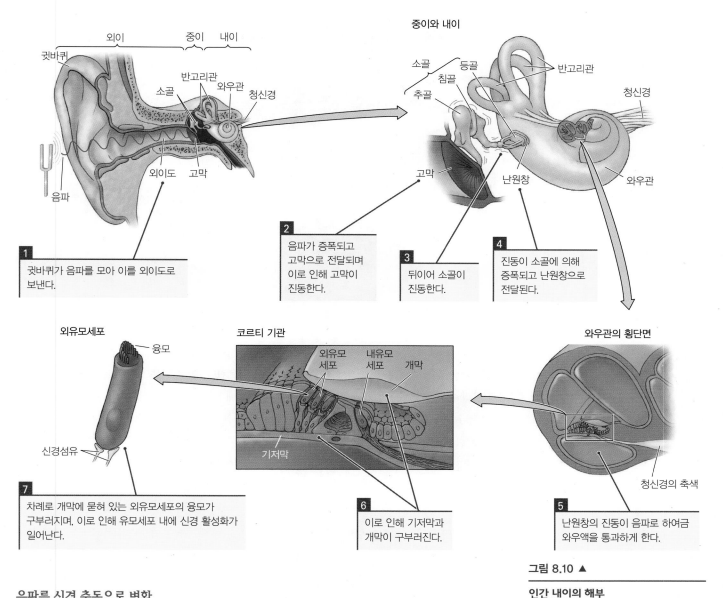

외이 중이 내이

중이와 내이

1 귓바퀴가 음파를 모아 이를 외이도로 보낸다.

2 음파가 증폭되고 고막으로 전달되며 이로 인해 고막이 진동한다.

3 뒤이어 소골이 진동한다.

4 진동이 소골에 의해 증폭되고 난원창으로 전달된다.

외유모세포

코르티 기관

와우관의 횡단면

7 차례로 개막에 묻혀 있는 외유모세포의 융모가 구부러지며, 이로 인해 유모세포 내에 신경 활성화가 일어난다.

6 이로 인해 기저막과 개막이 구부러진다.

5 난원창의 진동이 음파로 하여금 와우액을 통과하게 한다.

그림 8.10 ▲

인간 내이의 해부

음파를 신경 충동으로 변환

음파가 고막에 부딪치면 고막이 진동한다. 진동은 소골로 전달되어 피스톤과 유사한 활동이 생성된다. 이 앞뒤로 왔다 갔다 하는 활동은 난원창에 진동을 전달할 뿐만 아니라 마치 드럼채가 북가죽을 치는 드럼연주자의 움직임을 증폭시키는 것처럼 진동을 증폭시킨다. 요약하면 공기 내의 압력파가 귀에서 증폭되고 여러 번 변형된다. 즉 귓바퀴에서 굴절되고 외이도를 통과하는 동안 진동하고 중이의 뼈에 의해 와우관으로 움직인다.

소리의 주파수는 긴 기저막에 의해 변환되는데, 기저막은 말려 있는 와우관을 풀 경우 한 장의 조직 (a sheet of tissue)처럼 보인다(**그림 8.11A**). 기저막의 기저부, 즉 난원창 가까이에 있는 부위는 좁고 두꺼운 반면 첨단부(apex)는 얇고 넓다. 1961년 George von Békésy(2014)는 기저막을 따라 음파가 움직이는 것을 발견한 공로로 노벨의학상을 수상하였다. 그는 기저막에 은을 놓은 후 음파의 주파수에 따라 은이 서로 다른 부위에서 서로 다른 높이로 점프하는 것을 관찰하였다.

고주파수 음은 기저부(난원창 가까이)에서 최대한의 반응을 일으키고 저주파수 음은 첨단부(난원

(A) 기저막의 구조

기저막

20,000 4,000 1,000 100
풀린 와우관(Hz)

그림 8.11 ▲

청각 지도 (A) 말려 있는 와우관을 풀면 음파의 주파수에 따라 반응하는 기저막의 위치가 서로 다른 것을 알 수 있다. (B) 음파의 주파수에 반응하는 기저막의 음위상이 일차 청각피질에 전달된다. 견인기를 사용하면 외측열(실비언 열)에 묻혀 있는 일차 청각피질을 볼 수 있다.

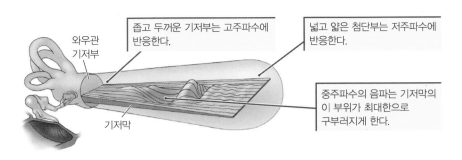

와우관
기저부

좁고 두꺼운 기저부는 고주파수에 반응한다.

넓고 얇은 첨단부는 저주파수에 반응한다.

중주파수의 음파는 기저막의 이 부위가 최대한으로 구부러지게 한다.

기저막

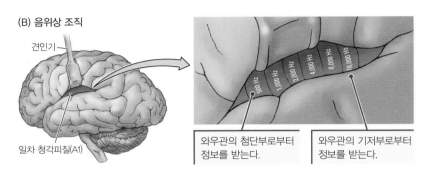

(B) 음위상 조직

견인기

일차 청각피질(A1)

와우관의 첨단부로부터 정보를 받는다.

와우관의 기저부로부터 정보를 받는다.

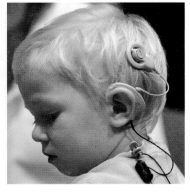

▲ 와우관 이식은 음파 자극을 기저막의 정확한 위치로 전달하게 한다. 이는 귀 뒤에 부착된 언어처리 소형 컴퓨터와 연결되어 있는 마이크로폰을 통해 음파를 전기적으로 처리하는 과정을 통해 일어난다.

(AP Photo/Gene J. Puskar)

창에서 가장 멀리 떨어져 있는)에서 최대한의 반응을 일으킨다. 이 패턴은 로프를 흔들면 일어나는 현상과 거의 유사하다. 로프를 매우 **빨리** 흔들면 웨이브가 매우 작고 로프를 쥐고 있는 손 가까이에 머문다. 그러나 만약 팔을 넓게 움직여 로프를 천천히 흔들면 웨이브가 로프를 따라 손에서 멀리 떨어진 부위, 즉 첨단부에서 생긴다.

로프처럼 코르티 기관에 있는 유모세포는 음파가 절정에 달하는 부위에서 최대한으로 발화한다. 많은 주파수로 구성된 복잡한 신호는 기저막의 여러 부위를 진동시키고 이 여러 부위에 있는 유모세포를 흥분하게 한다.

측두엽의 일차 청각피질의 단일세포 기록은 기저막처럼 피질의 서로 다른 부위들이 서로 다른 주파수에 대해 최대한으로 반응하는 것을 보여준다(그림 8.11B). 기저막의 서로 다른 부위들이 서로 다른 주파수를 표상하는 **음위상 표상**(tonotopic representation)은 청각피질에도 적용된다. 즉 청각피질의 서로 다른 부위들이 서로 다른 음파의 주파수를 표상한다. 따라서 코르티 기관의 유모세포로부터 오는 축색들이 기저막의 표상을 신피질에도 형성되게 한다.

시각계에서처럼 각 청각 수용기와 상위 청각 센터에 위치하는 각 세포도 수용장을 가지고 있다. 유모세포의 수용장은 시각계에서처럼 공간 내의 한 지점이 아니고 특정 소리 주파수이다. 따라서 시각계의 망막위상 지도와는 달리 청각계는 음위상(소리 위치) 지도를 가지고 있다.

청각 경로

유모세포의 축색은 청신경, 즉 8번째 뇌신경을 형성하여 와우관을 떠난다(**그림 8.12**). 청신경은 후뇌의 연수 수준으로 향하고 이곳에서 배측 혹은 복측 와우핵 혹은 상올리브핵에서 시냅스를 형성한다. 이 영역들의 뉴런 축색들이 중뇌의 하구로 향하는 외측 모대(lateral lemniscus)를 형성한다.

조류, 양서류와 파충류의 경우 하구는 소리 위치에 대한 정향 반응을 일으키는 데 중요한 역할을 한다. 상구와 하구가 서로 연결되어 있고(그림 3.19 참조), 상구는 소리가 나는 방향으로 머리가 향하게 한다. 이 두 영역들 사이의 연결이 소리가 오는 방향을 인식하게 할 뿐만 아니라 소리 근원, 즉 음원을 보게 한다.

하구에서 2개의 경로로 분리되어 각각 시상의 복내측 슬상핵과 배내측 슬상핵으로 향한다. 복측 영역은 일차 청각피질(A1 혹은 브로드만 41번 영역)으로 향하고 배측 영역은 이차 청각 영역으로 연결되는데, 이는 감각계가 피질로 향하는 다양한 상향 경로를 가진다는 일반적 원리와 일치한다. 시각 경로처럼 복측 청각 경로는 소리가 무엇인지 확인하는 데 관여하고 배측 경로는 소리가 공간 내의 어디에서 나는지를 확인하는 데 관여한다.

시각 경로와는 상반되게 청각계는 피질에 동측성과 대측성 정보 모두를 보낸다. 즉 각 와우핵은 좌우 반구 모두에 정보를 보낸다. A1은 신피질의 많은 영역들로 정보를 보내어 다양한 음위상 지도를 형성하게 한다.

체감각

시각과 청각은 외수용성(extroceptive) 체계이다. 체감각(신체 인식)계도 외수용성 기능을 가지고 있어 우리로 하여금 주위 환경을 느낄 수 있게 한다. 그러나 체감각계는 내수용성 기능도 가지고 있는데, 즉 내적 신체 사건을 모니터하고 신체 부위의 상대적 위치와 공간 내의 신체 위치에 관한 정보를 뇌에 전달한다. 네 가지 주요 체감각 유형 중 3개는 통증, 촉각과 신체 인식에 관한 지각을 매개한다. 그리고 나머지 체감각 유형은 내이에 위치하는 내수용성 수용기를 통하여 균형을 매개한다.

체감각 수용기의 분류

인간 신체에는 20개 이상의 다양한 유형의 체감각 수용기들이 존재하지만 이들을 통각, 촉각(hapsis)과 자기수용감각에 근거하여 세 집단으로 분류할 수 있다(그림 8.13).

통각 통각(nociception)은 통증, 온도와 가려움의 지각을 의미한다. 대부분의 통각 수용기는 자유신경종말이다(그림 8.13 맨 위). 이 종말이 손상을 입거나 자극을 받으면 주로 펩티드 계열의 화학물질이 분비되는데, 이 화학물질이 신경을 자극하면 활동 전위가 생산되어 통증, 온도 혹은 가려움에 관한 메시지를 CNS로 전달한다. CNS, 특히 피질에서 통증이 지각되는데, 이에 관한 좋은 예가 이 장의 서두에 제시된 사례 보기에 기술되어 있는 환상지이다.

통증을 경험하는 사람들은 통증이 없기를 바란다. 병원을 찾는 사람 중 30% 혹은 응급실에 오는 사람 중 50% 정도가 통증을 호소한다. 통증의 유병률은 연령이 증가할수록 증가하며 많은 사람들이 지속적으로 통증을 경험한다. 그러나 통증은 생존에 필요한데, 예를 들어 드물지만 통증 수용기 없이 태어난 사람들은 자세를 적절하게 유지하지 못하여 신체 기형을 가지거나 해가 되는 상황을 피하지 못하여 신체 손상을 입는다.

자유신경종말이 손상되거나 자극되면 분비되는 펩티드와 다른 화학물질을 통해 8개나 되는 서로 다른 유형의 통증섬유가 존재하는 것이 밝혀졌다. 일부 화학물질은 주변 조직을 자극하여 다른 화학물질의 분비를 촉진시키고 이로 인하여 혈류량이 증가한다. 이러한 반응들로 말미암아 통증을 경험하거나

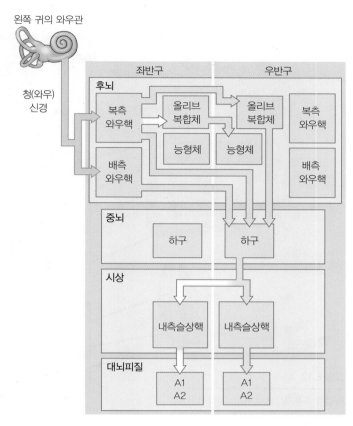

그림 8.12 ▲

청각 경로 청각피질에 도달하는 동안 다양한 핵들이 청각 입력을 처리한다(그림에는 왼쪽 귀로부터 청각피질에 이르는 동안의 처리 과정을 제시하고 있다). 청각 정보는 후뇌와 중뇌에서 귀의 반대편 대뇌반구로 교차하고 이후 시상에서 다시 교차하기 때문에 각 귀로부터 오는 정보가 두 대뇌반구 모두에 도달한다.

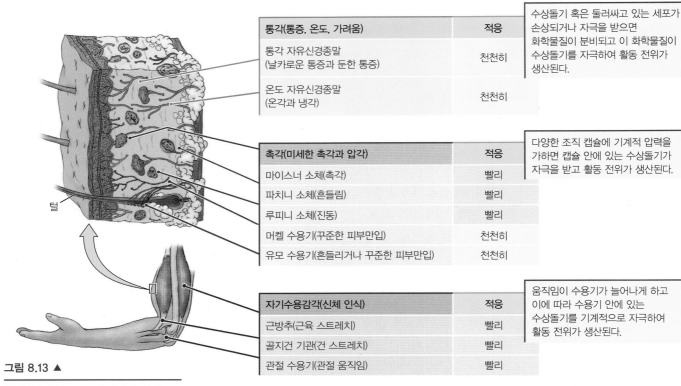

통각(통증, 온도, 가려움)	적응	수상돌기 혹은 둘러싸고 있는 세포가 손상되거나 자극을 받으면 화학물질이 분비되고 이 화학물질이 수상돌기를 자극하여 활동 전위가 생산된다.
통각 자유신경종말 (날카로운 통증과 둔한 통증)	천천히	
온도 자유신경종말 (온각과 냉각)	천천히	

촉각(미세한 촉각과 압각)	적응	다양한 조직 캡슐에 기계적 압력을 가하면 캡슐 안에 있는 수상돌기가 자극을 받고 활동 전위가 생산된다.
마이스너 소체(촉각)	빨리	
파치니 소체(흔들림)	빨리	
루피니 소체(진동)	빨리	
머켈 수용기(꾸준한 피부만입)	천천히	
유모 수용기(흔들리거나 꾸준한 피부만입)	천천히	

자기수용감각(신체 인식)	적응	움직임이 수용기가 늘어나게 하고 이에 따라 수용기 안에 있는 수상돌기를 기계적으로 자극하여 활동 전위가 생산된다.
근방추(근육 스트레치)	빨리	
골지건 기관(건 스트레치)	빨리	
관절 수용기(관절 움직임)	빨리	

그림 8.13 ▲

체감각 수용기 통각, 촉각과 자기수용감각의 지각은 피부, 근육, 관절 및 건에 위치하는 서로 다른 수용기에 의해 일어난다.

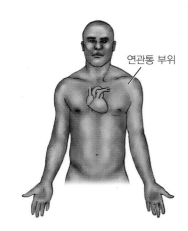

▲ 심장발작 동안 남성은 심장의 수용기에서 생산되는 감각을 왼쪽 어깨와 팔의 위쪽에서 경험하는 한편 여성은 등의 통증 등을 경험한다.

손상된 부위가 붉어지거나 부어오르는 증상이 초래된다.

심장, 신장과 혈관을 포함하는 많은 내부 기관들은 통증 수용기를 가지고 있으나 이 수용기들로부터 정보를 전달하는 신경절 뉴런들은 뇌로 직접 전달하는 경로를 거의 가지고 있지 않다. 대신 이 뉴런들은 신체 표면으로부터 통증 정보를 전달받는 척수 뉴런들과 시냅스를 형성한다. 그 결과 통증, 온도와 가려움 메시지를 뇌로 전달하는 척수 뉴런들은 두 유형의 신호를 받는데, 즉 하나는 신체 표면으로부터 받고 다른 하나는 내부 기관으로부터 받는다.

척수 뉴런들은 이 두 유형의 신호를 구분하지 못한다. 그 결과 내부 기관으로부터 오는 통증을 신체 표면에서 오는 **연관통**(referred pain)으로 여긴다. 예를 들어 심장발작과 관련되어 초래되는 심장 통증은 왼쪽 어깨와 팔 윗부분의 통증으로 여겨진다. 위의 통증은 몸통의 정중앙의 통증으로 여겨지고 신장의 통증은 등 아래 부위의 통증으로 여겨진다. 뇌혈관의 통증을 두통이라고 불리는 확산된 통증(diffuse pain)으로 느낀다(뇌는 통증 수용기를 가지고 있지 않음을 기억하라).

촉각 촉각(hapsis, 그리스어로 '촉각'을 의미)은 사물의 촉지각(tactile perception)을 의미한다. 촉각 수용기는 미세한 촉각과 압각, 즉 우리가 접촉하고 쥐고 있는 사물의 인식을 가능하게 한다. 촉각 수용기(그림 8.13의 가운데)는 피부의 표면층과 심층(deep layer) 모두에서 발견되며 체모에 부착되어 있기도 한다. 촉각이 상실되면 우리가 조작하는 물체와 우리가 행하는 움직임에 관한 정보를 상실할 뿐만 아니라 움직임에도 영향을 받는다.

John Rothwell과 동료들(1982)는 G.O.라고 불리는 한 환자의 사례를 보고하였는데, 그는 손의 촉각을 상실하게 하는 질병으로 인한 **구심로차단**(deafferentated, 구심성 감각 섬유의 상실)을 경험하였다. 그는 자신의 손이 무엇을 쥐고 있을 때 이를 느끼지 못하였다. G.O.는 매우 정상적으로 움직이기 시작하지만 계속 움직이면 점차 행동 패턴이 서로 맞지 않게 되었다. 예를 들어 서류가방을 들 경우 자신이 서류가방을 들고 있다는 것을 확인하기 위해 계속해서 가방을 보지 않는 한 가방을 떨어뜨렸다.

명백하게 G.O.가 가지고 있는 촉각 상실이 움직임의 결함을 초래하였다. 그의 손은 일상생활의 영위에 비교적 도움이 되지 못하였다. 그는 새 자동차를 운전하는 것을 배우지 못하였다. 글을 쓰지 못하였고 셔츠의 단추를 채우지 못하였으며 컵을 쥐지도 못하였다.

자기수용감각   자기수용감각(proprioception)은 신체 위치와 움직임의 지각을 의미한다. 자기수용기(proprioceptor)는 캡슐에 싸여 있는 신경종말(그림 8.13 아래)인데 근육과 건의 신장과 관절의 움직임에 민감하다. 우리는 자기수용감각이 상실되지 않는 한 자기수용감각이 우리의 움직임에 어떤 공헌을 하는가를 인식하지 못한다.

이안 워터먼은 19세에 정육점에서 일하는 도중 손가락을 다치는 사고를 경험하였다. 다친 손가락 부위에 염증이 있었고 고열과 오한을 번갈아 느끼기 시작하였으며 매우 피곤함을 느꼈다. 그는 당분간 일을 쉬어야만 하였다. 일주일 후 이안은 침대에서 떨어지는 사고를 당하여 병원으로 옮겨졌다. 그는 움직이지 못하였고 손과 발에 촉각이나 압각을 느끼지 못하였으며(비록 손과 발에 따끔거리는 감각을 느꼈지만) 말을 잘하지 못하였다.

의사는 이안과 같은 사례를 이전에 경험하지 못하였지만 그가 자기수용감각을 모두 상실하였다고 결론 내렸다. 그는 더 이상 자신의 신체를 인식하지 못하였고 운동계가 무너졌으며 더 이상 '조화로운 움직임'을 할 수 없었다.

이안 워터먼은 감각 상실에서 전혀 회복되지 못하였지만 엄청난 노력 결과 걷는 것, 자신을 돌보는 것과 운전하는 것을 재학습한 최초의 인물이다. 그는 이 모든 것을 시각을 통하여 이루었는데, 예를 들어 손을 움직일 때 자신의 손을 바라보고, 발걸음을 뗄 때는 자신의 발을 바라보았다. 운전할 때도 운전 속도와 방향을 시각을 사용하여 추정하였다. 그러나 정전이 되거나 자신의 눈을 감을 경우 그는 자의적 움직임을 통제하는 능력을 완전히 상실하였다. 그는 정신적 노력을 요구하는 모든 움직임을 '매일매일의 마라톤'을 수행하는 것으로 비유하였다(Cole, 1991).

체감각 경로

척수에서 뇌로 향하는 두 가지 주요 체감각 경로가 **그림 8.14**에 제시되어 있다. 한 경로는 후측 척수시상로(spinothalamic tract)로서 촉각(압각)과 자기수용감각(신체 인식)에 관여하고 다른 경로는 전측 척수시상로로 통증에 관여한다.

후측 척수시상로   촉각과 자기수용감각에 관여하는 체감각 뉴런의 축색은 비교적 크고 수초화가 잘되어 있으며 대부분 신속하게 적응한다. 이 뉴런의 세포체는 후근신경절(posterior-root ganglia)에 위치하고 수상돌기는 신체의 감각 수용기로 향하며 축색은 척수로 향한다(그림 3.13B 참조).

체감각 뉴런의 수상돌기와 축색이 결합하여 하나의 연속적인 섬유가 되는 것을 상기해보라. 이 축색들 중 일부는 척수에서 연결되는 한편 일부는 후주(posterior column)를 따라 상향하여(그림 8.14의 빨간색 실선) 뇌간의 기저부에서 후주핵과 시냅스를 형성한다. 이후 후주핵의 축색들이 내측모대, 복외측 시상에서 시냅스를 형성한다. 복외측 시상핵은 다시 일차 체감각 영역(S1, 브로드만 3-1-2번 영역)과 일차 운동 영역(브로드만 4번 영역)으로 축색을 보낸다.

전측 척수시상로   통증섬유는 촉각과 자기수용감각 섬유보다 다소 작고 덜 수초화되어 있으며 더 천천

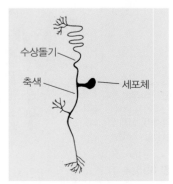

수상돌기

축색   세포체

체감각 뉴런

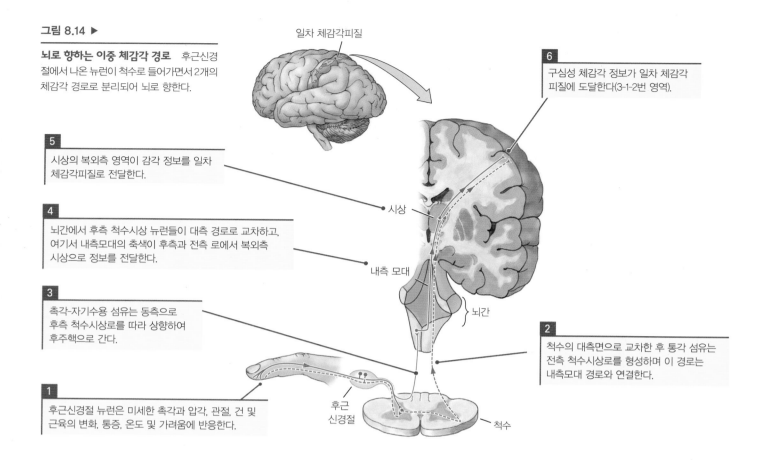

그림 8.14 ▶

뇌로 향하는 이중 체감각 경로 후근신경절에서 나온 뉴런이 척수로 들어가면서 2개의 체감각 경로로 분리되어 뇌로 향한다.

일차 체감각피질

6 구심성 체감각 정보가 일차 체감각 피질에 도달한다(3-1-2번 영역).

5 시상의 복외측 영역이 감각 정보를 일차 체감각피질로 전달한다.

4 뇌간에서 후측 척수시상 뉴런들이 대측 경로로 교차하고, 여기서 내측모대의 축색이 후측과 전측 로에서 복외측 시상으로 정보를 전달한다.

3 촉각-자기수용 섬유는 동측으로 후측 척수시상로를 따라 상향하여 후주핵으로 간다.

1 후근신경절 뉴런은 미세한 촉각과 압각, 관절, 건 및 근육의 변화, 통증, 온도 및 가려움에 반응한다.

2 척수의 대측면으로 교차한 후 통각 섬유는 전측 척수시상로를 형성하며 이 경로는 내측모대 경로와 연결한다.

시상

내측 모대

뇌간

후근 신경절

척수

히 적응한다. 통증섬유는 척수에 이를 때까지는 촉각과 자기수용감각 섬유와 동일한 경로를 따르지만 척수에서는 척수의 중앙 영역, 즉 교양질(substantia gelatinosa)의 뉴런들로 축색을 보낸다. 이 세포들은 척수의 반대편으로 축색을 보내어 전측 척수시상로(그림 8.14의 빨간색 점선)를 형성한다.

이 전측 섬유들이 내측모대에서 후측 척수시상로의 촉각과 자기수용감각 섬유와 합쳐진 후 후측 시상과 복외측 시상, 나아가 피질의 3-1-2 영역으로 간다. 시각과 청각처럼 두 가지 체감각 경로가 있으며 각 경로는 다소 다른 길을 통해 뇌와 체감각피질에 도달한다. 시각과 청각은 주로 반대편 대뇌피질로 메시지를 전달한다.

체감각 경로를 절단하여 척수를 반으로 분리시키는 편측성 척수 손상은 신체 좌우면 모두에 감각 상실을 초래하는데, 이를 처음으로 기술한 연구자들의 이름을 붙여 브라운-세커드 증후군(Brown-Séquard syndrome)이라고 한다. 그림 8.15에 제시되어 있듯이 촉각과 자기수용감각의 상실은 손상이 발생한 면과 동일한 신체 면에서 일어나지만 통각의 상실은 손상을 입은 면의 반대면, 즉 대측면에서 일어난다. 두 경로가 합쳐지는 곳, 즉 후근, 뇌간과 시상에서 발생한 편측성 손상은 촉각, 자기수용감각과 통각 모두에 동일하게 영향을 미치는데, 이는 촉각, 자기수용감각과 통각 경로가 매우 인접하게 위치하기 때문이다.

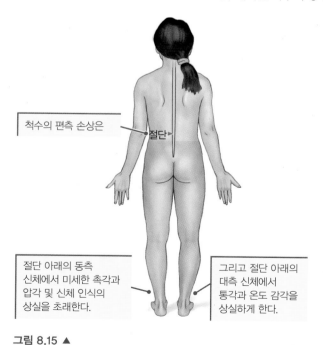

척수의 편측 손상은

절단

절단 아래의 동측 신체에서 미세한 촉각과 압각 및 신체 인식의 상실을 초래한다.

그리고 절단 아래의 대측 신체에서 통각과 온도 감각을 상실하게 한다.

그림 8.15 ▲

편측 척수 손상 효과

체감각피질

1930년대 신경외과 의사인 Wilder Penfield가 의식이 있는 뇌전증 환자들의 감각피질을 처음으로 전기적으로 자극한 후 이들에게 어떤 감각을 경험하는지를 물어본 결과에 근거하여 신체 부위를 표상하는 지형도, 즉 일차 체감각피질 지도를 작성하였다(S1, **그림 8.16A**). 입과 눈의 감각 표상 영역이 S1의 복측 부위에 위치하고 손과 손가락 감각 표상은 중앙 부위에 위치하며 발 감각은 배측 부위에 위치한다. **호문쿨루스**(homunculus, 소인)라고 불리는 이 지도를 삼차원으로 작성한 것이 **그림 8.17**에 제시되어 있는데, 신체 부위의 상대적 감각 민감성이 크기로 나타나 있다.

Penfield 이후에 실시된 연구들은 주로 원숭이를 대상으로 하였고 더 미세한 전극을 사용하였다. 그 결과 일차 체감각 영역이 다수의 호문쿨루스로 구성되어 있는 것이 발견되었고, 각각의 영역에 3a, 3b, 1, 2의 번호를 붙였다(그림 8.16B 아래). 각 영역은 다소 중복되지만 한 유형의 체수용기에 반응한다. 3a 영역은 근육 감각(근육의 위치와 움직임), 3b는 천천히 혹은 급속하게 적응하는 피부 수용기, 1번 영역은 급속하게 적응하는 피부 수용기, 그리고 2번 영역은 심부 압각과 관절 감각을 표상한다. 따라서 신체는 S1에 적어도 네 번 표상된다. 다수의 다른 수용기 유형들도 각 영역에 표상되기 때문에 장차 더 많은 신체 표상 영역들이 발견될 것으로 여겨진다.

비록 Penfield가 다수의 호문쿨루스가 존재하는 것을 발견하지는 못하였지만 호문쿨루스 내의 영역들이 동일한 크기를 가지고 있지 않다는 그의 주장은 정확하였다. 체감각 수용기의 농도는 신체 표면의 위치에 따라 다르고(종에 따라서도 다르다) 체위상 지도가 이를 반영한다. 따라서 인간 호문쿨루스의 경우 손과 혀를 표상하는 영역들은 매우 큰 반면 몸통과 다리를 표상하는 영역은 작다.

다른 감각계처럼 체감각피질도 일차 영역과 다수의 이차 영역들로 구성된다. 따라서 S1(브로드만 3-1-2번 영역)은 축색을 S2 혹은 브로드만 5번과 7번 영역으로 보낸다. S1 영역은 인접한 일차 운동 영역(M1 혹은 브로드만 4번 영역)으로도 축색을 보낸다.

전정계 : 움직임과 균형

앞서 8.1절에서 손을 정면으로 들고 흔들어보라고 하였다. 여러분의 손이 흐릿하게 보였을 것이다. 그러나 여러분이 손을 움직이지 않고 대신 머리를 앞뒤로 흔들면 손이 명확하게 보였을 것이다.

후자의 경우 내이에 위치하는 **전정계**(vestibular system)의 내수용성 수용기가 여러분의 시각계에 머리가 움직이고 있다는 정보를 제공하였다. 시각계가 머리 움직임을 보상하는 반응을 보이기 때문에 손이 정지되어 있는 것을 볼 수 있다. 체감각의 다른 하위 유형들처럼 전정계도 자신이 움직이는지와 다른 사람 혹은 사물이 움직이는지를 구분할 수 있게 한다.

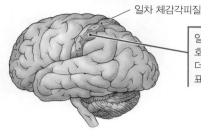

(A) Penfield의 단일 호문쿨루스 모델

일차 체감각피질이 단일 호문쿨루스로 구성되어 있으며 더 민감한 신체 부위가 더 크게 표상되어 있다.

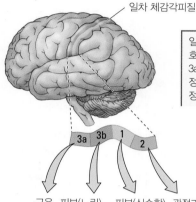
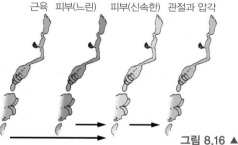
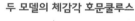

(B) 4개 호문쿨루스 모델

일차 체감각피질이 4개의 서로 다른 호문쿨루스들로 구성되어 있다. 3a, 3b, 1번 영역은 2번 영역으로 정보를 전달하고, 2번 영역이 정보를 통합한다.

근육　피부(느린)　피부(신속한)　관절과 압각

그림 8.16 ▲

두 모델의 체감각 호문쿨루스

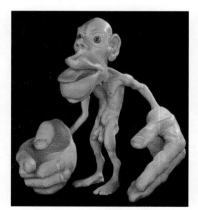

그림 8.17 ▲

호문쿨루스 인간 신체 부위의 상대적 민감성이 크기로 표상되어 있다.

(Sensory Homunculus (plaster), English School, (20th century)/Natural History Museum, London, UK/The Bridgeman Art Library.)

그림 8.18 ▶

전정계 내이에 위치하는 전정계에 머리의 방향과 중력에 민감하게 반응하는 유모 세포가 있다.

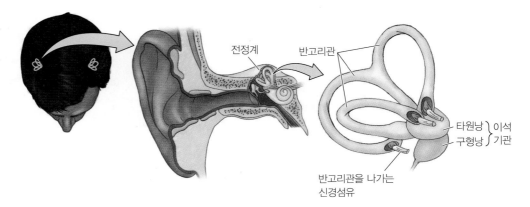

내이에 있는 기관이 자신의 움직임을 지각하게 하고 균형을 유지하면서 꼿꼿이 설 수 있게 한다. 전정 기관에는 유모 세포들이 위치하는데, 이 세포들은 신체가 앞으로 움직이거나 신체에 비해 머리 위치가 변화되면 구부러진다. **그림 8.18**에 볼 수 있듯이 반고리관(semicircular canal)은 우리가 공간 내에서 움직이는 세 차원에 상응하는 3개의 평면을 향하기 때문에 어떠한 머리 움직임도 표상할 수 있다. 이석 기관(otolith organ)은 머리의 선형 가속(linear acceleration)을 탐지하고 중력에 관한 머리 위치의 변화에 반응한다. 반고리관이 머리 움직임에 민감한 것과 달리 이석 기관은 공간 내의 정지하고 있는 머리 위치에 민감하다.

균형 수용기의 축색들은 8번 뇌신경을 형성하여 다수의 뇌간핵들로 향한다. 후뇌에서 이 핵들이 서로 상호작용하여 우리가 움직이는 동안에도 균형을 유지하게 하고, 중뇌에서 일어나는 눈 운동을 통제하게 한다. 궁극적으로 전정계는 소뇌와의 연결을 통하여 우리로 하여금 균형을 유지하게 할 뿐 아니라 우리가 행한 움직임을 마음속으로 기록하고 재생하게 한다.

어지러움(vertigo, 라틴어로 '회전하다'의 의미), 즉 움직이지 않을 때 경험하는 현기증은 내이의 기능 이상으로 초래되며 걷는 동안에는 구토와 균형 유지의 어려움이 동반될 수 있다. 어지러움을 유발하는 흔한 방법은 아동이 놀이를 할 때 하듯이 회전하는 것이다. 어지러움은 높은 곳에서 아래를 쳐다보거나 키가 큰 대상을 올려보거나 혹은 단순히 서 있거나 앉아 있을 때도 일어날 수 있다. 음주에 의해서도 어지러움이 초래될 수 있다.

메니에르병(Ménière's disease)은 중이의 이상으로 말미암아 어지러움과 균형 상실이 초래되는 질병으로 프랑스 의사인 Ménière에 의해 처음 소개되었다. 10만 명 중 200명 정도가 이 병을 앓고 있으며 남성보다 여성에서 더 흔히 발병되며 거의 대부분 중년에 발병한다. 현기증과 추락은 한 귀 혹은 두 귀의 균형 수용기의 손상으로 초래되는데, 이 증상들은 며칠 동안만 지속되거나 이보다 더 오랫동안 지속되기도 한다.

화학 감각 : 미각과 후각

육식 동물과 설치류와 달리 영장류의 미각과 후각은 잘 발달된 시각계와 비교하여 비교적 작다. 돌고래와 고래는 작은 후각계를 가지는 포유동물이다. 그럼에도 불구하고 인간에서 미각과 후각은 정교한 감각이다. 미각과 후각의 피질 표상이 자세히 보기에 제시되어 있다. 이제까지 살펴본 모든 감각들의 자극은 빛 혹은 공기 압력 등과 같은 다양한 형태의 물리에너지이다. 미각과 후각의 자극은 화학에너지이다. 미각과 후각과 관련되는 다양한 화학물에 반응하는 특수 수용기들이 진화되어 왔다.

미각 수용기

미각 수용기는 미뢰(taste bud)인데, 대부분의 사람들은 미뢰가 혀의 돌기라고 잘못 여기고 있다. 실제 돌기(papillae)는 혀가 음식물을 움켜잡는 데 도움이 되고 미뢰는 돌기 사이에 묻혀 있다(그림 8.19). 음식에 있는 화학물질은 혀를 뒤덮고 있는 침에 의해 용해되고 침을 통해 미각 수용기에 도달한다. 만약 혀가 마르면 미뢰가 화학적 신호를 거의 받지 못하게 되고 맛을 경험하기 어렵게 된다. 미각 수용기는 소화관을 포함한 신체 내부의 다른 곳에도 존재하는데, 여기서는 음식물의 흡수, 신진대사와 식욕에 중요한 역할을 한다.

다섯 가지 주요 미각, 즉 단맛, 신맛, 짠맛, 쓴맛과 감칠맛 수용기들은 음식에 들어 있는 서로 다른 화학성분에 반응한다. 단맛 수용기는 열량이 풍부한 음식에 민감하고, 쓴맛 수용기는 일부 야채와 다양한 독성물질에 민감하다. 짠맛 수용기는 수분 균형에 필요한 화학물질에 반응하고 신맛 수용기는 산성, 특히 과일에 민감하다. 감칠맛 수용기는 단백질과 특히 식품에 첨가되는 글루타민산모노나트륨(MSG)에 민감하다.

미각은 음식 선택뿐만 아니라 소화 행동과도 관련되어 있다. 단맛에 민감한 동물들은 단맛을 내는 먹이가 입에 놓이면 이를 먹기 위해 혀로 핥고 입을 움직인다. 쓴맛에 민감한 동물들은 쓴맛을 내는 먹이에 대해서는 마치 이 먹이를 뱉기 위한 것처럼 입을 벌리고 혀를 내미는 행동을 보인다. 감칠맛을 내는 음식은 타액 분비를 일으킨다. 그러나 미각 수용기는 한 맛에만 절대적으로 작용하지 않는다. 한 자극에 대한 미각은 많은 수용기 혹은 미각 수용기 전부가 활동한 결과이다.

맛의 개인차가 매우 큰 것처럼 같은 종 사이 혹은 서로 다른 종들 간에 매우 큰 맛의 선호도 차이가 있다. 인간과 쥐는 자당과 사카린 용액을 좋아하지만 개는 사카린을 싫어하고 고양이는 단맛에 아무런 반응을 보이지 않는다. 인간은 맛 역치에서 명확한 개인차를 보이는데, 즉 노인들은 비교적 높은 역치를 가지며, 이는 주로 연령이 증가함에 따라 미뢰의 수가 급격하게 감소하기 때문이다. 아동들은 강한 맛을 내는 음식을 잘 먹는데, 이는 이들이 강한 미각을 가지고 있기 때문이다.

Linda Bartoshuk와 동료들(Rawal et al., 2013)이 보고한 바와 같이 미각이 뛰어난 사람, 즉 초미각자들은 특정 맛을 강하고 역겨운 것으로 지각하는 반면 다른 사람들은 이러한 맛을 느끼지 못한다. 전체 인구 중 25% 정도가 뛰어난 미각을 가지고 50%가 중등도의 미각을 가지며 나머지 25%는 무미각자(nontaster)이다. 이 집단을 구분하는 한 방법은 초미각자들이 특히 민감하게 반응하는 쓴맛을 내는 물질인 프로필티오유러실(propylthiouracil)에 대한 민감도이다. 초미각자들이 가지는 장점은 독성물질을 피할 수 있다는 것이고 단점은 방울 양배추와 같은 야채들을 맛이 없다고 여기는 것이다. 초미각자들은 그렇지 않은 사람들에 비해 야채를 덜 먹는다.

미각에서의 종 간 혹은 개체 간의 차이는 미각 수용기 유전자의 차이 때문에 초래된다. 두 가지 유형의 대사성 수용기를 생산하는 유전자들이 단맛, 쓴맛과 감칠맛에 관여한다. 즉 적어도 3개의 *TAS1R* 유전자(첫번째 미각 수용기 집단)가 단맛과 관련되고, 43개의 *TAS2R* 유전자가 쓴맛과 관련된다. 신맛과 짠맛과 관련되는 유전자들은 이온성 수용기를 생산한다. 미뢰가 서로 다른 미각 수용기군으로부터 생산된 많은 수용기들을 포함하고 있는 것으로 여겨진다. 예를 들면 쓴맛을 내는 독성물질을 탐지하는 것이 유용한데, 이러한 탐지에는 많은 서로 다른 쓴맛 수용기들이 요구된다.

후각 수용기

후각 수용기의 표면이 비강에 위치하는 후각상피이고 세 가지 유형의 세포, 즉 수용기 유모세포, 지

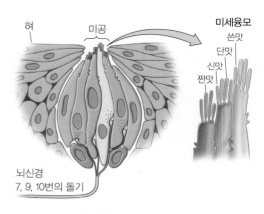

그림 8.19 ▲

미뢰의 해부

자세히 보기 맛은 뇌의 어디에서 만들어지는가

이란의 어느 산에서 말을 타는 도중 낙마 사고를 경험한 J.H.는 우반구 전두피질의 혈전을 제거하는 수술을 받았다. 그녀는 수술 후 빨리 회복되었으나 사고 후유증으로 음식을 더 이상 즐기지 못하게 되었다. 그녀는 세계 많은 지역의 음식을 잘 만들었지만 더 이상 음식의 맛을 느끼지 못하게 되었다.

맛(flavor)은 입, 코, 심지어 눈으로부터 오는 자극의 결합으로 일어나며 와인을 포함하여 음식을 즐기는 데 중요한 역할을 한다(Gonzalo-Diago, 2013). 여러 가지 맛이 상호작용하여 맛에 영향을 미치는데, 예를 들면 쓴

맛은 단맛을 억제한다. 맛은 조명의 영향도 받는다. 어두운 조명에서 단맛은 더 단맛을 내게 하는데 이는 식사 때 조명이 중요한 것을 시사한다. 후각구 없이 태어난 사람들이 맛을 경험하지 못하고 파킨슨병과 같은 신경질환의 초기 증상 중 하나가 맛을 상실하는 것이다(Barresi, 2012). 맛은 뇌의 어디에서 만들어지는가?

냄새와 맛의 효과를 영상화하려면 먼저 콧구멍을 통한 공기의 움직임과 혀와 입의 움직임으로 인해 초래되는 효과가 제거되어야만 한다. 참여자로 하여금 통제 조건에서 공기를 맡게 하거나 콧구멍을 마취하여 공기의 움직임을 지각하지 못하게 하는 방법을 통해 '냄새를 맡는 것'과 '코를 킁킁거리는 것'을 분리할 수 있다. 실험실에서 실시되는 맛 검사에서는 '맛보고 뱉는' 방법이 사용될 수 없는데 이는 입의 움직임이 뇌영상의 기록

을 방해할 수 있기 때문이다. 드로퍼(dropper)를 사용하거나 미뢰를 전기적으로 자극하는 방법이 이 문제를 일부 해결하게 한다.

여러 영상 연구들을 리뷰한 결과 안와전두피질(OFC), 특히 우반구 OFC가 냄새와 맛의 지각에 매우 중요한 역할을 한다고 알려져 있다(Zatorre & Jones-Gotman, 2000). 예를 들어 여기에 제시되어 있는 것은 냄새 재인, 냄새 강도와 냄새와 정서(기분) 사이의 관련성 등을 조사한 여러 연구의 결과를 결합한 것이다. PET와 fMRI가 참여자들의 후각 자극의 반응을 기록하였다. 각 연구에서 기록된 뇌 활성화 부위가 +로 표시되어 있다.

후각과 미각 연구 결과를 요약하면 OFC에서 후각과 미각이 결합하여 맛이 생산된다. 음악과 조명을 포함한 분위기가 맛에 미치는 효과도 OFC에서 일어난다. 한 감각 혹은 여러 감각의 결합, 즉 감각들 사이의 통합이 OFC의 혈류에 직접적으로 영향을 미친다(Frank et al., 2013).

(A) 후각 자극

좌반구 　　　 우반구

(B) 미각 자극

좌반구 　　　 우반구

맛과 관련된 신경 활성화가 OFC에서 일어난다.

여섯 연구에서 관찰된 (A) 후각 자극과 네 연구에서 관찰된 (B) 미각 자극에 대해 반응하는 전전두피질 영역들이 표시된 뇌의 수평 절편을 복측에서 바라본 것
(Research from Zatorre and Jones-Gotman, 2000.)

Barresi, M., R. Ciurleo, S. Giacoppo, V. Foti Cuzzola, D. Celi, P. Bramanti, and S. Marino. Evaluation of olfactory dysfunction in neurodegenerative diseases. *Journal of Neurological Sciences* 323:16–24, 2012.
Gonzalo-Diago, A., M. Dizy, and P. Fernández-Zurbano. Taste and mouthfeel properties of red wines proanthocyanidins and their relation to the chemical composition. *Journal of Agriculture and Food Chemistry* 61:8861–8870, 2013.
Frank, S., K. Linder, L. Fritsche, M. A. Hege, S. Kullmann, A. Krzeminski, A. Fritsche, P. Schieberle, V. Somoza, J. Hinrichs, R. Veit, and H. Preissl. Olive oil aroma extract modulates cerebral blood flow in gustatory brain areas in humans. *American Journal of Clinical Nutrition* 98(5):1320–1366, 2013.
Zatorre, R. J., and M. Jones-Gotman. Functional imaging in the chemical senses. In A. W. Toga and J. C. Mazziota, Eds., *Brain Mapping: The Systems*, pp. 403–424. San Diego: Academic Press, 2000.

지 세포와 기저세포로 구성되어 있다(그림 8.20). 후각 수용기의 축색은 후각구에 있는 공 모양의 사구체(glomeruli) 수상돌기와 연결된다. 사구체에서 승모세포(mitral cell)가 후각로(뇌신경 1번)를 형성한다. 승모세포의 축색은 이상피질(pyriform cortex), 나아가 시상하부, 편도체, 측두엽의 비내피질(entorhinal cortex)과 안와 뒤에 위치하는 전전두엽 영역인 **안와전두피질**(orbitofrontal cortex, OFC)에 도달한다.

상피면의 바깥은 점액층으로 덮여 있는데, 여기에 수용기 세포의 융모가 묻혀 있다. 냄새가 수용기에 도달하기 위해서는 반드시 점액을 통과해야 하는데, 이는 점액 속성의 변화(예 : 감기에 걸렸을 때 일어나는)가 냄새를 쉽게 탐지할 수 있는가에 영향을 미친다는 것을 의미한다. 후각상피 영역은 종에

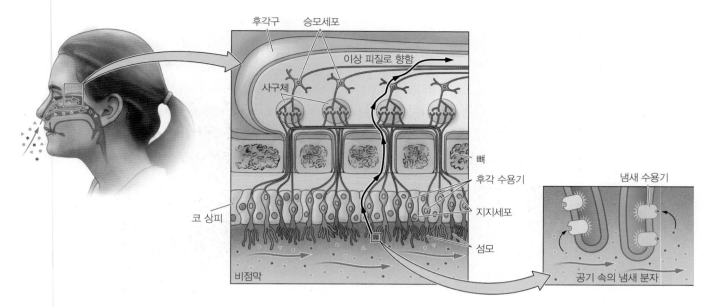

후각구　승모세포

이상 피질로 향함

사구체

뼈

후각 수용기

지지세포

코 상피

섬모

비점막

냄새 수용기

공기 속의 냄새 분자

그림 8.20 ▲

후각 상피

따라 다르다. 인간의 경우 2~4 cm² 정도로 추정되고 개의 경우 18 cm², 고양이의 경우 21 cm² 정도인 것으로 추정된다. 이러한 차이는 일부 종이 다른 종에 비해 냄새에 더 민감한 것을 설명한다.

　　Linda Buck과 Richard Axel(1991)은 생쥐에서 약 1,000개의 유전자군(인간에서는 약 400개)이 이와 동일한 수의 후각 수용기 유형을 만든다는 것을 발견한 공헌으로 2004년 노벨의학상을 수상하였다. 각 유형은 하나의 수용기 세포에 위치하고 단지 몇 냄새에만 민감하다. 유사한 유형의 수용기들은 2,000개의 사구체 중 하나와 연결되고 사구체 세포들의 활동 결과 인간은 1조 정도의 냄새를 구별한다. 많은 화학 수용기들의 활동이 결합된 결과로 후각계의 특정 신경활성화가 초래되고, 이를 통해 특정 냄새를 확인하게 된다.

미각과 후각 경로

다른 감각과 마찬가지로 화학적 감각도 두 가지 경로를 통해 피질의 일차와 이차 영역에 도달한다.

미각 경로　3개의 뇌신경, 즉 설인신경(9번), 미주신경(10번)과 안면신경(7번)의 고삭신경(chorda tympani) 부분을 통해 정보를 전달한다. 이 세 신경 모두 주요 미각로인 고립로(solitary tract)로 들어간다. 여기서 경로는 2개의 길로 분리된다(**그림 8.21**). 그림 8.21에서 빨간색으로 표시된 경로는 시상의 복후내 핵(ventroposterior medial nucleus)으로 간 후 다시 2개로 분리되어 하나는 S1, 다른 하나는 뇌섬엽 피질에 있는 S2 복측 영역으로 간다. 후자는 촉각 자극에 반응하지 않는 것으로 미루어 미각에만 관여하는 것으로 여겨진다.

　　이와 상반되게 S1은 촉각 자극에 민감하고 혀의 미각 위치에 관여하는 것으로 여겨진다(와인을 즐기는 사람들은 이 구분을 잘 알 수 있는데, 이는 와인은 맛뿐만 아니라 혀의 서로 다른 부위에서 내는 맛으로 기술되기 때문이다). 이 영역들은 후각 정보가 도달하는 후각피질 가까이에 있는 안와전두피질에 정보를 보내고, 안와전두피질은 이차 미각 영역으로 여겨진다.

　　고립로에서 출발하는 다른 경로(그림 8.21의 파란색)는 교의 미각 영역, 나아가 외측 시상하부와 편도체와 연결된다. 두 영역은 섭식 행동에 중요한 역할을 하지만 미각 정보가 섭식 행동에 어떤 영향을 미치는가는 아직 잘 알려져 있지 않다.

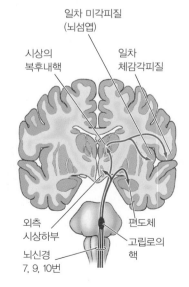

일차 미각피질
(뇌섬엽)

시상의
복후내핵

일차
체감각피질

외측
시상하부

편도체

뇌신경
7, 9, 10번

고립로의
핵

그림 8.21 ▲

미각 경로

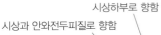

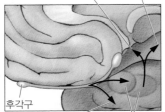

그림 8.22 ▲

후각 경로

후각 경로 후각 수용기의 축색은 후각구에서 시냅스를 형성하는데, 후각구는 여러 층으로 구성되며 시각계의 망막과 유사한 것으로 이해되고 있다. 후각구에서 외측 후각로를 통해 동측의 이상피질, 편도체와 비내피질로 정보가 전달된다(**그림 8.22**). 후각 정보는 이상피질에서 시상의 배내측 핵의 중앙 영역으로 전달되고 추후 일차 후각 신피질로 여겨지는 안와전두피질로 전달된다.

단일세포 기록은 후각 경로에 두 가지 유형의 뉴런이 있는 것을 보여주는데, 일부 뉴런들은 특정 냄새에 반응하고 일부는 여러 냄새에 반응한다(Nara et al., 2011). 또한 이 연구는 특정 냄새에 반응하는 뉴런들이 특정 후각 관련 행동과 관련되지만 이러한 행동이 다양한 냄새에 반응하는 뉴런들에 의해 확인된 맥락 안에서 일어난다고 제안한다.

보조 후각계

페로몬(pheromone)은 독특한 냄새인데, 이는 한 동물이 분비하는 생화학물질로서 다른 동물의 생리 혹은 행동에 영향을 미치는 화학 신호로 작용한다. 예를 들어 Karen Stern과 Martha McClintock (1998)은 여성들이 같이 거주할 경우 거의 같은 시기에 월경을 시작하는 것을 관찰하였고, 이는 월경 주기가 냄새에 의해 동기화됨을 시사한다.

페로몬은 성 관련 행동 이외의 다른 행동에도 영향을 미치는 것으로 여겨진다. 인간 화학신호인 안드로스타디에논(androstadienone)이 신피질에 포도당 활용을 변화시키는 것, 즉 뇌가 에너지를 사용하는 것을 변화시킨다는 것이 보고되었다(Jacob et al., 2001). 따라서 화학 신호가 의식적으로 탐지되지 않더라도 피질 과정에 영향을 미치는 것으로 여겨진다.

많은 동물들에서 페로몬은 독특한 냄새인데, 이는 페로몬이 서비 기관(vomeronasal organ)이라고 불리는 특수 후각 수용기 체계에 의해 탐지되기 때문이다. 서비 기관은 소집단의 감각 수용기로 구성되어 있고 관을 통해 비강(nasal passage)에 연결되어 있다. 서비 기관에 있는 수용기들은 축색을 주 후각구 가까이에 있는 보조 후각구(accessory olfactory bulb)로 보낸다. 서비 기관이 주로 편도체와 시상하부와 연결되어 있기 때문에 생식 행동과 사회적 행동에 관여하는 것으로 여겨진다. 인간은 서비 기관을 가지고 있지 않기 때문에 인간의 성행동에 냄새가 영향을 미치기 위해서는 전형적인 후각신경 경로를 통해야만 한다.

◎ 8.3 지각

지금까지 감각계의 기본 조직화, 수용기에서부터 피질에 이르는 경로와 감각계의 작용과 통합에 관한 일반적 원리들을 살펴보았다. 그러나 **감각**(sensation)은 환경으로부터 오는 물리적·화학적 에너지를 감각계가 부호화하고 신경계 활동으로 변환하는 것 이상이다. 뇌에서의 복잡한 상호작용을 제외하더라도 감각계의 신경해부 및 기능이 아직 완전히 이해되지 못하고 있다.

우리의 감각 인상은 감각이 일어나는 맥락, 우리의 정서적 상태와 경험의 영향을 받는다. 이 모든 요인들이 **지각**(perception), 즉 뇌에 의해 일어나는 감각 사건의 주관적 경험에 영향을 미친다. 지각이 감각 이상이라는 것에 대한 증거로 동일한 감각 자극이 서로 다른 시간에 완전히 다른 지각으로 바뀌는 것을 들 수 있다.

우리는 명백한 감각 자극을 무시하고 다른 사람들이 사소한 것으로 여기는 감각 사건에 주의를 줄 수 있다. 또한 우리는 배경에서 들리는 한 사람의 목소리에 방해를 받기도 하고 많은 사람들의 목소리를 무시하기도 한다. 처음에는 성가시다고 여긴 감각 사건에 익숙해지거나 감각 자극의 부재에 압도되기도 한다. 지각에 포함되는 감각 변형의 극적인 예가 착시, 공감각과 감각 시너지이다.

착시

그림 8.23A에 제시되어 있는 Rubin의 화병으로 잘 알려져 있는 애매모호한 이미지가 착시의 고전적 예이다. 이 이미지는 화병 혹은 두 얼굴로 지각될 수 있다. 여러분이 눈을 그림의 중앙에 고정하면 비록 감각 자극이 변하지 않더라도 2개의 지각이 교대로 나타날 것이다.

그림 8.23B에 제시되어 있는 Müller-Lyer 착시는 맥락이 지각에 미치는 영향을 설명한다. 비록 두 선의 길이가 동일하지만 위 선이 아래 선보다 더 길게 지각된다. 맥락 단서(화살촉)가 각 선의 길이를 다르게 지각하게 한다.

착시는 신피질에 의해 매개되는 복잡한 지각 현상을 보여주고 우리가 감각 정보에 단순히 반응하지 않는다는 것을 설명한다. 뇌는 감각을 우리 행동에 유용한 정보로 변환한다. 복잡한 시각 장면에는 일부 물체들이 위장되어 있을 수 있고 지각계는 이들을 찾아내도록 발달되어 있다. 이것이 Rubin의 화병을 볼 때 지각이 변하는 것을 설명한다. 그림 8.23B의 화살촉과 유사한 자극들이 자연적으로 일어나며 이 자극들은 물체의 방향을 구분하는 데 도움이 된다. 맥락을 벗어나서 볼 때 길이 착시가 일어난다.

공감각

특정 음악을 듣거나 손톱으로 칠판을 긁는 소리를 들을 때 몸을 떤 경험이 있으면 여러분은 소리를 느낀 것이다. 이와 같은 감각 혼합, 혹은 **공감각**(synesthesia, '같이 느낀다'는 의미)은 한 감각 자극을 다른 감각으로 지각하는 능력을 의미한다. 100명 중 약 4명이 공감각을 경험하는데, 공감각은 유전되는 경향이 있다. 100종류 이상의 공감각이 보고되었다(Chan et al., 2013). 일부 공감각자는 맛을 듣거나 볼 수 있고, 일부는 소리를 보거나 색채를 들을 수 있으며, 또 다른 일부 공감각자는 무지개를 맛볼 수 있다. 가장 흔한 유형의 공감각이 색청(colored hearing)이다.

공감각자를 두 유형으로 구분한다. 투사자(projector)는 공감각을 실제처럼 지각한다. 예를 들어 검은색으로 인쇄된 숫자를 볼 때 투사자에게 7은 노란색으로, 2는 파란색으로 지각된다. 연상자(associator)는 자신의 마음의 눈으로 공감각을 경험하는데, 즉 한 숫자와 한 색채, 다른 숫자와 다른 색채와 연관짓지만 실제로 이러한 색채를 지각하지는 않는다. 투사자와 연상자는 자기 보고에 의해 구분되고 지각 과제에서 서로 다른 수행을 보인다. 예를 들어 스트룹 검사(그림 16.11 참조)에서 참여자들에게 서로 다른 색으로 인쇄된 색채 단어, 예를 들어 빨간색을 읽는 것을 요구하면 파란색으로 읽는다. 투사자들은 연상자들보다 더 긴 반응 시간을 보이는데, 이는 색채 혼합이 반응을 간섭하기 때문이다.

Zamm과 동료들(2013)은 참여자들이 소리를 듣거나 듣지 않는 조건에서 색채를 보았을 때 청각과 시각피질 사이의 섬유 연결의 정도를 확산텐서영상법을 사용하여 측정하였다. 공감각을 보인 참여자들이 통제군에 비해 더 많은 연결을 보였다. Rouw와 Scholte(2010)가 fMRI를 사용하여 투사자와 연상자의 뇌 차이를 조사한 결과 투사자들은 감각피질에서 감각 혼합과 관련된 활성화를 보인 반면 연상자들은 감각연합피질과 기억과 관련된 뇌 영역에서 활성화를 보였다.

모든 사람이 경미한 공감각을 경험한다. 작가, 음악가 혹은 영화제작자들과 같은 예술가들은 대중과 의사소통하기 위해 감각 혼합을 활용한다. 공감각은 개인으로 하여금 사건들을 재빨리 구분하고 분류하여 기억하게 하는 기능을 가지고 있다(Ward, 2013).

그림 8.23 ▼

지각 착시 (A) Edgar Rubin의 애매모호하고 뒤바뀔 수 있는 이미지는 화병 혹은 2개의 얼굴로 지각될 수 있다. (B) Müller-Lyer 착시의 경우 두 선의 길이가 동일하지만 화살촉에 의한 맥락 단서 때문에 위의 선이 아래 선보다 더 길게 보인다.

(A) 애매모호하고 뒤바뀔 수 있는 그림

(B) Müller-Lyer 착시

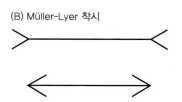

그림 8.24 ▶

통증 관문 척수의 개재 뉴런은 미세 촉각과 압각 경로로부터 흥분성 입력(+)을 받고 통각과 온도 감각 경로로부터 억제성 입력(−)을 받는다. 개재 뉴런의 상대적 활성화가 통증 및 온도 정보를 뇌로 보낼 것인가를 결정한다.

(Information from R. Melzack, *Puzzle of Pain*, New York: Basic Books, 1973, p. 154.)

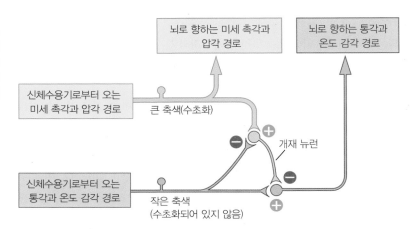

감각 시너지

감각계들 사이의 연결은 신경계의 모든 수준에 존재하고 감각계들 사이의 상호작용이 이러한 감각 연결을 의해 매개된다. 예를 들어 우리는 통증을 완화시키기 위해 상처 부위를 문지르거나 사지를 흔든다. 이러한 행동은 미세한 촉각과 압각 경로의 활동을 증가시키고 **통증 관문**(pain gate)이라고 알려져 있는 연결을 통해 척수에서의 통증 전달을 봉쇄한다. **그림 8.24**는 어떻게 척수의 억제성 개재 뉴런이 통증 정보의 전달을 봉쇄할 수 있는가를 보여준다. 미세한 촉각과 압각 경로의 측부지(collateral)를 통한 억제성 뉴런의 활성화로 말미암아 손상 부위 혹은 가려운 부위를 문지르면 통증이 완화된다.

시각과 청각의 상호작용에 관한 극적인 예가 맥거크 효과(McGurk effect)라고 알려져 있는 시각에 의한 소리의 수정이다. '바'와 같은 음절을 들려주는 동시에 '다'를 발음하는 어떤 사람의 입술을 보여주면 청자는 실제 소리인 '바'를 듣는 대신 '다'를 듣는다. 시각으로 제시된 입술 움직임이 청자의 청지각을 수정한 것이다. 맥거크 효과는 언어 지각이 시각, 예를 들어 화자의 얼굴 제스처 등의 영향을 받는다는 것을 밝혀준다(19.2절 참조).

소리와 시각의 상호작용은 음악 지각에도 일어난다. Chia-Jung Tsay(2013)은 음악전문가들이 평정한 뮤지컬 작품을 비음악인들에게 평정하게 하였다. 이들이 뮤지컬을 단지 듣거나 혹은 듣는 동시에 보더라도 뮤지컬 작품의 평정에 거의 차이가 없었다. 소리 없이 뮤지컬을 비디오로 볼 경우 참여자들의 평정이 가장 정확하였다. 이러한 결과가 비음악가에서만 관찰된 것이 아니었다. 즉 음악전문가들이 동일한 과제를 수행하였을 때 소리 없이 비디오로 뮤지컬을 볼 때 평정 일치율이 높았다. 이 결과는 시각적 내용이 판단의 준거가 아닐 경우에도 우리의 판단이 주로 시각의 영향을 받는다는 것을 시사한다.

한 감각계가 다른 감각계의 신경 기제를 사용한다는 마지막 예가 시각장애인을 대상으로 한 연구인데, 이 연구는 반향정위(echolocation), 즉 찰칵거리는 소리, 열쇠를 흔들 때 나는 소리 혹은 손가락을 튕기는 소리를 사용하여 이동하는 것을 학습한 시각장애인들을 대상으로 하였다. 주위에 있는 물체에서 나는 소리를 들으면 시각장애인들이 물체가 어디에 있고 무엇인지를 알 수 있다. fMRI는 반향 소리에 의해 청각피질과 시각피질이 활성화하는 것을 보여준다. 반향정위를 사용하는 사람들은 반향을 들을 뿐만 아니라 시각피질을 사용하여 소리를 통해 물체를 '본다'(Arnott et al., 2013). 따라서 청각피질과 시각피질의 연결이 시각피질의 공간 계산 체계를 청각피질이 사용할 수 있게 한다. 이처럼 우리는 마음의 눈으로 '볼' 수 있고 우리가 보는 음식을 '맛'볼 수 있고 우리가 만지는 물체를 '들을' 수 있다.

요약

다섯 가지 주요 감각계 각각은 서로 다른 수용기, 경로, 뇌의 목표 지점을 가지고 있고 많은 하위 체계로 구성되어 있다. 우리의 지각이 뇌의 창조물이라는 것은 환상지 현상, 착시와 감각의 상호작용을 통해 설명된다.

8.1 감각계 기능의 일반적 원리

감각 수용기는 유입되는 물리적·화학적 에너지를 변환하고 에너지의 변화와 불변을 확인하는 에너지 여과기이다. 수용장은 감각 사건의 위치를 찾아낸다. 수용기 농도는 자극에 대한 민감성을 결정한다. 감각 수용기와 뇌 사이의 신경 연결은 메시지를 수정하고 감각들로 하여금 서로 상호작용하게 한다. 감각 정보의 수렴은 상위 피질 영역에서도 일어난다.

이와 동시에 서로 다른 감각 유형과 하위 유형들이 목표로 하는 뇌 영역은 서로 다르다. 일부 감각계는 외부 자극에 반응하는 외수용성 수용기와 신체 내에서 일어나는 자극에 반응하는 내수용성 수용기 모두를 가지고 있다. 이러한 수용기들은 자극을 해석하고 '타인'과 '자신'을 구분할 수 있게 한다.

모든 감각계는 정보를 뇌로 전달할 때 활동 전위라는 공통된 코드를 사용한다. 감각 유형은 자극의 출처, 목표로 하는 뇌 영역, 자극에 대한 반응으로 일어나는 반사와 움직임으로 구분된다. 포유동물은 각 감각에 대한 지형도를 가지고 있으며, 피질에는 다수의 신경 공간 표상이 있다.

8.2 감각 수용기와 경로

각 감각의 해부학적 조직은 유사하다. 각 감각은 많은 수용기를 가지고 있고 일련의 3~4개의 연결을 통해 피질로 정보를 보내며 한 가지 이상의 경로를 통해 뇌로 정보를 보낸다. 비록 각 감각이 일차 피질 영역, 가령 시각의 경우 17번(V1), 청각의 경우 A1, 체감각의 경우 S1을 가지고 있지만 이외의 다른 뇌 영역들로도 정보를 보낸다. 모든 감각계에서 일차 피질 영역은 다수의 이차 영역들로 정보를 보내며 이차 영역들은 일차 영역보다 더 복잡한 방법으로 정보를 처리한다.

8.3 지각

감각계는 인간을 포함한 동물들로 하여금 적응적 행동을 할 수 있게 하기 때문에 서로 다른 환경에 적응하는 동물들이 감각 능력에서 매우 차이가 있다는 것은 놀라운 사실이 아니다. 영장류와 인간은 특히 잘 발달된 시각계를 가지고 있다. 인간은 다른 동물과 달리 언어, 음악과 문화를 매개하기 위해 감각 정보를 지각 정보로 변환하는 능력을 가지고 있다. 착시, 공감각과 감각 시너지 모두는 지각이 감각에 단순히 주의를 주는 것이 아니라는 것을 보여준다.

참고문헌

Arnott, S. R., L. Thaler, J. L. Milne, D. Kish, and M. A. Goodale. Shape-specific activation of occipital cortex in an early blind echolocation expert. *Neuropsychologia* 51:938–949, 2013.

Buck, L., and R. Axel. A novel multigene family may encode odorant receptors: A molecular basis for odor recognition. *Cell* 65:175–187, 1991.

Chan, K. Q., E. M. Tong, D. H. Tan, and A. H. Koh. What do love and jealousy taste like? *Emotion* 13(6):1142–1149, 2013.

Cole, J. *Pride and a Daily Marathon*. London: MIT Press, 1991.

Jacob, S., L. H. Kinnunen, J. Metz, M. Cooper, and M. K. McClintock. Sustained human chemosignal unconsciously alters brain function. *Neuroreport* 12:2391–2394, 2001.

Kaas, J. H. The organization and evolution of neocortex. In S. P. Wise, Ed., *Higher Brain Functions*. New York: Wiley, 1987.

Livingston, M., and D. Hubel. Segregation of form, color, movement and depth: Anatomy, physiology, and perception. *Science* 240:740–749, 1988.

Makin, T. R., J. Scholz, N. Filippini, D. Henderson Slater, I. Tracey, and H. Johansen-Berg. Phantom pain is associated with preserved structure and function in the former hand area. *Nature Communication* 4:1570, 2013.

Nara K., L. R. Saraiva, X. Ye, and L. B. Buck. A large-scale analysis of odor coding in the olfactory epithelium. *Journal of Neuroscience* 31:9179–9191, 2011.

Poggio, G. F. Central neural mechanisms in vision. In V. B. Mountcastle, Ed., *Medical Physiology*. St. Louis: Mosby, 1968.

Ramachandran, V. S., D. Brang, and P. D. McGeoch. Size reduction using Mirror Visual Feedback (MVF) reduces phantom pain. *Neurocase* 99999:1, 2009.

Rawal S., J. E. Hayes, M. R. Wallace, L. M. Bartoshuk, and V. B. Duffy. Do polymorphisms in the TAS1R1 gene contribute to broader differences in human taste intensity? *Chemical Senses* 38(8):719–728, 2013.

Rothwell, J. C., M. M. Taube, B. L. Day, P. K. Obeso, P. K. Thomas, and C. D. Marsden. Manual motor performance in a deafferented man. *Brain* 105:4515–4542, 1982.

Rouw R., and H. S. Scholte. Neural basis of individual differences in synesthetic experiences. *Journal of Neurosciences* 30:6205–6213, 2010.

Stern, K., and M. K. McClintock. Regulation of ovulation by human pheromones. *Nature* 392:177–179, 1998.

Tsay C. J. Sight over sound in the judgment of music performance. *Proceedings of the National Academy of Sciences U. S. A.* 110:14580–14585, 2013.

von Békésy, G. 1961 Nobel Lecture: Concerning the Pleasures of Observing, and the Mechanics of the Inner Ear. *Nobelprize.org.* Nobel Media AB 2013. Web, March 1, 2014.

Ward, J. Synesthesia. *Annual Review of Psychology* 64:49–75, 2013.

Winderickx, J., D. T. Lindsey, E. Sanocki, D. Y. Teller, B. G. Motulsky, and S. S. Deeb. Polymorphism in red photopigment underlies variation in color matching. *Nature* 356:431–433, 1992.

Zamm A., G. Schlaug, D. M. Eagleman, and P. Loui. Pathways to seeing music: Enhanced structural connectivity in colored-music synesthesia. *NeuroImage* 74:359–366, 2013.

9 운동계의 조직화

2014년 6월 12일 사지가 마비된 29세의 브라질 청년 줄리아노 피노가 축구장으로 걸어나와 브라질에서 열리는 월드컵 축구대회 개회식 킥오프를 하였다. 그는 자신의 뇌에서 나오는 EEG 신호에 의해 통제되는 엑소스켈레톤을 입고 있었다. 그리고 그의 발바닥에 있는 센서로부터 오는 피드백으로 말미암아 그의 뇌는 엑소스켈레톤을 그의 신체 일부로 지각하였다.

Miguel Nicolelis(2012)가 주도하는 '다시 걷기 프로젝트(The Walk Again Project)'는 **신경보철학**(neuroprosthetics), 즉 상실된 생물적 기능을 대체하는 컴퓨터보조 방안을 개발하는 분야에서 이룬 성공적인 연구 결과를 입증하기 위해 시작되었다. 연구실 실험에서 인간과 영장류는 컴퓨터 게임 혹은 섭식과 같은 일상적인 기능을 수행하기 위해 뇌파와 단일세포 활동 등과 같은 뉴런들로부터 나오는 신호를 사용하여 신경보철물을 통제하는 것을 학습한다. 모터에 의해 움직이는 로봇팔이 실제 팔보다 더 힘이 세고 정교하며 그림에 제시되어 있듯이 로봇팔에는 감각 수용기들이 배치되어 있어 실제 팔보다 더

© Lifehand2, Patrizia Tocci

민감한 정보를 뇌로 보낸다.

뇌-컴퓨터 인터페이스(BCI)가 널리 사용되고 있다. 와우관 이식의 경우 단지 몇 개의 전극만을 청신경에 이식하여 청력을 회복시킨다. 이와 유사한 이식을 시각계에 하면 시력이 회복된다. BCI의 프론티어는 움직임의 회복이다. 개인으로부터 엑소스켈로톤 혹은 로봇으로 전달된 뇌 신호가 척수 손상이나 뇌 손상 후 상실된 손의 움직임이나 상실된 다리의 움직임을 가능하게 한다(14.2절 참조). 언젠가는 상실된 방광과 장의 통제도 개인의 사고 과정에 의해 통제될 수 있을 것이다.

뇌-컴퓨터 인터페이스의 선구적인 연구가 일상생활의 한 부분이 될 것이다. 사람들은 뇌로부터 오는 신호를 사용하여 전등을 켜고 끌수 있게 되거나 로봇에게 명령을 하거나 컴퓨터 게임을 하게 될 것이다. BCI는 어떤 과제를 수행하는 것과 미팅에 참여하는 것을 상기시키거나 다이어트에 방해가 되는 맛있는 음식을 거절하거나 운전 전에는 약물 사용이나 음주하는 것을 삼가게 할 것이다.

신경계 전체를 운동계로 여길 수 있는데, 이는 신경계가 신체를 움직이는 기능을 하기 때문이다. 그림 9.1A는 여러분의 손이 커피 머그잔을 집을 경우 신경계가 행하는 순서를 보여준다. 먼저 시각계가 커피 머그잔을 탐색하여 잔의 어느 부분을 잡을 것인가를 결정한다. 시각계는 이 정보를 운동피질 영역으로 보내고, 운동피질 영역은 움직임을 계획하고 개시하며 이 정보가 여러분의 팔과 손근육을 통제하는 척수로 보내진다.

여러분이 머그잔의 손잡이를 잡으면 손가락에 있는 감각 수용기가 척수를 거쳐 피질의 감각 영역으로 정보를 보내고 그곳에서 촉각이 해석된다. 감각피질은 머그잔을 집었다는 정보를 운동피질로 보낸다. 그림 9.1B에 도표화되어 있듯이 그 동안 다른 중추신경계 영역들이 움직임을 조율하고 조정한다.

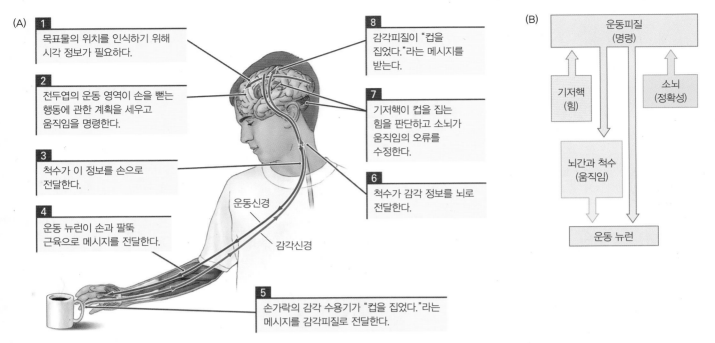

(A)

1 목표물의 위치를 인식하기 위해 시각 정보가 필요하다.

2 전두엽의 운동 영역이 손을 뻗는 행동에 관한 계획을 세우고 움직임을 명령한다.

3 척수가 이 정보를 손으로 전달한다.

4 운동 뉴런이 손과 팔뚝 근육으로 메시지를 전달한다.

운동신경

감각신경

8 감각피질이 "컵을 집었다."라는 메시지를 받는다.

7 기저핵이 컵을 집는 힘을 판단하고 소뇌가 움직임의 오류를 수정한다.

6 척수가 감각 정보를 뇌로 전달한다.

5 손가락의 감각 수용기가 "컵을 집었다."라는 메시지를 감각피질로 전달한다.

(B)

운동피질 (명령)

기저핵 (힘)

소뇌 (정확성)

뇌간과 척수 (움직임)

운동 뉴런

◎ 그림 9.1 ▲

운동계 (A) 손을 뻗어 컵을 집는 것과 같은 움직임에는 많은 신경계 요소들의 협응이 요구된다. (B) 운동계의 많은 영역들이 모든 움직임에 관여한다.

피질하의 기저핵이 머그잔의 손잡이를 집을 수 있을 만큼의 힘을 가지는 것을 돕고 소뇌는 움직임의 시간과 정확성을 조율한다.

물체에 손을 뻗는 것과 같은 과제를 수행하는 동안 뇌 활성화를 측정한 fMRI는 이 과제 수행에 많은 뇌 영역들이 관여하는 것을 보여준다. 실제로 가장 단순한 운동 과제에도 많은 뇌 영역들이 관여하기 때문에 영상 기법을 사용하여 운동 기능에 관여하는 특정 피질 영역을 지도화하는 것이 어렵다(Filimon, 2010). 따라서 운동 통제에 관여하는 영역들을 상세하게 밝히기 위해서는 단일세포 측정이나 미세전극을 사용한 뇌자극 기법이 적합하다(7.1절과 7.2절 참조).

운동계라는 용어는 움직임의 생산에 가장 직접적으로 관여하고 말초신경을 통해 근육으로 명령을 전달하는 척수의 신경 회로를 지칭하는 데 사용된다(그림 9.1B 참조). 이 장에서 우리는 뇌와 척수가 어떻게 상호작용하여 움직임을 생산하는가와 신피질, 뇌간, 기저핵과 소뇌가 움직임에 어떻게 공헌하는가를 살펴보겠다.

9.1 신피질 : 움직임의 개시

그림 9.2에 제시되어 있는 4개의 신피질 영역이 숙련된 움직임을 생산한다.

1. 중심열 뒤에 위치하는 **후측 피질**(posterior cortex)은 움직임의 목표를 구체화하고 시각, 촉각과 청각 정보를 다양한 경로를 통해 전두 영역으로 보낸다. 좀 더 직접적인 경로들은 일차 운동 영역으로 하여금 비교적 자동적인 움직임을 즉각적으로 일어나게 한다. 의식적 통제를 필요로 하는 움직임에 관한 정보는 측두피질과 전두피질을 통하는 간접적인 경로로 전달된다.

2. 후측 피질로부터 오는 지시에 근거하여 **전전두피질**(prefrontal cortex, PFC)은 움직임에 대한 계획을 세우고, 이 계획을 전운동피질과 운동피질로 전달한다.

3. 운동 레퍼토리(항목)를 저장하고 있는 MI 바로 앞에 위치하는 **전운동피질**(premotor cortex)은 무

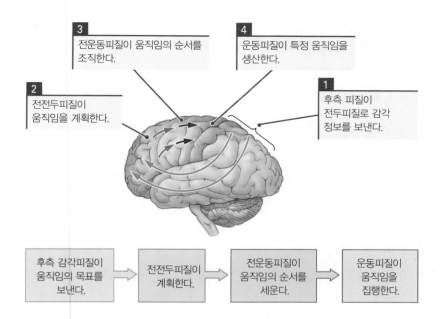

◉ 그림 9.2 ◀

운동 연쇄의 시작

3 전운동피질이 움직임의 순서를 조직한다.

4 운동피질이 특정 움직임을 생산한다.

2 전전두피질이 움직임을 계획한다.

1 후측 피질이 전두피질로 감각 정보를 보낸다.

| 후측 감각피질이 움직임의 목표를 보낸다. | → | 전전두피질이 계획한다. | → | 전운동피질이 움직임의 순서를 세운다. | → | 운동피질이 움직임을 집행한다. |

엇보다도 다른 사람들의 움직임을 인식하고, 유사하거나 혹은 다른 행동을 선택하는 기능을 가지고 있다(전운동피질은 브로드만 6번 영역인데 여기에는 **보조운동피질**이라고 불리는 복측과 배측 영역을 포함한다).

4. **일차 운동피질**(primary motor cortex, M1 혹은 브로드만 4번 영역)의 레퍼토리는 전운동피질의 레퍼토리보다 더 기초적인 움직임에 관한 것으로 여기에 손과 입의 운동이 포함된다.

일반적으로 후측 피질에서 움직임의 목표가 일어나면 두 가지 경로를 통해 행동이 일어난다. 만약 움직임이 비교적 단순한 것이면 전운동피질과 운동피질이 관여한다. 만약 행동에 관한 계획이 요구되면 측두피질과 전전두피질이 이에 대한 결정을 한 후 전운동피질과 운동피질이 적절한 움직임을 집행한다.

대뇌혈류(이는 신경 활성화의 지표로 사용된다. 제4장 사례 보기 참조)를 사용한 Per E. Roland (1993)의 실험은 단순한 움직임 대 복잡한 움직임에 관여하는 신피질의 운동 통제를 설명한다. **그림 9.3**은 서로 다른 과제의 수행 동안 비교적 더 많은 활성화를 보이는 뇌 영역들을 보여준다.

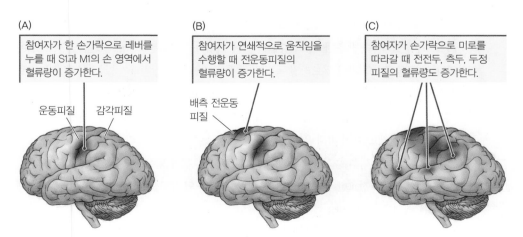

(A) 참여자가 한 손가락으로 레버를 누를 때 S1과 M1의 손 영역에서 혈류량이 증가한다.

운동피질 감각피질

(B) 참여자가 연쇄적으로 움직임을 수행할 때 전운동피질의 혈류량이 증가한다.

배측 전운동 피질

(C) 참여자가 손가락으로 미로를 따라갈 때 전전두, 측두, 두정 피질의 혈류량도 증가한다.

그림 9.3 ◀

뇌에서의 위계적 운동 통제

(Research from Roland, 1993, p. 63.)

손가락으로 두드릴 경우 혈류는 일차 체감각피질과 운동피질에서만 증가된다(그림 9.3A). 일련의 손가락 움직임을 수행할 경우에는 전운동피질에도 혈류가 증가한다(그림 9.3B). 그리고 손가락으로 미로 그림을 따라가면, 즉 목표 수행을 위해 협응 운동이 요구되고 미로의 형태에 따라 특정 움직임이 일어날 경우에는 전전두피질, 두정피질과 측두피질의 영역들에서 혈류가 증가한다(그림 9.3C).

전기적 자극을 사용한 운동피질의 지도

동물의 숙련된 움직임의 수행에는 다양한 신체 부위가 요구된다. 코끼리는 몸통을 사용하여 물체를 다루고 돌고래와 물개는 코를 사용한다. 그리고 애완용 개를 포함한 많은 다른 동물들은 입을 사용하여 물체를 다룬다. 서로 다른 종의 새들은 부리를 사용하여 먹이를 구하거나 둥지를 짓거나 도구를 만들거나 사용한다.

▲ 까마귀도 인간처럼 먹이를 얻기 위해 도구를 만들고 사용한다.

(Dr. Gavin Hunt/University of Auckland)

꼬리가 사용되기도 한다. 일부 유대목 동물(marsupial)과 신세계 영장류는 꼬리를 사용하여 물체를 집거나 운반한다. 말은 입술을 사용하여 능숙하게 풀잎과 같이 작은 물체를 다룬다. 인간은 물체를 다루는 데 주로 손을 사용하는 경향이 있지만 손을 사용하지 못할 경우 입 혹은 발과 같은 다른 신체 부위를 사용하여 손을 사용하는 과제를 수행할 수 있다(팔이 없는 사람들은 입 혹은 발을 사용하여 능숙하게 글을 쓰거나 심지어 운전도 한다). 숙련된 움직임의 수행에 다양한 신체 부위가 사용된다는 것은 운동계의 어떤 속성을 의미하는가?

1950년대 Wilder Penfield(Penfield & Boldrey, 1958)는 피질 지도를 작성하기 위해 신경외과 수술을 받는 환자들이 의식을 유지하는 동안 이들의 피질을 전기적으로 자극하였다. 그와 동료들은 대부분의 움직임이 중심전회(브로드만 4번 영역)의 자극에 의해 유발되는 것을 발견하였고 이 발견에 근거하여 이 영역을 일차 운동피질 혹은 M1이라고 불렀다. Penfield는 전운동피질(브로드만 6번 영역)의 배측 영역을 자극하여도 움직임이 유발되는 것을 발견하였고, 이로 인하여 6번 영역을 보조운동피질이라고 이름하였다.

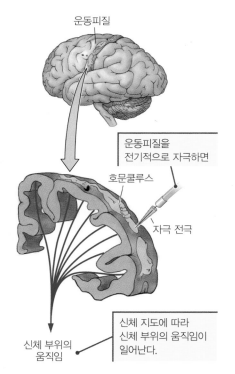

운동피질

운동피질을 전기적으로 자극하면

호문쿨루스

자극 전극

신체 지도에 따라 신체 부위의 움직임이 일어난다.

신체 부위의 움직임

◎ **그림 9.4** ▲

Penfield의 운동 호문쿨루스 움직임은 일차 운동피질에 지형적으로 조직되어 있다. M1의 배내측 영역을 전기적으로 자극하면 다리의 움직임이 일어난다. 복측 영역을 자극하면 상체, 손, 얼굴의 움직임이 일어난다.

Penfield의 이전 연구, 즉 뇌의 전기적 자극에 근거하여 각 신체 부위의 감각을 담당하는 뇌 영역들에 관한 지도를 작성한 것처럼 그는 자극을 받으면 신체의 특정 부위에 움직임이 일어나게 하는 뇌 영역들, 즉 M1 지도를 개발하였다. 이 지도가 M1(4번 영역)의 호문쿨루스(소인)이며, **그림 9.4**에 제시되어 있다. 신체가 대칭적이기 때문에 각 대뇌반구는 거의 동일한 호문쿨루스를 가지고 있다. Penfield는 보조운동피질(6번 영역의 배측 부위)의 호문쿨루스도 개발하였다.

체감각 호문쿨루스에서처럼(그림 8.16 참조) 운동 호문쿨루스에는 실제 신체 부위의 위아래가 거꾸로 되어 있다. 즉 발은 배측, 즉 중심열 안에 위치하고 머리는 복측, 즉 외측열 바로 위에 위치한다. 호문쿨루스의 가장 두드러진 특징은 실제 신체 크기와 일치하지 않는다는 것이다. 즉 호문쿨루스에서 손의 움직임을 담당하는 부위가 매우 크고, 특히 엄지손가락의 움직임을 담당하는 부위가 크다. 이에 덧붙여서 입술과 혀의 움직임을 담당하는 부위도 크다. 이에 반하여 몸통, 팔과 다리는 실제 크기에 비해 운동피질에서 차지하는 부위가 매우 작다.

손, 손가락, 입술과 혀의 움직임을 통제하는 운동피질 부위가 넓은 것은 이 신체 부위의 움직임의 통제가 정확하고 정교한 것을 시사한다. 운동 통제가 덜 요구되는 신체 부위는 운동피질에서 훨씬 작은 영역을 차지한다.

호문쿨루스의 또 다른 두드러진 특징은 실제 신체와 다르게 배열되어 있다는 것이다. 예를 들어 눈과 입의 움직임을 생산하는 피질 영역들이 머리 움직임을 생산하는 영역 앞에 위치한다. 이에 덧붙여 그림 9.4에 제시되어 있는 것처럼 턱은 위로 향하고 이마는 아래로 향하고 있다.

Penfield의 호문쿨루스는 운동피질의 지형 및 기능 조직화를 이해하는 데 유용한데, 즉 비교적 큰 뇌 영역이 가장 복잡하고 정교하게 움직이는 신체 부위를 통제하는 것을 한눈에 볼 수 있게 한다. Penfield가 신체의 운동 영역을 표상하는 호문쿨루스 지도를 처음 개발한 후 다른 과학자들도 다른 종의 호문쿨루스를 지도화하였고, 이 결과 설치류와 다양한 영장류의 지도들이 개발되었다.

운동피질의 다중 표상

Penfield의 본래 운동 지도는 피질 위 혹은 가까이에 큰 전극들을 부착한 후 매우 짧은 시간 동안 전기적 자극을 제시함을 통하여 작성되었다. 기술의 발달로 말미암아 미세전극을 사용하여 더 많은 부위를 자극할 수 있게 됨에 따라 Penfiled의 지도보다 훨씬 더 많은 호문쿨루스가 있는 것이 밝혀졌다. 운동피질과 전운동피질에 10개나 되는 호문쿨루스가 존재하고 일부 호문쿨루스는 Penfield가 작성한 것보다 더 복잡하다.

예를 들어 Penfield의 호문쿨루스가 보여주듯이 전기적 자극을 받으면 손가락을 움직이게 하는 부위가 그 손가락만을 담당하는 제한된 영역에만 위치하는 것이 아니라 다른 손가락들의 움직임에 관여하는 인접한 영역에도 위치한다. 즉 손가락 움직임이 여러 부위에 의해 일어난다는 것이다. 더욱이 손가락의 움직임에 관여하는 많은 영역들이 다른 신체 부위의 움직임에도 관여한다. 장시간 전기적 자극을 제시한 결과 이러한 현상에 대한 설명을 얻을 수 있게 되었다.

자연적 움직임의 범주

Michael Graziano(2009)는 의식이 있는 원숭이에게 짧은 펄스의 전기적 자극 대신 0.5~1초 동안 지속되는 일련의 전기적 자극을 제시하였다. 그 결과 움직임이 유발되었고, 그는 이 움직임을 '움직임의 행동학적 범주(ethological categories of movement)'라고 불렀는데, 이는 이러한 움직임들이 원숭이가 일상에서 행하는 것이기 때문이다(**행동학**은 자연 조건에서 동물 행동을 과학적으로 연구하는 것을 의미). **그림 9.5**는 이 범주에 포함되는 다양한 행동, 예를 들어 얼굴과 신체의 방어적 자세, 손을 입으로 가져가는 움직임, 신체 중앙 부위에서의 손과 손가락의 조작 및 모양 짓기, 손을 바깥으로 뻗음과 기어오르고 뛰는 자세에 관여하는 영역들을 보여주고 있다.

예를 들어 손을 입으로 가져가는 움직임을 초래하는 전기적 자극은 집게손가락을 엄지손가락에 기대거나 팔뚝을 위로 향하게 하거나(위쪽으로 돌리는) 손목을 구부려 손목이 입을 겨냥하는 듯한 행동 등도 초래한다. 손이 정확하게 입으로 움직일 뿐 아니라 마치 무엇인가를 받아먹기 위해 입이 열리기도 한다. 이러한 움직임의 순서가 유연하고 조직적으로 일어나는데, 이는 원숭이가 손을 먹이에 뻗어 먹이를 입으로 가져오는 자발적 행동과 유사하다.

Graziano가 관찰한 움직임 범주는 원숭이의 사지 위치 혹은 원숭이가 당시 행하는 행동과는 무관하게 동일한 결과를 나타낸다. 손을 입으로 가져가는 행동을 유발하는 전기적 자극은 항상 이 행동이 일어나게 하지만 손의 위치에 따라 다양한 방법으로 이 행동이 일어난다. 만약 원숭이의 팔에 무거운 무엇인가를 부착하면 이 첨가된 무게를 보충한 움직임이 유발된다. 그럼에도 불구하고 전기적 자극에 의해 유발되는 움직임 범주는 융통성이 부족한데, 예를 들어 손과 입 사이에 장애물이 존재하면 손이 장애물을 친다. 손이 입에 닿은 후에도 자극이 지속되면 자극이 제시되는 동안 손이 입에 머문다.

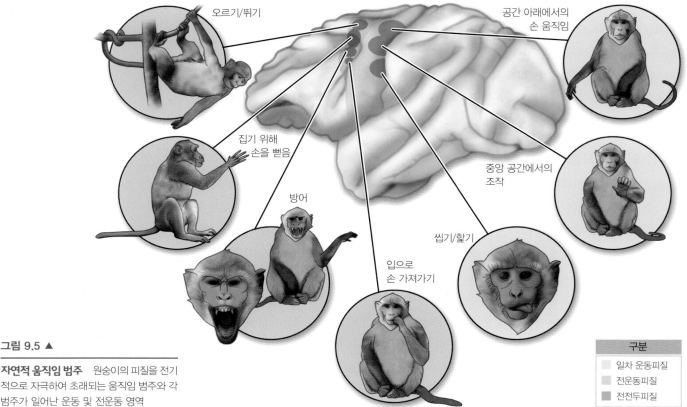

오르기/뛰기

공간 아래에서의
손 움직임

집기 위해
손을 뻗음

방어

중앙 공간에서의
조작

입으로
손 가져가기

씹기/핥기

구분
☐ 일차 운동피질
☐ 전운동피질
☐ 전전두피질

그림 9.5 ▲

자연적 움직임 범주 원숭이의 피질을 전기
적으로 자극하여 초래되는 움직임 범주와 각
범주가 일어난 운동 및 전운동 영역

(Research from M. S. A. Graziano and T. N.
Afalo. Mapping behavioral repertoire onto the
cortex. *Neuron* 56:239–251, p. 243, Figure 5,
2007.)

그림 9.5는 원숭이에게 전기적 자극을 제시할 때 관찰된 서로 다른 움직임에 관여하는 전운동피질
과 운동피질의 상대적 위치를 보여주기도 한다. 각 영역은 세 유형의 조직화, 즉 움직이는 신체 부위,
움직임이 향하는 공간 위치와 움직임의 기능을 표상한다. 이 운동 표상은 신체 움직임에 관여하는 많
은 피질 지도가 존재하지만 각 지도가 서로 다른 행동, 행동이 일어날 공간 부위와 행동의 기능을 표상
한다는 것을 보여준다.

그럼에도 불구하고 특정 유형의 움직임, 예를 들어 손을 뻗는 등의 행동 유형에는 이 행동에 관여하
는 운동피질 영역들이 서로 상호작용한다. 즉 공간 내의 서로 다른 부위로 손을 뻗는 행동은 피질의 손
뻗음 지도에서 약간 서로 다른 영역들에 의해 일어난다. 이 피질 지도는 원숭이의 과거 경험, 현재 경
험, 손을 뻗으면 닿을 수 있는 물체 혹은 방금 완수한 행동 등의 영향을 받는 매우 유동적이기도 하다.
Graziano의 움직임에 관한 피질 통제 개념 중 적어도 일부는 팔과 신체의 움직임이 손을 공간의 서로
다른 부위, 예를 들어 물체를 집기 위한 공간 위치 혹은 먹이를 먹기 위해 입으로 가져가는 기능을 가
진다는 것이다.

Penfield의 호문쿨루스와 Graziano의 지도가 가지는 공통점 중 일부는 기어오르고 뛰는 것과 같은
몸 전체의 움직임이 전운동피질의 배측에 위치하는 것, 손을 뻗는 움직임은 좀 더 복측에 위치하는 것
과 손을 입으로 가져가는 움직임이 전운동피질의 가장 복측 부위에 위치한다는 것이다. M1에 표상되
는 움직임에는 신체를 중심으로 서로 다른 위치로 손을 쥐는 움직임이 포함되고, 운동피질의 가장 복
측 부위에는 입 운동이 포함된다. 일반적으로 Graziano의 지형도는 Penfield의 지도와 일치하고 몸 전
체 움직임은 전운동피질에 표상되는 한편 개개 움직임은 운동피질에 표상되는 것을 보여준다.

시각-두정-운동 연결

운동피질이 움직임을 생산하는 유일한 뇌 영역은 아니다. 두정 피질을 전기적으로 자극하여도 유사한 기능적 움직임이 일어 날 수 있고(Kaas et al., 2013), 두정엽의 지형도는 운동 호문큘 루스를 반영한다. 스텝(stepping) 움직임은 두정엽의 다소 배 측 부위에서 일어나고 뻗는 움직임은 두정 영역의 다소 복측 부위에서 일어난다. 운동피질과 이에 상응하는 두정 영역의 지 형도의 해부학적 연구는 이 두 영역들이 매우 밀접하게 연결되 어 있음을 보여준다.

운동피질과 상응하는 두정피질이 어떻게 움직임을 생산하 는가? **그림 9.6**은 이에 관한 답을 손을 먹이로 뻗는 행동을 예 로 들어 보여준다. 뻗는 행동을 하기 위해서는 목표물에 대한 시각, 체감각과 청각 정보가 운동피질로 전달되어야만 한다. 목표물로 손을 뻗기 위해 시각피질은 물체의 위치와 물체 그 자체, 즉 물체의 내외적 속성을 확인해야 한다. 물체의 위치에 관한 정보에 근거하여 시각피질은 두정엽의 '팔' 영역으로 물체의 위치에 관한 정 보를 보내고 '손' 영역으로 이 물체를 집기 위해서는 손가락 모양이 어떠해야 되는가에 관한 정보를 보 낸다.

이러한 두정엽 영역들은 신체의 감각 수용기들을 표상하는데, 이 수용기들은 물체와 접촉할 때 활 동한다. 두정피질에 위치하는 '뻗음'과 '집기' 행동에 관여하는 영역들은 운동피질의 '뻗음'과 '집기' 영역들과 연결되어 있는데, 이 운동피질 영역들은 척수에 이르는 하향 경로를 통해 '뻗음'과 '집기' 행 동을 생산한다. 따라서 시각피질, 두정피질과 운동피질 사이의 연결은 목표물을 집는 행동을 생산하는 이중 경로를 구성한다(Karl & Whishaw, 2013). 이와 동일하게 두정엽에서 운동피질에 이르는 경로의 다양한 활동 조합이 복잡한 행동, 예를 들어 농구공을 달리면서 받는 것과 점프해서 농구공을 넣는 등 의 행동을 가능하게 한다.

행동에 관여하는 각 피질 영역들은 행동에 서로 다른 공헌을 한다. 시각피질은 목표물의 공간적 위 치와 목표물의 형태를 확인한다. 두정피질은 목표물과 접촉할 신체 부위를 확인하는 한편, 운동피질은 목표물로 팔을 움직이는 데 필요한 요소들을 표상하고 목표물을 집을 손가락의 형태가 정확하게 일어 나게 한다. 그럼에도 불구하고 피질은 실제로 목표물을 집는 것을 집행하지 않는다. 피질이 목표물을 확인하고 목표물에 손을 뻗는 데 요구되는 협응 운동을 구체화하고 정확한 움직임을 결정하지만 목표 물을 집는 행동에는 뇌간과 척수의 상호작용이 관여한다.

행동 목록

Graziano의 지도는 인간이 피질에 행동 범주의 목록 혹은 레퍼토리를 가지고 있다는 견해를 지지한 다. 많은 사람들이 숙련된 행동을 유사하게 하는 것을 예로 들어보자. 대부분의 사람들은 작은 물체를 집을 경우 집게 집기(pincer grip), 즉 엄지와 다른 손가락, 대개 집게 손가락을 다양하게 사용한다(그 림 9.7A). 생후 3개월이 되면 대부분의 건강한 유아들은 자발적으로 손과 손가락을 움직여서 집게 집 기를 사용하기 시작하고, 12개월이 되면 집게 집기를 사용하여 빵 조각과 같은 작은 물체를 집기 시작 하며 4세가 되면 시각 정보에 근거하여 정확한 행동을 보인다.

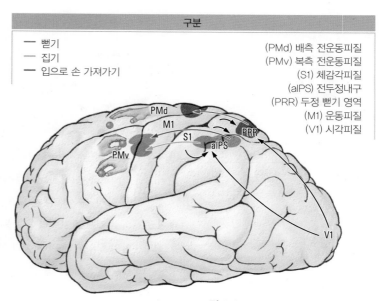

구분	
— 뻗기	(PMd) 배측 전운동피질
— 집기	(PMv) 복측 전운동피질
— 입으로 손 가져가기	(S1) 체감각피질
	(aIPS) 전두정내구
	(PRR) 두정 뻗기 영역
	(M1) 운동피질
	(V1) 시각피질

그림 9.6 ▲

손 뻗기에 관여하는 이중 채널   물체를 집 기 위한 손 뻗기에는 두 가지 움직임이 사용 된다. 하나는 손을 목표로 향하는 것이고, 다른 하나는 목표물을 집기 위해 손가락 모 양을 만드는 것이다. 두 채널은 시각피질에 서 두정피질을 거쳐 전운동피질과 운동피질 에 이르는 이중 경로를 통해 손 뻗기와 집기 행동을 매개한다.

(Research from J. M. Karl and I. Q. Whishaw. Different evolutionary origins for the reach and the grasp: An explanation for dual visuomotor channels in primate parietofrontal cortex. *Frontiers in Neurology* 4:208, December 23, 2013.)

(A) 집게 집기

(B) 손 전체를 사용한 집기

그림 9.7 ▲

집기 행동

(Ian Whishaw.)

행동 목록이 존재하는 것을 지지하는 또 다른 증거에는 다음과 같은 것이 포함된다. 첫째 대부분의 영장류는 동일한 집기 형태를 사용하고, 둘째 운동피질에서 엄지손가락의 운동을 담당하는 영역에 손상을 입은 사람들은 엄지손가락뿐만 아니라 다른 손가락과 팔의 사용이 저하된다. 두 번째 증거에 근거하여 Mark Schieber(1999)는 이 영역의 손상이 손 혹은 각 손가락 근육의 장애를 초래하는 것이 아니라 물체에 손을 뻗거나 집는 협응 운동을 방해한다고 제안하였다. 집게 집기의 장애를 가진 사람은 새로운 행동, 즉 손 전체를 사용하여 물체를 움켜쥔다(그림 9.7B).

종합하면 집게 집기와 다른 숙련된 행동은 전적으로 학습되는 것이 아니라 사전 배치된 행동 목록 내에 존재하는 것으로 보인다. 이 행동들은 특정 종의 흔한 기본적 행동 패턴으로 신경 연결에 이미 부호화되어 있고 상황에 따라 인출되거나 수정된다. 인간의 행동 목록은 원숭이의 목록보다 더 복잡하고 영장류의 목록은 설치류, 육식동물 혹은 후피동물 등과 같은 포유류의 목록과 서로 다를 것이다.

뇌 손상 연구 결과는 전운동피질과 일차 운동피질이 흔한 행동 목록을 공유하고 M1에 비해 전운동피질에 포함되는 레퍼토리가 더 복잡하다는 것을 보여준다. Brinkman(1984)은 전운동피질의 손상이 근육 약화를 초래하지 않지만 복잡한 행동을 방해하는 것을 보여준다. 예를 들어 **그림 9.8**에 제시되어 있는 원숭이에게 테이블 구멍에 끼여 있는 땅콩을 빼내는 과제가 주어졌다.

만약 원숭이가 손가락을 구멍에 넣어 땅콩을 밀면 땅콩이 바닥에 떨어지게 되고 원숭이는 먹이를 얻지 못한다. 원숭이가 땅콩을 밀어 움직이는 동안 다른 손의 손바닥을 구멍 아래에 받쳐 떨어지는 땅콩을 받아야만 한다. 전운동피질의 절제 수술을 받은 지 5개월이 지난 원숭이는 두 상호보완적인 행동을 같이 행할 수 없다. 원숭이는 손가락으로 땅콩을 밀 수 있고 손바닥을 펼 수 있지만 두 손으로 이 행동들을 조화롭게 통합하지 못한다. 따라서 전운동피질은 특정 행동을 통제하는 M1보다 몸 전체를 사용하는 행동의 조직화에 더 큰 역할을 한다.

Brinkman이 원숭이에게 가한 병변 위치가 Graziano가 오르는 행동에 관여하는 영역으로 제안한 운동피질 영역이라는 것에 주목하라(그림 9.5 참조). 오르는 행동과 땅콩을 받는 행동의 공통점은 두 손 모두를 사용하는 것이다. 따라서 운동피질에서 유발되는 기본적인 움직임이 다른 행동에 확대될 수 있는데, 이는 더 기본적인 행동에 관여하는 신경회로를 학습하여 사용함으로써 일어날 수 있다. 예를 들어 야구공을 던지는 사람(**그림 9.9**)은 공을 목표물에 던지기 위해 몸 전체를 사용해야 한다. 즉 이 행동은 다리를 움직이는 것, 균형을 유지하기 위해 몸통을 끊임없이 조절하는 것과 팔을 사용하여 던지는 행동이 요구된다.

그림 9.8 ▶

전운동 통제 양손 모두를 필요로 하는 과제에서 정상 원숭이는 한 손으로 땅콩을 구멍을 통해 밀어내고 다른 손으로 그것을 받지만 전운동피질에 병변을 입은 지 5개월이 되는 원숭이는 이 협응 움직임을 하지 못한다.

(Research from Brinkman, 1984, p. 925.)

정상 동물

병변 5개월 후

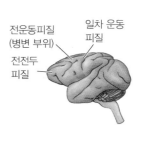

전운동피질
(병변 부위)

일차 운동
피질

전전두
피질

공을 던지는 것은 정교한 걷기 행동이다. 공을 던지는 것과 걷는 것 모두 좌
우 사지의 조화된 움직임을 포함하는데, 즉 투수는 왼팔을 앞으로 내밀고 오른
쪽 다리를 뒤로 내민다. 신체 반사에 관한 분석을 통해 Tadashi Fukuda(1981)
는 행동을 학습하는 것은 미리 조직화되어 있는 행동 패턴을 사용하여 기술과
힘을 얻는 것을 수반한다고 제안하였다. 따라서 행동에 대한 신피질의 일부 역
할은 운동 반사들을 서로 혼합하여 학습된 숙련 행동을 형성하는 것이다.

운동피질의 세포들이 움직임에 어떻게 관여하는가를 조사하기 위해
Edward Evarts(1968)는 **그림 9.10A**에 제시되어 있는 단순한 절차를 사용하
였다. 그는 막대를 움직이기 위해 손목에 힘을 주는 것을 원숭이에게 훈련시켰
는데, 막대에는 서로 다른 무게가 첨부되었다. 운동피질에서 손목의 움직임을
담당하는 영역에 삽입된 전극을 통하여 이 영역에 존재하는 뉴런들의 활동을
측정하였다.

그림 9.10B에 제시되어 있는 측정 결과는 원숭이가 손목에 힘을 주기 전에
이 뉴런들이 발화하기 시작하였음을 보여준다. 즉 이 뉴런들이 행동의 개시뿐
만 아니라 계획에도 관여한다는 것이다. 손목이 움직이는 동안 이 뉴런들은 지
속적으로 발화하는데, 이는 이 뉴런들이 움직임을 집행하는 데에도 관여함을
시사한다. 막대의 무게가 더해지면 이 뉴런들은 더 높은 비율로 발화하며, 이
는 운동피질의 뉴런들이 발화율을 증가시켜 움직임의 속도를 증가시킨다는
것을 시사한다.

Evarts의 연구 결과는 운동피질이 움직임의 방향을 정하는 것을 보여준다.
운동피질의 손목 영역에 있는 뉴런들은 원숭이가 손을 안쪽으로 가져오기 위
해 손목을 구부릴 때에는 발화하지만 손을 출발점으로 되돌기위해 손목을 뻗
을 때에는 발화하지 않는다. 손목이 신체쪽으로 구부려지는가 혹은 신체 밖으
로 뻗어지는가에 따라 일어나는 뉴런들의 켜짐/꺼짐 반응은 손목이 움직이는
방향을 부호화하는 단순한 방법이다.

단일세포 측정 역시 움직임이 단일세포의 활동보다는 세포 집단의 조합
된 활동에 의해 일어나는 것을 보여준다. Apostolos Georgopoulos와 동료들
(1999)은 Evarts 연구에서 사용된 것과 유사한 방법을 사용하여 움직임 방향
의 부호화를 조사하였다. 이들은 테이블 위의 서로 다른 방향으로 레버를 움직
이도록 원숭이를 훈련시켰다(**그림 9.11A**). 운동피질의 팔 영역에 있는 단일세
포들의 활동을 측정한 결과 원숭이가 자신의 팔을 특정 방향으로 움직일 때 각
뉴런들이 최대한으로 활동하는 것을 발견하였다(그림 9.11B).

특정 세포가 최대한의 반응을 보이는 방향과 다른 방향으로 원숭이의 팔이
움직이면 이 세포는 자신이 '선호하는' 방향과 멀어질수록 활동이 감소되었
다. 예를 들어 그림 9.11B에 제시되어 있듯이 팔이 바로 앞으로 움직일 때 뉴
런이 최대한으로 발화하고 팔이 측면으로 움직이면 발화가 감소되고 팔이 뒤
로 움직이면 발화를 중단한다. 따라서 운동피질은 움직임의 방향과 거리 모두

그림 9.9 ▲

와인드업 운동에 사용되는 움직임 패턴은
일상 활동에서 사용되는 움직임 패턴과 유사
하다. 신경계가 움직임에 대한 일련의 기본 계
획을 가지고 있는 것이 분명하다.

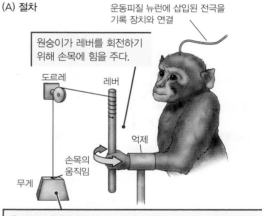

(A) 절차

운동피질 뉴런에 삽입된 전극을
기록 장치와 연결

원숭이가 레버를 회전하기
위해 손목에 힘을 주다.

도르래   레버

억제

손목의
움직임

무게

움직임의 힘을 변화시키기 위해 부착된 무게를 바꿀 수 있다.

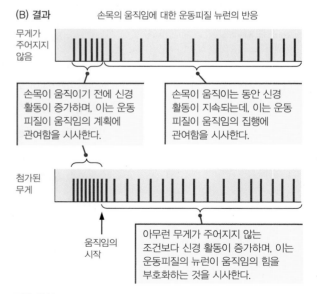

(B) 결과   손목의 움직임에 대한 운동피질 뉴런의 반응

무게가
주어지지
않음

손목이 움직이기 전에 신경
활동이 증가하며, 이는 운동
피질이 움직임의 계획에
관여함을 시사한다.

손목이 움직이는 동안 신경
활동이 지속되는데, 이는 운동
피질이 움직임의 집행에
관여함을 시사한다.

첨가된
무게

움직임의
시작

아무런 무게가 주어지지 않는
조건보다 신경 활동이 증가하며, 이는
운동피질의 뉴런이 움직임의 힘을
부호화하는 것을 시사한다.

그림 9.10 ▲

움직임의 계획과 집행에서의 피질 운동뉴런의 활성화

(Research from Evarts, 1968, p. 15.)

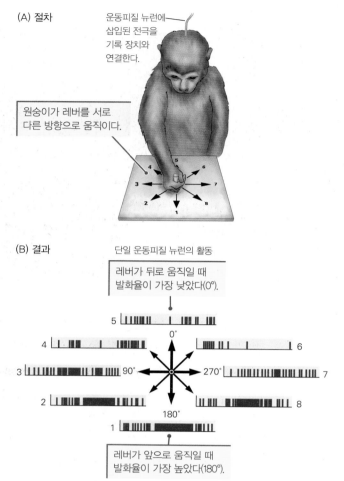

(A) 절차

운동피질 뉴런에 삽입된 전극을 기록 장치와 연결한다.

원숭이가 레버를 서로 다른 방향으로 움직이다.

(B) 결과

단일 운동피질 뉴런의 활동

레버가 뒤로 움직일 때 발화율이 가장 낮았다(0°).

레버가 앞으로 움직일 때 발화율이 가장 높았다(180°).

그림 9.11 ▲

운동피질 뉴런 각각의 선호 방향

(Research from Georgopoulos et al.,1982, p. 1530)

를 계산한다. 큰 집단 내의 각 운동피질 뉴런은 특정 움직임을 생산하는데, 이는 특정 움직임의 방향에 관여하는 뉴런 집단의 발화와 조화를 이루면서 일어난다(Aflalo & Graziano, 2007).

◎ 움직임 반사

우리의 움직임은 결코 로봇처럼 일어나지 않는다. 우리의 행동은 학습되고 상황과 다른 사람들과의 상호작용에 의존하여 일어난다. Carlo Umilta와 동료들(2001)은 사회적 상호작용에 관여하는 원숭이의 운동계 뉴런들의 활동을 측정함으로써 행동의 복잡성에 관한 통찰을 제공하였다. 원숭이를 대상으로 한 단일세포 측정 연구에서 이들은 놀랄 만한 결과를 보고하였다. 복측 전운동피질에 있는 일련의 뉴런들이 원숭이가 어떤 행동을 할 때 발화될 뿐만 아니라 다른 원숭이, 나아가 사람이 자신이 한 행동과 동일한 행동을 하는 것을 관찰할 때도 발화하였다.

이 **거울 뉴런**(mirror system neuron)은 행동의 목표를 부호화한다. 이 뉴런들은 물체, 외떨어진 손 움직임, 그림 혹은 움직임에 관한 비디오 등에 반응하지 않는다. 일부 거울 뉴런들은 특정 방향으로의 손 움직임에 반응하고 큰 물체보다 작은 물체를 집기 위해 손을 움직일 때만 반응한다. 일부 뉴런들은 물체가 손을 뻗어 집을 수 있는 거리 혹은 집을 수 없을 만큼 먼 거리에 있는가를 구분하여 반응한다.

다른 일부 뉴런들은 더 광범위한 상황에 반응하는데, 예를 들면 집기 패턴이 변하거나 목표물의 크기가 달라지는 경우에도 반응한다. 일부 거울 뉴런들은 실험자가 음식을 손 혹은 집게로 집을 때 반응한다. 뉴런들은 실험자가 물체를 집기 위해 손을 모으거나 벌릴 경우에도 반응한다(Cattaneo et al., 2013). 따라서 거울 뉴런들에는 행동의 세부적인 사항보다 행동의 목표가 더 중요하다. 일부 거울 뉴런들은 원숭이가 움직임의 일부를 볼 수 없을 경우에도 '공백 메우기(fill in the blanks)'를 하여 시범자가 하는 움직임을 인식한다(자세히 보기 참조).

그림 9.12A는 핵심적인 거울 뉴런계(core mirror neuron system)를 형성하는 원숭이의 복측 전전두피질의 거울 뉴런들을 지도화한 것인데, 여기에는 복측 전운동피질(F5), 운동피질과 두정엽의 복측 영역이 포함된다. 핵심적인 거울 뉴런계는 전운동피질의 다른 거울 뉴런들보다 더 광범위한 상황에 대해 반응하고 목표 달성에 사용되는 다양한 범위의 행동에 반응한다. 그럼에도 불구하고 두 영역의 거울 뉴런들은 목표 달성에 필요한 행동에 반응한다는 점에서 목적적이다.

그림 9.12B는 인간의 핵심적 거울 뉴런계와 분산된 거울 뉴런계(distributed mirror neuron system)를 보여준다. 인간의 핵심계는 원숭이의 경우처럼 목적적 행동에 반응한다. 그러나 분산계는 비목적 혹은 자동적 행동, 즉 목표가 없는 움직임에 반응한다. 단일세포 측정은 원숭이의 거울 뉴런계를 구성하는 뇌 영역들을 밝히는 한편 인간의 경우 EEG와 fMRI가 거울 뉴런 기능과 관련되는 영역들을 밝혀준다. 원숭이의 경우 핵심적 거울 뉴런계가 두정-운동 회로, 즉 손과 입으로 먹이를 먹는 것에 관여하는 회로와 상당한 정도로 중복된다. 인간의 경우 핵심 거울계에 브로카 영역(브로드만 44번 영역)이 포함된다.

(A) 붉은털원숭이의 거울 뉴런계

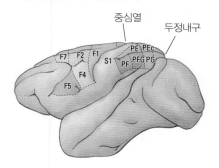

(B) 인간의 거울 뉴런계

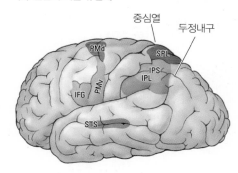

그림 9.12 ▲

거울 뉴런계　(A) 붉은털원숭이의 경우 하전두피질(F5)과 하두정피질(PF와 PFG)을 포함하는 핵심적인 거울 뉴런계(노란색)가 목적 지향적 움직임에 민감하다. (B) 인간의 경우 목적 지향적 행동에 민감한 핵심적인 거울 뉴런계(노란색)에 하전두피질(IFG 혹은 전두회), 복측 전운동피질(PMV 혹은 브로드만 6번 영역), 하두정피질(IPL, 하두정소엽과 IPS, 두정내구)이 포함된다. 인간의 경우 분산된 거울 뉴런계 중 손의 움직임(자주색)에는 배측 전운동피질(PMD)과 상두정엽(SPL)이 관여하고 팔의 움직임(파란색)에는 상측두구(STS)의 일부가 관여하며 도구 사용(오랜지색)과 자동적 혹은 비목적적 행동(초록색)에 관여한다.

(Research from L. Cattaneo and G. Rizzolatti. The Mirror Neuron System. *Archives of Neurology* 66:557–660, 2009.)

　거울 뉴런의 유동적 속성이 움직임을 상상하고 이 장의 서두의 사례 보기에 기술되어 있는 BCI의 통제를 가능하게 한다. 거울 뉴런계가 가지는 많은 기능들 중에는 다른 사람의 행동을 이해하는 능력도 포함된다. 거울 뉴런계가 이론적으로 중요한 점은 이 뉴런계가 상위 인지 기능과 관련되어 있다는 것이다. 거울 뉴런 이론은 우리가 자신과 다른 사람의 행동을 이해할 수 있는 것은 그 행동을 할 때 사용되는 움직임을 내적으로 재현하기 때문이라고 제안한다. 다시 말하면 행동을 인지적으로 이해하는 것은 그 행동을 생산하는 신경계에서 구현된다(Bello et al., 2013).

　거울 뉴런들이 개인의 행동에 관여하고 다른 사람의 행동을 지각하는 능력을 가지고 있다는 사실은 이 뉴런들이 자의식, 사회적 인식과 다른 사람의 의도 및 행동의 인식에 대한 신경학적 근거가 되고 몸짓 및 언어적 언어에 중요하다는 것을 시사한다. Rizzolatti와 동료들(2014)은 특정 장애에서 관찰되는 일부 증상들이 거울 뉴런계와 관련되어 있음을 제안하였다. 예를 들어 일부 자폐스펙트럼장애에서 관찰되는 **공감**(empathy), 즉 다른 사람의 관점에서 볼 수 있는 능력의 부재가 거울 신경계의 기능 이상과 관련되어 있다(24.3절 참조). 원숭이보다 인간의 거울 뉴런계가 더 광범위한 것은 인간이 원숭이보다 흉내와 언어행동 능력을 더 많이 가지는 것과 관련되어 있는 것으로 여겨진다(제19장 참조).

◎ 9.2　뇌간 : 운동 통제

피질에서 척수로 메시지를 전달하는 주요 경로 외에도 뇌간의 다양한 영역에서 척수로 가는 약 26개의 경로가 있다. 이 중요한 경로들은 자세와 균형에 관한 정보를 뇌간에서 척수로 전달하고 자율신경계를 통제한다. 모든 운동 기능에 대해 운동 뉴런이 마지막 공통된 경로이지만 신피질에 의해 조직화되는 숙련된 사지 및 손가락 움직임과는 달리 뇌간에 의해 생산되는 움직임은 몸 전체를 사용한다.

　뇌간이 동물이 행하는 많은 행동에 관여한다는 것은 스위스의 신경과학자인 Walter R. Hess가 수행한 일련의 연구들을 통해 많이 밝혀지게 되었다. Hess(1957)는 고양이와 다른 동물들의 뇌에 전극을 심은 후 접합하는 기법을 개발하였다. 이 전극을 전선과 연결한 후 자유롭게 움직이는 동물의 뇌를 자

자세히 보기 | 거울 뉴런의 활성화 기록

손, 몸통 혹은 부리를 사용하여 먹이를 얻거나 먹이를 입으로 가져가는 행동은 동물들에서 흔히 관찰된다. 유아들이 보이는 초기 행동 중 하나가 손을 입으로 가져가는 것이다. 발달 과정 중에 있는 태아는 엄지손가락을 빨고, 출생 후 유아들은 손에 잡히는 모든 물체를 입으로 가져간다.

원숭이를 대상으로 연구를 하는 동안 Umilta와 동료들(2001)은 원숭이가 먹이에 손을 뻗어 집고 그 먹이를 먹기 위해 입으로 가져갈 때 발화하는 뉴런의 활동을 기록하였다. 그림에 제시되어 있듯이 이 뉴런은 실험자가 블록에 손을 뻗는 것(위 패널)을 원숭이가 관찰할 때에도 발화하였고 실험자가 스크린 뒤에 숨겨진 목표물에 손을 뻗을 때(가운데 패널)에 강하게 발화하였다.

실험자의 손 움직임 그 자체가 뉴런을 흥분하게 하는 것이 아니었는데, 왜냐하면 원숭이는 실험자가 아무런 목표물 없이 손을 뻗는 것(아래 패널)을 관찰할 때에는 뉴런이 강하게 발화하지 않았기 때문이다. 거울 뉴런을 흥분하게 하는 것은 목표물을 얻기 위한 움직임이었고 이는 다른 많은 연구들에서 확인되었다. 거울 뉴런은 손 대신 도구가 사용될 때에도 동일하게 흥분하고 만약 목표물이 먹이처럼 가치가 있는 것일 때 더 많이 흥분한다.

도구는 손의 기능을 확장하고 먹이 찾기에 가장 먼저 사용되었을 것이다. 많은 진화 이론들은 목표, 특히 먹이 찾기를 신호하기 위해 사용된 손 제스처로부터 구어

(verbal language)가 발달되었다고 제안한다. 거울 뉴런과 목표 달성 사이의 밀접한 관련성이 우리의 숙련된 움직임의 유동성을 설명한다. 만약 손을 뻗어 목표물을 얻을 수 없으면 손 대신 입, 발 혹은 신경 보철 BCI를 사용할 것이다.

거울 뉴런의 발견은 거울 뉴런의 의식과 신경 및 정신 질환에서의 역할에 관한 많은 추측을 낳게 하였다(Thomas, 2012). 거울 뉴런이 단순히 운동 행동의 목표를 반영한다고 여기는 입장과 행동의 이해를 반영한다고 여기는 입장이 있다.

전운동피질 (거울 뉴런이 위치하는 영역)   일차 운동피질

전전두피질

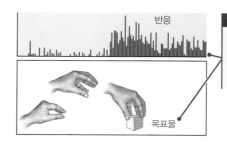

반응

원숭이의 전운동피질에 있는 거울 뉴런은 목표물이 눈에 보이거나

목표물

1

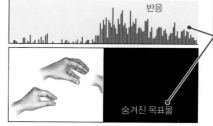

반응

숨겨진 목표물

숨겨져 있을 때 반응한다.

2

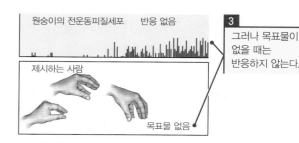

원숭이의 전운동피질세포   반응 없음

제시하는 사람

목표물 없음

그러나 목표물이 없을 때는 반응하지 않는다.

3

거울 뉴런은 원숭이가 관찰한 행동을 수행할 때에도 동일한 방법으로 활동한다.
(Information from Umilta et al., 2001.)

Umilta, M. A., K. Kohler, V. Gallese, L. Fogassi, L. adiga, C. Keysers, and G. Rizzolatti. I know what you are oing: A neurophysiological study. *Neuron* 31:155–165, 2001 © Elsevier.
Thomas, B. What's so special about mirror neurons? *Scientific American*, November 2012.

극하였으며 이 방법은 동물이 큰 불편을 느끼지 않게 하였다.

Hess가 자유롭게 움직이는 동물의 뇌간을 자극한 결과 그 동물종이 행하는 거의 모든 선천적 행동이 유발되었다. 예를 들어 쉬고 있는 고양이의 뇌간을 자극하면 마치 개가 접근하여 놀랄 때처럼 갑자기 등을 구부린 채 뛰어오르며 털을 세우는 행동을 보였다. 전류가 흐르면 이러한 행동이 갑자기 나타나기 시작하였고 전류의 흐름을 중단하면 이러한 행동이 갑자기 중단되었다.

자극하는 전류량이 적으면 이 행동들이 경미하게 나타났지만 전류량이 증가하면 행동의 강도도 증가하였다. 뇌간의 특정 영역을 자극하면 머리를 돌리는 행동이 나타나는 한편 다른 부위를 자극하면 걷거나 뛰는 행동이 나타났고 또 다른 부위를 자극하면 공격적이거나 두려운 행동을 보였다. 동물의

정서적 행동도 조율할 수 있었다. 예를 들어 봉제 장난감을 보여주면서 뇌간의 일부 영역을 자극하면 고양이가 장난감으로 몰래 접근하는 한편 다른 부위를 자극하면 두려움을 보이면서 장난감으로부터 멀어졌다.

　뇌간이 먹고 마시는 행동과 성행동에 필요한 움직임을 통제하기도 한다. 뇌간은 자세 유지, 똑바로 서는 것, 사지의 협응 운동, 헤엄과 걷기, 털 손질과 둥지 짓기 등과 같은 행동에도 중요한 역할을 한다. 털 손질은 주로 뇌간에 의해 조율되는 특히 복잡한 행동 패턴이다. 털 손질의 경우 쥐는 웅크리고 앉아 발을 핥으며 발로 코를 닦은 후 얼굴 전체를 닦다가 마침내 신체의 털을 핥는다. 이러한 동작들이 항상 동일한 순서로 일어난다. 여러분이 샤워 혹은 수영을 한 다음 몸을 말릴 경우 여러분이 행하는 '몸을 단장하는 순서'를 눈여겨보라. 인간의 몸단장 순서는 쥐가 행하는 순서와 매우 유사하다(그림 10.1 참조).

기저핵과 운동 힘

전뇌의 피질하 핵 집합인 기저핵은 운동피질과 중뇌를 연결하고 신피질의 감각 영역과 운동피질을 연결한다. **그림 9.13**에 제시되어 있듯이 기저핵의 중요한 구조가 **미상피각**(caudate putamen)인데, 이 구조는 전두엽 바로 아래에 위치하는 큰 핵무리이다. 미상의 일부는 꼬리처럼 측두엽으로 확장되어 편도체와 연결된다(*caudate*는 '꼬리'를 의미).

　기저핵은 다음의 두 곳으로부터 정보를 받는다. (1) 운동피질을 포함한 모든 신피질 영역과 변연피질이 기저핵으로 정보를 보낸다. (2) 흑질선조 도파민 경로, 즉 중뇌에 있는 검은색을 띠는 흑질에서 기저핵으로 정보를 보낸다(그림 5.18 참조). 그림 9.13에 제시되어 있듯이 기저핵은 역으로 운동피질과 흑질로 다시 정보를 보낸다.

　기저핵이 손상되면 많은 면에서 서로 상반되는 2개의 운동장애가 초래된다. 만약 미상피각의 세포가 손상을 입으면 **운동장애**(dyskinesias)라고 불리는 원치 않는 무도형 움직임(비틀고 씰룩거리는)이 초래된다. 미상피각의 세포가 파괴되는 **헌팅턴병**(Huntington's disease)은 불수의적이고 과장된 움직임이 특징인 유전질환이다. 미상피각의 손상과 관련되어 초래되는 불수의적 움직임 혹은 **운동과다증**(hyperkinetic symptom)이 원치 않는 틱과 발성으로 특징되는 **투렛 증후군**(Tourette's syndrome)에도 나타난다. 투렛 증후군 환자들은 머리 비틀기 혹은 갑작스러운 손과 팔의 움직임 혹은 울부짖음 등과 같은 불수의적 행동을 보인다(Friedhoff & Chase, 1982).

　만약 기저핵의 세포는 손상되지 않은 반면 기저핵이 정보 입력을 받지 못할 경우 다른 운동장애, 즉 **운동감소증**(hypokinetic symptom)이 일어난다. 예를 들어 흑질의 도파민 생산 뉴런들이 상실되고 흑질선조 경로를 통해 도파민이 기저핵에 전달되지 않을 경우 발병되는 **파킨슨병**(Parkinson's disease)은 근육 경직, 행동의 개시 및 집행의 장애로 특징된다. 기저핵의 손상 후 초래되는 이 두 상반되는 증상, 즉 운동과다증과 운동감소증은 기저핵의 주된 기능 중 하나가 움직임을 조율하는 것이라는 것을 시사한다(27.6절 참조).

　Steven Keele과 Richard Ivry(1991)는 두 상반되는 증상을 서로 연결하기 위해 다음과 같은 가설, 즉 기저핵의 근본적인 기능이 각 움직임에 필요한 힘을 생산하는 것이라는 가설을 세웠다. 이 가설에 의하면 기저핵 손상 중 일부 유형은 너무 많은 힘을 생산하게 하여 지나친 움직임을 초래하는 반면 다른 유형은 너

그림 9.13 ▼

기저핵 연결　미상피각이 전뇌 및 중뇌의 흑질과 상호 연결되어 있다.
(Research from Alexander and Crutcher, 1990.)

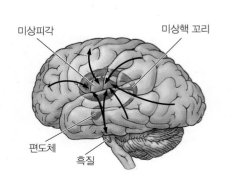

미상피각　미상핵 꼬리

편도체　흑질

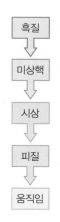

흑질 → 미상핵 → 시상 → 피질 → 움직임

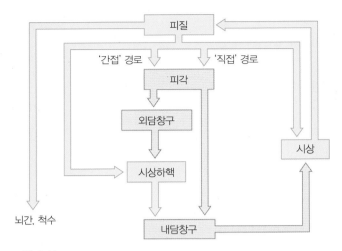

그림 9.14 ▲

움직임 힘의 조절 기저핵의 두 경로가 피질에서 생산되는 움직임을 조절한다. 초록색 경로는 흥분성이고 빨간색 경로는 억제성이다. 간접 경로가 GPi에 흥분성 영향을 미치는 반면 직접 경로는 억제성 영향을 미친다. 만약 간접 경로의 활성화가 우세하면 시상이 닫히고 피질이 움직임을 생산하지 못한다. 만약 직접 경로의 활성화가 우세하면 시상이 과활성화하고 이로 인해 움직임이 증가한다.

(Data from Alexander and Crutcher, 1990, p. 269.)

무 적은 힘을 생산하게 하여 불충분한 움직임을 초래한다고 한다. Keele와 Ivry는 이 가설을 검증하기 위해 건강한 사람들과 다양한 기저핵 장애를 가지는 환자들로 하여금 적절한 양의 힘을 낼 수 있는 능력을 측정하는 과제를 수행하게 하였다.

TV 스크린에 제시된 선을 보는 동안 연구참여자들은 적절한 양의 힘을 들여 버튼을 눌러 제시된 선과 동일한 길이의 선을 그려야 했다. 몇 번의 연습 시행 후 두 집단에게 스크린에 제시된 선이 더 이상 보이지 않을 때라도 적절한 힘으로 버튼을 누르는 것이 요구되었다. 기저핵 장애 환자들은 이 과제를 정확하게 수행하지 못하였는데, 즉 힘을 너무 적게 혹은 너무 많이 준 결과 선을 지나치게 짧거나 길게 그렸다.

어떤 신경 경로가 기저핵으로 하여금 움직임의 힘을 조율하는 것을 가능하게 하는가? 기저핵 회로는 매우 복잡하지만 Peter Redgrave와 동료들(2011)은 두 경로, 즉 억제 경로와 흥분 경로를 통해 기저핵이 운동피질의 활동에 영향을 미친다고 제안하였다. 두 경로는 기저핵의 한 영역인 **담창구**(globus pallidus, GPi)의 내부에서 수렴한다(**그림 9.14**).

GPi는 다시 시상으로 축색을 보내고(구체적으로 전시상핵), 시상은 운동피질로 축색을 보낸다. GPi는 볼륨조절기와 같은 역할을 하는데, 이는 GPi의 활동 결과가 움직임이 약할 것인지 혹은 강할 것인지를 결정하기 때문이다. 그림 9.14에서 GPi로 가는 입력이 색채로 표시되어 있는데, 이는 이 입력이 어떻게 움직임에 영향을 미치는가를 설명하기 위해서이다. 만약 억제 경로(분홍색)의 활동이 흥분 경로(초록색)의 활동보다 더 높으면 GPi의 억제가 우세해지고 시상은 아무런 제약 없이 피질을 흥분시켜 그 결과 움직임이 증가한다. 이와 상반되게 만약 억제 경로보다 흥분 경로의 활동이 더 높으면 GPi의 흥분이 우세하여 이 결과 시상이 피질로 보내는 정보가 억제되고 움직임의 힘이 감소된다.

GPi가 행동의 볼륨조절기처럼 작용한다는 생각은 움직이는 것이 점차 어려워지는 파킨슨병의 치료에 적용된다. GPi의 세포 활동을 측정한 결과 파킨슨병 환자들에서 GPi가 지나치게 활동하고 볼륨조절기 이론에서 주장하는 바와 같이 GPi의 지나친 활동이 움직임이 일어나는 것을 더 어렵게 한다. 만약 파킨슨병 환자의 GPi를 수술로 파괴하거나 전기적 자극을 통해 출력을 방해하면 근육 경직이 감소되어 환자들이 더 정상적으로 움직이게 된다. 따라서 뇌심부 자극을 통해 GPi 혹은 기저핵 회로의 다른 구조들을 자극하는 기법(그림 7.9 참조)이 파킨슨병 환자들에서 관찰되는 경직을 치료하는 한 방법이다.

소뇌와 운동 학습

음악가들 사이에는 다음과 같은 말이 유행한다. 즉 연습을 하루 쉬면 괜찮지만 이틀을 쉬면 자신이 알고 사흘을 쉬면 전 세계가 안다. 숙련 행동을 습득하기 위해서는 엄청난 연습이 필요한데, 이에 대한 요약이 **표 9.1**에 기술되어 있다. 소뇌가 운동 기술, 예를 들어 악기 연주, 야구공 던지기, 휴대전화로 문자 보내기 등의 습득과 유지에 관여하는 것으로 여겨진다.

소뇌는 운동계 중 크고 눈에 띄는 부위로서 뇌간의 맨위와 대뇌피질의 뒤와 밑에 위치하며 눈으로 명확하게 볼 수 있다(**그림 9.15**). 대뇌피질처럼 소뇌는 2개의 반구를 가지고 있다. **소엽**(flocculus)이라고 불리는 작은 엽이 소뇌의 복

표 9.1 숙련된 움직임을 익히는 데 요구되는 반복 횟수

행동	참여자	반복 횟수
여송연 만들기	여성	300만 여송연
뜨개질	여성	150만 바늘땀
양탄자 만들기	여성	150만 매듭
바이올린 연주	아동	250만 노트
농구	프로 운동선수	100만 슛
야구 투구	프로 운동선수	160만 투구

측 표면에 돌출되어 있다. 소뇌는 크기가 신피질보다 작지만 신피질보다 4배 정도 더 많은 뉴런을 가지고 있다. 진화론적으로 인간을 포함하여 큰 뇌를 가지는 동물들에서 신피질에 비례하여 소뇌의 뉴런 수가 증가하였다.

소뇌는 여러 영역으로 구분되며 각 영역은 운동 통제에서 고유의 전문적 기능을 가진다. 소엽은 전정계로부터 정보를 받아 균형의 통제에 관여한다(8.2절 참조). 소엽의 많은 축색들이 척수와 눈 운동을 통제하는 운동핵으로 간다.

소뇌반구의 서로 다른 부위들, 즉 그림 9.15의 아래 그림에 흰색으로 경계를 지은 영역들은 서로 다른 움직임에 관여한다. 가장 내측 부위는 얼굴과 신체의 정중앙 부위의 움직임과 관련되고, 이보다 외측에 있는 부위는 사지, 손, 발과 손가락의 움직임에 관여한다. 반구로부터 시작되어 소뇌핵으로 가는 경로는 더 나아가 운동피질을 포함한 다른 뇌 영역들로 축색을 보낸다.

소뇌의 정중앙 영역에 종양이 생기거나 이 영역이 손상을 입으면 균형, 눈 운동, 직립 자세와 걷기가 방해를 받지만 손을 뻗거나 물체를 집거나 손가락을 사용하는 것은 영향을 받지 않는다. 소뇌의 내측 부위에 손상을 입은 환자가 누워 있을 때에는 거의 증상을 보이지 않는다. 이와 상반되게 소뇌의 외측 영역에 손상을 입을 경우 몸통의 움직임보다 팔, 손과 손가락 움직임이 훨씬 더 방해를 받는다.

어떻게 소뇌가 행동을 통제하는가를 이해하기 위한 시도는 다음의 두 아이디어에 초점을 맞춘다. 즉 소뇌가 (1) 행동의 타이밍과, (2) 정확한 행동의 유지에 관여하는가이다. Keele와 Ivry(1991)은 첫 번째 가설을 지지하였는데, 즉 소뇌가 행동과 지각이 적절한 시기에 일어나게 하는 시계 혹은 페이스메이커처럼 작용한다고 제안하였다.

타이밍을 조사하는 한 운동검사는 소뇌 손상 환자들과 정상인들에게 메트로놈에 따라 일정 시간 간격으로 손가락을 두드리게 한다. 여러 번 두드린 다음 메트로놈을 끈 후 앞서와 같은 간격으로 손가락을 두드리게 한다. 소뇌, 특히 외측 소뇌에 손상을 입은 환자들은 이 검사에서 저하된 수행을 보인다.

타이밍을 조사하는 지각검사는 소뇌 손상 환자들과 정상인들에게 두 쌍의 소리를 제시한다. 첫 번째 제시되는 두 소리 사이의 간격은 항상 동일한 반면 두 번째 제시되는 두 소리 사이의 간격은 시행마다 다르다. 연구참여자들에게 첫 번째보다 두 번째 시간 간격이 더 긴지 짧은지를 보고하는 것이 요구된다. 소뇌 손상 환자들이 정상인들보다 이 과제에서도 저하된 수행을 보인다. 이 결과는 소뇌에 손상을 입을 경우 초래되는 장애가 행동과 지각 모두의 타이밍 상실이라는 것을 시사한다.

소뇌는 행동을 정확하게 유지하는 데에도 관여한다. Tom Thach와 동료들(1992)은 이 가설을 지지하는 증거로서 환자와 정상인들에게 목표물에 다트를 던지게 하는 실험을 하였다(그림 9.16). 몇 차례의 시행 후 두 집단에게 쐐기 모양의 프리즘이 있는 안경을 쓰게 하였는데, 이 안경은 목표물을 원래의 위치에서 왼쪽으로 옮겨놓는 효과를 내었다. 이 안경을 쓰고 다트를 던지면 목표물의 왼쪽에 다트가 꽂혔다. 모든 참여자들이 조준에서 이러한 왜곡을 보였지만 중요한 수행 차이가 나타났다.

정상인들의 경우 다트가 목표물을 맞히지 못하는 것을 보면 목표물에 정확하게 맞칠 때까지 점차

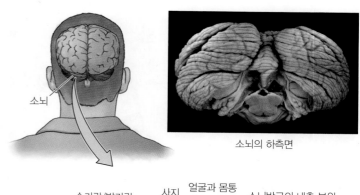

소뇌

소뇌의 하측면

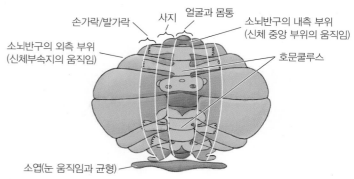

손가락/발가락 　사지　 얼굴과 몸통
소뇌반구의 내측 부위
(신체 중앙 부위의 움직임)
소뇌반구의 외측 부위
(신체부속지의 움직임)
호문쿨루스
소엽(눈 움직임과 균형)

그림 9.15 ▲

소뇌 호문쿨루스 소뇌반구는 신체 움직임을 부호화하고 그림의 맨 아래 가운데에 보이는 소엽은 눈 움직임과 균형을 부호화한다. 소뇌는 지형적으로 조직되어 있다. 소뇌의 내측 부위는 신체의 중앙 부위를 담당하고 더 외측에 위치하는 부위는 사지와 손가락/발가락을 담당한다.

(Photograph of cerebellum reproduced from *The Human Brain: Photographic Guide* by H. Williams, N. Gluhbegovic, Wolters Kluwer Health.)

(A) 절차

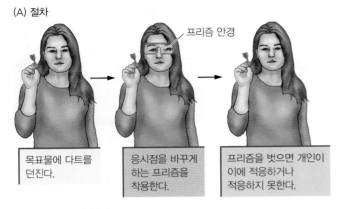

목표물에 다트를
던진다.

응시점을 바꾸게
하는 프리즘을
착용한다.

프리즘을 벗으면 개인이
이에 적응하거나
적응하지 못한다.

(B) 결과―정상 참여자

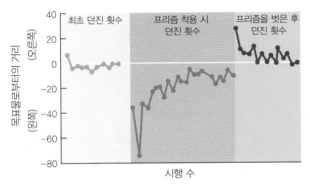

(C) 결과―소뇌 손상 환자

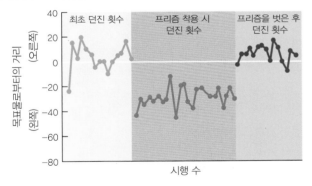

그림 9.16 ▲

소뇌와 정확한 움직임 (A) 개인이 응시점을 왼쪽으로 벗어나게 하는 프리즘을 착용하기 전, 착용하는 동안과 벗은 후 목표물에 다트를 던진다. (B) 정상 참여자는 프리즘을 착용하기 전에 다트를 정확하게 던지고, 프리즘을 착용하면 이에 적응하고 프리즘을 벗으면 잔존 효과를 보인다. (C) 소뇌 손상 환자는 프리즘을 착용하는 동안 던지는 행동을 수정하지 못하고 프리즘을 벗고 난 후 잔존 효과를 보이지 않는다.

(Research from Thach et al., p. 429.)

적으로 조절을 하였지만 소뇌 손상 환자들은 이러한 오류를 수정하지 못하였고 시행이 거듭되어도 목표물의 왼쪽으로 다트를 던졌다.

그 후 두 집단 모두 프리즘 안경을 벗고 몇 번 더 다트를 던졌다. 다시 중요한 차이가 나타났다. 즉 정상인들은 첫 번째 다트를 목표물로부터 훨씬 더 오른쪽으로 던졌으나(참여자가 학습해야만 하였던 이전 적응 때문에) 곧 목표물에 정확하게 던질 때까지 다시 한번 더 조절을 하였다.

이와 달리 소뇌에 손상을 입은 환자들은 프리즘 착용의 후유증을 보이지 않았는데, 이는 이들이 안경 착용에 대한 보상을 결코 하지 않았다는 것을 시사한다. 이 실험 결과는 우리가 행하는 많은 행동, 예를 들어 다트를 던지거나 방망이로 공을 맞추거나 글을 단정하게 쓰거나 그림을 그리는 행동이 소뇌에 의해 이루어지는 순간순간의 운동 학습과 조절에 의존하는 것을 보여준다.

어떻게 소뇌가 행동의 조절을 통해 운동 기술을 향상시키는가를 더 잘 이해하기 위해 여러분 자신이 다트를 던지는 것을 상상해보라. 황소 눈을 목표물로 다트를 던지지만 다트가 황소가 그려진 판을 완전히 빗나가는 것을 상상해보라. 그러면 여러분은 다시 목표물에 다트를 던지며 이번에는 앞서의 오류를 수정하기 위해 던지는 것을 조절할 것이다. 다트를 던지는 행동에는 두 가지 버전이 있다. (1) 여러분이 의도하는 행동이 있을 것이고, (2) 여러분의 팔과 어깨의 감각 수용기가 기록한 실제 움직임이 있을 것이다.

만약 의도하는 행동이 성공적으로 이루어지면 여러분은 다음 시행에서 행동을 수정할 필요가 없다. 그러나 여러분이 의도한 행동을 하지 못하면 조절이 요구된다. 조절이 이루어지는 한 방법이 **그림 9.17**에 제시되어 있는 피드백 회로를 통해서이다. 피질이 목표물에 다트를 던지라는 지시를 척수로 보낸다. 동일한 지시의 복사본이 하올리브핵(inferior olivary nucleus)을 통해 소뇌로 전달된다.

처음으로 다트를 던지면 팔과 어깨에 있는 감각 수용기들이 실제 움직임을 부호화하고 이에 관한 메시지를 척수를 통해 소뇌로 보낸다. 소뇌는 두 가지 행동 버전에 관한 정보를 가지는데, 즉 여러분이 행하고자 의도한 것과 실제로 행한 것에 관한 정보를 가진다. 이 정보에 근거하여 소뇌는 오류를 계산하고 어떻게 행동을 수정할 것인가에 관한 것을 피질에게 전달한다. 다시 다트를 던질 때 이 수정이 고려된다.

우리의 인지 행동 중 많은 것이 이와 유사한 연습을 필요로 한다. 단어를 잘못 발음하거나 우리가 읽은 어려운 단어를 발음하고자 할 때 여러 번의 시도를 거쳐 정확하게 발음하게 된다. 우리가 새로운 아이디어를 가지고 있을 때 처음에는 이 아이디어를 정확하게 표현하지 못하지만 여러 번 시도하면 정확하게 표현할 수 있게 된다. 그림을 그리거나 소설을 쓸 때 우리는 많은 수정을 해야만 한다. 시도를 거쳐 정확함에 이르는 이 모든 행동에는 다트를 던지는 행동처럼 소뇌가 관여한다.

운동 학습 외에도 소뇌는 행동의 연결에 관여하여 행동이 쉼 없이 일어나게 한다. 예를 들어 우리가 어떤 물체에 손을 뻗을 때 끊임없이 두 가지 행동, 즉 손 뻗기와 집는 행동을 결합해야 한다(그림 9.6 참조). 손 뻗기 행동은 손을 목표물에 가져가고, 집는 행동은 손가락을 목표물에 놓게 한다. 소뇌에 손상을 입은 사람들은 비록 뻗기와 집는 행동 각각을 할 수 있지만 이 두 행동을 결합하지 못한다(Zackowski et al., 2002). 대부분의 운동 동작은 손을 뻗는 것과 유사한데, 즉 다수의 단순한 움직임을 결합하여 더 복잡한 행동을 하는 것을 요구한다.

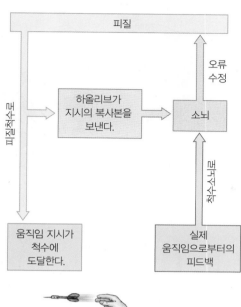

◎ 9.3 척수와의 소통

우리가 행하는 움직임을 뇌의 운동피질이 담당하고 운동피질은 숙련된 움직임에 전문화되어 있다. 뇌간은 몸 전체를 사용하는 움직임, 특히 종 특유의 행동과 관련된 움직임을 통제한다. 이러한 행동을 집행하는 신경 회로가 척수에 존재한다.

척수 경로

신피질은 **피질연수로**(corticobulbar tract)를 통해 뇌간으로 주요 축색들을 보내고 **피질척수로**(corticospinal tract)를 통해 척수로 축색을 보낸다(로의 이름에서 처음 시작되는 피질은 신피질에서 로가 시작됨을 의미하고 **연수, 척수**에서 로가 끝나는 것을 의미). 피질연수로는 안면 근육을 통제하는 핵에서 끝나며 이 경로는 얼굴의 움직임을 통제하는 데 관여한다. 피질척수로는 척수의 개재 뉴런과 운동 뉴런에서 끝나며 이 경로는 사지, 손가락, 발가락과 신체 움직임을 통제한다.

그림 9.17 ▲

의도, 행동과 피드백 의도한 행동과 실제 행한 행동을 서로 비교함으로써 소뇌는 피질에 오류 메시지를 전달하는데, 이는 추후 행동의 정확성을 높이기 위해서이다.

피질연수로와 피질척수로를 형성하는 축색들이 일차 운동피질(M1 혹은 4번 영역)에서만 시작되지 않는다. 일부 축색은 일차 체감각피질(S1 혹은 3-1-2번 영역)에서 시작되고 일부는 전운동피질(6번 영역)에서 시작한다. S1에서부터 내려오는 피질척수로의 일부는 상향 감각 경로의 후주핵(posterior-column nuclei)에서 끝나고 신피질로 전달되는 감각 신호를 조율한다(그림 8.14 참조). M1과 전운동피질에서 시작되는 로의 일부는 뇌간과 척수의 개재 뉴런과 운동 뉴런으로 하향하여 움직임을 직접적으로 통제한다. 따라서 신피질은 움직임과 신체로부터 전달되는 감각 정보 모두를 통제한다(Leyva-Díaz and López-Bendito, 2013).

피질연수로와 피질척수로의 축색은 신피질의 V층 추체세포에서부터 시작한다(그림 3.26 참조). 이 운동 뉴런들은 특히 큰 세포체들을 가지고 있고, 이 세포체들이 먼 거리를 가는 축색들을 지지한다. 피질척수로의 축색들은 뇌간으로 하향하면서 몇 개의 뇌간 핵에 측부지를 보내고 마침내 뇌간의 복측면으로 나오면서 좌우면에 큰 융기를 형성한다. **추체**(pyramid)라고 알려져 있는 이 융기들 때문에 피질척수로를 **추체로**(pyramisal tract)라고도 부른다.

좌반구에서 내려오는 축색의 약 95%가 이 지점에서 뇌간의 오른쪽 면으로 교차하는 한편 우반구에서 내려오는 축색들도 뇌간의 왼쪽 면으로 교차한다. 교차하지 않은 나머지 축색들은 자신들이 시작한 면, 즉 동측면에 남는다. 이러한 분리가 척수의 좌우 면 각각으로 하향하는 2개의 피질척수로를 형성한다. **그림 9.18**은 좌반구 피질에서 시작되는 로를 형성하는 운동 축색이 어떻게 분리되는가를 설명한다.

척수로 내려오는 도중 교차되는 피질척수로 섬유는 피질 호문쿨루스의 손/팔 영역과 다리/발 영역

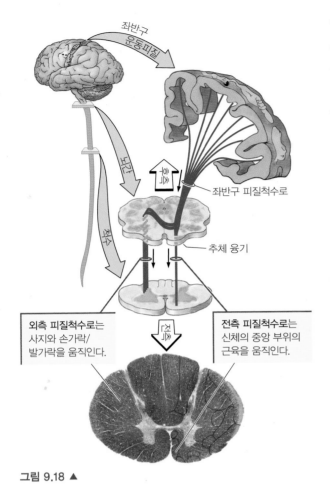

그림 9.18 ▲

피질척수로 경로 (좌반구 운동피질에서 뇌간으로 하향하는 신경섬유는 뇌간의 복측면에 추체라고 불리는 융기를 형성하며 여기서 분리되어 척수로 들어간다. 외측 피질척수로(사지 통제)는 교차하여 척수의 오른쪽으로 하향하고 오른쪽 사지와 손가락/발가락 근육을 움직인다. 전측 피질척수로(몸통 담당)는 왼쪽(동측)으로 하향한다.

(Photograph of spinal cord reproduced from *The Human Brain*: *Photographic Guide* by T. H. Williams, N. Gluhbegovic, Wolters Kluwer Health.)

에서 주로 시작된다. 교차되지 않는 섬유는 운동 호문쿨루스의 몸통 영역에서 시작된다. 따라서 각 대뇌반구의 운동피질은 반대편 신체의 사지를 통제하고 동일한 신체 면의 몸통을 통제한다.

그림 9.18의 아래에 제시되어 있는 척수의 횡단면을 보면 2개의 로가 위치하는 것을 볼 수 있다. 반대편 뇌간으로 교차한 섬유는 척수의 외측면으로 내려오기 때문에 **외측 피질척수로**(lateral corticospinal tract)라고 부른다. 뇌간의 동측면에 남아 있는 섬유는 척수의 전측으로 내려오기 때문이 **전측 피질척수로**(anterior corticospinal tract)라고 부른다. 외측 피질척수로는 사지로 메시지를 전달하는 한편 전측 피질척수로는 몸통으로 메시지를 보낸다.

척수의 운동 뉴런

근육과 연결되는 척수의 운동 뉴런을 '최종 공통 경로(final common path)'라고 부르는데, 이는 모든 운동이 이 뉴런들에 의존하기 때문이다. 개재 뉴런은 운동 뉴런의 바로 내측에 위치하고 운동 뉴런으로 축색을 보낸다. 피질척수로의 섬유들은 개재 뉴런과 운동 뉴런 모두와 시냅스를 형성하지만 신경계의 모든 명령을 근육으로 보내는 것은 운동 뉴런이다.

척수의 운동 뉴런과 개재 뉴런은 **그림 9.19**처럼 호문쿨루스로 배열되어 있다. 외측에 위치하는 운동 뉴런은 손가락과 손을 통제하는 근육으로 축색을 보내고, 중간에 위치하는 운동 뉴런은 팔과 어깨를 통제하는 근육으로 축색을 보내며, 가장 내측에 위치하는 운동 뉴런은 몸통을 통제하는 근육으로 축색을 보낸다. 외측 피질척수로의 축색은 주로 외측의 운동 뉴런과 연결되는 한편 전측 피질척수로의 축색은 내측의 운동 뉴런과 주로 연결된다.

그림 9.20에 볼 수 있듯이 사지 근육은 쌍으로 배열되어 있다. 쌍 중 하나인 **신근**(extensor muscle)은 사지를 몸통 바깥쪽으로 움직이게 하고 다른 하나인 **굴근**(flexor muscle)은 사지를 몸통 쪽으로 움직이게 한다. 척수의 개재 뉴런

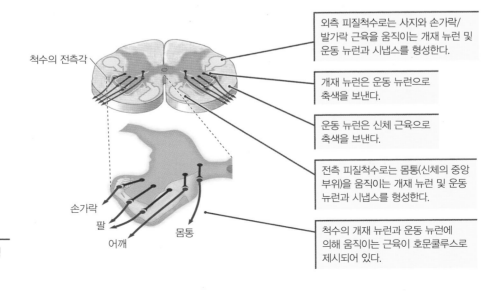

그림 9.19 ▶

개재 뉴런, 운동 뉴런과 근육의 관련성

과 운동 뉴런 사이의 연결은 근육들이 같이 작용하는 것을 가능하게 하는데, 즉 한 근육이 수축하면 다른 근육이 이완한다. 따라서 척수의 개재 뉴런과 운동 뉴런은 뇌로부터 오는 지시를 전달할 뿐만 아니라 이 연결을 통해 많은 근육들이 함께 움직이게 한다(3.4절에 기술되어 있는 척수 신전 반사와 굴곡 반사의 작용 비교 참조).

신피질의 운동 뉴런과 척수의 운동 뉴런 사이의 일대일 관계는 단순하지 않다. 각 근육을 움직이는 운동 뉴런들은 많은 척수 분절을 따라 길게 뻗어 있는 기둥 혹은 원주(column)에 조직화되어 있다. 신피질의 운동 뉴런은 피질척수 연결을 통해 이 기둥에서 척수의 운동 뉴런과 연결될 뿐만 아니라 많은 척수 분절로 광범위하게 가지를 낸다. 광범위하게 분산되어 있는 피질척수 연결을 통해 운동피질은 복잡한 행동을 생산할 수 있게 된다.

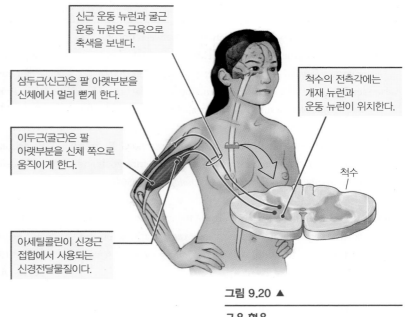

신근 운동 뉴런과 굴근 운동 뉴런은 근육으로 축색을 보낸다.

삼두근(신근)은 팔 아랫부분을 신체에서 멀리 뻗게 한다.

이두근(굴근)은 팔 아랫부분을 신체 쪽으로 움직이게 한다.

아세틸콜린이 신경근 접합에서 사용되는 신경전달물질이다.

척수의 전측각에는 개재 뉴런과 운동 뉴런이 위치한다.

척수

그림 9.20 ▲

근육 협응

요약

신체 근육 움직임은 뇌의 운동 영역에 의해 일어난다. 운동피질은 입과 사지의 숙련된 움직임을 통제하고 뇌간은 몸 전체를 사용하는 협응 운동을 통제하며 이 모든 행동을 집행하는 신경 회로가 척수에 위치한다.

9.1 신피질 : 움직임의 개시

감각 영역에서 운동 영역으로 향하는 신피질 회로가 일상 행동의 조직화된 움직임을 생산한다. 각 영역은 특정 행동, 예를 들어 걸음, 손뻗기, 입에 물체 넣기, 위협 피하기와 씹기 등을 생산한다. 운동피질과 두정피질 영역들도 서로 연결되어 있다. 각 영역은 시각과 촉각에 관한 감각 정보를 수용하고, 움직임에 관한 지시를 근육으로 전달하는 척수와 연결되어 있다.

신피질의 단일세포 측정은 일차 운동피질에 있는 세포들이 움직임의 힘과 방향뿐만 아니라 행할 움직임을 구체화하는 것을 보여준다. 전운동피질의 세포들은 움직임 자체뿐만 아니라 움직임의 목표까지 고려해야 하는 더 복잡한 움직임이 일어나는 동안 높은 활동 수준을 보인다. 전운동피질에 위치하는 세포 유형 중 하나인 거울 뉴런은 특정 목표 지향적 행동을 하거나 이와 동일한 행동을 다른 사람이 하는 것을 관찰하거나 이러한 행동에 관한 그림을 보기만 하여도 활동한

다. 거울 뉴런은 자의식과 사회적 인식을 가능하게 한다.

9.2 뇌간 : 운동 통제

기저핵과 신피질의 상호 간의 연결은 각 움직임의 힘을 조율하는 것을 통해 운동 통제에 기여한다. 결과적으로 기저핵에 손상을 입으면 원하지 않는 불수의적 움직임이 일어나거나(너무 많은 힘이 가해짐) 행동 수행이 어려울 정도의 경직이 일어난다(너무 적은 힘이 가해짐). 소뇌는 정확한 움직임이 일어나게 하고 움직임의 타이밍을 조율하며 행동 의도와 실제 일어난 행동의 비교를 통해 수정이 필요한가를 계산한다. 따라서 소뇌는 행동 기술의 향상이 일어나게 한다.

9.3 척수와의 소통

뇌에서 척수로 내려가는 피질척수로의 일부가 교차하고 이로 말미암아 좌우 반구의 운동피질은 반대편 신체의 사지를 통제하고 동측의 몸통을 통제한다. 척수에 위치하는 운동 뉴런은 호문쿨루스로 조직화되어 있다. 즉 외측에 위치하는 뉴런은 신체의 말단 부위를 통제하고 내측에 위치하는 뉴런은 몸통을 통제한다. 따라서 운동계의 모든 주요 부위들은 지형적으로 조직화되어 있고 운동계의 서로 다른 영역들이 서로 다른 신체 부위들을 통제한다.

참고문헌

Afalo, T.N., and Graziano, M.S.A. Relationship between unconstrained arm movement and single neuron firing in the macaque motor cortex. *Journal of Neuroscience*, 27, 2760–2780, 2007.

Alexander, R. E., and M. D. Crutcher. Functional architecture of basal ganglia circuits: Neural substrates of parallel processing. *Trends in Neuroscience* 13:266–271, 1990.

Bello A., L. Sparaci, S. Stefanini, S. Boria, V. Volterra, and G. Rizzolatti. A developmental study on children's capacity to ascribe goals and intentions to others. *Developmental Psychology* 50(2):504–513, 2013.

Brinkman, C. Supplementary motor area of the monkey's cerebral cortex: Short- and long-term deficits after unilateral ablation and the effects of subsequent callosal section. *Journal of Neuroscience* 4:918–992, 1984.

Cattaneo L., F. Maule, G. Barchiesi, and G. Rizzolatti. The motor system resonates to the distal goal of observed actions: Testing the inverse pliers paradigm in an ecological setting. *Experimental Brain Research* 231:37–49, 2013.

Evarts, E. V. Relation of pyramidal tract activity to force exerted during voluntary movement. *Journal of Neurophysiology* 31:14–27, 1968.

Filimon, F. Human cortical control of hand movements: Parietofrontal networks for reaching, grasping, and pointing. *Neuroscientist* 16:388–407, 2012.

Friedhoff, A. J., and T. N. Chase, Eds. *Advances in Neurology, vol. 35, Gilles de la Tourette Syndrome.* New York: Raven Press, 1982.

Fukuda, T. *Statokinetic Reflexes in Equilibrium and Movement.* Tokyo: University of Tokyo Press, 1981.

Georgopoulos, A. P., J. F. Kalaska, R. Caminiti, and J. T. Massey. On the relations between the direction of two-dimensional arm movements and cell discharge in primate motor cortex. *Journal of Neuroscience* 2:1527–1537, 1982.

Georgopoulos, A. P., G. Pellizzer, A. V. Poliakov, and M. H. Schieber. Neural coding of finger and wrist movements. *Journal of Computational Neuroscience* 6:279–288, 1999.

Graziano, M. *The Intelligent Movement Machine.* New York: Oxford University Press, 2009.

Hess, W. R. *The Functional Organization of the Diencephalon.* London: Grune & Stratton, 1957.

Hickock, G. *The Myth of Mirror Neurons: The Real Neuroscience of Communication and Cognition.* New York: W. W. Norton & Company, 2014.

Kaas, J. H., O. A. Gharbawie, and I. Stepniewska. Cortical networks for ethologically relevant behaviors in primates. *American Journal of Primatology* 75:407–414, 2013.

Karl, J. M., and I. Q. Whishaw. Different evolutionary origins for the reach and the grasp: An explanation for dual visuomotor channels in primate parietofrontal cortex. *Frontiers in Neurology* 4:208, December 23, 2013.

Keele, S. W., and R. Ivry. Does the cerebellum provide a common computation for diverse tasks? A timing hypothesis. In A. Diamond, Ed., *The Development and Neural Bases of Higher Cognitive Functions. Annals of the New York Academy of Sciences* 608:197–211, 1991.

Leyva-Díaz, E, and G. López-Bendito. In and out from the cortex: Development of major forebrain connections. *Neuroscience* 254:26–44, December 19, 2013.

Nicolelis, M. Mind in motion. *Scientific American* 307:58–63, September 2012.

Penfield, W., and E. Boldrey. Somatic motor and sensory representation in the cerebral cortex as studied by electrical stimulation. *Brain* 60:389–443, 1958.

Redgrave, P., N. Vautrelle, and J. N. Reynolds. Functional properties of the basal ganglia's re-entrant loop architecture: Selection and reinforcement. *Neuroscience* 198:138–151, 2011.

Rizzolatti, G., A. Alberto Semi, and M. Fabbri-Destro. Linking psychoanalysis with neuroscience: The concept of ego. *Neuropsychologia* 55:143-148, 2014.

Roland, P. E. *Brain Activation.* New York: Wiley-Liss, 1993.

Schieber, M. H. Somatotopic gradients in the distributed organization of the human primary motor cortex hand area: Evidence from small infarcts. *Experimental Brain Research* 128:139–148, 1999.

Thach, W. T., H. P. Goodkin, and J. G. Keating. The cerebellum and the adaptive coordination of movement. *Annual Review of Neuroscience* 15:403–442, 1992.

Umilta, M. A., K. Kohler, V. Gallese, L. Fogassi, L. Fadiga, C. Keysers, and G. Rizzolatti. I know what you are doing: A neurophysiological study. *Neuron* 31:155–165, 2001.

Zackowski K. M., W. T. Thach, Jr,, and A. J. Bastian. Cerebellar subjects show impaired coupling of reach and grasp movements. *Experimental Brain Research* 146:511–522, 2002.

10

신피질 기능의 원리

 사례 보기 반구절제술

A.R.은 11세까지는 매우 정상적인 소년이었지만 이 무렵부터 신체의 오른쪽 면에서만 발작이 나타나기 시작하였다. 시간이 지나면서 신체 오른쪽이 지속적으로 약해지고 이로 인해 말하는 것이 매우 어려워졌다. **난어증** (dysphasia)은 CNS의 손상으로 초래되는 언어장애이다. A.R.이 발병 후 6년 동안 여러 차례 병원에 입원하였지만 발작, 언어 및 운동 장애의 원인은 밝혀지지 않았다. 그는 원래 오른손잡이였지만 오른손을 사용하지 못하게 되면서 왼손으로 글을 쓰고 그림을 그리기 시작하였다.

15세 때 그의 IQ 점수는 이전보다 30점 정도 낮아졌고, 17세에 이르러서는 언어장애와 정서장애가 너무 심각하여 심리검사의 수행이 불가능해졌다. 17세에 그는 라스무센 뇌염(Rasmussen's encephalitis)으로 진단을 받았는데, 이는 만성적인 뇌 감염으로 말미암

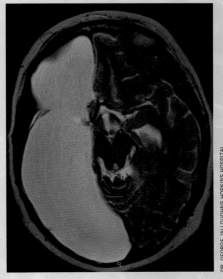

DR. GEORGE JALLO/JOHNS HOPKINS HOSPITAL

아 한 대뇌반구의 기능이 점진적으로 손상되고, 결국에는 거의 기능하지 못하게 되는 질환이다. 유일한 치료가 손상된 뇌조직을 제거하는 것이기 때문에 수술을 통해 A.R.의 좌반구를 제거하였는데, 이 절차를 **반구절제술** (hemispherectomy)이라고 부른다(제시되어 있는 MRI 스캔은 좌반구 절제술 후 환자의 뇌를 배측면에서 촬영한 것이다).

A.R.은 수술 후 10년, 즉 27세 때 다시 검사를 받았는데, 놀랄 만한 기능 향상을 보였다. 그의 구어 능력은 평균 수준이었다. 그는 자유롭게 의사소통을 하였고 대화를 먼저 시작할 수 있었으며 또 다른 사람의 말에 답할 수도 있었다. 그러나 그는 거의 문맹에 가까웠는데, 즉 가장 기본 수준의 읽기와 쓰기를 할 수 없었다.

운동 기술도 향상되었다. 비록 심하게 절뚝거리고 오른팔을 어깨까지만 올릴 수 있었지만 그는 혼자서 움직일 수 있었고 물건을 집기 위해 오른손을 쥐고 펼 수 있었다.

사람들은 상당한 정도의 대뇌조직을 상실함에도 불구하고 놀랄 만한 인지 능력과 운동 능력을 유지할 수 있다. A.R.과 같이 반구절제술을 받은 환자나 좌우 반구의 뉴런을 많이 상실한 환자가 유지하는 능력은 다음과 같은 질문을 하게 한다. 즉 행동 통제에 대해 대뇌반구와 피질하 영역들이 가지는 역할은 무엇인가? 이 질문에 대한 답을 찾기 위해 이 장에서는 척수에서부터 피질에 이르는 CNS의 위계적 조직화, 피질의 구조와 뇌조직화에 관한 기능적 이론들에 초점을 맞춘다. 마지막으로 다음의 또 다른 질문, 즉 인간 뇌는 독특한 속성을 가지고 있는지를 살펴보기로 하자.

10.1 척수에서 피질에 이르는 기능의 위계

뇌의 기능 위계에서 상위 수준은 동물의 행동을 더 정확하고 융통성 있게 한다. A.R.의 지능검사 점수는 수술 후 70이었고(경계선 지적장애 수준), 이는 아동기 때의 점수인 100(평균)보다 훨씬 낮은 점수이다. 비록 A.R.이 심한 장애를 보이지만 많은 뇌 영역들이 절제된 것을 고려하면 잘 기능하는 것으로 여겨진다. 이는 다음의 두 가지 때문이다.

1. **기능 수준.** 피질하 구조들이 복잡한 행동을 매개할 수 있다. 피질과 피질하 구조의 관계를 피아노 연주자와 피아노의 관계로 비유할 수 있다. 피질은 피아노 연주자의 역할과 같은데, 즉 피질하 건반들을 연주함으로써 행동을 생산한다. 이러한 생각은 19세기 중반 Herbert Spencer에서 비롯되었고, 그는 연속적인 진화 단계 동안 새로운 뇌 조직과 복잡한 행동이 첨가되었다고 제안하였다. John Hughlings-Jackson은 Spencer의 주장을 지지하였고 이 주장은 20~21세기의 신경학 이론의 주요 초점이 되었다(1.3절 참조).

2. **뇌 가소성.** 뇌가 경험, 약물, 호르몬 혹은 손상에 반응하여 상당한 정도로 변할 수 있는 것은 가소성 때문인데, 이는 뇌 손상으로 초래되는 기능 상실을 보상할 수 있는 능력이다. 뇌의 회복 능력은 1700년대 대중의 많은 관심을 받았는데, 이는 Joseph Du Verney가 대중 앞에서 한 실험 때문이다. 그는 개구리의 신경과 근육을 분리하였지만 근육을 만지면 근육이 수축되었으며, 이는 신경이 여전히 기능하는 것을 시사한다.

실제 신경계 조직의 기능 수준에 관한 관심은 뇌가 상당한 가소성을 가지고 있다는 초기 발견 때부터 있어 왔다. Du Verney의 시범이 있은 지 약 300년 동안 실험실 동물과 인간 모두 뇌의 많은 부위가 제거되어도 놀랄 만큼 잘 기능할 수 있다는 것이 명확해졌다. A.R.이 수술을 받을 당시 그는 거의 언어 능력을 가지고 있지 않았는데, 이는 대부분의 사람들에서 언어 기능을 담당하는 좌반구의 기능 이상이 우반구가 언어 기능에 관여하는 것을 방해하기 때문이다. 좌반구가 제거된 직후 비록 좌반구가 여전히 우반구 기능을 억압하고 있음에도 불구하고 A.R.의 일부 언어 기능이 회복되었다.

많은 뇌조직이 상실된 사람들이 정상적으로 생활할 수 있다는 사실은 상실된 뇌 영역들이 필요하지 않다는 것을 시사하는 것이 아니다. 사람들이 사지 상실을 보상하는 것처럼 뇌조직의 상실에 대해서도 보상할 수 있다. 그러나 이러한 보상 능력이 이 사람들이 정상적인 사지 혹은 뇌를 가지고 있을 경우보다 더 낫다는 것을 의미하지는 않는다.

20세기 동안 많은 신경학적 연구들이 신경계의 상당한 부위가 제거된 동물들의 능력을 조사하였다. Kent Berridge와 Ian Whishaw(1992)는 쥐의 털 손질 행동을 조사하였다. 9.2절에서 살펴본 바와 같이 쥐(인간을 포함한 다른 동물들처럼)는 머리부터 시작하여 신체의 아랫부위로 털 손질을 한다. **그림 10.1**에 제시되어 있듯이 쥐는 발을 사용하여 털 손질을 하기 시작하여 대칭적인 원 움직임으로 코를 문지른다. 그런 다음 발로 얼굴과 귀 뒤를 쓸고 난 후 신체를 핥는다. 이 일련의 행동은 50개나 되는 서로 연결된 움직임으로 이루어진다.

털 손질 행동을 조사한 Berridge와 Whishaw는 신경계의 많은 수준들이 털 손질 행동을 구성하는 각 요소(움직임)의 생산과 조직화에 관여하는 것을 발견하였다. 즉 이 행동이 뇌의 한 영역에 의해 일어나는 것이 아니라 척수에서 피질에 이르는 많은 뇌 영역과 수준들에서 일어났다. 그리고 신경계의 여러 수준들이 단순히 기능을 되풀이하는 것이 아니라 각 영역이 행동의 서로 다른 수준에 관여한다.

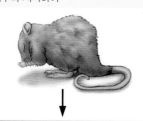

쥐는 일정한 순서로 털손질을 한다. 머리부터 시작하여

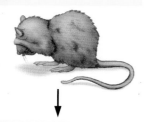

얼굴을 손질하고

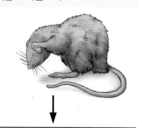

양쪽 귀를 쓰다듬으며

계속해서 신체의 뒷부분을 손질한다.

그림 10.1 ▲

쥐의 털 손질 순서

이 위계적 조직화가 털 손질 행동에만 적용되는 것이 아니라 우리(쥐뿐만 아니라)가 행하는 거의 모든 행동에 적용된다. 위계적 조직화의 원리를 이해하는 것이 피질의 통제가 어떻게 행동에 기여하는가를 이해하는 데 중요하다. **그림 10.2**는 신경계의 서로 다른 수준이 매개하는 일부 기능을 기술하고 있다. 다음 절들에서 이와 유사한 기능이 인간에도 존재하는 것을 살펴볼 것이다. 먼저 CNS의 가장 낮은 수준인 척수를 살펴본 후 행동이 복잡해질수록 어떤 뇌 구조들이 더불어 작용하는가를 살펴보기로 하자.

척수 : 반사

3.4절에 양측 하지마비와 사지마비를 포함한 척수손상 효과와 배우였던 고 크리스토퍼 리브가 낙마사고로 인하여 척수 절단 후 어떻게 기능하였는지에 관해 기술되어 있다. 1978년부터 시작된 일련의 영화 '슈퍼맨 시리즈'에서 주연을 맡았던 리브는 사고를 당한 후 10년 동안 생존하였지만 움직이지 못하였고, 호흡기 없이는 호흡조차 하지 못하였다. 뇌로부터 전해 내려오는 정보 없이 척수가 행할 수 있는 행동은 무엇인가?

■ 최상위 기능 영역

행동

반사
감각 자극에 대해 스트레칭, 철수, 지지, 긁음, 발 흔들기 등으로 반응한다.

척수(척수)

자세 지지
자극을 받으면 쉭쉭거리는 소리을 내거나 물거나 으르렁거리거나 씹거나 꼬리를 흔들거나 핥는 등의 움직임을 보인다. 과장된 서 있음, 자세 반사와 몽유병적 행동을 보인다.

하등제뇌(후뇌)

자발적 행동
단순한 시각 및 청각 자극에 반응한다. 털 손질과 같은 자동적 행동을 수행한다. 자극을 받으면 일부 수의적 움직임(예 : 서 있기, 걷기, 뛰기, 오르기)을 보인다.

고등제뇌(중뇌)

정서와 동기
자발적이고 과도한 수의적 움직임을 뚜렷한 목적 없이 행한다. 통합되지만 지향적이지 않은 정서 행동을 보인다. 체온 조절이 유지된다.

간뇌(시상하부, 시상)

자기 유지
수의적 움직임과 자동적 움직임을 연결하여 단순한 환경에서 자기 유지(먹이 먹기와 물 마시기)를 한다.

피질박리(기저핵)

통제와 의도
일련의 수의적 움직임을 조직화된 양식으로 행한다. 감각 자극 패턴에 반응한다. 인지 지도의 형성이 가능하고 대상, 사건과 사물 사이의 관련성을 이해하여 반응한다. 정서적 의미를 인식한다.

정상(피질)

 그림 10.2 ◀

중추신경계의 위계 척수에서 피질에 이르는 해부 및 행동 수준의 위계와 각 수준의 최상위 기능 영역이 제시되어 있다.

그림 10.3 ▲

러닝머신에서 걷고 있는 척수동물

척수

크리스토퍼 리브처럼 척수가 뇌로부터 분리된 동물은 수의적으로 움직일 수 없는데, 이는 뇌가 척수 뉴런과 더 이상 소통할 수 없기 때문이다. 그럼에도 불구하고 손상되지 않은 척수는 많은 반사 행동, 예를 들어 사지가 촉각 자극으로 접근하는 것과 해로운 자극으로부터 철수하는 등의 반사 행동을 매개할 수 있다(Grillner, 1973).

또한 **척수**(spinal)는 체중이 지지를 받는 한 스텝 운동이나 걷는 행동을 생산할 수 있는 신경 회로를 가지고 있다. 예를 들어 만약 척수동물을 해먹에 매달아서 움직이는 러닝머신 위에 놓으면 발을 자동적으로 떼어 움직이기 시작한다(**그림 10.3**). 이 행동은 뇌에 있는 회로가 아니라 척수에 있는 회로가 스텝 운동을 생산하는 것을 보여준다. 뇌의 역할은 이러한 움직임이 정확한 시간과 장소에 일어나도록 통제하는 것이다.

후뇌 : 자세 지지

만약 손상 후 후뇌와 척수가 서로 연결되어 있지만 이 두 구조가 뇌의 나머지 영역들과 분리되어 있는 경우를 **하등제뇌**(low decerebrate)라고 한다. 이 유형의 손상은 척수 절단 동물에서 관찰되는 것과는 많이 다른 증후군을 야기한다. 척수동물은 각성되어 있고 척수가 절단된 환자들은 여전히 말을 하거나 감정을 표현할 수 있다. 그러나 하등제뇌 동물은 의식을 유지하는 데 어려움을 보이는데, 이는 정보가 손상된 부위 위에 위치하는 뇌 영역들로 더 이상 전달되지 못하게 되어 마치 전뇌가 '어둠 속'에 있는 상태가 초래되기 때문이다.

후뇌로 가는 감각 입력은 주로 머리로부터 오며 4~12번 뇌신경에 의해 전달된다(그림 3.14 참조). 뇌신경 대부분은 후뇌에 운동핵도 가지고 있어 핵의 원심성 섬유가 머리와 목 근육을 통제한다. 후뇌로 전달되는 감각 입력이 뇌신경에 의해서만 전달되는 것은 아니다. 즉 후뇌가 척수 운동계와 연결되어 있는 것처럼 척수의 체감각계도 후뇌의 운동계와 연결된다. 그러나 하등제뇌 동물의 후뇌로 가는 감각 입력이 후뇌의 위에 위치하는 뇌 영역들로 더 이상 전달되지 않으며 이 결과 심각한 의식장애가 초래된다.

다음의 전형적인 예가 하등제뇌 손상의 효과를 보여준다. 20세기 초에 실시된 고양이를 대상으로 한 실험에서 H.C. Bazett와 Wilder Penfield(1922)는 하등제뇌 고양이들을 몇 주 혹은 몇 달 동안 생존하게 하였다. 고양이들은 방해를 받지 않으면 주로 움직이지 않았고 체온 조절(정상적인 체온 유지)을 하지 못하였지만 먹이를 혀에 놓으면 이를 삼켜 먹었다.

만약 동물을 다양한 감각 자극(촉각, 통각, 청각)으로 가볍게 자극하면 비스듬히 누워 있던 자세에서 구부리는 자세로 바꾸었다. 만약 더 강한 자극을 주면 다소 불안정하지만 걸었고, 전형적인 정서적 행동, 예를 들어 물거나 쉭쉭거리는 소리를 내거나 으르렁거리거나 꼬리를 흔드는 등의 행동을 보였다.

하등제뇌(후뇌)

후뇌가 부여하는 특징적인 행동이 **제뇌경직**(decerebrate rigidity)이라고 불리는 기이한 경직인데, 이는 지나친 근육 긴장, 특히 자세를 유지하기 위해 몸을 떠받치는 항중력근(antigravity muscle)의 지나친 긴장 때문이다. 항중력근은 신체의 가장 강한 근육이다. 하등제뇌 동물을 똑바로 선 자세로 있게 하면 사지를 뻗고 머리를 위로 구부리는데, 이 자세를 '과장된 서 있음(exaggerated standing)'이라고 부른다.

제뇌경직에도 불구하고 머리 위치를 바꾸게 함으로써 다양한 자세 반사가 일어나게 할 수 있다. 서 있는 동물의 머리를 바닥을 향하게 하면 앞발을 구부리고 뒷발을 뻗는다. 머리를 위로 향하게 하면 뒷 발을 구부리고 앞발을 뻗는다. 처음 자세는 정상적인 고양이가 소파 밑을 볼 때 보이는 자세인 한편 두 번째는 선반을 보기 위해 위를 쳐다볼 때 보이는 자세이다. 머리를 측면으로 돌리게 할 경우 같은 면의 사지는 뻗고 반대편 사지는 구부린다. 주로 이 반응은 고양이가 어떤 물체를 보고 추적하기 위해 준비 할 때 보인다.

전형적으로 동물은 두 가지 유형의 수면을 보인다. 즉 근육 긴장과 서파 수면으로 특징되는 안면 (quiet sleep)과 근육 긴장의 부재가 특징이고, 꿈 수면(dream sleep) 혹은 REM 수면(급속안구운동 수면) 으로도 불리는 활성 수면(active sleep)을 보인다(그림 10.4). 하등제뇌 동물은 두 유형의 수면을 서로 다 른 시기에 보인다. 방해를 받지 않는 경우 경직이 점차 상실되고 엎드린 자세를 취한다. 소음 혹은 촉 각과 같은 자극이 경미하게라도 제공되면 또다시 경직된다. 이 행동 변화는 안면과 유사하다.

또한 하등제뇌 동물은 갑작스럽게 쓰러져 15초에서 12분 정도 움직이지 않는데, 이 경우 모든 신체 긴장이 상실되며 이는 활성 혹은 REM 수면과 유사하다. **기면증**(narcolepsy)이라고 불리는 질병을 앓 는 사람들이 이와 유사하게 갑자기 통제 불가능한 활성 수면에 빠져든다(26.9절 참조). 따라서 하등제 뇌 동물에 관한 연구 결과는 수면을 생산하는 센터가 후뇌에 위치하는 것을 보여준다.

하등제뇌 동물에서 관찰되는 행동 변화는 뇌간의 하위 영역과 나머지 뇌 영역을 분리하는 뇌간 손 상 후 지속적 식물 상태(PVS)에 빠진 사람들에서 관찰되는 행동 변화와 유사하다. R. Barrett와 동료 들(1967)은 여러 PVS 사례를 보고하였다. 테리 시아보(13쪽 자세히 보기 참조)처럼 PVS에 있는 사람 들은 수면 및 각성 상태와 유사한 의식 상태를 교대로 보이는데, 즉 움직이는 자극을 추적하는 눈 운 동, 기침, 미소, 음식 삼킴과 제뇌경직과 몸을 옮겨주면 자세를 조절하는 것을 보인다. 특별한 보살핌 을 제공하면 PVS 환자들은 상태의 변화 없이도 몇 달 혹은 몇 년동안 생존할 수 있다.

중뇌 : 자발적인 움직임

고등제뇌(중뇌)

뇌의 조직 위계에서 다음 수준은 중뇌는 손상되지 않았지만 그 상위 의 기능이 부족한 동물들에서 관찰된다. 시각(상구)과 청각(하구)을 조율하는 영역인 시개와 다수의 운동핵이 위치하는 피개로 구성된 중 뇌가 간뇌와 분리되는 손상을 입을 경우 이러한 상태가 초래되는데, 이를 **고등제뇌**(high decerebration)라고 부른다. 시각과 청각 입력으 로 말미암아 고등제뇌 동물은 멀리서 일어나는 사건을 지각할 수 있기 때문에 멀리서 자신에게로 오는 자극에 반응할 수 있다.

Brad와 Macht(1958)는 고등제뇌 동물들이 걷고 서며 등을 돌리면 다시 꼿꼿한 자세를 취하고 자극 하면 달리거나 기어오를 수도 있다고 보고하였다. Bignall과 Schramm(1974)은 어린 시절에 제뇌된 새끼 고양이들이 시각과 청각 자극에 대해 정향 반응을 보임을 관찰하였다. 이 동물들은 공격 반응을 보이기도 하고 소리를 내는 대상을 덮치기도 하였다.

실제 Bignall과 Schramm은 먹이를 가지고 이 행동을 연구하였다. 즉 그들은 소리가 나는 곳 가까 이에 음식을 놓았고, 고양이들은 소리가 나는 곳을 공격한 후 먹이를 먹었다. 움직이는 대상을 공격하 였음에도 불구하고 이 고양이는 대상을 보지 못한 것으로 보였는데, 이는 걸어가는 동안 여러 물체와 부딪치는 행동을 보였기 때문이다.

깨어 있음

안면
(서파 수면)

활성 수면
(REM 수면 혹은 꿈 수면)

그림 10.4 ▲

전형적인 고양이 자세

그림 10.5 ▲

맛에 대한 인간의 반응 손가락 혹은 입술을 핥는 등의 긍정적(즐거운) 반응은 단맛과 다른 감칠맛에 의해 일어난다. 쓴맛(키니네 등)과 다른 불쾌한 맛에 의해 일어나는 부정적(불쾌한) 반응에는 뱉기, 역겨운 얼굴 표정과 손동으로 입을 닦는 것이 포함된다.

(Information from K. C. Berridge, Food reward: Brain substrates of wanting and liking. *Neuroscience and Biobehavioral Reviews* 20:6, 1996.)

이러한 실험들의 결과는 **수의적 움직임**(voluntary movement), 즉 몸을 돌리고 걷고 기어오르고 헤엄치고 나는 것과 같이 동물이 한 장소에서 다른 장소로 움직이는 것은 중뇌의 피질하 수준에 위치하는 것을 시사한다. 전형적으로 동물은 먹이나 물을 찾는 것 혹은 새로운 영역을 찾는 것 혹은 포식자로부터 도망하는 것 등과 같은 다양한 욕구를 충족시키기 위해 수의적 움직임을 사용한다. 수의적 움직임은 **욕구적, 도구적, 목적적** 혹은 **조작적 움직임**이라고도 불린다.

수의적 움직임이 하위 수준의 자세 유지와 반사 행동을 통해 일어나기 때문에 하위 수준의 감각 입력에 의해서도 수의적 움직임이 일어날 수 있다. 즉 꼬집거나 자세를 바뀌게 하면 몸을 돌리거나 걷거나 혹은 기어오르는 등의 움직임이 일어날 수 있다. 따라서 중뇌 수준의 기능은 후뇌와 척수가 서로 상호 연결되는 것과 동일하게 상향과 하향 연결을 하위 수준에서 통합하는 것이다.

고등제뇌 동물은 **자동적 움직임**(automatic movement), 즉 일련의 순서로 일어나는 자동적 행동을 효율적으로 수행할 수도 있다. 쥐의 대표적인 자동적 움직임이 털 손질하기, 먹이 씹기, 물 핥기와 먹이 거부 등이다. 반사적, 완료적 혹은 **반응적 행동**이라고도 불리는 자동적 행동은 일반적으로 한 행동을 완료하는 것이지 한 장소에서 다른 장소로 움직이는 행동이 아니다.

자동적 행동의 좋은 예가 털 손질하기인데 이는 이 행동이 조직적이고 전형적인 방식으로 순서에 따라 일어나는 많은 움직임으로 구성되어 있기 때문이다. 먹이 거부 역시 복잡한 일련의 움직임으로 일어난다. 만약 고등제뇌 쥐가 배고픔을 느끼지 않을 때 먹이를 제공하면 쥐는 먹이를 거부하기 위해 혀를 날름거리고 턱을 만지며 발을 흔드는 일련의 움직임을 보인다. 이러한 행동은 쥐뿐만 아니라 해로운 음식에 대해 사람이 보이는 거부 행동과 유사하다(**그림 10.5**). 만약 동물이 포만감을 느끼지 못하면 물을 핥고 자신의 입에 놓인 먹이를 씹는다.

전뇌의 상당한 부분을 상실한 채 태어난 유아 사례 중 100여 년 전에 E. Gamper(Jung & Hassler, 1960)가 조사한 한 아동은 간뇌 위 수준의 뇌를 전혀 갖지 않았고 간뇌 중 겨우 일부 영역만을 가지고 있었다. 따라서 이 중뇌 아동은 해부적으로나 행동적으로 고등제뇌 동물과 동일하였다. **그림 10.6**에 제시되어 있듯이 중뇌 아동은 신생아들이 보이는 많은 행동, 예를 들어 수면과 각성 주기, 빨기, 하품, 스트레칭, 울음과 눈으로 시각 자극을 추적하는 등의 행동을 보인다. 그러나 비록 이 아동은 앉을 수는 있지만 자발적인 행동을 거의 보이지 않고, 만약 혼자 있게 되면 거의 졸린 상태로 지낸다.

Yvonne Brackbill(1971)도 이와 유사한 아동을 조사한 결과 이 아동이 60~90dB 정도의 음량(강도)을 가지는 소리에 대해 정상 아동처럼 정향 반응을 보이는 것을 관찰하였다. 그러나 정상 아동과 달리 반복적인 소리에 대한 반응 강도의 변화와 습관화(반응 강도의 점진적인 감소)를 보이지 않았다. Brackbill은 전뇌가 움직임의 생산에는 중요하지 않지만 움직임의 감소와 억제에 중요하다고 결론 내렸다. 심각한 뇌이상을 가지고 태어난 영아들은 대개 오래 생존하지 못하고 몇 달 혹은 몇 년 동안 생존한 유아들에서도 정상아들에서 관찰되는 복잡한 행동이 발달하지 않는다.

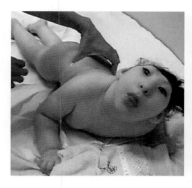
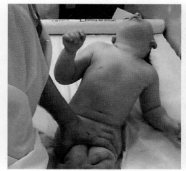
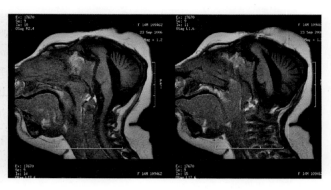

그림 10.6 ▲

중뇌 아동 3세 된 중뇌 아동이 경직된 자세를 보여준다. MRI는 전뇌가 부족하지만 뇌간의 하위 부위와 소뇌가 정상적인 것을 보여준다.

(Carolina Araújo Rodrigues Funayama, Luzia Iara Pfeifer, Ester Silveira Ramos, Patrícia Zambroni Santucci, Israel Gomy, Adolfo Marcondes Amaral Neto Three-year-old child with meroacrania—Neurological signs. *Brain and Development* 33(1):86–89, January 2011 © Elsevier.)

간뇌 : 감정과 동기

간뇌(diencephalic) 동물의 경우 비록 기저핵과 대뇌반구가 발달되지 못하지만 후각계가 정상적으로 기능하기 때문에 이 동물은 멀리 떨어진 곳에서 나는 냄새를 맡을 수 있다. 또한 시상하부와 뇌하수체가 정상적으로 기능하여 호르몬계와 항상성을 통제하기 때문에 신체 기능과 뇌 활동 사이의 통합도 가능하다. 예를 들어 간뇌 동물들은 체온 조절은 하지만 생존하기에 충분할 정도로 먹거나 마시지 않는다.

간뇌(시상하부, 시상)

간뇌는 행동에 감정과 동기를 부여하여 '열정'이 있게 있고 이 열정이 지속되게 한다. 앞서 살펴본 바와 같이 고등제뇌 동물들은 많은 분노 행동을 보이지만 이 행동이 열정이 있거나 잘 통합되지 않으며 오래 지속되지 않는다. Walter Cannon과 S.W. Britton(1924)은 간뇌 고양이를 조사한 결과 이 고양이들이 격노한 동물들에서 관찰되는 '유사 감정적 현상(quasi-emotional phenomena)' 혹은 위장 분노(shame rage)를 보임을 보고하였다. 이 감정적 행동이 부적절하게 표현되기 때문에 고양이의 전형적 분노와 구분하기 위해 이를 위장 분노라고 부른다.

위장 분노에는 꼬리를 흔드는 것, 몸을 아치 모양으로 구부리는 것, 사지를 움직이는 것, 발톱을 보이는 것, 으르렁거리는 것과 무는 행동이 포함된다. 간뇌 동물은 분노의 교감신경계 사인도 보이는데, 여기에는 꼬리털이 서는 것, 발가락의 땀, 동공 확대, 배뇨, 혈압 증가, 심박률 증가와 에피네프린 및 혈당 증가가 포함된다. 이러한 정서적 발작이 때로 몇 시간씩 지속된다.

Bard는 전뇌와 뇌간의 상당한 영역들을 제거한 결과로 인해 위장 분노가 일어나기 위해서는 적어도 시상하부의 후측 부위가 반드시 기능해야 하는 것을 발견하였다. 임상 사례는 위장 분노와 유사한 정서적 발작이 시상하부 병변을 가지는 사람들에서 일어나는 것을 보고한다. 이 환자들은 걷잡을 수 없는 분노 혹은 말 그대로 죽도록 웃는다. 위장 분노에 덧붙여 간뇌 동물들이 보이는 두드러진 특징은 끊임없이 움직이는 것이다. 예를 들어 개방된 곳에 동물을 놓으면 목적 없이 돌아다닌다.

위장 분노와 과잉 행동은 간뇌가 동물의 행동에 에너지를 제공하는 것이고, 이것이 감정적 행동 혹은 동기 행동으로 여겨진다는 것을 시사한다. 아마 간뇌 동물의 과잉 행동을 정상적인 동물의 목표 지향적 행동과 구분하기 위해 **위장 동기**(sham motivation)라고 불러야 할 것으로 여겨진다. 이러한 측면에서 간뇌 동물의 위장 감정과 위장 동기는 하등제뇌 동물에서 관찰되는 과장되게 서 있는 행동과 유사하다. 전뇌의 적절한 통제를 받으면 목적 지향적인 행동이 일어나지만 이러한 통제를 받지 못하는 간뇌 동물의 행동은 과장되고 부적절하다(Grill & Norgren, 1978 참조).

기저핵 : 자기 유지

신피질의 제거, 즉 **피질박리**(decortication)에서는 기저핵과 뇌간이 정상적으로 기능한다. 어떤 신경학적 손상을 가지고 있는 동물보다 피질박리 동물이 더 많이 연구되었는데, 이는 피질박리 동물들이 실험실에서 특별한 보살핌 없이도 생존할 수 있기 때문이다.

Friedrich Goltz(1960)가 피질박리 개를 대상으로 처음으로 피질박리에 대해 연구하였지만(1.3절 참조) 피질박리에 관한 가장 철저한 연구는 쥐를 대상으로 이루어졌다(예 : Whishaw, 1989). 피질박리 수술 다음 날에 쥐는 수분이 있는 으깬 먹이를 먹고 체중을 유지할 수 있으며 입에 마른 먹이를 놓아주면 이를 먹고 물을 주면 마신다. 물 마시는 것에 관한 훈련(물통의 물이 나오는 부분을 쥐어 입으로 가져가기)을 몇 차례만 실시하여도 물을 마실 수 있고 물과 먹이로 자신

피질박리(기저핵)

을 지탱할 수 있다. 피질박리 동물들은 전형적인 수면-각성 주기를 보이고 달리거나 오르거나 헤엄을 칠 수 있으며 심지어 간단한 미로를 학습하기도 한다.

이 동물들은 일련의 움직임을 순서대로 하기도 한다. 예를 들어 교미는 순서대로 일어나는 일련의 움직임으로 이루어지고 몇 시간 동안 지속되지만 피질박리 동물들은 거의 정상적으로 이러한 움직임을 수행할 수 있다. 앞서 기술한 것처럼 털 손질에도 약 50가지의 독립된 움직임을 순서대로 행하는 것이 요구되는데, 피질박리 쥐는 이를 정상적으로 수행한다.

요약하면 얼핏 보아서는 피질박리 쥐가 정상적인 쥐와 거의 구분되지 않는 것으로 보인다. 실제 학생들에게 정상적인 동물과 피질박리 동물을 구별하라는 과제를 주면 이들은 이 과제를 어렵게 여기고 자주 구별하지 못한다. 피질박리 쥐는 실제로 많은 행동 결함을 가지고 있지만 이 결함을 발견하기 위해서는 훈련이 필요하다. 피질박리 후 동물들이 보이는 모든 기본적인 움직임들은 그들의 행동 레퍼토리에 포함되어 있는 것으로 보인다. 이들은 걷기, 먹기, 마시기, 교미와 새끼 낳기 등을 적절한 방식으로 행한다.

피질박리 쥐에서 관찰되는 것과 기저핵의 기능으로 알려져 있는 것은 자동적인 행동을 수의적 행동과 연결시켜 생물학적으로 적응적인 행동이 되게 하는 것이다. 이 연결의 주요 부분이 수의적 움직임을 억제하거나 촉진하는 것이다. 예를 들어 동물은 먹이나 물을 찾을 때까지 돌아다니고 먹이나 물을 찾고 나면 이를 소비하기 위해 돌아다니는 것을 억제한다. 따라서 기저핵은 움직임을 억제하여 섭취가 일어나게 하는 회로를 제공하는 것으로 여겨진다.

피질 : 의도

피질박리(신피질만 제거되거나 신피질과 함께 변연계가 제거) 동물들이 행하지 못하는 것을 연구함으로써 피질이 행하는 것이 무엇인지를 알 수 있다. 피질박리 동물들은 둥지를 짓는 데 요구되는 일부 행동을 할 수 있지만 둥지를 짓지 못한다. 이 동물들은 비록 먹이를 옮겨오지만 저장하지 않는다. 또한 혀와 사지로 숙련된 움직임을 하는 것에 어려움을 보이는데, 이는 혀를 내밀거나 하나의 앞다리로 먹이를 집지 못하기 때문이다.

정상(피질)

피질박리 동물들이 서로 다른 감각 자극으로 제시된 패턴 구별을 수행할 수 있지만 과제들이 비교적 단순할 때에만 수행할 수 있다. 예를 들어 피질박리 동물들이 2개의 순수음은 구별할 수 있지만 잔디 깎

는 기계나 자동차의 소음과 같은 복합음은 구별하지 못한다. David Oakley(1979)가 실시한 일련의 실험 결과는 피질박리 동물들이 고전적 조건화, 조작적 조건화, 접근 학습, 단서 학습과 패턴 구별 과제를 잘 수행할 수 있음을 보여준다. 이 결과는 학습 그 자체에는 피질이 필수적이지 않다는 것을 시사한다. 그러나 피질박리 동물들이 복잡한 패턴 구별 과제와 공간에서 길 찾기 등은 수행하지 못한다.

피질박리 동물을 대상으로 한 연구 결과는 피질이 동물의 행동 레퍼토리에 새로운 움직임을 첨가하지 않는 것을 보여준다. 대신 피질이 모든 행동을 유용하게 하거나 새로운 상황에 적응하게 하는 것으로 여겨진다. 피질이 없는 동물이 볼 수 있고 들을 수 있으며 사지를 사용하여 많은 목적 행동을 할 수 있지만 피질을 갖는 정상적인 동물은 계획을 세울 수 있고 움직임을 순서 있게 결합하여 더 복잡한 행동 패턴을 생산할 수 있다.

🎯 10.2 피질 구조

피질하 구조만을 가지는 동물의 행동을 요약하면 피질은 감각 분석에 대해서는 새로운 차원을, 그리고 움직임 통제에는 새로운 수준을 첨가한다. 어떤 피질 구조들이 이러한 것을 가능하게 하는가?

1.4절은 해부 및 기능적 준거에 기초하여 피질을 구분하는 지형도에 관해 기술하고 있다. Alfred Campbell이 1905년에 처음으로 세포 구조와 축색 분포에 근거하는 완전한 인간 피질 지도를 출판하였다. 곧이어 여러 개의 지도가 출판되었고 이 중에서 가장 주목을 받는 것이 Korbinian Brodmann의 지도이다(그림 10.7).

피질의 수초 발달에 관한 연구에 근거하여 Paul Flechsig(1920)는 피질 영역을 다음과 같이 구분하였다. 즉 (1) 가장 먼저 수초화하는 일차 영역으로 여기에는 운동피질과 시각 · 청각 · 체감각 피질이 포함된다. (2) 그다음으로 수초화하는 이차 영역으로 이 영역은 일차 영역 옆에 위치한다. (3) 가장 나중에 수초화하는 영역(삼차 영역)이 연합 영역이다. 이 세 영역이 그림 10.7에 서로 다른 색으로 제시되어 있다. Flechsig는 이 위계적으로 구성된 영역들이 특정 심리적 기능을 가진다고 가정하였다. 즉 일차 영역은 단순한 감각운동 기능을 수행하는 한편 이차와 삼차 영역은 복잡한 정신 과정의 분석을 수행한다고 가정하였다.

다양한 피질 지도들이 정확하게 일치하지 않고 지도들마다 서로 다른 준거와 명명법이 사용된다. 새로운 염색법이 개발될 때마다 피질의 새로운 하위 영역들이 발견되기 때문에 지도가 바뀌는데, 이로 말미암아 Brodmann 지도는 처음에는 약 50개의 영역으로 구분되었던 것이 현재 200개 이상의 영역으로 구분된다! MRI 분석은 약 1mm의 공간해상도를 가지는 뇌지도를 개발하는 것을 가능하게 하였다. 이 복셀크기는 구, 회와 피질하 핵들을 시각화하는 것을 가능하게 하지만 세포 구축 수준에서의 정교한 피질 영역들을 시각화하지 못한다. 가장 최근에 빅브레인이라고 알려진 프로젝트가 MRI를 조직학 분석법과 결합하여 인간 뇌지도를 개발하고 있다(자세히 보기 참조).

피질세포

피질의 신경세포는 수상돌기 가시의 유무에 따라 **가시 뉴런**(spiny neuron)과 **무가시 뉴런**(aspiny neuron)으로 쉽게 구분된다. 장미 가지의 표면에 가시가 돌출되어 있듯이 수상돌기 가시도 수상돌기의 표면에 돌출되어 있다. 가시 뉴런은 흥분성인데, 즉 가시들 중 약 95%에서 흥분성 시냅스가 발견되고 글루타메이트 혹은 아스파르테이트와 같은 흥분성 전달물질의 수용기를 가지고 있다(Peters &

외측면

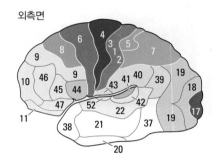

내측면

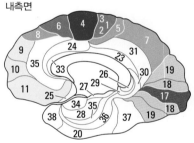

🎯 **그림 10.7** ▲

브로드만 지도 외측면과 내측면이 Paul Flechsig(1920)가 피질의 수초 발달에 관한 연구를 통해 제안한 일차, 이차와 삼차(연합) 영역을 보여준다. 일차 영역이 가장 짙은 색으로, 이차 영역은 중간 정도의 짙은 색으로, 그리고 삼차 영역이 가장 밝은색으로 표시되어 있다.

인간 피질 지도

몬트리올 신경연구소(Montreal Neurological Insti-tute)와 독일 율리히 연구센터(Forschungszentrum Julich)의 연구자들이 제작한 고해상도 삼차원 지도인 빅브레인은 대규모 마이크로톰을 사용하여 65세 여성의 뇌를 7,400개의 20μm 절편으로 절단하여 만들어 졌다(그림 1.10 참조). 각 절편을 니슬 염색법(세포체를 염색)으로 염색한 후 슈퍼컴퓨터로 디지털화하고 결합하였다. 빅브레인 지도는 인간 뇌 전체를 자세하게 볼 수 있게 한다.

빅브레인은 뇌 연결성에 관한 새로운 가설을 검증하는 것을 가능하게 하고 Brodmann 등에 의해 개발된 전통적인 신경해부학 지도들을 재정립할 것이다. 이전의 신경해부학적 분석은 뇌절편을 육안으로 관찰한 것에 근거하여 개발된 반면 빅브레인 프로젝트는 컴퓨터 분석을 사용하여 **명암도 지표**(gray level index, GLI)를 만들었는데, 이 지표는 세포체와 **신경망**(neuropil)의 밝기 차이를 계산한다. 신경망은 주로 비수초화 축색, 수상돌기와 교세포의 돌기로 구성된 신경계 영역으로 시냅스 밀도를 형성한다.

제시된 그림에서 볼 수 있듯이 GLI로 확인된 명암 패턴이 뇌 영역들마다 상당히 다르다. 이러한 차이에 근거하여 컴퓨터가 서로 다른 영역들 사이의 경계를 확인한다. GLI 분석은 육안으로 분석하는 것보다 더 많은 피질 영역들을 밝히는 것을 가능하게 한다.

빅브레인 프로젝트를 통해 얻은 예상치 못한 결과는 뇌의 개인차가 기대한 것보다 훨씬 더 크다는 것이며, 이는 신경과학자들이 '전형적인' 인간 뇌를 나타내는 독단적인 지도를 제시할 수 없다는 결론을 내리게 한다. 뇌 영역 경계에서의 개인차는 크며, 한 집단에서 관찰되는 영역들 간 차이는 적어도 2배 정도이다. 그러나 10~20개의 뇌지도를 겹쳐 놓으면 통계적으로 추정된 '평균' 뇌지도 하나를 작성하는 것이 가능하다.

(A)

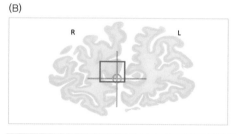

(B)

(C)

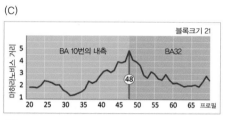

(D)

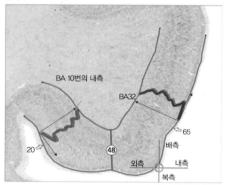

피질 영역을 객관적으로 구분하기. (A) 전두극(전두엽의 전측 부위)을 제거한 후 삼차원으로 재구성한 뇌의 표면. (B) 7,400개의 절편 중 6,704번의 횡단면 절편. (C) GLI가 각 피질 영역의 독특한 패턴을 밝힌다. (D) 이는 피질 영역들을 객관적으로 구분하는 것을 가능하게 하는데, 이 그림에는 브로드만 영역(BA) 10번과 32번의 구분을 보여준다.

(Amunts et al., 2013, Courtesy Juelich Research Center.)

Amunts, K., C. Lepage, L. Boregeat, H. Mohlberg, T. Dickscheid, M.-E. Rousseau, S. Bludau, P.-L. Bazin, L. B. Lewis, A. M. Oros-Peusquens, N. J. Shah, T. Koppert, K. Zilles, and A. C. Evans. BigBrain: An ultrahigh-resolution 3D human brain model. *Science* 340:1472–1475, 2013.

Jones, 1984~1999의 피질 구조에 관한 교재 참조).

가시 뉴런에는 **추체세포**[pyramidal cell, 세포체의 모양(피라미드)에 근거하여 이름이 붙여짐]가 포함되는데, 추체세포의 긴 축색이 피질 영역에서 CNS의 다른 영역, 예를 들어 피질척수로(추체로) 내의 영역들로 정보를 보낸다(9.3절 참조). 가시 뉴런에 속하는 또 다른 세포인 **성상세포**(stellate cell)는 작은 크기의 별 모양의 개재 뉴런이며, 이 세포의 돌기(수상돌기와 축색)들은 세포체가 위치하는 뇌 영역 내에 위치한다.

추체세포는 피질의 원심성 뉴런이며 피질 뉴런의 대부분을 차지한다(70~85%). 이 세포들은 II층, III층, V층과 VI층에서 발견된다. 일반적으로 가장 큰 세포가 가장 멀리 축색을 보낸다. V층의 추체세포가 가장 크며 피질에서 뇌간과 척수로 축색을 보낸다. II층과 III층에 위치하는 추체세포는 더 작고

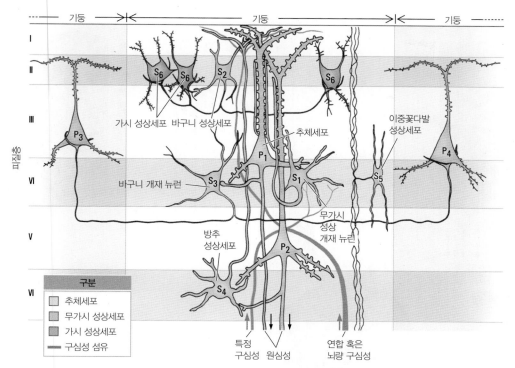

그림 10.8 ◀

신피질세포 가시 뉴런 중 가장 중요한 추체세포와 성상세포가 무가시 세포인 성상세포와 바구니세포와 같이 제시되어 있다. 화살표의 방향은 구심성(위, 입력) 혹은 원심성(아래, 출력) 뉴런의 축색 방향을 나타낸다.

(Research from Szentagothai, 1969.)

다른 피질 영역으로 축색을 보낸다(**그림 10.8** 참조).

무가시 뉴런은 짧은 축색과 수상돌기 가시를 가지지 않는 개재 뉴런들이다. 무가시 뉴런은 다양한 모양을 갖는데 주로 축색과 수상돌기의 모양에 근거하여 이름이 붙여진다. 그림 10.8에 제시되어 있는 무가시 성상세포의 한 유형은 **바구니세포**(basket cell)라고 불리는데, 이는 수평으로 축색을 보내어 시냅스후 세포를 바구니처럼 감싸면서 시냅스를 형성하기 때문이다. 또 다른 유형은 **이중꽃다발 세포**(double-bouquet cell)라고 불리는데, 이는 세포체의 양 옆으로 수상돌기가 풍성하여 마치 2개의 꽃다발이 있는 것처럼 보이기 때문이다.

모양이 서로 다름에도 불구하고 모든 무가시 뉴런들은 억제성이며 GABA를 신경전달물질로 사용한다. 무가시 뉴런들은 다른 많은 신경전달물질들도 사용하는데, 실제로 거의 모든 전형적인 전달물질과 뉴로펩티드 전달물질이 GABA와 공존한다. 따라서 무가시 세포들이 모양뿐만 아니라 화학적으로도 매우 다양하다.

빅브레인 프로젝트는 흥분성(NMDA) 수용기와 억제성(GABA) 수용기의 분포에 관한 지도를 개발하였고 이로 말미암아 서로 다른 피질 영역들에 있는 수용기들을 확인하는 것이 가능해졌다. 수용기 지도를 GLI 근거 지도 위에 겹쳐 놓으면 더 자세한 피질 영역들을 확인할 수 있다. 당연히 수용기 지도가 GLI 지도와 매우 일치한다(자세히 보기 참조).

피질층, 원심성과 구심성

신피질을 구성하는 네 층에서 여섯 층 각각은 서로 다른 기능과 서로 다른 구심성 및 원심성 기능을 가진다. 피질의 중간층, 특히 IV층 안과 주변은 감각 분석의 입력 영역으로 다른 피질 영역과 뇌 영역으로부터 정보를 받는다. V층과 VI층에 위치하는 세포들은 출력 영역을 구성하는데, 즉 축색을 다른 피질 영역 혹은 뇌 영역으로 보낸다.

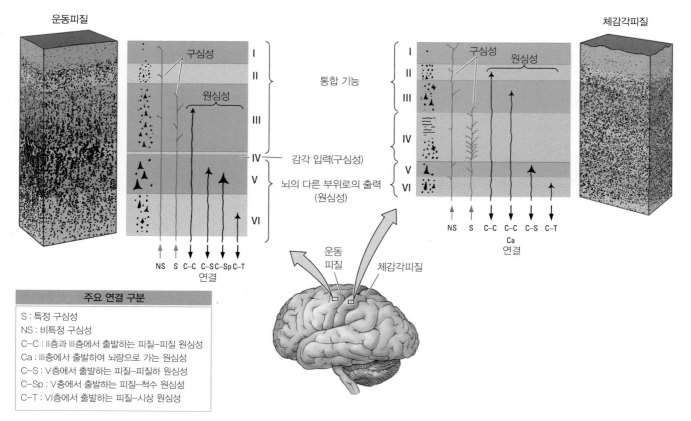

◎ 그림 10.9 ▲

피질층의 비교 운동피질에 비해 체감각피질의 두께가 훨씬 얇고 두 피질의 각 층의 크기도 매우 다르다. 운동피질보다 체감각피질의 IV층이 훨씬 두껍다. 피질로 들어오는 특정 및 비특정 입력은 이 구심성들이 서로 다른 층에 분포되어 있음을 보여준다. 피질로부터 나가는 원심성도 목적지에 따라 서로 다른 층에서 출발한다.

(Research from Shepherd, 1979.)

따라서 체감각피질은 비교적 큰 IV층과 작은 V층을 가지는 반면 운동피질은 비교적 큰 V층과 작은 IV층을 가진다. **그림 10.9**는 기능에 따른 각 층의 두께를 보여주며 다양한 피질층을 층에 위치하는 뉴런으로 구분할 수 있음을 보여준다. II층과 III층은 다른 피질 영역들로부터 정보를 받기 때문에 IV층으로 입력되는 정보와 다른 피질 영역으로부터 입력되는 정보를 통합할 수 있다.

그림 10.9에 제시되어 있는 피질 조직화의 다른 특징은 피질로 오는 구심성 경로가 두 유형, 즉 특정과 비특정 유형으로 구성된다는 것이다.

1. **특정 구심성**(specific afferent) 신경은 정보(예 : 감각 정보)를 피질 영역으로 전달하고 비교적 제한된 피질 영역(주로 한 층 혹은 두 층)에서 끝난다. 특정 구심성에는 편도체와 시상으로부터의 입력도 포함된다. 이 경로의 대부분은 IV층에서 끝나지만 편도체와 특정 시상핵으로부터 오는 축색은 II층과 III층에서 끝나기도 한다.

2. **비특정 구심성**(nonspecific afferent) 신경은 일반적 기능, 예를 들어 피질이 정보를 처리할 수 있도록 활동 수준 혹은 각성을 유지하게 하는 기능을 가지고 있다. 이 신경은 피질의 많은 영역들, 일부 경우에는 피질의 모든 영역에서 끝난다. 비특정 구심성 신경은 세포외 공간으로 전달물질을 분비하기도 한다. 뇌간에서 시작되는 노르아드레날린성 축색, 기저전뇌에서 시작되는 콜린성 축색과 특정 시상핵에서 시작되는 축색들이 비특정 구심성 신경의 예이다(주요 신경전달물질 체계를 설명하는 그림 5.18 참조).

피질 기둥, 반점과 줄무늬

피질층들 사이의 상호작용 대부분은 수직적으로, 즉 인접한 위아래 영역들에 위치하는 뉴런들 사이에 일어난다. 각 층의 위아래에서 2mm 이상 떨어져 위치하는 뉴런들 사이의 상호작용은 거의 일어나지 않는다. 이 수직 편향이 두 번째 유형의 피질 조직화, 즉 **기둥**(column) 혹은 **모듈**(module)의 근거가 된다(그림 10.8 참조).

비록 이 용어들이 항상 상호교환적으로 사용되지는 않지만 기본 아이디어는 피질 영역에 따라 150~300개 정도의 뉴런 집단이 0.5~2mm 넓이의 미니 회로를 형성한다는 것이다. 모듈 단위에 대한 증거는 주로 염색과 탐측(probing) 연구에서 제공된다. 뇌를 수평으로 잘라 특정 방식으로 염색하면 피질에 있는 반점 혹은 줄무늬 패턴을 볼 수 있다(**그림 10.10**). 예는 다음과 같다.

- 만약 방사성 아미노산을 원숭이의 한 눈에 주사하면 방사능이 시냅스를 건너 일차 시각피질(V1 혹은 17번 영역)로 전달된다. 그러나 방사능이 피질에 균등하게 분포되지 않고 방사능 영향을 받는 눈과 연결되어 있는 **시각우세기둥**(ocular dominance column)이라고 불리는 장소로만 전달된다(그림 10.10A). V1 영역에서 관찰된 방사능 패턴이 얼룩말의 털에서 보는 일련의 줄무늬이다.
- 그러나 다른 기법을 사용하면 다른 패턴이 관찰된다. 만약 미토콘드리아를 염색하여 신진대사 활동이 많은 영역을 밝혀주는 시토크롬산화효소로 V1을 염색하면 이 영역이 얼룩지게 보인다. 블럽 (blob)이라고 불리는 반점은 색채 지각에 관여한다(그림 10.10B).
- 만약 동일한 염색법을 18번 영역, 즉 V1에 인접한 이차 시각 영역에 적용하면 반점보다는 줄무늬에 더 가까운 패턴이 관찰된다(그림 10.10C).
- 쥐의 일차 체감각피질(S1 영역)을 숙신산 탈수소효소(succinic dehydrogenase)로 염색하면 배럴 (barrel)이라고 알려져 있는 반점 패턴이 관찰된다(그림 10.10D). 각 배럴은 쥐의 얼굴에 있는 단일 수염을 담당한다.

이 예들은 많은 유형의 피질 모듈이 존재하는 것과 동일한 염색법이 서로 다른 영역에 있는 서로 다른 모듈의 조직화를 보여주는 것을 시사한다.

피질의 모듈 조직화를 연구하는 또 다른 방법이 생리학적 방법이다. 예를 들어 미세 전극을 체감각 피질의 I층에서 VI층까지 삽입하면 모든 층에 있는 뉴런들이 유사한 기능을 가지는 것으로 여겨진다. 다시 말하면 신체의 특정 부위(예 : 왼손 엄지손가락)에 촉각을 제공하면 각 층에 있는 뉴런들이 이 자

(A) 17번 영역의 시각우세기둥

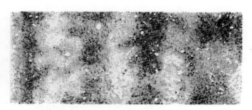

(C) 18번 영역의 줄무늬

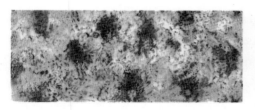

(B) 17번 영역의 블롭

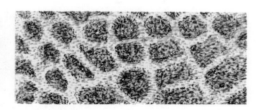

(D) S1 영역의 배럴

그림 10.10 ◀

피질 반점과 줄무늬   염색을 통해 모듈의 패턴을 알 수 있다.

(Research from Purves et al. Iterated patterns of brain circuitry or how the cortex gets its spots *Trends in Neurosciences* 15(10):362– 368, 1992 © Elsevier.)

극에 반응한다.

구심성 입력에 대해 IV층의 뉴런들이 가장 먼저 활동을 보이는데, 이는 이 층이 직접적으로 구심성 입력과 연결되어 있기 때문이다. 다른 층에 있는 세포들은 더 늦게 반응하는데, 이는 이 뉴런들이 감각 입력을 받기 전에 IV층에 있는 개재 뉴런들과 한 번 이상 시냅스를 형성해야 하기 때문이다. V층의 추체 뉴런들이 가장 늦게 반응하는데, 이는 원심성 뉴런들이 이 층에 위치하기 때문이다(그림 10.8 참조).

한 피질 영역의 여섯 층에 있는 모든 뉴런들이 유사한 기능을 가진다는 것은 가장 단순한 기능 단위가 미니 회로를 구성하는 수직 기둥이라는 것을 시사한다. 각 기둥이 서로 모여 다소 더 큰 단위를 형성한다. 17번 영역 뉴런들의 전기적 활동을 측정한 결과 한 기둥 내에 있는 모든 뉴런이 특정 방향으로 기울어진(예 : 45°) 사선에 반응하는 것이 관찰되었다. 만약 전극을 피질의 외측으로 이동하면 인접한 기둥들이 서로 다른 방향으로 기울어진(예 : 60°, 90° 등) 사선에 연속적으로 반응하고, 이 절차를 계속하면 360° 방향 모두에 반응하는 것을 관찰할 수 있다. 따라서 시각피질의 기둥들은 보다 큰 모듈로 배열되어 있다.

피질의 반점, 줄무늬와 기둥에 관한 관심 못지 않게 모듈의 정의와 기능에 관한 논란 역시 크다. 논란이 되는 한 가지 문제는 모듈이 피질의 일차 감각 영역에 비해 연합 영역과 운동 영역에서 명확하게 관찰되지 않는다는 것이다. 만약 모듈의 차원(dimension)에 관한 정의를 찾고자 할 경우 줄무늬와 반점이 또 다른 문제가 되는데, 왜냐하면 이들이 크기에서 매우 다르기 때문이다.

더욱이 서로 밀접하게 관련되는 종들에서 매우 다른 반점과 줄무늬 패턴이 관찰되는데, 만약 반점과 줄무늬가 피질 기능의 기본 단위라면 이는 매우 특이한 사실이다. 예를 들어 구세계원숭이와 신세계원숭이가 유사한 시각 능력을 가지고 있음에도 불구하고 구세계원숭이에서는 시각우세기둥이 관찰되지만 신세계원숭이에서는 이러한 기둥이 관찰되지 않는다.

Semir Zeki(1993)는 피질 조직화의 기본 모듈을 찾는 것이 물리학자가 모든 물질의 기본 단위를 찾는 것과 같다고 제안하였다. 기본적인 가정은 피질 모듈이 피질 전체에서 동일한 기본 기능을 수행한다는 것이다. 이 관점에서 보면 진화 단계 동안 피질이 확장된 것이 기본 단위 수가 증가한 것과 일치하는데, 이는 마치 컴퓨터에 칩을 첨가한 것이 컴퓨터의 메모리 혹은 처리 속도를 높인 것과 같다. 이 개념은 일부 받아들여지지만 여전히 피질 모듈의 기본 기능과 작용에 관해서는 이해되지 못하고 있다.

Dale Purves와 동료들(1992)은 도전적인 답을 제안하였다. 피질의 반점과 줄무늬가 많은 동물의 털에 있는 것과 유사한 점에 주목하였다. 이들은 비록 이 패턴이 위장 혹은 성적 신호를 보내는 것으로 사용되지만 이러한 기능은 털이 체온을 유지하는 기능에 대해 이차적이라는 것이다. 따라서 연구자들은 피질의 일부 모듈 패턴이 피질 조직화의 이차적 기능이라고 유추하였다. 한 가지 가능한 설명은 피질 모듈이 피질에서의 시냅스 처리 과정의 부수적 결과라는 것이다. 즉 정보를 처리하기 위해 피질이 연결을 형성하는 동안 일어난 한 가지 효율적인 연결 패턴이 수직 모듈이라는 것이다.

비록 모듈이 피질 연결의 중요한 측면이라는 점은 분명하지만 모듈은 피질 연결이 일어나게 하지 않는다. 일정한 모듈 없이도 복잡한 신경 활동을 조직화하는 다른 방법이 있는 것이 확실하다. 새의 뇌를 예로 들어보자(그림 10.11).

새는 복잡한 행동을 보이고, 특히 울음소리와 같은 일부 행동은 많은 포유동물(예 : 생쥐)의 행동보

다 더 우수하다. 복잡한 행동을 할 수 있음에도 불구하고 새는 대뇌피질을
거의 가지고 있지 않고 피질층보다는 서로 다른 기능을 가지는 핵으로 조직
화되어 있다. 따라서 비록 기둥이 피질 조직화에서 유용하지만 이것이 뇌
를 조직화하는 유일한 방법이 아니다.

명확한 점은 피질 조직화에서 수직 모듈이 존재하지만 기본 모듈의 구조
와 기능이 현재로는 이해되지 못하고 있다는 것이다. 더욱이 모든 포유동
물종에 걸쳐 피질 연결성과 피질 영역의 조직화가 한 가지 방법으로만 일어
나는 것은 아닌 것으로 여겨진다.

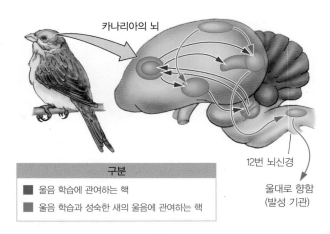

구분

■ 울음 학습에 관여하는 핵

■ 울음 학습과 성숙한 새의 울음에 관여하는 핵

그림 10.11 ▲

새의 해부 카나리아의 뇌 외측면은 울음
학습을 통제하는 여러 핵들과 이들의 연결
을 보여준다.

다중 표상 : 현실 지도

피질의 시각 및 청각과 체감각 기능에 관한 초기 아이디어는 1~2개의 외부 환경에 대한 표상이 기본
감각을 담당한다는 것이었다. Wilder Penfield와 동료들이 1950년대 몬트리올 신경병원에서 환자들
의 운동 및 체감각 영역을 자극한 결과 두정엽의 두 영역이 다리, 손, 얼굴 등과 같은 신체 부위를 표
상하는 것을 확인하였다(그림 9.4 참조). 이 **호문쿨루스**들이 기본적인 체감각, 즉 촉각, 압각, 온도감
각, 가려움 등에 관여하는 것으로 여겨졌다. 비인간 동물을 대상으로 한 추후 연구들은 시각과 청각에
도 이와 유사한 지도가 존재함을 확인하였다. 따라서 약 50년 전에 대부분의 신경과학자들은 인간 피
질의 거의 대부분이 오늘날 **인지**(cognition, 지식과 사고)라고 불리는 복잡한 정신 기능에 관여한다고
믿었다.

그러나 피질 조직화에 관한 이 단순한 견해에 대한 의문이 1970년대 말과 1980년대에 일어나기 시
작하였다. 즉 더 정교한 생리적 및 해부적 연구 기법들이 각 감각 영역이 1~2개가 아니라 수십 개라는
것을 밝히기 시작하였다. 예를 들어 원숭이 피질의 25~32개 영역이 시각 기능에 관여한다.

비록 체감각과 청각 지도는 시각 지도보다 적지만 각각 10~15개 피질 지도를 가지고 있으며 각 지
도가 감각 경험의 서로 다른 측면을 처리한다. 예를 들어 시각 영역은 각각 형태, 색채와 움직임과 같
은 기본적인 시각 특징을 처리하는 데 전문화되어 있다. 더욱이 시각대상 기억과 시각 정보에 근거한
움직임 등을 포함하는 많은 심리적 과정이 시각 정보를 필요로 한다.

피질에서의 감각 통합

다중 지도가 존재하는 것에 덧붙여서 한 가지 이상의 감각 유형(예 : 시각과 촉각)을 처리하는 영역들
도 확인되었다. **다감각 피질**(multimodal cortex 혹은 polymodal cortex)이라고 알려져 있는 이 영역
들은 서로 다른 감각 자극을 결합하는 기능을 가지고 있는 것으로 추측된다. 예를 들어 어떤 대상을 만
지는 것만으로 그 대상을 시각적으로 확인할 수 있다. 이는 시각과 체감각을 서로 연결하는 지각 체계
가 있음을 시사한다.

최근에 이를 때까지 신경과학자들은 다수의 서로 독립된 다감각 피질이 존재하는 것으로 믿었지만
다감각 처리가 놀랄 만큼 만연한 것이 점차 명확해지고 있다(Ghazanfar & Schroeder, 2006 참조). 그
림 10.12는 원숭이 뇌에 있는 다감각 영역을 요약하고 있고, 다감각 피질이 일차와 이차 영역 모두에서
발견됨을 보여준다. 따라서 서로 다른 감각계에서 전달되는 정보의 통합(8.3절에 감각 시너지로 기술되
어 있다)이 피질 기능의 기본적인 특성으로 여겨진다. 질적으로 서로 다른 감각 정보의 수렴이 세상에
관한 우리의 지각을 변화시킨다.

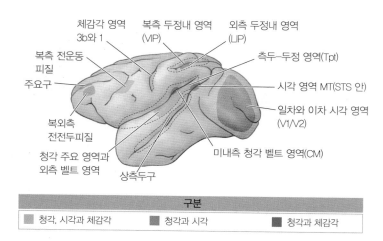

체감각 영역 3b와 1

복측 두정내 영역 (VIP)

외측 두정내 영역 (LIP)

복측 전운동 피질

주요구

측두–두정 영역(Tpt)

복외측 전전두피질

시각 영역 MT(STS 안)

일차와 이차 시각 영역 (V1/V2)

청각 주요 영역과 외측 벨트 영역

미내측 청각 벨트 영역(CM)

상측두구

구분		
청각, 시각과 체감각	청각과 시각	청각과 체감각

그림 10.12 ▲

원숭이 피질의 다감각 영역 색으로 표시된 영역들이 해부학적 및 전기생리학적 연구 결과 다감각 상호작용이 일어나는 영역으로 확인된 부위들이다. 파선은 구를 열어놓은 것을 나타낸다.

(Research from Ghazanfar and Schroeder, 2006.)

Asif Ghazanfar와 동료들(2005)이 원숭이의 청각피질 뉴런들의 연구에서 이 점을 잘 설명하고 있다. 원숭이가 다른 원숭이의 목소리(구구 하는 소리)를 듣는 동시에 소리를 내고 있는 원숭이의 시각적 이미지를 보면, 즉 목소리와 얼굴 움직임이 동시에 제공될 경우 청각 뉴런의 발화율이 25% 정도 증가한다. 즉 맥거크 효과가 나타난다(8.3절 참조). Ghazanfar의 연구는 화자의 얼굴 움직임을 보는 동시에 소리를 들을 때 화자가 말하는 것을 더 쉽게 듣고 이해한다는 것을 시사한다.

다감각 피질은 일반적으로 두 가지 유형으로 구분되는데, 즉 한 유형은 정보의 인식과 처리에 관여하고, 다른 유형은 정보와 관련된 움직임을 통제하는 것에 관여한다. 이는 서로 병행하는 2개의 피질 체계가 존재하고 한 체계는 세상을 이해하는 데 관여하는 한편, 다른 체계는 우리로 하여금 세상 속에서 움직이게 하고 세상을 조작하는 데 관여하는 것을 시사한다. 이 구분은 직관에 어긋나는데, 왜냐하면 우리는 감각과 운동이 일어나는 세상이 동일하다고 여기기 때문이다. 그러나 그렇지 않다는 것을 살펴보기로 하자.

피질을 통한 현실 지도화

새로이 제안되고 있는 견해는 피질이 근본적으로 감각 지각과 이와 관련된 운동 과정을 감당하는 기관이라는 것이다. 이 견해는 흥미로운 시사점을 가지는데, 즉 더 많은 피질을 갖는 동물들이 피질을 거의 혹은 전혀 갖지 않는 동물들보다 감각 처리를 더 많이 하고, 이에 따라 세상을 다르게 지각한다는 것이다. Harry Jerison(1991)은 현실에 관한 지식과 피질 지도의 구조 및 수가 직접적으로 관련되어 있다고 주장하면서 이 견해를 지지하였다.

동물 뇌의 지도 수가 증가하면 더 많은 외적 세계가 동물에게 알려지고, 이에 따라 세상에 반응하는 행동 선택이 증가한다. 예를 들어 쥐 혹은 개와 같은 동물에는 색채를 분석하는 피질 영역이 부족하며, 이에 따라 이 동물들은 세상을 주로 흑백으로 지각한다. 나아가 이는 행동 선택, 적어도 색채에 관한 행동 선택을 제한한다. 이와 유사하게 비록 우리가 상상하기 어렵지만 동물 중에서 개는 우리보다 후각에 더 민감하기 때문에 대상에게서 나는 냄새를 통해 세상을 알게 될 것이며, 이는 마치 우리가 시각 이미지를 통해 세상을 아는 것과 같다.

Jerison은 피질 지도가 종의 현실을 결정하고 종이 더 많은 지도를 가질수록 외부 세계의 내적 표상이 더 복잡해진다고 제안하였다. 따라서 만약 인간이 개보다 더 많은 지도를 가지면 개보다 우리의 현실 표상이 더 복잡해져야만 한다. 이와 유사하게 만약 개가 생쥐보다 더 많은 지도를 가지면 생쥐보다 개의 세상에 대한 이해가 더 복잡해진다.

이 견해는 포유동물종이 보이는 상대적인 지능 차이가 세상을 표상하기 위해 피질이 사용하는 지도의 수와 관련되어 있는 것을 시사한다. 개는 사람보다 더 많은 후각 지도를 가지고 있기 때문에 냄새를 더 잘 맡을 수 있지만 모든 감각 영역에 있는 지도의 수가 개보다 인간에서 훨씬 더 많다.

피질 체계 : 전두엽, 변연방피질과 피질하 루프

감각 정보의 처리에 관여하는 피질 영역들 사이의 연결이 모든 피질 연결의 단지 한 부분에 불과하다. 피질 위계에 있는 4개의 다른 주요 연결에는 전두엽, 변연방피질(변연계 주위 피질), 다감각 영역과 피질하 연결 및 루프가 포함된다(**그림 10.13**).

전두엽은 (1) 운동 호문쿨루스를 형성하는 일차 운동피질, (2) 운동피질 바로 앞에 위치하는 전운동피질과 (3) 전두엽의 나머지 영역을 차지하는 전전두피질로 구분된다(그림 9.2 참조). 감각 영역의 자기수용 섬유(proprioceptive fiber) 대부분은 일차 운동피질과 직접 연결되

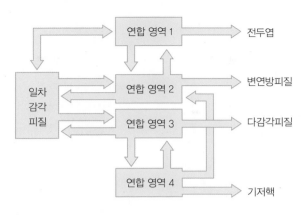

그림 10.13 ◀

피질 조직화의 수준 일차 감각피질은 감각 연합 영역으로 축색을 보낸다. 이 영역들은 전두엽, 변연방피질과 다감각피질 등의 피질 영역과 기저핵을 포함하는 피질하 영역으로 축색을 보낸다. 여기서는 단순히 연합피질의 여러 수준들의 한 영역만을 제시하고 있다.

고 전운동피질 혹은 전전두피질로 축색을 보낸다. 전운동피질과의 연결은 움직임이 정확한 시간에 순서대로 일어나게 하고 특정 감각 자극에 대한 손, 사지 혹은 눈 운동을 통제한다. 전전두피질과의 연결은 움직임이 정확한 시간에 일어나도록 통제하고 감각 정보에 대한 단기 기억이 일어나게 한다(18.5절 참조).

신피질보다 먼저 진화된 **변연방피질**(paralimbic cortex)은 장기 기억의 형성에 중요한 역할을 한다. 이 피질은 변연계에 인접해 있고 또 변연계와 직접적으로 연결되어 있는 세 층의 피질이다(**그림 10.14**). 변연방피질은 두 위치에서 관찰된다. (1) 측두엽의 내측면인데, 이 부위는 비주위피질(perirhinal cortex), 비내피질(entorhinal cortex)과 해마방피질(parahippocampal cortex)로 알려져 있다. (2) 뇌량 바로 위인데, 이 부위는 대상피질(cingulate cortex)로 불린다.

신피질은 피질하 구조들로부터 감각 입력을 받는데, 즉 시상으로부터 직접 받거나 시개와 같은 중뇌 구조를 통하여 간접적으로 받는다. 이 상호 간의 피질-피질하 연결이 피드백 루프 혹은 **피질하 루프**(subcortical loop)이다(**그림 10.15**). 각 수준(피질과 피질하)은 서로 상호작용하고 상향과 하향 연결을 통해 상위와 하위 수준이 통합한다. 피질하 루프는 피질, 시상, 편도체와 해마를 연결하고 간접 루프는 선조체와 시상을 연결한다.

피질하 루프는 진행 중인 피질 활동을 증폭 혹은 조율하는 역할을 가지고 있는 것으로 여겨진다. 편도체가 어떻게 시각 입력에 정서적 톤을 첨가하는가를 예로 들어보자. 사나운 개는 우리에게 강한 정서적 반응을 야기하는데, 이는 부분적으로 편도체가 개의 위협적인 모습에 정서적 톤을 첨가하기 때문이다. 실제로 편도체가 제거된 실험실 동물은 위협적인 대상에 대해 전혀 두려움을 보이지 않는다. 편도체가 제거된 고양이는 덩치가 큰 원숭이들이 있는 방을 여유롭게 다니지만 정상적인 고양이는 이러한 행동을 생각조차 하지 못한다.

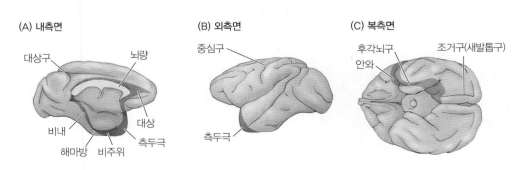

(A) 내측면   (B) 외측면   (C) 복측면

그림 10.14 ◀

변연방피질 붉은털원숭이의 뇌를 여러 면에서 보여주는 이 그림에서 붉은색으로 표시된 부분들이 전두엽, 측두엽과 대상회에 있는 변연방 영역들을 나타낸다.

그림 10.15 ▶

피질하 루프 (A)와 (B)는 2개의 시상 루프를 보여준다. 중뇌를 거치는 각 피드백 루프(C~F)는 진행 중인 피질 활성화를 조율하는 기능을 가지고 있는 것으로 여겨진다. 화살표의 두께가 연결의 상대적 크기를 나타낸다. (E)에서 편도체로 향하는 화살표는 편도체로 들어가는 다양한 피질하 입력을 나타낸다.

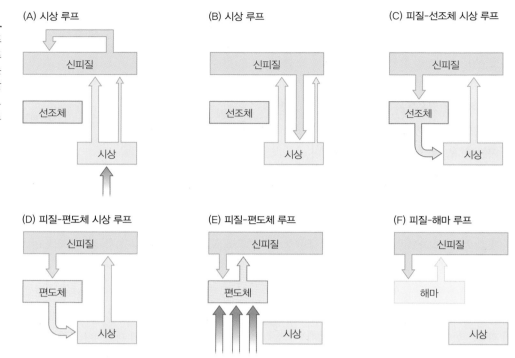

피질 연결, 재진입과 결합 문제

피질이 해부학적으로 분리되고 전문적인 기능을 가지는 다양한 영역을 가지고 있는 것을 살펴보았다. 이러한 뇌 조직화가 어떻게 세상 지각을 전체적으로, 다시 말하면 단일의 일관된 **전체**(gestalt)로 지각하게 하는가? 예를 들어 여러분이 다른 사람의 얼굴을 볼 때 왜 얼굴의 형태, 피부빛과 크기가 서로 결합되어 하나의 일관되게 변하지 않는 이미지로 지각되는가? 이 질문이 **결합 문제**(binding problem)인데, 이는 뇌가 어떻게 다양한 각각의 감각 및 운동 정보를 통합된 지각 혹은 행동이 되도록 하는가에 초점을 맞춘다. 특정 채널의 감각(촉각, 시각, 청각, 후각, 미각)이 어떻게 통합되어 우리가 현실이라고 부르는 통일된 경험이 되는가? 결합 문제에 대해 세 가지 가능한 설명이 있다.

한 설명은 서로 다른 피질 영역들 모두로부터 입력을 받는 상위 피질 센터가 이 입력을 통합(결합)하여 하나의 지각으로 만든다는 것이다. 비록 이 위계적 설명이 그럴듯하지만 불행하게도 아직 이러한 영역이 발견되지 않고 있다. 두 번째 설명은 서로 다른 피질 영역들 모두가 상호 연결되어 정보를 공유한다는 것이다. 이 설명에 관한 문제점은 피질 영역들 모두가 서로 연결되어 있지 않고 심지어 단일 감각 유형을 처리하는 영역조차도 모두 연결되지 않는다는 것이다. 여러 연구자들이 연결성의 원칙을 정하려고 노력하였지만 여기서는 기술하지 않겠다(Felleman & van Essen, 1991; Pandya & Yeterian, 1985; Zeki, 1993 참조).

한 자극 유형에서 가능한 피질 간 연결 중 약 40%만이 실제로 발견되며, 이로 인해 세 번째 설명이 제안되었다. 즉 피질 영역들의 하위 영역들 사이에 피질 내 연결 네트워크가 존재한다는 것인데, 이 설명이 상당한 지지를 받고 있다.

첫째, 모든 피질 영역은 유사한 속성을 가지는 단위들 사이의 내적 연결을 가지고 있다. 이 연결은 인접한 뉴런과 서로 연결되고 활동을 동기화한다. 둘째 **재진입**(reentry)이라는 기제를 통해 어떤 피질 영역도 자신에게 입력을 보낸 영역에 영향을 미칠 수 있다(**그림 10.16A**). 피질 연결성의 이 놀라운 상호작용은 A 영역이 B 영역으로 정보를 보내면 B 영역이 이에 화답하여 메시지를 A 영역으로 보내는 것을 의미한다(그림 10.16B).

Zeki는 한 영역이 다른 영역으로부터 입력을 받기 전부터 입력을 수정할 수 있다고 제안한다! 그림 10.15B에 제시되어 있는 중요한 점은 A 영역과 B 영역의 연결이 동일한 층에서 시작되지 않는다는 것인데 이는 두 영역이 서로의 활동에 서로 다른 영향을 미친다는 것을 시사한다.

정보가 어떻게 영역 내와 영역 간 연결을 통해 전달되고 재진입을 통한 상호작용이 결합 문제를 해결할 수 있는가? 컴퓨터 모델링은 신경 연결의 주요 기능이 영역 내와 영역 간의 활동을 조율하여 지각계 전체 영역에서 일관된 패턴 혹은 통합을 만들어내는 것이라고 제안한다.

통합은 통일된 지각을 형성하기 위해 영역들을 짧은 시간 내에 서로 결합하는 방법을 필요로 한다. 컴퓨터 모델은 지각 통합이 거의 즉각적으로, 즉 50~500ms 내에 일어나는 것을 보여준다(많은 독자들이 피질 조직화의 이 개념에 익숙하지 않을 것이다. 이 개념에 관한 Zeki의 책 참조).

Jerison은 결합 문제를 자신의 다중 피질 지도와 비유하였다. 진화 단계 동안 피질이 확장된 것은 뇌에 정보를 단일의 실제로 통합하려는 다양한 신경감각 채널이 존재하는 것을 시사한다. 너무 다양한 감각 정보가 피질에 도달하기 때문에 외부 세계의 중요한 특징을 전달하는 정보를 구분하는 것이 필요하다. 뇌가 중요성에 따라 정보를 표시하고 조직화하는 것이 유용하다.

뇌가 대상을 칭하는 라벨과 외부 세계, 즉 공간과 시간에서의 대상 위치에 관한 좌표계를 생산한다고 가정할 수 있다. 또한 일부 감각 정보가 기억 내에 일정 시간 지속되기 위해서는 라벨이 있어야 하고, 필요할 때 인출되기 위해서는 분류되어야 한다고 가정할 수 있다.

라벨, 좌표와 분류는 인지의 산물이다. 이러한 입장에서 보면 Jerison의 다중 피질 지도의 비유는 피질에 도달하는 정보가 어떻게 지각과 지식, 사고와 기억으로 조직화되는가에 관한 이해의 바탕을 제공한다. 실제로 특정 피질 영역의 손상은 개인이 세상을 지각하는 방법과 세상에 관한 생각을 변하게 한다. 13.5절에서 감각 결함의 한 유형인 **실인증**(agnosia, '알지 못함'을 의미)에 관해 살펴볼 것인데 실인증은 감각 자극을 부분적으로 혹은 완전히 인식하지 못하는 것을 의미한다. 실인증은 기초 감각 혹은 각성에서의 피질하 결함으로 설명되지 않는다.

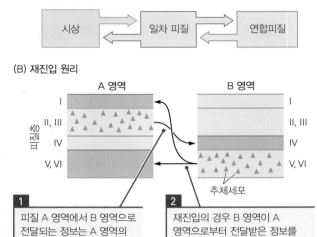

(A) 피질로 혹은 피질로부터의 정보 흐름

시상 ⇄ 일차 피질 ⇄ 연합피질

(B) 재진입 원리

A 영역 / B 영역

피질층: I, II, III, IV, V, VI

추체세포

1 피질 A 영역에서 B 영역으로 전달되는 정보는 A 영역의 II층과 III층에서 출발하여 B 영역의 IV층으로 전달한다.

2 재진입의 경우 B 영역이 A 영역으로부터 전달받은 정보를 수정하는데, 이는 B 영역의 V층 및 VI층과 A 영역의 I층 및 VI층 사이의 연결을 통해 일어난다.

◎ **그림 10.16 ▲**

영역 간과 영역 내 연결 (A) 시상으로부터 오는 정보가 일차 피질로 전달되고 다시 연합 피질로 전달된다. 각 수준에서의 상호 연결은 피드백 루프를 나타낸다. (B) 정보를 받는 피질 영역은 다른 영역으로부터 전달받은 입력을 수정할 수 있다. 재진입은 피질–피질 연결의 모든 수준에서 일어난다.

◎ 10.3 피질의 기능적 조직화

Jerison은 뇌에 의해 만들어지는 세상에 관한 지식이 마음(mind)이라고 제안한다. 피질 지도들이 발달하면서 뇌는 외적 세계에 관한 지식을 생산할 수 있도록 이 지도를 조직화하는 마음을 발달시켜야만 한다. 정신 발달의 다음 단계가 언어인데, 언어가 지식을 표상하는 수단이다.

피질 기능의 위계적 모델

Flechsig가 처음으로 해부학적 준거를 사용하여 피질 영역이 위계적으로 구성되어 있다고 제안하였으나 Alexander Luria가 1960년대에 이 제안을 더욱더 발달시켰다. Luria(1973)는 피질을 두 가지 기능 단위로 구분하였다.

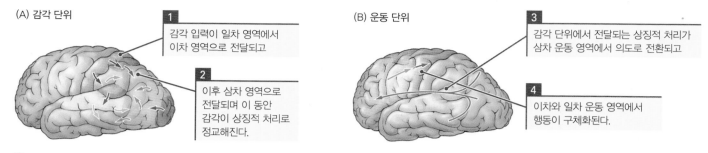

(A) 감각 단위

> **1** 감각 입력이 일차 영역에서 이차 영역으로 전달되고

> **2** 이후 삼차 영역으로 전달되며 이 동안 감각이 상징적 처리로 정교해진다.

(B) 운동 단위

> **3** 감각 단위에서 전달되는 상징적 처리가 삼차 운동 영역에서 의도로 전환되고

> **4** 이차와 일차 운동 영역에서 행동이 구체화된다.

◎ 그림 10.17 ▲

피질의 기능 단위 (A) 일차에서 이차를 거쳐 삼차 영역까지 전달되는 동안 감각이 정교해지고 정보로 통합된다. (B) 감각 단위에서 삼차 운동 영역으로 정보가 전달되며, 삼차 운동 영역에서 행동의 의도가 계획된 후 이차 및 일차 운동 영역에서 행동이 구체화된다.

(Research from A.R. Luria. 1973.)

- 피질 후측 부위(두정엽, 후두엽과 측두엽)이 감각 단위로서 감각을 수용, 처리하여 정보로 저장한다 (**그림 10.17A**).
- 피질의 전측 부위(전두엽)가 운동 단위로서 행동을 계획하고 행동 프로그램을 조직화하며 이 프로그램을 집행한다(그림 10.17B).

Luria의 두 피질 단위 모두 위계적으로 구성되어 있으며 각 단위는 기능적으로 위계인 세 피질 영역으로 구성된다. 첫 번째 영역은 Flechsig가 제안한 일차 피질이고 두 번째는 더 천천히 발달하는 피질 영역으로 일차 영역 옆에 위치하며 Luria는 이를 이차 피질이라고 불렀다. 그리고 세 번째 영역은 가장 천천히 발달하는 영역으로 Luria는 이를 삼차 피질이라고 불렀다.

Luria는 피질 단위들이 순차적인 경로를 따라 서로 협력하여 작용한다고 여겼다. 즉 감각 입력이 후측 단위의 일차 감각 영역으로 들어가고 이차 영역에서 더 정교하게 처리되며 삼차 영역에서 통합된다고 여겼다. 행동을 집행하기 위해서는 후측 삼차 영역에서 정보가 삼차 전두 운동 영역으로 가서 행동에 관한 계획을 세우게 되고, 이차 운동 영역에서 이 계획이 더 정교해지며, 마침내 일차 전두 영역에서 집행된다고 제안하였다.

간단한 예를 들어 Luria의 모델을 설명하면 다음과 같다. 여러분이 걸어가는 도중 축구 시합을 목격한다. 축구 선수들과 축구공의 움직임에 관한 실제 지각은 일차 시각 영역에서 일어난다. 이차 시각 영역은 이러한 움직임이 축구 게임이라는 것을 인식하게 한다. 삼차 영역은 축구장에서 들리는 소리와 게임의 움직임을 통합하여 한 팀이 공을 넣어 다른 팀을 앞서가며 이 게임이 리그전에서 중요한 것이라는 인식하게 한다. 정보가 삼차 감각 영역에서 통합되면 이는 '감각'보다는 지식(knowledge)이 된다.

삼차 감각 영역에 있는 정보는 기억 처리를 위해 변연방피질을 활성화시키고 정서적 평가를 위해 편도체를 활성화시킨다. 나아가 이러한 피질 사건들은 전두(운동)피질의 삼차 영역을 활성화시켜 축구 시합을 관람할 수 있는 장소를 찾아 자신이 원하는 팀을 응원하려는 계획을 세운다. 이 계획에 대한 집행은 이차 전두 영역에서 형성된다. 관중과 합류하려는 실제적인 움직임은 전두피질의 일차 운동 영역에서 시작된다.

축구 게임을 예로 들어 우리는 각 처리 수준에서의 뇌 병변 효과를 설명할 수도 있다. 일차 시각 영역의 병변은 시야의 일부에 맹점을 초래하기 때문에 전체 게임을 보기 위해서는 머리를 앞뒤로 움직이는 것이 필요하게 한다. 이차 시각 영역의 병변은 지각 결함을 초래하여 개인으로 하여금 자신이 보고 있는 것이 축구 게임이라는 것을 인식하지 못하게 한다. 삼차 감각 영역의 병변은 게임의 중요성, 즉 한 팀이 이기고 있는 것을 인식하지 못하게 한다.

변연방피질의 손상은 사건에 대해 기억하지 못하게 하고 편도체 손상은 사건의 정서적 중요성에 반

응하지 못하게 한다. 삼차 운동 영역의 병변은 축구 선수가 되어 팀에 소속되고 싶고 유니폼을 구입하고 제시간에 연습에 참여하는 등에 관한 의도를 형성하지 못하게 된다. 이차 운동 영역의 병변은 시합에서 요구되는 일련의 움직임을 집행하는 것을 어렵게 한다. 일차 영역의 병변은 시합에서 요구되는 하나하나의 행동, 예를 들어 공을 차는 등의 행동을 집행하는 것을 어렵게 한다.

위계 모델의 평가

Luria는 다음의 세 가정에 근거하여 자신의 이론을 개발하였다.

1. **뇌는 정보를 순차적 처리한다.** 즉 한번에 한 단계씩 처리한다. 따라서 정보는 감각 수용기에서 시상을 거쳐 일차 피질, 이차 피질, 마침내는 삼차 감각피질로 전달된다. 이와 유사하게 처리된 정보는 삼차 감각 영역에서 삼차 운동, 이차 운동, 마지막으로 일차 운동 영역으로 전달된다.

2. **순차적 처리는 위계적이다.** 각 수준은 이전 수준과는 질적으로 다른 복잡성을 첨가한다. 삼차 피질은 감각운동 영역과 지각 영역으로부터 정보를 받고 이 정보에 근거하여 상위 인지 과정을 수행하는 종착역으로 여길 수 있다.

3. **세상에 관한 지각은 통일되고 일관된다.** 적극적 과정이 각 지각을 생산하고 삼차 피질에서 통합된다는 일반적인 견해와 Luria의 견해는 일치한다.

Luria 이론의 장점은 그 당시에 알려진 피질의 해부적 조직화를 자신의 임상 경험(1973년 출판)을 간결하게 설명하는 데 사용하였다는 것이다. 그러나 이론의 기본적 가정이 새로이 발견된 해부 및 생리적 발견에 의해 의문을 받게 되었다. 다음의 문제들을 살펴보자.

첫째, 엄격한 위계적 처리 과정은 모든 피질 영역들이 순차적으로 연결되는 것을 요구하지만 피질 영역들이 순차적으로 연결되어 있지 않다. 앞서 살펴본 바와 같이 모든 피질 영역은 자신들과 연결된 영역과 상호 연결되어 있지 단순한 피드포워드(feed-forwad) 체계는 존재하지 않는다. 더욱이 10.2절에 기술되어 있는 것처럼 한 감각 유형의 처리에 관여하는 영역들 사이의 가능한 연결 중 단지 40%만이 발견되었다. 따라서 어떤 단일 영역도 모든 다른 영역들로부터 입력을 받지 않는다. 이는 한 영역에서 하나의 지각이 형성되는 것은 어렵다는 것을 시사한다.

둘째, Zeki가 흥미로운 지적을 하였다. 즉 피질의 한 영역이 다른 많은 피질 영역들과 연결되어 있기 때문에 각 피질 영역이 하나 이상의 기능을 가진다. 더욱이 동일한 기능의 결과에 하나 이상의 피질 영역들이 관여할 가능성이 있다. 이 사실은 다양한 연결을 설명한다.

이 원리들이 색채, 움직임과 형태를 처리하는 일차 시각피질에 적용된다. 이 처리가 특정 피질 영역으로 전달된다. 그리고 동일한 처리가 피질 영역뿐만 아니라 피질하 영역에도 전달된다.

피질 활동이 피질하 영역과 직접적으로 연결된다는 사실은 피질에서 일어난 처리가 Luria가 주장한 운동 위계를 바이패스하여 피질하 운동 구조들에 직접적으로 전달될 수 있다는 것을 시사한다. 더욱이 피질 영역들이 다양한 처리를 하고 이 처리가 다양한 영역으로 전달된다는 사실은 정보 처리에서의 위계가 무엇인가에 관한 의문을 낳게 한다. 순차적으로 연결되어 있다고 가정되는 영역들이 실제로는 더 복잡한 작용을 하는 것인가? 색채, 형태와 움직임을 처리하는 일차 시각피질과 같은 영역이 색채만을 처리하는 영역보다 더 복잡하다고 여겨질 수 있다.

마지막으로 Luria는 지각이 단일 현상이라는 자신의 가정이 옳다고 여겼다. 그러나 그의 가정이 옳지 않은 것으로 밝혀졌다. 단일 지각을 생산하는 영역이 없음에도 불구하고 우리는 단일 지각을 경험

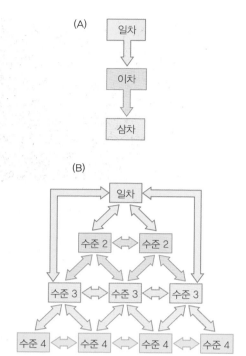

그림 10.18 ▲

두 가지 위계 모델 (A) 피질 처리 과정에 관한 Luria의 단순한 순차적 위계 모델. (B) Felleman과 van Essen의 분산된 위계 모델은 여러 수준의 연합 영역들이 각 수준에서 서로 상호 연결되어 있다고 제안한다.

한다. 이 능력이 결합 문제의 핵심이다.

이 모든 지식을 어떻게 통합하여 피질의 조직화를 이해할 수 있는가? 두 가지 논리적 가능성이 있다. 하나는 위계적 조직화가 존재하지 않고 대신 순차적이지 않는 신경 네트워크가 존재하는 것이다. 한 유기체가 경험을 하면 이 네트워크가 어떻게든 작용하여 지각, 인지와 기억을 생산한다. 뇌기능의 신경 네트워크를 설명하는 많은 모델들이 이 가능성을 지지한다. 그러나 많은 지각 연구들의 결과는 종 특유의 방식으로 뇌가 감각 정보를 여과하고 질서를 가지게 한다고 제안한다.

또 다른 조직화에 관한 가능성은 Daniel Felleman과 David van Essen(1991)이 제안하였는데, 이들은 피질 영역들이 위계적으로 조직화, 즉 한 영역이 다른 영역에 비해 상대적으로 특정 수준에 위치하지만 한 위계 수준에 하나 이상의 영역이 존재한다고 제안하였다. Felleman과 van Essen은 전후방 연결(forward and backward connection) 패턴을 사용하여 위계적 조직화가 이루어진다고 제안하였다.

따라서 상향(혹은 전방) 연결은 IV층에서 끝나는 반면 하향(혹은 후방) 연결은 IV층으로 들어오지 않고 주로 IV층 위와 아래에서 끝난다(그림 10.16B 참조). Felleman과 van Essen은 세 번째 유형의 연결, 즉 모든 피질층에서 끝나는 기둥 연결이 있다고 제안하였다. 이 유형의 연결이 흔하지 않지만 위계의 동일한 수준에 여러 영역이 존재한다는 주장을 지지한다.

시각, 청각과 체감각 영역의 연결성 패턴을 분석한 결과 Felleman과 van Essen은 분산된 위계 체계(distributed hierarchical system)를 지지하는 증거를 발견하였다. **그림 10.18**은 이 모델과 Luria의 모델을 보여준다. 그림 10.18B는 여러 수준들이 존재하는 것과 각 수준들 사이의 서로 상호 연결된 처리가 감각 경험의 서로 다른 요소들을 표상하는 것을 보여준다. 이에 덧붙여서 일부 연결은 수준을 뛰어넘고 상위 수준일수록 더 많은 영역들이 수준에 포함되는 것을 보여준다.

피질 기능에 관한 현재 모델

Felleman과 van Essen 모델과 재진입 과정은 피질 연결성이 한 피질 모듈과 다른 모듈이 단순히 연결되는 것이 아니라 서로 다른 영역들의 활동 사이의 역동적 상호작용을 설명한다. 따라서 뇌 영역을 특정 정보의 독립된 처리기로 여기는 대신 공동으로 작용하여 복잡한 인지 작용의 근거가 되는 더 큰 규모의 신경 네트워크를 형성하는 것으로 여겨야 한다(Meehan & Bressler, 2012 참조).

피질 네트워크를 이해하는 주된 원칙이 피질 영역들 사이의 기능적 연결성뿐만 아니라 네트워크를 형성하는 해부적 연결을 확인하는 것이다. 인간 커넥톰 프로젝트(www.humanconnectome.org)는 1,200명의 건강한 성인을 대상으로 비침습적 신경영상기법을 사용하여 인간 뇌 연결성을 밝히는 것을 목적으로 하는 야망찬 모험적 시도이다. 이 프로젝트가 완성되면 1mm^3 회백질과 다른 1mm^3 회백질 사이의 기능적 연결성에 관한 포괄적인 지도가 제공될 것이다(van Essen & Ugurbil, 2012). 인간 뇌 크기를 고려하면 2020년까지 커넥톰 프로젝트에 적어도 100명의 연구자들이 참여할 것으로 여겨진다.

커넥톰 프로젝트는 생존하는 뇌가 항상 활동적인 것과 참여자가 휴식을 취하는 동안, 다시 말하면 특정 과제를 수행하지 않는 동안 측정한 fMRI 신호를 통해 뇌기능과 연결성을 추론한 것에 근거한다. 이 신호, 즉 휴지기 신호(resting-state fMRI, rs-fMRI, 7.4절 참조)는 참여자들이 눈을 뜬 상태에서 고정점을 바라보는 동안 측정된다. 스캐너가 뇌 활성화를 적어도 4분 동안 측정한다.

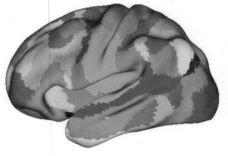

좌반구 외측면

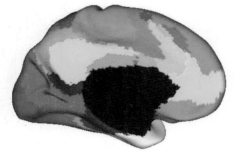

좌반구 내측면

그림 10.19 ◀

대뇌피질 네트워크 1,000명 대상자들의
휴지기 fMRI 자료에 근거하여 약 17개의 피
질 네트워크가 밝혀졌다. 각 색이 네트워크
를 나타낸다. 진한 파란색으로 표시되어 있
는 측두엽의 청각 영역처럼 일부 네트워크는
제한된 영역에 위치한다. 다른 네트워크는 광
범위하게 분산되어 있는데, 예를 들어 노란색
으로 표시된 영역이 전전두엽과 후측 두정피
질을 연결하는 네트워크이다.

(Image from Thomas Yeo and Fenna Krienen
from Yeo BTT, Krienen FM, Sepulcre J,
Sabuncu MR, Lashkari L, Hollinshead M,
Roffman JL, Smoller JW, Zöllei L, Polimeni JR,
Fischl B, Liu H, Buckner RL. The Organization
of the Human Cerebral Cortex Estimated by
Intrinsic Functional Connectivity *Journal of
Neurophysiology* 106(3):1125–1165, 2011.)

1,000명의 참여자들로부터 측정한 rs-fMRI 자료를 활용하여 Thomas Yeo와 동료들(2011)이 인간
대뇌피질을 17개의 네트워크로 분리하였다(**그림 10.19**). 피질은 일차 감각과 운동 네트워크뿐만 아니
라 연합피질을 형성하는 다수의 큰 네트워크로 구성된다. 감각과 운동 네트워크는 주로 제한된 영역에
위치하는데, 즉 인접한 영역들이 서로 강한 기능적 연결을 보인다.

그림 10.19에서 체감각피질과 운동피질의 청록색과 회색을 띤 파란색 영역들과 시각피질의 자주색
영역이 이러한 연결을 보인다. 이와 상반되게, 연합 네트워크는 전전두, 두정, 전측 측두와 정중앙 영
역들에 걸쳐 분포되어 있다. 그림에서 분산되어 있는 노란색 영역이 전전두-후측 두정 영역 사이의 연
결을 보여준다. 일부 분산된 네트워크, 즉 옅은 빨간색으로 보이는 부분은 측두, 후측 두정엽과 전전두
영역을 포함한다. 커넥톰 프로젝트가 더 진행되면 이 네트워크들은 훨씬 더 작은 단위들로 분리되고
생쥐 등과 같은 다른 종들의 지도도 개발될 것이다.

◎ 10.4 인간 뇌는 고유 속성을 가지는가

인간 고유의 정신 능력을 조사한 학자들은 오랫동안 전통을 유지해왔다. 이른바 4개의 고유 능력에는
문법을 갖춘 언어, 언어를 사용하여 심상을 만드는 능력인 음운 이미지(phonological imagery), 다른
사람의 정신 상태를 이해하고 고려하는 능력인 **마음 이론**(theory of mind) 혹은 사회 인지와 직관 등과
같은 특정 유형의 지능이 포함된다. 비록 이 능력들의 특성과 이 능력들이 실제로 존재하는가는 아직
논란이 되고 있지만 인간 뇌가 이러한 고유 속성을 가지고 있는가를 살펴보기로 하자.

2.1절에서 기술된 바와 같이 다른 종들보다 인간 뇌가 상대적으로 더 크지만 모든 포유동물종들은
특정 생태적 지위에 맞게 수정된 피질 조직화를 공통적으로 가지고 있다(Krubitzer & Kaas, 2005 참
조). 그러나 인간의 뇌는 세 가지 고유 특성을 가지고 있다.

첫째, 인간은 다른 포유동물보다 더 높은 피질 뉴런 밀도를 가지고 있다. 뉴런 밀도가 증가하는 것
은 인간 뇌가 더 큰 뇌를 가지는 동물, 예를 들어 고래와 코끼리보다 더 많은 뉴런을 가지고 있다는 것
을 시사한다. 그 결과 인간 뇌는 상대적으로 더 많은 처리 능력을 가지고 있다. 그러나 더 많은 신진대
사를 해야 하는 단점도 가지고 있다. Suzana Herculano-Houzel(2012)은 인간의 초기 조상들이 음식
조리를 통해 신진대사 문제를 해결하였다고 제안한다. 즉 조리 음식이 생식보다 더 많은 에너지를 생
산한다.

두 번째 고유 특성은 인간에서만 관찰되는 피질 뉴런들이다. 이 피질 뉴런들이 유인원, 예를 들어
원숭이, 고래, 코끼리 등에서도 관찰되지만 인간의 뇌에 훨씬 더 많이 존재한다(Cauda et al., 2014).

그림 10.20 ▶

폰 에코노모 뉴런이 위치하는 영역 (A) 측두엽과의 경계에 위치하는 전두 뇌섬엽과 배외측 전전두피질과, (B) 전대상피질이 폰 에코노모 뉴런이 위치하는 영역들에 포함된다. 이 뉴런은 해부학자인 Constantin von Economo의 이름을 붙여 불리며, 그는 1920년대에 처음으로 이 뉴런을 소개하였다.

(Research from Allman et al., 2005 and Cauda et al., 2014.)

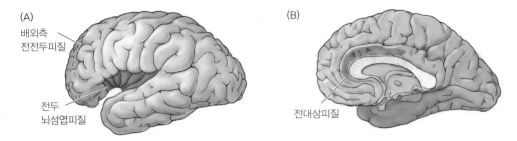

(A)
배외측 전전두피질
전두 뇌섬엽피질

(B)
전대상피질

폰 에코노모 뉴런(von Economo neuron)으로 알려진 이 뉴런들은 큰 양극성 뉴런들로 배외측 전전두피질과 뇌섬엽의 깊은 층(그림 10.20A)과 전대상피질의 외측면(그림 10.20B)에 위치한다.

폰 에코노모 뉴런들은 인간 개체발생적으로 늦게 발달하는데, 즉 생후 4세경에 이르러서야 성인 수준으로 발달한다. 이 뉴런들이 이미 존재하는 일부 세포 유형으로부터 분화되어 나오거나 혹은 신경생성을 통해 발달하는 것으로 여겨진다. John Allman과 동료들(2005)은 폰 에코노모 뉴런이 마음 이론의 출현과 관련 있다고 제안한다. 또한 Allman은 이 뉴런들이 **자폐스펙트럼장애**(ASD)를 갖는 사람들에서 발달하지 못하고 이로 말미암아 이 장애의 주된 증상인 사회적 직관을 갖지 못하게 된다고 제안한다(24.3절 참조). 따라서 비록 인간과 비인간 영장류의 뇌는 모두 거울 뉴런을 갖고 있고(9.1절 참조) 거울 뉴런도 ASD와 관련되지만 인간 뇌가 폰 에코노모 뉴런을 훨씬 더 많이 갖고 있다. 인간과 다른 유인원에서 이 뉴런들이 더 넓게 분포되어 있기 때문에 이들이 사회적 인지 능력과 자의식을 더 갖게 된다(20.6절 참조).

인간 뇌가 갖는 마지막 고유 속성이 다른 유인원들에 비해 상대적으로 더 큰 전두, 측두와 두정 연합 영역을 갖는 것이다(그림 10.21A). 흥미롭게도 그림 10.21B에 제시되어 있듯이 이 영역들이 출생 후 가장 많이 성장하기 때문에 출생 시부터 성숙한 영역들보다 이 영역들이 출생 후 경험의 영향을 더 많이 받는다.

그림 10.21 ▶

인간 피질 확장 지도 색채 척도는 짧은 꼬리원숭이에 비해 인간 피질이 상대적으로 얼마나 더 큰가를 나타낸다. (A) 인간 전두, 측두와 두정피질의 삼차 영역들이 진화 단계 동안 가장 확장되었다. (B) 인간 전두, 측두와 두정 영역들이 다른 영역들에 비해 출생 후 거의 2배 정도 더 확장된다.

(Jason Hill, et. al. Similar patterns of cortical expansion during human development and evolution, *PNAS*, 107(29):13135 – 13140, July 20, 2010.)

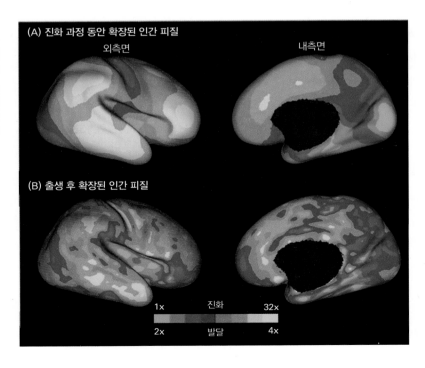

(A) 진화 과정 동안 확장된 인간 피질
외측면   내측면

(B) 출생 후 확장된 인간 피질

1x   진화   32x
2x   발달   4x

요약하면 비록 인간 뇌와 포유동물의 뇌가 뚜렷하게 큰 차이는 보이지 않지만 특유의 폰 에코노모 뉴런을 포함한 인간 신피질이 가지는 고유의 조직화가 다른 포유동물과는 질적으로 다른 정신 능력을 가능하게 한다.

요약

신경심리학자들의 가장 큰 관심이 인간 신피질의 기능, 즉 CNS 기능의 위계적 수준과 피질의 구조, 기능 조직화와 연결성이다.

10.1 척수에서 피질에 이르는 기능의 위계

CNS에서의 기능 수준은 척수에서 시작하여 신피질에서 끝난다. 이는 단계적으로 더 많은 뇌조직을 수술을 통해 제거하는 동물 연구들에서 관찰된다(235쪽 그림 10.2 참조).

10.2 피질 구조

신피질은 2개의 뉴런 유형, 즉 가시 뉴런과 무가시 뉴런으로 구성되고, 감각 및 운동과 연합 기능을 가지는 6개의 층으로 조직화되어 있다. 기둥 혹은 모듈로 이루어지는 수직적 조직화는 조직 검사와 신경 영상 기법에서 반점과 줄무늬로 나타난다.

감각과 운동 기능의 다중 표상이 피질에 존재하고 포유동물의 진화 단계 동안 표상의 수가 증가하였다. 피질 연결성의 특징이 재진입인데, 즉 특정 감각 정보의 처리에 관여하는 각 피질 영역은 모든 영역은 아니지만 많은 다른 영역들과 상호 연결되어 있다.

피질은 서로 연결되어 있지 않은 다중 표상을 통해 세상에 관한 정보를 처리하지만 우리는 세상을 하나의 전체로 지각한다. 이 수수께끼가 결합 문제이다.

10.3 피질의 기능적 조직화

피질 활동은 다른 피질 영역뿐만 아니라 편도체와 해마와 같은 피질하 전뇌 영역으로부터의 피드백 루프의 영향을 받는다. 따라서 피질 기능은 분산적 위계 네트워크처럼 조직화되어 있다. 인간 커넥톰 프로젝트는 이 네트워크의 연결성을 자세하게 연구하고 있다.

10.4 인간 뇌는 고유 속성을 가지는가

비록 모든 포유동물의 뇌가 매우 유사하게 조직화되어 있지만 다른 유인원에 비해 인간 뇌의 전두, 측두와 두정 연합 영역이 더 확장되어 있고 인간 고유의 인지 기능이 존재한다. 인간 뇌에서 발견되는 고유 세포인 폰 에코노모 뉴런이 인간의 고유 기능인 사회적 직관과 같은 인지 기능의 신경학적 근거를 밝히는 단서일 수 있다.

참고문헌

Allman, J. M., K. K. Watson, N. A. Tetreault, and A. Y. Hakeem. Intuition and autism: A possible role for von Economo neurons. *Trends in Cognitive Science* 9:367–373, 2005.

Bard, P., and M. B. Macht. The behavior of chronically decerebrate cats. In G. E. W. Wolstenholm and C. M. O'Connor, Eds., *Ciba Foundation Symposium on Neurological Basis of Behavior.* London: Churchill, 1958.

Barrett, R., H. H. Merritt, and A. Wolf. Depression of consciousness as a result of cerebral lesions. *Research Publications of the Association for Research in Nervous and Mental Disease* 45:241–276, 1967.

Bazett, H. C., and W. G. Penfield. A study of the Sherrington decerebrate animal in the chronic as well as the acute condition. *Brain* 45:185–265, 1922.

Berridge, K. C., and I. Q. Whishaw. Cortex, striatum, and cerebellum: Control of serial order in a grooming sequence. *Experimental Brain Research* 90:275–290, 1992.

Bignall, K. E., and L. Schramm. Behavior of chronically decerebrate kittens. *Experimental Neurology* 42:519–531, 1974.

Brackbill, Y. The role of the cortex in orienting: Orienting reflex in an anencephalic human infant. *Developmental Psychology* 5:195–201, 1971.

Cannon, W. B., and S. W. Britton. Pseudoaffective medulliadrenal secretion. *American Journal of Physiology* 72:283–294, 1924.

Cauda, F., G. C. Geminiani, and A. Vercelli. Evolutionary appearance of von Economo's neurons in the mammalian cerebral cortex. *Frontiers in Human Neuroscience* doi:10.3389, 2014.

Felleman, D. J., and D. C. van Essen. Distributed hierarchical processing in the primate cerebral cortex. *Cerebral Cortex* 1:1–47, 1991.

Flechsig, P. *Anatomie des menschlichen Gehirns und Rückenmarks.* Leipzig: Georg Thieme, 1920.

Ghazanfar, A. A., J. X. Maier, K. L. Hoffman, and N. K. Logothetis. Multisensory integration of dynamic faces and voices in rhesus monkey auditory cortex. *Journal of Neuroscience* 25:5004–5012, 2005.

Ghazanfar, A. A., and C. E. Schroeder. Is neocortex essentially multisensory? *Trends in Cognitive Science* 10:278–285, 2006.

Goltz, F. On the functions of the hemispheres. In G. von Bonin, Ed., *The Cerebral Cortex*. Springfield, Ill.: Charles C Thomas, 1960.

Grill, H. J., and R. Norgren. Neurological tests and behavioral deficits in chronic thalamic and chronic decerebrate rats. *Brain Research* 143:299–312, 1978.

Grillner, S. Locomotion in the spinal cat. In R. B. Stein, Ed., *Control of Posture and Locomotion*. New York: Plenum, 1973.

Herculano-Houzel, S. The remarkable, yet not extraordinary, human brain as a scaled-up primate brain and its associated cost. *Proceedings of the National Academy of Sciences U.S.A.* 109 Suppl 1:10661–10668, 2012.

Jerison, H. J. *Brain Size and the Evolution of Mind*. New York: American Museum of Natural History, 1991.

Jung, R., and R. Hassler. The extrapyramidal system. In J. Field, H. W. Magoun, and V. E. Hall, Eds., *Handbook of Physiology*, vol. 2, pp. 863–927. Washington, D.C.: American Physiological Society, 1960.

Krubitzer, L., and J. Kaas. The evolution of the neocortex in mammals: How is phenotypic diversity generated? *Current Opinion in Neurobiology* 15:444–453, 2005.

Luria, A. R. *The Working Brain*. Harmondsworth, UK: Penguin, 1973.

Meehan, T. P., and Bressler, S. L. Neurocognitive networks: Findings, models, and theory. *Neuroscience and Biobehavioral Reviews* 36, 2232–2247, 2012.

Oakley, D. A. Cerebral cortex and adaptive behavior. In D. A. Oakley and H. C. Plotkin, Eds., *Brain, Evolution and Behavior*. London: Methuen, 1979.

Pandya, D. N., and E. H. Yeterian. Architecture and connections of cortical association areas. In A. Peters and E. G. Jones, Eds., *Cerebral Cortex*, vol. 4. New York: Plenum Press, 1985.

Peters, A., and E. G. Jones. *Cerebral Cortex*, vols. 1–14. New York: Plenum, 1984–1999.

Purves, D., D. R. Riddle, and A.-S. LaMantia. Iterated patterns of brain circuitry (or how the brain gets its spots). *Trends in Neuroscience* 15:362–368, 1992.

Shepherd, G. M. *The Synaptic Organization of the Brain*, 2nd ed. New York: Oxford University Press, 1979.

Szentagothai, J. Architecture of the cerebral cortex. In H. H. Jasper, A. A. Ward, and A. Pope, Eds., *Basic Mechanisms of the Epilepsies*. Boston: Little, Brown, 1969.

Van Essen, D. C., and Ugurbil, K. The future of the human connectome. *NeuroImage* 62:1299–1310, 2012.

Whishaw, I. Q. The decorticate rat. In B. Kolb and R. Tees, Eds., *The Neocortex of the Rat*. Cambridge, MA: MIT Press, 1989.

Yeo, B. T., F. M. Fienen, J. Sepulcre, M. R. Sabuncu, D. Lashkari et al. The organization of the human cerebral cortex estimated by intrinsic functional connectivity. *Journal of Neurophysiology* 106:1125–1165.

Zeki, S. *A Vision of the Brain*. London: Blackwell Scientific, 1993.

11

대뇌 비대칭성

 사례 보기 언어와 음악

두 아이의 어머니인 25세의 M.S.는 일생 동안 뇌전증을 앓아왔다. 그녀의 발작은 둘째 아이가 태어나기 전까지는 약물에 의해 잘 통제되었지만 둘째를 낳고 난 뒤부터는 평균적으로 한 달에 한 번 정도 통제되지 않는 발작을 견뎌내야 했다. 신경학적 검사는 그녀의 좌반구 측두엽에 발작의 원인이 되는 오래된 낭종이 있음을 밝혀냈다. M.S.는 신경외과적 수술을 통해 그 낭종과 그것을 둘러싸고 있는 비정상적인 뇌 조직들을 제거하는 데 동의했다.

처음에는 M.S.의 수술 이후 특별한 일 없이 지나가는 것 같았고 그녀의 발작은 치료된 것처럼 보였다. 그러나 예상치 못하게 그녀는 항생제에 내성이 있는 것으로 밝혀진 감염을 앓았다. 얼마 지나지 않아 M.S.는 광범위한 좌반구 손상을 입었다. 그 질병은 그녀를 전실어증이라는, 언어를 산출할 수도 이해할 수도 없는 상황으로 만들었다. 몇 주 동안 그녀가 할 수 있는 유일한 말은 "나는 당신을 사랑합

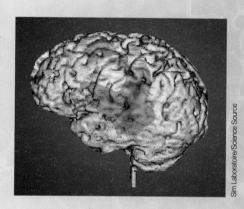

Sim Laboratoire/Science Source

니다."뿐이었고, 그녀는 자신이 잘 아는 사람 모두에게 그 말을 하였다.

fMRI와 MEG 영상에 근거하여 만든 이 삼차원 뇌 그림은 좌반구의 주요 언어 영역을 강조하고 있는데, 이는 사람들이 말을 할 때의 뇌 활동을 보여준다. 운동피질과 함께 작동하는 브로카 영역(전두 판개)은 말하는 데 필요한 움직임을 산출한다. 베르니케 영역(측두평면)은 언어 이해를 조절한다.

M.S.가 단어, 대화, 읽기를 수행하거나 이해하지 못했음에도, 음악을 즐기는 능력에는 장애가 없었다. 그녀는 노래를 하기 위해 단어들을 사용할 수 있었고 노래의 틀린 가사를 즉시 지적할 수 있었다. 그녀는 수술하기 전에 알았던 다양한 종류의 노래들을 불렀지만, 새로운 노래를 배우는 것은 어려워했다. 그럼에도 그녀는 새로운 곡조를 배우거나 그 곡조를 따라서 흥얼거릴 수는 있었다.

인간의 뇌 조직에 있어 가장 흥미로운 부분은 좌반구와 우반구가 기능적으로 분리되어 있는 반구 비대칭성을 보인다는 것이다. 반구 비대칭성은 언어 능력을 상실했지만 음악 능력을 유지하는 M.S.의 사례에서 두드러지게 나타난다.

인간의 반구 비대칭성을 살펴보기 전에 우리는 기본적인 해부학적 원리를 먼저 살펴볼 것이다. 그 다음에 신경학적·행동적 연구들을 조사하고, 뇌 손상 환자와 정상 뇌를 가진 사람들에 대한 연구결과를 비교할 것이다. 결론 부분에서 뇌 영상법의 실험적 결과들을 비교하고, 반구 비대칭성에 대한 이론들을 대조해보며, 행동을 측정하기 위한 질문을 평가할 것이다. 그러고 나서 제12장에서는 반구 비대칭성을 만드는 다양한 생물학적·환경적 요인에 대해 알아볼 것이다.

11.1 인간 뇌의 해부학적 비대칭성

제10장에서 우리는 피질의 해부학적·기능적 위계가 마음속의 생각과 경험의 통합으로 어떻게 이끄는지에 초점을 맞췄다. 두 반구가 기능적으로 분리되어 있다는 생각인 **편재화**(laterality)의 개념은 두 다른 정신이 우리의 행동을 조절한다는 결론을 이끌어냈다.

뇌 비대칭성에 대해 연구해온 지 100년 이상 지난 지금, 신경심리학자들은 뇌 반구가 서로 분리된 기능을 수행한다는 것을 안다. 전반적으로 좌반구는 언어 산출, 이해에 관한 특별한 기능을 하고 신체의 오른쪽 부분을 통제한다. 우반구는 음악과 얼굴 표정을 포함하는 비언어적 정보를 인식하고 종합하는데 특화되어 있고 신체의 왼쪽 부분을 통제한다.

네 가지 매력적인 변수가 편재화에 대한 연구를 복잡하게 만든다.

1. **편재화는 절대적이지 않고 상대적이다.** 두 반구 모두 거의 모든 행동에 관여한다. 그러므로 좌반구가 언어 산출에 특별히 중요함에도 불구하고 우반구 역시 어느 정도의 언어 능력을 가진다.

2. **뇌 영역의 기능을 이해하는 것 역시 적어도 뇌 반구의 기능을 이해하는 것만큼 중요하다.** 전두엽은 비대칭적이지만 같은 반구의 후측 영역보다 좌우 반구 전두엽 영역의 기능이 서로 더 유사하다. 신경학적 자료의 부재로 인해 그 뇌 부분의 손상(측두엽이나 두정엽보다 전두엽)이 너무나도 명확함에도 한 반구 안에서 손상의 위치를 지정하는 것이 어려운 경우가 많다. 아마 많은 피질 기능들이 어느 한 부분에 국한되어 편재화되어 있다고 하는 것보다는 뇌 영역과 반구 모두에 대해 편재화되어 있다고 생각하는 것이 최선일 것이다.

3. **편재화에 환경적·유전적 요인이 영향을 미친다.** 몇몇 왼손잡이와 여성의 뇌 조직은 오른손잡이와 남성보다 덜 편재화되어 있는 것으로 나타난다(우리는 이러한 요인들을 제12장에서 깊이 다룰 것이다).

4. **편재화를 보이는 동물이 있다.** 기능적으로 편재화는 처음에 언어에 연관된 특징으로 인간 뇌에서 유일하게 발견되는 것으로 간주되었다. 현재 몇몇 명금류, 쥐, 고양이, 원숭이, 그리고 유인원들 역시 기능적·해부학적으로 편재화된 뇌를 가지고 있음을 안다.

대뇌 비대칭성

John Hughlings-Jackson과 Pierre Gratiolet(1815~1865)의 1860년대의 첫 관찰에 따르면 좌반구의 피질의 주름(회, 구)이 우반구보다 더 빨리 성숙한다고 한다. 해부학적 비대칭성은 19세기에 많은 연구자들에 의해 다시 기술되었다. 그러나 이러한 관찰들은 1960년대 Norman Geschwind와 Walter Levitsky(1968)가 측두엽의 중요한 해부학적 비대칭성을 기술하기 전까지는 대부분 무시되어 왔다.

측두평면(planum temporale, 베르니케 영역)은 외측열 안의 일차 청각피질(헤슬회)의 바로 뒤에 놓여 있다(그림 11.1 위). Geschwind와 Levitsky의 연구에 따르면 평균적으로 100개 중 65개의 뇌에서 좌반구 측두평면이 우반구 측두평면보다 1cm 더 길었다. 많은 연구자들이 이들의 발견을 반복해서 발견했고 서로 다른 표본에서 좌반구의 측두평면은 65~90%까지 다양하게 더 컸다. 대조적으로 인접한 일차 청각피질(헤슬회)은 오직 1개만 있는 좌반구보다 2개의 헤슬회가 같이 있는 우반구에서 더 컸다(그림 11.1 아래).

살아 있는 뇌에 대한 MRI 영상은 두 반구 사이에 여덟 가지 해부학적 차이가 있음을 증명했다.

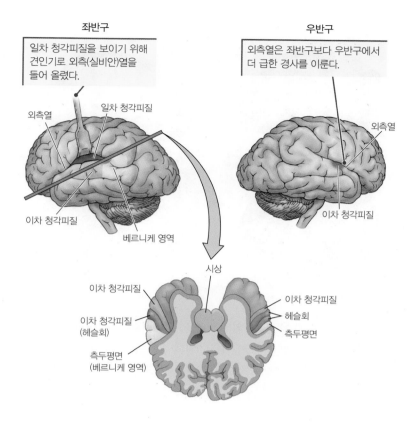

그림 11.1 ◄

해부학적 비대칭성 (위) 측면에서 보았을 때, 외측열(실비안 열)의 경사는 양 반구에서 서로 다르다. (아래) 복측에서 보았을 때 외측열을 따라 청각 영역과 측두평면 영역이 보인다. 측두평면은 주로 우반구보다 좌반구에서 더 큰 반면 헤슬회는 우반구에서는 2개지만 좌반구에는 오직 1개뿐이다.

1. 우반구가 좌반구보다 약간 더 크고 무겁지만, 좌반구는 상대적으로 백질(연결성)보다 더 많은 회백질(뉴런)을 보유하고 있었다.

2. 좌반구와 우반구에서 표시된 구조적 비대칭성은 그동안 관찰된 언어와 음악 기능에 대한 각각의 특성화에 대한 해부학적 기반을 제공할 수 있다(Geschwind & Levitsky, 1968).

3. 그림 11.1에서 나타나듯이 측두엽의 해부학적 비대칭성은 시상의 비대칭성과 관련이 있다. 이 비대칭성은 분명한 시상의 기능적 비대칭성을 보완한다. 좌반구 시상은 언어 기능에 더 우세하다(Eidelberg & Galaburda, 1982).

4. 외측열의 경사는 좌반구가 우반구에 비해 더 완만하다(그림 11.1 위 참조). 따라서 외측열의 복측에 위치한 측두 두정피질 영역은 우반구에서 더 크게 나타난다(Toga & Thompson, 2003 참조).

5. 전두판개 영역(브로카 영역)은 좌반구와 우반구에서 다르게 조직화되어 있다. 뇌 표면에서 관찰할 수 있는 영역은 우반구가 좌반구보다 3분의 1 정도 더 크지만 그 영역의 구에 묻혀 있는 부분은 좌반구가 우반구보다 더 크다. 이러한 해부학적 비대칭성은 이러한 영역들의 편재화를 잘 설명해준다. 좌반구는 문법 산출에 영향을 미치고 우반구는 목소리의 톤(운율)에 영향을 주는 것 같다.

6. 피질과 피질하 영역에서 다양한 신경전달물질의 분비 역시 비대칭적이다. ACh, GABA, NE, DA 같은 특정한 신경전달물질의 분비는 뇌 구조에 좌우되는 것으로 보인다(Glick et al., 1982 참조).

7. 우반구는 좌반구에 비해 전측으로 치우쳐 있고, 좌반구는 우반구에 비해 더 후측으로 뻗어 있다. 그리고 측뇌실의 후두각은 좌반구에 비해 우반구가 5배 더 길다.

8. 69개의 피질 표면 이미지를 하나의 이미지로 전집을 평균 분석한 뇌는 개인 뇌에서는 발견할 수 없었던 다양한 비대칭성의 패턴을 보여준다(**그림 11.2**). David van Essen과 동료들(2012)은 각각의

그림 11.2 ▶

표면 비대칭 지도   (A) 69명의 피험자들을 대상으로 두 반구의 특정 지역의 표면 영역의 차이를 평균한 것. (B) 평균된 반구들의 통계적으로 유의미한 비대칭성은 기호 설명표에서 보이는 색상의 차이를 통해 그려져 있다. 예를 들면, A 부분에서 초록색, 보라색, 파란색은 좌반구보다 더 많은 영역을 가진 우반구에서의 효과크기의 차이를 보여준다(우반구＞좌반구).

(van Essen, D. C.; et al. Parcellations and Hemispheric Asymmetries of Human Cerebral Cortex Analyzed on Surface-Based Atlases. Cerebral Cortex, 22:10:2241–2262, 2012.)

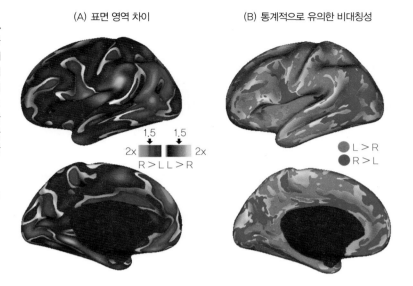

(A) 표면 영역 차이

(B) 통계적으로 유의한 비대칭성

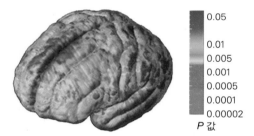

▲ 피험자 20명의 뇌영상 평균으로부터 얻은 MRI는 분명한 해부학적 비대칭성을 보여준다. 가장 큰 비대칭성은 언어 영역들에서 나타나고, 가장 작은 비대칭성은 전측 측두엽과 배내측 전두엽에서 나타난다.

(Reprinted by permission from Macmillan Publishers Ltd: Dr. Arthur Toga, Laboratory of Neuro Imaging at UCLA, from Mapping brain asymmetry. *Nature Reviews Neuroscience* 4:37–48, 2003.)

평균낸 뇌의 여러 뇌 영역들의 표면적을 계산한 결과 신피질 영역들이 두 반구에서 같았지만 전반적인 비대칭성의 패턴은 각각 반구 전반에 걸쳐 나타남을 발견하였다. 가장 큰 비대칭성들은 좌반구에서는 실비안 열, 내측 측두 영역에서 나타나고, 우반구에서는 후측 두정 영역과 배외측 전전두 영역에서 나타난다(그림 11.2A). 그러나 전반적인 비대칭성의 양상은 양 반구 전반에 걸쳐 분명히 나타났다.

많은 사람들에게서 나타난 비대칭적 양상에도 불구하고 대략 가장 큰 해부학적 비대칭성은 측두-두정 영역의 언어 영역을 중심으로 나타난다. 게다가 이러한 비대칭성은 태어나기 전부터 존재하는데, 이 발견은 인간에게 언어는 선천적이라는 제안을 뒷받침한다. 그러므로 언어 기능을 촉진하기 위해 비대칭성이 진화되었다는 것은 솔깃한 추론이다.

사실상 오스트랄로피테쿠스의 뇌(그림 2.3과 2.4)는 현대 인류와 많은 해부학적 비대칭성을 공유한다. 그러나 이러한 인류의 조상들은 우리가 언어를 사용할 수 있게 해준 발성 기관을 갖고 있지 않았다. 게다가 우반구가 더 무겁고 큰 것이나 더 긴 외측열을 갖고 있는 등의 비대칭성은 인간이 아닌 영장류에게서도 나타난다(12.4절 참조). 표 11.1은 지금까지 보고된 인간의 뇌 반구들의 해부학적 비대칭성을 정리한 것이다.

이러한 언어와 관련된 해부학적 비대칭성에 대한 발견을 갖고 있음에도 우리는 두 반구가 똑같은 표면 영역을 갖고 있기 때문에 많은 우반구의 영역들이 더 넓다는 사실을 지적해야 한다. 표 11.1에 실린 것 중 어떤 우반구 우세가 주도적인지 명확하지 않다. 좌반구의 비대칭성이 언어와 관련되어 있다면 우반구 역시 어떤 다른 기능(들)에 특화되어 있어야 한다. 어쨌든 두 반구는 너무나 닮아 있기 때문에 좌반구에서 언어 영역이 진화되었을 때 우반구에서 아무 일도 일어나지 않은 것은 아니다.

뉴런 비대칭성

인간 뇌의 모든 구조적 비대칭성을 기술하는 것은 두 반구를 구조적으로 비교하기 위한 자연스러운 출발점이다. 그러나 뇌의 활동을 직접 수행하는 것은 뉴런이라는 것을 기억해야 한다. 양 반구에서 신경

표 11.1 해부학적 비대칭성을 설명하는 연구의 개요

척도	기본 참고문헌
좌반구 우세 비대칭성	
더 큰 비중	von Bonin, 1962
긴 외측열(실비안 열)	Eberstaller, 1884; LeMay & Culebras, 1972
더 큰 뇌섬엽	Kodama, 1934
대상회 2배	Eberstaller, 1884
높은 회백질 비율	von Bonin, 1962; Gur et al., 1980
더 두꺼운 피질	Luders et al., 2006
더 넓은 측두평면	Geschwind & Levitsky, 1968; Galaburda et al., 1978; Teszner et al., 1972; Witelson & Pallie, 1973; Wada et al., 1975; Rubens et al., 1976; Kopp et al., 1977
더 큰 후외측핵	Eidelberg & Galaburda, 1982
더 큰 하두정소엽	Lemay & Culebras, 1972
청각피질의 더 큰 Tpt 영역	Galaburda & Sandies, 1980
더 넓은 후두엽	LeMay, 1977
측뇌실의 더 긴 후두각	McRae et al., 1968; Strauss & Fitz, 1980
전두 판개 영역의 더 넓은 총면적	Falzi et al., 1982
더 큰 내측두엽	Good et al., 2001
우반구 우세 비대칭성	
더 무거움	Broca, 1865; Crichton-Browne, 1880
더 긴 두개골 내부 크기	Hoadley & Pearson, 1929
2배 헤슬회	von Economo & Horn, 1930; Chi et al., 1977
더 큰 내측슬상핵	Eidelberg & Galaburda, 1982
전두판개의 볼록한 정도	Wada et al., 1975
더 넓은 전두엽	LeMay, 1977

원의 구조에 차이가 있는가?

신경세포 간에 구조적 차이점이 있는지를 확인하는 것은 단순히 신경세포의 엄청난 숫자 때문에라도 쉽지 않은 일이다. 그럼에도 불구하고 Arnold Scheibel과 동료들(1985)은 좌반구 전두판개(LOP)에 있는 브로카 영역 추체세포들의 수상돌기 영역과 좌반구 중심전피질(LPC)의 운동피질 중 얼굴 영역을 그에 상응하는 우반구의 영역들과 비교했다.

연구 결과는 **그림 11.3**에 나타난 것처럼 각각의 영역이 수상돌기의 분포에 있어 특징적인 패턴을 갖고 있었음을 보여준다. 수상돌기의 가지가 뻗어나간 정도는 아주 중요한데, 각각의 가지가 수상돌기 가지의 등급 전위를 상승시키거나 감소시키는 잠재적인 장소이기 때문이다(4.4절 참조). 가지의 분기점이 더 많을수록 세포의 기능에 있어서 자유도를 더 높여준다. 브로카 영역(LOP)의 신경세포는 다른 영역의 신경세포보다 가지들이 훨씬 더 풍부하다는 점을 주목하라.

Scheibel의 자료는 표본의 크기가 작았기 때문에($n = 6$) 신중하게 접근해야 한다. 그러나 이 6개의 뇌 중 5개의 뇌는 그림 11.3과 비슷한 패턴을 보였다. 이 5개의 뇌는 오른손잡이의 뇌였고 비전형적인 1개의 뇌는 왼손잡이의 뇌였다.

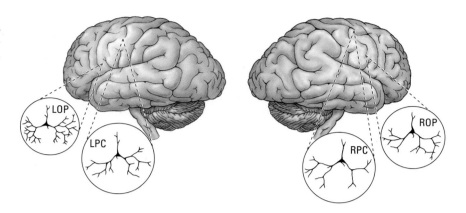

그림 11.3 ▶

신경학적 비대칭성 신경학적 비대칭성 좌반구와 우반구의 전두판개(LOP, ROP)와 좌반구와 우반구의 전중심피질(LPC, RPC)에서의 신경세포 수상돌기 모양의 차이

(Information from Scheibel et al.,1985.)

유전적 비대칭성

2003년에 완성된 인간 게놈 프로젝트는 연구자들이 비대칭성의 유전적 조절에 대해 연구할 수 있도록 해줬다. Tao Sun과 동료들(2006)은 태아 뇌의 좌우 반구 실비안열 주변의 유전자 발현 정도를 비교했다. 그들은 두 반구에서 유전자가 다르게 발현되는 것을 발견했고, 이것은 후천적인 변화가 두 반구에 다르게 영향을 미친다는 타당한 예측을 할 수 있게 했다(예 : Hrvoj-Mihic et al., 2013).

유전자 발현에서 나타나는 차이가 해부학적 · 기능적 비대칭성에 영향을 미치는 기제는 알려지지 않았지만 그럼에도 연구자들은 몇몇 유전자가 성장 요인의 생산을 조절한다고 제안한다. 성장요인은 결과적으로 한 반구 혹은 다른 반구에 있는 특정 영역의 성장을 용이하게 한다. 아직까지 유전자 발현의 비대칭성이 우세손과 같은 기능적인 특성을 설명한다는 도발적인 생각에 대한 명백한 근거는 없다(12.1절에서 이 생각에 대해 다시 살펴볼 것이다).

11.2 신경학적 환자의 비대칭성

뇌 비대칭성은 뇌전증과 같이 한쪽 반구에 의해 좌우되는 신경학적 질환을 앓는 환자들을 대상으로 한 연구에서 시작되었다. 최근에는 이러한 질병에 대한 신경외과적 치료법이 발전하여 많은 환자들이 완치된 후 기꺼이 연구에 참여하게 되었고 질병 이전과 이후의 상태를 비교할 수 있을 만한 풍부한 자료를 제공할 수 있게 되었다. 피질의 기능적 국재화와 편재화에 관한 지식은 이러한 환자들에게 큰 빚을 지고 있다. 여기서 우리는 기능적 편재화를 설명하는 근거들을 고려할 것인데, 편재화된 병변을 가진 환자를 대상으로 한 연구와 양 반구 간의 외과적인 분리를 경험한 사람들, 신경학적 수술 이전의 뇌 자극법, 그리고 한쪽 반구가 마취된 사람들을 볼 것이다.

편재화된 병변을 가진 환자

반구 특성화에 대한 가장 오래된 연구는 발작이나 수술로 인한 행동 결함을 통해 반구 편재화의 기능을 추론했다. 오른손잡이 환자의 이러한 제한되고 일방적인 좌반구의 병변은 우반구 병변으로는 생기지 않는 실어증을 유발했다. 이 장의 사례 보기에서 등장한 M.S.와 같은 사람들에 대한 연구는 두 반구의 기능이 편재화되어 있거나 혹은 분리되어 있다는 것을 보여준다.

그러나 피질 영역이 특성화 혹은 편재화된 기능을 갖고 있는지 결론 내리기 위해서는 다른 뇌에서 발병한 병변이 유사한 결함을 유발하지 않는다는 것을 보여주는 것 역시 중요하다. 기능의 편재화를 설명하기 위한 가장 강력한 실험적 절차는 Hans-Leukas Teuber(1955)에 의한 **이중 해리**(double dissociation) 절차이다. 두 신피질 영역은 두 행동적 검사에 의해 기능적으로 분리되어 있다. 각각의 검사에서의 수행은 한 병변 영역의 영향을 받지만 다른 영역의 영향은 받지 않는다.

오른손잡이 환자의 좌반구 병변은 우반구 병변으로 유발되지 않는 일관적인 언어 기능의 결함을 유발한다(말하기, 글쓰기, 읽기). 그러므로 두 반구의 기능은 분리되어 있다. 그러나 공간적 과제, 노래, 악기 연주, 음조 구분 과제를 수행할 때는 좌반구 병변보다 우반구 병변에 의해 더 많이 방해를 받는다. 우반구 병변이 좌반구 병변에 의해 방해받지 않는 과제에 영향을 미치고 그 반대도 같다. 두 반구는 이중적으로 해리되어 있다.

비슷한 논리가 한 반구 안에서의 기능을 국재화시키는 데에도 사용된다. 특별히 어떤 특정한 영역의 손상에 민감하고 다른 영역과는 무관한 행동적 검사가 사용될 수 있다. **표 11.2**에 서술된 것처럼 2개의 가상적인 피질 영역, 즉 102와 107은 읽기 과제와 쓰기 과제에 이중적으로 해리되어 있다. 102 영역의 손상은 읽기를 방해하지만 107 영역의 손상은 쓰기 능력을 손상시킨다. 중요한 것은, 이 논리가 동시에 더 많은 영역의 기능적 해리(삼중 해리, 사중 해리 등)까지 확장될 수 있다는 것이다.

신경학적 사례에서 편재화된 기능을 설명하기 위해 두 환자를 비교해보자. 두 환자는 모두 측정 당시에는 실어증을 앓고 있지 않았다.

첫 번째 환자인 31세의 P.G.는 신경외과적 수술을 받기 전 6년간 발작을 앓아왔다. 병원에 입원했을 때 그의 발작은 약물로 거의 통제가 되지 않았고, 추후 신경외과적 조사를 통해 그의 좌반구 측두엽의 전측에 큰 종양이 있음이 밝혀졌다.

수술 전 실시된 심리검사 결과 P.G.는 언어 기억의 명백한 결손을 제외하고는 높은 지능을 가지고 있었다. 수술 2주 후의 심리검사 결과 전반적인 지능 수준이 낮아졌으며 언어 기억 점수가 크게 하락하였다. 복잡한 그림 회상을 포함한 다른 검사들의 수행은 정상 수준이었다.

두 번째 환자인 S.K.는 우반구 측두엽의 종양을 제거했다. P.G.의 검사 결과와 대조적으로 S.K.는 수술 전 검사에서 복잡한 그림 회상의 점수가 낮았다. 수술 2주 후의 재검사는 지능 수준의 하락과 비언어적 기억 점수의 하락을 보였다. 간단하거나 복잡한 형태를 기억하는 등의 검사 수행이 저하되었다.

그림 11.4에 있는 두 환자의 실험 결과 대조는 명백한 이중 해리를 제공한다. 좌반구 측두엽의 제거 후 P.G.는 언어검사에서만 하락을 나타냈다. 반면에 우반구 측두엽을 제거한 S.K.는 비언어적 검사에서만 손상을 보였다. 게다가 두 환자는 많은 검사에서 보통 수준의 결과를 보여서 기능의 편재화 혹은 국재화의 증거를 보였다.

뇌량 절제술

뇌전증 발작은 제한된 한 반구 영역에서 시작하여 뇌량(교련)을 통해 상응하는 반대쪽 반구로 퍼져나간다. 약물치료가 발작 통제에 실패하였을 때, 발작이 퍼져나가는 것을 막기 위해 뇌량의 2억개의 신경 섬유를 잘라 두 반구를 분리시키는 외과적 절차인 **뇌량 절제술**(commissurotomy)은 1940년 미국 신경외과 의사인 William Van Wagnen에 의해 처음 시행되었다. 그 치료적 효과는 처음에는 사례마다 크게 달랐으며, 뇌량 절제술은 Ron Myers와 Roger Sperry가 원숭이와 쥐를 이용한 연구를 통해 신경학자들을 뇌량 절제술에 대해 재고하게 만든 1960년대까지 금지되었다(17.5절 참조).

당시 Joseph Bogen과 Philip Vogel이라는 두 캘리포니아의 외과의사는 20여 명의 새로운 난치성

표 11.2	가상적인 이중 해리 절차	
신피질 병변 위치	읽기	쓰기
102	장애	정상
107	정상	장애

(A)

좌반구
측두엽 절제술

검사	수술 전	수술 후
총 IQ	123	109
언어 IQ	122	103
수행 IQ	121	114
기억지수	96[a]	73[a]
언어 회상	7.0[a]	2.0[a]
비언어적 회상	10.5	10.5
카드 분류	6항목	6항목
그림 : 모사	34/36	34/36
회상	22.5/36	23.5/36

[a] 유의하게 낮은 점수

(B)

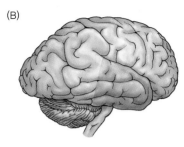

우반구
측두엽 절제술

검사	수술 전	수술 후
총 IQ	114	103
언어 IQ	115	115
수행 IQ	110	89[a]
기억지수	121	101
언어 회상	16.0	12
비언어적 회상	7.5	5.5[a]
카드 분류	3항목	3항목
그림 : 모사	31/36	28/36[a]
회상	11/36[a]	13/36[a]

[a] 유의하게 낮은 점수

◎ 그림 11.4 ▲

이중 해리 좌반구 측두엽을 절제한 뒤의 환자 P.G.(A)와 우반구 측두엽을 절제한 환자 S.K.(B)의 심리검사 결과의 비교. 분홍색으로 나타난, 각각의 제거된 영역은 수술 동안 외과의사에 의해 측정되었다.

(Information from Taylor. 1969.)

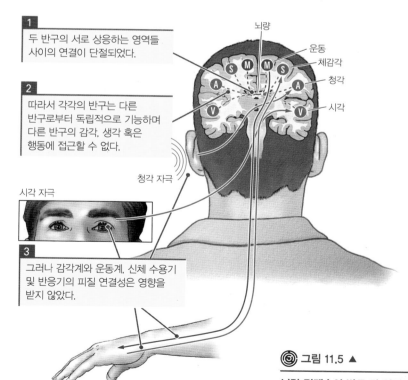

1
두 반구의 서로 상응하는 영역들 사이의 연결이 단절되었다.

2
따라서 각각의 반구는 다른 반구로부터 독립적으로 기능하며 다른 반구의 감각, 생각 혹은 행동에 접근할 수 없다.

3
그러나 감각계와 운동계, 신체 수용기 및 반응기의 피질 연결성은 영향을 받지 않았다.

청각 자극

시각 자극

뇌량

운동
체감각
청각
시각

발작 환자들을 대상으로 뇌량과 전교련의 일부를 완전히 절제하는 수술을 시행했다. 그 절차는 의학적으로 효과가 있었고, 환자들은 일상에 최소한의 영향만을 받으며 발작으로부터 사실상 자유로워졌다. 그러나 곧 설명할 Sperry와 동료들에 의한 대규모의 심리검사에서 뇌 비대칭성의 본질에 대한 통찰의 원천이 되는 특이한 행동 증후군이 나타났다.

그림 11.5는 특정한 뇌기능에 대한 뇌량 절제술의 효과를 보여준다. 수술 후 두 반구는 독립적으로 된다. 각각의 뇌는 모든 감각기관으로부터 정보를 받아들이고, 각각 몸의 근육들을 조절한다. 그러나 두 반구는 더 이상 소통하지 않는다. 이러한 분리된 피질 혹은 **분리뇌**(split brain)는 분리되어 있기 때문에 감각 정보는 한 반구에 제시될 수 있고 다른 뇌가 이 정보에 접근하지 못했을 때 뇌의 기능에 대해 연구할 수 있게 되었다.

그림 11.6은 두 눈이 각각 한 반구로만 정보를 제공할 때 어떻게 시야의 한 부분의 정보가 처리되는지 보여준다. 왼쪽에서 유입된 정보(좌시야)는 우반구로 전달되지만, 오른쪽에서 유입된 정보(우시야)는 좌반구로 전달된다. **그림 11.7**에서 보듯이 뇌량의 연결을 통해 뇌의 두 부분은 서로 연합한다. 뇌량이 절단되면 두 반구는 좌우 시야를 연합할 수 없게 된다.

◎ 그림 11.5 ▲

뇌량 절제술이 반구 간 연결에 미치는 효과

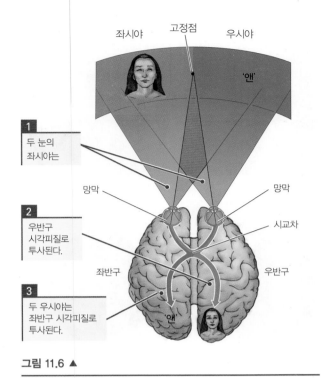

그림 11.6 ▲

시야장 두 시야(두 눈이 아니다)는 각각의 반구에 투사되었다. 응시점의 왼쪽에 있는 영역 전체(붉은 영역)은 우반구 시각피질에 추사되고, 그리고 응시점 오른쪽의 영역 전체(푸른 영역)은 좌반구 시각피질에 투사된다.

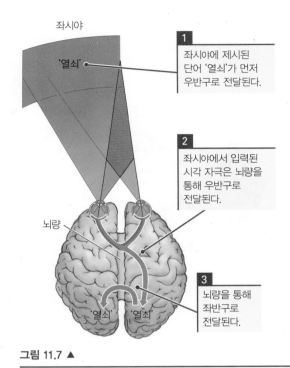

그림 11.7 ▲

시각적 세계의 두 부분을 연결시키기 좌시야에 제시된 단어 '열쇠'는 먼저 우반구로 전달되고, 이후 뇌량을 통해 좌반구로 전달된다. 뇌량 절제술은 이러한 전달을 막는다.

분리뇌 환자의 좌반구가 정보에 접근할 때 좌반구는 이야기를 시작할 수 있고 이로 인해 정보에 대해 이야기할 수 있다. 우반구는 말하자면 아주 좋은 재인 능력을 가졌지만 좌반구의 이야기 기제의 접근이 부족하여 이야기를 시작할 수 없다. 약간 다른 예로, 다음 설명과 **그림 11.8**은 분리뇌 현상을 설명한다.

> 환자 N.G.는 중앙에 작은 검은색 점이 찍힌 스크린 앞에 앉는다. 그녀는 그 점을 똑바로 쳐다보도록 요청받았다. 그녀가 점을 똑바로 쳐다보고 있다고 실험자가 생각했을 때 컵의 사진이 점 오른쪽에 순간적으로 나타났다 사라졌다. N.G.는 컵을 봤다고 대답했다. 다시 그녀는 점을 응시하도록 요구받았다. 이번에 숟가락의 사진이 점의 왼쪽에 나타났다 사라졌다. 무엇을 봤는지 질문받자 그녀는 "아뇨, 아무것도 못 봤습니다."라고 대답했다. 그리고 나서 그녀는 스크린 밑에 왼손을 뻗어 여러 물건 중 그녀가 본 것과 똑같은 물건을 촉각을 통해서만 선택하도록 요구받았다. 왼손으로 각각의 사물을 조사하고 숟가락을 집었다. 무엇을 쥐고 있는지 질문받자 그녀는 '연필'이라고 대답했다. (Springer & Deutsch, 1998, p. 36)

환자 N.G.의 행동은 두 반구가 상호작용하지 못할 때의 서로 다른 능력을 명백하게 설명해준다. 구어적인 좌반구는 컵의 사진에 대답할 수 있었다. 숟가락의 사진이 비구어적인 우반구에 제시되었을 때 말할 수 있는 좌반구로부터 분리되어 있었기 때문에 N.G.는 사진을 알아볼 수 없었다. 우반구의 능력은 우반구에 의해 조절되는 왼손이 숟가락을 집는 것으로 표현되었다. 그러나 시야 밖에 있는 왼손이 무엇을 집고 있는지에 대해 질문받았을 때 좌반구는 그것을 알지 못했고 '연필'이라고 부정확하게 추측했다.

절차

분리뇌 피험자는 좌우 시야에 그림이 투사되는 동안 화면 중앙의
고정점에 시선을 고정시킨다. 참가자는 자신이 보는 것이 무엇인지
말하도록 요청받는다.

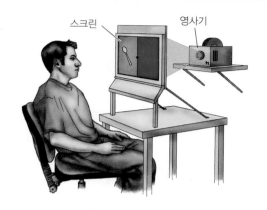

스크린   영사기

결과

만약 숟가락이 우시야에
제시된다면, 참가자는 '숟가락'
이라고 대답한다.

만약 숟가락이 좌시야에
제시된다면, 참가자는 "아무것도
못 봤습니다."라고 대답한다.

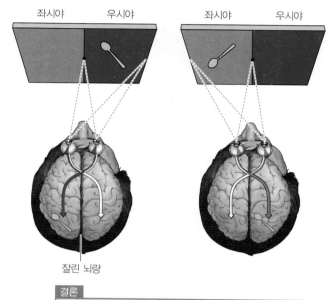

잘린 뇌량

◎ 그림 11.8 ▲

분리뇌 현상   시각적 · 촉각적 정보를 분리시키고 촉각적 반응을 수용하
도록 하는 기본적인 검사 방법

(Information modified from S. P. Springer and G. Deutsch, *Left Brain, Right
Brain: Perspectives from Cognitive Neuroscience*, 5th ed. New York: W. H.
Freeman and Company, 1998, p. 37.)

결론

말을 할 수 있는 좌반구에서 우시야의 숟가락을 본다면
참가자는 정확하게 반응한다. 말을 할 수 없는 우반구에서
숟가락을 본다면 참가자는 대답할 수 없다.

우반구의 얼굴 재인에 대한 특별한 능력 역시 분리뇌 환자에 의해 설명될 수 있다. Jere Levy와 동료
들(1972)은 키메라 그림 검사를 창안했다. 키메라 그림 검사는 얼굴 사진과 중심에서 반이 잘린 얼굴
사진이 이상하게 연결된 패턴들로 구성되어 있다. **그림 11.9**에 있는 재결합된 사진들은 선택적으로 각
각 반구에 제시되었고, 분리뇌 환자들은 그 사진의 두 면 사이의 부조화에 대해 알아차리지 못했다. 봤
던 사진을 고르도록 요청받았을 때 그들은 우반구에 의해 통제되는 좌시야에서 보였던 얼굴을 골랐다.
이는 우반구가 안면 재인에 대한 특별한 역할을 한다는 것을 보여준다.

요약하자면 뇌량 절제술 환자들에 대한 조심스럽고 때때로 기발한 연구들은 두 반구가 상호보완적
으로 특화되어 있다는 증거를 보여준다. 이러한 분리뇌 환자들은 흥미롭지만, 그들은 오직 극소수의
인구만을 대변하고, 그들의 두 반구는 비전형적이다. 대부분 환자들은 첫 발작을 유발하는 국소적 뇌
병소를 가지고 있었으며, 생애 초기부터 뇌 손상을 앓아와서 뇌기능의 주요한 재구조화가 일어났다.
그러므로 이러한 환자들로부터의 일반화와 추론은 아주 조심스럽게 이뤄져야만 한다. 우리는 이것에
대해 제17장에서 다룰 것이다.

뇌 자극

1930년대 초기 몬트리올 신경연구소의 Wilder Penfield와 동료들은 약물치료로 발작이 거의 통제되
지 않는 뇌전증 환자들에 대한 신경외과적 수술의 사용을 선도했다. 이 수술의 논리는 비정상적 신경
신호의 발원지인 피질 영역을 제거하는 것이다. 이 치료적 수술은 효과적이었기 때문에 계획적으로 시
행될 수 있었다.

언어와 운동 능력에 중요한 피질 영역들이 손상되지 않게 하기 위해 많은 주의가 기울여졌다. 언어와 운동 영역을 확인하고 뇌전증 발작을 유발하는 조직의 규모를 국재화하기 위해 의사들은 **그림 11.10**처럼 노출된 피질을 자극하고, 자극에 대한 환자들의 지각을 기록했다. 수백 명의 환자를 대상으로 한 Penfield와 제자들의 신중한 연구와 좀 더 최근의 것인 워싱턴대학교의 George Ojemann(1983)과 동료들의 연구는 반구 비대칭성에 대한 명백한 증거를 제공한다. 좌반구의 자극은 말하는 능력을 방해하지만, 우반구의 자극은 그렇지 않다.

의식이 있는 환자의 뇌 피질에 전류를 흘려 보내는 것은 일반적으로 네 가지 효과가 있는데, 세 가지는 흥분성이고 한 가지는 억제성이다.

1. **뇌는 기능적으로 비대칭적이면서도 대칭적이다.** 일차 운동피질, 체감각피질, 시각, 청각 영역과 그 경로들을 자극하면 확실하게 국재화된 움직임, 국재화된 감각 이상(피부의 무감각 혹은 따끔거림), 번쩍임 혹은 웅웅거리는 소리 등의 반응을 유발한다. 이러한 효과들은 어떤 반구를 자극해도 일반적으로 유발된다.

원래 자극

키메라 자극

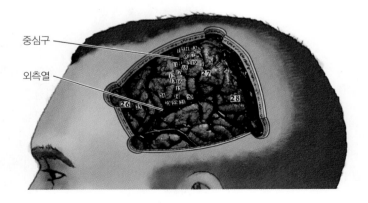

연구자들은 뇌량 절제 환자들에게 가상의 키메라 자극을 보여주었다.

음성 명명

시각 재인

좌반구   우반구

원래 그림의 배열에서 본 얼굴을 선택하도록 요구받았을 때, 환자들은 자신의 좌시야에 제시된 그림을 선택했다.

◎ 그림 11.9 ▲

얼굴 재인식 (왼쪽) 키메라 자극을 만들기 위해, Levy와 동료들은 1~8의 사진을 사용해서 A부터 D까지의 합성된 그림을 만들었다. (오른쪽) 1부터 8까지의 원래 사진의 배열에서 어떤 사진을 보았는지 질문받았을 때, 분리뇌 환자들은 그들의 좌시야에 나타난 얼굴을 선택했다.

(Levy, J., C. Trevarthen, and R. W. Sperry. Perception of bilateral chimeric figures following hemispheric deconnexion. *Brain* 95, pp. 61–78. Reprinted with the permission of Oxford University Press, Oxford.)

(A) 뇌에서 뇌전증을 유발하는 부위 확인하기

(B) 중요한 피질 영역의 위치를 확인하기

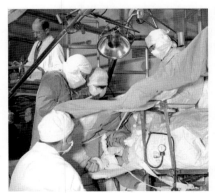

중심구

외측열

그림 11.10 ▲

뇌의 언어와 운동 영역 알아내기 (A) 환자는 뇌의 좌반구가 노출되도록 오른쪽 면으로 누워 있는데, 온전히 의식을 갖고 있으며 국지적 마취를 통해 안정된 상태를 유지했다. 그 뒤에서는 신경과 의사들이 환자의 피질 뇌전도(EEG) 기록을 연구하고 있다. EEG는 발작의 근원을 찾는 것을 도와줄 것이다. (B) 전체 두개골 그림이 수술 당시 노출된 환자의 뇌 사진 위에 놓여 있다. 숫자가 붙은 꼬리표들은 외과의사가 수술 도중 자극한 부분을 보여준다. 예를 들어, 26, 27, 28번 지점 전극에 자극을 적용했을 때, 언어 능력을 방해했다.

(Part A, Courtesy Penfield Archive, Montreal Neurological Institute, McGill University.)

2. **우반구의 지각 기능은 좌반구와 공유되지 않는다.** 자극은 Penfield가 '설명적'과 '실험적'이라고 부른 반응을 유발할 수 있다. 즉 환자들은 특정한 '기억'을 특정 자극에 대한 반응으로 보고한다. 이런 흔하진 않지만 매우 신뢰할 만한 현상은 기시감, 공포, 그리고 그것들에 대해 꿈꾸는 것과 같은 환자의 환경에 대한 해석의 변화와 특정한 이전 경험에 대한 시각적·청각적 측면의 재생산을 포함한다. 그 현상은 보통 뇌전증발작성 전류를 보이는 조직에서 나타나지만, 그들의 발생은 비대칭성을 보여준다. 우반구 측두엽은 이러한 현상을 좌반구 측두엽보다 더 자주 보인다.

3. **좌반구의 전두 혹은 측두 영역을 자극하는 것은 언어 생산을 가속할 수 있다.** Ojemann은 비록 그 가능성을 명확히 설명할 수는 없었으나 이러한 가속이 '반응 변화'의 한 종류인지도 모르며 다른 인지 과정들(특히 기억)에서도 나타날 수 있다고 제안했다.

4. **전기 자극은 뇌의 기능을 막는다.** 이 유일한 억제성 효과는 환자가 복잡한 기능(언어나 기억 등)을 활발하게 사용하고 있는 동안 전류를 좌반구 전두-측두 영역에 흐르게 했을 때 나타났다. 억제성 효과는 환자들이 활발히 이러한 행동을 수행하는 동안에 전류를 흐르게 했을 때만 명백하게 나타난다. 조용히 있는 환자에게 같은 뇌 영역에 전류를 흐르게 했을 때는 식별할 수 있는 차이가 나타나지 않았다. 언어 방해는 풍부하게 연구된 좌반구 전기 자극의 효과이다. Ojemann과 동료들이 보고한 것처럼 우반구 전기 자극은 선의 방향 판단이나 얼굴 표정, 얼굴에 대한 단기 기억과 같은 과제를 방해했다. 이러한 효과들은 일반적으로 시공간 관련 행동을 수행한다고 추측되는 우반구 측두두정피질에서만 나타난다.

요약하자면 피질 자극은 기능의 편재화와 국재화 모두를 설명하는 유용한 도구임이 증명되었다. 방해 자극의 효과는 매우 국소화되어 있는 것 같으며, 단지 몇 밀리미터만 자극을 주는 영역이 바뀌어도 그 효과가 자주 변화한다. 또한 흥미로운 피질 자극법 자료의 측면은, 바로 그 영역에 대한 자극과 약간 확대된 영역에 대한 자극이 행동에 미치는 특정한 영향은 환자 간 개인차가 매우 크다는 점이다. 이러한 다양성이 어떤 기술에 있어 개인차를 형성한다고 추측할 수 있는데, 사람들은 아마도 특정 기능에 대해 서로 다른 양의 피질이 연결되어 있을 것이기 때문이다.

경동맥 나트륨 아모바르비탈 주입

언어 기능은 보통 좌반구에 위치하고 있지만, 보통 왼손잡이인 소수의 사람들은 우반구에 언어 기능이 자리 잡고 있다. 환자의 선택에 의한 수술 상황에서 언어 영역에 의도치 않은 손상을 방지하기 위해 외과의사는 언어 영역이 어디인지 확실히 알고 있어야 한다. 모호한 사례에서 확신을 가지기 위해 Jun Wada와 Theodore Rasmussen(1960)은 **그림 11.11**에 나타난 것처럼 동측성 반구의 짧은 마취를 유발하기 위해 동맥에 나트륨 아모바르비탈을 주입하는 기술을 선도했다. 오늘날 외과의사들은 보통 대퇴부 동맥에 관을 삽입하여 주입한다.

Wada 검사는 언어 능력이 분명히 국재화되어 있음을 보여준다. 왜냐하면 언어 반구에 약물이 주입되면 언어 능력이 몇 분 동안 정지되고, 언어 능력이 돌아왔을 때의 언어 능력 저하는 언어 실인증의

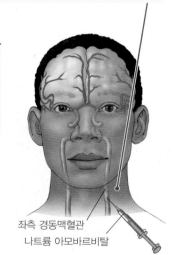

왼쪽 동맥에의 주사는 좌반구를 잠시 마취시킨다. 그 사람은 말할 수 없고 오른팔을 움직일 수 없으며 혹은 우시야를 볼 수 없다. 우반구는 깨어 있지만 대부분의 경우 우반구는 언어 능력이 우세하지 않기 때문에 환자는 말을 할 수도 없고 후에 경험을 보고할 수도 없다.

오른쪽 동맥에 주사를 놓으면 신체 왼쪽 부분의 감각과 운동이 마비되는 증상을 보이지만, 그 환자의 우반구가 언어 능력이 우세한 반구가 아닌 이상 언어 능력을 방해하지는 않는다.

좌측 경동맥혈관
나트륨 아모바르비탈

◎ **그림 11.11** ▲

Wada 검사 뇌수술로 인한 언어 영역의 손상을 막기 위해 외과의사들은 나트륨 아모바르비탈을 환자의 동맥에 주입한다. 약물은 주입된 방향의 반구를 마취시키고(그림에서는 좌반구이다). 외과의사가 언어 능력이 어느 반구에서 우세한지 확인하도록 도와준다.

특성을 보인다. 비언어적 반구에 약물을 주입했을 때는 언어 능력이 저하되지 않거나 순간적인 저하만을 일으킨다. 이러한 절차의 이점은 한 반구의 기능을 마취를 통해 부재시켜서 각각의 반구를 분리하여 연구할 수 있다는 점이다. 마취는 몇 분 동안 지속되기 때문에 한 반구가 마취되어 있는 동안 기억과 움직임을 포함한 다양한 다른 쪽 반구의 기능을 확인하기 위한 연구가 가능하다.

전형적인 Wada 검사에서 환자들은 약물 주입 이후에 실시될 행동검사와 유사한 '예행 연습'을 하게 된다. 이 예행 연습은 약물 주입 이후의 수행과 비교할 수 있는 수행 수준의 기저선을 제공한다. 환자는 일련의 간단한 과제를 수행하게 되는데, 과제는 같은 목적으로 언어(문장, 단어)와 비언어(사진, 표정, 물건) 자료로 구성된 즉각적 혹은 지연된 기억검사를 수반한다.

약물이 주입되기 직전에 누워 있는 환자는 두 팔을 올리고 손가락과 발가락을 꼼지락거린다. 환자는 1부터 숫자를 세도록 안내받고, 신경외과 의사는 2~3초가량 관을 통해서 약물을 주입한다. 몇 초 안에 행동에서의 극적인 변화가 나타난다.

반대쪽 팔은 이완 마취로 인해 침대로 떨어지고, 약물의 영향을 받고 있는 사지를 세게 꼬집어도 어떠한 반응도 나타나지 않는다. 약물이 주입된 반구가 언어 능력에 우세하지 않은 반구이면, 반신이 마비된 상태로 환자는 숫자 세기를 계속할 수 있고 언어적 과제를 수행할 수도 있다. 자주 환자들은 혼란스러워 보이며 20~30초 정도 조용히 있지만 보통 환자를 재촉함으로써 언어 기능을 회복할 수 있다. 주입된 반구가 언어에 우세한 반구라면 환자는 일반적으로 말하는 것을 멈추고 반신마취로부터 순조롭게 회복될 때까지 보통 4~10분 정도 실어증 증상을 보인다.

언어는 환자에게 연달아 제시되는 몇몇 흔한 사물의 이름을 질문하는 것, 그 주의 날짜를 세거나 몇 주 앞 혹은 뒤의 날짜를 이야기하는 것, 간단한 사물의 이름을 말하는 것이나 쓰는 것으로 검사된다. 실어증과 마비에 더해서 환자의 각각 뇌는 반대쪽 시야의 시각적 자극에 전혀 반응하지 않는다. 예를 들어, 갑자기 밝은 빛을 비추어도 반사적 눈 깜빡임이나 빛을 향해 쳐다보는 일이 일어나지 않는다.

직접적인 뇌 자극법처럼 나트륨 아모바르비탈 검사는 어떤 반구가 언어 능력을 조절하는지를 확인하는 데 매우 유용하다는 것이 증명되었다. 일련의 연구들에서 Brenda Milner와 동료들(예 : Rasmussen & Milner, 1977)은 약 98%의 오른손잡이와 70%의 왼손잡이가 좌반구 나트륨 아모바르비탈 주입으로 인해 언어 능력에 방해를 받았지만, 우반구에 주입한 뒤에는 방해를 받지 않았다. 흥미롭게도 대략 2%의 오른손잡이의 언어 기능이 우반구에 편재화되어 있었는데, 이들은 우반구 병변으로 실어증이 생긴 사람들의 비율과 거의 같았다.

이러한 발견은 비록 매우 드물지만 오른손잡이의 언어 기능이 우반구에 편재화되어 있음을 상기시켜준다. 왼손잡이 환자들의 실험 결과는 왼손잡이와 양손잡이 피험자들의 언어 표현의 패턴이 더 예측하기 어렵지만 그들의 언어 기능 역시 대부분 좌반구에 편재화되어 있다는 관점을 지지해준다.

Milner의 연구에서 어떤 오른손잡이도 언어 기능이 두 반구 모두에 편재화되어 있음을 보여주지 않았지만, 15%의 오른손잡이가 아닌 사람들은 분명히 나트륨 아모바르비탈 주입 후 언어 기능의 방해가 두 반구 모두에서 나타났다. 이러한 환자들의 언어 기능은 두 반구에 대칭적으로 중복된 것은 아니었다. 한 반구에서의 약물 주입은 이름 말하기를 방해했지만(예 : 그 주의 날짜를 말하는 것 등), 반대로 반대쪽 반구의 약물 주입은 순서 맞추기를 방해했다(예 : 그 주의 날짜를 순서대로 세는 것).

이런 이유로 비록 언어 표상이 양 반구에서 일어난다고 해도, "좌반구가 둘이다."라고는 할 수 없는데, 아마도 그 경우에도 반구의 비대칭성이 여전히 존재하기 때문이다. 이러한 환자들에 대한 후속 연구는 순전히 추측에 불과하지만 아마 시공간 기능도 양 반구에 편재화되어 있으면서 비대칭적이라고 밝혀낼 것으로 보인다.

11.3 정상 뇌의 행동적 비대칭성

신경학적 환자들에 대한 연구들은 두 반구에서의 병변이 특히 언어의 경우에 분명히 다른 효과를 낸다는 것을 설명해준다. 그러나 이러한 차이의 원인은 명확하지 않은데, 제대로 기능하지 못하는 뇌에서 얻은 의학적 연구 결과들을 참고하므로 많은 문제가 발생하기 때문이다.

어떤 행동적 증상이 특정한 뇌 영역의 손상과 연관되어 있다고 해서 반드시 그 뇌 영역이 행동을 통제한다고 할 수는 없다. 예를 들어, 좌반구 '언어 영역'에서의 발작이 98%의 오른손잡이들의 언어 기능을 방해한다는 것은 좌반구의 기능이 언어라는 것을 의미하지는 않는다. 그보다 좌반구가 전반적인 언어 산출에 필요한 기능을 수행한다고 봐야 한다.

이러한 기능들은 무엇인가? 한 실험적 접근 방법은 뇌에 대한 비침습적 연구와 한 뇌 영역에서 산출된 행동적 결과를 통해 그 뇌 영역의 기능을 추론하는 것이다. 가장 흔한 행동적 접근 방법은 편재화 실험인데, 이 실험은 감각과 운동계의 해부학적 구조를 이용하여 뇌를 '혼란스럽게' 만들어 뇌의 작동 방식을 밝히는 방법이다. 편재화 실험은 뇌의 어느 반구에서 다양한 기능이 통제되는지 밝히기 위해 고안되었다. 그러나 우리가 곧 볼 것이지만 편재화 연구도 나름대로의 문제점을 가지고 있다.

시각계의 비대칭성

시각계의 구조는 특정한 시각 정보를 통해 각각의 반구를 선택적으로 알아볼 수 있는 기회를 제공한다. 그림 11.6에 제시되어 있는 것처럼 우시야에 제시된 자극은 좌반구 시각피질로 전달되지만, 좌시야의 정보는 우반구 시각피질로 투사된다. 순간노출기라고 불리는 특별한 도구를 사용하면 시각 정보를 각각의 시야에 독립적으로 제시할 수 있다.

참가자들은 점 혹은 십자로 표시된 응시점에 시선을 고정시킨다(그림 11.8 참조). 그리고 시야에 50ms 동안 한 그림이 나타났다 사라진다. 안구를 고정점에 고정시킨 채로 시각 정보를 처리하도록 하기 위해 짧게 제시된다. 두 시야에 제시되어 처리된 정보들의 정확성을 비교함으로써 연구자들은 어느 반구가 여러 가지 종류의 정보들을 처리하는 데 더 우세한지 확인할 수 있다.

50년이 넘는 순간노출기 연구들에서 이끌어낸 간단한 결론은 오직 한 시야에서만 나타난 정보는 그것을 받아들이는 데 특화된 반구에 의해 가장 잘 처리된다는 것이다. 그러므로 단어는 좌반구에 투사되었을 때 비언어적 우반구에 투사된 단어보다 더 효과적으로 처리되었다. 유사하게 좌시야에서의 처리 능력은 우반구가 처리한다고 생각되는 얼굴과 다른 시공간적 자극에서 더 우세했다. 이러한 참가자 조작의 결과는 신경외과적 환자들에서 해부학적으로 설명된 결과와 같으며 또한 두 반구의 지각 처리 과정의 근본적인 차이에 대한 좋은 근거를 제공한다.

청각계의 비대칭성

청각계는 두 반구가 각각의 귀로부터 정보를 받아들이기 때문에 시각계만큼 완전히 교차되지는 않는다(그림 8.12 참조). 그러나 교차된 청각 연결 부분은 더 크고, 따라서 대측 반구에 전달되는 정보는 동측 반구에 전달되는 정보보다 더 빨리 전달된다.

(A) 한쪽 귀로 제시

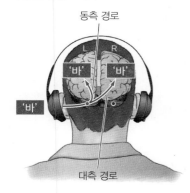

(B) 양쪽 귀로 제시

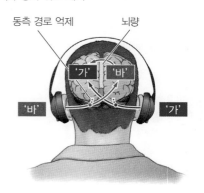

그림 11.12 ▲

Kimura의 이중 청취 과제 모형 (A) 각 각의 귀에 제시된 정보는 동측성 및 대측성 경로를 통해 각각의 반구로 전달된다. (B) 이 중 청취 과제에서 대측성 경로는 우선적으 로 반구에 접근하는데, 이는 동측성 경로가 억제되기 때문일 것이다. 즉 왼쪽 귀에 제시 된 음절 '바'는 오직 뇌량을 통해서만 좌반구 로 전달될 수 있다. 만약 뇌량이 절단된다면, 환자는 오직 '가'밖에 들을 수 없을 것이다.

(Information modified from S.P. Springer and G. Deustch, *Left Brain, Right Brain : Perspectives from Cognitive Neuroscience*, 5th ed. New York: W. H. Freeman and Company, 1998, p. 99.)

1960년대 초기 Doreen Kimura는 그림 **11.12**에 나온 것처럼 **이중 청취 과제**(dichotic-listening task)를 사용하여 신경학적 환자들을 연구하였다. 다른 과제에서 Kimura는 헤드폰을 통해서 한 쌍의 숫자를 동시에 말로 제시했는데(가령 '2'와 '6'), 한 귀에 한 숫자만 들리도록 제시했다. 피험자들은 세 쌍의 숫자를 들었고, 6개의 숫자를 기억할 수 있는 대로 순서에 상관없이 회상하도록 요구받았다. Kimura는 피험자들이 왼쪽 귀보다는 오른쪽 귀에 제시된 숫자를 더 잘 회상한다는 것을 발견했다.

Kimura는 실험 결과를 토대로 서로 다른 자극이 동시에 두 귀에 제시되었을 때 언어적 반구와 연결된 오른쪽 귀를 통해 제시된 자극은 전달이 잘 되었지만, 동측에 위치한 왼쪽 귀를 통해 전달되는 자극은 상대적으로 억제되었다고 제안하였다. 그러므로 이중 청취 과제를 수행하는 동안 왼쪽 귀에 제시된 자극은 반드시 우반구에 먼저 전달되고, 그다음 뇌량을 가로질러 좌반구로 전달된다. 이러한 긴 전달 경로로 인해 왼쪽 귀는 회상에 불리해지고, 오른쪽 귀에 제시된 단어들은 더 정확하게 기억되는 것이다.

오른쪽 귀의 이중 청취 자극에 대한 이점을 발견했기 때문에 다음 단계는 왼쪽 귀에서 우세한 과제를 찾는 것이다. 1964년 Kimura는 음악에서만 우세한 효과가 나타난다고 보고했다. 실내악 음악의 두 발췌 부분이 헤드폰을 통해 한 귀에 하나씩 동시에 제시되었다. 한 쌍의 자극 뒤에 네 발췌본(앞서 이중 청취로 제시된 2개를 포함해서)이 두 귀에 각각 제시되었다. 참가자들의 과제는 먼저 들었던 두 발췌본을 알아보는 것이었다. 놀랍게도 Kimura는 이 과제를 통해 왼쪽 귀가 이 과제에 더 유리함을 발견하였다.

모든 참가자가 이중 청취 연구에서 예상된 귀 위치에 따른 우세함을 보인 것은 아니다. 발견한 효과는 크지 않았고(두 귀에서의 정확성은 거의 2배의 차이도 나지 않았다), 이중 청취 실험 결과는 다양한 맥락과 연습 효과에 명백하게 영향을 받았다. 그럼에도 불구하고 Kimura의 연구는 편측성 연구에 있어 중요한데, 행동적 절차가 신경학적 문헌들을 보완해주기 때문이다(**표 11.3**). 결과적으로 그녀의 연구는 상상력과 스테레오 음향 장비와 함께 모든 사람에게 완전히 새로운 실험의 영역을 열어주었다.

더 중요한 것은 Kimura의 실험은 어떤 반구에서 언어 기능에 우세한지 알아내는 데 대한 비침습적 기술들을 제공한다. 특히 왼손잡이들에게 중요한 임상적 질문이다. 또한 이중 청취 과제는 임상으로도 사용된다. 좌반구 측두엽 손상 환자들은 이 과제를 수행하는 능력이 절망적이었다. 뇌량 손상 환자들은 오른쪽 귀에 경쟁적인 자극이 없을 때는 단어를 잘 회상했음에도, 왼쪽 귀에 제시된 단어들에 대해서는 완전히 억제됨을 보여주었다.

표 11.3 다양한 이중 신호에 대한 귀의 우세

신경심리검사	기본 참고문헌	신경심리검사	기본 참고문헌
오른쪽 귀의 우세를 보이는 검사		**왼쪽 귀의 우세를 보이는 검사**	
숫자	Kimura, 1961	선율	Kimura, 1964
단어	Kimura, 1967	음악 화음	Gelfand et al., 1980
의미 없는 음절	Kimura, 1967	환경 소음	Curry, 1967
포먼트 전이	Lauter, 1982	정서적인 소리와 흥얼거리는 소리	King & Kimura, 1972
거꾸로 말하기	Kimura & Folb, 1968	언어적 내용에서 독립적으로 만들어진 음정	Zurif, 1974
모스 부호	Papcun et al., 1974	복잡한 음정 높이 지각	Sidtis, 1982
복잡한 리듬	Natale, 1977	**아무런 귀의 우세도 보이지 않은 검사**	
언어 결정에 사용된 음정	Zurif, 1974	모음	Blumstein et al., 1977
주파수 변화를 동반한 음정 순서	Halperin et al., 1973	단독 마찰음	Darwin, 1974
시간적 정보 배열	Divenyi & Efron, 1979	리듬	Gordon, 1970
움직임에 관련된 소리 신호	Sussman, 1979	선율 없는 흥얼거림	Van Lancker & Fromkin, 1973

출처 : Noffsinger, 1985.

Kimura의 실험은 좌반구는 언어와 관련된 소리를 처리하는 데 특화되어 있고, 반대로 우반구는 음악과 관련된 소리를 처리하는 데 특화되어 있음을 시사한다. 그러나 다른 해석 또한 존재한다. 비대칭성은 언어나 음악 그 자체보다는 소리의 빈도나 스펙트럼의 구조, 즉 박자와 주파수와 관련되어 있다는 것이다.

예를 들어, George Papcun과 동료들(1974)의 모스 부호 교환원들은 모스 부호의 소리가 오직 측두 구조물에 의해서만 밝혀짐에도 그 부호를 인식하는 데 있어 오른쪽 귀가 더 우세하다는 발견을 고려해 보라. 이 연구의 결과는 좌반구가 언어에 '다른 무언가'보다 더 특화되어 있지는 않다는 증거로 채택될지도 모른다. 한 가지 가능성은 측두엽의 미세 구조물을 통해 복잡한 신호를 분석한다는 것이다. 우리는 이 생각을 11.5절에서 다시 볼 것이다.

체감각계의 비대칭성

체감각의 편재화에 대한 실험들은 시각 및 청각의 편재화에 대한 실험만큼 많지 않다. 그림 11.13에 나타나 있는 일차 체감각피질은 거의 완전히 교차되어 있어서 오른쪽과 왼쪽 사지를 분리해서 검사하는 것만으로 쉽게 행동적 비교를 할 수 있다. 예를 들면, 참가자의 눈을 가리고 다양한 과제를 분리시켜 수행하도록 요구하였을 때, 연구자들은 양손 간 효율성의 차이를 발견할 수 있었다. 차이는 뇌 구조에 기인한 기능적 비대칭성을 의미하는 것일 수 있다.

체감각 연구의 한 계보는 왼손과 오른손의 모양, 각도 그리고 패턴 재인 과제의 수행을 비교하는 것이다. 오른손잡이 참가자들의 왼손은 이러한 유형의 과제 거의 모두에서 우세했다. 눈을 가리거나 가리지 않은 참가자는 모두 왼손을 이용했을 때 점자를 더 빨리 읽었다(Rudel et al., 1974). 몇몇 눈을 가린 아이들은 점자를 왼손으론 유창하게 읽을 수 있었지만 오른손으로는 거의 읽을 수 없었다. 점자의 패턴은 점들의 공간적인 배치이기 때문에, 이러한 결과는은 우반구의 정보 처리 능력이 좌반구와 공유되지 않는다는 제안과 일치한다.

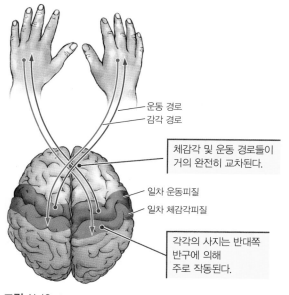

운동 경로
감각 경로

체감각 및 운동 경로들이 거의 완전히 교차된다.

일차 운동피질
일차 체감각피질

각각의 사지는 반대쪽 반구에 의해 주로 작동된다.

그림 11.13 ▲

일차 감각운동피질

두 번째 종류의 체감각 검사는 **이중 촉각 검사**(dichaptic test)로, 이중 청취 과제와 유사한 절차를 사용한다. 참가자들은 물체를 만져본 다음 줄 세워놓은 물체 중에서 보고 방금 만졌던 물체를 고르게 된다. 이 과제를 이용해서 Candace Gibson과 Philip Bryden(1983)은 아이들에게 사포를 잘라서 만든 불규칙적인 모양이나 글자를 그들의 손가락 끝부분에 천천히 지나가도록 했다. 아이들은 글자를 구분하는 데는 오른손 우세를 보였고, 다른 모양들을 구분하는 데는 왼손 우세를 보였다.

운동계의 비대칭성

신경과학자들은 좌반구 병변이 **실행증**(apraxia), 즉 자의적 움직임을 하거나 따라 할 때의 심각한 결함을 유발한다고 오랫동안 알고 있었다. 정상적인 체감각계의 비대칭성 연구의 논리는 운동 통제의 비대칭성을 연구하는 데까지 합리적으로 확장되었다. 그러나 연구자들에게 어려움이 즉시 닥쳤다. 비대칭은 감각 입력에서 존재하지만 운동 비대칭을 연구하는 것은 몸의 두 부분의 출발점이 같지 않다는 사실을 고려할 때 혼란스러울 수 있다.

예를 들면, 우리가 왼손보다 오른손이 언어적 자극에 대해 더 빨리 반응한다는 것을 발견했을 때, 우리는 이 차이를 운동 비대칭 그 자체로 결론 내려서는 안 된다. 그것은 완전히 지각 비대칭성 때문일 수도 있다. 이러한 잠재적인 위험을 극복하기 위해서 두 종류의 실험이 운동 비대칭성을 평가하기 위해 만들어졌다. (1) 직접 관찰법과 (2) 방해 과제이다.

직접 관찰법

만약 운동 통제에서의 비대칭성이 내재적이라면 그것은 사람들이 수동적 반응을 필요로 하지 않는 행동에 관여하고 있을 때 관찰 가능할 것이다. 예를 들면, 언어적 과제를 수행할 때는 아마도 오른손이 더 활발하게 움직이겠지만, 음악 듣기와 같은 비언어적 과제를 수행할 때는 왼손이 더 활발할 것이다.

이러한 가능성을 확인하기 위해 Kimura와 Humphrys(1981)는 참가자들의 대화 혹은 흥얼거림을 녹화했다. 그들은 오른손잡이는 이야기할 때 오른손으로 몸짓을 했지만 몸을 긁거나 코를 문지르거나 혹은 몸을 만질 때는 두 손을 거의 똑같이 사용하는 것을 발견했다. Kimura는 관찰된 언어적 반구의 반대쪽 사지의 몸짓이 언어와 특정한 손동작 사이의 관계를 보여준다고 해석했다.

오른손잡이의 오른손 선호와 같은 몸짓에서의 차이는 단순히 운동 통제의 기능적 비대칭성보다는 선호하는 손의 차이 때문일지도 모른다. 그러므로 다른 일련의 관찰 연구들도 유사한 언어 및 비언어적 과제를 수행하는 동안의 손 움직임의 비대칭성을 비교했다.

그들의 실험 절차는 오른손잡이 참가자들을 녹화하는 것을 포함하는 세 가지 검사로 구성되어 있다. 첫 번째는 '중립 검사'로, 참가자는 5×5 공간에서 흰 블록을 조립하라는 지시를 받았다. 두 번째 검사는 '언어적 검사'로, 참가자들은 일련의 십자말풀이 퍼즐에서 글자가 적힌 흰 블록을 결합시키도록 요청받았다. 마지막 검사는 '비언어적 검사'로, 참가자들은 앞의 두 검사에서 쓰인 블록들과 같은 크기의 직소 퍼즐을 조립하도록 요구받았다.

중립 검사에서 보인 움직임들을 분석한 결과, 참가자들은 왼손으로 보조하면서 오른손으로 블록을 움직였다. 다른 움직임은 거의 나타나지 않았다. 언어적 검사에서 대부분의 과제 지향적 행동은 오른손 선호를 보였다. 그러나 비언어적 검사에서 과제 지향적 움직임은 중립 검사 때보다 왼쪽을 선호하는 것으로 바뀌었는데, 오른손잡이 참가자들은 이때에는 왼손으로 훨씬 많은 움직임을 만들었다. 이러한 결과들은 두 반구가 운동 통제에서 상호보완적 역할을 한다고 제안한다. 비대칭성은 타고난 손 선

(A) '마'라고 말하기 시작

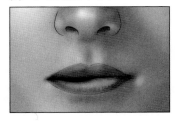

(B) 67ms 후

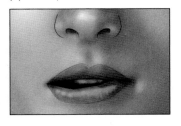

그림 11.14 ▲

운동 비대칭성 연속적인 영상 프레임은 '마보피'라는 절차의 '마' 음절을 말하는 동안 입의 오른쪽 부분이 더 빨리, 크게 열리는 것을 보여준다.

(Wolf, M. E., and M. A. Goodale. Oral asymmetries during verbal and non-verbal movements of the mouth. *Neuropsychologia* 25(2):375–395, 1987.)

호에 의해 조절된다는 것이다.

두 번째로 직접 관찰된 운동 비대칭성은 복잡한 입 움직임의 수행에서 보고되었다. Marilyn Wolf와 Melvyn Goodale(1987)은 사람들이 언어적 혹은 비언어적 소리를 만들 때의 입 움직임을 녹화해서 단일 프레임 분석을 실시하였다. **그림 11.14**는 그들이 발견한 법칙을 보여준다. 입의 오른쪽은 왼쪽보다 언어적·비언어적 과제 모두에 대해 더 크게 열리고 더 빨리 움직인다. 이러한 관찰들은 좌반구가 언어적·비언어적 입 움직임을 선택 및 계획 그리고 산출하는 데 특별한 기능을 가지고 있다는 생각을 뒷받침한다.

우반구에도 유사한 역할이 있는가? 당연히 있다. 많은 연구 결과들은 얼굴의 왼쪽 면이 감정을 오른쪽 면보다 더 강렬하게 나타난다는 것을 보여주었고, Wylie와 Goodale(1988)은 표정이 왼쪽 얼굴에서 더 빨리 시작된다는 것을 보여주었다. 그러므로 운동 통제 그 자체가 비대칭적이라기보다는 특별한 목적의 움직임에 대해서 그 기능이 비대칭적이다.

방해 검사

많은 방해 검사들(간단한 말로 멀티태스킹)은 대부분의 사람들이 보이는 잘 알려진 현상에 대해 검사한다. 두 가지 복잡한 과제를 동시에 수행하는 것은 어렵다. 아마 우리에게 알려진 가장 흥미로운 방해 연구는 Robert Hicks와 Marcel Kinsbourne의 공개되지 않은 연구일 것이다. 그들은 몇몇 고용되지 않은 음악가에게 연구실에 매일 찾아와 연주해달라고 설득했다.

과제는 두 손으로 곡의 서로 다른 부분을 배우고, 두 부분을 동시에 연주하는 것이다. 음악가들이 이 아주 어려운 과제에 숙달되었을 때, 실험자는 그들에게 연주하면서 말하거나 흥얼거리길 요구했다. 말하는 것은 오른손의 연주를 방해했고, 흥얼거리는 것은 왼손의 연주를 방해했다.

방해 연구는 운동 통제에 있어 두 반구의 역할들을 연구하는 유용한 방식을 제공했지만, 연구자들이 반구들의 보완적인 역할을 알아내기 위해서는 더 많은 연구가 필요하다(Murphy & Peters, 1994; Caroselli et al., 1997 개관 참조). 어떤 종류의 움직임을 어떤 반구가 특별히 더 잘 통제하는지 알아내는 일은 반드시 필요한데, 이러한 움직임은 보통 방해 효과에 대해 탄력적이기 때문이다. 게다가 연구들은 동시에 손가락 대 사지 움직임을 동시에 산출할 수 있는 능력 안에서 이뤄져야 한다. 아마 우반구에 의해 수행된 손가락 움직임이 좌반구보다 방해 효과에 대해 더 민감할 것이다.

방해 효과에 대한 연구들은 운동계에서의 피질 조직화에 대한 새로운 통찰을 제공할 수 있다는 점에서 매우 흥미롭지만, 방해 효과에 대한 이해는 아직 높지 못하며 또한 변덕스럽게 나타난다. 게다가 우리가 운동 과제에 능숙해지면, 방해 효과를 덜 받는 경향이 있다. 테니스 치는 법을 배우면서 말하는 것은 테니스 전문가들에게는 전혀 어렵지 않은 일인 것을 고려하라.

◎ 편재화 연구는 뇌기능에 대해 무엇을 말해주는가

편재화 연구는 신경학적 환자들에 대한 해부학적 연구들을 행동적으로 보완해주고, 많은 최근의 뇌 비대칭성의 본질에 대한 이론은 편재화 연구에 근거한다. 그러나 비침습적 편재화 연구들은 직접 측정하지 못하여 뇌기능에 대한 직접적인 해부학적 측정보다 훨씬 덜 정확하다. 다음 문제를 고려해보자.

상관

편재화에 대한 행동적 측정들은 뇌 비대칭성에 대한 침습적 측정과 완벽한 상관을 나타내지 않는다.

예를 들면, 이중 청취 연구들의 결과에서 오른손잡이 참가자들의 80% 정도가 단어에 대한 오른쪽 귀 편향을 보였지만, 나트륨 아모바르비탈 검사와 뇌 자극법에서는 오른손잡이의 98% 이상에서 언어 우세가 좌반구에서 나타났다. 무엇이 이런 불일치를 유발하였는가? 한 가지 가능성은 행동적 검사는 몇 가지에 대해 측정하지만, 이들 중 오직 하나만이 상대적인 뇌 우세를 보이는 것일 수 있다.

그럼에도 여전히 흥미로운 역설이 존재한다. 행동적 검사 결과는 침습적 검사보다 해부학적 비대칭성과 더 밀접하게 관련 있을 수 있다. 해부학적 연구에서는 오직 75~80%의 오른손잡이 뇌의 후측 측두 영역에서 좌반구 우세가 나타났지만, 이들 뇌의 98%가 나트륨 아모바르비탈 검사에서 좌반구 언어 우세를 보였다.

Esther Strauss와 동료들(1983)은 편재화 연구가 해부학적 구조와 행동 사이의 상관을 제공한다고 제안했다. 이 가설을 검사하는 한 가지 방법은 MRI검사를 사용할 수 있는 피험자들에게 편재화 검사 배터리를 수행하는 것으로 알아볼 수 있다. 그러나 여전히 질문은 남는데, 왜 나트륨 아모바르비탈 검사와 뇌 자극법 연구 모두 말하기에서 더 많은 좌반구 우세를 보이는가?

마지막으로 편재화 측정 자료들은 서로 높은 상관을 보이지는 않는다. 우리는 같은 참가자에게 실시한 순간노출기의 측정과 이중 청취 과제의 측정이 매우 일치할 것이라고 예상하지만, 그렇지 않다. 아마 이러한 검사들은 실제로 똑같은 것을 측정하고 있지 않을 것이다.

기대, 선입견 그리고 회의

참가자들이 채택하는 편재화 과제에 대한 행동적 전략들은 수행을 명백하게 바꿀 수 있다. 만약 참가자들이 이중 청취 과제를 수행하는 동안 특별히 왼쪽 귀에 집중하도록 지시받았다면, 그들은 그렇게 할 것이고, 오른쪽 귀의 방해 효과를 없앨 것이다. 참가자들은 또한 과제 수행에 영향을 미칠 수 있는 선입견을 가지고 실험에 참가할 수도 있다. 마지막으로 편재화 효과는 단순히 생물학적 요인보다는 경험의 결과일 수 있다. 편재화 효과에 대한 연구자들의 의혹은 동일한 참가자들에 대한 반복 실험이 항상 똑같은 결과를 나타내지는 못한다는 관찰 결과 때문에 점점 더 커진다.

편재화 연구의 유용성에 관한 회의론은 Robert Efron(1990)의 통찰력 있고 도발적인 책에 의해 정점에 달했다. 그의 논지는 편재화 연구에서의 분명한 오른쪽-왼쪽 차이는 뇌가 감각 자극을 '훑어보기' 한다는 것으로 완전히 설명될 수 있다는 것이다. 다음 실험을 상상해보라.

6개의 숫자가 왼쪽에서 오른쪽의 한 줄로 100ms 동안 제시된다. 3개의 숫자는 한 시야에 제시된다. 예를 들어 1, 2, 3은 좌시야에, 4, 5, 6은 우시야에 제시되는 식이다. 그 시행에서 본 숫자들을 따라 말하도록 요청받았을 때 참가자들은 4, 5, 6, 1, 2, 3의 순서로 대답하는 경향이 있었다. 참가자들은 분명히 왼쪽에서 오른쪽으로 훑어보는것 같았고, 우시야의 구성요소를 말한 뒤 좌시야의 구성요소들을 뒤따라 말했다.

분명히 훑어보는 것은 실제로 숫자들을 읽기 위해 눈을 움직이는 것과는 아무런 상관이 없었는데, 숫자는 단지 100ms 동안만 제시되었기 때문이다. 이는 눈을 움직이기에는 충분하지 않은 시간이다. 그러므로 순서에 따른 훑어보기는 자극 제시가 끝난 뒤에 일어나는 것이다. 만약 훑어보는 데 더 많은 시간이 걸린다면 훑어본 뒤의 수행이 더 낮아진다고 예측할 수 있는데, 왜냐하면 정보가 그동안 사라져버리기 때문이다.

여전히 먼저 훑어보는 것에 대한 편향이 존재하지만, 그것은 다른 문제이다. Efron은 두 반구가 기능적으로 그리고 해부학적으로 독립적이라고 주장하지 않았다. 그는 편재화의 근거들이 편재화를 설명하지 못한다고 주장했다. 그는 우리가 반구 편재화에 대한 설명을 읽을 때 의구심을 가져야만 한다고 주장하면서, "과연 실제로 무엇이 편재화되어 있는가?"라고 질문했다.

11.4 신경영상과 비대칭성

7.1절과 7.4절에서 설명한 신경영상법은 연구자들이 참가자들의 뇌 활성화를 실시간으로 볼 수 있게 한다. 기능의 편재화보다는 국재화가 영상법 연구들의 주요 관심사였다. 왜냐하면 두 반구가 모두 촬영되었을 때, 뇌 활동에 있어서 좌-우 차이는 광범위한 행동적 측정을 통해 평가할 수 있었기 때문이다. PET, fMRI, MEG를 포함한 거의 모든 영상법 측정은 편재화 연구에서 사용한 것과 유사한 과제에서 예상한 것과 같은 뇌 활성을 보여주었다.

예상했듯이 예를 들면, 비대칭적인 뇌 활동은 참가자들이 대화를 듣거나 그것에 참여할 때 모두 나타났다(**그림 11.15**). 그러므로 참가자가 이야기를 듣고 있다면, 두 반구는 뇌 활동에서의 영역 변화, 특히 청각피질에서의 영역 변화를 보여주지만, 좌반구 역시 브로카 영역과 베르니케 영역의 증가된 활동을 보여준다. 말할 때는 참가자들이 얼굴과 입에 해당하는 운동 영역의 활동을 보여줄 뿐만 아니라 보조운동피질에서의 활동도 보여준다(9.1절에서 설명된 전운동 영역의 후측 부분).

흥미롭게도 그 주의 날짜를 계속해서 이야기하는 것과 같이 '자동적인' 말을 반복하는 것은 브로카

(A) 좌반구, 말하기

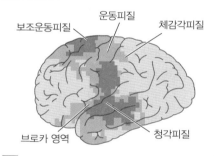

1 입, 혀, 후두를 움직이는 말하기는 운동 및 체감각피질, 보조운동 영역, 청각피질 그리고 좌반구 언어 영역의 활동을 반영한다.

(B) 우반구, 말하기

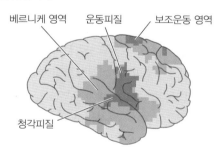

2 말하는 동안 우반구의 청각피질과 입 영역이 활동하지만 좌반구보다는 덜 활동한다.

(C) 좌반구, 듣기

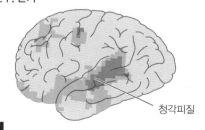

3 감각은 피질의 혈류 패턴을 변화시켜서 지각을 중재하는 영역을 국지화시켜 보여준다. 여기 이 환자는 단어를 들었고, 청각피질의 국지적인 활동 증가가 결과로 나타났다.

그림 11.15 ▲

뇌기능을 국지적 혈류 흐름과 연결시키기 9명 참가자를 평균한 그림은 행동 과제에 따라 좌반구와 우반구의 혈류 활동 패턴이 다양함을 보여준다. 밝은 명암은 평균 혈류 수준을 나타내고, 어두운 명암은 평균보다 높은 혈류를 나타내며, 명암이 없는 부분은 평균보다 낮은 혈류를 나타낸다.

주 : 외측열(실비안 열)과 중심열의 위치는 대략적으로 나타나는데, 실제 위치는 오직 두개골을 열거나 구조적 MRI를 이용해 혈류를 비교해서만 확인될 수 있기 때문이다. 모양이 사각형으로 잘린 이유는 기록 및 평균의 과정에서 발생한 오류 때문이고, 그러므로 정확하게 뇌 영역의 모양을 반영하지 않는다.

(Data from Lassen et al., 1978.)

영역의 활동을 증가시키는 데 실패했다. 이 영역이 입 움직임을 만든다는 나트륨 아모바르비탈 연구나 뇌 자극법 연구들과 같은 선행 연구와 결부된 생각은 이러한 결과를 예측하지 못했다. 대조적으로 좌반구는 이야기를 지각할 때, 우반구는 음악을 들을 때 영역의 활동이 증가했다.

단지 비대칭성에 대한 서술만으로는 추후 영상법 연구에 대한 어떠한 중요한 이점도 주지 못한다. 연구의 이점은 연구된 비대칭성이 발견되지 않을 때, 예를 들어 자동적 대화에서 브로카 영역의 활동의 부재와 같은 예시들에서 나타난다.

fMRI 도중 인지적 과제를 수행하는 것은 혈류의 분포(관류)를 변화시키는데, 뇌에 영양분을 공급하는 기저 동맥의 혈류 속도의 변화로 나타난다. 동맥 혈류의 변화들은 기능적 **경두개 도플러 초음파 검사(fTCD)**라는 절차를 이용해 측정할 수 있다. Stefan Knecht와 동료들(2000)은 기저 동맥에서의 혈류 속도 변화를 언어 우세 반구를 알아내기 위해 사용할 수 있음을 보여주었다. 이러한 연구들은 구어적 반구를 특정하기 위해 각각의 환자를 fTCD와 Wada 검사 모두를 사용하였다. 모든 경우에서 두 검사 모두 언어에 대한 똑같은 반구 우세를 발견했다. fTCD의 이점은 비침습적이라는 것이고, 따라서 Wada 검사보다 더 선호할 만하다(그림 11.11 참조). 이 상황에서 질문은 어떻게 양 반구를 사용하여 이야기하고 있는 사람들의 혈류 변화가 fTCD에서 어떻게 변화하는가 하는 것이다.

◎ 11.5 이론적 쟁점 : 편재화란 무엇인가

지금까지 살펴본 기능적 비대칭성들이 좌반구와 우반구의 근본적인 인지 처리 능력의 차이를 보여준다고 결론짓는 것은 매우 솔깃한 일이다. 이러한 결론을 고려하기 전에 우리는 우선 연구 자료들을 요약해야 하는데, 어떠한 연구적 설명이든 가용한 정보들을 충분히 고려했을 때 가장 좋기 때문이다.

표 11.4는 반구 편재화에 대한 주요한 자료를 요약해주고 주로 좌반구 혹은 우반구에 편재화된 기능의 범위를 보여준다(쉬운 요약으로 Allen, 1983 참조). 가장 넓은 수준에서 이러한 이론들은 두 분류로 나뉘는데, 특화 이론은 각각 반구의 유일한 기능을 제안하고, 상호작용 이론은 두 반구 사이의 협력을 제안한다.

특화 모델

극단적인 단독 편재화 모델에서는 오직 한 반구는 정해진 심리적 과정만을 수행한다고 설명한다. 예를 들자면, Broca의 시대부터 논쟁되어 왔듯이 좌반구는 독립적으로 언어 기능을 수행한다. Eric Lenneberg는 아마도 Hugo Liepmann(1863~1925)이 한 세기 전에 제안한 것을 수정한 가장 최신의 언어를 위한 좌반구 이론을 제안한다. Lipemann은 좌반구가 좌반구 손상의 가장 흔한 증상인 실어증과 실행증 모두에 관여하는 몇몇 형태의 운동 통제 능력에 특화되어 있다고 제안한다.

Kimura는 이 제안을 확장시켜서 좌반구가 언어 기능을 조절함에도 언어적 기능에 특화되어 있기보다는 언어적·비언어적 기능 모두에 특화되어 있다고 제안한다. Kimura의 논쟁은 두 전제에

표 11.4 **반구 국지화의 요약 자료**

기능*	좌반구	우반구
시각계	철자, 단어	복잡한 기하학적 무늬 얼굴
청각계	언어 관련 소리	언어 비관련 환경 소음 음악
체감각	?	복잡한 신체 기관 패턴의 촉각적 재인 점자
움직임	복잡한 자발적 운동	공간적인 패턴의 행동
기억	언어적 기억	비언어적 기억
언어	말하기 쓰기 연산 운율	운율
공간적 처리 과정		기하학 방향 감각 도형의 심적 회전

* 오른손잡이인 사람에서 한쪽 반구에 의해 주로 매개되는 기능

근거한다.

1. 좌반구 병변은 자의적 움직임을 방해한다. 언어 방해와 연관되는 장애이다.

2. 인간들 사이의 언어적 의사소통은 음성이 수반되기는 했지만 주로 몸짓 단위에서부터 진화해왔기 때문에, 주로 구어를 사용해 의사소통하는 일이 많음에도 여전히 비언어적 의사소통에 대한 수용 능력이 남아 있다. 말과 언어의 신경학적 통제는 수동적인 운동 조절로부터 진화했기 때문에 좌반구가 언어 자체에 특화되어 있다기보다는 운동 조절 능력에 특화되어 있을 것이다.

Natalie Uomini와 Georg Meyer(2013)는 fTCD를 사용해 같은 참가자가 복잡한 돌 도구 만들기(구석기 전기에 돌 도끼를 만들기 위해 돌을 부수던 기술)와 말(단어 생성)을 하는 동안의 뇌 활동을 비교하였다. 두 과제는 11.1절에서 살펴보았듯이 언어가 특정한 종류의 운동 조절과 공진화했다는 제안을 지지하는 공통적인 뇌 혈류 패턴을 만들었다. Uomini와 Meyer는 언어와 돌 도구 만들기의 공진화가 빠르고 광범위한 구석기 전기의 도구 확산을 설명하는 고고학적 증거라고 제안하는데, 아마도 언어에 의해 촉진된 향상된 교육 덕분일 것이다.

몇몇 연구자들(예 : Efron, 1990)은 좌반구에 위치한 것이 운동 통제 그 자체라기보다 제때에 자극을 처리할 수 있는 정밀한 해상도 능력이라고 제안한다. 다시 말해 언어 분석과 생산은 아주 짧은 간격으로 미세한 구분을 할 수 있는 정밀한 해상도를 요구하기 때문에, 좌반구는 시간적 순서 능력에 특화되어 있을지도 모른다. 이 제안의 주안점은 좌반구가 자극이 언어적이든 비언어적이든 주어진 시간 안에 잘 식별해내기 위한 능력이 있음을 강조한다(예 : Sergent, 1983 참조). 11.3절에서 언급한 모스 부호 교환원들을 떠올려보라. 부호가 비언어적이었음에도 그들은 좌반구 우세를 보여줬다. 좌반구는 언어보다는 시간적 순서에 특화되어 있다고 보인다.

Robert Zatorre와 동료들(2002)은 Efron의 시간적 순서 아이디어를 확장시켰는데, 말과 음악 소리는 다른 음향 신호를 활용한다는 것을 강조했다. 말은 광대역 음파가 얼마나 빨리 변하는가에 좌우된 반면에 작고 정밀한 변화는 빨랐음에도 음악에서의 음조의 패턴은 더 느린 경향이 있었다. Zatorre는 두 반구 청각피질이 모두 시간적 순서 능력에 특화되어 있다고 제안했는데, 좌반구 피질에서는 시간적 해상도가 뛰어났고 우반구에서는 주파수 해상도가 뛰어났다. Zatorre는 음향 체계가 소리의 주파수와 시간적 특성을 동시에 분석할 수 없기 때문에, 음향 처리와 관련된 피질 비대칭성이 음향 자극 처리를 최적화하기 위한 방편으로 진화된 것이라고 주장했다.

다른 특화 모델들은 명시적인 심리 과정의 차이를 확인하기보다는 두 반구가 정보를 분명히 다른 방식으로 처리한다고 제안한다. 이 분류에서 첫 번째로 명확한 제안을 한 사람은 1968년의 Josephine Semmess이다. Semmes는 뇌 관통상을 당한 제2차 세계대전 참전군인들에 대한 연구결과를 기반으로 좌반구는 기능이 집중된 개개 영역의 집합으로 기능하는 반면 우반구는 좀 더 영역들 사이에 넓게 퍼져서 기능한다고 결론 내렸다.

그녀의 논리는 다음과 같다. 좌반구의 작은 병변들이 넓은 범위의 특정한 장애(예 : 읽기 및 쓰기 장애)를 유발하며, 정확한 장애는 병변의 위치에 따라 다르다는 것을 발견했다. 유사한 크기의 우반구 병변들은 종종 아무런 뚜렷한 효과가 없었다. 대조적으로 어떤 반구에서든지 크기가 큰 병변은 많은 양의 장애를 일으켰다.

이러한 차이들을 설명하기 위해 Semmes는 우반구에 작은 병변을 가지고 있는 사람이 아무런 장애를 나타내지 않는 이유는 우반구 기능은 별개의 영역에 국지화되어 있지 않고 넓게 퍼져서 존재하기 때문이라고 주장했다. 우반구의 큰 병변은 작은 병변들의 총합으로부터 예상된 결손보다 더 많은 결손을 유발하는데, 이는 전체 기능 영역들이 모두 사라졌기 때문이다. 좌반구의 큰 병변은 많은 단순한 결손들을 유발하는데, 많은 개개의 집중된 영역이 파괴되었기 때문이다. 즉 좌반구에서는 부분의 합이 전체와 똑같다.

Semmes는 반구 구조의 차이가 각자의 기능을 효과적으로 조절하는 데 유리하다고 제안했다. 우반구의 분산된 구조는 공간 능력에 유리한데, 공간적 분석은 많은 다른 감각(시각, 청각, 촉각)을 하나의 지각으로 통합시켜야 하기 때문이다. 대조적으로 좌반구에서는 언어 기능이 개개의 구분되는 단위로 기능한다.

최근에는 기능적 연결성(10.3절의 커넥톰 참조)을 연구하기 위한 비침습적 영상법으로도 각 반구의 구조적 차이를 확인했다(예 : Doron et al., 2012). 예를 들어, Stephen Gotts와 동료들(2013)은 rs-fMRI를 사용하여 특정 좌반구의 언어, 소근육 통제 능력이 수반된 영역과 우반구의 시공간, 주의 처리 기능이 수반되는 영역들의 피질 연결 간 상호작용을 확인하려 했다. 좌반구는 좌반구 내의 영역들 간 상호작용에 강력하게 편향되어 있었지만, 반면 우반구는 양 반구 사이에서 좀 더 통합된 방식으로 상호작용했다. 이러한 연구들은 일반적으로 Semmes의 환자들에 대한 연구를 기반으로 한 제안과 일관되게 나타난다.

두 반구의 구분되는 기능이라는 기본적인 생각은 각각의 반구가 구분되는 인지적 처리 방식을 보여준다는 제안으로 이어졌다(Springer & Deutch, 1998). 좌반구는 더 논리적이고 분석적인 컴퓨터 같은 방식으로 작동하여 자극들을 순서에 맞게 분석하고 관련 있는 세부사항들을 추상화시켜서 언어로 이름 붙인다. 우반구는 보통 합성기인데, 전반적인 자극의 모양에 더 관심을 갖고, 정보를 형태적으로 혹은 전체적으로 정리하고 처리한다.

반구 특화 모델들은 철학자들과 일반적인 대중의 흥미를 자극했다. 그러나 이는 온전히 추론에 기반을 두고 있고, 표 11.4에 요약된 것처럼 연구 결과와는 동떨어져 있다는 것을 기억해야 한다.

상호작용 모델

모든 상호작용 모델은 두 반구가 모두 모든 기능을 수용할 수 있는 능력이 있지만 그렇게 하지 않는다는 생각을 공유한다. 구체적인 이유들은 논쟁, 실험 그리고 모델들로부터 만들어졌다. 세 형태의 상호작용 모델은 다음과 같다.

1. **두 반구는 동시에 작동하지만 처리 과정의 다른 측면을 맡고 있다.** 감각 처리 과정의 다중 경로 제안에 대한 이 직접적인 유사체(10.2절 참조)는 한걸음 더 나가서 두 반구가 감각 채널의 한 계층을 대표한다고 제안한다. 비록 동시 처리가 일반적으로 더 매력적인 모델이지만, 이 가설은 아직 어떻게 정보가 하나의 지각 혹은 행동으로 연결되는가에 대한 만족스러운 설명을 제공하지 못한다.

2. **두 반구가 하나의 주어진 기능을 수행할 수 있는 능력을 갖고 있음에도 서로의 활동을 억제한다**(예 : Kinsbourne, 1971 ; Moscovitch, 1979 참조). 모든 상호작용 모델들은 좌반구가 우반구의 언어 기능을 제한하고, 우반구는 좌반구의 음악 처리를 제한한다고 주장한다. 발달적으로 이 제약 모델은 매력적인데, 예를 들어 283쪽 자세히 보기에 간략하게 제시된 것처럼 언어와 같은 기능은 일반적으로 우세한 반구가 손상을 입었다면 '틀린' 반구에서도 발달될 수 있다. 그러므로 언어 영역이 유

'통합'

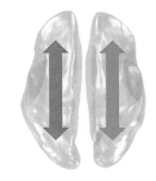

'분리'

▲ Gotts, Stephen, Joon Jo, Hang, Wallace, Gregory L., Saad, Ziad S., Cox, Robert W., Martin, Alex et al. Two distinct forms of functional lateralization in the human brain. *PNAS*, 10,36 (2013) E3435 – E3444.

아기에 손상을 입었다면, 언어는 우반구에서도 발달할 수 있다. 이러한 모델들의 한 가지 어려움은 아무도 반구 억제에 대한 생리학적 원리를 명확하게 규명하지 못했다는 것이다.

3. **각 반구가 각자 선호하는 정보를 수용하여 서로 다른 분석이 양 반구에서 동시에 일어나거나 또는 어떤 한 기제로 인해 각 반구가 특정한 정보에만 집중하여 각기 다른 분석이 이루어진다**(예 : Moscovitch, 1979 참조). 이러한 정보 처리에 기초한 상호작용 모델들은 복잡하고 상세하며 인지 심리학적 이론들에 크게 기반을 두고 있다. 동시 처리 모델들의 한 가지 흥미로운 제안은 컴퓨터의 처리 방식인 연결망 혹은 분산망과 유사하다는 것이다. 즉 오직 한 반구만이 바쁘다면 그 반구는 기능을 다른 반구에 할당할 수 있어야만 할 것이다. 주의 기반 정보 처리 모델들의 한 가지 문제점은 선택적 주의를 담당하는 생리학적 기제에 대해 모호할 수밖에 없다는 점이다.

요약하자면 "편재화가 무엇인가?" 하는 질문은 간단하거나 일반적으로 수용되는 답을 갖고 있지 않다. 이론의 요약도 없다. 필요한 것은 비대칭성의 기원과 근본에 대한 더 많은 발달적·계통발생학적 자료이다.

선호되는 인지적 방법

선행 연구들의 논의들로부터 우리는 적어도 부분적으로는 행동에서의 개인차는 어떻게 뇌 반구가 조직되어 있는지 그리고 어떻게 기능들이 편재화되어 있는지에 따라 발생한다고 추측할 수 있다. **선호되는 인지적 방법**(preferred cognitive mode)은 한 가지 유형의 사고 처리 과정을 다른 것보다 선호하는 것을 말한다. 한 극단적인 예로는, 논리적이고 분석적이며 언어적인 사람은 일상적인 문제를 해결할 때 좌반구에 더 많이 의존한다고 추측된다. 반면 시각적이고 직관적이며 전체 그림을 보는 사람들은 우반구에 더 많이 의존한다고 추측된다.

비록 농담조의 이야기지만 한 가지 예시를 생각해보라. 두 교수 알파와 베타는 모두 훌륭한 학자이지만, 그들은 완전히 다른 방식으로 일하고 생각한다.

알파는 꼼꼼하고 아무런 여지도 남기지 않는다. 새로운 자료를 배울 때 그는 모든 부분을 완벽하게 숙달하고 그 주제에 관한 종합적인 지식을 갖게 된다. 알파는 언어적으로 빠른 생각과 우아한 논조로 토론에서 쉽게 승리한다. 그의 글은 간결하고 명확하며, 문법과 철자가 흠잡을 곳이 없다. 국가적으로도 순위권의 테니스 선수인 알파는 운동을 즐기지만, 흥미롭게도 다른 운동들은 썩 잘하지는 못한다. 알파의 사무실은 단정하고 말끔하여 각각의 물건들이 정확한 장소에 신중하게 배치되어 있다. 그의 책상에는 최근에 작업하고 있는 프로젝트 이외에는 아무것도 없다.

베타는 알파와 비교하여 산만하고 비조직적으로 보이며 세부사항에 대한 기억력이 떨어진다. 그러나 그는 생각의 핵심을 빠르게 파악하고 다양한 구성요소를 하나의 의미 있는 모양으로 묶을 수 있다. 알파처럼 베타도 운동을 좋아하지만 그는 어떤 특별한 대회에서도 최고의 참가자가 되지 못해도 새로운 운동의 보편적인 운동 기술을 빠르게 배운다. 한번에 한 프로젝트에서만 작업하는 알파와 대조적으로 베타는 몇 개의 프로젝트를 동시에 작업하기 때문에 알파의 깔끔한 책상과는 달리 그의 자리에는 종이와 책이 무더기로 쌓여 있다.

알파와 베타의 인지적 기술과 운동 기술은 모두 뇌 구조화 혹은 한 반구의 '우세'에 상응하는 것으로 여겨지는 근본적 차이와 일치한다. 알파와 베타는 각각 극단적인 '좌반구'와 '우반구'의 사람이다. 그들 사이의 근본적 차이는 선호하는 인지적 과정이다. 알파는 분석적이고 논리적이며 언어적이고 섬

자세히 보기 | 뇌 가소성 그리기

제10장 서두 사례 보기에 등장하는 인물의 이야기는 대뇌반구 절제술이 심각한 발작을 가진 어린이를 치료하기 위해 자주 시행됨을 설명해준다. 이러한 장애들은 라스무센 뇌염 같은 진행성 바이러스성 감염에 의해서 또는 선천적으로 갖고 있거나 혹은 후천적으로 생겨난 한 반구의 장애로 인해 발생한다. 수술 후에도 심각한 행동적 어려움을 겪음에도 불구하고 이러한 어린이들은 종종 놀랄 만큼 이를 보완하는데, 자유롭게 의사소통을 하고 어떤 경우에는 절단된 반구의 반대편의 사지를 상당히 잘 움직인다.

fMRI와 SEPs를 모두 사용하여, Holloway와 동료들(2000)은 17명의 대뇌 절제술 환자들의 감각운동 기능을 연구하였다. 10명은 절단된 반구의 반대쪽 사지에 있는 신경을 자극하였을 때 온전한 반구에서 SEPs를 보였다.

유사하게 옆의 현미경 사진에 나타난 것처럼 fMRI는 적어도 4명의 환자에서 같은 사지에 대한 수동적인 움직임이 보통 반대쪽 손에 대해 반응하는 체감각피질의 활동을 증가시켰음을 보였다. Holloway 팀은 건강한 반구와 동측에 위치한 손에 대한 반응은 반구에서 시작해 처치를 받은 손까지 연결된 동측성 직행 경로에 의한 것이라고 결론지었다.

흥미롭게도 새로운 동측성 반응들은 선천적 질병으로 인한 뇌 절제술 환자들뿐만 아니라 후천적으로 질병을 앓은 사람들에서도 나타난다는 것인데, 이는 부상의 연령이 중요할지도 모르지만 다른 요인들 역시 뇌 재구조화에 영향을 미치는 것이 틀림없다는 것이다. 부상으로 인해 유발된 재구조화는 뇌 가소성의 특징이다. 우리는 23.2절에서 뇌 발달의 맥락에서 가소성을 다시 살펴볼 것이다.

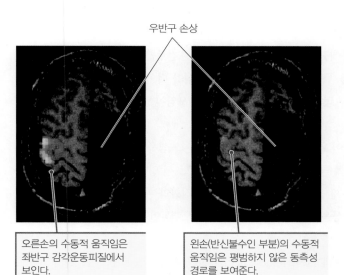

우반구 손상

오른손의 수동적 움직임은 좌반구 감각운동피질에서 보인다.

왼손(반신불수인 부분)의 수동적 움직임은 평범하지 않은 동측성 경로를 보여준다.

Victoria Holloway, David G. Gadian, Faraneh Vargha-Khadem, David A. Porter, Stewart G. Boyd and Alan Connelly The reorganization of sensorimotor function in children after hemispherectomy. *Brain* Volume 123, Number 12, 1 (December 2000): pp. 2432–2444(13).

Holloway, V., D. G. Gadian, F. Vargha-Khadem, D. A. Porter, S. G. Boyd, and A. Connelly. The reorganization of sensorimotor function in children after hemispherectomy. *Brain* 123:2432–2444, 2000.

세한 반면, 베타는 개념들을 조직화하고 의미 있는 전체를 시각화하는 데 더 관심이 있는 합성가이다.

알파-베타 분석은 흥미롭지만 이는 실증적 근거가 없는 추측일 뿐이다. 뇌 조직화 외의 요인들도 선호하는 인지적 과정에 영향을 주는 것 같다. 예를 들면, William Webster와 Ann Thurber(1978)의 연구 결과들은 몇몇 편재화 검사들에 영향을 미칠 수 있는, 어떤 편향된 생각을 갖고 문제에 접근하는 경향성인 **인지적 세트**(cognitive set)에 대해 설명해준다.

그들은 11.3절에서 설명한 이중 촉각 검사에 하나의 변수를 추가하여 반복 시행했다. 한 집단(형태적 편향)은 전반적인 외형을 상상하면서 모양을 배우도록 유도되었다. 두 번째 집단(분석적 편향)은 각각의 독특한 모양을 구분하고 항목화하도록 유도되었다.

인지적 세트의 조작은 명백히 좌반구 우세의 정도에 영향을 미쳤는데, 형태적 집단이 분석적 집단보다 두 손 간 수행의 차이가 상당히 더 컸다. 이 효과의 원인은 불명확하지만, 참가자들이 사용하는 전략들은 분명히 편재화 검사에 영향을 미친다. 그러므로 선호하는 인지적 과정의 차이는 신경학적·유전적 혹은 체질적인 요인에 더해 사회적 혹은 환경적 요인에서 발생하는 편향에 의한 것이라고 합리적으로 추론할 수 있다. 그럼에도 행동에서의 개인차가 뇌의 구조적 차이에 의한 결과라는 제안은 진지하게 연구해볼 가치가 있다.

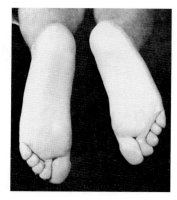

그림 11.16 ▲

발달과 뇌   출산 시 좌반구 전두두정 영역의 파괴는 이와 같은 오른발의 성장 비대칭을 유발했다. 이러한 사례는 사지의 크기에 영향을 미치는 성장이 피질적인 요소로서, 사지의 미사용으로 인한 것과는 거리가 멀다는 것을 설명해준다.

(Penfield, W., and H. Jasper. *Epilepsy and the Functional Anatomy of the Human Brain.* Boston: Little, Brown, 1954.)

◎ 신경심리학에서의 행동 측정

이 시점에서 행동 측정에서 발생하는 문제들을 간단히 살펴보는 것이 적절할 것이다. 신경심리학에서 사용되는 모든 절차 중에서 측정이 가장 수행하기도, 반복하기도 쉽다고 생각할 수 있지만 그것은 사실이 아니다.

한 과정에서의 많은 측정은 몇몇 다른 과정에 대한 추론으로 이어진다. 예를 들어, 만약 한 연구가 왼쪽 귀보다 오른쪽 귀에서 들은 것을 더 많이 회상하는 이중 청취 과제를 사용한다면 우리는 언어가 좌반구에 편재화되어 있다고 추론할 것이다. 이 추론이 상정하고 있는 것은 단순하지만 결과에 영향을 미치는 변수들이 너무나 많기 때문에 *Phil Bryden*(1982)은 책 한 권 전부를 그 문제에 대해 기술했다.

만약 뇌의 크기와 같은 뭔가 더 객관적인 측정의 경우에는 결과가 더 명확했을까? 그럴 것 같지는 않다. 사물을 측정하는 방법은 너무 많기 때문에 어떤 결과에서든 오염이 일어났을 수 있다. 다음의 예를 고려해보라.

아마 모든 사람은 자신의 양 발이 완전히 같은 크기가 아니라는 느낌을 받은 적이 있을 것이다. 이러한 차이는 새 신발을 신을 때 한쪽 발에서 더 큰 불편함을 느낌으로써 명백히 드러난다. 신발의 양쪽 크기가 다르다고 주장하는 사람은 없을 것이다. 발 크기는 뇌 조직화와 관련이 있을 수도 있다. 예를 들어, 생의 초기에 한쪽 반구에 손상을 주는 것으로 알려진 약을 오랫동안 복용한 사람은 반대쪽 사지가 더 작다(**그림 11.16**).

뇌 조직화에 대한 추론을 하기 위해 Jere와 *Jerome Levy*(1978, 1981)는 일반적인 사람들의 발 크기의 차이 측정을 시도했다. 그들은 150명의 발 크기를 측정했고 분명히 오른손잡이 여성들의 왼발이 오른발보다 더 크다는 것을 발견했다. 반면 오른손잡이 남성들은 분명히 오른발이 왼발보다 더 컸다. 반대되는 결과가 왼손잡이 여성과 남성들에게서 나타났다.

그들의 발견에 대해 이야기하자면 Jere와 Levy는 신발 크기를 재고, 그것을 발 크기로 바꾼 다음, 두 크기의 차이를 7점 척도로 전환시켰다. 많은 연구들이 Jere와 Levy의 연구를 반복 검증하려 했다. Nicholas Mascie-Taylor와 동료들(1981)은 '표준 인체측정학 기술'을 사용하여 발 크기를 쟀다(앉아 있는 참가자의 발톱을 깎은 상태에서의 발뒤꿈치에서 가장 긴 발가락까지의 길이로 설명된다). 그들은 남성, 여성 모두 왼발이 오른발보다 더 길었음을 발견하여, 7개의 선행 연구가 사실임을 보여줬다. 아무도 선호하는 손이 미치는 영향을 발견하지 못했다.

Michael Peters와 동료들(1981)은 365명의 참가자들이 앉은 상태에서의 실제 발 크기인 발뒤꿈치에서부터 가장 긴 발가락까지의 거리를 쟀다. 그들은 어떠한 성별 혹은 선호하는 손에 따른 왼발과 오른발 크기의 유의미한 차이를 발견하지 못하였고, 다른 3개의 연구로부터 그들의 연구의 부분적인 지지를 이끌어냈다. 다른 연구에서는 105명 참가자의 발 윤곽을 큰 종이에 따라 그렸는데, 성별 혹은 선호하는 손에서 기인한 발 크기의 차이를 발견하지 못했다(Yanowitz et al., 1981).

일련의 연구들을 최종 요약하자면 다음과 같다. 성별과 선호하는 손의 관련성을 발견한 연구 1개, 왼발 효과를 발견한 연구 8개, 아무런 효과를 발견하지 못한 연구 2개와 부분적으로 아무런 효과도 없음을 지지해주는 추가적인 연구 3개였다. 다른 좋은 이야기들처럼 이 이야기도 속편이 있고, 관심 있는 독자들은 Peters의 보고서(1988)를 읽어보길 바란다.

발 크기를 재는 것은 쉬워 보인다. 하지만 앞서 살펴본 일련의 연구들은 그렇지 않음을 보여준다. 결과들은 측정 도구, 측정된 길이의 점수, 참가자들이 앉아 있었는지 혹은 서 있었는지, 측정 날짜의 시각 그리고 아마 측정 전에 신발이 얼마나 닳아 있었는지 등의 이유들로 오염되었다. 많은 연구에서 이러한 변수들의 중요성은 지각되지 못했다. 다른 연구들에서는 절차에 대하여 충분히 상세히 설명되지 않아 정확한 반복 실험이 불가능했다. 가장 객관적인 측정 방법인 사진은 어떤 연구에서도 사용되지 않았다. 발의 사진 기록은 적절한 측정법에 대해 관심이 있는 연구자들이 언제든지 재평가할 수 있도록 도와줄 것이다.

우리는 이 예시로부터 세 가지 교훈을 이끌어낼 수 있지만, 그들 모두는 측정이 불가능하다. 첫 번째 교훈은 만약 발과 같은 무엇인가를 측정하는 것이 어렵다면 이러한 측정들로부터 뇌에 대한 것을 이끌어낼 때는 조심스러워야 한다는 것이다. 두 번째 교훈은 여러 번 측정해도 아무 문제가 되지 않는다는 것이다. 측정치들 간에 상관이 있다면 각각의 측정은 같은 것을 측정한 것이지만, 만약 그렇지 않다면 복수 요인이 작용하는 것이거나 혹은 측정들이 신뢰할 수 있지 못하다는 것이다. 세 번째는 만약 측정을 해야 한다면 다른 어떤 것보다 더 의미 있어야만 한다는 것이다.

요약

11.1 인간 뇌의 해부학적 비대칭성

인간 뇌 조직에서의 놀라운 점은 두 반구가 해부학적으로 그리고 기능적으로 비대칭적이라는 것이다. 관찰된 비대칭성은 기능적 반구 특성화를 보여주는 것으로 추정된다. 즉 측두엽의 특정한 청각 영역에서 언어 영역의 큰 크기는 언어와 관련된 청각적 자극들을 처리하는 특별한 기능을 가진 조직의 특화된 역할에 부합한다. 그러나 전체 청각 영역의 크기는 두 반구가 유사한 것을 고려하면, 우반구 조직은 몇몇 소리의 특징, 아마 음악과 관련된 것 같은 것을 분석하는 데 특화되어 있음에 틀림없다.

11.2 신경학적 환자의 비대칭성

전문적인 신경학적 및 외과적 절차를 겪은 환자들에 대한 분석은 반구의 해부학적 비대칭성의 기능적 측면을 연구할 기회를 제공한다. 이러한 연구들은 언어 및 운동 기능에서의 좌반구의 특별한 역할과 우반구의 음악적 및 공간적 기능의 상호보완적 역할을 확인시켜 준다.

11.3 정상 뇌의 행동적 비대칭성

정상 뇌는 보통 일상생활에서 비대칭적인 처리를 보여주지는 않지만, 뇌를 속임으로써 처리 과정의 편향을 드러낼 수 있다. 가장 단순한 방법은 뇌의 처리 용량을 압박하는 것인데, 이 방법은 이중 청취 과제에서처럼 중다 자극을 동시에 제시하는 것, 혹은 순간노출 제시처럼 짧게 제시하는 것, 혹은 서로 충돌되는 두 과제를 동시에 수행할 것을 뇌에 요구하는 것처럼 간섭에 의한 것 등이 있다.

11.4 신경영상과 비대칭성

정상 뇌의 비대칭성은 영상 절차를 사용해 설명될 수 있다. 영상 절차는 뇌 활동을 활동이 일어나자마자 측정하는데(즉 '온라인'으로) 이는 포도당이나 산소의 사용, 전기적 활동, 혹은 혈류 등을 이용하여 측정된다.

11.5 이론적 쟁점 : 편재화란 무엇인가

특화 이론은 근본적인 유일한 기능을 찾기 힘들다는 동의가 있음에도 각각의 반구에 대한 유일한 기능을 제안한다. 그럴듯한 후보들로는 감각 입력과 운동 통제 과정의 차이가 있다. 상호작용 이론은 반구 사이의 협력을 제안한다. 두 반구 모두 모든 기능에 대한 능력이 있지만, 몇몇 이유로 인해 상대적으로 특화되어 있다는 내용이다.

그러나 뇌가 편재화되어 있다는 것은 아직 확실하지 않다. 좌반구의 기능은 언어라는 결론을 내리는 것이 그럴듯해 보임에도 불구하고 적절한 결론은 좌반구는 '언어'의 몇몇 특별한 부분의 필수적인 처리에 참여한다는 것이다. 유사하게 우반구는 시공간적 기능이 요구되는 처리에 참여하는 것으로 보인다. 실제로 지금으로서는 두 반구가 어떠한 처리 과정을 수행하는 데 특화되어 있는지 모른다는 것만이 안전한 결론일 것이다.

참고문헌

Allen, M. Models of hemispheric specialization. *Psychological Bulletin* 93:73–104, 1983.

Blumstein, S., V. Tartter, D. Michel, B. Hirsch, and E. Leiter. The role of distinctive features in the dichotic perception of words. *Brain and Language* 4:508–520, 1977.

Broca, P. Sur la faculté du langage articulé. *Bulletins et Memoires de la Société D'Anthropologie de Paris* 6:377–393, 1865.

Bryden, M. P. *Laterality: Functional Asymmetry in the Intact Brain.* New York: Academic Press, 1982.

Caroselli, J. S., M. Hiscock, and T. Roebuck. Asymmetric interference between concurrent tasks: An evaluation of competing explanatory models. *Neuropsychologia* 35:457–469, 1997.

Chi, J. G., E. C. Dooling, and F. H. Gilles. Left–right asymmetries of the temporal speech areas of the human fetus. *Archives of Neurology* 34:346–348, 1977.

Crichton-Browne, J. On the weight of the brain: Its component parts in the insane. *Brain* 2:42–67, 1880.

Curry, F. A comparison of left-handed subjects on verbal and nonverbal dichotic listening tasks. *Cortex* 3:343–352, 1967.

Darwin, C. Ear differences and hemispheric specialization. In F. O. Schmitt and F. G. Worden, Eds., *The Neurosciences: Third Study Program.* Cambridge, Mass: MIT Press, 1974.

Divenyi, P., and R. Efron. Spectral versus temporal features in dichotic listening. *Brain and Language* 7:375–386, 1979.

Doron, K.W., D. S. Bassett, and M. S. Gazzaniga. Dynamic network structure of interhemispheric coordination. *Proceedings of the National Academy of Sciences U.S.A.* 109:18661–18668, 2012.

Eberstaller, O. Zur Oberflächenanatomie der Grosshirnhemispharen. *Wiener Medizinische Blätter* 7:479–482, 542–582, 644–646, 1884.

Efron, R. *The Decline and Fall of Hemispheric Specialization.* Hillsdale, N.J.: Erlbaum, 1990.

Eidelberg, D., and A. M. Galaburda. Symmetry and asymmetry in the human posterior thalamus. *Archives of Neurology* 39:325–332, 1982.

Falzi, G., P. Perrone, and L. A. Vignolo. Right-left asymmetry in anterior speech region. *Archives of Neurology* 39:239–240, 1982.

Galaburda, A. M., M. LeMay, T. L. Kemper, and N. Geschwind. Right–left asymmetries in the brain. *Science* 199:852–856, 1978.

Galaburda, A. M., and F. Sanides. Cytoarchitectonic organization of the human auditory cortex. *Journal of Comparative Neurology* 190:597–610, 1980.

Gelfand, S., S. Hoffmand, S. Waltzman, and N. Piper. Dichotic CV recognition at various interaural temporal onset asynchronies: Effect of age. *Journal of the Acoustical Society of America* 68:1258–1261, 1980.

Geschwind, N., and W. Levitsky. Left–right asymmetries in temporal speech region. *Science* 161:186–187, 1968.

Gibson, C., and M. P. Bryden. Dichaptic recognition of shapes and letters in children. *Canadian Journal of Psychology* 37:132–143, 1983.

Glick, S. D., D. A. Ross, and L. B. Hough. Lateral asymmetry of neurotransmitters in human brain. *Brain Research* 234:53–63, 1982.

Good, C. D., I. Johnsrude, J. Ashburner, R. N. Henson, K. J. Friston, and R. S. Frackowiak. Cerebral asymmetry and the effects of sex and handedness on brain structure: A voxel-based morphometric analysis of 465 normal adult brains. *NeuroImage* 14:685–700, 2001.

Gordon, H. Hemispheric asymmetries in the perception of musical chords. *Cortex* 6:387–398, 1970.

Gotts, S. J., H. J. Jo, G. L. Wallace, Z. S. Saad, R. W. Cox, and A. Martin. Two distinct forms of functional lateralization in the human brain. *Proceedings of the National Academy of Sciences U.S.A.* 110: E3435–3444, 2013.

Gur, R. C., I. K. Packer, J. P. Hungerbuhler, M. Reivich, W. D. Obrist, W. S. Amarnek, and H. Sackheim. Differences in distribution of gray and white matter in human cerebral hemispheres. *Science* 207:1226–1228, 1980.

Halperin, Y., I. Nachson, and A. Carmon. Shift of ear superiority in dichotic listening to temporally patterned nonverbal stimuli. *Journal of the Acoutistical Society of America* 53:46–50, 1973.

Hoadley, M. D., and K. Pearson. Measurement of internal diameter of skull in relation to "pre-eminence" of left hemisphere. *Biometrika* 21:94–123, 1929.

Hrvoj-Mihic, B., T. Bienvenu, L. Stefanacci, A. R. Muotri, and K. Semendeferi. Evolution, development, and plasticity of the human brain: From molecules to bones. *Frontiers in Human Neuroscience* 10:3389, 2013.

Kimura, D. Some effects of temporal-lobe damage on auditory perception. *Canadian Journal of Psychology* 15:156–165, 1961.

Kimura, D. Left–right differences in the perception of melodies. *Quarterly Journal of Experimental Psychology* 16:355–358, 1964.

Kimura, D. Functional asymmetry of the brain in dichotic listening. *Cortex* 3:163–178, 1967.

Kimura D., and S. Folb. Neural processing of background sounds. *Science* 161:395–396, 1968.

Kimura, D., and C. A. Humphrys. A comparison of left- and right-arm movements during speaking. *Neuropsychologia* 19: 807–812, 1981.

King, F., and D. Kimura. Left-ear superiority in dichotic perception of vocal, non-verbal sounds. *Canadian Journal of Psychology* 26:111–116, 1972.

Kinsbourne, M. Eye and head turning indicates cerebral lateralization. *Science* 176:539–541, 1971.

Knecht, S., M. Deppe, B. Dräger, L. Bobe, H. Lohmann, E. Ringelstein, and H. Henningsen. Language lateralization in healthy right-handers. *Brain* 123:74–81, 2000.

Kodama, L. Beitrage zur Anatomie des Zentralnervensystems der Japaner: VIII. Insula Reil ii. *Folia Anatomica Japonica* 12:423–444, 1934.

Kopp, N., F. Michel, H. Carrier, A. Biron, and P. Duvillard. Hemispheric asymmetries of the human brain. *Journal of Neurological Sciences* 34:349–363, 1977.

Lassen, N. A., D. H. Ingvar, and E. Skinhøj. Brain function and blood flow. *Scientific American* 239:62–71, 1978.

Lauter, J. Dichotic identification of complex sounds: Absolute and relative ear advantages. *Journal of the Acoustical Society of America* 71:701–707, 1982.

LeMay, M. Asymmetries of the skull and handedness. *Journal of the Neurological Sciences* 32:243–253, 1977.

LeMay, M., and A. Culebras. Human brain-morphologic differences in the hemispheres demonstrable by carotid arteriography. *New England Journal of Medicine* 287:168–170, 1972.

Levy, J., and J. M. Levy. Human lateralization from head to foot: Sex-related factors. *Science* 200:1291–1292, 1978.

Levy, J., and J. M. Levy. Foot-length asymmetry, sex, and handedness. *Science* 212:1418–1419, 1981.

Levy, J., C. Trevarthen, and R. W. Sperry. Perception of bilateral chimeric figures following hemispheric deconnection. *Brain* 95:61–78, 1972.

Luders, E., K. L. Narr, P. M. Thompson, D. E. Rex, L. Jancke, and A. W. Toga. Hemispheric asymmetries in cortical thickness. *Cerebral Cortex* 16:1232–1238, 2006.

Mascie-Taylor, C. G. N., A. M. MacLarnon, P. M. Lanigan, and I. C. McManus. Foot-length asymmetry, sex, and handedness. *Science* 212:1416–1417, 1981.

McRae, D. L., C. L. Branch, and B. Milner. The occipital horns and cerebral dominance. *Neurology* 18:95–98, 1968.

Moscovitch, M. Information processing and the cerebral hemispheres. In M. Gazzaniga, Ed., *Handbook of Behavioral Neurobiology*, vol. 2. New York: Plenum, 1979.

Murphy, K., and M. Peters. Right-handers and left-handers show differences and important similarities in task integration when performing manual and vocal tasks concurrently. *Neuropsychologia* 32:663–674, 1994.

Natale, M. Perception of nonlinguistic auditory rhythms by the speech hemisphere. *Brain and Language* 4:32–44, 1977.

Noffsinger, D. Dichotic-listening techniques in the study of hemispheric asymmetries. In D. F. Benson and E. Zaidel, Eds., *The Dual Brain*. New York: Guilford Press, 1985.

Ojemann, G. A. Brain organization for language from the perspective of electrical stimulation mapping. *Behavioral and Brain Sciences* 6:189–230, 1983.

Papcun, G., S. Krashen, D. Terbeek, R. Remington, and R. Harshman. Is the left hemisphere organized for speech, language and/or something else? *Journal of the Acoustical Society of America* 55:319–327, 1974.

Penfield, W., and H. Jasper. *Epilepsy and the Functional Anatomy of the Human Brain*. Boston: Little, Brown, 1954.

Peters, M. Footedness: Asymmetries in foot preference and skill and neuropsychological assessment of foot movement. *Psychological Bulletin* 103:179–192, 1988.

Peters, M. B., B. Petrie, and D. Oddie. Foot-length asymmetry, sex, and handedness. *Science* 212:1417–1418, 1981.

Rasmussen, T., and B. Milner. The role of early left-brain injury in determining lateralization of cerebral speech functions. *Annals of the New York Academy of Sciences* 299:355–369, 1977.

Rubens, A. M., M. W. Mahowald, and J. T. Hutton. Asymmetry of the lateral (Sylvian) fissures in man. *Neurology* 26:620–624, 1976.

Rudel, R. G., M. B. Denckla, and E. Spalten. The functional asymmetry of Braille letter learning in normal sighted children. *Neurology* 24:733–738, 1974.

Scheibel, A. B., I. Fried, L. Paul, A. Forsythe, U. Tomiyasu, A. Wechsler, A. Kao, and J. Slotnick. Differentiating characteristics of the human speech cortex: A quantitative Golgi study. In D. F. Benson and E. Zaidel, Eds., *The Dual Brain*. New York: Guilford Press, 1985.

Semmes, J. Hemispheric specialization: A possible clue to mechanism. *Neuropsychologia* 6:11–26, 1968.

Sergent, J. Role of the input in visual hemispheric asymmetries. *Psychological Bulletin* 93:481–512, 1983.

Sidtis, J. Predicting brain organization from dichotic listening performance: Cortical and subcortical functional asymmetries contribute to perceptual asymmetries. *Brain and Language* 17:287–300, 1982.

Springer, S. P., and G. Deutsch. *Left Brain, Right Brain: Perspectives from Cognitive Neuroscience*, 5th ed. New York: W. H. Freeman and Company, 1998.

Strauss, E., and C. Fitz. Occipital horn asymmetry in children. *Annals of Neurology* 18:437–439, 1980.

Strauss, E., B. Kosaka, and J. Wada. The neurological basis of lateralized cerebral function: A review. *Human Neurobiology* 2:115–127, 1983.

Sun, T., R. V. Collura, M. Ruvolo, and C. A. Walsh. Genomic and evolutionary analyses of asymmetrically expressed genes in human fetal left and right cerebral cortex. *Cerebral Cortex* 16:118–125, 2006.

Sussman, H. M. Evidence for left hemisphere superiority in processing movement-related tonal signals. *Journal of Speech and Hearing Research* 22:224–235, 1979.

Taylor, L. B. Localisation of cerebral lesions by psychological testing. *Clinical Neurology* 16:269–287, 1969.

Teszner, D., A. Tzavaras, and H. Hécaen. L'asymetrie droite-gauche du planum temporale: A-propos de l'étude de 100 cerveaux. *Revue Neurologique* 126:444–452, 1972.

Teuber, H.-L. Physiological psychology. *Annual Review of Psychology* 6:267–296, 1955.

Toga, A. W., and P. M. Thompson. Mapping brain asymmetry. *Nature Reviews Neuroscience* 4: 37–48, 2003.

Uomini, N. T., and G. F. Meyer. Shared brain lateralization patterns in language and acheulean stone tool production: A functional transcranial Doppler ultrasound study. *PLoS One* 8:e72693, 2013.

Van Essen, D. C., M. F. Glasser, D. L. Dierker, J. Harwell, and T. Coalson. Parcellations and hemispheric asymmetries in human cerebral cortex analyzed on surface-based atlases. *Cerebral Cortex* 22:2241–2262, 2012.

Van Lancker, D., and V. Fromkin. Hemispheric specialization for pitch and "tone": Evidence from Thai. *Journal of Phonetics* 1:101–109, 1973.

von Bonin, B. Anatomical asymmetries of the cerebral hemispheres. In V. B. Mountcastle, Ed., *Interhemispheric Relations and Cerebral Dominance*. Baltimore: Johns Hopkins University Press, 1962.

von Economo, C. V., and L. Horn. Über Windungsrelief, Masse and Rindenarchitektonik der Supratemporalfläche, ihre individuellen und ihre Seitenunterschiede. *Zeitschrift für Neurologie and Psychiatrie* 130:678–757, 1930.

Wada, J., and T. Rasmussen. Intracarotid injection of sodium amytal for the lateralization of cerebral speech dominance. *Journal of Neurosurgery* 17:266–282, 1960.

Wada, J. A., R. Clarke, and A. Hamm. Cerebral hemispheric asymmetry in humans: Cortical speech zones in 100 adult and 100 infant brains.

Archives of Neurology 32:239–246, 1975.

Webster, W. G., and A. D. Thurber. Problem solving strategies and manifest brain asymmetry. *Cortex* 14:474–484, 1978.

Witelson, S. F., and W. Pallie. Left hemisphere specialization for language in the newborn: Neuroanatomical evidence of asymmetry. *Brain* 96:641–646, 1973.

Wolf, M. E., and M. A. Goodale. Oral asymmetries during verbal and non-verbal movements of the mouth. *Neuropsychologia* 25:375–396, 1987.

Wylie, D. R., and M. A. Goodale. Left-sided oral asymmetries in spontaneous but not posed smiles. *Neuropsychologia* 26: 823–832, 1988.

Yanowitz, J. S., P. Satz, and K. M. Heilman. Foot-length asymmetry, sex, and handedness. *Science* 212:1418, 1981.

Zatorre, R. J., P. Belin, and V. B. Penhume. Structure and function of auditory cortex: Music and speech. *Trends in Cognitive Sciences* 6:37–46, 2002.

Zurif, E. Auditory lateralization: Prosodic and syntactic factors. *Brain and Language* 1:391–401, 1974.

12 뇌 비대칭성의 차이

사례 보기 　손상에 대한 개별적 반응

완전히 같은 뇌는 존재하지 않는다. 위에서 아래로 내려다봤을 때 보이는 뇌를 묘사한 그림에서처럼 실제로 2개의 반구조차도 상당히 다르다. 해부학적으로 뇌와 반구들은 크기, 주름의 패턴, 백질과 회백질의 분포, 세포구축학적 패턴, 혈관 패턴과 특히 신경화학에서 다르다. 해부학적 비대칭성의 차이는 뇌의 기능적 비대칭성과 관련이 있을까?

비슷한 뇌 손상을 가지고 있지만 매우 다른 반응을 나타내는 2명의 대학 졸업자인 A.B.와 L.P.에 대해 생각해보자. 비슷한 손상과 교육 수준(두 사람 모두 심리학 전공자이며, 아마 손상 이전에 평균 이상의 지능을 가졌을 것이다)을 고려하면, 이들의 증상도 비슷할 것으로 예상할 수 있다. 하지만 두 사람의

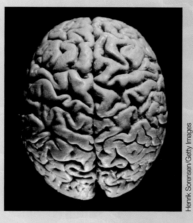

Henrik Sorensen/Getty Images

증상은 정 반대였다.

A.B.는 좌반구 측두엽의 후측 부위의 손상 후 읽기, 말하기, 단어 기억하기와 같은 언어적 측면에서의 어려움을 겪었다. 비슷한 손상을 가진 L.P.에게는 이러한 언어적인 문제가 발생하지 않았지만, A.B.가 가지고 있지 않았던 얼굴 인식, 그림 그리기의 어려움과 같은 문제가 나타났다.

두 사람이 가지고 있는 중요한 차이점이 상이한 증상을 설명할 수 있을 것이다. A.B.는 오른손잡이인 남자였고, L.P.는 왼손잡이 여자였다. 이 두 가지 요소(성별과 우세손)가 반구의 조직화에 영향을 미쳤고, 궁극적으로 대뇌 손상의 결과에도 영향을 주었을 것이다.

우세손과 성별은 뇌의 비대칭성에 영향을 주는 요소로, 쉽게 확인할 수 있는 것들이다. 하지만 이 두 가지 요소가 뇌의 조직화와 행동의 개별적 차이를 만들어내는 유일한 요인은 아니다. 이 장에서는 개인차를 형성하는 것으로 보이는 생물학적 · 환경적 요소들을 살펴볼 것이다. 개별적 비대칭성 패턴이 가지고 있는 뇌 조직화와 손의 선호, 성별의 차이, 유전자, 환경과의 관계를 검토함에 있어서 뇌 조직화 패턴들의 차이에 대한 이론들을 검토하기 이전에 선행 연구들의 결과를 살펴보고자 한다.

12.1　우세손과 기능적 비대칭성

거의 모든 사람은 글을 쓰거나 공을 던질 때 한쪽 손을 다른쪽 손보다 많이 사용하며, 대부분의 사람들은 오른손잡이다. 역사적으로 왼손잡이는 이상하거나 부정적인 사람으로 여겨졌지만, 왼손잡이의 존재가 드문 것은 아니었다. 추측상 전 세계 10%의 사람들이 왼손잡이인데, 이 비율은 왼손으로 글을 쓰는 사람들의 비율이다.

표 12.1 다양한 과제를 수행할 때 우세손의 요약

과제	왼쪽(%)	양쪽(%)	오른쪽(%)
카드 다루기	17.02	3.32	79.66
병뚜껑 열기	6.50	17.49	66.01
삽질하기	13.53	11.89	74.58
빗자루로 쓸기	13.49	16.89	69.62
바늘에 실 꿰기	13.10	9.74	77.16
쓰기	10.60	0.34	89.06
성냥 켜기	9.95	8.74	81.31
공 던지기	9.44	1.29	89.47
망치질하기	9.22	2.54	88.24
칫솔 사용하기	9.18	8.49	82.33
테니스 라켓 사용하기	8.10	2.59	89.31
가위 사용하기	6.20	6.81	86.99

주 : 비율은 2321개의 응답에 근거한 것이다.
출처 : Annett, M. A classification of hand preference by association analysis. *British Journal of Psychology* 61:303–321, 1970.

표 12.2 우세손과 관련된 해부학적 비대칭성의 차이

측정	우세손	해부학적 차이		
		왼쪽이 더 큼(%)	오른쪽이 더 큼(%)	차이 없음(%)
혈액의 부피	오른쪽	25	62	13
	왼쪽	64	28	8
두정판개	오른쪽	67	8	25
	왼쪽	22	7	71
전두피질 넓이	오른쪽	19	61	20
	왼쪽	27	40	33
후두피질 넓이	오른쪽	66	9	25
	왼쪽	38	27	35
후두각	오른쪽	60	10	30
	왼쪽	38	31	31

출처 : Hochberg and LeMay(1975), LeMay(1977), Carmon et al. (1972).

왼손잡이인지를 판단하기 위해 다른 기준을 적용한다면 왼손잡이 비율은 전체 인구의 10~30%의 범위 안에 있는 것으로 추정될 수 있다.

Marion Annett(1972)는 2,000명이 넘는 사람에게 12가지의 과제를 수행하기 위해 어떤 손을 사용하는지 묻는 방법을 통해 우세손에 대한 유용한 분포를 만들었다(표 12.1). Annett의 과제에 따른 왼손잡이의 비율은 가위로 자를 때 가장 낮은 6%였고, 카드 패를 돌릴 때 가장 높은 17%였다. 우세손은 절대적인 것이 아닌데, 극단적으로 어떤 사람들은 거의 완전히 왼손잡이이거나 오른손잡이지만, 어떤 사람들은 두 손을 기능적으로 동등하게 사용하는 양손잡이다.

해부학적 연구

우세손은 표 12.2에 요약된 것처럼 뇌의 혈액 흐름, 두정판개(operculum), 전두피질, 후두부에서의 좌우 비대칭성의 상이한 패턴과 상관이 있다. 이처럼 오른손잡이들과 비교해서 왼손잡이들 중 높은 비율은 비대칭성을 보이지 않거나, 사례 보기의 L.P.와 같이 좌우 해부학적 비대칭성의 역전을 보였다.

해부학적 조직화의 차이는 우세손과 의미 있는 연관이 있을까? 이 질문에 답하기 위해 Graham Ratcliffe와 동료들(1980)은 경동맥 혈관조영술을 통해 드러난 실비안 열의 각도와 경동맥 나트륨 아모바르비탈 음성 검사 결과의 상관을 보여주었다(그림 11.11 참조). 그들은 언어 능력이 좌반구에 존재하는 왼손잡이와 오른손잡이들은 실비안 열의 뒤쪽 끝에서 나오는 혈관들에 의해 형성된 좌우 각도의 차이가 평균적으로 27°인 것을 발견하였다. 언어 능력이 우반구나 양 반구에 존재하는 왼손잡이의 평균 차이는 0°였다.

이처럼 Ratcliffe이 연구한 사람들의 해부학적 비대칭성은 발화 표상과는 관련되어 있지만 우세손과는 밀접하게 관련되어 있지는 않았다. 하지만 언어 능력의 위치는 우세손이 밝혀낸 것보다 더 나은 뇌 조직화의 개인차 예측변수를 밝혀냈다.

왼손잡이들이 언어 능력의 편재화에서 더 많은 차이를 나타냈기 때문에, 우세손은 해부학적 기형들과 긴밀하게 연관된 것으로 보인다. P. Yakovlev와 Pasko Rakic(1966)이 수행한 일련의 연구들은 이것과 더욱 밀접하게 관련되어 있다. 그들은 300명이 넘는 오른손잡이의 뇌를 연구하면서 80%의 사람들이 왼손으로 향하는 추체로보다 오른손으로 내려가는 추체로에 더 많은 섬유 조직을 갖고 있다는 사실을 발견했다. 왼손으로 향하는 섬유 조직보다 더 많은 섬유 조직이 대측 좌반구와 동측 우반구 모두로부터 오른손으로 내려가는 것이 분명했다. 게다가 좌반구로부터 나오는 대측 로가 우반구로부터 나오는 대측 로보다 가장 안쪽 부분에서 더 높은 수준에서 교차된다. 지금까지의 실험 자료는 단지 오직 11명의 왼손잡이에 대한 것이었다. 하지만 이들의 패턴은 오른손잡이들과 유사했는데, 11명 중 9명은 전형적인 우측 편향을 가지고 있었다.

해부학적 비대칭성의 차이를 설명하는 데 있어 어려운 점은 어떤 왼손잡이와 오른손잡이가 형태적(구조적) 비대칭성과 기능적 비대칭성의 뚜렷한 해리를 보였다는 사실이다. 경동맥 나트륨 아모바르비탈 음성 검사는 언어 능력이 좌반구에 존재할 가능성을 보여주었지만, 다른 신경연구들에 따르면 넓은 범위의 측두-두정 언어 영역은 우반구에 존재한다고 여겨진다. 또한 표 12.2에 요약된 오른손잡이 사례들의 많은 부분들은 예상된 비대칭성을 보여주지 않았고, 역전된 비대칭성을 보여주거나 차이가 전혀 없기도 했다. 이러한 사례들은 중대한 해석상의 문제를 제기하는데, 바로 아직까지 알려지지 않은 여러 변수 역시 왼손잡이와 오른손잡이 간의 개인차를 설명할 수 있다는 사실이다.

우세손과 관련된 해부학적 차이를 찾기 위한 또 다른 방법은 MRI를 사용해 왼손잡이와 오른손잡이 피험자들을 연구하는 것이다. 많은 연구자들이 우세손의 효과를 찾기 위해 MRI 스캔을 살펴보았지만, 총체적인 해부학적 차이를 나타내는 작은 증거들만을 발견했다. 하지만 중심열에서는 예외였는데, Katrin Amunts와 동료들(2000)은 오른손잡이 남성들이 우반구보다 좌반구에서 충분히 더 깊은 열을 가지고 있다는 사실을 발견했지만 왼손잡이들에게서는 이러한 차이를 발견하지 못했다. 이 차이가 우세손과 어떻게 관련되어 있는지는 밝혀지지 않았지만, 중심열이 운동과 손 움직임의 체감각피질에 의한 통제를 분리하는 점을 고려하면 이는 중요한 실마리임이 틀림없다.

우세손과 관련된 차이를 찾기 위한 또 다른 장소는 반구 사이의 연결 부위이다. Sandra Witelson (1989)은 여러 가지 한 손 조작 과제를 수행하는 질병의 말기에 있는 피험자의 우세손을 연구했다. 그녀는 피험자들의 뇌를 사후에 연구하면서 뇌량의 크기에 특별히 주의를 기울였는데, 연구 결과 왼손잡이와 양손잡이는 오른손잡이에 비해 횡단면의 크기가 11%나 크다는 사실을 발견했다.

오른손잡이가 아닌 사람들의 큰 뇌량이 전체적으로 더 많은 수의 신경섬유들을 가지고 있든 아니든, 두꺼운 축색들이나 더 많은 수초들의 존재는 여전히 밝혀져야 할 문제로 남아 있다. 만약 섬유의 숫자로 인해 뇌량이 커지게 된 것이라면 그 숫자의 차이는 2,500만 개일 것이다. 다른 사람들에 의해 확인된 Witelson의 결과물은 왼손잡이의 반구 간에 큰 상호작용이 있음을 암시하며, 오른손잡이와 왼손잡이는 근본적으로 뇌 조직화의 패턴이 다를 것임을 제안한다.

왼손잡이의 기능적 뇌 조직화

왼손잡이의 인지 기능이 오른손잡이의 인지 기능에 비해 더욱 양측성으로 조직화되어 있다는 일반화가 신경학적 문헌에 널리 퍼져 있지만 이것을 뒷받침하는 증거들은 거의 없다. Charles Branch와 동료들(1964)은 나트륨 아모바르비탈 절차를 이용하여 왼손잡이들은 언어가 좌반구에서 70%, 우반구에서 15%, 양 반구에서 15%가 표상된다는 사실을 발견했다.

Doreen Kimura(1983)는 이와 유사하게 한쪽의 뇌만 손상된 520명의 환자들의 실어증과 실행증 발병률을 보고했다. 왼손잡이들의 발병빈도는 예상 범위 내에 있었고, 오른손잡이들에 비해 더 높은 실어증과 실행증 발병률을 보이지는 않았다. 실제로 나트륨 아모바르비탈 연구에서 예상한 대로 왼손잡이들의 실어증 발병률은 오른손잡이의 발병률의 70% 정도였다. 이처럼 소수의 왼손잡이들이 양 반구나 우반구에 언어 능력을 가지고 있었지만 대다수는 아니었다.

Henri Hécaen과 Jean Sauguet(1971)는 왼손잡이들이 뇌 조직화의 차이를 가진 2개의 유전 집단으로 세분화될 수 있다고 제안했는데, 두 집단은 왼손잡이의 가족력을 가진 가족력 왼손잡이들과 가족력이 없는 비가족력 왼손잡이들이다. Hécaen과 Sauguet에 따르면 뇌 한쪽에만 병변이 있는 비가족력 왼손잡이 환자들이 수행한 신경심리학적 과제들의 결과는 오른손잡이들이 수행한 것과 비슷했다. 이와는 반대로 가족력 왼손잡이들은 과제를 더욱 어렵게 수행했는데, 이는 가족력 왼손잡이들이 다른 뇌 조직화의 패턴을 가지고 있음을 암시한다.

요약하자면 우리는 좌반구에서 언어 능력이 표상되는 70%의 왼손잡이들의 언어 능력이나 비언어 능력이 오른손잡이들이 가진 능력들의 뇌 조직화와 다르다는 작은 증거를 발견했다. 한 가지 유의할 것은, 왼손잡이의 발생률은 정상인들에 비해 정신장애가 있는 아동들과 다양한 신경학적 질병들을 가지고 있는 아동들에게서 높다는 점이다.

따라서 우세한 반구가 어린 시절에 손상됐을 때 우세손과 우세한 반구가 비우세 반구의 통제하에 놓이는 사실은 놀랄 만한 것이 아니다. 오른손잡이 아동들의 수가 더 많기 때문에 좌반구에 손상이 있는 많은 오른손잡이 아동들은 우반구가 우세한 반구가 될 것이다. 우세한 반구의 교체가 발생할 수 있기는 하지만, 이것은 일반적인 왼손잡이들의 인지적 결함이나 뇌 조직화의 차이를 예측하는 근거로서 사용될 수는 없다.

우반구에 언어 능력이 있는 왼손잡이들의 뇌 반구 조직화에 대한 질문이 남아 있다. 단순히 두 반구의 기능이 바뀐 것뿐일까? 불행하게도 우반구에 언어 능력이 있는 사람들의 뇌 조직화와 비대칭성에 대해서는 알려진 바가 거의 없다.

◎ 우세손 이론

우세손이 환경적 · 해부학적 · 유전적 또는 호르몬에 따라 폭넓게 범주화될 수 있는가를 설명하기 위한 많은 이론들이 제안되었다. 각각의 범주는 매우 다양한 관점을 뒷받침한다.

환경적 이론

우세손의 환경적 이론들은 각각 유용성과 손의 사용에 대한 강화, 사고로 인한 뇌 손상을 강조한다. 어떤 유용성 가설은 어머니가 아기를 왼손으로 안고 있으면 아기가 어머니의 심장 리듬을 들으며 진정되고, 어머니는 남는 손으로 다른 활동에 주의를 기울일 수 있다는 이유로 우세손이 어머니에게 적응적이라고 말한다. 물론 우리는 오른손을 주로 사용하는 것이 그러한 행동을 계속하게 했는지, 그리고 오른손을 주로 사용하는 것이 이 행동으로부터 유발된 것이라기보다는 이 행동을 위한 것인지 알지는 못한다.

강화에 기초하는 한 환경적 이론은 우세손이 환경적 편향에 의해 만들어진 것이라고 제안한다. 아동이 살아가는 세상은 다양한 방식으로 오른손을 사용하도록 강화한다. 역사적으로 미국을 포함해 여러 국가의 아동들은 오른손으로 글을 쓰도록 강요받았다. 문제는 최근 수십 년 동안 미국의 아동들은 쓰기를 배울 때 어떤 손을 사용할 것인지 고를 수 있게 되었으며, 왼손으로 글을 쓰는 아동들의 비율이 10%까지 올랐는데, 이는 지금까지 연구된 대부분의 사회에서 일반적인 것이다.

환경적 이론의 마지막 범주는 오른손잡이가 되도록 만드는 유전적으로 확립된 편향을 제안한다. 왼손을 주로 사용하는 것은 성장기에 경험한 사고로 인해 발생한 뇌 결함을 통해 발달하게 된다. 이러한 생각은 쌍둥이의 왼손잡이 발생률과 신경학적 장애의 발병률에 대한 통계를 연관시키면서 생겨났다. 약 18%의 쌍둥이들이 왼손잡이인데, 이것은 충분히 큰 집단에서 발생하는 비율의 2배에 가깝다. 또한 쌍둥이들은 거의 대부분 발달상 중요한 시기에 자궁내막의 과밀이나 분만 시의 스트레스로 인해 유발되는 것으로 의심되는 신경학적 장애의 높은 발병률을 보인다.

스트레스를 많이 받은 상태의 임신과 출산이 증가된 뇌 손상의 발생을 야기한다는 결론은 논리적이다. 왼손잡이가 뇌 손상의 한 가지 형태일까? Paul Bakan과 동료들(1973)은 이러한 논리를 쌍둥이가 아닌 사람들에게도 확장시켰다. 그들은 스트레스가 많은 상태의 출생이 영아들의 뇌 손상 위험을 증가시켜 통계적으로 왼손잡이의 비율을 일정하게 유지하게 하는데, 이러한 출생이 높은 확률로 왼손잡이들에게 발생했을 것이라고 주장한다. 환경적 출생 이론이 흥미롭기는 하지만 결정적인 근거가 있는 것은 아니다. 유전적 관계와 뇌 구조에 대해 더 알고 싶다면 자세히 보기를 참조하라.

해부학적 이론

자주 사용하는 손에 대한 몇 가지 해부학적 이론들 중 두 가지는 해부학적 비대칭성의 편향에 근거하여 자주 사용하는 손을 설명한다.

첫 번째 이론은 오른손을 주로 사용하는 것이 강화된 성숙과 궁극적으로 더 큰 좌반구의 발달의 결과로 보았다. 이러한 가정을 일반화하기 위해 이 이론은 비가족력 왼손잡이들이 비가족력 오른손잡이와 같은 비대칭성을 보일 것이며, 반면에 가족력 왼손잡이들은 해부학적 비대칭성을 보이지 않을 것으로 예상했다. 이러한 가설은 생각해내기 어려운 것이었는데, 어떤 연구들도 우세손에 대한 해부학적 비대칭성이나 가족력과 우세손을 특별히 고려하지는 않았기 때문이다. 이 이론의 심각한 문제는 이것이 "왜 우세손이 문제인가?"라는 질문 대신 "왜 해부학적 비대칭성이 문제인가?"라는 질문을 만들어내며 문제 해결의 진전을 방해한다는 것이다.

두 번째 우세손의 해부학적 이론은 이 질문에 부분적으로 답한다. 많은 동물들은 왼쪽의 발달적 이점을 가지고 있는데, 이는 유전적으로 부호화되지 않은 것이다. 예를 들어 심장의 위치, 새의 난소의 크기, 새 지저귐의 통제, 인간의 좌반구 측두피질의 크기, 유인원의 왼쪽 뼈의 크기 등은 왼쪽으로 편향되어 있다. 이러한 좌편향 비대칭성의 우세는 잘 알려진 좌반구의 언어 능력 우세를 모든 해부학적 비대칭성의 일반적이고 체계적인 시각으로 받아들여지게 한다.

호르몬적 이론

Norman Geschwind와 Albert Galaburda(1987)는 어릴 때의 뇌 가소성이 뇌 비대칭성을 크게 변화시키면서 반구 조직화의 변칙적 패턴을 만들어낸다고 주장했다. 이 이론의 핵심은 성장기에 뇌 조직화를 변화시키는 성과 관련된 남성 호르몬인 테스토스테론의 작용이다. 테스토스테론은 12.2절에서 자세하게 설명한 것처럼 뇌 조직화에 영향을 준다. 따라서 특히 테스토스테론 수용기들이 비대칭적으로 분포되어 있을 때 테스토르테론 수준의 차이가 뇌 비대칭성에 영향을 준다는 제안은 타당하다.

Geschwind와 Galaburda는 테스토스테론의 효과가 매우 억제적이어서, 정상보다 높은 수치의 테스토스테론은 직접적으로 뇌에 작용하거나 간접적으로 유전자에 작용하는 것을 통해 발달을 늦출 것이라 제안했다. Geschwind-Galaburda 이론의 핵심은 테스토스테론의 억제적 작용이 좌반구에 크게 일어나 우반구가 더욱 빠르게 발달하여 뇌 조직화의 변화를 이끌어내고, 어떤 사람들을 왼손잡이가 되게 한다는 것이다. 이 이론의 또 다른 특징은 테스토스테론이 면역 체계에도 영향을 주어 면역 체계의 오작동과 관련된 질병들을 유발한다는 점이다(면역 체계와 남성의 병 사이의 관계에 대한 유사한 이론은 Gualtieri & Hicks, 1985에서 제안됨).

Geschwind-Galaburda 이론은 정교했고 많은 후속 연구들을 만들어냈지만, 불행하게도 대부분의 연구들은 그 모형을 지지하지 않았다(전반적 개관은 Bryden et al., 1994 참조). 예를 들어 Gina Grimshaw와 동료들(1993)은 어머니가 양수검사를 받아 태아 때의 테스토스테론 수준을 평가받은 아동들이 어느 손을 주로 사용하는지 연구했다. 테스토스테론 수준이 높다고 해서 왼손잡이가 될 확률이 높지는 않았지만, 연구 문헌의 자료들은 왼손잡이들이 천식이나 알레르기에 걸릴 위험이 높은 반면 관절염과 같은 자가면역성 질환은 오른손잡이들에게서 더욱 빈번하게 발생한다는 사실을 보여주었다. 이러한 차이들은 아직까지 충분히 설명되지 않고 있다.

자세히 보기   뇌 구조에 대한 유전적 영향

뇌 조직화에 대한 유전자와 경험의 상대적 기여를 조사하는 방법은 전형적인 뇌들의 MRI를 분석하고, 참가자들의 유전적 관계들을 다르게 하는 것이다. Thompson과 동료들(2001)을 서로 상관없는 사람들, 이란성 쌍둥이, 일란성 쌍둥이의 짝을 만들어 그들의 MRI를 비교함으로써 유전적 관련성을 다르게 했다. 또한 그들은 뇌반구의 전반적인 회백질 분포도를 자세한 지도로 그릴 수 있게 하는 진보된 MRI 기술을 사용했다.

결과는 제시된 그림에서 볼 수 있듯이 놀라운데, 특히 전두피질과 감각운동피질, 후측 언어피질에서 회백질의

양은 관련 없는 사람들은 전혀 다르고 일란성 쌍둥이는 거의 동일하게 나타나, 유전적 관련성에 따라 회백질의 양이 달랐다. 일란성 쌍둥이들은 유전적으로 동일하기 때문에 모든 차이가 환경적 영향에서 기인한다고 추정할 수 있다. 흥미롭게도 유사한 정도에는 비대칭성이 있었다. 일란성 쌍둥이들은 좌반구 언어 영역이 우반구에 비해 훨씬 닮아 있었다.

일란성 쌍둥이 간의 높은 유사성은 그들의 놀랍도록 유사한 인식 능력을 설명해주는 것 같다. 게다가 조현병이나 치매같이 대뇌피질 전체에 영향을 미치는 다양한 질병을 고려하면, 일란성 쌍둥이들의 뇌 구조의 높은 상관관계는 이 질병들의 강력한 유전적 구성요소를 설명할 수 있다.

Thompson, P. M., T. D. Cannon, K. L. Narr, T. van Erp, V. P. Poutanen, M. Huttunen, J. Lonnqvist, C. G. Standertskjold-Nordenstam, J. Kaprio, M. Khaledy, R. Dail, C. I. Zoumalan, and A. W. Toga. Genetic influences on brain structure. *Nature Neuroscience* 4:1253–1258, 2001.

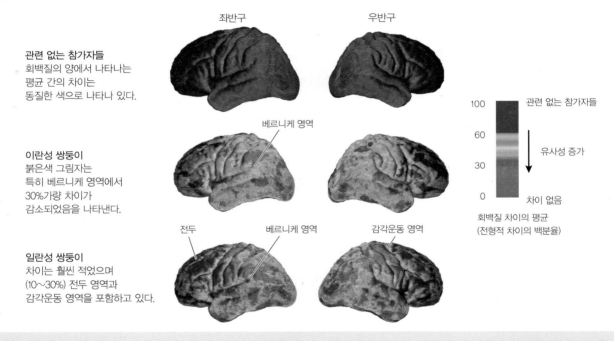

무작위로 뽑은 관련 없는 사람들 간의 평균 차이에 비교해본 일란성 쌍둥이와 이란성 쌍둥이에서 나타나는 각 피질 영역에서 나타나는 회백질의 양의 차이 평균
(Reprinted by permission from Macmillan Publishers Ltd: Thompson P. M., Cannon

T. D., Narr K. L., van Erp T., Poutanen V. P., Huttunen M., Lonnqvist J., Standertskjold-Nordenstam C. G., Kaprio J., Khaledy M., Dail R., Zoumalan C. I., Toga A. W. "Genetic influences on brain structure," *Nature Neuroscience* 4[12]:1253–1258, 2001.

유전 이론

우세손에 대한 대부분의 유전적 모형들은 오른손잡이가 되게 하는 우성 유전자와 왼손잡이가 되게 하는 열성 유전자를 가정한다(이러한 모델들에 대한 개관은 Hardyck & Petrinovich, 1977 참조). 하지만 Annett(예 : 2000)에 의해 밝혀진 전체 인구 중에서 왼손잡이의 실제 숫자를 가장 잘 예측할 수 있는 모형은 우성 유전자(rs^+)가 좌반구의 언어 능력 발달에 결정적인 영향을 준다는 내용으로, 위와 같

은 생각과 반대되는 것이었다.

Annett는 좌반구 언어 능력에 필수적인 처리 과정이 오른손이 운동을 통제하는 것도 유리하게 만든다고 가정하였다. 유전자(rs^+)의 열성 형태는 언어 능력이나 우세손의 체계적인 편향으로 나타나지 않았다. 만약 두 대립형질이 종종 통계적으로 동등하게 발생한다면 인구의 절반은 (rs^{+-})이고, 나머지의 절반은 동일한 비율로 (rs^{++})와 (rs^{--})일 것이다. 인구의 75%를 차지하는 rs^{+-}와 rs^{++}를 가진 사람들은 언어 능력이 좌반구에 있고 오른손잡이가 되는 변화를 보여줄 것이다. 나머지 25%인 rs^{--}를 가진 사람들은 편향을 보이지 않는데, 우연히 절반은 왼손잡이다.

따라서 Annett의 모델은 왼손잡이들이 약 12.5%가 될 것으로 예측하는데, 이는 실제로 관찰되는 수치이다. 하지만 불행하게도 그녀의 이론은 우반구에 언어 능력이 있는 왼손잡이들의 숫자를 예측하지 못했고, 가족력 왼손잡이와 비가족력 왼손잡이들을 구분하려는 시도 역시 실패했다. 이와 유사한 문제들은 다른 유전적 모형들에서도 찾아볼 수 있다.

우리는 우세손이 왜 발달되는지 알지 못하며, 앞으로도 알 수 없을 것 같다. 하지만 지금까지 살펴본 이론들에 근거하면 하나의 원인만이 작용하는 것은 아닌 듯하다. 확실히 어떤 유전적 편향은 몇몇 사람들이 왼손잡이가 되게 하지만, 이것이 어떤 방식으로 뇌 조직화와 관련되어 있는지는 여전히 의문으로 남아 있다. 하지만 우세손보다는 언어와 공간의 비대칭적 표상이 뇌 비대칭성의 주요 요인이라는 사실은 의심할 바가 없다.

12.2 뇌 조직화의 성차

남성과 여성의 행동은 다르다. 성별은 인간 행동의 개인차에 영향을 주는 분명한 요소이다. 상당한 양의 실제 사례와 실험적 증거가 남성과 여성의 인지적 차이점을 밝혀내왔고, 몇몇 연구자들은 이것들을 뇌 조직화의 생물학적 차이와 관련지으려 해왔다. 만약 성별을 구분하기 위한 어떤 신경학적 원리가 있다고 말할 수 있다면, 그것은 평균적으로 여성이 언어를 더욱 유창하게 사용하고 남성이 공간적인 분석을 더욱 뛰어나게 수행하는 것이다. 하지만 성별은 우세손과 마찬가지로 절대적인 요인은 아니다. 모든 남성과 여성은 더 많거나 적은 남성적·여성적 특성을 드러낸다.

아동들의 행동에서의 성차

Melissa Hines(2010)는 행동에서의 가장 큰 성차는 아동들의 놀이에서 관찰할 수 있다고 주장했다. 아동들은 많은 시간을 놀이에 사용하는데, 놀이는 뇌의 발달에 매우 중요한 역할을 한다고 알려져 있다(예 : Pellis & Pellis, 2009). 여자아이들과 남자아이들이 선호하는 장난감, 함께 놀이에 참여하는 친구, 놀이 활동은 다르다. 남자아이들은 장난감 자동차 같은 것을 좋아하고 여자아이들은 인형을 좋아한다.

아동들은 일반적으로 동성의 친구들과 함께 노는데, 남자아이들은 여자아이들보다 소란스러운 놀이를 많이 한다. 장난감 선호의 성차는 특히 흥미로운 주제인데 이 차이는 일반적으로 사회화의 결과물로 추정된다. 실제로 아이들은 '여자아이'나 '남자아이'들이 가지고 노는 것으로 여겨지는 장난감이나 자신보다 더 나이가 많은 아이들이 가지고 노는 것을 본 장난감을 선택하는 경향이 있다. 하지만 놀라운 점은 놀이에서 성별에 따른 유형적 측면뿐 아니라 장난감 선호가 태어기 테스토스테론의 영향을 받는다는 사실이다.

임신 7주차 초기에 고환은 테스토스테론을 만들어내기 시작하는데, 이것은 태아기 남아와 여아의 테스토스테론 농도의 막대한 차이를 유발한다. 실험실 동물들의 뇌 속에 있는 안드로겐 수용기에 대한 연구들은 태아기에 테스토스테론에 노출되는 것이 뇌 구조와 기능의 성차를 만들어낸다는 사실을 보여주었다(McCarthy et al., 2009 참조). 아동들의 놀이와 태아기 테스토스테론의 관계는 두 가지 방법으로 측정될 수 있다.

첫 번째는 태어나기 전에 높은 수준의 테스토스테론에 노출된 여자아이들의 놀이 행동을 관찰하는 것이다. 예를 들어 안드로겐성 황체 호르몬을 처방받은 어머니의 여자아이들은 남자와 같은 행동을 하는 것이 증가된 반면에 항안드로겐성 황체 호르몬에 노출된 어머니의 여자아이들은 반대의 결과를 보였다(Hines, 2010, 2011 참조).

그림 12.1 ▲

장난감 선택에서 나타나는 성차 암컷과 수컷 긴꼬리원숭이가 아이들의 성 전형적인 장난감에 접근할 때 암컷(왼쪽)은 인간 여자아이처럼 인형을 살펴보고, 반대로 수컷은 인간 남자아이가 그러는 것처럼 자동차를 움직인다.

(Alexander, G. M., & Hines, M. (2002). Sex differences in response to children's toy in non-human primates (Cercopithecus aethiops sabaeus). Evolution and Human Behavior 23, 6:467–479. ©Elsevier.)

두 번째 방법은 정상적으로 발달하고 있는 태아의 양수 속에 있는 태아기 테스토스테론 수준과 남녀 아동들의 성역할 놀이를 통해 측정한 남성 전형적 점수의 상관을 살펴보는 것이다. 예를 들어 Bonnie Auyeung과 동료들(2009)은 태아기 테스토스테론과 남녀 아동들의 성 전형적 놀이 방식 사이의 상관을 발견했다. 부모들이 아이들의 테스토스테론 수준을 모르고 있음을 고려하면 사회화가 성차를 설명하지는 못하는 것 같다.

Auyeung의 연구가 장난감 선호를 측정하지는 않았지만, 원숭이를 대상으로 한 연구들에서는 인간인 아동들이 장난감을 선호하는 것과 같이 원숭이의 새끼들 역시 장난감 선호에서 성차를 드러냈다. 예를 들어 **그림 12.1**에서 나타난 것처럼 수컷 긴꼬리원숭이들은 자동차와 같은 남성 전형적 장난감을 오랜 시간 가지고 놀았지만, 암컷 원숭이들은 인형과 같은 여성 전형적 장난감들을 선호했다(Alexander & Hines, 2002). 남성이 왜 트럭과 자동차 같은 것에 끌리는지는 분명치 않지만, 단순히 남성은 공간 안에서 움직일 수 있고 특히 움직일 수 있는 바퀴를 가지고 있는 장난감들을 선호하는 것일 수도 있다.

성인 행동의 성차

*Sex and Cognition*에서 Kimura(1999)는 다섯 가지의 인지 행동을 조사하여 **그림 12.2**에서 나타난 것과 같이 운동 기술, 공간 분석, 수학적 소질, 지각, 언어 능력 모두에서 눈에 띄는 성차를 발견했다. **표 12.3**은 주요 결과를 요약하고 있으며 특히 언어 혹은 공간이라는 이분법적 논리는 지나친 단순화임을 알 수 있다. 지금부터 이에 대하여 각 행동을 간단하게 살펴볼 것이다.

운동 능력

운동 능력에서 나타나는 분명한 차이점은 공이나 다트 같은 물건을 목표물에 던지고 날아오는 물체를 잡는 행동에서 남성이 평균적으로 우수하다는 것이다. 이러한 차이는 연습과 관련된 것이라고 말할 수도 있지만, 나이가 세 살인 아동들에게서도 이런 차이가 나타나는 점을 고려하면 연습만으로 차이를 설명할 수는 없는 듯하다. 더욱이 침팬지들은 인간에 비해 덜 정확하지만 유사하게 성별에 따른 차이를 보인다.

반대로 여성은 미세한 운동 통제와 순차적이고 복잡한 손동작에서 뛰어나다. 어릴 때도 여성은 남

여성이 더 잘하는 과제

수학적 계산	65 73	$13 \times 4 - 21 + 34$ $2(13 + 17) + 18 - \dfrac{20}{4}$
이야기나 단락, 관련 없는 단어들의 회상	이야기	달리기, 꽃, 찜요리, 물, 폭발, 연필, 말, 신문, 책, 집게, 목욕, 무용수 등
사라진 물체 기억하기		
정확함, 미세한 운동 협응		
지각 과제에서의 물체들을 빠르게 연결짓기		

성보다 이 기술들에서 뛰어나기 때문에, 이 차이들이 경험과 관련되어 있는 것 같지는 않다.

공간 분석

남성은 그림 12.2에 묘사된 것과 같은 물체의 심적 회전을 요구하는 공간 분석 과제와 길 찾기 과제에서 뛰어나다. 하지만 남성이 공간 분석에서 여성보다 뛰어나다는 일반적인 믿음은 **그림 12.3**에 나타난 것과 같은 몇 가지 공간적 행동들에서만 옳다.

피험자들은 간단한 지도에 표시되어 있는 지정된 길을 외워야 한다. 이것이 실제 길 찾기 과제는 아니지만, 실험 결과는 남성이 여성보다 더 나은 지도에 대한 지식을 가지고 있음을 보여주는 다른 선행 연구들과 일치했다. 평균적으로 남성은 여성보다 이러한 과제를 더 빨리 학습하며 더 적은 실수를 한다.

남성이 공간적 길 찾기 과제에서 더 뛰어난 반면에 여성은 공간 기억 과제에서 더 뛰어나다. 그림 12.2에 보이는 것처럼 여성은 어떤 물체가 옮겨지거나 바뀌었는지를 구분하는 과제에서 남성보다 뛰어났다. 지도 과제(그림 12.3)에서 여성은 길에 있는 이정표들을 더 잘 회상했다. 이처럼 공간 정보 자체는 성차에 중요한 요소가 아니며 그보다는 어떤 행동이 요구되느냐, 즉 공간 정보가 어떤 식으로 사용되느냐가 중요하다.

남성이 더 잘하는 과제

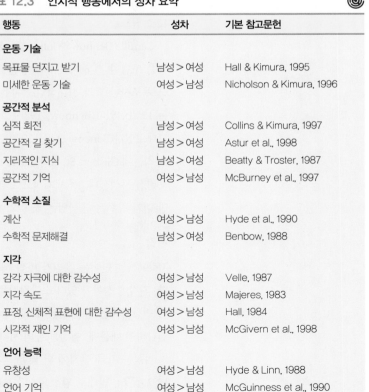

수학적 문제해결	1650	만약 묘목의 40%만 살아남는다면, 660그루의 나무를 얻기 위해서는 얼마나 많이 심어야 하는가?
복잡한 도형 속에서 마음속으로 도형 찾기		
입체적인 물체의 심상 회전		
목표물 유도 운동 기술		
접힌 종이에 뚫린 구멍이 어디에 있을지 시각화하기		

◎ **그림 12.2** ▲

행동에서 나타나는 성차를 묘사하는 과제들 평균적으로 여성은 남성보다 계산, 언어 기억, 물체 기억, 미세한 운동 기술, 지각 과제를 더 잘 수행한다. 남성은 평균적으로 여성보다 수학적 문제해결, 기하학적 형태 지각, 심상 회전, 목표물 유도 운동 기술, 시각적 상상 과제를 더 잘한다.

표 12.3   인지적 행동에서의 성차 요약   ◎

행동	성차	기본 참고문헌
운동 기술		
목표물 던지고 받기	남성 > 여성	Hall & Kimura, 1995
미세한 운동 기술	여성 > 남성	Nicholson & Kimura, 1996
공간적 분석		
심적 회전	남성 > 여성	Collins & Kimura, 1997
공간적 길 찾기	남성 > 여성	Astur et al., 1998
지리적인 지식	남성 > 여성	Beatty & Troster, 1987
공간적 기억	여성 > 남성	McBurney et al., 1997
수학적 소질		
계산	여성 > 남성	Hyde et al., 1990
수학적 문제해결	남성 > 여성	Benbow, 1988
지각		
감각 자극에 대한 감수성	여성 > 남성	Velle, 1987
지각 속도	여성 > 남성	Majeres, 1983
표정, 신체적 표현에 대한 감수성	여성 > 남성	Hall, 1984
시각적 재인 기억	여성 > 남성	McGivern et al., 1998
언어 능력		
유창성	여성 > 남성	Hyde & Linn, 1988
언어 기억	여성 > 남성	McGuinness et al., 1990

◎ **그림 12.3** ▶

경로 학습을 위한 지도　남성은 여성보다 더 적은 시도로 경로를 학습하지만, 여성은 길을 따라 존재하는 이정표를 더 많이 회상했다.

(Courtesy of Bryan Kolb.)

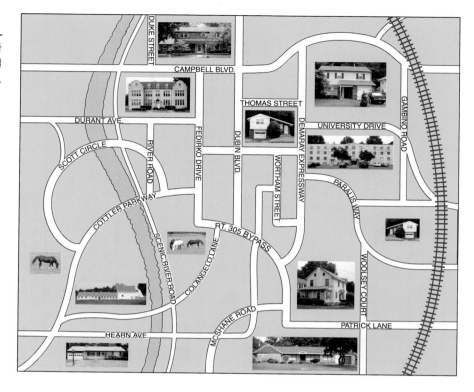

수학적 소질

수학적 능력의 성차는 오래전부터 알려져 왔으며, 가장 논쟁적인 요소이다. 일반적으로 남성은 수학적 문제해결 과제에서 더 나은 점수를 얻지만, 계산 과제에서는 여성이 더 높은 점수를 얻는다(그림 12.2 참조).

Camille Benbow와 Julian Stanley(1980)는 수학적 소질에 대한 가장 흥미로운 연구를 수행했다. 미국을 포함한 전 세계에서 시행된 영재발굴 프로젝트에서 수학적으로 재능이 있는 7학년 학생을 대상으로 조사한 결과 절대적인 점수는 교육 체계에 따라 달랐지만 높은 점수를 얻은 학생들의 남녀 성비는 13 : 1이었다(Benbow, 1988). 2000년에 청소년들에게서 얻은 비율은 4 : 1로 낮아졌으며 이후로는 그대로였다(Benbow et al., 2000).

최근에 Gijsbert Stoet와 David Geary(2013)는 75개국에서 약 150만 명의 15세 남녀의 수학과 읽기 능력을 분석했다. 전 세계적으로 남자아이들은 여자아이들에 비해 수학에서 더 높은 점수를 기록했지만 읽기 점수는 더 낮았는데, 읽기에서의 차이는 수학에서의 차이보다 3배 더 컸다.

지각

지각이라는 단어는 우리가 바깥 세상으로부터 받아들이는 감각 정보를 인식하고 해석하는 것을 뜻한다. 지각에 성차가 있다고 단정지을 수는 없지만, 여성이 시각을 제외한 다른 모든 종류의 감각 자극에 더 민감하다는 사실을 암시하는 증거는 존재한다. 또한 여성은 남성에 비해 얼굴 표정과 자세에 더욱 민감하기 때문에, 어떤 종류의 시각적 정보를 인식하는 데 있어서 성차가 존재할 수도 있다.

여성은 자극 탐지에 더 낮은 역치를 가지고 있으며 남성보다 감각 자극을 더 빨리 감지한다(그림 12.2 참조). 반대로 남성은 여성보다 자전거와 같은 기계적 물체를 더 잘 그리는 장점을 가지고 있는

(A) 자전거 그리기

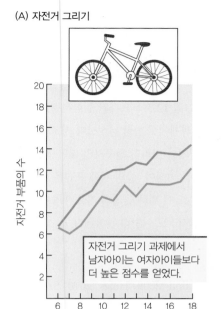

자전거 그리기 과제에서 남자아이는 여자아이들보다 더 높은 점수를 얻었다.

(B) Rey 복합 도형

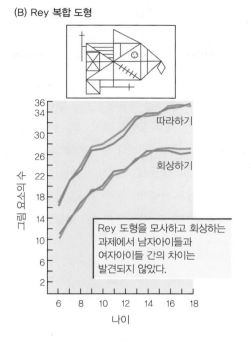

따라하기

회상하기

Rey 도형을 모사하고 회상하는 과제에서 남자아이들과 여자아이들 간의 차이는 발견되지 않았다.

(C) 시카고 단어 유창성

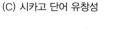

구분

♀
♂

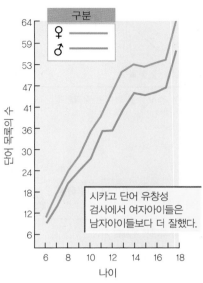

시카고 단어 유창성 검사에서 여자아이들은 남자아이들보다 더 잘했다.

🎯 **그림 12.4** ▲

다양한 나이의 남자아이와 여자아이가 수행한 세 가지의 신경심리학적 과제

(Whishaw and Kolb, unpublished.)

것 같다(**그림 12.4A**). 하지만 그림 12.4B에 묘사된 것처럼 남성이 모든 종류의 그림 그리기를 잘하는 것은 아니다.

언어 능력

여성은 평균적으로 남성보다 언어 유창성 검사에서 뛰어난 성적을 보이며, 더 나은 언어 기억 능력을 가지고 있다(그림 12.2 참조). 여자아이들은 말을 시작하는 시기가 남자아이들보다 빠르고 일생 동안 더 유창하게 말하는 것처럼 보이기 때문에 언어 능력의 성차는 오래전부터 알려져 있었다. 예를 들어 시카고 단어 유창성 검사(Chicago Word Fluency test)에서 피험자들은 5분 동안 's'로 시작하는 단어들 최대한 많이 쓰고, 'c'로 시작하는 네 글자 단어도 4분 동안 최대한 많이 쓰는 과제를 하게 된다. 그림 12.4에 나타나 있는 것처럼 아이들을 대상으로 한 광범위한 연구에서 여자아이들은 특정 연령대에서는 10단어나 더 많이 쓸 만큼 남자아이들보다 더 뛰어났다.

효과 크기

통계적으로 행동의 중요한 성차가 발견되어 왔지만 이러한 차이들이 얼마나 의미 있는지 알아보는 것 역시 중요하다. 실험으로부터 도출된 통계적 의의가 다양한 맥락에서의 행동적 차이점들을 얼마나 잘 측정한 것인지를 수치화하는 방법은 **효과 크기**(effect size)를 계산하는 것이다. 여기서 효과 크기는 과제 수행에서의 표준편차의 비율에 따른 실험 집단과 통제 집단의 평균 차이를 의미한다. 약 0.5의 효과 크기는 모든 실험 속 남성과 여성의 과제 수행에서 공통되는 부분이 상당히 존재한다는 것을 의미한다. 표 12.3에 요약된 과제의 효과 크기 중 대부분은 0.5였지만, 목표물에 물건을 던지는 과제의 효과 크기는 약 1.1~2.0이었다.

유전인가, 경험인가

흔히 성별과 관련된 차이들이 삶의 경험과 관련되어 있다고 말하지만, **Kimura**는 표 12.3에 요약된 인

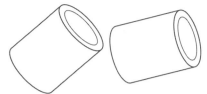

◎ 그림 12.5 ▲

물 높이 검사 물 높이는 각각의 병 속에 그려져야 한다.

표 12.4 총체적인 뇌 해부학에서의 성차

여성의 뇌에서 우세한 차이
더 큰 언어 영역
더 큰 내측 변연방 영역
더 큰 외측 전두 영역
상대적으로 더 큰 회백질의 양
측두엽에서의 더 높은 뉴런 밀도
더 많은 회(gyri)
더 두꺼운 피질

남성의 뇌에서 우세한 차이
더 큰 내측 전두 영역
더 큰 대상 영역
더 큰 편도체와 시상하부
전체적으로 더 큰 백질 부피
더 큰 뇌실
더 큰 우측 두정평면(planum parietale)
전체적으로 더 많은 뉴런
더 큰 뇌

주 : 개관과 더 많은 참고문헌은 Cahill, 2009; Hines, 2010; Sacher et al., 2013 참조

지적 행동들이 그렇지 않다고 강력하게 주장한다. 어린아이들과 성인 모두에게서 모든 종류의 성차가 발견되지는 않으며 또한 이런 성차가 훈련에 많은 영향을 받기는 하겠지만, 대부분의 인지적 행동은 그렇지 않다. 대부분의 검사에서 연습 효과는 분명히 존재하지만, 남성과 여성 모두에게 유사한 크기의 효과를 가지는 경향이 있다.

더욱이 어떤 성차는 경험과 관련이 없는 것처럼 보인다. **그림 12.5**에 묘사된 실험은 기울어진 물통 속에 들어 있는 물의 수위를 마저 그리는 것이다. 여성은 이 과제에서 항상 남성보다 저조한 수행을 보이는데, 이 차이는 어리거나 성인인 참가자 그리고 과학 전공자나 비과학 전공자인 대학생들에게서도 발견된다(Thomas et al., 1973). 이러한 차이가 발생하는 것은 여성이 "물의 위쪽 표면은 항상 수평이다."라는 사실을 이해하지 못하기 때문이 아닌, 여성들이 남성들에 비해 물병의 기울기에 더 많은 영향을 받기 때문이다. 이 사실은 여성이 동일한 과제의 훈련을 받더라도 여전히 관찰된다.

뇌 구조의 성차

표 12.4는 뇌 구조에서 발견되는 수많은 성차를 요약하고 있다(Cahill, 2009; Hines, 2010; Sacher et al., 2013 참조). 이러한 신경학적 차이들은 관찰된 행동적 차이점들과 어떻게 관련되어 있을까? 정답은 아직 발견되지 않았지만 흥미로운 연구가 존재한다.

Eileen Luders와 동료들(2005)은 그들이 회백질 집중 영역이라고 부르는 높은 신호 강도를 가지고 있는 회백질의 영역을 찾기 위해 MRI를 이용한 정밀촬영을 했다. **그림 12.6**과 같이 남성이 더 균일한 회백질 집중 영역을 가지고 있는 반면에 여성은 균일하지 않게 분포된 회백질 집중 영역을 가지고 있다. 이들은 이러한 성차를 인지적 차이들과 관련짓지는 않았지만, 인지적 차이를 연구의 결과와 연관시키는 것은 억지스럽지 않다. 예를 들어 손가락 영역에 해당하는 실비안 주변 영역에서 증가된 회백질 영역의 집중(가운데 사진 참조)은 여성이 섬세한 운동 기술에 뛰어난 것과 관련되어 있을 수 있다.

성 호르몬의 영향

뇌 구조에서의 성차는 발달 과정에서 에스트로겐과 안드로겐 수용기들의 분포 차이와 관련되어 있다. Jill Goldstein과 동료들(2005) 역시 남성과 여성의 뇌를 비교하기 위해 MRI 정밀촬영을 사용했지만, 그들은 비교적 표면에 있는 영역들을 집중적으로 살펴봤다. 남성의 뇌가 더 크기 때문에 전체적인 뇌

그림 12.6 ▶

회백질 집중에서의 성차 남성과 비교해서 여성은 이러한 혼합 MRI에서 색깔을 통해 보여지는 것처럼 피질 영역들에서의 증가된 회백질 집중을 가지고 있다. 회색으로 색칠된 모든 영역이 남성과 여성에서 통계적으로 다른 것은 아니다.

(Dr. Arthur Toga, Laboratory of Neuro Imaging at UCLA, from "Mapping cortical gray matter in the young adult brain: Effects of gender." *NeuroImage* 26, 2, (2005): pp. 493–501. © Elsevier.)

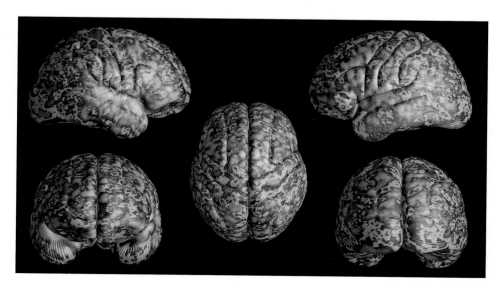

의 크기 차이를 교정했을 때 연구자들은 전전두피질과 변연방피질, 후두정피질(**그림 12.7**)이 성별에 따라 다른 형태를 가지고 있는 것을 발견했다. 이러한 영역에서의 차이들이 지금까지 살펴본 성과 관련된 행동적 차이들과 관련이 있다고 주장하는 것 역시 억지스럽지 않다. 하지만 성차가 해부학적 뇌 비대칭성이나 기능적 뇌 비대칭성에도 존재하는 것일까?

해부학적 비대칭성

전체적인 뇌의 크기와 뇌 영역들에서의 상대적인 크기에서 발견되는 성차는 "성차가 뇌 비대칭성 수준에서도 발생하는가?"라는 질문에 대한 직접적인 답을 알려주지는 않는다. 알려진 것처럼 여성의 뇌 반구가 남성의 반구보다 더 대칭적이라 하더라도, 이러한 결론은 주로 중요하지 않은 경향성이나 인상에 근거한 것이다. 하지만 해부학적 비대칭성에서의 몇 가지 믿을 만한 성차는 존재한다.

1. 베르니케 영역이 있는 측두평면이 우반구보다 좌반구에서 더 큰 비대칭성은 여성보다는 남성에게서 더 자주 관찰된다. 실제로 Jennifer Kulynych와 동료들(1994)에 의해 수행된 MRI 연구에서 남성은 좌반구에서 38% 더 큰 비대칭성을 가지고 있지만 여성에게서는 이러한 비대칭성이 발견되지 않았다. A. Dorion과 동료들(2000)도 유사한 결과를 발견했으며, 추가적으로 남성은 뇌 비대칭성의 절대적인 규모가 뇌량의 크기와 부적 상관을 가지고 있지만, 여성에서는 그렇지 않다는 사실도 발견했다. 이것은 성별에 따른 반구 연결의 감소가 반구 비대칭성의 증가와 관련이 있음을 암시한다.

2. Sandra Witelson과 Debra Kigar(1992)는 다양한 피질의 경계 지표들과 관련되어 있는 실비안 열(외측)의 기울기를 수치화했다(**그림 12.8A**). 수평 요소는 남성과 여성 모두 좌반구가 더 길었지만, 남성은 여성에 비해 좌반구의 수평 요소가 더 컸다. 반면에 우반구에서는 이러한 차이가 나타나지 않았다. 이처럼 남성의 뇌는 여성의 뇌에 비해 실비안 열에서 더 큰 비대칭성을 가지고 있다. 이 사실들을 종합적으로 보면 측두평면과 실비안 열에 대한 연구 결과는 언어와 관련된 기능을 가지고 있는 기관에 성차가 존재한다는 사실을 지지한다.

3. 두정평면의 비대칭성은 여성보다 남성의 우반구가 2배 더 큰 형태로 나타난다(Jancke et al., 1994).

4. 많은 연구들은 여성이 남성보다 뇌량과 전교련에서 더 많은 뇌 반구 간 연결을 가지고 있다는 사실을 밝혀냈다. 뇌량에 대한 연구들은 많은 논란을 만들어냈지만, 남성 뇌량의 후측이 여성보다 충분히 크다는 합의는 이루어졌다(그림 12.8B와 **표 12.5**, 그러나 Luders et al., 2013 참조). 측두엽의 양 반구를 연결하는 전교련에서 발견된 성차는 논란의 여지가 적다(17.2절 참조). Laura Allen과 Roger Gorski(1991)는 뇌의 크기를 조정하지 않았을 때에도 여성이 남성보다 더 큰 전교련을 가지고 있다는 사실을 발견했다. 이것은 두 반구들의 상호작용에 영향을 주는 것으로 여겨지는 남녀의 신경섬유 수의 차이 때문인 것으로 보인다.

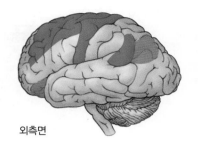

외측면　　　　　내측면

◎ **그림 12.7** ▲

대뇌 크기와 관련된 뇌 부피의 성차　전전두와 내측 변연방 영역들에서 여성의 뇌 부피(보라색)가 남성에 비해 상당히 컸다. 남성은 내측과 안와전두피질과 각회에서 상대적으로 더 큰 부피(분홍색)를 가지고 있다. 보라색 영역들은 발달 동안 더 높은 수준의 에스트로겐 수용기를 가지고 있는 곳과 일치하며, 분홍색 영역은 발달 동안 더 높은 수준의 안드로겐 수용기를 가지고 있는 영역과 일치한다. (Data from Goldstein et al., 2001.)

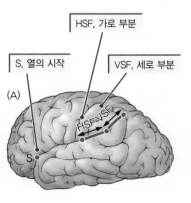

HSF, 가로 부분

S, 열의 시작　　VSF, 세로 부분

(A)

(B)　뇌량의 길이　뇌량의 중심점

뇌량팽대

그림 12.8 ▲

뇌 측정하기　(A) 실비안 열(측면)의 지점을 측정하는 것을 묘사하는 좌반구의 외측면. (B) 정중시상면에서 보이는 인간의 뇌량, 일반적으로 측정되는 하위 부분들(전체적인 길이와 횡단면 영역, 전측과 후측의 절반의 영역, 팽대)을 가리키고 있다.

표 12.5 우세손과 성별에 따라 분류된 네 집단의 뇌 측정치 요약

	집단 내 숫자	나이(세)	뇌 무게(g)	뇌량 영역(mm²)
남성				
RH	7	48	1,442	672
MH	5	49	1,511	801[a]
여성				
RH	20	51	1,269	655
MH	10	49	1,237	697[a]

RH : 완전한 오른손잡이, MH : 왼손잡이거나 양손잡이
a : 다른 동성 집단과는 매우 다름
출처 : Simplified from Witelson(1985).

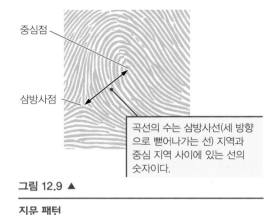

중심점
삼방사점

곡선의 수는 삼방사선(세 방향으로 뻗어나가는 선) 지역과 중심 지역 사이에 있는 선의 숫자이다.

그림 12.9 ▲

지문 패턴

5. 태아기에 생기는 지문에 있는 곡선들은 비대칭적인데, 오른손가락은 왼손가락보다 많은 선을 가지고 있다(**그림 12.9**). 이러한 차이가 아기가 자궁 내에 있을 때에도 존재한다는 사실을 고려하면, 팔다리를 사용할 때의 차이와 같은 환경적 요소에 영향을 받는 것은 아닌 듯하다. Kimura(1999)는 대부분의 사람들이 비대칭성을 가지고 있지만 여성은 뇌 비대칭성에서 볼 수 있듯이 이례적인 패턴을 가지고 있을 가능성이 더 많다는 것을 발견했다. Kimura와의 연구들과 후속 연구들의 중요한 부분은 지문의 패턴이 특정 인지 과제들의 수행과 상관 있다는 것이다.

Kimura는 다른 연구들에서 성별에 따라 다르게 나타나는 신체 부위의 비대칭성을 찾아보았는데, 남성의 고환이나 여성의 가슴 크기 등이 있었다. 남성은 오른쪽 고환의 크기가 왼쪽보다 큰 경향이 있는 반면에 여성은 왼쪽 가슴이 오른쪽보다 큰 경향성이 있었다. 또한 생식선 크기의 성차는 태아에게서도 발견된다.

이러한 발견이 무엇을 의미하는가에 대해 한번 더 의문을 가질 필요가 있다. 현재까지 모든 것이 설명되지는 않지만 한가지는 명확하다. 생식선이나 가슴의 크기가 가지는 비대칭성이 성별에 따라 다르게 나타난다면, 생식선 호르몬에 영향을 받는 뇌와 같은 다른 신체 부위에도 성차가 존재할 것으로 충분히 생각해볼 만하다.

동성애자의 뇌

뇌의 비대칭성이나 성적 지향에 대한 연구가 매우 적기는 하지만, 남성 동성애자의 시상하부 일부는 이성애자인 남성과 여성의 시상하부 일부와 다르다는 사실은 알려져 있다(Gooren, 2006; Swaab, 2004 개관 참조). 연구자들은 동성애자인 남녀와 이성애자인 남녀의 과제 수행을 관찰하여 이성애자에게서 성별에 따른 차이를 발견하였다. 관찰 결과 성적 지향이 과제의 수행과 관련 있었는데, 예를 들어 Qazi Rahman과 동료들(2003)은 이성애자인 여성이 이성애자인 남성보다 뛰어났던 실험에서 동성애자인 남성이 다른 모든 집단보다 뛰어나며 동성애자인 여성이 가장 낮은 성적을 보인다는 결과를 발견했다.

이와 비슷하게 던지기 능력 과제(Hall & Kimura, 1995)에서 이성애자인 남성은 이성애자인 여성보다 뛰어났지만, 동성애자인 남성은 보다 덜 정확하게 던졌으며 동성애자인 여성은 이성애자인 여성보다 더 정확하게 던졌는데, 운동 이력과 손의 힘에서의 차이는 이러한 결과들을 설명할 수 없었다.

이러한 연구들이 흥미롭기는 하지만 이 결과를 뇌 조직화의 차이들과 연관짓기는 어려운 일이다.

표 12.6   영상 연구에서의 성차

측정 방법	결과	대표적 참고문헌
EEG	남성이 더 비대칭적임	Corsi-Cabrera et al., 1997
MEG	남성이 더 비대칭적임	Reite et al., 1995
혈액 흐름	여성 > 남성 전두엽 검사에서 여성 > 남성	Gur et al., 1982 Esposito et al., 1996
PET	전측 혈액 흐름에서 남성 > 여성 후측 혈액 흐름에서 여성 > 남성	Haverkort et al., 1999
fMRI	남성이 언어와 관련된 과제에서 더 많은 좌반구의 활동을 보임	Pugh et al., 1996(그러나 Frost et al., 1999 참조)
rs-fMRI	좌반구 연결성에서 여성 > 남성 우반구 연결성에서 남성 > 여성	Tian et al., 2011

성적 지향을 뇌와 행동과 연관시키는 가장 간단한 방법은 비침습적인 영상법을 이용하는 것으로 아직
연구가 이루어지고 있는 중이다.

기능적 영상 연구에서 드러난 성차

실질적으로 모든 종류의 기능적 신경영상 연구의 결과들은 **표 12.6**
(Sacher et al., 2013 개관 참조)에 요약된 것과 같이 성과 관련된 차이
들을 보여준다. 일반적으로 EEG와 MEG, fMRI 연구들은 남성이 여성
보다 더 비대칭적인 활성화를 보여주며, 특히 언어와 관련된 활성화에
서 더 비대칭적이었다. PET의 사용을 포함하여 혈액의 흐름을 측정한
결과, 여성은 남성보다 더 빠르게 전체적인 혈액을 교체했는데, 이것은
백질과 회백질의 분포나 신경적 밀도가 다르기 때문일 것이다.

휴지기 상태에서 fMRI를 이용한 연구들은 신경 연결에서 대규모의
성차들을 발견했다. Julia Sacher와 동료들(2013)은 여성의 좌반구에서
더 많은 연결이 관찰된 반면 남성은 우반구에서 더 많은 연결을 가지고
있는 것을 발견했다. 이러한 연결의 차이를 공간과 언어 능력에 있어서
의 성차와 각각 관련시키는 것은 흥미로운 일이다.

Madhura Ingalhalikar와 동료들(2013)이 수행한 연구는 428명의 남
성과 521명의 여성으로 구성된 8~22세의 총 949명의 사람들을 대상으
로 하여 확산텐서영상(DTI)을 사용하여 신경망 모델을 만들었다. **그림
12.10**에 제시되어 있는 연구의 주요 발견은 남성이 더 많은 반구 내 연
결을 가지고 있는 반면에 여성은 더 많은 반구 간 연결을 가지고 있다
는 사실이다(11.5절은 남성과 여성의 연결 패턴에 대한 이론들을 비교
하고 있다). 이러한 남녀 간의 차이는 어린아이들에게서도 발견되었으
며, 청소년이나 성인이 될수록 커졌다.

이러한 결과들은 여성들의 뇌량에 더 많은 반구 간 연결이 존재함을
보여주는 신경해부학적 사후 결과와 일치한다. Ingalhalikar와 동료들
은 DTI 결과들이 여성의 뇌가 분석적 처리와 직관적 처리 사이의 의사

(A) 남성의 뇌

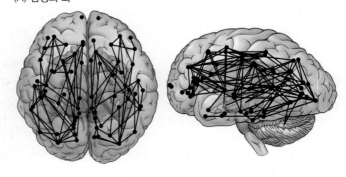

(B) 여성의 뇌

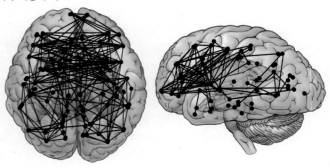

◎ **그림 12.10** ▲

신경망에서의 성차   배측과 외측 에서 본 DTI 뇌 네트워크 분석. 남성의 더 큰
반구 내 연결(A)과 여성의 더 큰 반구 간 연결(B)을 볼 수 있다.

(Ingalhalikar, M., A. Smith, D. Parker, T. D. Satterthwaite, M. A. Elliot, K. Ruparel, H.
Hakonarson, R. E. Gur, R. C. Gur, and R. Verma. "Sex differences in the structural
connectome of the human brain." *Proceedings of the National Academy of Sciences*
U.S.A. 111: 823–828, 2013, Fig. 2.)

소통을 용이하게 하도록 만들어져 있어서 언어, 주의, 사회적 인지 과제를 더 뛰어나게 수행하게 된다고 제안했다. 반면에 남성의 뇌는 지각과 협응된 행동 사이의 연결이 강화되도록 만들어져 있어서 운동 과제와 공간 과제를 더 빠르고 정확하게 수행할 수 있게 한다.

반구 비대칭성의 차이를 보여주는 영상 연구들과 함께 많은 연구들은 다양한 행동 과제에서의 보편적인 차이를 보여주었지만 비대칭성에서의 차이를 보여주지는 못했다(Gur et al., 2012; Sacher et al., 2013). 이러한 결과들의 주요 시사점은 남성과 여성의 뇌의 해부학적 조직화에 차이가 존재할 뿐만 아니라 뇌의 기능적 활동에도 차이가 존재한다는 것인데, 이는 그리 놀라운 결론은 아니다.

신경학적 환자 연구

여성과 남성의 뇌가 해부학적 조직화와 연결뿐 아니라 혈액 흐름의 결과인 신진대사의 활동에 있어서도 다르다는 것이 사실이라면, fMRI와 DTI 연구 결과들은 손상의 효과 역시 성별에 따라 다를 것을 암시한다. 두 가지 종류의 병변과 관련된 성차가 존재할 것이다.

1. **병변 효과의 비대칭성 수준**. 이 차이는 한 성별에서보다 다른 성별에서 두 반구가 보다 기능적으로 유사할 때 존재할 것이다. EEG와 MEG, fMRI 연구에서 나타난 남성의 더 큰 비대칭성은 남성이 여성보다 한쪽 병변에서 더 큰 비대칭적 효과를 가질 것을 암시한다.
2. **반구 내 조직화**. 전두엽 손상은 특정 성별에 더 큰 영향을 줄 것인데, 이때의 차이는 여성 전두엽의 상대적으로 더 큰 표면과 함께 반구 내 연결의 차이와 일치할 것이다.

실제로 두 효과에 대한 증거가 존재한다.

좌반구나 우반구의 비대칭성을 측정하는 한 가지 방법은 비대칭성이 언어와 비언어 능력에 대한 전반적인 검사에 주는 영향을 관찰하는 것이다. 이러한 차이를 측정하는 방법은 편재화된 병변의 효과가 웩슬러 성인용 지능검사(WAIS; 이 IQ 검사에 대해 자세히 알고 싶다면 28.2절 참조)의 두 척도인 동작과 언어 성취도에 미치는 영향의 결과 패턴을 검토하는 것이다. James Inglis와 Stuart Lawson(1982)는 이러한 자료와 다양한 통계 절차들을 이용하여 남성의 좌반구나 우반구 병변은 언어와 동작 척도에 각각 영향을 주었지만, 여성의 좌반구 병변은 두 가지 지능 점수를 똑같이 낮추었음을 밝혀냈다. 또한 여성의 우반구 병변은 두 가지 점수를 모두 낮추지 않았다(**그림 12.11**).

이처럼 Inglis와 Lawson은 좌반구의 병변이 남성과 여성 모두의 언어 지능점수에 동일한 영향을 준다는 사실을 발견했는데, 우반구에 병변이 있는 남성은 여성보다 동작 지능 과제에서 더 큰 지장을 받았다. 이러한 발견은 남성과 여성의 우반구 조직화가 다를 것을 암시한다. 반면에 여성은 남성보다 WAIS 과제를 해결하기 위해 언어적 전략(언어를 우선하는 인지 방식)을 사용할 가능성이 높다.

Kimura(1999)의 연구는 남성과 여성의 각 반구 안에 있는 뇌 조직화의 패턴 역시 성별에 따라 다름을 보여주었다. 남성과 여성 모두 좌반구의 병변 이후 실어증에 걸릴 확률은 거의 같았지만, 여성이 전측의 병변 이후에 언어장애와 실행증을 겪을 확률이 더 높았던 반면에 남성은 좌반구 후측피질의 손상 이후에 실어증이나 실행증에 걸릴 확률이 높았다(**그림 12.12**).

또한 Kimura는 소규모의 환자들로부터 자료를 얻었는데, 이것은 우반

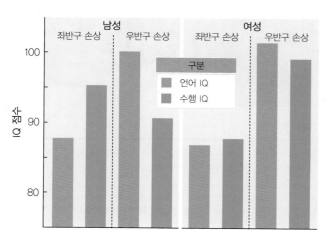

⊚ **그림 12.11** ▼

손상의 영향 Inglis와 Lawson(1982)이 작성한 신경학적 환자들의 언어와 행동 IQ 점수를 보고하는 연구들의 목록의 요약에는 분명한 성차가 나타난다. 좌반구에 병변이 있는 남성은 언어 IQ 감소를 나타낸 반면 우반구 병변이 있는 남성은 행동 IQ에서 동일한 결함을 나타냈다. 반대로 우반구 병변이 있는 여성은 두 가지 IQ 점수에서 특별한 감소를 보이지 않았지만, 좌반구 병변을 가진 여성은 두 가지 IQ 점수가 동일하게 감소했다.

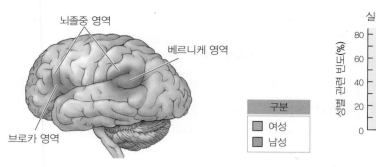

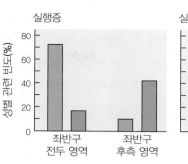

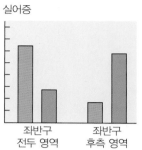

그림 12.12 ▲

손상의 패턴 남성과 여성의 피질 조직화에서의 반구 내 차이에 대한 증거. 실행증은 여성의 좌반구에서 전측의 손상과 관련된 반면, 남성에게서는 후측의 손상과 관련 있다. 실어증은 대부분 여성 뇌의 전측 부분의 손상과 함께 발달하는 반면 남성은 뇌의 후측 부분의 손상과 함께 발달한다.

(Data from Kimura, 1999.)

구의 병변 이후에 발생한 성과 관련된 차이와 유사한 것이었다. 남성이 수행한 WAIS의 하위 검사인 토막짜기와 모양맞추기는 전측 병변이나 후측 병변 의해 동일하게 영향을 받았지만, 여성은 후측이 아닌 전측의 병변이 있는 경우에 두 검사에서 부진한 성적을 보였다.

마지막으로 Esther Strauss와 동료들(1992)은 놀라운 결과를 얻었다. 이들은 유아기의 뇌 손상 이후에 수술이 예정된 94명의 뇌전증 환자들에게 나트륨 아모바르비탈을 투여했다. 좌반구의 손상은 기존에 좌반구가 가지고 있던 언어 기능을 우반구가 맡도록 하기 때문에, Strauss는 좌반구 손상 환자들에게서도 이런 변화가 나타날 것으로 예측했다.

예상하지 못했던 결과가 발생했는데, 한 살 이후에 좌반구의 손상을 입은 후 뇌의 재조직화가 일어날 가능성에 성차가 존재한다는 것이다. 남자아이들에서는 대략 사춘기에 언어 기능을 담당하는 영역이 바뀔 가능성이 존재한 반면에 여자아이들에서는 재조직화가 일어날 가능성이 낮았다. 이러한 예측되지 않은 결과는 남성의 뇌가 피질의 손상 이후에 더 많은 가소성을 가지고 있을 것을 의미하며, 이것이 입증되기만 한다면 중요한 시사점을 가지고 있는 것으로 볼 수 있다.

신경학적 환자들로부터 얻은 자료를 종합적으로 고려하면, 편측성 피질의 병변은 남성과 여성의 뇌에 다른 영향을 준다는 결론을 얻을 수 있다. 하지만 남녀 차이의 정확한 본질은 여전히 논의 중이다.

◎ 성차에 대한 설명

지금까지는 행동과 해부학, 영상 연구들과 함께 신경학적 환자들로부터 추론된 뇌 조직화의 성차를 살펴보았다. 성차를 설명하기 위한 다섯 가지 공통적인 설명이 다음과 같이 제안되었다. (1) 뇌기능에 대한 호르몬의 효과, (2) 유전적 성연관(genetic sex linkage), (3) 성숙도, (4) 환경, (5) 선호하는 인지양식이 그것이다.

호르몬의 효과

대부분의 척추동물은 다양한 생식 행동 패턴이나 비생식 행동 패턴에 대한 신경 통제에 분명한 성차를 가진다. 새나 포유류에게 있어서 성장 과정의 중요한 시기의 테스토스테론은 시상하부나 전뇌 구조 모두에 명백한 영향을 준다. 또한 관찰된 형태학상의 효과들은 행동의 이형성에 영향을 주는 것으로 여겨진다. 뇌와 행동의 발달에 미치는 성 호르몬의 영향은 종종 유도성 효과나 **조직화 효과**라고 불리며, 뇌에서의 조직화 효과는 **성적 분화**를 이끌어낸다고 여겨진다.

성장기에 성 호르몬(크게는 안드로겐)의 활동은 영구적이지만 활동의 기제는 정확히 밝혀지지 않았다. 안드로겐(일반적으로 '남성' 호르몬)은 뇌에서 에스트라디올(일반적으로 '여성' 호르몬)로 바뀌는 듯하며, 이 에스트라디올이 수용기에 결합하면 뇌의 남성화가 이루어진다. 에스트라디올 수용기는 성장기의 설치류나 인간을 제외한 영장류의 피질에서 발견되어 왔지만, 성체에서는 발견되지 않았다. 성인일 때 분명한 성차를 가지는 있는 인간 뇌의 영역들은 성장기에 높은 밀도의 에스트로겐 수용기를 가지고 있는 곳들과 동일하다(그림 12.7 참조).

성 호르몬의 주요 조직화 활동은 성장기에 발생한다고 추정되지만, 호르몬의 중요한 기능적 효과들은 성인에게까지 이어질 것이다. 이 가설을 시험하는 한 가지 방법은 남녀 성인을 다른 시기에 관찰하여 얻은 행동과 호르몬 수준 사이에 관계가 존재하는지 보는 것이다.

타액에서 호르몬 수준을 검사하는 방법의 출현으로 인해 호르몬 수준과 인지 기능을 관련시키는 자료 수집은 최근 몇 년 동안 더욱 쉬워졌다. 예를 들어 여성이 수행하는 특정 과제의 결과는 에스트로겐의 상승과 하강에 따르는 월경 주기 동안 변화한다(Hampson & Kimura, 1992). 높은 에스트로겐 수준은 저하된 공간 능력뿐만 아니라 향상된 발성, 운동 능력과 관련 있다.

월경 주기 동안 에스트로겐 변동의 효과는 직간접적으로 발휘된다. 에스트로겐은 카테콜아민(예 : 에피네프린과 도파민) 수준에 영향을 주며, 카테콜아민 수준은 쥐의 발정 주기에 따라 변화한다. 카테콜아민이 움직임과 다른 행동에 있어서 중요하기 때문에, 에스트로겐은 특히 도파민 수용기의 자극을 통해 행동을 바꿀 수 있다. 도파민 수용기가 전전두 피질과 내측두 영역에 존재하므로, 에스트로겐이 이러한 영역들의 기능을 바꿀 수 있을 가능성이 있다.

Jil Goldstein과 동료들(2005)은 이러한 가능성에 대하여 연구하였는데, 이들은 fMRI를 이용하여 중립적인 사진과 대비되는 고각성(부적 유인가) 사진을 본 여성들을 월경 주기에 따라 낮은 에스트로겐 수준과 높은 에스트로겐 수준 집단으로 나누어 뇌의 활성화를 측정하였다. 각성 자극이 주어졌을 때 에스트로겐이 높을 때보다는 에스트로겐 수준이 낮을 때에 편도체와 해마, 전두엽을 포함한 다양한 뇌 영역에서 더 큰 혈액 산화가 발견되었다. 이러한 결과는 여성의 불안, 기분과 함께 인지 기능의 변동률을 이해하는 데 중요하다.

에스트로겐은 신경 구조에도 직접적인 영향을 준다. Catherin Woolley와 동료들(1990)은 암컷 쥐의 에스트로겐 주기에 따라 해마 뉴런의 수상돌기 숫자에 많은 변화가 발생한다는 사실을 발견했다(그림 12.13). 암컷 쥐의 해마에 있는 시냅스의 숫자는 4일 주기로 커지고 줄어든다. 비슷한 변화가 좀 더 느린 주기를 가지고 있긴 해도 인간의 뇌에서도 발생할 것은 의심할 여지가 없다.

테스토스테론이 남성의 인지에 영향을 준다는 생각에 따르면 남성의 테스토스테론 수준은 계절에 따라 변화하는 동시에 매일 바뀐다. 남성의 테스토스테론 수준은 봄보다는 가을에 더 높으며, 저녁보다는 아침에 더 높다. Kimura(1999)는 남성의 공간 과제 점수가 테스토스테론 수준에 따라 변화한다

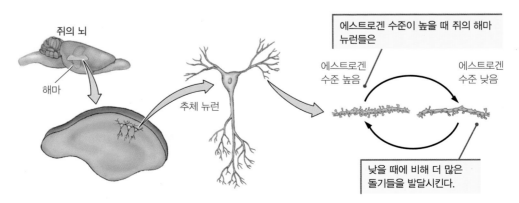

◉ 그림 12.13 ▶

에스트로겐 효과 쥐의 발정 주기(4일)에서 높은 에스트로겐 수준과 낮은 에스트로겐 수준에 있는 해마 추체 뉴런에서의 수상돌기들은 에스트로겐이 낮은 시기에 더 적은 수의 수상돌기가 있음을 보여준다.

(Data from Woolley et al., 1990.)

쥐의 뇌

해마

추체 뉴런

에스트로겐 수준이 높을 때 쥐의 해마 뉴런들은

에스트로겐 수준 높음

에스트로겐 수준 낮음

낮을 때에 비해 더 많은 돌기들을 발달시킨다.

는 사실을 밝혀냈는데, 낮은 테스토스테론 수준을 가지고 있는 남성이 가장 높은 점수를 기록했다. 이러한 결과에 따르면 이상적인 테스토스테론 수준이 존재하며, 테스토스테론의 증가는 인지적 수행에 해로운 듯하다.

결과적으로 남성은 봄에 그리고 저녁에 공간 과제를 더 잘 수행한다. 또한 평균적으로 낮은 수준의 테스토스테론을 가지고 있는 남성은 평균적으로 높은 수준을 가지고 있는 남성보다 공간 과제와 수학적 추론 과제를 더 잘 해결한다. 그렇다면 테스토스테론 수준과 공간 능력의 관계가 여성에게서도 존재하는 것일까? 답은 '그렇다'로, 높은 수준의 테스토스테론을 가지고 있는 여성은 이러한 과제를 더 잘 수행하는데, 이 또한 적어도 몇가지 인지적 활동에 있어서 이상적인 수준의 호르몬이 도움이 된다는 것을 암시한다.

마지막으로 테스토스테론 수준이 낮은 남성에게 테스토스테론을 투여하는 것이 공간이나 다른 능력들을 향상시킬 수 있는가에 대한 의문이 생길 수 있다. 생물학적으로 이용 가능한 테스토스테론 수준은 남성과 여성 모두 나이에 따라 감소하며, 많은 연구들은 테스토스테론이 나이가 많은 남성의 공간 인지와 언어 기억을 향상시킬 수 있다는 사실을 보여주었다(읽을 만한 개관은 Janowksy, 2006 참조). 전립선암은 거의 항상 안드로겐에 반응한다. 따라서 남성은 전립선암이 진행될 가능성이 높을 때 종종 테스토스테론의 생산을 막는 약을 처방받는다. 몇몇 연구들의 결과는 테스토스테론의 차단이 언어 기억과 주의에 부정적인 영향을 주지만, 비언어 기억에는 그렇지 않다는 사실을 발견했다. 이러한 인지적 영향들은 테스토스테론의 대사체인 에스트라디올의 경우에는 반대로 나타날 수 있다.

남성을 대상으로 한 연구의 결과들은 폐경기 여성이 받는 호르몬 대체요법의 역할에 대한 의문을 제기한다. 연구 자료에 대해서는 논란이 있어 왔지만, 에스트로겐 치료가 폐경기 여성의 언어 유창성과 함께 언어 기억, 공간 기억을 향상시킨다는 사실은 일관되게 밝혀져 왔다.

Barbara Sherwin(2012)은 결정적 시기 가설(critical period hypothesis)을 제안하였는데, 자연적이거나 외과적인 폐경기에 접어든 여성이 에스트로겐 치료를 시작하면 인지 기능에 가장 도움이 된다는 것이다. 그녀는 폐경기가 시작한 지 20년 이후에 호르몬 치료를 시작하는 것은 너무 늦어서 효과가 없을 것이라 주장했다. 이를 뒷받침하는 한 가지 설명은 에스트로겐이 신경보호작용을 하더라도, 에스트로겐의 장기적인 부재 이후에 뉴런이 호르몬에 덜 민감하게 된다는 것이다. 또 다른 설명은 에스트로겐의 부재로 인해 뉴런이 너무 많이 죽거나 위축되어서 노화로 인해 발생하는 효과를 막을 수 없다는 것이다.

요약하자면 성 호르몬은 뇌의 발달과 기능에 매우 중요한 영향을 준다. 이러한 효과들이 어떻게 인지 기능의 성차와 관련되어 있는가를 설명하는 직접적인 증거들이 적기는 하지만, 적어도 어떤 성차들이 성 호르몬과 관련되어 있다는 사실을 믿을 만한 충분한 근거는 존재한다. 성 호르몬이 성인의 뇌기능에 중요하다는 사실은 다음과 같은 흥미로운 가능성을 이끌어낸다. 남성과 여성의 인지 기능은 사춘기에 기능적으로 달라지며, 호르몬 수준이 낮아지는 중년기에 다시 비슷해진다. 하지만 이러한 가설에 대한 직접적인 검증은 존재하지 않는다.

유전적 성연관

공간 능력의 편차를 결정하는 것으로 여겨지는 주요 요소는 유전이며, X(여성) 염색체의 열성 유전자가 관련되어 있는 것으로 보인다. 인간은 일반적으로 23쌍으로 된 46개의 유전자를 가지고 있는데, 절반은 아버지로부터, 나머지 절반은 어머니로부터 받는다. 23번째 쌍은 성 염색체로 구성되어 있는데,

두 염색체가 모두 X일 경우 자녀는 여성(XX)이며, 하나가 Y일 경우에 자녀는 남성(XY)이다.

공간 분석과 같은 특정한 특성과 관련된 유전자가 열성일 경우에, 열성 유전자가 여성이 가진 2개의 X 유전자 모두에 존재하지 않는 한 발현되지 않는다. 하지만 대상이 남성일 경우에는 열성 유전자가 하나의 염색체에만 있어도 발현된다. 따라서 어머니가 2개의 X염색체에 열성 유전자를 가지고 있을 경우, 그녀의 모든 아들은 해당 특성을 가지겠지만, 딸은 아버지 역시 X 염색체에 열성 유전자를 가지고 있을 경우에만 유전에 따른 특성을 나타낼 것이다. 이러한 가설은 많은 관심과 후속 연구를 유발했지만, David Boles(1980)의 철저한 검토에 따르면 이 가설은 아직까지 충분히 증명되지 않았다.

성숙도

발달 연구의 결과들은 남성과 여성의 뇌 성숙의 근본적인 차이가 성인에게서 발견되는 성차를 설명하는 데 도움이 될 것임을 시사한다. 오래전부터 알려져 있는 것처럼 여자아이들은 일반적으로 남자아이들보다 더 일찍 말하기 시작하며, 어린 시절에 더 많은 어휘력을 가지고, 더 복잡한 언어 구조를 사용한다. 또한 어린 여자아이는 남자아이들보다 더 잘 말하며, 보통 읽기도 더 잘한다.

아이들의 편측성에 대한 발달 연구들에 모순되는 점이 있기는 하지만, 이중 청취나 순간노출(tachistoscopic)을 사용한 연구들은 종종 남자아이들보다는 여자아이들에게서 뇌 비대칭성의 발달이 더 이른 시기에 나타난다고 보고했다. 일반적으로 여자아이들은 남자아이들보다 더 빠른 시기에 신체적으로 성숙해지기 때문에, 남성의 뇌가 여성의 뇌보다 더 느리게 발달하며 성숙 비율이 뇌 비대칭성의 중요한 결정 요인이라고 가정하는 것은 타당해 보인다. 다시 말하자면 아이의 발달이 늦어질수록 뇌의 더 큰 비대칭성이 발견된다.

Deborah Waber(1976)의 연구는 조숙한 청소년들이 공간 과제보다는 언어 과제를 더 잘 수행한 반면에 성숙이 늦은 청소년들은 그 반대라는 사실을 밝혀냈다. 이와 같은 Waber의 연구 결과는 성숙도가 피질 기능의 조직화에 영향을 줄 수 있음을 암시한다. 평균적으로 여자아이들이 남자아이들보다 더 빨리 자라기 때문에 남자아이들의 뛰어난 공간 능력은 상대적으로 늦은 발달과 직접적으로 관련되어 있을 것이다.

환경

성차에 대한 가장 영향력 있는 심리적 관점은 아마도 환경적인 요소들이 행동을 결정한다는 것이다. 예를 들어 남자아이들은 여자아이들보다 더 큰 독립심을 보여줄 것이라는 기대를 받으며, 따라서 탐험이나 환경을 조작하는 활동에 참여하는데, 이러한 활동은 결과적으로 공간 능력을 향상시킨다.

뇌와 행동의 성차를 설명함에 있어서 사회적 환경을 배제하는 것은 불가능하지만, 경험의 영향은 생물학적인 영향보다 상대적으로 더 작게 나타나는 듯하다. 수학 점수와 같이 성별과 관련된 인지적 차이의 크기는 지난 30년간 감소했지만 없어지지는 않았다. 태아기의 부모의 테스토스테론 수준이 남성 전형적인 놀이를 하는 것과 관련 있으며, 다른 영장류가 인간의 남성 전형적인 장난감을 선호한다는 사실을 떠올려보자(그림 12.1 참조). 실제로 태아기의 테스토스테론 노출은 인지나 운동뿐만 아니라 공격성의 수준에서 나타나는 성차와도 뚜렷하게 관련되어 있다(Hines, 2010).

여기서 고려해봐야 할 또 다른 사항은 성 호르몬이 뇌가 경험에 반응하는 방식을 바꾸는가에 대한 것이다. Janice Juraska(1986)는 출산 전후에 성 호르몬에 노출되는 것이 쥐의 대뇌의 시냅스 조직화를 바꿈으로써 환경 자극에 대한 이후의 능력을 결정짓는다는 사실을 발견했다. 그녀는 또한 환경에 의해 유발된 해마와 신피질의 변화가 성 호르몬에 의해 다른 방식으로 영향을 받는다는 것을 발견했다. 예를 들어 여성의 해마는 남성의 해마보다 새로운 환경 속에서 더 큰 가소성을 가지고 있는데, 이 가소성은 에스트로겐의 영향을 받는다.

이와 같이 호르몬이 매개하는 뇌에 대한 환경의 영향이 경우에 따라 다르게 나타난다는 사실은 중요하다. 이는 사회적 요인을 포함한 경험적인 요인이 남성과 여성의 뇌에 서로 다른 영향을 주게 되어 이것이 뇌와 행동에서의 성별과 관련된 다양성으로 나타나게 될 가능성을 보여준다.

선호하는 인지 양식

11.5절에서 살펴본 것처럼 문제를 해결하기 위해 남성과 여성이 사용하는 전략의 차이는 적어도 부분적으로는 관찰된 행동의 성차를 설명할 수 있다. 유전적 · 환경적 또는 성숙도의 요소들은 남성과 여성이 다른 인지적 분석 양식을 선호하게 만드는 듯하다. 예를 들어 여성은 언어적 양식을 우선적으로 사용해 문제를 해결할 것이다. 이러한 인지 양식은 공간 문제를 해결하는 데 덜 효율적이기 때문에 일반적으로 여성은 공간 문제의 해결에서 뚜렷하게 낮은 수행을 나타낸다. 같은 방식으로 일반적으로 여성은 남성보다 언어 과제를 더 잘 수행한다. 하지만 이러한 설명은 아직까지 철저하게 검증되지는 않았다.

결론

적어도 다섯 가지의 주요 행동적 차이, 즉 언어 능력, 시각-공간 분석, 수학 능력, 지각, 운동 기술이 성별과 관련된 것이다(12.1절 참조). 성차의 정확한 원인은 알려져 있지 않지만, 생물학적 요소가 부분적인 역할을 하는 듯하다. 다음의 자료에 대해 생각해보자.

Richard Harshman과 동료들(1983)은 인지 능력에서 나타나는 성별과 우세손의 중요한 상호작용을 발견했는데, 언어와 시공간적 행동에서의 성차는 우세손의 기능에 따라 달랐다(Witelson이 발견했던 뇌량의 크기가 성별과 우세손에 따라 달랐다는 사실을 기억하자). 생물학적이거나 환경적인 요소만으로는 이러한 결과를 설명하지 못할 것이다. 따라서 환경에 의해 조절될 것으로 생각되는 신경학적 요소들이 성차를 부분적으로 설명할 수 있다는 생각은 타당해 보인다.

◎ 12.3 비대칭성에 대한 환경의 영향

실험실 동물들의 뇌의 성장에 미치는 환경의 영향은 매우 크다. 따라서 다른 종류의 환경이 인간의 뇌에 다른 영향을 주어 뇌 비대칭성의 차이를 만들어낸다는 가설은 타당하다. 이러한 가설에 부합하는 두 가지의 포괄적인 환경적 변수는 문화의 하위 요소들 중 특히 언어와 다양한 환경적 결핍들이다.

언어와 문화

문화적 차이에 대한 대부분의 연구는 언어에 초점을 맞추고 있다. 일본어와 중국어 같은 아시아의 언어는 유럽의 언어에 비해 우반구의 참여가 활발하게 일어나게 하는데, 이것은 아시아의 언어들에 더 많은 운율적 요소가 있으며 그림과 같은 중국어를 읽는 것은 더 많은 공간 처리를 필요로 하기 때문이다. 2개 이상의 언어를 말하는 사람들은 한 가지의 언어를 말하는 사람에 비해 다른 패턴의 언어 조직화를 발달시킬 것이다.

편측성 연구의 결과들은 아시아와 아메리카 원주민의 언어가 스페인어와 같은 언어들에 비해 뇌에서 더 양방향적으로 표상될 것이라는 생각을 지지한다. 그러나 편측성 연구들은 인지적 전략이나 과제의 요구사항과 같은 많은 요소의 영향을 받았을 수 있다. 따라서 이러한 연구의 결과들로부터 뇌 조직화에서의 문화적 차이를 추론할 때에는 조심스러워야 한다(이 문제에 대한 좋은 논의는 Uyehara & Copper, 1980; Obler et al., 1982 참조).

신경학적 환자들에 대한 연구 결과는 뇌의 조직화에 문화나 언어에 기초한 차이가 존재한다는 증거를 제시하지 못한다. Richard Rapport와 동료들(1983)의 연구가 좋은 예인데, 그들은 모국어가 말레이시아어, 광둥어, 호키엔어(중국 방언)인 중국어와 영어를 사용하는 7명의 다중 언어자의 언어 기능을 평가했다. 연구를 위해 경동맥 나트륨 아모바르비탈 주입, 피질 자극, 임상 검사를 사용했는데, 모든 피험자는 중국어와 영어를 사용함에 있어서 좌반구가 우세하며 구어 기능에 우반구의 참여가 많았다는 일관된 증거를 확인하지는 못했다.

이중 언어 사용자의 구어 능력은 아마도 좌반구에 위치할 것으로 생각되지만, 그들의 좌반구 언어 영역이 더 크거나 한 언어만 구사하는 사람들에 비해 미세 조직에서 조금 다를 가능성은 배제할 수 없다. 경험은 체감각 조직화를 바꾸는 것으로 알려져 있는데, 경험이 언어 영역에도 유사한 영향을 줄 것이라는 예상은 타당해 보인다. 하지만 뇌에 대한 언어와 환경의 주요한 영향은 특정한 (선호되는 인지 양식과 같은) 문제해결 방식의 발달에 존재하는 듯하며, 이러한 문제해결 방식은 뇌 비대칭성의 변화보다는 문화에 의해 더 큰 영향을 받는다.

여러 언어에 노출되는 것은 뇌 조직화의 전형적인 패턴을 바꿀 것으로 예상되지만, 이 경우에도 이러한 변화가 실제로 발생하지는 않는 듯하다. 예를 들어 Denise Klein과 동료들(1999)이 수행한 PET 연구의 결과는 이중언어를 사용하는 피험자들이 영어와 프랑스어 혹은 영어와 중국어로 된 다양한 언어 과제를 수행함에 있어 뇌 활성화의 차이를 나타내지 않는다는 사실을 보여준다. 특히 우반구에서는 각각의 언어로 수행한 어떤 과제에서도 활성화가 기록되지 않았다. 동일한 집단(Klein et al., 2006)에 의한 후속 연구에서는 5세 이후에 두 번째 언어를 습득한 피험자들의 좌반구에서는 두 번째 언어로 인한 활성화가 더 광범위하게 나타났다.

일본어의 쓰기 체계는 인도-유럽어의 쓰기는 달리 표음문자(가나)와 표의문자(간지)라는 두 종류의 상징으로 구성되어 있기 때문에 뇌 조직화를 연구하는 데 있어서 흔치 않은 기회를 제공한다. 표음문자는 영어의 문자와 비슷하게 각각의 글자가 소리를 대표한다. 반대로 표의문자에서는 글자가 의미 단위를 대표하며 이것은 글자 혹은 단어에 상응한다.

읽기에서 뇌는 두 가지 종류의 문자를 다른 방식으로 처리한다. 이때 좌반구가 **표음문자**를 처리하는 반면에 우반구는 **표의문자**를 처리할 것이다. 이러한 생각을 뒷받침하는 연구는 거의 존재하지 않는데, Morihiro Sugishita와 동료들(1992)은 많은 환자들을 통해 좌반구 손상의 위치와 두 가지 종류의 지문을 읽는 것에서의 결함 사이에 분명한 관계가 존재하지 않는다는 사실을 발견했다. 실제로 대부분의 경우에 두 가지 형태의 일본어 읽기 기능은 똑같이 저하되었다.

몇몇 영상 증거는 영어와 같은 알파벳 언어와 **표의문자**가 다른 방식으로 처리될 것이라는 생각을 지지한다. Yun Dong과 동료들(2005)은 상형문자인 중국어를 읽는 것이 영어 읽기에서는 발견되지 않았던 우반구의 활성화를 유발한다는 사실을 밝혀냈다. 연구자들은 피험자들이 두 상형 글자의 소리가 유사한지를 판단하는 음운론적인 과제와 두 상형 단어가 관련이 있는 의미를 가지고 있는지를 판단하는 의미 과제를 사용했는데, 음운론적 과제는 예상되었던 것처럼 좌반구의 넓은 영역을 활성화했고

(그림 12.14A), 의미 과제는 우측 하전두피질을 활성화했는데, 이 것은 영어의 의미 짝짓기에서는 발견되지 않았던 결과였다(그림 12.14B).

Dong의 발견은 "상형문자인 언어를 배우는 것이 뇌가 다른 종류의 정보를 처리하는 방식을 바꾸는가?"라는 흥미로운 질문을 제기하게 한다. 예를 들어 중국 상형문자의 시공간적 특성을 고려하면 아이들이 중국어를 배울 때 시공간의 처리 방식이 다르게 발달할 것이라고 생각해볼 수 있다. 남성 중국 현지인 참가자에게서는 영어를 말하는 지역에서 태어나고 자란 남성에게서 관찰되는 공간 회전형 과제에서의 이점이 발견되지 않음을 암시하는 연구들이 존재하는데, 이러한 결과는 이른 시기에 상형문자를 학습하는 것이 시공간 과제를 해결하는 전형적인 서양 여성의 전략과 더 비슷한 인지적 편향의 발달을 이끌기 때문인 것으로 생각해볼 수 있다.

마지막으로 Patricia Kuhl과 동료들(2013)의 매우 흥미로운 연구에서는 "어릴 때 두 번째 언어를 학습하는 것이 뇌 연결의 발달을 바꾸는가?"에 대한 의문이 제기되었는데, 연구 결과 대체로 그러한 듯했다. 2개의 언어(영어와 스페인어)를 사용하는 성인은 영어만을 사용하는 사람들에 비해 더욱 분산된 뇌 연결을 가지고 있었다. 이에 따라 연구자들은 이중언어의 경험이 연결성을 바꾸는데, 결과적으로 이러한 경험이 향상된 인지적 유연성과 관련되어 있다고 제안했다.

감각 혹은 환경적 결핍

교육과 선천적 청각장애는 모두 반구 특성화를 바꾸는 것으로 생각된다. 앞서 언급한 것처럼 어릴 때 상형문자를 학습하는 것이 인지적 기술에 영향을 주기는 하지만, 상형문자를 가르치는 것이 뇌 조직화를 바꾼다는 주장에 대한 증거는 빈약하다. 불행하게도 감각의 결핍과 비대칭성에 대한 대부분의 근거들은 편측성 연구의 결과에 많은 기반을 두고 있는데, 이러한 연구들은 해석하기 어려운 것들이다. 이와 함께 문맹인 실어증 환자들은 교육받은 사람들과 비교해서 반구 특성화가 다르지는 않은 듯했다. 하지만 선천적인 청각장애가 대뇌 처리 과정을 바꿀 수 있다는 몇 가지 증거들은 존재한다.

청각장애인의 뇌 조직화

청각 능력이 온전한 사람들과 마찬가지로 수화(American Sign Language, ASL 또는 Ameslan)를 사용하는 사람들에게서도 좌반구 손상은 실어증을 유발하는데, 이는 아마도 행동 요구 때문인 것으로 보인다. 반면에 선천적인 청각장애인이 뇌 조직화의 이례적인 패턴을 가지고 있음을 보여주는 증거도 존재한다.

첫째, 몇몇 실험실은 선천적인 청각장애인이 언어 처리 과제에서 일반적으로 나타나는 우시야 우세를 가지고 있지 않다는 사실을 각각 보고했다. 이러한 사실은 청각 언어의 경험이 없는 경우에 비청각 언어 기능 속 어떤 측면들의 편재화가 사라졌을 것이라는 사실에 대한 근거로서 이해될 수 있다. 그렇지 않다면 이 연구 자료는 청각 경험의 부재로 인한 (선호되는 인지적 양식과 같은) 전략의 차이의 결과일 수도 있다.

둘째, Helen Neville(1977)은 선 그리기를 지각하는 동안에 시각 유발 전위들이 정상 아동에게서는

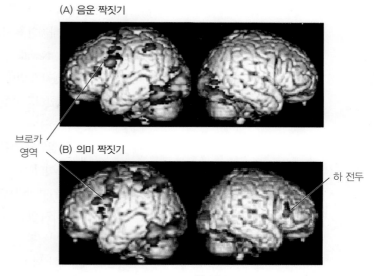

(A) 음운 짝짓기

브로카 영역

(B) 의미 짝짓기

하 전두

그림 12.14 ▲

독특한 중국어의 활성화 (A) 음운론적 짝짓기 과제에서 피험자들은 중국어 단어들의 소리가 비슷한지를 판단해야 했는데, 이것은 좌반구의 브로카 영역을 활성화 시키는 것이다. (B) 피험자들에게 단어들의 의미가 관련 있는 것인지를 판단하게 하는 의미 짝짓기 과제는 브로카 영역과 함께 우반구의 내측 전두피질을 활성화시켰다. 상형문자는 우반구에 있는 공간 처리 네트워크의 활성화를 필요로 하는 듯한데, 이것은 알파벳으로 된 언어를 사용하는 의미 과제에서는 일반적으로 관찰되지 않는 것이다.

(Dong, Y., K. Nakamura, T. Okada, T. Hanakawa, H. Fukuyama, J. C. Mazziotta, and H. Shibasaki "Neural mechanisms underlying the processing of Chinese words: An fMRI study." *Neuroscience Research* 52, 2, (2005): pp. 139–145. © Elsevier.)

우반구, 수화를 사용하는 시각장애 아동에게서는 좌반구에서 더 크다는 사실을 보고했다. 흥미롭게도 수화를 사용하지는 못하지만 의사소통을 위해 몸짓을 사용하는 청각장애 아동에게서는 어떠한 비대칭 성도 발견되지 않았다. Neville은 선 그리기에서 나타나는 수화를 사용하는 사람의 좌반구 연구 결과로부터, 정상 아동은 청각적 언어 상징을 획득하지만 수화를 사용하는 청각장애인은 좌반구를 통해 시각적 수화 상징을 획득한다고 추론했다.

이처럼 수화를 사용하는 사람의 시각-공간 기능은 좌반구에서 발달하는 듯한데, 이러한 발달은 좌반구에서의 예상되지 않았던 관찰 결과를 만들어낸다. 수화를 사용하지 않는 사람에게서 비대칭성이 약하게 나타나는 것은 언어 경험의 부재가 어떤 식으로건 뇌 비대칭성의 특정 측면들을 사라지게 함을 의미할 수 있으며, 혹은 대안적으로 뇌 비대칭성의 발현이 언어 경험에 달려 있다는 사실을 의미할 수도 있다. 수화를 사용하지 않는 사람이 사춘기 이전에 수화를 배울 경우, 이들은 이미 수화를 사용하는 사람들의 비대칭적 유발전위 패턴과 비슷한 패턴을 발달시킬 것이다.

선천적인 청각장애가 뇌 편재화의 특정 측면들의 발달에 영향을 주는 것으로 지목되기는 하지만, 뇌 손상 환자들의 연구 결과는 청각장애와 비청각장애 피험자 사이에 작은 차이만이 존재한다는 사실을 보여준다. Gregory Hickok과 동료들(2001)은 한쪽 뇌에만 손상을 가진 34명의 선천적 청각장애 환자들을 연구했다. 우반구 손상 환자들이 시각-공간 과제를 저조하게 수행한 반면에 좌반구 손상 환자들은 언어를 사용하는 모든 과제를 저조하게 수행했는데, 이는 정상인에게서 예상되는 것과 정확하게 일치하는 것이었다. 구어에 노출되는 것은 반구 특성화에 필수적이지 않다.

환경적 박탈

초기 환경이 비대칭성의 한 요소임을 지목하는 증거는 1960년대에 거의 12년간의 극심한 사회적 경험 박탈과 영양실조를 겪은 청소년기의 소녀였던 지니에 대한 연구에 근거한다(Curtiss, 1978). 그녀는 태어난 지 13년 6개월 되던 때에 발견되었는데, 그 전까지는 닫혀진 작은 공간에 격리된 채로 살았으며 조금만 소리를 내도 체벌을 받았다. 구출된 이후에 지니의 인지적 발달은 매우 빨랐지만 다른 능력들에 비해 언어 능력이 뒤쳐졌다.

이중 청취 검사에서 그녀는 오른손잡이인 것으로 나타났는데, 양쪽 귀의 청력은 정상이었지만 언어와 비언어(환경적) 소리에서 강한 왼쪽 귀(우반구) 효과를 나타냈기 때문이다. 실제로 오른쪽 귀는 거의 완전히 억제되어 있었는데 이것은 좌반구에 심각한 손상을 가진 사람들이 가지는 특징과 같은 것이었다. 지니의 우반구는 어릴 때 좌측 대뇌반구 절제를 한 사람과 같이 언어와 비언어적 청각 자극을 모두 처리하는 듯했다(제10장 사례 보기 참조).

지니의 비정상적인 편재화에 대해 적어도 세 가지의 설명이 타당해 보인다. 첫째, 좌반구를 사용하지 않아서 퇴보했다는 것인데, 그다지 타당해 보이지 않는다. 둘째, 적절한 청각 자극의 부재로 인해 좌반구가 언어 자극을 처리하는 기능을 잃게 되었을 것이다. 이것은 어릴 때 외국어에 노출된 적이 없는 성인이 유아기에는 음소 식별을 할 수 있었더라도 이후에는 많은 음소 식별을 배우는 데 어려움을 겪는다는 점을 고려하면 가능한 설명이다(Werker & Tees, 1992 참조). 셋째, 지니의 좌반구가 우반구나 다른 구조물에 의해 억제되었거나 좌반구가 다른 기능을 수행하고 있을 수 있다.

모든 박탈이 지니의 경우와 같이 심각한 것은 아니다. 이러한 사실은 다른 초기의 경험들이 뇌 발달에 어떻게 영향을 주는가에 대한 물음을 제기한다. 예를 들어 버려진 루마니아의 아이들은 1970년대와 1980년대의 공산주의 정권하에 끔찍한 국영 고아원에 있는 창고에서 길러졌는데, 이 아이들은 환경 자극을 거의 받지 못했고 1명의 보호자가 25명의 아이들을 돌봤다.

공산주의 정권의 몰락 이후에 약 2세였던 많은 아이들은 영국과 미국, 캐나다, 오스트레일리아의 가정에 입양되었다. 이러한 아이들에 대한 광범위한 연구들은 훌륭한 환경 속에서 자라게 된 이후에도 어린 시절의 경험이 아이들의 뇌 발달에 주는 영향이 오래도록 지속된다는 사실을 보여주었다. 12세에 이 아이들의 평균적인 뇌의 크기는 정상 아이들보다 20% 더 작았으며 피질 두께의 감소가 넓은 영역에서 관찰되었고, 중대한 인지적 문제나 다른 행동적 문제가 나타났다(McLaughlin et al., 2013 참조). 이러한 아이들이 가지는 뇌 비대칭성의 특성에 대해서는 알려진 것이 거의 없지만, EEG를 사용한 24개월 된 아이의 비대칭성에 대한 예비 연구 결과 이것이 정상적으로 양육된 아이들에게서 일반적으로 나타나는 것은 아님을 암시했다(McLaughlin et al., 2011).

환경적 박탈의 직접적인 측정은 아니더라도 사회경제적 지위는 소득, 교육, 직업을 포괄하는 변수이며 많은 사회적 건강의 변화와 상관 있는 것이다. David Boles(2011)는 1970~1980년대의 편측성 연구들을 다시 분석하여 사회경제적 지위가 낮은 집단에서 감소된 편측성을 발견했다. 그는 낮은 사회경제적 환경에서 자라는 것이 뇌의 발달을 늦추거나, 기능적 특성화를 감소시키거나, 둘 다일 것이라고 제안했다. 이러한 발견은 흥미로우며, 후속 연구를 해볼 만하다.

후성유전

11.1절에서 유전자 발현에서의 차이(후성유전)가 뇌의 형태학적 비대칭성의 발달과 관련되어 있을 것이라고 설명하였다. 태아기의 경험을 포함하는 초기 경험은 대뇌피질에서의 유전자 발현에 많은 변화가 생기게 할 수 있다. 따라서 감각이나 환경적 결핍이 뇌 비대칭성의 발달과 관련된 유전자 발현을 바꿀 수 있다고 생각하는 것은 합리적일 것이다.

후성유전학에서 경험이 가지는 강력한 효과는 일란성 쌍둥이의 분석에서 알 수 있다. 태어났을 때 일란성 쌍둥이는 공통의 유전자형을 가지고 있지만, 나이가 들어감에 따라 종종 동일인이 아닌 것처럼 보인다. Mario Fraga(2005)와 동료들은 3세와 50세일 때의 동일한 쌍둥이에게서 유전자 발현을 조사했는데, 나이가 들어감에 따라 유전자 발현에서의 뚜렷한 변화를 발견했다. 이 차이는 쌍둥이들이 멀리 떨어져 살았거나 식단과 운동을 포함하는 생활 양식이 달랐을 경우에 더 컸다.

Fraga 팀의 연구는 뇌 비대칭성에 대해 직접 다루고 있지는 않지만, 뇌기능을 조절하는 유전자를 포함해 유전자형이 경험의 영향을 받을 수 있다는 사실을 알려준다. 발달 시기의 유전자 발현이 뇌 비대칭성을 절대적으로 통제한다는 사실을 고려하면, 인생에서의 유전자 발현의 변화가 대뇌기능에 영향을 줄 수 있다는 사실을 알 수 있다. 이러한 후성유전 체계는 문화, 성별, 비정상적 경험이 대뇌의 활동에 주는 영향을 확인할 수 있는 강력한 방법을 제공한다.

비대칭성의 개체발생

해부학적 연구들은 일반적으로 성인의 뇌 비대칭성이 태어나기 전부터 존재함을 보여주는데, 이러한 연구 결과는 인간의 뇌 비대칭성이 선천적인 특성이라는 주장을 뒷받침한다. Elizabeth Sowell과 동료들(2002)이 많은 수의 아이들과 청소년, 젊은 성인을 대상으로 하여 구(sulcus)의 패턴에 나타나는 비대칭성을 조사한 MRI 연구는 이와 같은 일반적인 주장이 사실임을 보여준다. 또한 연구는 구 패턴의 비대칭성 정도가 후기 청소년기와 성인에게서도 증가함을 보여주었다.

이처럼 피질 발달의 기본적인 틀이 태아기에 비대칭적 조직화를 만들어내는 듯하며, 이 패턴은 출

그림 12.15 ▶

좌반구와 우반구에서의 인지 기능 발달
태어날 때 반구의 기능은 상당히 중복되어 있지만 성인이 되고 나서 이러한 기능들은 전혀 중복되지 않는다. 반구들은 이미 가지고 있던 기능을 스스로 전문화하는 것이 아니라, 더욱 고도로 전문화된 기능들을 발달시킨다.

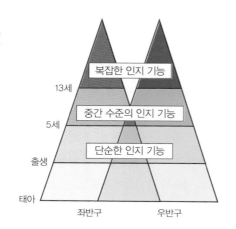

생 이후에 진행된다. Dennis와 Victoria Molfese(1988)의 ERP 연구 결과는 생후 1주 된 영아의 좌반구에서 언어 자극에 더 크게 반응하는 기능적 비대칭성의 존재를 밝혀냈다. 발달 과정에서 이러한 차이에는 거의 변화가 없다.

11.5절에서 살펴 보았던 뇌 특성화의 개체발생(개인의 발달)을 상정하는 극과 극의 이론적 위치들을 생각해보자. 한쪽의 전문화는 좌반구 언어 가설로 귀결된다. 이것은 좌반구가 유전적으로 언어 기술들을 발달시키도록 조직되었다는 것인데, 이때 우반구는 이러한 언어 기술에 영향을 주지 않는다. 대뇌 상호작용의 반대쪽 극단에 존재하는 평행 발달 가설은 구조적인 이유로 두 반구 모두 특별한 역할을 하는데, 한쪽은 언어에 특화되어 있고 다른 한쪽은 비언어 기능에 특화되어 있다고 상정한다.

여러 연구들은 가장 유용한 대부분의 유효 자료를 설명하기 위해 초기부터 몇몇 유연성이나 동등 잠재력(equipotentiality)의 존재를 허용하는 평행 발달 이론을 가리킨다. 각 반구의 인지적 기능은 위계적인 것으로 여겨진다. 단순하고 낮은 수준의 기능들은 위계의 기저에 해당하며, 일차 감각, 운동, 언어, 시각-공간 영역의 기능과 일치한다. 더 복잡하고 높은 수준의 기능들은 위계의 위쪽으로 올라가며, 위쪽의 가장 복잡한 기능은 가장 편재화되어 있다.

태어날 때 두 반구는 겹치는 기능을 가지고 있는데, 이것은 각 반구가 낮은 수준의 행동을 처리하기 때문이다. 5세 무렵에 새롭게 발달하는 높은 수준의 인지적 절차들은 겹치는 부분이 매우 적으며, 따라서 각 반구는 점점 더 전문화되어간다. 사춘기에 각 반구는 자신만의 독특한 기능을 발달시킨다(그림 12.15). 뇌 반구들이 발달의 과정에서 점점 더 편재화되는 것이 아니며, 그보다는 인지적 기능들을 발달시키는 것이 하위 기능들에 기초하고, 이러한 하위 기능들은 선천적으로 한쪽 반구에 위치해 있다는 점을 기억하라.

대뇌 발달에 대한 모든 모형은 기능이 어떤 방식으로 양 반구 모두에서 발달되기보다 어떻게 한쪽 반구에서는 제한되는가를 다루어야 한다. 상호작용하는 평행 발달 가설은 이러한 문제에 대하여 답하는데, Morris Moscovitch(1977)의 여러 논문들은 한 반구가 다른 반구를 활발하게 억제하여 반대쪽 반구가 유사한 기능을 발달시키는 것을 막을 가능성을 제기했다. 이러한 활발한 억제는 아마도 뇌량이 기능을 하는 약 5세일 때 발달할 것이다.

Moscovitch는 이러한 억제 절차가 이후에 우반구에서의 언어 처리 발달을 막을 뿐 아니라 이미 우반구에 존재하던 언어 처리의 표출을 막는다는 사실을 제안했다. 이러한 생각을 지지하는 근거는 뇌량 절제술 환자의 우반구가 통제 집단에게서 예상되었던 것보다 더 큰 언어 능력을 가지고 있다는 사실을 관찰함으로써 얻었는데, 이러한 결과는 아마 우반구가 더 이상 좌반구에 의한 억제의 영향을 받지 않기 때문에 나타나는 듯하다. 또한 뇌량이 없이 태어난 사람들은 이중 청취로부터 추론된 기능적 비대칭성이 매우 적거나 없는 것으로 나타났는데, 이것은 반구 간 연결의 부재가 약화된 반구 비대칭성으로 인하여 나타났음을 암시한다(Netley, 1977 참조). 이러한 현상은 유사한 반구 발달을 지지하는 Moscovitch의 제안에 직접적으로 부합하는 것이다.

12.4 인간을 제외한 동물의 비대칭성

비대칭성은 인간만이 가지는 특별한 것이 아니다. 예를 들면, 개구리와 도롱뇽이 가지고 있는 의사소통을 위한 발성의 요소들은 뇌의 좌반구에 편재화되어 있다. 이처럼 인간이 아닌 개체의 뇌에서 편측적인 비대칭성의 기원과 진화를 이해하는 것은 인간의 뇌에 존재하는 비대칭성의 본질을 이해하는 것과 밀접한 관련이 있다. 앞으로는 인간을 제외한 영장류와 새로부터 얻은 고무적이고 강력한 자료에 대해 간단히 살펴볼 것이다. 논의에 대한 자세한 이해를 위해서는 John Bradshaw와 Lesley Rogers(1993)의 저서와 Rogers(2014)의 최근의 논평을 읽어보기를 추천한다.

새의 비대칭성

Fernando Nottebohm은 1971년에 놀라운 발견을 했다(Nottebohm, 1980 참조). 그는 카나리아의 설하신경을 잘라냈는데, 좌반구의 병변 후 새는 노래를 부르는 데 심각한 어려움을 겪었지만, 우반구의 병변 후에는 그렇지 않았다. 후속 연구는 새의 두 반구에서 노래하는 것을 통제하는 구조에서의 해부학적 차이들을 밝혀냈고, 노래와 관련된 성별에 따라 달리 나타나는 영역들을 확인했다(암컷과 수컷의 뇌 구조는 다르게 발달한다).

흥미롭게도 노래 부르기의 좌반구 우세는 닭과 명금류의 많은 종들에게서 관찰되는데, 모든 명금류가 이러한 특징을 가지고 있는 것은 아니다. 금화조는 노래를 하기는 하지만, 해부학적이거나 기능적인 비대칭성을 거의 가지고 있지 않다. 편재화는 노래하는 것만을 위해 존재하는 것이 아니라 새의 발성에 대해 여전히 알려져 있지 않은 특징을 위해 존재하는 듯하다.

Nottebohm의 발견은 새의 시각계가 가지는 비대칭성의 가능성에 관심을 가지게 하는데, 이것은 대부분의 새의 시신경이 시교차에서 완전히 교차하기 때문이다. 따라서 각각의 반구는 한쪽 눈으로부터 거의 모든 입력을 받아들이는데, 이러한 배치의 놀라운 점은 새가 한쪽 눈만으로 실험에 참여하게 함으로써 시각 기능의 편재화를 연구할 수 있다는 것이다. 또한 새는 뇌량을 가지고 있지 않으며, 다른 작은 교련이 반구들을 연결하고 있다고는 하더라도 포유류에 비해 반구 간 정보 이동이 더 적다.

편재화는 새의 시각적으로 유도되는 다양한 기능에서 발견된다. Bradshaw와 Rogers에 따르면 왼쪽 눈이 지형학적 정보를 포함해서 색채, 크기, 형태와 같은 자극들의 독특한 특성에 반응하도록 전문화되어 있는 반면, 오른쪽 눈의 체계는 '음식과 음식이 아닌 물건들'과 같이 물체를 범주화하는 데 전문화되어 있다. 따라서 새의 좌반구는 물체를 범주화하는 데 전문화되어 있으며 우반구는 지형학적 정보를 처리하는 데 전문화되어 있는 듯하다.

인간을 제외한 영장류의 비대칭성

침팬지의 브로카 영역과 측두평면이 가지는 비대칭성이 인간과 유사하다는 사실은 점점 분명해지고 있다. 이러한 비대칭성은 인간의 언어가 가지는 신경해부학적 특성이 적어도 500만 년 전에 존재했으며, 인간이 사용하는 언어의 출현보다 매우 앞선 시기부터 존재했음을 보여준다.

붉은털원숭이 역시 브로카 영역이라 불리는 영역을 가지고 있다. 이 영역은 구강 구조의 움직임을 통제하는데, 인간이 가지고 있는 언어 처리의 특정 측면을 보조하는 경로와 유사하게 두정 및 측두 피질과 연결되어 있다(Frey, Mackey, Petrides, 2014). 원숭이를 대상으로 한 영상 연구들은 종 특유적인 발성을 위한 활성화에 놀랍도록 유사한 패턴이 있음을 보여준다(예 : Wilson & Petkov, 2012). 흥미롭게도 인간과 원숭이 모두를 대상으로 한 연구들은 인간의 언어 영역 연구에서 예상되었던 것보다 의사소통을 위한 소리를 처리하는 양 반구의 활성화가 더 많다는 사실을 보여준다(11.1절 참조).

Jared Taglialatela와 동료들(2006)은 몸짓의 움직임에서의 비대칭성과 신경해부학적 비대칭성 사이의 관계를 살펴보았다. 그들의 분석에서 손을 사용하는 몸짓에 오른 손을 사용하는 침팬지는 오른쪽 팔을 사용하지 않는 침팬지에 비해 더 큰 좌반구 하전두회를 가지고 있었다. 이러한 결과는 이전에 왼손잡이와 오른손잡이 인간의 하전두엽 해부학에서의 차이를 살펴본 어떤 체계적인 연구도 존재하지 않았다는 점에서 흥미롭다.

인간을 제외한 영장류의 우세손에 대한 연구 결과들은 결론을 내지 못하고 있는데, 이것은 부분적으로 대부분의 연구들이 앞다리의 뻗기 움직임에 집중하고 있기 때문이다. Peter MacNeilage와 동료들(1987, 1988)은 영장류가 한쪽 손(오른쪽)으로 몸을 지탱하는 동안 다른 한쪽 손(왼쪽)으로 뻗는 동작을 선호하도록 진화했다고 주장했다. 손이 물건을 잡을 수 있도록 발달하고 영장류가 더 직립적인 자세에 적응하기 시작하면서 주로 자세를 잡기 위해 사용되었던 손의 필요성은 사라져갔다. 또한 한쪽 손이 자유로워졌기 때문에 이 손은 물체를 조작하는 데 전문화되었다. 이후에 MacNeilage와 동료들은 손의 전문화가 반구 전문화에 동반된 것이라는 제안을 했다. 즉 한 손으로 포식하기 위한 우반구(왼쪽 손)의 지각 운동(perceptoumotor) 전문화와 전신의 움직임을 위한 좌반구의 전문화가 나타났으며, 이것은 **그림 12.16**에 묘사된 것과 같이 의사소통을 위한 행위에 오른 손의 사용을 더 선호하도록 만들었다는 것이다.

그림 12.16 ▼

몸짓 언어 개코원숭이는 의사소통을 위한 몸짓을 하기 위해 오른손을 사용한다. 여기서 암컷 개코원숭이는 오른손을 땅에 빠르기 문지르는 것으로 다른 개코원숭이에게 위협의 신호를 보내고 있다.

(© Adrien Meguerditchian.)

요약

개개인의 좌우 반구의 비대칭성 패턴에는 상당한 차이가 존재한다. 신경심리학자들은 편재화된 처리 과정을 확인하기 위해 해부학적 · 기능적 차이들(비대칭성의 개체발생)을 연구했다. 이러한 연구들은 인간의 뇌 비대칭성의 본질에 대한 통찰을 제공할 수 있다(계통발생론).

뇌 조직화의 전형적인 차이들과 인지 기능에서 나타나는 개인차 사이에는 체계적인 관계가 존재한다. 우리는 뇌 조직화와 관련된 단점들과 함께 독특한 행동적 능력을 가지고 있다. 후성적 요인들을 포함하는 환경적 요인들이 뇌 조직화를 변화시키더라도 어떤 비대칭적 차이는 생물학적으로 기초한 것이다.

12.1 우세손과 기능적 비대칭성

사람들이 왜 오른손잡이나 왼손잡이가 되는지에 대한 충분한 설명은 존재하지 않는다. 아마도 신경해부학적 원인이 존재하겠지만, 단 하나의 일관된 발견은 오른손잡이에게서 깊은 중심열이 발견된다는 것이다. 몇몇 유전적 요소도 오른손잡이의 특성으로 여겨지는데, 왼손을 선호하는 것이 자손에게 유전되는 경향이 있기 때문이다. 하지만 여전히 비가족력 왼손잡이를 설명하지는 못한다.

우세손과 언어의 편재화는 오른손잡이와 분명한 관련이 있다. 하지만 대부분의 왼손잡이의 좌반구에 존재하는 언어를 담당하는 영역은 이러한 관계에 대한 의심을 품게 한다. 정확히 말하자면 뇌 비대칭성의 주요 요소는 언어와 공간 기능의 비대칭적 표상이다.

12.2 뇌 조직화의 성차

성차에 대한 가장 유용한 설명은 성 호르몬이 태아기의 뇌 조직화를 바꾸며 성인이 된 후에도 뇌 활동에 영향을 준다는 것이다. 여성의 대뇌피질은 남성의 뇌와 근본적으로 다르게 조직화되어 있다. 이러한 변화된 조직화와 활동은 성차를 증가 혹은 감소시키는 경험과 상호작용한다.

12.3 비대칭성에 대한 환경의 영향

뇌 조직화에서 환경과 경험에 따른 차이의 본질은 아직까지 밝혀지지 않았다. 아기일 때나 어릴 때의 질병은 뇌의 발달에 심각한 영향을 주는 듯하지만, 다른 문화에서의 경험을 가진 이들과 같은 더 미묘한 차이에 대해서는 알려진 것이 적다. 후성유전학은 환경이 뇌기능에 영향을 줄 수 있다는 다른 해결책을 제시한다.

12.4 인간을 제외한 동물의 비대칭성

인간이 아닌 종들에 대한 연구는 편재적인 비대칭성이 인간의 고유한 특성이 아니라는 것을 보여주며, 인간 뇌의 비대칭성이 인간이 언어를 사용하는 발달 과정보다 이전에 발생했음을 암시한다. 유인원과 원숭이의 오른손으로 행해지는 몸짓 동작들의 출현, 몸짓 언어의 출현과 인간이 사용하는 구어의 더 늦은 출현에 존재하는 비대칭성에는 관련성이 존재하는 듯하다. 하지만 뇌의 비대칭성은 새, 포유류, 심지어는 양서류에게서도 발견되는데, 이러한 일반적인 현상이 단순히 몸짓 언어의 진화를 반영하는 것은 아니다.

참고문헌

Alexander, G. M., and M. Hines. Sex differences in response to children's toys in nonhuman primates (*Cercopithecus aethiops sabaeus*). *Evolution and Human Behavior* 23, 6:467–479, 2002.

Allen, L. S., and R. A. Gorski. Sexual orientation and the size of the anterior commissure in the human brain. *Journal of Comparative Neurology* 312:97–104, 1991.

Amunts, K., L. Jancke, H. Mohlberg, H. Steinmetz, and K. Zilles. Interhemispheric asymmetry of the human motor cortex related to handedness and gender. *Neuropsychologia* 38:304–312, 2000.

Annett, M. A classification of hand preference by association analysis. *British Journal of Psychology* 61:303–321, 1970.

Annett, M. The distribution of manual asymmetry. *British Journal of Psychology* 63:343–358, 1972.

Annett, M. Predicting combinations of left and right asymmetries. *Cortex* 36:485–505, 2000.

Astur, R. S., M. L. Ortiz, and R. J. Sutherland. A characterization of performance by men and women in a virtual Morris water task: A large and reliable sex difference. *Behavioural Brain Research* 93:185–190, 1998.

Auyeung, B., S. Baron-Cohen, E. Ashwin, R. Knickmeyer, K. Taylor, G. Hackett, and M. Hines. Fetal testosterone predicts sexually differentiated childhood behavior in girls and boys. *Psychological Science* 20:144–148, 2009.

Bakan, P., G. Dibb, and P. Reed. Handedness and birth stress. *Neuropsychologia* 11:363–366, 1973.

Beatty, W. W., and A. I. Troster. Gender differences in geographic knowledge. *Sex Roles* 16:202–229, 1987.

Benbow, C. P. Sex differences in mathematical reasoning ability in intellectually talented preadolescents: Their nature, effects, and possible causes. *Behavioral and Brain Sciences* 11:169–232, 1988.

Benbow, C. P., D. Lubinski, D. L. Shea, and H. Eftekhari-Sannjani. Sex differences in mathematical reasoning ability at age 13: Their status 20 years later. *Psychological Science* 11:474–480, 2000.

Benbow, C. P., and J. C. Stanley. Sex differences in mathematical ability: Fact or artifact? *Science* 210:1262–1264, 1980.

Boles, D. B. X-linkage of spatial ability: A critical review. *Child Development* 51:625–635, 1980.

Boles, D. B. Socioeconomic status, a forgotten variable in lateralization development. *Brain and Cognition*, 76:52–57, 2011.

Bradshaw, J., and L. Rogers. *The Evolution of Lateral Asymmetries, Language, Tool Use, and Intellect*. New York: Academic Press, 1993.

Branch, C., B. Milner, and T. Rasmussen. Intracarotid sodium amytal for the lateralization of cerebral speech dominance: Observations in 123 patients. *Journal of Neurosurgery* 21:399–405, 1964.

Bryden, M. P., I. C. McManus, and M. B. Bulman-Fleming. Evaluating the empirical support for the Geschwind–Behan–Galaburda model of cerebral lateralization. *Brain and Cognition* 26:103–167, 1994.

Cahill L. Sex differences in human brain structure and function: Relevance to learning and memory. In D. W. Pfaff, et al., Eds., *Hormones, Brain and Behavior*, 2nd ed. New York: Academic Press, 2009.

Carmon, A., Y. Harishanu, E. Lowinger, and S. Lavy. Asymmetries in hemispheric blood volume and cerebral dominance. *Behavioral Biology* 7:853–859, 1972.

Collins, D. W., and D. Kimura. A large sex difference on a two-dimensional mental rotation task. *Behavioral Neuroscience* 111:845–849, 1997.

Corsi-Cabrera, M., C. Arce, J. Ramos, and M. A. Guevara. Effect of spatial ability and sex on inter- and intrahemispheric correlation of EEG activity. *Neurophysiology* 102:5–11, 1997.

Curtiss, S. *Genie: A Psycholinguistic Study of a Modern-Day "Wild Child."* New York: Academic Press, 1978.

Dong, Y., K. Nakamura, T. Okada, T. Hanakawa, H. Fukuyama, J. C. Mazziotta, and H. Shibasaki. Neural mechanisms underlying the processing of Chinese words: An fMRI study. *Neuroscience Research* 52:139–145, 2005.

Dorion, A. A., M. Chantome, D. Hasboun, A. Zouaoui, C. Marsalult, C. Capron, and M. Duyme. Hemispheric asymmetry and corpus callosum morphometry: A magnetic resonance imaging study. *Neuroscience Research*, 36: 9–13, 2000.

Esposito G., J. D. van Horn, D. R. Weinberger, and K. F. Berman. Gender differences in cerebral blood flow as a function of cognitive state with PET. *Journal of Nuclear Medicine* 37:559–564, 1996.

Fraga, M. F., E. Ballestar, M. F. Paz, S. Ropero, F. Setien, M. L. Ballestar, D. Heine-Suner, J. C. Cigudosa, M. Urioste, J. Benitez, M. Boix-Chornet, A. Sanchez-Aguilera, C. Lin, E. Carlsson, P. Poulsen, A. Vaag, Z. Stephan, T. K. Spector, U.-Z. Wu, C. Ross, and M. Esteller. Epigenetic differences arise during the lifetime of monozygotic twins. *Proceedings of the National Academy of Sciences U.S.A.* 102:10604–10609, 2005.

Frey, S., S. Mackey, and M. Petrides. Cortico-cortical connections of areas 44 and 45B in the macaque monkey. *Brain and Language* 131:36–55, 2014.

Frost, J. A., J. R. Binder, J. A. Springer, T. A. Hammeke, P. S. F. Bellgowan, S. M. Rao, and R. W. Cox. Language processing is strongly left lateralized in both sexes: Evidence from functional MRI. *Brain* 122:199–208, 1999.

Geschwind, N., and A. M. Galaburda. *Cerebral Lateralization: Biological Mechanisms, Associations, and Pathology*. Cambridge, MA: MIT Press, 1987.

Goldstein, J. M., L. J. Seidman, N. J. Horton, N. Makris, D. N. Kennedy, V. S. Caviness, Jr., S. V. Faraone, and M. T. Tsuang. Normal sexual dimorphism of the adult human brain assessed by in vivo magnetic resonance imaging. *Cerebral Cortex* 11:490–497, 2001.

Goldstein, J. M., M. Jerram, R. Poldrack, T. Ahern, D. M. Kennedy, L. J. Seidman, and N. Makris. Hormonal cycle modulates arousal circuitry in women using functional magnetic resonance imaging. *Journal of Neuroscience* 25A:9390–9316, 2005.

Gooren, L. The biology of human psychosexual differentiation. *Hormones and Behavior* 50:589–601, 2006.

Grimshaw, G. M., M. P. Bryden, and J. K. Finegan. Relations between prenatal testosterone and cerebral lateralization at age 10. *Journal of Clinical and Experimental Neuropsychology* 15:39–40, 1993.

Gualtieri, T., and R. E. Hicks. An immunoreactive theory of selective male affliction. *Behavioral and Brain Sciences* 8:427–477, 1985.

Gur, R. C., R. E. Gur, W. D. Obrist, J. P. Hungerbuhler, D. Younkin, A. D. Rosen, B. E. Skolnick, and M. Reivich. Sex and handedness differences in cerebral blood flow during test and cognitive activity. *Science* 217:659–660, 1982.

Gur, R. C., J. Richard, M. E. Calkins, R. Chiavacci, J. A. Hansen, W. B. Bilker, J. Loughead, J. J. Connolly, H. Qiu, F. D. Mentch, P. M. Abou-Sleiman, H. Hakonarson, and R. E. Gur. Age group and sex differences in performance on a computerized neurocognitive battery in children age 8–21. *Neuropsychology* 26:251–265.

Hall, J. *Nonverbal Sex Differences*. Baltimore: Johns Hopkins University Press, 1984.

Hall, J. A. Y., and D. Kimura. Sexual orientation and performance on sexually dimorphic motor tasks. *Archives of Sexual Behavior* 24:395–407, 1995.

Hampson, E., and D. Kimura. Sex differences and hormonal influences on cognitive function in humans. In J. B. Becker, S. M. Breedlove, and D. Crews, Eds., *Behavioral Endocrinology*. Cambridge, Mass.: MIT Press, 1992.

Hardyck, C., and L. F. Petrinovich. Left-handedness. *Psychological Bulletin* 84:384–404, 1977.

Harshman, R. A., E. Hampson, and S. A. Berenbaum. Individual differences in cognitive abilities and brain organization: I. Sex and handedness—Differences in ability. *Canadian Journal of Psychol-*

ogy 37:144–192, 1983.

Haverkort, M., L. Stowe, B. Wijers, and A. Paans. Familial handedness and sex in language comprehension. *NeuroImage* 9:12–18, 1999.

Hécaen, H., and J. Sauguet. Cerebral dominance in left-handed subjects. *Cortex* 7:19–48, 1971.

Hickok, G., U. Bellugi, and E. S. Klima. Sign language in the brain. *Scientific American* 284(6):58–65, 2001.

Hines, M. Sex-related variation in human behavior and brain. *Trends in Cognitive Science* 14:448–456, 2010.

Hines, M. Gender development and the human brain. *Annual Review of Neuroscience* 34:69–88, 2011.

Hochberg, F. H., and M. LeMay. Arteriographic correlates of handedness. *Neurology* 25:218–222, 1975.

Hyde, J. S., E. Fennema, and S. J. Lamon. Gender differences in mathematics performance: A meta-analysis. *Psychological Bulletin* 107:139–155, 1990.

Hyde, J. S., and M. C. Linn. Gender differences in verbal ability: A meta-analysis. *Psychological Bulletin* 104:53–69, 1988.

Ingalhalikar, M., A. Smith, D. Parker, T. D. Satterthwaite, M. A. Elliott, K. Ruparel, H. Hakonarson, R. E. Gur, R. C. Gur, and R. Verma. Sex differences in the structural connectome of the human brain. *Proceedings of the National Academy of Sciences U.S.A.* 111:823–828, 2013.

Inglis, J., and J. S. Lawson. A meta-analysis of sex differences in the effects of unilateral brain damage on intelligence test results. *Canadian Journal of Psychology* 36:670–683, 1982.

Inglis, J., M. Rickman, J. S. Lawson, A. W. MacLean, and T. N. Monga. Sex differences in the cognitive effects of unilateral brain damage. *Cortex* 18:257–276, 1982.

Jancke, L., G. Schlaug, Y. Huang, and H. Steinmetz. Asymmetry of the planum parietale. *Neuroreport* 5:1161–1163, 1994.

Janowsky, J. S. Thinking with your gonads. *Trends in Cognitive Sciences* 10:77–82, 2006.

Juraska, J. Sex differences in developmental plasticity of behavior and the brain. In W. T. Greenough and J. M. Juraska, Eds., *Developmental Neuropsychology*. New York: Academic Press, 1986.

Kimura, D. Sex differences in cerebral organization for speech and praxic functions. *Canadian Journal of Psychology* 37:9–35, 1983.

Kimura, D. *Sex and Cognition*. Cambridge, Mass.: MIT Press, 1999.

Klein, D., B. Milner, R. J. Zatorre, V. Zhao, and J. Nikelski. Cerebral organization in bilinguals: A PET study of Chinese–English verb generation. *Neuroreport* 10:2841–2846, 1999.

Klein, D., K. E. Watkins, R. J. Zatorre, and B. Milner. Word and nonword repetition in bilingual subjects: A PET study. *Human Brain Mapping* 27:153–161.

Kuhl, P. K., T. L. Richards, J. Stevenson, D. D. Can, L. Wroblewski, M. S. Fish, and J. Mizrahi. White-matter microstructure differs in adult bilingual and monolingual brains. *Journal of the Acoustical Society of America* 134:4249.

Kulynych, J. J., K. Vladar, D. W. Jones, and D. R. Weinberger. Gender differences in the normal lateralization of the supratemporal cortex: MRI surface-rendering morphometry of Heschl's gyrus and the planum temporale. *Cerebral Cortex* 4:107–118, 1994.

LeMay, M. Asymmetries of the skull and handedness: Phrenology revisited. *Journal of Neurological Science* 32:243–253, 1977.

Luders, E., K. L. Narr, P. M. Thompson, R. P. Woods, D. E. Rex, L. Jancke, H. Steinmatz, and A. W. Toga. Mapping cortical gray matter in the young adult brain: Effects of gender. *NeuroImage* 26:493–501, 2005.

Luders, E., A. W. Toga, and P. M. Thompson. Why size matters: Differences in brain volume account for apparent sex differences in callosal anatomy: The sexual dimorphism of the corpus callosum. *NeuroImage* 84:820–824, 2013.

MacNeilage, P. F., M. G. Studdert-Kennedy, and B. Lindblom. Primate handedness reconsidered. *Behavioral and Brain Sciences* 10:247–303, 1987.

MacNeilage, P. F., M. G. Studdert-Kennedy, and B. Lindblom. Primate handedness: A foot in the door. *Behavioral and Brain Sciences* 11:737–746, 1988.

Majeres, R. L. Sex differences in symbol–digit substitution and speeded matching. *Intelligence* 7:313–327, 1983.

McBurney, D. H., S. J. C. Gaulin, T. Devineni, and C. Adams. Superior spatial memory of women: Stronger evidence for the gathering hypothesis. *Evolution and Human Behavior* 19:73–87, 1997.

McCarthy, M. M., et al. Sexual differentiation of the brain: Mode, mechanisms, and meaning. In D. W. Pfaff et al., Eds., *Hormones, Brain and Behavior*, 2nd. ed. New York: Academic Press, 2009.

McGivern, R. F., K. L. Mutter, J. Anderson, G. Wideman, M. Bodnar, and P. J. Huston. Gender differences in incidental learning and visual recognition memory: Support for a sex difference in unconscious environmental awareness. *Personality and Individual Differences* 25:223–232, 1998.

McGuinness, D., A. Olson, and J. Chapman. Sex differences in incidental recall for words and pictures. *Learning and Individual Differences* 2:263–285, 1990.

McLaughlin, K. A., N. A. Fox, C. H. Zeanah, and C. A. Nelson. Adverse rearing environments and neural development in children: The development of frontal electroencephalogram asymmetry. *Biological Psychiatry* 70:1008–1015, 2011.

McLaughlin, K. A., M. A. Sheridan, W. Winter, N. A. Fox, C. H. Zeanah, and C. A. Nelson. Widespread reductions in cortical thickness following severe early-life deprivation: A neurodevelopmental pathway to attention-deficit/hyperactivity disorder. *Biological Psychiatry* in press.

Molfese, D. L., and V. J. Molfese. Right-hemisphere responses from preschool children to temporal cues to speech and nonspeech materials: Electrophysiological correlates. *Brain and Language* 33:245–259, 1988.

Moscovitch, M. The development of lateralization of language functions and its relation to cognitive and linguistic development: A review and some theoretical speculations. In S. J. Segalowitz and F. A. Gruber, Eds., *Language Development and Neurological Theory*. New York: Academic Press, 1977.

Netley, C. Dichotic listening of callosal agenesis and Turner's syndrome patients. In S. J. Segalowitz and F. A. Gruber, Eds., *Language Development and Neurological Theory*. New York: Academic Press, 1977.

Neville, H. Electroencephalographic testing of cerebral specialization in normal and congenitally deaf children: A preliminary report. In S. J. Segalowitz and F. A. Gruber, Eds., *Language Development and Neurological Theory*. New York: Academic Press, 1977.

Nicholson, K. G., and D. Kimura. Sex differences for speech and manual skill. *Perceptual and Motor Skills* 82:3–13, 1996.

Nottebohm, F. Brain pathways for vocal learning in birds: A review of the first 10 years. *Progress in Psychobiology and Physiological Psychology* 9:85–124, 1980.

Obler, L. K., R. J. Zatoree, L. Galloway, Jr., and J. Vaid. Cerebral lateralization in bilinguals: Methodological issues. *Brain and Language* 15:40–54, 1982.

Pellis, S., and V. Pellis. *The Playful Brain: Venturing to the Limits of Neuroscience*. London: Oneworld Publications, 2009.

Pugh, K. R., B. A. Shaywitz, S. E. Shaywitz, R. T. Constable, P. Skudlarski, R. K. Fulbright, R. A. Bronen, J. M. Fletcher, D. P. Shankweiler, L. Katz, J. M. Fletcher, and J. C. Gore. Cerebral organization of component process in reading. *Brain* 119:1221–1238, 1996.

Rahman, Q., S. Abrahams, and G. D. Wilson. Sexual-orientation-related differences in verbal fluency. *Neuropsychology* 17:240–246, 2003.

Rapport, R. L., C. T. Tan, and H. A. Whitaker. Language function and dysfunction among Chinese- and English-speaking polyglots: Cortical stimulation, Wada testing, and clinical studies. *Brain and Language* 18:342–366, 1983.

Ratcliffe, G., C. Dila, L. Taylor, and B. Milner. The morphological asymmetry of the hemispheres and cerebral dominance for speech: A possible relationship. *Brain and Language* 11:87–98, 1980.

Reite, M., J. Sheeder, P. Teale, D. Richardson, M. Adams, and J. Simon. MEG based brain laterality: Sex differences in normal adults. *Neuropsychologia* 33:1607–1616, 1995.

Rogers, L. Asymmetry of brain and behavior in animals: Its development, function, and human relevance. *Genesis* 52(6):555–571, 2014.

Sacher, J., J. Neumann, H. Okon-Singer, S. Gotowiec, and A. Villringer. Sexual dimorphism in the human brain: Evidence from neuroimaging. *Magnetic Resonance Imaging* 31:366–375, 2013.

Sherwin, B. B. Estrogen and cognitive functioning in women: Lessons we have learned. *Behavioral Neuroscience* 126:123–127.

Sowell, E. R., P. M. Thompson, D. Rex, D. Kornsand, K. D. Tessner, T. L. Jernigan, and A. W. Toga. Mapping sulcal pattern asymmetry and local cortical surface gray matter distribution in vivo: Maturation in perisylvian cortices. *Cerebral Cortex* 12:17–26, 2002.

Strauss, E., J. Wada, and M. Hunter. Sex-related differences in the cognitive consequences of early left-hemisphere lesions. *Journal of Clinical and Experimental Neuropsychology* 14:738–748, 1992.

Stoet, G., and D. C. Geary. Sex differences in mathematics and reading achievement are inversely related: Within- and across nation assessment of 10 years of PISA data. *PLoS ONE* 8:e57988, 2013.

Sugishita, M., K. Otomo, S. Kabe, and K. Yunoki. A critical appraisal of neuropsychological correlates of Japanese ideogram (kanji) and phonogram (kana) reading. *Brain* 115:1563–1585, 1992.

Swaab, D. F. Sexual differentiation of the human brain: Relevance for gender identity, transsexualism and sexual orientation. *Gynecology and Endocrinology* 19:301–312, 2004.

Taglialatela, J. P., C. Cantalupo, and W. D. Hopkins. Gesture handedness predicts asymmetry in the chimpanzee inferior frontal gyrus. *Neuroreport* 17:923–927, 2006.

Tian, L., J. Wang, C. Yan, and Y. He. Hemisphere- and gender-related differences in small-world brain networks: A resting-state functional MRI study. *NeuroImage*, 54:191–202, 2011.

Thomas, H., W. Jamison, and D. D. Hummel. Observation is insufficient for discovering that the surface of still water is invariantly horizontal. *Science* 191:173–174, 1973.

Uyehara, J. M., and W. C. Cooper, Jr. Hemispheric differences for verbal and nonverbal stimuli in Japanese- and English-speaking subjects assessed by Tsunoda's method. *Brain and Language* 10:405–417, 1980.

Velle, W. Sex differences in sensory functions. *Perspectives in Biology and Medicine* 30:490–522, 1987.

Waber, D. P. Sex differences in cognition: A function of maturation rate. *Science* 192:572–573, 1976.

Werker, J. F., and R. C. Tees. The organization and reorganization of human speech perception. *Annual Review of Neuroscience* 15:377–402, 1992.

Wilson, B., and C. Petkov. Communication and the primate brain: Insights from neuroimaging studies in humans, chimpanzees and macaques. *Human Biology* 832:175–189, 2012.

Witelson, S. F. The brain connection: The corpus callosum is larger in left-handers. *Science* 229:665–668, 1985.

Witelson, S. F. Hand and sex differences in the isthmus and genu of the human corpus callosum: A postmortem morphological study. *Brain* 112:799–835, 1989.

Witelson, S. F., and D. L. Kigar. Sylvian fissure morphology and asymmetry in men and women: Bilateral differences in relation to handedness in men. *Journal of Comparative Neurology* 323:326–340, 1992.

Woolley, C. S., E. Gould, M. Frankfurt, and B. S. McEwen. Naturally occurring fluctuation in dendritic spine density on adult hippocampal pyramidal neurons. *Journal of Neuroscience* 10:4035–4039, 1990.

Yakovlev, P. I., and P. Rakic. Patterns of decussation of bulbar pyramids and distribution of pyramidal tracts on two sides of the spinal cord. *Transactions of the American Neurological Association* 91:366–367, 1966.

13 후두엽

사례 보기   손상 입은 군인의 시각 세계

제2차 세계대전에 참전했던 영국 대령 P.M. 은 북아프리카에서 뇌의 후측으로 총알이 관통하는 부상을 당했다. P.M.은 기적적으로 살았지만 그의 시각은 심각한 손상을 입었다. 그는 우시야에 있는 사물을 전혀 볼 수 없었고 좌시야의 중심부에 있는 것들만 볼 수 있었다. 그는 팔을 뻗었을 때 보이는 주먹의 크기 정도인 좌시야에서만 '정상적'으로 보인다고 말했다.

P.M의 증상은 후두엽 내의 지형학적 지도(옆의 사진 참조)와 그 지형의 일부만을 통해서도 사물을 볼 수 있음을 보여준다. 그렇다면 P.M.은 남아 있는 시야 세계에서 어떤 경험을 했을까? 부상을 입은 직후에 그는 보이지 않는 부분이 조명이 꺼졌을 때처럼 어둡다고 보고했다. 그러나 가끔 그는 손상된 시야가 '거의 회색'으로 다르게 인식된다는 것을 알아차렸는데, '회색'이라는 표현 외에는 구체적으로 이전과는 정확히 어떻게 다른지는 설

명하지 못했다.

P. M.은 광범위한 시각 손상을 입은 많은 다른 사람들과 같은 현상을 경험했다. 그는 자신이 볼 수 없는 영역에서 빛이 깜빡였을 때 어느 지점이었는지 추측해보라는 질문에 대해 우연 수준 이상으로 '추측'할 수 있었다. 그는 의식적으로는 빛이 있었는지를 지각할 수 없었으며 스스로도 어리둥절해하기도 했지만 가끔씩 상당히 정확하게 빛이 있는지 없는지를 알 수 있었다.

중심 시야가 남아 있었음에도 불구하고 P.M.은 특이하지만 그 자신에게는 짜증스러운 두 가지 문제를 겪었다. 그는 읽기에 어려움을 겪었으며 얼굴을 알아보는 것을 어려워했다. 그러나 흥미롭게도 P.M.은 비록 얼굴을 볼 수 없었을지라도 다른 사물들은 좀 더 쉽게 알아보았다.

우리의 뇌는 시각 위주로 조직화되어 있다. 우리의 지각은 대부분 시각이며, 움직임은 시각적 정보에 의해 유도되고, 사회적·성적 행동도 무척 시각적이며, 오락 문화도 거의 시각적이고, 꿈 역시 시각적으로 풍부하다.

이 장에서 우리는 우선 후두엽의 해부학적인 조직을 알아본 후 뇌 안의 시각계의 규모를 살펴볼 것이다. 다음으로 우리는 시각계와 시각 경로의 장애를 살펴볼 것이다. 마지막으로 인간의 시각 능력이 왜 신경심리학자들이 대뇌의 기능을 이해할 수 있는 독특한 기회를 제공하는지를 살펴볼 것이다.

13.1 후두엽의 해부학

두개골 뒤쪽 후두골 아래에 있는 후두엽은 대뇌반구의 후측 극을 형성한다. 후두엽은 각 반구의 내측 표면에서 **그림 13.1**에 나타난 것과 같이 두정-후두구에 의해 두정엽과 구별된다.

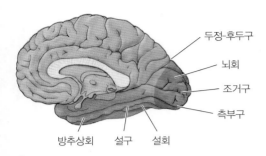

그림 13.1 ▲

주요 후두엽 지표를 보여주는 단면도

(A) 원숭이의 우반구

(B) 평면화된 피질

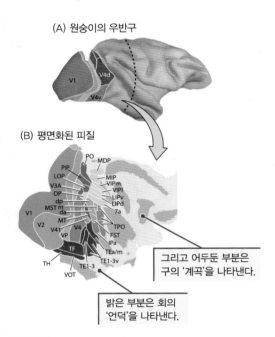

그리고 어두운 부분은 구의 '계곡'을 나타낸다.

밝은 부분은 회의 '언덕'을 나타낸다.

그림 13.2 ▲

짧은꼬리원숭이의 시각피질 지형도 (A) 우반구 외측 표면의 이 실제와 거의 유사한 그림에서 구가 약간 열려 있다. (B) 평면화된 피질 표면은 우반구 외측과 내측 영역을 보여주고 있다. 구 주변의 어두운 영역은 보통 위쪽(회) 혹은 아래쪽(구)으로 구부러져 있다.

(Data from Tootell et al., 2003.)

그림 13.3 ▶

영장류 시각피질의 지형학 (A) 긴꼬리원숭이의 망막위상적 지도의 평면화 지도. 피질 표면을 평면화 시켜서 구의 깊이를 표면으로 가져오고 조거구를 따라 절단해서 평면화시켰다. 와(fovea)의 다양한 피질 표상은 별표(*)로 표시하였다. 왼쪽 아래의 화살표는 방향을 가리킨다. (D : 배측, A : 전측). (B) 초기 시각 영역(V1~V4)에서 나타나는 원숭이와 인간의 일치성과 인간에게만 추가적으로 나타나는 V4 전측 영역을 살펴보라.

(Kolster H, et al., The retinotopic organization of the human middle temporal area MT/V5 and its cortical neighbors, *J Neurosci*, 2010; 30:9801–9820. Fig. 16 (A).)

그러나 외측면에서 후두엽과 측두엽 혹은 두정엽을 뚜렷하게 나누는 지표는 없는데, 이는 후두 조직이 다른 부분과 섞여 있기 때문이다. 명확한 지표가 없다는 것은 후두 영역의 규모를 정확히 정의하는 것을 어렵게 만드는데, 특히 후두엽이 내측과 복측 측두피질 쪽으로 뻗어서 확장되는 뇌의 복측 표면에서 정확한 경계선을 정하는 데 많은 혼동을 준다.

그럼에도 불구하고 시각피질 내에는 그림 13.1에서 볼 수 있듯이 3개의 명확한 지표가 있다. 가장 현저한 것은 조거구(calcarine sulcus)인데 이는 일차 시각피질(V1)의 상당 부분을 포함한다. 조거구는 시각 세계를 위아래 절반으로 나눈다. 각 반구의 복측 표면에는 설회와 방추상회가 있다. 설회는 시각피질의 V2와 VP의 일부를 포함하며 V4는 방추상회에 포함된다.

후두피질의 하위 영역

한 세기 전에 Brodmann은 처음으로 원숭이의 피질을 3개의 시각 영역으로 나눴다(그림 10.7의 사람의 뇌에서 17, 18, 19번 영역에 해당). 이후의 연구들은 뇌영상과 생리적인, 더 새로운 해부학적 기술을 이용하여 더 세밀한 하위 영역을 만들어냈다. 비록 그 지도가 아직 완성되지는 않았을지라도 **그림 13.2**에서 나타나 있듯이 원숭이의 후두엽이 다양한 시각 영역을 포함한다는 합의는 이루어졌다. 많은 시각 영역이 인근의 두정엽과 측두엽에서 공간을 차지하고 있다는 것에 주목하라.

그림 13.2A는 원숭이 뇌의 외측면에 있는 이 영역들의 위치를 나타내며 그림 13.2B는 반구의 외측면과 내측면 모두를 포함하는 이차원 평면 지도 위에 이 영역들의 위치를 표시하고 있다. 이 영역에 대한 인간의 상동 기관의 정확한 위치는 아직 확정되지 않았지만, Dwight Kravitz와 동료들(2013)은 원숭이와 인간의 뇌 모두에 대한 평면 지도를 제안하였다(그림 13.3).

원숭이와 인간의 지도를 비교할 때의 어려움은 방법론적이다. 원숭이의 지도는 해부학과 연결성을 기초로 하고 있지만 인간의 지도는 fMRI와 같은 비침습적 기술에 기초하고 있다. 그럼에도 불구하고 그림 13.3에서 나타나 있듯이 초기 시각 영역(V1~V4)에서 나타나는 원숭이와 인간의 뚜렷한 일치는 명백하며, 인간의 지도에서 보이는 V4 너머의 부가적 영역은 인간이 원숭이보다 더 큰 시각 처리 용량을 가지고 있다는 것을 보여준다.

(A) 원숭이

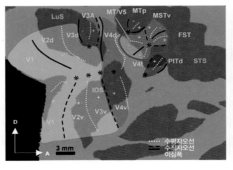

(B) 인간

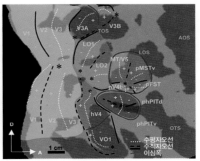

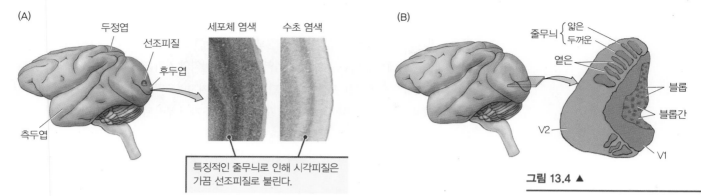

그림 13.4 ▲

시각피질 (A) 세포체 염색에서 나타나 있듯이 V1은 매우 얇은 판 모양이다. (B) 원숭이 시각피질의 단면은 V1과 V2 영역을 나타내고 있다.

V1의 눈에 띄는 특징은 **그림 13.4A**에서 나타난 것과 같은 복잡한 층위 조직이라고 할 수 있는데, 아마도 모든 피질 영역 중에서 가장 두드러질 것이다. 전형적으로 신피질은 6개의 층으로 구성되지만 V1에서는 훨씬 더 많은 층이 있다. 이는 부분적으로 IV 피질층에서만도 두꺼운 선 모양으로 보이는 4개의 구별된 층을 가지고 있다는 사실에 기인하며, 이로 인해 시각피질은 **선조피질**(striate cortex)이라는 별명을 갖게 되었다.

V1은 해부학적으로는 동질적으로 보일지 몰라도, 시토크롬 산화효소(세포가 사용하는 에너지를 만드는 데 중요한 효소)를 염색했을 때는 이질적이라는 것을 알 수 있다. 시토크롬이 풍부한 블롭(blob)들은 시토크롬 활동이 거의 없는 블롭간(interblob)들과 분리된다(그림 10.10B 참조). 블롭 내의 세포들은 색채 지각에 관여한다. 블롭간들은 형태와 움직임 지각을 담당한다.

V1이 기능적으로 이질적이라는 발견, 즉 하나의 피질 영역이 하나 이상의 구분되는 기능을 가지고 있을 수 있다는 것은 예상 밖의 일이었다. V2 영역 역시 시토크롬 산화효소를 염색했을 때 이질적으로 나타나지만, 블롭 모양 대신에 줄무늬 형태가 나타난다(그림 10.10C 참조). '얇은 줄무늬'는 색 지각에 가담한다. '두꺼운 줄무늬'와 '옅은 줄무늬'는 각각 형태와 움직임을 지각하는 역할을 한다. 그래서 우리는 V1에서 관찰되는 기능적 이질성(색채, 형태, 움직임 표상)이 그림 13.4B에서와 같이 비록 다른 방법으로 조직되어 있기는 하지만 V2 영역에도 유지되는 것을 볼 수 있다.

후두엽의 상당 부분과 그 너머 영역들(V1, V2, V4)에 분배되어 있는 여러 많은 색채 기능은 중요한데, 이는 20세기 내내 형태나 움직임의 지각은 색채를 지각하지 못한다고 믿었기 때문이다. 그러나 사실 색 시각은 위치, 깊이, 움직임, 물체의 구조를 분석하는 데 핵심적이다(Tanaka et al, 2001 참조).

V4의 주요 기능이 색채 처리이며 색 처리의 상대적인 양은 후두 영역에 걸쳐 다양할지라도, 색채와 관련된 정보처리는 단순히 빨간색과 초록색을 구분하는 것 이상이다. 색은 움직임, 깊이, 위치를 탐지하는 기능을 풍부하게 한다. 이 점이 핵심이다. 개나 고양이에게는 색채를 분석하는 기능이 없기 때문에 오직 흑백 세계만을 볼 수 있을 뿐만 아니라 일반적으로 인간과 비교하여 시각 능력이 약하다.

그러나 영장류의 색 체계는 나뭇잎의 배경에서 먹을 수 있는 음식을 구별하는 것에 최적화되어 있으며 또한 독 있는 뱀을 확인할 때 중요할 수 있다(Sumner & Mollon, 2000). 색을 구별하는 능력은 복잡한 장면에서 먹을 수 있는 음식을 선택할 때(또는 위험한 뱀을 찾을 때) 중요한 이점이 있고, 특히 잎들에 의해 부분적으로 가려져 있을 때 특히 중요하다. 색 시각은 물체를 인식하는 데 중요한 정보를 제공한다. 부분적으로 가려진 노란 바나나는 빠르게 볼 수 있지만 흑백 배경에서 회색 바나나를 찾기는 어렵다.

시각피질의 연결

시각피질은 위계적으로 조직되어 있으며 시각 정보가 V1에서 V2, V3로 진행된다는 것에 대한 의견 일치는 1960년대 후반에 이루어졌다. 각각의 영역은 이전의 영역의 처리를 정교화하는 것으로 생각되었다. 오늘날 이 엄격한 위계적인 관점은 너무 단순하다고 여겨지며 그림 10.18B에서 나타난 것과 같이 병렬적이며 각 수준에서 서로 내적으로 연결된 여러 경로를 가진 분산된 위계적 처리라는 개념으로 대체되었다.

시각 경로의 배선 도표는 복잡하지만 몇 가지 간단한 원리를 찾아볼 수 있다.

- V1(선조피질)은 위계에서 첫 번째 처리 수준이며, 시상의 외측 슬상핵으로부터 가장 많은 입력을 받고 모든 다른 후두엽에 투사한다.
- V2는 두 번째 처리 수준이며 역시 모든 다른 후두엽에 투사한다.
- V2 이후에 3개의 구별되는 수평적 경로가 두정엽, 다중양식 **상측두구**(superior temporal sulcus, STS)와 하측두엽 쪽에 나타난다(**그림 13.5**).

우리는 두 가지 경로의 등장에 대해 이후에 보다 더욱 자세하게 살펴볼 것이다. **배측 흐름**(dorsal stream, 두정 경로)은 움직임의 시각 유도에 관여하고, 하측두엽 경로와 STS 경로를 포함하는 **복측 흐름**(ventral stream)은 물체 인식(색과 얼굴을 포함)과 특정 유형의 움직임 인식에 관여한다.

13.2 후두엽 기능의 이론

V1과 V2는 기능적으로 이질적이다. 즉 두 영역 모두 색채, 형태, 움직임 처리를 분리한다. 이러한 이질성은 위계에서 이후에 뒤따르는 영역의 기능과 대조된다. 어떤 점에서 V1과 V2은 서로 다른 유형의 정보들이 보다 전문화된 시각 영역으로 보내지기 전에 모여 있는 미결 서류함의 역할을 한다고 할 수 있다.

V1과 V2로부터 시각의 다른 특질을 전달하는 세 가지 경로가 평행적으로 흐른다. V1의 블롭에서 나온 정보는 색채 영역인 V4로 이동한다. V4의 세포는 색채에만 반응하지는 않는데, 몇몇 세포는 형태와 색채에 모두 반응한다.

V1으로부터의 다른 정보는 V2로 이동한 후 움직임 탐지에 특수화된 V5(중측두 또는 MT라고 알려진 곳)로 이동한다. 마지막으로 V1과 V2로부터 V3으로 입력되는 정보는 **역동적인 형태**(dynamic form), 즉 움직이고 있는 물체의 형태에 관여한다. 그래서 시각 처리는 다양한 기능을 가진 일차 후두피질(V1)에서 시작되어 다른 전문화된 피질 영역으로 이동한다.

놀랍지 않게도 V2, V4, V5의 위계에서 선택적인 손상은 특정한 장애를 일으킨다. V4의 손상을 입은 사람은 회색의 그림자만을 볼 수 있다. 신기하게도 이 경우 색채를 지각하는 기능이 손상될 뿐만 아니라 손상 전에 지각된 색채를 회상하는 것 또한 어렵고 심지어 색채를 상상하는 것도 할 수 없게 된다.

이와 비슷하게 V5의 손상은 움직이는 물체를 지각하는 능력을 손상시킨다. 정지된 물체들은 인지할 수 있지만, 물체가 움직이기 시작하면 사라져버리는 것이다. V3 영역

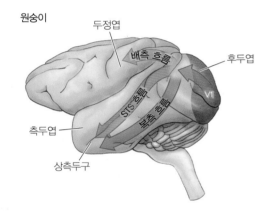

원숭이

두정엽
배측 흐름
후두엽
STS 흐름
V1
복측 흐름
측두엽
상측두구

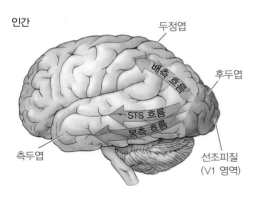

인간

두정엽
배측 흐름
후두엽
STS 흐름
복측 흐름
측두엽
선조피질
(V1 영역)

◎ **그림 13.5** ▲

시각적 흐름 원숭이와 인간의 뇌에서 후두–두정(배측) 흐름은 행동을 위한 시각에 관여하는데, V1 영역에서 후두정 시각 영역으로 흐른다. 후두측(복측) 흐름은 사물 인식에 관여하며 V1에서부터 측두 시각 영역으로 흐른다. 배측과 복측으로 가는 혹은 그곳에서 오는 정보는 STS 흐름과 만나는데, 이것은 V1에서 상측두구로 흐른다.

의 손실은 형태 지각에 영향을 미치지만 V4 역시 형태를 처리하기 때문에 V3과 V4 모두에 걸친 큰 손상이 아니라면 원칙적으로는 형태 지각이 가능하다.

　V3, V4, V5의 기능적인 중요한 제한은 이들 영역 모두가 V1에서부터 주요한 정보를 입력받는다는 것이다. 이 장의 서두 사례 보기에 등장했던 P.M. 대령과 같이 V1이 손상된 사람은 시각장애인처럼 행동하지만 시각적 입력은 여전히 외측 슬상핵에서 V2로 향하는 부분적 입력과 상구로부터 시상(시상침)으로, 시상에서 피질로의 부분적 입력과 같은 상위 수준으로 갈 수 있다. V1에 손상을 입은 사람들은 시각적 입력을 자각하지 못하는 듯하며 특별한 검사를 통해서만 시각의 몇 가지 측면이 남아 있다는 것을 확인할 수 있다(13.4절 D.B.의 사례 참조). 그래서 무엇이 보이냐는 질문을 받을 때, V1에 손상을 입은 환자들은 아무것도 안 보인다고 대답한다. 그럼에도 불구하고 이들은 시각적 정보에 근거하여 행동할 수 있는데, 이는 이들이 실제로는 '볼 수 있음'을 보여준다.

　따라서 V1은 다른 의미에서 초기 시각이라고 말할 수 있다. V1은 더 전문적인 시각 영역들이 처리하고 있는 것이 무엇인지 뇌가 이해하도록 만들기 위해 기능해야 한다. 그러나 V1 손상이 심한 환자가 움직임과 같은 시각 정보를 알아차리는 것이 가능한 경우가 보고되기도 한다는 것을 기억할 필요가 있다. John Barbur와 동료들(1993)은 V3가 온전한 경우 이러한 의식적인 인식이 가능하다고 제안한 바 있으나, 이는 아직 가설로 남아 있는 상태이다.

후두엽 너머의 시각 기능

신경심리학자들는 한 세기 동안 후두엽이 시각을 담당한다고 알아왔지만 최근 몇십 년 동안에 이르러서야 후두엽 이외의 영역에서 시각적 처리가 어느 정도로 일어나는지를 이해하기 시작했다. 실제로 시각은 영장류 뇌의 어떤 다른 기능보다 더 많은 피질들이 기여하는 기능이다.

　인간의 시각처리는 V3, V4, V5 같은 이차 영역에서 끝나는 것이 아니라 두정엽, 측두엽, 전두엽에 있는 복합적 시각 영역들 내에서 지속된다(그림 14.3, 15.5 참조). 추가적인 시각 영역 모두가 기능을 담당하지는 않지만 서로 다른 영역들이 상당히 구체적인 기능을 한다는 증거가 축적되고 있다. **표 13.1**은 배측과 복측 흐름에서 영역별로 추측되는 기능을 요약한 것이다. 예를 들면, 복측 흐름에서 몇몇 영역은 선택적으로 손(EBA, 선조외 신체 영역; FBA, 방추 신체 영역)과 얼굴(FFA, 방추 얼굴 영역) 또는 움직이는 몸(STSp, 상측두구)과 같이 특정 신체 부분을 선택적으로 식별하도록 조율되어 있는 것으로 보인다. 또 다른 영역인 PPA(해마방 장소 영역)는 주로 장면의 외관과 배치에 대한 정보를 분석하는 완전히 다른 기능을 한다.

　이쯤되면 각각의 복측 흐름 영역들이 독립적인 시각 처리기구라고 여길 수도 있겠지만, 이들 모두는 모든 종류의 자극에 대해 어느 정도 뚜렷한 반응을 보인다. 이 영역들 간의 차이점은 어느 **정도인가**에 대한 문제이지 그 자체가 존재하는가 아닌가 혹은 활성화되는가 아닌가의 문제가 아니다. Timothy Andrew와 동료들(2002)의 fMRI 연구는 이 점을 잘 보여준다. 이들은 참가자에게 지각적으로 애매모호한 Rubin의 화병-얼굴 그림을 보여주었다(그림 8.23A). 동일한 물리적 자극이 두 종류의 지각 모두를 일으킬지라도 참가자들이 화병이라기보다 얼굴로 보인다고 응답했을 때 FFA가 더욱 강하게 활성화되었다. 이러한 변화는 PPA 같은 인접한 시각 영역에서는 나타나지 않았다.

　표 13.1에서는 눈을 움직이고(LIP) 물체를 잡는 것(AIP, PRR)에 전문화된 영역으

표 13.1　후두엽 너머의 시각 영역 요약

영역		추정되는 기능
복측 흐름 영역		
LO	외측 후두 영역	물체 분석
FFA	방추 얼굴 영역	얼굴 분석
EBA	선조외 신체 영역	신체 분석
FBA	방추 신체 영역	신체 분석
STS	상측두구	신체적 움직임 분석
STSp	상측두구(후측)	움직임-신체 분석
PPA	해마방 장소 영역	랜드마크 분석
배측 흐름 영역		
LIP	외측 두정내구	자발적 안운동
AIP	전측 두정내구	물체-방향 파악
VIP	복측 두정내구	시운동 안내
PRR	두정 뻗기 영역	시각적 안내 뻗기
cIPS	두정내구	물체-방향 행동

로 보이는 몇몇의 배측 경로 영역을 구분하고 있다. 이 영역의 모든 뉴런들은 직접적으로 움직임을 통제하지는 않는다. 일부는 '순수하게 시각적'인 것으로 보이며 시각적 정보를 행동을 위해 필요한 조정에 시각 정보를 변환시키는 데 관여하는 것으로 보인다.

우리가 내릴 수 있는 하나의 결론은 시각은 일원화되어 있지 않으며 여러 가지 매우 구체적인 형태의 처리 과정으로 구성되어 있다는 것이다. 이러한 형태는 5개의 일반적 분류로 조직된다. 움직임을 위한 시각, 시각을 위한 움직임, 시각 재인, 시각 공간, 시각 주의가 그것이다.

움직임을 위한 시각

이 범주는 직접적인 구체적 움직임에 필요한 시각적 처리 과정이다. 예를 들면 컵 같은 특정한 물체에 손을 뻗을 때, 손가락은 컵을 잡기 위해 특별한 손동작을 형성한다. 이 움직임은 명백히 시각에 의해서 유도된 것인데, 우리는 컵 손잡이를 잡기 위해 의식적으로 손의 모양을 만들지는 않기 때문이다.

다양한 시각 영역은 잡기 위한 동작을 유도할 뿐 아니라 눈, 머리, 전체적인 몸을 포함한 특정한 모든 종류의 움직임을 유도한다. 하나의 간단한 체계가 모든 움직임을 쉽게 유도하지는 못한다. 필요한 움직임이 다양하기 때문이다. 과자를 집기 위해 손을 뻗는 것은 눈 뭉치를 피하기 위해 움직임을 통제하는 것과는 전혀 다른 움직임 통제를 요구하지만 이 둘 모두는 시각에 의해 유도되는 움직임이다.

마지막으로 움직임을 위한 시각은 표적의 움직임에 민감하다. 움직이는 공을 잡기 위해서는 공의 위치, 궤도, 속도, 모양에 대한 구체적인 정보가 필요하다. 움직임을 위한 시각은 배측 경로에 있는 두정 시각 영역의 기능이다.

시각을 위한 움직임

보다 '하향식 처리'가 이루어질 때 관찰자는 표적 물체의 일부분을 적극적으로 찾고 거기에 선택적으로 집중한다. 우리는 시각적 자극을 볼 때 멍하니 보는 것이 아니라 수많은 눈 움직임으로 살펴본다. 이러한 움직임은 무작위적이지 않으며 자극의 중요하거나 두드러진 특징에 집중하는 경향이 있다.

얼굴을 살펴볼 때 눈과 입 쪽으로 다양한 눈 움직임이 만들어진다. 흥미롭게도 우리는 우시야보다 좌시야(상대방의 오른편 얼굴)에 시선을 더 많이 준다(**그림 13.6A**). 이러한 응시 편향은 우리가 얼굴을 처리하는 방법에서 중요한데, 이는 다른 자극을 바라볼 때는 발견되지 않기 때문이다(그림 13.6B). 시각을 위한 움직임 기능이 결여된 사람들은 시지각에 상당한 결함을 보이지만 이에 대한 체계적인 연구는 아직 이루어지지 않았다(그림 13.6C).

시각을 위한 움직임의 흥미로운 측면은 우리가 정보를 시각화할 때 나타나는 눈의 움직임이다. 예를 들어 물체의 형태에 대해 간단히 질문하기 위해 물체를 머리 속에서 회전시키라고 요구하면 눈 움직임이 많이 일어나는데, 이는 주로 왼쪽 방향이다. 사람들이 어두운 곳에서 움직일 때, 이를테면 선반 위에 있는 물건을 찾을 때 많은 안구 운동이 일어난다. 신기하게도 눈을 감으면 이러한 눈 움직임은 멈춘다. 실제로 어두운 곳에서는 눈을 감는 편이 여러 과제를 하기에 더 쉬운 것으로 보인다. 어둠 속에서는 촉각에 의해 행동하기 때문에 눈을 감지 않으면 시각은 방해하는 작용을 하게 되기 때문이다.

시각 재인

우리는 물체를 재인하고 시각 정보에 반응하는 능력을 즐긴다. 예를 들면, 우리는 특정한 얼굴을 재인하고 그 얼굴에서 여러 표정을 해석하고 구분할 수 있다. 이와 유사하게 우리는 글자나 상징을 재인하고 거기에 의미를 부여할 수 있다.

▲ 당신은 컵과 같은 물체에 의식적으로 손을 뻗으려고 결정할 수 있다. 그러나 당신의 손은 자동적으로 적절한 모양을 취하는 데 이는 의식적 자각 없이 이루어진다.

우리는 여러 음식, 도구, 몸의 형태를 재인할 수 있지만 각각의 분류나 물체에 대해 시각 영역이 따로 존재할 것으로 보는 것은 합리적이지 못하다. 그러나 우리는 최소한 얼굴이나 손과 같은 생물학적으로 중요한 정보에 대한 측두엽의 전문화된 몇 가지 영역을 가지고 있으며, 물체와 장소를 전문적으로 담당하는 영역도 존재한다.

시각 공간

공간의 특정한 위치로부터 오는 시각 정보는 그 공간에 있는 물체에 대한 움직임을 지휘하거나 그 물체에 의미를 할당한다. 그러나 공간적 위치는 일원화된 것이 아니다. 물체는 사람과의 거리[**자기 중심적 공간**(egocentric space)]와 관련된 위치와 또 다른 물건과의 거리[**타인 중심적 공간**(allocentric space)]와 관련된 위치 모두를 가진다.

자기 중심적 시각 공간은 물체에 대한 움직임을 조절하는 것이 핵심이다. 따라서 시각적 공간은 움직임을 위한 시각에 관련된 신경 체계에 부호화되는 것 같다. 반대로 물체의 타인 중심적 특징은 당신이 특별한 위치에 대한 기억을 구성하는 것에 필수적이다. 자기 중심적 공간 부호화의 핵심적 특징은 세계의 특정한 특징을 구분하는 것에 대한 의존성이다. 그래서 시각 재인의 영역과 연관되어 있는 것으로 보인다.

요약하면 각 처리의 여러 측면은 측두엽과 두정엽 영역 둘 다에서 일어나며 각각의 기능은 정보를 교환하고 상호작용하는 지역에서 통합된다.

시각주의

주어지는 시각 정보를 모두 처리하는 것을 불가능하다. 이 페이지는 모양, 색채, 질감, 위치 등의 시각 정보를 가지고 있지만 중요한 특징은 단어와 형상이다. 당신이 이 페이지를 읽을 때 당신은 시각적 입력의 특정한 측면을 선택한다.

사실 피질의 뉴런은 다양한 주의 기제를 가진다. 뉴런은 특정한 장소에서 특정한 시간에 또는 특정 움직임에서 주어지는 자극에 선택적으로 반응한다. 움직임을 이끌고(두정엽) 물체를 인식할 때(측두엽) 주의의 독립적인 체계가 필요하다. 주의에 대해서는 제22장에서 상세하게 살펴 볼 것이다.

후두엽 너머의 시각 경로

시각은 처음에는 재인이 아닌 움직임을 위해 진화하였다. 단순한 유기체는 빛을 찾고 그쪽으로 움직일 수 있다. 예를 들어, 단순한 세포 유기체인 유글레나는 살고 있는 호수 내의 위치에서 은은한 빛의 수준에 따라 수영하는 패턴을 변화시킨다. 햇볕은 이러한 수중 환경에서 먹이를 생산하도록 돕기 때문에 유글레나에게는 빛 쪽으로 움직이는 편이 유리하다.

유글레나가 빛을 인지하지도, 외부 세계의 내적 지도를 만들지도 못한다는 점에 주목하라. 그보다는 은은한 빛의 양과 이동 간의 어떤 유형의 연결고리가 필요하다. 유글레나에게 시각은 움직임을 유도하는 데 사용되는데, 이는 움직임을 위한 시각의 가장 원시적인 형태이다.

우리의 시각이 유글레나보다 훨씬 더 복잡할지라도 인간 시각의 많은 부분은 물체 재인과 관련 없이도 이해 가능하다. 예를 들어, 프로야구선수는 물체가 무엇인지 실제로 지각하기 전에 빠른 볼에 방망이를 휘두른다. 이때 그의 움직임에 대한 시각 유도는 야구공에 대한 지각과는 별개이다.

그럼에도 불구하고 원시동물은 그들의 환경과 상호작용함에 따라 환경에 대해 더 많이 알게 되도록 적응하였다. 따라서 환경 속의 물체를 인지하기 위한 별도의 시각계가 진화하게 되었다. 시각적으로

(A) 통제 집단

통제 집단의 안구 움직임은 사진 속의 얼굴 특성에 집중하고 있으며 얼굴의 오른편으로 향한다.

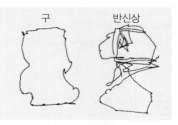

(B) 통제 집단

구　　　　반신상

통제 집단의 안구 움직임은 물체의 형태에 집중한다.

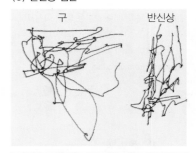

(C) 실인증 집단

구　　　　반신상

그러나 실인증 환자들의 시선은 무작위이다.

그림 13.6 ▲

시각을 위한 움직임

(©1973 A.R. Luria, The Working Brain: *An Introduction to Neuropsychology*. Reprinted with permission of the Perseus Books Group.)

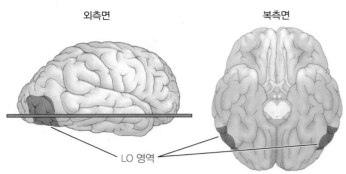

외측면　　　　　복측면

LO 영역

그림 13.7 ▲

D.F의 병변 정도 (왼쪽) 붉은색으로 표시된 우반구 후두 영역은 D.F.의 병변이 외측 후두 영역을 모두 포함한다는 것을 보여준다(LO 영역). (오른쪽) 복측면에서 보면 양측 LO의 병변이 확인된다.

(Information from Milner and Goodale, 2006.)

⊚ **그림 13.8 ▼**

시각 처리의 위계 요약 왼쪽에서 나타난 것과 같이 복측 흐름은 물체 지각에 관여하여 우리가 컵과 볼펜을 구분할 수 있도록 해준다. 배측 흐름은 오른쪽에서 설명한 것과 같이 컵이나 펜을 잡으려는 손동작과 같은 우리의 움직임을 안내하기 위한 시각적 행동에 관여한다. 복측, 배측 흐름은 양쪽 화살표에서 나타난 것과 같이 상측두구 흐름에 있는 다감각 뉴런들을 통해 정보를 교환한다.

(Research from Goodale, 1993.)

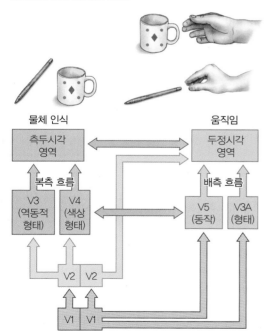

물체 인식　　　　　움직임

| 측두시각 영역 | 두정시각 영역 |

복측 흐름　　　　　배측 흐름

| V3 (역동적 형태) | V4 (색상 형태) | V5 (동작) | V3A (형태) |

V2　V2

V1　V1

유도된 움직임을 통제하는 체계는 배측 흐름 내 V1에서 두정엽으로의 정보 흐름을 포함한다. 비록 그림 13.5에서는 배측 흐름과 배측 흐름을 따라 흐르는 정보의 방향을 매우 단순하게 제시하고 있지만, 우리는 15.1절에서 복측 흐름을 따라 각 단계에서 피질하 영역들과의 상호작용이 일어난다는 것을 보게 될 것이다.

배측 흐름과 복측 흐름 간의 구분은 David Milner와 Melvyn Goodale(2006)이 연구한 환자를 통해 뚜렷하게 알 수 있다. 그들은 그림 13.7에 제시된 후측 후두엽, LO 영역에 선택적 손상을 입은 환자인 D.F.에 대해 연구하였다. D.F.는 시각장애인임에도 불구하고 물체를 향해 손을 뻗으라는 요청을 받았을 때 그 물체의 모양에 맞게 손의 모양을 바꿀 수 있었다. 그녀가 '무의식적'으로 위치나 크기, 모양을 볼 수 있다는 사실은 그녀의 배측 체계가 손상되지 않았음을 보여주었다. 이와 반대로 Goodale과 Milner는 배측 손상의 환자들은 의식적으로 물체를 볼 수 있다고 말했지만 정확하게 그 물체를 향해 손을 뻗을 수 없거나 손을 뻗을 때 적절한 손 모양을 만들지 못했다.

Milner와 Goodale은 배측 흐름이 행동의 온라인 시각 통제를 위한 일련의 체계라고 제안하였다. 그들의 주장은 세 가지의 주요한 증거에 근거하고 있다.

1. **후측 두정 영역의 시각 뉴런은 뇌가 시각 정보에 의해 반응할 때만 활성화된다는 점에서 독특하다.** 이 뉴런들의 주된 특징은 시각 자극과 관련 행동의 결합이 이루어지는 동안에 활성화된다는 것이다. 예를 들어, 원숭이가 특정한 물체에 손을 뻗을 때만 활성화되는 식이다. 어떤 동작을 하지 않고 물체를 보기만 하는 것은 뉴런을 활성화시키지 않았다.

2. **따라서 후측 두정 영역의 시각 뉴런은 시각 세계의 분석과 이에 대한 운동 동작 간의 접점으로 기능한다.** 행동에 대한 요구는 어떤 유형의 정보(예 : 물체의 모양, 움직임, 위치)가 두정피질로 보내져야 하는가에 대해서 중요한 함의를 가진다. 이러한 시각 특징들은 각각 분리되어 부호화되는데, 최소한 배측 흐름 내에서 최소한 세 가지 별개의 경로가 V1에서 두정엽으로 흐른다. 그림 13.8의 오른쪽에서 나타난 것과 같이 하나의 경로는 V1에서 직접적으로 V5로, 거기서 두정피질로 가고, 두번째는 V1에서 V3으로 이동하고 두정엽으로 간다. 세번째는 V1에서 V2로 이동하고, 두정엽으로 이동한다. 이 세 가지 경로는 기능적으로 분리되는 것임에 틀림 없다.

3. **두정피질과 관련된 대부분의 시각 손상은 대부분 시운동 혹은 시공간적이라는 특성을 가진다**(이에 대해서는 14.1절에서 다시 살펴보겠다).

Milner-Goodale 모형은 시각적 뇌가 어떻게 조직화되어 있는지를 이해하기 위해 중요한 이론적 진보이다. 그림 13.8에 상세히 나와 있듯이 두 가지의 분리된 시각적 흐름은 기능적으로 다른 방법으로 시각적 정보를 사용하기 위해 진화하였다. 움직임을 안내하는 배측 흐름과 물체 식별을 위한 복측 흐름이 그것이다. 이 모형은 청각과 체감각계에도 적용될 수 있다. 즉 둘 모두 움직임을 유도하고 자극을 식별한다. 여기서 중요한 점은 우리는 뇌가 실제로 무엇을 하는지에 대해서 아주 적은 양만을 알 수 있다는 것이며, 노력해도 우리는 감각 처리의 대부분에 대한 자각을 얻을 수 없다.

Milner-Goodale 모형에는 한 가지 연결 통로가 더해질 수 있다. 즉 제3의 시각 흐름이 두정과 측두 경로에 관련된 구조로부터 시작되어 상측두구 내의 영역으로 흐른다(그림 13.5 참조). STS는 시각과 청각 혹은 시각과 체감각의 입력에 반응하는 **다감각 뉴런**(polysensory neuron)으로 특징지어지는 중 다양식 피질의 일부이다(10.2절 참조).

STS 내의 두정과 측두 흐름의 상호작용은 아마도 배측과 복측, '행동'과 '지각' 흐름 간의 상호작용에 기인하는 것으로 보인다. Milner와 Goodale은 이 '제3의 흐름'이 대체로 복측 흐름을 정교화한 것이며, STS 흐름이 생물학적 움직임, 즉 장면 내 요소들 간의 시공간적 관계뿐 아니라 움직임에 대한 지각적 표상을 제공하는 것이라고 추정한다.

복측 흐름과 배측 흐름에 대한 뇌영상 연구

신경과학자들은 사람들이 시각 과제를 수행할 때 뇌 영역의 혈류를 측정함으로써 특정 시각 경로와 관련된 뇌 영역을 확인했다. Leslie Ungerleider와 James Haxby(1994)는 **그림 13.9**에 요약된 것처럼 PET 연구들을 살펴보았다.

Haxby와 동료들(1999)은 참가자에게 두 가지 과제를 제시했다. 첫 번째 과제에서 참가자들은 2개의 얼굴 중에서 표본 얼굴과 동일한 얼굴이 어느 것인지를 선택하도록 지시를 받았다. 두 번째 과제는 두 가지 자극 중에서 어느 것이 표본과 동일한 위치에 점 혹은 사각형을 가지고 있느냐를 판단하는 것이었다. 실험 결과 얼굴 자극에 대해서는 측두엽 영역이, 위치 자극에 대해서는 후두정 영역이 활성화되었다(그림 13.9A). 공간 과제에 대하여 전두 영역이 활성화되는 것은 전두엽이 시각적 처리의 특정 측면을 담당하고 있다는 것을 지지한다는 사실에 주목할 필요가 있다(16.2절 자세히 보기 참조).

공간 과제 수행 시의 PET 영상을 해석할 때 어려운 점은 참가자들이 과제 수행을 위해서는 눈을 움직여야만 하는데, 이로 인해서 배측 영역이 활성화되기 때문에 두정 영역을 활성화시키는 것이 공간적 요소인지 움직임 요소인지가 명확하지 않다는 것이다. 중요한 점은 두 가지 과제에 관여하는 영역이

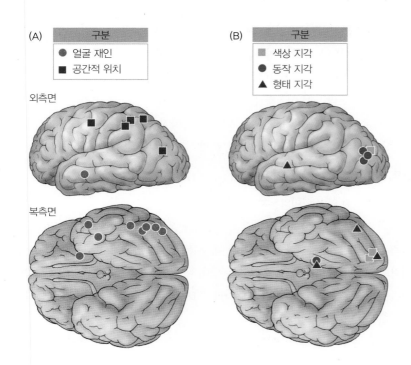

(A) 구분
● 얼굴 재인
■ 공간적 위치

외측면

복측면

(B) 구분
■ 색상 지각
● 동작 지각
▲ 형태 지각

◎ **그림 13.9** ◄

시각적 경로의 영상화 (A) 얼굴 지각(원)과 공간 지각(사각형) 과제에서 선택적 활성화를 보이는 부위. (B) 색상 지각(사각형), 움직임(원), 형태(세모)에 선택적 활성화를 나타내는 부위.

(Data source: Ungerleider and Haxby, 1994.)

서로 다르다는 것이다.

이와 유사한 구분이 동작, 색채, 모양을 탐지하는 과정 사이에서 확인되었다(그림 13.9B). 움직임 탐지는 V5 주변 영역을 활성화시키는 반면, 모양 탐지는 STS와 복측의 측두엽을 활성화시킨다. 색 지각은 V4 영역의 설회(그림 13.1 참조) 활성화와 관련된다.

요약하자면 지엽적 혈류에 대한 연구는 두정엽과 측두엽의 2개의 시각적 흐름의 일반적 개념에 일치하는 결과를 보여준다. 분리된 시각 기능들은 명백하게 서로 다른 측두-후두 영역에 존재한다.

시각의 하향식 예측

감각 지각의 하나의 특징은 우리가 들어온 정보를 해석하는 속도이다. Moshe Bar와 동료들(Kveraga et al., 2007; Panichello et al., 2002 개관 참조)은 수동적으로 그냥 받아들이는 것과는 전혀 다르게, 뇌는 순간의 감각 정보를 해석하고 다가오는 미래를 예측하기 위해 지속적으로 과거 경험의 기억을 활용한다고 주장하였다. 예를 들어, 야구선수는 공의 궤도를 예측하기 위해 500ms라는 시간 내에 투구에 대한 예상(하향식)과 지금 일어나고 있는 공의 회전과 속도에 대한 지각(상향식)을 결합함으로써 투구의 특정 유형을 예측할 수 있다. 이러한 능력은 타고나는 것이 아니라 수년간의 훈련을 통해 얻는 것이다.

그러나 하향식 예측은 어디에서 일어나는 것일까? Bar는 전전두피질과 후두엽, 전전두피질과 측두엽의 광범위한 연결이 전전두피질로 하여금 시각적 처리 속도를 강화하는 정보를 제공하게끔 한다고 제안한다.

◎ 13.3 시각 경로의 이상

시각 경로의 손상에 관련된 장애를 살펴보기 전에, 우리는 뇌가 시각 영역을 조직화하는 방법의 두 가지 핵심 요소를 다시 확인해볼 필요가 있다.

1. 각각 망막의 좌측은 투사한 것을 우반구로 보내지만, 우측 망막은 좌반구로 보낸다(**그림 13.10** 위). 그래서 각각의 눈에서 보여지는 시각 세계의 표상은 모두 V1의 동일한 위치로 보내지고, V1의 손상은 양쪽 안구의 시각에 영향을 미친다. 반대로 시각장애가 한쪽 눈에만 한정된다면 손상의 원인은 망막 또는 시신경과 같은 뇌의 외부에 있는 것이 틀림없다.
2. 시야의 서로 다른 부분은 V1의 다른 부분에 지형학적으로 표상된다(그림 13.10 아래). 그래서 V1의 특정 영역의 손상은 시야의 특정 부분의 시각 손실을 일으킨다.

이제 그림 13.10에서 볼 수 있듯이 시각 경로에서 서로 다른 영역에 손상이 있을 때 표준 시야 (1)과 비교하여 어떤 일이 일어나는지를 살펴보자.

한쪽 눈의 망막 또는 시신경이 파괴된 경우 (2) **단안맹**, 즉 해당 눈의 시야 손실이 발생한다. 시교차의 내측 영역의 손상은 교차섬유를 자르는데, 이는 (3) **양측두 반맹**(bitemporal hemianopia), 즉 측면 시각의 손상을 일으킨다. 예를 들어, 종양이 내측 영역에 있는 시교차 옆쪽에 위치한 뇌하수체에 생겼을 때 발생한다. 종양이 커짐에 따라 시교차 지점의 중간 부분을 누르게 되어 측면의 시각을 모두 혹은 부분적으로 잃게 된다.

외측 시교차 손상은 시야의 비측 또는 (4) **비측반맹**을 일으킨다. 시삭, 외측슬상핵 또는 V1의 완전

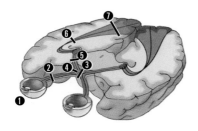

환자의 실제 시야장

❶ 표준 시야

❷ 단안맹

❸ 양측두 반맹

❹ 오른쪽 비측 반맹

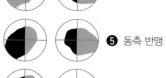
❺ 동측 반맹

❻ 사분맹

❼ 황반보존 동측 반맹

◎ **그림 13.10** ▲

부상의 영향 시각 체계의 손상 수준에 따른 시각 손상을 번호순으로 배열하였다. 시야 구분에서 보라색 영역은 시각이 보존되는 구역을 나타낸다. 검은색 영역은 시야장에서 보이지 않는 부분이다.

(Information from Curtis, 1972.)

한 절단은 (5) **동측 반맹**(homonymous hemianopia)을 일으키는데, 이는 **그림 13.11A**에서 나타난 것과 같이 한쪽 시야 전체의 맹시를 일으킨다. 이러한 장애는 양쪽 눈으로 들어오는 정보 모두에 영향을 주기 때문에 시각장애는 그림 13.10의 5에서와 같이 양쪽 눈 모두에 나타난다.

실제로 각 손상이 일으키는 결과를 통하여 손상이 눈 또는 시신경에서 발생한 것인지 혹은 시삭이나 뇌에서 발생한 것인지를 알 수 있다. 전자의 손상은 한쪽 눈에 시각장애를 일으키는 반면에 후자의 손상은 시야를 손상시키기 때문에 양쪽 눈 모두에 영향을 준다. 만에 하나 손상이 부분적인 경우라면, 시야의 부분(4분의 1)만이 손상된다(그림 13.10의 6).

후두엽의 손상은 시야의 중심, 혹은 **황반**을 그냥 남겨둔다. 그 이유는 확실하지 않다. 가장 합리적인 설명은 (1) 황반이 중대뇌동맥과 후대뇌동맥 모두에서 2배의 혈관을 공급받는데, 이로 인하여 큰 반구 손상에 보다 탄력성을 가지게 될 수 있거나, (2) 망막의 중심와는 양쪽 반구에 모두 투사하기 때문에 한쪽 후두엽이 파괴되더라도 다른 쪽의 후두엽이 중심와로부터 투사를 받는다는 것이다. 첫 번째 설명이 좀 더 그럴듯해 보인다.

중심 시야의 **황반보존**(macular sparing, 그림 13.10의 7)은 시삭이나 시상의 손상을 피질 손상과 구분하는 것에 도움이 되는데, 그 이유는 황반보존이 편측 손상(보통은 광범위한) 이후에만 발생하기 때문이다. 그러나 황반보존이 늘 일어나는 것은 아니며, 시각피질에 손상을 입은 많은 사람들이 중심와에 4분의 1[**사분맹**(quadrantanopia)] 또는 2분의 1(**이분맹**)의 시각 손실을 겪는다(그림 13.11A와 B 참조). 사분맹과 이분맹의 흥미로운 점은 손상된 시각 부분과 인접해 있는 손상되지 않은 부분의 경계선이 가위로 시야의 일부분을 잘라낸 것처럼 날카롭다는 것이다(그림 13.10 참조). 손상된 부분과 그렇지 않은 시각 영역 간의 날카로운 경계는 상하좌우의 시야들 간의 해부학적 분리 때문이다.

경미한 후두엽 손상은 종종 시야의 작은 맹점인 **암점**(scotomas)을 생성시킨다(그림 13.11C). 사람들은 대체로 **안진증**(불수의적으로 계속되는 미세 안구 운동)과 시야 체계에 의한 무의식적 보완 때문에 암점을 인식하지 못한다. 눈은 계속해서 움직이기 때문에 시야의 암점도 계속해서 움직이게 되며, 이에 따라 뇌는 시야 내의 모든 정보를 지각할 수 있게 된다. 만약 눈을 움직이지 않고 가만히 있는다면 시각계가 실제로 사물, 얼굴 등의 빈 부분을 채우게 되어서 그 결과 자극을 정상적으로 지각할 수 있게 된다.

시각계는 암점을 너무나 성공적으로 보완할 수 있기 때문에 그 존재는 환자들로 하여금 자신들의 시각계를 '속이게' 함으로써만 확인이 가능하다. 이러한 속임수는 환자가 시선을 움직이지 못하도록 만든 상태에서 물체를 완벽하게 환자의 암점 영역 내에 두고 그것이 무엇이냐고 묻는 식이다. 만약 물체가 무엇인지 맞추지 못한다면, 검사자는 암점 영역 밖으로 물체를 이동시켜 암점의 존재를 확인할

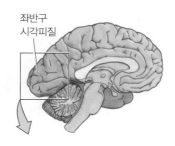

좌반구
시각피질

좌시야　　　　우시야

(A) 반맹

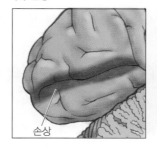

손상

(B) 사분맹

손상

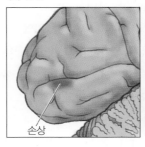

(C) 암점

손상

그림 13.11 ▲

V1 영역의 병변 결과 그림자진 부분은 시각적 손상 영역을 나타낸다. (A) 좌반구 V1 영역의 완전한 손상은 우시야에 영향을 주는 반맹으로 나타난다. (B) 조거구 아래쪽의 광범위 손상은 대부분의 오른쪽 위 시야 사분면에 영향을 주는 사분맹을 일으킨다. (C) 조거구의 작은 영역 병변은 작은 손상인 암점으로 나타난다.

(Glowimages/Getty Images.)

수 있다.

이와 비슷한 현상으로 '맹점'이 있는데, 이는 양쪽 눈의 시신경을 형성하는 축색이 눈에서 벗어나서 광수용기가 없는 영역이다(그림 8.5A 참조). 테이블 옆에 서서 한쪽 눈을 덮거나 감고 책상의 한 지점을 응시하고 비스듬하게 책상에 있는 연필을 당신의 코 바로 아래에서 20~30cm 지점으로 움직여보라. 연필의 일부분은 당신의 맹점에 도착할 때 사라질 것이다. 맹점을 통과해서 연필을 서서히 계속 움직이면 보이지 않던 부분이 다시 나타날 것이다. 암점과 마찬가지로 맹점은 평소에는 알아차릴 수 없지만 당신이 한쪽 눈으로 주변을 둘러볼지라도 알아차릴 수 없다. 우리의 뇌는 시야의 조그마한 빈 부분을 문자 그대로 '채워 넣기' 때문이다.

◎ 13.4 피질 기능의 손상

인간의 시각 기능이 선택적인 손상을 입었을 때에 대한 연구는 주로 사례 연구에 제한되어 있으며(이 장의 사례 보기에서 다룬 P.M. 대령을 떠올려보라) 이러한 비외과성 손상은 특정한 시각 영역의 경계를 따라 발생하는 경우가 드물다. 다음의 사례들은 서로 독특하게 다른 증상과 병리를 보여주며, 우리로 하여금 시각피질의 손상이 어떤 특정한 증상을 가져오는지에 대한 개념을 알려준다. 우리는 V1의 손상에서 시작하여 위계적 순서대로 상위 영역과 복잡한 영역의 손상까지 살펴보고자 한다.

B.K.의 사례 : V1 손상과 암점

어느 날 아침 B.K.는 잠에서 깨어나 좌시야에 반맹이 생겼음을 알게 되었다. 대부분 왼쪽에서 일어나는 전형적인 편두통 병력을 고려해볼 때 그는 편두통 발작을 겪은 듯했다(편두통에 대한 보다 상세한 논의는 26.6절 참조). 몇 시간 내에 좌시야 하단 부분은 괜찮아졌지만, 좌시야 상단부의 사분면은 변화를 거의 보이지 않았다.

그림 13.12A의 MRI에서는 우반구 후두엽에 명백한 **경색**(infarct, 죽은 조직)을 보여준다. 시야 손상의 크기는 크고 하얀 반구의 가운데에 고정되어 있는 검은색 점을 피험자가 보게 하는 표준적인 **시야 측정법**으로 측정되었다. 이 과제는 작은 빛이 움직일 때 언제 그 빛이 보이는지를 말하는 것이다. 과제의 난이도는 빛의 밝기와 크기에 따라 조절된다. 과제 수행은 시야의 도표상에서 '보이지 않는' 영역이 어디인지를 가리킴으로써 측정된다(그림 13.12B).

B.K.의 시각 손상의 속성은 발작 이후의 점진적 진행의 맥락에서 가장 잘 이해된다. 처음 2~3일에는 마치 연기가 가득 찬 유리가 그가 세상을 보는 시선을 가로막고 있는 것처럼 어두웠다. 4일째에 이 어두움은 사라졌고 시야 전체, 특히 암점 부근에 집중적인 '시각적 잡음'(섬광암점)으로 대체되었다.

그림 13.12 ▼

B.K.의 뇌 스캔과 시야장 지도 (A) B.K.의 MRI는 우반구 후두 영역의 경색(어두운 부분)을 보여준다. (B) 발작 6개월 후 B.K.의 시야. 평균 이하 시력이 좌시야 상측 사분면에 보존되어 있다.

(Keith Humphrey/Bryan Kolb.)

(A) B.K. 뇌의 MRI 사진

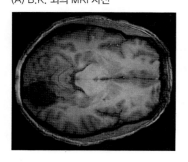

(B) B.K.의 좌우 시야

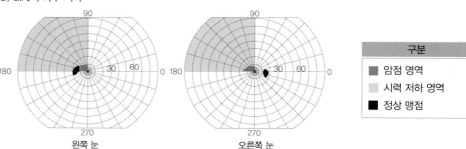

구분
■ 암점 영역
▨ 시력 저하 영역
■ 정상 맹점

왼쪽 눈   오른쪽 눈

흥미로운 현상은 발작 후 4일째 시야 측정을 하면서 처음 나타났다. 빛 자극이 맹시 부분으로 움직이면 B.K.는 그것이 또 다른 사분면으로 움직일 때까지 인지하지 못하였다. 그러나 흥미롭게도 B.K.는 즉각적으로 빛이 맹시 영역에 있다는 것을 뒤늦게 알아차렸고 그것이 어디로 들어갔는지 정확히 말할 수 있었다. 다시 말하면 B.K.는 물체를 인식하지 못하는 상태에서 위치를 인식했다. 이 장의 초반에 등장했던 P.M. 대령도 **맹시**(blindsight)라고 알려진 이와 같은 현상을 경험하였다는 것을 기억하라.

4~6달 후에 맹시 영역은 다소 줄어들었고, 주변부의 민감도는 상당히 증진되었다. 그럼에도 불구하고 30년 동안 암점 바깥쪽 좌시야 상단부 사분면의 형태 지각은 여전히 좋지 않은 채로 남았다. 섬광 반맹은 발작 이후 며칠이 지났을 때부터 거의 변화를 나타내지 않은 채로 남아 있었다.

B.K.가 보여준 시각적 현상은 V1(그리고 아마도 V2 역시)의 세포가 완전히 죽어 있는 영역(암점이 밀집된)을 가지고 있음을 나타낸다. 사분면의 나머지 영역에서 나타나는 형태 지각의 저하는 아마도 V1 영역의 세포 전부가 아닌 일부의 손실로 인한 것일 수 있으며, 아마도 이 세포들은 혈류의 감소 혹은 **국소 빈혈**(ischemia)에 특히 민감한 것으로 보인다. 형태 지각의 저하는 또한 다른 시각 영역들, 특히 V2가 온전히 남아 있기 때문일 수도 있다.

B.K.의 증상은 그가 암점 내에 있는 형태를 지각하지 못하는 상태에서도 색과 움직임을 지각했다는 점에서 다른 후두 영역들이 기능적이라는 것을 보여준다. 그래서 B.K.는 실제로 그가 알지 못하는 물체의 색채 또는 움직임을 인식할 수 있었다. 근시를 가진 사람은 비슷한 현상을 경험한다. 물체 또는 빛의 색채는 인지하지만 형태는 알아채지 못한다. B.K.의 발작은 적어도 형태(상실), 색채, 움직임, 위치(유지)의 네 가지 독립된 시각 기능의 존재를 확인해준다.

중심와의 4분의 1의 손실로 인하여 B.K.는 다양한 시각적 오류를 범하게 되었다. 발작 후 그는 무척 힘들게 읽을 수 있었다. 우리가 단어를 볼 때 고정점은 단어의 중심에 있게 되는데, 따라서 B.K.에게 단어의 반은 보이지 않았다. 실제로 그는 페이지의 가장자리를 발견하는 것을 어려워했는데, 그 부분은 맹시 영역이기 때문이었다. B.K.는 시선을 약간 왼쪽과 위쪽으로(각 방향의 대략 2° 정도) 움직임으로써 정상적으로 다시 읽게 되었는데, 이렇게 하면 단어가 시야의 정상적 영역으로 들어오기 때문이었다.

이러한 '회복'에는 대략 6주가 걸렸다. 다시 스쿼시나 테니스를 치려고 했을 때도 같은 어려움이 있었다. 공이 암점으로 들어가면 B.K.는 놓쳤다. 비슷하게 얼굴 인식은 발작 전보다 느려졌는데, 좌시야의 정보는 얼굴을 인식하는 데 특히 중요한 역할을 하기 때문이다.

D.B.의 사례 : V1 손상과 맹시

D.B.는 후두엽 손상으로 인한 시각장애를 겪음으로써 가장 광범위한 연구 대상이 된 사람들 중 하나이다(Lawrence Weiskrantz, 1986 단일 사례 연구 논문 참조). 그는 **혈관종**(angioma, 비정상적 혈관들이 모여 생긴 비정상적 혈류; **그림 13.13**에 유사한 사례의 사진이 제시됨)을 제거하기 위해 우반구 조거구를 제거한 상태였다. 그는 이로 인하여 표준 시야에 비교해서는 반맹증을 가진 상태였지만, 그럼에도 불구하고 놀라운 시각적 능력을 나타내었다.

좌시야에서 무엇이 보이냐는 질문을 받으면 P.M.과 B.K.가 그랬던 것처럼 D.B.는 아무것도 보이지 않는다고 말했다. 때때로 D.B.는 자극이 다가오고 있다거나 또는 '부드럽거나' 또는 '들쭉날쭉'하다는 '느낌'이라고 말했다. 그러나 Weiskrantz에 따르면 D.B.는 항상 아무것도 보이지 않는다는 것과

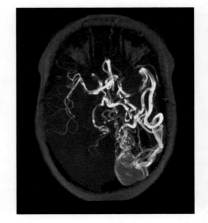

그림 13.13 ▲

혈관종 위에서 아래로 보는 시각에서 찍은 MRI는 혈관종을 가진 18세 여성의 뇌 표면을 보여준다. 비정상적 대뇌 혈관(흰색)은 풍선과 같은 구조를 가지고 있는데(오른쪽 아래의 파란 부분), 이 부분이 우반구 후두엽에서 경색을 일으켰다.

(Simons Fraser/Royal Victoria Infirmary, Newcastle upon Tyne, Science Source.)

그가 추측을 하고 있다는 것, 그리고 그 어떤 의식적 지각을 표현할 수 있는 표현을 찾지 못하겠다는 것을 늘 강조했다.

반대로 손상된 영역 내에서 빛이 잠시 깜빡인 위치를 가리켜보라는 요청을 받았을 때 D.B.는 놀라울 정도로 정확히 맞췄다. 그의 맹시는 전혀 볼 수 없다는 그의 주관적 인상과 반대되었다. 게다가 그는 자신이 '볼 수 없는' 선의 방향을 구분할 수 있는 것으로 보였다. 그래서 그는 손상된 시야 내에서 연속해서 제시되는 쇠창살의 10° 정도의 각도를 구분할 수 있었다.

마지막으로 D.B.는 어떤 형태의 움직임을 감지할 수 있었다. 힘차게 움직이는 자극이 사용될 때 그는 무언가가 '보인다'고 말했다. 이 예에서 그는 실제로 시각적 자극이라기보다 복잡한 양상의 선과 격자들의 바퀴살을 보고 있었다. 이 패턴은 B.K.가 말했던 움직이는 선과 같은 것으로 보인다. 요약하면 D.B.는 피질맹 또는 맹시였는데, 이것은 그가 '보는 것'을 의식적으로 인지하지 않지만, 인지할 수 없는 물체의 움직임이나 위치를 여전히 보고할 수 있다는 것을 의미한다.

G.Y.의 사례와 이와 관련된 사례 : V1 손상과 의식적인 시각

D.B.에 대한 Weiskrantz의 연구는 철학자들과 신경과학자, 특히 무의식적 시각에 관련된 신경과학자들 사이에서 강력한 흥미를 불러일으켰다(Cowey, 2010 개관 참조). 이러한 관심은 D.B.와 비슷한 많은 사례에 대한 발표로 이어졌다(Zeki & Ffytche, 1998). G.Y.는 D.B.처럼 맹시를 경험했지만 움직이는 자극이 맹시 부분을 통과한다면 맹시 영역에 무언가가 일어났다는 것을 지각할 수 있었다.

fMRI를 사용한 G.Y.에 대한 연구는 움직이는 자극이 맹시 영역에 투사되었을 때, V5와 V1 손상에 동측인 전전두 영역에서 활성화가 나타났음을 보여준다(예 : Persaud et al., 2011; Ffytche & Zeki, 2011). 맹시 내에서 맹시 영역의 경험은 심하게 떨어진 시력을 반영한다. 아마도 V1은 기본적인 시각적 자극에는 필요하지 않은 듯하다. 전전두의 활성화는 아마도 13.3절에서 논의한 것과 같이 경험을 이해하기 위한 뇌의 시도와 관련된 것으로 보인다.

J.I.의 사례 : V4 손상과 색 시각의 상실

Oliver Sacks와 Robert Wasserman(1987)은 갑자기 색맹이 된 화가 J.I.의 감명 깊은 이야기를 보고하였다. 1986년 J.I.는 차 사고로 뇌진탕을 일으켰다. 사고 후 그의 주요 증상은 아무 색도 구별하지 못하는 것이었다. 하지만 그의 시력은 더욱 향상되었다. "요즘 … 나의 시력은 독수리와 같다. 나는 한 블록 떨어져 있는 곳에 벌레가 꿈틀거리는 것을 볼 수 있다. 이 정확한 초점은 놀랍다."

그러나 색 시각의 상실이 주는 영향은 상상 이상으로 컸다. J.I.는 회색 그림자로 보이는 세상에서 살아가는 고통을 견딜 수가 없었다. 그는 사람들의 외모 변화를 참을 수 없었는데, 그들의 피부색이 혐오스러운 회색(쥐와 같은 색)으로 보였기 때문이었다. 그는 회색으로 죽어 있는 모습을 한 음식들이 역겹다고 느꼈으며, 먹기 위해서는 눈을 감아야만 했다. 그는 심지어 더 이상 색채를 상상할 수도 없었다. 토마토에 대한 내적 이미지는 실제로 그에게 그랬던 것과 같이 검정으로 보였다. 꿈속에서조차도 한때는 생생했던 색채들이 검은색과 회색으로 보였다.

Sacks와 Wasserman 그리고 이후에는 Zeki(1993)의 세부적인 시각검사는 J.I.가 일반적 정의에 따른 색맹이지만 그 원인이 후두피질의 특정한 손상에 기인한다는 것을 밝혀냈다. 그러나 그의 시력의 예민함은 특히 해질녘이나 밤에 더욱 증진되었다. 손상 후 2년이 지나 J.I.의 절망은 줄어들었고 그는 더 이상 색채를 기억할 수 없게 되었다.

색을 기억하지도 못한다는 사실은 흥미로운데, 왜냐하면 눈 또는 시신경의 손상으로 시각장애인이 된 사람들은 색에 대한 기억 또는 심상을 잃지 않기 때문이다. J.I.의 사례에서 볼 때 심상과 기억은 최소한 원래의 지각에 필요한 몇 가지 피질 구조에 의존한다는 것이 확실하다.

P.B.의 사례 : 시각장애인의 의식적인 색 지각

Zeki와 동료들(1999)은 감전 사고로 인해 심정지와 호흡정지를 일으킨 P.B.에 대해 연구했다. P.B.는 소생되었지만 뇌의 국소 빈혈 증세를 보였으며, 이로 인하여 광범위한 후측 피질 손상을 입게 되었다. 비록 그는 빛의 유무를 탐지할 수 있었음에도 불구하고 실제로는 시각장애인으로 남았다. 흥미로운 점은 P.B.는 색을 구분하고 이름을 말하는 능력과 상상한 물체의 전형적 색을 말하는 능력 모두가 온전했다는 것이다. 색채 지각은 명백히 물체 지각을 요구하지 않는다.

P.B.의 시각은 여러 면에서 J.I.와 상반된다. fMRI 연구 결과들은 P.B.의 경우 색 자극에 반응하여 V1과 V2가 활성화되었다는 것을 보여준다. 그의 시각적 능력을 생각할 때 색채로 가득하지만 형태는 없는 세상을 상상하기란 힘든데, 이는 우리가 세상을 볼 때 초점이 나간 만화경을 보는 것과 거의 같다고 할 수 있다.

L.M.의 사례 : V5(MT) 손상과 움직임 지각

Josef Zihl과 동료들(1983)은 혈관 기형으로 인한 양 반구 후측 부상을 입은 43세 여성의 사례를 보고하였다. 그녀가 만성적으로 호소하는 증상은 움직임 지각의 상실이었다. 예를 들어, 그녀에게는 액체가 얼어 있는 것처럼 보였기 때문에 컵 안에 차를 따르기가 힘들었다. 또한 그녀는 컵 안에서 액체가 얼마나 올라오고 있는지를 볼 수 없었기 때문에 차를 따를 때 멈추지 못했다.

L.M.은 움직임을 볼 수 없었기 때문에 다른 사람들과 같은 공간에 있는 것이 힘들었다. 사람들은 갑자기 '여기저기'에서 나타났다. 그러나 그녀는 여기와 저기 사이에 있는 그들의 움직임을 볼 수 없었다. 시각 기능의 다른 검사들의 결과는 정상이었다. 그녀는 색, 물체 지각, 읽고 쓰는 것은 전부 할 수 있었다.

이러한 증후군은 직관적으로 있을 법하지 않기 때문에 그녀의 상태는 특히 믿기 어렵다. 색 또는 형태 지각의 상실은 색맹 혹은 근시인 사람들처럼 일상적인 경험을 통해 이해할 수 있다. 움직이는 물체를 보는 능력의 상실은 직관적으로 불가능해 보인다. L.M.의 사례는 뇌가 형태와는 별개로 형태의 움직임을 분석해야 한다는 것을 보여준다는 점에서 중요하다.

보다 최근에 Thomas Schenk와 동료들(2005)은 L.M.의 사례를 연구하여 그녀가 움직임을 지각 못할 뿐 아니라 움직이는 물체를 손으로 가로채지도 못한다는 것을 발견하였다. Schenk와 동료들은 경두개 자기자극(TMS)을 V5에 쬐임으로써 L.M.의 증상을 재현하였다. TMS는 움직임 인식뿐만 아니라 가로채기도 손상시켰다. 피할 수 없는 결론은 V5는 V1과 마찬가지로 두 가지 시각 흐름 모두에서 중요한 역할을 하는데, 이는 움직임 처리라는 것이다.

D.F.의 사례 : 후두엽 손상과 시각 실인증

시각 실인증(visual agnosia)은 Sigmund Freud에 의해 정의된 용어로, 완성된 패턴에 개인의 시각 인상을 결합할 수 없음으로 인하여 물체 혹은 물체 그림을 인식하거나 그리거나 모사하지 못하는 것이다. Goodale과 Milner와 동료들(1991)은 35세에 일산화탄소 중독으로 LO 영역(그림 13.7 참조)의 양

(A) 기억에 의지해서 그림 (B) 모형을 보고 그림 (C) 선으로 그린 모형

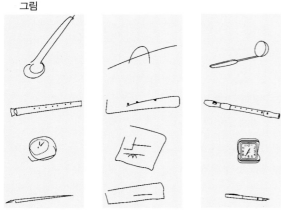

🎯 그림 13.14 ▲

D.F가 그린 그림의 예 D.F.가 기억으로 그린 그림(A)이 모형을 보고 그린 것(B)이나 선으로 그린 모형(C)을 보고 그린 것보다 나았다.

(Servos, P., M. A. Goodale, and G. K. Humphrey, The drawing of objects by a visual form agnostic: Contribution of surface properties and memorial representations. *Neuropsychologia* 31: 251–259, 1993, Figure 2.)

🎯 그림 13.15 ▼

시운동 안내 검사 (A) D.F.의 방향 지각 민감성을 검사하기 위한 장치. 과제는 카드를 그림과 같은 구멍에 '넣는' 것이다. (B) 시운동 넣기 과제와 지각 맞춤 과제에서 카드 방향의 구성. 옳은 방향은 세로로 맞춰져 있는데, D.F.는 카드를 넣기 위한 움직임을 하지 않으면 카드의 방향을 맞추지 못했다.

(Gazzaniga, Michael, ed., *The New Cognitive Neurosciences, second edition,* Figure 26.4, p. 371. © 1999 Massachusetts Institute of Technology, by permission of The MIT Press.)

(A)

구멍은 360°의 어떤 위치로도 회전이 가능하다.

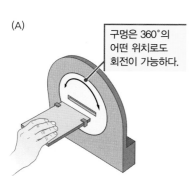

(B)

D.F.   통제 집단

지각적 짝짓기 과제   시운동 넣기 과제

반구 손상과 좌반구 두정엽과 후두엽의 교차점에 있는 조직에 편측 손상을 입어 시각 실인증을 겪는 사람을 집중적으로 연구했다. 13.2절에서 살펴본 Milner와 Goodale의 배측 흐름과 복측 흐름 구분에서 볼 수 있는 D.F.는 정상적인 색 지각을 가지고 있었으며 세상에 대해 충분히 잘 볼 수 있었다. 그녀의 주된 손상은 **시각 형태 실인증**이었는데, 이는 물체를 선으로 그렸을 때 이를 인식하지 못하는 것이다. 그래서 그녀는 많은 실제의 물체를 인식할 수 있었지만 그것들을 그린 것은 알아볼 수 없었다. 게다가 **그림 13.14**에서와 같이 그녀는 기억에 의지하여 사물을 그릴 수는 있었지만 실제로 보고 그리거나 그림을 모사하는 것을 어려워했다. D.F.는 형태 지각에 심각한 결함을 가지고 있었다.

D.F.에 대한 놀라운 점은 그녀가 물체를 지각할 수 없음에도 불구하고 그 물체를 향해 적절하게 손과 손가락의 모양을 바꾸는 능력을 온전히 유지하고 있었다는 점이다. 예를 들어, D.F.는 선이 수평인지 수직인지를 판단하는 능력의 대부분을 잃었지만 **그림 13.15**에서 나타난 것과 같이 방향을 바꿔서 회전할 수 있는 직선으로 된 구멍에 손바닥만한 카드를 집어넣을 수 있었다. 실제로 D.F.가 이 과제를 수행한 장면을 녹화하여 분석해본 결과, 그녀는 통제 집단의 참가자들과 마찬가지로 시작 지점으로부터 손을 들어서 정확하게 카드의 방향을 잡았다. 다시 말해 D.F.는 물체를 향해 움직임을 유도하기 위해 시각적 형태 정보를 사용할 수는 있었지만(배측 흐름) 바로 그 물체를 인지하기 위한 시각 정보를 사용할 수는 없었다(복측 흐름).

V.K.의 사례 : 두정 손상과 시각운동성 유도

두정엽의 손상은 **시각 운동 실조증**(optic ataxia)을 일으키는데, 이는 운동, 체감각 혹은 시야나 시력에 문제가 없는데도 물체를 향해 손을 뻗는 것과 같은 시각적으로 유도된 손동작을 할 수 없음을 의미한다. V.K.는 두정후두 영역에 양측성 뇌출혈을 겪은 여성으로, Lorna Jakobson과 동료들(1991)은 그녀가 겪은 증상에 대해 연구하였다. V.K.는 처음에는 시각장애인으로 보였지만, 한 달 안에 증상이 사라지고 이후 시선 조절, 시각 주의, 시각 운동실조증이 남았다(이 증상은 14.4절에서 논의한 **발린트 증후군**으로 알려진 증상과 정확히 일치한다).

V.K.는 형태와 색 지각에는 문제가 없었으며 물체의 이름도 인식할 수 있었다. 그러나 물체를 집는 능력은 심각하게 손상되었다. 따라서 D.F.와는 반대로 V.K.는 물체를 인식할 수는 있었지만 그것을 향해 적절하게 손을 뻗어서 잡지는 못했다.

이러한 어려움은 단순히 공간 내에서 움직임을 조절할 수 없기 때문이 아니었는데, V.K.는 물체를 가리킬 수 있었기 때문이다. **그림 13.16**에서 설명하고 있듯이, 그녀가 할 수 없었던 것은 서로 다른 형태를 가진 물체들을 집는 데 필요한 적절한 손 모양을 만드는 것이었다. 종합하면 D.F.와 V.K.의 사례는 물체를 의식적으로 인식하는 기제는 동일한 물체에 대해 시각적으로 유도된 움직임을 조절하는 기제와는 분리되어 있다는 것을 보여준다.

D.와 T.의 사례 : 상위 수준의 시각 처리

Ruth Campbell과 동료들(1986)이 연구한 두 가지 사례는

시각적 기능이 서로 분리되어 있다는 흥미로운 이야기를 들려준다. D.는 후두측두 영역의 손상으로 인하여 좌측 상단부에서 아래쪽 사분면까지 이어지는 사분맹을 겪고 있었다. B.K.의 사례를 통해서 예상이 가능하듯 D.는 처음에 읽기를 어려워했지만 언어 기능은 온전했다. 흥미롭게도 그녀는 얼굴을 보고 사람을 전혀 인지하지 못했고 그녀 자신을 포함하여 다른 사람들의 필적을 확인하는 것도 어려워했다.

사례 보기에 등장했던 P.M. 또한 얼굴 인식을 어려워했던 것을 떠올려보자. 그는 얼굴의 일부분은 명확히 볼 수 있었지만 얼굴 전체를 통합해서 지각하지 못했는데, 왜냐하면 사람이 멀리 서 있지 않으면 그 사람의 얼굴 전체가 그의 시야 내에 모두 들어오지 않았기 때문이다.

얼굴 일부분을 찍은 사진만을 가지고 사람을 구분해야 하는 상황을 가정해본다면 그가 겪은 일이 어떠한 것인지를 상상할 수 있을 것이다. 얼굴 실인증, **안면실인증**(prosopagnosia)은 특히 흥미로운데, 왜냐하면 많은 안면실인증을 가진 사람들은 거울에 비친 자신의 얼굴도 인식할 수 없기 때문이다. D.는 얼굴을 인식하지는 못할지라도 얼굴의 정보를 사용할 수는 있었다. 예를 들어, 다양한 입 모양을 읽는 검사에서 그녀의 점수는 완전히 정상이었다. 뿐만 아니라 다른 사람의 표정이나 얼굴 움직임을 흉내낼 수 있었다.

D.의 우반구 손상과 반대로 T.는 좌반구 후두측두 손상으로 인한 우측반맹증을 가지고 있었다. 그녀는 읽기에 어려움을 겪었고[**난독증**(alexia)], 색의 차이는 알 수 있었지만 색의 이름을 말할 수는 없었다. D.와 반대로 T.는 친숙한 얼굴을 인지하는 것에는 어려움이 없었지만 읽기 손상을 보였다.

D.와 T.의 사례는 얼굴을 알아보는 것과 얼굴을 보고 말하기 정보를 추출하는 것은 다른 피질 체계를 요구한다는 것을 보여준다. 게다가 D.는 우반구 손상으로 인한 실인증을 겪고, T.는 좌반구 손상으로 인한 입 모양 읽기 능력의 장애를 겪었다는 사실은 후두엽 기능의 비대칭적인 측면을 보여준다. 이 두 사례에서 정확히 시각적 처리의 어떤 부분이 손상되었는지와 얼굴 실인증과 입 모양 읽기 능력 손상을 필연적으로 가져오는 장애가 무엇인지는 아직 명백하지 않다.

사례 연구의 결론

앞서 살펴본 사례의 행동과 병리학은 몇 가지 결론을 이끌어낸다.

- 시각장애 증후군은 명백히 구분되어 있다.
- 어떤 증후군은 움직임(배측)과 시각 재인(복측)의 근본적인 분리를 분명히 보여준다.
- 다양한 환자들에게서 나타나는 증상이 분리된다는 것은 시각적 경험이 통합되어 있다는 우리의 직관적 시각이 잘못되었음을 보여준다. 물체가 정지되어 있을 때는 보이지만 움직이면 보이지 않는다는 것은 물체가 움직이건 가만히 있건 같은 것이라는 상식적인 생각과 상충한다. 분명한 것은, 뇌는 움직이는 물체와 정지한 물체를 같은 방식으로 다루지 않는다는 것이다.

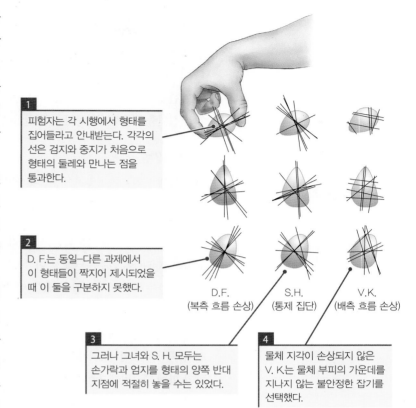

| 1 | 피험자는 각 시행에서 형태를 집어들라고 안내받는다. 각각의 선은 검지와 중지가 처음으로 형태의 둘레와 만나는 점을 통과한다.

| 2 | D.F.는 동일-다른 과제에서 이 형태들이 짝지어 제시되었을 때 이 둘을 구분하지 못했다.

D.F. (복측 흐름 손상)   S.H. (통제 집단)   V.K. (배측 흐름 손상)

| 3 | 그러나 그녀와 S.H. 모두는 손가락과 엄지를 형태의 양쪽 반대 지점에 적절히 놓을 수는 있었다.

| 4 | 물체 지각이 손상되지 않은 V.K.는 물체 부피의 가운데를 지나지 않는 불안정한 잡기를 선택했다.

◎ **그림 13.16** ▲

잡기 패턴 물체 지각과 움직임 유도를 위한 뇌의 서로 다른 시각체계를 설명하는 전형적인 '잡기 축'. 왼쪽은 시각 실인증을 가진 D.F.(복측 흐름 손상), 가운데는 뇌손상이 없는 통제 집단, 오른쪽은 양측성 후두정 손상(배측 흐름 손상)으로 인한 시각 운동 실조증을 가진 V.K.이다. D.F.는 물체를 집을 때 물체를 인지하지는 못했지만 잡는 동작을 통제하기에 충분할 정도의 정보를 지각했다. 반대로 V.K.는 물체를 인지했지만 물체와 관련된 동작을 통제할 수 없었다.

(Information from Milner and Goodale, 2006.)

◎ 13.5 시각 실인증

실인증의 증상과 병리를 설명할 때의 한 가지 어려움은 신경학 문헌에 묘사된 당혹스러울 정도로 다양한 환자들과 그 증상이다. 또 다른 어려움은 Martha Farah(1990)가 언급한 바와 같이 실인증의 분류에 대한 합의가 이루어지지 않음으로 인하여 다양한 증상의 패턴을 분류하기가 어렵다는 점이다. 먼저 시각 실인증을 물체 실인증과 다른 실인증으로 구분해보자.

물체 실인증

시각 물체 실인증의 전통적인 분류는 **통각 실인증**과 **연합 실인증**의 두 가지 광범위한 형태로 나뉜다.

통각 실인증

물체를 인식하는 데 기본적인 시각 기능(시력, 색, 움직임)의 상실이 **통각 실인증**(apperceptive agnosia)이다. 이 범주는 극도로 이질적인 환자들에게 모두 적용되지만, 근본적인 결함은 사물의 구조 혹은 사물에 대한 지각을 할 수 없는 것이다. 가장 간단한 사례는 D.F.가 그랬던 것처럼 간단한 모양을 인식하고 모사하며 매칭시킬 수 없는 환자이다.

많은 환자들이 물체의 기본적 형태는 지각하지만 한번에 하나 이상의 물체를 지각할 수 없는 비정상적 증상을 보이는데, 이는 종종 **동시 실인증**(simultagnosia)으로 언급된다. 그래서 만약 두 가지 물체가 함께 제시된다면 이들은 그중 하나만 인식할 수 있다. 이 같은 환자들은 마치 시각장애인처럼 행동하는데, 이유는 그들은 눈 앞의 과제에 압도당하기 때문이다. 한번에 한 물체 이상은 볼 수 없는 상태로 살아간다고 상상해보라.

통각 실인증은 제한된 손상보다는 복측 영역에 입력 신호를 보내는 영역을 포함한 후두엽의 외측 부위에 대한 광범위한 양측성 손상을 입은 경우에 발생한다. 이러한 손상은 아마도 대부분은 일산화탄소 중독에 의해 일어나는데, 이는 이것이 '분수령' 영역(뇌 내의 서로 다른 동맥 체계 영역들 간의 경계에 있는)의 뉴런을 사멸시키는 것으로 보인다(그림 3.5 참조).

연합 실인증

물체를 지각할 수는 있지만 인지하지 못하는 것을 **연합 실인증**(associative agnosia)이라고 한다. 연합 실인증의 경우 그림을 모사할 수는 있는데 이는 일관적 있는 지각이 가능하다는 것을 보여준다. 그러나 자신이 그린 것이 무엇인지는 알지 못한다. 따라서 연합 실인증은 물체에 대해 저장된 정보, 즉 기억과 관련된 보다 '상위' 인지 수준이라고 여겨진다.

사실상 물체 재인의 실패는 물체에 대한 과거의 지식뿐만 아니라 새로운 지식의 습득에 영향을 주는 기억의 결함이다. 연합 실인증은 전측 측두엽과 같이 위계적 처리 과정의 상위에 해당하는 복측 흐름의 손상으로 보는 것이 타당하다.

그 외의 시각 실인증

시각 실인증의 속성을 이해하기 위해 중요한 핵심은 관련 영역의 대부분이 복측 경로의 일부인 후두측두 경계에 있는 조직이라는 점이다. 시각 실인증은 배측 손상으로 인해서는 발생하지 않는 것으로 보인다. 그러나 실인증은 최소한 부분적으로 분리되는데, 이는 STS 흐름과 같은 시각 정보 처리의 다른 흐름들이 복측 경로 내에 흐르고 있는 것이 분명하다는 것을 의미한다. 우리는 간단하게 세 종류의 시각 실인증에 대하여 살펴볼 것이다.

안면실인증

안면실인증 환자(13.4절의 D.와 P.M.)는 거울 또는 사진으로 보이는 그들 자신을 포함한 이전에 알고 있던 얼굴을 알아볼 수 없다. 그러나 점, 수염, 특징적인 머리 모양 같은 얼굴 정보로 사람들을 알아본다.

안면실인증을 겪는 사람들은 자신의 얼굴을 알아볼 수 없다는 사실을 받아들이지 못할 수도 있는데, 아마도 거울 속에 누가 있어야만 하는지에 대해 알고 있으므로 거울을 보고 자신이라고 말할 수 있기 때문이다. 어떤 젊은 여성은 자신의 쌍둥이 자매를 보여주었을 때에야 비로소 자신의 증상이 얼마나 심각한 것인지를 알게 되었다. 자신의 쌍둥이를 보여주고 이 사람은 누구냐는 질문을 받았을 때, 그녀는 한 번도 본 적 없는 사람이라고 대답했다. 그 사람이 자신의 쌍둥이라는 사실을 알게 되었을 때 그녀가 얼마나 놀랐을지를 상상해보라.

Antonia Damasio와 동료들(1982)에 따르면 대부분의 안면실인증 환자들은 사람과 사람이 아닌 것을 구분할 수 있으며 얼굴 표정을 인식할 수 있다. 안면실인증 환자들 사후에 이루어진 연구 결과들은 환자들이 양측성 손상을 입었음을 보여주었고, 살아 있는 환자들을 대상으로 한 뇌영상 연구 결과 역시 대부분의 환자들이 양측성 손상을 입었음을 확인하였는데, 손상 영역은 주로 조거구 아래 측두 연접 부위였다. 이러한 결과들은 얼굴 지각이 양측성 처리이지만 대칭적이지는 않다는 것을 보여준다.

난독증

읽기 불능은 얼굴 실인증의 상호보완적인 증상으로 여겨진다. 난독증은 좌반구 방추와 언어 영역의 손상에서 오는 결과이다(그림 13.1 참조). 양쪽 반구 모두 글자를 읽을 수 있지만 철자들을 결합하여 단어의 형태로 만들 수 있는 것은 좌반구만이 가능하다. 난독증은 부분을 합쳐서 전체를 구성할 수 없는 지각적 불능인 물체 실인증의 한 가지 형태로 볼 수도 있으며 혹은 단어 기억(의미적 저장)이 손상되거나 접근이 불가능한 연합 실인증의 형태로 볼 수도 있다.

시공간 실인증

지형적 지남력 장애(topographic disorientation)는 공간 지각과 방향 감각에 대한 다양한 장애 중 하나로, 자기 동네와 같이 익숙한 환경에서 길을 잃는 것이다. 이 장애를 가진 사람들은 올바른 방향으로 길을 가게 해주는 주요 랜드마크를 알아볼 수 없다(21.1절 참조). 지형적 지남력 장애를 가진 사람들은 대부분 또 다른 시각적 장애, 특히 얼굴 실인증을 가지고 있다. 그렇기 때문에 우리는 이 장애를 일으키는 주요 영역이 방추상회와 설회를 포함한 우반구 내측 후두측두 영역이라는 사실을 쉽게 짐작할 수 있다. 지형적 지남력 장애는 27.8절에서 살펴보듯이 알츠하이머병과 같은 치매의 증상이기도 하다.

13.6 시각적 심상

지각적 정보가 없는 상태에서 생물, 장소 또는 물건의 심적 이미지를 불러일으키는 능력은 인간의 사고에서 핵심적이다. 시각화는 심적 연산, 지도 읽기, 기계적 유추와 같은 문제해결 능력에서 중요하다. 이와 같은 능력이 얼마나 중요한지는 그림을 따라 그리거나 실제 물체를 지각하지는 못하지만 그럼에도 불구하고 기억 속에 있는 물체를 그릴 수도 있는 D.F.와 같은 사람을 생각해보면 쉽게 이해할 수 있다(그림 13.14 참조).

자세히 보기 | 심적 이미지의 생성

심적 표상에 대한 의식적 조작은 다양한 인간의 창조적 능력에서 핵심적이다. 심적 상상의 신경학적 근거는 무엇인가? Alexander Schlegel과 동료들(2013)은 fMRI를 사용한 연구에서 참가자들에게 추상적 모양을 보여준 후 그것에 대한 심적 이미지를 가만히 유지하거나 조작해보라고 요청하였다. 참가자들은 물체를 2초간 보고, 1초 후에 심적 상상으로 그 물체를 가만히 유지하거나 조작하는 특정 과제를 5초간 수행했다.

그 결과 아래에서 나타난 것과 같이 11군데의 양측 피질과 피질하 영역의 관심 영역(ROI)이 조작 조건과 유지 조건 간의 활성화 수준이 다름을 나타냈다. 후두엽과 복측 영역 이외의 피질 영역들은 후두엽의 두 영역, 후두정피질과 설전부 소엽 그리고 전두시야장(피험자들이 심적 조작을 하는 동안 눈을 움직였기 때문에), 배외측 전전두피질, 그리고 내측 전두피질과 같은 세 군데의 전두엽을 포함하였다.

두정엽 전전두 영역 모두는 작업 기억과 주의에 관여하는 신경망으로 보인다. 연구자들은 이 영역들이 심적 표상에 대한 의식적 조작을 매개하는 핵심 연결망이라고 제안하였다. 인간은 다른 포유류에 비해 상대적으로 큰 설전부 영역을 가지고 있는데, 이는 의식적 처리에 관여하는 몇 가지 피질 연결망의 허브로 가정된다.

Schlegel, A., P. J. Kohler, S. V. Fogelson, P. Alexander, D. Konuthula, and P. U. Tse. Network structure and dynamics of the mental workspace. *Proceedings of the National Academy of Sciences U.S.A.* 110:16277–16282, 2013.

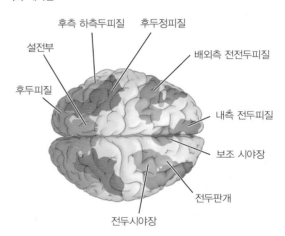

(A) 우반구, 외측면

설전부
후두정피질
전두시야장
후두피질
후측 하측두피질
내측두엽
전두판개

(B) 배측면

후측 하측두피질
후두정피질
설전부
후두피질
배외측 전전두피질
내측 전두피질
보조 시야장
전두판개
전두시야장

심적 작업장의 연결성 피질 영역의 관심 영역(ROI)들은 피험자들이 심적 이미지를 조작하거나 유지할 때의 서로 다른 활성화를 보여준다. (Research from Schlegel et al., 2013, Figure 2.)

Marlene Behrmann과 동료들(1992)은 이와 같은 증상을 겪은 또 한 사람인 C.K.를 연구하였다. C.K.가 보여준 흥미로운 특징 중 하나는 사물을 인지할 수 없음에도 불구하고 상상하거나 기억 속의 이미지를 상당히 자세하게 그릴 수 있었다는 것이다. 그의 이러한 능력은 물체를 지각하는 신경 체계와 심상을 만들어내는 체계가 구분되어 있음을 함의한다. 지각과 시각화를 매개하는 신경 구조들이 완전히 독립적인 것으로 보이지는 않지만, 물체지각장애가 단순히 물체에 대한 심적 표상, 즉 기억에서 기인하는 것일 리는 없다는 결론을 내릴 수 있다.

지난 20년간 인지신경과학자들은 심적 이미지를 생성하는 것에 관여하는 신경학적 사건이 무엇인지를 알아내기 위해 고안된 다양한 뇌영상 연구들를 수행했다. 자세히 보기에서 다루고 있는 뇌영상 연구들의 결과는 심상은 뇌의 시각 영역들의 부분 집합에서 나타나는 하향식 활성화에서 기인한다는 결론으로 이어진다. 다시 말해서 지각과 시각화 모두에 최소한 몇몇 피질 영역들이 관여한다는 것이다.

그러나 하향식 활성화는 어디에서 기인하는가? Alumit Ishai(2010)는 얼굴 또는 물체에 대한 심상은 양 반구 전전두와 좌반구 후두정엽의 활성화에 의해 조절된다는 것을 보여주었다. 흥미롭게도 전전두피질의 활성화 양상은 상의 내용에 따라 달라지는 반면(얼굴 대 물체), 두정피질은 내용 특정적이지 않다. 하향식 전전두엽 활성은 물체 지각에서 관찰된 전전두 활성화와 관련 있다(13.2절 참조).

물체를 심적으로 회전시키는 것은 심상의 특별한 범주에 속한다. Wilson과 Farah(2006)는 fMRI를 이용한 연구에서 물체 인식과 심적 회상은 서로 다른 뇌 활성화 패턴을 보이며, 실제의 자극을 회전시키는 것과는 독립적이라는 것을 밝혀냈다. 물체 재인은 우반구의 복측 시각 흐름에서 더 큰 활성화를 일으키며 심적 회전은 우반구의 배측 시각 흐름에서 더 큰 활성화를 일으킨다.

심적 회전에 배측 흐름이 관여한다는 것은 타당해 보인다. 물체를 심적으로 회전시키기 전에, 우리는 실제로 손으로 회전시켜본 경험이 있어야 한다. 물체가 회전하는 것을 상상하기 위해서는 운동피질의 최소 일부, 실제로 회전시킬 때 필요한 부분을 활성화시키는 것이 필요하다.

요약

시각은 후두엽의 기능이지만 시각 기능은 후두엽을 넘어서 확장된다. 우리는 제14, 15, 16장에서 두정엽, 측두엽, 전두엽의 기능을 각각 살펴볼 것이다.

13.1 후두엽의 해부학

후두엽 내의 분리된 해부학적 영역이 형태, 움직임, 색을 인지하는 데 관여한다. 후두의 구조는 단지 시각적 처리를 시작하는 것인데, 왜냐하면 복수의 시각계가 최소한 세 가지 주된 경로로 나누어지기 때문이다. 그중 하나는 복측으로 가서 측두엽으로, 또 하나는 배측으로 가서 두정엽으로, 가운데 경로는 상측두구로 향한다.

복측 흐름은 자극 인지의 다양한 측면에 관여한다. 배측은 공간 내에서 움직임을 유도한다. 가운데에 있는 STS는 복측 흐름의 일부로 생물학적 움직임을 처리한다.

13.2 후두엽 기능의 이론

공간 정보의 표상은 환경들에서 단서를 인지하는 것에 의존한다. 그렇기 때문에 시공간 지각은 복측 흐름의 처리에 의존한다. 시각 처리에서 배측-복측 구분의 중요한 측면은 두 경로 모두 단일 체계가 아니라는 것이다. 명백히 분리된 하위 체계들이 다양한 기능을 담당한다. 마지막으로 몇몇 후두 영역, 특히 측두엽에 인접한 부분들은 기능적으로 비대칭적인 것으로 보인다. 특히 좌반구의 단어 인식과 우반구의 얼굴 인식 그리고 심적 회전은 전문화되어 있는 것으로 보인다.

13.3 시각 경로의 이상

시각장애는 망막에서 피질에 이르는 경로의 어느 부분이 손상을 입었을 때 일어날 수 있다. 시신경을 형성하는 망막 신경절 세포의 축색 또는 망막의 손상은 한쪽 눈에 특정 장애를 일으킨다. 일단 시신경이 뇌로 들어가서 두 눈으로부터 받은 정보가 합쳐지면, 시각장애는 두 눈 모두로부터 받은 정보에 영향을 미치며 눈보다는 시야와 관련된다.

13.4 피질 기능의 손상

후두엽의 손상은 시야 전체 혹은 부분을 보지 못하는 것에서부터 색, 형태, 움직임을 지각하는 데 있어서의 특정한 장애까지 걸쳐 다양한 문제를 일으킨다.

13.4 시각 실인증

시각 실인증은 시각 정보에 대한 지식의 손실이다. 시각 실인증은 후두엽 또는 측두엽의 손상으로 인하여 발생하지만, 각각은 다른 특징을 가진다. 외측 후두 영역의 손상으로 인해 발생한 시각 실인증의 가장 흔한 형태는 물체 실인증인데, 이는 물체의 구조에 대하여 지각하지 못하는 것을 말한다.

13.6 시각적 심상

사람은 물리적으로는 존재하지 않는 것에 대한 심상화, 즉 심적 표상을 떠올리는 능력을 가지고 있다. 시각 정보를 상상하는 것과 지각하는 것 사이에는 부분적 분리가 존재한다. 심적 회전은 배측 흐름도 포함하는 특수한 경우이다.

참고문헌

Andrews, T. J., D. Schluppeck, D. Homfray, P. Matthews, and C. Blakemore. Activity in the fusiform gyrus predicts conscious perception of Rubin's vase–face illusion. *NeuroImage* 17:890–901, 2002.

Barbur, J. L., J. D. G. Watson, R. S. J. Frackowiak, and S. Zeki. Conscious visual perception without V1. *Brain* 116:1293–1302, 1993.

Behrmann, M., G. Winocur, and M. Moscovitch. Dissociation between mental imagery and object recognition in a brain-damaged patient. *Nature* 359:636–637, 1992.

Campbell, R., T. Landis, and M. Regard. Face recognition and lip reading: A neurological dissociation. *Brain* 109:509–521, 1986.

Cowey, A. The blindsight saga. *Experimental Brain Research* 200:3–24, 2010.

Curtis, B. Visual system. In B. A. Curtis, S. Jacobson, and E. M. Marcus, Eds., *An Introduction to the Neurosciences*. Philadelphia and Toronto: Saunders, 1972.

Damasio, A. R., H. Damasio, and G. W. Van Hoesen. Prosopagnosia: Anatomical basis and behavioral mechanisms. *Neurology* 32:331–341, 1982.

Farah, M. J. *Visual Agnosia*. Cambridge, Mass.: MIT Press, 1990.

Farah, M. J. The neural basis of mental imagery. In M. S. Gazzaniga, Ed., *The New Cognitive Neurosciences*, 2nd ed. Cambridge, Mass.: MIT Press, 2000, pp. 965–974.

Ffytche, D. H., and S. Zeki. The primary visual cortex, and feedback to it, are not necessary for conscious vision. *Brain* 134:247–257, 2011.

Goodale, M. A. Visual pathways supporting perception and action in the primate cerebral cortex. *Current Opinion in Neurobiology* 3:578–585, 1993.

Goodale, M. A. Perception and action in the human visual system. In M. Gazzaniga, Ed., *The New Cognitive Neurosciences*. Cambridge, Mass.: MIT Press, 2000.

Goodale, M. A., D. A. Milner, L. S. Jakobson, and J. D. P. Carey. A neurological dissociation between perceiving objects and grasping them. *Nature* 349:154–156, 1991.

Haxby, J. V., L. G. Ungerleider, V. P. Clark, J. L. Schouten, E. A. Hoffman, and A. Martin. The effect of face inversion on activity in human neural systems for face and object perception. *Neuron* 22:189–199, 1999.

Ishai, A. Seeing faces and objects with the "mind's eye." *Archives Italiennes de Biologie* 148:1–9, 2010.

Jakobson, L. S., Y. M. Archibald, D. P. Carey, and M. A. Goodale. A kinematic analysis of reaching and grasping movements in a patient recovering from optic ataxia. *Neuropsychologia* 29:803–809, 1991.

Kravitz, D. J., K. S. Saleem, C. I. Baker, L. G. Ungerleider, and M. Mishkin. The ventral visual pathway: An expanded neural framework for the processing of object quality. *Trends in Cognitive Sciences* 17:26–49, 2013.

Kveraga, K., A. S. Ghuman, and M. Bar. Top-down predictions in the cognitive brain. *Brain and Cognition* 65:145–168, 2007.

Milner, A. D., and M. A. Goodale. *The Visual Brain in Action*, 2nd ed. Oxford: Oxford University Press, 2006.

Panichello, M. F., O. S. Cheung, and M. Bar. Predictive feedback and conscious visual experience. *Frontiers in Psychology*, doi: 10.3389, 2012.

Persaud, N., M. Davidson, B. Maniscalco, D. Mobbs, R. E. Passingham, A. Cowey, and H. Lau. Awareness-related activity in prefrontal and parietal cortices in blindsight reflects more than superior visual performance. *NeuroImage* 58:605–611, 2011.

Rizzolatti, G., and M. Matelli. Two different streams form the dorsal visual system: Anatomy and function. *Experimental Brain Research* 153:146–157, 2003.

Sacks, O., and R. Wasserman. The case of the colorblind painter. *New York Review of Books* 34:25–33, 1987.

Schenk, T., A. Ellison, N. J. Rice, and A. D. Milner. The role of V5/MT1 in the control of catching movements: An rTMS study. *Neuropsychologia* 43:189–198, 2005.

Servos, P., M. A. Goodale, and G. K. Humphrey. The drawing of objects by a visual form agnosic: Contribution of surface properties and memorial representations. *Neuropsychologia* 31: 251–259, 1993.

Sumner, P., and J. D. Mollon. Catarrhine photopigments are optimized for detecting targets against a foliage background. *Journal of Experimental Biology* 203:1963–1986, 2000.

Tanaka, J., D. Weiskopf, and P. Williams. The role of color in high-level vision. *Trends in Cognitive Sciences* 5:211–215, 2001.

Tootell, R. B. H., D. Tsao, and W. Vanduffel. Neuroimaging weighs in: Humans meet macaques in "primate" visual cortex. *Journal of Neuroscience* 23:3981–3989, 2003.

Ungerleider, L. G., and J. V. Haxby. "What" and "where" in the human brain. *Current Opinion in Neurobiology* 4:15–165, 1994.

Weiskrantz, L. *Blindsight: A Case History and Implications*. Oxford: Oxford University Press, 1986.

Wilson, K.D., and M. J. Farah. Distinct patterns of viewpoint-dependent BOLD activity during common-object recognition and mental rotation. *Perception* 35:1351–1366, 2006.

Zeki, S. *A Vision of the Brain*. Oxford: Blackwell, 1993.

Zeki, S., S. Aglioti, D. McKeefry, and G. Berlucchi. The neurological basis of conscious color perception in a blind patient. *Proceedings of the National Academy of Sciences U.S.A.* 96:14124–14129, 1999.

Zeki, S., and D. H. Ffytche. The Riddoch syndrome: Insights into the neurobiology of conscious vision. *Brain* 121:25–45, 1998.

Zihl, J., D. von Cramon, and N. Mai. Selective disturbance of movement vision after bilateral brain damage. *Brain* 106:313–340, 1983.

14 두정엽

사례 보기 공간 정보의 다양함

28세의 회계사인 H.P.는 약혼녀와 함께 결혼식을 계획하던 중 피로연 예산을 짜다가 계산 실수를 했다는 사실을 발견했다. 그들은 그의 직업이 회계사라는 사실에 대해 이야기하면서 이 실수를 그냥 웃어넘겼다. 그러나 다음주에 H.P.의 문제는 점점 더 심각해졌다. 사실상 그는 더 이상 30 빼기 19와 같은 간단한 뺄셈을 할 수 없었는데. 이러한 뺄셈은 0에서 9를 뺄 때 10을 '빌리는' 개념에 대한 이해를 요구하기 때문이다.

H.P.는 단순히 일이 너무 힘들어서 그럴다고 생각하려 했지만 곧 물건에 손을 뻗는 간단한 일조차 어려워졌다. 그는 손을 서투르고 잘못된 방향으로 뻗어서 끊임없이 컵을 뒤엎었다. 사진에 제시된 큐브 퍼즐과 같은 간단한 조작들은 완전 불가능하지는 않았지만 점점 어려워졌다. 그는 왼쪽과 오른쪽을 혼동했으며 읽기가 어려워졌다. 몇몇 단어는 좌우 혹은 위아래가 바뀌어 보여서 말이 안 되는 것으로 보였다.

마침내 H.P.는 신경학자에게 검사를 받았다. 무언가 심각하게 잘못되었다는 것은 분명했다. 그 무언가는 좌반구 두정엽 내에서 빠르게 자라고 있는 종양이었다. 불행하게도 종양은 극도로 악성이었고 몇 달 이내 H.P.는 사망했다.

두정피질은 감각 운동과 시각 정보, 특히 움직임을 통제하는 것과 관련된 정보를 처리하고 통합한다. 이 장에서 우리는 두정엽의 해부학을 우선 살펴본 다음 두정엽 조직의 이론적 모형에 대하여 알아볼 것이다. 다음으로 두정엽 손상의 주요 감각운동 증상, 후측 두정 영역에서 가장 흔하게 관찰되는 장애에 대해 살펴본 후 이러한 뇌 손상을 일관적으로 예측하는 행동검사들을 다루어볼 것이다.

14.1 두정엽 해부학

앞의 사례 보기에서 제시되었던 H.P.의 증상은 전형적인 좌반구 두정엽 손상의 결과이며 신경심리학자들의 관심을 끄는 흥미로운 패턴의 증상이다. 이러한 증상은 동물을 대상으로 모형화하기는 어렵다. 왜냐하면 쥐와 고양이 같은 일반적인 실험실 동물들은 매우 작은 크기의 '두정엽'을 가지고 있기 때문이다. 두정엽 손상을 입은 원숭이는 인간 환자들이 보이는 것과 유사한 증상을 나타낸다. 하지만 원숭이를 연구해서는 언어 혹은 인지와 관련한 증상에 대해 알기 힘들다. 인간의 두정엽이 원숭이보다 더 크게 진화했다는 것은 인간이 원숭이에게서는 볼 수 없는 어떤 증상들을 보일 것이라는 의미가 된다.

(A) 측두엽의 주요 회와 구

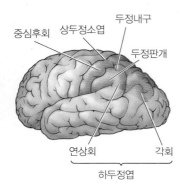

(B) Brodmann의 세포구축학 영역

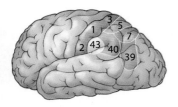

(C) von Economos의 세포구축학 영역

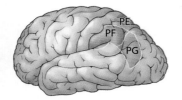

그림 14.1 ▲

두정엽의 전반적 해부학

두정피질의 하위 구분

대뇌피질의 두정 영역은 전두엽과 후두엽 사이에 있는데, 두개골 윗부분에 있는 두정뼈 아래 부분이다. **그림 14.1A**에 나타나 있듯이 이 영역은 전측으로 중심 열, 복측으로는 외측(실비안)열, 배측으로 대상회, 후측으로 두정 후두구로 대략적으로 경계가 정해진다. 그림 14.1A와 B에서 묘사된 두정엽의 주요 영역들은 중심후회(브로드만 3-1-2번 영역), 상측 두정엽(5, 7번 영역), 두정판개(43번 영역), 연상회(40번 영역)와 각회(39번 영역)를 포함한다.

연상회와 각회를 합친 부분을 하두정엽(inferior parietal lobe)이라고 부른다. 두정엽은 2개의 기능적 영역으로 구분된다. 전측 영역은 3-1-2번과 43번 영역을, 후측 영역은 남은 영역들을 포함한다. 전측 영역은 체감각 영역이며 후측 영역은 **후측 두정피질**(posterior parietal cortex)이라고 부른다.

인간이 진화하는 동안 두정엽은 상당히 확장되었는데 주로 하측 영역에서 이러한 확장이 일어났다. 이러한 크기 증가로 인하여 인간 뇌의 여러 영역을 원숭이 뇌와 직접 비교하기는 어려운데, 특히 인간 뇌의 브로드만 39, 40번 영역은 원숭이의 뇌에서는 찾을 수 없다. 원숭이가 이 영역과 상응하는 영역을 가지고 있는가에 대해서는 논란의 여지가 있다. 한 가지 해결법은 해부학자 Constantin von Economo(10.4절 참조)의 방식이다.

von Economo의 지도에서는 두정 영역을 PA(두정 영역 A), PB 순서대로 부르며, 3개의 후측 두정 영역이 있는데(PE, PF, PG) 그는 이 세 영역이 사람과 원숭이 모두에 있는 것으로 설명하였다(그림 14.1C). 만약 우리가 이 체계를 사용한다면 영역 PF는 브로드만 43번과 40번 영역 그리고 7번 영역이며 PE는 5번 영역과 7번 영역의 남은 부분일 것이다(그림 14.1B 참조). 같은 맥락에서 PG 영역은 대략적으로 브로드만 39, 40번 영역과 비슷하다. 이러한 PG 영역들은 주로 시각적이며 AIP, LIP, cIPS, PRR 영역을 포함한다(표 13.1과 15.1절 참조).

인간 뇌에서 주로 팽창했던 영역은 PG 영역의 다감각 부분들, 그리고 인접해 있는 상측두구(STS) 내의 다감각 피질(polymodal cortex)로 이루어져 있다. 다감각 세포는 하나 이상의 감각 양식에서 입력을 받는다. PG의 세포들은 체감각적·시각적 정보에 반응하고, STS(제13장에서 논의된 세 번째 시각 경로)는 청각·시각·체감각적 정보에 반응한다.

PG과 상측두구 영역의 크기 증가는 이 영역들이 해부학적으로 비대칭이라는 점에서 흥미롭다(그림 11.1 참조). 비대칭은 PG 영역(그리고 아마도 STS)이 좌반구보다 우반구에서 더 크기 때문일 수 있다. 만일 PG가 시각적 기능을 가지고 있고, 인간의 PG가 특히 우반구에서 더 크다면, 우리는 인간의 우반구 두정 영역이 손상될 경우 독특한 시각적 증상이 나타날 것이라고 예상할 수 있다. 그리고 실제로도 그렇다. 그러나 좌반구 PG 또한 원숭이보다 인간에게서 더 크다는 점에 주목하자. 이는 좌반구 손상 후 인간에게서 나타날 특정 장애를 예측할 수 있게 한다. 이 또한 실제로 그렇다.

특정 두정 영역, 특히 **그림 14.2**에서 묘사되어 있는 인간과 동물의 두정내구(cIPS)와 두정 뻗기 영역(parietal reach regions, PRR)은 시각 처리 과정의 배측 경로에 관여한다. 그림 14.2A의 원숭이 영역은 단일세포 기록법을, 그림 14.2B의 인간 영역들은 fMRI를 이용하여 확인한 것이다.

두정내구에 있는 영역들은 도약 안구 운동(LIP 영역)과 물체 지향적 잡기의 시각적 통제(AIP)에 관여한다. PRR은 잡는 움직임을 시각적으로 유도하는 데 관여한다[**도약**(saccade)은 초점이 변화할 때 두 눈에서 나타나는 일련의 비자발적, 돌연한, 빠른 작은 움직임 혹은 갑작스러운 움직임을 말한다].

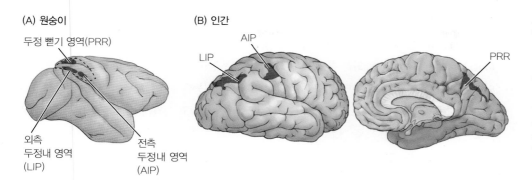

(A) 원숭이

두정 뻗기 영역(PRR)

외측
두정내 영역
(LIP)

전측
두정내 영역
(AIP)

(B) 인간

AIP

LIP

PRR

그림 14.2 ◀

배측 흐름의 두정 영역   안구도약운동(LIP 영역)과 잡기에 대한 시각적 통제(AIP 영역), 그리고 시각적으로 유도되는(PRR 영역) 잡기 동작에 관여하는 원숭이(A)와 인간(B)의 상응 영역

(Part A: Research from Cohen and Andersen, 2002. Part B: Research from Milner and Goodale, 2006.)

두정피질의 연결성

전측 두정피질은 다소 간단한 연결성을 가지고 있다. 일차 체감각피질(그림 14.1B의 3-1-2번 영역)로부터 온 신호들은 촉각 재인 기능을 가진 이차 체감각 PE 영역(5번 영역)과 일차 운동피질(4번 영역)과 보조 운동과 전운동 영역(6번 영역)을 포함한 운동 영역들까지 영향을 미친다. 운동 연결성은 움직임 통제에서 팔다리 위치에 대한 정보를 제공하는 데 아주 중요하다(9.1절 참조).

비록 원숭이의 5번과 7번 영역(PE, PF, PG)에 대해서 100개 이상의 입출력이 기술되고 있음에도 불구하고 기본 원리들은 **그림 14.3A**와 B와 같이 연결성 도표로 요약할 수 있다.

1. PE 영역(브로드만 5번과 7번 영역 부분)은 기본적으로 체감각적인데, 일차 체감각 영역(3-1-2번 영역)으로부터 대부분의 연결을 받는다. PE는 일차 운동피질(4번 영역)과 보조운동 영역(SMA), 전운동 영역(6, 8번 영역)과 PF로 정보를 전달한다. 그러므로 PE 영역은 팔다리 자세에 대한 정보를 제공함으로써 움직임을 안내하는 역할을 한다.

2. PF 영역(7번 영역 부분)은 PE 영역을 통해 일차 체감각피질(3-1-2번 영역)로부터 대부분의 정보를 받는다. PF는 또한 운동과 전운동피질, PG 영역을 통해 시각적 정보들을 전달받는다. PF의 원심성 연결성들은 PE 영역과 비슷하다. 그리고 이러한 연결성들은 아마도 유사한 정보들을 정교화해서 운동계로 보내는 듯하다.

◎ **그림 14.3** ▼

원숭이의 두정엽 연결성   (A) 두정엽의 주요 피질 간 투사. (B) 대상회, 안와전두, 측두 영역에 대한 후두정엽과 배외측 전전두의 투사. (C) 두정–전운동, 두정–전전두, 그리고 두정–내측두 경로를 형성하는 배측 흐름의 하위 영역들

(Part C Information modified with permission from Macmillan Publishers, Ltd. Kravitz & Mishkin, A new neural framework for visuospatial processing. *Nature Reviews Neuroscience* 12(4):217–230, March 18, 2011.)

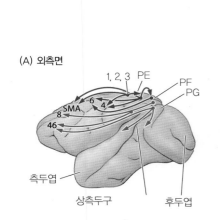

(A) 외측면

1, 2, 3 PE
PF
PG
6
SMA
8
4
46

측두엽

상측두구   후두엽

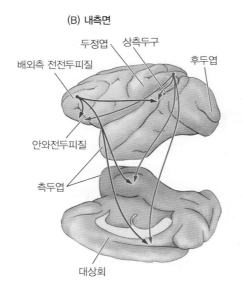

(B) 내측면

두정엽   상측두구
배외측 전전두피질   후두엽
안와전두피질
측두엽
대상회

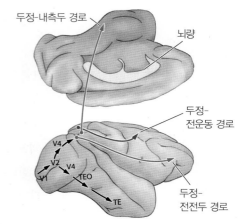

(C) 배측 시공간 경로

두정-내측두 경로
뇌량
두정-
전운동 경로
V4
V2   V4
V1   TEO
TE
두정-
전전두 경로

3. PG 영역(7번 영역의 부분과 시각적 영역들)은 시각, 체감각(피부 감각), 자기수용 감각(내적 자극), 청각, 전정(균형), 시운동(안구 운동), 대상(동기적)을 포함한 더 복잡한 연결을 받는다. MacDonald Critchley(1953)는 처음으로 PG 영역을 '두정-측두-후두 교차로'라고 묘사하였는데, 이는 명백히 그 연결성으로부터 온 표현이다. PG 영역의 기능은 이러한 통합 경로적(intermodal) 혼합에 대하여 적합한 것으로 보인다. PG 영역은 시각적 그리고 촉각적 정보에 따라 공간적으로 유도된 행동을 조절하는 배측 경로의 일부이다.

4. 후측 두정 연결성과 전전두피질(특히 46번 영역) 간의 밀접한 관계는 후측 두정 영역(PG와 PF)과 배외측 전전두 영역 간 연결성에서도 명확하게 나타난다. 또한 전전두와 후측 두정 영역은 변연방 피질과 측두피질의 공통 영역으로 연결되어 있다. 이는 해마와 여러 피질 하부 영역에도 마찬가지 이다. 이러한 연결성은 전전두와 두정피질 간의 밀접한 기능적 관련성을 강조해준다. 이러한 관계 는 공간적으로 유도된 행동을 조절하는 데 중요한 역할을 할 것이다.

배측 흐름의 해부학

Ungerleider와 Mishkin(1982)이 초기에 제시한 것처럼 후두피질로부터 후측 두정 영역으로 이어지는 배측 흐름은 '어디' 경로로 알려져 있다. D.F.라고 알려진 환자와 다른 사람들의 연구를 기반으로 Milner와 Goodale(1993)은 배측 경로를 '어떻게' 경로라고 가정하였다(13.2절 참조). 그 이후부터 배측 흐름의 조직화와 기능에 대한 지식은 폭발적으로 증가하여 Dwight Kravitz와 동료들(2011)이 새로운 틀을 구성하기에 이르렀다.

Kravitz와 동료들은 후측 두정 영역으로부터 전운동, 전전두, 내측 측두 영역으로 이르는 3개의 기능적 경로를 밝혀냈다(그림 14.3C). 두정-전운동 경로는 '어떻게' 경로인 것으로 보인다. 두정-전전두 경로는 시공간 기능, 특히 시공간 작업 기억과 관련된다(16.1절 참조). 해마와 해마방 영역과 직접 연결될 뿐만 아니라 후측 대상피질과 팽대후부(retrosplenial) 피질과는 간접적으로 연결되어 있는 두정-내측두 경로는 공간 탐색에 중요한 역할을 하는 것으로 보인다. 그러므로 후측 두정피질은 물체에 손을 뻗거나 잡는 것 같은 무의식적 시공간 행동을 조절함으로써 배측 흐름에 관여할 것이다(그림 13.16 참조).

Kravitz와 동료들은 배측 흐름 내의 이 세 경로를 강조하였지만, 다른 경로들 역시 있을 수 있다. 연구자들은 움직임과 형태를 처리하는 데 관여하는 V5와 상측두구와의 연결성 또한 그렇다고 제안한다. 우리는 이 경로들이 완전히 분리되어 있다고 생각해서는 안 된다. 모든 배측 흐름의 목표는 운동 출력을 통해 시공간 행동을 안내하는 것이다. 두정-전운동 경로만큼 직접적이지는 않지만, 두정-전전두와 두정-내측두 경로는 결과적으로는 운동 정보에 반드시 영향을 주게 된다.

14.2 두정엽 기능 이론

만약 전측(체감각적)과 후측(공간적) 두정 영역들이 기능적으로 분리되어 있다면, 두 가지 독립적인 두정엽 기능을 알아낼 수 있을 것이다. 전측 영역은 신체 감각과 지각을 처리한다. 후측 영역은 주로 신체적 영역과 시각적 영역 그리고 일부 다른 감각 영역으로부터 온 감각 정보들을 통합하는 데 주로 특수화되어 있는데, 대부분의 경우 손을 뻗거나 잡는 것과 같은 몸 전체의 움직임을 통제하는 데 관련된다. 13.6절에서 살펴본 것과 같이 후측 두정피질은 심상에서도, 특히 물체 회전과 공간 길 찾기와 관련하여 주요한 역할을 한다는 것을 기억하라. 여기에서는 대부분 후측 두정 영역 기능에 대해서 논의하고자 한다. 전측 영역의 체감각적 기능은 8.2절에서 다루었다.

친구와 식당에서 저녁을 먹고 있다고 생각해보자. 당신은 나이프, 포크, 숟가락과 같은 식기류와 음식이 담겨 있는 접시들과 담겨 있지 않은 접시들, 빵 바구니, 물 컵과 와인 잔 혹은 커피 잔, 냅킨, 친구를 마주하게 된다. 당신은 별다른 노력 없이 식사 도구들을 선택하고 먹고 마실 음식들을 고르면서 친구와 대화를 나눈다.

이 모든 일을 하기 위해서 당신의 뇌는 몇 가지 복잡한 과제를 해야 한다. 예를 들면, 잔 혹은 컵, 포크 혹은 빵 조각을 향해 손을 뻗어야 하고 올바르게 잡아야 한다. 각 움직임은 다른 장소로 향하고 각기 다른 손 자세 혹은 팔다리 움직임 혹은 둘 다가 필요하다. 당신은 눈과 머리를 다양한 장소에 향하도록 해야 하고 팔다리와 머리의 움직임을 조정해서 음식을 집고 마시도록 해야 한다.

게다가 당신은 특정 물체에는 주의를 두고 다른 것들은 무시해야 한다(예 : 친구의 포크 혹은 와인을 잡지 않도록 해야 한다). 또한 친구와의 대화에 주의를 기울여야 하고 당신 주변의 다른 대화들을 무시해야 한다. 또한 당신 접시 위의 음식을 먹을 때는 어떤 식사 도구(포크, 칼, 숟가락)를 사용할지 선택해야 한다. 예를 들어, 나이프로 콩을 먹으려고 하는 것은 어렵고 부적절한 일일 수 있다.

마지막으로 당신은 정확한 순서로 움직여야 한다. 예를 들어, 입으로 음식을 가져가기 전에 잘라야 한다. 유사하게 빵에 버터를 바르려면 나이프를 쥐고, 버터를 가지고 와서 버터를 빵에 바르고, 먹는다.

어떻게 뇌가 이러한 과제들을 하는지에 대해 생각해볼 때, 우리는 주변에 있는 다른 물체들의 위치에 대한 내적 표상(어디에 물체가 있는지에 대한 지도 같은)을 가지고 있는 것이 분명해 보인다. 더욱이 이러한 지도는 모든 감각에 존재할 것이라고 가정할 수 있는데, 우리는 시각, 청각, 촉각 정보에 이르기 까지 의식적 노력 없이 움직일 수 있기 때문이다. 두정엽에 손상을 입은 환자들에 대한 70년 이상의 관찰 결과들은 두정엽이 이러한 뇌 지도를 만드는 데 중요한 역할을 한다는 것을 보여준다. 그러나 정확히 지도란 무엇인가?

우리는 주위에 있는 세계가 우리가 감지하는 그대로라는 것과 뇌가 하나의 공간적 지도를 사용한다는 것을 당연시한다. 즉 실제의 공간은 뇌 속에 지형학적으로 지도화되어 있어야 하는데 왜냐하면 우리에게 그렇게 보이기 때문이다(10.2절에서 제시된 **결합 문제**를 회상해보라).

공간 정보의 행동학적 이용

David Milner와 Melvin Goodale(2006)은 물체를 향해 직접 움직이고 사물에 의미와 중요성을 부여하기 위해 사물의 위치에 대한 공간적 정보를 필요로 한다는 사실을 강조하였다. 이런 의미에서 공간적 정보는 단순히 형태, 동작, 색과 같은 시각적 정보의 또 다른 측면이다. 시각적 처리 과정에서 형태가 하나 이상의 방식으로 부호화되듯 공간적 정보도 그렇다. 형태와 공간 모두에서 중요한 요소는 정보가 어떻게 사용되는가이다.

형태 재인의 두 가지 기본 유형을 기억하자면 하나는 물체를 재인하는 것이고, 또 다른 하나는 물체에 대한 움직임을 이끄는 것이다. 우리는 공간적 정보 역시 같은 방식으로 생각할 수 있다.

물체 재인

개개인의 행동이 무엇인가와 상관없이 물체 간 관계를 알아내는 데 필요한 공간적 정보는 물체에 대한 눈, 머리, 그리고 팔다리 움직임을 이끄는 데 필요한 공간적 정보와는 매우 다르다. 후자의 경우에 시각 움직임 통제는 관찰자 중심이어야 한다. 이 경우 물체의 위치와 방향, 동작은 관찰자와 관련하여 결정된다. 또한 눈, 머리, 팔다리, 몸이 끊임없이 움직이기 때문에 매번 행동할 때마다 방향, 동작, 장소에 대한 계산이 이루어진다. 색채와 같은 물체의 세부사항은 관찰자 중심으로 시각 운동을 이끄는 것과 관련이 없다. 즉 구체적인 시각적 표상은 손 움직임의 유도에는 필요하지 않다.

뇌는 '알 필요가 있는 것'을 기초로 하여 작동하는 것으로 보인다. 너무 많은 정보를 아는 것은 오히려 역효과를 낼 수 있다. 관찰자 중심 시스템과 달리 물체 중심적 시스템에서는 물체의 크기, 모양, 색과 상대적 위치에 대한 특성이 포함되어야 한다. 이는 그 물체가 다른 시각적 특징 혹은 상황에 있을 때 알아보기 위해서이다. 이러한 경우에는 색채와 모양과 같은 물체의 세부상황이 중요하다. 초록색 컵과 비교해서 빨간 컵이 어디에 있는지를 알기 위해서는 각 컵에 대해서 파악해야 한다.

측두엽은 물체의 상대적인 특성들을 부호화한다. 이러한 부호화에는 아마도 상측두구와 해마체 영역과 같은 여러 영역들이 관여할 것이다. 15.2절에서 다시 측두피질의 이러한 역할을 살펴볼 것이다.

운동 유도

눈, 머리, 팔 다리, 몸의 각각과 혼합된 관찰자 중심의 움직임들을 통합하려면 각각의 통제 체계가 필요하다. 예를 들어, 눈 통제는 눈의 시축을 기반으로 하고, 팔다리 통제는 대략 어깨와 엉덩이의 위치를 기반으로 한다. 이러한 움직임들은 광범위하게 서로 다르다.

우리는 후측 두정 영역에 있는 많은 시각 영역과 후측 두정 영역에서 전두엽의 안구 운동(전두시야장, 8번 영역)과 팔다리 운동 구조(전운동 영역과 보조운동 영역)로 향하는 다양한 경로들에 대해 살펴보았다. 전두 영역(46번 영역)과의 연결성은 공간 내 사건에 대한 위치 같은 단기 기억에 중요한 역할을 한다(그림 14.3 참조).

원숭이들의 후측 두정엽에 대한 단일세포 연구 결과들은 후측 두정 영역이 시운동 유도에 중요한 역할을 한다는 것을 밝혀냈다. 이러한 신경들의 활성화는 시각 자극에 대한 동물의 현재 행동에 달려 있다. 사실상 후측 두정 영역에 있는 대다수의 뉴런들은 감각 정보가 입력될 때와 움직일 때 모두 활성화된다. 예를 들어, 어떤 신경세포는 정지 상태의 시각 자극에 대해서는 약한 반응을 보이지만, 동물이 자극을 향해 눈동자나 팔을 움직이거나 심지어 물체에 대해서 단순히 주의를 기울이는 것만으로도 이러한 세포들은 강하게 활성화된다.

어떤 세포들은 원숭이가 물체를 조작할 때 활성화된다. 이 세포들은 크기와 방향과 같은 구조적인 특징에 대해서 반응한다. 이것은 이러한 세포들이 물체를 조작하는 동안 손동작을 결정하는 데 민감하다는 것을 나타낸다. 다른 세포들은 물체를 볼 때 중심와가 좋은 초점을 확보하도록 눈을 움직이게 한다.

Jone Stein(1992)은 후측 두정 뉴런의 반응에 두 가지 공통된 특징이 있다는 것을 강조하였다. 첫 번째로 이 세포들은 시각, 움직임, 관련 운동 정보들의 조합을 입력받는다. 두 번째로, 동물이 목표물에 주의를 주거나 목표물을 향해 움직일 때 이 세포들의 반응이 활성화된다는 것이다. 이러한 뉴런들은 필요한 감각 정보들을 주의를 이끌거나 운동을 이끄는 명령으로 변환하는 데 최적화되어 있다고 할 수 있다. 그러므로 후측 두정 병변은 움직임을 유도하는 데 영향을 주고(이 장의 서두 사례 보기에 제시된 H.P.의 경우) 감각 정보들을 탐지하는 능력을 손상시킬 것으로 예측할 수 있다.

감각운동 변형

물체를 향해 움직일 때 우리는 몸의 여러 부분(눈, 몸, 팔다리)의 움직임과 이러한 움직임이 실제로 이루어지고 있는지에 대한 감각적 피드백(원심성 복사)과 움직임에 대한 계획을 통합한다. 움직일 때 몸 부

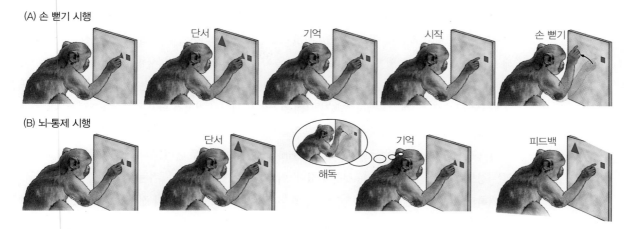

(A) 손 뻗기 시행

단서　　기억　　시작　　손 뻗기

(B) 뇌-통제 시행

단서　　해독　　기억　　피드백

그림 14.4 ▲

생각으로 움직이기　(A) 원숭이는 중심에 있는 작은 초록색 단서를 만지고 빨간색 고정점을 보도록 훈련받았다. 큰 원숭이들은 큰 초록색 단서가 깜빡거리고 1.5초 이내로 타깃을 건들이게 되면 보상을 받았다. (b) 원숭이들의 뇌 활성화가 옳은 목표 위치로 움직일 준비가 되는 것을 보여주었을 때 보상을 하였다.

(Research from Andersen, Burdick, et al., Cognitive neural prosthetics. *Trends in Cognitive Sciences* 8:486–493, 2004, Figure 1(a). Elsevier.)

분의 위치와 몸에 대한 지각은 반드시 끊임없이 갱신되어야 이후 움직임을 수월하게 할 수 있다. 이러한 신경학적 계산을 **감각운동 변형**(sensorimotor transformation)이라고 부른다. 후측 두정피질에 있는 세포들은 이러한 감각운동 변형을 하기 위해 움직임 관련 신호와 감각 관련 신호 모두를 만들어낸다.

감각운동 변형의 움직임 계획 양상은 어떨까? 계획에서 두정피질의 역할에 대해서는 거의 알려진 바가 없지만, Richard Andersen과 동료들(Andersen, Burdick et al., 2004)은 PRR 영역이 참가자들이 팔다리 움직임을 준비하고 실행할 때 활성화된다는 것을 밝혔다(그림 14.2 참조). PRR은 움직임에 필요한 팔다리 변인들을 부호화하는 것이 아니라 움직임을 원하는 목표에 대해서 부호화하였다. 예를 들어 컵으로 향하는 움직임의 세부사항보다 컵을 잡는 목표를 부호화하는 것이다.

Andersen과 동료들(Andersen, Meeker et al., 2004)은 원숭이를 대상으로 새로운 실험을 고안하였다. 그들은 동물이 화면에 제시되는 커서의 위치로 주의를 돌릴 때 나타나는 두정신경 활성화를 해독하였다. **그림 14.4A**에 제시된 것처럼 원숭이는 우선 컴퓨터 화면에 있는 여러 위치를 만져보는 훈련을 받는다. 연구자들은 원숭이의 세포 활동을 분석하여 어떤 활성이 각 위치에 대한 운동과 관련 있는지를 분석한다. 다음으로 원숭이들은 짧게 반짝이는 단서를 보고 움직이지 않고 다른 위치에 손을 뻗을 계획을 하도록 지시받게 된다.

이러한 세포 활성화를 요구된 목표로 향한 실제 움직임일 때의 활성화와 비교하였다. 계획을 할 때 움직임과 같은 경우 원숭이는 약간의 주스와 정답임을 알려주는 시각적 피드백을 받았다(그림 14.4B). 이러한 방식은 연구자들이 원숭이에게 "목표로 접근한다고 생각하세요."라고 지시할 수 없기 때문에 사용된다. 연구자들은 원숭이가 목표로 향해 생각한다는 것을 증명할 수 있는 방법을 고안해내야 했다.

이러한 유형의 연구는 신경보철 장치를 만드는 초석이 되었다. 신경보철 장치는 마비 환자들과 수족 절단 수술을 받은 사람들이 정신적으로 보철을 움직이도록 하고 심지어 보철이 만지는 것을 느낄 수도 있게 해준다(제9장 사례 보기 참조). 예를 들어, PRR 위쪽에 전극 배열들이 심어지고 기록된 활성이 기계 장치를 움직이기 위해 사용된다. 이러한 진보의 결과는 팔다리 움직임의 수준 이상으로 이루어질 수 있다. 만약 언어 영역 위에 이 장치를 설치하면 생각을 언어적으로 표현하는 것이 가능해지며 다루기 힘든 문자판과 철자 프로그램들을 사용할 필요가 없어진다. 이와 비슷하게 환자에게 질문을 하면, 그들이 정신적으로 커서를 움직여서 답을 식별하게 함으로써 환자들의 광범위한 생각과 감정들에 접근할 수 있을 것이다.

Miguel Nicolelis와 동료들(2012)은 과거 몇 년 동안 신경보철 응용의 선구자였다. 그들은 뇌와 컴퓨터의 상호작용을 설계해서 정상 원숭이와 최근에는 팔다리가 마비된 사람들이 로봇 팔을 정교하고 통제된 방식으로 움직일 수 있도록 하였다(Ifft et al., 2013). 이러한 성공의 열쇠는 기술적인 발전을 통해 풍부한 통제를 할 수 있게 하여 높은 확실성을 가진 다중 기록 채널을 사용할 수 있었다는 데 있다. 이는 마비 환자들이 생각을 통해 소프트웨어 몸 아바타의 움직임을 통제하는 것을 훈련할 수 있는 프로젝트로 나아갈 수 있도록 했다. 제9장 사례 보기에서 제시된 것처럼 환자들은 엑소스켈레톤을 사용해 바뀐 지형을 걷거나 공을 차는 목표와 같은 복잡한 움직임들을 익힐 수 있었다.

더 놀랍게도 Nicolelis와 동료들(Paris-Vierira et al., 2013)은 두 마리 쥐의 뇌가 행동학적으로 의미 있는 정보들을 전달할 수 있다는 것을 밝혔다. 이러한 실험에서 '부호화' 쥐는 두정피질의 신경 활동들이 기록되고 있는 동안 촉각 변별 과제를 수행한다. 이 활성화는 미세 자극 전극들을 통해서 다른 쥐로 전달된다. 이 쥐는 오로지 부호화 쥐의 뇌에서 전달된 정보만을 사용해서 행동을 선택하는 법을 배운다. 감각운동 활성화가 실시간으로 뇌 대 뇌(brain to brain)의 인터페이스를 통해서 행동으로 전환되는 것은 아직 시작 단계이고 앞으로 발전해나갈 전망이다.

공간 탐색

우리는 여행을 할 때 무의식적으로 갈림길에서 올바른 방향을 선택해서 목적지에 도달할 수 있다. 이렇게 하기 위해서 우리의 두뇌는 '인지 공간 지도'와 각각의 공간 위치에서 우리가 행하고 있는 것에 대한 '정신적 목록'을 만들어야 한다. 이러한 내적 목록을 **경로 지식**(route knowledge)이라고도 한다.

경로 지식은 뇌의 단일 위치에 있는 것 같지는 않다. 뇌손상 연구와 뇌영상 연구 결과 모두는 인접한 후대상피질과 PRR의 복측에 있는 두정 영역을 포함하는 내측 두정 영역(MPR)이 배측 흐름 내의 두정-내측두 경로의 일부임을 보여준다(그림 14.3C 참조). 우리가 가는 길에 특정 위치에서 특정한 시각적으로 유도된 움직임을 해야 한다는 점을 고려할 때 배측 흐름 내의 뉴런들은 경로 지식에 관여할 것으로 보인다. 이를 확인하기 위해 Nobuya Sato와 동료들(2006)은 원숭이를 훈련시켜 가상 환경에서 길 찾기 과제를 하게 했다.

MPR에 있는 세포의 4분의 3은 특정 위치에서 특정 움직임과 관련된 반응을 보였다. 하지만 다른 위치에서의 동일한 움직임은 세포를 활성화시키지 못했다. 따라서 사지 움직임의 위치 계획을 제어하는 PRR의 세포처럼, MPR의 세포는 오로지 신체 움직임을 특정 위치로 제어하는 역할만 한다. 연구자들이 MPR을 약물을 사용하여 비활성화시켰을 때 원숭이들은 올바른 방향을 찾지 못하고 길을 잃었다. 따라서 원숭이는 내측 두정엽 손상으로 말미암아 길을 찾지 못하는 것처럼 행동했다. 이에 대해서는 21.1절에서 다시 다룰 것이다.

공간 정보의 복잡성

두정엽의 기능에 대한 우리의 이론에서 첫 번째 특징은 물체를 인식하고 움직임을 유도하기 위한 공간 정보의 사용에 대한 것이다. 공간 표상의 두 번째 측면은 복잡성이다. 팔다리 또는 안구 움직임 제어는 명확하고 상대적으로 간단하지만 다른 유형의 관찰자 중심 표상은 복잡하다. 예를 들어 '왼쪽'과 '오른쪽'이라는 개념은 관찰자 중심이지만 움직임이 반드시 있지는 않다. 후측 두정엽에 손상을 입은 환자는 왼쪽과 오른쪽을 구분하지 못하며, 이 장의 사례 보기에서 언급했던 H.P.도 마찬가지였다. 다른 공간 관계는 훨씬 더 복잡하다. 예를 들어, 자세히 보기에서 설명한 것처럼 당신은 물체를 시각화하고 이러한 내적 이미지를 공간적으로 조작할 수 있다. 정신적으로 사물을 조작하는 능력은 손으로 물건을

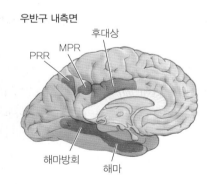

우반구 내측면

후대상

MPR

PRR

해마방회

해마

자세히 보기   공간 인지와 백질 조직화

사물을 다른 시각에서 보았을 때의 모습을 마음에 떠올릴 수 있는 능력은 공간 인지의 근본이다. 구성 과제, 가령 책장을 조립하는 것과 같은 일상적 활동은 조립할 부분들을 마음속으로 그리고 실제로 조작하는 능력 모두를 요구한다. 병변을 가진 환자들에 대한 연구와 비침습적 영상 연구 결과는 후측 두정피질이 물체 회전과 같은 심적 변형을 수행한다는 것을 밝혀냈다.

그러나 심적으로 물체를 변형시키는 인간의 능력은 개인 간 차이가 무척 크며 성차도 유의한데, 남성들은 최소한 몇 가지 검사 조건에서는 이러한 과제를 더 잘 수행한다(12.2절 참조). 이러한 성차는 인지적 전략에서의 차이로 보이는데, 혹은 이러한 차이는 심적으로 조작하는 동안 물체의 표상을 기억에 잘 유지하는 능력의 차이일 수도 있다.

심적 조작에서 나타나는 개인차는 신경해부학적 차이와 관련되어 있을 수도 있다. Thomas Wolbers와 동료들(2006)은 이러한 해부학적 차이가 백질의 조직화와 후두정 영역 내의 연결성에 있을 수 있다고 가정하였다.

심적 회전에서 백질의 차이가 어떠한 역할을 하는지 확인하기 위하여 연구자들은 남성 참가자들에게 그림 A와 같은 어려운 심적 회전 과제를 수행하도록 하였다. 예상한 대로 연구자들은 공간 단기 기억 능력을 통제하였음에도 불구하고 참가자들 간의 상당한 차이를 발견하였다. 연구자들은 MRI를 사용하여 참가자들의 후두정피질의 백질 조직의 특성을 살펴보았다. 그림 B에서 나타난 것과 같이 심적 회전의 능숙성과 두정내구의 전측 부분의 백질 조직 간의 밀접한 관련성을 발견하였다.

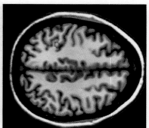

그림 B ▲

뇌 조직화와 심적 회전 앞쪽과 위쪽(배측)에서 찍은 화면 내에서 노란색 바탕에 빨간색 선으로 표시한 두정내구의 일부는 심적 회전 점수와 강한 상관을 보인다.

(Wolbers, T., E., Schoell, and Büchel C. The predictive value of white matter organization in posterior parietal cortex for spatial visualization ability. *NeuroImage* 32:1450–1455, 2006 © Elsevier.)

뇌 조직화에 대한 이러한 간접적 해부학적 측정은 수초형성과 축색의 직경과 밀도, 그리고 섬유의 교차와 같은 다양한 요소들을 포함한다. 그럼에도 불구하고 이 연구 결과는 신경 해부학적 조직의 세부적 사항들이 인지 능력의 개인차와 관련이 있다는 개념을 뒷받침한다.

이러한 차이가 순수하게 유전적인 것인지 혹은 경험의 영향을 받는 것인지는 아직 명확하지 않다. 이와 유사하게 이 연구의 참가자가 남성들뿐이었기 때문에 후측 두정피질의 백질 조직화에서 나타나는 성차가 심적 회전에서 나타나는 성차와 관련이 있는 것인지 혹은 Feng과 동료들(2007)이 제안했던 것과 같이 경험이나 선호하는 인지 양식과 같은 다른 요인들에 의한 것인지는 아직 알 수 없다.

Scheperjans와 동료들(2008)은 비록 성차와 관련된 차이가 후측 두정피질 영역의 부피에서는 나타나지 않음에도 불구하고 다른 영역의 크기 차이에서 나타나는 개인 간 차이는 남성에게서 더 큰 것으로 보인다. 이러한 변산이 남성과 여성의 시공간 조작 과제 수행 차에 어떠한 영향을 미칠지는 아직 미지수이다.

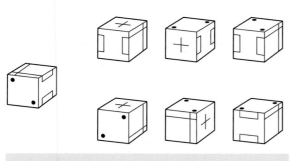

그림 A ▲

심적 회전 과제 남성 참가자들은 왼쪽에 있는 참조 육면체가 오른쪽에 있는 6개의 육면체 중 어느 것과 동일한지를 결정해야 한다. 이 경우 정답은 아랫줄 가운데에 있는 육면체이다.

(T. Wolbers, E. D. Schoell, and C. Büchel. The predictive value of white matter organization in posterior parietal cortex for spatial visualization ability. *NeuroImage* 32: 1450~1455, 2006 © Elsevier.)

Feng, J., I. Spence, and J. Pratt, Playing an action video game reduces gender differences in spatial cognition. *Psychological Science* 18: 850–855, 2007.
Scheperjans, F., S. B. Eickhoff, L. Homke, H. Mohlberg, K. Hermann, K. Amunts, and K. Zilles. Probabilistic maps, morphometry, and variability of cytoarchitectonic areas in the human superior parietal cortex. *Cerebral Cortex* 18: 2141–2157, 2008.
Wolbers, T., E. D. Schoell, and C. Büchel. The predictive value of white matter organization in posterior parietal cortex for spatial visualization ability. *NeuroImage* 32:1450–1455, 2006.

조작하는 능력의 연장선에 있다. 따라서 정신적인 조작은 실제 조작의 신경학적 조절을 정교화한 것이다. 제13장의 자세히 보기에서 살펴본 것처럼 시각적인 심상은 실제 시각적 입력을 신경학적으로 정교화한 것이다. 후측 두정엽 손상 환자는 정신적인 조작을 하는 능력의 손상을 보인다.

기타 두정엽 기능

수학적 연산의 어려움, 언어적 측면, 그리고 운동 순서의 세 가지 두정엽 증상은 시각운동 통제센터라는 단순한 시점과는 명백히 잘 맞지 않는 것으로 보인다. 사례 보기의 H.P.는 이 세 가지 장애를 모두 겪었다는 것을 떠올려보자.

1970년대에 Alexander Luria는 수학과 연산이, 이를테면 정답을 계산하는 과정이 정신적으로 구체적인 형태를 조작하지만 추상적인 상징을 조작하는 것을 수반한다는 점에서 유사 공간적(quasi-spatial) 속성을 가지고 있다고 제안하였다. 52에서 25를 빼는 것을 생각해보자. 이 두 숫자에서 '2'와 '5'는 위치에 따라 2 혹은 20, 5 혹은 50으로 다른 의미를 가지고 있다. 또한 빼기를 위해서는 52의 10의 자리에서 '빌리는' 과정 등이 필요하다.

이러한 시각에서 볼 때 H.P.와 같은 두정엽 환자들은 **계산불능증**(acalculia), 즉 수학적 조작을 수행하지 못하는 증상, 이 사례에서는 연산을 하지 못하는 증상을 가지고 있는데, 이는 이 과제의 공간적 속성 때문이다. 실제로 두정엽 손상 환자들은 6에서 4를 빼는 것과 같은 단순한 문제는 쉽게 풀곤 하는데, 이 경우 공간적 요구가 거의 없기 때문이다. 심지어 다소 더 어려운 문제, 예를 들어 984에서 23을 빼는 경우에도 문제가 없다. 그러나 빌려오기 개념과 같은 보다 복잡한 조작이 필요한 경우는 두정엽 손상 환자들에게 능력 밖의 문제가 된다. 따라서 수리적 조작은 아마도 실비안 열에서 두정엽과 측두엽이 만나는 지점인 좌반구 **측두-두정 접합 부위**(temporoparietal junction)에 있는 다감각 조직이 담당하는 것으로 보인다.

언어는 연산의 경우와 유사한 능력을 요구한다. *tap*이라는 단어와 *pat*이라는 단어는 같은 철자를 사용하지만 공간적 배열이 다르다. 이와 비슷하게 '내 아내의 아들'과 '내 아들의 아내' 역시 동일한 단어를 사용하지만 완전히 다른 의미가 된다. 이러한 관찰을 통해 Luria를 포함한 여러 연구자들은 언어 역시 유사 공간적 속성을 가지고 있다고 제안하였다. H.P.와 같은 환자들은 개별적 요소를 명확하게 이해할 수 있을지는 모르지만 통사론이 중요할 때 전체를 이해하지는 못한다. 이 능력 역시 측두-두정 접합의 다감각 영역이 관여하는 것으로 보인다.

언어와 연산뿐 아니라 개인적 행동의 요소들을 정렬하지 못하는 것 역시 두정엽 손상의 증상에 포함된다. 두정엽 손상을 입은 사람들은 동작을 순서대로 따라 하는 것을 어려워하는데, 이에 대해서는 다음 번에 다룰 것이다.

요약하면 후측 두정엽은 자기 중심적(관찰자 중심) 공간에서의 시각운동 움직임 안내를 제어한다. 움직임 제어는 물체를 잡거나 조작하는 데 필요한 뻗기 및 안구 운동임이 분명하다. 안구 운동은 시각계가 환경의 특정 감각 단서에 주의를 기울이게 해주기 때문에 중요하다. 후두정피질의 다감각 영역은 연산과 읽기에서부터 심적 회전 그리고 움직임의 순서에 대한 시각적 이미지의 조작에 이르기까지 심적 공간의 다양한 측면에서도 중요하다.

◎ 14.3 두정 병변의 체감각 증상

중심후회(post-central gyrus)의 손상과 관련된 체감각 증상, 즉 3-1-2번 영역(그림 14.1 A와 B 참조)과 인접한 피질(그림 14.1 C의 PE와 PF 영역)에 대해 살펴보자.

체감각 역치

중심후회의 손상은 일반적으로 체감각 역치의 뚜렷한 변화와 관련이 있다. 이 변화에 대한 가장 체계적인 연구는 Josephine Semmes와 동료들(1960, 1963)이 제2차 세계대전 때 뇌에 총상을 입은 참전용사들을 대상으로 한 연구와, 뇌전증을 완화시키기 위해 Suzanne Corkin과 동료들 (1970)이 병소 피질 수술을 받은 환자들을 대상으로 한 연구가 있다.

두 연구 집단 모두는 중심후회의 병변이 비정상적으로 높은 감각 역치, 위치 감각 장애 및 **입체감각인식**(stereognosis, '고체'를 의미하는 그리스어 *stereo*에서 유래, 촉각인지) 장애를 일으킨다는 것을 발견했다. 예를 들어, Corkin 연구에서 환자는 가벼운 피부의 촉각(압력 민감성)을 제대로 탐지하지 못하고, 하나 혹은 두 군데에 뾰족한 것이 닿았는지(8.1절에서 설명한 2점 민감도) 여부를 결정하고 그리고 병변 반대쪽 몸의 피부 어느 지점에 닿는 느낌을 받았는지를 추정하는 데 어려움이 있는 것으로 나타났다. 눈이 가려진 경우 이 환자들은 반대쪽 손의 손가락이 수동적으로 움직였는지 여부를 보고하는 데 어려움을 겪었다.

중심후회의 병변은 또한 Luria가 **구심성 마비**(afferent paresis)라고 부르는, 즉 중심후회 병변(3-1-2번 영역)으로 인한 감각적 피드백 상실이라는 증상을 발생시키기도 한다. 이 경우 정확한 위치에 대한 피드백을 받지 못하기 때문에 손가락 움직임이 서투르게 나타난다.

체지각장애

전형적인 체감각 역치가 있는 경우에도 다른 유형의 체감각 이상이 동시에 있을 수 있다. 첫째, **입체감각 실인증**(astereognosis), 즉 만져서 물체의 속성을 인식할 수 없는 것이다. **그림 14.5**에 나타난 물체의 재질에 대한 촉각 지각 검사는 입체감각 실인증이 무엇인지 보여준다. 피험자는 눈을 가린 상태로 손바닥 위에 올려진 물체가 무엇인지 맞추거나 모양이 어떤지 만져보라는 안내를 받는다. 과제는 원래의 모양 혹은 물체를 몇 가지 선택지 중의 하나와 짝짓는 것인데, 오로지 촉각 정보만을 사용해야 한다.

두 번째 체지각장애인 **동시 소거**(simultaneous extinction)는 특별한 검사 절차에 의해서만 확인할 수 있다. 이 검사는 우리 환경에서 많은 감각 자극이 동시에 작용하지만 사람은 개별적 감각의 느낌을 구분하고 인식할 수 있다는 것이 이 검사의 논리이다. 따라서 한번에 하나씩 자극을 제시하는 과제는 감각 방해를 과소 평가하거나 자극 모두 놓칠 수 있는 부자연스러운 상황이 된다.

보다 복잡하고 현실감 있는 감각 자극을 제공하기 위해 동시 소거에 대한 검사는 동일하거나 다른 신체 부위에 동시에 2개의 촉각 자극을 제시한다. 이 과제의 목적은 **그림 14.6**에서 나타난 것처럼 두

(A)

1 눈이 가려진 피험자의 손에 패턴 블록이 5초 동안 놓여지게 되며 각기 다른 패턴의 블록들이 차례차례로 놓이게 된다.

2 피험자는 여섯 가지의 패턴을 모두 경험한 후, 가장 처음에 주어진 패턴 블록이 무엇이었는지 알아맞춰야 한다.

(B)

1 피험자는 여러 가지 주어진 패턴 속에서 동일한 종류의 패턴 블록만을 잡아야 한다.

2 배열되어 있는 패턴 중 동일한 블록을 선택하는 것이 과제이다.

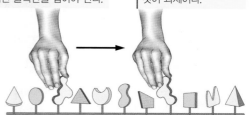

◎ **그림 14.5** ▲

사물에 대한 체감각 검사 입체감각 실인증과 같은 체감각적 장애는 위와 같은 신경심리학적 검사를 통해 발견될 수 있다.

(Research from Teuber, 1978.)

◎ **그림 14.6** ▼

뇌졸중을 앓는 환자들의 소거 검사 환자들은 양쪽 시야에 있는 물건이 무엇인지에 따라 다른 반응을 보인다.

2개의 동일한 사물이 보일 때
환자들은 우시야에 있는 물건만 볼 수 있다.

환자의 우시야   환자의 좌시야

2개의 상이한 사물이 보일 때
환자는 양쪽 시야에 있는 물건을 모두 볼 수 있다.

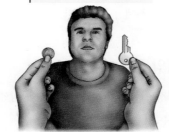

동일한 물건이되 다른 종류의 물건이 보일 때
환자들은 우시야에 있는 물건만 볼 수 있다.

가지 자극이 하나씩 제공되면 둘 다 보고되지만 동시에 제공되면 하나만 보고된다는 것을 밝히는 것이다. 보고하지 못한 한 자극은 보통 **소거**(extinction)라고 불리며, 이는 특히 우측 두정엽에 있는 이차 체감각피질(PE와 PF 영역)의 손상과 관련이 있다.

촉각 마비

13.4절은 맹시의 증거를 보여준다. 시각장애가 있는 환자는 자신들이 '보고 있다'는 것을 부인함에도 불구하고 시각 자극의 위치를 식별할 수 있다. Jacques Paillard와 동료들(1983)은 촉각맹 혹은 촉각 마비라고 불리는 맹시와 유사한 촉각 증상을 가진 여성에 대해 연구하였다. 이 여성은 PE, PF 및 일부 PG 부위의 큰 손상으로 인해 신체 오른쪽이 완전 무감각해져서 손을 베거나 화상을 입어도 알아차리지 못했다. 그녀는 몸에 무언가가 닿았을 때 그것을 느끼지는 못했지만 왼손으로 그녀의 오른손 어느 지점에 무엇인가가 닿았는지는 맞출 수 있었다.

비록 단일 사례이지만 촉각 마비 현상은 분명히 맹시를 떠올리게 한다. 촉각에서 나타난 맹시와 유사한 현상은 2개의 촉각 체계가 존재한다는 것을 보여주는데, 하나는 탐지에, 다른 하나는 위치에 관여하는 것으로 보인다. 이러한 전문성은 감각계 조직의 일반적인 특징이다.

체감각 실인증

입체감각 실인증은 두 가지 주된 체감각 실인증 중의 하나이다. 다른 하나는 **신체 실인증**(asomatognosia)으로, 자신의 몸과 몸의 상태에 대한 지식이나 감각의 손실을 말한다. 신체 실인증은 본질적으로 촉각장애이지만, 이 증상이 종종 임상적으로 단순히 실인증으로 분류되기 때문에 여기에 포함시켰다.

신체 실인증은 베일에 쌓인 실인증 중 하나이며 실제로 보면 거의 믿기 힘든 증상 중 하나이다. 신체 실인증은 갖고 있는 질병을 인식하지 못하거나 부인하는 **질병인식 불능증**(anosognosia), 질병에 대한 무관심을 나타내는 **병식결여증**(anosodiaphoria), 신체 부위가 어디에 있는지 자각하지 못하며 신체 부위의 이름을 말하지 못하는 **자가국소 실인증**(autopagnosia)과 고통스러운 자극에 대한 반사적인 회피와 같은 통증에 대한 전형적인 반응의 **부재고통 실인증**(asymbolia for pain)을 포함한다.

신체 실인증은 일반적으로 우반구의 병변 때문에 흔히 왼쪽에 영향을 미치지만, 몸의 한쪽 또는 양쪽 면 모두에 영향을 주는 경우도 있다. 예외적인 경우 보통 좌반구 두정피질의 손상에서 기인한다. 가장 흔한 신체 실인증은 **손가락 실인증**(finger agnosia)인데, 검사자에게 한쪽 손의 여러 손가락들을 가리키지 못하거나 손가락을 보여줄 수 없다.

손가락 실인증과 난산증(dyscalculia, 산술 연산 수행의 어려움) 사이에는 흥미로운 관계가 있다. 아이들은 연산을 배울 때 대개 자신의 손가락을 사용하여 계산하는데, 이러한 실인증을 가진 아이들과 같이 계산을 할 때 손가락을 사용할 수 없는 아이들은 연산을 배우는 데 어려움을 겪을 것이라고 예측할 수 있다. 실제로 선천성 척추피열증(spina bifida)을 가진 어린이는 척수가 불완전하게 형성되어 있기 때문에 손가락 실인증을 가지며 연산에 무척 서툴다.

◎ 14.4 후두정 손상의 증상

임상 연구 문헌은 당혹스러울 정도로 다양한 후두정 손상 증상에 대해 설명하고 있다. 우리의 관심 영역은 여기서 가장 흔히 관찰되는 경우로 제한하도록 하자.

발린트 증후군

*Rezsö Bálint*는 1909년에 양 반구 두정엽 손상으로 인해 다소 특이한 시각 증상을 겪게 된 환자에 대해 연구하였다. 환자는 완전한 시야를 가졌으며 물체, 그림 및 색상을 정상적으로 인식하고 사용하고 이름을 말할 수 있었다. 그럼에도 불구하고 그는 세 가지의 특이한 증상을 보였다.

1. **눈을 움직일 수는 있었지만 특정한 시각 자극에 대해 고정할 수가 없었다.** 그는 자발적으로 앞을 보았지만, 일련의 자극이 그의 앞에 놓이면 시선을 오른쪽 35~40° 정도로 돌려서 그 방향에 있는 것만 지각할 수 있었다.
2. **동시 실인증.** 주의가 한 사물을 향할 때 다른 자극을 알아채지 못했다. 요구를 받으면 그는 그 앞에 놓인 다른 자극을 발견할 수 있었지만, 빨리 그의 이전의 상태로 되돌아갔다. *Bálint*는 이로 미루어 보아 환자의 주의 영역이 한번에 하나의 대상으로 제한된다는 결론을 내렸다. 또한 이 장애로 인해 각 철자가 개별적으로 인식되어 읽기가 매우 힘들었다(13.5절 참조).
3. **시각 운동 실조증.** *Bálint*는 이 용어를 사용하여 환자의 심각한 읽기장애를 설명했다(13.4절의 사례 V.K. 참조). 환자는 촉각 또는 자기수용 감각 정보를 사용하여 신체 쪽으로의 정확한 움직임을 행할 수 있지만 시각적으로 유도된 움직임을 행할 수는 없었다.

비록 발린트 증후군은 드물지만, 시각 운동 실조증은 양측뿐 아니라 편측 손상 이후에 생겨날 수 있는 후두정 손상의 일반적인 증상이다. *Antonio Damasio*와 *Arthur Benton*이 묘사한 다음 환자를 살펴보자.

> 그녀는 지속적으로 연필, 담배, 성냥, 재떨이나 칼 같은 가까운 곳에 있는 목표물에 제대로 손을 뻗지 못했다. 보통 그녀는 5~13cm 정도 덜 닿았고, 촉각으로 표적까지 이어지는 표면 경로를 탐색했다. 한 번 내지 두 번 시도하면 곧바로 물체로 향할 수 있었다. 그러나 또다시 손이 물체에 닿지 못하고 목표물의 측면이나 목표물을 넘어서서 손이 닿기도 했다. 또 하나의 촉각을 이용한 수정은 손을 물체와 접촉시켜놓는 것이었다. 위의 어려움과는 대조적으로 시각적인 안내가 필요하지 않은 움직임, 예를 들어 옷 단추를 잠그거나, 담배를 입에 대거나, 몸의 일부를 가리키는 동작 등의 움직임은 매끄럽고 신속하게 처리된다. (Damasio and Benton, 1979, p. 171)

시선 처리의 결함과 시각적으로 도움을 받아서 잡는 행위는 상측 두정 영역(PE 영역)의 손상으로 인해 가장 많이 발생한다. 시각 운동 실조증은 하두정 영역 병변과 동반되지 않고 2개의 후두정 부위의 명확한 기능적 해리를 시사한다.

우반구 두정 병변의 기타 증상과 대측 무시

*McDonald Critchley*는 1953년 두정엽을 다룬 책에서 두정 병변의 증상이 매우 광범위하게 나타난다는 것을 언급했다. 어떤 환자는 몇 가지 경미한 이상 징후를 보이는 데 그치는 반면 다른 환자는 정교한 증상을 가진 복잡한 양상을 보인다. 이러한 다양성의 원인은 아직도 알려져 있지 않다. 우반구 두정 병변의 증상을 고려할 때 이러한 불확실성을 염두에 두어야 한다. 왜냐하면 증상의 범위와 심각성은 환자마다 크게 다르기 때문이다.

대측 무시

*John Hughlings-Jackson*은 1874년에 우반구 두정 병변에 의한 지각장애에 대하여 기술하였다. 이 병

모형

환자가 모사한 그림

◎ 그림 14.7 ▲

대측무시를 보이는 환자들이 모사한 그림

(Reprinted by permission from Macmillan Publishers Ltd: NATURE, Rossetti, Y., G. Rode, L. Pisella, A. Farne, L. Li, D. Boisson, and M.–T. Perenin. Prism adaptation to a rightward optical deviation rehabilitates left hemispatial neglect. *Nature* 395:166–169, © 1998.)

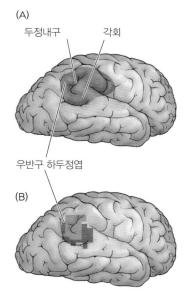

(A)

두정내구   각회

우반구 하두정엽

(B)

그림 14.8 ▲

우측 두정 증상의 위치   (A) Heilman과 Watson의 설명에 의한 대측무시를 앓고 있는 13명의 환자들의 종합적인 뇌 병변 위치. (B) Warrington과 Taylor의 익숙치 않은 상황에서 본 사물에 대한 재인검사에서 환자들의 뇌를 겹쳐놓은 사진(그림 14.9). 가장 많이 겹치는 부분은 옅은 색으로 표시하였다. A와 B의 위치적 유사성에 주목할 필요가 있다.

변의 영향은 70년 후 Alan Paterson과 Oliver Zangwill(1944)에 의해 명확하게 정의되었다. 1960년에 출판된 John McFie와 Oliver Zangwill의 고전적 논문은 이전 연구의 많은 부분을 검토하여 다음에 소개될 환자에게서 나타난 우반구 두정 병변의 몇 가지 증상에 대하여 설명했다.

67세의 P.는 우반구 두정 뇌졸중을 앓았다. 우리가 처음으로 그를 만났을 때(입원 24시간 후) 시야 결손이나 마비는 없었다. 그러나 그는 다른 여러 가지 증상을 보였다.

- P.는 자신의 몸의 왼편과 세상의 왼편을 무시했다. 팔을 들어 올려보라는 요청에 그는 왼팔을 들어올리지 못했는데, 만약 누군가가 그의 팔을 잡고 올려보라고 했을 때는 할 수 있었다. 시계를 그리라는 요청을 받았을 때, 그는 모든 숫자를 시계의 오른쪽으로 모아 그렸다. 아이스크림이나 풋볼 같은 합성어를 읽을 것을 요청받았을 때 크림과 볼만 읽었다. 옷을 입을 때 그는 옷의 왼편(착의 실행증의 한 형태)을 입으려고 시도하지 않았고, 면도했을 때 얼굴의 오른쪽만 면도했다. 그는 몸의 왼쪽 촉각을 무시했다. 마지막으로 그는 뭔가가 잘못되었다는 것을 자각하지 못했고, 왜 주변 사람들이 호들갑을 떠는 건지 이해하지 못했다(병식결여증). 종합해보면 이는 모두 **대측 무시**(contralateral neglect)의 증상이다.

- P.는 블록을 조합하여 형태를 만들지 못했으며(구성 실행증), 양쪽 어느 손으로건 자유롭게 그림을 그릴 때, 그림을 모사할 때, 종이에 그려진 그림 형태대로 자를 때 어려움을 겪었다. 그림을 그릴 때 그는 수정하기 위해 추가로 선을 그었으나 보통은 공간적 관계성이 결여되어 있었다. 실제로 무시 증상을 보이는 환자들은 **그림 14.7**에서 나타난 것과 같이 그림의 왼편을 완성하지 못한다.

- P.는 지형학적 장애를 가지고 있는데, 기억 속에 있는 잘 알려진 장소의 지도를 그리지 못했다. 그는 자신이 살고 있는 동네의 지도를 그리려고 했지만 방향, 랜드마크, 거리의 공간적 배치 등이 심하게 왜곡되어 있었다. 이러한 모든 결함에도 불구하고 P.는 자신이 어디에 있고 무슨 요일인지 알았으며 가족의 얼굴을 알아볼 수 있었다. 그는 또한 훌륭한 언어 기능을 가지고 있었으며, 평상시 말하고 읽고 쓰는 데 아무런 문제가 없었다

P.에게서 나타난 대측 무시는 뇌기능 장애에서 가장 흥미로운 증상 중 하나이다. 무시는 신체 혹은 공간의 한 면, 양쪽 신체, 그리고 병변의 반대쪽에 있는 시각, 청각, 체감각 자극에서 발생한다. 환자가 무시 증상으로 인한 장애를 부인하는 경우도 있을 수 있다.

회복은 두 단계를 거친다. **이소지각증**(allesthesia)은 무시되는 쪽에 있는 자극에 대해 마치 손상받지 않은 편에 있는 것처럼 반응한다는 특징을 가진다. 환자는 몸의 왼편에서 오는 시각, 촉각 혹은 청각 자극이 마치 오른편에 있는 것처럼 반응한다.

회복의 두 번째 단계는 앞서 언급한 것과 같이 자발적 소거이다(그림 14.6 참조). 환자는 자극이 양측에서 오는 경우가 아니라면(이 경우에는 손상의 동측에만 반응한다) 그때까지 무시되던 쪽에 있는 자극에 반응한다.

무시는 이해를 하는 데 있어서 방해를 한다. 이러한 결과를 가져오는 손상의 위치는 어디일까? **그림 14.8A**는 Kenneth Heilman과 동료들(1993)이 무시 증상을 가진 13명의 환자의 뇌를 스캔해서 유추한 손상된 영역을 기술한 그림이다. Argye Hillis(2006)는 대측 무시에 두정내구(대략 PE와 PF로 나뉨)와 각회의 손상이 반드시 관찰된다고 결론 내렸다. 또한 Neil Muggleton과 동료들(2006)은 이 영역이 손상되지 않은 정상적인 사람들을 대상으로 경두개 자기자극(TMS)을 사용해서 이들에게 무시를 유발시켰다.

그러나 대측 무시가 상측두구와 외측 시상하부를 포함한 피질하 구조뿐 아니라 종종 전두엽과 대상 피질의 손상 이후에도 발견된다는 것을 기억하라. 분명치 않은 부분은 동일한 현상이 이렇게 다양한 위치에서 발생한 손상에서 기인한다는 것이다.

왜 무시(neglect)가 발생되는가? 두 가지 주요 이론은 무시가 (1) 잘못된 감각 또는 지각이나, (2) 잘못된 주의 또는 방향감각(orientation)이 원인이라고 주장한다. 잘못된 감각이나 지각 이론을 지지하는 가장 강력한 논거는 모든 감각 영역으로부터 입력을 받는 두정엽의 병변이 감각과 지각의 통합을 방해할 수 있다는 것이다. Derek Denny-Brown과 Robert Chambers(1958)는 이 기능을 **형태합성**(morphosynthesis), 그리고 이 기능의 장애를 **구성불능증**(amorphosynthesis)이라고 불렀다.

잘못된 감각 혹은 지각 이론은 무시가 우반구 두정 병변의 결과라고 제안하는데, 그 이유는 자극의 공간적 속성 통합이 손상되기 때문이다. 궁극적으로 자극은 감지되지만 그 위치가 신경계에 불확실하기 때문에 결과적으로 무시(ignore)하게 된다는 것이다. 무시는 편측성인 것으로 보이는데, 그 이유는 우반구의 기능이 없으면, 좌반구가 오른쪽 무시를 차단하는 기초적인 공간 합성을 할 수 있기 때문이다. 그러나 기초적인 공간 능력으로는 우반구 두정 병변으로 인한 많은 다른 행동장애를 보완할 수 없다.

Critchley와 이후의 다른 연구자들은 무시가 실제로 등록되는 입력에 주의를 기울일 수 없음으로 인한 주의 결함이나 방향감각 결함 때문이라는 두 번째 이론을 제시했다. Heilman과 Watson은 이 제안에 대해 자세히 설명했는데, 그들은 무시가 자극을 향해 주의를 주지 못함으로 인해 생겨난다고 주장했다. 이 결함은 새로운 감각 자극이 주어질 때 자극을 일으키는 체계의 장애 때문인 것으로 여겨진다.

물체 인식

Elizabeth Warrington과 동료들(Warrington & Rabin, 1970; Warnngton & Taylor, 1973)은 우반구 두정 손상의 또 다른 공통적인 증상에 대해 연구했다. 이러한 손상을 입은 환자는 익숙한 시야에서는 물체를 인식할 수 있지만 생소한 시야에서 본 경우에는 물체를 인식하는 데 어려움을 겪는다(**그림 14.9**). Warrington은 이러한 기능장애가 형태나 개념을 형성하는 것, 즉 '양동이'가 아니라 지각적 분류인 '양동이'에 대한 개념의 일부로 정보를 분류하는 메커니즘에 있다고 결론지었다.

이러한 잘못된 할당은 물체에 대한 일반적인 관점을 생소한 관점에 일치시키기 위해 공간적으로 회전시켜야 하는 공간 매칭의 유형으로 볼 수 있다. Warrington과 Taylor(1973)는 이 대략적으로 대측 무시 발생과 동일한 영역인 우반구 하두정소엽과 관련이 있을 것으로 제안하였다(그림 14.8B 참조).

거스트만 증후군과 기타 좌측 두정 증상

1924년 Josef Gerstmann은 14.2절(Gerstmann, 1957 참조)에서 살펴본 손가락 실인증, 신체 실인증과 같은 좌반구 두정 뇌졸중에 따른 이상 장애를 가진 환자에 대해 연구하였다. Gerstmann의 환자는 양손 중 어느 한 손의 손가락 이름을 말하거나 인식할 수가 없었다. 이 증상은 상당한 관심을 불러 일으켰으며, 그 후 몇 년 사이에 환자에게 손가락 실인증에 수반되는 세 가지, 즉 좌우 혼돈, **실서증**(agraphia, 글쓰기 능력 부족), 그리고 계산불능증이 나타났다. 이 네 가지 증상은 총체적으로 거스트만 증후군으로 알려졌다.

Gerstmann과 다른 연구자들은 이러한 증상은 대략적으로 각회에 상응하는 좌반구 두정엽의 외과적 병변을 동반한다고 주장했다(PG 영역). 이 네 가지 증상이 집단으로 나타나면 이 환자는 거스트만

(A)

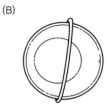
(B)

◉ 그림 14.9 ▲

익숙치 않은 관점에서 본 사물 양동이를 (A)처럼 그리는 것은 익숙치만, (B)처럼 그리는 것은 우리에게 익숙치 않다. 우반구 두정엽에 손상이 있는 환자들은 익숙치 않은 장면들을 재인하는 데 어려움을 겪는다.

증후군을 앓는 것이며, 손상 부위는 각회인 것으로 여겨졌다. 거스트만 증후군은 일반적인 조사법에서는 다소 진단적으로 의심스럽지만, 모든 증상이 좌반구 두정 손상과 관련이 있다. 좌반구 두정 손상의 다양한 증상이 다음의 사례 기록에 잘 설명되어 있다.

1975년 8월 24일, 11세 소년 S.S.는 갑자기 몸 오른쪽, 특히 팔과 얼굴에 경련이 이는 발작이 나타났다. 그는 항경련제를 투여받았으며 증상은 사라졌지만 9월 16일에는 글자를 아래위 그리고 앞뒤가 뒤집힌 상태로 쓰기 시작했다. S.S.는 즉시 신경학자에게 검진을 받았으며, 그 결과 좌반구 두정의 악성 성상 세포종이라는 진단을 받았다. 상세한 신경심리검사를 통해 좌반구 두정 손상의 수많은 특징이 발견되었다.

- **언어 기능의 장애.** S.S.는 그의 이름조차도 쓸 수 없었고(실서증), 읽기를 어려워했으며(난독증), 문법적 오류를 많이 저지르면서 천천히 신중하게 말했다(난어증).
- **실행증.** S.S.는 블록을 조립해서 형태를 만들지 못했으며 일련의 새로운 팔다리 운동을 학습하는 데 어려움이 있었다(다음 하위 절 참조).
- **난산증.** 그는 암산을 할 수 없었으며, 간단한 덧셈과 뺄셈도 할 수가 없었다.
- **회상.** 그는 특히 아주 짧은 숫자열만 기억할 수 있었는데, 구두 또는 시각적으로 제시된 세 자리 숫자만 즉시 회상할 수 있었다.
- **좌우 분별.** 그는 무작위로 응답하는 모든 능력검사에서 좌우를 구별할 수 없었다.
- **우측 반맹증.** 아마도 종양이 슬상선조체(geniculostriate)의 연결을 손상시켰기 때문에 S.S.의 종양이 커짐에 따라 전두엽에 압박을 가하여 몸의 오른쪽이 불편해졌다.

S.S.는 1975년 10월 말 사망했다. 수술도 약물치료도 종양의 성장을 막을 수 없었다. S.S.에게 나타난 증상은 이 장 서두에서 이야기했던 H.P.를 포함해 좌반구 두정 병변을 가진 다른 환자들의 증상과 유사했다. 흥미롭게도 S.S.는 거스트만 증후군 중 하나인 손가락 실인증이 없었다. 이는 매우 큰 병변이 모든 환자에게 동일한 결과를 나타내지는 않는다는 점을 보여주는 사례이다.

◎ **그림 14.10** ▼

실행증 검사 실험 참가자들은 최대한 정확하게 표정의 순서를 따라하라고 지시받는다. (A) 관념운동 실행증을 검사하기 위한 순차적 팔 움직임 따라 하기 항목. (b) 구성 실행증을 검사하기 위한 순차적인 얼굴 표정 움직임 따라하기 항목

(A) 연쇄적 팔 움직임 따라하기 검사

(B) 연쇄적 얼굴 움직임 따라하기 검사

실행증과 두정엽

실행증(apraxia)은 허약, 이동불능, 비정상적인 근긴장, 또는 자세, 지적 저하, 열악한 이해력 또는 진전 등과 같은 운동장애로 인해 초래되지 않는 숙달된 움직임의 상실을 의미한다. 우리는 많은 실행증 중 두 가지, 즉 관념운동 실행증과 구성 실행증에 초점을 맞출 것이다.

관념운동 실행증(ideomotor apraxia)을 가진 환자는 움직임을 재현하거나 인사할 때 손을 흔드는 것과 같은 자유로운 몸짓을 할 수 없다. 좌반구 후측 두정 손상을 입은 환자는 종종 관념운동 실행증을 보인다. Doreen Kimura(1977)는 **그림 14.10A**에서 나타난 것과 같이 일련의 팔 움직임을 재현하도록 시켜봄으로써 이러한 환자들의 증상을 진단할 수 있음을 보여주었다. 우반구 두정 병변을 가진 환자들은 이 과제를 정상적으로 수행하지만 좌반구 두정 손상이 있는 사람은 심각한 장애를 보인다.

구성 실행증(constructional apraxia)은 시운동 장애로, 공간 조직이 손상된다. 구성 실행증 환자는 퍼즐 조립, 나무 집 짓기, 그림 그리기 혹은 일련의 얼굴 움직임을 따라 하지 못한다(그림 14.10B). 좌반구와 우반구의 손상 이후에 생기는 증상이 동일한지 여부에 대한 논쟁이 있지만(Benton & Sivan, 1993 참조), 양 반구 두정엽 중 어느 한쪽에 손상이 오면 구성 실행증이 발생한다. 그럼에도 불구하고 구성 실행증은 종종 후측 두정 손상에 동반한다.

관념운동 실행증과 구성 실행증은 움직임을 제어하는 두정-전두 연결이 끊어져 발생하는 운동장애이다. Vernon Mountcastle은 후측 두정피질이 외부 세계에 대한 촉각적 시각적 표상뿐만 아니라 신체의 위치와 움직임 및 구심성 신호를 받는다고 주장했다(Mountcastle et al., 1975). 그는 후측 두정피질은 이러한 정보를 개인 외적 공간 내에서 사지, 손 및 눈 동작을 위한 명령 장치로 기능하도록 사용한다고 주장했다.

따라서 두정엽은 감각 정보와 공간 정보를 통합하여 공간에서 정확한 움직임을 가능하게 할 뿐만 아니라 신체 바로 주변에서 움직임을 지시하거나 안내하는 기능을 하기도 한다. 관념운동 실행증 및 구성 실행증은 이 유도 시스템의 기능장애를 잘 나타내는 예이다.

그리기

그리기 장애는 양 반구 중 어느 쪽이 손상을 입어도 발생할 수 있지만, 일반적으로 좌반구 손상보다 우반구 손상 후 더 큰 장애가 생긴다. 우반구 두정 손상은 그리기 능력에 가장 큰 영향을 미치는 것으로 나타났다. 이 결론이 우반구가 공간 능력에 지배적인 역할을 한다는 일반적인 개념과 같은 맥락에 있기는 하지만 정확하지 않을 수도 있다.

그리기 장애는 병변이 우반구에 있는지 좌반구에 있는지에 따라 다르게 나타난다. 예를 들어 Kimura와 Faust(1987)는 많은 환자들에게 집과 사람을 그리도록 시켰는데, 실행증 또는 실어증을 가지는 좌반구 손상 환자는 그리기를 제대로 할 수 없어 우반구 환자보다 알아볼 수 있을 만한 그림이 적고 그림의 획 수도 적은 것으로 나타났다. 대조적으로 우반구 환자는 그림의 왼쪽에 세부사항을 빠뜨렸고 그 페이지에서 그림을 회전시키려는 경향을 보였다.

요약하자면 그리기는 비언어적(예 : 공간적) 처리 과정뿐 아니라 언어적 처리 과정을 요구하는 복잡한 행동이다. 자전거를 그려보라는 요청을 받으면 많은 사람들은 포함되어야 할 항목의 정신적 목록을 만들 것이다(페달, 바퀴살, 체인 등). 언어가 없으면 불완전한 자전거를 그리게 될 것이다. 또한 실행증 환자의 경우 그리는 데 필요한 움직임을 하지 못할 수 있다. 마찬가지로 자전거의 각 부분은 각기 공간적으로 제자리가 있다. 만약 공간 배열이 제대로 되지 않으면 그림은 왜곡될 것이다.

공간주의

우리는 일상적 세계에서 방대한 양의 감각 정보에 직면한다. 신경계는 모든 정보를 동등하게 다룰 수 없다. 그보다 뇌는 어떤 정보를 처리해야 할지 선택해야 한다. 예를 들어, 백화점에서 오래된 친구와 이야기하기 위해 멈추었을 때 우리가 받는 감각 과부하를 생각해보자. 많은 사람들이 근처를 지나치기도 하고 구입할 물건들이 주위에 전시되어 있으며 경쟁하는 소리(다른 사람들의 말, 음악, 카드 결제하는 소리), 새로운 냄새 및 무수한 다른 자극들이 주의를 끌기 위해 경쟁하고 있다.

그럼에도 불구하고 우리는 정보들 중에서 작은 부분에만 주의를 기울이고 나머지 대부분은 무시할 수 있다. 실제로 우리는 잠재적으로 더 중요한 다른 정보를 배제하는 데 집중할 수도 있다. 인지심리학자들은 이러한 감각 체계를 선택 주의라고 지칭한다. 우리는 특정 자극에만 주의를 집중할 수 있다.

Posner(1987)는 두정피질의 한 가지 기능이 하나의 자극에서 다른 자극으로 주의를 기울이도록 하는 것이라고 주장했다. 이 과정을 **이탈**(disengagement)이라고 설명했다. 14.2절에 있는 친구와의 식사를 생각해보자. 먹을 때 우리는 완두콩, 빵, 포도주로 옮겨간다. 한 음식에서 다른 음식으로 매번 옮겨갈 때 이탈을 하는 것이다.

이탈의 한 측면은 우리가 다음 목표를 향해 적절한 움직임을 형성하기 위해서는 시운동 안내 시스템을 재설정해야만 한다는 것이다. 우리는 이 아이디어를 사물과 공간 정보의 정신 조작에도 사용할 수 있다. 우리는 다음 작업을 위해 시스템을 재설정해야 한다. 22.2절에서 선택 주의 현상에 대해 다시 다룰 것이다.

공간 인식 장애

공간 인식 능력이란 물체와 지도의 이미지를 정신적으로 조작하는 능력을 포함하여 자극의 공간적 속성을 사용하거나 조작할 수 있는 능력에 대한 넓은 범주를 말한다. 그림 12.1에 나와 있는 심적 회전 과제가 공간 예이다. 다른 하나는 아래위가 뒤집힌 지도를 읽을 수 있는 능력이다.

PG 영역과 상측두구의 다감각피질을 포함하는 후측 손상이 심적 회전과 지도 읽기 능력의 장애를 일으킨다는 것은 의심할 여지가 없다. 비록 신경심리학 연구 문헌에서는 대체로 우반구는 '공간적'이며, 공간 인지 능력의 장애는 우반구 후측의 손상 때문인 것으로 추측하지만, 임상적으로 설득력이 없다. 실제로 좌우 반구 모두 손상을 입으면 공간인지 과제를 수행하는 데 문제를 일으킨다.

그러나 일반적으로 볼 때 좌반구 혹은 우반구 병변은 공간 인식에 서로 다른 영향을 미친다. 예를 들어, Michael Corballis(1990)는 심적 회전이 두 가지 다른 정신 작용을 필요로 한다고 주장했다. (1) 자극을 형상화하고, (2) 형상을 조작하는 것이다. Freda Newcombe와 Graham Ratcliff(1990)는 좌반구에 손상이 생기면 적절한 심리적 상을 생성할 수 없다고 주장했다. 13.6절에서 논의된 바와 같이 시각적 형상화의 결함은 좌반구 후두엽 병변 때문에 발생한다. 대조적으로 우반구 손상은 정신적 형상을 조작할 수 없기 때문에 발생한다.

지형 정보를 사용할 때 장애가 있다면 좌반구보다 우반구 손상 때문일 가능성이 더 높다. 이런 장애는 익숙한 환경의 기억상실, 지도상에서 국가 또는 도시를 찾을 수 없음, 자신의 환경에서 길을 찾을 수 없는 것 등이 있다. 이러한 결함은 당연히 다른 시각장애(예 : 대측 무시 또는 시각 실인증)와 관련이 있다. 그러나 일부 환자들의 경우 특정한 지형장애를 나타내기도 한다.

Emillio de Renzi(de Renzi & Faglioni, 1978)는 우반구 후측 손상이 장애의 전제 조건이 된다고 결론 내렸다. Newcombe와 Ratcliff는 이러한 장애는 종종 우반구 후대뇌동맥, 우반구 후측 측두와 우반구 해마 영역의 손상과 관련이 있다고 주장했다. 두정피질이 영향을 받을 때는 PG와 STS의 하측 영역을 포함할 가능성이 있다.

좌우 두정엽 비교

McFie와 Zangwill은 그들의 고전적인 논문에서 좌우 두정 병변을 가진 환자의 증상을 비교했다. 그 결과 일부 증상은 양쪽 모두에서 나타났지만 **표 14.1**에서처럼 비대칭성이 명확하게 나타났다. 또한 앞에서 언급했듯이 관념운동 실행증은 좌반구 두정 병변과 관련이 있을 가능성이 더 큰 것으로 나타났다.

표 14.1에 요약된 McFie와 Zangwill의 연구에서 혼란스러운 점은 명확한 비대칭성에도 불구하고 각 반구 손상으로 인한 증상이 약간 중복된다는 것이다. 신경심리학적 연구결과는 병변 효과의 비대칭성을 강조하는 경향이 있지만, 중복은 이론적으로 중요하다고 주장한다. 실제로 앞서 언급했듯이 구성 실행증과 공간 인지 장애 증상은 다소 편재화되어 있다고 볼 수 있다. 11.5절에서 논의된 많은 반구 비대칭 이론들은 증상의 편재화가 명확하게 나타날 것으로 예측하며, 실제로 관찰되는 것보다 손상으로 인한 결과를 훨씬 더 명백하게 구분한다.

중복되는 증상에 대한 한 가지 설명은 11.5절에서 소개한 개념인 선호하는 인지 양식과 관련이 있으며, 많은 문제는 언어 인지 양식 또는 공간적·비언어적 인지 양식 중 하나를 통해 해결할 수 있다. 유전, 성숙 및 환경적 요소는 사람들을 다른 인지적 모드로 향하게 만들 수도 있다. 예를 들어, 아래위가 뒤집힌 지도를 읽을 때, '공간 인지'(가야 할 방향을 공간에 대한 직관으로 처리)를 통해 직접적인 방식을 사용할 수도 있으며, '언어 인지'(공간 정보를 언어로 부호화해서 문제를 말로 해서 하나씩 풀어나가는 것)를 사용하여 간접적으로 해결할 수도 있다.

언어를 아주 선호하는 사람들은 덜 효율적이라도 언어 양식을 선호한다. 우리는 이러한 사람들이 좌반구 두정엽 손상을 입을 경우 보통은 우반구 두정 손상에 의해 손상되는 기능의 저하를 보일 것이라고 예상할 수 있다. 기능적 중복에 대한 이 설명을 지지하는 증거는 거의 없지만, 이런 흥미로운 아이디어는 손상 연구의 결과에 의해 드러난 명백한 기능 중복뿐만 아니라 개인차를 부분적으로 설명할 수 있다.

표 14.1 측두엽의 좌우 병변 비교

	손상이 있는 환자의 비율*	
	좌반구(%)	우반구(%)
편측 무시	13	67
옷 입기 능력	13	67
큐브 세기	0	86
종이 자르기	0	90
지형 상실	13	50
좌우 구분	63	0
웨이즈 분류 검사	83	6

*주 : 좌우 병변의 증상들이 상당 부분 겹쳐진 것을 보라.
출처 : MCfie and Zangwill, 1960.

14.5 주요 증상 및 심리학자들의 평가

표 14.2는 두정엽 병변의 주요 증상을 요약한 것이다. PE를 포함한 전측 두정피질 손상은 다양한 체감각 기능 장애를 일으킨다. 후측 두정 영역 손상은 많은 다른 장애를 유발시킨다.

표 14.2에 손상과 관련된 영역을 요약하였다. 그러나 자연적으로 일어나는 손상은 해부학적 경계에 따라서 일어나지는 않으며 신피질에만 영향을 주는 경우가 많기 때문에 기능장애와 손상 영역을 명확히 구분해서 설명하는 연구는 드물다. 또한 종종 뇌전증과 관련하여 외과적인 절제술을 받게 되는 전두엽 및 측두엽과는 달리, 두정엽은 뇌전증 발생이 거의 없기 때문에 외과적 제거는 드물다. 따라서 절제술 이후에 나타나는 증상에 대한 연구 역시 드물다.

임상신경심리평가

우리는 두정피질의 제한된 손상이 다양한 행동 변화를 일으킨다는 것을 알았다. 신경학적으로 뇌 손상을 평가하기 위해 사용하는 검증된 행동검사는 손상의 위치 및 정도를 논리적으로 예측하는 데 사용된다(신경심리평가의 근거에 대한 자세한 내용은 28.2절 참조).

이 절에서는 뇌 손상을 평가하는 데 민감성과 타당성을 가진 것으로 알려진 표준화된 행동검사에 대해 간략하게 설명하고자 한다. **표 14.3**에 요약되어 있는 이 검사들은 두정 손상의 모든 증상을 평가하지는 않지만 광범위한 기능에 대해 평가할 수 있다. 모든 검사에서 정상적인 수행을 하는 사람이 두정엽 손상의 다른 증상을 보이는 경우는 없다고 보아도 무방하다. 이 검사 이외에도 Howard Goodglass 와 Edith Kaplan(1972)은 그들의 '두정엽 검사 배터리'에서 일련의 검사에 대해 설명하였다.

표 14.2   두정엽 손상의 주요 증상

증상	손상이 있을 만한 영역	기본 참고문헌
촉각 기능의 손상	1, 2, 3번 영역	Semmes et al., 1960; Corking et al., 1970
촉각 실인증	PE 영역	Hécaen & Albert, 1978; Brown, 1972
눈 움직임 손상	PE, PF 영역	Tyler, 1968
닿지 못하는 것	PE 영역	Damasio & Benton, 1979
사물의 조작	PF, PG 영역	Pause et al., 1989
실행증	PF, PG, 좌측 영역	Heilman & Gonzalez Rothi, 1993; Kimura, 1980
구성 실행증	PG 영역	Benton, 1990
계산불능증	PG, STS 영역	Levin et al., 1993
교차양식 매칭의 손상	PG, STS 영역	Butters & Brody, 1968
대측 무시	우측 PG 영역	Heilman et al., 1993
사물 인식의 손상	우측 PG 영역	Warrington & Taylor, 1973
신체 이미지에 대한 손상	PE 영역?	Benton & Sivan, 1993
좌우 혼동	PF, PG 영역	Semmes et al., 1960
공간 기능의 손상	PE, PG 영역	Newcombe & Ratcliff, 1990
그리기 손상	PG 영역	Warrington et al., 1966; Kimura & Faust, 1987

표 14.3   두정엽 손상의 표준화된 임상 신경심리검사

기능*	검사	기본 참고문헌
체감각 역치 촉각 형태 인식	두 점 구분 검사 Seguin-Goddard 거푸집 검사 (촉각 패턴)	Corkin et al., 1970 Teuber & Weinstein, 1954 Benton et al., 1983
대측 무시 시각적 인식	선 양분 검사 Gollin 불완전 모양 검사 Mooney 폐쇄 얼굴 검사	Schenkenbberg et al., 1980 Warrington & Rabin, 1970 Milner, 1980
공간적 관계	오른쪽-왼쪽 구분 검사	Benton et al., 1983
언어		
언어 산출의 이해	토큰	de Renzi & Faglioni, 1978
독해	토큰	de Renzi & Faglioni, 1978
실행증	Kimura 상자	Kimura, 1977

* 두정엽의 기능과 관련된 증상과 손상 영역은 표 14.2 참조
주 : 표준화된 검사는 뇌에 손상이 있는 많은 환자들을 표본으로 한 것이므로 타당성이 보장된다.

두 점 구분

체감각 역치

중심후회의 병변 후 체감각 역치가 신체의 반대쪽에서 증가한다는 것을 기억하라. 두 점 구분 검사 (two-point discrimination test)에서 눈을 가린 피험자는 한 점 또는 두 점이 피부에 닿았을 때(보통 얼굴이나 손바닥) 그 느낌을 말해야 한다. 점 사이의 거리가 매우 크면(예 : 3cm), 두 점의 간격을 점점 줄여 더 이상 두 점을 인식할 수 없을 때까지 점차 감소시킨다. 극단적인 경우에는 이 과정을 반대로 시행한다. 즉 피험자가 처음으로 두 지점을 인식할 때까지 거리를 늘리는 것이다.

촉각 형태 인식

Seguin-Goddard 거푸집 검사(Form Board Test)에서 촉각 형태 인식은 눈을 가린 피험자가 모양(별,

삼각형 등)이 다른 10개의 블록을 조작하여 틀 위에 있는 비슷한 모양의 구멍에 블록을 넣는 것이다. 이 검사 단계가 완료되면 틀과 블록을 치운 후 피험자에게 기억을 더듬어 그 틀을 그리도록 한다.

거푸집 검사에서 장애를 일으키는 병변의 정확한 위치에 대해선 논란의 여지가 있으며, 어떠한 주장도 아직 증명되지 않았다. 그럼에도 불구하고 두정엽에 손상이 있는 원숭이를 대상으로 촉각 수행에 대한 연구를 한 결과, 눈을 가린 상태에서의 촉각 인식은 PE 및 PF 영역의 손상에 민감하지만, 인간에서는 그리기 부분, 기억과 교차양식 매칭 검사 모두가 PG 영역의 병변에 민감했다.

대측 무시

대측 무시를 진단하기 위해 다양한 검사 방법이 고안되었다. 우리는 Thomas Schenkenberg와 동료들 (1980)의 선 양분 검사(line bisection test)가 이 증상을 진단하기 위해 적합하다고 보는데, 그 이유는 이 검사가 증상에 매우 민감하기 때문이다. 이 검사에서 피험자는 20개씩 한 세트인 선의 가운데를 표기하도록 요청받는다. 각 선은 길이가 다르고 페이지의 다른 위치에 있었는데(예 : 가운데에서 약간 왼쪽, 가운데, 가운데에서 약간 오른쪽) 대측 무시가 있는 환자는 페이지의 왼쪽에 있는 선에는 표기하지 못했다.

시지각

Mooney의 폐쇄 얼굴 검사(closure faces test; 그림 15.16D 참조)와 Gollin의 불완전한 모양 검사는 시각적 인지 능력을 쉽게 평가할 수 있는 검사이다. 각 검사는 일련의 불완전한 얼굴이나 물체의 표상을 제시하며, 피험자는 요소를 결합하여 형태를 만들어 그림이 무엇인지를 알아보아야 한다. 이러한 검사는 특히 복측 시각 흐름에 기여하는 영역인 우반구의 측두-두정 접합 부위의 손상에 특히 민감하다(15.3절 참조).

공간 관계

오른쪽-왼쪽 구분 검사(right-left differentiation test)에서 손, 발, 귀 등의 일련의 그림이 서로 다른 방향(거꾸로, 뒤쪽 보기 등)으로 표시되어 있다. 이 검사에서 피험자의 과제는 그림이 신체의 왼쪽 또는 오른쪽에 있는지의 여부를 표시하면 된다. 이 검사의 언어 변형에서, 피험자는 실행해야 할 일련의 명령문을 읽게 된다(예 : "왼손으로 오른쪽 귀를 만지세요."). 두 검사 모두 좌반구 두정엽 손상에 매우 민감하기 때문에 주의를 기울여야 한다. 좌반구 전두엽 손상을 입은 환자도 종종 이 과제를 수행하는 데 어려움을 겪는다.

언어

토큰 검사(Token Test)는 쉽게 이해할 수 있는 언어 이해력 검사이다. 20개의 토큰—다섯 가지 색상 (흰색, 검은색, 노란색, 초록색, 빨간색), 네 가지 모양(크고 작은 원, 크고 작은 사각형)—을 피험자 앞에 놓는다. 검사는 간단한 과제(예 : 흰색 원 만지기)로 시작하지만 진행되면서 점점 더 어려워진다 (예 : 큰 노란색 원과 큰 초록색 사각형을 만지기). 또한 독해력 토큰 검사는 피험자가 지시를 소리 내어 읽은 다음 과제를 수행하도록 한다. 우리는 언어를 두정엽의 기능으로 여기지는 않았지만 후측 언어 영역은 PG 영역에 접해 있다. 따라서 종종 말하기와 관련이 있는 측두피질을 포함하는 PG 영역이 손상되면 실어증이 나타날 수도 있다.

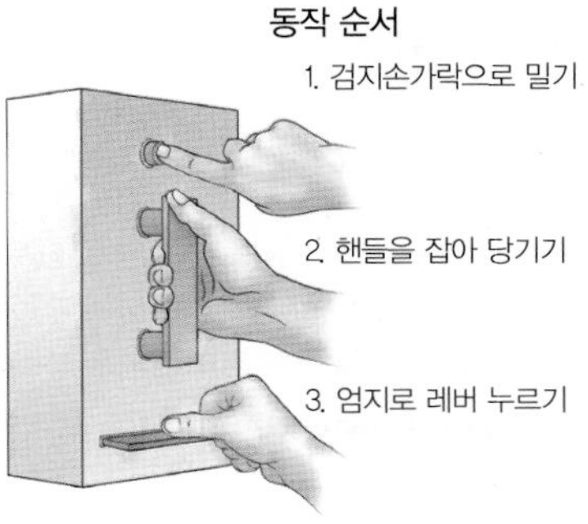

동작 순서

1. 검지손가락으로 밀기

2. 핸들을 잡아 당기기

3. 엄지로 레버 누르기

◎ 그림 14.11 ▲

Kimura 상자 검사   피험자들은 세 단계를 걸친 움직임을 학습하도록 지시받는다. 실행증 환자들은 이 과제를 수행하지 못하며, 학습도 전혀 하지 못한다.

(Research from Kimura, 1977.)

실행증

불행히도 언어 토큰 검사와 유사하게 표준화된 실행증 검사는 없다. 아마도 Kimura 상자 검사(**그림 14.11**)가 최선의 선택일 것이다. 이 검사에서 피험자는 검지손가락으로 버튼을 누른 다음 4개의 다른 손가락으로 손잡이를 당기고 마지막으로 엄지손가락으로 막대를 눌러 연속 동작을 해야 한다. 실행증 환자들은 이 검사에서 매우 저조한 수행을 나타낸다. 많은 경우 연습을 많이 하더라도 이 간단한 일련의 동작을 수행할 수 없는 것으로 나타났다.

요약

14.1 두정엽 해부학

두정엽은 2개의 광범위한 기능 영역으로 나눌 수 있다. 전측 두정엽(체감각피질)은 주로 체감각 기능에 관여한다. 후측 두정피질은 배측 시각 흐름에서 세 가지 분명한 경로의 시작점이다. 두정-전운동 경로는 주요한 '어떻게' 경로이며, 시공간 기능을 가진 두정-전전두 경로 및 공간 탐색에 참여하기 위한 두정-내측두 경로를 포함한다.

14.2 두정엽 기능 이론

손을 두정엽의 기관이라고 볼 때 두정엽의 주요 기능은 팔다리 움직임을 유도하여 특정 공간 위치에 손을 배치시키는 일이다. 상두정 영역은 대상을 조작하기 위한 실제 움직임뿐만 아니라 공간 작업 기억 및 공간 탐색과 관련된 시각적 조작 및 시공간 기능을 제어하는 배측 흐름 영역을 포함하도록 확장되었다. 하두정 영역은 또한 공간 인식과 관련된 처리 과정 그리고 산술 및 읽기에 사용되는 것과 같은 '유사 공간' 처리 과정을 지원하도록 확장되었다. 또한 하두정피질은 공간주의를 위한 두정-전전두엽 네트워크의 일부이다.

14.3 두정 병변의 체감각 증상

전측 체감각 두정 영역의 손상은 접촉을 통해 물체를 인식하는 단순 체감각 및 촉각 기능에 손상을 일으킨다.

14.4 후두정 손상의 증상

후측 두정엽 손상은 손과 팔다리의 움직임을 시각적으로 안내하는 기능을 저하시킨다. 따라서 좌반구 두정 손상은 사지 운동 장애를 유발할 수 있는 반면, 우반구 두정 손상은 구성 실행증 장애를 유발시킨다. 좌반구 두정 손상은 산술 계산 및 글쓰기 장애를 포함한 일련의 인지적 장애 증상을 일으킨다. 우반구 두정 손상은 공간인지 능력 상실, 대측 무시를 포함한 상호보완적인 범위의 증상을 일으키기도 한다.

14.5 주요 증상 및 심리학자들의 평가

신경심리학자들은 두정엽 손상에 민감한 검사를 사용하여 두정엽 기능을 분석한다. 평가는 촉각(전측 두정) 기능 검사, 움직임의 시각적 안내(두정-전운동 경로) 및 복잡한 기하학적 모양 재현, 심적 회전을 포함한 공간 방향과 같은 인지(후측 두정) 기능을 포함한다.

참고문헌

Andersen, R. A., J. W. Burdick, S. Musallam, B. Pesaran, and J. G. Cham. Cognitive neural prosthetics. *Trends in Cognitive Sciences* 8:486–493, 2004.

Andersen, R. A., D. Meeker, B. Pesaran, B. Breznen, C. Buneo, and H. Scherberger. Sensorimotor transformations in the posterior parietal cortex. In M. S. Gazzaniga, Ed., *The Cognitive Neurosciences III*, pp. 463–474. Cambridge, Mass.: MIT Press, 2004.

Bálint, R. Seelenlahmung des "Schauens," optische Ataxie, raumliche Störung der Aufmerksamkeit. *Monatsschrift für Psychiatrie und Neurologie* 25:51–81, 1909.

Benton, A. L. Constructional apraxia. In F. Boller and J. Grafman, Eds., *Handbook of Neuropsychology*, vol. 2. Amsterdam: Elsevier, 1990.

Benton, A. L., K. de S. Hamsher, N. R. Varney, and O. Spreen. *Contributions to Neuropsychological Assessment*. New York: Oxford University Press, 1983.

Benton, A. L., and A. B. Sivan. Disturbances of body schema. In K. M. Heilman and E. Valenstein, Eds., *Clinical Neuropsychology*, 3rd ed. New York: Oxford University Press, 1993.

Butters, N., and B. A. Brody. The role of the left parietal lobe in the mediation of intra- and cross-modal associations. *Cortex* 4:328–343, 1968.

Cohen, Y. E., and R. A. Andersen. A common reference frame for movement plans in the posterior parietal cortex. *Nature Reviews Neuroscience* 3:553–562, 2002.

Corballis, M. C. Mental rotation: Anatomy of a paradigm. In M. Potegal,

Ed., *Spatial Abilities: Development and Physiological Foundations*. New York: Academic Press, 1990.

Corkin, S., B. Milner, and T. Rasmussen. Somatosensory thresholds. *Archives of Neurology* 23:41–58, 1970.

Critchley, M. *The Parietal Lobes*. London: Arnold, 1953.

Damasio, A. R., and A. L. Benton. Impairment of hand movements under visual guidance. *Neurology* 29:170–178, 1979.

Denny-Brown, D., and R. A. Chambers. The parietal lobe and behavior. *Research Publications, Association for Research in Nervous and Mental Disease* 36:35–117, 1958.

de Renzi, E., and P. Faglioni. Normative data and screening power of a shortened version of the Token Test. *Cortex* 14:41–49, 1978.

Gerstmann, J. Some notes on the Gerstmann syndrome. *Neurology* 7:866–869, 1957.

Goodglass, H., and E. Kaplan. *The Assessment of Aphasia*. Philadelphia: Lea & Febiger, 1972.

Hécaen, H., and M. L. Albert. *Human Neuropsychology*. New York: Wiley, 1978.

Heilman, K. M., and L. J. Gonzalez Rothi. Apraxia. In K. M. Heilman and E. Valenstein, Eds., *Clinical Neuropsychology*, 3rd ed. New York: Oxford University Press, 1993.

Heilman, K. M., R. T. Watson, and E. Valenstein. Neglect and related disorders. In K. M. Heilman and E. Valenstein, Eds., *Clinical Neuropsychology*, 3rd ed. New York: Oxford University Press, 1993.

Hillis, A. E. Neurobiology of unilateral spatial neglect. *The Neuroscientist* 12:153–163, 2006.

Ifft, P. J., S. Shokur, Z. Li, M. A. Lebedev, and M. A. Nicolelis. A brain-machine interface enables bimanual arm movements in monkeys. *Science Translational Medicine* 5:210ra154. doi: 10.1126, 2013.

Kimura, D. Acquisition of a motor skill after left hemisphere damage. *Brain* 100:527–542, 1977.

Kimura, D. Neuromotor mechanisms in the evolution of human communication. In H. D. Steklis and M. J. Raleigh, Eds., *Neurobiology of Social Communication in Primates: An Evolutionary Perspective*. New York: Academic Press, 1980.

Kimura, D., and R. Faust. Spontaneous drawing in an unselected sample of patients with unilateral cerebral damage. In D. Ottoson, Ed., *Duality and Unity of the Brain*. Wenner-Gren Center International Symposium Series, vol. 47. New York: Macmillan, 1987.

Kravitz, D. J., K. S. Saleem, C. I. Baker, and M. Mishkin. A new neural framework for visuospatial processing. *Nature Reviews Neuroscience* 12:217–230, 2011.

Levin, H. S., F. C. Goldstein, and P. A. Spiers. Acalculia. In K. M. Heilman and E. Valenstein, Eds., *Clinical Neuropsychology*, 3rd ed. New York: Oxford University Press, 1993.

McFie, J., and O. L. Zangwill. Visual-constructive disabilities associated with lesions of the left cerebral hemisphere. *Brain* 83:243–260, 1960.

Milner, B. Complementary functional specializations of the human cerebral hemispheres. In R. Levy-Montalcini, Ed., *Neurons, Transmitters, and Behavior*. Vatican City: Pontificiae Academiae Scientiarum Scripta Varia, 1980.

Milner, D.A., and M. A. Goodale. Visual pathways to perception and action. *Progress in Brain Research* 95:317–337, 1993.

Milner, D.A., and M. A. Goodale. *The Visual Brain in Action*. Oxford: Oxford University Press, 2006.

Mountcastle, V. B., J. C. Lynch, A. Georgopoulos, H. Sakata, and C. Acuna. Posterior parietal association cortex of the monkey: Command functions for operation within extra-personal space. *Journal of Neurophysiology* 38:871–908, 1975.

Muggleton, N. G., P. Postma, K. Moutsopoulou, I. Nimmo-Smith, A. Marcel, and V. Walsh. TMS over right posterior parietal cortex induces neglect in a scent-based frame of reference. *Neuropsychologia* 44:1222–1229, 2006.

Newcombe, F., and G. Ratcliff. Disorders of visuospatial analysis. In F. Boller and J. Grafman, Eds., *Handbook of Neuropsychology*, vol. 2. Amsterdam: Elsevier, 1990.

Nicolelis, M. A. Mind in motion. *Scientific American* 307(3):58–63, 2012.

Paillard, J., F. Michel, and G. Stelmach. Localization without content: A tactile analogue of "blindsight." *Archives of Neurology* 40:548–551, 1983.

Pais-Vierira, M., M. Lebedev, C. Kunicki, J. Wang, and M. A. Nicolelis. A brain-to-brain interface for real-time sharing of sensorimotor information. *Science Reports* 3:1319 doi:10.1038, 2013.

Paterson, A., and O. L. Zangwill. Disorders of space perception association with lesions of the right cerebral hemisphere. *Brain* 67:331–358, 1944.

Pause, M., E. Kunesch, F. Binkofski, and H.-J. Freund. Sensorimotor disturbances in patients with lesions of the parietal cortex. *Brain* 112:1599–1625, 1989.

Posner, M. I., A. W. Inhoff, F. J. Friedrich, and A. Cohen. Isolating attentional systems: A cognitive-anatomical analysis. *Psychobiology* 15:107–121, 1987.

Sato, N., H. Sakata, Y. L. Tanaka, and M. Taira. Navigation-associated medial parietal neurons in monkeys. *Proceedings of the National Academy of Sciences U.S.A.* 103:17001–17006, 2006.

Schenkenberg, T., D. C. Bradford, and E. T. Ajax. Line bisection and unilateral visual neglect in patients with neurologic impairment. *Neurology* 30:509–517, 1980.

Semmes, J., S. Weinstein, L. Ghent, and H.-L. Teuber. *Somatosensory Changes after Penetrating Brain Wounds in Man*. Cambridge, Mass.: Harvard University Press, 1960.

Semmes, J., S. Weinstein, L. Ghent, and H.-L. Teuber. Correlates of impaired orientation in personal and extra-personal space. *Brain* 86:747–772, 1963.

Stein, J. F. The representation of egocentric space in the posterior parietal cortex. *Behavioral and Brain Sciences* 15:691–700, 1992.

Teuber, H.-L. The brain and human behavior. In R. Held, W. Leibowitz, and H.-L. Teuber, Eds., *Handbook of Sensory Physiology*, vol. 7, *Perception*. Berlin: Springer, 1978.

Teuber, H.-L., and S. Weinstein. Performance on a formboard task after penetrating brain injury. *Journal of Psychology* 38:177–190, 1954.

Tyler, H. R. Abnormalities of perception with defective eye movements (Bálints syndrome). *Cortex* 4:154–171, 1968.

Ungerleider, L. G., and M. Mishkin. Two cortical visual systems. In D. J. Ingle, M. A. Goodale, and R. J. W. Mansfield, Eds., *Analysis of Visual Behavior*, pp. 549–586. Cambridge, Mass.: MIT Press, 1982.

Warrington, E. K., M. James, and M. Kinsbourne. Drawing disability in relation to laterality of cerebral lesion. *Brain* 89:53–82, 1966.

Warrington, E. K., and P. Rabin. Perceptual matching in patients with cerebral lesions. *Neuropsychologia* 8:475–487, 1970.

Warrington, E. K., and A. M. Taylor. The contribution of the right parietal lobe to object recognition. *Cortex* 9:152–164, 1973.

15 측두엽

초등학생인 두 자녀와 아내를 둔 성공한 법인 고문 변호사 H.H.는 40세가 되었을 때 일이 점점 힘들어진다는 생각이 들었다. 그의 아내는 어느 날 갑자기 H.H.가 직장을 그만두기로 했다는 통보를 받아야만 했다.

H.H.는 직장에서의 과도한 스트레스 때문에 자신이 맡은 사건이 무엇인지조차 기억이 안 나고, 변호사로서 일을 해나갈 수가 없다는 느낌이 든다고 토로했다. 일을 그만둔 이후에 가족들을 어떻게 부양할지에 대한 계획이 없었음에도 그는 이에 대해 개의치 않는 것처럼 보였다.

몇 주 후에 H.H.는 머리를 밀고 질질 끌리는 예복을 입고 비주류 종교단체에 입단하기 위해 가족을 두고 떠났다. 15년 동안 함께했던 아내는 그의 갑작스러운 행동에 놀랄 수밖에 없었다. 왜냐하면 그때

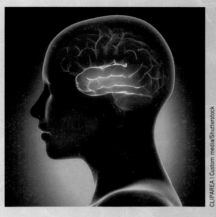

CLIPAREA I Custom media/Shutterstock

까지 H.H.는 무신론자였기 때문이다.

H.H.의 아내는 그가 공항에서 사람들에게 꽃과 전단지를 나눠주다가 발작으로 쓰러져서 의식이 혼미한 상태로 응급실에 실려갔다는 소식을 2주 후에야 들었다. 신경과 검사 결과 좌반구 측두엽에 종양이 발견되었다. 다행히도 종양은 수술 가능한 상태였으므로 제거되었다.

수술 이후 H.H.는 실어증을 앓았지만 몇 주 후 금방 회복이 되었다. 하지만 가끔씩 단어를 생각해내는 데 어려움이 있었으며 피곤한 상태에서는 이 증상이 더 심하게 나타났다. 그렇지만 그는 계속해서 언어적 기억력이 떨어진다고 불평했다.

아내는 H.H.의 성격은 변화된 채로 남았다고 말했는데, 이는 그가 여전히 종교를 믿기 때문이었다. H.H.는 비록 종양이 있기 전보다는 사건 수가 줄었지만 법률 사무소에 성공적으로 복귀했다.

H.H.는 측두엽 손상으로 인한 전형적인 증상을 보인다. 이 증상에는 정서와 성격의 급작스러운 변화, 기억 혼란, 그리고 일시적인 언어장애 등이 포함된다. 이 장에서는 측두엽의 구조(위의 뇌 그림에서 강조된 부분)와 기능에 대한 이론적인 모형을 제시하고 측두엽이 손상되었을 때 나타나는 기본적인 증상 그리고 측두엽의 기능에 대한 임상검사를 간단히 살펴볼 것이다.

15.1 측두엽의 해부학

측두엽은 외측(실비안)열 아래와 후두피질의 전측에 있는 모든 조직을 구성한다(그림 15.1). 피질하 측두엽 구조는 변연피질, 편도체와 해마체를 포함한다(그림 15.2). 측두엽으로부터 나가는 연결과 들어오는 연결은 뇌 전체에 뻗어 있다.

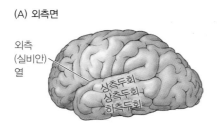

(A) 외측면

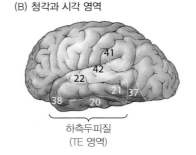

(B) 청각과 시각 영역

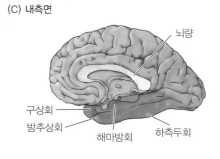

(C) 내측면

그림 15.1 ▲

측두엽의 전반적 구조   (A) 측두엽 외측에는 세 가지 주요 회가 위치해 있다. (B) 브로드만 영역은 외측, 청각 영역은 노란색, 시각 영역은 보라색으로 되어 있다. 하측두피질에 위치한 20, 21, 37, 38번 영역은 von Economo가 지목한 TE 영역이라 칭하기도 한다. (C) 내측에서 바라본 측두엽. 해마방회는 TF와 TH영역을 포함한다(그림 15.3D 참조). 구상회는 해마체의 앞부분이 확장된 것이다.

그림 15.2 ▼

측두엽의 내부 구조   (위)측두엽 깊숙이 있는 해마와 편도체의 상대적 크기를 보여주는 좌반구의 외측. 수직으로 된 검은색 선들은 밑의 그림인 관상면에서 대략적인 위치를 알려준다. (아래) 좌반구의 전측에서 본 피질. 피질하 영역

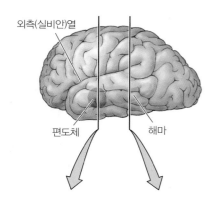

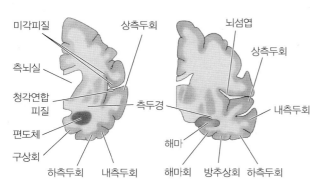

측두피질의 하위 영역

Brodmann은 원숭이의 뇌에서 측두엽의 영역을 10개로 구분했지만 최근의 연구들은 더 많은 영역을 발견하였다(**그림 15.3**). 이와 마찬가지로 사람의 뇌에도 더 많은 영역들이 존재할 수 있다. 인간 측두엽의 외측 표면은 크게 청각(그림15.1B 브로만 41, 42, 22번 영역) 그리고 복측 시각 경로를 이루는 외측두엽 영역(그림 15.1B의 20, 21, 37, 38번 영역)으로 나뉜다. 시각을 담당하는 영역은 종종 **하측두피질**(inferotemporal cortex)이라고 불리기도 하고 von Economo의 명칭에 따르면 TE라고 불리었는데, 이는 이후에 Bonin과 Bailey에 의해서 정교화되었다(그림 15.3B).

그림 15.2에서 볼 수 있듯이 측두구는 많은 피질을 포함하고 있다. 특히 외측(실비안)열은 **뇌섬엽**(insula)을 형성하는 조직을 가지고 있는데, 이 뇌섬엽피질은 미각피질과 청각 관련 피질을 포함한다.

상측두구(STS)는 상측두회와 중측두회를 구분 지으며 신피질의 상당한 부분을 차지한다. 그림 15.3C는 시각 영역, 청각 영역, 신체 영역, 그리고 다른 두 다감각 영역(전두와 두정), 그리고 변연방피질로부터 입력을 받는 중다양식 혹은 다감각 피질의 다양한 하위 영역을 보여주고 있다(그림 10.12 비교 참조).

내측두엽(변연피질)은 편도체와 인접한 피질인 구상회, 해마와 주변부를 둘러싸고 있는 피질인 해마이행부, 비내피질, 비주위피질, 그리고 방추상회를 포함한다(그림 15.2 참조). 비내피질은 브로드만 28번 영역이며 비주위피질은 35번과 36번 영역으로 구성된다.

피질 영역인 TH와 TF는 그림 15.3D에서 나타난 것과 같이 측두엽의 뒤쪽에 있으며 해마방피질이라고도 불린다. 방추상회와 하측두회는 외측두피질의 한 부분이다(그림 15.1C와 15.2 참조).

측두엽과 두정엽의 경계 부위를 **측두-두정 접합 부위**(temporal-parietal junction, TPJ)라고 부르며 이 추상적인 명칭은 각회와 연상회(내두정엽은 그림 14.1A 참조)와 측두엽에 인접한 피질을 포함한 실비안 열의 끝부분을 가리킨다. 신경영상 연구 결과들은 일관적으로 TPJ가 주의, 기억, 언어 그리고 사회적 과정에 관여할 때 활성화된다고 보고한다. 또한 TPJ는 사회적 맥락에서 의사결정을 할 때 중요한 역할을 한다고 알려져 있다(제22장 참조; Carter & Huettel, 2013 개관 참조).

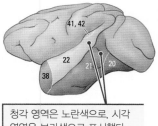

(A) 브로드만 영역

41, 42

22

21 20

38

청각 영역은 노란색으로, 시각
영역은 보라색으로 표시했다.

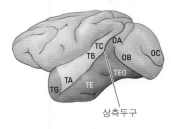

(B) Von Bonin과 Bailey의 영역

TC OA

TB

OB OC

TA TEO

TG TE

상측두구

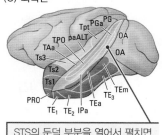

(C) 외측면

Tpt PGa PG

TPO paALT OA

TAa OA

Ts3

Ts2

Ts1 TEm

TE₃

PRO TEa

TE₁ TE₂ IPa TEa

STS의 둔덕 부분을 열어서 펼치면
많은 하부 영역이 드러난다.

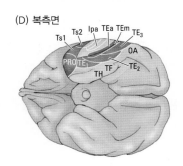

(D) 복측면

Ipa TEa TEm TE₃

Ts2

Ts1 OA

PRO TE₁ TE₂

TH TF TE₂

측두피질의 연결성

측두엽은 감각계로부터의 구심성 투사와 두정엽과 전두엽 관련 영역, 변연계 그리고 기저핵으로의 원심성 투사와 같은 풍부한 내적 연결성을 가지고 있다. 좌우 반구 측두엽의 신피질은 뇌량으로 연결되어 있는 반면 내측두피질과 편도체는 전교련으로 연결되어 있다.

원숭이를 대상으로 한 측두엽 연결성에 관한 연구 결과는 다섯 가지의 피질 간 연결을 보여준다(그림 15.4). 여기서 각 경로가 수행하는 것으로 보이는 기능을 살펴보자.

1. **위계적 감각 경로는 자극 재인에 관여한다.** 연결성의 위계적인 진행은 일차 · 이차 청각과 시각 영역에서 시작해서 측두극에서 끝난다(그림 15.4A). 시각적 투사는 시각 처리의 복측 흐름을 형성하는 반면 청각적 투사는 청각 처리에서의 병렬적 복측 흐름을 구성한다.

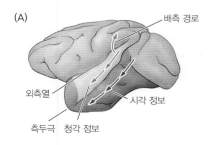

(A)

배측 경로

외측열

측두극 시각 정보

측두극 청각 정보

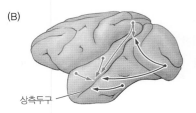

(B)

상측두구

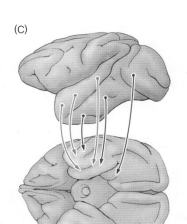

(C)

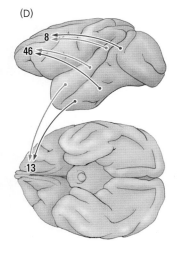

(D)

8

46

13

(A) 복측 흐름의 내적 연결성

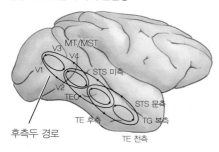

(B) 복측 흐름의 외적 연결성

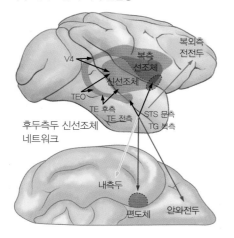

그림 15.5 ▲

확장된 복측 흐름 (A) 측두엽에서 하나의 위계적인 경로를 따라 움직이는 것과 달리 후측두 복측 흐름의 내적 연결성은 그림에서 보이는 것과 같이 연결망별로 묶은, 겹치는 원형 모양으로 구성되어 있다. (MT : 내측두엽, MST : 상내측두 영역). (B) 후측두엽 신선조체 복측 경로의 외측 연결성은 모든 측두 시각 영역이 신선조체로 투사한다는 것을 보여준다. 또한 적어도 6개의 경로가 TE 영역의 앞부분으로부터 발생한다는 것을 보여준다.

(Information from Kravitz et al., 2013, Figure 2.)

2. **배측 청각 경로는 청각 정보에 의한 움직임에 관여한다.** 이 경로는 청각 영역에서 후측 두정피질로 투사하는데(그림 15.4A), 배측 시각 경로와 유사하며 청각 정보의 공간적인 위치를 탐지하는 역할을 한다.

3. **다감각 경로는 자극 범주화의 기저를 이루는 것으로 보인다.** 청각과 시각 관련 영역으로부터 나오는 일련의 병렬적 투사는 상측두구의 다감각 영역에 모인다(그림 15.4B).

4. **장기 기억에 내측두 투사가 중요하다.** 청각과 시각에 관련한 영역에서 내측두엽 혹은 변연계로 이동하는 투사 경로는 먼저 비주위피질, 비내피질로 가서 최종적으로 그리고 해마체 또는 편도체를 향한다(그림 15.4C). 해마 투사는 **관통로**(perforant pathway)를 형성하는데, 이 과정에 문제가 생기면 해마 활동에 주요 기능장애를 유발할 수 있다.

5. **전두엽 투사는 움직임 통제의 다양한 측면, 단기 기억, 그리고 정서에 필수적이다.** 일련의 병렬적 투사는 측두엽과 관련된 영역에서 전두엽까지도 전달된다(그림 15.4D).

이러한 다섯 가지의 투사 경로는 15.2절에서 살펴볼 측두엽 기능에서 특별한 역할을 한다.

복측 경로의 해부학적 구조

Ungerleider와 Mishkin(1982)은 본래 복측 흐름을 후두엽에서 측두극으로 가는 위계적인 경로라고 설명하였다. 현재는 이 경로에 대해서 더 많은 것이 밝혀졌는데, Ungerleider와 Mishkin과 동료들(Kravitz et al., 2013)은 수정된 복측 경로의 구조적 · 기능적 연결망을 제안하였다. 그들의 설명에 따르면 **그림 15.5**의 원숭이 뇌에서 보이는 것처럼 최소 여섯 부분으로 구분되는 피질과 피질하 경로들이 복측 흐름을 이루는 것을 볼 수 있다.

첫 번째 경로에서는 그림 15.5A에서 대략적으로 나타난 것과 같이 후두 측두 경로의 모든 영역으로부터 오는 일련의 피질하 투사들이 **신선조체**(neostriatum, 또는 선조체)로 확장되며, 이것은 기저핵의 피각과 미상핵의 대부분을 차지한다. 이러한 투사 경로들은 그림 15.5B 위에 있는 그림에 나타난 것처럼 후두측두엽-신선조체 연결망을 형성한다. Kravitz와 동료들은 이 연결망이 시각을 기반으로 한 습관과 기술 학습 기능에 관여한다고 설명한다(18.3절 참조).

두 번째 경로에서 하측두에서 나와 편도체로 가는 투사는 정서적으로 두드러지는 자극을 처리하는데 관여한다. 세 번째 경로는 하측두 피질에서 **복측 선조체**(중격핵, 기저핵의 일부)까지 연결되며 자극의 각성가(강도) 결정을 돕는다.

남은 세 경로는 그림 15.5B에 보이듯이 하측두피질에서 다른 피질 영역으로 가는 경로들이다. 내측두엽, 안와전두엽 그리고 복외측 전전두 경로가 각각 장기 기억, 대상-보상 연합, 그리고 대상 작업기억에 각각 관여한다.

15.2 측두엽 기능의 이론

다양한 기능을 갖고 있는 측두엽은 일차 청각피질, 이차 청각 및 시각 피질, 변연피질 그리고 편도체와 해마로 구성된다. 해마는 피질의 물체 재인과 기억 기능에 협력하는데, 이를 통해 공간상에 있는 물체를 범주화해서 기억하는 데 중요한 역할을 한다. 편도체는 감각 정보와 기억에 정서를 더해준다. 피질 해부학에 기초하여 우리는 측두피질의 세 가지 기본적인 감각 기능을 알 수 있다.

1. 청각 입력의 처리
2. 시각적 사물 재인
3. 감각 정보의 입력을 장기간 저장, 즉 기억

측두엽의 기능은 뇌가 감각 자극들이 신경계에 입력되어 분석되는 방법을 살펴볼 때 가장 쉽게 이해 될 수 있다. 당신이 숲속의 산책로를 걷고 있다고 생각해보라. 산책을 하는 도중 당신은 다양한 종류의 새들을 보게 될 것이고 당신은 새 전문가인 동생에게 어떤 새들을 보았는지 머릿속에 목록을 만들어 동생에게 말해주려고 한다.

걷는 도중에 갑자기 멈추어 한걸음 뒤로 내딛는다. 산책로에서 방울뱀을 마주하게 된 것이다! 당신은 가던 길을 바꿔 다른 곳에서 새를 찾으려고 할 것이다. 이 경험에서 측두엽의 어떤 기능이 작동된 것일까?

감각 처리

다양한 새들을 찾기 위해서는 특정한 색, 모양, 크기를 재인해야 한다. 측두엽의 복측 시각 경로의 기능이 바로 사물을 재인하는 것이다.

새들은 또한 눈깜짝할 사이에 날아가고 없기 때문에 발견하면 재빨리 새를 범주화(분류)시켜야 한다. 이 과정은 시각에 따라 장면 장면 다양하게 나타나는(옆에서 볼 때와 뒤에서 볼 때) 정보를 이용하여 새를 분류한다. 사물을 분류하는 능력을 기르는 것은 지각와 기억에 중요하며 이 능력은 하측두피질인 TE 영역에 의존한다(그림15.1B 참조).

범주화하기 위해서는 주의 조절이 필요한데, 이는 자극의 어떤 특징이 다른 자극들과 구분되는 데 결정적인 역할을 하기 때문이다. 예를 들어, 두 마리의 노란 새를 분류하려면 색채에 대한 주의를 거두고 새의 모양, 크기 그리고 다른 특징들에 더 집중해야 한다. 측두엽에 손상이 있으면 자극을 알아보고 분류하는 데 문제가 생긴다. 하지만 자극의 위치를 파악하거나 그것이 존재한다는 것을 인지하는 기능은 영향을 받지 않는데, 그 이유는 후측 두정엽과 일차 감각 영역이 이 기능들을 각각 담당하고 있기 때문이다(14.2절 참조).

당신은 산책로를 따라 걸어가면서 새들이 노래하는 것을 들을 것이고 이 소리를 새의 모습과 서로 짝지어야 할 것이다. 이렇게 사물의 모습과 소리 정보를 서로 짝짓는 것을 **교차 양식 매칭**(cross-modal matching)이라고 한다. 이 과정은 상측두구에서 이루어진다.

점점 더 많은 새들을 보게 되면서 당신은 나중에 떠올릴 수 있을 기억을 형성해야 할 것이다. 또한 다양한 종류의 새를 보면서 새의 이름을 기억해내야 한다. 이러한 장기 기억 처리는 내측두 영역인 변연방피질뿐 아니라 복측 시각 흐름 전체의 기능이다.

정서적 반응

산책로에서 방울뱀을 만났을 때 당신은 우선 뱀의 달그락거리는 경고음을 듣고 멈춘다. 바닥을 살펴보던 당신은 방울뱀을 알아볼 것이고, 심박 수와 혈압이 상승할 것이다. 당신의 정서적인 반응은 편도체의 기능이다. 감각 정보의 입력과 정서 반응을 연합시키는 것은 학습에 매우 중요하다. 그 이유는 자극들이 긍정적·부정적 혹은 중립적인 사건들과 연합이 되면 그에 따른 행동도 바뀌기 때문이다.

정서적인 반응 체계의 부재는 모든 자극을 동일하게 대하게 할 것이다. 독이 있는 방울뱀과 정서적인 반응을 연합시키는 데 실패하였다고 생각해보자. 또는 특정 사람과 좋은 정서(사랑)를 연합시킬 수 없다고 생각해보자. 편도체 손상이 있는 실험실 쥐들은 위협적인 자극에 정서적으로 반응하지 않으며 평온한 반응을 보인다. 예를 들어 이전에는 뱀을 무서워하던 원숭이들이 뱀에 대해 무관심해지거나 심지어는 들어올리는 행동을 하는 것이다.

공간 탐색

뱀을 피하기 위해 다른 길을 선택하려고 할 때 당신은 해마를 사용한다. 해마는 공간에서 위치를 부호화하는 세포를 가지고 있다. 종합해보면 이러한 세포들은 공간에서 위치를 안내해주며 당신의 위치를 기억하는 데 도움을 준다.

우리가 측두엽의 기본적인 기능들(감각, 정서, 공간 탐색)을 고려해봤을 때 이 능력을 잃는 것은 우리의 행동에 엄청난 장애를 가할 것을 예측할 수 있다. 언어를 포함한 사건을 지각하거나 기억하지 못할 것이며 정서 반응도 사라질 것이다. 하지만 측두엽의 기능을 상실한 사람들은 다양한 상황에서의 움직임을 유도하기 위해 배측 시각 체계를 사용한다.

상측두구와 생물학적 움직임

동물은 앞서 제시된 예시에서 고려하고 있지 않은 측두엽의 부가적인 기능을 가지고 있는데, 그것은 바로 **생물학적 움직임**(biological motion)이다. 이는 종에 특정한 관련을 가진 움직임을 뜻한다. 예를 들어 우리의 눈, 얼굴, 입, 손 그리고 몸은 사회적인 의미를 가지고 움직인다. 우리는 상측두구가 이러한 생물학적인 움직임을 분석하는 것을 살펴보고자 한다.

STS는 자극을 분류시키는 역할을 하는 다감각 신호를 받는다. 주된 범주는 사회 인지이며 이것은 사회적으로 관련이 있는 정보를 제공하는 암시적인 혹은 직접적인 몸 움직임을 포함한다. 이 정보는 다른 사람의 의도를 추측할 수 있게 하는 마음 이론인 **사회 인지**(social cognition)에 중요한 역할을 한다. 예를 들어 어떤 사람이 응시하는 방향은 그 사람이 그곳에 집중을 하고 있는지 혹은 하지 않는지에 대한 상당히 많은 정보를 준다.

Truett Allison과 동료들(2000)은 STS에 있는 세포들이 사회 인지에 핵심적인 역할을 한다고 제안하였다. 예를 들어 원숭이의 STS 세포들은 안구 응시 방향, 머리 움직임, 입 모양, 얼굴 표정, 그리고 손 움직임을 포함한 다양한 생물학적 움직임에 반응한다. 원숭이와 같은 사회성을 지닌 동물들은 다른 개체의 의도를 파악하는 데 생물학적 움직임에 대한 지식이 중요하다. **그림 15.6**에서 나타난 것과 같이 신경영상 연구는 사람들이 다양한 형태의 생물학적 움직임을 인지할 때 STS가 활성화됨을 보여준다.

입 움직임과 발성의 관련은 중요하다. 그래서 우리는 STS의 한 영역이 종 특유적인 소리를 인지하는 데 관련될 것을 예측할 수 있다. 원숭이들의 STS에 인접하게 위치하고 STS와 연결되어 있는 상측두회 세포들은 '원숭이 흉내 소리'에 선호도를 보이며 사람들의 신경영상 연구에서는 상측두회가 사람의 발성과 멜로디 모두에 활성화된다.

우리는 시각적 자극(입 움직임)과 말하기 혹은 노래하기의 조합에 대한 반응으로 STS의 일부분이 활성화될 것을 예측할 수 있다. 아마도 말하기와 노래하기가 생물학적인 움직임의 복잡한 형태로 지각될 것이다. 따라서 우리는 측두엽 손상을 입은 사람들이 생물학적 움직임을 분석하는 데 어려움을 겪을 것이며 이에 사회적 지각과 관련된 장애가 생겨날 것이라고 예측할 수 있다. 그리고 실제로 그렇다.

(A) 좌반구

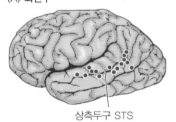

상측두구 STS

(B) 우반구

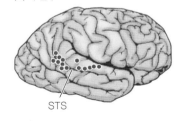

STS

그림 15.6 ▲

생물학적 움직임의 인식 생물학적 움직임을 인식할 때 활성화되는 영역을 점으로 표기하였다. (A) 좌반구, (B) 우반구

(Information from Allison, Puce, and McCarthy, 2000.)

David Perrett와 동료들(Barraclough & Perrett, 2011 개관 참조)의 연구는 STS의 처리 과정의 본질을 보여준다. 그들은 STS에 있는 뉴런들이 특정한 얼굴을 정면에서와 측면에서 보았을 때 모두 반응하며 머리의 모양 심지어 특정한 표정에 대해서도 반응을 보인다는 것을 확인하였다. 나아가 얼굴 표정과 일치하는 소리 자극은 이러한 '얼굴 세포' 중 25%의 활성화 수준을 변화시킨다고 한다. Perrett와 동료들(1990)에 따르면 어떤 STS 세포들은 특정 방향으로 움직이는 영장류 그리고 생리학적인 움직임에 가장 민감하다(**그림 15.7**). 이러한 발견은 매우 주목할 만한데, 그 이유는 몸이 움직이는 방향이 모두 다르더라도 그 자극의 형태는 모두 동일하기 때문이다. 즉 오로지 방향만 변화하는 것이다.

측두엽의 시각 처리

후두엽을 넘어서 얼굴과 사물 재인에 특수화된 영역을 포함한 분리된 시각 영역들이 복측 흐름 내에서 정보를 처리한다는 사실을 떠올려 보라(**표 13.1** 참조). Uri Hasson과 동료들(2004)의 연구는 이 영역들이 자연적인 시각에서 어떠한 역할을 하는지 보여준다. 연구자들은 참가자들이 fMRI 기기에서 30분 동안 영화 석양의 무법자를 자유롭게 감상하도록 하였다. 연구자들은 이 영화처럼 시각적인 자극이 풍부하고 다채로운 시각적 자극들이 제약된 실험실의 전형적 자극보다 일상생활에서의 생태학적인 시각적 자극과 더 비슷할 것이라고 가정하였다.

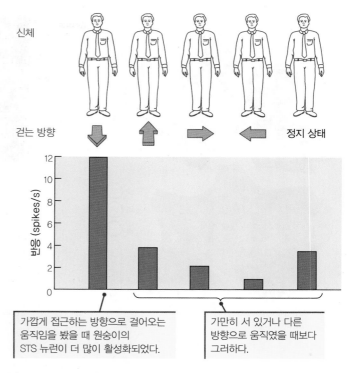

그림 15.7 ▲

신체 움직임 방향에 따른 뉴런의 민감성   (위) 신체 움직임들의 도식. (아래) 더 멀어지거나 좌우로 움직이거나 혹은 정지된 상태를 볼 때보다 신체 움직임이 나에게로 다가올 때 STS의 뉴런이 가장 많이 반응했다.

(Data from Perrett et al., 1990.)

가깝게 접근하는 방향으로 걸어오는 움직임을 봤을 때 원숭이의 STS 뉴런이 더 많이 활성화되었다.

가만히 서 있거나 다른 방향으로 움직였을 때보다 그러하다.

자유 감상 연구의 또 다른 목표는 5명의 피험자가 동일한 영화 클립을 보는 동안의 활성화를 비교하여 그들의 뇌 활동이 얼마나 유사한지 판단하는 것이다. 이를 위해 연구자들은 복잡한 통계적 과정을 사용하여 표준화된 좌표 체계를 사용하여 5명의 뇌를 표준화시킨 후 분석해야 한다. 이 연구의 주된 세 가지 결과는 다음과 같다.

첫 번째, **그림 15.8A**에서 볼 수 있듯이 측두엽 전반에 걸쳐 광범위한 활성화가 다섯 참가자들 간에서 매우 높은 상관을 보였다. 각기 다른 피험자들이 자유 감상을 할 때 측두엽의 청각, 시각 두 영역 그리고 STS와 대상 영역의 활성화가 일치되는 경향이 보인다. 이러한 놀라운 활성화 일관성은 인간피질의 넓은 영역이 자연적 청각 시각 자극들에 정형화된 반응을 보인다는 것을 암시한다.

두 번째, 비록 영화를 보는 내내 전반적인 측두엽의 활성화가 나타났음에도 불구하고 영화의 구체적인 장면 장면의 내용과 관련된 선택적인 활성화가 나타났다. 그림 15.7B에서 나타난 것처럼 피험자들이 클로즈업된 얼굴을 봤을 때 방추 얼굴 영역(FFA, Grill-Spector et al., 2004 참조)에서 높은 활성화를 보였다. 하지만 피험자들이 넓은 장면을 봤을 때는 해마방(PPA) 주변에 강화된 활성화를 보였다. 그 이후에 Hassan과 동료들은 피험자들에게 정지 상태의 얼굴이나 장소를 보여줬을 때 영화를 볼 때와 정확히 동일한 영역에서 활성화가 강화되는 것을 확인함으로써 영화를 보는 조건에서 나타난 결과의 타당성을 획득하였다. 하지만 이러한 선택적인 활성화는 시각적 처리 과정에만 나타나는 것은 아닌 것으로 보인다. 연구자들은 손의 움직임에 대하여 중심후회 손 영역이, 청각피질이 특정 유형의 청각 정보에 대하여 활성화되는 것을 발견하였다.

(A)

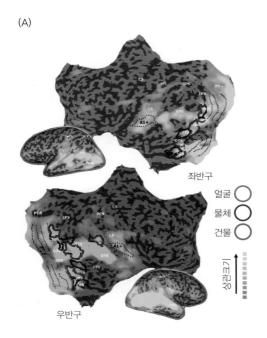

좌반구

얼굴 ◯
물체 ◯
건물 ◯

상관크기

우반구

(B)

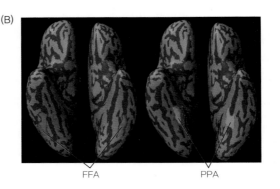

FFA   PPA

그림 15.8 ▲

시각활동을 할 때의 뇌 반응 (A) 석양의 무법자라는 영화를 볼 때 5명의 뇌 활성화의 상관. 복측 흐름은 우연하게도 모든 참가자들에게서 일치했지만, 다른 뇌 영역에서는 적은 일치성을 보인다. (B) 특정 시각 자극 활성화에 대한 영역 선택성. 방추 얼굴 영역(FFA)은 얼굴을 볼 때 활성화되고, 해마방장소 영역(PPA)은 장면을 볼 때 활성화된다.

(Hasson, U., Y. Nir, I. Levy, G. Fuhrmann, and R. Malach. "Intersubject synchronization of cortical activity during natural vision." *Science* 303, 5664(2004): pp.1634~1640.)

세 번째, 두정엽과 전두엽 영역에서는 피험자 간의 일관성이 발견되지 않았다(그림 15.7A). 피험자들이 영화를 볼 때 감각 처리 과정 이외에 서로 상당히 다른 사고 패턴이 있었을 것이다. 이러한 사고는 영화를 볼 때 생각나는 개인적 경험 혹은 심지어 실험이 끝나고 저녁으로 무엇을 먹을지에 대한 생각일 수도 있다. 또한 우리는 자유감상 실험을 통해 감각 처리 과정에서 피험자들이 놀랄 만한 일치성을 보여준다는 사실이 피험자들의 주관적인 생각이나 경험에서도 나타나지는 않을 것을 유추할 수 있다.

구체적인 범주의 광범위하게 다른 예들을 포함하는 시각적 자극과 관련된 FFA와 PPA(그림 15.7B)의 선택적인 활성화는 어떻게 특성화된 피질 영역이 서로 다르게 생긴 사물들을 동일하게 인식하는지 의문을 갖게 한다. 우리는 다른 관점에서 보는 같은 사물을 모두 동일한 것으로 연결 지을 뿐만 아니라 서로 다른 사물들도 같은 범주에 속해 있는 것으로 연결 짓는 것이다. 감각 정보의 자동적인 범주화는 부분적으로는 학습된 것임에 틀림없는데, 그 이유는 우리는 자동차나 가구와 같은 공산품들도 범주화하기 때문이다. 우리의 뇌가 공산품을 원래부터 범주화할 수 있는 것은 아닐 것이다. 그렇다면 이러한 학습은 어떻게 이루어지는가?

이 질문을 해결하기 위한 한 가지 방법은 먼저 피험자들이 범주를 학습하는 동안 나타나는 신경학적 활성화의 변화를 관찰하는 것이다. Kenji Tanaka(1996)는 원숭이의 하측두피질에서 활성화되는 뉴런들의 주요 특징들을 관찰하는 것에서부터 시작했다. 그와 동료들은 주어진 세포들에게서 반응을 일으키는 자극을 찾기 위해 삼차원의 동물과 식물 표상들을 제시하였다. 그리고 그들은 이러한 세포들의 활성화에 있어서 충분조건과 필요조건을 확인하였다. Tanaka는 TE 영역에서 가장 활성화되는 세포들이 방향, 크기, 색채 그리고 촉감과 같은 특성의 조합을 갖고 있는 자극에 활성화를 보인다는 것을 발견하였다. 또한 **그림 15.9**와 같이 약간의 차이는 있지만 비슷한 선택성을 보이는 세포들이 수직 방향의 기둥 모양으로 모여 있는 경향이 있다는 것을 발견하였다.

이러한 세포들은 자극 선택성에서 완전히 일치하지는 않으며, 따라서 단일세포가 아닌 기둥형 모듈 내의 여러 세포들의 활성화에 의해 한 물체가 표상되는 것으로 보인다. Tanaka는 모듈 내에서 세포 간의 선택성이 서로 다르면서도 유효한 자극은 대체로 중첩되는데, 이러한 모듈에 의해 물체가 표상되기 때문에 우리의 뇌는 입력되는 상의 작은 변화에 대한 영향을 최소한으로 받게 되어 비슷한 물체들을 범주화시킬 수 있다고 추정하였다.

Tanaka와 다른 연구자들은 원숭이의 하측두엽 뉴런의 다른 두 가지 독특한 특징을 발견했다. 첫 번째, 경험은 이 뉴런의 자극 특수성을 변화시킨다. 1년 동안 원숭이들은 28가지 복잡한 도형을 구분할 수 있게 훈련받는다. 하측두 뉴런의 자극선호도는 그 후에는 더 많은 동식물 자극들을 대상으로 조사되었다. 훈련된 원숭이들에게서 39%의 하측두 뉴런들이 훈련받았을 때 사용되었던 자극들에 대해 최대의 반응을 보여주었다. 훈련을 받지 않은 원숭이들에게서 나타난 9%라는 결과와는 극명하게 차이가 났다.

이러한 결과는 심지어 성인들에게도 시각적 처리에서의 측두엽의 역할이 태생적으로 결정되는 것이 아니라 경험에 의해 결정된다는 것을 확인시켜준다. 우리는 이러한 경험 의존적인 특징이 시각계가 변화하는 시각 환경에 적응할 수 있도록 했다는 것을 알 수 있다. 이러한 특징은 인간의 시각 재인 능력이 숲, 평야, 혹은 도시와 같이 인간이 마주하는 환경의 유형에 따라 달라지는 요구에 부응해야 한다는 점에서 중요하다고 할 수 있다. 또한 경험 의존적인 시각 뉴런은 우리의 뇌가 진화하면서 한 번도 보지 못한 것들을 구분할 수 있다는 확신을 가져다주기도 한다.

하측두엽 뉴런의 두 번째 흥미로운 특징은 시각적 입력뿐 아니라 내적으로 표상한 물체의 상에 대해서도 기제를 제공한다는 것이다. Joaquin Fuster와 John Jervey(1982)는 원숭이에게 기억해야 할 물건을 보여주면 원숭이 피질에 있는 뉴런들이 '기억' 기간에 활성화된다는 것을 발견하였다(그림 18.17 참조). 이러한 뉴런의 선택적인 활성화는 자극에 대한 작업 기억의 근거를 제공한다. 더 나아가 이러한 활성화가 13.6절에서도 언급했듯이 시각적 심상화의 근거를 제시한다. 즉 특정 사물에 대한 뉴런의 집단이 선택적으로 활성화되는 것은 실제 존재하지 않는 사물의 심적 이미지를 제공하기 위함일 것이다.

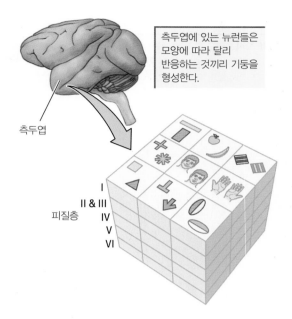

측두엽에 있는 뉴런들은 모양에 따라 달리 반응하는 것끼리 기둥을 형성한다.

측두엽

피질층

그림 15.9 ▲

TE 영역의 기둥 구조　약간 다른 것에 반응하는 세포들은 수직 기둥 모양으로 뭉쳐져 피질 표면과 직각을 이룬다.

얼굴은 특별한가

우리는 아마 다른 자극보다 얼굴 자극을 보는 데 더 많은 시간을 보낼 것이다. 갓난아기들은 태어날 때부터 얼굴을 보는 것을 선호하며 어른들은 얼굴의 다양한 표정과 각도에도 불구하고 익숙한 얼굴을 쉽게 인식한다. 심지어 수염, 안경, 모자 등으로 얼굴을 가려 변장했을 때도 우리는 아는 얼굴을 단번에 알아본다. 얼굴이라는 자극은 사회적 정보를 전달해주며 인간은 영장류 중에서도 다른 구성원의 얼굴을 직접 바라보는 데 많은 시간을 보낸다는 점에서 독특하다.

시각 자극으로서 얼굴의 중요성은 얼굴을 분석하기 위해 시각계에 특별한 경로가 있다는 생각으로 이어졌다(Farah, 1998 참조). 일련의 증거들이 이러한 입장을 뒷받침한다. 우선 원숭이를 대상으로 한 연구에서 측두엽의 뉴런들은 다른 얼굴들에 특정적으로 맞춰졌는데, 어떤 세포들은 얼굴의 구분에 어떤 세포들은 얼굴의 표정에 맞춰져 있었다. 다음으로 사물의 사진을 거꾸로 뒤집어놓으면 인식하는 데 어려움이 생기지만 얼굴을 뒤집어놓았을 때에는 그렇지 않다는 결과도 있다(Valentine, 1988 개관 참조).

비슷하게 우리는 특히 수직으로 바르게 높인 얼굴에 민감하게 반응한다. **그림 15.10**의 고전적인 '대처 착시'는 이 효과를 잘 보여준다. 얼굴 인식에서 수직 방향의 중요성은 영상 연구에서도 나타난다.

그림 15.10 ▶

대처 착시 영국 총리 마거릿 대처의 거꾸로 된 얼굴을 보라. 그리고 책을 뒤집어서 다시 한번 보라. 거꾸로 된 얼굴은 그럴듯하게 보이지만, 다시 원래 상태의 얼굴을 뒤집어서 보면 기괴하다. 대처가 원래 이 착시 현상의 원조이기 때문에, 그녀의 이름을 따왔다.

(Thompson P, 1980, "Margaret Thatcher: a new illusion" *Perception* 9(4) 483 – 484, 1980. Pion Ltd, London.www.perceptionweb.com)

예를 들어, James Haxby와 동료들(1999)은 아래위가 뒤집힌 얼굴 자극은 사물 시각 자극들과 동일한 피질 영역에서 처리되는 반면 똑바른 얼굴은 별도의 얼굴 인식 체계를 통해 처리된다는 것을 보여주었다. 이러한 얼굴 인식 체계는 의외로 매우 광범위하며 측두엽의 몇몇 영역뿐 아니라 후두엽도 포함하고 있다.

그림 15.11은 Haxby와 동료들(2000)이 요약 정리한 모형으로, 얼굴 인식의 서로 다른 측면(얼굴 표정, 얼굴 인식)이 복측 흐름의 후두측두 부분의 주요 시각 영역에서 분석된다는 것을 보여준다. 다른 영역들은 정서나 입 모양 읽기와 같은 다른 유형의 얼굴 특성을 분석하는 것을 포함하는 '확장 체계'를 형성한다. 중요한 것은 얼굴의 분석은 다른 시각 자극과는 다르다는 것이다.

마지막으로 측두엽 간의 명백한 비대칭성이 얼굴 분석에서 나타난다. 우반구 측두엽의 손상은 좌반구의 손상보다 얼굴 자극을 처리하는 데 더 많은 영향을 끼친다. 심지어 통제 집단도 얼굴 인식에서 비대칭성을 보인다.

우리는 피험자와 통제 집단에게 **그림 15.12**와 같은 얼굴사진을 제시했다. 사진 B와 C는 각각 오른쪽과 왼쪽 얼굴을 대칭적으로 조합해놓은 얼굴이고, 본래 얼굴은 사진 A이다. 피험자들에게 어떤 조합이 원래 얼굴과 가장 비슷한데 물었을 때, 통제 집단은 일관적으로 원래 얼굴 A의 왼쪽을 사진 C의 조합과 매칭하였다. 사진이 똑바르거나 아래위가 뒤집혀 있을 때 모두 동일한 대답을 내놓았다. 또한 우반구 측두엽이나, 우반구 두정엽이 제거된 환자들은 두 조건 모두에서 얼굴의 어느 쪽도 맞추지 못했다.

이러한 얼굴 분리 검사의 결과는 얼굴 처리에 있어서 측두엽의 비대칭성뿐만 아니라 우리 자신의 얼굴을 처리하는 것의 본질에 대한 의문도 던져준다. 자기 인식은 시각 인식의 독특한 예를 제공하는데, 이는 당신의 얼굴의 상은 대체로 거울을 통해서 본 것으로, 거울에서는 상이 역전되기 때문이다. 반면 다른 사람들은 당신의 얼굴을 그대로 보게 된다. 거울로 비춰지는 얼굴은 좌우가 뒤바뀐 얼굴이지만 다른 사람의 관점에서는 직접적인 얼굴을 보게 된다. 그림 15.12는 이러한 차이점의 함의를 보여준다.

사진 A는 다른 사람들이 보는 여성의 얼굴이다. 사람들은 얼굴을 인식하는 데 있어서 주로 좌시야에 편향이 있기 때문에 오른손잡이인 사람들은 사진 C를 본래의 얼굴사진과 가장 유사하다고 판단할 것이다. 하지만 그

그림 15.11 ▼

얼굴 인식 시의 신경계 모형 이 모형은 후두엽 그리고 측두 영역이 포함된 핵심 체계(위), 그리고 다른 인지와 감성 기능의 일부를 포함하고 있는 확장 체계(아래)로 나누어진다.

(Information from Haxby, Hoffman, and Gobbini, 2000.)

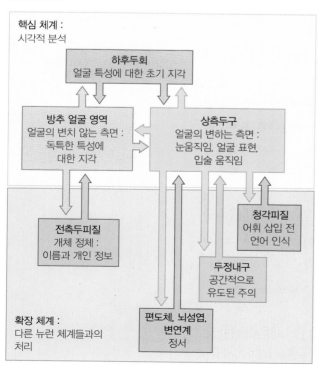

(A) 원래 얼굴

(B) 오른쪽 조합

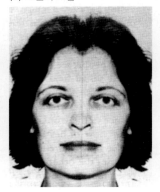

(C) 왼쪽 조합

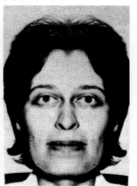

◎ 그림 15.12 ◀

분리된 얼굴 검사   B와 C 두 사진 중 어느 사진이 A와 더 닮았는지 참가자들에게 선택하라고 했을 때 대부분의 참가자들은 B보다 C를 더 많이 선택했다. 사진 C는 사진 A의 좌시야에 잘 들어맞는다. 우반구 측두엽이나 두정제거술을 받은 환자들은 양측 얼굴을 맞추는 데 어려움이 있다.

(Research from Kolb, B., B. Milner, and L. Taylor, 1983.)

여성이 자기 사진을 보았을 때는 무엇을 선택할까? 그녀가 매일 보는 그녀의 얼굴(거울상)은 우리가 보는 얼굴이 좌우가 뒤바뀐 얼굴일 것이다. 그러므로 그녀는 사진 B를 그녀의 얼굴과 가장 유사하다고 선택할 가능성이 높으며 실제로도 그렇게 선택했다.

개인적 사진에 대한 우리의 의견은 편향된 자기 얼굴 상의 매우 흥미로운 결과이다. 우리는 매번 사진이 잘 받지 않는다며 불평을 하곤 한다. 가령 사람들이 올바른 각도로 찍어주지 않았다거나, 머리가 이상하게 찍혔다거나 말이다. 하지만 이 문제의 원인은 좀 다를지도 모른다. 우리는 자신의 거울상에 익숙해져 있는 것이다. 우리가 사진을 볼 때 보통은 거울에서 선택적으로 지각하지 않는 얼굴의 한쪽 면에 편향하여 보게 된다. 우리는 남들이 나를 보는 방식으로 자신을 보지 않는다. 얼굴이 더 비대칭적일 수록 자기의 사진을 보는 사람은 자신을 덜 매력적으로 보게 될 것이다.

측두엽의 청각 처리

8.2절에서도 언급했듯이 귀에 닿는 음파는 기계적이며 신경학적인 연쇄를 일으킨다. 즉 와우관, 뇌간, 그리고 마지막으로 청각피질을 거쳐 소리 지각이 일어난다. 시각피질과 마찬가지로 청각피질도 다양한 영역을 가지며, 각 영역에는 음위상 지도가 있다. 이러한 지도들이 정확히 어떤 기능을 가지고 있는지는 아직 명백하게 밝혀져 있지 않지만 궁극적인 목적은 소리를 내는 물체를 지각하고, 소리의 위치를 찾고 소리에 따라 움직이는 것이다.

청각피질에 있는 많은 세포들이 흔히 음고라고 말하는 특정 주파수 혹은 복합적인 주파수에 반응한다. 인간에게 가장 흥미로운 두 가지 소리 유형은 아마 언어와 음악일 것이다.

언어 지각

언어는 다른 청각적인 입력과는 근본적으로 세 가지 점에서 다르다.

1. 언어는 **포먼트**(formant)라고 부르는 세 가지 제한된 주파수 범위에서 소리를 낸다. **그림 15.13A**는 서로 다른 두 가지 음소의 음절의 음파 스펙트럼을 보여주고 있는데, 그림 15.13B에서 어둡게 칠해진 막대기는 주파수 대역을 가리킨다. 주파수 대역은 음절이 두 번째 음소의 처음 주파수와 모음이 시작되는 시점 모두에서 다르다는 것을 보여준다. 모음 소리는 주파수 대역을 지속적으로 차지하지만, 음소는 주파수의 빠른 변화를 보여준다.

2. 똑같은 언어도 맥락에 따라 다르게 들릴 수 있지만 같은 언어로 인식된다. 예를 들어 영어에 '*d*'는 *deep*, *deck* 그리고 *duke*에서 모두 다른 소리를 내지만, 듣는 사람은 이것을 같은 *d*라고 인식할 것

그림 15.13 ▶

말소리 (A) 2개의 음소로 구성되어 있는 세 음절의 음파 스펙트럼. (B) 성대 진동 시작 시간의 음파 스펙트럼

(Data from Springer, 1979.)

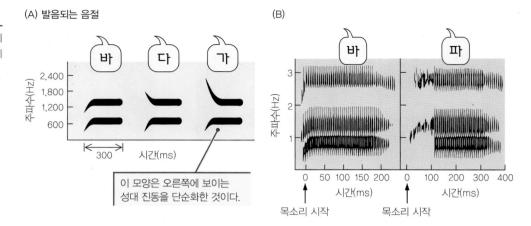

(A) 발음되는 음절

이 모양은 오른쪽에 보이는 성대 진동을 단순화한 것이다.

(B)

목소리 시작   목소리 시작

이다. 청각계에는 서로 다른 소리를 똑같게 만드는 기제가 있는 것이 분명하며, 이는 경험의 영향을 받는다. 성인이 외국어를 배우는 데 가장 큰 장애물은 동일한 소리 범주를 배우는 데 있다. 따라서 단어의 음파 스펙트럼은 맥락에 의존하며 단어는 맥락에 앞설 수도 있고 뒤따를 수도 있다(음악적 범주화에 대해서도 이와 같은 기제가 있을 것이다).

3. 언어는 서로의 관계에서 매우 급속하게 변화하며 소리의 순서는 이해에 있어 핵심적이다. Alvin Liberman(1982)에 따르면 보통의 대화에는 초당 8~10개 정도의 분절음이 있지만, 우리가 최대한 인식할 수 있는 분절음의 수는 최대 30개이다. 아주 빠른 언어에 대한 지각은 무척 놀라운데, 언어를 분절된 청각 정보로 옮기는 청각계의 능력을 초과하는 것이기 때문이다. 언어가 아닌 소음, 예를 들어 윙윙거리는 소리로 지각되는 소리는 초당 다섯 분절음의 속도로 인식된다.

우리의 뇌는 확실히 특별한 방식으로 언어의 소리를 분석하고 인식한다. 마치 박쥐의 초음파 체계가 박쥐의 뇌에 특성화되어 있는 것과 같다. 이와 같은 언어 인식 기제는 좌반구 측두엽에 있다. 이 기능은 인간에게만 한정되어 있는 것이 아닌 듯하다. 쥐와 원숭이를 대상으로 한 실험에서 좌반구 측두엽 손상 후 종 특유의 발성을 지각하는 기능의 장애가 나타났다.

음악 지각

음악은 언어와 근본적으로 다른데, 언어에서는 개별적 소리 요소가 중요한 반면 음악에서는 소리 요소 간의 관계가 중요하기 때문이다. 음악의 선율이 구성된 소리의 높이가 아니라 높이의 지속기간과 음들 사이의 간격의 배열에 의해 규정된다는 사실을 생각해보라. 음악 소리는 크기, 음색, 음고(그림 8.9 참조)의 세 가지 측면에서 다른 소리들과 구분이 된다.

- **크기**(loudness)는 음의 강도로 이를 측정하는 데 데시벨이라는 단위를 사용하지만, 청각적 감각에 대한 주관적인 강도는 '매우 큰', '부드러운', '무척 부드러운'과 같이 주관적이다.
- **음색**(timbre)이란 비슷한 음고와 크기를 가진 다른 소리들과 구분 짓는 소리의 특징을 의미한다. 예를 들어, 우리는 트롬본과 바이올린이 같은 크기로 같은 음을 연주해도 두 소리의 차이를 구분할 수 있다.
- **음고**(pitch)는 청자가 판단하는 음계에서의 특정 위치를 나타낸다. 음고는 주파수, 즉 음파의 진동 수와 밀접한 관련이 있다. 언어와 관련해서는 운율이라고 알려진 목소리의 '음색'에 관여한다.

주파수와 음고　그림 15.14에 나타난 피아노의 중간 '도' 음 주파수의 패턴을 보라. 이 음향 에너지의 진폭은 음파 스펙트럼 안에서 어두운 색으로 칠해져 있다. 이 음의 가장 낮은 요소는 264 Hz, 즉 중단 '도'로, 소리 패턴의 기본 주파수(fundamental frequency)이다. 이런 기본 주파수를 넘어가는 주파수를 배음(overtone)이나 **부분음**(partial)이라고 부른다. 배음은 그림 15.14에서 나타난 것과 같이 일반적으로 여러 기본 주파수의 배수이다(예 : 2 × 264Hz, 혹은 528Hz; 4 × 264, 혹은 1056Hz). 기본 주파수의 배수인 배음을 화성악(harmonics)이라고 한다.

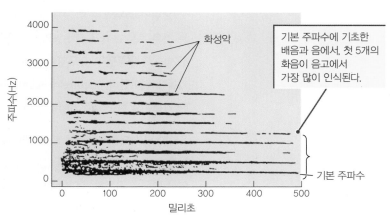

그림 15.14 ▲

피아노에서의 중간 '도'(264Hz)를 쳤을 때의 정상상태 음파 스펙트럼　소리에너지의 대역은 기본주파수와 더불어 화음에서도 나타난다.

(Data source: Ritsma, 1967.)

만약 어떠한 음에서 기본 주파수가 전기 필터에 의해 제거된다면, 배음으로 기본 주파수의 음높이를 충분히 알아낼 수 있는데, 이 현상을 주기적 음고(periodicity pitch)라고 한다.

배음만으로 음고를 알아낼 수 있는 것은 아마 다양한 화성악의 주파수 간의 차이가 기본 주파수와 동일하기 때문일 것이다(예 : 792Hz − 528Hz = 264Hz = 기본 주파수). 청각계는 이러한 차이를 구분할 수 있으며 우리는 기본 주파수를 인식할 수 있다.

음고 지각의 중요한 측면은 비록 우리가 기본 주파수를 생성(지각)해낼 수 있지만 우리는 또한 화성학의 복잡한 음들, 혹은 **분광 음고**(spectral pitch)도 인식할 수 있다는 것이다. 개인이 복잡한 음을 듣고 음고의 움직임이 어느 방향인지 판단하라는 요청을 받으면, 어떤 사람은 기본 주파수에 근거해서, 다른 사람들은 분광 음고에 근거해서 판단한다. 이러한 차이는 한 사람이 얼마나 음악적인 훈련을 받았는지에 따라 달라지는 것이 아니라 측두엽 조직의 기본적 차이에서 비롯된 것이다.

우반구 측두엽의 일차 청각피질은 이런 주기적 음고의 구분을 가능하게 한다. 예를 들어 Robert Zatorre(2001)는 일차 청각피질을 포함한 우반구 측두엽 절제술[41번 영역 또는 **헤슬회**(Heschl's gyrus); 그림 15.1B 참조]을 받은 환자가 기본 주파수가 없을 때는 음고의 구분을 하는 기능의 손상을 보였으며 기본 주파수가 있을 때는 그렇지 않았다. 이러한 환자들은 또한 음고 변화의 방향성을 파악하는 데에도 어려움을 겪었다(Tramo et al., 2002 참조).

리듬　박자는 음악에 있어서 매우 중요한 요소이며 음악적 순서의 리듬에 가장 기본이 되는 두 가지 시간관계가 있다. 소리의 지속 기간에 기초해서 높이 순서를 나눈 것과 meter라고도 부르는 시간적 주기성, 즉 비트이다. 이러한 두 요소는 피험자들에게 리듬에 따라 혹은 박자에 따라 가볍게 두드려보라고 함으로써(예 : 강한 비트에 자발적으로 발을 맞추는 것) 구분할 수 있다. Isabelle Peretz와 Robert Zatorre(2005)는 측두엽 손상을 입은 환자들을 대상으로 한 연구와 신경영상 연구를 수행하였으며 그 결과 좌반구 측두엽이 리듬을 시간적으로 그룹화하는 역할을 하며 우반구 측두엽은 박자에 상호보완적인 역할을 한다는 것을 밝혔다. 그러나 연구자들은 또한 리듬의 운동 요소들은 보조운동피질, 전운동피질, 소뇌와 기저핵을 포함한 광범위한 영역에 분포되어 있다고 설명하였다.

음악 기억　음악은 단순히 음고, 리듬, 음색, 그리고 음의 크기를 인식하는 것 그 이상이다. Peretz와 Zatorre는 음악 기억, 정서, 그리고 수행(가창 그리고 연주), 악보 읽기, 그리고 음악적인 훈련을 포함한 음악의 특징을 분석했다. 기억이 음악적 처리에서 하는 역할이 중요한 것은, 음악이 시간에 따라 펼쳐져서 우리가 곡조를 인식할 수 있게 하기 때문이다.

양 반구 측두엽 중 한 곳만 손상이 되어도 선율을 학습하는 데 지장이 생기지만, 음악을 듣고 기억하는 것은 주로 우반구 측두엽의 영향을 더 많이 받는다. 비록 두 반구가 음악을 생성하는 데 모두 관여하지만 특히 우반구 측두엽이 멜로디를 생성해내는 데 더 많이 관여하며 좌반구 측두엽은 일반적으로 리듬에 관여한다. Zatorre와 Belin(2001)은 듣는 것이 언어이건 음악이건 음고를 추출해서 듣는 특별한 기능은 우반구 측두엽이 담당한다고 제안하였다.

음악과 뇌 형태론   우리는 Kenji Tanaka의 시각 학습 연구로부터 측두엽의 세포가 경험에 의해 그 기능을 바꾼다는 것을 알았다. 음악적 경험에서도 같은 일이 일어난다. Peretz와 Zatorre은 비침습적인 영상 연구를 검토하여 아마추어 음악가보다는 전문 음악가가 음악적 정보에 더 뚜렷한 반응을 보인다는 결론을 얻었으며 또한 음악가의 헤슬회가 형태학상으로 다르다는 것을 발견했다. Peter Schneider와 동료들(2005)은 MRI를 사용하여 헤슬회의 백질과 회백질 부피를 측정하였으며, 그 결과 음악가들에게서 더 많은 부피의 회백질이 발견되었다고 보고했다(그림 15.15).

회백질 차이는 음악의 소질과 정적 상관을 보였다. 음악에 소질이 있을수록 회백질의 부피가 증가하였다. 연구자들은 또한 음악적 훈련과는 무관하게 기본 주파수의 높이를 듣는 사람은 헤슬회의 회백질 부피가 왼쪽으로 치우쳐 있던 반면 분광 음고를 듣는 사람은 오른쪽에 치우쳐 있다는 것을 발견했다(그림 15.15B 참조). Schneider의 연구 결과는 뇌 형태의 선천적인 차이가 음고 처리 방법과 관련이 있으며 또한 이러한 타고난 차이는 음악적 능력과도 관련이 있다는 것을 보여준다.

음악을 연습하고 경험하는 것은 측두피질의 해부학적 차이와 관련이 있겠지만 음악적인 훈련의 전과 후의 비교를 위해 뇌를 측정하지 않는 이상 이 차이를 명확히 알기에는 어려움이 있다. 하지만 이 음악 훈련은 음악가들에게서 뇌의 가소성을 가능하게 할 뿐만 아니라 뇌 손상과 노화에 대해서도 중요한 치료적 역할을 한다(25.6절과 Herholz & Zatorre, 2012 개관 참조).

지금까지는 음악에 있어서 측두엽의 역할을 강조해왔지만, 언어 기능이 전두엽에도 분포되어 있는 것처럼, 음악 지각과 수행은 양 반구의 하전두피질과 관련이 있다. Venessa Sluming과 동료들(2002)에 따르면 오케스트라 단원들은 좌반구의 브로카 영역에 회백질을 상당히 많이 가지고 있다고 한다. 이러한 전두엽 효과는 언어와 음악 두 영역 모두의 표현적인 산출이라는 유사성과 관련된 것으로 보인다.

Gabriel Donnay와 동료들(2014)은 대인 의사소통에 있어서 음악의 역할을 연구하기 위해 전문 재즈 연주가들에게 즉흥곡을 연주해달라고 요청하여 연주 중 나타나는 언어 영역들의 활성화를 측정하였다. 이러한 즉흥 연주는 음악적인 대화와 유사했다. 재즈 연주가들은 새로운 멜로디를 도입했고, 서로의 아이디어에 대해 주고받으며 반응했으며 연주를 하면서 정교화시키기도 했고 조금씩 수정해나가기도 했다.

피험자들은 fMRI 안에서 키보드를 연주했는데, 통제된 방에서 즉흥 연주를 하는 연주자와 같이 연주를 했다. 결과는 즉흥적으로 연주된 음악 커뮤니케이션(암기된 음악이 아닌)이 언어와 관련된 영역인 좌반구 피질 영역과 우반구의 상응 영역들을 활성화시켰다는 것이다(브로카 영역과 베르니케 영역). 이러한 연구 결과는 언어 연결망의 최소한 일부분은 언어에만 국한된 것이 아니라 다소 넓은 의미에서 정의하자면 청각적인 의사소통에서도 그 역할을 할 수 있다는 것을 암시한다. 하측 두정엽의 의미 처리(사물에 대한 지식)와 관련된 언어 영역들(각회, 연상회)은 활성화의 감소를 보였으며 이는 음악과 언어가 의미를 전달하는 방식에 근본적인 차이가 있다는 것을 제안한다.

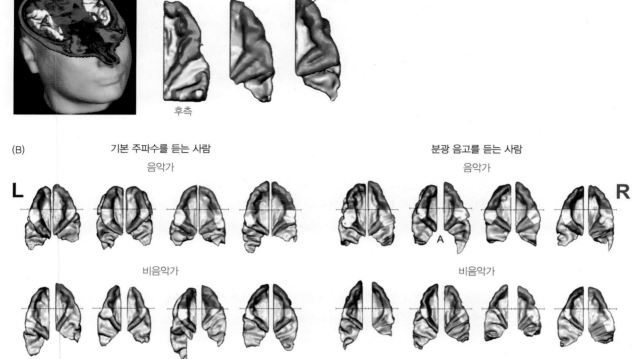

(A)

전측
헤슬회
후측

(B)

기본 주파수를 듣는 사람   분광 음고를 듣는 사람

음악가   음악가

L   R

비음악가   비음악가

A

그림 15.15 ▲

음악과 뇌 형태 (A) 좌측은 각 반구의 일차 청각피질(AC)의 삼차원 사진의 단면. 빨간색과 파란색의 활동전위는 청각을 보여준다. 오른쪽은 위에서 내려다본 우반구 일차 청각피질 표면으로, 세 사람의 형태학적 차이를 보여주고 있다. 헤슬회는 붉은색으로 표시되어 있다. (B) 음악가들의 개인적 뇌의 예(위)와 음악가가 아닌 사람들의 뇌(아래)이다. 기본 주파수를 듣는 사람과 분광 음고를 듣는 사람들의 차이. 기본 주파수를 듣는 사람들은 좌반구 헤슬회가 왼쪽이 더 컸고 분광 음고를 듣는 사람들은 우반구 헤슬회가 더 컸으며, 음악가들의 헤슬회가 전반적으로 더 컸다.

(Reprinted by permission from Macmillan Publishers Ltd: P. Schneider, V. Sluming, N. Roberts, M. Scherg, R. Goebel, H. J. Specht, H. G. Dosch, S. Bleeck, C. Stippich, and A. Rupp. "Structural and functional asymmetry of later Heschl's gyrus reflects pitch perception preference." *Nature Neuroscience* Vol. 8, Issue 9, (2005): pp. 1241–1247.)

◎ 측두엽 기능의 비대칭성

좌우 반구 측두엽 절제술의 행동학적 영향을 비교한 연구들은 특정한 기억장애가 어느 쪽에 손상이 있느냐에 따라 달라진다는 것을 보여준다. 좌반구 측두엽의 손상은 언어적 기억의 장애와 연관되어 있으며, 우반구 측두엽의 손상은 얼굴과 같은 비언어적인 기억과 관련이 있다. 비슷하게 좌반구 측두엽 손상은 말소리를 처리하는 데, 그리고 우반구 측두엽 손상은 음악의 특정 측면을 처리하는 데 결함을 야기한다.

사회적·정서적 행동과 관련된 측두엽의 역할에 대해서는 거의 알려지지 않았다. 좌반구 측두엽이 아닌 우반구 측두엽의 손상이 얼굴이나, 표정을 인식하는 데 손상을 주는 것으로 보아 두 반구는 사회 인지에서 서로 다른 역할을 하는 것으로 보인다. 사실 임상학적인 경험을 기반으로 우반구 측두엽, 좌반구 측두엽의 병변은 성격에 서로 다른 영향을 미치는 것으로 보인다(20.5절 참조).

비록 좌우 측두엽은 상대적으로 기능의 특성화를 가진 것으로 보이지만 뚜렷한 비대칭성을 보이지는 않는다. 편측 측두 절제술의 영향이 상대적으로 경미하다는 것은 기능의 상당 부분이 중첩된다는 것을 보여주는데, 이는 대뇌반구의 상당한 부분이 제거되었다는 사실을 고려할 때 놀라운 결과라고 할 수 있다. 예를 들어 이 장의 서두 사례 보기에서 등장했던 H.H.의 빠른 기능 회복을 보면 알 수 있듯이 말이다.

하지만 양 반구 측두엽의 제거가 단순히 편측 측두엽 절제술에서 나타나는 증상의 2배일 것이라고 가정하는 것은 옳지 않다. 양 반구 측두엽 절제는 기억과 정서에 극적인 영향을 미치는데, 그 강도의 순서는 제18장에서 살펴본 것과 같이 편측 손상 이후에 관찰되는 것보다 더 클 것이다.

15.3 측두엽 손상의 증상

아홉 가지의 주요 증상이 측두엽의 손상과 관련되어 있다. (1) 청각적 감각, 지각 장애, (2) 음악 지각 장애, (3) 시지각 장애, (4) 시각과 청각 입력 선택 장애, (5) 감각 입력의 범주화와 조직화 장애 (6) 맥락 정보 사용 장애, (7) 장기 기억의 손상, (8) 정서적 행동과 성격의 변화, (9) 성적 행동의 변화이다. **표 15.1**은 측두엽이 손상되었을 때 주로 나타나는 증상을 일으키는 주요 영역과 참고문헌을 요약하고 있다. 다음 절에서는 측두엽 장애의 범위와 이에 대한 임상적인 평가를 살펴볼 것이다.

청각 및 언어 지각 장애

일차 시각피질 혹은 운동피질의 손상은 의식적인 감각 기능을 손상시킨다. 그러므로 두 반구의 청각피질이 손상된다는 것은 청각 영역의 뉴런 활동이 멈추는 **피질농**(cortical deafness)을 일으킬 것이라고 예상할 수 있다. 그러나 임상적인 연구와 동물을 대상으로 한 실험 연구 모두 이 사실을 뒷받침하지 않는다. 자세히 보기에서 볼 수 있듯이 청각피질 영역의 자발적인 활성화로 인한 결과인 환청은 피질농과는 반대되는 결과이다.

환청은 실제 소리가 나지 않는 상황에서 소리 지각이 일어나는(목소리가 들리는) 현상이다. 청각피질은 두 가지 형태의 청각적 처리를 구분하는데, 주로 빠르게 제시되는 자극과 복잡한 패턴의 자극이다. 언어는 빠르고 분석도 빨라야 하는 반면에 음악은 비교적으로 주파수의 변화가 언어보다는 느리지만 우리의 귀는 음악에서 중요한 주파수의 작은 변화에 민감해야 한다.

청각 처리 과정이 손상되면 소리를 구분하기가 어려워진다. 비록 좌반구 측두엽의 손상을 보이는 환자들은 사람들이 너무 빨리 말을 한다고 불평하는데, 실제로 문제는 말하는 속도가 아니라 빠른 속도로 지나가는 소리를 환자들이 구분하지 못한다는 데 있다. 이는 보통 사람들이 새로운 언어를 배울 때 소리를 구분하지 못하는 것과 같다.

문제는 말소리를 구분하는 것뿐만 아니라 그 시간적 순서를 판단하는 것에서도 발생한다. 통제 조건의 참가자들은 50~60ms 간격으로 두 소리를 제시해도 충분히 두 소리를 구분한다. 하지만 측두엽이 손상된 환자들이 두 소리를 구분하려면 소리 간의 간격이 적어도 그 10배인 500ms는 되어야 한다. 두 종류의 소리 지각의 손상, 즉 소리를 구별하는 것과 소리의 시간 순서를 판별하는 것은 우반구 측두

표 15.1 측두엽 손상으로 인한 주된 증상의 요약

증상	손상 영역	기본 참고문헌
청각 감각 장애	41, 42, 22번 영역	Vignolo, 1969; Hécaen & Albert, 1978
시각 · 청각 선택적 입력 장애	TE, STS 영역	Sparks et al., 1970; Dorff et al., 1965
시각 인식 장애	TE, STS, 편도체 영역	Milner, 1968; Meier & French, 1968
청각 인식 장애	41, 42, 22번 영역	Samson & Zatorre, 1988; Swisher & Hirsch, 1972
음악 인식 장애	상측두회	Zatorre et al., 2002
사물의 조직화, 범주화 손상	TE, STS 영역	Wilkins & Moscovitch, 1978; Read, 1981
맥락 사용의 어려움	TE 영역	Milner, 1958
언어 이해 장애	좌측 22번 영역	Hécaen & Albert, 1978
장기 기억 어려움	TE, TF, TH, 28번 영역	Milner, 1970
성격과 감정의 변화	TE, 편도체 영역	Blumer & Benson, 1975; Pincus & Tucker, 1974
변화된 성행동	편도체와 그 외 영역?	Blumer & Walker, 1975

자세히 보기 │ 환청의 영상화

환청은 조현병 환자의 65%가 겪을 정도로 아주 흔한 증상이다. 환청은 단순히 소리를 듣는 것이 아니라 완전한 형태의 구어 문단을 외부로부터 듣는 것이다. 환청에 대한 환자들의 태도는 다음과 같이 매우 적대적이며 피해망상적이다.

> 시내 도심에 다시 왔을 때 며칠 전 나를 협박했던 추격자들이 있어서 놀랐다. 그때는 저녁이었는데 그들의 소리를 들을 순 있었지만 어디에서도 그들의 형체를 볼 순 없었다. 나는 그 무리 중 한 여인이 "너는 우리한테서 벗어날 수 없어. 널 잡으러 갈 거야!" 라고 말하는 것을 들었다. 더 이상한 것은 그 '추격자' 중 한 사람이 내 생각을 그대로 반복해서 또박또박 말한다는 것이다. 나는 전처럼 추격자들로부터 도망가려고 했지만 이번에는 전과 달리 지하철을 이용하여 도망치려고 했다. 나는 자정이 넘어서까지 전철의 입구와 출구의 계단을 번개처럼 뛰어다녔다. 하지만 내가 내린 역에서는 항상 추격자들의 목소리가 가까이 들려왔다. (L. Percy King, 정신병원에서의 감금을 저항한 작가가 1940년대에 쓴 편지의 일부, Frith [1999] p. 414).

Dierks와 동료들(1999)은 편집형 조현병의 환청 현상을 fMRI 연구를 통해 설명하였다. 이 연구에서 환청은 그림과 같이 일차 청각피질, 브로카 영역 그리고 좌반구 후측두피질의 언어 산출 영역을 포함하여 해마와 편도체를 활성화시켰다.

이 결과는 환청이 환자 고유의 언어 체계에서 유발된다는 것을 보여준다. 연구자들은 청각피질의 활성화로 인하여 외부에서 소리가 들려오는 것처럼 인식하게 된다고 설명했다. 편도체의 활성화는 아마 목소리, 특히 적대적 목소리를 듣는 것에 대한 두려움 때문이며, 해마의 활성화는 청각 기억에 대한 인출 때문인 것으로 보인다.

환청과는 반대로, Oertel과 동료들(2007)은 환시가 일차 시각피질을 활성화하기보다 환시의 내용(얼굴, 신체, 장면)에 대해 상위 시각 영역과 해마가 반응한다고 주장했다. 연구자들은 해마의 활성화가 기억에서 시각 이미지를 인출하는 것과 관련된다고 하였으며, 측두피질의 활성화는 인식을 하는 경험의 생생함 때문이라고 설명하였다.

환청과 환시에 관련된 일차 감각 영역 활성화의 차이는 아마 이 영역에서의 감각 처리의 근본적 본질이 다르기 때문일 것이다. 일차 시각피질은 선 방향과 같은 기본적 요소들을 의미 있는 그림으로 결합하지 않지만, 일차 청각피질은 기본적인 요소들을 결합하여 음절과 같은 의미가 있는 소리를 표상할 수 있다.

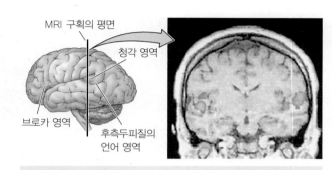

MRI 구획의 평면 / 청각 영역 / 브로카 영역 / 후측두피질의 언어 영역

fMRI는 조현병을 가진 참가자가 환청을 들을 때 일차 청각피질이 활성화됨을 보여준다.

(Dierks, T., D. E. J. Kinden, M. Jandl, E. Formisano, R. Goebel, H. Lanfermann, and W. Singer. "Activation of Heschl's gyrus during auditory hallucinations." *Neuron* 22, 3 (1999): pp. 615–621, 1999. © Elsevier)

Dierks, T., D. E. J. Kinden, M. Jandl, E. Formisano, R. Goebel, H. Lanfermann, and W. Singer. Activation of Heschl's gyrus during auditory hallucinations. *Neuron* 22:615–621, 1999.

Frith, C. How hallucinations make themselves heard. *Neuron* 22:414–415, 1999.

Oertel, V., A. Rotarska-Jagiela, V. G. van de Ven, C. Haaenschel, K. Maurer, and D. E. J. Linden. Visual hallucinations in schizophrenia investigated with Functional magnetic resonance imaging. *Psychiatry Research: Neuroimaging* 156:269–273, 2007.

엽 손상보다는 좌반구 측두엽 손상 이후에 심각하게 나타난다. 이러한 청각적 기술들은 특히 말소리를 구분하는 데 있어서 중요하다.

좌반구 측두엽이 말소리 지각을 변화시킨다는 사실은 놀랍지 않다. 베르니케 시대 이후로 좌반구 측두엽과 관련된 피질(22번 영역)의 손상은 실어증을 유발한다고 알려져 있다(1.3절 참조). **베르니케 실어증**(Wernicke's aphasia)에 대한 고전적인 관점은 단어 재인 장애, 즉 '단어농'은 순수음을 듣는 능력이 온전함에도 불구하고 단어를 재인하지 못하는 것과 관련되어 있다는 것이다.

음악 지각 장애

처음에 언급하였던 것처럼 일차 청각피질을 포함한 우반구 측두엽에 병변이 있는 사람들은 음고를 구분하는 데 장애를 보인다. Catherine Liegeois-Chauval과 동료들(1998)에 따르면 구분된 음악적인 처리는 상측두회의 특정 피질 영역에 의존한다(그림 15.1A 참조). 측두엽 절제술을 받은 환자들에 관한

▲ 북슬로베니아의 동굴에서 발견된 곰의 대퇴골에 난 이 구멍의 정렬된 모습은 네안데르탈인이 이것으로 플루트를 만들었다는 것과 그 플루트로 최소한 43,000년 전에 음악을 만들었음을 시사한다. 아마도 네안데르탈인은 언어와 음악에 대해 상호보완적 반구특성화를 가진 듯하다. (Archive of the Institute of Archaeology ZRC SAZU, photo: Marko Zaplatil.)

◎ **그림 15.16** ▼

시각장애를 위한 검사 (A) Meier와 French 검사. 검사를 받는 사람들은 서로 다른 그림을 가려내야 한다. (B) Gottschaldt의 숨은 그림 찾기 검사에서는 밑에 있는 그림에서 위에 있는 도형을 포함하고 있는 그림을 찾아야 한다. (C) Rey 복합 도형 검사는 환자에게 그림을 보여주고 가능한 똑같이 그리라고 지시한다. (D) Mooney 폐쇄 얼굴 검사는 애매한 그림자들로 둘러싸인 그림에서 얼굴의 형태를 찾는 검사이다.

(A: M. J. Meier & L. A. French. (1965) Lateralized deficits in complex visual discrimination and bilateral transfer of reminiscence following unilateral temporal lobectomy, *Neuropsychologia Volume 3, Issue 3, August 1965, Pages 261–272*, Elsevier Limited. B: Kurt Gottschaldt, Über den Einfluß der Erfahrung auf die Wahrnehmung von Figuren 1926, *Psychologische Forschung*, Copyright © 1926, Verlag von Julius Springer. C: Research from Rey, 1941. D: Mooney, C. M., Age in the development of closure ability in children. *Canadian Journal of Psychology/Revue canadienne de psychologie*, Vol 11(4), Dec 1957, 219–226. doi: 10.1037/h0083717)

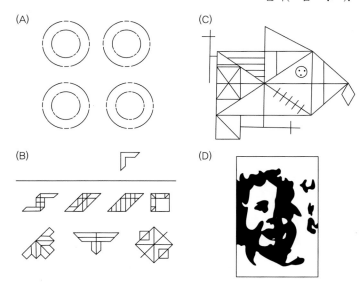

연구에서 리듬을 구분하는 능력은 우반구 후측 상측두회의 손상에 가장 영향을 많이 받으며 meter 구분(예 : 왈츠와 행진곡을 구분하는 것)은 각 측두엽의 전측 손상에 영향을 받는다.

비록 음악과 언어를 각각 뇌의 반대되는 영역으로 구분하기가 쉽지만, 사실 언어와 음악의 일정한 특성들만이 두 반구에 의해 선택적으로 분석된다. Zatorre(2007)는 핵심적인 차이를 강조하였다. 좌반구는 속도에 관여하며 우반구는 주파수 차이를 구분하는 분광 민감성(spectral sensitivity)에 관여한다. 그는 또한 청각 처리가 기억이나 심상과 같은 다른 요인들로 인해 영향을 받을 수도 있다고 하였다. 따라서 분광 민감성과 하향식 처리 과정은 상호작용하는 것으로 보인다.

언어와 음악을 처리하기 위해 별도의 신경학적 연결망이 존재한다는 사실은 음악과 언어 두 분야 모두 생물학적인 기저가 있다는 결론으로 이어진다. 비록 이러한 결론은 언어에 있어서는 명확하지만, 음악에 있어서는 아직도 분명치 않은 것으로 보인다. 왜냐하면 음악은 문화적인 인공물로 지각되기 때문이다. 하지만 많은 연구 결과들은 인간이 음악적인 처리를 하기 위한 소인을 타고난다는 것을 보여준다.

유아들은 음계를 학습하는 데 선호를 보이며, 음악이 만들어지는 기반이 되는 선율과 같은 규칙성에 대하여 대해 편향된 것으로 보인다. Peretz(2001)는 음악의 생리학적인 기저를 설명해줄 수 있는 가장 강력한 증거는 아마 실음악증(amusia)이라고 하였다. 전체 인구의 4%가 선천적으로 실음악증을 가지고 있다. 이들은 음치이다.

확실히 음치들은 음악에 대한 신경 연결망의 비정상성을 가지고 있으며 이는 훈련을 받아도 달라지지 않는다. 사실 우리의 동료 중에 부모님 모두가 음악 선생님이신 사람이 있는데, 부모님들께 죄송하게도 그녀는 음치이다. 그녀는 사람들이 모두 일어서는 장면을 보고 애국가가 나오는 것을 안다고 한다.

시각적 처리 장애

전형적으로 측두엽 절제술을 겪은 사람들은 시야의 결함을 가지지는 않지만 시각 인지에 결함을 보이는데, 이러한 결과는 복측 흐름 내의 하측두피질의 역할에 대한 증거들과 일치한다(그림 15.5B). 이러한 지각적 장애는 처음 Milner(1968)에 의해서 증명되었는데, 그는 우반구 측두엽 절제술을 받은 자신의 환자가 McGill의 사진 변칙 검사에서 만화 그림을 해석하는 데 문제를 보여서 그 사실을 알게 되었다.

예를 들어, 우리에 갇힌 원숭이가 벽에 유화를 그리고 있는 것은 너무나도 당연한 '변칙'이지만 우반구 측두엽 병변이 있는 환자들은 그림이 무엇인지 정확하게 설명할 수는 있는 반면에 이러한 그림의 변칙을 발견하지 못했다. 복잡한 패턴을 인식해야 하는 Mooney 폐쇄 얼굴 검사(**그림 15.16**)에서도 우반구 측두엽에 병변이 있는 사람은 낮은 수행 수준을 보였다. Mooney 검사의 그림들은 모두 얼굴을 기반으로 하고 있으며, 이 과제에서 나타나는 수행 결함은 우반구 측두엽 병변 환자의 전반적인 얼굴 인지와 재인 기능의 손상을 반영한다. 예를 들면 분리된 얼굴 검사에서 그러하다(그림 15.12 참조).

더 나아가 이러한 환자들은 대화를 그만하자는 의도로 명시적으로 손목시계를 보는 것 등의 미묘한 사회적 단서도 잘 파악하지 못하는 것으로 보인다. 아마도 환자들은 시각적 단서의 의미를 지각하지 못하는 것으로 보인다. 얼굴 신호는 생물학적인 움직임의 한 형태이며, 측두엽의 기능이다(15.2절 참조).

시각과 청각 입력 선택 장애

우리는 환경 내의 다양한 정보 중 일부를 선택해야 한다. 일반적으로 이러한 선택은 의식적이지 않은데, 그 이유는 우리의 신경계가 자동적으로 입력을 살펴서 선택적으로 환경을 지각하기 때문이다(물론 돈을 출금하기 위해 ATM을 찾아보는 것과 같은 의식적인 통제도 일어난다).

청각 인지에서의 선택성은 두 대화를 동시에 들을 때 가장 잘 나타난다. 2개의 경쟁하는 입력을 동시에 처리하는 것은 불가능하기 때문에, 청각계는 두 가지 전략 중에 한 가지를 채택하게 될 것이다. 하나의 대화를 완전히 무시하거나 혹은 두 대화를 번갈아 집중하거나 어느 쪽이건 입력에 대한 선택은 일어난다.

시각계의 선택적인 민감도 역시 이와 비슷하게 작동한다. 예를 들어 체조대회에서 동시에 대회장 내의 모든 일을 보는 것은 불가능하다. 우리는 한 가지 일에 집중하거나 한 가지 일에서 다른 일로 집중을 옮겨가야 할 것이다.

그럼 이제 측두엽이 손상된 환자를 한번 생각해보자. 청각적 입력과 시각적 입력 모두에서 선택하는 기능이 손상되었지만, 보통은 특수한 검사 절차를 통해서만 이러한 손상의 결과가 드러난다. 청각적 선택의 손상은 이중 청취 검사로 검사할 수 있다(그림 11.12 참조). 2개의 단어를 한쪽 귀에 하나씩 동시에 들려줬을 때 피험자들은 오른쪽에 제시된 단어를 더 많이 보고했다는 것을 기억해보라. 만약 소리가 순서대로 양쪽에 번갈아가며 제시된다면, 왼쪽 귀가 더 유리할 것이다.

오른쪽 귀에 들린 단어가 더 잘 재인되는 것은 측두엽의 손상에도 여전히 나타나는 현상이지만, 좌반구 측두엽 손상이 있는 사람은 재인하는 단어의 수가 급격히 낮아진다. 그 이유로는 신경계가 한 귀에 들어오는 입력을 선택적으로 집중하지 못하고 한꺼번에 처리하려고 하기 때문이다. 이 장의 사례 보기에 등장한 H.H.는 이중 청취 검사를 어려워했으며 오랜 회복 기간 후에도 적은 수의 단어만을 기억할 수 있었다.

이와 유사한 결과들이 시각적 입력에서도 발견된다. 만약 두 종류의 다른 시각적 자극들이 동시에 각 시야에 제시되면 좌반구 측두엽 손상이 있는 사람들은 우시야에 나타났던 자극들을 회상하며, 우반구 측두엽의 손상이 있는 사람들은 두 시야에서 보았던 자극들을 회상한다. 여기서 우리는 신경계가 입력된 정보의 효율적인 지각과 저장을 위해 자극의 구분되는 특징에 충분히 집중하지 못하는 것일 수도 있다는 것을 알 수 있다. 우반구 측두엽의 손상이 양측성 손상을 야기하는 반면 좌반구 측두엽은 편측성 손상을 보인다는 사실에 주목하라. 이러한 차이는 시각적인 입력에 대한 선택적인 집중에서 우반구 측두엽이 좌반구 측두엽보다 더 큰 역할을 맡고 있음을 나타내는 것일 수 있다.

범주화와 조직화 장애

'강아지, 자동차, 버스, 사과, 쥐, 레몬, 고양이, 트럭, 오렌지'라는 단어를 학습하라는 요청을 받는다면 우리는 이러한 단어들을 동물, 차량, 그리고 과일의 크게 세 가지 범주로 조직화할 것이다. 만약 이러한 목록들을 이후에 회상한다면 아마 범주로 묶어서 회상을 할 것이며 범주를 떠올리는 것은 회상을 보조하는 역할을 하게 될 것이다.

학습한 것들을 범주화하고 정리하는 과정은 특히 언어나 기억에 있어서 중요하다. 예를 들면, 범주화는 개별 구절들의 의미와 그 구절로부터 추론되는 정보를 포함하여 복잡하고 긴 문장을 이해할 수 있게 한다. 지각적인 입력의 조직화는 측두엽의 기능 중 하나로 보인다. 좌반구 측두엽 절제술을 받은 환자는 익숙한 사물의 사진이나 단일 단어에 대해서 범주화를 하지 못한다.

따라서 이 환자들은 단어나 사진을 옳은 범주에 넣는 것조차 하지 못하며, 우리가 자동적으로 사용하고 있는 범주들을 사용하지 못한다. 예를 들어 이 환자들은 다른 검사에서는 정상적인 수행을 보일지라도 동물이라는 범주를 주고 강아지, 고양이 그리고 쥐와 같이 그 범주에 속하는 동물들을 회상하라고 했을 때는 어려움을 겪는다. 실험실에서 행해지는 간단한 실험마저도 못한다는 것으로 보아, 우리는 자발적인 조직화에서 이들이 겪는 어려움이 심각한 인지적 결함, 특히 복잡한 내용을 기억할 때 얼마나 심각한 결함을 가져올지 예상할 수 있다. 신경언어학자들은 또 다른 종류의 범주화가 좌반구 측두엽에서 일어난다고 제안한다. 의미적 범주화(semantic category)는 의미의 위계적 범주인데, 한 단어가 여러 범주에 동시에 속할 수도 있다. 예를 들어 오리라는 단어는 동물, 새라는 범주에 동시에 포함된다. 각 범주는 이전 범주가 세분화된 것이다. 좌반구 후측두엽에 병변이 있는 환자는 난어증 증상을 보이며 이 증상을 앓고 있는 사람들은 큰 범주에서 재인하는 것은 문제가 없지만 세부적으로 들어가면 어려움을 겪는다.

맥락 정보 사용 장애

맥락에 따라 동일한 자극의 의미는 변할 수 있다. 예를 들어 *fall*이라는 단어는 맥락에 따라 넘어진다는 뜻을 가질 수도 있고 가을을 뜻할 수 있다. 이와 비슷하게 맥락은 얼굴 재인의 주요 단서가 될 수 있다. 우리들 대부분은 종종 맥락 밖에서 사람들을 만난다(예 : 파리 여행 중에 동네 가게에서 일하던 점원을 만나는 것). 하지만 당신은 그 사람에 대한 맥락에 대한 정보가 주어지기 이전까지는 그 사람이 누구인지 재인하기 힘들 것이다.

사회적 상황들은 맥락에서 의미를 추출하는 것에 대한 보다 복잡한 예를 제공한다. 사건에 대한 해석과 그 사건에서 우리가 해야 할 역할은 사회적 맥락에 달렸다. 따라서 동일한 자극이 부모님과 함께 있을 때와 친구와 함께 있을 때 달라 보일 수 있다. 시각적 지각 장애에 대한 이전 절에서 설명한 McGill 사진 변칙 검사에서 맥락 정보의 사용에 대한 간단한 예를 볼 수 있다. 이 검사에서 바른 선택을 하기 위한 유일한 단서는 맥락이다.

기억장애

기억에서 측두엽의 기능에 관한 관심은 1950년대에 내측두엽의 해마와 편도체를 제거하고 난 후 수술 이후의 모든 사건에 대한 기억상실증을 보인다는 발견에서 시작되었다[순행성 기억상실증(anterograde amnesia)]. 오늘날에는 내측두 영역과 측두피질이 기억 기능에 있어서 중요하다는 것이 명백해졌다 (18.1절 참조).

하측두피질의 손상은 정보의 의식적인 회상에 특정한 방해를 일으키며, 손상의 정도가 커질수록 기억장애도 커지는 것으로 나타났다. 좌반구 측두엽의 병변은 내용의 제시가 청각적인 경우와 시각적인 경우 모두에서 짧은 이야기나 단어 목록과 같은 언어적 내용의 회상에 장애를 일으켰다. 우반구 측두엽의 손상은 기하학적인 그림, 얼굴이나 음과 같은 비언어적 자극들의 회상 기능을 저하시켰다. 다음의 두 사례는 기억에 있어서 좌우 측두엽이 어떻게 기여하는지 알 수 있다.

38세의 B.는 좌반구 측두엽에 성상세포종을 앓고 있었다. 병이 생기기 전에 그는 석유회사에서 성공한 경영자였고 효율적으로 일하는 것으로 이름나 있었다. 종양이 생기기 시작했을 때쯤 그는 자꾸 무언가를 잊어버리기 시작했고 병원에 입원할 때에는 능률이 극적으로 하락했다. 그는 중요한 미팅이나 약속을 계속 잊어버렸다. 망각 증상이 너무 심하여 항상 약속에 대한 메모를 해야 했지만 그 메모마저 제자리에 두지 못해서 더 큰 낭패를 보았다.

기억 검사에서 B.는 몇 분 전에 읽은 짧은 이야기를 떠올리지 못했다. 그리고 한 검사에서는 웩슬러 기억 검사(Wechsler Memory Scale)에서 나오는 다음의 이야기를 읽은 후 그것을 가능한 한 그대로 반복해보라는 지시를 받았다. "보스턴 남쪽에 사는 애나 톰슨은 회사 빌딩에 청소부로 고용되었으며, 어젯밤에 스테이트가에서 15달러를 도난당했다. 그녀는 슬하에 네 자녀를 두고 있었는데, 월세를 내는 날이 다가왔고 이틀 동안 아무것도 먹지 못했다. 경찰은 여자의 이야기에 감동받아 그녀를 위해 기부금을 모았다."

B.는 이 이야기를 "어떤 여자가 강도를 당해서 경찰서에 갔는데 거기서 경찰들이 그녀에게 새 지갑을 만들어주었다. 그녀에게는 몇 명의 아이들이 있었다."라고 회상하였다. B.의 수준의 지능과 교육 수준에서 이러한 수행 수준은 무척 낮은 것이다. 반면에 그는 숫자 회상은 제대로 할 수 있었다. 7개의 수를 연속으로 회상할 수 있었다. 또한 그는 기하학적인 모양들을 쉽게 회상할 수 있었다. 이러한 결과는 기억 기능의 비대칭성을 보여주는데, 그의 우반구 측두엽은 온전했기 때문이다.

C.의 증상은 B.의 증상에 대한 보완적 설명을 제공한다. 그녀는 22세의 똑똑한 대학생이었는데, 우반구 측두엽에 느리게 진행되는 종양을 갖고 있었다. 수술이 끝나고 그녀를 처음 봤을 때, 그녀는 기억 상실증에 대해 불평을 늘어놓았다. 그녀는 위에서 나온 애나 톰슨 이야기와 같은 같이 언어 기억 검사에서는 정상적인 수행을 보였지만 기하학적 그림과 같은 시각 기억에 대해선 심각한 손상을 보였다. 예를 들어 한 검사에서 그녀에게 10초 동안 기하학적 그림을 보여준 후 기억나는 대로 그려보라는 지시를 받았다. 그녀는 즉시 회상을 하는 데 어려움을 보였으며(**그림 15.17**) 10분 후에는 아무것도 회상을 하지 못했다.

정서와 성격의 변화

비록 측두엽 장애가 인간의 정서에 영향을 끼친다는 사실은 몇 세기 동안 보고되어 왔지만, 측두엽의 세부적인 역할은 여전히 매우 놀랍다. Wilder Penfiled와 동료들에 의하면 전측 내측두피질을 자극하면 공포 정서가 생겨난다고 한다(11.2절 참조). 이런 효과는 편도체를 자극하여도 자주 나타난다. 이 장의 서두에 등장하는 H.H.의 아내가 측두엽 종양이 생기고 수술을 한 뒤 그의 성격이 달라졌다고 했던 것을 떠올려보라.

측두엽 뇌전증은 전통적으로 일상에서의 하찮은 일들을 과장하는 경향이 있는 것과 연관지어졌다. 증상에 따른 행동으로는 현학적인 말, 자기 중심성, 개인적인 문제에 대해 계속 말하는 것(가끔 들러붙음이라고도 표현하는데, 왜냐하면 말하는 사람에게 달라붙어서 떨어지지 않기 때문이다), 편집증, 종교에 몰두하는 것, 그리고 공격적인 분노폭발(Pincus & Tucker, 1974) 등이 있다. 이러한 행동들의 조합을 **측두엽 성격**(temporal-lobe personality)이라고 부르지만 이러한 특징들을 동시에 보이는 사람은 극소수이다(20.5절 참조).

측두엽 절제술을 받고 난 후에도 비슷한 성격이 생긴다. 증상은 다소 비대칭적으로 나타나는데, 우반구 측두엽 절제술이 좌반구 측두엽 절제술에 비해 이러한 성격특질과 더 관련된다. 하지만 이 사실

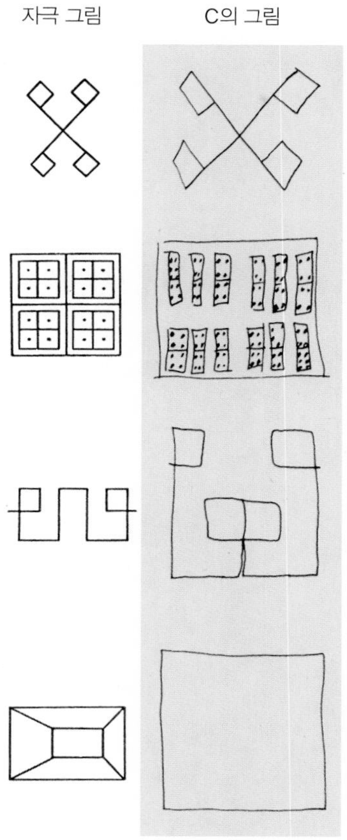

자극 그림　　　C의 그림

◎ 그림 15.17 ▲

회상의 장애　우측 열은 C 환자가 왼쪽 열의 각 그림을 10초 동안 보고 그린 그림이다. 그림이 복잡해질수록 그녀가 더 못 그린다는 것을 볼 수 있다. C 환자는 단순한 그림조차도 보고 난 후 10분이 지나면 그림에 대한 회상을 하지 못했다.

(Bryan Kolb)

은 양적으로 증명된 사실이 아니며 더 많은 연구가 필요하다.

성적 행동의 변화

편도체를 포함한 양측두엽의 손상은 고전적으로 성적인 행동의 변화를 야기한다. 이러한 증상은 한쪽 반구가 손상되었을 때는 나타나지 않는다. 우리는 편도체의 손상이 성적 및 사회적 행동에 어떤 영향을 미치는지 20.3절에서 다시 보게 될 것이다.

◎ 15.4 측두엽 손상의 임상신경심리평가

표준화된 많은 평가 도구들이 측두엽 손상의 타당한 예측변인이 되어 준다(**표 15.2**). 14.5절의 측두엽 기능에 대한 임상적인 신경심리검사들과 같이 이러한 검사들은 모든 측두엽 손상으로 나타날 수 있는 모든 증상을 평가할 수는 없지만, 측두엽 손상이 있는 사람이 모든 검사 기준을 통과하기란 불가능할 것이다.

- 이중 청취 검사와 시각 사물 및 공간 지각 검사는 청각과 시각 처리 용량을 각각 평가한다.
- 웩슬러 기억 검사 제4판은 전반적인 언어적 기억을 측정하는 데 가장 적합한 검사이다. 가끔 몇 가지 하위 검사들이 나뉘어 사용되는데, 그 이유는 주의장애에 의해 기억이 영향을 받을 수도 있기 때문이다. 예를 들어 두 가지 하위검사, 연합 기억과 논리적 글읽기는 언어적 기억 용량만을 순수하게 검사한다. 연합기억 하위검사는 피험자들이 북-남 혹은 양배추-펜과 같은 단어쌍을 학습하는 것이며 하나의 단어가 주어졌을 때 짝지어 제시되었던 다른 단어를 기억해야 한다. 논리적 기억 검사는 15.3절에서 설명한 B.의 언어적 기억 결함을 언급할 때 제시되었던 것을 생각하면 된다.
- Rey 복합 도형 검사(Rey Complex-Figure Test)는 우반구 측두엽의 비언어적 기억을 측정하는 데 가장 좋은 평가 방법이다(그림 15.16C 참조). 복잡한 기하학적 패턴이 주어지고 피험자는 "이 그림을 정확하게 따라 그리면 된다."는 지시를 받는다. 그리고 45분 후에 기억하는 만큼 그 복잡한 도형을 그리면 된다. 채점 기준은 비언어적 기억에 대한 객관적인 평가를 보여주지만 이 검사는 단점이 있다. 우울하거나 동기가 부족한 피험자들은 낮은 수행을 보이는데, 이는 우반구 측두엽의 손상 때문이 아니라 그림을 회상하는 것을 거부하기 때문이라고 할 수 있다. 모든 비언어적 기억 검사는 이러한 문제에서 자유롭지 않으며 이에 대한 손쉬운 해결 방법은 없다.
- 언어 이해에 토큰 검사를 사용할 것을 추천한다. 하지만 언어 이해의 결함은 좌반구의 언어 영역의 병변으로, 즉 측두엽 두정엽 그리고 전두엽에 인해 발생될 수 있다. 좌반구의 손상을 국소화시키는 신경심리평가 도구는 현재 없다.

표 15.2 **측두엽 손상을 검사하는 표준화된 임상적 신경심리검사** ◎

기능	검사	기본 참고문헌
청각 처리 용량	이중 단어와 멜로디	Sparks et al., 1970
시각 처리 용량	시각 사물과 공간 인식 검사	Lezak et al., 2004
언어 기억	웩슬러의 기억 검사 제4판	Hoelzle et al., 2011
비언어 기억	Rey 복합 도형 검사	Taylor, 1969
언어	토큰 검사	de Renzi & Faglioni, 1978

요약

15.1 측두엽의 해부학

측두엽은 네 가지 기능적인 측면으로 나누어질 수 있다. (1) 청각적 처리(상측두구), (2) 시각적 처리(하측두피질), (3) 정서(편도체), (4) 공간적 길 찾기나 공간적 사물 기억(해마와 관련된 피질)이다.

15.2 측두엽 기능의 이론

측두엽은 청각과 시각 정보에 두 가지 특징을 더한다. 즉 톤(정서)과 범주화이다. 이 두 가지는 감각 입력을 이해하는 데 중요할 뿐만 아니라 그것을 생물학적인 움직임과 같은 생물학적으로 관련된 방식으로 사용하는 데 중요하다. 얼굴을 인식하는 체계는 후두엽과 몇몇 측두엽 영역을 포함한다.

두정엽이 움직임에 따른 공간적 정보를 처리하는 반면에 측두엽은 사물의 장소에 대한 기억을 형성하거나 사물의 재인에 공간적인 정보들을 사용한다. 측두엽에서 청각 처리는 두 가지 특징으로 이루어져 있다. 속도와 주파수이다. 언어 처리는 빠르게 변화하는 소리에 대한 분석을 요하지만 사람들이 높거나 낮거나 날카롭거나 등 서로 다른 음색을 갖고 있기 때문에 우리는 서로 다른 주파수를 소화할 수 있어야만 한다. 반면에 음악은 언어에 비해 비교적으로 느린 속도로 진행이 되지만 주파수의 변화는 음악에 있어서 중요하다.

15.3 측두엽 손상의 증상

좌반구 측두엽은 속도와 관련이 있으며 우반구 측두엽은 복잡한 주파수 패턴과 연관되어 있다. 측두엽의 청각적 영역의 손상은 언어(좌측)와 음악(우측)을 재인하는 데 어려움을 준다.

시각 영역의 측두엽 손상은 얼굴과 같은 복잡한 시각적 자극 재인에 장애를 일으킨다. 내측두엽의 손상은 정서, 성격, 공간적 길 찾기, 사물 기억에 손상을 일으킨다.

15.4 측두엽 손상의 임상신경심리평가

신경심리학자들은 청각적 처리(이중 청취 검사), 시각 처리(사물 재인), 그리고 기억(언어/비언어), 언어와 관련된 측두엽 손상을 신중하게 평가할 수 있는 도구나 검사를 사용한다.

참고문헌

Allison, T., A. Puce, and G. McCarthy. Social perception from visual cues: Role of the STS region. *Trends in Cognitive Sciences* 4:267–278, 2000.

Barraclough, N. E., and D. I. Perrett. From single cells to social perception. *Philosophical Transactions of the Royal Society B* 366:1739–1752, 2011.

Belin, P., R. J. Zatorre, P. Lafaille, P. Ahad, and B. Pike. Voice-selective areas in human auditory cortex. *Nature* 403:309–312, 2000.

Blumer, D., and D. F. Benson. Personality changes with frontal and temporal lesions. In D. F. Benson and F. Blumer, Eds., *Psychiatric Aspects of Neurologic Disease*. New York: Grune & Stratton, 1975.

Blumer, D., and D. E. Walker. The neural basis of sexual behavior. In D. F. Benson and D. Blumer, Eds., *Psychiatric Aspects of Neurologic Disease*. New York: Grune & Stratton, 1975.

Carter, R. M., and S. A. Huettel. A nexus model of the temporal-parietal junction. *Trends in Cognitive Sciences* 17:328–336, 2013.

de Renzi, E., and P. Faglioni. Normative data and screening power of a shortened version of the token test. *Cortex* 14:41–49, 1978.

Dierks, T., D. E. J. Kinden, M. Jandl, E. Formisano, R. Goebel, H. Lanfermann, and W. Singer. Activation of Heschl's gyrus during auditory hallucinations. *Neuron* 22:615–621, 1999.

Donnay, G. F., S. K. Rankin, M. Lopez-Gonzalez, P. Jira-dej-vong, and C. J. Limb. Neural substrates of interactive musical improvisation: An fMRI study of "Trading Fours" in jazz. *PLoS ONE* 9:e88665, 2014.

Dorff, J. E., A. F. Mirsky, and M. Mishkin. Effects of unilateral temporal lobe removals on tachistoscopic recognition in the left and right visual fields. *Neuropsychologia* 3:39–51, 1965.

Farah, M. J. What is "special" about face perception? *Psychological Review* 105:482–498, 1998.

Fuster, J. M., and J. P. Jervey. Neuronal firing in the inferotemporal cortex of the monkey in a visual memory task. *Journal of Neuroscience* 2:361–375, 1982.

Grill-Spector, K., N. Knouf, and N. Kanwisher. The fusiform face area subserves face perception, not generic within-category identification. *Nature Neuroscience* 7: 555–562, 2004.

Hasson, U., Y. Nir, I. Levy, G. Fuhrmann, and R. Malach. Intersubject synchronization of cortical activity during natural vision. *Science* 303:1634–1640, 2004.

Haxby, J. V., E. A. Hoffman, and M. I. Gobbini. The distributed human neural system for face perception. *Trends in Cognitive Sciences* 4:223–333, 2000.

Haxby, J. V., L. G. Ungerleider, V. P. Clark, J. L. Schouten, E. A., Hoffman, and A. Martin. The effect of face inversion on activity in human neural systems for face and object perception. *Neuron* 22:189–199, 1999.

Hécaen, H., and M. L. Albert. *Human Neuropsychology*. New York: Wiley, 1978.

Herholz, S. C., and R. J. Zatorre. Musical training as a framework for brain plasticity, behavior, function, and structure. *Neuron* 76: 486–502, 2012.

Hoelzle, J. B., N. W. Nelson, and C. A. Smith. Comparison of Wechsler Memory Scale—Fourth Edition (WMS-IV) and Third Edition (WMS-III) dimensional structures: Improved ability to evaluate auditory and visual constructs. *Journal of Clinical and Experimental Neuropsychology* 33: 283–291, 2011.

Kolb, B., B. Milner, and L. Taylor. Perception of faces by patients with localized cortical excisions. *Canadian Journal of Psychology* 37:8–18, 1983.

Kravitz, D. J., K. S., Saleem, C. I. Baker, L. G. Ungerleider, and M. Mishkin. The ventral visual pathway: An expanded neural framework for the processing of object quality. *Trends in Cognitive Sciences* 17:26–49, 2013.

Lezak, M. D., D. B. Howieson, D. W. Loring, H. J. Hannay, and J. S. Fischer. *Neuropsychological Assessment*, 4th ed. Oxford: Oxford University Press, 2004.

Liberman, A. On finding that speech is special. *American Psychologist* 37:148–167, 1982.

Liegeois-Chauvel, C., I. Peretz, M. Babai, V. Laguitton, and P. Chauvel. Contribution of different cortical areas in the temporal lobes to music processing. *Brain* 121:1853–1867, 1998.

Meier, M. S., and L. A. French. Lateralized deficits in complex visual discrimination and bilateral transfer of reminiscence following unilateral temporal lobectomy. *Neuropsychologia* 3:261–272, 1968.

Milner, B. Psychological defects produced by temporal lobe excision. *Research Publications of the Association for Research in Nervous and Mental Disease* 38:244–257, 1958.

Milner, B. Visual recognition and recall after right temporal lobe excision in man. *Neuropsychologia* 6:191–209, 1968.

Milner, B. Memory and the medial temporal regions of the brain. In K. H. Pribram and D. E. Broadbent, Eds., *Biological Basis of Memory*. New York: Academic Press, 1970.

Peretz, I. Brain specialization for music: New evidence from congenital amusia. Annals of the New York Academy of Sciences 930:153–165, 2001.

Peretz, I., and R. J. Zatorre. Brain organization for music processing. *Annual Review of Psychology* 56:89–114, 2005.

Perrett, D. I., M. H. Harries, P. J. Benson, A. J. Chitty, and A. J. Mistlin. Retrieval of structure from rigid and biological motion: An analysis of the visual responses of neurones in the macaque temporal cortex. In A. Blake and T. Troscianko, Eds., *AI and the Eye*. New York: Wiley, 1990.

Pincus, J. H., and G. J. Tucker. *Behavioral Neurology*. New York: Oxford University Press, 1974.

Read, D. E. Solving deductive-reasoning problems after unilateral temporal lobectomy. *Brain and Language* 12:116–127, 1981.

Ritsma, R. Frequencies dominant in the perception of pitch of complex sounds. *Journal of the Acoustical Society of America* 42:191–198, 1967.

Samson, S., and R. J. Zatorre. Discrimination of melodic and harmonic stimuli after unilateral cerebral excisions. *Brain and Cognition* 7:348–360, 1988.

Schneider, P., V. Sluming, N. Roberts, M. Scherg, R. Goebel, H. J. Specht, H. G. Dosch, S. Bleeck, C. Stippich, and A. Rupp. Structural and functional asymmetry of lateral Heschl's gyrus reflects pitch perception preference. *Nature Neuroscience* 8:1241–1247, 2005.

Sluming, V., T. Barrick, M. Howard, E. Cezayirli, A. Mayes, and N. Roberts. Voxel-based morphometry reveals increased gray matter density in Broca's area in male symphony orchestra musicians. *NeuroImage* 17:1613–1622, 2002.

Sparks, R., H. Goodglass, and B. Nickel. Ipsilateral versus contralateral extinction in dichotic listening from hemispheric lesions. *Cortex* 6:249–260, 1970.

Springer, S. P. Speech perception and the biology of language. In M. S. Gazzaniga, Ed., *Handbook of Behavioral Neurology: Neuropsychology*. New York: Plenum, 1979.

Swisher, L., and I. J. Hirsch. Brain damage and the ordering of two temporally successive stimuli. *Neuropsychologia* 10:137–152, 1972.

Tanaka, K. Inferotemporal cortex and object vision. *Annual Review of Neuroscience* 19:109–139, 1996.

Tanaka, K. Neuronal mechanisms of object recognition. *Science* 262:685–688, 1993.

Taylor, L. B. Localization of cerebral lesions by psychological testing. *Clinical Neurosurgery* 16:269–287, 1969.

Tramo, M. J., G. D. Shah, and L. D. Braida. Functional role of auditory cortex in frequency processing and pitch perception. *Journal of Neurophysiology* 87:122–139, 2002.

Ungerleider, L.G., and M. Mishkin. Two cortical visual systems. In D. J. Ingle, M. Goodale, and R. J. W. Mansfield, Eds., *Analysis of Visual Behavior*, pp. 549–586. Cambridge, Mass: MIT Press, 1982.

Valentine, T. Upside-down faces: A review of the effect of inversion upon face recognition. *British Journal of Psychology* 79:4571–4591, 1988.

Vignolo, L. A. Auditory agnosia: A review and report of recent evidence. In A. L. Benton, Ed., *Contributions to Clinical Neuropsychology*. Chicago: Aldine, 1969.

Wilkins, A., and M. Moscovitch. Selective impairment of semantic memory after temporal lobectomy. *Neuropsychologia* 16:73–79, 1978.

Zatorre, R. J. Neural specializations for tonal processing. *Annals of the New York Academy of Sciences* 930:193–210, 2001.

Zatorre, R. J. There's more to auditory cortex than meets the ear. *Hearing Research* 229: 24–30, 2007.

Zatorre, R. J., and P. Belin. Spectral and temporal processing in human auditory cortex. *Cerebral Cortex* 11:946–953, 2001.

Zatorre, R. J., P. Belin, and V. Penhune. Structure and function of the auditory cortex: Music and speech. *Trends in Cognitive Sciences* 6:37–46, 2002.

16

전두엽

 전두엽 기능 상실

뉴욕 북부의 한 대학교 식물학과 교수 E.L.은 정리정돈을 잘하기로 유명했다. 그는 대학교 내에 큰 식물원을 개발했으며 학생들과 함께하는 연구 프로젝트를 진심으로 즐겼다.

그가 60세가 되던 봄학기 말, E.L.은 독감에 걸린 것 같이 머리가 아프기 시작했고, 며칠을 집에서 쉬었음에도 불구하고 낫지 않았다. 그는 결국 의사를 만나러 갔고, 의사는 E.L.의 좌반구 전두엽이 감염되었다는 것을 발견하였다. 원인은 불분명하였다.

한편 E.L.은 아내가 걱정할 정도의 인지적 증상을 보이기 시작했다. 그는 정리가 전혀 되지 않았고, 감정 표현이 매우 적었으며, 아직 출판되지 않은 책 한 장의 마감일이 많이 지났음에도 불구하고 무엇을 써야 할지 모르겠다고 말했다.

신경심리검사를 받기 위해 병원에 도착했을 때 E.L.의 모습 중 가장 눈에 띈 것은 좌반구 전두엽 손상 환자들에게 가장 흔히 나타나는 정서둔마와 거의 없는 표정 변화였다. 그는 지능과 기억검사에서는 뛰어난 점수를 받았기 때문에 그의 감정 부족 현상은 검사가 정확하지 않아 나타난 결과가 아니었다. 그는 전두엽 기능에 민감한 검사에서는 눈에 띄는 결함을 보였다.

E.L.과 그와 30년 넘게 산 부인과의 대화를 통해 그가 학업적인 일뿐만 아니라 동료, 친구, 가족들과의 사회적 관계에서도 힘들어한다는 것이 확실해졌다. 가까운 친구와 소통하는 것도 힘들어하였고, 부인은 그가 자신이 결혼한 남자가 아니라며 매우 걱정스러워하였다.

모든 신경 경로는 결국 전두엽으로 이어진다. E.L.의 경우를 통해 분명히 볼 수 있듯이 몇몇 경로가 아무 곳에도 다다르지 못하면 사람들은 적절한 행동을 하는 데 큰 문제를 겪을 수도 있다. 이 장에서는 전두엽의 해부학적 조직에 대해 다룬 후, 전두엽 기능에 관한 이론, 전두엽 손상과 연관된 다양한 증상, 그리고 전두엽에 영향을 미치는 질병에 대해 알아보겠다.

16.1 전두엽의 해부학

아동들은 사회적 상황에 맞게 행동을 다르게 해야 한다는 것을 인식하지 못하기 때문에 무례하기로 악명이 높다. 사실 사회적 상황에 맞춰 행동을 조절하는 것은 상당한 기술을 요구한다. 우리는 모두 까불고 부적절한 행동을 하던 시절이 있다. 다행히도 이제는 시간과 장소에 따라 전두엽이 우리의 행동을 조절하기 때문에 더 이상 많은 실수를 하지는 않는다. 하지만 전두엽은 관련된 모든 감각 정보와 기억이 있어야만 이러한 기능을 행할 수 있다.

전두엽의 구조

인간의 전두엽은 이 장의 사례 보기의 그림과 같이 대뇌의 중심구 전측의 모든 조직을 포함한다. 신피질의 30~35%에 해당하는 이 넓은 부위는 기능적으로 뚜렷하게 구분되는데, 일차 운동피질, 전운동피질, 전전두피질, 전측 대상피질로 분류한다.

일차 운동피질

인간 뇌(**그림 16.1**)와 원숭이 뇌(**그림 16.2**)에서 4번 영역으로 지정된 일차 운동피질(M1)은 입과 다리의 움직임과 같은 기본 움직임을 명시한다. M1은 또한 움직임의 힘과 방향을 통제한다. 이 부위의 세포는 기저핵, 적핵, 척수와 같은 피질하 운동 구조와 연결되어 있다.

전운동피질

그림 16.1과 16.2에서 운동피질 바로 앞에 위치한 전운동피질(PM)은 6번 영역, 8번 영역, 44번 영역(브로카 영역)으로 이루어져 있다. PM은 **보조운동피질**이라 불리는 배측 영역을 포함하고 있고, 바로 밑에는 전운동의 주요 세 영역인 배측 전운동피질(PMd), 복측 전운동피질(PMv), 하전두회(브로카 영역)가 위치하고 있다. PMd는 운동 목록에서 운동을 결정할 때 활성화된다. PMv는 브로카 영역처럼 다른 사람들의 움직임을 알아보고 비슷하거나 다른 행동을 결정하는 **거울 뉴런**을 포함하고 있다(그림 9.12B 참조).

전운동 영역은 피질척수로를 통해 움직임에 직접적으로 관여를 할 수도 있고, 또는 M1을 통해 간접적으로 움직임에 영향을 줄 수도 있다. 전두시야장(8번 영역과 8A 영역)은 안구운동에 관여하고 PG의 후두정 영역과 중뇌 상구로부터 시각적 정보를 받고 영역들로 정보를 보낸다(**그림 16.3A**). PMd와 PMv도 PE와 PF 두정 영역에서 신호를 받는다. 모든 전운동 영역이 배측 전전두피질로부터 신호를 받는 것으로 보아 이 영역이 팔다리와 안구 운동에 관여한다는 사실을 알 수 있다.

그림 16.1 ▶

인간 전두엽 지도 (A~C) 다시 그린 Petrides와 Pandya(1999)의 전두엽의 세포 구축학적 지도. (D) 전두엽 기능 영역에 대한 대략적 경계

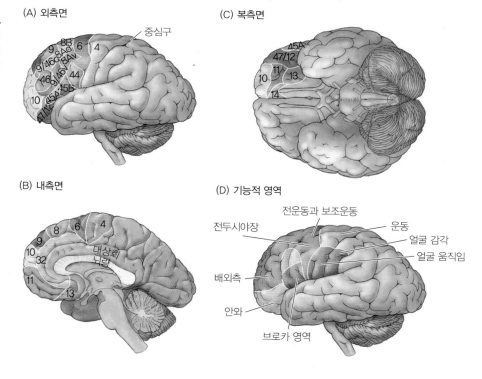

(A) 외측면 · 중심구

(C) 복측면

(B) 내측면 · 대상회 · 뇌량

(D) 기능적 영역 · 전운동과 보조운동 · 전두시야장 · 운동 · 얼굴 감각 · 얼굴 움직임 · 배외측 · 안와 · 브로카 영역

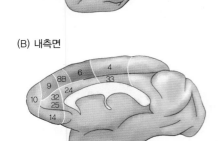

(A) 외측면

(B) 내측면

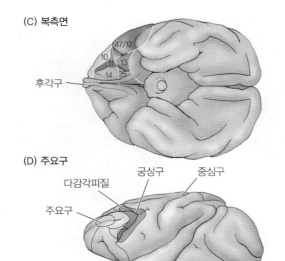

(C) 복측면

후각구

(D) 주요구

궁상구   중심구

다감각피질

주요구

그림 16.2 ◀

원숭이의 전두 영역   (A~C) 다시 그린 Petrides와 Pandya(1999)의 붉은털원숭이의 전두엽 세포구축학적 지도. (D) 원숭이 전두엽의 주된 두 구는 주요구와 궁상구인데, 이들은 다감각 뉴런들을 포함하고 있다.

전전두피질

특이한 이름을 가진 전전두피질(PFC)은 운동피질, 전운동피질, 전측 대상피질의 전측 영역을 구성하며, Jersey Rose와 Clinton Woolsey(1948)로부터 파생되었다. 그들은 시상의 배내측핵으로부터 신호를 받는 전두엽의 한 구역을 모든 포유류에서 발견하였다. 이 신호가 시상의 외측 및 내측 슬상핵에서 시각피질과 청각피질에 각각 보내는 신호와 유사하다는 것을 발견했고, 이 배내측핵 신호를 통해 다른 포유류상의 비슷한 영역의 특징도 밝힐 수 있다는 결론을 내렸다.

전전두 영역은 피개의 중뇌변연 도파민 세포로부터 많은 신호를 받는다. 이 조절 신호는 전전두 뉴런이 스트레스와 같은 자극에 반응하는 것을 통제하는 데 중요한 역할을 하고 정서 상태에도 관여를 한다. 16.6절에서 다뤄질 신호의 이상은 조현병과 약물 중독에 큰 영향을 미친다.

그림 16.4에 나와 있는 영장류 PFC의 세 구역은 다음과 같다.

1. **배외측 전전두피질(DLPFC).** 9번 영역과 46번 영역은 후두정 영역과 상측두구와 주로 상호 연결을 한다(그림 16.3A 참조). 배외측 피질은 대상피질, 기저핵, 상구를 포함해 후두정피질이 신호를 보내는 영역과도 광범위한 연결을 한다. DLPFC의 기능 이해를 위한 핵심은 후두정피질과의 관계에 달려 있다(자세한 내용은 그림 14.3 참조).

2. **안와전두피질(OFC).** 47번 영역과 11, 12, 13번 영역의 외측면으로, 모든 감각으로부터 정보를 받는다. OFC의 주요 구심성 신경은 상측두회의 청각 담당 부위, 하측두피질의 시각 담당 부위(TE 구역), STS를 포함한 측두엽과 편도체로부터 보내진다(그림 16.3B 참조). S2(체감각 43번 영역), 뇌섬엽의 미각피질, 이상피질의 후각 영역과의 안와 연결은 **그림 16.5**에 제시되어 있다. OFC는 편도체와 시상하부의 피질하 영역으로 신호를 보내 자율신경계가 조절하는 혈압, 호흡 등에 영향

(A) 공간 행동

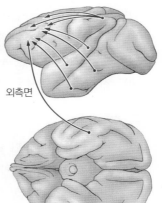

외측면

복측면

(B) 물체 인식

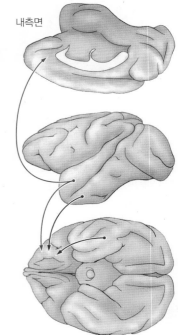

내측면

그림 16.3 ▲

붉은털원숭이의 피질 간 연결성   그림 16.2에서 언급했던 전두엽 영역의 도해. (A) 배외측 표면에 대한 연결은 배측 그리고 복측 흐름에 기여하는 후두정엽과 측두엽을 포함한다. (B) 하전두 영역에 대한 연결은 측두엽에서 온다. 미각과 후각 피질로부터 오는 연결은 그림 16.5에 나와 있다.

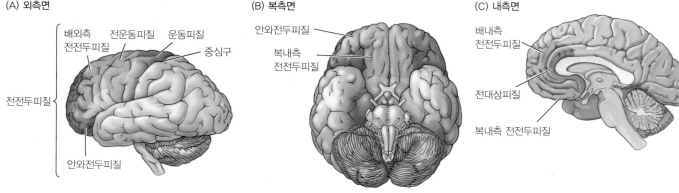

(A) 외측면

배외측
전전두피질　전운동피질　운동피질
전전두피질　　　　　　　　중심구
안와전두피질

(B) 복측면

안와전두피질
복내측
전전두피질

(C) 내측면

배내측
전전두피질
전대상피질
복내측 전전두피질

그림 16.4 ▲

인간 전두엽의 영역　전두엽의 대략적 하위 영역. (A) 운동, 전운동, 전전두피질, 외측면. (B) 복측 피질. (C) 내측 피질과 전대상회

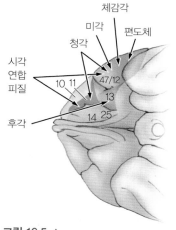

체감각
미각　편도체
청각
시각
연합
피질　　10 11　47/12
　　　　　　13
후각　　14 25

그림 16.5 ▲

안와전두피질에 대한 입력 신호　원숭이 안와전두피질의 복측면에 대한 이 도해는 편도체뿐 아니라 모든 주요 감각 영역들로부터의 입력을 포함한다.

(Data source: Rolls, 1998.)

을 미치는 경로를 제공한다. 이러한 생리적 변화는 정서 반응에 중요하다.

3. **복내측 전전두피질(VMPFC).** 브로드만 10, 14, 25번 영역, 11, 12, 13번 영역의 내측, 32번 영역의 전측 부위는 DLPFC, 후대상피질, 내측 전두피질과 연결되어 있다. OFC와 마찬가지로 그림 16.4B와 C에서 보이는 VMPFC는 피질하 영역인 편도체와 뇌간의 중뇌수도 주변회백질(PAG)과 연결한다. 따라서 VMPFC는 몸 전체의 정서 행동 담당 부위와 연결되어 있다.

전대상피질

전대상피질(ACC)은 원래 비교적 원시적인 변연피질이라고 알려져 있었는데, 폰 에코노모 뉴런(그림 10.20 참조)의 발견으로 최근의 진화적 발전이자 특수화된 신피질로 여겨지기 시작했다. 그림 16.4C에 제시되어 있는 것처럼, ACC는 브로드만 24번 영역과 32번 영역의 일부를 포함하고 있으며, 운동피질, 전운동피질, 전전두피질뿐 아니라 뇌섬엽과 광범위한 쌍방향 연결을 하고 있다.

커넥톰과 전두엽

인간 뇌 연결 관계와 커넥톰을 계속해서 연구한 결과, 전두엽이 많은 피질망의 중심에 있다는 것이 밝혀졌다. 신경망 중 가장 많이 연구된 뇌의 **기본상태 네트워크**(default network; **그림 16.6**)는 피험자가 특정 인지 과제를 수행하고 있을 때가 아닌 쉬고 있을 때 활성화되는 널리 퍼져 있는 뇌의 영역들을 연결시킨다(Buckner, 2013). 하지만 Randy Buckner는 **기본상태 네트워크**가 과거를 생각하거나(자선전 기억) 미래에 대해 생각할 때, 또 멍하게 있을 때와 같은 지령 과제를 수행할 때에도 활성화되기 때문에 기본상태 네트워크는 부적절한 명칭이라고 강조한다.

◎ 그림 16.6 ▶

뇌의 기본상태 네트워크　뇌의 일부 영역들은 우리가 쉬고 있을 때, 즉 다양한 범위의 단순한 활동 과제 조건에 비해 수동적인 상태에서 더욱 활성화된다. 밝은 색은 더 큰 활성화를 의미한다.

(Research from R. L. Buckner. The brain's default network: Origins and implications for the study of psychosis. *Dialogues in Clinical Neuroscience* 15:352, 2013, Figure 1.)

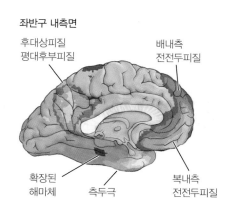

좌반구 외측면
전전두피질
후두정소엽
뇌섬엽
외측두피질

좌반구 내측면
후대상피질
평대후부피질
배내측
전전두피질
확장된
해마체　측두극　복내측
전전두피질

전측대상피질, 보조운동피질, 전측 뇌섬엽 간의 활동에서는 관련된 **현출성 네트워크**(salience network)를 발견할 수 있다. Valerie Bonnelle과 동료들(2012)은 현출성 네트워크가 행동 변화가 필요할 때나 다른 신경망의 활동을 조절하기 위해 작용할 때 가장 활성화된다고 추측하였다. 예를 들어, 현출성 네트워크가 제대로 활성화되지 않으면, 기본상태 네트워크가 과도한 활동을 보여 주의 실수로 이어진다.

전전두피질도 정서 행동에 연관된 많은 피질망의 주요 참가자이다(예 : Roy et al., 2012). 복내측 전전두피질은 이런 신경망상 특히 더 적극적인 역할을 하고, 이런 체계의 비정상적 활동의 결과로 기분장애가 발생한다(Price & Drevets, 2012).

따라서 다른 피질망과의 광범위한 연결 덕분에 전두엽은 더 많은 후측 피질의 기능을 조절할 수 있다. 시지각(13.2, 13.4, 13.6절)과 심상(15.3절)에 대한 전전두피질의 역할을 예로 들어 생각해보라.

16.2 전두엽의 기능 이론

다음 상황을 상상해보라. 당신은 충동적으로 친구를 저녁 식사에 초대한다. 대접할 것이 아무것도 없었기 때문에 오후 5시에 일이 끝나면 장을 보러 가야 한다. 떠나기 전 장 볼 목록을 미리 준비한다.

친구가 도착하기 전에 집에 도착해야 하고 음식을 준비할 시간도 필요하기 때문에 당신은 시간 제한을 받고 있다. 필요한 것들이 한 가게에 모두 있지 않기 때문에 효율적인 이동 경로 또한 계획해야 한다. 또한 필요하지 않는 물품(예 : 신발)을 파는 가게에 현혹되지 않아야 하고, 가게 점원이나 마주치는 친구와의 대화가 길어지는 것도 피해야 한다.

스스로에게 주어진 임무의 시간이 촉박하여 대부분의 사람들에게 약간의 도전이 될 것이다. 하지만 전두엽에 손상을 입은 사람들은 이 임무를 해내지 못한다. 전두엽 손상 환자들이 어려움을 겪는 임무의 기본 요건은 다음과 같다.

- 많은 선택 중 하나를 계획하여 선택하기
- 관련 없는 자극은 무시하고 현재 주어진 임무를 계속 시행하기
- 이미 다녀온 가게와 이미 산 물건들 파악하기

이 임무의 행동 요건은 행동의 시간적 조직화로 설명이 되며, 이러한 순차 조직화는 전두엽의 일반적 기능이다. 따라서 전두엽은 내적과 외적의 신호에 따라 행동 전략을 시행하는 조절 체계를 내재하고 있다. 최근에는 이러한 시간적 체계를 **집행 기능**이라고 일컫는 것이 유행하고 있지만, 이 명칭에 대해서 자세히 살펴볼 필요는 없다. 이 조절 기능에 전운동과 전전두엽 부위는 다른 방식으로 기여하기 때문에 두 부위를 따로 살펴보도록 하자.

전운동피질의 기능

운동피질은 각각의 움직임을 실행시키는 반면, 전운동피질은 어휘집에서 실행할 움직임을 결정한다(그림 9.2 참조). 쉬고 있는 개의 움직임을 살펴보자. 개는 주인이 부르는 것을 듣고 일어날 수도 있고 아무 이유 없이 일어나 정원을 정처 없이 다닐 수도 있다.

전자는 개가 특정 환경적 신호에 반응을 한 것인 반면, 후자는 내부 원인으로 반응을 보인 것이다. Richard Passingham(1993)은 전운동피질이 외부 신호에 반응해 행동을 결정하는 기능을 주로 하고

보조운동피질은 그러한 신호가 없을 때 내부의 동기에 대한 반응을 일으킨다고 추측하였다.

우리는 팔다리 움직임을 결정하는 동시에 전두시야장의 기능인 안구 움직임을 결정해야 한다. 팔다리 움직임처럼 안구 움직임도 특정 목표가 보이게 할 수도 있지만, 내부 신호를 기반으로 실행될 수도 있다. 따라서 우리는 특정 사물을 보기 위해 눈을 움직일 수도 있지만, 별 다른 목적 없이 허공을 바라보기 위해 안구를 움직일 수도 있다. Passingham은 8번 영역이 자극에 의한 움직임을 담당하고, 8A 영역이 내부 요인에 의한 움직임을 담당하고 있다고 예측하였다.

반응 결정에 대한 전운동피질의 역할은 Per Roland와 동료들(1980)의 연구에서 처음 드러났다. 그들은 한 손가락을 같은 움직임으로 반복해 움직이는 피험자와 한 손의 다섯 손가락을 복잡한 16가지의 움직임으로 순차적으로 움직이는 피험자의 뇌혈류를 비교하였다. 두 반구의 보조운동피질의 혈류 증가는 반복적인 움직임을 시행했을 때보다 순차적인 움직임을 시행했을 때 더욱 컸다. 하지만 전운동피질의 혈류에는 변화가 없었다.

Roland는 보조운동 영역이 운동 순서를 정하고 지시하는 중요한 역할을 맡고 있다고 결론지었다. Roland 실험의 중점은 움직임에 외부적인 신호가 없었다는 것이다. 즉 움직임의 순서는 자기보속적이며 내부적 동기에 의한 결과라는 것이다. 이어진 연구들로 사람들은 운동 순서가 외부 신호에 의해 진행될 때 전운동피질이 활성화된다는 것을 증명하였다.

신호에 의해 움직임의 속도가 정해질 뿐만 아니라 신호는 특정 움직임을 연상시킬 수 있다. 예를 들어, 운전을 안전하게 하기 위해서는 빨간 불은 멈추라는 뜻이고, 초록불은 가라는 뜻임을 배워야 한다. 피험자들이 fMRI 실험 패러다임에서 이러한 임의적 연상에 대해 교육받았을 때 전운동피질의 기능 활동이 증가하였다(예 : Amiez et al, 2006 참조).

전전두피질의 기능

운동피질은 운동 기능을 담당한다. 전운동피질은 움직임을 결정한다. 전전두피질은 특정 시간과 장소에 알맞은 움직임을 결정하는 인지 과정을 조정한다. 이 결정은 내적 정보나 외적 신호에 의해 조정이 될 수도 있고, 문맥이나 자기 인식에 대응함으로써 결정이 될 수도 있다. 이제 행동 결정의 네 요인을 하나하나 살펴보자.

내부 신호

내부적 정보 개발은 생각과 행동을 이끄는 데 사용할 수 있는 '규칙' 개발을 필요로 한다. 방금 일어난 일에 대한 내부적 기록은 현존하는 감각 정보와는 독자적이며, 시간 기억, 작업 기억, 단기 기억으로도 불린다. 여기서 시간 기억(temporal memory)이란 최근 사건과 순서의 신경 기록을 칭한다. 사건들은 특정 물체나 움직임과 연관이 있을 수 있기 때문에 관련 정보는 감각 처리의 물체 인식(복측) 흐름이나 운동(배측) 흐름으로부터 파생될 수 있다.

서로 다른 영역임에도 불구하고 배측 흐름과 복측 흐름 모두 전전두피질에 신호를 보낸다는 사실을 떠올려보면(그림 16.3 참조) 기억이 전전두피질의 다른 영역에 저장되긴 하지만 운동과 사물 정보 모두 시간 기억으로 저장된다는 사실을 알 수 있다. 시간 기억을 기반으로 행동을 결정할 때에는 배외측 영역이 특히 더 많이 관여한다.

외부 신호

시간 기억에 손상을 입은 사람들은 환경적 신호에 의존해 행동을 결정한다. 즉 행동은 내부 정보의 결정하에 있는 것이 아니라 외부적 신호로부터 직접적으로 조정된다. 그 결과 전두엽 손상을 입은 사람들은 외부 자극으로부터 야기된 행동을 억제하는 것을 힘들어한다.

저녁 약속 예시에서 전두엽 손상 환자들은 마주친 환경에 반응해 신발 가게에 들어가거나 친구와 수다를 떨 것이다. 우리도 모두 행동의 시간적 조직화에 실패해 내부 정보가 아닌 외부 신호에 의해 조정된 경험이 있을 것이다. 무엇인가를 시작했는데 질문이나 사건에 의해 방해를 받은 후 무엇을 하려고 했는지 기억이 나지 않는 상황이 몇 번이나 있었나? (슬프게도 이 현상은 나이가 들수록 전전두피질 손상과 관계 없이 증가한다.)

환경적 신호 중 한 가지는 자극의 보상 특성에 대한 반응이다. 예를 들어 할머니의 사진과 같은 특정 자극이 맛있는 음식과 같은 보상에 항상 연관이 되어 있다면, 시각적 자극(할머니 사진)과 강화(음식)의 연합을 배우게 될 것이다. 이러한 연합을 배우는 것은 우리가 이 세상에 대해 배우면서 행하게 될 모든 일의 중심이 되고, 이 연합 학습의 중심에는 안와전두피질이 있다.

맥락 단서

사람들은 복잡한 삶을 산다. 우리는 자식, 부모, 친구, 형제 자매, 애인, 직장동료 등의 많은 역할을 동시에 맡아 사회적 집단을 이루며 살아간다. 각 역할에는 우리가 따라야 할 행동 규범이 따른다. 조부모와 있을 때의 우리의 행동은 고등학교 동창들과 있을 때의 행동과 다르다. 같은 맥락으로 우리의 행동은 환경에 따라 바뀐다. 영화관이나 도서관에서는 조용한 반면, 미식축구장이나 소풍을 갔을 때는 더 시끄러울 것이다.

그렇다면 행동은 상황에 의존적이다. 따라서 한순간 적절했던 행동이 미묘하게 바뀐 다른 상황에서는 부적절할 수도 있다. 침팬지를 통해 드러낸 여러 가지 행동 유형에 관한 Jane Goodall(1986)의 시각적 묘사는 이 요점을 잘 나타낸다.

사회적 집단의 구성은 어느 때에나 각 침팬지의 행동을 좌우한다. 특정 동물의 존재와 위치에 따라 특정 침팬지는 대담하고 편안히 있을 수도 있고, 또 다른 동물에 따라서는 조용하고 긴장을 할 수도 있다. 상황 판단의 실수는 극심한 결과로 이어질 수 있다.

사회적으로 발달한 영장류의 전두엽이 커진 것은 우연히 아닐 수도 있다. 조부모와 친한 친구와 있을 때의 행동을 비교해 사회적 맥락의 중요성을 쉽게 발견할 수 있다. 목소리의 높낮이, 비속어 사용 여부, 대화 내용은 두 상황에서 크게 차이를 보일 것이다.

상황에 맞는 행동을 결정하는 것은 측두엽이 하전두피질이 전달하는 세부적인 감각 정보를 요구한다. 경험이란 편도체로부터 오는 감정적 경험을 의미하기도 한다. 폐쇄성 뇌 손상이나 외상성 뇌 손상(TBI)을 통해 흔히 발생하는 안와전두피질 손상 환자들은 사회적 상황 판단에 어려움을 겪고, 사회적 과실을 일으키는 것으로 악명이 높다. TBI는 26.3절에서 자세히 다룰 것이다.

자기 인지적 인식

우리의 행동은 계속적인 감각 신호, 시간 기억, 상황에 따라 조정될 뿐 아니라 평생의 경험과 목표에도 영향을 받는다. Endel Tulving(2002)은 이러한 자서전적 기억을 **자기 인지적 인식**(autonoetic awareness, 자기 인식이나 자각)이라고 칭하였다. Tulving은 자기 인지적 인식이 시간이 지남에 따라 바뀌는 자신에 대한 자각을 모두 하나로 묶는 역할을 하고 있다고 생각하였다.

자기 인지적 인식 손상은 자기 규제 결핍으로 이어진다. 따라서 우리의 행동은 과거의 경험과 미래 인생 목표의 영향 아래에 있어 각자의 기준점 내에서 세상을 바라보고 생각한다. 내측과 복측 전두피질 손상 환자는 이러한 자기 인식 능력을 잃고 매일 고군분투하며 살아간다.

Brian Levine과 동료들(1998)은 TBI로 안와전두피질에 손상을 입은 영업사원 M.L.을 연구했다. M.L.은 10년을 함께해온 아내와 가까운 관계를 유지하는 데 어려움을 겪고 있었다. "아내와 교감하기가 어렵다. 왜 이 사람과 결혼했는지 모르겠다. … 내가 행복했었는가 보다라고 이야기했더니, 사람들이 그랬었다고 했다." 이러한 증상은 일상 생활에 많은 방해를 줌에도 불구하고 개개인마다 증상이 다르기 때문에 신경심리검사로 진단을 내리기가 쉽지 않다. 이는 자기 인지적 인식과 18.2절에서 자세히 다룰 것이다.

전두엽 기능의 비대칭성

좌반구와 우반구가 전반적으로 상호보완적이라는 맥락에서, 좌반구는 발화를 포함한 언어와 관련된 움직임에서의 역할을 선호하는 반면 우반구는 얼굴 표정과 같은 비언어적 움직임에서 더 중요한 역할을 한다. 두정엽과 측두엽에서 나타나는 비대칭성과 마찬가지로 전두엽 기능의 비대칭성 역시 절대적이라기보다 상대적이다. 전두엽 손상 환자들에 대한 연구 결과들은 양 반구 전두엽은 거의 모든 행동에서 역할을 맡고 있다는 것을 보여준다. 따라서 전두엽 손상에 의한 기능의 편재성은 보다 후측 영역에서 나타나는 손상에서 나타나는 것보다 훨씬 덜 놀랍다.

그럼에도 불구하고 측두엽에 비해서 양 반구 전두엽 손상의 영향은 각 반구 하나만의 손상에 의해 그대로 복제되지는 않는 것으로 믿을 만한 이유들이 있다. 표 16.1은 한쪽 반구와 양 반구에서 나타나는 손상이 행동에 미치는 영향에 대해 요약하고 있다. 예를 들어, 양 반구 전두엽 손상을 가진 사람들은 몇 시인지를 보고하는 것과 속담을 해석하는 기능에서 심각한 기능 저하를 나타내었는데, 이러한 영향은 편측 전두엽 손상 이후에는 좀처럼 나타나지 않는다.

표 16.1 신경심리검사에서 나타나는 수행 저하의 상대적 빈도

검사	결함을 나타내는 집단의 확률		
	좌반구 손상	우반구 손상	양 반구 손상
언어 유창성	70	38	71
언어 학습	30	13	86
블록 쌓기	10	50	43
디자인 모사	10	38	43
시간 파악 능력	0	0	57
속담	20	25	71

출처 : Reprinted from *Neuropsychologia*, Vol. 6, Benton, A.L, Differential effects of frontal lobe disease, pg. 53–60, © 1968, with permission from Elsevier.

Tulving과 동료들(1994)은 좌우 전두엽이 기억 과정에서 서로 다른 역할을 할 수도 있다고 제안하였다. 좌반구 전전두피질은 정보를 기억으로 부호화하는 데 더 큰 역할을 하며 우반구 전전두피질은 기억의 인출에 더 관여한다는 것이다. Tulving의 이론의 도전은 대뇌 비대칭성이 상징하는 것에 대한 우리의 개념과 그러한 발견들을 나란히 하는 것이다. Reza Habib과 동료들(2003)은 인간의 선조들은 현대 인간보다 더 적은 정신적 기능을 가지고 있었으며 이러한 기능들은 양 반구 모두에서 관여하였다고 추론하였다. 보다 복잡한 정신적 능력이 진화하면서 피질 공간에 대한 요구도 늘어났고, 이것은 특정한 인지적 과정에 대한 반구의 전문화로 이어졌다는 것이다.

전두엽 기능의 이질성

Tim Shallice와 Paul Burgers(1991)는 전두엽 손상에 민감한 과제의 수행에서 나타나는 연관성은 상대적으로 낮다고 언급하였다. 흥미로운 상관이 적은 것에 대한 여러 설명 중 한 가지는 각 과제들이 성공적인 해결을 위해서 서로 다른 인지적 조작을 요구한다는 것이다. 이러한 서로 다른 기능들은 서로 다른 전두엽의 단위와 관련된 신경 연결망을 요구하며 따라서 손상을 정확히 어디에 입었느냐가 환자들마다 서로 다르다는 것을 고려할 때, 각기 다른 과제들에 대한 손상 환자들의 수행은 서로 다른 수준

| 자세히 보기 | 안와전두피질의 기능적 이질성 |

큰 안와전두피질 영역은 최소한 5개의 하위 영역을 가지고 있는데, 주로 그림 오른쪽의 브로드만 10~14번에 이르는 영역이다. 이 영역들은 서로 다른 연결성을 가지고 있다. 예를 들어 13번 영역은 편도체와 시상하부와 대규모로 연결되어 있으며, 11번 영역은 재인 기억을 담당하고 있는 복측 시각 흐름과 연결되어 있다.

안와전두피질의 기능은 실험실 연구의 까다로운 주제인데, 그 이유는 그 위치상 명백히 구분되는 손상 영역을 만들기가 어렵기 때문이다. 게다가 외상으로 인한 손상이 안와전두피질에서 종종 발생하지만, 이러한 손상들은 명확한 특정 영역에 발생한다기보다 안와 영역 전체에 걸쳐 나타나는 형태이다.

Stephen Frey와 Michael Petrides는 유사한 2개의 PET 실험에서(Frey & Petrides, 2000; Frey et al., 2000) 안와 영역 내의 기능적 이질성에 대해 살펴보았다. 이 중 한 연구에서 참가자들은 연구자들이 생각하기에 불쾌하다고 지각될 자동차 충돌 소리 혹은 전자식 키보드에서 나는 익숙면서도 모호한 소리를 들었다. 또 하나의 연구에서 참가자들은 새롭고 추상적인 시각 디자인을 보고 그것을 기억하려고 애쓰거나 그냥 보거나 했다. 추상적 디자인은 참가자들이 이미지를 언어화하여 의미론적 연합을 일으키는 것을 막기 위한 것이었다.

그림에서 나타난 것처럼 13번 영역은 불쾌한 청각 자극에 대한 반응으로 더 높은 활성화를 나타내었으며, 11번 영역은 새로운 시각 정보를 학습해야 할 때 활성화되었다. 이러한 결과들은 명백한 기능적 분리를 보여준다. 13번 영역(편도체와 시상하부와 풍부하게 연결)은 불쾌한 청각 정보를, 11번 영역(내측두 피질 영역과 연결)은 새로운 시각 정보의 부호화를 처리한다.

우리는 13번 영역이 정서적인 속성을 가진 자극에 주의를 기울이도록 신호를 보낸다고 생각할 수 있다. 아마도 우리는 13번 영역에 손상을 가진 사람들은 위협적인 자극에 대한 반응성이 감소된다고 추측할 수 있으며, 실제로 그러하다. 만약 불쾌한 자극이 부호화되어야 한다면 안와 영역의 11번과 13번 둘 다 관련되는지 여부를 확인하는 것은 흥미로울 것이다.

11번 영역은 피험자가 새로운 시각 정보를 학습할 때 활성화 증가를 보였다.

반면 13번 영역은 불쾌한 청각 자극에 반응할 때 활성화 증가를 보였다.

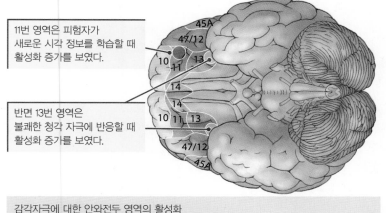

감각자극에 대한 안와전두 영역의 활성화
(Research from Frey and Petrides, 2000, and Frey et al., 2000.)

Frey, S., P. Kostopoulous, and M. Petrides. Orbitofrontal involvement in the processing of unpleasant auditory information. *European Journal of Neuroscience* 12:3709–3712, 2000.
Frey, S., and M. Petrides. Orbitofrontal cortex: A key prefrontal region for encoding nformation. *Proceedings of the National Academy of Sciences* U.S.A. 97:8723–8727, 2000.

으로 손상을 입는다는 것이다.

다음으로 전두엽 손상의 증상을 고려해볼 때, 우리는 (1) 그 어떤 개별 환자도 모든 증상을 나타내지는 않으며, (2) 증상의 심각도는 손상의 부위에 따라 달라질 것이라는 것을 기억해야 한다. 이러한 이질성을 다룬 영상 연구는 거의 없으며, 연구의 추세는 기능의 동질성을 뒷받침하는 증거들을 선호한다. 그러나 자세히 보기에서 다루고 있는 것처럼 최소한 안와 영역에서는 위치에 따른 기능의 분리에 대한 증거가 존재한다.

16.3 전두엽 손상의 증상

이 절에서는 전두엽 손상의 영향에 대해 주로 다루어볼 것이다. 개념적으로 증상들을 조직화하기 위해 우리는 손상의 종류를 5개의 범주로 분류하였다(**표 16.2**). 이것은 뇌가 이러한 분류에 따른다는 것이 아니라 증상을 고려하기 위한 개념적 틀을 제공하기 위한 것이다.

표 16.2 전두엽 손상의 주된 증상 요약

주된 증상	손상 영역	기본 참고문헌
운동 기능의 손상		
세밀한 움직임의 상실	4번 영역	Kuypers, 181
힘의 손상	4번과 6번 영역, 배외측	Leonard et al., 1988
운동 계획 능력 저하	전운동, 배외측	Roland et al., 1980; Kolb & Milner, 1981
자발적 응시 능력 저하	전두시야장	Guitton et al., 1982
동반방출(corollary discharge) 능력 저하	전운동, 배외측	Teuber, 1964
브로카 실어증	44번 영역	Brown, 1972
확산적 사고의 손상		
자발성 감소	안와	Jones-Gotman & Milner, 1977
전략 형성 능력 저하	배외측?	Shallice, 1988
빈도 측정 능력 저하	배외측	Smith & Milner, 1984
환경에 따른 행동 조절		
반응 억제 기능 저하	전전두	Milner, 1964
연합 학습 능력 손상	배외측	Petrides, 1997
위험 감수와 규칙 파괴	전전두	Miller, 1985
도박	안와	Bechara et al., 2000
자기 조절 장애	안와	Levine et al., 1998
시간 기억 손상		
작업 기억 손상	배외측	Petrides, 2000
지연 반응 손상	배외측	Freedman & Oscar-Berman, 1986
기타 증상		
사회적 행동의 손상	안와, 배외측	Blumer & Benson, 1975
부적절한 성적 행동	안와	Walker & Blumer, 1975
후각 판별 기능 손상	안와	Jones-Gotman & Zatorre, 1993
얼굴 영역 손상 관련 장애	얼굴	Taylor, 1979

운동 기능의 저하

전두엽 손상은 다양한 움직임을 할 능력, 움직임의 순서를 조직화하는 능력, 심지어 말하는 동작까지도 손상시킬 수 있다.

세밀한 움직임, 속도, 강도

일차 운동피질(4번 영역)은 전형적으로 정교하고 독립적인 손가락의 움직임을 만성적으로 상실하는 것과 연관되는데, 아마도 이것은 운동 뉴런들에 대한 직접적인 피질척수 투사의 상실로 인한 것으로 보인다(9.3절 참조). 또한 대측성 사지에서 손과 사지 모두의 속도와 강도의 손상이 일어난다. 힘의 손실은 단순히 4번 영역의 손상으로만 초래되지 않는데, 왜냐하면 전전두피질에 한정된 손상도 손 힘의 감소로 이어지기 때문이다.

운동 계획

Karl Lashley(1960)의 고전적 연구 논문에서 어떻게 동작들이 특정한 순서대로 조직되는지에 대해 물었다. 그는 어떻게 바이올린 연주자가 아르페지오를 그렇게 빠르고 실수 없이 연주할 수 있는지에 대해 질문을 던졌다. 명백하게도 각 음표는 분리된 것으로 '생각되지' 않는다. 테니스 경기에서 선수가 각각의 동작을 따로 고려한다면 어떻게 그렇게 빨리 움직일 수 있겠는가?

Lashley는 다양한 자극에 관련된 일련의 순서화된 복잡한 움직임의 연쇄 기능이 반드시 신피질에 의해 일어난다고 가정하였다. 비록 그는 이 기능이 신피질 전체의 기능이라고 믿었지만, 이것은 전두엽의 기능으로 보인다. 보조운동피질의 제거는 모든 자발적 움직임(제거가 좌반구에서 일어났다면 말하기를 포함하여)의 단기적인 상실이라는 결과를 가져온다. 그러나 그 회복은 빠른 속도로 이루어지며 유일한 영구적 기능 상실은 손 혹은 손가락으로 동작을 빠르게 바꾸는 것으로 보인다.

보조운동 영역의 다소 큰 손상에서 상대적으로 경미한 증상이 나타나는 이유는 아마도 좌우 전운동 피질이 운동 계획에 관여하기 때문인 것으로 보인다. 좌우 전운동 영역 모두는 사람이 한 손으로 하는 동작을 할 때 혈류의 상승을 나타낸다. 원숭이의 경우 어느 쪽 손을 움직이는가에 관계 없이 좌우 반구 전운동 영역이 증가된 활성화를 나타낸다. 각 보조운동피질은 또한 좌우 기저핵 모두에 투사한다.

운동 계획에서 전두엽이 하는 역할에 대한 또 다른 증거는 국소적 편측 전두엽 절제술을 받은 환자들(대부분의 경우 전운동피질을 포함하지 않는)에게 일련의 팔 혹은 얼굴 움직임을 따라 하도록 요청한 연구의 결과들이다(Kolb & Milner, 1981; 그림 14.10 참조). 비록 환자들이 팔 움직임을 따라 하는데 약간의 손상을 보이기는 했지만 좌반구 두정엽 손상 환자들에 비해서 그 손상의 정도는 적었다. 이와는 반대로 좌우 전두엽 손상을 입은 환자들은 일련의 얼굴 움직임을 따라 하지 못했다.

얼굴 움직임 과제에 대한 분석은 전두엽 손상을 입은 집단이 통제 집단이나 다른 환자 집단에 비해 순서에서 실수를 더 많이 한다는 것을 보여주었다. 다시 말해 전두엽 손상을 입은 환자들은 순서 속의 다양한 요소들을 일련의 움직임으로 순서화시키는 데 어려움을 겪었다. 그들은 각 구성요소들을 제대로 기억해냈지만 이것들을 잘못된 순서로 배열하였다. 물론 이들은 다른 종류의 실수, 특히 항목 회상에서의 오류도 범하였다. 동작 순서를 다시 만들어내는 것은 시간 기억을 요구하며, 이것은 대부분의 손상이 배외측 손상에서 온다는 인상을 준다.

전두엽 손상이 표정 따라 하기 능력을 심각하게 손상시키는 데 반해 팔의 움직임에 대해서는 그렇지 않다는 관찰 결과는 전두엽이 아마도 혀를 포함한 얼굴의 조작에서 특별한 역할을 할 것이라는 것을 의미한다. 이 장을 시작할 때 E.L.의 사례에서 확인했듯이 전두엽 손상 환자는 자발적 얼굴 표정을 거의 보이지 않는데 이러한 결과는 얼굴 조작에서 전두엽이 하는 특별한 역할과 같은 맥락에 있다.

자발적 응시

폭넓고 다양한 절차를 사용한 수많은 연구에서 전두엽 손상은 자발적 응시에서의 변화를 가져온다. 예를 들어, Hans-Leukas Teuber(1964)는 환자들에게 색 혹은 형태 혹은 둘 다로 구분할 수 있는 48개의 패턴을 배열한 화면을 제시하였다(그림 16.7). 경고음이 울리면 48개 중 1개의 복사본이 화면 가운데의 상자 속에 나타나고, 과제는 그것과 동일한 패턴을 손가락으로 가리키는 것이었다. 전두엽 손상을 입은 환자들은 동일한 패턴을 찾는 데에서 어려움을 겪었다.

Alexander Luria(1973)은 사람들이 복잡한 장면의 사진을 살펴보는 동안의 눈 움직임을 기록하였다. 광범위한 전두엽 손상을 입은 환자의 눈 움직임 패턴은 통제 집단 혹은 보다 후측 손상을 입은 환자들과는 무척 달랐다. 예를 들어, 통제 집단이 사진 속 사람들의 나이에 대한 질문을 받으면 이들의

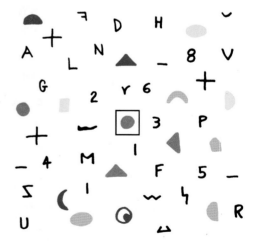

◎ 그림 16.7 ▲

시각 탐색 과제 Teuber의 실험에서 피험 자들은 가운데 상자 속에 있는 것과 같은 형태 혹은 색, 혹은 둘 다 같은 것이 어디에 있는지 찾고 가리켜야 한다.

(Teuber, H. L. The riddle of frontal lobe function in man © McGraw-Hill Education.)

눈은 사진 속 인물들의 머리에 고정되었고, 사진 속 인물들의 옷에 대한 질문을 받으면 시선은 옷에 고정되었다. 넓은 부위의 전두엽 손상을 입은 환자들은 거의 무작위로 사진을 보았으며 사진에 대한 질문을 받아도 눈 움직임의 방향이나 패턴은 바뀌지 않았다.

Luria의 과제에서 시각 탐색은 눈의 방향을 정하는 내재화된 지식을 요구한다. 전두엽 내의 자발적 응시를 담당하는 영역을 확인하려는 연구는 거의 없었지만(예 : Guitton et al., 1982), 아마도 이는 전두시야장(frontal eye field)의 활성화를 방해받은 것에서 기인하는 것으로 보인다.

동반 방출

안구를 누르면 세상이 움직이는 것처럼 보인다. 눈을 움직이면 세상은 그대로 있다. 그 이유는 무엇일까? Teuber(1964)는 자발적 움직임이 일어나기 위해서는 신경 신호가 움직임과 움직임이 일어날 것이라는 신호 모두를 생산해야 하기 때문이라고 제안하였다. 만약 당신이 손으로 눌러서 눈을 기계적으로 움직이면 그러한 신호가 없기 때문에 세상이 움직이는 것으로 보인다. 그러나 당신이 눈을 움직이면 당신은 움직임이 일어날 것이라는 신경 신호를 생성하게 되며, 그래서 세상이 움직이는 것으로 보이지 않는 것이다. 이러한 신호는 **동반 방출**(corollary discharge), 혹은 **재입력**(reafference)이라는 용어로 일컬어진다.

Teuber(1972)는 운동계를 통한 운동 명령은 움직임에 영향을 주며, 전두엽으로부터 두정-측두 연합피질로 보내지는 신호(동반 방출)는 감각계가 동작을 기대하도록 미리 준비시킨다. 따라서 사람의 감각계는 자신의 자발적 움직임에 대한 정보의 견지에서 외부 세계의 변화를 해석할 수 있다.

예를 들어, 당신이 달리고 있을 때 외부 세계는 당신의 신체 기관이 움직이고 있음에도 가만히 있는 것으로 보이는데, 이것은 전두엽에서 두정측두피질로 보내지는 동반 방출이 움직임이 일어나고 있다는 신호를 보내기 때문이다. 전두엽 손상은 따라서 단순히 움직임의 생성만을 방해하는 것이 아니라 움직임이 일어나고 있다는 메시지를 뇌의 나머지 영역에 보내는 것을 방해할 수 있다. 이러한 간접적인 방법을 통해 후측 연합피질의 세계에 대한 지각이 변화한다.

전두엽이 동반 방출에 관여한다는 증거는 전두시야장의 세포 연구의 결과들이다. Emilio Bizzi와 Peter Schiller(1970)는 전두시야장의 몇몇 세포들은 눈 운동이 일어날 때 계속해서 발화한다는 것을 발견하였다. 이 세포들이 눈을 움직이게 할 리가 없다. 그러기 위해서는 이 세포들이 눈 운동 이전에 발화해야 한다(자동차를 가속할 때와 마찬가지로 당신은 먼저 가속 페달을 밟아야 한다). 이 세포들은 눈을 움직이게 하는 것이 아니라 진행 중인 움직임을 확인하고 있음에 틀림이 없다. 이 과정은 아마도 동반 방출을 조절하는 영역에 대해 예상하고 있는 것과 유사한 것으로 보인다.

언어

언어는 운동 선택을 수반한다. Passingham(1993)은 말이 내외적 자극 모두의 맥락에서 생성되는 반응이라고 제안하였다. 만약 전두엽이 선택 반응에 대한 기제를 가지고 있다면, 분명히 단어도 선택할 것이다. 전두엽은 두 군데의 언어 영역을 가지고 있다. 외측 전운동 영역의 확장으로 여겨지는 브로카 영역(44번 영역)과 보조운동 영역의 확장으로 보이는 보조언어 영역(6번 영역)이다. 그림 16.1A와 D를 참조하라.

이런 식으로 볼 때 브로카 영역은 사물, 단어, 철자, 혹은 의미에 기초하여 단어를 인출하는 데 핵심적이다. 다른 행동에 있어서 전운동 영역의 역할과 마찬가지로 브로카 영역은 단서에 따라서 단어를 선택한다. 이와는 달리 보조언어 영역은 보조운동 영역의 일반적 기능과 같은 맥락에서 외부 단서 없이 단어를 인출하도록 요청된다.

브로카 영역의 뇌졸중을 겪은 사람들은 동사의 사용과 적절한 문법의 사용에서 어려움을 겪는데, 이는 **실문법증**(agrammatism)이라고 알려진 증상이다. 뇌졸중이 보조운동 영역과 인접한 좌반구 내전두 영역으로 확장되어 일어났을 때 이들은 말을 못 하게 된다. 말을 하는 능력은 보통 편측 손상을 입은 경우에는 몇 주 이내에 회복되지만 양 반구 손상의 경우에는 그렇지 않다. 이러한 결과는 다시 한번 보조 운동 영역이 운동 선택에 있어서 양측으로 관여한다는 것을 지지한다.

확산적 사고의 상실

전두엽 손상이 두정엽이나 측두엽 손상과는 다르다는 것을 보여주는 한 가지 명백한 차이는 표준 지능검사의 수행이다. 후측 영역의 손상은 상대적으로, 종종 극적으로 지능 지수를 떨어뜨리지만 전두엽 손상의 경우는 그렇지 않다. 우리를 혼란스럽게 하는 점은, 그렇다면 왜 전두엽 손상을 입은 환자들이 그렇게 '바보' 같은 행동을 하는 것으로 보이냐는 사실이다.

Joy Paul Guilford(1967)는 전통적인 지능검사는 우리가 **수렴적 사고**(convergent thinking)라고 부르는 것, 즉 각 질문에 대해 한 가지 정답이 있는 것을 측정한다고 언급하였다. 이러한 검사에서는 단어의 의미, 사실에 대한 질문, 산수 문제, 퀴즈, 블록 배열하기 등의 채점하기 쉬운 단일한 정답을 요구하는 질문만을 한다. 또 다른 유형의 지능 검사는 단일한 정답이 아닌 단일 질문에 대한 반응의 수와 다양성을 강조하여 **확산적 사고**(divergent thinking)를 측정한다. 이에 대한 예는, 옷걸이를 가지고 어떤 다양한 활용이 가능할지를 묻는 것이다. 전두엽 손상은 표준 지능검사에서 측정하는 수렴적 유형의 지능 보다 확산적 사고를 요구하는 지능을 손상시킨다. 우리는 Guilford의 생각을 뒷받침하는 일련의 증거들을 16.4절에서 살펴볼 것이다.

행동 자발성

전두엽 손상 환자들은 자발적 언어의 결함을 보인다. 여러 연구자들은 Thurstone 단어 유창성 검사(시카고 단어 유창성 검사)와 같은 검사들을 사용하여 이를 확인하였다. 환자들은 우선 주어진 철자로 시작하는 단어들을 5분간 최대한 많이 쓰거나 말하고 또한 4분간 그 철자로 시작하는 네 글자의 단어를 최대한 많이 쓰거나 말하라는 요청을 받는다.

전두엽 손상 환자들은 이 검사에서 단어를 많이 생각해내지 못한다. 예를 들어, 특정한 철자로 시작하는 단어를 최대한 많이 써보라는 요청을 받았을 때, 이 장의 사례 보기에서 소개했던 E.L.은 가만히 2분간 앉아 있더니 식물의 학명을 써도 되냐는 질문을 했다. 그는 그렇게 하면 할 수 있을 거라고 믿었지만 몇 분이 지나자 그는 "하나도 생각이 안 나요!"라고 말했다. 그는 식물의 이름을 대는 것을 포기했지만 추가 5분이 주어졌어도 6개 단어밖에는 생각해내지 못했다.

비록 이러한 결함과 관련된 주요 부위가 좌반구 안와 영역인 것으로 보이기는 하지만, 우반구 안와 영역 역시 언어 유창성을 눈에 띄게 손상시킬 수 있다. 여기서 우리는 다시 한번 전두엽에서 비대칭성이 떨어진다는 것을 확인할 수 있다. 다음의 사례들은 우반구 전두엽 손상으로 인한 자발적 언어 유창성의 감소의 예를 제공한다.

학사 학위를 가진 63세의 여성 P.는 우반구 전두엽의 넓은 범위에서 발생한 성상세포종(astrocytoma)을 앓고 있었다. **그림 16.8A**에 제시되어 있는 그녀의 단어 유창성 검사 결과는 전두엽 손

(A) P의 목록

(B) 통제 집단의 목록

단어의 수가 적고 글씨가 삐뚤삐뚤하며, 규칙을 깨고 C 목록에 4개 단어가 있음에 주목하라.

그림 16.8 ▲

언어 유창성 피험자들(A)과 대조군 참가자들(B)은 s로 시작하는 영어 단어를 5분간 최대한 많이 쓰고, 다음으로 c로 시작하는 네 글자로 된 단어를 4분 동안 최대한 많이 쓰라고 요청받았다. (A) 반응 수가 적고, 글씨가 흔들리며, 네 글자로 된 c 목록에서 규칙 파괴가 나타나고 있다.

(A) 통제 집단

(B) 전두엽 환자는 보속을 보인다.

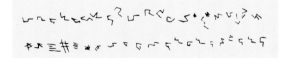

(C) 전두엽 환자는 자발성이 떨어진다.

그림 16.9 ▲

디자인 유창성 단어 유창성 검사와 유사한 검사로, 참가자(A)와 2명의 환자(B)는 5분 동안 추상적인 낙서를 가능한 한 많이 하라는 요청을 받았다.

(Jones-Gotman, M., and B. Milner. Design fluency: The invention of nonsense drawings after focal cortical lesions. *Neuropsychologia* 15: 653–674, 1977. © Elsevier.)

상의 네 가지 특징을 보여준다.

1. **낮은 산출.** P.는 S로 시작하는 단어를 8개밖에 생각해내지 못했으며 C로 시작하는 단어는 6개밖에 생각해내지 못했다(비슷한 나이와 학력의 통제 참가자는 동일한 시간 동안 60개의 단어를 생각해냈다. 결과는 그림 16.8B에 제시되어 있다).

2. **규칙 파괴.** 이것은 환자들의 흔한 특성이다. 우리는 P.에게 C로 시작하는 단어는 네 글자로 된 것이어야 한다고 몇 번 말했다. 그녀는 "네, 네, 알아요. 내가 계속 그 이상으로 쓰고 있네요." 라고 대답했다. 그녀가 지시를 이해했음에도 불구하고 그녀는 그것을 따르기 위해 자신의 행동을 조절할 수 없었다.

3. **흔들리는 필체.** 그녀의 필체는 다소 삐뚤삐뚤했는데, 이것은 쓰기를 배우고 있는 아이와도 같았다. 이것은 그녀가 가진 종양이 운동 혹은 전운동피질까지 침투했음을 보여준다.

4. **보속 행동.** P.는 검사 내내 고집스럽게 말을 계속했는데, 주로 더 이상의 단어를 생각해낼 수가 없다고 불평하는 내용이었다. 그리고 그녀는 계속해서 주어진 철자로 시작하는 물건을 찾기 위해 방을 두리번거렸다.

Marilyn Jones-Gotman과 Brenda Milner(1993)는 이러한 결함을 보다 폭넓게 연구할 수 있는 비언어적 기발한 검사를 고안해냈다. 연구자들은 환자에게 5분 내에 최대한 많은 디자인을 그려보라고 요청한다. 그림은 학생들이 수업시간에 교과서 가장자리에 하는 낙서처럼 묘사적이지는 않지만 자발적이어야 했다. 다음으로 환자들은 최대한 많은 디자인을 하도록 요청받는데, 이번에는 4개의 선만을 사용해야 했다(원은 선 하나로 계산된다).

그 결과는 언어 유창성 검사와 정확하게 유사한 형태로 나왔다. 우반구 전두엽 손상은 디자인의 수를 감소시켰다. **그림 16.9**에서 보는 바와 같이 통제 집단은 35개의 그림을, 좌반구 전두엽 손상 환자들은 24개의 그림을, 우반구 전두엽 손상 환자는 15개의 그림을 그렸다. 이러한 결함은 빈곤한 산출, 높은 보속, 그리고 몇몇 사례에서는 묘사적 그림(이름을 붙일 수 있는 사물을 그림)으로 나타났다. 언어 유창성에서와 같이 안와 영역 혹은 전두엽의 중심 얼굴 영역의 손상은 보다 배측에 있는 손상보다 더 큰 결함을 일으키는 것으로 나타났다.

전두엽 손상 환자들은 자발적 언어나 낙서만이 아니라 자발적 행동에서도 감소를 보인다. 예를 들어, Bryan Kolb와 Laughlin Taylor(1981)는 신경심리검사 배터리를 수행하면서 자발적 행동을 기록하였다. 전두엽 절제술을 받은 환자들은 통제 집단이나 보다 후측 손상을 가진 환자들에 비해 더 적은 자발적 얼굴 움직임이나 표정을 나타내었다. 또한 이들이 검사를 하는 동안 말한 단어의 수는 극적으로 달랐다. 좌반구 전두 절제술을 받은 사람들은 거의 말을 하지 않았으나 우반구 전두 절제술을 받은 사람들은 과하게 말을 많이 했다.

비록 지금까지 연구된 행동의 범위는 좁지만 전두엽 손상 환자들은 전반적으로 자발적 행동의 손실을 나타낸다. 이들은 특징적으로 무기력하고 게을렀으며, 종종 아침에 잠자리에서 일어나서 옷을 입는 것을 힘들어했고, 출근하는 것과 같이 하루를 시작하는 일상적 행동을 시작하기 어려워했다. 어떤 환자는 특히 극단적인 예를 제공하였다. 그는 전두엽의 정중선에 뇌수막종을 가진 촉망받는 변호사였다. 종양은 외과적 수술을 통해 제거되었으나 양 반구 전두엽의 상측에 양측성 손상을 입게 되었다.

그의 지능은 여전히 뛰어났으며(140 이상) 법적 문제에 대한 기억은 손상되지 않았는데, 이것은 부분적으로 대부분의 이러한 기술이 온전한 수렴적 사고 과정과 관련되어 있었기 때문이다. 그럼에도 불구하고 그는 아침에 일어나서 일을 하러 갈 수가 없었고 침대에 누워서 TV를 보는 것을 선호하게 된 것 때문에 직장생활을 할 수가 없었다. 아내가 그를 억지로 일으켜서 일하러 가게 만들면 그는 법과 관련된 그 어떤 일에도 집중할 수가 없어서 사무실을 산만하게 만들었다. 흥미롭게도 그는 직장에서 여전히 훌륭한 동료로 남았지만, 동료들은 그의 행동을 더 이상 참을 수가 없어서 원격화상 회의로 그와 일에 대해 의논하는 쪽을 선호하게 되었다.

전략 형성

전두엽 손상 환자들은 특히 문제 해결을 위한 새로운 인지적 계획이나 전략을 세우는 기능의 결함을 입게 된다. 예를 들어, Tim Shallice와 Margaret Evans(1978)는 참가자들에게 일반적 상식에 근거한 추론을 요구하는 문제와 즉각적인 전략이 뚜렷하지 않은 질문을 던졌다. 이들은 전두엽 손상 환자들이 저조한 수행을 보이며 가끔은 기이한 반응을 보인다는 것을 발견하였다.

이후의 연구에서 Shallice와 Burgess(1991)는 환자들에게 16.2절에서 제시한 만찬 문제와 매우 유사한 과제를 주었다. 이들은 참가자들에게 6개의 심부름 목록을 주고(예 : 갈색 빵 한 덩이 사기) 시작한 후 15분 후에 특정 장소에 있으라고 지시했다. 이들은 또한 4개의 질문에 대답하도록 요청했다(예 : 토마토 500g은 얼마인가?). 이들은 무언가를 사기 위해서가 아니면 가게에 들어가면 안 되었고, 서두르지 않고 최대한 빨리 과제를 수행해야 했다.

전두엽 손상 환자들은 이 간단한 과제를 매우 어렵다고 느꼈다. 이들은 비효율적이었으며 규칙을 어겼으며(예 : 갈 필요가 없는 가게에 들렀다), 2~3명의 환자들은 최소한 4개의 과제에서 실패했다. 그러나 모든 환자들은 과제를 이해했으며 이것을 수행하려고 시도했다.

Shallice와 Burgess는 전두엽이 전반적인 행동 계획에서 맡은 역할이 있지만, 그것은 새로운 상황에 대처하는 데 핵심적이라고 주장하였다. 이들은 일상적 상황과는 반대로 새로운 상황(새로운 내외적 상태)에 대처하는 것은 문제해결을 위해 넓은 범위의 과정을 활성화시키는 것을 수반한다고 제안하였다. 익숙한 과제에 대한 해결책은 이와는 반대로 쉽게 접근할 수 있는 잘 연습된 전략에 의존하면 된다.

행동에 대한 환경적 통제

아마도 전두엽 손상 환자들의 가장 흔한 특징은 환경적 단서(피드백)를 사용하여 자신의 행동을 조절하거나 바꾸는 것에 어려움을 보이는 것이다. 이러한 어려움은 다양한 방식으로 나타난다.

반응 억제

전두엽 손상을 입은 환자들은 지속적으로 요구사항이 변화하는 다양한 검사 환경에서 보속 반응을 보인다. 가장 좋은 예는 전두엽 손상에 대한 표준화된 임상검사인 위스콘신 카드분류 검사(Wisconsin Card-Sorting Test)에서 관찰된다. 환자는 **그림 16.10**에 나와 있는 색, 형태, 개수가 서로 다른 모양이 인쇄

◎ **그림 16.10** ▲

위스콘신 카드분류 검사 참가자들은 여기에 제시되어 있는 것과 같은 카드들로 구성된 카드 묶음을 받게 되고, 이와 동시에 4개의 카드가 나란히 제시된다. 과제는 카드 묶음을 4개의 카드 중 한 종류로 분류하는 것인데, 기준은 색, 개수, 모양의 세 가지이다. 참가자들은 옳은 분류 기준이 무엇인지는 지시받지 못하며, 분류를 옳게 잘했는지 아닌지만 안내받을 수 있다. 피험자가 열 번 연속으로 분류를 옳게 하면, 분류 기준은 예고 없이 바뀐다.

되어 있는 네 가지 다른 자극 카드를 보게 된다. 환자가 해야 할 일은 제시되는 카드를 4개의 자극 카드들 중 어느 하나로 분류하는 것이다. 환자가 받을 수 있는 유일한 도움은 선택이 옳은지 아닌지이다.

검사는 다음과 같은 원칙으로 진행된다. 분류하는 기준이 먼저 색상이고 환자가 이것을 맞추면, 바뀐다는 경고 없이 정답이 어느 순간 형태로 바뀐다. 이렇게 되면 환자는 카드를 색으로 분류하는 것을 억제하고 형태로 분류하기 시작해야 한다. 환자가 형태로 분류하기를 선택해서 성공한다면 분류 기준은 또 갑자기 바뀌는데, 이번에는 분류해야 할 기준이 나와 있는 그림의 개수이다. 기준은 이후 또 색으로 바뀌고 이런 식으로 계속된다.

반응 전략을 전환하는 것은 전두엽 손상을 입은 사람들에게 특히 어렵다. 이들은 실험이 끝날 때까지 처음에 선택한 카드분류 기준을 카드가 100개 제시되는 동안 계속해서 유지할 수도 있다. 그러면서도 이들은 색상이 더 이상 옳은 분류 기준이 아니라는 것을 안다고 말한다. 그럼에도 불구하고 이들은 계속해서 색을 기준으로 분류한다. 어떤 사람은 "형태가 아마도 옳은 기준인 것 같고 이렇게 하면(색으로 분류) 틀리겠지, 틀릴 거야, 또 틀렸네."라고 말했다.

보속은 전두엽 손상 환자들에게 반응 전략을 바꾸라고 요구하는 과제에서 흔히 나타나는 현상이며, 이것은 전두엽이 행동 유연성에 중요한 역할을 한다는 것을 보여준다. 중요한 것은 카드분류 과제에서 피험자들은 분류 기준이 바뀌게 될 것이라는 실마리를 제공받지 말아야 한다는 것인데, 왜냐하면 많은 전두엽 손상 환자들은 이러한 경고를 받으면 극적으로 수행 향상을 보이기 때문이다. 단서는 명백히 문제를 해결하는 데 필요한 탄력성을 제공한다.

Milner(1964)의 연구 결과를 살펴보면 이러한 카드분류 효과에 결정적인 역할을 하는 부위는 대략 좌반구 배외측 전전두피질의 브로드만 9번 영역인 것으로 보인다(그림 16.1A와 D 참조). 좌반구 그 외의 손상, 종종 우반구 손상 역시 다소 약하기는 하지만 동일한 결함을 가져온다.

스트룹 과제(Stroop Test; **그림 16.11**)는 전두엽 손상 이후의 반응 억제의 손실을 보여주는 과제이다. 참가자들은 색상명 목록을 제시받는다. 각 색상명은 색상 잉크로 인쇄되어 있지만 색상 단어와 잉크의 색이 동일한 경우는 없다(예 : 노랑이라는 단어가 파란색, 초록색 혹은 빨간색 잉크로 인쇄되어 있다). 참가자의 과제는 각 단어가 무슨 색으로 쓰여 있는지 가능한 한 빨리 대답하는 것이다.

정확한 반응은 색의 이름 읽기를 억제하는 것을 요구하는데, 이것은 통제 집단에게도 어렵다. 좌반구 전두엽 손상 환자들은 잉크색보다 단어를 읽게 되는 반응을 억제할 수 없으며 이 과제에서 손상을 보인다(예 : Peter, 1974).

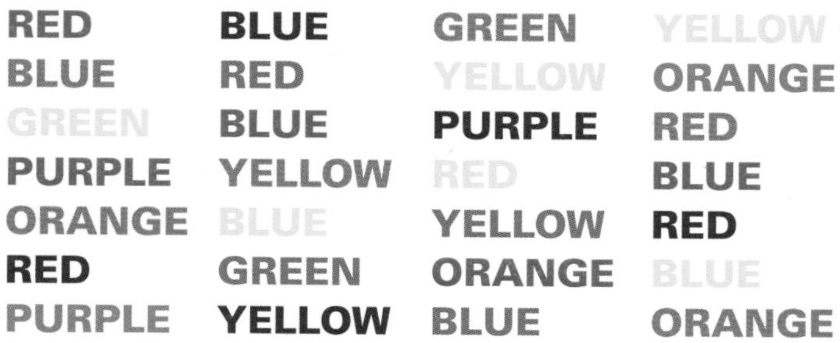

모험 감수와 규칙 파괴
전두엽 손상 환자들은 지시를 따르는 데 실패한다는 점에서 다른 신경학적 손상을 입은 환자들과 구별된다. Milner는 실수를 하면 미로의 시작점으로 돌아가서 다시 시작해야 하는 미로 찾기 학습에서 이러한 특성이 흔히 나타난다는 것을 발견하였다. 전두엽 손상을 입은 환자들은 신호를 무시하고 잘못된 경로로 계속 갔으며 실수를 더 많이 저질렀다. 이러한 행동은 카드분류 과제에서 그들의 반응을 수정할 수 없었던 것을 연상시킨다.

Lori Miller(1985)는 참가자들에게 부분적인 정보를 바탕으로 단어를 맞춰보라는 과제를 주었다. 추가 단서가 주어질 때마다 정답을 맞췄을 때 주어지는 점수가 점점 더 낮아졌지만 일단 답을 맞추기

RED   BLUE   GREEN   YELLOW
BLUE   RED   YELLOW   ORANGE
GREEN   BLUE   PURPLE   RED
PURPLE   YELLOW   RED   BLUE
ORANGE   BLUE   YELLOW   RED
RED   GREEN   ORANGE   BLUE
PURPLE   YELLOW   BLUE   ORANGE

◎ **그림 16.11** ▲

스트룹 과제 과제는 각 색채의 이름이 인쇄된 잉크의 색을 가능한 빨리 말하는 것이다. 잉크의 색과 색의 이름이 일치할 때, 과제는 쉽다. 그러나 그 둘이 다르면 잉크 색을 말하기보다 단어를 읽으려는 경향이 나타난다.

만 하면 점수를 받을 수 있었다. 틀린 답을 말하면 한 항목에서 그때까지 얻은 모든 점수가 박탈되었다. 전두엽 손상 환자들은 더 자주 위험을 감수했고(더 많은 실수를 범했고), 이러한 위험 감수 행동은 측두엽 손상을 입은 환자들보다 전두엽 손상 환자들에게서 더 잦았다.

Antoine Bechera와 동료들(2000)은 안와전두피질이 위험 감수에서 하는 역할을 알아보기 위하여 도박 과제를 고안해냈다. 참가자들은 독특한 카드 게임을 하는 법을 점차적으로 학습하게 된다. 4개의 카드 데크가 주어지며 아무 데크에서나 카드를 하나 고른다. 어떤 카드들을 고르면 상금이 주어지며 (50~100달러) 다른 카드들을 고르면 50~100달러의 벌금이 부과되었다. 각 참가자들은 게임을 시작할 때 2,000달러를 받게 되며 목표는 최대한 이 게임에서 많은 돈을 버는 것이다.

속임수는 각 데크에서 상금과 벌금이 주어지는 가능성이 서로 다르다는 것이다. 예를 들어, 한 데크에서는 상금이 크면 벌금도 그만큼 컸다. 적은 상금이 주어지는 데크에서는 벌금도 그만큼 적었다. 이 게임은 4개의 데크 중 2개는 총상금보다 벌금이 더 많고 나머지 두 데크는 상금이 벌금 액수를 넘도록 설정되어 있다.

Bechera의 연구 결과는 명백했다. 통제 집단과 다른 부위의 전두엽 손상을 입은 참가자들은 처음에는 여러 데크를 골고루 고르다가 재빨리 어느 데크가 가장 이익이 되는지를 학습했다. 이와는 반대로 안와전두 손상을 입은 환자들은 이러한 전략을 배우지 못하고 나쁜 데크를 계속 고르다가 결국 돈을 모두 잃었다.

이 과제의 중요한 특성은 아무도 누적된 돈의 액수를 기록하면 안 된다는 것이며 그냥 '감'으로 어떤 데크가 위험하고 어느 쪽을 고르는 것이 이익이 되는지를 알게 되어야 한다는 것이다. 이러한 능력은 명백히 전두엽의 기능이며 이러한 기능의 손실은 안와전두피질 손상을 입은 환자들이 현명한 결정을 내리기 어렵게 만들었다. 특히 사회적 혹은 개인적 문제에서, 즉 앞으로의 결과에 대한 명확한 계산이 불가능한 상황에서 그러했다.

뇌 손상 자료는 Ming Hsu와 동료들(2005)의 연구 결과와 일치하였는데, 이들은 위험성이 모호한 도박 과제를 수행하는 안와전두 손상 환자의 뇌 활성화(fMRI)를 살펴보았다. 예를 들어, 참가자들은 카드가 빨간색일지 파란색일지에 대한 예측이 불가능한 상황에서 카드가 빨간색일지 파란색일지를 맞춰야 했다. 뇌의 활성화 정도는 이들이 어떤 카드가 나올지에 대한 가능성이 50∶50이라는 것을 알고 있는 상황과 비교되었다.

안와전두피질 손상 환자들은 모호한 과제에 대해 불쾌감을 느끼지 못했으나 통제 집단은 모호한 과제가 위험성을 이미 알고 있는 과제보다 더 불쾌하다고 느꼈다. 이러한 주관적 차이는 모호한 과제 수행 조건에서 통제 집단의 더 높은 안와전두 영역과 편도체 활성화로 나타났다(**그림 16.12**). 종합해볼 때 영상 연구와 손상 연구 모두는 안와전두피질이 세계의 불확실성의 정도를 평가하는 신경학적 의사결정 회로의 일부라는 것을 보여준다.

자기 조절

16.2절에서 우리는 M.L.에 대해 소개하면서 그가 복측 전두엽 손상을 입었고 이로 인한 자기 인지적 인식(시간을 일련의 주관적 일화로 인식하는 능력)의 결함으로 인해 구조화되지 않은 상황에서 자신의 행동을 조절하지 못한다고 설명했다. M.L.은 판매원이었고 자신의 일이 어떤 일이며 여행을 많이 다녀왔다는 것을 알고 있었다. 그러나 압박을 받으면 그는 이 일에 대한 단 하나의 개인적 일화도 소개할 수가 없었다.

편도체

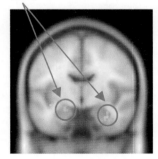

안와전두 피질

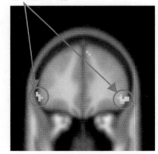

그림 16.12 ▲

모호성과 뇌의 활성 대조군의 편도체와 안와전두피질은 도박 과제에서 위험의 가능성이 있을 때 활성 강화를 보인다.

(M. Hsu, Bhatt, R. Adolphs, D. Tranel, C. F. Camerer. Neural Systems Responding to Degrees of Uncertainty in Human Decision-Making. *Science* 310: 1680~1683, 2005.)

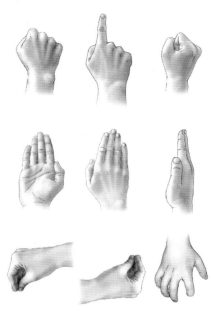

⊚ 그림 16.13 ▲

연합 학습 검사 Petrides의 실험에서 사용된 9개의 손 모양. 이 연구에서 피험자들은 9개의 손 모양을 9개의 색채와 하나씩 연결 지어서 색상이 제시되면 그에 맞춰 손의 모양을 바꿔야 한다.

예를 들어, 회의를 위해 출장을 갔을 때 M.L.은 자신이 회의 참석을 위해 출장을 자주 갔으며 이것이 그의 일에서 중요한 부분이라고 말했다. 그러나 그는 회의에서 있었던 단 하나의 경험도 말할 수 없었다. 그의 자서전 기억이 상실된 것이다.

고등학교 시절에 대해 생각한다면 당신은 이러한 손상이 어떤 것일지 상상할 수 있을 것이다. 당신은 고등학교에 다녔다는 사실을 알고 있으며 고등학교라는 것이 어떤 것인지를 설명할 수 있을 것이다. 아마도 M.L.과 같은 환자들도 그렇게 할 수 있다. 그러나 당신과 M.L.의 차이점은 우리는 고등학교에 다닐 때 있었던 개인적 일화들에 대해 이야기할 수 있는 것에 반해 M.L.은 그렇지 못하다는 것이다. 우리는 여기서 왜 M.L.이 아내와의 관계에서 어려움을 겪었는지 이해할 수 있다. 그는 그들이 왜 결혼했는지에 대해 설명할 수 있는 상황을 기억하지 못했다. 자서전 기억의 상실은 명백히 삶의 사건들을 지나온 삶의 맥락에서 연결 지을 수 없게 만들며, 이것은 행동의 탄력성을 조절하는 데 있어서의 어려움으로 나타난다.

연합 학습

광범위한 전두엽 손상을 입은 환자들은 외부 자극에 대해 자신의 행동을 조절할 수 없다. 즉 경험으로부터 배울 수가 없다. Alexander Luria와 Evgenia Homskaya(1964)는 거대 전두엽 종양을 가진 환자들은 스스로 지시가 무엇인지를 알고, 지시를 따라 말할 수도 있었음에도 불구하고 빨간불에 오른손을, 초록불에 왼손을 들라는 지시를 익히는 데 실패하는 것을 보고하였다.

Michael Petrides(1997)는 일련의 집중적 연구를 통해 전두엽 손상을 입은 사람과 원숭이 모두의 무작위 자극-반응 연합을 살펴보았다. 한 연구에서 Petrides는 전두엽 손상 환자에게 **그림 16.13**과 같은 색상과 손 모양의 무작위 연합을 배우도록 요청했다. 예를 들어, 환자들에게 아홉 종류의 색상 자극이 주어졌고, 그들의 과제는 어떤 손 모양이 특정 색상의 자극과 연합되는지를 익히는 것이었다.

좌반구 혹은 우반구의 손상을 입은 사람은 이 과제의 수행에서 손상을 보였다. 여기서 우리는 다시 한번 전두엽 손상 환자의 행동 결함이 기억의 결함으로 인한 것이 아님을 알 수 있는데, 왜냐하면 측두엽 손상 환자는 다른 기억 과제에서는 수행 저하를 나타내지만 이 과제에서는 그렇지 않기 때문이다. 문제는 일련의 경쟁하는 반응 중에서 어느 것이 적절한지 선택하기를 배우는 데 있다.

시간 기억의 손상

시간 기억 손상은 인간과 실험실 동물 모두에서 오랫동안 연구자들의 마음을 사로잡았던 주제이다.

원숭이의 시간 기억 학습

Carlyle Jacobsen(1936)은 전두엽 손상을 입은 침팬지들이 **지연-반응 검사**(delayed-response test)에서 결함을 보인다는 사실은 발견했는데, 아마도 이것은 전두엽의 기능을 이해하는 데 가장 중요한 경험적 발견일 것이다. 이 과제에서 침팬지는 명판 아래 혹은 벽에 놓인 보상을 관찰한다. 이후 몇 초간 시야가 차단되고, 보상이 무엇인지 회상하게 된다.

전두엽 손상을 입은 동물들은 연습을 더 오래 해도 우연 수준의 수행을 보였다. 비록 행동적 결함이 단일 결함에 인한 것은 아닌 것 같지만, 이러한 결함이 약간의 기억 결함이라는 근거 없이는 해석하기 어렵다.

먼저 Passingham(1985)이 원숭이들에게 음식물 보상을 얻기 위해 25개의 문 중 하나를 열어야 하는 과제를 수행시켰다. 음식은 하루에 한 번 각 문 뒤에 있었고, 원숭이들은 이미 보상이 주어졌던 위

병변 부위 실험 과제

(A) Passingham의 연구

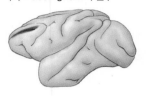

통제 집단 전두엽 손상 집단

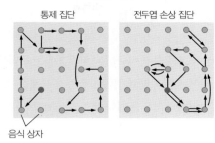

음식 상자

1
과제는 25개 상자 각각의 음식 보상을 기억하는 것이다. 통제 집단은 이전에 갔던 위치로는 좀처럼 돌아가지 않은 반면 주요구 손상을 입은 원숭이들은 많은 오류를 범했다.

(B) Funahashi와 동료들의 연구

2
과제는 가운데 점에 초점을 맞춘 후, 3초의 지연 후에 시선을 표적 조명이 반짝였던 곳으로 움직이는 것이다. 정확한 수행 비율은 가운데 고정점을 지나는 축을 따르는 선의 상대적 위치로 나타난다. 원숭이는 손상 부위의 대측 시야 영역에서 수행 저하를 나타낸다.

(C) Mishkin과 Manning의 연구

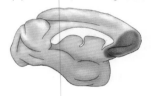

3
원숭이에게 물체를 보여주고 그 물체를 대치한 후, 음식 보상을 준다. 잠시 후 원숭이에게 2개의 물체를 보여주는데, 과제는 보상을 얻는 것이다. 보상은 새로운 물체 아래에 있다. 내측 손상을 입은 원숭이들은 이 과제에서 손상을 보였는데, 이 과제는 비공간적이다.

◎ **그림 16.14** ▲

시간 기억 검사 왼쪽의 도식은 오른쪽에서 설명하는 3개의 실험 결과에 상응하는 원숭이의 전두엽 손상 영역을 나타내고 있다. 각 결과는 시간 기억 결손을 보여준다.

치에 다시 가서는 안 됐다. Passingham은 46번 영역에 손상을 입은 원숭이가 이 과제에서 결함을 보인다는 것을 발견하였다(그림 16.2A 참조). 따라서 통제 집단 원숭이들이 문 열기 전략을 개발하여 같은 문을 여는 경우가 거의 없었던 반면에 손상을 입은 동물들은 비효율적이었으며 종종 이미 갔던 문으로 또 갔다(**그림 16.14A**).

두 번째 실험에서 원숭이들은 시야의 다른 부분에서 표적 전구가 반짝이는 동안 가운데에 있는 전구에 초점을 맞추도록 훈련을 받았다(Funahashi et al., 1986). 원숭이들은 고정점이 사라지고 나서야 표적 전구가 반짝이는 지점으로 시선을 옮길 수 있었다. 연구자들은 그림 16.14B와 같이 주요구의 단일 반구 손상이 반대쪽 시야 영역에 있는 표적의 위치를 기억하는 능력을 손상시킨다는 것을 발견했다. 이들은 이러한 결과를 주요구가 저장된 정보에 기초하여 공간 반응을 이끄는 기제를 포함하고 있다고 해석하였다.

세 번째 실험에서 Mortimer Mishkin과 Frederick Manning(1978)은 원숭이들을 지연 비표본 대응 과제(delayed nonmatching sample task)로 알려진 과제를 할 수 있도록 훈련시켰다. 이 과제에서 원숭이는 낯선 물체를 보게 되는데, 보상을 찾기 위해서는 이 물체를 치워야 했다. 지연이 있고 나서 원숭이는 새로운 물체와 짝지어진 동일한 물체를 다시 보게 된다. 원숭이는 이전에 그 물체를 보았다는 것을 기억하고 보상을 받기 위해서는 새 물건을 치워야 한다(그림 16.14C). 10번 영역과 32번 영역에 손상을 입은 원숭이들은 이 과제를 수행하는 데 어려움을 겪었다(그림 16.2B 참조). Mishkin과 Manning은 이러한 결과가 전두엽이 물체 정보의 단기 저장에 관여함을 보여주는 증거라고 해석하였다.

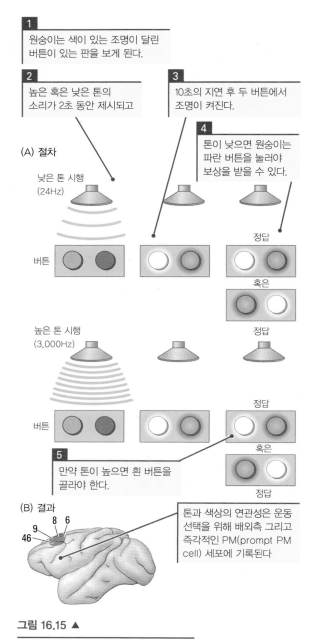

1
원숭이는 색이 있는 조명이 달린 버튼이 있는 판을 보게 된다.

2
높은 혹은 낮은 톤의 소리가 2초 동안 제시되고

3
10초의 지연 후 두 버튼에서 조명이 켜진다.

4
톤이 낮으면 원숭이는 파란 버튼을 눌러야 보상을 받을 수 있다.

(A) 절차

낮은 톤 시행
(24Hz)

버튼

정답

혹은

정답

높은 톤 시행
(3,000Hz)

버튼

정답

혹은

5
만약 톤이 높으면 흰 버튼을 골라야 한다.

정답

(B) 결과

톤과 색상의 연관성은 운동 선택을 위해 배외측 그리고 즉각적인 PM(prompt PM cell) 세포에 기록된다

그림 16.15 ▲

배외측 전전두 세포들은 감각 연합을 부호화한다

네 번째 실험에서 Petrides(1991)는 원숭이들에게 두 가지 과제를 시켰다. 첫 번째 과제는 원숭이들에게 세 가지 물체를 보여주고 그중 하나를 골라 보상을 받을 수 있도록 했다. 만약 먼저 고른 물건이 정답이 아닌 경우 원숭이들은 이후 자신이 고른 물건 하나와 나머지 2개 중 하나를 선택할 수 있었다. 그러나 두 번째 과제에서는 원숭이들은 세 가지 물체를 보고 하나를 고를 수 있었지만 이번에는 이전에 고른 물체와 새로운 물체 두 가지가 제시되었다.

첫 번째 과제에서 원숭이는 자신이 고른 물체로 무엇을 했었는지를 기억해야 했다. 그러나 두 번째 과제에서는 어느 것이 이전에 본 것이었는지 기억하면 된다. 배외측 손상을 입은 원숭이들은 첫 번째 과제에서는 우연 수준의 수행을 나타냈지만 두 번째 과제에서는 통제 집단과 비슷한 수준의 수행을 나타냈다. 이는 배외측 전전두피질이 자신이 했던 반응을 감시하는 기능을 한다는 것을 보여준다.

종합해볼 때 이들 5개의 실험은 단기 기억 과정에서 전두엽의 명백한 역할을 보여주며 서로 다른 전두엽의 영역이 서로 다른 유형의 정보를 다룬다는 것을 보여준다. 해부학적 연결성의 측면에서 볼 때 46번 영역은 공간 정보의 내적 표상을 제공하는 것으로 보이며, 배내측 영역은 물체 정보에서 이와 유사한 역할을 하는 것 같다.

Fuster와 동료들(2000)의 연구와 같은 전기생리학적 연구들 역시 46번 영역의 역할에 대한 증거를 제공한다. 원숭이들은 **그림 16.15A**와 같이 두 가지의 소리 톤을 두 가지 색상과 각각 연결짓도록 훈련을 받았다. 헷갈리는 점은 원숭이가 소리 톤을 듣고 그 특정한 톤을 10초 동안 기억한 후에 보상을 받을 수 있는 반응을 할 수 있었다는 것이다.

배외측 전두엽 세포들은(9번 영역과 46번 영역) 한 가지 혹은 다른 톤 그리고 그것과 관련된 색에 대해 선택적으로 반응하며 6번과 8번 영역의 전운동피질의 세포들과 협력하는 것이 명백해 보인다(그림 16.15B). 배외측전전두피질의 세포들은 시간을 가로질러 색과 소리를 통합하는 것으로 보인다. 흥미로운 점은, 실수가 일어나는 시행에서 배외측 전전두피질 세포들은 반응하지 못한다는 것인데, 이는 소리와 색의 시간적 연결을 나타낸다.

인간의 시간 기억에 대한 연구

시간 기억에 대한 연구들은 인간 피험자들에 대해서는 약간 다른 견해를 보인다. Brenda Milner, Phil Corsi, Gabriel Leonard(1991)는 선행 연구에 근거하여 **최신 기억**(recency memory)이라고 불리는 사건이 일어난 순서에 대한 기발한 검사를 고안해냈다. 참가자들은 긴 일련의 카드들을 보게 되는데, 각 카드들은 단어 혹은 사진으로 제시된 2개의 자극 항목을 포함하고 있다. 어떤 카드들은 항목들 간에 물음표가 있는데, 참가자의 과제는 그 둘 중 어느 것을 최근에 보았는지를 맞추는 것이다. 성공적인 수행을 위해서는 참가자가 자극 제시의 순서를 기억해야 한다.

대부분의 검사 시행에서 두 항목은 이전에 나왔던 것들이지만 어떤 시행에서 한 항목은 새로운 것이다. 이러한 경우 과제는 간단한 재인 기억 검사가 된다. 전두엽 손상을 입은 환자들은 재인 시행에서

는 정상 수행을 나타냈지만 둘 중 어느 항목을 최근에 보았는지를 판단하는 기능에서는 손상을 나타내었다. 나아가 전두엽은 이러한 견지에서 다소 비대칭적이다. 우반구 전두엽은 비언어적이거나 그림을 포함한 최신 기억에, 좌반구 전두엽은 보다 언어적 최신기억에 관여하는 것으로 보인다.

이와는 반대로 측두엽 손상 환자들은 재인 검사에서는 손상을 보이지만 최신 기억에서는 그렇지 않다. 후자는 흥미롭다. 아마도 이것은 맹시를 가진 사람들이 항목을 재인하는 데 실패하는 반면 어떤 것을 가장 최근에 보았는지를 알아볼 수 있는 것과 유사하다. 이것은 기억 위치 체계가 기억 재인 체계와 분리되어 있다는 것을 제안하고 있는 것은 아닐까?

Petrides와 Milner(1982)는 Passingham이 원숭이에게 시켰던 자기 순서 과제와 유사한 실험을 생각해냈다. 참가자에게 단어나 그림을 포함한 12개의 자극이 배열된 카드 묶음이 제시된다. 자극은 동일하지만 각 자극의 위치는 카드마다 다르다.

참가자의 과제는 단순하다. 카드 묶음을 하나씩 열어보면서 각 카드에서 1개의 항목만을 가리키는데, 동일한 항목을 두 번 가리켜서는 안 된다. 따라서 참가자들은 스스로 순서를 정해서 그 순서에 따라 반응해야 했다. 과제는 얼핏 보기에 쉬워 보이지만 전두엽 손상 환자들에게는 그렇지 않다. 좌반구 전두엽 손상은 이 과제의 언어 버전과 그림 버전 모두에서 기능 저하를 일으킨 반면에 우반구 전두엽 손상은 비언어적 검사에서만 수행 저하로 이어졌다.

Petrides와 Milner는 최신 검사와는 달리 자기 순서 과제는 참가자가 반응을 조직화하고 그 순서대로 반응하기를 요구한다고 제안하였다. 참가자가 반응하기를 시작하는 그 순간 그들은 자신이 방금 보인 반응과 앞으로 해야 할 반응을 비교할 수 있어야 한다. 따라서 자기 순서 과제는 정확한 기억과 조직화 전략 모두를 요구한다(Petrides, 1991 참조).

과제가 끝난 후에 질문했을 때 전두엽 손상 환자들은 특정 전략을 썼다는 응답을 다른 참가자들에 비해 적게 했다. 만약 전략을 썼다고 할지라도 전략은 제대로 규정되지 못했거나 지속적으로 사용되지 못했다. 이러한 결함은 기억 손상을 겪게 되는 측두엽 손상 환자들의 단순한 기억 결함과는 다른데, 이들은 이 과제를 정상적으로 수행한다.

사회적 행동과 성적 행동의 손상

사회적 행동과 성적 행동은 맥락 단서에 많이 의존하는 탄력적 반응을 요구한다. 전두엽 손상은 이 둘 모두를 방해한다. 전두엽 손상의 명백하고 놀라운 영향은 사회적인 행동과 성격의 변화로 나타난다.

전두엽 손상 이후에 나타나는 성격의 변화에 대한 가장 널리 알려진 예는 1868년에 John Harlow가 보고한 피니어스 게이지의 예이다. 게이지는 다이너마이트를 다루는 인부였는데, 폭파사고를 겪어 철근이 머리를 관통하게 되었다. 철근은 **그림 16.16**에서 나타난 것과 같이 1m 길이에 3cm 굵기였다.

사고 이후 게이지의 행동은 완전히 달라졌다. Harlow에 따르면 게이지는 평균 지능에 활발하고 계획대로 행동하는 사람이었지만, 부상 이후 그의 행동은 다음과 같이 달라졌다.

> 그의 지적인 특성과 동물적 경향성 간의 균형이 무너진 것 같았다. 그는 변덕스럽고, 불손하고, 엄청나게 욕을 해댔으며, 자신의 동료들에게 기분을 있는 그대로 나타내면서도 그들에 대한 존중은 보이지 않았다. 그는 자신의 욕구와 상충하는 구속이나 조언을 참지 못했으며 이따금씩 집요할 정도로 고집스러웠다. 그러면서도 변덕스럽고 우유부단했으며, 많은 계획을 세웠다가도 금방 포기했다. 그는 동물과 같은 열정을 가지고 있으면서도 지적인 어린아이 같았다.
> (Blumer and Benson, 1975, p. 153)

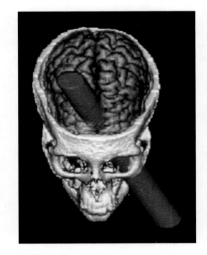

그림 16.16 ▲

전두엽 손상의 재건   피니어스 게이지가 1861년에 사망했을 때, 부검은 이루어지지 않았지만 그의 두개골은 이후에 복원되었다. 사고를 재현하고 손상 부위를 결정하기 위해 두개골 측정과 영상 기술이 결합되었다. 이 이미지는 게이지의 전두엽이 양 반구 손상을 입었음을 명백히 보여준다.

(Patrick Landmann/Science Source.)

게이지의 부상은 주로 안와 영역부터 위쪽 중심전 영역에 이르는 좌반구 쪽이었다. 게이지의 두개골은 면밀히 관찰되었지만, 부검에서 철저한 조사를 받았던 첫 번째 중증 전두엽 손상 환자는 창문 아래 30m로 떨어진 모피 상인이었다. 그는 전두골 골절을 입었으며 우반구 전두엽에 심각한 부상을 입었다. 놀랍게도 그는 의식을 잃지 않았으며 잠시 혼란스러워했을 뿐이었다.

추락 전에 그 모피상은 성격이 좋고 사교적이었으나 사고 이후 그는 무례하고 성미가 고약한 사람이 되었다. 사고 후 1년이 지나고 부검을 해본 결과, 양 반구 전두엽의 안와 영역에 깊은 흉터가 남아 있었는데 우반구가 좀 더 심했다.

가우울증과 가정신병질

1900~1950년까지 뇌 손상이 성격에 미치는 영향에 대한 여러 뛰어난 정신과 연구들(특히 Zangwill, 1966이 인용한 Kleist의 연구)은 성격에 있어서 배외측 손상도 중대한 영향을 미치기는 하지만 안와전두 영역의 손상은 보다 극적인 성격 변화를 일으킨다는 것을 발견하였다. 전두엽 손상의 영향에 대한 임상적 기술은 체계적인 연구들이 적음에도 불구하고 풍부하지만 최소한 두 가지 유형의 성격 변화가 이러한 환자들에게서 임상적으로 관찰된다는 것을 관찰하였다.

Dietrich Blumer와 Frank Benson(1975)는 이러한 성격 변화에 **가우울증**(pseudodepression)과 **가정신병질**(pseudopsychopathy)이라는 용어를 붙였다. 가우울증으로 분류된 환자들은 냉담함과 무관심, 의욕 없음, 성적 관심의 감소를 보였으며 감정 표현이나 언어적 표현이 거의 없었다. 가정신병질로 분류된 환자들은 미성숙한 행동, 규율이나 규제의 부족, 거친 언어, 문란한 성 행동, 증가된 운동 활동, 전반적인 사회성의 감소를 나타냈다. 다음의 두 사례는 이러한 성격 유형을 보여준다.

가우울증

환자는 사고 이전에는 수다스럽고 사람을 좋아해서 친구가 많았고 자유롭게 대화하는 것을 좋아했다. 그는 어린이 야구단이나 남성 사교 모임과 같은 지역사회 활동에 적극적이었다. 환자의 지인 중 한 사람은 환자가 매력적인 사람이었다고 말하면서, "그가 방 안으로 들어오면 갑자기 모든 것이 활기를 띠고 행복하고 친근해졌어요."라고 말했다.

두부 손상 이후 그는 조용하고 쌀쌀맞은 사람이 되었다. 그는 다른 사람이 말을 걸어야 말을 했으며 조리 있게 대답은 했지만 이후 다시 침묵에 잠겼다. 친구를 사귀지 않았으며 대부분의 시간을 혼자 앉아서 담배를 피우며 보냈다. 그는 자주 의자에 앉은 채로 요실금 증상을 나타냈다. 옷이 젖어와도 신경 쓰지 않고 조용히 앉아서 담배를 피웠다. 누군가가 물어보면 그는 화장실에 제때 갈 수가 없는데 별로 신경 쓰이지는 않는다고 있는 그대로 말했다. … 많은 주제에 대해서 지적으로 논의할 수 있었지만 먼저 대화를 시작하지는 않았다. … 그는 자신의 아내와 아이들에게 전혀 신경을 쓰지 않았다. 그는 이전에는 따뜻하고 자애로운 아버지였으나 이제 가족들에게 관심이 없었다. 결국 그의 가족은 그의 무관심과 냉담함 때문에 방문을 멈추었다. (Blumer and Benson, 1975, pp. 156-157)

가정신병질

32세의 백인 남성은 행동평가에 의뢰되었다. 그는 베트남 전쟁에서 5년 전에 총상을 입었다. 총탄이 왼쪽 관자놀이로 들어와서 오른쪽 궤도로 나갔다. 감염으로 인하여 우반구 전두엽의 안와 영역 대부분을 제거해야 했다.

부상을 입기 전에 그는 조용하고 지적이며 상황에 맞게 행동하며 강박적인 성향의 사람이었다. 그는 육군 사관학교를 졸업하고 이후 대위로 진급하였다. 사관 후보생이었을 때나 군인이었을 때나 그는 조용하고 엄격하며 완고한 사람으로 알려져 있었다. 좋은 사령관으로 부하들에게 신뢰를 받았지만 동료나 자신의 부대원들과 동료애를 나누는 법은 결코 없었다.

부상 이후 그는 거리낌 없고 경박하며 경솔하고 무례한 사람이 되었다. 자주 자신의 상태에 대해 심한 농담을 하곤 했지만(예 : '멍청이'), 자기 연민의 징후는 없었다. 병원에 입원했을 때, 그는 극도로 단순한 일을 하는 데에도 실패했다. (Blumer & Benson, 1975, pp. 155)

Blamer와 Benson은 가우울증과 가정신병질의 모든 요소가 양 반구 전두엽 손상 이후에만 관찰된다고 주장하였다. 그럼에도 불구하고 다소 상이한 이 두 증후근의 몇몇 요소들은, 전부는 아닐지라도 대부분의 편측 전두엽 손상 이후에도 나타난다. 가우울증이 좌반구 전두엽 손상 이후에 생기는 반면 가정신병질은 우반구 전두엽 손상 이후에 생겨난다.

사회적 행동과 성적 행동의 손상

사람들의 성생활을 조사하는 것에 대한 사회적 금기로 인하여, 역사적으로 성적인 행동에서 일어나는 변화는 전두엽 손상 증상 중에서 가장 적절하게 연구하기 어려운 증상이다. 지금까지 이에 대한 경험적 연구는 이루어진 바 없으나 일화적 증거들은 전두엽 손상이 성욕과 이에 관련된 행동을 변화시킨다는 것을 보여준다. 안와전두엽 손상은 성적 행동의 빈도에는 영향을 주지 않지만 비정상적 성 행동(공공장소에서의 자위)을 일으키게 하는 것으로 보인다. 이와는 반대로 배외측 손상을 입은 사람들은 성적 행동에 대한 흥미의 감소를 겪게 되는데, 이들은 '차근차근' 유도될 때에는 필요한 행동과 성적 수행을 할 수 있다.

몇몇 연구 결과들은 원숭이의 전두엽 손상이 큰 사회적 변화를 일으킨다는 것을 보여준다. 어느 흥미로운 연구(Butter & Snyder, 1972)에서 몇몇 집단에서 우두머리 수컷들을 분리시켜 이들 중 절반의 전두엽을 제거하였다. 이들이 자신들의 집단으로 돌아갔을 때, 이들 모두는 우두머리 수컷으로의 위치를 회복했지만, 며칠 안에 전두엽이 제거된 모든 원숭이들이 지위를 잃어버리고 집단 서열의 제일 아래로 떨어졌다.

야생 원숭이들에 대한 유사한 연구도 비슷한 결과를 보여준다. 전두엽 손상을 입은 개체들은 집단 서열의 제일 아래로 내려가게 되었고 결국 죽고 말았는데, 이는 혼자 고립되었기 때문이었다. 정확히 이들의 사회적 행동이 어떻게 변화했는지는 알려져 있지 않지만, 이러한 변화들은 비슷한 손상을 입은 사람들의 사회적 행동에서 나타난 것과 마찬가지로 극적인 것으로 보인다.

원숭이의 사회적 상호작용은 복잡하며 중요한 맥락 의존적 행동을 포함한다. 원숭이의 행동은 중심 사회 집단의 배열에 맞추어 변화하는데, 원숭이들은 전두엽 손상 이후에는 이 능력을 잃게 된다. 그러나 이러한 행동 변화에는 냄새이건 표정이건 혹은 소리이건 종 특정적 감각 단서들을 해석하는 것과 연관된 추가적 요소들이 있는 것으로 보인다.

인간 전두엽 손상 환자들에게서 나타나는 표정 지각 능력의 손상은 표정을 해독하는 세포의 손실과 관련된 것으로 보인다. 상측두구의 특정 세포들이 표정에 특히 반응적인 것으로 보이는데(15.2절 참조), Edmund Rolls(1998)와 동료들은 안와전두피질의 세포 집단도 얼굴을 해독한다는 것을 보여주었다. 이 얼굴 선택적 뉴런들의 일부는 표정이나 얼굴 움직임에 반응적이었다.

따라서 안와전두 손상을 입은 환자들이 표정을 이해하는 데 어려움을 겪는 것은 놀랍지 않다. 전두엽에 얼굴의 표정에 해당하는 목소리의 톤에 대해 반응적인 세포들이 있을 것이라고 추정할 수 있다.

공간 결함은 존재하는가

배외측 전전두피질의 기능을 이해하기 위해서는 공간 내 움직임의 시각 운동을 안내하는 데 핵심적 역할을 담당하는 후두정엽과의 관계를 반드시 이해해야 한다. PG 영역과 상측두구는 심상 회전과 같이 보다 복잡한 공간 행동을 담당한다(14.2절 참조). 이러한 두정측두 영역은 배외측 영역에 주로 투사하는데(그림 16.3A 참조), 이는 전두 영역이 공간적으로 유도되는 행동에서 어떠한 역할을 담당한다는 것을 의미한다.

정확한 역할을 규정하기란 어렵다. 배외측 손상은 분명히 사건의 위치에 대한 단기 기억을 손상시키며 이러한 결함은 아마도 어떤 공간 내의 장소에 관한 행동을 선택하는 것을 방해할 수 있다. 실제로 지연된 반응의 결함과 Passingham과 Goldman-Rakic 과제(그림 16.14A와 B 참조)에서의 결함은 공간의 요소를 가지고 있다.

배외측 전전두피질이 '공간 사고(spatial thinking)'에서 하는 역할은 Per Roland와 Lars Friberg (1985)의 혈류 연구에서 명백하다. 이들은 참가자들에게 친숙한 길로 걸어간다고 상상하면서 경로를 따라 좌회전, 우회전 등을 하라고 상상하도록 요청하였다. 배외측 영역의 혈류 증가는 공간적으로 유도되는 행동을 선택하는 데에서 배외측 전전두피질의 역할을 보여준다.

종합해볼 때 혈류 연구와 손상 연구의 결과는 전두엽이 서로 다른 시각 위치들 중에서 어떤 것을 선택할지를 결정하는 역할을 한다고 제안하고 있다. 이는 아마도 주의의 어떠한 측면과 관련이 되는 것으로 보이는데, 여기에 대해서는 22.2절에서 다시 살펴보도록 하겠다. 그러나 지형적 방향 혹은 심적으로 공간 정보를 조작하거나 배열하는 두정엽의 기능에서 전두엽이 하는 역할에 대한 증거는 거의 없다는 것을 기억하라.

전두엽 손상의 임상신경심리평가

전두엽 손상과 관련된 다양한 증상의 수를 고려할 때, 전두엽 기능을 평가하는 데 유용한 표준화된 신경심리검사의 수는 거의 없다는 사실은 매우 놀랍다. 게다가 자기 조절과 같은 전두엽 부상의 몇몇 증상들은 신경심리검사로는 쉽게 평가하기 어렵다.

집행 기능을 측정하기 위해 고안된 2개의 검사 배터리는 EXIT-25와 전두엽 평가 배터리이다. 이 둘 모두는 실제로 집행 기능을 평가할 수 있는 것으로 보인다(Dubois et al., 2000; Moorhouse et al., 2009). 한 가지 어려움은 비록 집행 기능과 전두엽 기능이 종종 같은 의미로 사용되기는 하지만 이 둘이 동의어는 아니라는 점이며, 전두엽에 한해 손상을 입은 환자들은 이러한 검사 배터리에서 수행 저하를 나타내지 않는다는 것이다(예 : Chapados & Petrides, 2013).

그럼에도 불구하고 수많은 훌륭한 임상검사들이 **표 16.3**에 요약되어 있다. 14.5절과 15.4절에서 소개한 두정엽과 측두엽 검사들과 같이, 전두엽 손상을 입은 사람이 이 모든 검사들에서 정상 수준을 나타내는 일은 극히 드물다.

위스콘신 카드분류 검사(그림 16.10 참조)는 배외측 전전두피질의 기능을 평가하는 데 가장 간편한 검사이다. 앞서 설명한 바와 같이 피험자는 색상, 형태, 수에서 서로 다른 카드들을 하나 혹은 다른 자극 카드로 분류하라고 지시받는다. 분류의 기준은 피험자에게 미리 알려주지 않으며, 무작위로 바뀐다.

그림 16.8에 나와 있는 Thurstone 단어 유창성 검사는 참가자가 주어진 철자로 시작하는 단어를 5분 동안, 그다음으로 주어진 철자로 시작하는 네 글자의 단어를 4분 동안 최대한 많이 말하거나 쓰도

표 16.3   전두엽 손상을 위한 표준화된 임상신경심리검사

기능	검사	기본 참고문헌
반응 억제	위스콘신 카드분류 스트룹	Milner, 1964 Perret, 1974
언어 유창성	Thurstone 단어 유창성	Milner, 1964 Ramier & Hacaen, 1970
비언어 유창성	디자인 유창성	Jones-Gotman & Milner, 1977
운동	손 동력 측정(Hand dynamometry) 손가락 두드리기 순서화	Taylor, 1979 Reitan & Davison, 1974 Kolb & Milner, 1981
언어 이해	토큰 검사 철자 음성 구분	de Ranzi & Faglioni, 1978 Taylor, 1979 Taylor, 1979
작업(시간) 기억	자기 순서화	Owen et al., 1990
계획	런던탑	Owen et al., 1995

록 요구한다. 전두엽의 어떤 부위에 부상을 입더라도 이 과제에서 저조한 수행을 나타내지만, 그중 전대상회 위의 좌반구 배내측 손상을 입은 환자의 경우 가장 수행 수준이 낮았다. 광범위 안와 영역 손상을 입은 환자들은 약간 더 나았지만, 안와 영역에만 손상을 입은 환자들은 수행 저하를 보이지 않았다.

Gotman-Milner의 디자인 유창성 검사(Design-Fluency Test; 그림 16.9 참조) 역시 비록 채점이 어렵기는 하지만 매우 유용하다. 피험자들은 추상적인 그림을 5분 안에 가능한 많이 그리도록 요청받는다. 전두엽 손상 환자들은 거의 그림을 그리지 못하거나 동일한 그림을 반복적으로 그린다. 디자인 유창성 과제는 우반구 전두엽 손상에 가장 민감한 것으로 나타났다.

하노이의 탑과 런던탑 검사는 전두엽 손상에 민감한 두 가지 검사이다. 런던탑 검사는 보다 순수하게 계획 기능을 검사하는 것으로 보인다. 두 가지 검사 모두에서 피험자에게 기둥과 크기가 다양한 가운데에 구멍이 뚫린 원반 몇 개가 제시된다. 피험자는 규칙에 따라 자신에게 제시된 모형에서 원반 몇 개를 옮겨서 검사자가 요구하는 모양과 위치로 만들어야 한다. 규칙은 예를 들어, 한 번에 원반 1개씩만 움직일 것, 큰 원반은 절대 작은 원반 위에 두지 말 것 등이다. 좌우 반구 전두엽 어느 한쪽이라도 손상을 입으면 이 과제의 수행에서 어려움을 겪게 된다.

이 절의 앞부분에서 언급한 바 있는 자기 순서 과제(self-ordering task)는 Petrides와 Milner가 고안하였는데, 시간 기억에 대한 좋은 검사이다(Ross et al., 2007 참조). 환자들은 카드 묶음을 제시받는다. 12개의 언어적 혹은 비언어적 자극들이 각 카드의 서로 다른 위치에 배열되어 있다. 과제는 같은 물체를 두 번 가리키지 말고 각 카드에서 새로운 자극이 무엇인지 가리키는 것이다. 양 반구 중 어느 한 반구의 전두엽 손상을 입으면 언어 과제의 수행이 손상되지만, 비언어적 과제는 오로지 우반구 전두엽 손상에 의해서만 영향을 받는다.

운동 기능의 검사는 힘(동력 측정법), 손가락 두드리기 속도, 움직임 순서를 포함한다. 힘과 손가락 두드리기 속도는 중심전회 혹은 중심후회 인근의 손상의 대측에서 눈에 띄게 줄어든다. 비록 익히는 데 상당한 연습이 필요하며 채점을 위해 녹화된 기록을 사용해야 함에도 불구하고, 운동 순서는 Kolb

와 Milner의 얼굴 순서 검사(facial-sequence test)를 사용하여 평가한다. 운동 계획을 검사하는 데 Kimura 상자(그림 14.11 참조)와 같은 보다 간단한 검사는 적절하지 않은데, 전두엽 손상 환자들은 그 손상이 기저핵까지 넓지 않다면 이 과제에서 수행 저하를 나타내지 않을 것이기 때문이다.

앞의 장들에서와 마찬가지로 우리는 실어증에 대한 빠른 선별로 토큰 검사를 하고 이후에 필요하다면 보다 심도 있는 실어증 검사를 하기를 추천한다(19.6절 참조). 비록 브로카 영역의 손상이 언어 이해가 아닌 언어 산출 기능만을 손상시키는 것으로 널리 알려져 있지만 반드시 그런 것만은 아니다. 브로카 영역의 근처에 있는 좌반구 전두 영역의 손상은 언어 산출뿐 아니라 이해에도 영향을 끼친다.

얼굴 영역 손상은 철자법을 심각하게 손상시키며 이것은 표준화된 철자법 검사로 평가가 가능하다. 음성학적 차이(Stitt & Huntington, 1969에서 설명하는 검사, 또한 Taylor가 신경학적 환자에게 사용하였다)는 얼굴 영역 기능을 평가하는 또 다른 방법이다. 일련의 말이 안 되는 단어, 예를 들어 아그마 같은 단어가 제시된다. 피험자의 과제는 첫 번째 자음의 소리를 구분하는 것이다. 이 검사는 통제 집단에서도 어렵다고 밝혀졌지만, 얼굴 영역 손상 환자들, 특히 좌반구 손상 환자의 경우가 가장 저조한 수행을 보인다. 그러나 얼굴 영역 바깥의 전두엽 손상 역시 이 검사의 수행을 매우 떨어뜨린다.

언어장애가 없는 상태에서 신경심리검사로 좌반구 혹은 우반구의 손상의 위치를 알아내는 것은 어렵다고 알려져 있는데, 이것은 아마도 2개의 전두엽 기능이 상당 부분 겹치기 때문이다. 가우울증과 가정신병질과 같은 성격에 대한 임상적 평가는 좌반구 혹은 우반구의 기능 손상의 위치를 밝히는 데 유용한 것으로 알려져 있으나 사용에는 주의가 필요하다. 불행하게도 이러한 증상들에 대한 표준화된 양적 평가는 없다.

16.4 지능과 전두엽

전두엽, 특히 전전두피질의 거대한 진화적 확장은 다른 영장류에 비해 인간의 지능이 높은 것이 전두엽 크기와 관련되어 있을 가능성을 제시한다. 그러나 최근까지 지능은 전두엽과 관련이 없는 것으로 알려져 있었는데(예 : Hebb, 1945), 이는 전두엽 절제술을 포함한 전두엽 손상이 표준화된 지능검사에 거의 영향을 주지 않기 때문이다. 그러나 한 세기가 넘도록 심리학자들은 지능을 측정하는 다른 방법들을 찾아왔다(예 : Carroll, 2003; Cattell, 1971; Gardner, 1983; Spearman, 1927). 따라서 아마도 지능과 전두엽은 지능검사의 수치 이외의 측정 도구에서는 관련이 있을지도 모른다.

거의 1세기 전에 Charles Spearman(1927)은 일부 일반적 요소(g요소)가 인지적 활동에 기여한다고 제안하였다. 비록 그의 아이디어는 널리 비판받아왔지만, 인지검사들과의 거의 보편적인 정적 상관은 실제로 g와 같은 무언가가 존재한다는 것을 보여준다. g에 대한 최고의 단일 검사는 보통 문제해결 검사인데, 이는 **유동 지능**(fluid intelligence), 즉 추상적인 관계를 보고 논리적인 추론을 하는 능력이다. 유동 지능은 **결정 지능**(crystallized intelligence)과 반대되는데, 이는 이전의 학습과 경험에서 얻은 지식을 유지하고 사용하는 능력으로, 16.3절에서 수렴적 사고에 대해 논의하면서 설명한 웩슬러 지능검사와 밀접한 관련이 있다.

뇌 영상 연구들은 유동성 지능검사를 배외측·배내측 전전두피질과 후두정엽 모두에서 나타나는 독특한 패턴과 연결 짓는다. Jung과 Haier(2007)는 37개의 구조적 기능적 영상 연구들을 살펴보고 유동 지능과 관련이 있는 뇌 영역의 분포를 확인하였다(**그림 16.17**). 핵심 구조는 후두정엽과 전두엽 영역을 포함하는데, 이들은 이 구조가 통합과 추출(후두정엽), 문제해결, 평가, 그리고 가설 검증(전두엽)

과정에 관련되어 있다고 보았다(Colom et al., 2010; Deary et al., 2010 참조). 주목할 점은 그림 16.17에서 요약된 활성화는 비대칭적이며 반구 간 거의 중첩되지 않는다는 점이다.

Jung과 Haier의 이론에서 한 가지 명백한 점은 이 영역들의 손상이 반드시 유동 지능 검사의 수행을 떨어뜨릴 것이라는 예측이다. Alexandra Woolgar와 동료들(2010)은 대규모 실험에서 이것을 확인하였다. 이들은 전두 혹은 두정 영역의 손상이 유동 지능의 상실과 관련되며, 이 영역들을 넘어서는 손상에 대해서는 예측이 안 된다는 것을 발견하였다.

Richard Passingham과 Steven Wise(2012)는 새로운 전두엽과 후두정엽이 유인원의 진화 과정에서 나타났으며, 이는 현대 인류의 뇌에서와 같은 불균형적으로 큰 전두엽과 두정엽 영역으로 이어졌다고 제안하였다. 이들은 이 가설을 확장시켜 그 결과로 나타난 전두엽-두정엽 연결망이 인간의 유동 지능(문제해결) 확장에 대한 근거가 되었다고 주장하였다(Genovesio, Wise, Passingham, 2014). Genovesio와 동료들은 우리 조상들의 뇌가 확장됨에 따라 높아진 대사량으로 인하여 음식의 질, 양, 그리고 식량을 구하는 데 따르는 위험성이 서로 다른 생산적인 식량 구하기에 관련된 위치가 중요해졌다. 이 가설에 따르면 위험을 줄이고 생존율을 높이기 위한 식량 수집 전략은 인간에게서 진화한 우월한 문제해결 용량을 선택했으며 그 결과 우리의 지능이 높아지게 되었다. 전두엽 손상 환자들이 보이는 위험 감수 행동은 새롭게 진화한 전두엽 체계가 제대로 기능하지 못할 때 어떤 일이 벌어지는지를 보여준다.

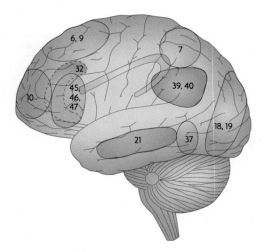

◎ 그림 16.17 ▲

유동 지능에 관련된 영역　브로드만 영역(분홍색과 초록색)은 지능과 상응하는 것으로 제안된다. 궁상속(노란색)은 이 영역들을 연결하는 로인 것으로 보인다. 초록색 영역들은 주로 좌반구와 관련되며 분홍색 영역은 우반구와 주된 관련성을 보인다.

16.5　전두엽 기능의 영상 연구

대체적으로 **표 16.4**와 같은 영상 연구 결과들은 역사적으로 뇌 손상 연구에서 확인된 전두엽 기능에 대한 특정적 활성화를 보여준다. 따라서 예를 들어, 많은 결과들은 배외측 전전두 피질이 언어적 · 비언어적 작업 시간 기억에 관여한다는 것을 보여준다.

다양한 인지적 요구, 즉 지각, 반응 선택, 집행 기능, 작업 기억, 장기 기억, 문제 해결과 관련된 전두엽 활성화 패턴에 대한 고찰은 특히 흥미로운 결과를 나타내고 있다(Duncan & Owen, 2000). 전두엽이 관여하는 인지 기능이 무척 다양하기는 하지만, 서로 다른 전두엽 영역들이 서로 다른 인지 기능을 요구하는 과제에 대해 각기 다르게 활성화를 보인다는 것은 쉽게 예측할 수 있다. 그러나 활성화 양상에서 놀라운 규칙성이 이 연구에서 발견되었다. **그림 16.18**에서와 같이 대부분의 인지적 요구에 대해서 영상 연구들은 배외측, 복내측, 그리고 전대상회 영역의 유사한 관여가 발견되었다.

연구자들은 비록 전두엽 내에서 영역별 특수화가 존재함에도 불구하고 통합된 전두엽 연결망이 다양한 인지적 문제를 해결하기 위해 지속적으로 관여한다는 결론을 내렸다. 이 세 영역이 행동을 산출하기 위하여 어떻게 조화를 이루는지 지금 당장은 명확하지 않지만 다양한 인지 과정을 조절할 때 나타나는 중첩은 전두엽의 중심성을 명백히 보여준다. 여기서 우리는 다시 한번 전두엽이 기본상태 네트워크에서 전대상회가 현출성 네트워크에서(16.1절 참조), 전두-두정 연결이 지능에서 어떤 역할을 하는지(16.4절 참조) 기억할 필요가 있다.

표 16.4 전두엽 기능에 대한 기능적 영상 연구

추정되는 기능	활성화 위치	기본 참고문헌
자기 순서화	배외측	Petrides, 2000
조건화 학습	배외측	Petrides, 2000
공간 작업 기억	배외측, 복외측	Owen et al., 1996
시각 운동 기술 학습	배외측	Doyon et al., 1996
언어 기억 인출	배외측	Buckner et al., 1995
		Tulving et al., 1994
	안와전두	Petrides et al., 1995
반전 학습	안와전두와 배외측	Hampshire et al., 2012
시각 정보 부호화	안와전두	Frey & Petrides, 2000
얼굴 평가	복내측과 안와전두	Mende-Siedlecki et al., 2013
불쾌한 청각 정보 부호화	안와전두	Frey et al., 2000
표정 표현이나 지각 혹은 둘 다	하측 전전두	Iidaka et al., 2001
자서전 기억	내측, 복외측	Svoboda et al., 2006

그림 16.18 ▶

고정적인 활성화 패턴 다양한 인지적 요구에 따른 전전두피질의 활성화가 양 반구의 외측 그리고 내측면에서 지도화되어 있다. 요구의 다양성에도 불구하고 전두 영역의 활성화는 명백하게 무리지어지는 양상이다. 대부분의 지점은 배외측, 복내측 그리고 전대상회 내에 나타난다.

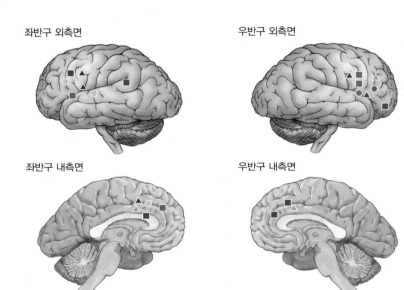

좌반구 외측면   우반구 외측면

좌반구 내측면   우반구 내측면

구분
- ● 청각 구분
- ○ 시각 분할 주의
- △ 자기 속도 반응 생산
- ▲ 과제 전환
- ■ 공간 문제 해결
- ■ 단어의 의미 처리

흑질
미상핵
기저핵 내의 중격핵
복측 피개
소뇌

▲ **도파민 활성화 체계** 흑질선조체 DA 경로(주황색 투사)는 움직임의 조절에 참여한다. 중뇌변역 DA 경로(보라색 투사)는 중독 약물에 큰 영향을 받는다. 이 경로의 비정상성은 조현병과 관련이 있을 수 있다.

◎ 16.6 전두엽 기능에 영향을 주는 질병

정신과적 혹은 신경학적 질병을 가진 많은 사람들은 전두엽 손상의 특징적 증상을 나타낸다. 전두엽 기능의 저하는 각 질병의 행동적 증상에도 약간의 영향을 미치는 것으로 보인다. 또한 만성적인 스트레스는 전두엽 뉴런들을 변형시켜 기억과 행동 기능에 영향을 준다.

조현병에서는 대체로 전두엽에서 종결되는 중뇌변연계 도파민 투사의 비정상성과 전두엽으로 흐르는 혈류의 감소와 전두엽 위축이 원인으로 보인다. 조현병 환자들은 모든 전두엽 기능 검사에서 수행 저하를 나타내며 안구 움직임 조절에서도 비정상성을 보이지만 두정엽 기능 검사에서는 정상적인 수행을 보인다.

파킨슨병은 중뇌 흑질 내 도파민성 세포의 손실과 그로 인한 흑질선조 경로의 손상으로 인하여 발생한다. 비록 이 세포들이 주로 투사하는 영역은 미상핵이지만 이들은 미상핵이 시상의 배내측 핵으로 투사하는 간접적인 경로로 전두엽에 영향을 준다. 파킨슨병 환자들은 전두엽 손상 환자들에게서 보이는 표정의 감소라는 특징을 보이며 위스콘신 카드분류 검사와 지연-반응 검사에서 손상을 보인다.

코르사코프 증후군(Korsakoff's syndrome)은 18.6절에서 자세히 설명되는데, 이는 만성적 알코올 중독과 관련된 중추신경계의 대사 질병이다. 코르사코프 환자들은 배내측 시상에 알코올에 의한 손상을 가지고 있으며 전두엽의 카테콜아민 부족을 가지고 있을 수 있다. 이들은 위스콘신 카드분류 검사와 지연-반응과 같은 공간 기억 검사를 잘 수행하지 못한다.

약물 중독의 특징은 불쾌한 결과에도 불구하고 약을 찾는 행동을 조절할 수 없다는 것이다(6.4절 참조). 약물 중독은 전형적으로 충동적이거나 강박 행동 혹은 보속 행동을 나타내는데, 이는 모두 전두엽의 기능과 관련이 있다. 16.3절에서 소개한 도박 과제와 같은 의사결정 과제를 사용한 연구 결과들은 안와전두엽 손상의 결과를 연상시키며, 영상 연구들은 극심한 금단 증상이 일어나는 동안 그리고 오랜 자제 기간 이후에도 안와전두엽의 혈류 감소가 나타남을 보여준다(Gom et al., 2005; Schoenbaum et al., 2006 개관 참조).

중독성이 있는 약물은 생쥐의 안와전두엽과 내측 전두 영역의 뉴런 구조를 변화시킨다(Robinson & Kolb, 2004 참조). 약물 중독은 중독 행동의 잘못된 의사결정과 관련된 전두엽 구조와 기능의 비정상과 관련되는 것으로 보인다.

장기적인 스트레스는 시간 기억과 목적 지향적 행동에 영향을 주는 전두엽의 뉴런 구조를 기능적으로 변화시킨다(McEwan & Morrison, 2013 개관 참조). 실험실 동물 연구들은 수컷 쥐가 만성적인 스트레스를 받으면 내측 전두엽의 시냅스 공간이 줄어들지만 안와전두엽의 시냅스 공간은 늘어난다는 것을 발견하였다. 이와는 반대로 암컷 쥐는 내측 전두엽에 반대되는 영향을 미쳤다(Garrett & Wellman, 2009). 젊은 성숙한 쥐에서 이러한 변화들은 최소한 스트레스 감소 기간에 따라 부분적으로 원상태로 회복될 수 있으나, 나이 든 동물들은 그러한 회복을 보이지 않았다. 우리는 여기서 인지 능력의 연령에 따른 감퇴가 일생 동안의 만성적 스트레스를 부분적으로 반영할 수도 있음을 추론해볼 수 있다.

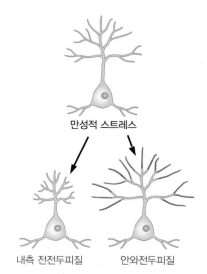

만성적 스트레스

내측 전전두피질   안와전두피질

▲ 수컷 쥐가 만성적 스트레스를 받았을 때 내측 전전두 피질 내의 수상 돌기의 길이(따라서 시냅스 공간)가 감소하지만(왼쪽) 안와전두 피질(오른쪽)의 경우 길어진다.

(Research from McEwen, B. S., and J. H. Morrison, The brain on stress: Vulnerability and plasticity of the prefrontal cortex over the life course. *Neuron* 79:16 – 29, 2013, Figure 2, p. 19 © Elsevier.)

요약

우리는 전두엽이 후두엽에서 시작되는 시각 운동과 물체 인식 기능의 종점으로 생각할 수 있다. 전두엽의 기능은 맥락과 내재적 지식에 따라 행동을 선택하는 것이다.

16.1 전두엽의 해부학

전두엽의 네 가지 구분되는 기능적 영역은 일차 운동피질, 전운동피질, 전전두피질, 전대상회이다. 운동피질은 기초적인 움직임을 담당하는 한편 전운동피질은 저장된 움직임 목록으로부터 보다 복잡한 움직임을 선택한다. 전전두피질은 기본상태 네트워크와 사회정서적 행동에 관여하는 연결망을 포함한 몇몇 확장되고 통합된 연결망에 참여함으로써 정확한 시간과 장소에 적절한 운동을 선택하는 인지 과정을 조절한다. 전대상회는 다른 대뇌 네트워크를 조절하는 확장된 현출성 네트워크의 일부를 형성한다.

16.2 전두엽의 기능 이론

전운동피질은 2개의 기능적 영역으로 나눌 수 있다. (1) 환경적 단서에 대한 반응으로 행동을 선택하는 외측 영역, (2) 내재화된 지식에 근거하여 행동을 선택하는 보조운동 영역이다. 전전두피질은 3개의 일반적 영역으로 나눌 수 있다. (1) 배외측 영역은 시간 기억에 근거하여 행동을 선택한다. (2) 안와전두피질은 정서와 보상에 관련된 의사결정에 관여한다. (3) 복내측 전전두 영역은 맥락에 맞는 행동을 선택하게 한다. 맥락은 현재 혹은 이전의 지식에 근거할 수 있으며 이는 자기 인지를 포함한다.

16.3 전두엽 손상의 증상

전두엽 손상으로 인한 증상의 범주는 개념적으로 몇 가지 범주로 나뉜다. (1) 운동 기능의 저하, (2) 확산적 사고의 상실, (3) 반응 억제와 탄력적인 행동의 손상, (4) 시간 기억의 손상, (5) 사회적 행동과 성적 행동의 손상이다. 좌우 전두 영역의 손상은 좌반구 전두엽 손상이 언어 혹은 움직임과 관련된 행동에 영향을 주며 우반구 전두엽 손상이 정서와 같은 비언어적 기능을 변화시킨다는 점에서 상호보완적이다.

16.4 지능과 전두엽

전전두피질은 영장류에게서 확장되었는데, 이것은 현대 인간에서 나타나는 보다 복잡한 문제해결 기술과 지능에 대한 전전두피질의 확장된 관여로 나타난다. 전전두피질의 활동은 문제해결, 평가, 그리고 가설 검증으로 보인다. 비록 전두엽 손상이 표준화된 지능검사에는 영향을 주지 않지만, 두정-전두 연결망의 활성화는 유동 지능이라고 불리는 문제해결의 측정에 관련되는 것으로 보인다.

16.5 전두엽 기능의 영상 연구

영상 연구 결과들은 주의 과제, 감각 구분 과제, 운동 과제, 공간 문제 해결, 단어의 의미 처리와 같은 광범위하게 다른 인지적 요구를 가진 과제들에 대한 전두엽의 관여를 보여준다.

16.6 전두엽 기능에 영향을 주는 질병

전두엽 기능의 이상은 특히 조현병, 파킨슨병, 코르사코프 증후군, 약물 중독을 포함한 다양한 행동적 질병에서 나타난다. 전두엽의 기능 이상은 장기적인 스트레스로 인해서도 일어날 수 있다.

참고문헌

Amiez, C., P. Kostopoulos, A. S. Champod, and M. Petrides. Local morphology predicts functional organization of the dorsal premotor region in the human brain. *Journal of Neuroscience* 26:2724–2731, 2006.

Bechara, A., D. Tranel, and H. Damasio. Characterization of the decision-making deficit of patients with ventromedial prefrontal cortex lesions. *Brain* 123:2189–2202, 2000.

Benton, A. L. Differential effects of frontal lobe disease. *Neuropsychologia* 6:53–60, 1968.

Bizzi, E., and P. H. Schiller. Single unit activity in the frontal eye fields of unanesthetized monkeys during head and eye movement. *Experimental Brain Research* 10:151–158, 1970.

Blumer, D., and D. F. Benson. Personality changes with frontal and temporal lobe lesions. In D. F. Benson and D. Blumer, Eds., *Psychiatric Aspects of Neurologic Disease.* New York: Grune & Stratton, 1975.

Bonnelle, V., T. E. Ham, R. Leech, K. M. Kinnunen, M. A. Mehta, R. J. Greenwood, and D. J. Sharp. Salience network integrity predicts default mode network function after traumatic brain injury. *Proceedings of the National Academy of Sciences U.S.A.* 109: 4690–4695, 2012.

Brown, J. W. *Aphasia, Apraxia, and Agnosia: Clinical and Theoretical Aspects.* Springfield, Ill.: Charles C Thomas, 1972.

Buckner, R. The brain's default network: Origins and implications for the study of psychosis. *Dialogues in Clinical Neuroscience* 15:351–358, 2013.

Buckner, R. L., M. E. Raichle, and S. E. Petersen. Dissociation of human prefrontal cortical areas across different speech production tasks and gender groups. *Journal of Neurophysiology* 74:2163–2173, 1995.

Butter, C. M., and D. R. Snyder. Alterations in aversive and aggressive behaviors following orbital frontal lesions in rhesus monkeys. *Acta Neurobiologiae Experimentalis* 32:525–565, 1972.

Carroll, J. B. The higher-stratum structure of cognitive abilities: Current evidence supports *g* and about 10 broad factors. In H. Nyborg, Ed., *The Scientific Study of General Intelligence: Tribute to Arthur R. Jensen*, pp. 5–21. Amsterdam: Pergamon, 2003.

Cattell R. B. *Abilities: Their Structure, Growth and Action.* Boston: Houghton-Mifflin, 1971.

Chapados, C., and M. Petrides. Impairment only on the fluency subtest of the frontal assessment battery after prefrontal lesions. *Brain* 136(Pt 10):2966–2978, 2013.

Colom, R., S. Karama, R. E. Jung, and R. J. Haier. Human intelligence and brain networks. *Dialogues in Clinical Neuroscience* 12:489–501, 2010.

Deary, I. J., L. Penke, and W. Johnson. The neuroscience of human intelligence differences. *Nature Reviews Neuroscience* 11:201–211, March 2010.

de Renzi, E., and P. Faglioni. Normative data and screening power of a shortened version of the Token Test. *Cortex* 14:41–49, 1978.

Doyon J., R. Laforce, G. Bouchard, D. Gaudreau, J. Roy, M. Poirier, P. J. Bedard, F.

Doyon, J., A. M. Owen, M. Petrides, V. Sziklas, and A. C. Evans. Functional anatomy of visuomotor skill learning in human subjects examined with positron emission tomography. *European Journal of Neuroscience* 8:637–648, 1996.

Dubois, B., A. Slachevsky, I. Litvan, and B. Pillon. The FAB: A frontal assessment battery at bedside. *Neurology* 55:1621–1626, 2000.

Duncan, J., and A. M. Owen. Common origins of the human frontal lobe recruited by diverse cognitive demands. *Trends in Neuroscience* 23:475–483, 2000.

Freedman, M., and M. Oscar-Berman. Bilateral frontal lobe disease and selective delayed response deficits in humans. *Behavioral Neuroscience* 100:337–342, 1986.

Frey, S., P. Kostopoulous, and M. Petrides. Orbitofrontal involvement in the processing of unpleasant auditory information. *European Journal of Neuroscience* 12:3709–3712, 2000.

Frey, S., and M. Petrides. Orbitofrontal cortex: A key prefrontal region for encoding information. *Proceedings of the National Academy of Sciences U.S.A.* 97:8723–8727, 2000.

Funahashi, S., C. J. Bruce, and P. S. Goldman-Rakic. Perimetry of spatial memory representation in primate prefrontal cortex. *Society for Neuroscience Abstracts* 12:554, 1986.

Fuster, J. M., M. Bodner, and J. K. Kroger. Cross-modal and cross-temporal association in neurons of frontal cortex. *Nature* 405:347–351, 2000.

Gardner, H. *Frames of the Mind.* New York: Basic Books, 1983.

Garrett, J. E., and C. L. Wellman. Chronic stress effects on dendritic morphology in medial prefrontal cortex: Sex differences and estrogen dependence. *Neuroscience* 162:195–207, 2009.

Genovesio, A., S. P. Wise, and R. E. Passingham. Prefrontal-parietal function: From foraging to foresight. *Trends in Cognitive Sciences* 18:72–81, 2014.

Gom, G., B. Sabbe, W. Hulstijn, and W. van den Brink. Substance use disorders and the orbitofrontal cortex. *British Journal of Psychiatry* 187:209–220, 2005.

Goodall, J. *The Chimpanzees of Gombe.* Cambridge, Mass.: Harvard University Press, 1986.

Guilford, J. P. *The Nature of Human Intelligence.* New York: McGraw-Hill, 1967.

Guitton, D., H. A. Buchtel, and R. M. Douglas. Disturbances of voluntary saccadic eye-movement mechanisms following discrete unilateral frontal-lobe removals. In G. Lennerstrand, D. S. Lee, and E. L. Keller, Eds., *Functional Basis of Ocular Motility Disorders.* Oxford: Pergamon, 1982.

Habib, L., Nyberg, L., and Tulving, E. Hemispheric asymmetries of memory: The HERA model revisisted, 3. *Trends in Cognitive Sciences* 7: 241–245, 2003.

Hampshire, A., A. M. Chaudhry, A. M. Owen, and A. C. Roberts. Dissociable roles for lateral orbitofrontal cortex and lateral prefrontal cortex during preference driven reversal learning. *NeuroImage* 59:4102–4112, 2012.

Hebb, D. O. Man's frontal lobes: A critical review. *Archives of Neurology and Psychiatry* 54:10–24, 1945.

Hsu, M., M. Bhatt, R. Adolphs, D. Tranel, and C. F. Camerer. Neural systems responding to degrees of uncertainty in human decision-making. *Science* 310:1680–1684, 2005.

Iidaka, T., M. Omori, T. Murata, H. Kosaka, Y. Yonekura, T. Okada, and N. Sadato. Neural interaction of the amygdala with the prefrontal and temporal cortices in the processing of facial expressions as revealed by fMRI. *Journal of Cognitive Neuroscience* 15:1035–1047, 2001.

Jacobsen, C. F. Studies of cerebral function in primates. *Comparative Psychology Monographs* 13:1–68, 1936.

Jones-Gotman, M., and B. Milner. Design fluency: The invention of nonsense drawings after focal cortical lesions. *Neuropsychologia* 15:653–674, 1977.

Jones-Gotman, M., and R. J. Zatorre. Odor recognition memory in humans: Role of right temporal and orbitofrontal regions. *Brain and Cognition* 22:182–198, 1993.

Jung, R. E., and R. J. Haier. The parieto-frontal integration theory (P-FIT) of intelligence: Converging neuroimaging evidence. *Behavioral and Brain Sciences* 30:135–187, 2007.

Kolb, B., and B. Milner. Performance of complex arm and facial movements after focal brain lesions. *Neuropsychologia* 19:505–514, 1981.

Kolb, B., and L. Taylor. Affective behavior in patients with localized cortical excisions: An analysis of lesion site and side. *Science* 214:89–91, 1981.

Kuypers, H. G. J. M. Anatomy of the descending pathways. In V. B. Brooks, Ed., *Handbook of Physiology; The Nervous System, vol. 2, The Motor Systems.* Baltimore: Williams & Wilkins, 1981.

Lashley, K. S. The problem of serial order in behavior. In F. A. Beach, D. O. Hebb, C. T. Morgan, and H. W. Nissen, Eds., *The Neuropsychology of Lashley.* New York: McGraw-Hill, 1960.

Leonard, G., L. Jones, and B. Milner. Residual impairment in hand-grip strength after unilateral frontal-lobe lesions. *Neuropsychologia* 26:555–564, 1988.

Levine, B., S. E. Black, R. Cabeza, M. Sinden, A. R. Mcintosh, J. P. Toth, E. Tulving, and D. T. Stuss. Episodic memory and the self in a case of isolated retrograde amnesia. *Brain* 121:1951–1973, 1998.

Luria, A. R. *The Working Brain.* New York: Penguin, 1973.

Luria, A. R., and E. D. Homskaya. Disturbance in the regulative role of speech with frontal lobe lesions. In J. M. Warren and K. Akert, Eds., *The Frontal Granular Cortex and Behavior.* New York: McGraw-Hill, 1964.

McEwen, B. S., and J. H. Morrison. The brain on stress: Vulnerability and plasticity of the prefrontal cortex over the life course. *Neuron* 79:16–29, 2013.

Mende-Siedlecki, P., C. P. Said, and A. Todorov. The social evaluation of faces: A meta-analysis of functional neuroimaging studies. *Social and Cognitive Affective Neuroscience* 8:285–299, 2013.

Miller, L. Cognitive risk taking after frontal or temporal lobectomy I: The synthesis of fragmented visual information. *Neuropsychologia* 23:359–369, 1985.

Milner, B. Some effects of frontal lobectomy in man. In J. M. Warren and K. Akert, Eds., *The Frontal Granular Cortex and Behavior.* New York: McGraw-Hill, 1964.

Milner, B., P. Corsi, and G. Leonard. Frontal cortex contribution to recency judgements. *Neuropsychologia* 29:601–618, 1991.

Mishkin, M., and F. J. Manning. Non-spatial memory after selective prefrontal lesions in monkeys. *Brain Research* 143:313–323, 1978.

Moorhouse P., M. Gorman, and K. Rockwood. Comparison of EXIT-25 and the Frontal Assessment Battery for evaluation of executive dysfunction in patients attending a memory clinic. *Dementia, Geriatric and Cognitive Disorders* 27:424–428, 2009.

Owen, A. M., J. J. Downes, B. J. Sahakian, C. E. Polkey, and T. W. Robbins. Planning and spatial working memory following frontal lobe lesions in man. *Neuropsychologia* 28:1021–1034, 1990.

Owen, A. M., B. Milner, M. Petrides, and A. C. Evans. Memory for object features versus memory for object location: A positron-emission tomography study of encoding and retrieval processes. *Proceedings of the National Academy of Sciences U.S.A.* 93:9212–9217, 1996.

Owen, A. M., B. J. Sahakian, J. R. Hodges, R. A. Summers, C. E. Polkey, and T. W. Robbins. Dopamine-dependent fronto-striatal planning deficits in early Parkinson's disease. *Neuropsychology* 9:126–140, 1995.

Passingham, R. E. Memory of monkeys (*Macaca mulatta*) with lesions in prefrontal cortex. *Behavioral Neuroscience* 99:3–21, 1985.

Passingham, R. E. *The Frontal Lobes and Voluntary Action.* Oxford: Oxford University Press, 1993.

Passingham, R. E., and S. P. Wise.*The Neurobiology of the Prefrontal Cortex: Anatomy, Evolution, and the Origin of Insight.* New York: Oxford University Press, 2012.

Perret, E. The left frontal lobe of man and the suppression of habitual responses in verbal categorical behavior. *Neuropsychologia* 12:323–330, 1974.

Petrides, M. Functional specialization within the dorsolateral frontal cortex for serial order memory. *Proceedings of the Royal Society, London B* 246:299–306, 1991.

Petrides, M. Visuo-motor conditional associative learning after frontal and temporal lesions in the human brain. *Neuropsychologia* 35:989–997, 1997.

Petrides, M. Mapping prefrontal cortical systems for the control of cognition. In A. W. Toga and J. C. Mazziotta, Eds., *Brain Mapping: The Systems*, pp. 159–176. San Diego: Academic Press, 2000.

Petrides, M., B. Alivisatos, and A. C. Evans. Functional activation of the human ventrolateral frontal cortex during mnemonic retrieval of verbal information. *Proceedings of the National Academy of Sciences U.S.A.* 92:5803–5807, 1995.

Petrides, M., and B. Milner. Deficit on subject ordered tasks after frontal- and temporal-lobe lesions in man. *Neuropsychologia* 20:249–262, 1982.

Petrides, M., and D. N. Pandya. Dorsolateral prefrontal cortex: Comparative cytoarchitectonic analysis in the human and the macaque brain and corticocortical connection patterns. *European Journal of Neuroscience* 11:1011–1136, 1999.

Price, J. L., and W. C. Drevets. Neural circuits underling the pathophysiology of mood disorders. *Trends in Cognitive Sciences* 16:61–71, 2012.

Ramier, A. M., and H. Hecaen. Rôle respectif des atteintes frontales et de la latéralisation lésionnelle dans les déficits de la "fluence verbale." *Revue de Neurologie* 123:17–22, 1970.

Reitan, R. M., and L. A. Davison. *Clinical Neuropsychology: Current Status and Application.* New York: Wiley, 1974.

Robinson, T. E., and B. Kolb. Structural plasticity associated with drugs of abuse. *Neuropharmacology* 47(Suppl 1):33–46, 2004.

Roland, P. E., and L. Friberg. Localization of cortical areas activated by thinking. *Journal of Neurophysiology* 3:1219–1243, 1985.

Roland, P. E., B. Larsen, N. A. Lassen, and E. Skinhoj. Supplementary motor area and other cortical areas in organization of voluntary movements in man. *Journal of Neurophysiology* 43:118–136, 1980.

Rolls, E. T. The orbitofrontal cortex. In A. C. Roberts, T. W. Robbins, and L. Weizkrantz, Eds., *The Prefrontal Cortex: Executive and Cognitive Functions*, pp. 67–86. Oxford: Oxford University Press, 1998.

Rose, J. E., and C. N. Woolsey. The orbitofrontal cortex and its connections with the mediodorsal nucleus in rabbit, sheep and cat. *Research Publications of the Association of Nervous and Mental Disease* 27:210–232, 1948.

Ross, T. P., E. Hanouskova, K. Giarla, E. Calhoun, and M. Tucker. The reliability and validity of the self-ordered pointing task. *Archives of Clinical Neuropsychology* 22:449–458, 2007.

Roy, M., D. Shohamy, and T. D. Wager. Ventromedial prefrontal-subcortical systems and the generation of affective meaning. *Trends in Cognitive Sciences* 16:147–156, 2012.

Schoenbaum G., M. R. Roesch, and T. A. Stalnaker. Orbitofrontal cortex, decision-making and drug addiction. *Trends in Neuroscience* 29:116–124, 2006.

Shallice, T. *From Neuropsychology to Mental Structure.* Cambridge, U.K.: Cambridge University Press, 1988.

Shallice, T., and P. Burgess. Deficits in strategy application following frontal lobe damage in man. *Brain* 114:727–741, 1991.

Shallice, T., and M. E. Evans. The involvement of the frontal lobes in cognitive estimation. *Cortex* 14:294–303, 1978.

Smith, M. L., and B. Milner. Differential effects of frontal-lobe lesions on cognitive estimation and spatial memory. *Neuropsychologia* 22:697–705, 1984.

Spearman C. *The Abilities of Man.* New York: Macmillan, 1927.

Stitt, C., and D. Huntington. Some relationships among articulation, auditory abilities, and certain other variables. *Journal of Speech and Learning Research* 12:576–593, 1969.

Svoboda, E., M. C. McKinnon, and B. Levine. The functional neuroanatomy of autobiographical memory: A meta-analysis. *Neuropsychologia* 44:2189–2208, 2006.

Taylor, L. Psychological assessment of neurosurgical patients. In T. Rasmussen and R. Marino, Eds., *Functional Neurosurgery.* New York: Raven, 1979.

Teuber, H. L. The riddle of frontal lobe function in man. In J. M. Warren and K. Akert, Eds., *The Frontal Granular Cortex and Behavior.* New York: McGraw-Hill, 1964.

Teuber, H. L. Unity and diversity of frontal lobe function. *Acta Neurobiologiae Experimentalis* 32:615–656, 1972.

Tulving, E. Episodic memory: From mind to brain. *Annual Review of Psychology* 53:1–25, 2002.

Tulving E., S. Kapur, F. I. Craik, M. Moscovitch, and S. Houle. Hemispheric encoding/retrieval asymmetry in episodic memory: Positron emission tomography findings. *Proceedings of the National Academy of Sciences U.S.A.* 91:2016–2020, 1994.

Walker, E. A., and D. Blumer. The localization of sex in the brain. In K. J. Zulch, O. Creutzfeldt, and G. C. Galbraith, Eds., *Cerebral Localization.* Berlin and New York: Springer-Verlag, 1975.

Woolgar, A., A. Parr, R. Cusack, R. Thompson, I. Nimmo-Smith, T. Torralva, M. Roca, N. Antoun, F. Manes, and J. Duncan. Fluid intelligence loss linked to restricted regions of damage within frontal and parietal cortex. *Proceedings of the National Academy of Sciences U.S.A.* 107:14899–14902, 2010.

Zangwill, O. L. Psychological deficits associated with frontal lobe lesions. *International Journal of Neurology* 5:395–402, 1966.

17

피질 네트워크와
분리 증후군

서로 의도가 어긋나서

대형 정신병원의 관리자인 D.M.은 두통과 기억 문제를 호소하기 시작했다. 신경검사에서는 제3뇌실에서 낭종을 발견했다(그림 3.11 참조).

치료를 위해 유일하게 가능했던 방법은 D.M.의 증상을 야기하는 높은 뇌압을 줄이기 위해 낭종을 제거하는 것이었다. 수술 과정은 비교적 간단했는데, 신경외과의사가 캐뉼라(cannula)를 뇌의 위쪽에서부터 뇌량과 뇌간 일부분을 통과해 삽입하고 낭종을 제거하면 되었다.

수술은 성공적이었고 D.M.도 빠른 회복을 보였다. 두통이 사라졌고, 기억력도 향상되었으며, 곧 직장으로 복귀할 수 있었다. 1년 정도 후에 약간의 기억력 문제가 남아 있긴 했지만, D.M.은 수술이 성공적이었다는 것을 다행이라고 생각하고 지내고 있었다. 그러나 한 가지 새로운 증상이 그를 괴롭혔다. 그는 평소 직소 퍼즐을 맞추면서 휴식을 취하곤 했는데, 수술 이후에는 그 과정이 당혹스러울 만큼 매우 어렵다고 느끼게 되었다.

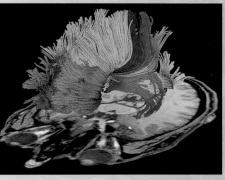

인간 뇌량의 형상. 확산텐서자기공명영상을 이용한 포괄적인 섬유 추적 방법

(Hofer, Frahm. *NeuroImage*, 32(3):989-994, 2006 © Elsevier.)

신경과 주치의는 D.M.이 퍼즐처럼 특정 유형의 과제를 수행할 때, 양손이 적절히 함께 작동하지 않음을 발견하였다. 예를 들어, 왼손과 오른손이 각각 퍼즐조각을 집어 들었을 때, D.M.은 자기도 모르는 사이에 양손의 조각을 모두 같은 한 곳에 맞추려 하곤 했다. 그러니 당황스러웠을 수밖에!

담당의사가 뇌량의 일부분을 잘라냈을 때, 양 반구의 손 움직임과 관련된 부분을 서로 이어주는 연결 또한 끊어진 것이다. 이 때문에 D.M.의 오른손은 문자 그대로 왼손이 하는 일을 몰랐던 것이다. 그림에 제시되어 있는 확산텐서영상(DTI)은 한 남성의 뇌량에서 양 반구로 뻗어나가는 신경섬유다발을 보여준다. 전전두엽으로 뻗어나가는 영상은 초록색으로, 전운동과 보조운동 영역으로 뻗어나가는 것은 하늘색으로, M1 영역은 짙은 파란색, S1 영역은 빨간색, 두정엽은 주황색, 후두엽은 노란색, 그리고 측두엽은 보라색으로 표시되었다.

앞 장에서는 다양한 피질 영역들 간의 연결성을 살펴보았고 대표적으로 시각 처리 기제의 배측 경로와 복측 경로에서의 연결성을 논의하였다. 하지만 이 연결성이 손상되었을 때 어떤 일들이 발생하는지는 살펴보지 않았는데, 이 장에서는 피질 간 연결성과 대뇌 연결의 해부학적 구조를 간단히 살펴보는 것을 시작으로 대뇌 연결성이 단절되었을 때의 영향에 대해 살펴보겠다.

또한 최신의 연결성 연구들에 의해 알려지게 된 뇌 네트워크의 구조를 살펴보고, 분리 증후군의 모델로서 분리뇌 환자를 탐구했던 Roger Sperry의 연구들을 다시 살펴보도록 하겠다. 더불어 피질 손상의 세 가지 전형적인 증상(실어증, 실행증, 실인증)에 대해 분리 증후군 관점에서 재해석했던 Norman Geschwind의 모델에 대해 다시 다루고자 한다.

17.1 분리된 인지 기능

사례 보기에 묘사된 D.M.의 증상을 이해하기 위해서 피질의 손상이 행동에 미치는 영향에 대해 다시 살펴보자. 앞서 제13~16장에서는 여러 뇌 손상들과 특정 행동의 결함 양상을 연결지어보았고, 이를 통해 특정 영역의 뇌기능을 추론해볼 수 있었다. 또한 다양한 행동 과제를 수행함에 따라 뇌의 활동이 국재화되어 나타나는 것을 보여주는 영상 연구 결과들도 살펴보았다. 이러한 논의들을 통해 다음의 두 가지 결론을 내릴 수 있다.

1. **해부학적으로 정의된 대뇌피질 영역들은 각각 매우 다양한 인지 활동에 관여한다.** 예를 들면, 측두엽은 시각이나 청각뿐만 아니라 복잡한 인지 기능인 기억, 언어, 감정 등에도 관여한다.

2. **대뇌피질 영역 각각이 서로 다른 인지 활동에 관여하기는 하지만, 또한 놀랍도록 기능이 겹치기도 한다.** 예를 들어 매우 다양한 기능을 하는 전두엽의 세포들은 시각, 청각, 체감각, 후각, 미각 자극에 반응하며 기억, 언어, 정서에 특화되어 있다. 만약 우리가 해부학적 영역에 따라 기능이 달라진다고 가정한다면 이처럼 각기 다른 영역들이 유사한 기능을 수행하는 현상에 대한 가장 간단한 설명은, 이 영역들이 사실상 거의 모든 신경 기능에 다양하게 기여하고 여러 영역을 통합하는 신경 네트워크에 참여한다는 것이다.

바로 이러한 속성에 의하면 네트워크는 연결성들을 의미한다(10.3절의 커넥톰 참조). 대뇌 간 연결이 단절되는 것을 **분리**(disconnection)라 하며, 그에 따라 나타나는 행동적 영향들을 **분리 증후군** (disconnection syndrome)이라 한다. D.M.의 분리 증후군은 제3뇌실의 낭종을 제거하기 위한 수술 과정에서 생긴 우연한 결과였다.

대뇌 영역들의 연결성 단절인 '분리'로 인해 나타나는 행동적 변화들은 예상할 수 없이 이상한 양상일 수 있고, 여전히 연결은 되어 있지만 영역들 중 어느 한쪽이 국지적으로 손상되는 경우 나타날 수 있는 행동적 변화와도 다른 양상을 보인다. **그림 17.1**은 John Downer(1961)가 원숭이에게 처치했던 두 가지 다른 형태의 분리 실험을 보여준다. 이 연구에서는 원숭이들의 두 반구를 연결하는 교련들을 절단하였고, 좌반구 편도체가 제거되었다.

◉ 그림 17.1 ▼

Downer의 실험 (A) 정상 원숭이 뇌의 해부도. (B) 교련이 절단되어 좌반구 편도체가 제거되고 오른쪽 눈을 덮는 교합 장치가 있는 원숭이는 시각적 자극에 대한 전형적인 반응을 보이지 않으며 '길들여진' 듯한 모습을 보인다고 묘사된다. (C) 왼쪽 눈을 가린 동일한 원숭이는 시각 자극에 대한 종의 전형적인 행동을 나타내며 '야생적인' 모습을 보인다.

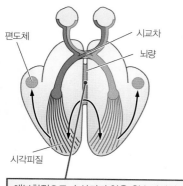

(A) 정상 원숭이

편도체
시교차
뇌량
시각피질

해부학적으로 손상되지 않은 원숭이에서 반구는 시교차와 뇌량을 포함하는 교련으로 연결된다.

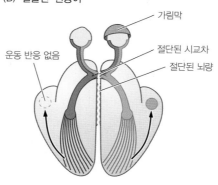

(B) '길들인' 원숭이

가림막
운동 반응 없음
절단된 시교차
절단된 뇌량

교련이 분리되고 오른쪽 눈이 가려지고 좌반구 편도체가 제거되어 시각 정보를 운동계에서 사용할 수 없게 된다.

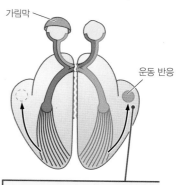

(C) '야생' 원숭이

가림막
운동 반응

교련이 분리되고 우반구 편도체가 손상되지 않고 왼쪽 눈이 가려지면 우반구 회로가 활성화되어 종의 전형적인 행동이 나타난다.

연구자들은 가리개를 이용하여 동물의 한쪽 눈을 가린 뒤에 다른 쪽의 눈에 공포 반응을 유발하는 물체를 제시하였다. 물체가 편도체가 제거된 반구 쪽으로 정보가 전달되는 눈에 제시되었을 때는, 매우 얌전하고 '길들인' 반응을 보였다(그림 17.1B 참조). 하지만 반대로 온전한 편도체가 있는 쪽으로 신호를 전달하는 눈에 물체가 제시되었을 때에는, 위협에 반응하는 전형적인 공포 반응을 보였고 '야생' 모습을 보였다(그림 17.1C 참조). 이러한 Downer의 연구 결과는 다음과 같이 설명될 수 있다.

동물이 시각 자극에 대해 각 종에서 보이는 일반적인 방어 반응을 하기 위해서는, 자극 정보가 눈에서 시각피질로 전달되어야 하고, 측두엽을 통해서 편도체로 전달되어야 하며, 편도체로부터 뇌간과 전두엽으로 전달되어야 한다. 이러한 연결들은 각각 자율 반응, 운동, 표정 등을 활성화하게 된다. 반면 대뇌 연결성이 분리되었을 때는 한쪽 눈으로 들어온 시각 정보가 한쪽 반구로만 투사된다. 만약 그 반구가 온전한 편도체를 가지고 있다면 행동을 활성화하는 회로가 온전할 것이고, 각 동물들이 보이는 종 특유성과 전형적인 행동을 나타낼 것이다. 하지만 편도체가 온전하지 않다면 시각 정보는 운동계와 연결되지 못하고, 종 특유적 방어 행동도 유발하지 못할 것이다. 만약 교련들이 절단되지 않았다면 양상은 달랐을텐데, 한쪽 반구에서 시작된 정보는 다른 쪽으로 전달될 수 있고, 어느 쪽으로 전달되었든 두 눈 모두 온전한 편도체에 대한 접근이 가능했을 것이기 때문일 것이다(그림 17.1A).

17.2 대뇌 연결성의 해부학적 구조

세 가지 대표적인 유형의 신경다발 경로(연합섬유, 투사섬유, 교련섬유)가 신피질을 연결한다.

- 연합 경로는 (1) 멀리 떨어진 신피질 영역들을 연결하는 긴 섬유 다발이나, (2) 근접한 신피질 영역들을 연결하는 짧고, 피질하에 위치한 U자 모양의 섬유다발로 나누어진다(그림 3.27).
- 투사 경로는 하위 뇌 영역들로부터 신피질로 뻗어나가는 섬유(예 : 시상으로부터의 투사)와 반대로 신피질에서 뇌간과 척수로 내려가는 섬유가 있다.
- 교련 경로는 두 반구를 이어주며, 주로 뇌량, 전교련, 그리고 해마 교련을 포함한다. 뇌량(라틴어 *callus*에서 유래되었으며 '단단한 몸통'을 의미)은 신피질 영역들의 주요 연결 고리 역할을 한다. 인간의 경우 뇌량은 2~8억 개의 섬유로 이뤄져 있는데, 그중 절반가량은 축색이 수초로 둘러싸여 있지 않은 무수초화 섬유(unmyelinated fiber)이고 크기가 작다. 전부는 아니라 할지라도 두 반구 대부분 영역은 서로 연결되어 있다.

그림 17.2는 붉은털원숭이의 두 반구 사이 교련 연결의 패턴을 보여준다. 대부분의 일차 시각피질(V1 영역)은 시각 세계의 정중선을 나타내는 부분인 시각 자오선(visual meridian) 부분을 제외하고는 양 반구 간의 연결성이 거의 없다. 기능적 관점에서 보자면 V1은 좌우 시각 세계를 지형적으로 표상하는데, 그 표상들은 서로 연결될 필요가 없다는 것이다.

서로 멀리 떨어진 사지(주로 손과 발)를 관장하는 운동과 체감각 영역들도 교련 연결이 거의 없다. 그들의 핵심 기능은 서로 독립적으로 작동하는 것이기 때문에, 이러한 연결들이 필수적이지는 않다고 볼 수 있을 것이다.

반구 간의 연결을 수용하는 영역들에서 투사밀도는 일정하지 않다(그림 17.2A). 신체 정중선을 표상하는 피질 영역들인 시각 영역의 중앙 자오선, 청각 영역, 그리고 몸통의 체감각피질과 운동피질 등이 대부분 가장 높은 밀도의 연결성을 갖는다.

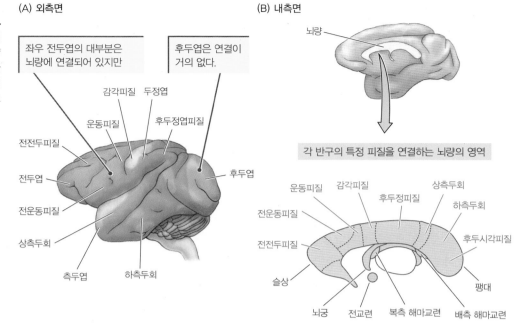

🎯 **그림 17.2** ▶

교련 연결의 패턴 (A) 빨간색 음영 영역은 붉은털원숭이 피질의 대뇌반구에서 뇌량을 통해 투사받는 영역을 보여준다. (B) 방사능 표지가 원숭이 피질의 특정 위치에 주입된 후 운반된 빨간색으로 표시된 구역을 보여주는 뇌량 영역

(Research from Pandya and Seltzer, 1986.)

(A) 외측면

좌우 전두엽의 대부분은 뇌량에 연결되어 있지만

후두엽은 연결이 거의 없다.

감각피질 두정엽
운동피질
전전두피질
후두정엽피질
전두엽
후두엽
전운동피질
상측두회
측두엽 하측두회

(B) 내측면

뇌량

각 반구의 특정 피질을 연결하는 뇌량의 영역

운동피질 감각피질 상측두회
전운동피질 후두정피질 하측두회
전전두피질
후두시각피질
슬상 팽대
뇌궁 전교련 복측 해마교련 배측 해마교련

이러한 배치가 갖는 기능적 유용성은 신체의 움직임이나 활동들은 반구 간의 협력을 필요로 한다는 데 있다. 뇌량의 기능과 관련된 대표적인 가설은 **지퍼 가설**(zipper hypothesis)인데, 이는 뇌량이 대뇌 종렬(longitudinal fissure)에 의해 구분되는 신체의 중심 부분들과 주요 공간의 표상을 같이 엮어준다는 것이다.

뇌량의 연결은 아래의 세 가지 일반적인 범주로 구분되는 양상을 보인다.

1. 대부분의 뇌량의 투사는 지형적 특징을 띤다. 그들은 동일한 **위치 영역**(homotopic area), 즉 신체의 정중선과 관련된 두 대뇌반구의 동일 영역을 연결하는데, 이는 두 영역을 기능적으로 하나로 묶기 위한 것으로 추측된다.

2. 한쪽 반구 내에 있는 투사 영역은 반대편 반구의 동일 위치에 있는 영역들과 밀접한 관련성을 유지한다. 예를 들어 V1 영역은 V2 영역과 연결되어 있는데, 같은 반구 내에서만 연결되어 있는 것이 아니라 반대편 반구와도 연결되어 있다. 한쪽 반구에 있는 V1 영역은 반대편 반구에 있는 V2 영역에도 연결을 보낸다.

3. 한 그룹의 투사 묶음은 분산된 형태의 종말 분포를 갖고 있는데, 이는 아마도 한쪽 반구 내에 있는 적절한 영역들에게 다른 쪽도 활성화되어 있음을 알리기 위한 것처럼 보인다.

뇌량 내에 위치한 섬유 투사의 위치는 매우 정교하다. 그림 17.2B는 붉은털원숭이의 패턴을 보여준다. 뇌량의 앞 부분은 슬상('무릎')이라고 불리는데, 이 영역은 전전두엽에서부터 투사된 섬유들을 포함하고 있다. 뇌량의 몸통을 가로지르는 섬유들은 앞에서부터 순서대로 전운동, 운동, 체감각, 후두정 피질로 투사한다. 팽대(splenium)라 불리는 뇌량의 뒤쪽에 위치한 섬유들은 상측두엽, 하측두엽, 그리고 시각피질들에서 투사된다. 이 장의 사례 보기에서 제시된 DTI 그림을 보면 인간의 뇌에서 나타나는 투사의 위치와 구조는 원숭이의 것과 대체로 비슷한데, 다만 하늘색으로 표현된 운동 연결들이 더 광범위해 보인다.

　　그림 17.2B에서 동그라미 모양으로 그려진 전교련은 뇌량보다 훨씬 작으며 측두엽의 앞 부분, 편도체, 그리고 편도체를 둘러싸는 측두엽의 변연방피질들을 연결한다. 뇌량이 없이 태어난 사람들의 경우 신피질의 많은 영역들을 연결하기 위해 전교련이 굉장히 확장되어 있다.

🎯 17.3 피질 네트워크 및 허브

커넥톰 연구들은 (1) 복잡한 인지적 작동의 기저에 놓인 광범위한 신경 네트워크를 증명하고, (2) 신경 네트워크의 구조를 밝히며 네트워크가 대뇌기능들과 어떻게 연관되어 있는지 밝히고자 한다. 뇌의 네트워크는 DTI 추적 방법(**그림 17.3A** 왼쪽)을 통한 신경영상 자료에서 추출할 수 있고, 그림 17.3A 오른쪽에서 보이는 것과 같이 노드(node, 신경세포로 구성된 단위)의 묶음과 에지(edge, 그들 간의 연결)에 의해서 수학적으로 설명될 수 있다.

　　노드는 관련된 다른 노드와 서로 연결되고, 그림 17.3B에서 도식화된 것과 같이 기능적 모듈로 뭉쳐진다. 개별 모듈은 허브라고 불리는 노드를 통해 상호 연결성을 유지하고 모듈 간에 연결성은 많지 않은 모습을 띤다. 지역적 허브는 같은 모듈 안에서 주로 비슷한 노드들과 연결되는 특징을 보이며, 커넥터 허브는 다른 모듈에 있는 또 다른 커넥터 허브와 연결되는 노드이다. 수학적 분석들을 통해 특히 촘촘하게 연결된 허브 영역이 발견되기도 했는데, 이 영역들은 다른 영역과 다른 높은 대사 활동을 필요로 하고, 뇌 전반에 걸친 효율적인 의사소통과 기능적 통합에 기여하는 것으로 간주되고 있다(van den Heuvel & Sporns, 2013 참조).

　　그림 17.4는 사람의 뇌에서 발견된 피질 허브 영역들의 연결성을 요약해서 제시하였는데, 설전부(내측 두정엽 영역으로 후두엽 바로 앞에 위치), 전측 및 후측 대상엽, 뇌섬엽, 상측 전전두엽 피질, 측두

(A) 확산텐서영상(DTI) 추적 방법

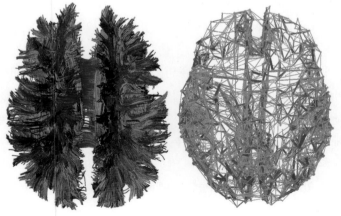

(B) 가상의 네트워크 다이어그램 가설

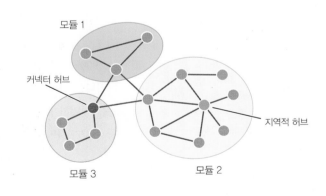

그림 17.3 ▲

영상에서 피질 네트워크까지　(A) 왼쪽에서 영상화한 신경섬유는 내측–외측(빨간색), 전측–후측(초록색) 및 배측–복측(파란색) 경로를 따라 진행된다. 오른쪽 영상, 피질 노드(빨간색) 및 가장자리(파란색)의 네트워크 다이어그램. 가장자리 폭은 각 연결 강도를 나타낸다. (B) 노드(모듈 1에 표시된 뚜껑 원으로 표시된 연결 요소)는 수많은 상호 연결을 유지하지만 다른 모듈에 대한 연결을 거의 유지하지 않는 모듈로 군집화된 다른 관련 노드와 연결된다. 지역적 허브(모듈 2)는 주로 동일한 모듈의 유사한 노드에 연결되는 노드이다. 커넥터 허브(모듈 3)는 다른 모듈의 커넥터 허브에 연결되는 노드이다.

(Part A: Patric Hagmann I Lausanne University Hospital(CHUV), Switzerland. From Sporns, Olaf. Structure and function of complex brain networks. *Dialogues in Clinical Neuroscience*, 15:247–262, 2013, Figure 4, p. 252. Part B: M. P. van den Heuvel and 0. Sporns. Network hubs in the human brain. *Trends in Cognitive Sciences* 17: 683– 696, 2013, Figure 1, p. 685. ©Elsevier)

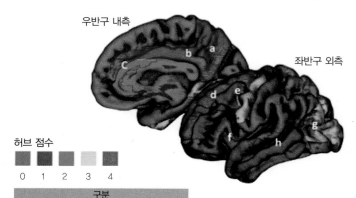

우반구 내측

좌반구 외측

허브 점수

0 1 2 3 4

구분	
a 설전부	e 배외측 전전두엽
b 후대상피질	f 뇌섬엽
c 전대상피질	g 후두
d 상측 전두엽	h 상·중 측두회

그림 17.4 ▲

피질 허브 대뇌피질의 가장 연결된 허브는 여기에 매핑되고 연결 정도에 따라 등급이 매겨지며 허브 점수 색상으로 표시되어 있다. 빨간색으로 표시된 영역이 가장 높은 연결성을 갖는다.

(M.P. van den Heuvel and O. Sporns Network hubs in the human brain, *Trends in Cognitive Sciences* 17: 683–696, 2013, Figure 2B, p. 686. © Elsevier)

엽 피질, 그리고 외측 두정피질과 같은 영역들을 포함한다. 각 허브는 16.1절에서 설명되었던 **기본상태 네트워크**와 **현출성 네트워크** 등과 같이 여러 fMRI와 MEG 연구에 의해서 정의된 다양한 뇌 네트워크에 포함된다. 피질 허브들 간의 연결성에서 나타나는 개인차는 지능(16.4절 참조)이나 '사회적 뇌'(20.6절 참조)와 관련하여 연구되어 왔다. 피질 허브는 상대적으로 뇌 발달 초기에 등장하여 청소년기까지 그 기능적 상호작용을 증가시킨다. 아직까지 경험이 뇌 네트워크와 허브 발달에 미치는 영향을 알아본 연구는 드물지만, 후성적 영향들이 네트워크를 변화시켜서 광범위한 인지적 기술들의 개인차를 야기할 것으로 보인다.

조기 음악 훈련이 뇌 연결성에 미치는 영향을 알아본 한 연구는 경험의 후성적 영향력에 대한 강력한 증거를 제공한다. Steele과 동료들(2013)은 DTI를 사용하여 일찍 훈련을 시작한 음악가들과 늦게 훈련을 시작한 음악가들의 백질 구조를 비교하였다. 7세 이전에 훈련을 시작한 음악가들은 늦게 훈련을 시작한 집단에 비해 좌우 반구의 체감각 영역을 연결시키는 후측 뇌량의 크기가 상대적으로 컸다 (**그림 17.5**). 이 연구가 그림 17.4에 표시된 핵심 허브 간의 연결성을 구체적으로 살펴본 것은 아니지만, 조기 경험이 피질 연결성에 영향을 미칠 수 있음을 보여주는 사례라고 할 수 있다.

🎯 **17.4 분리의 행동적 영향**

뇌량 분리의 임상적 효과는 Carl Wernicke(1874)에 의해서 처음으로 진지하게 고려되었고, 초기 신경학의 중요한 연구 주제가 되었다. Wernicke는 전측 언어 영역과 후측 언어 영역을 연결하는 섬유가 손상되었을 때 나타날 수 있는 실어증 증후군인 **전도 실어증**(conduction aphasia)에 대해 언급하였다. 이 증상은 말소리와 움직임은 유지가 되지만, 정보가 한 영역에서 다른 영역으로 전달되지 못하기 때문에 언어가 장애를 받는다. 1892년에 Joseph Dejerine은 처음으로 뇌량의 병리에서 기인한 특징적인 행동적 손상을 증명하기도 하였다.

1900년대 무렵에 발표된 일련의 논문에서 Hugo Liepmann은 손상된 연결성이 대뇌 손상으로 인해 나타나는 여러 병리 현상에 있어서 중요한 원인이 된다는 점을 명확하게 보여주었다. 특정 환자의 행동을 면밀하게 분석함으로써 Liepmann은 일련의 신피질 간 분리 현상들을 보고하였다. 1906년에 해당 환자가 사망한 후 부검을 통해 Liepmann은 그 가설을 지지하는 해부학적 발견을 발표했다.

Liepmann은 연결성의 분리와 관련된 매우 많은 글을 썼는데, 특히 일부 실행증들의 원인이 분리에 의한 것일 수 있다는 의견을 제시하였다. 그에 따르면 만약 환자에게 특정한 방법으로 왼손을 쓰라는 언어적 지시를 준다면, 좌반구의 언어 영역만 그 지시를 이해할 것이라고 추론했다. 왼손을 움직이기 위해서는 **그림 17.6A**에서 보여주는 것처럼 그 신호가 좌

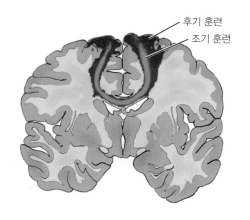

후기 훈련
조기 훈련

그림 17.5 ◀

음악 교육 및 뇌량 두 반구의 체감각 영역에서의 뇌량 연결성에 대한 초기 및 후기 음악 교육의 비교 효과. 그림에서 색상은 두 집단의 연결 밀도 차이의 정도를 나타낸다. 진한 파란색은 후기 훈련 집단에서 밀도가 1~10%로 증가하는 것을 나타낸다. 연한 파란색은 조기 훈련된 뇌에서 10% 이상의 밀도가 높은 연결을 나타낸다.

(Research from Steele, et al., 2013, Figure 2.)

(A) 정상 반응

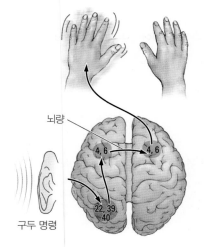

뇌량

4, 6　4, 6

22, 39, 40

구두 명령

(B) 실행증 반응

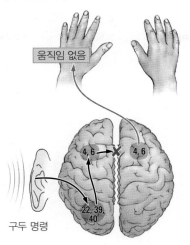

움직임 없음

4, 6　4, 6

22, 39, 40

구두 명령

그림 17.6 ◀

Liepmann의 실행증 이론　(A) 왼손을 움직이라는 구두 명령에 대한 일반적인 반응. 좌반구 후측 언어 영역 (22, 39, 40번 영역)을 통해 운동피질로 처리되고, 그다음에 뇌량을 통해 왼쪽 움직임을 제어하는 우반구 운동 영역 (4번 영역)으로 처리된다. (B) 실행증 상태에서 구두 명령은 우반구 운동피질에 왼손을 움직이라는 신호를 전달할 수 없다. 뇌량의 지그재그 선은 절단된 면을 나타낸다. 좌반구 운동피질(그림에는 보이지 않음)에서 후측 언어 영역을 분리하는 병변은 Liepmann이 제안한 것처럼 양측 실행증을 유발할 수 있다. 이는 구두 명령이 좌반구 또는 우반구 운동피질에 접근할 수 없기 때문이다.

반구에서 뇌량을 통해 이동해서 실제로는 왼손의 움직임을 담당하는 우반구의 영역에 도착해야 한다.

만일 좌반구에서 우반구로 그 명령을 전달하는 뇌량의 기능 일부를 방해한다면, 우반구의 운동 영역과 명령이 서로 연결되지 못할 것이다. 그러므로 환자가 언어적 지시나 명령을 이해했다고 해도, 왼손은 그 명령을 따르지 못할 것이다(그림 17.6B). 이러한 실행증은 왼손의 실제적인 운동을 관장하는 우반구의 운동피질의 손상에 의한 왼손의 약화나 운동 실조와는 무관하게 발생할 수 있다.

당시 Liepmann의 추론은 매우 훌륭함에도 불구하고 여러 이유로 무시되었는데, 첫째, 그의 논문은 독일어로 출판되었기 때문에 영어를 사용하는 신경학자들에게 널리 읽히지 않았다. 또한 자연적으로 뇌량에만 손상이 있는 매우 드문 유형의 환자를 제외하면, 모든 행동적 손상은 연결성과 관계없이 회백질의 손상과도 연결된다. 마지막으로 수많은 동물 연구에서는 뇌량의 절제가 중대한 행동적 변화와 관련이 없다고 보고되었었는데, 1950년대 후반과 1960년대가 되어서야 이런 동물 연구 결과들이 조악한 실험 상황과 측정 때문이었다는 것이 밝혀졌다.

1950년대 초반에 Ronald Myers와 Roger Sperry(예 : Myers, 1956; Glickstein & Sperry, 1960)에 의해서 중요한 연구 논문들이 발표되었고, 이로 인해 분리된 신피질 영역의 영향에 대한 관심이 다시 살아났다. 그들은 고양이의 뇌량을 절제한 후 행동적 효과를 검사했는데, 실험 동물들이 사실상 손상되지 않은 동물들과 잘 구별되지 않았고 대부분의 관찰과 훈련 조건에서 멀쩡해 보인다는 관찰 결과를 확인했다.

그러나 이전 연구들의 조악한 연구 결과들과 달리 Myers와 Sperry의 결과는 특정한 훈련 절차가 있을 경우 동물들이 심각한 손상을 보일 수 있음을 보여주었다. 만약 감각 정보가 각 반구로 나뉘어서 전달되면 각 반구는 개별 정보에 대해 각각의 독립적인 지각, 학습, 기억 처리를 보여주었다. 뇌량의 중요성에 대해 Sperry와 동료들이 수행한 후속 연구들을 통해 다시 한번 증명되었는데, 사람을 대상으로 한 난치성 뇌전증 치료에 대뇌 반구 간의 분리수술이 효과가 있음을 확인함으로써 뇌량이 실제로 중요한 기능을 한다는 것을 보여주었다.

Myers와 Sperry의 성공적인 실험은 뇌 안의 다른 연결성에 대해서도 관심을 일으켰다. Geschwind (1965)는 자연적으로 발생한 신피질 손상에 따른 임상적 현상들을 다양한 대뇌반구 영역의 연결성이 손상되고 있음을 암시하는 것으로 재평가하기 시작했다(Catoni & ffytche, 2005). 이와 관련하여

Mishkin(1979)은 동물 실험을 통해 서로 연관된 신피질 영역들을 서로 분리시킴으로써 사람의 분리 증후군에 대한 동물 모델을 수립하지 시작했다.

사실 신피질의 해부학적 구조는 분리가 상당히 쉽게 일어날 수 있게 되어 있는데, 그 이유는 다음과 같다.

- 일차 주요 감각 영역은 서로 직접적인 연결이 없기 때문에 쉽게 분리될 수 있다.
- 상위 수준의 감각 영역들에서도 감각계 간에 직접적인 연결이 있다 하더라도 이는 매우 적기 때문에 쉽게 분리된다.
- 반구는 대체로 대칭을 이루고 적은 수의 투사 체계에 의해서 연결되어 있기 때문에 분리하기 쉽고, 이미 알려진 것처럼 가끔은 선천적으로 분리되어 있기도 하다.

◎ 17.5 반구의 분리

수술에 의해 반구가 분리되는 경우와 관련된 연구 결과들은 실행증, 난독증, 실인증, 실서증, **실모사증**(acopia, 기하학적 도형을 따라 그리지 못하는 것), 그리고 실어증과 같은 많은 증상이 특정한 신경세포나 기능적 신피질 영역의 직접적인 손상 없이도 나타날 수 있음을 보여주었다. 이러한 증상들은 신체의 한 부분에서만 발생할 수도 있다.

반구가 분리되는 경우는 다음과 같이 세 가지 조건이 있을 수 있다. 첫째, 사람의 경우 반구 간 섬유들이 뇌전증 치료 과정에서 절단될 수 있다. 둘째, 선천적으로 반구 간 연결성이 적거나 없이 태어나거나 **뇌량 무발생**(callosal agenesis)의 경우가 있다. 셋째, 동물의 경우 기능적 체계를 추적하거나, 인간의 증상을 닮은 동물 모델을 만드는 과정이나, 반구 간 발달에 대한 기초적 질문에 대한 답을 얻는 과정에서 분리가 이뤄진다.

뇌량 절제술

11.2절에서 설명되었듯 **뇌량 절제술**(commissurotomy)은 뇌량을 수술적 방법을 통해 절단하는 것이며, 약물이 효과가 없는 난치성 뇌전증을 위한 치료법 중 하나이다. 뇌전증은 한쪽 반구(주로 측두엽)의 제한된 영역에서 시작되어 뇌량이나 전교련의 섬유를 따라 반대편 반구의 동일 영역으로 확산된다. 뇌량 절제술을 하고 나면 각 반구는 서로 반대편에 위치한 시야만 볼 수 있게 된다. 마찬가지로 각 반구는 신체의 반대편에서 오는 정보만을 주로 수용하고, 반구 반대편의 신체 움직임을 통제하게 된다.

이 수술은 편측된 언어 영역을 갖고 있는 사람의 언어를 제한하기도 한다. 그 결과, 언어 우세 반구(주로 좌반구)는 말을 할 수 있지만 그렇지 않은 반구는 언어에 관여하지 못한다. 수술 후유증으로부터 회복하기 위해서는 약 1년 정도가 필요하고, 뇌량 절제술을 받은 전형적인 환자들은 대개 2년 이내에 학교나 직장으로 복귀할 수 있다. 표준화된 의학검사에서 분리뇌 환자는 특별히 비정상적인 행동을 보이지 않으며, 일반적으로 검사점수도 정상인들과 비슷한 수준을 보인다. 환자들의 일상적인 행동도 뇌량 절제술을 받지 않은 사람들의 행동과 비슷할 것이다.

하지만 Sperry와 동료들이 분리뇌 환자들에게서 수행한 검사들(예 : Sperry, 1974)처럼 특정 검사들은 분리뇌 환자들과 정상적인 뇌 연결성을 갖고 있는 사람들 간의 차이를 잘 보여준다. 분리뇌에서는 각 반구의 반대편 반구에서는 접근할 수 없는 고유의 감각, 지각, 생각, 그리고 기억을 갖고 있다.

일반적인 검사 과정은 한쪽 반구에만 자극을 제시하고 어떠한 반응을 보이는지를 검사한다. 예를 들어 분리뇌 환자에게 눈에 보이지 않는 물체를 한손으로 만지게 하고 다른 손으로는 그와 비슷한 물체를 찾게 하면 과제를 수행하는 데 어려움을 보인다(그림 11.8 참조).

한쪽 콧구멍으로만 학습했던 향기는 다른 쪽을 통해서는 재인되지 못하고, 한쪽 시야에서 보였던 물체는 다른 쪽 시야에 제시되는 경우 인지되지 못한다. 비록 반구는 분리되어 독립적으로 기능하지만 각각 높은 수준으로 기능하고, 심지어 언어 기능도 우수하다. 비우세 반구를 통해서는 비록 말을 하지 못하지만 지시문을 이해할 수 있고, 쓰인 글씨를 읽을 수 있으며, 그림과 단어를 연결시킬 수 있고, 언급된 단어와 쓰인 단어를 연결시킬 수도 있다. 비우세 언어 능력은 명사와 관련해 가장 수행을 잘하고, 동사에서 가장 수행이 떨어진다.

비우세 반구는 그림을 모사하거나 표정을 읽거나 틀에 모형을 맞추는 등의 다양한 공간 과제에서 우세한 수행을 보인다. 비우세 반구는 자아에 대한 개념을 갖고 있고 사회적 관계와 가족, 지인, 애완동물, 소유물, 역사적이거나 사회적 인물들과 같이 사회적 관계 속에 있는 사람들에 대한 사진을 인식할 수 있다. 또한 각 반구는 배고픔이나 피로와 같은 신체의 상태에 대한 전반적인 자각도 갖고 있다.

뇌량 무발생과 조기 절제

뇌량 무발생증은 놀랍게도 사람에게서 종종 나타나는 대뇌 발육부진으로 1,000명 중 5명 정도의 유병률이 있고, 100명당 2~3명 정도의 발달장애 아동에게서 관찰된다(Bedeschi et al., 2006). 많은 경우 여러 염색체 이상이 발견되기는 하지만 모든 경우에 해당되는 것이 아니며 뇌량 무발생의 이유는 밝혀지지 않았다.

성인 뇌량 절제술 환자들에게서 얻은 결과와는 반대로, 뇌량이 없이 태어난 사람들은 시각과 촉각 정보에 대한 반구 간 비교를 수행할 수 있다. 이러한 결과에 대한 해석으로는 이들에게 남아 있는 뇌량(예 : 시각)의 전도 능력이 증가했고, 교차하지 않는 투사들(예 : 촉각 정보)에 대해 향상된 능력을 발달시켰다는 것이다.

이런 환자들은 중대한 신경심리적 결함을 보이곤 하는데, 환자의 수가 대체로 적기 때문에 이런 결과에는 변산성이 높다. 그럼에도 불구하고 Vanessa Siffredi와 동료들(2013)은 신경심리학 논문에 대한 메타 리뷰를 진행했고 몇 가지 일관된 특징을 확인했다. 특히 웩슬러 검사 IQ 점수로 살펴본 일반 지능 부분에서 평균적으로 모집단에 비해 15점 정도 현저하게 낮은 점수를 보였다. 또한 대부분의 환자들은 표현적 언어와 수용적 언어 부분, 시각 추론 및 공간 추론, 단기 언어 기억, 단기 시각 기억, 장기 언어 기억 등에서 결함을 보였다.

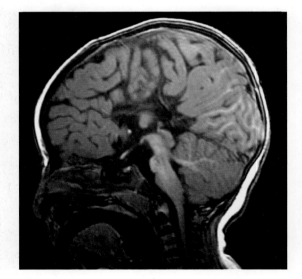

▲ 뇌량의 완전 무발생. MRI 영상은 대상회와 전대상피질이 없음을 보여주고 있다.

(From V. Siffredi, V. Andersen , R. J. Leventer, and M. M. Spencer-Smith. Neuropsychological profile of agenesis of the corpus callosum: A systematic review. *Developmental Neuropsychology* 38:36-57, 2013, Figure 1, p. 37.)

또한 Maryse Lassonde(1986)의 연구에서 보인 것과 같이 대부분의 환자들은 손상된 운동 능력을 보였고 정보 처리 속도가 느렸다. 이 연구에서는 뇌량 무발생증을 갖고 있는 6명의 환자에게 자극 쌍을 보여주고 그 자극 쌍이 서로 같았는지 달랐는지 물어보았다. 자극으로는 글자, 숫자, 색 혹은 도형이 사용되었는데, 자극 쌍은 한 시야 안에서 위아래로 제시가 되거나(반구 내 과제) 각각의 자극이 서로 다른 시야에 제시되었다(반구 간 과제).

뇌량이 없는 집단은 두 조건에서 동일한 수준의 정확성으로 자극 쌍이 같은지 다른지 판단하였다. 그러나 두 조건 모두에서 반응 속도가 매우 느렸다. Lassonde는 뇌량이 반구의 활성뿐만 아니라 정보의 전달에도 관련한다고 제안했다. 그러므로 뇌량이 없는 집단은 반구 간 정보 전달을 위한 대안적 방법을 갖고 있지만, 반구의 활성화를 위한 대안은 갖지 못하고 있는 것으로 여겨진다.

이와 관련해 흥미로운 주제들은 언어의 편재화에 대한 부분과 뇌량 무발생 환자들의 반구적 비대칭 발생에 대한 것이다(Jeeves, 1986). 언어가 한쪽 반구로 편재화되는 이유에 대한 한 가지 설명은 한쪽에서 언어 발달이 시작되고 나면 그 반구가 다른 쪽 반구에서의 언어 발달을 적극적으로 억제한다는 것이다. 뇌량 무발생이 있는 사람들에서 그러한 억제성 처리가 작동할 기회는 훨씬 감소될 테지만 언어와 다른 기능들의 편재화는 일반적인 통제 집단과 비슷한 양상을 보였다. 또한 그들은 통제 집단과 비슷하게 대체적으로 오른손잡이이다. 이러한 점을 볼때 뇌량과 교련들은 반구적 비대칭의 발달에 필수적인 것은 아닌 것으로 보인다.

뇌량 무발생의 영향과 어린 시절 뇌량 절제의 효과에는 비슷한 점이 있다. Lassonde와 동료들 (1986)은 6~16세 사이의 5명의 아동들에게서 촉각 정보와 운동 학습의 반구 간 전달 수행 능력을 비교했다. 어릴수록 뇌량 절제에 의한 영향을 덜 받았다.

연구자들은 더 어린 아동들은 정보를 얻고 움직임을 실행하기 위해 동측(ipsilateral) 연결 경로에 의존한다고 제안했다. 더 나이가 많은 아동들이 더 많이 손상되었다는 것은, 뇌량 절제가 더 일찍 이뤄졌을 경우 동측 연결 경로가 새로운 연결성을 만들고 기능적으로 유효하게 되거나 단순히 더 민감해지도록 만들 수 있다는 것을 의미한다.

◎ 17.6 분리된 감각운동계

Roger Sperry(1974), Michael Gazzaniga(1970) 등은 반구의 분리가 감각계 및 운동계와 관련하여 행동에 미치는 영향을 광범위하게 연구했다. 그들이 발견한 것을 다음에 요약하였으며, 부분적 분리 효과에 대한 고찰을 덧붙였다.

후각

모든 감각 중에서 오직 후각계의 연결만이 반구 간에 교차되어 있지 않다. 왼쪽 비공으로 들어온 정보는 곧장 좌반구로 가며, 오른쪽 비공으로 들어온 정보는 곧장 우반구로 간다. 전교련을 통하는 섬유들은 각 반구의 후각 영역에 접하게 되는데, 이는 뇌량을 통하는 섬유들이 각 반구의 운동피질로 수렴하는 모습과 유사하다(그림 17.2 참조).

전교련이 절제된 환자는 오른쪽 비공에 제시된 냄새의 이름을 말할 수 없는데, 이는 분리뇌로 인해 말하는 능력을 담당하는 좌반구 영역과 정보를 교류할 수 없기 때문이다. 우반구는 정보를 저장하고 있을 수 있지만 말로 표현할 수 있는 능력은 없다. 그러나 후각 기능 자체는 손상되지 않기 때문에 맡고 있는 냄새와 일치하는 물체(예 : 오렌지)를 왼손을 통해 잡을 수는 있다.

이 경우 우반구는 후각 정보와 왼손에 대한 통제권을 모두 갖고 있기 때문에 언어와의 연결성은 필요 없다. 만약 오른손으로 물체를 집으라고 했다면, 좌반구는 감각 정보로부터 분리되어 있어서 물체를 집을 수 없을 것이다. 즉 환자는 한쪽 반구의 통제를 받는 한 손만을 사용하는 것만 가능하며(**그림 17.7A**), 다른 손과 관련해서는 **무후각증**(anosmic)의 모습을 띤다(그림 17.7B).

시각

시각계는 서로 교차되어 있기 때문에 한쪽 시야에 비친 정보는 대측반구로 들어간다. 이러한 사실을 바탕으로 연구자들이 서로 다른 종류의 입력 자극에 대해 좌시야와 우시야의 우세성을 증명했다는 것을 상기시켜보자. 예를 들어, 단어와 같은 언어적 정보는 우시야에 제시되었을 때 더 정확하게 지각되며, 이는 말하는 기능과 관련된 좌반구로 정보가 전달될 수 있기 때문일 것이다. 반대로 지도와 같은 시공간 정보는 좌시야가 우세성을 띠는데, 이는 좌시야에서 정보를 받아들이는 우반구가 공간적 정보를 처리하는 데 우세하기 때문이다.

그러나 이와 같은 시야 우세성은 상대적이다. 우시야만큼 정확하거나 일관성 있게는 아니더라도 때로는 좌시야, 즉 우반구에 제시된 단어도 제대로 지각될 수 있다. 이러한 상대적 효과는 각 반구가 시각 영역을 이어주는 뇌량을 통해서 반대쪽 반구에 들어온 정보에 대해 접근할 수 있기 때문일 것이다.

뇌량 절제술을 받은 환자들은 더 이상 이런 정보의 접근이 불가능하다. 오른손잡이인 사람들은 보통 좌반구에서 언어 능력을 담당한다는 점을 생각해볼 때, 좌시야에 제시된 시각 정보는 언어와 관련되지 않은 우반구로 들어가므로, 언어적 연합과 분리될 것이다. 마찬가지로 우시야에 제시된 복잡한 시각 자료는 우반구의 시공간 능력에 접근하지 못하므로 적절하게 처리되지 못한다. 이러한 특징을 알고 만약 자극들을 제시하는 방법을 다음과 같이 조작해본다면 실인증, 실어증, 실독증, 실모사증 등의 증상이 나타남을 확인할 수도 있을 것이다.

만약 언어 자극이 좌시야에 제시된다면, 뇌량 절제술을 받은 환자들은 그 정보가 좌반구의 언어 영역과 분리되어 있기 때문에 질문을 읽거나 대답하지 못할 것이다. 반면 동일한 언어 자극을 우시야에 제시한다면 아무런 문제가 없을 것이다.

이와 유사하게 만약 어떤 물체가 좌시야에 제시된다면 환자는 그 물체의 이름을 대지 못할 것이고, 실인증 혹은 실어증으로 보일 것이다. 그러나 우시야에 같은 물체가 제시된다면 좌반구 시각피질이 그 물체를 인지하고 언어 영역에 접근할 수 있기 때문에 제대로 그 이름을 말할 수 있을 것이다. 이처럼 분리뇌 환자들은 언어 반응을 요구하는 언어 자료나 물체가 우반구에 제시되었을 때에만 실인증, 실독증, 실인증의 증상을 보일 것이다. 그러나 좌반구에 제시된다면 이러한 문제를 확인하기 어렵고 정상으로 보일 수도 있다.

만약 복잡한 시각적 도형을 따라 그리라고 요구한다면 더 복잡한 문제를 확인할 수 있다. 우반구는 왼손을 통제하기 때문에 우리는 왼손만이 도형을 따라 그릴 수 있을 거라고 예측할 수 있다. 오른손은 우반구의 공간적 지각 능력과는 분리되어 있기 때문에 따라 그리는 능력이 심하게 손상되었을 수 있다. 실제로도 검사를 시행하면 이와 같은 결과가 나타난다. 즉 왼손은 물체를 잘 그리고 오른손은 그림을 잘 그리지 못한다.

체감각 기능

시각계와 마찬가지로 체감각계도 반구 간에 완전히 교차되어 있다. 왼손의 촉각은 우반구로 가고, 오른손의 촉각은 좌반구로 간다. 왼손에 놓인 물체의 이름을 말할 수 있는 이유는 그 촉각 정보가 우반구로 갔다가 좌반구로 전달되어서 언어 영역에 접근할 수 있기 때문이다.

마찬가지로 만약 사람의 눈을 가리고 오른손을 특정한 모양으로 구부리면 왼손은 그 모양을 따라 할 수 있다. 촉각 정보가 오른손에서 좌반구로 가고, 뇌량을 통해 우반구로 가서 왼손이 동일한 모양을

(A) 정상

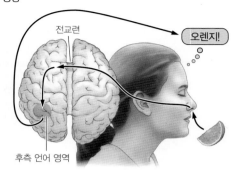

전교련

오렌지!

후측 언어 영역

(B) 무후각증

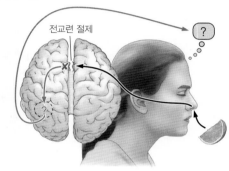

전교련 절제

?

그림 17.7 ▲

무후각증 (A) 손상되지 않은 상태에서 우측 비공에 대한 후각 입력은 우반구로 직접 돌아가고 전교련을 가로지르므로 좌반구(발화 담당)에 접근할 수 있다. (B) 후각 손실 증상은 전교련 절단으로 인한 결과이다(점선은 병변을 나타낸다). 경로가 차단되면 정보가 차단되고 좌반구는 우반구가 어떤 냄새를 인지하는지 알 길이 없다.

따라 할 수 있게 되는 것이다.

그러나 만약 두 반구가 분리되어 있다면 신체의 오른쪽과 왼쪽 체감각 기능은 독립적으로 작동하게 된다. 예를 들어 눈을 가린 뇌량 절제 환자의 왼손에 어떤 물체를 올려두고, 여러 물체 중에서 고르게 하면 왼손으로는 그 물체를 골라낼 수 있지만 오른손을 사용해서는 수행하기가 어렵다. 마찬가지로 환자의 오른손에 물체를 쥐어주면 그 물체의 이름을 말할 수 있지만, 왼손으로 만지게 하는 경우에는 신호가 전달되는 우반구와 언어중추인 좌반구가 분리되어 있으므로 수행에 어려움을 겪는다.

분리 효과는 물체를 사용하지 않고서도 확인될 수 있다. 만약 뇌량 절제 환자의 눈을 가리고 한 손을 특정한 모양으로 만들게 하고 다른 손으로 따라 하게 하면 수행에 어려움을 겪는다. 이는 뇌량을 통해서 들어오는 대측 반구의 정보가 없어서 다른 손이 어떤 것을 하고 있는지 알 수 없기 때문이다. 그러나 환자의 눈이 가려져 있지 않다면 시각 정보를 통해서 다른 손이 무엇을 하는지 알 수 있다.

청각

청각계는 다른 감각계보다 더 복잡한데, 이는 반구가 교차된 신경섬유와 교차되지 않은 신경섬유를 모두 갖고 있기 때문이다. 좌반구가 오른쪽 귀로부터 들어오는 대부분의 정보를 처리하는 것 같기는 하지만, 왼쪽 귀로부터 들어오는 정보도 받는다. 그러므로 왼쪽 귀에 들려준 소리는 좌반구로 바로 가거나 우반구로 갔다가 다시 뇌량을 통해서 좌반구로 갈 수도 있다.

정상군은 이중 청취 과제를 통해 대측성 입력 정보를 더 선호한다는 것이 확인되었다. 즉 오른쪽 귀에 제시된 단어들은 왼쪽 귀에 제시된 단어들보다 선택적으로 우선 지각된다. 그러나 왼쪽 귀에 제시된 단어들 중 일부도 보고된다는 점에서 이러한 효과는 상대적인 것이라고 볼 수 있다(그림 11.12 참조).

이러한 양 반구와 관련된 구조적 배열은 반구 분리에 따른 영향을 감소시키는 것 같다. 그럼에도 불구하고 한 가지 효과는 분명히 확인되었는데, 이중 청취 과제를 진행할 때 왼쪽 귀에서 들리는 입력 정보는 완전히 억제된다는 것이다. 환자들은 오른쪽 귀에 들린 단어들만 보고했다. 즉 숫자든 단어든 오른쪽 귀에 들려준 것들만 보고되었고, 왼쪽 귀에 들려준 것은 보고하지 않았다는 것이다. 왼쪽 귀에 제시된 환자들은 분리된 환경에서도 좌반구로 바로 갈 수 있는 접근성이 있을 것으로 기대했었던 반면 실제로 이러한 직접적인 접근은 두 반구가 분리되어 있을 때는 존재하지 않는 것처럼 보인다.

운동

운동계는 대부분 교차되어 있기 때문에, 반구의 분리는 운동 기능의 어려움을 야기할 것으로 예상된다. 여기에서 우리는 양손의 협동을 요구하는 언어적 명령과 과제에 대한 반응을 알아볼 것이다.

왼손이 언어적 명령에 반응하든 언어 자극에 반응해서 글로 적어야 하든, 왼손은 좌반구로부터 지시를 받지 못하기 때문에 실행증이나 실서증의 한 형태를 보이게 된다. 즉 왼손은 명령에 따르지 못하거나(실행증), 글을 쓸 수 없다(실서증). 이러한 장애는 언어 반구의 접근성이 있는 오른손에서는 관찰되지 않는다.

유사하게 환자에게 오른손으로 기하학적 그림을 따라 하도록 시키면, 일반적으로 기하학적 자극의 처리와 관련된 역할을 더 잘하는 우반구에 대한 접근이 어려우므로 수행 저하를 보일 것이다(실모사증). 비록 수술 후 시간이 지나면서 증상이 완화되기는 하지만, 분리 증상은 뇌량 절제술을 받은 환자들에게서 관찰되고 이는 아마도 동측성 운동 통제에 좌반구가 사용되기 때문일것으로 보인다.

뇌량 절제술 환자들에게서 심각한 운동 결함을 야기하는 두 번째 상황은 두 팔이 협동적으로 사용되어야 하는 때이다. 일반적으로 한 손은 다른 손이 무엇을 하는지 뇌량을 통해서 전달받는데, Bruno Preilowski(1975)와 Dahlia Zaidel과 Roger Sperry(1977)는 두 손을 쓰게 하는 협동적 움직임에 미치는 분리 효과를 검사해보았다.

환자들은 양손 검지손가락으로 번갈아 표면을 두드리는 움직임에 있어서 심각한 손상이 있음을 보였다. 마찬가지로 두손을 사용해 다이얼을 돌려 모래 그림을 그리는 매직스크린(Etch A Sketch)을 이용해 특정 각도로 기울어진 선을 모사하는 과제를 수행하도록 했을 때에도 뇌량 절제 환자들은 매우 낮은 수행 수준을 보였다. 이 과제는 2개의 축을 사용하는 것을 요구하는데, 각각 한 손이 담당하게 된다. 한 축은 펜을 수직으로 따라 움직이게 하고, 다른 축은 수평으로 움직이게 한다.

사선을 부드럽게 모사하기 위해서는 양손의 협력이 요구된다. 두 반구를 분리하는 것은, 직접 눈으로 보지 않는 이상 반대쪽 운동계가 무엇을 하는지 알 수 없게 하기 때문에, 이러한 협동 능력을 크게 저하시킨다. 이 장을 시작할 때 언급한 D.M.이 직소 퍼즐을 맞추는 데 어려움을 겪었던 점을 생각해 볼 필요가 있다.

두 손의 동작이 서로 충돌하는 상황은 매우 많다. 일례로 환자가 오른손으로는 반복적으로 신문을 집어 들고, 왼손으로는 계속해서 신문을 내려놓는 경우를 보이기도 한다. 그 환자는 왼손이 신문을 바닥에 던져버리기 전까지 계속해서 이러한 행위를 반복했다. 한 물리치료사는 또 다른 환자를 다음과 같이 묘사했다. "그는 오른손으로 셔츠의 버튼을 채우고 있었지만 왼손으로 바로 셔츠의 버튼을 풀었어요."

앞에서 언급된 운동장애뿐만 아니라 양손 간 움직임에서 나타나는 갈등의 사례는 대체로 수술 후 초기 몇 달 동안으로 국한되며, 환자의 나이와 뇌량 이외의 손상 정도와 관련이 있다. 흥미로운 부분은 같은 환자가 '무엇을 하는지 의식적으로 생각하지 않을 때'에는 왼손을 목적에 맞게 협동적으로 사용할 수 있다는 것이다(Preilowski, 1975, p. 119). 예를 들어, 오른손으로 쥔 주전자에서 왼손으로 든 컵에 물을 따를 수 있다. 앞서 언급된 운동 기능에서의 특이점들은 완전한 분리뇌 환자들에게서만 발견되며, 부분 분리 환자들에게서는 발견되지 않는다.

부분적 분리의 영향

뇌량의 일부만 절제하는 것은 완전한 분리만큼 심각한 효과를 야기할까? 의사들은 뇌전증을 완화시키는 임상적 효과를 얻으면서도 신경심리적 부작용이 감소하길 바라면서 부분적 반구 분리를 실험했다.

뇌량의 후측을 유지하는 부분적 분리는 동일한 치료적 효과를 유지하면서도 완전한 뇌량 절제술보다 훨씬 적은 부작용을 야기했다. 예를 들어 Sperry와 동료들(예 : Gazzaniga, 2005; Sperry, 1974)은 부분적 분리술을 받은 환자들이 매직스크린과 같은 운동 과제를 훨씬 더 잘한다는 것을 발견했다.

원숭이를 이용한 부분적 뇌량 절제술의 연구 결과들은, 뇌량의 후측인 팽대는 전교련처럼 시각적 전달을 보조하고, 팽대의 바로 앞쪽은 체감각 전달에 영향을 미친다는 것을 보여주었다(그림 17.2B 참조). 더 앞쪽 뇌량의 기능은 거의 알려져 있지 않으나, 운동 정보의 전달도 그 기능 중 하나일 것으로 여겨진다. 뇌량의 전측과 후측을 잘랐을 때의 효과는 자세히 보기에 소개되어 있다.

자세히 보기 | 분리에 관한 fMRI 연구

다양한 뇌영상 연구들은 한 손이 촉각 자극을 받게 되면 대측 및 동측 반구들의 S1 영역과 S2 영역이 활성화됨을 확인하였다. 뇌전증을 완화하기 위해 41세의 M.C.는 전측 뇌량을 절제하는 부분 교량 절제술을 받았다. 뇌전증이 수술로 나아지지 않았기 때문에 M.C.는 나중에 후측 뇌량도 절제하였다.

두 번째 수술을 진행하기 일주일 전에 M.C.는 오른

쪽 혹은 왼쪽 손의 손바닥과 손가락을 1Hz[그림 (A)] 속도로 스펀지로 쓸어내리면서 그에 대한 반응을 fMRI로 촬영했다. 두 번째 수술 6개월 후에 같은 방법으로 다시 검사를 받았다. 첫 번째 수술 이후에 M.C.는 양쪽 손의 촉각 자극에 대해 양측 뇌에서 모두 활성화를 보였다. 그러나 그림(B)를 보면 두 번째 수술 후 그는 손의 반대쪽 뇌에서만 활성화를 보이고 있다.

이 결과는 후측 뇌량이 절제된 이후 촉각 정보가 뇌량을 통해 전달되지 못했기 때문에 나타나는 것으로 보인다. 이러한 활성화의 저하는 기능의 손상과도 관련이 있었다. 두 번째 수술을 하기 전에 M.C.는 물체가 어떤 손에 있든지 물체의 이름을 말할 수 있었는데, 두 번째 수술 이후 왼손에 놓인 물체의 이름은 더 이상 말하지 못하게 되었다.

(A) 두 번째 분리 수술 전

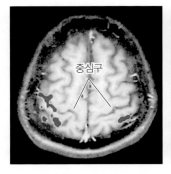

(B) 두 번째 분리 수술 후

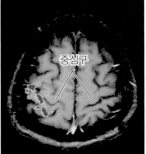

촉각 자극에 반응하는 활성화. (A) 두 번째 분리 수술 전에 M.C.는 양측 체감각피질에서 모두 활성화를 보였다. (B) 두 번째 수술 후에는 한쪽에서만 활성화를 보였다. 두 번째 수술은 한쪽 반구에서 다른 쪽으로의 정보 전달을 방해했다.
(Fabri et al., 2001, p. 1071).

Fabri, M., G. Polonara, M. Del Pesce, A. Quatrinni, U. Salvolini, and T. anzoni. Posterior corpus callosum and interhemispheric transfer of somatosensory information: An fMRI and neuropsychological study of a partially allosotomized patient. *Journal of Cognitive Neuroscience* 13:1071–1079, 2001

17.7 분리 증후군으로 재해석된 손상 효과

1965년 Geschwind는 이론적으로 중요한 논문인 'Disconnexion Syndromes in Animals and Man'을 출판하였는데, 이는 광대한 양의 문헌을 서로 엮고, 뇌량 수술에 따라 예상되는 효과들을 집대성했다. Geschwind의 요지는 특정한 행동적 결함이 반구 간, 반구 내, 혹은 두 가지 모두의 분리로부터 야기된다는 것이다. 즉 실인증과 실행증과 같은 증상은 반드시 피질 영역들의 손상 때문에 야기되는 것이 아니라, 피질 영역 간의 분리 때문에도 일어날 수 있다고 주장한다.

이 논문의 가치는 자료의 검증이 아니라 약 70년 전 Dejerine과 Liepmann에 의해 처음 제시되었던 개념, 즉 신피질 영역들의 분리는 다양한 신경학적 증상을 야기할 수 있다는 점을 다시 소개했다는 데 있다. 이 모델의 효용성을 증명하기 위해 우리는 좌반구 손상의 세 가지 대표적 증상(실행증, 실인증, 실독증)과 우반구의 손상 현상 한 가지(대측성 무시)를 살펴볼 것이다.

실행증

앞 절에서 언급되었듯 뇌량의 손상이 좌반구와 왼손을 분리시킨다면 그 손은 언어적 명령에 반응할 수 없는데, 이는 실행증으로 여겨진다. 그러나 오른손이 언어적 명령에 반응할 수 없다고 가정해보자. Geschwind는 이 결핍이 좌반구 내에서 (오른손을 통제하는) 운동피질과 언어 영역이 분리되었기 때문이라고 생각했다(그림 17.6B 참조). 그러므로 오른손은 언어적 명령에 반응할 수 없고, 실행증이 나타나게 된다.

Geschwind의 모델이 몇몇 환자들의 양측성 실행증을 설명할 수는 있지만, 우리는 분리만이 이유가 되지 않는다는 것을 강조할 필요가 있다. 후측 피질은 팔과 신체 움직임을 담당하는 피질하 신경계에 직접적인 접근성을 가지고 있기 때문에(9.2절 참조), 두정엽의 입력 정보는 손가락 움직임을 통제해야 하는 경우를 제외하고는 운동피질을 통과할 필요가 없다. 뿐만 아니라 앞서 언급되었듯이 뇌량의 부분만 가지고 있는 환자들은 초기에는 실행증의 모습을 보이지만, 좌반구와 우반구의 운동피질이 분리되었음에도 불구하고 상당 부분 회복하는 모습을 보인다.

실인증 및 실독증

Geschwind는 실인증과 실독증이 시각연합피질과 언어 영역의 분리 때문에 발생한다고 생각했다. 두 증상 모두 좌반구의 시각연합 영역과 언어 영역을 분리시키는 뇌 손상이나, 우반구 시각연합피질과 언어 영역을 분리하는 손상으로부터 발생할 수 있다(그림 17.8). 그러므로 그러한 손상이 있는 환자는 말은 할 수 있을지라도 시각 정보가 좌반구의 후측 언어 영역과 분리되었기 때문에 단어나 물체의 이름을 말하지는 못한다.

대측 무시 증후군

Geschwind는 대측 무시를 언급하지는 않았지만, 분리는 이 증상을 일부 설명할 수 있다. 우반구 두정-측두 접합 부위의 손상은 무시와 가장 흔하게 관련이 있다(14.4절 참조). MRI 분석은 많은 환자들에게서 이 영역을 확인했고, 백질의 손상이 무시와 가장 밀접한 관련이 있다는 것을 보였다(그림 17.9). 두정엽의 회백질 적출을 한 환자들은 대측 무시를 보이지 않았다.

뇌 장애에서의 허브와 연결성

비정상적인 연결성과 허브 영역의 기능은 제26장과 제27장에서 다뤄지는 신경학적·정신의학적 뇌 질환을 부분적으로 설명한다(예 : van den Heuvel & Sporns, 2013). 조현병 뇌의 분석은 전두엽-허브 연결성의 감소가 환자뿐만 아니라 그들의 자녀에게서도 발견된다는 것을 밝혔다. 발달 연구들은 자폐스펙트럼장애에서 비정상적인 특징을 발견했는데, 어떤 허브에서는 더 강한 연결성이 있었고 어떤 허브에서는 약했다(Shi el al., 2013). 전두측두엽 치매나 알츠하이머병과 같은 신경퇴행성 질환에서도 전두엽과 두정엽의 허브 연결성의 이상을 발견했다.

허브 분리는 외상적 뇌 손상에서 기인한 증상들과 특히 관련이 있다. 두부에 외상을 입은 환자들은 종종 회백질의 손상의 정도와 관련이 없는 심각하고 만성적인 손상을 보인다. 종종 TBI의 효과를 경험하고 있는 사람들의 피질 허브 영역들의 연결성 두절은 의식이나 자각의 손상을 수반한다.

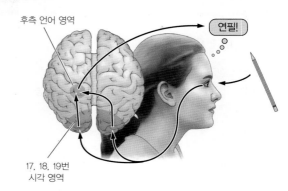

(A) 정상

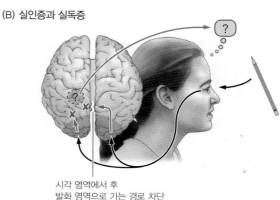

(B) 실인증과 실독증

그림 17.8 ▲

Geschwind의 분리 모델 실인증과 실독증은 시각피질과 후측 언어 영역의 연결이 단절되어서 발생할 수 있다. (A) 일반적으로 두 반구로부터의 시각적 입력은 후측 언어 영역 및 연합피질 영역으로 이동하며, 그곳에서는 단어나 대상을 기술하는 언어가 처리될 수 있다. (B) 이러한 연결이 없는 경우에는, 시각 입력 처리가 더 이상 가능하지 않으며 실인증과 실독증이 발생한다. 점선은 뇌량의 후측 영역을 통과하는 경로의 병변을 나타낸다.

그림 17.9 ▼

대측 무시의 해부학 우반구 뇌졸중 환자의 무시와 가장 관련이 있는 영역(왼쪽)은 각회의 전복측의 피질하 백질에 있다(오른쪽).

(Mort, D. J., P. Malhotra, S. K. Mannan, C. Rorden, A. Pambakian, C. Kennard, and M. Husain. The anatomy of visual neglect. *Brain* 126(9):1986 – 1977, Fig. 3, 2003.)

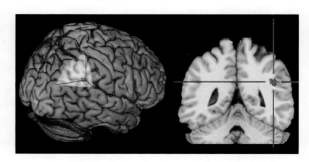

요약

17.1 분리된 인지 기능

역사적으로 수수께끼였지만 지금은 잘 이해되는 뇌량 및 전교련의 기능은 일반적으로 2개의 반구가 상호보완적인 기능을 연합적으로 수행하는 것을 돕는다는 것이다.

17.2 대뇌 연결성의 해부학적 구조

뇌에는 대뇌반구 간 연결 이상으로 다양한 연결성이 존재한다. 먼 피질 부위를 연결하는 긴 섬유다발과 인접한 부위를 연결하는 짧은 섬유를 포함하는 대뇌반구 내 연결은 각 반구 내 영역들이 조화롭게 작동하게 한다. 중요한 대뇌반구 간 연결 중 하나는 대부분의 신피질 영역을 연결하는 뇌량이다. 전교련은 내측 측두엽 영역, 특히 편도체를 연결한다.

17.3 피질 네트워크 및 허브

뇌 네트워크는 DTI 추적 방법에 의해 생성된 신경영상 자료에 기초하여 수학적으로 설명하고 노드, 허브, 모듈 및 상호 연결로 구성된 다이어그램으로 변환하여 정보를 추출하게 된다. 커넥터 허브는 대뇌 피질의 효율적인 통신 및 기능 통합에 내재되어 있는 다이나믹 네트워크에 참여한다. 피질 허브의 연결에 대한 개인차는 인지 능력의 개인차와 관련이 있는 것으로 알려져 있다.

17.4 분리의 행동적 영향

반구 간 또는 반구 내 연결 중 하나가 분리되면 실행증, 실어증, 실인증 및 실모사증 등을 포함하는 다양한 신경학적 증후군이 초래될 수 있다. 이러한 증상들은 특정 피질 부위의 손상 또는 피질 부위 간의 연결 손상으로부터 발생할 수 있다.

17.5 반구의 분리

때로는 다루기 힘든 발작 경감을 위해 외과적 수술에 의해 반구 간 연결을 절제하기도 한다. 분리뇌 환자(전체와 부분 분리 모두)와 뇌량 무발생 환자는 반구 사이의 기능적 비대칭을 나타내는 다양한 증상을 보인다.

17.6 분리된 감각운동계

연구자들은 분리 증후군을 이용하여 서로 다른 피질 부위의 기능들을 연구했다. 이 접근법은 감각계의 위계적 조직화를 연구하는 연구에서 특히 유용함이 입증되었다.

17.7 분리 증후군으로 재해석된 손상 효과

많은 신경학적 증상은 대뇌피질의 분리 또는 반구 내의 허브의 분리 결과로 해석될 수 있다. 예를 들어, 실행증, 실인증, 실독증, 대측 무시와 같은 신경학적 증상은 좌반구 또는 우반구 내 특정 피질 부위의 연결 분리와 관련될 수 있다. 비정상적인 연결성 혹은 허브 영역 기능은 또 다른 유형의 분리 증후군을 구성하고 부분적으로는 다양한 신경학 및 정신의학적 뇌 질환을 설명할 수 있다.

참고문헌

Bedeschi, M. F., M. C. Bonaglia, R. Grasso, A. Pellegri, R. R. Garghentino, M. A. Battaglia, A. M. Panarisi, M. Di Rocco, U. Balottin, N. Bresolin, M. T. Bassi, and R. Borgatti. Agenesis of the corpus callosum: Clinical and genetic study in 63 young patients. *Pediatric Neurology* 34:186–193, 2006.

Catani M., and D. H. ffytche. The rises and falls of disconnection syndromes. *Brain* 128: 2224–2239, 2005.

Downer, J. L. Changes in visual gnostic functions and emotional behavior following unilateral temporal pole damage in the "split-brain" monkey. *Nature* 191:50–51, 1961.

Gazzaniga, M. S. *The Bisected Brain.* New York: Appleton-Century-Crofts, 1970.

Gazzaniga, M. S. Forty-five years of split-brain research and still going strong. *Nature Reviews Neuroscience* 6:653–659, 2005.

Geschwind, N. Disconnexion syndromes in animals and man. *Brain* 88:237–294, 585–644, 1965.

Glickstein, M., and R. W. Sperry. Intermanual somesthetic transfer in split-brain rhesus monkeys. *Journal of Comparative and Physiological Psychology* 53:322–327, 1960.

Jeeves, M. A. Callosal agenesis: Neuronal and developmental adaptions. In F. Lepore, M. Ptito, and H. H. Jasper, Eds., *Two Hemispheres—One Brain.* New York: Liss, 1986.

Lassonde, M. The facilitatory influence of the corpus callosum on intra-hemispheric processing. In F. Lepore, M. Ptito, and H. H. Jasper, Eds., *Two Hemispheres—One Brain.* New York: Liss, 1986.

Lassonde, M., H. Sauerwein, G. Geoffroy, and M. Decarie. Effects of early and late transection of the corpus callosum in children. *Brain* 109:953–967, 1986.

Mishkin, M. Analogous neural models for tactile and visual learning. *Neuropsychologia* 17:139–152, 1979.

Mort, D. J., P. Malhotra, S. K. Mannan, C. Rorden, A. Pambakian, C. Kennard, and M. Husain. The anatomy of visual neglect. *Brain* 126:1986–1997, 2003.

Myers, R. E. Functions of the corpus callosum in interocular transfer. *Brain* 57:358–363, 1956.

Pandya, D. N., and B. Seltzer. The topography of commissural fibers. In F. Lepore, M. Ptito, and H. H. Jasper, Eds., *Two Hemispheres—One Brain*. New York: Liss, 1986.

Preilowski, B. Bilateral motor interaction: Perceptual-motor performance of partial and complete "split-brain" patients. In K. J. Zulch, O. Creutzfeldt, and G. C. Galbraith, Eds., *Cerebral Localization*. Berlin and New York: Springer, 1975.

Shi, F., L. Wang, Z. Peng, C. Y. Wee, and D. Shen. Altered modular organization of structural cortical networks in children with autism. *PLoS ONE* 8:e63131, 2013.

Siffredi, V., V. Andersen, R. J. Leventer, and M. M. Spencer-Smith. Neuropsychological profile of agenesis of the corpus callosum: A systematic review. *Developmental Neuropsychology* 38:36–57, 2013.

Sperry, R. W. Lateral specialization in the surgically separated hemispheres. In F. O. Schmitt and F. G. Worden, Eds., *Neurosciences: Third Study Program*. Cambridge, Mass.: MIT Press, 1974.

Sporns, O. Structure and function of complex brain networks. *Dialogues in Clinical Neuroscience* 15:247–262, 2013.

Steele, C. J., J. A. Bailey, R. J. Zatorre, and V. B. Penhune. Early musical training and white-matter plasticity in the corpus callosum: Evidence for a sensitive period. *Journal of Neuroscience* 33:1282–1290, 2013.

van den Heuvel, M. P., and O. Sporns. Network hubs in the human brain. *Trends in Cognitive Sciences* 17:683–696, 2013.

Witelson, S. F. Wires of the mind: Anatomical variation in the corpus callosum in relation to hemispheric specialization and integration. In F. Lepore, M. Ptito, and H. H. Jasper, Eds., *Two Hemispheres—One Brain*. New York: Liss, 1986.

Zaidel, D., and R. W. Sperry. Some long term motor effects of cerebral commissurotomy in man. *Neuropsychologia* 15:193–204, 1977.

18

학습과 기억

사례 보기   기억의 미스터리

1953년 우리에게는 H.M.으로 더 잘 알려진 헨리 구스타브 몰레이슨이 27세가 되었을 때, 그는 뇌전증 증세를 완화시키기 위한 뇌수술을 받았다. 의사인 William Scoville이 H.M.에게 가한 수술은 의도치 않게 신경심리학 연구 역사상 기억장애와 관련해 가장 많이 연구되는 사례를 낳게 되었다. H.M.의 증세는 그가 살아 있는 동안 최소 100여 개의 과학적 논문으로 기록되었다.

H.M.은 뇌전증성 발작을 자주 경험하였고, 약물을 복용하였음에도 점점 빈도나 그 심각성이 악화되고 있었다. Scoville은 양측 측두 절제술을 시행해 뇌전증 발작을 막아보려고 하였다. 수술 후 H.M.의 뇌전증 증세는 많이 완화되었지만, 그는 수술 이후 2008년 12월 2일 사망 전까지 심각한 기억상실증을 겪어야 했다(Annese et al., 2014). 사후 적출된 H.M.의 뇌를 복측에서 관찰하였을 때 양 반구에서 수술로 인한 손상부위(그림의 흰색 선)를 분명하게 확인할 수 있다. 또한 수술 시 수술 도구에 의해 산화된 것으로 보이는 우반구 해마방회 영역의 손상(검은색 화살표)도 확인할 수 있었다.

H.M.의 지능은 평균 이상이었으며(웩슬러 성인 지능검사 기준 118), 지각검사에서도 평균적인 수행을 보였다. 수술 전에 경험한 사

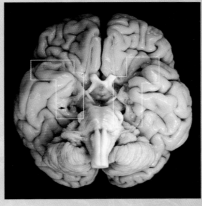

Reprinted by Permission of Macmillan Publishers Ltd, Jacopo Annese et al. Postmortem examination of patient H.M.'s brain based on histological sectioning and digital 3D reconstruction, Nature Communications Jan 28, 2014; 5: 3122, Figure 1

건들에 대한 기억은 정상적이었고, 학창시절이나 10대 후반~20대 초반에 가졌던 직업 등 꽤 오래전 일들에 대한 회상 능력도 매우 좋은 편이었다. 하지만 수술 후 일어난 일들에 대해서는 심각한 손상을 보였는데, 직장에서 6개월간 무엇을 해왔는지도 기억하지 못했고, 새로 이사한 집을 찾지 못하거나, 심지어 방금 식사를 했다는 사실도 기억하지 못하는 경우가 있었다.

H.M. 이전에 기억과 관련되어 알려진 제한된 지식에 비추어, 일부 특정 뇌 영역의 손상만으로도 부분적 혹은 완전한 **기억상실증**(amnesia)이 발생할 수 있다는 발견은 당시 매우 충격적인 일이었다. 아마도 더 충격적인 발견은 H.M.이 어떤 부분에서는 매우 정상적인 학습 과정을 보인다는 점이었을 것이다(가령 운동 기술을 익히거나 얼굴을 기억하거나 짧은 시간 동안은 전화번호 이름 등의 정보에 대해 단기기억은 잘 유지했다).

H.M.의 사례는 기억에 대한 두 가지 새로운 사실을 보여준다. 첫째는 다양한 종류의 기억이 존재하고, 각각은 서로 다른 신경 기제에 의해 조절될 수 있다는 사실이고, 둘째는 선택적인 뇌 손상이 기억상실에 영향을 미칠 수 있다는 점이다.

H.M.이나 다른 유사한 뇌 손상 환자들의 기억상실증에 대한 연구는 **그림 18.1**에 보여지듯이 우리가 다양한 기억 시스템을 가지고 있고 여러 독립적인 신경 기제들과 연결되어 있음을 보여준다. 일반적인 세 가지 종류의 장기 기억(외현, 암묵, 정서)은 각각 다른 뇌신경망과 경로에 의해 작동한다. 단기 기억은 종종 다른 경로의 신경 기제를 활용한다. 이 장에서는 다양한 기억 체계와 신경 기제에 대해 살펴보고, 다양한 종류의 기억에 대한 연구가 우리 자신의 기억에 대한 이해를 증진시키는 데 어떠한 직관적 정보를 제공할 수 있는지 생각해보려고 한다. 학습과 기억에 대한 기억상실증의 영향에 대해 살펴보면서 이 장을 시작하고자 한다.

⊚ 18.1 학습, 기억, 그리고 기억상실증

Fredric Bartlett은 그의 책 *Remembering*에서 기억은 이전의 경험을 단순히 떠올리는 것이 아니라 오히려 재구성을 위한 적극적인 과정이라고 강조했다. Bartlett는 "기억을 구성할 수 있는 세부사항이 '합리적인' 수준의 틀을 유지하는 한, 대부분의 사람들이 재구성된 기억을 실제 일어난 것이라고 생각하는 경향이 있다."고 하였다(Bartlett, 1932, p. 176).

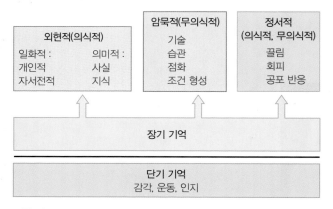

그림 18.1 ▲

다중 기억 시스템 기억의 가장 넓은 분류는 최근의 감각, 운동 또는 인지 정보에 대한 일시적인 단기 기억과 상대적으로 영구적인 장기 기억으로 나누는 방식이다. 의식적이고 장기적인 기억은 자연스럽게 떠올릴 수 있는 사건이나 사실과 같이 외현적이라는 특징을 가지며, 개인적인 경험(처음 학교에 간 날)과 같이 일화적이거나 사실(영국은 유럽에 속한다)과 같이 의미적이다. 암묵적이고 무의식적인 기억(자전거 타기)은 학습된 기술, 조건화된 반응, 점화 반응 등으로 구성된다. (첫키스와 같은) 어떤 자극이나 사건의 정서적 특징에 대한 정서 기억은 매우 생생하며 암묵 및 외현 기억의 특징을 모두 갖는다.

Daniel Schacter와 Donna Addis(2007)는 우리가 기억을 재구성하는 목적을 설명하면서 요지(gist)라는 용어를 사용하였는데, 이는 과거의 경험으로부터 도움을 받아 미래의 상황을 예측하고 그에 대응할 수 있게 해주는 적응적 목적을 지닌다고 강조했다. 따라서 기억은 단순히 과거를 재현하게끔 해주는 것이 아니라 미래를 상상하거나 예상할 수 있게 함으로써 유사한 다음 상황에 적응할 수 있게 해주는 것이다. 적응적 목적에 부합한 것이라면 세부사항은 종종 중요하지 않게 여겨지기도 한다. 따라서 요지가 매우 요약적이기 때문에 인간은 종종 기억을 누락하거나 오기억을 만들어내는 오류를 보인다. Schacter는 이와 같은 오류들을 모아 기억의 일곱 가지 죄악이라고 묘사하였다.

실험적 통제 조건하의 참가자들이 기억상실증 피험자보다 훨씬 더 자주 범하는 이 적응적인 '죄'는 요지가 형성되면 오히려 정확성이 떨어지는 현상을 보여준다. 참가자들에게 일련의 학습 단어(피곤, 침대, 깨어 있음, 휴식, 꿈, 밤, 담요, 복용량, 졸음, 코 골기, 베개, 평온, 하품, 졸음)를 제시하는데, 기억 인출 단계에서는 이 목록 안에 있는 학습 단어들과 연관성이 높으면서 기억을 교란할 수 있는 유혹 단어(예 : 수면)도 제시된다. 즉 재인 과제에서 참가자들은 학습한 단어(예 : 피곤, 꿈), 학습 목록과 관련 없는 새로운 단어(예 : 버터), 그리고 매트리스와 같은 학습 목록과 관련된 유혹 단어를 제시받는다.

통제 조건 참가자들은 종종 유혹 단어를 학습 단계에서 본 적이 있다고 주장한다. 반면 해마 및 내측 측두엽 영역의 손상으로 인해 발생한 기억상실증 환자들은 학습하지 않은 단어에 대해서 현저하게 낮은 오재인을 보인다. 확실히 통제 조건 참가자들은 학습한 일련의 단어들에 대해서 잘 정돈된 형태의 의미론적 혹은 지각적인 요지를 형성하고 유지하는 것으로 보인다. 우리가 요지를 형성하는 것은 유혹 단어에 대해서 보았다고 오반응을 하게도 하지만, 반대로 관련 없는 단어를 학습하지 않았다고 올바르게 지각할 수 있게도 해준다. 반면 기억상실증 환자들은 학습한 단어 목록에 대해서는 비교적 정확한 기억을 유지할 수도 있지만 종종 요지와 관련해서는 손상을 보여주기도 한다.

우리가 다양한 종류의 기억 체계를 가지고 있다는 사실은, 여러 종류 중 한 종류의 기억을 상대적으로 더 선호함으로써 오류가 생길수도 있음을 의미한다. 예를 들어, 사고 현장의 증인들은 일반적으로 자신들이 관찰한 내용의 요지를 진술할 수 있다. 그 사건의 시간적·공간적 순서를 설명하고, 그 현장에 어떤 사람들이 있었는지 설명하고, 또 그들이 어떻게 그 사건의 목격자가 되었는지에 대한 자서전적 틀을 제공할 수 있다.

그러나 사건과 관련된 세부사항에 대해 질문을 받게 되면 여러 기억 오류들이 나타날 수 있다. 각각의 관찰자는 다른 사람들이 기억하는 세부사항을 회상하지 못할 수도 있고(반대로 다른 사람이 기억 못하는 것을 기억할 수 있고), 종종 왜곡된 기억을 회상할 수도 있다. 관찰자는 심지어 다른 증인의 이야기나 그 사건을 담은 사진 혹은 비디오가 왜곡된 것일지라도 그 자료들에 의해 사건을 기억하고 있는 것처럼 **점화**될 수도 있다.

지각적 편향과 기억 재구성 사이의 관계에 대한 간단한 예가 오기억에 대해 잘 보여준다. 만약 사람들에게 물이 절반 정도 가득찬 유리잔이 기울어져 있는 모습을 그림으로 그리라고 하면, 일부는 수면이 수평하게끔 그리는 반면 다른 일부는 수면이 유리잔과 동일하게 기울여 있는 모습을 그린다(**그림 18.2**). 전자는 이미지의 공간 또는 동작 표상을 부호화한 반면 후자는 이미지 그 자체로 표상을 부호화하는 것을 보여준다. 12.2절에서 우리는 이 이미지의 표상에 있어서 여성은 이미지 모습으로 보고하고 남성은 행동의 형태로 보고하는 경향성이 높다는 성별 차이를 언급했다. 둘 다 정확하지만, 그 둘은 완전히 다른 인식의 형태이다.

학생인 당신은 시험 공부를 할 때 여러 가지 종류의 기억에서 문제가 있을 수 있다. 대개는 당신이 무언가를 학습한 방식 그대로 그것들을 기억한다. 만약 당신이 요점을 학습했다면, 이후 세부사항에 대해서 질문을 받을 경우 제대로 기억하지 못할 것이다. 반대로 단순히 자료를 읽기만 하거나 중요 구절에 밑줄을 긋거나 하는 경우 그 내용 전반에 대해서 자세히 이야기해보라고 지시를 받으면 잘하지 못할 것이다.

테스트 단계에서 인출을 위해 필요한 작업들을 학습 단계에서도 미리 동일하게 수행해봄으로써 나중에 "내가 알고는 있는데, 그것을 다시 떠올리려니 머리가 잘 돌아가지 않아."라는 불쾌한 경험을 막을 수 있다. 즉 효과적인 학습의 한 방법으로는 실제로 시험을 보는 것처럼 연습해보는 것이다. 일반적으로 시험을 출제하는 사람들이 관심 있어 하는 부분은 내용의 요지이기에 상향식(bottom-up) 처리보다는 하향식(top-down) 처리가 필요할 수 있다.

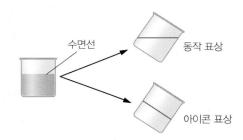

그림 18.2 ▲

지각이 기억에 미치는 영향   물이 담긴 컵을 동작 이미지로 부호화한 사람은 물의 표면을 수평적으로 기억하는 반면 아이콘(icon)으로 부호화한 사람은 물의 표면을 컵과 함께 회전하여 기울여진 것으로 기억한다.

다양한 기억상실증

측두엽이 인간의 기억에 역할을 할 수 있다는 첫 번째 증거는 우리가 잘 아는 H.M. 환자 사례 연구보다 50년이 앞서는데, Vladimir Bekhterev(1900)가 심한 기억 손상을 보인 환자의 뇌를 해부를 통해 연구한 것이다. 그는 양측 측두피질에서 연화(softening) 현상을 발견했다. **그림 18.3**에서 볼 수 있듯이 H.M.의 뇌에서 실시된 양측 뇌의 외과적 절제 수술은 내측 측두엽의 작은 손상으로도 심한 기억상실증을 일으킬 수 있음을 보여준다.

Brenda Milner(1970)와 동료들이 1950년대에 기술한 양측 측두피질 손상 환자들의 경우는 기억에 미치는 측두엽의 역할뿐만 아니라 측두엽 내의 다른 영역들이 다양한 종류의 기억에 기여하고 있음을 보여주었다. 예를 들어 15.3절에서 보았듯이

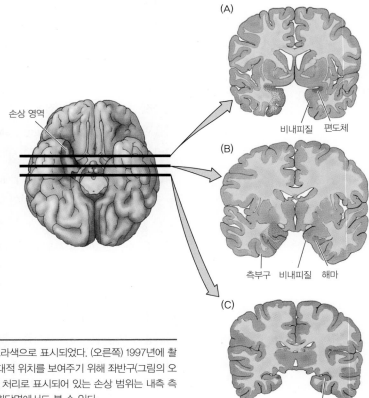

그림 18.3 ▶

H.M.의 수술 영역   (왼쪽) 복측에서 본 H.M.의 뇌. 우반구의 손상 영역만 보라색으로 표시되었다. (오른쪽) 1997년에 촬영된 MRI 스캔을 기반으로 한 그림 A, B, C에서 손상된 내측 측두 구조물의 상대적 위치를 보여주기 위해 좌반구(그림의 오른쪽)는 손상되지 않은 것으로 표시되었다. 각 그림의 왼쪽에 보라색으로 음영 처리로 표시되어 있는 손상 범위는 내측 측두엽의 벽을 따라 이어져 있기 때문에 H.M.의 뇌 손상 범위는 우반구의 여러 횡단면에서도 볼 수 있다.

(Research from Corkin et al., 1997.)

하측두피질(TE 영역)의 손상은 정보의 의식적 회상을 방해하고, 측두엽 영역의 손상 정도와 기억장애의 정도는 직접 비례하여 증가한다. 기억상실증의 다른 원인과 내측 측두엽 및 그 경로를 손상시키는 여러 원인에 대한 이해는 학습과 기억의 신경학적 기초에 대한 통찰력을 제공할 수 있을 것이다.

아동기 기억상실증

우리 모두는 어느 정도 기억상실증을 경험해왔다. 우리 모두가 공통적으로 가지는 가장 극단적인 예는 바로 **아동기(유아기) 기억상실증**[childhood (infantile) amnesia], 즉 우리가 유아기 또는 아동기 초기의 사건을 기억할 수 없는 경우이다. 인생의 초기는 일반적으로 우리의 발달에 중요한 것으로 간주되는데, 이 시기 동안 우리는 언어를 포함한 많은 기술과 지식을 습득하지만, 우리가 습득한 경험의 대부분은 이후에 기억하지 못한다. 이러한 기억 실패에 대한 한 가지 이유는 기억 체계가 각기 다른 속도로 성숙한다는 것이다. 초창기 인생에 있었던 일들을 기억하지 못하는 것은 성인 시절 일화 기억을 저장하는 데 핵심적인 체계가 그 당시 아직 제대로 발달하지 못했기 때문일 수 있다.

어린 시절의 기억이 사라지는 또 다른 이유는 아마도 두뇌가 새로운 기억을 위한 공간을 만들기 위해 기존의 기억들을 적극적으로 삭제하기 때문일 수 있다. Katherine Akers와 동료들(2014)은 어린 시절 기억에 대한 상실이 인간이 아닌 일부 다른 동물에서도 발생한다는 사실을 발견했다. 실험 쥐들을 통해 확인된 바에 따르면 이후에 기억이 상실되는 어린 시기의 뇌에서는 해마에서 많은 새로운 뉴런이 생성되었다. 기니피그를 포함한 조숙성(precocial) 종에서는, 해마의 신경 생성이 대체로 출생 전에 완성되며, 유아기 기억상실증 현상도 나타나지 않는다. 여러 연구진은 새로운 해마 뉴런이 새로운 연결을 형성하면서 새로운 기억을 만드는 데에는 관여하지만, 이 과정에서 이미 획득한 기억을 뒷받침하는 신경 회로를 파괴할 수도 있다고 제안한다. 보다 영구적인 기억은 해마에서의 새로운 뉴런의 생성이 어느 정도 둔화된 이후에 형성될 수 있다.

드문 혹은 일반적인 기억상실증의 특징

성인들도 기억상실증을 경험하는데, 본인이 가지고 있는 기술이나 언어는 손상이 없지만 과거 삶을 기억하지 못하거나 자신의 집에서 한참 떨어진 곳에서 길을 잃고 헤매다가 발견되는 사건들이 이러한 현상을 보여준다. **둔주 상태**(fugue state)라고 불리는 이 현상은, 개인의 과거 기억을 잊어버리는 것을 말하며 이 현상은 일반적으로는 일시적으로 나타난다. 둔주란 '비행(flight)'을 의미하며, 이에 대한 한 해석은 그 사람이 이전의 삶을 떠나 새로운 삶을 형성했다는 의미로 풀이된다. 아마도 이러한 둔주 상태는 측두엽 기억 시스템의 일시적인 억제로 인한 것으로 생각된다.

특정 뇌 영역에 대한 손상은 기억상실을 일으킬 수 있으며 이는 매우 흥미로운 형태를 보일 수 있다. 임상적 연구 보고에 따르면 동사에 대한 기억은 온전한 반면 명사에 대해서는 기억 손상을 보이거나(혹은 그 반대의 경우도 있으며), 또한 **안면실인증**(인간의 얼굴을 기억하지 못하는 현상)은 없으나 동물은 제대로 알아보지 못하는 경우도 발생할 수 있다. Simona Siri와 동료들(2003)은 단순 포진 뇌염을 가진 한 환자의 경우 동물과 새에 대한 기억은 손상이 덜한 반면 과일과 채소에 대해서는 심각한 기억상실증을 보인다는 것을 보여줌으로써 식물과 동물이라는 서로 다른 분류에 대한 기억의 부분적인 해리를 제안하기도 했다.

우리 모두는 일상에서 대개 사소한 기억상실을 경험한다. 사람들의 이름이나 얼굴 또는 열쇠를 저장하는 곳을 잊어버리곤 한다. 이러한 현상은 나이가 들어감에 따라 증가할 수 있다. 자주 만나지 않는 사람들의 이름과 뉴스 매체 및 대화에서 등장하는 항목에 대한 기억상실이 보통 이 증상의 발병으로 여겨진다. 어떤 사람들에게는 마치 **알츠하이머병**에서 일어나는 현상처럼 과거의 기억이 크게 상실되고 내측 측두엽에서 시작하여 다른 뇌 영역으로 확장되는 신경 손상이 나타나서 결국 정상적인 생활이 불가능해질 수도 있다(27.7절 참조).

순행성 및 역행성 기억상실증

H.M.의 기억은 다른 기억상실증 환자와 마찬가지로 두 부분으로 구성된다. H.M.은 새로운 기억을 얻지 못하는 **순행성 기억상실증**(anterograde amnesia)을 보였지만, 수술 이전에 있었던 일들에 대해서는 오직 일부의 기억만 잊어버리는 형태인 약한 **역행성 기억상실증**(retrograde amnesia)을 보였다(그림 18.4).

순행성이라는 용어는 뇌에 손상을 입게 된 시점 이후를 나타낸다. H.M.의 경우 학습하고 기억하는 능력과 관련된 많은 부분이 영향을 받은 것으로 보여지기에, 그의 심각한 순행성 기억상실증은 **순행성 전기억상실증**(global anterograde amnesia)이라고 불린다. 그는 공간적·지형적 학습 및 주변에서 일어난 사건에 대해 배우는 데 어려움을 겪었으며, 여기에는 사랑하는 사람들의 죽음 등이 포함된다. 그는 새로운 단어에 대한 학습을 거의 하지 못했으며 사고 이후에 발생한 사건이나 사람들 중 극히 일부만 기억할 수 있었다. H.M.은 이렇게 말했다. "내가 즐거움을 겪든 슬픔을 겪든, 매일매일이 외로움 그 자체이다."

역행성이라는 용어는 그림 18.4에서 볼 수 있듯이 뇌 손상 시점 이전에 있었던 사건에 대한 기억상실을 의미한다. H.M.의 역행성 기억상실증은 순행성 기억상실증만큼 심하지는 않았다. 그는 수술하기 전에 배웠던 많은 것을 기억할 수 있었다. 그는 자신이 누구인지 알았다. 읽고, 쓰고, 말할 수 있었다. 또한 수술 이전에 얻은 기술 대부분을 그대로 유지하고 있었다. 일반적으로 최근에 발생한 사건보다 시간적으로 좀 더 일찍 발생한 사건에 대해서 기억을 더 잘한다. 예를 들어 H.M.은 그가 수술하기 전에 살던 집으로 가는 길을 기억할 수 있었다.

다른 환자들의 경우를 보면 순행성 및 역행성 기억상실증의 정도는 다소 다양한 양상을 보인다(Smith et al., 2013). 순행성 및 역행성 기억상실증 모두 알츠하이머병과 같은 여러 임상 증상에서 나타날 수 있다. 상태가 진행됨에 따라 거의 모든 기억이 영향을 받을 때까지 역행성 기억상실증은 더욱 심해진다.

시간 의존적 역행성 기억상실증

외상성 뇌 손상(TBI)은 일반적으로 **시간 의존적 역행성 기억상실증**(time-dependent retrograde amnesia)을 유발하며, 손상의 심각성 정도에 따라 기억상실이 어느 정도의 과거 시간까지 영향을 미치는지 결정된다. 예를 들어, 머리 부상을 겪을 경우 일시적인 혼란과 역행성 기억상실로 인한 의식상실이 전형적으로 나타난다. 역행성 기억상실의 정도는 일반적으로 시간이 경과함에 따라 줄어들며, 종종 부상 이전에 있었던 짧게는 몇 초에서 1분 정도의 시간에 대한 기억상실은 계속 남아 있기도 한다.

그러나 그러한 외상 후 기억상실의 기간은 제1장에서 묘사된 L.D.의 사례와 같이 다양할 수 있다. 고전적인 연구에 따르면 심한 머리 손상을 입은 환자들 중 10%는 1주 미만의 지속 기간을, 환자들 중 30%는 2~3주간의 지속 기간을, 나머지 60%는 3주 이상의 지속 기간을 보였다(Whitty & Zangwill, 1966). 친척 방문이나 비정상적인 사건과 같은 단일 사건들에 대한 기억은 이러한 기억상실증 기간 동

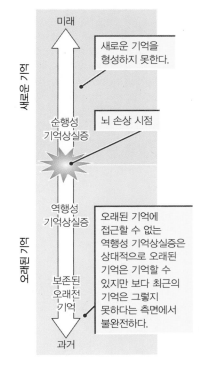

그림 18.4 ▲

기억상실증의 종류 뇌 손상이 오래된 기억과 새로운 기억에 미치는 영향 중 역행성 기억상실증은 오래된 기억이 최근의 기억보다 잘 기억된다는 점에서 불완전하다.

안에도 유지되는 경우가 있다.

기억상실증의 세가지 이론

순행성 및 역행성 기억상실증이 보이는 앞과 같은 특이한 차이점들은 하나의 의문점을 제시한다. 이 두 다른 형태의 기억상실증에 깔려 있는 기억 체계의 어떤 점이 그들로 하여금 부분적으로 독립적일 수 있게 하는 것일까? 세 가지 서로 다른 이론적 견해들이 측두엽 손상을 입은 환자들의 연구, 그리고 동물을 이용한 광범위한 학습과 기억 연구들로부터 얻은 증거들을 통해 제시되었다.

체계 공고화 이론

Larry Squire와 Peter Bayley(2007)가 발표한 바와 같이 **체계 공고화 이론**(system consolidation theory)에 따르면 해마는 새로운 기억을 공고화하여 기억이 영구적으로 저장되도록 하는 역할을 한다. 공고화가 완료되면 그 기억은 해마가 아닌 뇌의 다른 곳에 저장된다. 즉 기억은 해마에서 한동안 유지되고, 이후 점차적으로 새로운 장소인 신피질에서 공고화된다.

공고화 이론은 해마가 손상을 입더라도 오래된 기억(기억들은 저장을 위해 해마가 아닌 다른 곳으로 이동되었다)이 어떻게 유지될 수 있는지, 반면 최근의 기억(기억들은 여전히 해마에 머물러 있다)은 어떻게 잊어버리게 되는지를 설명해준다. 만약 손상이 해마에 국한된 경우라면, 역행성 기억상실증은 단지 최근 몇 년의 사건에 대해서만 나타날 것이며 그 이유는 오직 최근에 경험한 사건들만 해마에 남아 있기 때문이다. 만약 장기 기억이 저장되는 영역인 측두엽과 그 주변에 더 손상이 있을 경우, 역행성 기억상실증은 손상 정도에 따라 1~20년 혹은 그 이상의 기간에 대해서도 영향을 받게 된다.

다중 흔적 이론

Lynn Nadel과 Morris Moscovitch(1997)는 **다중 흔적 이론**(multiple-trace theory)이 기억상실증의 개인차를 설명한다고 제안했다.

- **모든 학습 사건에 있어서 다양한 형태의 기억은 서로 다른 두뇌 영역에서 병렬로 부호화된다.** 예를 들어, 자서전 기억은 해마와 전두엽에 의존하며, 사실에 기초한 의미 기억은 측두엽의 다양한 조직에 의존한다. 그리고 일반적인 의미 기억은 나머지 대뇌피질 영역들에 의존한다.

- **기억은 사람들이 그 사건을 다시 떠올리고, 재평가하고, 다시 저장을 하는 과정에서 변화한다.** 예를 들어 자서전 기억이라도 회상과 토론을 거치게 될 경우 사실 기억으로 다시 저장될 수 있으며 심지어 일반화된 기억으로 남게 될 수도 있다(Cabeza & Moscovitch, 2013). 따라서 기억이 재사용되면서 변화하는 과정에서 기억들은 서로 다른 두뇌 영역에 남아 있게 된다. 이러한 변환은 기억이 다시 부호화되도록 하며 그것이 다른 형태의 기억으로 변하도록 할 수 있다.

- **서로 다른 뇌 영역에 저장되어 있는 여러 종류의 기억은 뇌 영역의 손상에 따라 선택적으로 영향을 받게 된다.** 기억 구성의 이러한 특징으로 인해 뇌 손상을 겪더라도 일반적으로 기억의 일부 측면만 영향을 받게 되며, 중요한 점은 오래된 기억일수록 새로운 기억보다 영향을 덜 받게 될 것이라는 것이다.

재공고화 이론

Natalie Tronson과 Jane Talyor(2007)의 설명처럼 **재공고화 이론**(reconsolidation theory)은 우리의 기억이 단순히 단일 흔적이나 신경 기제로 구성된 것이 아님을 제안한다. 우리는 기억을 자주 회상하고 생각하며 다른 사람들과 공유한다. 이야기를 하거나 혹은 험담을 하는 과정에서 기억은 단순히 회상될 뿐만 아니라 다른 사람들과 공유되고 또 구체화된다.

기억이 사용될 때마다 그 기억은 재공고화된다. 즉 기억은 불안정한 단계에 다시 들어가고 다시 새로운 기억으로 저장된다(Schwabe et al., 2014). 기억이 매번 사용될 때마다 새로운 저장 단계와 관련이 있게 되며, 따라서 동일한 사건에 대해 여러 가지 다른 흔적을 발생시킨다. 재공고화는 기억상실증에 대한 연구를 복잡하게 만들었는데, 왜냐하면 환자의 자발적인 회상이나 심지어 환자의 기억을 조사하는 것과 같은 행위 그 자체가 연구 조사의 대상인 기억을 변형시키기 때문이다. 예를 들어, 증인의 사고 기억은 사고가 회상될 때마다 하나씩 다른 흔적을 가지게 된다. 그리고 어린 시절의 기억상실증 연구의 어려움은, 개인이 여러 번의 회상을 했다거나 부모와 같은 다른 사람들에 의해 기억이 영향을 받을 수 있어서 온전히 그 사람이 처음으로 과거 사건을 회상한 것과 혼돈을 일으킬 수 있다는 것이다(Wang & Peterson, 2014).

이 세 가지 이론은 기억 저장이나 기억 유형 또는 사용 빈도가 기억상실증의 정도에 기여한다는 것을 보여준다. 기억 저장의 복잡성은 뇌 손상 사건 후에 나타나는 순행성 및 역행성 기억상실증의 정도가 넓은 개인차를 가질 수 있음을 예상하게끔 해준다. 다음 절에서는 장기 기억의 세 가지 범주(외현적, 암묵적, 정서적)를 자세히 설명한 다음 단기 기억의 특성을 살펴보겠다.

◎ 18.2 장기 외현 기억

사건과 사실에 대한 **외현 기억**(explicit memory)은 의식적이고 의도적인 것이며, 개인적인 경험 혹은 일화 기억(예 : 지난 밤에 한 일에 대한 기억)과 사실에 기초한 의미 기억(예 : 구구단의 2 × 2 = 4)으로 구성된다. 외현 기억의 두 가지 유형 모두 개념 위주의 하향식 처리에 기초하며, 이때 사람은 저장할 정보를 재구성하게 된다. 따라서 나중에 회상되는 정보는 처음에 처리된 방식에 큰 영향을 받게 된다.

일화 기억

한 개인의 개별 사건을 회상하는 것을 일컫는 **일화(자서전) 기억**[episodic (autobiographic) memory]은 자신을 중심으로 한 삶의 경험과 역사를 기억한다는 점에서 다른 인지신경 기억 체계와 차이점을 가진다. 다음의 발췌 내용은 자서전 기억의 존재를 보여주는 간단한 테스트이다. 다음의 내용은 한 신경심리학자가 피험자인 G.O.에게서 개인적인 사건이나 경험을 회상할 수 있는지 여부를 계속해서 끈질기게 확인하려는 모습을 보여준다. 만약 그 연구자가 충분한 인내심이 없었다면, G.O.가 가지고 있던 일화 기억의 장애를 발견하지 못했을 것이다.

> 당신은 대중들 앞에서 공개적으로 연설을 했던 기억이 있습니까?
> 그렇습니다. 저는 모던폰시스템의 콜센터 트레이너입니다. 저는 캐나다 전역에서 훈련과 관련한 많은 일을 했기 때문에 연설도 많이 했습니다. 그리고 미국의 일부 지역도 간 적이 있습니다.
>
> 연설을 하던 그때의 한 순간을 기억할 수 있나요? 우리에게 한 사례를 말해줄 수 있습니까?
> 예! 저는 고객 서비스, 인바운드 및 아웃바운드 텔레마케팅 등 다양한 주제에 대해서 수천 명의 고객을 교육했습니다. 어려운 고객들을 처리했습니다.
> …
>
> 그러니까 우리가 알고자 하는 것은 하나의 사건이나 교육을 했던 때의 일이나 우리에게 이야기해주고 싶

은 연설이 있는지 입니다.

오, 저는 수많은 회사들의 입맛에 맞게 자료들을 수정했습니다. 그리고 본사에서도 많은 교육을 진행습니다.

좋아요, 그래서 우리가 알고자 하는 것은 당신이 연설을 했던 단 한 번의 순간이라도 기억할 수 있는가 하는 건데요.

네, 할 수 있습니다.

일련의 시간들이 아니라 한 번의 특정한 시간에 대해서 우리에게 말해줄 수 있습니까?

물론입니다. 장소는 본사였고, 그리고 거기에는 많은 사람들이 있었습니다.

…

나는 당신이 그동안 진행해온 모든 훈련에 대해서 정말 잘 기억하고 있다는 인상을 받고 있습니다만, 당신은 어떤 이유에서든지 마음속에 뚜렷하게 나타나는 특정한 한 번의 상황을 떠올릴 수는 없는 것 같습니다. 그 점에 동의하시겠습니까?

오, 그렇습니다. 나는 항상 고객 서비스 교육을 진행했습니다.

뭔가 잘못되었거나 이상한 일이 일어났던 적은 없었습니까?

아니, 아니요, 나는 아주 좋은 훈련사였습니다. (Levine, 2000)

시간에 대한 자기 인지적 인식

자서전 기억의 한 기능은 우리에게 연속성의 감각을 제공한다는 점이다. Endel Tulving(2002)은 자기 인지적 인식, 즉 자기 지식이라는 용어를 고안했는데, 이는 시간의 흐름 속에서도 연속적인 개체로서 통합된 인식을 가질 수 있게 해주는 역할을 한다. 자기 인식은 우리가 과거 또는 미래와 같이 주관적인 시간 여행을 할 수 있게 한다. 해마 및 전두피질 영역에 손상을 입은 환자들은 종종 이러한 자기 인식을 잃어버리기도 하며 의사결정을 할 때 자신의 과거 경험으로부터 도움을 받는 능력과 자기통제 능력의 저하로 인해 일상생활에서 큰 어려움을 겪는다(16.2절 참조). Tulving은 '시간 여행(time travel)'은 사람을 인간이 아닌 동물들과 구분 짓는 기억 능력이며, 또한 성숙한 발달과 깊은 관련이 있기에 유아와 어린 아동에서는 발견되지 않는다고 설명하기도 했다.

K.C.라고 불리는 Tulving의 환자인 켄트 코크런은 자서전 기억상실의 영향을 잘 보여준다. K.C.는 30세에 오토바이 사고로 인해 내측 측두엽을 포함하는 여러 피질 및 피질하 영역에 손상을 가져오는 심각한 외상성 뇌 손상를 겪었으며, 그로 인해 심한 기억상실증을 보였다. 그럼에도 불구하고 K.C.의 인지 능력의 대부분은 정상적이었으며 건강한 성인의 것과 차이가 없었다.

그의 지능과 언어는 정상이었고 읽기나 쓰기에 아무런 문제가 없었다. 집중력과 집중력을 유지하는 능력은 정상이었으며 사고 과정은 분명했다. 그는 오르간, 체스 및 다양한 카드 게임을 할 수 있었으며 물체를 심상에서 시각화하는 능력도 손상되지 않았다. 단기 기억 과제에 대한 수행 역시 정상이었다. K.C.는 자신의 출생일, 생애 처음 9년 동안의 집 주소, 자신이 다니던 몇몇 학교의 이름, 소유했던 차의 제조사와 색상, 그리고 부모가 여름 별장을 여전히 소유하고 있다는 사실 등과 같이 자신의 인생과 관련한 여러 가지 객관적인 사실을 잘 기억하고 있었다.

그는 별장의 위치를 알고 있었으며 지도에서도 쉽게 그 위치를 찾을 수 있었다. 또한 집에서 별장까지의 거리와 주말 교통 상황에서 그곳까지 얼마의 시간이 걸리는지도 알고 있었다. 그는 또한 과거 자신이 그곳에서 많은 시간을 보냈다는 것을 알고 있었다. 수학, 역사, 지리학 및 기타 학교 과목에 대한

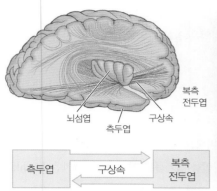

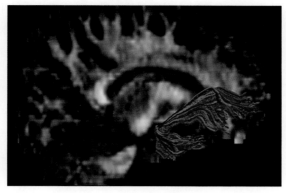

그림 18.5 ◀

일화 기억과 관련된 뇌 영역　(왼쪽) 복측 전두엽과 측두엽은 아래 확산텐서영상(오른쪽)에 파란색으로 표시되어 있는 구상속 경로에 의해 상호 연결되어 있다.

(Diffusion tensor image from Field, A. S. Diffusion tensor imaging of cerebral white matter. *American Journal of Neuroradiology* 25:356 – 369, 2004, Fig. 7B.)

지식뿐만 아니라 세계에 대한 일반적인 지식은 그의 교육 수준에서 다른 사람들의 지식과 크게 다르지 않았다.

　이러한 모든 전형적인 능력에도 불구하고 K.C.는 개인적인 경험에 대한 심각한 기억상실증이 있었다. 그는 일회성 사건이든 반복적 사건이든 간에 자서전적 사건을 회상하지 못했다. 비록 1~2분 전에 겪었던 사건에 대한 기억은 유지할 수 있었지만, 그가 겪었던 일화적인 사건 및 상황을 기억하지 못하는 장애는 그가 태어나는 순간부터 그의 모든 인생에 영향을 미쳤다. 그는 과거로도 미래로도 '시간 여행'을 할 수가 없었다. 그는 곧 무엇을 할지, 내일 무엇을 할지 생각할 수가 없었고, 남은 인생의 어느 시점에 대해서도 무엇을 할 것이라고 이야기할 수 없었다. 과거를 기억하기 힘들어하는 것 이상으로 자신의 미래를 더 이상 상상할 수 없게 되었다.

　K.C.의 뇌 손상은 넓은 영역으로 퍼져 있었기 때문에 일화 기억은 손상을 입었으나 의미 기억은 손상을 받지 않은 비대칭적인 역행성 기억상실증이 어떤 부위들의 손상으로 인해 발생되었는지를 말하기는 어렵다. Brain Levine과 동료들(1998)은 뇌 손상이 보다 국한된 M.L. 환자가 보였던 유사한 증상을 기술했다.

　부상을 입기 이전의 일화 사건들에 대해서 깊은 기억상실을 보인 M.L.은 우반구 복측 전전두피질과 더불어 측두엽과 복측 전전두피질을 연결하는 섬유 통로인 **구상속**(uncinate fasciculus, **그림 18.5**)을 포함하는 백질의 손상을 보였다. H.M. 또한 수술 이전과 이후의 자서전 기억을 완전히 잊어버렸기 때문에, 자서전 기억은 내측 측두엽뿐만 아니라 복측 전전두피질과 구상속에 의해 만들어진 연결 사이에 의존해야 함을 확인할 수 있다.

의미 기억

세상에 관한 지식, 즉 자서전적이지 않은 모든 지식은 **의미 기억**(semantic memory)으로 분류된다. 가족, 친구 및 지인을 인지하는 능력, 전문 어휘 및 읽기, 쓰기 그리고 수학과 같이 학교에서 배운 정보, 역사적 사건에 대한 지식과 역사적 · 문학적 인물에 대한 지식(예 : 찰스 다윈은 누구입니까?)과 같은 질문에 대한 답변 등을 포함한다.

　Tulving의 환자였던 K.C. 역시 온전한 의미 기억을 가지고 있었다. 그는 학교에서 배운 정보를 회상할 수 있었으며, 부모님이 오두막을 가지고 있다는 것을 기억했고 그곳이 어디인지를 알고 있었다. 부상을 입기 전에 배웠던 게임도 잘 기억하고 수행할 수 있었다. 유사하게 H.M.은 수술 이전의 의미 기억을 유지했으며 , 그리고 수술 후에도 일부 의미 기억(예 : 자신이 뇌 수술을 받았다는 사실)을 형성할 수 있었다. 의미 기억은 일화 기억과 다를 뿐만 아니라 일화 기억을 도와주는 내측-측두엽-복측-전전두엽 기억 체계에 의존하지도 않는다. 오히려 의미 기억은 일화 기억을 도와주는 신경 영역들에 인접한 측두엽 및 전두엽 영역에 의존한다.

외현 기억의 신경학적 기제

여러 구조들로 이루어진 서로 다른 신경계는 각각 다른 종류의 기억을 담당한다. 지금까지 우리가 살펴봤던 것들을 포함하는 많은 동물 및 인간 연구들을 바탕으로 하여 Herbert Petri와 Mortimer Mishkin(1994)은 외현 기억의 신경기저로서 측두엽-전두엽 신경계를 제안했다. 이 체계는 Mishkin 이 제안한 복측 신경 회로인 '무엇' 경로를 상당수 포함한다(그림 15.5 참조).

그림 18.6A는 Petri와 Mishkin이 외현 기억 영역으로 규정한 신경 구조를 보여준다. 대부분은 해마, 측두엽의 해마에 인접한 비피질(rhinal cortex)을 포함하는 측두엽 및 그 인접 영역, 그리고 전전두 피질들이다. 전전두피질과 측두피질 사이의 많은 연결이 시상을 통해 이루어지는 점에서 시상의 핵 또한 이곳에 포함된다. 외현 기억 회로를 구성하는 영역은 신피질과 아세틸콜린, 세로토닌 및 노르아드레날린 활성화 체계를 포함하는 뇌간의 상행 체계로부터 입력을 받는다(그림 18.6B).

다음 절에서는 여러 뇌 영역의 외현 기억 기능에 대해 설명할 것이다. 우리는 내측 측두엽 구조(해마 및 비주위피질)를 시작으로, 측두 및 전전두피질 및 이 영역들이 연결되는 다른 뇌 영역을 다룰 것이다.

해마의 구조

50년 전 신경해부학자인 H. Chandler Elliott(1969)은 해마를 "다소 오래된 기관이지만 아직까지 흔적이 남아 있기는 하면서, 아마도 인간에게서는 더 이상 볼 수 없는 식이반사와 관련이 있는 기관일 것"이라고 설명했다. 하지만 이러한 설명과 정반대로, 다른 뇌 영역과 비교했을 때 크기가 매우 작은 이 구조는 오늘날 인간의 기억에 대한 논의에서 지배적인 역할을 한다. 우리는 해마의 구조에 대하여 좀 더 깊이 있게 설명하기 위해서, 후측 감각피질과 전두피질의 중간 기착지로서 해마가 차지하는 위치와 해마 고유의 복잡한 구조에 대해 다룰 것이다(16세기에 해마라는 용어로 불리게 된 것은 신화에 등장하는 포세이돈의 전차를 끌던 반쪽은 말, 반쪽은 물고기였던 그 동물을 닮아서거나 혹은 말과 같이 생긴 물고기 그 자체의 외형을 닮아서 붙여진 것이다).

그림 18.6 ▶

외현 기억과 관련된 신경 회로 (A) 외현 기억과 관련된 해부학적 영역. (B) 외현 기억 회로에 속하지 않는 감각 및 운동 체계로부터 시작되는 정보 처리의 흐름

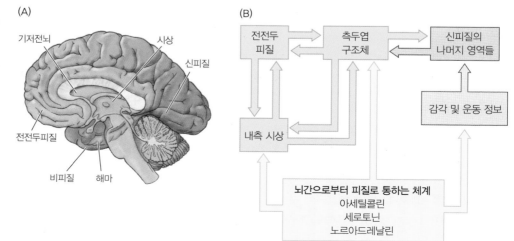

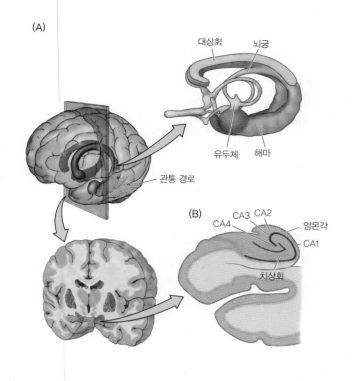

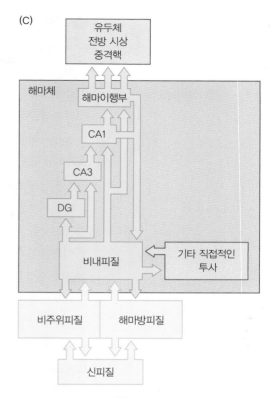

그림 18.7 ▲

해마형성체 (A) 측두엽 내측에 위치한 해마는 관통로에 의해 측두피질 구조와 연결되고 해마술 뇌궁 경로에 의해 뇌간 유두체와 피질하 중격핵, 전방 시상에 연결된다. (B) 해마를 통과하는 단면은 암몬각과 추체세포(CA1~CA4)의 위치를 보여준다. (c) 신피질 구조는 해마이행부으로부터 피드백을 받는 비내피질을 통해 해마로 연결된다.

해마는 내측 측두엽의 외측 신피질에서 뇌의 정중선을 향하여 구부러지는 변연계 구조로서 관(tube)의 모양을 지니고 있다(**그림 18.7A**). 해마는 2개의 회(gyrus)로 구성되어 있으며, 그것은 **암몬각**(Ammon's horn, 신화에 등장하는 염소의 뿔로서 과일과 채소가 끝없이 흘러나온다는 전설이 있음)이라는 영역과 **치상회**(dentate gyrus, '치아' 모양을 의미하는 라틴어 *dentatus*에서 나온 것으로 치상회의 주요 세포층은 치아의 가장자리처럼 심한 굴곡이 있음)로 구성된다.

각 회는 독특한 유형의 세포를 포함하고 있다(**그림 18.7B**). 암몬각은 추체세포를 포함하고, 치상회 세포는 별 모양을 한 **과립세포**(granule cell)이다. 암몬각의 추체세포는 CA1, CA2, CA3, CA4의 네 그룹으로 나누어진다(CA는 암몬각의 라틴어인 *cornu Ammonis*를 의미). 구조적 및 기능적 이유 때문에 2개의 회의 세포들은 산소 결핍이나 많은 독소들에 대해 민감하게 반응한다. 경중 무산소 상태에서 CA1 세포가 소멸할 확률이 가장 높으며, 심한 무산소 상태에서는 다른 CA 세포 및 마지막으로 치상회세포가 소멸하게 된다.

해마는 두 가지 주요 경로를 통해 나머지 뇌 영역과 상호 연결되어 있다. (말그대로 해마를 관통한다는 점에서) **관통로**(perforant pathway)는 그림 18.7A와 같이 해마와 후측 측두피질을 연결한다. **해마술 뇌궁**(fimbria fornix)이라고 불리는 다른 경로(해마의 가장자리를 따라 아치형으로 연결되어 있기 때문에 '아치 프린지'로 불림)는 해마를 시상, 전전두피질, 기저핵, 시상하부에 연결한다.

해마는 이 두 경로를 통해 후측 대뇌피질과 전두피질, 기저핵 및 뇌간 사이에서 중간 지점과 같은 역할을 한다. 해마 내 구조를 볼 때 신피질에서 들어온 입력 정보는 치상회에 전달되고 암몬각으로 뻗어나간다. 따라서 과립세포는 해마의 감각 뉴런이며, 추체 뉴런은 그것의 운동세포인 셈이다. CA1 세포는 해마이행부(subiculum)라고 불리는 측두엽의 다른 부분으로 뻗어나가고, 해마이행부 세포는 측두피질로 되돌아가 시상 및 뇌간으로 다시 뻗어나간다(**그림 18.7C**).

◎ 해마 기능과 관련한 사례 연구

기억상실증 환자인 H.M.에서 나타난 특징들이 해마가 기억에 미치는 중요한 역할을 설명하였지만, H.M.의 해마 손상은 불완전했으며 그 손상은 측두엽뿐만 아니라 편도체 영역까지 포함했다. 해마가 기억에 어떠한 기여를 하는지에 대한 논쟁은 계속되고 있는데, 해마는 복잡한 구조이며, 우리가 이 책에서 설명할 해마 손상 환자들의 경우 다소 상이한 손상을 가지고 있다.

Larry Squire와 Peter Bayley(2007)는 해마 CA1 부위에 국한된 손상을 지닌 두 환자 R.B.와 D.G.를 소개하고 있으며, 그들은 1~2년 정도의 기간에 해당하는 역행성 기억상실증을 가지고 있었다. 연구자들은 또한 광범위하지만 여전히 불완전한 해마 손상을 가지고있는 L.M. 및 W.H.를 기술한다. 그들의 역행성 기억상실증 범위는 과거 15~25년 사이를 포함한다. 해마의 완전한 손상과 더불어 주변 영역까지 손상을 가진 환자 E.P.는 40~50년에 해당하는 역행성 기억상실증을 가지고 있다.

이러한 환자들의 기억상실증은 해마 자체가 학습 후의 기억을 유지하는 데에도 중요하다는 것을 제안하며, 인접한 피질들도 과거에 대한 기억을 담당함을 보여준다. 18.1절에 요약된 Squire와 Bayley의 공고화 이론은 가장 오래된 기억은 대뇌피질을 통해서 접근이 가능하며 따라서 측두엽이 손상되어도 영향을 받지 않는다고 제안한다.

Squire와 Bayley가 보여주었던 제한적인 역행성 기억상실증 환자의 경우와는 다르게, Lisa Cipolottie와 동료들(2001)은 비록 해마 주변 영역은 손상을 받지 않았지만 해마 영역 자체는 완전히 제거된 환자인 V.C.의 사례를 보고했으며 그 환자는 뇌 손상 이전의 기억에 대해서도 역행성 기억상실증을 보였다. V.C.의 경우 해마 영역의 완전한 손상은 생애 모든 시기에 걸친 외현 기억에 대해 역행성 및 순행성 기억상실증을 초래함을 시사한다.

어린 시절의 해마 손상 사례 성인의 해마 손상 사례에서 관찰된 증상을 통해 일부 연구자들은 이러한 뇌 손상이 유아기 시절에 발생할 경우에는 기억상실증이라고 여겨지기보다는 정신적으로 심각한 장애가 있는 것으로 여겨질 것이라고 가정하였다. 즉 그들은 새로운 단어를 학습할 수가 없기에 말을 할 수 없으며, 타인을 인식할 수 없기에 사회화될 수 없고, 문제에 대한 해결책을 기억할 수 없기에 문제해결 능력을 기를 수 없을 것이다.

Faraneh Vargha-Khadem과 동료들(1997)은 해마 손상이 이른 시기에 발생한 세 가지 경우에 대해 보고한다. 출생 직후에 손상을 입은 한 피험자, 4세에 손상을 입은 다른 피험자, 9세에 손상을 입은 세 번째 피험자가 그 사례들이다. 그 세 사람 모두 친숙한 환경에서 생활을 제대로 할 수 없었으며, 물건이나 자신의 소지품이 보통 어느 곳에 위치하는지 혹은 그 물건들이 언제 마지막으로 위치했는지를 기억할 수 없었다. 그 어느 누구도 날짜와 시간에 대해 제대로 파악하지 못했으며 특별한 수업이나 혹은 방과 후 활동과 같은 약속된 일정이나 사건들에 대해서 주기적으로 상기를 해주어야 했다. 그들은 모두 하루를 어떻게 보냈는지 회상하거나 전화 통화를 기억하거나 전화 대화, 메시지, 이야기, 텔레비전 프로그램, 방문객, 휴일 등을 기억할 수 없었다.

이 세 가지 상황에서 언급된 아이들의 부모에 따르면, 일상에서의 기억 저하가 워낙 심해서 그들 중 누구도 혼자 남겨질 수 없었으며, 또래나 사회 상황에 적응하기가 어려웠다. 그러나 그들이 정신적으로 장애가 있는 것은 아니었다. 그들은 모두 주류 교육 환경에서 잘 적응해냈다. 그들은 말하기와 언어에 유능하고, 읽는 법을 배우고, 쓰고 쓸 수 있었다. 사실적 지식에 대해서 검사를 받을 경우 평균에 해당하는 점수를 얻었다. 얼굴과 물체에 대한 기억을 검사받을 경우 물체-장소 연합이나 얼굴-목소리 연합을 필요로 하는 과제에서는 저하된 능력을 보임에도 불구하고 얼굴과 물체에 대한 기억은 평균 범위 근처까지 보였다.

해마 신경 연결의 손상과 관련된 사례 종합하면 많은 증거는 해마가 일화 기억에 중요한 반면 그 주변 영역들은 의미 기억에 중요하다는 것을 제안한다. 서로 다른 환자들에 의해 나타나는 증상의 복잡성은 뇌 손상이라는 것은 한곳에만 발생하는 것이 아니고 환자마다 다양한 양상으로 나타난다는 것을 보여준다. 손상이 해마에 국한되어 있음을 입증하는 것은 어려울 뿐만 아니라 만약 그 손상이 제한적으로 나타났다 할지라도 그것은 다른 영역으로부터의 영향을 받거나 혹은 다른 영역에 영향을 주기도 한다. 해마의 연결을 끊을 경우 해마 손상 이후에 나타나는 현상과 비슷한 기억상실증이 생길 수 있다. David Gaffan과 Elizabeth Gaffan(1991)은 해마 자체는 손상을 입지 않았지만 해마를 전두엽과 뇌간으로 연결해주는 통로인 해마술 뇌궁 경로에 손상을 입은 일련의 환자를 기술한다(그림 18.7A 참조). 이 환자들은 측두엽 손상이 있는 환자에서와 비슷한 역행성 및 순행성 기억상실증을 나타내지만 그 정도는 더 약한 수준을 보였다.

해마의 기능

앞서 살펴 보았던 증거들은 해마의 기능에 대해 우리에게 무엇을 말해 주는가? 비록 기억에 관한 해마의 특정 역할에 대해서는 논쟁의 여지가 있지만, 해마 환자의 연구들은 다음과 같은 네 가지 결론을 이끌어낸다. (1) 순행성 기억은 역행성 기억보다 더 심각한 영향을 받는다. (2) 일화 기억이 의미 기억보다 더 심각한 영향을 받는다. (3) 자서전 기억이 특히 심각하게 영향을 받는다. (4) '시간 여행'이 줄어든다.

해마는 또한 우리가 과거를 회상할 때 기억의 세부사항을 다양하게 변화시키는 데 기여할 수 있다. 예를 들어 버스와 자동차 사고의 한순간을 떠올리는 동시에 시간적으로 동일하지 않지만 그 사건과 관련된 광범위한 세부사항을 회상할 수 있다. Jordan Poppenk와 동료들(2013)은 전측 해마(전두엽에 가까운 영역)와 후측 해마(측두엽에 가까운 영역)라는 두 영역의 다양한 해부학적 차이를 검토했다. 그들은 전측 해마는 사건의 거친 수준(coarse-grained)의 표상을 제공하는 반면 후측 해마는 사건의 세밀한 표상을 제공한다고 제안한다. 아마도 해마를 통해 다양한 기억의 하위 경로에 접근함으로써 우리는 일상생활의 축약된 형태나 혹은 정교한 형태에 접근하고 자세히 말할 수 있는 것이다.

측두피질

Suzanne Corkin과 동료들(1997)은 H.M.에게서 측두엽이 제거된 정도를 다시 살펴보기 위해 MRI를 사용하였는데, 그들은 절제술로 인해 해마에 인접한 측두피질의 일부가 제거되었다는 것을 발견했다(그림 18.3 참조). 비피질과 경계를 이루는 측두엽 영역은 비주위피질과 **비내피질**(entorhinal cortex)을 포함하는데, 이 영역은 신피질로부터 해마 영역들로 정보가 입력되는 데 있어 주요한 경로를 제공한다(**그림 18.8**).

해마로 뻗어나가는 이 영역들은 내측 측두엽 병변이 있는 환자들의 경우 손상되어 있는 경우가 종종 있다. 따라서 해마에 영향을 주는 전통적인 방식의 수술과 여러 형태의 뇌 손상은 마찬가지로 비피질 영역 또는 해마로 가는 경로를 손상시킬 수 있다. 이 때문에 비피질의 손상으로 인한 현상과 해마로의 연결 혹은 그 자체의 손상으로 인해 발생한 결과를 구분하는 것은 매우 어렵다.

Elizabeth Murray(2000)는 신경독성(neurotoxic) 손상 기술을 선택적으로 사용하여 원숭이의 세포

그림 18.8 ▶

그림 18.8 ▶

기억에 관여하는 내측 측두 구조 (A) 붉은털원숭이의 피질하 내측 측두 영역을 복측에서 바라본 모습. 왼쪽에는 비주위피질, 해마방피질, 비내피질이 표시되어 있다. 오른쪽의 편도체와 해마는 왼쪽에 표시된 내측 측두피질 영역 아래에 있기 때문에 직접적으로 보이지는 않는다. (B) 피질의 감각 영역으로부터 입력된 정보는 내측 측두피질, 해마방 및 비주위피질 영역을 거쳐 비내피질에서 처리된 후 해마에 도달한다. 해마는 이 정보를 처리하여 다시 내측 측두피질 영역으로 보낸다.

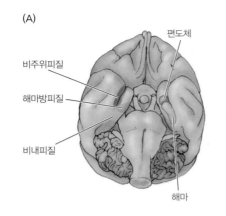
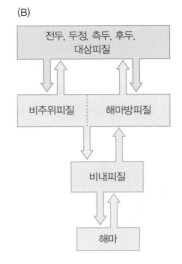

를 손상시키고 해마 혹은 비피질의 섬유 조직은 남겨둔 다음, 각 구조들이 기억상실증에 미치는 영향력을 조사했다. Murray의 연구에서 원숭이는 우리의 쇠창살 사이로 팔을 뻗은 다음 보상이 놓여 있을 듯한 위치 위에 놓인 방해물을 치우게 된다(**그림 18.9A**). 보상을 찾으려면 동물은 (1) 대상을 인식하거나, (2) 주어진 상황에서 대상을 인식할 수 있는 능력을 사용해야 한다.

이 과제를 '표본 대응' 과제라고 하는데 이 과제는 대상 재인 기억 능력을 평가한다. 원숭이는 한 물체를 보고 그 밑에 숨겨진 음식 보상을 획득하기 위해 물체를 다른 위치로 옮긴다. 잠시 후 원숭이는 그 물체와 또 다른 사물 둘 중에서 선택을 할 수 있는데, 익숙한 사물을 선택하면 보상을 받게 된다. 다른 버전인 **비표본 대응** 과제에서 원숭이는 새로운 사물을 선택해야 보상을 받게 된다(그림 18.9B). 표본과 두 과제 사이에 시간적 간격을 늘리는 조작을 가할 수도 있다.

◎ **그림 18.9 ▼**

원숭이를 이용한 두 가지 기억 연구

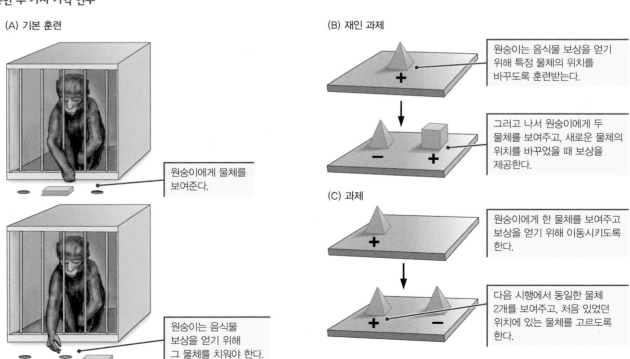

(A) 기본 훈련

원숭이에게 물체를 보여준다.

원숭이는 음식물 보상을 얻기 위해 그 물체를 치워야 한다.

(B) 재인 과제

원숭이는 음식물 보상을 얻기 위해 특정 물체의 위치를 바꾸도록 훈련받는다.

그러고 나서 원숭이에게 두 물체를 보여주고, 새로운 물체의 위치를 바꾸었을 때 보상을 제공한다.

(C) 과제

원숭이에게 한 물체를 보여주고 보상을 얻기 위해 이동시키도록 한다.

다음 시행에서 동일한 물체 2개를 보여주고, 처음 있었던 위치에 있는 물체를 고르도록 한다.

맥락 정보를 추가한 버전의 과제에서 원숭이가 대상의 공간적 위치를 기반으로 한 단서를 활용하여 대상을 선택해야 한다. 이 과제를 수행하려면 그림 18.9C에서와 같이 동일한 위치에 그대로 있는 대상을 선택해야 하거나, 혹은 그림에서 시각적으로 표시되는 장면의 동일한 위치에 나타나는 대상을 선택해야 한다.

물체 및 맥락에 대한 이러한 기억 연구들에서 해마 영역이 선택적으로 제거된 동물은 대상 재인 과제에서 저하를 나타내지 않았지만 맥락이 포함된 과제에서는 저하를 보였다. 대조적으로 비피질 영역에 손상이 있는 동물은 대상 인식 과제에서 심한 순행성 및 역행성 손상을 보였다. 결론적으로 대상 인식(사실 또는 의미 지식)은 비피질에 의존하는 반면 맥락 인식(자서전 또는 일화 지식)은 해마에 의존한다.

Alex Clarke와 Lorraine Tyler(2014)의 연구는 이 결론을 뒷받침한다. 그들은 fMRI를 사용하여 참가자들이 추리게임의 형태로 동물, 광물 또는 채소와 같은 다양한 대상의 이름을 맞추는 동안의 뇌영상을 촬영하였다. 시각피질부터 비주위피질까지의 복측 흐름에서의 뇌 활성화는 대상 범주를 반영했다. 일반 범주는 일차 시각피질에 가까운 영역을 활성화시켰고 특정 개체는 비주위피질을 활성화시켰다. 이러한 추리게임의 대상이 특정 항목인 경우, 예를 들어 1973년 트리플크라운에서 우승한 경주마의 이름인 경우, 범주 추측(동물)은 시각피질에서 활성화되고, 우승마인 세크리테리어트의 식별은 비피질에서 나타날 것이다. 경주를 보았다거나 그 경기를 유튜브에서 보았다든지 또는 이 추리게임에서 정답을 맞췄다는 것들과 같은 개인적인 지식은 해마의 역할이다.

외현 기억의 반구 특화

다양한 연구들을 통해 외현 기억의 비대칭성이 모든 신피질 엽에서 나타난다는 사실이 밝혀졌다.

측두피질

뇌전증에 대한 치료법 중 하나가 신피질 및 변연계를 포함하는 측두엽을 제거하는 방식이기에 많은 환자들이 이러한 방식으로 수술을 받았고 신경심리학 연구들에서 연구되었다. 이 연구들의 결과는 좌우 서로 다른 반구의 손상으로 초래되는 기억 손상이 상당히 다른 양상을 보인다는 것을 보여준다. 또한 측두피질이 외현 기억 기능 손상에 상당한 역할을 한다는 것을 보여준다.

우반구 측두엽을 제거한 환자는 안면 인식, 공간 위치 및 미로 학습 과제에서 손상을 보인다(**그림 18.10**). 공간적 위치에 대한 기억장애는 **그림 18.11A**에 나와 있는 Corsi 블록 두드리기 검사(Corsi block-tapping test)에서 잘 파악되는데, 이 과제에서 참가자는 배열된 블록들을 순서에 맞춰 두드리는 방법을 학습한다. 숫자에 대한 기억 용량(약 7자리)이 있는 것처럼, 공간적 위치에 대한 기억 용량도 비슷하다. Corsi(1972)에서 환자와 일반 대조군 집단은 자신이 가지고 있는 기억 용량보다 하나가 더 많은 수만큼의 블록 위치 순서에 대해서 과제를 수행하게 된다. 단, 세 번의 시행마다 한 번은 동일한 순서가 제시된다. 대조군의 경우 새로 제시되는 순서에 대해서는 어려움을 가지지만 반복되는 순서에 대해서는 몇 번의 시행을 거치면 학습이 이루어지게 된다. 반면 우반구 측두엽 손상을 가진 환자의 경우 반복되는 순서를 학습하지 못하거나 혹은 아주 천천히 학습한다.

좌반구 측두엽 손상은 단어 목록, 자음 삼자명 모음, 그리고 비공간적 연합을 회상하는 기능장애 등을 초래한다. 또한 그림 18.11B에 묘사된 Hebb 반복 숫자 과제(Hebb recurring-digits test)에서 장애를 일으킬 수 있다. 이 검사는 참가자에게 제시되는 반복된 자릿수 목록이 그들의 숫자에 대한 기억 용

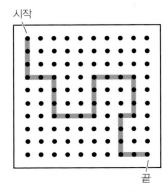

◎ 그림 18.10 ▲

미로 찾기 과제 검은색 원들은 나무 받침대에 세워진 금속 볼트의 머리를 나타낸다. 과제는 시행 착오를 거치면서 정답 경로(주황색)를 알아내고 기억하는 것이다. 우반구의 해마 손상 정도는 이 과제의 수행저하 정도와 상관 관계가 있다.

◎ 그림 18.11 ▶

기억에서 측두엽의 역할 (A) Corsi 블록 두드리기 검사에서 참가자는 검사자가 블록을 건드리는 순서를 그대로 따라 해야 한다. 블록의 숫자는 검사자의 위치에서만 볼 수 있고, 하나의 숫자 순서가 반복된다. (B) Hebb 반복 숫자 과제에서는 일반적인 숫자에 대한 기억 용량보다 2개가 많은 아홉 자리의 숫자가 주어진다. (R)로 표시된 하나의 수열이 세 번째 시행마다 반복된다. (C) 시행 횟수가 증가할수록 반복됐던 숫자들에 대한 학습은 향상되지만 반복되지 않은 숫자에 대해서는 그렇지 않다. (D) 좌반구 내측 측두 영역에 손상을 가진 환자들은 Hebb 반복 숫자 과제에서 기능 손상을 보인다. 우반구 내측 측두엽이 손상된 환자들은 Corsi 블록 두드리기 검사에서 기능 손상을 보인다.

(Research from Corsi, 1972.)

(A) Corsi 블록 두드리기 검사

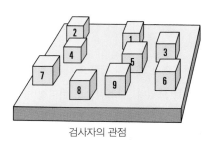

검사자의 관점

(B) Hebb 반복 숫자 과제

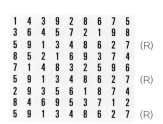

```
1 4 3 9 2 8 6 7 5
3 6 4 5 7 2 1 9 8
5 9 1 3 4 8 6 2 7   (R)
8 5 2 1 6 9 3 7 4
7 1 4 8 3 2 5 9 6
5 9 1 3 4 8 6 2 7   (R)
2 9 3 5 6 1 8 7 4
8 4 6 9 5 3 7 1 2
5 9 1 3 4 8 6 2 7   (R)
```

(C) 학습-습득 곡선

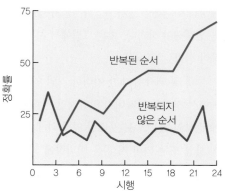

(D) 수행

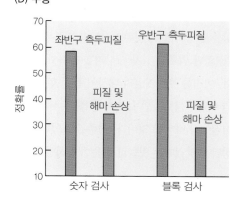

량 자릿수를 초과한다는 점에서 블록 두드리기 과제와 비슷하다. 여러 목록 중에서 하나의 숫자 순서가 반복된다. 측두엽 손상이 있는 환자는 그림 18.11C에 묘사된 것처럼 전형적인 학습-획득 곡선을 보여주지 못하고, 반복되는 숫자 순서를 학습하는 데 실패한다.

Brenda Milner(1965)는 좌우 반구의 각각의 손상으로 인해 나타나는 다양한 기억 과제에서의 특징을 구분하였다. 우반구 측두엽의 손상은 비언어적인 것에 대한 기억 손상을 초래한다고 결론을 내렸다. 반면 좌반구 측두엽의 손상은 비언어적 검사에 거의 영향을 미치지 않지만, 이전에 제시된 이야기와 단어 쌍을 회상하는 것뿐만 아니라 단어 혹은 숫자 그리고 의미 없는 음절 반복의 재인에 있어서는 문제를 초래하였다. 그림 18.11D에서 그래프로 제시된 이 연구 결과는 내측 측두엽뿐만 아니라 인접 측두피질도 심각한 결손과 관련이 있음을 나타낸다.

두정 및 후두 피질

두정, 후측 측두, 후두 피질의 손상은 특정한 장기 기억 장애를 일으키기도 한다. 예를 들어, 색각 기억 상실증, 안면실인증, 물체 명칭 실어증(물체의 이름을 기억하지 못함), 그리고 지형 기억상실증(환경에서 물체의 위치를 기억할 수 없음) 등이 발생하기도 한다. 이러한 많은 결함은 뇌 양측 손상이 있는 경우에만 나타난다.

전두피질

전두피질은 또한 앞에서 설명한 것처럼 자서전 기억 등 기억 처리에 관여한다. 반구 비대칭의 흥미로운 패턴은 기억 부호화와 인출 간의 비교에서 나타난다. 일반적으로 **부호화와 인출의 반구 간 비대칭**

(hemispheric encoding and retrieval asymmetry, HERA)이라고 명칭되는 이 패턴은 다음을 예측한다.

1. 좌반구 전전두피질은 의미 정보를 인출하는 것보다 부호화하는 데 차별적으로 더 관여한다.
2. 좌반구 전전두피질은 일화 정보를 인출하는 것보다 부호화하는 데 차별적으로 더 관여한다.
3. 우반구 전전두피질은 좌반구 전전두피질보다 더 많이 일화 기억의 인출에 관여한다.

예를 들어 Tulving과 동료들(1994)은 좌반구 안와전두피질이 단어나 일련의 단어를 기억으로 부호화할 때 우선적으로 활동하지만, 이 영역이 그 정보를 인출하지는 않는다는 것을 보여주었다. 오히려 우반구 외측 전전두피질과 양 반구 두정피질에서 기억 인출 시 활동을 나타낸다(**그림 18.12**).

부호화와 인출 사이의 비대칭성은 언어 및 공간 처리의 사용에서 나타나는 반구의 비대칭과 관련이 있을 수 있다. 대부분의 정보 저장소는 어떤 식으로든 언어 사용을 포함할 수 있지만, 인출은 저장된 정보를 찾기 위해 공간 처리를 추가적으로 이용할 것이다. 따라서 Roberto Cabeza와 Lars Nyberg(2000)는 PET 및 fMRI를 사용한 275개의 연구를 검토했으며, 그들은 기억의 부호화와 인출에서 나타나는 뇌 활성화는 특정한 종류의 정보를 저장 및 인출하는 지엽적인 처리뿐만 아니라 정보들을 다루기 위해서 뇌가 이용되는 전반적인 처리에 의한 것이라고 언급했다.

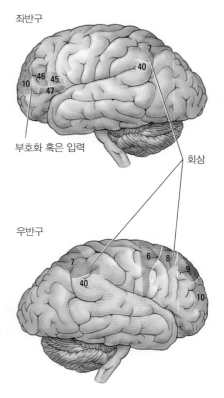

좌반구

우반구

부호화 혹은 입력

회상

🎯 18.3 장기 암묵 기억

암묵-외현 기억의 구별은 이번 장 서두 사례 보기에서 언급되었던 H.M.에서 특히 뚜렷하게 나타난다. H.M.은 수많은 신경심리검사에서 심각한 외현 기억 손상을 보였으나 암묵 학습의 일부 형태에서는 놀랍도록 뛰어난 수행을 보여주었다. 학습된 기술, 조건화 반응, 그리고 단기간의 사건에 대한 **암묵 기억**(implicit memory)은 무의식적이며 의도하지 않은 것이다. 언어를 사용하고 자전거를 타거나 스포츠를 하는 것과 같이 운동 기술을 수행하는 것은 암묵 기억을 이용하며 이 정보들은 받아들이는 방식 거의 그대로 부호화된다. 이에 대한 처리는 자료 기반의 상향식이며 단순히 감각 또는 운동 정보에 의존하기 때문에 상위 수준의 피질 처리에 의한 조작이 필요하지 않다. 암묵 기억은 배측 흐름의 행동 경로를 구성하는 많은 신경 구조에 달려 있다(그림 14.3C 참조).

Milner는 별 모양의 이중선 사이에 선을 그리되 오직 거울에 비춰진 모양과 연필 모습을 보면서 그리는 거울 따라 그리기 과제를 H.M.에게 훈련시켰다(**그림 18.13A**). 이 과제는 일반 정상 집단조차도 처음에는 어려움을 나타내지만 연습을 통해 점차 향상된다. 기억상실증 환자는 H.M.처럼 이 과제에 대해서 전형적인 학습 곡선을 보이지만, H.M.과 마찬가지로 그 과제를 했다는 것 자체를 기억을 하지 못한다(그림 18.13B). Suzanne Corkin(1968)이 H.M.에게 다양한 수동 항적 추적 및 조정 작업 훈련 시켰을 때, 그의 초기 수행 능력은 일반 대조군들보다 떨어지는 경향이 있었지만, 단계별로는 거의 정상적인 향상을 보였다. 그러나 그는 그 과제를 수행했다는 것에 대한 기억을 유지하지는 못했다.

기억상실증에서도 유지되는 암묵 기억

다른 형태의 암묵 기억 또한 기억상실증 환자에서 유지될 수 있다. 하나는 **점화**(priming)라는 실험적 기법을 수반하며, 이 기법에서는 나중에 동일하거나 유사한 자극이 나타났을 때 신경계통이 민감하게

그림 18.12 ▲

부호화와 인출의 반구 간 비대칭   PET을 통해 밝혀진 언어 정보의 획득 또는 회상 시 활성화되는 피질 영역. 정보를 획득하는 동안 활성화는 좌반구 복외측 전전두피질(10, 46, 45, 47번 영역)에 나타난다. 동일한 정보를 회상할 때에는 우반구 전운동 피질(6, 8번 영역), 전전두엽 9, 10번 영역, 양쪽 측두 두정엽(7, 40번 영역)에서 활성화가 나타난다. (Tulving et al., 1994.)

(A)

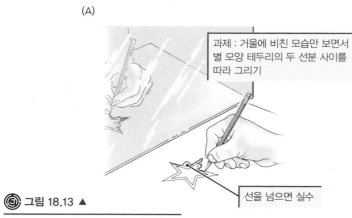

과제 : 거울에 비친 모습만 보면서 별 모양 테두리의 두 선분 사이를 따라 그리기

선을 넘으면 실수

(B)

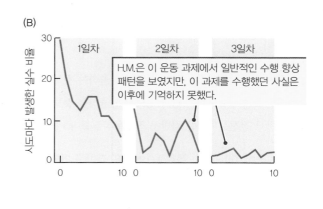

H.M.은 이 운동 과제에서 일반적인 수행 향상 패턴을 보였지만, 이 과제를 수행했던 사실은 이후에 기억하지 못했다.

◎ 그림 18.13 ▲

운동 기억 과제   (A) 거울 따라 그리기 과제
(B) H.M. 환자의 3일간 수행 패턴

(Research from Milner, 1965.)

반응하도록하는 선행 자극이 사용된다. 전형적인 점화 과제에서 사람은 먼저 읽어야 할 단어 목록을 받게 되며, 그다음으로는 단어들의 시작 철자 몇 개만을 포함하는 목록을 제공받는다. 참가자들이 해야 하는 과제는 이렇게 완성되지 않은 항목들을 보고 첫 번째 단어를 이용하여 마음에 떠오르는 단어로 그 항목을 완성하는 것이다.

만약 점화 단어 중 하나가 TAB이라면 테이블(table), 태블릿(tablet), 얼룩말(tabby), 표(tabulation) 등으로 완성할 수 있을 것이다. 만약 첫 번째 목록에 있는 단어 중 하나가 테이블이면, 그 사람은 TAB을 테이블로 완성할 가능성이 높으며 그것은 그 참가자가 그 단어를 기억하고 있음을 나타낸다. 첫 번째 목록은 나중에 그 사람이 특정 응답을 하도록 점화를 한 것이다. 기억상실증 환자는 일반 대조군만큼 점화 과제를 잘 수행하며, 이는 그들이 비록 그 단어 목록을 보았다는 의식적인 회상을 할 수 없음에도 불구하고 그들은 그 첫 번째 단어 목록에 무엇이 있었는지를 기억하고 있음을 나타낸다.

점화를 사용하는 다른 예시로는, 참가자와 일반 대조군이 불완전한 스케치 그림을 제시받고 그다음 그것이 무엇인지 대답하도록 요구받는 검사가 있다. 스케치를 식별하지 못하면 조금 더 완성된 그림을 보여준다. 이러한 과정은 그림을 온전히 인식할 때까지 계속된다. 대조군 및 기억상실증 환자가 나중에 동일한 스케치를 제시받게 되면, 두 집단 모두 처음 시도에서 인식 가능했던 단계보다 더 이른 단계에서 식별하게 된다. 따라서 두 집단은 수행을 통해서 **그림 18.14**의 사자 그림을 본 적이 있음을 어떻게든 기억한다는 사실을 보여주지만, 기억상실증 환자들은 이전에 스케치를 보았다는 것을 의식적으로는 기억하지 못한다.

암묵 기억이 외현 기억과 독립적이라는 사실은 여러 방식을 통해 볼 수 있다. 만약 단어의 의미 또는 단어의 모양에 대해 생각해볼 것을 요청받게 되면 일반 대조군의 외현적인 회상은 크게 향상된다. 그러나 암묵 기억을 이용하는 단어 완성에 대한 점수는 이러한 조작에 큰 영향을 받지 않는다. 이것은 **처리 깊이 효과**(depth-of-processing effect)이다. 반면에 대조군이 단어를 한 종류의 감각 양식(예 : 단어 청취)으로 제시받고 또 다른 감각 형태(예 : 단어 작성 또는 읽기)로 검사받게 될 경우, 단어 완성에 대한 점수는 크게 줄어드는 반면 외현적인 회상은 거의 영향을 받지 않는다. 이러한 현상은 **학습-검사 감각 양식 전환**(study-test modality shift)이라고 불린다.

암묵 기억의 신경학적 기제

Herbert Petri와 Mortimer Mishkin(1994)은 암묵 기억과 관련된 신경 기제로서 전체 대뇌 신피질 영

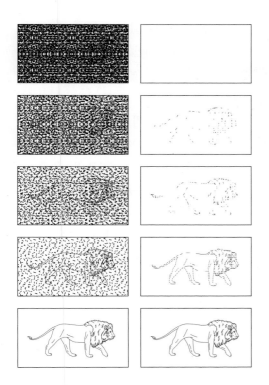

⊚ 그림 18.14 ◀

Gollin 불완전 그림 검사 참가자는 일련의 그림을 가장 불명확한 것부터 가장 명확한 것의 순서로 보게 된다. 첫 번째 그림에서 물체를 식별하는 것은 거의 불가능하며 대부분의 사람들은 여러 개의 그림을 보아야 물체를 제대로 식별할 수 있다. 그러나 약간의 시간이 지난 후 검사를 실시하면 사람들은 첫 번째 검사에서보다 빨리 그림을 식별하는데, 이는 이전 검사에서 보았던 그림이 기억되었음을 의미한다. 기억상실증 환자 또한 점화 후에 수행 향상을 보이는데, 심지어 이전에 검사를 했던 것 자체를 기억하지 못해도 향상이 나타난다.

(Republished with permission of AMMONS SCIENTIFIC LTD., from Perceptual and motor skills, Gollin, E. S., Developmental studies of visual recognition of incomplete objects, 11: 289–298, 1960; permission conveyed through Copyright Clearance Center Inc.)

역과 기저핵 구조(미상핵과 피각)를 포함하는 뇌 회로를 제안했다. 기저핵은 흑질의 도파민 세포뿐만 아니라 대뇌피질의 모든 부위로부터 연결을 받고, 담창구와 복측 시상을 통해 전운동피질로 연결된다 (**그림 18.15**). 운동피질은 암묵 기억에 기여를 하는 소뇌와의 연결을 공유한다. Paul Reber(2013)는 암묵 기억의 신경학적 기반에 관한 문헌들을 검토하여 암묵 기억은 별도의 신경 회로를 가진다기보다는 그 정보를 처리하는 뇌 영역에서 발생하는 가소적 변화(plastic change)를 반영한다고 주장했다.

운동피질 가소성

회전판 추적기 과제(pursuit rotor task)에서, 참가자들은 레코드판 정도 크기의 회전하는 테이블 위에서 정해진 특정 위치에 스타일러스를 유지하려고 시도한다. 이 과제는 거울 따라 그리기 과제에서 필요한 기술과 유사한 기술을 사용한다. 연구자들은 PET를 사용하여 이 과제를 수행하는 동안 일반 대조군이 보이는 대뇌 혈류량을 기록해본 결과 운동피질, 기저핵, 그리고 소뇌의 혈류량 증가와 수행에서의 상관이 있음을 발견하였다(Grafton et al., 1992). 이 기술의 습득과 관련해서는 이들 영역의 하위

그림 18.15 ▼

암묵 기억 형성 과정 관련 신경 회로 (A) 암묵 기억과 관련된 해부학적 영역. (B) 암묵 기억 회로에서 정보의 흐름은 감각계 및 운동계로부터의 입력으로 시작되는데, 이 체계들은 회로에 속하지 않는 것으로 간주된다.

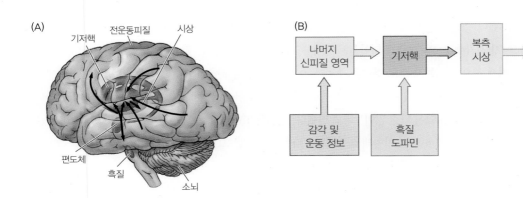

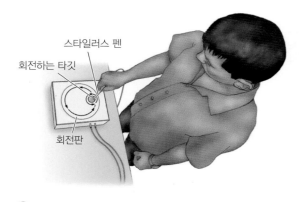

스타일러스 펜
회전하는 타깃
회전판

◉ ▲ 회전판 추적기 과제에서 참가자는 회전하는 테이블 위에 또 회전하고 있는 금속 판에 스타일러스 펜을 유지하고 있는 과제를 시행하였다.

구조인 일차 운동 및 보조 운동피질 및 시상의 시상침 등이 관련되어 있다.

암묵 학습에서 운동피질 가소성과 관련한 보다 극적인 사례는, 외현 기억 수행에는 필요하지 않은 운동피질의 재구성이 암묵 지식을 습득함에 있어서는 필요하다는 것을 발견한 Alvaro Pascual-Leone과 동료들(1994)의 연구 결과이다. 참가자들은 비디오 화면에 제공된 번호에 대한 응답으로 손가락을 사용하여 4개의 번호가 매겨진 버튼 중 하나를 눌러야 했다. 예를 들어, 숫자 1이 화면에 나타나면 버튼 1을 첫 번째 손가락을 통해 눌러야 하는 것이다. 학습이 이루어지고 있음을 측정하는 기준은 단서가 제시된 시점과 버튼을 누르는 사이의 반응 시간이 감소하는지 여부이다.

서로 다른 두 집단은 12개의 순서 단서를 이용한 과제를 실시하였다. 대조군에게는 서열에 대한 순서가 없었지만, 다른 집단에게는 제시되는 서열이 반복되었으며 따라서 그들은 패턴을 학습하여 그 다음 단서를 예상하고 또한 매우 신속하게 반응을 할 수 있게끔 하였다. 연습을 통해 반응 시간이 향상되는 것이 이 과제의 암묵 기억 요소였다. 외현 기억의 요소는 참가자가 순서를 재인하여 단서가 없더라도 응답을 할 수 있는지 여부였다.

경두개 자기자극(TMS)을 통해 행동 반응을 조절하는 운동피질 영역을 파악하였고, 동시에 사지의 근육 활동이 계속 기록되었다. 이를 통해 연구자들은 학습 과정의 다양한 시간 동안 어떤 피질 영역이 근육에 명령을 보내는지를 발견했다. Pascual-Leone과 동료들은 암묵 학습이 진행됨에 따라 사지를 제어하는 신호를 보내는 피질 영역의 크기가 증가하는 것을 발견했다. 하지만 참가자가 자극의 순서를 알고 그 과제에 대한 외현 지식이 있을 경우, 과제를 수행하는 동안의 운동피질 영역의 활동은 다시 원점으로 되돌아갔다. 따라서 외현 기억 수행에는 필요하지 않는 피질 가소성이 암묵 지식을 습득하기 위해서는 필요한 것이다.

기저핵

여러 임상 및 실험 연구로부터 나온 발견들은 기저핵 회로가 암묵 기억에서 중요한 역할을 한다는 것을 지지한다. 기저핵의 세포 퇴화로 인해 끊임없는 비자발적 운동(무도병이라고도 함)이 나타나는 유전병인 **헌팅턴병**(Huntington's disease)의 연구에서, 환자들은 그림 18.13에 묘사된 거울 따라 그리기 과제에서 심각한 손상을 보였다. 반면 측두엽 손상이 있는 환자들은 수행의 저하가 나타나지 않았다 (Martone et al., 1984). 반대로 헌팅턴병 환자들은 외현 기억 과제인 언어 재인에서 아무런 손상을 보이지 않았다.

J.K.의 사례가 이를 잘 보여준다. 그의 지능은 평균 이상이었고 45년간 석유 엔지니어로 근무했다. 1970년대 중반 그는 **파킨슨병** 증상(뇌간의 도파민성 세포에서 기저핵으로의 연결이 사라지는 증상)을 보이기 시작했고, 약 78세가 되어서는 기억 문제를 겪기 시작했다. 흥미롭게도 J.K.의 기억장애는 그가 평생 해오던 일들에 주로 영향을 주었다. 어느 날은 침실 문 앞에서 불을 켜는 방법을 기억하지 못해 좌절감을 느끼기도 했다. 그는 "나는 미친 것이 틀림없어. 나는 이 일을 평생 해왔는데 지금은 어떻게 해야 하는지 기억이 나질 않아!"라고 말했다. 한번은 TV 리모컨으로 라디오를 끄려고 하기도 했는데 이 상황에 대해서 그는 이렇게 설명했다, "나는 라디오를 끄는 법이 생각나지 않아서 이걸 한번 시도를 해봐야겠다고 생각했습니다!"

J.K.는 암묵 기억의 명확한 손상을 보였다. 파킨슨병 환자를 대상으로 한 Elise Anderson과 동료들

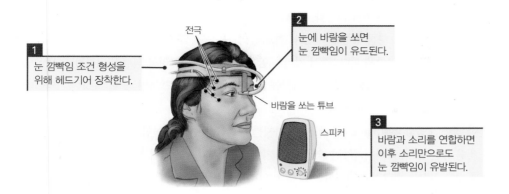

1 눈 깜빡임 조건 형성을 위해 헤드기어 장착한다.

전극

2 눈에 바람을 쏘면 눈 깜빡임이 유도된다.

바람을 쏘는 튜브

스피커

3 바람과 소리를 연합하면 이후 소리만으로도 눈 깜빡임이 유발된다.

◀ 소뇌 회로가 눈 깜빡임 조건 형성을 조절한다.

(2014)의 연구에서는 파킨슨병 환자가 L-도파 치료를 받을 경우 암묵 기억이 개선된다는 결과가 보고됐다. 도파민 전구체인 L-도파는 기저핵 도파민을 회복시키는데, 만약 이 치료가 계속해서 이루어지지 않을 경우에는 다시 수행의 저하가 나타난다.

소뇌

피질 운동 영역은 또한 소뇌에서 시상을 통해 정보를 받아들인다. Kyu Lee와 Richard Thompson (2006)은 운동 학습에 관여된 뇌 회로에 있어 소뇌가 가지는 중요성을 보여 주었다(그림 9.15 참조). 그들은 또한 중립 자극이 행동을 유발하는 자극과 쌍을 이루면서 나타나는 무의식적 학습의 형태인 **고전적 조건화**[classical (Pavlovian) conditioning]에서도 소뇌가 중요한 역할을 한다고 제안한다.

Lee-Thompson 모델에서 토끼에게 소리 등의 자극을 제시함과 동시에 바람을 눈꺼풀에 불어넣는다. 결국에는 바람이 나오지 않더라도 조건 형성이 이루어진 토끼는 소리가 제시될 때마다 눈을 깜박인다. 소뇌로부터 뻗어나오는 경로에 손상을 입을 경우 이러한 **조건 반응**은 사라지게 되지만, 실제 바람을 불어넣을 경우 발생하게 되는 눈 깜빡임 현상인 **무조건 반응**은 멈추지 않는다. 이 증거는 소뇌가 개별적이고 적응적인 행동 반응을 학습하는 것에 영향을 준다는 점을 제안한다.

18.4 장기 정서 기억

자극이나 사건의 감정적 속성에 대한 **정서 기억**(emotional memory)은 암묵 기억과 마찬가지로 상향식 처리에 의존한다. 물론 각성을 일으키고 매우 생생하며 즉각적으로 유발될 수 있지만, 정서 기억은 또한 외현 기억의 의도적인 하향식 기억 요소를 가지고 있기도 하다. 우리는 정서적 사건을 처리하거나 이들에 대한 자발적인 회상을 유도함에 있어서나 모두 내적 단서를 사용한다.

부정 정서의 유발

공포 조건화(fear conditioning)에서 정서 반응을 유도하기 위해 유해한 자극이 중립 자극과 짝을 이룬다. 쥐 또는 다른 동물들을 전류가 흐르는 격자 바닥이 있는 상자에 집어 넣는다(이 자극은 우리가 발을 카펫 위에 문지르고 금속 물체나 다른 사람을 만질 때 발생하는 찌릿한 정전기 충격과 대략 유사한 수준이다). 나중에 전기 자극을 주지 않고 소리만 제시가 되더라도 동물들은 두려워하는 반응을 보인다. 꼼짝하지 않거나 두려움으로 오줌을 지리기도 한다. 같은 환경에서 소리 자극 말고 가령 불빛과 같은 새로운 자극이 주어지면 이는 거의 영향을 미치지 않는다. 즉 동물들은 전기 자극을 소리와 연관 지어 학습한 것이다.

눈 깜빡임, 비정서적 형태의 조건화, 공포 조건화 모두 고전적 조건화이지만, 뇌의 각기 다른 부분들이 각각 경우에 서로 다른 영향을 미친다. 편도체 회로는 공포 조건화에 영향을 미치고 소뇌의 회로는 눈 깜빡임 조절에 영향을 준다. 정서 기억은 암묵적(무의식적) 그리고 외현적(의식적) 측면을 모두 포함한다. 사람들은 식별 가능한 특정한 자극에 대해서 두려워하기도 하며, 또한 특정한 기억이 없는 상황에 대해서도 두려워하기도 한다.

흔한 장애인 **공황장애**(panic disorder)를 가지는 사람들은 현저한 불안감을 나타내지만 특정한 원인을 찾을 수는 없다. 따라서 정서 기억은 외현 기억 및 암묵 기억과 별개로 보일 수 있다. 외상후 스트레스를 겪은 사람들이 그것을 대처하는 데 있어 어려움을 보인다는 점은 아마도 스트레스에 의해 유발된 정서 기억은 스트레스와 관련된 다른 기억들과 분리되어 있다는 것을 보여준다.

정서 기억의 신경학적 기제

정서 기억은 고유의 해부학적 요소인 편도체를 가지고 있다(**그림 18.6A**). 편도체는 다수의 핵, 기저 외측 복합체, 피질 핵, 내측 핵 및 중심 핵으로 구성되어 있다. 기저 외측 복합물은 외측, 기저부 및 보조 기본 핵으로 더 세분적으로 나눌 수 있다. 편도체는 혈압 및 심박 수와 같은 기능을 제어하는 자율신경계와 호르몬 체계를 조절하는 시상하부에 연결된다. 편도체에 손상을 입은 원숭이에 대한 초기의 신경심리학 연구에서는 그 원숭이들이 온순해지는 것을 발견했다.

편도체 손상은 정서 기억을 없애지만 암묵 또는 외현 기억에는 거의 영향을 미치지 않는다. 편도체는 내측 측두피질 구조와 특히 밀접한 관계가 있다(그림 18.16B). 그것은 시상하부 중뇌수도 주변 회백질(PAG)과 같이 자율신경계 반응과 관련된 구조물에 연결된다. 또한 편도체는 기저핵과의 연결을 통해 암묵 기억 체계에 연결된다. Joseph LeDoux(2012)는 이러한 연결들은 우리가 상황에 맞서 싸우거나 도망가게끔 하는 생존 회로로 간주되어야 한다고 주장한다.

정서 기억의 고유한 측면

동물 및 인간 연구들에 의해 확인되었고 또한 제20장에서 자세히 설명된 바와 같이 정서적으로 놀랄 만한 경험은 생생한 기억을 불러일으킨다. 즐겁거나 불쾌한 것과 같은 정서적으로 중요한 경험들은 뇌 전체 영역의 기억 회로를 조절함으로써 생생한 기억들이 각인되도록 하는 호르몬 및 뇌 체계를 재활성화한다. 예를 들어 신속한 싸움 혹은 도주 반응이 필요한 상황이 나타날 경우 이러한 회로는 다시 활성화될 수 있다.

그림 18.16 ▶

정서 기억 형성 과정 관련 신경 회로 (A) 정서 기억의 핵심 구조는 편도체이다. (B) 정서 기억에서의 정보 흐름

(A)

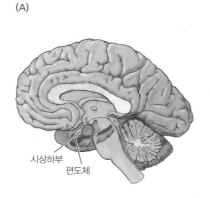

시상하부
편도체

(B)

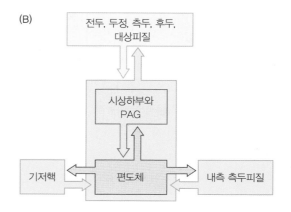

전두, 두정, 측두, 후두, 대상피질

시상하부와 PAG

기저핵　　편도체　　내측 측두피질

심각한 치매 환자를 연구한 Bob Sainsbury와 Marjorie Coristine(1986)의 결과는 정서 기억의 무의식적 측면을 보여준다. 환자들의 피질 이상은 심각했지만 편도체의 기능은 손상되지 않은 것으로 확인되었다. 연구자들은 그 환자들이 자신의 가족 사진을 인식하는 능력이 심각하게 손상되었음을 처음으로 입증했다.

환자들에게 네 장의 사진을 보여주었는데 그중 하나는 지난 2주 동안 방문한 가족(형제자매 또는 자식)의 모습을 담은 사진이었다. 과제는 사진 속 사람들 중 가장 좋아하는 사람을 식별하는 것이었다. 그 환자들은 비록 사진 속의 인물이 누구인지는 알지 못했지만 그들은 가족 사진을 일관되게 선호했다. 이 결과는 각 환자가 비록 치매를 앓았지만 여전히 자신의 선호도를 이끌어내는 정서 기억은 가지고 있음을 시사한다.

◎ 18.5 단기 기억

1890년 William James는 짧은 시간 동안만 유지되는 기억을 오랜 기간 동안 저장되는 장기 기억과 구분하였다. 그러나 1958년이 되어서야 Donald Broadbent가 별도의 단기 및 장기 기억 체계를 명확하게 제안하였다. **단기 기억**[short-term memory, **작업 기억**(working memory) 또는 일시적 기억이라고도 불림]은 최근 사건과 그 순서에 대한 신경학적 기록이다. 우리는 짧은 기간 동안 숫자, 단어, 이름 또는 다른 항목과 같은 감각적 사건, 움직임 및 인지 정보를 보유하기 위해 단기 체계를 사용한다.

단기 정보는 물체 또는 움직임과 관련될 수 있기 때문에, 단기 기억은 감각 처리의 복측(물체 인식) 또는 배측(운동 인식) 흐름과 관련될 수 있다. 2개의 흐름은 전전두피질의 서로 다른 영역으로 연결된다(그림 16.3 참조). 따라서 운동 및 물체 정보에 대한 단기 기억은 전두피질의 서로 다른 부위로 연결되는 복측 및 배측 흐름에 의해 영향을 받는다.

단기 기억과 측두엽 및 두정엽

Elizabeth Warrington과 Larry Weiskrantz(1978)는 좌반구의 후측 측두 영역 손상으로 인해 숫자, 문자, 단어 및 문장과 같은 언어 자극을 반복할 수 없는 환자 K.F.를 언급했다. K.F.는 연합된 단어쌍이나 짧은 이야기에 대한 장기적인 회상은 거의 정상 수준을 나타냈다. K.F.의 상태는 H.M.이나 기타 단기 기억을 유지할 수 있는 내측 측두엽 환자들(Allen et al., 2014)과는 뚜렷한 차이를 보인다.

Warrington과 Weiskrantz는 또한 일부 환자들의 경우 시각적으로 표시된 숫자나 문자에 대한 단기 기억은 결함이 있지만 동일한 자극이 청각적으로 제시되는 경우 정상적인 단기 회상을 보인다는 것을 발견했다. 러시아 신경심리학자인 Alexander Luria(1968)는 청각적으로 제시된 자극에 대해서는 결함이 있으나 반면 시각적으로 표현된 자극에 대해서는 정상적인 능력을 보이는 정반대 경우의 환자들을 언급했다. 단기 기억 결함은 후측 측두피질의 다감각 부위의 손상에 의해 나타날 수 있다. Warrington과 Weiskrantz는 두정, 측두, 그리고 후두 피질의 교차점에 손상이 있는 환자들이 보이는 특정 단기 기억의 결함 사례들을 제시한다.

단기 기억과 전두엽

전두피질의 손상은 참가자가 자극의 위치를 일시적으로 기억해야 하는 단기 과제에서 보이는 결함의 원인으로 알려져 있다. 과제 그 자체는 다소 단순한데, 특정 단서를 받으면 얼마 동안의 시간적인 지연

후 응답을 하는 것이다. 그러나 한 시행이 다른 시행들 뒤에 이어서 등장하게 되는 경우, 전두엽 손상을 가진 동물과 사람들 모두는 이전에 제시된 자극들을 혼동하기 시작한다.

◎ 단기 기억 기능을 위한 신경심리검사

L. Prisko(1963)는 같은 감각 양식의 두 자극이 짧은 간격으로 연속적으로 제시되는 복합 자극 과제를 고안했다. 참가자가 해야 할 과제는 두 번째 자극이 첫 번째 자극과 동일한지 여부를 보고하는 것이다. 시행의 절반에서는 두 자극이 동일했고, 나머지 절반의 경우에는 서로 다른 자극이 제시되었다. 따라서 참가자는 이전에 제시되었던 자극들은 억제한 채 현재 시행에서 제시된 첫 번째 자극을 기억하고 두 번째 자극과 비교해야 한다. 자세히 보기에서는 또 다른 복합 자극 패러다임을 설명한다.

이와 유사하게 언어와 비언어적 자극이 각각 사용되는 과제들이 사용되기도 하였다(Corsi, 1972). 참가자는 두 가지 자극 중 어느 것을 더 최근에 보았는지 결정해야 했다. 언어 자극 과제에서 참가자는 일련의 카드에 제시된 단어 쌍(예 : 카우보이-철도)을 읽도록 요청받는다. 때로는 두 단어 사이에 물음표가 있는 카드가 나타난다. 이 경우 참가자들은 두 단어 중 그들이 더 최근에 읽은 단어를 기억해서 보고해야 했다.

때로는 두 단어 모두 이전에 제시된 단어가 사용되기도 하였고, 어떤 경우에는 둘 중 한 단어만 본 적이 있는 자극을 제시하기도 하였다. 후자의 경우 이 과제는 재인에 대한 간단한 검사가 되는 반면, 전자의 경우에는 **최신 기억**에 대한 검사이다. 좌반구 측두 영역을 제거받은 환자들은 언어 기억 장애와 함께 재인 능력에 있어 경미한 결함을 보였고 전두엽 환자들의 경우는 정상적인 수행을 보였다. 하지만 최신 기억 검사의 경우에서는, 좌반구 및 우반구 전두엽 손상 두 집단 모두에서 저하된 수행이 나타났으며, 특히 좌반구 손상의 경우 더욱 나쁜 수행을 보였다.

비언어적 과제는 언어적 과제와 동일하지만, 자극은 단어가 아닌 그림 사진이었다. 우반구 측두엽 제거 환자는 시각 기억 결함과 일치하는 경미한 재인 결함을 보였으나, 반면 우반구 측두엽 손상을 가진 환자는 정상적인 수행을 보였다. 최신 기억 검사에서는 전두엽 손상 집단의 경우 저하된 수행을 보였는데, 특히 손상이 우반구에 있는 경우 더욱 낮은 수행을 보였다.

간섭 과제

Morris Moscovitch(1982)는 환자들이 각기 다른 12개의 단어로 구성된 5개의 목록을 읽고 나서 즉시 각 목록에 있었던 단어를 최대한 많이 기억해내도록 하는 과제를 고안했다. 처음 4개 목록의 경우 모든 단어는 동일한 분류 범주에서 추출되었다(예 : 스포츠). 5번째 목록의 단어들은 다른 범주(예 : 직업)에서 추출되었다.

일반 대조군의 경우 목록 1에서 목록 4로 갈수록 정확하게 회상한 단어의 개수가 감소했다. 즉 그들은 초기 목록이 새로운 정보를 학습하는 것을 방해하는 **순행 간섭**(proactive interference)을 보였다. 그러나 그들은 또한 목록 5에서는 다른 수행을 보였는데, 목록 1에 대해서 보였던 수준만큼 목록 5의 단어들을 잘 상기해냈으며, 이는 순행 간섭을 더 이상 받지 않는다는 것을 보여준다. 전두엽 손상 환자들도 Prisko의 실험에서 예상되는 것처럼 강한 순행 간섭을 보였으나, 목록 5에서도 여전히 순행 간섭을 받았다.

전두엽 손상이 있는 환자들이 보이는 또 다른 기억 결함은 움직임 따라 하기 과제에서 나타난다(그림 14.10 참조). 대뇌피질 손상 환자가 복잡한 팔 움직임이나 얼굴 움직임을 따라 하도록 요청받았을

자세히 보기 | 기억 형성 방해

Ladislas von Meduna는 뇌전증이 있는 환자는 조현병을 앓을 수 없다는 점을 전제로, 발작이 정신병을 치료하는 데 도움을 줄 수 있다고 생각했고, 1933년 **전기충격 요법**(electroconvulsive therapy, ECT)을 개발하기에 이르렀다. 처음에는 메트라졸이라는 약물로 치료적인 발작을 일으켰지만, 1937년 Ugo Cerletti와 Lucio Bini가 메트라졸을 전기로 대체했다.

ECT는 조현병을 치료하지는 않지만, Max Fink(2014)의 검토 논문에 따르면 이 사용법은 우울증 치료에 효과적일 수 있다고 밝혀졌다. ECT의 단점은 일시적으로 기억을 손상시킬 수 있다는 것이다(Sackheim, 2014). 이러한 관찰은 기억 연구에 ECT를 사용하는 분위기를 만들었지만, 경두개 자기자극(TMS)과 같은 비침습적 치료의 출현으로 인해 중증 우울증에 대한 사용은 중단되었다.

18.1절에서 설명된 체계 공고화 이론에 따르면, 장기 기억은 순간적으로 형성되는 것이 아니라 생화학적 및 구조적 변화가 필요하며 일정 시간이 필요하다. 신경과학자들은 동물들이 학습 경험을 보이는 동안 서로 다른 시점에 ECT를 적용한다면 기억 형성에 필요한 변화 기간을 파악하는 데 유용할 것이라고 추론했다.

그러나 ECT를 사용한 많은 실험들의 결과는 한 번의 경험으로도 기억 형성과 관련한 많은 변화가 발생하며, 공고화를 위해 필요한 시간 또한 제각각임을 발견하였다. 최근의 경험은 일시적인 단기 기억과 관련되는 반면 장기적 경험은 장기 기억 형성과 관련이 있다.

보다 세련된 방식의 뇌 자극 방법은 비침습적인 TMS를 사용하는 것이다. 자기 코일을 두개골 위에 위치시키고 그 밑의 뇌를 자극한다(7.2절). TMS는 행동을 이끌어내거나 진행 중인 행동을 방해하는 데 사용될 수 있다. Justin Harris와 동료들(2002)은 참가자의 손끝에 두 가지 진동 자극을 제시하고 자극이 동일한지 다른지를 기술하도록 요구하였다. 첫 번째 자극이 제시되고 난 후 600ms 이내에 전달된 TMS는 선택 정확도를 떨어뜨렸지만 900ms 이후의 TMS는 별다른 영향을 미치지 못했다.

Harris(2006)의 연구는 일차 감각피질은 체감각 자극의 단기 기억을 위한 장소이며 그 기억은 900ms 이내에 형성될 수 있음을 보여주고 있다. 따라서 단기 기억은 신경계의 낮은 위계 수준에서 부호화된다.

Jacinta O'Shea와 동료들(2007)은 단기 기억의 특이성을 연구하기 위해 팝아웃(pop-out) 탐색 패러다임을 사용했다(같은 자극이 반복적으로 여러 그림에 나타나게 되면 참가자들은 그 자극의 모양과 위치를 더 빨리 식별한다). 그들은 TMS가 시각적인 단기 기억을 위한 전운동피질 영역인 전두시야장에 가해질 경우 위치 기억을 방해하지만 모양에 대한 기억은 방해하지 않는 것을 발견했다. 따라서 서로 다른 신경학적 영역들은 모양 및 위치 등의 상이한 자극 특징들을 각기 부호화해서 서로 다른 단기 기억을 만들어낸다.

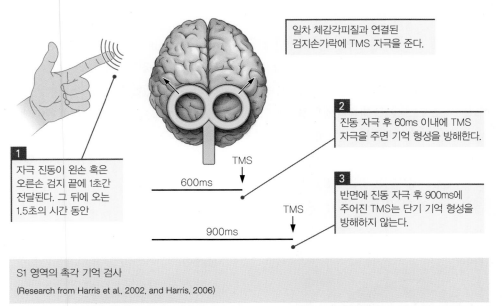

1 자극 진동이 왼손 혹은 오른손 검지 끝에 1초간 전달된다. 그 뒤에 오는 1.5초의 시간 동안

일차 체감각피질과 연결된 검지손가락에 TMS 자극을 준다.

2 진동 자극 후 60ms 이내에 TMS 자극을 주면 기억 형성을 방해한다.

3 반면에 진동 자극 후 900ms에 주어진 TMS는 단기 기억 형성을 방해하지 않는다.

600ms

900ms

TMS

S1 영역의 촉각 기억 검사
(Research from Harris et al., 2002, and Harris, 2006)

Fink, M. What was learned: Studies by the consortium for research in ECT (CORE) 1997 – 2011. *Acta Psychiatrica candinavica* 129(6):417 – 426, 2014.

Harris, J. A. Psychophysical investigations into cortical encoding of vibrotactile stimuli. *Novartis Foundation Symposium* 270:238 – 245, 2006.

Harris, J. A., C. Miniussi, I. M. Harris, and M. E. Diamond. Transient storage of a tactile memory trace in primary omatosensory cortex, *Journal of Neuroscience*, 22:8721, 2002.

O'Shea, J., N. G. Muggleton, A. Cowey, and V. Walsh. Human frontal eye fields and spatial priming of pop-out. *Journal of Cognitive Neuroscience* 19:1140 – 1151, 2007.

Sackeim, H. A. Autobiographical memory and electroconvulsive therapy: Do not throw out the baby. *Journal of ECT* April 21, 2014.

때, 순서의 오류를 범하는 것 외에도 '침범'과 '누락'의 실수를 많이 범했다(Kolb & Milner, 1981). 즉 일련의 세 가지 얼굴 움직임을 따라 하라는 요청을 받았을 때, 전두엽 환자는 한 번의 움직임을 건너뛰거나(누락 오류) 또는 이전 단계에서 보았던 움직임(침범 오류)을 추가하기도 하였다.

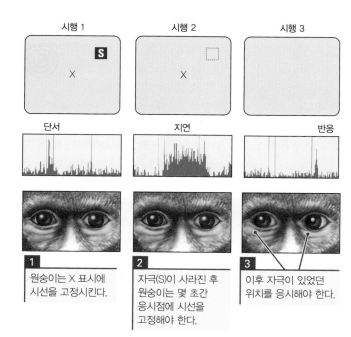

시행 1	시행 2	시행 3
단서	지연	반응

1 원숭이는 X 표시에 시선을 고정시킨다.

2 자극(S)이 사라진 후 원숭이는 몇 초간 응시점에 시선을 고정해야 한다.

3 이후 자극이 있었던 위치를 응시해야 한다.

그림 18.17 ▲

단기 기억 검사 단일세포는 물체의 공간적 위치를 부호화할 수 있다. 시행 2의 지연시간 동안 8번 영역에 있는 단일세포는 기억 속의 자극 S의 위치를 부호화한다.

(Goldman-Rakic, P.S. Working memory and the mind. *Scientific American* 267(3): 111–117. 1992.)

단기 기억에 관련된 배측 및 복측 흐름

원숭이를 이용한 실험들의 결과는 서로 다른 전전두 영역들이 각기 다른 유형의 단기 기억에 다르게 관여한다는 것을 보여준다. Joaquin Fuster(1989)는 원숭이가 물체를 제시받고 반응을 하기 이전에 짧은 기간 동안 기억을 유지해야 하는 경우, 전두피질의 뉴런이 발화한다는 것을 보였다. Patricia Goldman-Rakic(1992)은 물체의 위치에 대한 기억과 물체 자체에 대한 기억을 검사하는 서로 다른 두 가지 과제를 통해 이 현상을 더 자세히 조사했다.

첫 번째 과제에서 원숭이는 시야에 빛이 반짝거리는 동안 화면 중앙에 제시되는 한 지점을 계속 응시하도록 훈련받았다. 그리고 몇 초가 지난 후 원숭이는 빛이 나타났던 지점으로 눈을 움직여야 했다. 두 번째 과제에서는 원숭이의 시야가 화면 중앙에 고정되면 두 가지 종류의 물체 중 하나가 화면에 나타났다. 원숭이는 한 자극에 대해서는 왼쪽으로 눈을 돌려야 했으며, 다른 자극에 대해서는 오른쪽으로 눈을 돌려야 했다(**그림 18.17**). 공간적 시각을 부호화하는 세포는 전운동피질의 8번 영역에 위치하는 반면, 사물을 재인하는 것을 부호화하는 세포는 배외측 전두피질(DLPFC)의 9번과 46번 영역에 위치한다(**그림 18.18A**).

Michael Petrides와 동료들(1993)은 인간에서의 유사한 기능–해부학 관계를 보여주기 위해 PET과 MRI를 사용하였다. 그들의 모델은 공간 기억과 사물 기억을 위한 2개의 단기 기억 체계를 가정한다(**그림 18.18B**).

공간적 시각 검사에서 참가자들은 카드 상단에 칠해진 색채에 반응하여 각 카드 각각에 있는 8개의 서로 다른 패턴 중 하나를 가리켜야 했다. 즉 참가자들은 단서에 대한 반응으로 특정 패턴을 탐색해야 했다. 이 과제의 수행은 좌반구의 8번 영역에서 증가된 활성화와 관련이 있었다.

이와는 대조적으로 사물 과제의 경우 참가자들은 8개의 연속적인 카드에 나타나는 8개의 패턴 배열 중 서로 다른 패턴을 가리켜야 했기 때문에 그들은 이미 가리켰던 이전의 패턴을 계속해서 기억해야 했다. 이 과제를 수행하는 동안 연구자들은 중앙 배외측 전전두피질(주로 우반구의 9번과 46번 영역)에서 뇌의 혈류가 증가하는 것을 발견했다.

종합하면 이 연구들은 두정피질과 측두엽으로부터 뻗어나오는 배측 및 복측 시각 흐름이 서로 다른

그림 18.18 ▶

전두엽의 두 가지 단기 기억 체계 (A) 단일세포 기록 실험의 결과는 두정피질로부터 정보를 받는 전운동 8번 영역이 물체의 위치(배측 흐름)에 대한 단기 기억을 형성하는 데 관여하는 것을 보여준다. 배외측 전전두피질 9번, 46번 영역은 시각적 물체 재인(복측 흐름)을 위한 단기 기억 형성에 관여하고 하측 두피질로부터 정보를 받는다. (B) PET 실험 결과에 따르면 8번 영역은 자극이 제시될 때 물체를 검색하고, 9번과 46번 영역은 식별된 물체를 순서에 따라 기억한다.

(Part A information from Wilson et al., 1993; part B information from Petrides et al., 1993.)

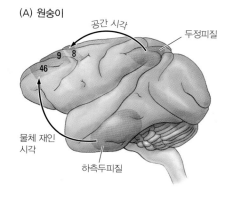

(A) 원숭이

공간 시각
두정피질
8
9
46
물체 재인 시각
하측두피질

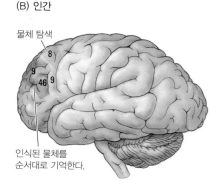

(B) 인간

물체 탐색
8
9
46
9
인식된 물체를 순서대로 기억한다.

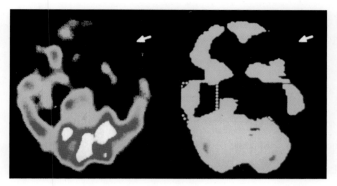

◀ 자서전 정보에 대해 선택적으로 역행성 기억상실증이 있는 2명의 환자들의 수평 뇌 단면. (왼쪽) 단순 포진 뇌염에 걸린 기억상실증 환자. 우반구 전두엽과 측두엽은 까맣게 되어 있는데 이는 우반구 측두 전두 영역(화살표)의 대사 감소를 나타낸다. (오른쪽) 심인성 기억상실증 환자. 마찬가지로 우반구 측두엽 영역(화살표)에서 대사 감소를 볼 수 있다.

(Markowitsch H. J. Functional Neuroimaging Correlates of Functional Amnesia. *Memory*, vol 7, issues 5-6 Plate 2. (1999): pp. 561-584. Reprinted by permission of Psychology Press Ltd., Hove.)

전전두피질 부위로 연결되고 두 종류의 단기 기억을 담당한다는 것을 보여준다. 배측 흐름은 행동과 관련된 시각을, 그리고 복측 흐름은 지각과 관련된 시각을 가능하게 한다.

18.6 신경계 질환과 장기 기억

기억장애는 광범위한 뇌 손상뿐만 아니라 일시적 전기억상실증, 단순 포진성 뇌염, 알츠하이머병 및 코르사코프 증후군과 같은 뇌 질환에서 비롯될 수 있다.

일시적 전기억상실증

뇌졸중이나 편두통, 저혈당증, 뇌전증, 일시적인 허혈성 뇌졸중이나 색전증으로 인한 혈액 흐름 중단 등은 **일시적 전기억상실증**(transient global amnesia)의 원인이 될 수 있다. 오래된 기억의 상실과 새로운 기억의 형성이 불가능해지는 증상이 나타나며, 이 상태는 갑작스러운 발병으로 나타나며 보통 짧은 시간 동안 지속된다(Fisher & Adams, 1958). 일시적 전기억상실증은 일회성 사건일 수 있지만 Hans Markowitsch(1983)는 이러한 기억상실이 영구적일 수 있다고 제안한다. 일시적 전기억상실증은 사실 상당한 만성 기억상실이 나타나지만, 대개 극적인 회복이 나타나고 회복 후 주의 깊은 기억검사가 거의 이루어지지 않는 경우가 많아서 흔히 간과되는 경우가 많다.

단순 포진성 뇌염

Antonio Damasio와 동료들(1991)은 측두엽 손상으로 인해 심각한 기억장애가 나타나는 단순 포진성 뇌염의 여러 사례를 기술하고 있다. 그들은 보즈웰이라는 환자를 자세하게 설명한다. 보즈웰은 광범위한 순행성 기억상실증을 가지고 있으나 정상적인 지능과 언어 능력을 가지고 있으며 암묵 기억 검사에서 정상적으로 수행을 한다는 점에서 많은 측두엽 손상 환자들과 유사점을 보인다.

그러나 차이점으로는 보즈웰의 역행성 기억상실증은 대부분의 측두엽 손상 환자가 보여주는 정도보다 훨씬 심각하다. 그는 자신의 일생 중 어떤 부분에 대해서도 정보를 인출할 수 없다. 아마도 내측 측두피질의 손상이 그의 순행성 기억상실증과 관련이 있는 반면 외측 측두피질, 뇌섬엽(그림 18.5 참조) 및 복내측 전전두피질의 추가적인 손상이 아마도 그의 역행성 기억상실증에 영향을 미쳤던 것으로 보인다.

Damasio는 보즈웰 및 단순 포진성 뇌염을 가진 다른 환자들의 경우 뇌섬엽이 역행성 기억상실증에 특히 관련되어 있을 것이라고 제안했다. Michael과 Marcus Raichle(1994)은 PET 영상을 이용한 연구 결과를 토대로 뇌섬엽은 참가자들이 연습을 많이 했던 언어 과제를 수행할 때는 활동적인 반면 새로운 언어 과제를 수행할 때는 활성화를 보이지 않는다고 보고했다. 이 결과는 뇌섬엽도 기존에 얻은 기억에 접근할 수 있다는 Damasio의 견해와 일치하는 것으로 보인다.

알츠하이머병

알츠하이머병은 세포가 점진적으로 소실되고 피질에서 이상이 발생하는 현상을 보인다. 처음에는 순행성 기억상실증을 보이고 나중에는 역행성 기억상실증까지 보인다. 조직학적 변화가 가장 먼저 나타나는 뇌 영역 중 하나는 내측 측두피질이지만, 질병이 진행될수록 다른 피질 영역도 영향을 받는다.

이 사례에서도 두뇌 변화의 패턴과 기억력 결함의 패턴은 내측 측두피질의 손상이 순행성 기억상실증과 관련이 있고 다른 측두 및 전두 피질 부위에 대한 손상이 역행성 기억상실과 관련이 있음을 시사한다. 알츠하이머병으로 인해 나타나는 기억상실증은 주로 외현 기억에서 나타나지만, 결국에는 암묵 기억 또한 영향을 받는다.

코르사코프 증후군

장기간의 알코올 중독(특히 영양 실조를 함께 겪는 경우)은 기억력을 저하시키는 것으로 오래전부터 알려져 왔다. 1800년대 후반 러시아인 의사인 Sergei Korsakoff는 만성 알코올 중독으로 인해 나타나는 증상에 대한 관심을 불러일으켰고, 가장 두드러진 증상은 심각한 기억상실이다. 그는 다음과 같이 기술했다.

> 기억장애는 매우 특이한 기억상실증의 형태로 나타나는데, 최근 발생한 사건, 즉 방금 막 일어난 사건에 대해서는 기억상실이 주로 나타나는 반면, 먼 과거의 기억은 상당히 잘 보존된다. 이러한 현상은 특히 끊임없이 같은 질문을 하고 같은 이야기를 되풀이하는 환자에서 잘 드러난다. 처음에는 그러한 환자와 대화하는 동안 그들이 정신 이상을 가지고 있는지 여부를 알아내는 것이 어렵다. 환자는 그가 완전한 기능을 가진 사람이라는 인상을 준다. 모든 것을 완벽하게 잘 생각하고, 주어진 전제로부터 정확한 추론을 이끌어내며, 재치 있는 말을 하고, 체스나 카드 게임을 한다. 즉 정신적으로 건강한 사람의 모습이다. 환자와 오랜 대화를 해본 후에야 가끔씩 그가 사건을 완전히 혼란스럽게 생각하고 그의 주변에서 일어나는 일들을 절대 기억하지 못한다는 것을 알게 될 것이다. 그는 자신이 저녁 식사를 했는지, 잠에서 깨어났는지 여부를 기억하지 못한다. 때때로 환자는 당신이 들어와서 대화를 나누다가 잠깐 나갔을 때 방금 일어난 일을 모두 기억하지 못한다. 당신이 다시 들어오더라도 환자는 앞서 당신과 함께 있었다고 전혀 기억을 하지 못한다. 이 모든 것과 더불어 분명한 사실은 환자들은 방금 발생한 모든 사건을 잊어버리지만 병이 발생하기 전에 일어났던 오래된 사건은 꽤 정확하게 기억하고 있다는 점이다. (Oscar-Berman, 1980, p. 410)

코르사코프 증후군은 1971년 Helen Sanders와 Elizabeth Warrington에 의해 논문으로 발표된 이후 집중적으로 연구되었는데, 그 이유는 코르사코프 환자는 다른 형태의 전기억상실증 환자보다 훨씬 쉽게 접할 수 있었기 때문이다. 여섯 가지 주요 증상이 이 증후군을 구성한다. (1) 순행성 기억상실증, (2) 역행성 기억상실증, (3) 자신의 기억상실을 인정하기보다는 과거 사건에 대해 그럴듯한 이야기를 유창하게 만들어내는 **작화증**(confabulation, 그런 이야기들은 과거의 경험을 토대로 하는 경향이 있기 때문에 그럴듯한 내용을 가진다), (4) 대화에서 빈약한 내용의 발생, (5) 병식 부족, 그리고 (6) 무관심(환자는 어떤 것에 대한 관심을 금방 잃고 일반적으로 변화에 무관심한 것처럼 보인다)이다.

코르사코프 증후군의 증상은 며칠 내에 갑자기 나타날 수 있다. 증후군의 원인은 다량의 알코올을 장기간 섭취함으로써 발생하는 티아민(비타민 B1) 결핍이다. 대개 점진적으로 발전하는 이 증후군은 상당한 양의 비타민 B1을 섭취함으로써 증상의 진행을 멈추게 할 수 있지만 증상이 없던 원래의 상태로 다시 돌릴 수는 없다. 예후는 좋지 않은데, 환자의 약 20%만이 B1이 풍부한 식이요법을 통해 1년 동안 많은 회복을 보인다. 많은 환자들은 10~20년 후에도 회복을 보이지 않는다.

비타민 결핍은 내측 시상과 시상하부의 유두체를 포함하는 간뇌(뇌간의 가장 윗부분에 위치) 중앙 부분의 세포를 파괴한다. 환자들의 80% 정도는 전두엽 영역의 위축을 보인다.

신경전달물질 활성화 체계와 기억

뇌간에서 전뇌로 전달되는 적어도 세 가지의 상행성 신경전달물질 체계(그림 5.18에 나타나 있는 콜린성, 세로토닌성, 노르아드레날린성)가 기억과 연관되어 있다. 히스타민과 오렉신 체계와 같은 다른 상행성 신경전달물질 체계도 많이 연구되지는 않았지만 기억에 기여할 수 있다.

콜린성 세포의 소실은 알츠하이머병 환자에게 나타나는 기억상실과 관련이 있는데, 이는 알츠하이머병의 원인일 수도 있다. 흥미롭게도 동물 실험에서 상행성 체계의 선택적 손상은 기억상실을 일으키지 않았지만, 적어도 두 체계에 동시에 손상이 있을 경우에는 기억장애를 초래했다. 콜린성 세포는 기저 전뇌에서 전두엽과 측두엽으로 뻗어나가며 깨어 있는 상태의 EEG 패턴을 유지하도록 도와준다. 이 세포들의 선택적인 손상은 기억 결함과 관련되지 않는다. 대뇌 변연계와 대뇌피질로 뻗어나가는 중뇌의 세로토닌성 세포 또한 깨어 있는 상태의 EEG를 유지하도록 한다. 동물들에서 이 세포 집단만 제거될 경우에는 심각한 기억장애가 발생하지는 않는다.

그러나 세로토닌성 세포와 콜린성 세포가 함께 손상되면 심한 기억상실증을 유발할 수 있다. Cornelius Vanderwolf(1988)는 그러한 처치를 받은 동물은 마치 대뇌피질 전체가 제거되어 더 이상 지적인 행동을 나타내지 않는 것과 같은 모습을 나타내는 것을 보여주었다. 또한 활발한 활동을 보인다 하더라도 그러한 동물의 EEG 기록은 전형적인 수면 시 패턴을 나타낸다.

상행성 시스템의 공동 작용의 또 다른 예는 콜린성과 노르아드레날린성 체계 사이에서 발생한다. 둘 중 하나의 체계에 대한 약리학적 차단은 학습에 거의 영향을 미치지 않지만, 두 체계가 함께 차단되면 실험 쥐는 학습 과제에서 극도로 저하된 수행을 보인다(Decker et al., 1990). 많은 노화 질병은 콜린성, 세로토닌성 또는 노르아드레날린성 체계의 상행성 투사에서 뉴런의 소실과 관련되기 때문에, 이들 체계 중 하나 이상에서 발생하는 세포 손실은 피질 또는 변연계 구조가 손상을 입지 않은 경우에도 기억상실의 원인이 될 수 있다.

◎ 18.7 특별한 기억 능력

우리는 앞서 외현 기억의 주요 목적이 우리로 하여금 좋은 결정을 내리는 것이며 기억이 완벽하게 자세할 필요는 없다는 점을 언급하며 이 장을 시작했다. 요지만으로도 충분하다. 음악가, 무용수, 그리고 운동 선수들과 같은 일부 사람들은 예외적인 암묵 기억을 가질 수 있지만, 실제로는 어떠한 경험이든 모든 사람에게 암묵 기억의 흔적을 남긴다. 뛰어나게 상세한 기억을 소유하고 있는 사람들은 바람직한 수준의 일화적 혹은 자서전적 회상을 보여준다.

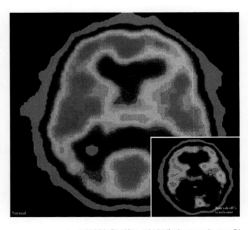

▲ 건강한 환자(큰 이미지)와 코르사코프 환자(작은 이미지)의 PET 사진은 손상된 뇌에서 전두엽의 활성화 감소를 보여준다(전두엽은 각 이미지의 중앙 하단). 빨간색과 노란색은 대사가 활발한 영역을 나타내고 어두운 영역에서는 활성화가 낮음을 보여준다.

(Dr. Peter R. Martin, from *Alcohol Health & Research World*, Spring 1985. 9. cover.)

표 18.1 **S.가 기억했던 표의 예시**

6	6	8	0
5	9	3	2
1	6	8	4
7	9	3	5
4	2	3	7
3	8	9	1
1	0	0	2
3	4	2	1
2	7	6	8
1	9	2	6
2	4	6	7
5	5	2	0
x	0	1	x

주 : 불과 2~3분 동안 학습한 후 S.는 이 표를 역순 '가로, 세로 대각선' 순으로 자유롭게 회상해낼 수 있었다.

지적 기능이 높은 자폐스펙트럼장애의 한 형태인 **아스퍼거 증후군**(Asperger's syndrome)을 가진 사람들 중 일부는 매우 우수한 기억 능력을 나타낸다. 또 다른 일부의 경우, 그들의 특별한 기억 능력은 자서전 기억 같은 특정 영역으로만 제한되기도 한다. 여기서 우리는 먼저 Luria가 묘사한 뛰어난 의미 기억 능력을 가진 경우와 거의 완벽한 자서전 기억을 보이는 사람들을 살펴볼 것이다.

서번트 증후군

S.는 절대 잊어버리지 않는 외현 기억을 형성할 수 있는 능력을 가진 신문 기자였다. 그는 다른 기자들과는 달리 브리핑에서 메모를 하지 않았기 때문에 고용주의 관심을 끌었다. 브리핑 내용에 관해 질문을 받으면 S.는 방금 전의 브리핑 내용을 토씨 하나 틀리지 않고 그대로 답변했다.

S.의 고용주는 그에게 심리학자를 만나보도록 했고 그는 Alexander Luria를 만나게 되었다. 그 이후 Alexander Luria는 그의 놀라운 기억력을 연구하기 시작했고 연구는 30년 동안이나 계속 이루어졌다. Luria(1968)는 그 조사에 대한 내용을 발표했는데, **모든 것을 기억하는 남자**(The Mind of a Mnemonist)라는 책은 오늘날까지 기억에 관한 문헌 중에서 가장 읽기 쉬운 사례 연구 중 하나로 여겨진다.

표 18.1은 이러한 능력의 예시를 보여준다. S.는 2~3분 동안 이 표를 본 뒤, 그 표의 열, 행, 대각선, 역순 또는 합계를 기억할 수 있었다. 16년 후 예기치 않게 검사를 하게 되었을 때도 S.는 오류 없이 임의의 순서 또는 조합으로 열을 낭독하면서 표 내용을 기억해낼 수 있었다.

S.의 삶에서 좋은 부분은 자신의 뛰어난 기억을 이용하여 다른 사람들에게 즐거움을 주는 기억술사로 살아갔다는 점이다. 그는 수많은 명단이나 편지, 넌센스 음절 등을 암기했으며, 나중에라도 언제든지 그것을 다시 기억해낼 수 있었다.

정보를 기억에 저장하는 S.의 능력은 세 가지 과정과 관련되어 있다. 첫째, 그는 자극을 내적으로 시각화하고 단순히 그 내적 이미지를 읽는 방식으로 회상을 해냈다. 둘째, 그는 **공감각**(synesthesia)이나 **감각 혼합**을 경험했는데, 이는 어떤 소리가 색의 느낌을 만들어낼 때처럼 한 감각의 자극을 다른 감각으로 지각하는 것을 의미한다(8.3절 참조). 그러나 S.의 경우 한 단어는 소리, 색, 냄새, 맛, 질감, 심지어 온도와 같은 여러 감각적인 느낌을 유발했다. 그리고 S.는 많은 기억술사가 사용하는 페그보드 기술을 사용했다. 그는 마음속에 일반적인 이미지 모음을 보관하고 이를 기억하고 싶은 새로운 자료와 연결했다. 이러한 비법을 비롯해 많은 기억술사들이 사용했던 다른 방법들은 외현 기억이 어떻게 형성되는지에 대한 정보를 제공했고, 그러한 정보가 기억장애를 가진 사람뿐만 아니라 일반인의 기억을 어떻게 향상 시킬 수 있는지에 대한 통찰력을 제공한다. 다음은 S.의 몇 가지 예를 보여준다.

> 숫자들조차 저에게는 이미지를 떠올리게 합니다. 예를 들어 숫자 1의 경우 자랑스럽고 건장한 남자입니다. 2는 강한 정신력을 가진 여자입니다. 3은 우울한 사람(수줍다든지, 잘 모르겠습니다.), 6은 발이 부어 오른 사람, 7은 콧수염이 있는 사람, 8은 아주 통통한 여자. 숫자 87의 경우에는 뚱뚱한 여자와 남자가 그의 코밑 수염을 빙빙 돌리는 것이 보입니다. (Luria, 1968)

S.의 경우 이렇게 뛰어난 기억 능력에 대한 대가가 있었을까? Luria의 입장은 그가 분명히 대가를 치뤘다는 것이다. Luria는 S.를 삶의 목적이 거의 없는 사람으로 묘사하고 있으며, 추론하고 범주화하고 여러 가지 일의 순서를 파악하는 것과 같이 보통 사람들이 할 수 있는 것들을 할 수 없었다고 주장했다.

그는 또한 은유를 사용하거나 이해할 수 있는 능력이 거의 없었다[예 : '말을 신중하게 하다(to weigh one's words)'라는 구절]. 그는 문자 그대로 시각화하고 해석했기 때문에 의미를 혼란스러워했다. S.는 종종 간단한 진술을 이해하는 데 어려움을 겪었으며 시의 의미를 이해하기는 훨씬 어려웠다.

뛰어난 자서전 기억

James McGaugh가 이끄는 연구 집단은 매우 뛰어난 자서전 기억(highly superior autobiographical memory, HSAM; LePort et al., 2012)을 가지고 있는 사람들의 여러 사례를 수집했다. 일반적으로 10세 즈음을 기점으로 일상생활에서 발생한 사건에 대해 사실상 완벽한 회상 능력을 보이며, 요일과 날짜를 포함하여 모든 사건을 묘사할 수 있다. 그들의 회상 내용은 날씨와 공공 행사 등도 포함한다.

그들은 별도의 기억 전략을 사용하지 않으며, 일반적으로는 매우 평범해 보인다. 즉 그들의 전형적인 기억검사에 대한 수행 능력은 그렇게 뛰어나지 않았다. HSAM을 보이는 사람들의 뇌영상을 분석한 결과, 측두엽과 두정엽의 회백질이 증가하고 측두엽과 전두피질 사이를 연결하는 섬유의 크기가 증가하는 것으로 나타났다. 이러한 뇌 영역이 손상을 입을 경우 자서전 기억의 손상과 관련이 있는 것으로 알려져 왔다.

S.와 달리 HSAM을 가진 사람들은 일반적으로 정상적인 생활을 보이나 일부의 경우 강박적인 행동이 나타나기도 한다. 이들 중 어떤 사람들은 과거의 즐거웠던 기억을 계속해서 떠올리면서 추억을 반복적으로 경험한다고 보고한다. HSAM을 가진 어떤 사람은 날짜, 날씨 및 가족 구성원들이 우연히 보인 행동 일체를 포함하는 매우 세부적인 정보들을 자세히 설명하면서 대화를 하는데, 이는 듣는 사람의 인내심을 필요로 한다.

요약

우리의 다중 기억 체계는 서로 독립적으로 작동한다(그림 18.1 참조).

18.1 학습, 기억, 그리고 기억상실증

연구 결과들은 기억의 획득과 저장의 처리 과정에서의 차이점을 보여준다. 예를 들어, 새로운 기억을 형성할 수 없는 순행성 기억상실증은 과거 기억을 인출할 수 없는 역행성 기억상실증보다 종종 더 심각한 양상을 보인다.

내측 측두엽 및 하측 전두엽 영역과 그 영역 안쪽 및 영역들 간의 회로는 개인의 경험과 관련된 일화 기억 및 사실 정보와 관련된 의미 기억을 포함하는 외현 기억과 장기 학습 간에 중재 역할을 한다. 외현 기억은 내측 측두 영역의 손상으로 인해 손실되는 경우가 종종 나타나지만, 장기 암묵 기억(예 : 운동 능력 및 새로운 기억을 형성할 수 있는 능력)은 일반적으로 계속 유지된다. 기억상실에 대해 서로 상반되는 이론들은 각각 기억 체계 공고화, 다중 흔적 기억, 또는 재공고화된 기억을 주장한다.

18.2 장기 외현 기억

전전두피질, 내측 측두엽과 그리고 해마, 비피질 및 복측 전전두피질과의 연결을 포함하는 피질하 측두엽 구조로 구성된 신경계는 의식적인 외현 기억이 존재할 수 있는 곳이다. 일화 기억은 특히 해마 및 복측 전전두피질에 의존하며, 이 영역들의 손상은 모든 역행성 자서전 기억의 상실과 미래 상황에서 자신의 역할을 떠올리지 못하는 것과 관련이 있다.

18.3 장기 암묵 기억

운동 기억과 점화, 그리고 조건화는 암묵 기억을 구성하며 기저핵과 운동피질 및 소뇌를 연결하는 경로로 구성된 무의식적인 신경계가 관여한다. 기존에 학습을 했던 운동 능력과 습관의 손실은 기저핵의 손상과 관련이 있으며, 소뇌 손상은 조건화된 반응의 상실과 관련이 있다.

18.4 장기 정서 기억

측두엽의 피질하 영역 내 위치한 변연계의 편도체를 중심으로 하는 신경계는 정서적 경험에 대한 우리의 감정적 회상을 부호화한다. 이러한 회상은 기억의 외현적이고 암묵적인 측면을 공유한다.

18.5 단기 기억

신피질의 감각 영역은 항목들에 대해 수 초에서 수 분 동안 마음속으로 유지하는 단기 기억(작업 기억, 일시적 기억, 최신 기억)을 중재한다. 두정피질과 전두피질을 가로지르는 배측 흐름은 위치 정보와 관련된 단기 기억에 관여하는 반면, 감각 영역으로부터 하측 측두-배외측 전전두피질로 향하는 복측 흐름은 물체에 대한 단기 기억을 중재한다.

18.6 신경계 질환과 장기 기억

기억 손상은 일시적 전기억상실, 단순 포진성 뇌염 감염, 알츠하이머병 및 코르사코프 증후군에서 발생하는 것과 같이 뇌 손상 및 뇌 질환으로 인해 발생할 수 있다. 또한 신경전달물질 활성화 체계는 기억에 영향을 미치는 신경계 질환을 가져오기도 한다.

18.7 특별한 기억 능력

사람들은 뛰어난 의미 기억 또는 자서전 기억을 보일 수도 있다. 손상을 입을 경우 기억의 저하를 불러오게 되는 신경 회로들은 서번트 증후군이나 뛰어난 자서전 기억을 가진 사람들에게서 오히려 매우 향상되어 있을 수 있다. 이처럼 특별한 능력들은 지적 능력의 부족과 함께 공존하게 되는 것일지 모른다.

참고문헌

Akers, K. G., A. Martinez-Canabal, L. Restivo, A. P. Yiu, A. De Cristofaro, H. L. Hsiang, A. L. Wheeler, A. Guskjolen, Y. Niibori, H. Shoji, K. Ohira, B. A. Richards, T. Miyakawa, S. A. Josselyn, and P. W. Frankland. Hippocampal neurogenesis regulates forgetting during adulthood and infancy. *Science* 618:598–602, 2014.

Allen, R. J., F. Vargha-Khadem, and A. D. Baddeley. Item-location binding in working memory: Is it hippocampus-dependent? *Neuropsychologia* 59:74–84, 2014.

Anderson, E. D., F. B. Horak, M. R. Lasarev, and J. G. Nutt. Performance of a motor task learned on levodopa deteriorates when subsequently practiced off. *Movement Disorders* 29:54–60, 2014.

Annese, J., N. M. Schenker-Ahmed, H. Bartsch, P. Maechler, C. Sheh, N. Thomas, J. Kayano, A. Ghatan, N. Bresler, M. P. Frosch, R. Klaming, and S. Corkin. Postmortem examination of patient H.M's brain based on histological sectioning and digital 3D reconstruction. *Nature Communications* 5:3122, 2014.

Bartlett, F. C. *Remembering*. Cambridge, U.K.: Cambridge University Press, 1932.

Bekhterev, V. M. Demonstration eines Gehirns mit Zerstörung der vorderen und inneren Theile der Hirnrinde beider Schlafenlappen. *Neurologisches Zentralb* 19:990–991, 1900.

Broadbent, D. E. *Perception and Communication*. London: Pergamon, 1958.

Cabeza, R., and L. Nyberg. Imaging Cognition II: An empirical review of 275 PET and fMRI studies. *Journal of Cognitive Neuroscience* 12:1–47, 2000.

Cabeza, R., and M. Moscovitch. Memory systems, processing modes, and components: Functional neuroimaging evidence. *Perspectives on Psychological Science* 8:49–55, 2013.

Cipolotti, L., T. Shallice, D. Chan, N. Fox, R. Scahill, G. Harrison, J. Stevens, and P. Rudge. Long-term retrograde amnesia: The crucial role of the hippocampus. *Neuropsychologia* 39:151–172, 2001.

Clarke A., and L. K. Tyler. Object-specific semantic coding in human perirhinal cortex. *Journal of Neuroscience* 34:4766–4775, 2014.

Corkin, S. Acquisition of motor skill after bilateral medial temporal-lobe excision. *Neuropsychologia* 6:255–265, 1968.

Corkin, S., D. G. Amaral, R. G. Gonzalez, K. A. Johnson, and B. T. Hyman. H.M.'s medial temporal lobe lesion: Findings from magnetic resonance imaging. *Journal of Neuroscience* 17:3964–3979, 1997.

Corsi, P. M. *Human Memory and the Medial Temporal Region of the Brain*. Ph.D. dissertation. Montreal: McGill University, 1972.

Damasio, A. R., D. Tranel, and H. Damasio. Amnesia caused by herpes simplex encephalitis, infarctions in basal forebrain, Alzheimer's disease and anoxia/ischemia. In L. Squire and G. Gainotti, Eds., *Handbook of Neuropsychology*, vol 3. Amsterdam: Elsevier, 1991.

Decker, M. W., M. T. Gill, and J. L. McGaugh. Concurrent muscarinic and beta-adrenergic blockade in rats impairs place learning in a water maze and retention of inhibitory avoidance. *Brain Research* 513:81–85, 1990.

Elliott, H. C. *Textbook of Neuroanatomy*. Philadelphia: Lippincott, 1969.

Fisher, C. M., and R. D. Adams. Transient global amnesia. *Transactions of the American Neurological Association* 83:143, 1958.

Fuster, J. M. *The Prefrontal Cortex*. New York: Raven, 1989.

Gaffan, D., and E. Gaffan. Amnesia in man following transection of the fornix: A review. *Brain* 114:2611–2618, 1991.

Goldman-Rakic, P. S. Working memory and the mind. *Scientific American* 267(3):111–117, 1992.

Gollin, E. S. Developmental studies of visual recognition of incomplete objects. *Perceptual and Motor Skills* 11:289–298, 1960.

Grafton, S. T., J. C. Mazziotta, S. Presty, K. J. Friston, S. J. Frackowiak, and M. E. Phelps. Functional anatomy of human procedural learning determined with regional cerebral blood flow and PET. *Journal of Neuroscience* 12:2542–2548, 1992.

James, W. *The Principles of Psychology.* New York: Holt, 1890.

Josselyn S. A., and P. W. Frankland. Infantile amnesia: A neurogenic hypothesis. *Learning and Memory* 16:423–433, 2012.

Kolb, B., and B. Milner. Performance of complex arm and facial movements after focal brain lesions. *Neuropsychologia* 19:491–503, 1981.

LeDoux, J. Rethinking the emotional brain. *Neuron* 73:653–676, 2012.

Lee, K. H., and R. F. Thompson. Multiple memory mechanisms in the cerebellum? *Neuron* 51:680–682, 2006.

LePort, A. K., A. T. Mattfeld, H. Dickinson-Anson, J. H. Fallon, C. E. Stark, F. Kruggel, L. Cahill, and J. L. McGaugh. Behavioral and neuroanatomical investigation of Highly Superior Autobiographical Memory (HSAM). *Neurobiology of Learning and Memory* 98:78–92, 2012.

Levine, B. Autonoetic consciousness and self-regulation in patients with brain injury. *International Journal of Psychology* 35:223, 2000.

Levine, B., S. E. Black, R. Cabeza, M. Sinden, A. R. Mcintosh, J. P. Toth, and E. Tulving. Episodic memory and the self in a case of isolated retrograde amnesia. *Brain* 121:1951–1973, 1998.

Luria, A. R. *The mind of a mnemonist.* New York: Basic Books, 1968.

Markowitsch, H. J. Transient global amnesia. *Neuroscience and Biobehavioral Reviews* 7:35–43, 1983.

Martone, M., N. Butlers, M. Payne, J. T. Baker, and D. S. Sax. Dissociations between skill learning and verbal recognition in amnesia and dementia. *Archives of Neurology* 41:965–970, 1984.

Mazzucchi, A., G. Moretti, P. Caffara, and M. Parma. Neuropsychological functions in the follow-up of transient global amnesia. *Brain* 103:161–178, 1980.

Milner, B. Visually-guided maze learning in man: Effects of bilateral hippocampal, bilateral frontal, and unilateral cerebral lesions. *Neuropsychologia* 3:317–338, 1965.

Milner, B. Memory and the medial temporal regions of the brain. In K. H. Pribram and D. E. Broadbent, Eds., *Biology of Memory.* New York: Academic Press, 1970.

Milner, B., S. Corkin, and H.-L. Teuber. Further analysis of the hippocampal amnesic syndrome: 14-year follow up study of H.M. *Neuropsychologia* 6:215–234, 1968.

Moscovitch, M. Multiple dissociations of function in amnesia. In L. S. Cermak, Ed., *Human Memory and Amnesia.* Hillsdale, N.J.: Lawrence Erlbaum, 1982.

Murray, E. Memory for objects in nonhuman primates. In M. S. Gazzaniga, Ed., *The New Cognitive Neurosciences,* 2nd ed., pp. 753–763. London: MIT Press, 2000.

Nadel, L., and M. Moscovitch. Memory consolidation, retrograde amnesia and the hippocampal complex. *Current Opinion in Neurobiology* 7:212–227, 1997.

Oscar-Berman, M. Neuropsychological consequences of long-term chronic alcoholism. *American Scientist* 68:410–419, 1980.

Pascual-Leone, A., J. Grafman, and M. Hallett. Modulation of cortical motor output maps during development of implicit and explicit knowledge. *Science* 263:1287–1289, 1994.

Petri, H. L., and M. Mishkin. Behaviorism, cognitivism, and the neuropsychology of memory. *American Scientist* 82:30–37, 1994.

Petrides, M., B. Alivisatos, A. C. Evans, and E. Meyer. Dissociation of human mid-dorsolateral from posterior dorsolateral frontal cortex in memory processing. *Proceedings of the National Academy of Sciences U.S.A.* 90:873–877, 1993.

Poppenk, J., H. R. Evensmoen, M. Moscovitch, and L. Nadel. Long-axis specialization of the human hippocampus. *Trends in Cognitive Science* 17:230–240, 2013.

Posner, M. I., and M. E. Raichle. *Images of Mind.* New York: Scientific American Library, 1994.

Prisko, L. *Short-Term Memory in Focal Cerebral Damage.* Ph.D. dissertation. Montreal: McGill University, 1963.

Reber, P. J. The neural basis of implicit learning and memory: A review of neuropsychological and neuroimaging research. *Neuropsychologia* 51:2026–2042, 2013.

Sainsbury, R., and M. Coristine. Affective discrimination in moderately to severely demented patients. *Canadian Journal on Aging* 5:99–104, 1986.

Sanders, H. I., and E. K. Warrington. Memory for remote events in amnesic patients. *Brain* 94:661–668, 1971.

Schacter, D. L., and D. L. Addis. The cognitive neuroscience of constructive memory: Remembering the past and imagining the future. *Philosophical Transactions of the Royal Society of London B* 362:773–786, 2007.

Schwabe, L., K. Nader, and J. C. Pruessner. Reconsolidation of human memory: Brain mechanisms and clinical relevance. *Biological Psychiatry* 76:274–280, 2014.

Scoville, W. B., and B. Milner. Loss of recent memory after bilateral hippocampal lesions. *Journal of Neurology, Neurosurgery & Psychiatry* 20:11–21, 1957.

Siri, S., E. A. Kensinger, S. F. Cappa, and S. Corkin. Questioning the living/nonliving dichotomy: Evidence from a patient with an unusual semantic dissociation. *Neuropsychology* 17:630–645, 2003.

Smith, C. N., J. C. Frascino, R. O. Hopkins, and L. R. Squire. The nature of anterograde and retrograde memory impairment after damage to the medial temporal lobe. *Neuropsychologia* 51:2709–2714, 2013.

Squire, L. R., and P. J. Bayley. The neuroscience of remote memory. *Current Opinion in Neurobiology* 17:185–196, 2007.

Tronson, N. C., and J. R. Taylor. Molecular mechanisms of memory reconsolidation. *Nature Reviews Neuroscience* 8:262–275, 2007.

Tulving, E. Episodic memory: From mind to brain. *Annual Review of Psychology* 53:1–25, 2002.

Tulving, E., S. Kapur, F. I. M. Craik, M. Moscovitch, and S. Houle. Hemispheric encoding/retrieval asymmetry in episodic memory: Positron emission tomography finding. *Proceedings of the National Academy of Sciences U.S.A.* 91:2016–2020, 1994.

Vanderwolf, C. H. Cerebral activity and behavior: Control by central cholinergic and serotonergic systems. *International Review of Neurobiology* 30:255–340, 1988.

Vargha-Khadem, F., D. G. Gadian, K. A. Watkins, W. Connelly, W. Van Paesschen, and M. Mishkin. Differential effects of early hippocampal pathology on episodic and semantic memory. *Science* 277:376–380, 1997.

Wang, Q., and C. Peterson. Your earliest memory may be earlier than you think: Prospective studies of children's dating of earliest childhood memories. *Developmental Psychology* 50, 1680–1686, 2014.

Warrington, E. K., and L. Weiskrantz. Further analysis of the prior learning effect in amnesic patients. *Neuropsychologia* 16:169–177, 1978.

Whitty, C. W. M., and O. L. Zangwill. Traumatic amnesia. In C. W. M. Whitty and O. L. Zangwill, Eds., *Amnesia*. London: Butterworth, 1966.

Wilson, F. A. W., S. P. O. Scalaidhe, and P. S. Goldman-Rakic. Dissociation of object and spatial processing domains in primate prefrontal cortex. *Science* 260:1955–1958, 1993.

19

언어

 사례 보기 다국어 붕괴

스위스 출생의 건축가 K.H.는 주요 미국 대학교의 건축학 교수였다. 독일어가 그의 첫 번째 언어였고 프랑스어와 이탈리아어에도 능통했으나, 그의 주 언어는 영어였다.

그는 과거에 글쓰기에 능하고 철자와 문법에 꼼꼼한 훌륭한 학생이었다. 그의 어머니가 그가 쓴 독일어 편지의 철자와 문법 오류를 지적했을 때, 그는 크게 놀랐다. 자신이 독일어를 잊어버려가고 있는 것인가 의심되었고 이를 방지하고자 했다.

몇 주 뒤 K.H.는 동료에게 자신이 쓴 영문 원고를 검토해달라고 부탁했다. 동료는 K.H.의 평소답지 않은 오류들을 보고 그가 너무 과도한 업무에 시달리는 것이 아닌지 언급했다. 비슷한 시기에 K.H.는 자신의 오른쪽 얼굴이 이상하게 느껴졌다. 한 신경학자가 그의 좌반구 운동—얼굴 영역의 접합 부위와 브로카 영역에서 작은 종양을 발견했다(위의 DTI 신경영상에서 배측 및 복측 언어 경로가 브로카, 베르니케 영역과 이어져 있는 것을 볼 수 있다).

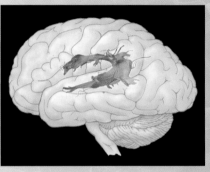

Research from Catani, 2001

종양은 양성으로 판명되었고 외과수술로 제거되었다. 수술 후 처음 며칠간 K.H.는 심한 실어증을 앓았다. 말을 할 수도 없었고 구어나 문어를 전혀 이해할 수 없었다. 비록 수술 전에 실어증에 대해 주의를 들었으며 발생하더라도 일시적인 것이라는 설명을 들었지만, 그는 매우 속상해했다. 수술 후 첫 주가 지날쯤에 그는 다시 구어를 이해할 수 있었다. 그러나 여전히 그의 담화 능력은 이해하기 어려운 수준이었으며, 글을 읽을 수도 없었다.

2주차가 끝나갈 쯤에 K.H.는 독일어를 능숙하게 말할 수 있었으나 영어는 이해 가능하지만 능숙하지 못한 수준이었다. 그는 여전히 어떠한 언어의 글도 읽을 수 없었으나 자신이 독일어를 읽을 수 있다고 믿었다. 하지만 자신이 책을 거꾸로 보고 있다는 것조차 알지 못했다. 그의 읽기와 영어 실력은 조금씩 나아졌으나 몇 년이 지난 지금까지도 K.H.는 모든 언어의 철자법을 어려워하며 자신의 지적 수준과 교육 수준에 못 미치게 느린 속도로 글을 읽고 있다.

언어 능력은 매우 소중한 능력이나 K.H.가 질병에 시달리기 전에 그랬듯 우리는 너무나 당연하게 생각하곤 한다. 당신이 일상생활을 유지하기 위해 말하고 듣고 읽는 능력을 얼마나 사용하는지 생각해보아야 한다. 심지어 우리는 우리 자신에게 말을 걸기도 한다. 아동기에 우리는 공을 받거나 자전거를 타는 등의 행위를 하기 훨씬 전에 언어부터 배운다. 언어를 통해 주위 환경을 배우고 탐색하는 것이다. 언어가 있기에 정보를 알리고 설득하며 또 시와 노래, 유머를 통한 즐거움을 얻을 수 있는 것이다. 특히 많은 유머는 언어에서 발생하는 미묘한 차이와 이중 의미에서 발생하곤 한다. 언어는 우리가 가진 가장 복잡한 기술이며, 이에 대한 연구는 다양한 방법과 방향으로 이루어진다. 그중 한 방법으로 언어가 무엇인지에 대한 고민에서 시작할 수 있겠다.

19.1 언어란 무엇인가

단어 언어(language)는 *langue*라는 말에서 유래했는데, 앵글로-프랑스어로 '혀'라는 뜻이다. 이는 언어가 의사소통을 위한 음성적 조합으로 생겨난 것임을 보여준다. 그러나 언어는 소리에만 머무르는 것이 아니라 다른 감각 모듈로 전환되어 제스처, 촉각, 시각적 이미지 등과 동등한 의사소통 방법을 가능하게 한다. 많은 동물종들은 의사소통의 형태를 발달시켰지만 어떤 종도 인간처럼 언어를 사용하지 않는다. 이는 아직 언어가 무엇인지에 대한 합의가 도출되지 않았으며, 언어를 정의하는 데 있어서 존재하는 여러 의견들이 두뇌가 어떻게 언어를 생성하는지에 대한 설명에 있어서도 서로 다른 견해를 이끌어냄을 보여준다.

언어 구조

대부분의 사람들처럼 당신은 아마도 언어의 의미 있는 단위로서 단어를 생각할 것이다. 언어학자들은 언어 구조를 다르게 분석한다(**표 19.1**). 그들은 단어를 기본적인 언어의 말소리인 **음소**(phoneme)의 조합으로 보며, 음소가 어떤 단어의 전체를 혹은 일부를 구성한다고 본다. 음운 분석은 우리가 어떻게 음소를 연결 짓는지 결정한다.

우리는 음소들을 결합해 **형태소**(morpheme)라는 가장 작은 의미 단위를 만든다. 형태소의 예시로는 어근(*undo*의 *do*), 접사(*undo*의 *un*, *doer*의 *er*), 굴절어미(*doing*의 *ing*, *girls*의 *s*) 등이 있다. 어떤 형태소는 그 자체만으로 완결된 단어가 되지만 다른 것들은 단어가 되기 위해 반드시 여러 개가 결합되어야만 한다.

어휘집(lexicon)이란 어떤 언어의 모든 단어와 그 의미를 기록해두는 기억 저장소이다. 이때 단어들은 문법 규칙에 따라 패턴을 가지고 묶이는데, 이를 **통사론**(syntax)이라 부른다. 통사론의 핵심은 동사 시제를 정확하게 사용하는 데 있다.

단어와 문장에 연결되어 있는 의미는 모두 합쳐져 **의미론**(semantics)이라 부른다. 말투와 같은 목소리에 나타나는 억양은 **운율**(prosody)이라 불리는데 강조점, 높이, 리듬을 다양하게 함에 따라 단어와 문장의 의미가 변경될 수 있다. **담화**(discourse)란 언어 처리의 가장 상위 단계로, 문장들을 서로 이어 의미 있는 내러티브를 형성한다.

이러한 언어학적 논의는 언어의 본질인 청각적 특징을 강조하나, 아날로그는 읽기라는 시각적 특징에 존재하며, 점자 언어라는 촉각에도 존재하고, 미국식 수화(ASL)로 대표되는 움직임의 언어인 수화로도 나타난다. 미국식 수화에서 형태소는 가장 작은 의미 있는 움직임이다.

표 19.1 소리 기반 언어의 구성요소

음소	결합을 통해 형태소를 구성하는 개별 음성 요소
형태소	결합을 통해 단어를 구성하는 단어의 가장 작은 의미 있는 단위
어휘	어떤 언어를 구성하는 모든 단어의 모음. 각 어휘는 형태론적·통사론적 영향과 관련한 정보를 가지고 있으나 개념 지식은 담고 있지 않다.
통사론	단어들을 구와 문장으로 결합시키기 위해 필요한 문법적 규칙
의미론	모든 어휘 요소와 모든 문장에 대응하는 의미
운율	목소리의 억양, 말투 등 단어와 문장의 의미를 변경할 수 있다.
담화	내러티브를 형성하기 위해 여러 문장을 연결하는 것

전통적인 언어학자들은 언어를 단어와 단어의 구성요소를 기준으로 파악했다. 인간 언어의 또 다른 특징은 자모음으로 구성된 음절의 사용이다. 우리의 입은 자음과 모음을 결합해 음절을 만들 수 있다. 인간이 아닌 다른 종은 음절을 만들어내는 것이 불가능한데, 주된 이유는 자음을 만들 수 없기 때문이다.

소리 만들기

인간이 소리를 낼 수 있게 해주는 해부학적 구조는 소리의 원천을 만드는 부분(**그림 19.1A**)과 필터 역할을 해주는 부분(그림 19.1B), 크게 두 부분으로 구성된다. 폐에서 공기를 내쉴 때 성대에 울림이 생기는데, 이는 **성대근**(vocal cord)에 부착된 여러 겹의 점막으로 구성되며 **후두**(larynx) 혹은 '소리 상자' 내에 위치한 목소리를 만드는 장기이다. 목소리의 진동(성인 남성의 경우 100Hz부터 아동의 경우 500Hz까지)이 음고를 결정하게 된다.

음향적 에너지가 만들어진 이후 성도(인두, 구강, 비강)를 통과하며 최종적으로 콧구멍과 입술 밖으로 나오게 된다. 그 과정에서 음향 에너지가 합쳐져 구체적인 모음 소리를 내는 음파가 만들어지는데, 이를 **포먼트**(formant)라 한다. 포먼트는 방출된 소리를 변형시켜 특정 진동 수만 통과시키고 나머지는 막는다(그림 15.13 참조). 이러한 여과 과정은 담화에서 아주 중요한 역할을 한다. 성도의 길이와 모양은 서로 다른 포먼트 특성을 만들어내고, 담화 도중 여러 조음 기관(혀, 입술, 연구개 등)의 움직임에 의해 빠르게 변형된다. 포먼트는 특정 진동 수를 강조해줌으로써 의미 있는 담화를 만들어주는 것이다.

포먼트를 만드는 소리 기관이 우리와 다른 유인원의 가장 큰 차이점이다. 인간의 구강은 다른 유인원들에 비해 길이가 길어서 후두가 목구멍보다 훨씬 아래에 위치한다(그림 19.1C). 생후 3개월이 되면 인간의 후두는 점차 성인의 후두 위치 쪽으로 내려오기 시작해 3~4년 후 완전히 안착한다. 이후 두 번째의 보다 짧은 하강이 사춘기 남성에게 다시 한번 찾아온다.

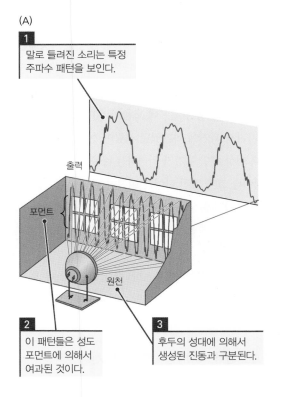

(A)

1 말로 들려진 소리는 특정 주파수 패턴을 보인다.

출력

포먼트

원천

2 이 패턴들은 성도 포먼트에 의해서 여과된 것이다.

3 후두의 성대에 의해서 생성된 진동과 구분된다.

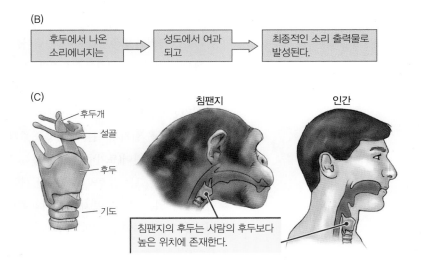

(B)

| 후두에서 나온 소리에너지는 | → | 성도에서 여과 되고 | → | 최종적인 소리 출력물로 발성된다. |

(C)

후두개
설골
후두
기도

침팬지   인간

침팬지의 후두는 사람의 후두보다 높은 위치에 존재한다.

그림 19.1 ▲

소리의 생성   (A) 성도가 어떻게 성대에서 포먼트를 만들어내는지 그 여과 과정을 모델링했다. (B) 담화 생성의 단계 : 후두는 소리에너지를 만들어내며, 이후 성도에서 여과 과정을 거쳐 최종 결과물인 발화를 만들어낸다. (C) 후두와 성도의 종간 비교로 침팬지와 인간의 차이를 보여준다.

(Information from Fitch, 2000.)

인간 후두의 하강은 언어의 진화학적 · 발달적 혁신의 핵심이다. 혀가 성도 내에서 좌우로 또 위아래로 움직일 수 있게 되며, 보다 낮은 위치의 후두는 인두와 구강 연결관을 독립적으로 구성하게 하여 우리가 쉽게 다양한 소리를 낼 수 있게 해주었다. 소리에너지는 의사소통의 기본 수단이지만 언어는 소리 외에도 제스처, 점자 언어의 촉각, 수화의 시각적 언어 등 다양한 형태로 존재한다. 언어의 정의가 무엇이 되든 반드시 소리를 수반하는 것은 아니다.

주요 언어 기술

인간 언어를 구성하는 네 가지 주요 언어 기술은 (1) 범주화, (2) 범주 표기, (3) 순서화, (4) 모방이다. 이러한 기술들은 유인원, 명금, 벌 등 다른 종에게서도 나타나곤 한다. 다른 동물들의 언어 기술을 알아보기 전에 우선 인간 언어에서 각각의 역할을 알아보려 한다. 네 가지 능력은 앞 장에서 소개되었던 신경 회로와 관련이 있다.

범주화

다수의 병렬적이고 위계적인 계층적 신경 회로들은 들어오는 감각 자극을 처리한다. 피질이 확장되고 감각 정보를 받아들이는 경로가 늘어나면서, 여러 정보를 단일의 현실 지각으로 통합시키는 것이 점점 어려워진다. 뇌는 피질에 닿는 무수히 많은 감각 정보가 외부 세상의 어떤 물체와 대응되는 것인지 명확히 구분해내야 한다. 따라서 정보를 범주화하는 것이 필수적인데, 예를 들어 어떤 특징을 가진 것들을 식물이라 꼬리표를 달고 다른 것들은 동물이라 꼬리표를 다는 것이다.

꼬리표 달기 행위는 정보를 지각하고 이후에 필요 시 다시 인출시키는 일을 수월하게 해준다. 대부분의 동물들은 물체를 어느 정도 수준까지는 범주화할 수 있는데, 인간은 특히 정교한 범주화 체계를 갖추고 있다. 복측 시각 흐름은 측두엽을 통해 이동하며 물체 범주화에 기여하며, 배측 흐름은 동물 대 식물, 인간 대 비인간과 같이 물체 간의 자동적인 구분을 담당한다.

범주 표기

단어는 궁극적인 범주 분류자이나, 단어를 통해 범주를 표시하기 위해서는 범주들이 무엇을 나타내는지에 대한 선행적인 인식이 필요하다. 인간 언어의 발달은 범주화의 새로운 수단을 부여해나가는 과정에서 수반된 선택으로 단순히 감각 자극을 결합시키는 것을 넘어 사건과 관계를 조직화하는 수단이다.

이러한 범주화 체계는 개념(범주)과 관련한 단어의 형태를 생성하는 데 도움이 된다. 역으로 뇌가 단어의 개념을 환기시키는 데 영향을 주기도 한다. 따라서 과거에 화가였던 사람이 현재 색맹이라면 색채와 관련한 단어(표기)를 알며 사용할 수 있으나 더 이상 해당 표기가 의미하는 바를 지각하거나 상상할 수 없다. 그는 일종의 색에 대한 개념을 잃은 것이나 그가 가진 단어가 여전히 관련한 기억을 떠올려줄 수 있는 것이다. 반대로 언어와 관련한 특정 뇌 부위의 손상을 가진 환자는 색채와 관련 개념을 지각할 수 있으나 이를 설명할 수 있는 언어를 잃기도 한다. 그들은 색을 경험하기는 하지만 표기하지는 못한다.

따라서 범주 표기는 단순히 식별하는 측두엽의 역할을 넘어 정보를 범주, 예를 들어 **도구**와 같은 범주 표기에 따라 조직화할 수 있어야 한다. 이는 배측 시각 흐름과 연결된 전두엽의 운동피질의 기능이다.

순서화

인간 언어는 변천하는 후두의 움직임을 통해 음절을 형성한다. 좌반구는 담화에 필요한 기초적인 발성 운동을 명령하는 역할을 수행하는 체계를 갖추고 있다. 또한 얼굴, 몸, 팔 운동을 순서화하여 비언어적 표현을 만들어낼 수 있다. 단어를 순서화해서 의미 있는 행위를 표상해내는 것은 행동을 순서화하는 것과 동일하게 배측 흐름에서 전두엽을 따라가는 회로를 이용한다.

모방

모방은 언어 발달을 돕는다. Athena Vouloumanos와 Janet Werker(2007)는 출생 후부터 유아들이 다른 소리보다 말소리를 듣는 것을 선호한다는 것을 밝혀냈다. 유아들이 옹알이를 할 때 모든 언어의 모든 소리를 낼 수 있다. 이후 자신이 사는 환경에서 사용하는 언어를 모방하며 더 선호하게 된다.

발달기에 아동은 최대 60개의 단어를 매일 자신의 언어로 습득할 수 있다. 운동 기관의 거울 뉴런은 우리가 타인의 행동을 보고 동일한 행동을 할 때 반응한다(224쪽 자세히 보기 참조). 이에 피질의 언어 영역 내에 있는 거울 뉴런이 언어를 구성하는 소리와 단어, 행동을 모방하는 능력에 관여하는 것이라는 의견이 있다.

19.2 언어의 기원을 찾아서

언어의 기원을 설명하기 위한 두 이론적 접근법이 있다. **불연속 이론**(discontinuity theory)은 언어가 급작스럽게 진화되었으며 현대 인류가 등장한 지난 20만 년 내에 갑자기 나타났다고 설명한다. **연속 이론**(continuity theory)은 언어가 서서히 진화되어 왔다고 말한다. 인류의 조상이 가진 유전적·행동적 유사성은 현대 인류에 와서 유례 없이 변형되며 언어를 만들어낸 것이다. 다음 페이지의 자세히 보기에서는 하나의 유전자가 인간 언어와 어떻게 관련되어 있는지를 설명함으로써 언어와 관련한 유전자가 있을 것이라는 연속 이론을 지지해준다.

언어의 기원에 대한 탐색은 그저 단순한 호기심이 아니다. 인간 언어의 선도자가 어떤 능력을 가졌으며 왜 그것이 선택되어 온 것인지를 밝혀낸다면 우리 뇌에 어떻게 언어가 표상되게 되었는지를 이해하는 큰 진보를 이룰 것이다. 연속성과 불연속성 모두가 맞을 수도 있다. 언어는 뇌가 하는 것이지만 언어의 특정 형태는 종마다 차이가 있으며 이는 인간이 사용하는 언어의 기원과 구조 모두를 설명해준다.

연속 이론

연속 이론은 많은 증거를 가지고 있는데, 그중 하나가 동물 언어 발성에 대한 적응이다(Schoenemann, 2012). 1866년 파리 언어학회에서 발성 이론에 대한 향후 토론이 금지되었기 때문에, 어떤 발성에 대한 것인가 하는 질문부터 시작하게 된다. 이러한 금지사항은 우리에게 방해가 되지 않을 것이다.

Gordon Hewes(1977)는 동물 발성 이론의 여러 다른 변종, 푸-푸 이론(강렬한 정서와 연관된 소음에서 진화된 언어)과 바우와우 이론(언어가 자연의 소리를 흉내내는 소음에서 시작되어 진화되었다는 이론), 요히호 이론(자연의 소리가 울려퍼지는 소리로부터 언어가 진화되었다는 이론), 노래 이론(놀거나 춤추면서 발생되는 소음에서 언어가 진화되었다는 이론) 등을 연구했다.

언어의 기원이 발성에서 비롯되었음을 보여주는 결정적인 증거는 침팬지 연구에서 발견할 수 있다. Jane Goodall이 진행한 탄자니아 곰비 지역의 침팬지 연구는 우리와 가장 가까운 친척 동물이 32개의 독립적인 발성을 가지고 있음을 발견하였다. Goodall(1986)은 서로 다른 부름의 소리를 인간보다 더 잘 구분하고 있음을 발견하였고, 인간인 그녀와 조수 역시 침팬지의 발성이 32개 이상으로 구분됨을

자세히 보기 | 담화와 언어장애의 유전학적 근거

KE 가문 삼대의 약 절반의 구성원이 상염색체 우성에 의한 심각한 유전적 언어장애를 겪었다. 37명의 가족 구성원 중 15명에게 나타나는 손상(그림 A)은 발화 순서에 있어서의 손상으로 특성화되어 가끔 비문법적이며 이해할 수 없는 담화 생성을 나타낸다. 구강 영역에 나타나는 손상은 소리 순서 생성에 영향을 미치며 브로카 실어증과 유사한 증상을 보인다.

KE 가족 구성원들은 그림 완성이나 그림 배열과 같은 비언어 소검사와 언어 소검사 등의 지능검사에서 낮은 점수를 보였다. 그들은 언어 능력과 관련한 대부분의 검사에서 손상을 보였다. 유전적 영향을 받은 구성원들은 구두 활용과 관련한 입 움직임, 혀를 움직이거나 볼을 부풀리고 입술을 핥고 입맛을 다시는 등의 간단한 순서 행위에서 손상을 보였다.

MRI 분석 결과 가족 구성원들의 뇌는 미상핵, 감각운동피질, 하측두엽, 소뇌에서 정상보다 유의하게 적은 회백질(그림 B)을 가지고 있었다(Watkins et al., 2002). 이 뇌 영역들은 언어에 필요한 얼굴 움직임을 생성하는 일과 밀접한 관련이 있다.

KE 가족에 대한 유전학 분석은 다른 유전자들을 조절하는 폭스헤드 P2(FOXP2)라는 유전자의 능력에 영향을 주는 변이를 관찰했다. 변이는 단일 뉴클레오티드 동질 이상에 있었으며, 하나의 기본적인 변형이 단백질을 비활성화시켰다. FOXP2는 300개 이상의 유전자 표현을 발달 및 학습 과정에서 조절하는데, 이는 대개 유전자 표현을 저지하는 식으로 나타난다. FOXP2에 의해 조절된 유전자는 여러 다른 뇌 영역 및 폐 등의 신체 기관에서 나타난다. 이는 이러한 유전자가 언어 손상과 관련 있을 것이라는 가정하에 유전자에 대한 연구로 이어졌다. FOXP2에 의해 조절되는 유전자 중 하나가 CNTNAP2인데, 이는 자폐스펙트럼장애와 특정 언어

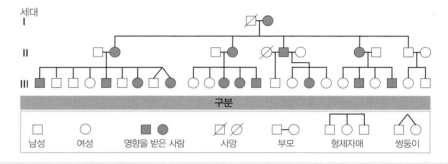

그림 A

KE 가문의 족보로 유전된 언어 손상을 보여준다.

(Information from Watkins et al., 2002.)

알 수 있었다고 한다. **그림 19.2**는 야생의 침팬지가 만드는 넓은 발성의 폭을 보여준다.

Jared Taglialatela와 동료들(2003)은 침팬지 칸지의 발성을 녹음하였고 칸지가 섭식 중에 내는 소리와 의사소통을 위해 내는 소리를 구분지었다. 25쪽을 참고해보면, 칸지가 음식을 훔쳐보는 것이 서로 다른 맥락에서 구조적으로 다르게 나타남을 알 수 있다. 따라서 침팬지어를 의사소통의 원시적 형태로 생각해보면 인간 언어와 담화에 대한 이해를 높일 수 있다.

다양한 증거가 제스처가 언어 진화에 끼친 영향을 지지하고 있다. 많은 동물들은 움직임을 통해 의사소통한다. 아주 간단하게는 한 동물이 움직이면 다른 동물들이 따라간다. 우리는 개가 우리에게 문을 열어달라고 몸짓하는 것을 모두 본 적이 있을 것이다. 우리는 이러한 제스처를 이해하며 개에게 문으로 들어가라고 할 때도 비슷한 제스처를 사용한다.

또한 우리는 주어-목적어-동사(SOV) 통사론의 구성요소를 움직임에서 발견할 수 있는데, 이를테면 음식에 닿으려는 행위가 그러하다(Schouwastra & de Swart, 2014). 주어는 사람이고, 목적어는 음식이며, 동사는 닿는 것이다. 우리의 애완견은 이러한 인간의 행동을 보고 그 의미를 이해할 수 있을 것이다. 이러한 생각에 의하면 언어는 움직임을 만들어내는 뇌 영역에서 시작되었으나 의사소통이라는 특수화 과정을 통해 적용된 것이다.

비언어적 제스처는 담화와 밀접하게 관련되어 있다. David McNeill(2005)은 손짓과 몸짓이 언어 발화의 90% 이상을 보조한다고 한다. 대부분의 사람들은 말할 때 오른손을 사용해 제스처를 하는데,

어 관련 장애에서 나타난다(Nudel & Newbury, 2013).

*FOXP2*는 인간이 아닌 다른 종에서도 유사하게 나타나는데, 역시 뇌와 신체 장기 발달과 관련한 역할을 수행한다. 이 유전자는 새들의 노래 학습, 고래의 노래, 쥐들의 초음파 발성을 조절하는 뇌 영역에서 표현된다. 이러한 종들의 *FOXP2* 변이는 소리 생성에 영향을 준다.

*FOXP2*는 인류의 조상의 진화에 두 차례의 변이를 겪었다. 이러한 급속한 진화는 곧 이 유전 변이가 뇌의 운동 영역과 관련한 신경 회로를 변형시켰고 인간의 담화를 가능하게 하는 운동 기관의 변화를 가져왔다. 쥐의 경우 34번의 유전 표현의 변화를 겪었는데 이는 쥐의 뇌세포 수지상의 형태학적 변화를 가져왔으며 초음파 발성의 진동 수의 변화를 가져왔다.

KE 가문을 통한 *FOXP2* 유전자의 발견은 *FOXP2* 변이가 언어장애와 관련이 있음을 시사해주었으며 어떤 경우 조현병과도 관련이 있는 것으로 나타났다. 그러나 읽기와 학습과 관련한 장애를 겪는 모든 사람이 이 특정 유전자의 이상을 갖고 있는 것은 아니다.

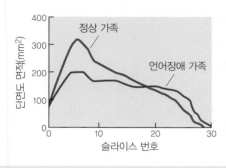 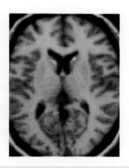

그림 B

좌측 그래프는 정상 가족과 언어장애를 가진 가족의 미상핵의 평균 용량을 기록하고 있다. 우측 MRI 사진은 뇌실 근처 미상핵의 위치를 노란색으로 표기하고 있다.

(Information and MRI from Watkins, K. E., N. F. Dronkers, and F. Vargha-Khadem. MRI analysis of an inherited speech and language disorder: structural brain abnormalities. Brain, Vol. 125, Issue 3, [2002]: pp. 465–478.)

Nudel, R., and D. F. Newbury. FOXP2. *Wiley Interdisciplinary Reviews: Cognitive Science* 4:547–560, 2013.
Vargha-Khadem, F., D. G. Gadian, A. Copp, and M. Mishkin. FOXP2 and the neuroanatomy of speech and language. *Nature Reviews Neuroscience* 32:131–138, 2005. Watkins, K. E., N. F. Dronkers, and F. Vargha-Khadem. MRI analysis of an inherited speech and language disorder: structural brain abnormalities. *Brain*, Vol. 125, Issue 3, (2002): pp. 465–478.

언어를 담당하는 좌반구가 만들어낸 제스처이기 때문이다. 따라서 제스처는 언어를 구성하는 통합적인 요소로, 언어 구성이 담화 이상으로 존재함을 제시한다. 언어를 구성하는 신경적 기초는 입 움직임을 통제하는 기관뿐만이 아니라 좀 더 전반적인 운동 기관을 포괄하는 것이다.

1878년부터 John Hughlings-Jackson은 자연적 실험을 통해 제스처 언어가 음성 언어와 관련이 있음을 지지했다. 기존에 수화를 사용하던 사람이 특정 수화 언어 능력을 잃는 것은 제스처 언어와 음성 언어가 동일한 뇌 구조를 기반으로 함을 보여준다. 연구자는 심지어 좌반구 손상을 겪은 환자가 수화를 못하게 되는 현상을 관찰하기도 하였는데, 이는 음성 언어 환자의 사례와 매우 흡사하다.

Doreen Kimura(1993)는 음성 담화를 방해하는 뇌 손상이 수화에도 동일한 손상을 입힘을 확인했다. 수화장애를 겪고 있는 11명의 환자 모두가 뇌 손상 이후에 장애를 겪었고, 그중 9명의 오른손잡이는 실어증 증상을 겪는 보통 사람들과 비슷한 좌반구 손상을 보였다. 1명의 왼손잡이 환자가 좌반구 손상 이후 수화장애를 겪었고 또 다른 왼손잡이 환자는 우반구 손상 이후 수화장애를 겪었다. 이러한 환자 비율과 손상 부위는 뇌 손상 이후 실어증을 겪은 발성 가능한 환자들의 비율 및 손상 부위와 매우 흡사하다(12.3절 참조). 이러한 결과는 어떤 언어 체계는 발성 담화 이외에도 수화를 통제한다는 것을 시사한다.

Aaron Newman과 동료들(2002)은 fMRI 연구를 통해 이중언어 사용자의 담화 및 수화 도중 뇌영상을 촬영했다. 그 결과는 음성 언어와 수화 언어가 비슷한 신경 구조에 바탕을 두고 있음을 지지해주

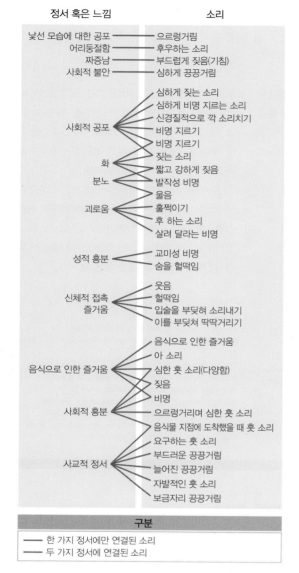

정서 혹은 느낌   소리

낯선 모습에 대한 공포 ——— 으르렁거림
어리둥절함 ——— 후우하는 소리
짜증남 ——— 부드럽게 짖음(기침)
사회적 불안 ——— 심하게 끙끙거림

사회적 공포
     심하게 짖는 소리
     심하게 비명 지르는 소리
     신경질적으로 꽉 소리치기
     비명 지르기
     비명 지르기
화
     짖는 소리
     짧고 강하게 짖음
분노
     발작성 비명
     울음
괴로움
     훌쩍이기
     후 하는 소리
     살려 달라는 비명

성적 흥분
     교미성 비명
     숨을 헐떡임

신체적 접촉 즐거움
     웃음
     헐떡임
     입술을 부딪혀 소리내기
     이를 부딪쳐 딱딱거리기

음식으로 인한 즐거움
     음식으로 인한 즐거움
     아 소리
     심한 훗 소리(다양함)
     짖음
사회적 흥분
     비명
     으르렁거리며 심한 훗 소리
     음식물 지점에 도착했을 때 훗 소리
     요구하는 훗 소리
사교적 정서
     부드러운 끙끙거림
     늘어진 끙끙거림
     자발적인 훗 소리
     보금자리 끙끙거림

구분
——— 한 가지 정서에만 연결된 소리
——— 두 가지 정서에 연결된 소리

그림 19.2 ▲

언어의 전구체 침팬지들이 내는 소리와 연결된 감정적 의미를 연결해두었다.

(Goodall, J. The Chimpanzees of Gombe. Cambridge, Mass.: Harvard University Press, 1986. Permission granted by The Jane Goodall Institute.)

었다. 연구자들은 선천적 수화 사용자와 후천적 수화 사용자를 비교하였는데, **그림 19.3**에도 나타나듯 선천적·후천적 수화 사용자 모두 좌반구의 전두엽 및 측두엽의 활동이 나타난다.

칵테일 파티 효과를 들어본 적이 있을 것이다. 시끄러운 환경에서 다른 사람의 담화를 들으려 할 때 우리는 발화자의 입술을 보면 좀 더 쉽게 말을 '들을' 수 있다. 맥거크 효과에 따르면(Skipper et al., 2007) 소리를 '보는' 것에 대해 좀 더 알 수 있다. 발화자가 특정 음절을 말하는 것을 보며 동시에 귀로는 다른 음절을 들으면 관찰자는 전혀 다른 음절을 들었다고 생각하게 된다. 예를 들어, 발화자가 입모양을 '가'라 말하는데 소리는 '다'로 들린다면, 이는 마치 '바'로 들리게 되는 것이다. 맥거크 효과는 상당히 강력하며 흥미롭다.

여러 사람들이 대화한 것을 기록해놓은 것을 읽어본 적이 있을 것이다. 그것을 이해하는 것이 불가능할 때도 있다. 그러나 만약 당신이 그 장소에 함께 있었다면, 발화자들이 동반하는 제스처를 보고 명확히 이해할 수 있었을 것이다. 이렇듯 발성과 제스처, 수화에 대한 연구는 의사소통에는 발성 이상의 것이 있음을 보여주며, 인간을 특별하게 만들어주는 것은 우리가 의사소통한다는 데 있음을 알 수 있다.

불연속 이론

불연속 이론은 인간 언어의 통사론을 강조하며 현대 인류에 와서 언어가 갑작스럽게 생겨났다고 설명한다(Berwick et al., 2013). 이에 종 특징적인 인간 언어의 핵심인 소리, 통사론, 의미론을 연구하는 것을 강조한다.

불연속 이론이 언어의 기원에 접근하는 또 다른 방법은 비슷한 단어 사용을 비교하는 것이다. 예를 들어, Morris Swadish(1971)는 모든 언어에서 발견되는 100개의 기본 어휘 개념 목록을 개발했다. 여기에는 '나', '2개의', '여성', '태양', '초록색' 등의 단어가 포함되어 있다. 이후 그는 방언과 다른 언어를 통해 동일한 단어가 얼마만큼 변화하는지를 계산했다. 그는 1,000년간 약 14%의 변화율을 계산하였다. 현재 세계의 다른 곳에서 사용되는 언어를 비교해보았을 때 그는 10,000년에서 100,000년 전에는 모두가 동일한 언어를 사용했을 것이라 예상했다.

Swadish의 논리에 따르면 언어의 기원은 세상의 모두가 동일한 언어를 사용할 때에 있다. 왜냐하면 언어가 발달하기 시작하며 곧바로 다양화가 나타났을 것이기 때문이다. 물론 그의 접근법은 현재 우리가 사용하는 언어가 어디에서 왔는지를 알려줄 수는 있지만 현대 인류가 사용하는 언어 이전에 사용된 언어에 대해서는 설명할 수 있는 바가 없다. 인류의 조상은 수백만 년 전부터 살아왔는데, 그중 누군가는 최소한 100,000년 전보다 앞서 다른 언어를 사용했을 수 있지 않겠는가?

Philip Lieberman(2003)은 현대 인류가 언어를 소리 낼 수 있게 만들어준 성도의 구성요소를 연구했다(그림 19.1C 참조). 현대 유인원과 신생아 인간 모두 인간 담화에서 사용되는 모든 소리를 낼 수 없다. 연구자는 언어가 과거 200,000년 전 이후 성도의 하강과 함께 나타났을 것이라 결론지었다.

언어 발달에 대한 또 다른 논쟁은 글을 쓰는 능력이 말하는 능력과 유사한 점이 많다는 것에 있다. 두 능력 모두 섬세한 움직임을 필요로 하며 많은 운동 이행을 필요로 한다. 그러므로 담화와 글쓰기는 거의 동시에 나타났을 가능성이 있다. Alexander Marshack(1971)은 인류 첫 번째 상징이 30,000년 전에 나타났으며 담화 역시 이 시기 혹은 그 이전에 나타났음을 발견했다.

Peter MacNeilage(1998)는 언어의 핵심적인 특징은 **표현**에 있으며 이는 기본적으로 입이 하는 것이라 설명했다. 입은 각 발성 시마다 열리며 입과 성도 사이의 비강 모양은 소리를 조절한다. 표현은 인간 언어에만 나타나는 독특한 특징이며 모든 언어의 발성에 적용된다(단모음으로만 구성된 소수의 단어를 제외하고).

인간의 담화에서 입은 살짝 열리는 것(모음)과 닫히는 것(자음) 사이에서 조금씩 변화해나간다. MacNeilage는 자신의 관찰 결과에서 어떻게 성도가 변화하는가보다는 어떻게 뇌가 음절을 만들기 위해 입의 움직임을 만들어내는지에 대한 질문에 관심을 가졌다. 그는 현생 인류의 식이를 구성하는 섭식 행위에서 섬세한 입 움직임이 발달되었을 것이라 추론했다.

이렇게 분리된 증거들을 갖고 있는 불연속 이론에 타당성을 부여하는 것은 현생 인류가 200,000년 전에 처음 모습을 드러냈다는 것이다. **호모사피엔스**의 진화는 상당히 갑작스러웠으며 그들의 성도는 낮고 날랜 입 움직임을 보였다. 그들은 예술을 창조하였으며, 그들의 적응 전략으로는 음성 언어가 꼽혔다. 그럼에도 불구하고 네안데르탈인과 다른 인류의 조상 역시 우리와 다른 점보다는 비슷한 점이 더 많았다. 이러한 아이디어는 언어의 기원이 보다 더 시간을 거슬러 오래전임을 지지한다.

언어의 기원을 찾기 위한 실험적 접근

언어의 기원을 찾기 위해 새의 노래와 돌고래 및 고래의 소리, 꿀벌의 춤 등 여러 동물종이 사용하는 다양한 종류의 의사소통에 대한 연구가 진행되었다. 각각은 언어를 구성하는 주요 능력을 갖고 있었다. 언어와 관련한 능력들은 수많은 뇌에서 관찰되곤 한다. 심지어 인간의 뇌와 아주 다른 뇌에서도 발견된다.

Irene Pepperberg는 아프리카회색앵무새 알렉스를 30년간 연구하며 언어 연구에 괄목할 만한 성과를 이루었다. 알렉스는 범주화, 표기, 순서화, 모방이 모두 가능했다. Pepperberg(2008)는 알렉스에게 4개의 코르크를 보여주며 "몇 개야?" 하고 물었고 알렉스는 "4개"라고 대답하곤 했다. 그는 영어 표기를 정확하게 색, 모양, 물질, 물건의 재질(금속, 나무, 플라스틱, 종이) 등으로 구분지을 수 있었다. 그는 단어를 사용해서 확인하고 요청하고 거절하였으며 색, 모양, 물질, 상대적인 크기, 100개 이상의 서로 다른 물건의 양에 대해 이야기하고 추상적인 것에 대해 대답할 수 있었다. 새들은 신피질이 없으나 앵무새의 전뇌는 피질과 유사한 연결성을 가진 많은 수의 뉴런을 가지고 있다. 이러한 해부학적 특징이 알렉스가 생각하고 말하는 언어 능력을 배우는 데 기여한 것으로 보인다.

인간 외 유인원에게서 발견되는 언어 증거

연속 이론과 불연속 이론을 확정적으로 검증하는 방법은 바로 우리의 가장 가까운 종인 침팬지를 비롯한 유인원이 언어를 사용할 수 있는가 살펴보는 것이다. 침팬지는 인간의 언어적 행동과 해부학적 특징을 일부 공유하는데, 이를테면 손을 잘 사용한다거나 언어 능력이 좌반구 비대칭으로 발달되어 있다

선천적 수화 사용자

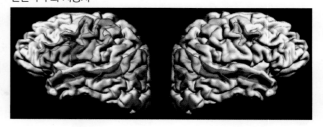

후천적 수화 사용자

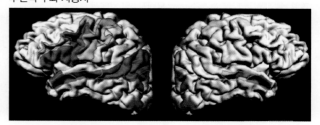

그림 19.3 ▲

수화의 구조 위 fMRI 이미지는 선천적 수화 사용자(위)와 후천적 수화 사용자(아래)의 미국 수화(빨간색) 및 의미가 없는 수화와 비슷한 움직임(초록색) 시 뇌의 반응 이미지이다. 구어 혹은 문어 영어처럼 미국 수화는 좌반구의 넓은 영역의 활성화를 가져오며, 우반구의 상측 측두엽, 하측 두정엽의 활성화를 보였다. 선천적 수화 사용자의 우반구 활성화는 후천적 수화 사용자에서는 활성화되지 않은 일부 영역을 포함하고 있다.

▲ 아프리카회색앵무새인 알렉스와 Irene Pepperberg의 모습과 알렉스가 셀 수 있고, 특징을 구분하거나 질문에 대답할 수 있었던 아이템들. 알렉스는 2007년 31세의 나이까지 살았다.

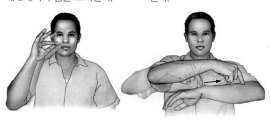

고양이 : 검지와 중지를 사용해 2개의 수염을 그려낸다.

애벌레 : 손을 팔을 따라 움직인다.

과일 : 엄지 끝과 다른 손가락 끝을 볼에 대고 구부린다.

오렌지 : 턱 앞에서 주먹을 쥔다.

나 : 검지를 가슴 방향으로 향하게 한 후 만진다.

좋아하는 마음 : 가슴에 양팔을 교차시킨다.

그림 19.4 ▲

미국 수화 언어의 사례 다음은 Gardner 와 동표들이 연구에서 침팬지에게 가르친 상징이다.

(Information from Gustason et al., 1975.)

는 것이다(Hopkins, 2013). 1940년대 Keith와 Catherine Hayes(1950)는 비키라는 이름의 침팬지를 인간 아동처럼 길렀다. 그들은 비키가 단어를 말할 수 있게 하려고 큰 노력을 기울였지만 비키는 6년에 걸친 훈련을 통해 어눌한 발음의 '컵'을 비롯한 4개의 단어만 겨우 말할 수 있었다.

Beatrice와 Allen Gardner는 한 살배기 침팬지 와슈를 집으로 데려와 미국 수화 언어를 가르쳤다. 그들은 와슈에게 수화로 다양한 사물과 행위에 대해 가르치고자 했다. 이러한 수화 제스처는 구어에서 사용하는 단어와 유사하면서도 수화자의 몸을 사용해 시작부터 끝까지 분명한 움직임으로 구성되었다(그림 19.4).

와슈는 수화가 가득한 환경에서 자랐다. 연구자들은 수화 내용을 표현하는 손 모양을 만들어주고 올바른 움직임을 할 수 있도록 강화하였으며 와슈가 있을 때는 서로 늘 수화를 사용해 의사소통했다. 와슈는 명사뿐만이 아니라 대명사와 동사까지 사용할 수 있게 되었다. 예를 들어, 와슈는 "당신, 가, 나와"라는 수화를 사용하였는데 그 의미는 "나와 함께 가."라는 뜻이었다. 고릴라나 오랑우탄 등 다른 종류의 유인원 종에게 미국 수화를 가르친 여러 사례 역시 유사한 성공을 이루었다.

David Premack(1983)은 침팬지 사라에게 읽고 쓰는 언어 능력을 가르치기 위해 다양한 모양과 색깔의 플라스틱 조각을 단어로서 사용했다. 와슈가 처음 수화를 배웠을 때처럼 사라에게 역시 처음에는 서로 다른 상징이 서로 다른 명사를 표현하는 것을 가르쳤다. 예를 들어 사라는 분홍색 사각형이 바나나를 의미하는 상징임을 배웠다. 그 후 사라는 동사를 배워, "사과를 주세요."나 "사과를 씻으세요."처럼 직접 단어의 조합을 쓰고 읽을 수 있었다.

Premack은 사라에게 메시지를 써서 사라가 그것을 이해할 수 있는지 검사했다. 연속적인 상징들을 보여줌으로써 사라의 반응을 관찰했다. 보다 복잡한 학습이 뒤따랐으며 사라는 의문문("내 바나나 어디 있어요?"), 부정문, 조건문("만약 …라면 …이다")을 통달할 수 있게 되었다. 사라는 간단한 인간의 언어와 유사한, 꽤나 복잡한 의사소통 시스템을 배운 것이다.

Duane Rumbaugh는 프로젝트 라나를 시작했는데, 침팬지 라나에게 컴퓨터 프로그래밍된 키보드를 사용해 의사소통하게끔 가르쳤다. 컴퓨터 기반의 훈련은 언어 훈련 과정에서 많은 양의 데이터 수집을 가능하게 했다. 키보드에는 9개의 자극 요소가 있었으며 9개의 색깔이 있어 현재 여키스어라고 불리는 약 1,800개의 그림문자를 조합할 수 있었다(그림 19.5).

라나는 자신의 메시지를 키보드에 간단히 타이핑했다. 그녀는 처음 다양한 단일 보상물을 위한 버튼을 누르는 훈련을 받았다. 이후 요구사항은 상당히 복잡해졌으며 직설문("팀이 방으로 들어갔다."), 의문문("팀이 방으로 갔나요?"), 명령문("팀을 방으로 데려가줘요."), 부정문("팀을 방으로 데려가지 마요.") 등 문장을 만드는 법을 배웠다. 결국 라나는 6개의 그림문자를 사용해 문자열들을 만들 수 있게 되었다.

칸지는 그의 어미 마라타가 실패한 첫 번째 훈련 과정을 관찰함으로써 여키스어를 배우게 되었다. 칸지의 영어 단어 지식은 여키스어 그림문자에 대한 지식을 앞질러 나갔다. 그의 학습을 돕기 위해 키보드에 담화 합성 장치를 추가하였다. 여섯 살이 되었을 때 칸지는 다중 상징에 대한 이해를 검사받았다. 그는 2개 이상의 의미를 갖는 검사 문장 310개 중 298개에 대해 올바른 반응을 하였다. Joel Wallman(1992)은 칸지의 그림문자 사용이 유인원이 학습한 상징 체계 사용을 가장 잘 보여주는 증거라고 결론 내렸다.

언어의 기원에 대한 연구로부터의 결론

다른 동물들이 언어와 관련한 기본적인 능력을 보이는 것을 고려할 때, 신경학적 근거에는 두 가지 설명이 가능하다. 첫째로 일정 수준 이상의 복잡성을 갖게 되었을 때 뇌는 주요 언어 능력을 갖출 수 있는 능력을 갖게 되고, 이는 큰 면적의 신피질이 없어도 가능하다. 이러한 관점은 현대 인류의 읽고 쓰는 능력에 대해서 설명할 수 있게 해준다. 우리는 읽고 쓰는 행위를 최근에야 얻게 되었는데 이는 뇌가 명확히 언어와 관련한 방향으로 진화되지 않았음을 보여준다.

또 다른 관점은 모든 뇌가 의사소통 기능을 갖추고 있으나 그 방법은 종마다 다르다는 것이다. 사회적 동물인 유인원은 수화를 사용할 수 있는 기본적인 소양을 가지고 있다. 그들은 자발적으로 제스처를 사용하며, 훈련 과정은 이러한 능력을 더 키워줄 수 있다. 그럼에도 불구하고 유인원은 언어를 생성하는 것보다 이해하는 데 대한 성향을 더 잘 갖추고 있는데, 이러한 성향은 관찰하고 다른 동료들의 사회적 행위에 응답하는 데에서 나온 것이다. 유인원이 인간의 음성 명령에 반응하는 영상을 본 사람이라면 모두 그 이해 능력에 감탄할 것이다. 종합하자면 일련의 연구들은 언어를 위한 기초적 능력이 인간과 유인원의 공통 조상에게서 선택되어 왔다는 연속 이론의 관점을 지지한다.

19.3 언어의 국재화

뇌의 언어 처리가 어디서 이루어지는지에 대한 최근의 견해는 해부학 연구, 뇌 손상 환자 연구, 의식 상태의 환자의 뇌를 자극한 연구, 그리고 뇌영상 연구 등에 의해서 정립되었다. 각 종류의 연구가 추가되며 언어와 관련한 새로운 뇌 영역이 신경 회로에 추가되었다. 브로카의 두 환자(1.3절 참조)의 보존된 뇌를 Nina Dronkers와 동료들이(2007) 재분석한 연구에 따르면, 브로카 영역 밖의 뇌 영역 역시 실어증과 관련이 있었다. 뇌영상 연구, 실어증 분석, 신경학적 모델링을 통해 측두엽, 두정엽, 전두엽의 양 반구 모두가 언어 처리에 기여함을 밝혔다.

언어와 관련한 해부학적 영역

해부학 연구자들은 언어와 관련한 뇌 영역을 다양하게 찾아내었고 수정을 거듭하고 있다. 구(sulci)를 중심으로 연구하거나, 브로드만 영역을 중심으로 연구하기도 하고, 어떤 연구자들은 여전히 브로카 영역과 베르니케 영역과 관련한 증후군을 중심으로 연구하고 있다. **그림 19.6**은 언어 연구와 관련해서 가장 자주 언급되는 피질 영역을 묘사하고 있다.

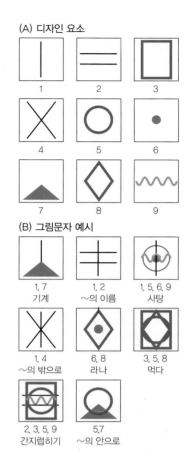

(A) 디자인 요소

(B) 그림문자 예시

1, 7 기계

1, 2 ~의 이름

1, 5, 6, 9 사탕

1, 4 ~의 밖으로

6, 8 라나

3, 5, 8 먹다

2, 3, 5, 9 간지럽히기

5, 7 ~의 안으로

그림 19.5 ▲

라나의 키보드 여키스어는 9개의 기본 디자인 요소로 구성된다. (A)의 구성요소가 합쳐져 그림문자(B)를 형성한다.

(von Glaserfeld, E. The Yerkish language and its automatic parser. D. M. Rumbaugh, Ed. *Language Learning by a Chimpanzee.* New York: Academic Press, 1977. © Elsevier.)

그림 19.6 ▼

뇌의 주요 언어 영역 언어 기능과 관련된 영역이 (A) 열과 회를 중심으로, (B) 브로드만 영역을 중심으로, (C) 외측열 내의 뇌섬엽 및 상측두회의 내측 영역을 중심으로 제시되어 있다.

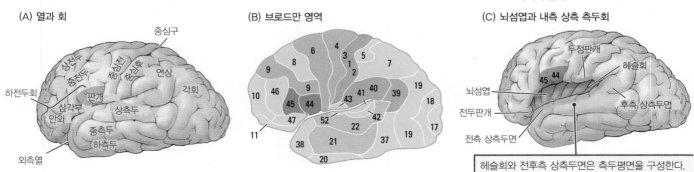

(A) 열과 회

중심구, 상측두, 상전두, 중전두, 운동전, 운동, 연상, 하전두회, 판개, 각회, 상각부, 안와, 상측두, 중측두, 하측두, 외측열

(B) 브로드만 영역

(C) 뇌섬엽과 내측 상측 측두회

두정판개, 헤슬회, 뇌섬엽, 전두판개, 전측 상측두면, 후측 상측두면, 45, 44

헤슬회와 전후측 상측두면은 측두평면을 구성한다.

- 그림 19.6A는 하전두회와 상측두회를 포함하고 있는데, 여기 브로카 영역(초록색)과 베르니케 영역(노란색)이 각각 위치해 있다. 회 주변 영역에는 중심전회와 중심후회의 복측 영역이 포함되어 있고, 연상회, 각회, 내측두회 역시 주요 언어 영역에 놓여 있다.
- 그림 19.6B는 브로드만 영역 구분을 바탕으로 언어 영역을 묘사한다. 브로카 영역은 45번과 44번 영역, 베르니케 영역은 22번 영역이다. 언어 영역은 4, 6, 9, 3-1-2, 40, 39, 21번 영역의 일부 역시 포함하고 있다.
- 그림 19.6C에 외측열이 들어가 있는데, 그 안의 언어 영역을 살펴보면 뇌섬엽과 외측열의 배측 영역 안의 커다란 신피질 부분이 헤슬회(주 청각 영역), 상측두회의 일부 영역으로 상측두평면의 앞뒤 영역이 있다. 모두 합쳐보면 헤슬회와 전측 상측두평면, 후측 상측두평면이 **측두평면**(planum temporale)을 구성한다.

이 조사는 뇌의 언어 영역과 관련하여 매우 세부적으로 밝혔다. **그림 19.7**은 브로카 영역(44, 45번 영역)과 언어 처리에 관련이 있다고 새로이 밝혀진 브로카 영역의 주변부 영역을 포함한 해부학적 재구성이다. 이러한 발견은 앞서 언급된 영역 내의 뉴런들의 다양한 수용기 종류를 분석하여 얻은 결과이다.

(◎) **그림 19.7** ▼

브로카 영역의 세부 구분 브로카 영역의 해부학 지도로 44번과 45번 영역 그 세부 영역, 6번 영역과 그 세부 영역 3개, 그보다 더 작은 여러 개의 세부 영역으로 구성된다.

(Research from Amunts K, Lenzen M, Friederici AD, Schleicher A, Morosan P, Palomero-Gallagher N, Ziles K. Broca's region: novel organizational principles and multiple receptor mapping. PLoS Biology 2010 Sep 21; 8[9] e1000489. Figure 9.)

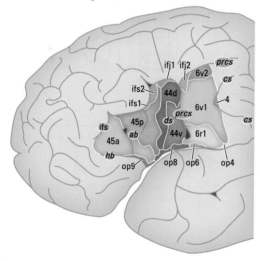

- 브로드만 44번, 45번 영역은 각각 그 세부 영역인 앞쪽과 뒤쪽의 45번 영역, 배측과 복측 44번 영역으로 구성된다.
- 복측 전운동 6번 영역은 안면 운동과 관련한 영역으로 거울 뉴런을 가지고 있으며, 3개의 세부 영역으로 구분된다.
- 위 영역들의 주변 영역 및 세부 영역이 그림 19.7에 묘사되어 있다. 현재는 그림의 수많은 작은 영역들에 대한 영상 및 행동 연구를 통한 기능 부여가 이루어지고 있지 않다.

브로카 영역에 대한 현대적 재구성은 언어에 대한 해부학적 기초를 제대로 이해하기 위해서는 아직 많은 도전 영역이 남아 있다는 결론을 내릴 수 있게 해준다.

여전히 언어와 관련한 다른 영역들, 배측 전운동 6번 영역(보조운동 영역) 등이 리드미컬한 입 움직임을 통한 소리 표현에 기여하고 있다. 이외에도 시상의 일부, 미상핵의 배외측 영역, 소뇌, 시각 영역(읽기에 필요함), 감각 회로, 운동 회로, 그리고 이 모든 다양한 영역들을 연결하는 회로들이 모두 여기 해당한다. 나아가 우반구의 많은 부분 역시 언어 처리에 기여한다.

언어 영역 간의 신경 연결

Broca와 Wernicke는 뇌졸중으로 뇌 손상을 입은 환자들을 통해 언어 영역을 찾아냈다. Wernicke의 초기 언어 신경 모델과 1960년대 Geschwind에 의한 부흥한 **Wernicke-Geschwind 모델**은 모두 뇌 병변 자료를 바탕으로 하고 있다. **그림 19.8**에 나타나듯 세 부분으로 구성된 모델은 이해력이 (1) 베르니케 영역에서 소리를 추출하고, (2) 궁상속을 통해 운반되어, (3) 브로카 영역에서

③ 브로카 영역으로 전달되어 발화로써 표현된다.

② 궁상속을 통해 소리가 전달된다.

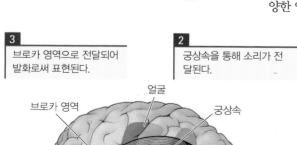

① 베르니케 영역에서 받아들인 소리를 통해 이해가 이루어진다.

그림 19.8 ◀

Wernicke-Geschwind 모델 고전적인 전측 및 후측 언어 영역이 궁상속을 통해 연결된 모습이다.

언어로써 표현된다고 제안한다. 다른 언어 기능들 역시 이러한 이해-발화 회로에 접근해야 한다.

　Wernicke-Geschwind 모델은 언어 연구의 방향을 제시하고 연구 결과를 조직화하는 데 있어 중요한 역할을 했다. 동시대 언어 모델은 최신 해부학적·행동적 연구에 바탕하여 만들어졌는데, **그림 19.9**에 나와 있다. Evelina Fedorenko와 Sharon Thompson-Schill(2014)에 의해 제시된 모델에 의하면 측두엽 및 전두엽은 배측·복측 언어 회로에 의해 연결되어 있으며 이는 시각 영역에서 뻗어 나오는 배측·복측 회로의 연장이라 볼 수 있다.

　그림 19.9의 양방향 화살표는 측두엽과 전두엽 간의 상호 정보 흐름을 보여준다. 시각 영역에서 받아들인 정보는 청각 언어 회로를 통해 배측·복측 시각 경로로 전달되어 읽기 행위에 기여한다. 두정엽의 체감각 영역에서 얻은 정보 역시 배측·복측 언어 경로에 기여하며 나아가 점자와 같은 촉각 언어에도 기여할 가능성이 있다. 이 새로운 모델에서 주목해야 할 점은, 복측 전운동 6번 영역이 배측 언어 경로의 목표 대상이며, 복측 언어 경로의 목표 대상은 브로드만 45번 영역 앞쪽에 위치한 47번 영역이다.

　가장 단순한 수준의 분석으로는 배측 언어 경로가 소리 정보를 운동 표상으로 전환함으로써 음운론적 정보를 표현형으로 바꾼다는 것이다. 복측 언어 경로는 소리 정보를 의미로 전환함으로써 음운론적 정보를 의미형으로 바꾼다(Poeppel et al., 2012). 배측 경로의 정보 흐름은 상향식으로 주로 우리가 말이 되지 않는 단어나 구절을 다시 말해달라고 부탁할 때 발생한다. 따라서 측두엽은 음성 구조에 따라 소리를 모으고 전두엽으로 전달시켜 표현형을 만든다. 이 경로에는 소리에 대한 의미 정보는 존재하지 않는다. 복측 경로의 정보 흐름은 하향식으로 단어나 구절에 의미를 부여할 때 사용되며 주로 우리가 '망치'와 같은 다의어에 구체적인 의미를 부여할 때 사용된다.

　배측 및 복측 언어 경로는 통사론에 관여하는데, 배측 경로는 소리를 연관 빈도에 따라 범주화하며 복측 경로는 단어들의 문법 구조에서 의미를 추출해낸다. 2개의 언어 경로는 각각 담화의 음성 및 의미 요소를 위한 단기 및 장기 기억에 기여하는 것으로 알려져 있다. 비음성적 담화는 읽기 및 수화에는 시각 영역이, 점자에는 두정엽이 기여함으로써 역시 동일한 경로를 사용한다.

　실어증 환자 중 읽을 수는 있으나 의미를 이해하지 못하는 경우 복측 언어 경로에 손상을 입은 것이다. 이와 비슷하게 단어를 표현할 수는 없으나 이해할 수는 있는 경우 배측 경로에 손상을 입은 것이다. 두 언어 경로 모두에 손상을 입은 환자의 경우 단어를 따라 말할 수 없으며(배측 경로에 의해 매개되기 때문) 단어에 의미를 부여할 수 없다(복측 경로에 의해 매개되기 때문).

뇌 자극과 외과적 병변에 의해 밝혀진 언어 영역

Wilder Penfield와 동료들은 수술 중 피질 내 자극 기법을 통해 언어에 관여하는 신피질 언어 영역을 밝혔다. 수백 명 환자의 결과를 통계 분석한 결과 이러한 영역을 특정 지을 수 있었으며, 고전적인 좌반구의 브로카 및 베르니케 영역을 포함한 안면 감각 및 운동 표상과 관련한 영역, 양 반구의 보조언어 영역을 찾아냈다.

　피질 자극은 담화는 아니지만 "오!"처럼 모음 소리를 내는 울음 소리에 가까운 발성을 만들어내는 긍정적 효과를 불러오거나 혹은 실어증과 비슷한 다양한 오류가 발생하여 언어 능력이나 단어 사용 능력이 저하되는 부정적 효과로 나타나기도 한다(**그림 19.10**).

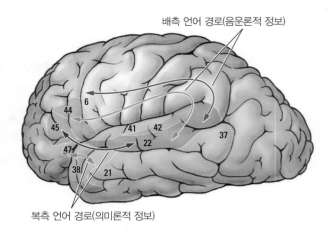

배측 언어 경로(음운론적 정보)

복측 언어 경로(의미론적 정보)

◉ **그림 19.9** ▲

이중 언어 회로　배측 언어 경로는 음운 정보와 표현을 위한 정보를 운반한다. 복측 언어 경로는 의미 정보를 운반한다. 이들은 모두 통사론과 연결되어 있으며 언어에 필요한 단기 및 장기 기억에 기여한다.

(Research from Berwick, R. C., A. D. riederici, N. Chomsky, and J. J. Bolhuis. Evolution, brain, and the nature of language. *Trends in Cognitive Science* 17:89–98, February 2013, Figure 2.)

◉ **그림 19.10** ▼

언어 간섭　전기 자극 혹은 외과적 병변이 가해지면 언어에 영향을 미친다. 브로카와 베르니케 영역이 손상될 경우 만성 실어증을 앓게 된다. 감각 및 운동 영역이 손상될 경우 일시적인 실어증을 앓는다. 이외의 영역에 손상을 입을 경우에는 실어증이 나타나지 않는다.

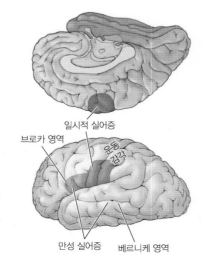

일시적 실어증

브로카 영역

운동
감각

만성 실어증

베르니케 영역

- 담화 능력이 완전 정지되거나 자발적인 발성 능력을 잃는 현상. 이러한 오류는 그림 19.10에 나타난 덧칠된 영역을 자극했을 때 나타난다.
- 머뭇거리거나 불명료 언어. 머뭇거림은 그림 19.10의 덧칠된 영역을 자극했을 때 나타나는 반면, 불명료 언어는 브로카 영역의 배측 영역과 전운동 영역 및 운동 영역의 복측 안면 영역을 자극했을 때 나타나는 결과이다.
- 단어와 음절이 왜곡되거나 반복되는 현상. 왜곡은 불명료 언어와 달리 단어가 아닌 이해할 수 없는 소음의 형태로 소리가 나타난다. 이는 브로카, 베르니케 영역을 자극할 때 나타나며 가끔은 안면 영역을 자극함으로써 발생하는 경우도 있다.
- 숫자를 셀 때 혼란이 오는 현상. 이를테면 환자가 6에서 19로, 다시 4로 건너뛰는 등의 증상을 보이는 것인데, 브로카 혹은 베르니케 영역을 자극할 때 나타난다.
- 말하는 능력을 되찾았음에도 물체의 이름을 명명하지 못하는 현상. 이를테면 "저건… 아는데, 저게 뭐냐면…"처럼 말하는 것인데, 전류를 주지 않을 때 환자는 올바르게 물체를 명명할 수 있었다. 다른 예시로는 "저거 나 뭔지 알아요. 신발 안에 넣는 거잖아요." 하고 말하는데 이 역시 전류가 제거되자 환자는 곧바로 "발"이라고 말할 수 있었다(Penfield & Roberts, 1959, p. 123). 명명의 어려움은 전측 언어 영역(브로카 영역)과 후측 언어 영역(베르니케 영역)이 자극될 때 나타난다.
- 이름을 잘못 부르고 고집부리는 현상. 이름을 잘못부르는 행위는 주로 소리가 비슷한 단어들 간에 나타나는데, 'comb'를 'camel'이라고 말하거나 혹은 의미가 비슷한 유사어 간의 혼동으로, 가위를 칼이라고 말하거나 마지막으로 같은 단어를 계속해서 반복하며 고집을 부리는 것이다. 예를 들어 환자는 첫 번째 사진의 새를 제대로 새라고 말하고서는 두 번째 그림인 식탁을 보고도 계속 새를 이야기한다. 이는 다른 명명의 어려움 현상과 마찬가지로 앞쪽 및 뒤쪽 담화 영역이 모두 자극될 때 나타난다.

George Ojemann(2003)은 브로카 영역을 자극할 때 환자들은 자발적인 안면 운동을 할 수 없었으며, 같은 지점을 계속해서 자극하자 음소 구분과 담화와 관련한 손 움직임 같은 제스처에 이상이 발생했다. 대부분의 보고는 전기 자극과 외과적 병변에 따른 피질 언어 영역에 대한 구분은 피험자들 간에 상이하게 나타남에 동의하고 있다. 단 이러한 고전적 연구들이 단수형 명사를 사용하였으므로 다른 동사나 문장 자극을 사용할 경우 더 넓은 혹은 조금은 다른 뇌 영역을 발견할 수 있을지도 모른다. 우리는 뇌 자극이 이야기하는 능력과 같은 묘사력을 끌어내기는 어려우며 뇌병변 연구와 관련한 행동은 대개 우반구에 의해 나타남을 추가적으로 알아야 할 것이다.

경두개 자기자극에 의해 밝혀진 언어 영역

피질 내에 미세한 자극을 주거나 병변을 통해 언어의 신경학적 근거를 연구하는 것에는 여러 가지 문제점이 있다. 그 과정이 수술 중에 두개골 일부를 연 채로 진행되며, 환자들은 기존에 질병을 가지고 있기에 이미 보통과 다른 언어 조직을 가지고 있기도 하다. 반면 TMS는 비침습적인 방법으로 언어의 신경적 기초를 건강한 사람들을 대상으로 연구할 수 있다.

TMS는 신경 기능에 간섭하여 100분의 1초에서 최대 1시간까지 지속되는 사실상의 병변을 만들어 낸다. 적절한 주파수와 강도를 주어서 TMS 자극된 영역과 관련한 행동에 대한 뉴런들의 반응 시간을 증폭시킨다. TMS는 사용하기 쉬운 편이며, 반복적으로 사용 가능하고, MRI와 함께 사용됐을 때 미리 정해놓은 뇌 영역을 실험적 조건에 맞는 통제하에 연구할 수 있다(Rogic et al., 2014). TMS의 문제점은 자극 장치에서 나는 소리가 피험자에게 자극을 줄 것이라는 신호가 될 수 있다는 것이다. 또 자극이 이루어지기 위해 반드시 두피, 두개골, 뇌척수막을 통과해야 하는데, 이 과정에서 근육 수축과 가벼운 통증을 동반할 수 있다. 마지막으로 구 내에 깊숙이 위치한 영역에는 자극이 닿기가 어려운 단점이 있다. 이러한 단점들에도 불구하고 Luigi Cattaneo(2013)의 검토에 따르면 TMS를 사용해서 언어 영역을 밝히는 것은 언어에 있어서 피질이 기여하는 바를 밝히는 데 도움이 된다.

TMS는 뇌 영역 간의 연결성을 연구하는 데에도 사용할 수 있는데, 이를테면 단어를 선별하는 영역과 소리를 만들어내는 서로 다른 영역 간의 연결성을 볼 수 있다. TMS를 사용해 운동피질에 자극을 가해 입술 움직임을 만들어낼 때, 어떤 사람이 '망치'라는 단어를 머리속으로 생각하고 있었다면 이와 관련한 입술 움직임이 더 증폭될 수 있다. 짐작건대 '망치'를 떠올린 뇌 영역은 입술 움직임을 만들어낸 영역과 연결되어 있을 것이다.

TMS는 브로카 영역 등 세부적인 뇌 영역을 밝혀내는 데 사용되었다. 여러 뇌영상 연구가 전측 브로카 영역이 의미 처리(단어의 의미를 처리)를 하고 후측 브로카 영역은 음운론적 처리(단어를 생산)를 함을 제시했다. 예를 들어, 참가자들에게 컴퓨터 스크린을 통해 단어 쌍을 주고 두 단어가 같은 의미를 갖는지(예 : 'gift'와 'present') 혹은 같은 소리를 내는지(예 : key와 quay) 판단하게 했다. 전측 브로카 영역을 자극했을 때 의미 조건에서 반응 시간이 늘어났지만 음운론적 조건에서는 변화가 없었다. 반면 후측 브로카 영역을 자극했을 때는 음운 조건에서의 반응 시간이 늘어났지만 의미 조건에서는 차이가 없었다.

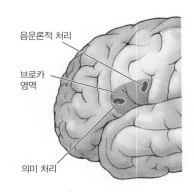

▲ 전측 및 후측 브로카 영역에 TMS 자극이 가해질 경우 각각 의미 및 음운 처리를 억제시킨다.

(Information from Devlin and Watkins, 2007.)

뇌영상 기술을 사용해 밝힌 언어 영역

기능자기공명영상(fMRI)을 사용해 언어와 관련한 뇌 영역을 밝힌 연구를 알아보자면, Jeffery Binder 와 동료들(1997)이 소리를 처리하는 영역이 뇌에서 매우 큰 부분을 차지한다는 것을 보고한 사례를 들수 있다. 이 연구자들은 반반의 성별을 가진 30명의 오른손잡이 참가자들에게 어떤 음이나 의미 있는 단어를 들려주었다. 음 자극은 500Hz와 750Hz에 해당하는 순수음으로 연속적으로 제시되었다. 참가자들은 750Hz에 해당하는 음을 연달아서 두 번 듣는다면 버튼을 누르도록 지시받았다. 단어 자극은 모두 영어 단어로 동물과 관련된 단어였다(예 : '거북'). 참가자들은 해당 동물이 미국 토종이며 인간들에게 활용될 경우 버튼을 누르도록 지시받았다. 휴식 조건에서는 자극이 제시되지 않았다.

음 조건에서 나온 뇌 활성화에서 휴식 조건에서의 뇌 활성화를 뺌으로써 연구자들은 음에 반응하는 뇌 영역을 찾을 수 있었다. 마찬가지로 단어 조건의 뇌 활성화에서 음 조건의 활성화를 뺌으로써 단어에 반응하는 뇌 영역을 찾을 수 있었다. 연구자들은 단어가 상당히 넓은 뇌 영역을 활성화시켜서 후두엽, 두정엽, 측두엽, 전두엽, 시상, 소뇌를 전부 활성화한 것을 볼 수 있다(그림 19.11).

PET을 사용해 보다 넓은 범위의 자극을 사용해 언어 영역 내에서 좀 더 세부적인 기능을 밝힐 수 있었다(그림 19.12). Steven Petersen과 동료들(1988)은 언어 영역을 밝히기 위해 다양한 조건을 마련했다. 단어 생성 과제에서 참가자들은 시각적으로 혹은 청각적으로 제시되는 단어(어떤 경우에는 가짜 단어였다)를 수동적으로 받아들였다. 다음으로 출력 과제에서는 참가자들이 제시된 단어를 따라 해야 했다. 마지막으로 연상 과제에서는 타깃 단어로 제시된 물체의 쓰임새를 맞춰야 했다(예 : '케이크'가 제시되면 참가자는 '먹다'를 말한다).

연구자들은 PET을 통해 혈류를 관찰했고, 앞서 사용된 것과 마찬가지로 감산 기법을 사용해 데이터를 분석했다. 감각 과제(읽기 혹은 듣기)에서는 혈류 기저선이 두 가지 다른 활동에 의해 변화함을 관찰했다. 출력 과제에서는 감각 과제의 활동량을 뺌으로

그림 19.11 ▼

청각적 활성화 붉게 나타낸 좌반구 영역과 소뇌(그림에는 나와 있지 않음)가 언어를 들을 때 활성화됨이 fMRI를 통해 밝혀졌다. 참가자들은 동물과 관련한 영어 단어를 듣고 해당 단어의 동물이 미국 토종 동물이며 사람들에 의해 이용되는지를 판단했다.

(Research from Binder et al., 1997.)

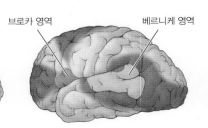

브로카 영역   베르니케 영역

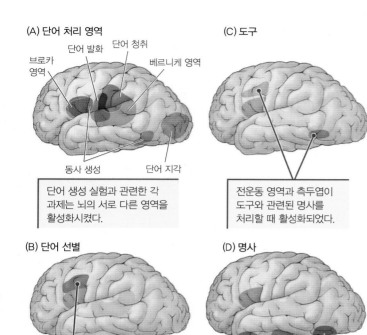

(A) 단어 처리 영역

단어 발화 단어 청취
브로카 영역
베르니케 영역

동사 생성 단어 지각

단어 생성 실험과 관련한 각 과제는 뇌의 서로 다른 영역을 활성화시켰다.

(B) 단어 선별

전운동피질은 4개 타깃 단어 중 하나를 다른 명사 단어와 매칭 시킬 때 활성화되었다.

(C) 도구

전운동 영역과 측두엽이 도구와 관련된 명사를 처리할 때 활성화되었다.

(D) 명사

사람 동물 도구

TE 영역이 서로 다른 종류의 명사에 대해 활성화되었다.

그림 19.12 ▲

언어 과제에 의해 활성화된 뇌 영역 PET 연구는 혈류를 빼기 기술을 사용해 분석한다.

(Part A: research from Posner and Raichle, 1994; part B: research from Wagner et al., 2001; part C: research from Martin et al., 1996; part D: research from Damasio et al., 1996.)

써, 또 연상 과제에서는 출력 과제의 활동량을 뺐다(감산 기법은 그림 7.15 참조).

그림 19.12A에 결과가 요약되어 있는데, 언어와 관련한 많은 영역들이 각각 어떤 세부적인 역할을 하는지를 보여준다.

• 수동 과제 중에는 시각과 청각 영역에서 공통 부분이 발생하지 않았다. 즉 두 가지 모듈에서 단어 처리는 완전히 독립적이다.
• 말하기 과제 중에 양 반구의 운동 영역, 양 반구 안면 감각 영역, 양 반구 보조 언어 영역, 우반구 소뇌가 활성화되었다.
• 동사를 생성할 때 전두엽, 그중에서도 브로카 영역을 포함한 좌반구 하측 영역이 활성화됨을 확인했다. 이외에도 후측 측두엽, 전대상피질, 소뇌가 활성화되었다.

다른 연구자들은 과제에 따라 서로 다른 영역을 또 찾아내었다. Anthony Wagner와 동료들(2001)은 참가자들에게 하나의 단서 단어와 4개의 타깃 단어를 제시하였다. 과제는 어떤 타깃 단어가 단서 단어와 가장 밀접하게 연관되어 있는지 판단하는 것으로, 참가자의 의미 정보 검색 능력을 측정할 수 있었다. 이 과제 중에 브로카 영역의 배측에 해당하는 반구 전운동 영역이 활성화되었다(그림 19.12B).

Alex Martin과 동료들(1996)은 참가자들에게 도구 혹은 동물을 명명하게 하였고 도구 반응에서 동물 반응을 빼는 방식으로 자료를 분석하였다. 도구 명명은 전운동 영역을 활성화시켰는데, 이 영역은 손 움직임을 상상할 때 반응하는 영역이다(그림 19.12C). 마지막으로 Antonio Damasio와 동료들(1996)은 사람, 동물, 도구 명명이 하측두엽의 TE라는 세부 영역을 활성화시킨다는 것을 밝혔다(그림 19.12D).

요약하면 영상 연구의 결과들은 고전적으로 밝혀진 브로카와 베르니케 영역, 즉 전측 및 후측 언어 영역의 언어 기능을 확인시켜주었으며 이외의 다른 영역들을 함께 밝혔다. 나아가 베르니케 영역이 청각 자극을 분석하는 데 많이 관여하고 브로카 영역은 언어를 위해 필요한 움직임뿐만이 아니라 통사론과 기억을 처리하는 데에도 필요함을 밝혔다. 마지막으로 연구 결과들은 언어 관련 회로가 보다 기본적인 기능과 밀접하게 관련 있음을 밝혔는데, 단어의 시각적 요소는 시각 영역에서, 청각적 요소는 청각 영역에서, 운동적 요소는 운동 영역에서 등, 주요 기능 영역과 일반적인 수준에서 매핑됨을 확인했다.

🎯 언어 신경 네트워크

수백 개의 해부학 연구, 뇌 병변 연구, 뇌영상 연구들이 언어 관련 기능을 신경 회로를 통해 서로 이어진 특정 뇌 영역들로 국한시켰다. 그런데 이러한 언어 관련 영역들이 언어에만 특화되어 있는 것인지 아니면 다른 기능도 수행하는지가 불명확하다. 1800년대에 위치와 연결 회로에 대한 언어 지도화를 했던 과학자들은 '도식 중독자'로 비판받았다. 이러한 비판은 과학자들을 멈추지 못했다. 그럼에도 불구하고 어떤 영역의 주요 기능이 언어에 있다고 하더라도 국재화의 의미가 무엇인지에 대해 생각해볼 필요가 있다. 예를들어 단어 '망치'를 생각해보면 물체 혹은 그것과 관련해서 명령되거나 질문될 수 있는 행동을 나타낼 수 있다. 망치와 관련한 의미들이 동일한 뇌 영역 내에 국재화되어 있는 것일까? 아니면 뇌의 서로 다른 곳에 위치해 있을까? 어떻게 단어와 그 여러 가지 의미들이 표상되는 것일까?

많은 최신 언어 모델들은 언어가 다양한 피질 및 뇌 영역에 분산되어 있다는 가정을 가지고 있다. 단어 하나하나도 모두 분산되어 있어서, 그 다양한 의미를 습득하는 방식 역시 그러하다. 우리는 피질 내 분산성에 관한 서로 다른 2개의 언어 네트워크를 설명할 것이다. 그러나 주의할 것은 컴퓨터 네트워크는 정확하지만 언어 네트워크는 추측에 기초한 것이라는 점이다. 첫째, 단일 뉴런 혹은 뉴런 집단이 적절한 네트워크 요소임을 정립하기가 어려우며, 둘째, 컴퓨터 네트워크에서 정보의 흐름은 대개 일방향적이나 뇌 네트워크에서는 양방향적이다.

주요 언어 네트워크

Fedorenko와 Thomson-Schill(2014)은 그림 19.9의 이중 언어 회로를 소개했는데, 이들은 여러 개의 뇌 네트워크 중 하나를 주요 언어 네트워크로 제시했다. **그림 19.13A**에 제시되어 있는 그들의 네트워크는 5개의 기능성 모듈로 구성되어 있으며 각각은 듣기(노란색)나 소리를 의미로 전환(빨간색)하거나 언어를 표현(보라색)하는 등 특정 기능을 수행한다. 각 모듈은 여러 개의 노드(원)로 구성되어 있는데 이들은 공통된 기능을 수행한다. 즉 단일 노드는 음소를 생산하거나 동물과 관련한 단어를 표상하거나 행동과 관련한 단어를 표상하는 등의 기능에 대해 활성화한다.

이 연구자들은 담론과 같은 높은 수준의 언어 활동들은 동시에 여러 개의 기능성 모듈을 필요로 할 것이라고 제안한다(그림 19.13B). 반면 단일 모듈 혹은 적은 수의 모듈만이 활동할 경우 어떤 소리가 단어임을 인지하는 등의 언어의 하위 기능을 수행하는 것이다. 주의 네트워크 등 다른 뇌 네트워크와 상호작용하여 시끄러운 파티 중에 두 사람이 서로의 이야기를 들을 수 있도록 언어에 대한 집중이 가능해진다.

주요 언어 네트워크 이론의 장점은 좌반구에 넓게 분포한 언어 영역과 네트워크상의 서로 다른 영역들이 수행하는 서로 다른 기능들에 대해 살펴볼 수 있게 해준다는 것이다. 모듈이 홀로 일하거나 다른 모듈들과 함께 협업한다는 것은 우리에게 음소에 대한 구분부터 담론에 참여하는 것까지 다양한 차원의 언어 복잡성에 대해 상상할 수 있게 해준다. 또 하나 혹은 여러 개의 모듈이 손상을 입었을 때 어떤 증상을 보일지 예측이 가능하다.

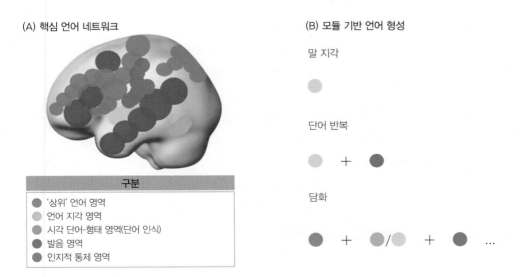

(A) 핵심 언어 네트워크

구분
- '상위' 언어 영역
- 언어 지각 영역
- 시각 단어-형태 영역(단어 인식)
- 발음 영역
- 인지적 통제 영역

(B) 모듈 기반 언어 형성

말 지각

단어 반복

담화

그림 19.13 ◀

언어 신경 네트워크   (A) 주요 네트워크는 색칠되어 표기된 5개의 모듈로 이루어진다. (B) 1개 모듈의 활성화는 발화 인지에 필요하며(위), 2개 모듈의 동시 활성화는 단어 반복에 필요하며(가운데), 여러 모듈의 동시 활성화는 담화를 위해 필요하다(아래).

(Part A: Fedorenko, E., and Thompson-Schill, S. L. Reworking the language network. *Trends in Cognitive Sciences* Vol. 18(3):120–126, 2014, Figure 2.; part B: research from E. Fedorenko, and S. L. Thompson–Schill, Reworking the language network, *Trends in Cognitive Science*, 18:120–126, 2014, Figure 2.)

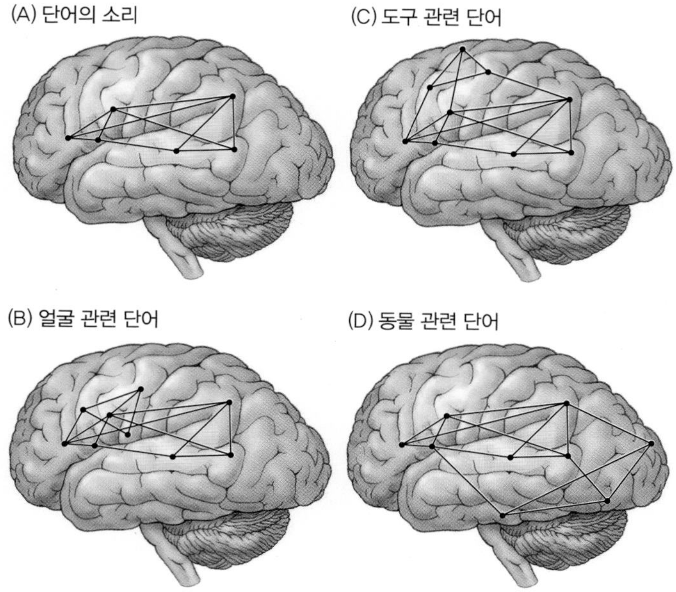

(A) 단어의 소리

(C) 도구 관련 단어

(B) 얼굴 관련 단어

(D) 동물 관련 단어

그림 19.14 ▲

언어 과제를 위한 신경망 노드는 원형으로, 에지는 선으로 표시되어 있다. 이 모델에서 단어 관련 과제들은 서로 다른 신경망을 사용한다.

(Information from Salmelin, R., and J. Kujala. Neural representation of language: Activation versus longrange connectivity. *Trends in Cognitive Sciences* 10:519–525, 2006.)

언어에 대한 노드와 신경망

앞서 언급했듯 '망치'라는 단어는 다양한 의미를 가지고 있다. 그 다양한 의미들이 인접한 뉴런들에 표상되어 있을까? 혹은 글자로 쓴 '망치'는 시각피질에 그리고 행위 단어 '망치질하다'는 운동피질 등, 피질상에 넓게 분포되어 있을까?

Riitta Salmelin과 Jan Kujala(2006)는 의미는 신경망을 구성하는 노드 간의 연결을 통해 온다고 제안했다(네트워크 용어에서는 에지에 해당한다). 노드는 단일 뉴런이 될 수도 있고 여러 개의 세포가 될 수도 있으며, 이때 신경망은 노드들과 그들 간의 양방향 연결로 구성된다. 노드들과 그들의 연결은 지엽적일 수도 있고, 피질상에서 넓게 퍼져 있을 수도 있다. 다양한 뇌 영역 상의 정보가 합쳐진다는 생각은, 개별 단어들이 다양한 의미를 갖고 구어, 문어 등 다양한 형태로 언어를 표상할 수 있음을 가능하게 한다.

그림 19.14는 신경망상에서 개별 단어들이 어떻게 표상되는지를 보여준다. 만일 어떤 단어가 시각적 요소를 포함하고 있으면 신경망은 시각 영역을 포함한다. 만일 단어에 운동적 요소가 포함되었다면 신경망에 운동 영역이 포함된다. 어느 신경망이라도 일차 및 이차 청각 영역과 운동 영역은 포함되어 있다. 신경망을 만든 목적은 언어와 관련한 뇌 영역이 연결되어 있음을 단순히 도식화하는 것에 있는 것이 아니라 언어를 생산하는 뇌의 하나의 방식을 보여준다는 데 있다. 이러한 예시들을 통해 언어는 단일 단어 수준에서부터 피질에 넓게 퍼진 형태임을 알 수 있다.

◎ 19.4 언어장애

신경심리학자들이 언어장애의 증상을 어떻게 분류하는지 알기 전에 우리는 먼저 증상 분류가 뇌 영역에 연결되어 있음(예: 브로카 실어증과 브로카 영역)을 알아야 한다. 향상된 해부학적 분석은 그러한 정확한 상관 관계는 존재하지 않는다고 말한다. 표준 언어 기능은 감각적 통합과 상징적 연상, 운동 기능, 학습된 통사론적 패턴, 구두 기억 등의 복잡한 상호작용에 의존한다. 실어증이란 발화와 관련된 장애로 흔히 생각되나, 글쓰기[**실서증**(agraphia)], 읽기[**실독증**(alexia)] 등 각기 다른 기능에 특화된 뇌 영역이 손상됨으로써 서로 다른 형태로 나타난다. 따라서 심각한 지적 손상에 의한 언어장애나 감각 자극을 받아들이지 못하는 것(특히 시각 혹은 청각), 입 혹은 손 근육계의 마비 혹은 불균형 등은 실어증으로 분류되지 않는다. 그러나 이러한 장애들이 실어증을 동반할 수는 있기 때문에 실어증에 대한 연구가 복잡한 것이다.

Howard Goodglass와 Edith Kaplan(1972)은 언어장애를 10개의 기본 유형으로 나누어 크게 언어 이해와 관련한 장애와 언어 산출과 관련한 장애로 구분한다(**표 19.2**). 대부분 제3부에 언급된 두정엽, 측두엽, 전두엽 관련 기능에 대한 논의와 관련되어 있다. 예외가 있다면 **착어증**(paraphasia)인데, 의도하지 않은 음절이나 단어, 구절이 발화 중에 생성되는 장애이다. 착어증은 발음의 어려움과는 구분되는 것으로 소리가 정확하게 표현되나 잘못된 소리를 낸다. 착어증 환자는 의도한 단어를 비틀거나(예: 'pipe' 대신 'pike'라고 말함) 전혀 의도하지 않은 단어를 말한다(예: '나의 아내' 대신에 '나의 어머니'라고 말함).

표 19.2 언어장애 증상의 요약 ◎

언어 이해 장애

청각적 이해 저하

시각적 이해 저하

언어 산출 장애

표현력 저하

단어 찾기에 문제 생김(명칭 실어증)

의도하지 않은 단어 및 구절(착어증)

문법과 통사에 문제 생김

청각적으로 제시된 자료를 따라 하지 못함

언어의 유창성이 낮음

글을 쓰지 못함(실서증)

목소리에 톤이 사라짐(실운율증)

출처: Goodglass and Kaplan, 1972.

표 19.3 실어증의 분류

증상	발화 생성 종류	언어적 오류의 종류
유창 실어증		
베르니케(감각)	표현형 장애 없이 유창한 발화	신어증 혹은 명칭 실어증, 착어증, 이해력 저하, 발화 반복에 문제
초피질(격리 증후군)	표현형 장애 없이 유창한 발화, 발화 반복 잘함	구어 착어증, 명칭 실어증, 이해력 저하
전도	유창하나 가끔 발화를 멈춤, 표현형 장애 없음	음소 착어증, 신어증, 음소 뭉침, 발화 반복에 문제, 비교적 좋은 이해력
명명	표현형 장애 없이 유창한 발화	명칭 실어증과 때때로 착어증
비유창 실어증		
브로카(표현), 심한	표현을 힘들어함	말 없음, 같은 말 반복, 음성 불화합, 발화 반복에 문제
브로카(표현), 약한	경미한 표현형 장애	음소 착어증과 명칭 실어증, 실문법증, 실음조
초피질 운동성	무기력증, 표현형 장애 없음, 발화 반복 잘함	불완전한 문장, 명칭 실어증, 즉흥적 발화보다 명명 능력이 나음
전	표현을 힘들어함	말 없음, 같은 말 반복, 이해력 저하, 발화 반복에 문제
순수 실어증		
실서증 없는 실독증	정상	읽기 능력 저하
실서증	정상	쓰기 능력 저하
단어농	정상	이해력 저하, 발화 반복에 문제

출처 : Reprinted from *Cortex*, Vol. 15, Mazzocchi, R., and L. A. Vignolo., Localization of lesions in aphasia: Clinical–CT scan correlations in stroke patients, pages 627–654, © 1979, with permission from Elsevier.

전문가들 사이에 실어증의 종류와 개수에 대한 완전한 합의가 이루어지진 않고 있으나, 널리 사용되는 확실한 분류 체계가 있다(예 : Mazzocchi & Vignolo, 1979). **표 19.3**에 제시된 체계가 그것인데, 뇌졸중 환자들의 뇌 손상 부위와의 상관 관계를 고려하여 실어증을 3개의 큰 범주로 나누었다.

1. **유창 실어증.** 발화가 유창하나 청각적 언어 이해 능력에 문제가 있거나 다른 사람이 말한 단어, 구, 문장을 반복하는 것을 어려워한다.
2. **비유창 실어증.** 표현하는 것을 어려워하나 청각적 언어 이해 능력이 비교적 좋다.
3. **순수 실어증.** 읽기, 쓰기, 단어 지각 중 선택적 손상을 보이며 다른 언어 장애는 나타나지 않는다.

각 범주에서 비롯되는 하위 유형이 표 19.3에 나와 있는데, 여기에는 베르니케 실어증, 초피질 실어증, 전도 실어증, 명명 실어증, 브로카 실어증 등이 포함되어 있다.

유창 실어증

유창 실어증 증세는 주로 언어의 입력 및 수용과 관계가 있다. 만약 유창 실어증 환자가 사용하는 언어를 사용하지 않는 사람이 그의 말을 들었다면 아마도 환자가 매우 쉽고 정확하게 이야기를 하고 있다는 느낌을 받을 것이다.

감각 실어증(sensory aphasia)이라고 불리는 베르니케 실어증은 단어 산출 자체는 정상적인 모습을 보이더라도 단어들을 이해하거나 음운들을 일관성 있는 말로 배열하는 데 어려움을 겪는 증상이다. Alexander Luria는 감각 실어증이 소리의 구분, 말하기, 쓰기 세 가지 측면에서 주요 손상을 보인다고 제안하였다(Luria & Hutton, 1977).

먼저 듣기와 담화 속 소리를 이해하는 능력은 소리를 질적으로 잘 구분하는 능력을 요구한다. 즉 특정 언어에 있어서 기본적인 발화 단위인 음소 체계 안에서 서로 다른 소리를 구별해내는 것을 의미한다. 예를 들면 일본어에서는 'L' 발음과 'R' 발음이 구별되지 않는데 영어를 들을 때 이 소리들을 구분하지 못하며 이는 적절한 표상이 뇌에 각인된 바가 없기 때문이다. 따라서 영어를 말하는 사람들에게는 이러한 구분이 매우 명확함에도 불구하고 일본인들에게는 구분되기 어렵다. 베르니케 실어증을 갖고 있는 사람들은 자신의 모국어에 있어서도 이와 매우 유사한 특징을 보이는데, 주요 음소 특징을 분리하지 못하거나 알려져 있는 음소체계 안에서 소리를 질적으로 구분해내는 것이 어렵다. 이 때문에 우리는 베르니케 실어증을 소리 범주화 문제로 접근한다.

베르니케 실어증에 두 번째 문제는 담화 손상이다. 이 환자들은 말을 할 수 있고, 매우 많은 양의 말을 하지만 종종 의미와 관련된 혼동이 있고 소위 **말비빔**(word salad)이라고 일컬어지는, 무작위 단어들이 한데 뭉쳐 있는 듯한 형태의 담화 수준을 보인다. 세 번째 손실은 글쓰기 문제와 관련된 것이다. 음소 특징을 구별 할 수 없는 사람은 단어를 형성하기 위한 문자소(grapheme, 음소의 시각적 혹은 글로 표현된 표상)를 알지 못하기 때문에 글쓰기에도 어려움을 겪게 된다.

고립 증후군이라고도 불리는 **초피질 실어증**(transcortical aphasia)은 환자들이 말을 따라 하거나 이해하거나 물체의 이름을 명명할 수는 있지만 자발적으로 발화할 수 없고, 따라 하는 단어들을 이해할 수는 없는 특징을 보인다는 점에서 매우 흥미로운 증상이다. 단어들이 서로 연합되지 못하기 때문에 이해력도 떨어질 수 있다. 의미 있는 담화들을 산출하는 데에도 어려움을 겪을 수 있는데, 이는 비록 단어 산출은 정상 수준으로 진행할 수 있어도 단어들이 뇌에서 진행되는 다른 인지적 활동들과 연합되지 않기 때문이다.

전도 실어증(conduction aphasia)은 모순적인 모습을 보이기도 한다. 이 증상을 보이는 환자들은 쉽게 이야기할 수 있고 물체를 명명하며 담화를 이해할 수 있다. 하지만 단어들을 따라 하지 못한다. 이에 대한 가장 단순한 설명은 '지각적인 단어 이미지'와 단어 생성과 관련된 운동 시스템 간의 단절이다.

명명 실어증[때로는 **기억상실증 실어증**(amnesic aphasia)이라고도 불림]을 가지고 있는 사람들은 담화를 이해하고 의미 있는 담화를 생성해낼 수 있으며, 따라 할 수도 있다. 하지만 이들은 물체를 명명하는 데 매우 큰 어려움을 겪는다. 예를 들어 우리가 본 한 환자는 닻 모양의 사진을 보여주었을 때, "무엇인지 알긴 아는데… 배 닻을 내릴 때 쓰는 것이긴 한데…."라면서 그 물체를 동사화된 형태로 말할 수 있음에도 불구하고 명사화된 이름을 이야기하지 못하는 모습을 보이기도 했다. 적절한 명사를 찾지 못하는 어려움은 측두엽 손상으로부터 유래된 것으로 보인다(그림 19.12D 참조). 반면에 동사를 찾지 못하는 어려움은 좌반구 전두엽 손상으로부터 주로 발생하는 것으로 보인다(그림 19.12A 참조).

비록 우리 뇌가 명사와 동사를 구분하는 것은 놀라운 현상일 테지만, 명사와 동사는 엄연히 다른 기능을 수행한다. 명사는 분류자 역할을 한다. 동사는 움직임을 의미하는 단어들로 구문의 핵심 구조를 구성하는 역할을 한다. 따라서 각각 다른 방식으로, 즉 명사는 재인 및 범주화를 담당하는 뇌 영역에서, 동사는 움직임을 관장하는 뇌 영역들에서 처리되도록 나누어져 있는 것이 지극히 자연스러운 모습일 것이다.

비유창 실어증

대부분의 비유창 실어증[브로카 실어증, 혹은 **표현 실어증**(expressive aphasia)]에서는 환자가 담화를 이해할 수는 있지만, 산출하는 데에는 어려움을 겪는다. 종종 더듬거리고 짧은 문장 안에서도 여러 번의 멈춤이 발생하고, 소리 오류나 반복적인 문법 오류를 보인다. 대화를 위한 가장 핵심 키워드들만 사용하면서 말하기도 한다. 그럼에도 불구하고 이 증상은 소리 내기의 문제라기보다는 한 소리에서 다른 소리로 전환하는 데 문제를 보이는 것으로 간주된다.

비유창 실어증에도 정도가 다양할 수 있다. 초피질 운동 실어증에 따라 하기는 문제가 없지만 자발적인 담화의 생성에는 많은 노력을 필요로 한다. 전실어증(global aphasias)에서는 담화 자체도 힘들고 이해도 어려움을 겪는다.

순수 실어증

순수 실어증은 읽기장애인 **실독증**이나 쓰기장애인 **실서증**, 단어를 듣거나 따라 하지 못하는 단어농 현상을 동반한다. 이 장애는 꽤 선택적인 경우가 많다. 예를 들어 어떤 사람은 읽을 수 있지만 쓰지 못하거나 반대로 쓸 수는 있는데 읽지 못하는 등 선택적인 장애를 보이는 경우가 있다.

◎ 19.5 실어증과 관련된 손상의 국재화

베르니케 영역은 담화 이해에, 브로카 영역은 발화와 관련이 있고 이들을 연결하는 신경다발이 의미를 소리로 바꿔주는 역할을 한다(그림 19.7 참조)는 Wernicke-Geschwind 모델의 단순함은 매우 흥미로운 부분이다. 하지만 앞서 설명하였듯이 언어와 관련된 신경계 구성은 보다 복잡하며 뇌의 여러 경로, 특히 언어와 관련된 구조적 영역들을 복합적으로 고려해야 할 필요가 있다.

왜 언어와 관련된 신경 기제를 연구하는 것이 복잡한지에 대해 염두에 두어야 할 내용 네 가지는 다음과 같다.

1. **대부분의 뇌 영역이 한 가지 이상의 방식으로 언어에 관여한다.** 언어처럼 통합적이고 복잡한 행동이 뇌의 특정 부위만의 산물이라고 보는 것은 옳지 않을 것이다.
2. **언어와 관련해 많은 정보를 제공하는 환자들은 대부분 뇌졸중 환자이며, 중대뇌동맥 뇌졸중을 보인다.** 그림 19.15는 중대뇌동맥의 위치와 연결 영역들을 보여준다. 뇌졸중은 혈관이 막히거나 출혈이 생겨서 발생하는데, 어디에 뇌졸중이 생기는가에 따라 주요 언어 영역 전반 혹은 일부에 손상이 생길 수 있다. 중대뇌동맥의 연결성과 관련된 패턴이 보이는 개인차 또한 뇌졸중 증상에 영향을 미친다. 혈관은 피질하 영역으로도 공급되는데 선조체나 언어와 밀접한 관련이 있는 기저핵 쪽으로도 연결된다(그림 19.15B).
3. **뇌졸중 바로 후에는 증세가 심각하지만 시간이 지남에 따라 점차 많은 회복을 보이게 된다.** 따라서 증상과 특정 뇌 영역 부위를 쉽게 매칭시키는 것이 쉽지는 않다.
4. **비유창 실어증(브로카 실어증)이나 유창 실어증(베르니케 실어증)은 다양한 증상을 보이고 각각의 증상은 모두 제각기 다른 신경 기제에서 기인한다.**

피질 언어 영역

Nina Dronkers와 동료들(1999)은 언어장애와 관련된 일련의 뇌졸중 환자 연구를 통해 유창/비유창 실어증의 각기 다른 증상들과 대뇌피질의 특정 영역 간의 연관성을 제안하였다. 그들의 연구에 따르면 비유창 실어증은 최소한 다섯 가지 정도의 증상을 포함하는데, 담화실행증(담화와 관련된 소리를 연속적으로 생성하는 데 어려움을 겪음), 문장 이해력 손상, 잔어(recurring utterance), 소리 조음 능력의 손상, 문장과 관련된 작업 기억의 손상 등이 주요 특징이다.

그들의 분석에 따르면 주요 특징 중 하나인 담화실행증은 뇌섬엽 영역의 손상에서 기인한다. 문장

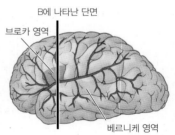

(A)

B에 나타난 단면

브로카 영역

베르니케 영역

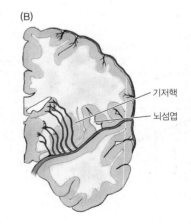

(B)

기저핵

뇌섬엽

그림 19.15 ▲

중대뇌동맥   혈관이 막히거나 중대뇌동맥(빨간색)에 출혈이 발생해서 생기는 대뇌피질의 손상 정도는 어디에 뇌졸중이 발생하는가에 따라 신피질(A)과 기저핵(B)에서 매우 광범위하게 나타날 수 있다.

이해는 상측두 영역과 중측두 영역의 손상, 잔어 현상은 궁상속의 손상, 작업 기억과 소리 조음의 문제는 복측 전두피질의 손상과 연결된다.

유창 실어증과 관련해서 Dronker와 동료 연구자들은 담화 이해를 비롯한 대부분의 문제들이 내측두엽 영역과 그와 관련된 백질 영역들의 손상에 기인한다고 주장한다. 이 영역들의 손상은 언어 영역의 국지적 손상뿐만 아니라 언어 중추에서 후두엽, 측두엽, 두정엽으로 이어지는 연결성의 손상으로 이어지기도 한다. 이 연구자들은 또한 측두엽의 손상은 문장들을 기억 속에 저장해두는 능력에도 영향을 미친다고 주장한다. 그 때문에 환자들은 음운과 관련한 잔상 기억에는 문제가 있지만 이해 자체에는 문제가 나타나지 않는다.

피질하 언어 영역

Broca에 의해 담화 조절과 관련한 피질 중추가 소개될 때 즈음, Hughlings-Jackson은 언어와 매우 밀접한 관련이 있는 피질하 영역을 소개하였다. 1866년 그가 기술한 바에 따르면 "기저핵과 근접한 영역에 손상이 있을수록 조음과 관련한 손상이 두드러진 증상으로 나타나게 될 것이며, 이 영역과 멀어질수록 단어 산출 실수가 나타나게 될 것으로 생각된다." 하지만 Alison Rowan과 동료들(2007)이 MRI와 행동검사들을 사용해 기저핵에 뇌졸중 손상을 입은 젊은 환자들의 언어 능력을 조사한 후 대부분의 언어 문제는 신피질에 발생하는 미세한 손상에서 기인한다고 주장하였다.

또 다른 연구들은 시상 영역이 언어에 관여한다고 제안한다. George Ojemann(2003)의 연구에서 시상에 전기 자극을 가했을 때 좌반구 시상의 시상침(pulvinar nucleus) 영역과 외측-후측-외측-중앙 복합체 영역이 다른 피질하 영역과는 다른 언어 기능을 담당한다는 사실이 밝혀졌다. 좌반구 시상의 복외측핵과 시상침 영역을 자극하였을때 갑작스러운 말하기 장애, 명명하기의 어려움, 보속증, 말하기 속도의 저하 등을 유발하였다. 시상 영역을 자극하면 기억에 긍정적인 효과를 얻는 경우도 있는데, 자극 기간 동안 들었던 단어 자극들에 대한 차후 인출이 향상되기도 하기 때문이다. 그 결과 어떤 연구자들은 시상이 피질을 활성화거나 자극하는 방식으로 언어 기능에 영향을 준다고 제안하기도 한다.

비정상적 움직임 장애를 치료하기 위한 방안으로 사용되는 전기 자극 치료에서 시상 영역이 손상되는 경우가 있는데, 이 경우 다양한 담화, 언어장애가 좌반구 시상의 복측핵 혹은 시상침, 혹은 두 영역의 동시 손상과 더불어 발견되었다. 이와 관련된 증상은 일시적인 삼킴장애, 언어적 반응 시간의 증가, 목소리 감소, 발화비율의 변화, 머뭇거리거나 불분명하게 말하기, 언어적 IQ 검사나 기억검사에서의 수행 저하 등을 동반한다.

우반구의 언어 기여

오른손잡이 사람들의 좌반구가 언어에 있어서 매우 중요한 역할을 한다는 사실은 이미 잘 알려져 있는데, 우반구 또한 언어 능력을 가지고 있다. 분리뇌 환자들을 대상으로 좌우 반구로의 자극 입력을 체계적으로 통제(그림 11.8 참조)하면서 진행된 연구들은 우반구 언어 기능에 대한 훌륭한 증거들을 제시해준다.

이러한 연구 결과들은 우반구가 담화와 관련된 기능은 거의 없지만 명사나 동사 모두를 포함하는 말소리 이해 능력이 매우 뛰어남을 보여준다. 우반구에는 약간의 읽기 능력도 있지만 쓰기와 관련된 능력은 거의 없다. 또한 단어를 재인하는 의미적 처리 능력을 가질 수 있지만 문법이나 문장의 구조에 대한 통사적 이해 능력은 갖지 못한다.

우반구 언어 기능에 대한 또 다른 증거들은 좌반구 절제술을 받은 환자들에 대한 연구에서 발견된다. 발달 과정의 초기에 좌반구 손실이 발생한다면 우반구가 언어 능력을 습득할 수 있다(제10장 참조). 성인 시기에 좌반구 절제술을 받게 되면 언어 이해는 놀랄 만큼 정상인 반면 말하기에는 큰 어려움을 겪는 다. 읽기 능력도 저하되고 쓰기 능력은 거의 사라진다. 일반적으로 좌반구 절제술은 교련 절제술을 받은 환자들의 우반구에 의해 이루어지는 언어 능력 특징과 유사한 모습을 유발하는것으로 보인다.

우반구 손상이 언어 기능에 미치는 영향을 살펴보면 우반구가 언어 이해, 특히 소리적 자극을 이해 하는 능력이 있음을 알 수 있다. 예를 들어, 우반구 손상 후, 혹은 심지어 우반구 절제술 후에도 실어증 이 나타나는 경우는 매우 드문데, 미세한 언어 능력의 손상은 나타나기도 한다. 즉 어휘 선택 능력의 변화, 복잡한 문장이나 일반적이지 않은 통사적 구조에 대한 반응에서의 변화, 은유적 표현에 대한 이 해 능력의 변화등이 나타난다. 또한 우반구 안와전두엽의 손상은 언어유창성이나 운율의 저하를 유발 하는데 목소리 톤을 이해하거나 감정적인 목소리 톤을 만들어내는 능력 모두 저하가 발생한다.

좌우 반구의 언어 기능 차이가 다음에 요약되었다. 브로카 실어증 환자의 아내는 남편이 비록 말로 제시된 단어와 그에 대한 시각적 표상을 연결시키지는 못했지만 이야기된 모든 것을 이해할 수 있다고 언급하였다. 우반구 손상이 있는 환자의 아내는 그의 남편이 대화를 이어가는것에 어려움을 느끼고 관 련 없는 말을 덧붙이거나, 대개 사람들이 이야기하는 것의 요점을 잘 놓치는 것 같다고 하였는데, 좌반 구 손상 환자들이 종종 어려워하는 검사들은 수행을 잘했다고 보고하였다.

따라서 좌반구의 언어에 있어서의 주요 기능은 통사론적인 측면이 있는 반면 우반구에도 상당 부분 언어 이해 기능이 존재하는 것으로 보인다(**표 19.4**). 통사론적 구조는 다양한 구성요소를 포함하는데, 발화와 관련된 움직임의 생성, 시간적 조절, 순서의 구성 등과 더불어 문법적 규칙에 대한 이해 등이 이에 해당한다.

🎯 19.6 실어증의 신경심리평가

실어증 환자에 대한 제대로된 평가와 신경심리학 연구에서 다른 집단과의 객관적 비교를 위한 표준화 되고 체계적인 평가 절차에 대한 높은 관심은 거의 80년 전으로 거슬러 올라간다. 실어증을 평가하는 다양한 도구 중(Lezak et al., 2012)에 기본적인 몇 가지 도구를 **표 19.5**에 소개한다.

표 19.4 좌우 반구의 언어 활동

기능	좌반구	우반구
몸짓 언어	+	+
운율적 언어		
리듬	+ +	
억양, 어조	+	+
음색	+	+ +
멜로디		+ +
의미적 언어		
단어 재인	+	+
언어적 의미	+ +	+
개념	+	+
시각적 의미	+	+ +
통사적 언어		
순서	+ +	
관계	+ +	
문법	+ +	

출처 : Reprinted from *Cortex*, Vol. 22, Benson, D. F., Aphasia and lateralization of language, pages 71–86, © 1986, with permission from Elsevier.

표 19.5 실어증 평가를 위한 주요 신경심리검사 요약 🎯

검사	기본 참고문헌
실어증 평가 배터리	
Boston Diagnostic Aphasia Test	Goodglass & Kaplan, 1972
Functional communicative profile	Sarno, 1969
Neurosensory center comprehensive examination for aphasia	Spreen & Benton, 1969
Porch Index of Communicative Ability	Porch, 1967
Minnesota Test for Differential Diagnosis of Aphasia	Schuell, 1965
Wepman-Jones Language Modalities Test for Aphasia	Wepman & Jones, 1961
실어증 선별 검사	
Conversation analysis	Beeke, Maxim, & Wilkinson, 2007
Halstead-Wepman Aphasia Screening Test	Halstead & Wepman, 1959
Token Test	de Renzi & Vignolo, 1962

실어증 평가 배터리는 다양한 하위 검사들을 토대로 체계적으로 참가자의 언어 능력을 평가한다. 일반적으로 (1) 소리 및 시각적 이해, (2) 구어나 문자 표현(따라하기, 읽기, 명명하기, 쓰기 포함), (3) 대화적 발화 등을 평가하는 항목들이 포함된다.

검사 배터리들이 대체로 길고 특별한 훈련을 받은 진행자들을 필요로 한다는 단점 때문에 대화 분석이나 몇몇의 간단한 형태의 검사도구를 사용하는 간결한 실어증 선별 검사들이 개발되기도 하였다 (표 19.5 아랫부분). Halstead-Wepman 실어증 선별검사와 토큰 검사는 표준화된 신경심리검사의 일환으로 종종 사용되는데, 이 검사들은 상대적으로 짧고 시행하거나 점수화하기가 수월하기 때문이다. 약식 선별검사들이 상세한 실어증 검사 배터리들을 대체하지는 못하지만 언어장애를 발견하기 위한 신속하고 효율적인 정보를 제공해줄 수 있다. 선별검사 후에 더욱 자세한 임상적 기술이 필요한 경우, 보다 총체적인 실어증 검사 배터리를 사용할 수 있다.

비록 이론적 모델과 검사 배터리들이 실어증 평가에 유용할 수 있지만, 언어장애와 관련된 연속적이고 지속적인 실험적 분석을 대체할 수는 없을 것이다. 검사 배터리들이 환자들을 몇 개의 집단으로 분류하려고 하는 반면, 심리생물학적 접근법은 개인차나 특이성에 보다 초점을 맞추고 이를 기반으로 대뇌 언어생성 기제에 대해 재구성하려는 시도를 하게 된다.

실용적인 측면에서 John Marshall(1986)이 언급하기를 약 60% 정도의 실어증 환자들만이 표 19.3 에서 제시된 바와 같은 분류 체계에 적합할 것이라고 하였다. 비슷한 문제가 다른 분류 체계들에서도 나타났다. 예를 들어, 언어적 손상을 지닌 대부분의 환자들은 물체를 보도록 하거나 재인하도록 함으로써 유발될 수 있는 이름 말하기 작업에 손상을 보이는 경우가 많다.

이름 말하기 작업의 손상은 사람마다 다른 형태를 보일 수 있다. 어떤 사람은 바이올린을 명명할 수 있을 테지만 어떤 이는 단지 그것이 악기라는 정도만 인식할 수 있고 다른 이는 현악기라는 수준으로, 혹은 트럼펫과는 다르지만 첼로와는 유사한 것이라는 식으로 이해할 수 있다. 어떤 환자들은 매우 선택적인 이름 말하기 손상 패턴을 보일 수도 있는데, 빌딩의 이름이나 사람, 색, 집 안에 있는 물체 등을 말하는 데 선택적인 어려움을 보이는 경우도 있다. 이러한 차이와 특징에 대한 연구는 언어의 신경기제에 대한 정보를 제공할 수 있다.

언어 발달 장애에 대한 평가

24.2절에서 설명된 읽기장애에 대한 평가는 여러 측면에서 볼 때 언어 연구의 하나의 특화된 줄기라고 할 수 있다. 첫째, 읽기를 평가하는 것은 쓰기나 말하기를 분석하는 것보다 훨씬 객관적이다. 둘째, 읽기와 관련된 수많은 교육학적 정보들이 존재한다. 마지막으로 **후천적 난독증**(acquired dyslexias, 뇌 손상으로 인한 읽기장애의 발생)뿐 아니라 **발달적 난독증**(developmental dyslexia, 발달 과정에서 읽는 방법을 습득하지 못함)도 일반적으로 나타나며 진단과 치료가 요구된다.

Max Coltheart(2005)는 모델을 구성하는 것이 읽기 연구에서 가장 객관적인 방법이라고 주장하였다. 모델은 마치 알고리듬과 흡사한데 질문에 답하기 위해 따라야 하는 일련의 과정이라고 볼 수 있다. 읽기 모델은 읽기장애를 가지고 있는 사람들을 검사하는 데 사용되는데, 손상을 정의하거나 모델의 효용성을 검증하기 위해 사용된다.

모델을 구성하는 접근법은 읽기를 독립적인 여러 기술과 하위 체계로 구성된 것으로 보고 읽기장애를 가진 사람들에게서는 그 하위 체계 중 하나 이상이 잘못 기능하고 있다고 본다. 따라서 모델링 접근법은 전통적인 신경학적 접근과는 두 가지 측면에서 다른데, (1) 후자는 난독증을 **쓰기장애나 말하기장애**

와 같은 다른 장애들과 더불어 함께 나타나는 것으로 보며, (2) 뇌 특정 부위와의 상관을 보는 것이 주된 목적이다.

후천적 난독증

모델링 접근은 James Hinshelwood(1971)의 분석과 연결될 수 있는데, 그는 여러 종류의 읽기장애 양상을 구분하였다. (1) 문자를 명명하지 못하거나, (2) 단어를 읽지 못하거나, (3) 문장을 읽지 못하는 장애이다. Hinshelwood의 구분법과 향후 보다 정교한 후속 연구들은 읽기가 독립적인 해부학적 기초에 기반을 둔 독립적인 능력들의 복합체라는 최근의 가설을 이끌어냈다.

그림 19.16은 다음의 읽기장애를 평가하기 위해 검사자가 물어보는 질문들을 보여준다.

1. **주의 난독증**. 하나의 철자가 주어지면 철자 명명하기는 정상적이다. 하나 이상의 철자가 주어지면 명명하기가 어려워진다. 철자를 특별한 색으로 칠하거나 밑줄을 긋거나 화살표로 가리키거나 검사자가 가리키거나 해도 다른 철자들 사이에 있으면 잘못 명명된다.

2. **무시 난독증**. 이 증상을 보이는 환자는 단어의 절반을 잘못읽거나(예 : 'whether'를 'smother'로 읽음) 단어의 마지막 부분을 잘못 읽는다(예 : 'strong'을 'stroke'으로 읽음).

3. **개별 철자 읽기**. 단어를 구성하는 철자 하나하나를 읽는다. 긴 단어를 읽을 시간을 좀 더 주면 조용하게 철자를 읽는 것이 발견되기도 한다. 쓸 수는 있지만 쓰인 게 무엇인지 읽는 데에는 어려움을 겪는다.

4. **심층성 난독증**. 가장 중요한 특징은 의미론적 오류를 범한다는 점이다. 읽고 있는 문장에서 의미적으로 관계되어 있는 단어들을 대신 읽는다(예 : 'tulip'을 'crocus'로 읽거나 'merry'를 'Christmas'라고 읽음). 명사는 수월하게 읽고, 형용사가 그다음, 그리고 (기능적 단어들인) 동사를 읽는 데 가장 어려움을 겪는다. 추상적인 단어보다는 구체적인 단어를 읽기 쉬우며 말이 안되는 단어는 아예 읽지 못한다. 일반적으로 쓰기나 단기 기억에서 손상을 보인다.

5. **음운성 난독증**. 비단어 자극을 크게 읽지 못한다. 그 외에는 거의 정상적인 읽기 능력을 보인다.

6. **표층성 난독증**. 단어를 직접 재인하는 것은 못하지만 소리로 들려주면 철자-소리 관계를 통해서 단어를 이해할 수 있다. 철자와 소리 관계가 규칙적인 단어는 잘 읽을 수 있지만('home', 'dome'), 불규칙한 단어는 어려움을 겪는다('come'은 'comb' 발음으로 읽게 된다). **규칙적 단어**는 음소-문자소 간 일치하는 규칙을 갖는 반면, **불규칙 단어**들은 관계를 기억해야만 한다. 철자 말하기 또한 손상이 발생하지만 음운적으로는 정확하다. 표층성 난독증은 완전히 음성 위주거나 쓰는 방식 그대로 읽는 언어(예 : 이탈리아어)에서는 나타나지 않는다. 읽는 법을 익히는 데 어려움을 겪는 아이들에게서 흔하게 나타난다.

활자로부터 말하기까지 과정에 대한 모델링

모델링과 관련된 핵심은 **이중 경로 이론**(dual-route theory)인데, 이 이론에서는 문어를 읽는 것은 두 가지의 다른, 하지만 서로 상호작용하는 어휘적 혹은 비어휘적 과정을 따른다고 제안한다. 어휘적 경

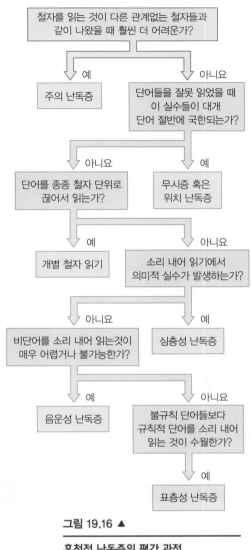

그림 19.16 ▲

후천적 난독증의 평가 과정

(Information from Coltheart, 2005.)

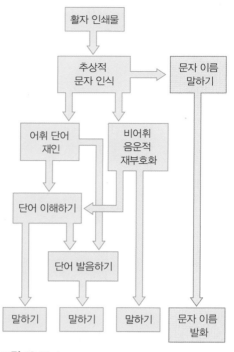

그림 19.17 ▲

이중 경로 모델 활자를 통한 말하기 과정은 여러 다른 경로를 통해 이루어질 수 있으며 이해나 발음과는 독립일 수 있다.

(Information from Coltheart, 2005.)

로를 따르는 읽기는 단어 전체에 대한 철자 혹은 음운적 표상의 활성화에 의존한다. 어휘적 경로는 규칙적·불규칙적 단어를 포함하는 모든 친숙한 단어들을 처리할 수 있지만 친숙하지 않은 단어나 비단어는 그 자극들을 표상할 수단이 없기 때문에 처리할 수 없다.

어휘적 경로에서 사용되는 전체 단어 인출 과정과는 대조적으로 비어휘적 경로는 소리-철자 규칙에 기초한 하위 단어 절차를 사용한다. 비어휘적 경로는 비단어들(예 : 'klant')과 철자-소리 규칙을 따르는 규칙적 단어들을 처리할 수 있지만, 이러한 규칙을 따르지 않는 비규칙 단어들에 대한 처리를 어려움을 겪는다(예 : 'winding', 'choir').

이중 경로 이론에 따르면 일반적인 사람들은 의미와 소리를 병렬적으로 동시에 계산할 수 있는 반면, 난독증의 경우에는 하나의 처리만 가능하다. 심층성 난독증의 경우 소리는 처리할 수 없었지만 의미는 이해할 수 있었다. 이 환자는 'bird'를 'butterfly'로 잘못 읽을 수도 있지만 두 단어 모두 날아다니는 동물을 의미한다는 데에서 공통점이 있다. 표층성 난독증의 경우에는 소리는 처리할 수 있는 반면 의미를 이해하지는 못한다. 영어 단어를 정확히 발음할 수 있고 심지어 유창하게 읽기도 가능하지만 무엇을 말하고 있는지는 이해하지 못한다. Stephen Rapcsak과 동료들(2007)은 이중 경로 이론이 발달 과정의 선천적 난독증이나 후천적 난독증을 진단하는 데 효율적이라고 제안하였다.

그림 19.17은 이중 경로 이론을 설명해주는 모델을 보여주고 있다. 활자로부터 말하기까지의 과정에서 꽤 다른 경로가 사용될 수 있음을 주의 깊게 보자. 이중 경로 접근법의 중요한 요소는 기능과 조직의 관계에 의존하지 않아서 난독증 외의 읽기장애에도 적용될 수 있으며 언어의 해부학적 구조에 관한 가설들로도 이어질 수 있다는 점이다.

요약

19.1 언어란 무엇인가

언어는 인간이 입력되는 정보에 꼬리표를 달아서 감각 정보를 조직화할 수 있도록 해준다. 꼬리표를 다는 것은 대상을 범주화하고 개념을 형성하며 우리의 과거와 미래를 이야기할 수 있게 해준다. 언어는 또한 음절을 생성하기 위한 독특한 움직임 과정이나 문법적 규칙을 부여하는 능력을 포함한다. 이러한 과정들이 언어의 기능적 역량을 크게 향상시킨다.

19.2 언어의 기원을 찾아서

연속 이론을 지지하는 사람들은 언어가 긴 진화의 역사를 지닌다고 주장한다. 반면 불연속 이론의 지지자들은 현대 사회에서 갑작스럽게 언어가 생성된 것이라고 이야기한다. 언어의 진화는 단순히 하나의 능력이 발달된 것을 의미하는 것뿐만 아니라 다양한 감각 처리 기제가 동시에 발달됨을 의미하는 것이라 할 수 있다. 언어의 기원에 대한 조사들은 언어를 위한 기술 구성요소들을 이해하고 각기 다른 동물 종들에서 나타나는 언어와 유사한 기제에 기여하는 유전적 특징을 찾고자 노력한다.

19.3 언어의 국재화

언어 기능은 대뇌피질의 넓은 영역에 걸쳐 존재한다. 동사나 명사를 구분해 생성하고 시각적 혹은 소리적 정보를 이해하는 기능 등은 특정 영역에 특화되어 있는 것으로 밝혀졌다. 다른 대뇌피질 기능들과 마찬가지로 언어는 병렬적이면서도 위계적 구조의 연속적 구조를 보이고 신경망으로 모델링될 수 있다. 신경망은 언어가 단 하나의 단어를 처리하는 단계에서도 피질 영역에서 생성되고, 음소나 구문 처리가 각기 다른 피질 영역 간의 연결성을 통해 이루어진다고 제안한다.

19.4 언어장애

언어장애와 관련된 전통적인 분류법은 유창 실어증(말하기가 가능함), 비유창 실어증(말하기가 손상됨), 순수 실어증(매우 선택적인 실어증) 등으로 장애를 구분한다. 유창/비유창 형태의 여러 특징이 조합을 이루기도 한다.

19.5 실어증과 관련된 손상의 국재화

최신의 언어 모델에서는 측두엽과 전두엽 언어 영역을 연결하는 복측, 배측 언어 경로를 제안한다. 배측 경로는 음운과 관련된 처리를 조절하고, 배측 경로는 의미 처리를 조절한다. 두 경로 모두 장단기 언어 기억에 관여한다. 피질하 구조와 우반구 또한 언어에 관여하며 우리 뇌 전반에 걸쳐 분포한다.

19.6 실어증의 신경심리평가

언어장애를 기술하기 위해 개발된 검사 도구들은 지각적 장애에 대한 평가, 이해력 장애나 말하기 발화장애에 대한 검사들을 포함한다. 언어의 복잡성으로 인해 어떤 장애든 한 가지 검사 도구로 분류하는 것은 쉽지 않은 일이다.

읽기 분석은 모델링 접근법을 활용한다. 이중 경로 이론은 읽기 과정이 두 가지 방식으로 이루어질 수 있다고 제안한다. (1) 어휘적 경로는 단어가 전체로서 재인되며, (2) 비어휘적 경로는 철자-소리 규칙을 사용해 단어가 재인된다. 후천적 혹은 발달적 난독증은 두 가지 경로 중 하나 혹은 모두에서의 손상을 포함하는 경우가 많다.

참고문헌

Amunts, K., M. Lenzen, A. D. Friederici, A. Schleicher, P. Morosan, N. Palomero-Gallagher, and K. Zilles. Broca's region: Novel organizational principles and multiple receptor mapping. *PLoS Biology* 8(9):e1000489, September 21, 2010.

Beeke, S., J. Maxim, and R. Wilkinson. Using conversation analysis to assess and treat people with aphasia. *Seminars in Speech Language* 28(2):136–147, 2007.

Benson, D. F. Aphasia and lateralization of language. *Cortex* 22:71–86, 1985.

Berwick, R. C., A. D. Friederici, N. Chomsky, and J. J. Bolhuis. Evolution, brain, and the nature of language. *Trends in Cognitive Science* 17:89–98, 2013.

Binder, J. R., J. A. Frost, T. A. Hammeke, R. W. Cox, S. M. Rao, and T. Prieto. Human brain language areas identified by functional magnetic resonance imaging. *Journal of Neuroscience* 17:353–362, 1997.

Catani, M., R. J. Howard, S. Pajevic, and D. K. Jones. Virtual in vivo interactive dissection of white matter fasciculi in the human brain. *NeuroImage* 17:77–94, 2002.

Cattaneo L. Language. *Handbook of Clinical Neurology* 116:681–691, 1913.

Coltheart, M. Modelling reading: The dual-route approach. In M. J. Snowling and C. Hulme, Eds., *The Science of Reading: A Handbook*, pp. 6–23. Malden, Mass.: Blackwell, 2005.

Damasio, H., T. J. Grabowski, D. Tranel, R. D. Hichwa, and A. R. Damasio. A neural basis for lexical retrieval. *Nature* 380:499–505, 1996.

de Renzi, E., and L. A. Vignolo. The Token Test: A sensitive test to detect disturbances in aphasics. *Brain* 85:665–678, 1962.

Devlin, J. T., and K. E. Watkins. Stimulating language: Insights from TMS. *Brain* 130:610–622, 2007.

Dronkers, N. F., B. B. Redfern, and R. T. Knight. The neural architecture of language disorders. In M. S. Gazzaniga, Ed., *The New Cognitive Neurosciences*, pp. 949–958. Cambridge, Mass.: MIT Press, 1999.

Dronkers N. F., O. Plaisant , M. T. Iba-Zizen, and E. A. Cabanis. Paul Broca's historic cases: High resolution MR imaging of the brains of Leborgne and Lelong. *Brain* 130:1432–1441, 2007.

Fedorenko, E., and S. L. Thompson-Schill. Reworking the language network. *Trends in Cognitive Science* 18:120–126, 2014.

Fitch, W. T. The evolution of speech: A comparative review. *Trends in Cognitive Science* 4:258–267, 2000.

Gardner, R. A., and B. T. Gardner. Comparative psychology and language acquisition. *Annals of the New York Academy of Sciences* 309:37–76, 1978.

Goodall, J. *The Chimpanzees of Gombe*. Cambridge, Mass.: Harvard University Press, 1986.

Goodglass, H., and E. Kaplan. *The Assessment of Aphasia and Related Disorders*. Philadelphia: Lea & Febiger, 1972.

Gustason, G., D. Pfetzing, and E. Zawoklow. *Signing Exact English*. Silver Spring, Md.: Modern Signs Press, 1975.

Halstead, W. C., and J. M. Wepman. The Halstead-Wepman aphasia screening test. *Journal of Speech and Hearing Disorders* 14:9–15, 1959.

Hayes, K. J., and C. Hayes. The intellectual development of a home-raised chimp. *Proceedings of the American Philosophical Society* 95(2):106–109, April 30, 1951.

Hewes, G. W. Language origin theories. In D. M. Rumbaugh, Ed., *Language Learning by a Chimpanzee*. New York: Academic Press, 1977.

Hinshelwood, J. *Congenital Word-Blindness*. London: H. K. Lewis, 1917.

Hobaiter, C., D. A. Leavens, and R. W. Byrne. Deictic gesturing in wild chimpanzees (Pan troglodytes)? Some possible cases. *Journal of Comparative Psychology* 128:82–87, 2014.

Hopkins, W. D. Neuroanatomical asymmetries and handedness in chimpanzees (Pan troglodytes): A case for continuity in the evolution of hemispheric specialization. *Annals of the New York Academy of Science* 1288:17–35, 2013.

Kellogg, W., and L. Kellogg. *The Ape and the Child*. New York: McGraw-Hill, 1933.

Kim, W. J., Y. S. Min, E. J. Yang, and N. J. Paik. Neuronavigated vs. conventional repetitive transcranial magnetic stimulation method for virtual lesioning on the Broca's area. *Neuromodulation* 17:16–21, 2014.

Kimura, D. *Neuromotor Mechanisms in Human Communication*. Oxford: Oxford University Press, 1993.

Lezak, M. D., D. B. Howieson, E. D. Bigler, and D. Tranel, *Neuropsycho-*

logical Assessment, 5th ed. New York: Oxford University Press, 2012

Lieberman, P. Motor control, speech and the evolution of human language. In M. H. Christianson and J. R. Hurford, Eds., *Language Evolution*, pp. 255–271. Oxford: Oxford University Press, 2003.

Luria, A. R., and J. T. Hutton. A modern assessment of basic forms of aphasia. *Brain and Language* 4:129–151, 1977.

MacNeilage, P. F. The frame/context theory of evolution of speech production. *Behavioral Brain Sciences* 21:499–511, 1998.

Marshack, A. *The Roots of Civilization: The Cognitive Beginnings of Man's First Art, Symbol, and Notation*. New York: McGraw-Hill, 1971.

Marshall, J. C. The description and interpretation of aphasic language disorder. *Neuropsychologia* 24:5–24, 1986.

Martin, A., C. L. Wiggs, L. G. Ungerleider, and J. V. Haxby. Neural correlates of category-specific knowledge. *Nature* 379:649–652, 1996.

Mazzocchi, R., and L. A. Vignolo. Localization of lesions in aphasia: Clinical–CT scan correlations in stroke patients. *Cortex* 15:627–654, 1979.

McNeill, D. *Gesture and Thought*. Chicago: University of Chicago Press, 2005.

Newman, A. J., D. Bavelier, D. Corina, P. Jezzard, and H. J. Neville. A critical period for right hemisphere recruitment in American Sign Language processing. *Nature Neuroscience* 5:76–80, 2002.

Ojemann, G. A. The neurobiology of language and verbal memory: Observations from awake neurosurgery. *International Journal of Psychophysiology* 48:141–146, 2003.

Penfield, W., and L. Roberts. *Speech and Brain Mechanisms*. Princeton, N.J.: Princeton University Press, 1959.

Pepperberg, I. M. *Alex and Me: How a Scientist and a Parrot Discovered a Hidden World of Animal Intelligence—And Formed a Deep Bond in the Process*. New York: Collins, 2008.

Petersen, S. E., P. T. Fox, M. I. Posner, M. Mintun, and M. E. Raichle. Positron emission tomographic studies of the processing of single words. *Journal of Cognitive Neuroscience* 1:153–170, 1988.

Poeppel, D., K. Emmorey, G. Hickok, and L. Pylkkänen. Towards a new neurobiology of language. *Journal of Neuroscience* 32:14125–14131, 2012.

Porch, B. E. *Index of Communicative Ability*. Palo Alto, Calif.: Consulting Psychologists Press, 1967.

Posner, M. I., and M. E. Raichle. *Images of Mind*. New York: Scientific American Library, 1994.

Premack, D. The codes of man and beasts. *Behavioral and Brain Sciences* 6:125–167, 1983.

Rapcsak, S. Z., M. L. Henry, S. L. Teague, S. D. Carnahan, and P. M. Beeson. Do dual-route models accurately predict reading and spelling performance in individuals with acquired alexia and agraphia? *Neuropsychologia* 45:2519–2524, 2007.

Ricklan, M., and I. S. Cooper. Psychometric studies of verbal functions following thalamic lesions in humans. *Brain and Language* 2:45–64, 1975.

Rofes, A., and G. Miceli. Language mapping with verbs and sentences in awake surgery: A review. *Neuropsychological Reviews* 24:185–199, 2014.

Rogić, M., V. Deletis, and I. Fernández-Conejero. Inducing transient language disruptions by mapping of Broca's area with modified patterned repetitive transcranial magnetic stimulation protocol. *Journal of Neurosurgery* 120(5):1033–1041, March 2014.

Rowan, A., F. Vargha-Khadem, F. Calamante, J. D. Tournier, F. J. Kirkham, W. K. Chong, T. Baldeweg, A. Connelly, and D. G. Gadian. Cortical abnormalities and language function in young patients with basal ganglia stroke. *NeuroImage* 36:431–440, 2007.

Rumbaugh, D. M., and T. V. Gill. Lana's acquisition of language skills. In D. M. Rumbaugh, Ed., *Language Learning by a Chimpanzee*. New York: Academic Press, 1977.

Salmelin, R., and J. Kujala. Neural representation of language: Activation versus long-range connectivity. *Trends in Cognitive Sciences* 10:519–525, 2006.

Sarno, M. T. *The Functional Communication Profile: Manual of Directions*. New York: Institute of Rehabilitation Medicine, New York University Medical Center, 1969.

Savage-Rumbaugh, E. S., K. McDonald, R. A. Sevcik, W. D. Hopkins, and E. Rubert. Spontaneous symbol acquisition and communicative use by pygmy chimpanzees (*Pan paniscus*). *Journal of Experimental Psychology: General* 115:211–235, 1986.

Schoenemann, P. T. Evolution of the brain and language. In M. A. Hofman and D. Falk, Eds., *Progress in Brain Research* 195:443–459, 2012.

Schouwstra, M., and H. de Swart. The semantic origins of word order. *Cognition* 131:431–436, June 2014.

Schuell, H. *Differential Diagnosis of Aphasia with the Minnesota Test*. Minneapolis: University of Minnesota Press, 1965.

Skipper J. I., V. van Wassenhove, H. C. Nusbaum, and S. L. Small. Hearing lips and seeing voices: How cortical areas supporting speech production mediate audiovisual speech perception. *Cerebral Cortex* 17:2387–2399, 2007.

Spreen, O., and A. L. Benton. *Neurosensory Center Comprehensive Examination for Aphasia*. Victoria, Canada: University of Victoria, 1969.

Swadish, M. *The Origin and Diversification of Language*. J. Sherzer, Ed. Chicago: Aldine-Atherton, 1971.

Taglialatela, J. P., S. Savage-Rumbaugh, and L. A. Baker. Vocal production by a language-compentent *Pan paniscus*. *International Journal of Primatology* 24:1–17, 2003.

von Glaserfeld, E. The Yerkish language and its automatic parser. In D. M. Rumbaugh, Ed., *Language Learning by a Chimpanzee*. New York: Academic Press, 1977.

Vouloumanos, A., and J. F. Werker. Listening to language at birth: Evidence for a bias for speech in neonates. *Developmental Science* 10:159–164, 2007.

Wagner, A. D., E. J. Paré-Blagoev, J. Clark, and R. A. Poldrack. Recovering meaning: Left prefrontal cortex guides controlled semantic retrieval. *Neuron* 31:329–338, 2001.

Wallman, J. *Aping Language*. Cambridge, U.K.: Cambridge University Press, 1992.

Wepman, J. M., and L. V. Jones. *Studies in Aphasia: An Approach to Testing*. Chicago: University of Chicago Education-Industry Service, 1961.

20

정서와 사회적 뇌

사례 보기 전두엽의 무발생

1912년이었다. 22시간의 고된 진통 후 남자아이가 태어났다. J.P.의 몸무게는 원래 5.2kg이었으나, 산후 합병증으로 2.3kg으로 줄었다. S.S. Ackerly (1964)는 J.P.가 그의 어린 시절 트라우마로부터 회복되어 한 살이 되었을 때는 전형적인 지능 상태로 걷고, 이야기했다고 보고한다. 그러나 J.P.는 문제아였다. 그는 활동 과잉이었고, 분노 발작을 통해서 분노를 표현할 뿐, 다른 감정은 표현하지 않았다.

J.P.가 학교에 갈 나이가 되었을 때쯤, 그는 정처 없이 길을 헤매고 다니기 시작했다. 경찰은 그를 집에서부터 몇 마일은 떨어져 있는 곳에서 발견하였지만, 그는 길을 잃은 것에 대해 전혀 두려워하지 않았다. 심지어 심한 채찍질도 그를 막을 수 없었다. 진정한 문제는 학교에 있었다. J.P.는 대부분의 시간은 극도로 예의 바르게 행동하였지만, 갑작스레 교실에서 노출을 한다든지, 자위행위를 한다든지 하는 부적절한 행동을 보였다.

성장하면서 J.P.는 가까운 친구도 사귀지 못하였고, 대체적으로 미움받으며 살았다. 마을 사람들은 J.P.가 가진 문제에 대하여 부모를 탓했는데, 정작 도움을 주지는 않았다. 청소년기의 J.P.는 어머

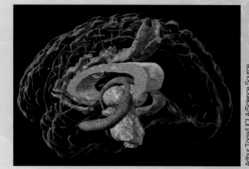

Arthur Toga/UCLA/Science Source

니의 반지를 전당포에 맡긴다든지, 삼촌의 차를 훔쳐 시카고에서 켄터키로 운전하며 돈을 썼다. 열아홉 살에 계속해서 절도로 전과가 쌓이자, 정신과 의사가 문제 행동의 근원에 대해서 조사하기 시작했는데, J.P.는 우반구 전두엽이 없고, 좌반구 전두엽 또한 일반 뇌의 50% 크기밖에 안 된다는 것을 발견하였다. 이는 1930년대의 일이었고, 제대로 된 치료 기법이 존재하지 않았다.

어른이 되어서 J.P.는 변덕스러운 행동으로 인하여 하나의 직장에서 몇 주 이상 근속하지 못했다. 그는 어느 순간에는 매력적이지만, 다음 순간에는 아주 사소한 문제에도 심하게 반응하였다. 심지어 50세가 되어서도 J.P.의 행동은 변화하지 않았다. 그는 행동과잉이었고, 혼자였으며, 사랑과 우정과 같이 인생에 의미를 주는 모든 것들로부터 소외되어 있었다. 그는 사실상 아무런 사회적 감정을 느끼지 못하고 살았고, 그런 감정이 어떤 것인지, 그리고 다른 사람들의 감정에 대해서는 어떻게 반응해야 할지 이해하지 못하였다.

전두엽의 부재로 인하여 J.P.는 사회적인 기술이 없었고, 분노 발작을 통해서 표출되는 분노 외에는 감정 또한 보이지 않았다.

정서는 기억과 같이 인지적 과정을 수반하는데, 이는 의식적일 수도 있고, 우리의 의식을 벗어난 것일 수도 있다. 우리는 이번 장을 정서의 본질과 신경심리학자들이 뇌가 어떻게 정서를 생산하고 처리하는지 탐구한 연구에 대해서 살펴보며 시작한다. 그다음으로는 지난 100년간 발전해온 정서에 대한 이론을 검토하고, 정서를 처리하는 데 있어서 피질 비대칭이 어떤 영향을 끼치는지에 대해 검토한다. 그 후 우리는 어떻게 정서가 사회적 행동에 기여하며, 사회적 뇌에 기여하는지에 대해서 살펴본다. 그리고 정서가 어떻게 우리의 자의식에 기여하는지를 살펴보며 이 장을 마무리한다.

20.1 정서의 본질

사례 보기에서 묘사된 J.P.의 행동은 극단적이며 분명 흔한 일은 아니다. 겉보기에는 작은 뇌의 손상이 사람의 성격을 바꿀 수도 있다는 것이 좀 더 전형적인 관찰 결과이다. 신경심리학자들에게 있어서 운동, 지각, 언어 또는 기억의 손상은 한 사람이 정서를 표현하거나 정서에 반응하는 것뿐만 아니라 어떻게 다른 사람들이 그 사람의 감정을 인지하는지에도 영향을 미친다고 여겨진다. 그러나 그 사람이 주관적으로 느끼는 정서는 분명하게 관찰할 수 없다.

게다가 몇몇 신경심리학자들은 정서가 인간의 진화 과정 속에서 인간이 정서와 같은 '본능'에 의해서만 행동했던 비의식적인 시대의 불편한 잔여물에 불과하다고 생각한다. 그들은 인간이 기본적으로 이성적이나 정서가 생각보다 더 오래되었다고 믿는다. 무디고 정서를 상실한 J.P.와 같은 사람들은 대부분의 상황에서는 이성적으로 행동할 수도 있지만 개인적이고 사회적인 결정을 내려야 할 때는 비이성적으로 행동한다.

Antonio Damasio(2000)는 정서가 논리적인 사고에 기여하는 인지적인 처리 과정이라고 강조한다. 그는 정서의 신경 기제에서 발현되는 무의식적이고 의식적인 신호들이 추론(reasoning) 기제에 영향을 미친다고 주장한다. 여기서 주의해야 할 것은, 신경심리학자들이 이야기하는 '무의식'은 비의식적인 뇌 활동과 동의어이고, 프로이트의 '무의식'은 마음의 숨겨진 혹은 억압된 요소이다. 신경심리학자들은 '무의식'을 19세기 독일의 과학자 Hermann von Helmholtz의 **무의식적 추론**(unconscious inference), 즉 인식을 벗어난 처리이자 관찰자들이 지식을 사용하여 지각하고 의사결정을 내리는 경험을 통해 배워지는 것의 약칭으로 사용한다.

정서란 무엇인가

신경심리학자들은 주관적 느낌의 인지적 해석인 **정서**(emotion)를 추론된 행동적 상태이자 자극이 어디에 있든 혹은 자극이 무엇이든 간에, 그 자극에 대한 의식적이며 주관적인 느낌인 **감정**(affect)으로서 바라본다. 감정적인 행동은 내재적이고 주관적이다. 대부분의 심리학적 이론들은 정서를 기쁜/기쁘지 않은, 자극적인/자극적이지 않은, 보상/처벌과 같이 이분법적인 2개의 차원으로 나눈다(**그림 20.1**). 우리가 사용하는 단어들에 상관없이 이처럼 긍정적이고 부정적인 면모들이 정서를 다른 신경심리학적 과정들과 구별해준다.

정서의 요소

정서 경험은 네 가지 주요 행동적 구성요소를 가지고 있고, 각각의 요소들은 원칙적으로 관찰되고 정량화될 수 있다.

1. **정신생리학.** 생리학적 요소들은 중추신경계와 자율신경계의 활동을 포함하고, 그 활동의 결과로서 신경내분비와 내장(체성) 활동의 변화를 포함한다. 정서는 심박 수와 혈압, 혈류의 분배와 호흡, 소화에 변화를 일으키고, 그중에서도 호르몬 분비의 변화는 뇌와 다른 자율신경계에 영향을 가져다준다(자세한 내용은 그림 3.15 참조). 비록 여전히 논란 중에 있지만 행복과 슬픔의 구분과 같이 적어도 몇몇 정서적 상태는 관련된 생리학적 변화를 통해 구분될 수 있다.

2. **특징적인 운동 행동.** 표정, 목소리 톤, 자세는 모두 정서적 상태를 표현한다. 이 운동 행동들은 특히 언어적 행동과는 구분되는 명시적 행위일 수 있다는 점에서 정서를 관찰할 때 중요하다. 누군가

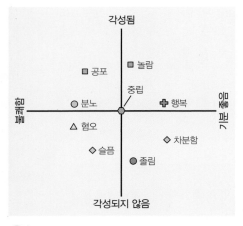

그림 20.1 ▲

정서의 이차원 공간 정서는 이 격자판을 통해서 기쁜지 기쁘지 않은지, 얼마나 자극적인지 등으로 평가된다.

(Anderson, D. J., and R. Adolphs. A framework for studying emotions across species. *Cell* 157:187–200, 2014. © Elsevier.)

가 주체할 수 없이 흐느끼며 자신은 괜찮다고 말하는 것과 웃으면서 자신은 괜찮다고 말하는 것은 다르게 지각된다.

3. **자기보고된 인지.** 인지적 과정은 자기보고를 통해서 추론된다. 인지는 주관적인 정서적 느낌(사랑이나 미움의 느낌, 사랑받거나 미움받는 느낌)과 다른 **인지적 과정**(계획, 기억 혹은 아이디어) 모두의 영역에서 작동한다.

4. **무의식적 행동.** 이 요소는 von Helmholtz의 무의식적 추론, 즉 우리가 행동에 영향을 끼칠 것이라고는 인지하지 못하는 인지적 처리 과정을 통합한다. 우리는 '직관'을 바탕으로 혹은 직감적으로 혹은 다른 알 수 없는 요인들을 바탕으로 의사결정을 내릴 수 있다. 예를 들어, 16.3절에서는 참가자들이 점점 자신들의 행동을 최적화하기 위한 방향으로 변화시켜 나가지만, 게임을 이기기 위해서 왜 이 카드를 선택하게 됐는지에 대해서 의식하지는 못하는 도박 과제를 묘사한다(반대로 손상 환자들은 비이성적으로 행동한다. 그들은 이기기 위한 카드를 선택하지 못하고 돈을 모두 잃으며 실험을 계속하기 위해서 돈을 빌려야 한다).

정서 이론은 최소한 이러한 주요 행동적 요소를 포함하고 있어야 한다. 생리학, 운동, 자기보고, 무의식적 행위의 이론적 차이는 현저한데, 이는 연구자들이 같은 참가자를 대상으로 측정한다 하더라도 정서의 신체적 상태에서 큰 상관을 탐지하지 못했기 때문이다. 다음으로 100년간의 정서에 대한 연구를 간략히 살펴본 후 정서의 해부학과 동시대 이론들에 대하여 더 깊게 살펴본다.

20.2 역사적 관점

정서의 생물학에 대한 관심의 시작은 1872년 출간된 Darwin의 책인, 인간과 동물의 감정표현(*The Expression of the Emotions in Man and Animals*)으로 거슬러 올라간다. Darwin은 정서 행동이 진화에 의해서 결정되기 때문에, 인간의 정서적 표현은 다른 동물의 정서 표현의 맥락에서만 이해될 수 있다고 믿었다. Darwin의 책이 그 시대에는 베스트셀러였음에도 불구하고 그 영향력은 짧았으며, 일시적으로 잊혀졌다.

정서의 해부학 탐구

심리학자들은 20세기가 되자 정서에 대해서 탐구하기 시작했으나 정서 행동의 신경학적 기제에 대해서 잘 알지 못하였다. 1920년대 말 심리학자들은 자율, 내분비, 신경호르몬(신경전달물질)과 추론된 정서 상태의 연관성을 찾기 시작했고, 특히 심박수, 혈압, 그리고 피부 온도 등과 같은 지표들을 측정하는 데 초점을 두었다.

Philip Bard는 1920년대 후반 Walter Cannon의 연구실에서 일할 때 최초로 정서에 대한 주요 해부학적 기제들을 발견하였다. 1890년대 Friedrich Goltz의 연구들은 J.P.의 행동과 뇌 피질이 제거된 개들이 사소한 자극에도 마치 심각하게 위협적인 자극을 마주하고 있는 양 강한 '분노' 반응을 보이는 것과 연관된다고 밝혔다. Bard는 고양이 연구를 통해서 이 반응은 시상과 시상하부를 포함하는 '사이 뇌(between brain)'라고도 불리는 간뇌에 의해 좌지우지된다고 밝혔다. 그는 간뇌가 온전하다면 동물은 강한 '정서' 반응을 보이나 간뇌와 중뇌의 연결을 끊는다면 감정이 없어진다는 것을 찾아내었다.

1940년대부터 1960년대까지 이어진 많은 연구자들의 동물 연구 결과에 따르면 서로 다른 시상하부 영역들을 자극하면, 고양이에게서 서로 다른 '감정적 반응'을 불러일으킨다. 다른 고양이를 공격하거나(털 세움, 갸르릉거리기, 이빨 드러내기) 먹이감을 먹는 것을 포함해서 먹이감을 공격하는(쭈그리기, 수염과 귀를 앞으로 내밀기, 달려들기) 결과를 보였다.

간뇌에 대한 병변, 자극 연구들은 시상과 시상하부가 명시적인 정서 표현과 혈압, 심박 수, 호흡 변화 등의 자율 반응의 신경 기제를 포함하고 있다는 사실을 깨닫게 하였다. 피질은 시상과 시상하부를 억제하는 것으로 그려졌다. 반대로 시상은 자율신경계의 각성 상태에서 피질을 활성화시키고, 아마도 정서가 적절한 자극에 유발될 수 있도록 도와준다고 간주되었다.

정서적 뇌

1937년 James Papez는 정서의 신경학에서 최초의 주요 이론을 제안했다. '변연엽'의 구조가 정서의 해부학적 기초를 형성하고, 변연계 구조가 시상하부에 작용해 정서적 상태를 생성한다는 것이다. 비록 Papez에게 있어서 신피질은 정서 행동을 유발하는 데 아무런 영향을 끼치지 못했지만, 그는 피질이 변연계 구조를 통해서 생성된 것들을 정서의 경험으로 변환기는 데 필요할 것이라고 믿었다.

Papez 이론은 매력적이다. 그동안 신경학적 기제들이 밝혀지지 않은 행동적 현상과 전혀 기능이 알려지지 않은 해부학적 구조를 결합한 것이다. 1930년대에 Freud의 이론이 학계를 지배하고 있었던 덕분에 정서적 뇌에 대한 개념은 즉각적으로 학계에서 폭넓게 받아들여졌다. 오래되고 깊숙히 위치하는 중추신경계의 일부가 정서를 조절하고, Freud의 무의식 속 본능을 조절하며, 신피질은 의식을 생산한다는 개념은 당시의 심리학에 있어서 자연스럽게 매력적으로 다가갔다.

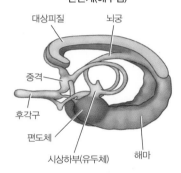
▲ Papez는 이러한 피질하 변연계 구조물들이 시상하부에 작용하여 감정을 생성한다고 제안하였다.

정서와 관련된 피질 연결성

1930년대부터 시작된 2개의 연구는 정서에 내포된 피질 구조와 피질 연결성의 본질을 밝혀내는 데 크게 기여했다. 두 연구 모두 연구자들이 정서에 대해 연구하고 있지는 않았던, 정서적 뇌에 대한 우리의 생각을 근본적으로 바꿔놓은 아주 우연한 발견이었다.

클뤼버-부시 증후군

1939년 Heinrich Klüver와 Paul Bucy는 1888년에 Sanger Brown과 Edward Schaefer에 의해 처음 발견된 기이한 행동적 증후군을 다시 발견했다고 보고했다. 클뤼버-부시 증후군(Klüver-Bucy syndrome)은 다양한 신경학적 질병을 가진 환자들에게서 추후 관찰되어 왔다. 기이한 행동 중 가장 명백한 것은 정서의 부재였다. 예를 들어 클뤼버-부시 증후군을 나타내는 동물들은 뱀, 인간으로부터의 '위협' 신호, 다른 동물, 혹은 건강한 동물이라면 강한 혐오를 보이는 어떠한 상황에도 아무런 공포를 보이지 않는다.

이 행동 증후군은 실험 상황에서 원숭이에게 양 반구 전측 측두엽 절제술을 실시하였을 때 유발되었고, 다음과 같은 행동을 포함한다.

- 온순함, 공포의 상실
- 무차별적 섭식 행동 : 이전엔 거부했던 많은 종류의 음식을 먹고자 하는 경향성
- 자기 발정적 · 동성애적 · 이성애적 행위의 급격한 증가와 이와 관련된 부적절한 대상 선택(예 : 의자의 성적 대상화)
- 사고 탈선(hypermetamorphosis), 모든 시각적 자극에 주의를 기울이고 반응하는 경향성

- 모든 사물을 입으로 탐색하려는 경향성
- 시각 실인증

클뤼버-부시 증후군은 인간에서도 관찰될 수 있다. Wendy Marlowe와 동료들(1975)은 뇌수막염(뇌와 뇌막의 염증)으로 인해서 클뤼버-부시 증상을 보이는 한 환자를 보고했다. 이 남성은 정서둔마를 보였고, 빵 포장 비닐, 청소 세제, 잉크, 개 사료, 배설물 등 손에 잡힌 모든 물체를 입에 넣어 탐색하고자 하였다.

> 이 환자의 성적 행동은 입원 당시 가장 특징적인 문제 사항이었다. 발병 전에는 이성애자였음에도 불구하고 병원에서 그는 다른 남성 환자들의 다리를 어루만진다든지, 몸짓을 통해서 펠라티오를 요구한다든지, 때때로는 키스를 시도한다든지 하는 행동을 보였다. 그는 남녀가 모두 섞여 있는 층에 입원해 있었음에도 불구하고, 여성에게는 이런 행동을 보이지 않았으며, 이러한 그의 성정체성의 반전으로 인해 약혼녀에게 결별당하게 되었다. (Marlowe et al., 1975, p. 56)

인간과 원숭이에게 있어서 클뤼버-부시 증후군은 양 반구 편도체와 양 반구 하측두피질이 제거되었을 때 나타난다. 제18장에서 다루었던 기억상실증 환자 H.M.은 양 반구 내측두엽 구조가 제거되었음에도 불구하고 이 증후군을 보이지 않았다.

정신수술

Klüver와 Bucy의 발견이 있었을 때쯤, Carlyle Jacobsen은 이보다 극적이지는 않지만, 많은 면에서 더 중요한 발견을 하였다. Jacobsen은 전두엽 제거 이후 다양한 학습 과제에서의 침팬지 행동을 연구하였다. 1935년 그는 런던에서 열린 제2회 국제 신경학 회의(Second International Neurology Congress)에서 전두엽 제거의 영향력을 보고하였다. 그는 한 마리의 신경증적 침팬지가 수술 후 더 침착해졌다고 보고했고, 이 보고를 듣고 포르투갈의 신경과 전문의 Egas Moniz는 사람들의 다양한 행동적 문제들을 전두엽 제거를 통해서 완화시킬 수 있지 않을까라는 제안을 하였다. 이렇게 해서 정신외과와 전두엽 절제술(frontal lobotomy)이 탄생하였다.

믿을 수 없게도 전두엽 절제술은 아무런 경험적 기반 없이 인간을 대상으로 시행되었다. 1960년대가 되어서야 인간 이외의 동물에서 전두엽 절제술이 감정적 행동에 미치는 효과에 대한 체계적인 연구가 진행되었다. 몇몇 연구실의 실험적 결과들은 전두엽 절제술이 인간에게 미치는 영향에 대해서 명백한 확신을 주었다. 쥐, 고양이, 원숭이의 전두엽 절제술은 사회적·감정적 행동에 심각한 영향을 주었다.

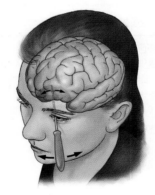

▲ 그림과 같은 트랜스오비털 뇌엽 절제술(transorbital leukotomy)은 정신외과적 절차로서, 하측 전두엽과 나머지 다른 뇌의 연결성을 끊는다.

20.3 정서 행동에 관여하는 후보 구조들

신경 조직의 일관된 원칙 하나는 모든 행동에는 여러 개의 체계가 관여한다는 것이다. 감각 정보는 다양한 감각 채널을 통과하여 피질로 들어온다. 자극은 한번 처리되면 정보는 서로 다른 기능을 관장하는 다양한 병렬 체계를 통과하게 된다.

정서 자극 처리

후두엽으로부터의 시각 정보는 복측 경로를 통해서 측두엽으로 이동하며 사물 인식에 관여하고, 배측 경로를 통해서 두정엽으로 이동하여 운동을 제어한다. 뇌 조직의 전반적인 원칙을 따르면서 우리는 정서 경험에 기여하는 피질과 피질하부의 다양한 체계들을 살펴볼 수 있다.

그림 20.2 ▲

플레멘 고양이는 소변으로 적셔진 솜뭉치의 냄새를 맡고(위), 입을 벌리고 한곳을 바라보는 플레멘 반응을 보이기 시작하며(가운데), 점차 완전히 넋을 잃고 한곳을 바라본다(아래). 이 행동은 보조후각계에 의해 조절된다.

(Bryan Kolb.)

◎ **그림 20.3** ▼

정서의 보편성 Paul Ekman과 동료들은 이 사진들을 수렵채집 부족에서 시작하여 탈공업화 민족까지 넓은 범위의 전 세계인들에게 보여줬다. 그리고 모든 문화의 인간들은 그들이 살면서 경험해온 것과 상관없이 기본적인 정서 표정을 인식할 수 있음을 발견하였다.

(Paul Ekman Ph.D./ Paul Ekman Grouop, LLC.)

신경 체계들은 사회적 행동만큼 감각 정보들을 중요하게 처리해야 한다. 짐작건대 감각은 후각(페로몬), 촉각(특히 민감한 몸 영역), 시각(표정), 청각(음소, 울기, 소리 지르기 등) 자극들에 대하여 종 특유성을 가진다. 아마도 사회적으로 중요한 감각 자극들은 다른 감각 자극들을 분석하는 체계들과 똑같은 체계를 통해 처리될 것이고, 다만 몇몇의 감각 기관들은 분리되어 있을 것이다. 고양이의 후각이 좋은 예이다.

많은 포유동물에서 수용 기관(야콥슨 기관)은 종의 대표적인 냄새를 분석하는 데 특화되어 있다. 고양이와 같은 동물이 특정한 냄새(특히 다른 고양이의 소변)를 마주했을 때, 그들은 콧구멍을 닫고, 이상한 표정을 지으며 허공을 바라보는 **플레멘(flehmen)** 행동을 한다(**그림 20.2**). 사실상 고양이들은 공기가 입천장을 통과하여 보조후각계(accessory olfactory system)로 연결되는 특별한 관으로 이어지게끔 공기를 밀어내고 있는 것이고, 이 보조후각계는 수용기에 접근할 수 있도록 해주는 기관이다(보조후각계는 종 특유 냄새를 분석하고 시상하부 및 편도체에 직접적으로 연결된다).

실제적으로 고양이로 하여금 플레멘 행동을 하게 하는 냄새는 오로지 다른 고양이의 대변을 제외한 소변, 귀지와 같은 냄새이다. 따라서 이 신경 체계는 종의 대표적인 냄새에만 특화되어 있다. (신기하게도 인간의 소변도 종종 효과적으로 고양이에게 플레멘 행동을 일으킴을 발견하였다.) 이 신경 체계는 습관화되고(같은 소변에의 반복된 노출은 플레멘 행동을 할 가능성을 감소시킨다) 고양이들은 친숙한 고양이의 냄새를 기억한다. 따라서 고양이들은 자신의 소변이나 함께 살고 있는 고양이의 소변에는 플레멘 행동을 보이지 않는다. 새로운 고양이의 소변은 긴 플레멘 행동을 하게 하고, 친숙하지만 함께 살지는 않는 고양이의 소변은 짧은 플레멘 행동을 하게 한다.

얼굴 분석은 영장류 정서 처리의 대표적 예이다. 원숭이의 상측 두구의 세포들은 얼굴 처리에 특화되어 있고, 인간 또한 복측 측두엽의 V4에 해당하는 방추 얼굴 영역(FFA)에서 얼굴에 대한 활성화를 보인다. Paul Ekman과 동료들(Ekman & Friesen, 1984)은 사람은 공통적으로 분노, 공포, 혐오, 놀람, 행복, 그리고 슬픔과 같은 기본 얼굴 표정을 인식할 수 있다고 주장했다(**그림 20.3**). 얼굴 표정의 세부사항에서는 문화적 차이가 존재하는데, 이는 정서 표현이 표현하는 자의 국적이나 문화를 알아보게 하는 비언어적인 악센트를 포함함을 의미한다. 측두엽의 뉴런들은 경험을 통해서 조율될 수 있고(15.2절), 얼굴은 그러한 조율의 또 다른 예이다.

상위수준의 뇌 체계는 잠재적으로 감각 정보들의 다양한 면을 처리할 수 있다고 여겨지는데, 내부에서 생성된 느낌과 같은 정보도 처리할 수 있다. 종 특유 정보를 부호화하는 다양한 뇌 체계들과 더불어 대부분의 뇌 체계들은 외부 자극에 대한 감정적 속성을 인식할지도 모른다. Michael Gazzaniga와 Joseph LeDoux(1978)의 흥미로운 연구는 이러한 두뇌 체계를 보고한다. 그들은 분리뇌 환자들의 각 시야에 시각 정보를 보여줬다. 실험 과제로서 자극을 언어로 묘사하고, '매우 싫음'부터 '매우 좋음'으로 이루어진 5점 척도로 자극을 평가하게 했다.

  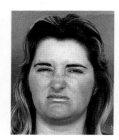 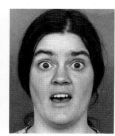  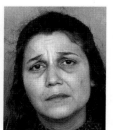

결과는 놀라웠다. 예상했던 대로 환자들은 우시야에 제시된(따라서 좌반구의 말하기 반구로 보내지는) 사물들만을 정확하게 묘사했다. 이와 반대로 분리뇌 환자들이 각 시야에서 보게 된 자극에 대한 5점 척도의 평가는 동일했다. 명백하게도 사물의 객관적인 속성을 처리하는 경로와 감정적인 속성을 처리하는 경로는 분리되어 있는 것으로 보인다.

이러한 분리는 맹시를 통해 보여졌던 자극이 무엇인지 아는 것과 자극이 어디에 있는지 아는 것의 분리를 연상시킨다(13.4절 참조). 감정을 처리하는 제3의 체계가 있을지 모른다. 우리는 냄새, 소리, 그리고 다른 물리적 자극들을 우리도 모르는 사이 잘 인식한다. 우리는 자극에 대한 '느낌' 혹은 '직관'을 가지고 있을지도 모른다.

이러한 효과는 소리를 통해서도 입증되는데, 어떤 소리들은 그 소리를 주로 듣게 되는 맥락의 영향으로 특정한 느낌을 자아낼 수 있다. 예를 들어, 어떤 장소와 관련된 음악이나 어떤 사람과 관련된 음악은 엘리베이터와 같이 다른 맥락에서 들렸을 때 정서적 느낌을 자아낼 수 있다. 왜 갑자기 기분이 울적해졌는지 혹은 왜 갑자기 이상할 정도로 행복해졌는지 깨닫지도 못하는 사이에 말이다. 18.4절에서 살펴보았듯 정서 기억들은 대부분 무의식적이라는 것을 기억해보라.

정서의 뇌 회로

1930년대 초 사례 보기에서 묘사되었던 정신과 의사가 J.P.에 대해서 연구하기 시작할 무렵, (편도체를 포함한) 변연계와 전두엽은 정서와 관련된 뇌 영역으로 구분되었다. 비록 1930년대 후반 Papez가 논의한 원래의 변연계는 해마, 그리고 해마의 시상하부와의 연결성에 초점을 두었지만, 변연계에 대한 현대적인 관점은 편도체와 전두엽에 초점을 둔다. 그림 20.4는 편도체가 측두엽에서 해마 근처에 위치해 있고, 그 바로 앞에 전두엽이 존재함을 보여준다.

그림 20.5A는 변연계의 크기에 대한 현대적인 관점을 그려놓았고, 그림 20.5B는 변연 회로를 도식으로 표현해놓았다. 해마, 편도체, 전두엽은 모두 시상하부와 연결되어 있다. 시상하부의 유두핵은 전측 시상와 연결되어 있고, 이는 대상피질로 연결되어 있다. 대상피질로부터의 연결성은 해마와 편도체, 전두피질에 연결됨으로써 끝난다.

비록 전체적인 회로가 정서적인 행동에 중요하게 영향을 끼침에도 불구하고 전두엽(특히 안와전두 영역과 복내측 영역)과 편도체가 정서 경험의 본질을 이해하는 열쇠라고 여겨진다. 안와전두피질은 정서에 특히 중요한데, 이는 긍정적이고 부정적인 보상을 표상하고, 어느 자극이 긍정적이고 부정적인 보상과 연결되는지, 그리고 언제 이 연결성이 바뀌는지를 표상한다(더 광범위한 검토를 원한다면 Rolls, 2014 참조).

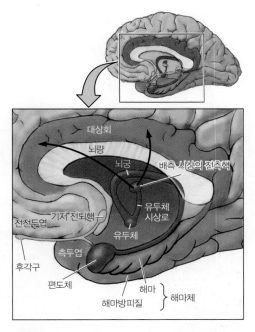

그림 20.4 ▲

정서 회로   뇌간을 둘러싸는 변연계는 대상회와 해마체, 편도체, 유두체시상로, 전측 시상으로 이루어져 있다.

그림 20.5 ▼

변연계에 대한 현대적 관점   (A) 피질, 시상, 시상하부, 해마체, 편도체와 같은 구조들의 신경망은 정서 경험의 기초를 형성한다. (B) 변연 회로의 주된 연결성에 대한 도식적 표상을 보면, 전두엽과 감각 기관들은 대상피질, 해마체, 편도체와 연결된다. 해마체와 편도체는 시상하부의 다른 영역들과 연결되고, 이는 다시 시상을 통해서 대상피질과 연결된다.

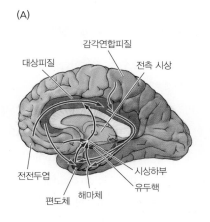

(A)

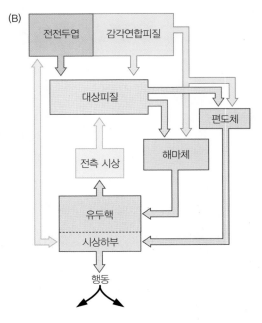

(B)

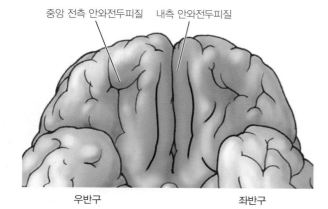

중앙 전측 안와전두피질   내측 안와전두피질

우반구   좌반구

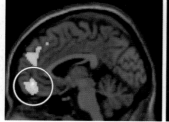

내측 안와전두피질

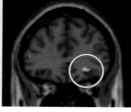

중앙 전측 안와전두피질

그림 20.6 ▲

안와전두피질에 의해 부호화된 주관적 기쁨 기쁨 감각은 안와전두피질의 증가된 활성화와 관련되어 있다(위). 중앙 전측 영역(빨간색으로 음영 처리)은 감각적 즐거움을 가장 신뢰할 수 있게 대표하는 영역이다. 비록 내측 안와전두피질(파란색으로 음영 처리)은 기쁨 감각을 부호화하기도 하지만, 보상을 예측하는 데에도 명백히 관여한다(아래). 자기공명영상 스캔에 의하면 기쁨 감각에 반응하여 내측 및 중앙 전측 안와전두피질 영역이 활성화되었다.

(Berridge, K. C., and M. L. Kringelbach. Neuroscience of affect: Brain mechanisms of pleasure and displeasure, *Current Opinion in Neurobiology* 23:294–303, 2013. © Elsevier.)

전두엽의 기쁨 부호화를 조사한 fMRI 연구들의 메타 분석에서 Berridge와 Kringelbach(2013)는 기쁨이 안와전두피질, 그중에서도 전측 중앙 하부 영역(mid-anterior subregion)의 활동으로 표상됨을 결론내렸다(그림 20.6). 많은 연구들이 이 안와전두피질의 전측 중앙 영역이 초콜릿과 맛있는 음료에 대한 주관적인 쾌감 평가의 변화, 예를 들어 음식을 맛보는 사람의 상태가 굶주림에서 포만감으로 변했다든지 등의 이유로 음식에 대한 쾌감이 감소하는 것을 추적하고, 성적 오르가슴, 약물, 그리고 음악으로 인한 기쁨을 부호화함을 증명하고 있다. 중앙 안와 영역은 또한 주관적인 쾌감 평가를 부호화하지만, 기쁨 경험 그 자체보다는 보상적인 가치를 감시하고, 예상하는 데 더 관여하는 것으로 보인다.

'아몬드'란 뜻의 그리스 단어에서 이름을 따온 편도체는 3개의 주요 하위 영역인 피질 내측핵, 기저외측핵, 중심핵으로 이루어져 있다. 전두엽과 마찬가지로 편도체는 모든 감각기관에서 정보를 받는다. 편도체가 활성화되기 위해서, 편도체의 세포들은 전두엽의 세포들과 마찬가지로 복잡한 자극을 필요로 한다(예 : 얼굴). 많은 편도체의 세포들은 다감각적이다. 실제로 어떤 세포들은 전두엽의 세포들과 마찬가지로 시각, 청각, 촉각, 미각, 후각 자극에 반응한다. 편도체는 따라서 감각 세계로부터의 복잡한 그림을 창조할 수 있고, 이 그림은 위협적이거나 위험할 수 있는 자극들에 특히 민감하다.

양 반구 편도체에의 병변은 전반적으로 동물들을 정서적인 반응이 결핍되도록 만들고, 극도로 순응적이고 용감하게 만든다(예 : 클뤼버-부시 증후군). 편도체는 자극이 기쁘든 기쁘지 않든 간에 정서적으로 유의미한 자극에 대해 빠르고 신뢰할 수 있는 식별을 가능하게 만드는 체계의 일부이다(Pessoa & Adolphs, 2010). 편도체의 쾌락적인 역할은 원숭이 편도체의 뉴런들이 보상 혹은 처벌 자극에 주로 반응한다는 연구로부터 밝혀졌다(Rolls, 2014). 이것은 편도체가 정서적이고 환경적인 자극에 대하여 쾌락적인 가치를 부여하는 데 있어서 주된 역할을 함을 보여준다.

🎯 20.4 정서의 신경심리학 이론

정서에 대한 모든 현대 이론들을 관통하는 하나의 테마가 있다. 정서와 인지는 밀접하게 연관되어 있고, 서로 겹치는 신경 체계를 수반한다는 것이다. 따라서 인지 능력의 변화는 정서의 변화와 관련이 있고, 그 반대도 마찬가지이다(정서 이론에 대한 더 자세한 검토를 원한다면 Scherer, 2000 참조). 우리는 이제 정서와 관련해 인지신경과학계에서 통용되는 생각들을 대표하는 세 가지 현대 이론의 개요를 서술하고자 한다. 평가 이론을 대표하는 Antonio Damasio의 신체 표지 가설(1996)과 Joseph LeDoux의 인지-정서 상호 이론(2000), Guido Gainotti의 편재화 이론(2000)으로 요약된 인지 비대칭이다. 이 저자들의 책과 자료들은 이 장의 마지막 부분인 참고문헌에서 그 목록을 확인할 수 있다.

정서의 평가 이론

이 광범위한 이론은 정서가 우리의 내재적 혹은 외재적 사건들로부터 추출되고, 이는 정서적 반응을 일으킨다고 주장한다. 이에 대한 전반적인 생각은 19세기 후반 William James가 정서는 특정 사건에 대한 평가에 따른 반응으로서 몸과 뇌 상태의 변화로 구성된다고 주장한 데에서 시작되었다. 예를 들어, 길을 걷다 독사를 만난다면 심박 수 증가, 호흡 증가, 땀 흘리기 등의 생리학적 변화가 발생한다. 이러한 생리학적 변화를 두려움이라고 해석한다.

평가 이론의 대부분은 본질적으로 심리학적이고, 전반적으로 신경심리학과는 독립되어 있다. Damasio의 신체 표지 가설(somatic marker hypothesis)을 제외하면 말이다. 사람이 생물학적으로 중요한 자극을 마주했을 때, 몸과 뇌가 그 결과로서 변한다. Damasio는 독사에 대한 생리학적 변화를 '신체 표지'라고 부른다.

기본적으로 우리는 자극에 대한 신체적 반응이 감소하면 감정의 강도도 감소해야 한다고 예측할 수 있다. 그림 20.7은 척추 손상 환자들이 실제로 감소된 정서를 경험하며, 척추의 손상 정도에 따라 정서 또한 비례적으로 감소함을 보여준다.

James가 공포와 분노 같은 강렬한 정서에 대해서 이야기했던 반면, Damasio의 이론은 더 넓은 범위의 신체적 변화를 포함한다. 예를 들어, 뇌가 어떻게 정서적 정보와 다른 정보를 처리하는지에 따라서 운동 행동, 표정, 자율적 각성, 혹은 내분비 상태의 변화가 있을 수 있다. 따라서 Damasio에게 정서는 몸 상태를 표상하는 뇌 구조와 외부 자극에 대한 지각과 몸의 상태를 어떻게든 연결시키는 구조들을 포함한다.

따라서 신체 표지는 외부적 사건과 연결되어 있고 인지적 처리에 영향을 끼친다. Damasio의 이론은 정서의 신경적 통제가 몸의 상태를 표상하는 뇌의 구조들과 해당 뇌 구조들을 연결시키는 신경조절 활성화 체계(neuromodulatory activating system)의 활동을 포함하고, 극단적으로는 우울증이나 조증 같은 전반적인 신경학적 처리의 변화를 야기할 수 있다고 구체화한다.

Damasio의 신체 표지 가설의 주된 측면은 정서가 특정 환경에서 개인이 생존하는 데 근본이 된다는 것이다. 포유류의 환경(특히 인간)은 물리적인 환경을 포함할 뿐만 아니라 사회적인 환경도 포함한다. 정서는 따라서 사회적 집단 구성원의 생존에 영향을 끼친다.

이러한 사회적 측면은 인간에 있어서 매우 중요하고 사회적 발달, 사회적 의사소통, 문화까지 포함한다. 신경심리학자들은 이러한 주제에 대해서 크게 논의하지 않았고, 질투, 자부심, 당황 같은 사회적 정서들의 신경학적 근거에 대해서는 아직도 거의 알려진 바가 없다. 전두엽이 인간 진화 과정에서 그렇게 넓게 확장되었다는 것을 감안했을 때 사회적 정서는 어떠한 전두엽의 처리를 필요로 할 것이라고 생각되나 아직 추측일 뿐이다. 그러나 이와 관련한 연구들이 최근 큰 진전을 보이고 있다.

마지막으로 Damasio의 이론은 정서가 고차원적 사고를 하는 동물들의 근본적인 경험일 뿐만 아니라 인간이 이성적인 결단을 하기 위한 필수적인 경험이라고 강조한다. 특히 자세히 보기에서 설명된 것처럼 인간이 위험이나 갈등을 마주했을 때 더욱 그러하다. 따라서 전두엽 손상 환자들처럼 감정을 상실한 인간들은 개인적이거나 사회적인 문제에 대하여 손상을 보이는데, 특히 위험이나 갈등의 가능성이 있는 상황에서 그 손상이 심하다. 우리의 정서, 그중에서도 미묘한 감정 상태는 분명 항상 의식적으로 일어나지 않고, 따라서 우리는 왜 우리가 특정한 방식으로 행동하는지 설명할 수 없다.

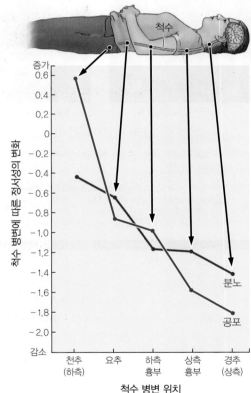

그림 20.7 ▲

감정의 상실 척추 손상은 정서의 경험을 감소시킨다. 정서 상실의 범위는 손상이 척추의 위쪽일수록 넓어진다.

(Data from J.Beatty. *Principles of Behavioral Neuroscience*. Dubuque, Iowa: Brown & Benchmark, 1995, p. 339.)

자세히 보기   사회 인지에서의 뇌 활성화

인간의 의사결정은 정서에 의해 강하게 영향받는다. 예를 들어, 후회는 잘못된 의사결정과 연관된 정서이다. 전형적으로 후회는 우리가 다른 의사결정을 내렸다면 결과가 더 좋았을 것이라는 느낌을 포함한다. 후회는 흔한 경험이고, 사람들은 긍정적인 결과의 가능성이 높은 선택을 내림으로써 후회를 예상하고 피하고자 한다. 뇌 영상과 환자들의 데이터는 안와전두피질이 후회 경험을 중재하는 핵심이라고 지적한다.

Nathalie Camille과 동료들(2004)은 안와전두피질 병변 환자들과 대조군에게 도박 과제를 주고, 50달러 또는 200달러를 벌었을 때 혹은 50달러 또는 200달러를 잃었을 때 그들의 정서 상태를 평가하게 했다. 참가자들이 50달러를 얻는 선택을 했으나, 다른 선택을 했다면 200달러를 벌었을 것이라는 것을 알게 되었을 때, 그들은 강력한 부정적 정서를 경험하였고, 반면 다른 대안이 200달러의 손실로 이어졌을 것을 알게 되었을 때는 안도감을 경험하였다.

몇 개의 시행 후 참가자들은 더 작은 이윤이 나더라도, 돈을 잃는 후회의 기분을 피하는 방향으로 최적의 결과를 내는 선택을 하기 시작했다. 반대로 안와전두피질 환자들은 후회의 감정을 느끼지 않는다고 보고했고, 손실을 최소화하는 방향으로 행동을 수정하지 않았다. 안와전두피질 환자들의 후회의 부재는 자신의 결정에 책임을 진다는 개념 자체를 상실했음을 의미한다. 자신의 결정에 책임을 진다는 개념은 명백하게도 대조군의 생각에는 큰 영향을 주었다.

Georgio Coricelli와 동료들(2007)은 기능자기공명영상(fMRI)을 사용하여 도박 과제를 시행하고 있을 때의 대조군의 대뇌 활성화를 조사했다. 과제 초기 단계에서는 선택에 대한 후회가 안와전두피질과 전대상피질 그리고 내측두 영역의 활성화 증가와 관련 있었다. 참가자들이 후회의 가능성을 감소시키는 방향으로 선택하기 시작했을 때는 안와전두피질과 편도체의 활성화 증가가 선택에 앞섰고, 이는 후회의 경험과 예상이 같은 뇌 체계에 의해 중재됨을 의미한다(옆의 그림 참조).

이 연구들은 안와전두피질이 우리의 인생에 있어서 선택을 최적화하는 데 기여함을 보여준다. 그들은 또한 안와전두피질의 활동에 있어서 개인차가 후회와 같은 특징에 있어서 개인차를 이해할 수 있게 도와줌을 보여준다.

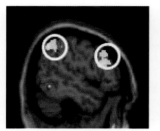
하두정소엽, 배외측 전전두피질

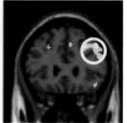
배외측 전전두피질

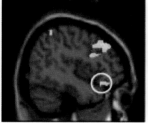
우반구 안와전두피질

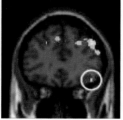
외측 안와전두피질

배외측 전전두피질(DLPFC), 두정엽(하두정소엽, IPL), 우반구 안와전두피질(OFC)의 활동 증가가 대조군 참가자들이 후회를 경험할 때 관찰되었다.

(Coricelli, G., R. J. Dolan, and A. Sirigu. Brain, emotion and decision making: the paradigmatic example of regret. *Trends in Cognitive Science* 11(6): 258 – 265, 2007 © Elsevier.)

Camille, N., G. Coricelli, J. Sallet, P. Pradat-Diehl, J.R. Duhamel, and A. Sirigu. The involvement of the orbitofrontal cortex in the experience of regret. *Science* 302:1167~1170, 2004.
Coricelli, G.,R.J. Dolan, and A. Sirigu. Brain, emotion and decision making: The paradigmatic example of regret. *Trends in Cognitive Sciences* 11:258–265 ,2007.

인지-정서 상호작용

이 이론은 정서가 동물의 생존 능력을 향상시키기 위해 진화했고 뇌가 진화했듯이 인지-정서 처리 과정이 더욱더 상호연관성을 가지기 시작했다고 주장한다. **Damasio, Joseph LeDoux**(2000)의 이론이 모든 정서를 설명하려 하지 않고 공포라는 정서 하나만을 정서에 있어서 뇌와 행동의 관련성의 예시로 들었던 것과는 반대이다.

LeDoux의 관점에 의하면 모든 동물은 선천적으로 위험을 탐지하고 이에 반응하며 관련된 신경 활동이 결과적으로 공포라는 느낌을 생산하도록 진화했다. 쥐가 고양이의 존재를 탐지하면 공포는 명백하게도 포식과 관련되어 있다. 대부분의 상황에서 먹이 동물의 공포는 포식 혹은 고양이와 같은 존재로부터의 위험과 관련되어 있다. 그러나 인간에게 있어서 공포는 더욱 광범위한 정서로, 오늘날에는 포식과는 크게 관련이 없고, 보통 재빠르게 우리 스스로를 '방어'해야 하는 상황인 스트레스를 포함한다.

현대의 인간들은 운동을 하다가 다치는 것에서 시작하여 테러, 만성 스트레스로 인한 미묘한 위험까지 광범위한 물리적 혹은 심리적 위험에 직면한다. LeDoux 이론에서의 중요한 함의점은 우리의 공포 체계가 쥐가 고양이에게 반응하는 것과 같이 무의식적인 공포 반응뿐만 아니라 공포를 느끼는 의식적인 인지까지 포함한다는 것이다. 그러나 그는 공포에 관여하는 신경 체계가 무의식적인 반응과 의식적 반응 모두에서 비슷하고, 공포의 신경 기저는 공포 조건화와 같은 모델 체계를 사용하여 연구할 수 있다고 가정했다.

공포와 관련된 대부분의 행동 연구는 고전적 조건화를 사용한다. 고전적 조건화는 소리와 같은 중립 자극을 충격으로 인한 고통과 같은 생물학적으로 중요한 사건과 연결시키는 것을 의미한다. 쥐(그리고 사람들)는 중립 자극이 부정적인 사건(예 : 전기 충격)과 연결되는 것을 빠르게 배운다. 이 경우 청각 정보(톤)는 **그림 20.8**에 나타나 있는 것과 같이 청각 경로를 따라 시상으로 가고, 시상에서는 정보를 피질과 편도체로 보낸다.

공포를 조건화시키는 주요 뇌 구조는 편도체인데, 호르몬 분비를 자극하고 자율신경계를 활성화시키며, 이에 따라 이 경우에는 공포와 같은 정서를 유발한다. 공포 조건화의 생리학적 척도는 자율신경계의 기능(예 : 심박 수와 호흡)을 측정하고, 양적 척도는 소리가 나온 후의 행동(예 : 가만히 서 있기)을 측정한다.

편도체에의 병변은 공포 조건화를 그것이 어떻게 측정되는가에 상관없이 손상시키게 된다. 편도체를 포함한 측두엽 병변 환자들은 공포 조건화가 잘 안 되고, 공포 조건화가 이루어지는 동안의 편도체 활성화를 측정하는 뇌영상 연구에서도 손상이 발견된다(예 : LaBar et al., 1998 참조). 어떻게 편도체는 자극이 위험하다는 것을 '알까'? LeDoux는 두 가지 가능성을 제안한다. 두 가지 가능성 모두 신경 네트워크를 함의하는데, 하나는 유전적으로 진화되었다는 것이고, 하나는 학습된다는 것이다.

편도체는 유전적으로 진화되어 왔다(예 : 냄새나 포식자에 대한 공포). 실험실에서 태어난 쥐는 한 번도 만나본 적 없는 부엉이의 울음소리나 포식자의 냄새에 공포 반응을 보인다. 대부분의 영장류는 뱀을 처음 만났을 때 강력한 공포를 보이는데, 이는 위험과 관련되어 있는 자극에 민감화되도록 일종의 '뱀 탐지기'가 진화되었음을 의미한다. John Downer의 한쪽 편도체가 제거된 분리뇌 원숭이(그림 17.1 참조)는 편도체가 제거된 쪽의 뇌로는 뱀에 대한 공포를 드러내지 않았으나, 손상되지 않은 반구를 통해서는 뱀에 대한 강력한 공포를 드러냈다.

비슷하게 영장류 편도체의 뉴런들은 다른 동물의 부정적인 표정에 민감하게 반응하도록 진화되어 왔다. 위협적인 자극에 대한 단서는 자극에 대해서 자신이 속한 사회적 집단이 어떻게 행동하는지에 달려 있기 때문에 이러한 진화는 타당하다.

편도체의 기저 신경 네트워크는 진화만으로는 준비될 수 없는 위험한 자극을 경험을 통해서 학습을 하기도 한다. 예를 들어 우리는 특정한 종류의 배지(예 : 폭력 집단을 나타내는 배지)를 착용한 사람은 대체적으로 위험하다고 배우고, 반면 다른 종류의 배지(예 : 경찰 배지)는 대체적으로 위험하지 않다고 배운다.

LeDoux는 이러한 편도체의 회로가 정서적인 행동에 영향을 끼치는 피질 회로들과 상호작용한다고 주장한다. 예를 들어, 편도체가 위험을 나타내는 자극을 식별하기 위해 기능하면 편도체는 뇌간 활성화 체계

그림 20.8 ▼

정서적 자극에 대한 처리 정서적인 자극에 대한 정보는 감각 시상에서부터 시작하여 편도체, 피질로 이동한다. 피질은 편도체로 피드백을 보내는데, 편도체는 스트레스 호르몬 분비, 자율신경계 활성화, 정서 유발, 고통 억제, 각성 등을 시작하는 것과 연결되어 있다. 해마는 맥락과 관련된 정보를 제공한다. (Information from LeDoux, 2000.)

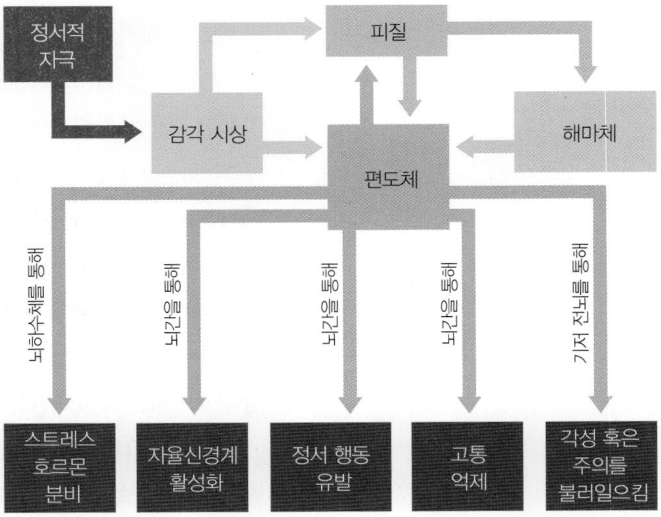

를 통해 피질을 각성시키고 특정 자극에 대한 피질 주의(인식)를 중재한다.

공포의 중요한 측면은 맥락에 있다. 특정 자극은 어떤 환경에서는 위험할 수도 있고 다른 환경에서는 위험하지 않을 수도 있는데, 이 구분은 우리의 행동에 중요하게 작용한다. 길을 가다가 독사를 마주치는 것은 매우 위험하지만, 동물원 유리 안에 갇힌 독사는 위험하지 않다. 더 나아가 환경적인 맥락은 이전의 경험(고전적 조건화)을 통해서 정서적인 속성을 가질 수도 있다. 만일 숲 속의 특정한 길에서 독사가 반복되어 발견된다면 그 길 자체가 위협적인 환경이 된다.

어떻게 정확하게 맥락이 공포와 연관이 되는지에 대한 증거는 불충분함에도 불구하고, 해마의 손상이 맥락적 공포의 발달을 저해한다는 증거는 충분하다. 어떻게 해마의 활동이 맥락과 공포의 연관에 영향을 끼치는지에 대해서는 더 많은 연구가 필요하다.

어떻게 정서가 정서적인 자극에 대한 우리의 생각에 영향을 끼칠 수 있을까? 사람들은 일상생활을 방해하는 많은 종류의 공포와 걱정을 가지고 있고, 어떤 사람들에게 있어서 이 공포는 심신을 약하게 만든다. 이러한 사람들은 공황장애, 외상후 스트레스장애, 강박장애, 불안장애, 공포증을 앓는다. 공포 관련 사건들의 강력한 힘은 인지에도 영향을 끼치는데, 이는 진화가 이 둘의 연관성을 형성하는 데 있어서 강력한 메커니즘을 완성해놓았음을 의미한다.

이 맥락에서 전두엽 병변 환자들이 불안을 거의 느끼지 않았고 공포 관련 행동을 거의 보이지 않았음을 기억하는 것이 중요하다. 안와전두피질과 내측 전전두엽 영역은 편도체와 중요한 상호 연결성을 가지고, 이는 편도체-전전두엽 회로가 공포 자극에 대한 생각을 형성하는 데 중요한 역할을 함을 의미한다. 병적인 공포와 불안을 가지고 있는 사람들은 어쩌면 전전두엽의 변화가 있을 수 있고, 이는 학습된 공포를 소멸시키거나 진화적으로 중요한 사건에 대한 공포를 억제하는 것을 어렵게 만든다.

마지막으로 우리는 인지-정서 상호작용이 단순히 부정적 자극하고만 연관되어 있는 것은 아님을 이야기해야 한다. 원숭이 편도체의 뉴런들은 많은 종류의 표정에 반응하고, 편도체에의 전기적 자극은 매우 보상적이다(자세한 내용은 Rolls, 2014 참조).

인지적 비대칭성과 정서

우리는 Damasio와 LeDoux의 이론 모두에서 정서가 인지적인 평가를 수반함을 보았다. 왜냐하면 다양한 인지적 기능에 있어서 중요한 비대칭이 존재하고, 이는 관련된 정서 체계가 특정 반구에 편재화되어야 함을 의미한다. 이 생각은 적어도 1930년대로 회귀하는데, 이때의 임상의들은 한쪽 반구가 크게 손상된 환자들의 정서 관련 행동에 있어서 좌반구 손상과 우반구 손상이 명백한 비대칭성을 보인다는 세밀한 관찰을 보고했다. 수십 년간 신경심리학은 많은 정서 조절 관련 비대칭성 이론을 발표했다. 자세한 내용을 위해서는 Gainotti(2000), 그리고 Tucker와 동료들(2000)의 자료를 참고하라.

초기의 가장 잘 알려진 설명은 Kurt Goldstein(1939)의 이론으로, 사례 보기에 제시되었던 J.P.의 예와 시대를 함께하는데, 좌반구 손상 환자들이 두려움과 우울증으로 대변되는 '파국' 반응을 보이는 반면 우반구 손상 환자들은 '무관심'을 나타낸다. 이렇게 대조되는 행동에 대한 최초의 체계적 연구는 1969년 Gainotti에 의해서 이루어졌는데, 그의 연구에 의하면 파국 반응은 그의 좌반구 손상 환자의 62%에서 발견되었고, 우반구 환자의 경우엔 10%만이 파국 반응을 보였다. 반대로 무관심은 우반구 손상 환자에서는 38%로 흔하게 발견되었고, 좌반구 손상 환자에서는 11%만이 무관심을 보였다.

그러나 중요하게도 Gainotti는 파국 반응이 실어증과 관련이 있으며, 무관심 반응은 대측 무시와 관련이 있음을 보고하였다. Goldstein과 Gainotti의 관찰의 핵심은, 좌반구가 크게 손상이 되면 우반구가 할 수 있는 기능의 대부분을 관찰할 수 있게 된다는 것이다. 따라서 만일 우리가 좌반구의 손상 후 파국 반응을 관찰하게 된다면 이 반응이 우반구로부터 온다는 것을 결론 내릴 수 있다. 이 결론은 우반 구가 보통 강한 정서를 생산하는 데 중요한 역할을 하고, 특히 공포와 분노와 같이 부정적인 정서에서 그 역할이 중요함을 나타낸다.

Gainotti는 뇌의 양 반구가 정서 행동에 있어서 서로 보상적인 역할을 하며, 우반구는 정서의 자동 적인 요소와 관련되어 있고, 좌반구는 정서의 전반적인 인지 조절과 관련되어 있음을 결론 내린다. 좌 반구는 언어로 인하여 전반적인 통제력을 지님을 가정할 수 있다.

이러한 생각은 Gazzaniga(1994)에 의해 제안된 생각과 비슷한데, 그는 말하기 반구의 전반적 통제 기능이 인간과 다른 동물 사이의 생각의 차이를 형성한다고 제안한다. 그는 말하기 반구를 '해석자'라 고 부른다. 분리뇌 환자 대상 실험은 Gazzaniga의 제안의 의미를 더 구체화한다. 각각의 반구에 성냥, 그다음 나무 조각과 같은 2개의 그림을 똑같이 보여줬다. 그다음 다른 종류의 그림들이 제시되었고, 과제는 2개의 그림의 관계를 추론하여 그 추론과 관련된 세 번째 그림을 고르는 것이었다. 여기서 적절 한 세 번째 그림은 모닥불이 될 것이다.

우반구에서는 성냥을 들어 나무 조각에 붙이는 것이 모닥불을 피울 것이라는 추론이 불가하였으나, 좌반구에서는 이 해석에 쉽게 도달할 수 있었다. 명백히도 말하기 좌반구는 우반구로는 불가능한 감각 적인 사건에 대해서 논리적인 추론을 할 수 있었다. Gainotti는 이 전반적인 생각을 정서에 적용하였 고, 우반구는 정서를 유발하고, 좌반구는 이 정서를 언어적 능력을 이용해 해석하여 개념적(인지적) 수 준의 정서 처리(정서 행동)를 한다고 결론 내렸다.

🎯 20.5 정서 처리의 비대칭성

정서적이고 인지적인 행동은 세 가지 주요 정서 행동 관련 신경심리학적 이론에서 겹친다. 이렇게 겹 치는 것의 본질에 초점을 맞춘 연구들에게 주의를 기울여보자. 1990년대 이후 Damasio와 LeDoux 의 이론에 관심이 쏠렸고, 이들의 이론은 두 대뇌 반구 내에서의 영역에 초점을 두었다. 그러나 1970~1980년대에는 대뇌 비대칭에 대한 상당한 관심이 있었고, 두 반구가 정서 행동을 통제함에 있 어서 상호 보상적인 역할을 할 것이라는 가능성이 제기되었다. 우리는 비대칭과 관련된 논문들을 살펴 보고, 정서 행동을 산출하고 해석하는 연구와 측두엽 손상에 의한 성격의 변화와 관련된 연구를 소개 한다. 후자는 사회적 뇌에 대한 설명으로 이어질 것이다.

정서 행동의 산출

기분은 표정, 목소리 톤, 말하기 속도 등의 감정에 의해서 추론된다. 그리고 뇌 손상 환자들의 정서 행 동을 분석하는 데 있어서 이 행동들을 먼저 측정하는 게 중요하다. **표 20.1**은 정서 행동의 실험적 척도 에 대해 요약해놓았다. 이 표의 큰 그림은 좌반구 병변, 특히 좌반구 전두엽의 병변은 기분둔마를 자아 내고, 많은 사람들에게 있어서 우울증이 나타나며, 특히 뇌졸중 이후엔 언어장애를 유발한다는 것이다.

표정은 인간의 정서에 대한 가장 명확한 단서 중 하나로, 신경학적 환자들에 대한 연구에서는 대체 적으로 다소 후측에 병변이 있는 환자보다는 전측에 병변이 있는 환자에게서 표정의 빈도와 강도의 감 소가 발견되었다. 예를 들어, 표정의 빈도, 표정 움직임 요소에 대한 양적 점수, 평가자에 의한 주관적 인 평가 점수 중 어떤 척도로 표정이 측정되든 간에 좌반구 전두엽 혹은 우반구 전두엽 환자들 모두가

표 20.1 신경학적 환자들의 정서 행동

행동	특징	기본 참고문헌
자연적 병변에 의한 환자들의 임상적 행동	좌반구 병변에 의한 파국 반응, 우반구 병변에 의한 무관심	Gainotti, 1969; Goldstein, 1939
표정	전두엽 병변에 의한 감소	Kolb & Milner, 1981
	우반구 병변에 의한 감소	Buck & Duffy, 1980; Borod et al., 1986
	비대칭성 변화	Bruyer, 1986
스스로 말하기	좌반구 전두엽 병변에 의한 감소, 우반구 전두엽 병변에 의한 증가	Kolb & Taylor, 1981
말하기의 어조 혹은 운율	우반구 병변에 의해 정서 상태에 대한 흉내가 어려워짐	Tucker et al., 1977; Kent & Rosenbek, 1982
측두엽 속성	측두엽적인 성격	Bear & Fedio, 1977; Waxman & Geshwind, 1974; Fedio & Martin, 1983
나트륨 아미탈	좌반구에의 투여는 파국 반응, 우반구에의 투여는 무관심 반응 비대칭적 효과에 대해서는 증거 없음	Terzian, 1964; Rossi & Rosandini, 1974 Rovetta, 1960; Kolb & Milner, 1981

측두엽 손상 환자군보다 더 큰 표정의 감소를 보였다(**그림 20.9A**). 이 결과는 즉각적으로 지어진 표정과 요청에 의해서 지어진 표정 모두에서 관찰되었다(예 : Kolb & Taylor, 2000).

좌반구 전두엽 병변과 우반구 전두엽 병변 모두에서 표정의 감소가 이루어진 것과 반대로, 스스로 말하기에 대한 전두엽 환자들의 각각의 반구의 효과는 달랐다. 우반구 전두엽 환자들은 말이 많아졌고, 좌반구 전두엽 환자들은 말수가 적어졌다(그림 20.9B). 의심의 여지없이 전두엽 환자의 친구와 친척들은 표정의 상실과 말수의 변화를 성격의 변화로 인식하였다.

구어는 내용과 운율이라는 두 종류의 정보를 담고 있다. 보통, 말의 내용은 좌반구의 기능이고, 목소리 톤은 우반구의 기능이라고 생각할 여지가 충분하다. 예를 들어, Don Tucker와 동료들(1977)이 환자들로 하여금 정서적으로 중립적인 문장을 읽으면서 분노, 행복, 슬픔과 같은 특정한 정서 상태를 표현하라고 하면 우반구 병변 환자들은 좌반구 병변 환자들에 비해 상대적으로 밋밋한 정서를 담은 문장을 만들어냈다. 말하기에서 이러한 톤의 상실은 **실운율증**(aprosodia)이라고 부르고, 이것은 광대역 음향 분석도에 의해서 측정될 수 있다(Kent & Rosenbek, 1982 참조).

그림 20.9 ▼

신경학적 환자들의 정서 표현 평소 신경 심리학적 평가 동안의 표정의 상대적 빈도(A)와 스스로 말하기의 상대적 빈도(B)

(Data sources: Kolb and Milner, 1981, and Kolb and Taylor, 1981.)

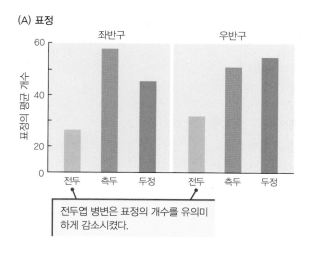

(A) 표정

전두엽 병변은 표정의 개수를 유의미하게 감소시켰다.

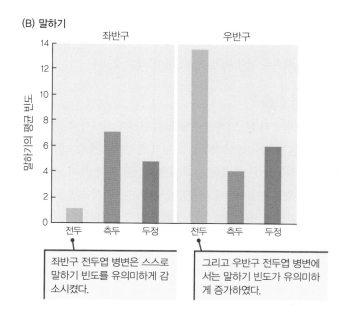

(B) 말하기

좌반구 전두엽 병변은 스스로 말하기 빈도를 유의미하게 감소시켰다.

그리고 우반구 전두엽 병변에서는 말하기 빈도가 유의미하게 증가하였다.

우반구 환자들의 비정상적 목소리톤은 Elliott Ross(1981)로 하여금 좌반구 환자들의 실어증과 유사한 실운율증 종류를 제안하게 만들었다. 예를 들어, 언어의 정서적 요소 산출이 불가한 **운동실운율증**(motor aprosodia)은 우반구의 브로카 영역 손상의 결과로 제안되었다. 언어의 정서적 요소 해석에 대한 손상인 **감각실운율증**(sensory aprosodia)은 베르니케 영역과 유사한 우반구 영역의 손상 결과로 예상된다.

Ross와 Monnot(2008, 2011)은 실운율증 배터리(Aprosodia Battery)를 사용해 뇌졸중 환자들을 검사했고, 좌우 반구 손상 모두가 운율에 영향을 끼치긴 하지만 좌반구와 우반구 손상 환자들 각각에서 서로 다른 패턴의 손상이 보임을 발견했다. 그들은 감정적 운율이 우반구의 지배적이고 편재화된 기능임을 결론 내렸다. 그들은 또한 운율 정확성이 나이가 들면서 감소됨을 발견했고, 이를 우반구의 인지적 기능이 노화에 의해 전반적으로 감소한다는 증거로 제시하였다.

정서 행동의 해석

비정상적 정서 행동은 적절한 행동을 하지 못하기(표현하지 못하기) 때문일 수도 있고, 다른 사람이 보내는 사회적 감정적 신호를 제대로 해석할 줄 모르기 때문일 수도 있다. 뇌 손상 이후 성격 변화에 대한 이해로서 해석 증상의 중요성은 감정적 지각에 대한 다양한 임상적 평가를 발달시켰고, 이는 Joan Borod와 동료들(2000)에 의해서 요약되었다. **표 20.2**에 요약되었듯, 우반구 병변은 다양한 범위의 척도에서 손상을 불러 일으키고, 이는 특히 목소리 톤과 표정을 보고 유머를 이해하고 기분을 판단하는 것에 대한 손상을 포함한다.

유머러스할 수 있고 유머를 이해할 수 있는 능력은 인류의 가장 흥미로운 행동 중 하나이다. 그것은 분명 성격을 형성하며 사회적 삶의 기본 요소 중 하나이다. 다양한 뇌 영역의 부분적 손상 환자들을 대상으로 한 유머 연구에서 우반구 전두엽 손상 환자들이 다른 환자들에 비해서 가장 반응이 적고 웃음과 미소가 감소되며 유머의 핵심을 이해하지 못하게 됨을 발견하였다(Shammi & Stuss, 1999).

우리는 우반구 전두엽 환자들이 유머를 이해할 수 없게 될 뿐만 아니라 그들의 유머에 대한 노력이 잘못되어 있음을 알아야 한다. 예를 들어, 우리는 자신을 "Campbell, with a p, like in swimming"이라고 소개하기 좋아하는 환자를 본 적이 있다.

유머와 같이 표정은 인간을 끈끈하게 묶어주는 사회적 접착제와 같은 역할을 한다. 많은 정보들이 단순히 표정의 뉘앙스를 통해 우리들 사이를 오고 간다. 우반구 측두엽 병변 환자들 혹은 우반구 전두엽 병변 환자들 혹은 두 영역 모두에 병변이 있는 환자들은 표정을 인식하는 데 어려움을 겪는다. 예를

표 20.2   **신경학적 환자들의 정서 행동 해석**

실험	특징	기본 참고문헌
타인의 기분 판단	우반구 병변은 기분 이해를 손상시킴 우반구 병변은 억양의 인지를 손상시킴	Heilman et al., 1993 Tompkins & Mateer, 1985
제안된 정서 판단	좌반구 병변은 제안된 정서의 판단을 손상시킴	Kolb & Taylor, 1981
언어적 유머 해석	우반구의 병변은 유머에 대한 음미를 변화시킴	Gardner et al., 1975; Shammi & Stuss, 1999
정서 표현 매치시키기	우반구의 병변은 해당 과해제 수행을 저해함 좌반구 병변은 해당 반구 손상을 저해함	DeKosky et al., 1980; Kolb & Taylor, 1981; Bowers et al., 1987; Young et al., 1993
정서 표현 판단	양측 편도체 병변은 부정적 표현의 인지를 손상시킴	Adolphs et al., 1999

상황 1   상황 2

◎ **그림 20.10** ▶

사회 인지 평가 다음의 예와 같은 만화 상황에서 환자들에게 빈 얼굴에 알맞는 표정을 짓거나 다수의 선택지에서 알맞은 표정을 고르도록 하였다. 그림 20.3은 대표적인 선택지를 보여준다.

(Research from Kolb and Taylor, 2000.)

들면, 참가자들에게 **그림 20.10**의 사회적 상황 1, 2처럼 한 사람의 얼굴이 비어 있는 각각의 만화에 대해 빈 얼굴에 들어갈 적절한 표정을 고르라고 했다(Kolb & Taylor, 2000). **그림 20.11A**에 요약되었듯이 전두엽 환자들과 측두엽 환자들 모두가 이 과제에서 손상을 보였고, 흥미롭게도 비대칭성은 발견되지 않았다. 각각의 반구에 대한 병변은 적절한 정답이 무엇이었든 간에 과제에 대한 같은 정도의 손상을 불러 일으켰다(Kolb & Taylor, 2000).

하나의 설명은 비록 우반구가 얼굴과 표정을 처리하는 지배적인 반구일지라도, 좌반구가 맥락을 이해하는 역할을 한다는 것이다. 우리는 이전에 Gazzaniga가 분리뇌 연구를 통해 좌반구를 행동의 '해석자'라고 결론 내렸다고 이야기하였다. 이 기능은 사회적 상황에서도 사실일지도 모른다.

서로 다른 표정(예 : 겁먹은 표정과 행복한 표정)은 서로 다른 대뇌 영역에서 분석될까? 예를 들어, 편도체가 공포를 선택적으로 지각했고, Ralph Adolphs와 동료들(1999)의 연구 결과에 의하면 양측 편도체 병변 환자들은 부정적인 표정(예 : 공포)을 인식하는 데에는 손상이 있었으나 행복한 표정을 인식하는 데에는 문제가 없었다는 것을 기억해보라. Bryan Kolb와 Laughlin Taylor(1981)는 비슷한 연구에서 한쪽 반구의 전두엽에 병변이 생긴 환자들은 적절한 Ekman 얼굴에 부정적인 얼굴을 매치하는 과제에 손상이 있었다. 단, 긍정적인 얼굴과의 매치에는 손상이 없었다(그림 20.3 참조). 그림 20.11B에 나타나 있듯이 좌반구 병변은 제외하고 우반구 측두엽 혹은 우반구 두정엽 환자들은 비슷한 패턴의 손상을 보였다.

그림 20.11 ▼

표정 짓기 (A) 그림 20.10과 같은 만화 상황에서 알맞은 표정을 매치시키는 과제 대조군의 수행과 완전 절제술 환자들의 수행. (B) 부정적 정서의 사진과 적절한 Ekman 얼굴 매치 과제에서 동일한 집단들의 수행 (그림 20.3 참조). 우반구 병변이 이 능력을 저해한다.

(Data sources: Kolb and Milner, 1981, and Kolb and Taylor, 1981.)

(A) 만화 맞추기

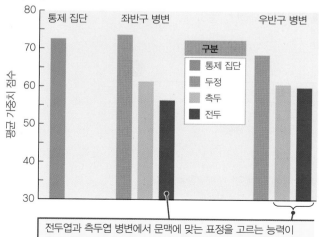

전두엽과 측두엽 병변에서 문맥에 맞는 표정을 고르는 능력이 유의미하게 손상되었다.

(B) 부정적 정서의 사진 맞추기

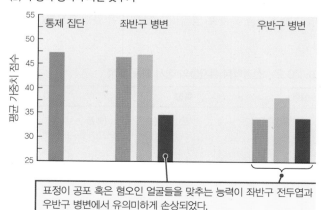

표정이 공포 혹은 혐오인 얼굴들을 맞추는 능력이 좌반구 전두엽과 우반구 병변에서 유의미하게 손상되었다.

표 20.3 측두엽 뇌전증에서 기인한 행동 특징

변화된 성적 관심	성욕의 상실, 성욕 저하 혹은 성욕 과잉 삽화, 노출증, 물품음란증, 복장도착
분노와 공격성	성질이 고조됨, 짜증, 공공연한 적개심 : 강간과 살인과 같은 폭력적인 범죄
정서성	감정의 깊이가 깊어짐, 지속적이고 극심한 조울증, 들뜬 기분
죄책감	자기 반성과 자기 비난
과잉 도덕성	중대한 법 위반이나 사소한 법 위반을 구분하지 못하고, 규율에 꼼꼼하게 관심을 가짐
강박	의식에 대한 집착, 질서 정연, 세부적인 것에 대한 강박적인 주의
유머 상실, 진지함	과잉 일반화되고 강압적인 우려, 유머의 상실 혹은 특이한 유머
끝없는 글쓰기	방대한 양의 일기를 씀, 세세한 것들을 다 메모로 남김, 시·자서전 혹은 소설을 씀
편집증	의심이 많아지고 동기나 사건을 과잉 해석함, 망상형 조현병 진단
종교적 독실함	깊은 종교적 믿음, 종종 여러 신앙을 특이하게 개조하거나 신령스러움
슬픔	단념, 두려움, 자기 비하, 우울 진단, 자살 시도
점도	'질척거림', 반복하는 경향성

출처 : Data, in part, from Bear and Fedio, 1977.

따라서 표정은 하나의 자극 범주에만 들어가 있지 않고, 오히려 다른 표정은 뇌에서도 따로따로 처리될지도 모른다. 이 아이디어와 관련하여 한 fMRI 연구는 공포와 혐오에 대한 대뇌 활성화를 비교하였다(Phillips et al., 1997). 혐오의 표정이 보통 맛이 없는 음식과 관련되어 있다는 점에서 연구자들은 혐오 표정 인식이 측두엽 안의 뇌섬엽에 위치한 미각피질과 연관되어 있을 것이라고 생각하였다. 이 생각은 그들이 연구를 통해 발견한 것들과 정확히 일치하였다. 공포 표정은 편도체에서 활성화되는 반면 혐오 표정은 뇌섬엽에서 활성화된다.

측두엽 성격

측두엽 손상 환자들에 대한 전반적인 임상적 인상은 측두엽 환자들이 명백한 성격 변화를 보인다는 것이다. 예를 들어, 뇌전증 환자들과 그들의 친구들로 하여금 '분노', '슬픔', 혹은 종교적 독실함과 같은 행동에 대한 평가를 내리게 했을 때 환자들은 특정한 속성을 보이는 것으로 발견됐다(Bear & Fedio, 1977). 이는 표 20.3에 요약된 것처럼 측두엽 성격이라고도 불린다(15.3절 참조).

뇌전증 환자들은 자기보고를 통해 유머가 없는 진지함, 의존성, 그리고 강박을 독특한 특징으로 보고했다. 평가자들은 표 20.3의 거의 모든 속성에서 측두엽 손상 환자들을 구분하였으나, '점도(viscosity)', '과잉 도덕성(hypermoralism)', '분노'로 표현된 속성에서 가장 강하게 평가하였다.

더 나아가 좌반구 그리고 우반구 측두엽 손상 환자들은 각각 구분 가능했다. 우반구 측두엽 환자들은 더욱 강박적이라고 표현되었고, 좌반구 측두엽 환자들은 '개인적 운명(personal destiny)'을 더욱더 신경쓰는 존재들로 표현되었다.

🎯 20.6 사회적 뇌와 사회 인지

전통적으로 사회적 뇌에 대한 연구는 인간 환자들과 실험실 동물들의 뇌 손상 효과를 조사하는 데 그쳤다. 지난 20년간의 비침습적 영상의 섬세함 증가로, 사회 그리고 인지 심리학자들은 이제 20.4절의 자세히 보기에서 예로 든 것처럼 참가자들이 사회 인지 과제를 수행하고 있는 동안의 뇌 활성화를 관찰한다. **사회신경과학**(social neuroscience)이라는 융합적인 분야는 어떻게 뇌가 사회적 상호작용을 중재하는지 이해하도록 한다.

뇌영상 기술의 발달로 인해 뇌 병변 연구가 더 이상 필요없게 느껴질 수도 있지만, Justin Feinstein (2013)은 병변 연구가 비침습적 뇌영상 연구로부터 도출된 결론을 언제나 지지하지는 않는다고 강력히 주장했다. 우리는 이 두 가지의 분석 방법을 모두 결합하여야 한다. 따라서 우리는 인간의 사회적 신경망과 '자기'에 대한 인식, 정서를 조절하기 위한 인지적 능력 등에 대해 이야기함에 앞서 원숭이 뇌의 전두엽 병변과 인간 뇌의 전두엽 및 측두엽 병변의 효과를 살펴보고자 한다.

원숭이의 전두엽 병변

뇌 손상 환자의 배우자와 친척들은 뇌 손상 이후 환자의 성격에 변화가 생겼다고 불만을 토로하지만, 인간에게 있어서 뇌 손상이 초래하는 변화에 대한 논의는 아직 부족하다. 심지어 피니어스 게이지(그림 16.16 참조)와 같은 사람들의 행동적인 변화에 대한 묘사도 보통 전반적인 수준이며 주관적이고, 객관적으로 보고되는 경우가 드물다. 그러나 동물들, 특히 인간 이외의 영장류에 대한 연구 결과를 통해서 전두엽 손상 이후 정서 처리에 있어서 여섯 가지 행동적 변화를 밝힐 수 있게 되었다.

1. **사회적 상호작용 감소.** 안와전두 영역과 전대상회 영역의 손상 이후 원숭이들은 사회적으로 위축되 가족 구성원들과도 가까운 관계를 다시 형성하지 못하게 된다. 이 원숭이들은 홀로 앉아 있는다. 몸단장이나 다른 원숭이들과의 접촉이 있다 해도 그 경우가 매우 드물다. 그리고 자유 방목되는 자연 환경에서 혼자가 되며, 집단을 떠나게 된다.

2. **사회적 권위의 상실.** 16.3절에서 보고되었듯이 집단 내에서 권위를 가지고 있었던 원숭이들은 집단 내 다른 원숭이들의 공격적 성향에 따라 다르긴 하지만 완전히 권위가 박탈되는 데까지는 몇 주 정도 걸리고 안와전두엽 손상 이후 그들의 권위를 유지하는 데 실패하였다.

3. **부적절한 사회적 상호작용.** 안와전두엽 손상 원숭이들은 지배 동물에게 굴복한다는 의미의 적절한 제스처를 취하지 못하고, 다른 동물이 어떤 사회적 권위를 가지고 있든 간에 그 동물에게 아무런 거리낌없이 다가가기도 한다. 이러한 행동은 종종 지배 동물의 보복적 성격의 공격성을 자아내게 된다. 비슷하게 지배 동물이 다가왔을 때 일반 원숭이들은 보통 마운팅을 허락하는 것과 같은 항복 제스처를 취하지만 전두엽 손상 원숭이들은 그저 그들을 무시해버리거나 도망가버리게 된다.

4. **사회적 선호 변화.** 건강한 원숭이들은 동족 원숭이들이 있는 유리로 된 울타리 안에 풀어졌을 때 보통 반대편에 앉아 있는 원숭이 옆에 유리를 등지고 앉는다. 건강한 원숭이들은 건강한 이성 원숭이 옆에 앉는 것을 선호하지만, 전두엽이 손상된 원숭이들은 다른 전두엽 손상 동성 원숭이와 앉는 것을 선호한다. 이는 아마도 그들이 덜 위협적으로 느껴지기 때문일 것이다.

5. **애착 감소.** 전두엽 손상 원숭이들은 사회적 상황에서 표정이 없어지고 사회적 몸짓과 자세를 취하지 않는다(대상회 혹은 시각 관련 피질의 손상에서는 이러한 효과가 없다). 따라서 전두엽 손상 원숭이들은 표정의 빈도와 변화가 급격히 떨어지고 '포커페이스'라고 묘사된다. 자주는 아니지만 표정을 지을 때도 있으므로 이것은 단순히 얼굴 근육을 통제할 수 없기 때문은 아니다.

6. **발성 감소.** 전두엽 손상은 사회적 발성을 감소시킨다. 심지어 전대상회 손상 이후의 붉은털원숭이는 발성 자체를 아예 하지 않았다.

일반적으로 원숭이의 안와전두피질 손상은 사회 행동에 변화를 가져온다. 특히 뇌 손상 원숭이들은 사회적 반응성이 낮아지고, 종 특유 자극을 생산하고 반응하지 못하게 된다. 변연방피질의 손상은 약하게 사회적 상호작용을 감소시킨다. 여기서 중요한 점은 시각 관련 영역의 손상은 감각 처리에 있어서 큰 변화를 가져오지만, 정서 행동에 있어서의 변화는 가져오지 못한다.

전두엽 손상 원숭이들의 정서 처리에 있어서의 변화는 전두엽이 손상된 인간에게도 비슷한 변화가 나타날 수 있다는 점에서 특히 중요하다. 뇌 손상 원숭이들은 적절한 목소리와 제스처를 하지 못하고, 동족의 행동에 대해서도 적절한 반응을 하지 못하게 되기 때문에, 우리는 J.P.와 같이 전두엽이 손상되거나 장애가 있는 인간들이 사회적 행동에 있어서 비슷한 변화를 보일 것이라고 예측할 수 있다. 더 나아가 조현병과 같이 사회적 상호작용에의 변화로 특징지어지는 질환 또한 전두엽 이상에 의한 것일 수 있다.

인간의 대뇌 병변

인간의 전두엽과 측두엽 병변은 표정과 사회적 발화에 손상을 가져오고, 구체적인 사회적 문맥과 관련된 표정과 정서를 인식하는 데 손상을 가져오며, 성격을 변화시킨다(표 20.3 참조). 뇌섬엽의 손상은 고통의 역치를 증가시킬 뿐만 아니라 타인의 고통을 인식하는 능력을 손상시킨다. 이러한 연구 결과는 고통에 공감하는 과제를 수행할 때 뇌섬엽의 활동이 증가한다는 뇌영상 연구 결과와도 일치한다(Gu et al., 2012). 편도체 병변은 타인의 공포를 인지하는 데 손상을 초래한다.

사례 연구의 긴 역사는 양측 복내측 전전두엽 영역의 손상이 사회적 행동, 의사결정, 정서 처리의 손상을 초래함을 밝혀냈다(자세한 검토는 Damasio et al., 2012 참조). 이러한 환자들은 그들의 개인적인 일이나 직업과 관련된 일에 있어서 올바른 판단을 내리지 못하고, 복잡한 의사결정 능력을 측정하기 위한 실험 과제를 수행할 때에도 제대로 된 판단을 내리지 못한다. 대부분의 사례 연구는 주로 양측 뇌에 손상을 초래하는 전대뇌 혹은 전교통 동맥의 동맥류 파열 환자, 혹은 정중선 종양 수술 환자 등을 대상으로 진행되었기 때문에 양측 뇌 손상에 초점을 두어 왔다.

Dan Tranel과 동료들(2002, 2007)은 좌반구 혹은 우반구의 편측 복내측 전두엽 손상 환자의 사례를 보고하였다. 그들은 매우 심도 있는 비대칭성을 발견하였다. 우반구 병변 환자들은 앞서 묘사된 것과 마찬가지로 '후천적 소시오패스(acquired sociopathy)'의 조건을 충족시켰다(우반구 전두엽 병변 환자는 16.3절에서 이야기되었듯이 가정신병증으로 보였다). 반대로 좌반구 병변 환자들은 전형적인 사회 및 대인 관계 행동을 보였고, 안정적인 직업이 있었으며, 비교적 변화되지 않은 성격과 의사결정 능력을 보였다. 따라서 Tranel과 동료들은 사회적 · 의사결정 · 정서적 기능에 있어서는 우반구 복내측 전전두엽이 중요한 역할을 하고, 좌반구 복내측 전전두엽은 상대적으로 덜 중요한 역할을 한다고 결론 내렸다.

마지막으로 측두-두정 접합 부위(TPJ)와 전대상피질 병변에 의한 사회적 변화 또한 드물게 발견되었다.

사회적 신경망

사회적 행동에 관여하는 뇌 영역을 밝혀내기 위하여 Daniel Kennedy와 Ralph Adolphs(2012)는 뇌 병변 사례 연구와 정상군의 기능자기공명영상(fMRI) 활성화 연구를 검토하였다. **그림 20.12A**는 사회 행동에 관여한다고 알려진 뇌 영역이고, 그림 20.12B는 이 영역들을 하나로 묶는 사회적 기능과 관련된 네 가지 뇌 네트워크이다.

1. **편도체 네트워크.** 편도체 및 안와전두엽과 측두엽을 포함하는 네트워크로, 이 네트워크의 기능은 정서 반응을 촉발시키는 것에서부터 사회적 자극을 탐지하는 것까지 다양하다.

그림 20.12 ▶

사회적 뇌 : 구조에서 네트워크까지 (A) 뇌 손상 환자 대상 사례 연구와 정상군 참가자 대상 fMRI 연구에 기초하여 사회 인지에 관여하는 것으로 알려진 구조들. (TPJ : 측두정엽, dMPFC : 배내측 전전두엽 피질, STS/STG : 상측두구, FFA : 방추 얼굴 영역, vMPFC/OFC : 복내측 전전두엽피질/안와전두피질) (B) 사회적 신경망의 제안

(Kennedy, D. P., and R. Adolphs. The social brain in psychiatric and neurological disorders. *Trends in Cognitive Sciences* 16:559-572, 2012, Figure 1, page 561. © Elsevier.)

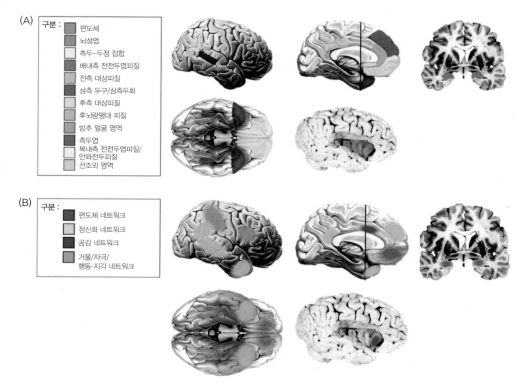

(A) 구분 :
- 편도체
- 뇌섬엽
- 측두-두정 접합
- 배내측 전전두엽피질
- 전측 대상피질
- 상측 두구/상측두회
- 후측 대상피질
- 후뇌량팽대 피질
- 방추 얼굴 영역
- 측두엽
- 복내측 전전두엽피질/안와전두피질
- 선조외 영역

(B) 구분 :
- 편도체 네트워크
- 정신화 네트워크
- 공감 네트워크
- 거울/자극/행동-지각 네트워크

2. **정신화 네트워크.** 이 네트워크를 구성하는 영역들의 집합은 타인의 내제적인 상태에 대하여 생각하는 것과 관련이 있다. 상측두구와 전측 측두엽을 포함하고, 타인의 행동을 이해하는 메커니즘을 제공한다.

3. **공감 네트워크.** 타인과 공감할 때 관여하는 구조들로 뇌섬엽과 대상피질을 포함한다. 공감 네트워크는 인간이 자동적으로 타인의 의도를 귀인할 수 있게 한다. 게다가 인간은 인간이 아닌 동물이나 추상적인 만화에 대해서도 의도와 다른 심리학적 동기를 귀인한다. Fulvia Castelli와 동료들(2000)은 참가자들에게 '상호작용'하는 삼각관계 애니메이션(다른 사람을 조롱하는 삼각관계 등)을 보여주었고, 다른 무작위의 애니메이션을 보여주었다. fMRI 결과에 의하면 삼각관계 애니메이션을 통해 귀인이 미리 점화되면 참가자들의 중앙 전전두엽 영역과 기저 측두엽(방추상회와 편도체 근처의 측두극), 그리고 상측두구와 후두엽이 활성화되었다.

4. **거울/자극/행동-지각 네트워크.** 타인의 행동을 관찰할 때 활성화되는 이 네트워크는 두정엽과 전운동피질의 거울 뉴런 체계를 포함한다(그림 9.12B 참조). 그리고 추후 논의될 자기(self)에 대한 개념을 발달시키는 데에도 관여한다고 알려져 있다.

우리는 이러한 사회적 네트워크에 대해서 피질 수준에서만 설명하였다. 그러나 이 네트워크에는 중격핵, 담창구, 시상하부, 그리고 복측 피개와 같은 피질하 구조 또한 관여할 것이다(Berridge & Kringelbach, 2013 개관 참조).

자기와 사회 인지

인간들은 타인의 행동과 의도를 파악할 수 있을 뿐만 아니라 자신의 행동과 의도도 파악할 수 있다. 전두엽 구조의 서로 다른 신경 네트워크가 '자기(self)'에 대한 개념을 형성하는 데 관여한다. (1) 거울/자

극/행동-지각 네트워크를 포괄하는 우반구 전두두정엽 네트워크와, (2) 피질 정중선 네트워크가 그것이다.

인간과 유인원들은 거울을 봤을 때 **자신의 얼굴**, 즉 스스로를 인식하는 특별한 능력을 가지고 있다. 분리뇌 환자들의 우반구는 자신의 얼굴을 인식할 수 있었고, 자신의 얼굴에 대한 생리학적 반응은 좌반구보다 우반구가 더 강하였다. 뇌영상과 환자의 자료 모두 우반구 전두두정엽 네트워크가 자신의 얼굴을 인식하는 것을 조절한다는 증거를 제시했다.

예를 들어, Lucina Uddin과 동료들(2007, 2011)은 자신의 얼굴을 인식하는 것이 **그림 20.13**에서 그려지는 것처럼 우반구 전두엽과 두정엽 영역을 활성화시킨다고 주장했다. 이렇게 활성화된 영역은 거울 뉴런을 포함하는 영역들과 겹치게 되고, 활성화된 뉴런은 자기 지각 및 자신과 타인의 의도를 이해하는 자기 지각과 관련된 정신 상태와의 연결성을 제공하는 것으로 알려졌다. Uddin과 동료들은 우반구 전두두정엽의 거울 뉴런 영역이 자신의 행동에 대한 인식을 참작하여 타인의 행동을 인식하는 체계를 함께 활성화시키면서 자신과 타인 간의 다리 역할을 한다고 주장했다. 자기 인식은 얼굴에 대한 인식을 포함할 뿐만 아니라 목소리에 대한 인식도 포함한다. Uddin 연구 팀(Kaplan et al., 2008)은 자신의 목소리를 듣는 것이 우반구 하전두회의 활성화를 증가시킨다고 밝혔다. 그들은 우반구 하전두 영역이 다중 모드의 추상적 자기 표상에 관여한다고 결론 내렸다.

자신의 행동에 대한 인식은 우리가 자기 인식이라고 부르는 것의 일부에 불과하다. 더 추상적인 정신적 자신(self) 또한 존재한다. Matthew Lieberman(2007)은 스스로(혹은 타인)의 정신적 상태를 처리하는 과정은 내측 전두엽에서 일어난다고 밝혔다. 한 연구에서 Jason Mitchell과 동료들(2005)은 참가자들에게 다음의 둘 중 하나의 의미론적 판단을 내리도록 하였다. "이 설명은 타깃(사람 혹은 개)의 잠재적 심리 상태에 대한 것인가?" 혹은 "이 설명은 타깃의 신체적인 부분에 대한 것인가?" fMRI 결과는 타깃이 사람이든 개이든 상관없이 심리 상태를 묻는 조건에서만 내측 전두엽 부분이 활성화가 증가되었음을 밝혀냈다. 그들은 이 내측 전두엽 부분은 자기 자신뿐만 아니라 타인의 심리학적 상태를 관찰하는 데 관여한다고 주장했다.

전두두정엽의 거울 뉴런 네트워크와 내측 전두엽 네트워크가 자기-타인 표상에 관여하기 때문에, 이들은 다양한 신경 영역에서 자기-타인 표상을 유지시키기 위해 상호작용할 것이다. 이러한 상호작용의 본질과 어떻게 자기(self)가 발달하고 변화하는지에 대한 자세한 사항은 앞으로의 중요 연구 주제로 떠오를 것이다.

(A)

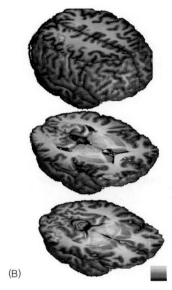

(B)

그림 20.13 ▲

자기 인식의 신경학적 기반 인간은 거울이나 사진을 보고 자기를 인식할 수 있다. 자신의 얼굴이나 비슷한 혹은 다른 얼굴을 봤을 때 뇌 활성화(A)는 자신의 얼굴에 대한 뇌 활성화를 관찰할 수 있게 해준다. 자신의 얼굴은 보통 (B)에서 보여지는 것과 같이 우반구 전두두정엽을 활성화시킨다. 반복적 경두개 자기자극(rTMS)으로 해당 영역을 자극하면 자기에 대한 인식이 저해된다.

(From L. Q. Uddin et al. The self and social cognition: the role of cortical midline structures and mirror neurons. *Trends in Cognitive Sciences* 11(4):153–157, 2007. © Elsevier.)

인지를 통한 정서 조절

인간은 놀라울 정도로 다양한 정서 범위를 가지고 있고, 우리의 정서를 조절할 수 있는 인지적 능력을 갖고 있다. 예를 들어, 우리는 자극이 어떻게 느껴질 것인가에 대해 예측할 수 있고(예 : 페니실린 바늘 주사) 해당 예측은 우리가 실제로 사건을 경험할 때 느끼는 감정을 바꿔놓을 수 있다. Nobukatsu Sawamoto와 동료들(2000)은 참가자가 고통이 올 것이라고 예상했을 때 고통스럽지 않은 자극도 고통스럽게 느꼈으며, 이러한 반응이 고통 지각과 관련되어 있는 영역인 대상피질과 상관을 보인다고 밝혔다.

정서적 반응을 바꾸기 위한 인지적 처리 과정은 비침습적 뇌영상을 통해서도 연구되었다. Kevin Ochsner와 James Gross(2005)는 이러한 연구들을 검토하였고, 참가자들이 자신의 정서를 재평가했을 때 전전두엽과 대상피질이 동시에 활성화된다고 결론 내렸다. 한 연구에서 이 연구자들은 참가자들에게 혐오스러운 사진을 보여주고 그 사진이 자신과 얼마나 연관되어 있는지 생각해보라고 지시했다.

한 조건의 참가자들에게는 그들의 부정적인 감정과 사진에 나타나 있는 사건에 대해 주관적으로 느끼는 근접도를 증가시켜보도록 요구했다. 즉 자기 스스로나 사랑하는 사람을 사진의 주인공으로 상상해보도록 요청했다. 두 번째 조건에서는 참가자들에게 사진 속 사건을 제3자의 입장에서 분리해 생각함으로써 객관적인 거리를 유지하게 하고, 그들의 부정적인 감정을 감소시키도록 요구했다. 이렇게 부정적 정서를 상향 조절할 때와 하향 조절할 때 모두 전전두엽과 전대상 영역이 활성화됨이 관찰되었다.

요컨대 사회신경과학은 뇌가 인간의 복잡한 사회적 행동에 어떻게 관여하는지에 대한 이해를 근본적으로 변화시키고 있다. 역사 속 뇌 병변 연구들은 사회적 행동의 지각과 생산에 대한 연구에 초점을 두었지만, 현대적 관점의 연구들은 어떻게 뇌가 인간으로 하여금 자기 자신과 타인에 대해서 생각할 수 있게 해주는지에 대한 통찰을 제공한다.

요약

20.1 정서의 본질

정서, 혹은 정서 행동은 쉽게 인식될 수 있지만 정량화시키기 어렵다. 비슷하게 손상되었을 때 정서 행동을 저해시키는 뇌 구조를 발견하는 것은 쉽지만, 해당 구조물이 정서 행동에 어떠한 역할을 하는 것인지를 판단하는 것은 해당 인지 처리 과정이 의식적일 수도 있고, 우리의 의식을 벗어난 것일 수도 있다는 점에서 어렵다.

20.2 역사적 관점

Darwin은 정서의 생물학에 최초로 관심을 기울인 사람이지만, 생리학자들은 1920년대 후반에 와서야 정서의 신경학적·내분비적 기저에 대해서 관찰하기 시작했다. 그들은 시상과 시상하부의 구조물들의 역할을 강조했다. Papez는 여기에 변연계의 전뇌 구조를 포함시켜 네트워크를 확대시켰다. 정서에 대한 대뇌의 역할은 지난 40년 동안에 와서야 중요시되었다.

20.3 정서 행동에 관여하는 후보 구조들

다양한 신경 체계가 다양한 정서 행동을 조절한다. 정서 행동을 조절하는 주요 후보 구조로는 전두엽, 특히 하측 전두엽, 편도체와 관련된 변연방피질, 그리고 시상하부가 있다. 우리의 정서 행동에 영향을 끼치는 지각, 운동, 기억, 언어와 같은 행동적 기능의 변화를 통해서 우리는 인지 처리에 관여하는 방대한 피질 영역이 정서를 생산하는 데에도 관여함을 알 수 있다.

20.4 정서의 신경심리학 이론

Damasio의 신체 표지 가설과 LeDoux의 인지-정서 상호작용 이론, Gainotti의 편재화 이론과 같이 정서를 설명하는 주요 이론들의 공통된 주제는 정서와 인지가 밀접하게 연관되어 있고 공통된 신경 체계를 통해서 조절된다는 것이다.

20.5 정서 처리의 비대칭성

대뇌 손상 이후 정서 행동의 변화에 대한 연구는 정서의 산출과 지각의 변화에 초점을 둔다. 대체적으로 좌반구와 우반구 병변은 정서 행동에 서로 다른 영향을 주고, 우반구가 더 큰 영향을 주는 것으로 나타난다. 이러한 비대칭성이 정서 행동을 이해하는 데 특정 영역의 중요성을 간과하게 해서는 안 된다. 전두엽과 편도체 모두가 정서 조절에 특별한 역할을 하고, 특히나 표정을 생산하고 해석하는 것과 관련된 행동에 중요한 역할을 한다. 좌반구 편도체는 공포라는 하나의 특정 정서를 생산하는 데 중요한 역할을 한다.

20.6 사회적 뇌와 사회 인지

원숭이와 인간에게 있어서 전두엽과 다른 대뇌 영역의 손상은 광범위한 사회적 행동의 변화를 가져오고, 종종 성격의 변화를 가져온다. 인간은 이러한 영향에 있어서 비대칭적인 면모를 보이는데, 우반구, 특히 우반구 전두엽 손상은 좌반구 손상보다 더욱더 큰 행동적 변화를 보인다.

사회신경과학자들은 사회 행동에 관여하는 대뇌 네트워크를 밝혀왔고, 여기에는 편도체 네트워크, 정신화 네트워크, 공감 네트워크, 그리고 거울/자극/행동-지각 네트워크가 포함된다. 지난 연구들은 전전두엽과 전대상회 영역의 자기(self)에 대한 감각, 그리고 믿음과 예측이 정서 처리에 어떤 영향을 끼치는지에 대한 근본적 역할에 초점을 두어 이루어졌다.

참고문헌

Ackerly, S. S. A case of paranatal bilateral frontal lobe defect observed for thirty years. In J. M. Warren and K. Akert, Eds., *The Frontal Granular Cortex and Behavior*, pp. 192–218. New York: McGraw-Hill, 1964.

Adolphs, R., D. Tranel, S. Hamann, A. W. Young, A. J. Calder, E. A. Phelps, A. Anderson, G. P. Lee, and A. R. Damasio. Recognition of emotional expression in nine individuals with bilateral amygdala damage. *Neuropsychologia* 37:1111–1117, 1999.

Anderson, D. J., and R. Adolphs. A framework for studying emotions across species. *Cell* 157:187–200, 2014.

Bear, D. M., and P. Fedio. Quantitative analysis of interictal behavior in temporal lobe epilepsy. *Archives of Neurology* 34:454–467, 1977.

Berridge, K. C., and M. L. Kringelbach. Neuroscience of affect: Brain mechanisms of pleasure and displeasure. *Current Opinion in Neurobiology* 23:294–303, 2013.

Borod, J. C., E. Koff, M. Perlman Lorch, and M. Nicholas. The expression and perception of facial emotion in brain-damaged patients. *Neuropsychologia* 24:169–180, 1986.

Borod, J. C., M. H. Tabert, C. Santschi, and E. H. Strauss. Neuropsychological assessment of emotional processing in brain-damaged patients. In J. C. Borod, Ed., *The Neuropsychology of Emotion*, pp. 80–105. New York: Oxford University Press, 2000.

Bowers, D., H. B. Coslett, R. M. Bauer, L. J. Speedie, and K. M. Heilman. Comprehension of emotional prosody following unilateral hemispheric lesions: Processing defect versus distraction defect. *Neuropsychologia* 25:317–328, 1987.

Brown, S., and E. A. Schaefer. An investigation into the functions of the occipital and temporal lobe of the monkey's brain. *Philosophical Transactions of the Royal Society Series B* 179:303–327, 1888.

Bruyer, R. *The Neuropsychology of Face Perception and Facial Expression*. Hillsdale, N.J.: Lawrence Erlbaum, 1986.

Buck, R., and R. J. Duffy. Nonverbal communication of affect in brain-damaged patients. *Cortex* 16:351–362, 1980.

Castelli, F., F. Happe, U. Frith, and C. Frith. Movement and mind: A functional imaging study of perception and interpretation of complex intentional movement. *NeuroImage* 12:314–325, 2000.

Coricelli, G., R. J. Dolan, and A. Sirigu. Brain, emotion and decision making: The paradigmatic example of regret. *Trends in Cognitive Science* 11:258–265, 2007.

Damasio, A. R. The somatic marker hypothesis and the possible functions of the prefrontal cortex. *Philosophical Transactions of the Royal Society of London B Biological Sciences* 351:1413–1420, 1996.

Damasio, A. R. A second chance for emotion. In R. D. Lane and L. Nadel, Eds., *Cognitive Neuroscience of Emotion*, pp. 12–23. New York: Oxford University Press, 2000.

Damasio, A. R., S. W. Anderson, and D. Tranel. The frontal lobes. In K. Heilman and E. Valenstein, Eds., *Clinical Neuropsychology*, 5th ed., pp. 417–465. New York: Oxford University Press, 2011.

DeKosky, S. T., K. M. Heilman, D. Bowers, and E. Valenstein. Recognition and discrimination of emotional faces and pictures. *Brain and Language* 9:206–214, 1980.

Ekman, P., and W. V. Friesen. *Unmasking the Face*. Palo Alto, Calif.: Consulting Psychology Press, 1984.

Fedio, P., and A. Martin. Ideative–emotive behavioral characteristics of patients following left or right temporal lobectomy. *Epilepsia* 254:S117–S130, 1983.

Feinstein, J. S. Lesion studies of human emotion and feeling. *Current Opinion in Neurobiology* 23:304–309, 2013.

Gainotti, G. Reactions "catastrophiques" et manifestations d'indifférence au cours des atteintes cerebrales. *Neuropsychologia* 7:195–204, 1969.

Gainotti, G. Neuropsychological theories of emotion. In J. C. Borod, Ed., *The Neuropsychology of Emotion*, pp. 214–236. New York: Oxford University Press, 2000.

Gardner, H., P. K. Ling, L. Flamm, and J. Silverman. Comprehension and appreciation of humorous material following brain damage. *Brain* 98:399–412, 1975.

Gazzaniga, M. *Nature's Mind*. New York: Basic Books, 1994.

Gazzaniga, M., and J. E. LeDoux. *The Integrated Mind*. New York: Plenum, 1978.

Goldstein, K. *The Organism: A Holistic Approach to Biology, Derived from Pathological Data in Man*. New York: American Books, 1939.

Gu X., Z. Gao, X. Wang, X. Liu, R. T. Knight, P. R. Hof, and J. Fan. Anterior insular cortex is necessary for empathetic pain perception. *Brain* 135:2726–2735, 2012.

Heilman, K. M., D. Bowers, and E. Valenstein. Emotional disorders associated with neurological diseases. In K. M. Heilman and E. Valenstein, Eds., *Clinical Neuropsychology*, 3rd ed. New York: Oxford University Press, 1993.

Kaplan, J. T., L. Aziz-Zadeh, L. Q. Uddin, and M. Iacoboni. The self across the senses: An fMRI study of self-face and self-voice recognition. *SCAN* 3:218–223, 2008.

Kennedy, D. P., and R. Adolphs. The social brain in psychiatric and neurological disorders. *Trends in Cognitive Sciences* 16:559–572, 2012.

Kent, R. D., and J. C. Rosenbek. Prosodic disturbance and neurological lesion. *Brain and Language* 15:259–291, 1982.

Klüver, H., and P. C. Bucy. Preliminary analysis of the temporal lobes in monkeys. *Archives of Neurology and Psychiatry* 42:979–1000, 1939.

Kolb, B., and B. Milner. Observations on spontaneous facial expression after focal cerebral excisions and after intracarotid injection of sodium amytal. *Neuropsychologia* 19:505–514, 1981.

Kolb, B., and L. Taylor. Affective behavior in patients with localized cortical excisions: Role of lesion site and side. *Science* 214:89–91, 1981.

Kolb, B., and L. Taylor. Facial expression, emotion, and hemispheric organization. In R. D. Lane and L. Nadel, Eds., *Cognitive Neuroscience of Emotion*, pp. 62–83. New York: Oxford University Press, 2000.

LaBar, K. S., J. C. Gatenby, J. C. Gore, J. E. LeDoux, and E. A. Phelps. Human amygdala activation during conditioned fear acquisition and extinction: A mixed-trial fMRI study. *Neuron* 20:937–945, 1998.

LeDoux, J. E. Cognitive–emotional interactions. In R. D. Lane and L. Nadel, Eds., *Cognitive Neuroscience of Emotion*, pp. 129–155. New York: Oxford University Press, 2000.

Leiberman, M. D. Social cognitive neuroscience: A review of core processes. *Annual Review of Psychology* 58:259–289, 2007.

Marlowe, W. B., E. L. Mancall, and J. J. Thomas. Complete Klüver–Bucy syndrome in man. *Cortex* 11:53–59, 1975.

Mitchell, J. P., R. B. Mahzarin, and C. N. Macrae. General and specific contributions of the medial prefrontal cortex to knowledge about mental states. *NeuroImage* 28:757–762, 2005.

Ochsner, K. N., and J. J. Gross. The cognitive control of emotion. *Trends in Cognitive Sciences* 9:242–249, 2005.

Papez, J. W. A proposed mechanism of emotion. *Archives of Neurology and Psychiatry* 38:725–744, 1937.

Pessoa, L., and R. Adolphs. Emotion processing and the amygdala: From a 'low road' to 'many roads' of evaluating biological significance. *Nature Reviews Neuroscience* 11:773–783, 2010.

Phillips, M. L., A. W. Young, C. Senior, M. Brammer, C. Andrews, A. J. Calder, E. T. Bullmore, D. I. Perrett, D. Rowland, S. C. R. Williams, J. A. Gray, and A. S. David. A specific neural substrate for perceiving facial expressions of disgust. *Nature* 389:495–498, 1997.

Rolls, E. T. *Emotion and Decision-Making Explained*. Oxford: Oxford University Press, 2014.

Ross, E. D. The aprosodias: Functional–anatomical organization of the affective components of language in the right hemisphere. *Archives of Neurology* 38:561–569, 1981.

Ross, E. D., and M. Monnot. Neurology of affective prosody and its functional–anatomic organization in right hemisphere. *Brain and Language* 104: 51–74, 2008.

Ross, E. D., and M. Monnot. Affective prosody: What do comprehension errors tell us about hemispheric lateralization of emotions, sex and aging effects, and the role of cognitive appraisal? *Neuropsychologica* 49:866–877, 2011.

Rossi, G. F., and G. Rosadini. Experimental analysis of cerebral dominance in man. In C. J. Millikan and F. L. Darley, Eds., *Brain Mechanisms Underlying Speech and Language*, pp.167–174. New York: Grune & Stratton, 1974.

Rovetta, P. Discussion of paper "Amytal intracaroitides per lo studio della dominanza emisferica." *Rivista di Neurologia* 30:460–470, 1960.

Sawamoto, N., M. Honda, T. Okada, T. Hanakawa, M. Kanda, H. Fukuyama, H. Konishi, and H. Shibasaki. Expectation of pain enhances responses to nonpainful somatosensory stimulation in the anterior cingulate cortex and parietal operculum/posterior insula: An event-related functional magnetic resonance imaging study. *Journal of Neuroscience* 20:7438–7445, 2000.

Scherer, C. Psychological theories of emotion. In J. C. Borod, Ed., *The Neuropsychology of Emotion*, pp. 137–162. New York: Oxford University Press, 2000.

Shammi, P., and D. T. Stuss. Humour appreciation: A role of the right frontal lobe. *Brain* 122:657–666, 1999.

Terzian, H. Behavioral and EEG effects of intracarotid sodium amytal injection. *Acta Neurochirurgica* 12:230–239, 1964.

Tompkins, C. A., and C. A. Mateer. Right hemisphere appreciation of intonational and linguistic indications of affect. *Brain and Language* 24:185–203, 1985.

Tranel, D., A. Bechara, and N. L. Denburg. Asymmetric functional roles of right and left ventromedial prefrontal cortices in social conduct, decision making, and emotional processing. *Cortex* 38:589–612, 2002.

Tranel D., J. Hathaway-Nepple, and S. W. Anderson. Impaired behavior on real-world tasks following damage to the ventromedial prefrontal cortex. *Journal of Clinical and Experimental Neuropsychology* 29:319–332, 2007.

Tucker, D. M., D. Derryberry, and P. Lau. Anatomy and physiology of human emotion: Vertical integration of brainstem, limbic, and cortical systems. In J. C. Borod, Ed., *The Neuropsychology of Emotion*, pp. 56–79. New York: Oxford University Press, 2000.

Tucker, D. M., R. T. Watson, and K. M. Heilman. Discrimination and evocation of affectively intoned speech in patients with right parietal disease. *Neurology* 27:947–950, 1977.

Uddin, L. Q., M. Iacoboni, C. Lange, and J. P. Keenan. The self and social cognition: The role of cortical midline structures and mirror neurons. *Trends in Cognitive Sciences* 11:153–157, 2007.

Uddin, L. Q. Brain connectivity and the self: The case of cerebral disconnection. *Consciousness and Cognition* 20:94–98, 2011.

Waxman, S. G., and N. Geschwind. Hypergraphia in temporal lobe epilepsy. *Neurology* 24:629–636, 1974.

Young, A. W., F. Newcombe, E. H. de Haan, M. Small, and D. C. Hay. Face perception after brain injury: Selective impairments affecting identity and expression. *Brain* 116:941–959, 1993.

21 공간 행동

 사례 보기 로스트 인 스페이스

병실을 나설 때마다 그는 돌아오는 길을 찾지 못했다. 경로를 선택하는 기로에서 상하좌우 중 어느 쪽으로 갈지 알 수 없기 때문이었다. 어떤 때 그는 메인 홀에서 걸어나와 자신의 침대가 위치한 1층으로 올라가는 대신 지하층으로 내려가기도 했다. 마침내 자신의 병실 앞에 도착했을 때도 뭔가 두드러지는 특징이 눈에 띄지 않고서는 그것이 자신의 방인지 알아볼 수 없었다.

그가 병을 앓기 전 알고 있던 도시의 외곽으로 데려가 길을 안내해달라고 부탁하면 그는 간판, 거리의 이름, 전차 번호 등과 같은 친숙한 주요 랜드마크를 찾으려 노력했는데, 이런 정보는 그가 집 근처에 있다는 것을 알려주는 것에는 효과적이었지만 바른 방향을 선택해서 갈 수 있는 단서를 제공하지는 못했다.

발병 전 잘 알던 길이나 장소와 관련하여 언어적 정보를 달라고 부탁하면, 순전히 언어적 지식에 의존하는 한에서 그는 꽤 잘할 수 있었다. 그래서 매일 이용하던 기차 노선의 중간 역들의 이름이나 도시의 주요 건물들의 위치를 말하는 것은 가능했다. 그러나 그 길이 공간적 기억으로 부터 재추적되어야 할 때는 상당한 어려움을 겪었다. 예를 들어, 도시에서 무작위로 선택한 두 지역 사이를 어떻게 이동하는지 말해달라고 하면 길이 시작되는 거리만 이야기하고 곧 혼란스러워했다.

그는 자신의 나라뿐만 아니라 유럽에서도 마찬가지로 지도에 있는 도시와 주들의 위치를 매우 잘못 짚었다. 우체부였던 그에게는 익숙한 일이었는데도 말이다. (Adolph Meyer's patient, summarized by de Renzi, 1982, p. 213)

사례 보기에 기술된 환자는 1900년대 초기에 검증되었고 공간 지각상의 문제로 우리의 가장 복잡한 행동 중 하나에 통찰을 주고 있는 많은 사람 중 하나이다. 우리의 신체는 시공간을 차지하고, 그 사이를 움직이며, 그 안에서 다른 개체들과 상호작용한다. 우리의 뇌는 정신적으로 회전하고 공간적 표상을 조작한다. 사람들뿐만 아니라 다른 생물 및 무생물들도 공간을 차지하면서 그들 서로 간의 그리고 우리들과의 공간적 관계를 유지하는 것이다.

이 장은 공간 행동을 제어하는 뇌에 대한 정리와 함께 시작하여 뇌 질환의 결과에 기인한 공간장애에 대해 기술할 것이다. 이어 우리는 어떻게 복측 및 배측 시각 흐름이 공간 지각 능력에 기여하는지 짚으며 공간 행동 연구에 쓰이는 다양한 실험 모델에 대해 알아볼 것이다. 그리고 공간 지각 검사에 대한 개인별 수행에 영향을 미치는 요인을 알아본 후에 공간 기억, 작업 기억, 상상과 미래 조망 간의 관계에 대해 논하고자 한다.

 © Jason Hawkes/CORBIS

21.1 공간 행동과 공간장애

공간 행동(spatial behavior)은 인간 및 여타 동물들이 우리 몸의 전체 혹은 부분을 공간적으로 안내하기 위해 사용하는 모든 행동을 말한다. **지형 기억**(topographic memory), 즉 한 장소에서 다른 장소로 이동하는 능력은 지도의 점들이 그렇듯 공간적으로 두드러지는 점 또는 물체 사이에서 혹은 그것들과 관련하여 일어나는 움직임으로부터 생겨난다.

John O'Keefe와 Lynn Nadel(1978)는 그들의 책 *The Hippocampus As a Cognitive Map*(1978)에서 인간 및 여타 동물들은 돌아다니는 동안 환경에 대한 뇌적 표상을 인지 지도의 형태로 구축한다고 주장한다. 같은 장소에서 새로운 여정을 떠날 때 길을 안내하는 것이 이런 인지 지도인 것이다. 장소를 탐색할 때 인지 지도를 사용한다는 생각은 설득력이 있었다. 지도는 방대한 양의 정보를 간단하게 나타낸다는 이유 때문이다. 1812년 나폴레옹의 모스크바 원정에 사용된 지도(그림 21.1)는 모스크바로의 힘들었던 겨울 원정 그리고 프랑스로의 퇴각에서 일어났던 대육군의 거대한 인원 감축에 대해 생생하게 기록하고 있다.

공간 행동 설명하기

공간 행동 연구의 어려운 점은 어떻게 뇌가 공간의 다양한 종류와 특징을 표상하는지 알아내는 것에 있다(그림 21.2). 하나의 하위 공간으로서 옷가지 혹은 외부 사물과의 접촉 같은 것이 맞닿는 신체의 표면, 즉 신체 공간(body space)이 있다. 다양한 종류의 지각적 손상이 신체의 방향성 상실 혹은 감각 상실을 일으키며 신체 도식에 영향을 미치게 된다(Rousseaux et al., 2014).

다른 하위 공간들에는 신체를 둘러싸고 손으로 도달할 수 있는 공간(grasping space)과 신체가 움직이는 공간인 원거리 공간(distal space)이 있다. 우리 몸이 도달할 수 있는 공간은 배측 시각 영역에 의해 감시되고 우리가 돌아다닐 수 있는 공간은 배측 시각 영역에 의해 감시된다. Fredrico Nemmi와 동료들(2013)은 Corsi 블록 두드리기 검사를 통해 시연자가 여러 블록을 걸어다니는 순서를 보고 있는 참가

그림 21.1 ▼

효과적인 정보 저장 Charles Joseph Minard가 그린 이 지도는 지금껏 그려진 통계적 그래프 중 단연 최고일 것이다. Minard는 1812년 모스크바 원정에서 잃은 나폴레옹의 군대를 표시하였는데, 왼쪽의 네멘강 근처 폴란드 – 러시아 경계에서 시작하는 두꺼운 초록 띠는 각 지점에서 러시아를 침공했던 프랑스 군대의 크기(422,000명)를 띠의 넓이로서 나타낸다. 지도의 오른쪽을 보면 나폴레옹의 100,000명의 군사가 모스크바에 도착했다. 무척 추운 겨울의 모스크바에서의 후퇴 경로는 온도 및 시간 축과 엮여 파란 띠로 표시되었다. 러시아에서 간신히 살아나온 대육군은 10,000명에 불과했는데, 그것은 원정을 시작했던 병사의 약 2%가 조금 넘는 숫자였다.

(E. J. Marey, *La Méthode Graphique*, Paris: Masson, 1885.)

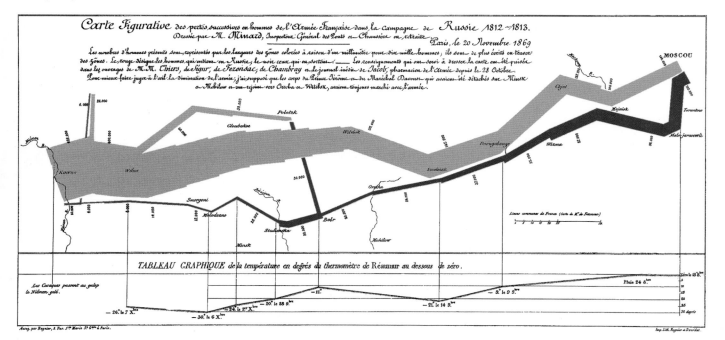

자의 뇌영상을 기록했다. 어떤 때는 도달 가능한 영역에서 걷는 것이었고 어떤 때는 정확히 같은 순서로 먼 영역에서 걷는 것을 보는 것이었다. 그들은 이 두 조건의 뇌 활성 패턴의 차이를 발견했는데, 이는 뇌가 이 두 영역을 다르게 받아들이고 있다는 것을 의미하는 것이다.

공간은 또한 과거와 미래라는 시간 차원을 가지고 있는데, 이는 그림 21.2에 나타나있는 **시간적 공간**(time space)과 같다. Tulving의 자기 인지적 인식, 즉 자신에 대한 자각을 통합하여 시간이 흘러도 지속적인 개체로 스스로를 인식할 수 있도록 하는 지식을 포함하는 개념이다. 18.2절에서 해마와 안와전두피질의 특별한 역할이 이 시간 여행에 관여한다는 것을 이야기한 바 있다. 이러한 시간적 공간은 유아기부터 성인기까지 이어지며 우리가 과거에 대해 배우고 미래를 조망할 수 있도록 한다.

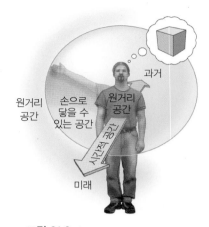

그림 21.2 ▲

신체적 공간과 시간적 공간의 분할

🎯 공간적 손상의 임상적 기술

대뇌 구조를 초기에 설명할 때는 인간이 공간을 처리하는 과정을 우반구 특정적인 기능으로 이야기했었다. John Hughlings Jackson은 우반구가 좌반구가 담당하는 언어 기능의 부차적인 기능으로서 특정한 지각 기능을 담당할 것이라는 이론을 처음 제시했는데, 그의 1874년 논문, 'On the Nature of the Duality of the Brain'에서 그는 우반구 후측에 제한된 뇌 손상을 입은 사람은 두드러지는 증상을 보일 것이라고 가정했다.

> 그러한 환자는 사물을 알아보는 데 어려움이 있을 것이다. 단어를 떠올릴 수 없어서가 아니라 단어가 상징하는 사람, 물체, 장소들의 이미지를 떠올릴 수 없기 때문에, 일어났던 일과 관련 지을 수가 없는 것이다. … 그 환자는 그 앞에 장소들과 관련한 이상적인 이미지들을 차례대로 나열할 수 없을 것이고, 그가 어디 있었는지 다시 회상하지도 못할 것이며, 그렇기 때문에 단어로 그것을 이야기할 수도 없을 것이다. (Jackson, 1915, p. 14)

이후 여러 연구자들이 Jackson의 예측을 확인해주는 공간 지각적 어려움을 호소하는 사례들을 기술하였다. 그러나 대부분의 환자들은 우반구에만 문제가 있다기보다는 양 반구적인 문제가 있는 것처럼 보였다. 제1차 세계대전(1914~1918)에서 뇌 손상을 입은 병사들의 경험들은 공간장애를 이해하는 데 큰 도움이 되었는데 공간장애와 우반구 손상 간의 특별한 관계는 거의 무시되었다. Henri Hécaen과 동료들(1951, 1980) 그리고 Oliver Zangwill(1960)의 보다 체계적인 연구가 공간 관련 기능에서의 우반구 역할을 재조명했는데, 다음에 기술된 지리적 손상에서 그 우반구의 기여를 살펴볼 수 있다.

지형적 지남력 장애

많은 임상 보고가 뇌 수술 이후 **지형적 지남력 장애**(topographic disorientation), 즉 병변이 시작되기 전 익숙했던 환경에서조차 눈에 띄는 환경 단서와 관련하여 길을 찾을 수 없게 되는 완전한 손상을 나타내는 환자들을 보고하고 있다. 1890년 Otfrid Foerster는 44세의 우체부를 기술했는데 그는 우측 반맹증(a right hemianopia) 후 좌측 반맹증(a left hemianopia)을 앓아 중앙 영역만 조금 남아 있는 상황이었다(그림 13.10 참조). 그런데 이 환자의 가장 충격적인 증상은 어디에 물체가 위치했었는지 기억하지 못하는 것과 경로의 인지적인 지도를 그리지 못한다는 것에 있었다.

눈이 가려진 상태의 그는 방 안의 가구를 가리키거나 방 밖의 몇 발자국만 가면 되는 화장실의 위치를 기억하지 못했다. 그의 기억상실증은 역행성이었고, 발병 전에 알고 있던 것들을 기억하지 못했다.

그는 집, 사무실, 혹은 도시에서 잘 알고 있는 장소들의 공간적 배열을 그리거나 말할 수 없었으며 세계지도나 도시의 지도를 대략적으로 그릴 수도 없었다. 그는 오로지 지리학적인 사실들을 언어적으로 조금 표현할 수 있을 뿐이었다.

지형적 지남력 장애 증상의 다양한 모습이 기술되었다. 어떤 환자들은 이전에 친숙했던 건물이나 랜드마크의 이름을 댈 수 없었다. 이것이 가능한 환자도 물론 있었다. 어떤 환자들은 경로를 기술하거나 지도를 그릴 수는 있었지만 그들이 실제로 그 장소를 방문할 때는 친숙한 빌딩이나 랜드마크를 알아볼 수가 없어서 방향을 잃었다. 또 어떤 환자들은 경로를 탐색하는 것은 가능했지만 그것을 기술하거나 지도로 그리는 것은 불가능했다. 익숙한 곳에서는 길을 찾을 수 있었지만 새로운 곳에서는 길을 잃는 환자들도 있었고 빌딩과 랜드마크를 열심히 외워서 경로 탐색법을 점차 배워나가는 환자도 있었다.

지형적 지남력 장애는 어떤 개인이 그 전에는 익숙했던 랜드마크를 알아보지 못해서 일어날 수도 있고, 랜드마크 간 관계를 알아내지 못하여 일어날 수도 있으며, 공간적 유도에 문제가 생겨서 일어날 수도 있다. 지형적 지남력 장애의 어떤 형태도 공간 기억의 순행성 손상 아니면 역행성 손상으로 나타나는데, 발병 이전에 친숙하던 장소를 탐색하는 능력을 손실하면 **역행성 공간 기억상실증**이라 하고, 발병 이전 기억에는 문제가 없는데 발병 이후 새로운 장소를 탐색할 수 없게 된다면 **순행성 공간 기억상실증**이라 부른다. 이 두 조건을 모두 갖추어 모든 지리적 능력을 상실하게 되는 환자도 있다. 이제 지형적 지남력 장애의 선택적인 손상이 어떻게 일어나는지 몇 가지 예를 함께 보겠다.

자기 중심 방향장애

자기 중심 방향장애(egocentric disorientation) 증상을 보이는 환자들은 물체의 상대적인 위치를 자기 자신의 관점에서 인지하는 데 어려움을 느낀다. 그들은 단 반구 혹은 양 반구 모두에 후측 두정피질 손상을 가지고 있다(**그림 21.3**). 눈을 뜨고 있을 땐 어떤 물체를 향해 손짓할 수 있지만, 눈을 감으면 그들에게 이 일은 완전히 불가능해진다.

◉ 그림 21.3 ▶

뇌 우반구 장애와 공간적 손상 (왼쪽) 화살표들은 우반구 외측면에서의 배측 및 복측 흐름을 보여주고 있다. (오른쪽) 공간적 손상과 연결되어 있는 피질 내측 구조가 우반구 내측면에서 보여지고 있다. 표는 손상이 위치한 병변을 나타낸다.

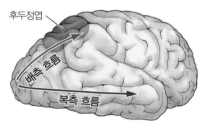

우반구 외측면

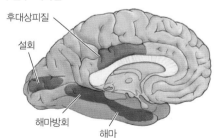

우반구 내측면

손상	손상 영역	설명
자기 중심 방향장애	후측 두정엽	자기 중심으로 대상의 위치를 표상하지 못함
이르기 방향장애	후대상피질	환경을 중심으로 방향을 표상하지 못함
랜드마크 실인증	설회	두드러진 랜드마크의 특징을 표상하지 못함
순행성 방향장애	해마방회	환경 정보와 관련된 새로운 표상을 배우지 못함
공간 왜곡 및 기억장애	해마	순행성 및 역행성 기억상실증(특히 공간 정보의 자세한 내용 기억 저하)

이러한 손상은 정신적 회전(삼차원 물체의 외양을 서로 다른 각도에서 시각화하는 능력), 물체 간의 거리를 판단하는 능력을 포함한 광범위한 영역의 시공간적 과제들에서 나타난다. 이러한 환자들은 한결같이 이전에 친숙했던 환경과 새로운 환경 둘 다에서 손상을 보인다. Levine과 동료들(1985)이 보고했던 사례가 바로 이러한 경우의 전형이다.

이 환자는 시각적 물체를 확인할 수는 있었지만 중심 혹은 주변부 시야를 사용하여 정확하게 그것에 도달할 수가 없었다. 두 물체 중 어느 것이 더 가까운지 혹은 어느 쪽이 왼쪽 혹은 오른쪽인지 말하지 못했다. 그는 종종 길을 잃었고 집안에서조차 길을 잃기도 했다. 그의 공간적 심상 또한 손상되었다. 다치기 전에는 빈번하게 다녔던 집에서 주변 상점까지 가는 경로를 설명할 수 없게 되었다. 상점이나 그 상점의 소유주를 말할 수 있던 것으로 보아 전반적인 기억에는 문제가 없었다.

이르기 방향장애

이르기 방향장애(heading disorientation)가 있는 환자들은 랜드마크를 알아보고 그것들과 자신 간의 관계를 파악하고 그들이 가려는 곳이 어디인지 기술할 수 있기는 해도, 그들이 가고 싶은 곳에 도달하는 길을 정하는 것이 불가하다. 간단히 말해 '방향 감각'이 없는 것이다. 우반구 후대상피질(그림 21.3 참조)의 손상과 관련 있는 것으로 알려진 이 증상은, 다음의 묘사가 대표적이라 할 수 있다.

> 택시 운전사로서 몇 년간 돌아다녔던 도시를 운전하고 있는데, 갑자기 도착지로 가는 경로를 잊어버렸다. 주변의 빌딩과 랜드마크를 빠르게 알아볼 수는 있었으므로 자신이 현재 어디에 있는지는 알 수 있었다. 그러나 어느 방향으로 진행해야 하는지 결정할 수가 없었다. 그는 멈춰서 지나가는 사람들을 태우고 그의 사무실로 돌아가려 했지만 어느 방향으로 운전하는 것이 맞는지 알 수 없었다. 주변의 빌딩과 풍경들, 간판들을 이용했지만 실수가 잇달았다. 이 시간 동안 그는 계속 같은 장소를 지나가고 있다는 것만 기억할 수 있었다. (Takahashi et al., 1997, p. 467)

랜드마크 실인증

랜드마크 실인증(landmark agnosia)을 갖고 있는 환자는 두드러지는 환경적 특징을 기준으로 방향을 파악하는 것이 불가능하다. 그들은 환경적 정보를 지각하는 데 문제가 있는 것이 아니어서 교회와 집 그리고 다른 랜드마크를 알아볼 수 있었지만 특정 교회나 집이 그들이 이동하는 데 도움을 주는 것은 아니었다. 구체적인 사물을 알아보기 위해 특정 세부사항을 사용하는 일이 잦았는데, 예를 들면 한 환자가 마당의 나무나 찻길의 자동차 덕분에 자신의 집을 알아보던 것처럼 말이다.

이 증상을 일으키는 병변 부위로는 설회, 방추상회, 해마방회에 영향을 미치는 양측 혹은 우반구 후두엽의 내측 부위가 보고되고 있다(그림 21.3 참조). A.H.으로 확인되는 환자가 그 예이다.

> 그는 장소들을 알아볼 수 없는 것에 대해 불평이 많았다. "마음의 눈으로는 장소들이 어디에 있고 어떻게 생겼는지 정확히 알 수 있어요. … 그 거리가 떠오르면 어려움 없이 시각화할 수 있습니다. … 카디프에서 론다 계곡에 이르는 거리를 그릴 수도 있고요. … 어려움이 생기기 시작하는 때는 제가 나갔을 때에요. 저의 이성은 제가 어떤 특정한 장소에 있어야 한다고 말하는데 저는 그걸 알아보지 못해요. 매번 이 모든 것을 새로 이해해야만 한다고요." 이 환자는 기술자였다. 경로, 거리, 갱도의 배치를 정확히 기술하고 발병 전 익숙했던 장소들을 지도로 완벽하게 그릴 수 있던 것으로 보아 그의 지리적 기억에는 문제가 없었다. (Pallis, 1955, p. 219)

순행성 방향 장애

순행성 방향 장애(anterograde disorientation)를 갖는 환자는 이전에 친숙했던 환경을 탐색하는 것에는 문제가 없으나 친숙한 장소에는 어려움을 겪는다. 낯선 물체를 바라보는 것만으로는 학습이 불가능하기 때문이다. 어떤 새로운 물체를 마주치고 나서 잠시 후에 여러 물체 사이에서 그것을 골라보라고 하면 그들은 할 수 없다. 새로운 물체에 대한 청각적 정보와 촉각적 정보는 떠올릴 수 있었다. 우반구 하복측 피질의 해마방회에 손상을 입는 것이 이런 증상과 관련이 있다(그림 21.3 참조).

Ross(1980)는 얼굴을 알아보는 것과 익숙한 장소에서 길 찾는 것이 불가능한 한 환자를 기술하였다. 그 환자는 학교에 가기 위해서 노트와 지도가 필요했다. 발병 전 익숙했던 장소는 공간적으로 편안했지만 발병 후 익숙한 장소에서는 길을 잃게 되었고, 이 두 장소에 대한 그의 공간적 능력에도 차이가 있었다. 그는 물체에 도달하는 것에는 문제가 없었다.

공간 왜곡

사람들은 공간 지각에서 다양한 종류의 왜곡을 경험할 수 있다. 이상한 나라의 앨리스에서처럼 공간계에 비해 자신을 너무 작게 혹은 너무 크게 보면서 말이다. 그들은 신체가 위치하고 있는 곳에서 떨어진 장소에 있는 자신을 본다거나 하나 이상의 신체를 갖는 것을 상상한다거나 그 장소에 존재하지 않는 사람이나 사물을 보는 이체 유탈 경험을 할 수도 있다. 우리는 자신의 세계의 특정 부분이 존재하기를 멈추는 공간 왜곡을 경험했던 한 여성을 검증하였다.

L.A.는 80세에 좌반구 내측 두정엽에서 대상피질까지 뻗치는 뇌출혈을 겪었다. 언어학 전임 교수는 그녀가 언어 기관의 비협응으로 인해 언어 산출이 어려워지는 약간의 **구음장애**(dysarthria)만 있을 것이라 했지만, 그녀의 공간 방향 장애는 병원에서 처음으로 명확해졌다. 걷는 동안 그녀는 멈춰서 더 이상은 갈 수 없다고 했다. 그곳이 병원이 끝나는 곳이기 때문이라고 말이다. 병원에서 퇴원했을 때 그녀는 20년 동안 살던 집으로 가기를 거부했다. 자신의 집이 거기 있지 않다는 것이 이유였다. 그녀의 딸이 그녀의 새 아파트를 찾았을 때에도 그녀는 이전 집에 대해 말하고 싶어 하지 않아 했다. 그 집이 존재하지 않는 장소에 있었다는 사실 때문에 그녀는 화가 났던 것이다.

그림 21.4 ▼

시공간 처리를 위한 배측 흐름의 세 가지 투사 전두시야장 영역(8번 영역)으로 향하는 두정–전전두 투사는 공간적 타깃을 향하는 안구 운동을 조절한다. 피질 6번 영역으로 향하는 두정–전운동 영역 투사는 신체와 머리, 팔 운동을 조절하고 두정–내측 측두 투사는 경로 지식에 기여한다.

(Information from Kravitz & Mishkin. A new neural framework for visuospatial processing. Nature Reviews Neuroscience 12(4):217 – 230, 2011, Figure 1C, p. 230.)

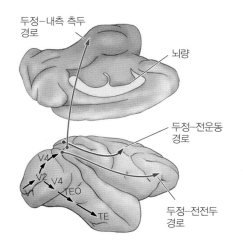

🎯 21.2 공간 행동에 기여하는 복측 흐름과 배측 흐름

이 책 전반에 걸쳐 나오고 있는 Leslie Ungerleider와 Mortimer Mishkin(1982)의 양측 흐름 이론은 공간 행동을 설명하는 데 그 근간을 두고 있다. 시각피질에서 시작하여 측두엽을 거쳐 사물을 확인하는 하나의 흐름은 Ungerleider와 Mishkin이 '무엇' 경로라고 이름 지은 반면, 시각피질에서 두정엽을 거쳐 이동을 안내하는 흐름은 '어디' 경로라고 이름 지어졌다. '어디' 경로가 사물과 관련하여 공간 탐색을 안내하기 위해서는 이 두 경로가 전두엽에서 '무엇'과 '어디'를 통합해야 한다고 알려져 있다. 이 이론은 그래서 두정피질이 '어디' 경로의 중요한 영역이고 측두피질은 '무엇' 경로의 중요 부위, 전두엽은 공간 탐색에 중요한 역할을 하며 이 모두를 통합한다고 제안한다.

David Kravitz와 동료들(2011)은 3개의 배측 흐름 타깃을 나타내는 새로운 해부적 구조를 제안했다. 시각 정보는 두정피질 영역으로 들어가 전운동피질, 전전두피질, 내측 측두피질로 보내진다. **그림 21.4**에 보이듯이 이 세 투사는 각각 시각적으로 유도된 행동, 공간 탐색, 공간 기억을 구성한다. 이어지는 절에서는 이러한 투사를 구성하는 뇌 영역이 공간 행동에 기여하는 바를 개략한다.

두정피질에서의 배측 흐름

이 영역이 배측 흐름 투사의 공통적인 요소를 형성하고 있다는 것을 고려하면 두정피질의 손상이 다양한 공간장애를 가져온다는 것은 이상하지 않은 일이다. 이제는 시각 탐색에서 여덟 가지의 다른 결함이 발견되고 있는데, 모두 그런 것은 아니지만 대부분의 경우가 양 반구 두정 영역의 병변에 기인한 것이다(**표 21.1**). 시공간 탐색에서의 장애는 Rezsö Bálint(1909)가 처음으로, 이어서 Gordon Holmes가 그러한 결함을 기술하는 것에서 시작되었다. 이 장애는 발린트 증후군으로도 불리는데(14.4절 참조), 이 증상을 겪었던 Bálint의 환자는 양 반구 후두피질과 배측 측두엽 부분을 포함하는 두정피질에 손상을 가지고 있었다. 그는 편측 배측 두정 및 운동 피질에도 문제가 있었는데(**그림 21.5**), 뇌출혈 이후에 Bálint가 이 환자에게 관심을 가졌고 증상은 6년 동안 지속됐다.

이 환자의 시각 영역은 온전했고 안구 운동도 할 수 있었다고 전해진다. 색, 물체, 그림을 알아보고 명명할 수도 있었다. 시각적 자극이 제시되면 그는 시선을 물체로부터 35~40° 오른쪽으로 맞추고 시야가 닿는 직선 거리에 있는 것만 보았다. 유도하는 것이 있어야만 왼쪽을 보고 자극이 거기 있었다는 것을 알아차렸다. 그의 주의가 한 물체를 향해 있어도 그는 아무것도 알아차리지 못했다. 작은 핀부터 사람까지 모든 크기의 사물에서도 이런 반응을 보였다. 그는 한 그림이나 풍경을 간과하는 것은 아니었지만 그 안에서 처음 본 것에 묶여 있을 뿐이었다.

이 장애는 하나의 읽기 결함으로 이어졌다. 그가 한 글자에만 집중하기 때문이었다. 그리고 단어를 분해하기 위해 거꾸로 작업할 때도 어려움이 있었다. 뻗기 행동도 어려웠다. 어떤 물체를 잡거나 가리키라고 했을 때 우연히 그 물체를 치거나 잡을 수 있을 뿐이었다. 이러한 어려움은 담뱃불을 담배 한가운데다 붙이려 하는 것으로 이어지기도 했다. 또한 이 환자는 거리를 계산하거나 두 물체 중 어느 것이 가까운지 구분할 수 없었다.

Gordon Holmes는 제1차 세계대전에 참전했던 병사들 중 뇌가 미사일에 관통당했던 집단을 기술하였다(Holmes & Horax, 1919). 그들의 가장 눈의 띄는 증상은 안구 운동의 다양한 장애였다. 한 자극이 시각이나 청각으로 제시될 때 그것을 바라보는 것에 문제가 있었고, 움직이는 물체를 따라가거나 다가오는 물체에 시선을 고정시키는 것, 시각적 위협에 대한 반응으로 눈을 깜빡이는 것에도 문제가 있었다.

환자들은 자신이 바라보면서 인지할 수 있는 물체의 공간적 특징을 이해하지도 못했다. 즉 그들은 물체들의 위치를 가늠하거나 거리를 추산하고 길이와 크기를 구별하고 깊이와 두께를 판단하기 어려워했다. 결과적으로 그들은 걸을 때 물체와 부딪혔고, 읽기나 흩어져 있는 물체의 개수 세기 같은 것에도 문제가 있었다. 어떤 때는 바로 앞에 있는 물체를 알아차리지도 못했고, 한 자극에 의해 주의가 뺏기면 다른 것들은 눈치채지 못하는 것은 Bálint의 환자와 비슷했다.

이 초기 보고들 이후로 비슷한 문제를 지닌 환자들에 대한 많은 설명들이 보고되었다. 구체적인 증상은 어떻게 병변이 생기게 되었고 양 반구 손상인지 혹은 병변이 어디에 위치했는지에 따라 다양했

표 21.1 시공간적 탐색에서의 손상

시각적 주의를 잘못된 곳에 기울임

한 자극 이상을 인지하는 것이 불가능함

행동의 시각적 조절에 결함이 있음(시각운동 실조증)

움직이는 물체를 쫓아갈 수 없음

적응 및 집중하는 데 결함이 있음

시선 고정이 불가함

자발적으로 물체를 응시하는 것이 불가능함(응시 실행증)

비정상적 시각 탐색

좌반구 우반구

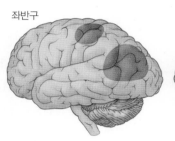
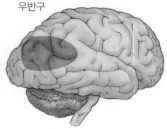

그림 21.5 ▲

Bálint가 환자 뇌에서 기술했던 영역

(Information from de Renzi, 1982.)

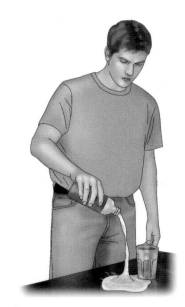

그림 21.6 ▲

시공간적 손상 발린트 증후군을 갖고 있던 환자가 물병에서 컵으로 물을 따르려 하고 있다.

(Research from Allison et al., 1969.)

다. **그림 21.6**은 Truett Allison과 동료들(1969)이 연구했던 양 반구 후측 피질 병변이 약간 아래쪽 사분위의 측두 영역 결함으로 이어져 뻗기 행동의 시각 조절 및 다른 운동(시각 실조증) 그리고 시각 운동의 결함을 동반했던 환자의 판단 오류를 기술하고 있다.

> 간호사가 시각 방향 장애 증상이 나타남을 깨달은 것은 그가 수술을 받은 지 5개월이 지나고 담배에 불을 붙이려고 했을 때였다. 그는 담배를 담배곽에서 꺼내 입에 물고는 서투르게 성냥개비를 성냥갑에서 꺼내 불을 붙였고, 담배에 붙여야 할 그 불을 자신의 아랫입술에 가져다댔다. … 그는 물병에서 컵으로 물을 따를 수 없어서 식탁보에 엎질렀고 내밀어진 손을 먼저 더듬어본 후에야 악수를 할 수 있었다. 시각적 기억은 온전한 것으로 밝혀졌을 수도 있는데 이런 실수에 기여하는 것은 아니었다. 성냥갑과 같은 물체를 그의 머리 위 오른쪽이나 왼쪽에 놓아두고 그에게 어느 쪽에서 그 물체를 보았는지 대강의 방향을 가르키라고 하면 그는 정확하게 가르킬 수 있었다. 그러므로 물체의 공간상 위치를 기억하는 능력이 손상된 것 같지는 않아 보였다. (Allison et al., 1969, pp. 324-326)

이런 환자들이 겪는 많은 결함을 분간하기 위해 조사자들은 시각 기능의 두 측면에 초점을 맞추었다. 시각 국재화와 깊이 지각이 그것이다. 예를 들면 뻗기 혹은 가리키기와는 별개인 공간적 국재화의 장애를 밝히기 위해 Julia Hannay와 동료들(1976)은 화면에 1~2개의 점을 0.3초 동안 보여주고 2초 후에 숫자들을 띄워놓고 제시된 점 혹은 점들이 위치해 있던 자리에 있는 숫자를 골라보라고 하였다.

우반구에 병변이 있던 환자는 일반 집단 및 좌반구 병변 환자에 비해 이 과제에서 저조한 수행을 보였다. 좌우 시야 영역에서 동일하게 실수가 나타났기 때문에, 이 결함은 단순히 무시에 의해 나타난 것이 아니었다. 점들이 위치한 곳에 대한 인상을 느낄 수가 없는 사람이 그 자신의 움직임을 조정하지 못하여 곧 공간적 결함으로 귀결된다는 것은 그다지 놀랄 만한 일도 아니었다.

또 다른 예로, 연구자들은 깊이 지각에 필수적인 단서들을 연구하기 위하여 무선 점 입체도를 사용한 실험을 하나 계획했다(Carmon & Bechtoldt, 1969). 접안 렌즈를 들여다보며 환자군과 대조군은 무작위로 나열된 점들을 보았고, 한쪽 눈으로만 볼 때 그 점들은 윤곽이나 깊이가 없어 흑백의 상자들로 이루어진 복잡한 낱말 맞추기 퍼즐처럼 보였다. 그러나 입체도로 보면(양안을 사용하되 각 눈이 독립적으로 같은 이미지가 각 시야로 들어오는 것을 보게 된다), 각 눈에 보여지는 이미지 간에 작은 불일치에 의해 놀랍게도 전경과 배경의 윤곽이 갑자기 나타나고 전경이 배경 앞쪽으로 떠오르듯이 보인다.

대부분의 정상인과 좌반구 손상 환자는 쉽게 이 윤곽을 인지하는 반면, 우반구 손상 환자는 깊이 지각의 결함으로 이 검사에서 매우 저조한 수행을 보인다. 이 결과는 적어도 깊이 지각의 어떤 작동 기제는 우반구에서 더 강하게 나타난다는 것을 지지하는 것이다.

두정피질은 신체 감각과 밀접한 관련이 있고 그 기여도는 신체와 관련한 협응 체계를 제공하는 것, 즉 우리 자신과 관련하여 물체들을 공간적으로 위치시키는 자기 중심적 협응을 돕는 일일 것이다. 이러한 체계가 없는 환자는 여전히 한 물체를 보고는 있지만 시선이나 손을 움직여 그 물체로 정확하게 접근하지 못한다. 그 자신의 신체를 중심으로 그 물체를 위치시키는 것이 불가능하기 때문이다.

원숭이의 후측 두정피질 뉴런이 그의 뻗기 공간 내에서 제시되는 자극에 반응한다는 것은 많은 연구자들에게서 확인되어 왔다. 이 세포 혹은 세포의 일부들은 사지와 신체가 다양한 공간적 위치에 있는 물체를 향해 자발적으로 움직이도록 안내하는 운동 체계로 이어진다. 두정피질은 또한 자극을 향한 신체, 손, 안구 운동을 조정하는 역할을 하는 뉴런을 포함하고 있는데, 이는 두정피질이 신체 협응과 관련하여 물체를 향한 움직임을 조정하는 특별한 역할을 한다는 증거를 제공한다.

전두피질에서의 배측 흐름

두정피질에서부터 이어지는 적어도 2개의 배측 흐름이 도달하는 곳인 전두피질은 공간적 구분에 있어 중요한 역할을 하는 부분이다(그림 21.4 참조). 가장 극적인 예는 Richard Nakamura와 동료들(1986)의 실험에서 볼 수 있다. 그들은 원숭이의 전두엽 전측 피질을 모두 제거하면서 후측 피질의 시각 영역을 전부 남겨두었다. 그 원숭이들은 시각의 징후를 보이지는 않으면서도 시각 영역의 단일세포 활동 기록에서는 세포들이 정상적으로 작동하는 것으로 나타났다. 그러므로 이러한 전두피질의 제거는 동물들을 만성적으로 눈이 멀게 만들면서 시각계가 잘 작동함에도 탐색은 불가하도록 만들었던 것이다.

많은 연구들은 시각피질에서 전두피질로 가는 경로에서의 보다 제한적인 병변들이 더 선택적인 수행장애를 일으킨다는 발견을 내놓고 있다. 전운동 및 운동 피질이 보행, 팔 뻗기, 입에다 손 가져다 대기, 움직임 회피 같은 조직화된 움직임에 관여하기 때문에, 이런 영역의 손상은 시각 자극에 대한 반응으로 일어나는 운동 행동에 장해를 가져다준다. 예를 들어, 어떤 원숭이의 운동피질의 손 영역과 시각 중추의 연결이 끊어지면 이 원숭이는 더 이상 음식에 손을 가져가 집는 행위를 할 수 없게 된다(Haaxma & Kuypers, 1975).

사물을 감지하는 것에서의 장애와 공간 행동에 있어서의 장애를 구별하기란 어려운 일이다. 그러나 물체 탐지 장애의 몇몇 특징들은 신체 중심의 협응과 관련한 공간 장애가 그 기저의 원인임을 시사한다. Patricia Goldman-Rakic(1987)은 주요구를 따라 생긴 배외측 전전두엽의 작은 병변이 전두시야장을 구성하고 있는 있는 붉은털원숭이를 사용해서 방향 잡기 결함을 보고하였다.

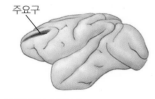

주요구

붉은털원숭이의 뇌

원숭이들은 TV 모니터의 중앙에 있는 한 빛 줄기에 시선을 고정하도록 훈련되었다. 두 번째 점이 원숭이의 시각 영역에 짧게 비춰졌다. 새로운 시각적 자극에 대해 시선을 맞추기 전에 시선 응시 지점이 사라질 때까지 기다리면 음식으로 강화를 주었다. 한쪽 반구에만 병변이 있는 원숭이들은 기다리는 시간이 매우 짧을 때도 새로운 시각 자극에 시선을 맞추었다. 그러나 기다리지 않아도 될 때는 보통 수준의 수행을 보였다.

다양한 병변의 위치는 시각 영역의 서로 다른 부분과 연결된 결함들을 선택적으로 보여주었다. 원숭이가 물체에 다가가기를 요구하는 실험에서 나타나는 이런 눈 운동 결과와 유사한 것이 있다. 주요구에 병변이 있는 원숭이에게 물체의 위치가 관련있는 변수로 주어지는 지연 반응 과제를 주면 짧은 지연 이후에도 손상이 관찰된다(그림 16.14A 참조). 공간적 위치에 대한 기억을 요구하지 않는 분별 과제들은 이런 병변들에 의해 영향을 받지 않는다.

Michael Petrides와 Brenda Milner(1982)는 전두엽 손상 환자들에게서 이와 유사한 결함을 보고했다. 그들은 환자에게 같은 시각 자극이 서로 다른 순서로 나열되어 있는 페이지 세트를 보여주고 같은 페이지에서 가르켰던 위치를 두 번 가리키지 말라고 주문하면서 자극 중 하나를 가리키도록 했다. 따라서 환자는 이전에 그들이 선택했던 위치를 기억해야 했다. 전두엽 손상 환자들은 이 과제에서 저조한 수행을 보였다.

측두피질에서의 복측 및 배측 흐름

측두엽이 공간 행동과 관련 있다는 것은 많은 연구에서 보여주고 있으나, 이 부위의 손상으로 나타나는 결함의 정확한 특성 및 특정 결함과 관련한 해부적 영역에 대해서는 논란이 많다. 공간 이론은 측두엽이 방향성을 가진 특수한 역할을 공간 탐색에서 하고 있다고 제시하는 것에서부터 측두엽이 기억에서 하는 역할이 더 일반화되어 순행성 공간 결함이 순행성 기억장애의 한 형태로 나타나는 것임을 제시하는 이론까지 다양하다.

사실 이 두 가설 모두 참인 것 같아 보인다. 측두엽은 공간 탐색에 관여하는 배측 흐름과도 이어지지만 사물 지각을 조절하는 복측 흐름과도 이어진다(Kravitz et al., 2013). 측두엽은 그래서 자기 중심적(신체별) 공간 안내와 사물과 관련한 환경 중심적(외부적) 공간 안내를 통합하는 위치에 있는 것이다. 그러나 대상피질, 해마방회, 비내피질, 해마의 다양한 세포 영역을 포함해 수많은 측두엽 영역을 통한 투사 경로를 보면 알 수 있듯, 이 두 복측 및 배측 흐름은 복잡하다. 그래서 각 하위 경로의 기여도와 그들의 많은 목표 영역, 경로의 통합된 작용을 알아보는 것은 쉽지만은 않다.

복측 및 배측 흐름의 경로는 모두 해마에서 수렴한다(자세히 보기 참조). Edmond Teng와 Larry Squire(1999)가 보고했던 E.P.의 경우에서 측두엽, 특히 해마가 공간 기억에 기여하는 바를 알아볼 수 있다.

> E.P.는 단순 포진 뇌염을 겪은 후인 1992년 기억상실증을 갖게 된 76세의 전직 실험 기술자였다. 그는 양 반구 해마 및 해마방회를 포함한 근접 영역에 광범위한 손상을 입었다. 실험자는, E.P.처럼 그가 다녔던 고등학교에 다녔고 그 뒤로 이사했던 5명의 사람을 모집하여 각자의 집으로부터 다녔던 학교가 있는 곳까지 가는 길을 어떻게 탐색할 것인지 그리고 만약 가장 이상적인 경로가 막혔다면 어떻게 탐색할지를 물었다. E.P.는 이 과제에서 실험군만큼이나 괜찮은 수행을 보였다. 하지만 그의 뇌 병변 이후 옮겨져 왔던 장소인 현재 장소에서 탐색을 해보라고 하면 어떤 질문에도 대답할 수가 없었다. (Teng & Squire, reprinted by permission from Macmillan Publishers Ltd: *NATURE*, © 1999, p. 675)

비슷한 해마 및 해마방회에 병변이 있었던 환자였던 K.C.에 대한 연구에서 Shayna Rosenbaum과 동료들(2005)은 환자가 병변 이전에 살던 환경에 대해서는 도식적인 인지 지도를 만들어낼 수가 있었지만, 환경에 대한 풍부한 맥락적 세세함에 있어서는 손상이 있었다고 보고하였다(그림 21.3 참조). 예를 들어, 병변 전에 살던 동네의 사진을 보여주면 K.C.는 사진이 어떤 각도에서 찍혔는지 확인하는 데 어려움이 있었고, 사진에서 보이지 않는 주변 환경에 대해 기술하지 못했다. Rosenbaum과 동료들은 공간에 대한 풍부한 맥락적 특징들에 대해 상당한 역행성 기억상실증이 있음을 제시하였다.

이런 점에서 제18장에서 이야기했던 기억상실증 환자 H.M.이 광범위한 순행성 기억상실증을 보였지만 몇몇 간단한 공간적 문제는 풀 수 있었다는 것은 주목할 만하다. Véronique Bohbot와 Suzanne Corkin(2007)은 실험군과 환자 H.M.에게 카펫 밑에 있는 센서를 발로 밟아서 어느 자리에 놓여 있는지 확인해달라고 하였다. 대조군이 센서를 밟으면 스피커에서 소리가 나게 된다. 과제를 풀기 위해 참가자들은 방을 둘러싼 단서들과 관련하여 센서의 위치에 대한 기억을 형성할 필요가 있었다.

우반구 해마방회가 온전했던 H.M.은 센서 하나의 위치는 배울 수 있었지만 2개는 불가능 했다. 추측하자면 우반구 해마방회로 단 하나의 위치를 배우기에는 충분하지만 이전에 수행하고 배웠던 과제를 기억하는 것을 포함하여 더 복잡한 공간 기억을 하기 위해선 해마를 포함한 측두엽 구조가 필요한 것이다.

Robert Astur와 연구 팀(2002)은 정상 대조군과 한쪽 해마에 손상이 있는 환자들에게 가상현실상에서 공간을 탐색하는 과제를 요청했다. 참가자들은 3D 가상현실 이미지의 수영장에서 수영하는 과제를

자세히 보기 | 런던 택시운전사의 해마 영상

Katherine Woollett와 Eleanor Maguire(2011, 2012)는 지형학적인 기억에 관여하는 뇌 영역을 연구하기 위해 택시운전 면허가 있는 런던의 택시운전사를 대상으로 연구를 진행했다. 런던 택시운전사는 공식적으로 인증된 택시운전사가 되기 위해서 4년간 훈련을 받고, 공간 정보를 검사하는 굉장히 까다로운 운전시험을 통과해야만 될 수 있다.

런던 택시운전자가 되기 위해 런던에 관련한 방대한 지식을 보유해야 하는데, 이는 같은 자극에서도 여러 각도에서 주변의 지형의 모습을 설명하는 검사를 하는 것을 보면 알 수 있다.

다음은 택시운전사가 되기 위해 수많은 시험 중 지형학적 정보를 시험하는 것이다.

1. 택시운전사들은 런던에서 특정 시작지점과 도착지점을 정해서, 그 두 지점 사이에 가장 빠르게 갈 수 있는 경로를 확실하게 설명하라고 지시를 받는다.
2. 택시운전사들은 한번도 가보지 않은 지역과 런던에 있지 않은 세계적으로 유명한 랜드마크들의 각각의 형태가 어떻게 생겼는지 생각해보고, 이를 설명해야 한다.

운전 경로를 설명하는 실험 조건에 대한 비교 조건으로, 한 영화에 대한 줄거리가 어떤 내용인지 회상하게 했다. 또한 유명한 건물의 형태를 묘사하는 검사에 대한 비교 조건으로, 한 영화에서 개별적인 한 장면을 묘사하게 하였다.

각 택시운전사의 MRI 뇌 구조 영상 위에 PET 영상을 얹어 결과를 확인했다. 공간 능력 검사를 할 때 활성화된 뇌 영역에는 후두측두엽, 내측 두정피질, 후대상피질, 해마방회, 우반구 해마 영역(그림에 보이는 영역)이 활성화되었다. 공간 지각 능력이 아닌 과제에서는 우측 해마가 활성화되지 않았다.

Woollett과 Maguire는 MRI 영상을 통해 택시운전사들은 뇌 회백질의 부피에서 좌우 반구 해마 모두 크기가 커졌으며, 그 외 다른 영역에서는 부피가 커진 영역은 없었음을 확인하였다. 해마 부피의 크기변화를 더 자세하게 분석해보니, 일반인들은 해마의 앞부분이 더 컸으며, 런던 택시운전사들은 해마의 뒷부분이 더 크게 나타났다. 더불어 오른쪽 해마의 뒷부분의 크기의 증가는 택시운전자의 경력(택시운전사로 일을 얼마나 오래 했는지)과 상관을 보였다.

운전을 하면서 발생하는 움직임과 스트레스 등의 영향을 배제하기 위하여 택시운전사와 버스운전자를 비교하는 연구가 있다. 이 연구 결과에서는 택시운전사와 달리 버스운전사는 지정된 경로로 운전을 하였고, 택시운전사에서 나타난 바와 같은 해마의 변화는 나타나지 않았다. 연구자들은 런던의 택시운전사들이 승객을 데려다주기 위해서 사용하는 런던의 '심상 지도(mental map)'가 오른쪽 해마의 뒷부분에 있다고 했다. 또한 그들은 이 뇌 영역이 심상의 확장과 더불어 지리적 공간에 적응하기 위해서 크기 또한 커진다고 제안했다. 이와 같은 결과는 해마 손상을 입게 된 한 택시운전사 연구에서도 확인되었다. 가상의 길 찾기 검사에서 이 택시운전사는 런던과 런던의 랜드마크의 지형에 대한 지식을 유지하고 있었을 뿐만 아니라 주요 경로를 찾아갈 수 있었다. 그러나 주요 경로에서 벗어나면 쉽게 길을 잃었다.

쥐를 대상으로 진행한 연구 결과 해마의 과립하 영역에서 새로운 세포가 생성되어 과립층으로 이어지는 것을 발견했다. 이 새로운 세포의 생성은 심상 지도와 함께 인간의 우반구 해마의 크기의 확장을 좌우할 수도 있다.

그러나 이러한 해마의 크기의 확장은 손해를 유발하기도 하는데, 앞쪽 해마의 크기가 상대적으로 감소하기도 하며, 새로운 공간 정보를 검사할 때 버스운전사보다 오히려 수행 능력이 떨어지기도 하였다.

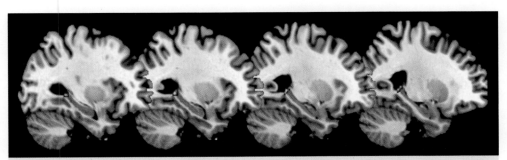

런던의 지도를 4년간 학습한 후, 택시운전사 자격을 받은 운전사의 뇌에서 해마의 뒷부분 회백질의 크기가 크게 나타났다(노란색과 빨간색 부분).

(From Woollett, K., and E. A. Maguire Acquiring "the Knowledge" of London's layout drives structural brain changes, *Current Biology* 21(24):2109–2114, 2011. © Elsevier.)

Woollen. K., and E. A. Maguire. Acquiring "the Knowledge" of London's layout drives structural brain changes. *Current Biology*, 21:2109–2114. 2011.
Woollett, K., and E. A. Maguire. Exploring anterograde associative memory in London taxi drivers. *Neutoreport* 23:885–888, October 24, 2012.

조이스틱을 사용하여 시행했다. 이는 수영장 아래에 숨겨진 플랫폼을 빠른 시간 내에 찾아 물에서 벗어나는 과제이다. 그들이 성공적으로 수행을 하게 되면 컴퓨터는 청각 및 시각적 피드백을 줬다. 모니터의 각도는 사람의 눈으로 보았을 때의 각도와 거의 똑같은 60°로 일인칭 시점을 유지했다. 참가자가 조이스틱을 오른쪽으로 기울이면 화면이 오른쪽으로 이동하는 것과 같이 화면이 움직였다. 모든 피험자들은 가상 공간 수영장의 네 가지 가장자리 중 하나에서 시작하고 총 20회를 시행한다. 수영자에서 탈출 플랫폼이 없는 시행을 연습한 후, 이 과제에서는 시작 위치로부터 숨겨진 플랫폼을 찾아가는 데 소비되는 시간을 측정하였다.

Astur과 연구 팀은 좌우 반구 해마 손상 집단 둘 다 공간을 찾는 과제와 이전에 숨겨놓은 공간에서 플랫폼을 찾는 수행 결과가 매우 떨어진다고 보고 하였다. 해마와 편도체 또한 손상을 가지고 있었기 때문에 수행 결과가 저조하게 나온 이유를 오로지 해마의 손상으로만 결론 짓기는 어렵다. 하지만 이 결과를 바탕으로 우반구의 역할을 확인하였고 또한 좌반구의 역할이 중요하다는 것을 새로이 입증할 수 있었다.

21.3 공간 행동의 실험 모델

일반적인 동물들에게서는 공간을 활용하기 위한 다양한 행동 양상이 진화되어 왔다. 그들은 이동하는 경로, 안전한 장소, 먹이의 위치 및 먹이를 저장해놓은 위치, 짝짓기 및 새끼를 키우는 장소 등이 어디인지를 기억한다. 뿐만 아니라 언제 어떻게 이 모든 장소에서 이동할지를 알고 있다. 따라서 신경심리학자들은 비인간 동물의 공간 활용을 위한 다양한 행동 양식을 연구하기 위해 수많은 행동 패러다임을 사용하여 연구하고 있다.

사람도 일반 동물과 같이 특정 물건을 다음에 사용하기 위해서 저장 및 보관을 한다. 마찬가지로 사람은 노는 장소, 공부하는 장소, 쇼핑하는 장소 등을 포함하여 수많은 장소의 위치를 기억한다. 또한 그들은 이전 위치로 돌아가고자 할 때 돌아갈 수 있도록 행동의 시작 지점과 현재 위치를 기억하며 과정을 추적하고 생각한다. 또한 사람들은 실시간으로 친구와 가족의 위치가 어디인지 알고 싶어 한다. 뿐만 아니라 다른 동물과 같이 사람은 다양한 감각을 이용하여 공간과 관련한 행동을 어떻게 할지를 생각한다.

어떠한 문제가 발생하였을 때 일반 동물과 사람 모두 문제를 해결하기 위한 공간 활용 능력을 보유하기 위해서 다양한 공간 행동 기술 및 전략을 펼치며 능력을 발전시켜왔다. 이 같은 공간 능력과 관련된 특이한 본성은 특정한 뇌 신경 회로에 의해 진행이 된다. 이 장에서는 공간 활용 능력의 예로 경로 추적, 조종, 음식 은닉 및 추측 항법과 공간 동작 등을 소개한다.

경로 추적

가장 단순한 공간 사용 행동은 흔적을 따라서 이동하거나 물체 또는 단서를 따라 이동하는 것이며, 이러한 행동을 **경로 추적**이라고 부른다. 이러한 형태의 공간 사용 행동은 **단서 학습**(cue learning)이라고 부르며, 특정 자극으로 향하거나 또는 특정 자극으로부터 멀어지는 움직임은 **분류 이동**라고 한다. 예를 들어, 어떤 동물들은 햇빛을 향하여 움직이고, 어떤 동물들은 어둠을 향하여 움직인다. 한 예로 빛의 세기 정도에 따라 경로를 인식할 수 있다. 연어는 다양한 방법으로 경로 추적 이동을 한다. 후각 정보를 사용하기도 하며, 자극의 자기장 세기에 따라 먹이가 있는 바다에서 산란을 하기 위한 장소인 강으로 가기 위해 수백 마일을 수영하여 이동한다. 또한 그들의 후손들도 유전된 나침반 기능을 사용하여 다시 바다로 돌아갈 수 있다(Putman et al., 2014).

경로 추적은 사람들이 매일 수행하는 일상 활동이다. 도로 또는 경로를 따라 가거나, 특정 지점을 향하여 이동하거나, 심지어는 특정 물건을 보고 그 물건을 향해서 가는 행동 모두가 경로 추적이다. 우리는 다른 장소로 이동할 때 지도를 사용하여 경로를 계획하거나, 다른 사람들의 지시에 따라서 이동을 하거나 "두 번째 신호등에서 좌회전하고 두 블록 지나가십시오."라고 안내하는 위성안내 시스템으로부터 지시를 받고 이동을 할 수 있다. 또한 어떤 장소가 보이면(예 : 가고자 했던 도서관 건물), 경로 추적은 목표지점을 향하여 걸어가게 한다. 21.1절에서 설명하였듯이 만약 우리가 친숙한 장소를 인지하지 못하게 되면, 이를 랜드마크 실인증이라고 한다.

조종

조종(piloting)은 단서 또는 경로 표시가 명확히 있지 않은 장소로 이동하는 능력을 말한다. 항구에 정박하기 위해 배를 조종하는 항해사는 다양한 지형물, 피해야 하는 방해물들과 항구의 다양한 공간적인 상징물을 사용하여 경로를 불규칙적으로 이동하여 배를 안전하게 항구로 인도할 수 있다. 조종은 공간의 지형을 확인하면서 가는 유도(topographic guidance)라고도 할 수 있는데, 지도의 수많은 다양한 환경적 단서 및 지도의 환경을 이용하기도 하고, 지도와 유사한 좌표상에서 표상된 환경을 신경 프로세스들이 처리한다는 가정하에, 인지적으로 만든 뇌지도에 의해 안내되기도 하기 때문이다. 또한 조종은 장소 학습(place learning)이라고도 불리는데, 여행의 목표가 특정 장소로 도착하는 것이기 때문에 장소가 중요하기 때문이다.

그림 21.7은 쥐의 경로 추적 및 조종 능력 연구에 사용되는 네 가지 과제를 보여준다. 그림 21.7A는 천장, 그림, 창문 등 다양한 시각적 단서들이 존재하는 전형적인 실험실의 모습이다. 실험실의 중앙에는 Morris 물 과제(Morris water task, 과제를 발명한 Richard Morris의 이름을 따서 명명됨)에서 사용된 수영장이 있다. 이 과제는 공간 능력을 검사하는 과제로, 쥐는 물에서 탈출하여 눈으로 보일 수도 있고 혹은 물 속에 잠겨 있을 수도 있는 플랫폼 위에 도착해야 한다.

만약에 플랫폼이 눈에 보인다면 그것은 경로 탐색을 위한 단서로 사용된다. 쥐는 플랫폼으로 곧바로 향하는 경로로 움직일 것이다. 만약에 플랫폼이 숨겨져 있다면 쥐는 플랫폼을 찾기 위하여 방에 있는 주변 단서들을 이용하는 법을 배워야 한다(쥐는 이 과제를 수행하는 데 아주 적합한 동물이다. 그들은 수영을 매우 잘하지만, 몸집이 작아 물속에 오래 있으면 저체온증에 걸릴 위험이 크기 때문에 수영장에서 탈출하여 플랫폼을 찾으려는 동기가 강하다).

그림 21.7의 B, C, D에 그려져 있는 미로는 공간 탐색을 검사하기 위해 사용되는 또 다른 실험실 과제이다. Olton 방사성 미로(Olton radial-arm maze, 과제를 발명한 David Olton의 이름을 따서 명명됨)에서는 실험 동물이 미로의 갈림길들을 걸을 수 있게 되어 있는데, 이는 경로를 따라 걷는 것이라고 할 수 있다. 미로의 특정한 길목에 눈에 띄는 색이나 단서를 표시해놓으면, 이 미로는 경로 학습 과제가 된다. 동물들은 어떤 경로에는 음식이 있고, 다른 경로에는 음식이 없음을 학습하게 될 수도 있다. 경로들이 모두 비슷하게 생겼기 때문에, 동물들은 실험실의 지형과 경로의 관계를 통해서 경로의 위치를 파악해야 하고, 따라서 조종 자체가 이 미로 과제의 해결법이 된다. T자형 미로와 Grice 상자(과제를 발명한 G. Robert Grice의 이름을 따서 명명됨)에는 하나의 특정 위치로 가는 법을 학습하는 것이 정답인 경로 과제, 혹은 시행마다 다른 위치로 가는 것을 학습하는 것이 정답인 탐색 과제가 있다.

21.2절의 끝부분에서 우리는 인간용 수영장 탐색 과제를 살펴본 적이 있다. 사람들은 스위치를 밟을 때까지 방 안을 걸어다니는데, 스위치는 숨겨져 있고 밟으면 소리가 난다. 그리고 나서 우리는 참가자들로 하여금 컴퓨터 스크린상에서 조이스틱을 이용해 환경을 탐색하도록 하는 가상의 수영장과 미로 과제를 살펴보았다. 방사성 미로 과제의 결과는 바라건대 사람들이 가상의 집을 탐색하고, 서로 다

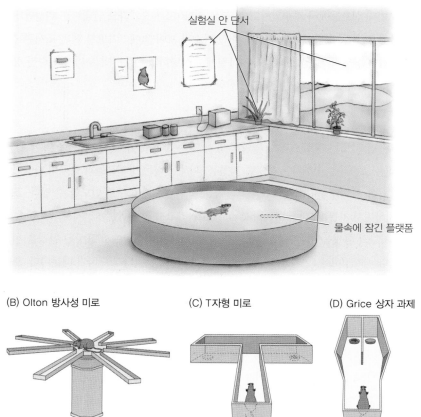

◉ 그림 21.7 ▶

설치류의 공간 행동을 연구하기 위해 사용된 과제 (A) 물 과제는 실험 동물로 하여금 눈으로 보이거나 혹은 숨겨져 있는(물 속에 잠겨 있는) 플랫폼의 위치를 학습시키는 과제이다. 숨겨져 있는 플랫폼의 위치를 알려주는 유일한 단서는 방에 있는 다른 단서들과 플랫폼의 관계뿐이다. (B) 방사성 미로는 동물의 먹이 찾기 행위를 검사하기 위해 고안되었다. 쥐는 가까이 있는 단서를 통해 음식이 있는 골목들을 익히거나 멀리 떨어져 있는 단서를 통해 어떤 경로에 음식이 있는지 학습해야 한다. (C) T자형 미로와 (D) Grice 상자 과제는 동물들의 반응을 바꾸는 능력과 좌–우 차이를 검사한다. 이 다양한 과제들은 동물들이 지역 단서와 더불어 많은 실험실 주변 단서들을 방향을 잡기 위한 보조 기구로 이용할 수 있도록 보통 열려 있는 방에서 시행된다.

(A) Morris 물 과제

실험실 안 단서

물속에 잠긴 플랫폼

(B) Olton 방사성 미로

(C) T자형 미로

(D) Grice 상자 과제

른 방 안에 숨겨져 있는 물건들을 찾는 것이다. Grice 박스 과제와 유사한 인간 대상 실험으로는 연속되어 제시되는 종이들 위에 있는 그림들을 보고, 하나의 종이에서 하나의 그림을 선택하되, 같은 그림은 중복해서 선택하지 않도록 하는 과제가 있다. 이 모든 공간 탐색 과제에서 인간과 인간 이외의 동물들 모두 측두엽에 손상이 있다면 공간 탐색 능력의 저하를 보이지만, 경로 및 단서를 찾는 능력에는 저하를 보이지 않는다.

은닉 행위

공간 행위를 연구하기 위한 접근으로 종(species)의 자연적인 활동을 이용하는 방법이 있다. 어떤 조류는 그들이 이전에 음식을 찾았던 장소에 대해 훌륭한 기억을 가지고 있고, 다른 조류는 그들이 음식을 은닉했던 장소에 대해 엄청난 기억을 가지고 있다. 흩어져서 살거나 서로 다른 장소에 음식을 숨기는 새들 중, 2개의 주요 과(family)가 있는데, 박새 및 박샛과의 새(박새과)와 어치 및 산갈가마귀(까마귀과)가 그것이며, 이들은 공간 능력에 대한 통찰을 제공해준다.

박새는 곤충 먹이 및 씨들을 나무껍질 속 고랑, 침엽수 잎 더미, 이끼, 그리고 기타 자연 속 은신처 등 흩어진 장소에 저장한다(Sherry & Hoshooley, 2010). 각각의 장소에는 적은 수의 음식, 종종 하나의 음식만을 저장하며, 다시는 똑같은 장소에 저장하지 않는다. 저장 장소는 상당한 넓이의 땅에 걸쳐 흩어져 있다. 1년에 박새 한 마리가 숨기는 음식의 개수는 추정컨대 총 몇천 개에 이른다. 새들이 다시 찾으러 오기 전까지 음식들은 짧게는 몇 시간에서 길게는 몇 주까지 저장되어 있다.

새들은 그들의 은닉처를 기억해내기 위해 지역적인 랜드마크보다는 멀리 떨어진 공간 단서들을 이용한다. 멀리 떨어진 공간 단서는 은닉처에서 어느 정도 거리가 떨어져 있고, 지역적인 단서는 은닉처와 가까이에 있다. 단서 간 차이를 설명하자면, 만약 음식을 저장해놓은 곳 근처의 단서들이 어질러지더라도 새들은 음식을 찾는 데 문제가 없다. 비슷하게 색깔이 있는 물체 등 인공적인 단서들을 은닉처로부터 제거하더라도 새들은 은닉처에서 음식을 찾아내는 데 어려움이 없다. 그러나 만약 멀리 떨어진 단서들이 제거되거나 다른 단서로 대체가 된다면, 새들의 은닉처 탐색은 방해받게 된다.

새장 한쪽의 은닉처에 있는 음식들을 빼돌리면, 새들은 그쪽에 음식을 숨기는 것은 피해야 한다는 것을 학습한다. 특정한 색깔의 테이프로 표시되어 있는 은닉처의 음식들이 빼돌려지고 다른 색깔 테이프로 표시되어 있는 은닉처는 괜찮을 때, 독립적인 연구에 의하면 새들은 두 색깔의 차이를 확연히 구분할 수 있음에도 불구하고 두 색깔을 구분해야 한다는 것을 학습하지 못한다. 이 실험들 및 이와 비슷한 다른 많은 실험들의 결과는 새들이 음식의 은닉 장소를 표시할 때 지역적인 랜드마크보다는 멀리 떨어진 공간 단서들을 이용함을 보여준다. 까마귀과의 새들은 은닉된 음식의 장소를 계속해서 추적할 뿐만 아니라 방관자들로부터 음식을 숨기고, 또 언제 음식을 먹으러 다시 돌아와야 할지 시간을 정할 수 있도록 음식이 금방 상할지 아니면 오래갈지를 기억한다.

음식을 은닉하는 새들과 은닉하지 않는 새들을 비교한 연구 결과에 의하면, 음식을 은닉하는 새의 해마가 그렇지 않은 새들보다 상당히 큰 것으로 나타난다(**그림 21.8**). 벌새는 이전에 가보았던 상당한 숫자의 꽃들을 기억하고, 꿀이 보충될 때까지 그 꽃들을 다시는 방문하지 않는다. 벌새는 연구가 되어 있는 모든 새들과 비교했을 때, 몸의 크기에 비해 가장 큰 해마를 가지고 있고, 이는 그들의 놀라운 공간 기억에 해마가 기여함을 시사한다(Ward et al., 2012).

만약 음식을 은닉하는 새들의 해마가 손상이 되면, 그들은 음식을 계속 은닉은 할 테지만, 은닉했던 음식을 다시 찾지는 못할 것이다. David Sherry와 동료들이 요약한 것처럼(Hall et al., 2014), 신경 생성의 변화(해마에 세포들이 추가되는)는 음식 저장 행위와 관련이 있다. 새들이 음식을 저장하는 계절에는 전구세포가 해마로 이동하여 새로운 뉴런으로 분화된다. 박새의 음식 저장은 가을에 최대화되고 겨울에도 계속되며 봄과 여름에는 감소한다. 해마의 신경 생성 및 해마의 크기 모두 가을에는 최대화되고 봄에는 감소한다. 음식 저장 경험 또한 해마의 크기와 상관이 있다. 만약 음식을 저장하는 쇠박새가 초기 발달 중에 음식 저장을 못한다면, 같은 나이의 통제 집단의 쇠박새보다 해마의 상대적 크기가 뒤쳐진다. 만약 신경 생성이 저해된다면 음식 저장 행위도 상대적으로 손상될 것이다.

종합하면 이러한 연구 결과들은 음식을 은닉하는 새들이 음식이 어디에 저장되어 있는지 수백 개의 장소를 기억할 수 있고, 음식 저장 위치를 정하기 위해 멀리 떨어져 있는 공간 단서들을 사용하며, 이 과정에는 해마가 필요하여 해마가 공간 행동에 중요한 역할을 함을 다시 한번 제시한다. 우리 인간들도 은닉을 하기 때문에 우리의 해마 처리는 은닉하는 새들과 비슷하게 기능할 것이다.

추측 항법

추측 항법(dead reckoning, *deduced reckoning*에서 유래)은 항해의 일종으로, 동물 스스로의 움직임에 의해 생성된 단서들에 의존한다. 이는 얼마나 멀리 이동을 했고, 시작점과 비교했을 때 지금 어디에 있는지를 알고, 속도와 이동 시간을 감독하며 필요 시 방향을 바꾸는 동물들의 능력을 의미한다. 추측 항법 행동은 때때로 **경로 통합**이라고 불리는데, 밖으로 나갈 때의 경로를 통합하는 것이 현재 위치에 대한 정보 및 돌아오는 길에 있어서 직행 코스를 어떻게 설정할 것인가에 대한 정보를 줌을 의미한다.

그림 21.8 ▲

공간 기억 추론하기 음식을 저장하는 세 종류의 명금과(왼쪽) 및 음식을 저장하지 않는 열 종류의 명금과(오른쪽)의 전뇌 부피와 해마의 부피를 비교한 그래프. 음식을 은닉하는 새들(예 : 검은머리박새)의 해마는 음식을 은닉하지 않는 새들(예 : 참새)의 해마보다 약 2배가 크다.

(D.F. Sherry, L. F. Jacobs, and S. J. C. Gaulin, Spatial memory and adaptive specialization of the hippocampus. *Trends in Neuroscience* 15: 298–303, 1992)

Charles Darwin(1893)은 동물들이 항해에 있어서 추측 항법을 사용할 수 있음을 처음으로 제시한 사람이다. 뒤이어서 많은 연구자들이 동물이 인간만큼 추측 항법을 사용함을 확인하였다. 사람이 '방향 감각' 혹은 '거리 감각'이 있다고 할 때, 이는 대부분 추측 항법을 사용하는 뇌의 기술에서 파생된 공간 위치에 대한 의식적인 인지를 의미한다.

추측 항법은 항해사들이 사용했던 항해법의 초기 형태였다. 예를 들면, 콜럼버스는 유럽과 중앙 아메리카 사이를 여행할 때 이를 사용하였다. 방향을 추적 관찰하기 위해 나침반을 이용하며, 항해사는 특정 위치의 뱃머리에서 나무 한 조각을 배 밖으로 던져 속도를 계산하였다. 배가 나무 조각을 지나쳐서 움직이면, 항해사는 나무 조각이 특정한 위치의 선미를 지나갈 때까지 구호를 외쳤다. 구호는 마지막에 말한 단어가 어떤 구체적인 속도에 대응하도록 만들어졌다. 만약에 항해사가 추가적으로 시간을 알 수 있다면(예 : 태양이나 별을 이용함으로써), 그들은 그들의 위치를 알 수 있었다.

다시 말해 방향과 속도와 이동 시간을 안다는 것은 항해사들이 그들의 항해가 얼마나 진척되었는지 정확하게 기록할 수 있었음을 의미한다. 떠날 때의 이동 기록을 뒤집어서 사용함으로써 되돌아올 때 정확하게 돌아올 수 있었고, 떠날 때는 빙 돌아가는 이동 경로였음에도 돌아오는 이동 경로는 직행일 수가 있었다. 현대에도 항해사는 안개가 껴서 시각적 표지를 이용할 수 없을 때 속도계, 시계, 컴퍼스를 통해 추측 항법을 이용한다(**그림 21.9A**). 시계의 발명은 바다에서 시간을 기록하는 것을 가능하게 해주어 항해술을 크게 발전시켰다.

인간 이외의 일반적인 동물들은 속도와 시간, 방향을 측정하는 기계적인 도구가 없다. 동물들은 이러한 정보를 **자가 움직임 단서**(self-movement cue)라 불리는 행동을 통해 수집한다. 일반적으로 자기수용계 및 전정계로부터 수용되는 다양한 감각 단서들은 충분한 정보를 제공할 수 있다. 예를 들어 **시각 흐름**, 소리와 냄새의 변화, 심지어 바람의 저항과 같은 감각의 변화는 움직이는 속도와 방향 정보를 제공한다. 특히 전정계의 활성화는 움직이는 속도, 방향의 전환, 지속 시간 등의 정보를 제공하며 추측 항법의 단서가 된다.

게다가 동물은 원심성 신경의 행동 명령을 복제하고 이를 모니터링함으로써 자신의 움직임을 판단한다. 동물이 자발적으로 특정 장소로 이동하는 것을 결정하면, 근육에 지시를 내리게 된다. 동물은 근육으로 명령을 보내는 동시에 이를 파지한다. 이렇게 파지한 운동 명령은 자신의 이동 정도와 방향을 추정하는 데 사용된다.

그림 21.9 ▼

선원과 쥐의 추측 항법 (A) 알고 있는 지점에서 출발한 배는 목표에 도착한다. 그리고 목적지에서 어떠한 단서 없이 출발점으로 돌아온다. 출발점은 0800시에 위치하고 컴퍼스 방향(C)은 90°이다. 속도(S)는 10노트이다. 시간, 방향 그리고 속도가 방향이 전환될 때마다 기록되며, 추측 항법은 매 시간마다 계산되고 기록된다. 귀환 항해(점선)는 떠나는 항해에서 계산될 수 있다. (B) 쥐가 먹이를 찾기 위해 헤매는 것은 여러 방향 전환과 정지가 필요하다. 먹이를 찾게 되면 쥐는 곧장 집으로 돌아온다. 쥐는 시계, 컴퍼스, 속도계가 없음에도 불구하고 내적 과정으로 추측 항법을 해낸다.

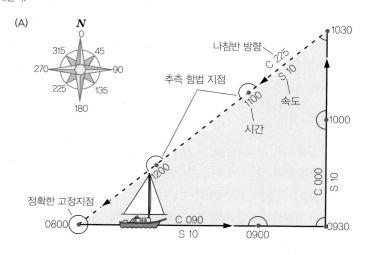

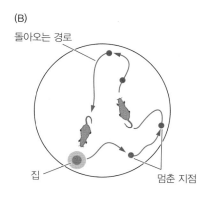

동물은 이 단서들을 속도와 방향을 계산하는 데 이용하면서 출발점과 자신의 현재 위치에 대한 관계를 추적한다. 이 계산을 뒤집으면 자신의 출발점(그림 21.9B)으로 돌아갈 수 있다. 이러한 행동은 출발점이 반드시 돌아가야만 하는 보금자리인 경우에 매우 유용하다. 추측 항법은 특히 동물이 어둠 속을 이동할 때, 환경적 단서가 친숙하지 않을 때, 시각적 단서가 지속적으로 변화하는 장소 등에서 유용하다.

많은 연구 결과는 해마 영역이 추측 항법에 기여한다고 제안한다. 실험실 상황에서 쥐는 은신처에서 나와 먹이를 찾아 헤맨다. 쥐가 음식이 놓인 테이블을 찾게 되면 쥐는 먹이를 자신의 은신처로 끌고 간다(Whishaw et al. 2001).

음식을 찾기 위해 떠나는 쥐의 여정은 여러 곳을 돌아가는 반면, 집으로 돌아오는 길은 최단거리이다. 조명이 있을 때 먹이를 찾아 헤매는 쥐는 방의 단서와 자가 움직임 단서를 모두 길잡이 단서로 이용할 수 있다. 만약 쥐가 조명, 후각, 청각 단서가 모두 제거된 곳에서 여행하게 된다면 쥐는 오직 자신의 행동 기록에 의존해서 집으로 돌아와야만 한다. 이는 추측 항법일 수밖에 없다.

건강한 쥐는 밝든 어둡든 아주 정확하게 자신의 보금자리로 돌아온다. 그러나 해마 구조에 손상이 있는 쥐는 밝을 때는 잘 돌아오지만 어두울 때는 정확성이 떨어진다. 해마의 손상이 추측 항법을 비롯한 공간적 표상에 영향을 미친다는 점은 해마가 공간 항법에 영향을 준다는 점을 시사한다.

사람에게도 다른 길잡이 단서를 모두 제거한 추측 항법 과제를 부여하였을 때 발걸음 수를 세거나 회전 정도, 방향을 통해서 공간을 표상한다. 실험 상황에서 참가자들은 눈가리개를 하거나 손을 잡은 채, 짧은 길을 걷거나 삼각형을 말해야 했다. 또 그들은 자신이 걸었던 길을 반복해서 다시 걸었다. 눈가리개를 한 사람들은 불규칙한 길을 걸으며 시작점으로 돌아갔다. 사람들은 컴퓨터 기반의 실험에서도 특징 없는 환경에서 길을 기억해야 했다.

쥐와 마찬가지로 사람은 이러한 과제를 잘 수행했다. 추측 항법 과제는 뇌 손상이 야기하는 뇌기능에 대한 정보와 과제를 하는 동안 활성화되는 영역에 대한 정보를 제공했다(Wolbers et al., 2007). 두 실험 결과는 측두엽과 해마가 추측 항법 과제에 관여한다는 점을 밝혔다(Worsley et al., 2001).

◎ 공간 행동과 관련된 신경심리검사

인간의 공간 능력을 측정하기 위해 사용되는 과제는 실제 현실의 과제에서부터 가상현실, 컴퓨터 시뮬레이션 과제 등 아주 다양하다. 공간적 과제의 방대한 양과 다양성은 체계적 비교를 어렵게 할 정도이다.

현실 세계의 공간 과제로 주목할 만한 것은 Mary-Lou Smith와 Brenda Milner(1981)의 실험이다. 16개의 작은 장난감이 테이블 위에 놓여 있다(그림 21.10A). 뇌전증 치료를 위해 해마를 절제한 환자들이 실험에 참여해 장난감에 대응하는 현실의 물건의 가격을 평정하는 과제를 수행한다.

실험자가 가리킨 장난감을 보며 참가자는 그것의 이름을 말하고 그 가격을 생각한다. 10초 뒤 참가자는 그 물건의 가격을 말하고 다른 장난감으로 옮겨가며 이 과정을 반복한다. 모든 물건에 대해서 과제가 끝난 뒤에 참가자는 테이블과 같은 크기의 갈색 종이 앞으로 이동한다. 참가자는 앞서 보았던 장난감들이 어떻게 놓여 있었는지를 갈색 종이 위에 똑같이 배열해달라는 요청을 받는다. 이 실험은 24시간 후에 다시 반복된다.

해당 자극의 이름과 그 자극의 장소를 정확하게 기억했을 때 점수가 부여되었다. 장소 점수는 원래 테이블에서의 위치와 직후 회상검사에서의 물건 위치, 그리고 늦은(24시간 이후) 회상검사에서의 물

(A) 공간 기억 검사

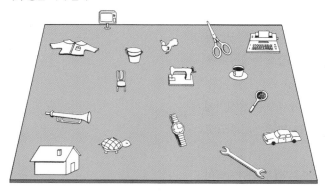

(B) 결과

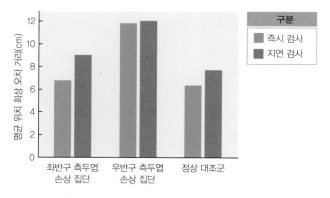

구분
즉시 검사
지연 검사

좌반구 측두엽 손상 집단 / 우반구 측두엽 손상 집단 / 정상 대조군

◎ **그림 21.10** ▲

공간 기억 과제 (A) 공간 기억을 측정하기 위한 이 과제는 16개의 장난감이 16개의 고정된 장소에 놓여 있다. 참가자는 사물을 가리키고 이것의 가격을 평가해야 한다. 가격 평가 이후 해당 사물은 제거되고 같은 절차를 반복한다. (B) 그래프는 좌반구 측두엽과 우반구 측두엽 손상 환자와 대조군의 위치 회상 결과이다. 우반구 측두엽 손상 환자의 수행이 저조하다.

(Task and data source: Smith and Milner, 1981.)

건 위치와 비교되었다. 이름 회상의 결과, 우반구와 좌반구 해마 손상 환자는 모두 어느 정도 저하된 수행을 보였고, 좌반구 해마 손상 환자가 우반구 해마 손상 환자에 비해서 점수가 낮았다.

공간 부분에 대한 연구 결과는 21.10B에 설명된 것처럼 우반구 해마 손상 환자들에게 선택적으로 발생한다는 것을 시사한다. 좌반구 측두엽 손상 집단의 점수는 대조군과 유사했으나, 우반구 측두엽 손상 집단은 오류율이 매우 높았으며 즉각 회상과 지연 회상에서 모두 수행이 저조했다. 이 실험에서 파생된 다양한 실험들, 가령 컴퓨터 기반의 과제는 가상현실의 테이블 위에서 사물의 이름 짓기와 제자리에 놓기를 요구한다.

시각화 과제는 이차원, 삼차원 자극의 조작, 회전, 비틀기 혹은 반전의 정신적 능력을 측정한다. 이 능력의 기저에는 재인, 보유, 구성의 회상 등의 삼차원 혹은 평면 공간을 접거나 펴고 움직이거나 변화할 수 있는 능력이 수반되어야 한다(**그림 21.11A**). 방향 과제는 시각 자극의 패턴, 주의를 기울이지 않았던 부분의 방향 전환 등의 원소 배열과 같은 공간적 이해 능력을 측정한다(그림 21.11B).

Sinéad Mullally와 동료들(2012)은 흥미로운 과제를 실시했다. 해마 손상 환자를 포함하는 건망증 환자를 대상으로 한 이 실험에서 건망증 환자들은 대조군 환자보다 뛰어난 공간적 수행을 보여주었다. 틀 안에 제시되는 사진을 보고 참가자는 이를 따라 그렸다(**그림 21.12**). 건망증 환자는 정확하게 그림을 그린 반면, 대조군 환자는 그림의 틀에 비해서 사물을 축소시켜서 그렸다.

경계 확장(boundary expansion) 현상(물체와 경계 사이 간격을 확장시키는 경향성)은 대조군 환자에게서 발견되었다. 반면 건망증 환자는 경계 확장 현상이 다른 감각 양상에서 발견되었다. 예를 들어, 틀 안에 있는 사물의 배열 상태를 만지고 난 후에, 다시 사물을 잡도록 요구했을 때, 대조군 환자는 물건의 위치를 축소하고 경계를 확장하는 경향을 보였다. 경계 확장에 대한 해석은 건망증 환자는 샘플을 있는 그대로 받아들이려고 하는 반면, 참가자들은 확장된 맥락에서 물건을 놓으려 했기 때문으로 설명한다.

◎ **그림 21.11** ▶

공간적 능력 측정하기 예시 과제는 (A) 시각화 과제, (B) 방향 과제이다. 방향 과제에서 주목할 점은 주어진 큐브의 두 면 이상에 단어가 적혀 있지 않다는 점이다.

(Information from Halpern, 1986.)

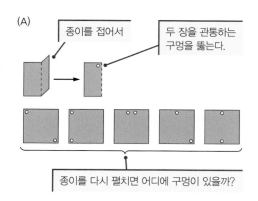

(A) 종이를 접어서 → 두 장을 관통하는 구멍을 뚫는다.

종이를 다시 펼치면 어디에 구멍이 있을까?

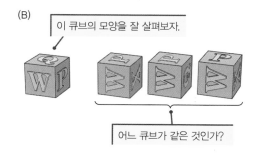

(B) 이 큐브의 모양을 잘 살펴보자.

어느 큐브가 같은 것인가?

단일세포 기록과 공간적 행동

작은 동물은 공간 과제를 해결하는 것에 능하고, 단일세포 기록을 할 수 있기 때문에 작은 동물의 공간적 행동에 대한 연구가 발전해왔다. 단일세포 기록은 배측과 복측 흐름 구조에서 측정된다. 이는 두정엽, 비피질, 해마를 포함한다. 단일세포 기록은 공간적 행동과 관련된 다양한 입력, 출력 경로를 발견하는 것에 큰 도움을 주었다.

어떤 세포들은 현재의 위치를 나타내기도 하고, 어떤 세포들은 벽이나 모서리와 같은 경계를 나타내기도 하며, 어떤 세포들은 움직이거나 쉬는 기간 등의 시간을 나타내기도 한다. 심지어 어떤 세포들은 곧 있을 움직임을 예측하기도 한다. 이러한 종류의 세포들 중, 많은 실험들은 장소세포, 머리방향 세포, 격자세포를 주로 연구하였다(**그림 21.13**). 여기서는 이 세포들의 특성을 경로 학습, 장소 학습, 추측 항법에 관한 이론들의 맥락에서 설명할 것이다(Barry & Burgess, 2014). 2014년 노벨생리의학상은 '뇌의 위치 시스템을 구성하는 세포를 발견'한 공로로 John O'Keefe, May-Britt Moser, Edvard I. Moser에게 주어졌다.

장소세포

장소세포(place cell)는 John O'Keefe와 Jonathan Dostrovsky(1971; Best et al., 2001)가 처음 발견하였는데, 이 세포는 개체가 환경 내의 특정한 위치를 지날 때 반응한다(그림 21.13A). 쥐를 새로운 환경에 놓으면 짧은 시간 내에 해마체의 장소세포들이 쥐의 위치에 따라 반응하기 시작한다. 어떤 세포들의 경우 쥐가 스스로 해당 장소로 이동했는지, 아니면 실험자에 의해 옮겨졌는지는 상관없는 듯하다. **장소-방향 세포**(place-by-direction cell)는 쥐의 위치뿐만 아니라 움직임의 방향과 속도도 부호화한다(그림 21.13B).

만약 쥐가 일직선으로 걸어간다면 활동적인 장소세포들은 위치와 방향까지 부호화한다. 쥐가 환경을 탐색하게 한 후 불을 끄면 그 쥐의 장소세포들은 전에 보았던 시각 단서의 장소에 따라 활동을 유지한다. 쥐를 잠깐 환경에서 떼어놓는 동안 공간 단서들을 바꾸고 다시 쥐를 돌려놓는다면, 장소세포들은 새로운 환경을 표상하도록 활동 패턴을 바꾼다. 만약 쥐가 공간 내에 그대로 있는 동안 단서들을 없앤다면 장소세포들은 원래의 발화 패턴을 유지하게 된다.

일부 시각 단서들만 움직이는 것은 장소세포들의 활성화 패턴에 거의 영향을 미치지 않지만, 공간 내의 모든 단서들을 회전시키면 장소세포들은 단서들의 새로운 위치에 따라 발화하기 시작한다. 또한

예시 사물 · 기억상실증 환자 · 정상 대조군

◎ **그림 21.12** ▲

경계 확장 틀 안에 제시된 그림을 그려달라고 요청했을 때(왼쪽), 해마 손상 환자는 경계와 사물의 비율에 있어서 대조 집단(오른쪽)보다 더 정확한 묘사를 한다(가운데). 대조 집단은 경계에 비해서 사물의 크기를 작게 그렸다.

(Mullally S. L., H. Intraub, and E. A. Maguire. Attenuated Boundary Extension Produces a Paradoxical Memory Advantage in Amnesic Patients. *Current Biology* 22(4):261–268, 2012, Figure 3.)

(A) 장소세포

(B) 장소-방향 세포

(C) 머리방향 세포

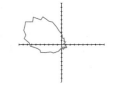

(D) 격자세포

그림 21.13 ◄

해마체에 있는 공간 관련 세포의 종류 오른쪽의 X-Y 좌표는 왼쪽의 세포에서 측정된 방향의 선별성을 나타낸다. (A와 B) 장소세포는 쥐가 방향과는 무관하게 특정한 위치에 있을 때 발화한다. (C) 머리방향 세포는 쥐의 위치와는 무관하게 머리가 특정 방향을 향하고 있을 때 발화한다. (D) 격자세포는 여러 위치에서 발화하면서 쥐의 방향이나 움직임, 속도의 변화에 따라 달라지지 않는 가상의 격자를 만든다.

(Courtesy of John O'Keefe. Research from Andersen et al., 2007, Fig. 11.21.)

쥐가 먹이를 찾아 미로를 탐색할 때, 어떤 장소세포들은 쥐가 미로의 특정 부분에 있을 때 반응한다. 뿐만 아니라 이 장소세포들은 쥐가 오른쪽으로 돌고자 의도할 때는 반응하지 않고 왼쪽으로 돌고자 의도할 때만 반응하기도 한다.

장소세포들은 시각 단서들에 주로 반응하긴 하지만, 후각, 전정(vestibular), 촉각, 청각 단서에도 영향을 받을 수 있다. 예를 들어, 눈이 먼 쥐의 장소세포들은 촉각 단서에 반응한다. 또한 어떤 장소세포들은 여러 컵 중 물이 들어 있는 하나의 컵의 위치에 따라 발화하기도 하는데, 만약 그 컵을 옮기면 장소세포의 발화 위치도 함께 변하게 된다.

쥐가 단 하나의 시각 단서만 있는 환경에 놓인다면 이 하나의 단서가 장소세포들이 어디서 발화할지를 결정하게 된다. 만약 이 유일한 단서가 사라지면 장소세포는 계속 발화하지만 발화하는 위치가 변하기 시작한다. 또한 한 장소세포의 발화에 영향을 주는 시각 단서가 이동해서 다른 단서들에 비해 더 이상 예측 가능하지 않다면, 이 장소세포는 그 단서에 더 이상 반응하지 않게 된다. 또한 여러 장소세포들을 동시에 측정했을 때 한 환경에서 활성화되었던 많은 세포들이 다른 환경에서는 활성화되지 않는다.

장소세포의 활동은 그 개체의 움직임 능력과 밀접하게 관련되어 있어서 쥐가 움직이지 못하게 되면 세포도 반응하지 않는다. 장소세포는 해마 이외의 영역에서도 측정이 되지만, 해마에 있는 장소세포만 주변 환경 단서의 변화에 따라 활동을 변화시키는 융통성을 지닌 듯하다. 그렇기는 하지만 이러한 변화를 보이지 않는 해마의 장소세포도 물론 존재한다. 또한 Longnian Lin과 동료들(2007)은 쥐의 해마에서 둥지나 침대에만 반응하는 세포들을 발견하였는데, 그들은 해마가 물체의 장소뿐 아니라 고차원적인 '개념'도 표상할 수 있다고 주장하였다.

머리방향 세포

Jeffrey Taube(2007)는 방향을 나타내는 해마체 세포들의 존재를 시사하는 여러 연구들을 요약하였다. **머리방향 세포**[head-direction (HD) cell]는 쥐의 머리가 특정 방향으로 향할 때마다 활성화되는데(그림 21.13C), 서로 다른 세포들은 선호하는 방향이 서로 다르다. 예를 들어, 어떤 머리방향 세포는 쥐가 머리를 서쪽으로 향할 때마다 활성화되는 반면, 다른 머리방향 세포는 남쪽을 향할 때마다 활성화된다.

머리방향 세포의 발화는 몸통의 위치와는 관련이 없으며, 멈춰 있는지 움직이고 있는지에 따라서도 크게 달라지지 않는다. 뿐만 아니라 머리방향 세포는 시간이 지남에 따라 적응되지 않고, 머리가 특정 방향을 향하는 동안에는 계속 발화 비율을 유지한다.

머리방향 세포는 환경 내의 특정한 물체의 존재에 반응하지 않고, 항상 북쪽을 가리키는 나침반의 바늘처럼 방향 그 자체에 반응한다. 하지만 주변의 단서들이 머리방향 세포에 영향을 줄 수도 있다. 쥐를 새로운 환경에 놓으면, 쥐의 머리방향 세포는 그 새로운 환경 내에서 선호하는 방향을 빠르게 만들게 된다. 쥐를 공간에서 떼어놓는 동안 그 공간의 단서들을 회전시킨 후 다시 쥐를 돌려놓는다면 머리방향 세포의 선호 방향은 단서와 함께 회전된다. 하지만 쥐가 환경 내에 그대로 있는 동안 단서들을 회전시키면 머리방향 세포의 선호 방향은 크게 달라지지 않는다.

불이 꺼지면 머리방향 세포는 몇 분간 발화 패턴을 유지한다. 또한 쥐가 터널로 연결된 두 공간을 탐색하도록 하면, 머리방향 세포는 두 공간에서 동일한 방향 선호를 유지한다. 하지만 쥐를 떼어놓는 동안 한쪽 공간의 단서들을 회전시킨 후에 다시 한 공간에 놓게 되면, 머리방향 세포의 선호는 단서와 함께 회전된다. 이때 쥐가 회전시키지 않은 다른 쪽 공간으로 건너가게 되면, 머리방향 세포들은 이전의 선호로 되돌아간다.

　머리방향 세포는 그 방향을 수평면에만 한정시키지는 않으며, 쥐가 어딘가를 올라가거나 내려갈 때에도 방향을 부호화한다. 또한 머리방향 세포는 장소세포와는 달리 쥐를 움직이지 못하게 만들어도 계속 발화한다. 장소세포는 한 공간에서는 발화하지만 다른 공간에서는 발화하지 않고, 상황에 따라서 다른 비율로 발화하는 반면, 모든 머리방향 세포들은 오직 머리의 방향에 따라서 지속적으로 활성화된다.

격자세포

격자세포(grid cell)는 Torkel Hafting과 동료들(2005)이 처음 발견하였는데, 이 세포들은 전체 공간을 격자로 나누는 듯한 규칙적인 간격의 노드들을 지날 때 발화한다. 각각의 격자세포들은 마치 정삼각형 모양을 구성하는 노드들에서 발화하는 것처럼 규칙적인 공간 간격을 두고 발화한다(그림 21.13D). 노드들은 개체가 있는 공간 전체에 걸쳐 격자를 이루는 지점들을 나타낸다. 이 격자는 방향이나 움직임, 속도의 변화에 영향 받지 않는다.

　같은 부위에 모여 있는 격자세포들은 동일한 격자 간격과 방향을 갖는다. 하지만 노드의 위치가 서로 달라서 한 격자세포의 발화 정점 위치와 이웃 세포의 발화 정점 위치가 살짝 차이를 보이게 된다. 내측 비내피질의 서로 다른 부분에 있는 격자세포들은 전체 공간의 크기를 매핑하는 듯이 서로 다른 크기로 격자를 표시한다. 각 격자세포들이 그리는 격자의 방향은 환경 내의 서로 다른 단서에 맞춰질 수 있으며, 개체가 향하고 있는 방향에 따라 달라질 수 있다.

장소세포의 위치

장소세포, 머리방향 세포, 격자세포가 위치한 뇌 영역은 크게 다르다. **그림 21.14**는 장소세포가 비내피질과 해마이행부, 그리고 해마에서 주로 측정된다는 것을 보여준다. 머리방향 세포는 외측유두체핵, 전측 시상, 대상피질과 해마의 후구상회(postsubicular) 영역들에서 측정된다. 격자세포는 내측 비내피질에서 측정된다.

　이 해부 조직은 3개의 측두엽 영역과 그것들의 3개의 세포 종류에서 일어나는 상호작용이 우리의 공간적 행동을 대부분 차지하는 기질을 형성함을 제시하고 있다.

그림 21.14 ▼

공간 관련 세포들의 위치　쥐의 뇌에서 장소세포, 머리방향 세포, 격자세포가 측정되었던 위치. 세 가지 체계 간의 관계는 아직 잘 알려지지 않았지만, 연구자들은 머리방향 세포 체계는 개체 자신의 위치와 관련된 공간 탐색을 가능하게 하고, 장소세포 체계는 주변 환경 단서들을 이용한 공간 탐색을 가능하게 하며, 격자세포 체계는 공간의 크기와 공간 내 개체의 위치를 표시한다고 밝혀왔다.

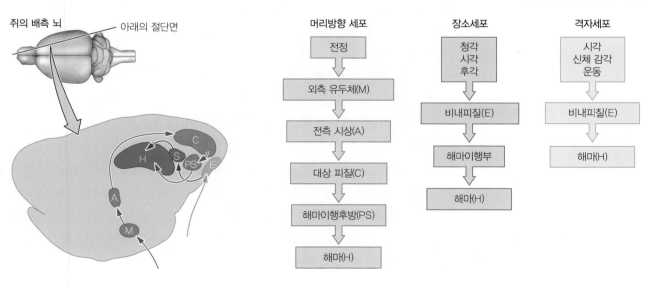

- 공간 체계는 동물이 환경 요인 간의 관계를 이용해서 방향을 찾을 수 있게 해준다(타인 중심적 지도).
- 머리방향 체계는 동물이 자신의 공간적 위치와 관계해서 방향을 찾을 수 있게 해준다(자기 중심적 지도).
- 격자 체계는 공간의 크기와 동물의 공간상 위치를 나타내는 공간적 골조를 제공한다. 격자세포는 지도에 나오는 위도와 경도선을 이용한 것과 비슷한 참조 골조를 제공한다.

장소세포, 머리방향 세포, 격자세포는 인간을 비롯한 영장류에서 나타난다. 그러나 Edmund Rolls 와 J. Z. Xiang(2006)의 연구에 따르면 원숭이들은 머리방향 세포보다 훨씬 적은 장소세포를 가지고 있다. 대신 원숭이들은 많은 '시야세포'(원숭이가 특정한 방향을 볼 때 방류되는 세포)를 가지고 있는 것으로 보인다. 그러므로 장소세포와 머리방향 세포는 영장류의 눈의 움직임과 쥐의 몸 동작과 크게 연관되어 있을 가능성이 크다.

공간세포들의 역할에 대해 생각하는 방법 중 하나는(인간도 이런 종류의 세포를 가지고 있다는 가정하에) 장소세포 체계가 우리에게 사물이 이 세상 어디에 존재하는지 말해주고, 격자 체계가 주변 환경 속에서 방향을 다루는 우리의 존재가 얼마나 큰지 나타내주며 머리방향과 격자 체계가 우리가 어디에 있는지 말해준다고 생각하는 것이다. 시간세포를 더하면(Howard et al., 2014), 측두엽은 지형 지도를 만들 모든 구성요소를 가지고 있으며 개인의 위치를 추측 항법과 함께 기록할 수 있다.

◎ 21.4 공간 능력의 개인차

제12장은 뇌 비대칭성의 개인차(성별과 잘 쓰는 손을 포함한)를 형성하는 생물학적 요인과 환경적 요인의 범위를 검토한다. 이 절에서 우리는 개인의 공간 능력에 영향을 주는 개개인의 차이점을 검토한다.

성별 관련 차이점

공간 능력 연구는 기술 계통의 적성을 예상하기 위한 연구들과 관련해 이른 20세기에 시작되었다. 공간 능력에 대한 관심이 깊어지면서, 다양한 나이대와 성별 집단이 포함된 연구들이 시작되었다. 또한 성인 남성이 성인 여성보다 공간 능력이 뛰어나다는 일반화가 서서히 증가했다.

우리는 성인 남성이 성인 여성보다 특정한 공간검사(Harshman et al., 1983)에서 더 나은 능력을 보이는 경향이 있다는 증거들을 살펴보았다. 남성의 공간 능력 우세는 일반적으로 여성의 언어 능력, 섬세한 운동 움직임, 그리고 지각 속도의 우세와 비교된다. 그러나 과거 경험과 실험 방법은 성별에서 나타나는 이 우세점에 영향을 준다.

21.3절에서 설명한 가상 물 미로 학습 검사에서 Astur과 동료들(1988)은 남성이 큰 우세를 보인다는 것을 보고했다. 그러나 Maguire와 동료들(1999)은 여성이 랜드마크를 이용해 방향을 찾는 것을 더 선호하고 남성은 공간 지도(그림 12.3 참조) 방법을 더 선호한다는 증거를 모았다. 이 증거는 Astur의 결과를 설명할 수 있다.

Debora Saucier와 동료들(2007)은 공간 능력에서 나타나는 성별 차가 과제 자체에만 나타날 뿐 아니라 과제에 사용되는 공간의 일부분에 대해서도 나타난다고 주장했다. 그들은 남성이 원거리 과제 수행을 더 잘하고, 여성은 주변 사람 공간 과제 수행에서 가장 분명한 우세점을 보인다고 주장했다. Ariane Burke와 동료들(2012)이 실제 상황에서의 공간 능력은 성별 차이가 없다고 발표했듯, 실험 기반 과제와 실제 상황의 공간 문제들의 연관성은 불분명하다.

연구 결과는 또한 여성과 남성이 체스, 수학, 음악, 미술 같은 공간 능력이 포함된 생각이 필요한 기술에서 능력 차를 보인다고 제시한다. 수학 능력이 가장 자세하게 검토되었다. 많은 연구에서 남성이 여성보다 수적 능력 검사에서 우세한 성적을 보임을 찾았다. 미국에서는 SAT 점수와 존스홉킨스대학교 수학 재능 검사가 이 차이점들이 청소년기에서 더 뚜렷하게 나타나고, 더 높은 점수 등급에서 더 명확하게 나타남을 보여줬다.

환경 영향을 제외하면 성별 차는 경험에 의한 것과 호르몬에 의한 것으로 설명될 수 있다. 예를 들어 차이점들은 신경 조직과 기능을 활성화하는 호르몬의 결과로 벌어질 수 있다. 다른 식으로는 차이점들이 유전적으로 성별과 연결되어 있고, X 염색체의 열성 유전자로 정해질 수 있다. 안정적인 성별 차의 값을 구하기가 어려운 이유는 검사 방법에만 연관된 것이 아니라 과거 경험과도 연관이 있기 때문이다. 남성은 여성보다 공간 탐색을 요하는 활동에 많은 시간을 쓰는 경향이 있다. 성별과 관련된 역할이 줄어든 환경에서는 인지 기능에서 나타나는 성별 차이가 보이지 않을 가능성이 있다.

유전적 영향

유전을 기반으로 한 남성과 여성의 공간 능력 차이점 설명은 진화론적이다. 차이점은 번식 성공률을 높인다. 예를 들어 현대 인간의 진화 과정 중 형성 시기에 음식 수확에 관한 역할이 구별되었을 수도 있다.

남성의 우선 역할은 넓은 공간에서 길을 찾는 능력이 필요한 사냥이었다. 사냥은 돌과 창을 던지고, 화살을 조준하는 능력 또한 요구한다. 이 능력들에 자질이 있는 남성은 그렇지 않은 남성보다 성공적이었을 것이고, 그러므로 그들은 Darwin의 관점에서 '선택'되었을 것이다. 여성의 우선 역할은 객관적 기억력이 필요한 지역에서 먹이를 찾고 요리하는 것을 포함하고 있었다.

그러나 현재 수렵-채집인 성별 차이 이론의 증거들은 희박하며 인간이 아닌 포식동물과 비포식동물의 관한 비교 연구에서 입증되고 있지 않다(Clint et al., 2012). 그리고 또한 산업화 이후의 사회적 상황에서 수집과 채집인 같은 성을 구별하는 역할은 사라졌다. 따라서 인지적 차이의 발달을 사라지게 했을 수 있다.

Mark McGee(1979)는 공간 능력이 X 염색체의 열성 유전자를 통해 유전된다고 제시했다. 여성은 2개의 X 염색체를 가지고 있고, 남성은 1개를 가지고 있다. 그러므로 X 염색체의 한 유전자로 옮겨지는 특성들은 반성이라고 말할 수 있다. 즉 유전자가 열성이면 남성은 여성보다 영향을 더 많이 받는다. 추정에 따르면 이 구성에서 50%의 남성과 25%의 여성이 그 유전자를 가지고 있을 것이고 공간 능력을 향상시켰을 것이다. 다른 말로 하자면, 많은 연구가 여성의 4분의 1만이 남성의 공간 능력 시험 중간값보다 더 높은 점수를 받을 것이라고 주장한다.

열성 유전자 가정은 많은 시험을 거쳤고 반박되었다. 이 가정에 따르면 특정한 상관이 다른 가족들의 자손에게서 더 잘 나타나야 한다. 그러나 이 상관이 아직까지 밝혀지지 않았다. 또 다른 문제는 상관 점수를 얻기 위한 검사이다. 다른 검사를 이용한 연구들은 다른 상관을 얻었고, 다른 종류의 공간 능력이 있을 가능성을 높였다. 이 결론은 대체할 수 있는 유전 모델을 고려하거나 성별 관련 차이점이 다른 이유로 나타날 수 있음을 제시한다.

호르몬 영향

호르몬이 공간 능력에서 나타나는 성별 차이에 영향을 준다고 주장하는 증거는 세 가지이다. (1) 발달 연구, (2) 염색체-호르몬 비정상 연구, (3) 안드로겐과 공간 능력의 연관성 연구 결과가 포함된다.

공간 능력에서 나타나는 성별 차이는 사춘기를 지나지 않은 아이들보다 성인에게 더 안정적으로 나타난다. 사춘기 때 일어나는 호르몬 변화와 성별 차이가 관련이 있을 수 있다. 태아기와 출생 직후에 나타나는 성별 관련 호르몬적 영향은 사춘기를 지나지 않은 아이들에게서 나타나는 차이점의 이유가 될 수 있다. **터너 증후군**(Turner's syndrome), 즉 X 염색체를 1개만 가지고 있는 여성에게서 더 많이 나타나는 병을 가진 환자 연구의 결과는 이 가정을 보조하고 있다. 터너 증후군 환자들의 지능과 언어 능력은 정상 범위에 속해 있지만, 공간 능력은 손상되어 있다. 그들은 또한 두정엽의 신경조직화 변화를 보인다. 심적 회전 시험(test of mental rotation), 웩슬러 성인용 지능검사(WAIS), 기본 정신능력 검사(Primary Mental Abilities Test)의 공간 하위 검사, 방향감각에 대한 길-지도 검사(Road-and-Map Test of Direction Sense), 그리고 가상 움직임과 직접 전환 검사들에서 극심하게 낮은 점수를 받았다. 공간 능력 손상은 비정상적인 두정엽과 관련이 있다.

이 결론들은 반직관적이며 1개의 X 염색체를 가진 여성이 마찬가지로 X 염색체를 1개만 가지고 있는 남성과 비슷할 것이라고 예상한 열성-유전자 이론과 상충한다. 터너 증후군을 가진 여성은 성 호르몬을 생성하지 못하므로 성 호르몬이 공간 능력에 영향을 줄 것이라는 주장은 의심스럽다. 현재 이 가정을 조사하는 연구들은 안드로겐(남성호르몬) 수치나 에스트로겐과 안드로겐 사이의 균형이 공간 능력을 결정할 것이라고 주장한다.

호르몬이 어떤 식으로 공간 능력을 좌우하는 신경계에 영향을 주는지에 대한 가능성 있는 주장들은 많다. 유아기때 호르몬은 신경 연결, 신경 성장, 그리고 세포의 죽음에 영향을 줌으로써 몇몇 개인이 능력을 향상시킬 공간 신경 체계의 모양을 잡는다. 반면 호르몬은 아직 잘 알려지지 않은 매커니즘을 통해 이러한 체계 안에서 신경 기능들을 선택적으로 조절할 수도 있다.

우세손과 공간 능력

왼손잡이는 특별한 공간적인 이점이 부여된 것으로 종종 제안된다. 전하는 바에 따르면 상당수의 왼손잡이들이 공학과 건축 능력에서 우수함을 보였다. 레오나르도 다 빈치와 미켈란젤로는 왼손잡이였다. 운동계에서 테니스 선수들과 야구 투수 사이에서 왼손잡이는 흔하다.

왼손잡이가 스포츠 경기에서 유리하다는 것이 빈번하게 보고되어 있긴 하지만, 왼손잡이가 오른손잡이와 연습할 수 있는 기회를 그 반대의 경우보다 더 많이 가진다는 사실에 기인할 수 있다(Harris, 2010). 그럼에도 불구하고 우반구가 불균형적으로 공간 행동에 기여하거나 왼손잡이의 언어 능력이 우반구에 위치한다면 공간과 언어의 동시적인 통제는 왼손잡이의 인지적 유리함과 연결될 수도 있다.

◎ 21.5 일화 기억, 장면 구성, 마음 이론

일련의 증거들은 공간 능력이 특별하며, 공간 능력은 특정한 신경 체계를 통해 만들어진다는 것을 시사한다. 또한 증거들은 공간 기억의 결함과 일화 기억의 결함이 함께 나타난다는 것을 보여준다. 이것은 의문을 제기한다. 공간 기억은 일화 기억의 하위 범주일 뿐인가?

일화 기억에서의 공간적 활동

Stuart Zola-Morgen과 동료들(1986)은 해마가 기억에 역할을 하며 일화 기억장애는 필수적으로 공간 기억장애를 포함한다는 의견을 지지했다. 그들은 심장 측관 수술을 한 경험이 있는 52세의 남성 우체부 R.B.를 예로 들었다. 수술을 하는 동안에 그의 뇌로 가는 동맥성 혈류가 일시적으로 감소되었고, 이는 엄청난 결과로 이어졌다. 5년 후 그가 사망할 때까지 R.B.는 공간장애에 더하여 뚜렷한 사건 후 기억상실을 보였다. 부검을 통해 해마의 제한된 부분인 CA1의 세포가 양 반구에서 손상되었음이 밝혀졌다(그림 18.7B 참조).

심지어 새에 대한 연구의 결과도 겉보기에는 해마가 공간 행동에 대한 특별한 역할을 하는 것처럼 보일지라도, 일화 기억 중심의 설명을 더 잘 지지한다. Nichola Clayton과 동료들(2007)은 새가 특히 맛있거나 잘 상하는 것들을 저장하곤 할 때, 새들이 다른 것들을 회상하기 전에 그것들을 회상할 가능성이 높다고 보고했다. 또한 먹이를 저장하는 새는 다른 새들이 보고 있는지를 고려하고, 만약 그렇다면 숨겨놓은 먹이를 어떻게 지킬지에 대한 예방책을 세운다. 그러므로 몇몇 일화 기억들은 공간적인 꼬리표가 필요하며 이것은 다시 한번 공간 기억이 일화 기억의 형태라는 생각을 지지한다.

일화 기억과 구별되는 공간 기억

공간 기억이 다른 일화 기억과는 별개라는 의견에 대한 논쟁은, 뇌의 손상에 대해 알려지지 않은 사람들과 선택적인 공간장애를 보이는 사람들을 연구하면서 나왔다. Giuseppi Iaria와 Jason Barton(2010)은 그들이 **발달 지형적 지남력 장애**(developmental topographic disorientation, DTD)라고 부르는 인지발달장애를 밝혀냈다. 이것은 랜드마크를 구분하기, 랜드마크로부터 방향적인 정보를 끌어내기, 비언어적인 과정을 통해 길 찾거나 인지 지도를 생성하기에 대한 불능으로 특징지어진다. DTD를 앓는 사람들은 심지어 자신의 집이나 주변 이웃들 인근에서도 빈번하게 길을 잃거나 방향 감각을 잃는다. 그들은 빈번하게 길을 잃을 위험에 처하기 때문에 직장이나 학교까지 걸어갈 때나 운전할 때 동행이 있어야 한다. 한 연구 대상은 심지어 항상 북쪽이 그녀가 마주 보는 방향이라는 것을 전적으로 확신했다.

DTD는 다른 가족 구성원들에게서도 빈번하게 나타나는 평생에 걸친 질환이다. 일련의 비공간적인 실험들과 공간적인 실험들에서 DTD가 있는 사람들은 비공간적인 실험에서 통제 수준의 수행을 했지만 좌우 방향, 랜드마크 길 찾기, 경로 따라가기, 장소 학습을 포함한 모든 공간적인 실험에서는 장애가 있었다. DTD의 신경적인 근거는 알려지지 않았지만 배측 흐름 투사에 이상이 있는 것에 기인할 가능성이 높다. 공간 기억이 일화 기억의 그저 또 다른 형태인 것인지 아닌지라는 질문에 대하여 이 증거는 그렇지 않다는 것을 시사한다.

해마 기능으로서의 공간 기억과 일화 기억

이제 우리는 왜 해마 손상 이후에 일화 기억과 공간 기억 결함이 같이 일어나는지에 대해 두 가지 가능한 설명에 대해 논할 것이다.

이중 공헌 이론

첫 번째 설명에서는 두 가지 기억 기능 모두를 조정하는 배측 혹은 복측 흐름이 해마를 통하지만 적어도 부분적으로는 해마와 관련된 구조 안에서 독립적이라고 본다. 그러므로 내측두엽으로 향하는 배측 흐름은 공간 기억에 기여하고 복측 흐름은 일화 기억에 기여한다. 해마의 손상은 두 가지 다 손상시킨다.

Michael Prerau와 동료들(2014)는 단일세포 기록 연구를 통해 **이중 공헌 이론**(dual-contribution theory)을 지지했다. 그들은 그림 21.7C에서 보이듯이 쥐를 T자형 미로에서 왼쪽이나 오른쪽으로 돌도록 훈련시켰고, 비내피질과 해마의 CA1에 있는 세포들을 기록했다. 비내피질에 있는 세포들은 쥐가 몸을 돌릴 때 발화되는 반면, CA1에 있는 세포들은 쥐가 두드러진 시각 단서들을 지나갈 때 발화되었다. 이러한 결과는 물체 기억(object memory)과 공간 기억이 비록 구분되어 있지만 동시에 일어난다는 것을 말한다.

장면 구성 이론

Eleanor Maguire와 Sinéad Mullally(2013)은 다른 견해를 가지고 있다. 그들은 해마가 공간 기억과 일화 기억 둘 다에 대해 작용한다기보다는 공간 기억과 일화 기억이 둘 다 공간 탐색, 일화 기억, 상상 그리고 미래 생각이라는 네 가지 요소를 수반한, 말하자면 공간적으로 일관성 있는 장면들을 더 많이 생성하게 한다고 제안했다(그림 21.15). 장면 구성 이론(scene construction theory, SCT)은 해마 손상을 가진 사람에게서 공간적으로 일관성 있는 장면들에 대한 네 가지 요소가 한꺼번에 사라진다는 수많은 증거들에 근거한다.

  Maguire와 Mullally가 SCT에 대해 제시한 증거와 더불어 온전한 해마를 가지고 있는 사람들은 장면을 구성하기 위해 더 큰 공간적인 맥락 안에서 물체나 사건을 인식하려고 한다는 점을 생각해볼 수 있다(그림 21.12에서 기억상실증 환자들과는 다르게 통제 집단 참가자들이 보인, 프레임에서 보여준 물체를 그릴 때 프레임과 물체 사이의 경계를 확대시킨 경계 설명 행동 참조). 그러므로 장면 구성 이론은 정보가 생물학적으로 유용해지기 위해서 과거 경험, 현재 맥락, 미래 전망이 혼합되어야 한다는 것을 제안한다.

  또한 장면 구성 이론은 우리의 공간 상상, 미래 생각 그리고 심지어 기억 왜곡의 대부분은 장면 구성과 관련이 있다고 주장한다. 심지어 우리의 낮과 밤 시간의 꿈은 장면으로 구성된다. SCT에 따르면 해마를 포함하는 배측과 복측 흐름이 궁극적으로 인간의 공간 기억이나 일화 기억을 저장시키기 위해 설계된 것이 아니라 공간적으로 일관성 있는 장면의 형태를 한 고차원적인 '기억 혼합(memory composite)'을 생산하기 위함이라는 결론이 나온다.

마음 이론

일상적인 행동에서의 장면 사용의 예는 사회 인지 혹은 마음 이론이라고 불리는, 우리나 다른 사람들에게 정신적인 상태(욕구, 신념, 의도, 가장, 지식)를 부여하고 다른 사람들이 비슷한 상태를 경험한다는 것을 이해하는 능력을 전형적인 예로 들 수 있다(그림 15.6 참조). 마음 이론은 기억상실증 환자들과 통제 집단에게 예를 들어 소풍에 간 가족과 같은 사진을 주고 그들에게 가족 구성원들의 활동(과거, 현재, 미래)에 대해 질문함으로써 연구될 수 있다.

  또한 사회 인지는 피험자들과 통제 집단에게 다음과 같은 현재와 미래 의사 결정의 결과를 비교하기를 요구함으로써 연구될 수 있다. 당신은 지금 50달러를 받겠는가, 아니면 2주 후에 100달러를 받겠는가? 해마가 없는 환자들을 포함한 기억상실증에 걸린 피실험자들은 그들에게 마음 이론이 있다는 것을 입증하지만 그것의 특징은 정형화되어 있으며, 아마도 사람들이 전형적으로 하고, 했고, 할지도 모르는 것들에 대한 의미 지식에 기초한 것이다. 대조적으로 통제 집단은 더 풍부한 묘사를 만들어내고 좀 더 복잡한 의사 결정을 한다.

  참가자들은 최근이나 과거의 일화 기억, 즉 맥락을 통한 개인적인 친숙도의 힘으로 친척과 가까운

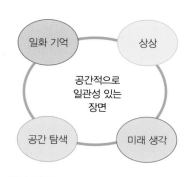

그림 21.15 ▲

장면 구성 이론의 요소 해마는 공간적으로 일관성 있는 장면을 위해 네 가지 요소를 사용한다. 공간 탐색, 일화 기억, 상상, 그리고 미래 생각이다. 모든 네 요소는 해마 손상을 입은 인간에서 같이 함께 사라진다.

(Eleanor A. Maguire, Sinéad L. Mullally, The hippocampus: a manifesto for change. Journal of Experimental Psychology, General 2013 142, 4, 1180–1189, Figure 2.)

동료들의 마음 이론을 예측하는 것에 특히 숙련되었다(Rabin et al., 2013). 해마의 기능을 구분하는 것은 장면 구성이라기보다는 장면의 맥락이 개인적이고 즉각적이며 자신과 관련성이 높다는 데 있다고 보인다.

요약

21.1 공간 행동과 공간장애

뇌 손상을 입은 사람들로부터 얻은 증거들은 우반구와 측두엽, 특히 해마가 공간 행동에서 특별한 역할을 한다는 것을 시사한다. 그럼에도 불구하고 신체 공간, 공간 통제 그리고 먼 공간을 반영하는 다양한 공간 행동은 시공간이 그러하듯이 서로 다른 신경 제어 체계를 가지고 있다.

인간은 손상 위치에 따라 다양한 공간 결함을 보인다. 공간을 지도화하는 것, 자신과 관련 있는 물체의 위치를 식별하는 것, 물체에 접근하는 것 혹은 새로운 공간 정보를 얻는 것에 장애를 가질 수 있으며 그들은 공간 속의 그들과 관련 있거나 그들과 관련이 있는 공간에 대한 공간 왜곡을 경험할 수 있다.

21.2 공간 행동에 기여하는 복측 흐름과 배측 흐름

시각피질에서 시작되는 배측 흐름은 배외측 전전두피질에 있는 전두 시야장 전운동피질과 내측두엽으로 신경다발을 투사하는 두정엽 영역으로 진입한다. 이러한 연결성이 몸, 안구 운동 그리고 환경적 위치와 관련 있는 공간 행동을 조정한다. 내측두엽으로 향하는 복측 흐름은 물체에 대한 지식에 영향을 미친다. 전두엽은 공간 기억과 물체 기억을 조정하는 행동을 만들어낸다.

21.3 공간 행동의 실험 모델

연구자들은 인간과 인간 이외의 동물들의 공간 행동을 모델을 만들었다. 경로를 따라가는 것은 앞으로 움직이는 것, 랜드마크 혹은 단서들로부터 떠나는 것, 냄새 자취와 같은 감각적 기울기를 따라가는 것을 포함한다. 조종은 경로를 구성하거나 해당 단서와 관련 있는 장소를 위치시키기 위해 랜드마크나 단서들을 사용하는 것을 포함한다. 은닉은 저장과 그 후 물체를 찾는 것을 수반한다. 추측 항법은 현재 자리의 위치를 찾아내고 시작 위치로 다시 돌아가기 위해 자기 움직임 단서를 사용하는 것을 수반한다. 이러한 공간 행동은, 장소세포, 장소-방향 세포와 머리방향 세포, 격자세포, 시간세포를 포함한, 특화된 해마체 뉴런의 활성화의 핵심이다.

21.4 공간 능력의 개인차

일련의 증거들은 성별과 손잡이가 인간의 공간 능력에 영향을 미친다는 것을 시사한다. 그러므로 성 호르몬과 피질 조직은 공간 행동에 영향을 미칠 수 있다. 공간 능력에 대한 실험은 인간 뇌 손상의 위치와 좌우 둘 다 보여주는 것에 유용하다.

21.5 일화 기억, 장면 구성, 마음 이론

해마 손상 이후의 공간 기억과 일화 기억의 장애는 수수께끼이다. 공간 기억과 일화 기억은 다른 것일까, 아니면 기능을 공유하는 것일까? 장면 구성 이론은 공간 탐색, 일화 기억, 상상 그리고 미래 생각을 포함하는, 새로운 정보를 공간적으로 일치하는 장면에 통합하는 해마의 기능을 제시한다. 이러한 모든 요소들은 개별적인 마음 이론인 사회 인지를 발달시키는 데 중요하다.

참고문헌

Allison, R. S., L. J. Hurwitz, J. G. White, and T. J. Wilmot. A follow-up study of a patient with Bálint's syndrome. *Neuropsychologia* 7:319–333, 1969.

Astur, R. S., M. L. Ortiz, and R. J. Sutherland. A characterization of performance by men and women in a virtual Morris water task: A large and reliable sex difference. *Behavioural Brain Research* 93:185–190, 1998.

Astur, R. S., L. B. Taylor, A. N. Mamelak, L. Philpott, and R. J. Sutherland. Humans with hippocampus damage display severe spatial memory impairments in a virtual Morris water task. *Behavioural Brain Research* 132:77–84, 2002.

Bálint, R. Seelenlahmung des "Schauens," optische Ataxie, raumlielie Störung der Aufmerksamkeit. *Monatsschrift für Psychiatrie und Neurologie* 25:51–81, 1909.

Barry, C., and N. Burgess. Neural mechanisms of self-location. *Current Biology* 24:330–339, 2014.

Best, P. J., A. M. White, and A. Minai. Spatial processing in the brain: The activity of hippocampal place cells. *Annual Review of Neuroscience* 24:459–486, 2001.

Bohbot, V. D., and S. Corkin. Posterior parahippocampal place learning in H.M. *Hippocampus* 17:863–872, 2007.

Burke, A., A. Kandler, and D. Good. Women who know their place: Sex-based differences in spatial abilities and their evolutionary significance. *Human Nature—An Interdisciplinary Biosocial Perspective* 23:133–148, 2012.

Carmon, A., and H. P. Bechtoldt. Dominance of the right cerebral hemisphere for stereopsis. *Neuropsychologia* 7:29–39, 1969.

Clayton, N. S., J. M. Dally, and N. J. Emery. Social cognition by food-caching corvids: The western scrub-jay as a natural psychologist. *Philosophical Transactions of the Royal Society of London: Biological Sciences* 362:507–522, 2007.

Clint, E. K., E. Sober, and T. J. Garland. Male superiority in spatial navigation: Adaption or side effect? *Quarterly Review of Biology* 87:289–313, 2012.

Corkin, S. Tactually-guided maze-learning in man: Effects of unilateral cortical excisions and bilateral hippocampal lesions. *Neuropsychologia* 3:339–351, 1965.

Corkin, S. The role of different cerebral structures in somaesthetic perception. In E. C. Carterette and M. P. Friedman, Eds. *Handbook of Perception*, vol. 6. New York: Academic Press, 1978.

Darwin, C. On the origin of certain instincts. *Nature* 7:417–418, 1873.

de Renzi, E. *Disorders of Space Exploration and Cognition*. New York: Wiley, 1982.

Goldman-Rakic, P. S. Circuitry of primate prefrontal cortex and regulation of behavior by representational memory. In V. B. Mountcastle, F. Plum, and S. R. Geiger, Eds. *Handbook of Physiology, vol. 5, Higher Functions of the Brain*. Bethesda, Md.: American Physiological Society, 1987.

Haaxma, R., and H. G. Kuypers. Intrahemispheric cortical connexions and visual guidance of hand and finger movements in the rhesus monkey. *Brain* 98:239–260, 1975.

Hafting, T., M. Fyhn, S. Molden, M. B. Moser, and E. I. Moser. Microstructure of a spatial map in the entorhinal cortex. *Nature* 436:801–806, 2005.

Hall, Z. J., S. Delaney, and D. F. Sherry. Inhibition of cell proliferation in black-capped chickadees suggests a role for neurogenesis in spatial learning. *Developmental Neurobiology* 74(10):1002–1010, 2014.

Halpern, D. F. *Sex Differences in Cognitive Abilities*. Hillsdale, N.J.: Lawrence Erlbaum, 1986.

Hannay, H. J., N. R. Varney, and A. L. Benton. Visual localization in patients with unilateral brain disease. *Journal of Neurology, Neurosurgery and Psychiatry* 39:307–313, 1976.

Harris, L. J. In fencing, what gives left-handers the edge? Views from the present and the distant past. *Laterality* 15:15–55, 2010.

Harshman, R. A., E. Hampson, and S. A. Berenbaum. Individual differences in cognitive abilities and brain organization I: Sex and handedness differences in ability. *Canadian Journal of Psychology* 37:144–192, 1983.

Hécaen, H., J. de Ajuriaguerra, and J. Massonet. Les troubles visuoconstructifs par lésions pariéto-occipitales droites: Role des perturbations vestibulaires. *Encephale* 1:122–179, 1951.

Hécaen, H., C. Tzortzis, and P. Rondot. Loss of topographical memory with learning deficits. *Cortex* 16:525–542, 1980.

Holmes, G., and G. Horax. Disturbances of spatial orientation and visual attention, with loss of stereoscopic vision. *Archives of Neurology and Psychiatry* 1:385–407, 1919.

Howard, M. W., C. J. MacDonald, Z. Tiganj, K. H. Shankar, Q. Du, M. E. Hasselmo, and H. Eichenbaum. A unified mathematical framework for coding time, space, and sequences in the hippocampal region. *Journal of Neuroscience* 26: 4692–4707, 2014.

Iaria, G., and J. J. Barton. Developmental Topographical Disorientation: A newly discovered cognitive disorder. *Experimental Brain Research* 206:189–196, 2010.

Jackson, J. H. On the nature of duality of the brain. *Brain* 38:80–103, 1915.

Kraus, B. J., R. J. Robinson, 2nd, J. A. White, H. Eichenbaum, and M. E. Hasselmo. Hippocampal "time cells": Time versus path integration. *Neuron* 78:1090–1101, 2013.

Kravitz, D. J., K. S. Saleem, C. I. Baker , and M. Mishkin. A new neural framework for visuospatial processing. *Nature Reviews Neuroscience* 12:217–230, 2011.

Kravitz, D. J., K. S. Saleem, C. I. Baker, L. G. Ungerleider, and M. Mishkin. The ventral visual pathway: An expanded neural framework for the processing of object quality. *Trends in Cognitive Science* 17:26–49, 2013.

Legg, E. W., and N. S. Clayton. Eurasian jays (*Garrulus glandarius*) conceal caches from onlookers. *Animal Cognition* 17(5):1223–1226, 2014.

Levine, D. N., J. Warach, and M. J. Farah. Two visual systems in mental imagery: Dissociation of "what" and "where" in imagery disorders due to bilateral posterior cerebral lesions. *Neurology* 35:1010–1015, 1985.

Lin, L., G. Chen, H. Kuang, D. Wang, and J. Z. Tsien. Neural encoding of the concept of nest in the mouse brain. *Proceedings of the National Academy of Sciences U.S.A.* 104:6066–6071, 2007.

Maguire, E. A., and S. L. Mullally. The hippocampus: A manifesto for change. *Journal of Experimental Psychology General* 142:1180–1189, 2013.

McGee, M. G. Human spatial abilities: Psychometric studies and environmental, genetic, hormonal, and neurological influences. *Psychological Bulletin* 86:889–918, 1979.

Mueller, S. C., D. P. Merke, E. W. Leschek, S. Fromm, C. Grillon, B. R. Cornwell, C Vanryzin, and M. Ernst. Grey matter volume correlates with virtual water maze task performance in boys with androgen excess. *Neuroscience* 197:225–232, 2011.

Mullally, S. L., H. Intraub, and E. A. Maguire. Attenuated boundary extension produces a paradoxical memory advantage in amnesic patients. *Current Biology* 22:261–268, 2012.

Nakamura, R. K., S. J. Schein, and R. Desimone. Visual responses from cells in striate cortex of monkeys rendered chronically "blind" by lesions of nonvisual cortex. *Experimental Brain Research* 63:185–190, 1986.

Nemmi, F., M. Boccia, L. Piccardi, G. Galati, and C. Guariglia. Segregation of neural circuits involved in spatial learning in reaching and navigational space. *Neuropsychologia* 51:1561–1570, 2013.

O'Keefe, J., and J. Dostrovsky. The hippocampus as a spatial map: Preliminary evidence from unit activity in the freely-moving rat. *Brain Research* 34:171–175, 1971.

O'Keefe, J., and L. Nadel. *The Hippocampus As a Cognitive Map*. New York: Clarendon Press, 1978.

Pallis, C. A. Impaired identification of faces and places with agnosia for colors. *Journal of Neurology, Neurosurgery and Psychiatry* 18:218–224, 1955.

Petrides, M., and B. Milner. Deficits on subject-ordered tasks after frontal- and temporal-lobe lesions in man. *Neuropsychologia* 20:249–292, 1982.

Prerau, M. J., P. A. Lipton, and H. B. Eichenbaum. Characterizing context-dependent differential firing activity in the hippocampus and entorhinal cortex. *Hippocampus* 24:476–492, 2014.

Putman, N. F., M. M. Scanlan, E. J. Billman, J. P. O'Neil, R. B. Couture, T. P. Quinn, K. J. Lohmann, and D. L. Noakes. An inherited magnetic map guides ocean navigation in juvenile Pacific salmon. *Current Biology* 24446–24450, 2014.

Rabin J. S., N. Carson, A. Gilboa, D. T. Stuss, and R. S. Rosenbaum. Imagining other people's experiences in a person with impaired episodic memory: The role of personal familiarity. *Frontiers in Psychology* 3:588, 2012.

Rolls, E. T., and J. Z. Xiang. Spatial view cells in the primate hippocampus and memory recall. *Reviews of Neuroscience* 17:175–200, 2006.

Rosenbaum, R. S., S. Kohler, D. L. Schacter, M. Moscovitch, R. Westmacott, S. E. Black, F. Gao, and E. Tulving. The case of K.C.: Contributions of a memory-impaired person to memory theory. *Neuropsychologia* 43:989–1021, 2005.

Ross, E. D. Sensory-specific and fractional disorders of recent memory in man I: Isolated loss of visual recent memory. *Archives of Neurology* 37:193–200, 1980.

Ross, J., D. Roeltgen, and A. Zinn. Cognition and the sex chromosomes: Studies in Turner syndrome. *Hormone Research* 65:47–56, 2006.

Rousseaux, M., J. Honoré, and A. Saj. Body representations and brain damage. *Neurophysiological Clinics* 44:59–67, 2014.

Saucier, D., A. Lisoway, S. Green, and L. Elias. Female advantage for object location memory in peripersonal but not extrapersonal space. *Journal of the International Neuropsycholical Society* 13:683–686, 2007.

Sherry, D. F., and J. S. Hoshooley. (2010). Seasonal hippocampal plasticity in food-storing birds. *Philosophical Transactions of the Royal Society. B: Biological Sciences* 365:933–943.

Smith, M. L., and B. Milner. The role of the right hippocampus in the recall of spatial location. *Neuropsychologia* 19:781–793, 1981.

Takahashi, N., M. Kawamura, J. Shiota, N. Kasahata, and K. Hirayama. Pure topographic disorientation due to a right retrosplenial lesion. *Neurology* 49:464–469, 1997.

Taube, J. S. The head direction signal: Origins and sensory-motor integration. *Annual Review of Neuroscience* 30:181–207, 2007.

Teng, E., and L. R. Squire. Memory for places learned long ago is intact after hippocampal damage. *Science* 400:675–677, 1999.

Ungerleider, L.G., and M. Mishkin. Two cortical visual systems. In D. J. Ingle, M. A. Goodale, and R. J. W. Mansfield, Eds., *Analysis of Visual Behavior*, pp. 549–586. Boston: MIT Press, 1982.

Ward, B. J., L. B. Day, S. R. Wilkening, D. R. Wylie, D. M. Saucier, and A. N. Iwaniuk. Hummingbirds have a greatly enlarged hippocampal formation. *Biological Letters* 8:657–659, 2012.

Whishaw, I. Q., D. J. Hines, and D. G. Wallace. Dead reckoning (path integration) requires the hippocampal formation: Evidence from spontaneous exploration and spatial learning tasks in light (allothetic) and dark (idiothetic) tests. *Behavioural Brain Research* 127:49–70, 2001.

Wolbers, T., J. M. Weiner, H. A. Mallot, and C. Büchel. Differential recruitment of the hippocampus, medial prefrontal cortex, and the human motion complex during path integration in humans. *Journal of Neuroscience* 27:9408–9416, 2007.

Worsley, C. L., M. Recce, H. J. Spiers, J. Marley, C. E. Polkey, and R. G. Morris. Path integration following temporal lobectomy in humans. *Neuropsychologia* 39:452–464, 2001.

Zangwill, O. L. *Cerebral Dominance and Its Relation to Psychological Function*. Edinburgh: Oliver & Boyd, 1960.

Zola-Morgan, S., L. Squire, and D. G. Amaral. Human amnesia and the medial temporal region: Enduring memory impairment following a bilateral lesion limited to field CA1 of the hippocampus. *Journal of Neuroscience* 6:2950–2967, 1986.

22

주의와 의식

R.P.는 28세에 해외 여행을 다녀온 이후 지독한 두통과 독감 증세 같은 몸살과 열에 시달렸다. 독감 증세는 며칠 후 사라졌지만 두통은 몇 주가 지나도록 지속되었다. 이 시기 동안 그녀는 자신이 유달리 칠칠치 못하게 잘 부딪히고 사람들의 얼굴을 알아보는 데 어려움을 겪기 시작했다는 것을 깨달았다.

우리는 그로부터 2년 후 R.P.를 처음 만났다. 다양한 시지각 문제 중에서도 특히 그녀는 심각한 얼굴 인식 능력의 결함, 좌측 공간에 대한 심적 무시, 그리고 구성 실행증을 보였다.

Dennis O'Brien.

- 얼굴 인식의 결함은 너무나도 심각한 나머지 R.P.는 심지어 그녀의 일란성 쌍둥이 자매의 얼굴도 알아보지 못했고, 상대의 움직임과 목소리에 의존하여 누군지 구별할 수밖에 없었다.
- 심적 무시도 흥미로웠다. 그녀는 병을 앓기 전 도서관학으로 석사학위를 받았고 요리를 아주 잘했다. 친구들을 초대해 저녁을 대접하는 것이 삶의 낙이었다. 하지만 이제는 이러한 취미 활동이 불가능하게 되어버렸다. 그녀는 더이상 주방에서 물건들을 어디에 두었는지 기억할 수 없었고, 특히 자신의 왼쪽에 있는 물건들을 찾을 수 없었다. 사진 속의 우반구 종양을 가진 개를 포함하여 편측공간무시를 보이는 환자들은 마치 세상의 왼쪽편이 아예 존재하지 않는 것처럼 행동한다.
- R.P.의 실행증은 심각하지 않았지만, 물건을 모으고 조립하는 것이 불가능했다. 그녀가 구입한 조립형 책장은 여전히 박스 속에 포장된 채 놓여 있었다. 사실 그녀는 이 책장이 어떻게 조립될 수 있을지 상상조차 되지 않는다고 했다.

뇌영상 연구 결과 양 반구 상두정 영역과 우반구의 측두엽 전반에서 낮은 혈류량이 관찰되긴 했지만 그녀가 보인 증상의 명확한 원인은 결국 알아내지 못했다. 아마도 바이러스 감염으로 인해 이러한 증상과 비정상적인 혈류량이 나타났을 가능성이 있다.

R.P.에게는 또 다른 지속적인 증상이 있었다. 바로 사회 인지 능력의 손상이었다. 그녀는 사기꾼 예술가에게 속아서 두 번이나 가짜 프로젝트에 돈을 지불한 적이 있는데, 타인을 대할 때 신뢰할 수 있는 사람인지 그렇지 않은 사람인지 구별해낼 수 없다고 불만을 토로했다.

주의와 의식은 신체와 뇌의 복잡한 활동을 지시하는 신경계의 속성이다. 이들은 단순히 뇌가 복잡하기 때문에 발생하는 부수적인 속성이 아니다. 이 장의 후반에서 의식의 신경학적 기저와 왜 우리가 의식을 가지고 있는지에 관한 물음을 다룰 것이다. 이 장을 통해 우리가 어떻게 우리의 행동을 선택하는지 탐구해보고, R.P가 보였던 움직임에 대한 주의와 시선 유도, 얼굴 인식, 그리고 타인의 의도 식별에서의 결함을 조금 더 깊게 파고들 것이다.

◎ 22.1 주의와 의식 정의하기

Donald Hebb(1980) 등은 신경심리학의 중심 연구 문제가 마음과 뇌의 관계에 대한 것이라고 주장했다. 이 질문을 던지는 것은 쉽지만, 사실 이와 관련하여 설명해야 하는 것이 정확히 무엇인지 감을 잡는 것은 그다지 쉽지 않다. 우리는 어떻게 우리가 활용할 정보를 선택할까? 어떻게 행동을 선택할까?

지렁이나 다른 단순한 동물들은 감각 용량이 제한되어 있고, 마찬가지로 행동 레퍼토리도 제한적이다. 개와 같은 동물은 그보다는 더 정교화된 감각 용량을 지니고 있고, 그와 비례하여 선택할 수 있는 행동 역시 더 많다. 인간을 비롯한 영장류는 훨씬 발달된 감각 용량을 보유하며 복잡한 행동이 가능하다.

그러므로 감각과 운동 용량이 증가할수록 정보와 행동에 대한 선택의 문제 역시 증가한다. 게다가 뇌가 커짐에 따라 기억 능력이 증가하여 자극의 해석과 반응의 선택에 내적 변인으로 작용하게 된다. 마지막으로 감각 경로의 수가 늘어나면서 다양한 입력 정보들을 관련지어 하나의 '현실'을 만들어내야 할 필요도 있다. 이러한 문제는 10.2절에서 결합 문제를 다룰 때 처음 언급된 바 있다.

이와 같은 진화적 변화를 고려하는 한 가지 방법은 뇌가 커지며 감각 운동 용량이 증가함과 동시에 감각과 운동 행동에 관여하는 처리 능력도 증가했을 것이라고 가정하는 것이다. 선택적 자극과 자극에 대한 반응 처리의 하나로 제안된 것이 **주의**(attention)인데, 이는 감각 환경의 일부 또는 한 종류의 자극에 선택적으로 좁고 집중된 자각을 하는 것을 의미한다.

주의라는 개념은 우리가 어떠한 방식으로 '마음속 스포트라이트'를 특정 감각 입력 정보, 운동 프로그램, 기억, 또는 내적 표상에 집중한다는 것을 시사한다. 이러한 스포트라이트는 우리가 해당 절차를 알아챌 수 없도록 무의식적일 수도 있고, 다른 사람의 이름을 찾기 위해 기억 속을 더듬을 때처럼 의식적일 수도 있다. 언어의 발달은 의식적 주의의 가능성을 높여주기는 하지만 의식적 처리가 반드시 언어적인 것은 아니다. 예를 들어, 아르키메데스의 '유레카'는 단순히 언어적인 것에 더해 의식적인 처리 과정이 수반되었을 것이다.

즉 여기서 핵심은 감각 운동 용량이 커지면 주의와 의식의 처리도 그렇다는 것이다. 포괄적인 의미에서 의식은 일차 수준에서는 자각과, 이차적인 수준에서는 자각에 대한 자각과 동의어로 쓰인다. 진화에 의한 의식의 점진적인 증진은 감각과 운동 용량을 조직화하는 능력과 상관이 있다. 가장 진화된 조작자가 바로 언어이다. 이는 주의의 처리 용량 증가를 암시한다.

이 책의 초반에 주의와 의식적 자각의 문제로 인해 발생하는 맹시와 촉각 마비라는 증상이 소개되어 있다. 이와 같은 증상을 보이는 환자들은 그들이 의식적으로 자각하지 못하는 영역으로부터 들어온 감각 정보를 묘사하는 것이 가능하다(13.4절과 14.3절 참조). 그와 유사하게 제18장에 상세히 소개된 H.M.과 같은 기억상실증 환자들도 실험실에 와본 적이 있다는 것을 의식적으로 기억해낼 수는 없지만 실험 과제 자체에 대해서는 학습이 일어나 암묵적 기억이 가능함을 보인다.

우반구의 후측두-두정엽의 병변을 가진 R.P. 등의 환자들은 편측공간무시 증상을 보인다. 그들은 마치 세상의 왼쪽 영역이 아예 존재하지 않는 것처럼 행동하게 된다. 이는 환자가 인지적인 것은 물론 행동적인 측면에서도 편측공간무시를 보인다는 실험 결과를 통해 깔끔하게 증명되었듯이 단순히 감각 입력의 문제에서 비롯된 것이 아니다. 예를 들면, 어떤 익숙한 풍경을 특정 관점에서 상상하도록 지시했을 때 환자들은 그 풍경의 왼쪽을 무시한 채 상상한 것을 묘사했다. 그런데 똑같은 풍경을 180° 반대편에서 상상하도록 지시한 경우에는 환자들이 그 전 상황에서 완전히 무시했던 영역을 묘사하는 대신 이전에 묘사했던 영역을 무시해버렸다!

　　의식과 주의의 밀접한 관계는 한 가지 의문을 낳는다. 이 두 가지 처리 과정은 별개의 것일까, 아니면 같은 뇌 과정이 다르게 발현된 것뿐일까? Christof Koch와 Naotsugu Tsuchiya(2007)는 의식과 주의가 근본적으로 다르며, 두 가지 구별된 뇌 과정을 요구한다고 주장했다. 그들에게 있어 의식과 주의의 가장 중요한 차이점은 주의가 주로 하향 처리, 즉 공간 내의 한 점이나 한 물체 등 감각 세계에서의 특정한 부분에서 정보를 선택하는 과정을 포함하며, 그러한 과정에서 시간이 소요된다는 것이다. 반면 의식은 그다지 선택적이지 않다. 의식은 한 개인과 그를 둘러싼 환경에서 적절한 모든 정보를 단순히 요약할 뿐이다.

　　그러므로 의식이 우리에게 세상에 대한 주요 골자를 제공하는 동안 주의는 세상의 특정한 속성에 집중한다고 할 수 있다. 앞으로 주의와 의식의 특징을 깊게 살펴보기에 앞서 둘의 이러한 차이점을 반드시 염두에 두도록 하자.

◎ 22.2 주의

주의에 대한 연구는 평탄하지 않은 역사를 가지고 있다. 심리학 이론이 혼재하던 시기에 주의 과정과 구체적인 주의 시스템의 존재는 단순히 추정될 뿐이거나 아예 부정되었다. 예를 들어 행동주의자들은 행동에 대한 모든 설명은 철저하게 생리학적인 용어로 가능하며 주의나 의식과 같은 인지적 개념에 기댈 필요가 없다고 믿었다.

　　인지과학의 등장은 행동주의 관점을 재평가하도록 만들었다. 인지과학과 신경과학 연구자들은 1800년대 후기에 William James가 지지했던 관점으로 돌아갔다. 그의 주장에 따르면 "모든 사람들은 주의란 무엇인지 알고 있다. 이것은 동시에 존재하는 여러 물체나 일련의 생각 중에서 한 가지를 분명하고 생생한 형태로서 마음속에 소유하는 것이다."

자동적 처리와 의식적 처리의 비교

인지심리학에서 어떤 행동은 초점주의가 거의 없이도 수행될 수 있는 반면 또 어떤 행동은 주의의 할당에 매우 민감하다는 의견이 정설로 받아들여지고 있다. **자동적 처리**(automatic process)는 무의식적으로 일어난다. 따라서 자동적 처리에 따른 행동의 경우 별다른 의도나 자각 없이 무심결에 발생하며 이미 진행 중인 다른 활동을 방해하지 않는다. 자동적 처리는 선천적인 감각 정보 처리의 특성일 수도 있고 훈련에 의해 생겨날 수도 있다.

　　자동적 처리가 아닌 처리 방식은 통제적 처리, 노력이 필요한 처리, 주의적 처리, 의식적 처리 등 다양한 용어로 불리고 있다. 자동적 처리와 달리 의식적 처리는 초점 주의를 필요로 한다. 자동적 처리가 상향식이라면 의식적 처리는 하향식이라고 할 수 있다. 빨간불에 멈추는 것은 상향 처리의 한 예이며, 방향을 틀기 위해 적극적으로 도로 표지판을 찾는 것은 하향 처리의 예이다.

　　상향 처리는 자료 주도적이라고 할 수 있다. 이는 거의 전적으로 환경 속에 제시된 자극 정보에 의존하기 때문이다. 반면에 하향 처리는 이미 기억 속에 있는 정보에 의존한다는 의미에서 개념 주도적이다. 이때 활용하는 정보는 현재 대하고 있는 과제와 관련되어 존재할 수 있는 모든 기대를 포함한다. 이러한 측면에서 볼 때 자동적 처리와 의식적 처리가 적어도 어느 정도는 다른 피질 회로를 요구한다는 추측이 가능하다. 여기서 한 가지 가설은 주의적 처리에 기여하는 피질 회로라면 그것이 아무리 독

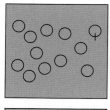 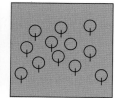
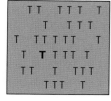 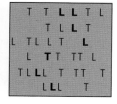

⊙ 그림 22.1 ▲

시각 처리 과제 (왼쪽) 세부특징 탐색. 여기서 ♀와 T 는 시각적으로 '도드라지는' 것처럼, 즉 화면에서 자동적 으로 튀어나오는 것처럼 두드러져 보인다. (오른쪽) 계열 탐색. 이 경우 ◯와 T를 찾기 위해서는 각 자극을 하나씩 살펴봐야 한다. (아래) 결합 탐색. 초점 주의를 활용하여 선의 굵기와 형태의 조합으로 표적을 찾는다.

(Research from Treisman and Gormican. 1988.)

특한 것이라도 반드시 의식에 대한 처리 과정을 포함해야 한다는 것이다.

자동적 처리와 의식적 처리를 구별하는 또 다른 방법은 직접 체험해보는 것이다. 다음의 실험을 살펴보자. Anne Treisman과 동료들(1986, 1988)은 **그림 22.1**의 4개의 박스와 같이 화면 속에 나열한 자극들을 실험 참가자들에게 보여주었다. 각 조건의 과제는 한 화면에 함께 보이는 나머지 자극들과 다른 하나를 찾아내는 것이다. 한 번 직접 해보라.

어떤 표적은 다른 표적보다 찾기 쉽다는 것을 느꼈는가? Treisman의 실험 참가자들 역시 그랬다. 자극의 특성에 따라 반응 시간이 극적으로 차이가 났던 것이다. 그림 22.1의 왼쪽 위 의 그림과 같이 선 하나가 더 있는 표적을 찾도록 한 과제에서는 탐색 시간이 방해 자극의 수 와 독립적이다. 그림에서 보듯이 표적 자극이 화면에서 두드러져 보이기 때문이다. 하지만 오른쪽 위와 같이 다른 자극들에는 있는 세부특징 하나가 부족한 표적 자극을 찾는 과제의 경 우 표적을 찾는 시간은 방해 자극의 수에 비례하여 변한다. 이때는 명백히 계열 탐색으로 각 자극을 살펴야 한다.

Treisman의 실험 결과는 직관적이지 않다. 어쨌든 각 실험 조건마다 같은 종류의 자극들 을 사용했고, 똑같이 두 종류의 자극을 변별하도록 요구하는 과제이기 때문이다. 따라서 다 음과 같이 추론할 수 있다.

- 시각 처리의 어떤 측면은 자동적이다. 이때에는 시야의 어느 특정한 측면에도 초점 주의를 둘 필요 가 없다. 표적을 찾기 위해서는 세로줄 하나(그림 22.1에서 두드러져 보였던 세부특징)와 같은 특정 한 시각적 세부특징의 분석만 이루어져도 충분하다.

- 시각 처리의 또 다른 측면은 초점 주의에 의존하여 원과 선 등의 세부특징의 결합에 의해 표적을 찾 는다. **결합 탐색**(conjunction search)은 계열 처리로서, 마치 마음속 스포트라이트가 한 지점에서 다른 지점으로 훑고 지나가듯 감각 정보의 특정 조합을 찾는다. 예를 들어, 그림 22.1의 아래 패널 들에서는 글자의 굵기와 형태의 결합으로 표적을 식별할 수 있다.

이론적으로 연습을 통해 세부특징 처리를 발달시키는 것이 가능할 수 있다. Treisman과 동료들은 이러한 가능성을 심도 있게 연구했으나, 결국 연습이 세부특징 처리의 속도를 높일 수는 있어도 세부 특징 처리가 여전히 세부특징 간 특정 자동 신경 연합과 계열 처리 경로에 의존할 수밖에 없다고 결론 지었다. 즉 세부특징 처리는 선천적인 시각 체계로 보인다.

Treisman(1986)은 자극의 특정 세부특징을 찾는 인지 전략인 **세부특징 탐색**(feature search)의 지각 모델을 사용해 실험 결과를 설명했다. **그림 22.2**에서 보여지듯이 V1 영역에 등록된 자극은 독립된 세 부특징 지도로 나누어진다. 이후 이러한 정보는 V3, V4, V5 영역으로 향하는 것과 같은 병렬적 경로 에서 계열적으로 처리된다. 어느 한 특정 시각 영역이 여러 종류의 세부특징을 통합하거나 결합하는 것이 아니기 때문에 시각 세계는 어느 정도 계열적으로 처리될 수밖에 없으며, 아마도 재진입 과정과 유사한 절차를 거칠 것으로 추정된다(그림 10.16B 참조).

여기서 핵심은 주의가 한 번에 한 지점씩 차례로 주어진다는 것과 주의를 고정한 '응시점' 내에 동시에 존재하는 세부특징들이 결합되어 단일한 대상에 대한 이미지를 형성하게 된다는 것이다. Michael Posner와 Marcus Raichle(1993)이 제안한 바에 따르면 주의 과정은 여러 세부특징들을 이어 붙여 통합된 단일한 대상을 형성하도록 하는 '접착제'를 제공한다. 일단 세부특징들이 제대로 결합되 고 나면 대상은 하나의 덩어리로 지각되고 기억에 저장된다.

Treisman의 이론으로부터 예측할 수 있는 명백한 한 가지는 V1 영역 외부의 시각 영역의 뉴런, 그리고 아마도 V2 영역 외부의 뉴런들은 주의가 해당 수용장에 초점을 맞추고 있는지의 여부에 따라 다르게 반응할 것이라는 점이다. 이어지는 절에서는 실제로 이러한 뉴런들이 차별적으로 반응한다는 신경생리학적 증거를 살펴볼 것이다.

세부특징 탐지기(feature-detector) 연구 결과를 보며 가질 수 있는 한 가지 의문은 "세부특징은 무엇으로 이루어지는가?" 하는 것이다. Treisman이 추론한 바에 따르면 세부특징이란 시각계가 세포들로 하여금 탐지할 수 있도록 부호화한 특성이다. 어쩌면 세부특징은 생물학적으로 유의미한 자극일 수 있다. John Eastwood와 동료들(2001)은 실험 참가자들에게 **그림 22.3**에 보이는 것처럼 행복함과 슬픔을 표현한 이모티콘 얼굴을 보여주었다. 함께 제시된 표정들과 다른 표정 하나를 찾는 것이 과제였으며, 따라서 표적은 슬픈 표정의 바닷속에 떠 있는 하나의 행복한 표정일 수도 있고, 혹은 그 반대일 수도 있었다. 그림을 보며 직접 해보기 전에 교재를 거꾸로 뒤집어 보기 바란다.

실험 참가자들은 화면이 바로 제시되든 거꾸로 제시되든 관계없이 슬픈 표정을 더 빨리 탐지했다. Eastwood와 동료들이 행복하거나 슬픈 기분 상태를 나타내는 추상적인 표적을 사용해 다시 실험을 진행했을 때에도 결과는 마찬가지로 참가자들은 슬픔과 관련된 세부특징을 더 빨리 찾아냈다.

행복을 나타낸 자극과 슬픔을 나타낸 자극의 시각적 세부특징이 눈에 띄는 정도는 비슷하므로, 행복(긍정적) 자극에 비해 슬픔(부정적)을 탐지하는 것이 생물학적으로 더 중요한 무언가가 있는 것 같다는 추론이 가능하다. 20.4절에서 언급했다시피 편도체의 특정 세포는 공포 관련 자극에 특히 더 잘 반응한다. 따라서 슬픈 정서뿐만 아니라 잠재적으로 위험하거나 위협적인 세부특징을 지닌 부정적인 자극들은 매우 효율적으로 시선을 끌고 비교적 긍정적인 세부특징을 지닌 표적들에 비해 더욱 많은 양의 주의를 요구한다.

진화론적인 관점에서 보면 개체의 생존에 영향을 줄 수 있는 자극에 잘 반응하는 신경계가 발달한다는 것은 그럴듯해 보인다. V1 영역의 세포에서 탐지되는 단순한 표적에 비하면 생물학적 표적에 대한 진화가 생존을 위해 더 중요할 가능성이 높다.

주의의 신경생리학적 증거

주의의 집중이 뉴런의 반응을 결정한다는 것을 증명하기 위한 실험이라면 반드시 충족시켜야 할 기준이 있다. 한 자극이 한 종류의 뉴런 활동을 야기하되 다른 뉴런의 활동은 일으키지 말아야 한다는 것이다. 이러한 조건이 충족됨으로써 신경 활동이 표적 자극의 실제 세부특징 자체와 어떠한 관련이 있을 가능성을 배제할 수 있다.

Jeffrey Moran과 Robert Desimone(1985)은 원숭이에게 화면의 응시점을 보는 동안 막대를 잡고 있도록 훈련시켰다. 실험 절차는

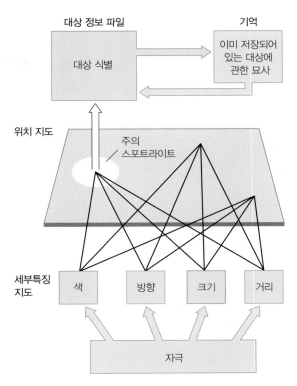

그림 22.2 ▲

Treisman의 세부특징 탐색 모델 그림의 하단부터 시작해서 초기 시각은 시각 장면에서 단순하고 유용한 특성들을 세부특징 지도로 부호화하는데, 이때 부호화되는 정보들은 시각 세계의 공간적 관계를 보존하고 있을 수는 있지만 그 자체로는 이후 처리 단계에서 공간 정보를 제공하지는 못한다. 대신 초점 주의가 특정 위치에서의 세부특징들을 선택하고 통합한다. 시각 단계 후반에 다다르면, 통합된 정보는 지각적 대상에 대한 개인 '파일'을 만들고 업데이트한다. 결국 지각적 파일의 내용들은 기억이라는 재인 네트워크에 저장된 대상의 묘사와 비교가 이루어진다.

(Research from Treisman, 1986.)

◎ **그림 22.3** ▼

세부특징 탐색 실험 참가자들이 탐지해야 하는 행복한, 또는 슬픈 얼굴의 시각 화면. 참가자들은 슬픈 표정을 더 빨리 탐지했으며, 화면이 거꾸로 제시된 경우에도 마찬가지였다.

(Research from Eastwood et al., 2001.)

다음과 같다. 우선 **그림 22.4**의 왼쪽에 묘사된 것과 같이 빨간색 수직 막대 자극 등의 샘플 자극이 수용장의 한 지점에 짧게 제시되었고, 이후 약 500ms 뒤에 두 자극이 제시되었다. 두 자극 중 하나는 먼저 제시된 샘플 자극과 같은 지점에 주어졌고 나머지 하나는 다른 지점에 나타났다. 여기서 중요한 점은 두 표적 모두 세포의 수용장 내에 있었지만 그중 하나만 정확한 위치에 있었다는 것이다. 테스트 자극이 샘플 자극과 같은 종류이고 같은 위치에 나타났을 때 원숭이가 바로 막대를 놓으면 보상이 주어졌다. 이러한 방식으로 같은 시각 자극이 뉴런의 수용장 내에서 다른 영역에 제시될 수 있었는데, 위치에 따라 정보의 중요도가 달라졌다.

실험 과제를 수행하는 동안 연구자들은 V4 영역의 세포 발화를 기록했다. V4의 세포들은 색과 형태에 민감하기 때문에 세부특징의 결합에 따라 다른 종류의 뉴런이 반응했다. 예를 들어, 어떤 한 세포는 초록색 수평 막대에는 반응하지만 빨간색 수직 막대에는 반응하지 않을 수 있다. 이와 같은 자극들은 보상 지급과 관련하여 정확한 위치에 제시되거나 틀린 위치에 제시되었다.

그림 22.4 오른쪽에 나타났듯이 유효한 표적 자극에 대한 뉴런의 반응이 핵심적인 결과이다. 유효한 자극이 정확한 위치에 제시된 경우 세포는 매우 크게 활동했다. 반면 같은 자극이 틀린 위치에 제시되었을 때에는 세포가 반응하지 않았다. 주의가 시각 세계의 한 지점에 집중될 때 뉴런은 해당 지점에 있는 것이 적절한 자극에 대해서만 반응하는 것처럼 보인다.

유효하지 않은 자극은 시야의 어디에 나타났든 그대로 남아 있었다. Moran과 Desimone은 시각 처리에서 V1과 같은 초기 시각 영역이나 TE와 같은 후기 시각 영역 역시 주의 효과를 보일 가능성을 염두에 두었다. 확인 결과, V1 영역의 세포는 주의에 의한 효과가 관찰되지 않았지만 TE 영역에서는 효과가 있었다. 아마도 V1 영역에서 탐지된 세부특징들은 지나치게 단순해서 주의를 끌 수 없었던 반면 TE에서 탐지된 세부특징은 이것이 가능했던 것으로 보인다.

Moran과 Desimone의 연구 결과는 공간에 관한 일반적인 연구에 있어서도 이론적으로 중요한 시사점을 지니고 있다. 세포가 공간적 주의에 통제를 보인 곳은 V4 영역과 TE인데, 두 영역 모두 복측

◉ 그림 22.4 ▼

선택적 주의 원숭이의 주의 과제 수행을 통하여 알 수 있는 사실은, 비록 뉴런이 일반적으로는 여러 위치에 있는 자극에 반응하기는 하지만 수용장 내의 특정 영역에 존재하는 정보에만 선택적으로 반응할 수도 있다는 것이다.

(Data source: Moran and Desimone, 1985.)

실험 과정

원숭이들은 특정 자극이 특정 위치에 제시되면 막대를 놓도록 훈련받았다. 그 외 다른 위치에 제시되는 자극은 모두 무시하도록 학습했다.

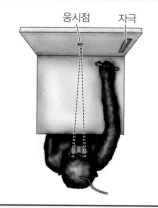

응시점　　자극

결과

과제 수행 중 연구자들은 색과 형태에 민감한 V4 시각 영역의 뉴런 발화를 기록했다. 자극은 보상이 주어지는 위치에 제시되거나 보상과 관련 없는 위치에 제시되었다.

훈련 전 기록

보상이 주어지는 위치 　　　　　　보상이 주어지지 않는 위치

강한 반응　　　　　　　강한 반응

훈련을 하기 전에는 자극이 어느 위치에 있든 관계없이 뉴런이 반응했다.

훈련 후 기록

보상이 주어지는 위치 　　　　　　보상이 주어지지 않는 위치

강한 반응　　　　　　　기저선 수준의 반응

훈련 후 보상이 주어지는 위치에 시각 자극이 제시될 때에만 뉴런이 반응했다.

결론

뉴런의 수용장 내의 정보에 선택적으로 반응하도록 학습할 수 있다.

물체 인식 경로에 속한다. 따라서 이 체계 내의 뉴런들은 공간적 위치 정보를 부호화하는 것처럼 보이는데, 이는 David Milner와 Melvyn Goodale(2006)이 "시각 처리에서 배측 흐름과 복측 흐름이 둘 다 공간 지각에 관여하기는 하지만 두 흐름이 하는 역할은 다르다."라고 제안했던 것과 일맥상통한다 (13.2, 14.1, 15.2, 21.2절 참조).

앞서 소개한 실험에서 원숭이는 움직일 필요가 없었다는 점에 주목하라. 만약 움직여야 했다면 후두정피질의 세포들이 주의 요구에 민감할 것이라고 예측했을 것이다. Vernon Mountcastle과 동료들 (예 : 1995)이 바로 이러한 결과를 보고했다. 그들은 피험 동물이 음식과 같은 물체를 잡기 위해 손을 뻗을 때는 후두정피질의 세포들이 활동한 반면, 다른 이유로 같은 움직임을 취했을 때에는 이러한 세포 활동이 관찰되지 않는다는 사실을 발견했다. 이 세포들은 자극의 세부특징에 반응한 것이 아니라 자극에 다가가는 움직임에 반응한 것이었다. 즉 시각 주의에는 두 종류가 있는 것으로 보인다. 하나는 자극을 선택하는 것과 관련된 주의이고, 다른 하나는 움직임을 선택하고 지시하는 것과 관련된 주의이다.

분리 주의

주의는 다른 방식으로도 뉴런에 영향을 줄 수 있다. Daniel Kahneman(1973)은 지각 체계가 항상 최상의 효율로 작동하지 않는다고 지적했다. 우리가 한번에 처리할 수 있는 정보의 양은 정해져 있고, 만약 그 이상의 정보로 과부하가 걸리면 소위 '병목' 현상이 나타난다는 것이 한 가지 설명이다. Kahneman은 정신적 활동을 수행할 수 있는 용량이 제한되어 있고 동시 발생하는 활동 각각에 할당될 수밖에 없다고 제안했다.

Kahneman에게 있어 주의란, 어떤 측면에서 보면 특정 과제를 향한 힘의 양이라고 할 수 있다. 만약 과제가 교통 체증이 별로 없는 도로에서 운전하는 것과 같이 일상적이고 단조롭다면 과제를 수행하는 데 주의를 덜 주어도 되므로 운전자는 동승자와 대화를 이어갈 수 있을 것이다. 하지만 교통량이 많고 번잡한 교차로에서 방향 전환을 할 때에는 과제에 주의를 집중해야 하므로 대화가 잠시 끊어지게 된다. 변화하는 과제의 요구에 따라 주의를 전환하고 다시 집중하기 위해서는 어떠한 처리 과정이 활성화되어야 한다.

사실 많은 관할 구역에서 운전 중 휴대전화 사용을 법적으로 금지하고 있는데, 우리가 동시에 두 가지 과제를 수행할 때 주의가 분리된다는 명백한 증거가 있기 때문이다. 이 책을 읽는 독자들도 운전을 하다가 좁은 공간에 주차를 하는 등의 어려운 조작을 시도할 때면 운전에 주의를 집중하기 위해 듣고 있던 음악의 소리를 줄이는 것을 경험했을 수 있다. 멀티태스킹을 시도할 때면 항상 이러한 문제를 경험할 수 있다. 책을 읽는 것과 텔레비전을 보는 것을 동시에 할 때에도 마찬가지다. 우리는 어떠한 특정 순간에 오직 한 가지에만 주의를 줄 수 있다. 만약 여러 과제로 주의를 분리한다면 각 과제의 수행이 제대로 이루어지지 않는다.

선택 주의

Moran, Desimone(1988)과 함께 일했던 Hedva Spitzer는 어떠한 시각적 문제를 풀기 위해 필요한 노력의 양에 따라 V4 영역 세포들의 발화 특성이 달라지는지 여부에 관심을 가졌다. 그녀와 동료들은 Moran과 Desimone의 실험에서와 마찬가지로 원숭이들을 훈련시켰는데, 이전 실험과 달리 세포가 특정 범위의 자극에 반응한다는 사실을 이용하여 과제의 난이도에 변화를 주었다(**그림 22.5A**). 특정

(A) 선호 범위

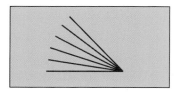

(B) 쉬운 구별

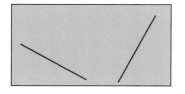

(C) 어려운 구별

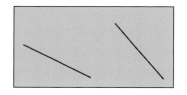

◉ **그림 22.5** ▲

노력과 주의   (A) 세포가 반응하는 방위의 범위. (B) 쉬운 조건. 왼쪽 선은 세포가 선호하는 방위 범위 내에 있는 반면 오른쪽 선은 범위 밖에 있다. (C) 어려운 조건. 두 선 모두 세포가 선호하는 방위의 범위 내에 있다.
(Information from Spitzer, H., R. Desimone, and J. Moran. Increased attention enhances both behavioral and neuronal performance. *Science* 240:338–340, 1988.)

V4 영역의 세포는 특정 방위와 색에 가장 잘 반응한다. 하지만 이러한 특성은 정밀하지 않으며, 세포가 선호하는 범위에 근접하는 방위와 색에 모두 반응을 하게 된다.

Spitzer와 동료들은 세포가 선호하는 범위 내의 방위와 색을 선호하지 않는 방위와 색으로부터 구별하는 것이 쉬울 것이라고 추론했다. 예를 들면, 테스트 자극이 샘플과 직각(90°)을 이룰 경우 구별이 쉽다(그림 22.5B). 반면 구별이 어려운 경우는 두 자극 모두 세포가 선호하는 방위의 범위 내에 포함될 때이다. 즉 두 자극의 방위가 대부분 세포의 허용 가능 범위인 22.5°밖에 차이나지 않는다면 둘 간의 구별이 어려울 것이다(그림 22.5C). 연구자들은 원숭이로 하여금 이러한 구별을 하도록 훈련시켰고 실험 결과, 미묘한 차이를 구별하는 것이 더 어렵다는 사실을 증명했다. 구별이 쉬운 조건에서는 93%의 정확도를 보인 반면 구별이 어려운 조건에서는 73%의 정확도를 기록한 것이다.

V4 영역 세포의 반응 특징이 변화하는 것 역시 흥미롭다. 우선 구별이 어려운 조건에서 세포들의 발화 비율이 평균적으로 약 20% 증가했다. 두 번째로, 세포가 반응하는 범위의 폭이 달라졌다. 쉬운 조건에서는 세포들이 약 81°의 방위 차이까지 허용했던 반면, 어려운 조건에서는 더욱 선택적으로 반응하게 되어 반응하는 방위의 범위가 53°까지 좁혀졌다.

더 어려운 이 두 번째 과제는 지각 과제를 수행하기 위한 노력이 증가하면 시각계의 정보 처리 방식이 영향을 받을 수 있다는 것을 시사하는 행동 실험과 전기생리학적 결과 모두를 설명한다. V4 영역의 뉴런들이 자극에 대한 선택성의 변화를 통해 보였듯, 이 과제는 자극 간 차이에 큰 주의를 요구한다.

시상핵(thalamic nucleus)의 하나인 시상침(pulvinar)의 세포들 또한 선택성을 암시하는 듯한 방식으로 시각 자극에 반응한다. 주의의 효과가 어떻게 세포의 활동을 변화시킬 수 있는지에 대한 한 가지 가설은 시상침에서부터 시개시상침계(tectopulvinar system; 그림 8.7 참조)의 이차 시각 영역으로 향하는 신호와 관련이 있다. Steven Petersen과 동료들(1987)은 자극이 행동의 표적일 때 그렇지 않을 때보다 시상침의 뉴런들이 더 격렬하게 반응한다는 것을 발견하였다. 더 넓은 시각에서 본다면 시각 자극이 존재하기는 하지만 그것이 관찰자에게 아무런 의미를 주지 못할 때 뉴런의 발화 비율은 낮으며, 같은 자극이 보상을 의미할 때는 세포가 더욱 활성화된다.

시상침 복합체가 후두정피질과 측두피질, 그리고 전전두피질로 신호를 보내므로, Treisman이 언급했던 공간 내의 여러 부분에 주의 '스포트라이트'를 주는 활동에 이 영역이 기여하고 있을 가능성이 있다. Petersen과 동료들은 시상침의 활동을 방해하는 것이 실제로 공간 주의를 방해한다는 사실을 발견했다. 시상침이 시각 정보에 초점을 맞추는 역할을 하는 것으로 알려진 중뇌 상구(colliculus)로부터 시각 입력을 받아서 상구–시상침 스포트라이트가 활동을 하는 것일 수 있다.

상구–시상침 스포트라이트가 어떻게 켜질까? 현재는 관찰 결과에 만족할 수밖에 없다. 주의에 관해서는 과제 요구가 시각계의 뉴런 활동을 변화시킬 수 있다는 사실이 하향 처리의 핵심으로 보인다.

감각 입력의 병렬 처리

감각 세계의 일부에 스포트라이트가 주어진다고 하더라도 뇌는 여전히 주의에 관한 문제를 가지고 있다. 만약 하나의 사물이 마음속 스포트라이트 안에 있다면 시각계는 어렵지 않게 모든 시각 요소들을 결합하여 하나의 사물을 형성할 수 있다. 하지만 마치 어수선한 책상 위처럼 여러 개의 사물이 주의 스포트라이트를 받는다면, 여러 개의 사물이 각각 별개의 것들로 온전히 받아들여지게 하기 위해 시각계에 결합 문제가 생기게 된다.

원숭이를 대상으로 한 전기생리학 연구들에서는 TE 영역의 뉴런들이 어수선한 장면에서 사물들을 병렬적으로 처리할 수 있음을 보였다. 뇌가 이러한 활동을 하는 것이 가능하게 하는 한 가지 요소는 복잡한 구성에 민감한 세포들의 존재이다. 예를 들어, 어떤 뉴런은 원 위에 있는 사각형에는 반응을 하지만 사각형 위에 있는 원에는 반응을 하지 않을 수 있다. 하지만 실제 굉장히 어수선한 장면을 전부 판독할 수 있을 만큼 충분한 복합 뉴런을 가지는 것은 불가능하다. 또 다른 해결 방법은 각각의 사물을 순차적으로 선택하는 것이다. 이렇게 하면 시각 장면은 매우 짧은 주기들로 처리되어 각 사물을 병렬적으로 처리할 수 있게 된다(Woodman & Luck, 2003 참조).

병렬 처리의 또 다른 형태는 교차 양식(cross-modal)이다. 우리는 동시에 입력되는 시각과 청각, 체감각 정보를 처리하기 위해 감각 양식 내, 그리고 감각 양식 간에 주의를 할당해야 한다. 일관적으로 보고되는 감각 간 상호작용은 실험 참가자가 시각 자극에 주의를 주어야 할 때 그와 동시에 주어지는 특정 청각 입력에 대한 청각 신경 활성화가 감소한다는 것이다.

Jennifer Johnson과 Robert Zatorre(2006)는 실험 참가자들에게 기하학적인 도형(시각 자극)과 멜로디(청각 자극)를 각각 제시하거나 함께 제시하였다. 참가자들은 자극에 주의를 집중하도록 만드는 과제를 수행하였다. fMRI 분석 결과, 청각 자극에 주의를 주었을 경우 이차 청각피질에서 더 큰 활성화가 나타났고, 시각 자극으로 주의를 향한 경우 시각피질에서 큰 활성화를 보였다. 즉 선택적 주의가 관련 있는 감각피질에서의 활동은 증가시키고 관련 없는 영역에서의 활동은 감소시켰다.

하지만 더욱 흥미로운 것은 두 감각 양식 간 주의를 분리했을 때의 반응이다. 이때는 감각피질의 활동이 수동적으로 자극에 노출되는 기저선 조건에서의 활동과 차이가 없었고, 감각피질들의 활성화가 한 가지 감각 양식만 제시했던 조건에서 관찰되었던 활동 각각의 합보다 작았다. 가장 큰 활동 변화는 좌반구의 배외측 전전두피질(DLPFC)에서 나타났다(**그림 22.6**). 선택적 감각 양식 조건 결과와 2개의 감각 양식 조건 결과의 차이는 두 가지 형태의 주의 처리의 통제에 별개의 신경 처리가 관여하고 있음을 제안한다.

운전 중 통화를 하거나 동승자와 대화를 하는 등의 멀티태스킹을 할 때 우리는 전전두피질의 추가적인 활동을 필요로 한다. 만약 전전두피질이 이미 운전 경로를 계획하는 등의 활동에 관여하고 있다면, 하나 또는 그 이상의 동시 진행 중인 과제에 주의를 못 줄 가능성이 높다. 이와 관련하여 교통량이 많은 도로에서 좌회전을 할 때 주의를 집중하기 위해 운전자의 말이 느려지거나 대화를 멈추는 것을 쉽게 볼 수 있다.

기능영상법과 주의

건강한 사람의 주의의 신경 상관을 찾기 위한 좋은 시작점은 원숭이 연구에서 이미 발견된 것과 상응하는 시각계의 주의 처리를 살펴보는 것이다. Maurizio Corbetta와 동료들(1993)은 **그림 22.7A**에 묘사된 것과 같은 실험을 설계했다. 사각형들이 실험 화면을 가로질러 한 줄로 늘어서 있었고, 실험 참가자들은 그 바로 위에 있는 또 하나의 사각형에 시선을 고정했다. 실험 과제는 다음의 두 가지 중 하나였는데, 참가자들은 위의 사각형에 시선을 고정하고 (1) 상자에서 상자로 빛이 이동할 때 주의를 전환하거나, (2) 중앙의 사각형에 시선을 유지한 채 빛의 움직임을 무시해야 했다. 따라서 이 실험에서도 Moran과 Desimone의 원숭이 연구에서와 마찬가지로 동일한 자극을 사용하되 주의 요구가 다른 조건들을 만들었다.

결과는 명백하였다. 주의가 고정되었던 과제에 비해 움직이는 빛에 주의를 주도록 한 조건에서 후두정피질의 활동이 증가된 것이 관찰되었다(그림 22.7B). 뿐만 아니라 움직이는 빛이 좌시야에 제시된

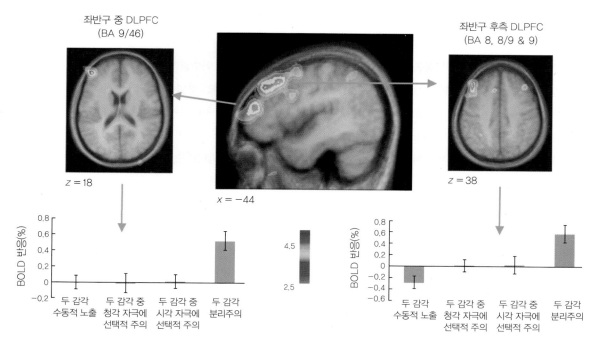

그림 22.6 ▲

분리주의에 관여하는 DLPFC 두 감각 양상의 분리주의 조건과 수동적 노출 조건에서의 전전두피질 활성화 비교. 실험 참가자가 청각 자극 혹은 시각 자극에만 주의를 주었을 때는 전두엽의 활성화가 관찰되지 않았다. 반면 두 감각 양식에 동시에 주의를 주어야할 때는 DLPFC의 활동을 필요로 한다. 표시된 색깔은 각 복셀에서 나타난 유의미한 활성화의 정도를 *t*값으로 나타낸 것이다. (BA : 브로드만 영역, BOLD : blood-oxygenated-level-dependent MRI)

(Reprinted from *Neuroimage*, Vol. 31, Johnson, J. A., and R. J. Zatorre, Neural substrates for dividing and focusing attention between simultaneous auditory and visual events, pages 1673–1681, © 2006, with permission from Elsevier.)

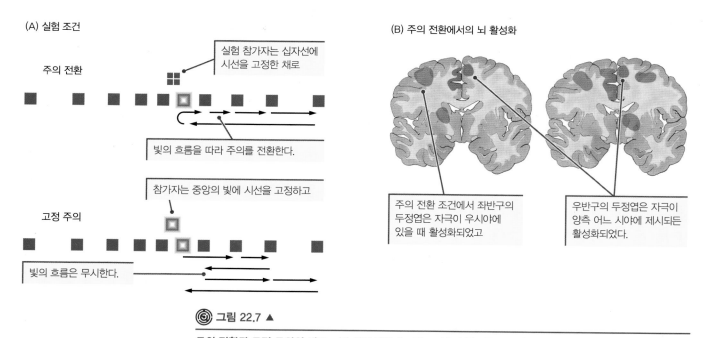

◎ 그림 22.7 ▲

주의 전환과 고정 주의의 비교 (A) 주의 전환과 고정 조건을 위한 실험 설정. (B) 주의 전환 과제에서의 PET 스캔의 정면 그림은 고정 주의 과제에 비해 두정피질의 활동이 증가했음을 보여주며, 이는 우반구에서 더욱 뚜렷이 나타났다.

(Research from Corbetta et al., 1993.)

경우 우반구의 두정피질만이 활성화된 반면, 빛이 우시야에 제시된 경우에는 좌우 반구의 두정피질이 모두 활성화되었다. 다시 말해 우반구 두정피질은 자극이 좌시야에 제시되었을 때나 우시야에 제시되었을 때 모두 활성화되었지만, 좌반구 두정피질은 대측(오른쪽) 시야에 자극이 제시되었을 때만 활성화되었다.

우반구 두정엽에서 역시 두 군데의 구별된 활성화 영역이 나타나는데, 하나는 좌시야에 대응하며 또 다른 하나는 우시야에 대응한다. 이러한 발견은 왜 우반구의 후측두-두정엽에 병변을 가진 환자들이 좌반구 병변을 가진 환자들보다 더욱 확연한 대측 무시를 보이는지를 설명해줄 수 있을지 모른다. 좌반구 두정피질이 부재할 경우 우시야의 표상은 우반구 두정피질에 유지된다. 하지만 이 장의 사례 보기에 소개되었던 R.P.의 사례와 같이 우반구 두정피질이 부재할 경우 좌시야의 표상이 아예 존재하지 않으며, 이 영역은 무시되어버린다.

이 연구의 흥미로운 점은 원숭이의 전기생리학 연구 결과를 보고 예상할 수 있었던 것과 달리 V4 영역에서의 활성화가 관찰되지 않았다는 것이다. 이에 관해 자극의 여러 세부특징들의 통합을 요구하는 과제가 아니라 단순히 무엇이 어디에 있는지만 처리하면 되는 과제였기 때문이라는 설명이 가능하다. 이러한 가능성은 같은 연구자들의 다른 연구에서 확인되었다.

이 실험에서 Corbetta와 동료들(1991)은 참가자들에게 중앙에 흰 점이 있는 화면을 보여주었다(그림 22.8). 각 표적 자극(예 : 프레임 1과 같은 형태의 자극)은 동일한 형태와 색을 가지고 화면 내 랜덤한 위치에서 동시에 좌우로 응집 운동을 하는 30개의 요소였다. 두 번째 자극(프레임 2)에서는 형태나 색, 움직임의 속도가 각각, 혹은 셋 모두 변할 수 있었다. 자극은 400ms 제시되었고, 첫 번째 자극이 사라지고 200ms 이후 두 번째 자극이 제시되었다.

두 가지 과제가 있었는데, '선택적 주의' 과제에서는 특정 세부특징(예 : 색)이 프레임 간 달랐는지를 보고하도록 하였고, '분리 주의' 과제에서는 어떤 세부특징이든 달라진 것이 있는지를 보고하도록 하였다. 선택적 과제는 특정 세부특징에 집중하는 특정 마음가짐을 지니도록 한 반면, 분리 과제는 그렇지 않았다는 것이 두 과제 사이의 근본적인 차이였다. 연구자들은 선택적 과제가 초점 주의를 더 필요로 하고 분리 과제는 기억을 더 필요로 한다고 가정했다. 따라서 그들은 두 과제에서 피질 활성화가 다른 패턴을 보일 것으로 예상하였다.

PET 측정 결과, 선택적 주의 과제에서는 탐지된 세부특징에 따라 특정 시각 영역이 활성화되었다. 즉 색에 주의를 준 경우 V4 영역에 해당하는 영역이 활성화되었고, 형태에 주의를 준 경우 V3와 TE에 해당하는 영역이 활성화되었다. 또한 선택적 과제에서는 뇌섬엽, 후측 시상(아마도 시상침에 해당하는 영역), 상구, 그리고 안와전두피질이 활성화되었다.

반면 분리 주의 과제에서는 상호 배타적인 영역들의 활성화가 관찰되었다. 수동적 자극 노출 이상의 시각 영역 활성화는 없었지만 전대상피질과 DLPFC가 활성화되었던 것이다. 중요한 점은 두 과제의 종류는 달랐지만 사용한 자극들은 두 조건 모두 같았다는 것이다. 선택적 주의 과제는 과제를 해결하기 위해 필요할 것으로 보이는 시각 영역들의 활동을 증가시켰다.

종합해보면 Corbetta 팀의 연구 결과들은 주의 과제의 종류에 따라 다른 피질 영역이 활성화됨을 보였다.

선택적 주의 과제 : 두 프레임에서의 물체 움직임 속도가 달랐습니까?

분리 주의 과제 : 두 프레임 간 다른 세부특징이 있었습니까?

자극 화면

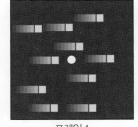 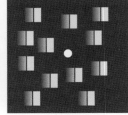

프레임 1	프레임 2
참가자에게 프레임 1을 제시하고	0.2초 후 프레임 2를 제시하였다.

◎ 그림 22.8 ▲

선택적 주의와 분리 주의 과제 비교 프레임 1과 프레임 2 자극 화면 예시. 선택적 주의 과제는 프레임 1과 2 사이에 색, 형태, 움직임의 속도 중에서 특정 세부특징이 변화했는지 여부를 판단하는 것이다. 분리 주의 과제는 어떤 세부특징에서든 변화가 있었는지 보고하는 것이다.

(Reasearch from Corbetta et al., 1991.)

- 공간에 대한 주의에서는 두정피질이 활성화되었고, 색이나 형태와 같은 세부특징에 대한 주의에서는 후두-측두피질이 활성화되었다.
- 전대상피질과 전전두 영역은 두 종류의 시각 과제 모두에서 활성화를 보였다. 따라서 주의는 전반적으로 전대상피질과 일부 전전두 영역의 활성화를 요구하는 데 더해, 시각이나 촉각과 같은 특정 감각 양식에 연관된 감각 영역의 활성화를 일으킨다.

이와 같은 시각 영역이 아닌 영역의 활성화는 일반적인 주의 체계의 존재를 의미할까, 아니면 이것이 시각 주의에만 국한된 것일까? 다른 감각계는 어떨까? 이러한 질문들에 해답을 찾기 위한 한 가지 방법은 다른 감각계에서의 주의 처리를 살펴보는 것이다. 예를 들면, 체감각계 역시 자극을 선택적으로 처리해야 하므로, 체감각계에도 시각계에서와 같은 주의 체제가 있는지 의문을 갖는 것이 타당하다.

한 연구에서는 실험 참가자들에게 촉각 자극의 거친 정도 또는 길이에 주의를 주도록 하고 PET을 측정하였다(Burton et al., 1999). 같은 자극이 사용되었음에도 주의를 주어야 하는 세부특징이 달랐던 것이다. 통제 조건에서는 참가자들이 자극에 노출되기는 했지만 어느 특정 세부특징에 주의를 주지 않았다. 예상할 수 있듯이 촉각 자극은 S1과 S2 영역을 활성화시켰는데, 주의 조건에서는 후두정피질 역시 활성화가 나타났다. 이러한 영역은 시각 주의 연구에서 발견된 영역과 중첩되지 않았다. 따라서 입력을 받는 감각의 종류에 따라 후두정피질의 각기 다른 영역이 주의 처리에 기여하는 것으로 보인다.

◎ 주의 네트워크

1990년 Mike Posner와 Steve Petersen은 주의 네트워크를 다룬 중요한 논문을 발표했다. 그때부터 주의와 인지적 통제에 관한 약 5,000편의 논문이 출판되어 주의의 뇌 기제와 관련된 어마어마한 양의 과학적 증거가 세상에 쏟아져 나오게 되었다. 다행스럽게도 Petersen과 Posner는 이러한 새로운 증거들을 개관하여 몇 가지 구별된 주의 네트워크를 설명하는 종합적인 통합 이론을 발표하였다(Petersen & Posner, 2012).

이 이론에는 크게 세 가지의 핵심 개념이 있다. 첫째, 주의 체계는 들어오는 정보를 처리하고 행동을 만들어내는 감각계와는 해부학적으로 분리되어 있다. 둘째, 주의는 단일한 처리 과정이 아니며, 분산된 해부학적 영역 간의 네트워크를 포함한다. 셋째, 이러한 다양한 영역은 세 가지의 구별된 네트워크를 형성하는데, 경계(alerting), 정향(orienting), 집행 통제(executive control) 등 각각 다른 종류의 주의 처리를 대표한다.

경계 네트워크

중뇌의 상행성 망상 활성화 체계(ascending reticular activation system, RAS)가 경계를 유지하는 역할을 한다는 사실은 약 70년 전부터 알려진 사실이다(예 : Moruzzi & Magoun, 1949). RAS의 핵심적인 구성요소는 뇌간의 청반으로부터 전뇌까지 신경조절물질인 노르아드레날린의 전달인데, 이는 자극의 탐지를 빠르게 하기 위한 영역, 특히 전전두피질과 후두정피질을 준비시키는 역할을 한다. 예를 들어, 주의 단서는 이후에 무엇이 나올지에 대한 정보를 제공하지는 않지만, 이것이 나타나면 실험 참가자가 표적으로 주의를 향하는 것과 표적에 대한 반응이 자동적으로 빨라진다.

(A) 정향 네트워크

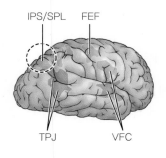

(B) 집행통제 네트워크

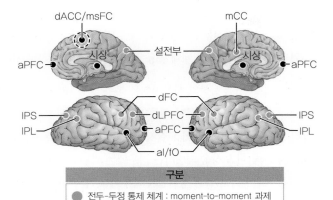

구분	
■ 배측 주의 체계 : 하향 시공간적	
■ 복측 주의 체계 : 상향 재정향	

구분	
● 전두-두정 통제 체계 : moment-to-moment 과제	
● 대상피질-판개 체계 : 과제 세트 유지	

◎ **그림 22.9 ▲**

주의 네트워크   (A) 전두시야장(FEF)과 두정내구/상두정엽(IPS/SPL)을 포함하는 배측 정향 네트워크(보라색)는 시공간적 정향 체계 활동을 동기화하기 위해 하향 처리로 작동한다. 측두-두정접합(TPJ)과 복측 전두피질(VFC)을 포함하는 복측 체계(파란색)는 정향 체계 활동을 상향 감각 입력 정보와 동기화한다. (B) 전두-두정 집행 통제 체계(초록색)는 순간순간 작동하는 반면, 대상피질-판개(전측 뇌섬엽) 통제 체계(검은색)는 과제 수행 중 지속된 활동을 보인다. (dACC/msFC : 배측 전대상피질, aPFC : 전측 전전두피질, dlPFC : 배외측 전전두피질, dFC : 배측 전두피질, aI/fO : 전측 뇌섬엽/전두판개, IPL : 하측 두정소엽, mCC : 중대상피질)

(Petersen, S. E., and M. I. Posner. The attention System of the Human Brain: 20 Years *After. Annual Review of Neuroscience* 35:73–89, 2012, Figure 2.)

노르아드레날린 분비를 높이는 약물은 경계 효과를 증가시키는 반면, 노르아드레날린의 분비를 막는 약물은 경계 효과를 줄인다. 아세틸콜린과 같은 다른 신경조절물질에 작용하는 약물들은 경계 체계에 영향을 주지 않는다. 이 체계의 또 하나의 효과는 다른 대뇌 처리 과정을 억제하는 것인데, 아마도 전대상피질 및 관련 구조들의 활동을 증가시킴으로써 가능한 것으로 추정된다.

정향 네트워크

정향 체계는 시각, 청각, 촉각 등 어느 한 가지 감각 양식이나 공간에서의 한 위치를 선택함으로써 감각 입력 정보의 우선순위를 정한다. 지난 10년간의 뇌영상 연구 결과, **그림 22.9A**에 보이는 바와 같은 2개의 외부 자극 정향 관련 뇌 네트워크가 밝혀졌다. 화살표 모양의 단서가 나타나면 주의를 그쪽으로 향하도록 참가자들에게 지시하자, 그림 22.9A에서 보라색으로 나타낸 전두시야장(frontal eye fields, FEF)의 배측 체계와 두정내구(intraparietal sulcus, IPS)가 활성화되었다. 그 밖의 위치로 주의를 전환하도록 하면 뇌는 처음 향하던 곳으로부터 주의를 이탈하여 다른 자극으로 옮겨야 한다. 이는 그림의 파란색에서 보이듯 보다 복측 네트워크를 활성화시키는데, 측두-두정접합 부위(TPJ)와 복측 전두피질을 포함한다.

뇌간으로부터의 노르아드레날린 분비가 경계 네트워크를 조절하는 것과 마찬가지로, 뇌간의 콜린성 체계는 두 가지 정향 네트워크를 조절한다. 이러한 활동은 TPJ 영역에서 크게 나타나는 것으로 보인다. 노르아드레날린(교감신경계통)과 콜린성(부교감신경계통) 체계의 활동은 두 가지로 분리되는데, 이들이 각각 경계 혹은 정향 체계만 조절하기 때문이다.

배측 정향 네트워크 배측 체계는 강하게 우측 편재화되어 있으며, 이 영역에서의 병변은 이 장의 시작에 다루었던 무시 증후군 발생의 중심이 된다. 따라서 무시가 전통적으로 후측 두정 영역과 연관되어 있다고 하더라도, 전전두피질과 같은 다른 영역에서의 손상도 무시 증세를 야기할 수 있다. 배측 정향 네트워크는 시공간적 정향 체계 활동을 동기화하기 위해 하향 처리로 작동한다.

복측 정향 네트워크 시상의 시상침핵은 복측 정향 네트워크의 활동에 영향을 준다. 시상침의 뉴런들은 같은 자극이어도 그 자극이 행동의 표적이 될 때 그렇지 않을 때보다 더욱 활발하게 반응한다. 즉 시각적 자극이 있어도 그것이 관찰자에게 어떠한 의미도 주지 못할 경우 세포의 발화율이 낮다는 것이다. 동일한 자극이 보상을 의미하는 경우에는 세포가 보다 활동적으로 변한다.

시상침 복합체가 후측 두정피질과 측두피질, 전전두피질로 연결되므로, Treisman이 제안했던 공간 내에서의 여러 부분에 주의 '스포트라이트'를 주는 활동에 이 영역이 어떠한 역할을 하고 있을 가능성이 있다. 복측 정향 네트워크는 일차와 이차 영역들(예 : 일차 시각피질과 상위 시각 영역)에서 정향 체계 활동을 상향 감각 입력 정보와 동기화시킨다. 이렇게 함으로써 얻는 한 가지 효과는 여러 단계의 감각과 연합 체계에서 필요한 감각 정보와 경합하는 다른 감각 입력 정보의 영향을 줄여서 주의를 준 자극으로부터 들어오는 정보만을 취할 수 있다는 점이다.

이원 집행 네트워크

Petersen과 Posner는 하향 처리 역할을 하는 두 가지 집행 네트워크를 제안했다. 배외측 전전두피질-두정엽 네트워크(dorsolateral-PFC-parietal network)와 전대상피질/내측 전두-전측 뇌섬엽(전두판개) 네트워크[anterior cingulate/medial frontal-anterior insular (frontal operculum) network]가 그것이다(그림 22.9B). 초록색으로 표시된 전두-두정 네트워크는 새로운 과제의 도입부에 잠시 제시되는 과제 지시와 관련이 있는 것으로 여겨지는 반면, 검은색으로 표시된 대상피질-판개 네트워크는 과제 내내 지속된 활동을 보인다. 각 네트워크 내 영역들의 활동은 큰 상관을 보이지만 두 네트워크끼리는 서로 상관이 나타나지 않는다.

Petersen-Posner의 이원 집행 네트워크가 모두에게 보편적으로 받아들여지고 있는 것은 아니다. 우리는 이들의 아이디어를 뒷받침하는 증거가 설득력 있다고 생각하지만, 어떤 연구자들은 이러한 영역들 전체를 아우르는 단일하고 통일된 네트워크 이론을 선호한다(Posner, 2012; Power et al., 2011 참조).

주의 네트워크와 자기통제

인간은 인지와 정서를 자발적으로 통제할 수 있다. 이것이 주의의 한 가지 형태이다. 예를 들면, 참가자에게 성적인 사건을 처리하는 동안 흥분하지 않도록 지시하거나, 부정적인 사진을 볼 때 감정적인 반응을 보이지 않도록 지시하면 그들은 충분히 그렇게 할 수 있다. 이와 같은 자기통제는 주의 네트워크의 외측 전전두피질 및 대상피질 영역의 증가된 활성화와 상관이 있다.

어린아이들은 대부분의 어른만큼 자기통제적(발달심리학에서는 **자기조절**이라고도 알려져 있는 특성)이지 않다. Posner, Rothbart, Shees와 Voelker(2012)가 제안한 바에 따르면, 유아기 아동의 자기조절은 감각 사건으로 주의를 향하고자 하는 특성에 기초하고 있으며, 3~4세 무렵 집행 주의 체계가 성숙하기 시작하면서 정서와 인지적 통제 능력이 발달된다(23.2절 참조).

주의 네트워크 손상

만성 스트레스는 쥐의 전전두피질의 구조와 후성유전학의 변형을 초래하며, 조현병, 우울증, 불안장애를 포함하여 제27장에서 다루는 많은 신경정신장애의 위험요인으로 알려져 있다. 이들은 공통적으로 주의의 인지적 통제에 결함을 보인다. 따라서 스트레스가 전두-두정엽의 집행 주의 네트워크에 간섭을 일으켜 주의 과제에서의 수행 장애가 나타나는 것이라고 제안하는 것이 타당해 보이는데, 실제로 그런 것으로 밝혀졌다.

Liston(2009)과 동료들은 건강한 성인을 대상으로 하여 어려운 주의 전환 과제의 수행 능력을 비교하는 한편 fMRI를 사용하여 과제 수행 중의 뇌를 스캔했다. 실험 참가자 중 절반은 의대생으로, 중요한 시험을 준비하느라 4주간 심리사회적인 스트레스를 받은 상태였다. 나머지 절반은 의대생 참가자들과 나이, 성별, 직업이 일치하되 상대적으로 스트레스를 받지 않은 상태였다.

스트레스는 의대생들의 주의 과제 수행 능력을 선택적으로 손상시켰다. fMRI 데이터를 분석한 결과, 과제 수행 중 배외측 전전두피질, 전대상피질, 전운동피질, 그리고 후측 두정피질에서의 감소된 활동이 관찰되었다. 이들이 준비하던 시험이 끝나고 한 달 후 다시 실험을 반복해보니, 그들의 과제 수행에서 장애가 관찰되지 않았을 뿐 아니라 주의 네트워크 활동의 감소 역시 나타나지 않았다.

이와 같은 결과는 만성적인 스트레스에 고통받는 사람들에게 있어서 그들이 대학생이든 신경정신병적 증세를 보이는 환자이든 관계없이 스트레스 감소를 위한 중재가 지니는 치료적 잠재성을 강조한다. 또한 이 결과는 주의가 그림 22.9B에 나타난 전전두-두정엽 네트워크의 활동과 관계가 있다는 가설을 뒷받침한다.

주의의 작용 기제

Posner와 Petersen의 모델은 집행 주의 체계가 어떻게 감각 영역의 신경원 활동에 영향을 주는지 명확히 설명하지 않는다. 어떻게 스포트라이트가 진행 중인 모든 감각 정보 중에서 중요한 사건을 고를 수 있을까? 몇 가지 가능한 기제가 제시되는 가운데, 그중 한 가지가 유독 관심을 받고 있다. 주의 체계가 감각 신호를 처리하는 뉴런들의 동시성을 유도함으로써 작용한다는 것이다.

그림 22.10을 보면 활동 전위의 시간적 위치를 약간씩 이동하여 주어진 뉴런에 2개의 입력이 동시에 도달하도록 하는 것이 어떻게 뉴런 집단의 동시성에 변화를 초래하는지 알 수 있다. 이렇게 되면 흥분성 시냅스후 전위(EPSP)의 통합이 일어나 시냅스후 뉴런에서 활동 전위를 일으킬 가능성이 높다(4.4절 참조).

Ernst Niebur(2002)와 동료들은 주어진 뉴런 전체에 동시에 활동 전위를 전달함으로써 이러한 동시성을 유도할 수 있다고 제안했다. 동시 입력을 받는 각 뉴런은 발화 역치에 가까워지게 되고, 따라서 입력을 받는 모든 뉴런의 동시 발화를 증가시킨다.

Peter Hellyer와 동료들(2014)은 실험 참가자들에게 주의 과제를 수행하도록 하고 fMRI 스캔을 했다. 전두-두정엽의 배측 집행 주의 네트워크에서의 증가된 활동과 뇌의 기본상태 네트워크(그림 16.6 참조)에서의 감소된 활동이 측정되었다. 이러한 변화는 주의 네트워크에서의 동시성 증가와 함께 나타났다. 동시성은

그림 22.10 ▼

신경원 활동 동시성 유도 Ernst Niebur와 동료들은 동시성이 어떻게 주의를 준 자극의 표상을 수정하는지 제안했다. 주의를 주지 않은 조건에서 두 뉴런으로부터의 전위는 뉴런 3에 비동시적으로 도착하며, 이는 활동 전위로 이어지지 않을 수 있다. 주의를 준 조건에서 뉴런들로부터의 전위가 동시에 뉴런 3으로 전달되어 통합이 일어나면 흥분성 시냅스후 전위(EPSP)를 발생시켜 활동 전위를 일으킬 가능성이 높다.

(Information from Niebur et al., 2002.)

주의를 주지 않은 조건

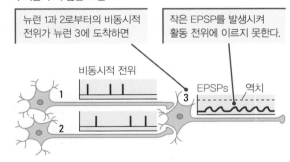

주의를 준 조건

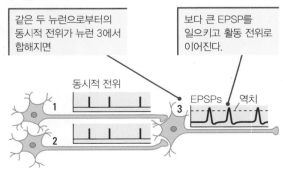

과제에 대해 강도 높은 집중력이 요구되는 기간 동안 지속되었고, 주의 네트워크의 일부가 아닐 것으로 여겨지던 다른 특정 네트워크에서도 관찰되었다.

연구자들은 주의 절차가 뇌의 전역적인 동시성을 증가시킨다고 결론 내렸다. 그들은 뉴런 활동을 컴퓨터로 모델링하여 이러한 가능성을 시험해보았고, 주의 네트워크의 활동을 증가시키면 뇌 전역적 동시성이 증가한다는 유사한 결과를 얻었다. 같은 모델에서 기본상태 네트워크 활동을 증가시킨 결과는 이와 정반대로 전역적 동시성이 사라지게 만들었다.

동시성을 유도하기 위한 최적의 신호는 아직 완전히 명확하지 않지만, 많은 연구자들은 약 40Hz의 신호가 최적이라고 여긴다. 또한 그들은 이와 같은 동시성이 결합 문제를 해결하기 위한 중요한 단서일 것이라고 믿는다. 인지 처리에서의 동시성에 관해서는 22.4절의 의식과 결합 문제의 논의를 마치며 다시 다루도록 하자.

◎ 22.3 무주의

미국에서는 차량 사고로 매년 3만 명 이상이 사망하고 200만 명 이상이 부상을 입는다. 대부분의 교통사고는 인적 오류로서, 그중 무주의(inattention)가 가장 큰 원인으로 꼽힌다. 예를 들어, 운전자가 다른 차량을 보지 못하고 좌회전을 하는 바람에 뒤따르던 차와 추돌하는 상황을 흔히 접할 수 있다.

어떤 때는 운전자가 운전 중 스마트폰이나 다른 전자 기기를 사용하는 것처럼 무주의의 원인이 너무나도 명백하지만, 많은 경우 뚜렷한 원인이 없는 것처럼 보인다. 표면적으로 볼 때 분명한 원인 없는 오류는 이해하기 어렵다. 주의의 실패를 이해하는 것은 몹시 중요하며, 이는 주의가 어떻게 지각을 촉진할 수 있는지에 관한 연구를 보충 설명할 수도 있다. 대부분의 무주의 연구는 인지과학 실험실에서의 실험 또는 감각 무시 환자들에 관한 관찰을 통해 이루어진다. 각각 상세히 다루어보도록 하자.

시각 주의의 부재

Marvin Chun과 René Marois(2002)가 '주의의 어두운 면'이라고 부르는 위와 같은 현상을 잘 보여주는 세 가지 유명한 주의 과제가 있는데, 바로 무주의맹(inattentional blindness), 변화맹(change blindness), 그리고 주의 과실(attentional blink)이다.

무주의맹

무주의맹이란 실험 참가자들이 다른 과제를 수행하는 동안 어떤 사건이 발생해도 알아차리지 못하는 상황을 의미한다. 흔한 예로, 실험 참가자들은 시각 과제를 수행하는 동안 컴퓨터 모니터에 깜빡이는 점의 존재를 눈치채지 못하기도 한다. 무주의맹의 가장 충격적인 예는 아마도 Daniel Simons와 Christopher Chabris(1999)의 실험일 것이다.

이 실험의 과제는 두 팀이 농구공을 주고받는 비디오 영상을 보며 패스 횟수를 세는 것이었다. 약 45초가 경과한 뒤, 고릴라 복장을 한 사람이 화면 속으로 들어와 5초가량 화면을 가로질러 걸어 다니다가 반대편으로 퇴장한다. 놀랍게도 실험 참가자들의 평균 70%가 고릴라를 보지 못했다(https://www.youtube.com/watch?v=vJG698U2Mvo에서 실험에 사용된 비디오 영상의 축약 버전을 볼 수 있다).

참가자들에게 영상을 다시 보여주며 고릴라가 나타나는지 잘 보라고 지시하면 대부분 "내가 저것을 못 봤단 말인가요?"라며 깜짝 놀랐다. 참가자들로 하여금 특이한 사건이 일어날 것을 기대하도록 미리 알려주면 그들은 그러한 사건을 쉽게 탐지해낼 수 있다. 여러 가지 면에서 이 실험에서 고릴라를 보지 못한 것은 운전 중 다가오는 다른 차를 보지 못하는 것과 비슷하다. 실험에서 패스 횟수를 세는 것에 집중하거나 혹은 운전하면서 도로 표지판을 읽고 라디오 조작 및 휴대폰으로 통화 또는 문자를 보내는 일 등에 집중하면, 보통 명백하게 보이는 다른 시각적인 사건을 지각할 수 있는 능력이 억제된다.

변화맹

변화맹이란 실험 참가자들이 어떤 장면에서 사물의 존재, 본질, 또는 위치에 변화가 생겨도 탐지하지 못하는 것을 말한다. 무주의맹과 마찬가지로, 변화맹 역시 사람들이 변화를 예상하지 못할 때 주로 일어난다. Simons(2000)는 한 가지 실험을 진행했는데, 두 사람이 대화를 하던 중 어떤 작업자가 문을 들고 둘 사이를 지나가며 잠깐 서로를 볼 수 없게 된 틈을 타서 대화 상대가 전혀 다른 사람으로 바뀌어도 약 50%의 사람들은 그 사실을 눈치채지 못한다는 것을 발견했다.

　이러한 유형의 무주의는 앞선 실험에서 고릴라를 볼 수 없었던 것만큼이나 말도 안 되는 것처럼 느껴지지만 실험 결과는 유사했다. 예를 들면, 실험 참가자는 비디오 화면 속에서 어떤 물건 하나가 나타났다 사라지는 것을 눈치채는 데 수 초가 걸릴 수 있다. 이번에도 마찬가지로 참가자들에게 변화가 나타날 것을 예상하도록 미리 귀띔해주자 변화를 보다 빨리 알아챘다.

주의 과실

주의 과실은 첫 번째 시각 표적이 나타나고 500ms 이내의 간격을 두고 두 번째 표적이 나타날 때 이를 탐지하지 못하는 현상이다. 두 번째 나타나는 표적이 아무리 눈에 띄는 것이라도 첫 번째 표적에 대한 주의로 인해 두 번째 표적을 자각하는 것이 방해를 받는다. 앞의 현상들처럼 이번에도 참가자들에게 첫 번째 표적을 무시하도록 지시하면 두 번째 표적을 탐지하는 데 전혀 어려움이 없다. 아마도 많은 정보를 극도로 짧은 시간 내에 처리하도록 요구함으로써 시각계에 과부하가 걸리는 듯하다.

주의 실패의 이해

무주의의 세 가지 패러다임은 이들이 모두 쉽게 탐지할 수 있을 법한 자극에 주의를 주지 못함으로써 발생한다는 점에서 유사하다. 시각계가 정보를 걸러내는 것일 텐데, 이것은 언제 일어나는 것일까? 처리의 초기 단계에서 걸러지는 것일까, 아니면 무의식적 수준에서 계속 보존되는 것일까?

　정답은 후자인 것으로 보인다. 몇 가지 뇌영상 연구 결과들을 보면, 변화맹 실험에서는 변화하는 자극이 복측 경로를 활성화시켰고, 주의 과실 실험에서는 ERP 데이터상 두 번째 자극이 처리되었다는 증거가 발견되었다. 하지만 그렇다면 왜 주의를 주지 않은 자극들은 의식적 자각 밖에 있는 것일까? 한 가지 이유는 아마도 후측 두정 정향 체계와 접합하는 집행 주의 네트워크가 복측 경로의 영역들을 선택적으로 활성화시키기 때문일 것이다.

　이러한 설명은 의식적 지각이 전두-두정 네트워크에서 발생한다는 것보다는 사실 이 네트워크가 정보를 걸러내는 필터 역할을 한다는 점을 시사한다. 이 결과로부터 예상할 수 있는 것은 다음 주제로 다루고 있다시피 이러한 네트워크에 손상을 입은 사람들은 의식적 지각에 장애를 가지고 있는가에 관한 것이다.

감각 무시

이 책에서는 두정피질 병변의 영향에 관해 다루면서 감각 자극에 반응하지 않는 **감각 무시**(sensory neglect)를 처음 소개했다. 측두–두정 접합 부위(TPJ; 그림 14.8 참조)에 병변을 가지고 있는 환자들은 마치 주변 공간의 왼쪽 편이 더이상 존재하지 않는 것처럼 행동한다. 감각 무시 사례는 이 장의 서두 사례 보기에 묘사된 R.P.의 사회생활에 이 증상이 미치는 영향을 통해 다시 소개되었다.

그림 22.7B에 설명된 바와 같이 우반구 두정 영역은 주의를 준 자극이 시야의 오른쪽이나 왼쪽에 있을 때 모두 관여를 하는 반면, 좌반구 두정 영역은 우시야의 자극에만 관여를 한다. 따라서 우반구 두정 영역이 손상될 경우 공간의 좌측을 담당하는 예비 체계가 존재하지 않기 때문에 좌시야가 의식적 자각에서 제외되는 것이다. 무시 증후군 환자에게 2개의 자극을 동시에 보여주는 경우 이 장의 사례 보기에서 소개된 바와 같이 그들은 좌측에 제시된 자극의 존재를 무시하게 된다.

Yves Rossetti와 동료들(1998)은 주의 체계를 수정하여 좌측에 주어지는 정보에 주의를 주도록 하는 것이 가능할지에 의문을 가졌다. 1960년대 많은 연구자들은 실험실 동물과 사람의 눈에 프리즘을 설치하는 실험을 수행했다(실험 설정은 그림 9.16 참조). 프리즘 고글을 쓴 실험 참가자들은 모든 것이 왼쪽 또는 오른쪽으로 옮겨져 있는 것처럼 보이게 되었다. 이러한 조작은 처음에는 불편감을 주었지만, 몇 시간 동안 착용하고 있으면 시각상의 왜곡이 줄어들어 정상인의 경우 손을 뻗어 물건을 잡는 등의 행동을 정상적으로 수행할 수 있게 되었다.

Rossetti는 시야를 우측으로 10° 이동시키는 프리즘을 대측 무시 증후군 환자 2명에게 착용시켰다. 하지만 이전 실험들과는 달리 이 환자들은 하루에 약 5분간만 프리즘을 착용했다. 프리즘 적응기 동안 이들은 중앙에서 왼쪽이나 오른쪽으로 10° 떨어진 지점에 제시된 자극을 가리키는 동작을 50회 반복했다.

결과는 매우 놀라웠다. 무시 증후군 환자 한 사람(F.D.)은 **그림 22.11**에서 보이는 바와 같이 결함 시야 범위의 즉각적인 감소를 보였다. 증상 호전은 놀라울 정도로 오랜 시간 이어졌는데, 프리즘 고글을 벗고 적어도 2시간이 지날 때까지 효과가 지속되었다. 환자 F.D.의 경우 2시간이 지난 후 오히려 수행이 더 좋아지기도 했다. 이와 반대로 실험 조작을 가하지 않은 중립적인 고글을 착용한 환자 M.Y.R.에게서는 아무런 변화를 관찰할 수 없었다.

프리즘 효과를 설명할 수 있는 두 가지 가설 중 하나는 건강한 좌반구 혹은 우반구의 남아 있는 두정엽 영역이 왜곡된 시각 입력에 대처하기 위해 활성화되었을 가능성이 있다는 것이다. 또 다른 설명은

⊚ 그림 22.11 ▼

프리즘 효과 대측 무시 증후군을 가진 2명의 환자에게 같은 그림을 따라 그리도록 지시했다. 두 사람 모두 그림의 좌측을 완전히 무시하는 양상을 보였다. 이후 환자 F.D.는 5분간 프리즘을 착용했고, 통제 환자 M.Y.R.은 중립적인 고글을 착용하였다. 프리즘 고글을 벗은 직후와 2시간이 경과한 후 모두 F.D.의 그림(A)은 좌시야의 사물에 대한 주의를 보인 반면, M.Y.R.의 그림(B)은 변화가 나타나지 않았다.

(Reprinted by permission from Macmillan Publishers Ltd: *NATURE*, Rossetti, Y., G. Rode, L. Pisella, A. Farne, L. Li, D. Boisson, and M.–T. Perenin. Prism adaptation to the rightward optical deviation rehabilitates left hemispatial neglect. *Nature* 395:166~169. © 1998.)

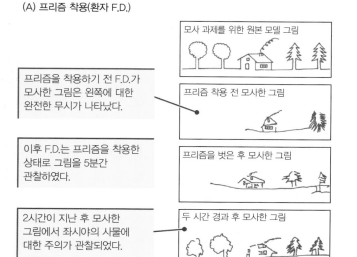

(A) 프리즘 착용(환자 F.D.)

모사 과제를 위한 원본 모델 그림

프리즘을 착용하기 전 F.D.가 모사한 그림은 왼쪽에 대한 완전한 무시가 나타났다.

프리즘 착용 전 모사한 그림

이후 F.D.는 프리즘을 착용한 상태로 그림을 5분간 관찰하였다.

프리즘을 벗은 후 모사한 그림

2시간이 지난 후 모사한 그림에서 좌시야의 사물에 대한 주의가 관찰되었다.

두 시간 경과 후 모사한 그림

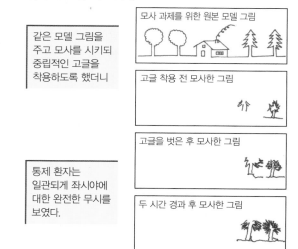

(B) 통제 환자(환자 M.Y.R.)

모사 과제를 위한 원본 모델 그림

같은 모델 그림을 주고 모사를 시키되 중립적인 고글을 착용하도록 했더니

고글 착용 전 모사한 그림

고글을 벗은 후 모사한 그림

통제 환자는 일관되게 좌시야에 대한 완전한 무시를 보였다.

두 시간 경과 후 모사한 그림

소뇌나 전두엽 영역의 활동이 동원되었다는 것이다. 소뇌의 병변은 프리즘에의 적응 능력을 손상시키는 것으로 알려져 있으므로 적응의 운동 측면에 있어서 소뇌의 활동이 중요할 가능성이 높다(9.2절 참조). 전두엽은 운동 통제를 지시하기보다는 주의와 관련하여 보완적인 역할을 하는 것으로 보인다.

원숭이를 대상으로 한 실험에서 두정엽이나 측두엽이 아닌 전두엽의 병변은 프리즘 적응을 방해했다(Bossom, 1965). Rossetti 팀의 연구에서 전두엽의 역할이 집행 주의 네트워크에 의해 조정되었을 수 있는데, 환자가 감각 왜곡에 적응함에 따라 전두엽이 활성화되었을 가능성이 있다. 하지만 전두엽의 역할이 반드시 주의에 관련되었을 필요는 없다. 16.3절에서 언급했듯이 전두엽은 어떤 움직임이 생성되었는지 알리기 위해 운동계에서 감각계로 보내는 신호인 **동반 방출**(corollary discharge)을 통해 움직임을 통제하는 데 중심이 된다.

주의를 지시하는 데 전두엽이 관여한다는 사실은 전두엽의 병변 역시 무시 증후군을 야기하는가 하는 궁금증을 낳는다. 두정엽에 부상을 입은 무시 증후군 환자보다 흔하지는 않지만, 많은 사례에서 전두엽(특히 전운동 영역인 6번 영역)에 부상을 당한 인간과 실험실 동물에게서 무시 증상을 보고되었다. 하지만 전두엽 병변에 의한 무시는 두정엽 병변에 의한 증상과 조금 차이가 있다. 전두엽 병변에 의해 발생한 경우 손이 닿는 가까운 공간에서의 지각과 관련된 영역에서만 무시가 나타나며 그보다 먼 거리의 공간에서는 정상인 경향이 있다(그림 21.2 참조).

Anna Berti와 Francesca Frassinetti(2000)는 우반구 전두엽에 뇌졸중을 겪은 후 주변 공간에 선택적 무시를 보인 환자의 사례를 소개하였다. 무시 증상은 환자가 가는 펜을 사용하여 근거리 혹은 원거리에 있는 직선을 이등분해야 하는 선 양분 과제를 수행할 때 명확하게 보였다. 근거리의 직선을 이등분할 때는 무시가 나타났지만 원거리의 직선에서는 이러한 증상이 나타나지 않았던 것이다. 신기하게도 원거리 직선에서 과제를 수행할 때 이 환자가 막대기를 사용하여 선에 닿도록 하자 근거리에서와 마찬가지로 먼 거리의 공간에서도 증상이 나타났다. 막대기를 사용한 것이 개인 공간(personal space)의 범위를 넓혀 환자 자신과 자극 사이의 공간이 모두 이 범위 안에 포함되게 만들었기 때문인 것으로 보였다. 분명 전두엽의 주의 체계는 우리가 공간을 지각하는 방식에 영향을 줄 수 있다.

◎ 22.4 의식

의식적 경험은 아마도 우리에게 가장 익숙한 정신 과정일 것이다. 하지만 의식의 작용 과정에 관해서는 아직 대부분 베일에 싸여 있다. 사람들은 모두 의식적이라는 말이 무엇을 의미하는지 어렴풋이 알고 있지만, 의식이 무엇인지 정의하는 것은 쉽지 않다. 의식의 정의는 이것이 그저 복잡한 사고 과정이라는 견해부터 자각 또는 '내면의 자기(inner self)'에 대한 주관적인 경험이라는 보다 애매한 시사점까지 넓은 범위를 아우른다. 그럼에도 일반적으로 의식을 정의할 때 모든 관점에서 동의하는 사실은 어떠한 의식적 경험이든 이것은 과정(process)이라는 것이다. 우리는 **의식**(consciousness)을 감각들로부터 받은 인상에 대한 마음의 반응성 수준이라고 정의한다.

Descartes는 의식에 관한 최초의 현대 이론 중 하나를 제안했다(1.2절 참조). 그는 과거 사건을 기억할 수 있는 능력과 말할 수 있는 능력이 의식을 가능하게 하는 기본이라고 제안했다. 이 책의 앞 장들에서 기억 능력을 상실한 사람과 언어 능력을 잃은 사람의 사례를 소개한 바 있다. 이러한 환자들을 아는 사람이라면 그들이 더이상 의식적이지 않다고 이야기하지 않을 것이다. 실제로 의식은 단일한 과정이라기보다는 보기, 말하기, 생각하기, 정서 느끼기 등의 많은 과정이 모인 것이다.

또한 의식은 항상 같은 것이 아니다. 사람은 각 연령별로 의식적인 정도가 다른 것으로 여겨진다. 예를 들면, 어린아이와 치매 노인이 경험하는 의식은 건강한 성인이 경험하는 것과는 다른 유형인 것으로 생각된다. 완전히 의식적이게 되는 것 역시 성숙 과정의 한 부분이라고 할 수 있다. 더구나 의식은 우리가 수면과 각성의 다양한 상태를 겪음에 따라 하루 중에도 계속 변화한다.

많은 경우 의식을 정의할 때 단순히 감각 자극에 반응적이거나 움직임을 만들어내는 것은 정의에 포함시키지 않는다. 따라서 단순히 반사적인 행동을 하고 있는 동물은 의식적이라고 하지 않는다. 이와 유사하게 많은 반사의 저장소라고 할 수 있는 척수도 그 자체만으로는 의식적이라고 하지 않는다. 감각 사건에 반응적이고 복잡한 움직임을 할 수 있는 기계는 의식적이라고 할 수 없다. 심장박동과 같은 인간의 평범한 생리적 기능도 의식적인 과정이 아니다. 마찬가지로 단순한 감각 과정과 운동 동작 등의 신경계 과정 역시 의식적인 것이 아니다. 의식은 앞서 나열한 모든 것들과 차별화되는 과정을 필요로 한다.

어떤 이들은 의식에 있어 특정 정신 과정이 다른 어떤 것들보다 중요하다고 주장한다. 특히 언어는 종종 필수적인 것으로 여겨지는데, 언어가 의식의 본질을 완전히 바꾸어놓을 수 있기 때문이다. Michael Gazzaniga는 언어가 대뇌반구 간 중요한 기능 차이를 야기하는 '해석기(interpreter)' 역할을 한다고 제안하였다(20.4절 참조).

하지만 실어증 환자들은 의식적 자각을 잃어버리지 않았다. 뇌의 우반구가 제거된 사람들 역시 마찬가지다. 제18장 사례 보기에서 처음 소개된 환자 H.M.은 심각한 기억상실증을 앓고 있었지만 의식이 있었고 지적인 대화에 참여할 수도 있었다. 종합해보면 언어가 우리의 의식적 경험의 본질을 변화시킬 수 있다고 하더라도 어느 단일한 뇌 구조가 의식 자체라고 특정지을 수는 없다. 그보다는 의식을 대뇌피질 영역 전체의 연결과 인지적 작동에 의한 산물이라고 보는 편이 더 타당하다.

우리가 의식적일 필요가 있는 가장 단순한 이유는 의식이 적응적 이점을 제공하기 때문이다. 즉 의식이 있음으로써 우리가 감각 세계를 구성하거나 행동을 선택하는 능력이 향상되기 때문이다. 시각적 의식을 생각해보라. Francis Crick과 Christof Koch(1992)는 개구리와 같은 동물은 시각 입력에 약간 좀비처럼 반응한다고 언급했다. 개구리는 작고 먹잇감처럼 생긴 물체를 보면 홱 낚아채고, 크고 무섭게 다가오는 물체를 보면 펄쩍 뛰어 오르는 방식으로 반응한다. 이러한 반응들은 각기 다른 시각계의 통제를 받고 있으며 의식적이라기보다는 반사적인 것으로 보인다. 하지만 이런 시각계가 개구리에게 잘 작동하는 것으로 보이는데, 왜 의식이라는 요소가 필요할까?

Crick과 Koch의 제안에 따르면 반사 체계는 그러한 체계의 수가 적을 때는 유용하지만 그 수가 증가함에 따라 체계 간에 충돌이 생기면 비효율적이 되어버린다. 어떤 사건에 대한 정보량이 증가하면 다양한 행동 계획 중 하나를 고르는 것보다 단일한 복합적 표상을 생성하여 전두엽 등의 뇌 영역들에서 충분한 시간 동안 정보를 가용할 수 있도록 하는 편이 더 낫다.

하지만 우리는 빠르고 아마도 무의식적으로 반응할 수 있는 능력 역시 필요로 한다. 인간의 뇌에서 복측 흐름은 의식적이라고 할 수 있지만 더 빨리 반응하는 배측 흐름은 그렇지 않다. 무의식적인 배측 흐름의 활동은 운동선수들에게서 많이 찾아볼 수 있다. 시속 145~160km에 육박하는 야구공이나 테니스공을 타격하려면 운동선수는 의식적으로 공을 보고 있다고 자각하기 이전에 스윙을 해야 한다. 공에 대한 의식적 자각은 선수가 공을 치고 난 직후에 찾아온다.

Jeannerod 팀(1994)이 수행한 일련의 실험 결과는 잡는 동작을 할 때 정상인에게서 행동과 자각의 분리가 일어남을 보여준다. **그림 22.12**에 대표적인 실험 결과가 나타나 있다. 실험 참가자들은 한 손을 움직여 3개의 막대 중 하나를 가능한 한 빨리 잡도록 지시를 받았다. 각 시행에서 정답인 표적은 불빛으로 결정되었다.

어떤 시행에서는 참가자가 눈치채지 못하는 사이에 불빛이 한 표적에서 다른 표적으로 옮겨갔고, 그러한 이동이 있었는지 여부를 대답하도록 하였다. 그림 22.12에서 보이다시피 참가자들은 손 움직임의 궤적을 올바르게 수정하는 것이 가능했지만, 놀랍게도 몇몇 시행에서는 불빛이 이동했다는 것을 그들이 자각하기도 전에 올바른 표적을 잡기도 했다. 운동선수들의 경우와 마찬가지로 움직임이 일어난 후에 자극에 대한 의식적 자각이 발생한 것이다. 개구리가 생각 없이 반사적으로 파리를 잡듯이 이러한 움직임을 취하는 데 사고가 요구되지 않는다는 것이 명백하다.

이러한 움직임은 특정 대상을 향한 의식적인 움직임과 대조적이다. 특정한 색의 젤리빈을 잡기 위해 통으로 손을 뻗는 경우 빨간색, 초록색, 노란색 젤리빈의 차이를 자각하고 있어야 하고, 원하는 색을 향해 손을 뻗도록 움직임을 제어해야 한다. 자극을 구별하고 각각에 차별화된 반응을 해야할 때 우리는 의식적인 복측 흐름의 활동을 필요로 한다. 의식은 우리가 감각 입력의 미묘한 차이를 알아채고 적합한 행동을 선택할 수 있도록 해준다.

의식의 신경학적 기저

의식은 감각 영역, 기억 구조, 그리고 아마도 정서와 집행 기능과 같은 처리의 기저에 있는 구조 등 여러 가지 상호작용하는 신경계의 기능일 것이다. 의식의 신경학적 기저에 관한 이론이 마주하는 난제는 이러한 모든 체계가 어떻게 통합될 수 있는지 설명하는 것이다.

10.2절에서 처음 소개되었던 결합 문제로 다시 돌아가보자. Harry Jerison은 감각 영역에서의 결합 문제를 해결하는 한 가지 방법으로 시간적 통합을 제안했다. Crick과 Koch(1998)는 여기에서 더 나아가 결합이 의식을 이해하는 해답이라고 제의했다.

이러한 견해들을 더 심도 있게 재검토하기 전에 우선 의식의 전제 조건으로 여겨지는 처리 과정들을 재검토할 필요가 있다. 많은 연구자들은 여기에 적어도 다음과 같은 네 가지의 처리 과정이 있다는 것으로 의견을 모으고 있다.

1. **각성.** 불특정 신경 조절 체계를 통해 뇌를 깨우는 과정
2. **지각.** 감각 세부특징들의 탐지 및 결합
3. **주의.** 가용한 모든 정보로부터 제한된 샘플 선택
4. **작업 기억.** 진행 중인 사건에 대한 단기 저장

Andreas Engel과 Wolf Singer(2001)가 제안한 바에 따르면 앞의 네 가지 처리 모두 전반적인 결합 처리 작용을 필요로 하거나 결합 작용을 수정하며, 그러한 결합은 확산적 신경망에서 일시적이고 정밀한 신경 방출(neural discharge)의 동기화에 의해 이루어진다. 여기에서 기본 개념은 같은 사물이나 사건을 표상하는 뉴런은 시간적으로 동시에 활동 전위를 일으킨다는 것이며, 그 정밀도는 밀리초 단위이다.

이러한 동기화는 다른 신경망에 속하는 세포들 간에는 절대 일어나지 않는다. 동시성에 대한 개념은 주의의 기제로서 먼저 제안되었다(그림 22.10 참조). 입력 정보에 대한 주의 없이는 이에 대한 자각

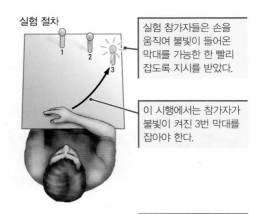

실험 절차

실험 참가자들은 손을 움직여 불빛이 들어온 막대를 가능한 한 빨리 잡도록 지시를 받았다.

이 시행에서는 참가자가 불빛이 켜진 3번 막대를 잡아야 한다.

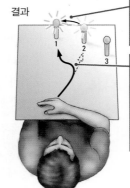

결과

어떤 시행에서는 불빛이 한 표적에서 다른 표적으로 이동하여

참가자로 하여금 손의 궤도를 수정하도록 만들었다. 대부분의 참가자들은 표적이 바뀌었다는 것을 자각하기도 전에 새로운 표적을 잡았다.

결론

행동과 의식적 자각은 분리 가능하다.

◎ **그림 22.12** ▲

행동과 의식적 자각 분리 검은색 화살표는 불빛이 들어온 막대를 잡기 위해 손이 움직이는 경로를 나타낸다. 어떤 시행에서는 예상치 못하게 불빛이 한 막대에서 다른 막대로 옮겨간다. 이러한 빛의 이동은 부드럽고 빠른 움직임의 교정을 유도한다. 실험 참가자들은 표적이 바뀌는 것을 자각했는지 구두로 응답해야 했다. 어떤 시행에서는 놀랍게도 운동과 구두 응답에서의 분리가 일어나 참가자들이 음성적으로 반응하기 약 300ms 전에 이미 표적을 잡기도 했다.

(Research from Frith et al., 1999.)

역시 없다(자세한 내용은 Taylor, 2002 참조).

동기화 기제는 무엇일까? 뉴런 집단은 넓은 범위의 동시적 진동(6~80Hz)을 보이며, 수 밀리초 안에 비동기화 상태에서 리드미컬한 상태로 전환할 수 있다. 따라서 우리가 어떤 사건을 의식적으로 자각하게 되면 넓게 분포한 뇌 영역들에서 동시적 활동에 대한 증거가 발견될 것이라고 예상할 수 있다(7.1절에서 다루었던 코히어런스 이론과 의식을 비교해보라).

그림 22.13은 정방향 또는 상하반전된 Mooney 얼굴 자극을 보는 동안 기록된 감마 범위(약 40Hz)에서의 동시적 활동에 관한 도식이다. 이 자극은 정방향일 때는 얼굴 형태가 보이지만 위아래가 뒤집힌 상태에서는 얼굴 형태를 보는 것이 불가능하다. 실험 과제는 자극을 보고 얼굴 형태가 있는지 없는지에 따라 지정된 두 가지 중 한 가지 버튼을 누르는 것이었다.

그림 22.13은 두 조건에서의 신경 활동 간 뚜렷한 차이를 보여준다. 자극을 제시하고 약 200ms 후(그림 22.13A), 정방향 얼굴 조건에서 좌반구의 모든 엽의 전극으로부터 동시적 활동이 기록되었고(그림 22.13B), 뒤이어 양 반구 대부분에서 비동시성을 보이는 구간이 나타났다(그림 22.13C). 이러한 비동기화는 반드시 필요한 단계로 여겨지는데, 다른 뉴런 집합들 간에 동시성의 전환이 있기 때문이다. 마지막으로 참가자가 버튼을 누름과 동시에 동시적 활동이 다시 나타난다(그림 22.13D). 주목할 것은 그림 22.13의 우측에 묘사된 바와 같이 상하 반전 그림 조건에서는 자극 분석 단계에서 동시성이 관찰되지 않았던 반면(그림 22.13A와 B), 운동 반응 단계에서는 동시성이 있었다는 것이다(그림 22.13D).

동시성과 의식에 관한 증거들을 검토한 결과, 위상 동시성(phase synchrony)은 감각 속성들을 결합할 뿐 아니라 연상 기억, 정서, 그리고 운동 계획을 포함하는 모든 인지 활동을 결합한다고 결론 내릴 수 있다(Thompson & Varella, 2001). 하지만 지금까지 이루어진 모든 연구는 상관 연구이며, 동시성의 변화가 행동이나 의식에 변화로 이어진다는 직접적인 증거는 발견되지 않았다. 이러한 증거를 찾는 것이 앞으로 실험실 동물과 인간 모두를 대상으로 한 의식 연구가 지향하는 바일 것이다.

의식의 대뇌기질

의식에 필수적인 대뇌 영역은 별로 알려진 바가 없다. 이를 연구하기 위한 한 가지 방법은 우리가 무의식 상태일 때 비활성화되고 의식 상태일 때 활성화되는 뇌 구조를 밝혀내는 것이다. **그림 22.14A**는 혼수상태, 지속적 식물 상태(PVS), 수면 중, 또는 전신마취 상태일 때 기능이 저하되는 피질 영역을 보여준다. 배외측 전전두피질, 내측 전두피질, 후측 두정피질, 그리고 후대상피질이 앞서 나열한 상태에서 전부 비활성화된다.

그림 22.14B는 조용한 휴지 상태(resting state)일 때의 뇌 활성화 이미지로서, 두정피질과 상관 관계(빨간색에서 주황색) 또는 역상관 관계(파란색에서 초록색)에 있는 2개의 구별되는 신경망을 보여준다. 그림 22.14A와 마찬가지로 전반적인 전두-두정 네트워크의 증거가 발견된다. 이 네트워크에 대해

얼굴 지각 가능   얼굴 지각 불가능

(A) 그림 제시(0~180ms)

그림 지각 후 이어서

(B) 재인(180~360ms)

좌반구 전체에 걸쳐 동시적 활동이 나타난다.

(C) 동시성의 흐트러짐(360~540ms)

양 반구에서의 짧은 비동시성이 관찰되고

(D) 운동 반응(540~720ms)

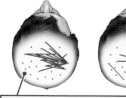

뒤이어 참가자가 버튼을 누를 때 동시성이 나타난다.

◉ **그림 22.13** ◀

지각의 그늘 두피 위의 전극(점으로 표시)으로부터 기록된 EEG에서의 위상 동시성의 평균 분포. 파란색 선은 동시성을, 빨간색 선은 비동시성을 나타낸다. (A) 참가자들은 정방향 Mooney 얼굴을 볼 때 얼굴을 지각할 수 있는 반면, 상하 반전된 그림에서는 얼굴을 지각할 수 없다. 동시성은 얼굴 재인(B), 운동 반응과 상관이 있다. 비동시성 구간(C)이 운동 활동(D) 전에 나타난다.

(Top: Research from Mooney, Craig M., Age in the development of closure ability in children. *Canadian Journal of Psychology/Revue canadienne de psychologie* 11(4):219–226, doi: 10.1037/h0083717. Parts A–D: Research from Rodriguez et al., 1999.)

서는 이후 정서와 의식을 다룰 때 다시 살펴보도록 하자.

의식의 대뇌기질을 밝히기 위한 두 번째 방법은 동기화된 활동을 하는 구조를 찾는 것이다. Crick과 Koch(2005)는 그동안 별로 많은 연구가 이루어지지 않았던 뇌 영역 한 군데가 다양한 감각 속성들을 결합하는 과정에 중심 역할을 하는 것 같다는 새로운 아이디어를 소개했다. '은닉하다'라는 의미의 **전장**(claustrum)은 인간 뇌의 뇌섬엽 복측에 위치한 얇은 회백질판이다. 전장의 연결성은 독특하다. 전장은 거의 모든 피질 영역으로부터 입력을 받으며, 또 이들 전체로 신호를 보낸다.

사실상 그 어떤 포유류에서도 전장의 기능에 관해서는 알려진 바가 전무한데, 이 영역을 선택적으로 손상시키기란 거의 불가능에 가깝기 때문이다. Crick과 Koch는 전장의 독특한 해부학적 구조가 정보를 통합하여 빠른 속도로 모든 감각 입력의 요지를 제공하는 전역적인 역할에 적합하다고 제안했다.

Mohamad Koubeissi와 동료들(2014)은 한 뇌전증 환자를 대상으로 발작의 진원지를 찾기 위해 뇌 심부 전극을 사용하여 여러 뇌 영역들로부터 신호를 기록하던 중 전장을 자극하게 되었다. 전극 하나가 전장의 옆에 위치했는데, 이는 이전에는 한 번도 자극된 적이 없었던 영역이었다. 자극이 시작되자 환자는 의식을 잃어버렸고, 자극을 멈추자 다시 깨어났다.

이 사례에서 전극의 자극이 전장의 활동을 방해하여 무의식 상태가 되도록 만들었던 것으로 추정된다. 자동차 시동을 걸 때 점화 스위치가 결정적인 것과 마찬가지로, 전장의 활동은 분산된 뇌 체계를 조정하여 의식을 만들어내는 데 결정적인 것으로 보인다. 물론 이러한 결과가 건강한 뇌가 아닌 뇌전증 환자의 뇌에서 얻은 것이므로 일반화하기에 무리가 따를 수는 있지만, 어찌 되었든 상당히 고무적이라고 할 수 있다.

정서와 의식

Naotsugu와 Ralph Adolphs(2007)는 정서와 의식이라는 완전히 다른 경험들과 자기에 대한 주관적 경험의 기저에 있는 뇌 영역이 **그림 22.15**에 표시된 것과 같이 상당 부분 겹친다는 사실을 관찰하며 정서와 의식이 관계가 있을 가능성을 제기했다. 중첩되는 영역은 주로 내측 전두피질과 후대상피질로서, 자기자각 개념에 중심으로 지적되는 영역이다(20.6절 참조).

Tsuchiya와 Adolphs는 더 나아가 의식이 정서를 경험하기 위한 필수 요소인지에 대한 질문을 던졌다. 얼핏 혼수상태나 식물 상태와 같이 의식이 없는 상황에서 정서를 경험하는 것이 가능하지 않아 보이지만 많은 증거들이 비의식적 정서 경험이 가능함을 뒷받침하고 있다. 예를 들면, 역하 자극을 이용한 공포 조건화에서 참가자들은 촉발 자극에 대한 의식적 자각 없이 정서적 반응을 형성한다. 이러한 학습의 경로는 편도체와 관련 피질하 구조를 포함한다(그림 18.16 참조).

자세히 보기에 소개된 것과 같은 뇌영상 연구들 역시 참가자들이 의식적으로 자각하지 못하는 정서적 자극에 대한 편도체의 활성화를 보여준다. 하지만 정서 처리가 의식에 필수적인지에 관해서는 아직 덜 명확하다. 만약 그렇다면 정서적 경험의 심각한 장애가 의식의 손상으로 연결될 수 있다는 함의가 있으며, 이에 관해서는 앞으로 더 연구가 필요할 것이다.

그림 22.14 ▼

의식에 필수적인 신경기질   (A) 기능적 영상법 데이터는 전두–두정 네트워크(검은색 영역)가 혼수상태, 식물 상태, 수면 중, 그리고 전신마취 상태에서 기능이 저하된다는 것을 보여준다. 이들이 의식에 있어 필수적인 영역들로 보인다. (F : 전전두, MF : 내측전두, P : 후측두정, Pr : 후측대상). (B) 조용하지만 잠들지 않은 휴지상태에서는 두정피질과 상관관계(빨간색에서 주황색) 또는 역상관 관계(파란색에서 초록색)에 있는 2개의 구별된 네트워크가 있으며, 이는 화살표로 표시되어 있다.

(Tsuchiya, N., and R. Adolphs. Emotion and consciousness. *Trends in Cognitive Sciences* Vol. 11, Issue 4, Fig. 3, pg. 161 [2007]; pgs. 158~167 © Elsevier.)

(A)

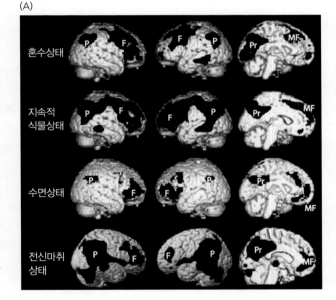

(B)

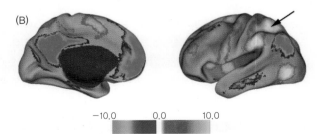

−10.0   0.0   10.0

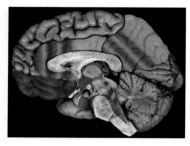

그림 22.15 ▲

정서와 의식의 관련성 정서 상태(파란색), 정서적 느낌(빨간색), 그리고 의식 수준(초록색)에 결정적인 뇌 영역들 간의 중첩에 주목하라.

(Tsuchiya, N., and R. Adolphs. Emotion and consciousness. *Trends in Cognitive Sciences* Vol. 11, Issue 4, Fig. 3, pg. 160 [2007]: pgs. 158~167 © Elsevier.)

무의식적 처리

인간은 풍부한 정신적 경험을 누리며 살아가고, 우리는 의식적 생각이 우리의 행동을 통제한다고 믿곤 한다. 하지만 이러한 관념과 모순되는 많은 사례가 존재하는데, 맹시, 점화, 배측 흐름 처리, Jeannerod의 실험(그림 22.12) 등이 대표적이다. 만약 의식적 생각이 정말 사람들의 행동을 통제했다면, 행동을 정확하게 보고하고 설명하는 것이 쉬웠을 것이다(Masicampo & Baumeister, 2013; Newell & Shanks, 2014 개관 참조).

이제는 고전이 된 논문인 'More Than We Could Know'에서 Richard Nisbett과 Tracey Wilson(1977)은 사람들에게 그들 자신의 행동을 설명하도록 요청했을 때, 그들의 묘사는 대부분 부정확하고, 명확하게 행동에 영향을 준 많은 요인들을 생략한다는 사실을 보여주었다. Nisbett과 Wilson은 인간에게 상위 인지 처리 과정에 대한 자기성찰 능력이 부족하다고 결론지었다. Michael Gazzaniga(2000)는 분리뇌 환자를 대상으로 한 연구를 통해 사람들이 거짓으로 이야기를 꾸며내며 스스로의 행동을 설명한다는 결론을 내렸다. 그들 자신의 행동을 설명하도록 요청했을 때, 환자는 망설임 없이 그럴듯하지만 사실이 아닌 설명을 늘어놓았다. 많은 연구에서 참가자들이 스스로의 행동에 대

자세히 보기 | 무의식적 정서 자극하기

얼굴은 타인의 기분과 의도에 관한 상당량의 정보를 전달하는데, 이 장의 사례 보기에서 묘사되었던 R.P.는 이러한 정보의 해석과 관련된 능력에 손상을 입어 다른 사람들이 얼마나 신뢰할 만한지 가늠해볼 때 어려움을 겪었다. Yi Jiang과 Sheng He(2006)는 fMRI를 사용하여 실험 참가자들이 중립적인 표정과 두려운 표정, 그리고 뒤섞인 얼굴 자극을 볼 때 나타나는 혈류의 변화를 측정하였다. 이때 얼굴 자극들은 제대로 볼 수 있거나 양안 간 억제(intraocular suppression)에 의해 보이지 않게 주어졌다. 양안간 억제는 옆의 그림(A)에 묘사되어 있듯이, 우세하지 않은 눈으로 얼굴 자극을, 우세한 눈으로는 뒤섞인 얼굴 자극을 봄으로써 이루어진다.

이러한 절차를 통하면 얼굴 자극은 완전히 억제되어 얼굴을 보고 있다는 사실을 자각할 수 없게 된다. 방추 얼굴 영역(FFA), 상측두구(STS), 그리고 편도체는 예상한 바와 같이 얼굴을 자각할 수 있는 조건에서 강하게 반응했다(13.2절과 20.3절 참조). 반면 얼굴이 보이지 않도록 주어졌을 때는 FFA에서의 활동이 크게 감소했고, STS는 두려운 표정에 대해서만 활동을 보였다(그림 B). 편도체는 보이는 얼굴에 강하게 반응했지만 특히 두려운 표정에 대해 더 큰 활동을 보였다(그림 C).

얼굴이 보이지 않는 조건에서 편도체의 활동은 STS의 활동과는 상관이 있었지만 FFA와는 그렇지 않았다. 즉 참가자들이 의식적으로 얼굴을 보고 있다는 자각을 하지는 못했더라도 STS와 편도체는 두려운 표정 자극에는 강하게 반응했고, 중립적인 표정에는 적거나 아예 반응하지 않았다. 이러한 연구 결과는 비의식 수준에서 처리되는 자극도 정서 효과를 일으킬 수 있음을 보여준다.

억제된 자극이 어떻게 FFA와 STS의 활동을 유발했을까? Jiang과 He는 얼굴 정보가 피질하 경로를 타고 이동해 STS, FFA, 그리고 편도체에 도달한다는 가설을 세웠다. 맹시 환자들에

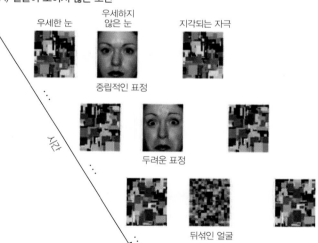

(A) 얼굴이 보이지 않는 조건

우세한 눈 우세하지 않은 눈 지각되는 자극

중립적인 표정

두려운 표정

뒤섞인 얼굴

보이지 않는 얼굴에 대한 반응. (A) 우세한 눈에 뒤섞인 패턴을 보여주고 우세하지 않은 눈에 얼굴을 보여줌으로써 참가자들에게 보이지 않도록 얼굴 자극을 제시했다. 이렇게 하면 우세한 눈이 얼굴 지각을 억제한다. (B와 C) 보이지 않는 얼굴과 보이는 얼굴에 대한 방추 얼굴 영역(FFA)과 상측두구(STS), 편도체의 BOLD fMRI 반응이다. 모든 영역이 보이는 얼굴 자극에 강한 반응을 보였지만, STS는 보이지 않거나 중립적인 얼굴에 반응하지 않았다.

(Jiang, Y., and S. He. Cortical responses to invisible faces: Dissociating subsystems for facial-information processing. *Current Biology* 16:2023–2029, 2006, Figure 2A. © Elsevier)

한 자신의 설명이 명백히 거짓임에도 그 사실을 깨닫지 못하고 속아넘어간다는 것을 보여주었다(예 : Johansson et al, 2005).

무의식적 사고의 본질에 관한 역사는 매우 긴데, 이는 Freud의 정신역동 이론이 유행하던 20세기 초까지 거슬러 올라간다. 무의식에 관해서는 단일하지 않은 여러 관점이 있으며, 수천 편의 주의 연구를 제외하면 신경심리학에서의 연구가 많지 않다. 그럼에도 불구하고 매초 감각계에서 처리되는 정보의 양을 고려하면 우리가 이러한 정보의 대부분을 의식적으로 처리할 수 없다는 것은 명백하다. 그러나 우리는 이와 같은 정보에 대해 의사결정을 내리고 있다. 예를 들어, 거리를 걸을 때 머릿속으로 여러 가지 상념을 떠올릴 수도 있지만 여전히 울퉁불퉁한 지표면 위에서 중심을 유지하며 거리의 사람들과 사물들 사이를 성공적으로 헤치고 목적지를 향해 올바르게 나아가는 것이 가능하다(무의식 처리 과정에 대해 전문 지식 없이 읽을 만한 개관은 Leonard Mlodinow, 2008, 2012 참조).

의식 대 무의식적 처리에 관한 체계적인 연구는 정보 처리의 이원 체계에 관한 개념으로 이어졌다. 자동적 처리(체계 1)는 '사고'가 거의 필요 없는 빠르고 무의식적인 반응을 발생시킨다. 병렬 체계(체계 2)는 의식적이며 보다 통제되어 있고 관련 지식에 기반을 둔다(예 : Evans, 2009; Morewedge &

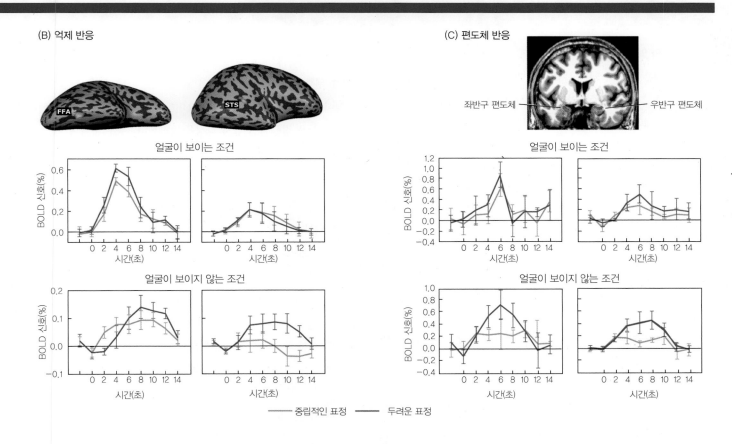

(B) 억제 반응

(C) 편도체 반응

좌반구 편도체 ← | → 우반구 편도체

얼굴이 보이는 조건

얼굴이 보이지 않는 조건

―― 중립적인 표정   ―― 두려운 표정

관한 연구 결과들은 지각되지 않은 두려운 자극이 편도체에서의 공포 관련 활동을 유발할 수 있다는 의견을 지지한다.

Jiang, Y., and S. He. Cortical responses to invisible faces: Dissociating subsystems for facial-information processing. *Current Biology* 16:2023–2029, 2006.

Kahneman, 2010; 22.1절의 주의에서의 자동적 처리와 의식적 처리에 관한 논의 참조).

Daniel Kahneman은 그의 2011년 저서 생각에 관한 생각(*Thinking, Fast and Slow*)에서 이러한 생각을 보다 확장시켰다. 그는 체계 1이 빠른 사고이며 본능적이고 정서적이며 무의식적이라고 제안했다. 우리는 이 체계에 별로 통제권을 가지고 있지 않다. 반면 시스템 2는 느린 사고이며 노력이 필요하고 신중하고 논리적이다. 이 체계는 복잡한 계산이 가능하지만 선택적이다. 빠른 체계 1이 대부분의 정신 작업을 담당한다.

최근 급부상하는 학제적 분야인 **신경경제학**(Neuroeconomics)은 비침습적 뇌영상 연구를 강조하며, 신경과학, 인지 및 사회 심리학, 그리고 행동경제학을 통합하여 뇌가 어떻게 의사결정을 하는지 이해하기 위한 시도를 하고 있다(Glimcher & Fehr, 2014). 지난 10년간 주의와 의식 연구가 그러했던 것처럼 향후 10년간은 신경경제학 주제의 뇌영상 논문들이 폭발적으로 쏟아져 나올 것으로 기대해도 좋을 것 같다. 그림 22.14A에서 볼 수 있듯이 1.3절의 자세히 보기에서 논의했던 Adrian Owen의 연구를 포함하여 무의식 상태의 환자들을 대상으로 한 연구들은 앞으로 이러한 연구들을 수행할 수 있는 기반을 제공해주었다.

요약

22.1 주의와 의식 정의하기

주의와 의식은 단순히 뇌가 복잡하기 때문에 발생하는 부수적인 속성이 아니다. 그보다는 주의와 의식이 신체와 뇌의 복잡한 활동을 유도하는 신경계의 속성이라고 보는 편이 타당하다. 신경심리학자들이 주의나 의식을 수량화하지는 않았지만, 이러한 속성들이 하나 또는 여러 뇌 영역의 기능이라고 가정하고 어떻게 뇌가 이러한 현상을 만들어내는지에 관한 이론을 세우는 것은 가능하다.

22.2 주의

주의는 신경계를 세상의 여러 양상과 뇌 자체의 여러 양상에 집중시킨다. 주의 과정은 행동적·신경생리학적·뇌영상 실험에서 관찰할 수 있다. 이러한 기법들을 종합적으로 활용한 결과, 현재까지 몇 가지 병렬 신경 네트워크와 의식적 주의 체계들이 밝혀졌다. 그중에는 무의식적 처리를 하는 경계 네트워크와 두 가지 주의 관련 네트워크 세트도 포함되었다.

전두시야장에서 두정내구로 이어지는 배측 체계와 측두-두정 접합 부위 영역과 복측 전두피질로 구성된, 보다 복측의 체계는 감각 입력에 우선순위를 두는 상향식 정향 체계 기능을 한다. 배외측 전전두-두정 체계는 전대상피질/내측 전두-전측 뇌섬엽(전두판개) 체계와 집행 체계 기능을 하며, 주의를 유지하는 데 하향적 역할을 한다.

22.3 무주의

부상이나 만성 스트레스와 같은 요인들에 의한 주의 정향과 집행 체계의 손상은 정상적인 인지 과정을 방해한다. 무주의맹, 변화맹, 주의 과실과 같은 패러다임의 실험을 통해서 볼 수 있듯이, 무주의(주의의 어두운 면)는 특정 정보에 주의를 집중하면서 발생하는 어쩔 수 없는 부작용이다.

22.4 의식

복잡한 뇌의 특성 중 하나인 의식은 감각 정보의 다양한 양상을 하나의 지각적 사건으로 결합하여 우리가 현실이라는 형태로 경험할 수 있도록 만든다. 의식은 동기화된 뇌 활동의 특성 중 하나라고 간주되는데, 전장 또는 대상피질 영역이 연관되어 있을 것으로 추정된다. 대부분의 정신 과정은 의식적이지 않으며, 이는 정보 처리의 이원 체계에 관한 개념으로 이어졌다. 즉 정보 처리는 '사고'가 필요 없는 빠르고 무의식적인 반응을 낳는 자동적 처리(체계 1, 빠른 생각)와 관련 지식에 기반을 둔 의식적 통제를 사용하는 병렬 체계(체계 2, 느린 생각) 등 두 가지 체계로 이루어진다.

참고문헌

Berti, A., and F. Frassinetti. When far becomes near: Re-mapping of space by tool use. *Journal of Cognitive Neuroscience* 12:415–420, 2000.

Bossom, J. The effect of brain lesions on adaptation in monkeys. *Psychonomic Science* 2:45–46, 1965.

Burton, H., N. S. Abend, A.-M. K. MacLeod, R. J. Sinclair, A. Z. Snyder, and M. E. Raichle. Tactile attention tasks enhance activation in somatosensory regions of parietal cortex: A positron emission tomography study. *Cerebral Cortex* 9:662–674, 1999.

Chun, M. M., and R. Marois. The dark side of visual attention. *Current Opinion in Neurobiology* 12:184–189, 2002.

Corbetta, M., F. M. Miezin, S. Dobmeyer, G. L. Shulman, and S. E. Petersen. Selective and divided attention during visual discrimination of shape, color, and speed: Functional anatomy by positron emission tomography. *Journal of Neuroscience* 11:2383–2402, 1991.

Corbetta, M., F. M. Miezin, G. L. Shulman, and S. E. Petersen. A PET study of visuospatial attention. *Journal of Neuroscience* 13:1202–1226, 1993.

Crick, F., and C. Koch. The problem of consciousness. *Scientific American* 267:152–159, 1992.

Crick, F., and C. Koch. Consciousness and neuroscience. *Cerebral Cortex* 8:97–107, 1998.

Crick, F., and C. Koch. What is the function of the claustrum? *Philosophical Transactions of the Royal Society: Biological Sciences* 360:1271–1279, 2005.

Eastwood, J. D., D. Smilek, and P. M. Merikle. Differential attentional guidance by unattended faces expressing positive and negative emotion. *Perception and Psychophysics* 63:1004–1013, 2001.

Engel, A. K., and W. Singer. Temporal binding and the neural correlates of sensory awareness. *Trends in Cognitive Sciences* 5:16–25, 2001.

Evans, J. S. B. T. How many dual-process theories do we need? One, two, or many? In J. S. B. T. Evans and K. Frankish, Eds., *Two Minds*, pp. 33–54, Oxford University Press, 2009.

Frith, C., R. Perry, and E. Lumer. The neural correlates of conscious experience. *Trends in Cognitive Sciences* 3:105–114, 1999.

Gazzaniga, M. Cerebral specialization and interhemispheric communication: Does the corpus callosum enable the human condition? *Brain* 123:1293–1326, 2000.

Glimcher, P. W., and E. Fehr. *Neuroeconomics*, 2nd ed. New York: Academic Press.

Hebb, D. O. *Essay on Mind*. Hillsdale, N.J.: Lawrence Earlbaum, 1980.

Hellyer, P. J., M. Shanahan, G. Scott, R. J. Wise, D. J. Sharp, and R. Leech. The control of global brain dynamics: Opposing actions of frontoparietal control and default mode networks on attention. *Journal of Neuroscience* 34: 451–461, 2014.

Jeannerod, M. The representing brain: Neural correlates of motor intention and imagery. *Behavioral and Brain Sciences* 17:187–245, 1994.

Johansson, P., L. Hall, S. Sikstrom, and A. Olsson. Failure to detect mismatches between intention and outcome in a simple decision task. *Science* 310:116–119, 2005.

Johnson, J. A., and R. J. Zatorre. Neural substrates for dividing and focusing attention between simultaneous auditory and visual events. *NeuroImage* 31:1673–1681, 2006.

Kahneman, D. *Attention and Effort*. Englewood Cliffs, N.J.: Prentice-Hall, 1973.

Kahneman, D. *Thinking, Fast and Slow*. New York: Macmillan, 2011.

Koch, C., and N. Tsuchiya. Attention and consciousness: Two distinct brain processes. *Trends in Cognitive Sciences* 11:16–22, 2007.

Koubeissi, M. Z., F. Bartolomei, A. Beltagy, and F. Picard. Electrical stimulation of a small brain area reversibly disrupts consciousness. *Epilepsy and Behavior* 37C:32–35, 2014.

Liston, C., B. S. McEwen, and B. J. Casey. Psychosocial stress reversibly disrupts prefrontal processing and attentional control. *Proceedings of the National Academy of Sciences U.S.A.* 106:912–917, 2009.

Masicampo, E. J., and R. F. Baumeister. Conscious thought does not guide moment-to-moment actions—It serves social and cultural functions. *Frontiers in Psychology* doi: 10.3389, 2013.

Milner, A. D., and M. A. Goodale. *The Visual Brain in Action*, 2nd ed. Oxford: Oxford University Press, 2006.

Mlodinow, L. *The Drunkard's Walk: How Randomness Rules Our Lives*. New York: Pantheon Books, 2008.

Mlodinow, L. *Subliminal: How Your Unconscious Mind Rules Your Behavior*. New York: Pantheon Books, 2012.

Moran, J., and R. Desimone. Selective attention gates visual processing in the extrastriate cortex. *Science* 229:782–784, 1985.

Morewedge, C. K., and D. Kahneman. Associative processes in intuitive judgment. *Trends in Cognitive Sciences* 14:435–440, 2010.

Moruzzi, G., and H. W. Magoun. Brainstem reticular formation and activation of the EEG. *Electroencephalography and Clinical Neurophysiology* 1:455–473, 1949.

Mountcastle, V. B. The parietal system and some higher brain functions. *Cerebral Cortex* 5:377–390, 1995.

Newell, B. R., and D. R. Shanks. Unconscious influences on decision making: A critical review. *Behavioral and Brain Sciences* 378:1–61, 2014.

Niebur, E., S. S. Hsiao, and K. O. Johnson. Synchrony: A neuron mechanism for attentional selection? *Current Opinion in Neurobiology* 12:190–194, 2002.

Nisbett, R. E., and T. D. Wilson. Telling more than we can know: Verbal reports on mental processes. *Psychological Review* 84:231–259, 1977.

Petersen, S. E., and M. I. Posner. The attention system of the human brain: 20 years after. *Annual Review of Neuroscience* 35:73–89, 2012.

Petersen, S. E., D. L. Robinson, and J. D. Morris. Contributions of the pulvinar to visual spatial orientation. *Neuropsychologia* 25:97–106, 1987.

Posner, M. I. *Cognitive Neuroscience of Attention*. New York: Guilford, 2012.

Posner, M. I., and S. E. Petersen. The attention system of the brain. *Annual Review of Neuroscience* 13:25–42, 1990.

Posner, M. I., and M. E. Rachle. *Images of Mind*. New York: Scientific American Library, 1993.

Posner, M. I., M. K. Rothbart, B. E. Sheese, and P. Voelker. Control networks and neuromodulators of early development. *Developmental Psychology*, 48:827–835, 2012.

Power, J. D., A. L. Cohen, S. M. Nelson, G. S. Wig, K. A. Barnes, J. A. Church, A. C. Vogel, T. O. Laumann, F. M. Miezin, B. L. Schlaggar, and S. E. Petersen. Functional network organization in the human brain. *Neuron* 72:665–678.

Rodriguez, E., N. George, J. P. Lachaux, J. Martinerie, B. Renault, and F. J. Varela. Perception's shadow: Long-distance synchronization of human brain activity. *Nature* 397:430–433, 1999.

Rossetti, Y., G. Rode, L. Pisella, A. Farne, L. Li, D. Boisson, and M.-T. Perenin. Prism adaptation to a rightward optical deviation rehabilitates left hemispatial neglect. *Nature* 395:166–169, 1998.

Schall, J. D., and D. P. Hanes. Neural basis of saccade target selection in frontal eye field during visual search. *Nature* 366:467–469, 1993.

Simons, D. J. Attentional capture and inattentional blindness. *Trends in Cognitive Sciences* 4:147–155, 2000.

Simons, D. J., and C. F. Chabris. Gorillas in our midst: Sustained inattentional blindness for dynamic events. *Perception* 28:1059–1074, 1999.

Spitzer, H., R. Desimone, and J. Moran. Increased attention enhances both behavioral and neuronal performance. *Science* 240:338–340, 1988.

Taylor, J. G. Paying attention to consciousness. *Trends in Cognitive Sciences* 6:206–210, 2002.

Thompson, E., and F. J. Varela. Radical embodiment: Neural dynamics and consciousness. *Trends in Cognitive Sciences* 5:418–425, 2001.

Treisman, A. Features and objects in visual processing. *Scientific American* 254(11):114–124, 1986.

Treisman, A., and S. Gormican. Feature analysis in early vision. *Psychological Review* 95:15–30, 1988.

Tsuchiya, N., and R. Adolphs. Emotion and consciousness. *Trends in Cognitive Sciences* 11:158–167, 2007.

Woodman, G. F., and S. J. Luck. Serial deployment of attention during visual search. *Journal of Experimental Psychology: Human Perception and Performance* 29:121–138, 2003.

23 뇌 발달과 가소성

사례 보기 가소성과 언어

알렉스는 스터지-웨버 증후군 (Sturge-Weber syndrome)이라고 알려진 선천적 질환을 앓고 있으며, 그로 인해 그의 좌반구가 손상되었다. Faraneh Vargha-Khadem과 동료들(1997)은 알렉스가 여덟 살이 되어서도 말을 하지 못했고 단어와 언어 구사에 대한 이해력이 3세 수준이었다고 보고했다.

알렉스가 8.5세일 때 그의 발작 증상을 완화시키기 위해 좌반구가 제거되었고, 9세가 되면서부터는 항경련제를 더이상 복용하지 않게 되었다. 그런데 그 무렵부터 갑자기 알렉스가 언어 능력을 습득하기 시작했다. 15세가 되자 그의 언어 표현력과 수용 능력은 10세 수준에 이르렀으며, 이는 그가 9세 때까지 표현 언어 능력을 전혀 갖추지 못했다는 것을 생각해보면 엄청난 발전이었다.

비록 알렉스는 아직 또래 아이들에 비하면 심각한 인지 능력 결

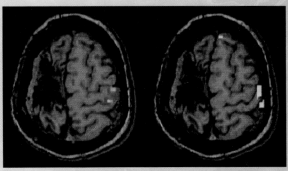

Holloway, V., D. G. Gadian, F. Vargha-Khadem, D. A. Porter, S. G. Boyd, and A. Connelly. The reorganization of sensorimotor function in children after hemispherectomy. Brain 123, 12: (2000) pp. 2432–2444, Fig. 2.

함을 보이고 있지만, 언어 발달이 상당히 늦되었던 것을 고려한다면 양호한 수준이다. 이러한 결과는 어린 시절이 음운, 문법, 운율, 의미론 등 언어의 요소들을 습득하는 결정적 시기라는 시각과 대비된다(표 19.1 참조).

알렉스의 사례는 아홉 살이라는 비교적 늦은 나이에 우반구만을 가지고도 명확한 발음으로 잘 짜여진 구조의 적절한 언어를 구사하도록 발달하는 것이 가능할 수 있음을 보인다. 그의 발전은 발달 과정에서의 뇌의 가소성을 보여주는 매우 좋은 사례이다. 여기에 실린 fMRI 사진은 선천적으로 손상된 좌반구를 가지고 있던 한 아동의 감각 운동 가소성을 나타낸다. 뇌 스캔 결과, 환자가 왼손을 움직일 때 우반구가 활동을 보이는데(A), 유사한 활동이 반신불수의 오른손이 움직여질 때에도 관찰되었다(B).

왜 어린 시절 입은 손상을 보완하는 데 있어 뇌는 유연한 것처럼 보이는 것일까? 또 어떠한 종류의 환경이 다른 환경에 비해 손상되거나 건강한 뇌의 가소성을 촉진하는 경향이 있을까? 이와 같은 물음에 답하기 위해서는 우선 건강한 뇌의 발달과 그것이 어떻게 행동에 영향을 주는지 알아볼 필요가 있다.

23.1 뇌 발달 연구를 위한 접근법

신경 기능에 의한 행동적 변화는 크게 세 가지 방법으로 살펴볼 수 있다. 첫 번째 방법은 신경계 성숙을 관찰하여 이를 특정 행동의 발달과 상관 짓는 것이다. 예를 들면, 특정 뇌 구조의 발달을 영아의 움켜쥐거나 기어가는 행동과 연관 지을 수 있다.

뇌 구조들이 발달함에 따라 이들의 기능이 관찰 가능한 행동으로 나타난다. 따라서 이른 시기에 발달하는 구조들은 전두엽과 같이 발달이 느린 구조들에 비해 그 기능을 더 빨리 드러낸다. 또한 인간의 뇌는 청년기를 지나서도 발달이 계속되기 때문에 이 시기까지 나타나지 않는 행동적 특성들이 있다고 해도 놀라운 일은 아니다.

두 번째 접근법은 첫 번째와 정반대이다. 즉 성장하는 아동의 행동을 관찰하여 신경의 성숙에 대해 추론하는 것이다. 예를 들면, 어린 아동에게서 언어 발달이 이루어지면 언어를 관장하는 신경 구조에서 이와 상응하는 변화가 발견될 것으로 예상할 수 있으며, 실제로도 그러한 변화가 관찰되곤 한다.

갓 태어난 아이는 말을 할 수 없으며 높은 강도의 말하기 훈련을 시킨다고 하더라도 당장 말하게 하는 것은 불가능하다. 이는 말하기 행동을 가능하게 하는 신경 구조가 아직 충분히 성숙하지 않았기 때문이다. 그러다 점차 언어 행동이 나타나기 시작하면 그제서야 뇌에서 말하기 능력과 관련된 구조들이 필요한 성숙 과정을 거치고 있다고 결론 내릴 수 있다.

전두엽 발달에 대해서도 이와 같은 논리를 적용할 수 있다. 청소년기 무렵부터 전두엽 구조가 성숙하기 시작하면 그에 따른 행동 변화가 나타날 것으로 기대할 수 있다. 하지만 그 반대도 가능하다. 즉 10대에 새로운 능력들이 생겨나는 것을 관찰하면 그러한 행동들이 만숙한 신경 구조에 의해 통제되고 있다고 추론할 수도 있다.

뇌와 행동 발달의 관계를 연구하는 세 번째 접근법은 그 두 가지 모두에 영향을 주는 요인을 밝히고 이를 연구하는 것이다. 이러한 관점에서는 단순히 특정 뇌 구조가 생겨났다는 것만으로 충분하지 않다. 뇌 구조의 기능을 형성하고 그에 따라 특정 행동이 발현되도록 하는 경험들에 대해서도 알아야만 한다. 뇌기능에 영향을 주는 경험들은 호르몬, 손상, 이상 유전자에 의한 효과와 관련이 있다.

논리대로라면 행동이 앞서 나열한 경험들 중 하나에 의해 영향을 받을 경우 겉으로 드러나는 행동은 이러한 경험에 의해 변화가 생긴 뇌 구조로부터 야기된 것이라고 볼 수 있을 것이다. 예를 들면, 어느 호르몬의 분비 이상이 어떻게 특정 뇌 구조와 특정 행동 모두에 영향을 주는지 연구할 수 있다. 또한 이에 따라 관찰된 이상 행동이 뇌 구조의 이상 기능 때문에 발생된 것이므로 해당 구조가 이 행동을 통제하는 데 특징적인 역할을 할 것이라는 추론이 가능하다. 이어지는 절에서는 이러한 다양한 접근에서의 뇌 발달과 가소성 연구 결과들을 살펴볼 것이다.

23.2 인간 뇌의 발달

난자가 정자에 의해 수정되는 순간, 인간 배아는 단일세포를 가진다. 그러나 이 세포는 곧 분열하기 시작하며, 14일째가 되면 배아는 여러 겹의 세포로 구성되고 가운데에 약간 높게 솟은 부분이 생겨나게 된다. 이때 모습은 마치 달걀 프라이와 비슷하다. 가운데의 약간 솟은 부분이 바로 몸통으로 성장할 부분이다. 수정 이후 3주가 경과하면 배아 한쪽 끝부분에 얇은 판 형태로 세포들이 모여 원시적인 뇌가 형성된다. 이 세포 판이 둥글게 말리면서 **신경관**(neural tube)이라는 구조물을 만들게 되는데, 얇은 종이를 둥글게 말아 원통형을 만드는 것을 상상하면 쉬울 것이다.

이후 3주간의 발달 기간 동안 몸과 신경계는 빠르게 변화한다. 7주(49일)차가 되면, **그림 23.1**에 보이듯 배아가 인간 형태를 띠기 시작하며, 수정 후 약 100일이 지나면 뇌 역시 뚜렷한 인간 뇌의 모습을 갖추게 된다. 하지만 7개월이 될 때까지 아직 뇌의 주름, 즉 회(gyrus)와 구(sulcus)는 형성되지 않는다. 9개월이 지나고 나면 세포 구조는 조금 다르지만 비로소 성인의 뇌와 비슷한 외형을 지니게 된다.

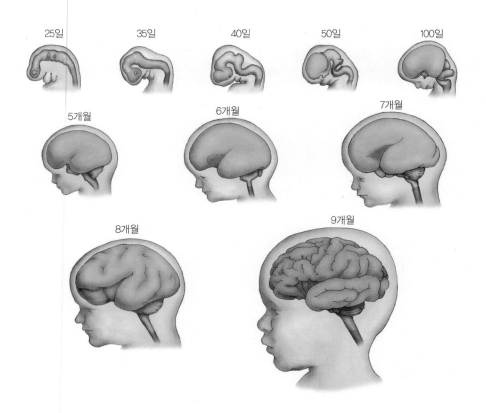

25일　　35일　　40일　　50일　　100일

5개월　　6개월　　7개월

8개월　　9개월

그림 23.1 ◀

태아기의 뇌 발달　배아기, 또는 태아기의 각 단계에서 전뇌 영역은 노란색, 중뇌는 청록색, 후뇌는 보라색, 그리고 척수는 빨간색으로 표시되어 있다.

(Republished with permission of ABC-CLIO, from L. Balter, Ed., *Parenthood in America: An Encyclopedia*, 2000; permission conveyed through Copyright Clearance Center, Inc.)

아동의 뇌 발달에 대한 연구 결과, **표 23.1**에 요약된 바와 같이 발달 과정에서 발생하는 일련의 변화들은 정해진 순서를 따르는 것으로 알려졌다. 이러한 발달 프로그램은 두 가지 놀라운 특징을 보인다. 첫째, 신경계 구성요소들은 뇌실벽 세포들이 각 영역으로 이동함으로써 형성되는데, 이 세포들은 이동 전부터 목적지와 기능이 상당 부분 미리 정해져 있다. 둘째, 발달 초기에는 세포와 가지, 그리고 그들의 연결이 필요 이상으로 많으며, 이후 성숙 과정에서 유전적으로 프로그램되어 있는 **세포 자살**(apoptosis)이라는 방법을 통해 이들을 가지치기 한다.

　유전 프로그램의 결함, 자궁내 외상, 독성물질의 영향 등의 요인은 **표 23.2**에 나열된 것과 같은 심각한 기형을 유발하는 발달 문제로 이어질 수 있다. 이보다는 덜 심각한 수준의 결함은 학습장애와 같은 문제를 낳거나 미묘한 행동 변화로 나타나기도 한다.

뉴런의 생성

신경관은 일종의 뇌 내 양식장이다. 신경관 내벽을 둘러싼 **다능성 신경줄기세포**(neural stem cell)는 광역적인 자기재생 능력을 가진다. 줄기세포가 분열하면 2개의 줄기세포가 만들어지는데, 이 중 하나는 죽고 나머지 하나는 살아남아 다시 분열한다. 이러한 과정은 사람이 살아가는 내내 계속 반복된다. 성인에게서는 신경줄기세포가 뇌실 내벽을 둘러싸서 **뇌실하 영역**(subventricular zone)을 형성한다.

　만약 인간이 살아 있는 동안 줄기세포가 하는 일이 뇌실 내벽을 감싸는 일뿐이라면 줄기세포가 굳이 존재할 필요가 없을지도 모른다. 하지만 줄기세포에게는 또 다른 기능이 있는데, 바로 **전구세포**[progenitor (precursor) cell]를 만드는 것이다. 전구세포는 다시 분열하여 최종적으로는 더 이상 분열하지 않는 **신경아세포**(neuroblast)와 **교아세포**(glioblast)라는 세포들을 만드는

표 23.1　뇌 발달 단계

1. 세포의 탄생(신경 생성, 교아세포 생성)
2. 세포 이동
3. 세포 분화
4. 세포 성숙(수상돌기와 축색의 성장)
5. 시냅스 형성
6. 세포의 죽음과 시냅스 가지치기
7. 수초 형성

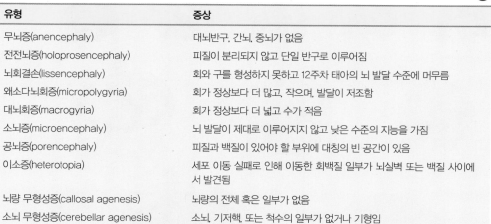

표 23.2 이상 발달 유형

유형	증상
무뇌증(anencephaly)	대뇌반구, 간뇌, 중뇌가 없음
전전뇌증(holoprosencephaly)	피질이 분리되지 않고 단일 반구로 이루어짐
뇌회결손(lissencephaly)	회와 구를 형성하지 못하고 12주차 태아의 뇌 발달 수준에 머무름
왜소다뇌회증(micropolygyria)	회가 정상보다 더 많고, 작으며, 발달이 저조함
대뇌회증(macrogyria)	회가 정상보다 더 넓고 수가 적음
소뇌증(microencephaly)	뇌 발달이 제대로 이루어지지 않고 낮은 수준의 지능을 가짐
공뇌증(porencephaly)	피질과 백질이 있어야 할 부위에 대칭의 빈 공간이 있음
이소증(heterotopia)	세포 이동 실패로 인해 이동한 회백질 일부가 뇌실벽 또는 백질 사이에서 발견됨
뇌량 무형성증(callosal agenesis)	뇌량의 전체 혹은 일부가 없음
소뇌 무형성증(cerebellar agenesis)	소뇌, 기저핵, 또는 척수의 일부가 없거나 기형임

데, 이들이 성숙하면 각각 뉴런과 교세포가 된다(그림 3.6 참조).

다시 말해 특수화된 뇌와 척수 세포들은 전부 신경줄기세포가 만드는 것이다. 줄기세포는 지속적으로 뉴런과 교세포를 만드는데, 적어도 후각구와 해마에서는 초기 성인기뿐 아니라 노화하는 뇌에서도 마찬가지이다. 신경 생성이 성인기와 심지어 노년기에도 지속된다는 사실은 상당히 중요하다. 이는 혹시 성인이 된 후에 부상이나 질병으로 인해 뉴런이 죽게 된 경우 새로운 뉴런으로 죽은 뉴런들을 대체하도록 유도할 수 있을지도 모른다는 것을 의미하기 때문이다. 하지만 불행하게도 아직 우리는 줄기세포에게 이러한 대체 작업을 하도록 지시하는 방법을 알지 못한다. 따라서 현재로서는 중추신경계 조직의 손상은 대부분 영구적일 수밖에 없다.

새로운 뉴런이 성인 뇌에서 무슨 일을 하는지에 관해서도 논쟁이 있다(Gould et al., 1999 참조). 일생 동안 새로운 뉴런이 계속 생산된다는 것은 어쩌면 오래된 뉴런이 죽는다는 것을 의미할 수도 있는데, 이것은 사실이다. 또한 후각구와 해마에서 세포 생성과 죽음이 균형을 이루고 있는 것으로 미루어볼 때, 뉴런이 새롭게 생겨나고 이들이 신경 회로에 기여함으로써 새로운 기억이 형성되는 한편 뉴런의 죽음과 이로 인한 신경 회로의 손실은 오래된 기억의 상실과 연관이 있다고 추측해볼 수 있다.

실제 해마에서 새로운 뉴런이 살아남는 것은 경험과 관련이 있어 보인다. 해마의 활동을 요구하는 과제를 학습한 실험 동물에게서는 해마 회로의 활동이 요구되지 않는 과제를 익힌 집단에 비해 새로 생겨난 뉴런들이 더 많이 보존되었다(18.2절과 21.3절 참조). 그러나 출생 후에도 피질에서 뉴런이 생성되는지에 관한 문제는 다소 논란의 여지가 남아 있으며 당분간 쉽게 정리될 것 같지 않다(Rakic, 2002 참조). Priscilla Mortera와 Suzana Herculano-Houzel(2012)은 뉴런을 세는 새로운 기법 중 하나인 동위원소 분별법(isotropic fractionation)을 활용하여 청년기 동안 쥐의 피질에서 뉴런 수가 크게 증가하다가 초기 성인기에 들어서면 그 수가 급격히 줄어든다는 것을 발견했다. 하지만 이에 상응하는 영장류 대상 연구는 아직 이루어지지 않았다.

세포 이동과 분화

대뇌피질을 형성하는 데 필요한 신경아세포의 생성은 임신 중반(4.5개월차) 무렵 대부분 끝이 난다. 반면 다양한 영역으로의 세포 이동은 몇 달 더 지속되어 심지어 출산 이후에도 이어지는데, 어떤 영역은 출산 후 약 8개월이 될 때까지 이동이 끝나지 않기도 한다. 임신 후반기, 즉 마지막 4.5개월 동안은 뇌가 특히 더 섬세하고 부상이나 질식 등에 의한 손상에 몹시 취약하다.

　뇌는 세포 이동이나 분화 시기보다는 뉴런 생성기 동안 발생하는 손상에 비교적 더 쉽게 대처할 수 있다. 일단 신경 생성이 끝나고 나면 자연적으로 다시 생성을 시작하지 않기 때문이다. 하지만 신경 생성이 진행 중이라면 뇌는 손상당한 세포를 대체할 다른 세포를 생성해내거나 건강한 기존 세포가 손상당한 세포의 역할을 대신하도록 재할당할 수 있을 것이다.

　세포 이동은 첫 뉴런이 생성된 직후부터 시작되지만 신경 생성이 끝나고도 몇 주는 더 지속된다. 전반적인 신경 생성이 마무리되면 세포 분화가 시작되는데, 이때 신경모세포가 특정 유형의 뉴런으로 발달한다(그림 3.6 참조). 기본적으로 신경 분화는 태어날 때쯤이면 마무리가 되지만 수상돌기, 축색, 시냅스의 성장과 같은 뉴런의 성숙은 그 이후로도 몇 년간 계속되며 부분적으로는 성인기까지 계속되기도 한다.

　피질은 세포 구성에 따라 여러 영역으로 나뉜다. 발달을 거치는 동안 어떻게 이렇듯 다른 영역들로 나뉠 수 있었을까? Pasko Rakic과 동료들(2009)은 특정 뇌실하 영역에서 태어난 세포는 특정 피질 위치로 이동하도록 지시하는 초기 지도가 뇌실하 영역에 존재한다고 주장한다. 예를 들면, 어느 한 뇌실하 영역은 시각피질로 이동하기로 되어 있는 세포를 생산하며, 또 다른 영역은 전두엽으로 이동하는 세포를 생산하는 식이다.

　그렇다면 세포는 이러한 다른 피질 영역들이 어디에 위치해 있는지 어떻게 알 수 있을까? 정답은 바로 **방사교세포**(radial glial cell)가 만들어준 '길'을 따라 이동하는 것이다. 이러한 길은 **그림 23.2**에서 묘사하고 있는 바와 같이 뇌실하 영역으로부터 피질 표면까지 뻗어 있는 섬유로 구성되어 있다. 뇌실하 영역의 세포는 이 교세포의 길만 따라가면 피질의 올바른 장소에 도달할 수 있게 된다.

　이러한 체계의 장점은 뇌가 성장함에 따라 교세포 섬유도 같이 늘어나 언제나 같은 장소로 이어지는 길을 유지할 수 있다는 것이다. 그림 23.2B에 세포가 방사교세포 섬유를 따라 수직으로 이동하는 모습이 나타나있다. 대부분의 피질 뉴런들은 방사교세포 섬유를 따라 이동하지만, 소수의 뉴런들은 어떠한 화학 신호에 이끌려 이동하기도 한다. 그러나 아직까지 왜 특정 뉴런들은 다른 방식으로 이동하는지에 대해서는 알려진 바가 없다.

　대뇌피질 내 뉴런 이동의 특이점은 눈덩이를 굴리듯 안쪽에서부터 바깥쪽으로 겹겹이 발달해나간다는 것이다. 가장 안쪽에 위치하는 VI층의 뉴런이 가장 먼저 이동하고 이어서 다음 V층의 뉴런이 이동하는 식이다. 이렇게 하면 연속적인 뉴런의 물결이 먼저 도착한 뉴런을 지나 점차 피질의 보다 바깥쪽을 형성하게 된다. 피질의 형성 과정은 집을 짓는 것과 비슷해서, 바닥층을 먼저 쌓고 이어서 위층을 쌓아나가서 지붕에 도달하는 것처럼 순차적인 과정으로 이루어진다. 이때 당연히 높은 층을 쌓기 위한 재료는 낮은 층을 지나가게 되는 것이다.

　세포 이동이 끝까지 이루어지지 못하고 바깥층을 구성하는 세포가 안쪽 층의 세포들 사이에 흩어진 채 중간에 멈춰버리는 경우도 있다. Verne Caviness와 Richard Sidman(1973)은 릴러생쥐라고 불리는 유전적으로 변이된 쥐의 대뇌피질에서 발생한 세포 이동 장애를 연구하였다. 이 쥐는 앞서 설명한 정상적인 세포 이동에 따른 피질 조직과 반대로, 먼저 이동한 세포가 가장 바깥 표면에 위치하고 나중

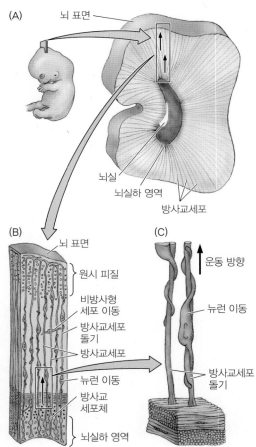

(A) 뇌 표면
뇌실
뇌실하 영역
방사교세포

(B) 뇌 표면
원시 피질
비방사형 세포 이동
방사교세포 돌기
방사교세포
뉴런 이동
방사교세포체
뇌실하 영역

(C) 운동 방향
뉴런 이동
방사교세포 돌기

그림 23.2 ▲

피질 지도의 발달　(A) 신경과학자들은 뇌실하 영역에 피질 지도가 있다고 가정한다. (B) 방사교세포 섬유가 뇌실하 영역에서부터 피질 표면까지 뻗어 있다. (C) 뉴런은 지도에 나타난 대로 뇌실하 영역으로부터 해당되는 피질 영역까지 방사교세포 섬유를 따라 이동한다.

(Information from P. Rakic, Neurons in Rhesus Monkey Cerebral Cortex: Systematic Relation Between Time of Origin and Eventual Disposition. *Science* 183:425, 1974.)

에 이동한 세포가 가장 안쪽에 자리 잡는다. 이러한 비정상적인 조직에도 세포들은 문제 없이 적절한 연결을 주고 받지만, 릴러생쥐는 독특한 비틀거리는 움직임을 보인다. 인간의 경우 세포 이동이 불완전하거나 장애가 있으면 릴러생쥐의 경우와는 달리 난독증이나 뇌전증과 같은 증상이 나타난다.

뉴런의 성숙

뉴런이 최종 목적지까지 이동을 마치고 특수한 뉴런 유형으로 분화하는 과정까지 거치고 나면 다른 세포와 시냅스를 연결하기 위한 수상돌기가 성장하기 시작한다. 또한 다른 세포로 향하는 축색이 성장하여 시냅스 형성을 위한 준비를 마친다. 이러한 과정들이 바로 뉴런 성숙의 일부이다.

수상돌기의 발달은 크게 두 가지로 나뉘는데, 하나는 가지를 뻗어나가는 과정인 분기(dendritic arborization)이고, 다른 하나는 수상돌기 가시(dendritic spine)의 성장이다. **그림 23.3**에 나타나 있듯 수상돌기들이 생겨난 직후에는 세포체로부터 뻗어나온 단순하고 각각이 독립되어 있는 모습을 보인다. 그러다 점점 발달하며 복잡하게 뻗어나가 마치 겨울 나무의 무수한 가지들과 같은 생김새를 가지게 된다. 이러한 과정을 분기라고 한다. 이후 수상돌기의 가지들은 가시를 형성하기 시작하는데, 대부분의 시냅스들은 이 가시 끝에서 발생한다.

인간의 수상돌기의 발달은 출생 전에 시작하여 태어난 이후에도 한참 동안 이어진다. 축색이 하루에 1mm의 속도로 자라는 것과 달리, 수상돌기는 마이크로미터(μm) 단위로 비교적 느리게 자란다. 따라서 빠른 속도로 자라나는 축색이 다른 세포의 수상돌기가 미처 다 형성되기도 전에 먼저 가서 닿게 되며 수상돌기의 분화에 영향을 주게 된다.

발달신경생물학에서의 가장 큰 수수께끼 중의 하나는 축색의 성장 기제이다. 축색은 정해진 표적에 가서 연결이 되어야만 세포 전체가 살 수 있고 제대로 기능을 하게 된다. 어떤 축색들은 마치 발달 초기 근육이 자라면서 척수로부터 멀어지듯 세포체 반대 방향으로 자라는 구조에 의해 멀리 뻗어나가게 되는 듯이 보인다. 또 다른 축색들은 다른 장소로 옮겨지거나, 세포체가 뒤집히거나, 연결을 위한 표적 세포가 이동하는 등의 난관을 헤치고 어마어마한 거리를 가로질러 간다. 전기적 또는 화학적 기울기나 특정한 물리적 기질을 따라 이동하는 축색도 있고, 최대한 많은 가지를 뻗어 그중 하나가 적합한 표적에 닿으면 그를 따르는 방식을 택하기도 한다. 이상의 몇 가지 기제들은 동시에 행해지기도 하고 순차적으로 이루어질 가능성도 있다.

적합한 신경 경로 형성의 실패는 다양한 이유에 의해 발생할 수 있다. 생후 몇 달 이내에 머리에 부상을 입었을 경우처럼 축색이 뻗어나갈 길이 막혀 표적 세포에 닿지 못할 수도 있고, 산소 결핍, 독성물질의 섭취, 영양 결핍과 같은 문제로 인해 축색의 발달이 원활히 되지 않을 수도 있다.

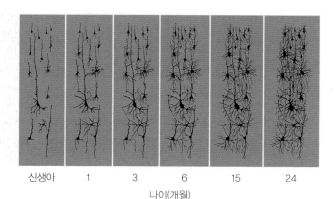

신생아　1　3　6　15　24
나이(개월)

🎯 그림 23.3 ▲

뉴런의 성숙　출생 후 분화 과정 동안 인간의 대뇌피질 중 브로카 영역의 뉴런들은 처음에는 단순한 형태의 수상돌기를 지닌다. 수상돌기들은 영아가 약 두 살이 될 때까지 점차 개수가 늘어나고 서로 복잡하게 얽히게 되는데, 이는 행동적으로 언어가 발달하는 시기와 겹친다.

(From E. Lenneberg, *Biological Foundations of Language*, New York: Wiley, 1967, pp. 160–161.)

돌연변이 종의 쥐들이 지닌 변칙적인 섬유 체계를 연구한 바에 따르면, 이러한 이상에는 유전적인 원인도 있을 수 있다. 변종 쥐들은 뇌량의 크기가 비정상이거나 아예 뇌량이 없는 부모 또는 해마 체계의 섬유 경로가 비정상적인 부모에게서 태어났다. 또한 알비노의 경우 동측 시각 경로의 크기와 분포 영역이 상대적으로 적다.

축색의 발달은 또한 축색 체계가 표적이 손상을 입은 경우에도 제대로 이루어지지 못하는데, 이 경우 체계가 제 기능을 못하거나 축색이 엉뚱한 표적에 연결될 수도 있다. 축색이 부적합한 표적에 연결되어 버리면 축색에 닿은 세포가 원래 담당하던 행동 역시 영향을 받게 된다. 비전형적 섬유 성장에 관하여 Gerald Schneider(1979)가 발표한 연구에 따르면, 출생 직후 햄스터의 한쪽 시개(optic tectum)를 떼어내자 이 곳에 연결되어야 할 섬유들이 반대쪽 시개로 뻗어나갔다. 이러한 비정상적 경로는 기능적이기는 하지만 다소 기이한 방식을 취한다.

손상된 시개의 대측 시야에 시각 자극이 주어지면 햄스터는 자극의 반대 방향으로 고개를 돌렸다. 눈을 통해 들어온 정보가 손상된 대측 시개가 아닌 동측 시개, 즉 정상적인 상황에서라면 자극이 주어진 반대편 세상에 대한 정보를 받는 쪽의 시개로 향했기 때문이다. **아테토시스**(athetosis, 느리고 불수의적인 운동)나 **근긴장 이상**(dystonia, 근긴장의 불균형) 증세를 보이는 아동에게서 관찰되는 불규칙한 자세나 운동은 아마도 앞선 햄스터의 사례와 유사하게 섬유 체계의 이상으로 나타날 가능성이 있다. 자세와 운동을 담당해야 할 섬유 체계가 엉뚱한 표적과 연결되어 있어 올바른 정보 전달이 이루어지지 않는 것이다.

축색은 표적으로 뻗어나가는 데 방해가 되는 것들을 어느 정도는 극복할 수 있는 것으로 보인다. 예를 들면, 척수가 부분적으로 절단된 경우 손상된 부분을 지나가야 하는 추체로축색(pyramidal-tract axon)은 척수의 손상되지 않은 쪽으로 건너가 여정을 계속하여 결국 적합한 표적에 닿도록 한다. 또한 축색은 다른 축색으로 대체될 수 있다. 만약 어린 시절 한쪽 반구의 추체세포가 죽었다면 다른 반구의 추체세포가 죽은 세포의 표적으로 연결되어 기능을 대신한다. 발달 과정 중의 뇌는 정상적인 발달이 저해되면 기능적 연결을 확립하기 위해 다양한 방법을 이용하여 적응할 수 있다.

시냅스 형성과 가지치기

인간 대뇌피질의 시냅스는 무려 10^{14}개가 존재한다. 우리의 유전 프로그램이 직접 특정 위치에 시냅스 각각을 지정하여 이만큼 많은 수의 연결을 생산해낸다는 것은 당연히 불가능할 것이다. 그보다는 뇌 내 신경 연결의 개괄적인 스케치만이 사전에 결정되어 있다고 보는 편이 타당하다. 그리고 나면 수많은 세부적인 시냅스 연결은 다양한 단서와 신호에 이끌려 제자리를 찾아간다.

영장류, 특히 마카크원숭이의 대뇌피질에서 시냅스가 형성되는 과정이 5개의 구별된 단계로서 **그림 23.4A**에 그려져 있다. 첫 두 단계는 초기 배아 시기에 발생하며, 그래프 아래 세로 막대의 색 있는 영역으로 표시되어 있듯 저밀도 시냅스가 생성된다는 것이 특징이다. 1단계와 2단계에 형성되는 시냅스는 그 기원이 다르지만 두 집단 모두 경험과는 독립적으로 생성되는 것으로 여겨진다.

3단계에서는 시냅스의 수가 급격히 증가한다. 마카크원숭이에서는 그 속도가 최대 초당 40,000시냅스에 이른다. 인간에게서는 태어나기 전에 이 단계가 시작되어 약 두 살이 될 때까지 지속된다. 4단계는 시냅스 수가 일정하게 유지되는 첫 안정기와 뒤이어 나타나는 급격한 감소로 특징지어진다. 이는 사춘기 내내 이어진다. 그림 23.4B에는 나타나 있지 않지만, 시냅스 감소 속도는 사춘기 무렵 정점에 달하는 것으로 보인다.

시냅스의 감소는 드라마틱하게 이루어져 사춘기가 끝날 때쯤에는 시냅스의 수가 2세일 때 지니고 있던 것의 절반까지 감소된다. 또한 발달기 동안 시냅스 형성이 몹시 빠르게 이루어졌던 것과 마찬가지로 청소년기에 시냅스가 상실되는 속도 역시 초당 100,000개에 이른다. 뇌가 이렇듯 빠른 구조적 변화를 겪는 시기라는 것을 고려한다면 10대 청소년들의 기분 변화가 극심한 것은 당연한 일일 것이다.

3단계와 4단계에서 시냅스 형성은 경험 기대적 기제와 경험 의존적 기제 모두에 의해 이루어진다(그림 23.4A). **경험 기대적**이라는 것은 시냅스 발달이 피질 회로를 조직하는 데 특정 감각 경험의 존재에 의존한다는 것을 의미한다. 예를 들면, 시각피질에서의 시냅스 발달은 선의 방위, 색, 그리고 움직

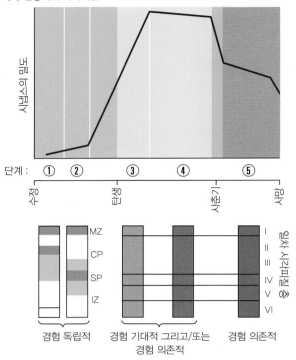

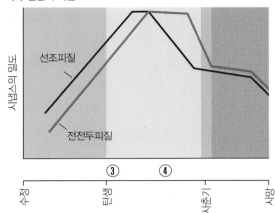

(A) 원숭이의 시각피질

(B) 인간의 피질
선조피질
전전두피질

경험 독립적   경험 기대적 그리고/또는   경험 의존적
경험 의존적

🎯 그림 23.4 ▲

시냅스 형성과 가지치기 단계 (A) 수정으로부터 죽음에 이르기까지 영장류의 시각피질에서 발생하는 시냅스 형성 과정의 5단계. 그래프 아래 세로 막대는 각 단계에서의 시냅스 생성 영역을 나타낸다. (B) 연령에 따른 인간 시각피질과 전전두피질에서의 시냅스의 상대밀도 변화 (Data source: J. -P. Bourgeosis, Synaptogenesis in the Neocortex of the Newborn: The Ultimate Frontier for Individuation, in C. A. Nelson and M. Luciana (Eds.), *Handbook of Developmental Cognitive Neuroscience*, Cambridge, MA: MIT Press.)

임과 같은 세부특징에의 노출에 의존한다. 이러한 시냅스의 일반적인 패턴은 개개인이 각각 적합한 경험을 할 수 있다는 점에서 같은 종의 구성원 모두에게 동일할 것으로 예상된다. **경험 의존적 기제**는 개인이 경험하는 고유하고 사적인 경험들에 의해 개인별로 독특한 시냅스가 형성되는 것을 뜻한다. 예를 들어, 특정한 얼굴의 세부특징과 같은 특정 시각 정보를 학습함에 따라 시각피질 내에서 이에 대응하는 시냅스가 형성될 수 있다.

5단계는 시냅스 수가 일정하게 유지되는 중년기의 안정 구간과 연령이 증가하며 느리지만 꾸준히 감소하는 구간, 마지막으로 사망까지 급속히 감소하는 노년기를 포함한다. 5단계의 시냅스는 모두 경험 의존적이다.

그림 23.4B 그래프에 나타나 있듯, 시냅스의 상실은 피질 전체에서 동일하게 일어나는 것이 아니다. 예를 들면, V1과 같은 일차 감각 영역에서의 시냅스 상실이 전전두피질에서보다 먼저 발생한다. 실제 전전두피질에서의 시냅스 상실은 적어도 30세까지 지속되는 것으로 보인다(**그림 23.5**). 성인기에 시냅스의 수 변화가 정적이거나 오히려 약간 감소세를 보이는 것과 연관해서는 아직 명확히 밝혀진 바가 없다. 어쨌든 성인기 내내 우리는 계속 학습을 하고, 기억의 형성에는 새로운 시냅스의 형성이 요구되는데, 어째서 새로운 기억에 따른 신경 회로의 형성에 맞추어 시냅스의 수도 함께 증가하지 않는 것일까? 아마도 경험이 기존의 기억 회로를 수정하며 새롭게 생성되는 시냅스의 수가 상실되는 시냅스의 수와 균형을 맞추는 것 같다고 결론 내릴 수밖에 없다. 하지만 어떻게 우리가 그렇게 많은 기억을 오랜 시간 유지할 수 있는지에 관해서는 아직 더 연구가 필요하다.

그림 23.5 ▼

배외측 전전두피질에서의 수상돌기 가시의 성장과 가지치기 일생 동안의 배외측 전전두피질(DLPFC)에서의 추상세포의 가시 밀도. 밀도는 약 5세에 최고치를 찍었다가 30대에 이르러 성인 수준에서 안정화될 때까지 지속적으로 감소한다.

(Data source: Petanjek et al., 2011, p. 13283, Figure 2B.)

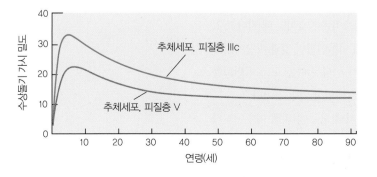

추체세포, 피질층 IIIc
추체세포, 피질층 V
연령(세)

교세포의 발달

교세포(성상세포와 핍돌기교세포 모두 해당, 표 3.1 참조)의 생성은 대부분의 다른 뉴런들이 형성된 이후부터 시작하여 일생 동안 지속된다. 축색이 수초화되기 전부터 기능할 수 있다고는 하지만 정상적인 성인의 기능은 수초화가 완성된 이후에 획득할 수 있다. 결과적으로 수초화는 대뇌 성숙을 가늠하는 대략적인 지표로 볼 수 있다.

1920년대 초 Paul Flechsig(1920)는 인간의 피질에서 수초화가 이루어지는 것은 태어나서부터 약 18세 무렵까지라는 것을 알아냈다. 또한 그는 어떤 피질 영역에서는 3~4세면 수초화가 완성되는 반면, 다른 영역에서는 이 무렵 전혀 수초화가 이루어지지 않는다는 것도 발견했다. **그림 23.6**은 Flechsig의 뇌 지도 중 하나로서 일찍 또는 늦게 수초화되는 영역을 색으로 구분하여 나타냈다. Flechsig는 일찍 성숙하는 영역은 비교적 단순한 운동이나 감각 분석을 통제하는 반면, 늦게 수초화되는 영역은 최상위의 정신적 기능을 통제한다는 가설을 세웠다. 최근 연구자들은 MRI 분석을 이용하여 수초의 발달을 살펴보고 있다.

🎯 청소년의 뇌

청소년기는 일반적으로 사춘기의 시작부터 성인의 사회적 역할을 하기 시작할 때까지로 정의한다. 연대기적으로 보면 여아에게서는 10~17세, 남아에게서는 12~18세가 청소년기에 해당한다. 일반적으로 뇌의 성숙을 선형적으로 보려는 경향이 있기는 하지만, 청소년기의 뇌는 아동 또는 성인의 뇌와 질적으로 다르다. 청소년기의 뇌는 시냅스 분기와 연결의 증가가 모두 빠른 속도로 이루어지며, 이는 전전두피질에서 특히 두드러진다. 또한 이 시기의 뇌는 회백질과 백질의 부피 차이와 도파민이나 GABA와 같은 신경전달물질 양의 차이도 크다(Sturman & Moghaddam, 2011 개관 참조). 청소년기 뇌의 이러한 변화는 일생 동안 가장 극적인 동시에 가장 중요하다고 할 수 있다.

청소년기의 행동 역시 아동이나 성인기의 행동과는 다르다. 청소년은 보다 위험 부담이 큰 상황에 뛰어들고 충동적인 선택을 하며 새로운 것과 보상에 대한 선호가 강함과 동시에 억제적 통제가 낮다. 향정신성 약물에 대한 효과도 성인과 달라 니코틴, 알코올, 암페타민, 코카인, 대마초에 대한 유인도 훨씬 크다. 약물에 대한 효과의 차이는 피질 영역과 피질하 영역 전반에 걸친 도파민, 세로토닌, 그리고 엔도카나비노이드 수용기의 과발현과 연관이 있는데, 이는 이후 청소년 후기에 이르면 성인 수준으로 가지치기 된다.

청소년기 뇌 발달의 한 가지 중요한 점은 이 시기가 정신질환이 발병하기에 매우 취약한 시기라는 것이다. 장애에 따라 차이는 있지만(**그림 23.7**), 평균적으로 어느 정신질환이든 14세 무렵에 발병하는 경우가 가장 많은 것으로 알려져 있다(Paus et al., 2008). 불안장애, 정신증(조현병 포함), 기분장애(양극성장애, 우울장애), 섭식장애, 그리고 약물남용은 청소년기에 나타나는 경우가 가장 흔하다.

청소년기 뇌의 빠른 변화는 부모 또는 친구와의 관계나 학교 생활과 같이 스트레스가 많은 심리사회적 요인뿐 아니라 사춘기 호르몬과도 관련이 있다. 진화론적인 관점에서 보면 청소년기에 수반되는 신경학적·행동적 변화는 앞으로 성인이 되면 닥쳐올 도전들에 대비하여 뇌를 최적화시키는 것이라고 할 수 있다. 하지만 청소년기의 뇌는 그 가소성으로 인해 정신병리에도 취약할 수밖에 없다.

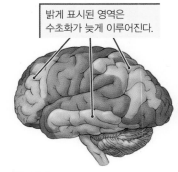

밝게 표시된 영역은 수초화가 늦게 이루어진다.

그림 23.6 ▲

인간 대뇌피질에서의 수초화 진행 밝은 색으로 표시된 영역에서는 수초화가 매우 늦게 이루어진다는 점에서 Flechsig는 이들 영역이 일찍 성숙하는 영역과 비교할 때 질적으로 다른 기능을 한다고 주장했다.

🎯 **그림 23.7** ▼

주요 정신질환의 발병 연령 범위
(Data from T. Paus, M. Keshavan, and J. N. Giedd, Why Do So Many Psychiatric Disorders Emerge During Adolescence? *Nature Reviews Neuroscience* 9: 947–957, 2008.)

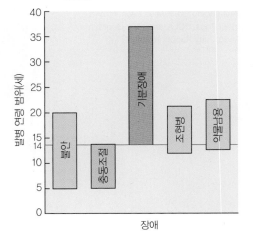

23.3 뇌 발달에 관한 뇌영상 연구

MRI와 fMRI 기술 덕분에 인간 뇌 발달에 관한 연구는 눈부시게 발전했다. 회백질 부피에 관한 초기 연구 결과 6~7세부터 청소년기 내내 회백질의 부피는 감소하는 반면 백질의 부피는 증가한다는 것을 알아냈다. 미국 국립정신보건원(NIMH)의 Nitin Gogtay와 동료들(2004)은 MRI 스캔을 통해 아동의 뇌 내 특정 피질 위치에서의 회백질 밀도 변화를 측정하는 8년에 걸친 종단 연구를 실시하였다. 이 연구는 회백질 상실에 변화 패턴이 있음을 보였는데, 배측 두정 영역과 감각 운동 영역에서 시작하여 **그림 23.8**에 나타나 있듯 외측, 미측, 문측으로 퍼져나가는 뉴런과 시냅스의 가지치기에 의한 것으로 보인다. 가장 먼저 성숙하는 영역은 기본적인 감각과 운동 기능을 통제하는 일차 피질 영역들이다. 공간과 언어 관련 기능을 통제하는 두정 영역은 사춘기(11~13세)에 성숙된다. 전전두피질과 같은 삼차 피질 영역은 가장 늦게 성숙이 이루어지며, 청소년 후기부터 시작하여 성인기까지 계속된다.

피질의 성숙세는 적어도 30세까지 계속되는 것으로 보인다. Elizabeth Sowell과 동료들(2003)이 실시한 대규모 연구는 피질 형성 과정이 그보다 더 오랫동안 지속될 수도 있다는 흥미로운 가능성을 제기했다. 이 연구자들은 7~87세의 건강한 사람들의 MRI 자료를 대량으로 수집하였다. 분석 결과 회백질 밀도의 유의미한 감소는 60세까지 지속되었고, 그 이후는 안정적으로 유지되었다. 다만 성숙을 의미하던 변화가 언제부터 노화에 따른 퇴행성 변화로 바뀌는지에 대한 문제는 아직 미제로 남아 있다.

인지 능력과 피질 두께의 상관에 관심을 둔 연구는 많지 않지만, 인지적인 수행과 피질의 두께는 부적상관 관계에 있다고 예상된다. **그림 23.9**에 보이다시피 Sowell과 동료들(2004)의 다른 연구에서 웩슬러 지능검사의 어휘 소검사 점수와 피질 두께의 상관을 분석함으로써 이러한 예상을 검증해주었다.

회백질의 '정상적인' 변화를 연구하는 데 있어서 건강한 아동과 신경발달장애를 가진 아동 간의 집단 차이를 비교하는 것도 가능하다. 이러한 비교 결과는 각 장애마다 특징적인 뇌 발달 패턴이 있음을 보여준다(Giedd & Rapoport, 2010). **그림 23.10**은 통제 집단인 정상 발달 아동과 뇌 발달 관련 유전

그림 23.8 ▶

피질 두께의 점진적 변화 2년마다 한 번씩 8년간 종단적으로 스캔한 아동의 피질의 회백질 밀도 변화. 회백질 밀도의 감소는 일차 영역에서부터 시작하여 이차, 삼차 영역으로 퍼져나간다.

(Paul Thompson, Kiralee Hayashi, and Arthur Toga, UCLA; and Nitin Gogtay, Jay Giedd, Judy Rapoport, NIMH.)

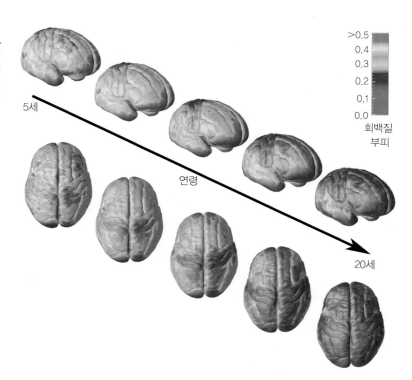

그림 23.9 ◀

어휘와 피질 두께 간의 뇌-행동 상관   피질 두께가 얇아지는 것과 어휘 능력이 상승하는 것 사이의 부적상관이 나타나는 뇌 영역이 부적상관의 유의 확률에 따라 다른 색으로 표시되어 있다.

(Toga, A. W., P. M. Thompson, and E. R. Sowell. Mapping brain maturation. *Trends in Neuroscience*, 29[3]: 148–159, 2006. © Elsevier)

P = .1~.05
P = .05~.01
P < .01

적 장애(정신지체장애의 일종인 윌리엄스 증후군 등)를 지닌 아동, 신경정신병리적 혹은 신경발달적 장애(각각 조현병과 주의력결핍 과잉행동장애 등)를 지닌 아동, 그리고 발달 과정 중 약물과 같은 기형유발물질에 노출된 아동(태아알코올스펙트럼장애 등)의 뇌들을 비교하여 정상 아동 집단과 장애 아동 집단 간 회백질 밀도의 퍼센트 차이를 나타낸다.

신경발달적 장애를 지닌 아동의 피질에서의 이상은 영구적인 것이 아닐 수 있다. Shaw와 동료들(2007)은 ADHD 혹은 정상 발달 아동 약 500명을 추적 연구한 결과, 전전두피질 부피의 축소는 영구적이라기보다는 피질 발달이 약 2.5년만큼 지연된 것이 반영된 결과라는 사실을 발견했다. 즉 ADHD의 특징은 피질 발달의 이상이 아닌 발달의 지연으로 보는 것이 옳다는 것이다. 피질 부피의 최대치에 도달하기까지 시간이 늦어지는 것은 청소년기의 특징인 시냅스 가지치기 과정도 늦어진다는 것을 의

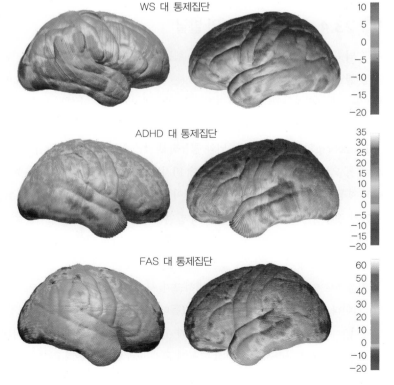

WS 대 통제집단
ADHD 대 통제집단
FAS 대 통제집단

◎ 그림 23.10 ◀

신경발달적 장애의 특징적 피질 패턴   통제 집단(임의적으로 0으로 설정) 대비 윌리엄스 증후군(WS), 주의력결핍 과잉행동장애(ADHD), 태아알코올스펙트럼장애(FASD) 집단의 회백질 밀도 차이가 색깔로 표시되어 있다. 각 장애군은 고유의 뇌 발달 패턴을 보인다.

(Arthur W. Toga, Paul M. Thompson and Elizabeth R. Sowell. Mapping brain maturation. *Trends in Neurosciences* 29(3): 155, fig. 7, 2006. © Elsevier)

미한다. ADHD에서 관찰된 피질 발달의 지연은 앞으로의 연구와 치료 모두에 도움을 줄 새로운 가설로서 작용할 것이다.

이에 반해 아동기에 발병한 조현병 환자들에게서는 피질의 회백질 부피가 정상보다 10% 감소되어 있는 것이 관찰된다. 또한 이들은 청소년기 동안 특히 전두엽과 측두엽에서 부분적으로 회백질의 점진적인 상실이 나타난다. 이러한 회백질 상실은 보다 심각한 정신과적 증상의 발현과 상관이 있다. 요컨대 기능적 뇌영상 기법을 발달 연구에서 사용하기 시작한 것은 아직 얼마 되지 않았지만, 앞으로 MRI와 fMRI가 뇌 발달에 있어 정상과 이상에 대한 이해도를 높이는 데 기여하는 바가 클 것은 분명해 보인다.

한 연구에서는 아동과 성인이 전전두피질의 활동을 수반하는 반응 억제 과제를 수행하는 동안 fMRI를 사용하여 피질 활동을 기록했다(Casey et al., 2001). 아동의 전전두피질 활동 영역은 성인과 비교하여 무려 4배나 넓었는데, 이는 나이가 들수록 피질 영역이 특정 과제에 맞춰 세분화되고 전문적이 된다는 것을 암시한다. 혹은 과제가 아동에게는 너무 어려워서 이를 해결하기 위해서는 성인의 뇌보다 더 큰 활동을 필요로 했다는 해석도 가능하다.

기능 근적외선분광기록법(fNIRS; 7.4절 참조)의 발달로 인하여 fMRI와는 달리 머리와 몸을 가만히 고정시키지 않고서도 어린 아동을 대상으로 행동과 관련 혈류 변화를 연구할 수 있게 되었다(예 : Moriguchi & Hiraki, 2013). fNIRS를 이용하면 작업 기억, 행동의 억제적 통제, 그리고 인지적 전환(16.3절에 소개된 위스콘신 카드분류 검사 등)과 관련된 전전두피질의 활성화를 측정할 수 있다. 이러한 과제를 수행할 때 6세 아동이 3세 아동에 비해 훨씬 더 잘한다. fNIRS 결과에 의하면 어린 아동은 전두엽 전반에서 혈류량이 증가한 반면 조금 큰 아동은 이러한 활동이 보다 국지적으로 나타났다. 이와 같은 결과는 앞서 다룬 fMRI의 결과와 일치한다.

◎ 23.4 문제해결 능력의 발달

특정 뇌 구조가 성숙하면 그에 상응하는 행동이 발현될 것이라는 추정을 해볼 수 있다. 이러한 관점의 가장 열렬한 지지자였던 Eric Lenneberg는 1967년에 *Biological Foundations of Language*라는 영향력 있는 책을 편찬하였다. 이 책의 핵심은 아동의 언어 습득이 대뇌피질에서 언어를 관장하는 결정적인 영역의 발달과 연관 있다는 것이다.

Lenneberg의 이러한 발상은 뇌와 행동적 발달을 상관지어 보는 관점의 가치에 대한 논쟁을 불러일으켰다. 오늘날은 경험과 학습이 행동에 미치는 영향이 여전히 결정적인 것으로 여겨지지만, 뇌의 성숙과 행동의 발달 간의 관계 또한 널리 받아들여지는 분위기이다. 심리학자들은 신경계의 발달이 이루어지기 전까지는 그에 상응하는 행동이 발현될 수 없지만 일단 체계가 발달되고 자리를 잡게 되면 관련 행동이 빠른 속도로 발달하고 경험에 의해 형태를 잡게 된다고 믿는다. 문제해결 능력의 발달을 예로 들어 살펴보자.

처음으로 인지 발달의 단계를 규명하고자 시도했던 사람은 스위스의 심리학자 Jean Piaget(예 : 1971)이다. 그는 아동의 행동을 통해 그들이 세상을 이해하는 정도를 추정해볼 수 있다는 것을 깨달았다. 예를 들면, 옷을 들어 올림으로써 옷에 가려져 있던 장난감을 찾아내는 행동을 하는 아기는 물체가 시야에서 사라져도 여전히 그곳에 존재하고 있음을 안다고 볼 수 있다. 즉 대상영속성(object permanence) 개념을 이해하는 행동을 보이는 것이다.

특정 개념에 대한 이해의 부재 역시 아동의 행동을 통해 유추해볼 수 있는데, 예를 들어 아주 어린 아이들은 일반적으로 7세 무렵 획득하게 되는 **액체 부피의 보존 개념**(principle of conservation of liquid volume)을 가지고 있지 않기 때문에 이를 이해하는 데 상당한 어려움을 겪는다. 즉 색깔 있는 액체를 높이가 낮고 폭이 넓은 비커에서 길고 폭이 좁은 실린더로 옮겨 담는 것을 아이에게 보여주면, 두 번째 용기가 더 길쭉하게 생겼기 때문에 어린아이는 겉모습에도 불구하고 액체의 부피가 일정하게 보존된다는 것을 이해하지 못한다.

이러한 과제들을 수행하는 아동을 연구하며 Piaget는 인지 발달이 연속적인 과정이라는 결론을 내렸다. 세상을 탐험하기 위해 아동이 사용하는 전략과 세상에 대한 아이들의 이해는 끊임없이 변화한다. 이와 같은 변화들은 단순히 특정한 지식을 얻은 결과라고 보기는 어렵다. 그보다는 발달 과정에서 어떤 시점이 되면 세상에 대한 학습을 위한 장치의 조직에 근본적인 변화가 일어나며, 이에 따라 새로운 이해가 가능하게 된다고 보는 편이 타당하다.

Piaget는 인지 발달 과정을 네 단계로 나누었는데, 이는 **표 23.3**에 정리되어 있다. 1단계는 감각운동기(sensorimotor)로서, 출생부터 18~24개월 무렵까지의 기간이다. 이 기간 동안 아기는 자기 자신과 외부 세계를 구별하는 법을 배우고, 시야에서 사라진 대상도 계속해서 존재한다는 사실을 학습하며, 인과 관계에 대해 어느 정도 이해하게 된다. 2단계인 전조작기(preoperational)는 약 2~6세까지이며, 이 시기 아동은 자신이 속한 세계에 대한 심적 표상 능력이 생기며, 이를 단어나 그림으로 표현할 수 있게 된다. 3단계는 구체적 조작기(concrete operational)이며, 약 7~11세에 해당한다. 이제 아동은 액체의 부피나 물체의 면적 등과 같은 심적으로 구체적인 개념을 다룰 수 있게 된다. 마지막으로 4단계는 형식적 조작기(formal operational)로서, 보통 11세 이후에 도달하는 단계이다. 이 단계에 이르면 구체적인 단어뿐 아니라 추상적인 어휘를 사용하여 사고할 수 있게 된다.

Piaget의 인지 발달 단계들이 아동이 성장함에 따라 발생하는 사고의 질적 변화를 대략적으로 보여준다고 한다면, 과연 뇌의 어떠한 변화가 이러한 단계적 변화를 낳는지에 대한 의문이 생긴다. 이와 관련하여 우선 살펴볼 것은 뇌 성장의 상대속도이다. 출생 후 뇌는 항상 일정한 속도로 성장하는 것이 아니라, 불규칙적으로 갑자기 급속한 성장을 하는 시기가 있는데, 이를 **성장폭발**(growth spurt)이라고 한다.

뇌와 신체 무게의 비율을 분석한 결과 Epstein(1978)은 3~10개월 사이(1.5세까지 뇌의 무게가 30%

표 23.3 Piaget의 인지 발달 단계

일반적인 연령 범위	단계에 대한 설명	발달적 현상
출생에서 18~24개월	1단계 : 감각운동기 감각과 행동(보기, 만지기, 입으로 빨기 등)을 통해 세상을 경험	대상영속성 낯가림
약 2~6세	2단계 : 전조작기 말과 그림으로 표현하기 시작하지만 논리적 사고는 부족함	가상놀이 자기중심성
약 7~11세	3단계 : 구체적 조작기 구체적 사건에 대한 논리적 사고 가능, 구체적 비유를 이해하고 산술 연산이 가능	언어 발달 대화 수학적 변환
약 12세 이상	4단계 : 형식적 조작기 추상적 사고가 가능	추상적 논리 성숙한 도덕적 사고 가능성

출처 : PSYCHOLOGY 10e, by David G. Myers. Copyright 2013 Worth Publishers. Used with permission of the publisher.

까지 증가하게 된다), 2~4세 사이, 6~8세 사이, 10~12세 사이, 그리고 14~16세 이상까지의 기간 동안 뇌가 폭발적으로 성장한다는 것을 발견했다. 이렇듯 2년씩 지속되는 각 기간 동안 뇌의 무게는 약 5~10%까지 증가한다. 뇌가 성장하는 동안 뉴런의 수가 함께 증가하는 것은 아니므로, 뇌 무게의 증가는 대부분 교세포와 시냅스의 증가에 의한 것으로 볼 수 있다. 시냅스 그 자체로는 직접적으로 뇌에 무게를 더한다고 보기 어렵지만, 시냅스의 증가는 더 많은 대사 수요를 일으키기 때문에, 뉴런이 커지고, 새로운 혈관이 형성되며, 새로운 성상세포가 생겨나게 된다.

피질 구조가 복잡해질수록 보다 복잡한 행동이 가능하게 되리라 예상할 수 있다. 따라서 각 성장폭발 시기 동안 인지 기능에 중대하고 아마도 질적인 변화가 있을 것으로 예측할 수 있다. 첫 네 번의 성장폭발은 Piaget가 묘사한 4개의 인지 발달 단계와 겹치는데, 이는 Piaget의 각 발달 단계의 시작에 신경 기능의 중대한 변화가 동반된다는 것을 암시한다. 동시에 뇌 발달 속도의 차이 또는 특정 뉴런 집단의 성숙 속도의 차이는 Piaget가 규명한 각 인지 발달이 나타나는 연령에서의 개인차를 설명할 수도 있다. Piaget는 청소년 후기에 발생할 인지 발달의 다섯 번째 단계에 대해 언급하지 않았지만, 이 시기의 성장폭발은 실제 청소년 후기에도 인지적 발달이 이루어질 수 있음을 암시하며, 청소년의 뇌에서의 큰 변화를 관찰한 최근 연구 결과는 이를 뒷받침한다.

뇌의 성장폭발과 인지 발달의 관계를 보는 것이 어려운 이유는 성장폭발이 뇌에서 일어나는 변화에 대한 피상적인 측정치이기 때문이다. 어떠한 신경 사건이 성장폭발에 기여하는지, 또 그것이 어디에서 발생하는지에 관해 먼저 알아야 한다. 이를 알아내기 위한 한 가지 방법은 뇌의 특정 영역에 손상을 입은 성인이 더 이상 해결하지 못하게 된 문제를 아동으로 하여금 수행해보도록 하는 것이다. 만약 아동이 이 과제를 제대로 수행하지 못한다면 이 과제와 관련된 뇌 영역이 어디든 간에 성인과 달리 아동에게서는 아직 성숙이 이루어지지 않았다고 볼 수 있다. 마찬가지로 아동이 어떤 과제는 수행할 수 있지만 또 다른 과제는 수행할 수 없는 경우, 이 두 과제에 관여하는 뇌 구조는 명백히 다르며, 각기 성숙하는 시기나 속도 역시 다름을 알 수 있다.

William Overman과 Jocelyne Bachevalier(2001)는 이러한 논리를 이용하여 학습과 기억에 관여하는 전뇌 구조가 어린 아동과 원숭이에게서 어떻게 발달하는지 연구하였다. 실험 절차는 **그림 23.11**에 상세히 나타나 있다. 첫 번째 과제는 음식 보상을 받기 위해 단순히 물체를 옮기는 행동을 학습하는 것이었다. 실험 참가자들이 이 과제를 학습하고 난 후 연구자들은 참가자들에게 각각 측두엽과 기저핵의 기능을 측정하는 것으로 여겨지는 과제 두 가지를 추가로 훈련시켰다.

추가된 두 과제 중 첫 번째에서는 우선 물체 하나를 아동과 원숭이들에게 보여주고 이를 옮기면 음식 보상을 주었다. 짧은 시간(15초) 경과 후 이전에 보여주었던 것과 보여주지 않았던 새로운 것, 총 두 가지를 동시에 제시하는데, 이때 참가자들은 새로운 물체를 옮겨야 음식 보상을 받을 수 있다. 이러한 **표본 비대응** 과제는 측두엽이 관장하는 물체 재인 능력을 측정하는 것으로 여겨진다. 참가자들은 이 과제를 수행할 때 원래 보았던 사물을 재인해내고 이를 옮기지 않아야만 음식을 얻을 수 있다.

두 번째 추가된 과제에서는 참가자들에게 물체 한 쌍씩을 보여주며 둘 중 하나는 언제나 음식 보상이 주어지고 다른 하나는 절대 보상이 주어지지 않는다는 것을 학습시켰다. 또한 순차적으로 20개의 다른 쌍들을 제시하여 과제의 난이도를 높였다. 참가자들은 매일 각 쌍마다 한 시행씩 수행하였다. **동시 변별** 과제라고 불리는 이 과제는 특정 물체의 정보에 대한 시행착오 학습 능력을 측정하는 것으로 여겨지며, 이러한 능력은 기저핵의 기능과 관련이 있다.

성인들은 두 과제 모두 쉽게 수행할 수 있지만, 동시 변별 과제가 표본 비대응 과제에 비해 훨씬 많은 양의 정보를 기억하도록 요구하기 때문에 더 어렵다고 이야기한다. 여기서 핵심은 과연 이 과제들을 수행할 수 있게 되는 연령에 차이가 있는가 하는 것이다. 실험 결과, 동시 변별 과제는 아동의 나이가 약 12개월이 되면 해결할 수 있었지만, 성인들이 더 쉽다고 묘사했던 표본 비대응 과제는 아동의 나이가 18개월이 되어서야 해결할 수 있게 되었다. 이러한 결과는 동시 변별 과제에 결정적인 영역인 기저핵이 표본 비대응 과제에 결정적인 영역인 측두엽보다 먼저 성숙한다는 것을 암시한다.

23.5 환경이 뇌 발달에 미치는 영향

어린 시절의 환경 조건이 어떻게 신경계의 발달에 영향을 줄까? **뇌 가소성**(brain plasticity)이라는 용어가 말해주듯 뇌는 유연하다. 즉 신경계는 환경적 변화에 적응하거나 손상을 상쇄하기 위한 물리적·화학적 변화 잠재력을 가지고 있다. 경험은 이렇듯 지속적으로 누적되는 뇌 구조에서의 변화를 동반한다. 다시 말해 신경 구조가 적어도 현미경 수준의 미세한 차이를 지니는 다른 형태로 형성될 수 있다는 것이다. 다른 종류의 내·외부적 환경 경험에 노출된 뇌는 결국 다른 방식으로 형성되게 된다.

뇌에서 유연한 변화가 나타나게 되는 정확한 기제에 대해서는 그다지 알려진 바가 없지만 변이된 유전자 메틸화와 유전자 발현으로부터 후성적 변화의 가능성을 추론하고 있다. 중요한 것은 후성적 변화가 다음 세대로 이어질 수 있다는 증거가 있다는 것이다(2.3절 참조). 즉 손자들은 조부모가 경험한 것과 동일한 것을 직접 경험하지 않았더라도 조부모에게서 나타난 것과 유사한 후성적 변화를 보일 수 있다.

내부적 환경 경험에는 호르몬, 부상, 영양, 미생물, 그리고 임신 기간 중 스트레스와 같은 요인들의 영향이 포함된다. 생애 초기, 발달 과정 중의 뇌는 특히 이러한 내부 요인에 반응성이 큰데, 이는 후에 뇌가 외부 경험에 반응하는 방식에도 영향을 주게 된다. 이번 절에서는 뇌 발달에 있어 다양한 내, 외부적 환경 영향에 관해 다루어보도록 하자.

혐오적 환경의 발달적 영향

1980년대 공산주의 정권의 붕괴 이후 곳곳으로 입양된 대량의

절차

I. 옮기기 과제

II. 표본 비대응 과제

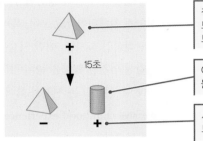

참가자들에게 물체를 하나 보여주고 이를 옮기면 보상을 준다(+).

이전에 보았던 물체와 새로운 물체를 함께 보여준다.

새로운 물체를 옮기면 음식 보상을 준다.

III. 동시 변별 학습 과제

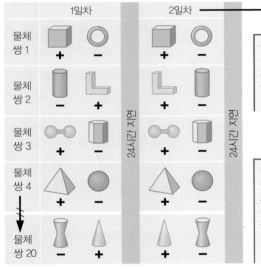

참가자들은 시행착오를 겪으며 각 20쌍마다 보상을 받기 위해 어떤 물체를 옮겨야 할지 결정해야 한다.

이후 시행에서 참가자들은 1일차에 보았던 20쌍의 물체들을 다시 보며 각 쌍에서 어떤 물체를 옮겨야 보상을 받는지 학습하고 기억하도록 한다.

결과

인간과 원숭이 영아 모두 동시 변별 과제를 표본 비대응 과제보다 더 어린 나이에 학습한다. 이는 동시 변별 과제를 해결하는 데 필요한 신경 구조가 표본 비대응 과제를 수행하는 데 필요한 신경 구조보다 먼저 성숙한다는 것을 암시한다.

그림 23.11 ▲

인지 발달 실험 이 실험은 학습과 기억에 관여하는 전뇌 구조가 성숙하는 순서를 보여주기 위해 고안되었다. 위스콘신 카드분류 검사 도구의 일종을 활용한 이 과제에서는 실험 참가자가 정해진 물체를 옮기면 음식 보상이 주어진다. 표본 비대응 과제는 측두엽의 성숙을, 동시 변별 과제는 기저핵의 성숙을 필요로 한다.

(Research from Object Recognition Versus Object Discrimination: Comparison Between Human Infants and Infant Monkeys, by W. H. Overman, J. Bachevalier, M. Turner, and A. Peuster, 1992. *Behavioral Neuroscience*, 106, p. 18.)

루마니아 고아 집단을 연구한 결과는 두 가지 명백한 증거를 보여준다. (1) 어린 시절의 경험은 뇌 발달에 엄청난 영향을 주며, (2) 입양된 시점의 연령이 결정적이다. 일반적으로 생후 6개월 이전에 입양된 영아는 평균적인 IQ를 가지게 되는 반면, 생후 18개월 혹은 그 이후에 입양된 경우 평균 IQ보다 15점 이상 낮고 뇌가 작으며, 쉽게 회복되지 않는 심각한 만성 인지 · 사회 능력 장애를 보인다(예 : Johnson et al., 2010; Lawler et al., 2014; Rutter, 2004). 다만 위탁 가정에 맡겨진 아동에게서 백질 부피의 증가가 관찰되어 어느 정도 개선도 가능할 수 있다는 희망적인 증거도 있다(Sheridan et al., 2012; 24.4절 참조).

1960년대 12.3절에서 소개된 바 있는 지니는 그녀의 13년 인생 대부분을 폐쇄된 작은 방에서 격리되어 생활하며 사회 경험이 심각하게 결핍되고 만성적인 영양 부족을 겪었다. 지니의 인지 발달은 심하게 지체되어 있었으며, 특히 언어지체가 심각했다. 물론 루마니아 고아들과 지니의 사례는 다소 극단적이긴 하지만, 어린 시절에 이보다는 약한 혐오적 경험을 하는 것 역시도 뇌의 발달과 성인기 건강에 엄청난 영향을 줄 수 있다. 170,000명 이상을 대상으로 한 연구에서 Robert Anda와 동료들(2006)은 언어 또는 신체적 학대, 가족 구성원의 중독, 부모를 잃는 것 등과 같은 혐오적 아동기 경험(aversive childhood experience, ACE)이 중년의 신체적 · 정신적 건강의 예측변인이 될 수 있다는 결과를 보였다.

예를 들면, 두 가지 이상의 혐오적 아동기 경험을 가진 사람은 중독에 빠지거나 자살을 시도할 가능성이 50배나 높으며, 여성의 경우 50세가 될 때까지 성폭행을 당할 확률이 5배 높다. 이에 어린 시절 혐오적 경험이 전두엽의 발달을 저해함으로써 이러한 ACE 관련 취약성을 높이는 것이라는 가설을 세울 수 있다. 성범죄의 피해자 대부분은 가해자와 아는 사이라는 점을 고려한다면, 이들이 전두엽 발달 이상으로 인해 위험 상황을 제대로 판단하지 못하게 되었을 가능성이 있다.

앞서 소개한 것과 같은 일반적인 경향성은 환경이 뇌 발달에 영향을 줄 수 있는 것이 출생 후부터라는 생각을 하게 하지만 사실 태아기 경험 역시 뇌 발달에 영향을 끼칠 수 있다는 증거 역시 많다. 예를 들어 쥐를 대상으로 했던 일련의 연구 결과, 임신 중 어미의 촉각 경험, 스트레스, 또는 향정신성 약물에 대한 노출이 새끼의 수상돌기 조직과 이후 행동들을 근본적으로 변화시킬 수 있다는 것이 밝혀졌다(Kolb et al., 2012, 2013 개관 참조). 임신 중 촉각 자극은 운동과 인지 능력을 향상시키는 반면 스트레스는 그 반대의 결과를 낳는다. 또한 태아기의 항우울제(예 : SSRI)와 같은 치료적 약물에 대한 노출도 니코틴에 대한 노출과 마찬가지로 쥐와 인간 모두에서 뇌가 건강하게 발달하는 것을 방해할 수 있다(인간 연구는 Oberlander et al., 2008 참조).

미국 국립약물남용연구소(National Institute on Drug Abuse, 2009)에서는 25세 미만 미국 여성에게서 태어나는 아기의 22%가 태내에서 니코틴에 노출되는 것으로 추산하며, 이보다 높은 연령의 임산부의 경우 이 비율은 약 10%로 감소한다. 임산부의 알코올 소비는 모든 연령에서 약 10%인데, 임신 중 알코올 섭취가 태아 알코올 효과를 유발한다는 것은 이미 잘 알려져 있다(24.3절 참조). 항우울제와 항정신병약과 같이 일상적으로 처방받는 약물의 아주 적은 양의 복용도 태아의 전전두피질에서의 뉴런 발달에 영향을 주는 것으로 보인다. 출생 후 이는 약물에 의해 영향을 받은 뇌 영역이 통제하는 행동의 이상으로 나타난다(Halliwell et al., 2009 개관 참조).

또한 미국 국립약물남용연구소에 의하면 미국에서 매년 임산부의 5.5%(약 221,000명)는 임신 기간 중 적어도 한 번은 금지약물을 복용하는 것으로 추정된다. 그렇다면 카페인은 어떤가? 대다수의 아동은 태아기 동안 커피, 차, 콜라, 에너지음료, 초콜릿 등에 함유된 카페인에 노출되었을 것이다.

약물 복용이 뇌 발달에 주는 정확한 영향에 대해서는 아직 별로 알려진 바가 없지만 지금까지의 사례들로 종합적인 결론을 내려보면, 태아기에 향정신성 약물에 노출된 아동은 이후 약물 사용을 하게 될 가능성이 높다고 할 수 있다(Malanga & Kosofsky, 2003). 아직 정확히 밝혀지지는 않았지만 전문가들은 학습장애와 주의력결핍 과잉행동장애(ADHD) 등의 아동기 장애들은 태아기 동안 니코틴이나 카페인, 혹은 둘 모두와 같은 약물에 노출이 되는 것과 관련이 있을 가능성을 제시한다. Malanga와 코 Kosofsky(2003)는 통렬하게 다음과 같이 지적한다. "아직 사회는 태아기 약물 노출이 아이들의 삶에 미칠 수 있는 영향력에 대해 제대로 인식하고 있지 않다."

환경이 뇌의 조직화에 주는 영향

환경이 신경계에 미치는 영향을 측정하는 가장 단순한 방법은 뇌 크기의 차이를 재는 것이다. 동물 뇌 크기에 관한 연구 결과들은 가축화된 동물의 특정 피질 영역이 야생에서 자란 같은 종의 피질 영역보다 10~20%가량 작다는 사실을 보여준다. 이러한 차이는 명백히 동물들이 어린 시절 경험한 요인과 관련이 있다고 볼 수 있는데, 야생에서 태어나 자라다가 나중에 인간에게 길들여진 동물은 야생에서 계속 생활한 동물과 뇌의 크기가 같기 때문이다. 가축으로 길러지는 것에 가장 영향을 받는 뇌 영역은 동물에 따라 최대 35%까지 크기가 감소하는 것으로 나타난 시각피질이다. 이러한 큰 폭의 감소는 아마도 작아진 눈과 망막의 크기와 관련 있을 가능성이 있다.

복잡한 환경의 이점

단순하고 자극이 결핍된 환경이 아닌 복잡한 환경에 대한 노출은 뇌, 특히 신피질의 크기를 증가시키며, 시각피질에서 그 효과가 가장 크다. 피질 크기의 증가는 교세포의 밀도, 수상돌기의 길이, 대부분의 흥분성 시냅스가 일어나는 수상돌기 가시의 밀도, 시냅스의 크기 등의 증가에 따른 것이다. 보통은 어린 뇌가 나이 든 뇌보다 경험에 의한 변화가 클 것으로 여겨지지만 사실 아이의 뇌와 성인의 뇌는 같은 경험에도 다르게 반응할 수 있다.

예를 들면, 가지고 놀 만한 물체가 많은 복잡한 환경에서 길러진 동물은 연령대에 관계없이 피질의 추체세포 수상돌기의 길이에서 증가를 보인다. 하지만 수상돌기 가시의 밀도는 어린 동물에서 **감소**하는 반면, 나이 든 동물에서는 **증가**한다(**그림 23.12**). 두 연령 집단의 동물 모두 학습과 기억뿐 아니라 숙련된 운동 행동 등을 측정하는 과제에서 자극이 결핍된 환경에서 자란 대조 집단보다 수행이 좋다는 유사한 기능적 이점을 보인다.

이와 관련하여 이렇듯 다른 연령대에서 발생한 경험 의존적 시냅스 변화에서의 질적 차이가 어떤 기능적 영향을 주었을 것이라고 추측해볼 수 있다. 발달기 동안 자극을 받은 뇌는 이후 삶에서의 경험에 대해 쉽게 반응적으로 변화할 가능성이 있다. 한 가지 예로, 발달기에 다양한 언어에 노출되었던 아동은 성장 후 다른 외국어를 배울 때 한 가지 언어에만 노출되었던 아동에 비해 빠르게 배울 수 있다. 실험실 동물을 대상으로 한 연구에서도 어린 시절 노는 것에는 성인기의 뇌를 보다 유연할 수 있게 해주는 기능이 있다는 결과를 보였다(예 : Himmler et al., 2013).

매우 어린 시절의 경험이 성인기의 뇌 구조와 행동에 영향을 줄 수 있다는 사실은 시냅스 형성의 1~2단계와 초기 3단계가 이루어지는 태아기의 경험 역시 뇌 발달에 큰 영향을 줄 것인지에 대한 의문을 갖게 한다. 연구 결과, 신생아가 태내에서 들었던 어머니의 목소리를 식별할 수 있으며, 따라서 태

(A) 수상돌기 길이

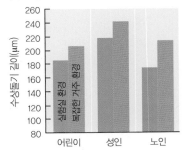

(B) 수상돌기 가시 밀도

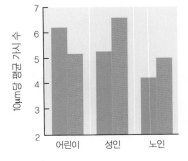

그림 23.12 ▲

복잡한 거주 환경이 쥐에게 주는 효과 각기 다른 연령대에 주어진 3개월간의 복잡한 거주 환경이 (A) 수상돌기 길이와, (B) 수상돌기 가시의 밀도에 주는 효과 비교. 3개의 연령 집단이 모두 수상돌기 길이에서 비슷한 증가량을 보인 반면 수상돌기 가시의 밀도에서 질적 차이가 나타났다. 즉 청소년 집단은 밀도의 감소를 보인 데 반해 성인 집단에서는 증가가 관찰되었다.

(Data source: Kolb et al., 2003.)

아기의 경험 역시 뇌 발달에 영향을 줄 수 있는 것 같다고 밝혀졌다.

Robbin Gibb과 동료들은 임신한 어미 쥐에게 복잡한 환경 또는 꾸준한 촉각 자극을 줌으로써 쥐의 태아기 경험을 조작하였다(예 : Gibb et al., 2014). 이러한 경험을 한 새끼 쥐들은 다른 쥐들보다 큰 뇌를 갖게 되었는데, 이는 뉴런이나 교세포 수의 증가에 따른 것일 수도 있고 혹은 시냅스 수의 증가에 의한 것일 수도 있다. 이렇듯 큰 뇌를 가진 쥐들은 출생 후 복잡한 환경에서 길러진 동물과 마찬가지로 인지와 운동 과제 모두에서 대조군에 비해 우월한 수행을 보였다(Kolb et al., 2013 개관 참조).

이들 연구진들은 짝짓기 전 수 주 동안 수컷 쥐를 복잡한 환경에서 지내도록 함으로써 수태 전 아비 쥐의 경험을 조작하는 연구도 진행하였다. 이후 새끼 쥐들을 관찰한 결과, 이러한 수태 전 경험이 행동 발달을 가속시켰으며, 해마와 전전두피질에서의 유전자 발현이 증가되었다는 것을 확인하였다(Mychasiuk et al., 2012).

식생활과 영양의 영향

임신 기간 동안 임산부의 식생활이 자녀의 뇌 발달과 이후 행동에 큰 영향을 준다는 것은 이미 알려져 있으나, 정확한 기제는 이제 막 연구되기 시작하였다. Paula Dominguez-Salas와 동료들(2014)의 주목할 만한 연구에 의하면 수정이 이루어질 때 임산부의 식생활은 자녀의 유전자 메틸화에 큰 영향을 미칠 수 있다(유전자 메틸화가 증가되었다는 것은 유전자 발현이 감소되었다는 의미이며, 따라서 자녀의 신체와 뇌가 부모와 다른 형태로 발달한다는 것을 뜻한다). 연구 팀은 건기 혹은 우기에 임신되었던 감비아 농촌의 영아들을 대상으로 연구를 진행하였다. 감비아에서의 식생활은 건기와 우기 간에 매우 큰 차이가 있었는데, 영아의 유전자 메틸화 역시 큰 차이를 보였다(**그림 23.13**).

초기 경험이 미치는 놀라운 영향은 발달기의 내장이나 어머니의 질과 같은 영역에서의 박테리아, 즉 통칭 태아기 마이크로바이옴(microbiome)에 관한 연구에서도 발견된다. 최근 많은 연구 결과들이 마이크로바이오틱 성분과 아동의 뇌와 행동 간에 상관이 있음을 밝히고 있다. 숙주에게 도움을 주는 종(공생 가능)과 병원성 종(불균형 초래)은 행동과 생화학적 특성들을 각기 다른 방향으로 변화시키게 된다(Cryan & Dinan, 2012 개관 참조).

Rochellys Diaz Heitz와 동료들(2011)은 발달기 쥐의 장 박테리아를 조작하여 뇌와 행동에서 이와 연관된 변화를 관찰했다. 마이크로바이옴이 뇌와 행동을 이해하는 데 도움을 줄 수 있다는 연구 결과는 새로운 향정신성 약물의 일종으로 사이코바이오틱스(psychobiotics)라는 개념을 도입하는 것으로까지 이어졌다(Dinan et al., 2013; 27.9절 참조). 마이크로바이옴이 지역적으로 차이를 보일 가능성이 있음을 고려한다면, 뇌와 행동 발달의 지역적 차이가 발생하는 기제에 장 박테리아의 지역적 차이가 관련되어 있다는 추론이 가능하다. 즉 지역에 따라 문화가 다른 것으로 보아 문화와 관련되어 나타난 뇌의 차이가 부분적으로 마이크로바이옴 탓일 수 있다고 추측해볼 수 있다.

경험과 신경연결성

생애 초기에 경험하는 백내장이나 난시 같은 눈의 광학적 장애는 문제가 교정되고 나서도 시각에 손상을 남긴다. 평생 백내장을 앓다가 수술을 받아 망막에 빛이 도달하게 된 성인의 경우 시각적으로 사물을 식별하도록 학습하는 데 어려움을 겪는다. 이와 같이 눈에 명확한 문제가 없음에도 경험하는 시각적 장애는 **약시**(amblyopia)라고 불리며, 이는 중추신경계의 변화로부터 야기되는 것으로 여겨진다. 행동 연구 결과, 약시가 동물에게서도 발생할 수 있는 것으로 나타났으며, 그 과정을 밝히기 위해 고양이

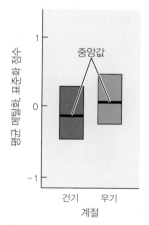

그림 23.13 ▲

식생활과 유전자 발현 감비아 농촌 여성들의 식생활은 계절에 따라 달라진다. 우기에 임신된 아기는 건기에 임신된 아기에 비해 유전자 메틸화에서 유의미한 증가(유전자 발현 감소)를 보였다. 그래프의 사각형은 사분 범위를 나타낸다.

(Data source: Dominguez-Salas et al., 2014, Figure 3B.)

와 원숭이를 대상으로 광범위한 연구들이 이루어졌다.

Torsten Wiesel과 David Hubel(1965)이 취한 방법은 새끼고양이를 대상으로 한쪽 눈으로 들어오는 입력 정보를 제거할 경우 시각계의 기능적 조직이 어떻게 변화되는지 살피는 것이었다. 이들은 각 눈으로 입력된 정보가 V1 영역 내에 교차로 위치하는 시각우세기둥(ocular dominance column)으로 들어간다는 것을 알고 있었다(그림 23.14와 같이 양 눈이 번갈아가며 각 기둥에서 우세하게 처리된다). 이렇듯 두 눈의 입력 정보를 교차적으로 배치하는 것은 각 눈으로부터 들어온 이미지를 합치는 데 중요한 역할을 한다.

Wiesel과 Hubel이 가졌던 구체적인 의문은 한쪽 눈의 시각 경험을 제한하는 것이 시각우세기둥의 구조에 변화를 가져올까 하는 것이었다. 그들은 생애 초기 한때 한쪽 눈을 강제로 뜨지 못하도록 하면 나중에 눈을 떴을 때 시간이 지나며 점차 기능이 나아지기는 하지만 몇 주간은 그 눈이 거의 앞을 보지 못한다는 것을 발견했다. 세포기록 연구 결과, 시각 경험이 결핍되었던 눈에 자극을 주는 것이 피질 세포를 거의 활성화시키지 못하거나 세포가 매우 비정상적인 것으로 나타났다. 또한 시각 경험 결핍이 일찍 시작될수록 이러한 영향이 나타나기까지 걸리는 시간이 짧으며, 그 영향의 심각성 역시 더욱 큰 것으로 관찰되었다.

이러한 결과들은 환경적 결핍이 발달을 지연시킬 수 있으며 초기 결핍이 가장 치명적임을 보여준다. 이후 다른 연구진들이 밝혀낸 바에 의하면 시각 경험이 결핍된 눈의 기능 이상은 그림 23.14에서 보이듯 해당 눈의 연결이 약화되었기 때문에 발생한다. 시각 경험은 분명 뇌의 기능적 연결을 강화하는 데 필수적이다. 활동이 없으면 시냅스는 사라진다. '용불용'의 원리, 즉 계속 사용하는 기능은 강화되고 사용하지 않는 기능은 퇴화한다는 원리는 신경계 전반에 적용될 수 있다. 물론 앞서 소개한 시각 경험 결핍의 예처럼 경험의 영향이 항상 심각하게 나타나는 것은 아니지만 말이다.

감각 입력을 완전히 차단하는 것보다 조금 덜 극단적인 조작으로도 시각계가 변화될 수 있을까? 한 연구에서는 새끼 고양이들에게 한쪽 눈에는 가로줄무늬만, 다른 한쪽 눈에는 세로줄무늬만 망막의 중심에 상이 맺히도록 렌즈를 착용시켰다(Hirsch & Spinelli, 1971 참조). 이후 렌즈를 빼자 가로줄무늬에만 노출되었던 눈은 수평에 가까운 방위 자극에만 반응했으며, 세로줄무늬에만 노출되었던 눈은 수직에 가까운 방위 자극에만 반응하였다. 이러한 발견은 새끼 고양이를 줄무늬만 있거나, 점 모양만 있거나, 혹은 운동 자극이 없는 환경에서 길렀던 다른 연구에서도 확인되었다. Colin Blakemore와 Donald Mitchell(1973)의 연구 결과, 생후 28일 된 새끼 고양이를 단 한시간 동안 위와 같은 환경에 노출하는 것만으로도 특정 패턴에 편향되게 반응하도록 피질을 변화시킬 수 있는 것으로 밝혀졌다.

종합하면 시각계는 표준적인 연결과 표준적인 반응을 하도록 유전적으로 프로그램되어 있지만 생애 초기의 몇 달 동안 이에 따른 시냅스와 반응을 사용할 적절한 환경에 노출되지 않는다면 사전 프로그램의 많은 부분이 제대로 발현되지 않을 수 있다. 체계의 일부가 결핍되면 이와 관련되어 일정 정도의 능력을 잃게 된다. 그에 더해 나머지 기능적 영역들이 체계의 결핍된 부분을 억제하여 장애를 더욱 심화시킨다. 이러한 억제를 막으면 어느 정도는 기능이 회복될 수도 있다. 마지막으로 시각계가 어느 한 가지 종류의 자극에만 노출되도록 배열된 환경에서는 체계의 세포가 해당 자극에 선호를 갖도록 편향되게 발달한다.

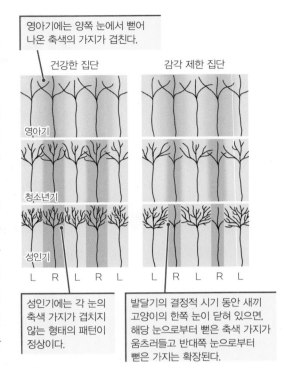

영아기에는 양쪽 눈에서 뻗어 나온 축색의 가지가 겹친다.

건강한 집단   감각 제한 집단

영아기

청소년기

성인기

L R   L R   L R   L R

성인기에는 각 눈의 축색 가지가 겹치지 않는 형태의 패턴이 정상이다.

발달기의 결정적 시기 동안 새끼 고양이의 한쪽 눈이 닫혀 있으면, 해당 눈으로부터 뻗은 축색 가지가 움츠러들고 반대쪽 눈으로부터 뻗은 가지는 확장된다.

그림 23.14 ▲

발달의 결정적 시기 고양이의 시각우세기둥의 생후 발달 과정에서 축색은 피질에 자리 잡고 빽빽하게 가지를 뻗는다. (L : 왼쪽 눈, R : 오른쪽 눈)

발달기 뇌의 표상 영역 가소성

경험에 의해 피질 조직이 영향을 받는 경향성은 경험이 제한되었을 때뿐 아니라 풍부하게 주어졌을 때에도 관찰된다. 예를 들면, 악기 연주와 같은 기술을 어릴 때 하루 몇 시간씩 수년간 훈련하는 것의 효과를 생각해보라. Thomas Elbert와 동료들(2001)은 바이올린과 같은 현악기 연주자들을 대상으로 경험이 어떻게 손의 감각 운동 지도 조직을 변화시키는지에 관하여 연구를 진행하였다. 왼손의 둘째 손가락부터 넷째 손가락까지는 현의 운지에 끊임없이 관여하는 반면, 엄지손가락은 악기의 목 부분을 쥐는 역할을 하기 때문에 상대적으로 움직임이 적다. 오른손은 활을 켜는 동작을 하므로 마찬가지로 손가락을 많이 움직일 필요가 없다.

뇌영상 분석 결과, 왼손가락들의 표상은 엄지손가락이나 오른손가락들에 비해 많은 영역을 차지했다. 또한 이러한 변화량은 **그림 23.15**에 나타난 바와 같이 악기 연습을 시작한 연령에 비례했다. 왼손가락의 표상 영역은 13세 이전, 즉 사춘기 전에 규칙적인 악기 연습을 시작한 참가자들에게서 가장 크게 나타났다. 조금 나이가 들어서 연습을 시작한 참가자들 역시 연주 관련 손가락들의 표상이 비연주자에 비해 컸다. 이후 피아노 연주자들의 청각피질을 관찰한 연구에서도 연주자들의 피아노 음악의 주파수 표상에서 이와 비슷한 효과를 발견했다(그림 15.15 참조).

인간의 말소리 지각의 한 가지 특징은 성인이 되면 자기 모국어 소리를 구별하는 것은 잘 훈련되어 있지만 종종 외국어의 소리를 구별하는 데에는 어려움을 겪는다는 것이다. 예를 들어, 일본인 또는 한국인은 영어의 'R'과 'L' 소리를 구별하기 힘들어한다. Janet Werker와 Richard Tees(1983)는 영어, 힌디어(인도), 살리시(미국 원주민 어군의 하나) 등 서로 이질적인 언어를 사용하여 영아의 외국어 말소리 구별 능력을 비교하였다. 연구 결과, 어린 영아들은 사전 경험 없이도 여러 언어들의 말소리를 구별할 수 있었지만, 이러한 능력은 생후 1년 동안 점차 사라졌다.

다른 연구진들은 사건관련전위(ERP)를 사용하여 불일치 음전위(mismatch negativity, MMN)를 측정함으로써 이러한 현상에 접근하였다. 영아에게 'L, L, L, …'과 같이 한 가지 말소리를 반복적으로 들려주다가 중간에 'R'처럼 다른 소리를 끼워넣을 경우, 아기의 청각계가 소리의 차이를 탐지한다면 ERP에서 불일치 음전위라고 불리는 음전위가 관찰될 것이다(**그림 23.16**). 많은 연구들에서 언어 특수적인 말소리를 들려준 결과, 생후 6개월 된 영어에게서는 MMN이 탐지되었지만, 생후 12개월이 된 영어에게서는 더이상 대부분의 소리에서 구별 증거가 나타나지 않았다(Elbert et al., 2001; Kuhl, 1999 개관 참조). 이러한 결과들은 각 영아가 속해 있는 언어적으로 편향된 환경에 의해 소리의 청각 표상이 변화될 수 있음을 암시한다.

경험이 어떻게 피질을 재조직하는지에 관한 지식은 아동의 인지장애를 치료하는 데 활용될 수 있다. 예를 들면, 명백한 정신과적 혹은 신경학적 장애가 없는 어떤 미취학 아동들은 언어를 학습하는 데 어려움을 겪는다. 이를 **단순언어장애**(specific language impairment)라 한다. 한 이론은 이러한 장애가 청각계에서의 말소리 표상의 이상으로 인해 발생할 가능성이 있다고 제안한다. 만약 그렇다면 특수한 훈련에 의해 증상의 개선이 있어야 한다고 추론해볼

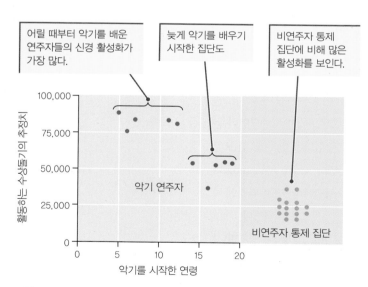

그림 23.15 ▲

풍부한 경험의 효과 연구 참가자가 현악기를 배우기 시작한 연령과 왼손 새끼손가락에 촉각 자극이 주어졌을 때의 신경 활성화를 나타낸 그래프이다.

(Data source: Elbert et al., 2001.)

수 있는데, 실제로 훈련이 효과가 있는 것으로 밝혀졌다(제24장 참조).

📀 23.6 뇌 손상과 가소성

1868년 좌반구의 전두엽 손상이 말하기 능력을 파괴할 수 있다고 알고 있던 Jules Cotard는 아동기에 좌반구 전두엽 병변이 있었는데도 불구하고 언어 기능이 성인의 표준적인 수준으로 발달한 사례들을 보게 되었다. 이러한 사례들은 뇌 손상을 입은 시기가 아동기일 경우 그 영향이 비교적 약하고 짧게 지속된다는 생각을 가능하게 했다(이 장의 사례 보기에서 소개된 알렉스의 사례를 떠올려보자). 1930년대에 이르러 Margaret Kennard(예 : 1942)가 영아기와 성인기의 원숭이들에게서 편측 운동피질 병변의 영향을 비교하는 연구를 진행하였고, 영아기 원숭이들의 경우 병변에 의한 장애가 성인기 원숭이에 비해 가볍다는 것을 발견했다.

영아기에는 병변이 발생해도 기능이 보존된다는 개념을 일반화시킨 것이 Kennard 원칙이다. 이는 한동안 널리 수용되었지만, 점차 신경과학자들은 병변이 이른 시기에 발생하는 것이 항상 좋은 것은 아니며, 때에 따라 더 나쁠 수도 있다는 사실을 깨닫기 시작했다. 예를 들면, Donald Hebb(1949)은 영아기 혹은 초기 아동기에 전전두 영역에 부상을 당한 후 예후가 몹시 좋지 않았던 사례를 제시했다. 뇌 손상의 최종적인 여파는 손상에 의해 영향받는 행동의 종류, 손상의 위치와 정도, 그리고 손상을 입은 정확한 연령에 의해 좌우된다. 인간의 인지 기능을 보면 말하기 능력은 초기 뇌 손상에도 살아남는 것으로 보이지만, 일부 통사론 요소들과 비언어적 기능은 그렇지 못할 수도 있으며, 일반 지능이 감소할 수도 있다.

나이의 영향

나이는 초기 병변의 영향을 결정하는 데 있어 중요한 변인 중 하나이다. 그 영향력에 따라 연령구간을 1세 이전, 1~5세 사이, 그리고 5세 이후 등 세 가지로 나누어볼 수 있다. 1세 이전에 발생한 병변은 이후 발생하는 것에 비해 엄청나게 큰 장애를 남기는 경향이 있다. 1~5세 사이에 생긴 병변은 언어 기능을 되살리는 등 어느 정도 뇌 기능의 재조직 과정이 뒤따르게 된다. 5세 이후 병변이 생기면 관련 기능을 거의 잃게 된다.

예를 들어 1세 전후로 발생한 병변의 영향을 비교해보자면 1세 이전에 병변이 발생한 경우 1세 이후에 생긴 경우에 비해 IQ가 더 크게 감소했다(Riva & Cazzaniga, 1986 참조). 언어 발달에 있어 손상을 입은 연령에 따라 영향력의 차이가 나타나는 것은 뇌가 언어 습득을 하는 방식이 발달 시기별로 다르다는 것을 암시한다. 이러한 가설에 대한 더 많은 증거는 자세히 보기에 소개되어 있다.

뇌 손상이 언어에 미치는 영향

어린 아동에게서는 대뇌 손상으로 인한 언어장애가 대부분 단기적이며, 손상을 입은 아동은 거의 완전히 회복되는 것으로 보인다. 우반구 손상 이후 발생한 언어장애가 성인과 아동에서 각각 2%와 8%로 성인보다 아동에게서 더 빈번함에도 이러한 경향이 나타난다(표 23.4).

Théophile Alajouanine과 F. Lhermitte(1965)은 아동기 실어증의 사례 32개를 연구하였고, 사례 대상 아동들이 지니고 있는 말하기장애와 더불어, 32명 전부에게서 글쓰기장애를, 절반에게서 독해장애를 관찰하였다. 손상을 입은 지 6개월 경과 후, 환자들의 약 3분의 1에서 자발적 언어 능력이 완전히

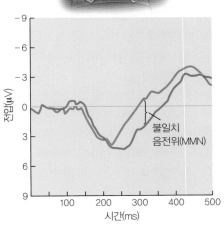

그림 23.16 ▲

ERP 기록 캡을 쓰고 있는 영아 하단의 그래프는 불일치 음전위 신호를 나타낸다. 청록색 파장은 한 가지 반복적으로 들려주던 소리의 표준 신호이며, 주황색 파장은 다른 소리에 의한 신호이다. MMN은 두 파장 간의 차이이다. 뇌가 두 신호를 다른 것으로 탐지한다면 두 파장의 불일치가 기록되지만, 뇌가 두 신호를 구별하지 못한다면 MMN이 관찰되지 않는다.
(Data from Kuhl, 1999.)

자세히 보기 | 제2언어를 담당하는 별개의 피질 영역

일반적으로 아동들은 한 가지 이상의 언어를 습득하고 각각의 언어를 원어민의 억양으로 구사하는 것을 성인에 비해 쉽게 해낼 수 있다. Kari Kim과 동료들(1997)은 언어 습득 시의 연령이 뇌에서 해당 언어가 어떻게 표상되는지에 영향을 주는가에 대해 의문을 가지고 fMRI를 이용하여 대뇌피질상에서 모국어와 제2언어의 공간적 관계를 살펴보았다.

실험에 참가한 이중언어자들은 전날 특정 시간대(예 : 아침)에 있었던 일을 소리 내어 말하지 말고 머릿속으로만 묘사하도록 지시를 받았다. 또 다른 시행에서는 묘사에 다른 언어를 사용하도록 하였다. 참가자 중 일부는 어린 시절 제2언어를 배웠으며, 다른 참가자들은 성인

이 된 이후 제2언어를 학습하였다.

예상대로 이 같은 문장 생성 과제에서 브로카 영역과 베르니케 영역이 모두 활성화되었다. 다만 아동기에 제2언어를 습득한 집단과 성인기에 습득한 집단에서 베르니케 영역의 활성화는 차이가 없었으나, 브로카 영역에서는 차이가 관찰되었다.

그림에서 보여지듯 아동기에 제2언어를 습득한 참가자들의 경우 브로카 영역에서 각 언어에 대한 활성화 장소가 거의 겹쳤지만, 성인기에 제2언어를 습득한 참가자들에게서는 두 언어의 처리 영역이 해부학적으로 분리되어 있었다. 브로카 영역에서 두 언어의 처리에 있어 이러한 공간적 분리가 나타나는 것은 언어 습

득으로 인해 브로카 영역의 기능적 조직이 변화될 수 있음을 시사한다.

즉 인간이 영아기에 언어를 학습하게 되면 브로카 영역이 학습하는 언어의 본질에 맞춰 변화하며, 일단 변화가 일어나고 나면 이 영역에서 추가적인 변형은 일어나지 않는다. 이에 따라 성인기에 새로운 언어를 학습할 때에는 인접한 피질 영역을 사용할 필요가 있게 되는 것이다.

Kim, K. H. S., N. R. Relkin, K. Young-Min Lee, and J. Hirsch. Distinct cortical areas associated with native and second languages. *Nature* 388:171–174, 1997.

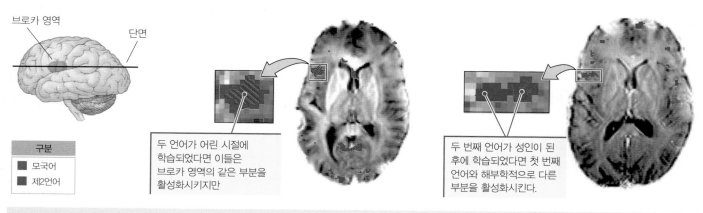

브로카 영역 / **단면**

구분
- 모국어
- 제2언어

두 언어가 어린 시절에 학습되었다면 이들은 브로카 영역의 같은 부분을 활성화시키지만

두 번째 언어가 성인이 된 후에 학습되었다면 첫 번째 언어와 해부학적으로 다른 부분을 활성화시킨다.

제2언어 습득의 피질 표상
(Reprinted by permission from Macmillan Publishers Ltd: Kim, K. H. S., N. R. Relkin, K. Young-Min Lee, and J. Hirsch. Distinct cortical areas associated with native and second languages. *Nature* 388(6638):171–174, 1997.)

회복되었으며, 나머지 환자들에서도 유의미하게 증상이 호전되었다. 손상 후 1년 혹은 더 많은 시간이 흐른 후 다시 검사해본 결과, 32명의 아동 중 24명이 표준 또는 거의 표준에 가까운 정도의 언어를 구사했으며, 14명에게서 약간의 난서증이 관찰되기는 했으나 최종적으로 22명은 다시 학교에 다닐 수 있게 되었다.

이와 유사하게 Henri Hécaen(1976)은 좌반구 편측 병변을 지닌 15명의 아동을 대상으로 손상 이후 실어증 및 관련 증세들로부터 회복되는 과정을 추적 연구하였으며, 이는 **표 23.5**에 요약되어 있다. 연구 대상 아동의 대부분은 말하기 장애에 더해 글쓰기와 계산에 장애를 보였는데, 이들 15명 중 5명은 6주에서 2년 안에 기능을 완전히 회복하였다. 나머지 아동들 역시 증세가 상당히 호전되었으며, Alajouanin과 Lhermitte의 연구에서와 마찬가지로 많은 경우 글쓰기에 약간 어려움을 겪는 정도의 문제만 남았다.

표 23.4   편측 뇌 병변에 따른 실어증을 보고한 연구들의 요약

연구	연구 대상자의 연령 범위	사례 수	우반구 병변의 비율(퍼센트)
아동기 병변			
Guttman, 1942	2~14	15	7.00
Alajouanine & Lhermitte, 1965	6~15	32	0.00
McCarthy, 1963	언어 습득 이후	114	4.00
Basser, 1962*	5세 이전	20	35.00
Hécaen, 1976	3.5~15	17	11.00
총계	2~15	198	8.00
성인기 병변			
Russell & Espir, 1961	—	205	3.00
Hécaen, 1976	—	232	0.43
총계	—	437	1.60

*Basser(1962)의 연구에서 우반구 병변이 있는 어린 아동의 35%가 실어증을 보인다고 보고했으나 해당 연구의 대상자 중 상당수가 양측 뇌 병변을 가지고 있었을 가능성이 있으므로 이는 부정확한 수치로 추정된다.

출처 : S. D. Krashen. Lateralization, language learning, and the critical period: Some new evidence. *Language Learning*, 23:63–74, 1973, John Wiley & Sons, Inc., with modifications from Hécaen, 1976.

Bryan Woods와 Hans-Leukas Teuber(1973)는 태아기나 출생 초기에 좌반구 또는 우반구 뇌 손상을 입은 50명의 환자들을 연구하였다(1973). 그들은 환자들의 건강한 형제자매를 통제 집단으로 하여 비교한 결과 다음과 같은 결론에 도달했다.

1. 출생 초기에는 좌반구에 부상을 당해도 언어 기능이 소실되지 않는다.
2. 이와 같은 기능 유지는 많은 부분 우반구의 잠재적 언어 영역을 빌림으로써 가능한 것으로 보인다.
3. 이렇듯 언어 처리를 우반구에서 담당하도록 역할을 옮기는 것에는 대가가 따른다. 특히 시공간적 방향 기능이 손상된다.
4. 우반구 손상은 출생 초기에 발생한 경우에도 성인기 병변과 유사한 장애를 낳는다.

달리 말하면 우반신 마비를 야기하는 좌반구 병변이 아동기에 생길 경우, 성인이 된 이후 유사한 수준의 병변이 발생하는 경우에 비해 언어 기능이 놀라울 만큼 회복되는데, 이는 언어 기능의 일부 혹은

표 23.5   아동기 좌반구 병변의 15개 사례에서 관찰된 여러 증상의 빈도

증상	사례 수	백분율	증상의 전개
무언증	9	60	5일에서 30개월간 관찰됨
조음장애	12	80	4개의 사례에서 지속됨
청각적 언어 이해 장애	6	40	1개의 사례에서 지속됨
이름대기 장애	7	46	3개의 사례에서 지속됨
착어증(paraphasia)	1	7	사라짐
읽기장애	9	60	3개의 사례에서 지속됨
글쓰기장애	13	86	7개의 사례에서 지속됨
안면실행증(facial apraxia)	2	—	일시적으로 관찰됨
계산불능증	11	—	(보고되지 않음)

출처 : Reprinted from *Brain and Language*, Vol. 3 Hécaen, H., "Acquired aphasia in children and the ontogenesis of hemispheric functional specialization," pages 114–134, Copyright 1976, with permission from Elsevier.

전체를 우반구에서 담당하게 되었기 때문인 것으로 보인다. 아마도 어느 정도의 시공간적 기능의 상실을 대가로 우반구에 언어 기능을 우겨넣는 듯하다. 반면 좌반신 마비를 낳는 우반구 병변은 언어 능력에 손상을 주지 않는다.

웩슬러 성인용 지능검사의 언어와 동작성 IQ 점수를 통해 관찰된 이러한 결과 패턴은 **그림 23.17**에 요약되어 있다. 좌반구 병변은 언어와 동작성 점수 모두 부진하게 만들었다. 우반구 병변은 동작성 점수에만 악영향을 주었다. 후속 연구에서 Woods(1980)는 1세 이전에 발생한 병변의 영향을 살펴보았다. 우반구 병변이 언어와 동작성 지능 모두에 부정적 영향을 주었다는 것이 주된 발견이었다. Daria Riva와 L. Cazzaniga(1986)의 연구는 이러한 결과를 검증해주었고, 1세 이전에 발생한 병변이 1세 이후에 발생한 병변보다 전반적으로 더 심각한 손상을 낳는다고 지적했다.

1~5세 사이에 발생한 병변이라 하더라도 언어 기능의 모든 양상이 보존될 수 있는 것은 아니다. Woods(1987)는 따라말하기 과제에서 성인기의 우반구와 좌반구 병변이 동등한 손상을 낳는다는 것을 발견했다. 초기 좌반구 병변의 경우 말하기 능력이 상당히 보존되었음에도 불구하고, 이러한 과제에서 초기 아동기 병변에 따른 손상은 사실상 성인기에 병변이 발생한 경우와 같은 수준이었다.

언어의 재조직화

초기 뇌 손상 이후에도 언어의 통제가 우반구로 이동함에 따라 기능이 보존된다는 증거는 세 가지 추가 질문으로 이어진다. 어떤 언어 기능이 이동하는가? 어떤 종류의 뇌 손상이 기능 이동을 야기하는가? 어떤 연령대 구간에서 기능 이동이 일어날 수 있을까? Ted Rasmussen과 Brenda Milner(1975, 1977)가 처음 두 질문에 대해 실험적으로 답하는 데 성공했지만, 세 번째 질문은 아직 완전히 해결되지 않았다.

Rasmussen과 Milner는 경동맥에 나트륨 아모바르비탈을 주입하는 방법과 이분 청취 과제(11.2절과 11.3절 참조)를 이용함으로써 어린 시절 좌반구 손상을 겪고 수년 뒤 합병증으로 인해 다시 병원을 찾은 많은 수의 환자에게서 언어 영역의 위치를 찾아냈다. 이 환자들은 **표 23.6**에 나타난 것과 같이 세 집단으로 나누어졌다. 첫 번째 집단에서는 언어 기능이 좌반구에 위치했고, 두 번째 집단에서는 양쪽 반구 모두에서 표상되었으며, 세 번째 집단에서는 우반구에 위치했다. 좌반구에 언어 기능이 있었던 환자들의 경우 전측 언어 영역(브로카 영역) 또는 후측 언어 영역(베르니케 영역)에서는 뇌 손상이 관찰되지 않았다.

언어 기능의 편재화에서 변화를 일으키지 않았던 뇌 손상의 예가 **그림 23.18A**에 소개되어 있다. 두 경우 모두 광범위한 병변이지만, 이분 청취 과제 결과 오른쪽 귀의 우세(피검자의 언어가 좌반구에 편재화되어 있다는 증거)가 나타났다. 좌반구에 나트륨 아모바르비탈을 주입한 후 실시한 검사에서는 이름대기 과제(검사자가 사물을 보여주며 "이것이 무엇입니까?"라고 질문하면 그에 답하는 과제)와 따라말하기 과제(들려주는 단어 또는 문장을 따라 말하는 과제) 모두에서 언어 기능 마비가 나타났다. 그림 23.18A에서 전측 언어 영역과 후측 언어 영역은 각각 초록색과 노란색으로 표시되어 있다.

언어 기능이 완전히 우반구로 이동하는 결과를 낳았던 병변의 예는 그림 23.18B에 표시되어 있다. 이 환자는 이분 청취 검사에서 왼쪽 귀의 우세를 보였고, 우반구에 나트륨 아모바르비탈을 주

그림 23.17 ▼

웩슬러 성인용 지능검사 내 각 소검사 점수
연구에 참가한 성인들은 영아기에 좌반구 또는 우반구에 병변이 생겼고 그에 따른 편측 마비 증세를 보였다. 좌반구 병변의 경우 언어와 동작성 점수 모두 부진한 반면, 우반구 병변의 경우 동작성 점수만 부진하다는 점에 주목하자(평균 IQ 점수는 100이다). 이러한 결과는 언어 기능이 우반구로 옮겨갈 경우 변화에 적응하기 위해 본래 우반구에서 담당해야 하는 기능이 희생된다는 점을 시사한다. 반대로 우반구의 기능은 좌반구의 언어 기능을 방해할 정도로 충분히 이동하지 않는다.
(Data from Teuber, 1975.)

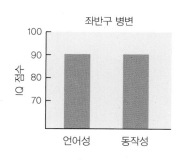

좌반구 병변

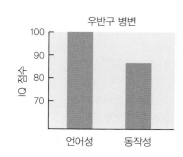

우반구 병변

표 23.6　어린 시절 뇌 손상에 따른 언어 표상 위치의 변화

		언어 표상이 발생하는 비율		
	우세손	좌반구	양 반구	우반구
어린 시절 뇌 손상이 없는 조건	오른손잡이	96	0	4
	왼손 또는 양손잡이	70	15	15
어린 시절 뇌 손상을 경험한 조건	오른손잡이	81	7	12
	왼손 또는 양손잡이	28	19	53

출처 : Rasmusen and Milner, 1975, pp. 248–249.

입하자 이름대기 과제와 따라말하기 과제에서 실어증 증세를 보였다. 그림에 표시된 병변이 전측 언어 영역과 후측 언어 영역 모두를 손상시켰다는 것에 주목하자. 이는 초기 좌반구 손상 이후 우반구 언어 기능이 발달한 환자에게서 전형적으로 관찰되었다.

언어 처리에 양 반구를 사용했던 환자들의 병변은 그림 23.18C와 D에 나타나 있다. 그림 23.18C에 표시된 병변의 소유자는 6세에 전측 언어 영역을 포함하는 좌반구 전두엽에 큰 병변을 얻었다. 18세가 되었을 때 이 환자는 오른손잡이였고, 숫자에는 오른쪽 귀 우세를, 멜로디에는 왼쪽 귀 우세를 보였다. 나트륨 아모바르비탈을 좌반구에 주입하자 따라말하기 장애는 나타났으나 이름대기에서는 비교적 적은 문제가 발생했고, 우반구에 주입하자 따라말하기와 이름대기 모두에서 장애가 나타났다.

숫자에 대한 오른쪽 귀 우세는 좌반구에 언어 기능이 존재함을 의미하며, 좌반구에 나트륨 아모바르비탈이 주입된 후 따라말하기 과제를 수행하지 못한 것 역시 좌반구의 후측 언어 영역이 기능함을 의미하므로, 이 환자가 지닌 병변이 후측 언어 영역의 기능을 완전히 우반구로 이동시키지 않았다고 결론 내릴 수 있다. 이름대기 과제는 우반구에 나트륨 아모바르비탈 주입 후 영향을 받았기 때문에 전측 언어 영역의 기능은 우반구로 이동한 것으로 추정된다.

그림 23.18D에 나타난 병변을 가지고 있던 환자는 2.5세에 뇌의 후측에 큰 병변이 발생했다. 16세에 검사를 받을 때 이 환자는 왼손잡이였고, 숫자와 멜로디 모두 왼쪽 귀 우세를 보였다. 나트륨 아모바르비탈 검사 결과, 이름대기 과제는 우반구와 좌반구 주입 모두에 영향을 받았으며, 따라말하기는 우반구 주입에만 영향을 받았다. 이 경우, 생애 초기에 발생한 후측 뇌의 큰 병변이 후측 언어 영역의 기능은 우반구로 이동시켰지만 전측 언어 영역의 기능은 좌반구에 어느 정도 남아 있게 한 것으로 보인다.

지금까지 설명한 연구의 결과들, 특히 Rasmussen과 Milner (1975, 1977)의 연구 결과를 보면, 언어 기능은 좌반구에 귀속되려는 경향이 매우 강하여 중추 전체가 파괴되지 않는 한 좌반구에

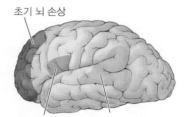

(A) 언어 영역의 이동 없음

초기 뇌 손상

전측 언어 영역
(브로카 영역)　　후측 언어 영역
(베르니케 영역)

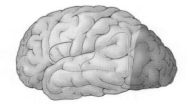

(B) 언어 기능이 완전히 이동함

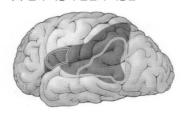

(C) 전측 언어 영역의 기능이 이동함

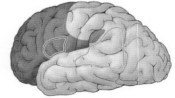

(D) 후측 언어 영역의 기능이 이동함

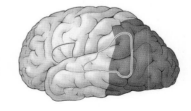

그림 23.18 ▲

언어의 재조직화　초기 뇌 손상과 언어 처리가 발생하는 뇌 반구의 관계. (A) 전측 또는 후측 병변(빨간색) 이후에도 언어 기능이 좌반구에 남아 있었다. (B) 전측–후측 병변에 의해 모든 언어 기능이 우반구로 이동했다. (C) 전측 병변으로 인해 전측 언어 영역이 우반구로 이동하며 양 반구에서 언어 표상이 이루어지게 되었다. (D) 후측에 병변이 발생함에 따라 후측 언어 영역이 우반구로 이동하며 마찬가지로 양 반구에서 언어 표상이 이루어졌다. (Research from Rasmussen and Milner, 1977.)

유지된다. 또한 중추 전체가 망가진 경우라도 기능의 일부만 우반구로 이동할 수 있다. 이렇듯 언어와 좌반구의 강한 연결성은 좌반구의 선천적인 해부학적 조직에 기반을 둔 것으로 해석된다. Rasmussen 과 Milner는 어린 시절 좌반구 병변이 발생한 환자들을 연구하며 5세 이후에 생긴 좌반구 병변은 언어 패턴에 변화를 주는 일이 드물다는 사실에도 주목했다.

따라서 이 연구자들은 6세 이후의 기능 회복은 언어 기능이 우반구로 이동했기 때문이 아니라 좌반구 언어 영역 주변의 손상되지 않은 영역이 언어 통제 능력을 획득하며 좌반구 내 재조직화가 일어났기 때문이라고 추론했다. Woods와 Teuber의 연구 결과도 이를 뒷받침한다. 그림 23.17에서 묘사된 바와 같이 좌반구 병변은 언어성과 동작성 IQ 모두에 악영향을 주었지만 우반구 병변은 그렇지 않았다는 것을 떠올려보자. 이러한 결과는 우반구가 언어 기능에 관해 좌반구와 동등한 잠재력을 가지고 있지 않다는 것을 보여준다.

비록 여러 연구 결과들이 '언어는 좌반구' 가설을 지지하기는 하지만 아직 더 많은 기능적 검증이 필요하다. 좌반구 우세를 확립하기 위해서는 언어의 연습이 필수적이기 때문이다. Woods(1987; Woods & Teuber, 1973)가 보고한 바에 따르면 1세 이전에 좌반구 병변이 발생할 경우 언어성과 동작성 IQ 모두가 심각하게 낮아진다. 1세 이후 좌반구 병변이 생길 경우 언어성과 동작성 IQ 모두 영향을 받지 않는다. 우반구 병변은 어느 연령대에 발생하든 동작성 IQ 점수에만 악영향을 미친다. 1세 이전에 발생한 병변의 영향은 언어 기능이 아직 미처 충분히 자리 잡지 못했거나 동작성 기능에 의해 침범당해 발달이 방해받았기 때문에 나타났을 가능성이 있다. 하지만 이러한 가능성은 아직 추측에 불과하며, IQ 점수도 언어 능력을 측정하는 완전한 도구가 아니라는 점을 간과해서는 안 된다. 따라서 이러한 환자들에 대하여 언어적인 검사들을 활용한 보다 체계적인 연구가 요구된다.

양 반구 병변에 따른 언어의 상실

아동기에 양 반구 병변이 발생하는 경우는 드물다. 비록 드물기는 하지만 일단 양 반구 병변이 발생하게 되면 언어의 습득 또는 재습득을 위한 뇌의 가소성이 관찰되지 않는다. Faraneh Vargha-Khadem 과 Gordon Watters(1985)의 연구 결과를 살펴보자.

A.C.는 태내에서 건강하게 성장했으나 분만 과정이 순조롭지 않아 포셉으로 견인되어 태어났다. 다음 날부터 A.C.는 뇌전증 발작 증세를 보이기 시작했다. 그는 항경련제를 투여받았고, 몇 주간의 치료 끝에 발작 증상이 완치되었다. 걷기 시작하면서 그에게 좌반신 편측 부전마비가 나타나 왼쪽 팔다리의 움직임에 영향을 주었다. 언어 발달은 상당히 지체되었고 몇 가지 두 단어 길이를 말하는 것 이상으로 발전되지 못했다. 가끔 문장을 구성하려고 노력하기는 했지만 다른 사람들이 이를 알아들을 수 없었다. 타인의 지시사항을 따를 수 있었던 것으로 보아 언어 이해 능력은 어느 정도 보존된 것으로 추정되었지만, 순차적으로 제시되는 여러 개의 지시를 따르는 능력을 평가하는 토큰 검사 수행 결과는 좋지 않았으며, 다른 언어 능력 검사들 대부분에서도 매우 낮은 수행 능력을 보였다. 그와 동시에 IQ 검사의 비언어적 영역에서의 결과상으로 그의 지능은 최소한 평균 수준이었다.

A.C.가 6.5세일 때 촬영한 CT 스캔 결과, 좌반구 브로카 영역에 국한된 병변과 우반구 감각운동피질의 중앙 부위에 국한된 병변이 발견되었다. 즉 우반구 브로카 영역과 양 반구 후측 언어 영역이 전혀 손상되지 않았음에도 그는 언어를 습득하는 데 실패했다. 만약 그에게 2개의 병변 중 좌반구의 병변만 있었다면 언어 습득이 가능했을 수 있다. 그가 보다 평균적인 수준의 언어 발달을 이룰 수 있도록 충분한 가소성이 나타나지 않은 이유는 알 수 없지만, 이러한 사례는 뇌의 가소성이 적어도 어느 한쪽의 반

구가 온전할 때 나타나는 것 같다는 점을 시사한다.

◎ 23.7 초기 뇌 손상 이후의 가소성 연구

영아기에 입은 뇌 손상 이후의 기능 회복을 이뤄내는 기제에 관해서는 실험실 동물에게 손상 연령과 위치를 체계적으로 변화시켜 뇌 손상을 가함으로써 실험적으로 연구가 가능하다. 먼저 손상이 행동적인 면에 미치는 영향을 살펴본 후 해부학적으로 어떤 상관요인들이 있을지 알아보자.

초기 뇌 병변이 이후 삶에서의 행동에 미치는 영향

지금까지 인간 영아들에서 뇌에 손상을 입은 연령과 부상에 따른 기능적 결과의 관계를 살펴보았다. 이러한 현상은 실험실 동물들에서도 유사한 형태로 관찰될 것이라 예상할 수 있는데, 23.6절에서 언급한 바 있듯이 Kennard는 영아기에 운동피질 병변을 얻은 원숭이가 성인기에 비슷한 병변을 얻은 원숭이보다 더 나은 수준의 기능적 결과를 나타냈음을 보였다. 이와 같은 관점은 실험실 연구들을 통해 모순되는 결과들이 발견되기 시작한 1970년대까지 틀림없는 것으로 여겨졌다. 하지만 모든 과학 분야가 그렇듯이 현실은 우리가 묘사하는 것보다 훨씬 복잡하며, 현재에 이르러 우리는 많은 요인들이 Kennard 원칙의 전반적인 신인도(dependability)에 영향을 준다는 것을 알 수 있다. 그러한 요인에는 손상을 입은 뇌 영역을 비롯하여 손상 시기의 정확한 발달 단계, 기능 평가를 실시한 연령, 행동 측정의 종류, 그리고 생식 호르몬에의 노출이 포함된다(Kolb, 1995 참조).

1980년대 초기부터 본 저자들은 18일 된 배아에서 청년기까지의 다양한 나이대의 쥐의 피질에서 사실상 모든 영역을 제거해보았다(Kolb et al., 2013 참조). 연구 결과, 일반적으로 기능 회복은 피질 손상이 가해진 정확한 발생학적 나이에 따라 달라진다는 것을 발견했다(표 23.7). 신경 생성 시기에 양 반구 피질에 손상을 입은 경우에는 기능 회복이 거의 완전했다.

신경 생성 시기에 입은 손상으로 인한 손상을 상쇄하는 뇌의 능력은 놀라울 정도이다. Sam Hicks와 Constance D'Amato(1973)는 40년도 전에 피질 신경 생성 초기의 발달 중인 뇌에 방사선을 쪼여 대뇌 전체를 파괴하면 뇌가 잃어버린 세포의 상당 부분을 재생산함으로써 피해를 상쇄함을 발견하였다. 요컨대 대뇌가 방사선 처치에 의해 파괴되자 줄기세포가 새로운 피질 뉴런을 과생산하는 방식으로 이에 대처하였고, 상실한 세포의 약 50%까지 만회해냈다.

반면에 쥐가 생후 며칠이 지난 후 피질에 손상을 입으면 이 시기는 세포 이동과 분화가 일어나는 때이므로 기능적 손상이 어마어마하다. 이 시기의 손상을 입는 경우 조금 더 나이가 들었을 때 손상을 입는 것보다도 오히려 부상의 영향이 훨씬 심각하다. 이러한 낮은 기능적 결과는 병변의 크기나 특정한 피질 영역에 손상을 입었기 때문이 아니라 이 발달적 시기 동안의 피질이 지니는 어떠한 특성이 손상에 특히 취약하게 만들기 때문에 발생한다. 예를 들면, 이 시기의 손상은 시냅스 형성을 방해하거나 줄기세포 활동을 변형시킬 가능성도 있다. 하지만 이러한 발달 시기가 지나고 나면 뇌는 다시 손상에 따른 피해를 상쇄할 수 있게 된다.

생후 7~12일 사이의 쥐가 피질에 손상을 당하는 경우 성체가 되

표 23.7 **쥐의 각 나이대에서의 전두피질 손상에 따른 영향**

부상 시기	행동적 결과	해부학적 결과
E18	기능 회복	전반적인 구조적 이형 평균에 가까운 뇌 크기
P1~P5	낮은 수준의 기능적 결과	작은 뇌, 수상돌기 위축 비정상적인 연결
P7~P12	기능 회복	신경 생성, 성상세포 생성 시냅스 수 증가
P120	기능의 부분적 회복	수상돌기 위축, 재성장

E18 : 18일 된 배아, P : 출생 이후 일수

출처 : Kolb and Gibb, 2007.

었을 때 다른 연령대에 비슷한 병변을 얻은 개체들에 비해 월등한 행동 능력을 보인다. 실제로 어떤 행동 검사에서는 이들이 거의 완벽한 회복을 이루었음을 보이기도 한다. 특히 이들은 다양한 공간탐색 문제해결 방법을 학습하는 등의 인지 과제 수행에서 운동 기능 검사 수행보다 더 큰 회복을 보인다.

이와 같은 결과들은 중증의 뇌전증 등에 치료법으로 이용되는 대뇌반구 절제술(hemispherectomy, 한쪽 반구 전체를 제거하는 수술, 제10장 사례 보기 참조)이나 반구피질 절제술(hemidecortication, 한쪽 반구 전체의 피질을 제거하는 수술)의 영향을 보면 더욱 복잡해진다. 반구피질 절제술이 어린 나이에 행해질수록 기능 회복의 정도가 크다.

즉 태어난 날 반구피질 절제술을 받은 쥐들은 이후에 절제술을 받은 쥐들에 비해 기능적 결과가 훨씬 뛰어나다. 이는 기능 회복을 이루어내는 곳이라고 추정되는 온전한 반구에서의 세포 이동과 분화에 병변이 간섭하지 않기 때문에 가능한 것으로 설명된다. 한쪽 반구에만 손상을 입는 것과 높은 회복가능성 간의 관계는 이전에 다루었던 피질 손상이 인간 영아의 언어 발달에 미치는 영향을 상기시킨다. 양 반구의 손상이 영구적인 실어증을 초래했던 A.C.의 사례를 떠올려보자.

초기 뇌 손상 연구에 정기적으로 이용되었던 다른 실험실 동물들로는 고양이와 붉은털원숭이가 유일하다. 쥐와 고양이, 원숭이를 비교하는 데 있어 이들이 모두 같은 발달 나이에 태어나지 않는다는 점을 고려해야 한다. 쥐는 고양이에 비해 미성숙한 단계에서 태어난다. 비록 쥐와 고양이는 둘 다 태어날 당시 매우 연약하고 일정 시간이 경과해야 눈을 뜰 수 있게 되기는 하지만 말이다. 고양이는 원숭이보다 훨씬 미성숙하게 태어나며, 원숭이는 인간과 비교해서도 더 성숙해서 태어난다. **그림 23.19**는 쥐와 인간의 출생 시 상대적 발달 나이를 대략적으로 비교하여 보여준다. Jaime Villablanca와 동료들(1993)은 출생 시의 발달 나이가 혼재변인임을 강조하며, 그림 23.19를 보면 예측할 수 있듯이 갓 태어난 쥐와 마찬가지로 태아기에 뇌 손상을 입은 고양이는 이보다 나중에 시냅스 형성 시기에 병변이 생긴 고양이에 비해 기능적으로 우월하다고 결론지었다.

발달 과정상의 뇌 손상에서 손상 위치가 얼마나 중요한지는 영아기 원숭이의 측두엽에 크기와 위치를 달리하여 손상을 가한 Jocelyne Bachevalier와 Mort Mishkin(1994)의 연구에서 잘 드러났다. 첫 연구에서 그들은 신생아 원숭이의 시각계에서의 병변이 그림 23.11과 같은 지연 표본 비대응 과제의 수행에 미치는 영향을 살펴보았다. 성체 원숭이에서는 내측 측두피질과 보다 외측의 신피질(TE 영역)의 병변이 과제 수행 능력을 크게 손상시켰고, 이는 특히 물체의 제시 사이 간격이 길어질수록 더욱 심하게 나타났다. 연구진들은 생후 1~2주가 지난 원숭이들의 뇌에서 해당 영역을 제거한 후 이들이 생후 10개월이 되었을 때부터 표본 비대응 과제를 시행했다. 내측 측두피질에 병변이 있었던 원숭이들은 성체가 된 이후에 같은 영역에 병변이 발생한 원숭이들과 비슷한 수준으로 낮은 수행을 보인 반면, 영아기에 TE 영역에 병변을 얻은 원숭이들은 성체가 된 이후에 병변이 생긴 원숭이들에 비해 훨씬 나은 수행을 보였다.

이와 같은 결과들은 어떤 뇌 손상의 경우가 다른 경우에 비해 더 나은 기능적 회복을 이룰 수 있음을 보여준다. 후속 연구에서 Bachevalier와 동료들(2001)은 영아기에 내측 측두 영역에 병변을 얻은 원숭이들의 사회적 행동을 살펴보았다. 해당 원숭이들은 성장함에 따라 다른 원숭이들과의 사회적 접촉을 피하고, 판에 박힌 행동과 과도한 자기주도 행동을 보였으며, 표정이 결여되어 있었다. 즉 이들은 자폐증인 것처럼 보였다.

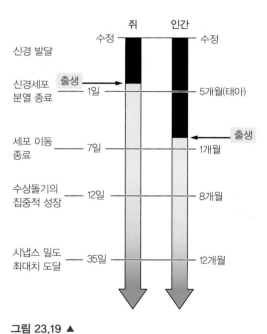

그림 23.19 ▲

발달 나이 이 그림은 수정 이후 다양한 시기에서 쥐의 뇌와 인간의 뇌의 발달 나이를 비교하여 보여주고 있다. 출생일은 신경 발달 단계와 관련이 없음에 주목하자.

측두엽 병변이 편도체와 비내피질에 국한되어 있으면 자폐적 행동이 나타나기는 하지만 심각한 정도는 아니었다. 병변이 해마방회와 해마에 국한되어 있으면 자폐적 행동은 성인기에만 나타났다. 신생아기에 TE 영역에 손상을 입은 원숭이들은 자폐는 아니었지만 과잉 행동을 보였다. 이러한 행동은 다른 성체 원숭이들로 하여금 짜증을 유발하여 이들과 소통을 원하지 않게 만들었다.

초기 뇌 병변이 이후 삶에서의 뇌 구조에 미치는 영향

이론적으로 뇌는 다음 세 가지 방법을 통해 초기 손상 이후 회복을 돕는 가소적 변화를 보일 수 있다.

1. **뇌에 남아 있는 온전한 회로 조직의 변화.** 기본적인 개념은 뇌가 '최소 자원으로 최대 효과를 누리도록' 재조직화할 수 있다는 것이다. 대뇌피질처럼 복잡하게 통합된 구조가 대규모의 피질 연결망 재조직화를 할 리는 없다. 대신 피질 손상으로부터의 회복은 직간접적으로 손상을 입은 부위의 국소적인 피질 회로에서 조직을 변화시킴으로써 이루어낼 가능성이 크다. 어린 뇌에서 피질 연결망의 상당한 재조직화가 가능할 수는 있지만, 실험실 동물을 대상으로 한 많은 연구 결과 이러한 재조직화 가능성은 상당히 낮으며, 설사 재조직화가 일어난다고 해도 회복될 확률만큼 이상 기능으로 연결될 확률도 높다.

2. **새로운 회로망의 생성.** 우리는 앞서 건강한 뇌의 경험에 의해 대뇌의 재조직화가 촉진될 수 있다는 증거를 살펴보았다. 또한 경험이나 약물 등의 처치가 남아 있는 뇌의 회복 과정에 영향을 주거나 새로운 회로의 생산성을 높일 수 있다고 보는 것이 타당하다. 이렇게 유도된 신경 변화 역시 뇌 전반에 걸쳐 일어나는 것이 아니라 내재적인 조직 내에서 발생한다.

3. **상실한 뉴런의 일부를 대체하기 위한 뉴런과 교세포의 생성.** 앞서 설명했듯이 뇌의 뉴런과 교세포를 만들어내는 줄기세포는 일생 동안 뇌실하 영역에서 활동한다. 이에 따라 특히 발달 과정에 있을 때에는 손상을 당한 후 뉴런의 생성이 촉진될 수 있으며, 이때 생겨난 새로운 뉴런이 손상이나 병에 의해 상실된 뉴런들을 대체할 수 있다(예 : Kolb et al., 1998 참조).

초기 손상 이후 대뇌의 가소성을 설명하는 위의 세 가지 가능성 모두 각각을 지지하는 증거가 존재한다(Kolb et al., 2013).

초기 손질 부상 이후 가소성에 영향을 주는 요인

건강한 뇌는 일반적인 감각 경험에서부터 생식 호르몬과 **향신경성 요소**(neurotrophic factor)에 이르기까지의 다양한 요인에 의해 영향을 받는다. 향신경성 요소란 발달 중인 뉴런의 성장과 분화를 돕고 성인기에 뉴런들이 살아 있도록 해주는 화합물을 의미한다. 이러한 모든 요인은 손상을 입은 뇌에도 영향을 줄 수 있으리라 추정된다. 비록 지금까지의 거의 모든 연구가 쥐를 대상으로 이루어지긴 했지만, 다양한 범위의 요인들이 기능적 회복을 촉진할 수 있다는 결과는 충분히 설득력 있다(표 23.8).

아마도 가장 강력한 처치는 촉각 자극일 것이다. 일련의 연구들에 따르면 영아기의 쥐를 부드러운 빗으로 10일간 하루 3회 15분씩 쓰다듬는 것이 출산 전후에 전두피질, 두정피질, 또는 운동피질에서 발생한 병변에 대하여 성인기에 상당한 기능적 회복을 낳을 수 있다(Kolb & Gibb, 2010). 촉각 자극은 남아 있는 피질의 시냅스 생성을 증진시키는데, 이는 아마 이러한 처치가 피부에서 신경 성장 요소의 생산을 증가시키고 혈액 내의 증가된 성장요소가 피질의 회복 과정을 자극하기 때문인 것으로 보인다.

표 23.8   각 요인이 초기 피질 병변 이후 가소성에 미치는 영향

처치	행동적 결과	해부학적 결과
촉각 자극	P4 전두피질, 운동피질, 또는 두정피질의 병변 이후 회복	수상돌기 성장, 향신경성 인자 증가, 아세틸콜린 증가
핸들링	변화 없음	시냅스 가지치기
태아기 촉각 자극(임신 중인 어미에게 주어진 촉각 자극)	P4 전두피질 병변 이후 회복	수상돌기 성장
젖을 뗄 시기부터 복잡한 환경에서 양육	P4 전두피질 또는 두정피질 병변 이후 회복	수상돌기 성장
니코틴	P3 전두피질 병변 이후 회복	아세틸콜린이 수상돌기의 변화 증가?
콜린 보충	P4 병변 이후 빠른 회복	수상돌기 성장 증가
호르몬 고갈	P7 전두피질 병변 이후 회복 방해	수상돌기 변화 방해
노르아드레날린 고갈	P7 전두피질 병변 이후 회복 방해	수상돌기의 과도한 발달 저지

P : 출생 후 일수
출처 : Research from Kolb, Comeau, and Gibb (2008), and Kolb, Halliwell, and Gibb (2010).

Gibb과 동료들(2014)의 발견은 더욱 흥미롭다. 그들은 복잡한 거주 환경이나 임신한 어미에게 가한 촉각 자극을 포함한 태아기 경험이 아직 태어나지 않은 자식이 성인기에 지니게 될 뇌의 시냅스 조직에 영향을 줄 수 있을 뿐 아니라, 영아기에 발생한 피질 병변으로부터의 회복까지도 촉진할 수 있다는 것을 발견했다. 이러한 행동적 영향의 기제는 아직 알려지지 않았다. 그러나 아마도 유전자의 발현에서 변화가 일어나서 하나 혹은 그 이상의 향신경성 요소의 생산이 증가되는 것과 관련되어 있을 것으로 추정할 수 있다.

요약

23.1 뇌 발달 연구를 위한 접근법

뇌 발달을 연구하는 데에는 특정 행동과 발달 단계의 상관을 보는 방법, 인지 발달을 연구하여 어느 뇌 구조가 성숙한 결과인지 추정하는 방법, 그리고 뇌와 행동 발달에 영향을 주는 요인을 살펴보는 방법이 있다. 현재 수준의 뇌 발달과 가소성에 대한 이해는 세 가지 종류의 연구 결과들이 모두 합쳐진 결과이다.

23.2 인간 뇌의 발달

인간의 뇌 성숙 과정은 길고 청소년기를 훌쩍 지나서도 지속된다. 뇌의 기본적인 구성요소인 뉴런은 생성되고 이동하며 성장 과정이 진행됨에 따라 다른 뉴런과 연결을 맺는다. 뇌는 몹시 많은 수의 뉴런과 이보다 더 많은 수의 연결을 가지기 때문에 갓 태어난 뇌에서는 필요 이상의 뉴런과 연결이 생겨났다가 가지치기를 통해 안정적인 성인 수준의 수를 유지하게 된다. 청소년기의 뇌는 아동기와 성인기 둘 모두와 근본적으로 다르며, 이러한 차이는 청소년기에 관찰되는 독특한 행동들과 상관이 있다.

23.3 뇌 발달에 관한 뇌영상 연구

전 생애에 걸쳐 MRI 기술의 사용이 증가하고 fNIRS 기법이 등장함에 따라 뇌 성숙 과정에 대한 새로운 이해가 가능하게 되었다. 인간의 대뇌피질은 4세 이전부터 적어도 30세가 될 때까지 피질 두께가 점차 감소함으로써 형태를 갖추게 된다. 이러한 변화는 뇌의 일차 영역에서 처음 발생하여 이후 이차, 삼차 영역들로 확장되며, 인지 발달 수준과 역상관이 있다.

23.4 문제해결 능력의 발달

행동과 인지 능력은 가장 기본적인 것부터 점차 복잡한 것에 이른다는 유사한 발달 순서에 따라 이루어진다. Piaget에 의해 밝혀진 인지 발달 단계는 뇌의 성장폭발과 상관이 있다. 인지 발달의 신경심리학적 척도는 뇌의 기저핵과 대뇌피질 구조의 변화와 상관 있다. 하지만 감각 입력 없이는 발달이 일어나지 못한다. 즉 뇌가 건강하게 발달하는 데 경험이 가장 큰 영향을 준다. 이러한 영향은 대뇌피질의 형태학과 피질 연결의 패턴뿐 아니라 표상 지도에서도 잘 나타난다.

23.5 환경이 뇌 발달에 미치는 영향

'정상적인' 경험이 뇌의 발달에 중요한 역할을 하듯이 비정상적인 경험 역시 뇌의 구조와 행동을 변화시킬 수 있다. 더욱이 발달 과정을 거치는 동안 뇌에 교란이 생길 경우 뇌 발달에 크게 영향을 주어 심각한 행동 이상을 야기할 수 있다.

23.6 뇌 손상과 가소성

경험이나 손상에 대한 뇌의 민감성은 시간에 따라 달라지는데, 이는 각각의 구별된 발달 단계에서 각기 다른 뇌 영역이 다른 종류의 사건들에 특히 민감하기 때문이다. 초기 손상 이후의 기능적 회복은 남아 있는 회로의 변화나 새로운 (이상) 회로의 생성, 또는 뉴런과 교세포의 생성의 결과로 이루어질 수 있다.

23.7 초기 뇌 손상 이후의 가소성 연구

초기 피질 손상으로부터의 회복은 다양한 요인에 의해 영향을 받을 수 있다. 이러한 요인에는 경험, 호르몬, 스트레스, 약물, 그리고 향신경성 인자가 포함된다. 이와 같은 요인들은 뉴런의 생성, 교세포 생성, 그리고 시냅스의 보수 과정을 자극한다.

참고문헌

Alajouanine, T., and F. Lhermitte. Acquired aphasia in children. *Brain* 88:653–662, 1965.

Anda, R. F., V. J. Felitti, J. D. Bremner, J. D. Walker, C. Whitfiedd, B. D. Perry, S. R. Dube, and W. H. Giles. The enduring effects of abuse and related adverse experiences in childhood: A convergence of evidence from neurobiology and epidemiology. *European Archives of Psychiatry and Clinical Neuroscience* 256:174–186, 2006.

Bachevalier, J., L. Malkova, and M. Mishkin. Effects of selective neonatal temporal lobe lesions on socioemotional behavior in infant rhesus monkeys (*Macaca mulatta*). *Behavioral Neuroscience* 115:545–559, 2001.

Bachevalier, J., and M. Mishkin. Effects of selective neonatal temporal lobe lesions on visual recognition memory in rhesus monkeys. *Journal of Neuroscience* 14:2128–2139, 1994.

Basser, L. Hemiplegia of early onset and the faculty of speech with special reference to the effects of hemispherectomy. *Brain* 85:427–460, 1962.

Blakemore, C., and D. E. Mitchell. Environmental modification of the visual cortex and the neural basis of learning and memory. *Nature* 241:467–468, 1973.

Bourgeois, J.-P. Synaptogenesis in the neocortex of the newborn: The ultimate frontier for individuation? In C. A. Nelson and M. Luciana, Eds. *Handbook of Developmental Cognitive Neuroscience*. Cambridge, Mass.: MIT Press, 2001.

Casey, B. J., K. M. Thomas, and B. McCandliss. Applications of magnetic resonance imaging to the study of development. In C. A. Nelson and M. Luciana, Eds. *Handbook of Developmental Cognitive Neuroscience*, pp. 137–147. Cambridge, Mass.: MIT Press.

Caviness, V. S., Jr., and R. L. Sidman. Time of origin of corresponding cell classes in the cerebral cortex of normal and reeler mutant mice: An autoradiographic analysis. *Journal of Comparative Neurology* 148:141–152, 1973.

Cryan, J. F., and T. G. Dinan. Mind-altering microorganisms: The impact of gut microbiota on brain and behaviour. *Nature Reviews Neuroscience* 13:701–712, 2012.

Diaz Heijtz, R., S. Wang, F. Anuar, Y. Qian, B. Bjorkholm, A. Samuelsson, M. Hibberd, H. Forssberg, and S. Pettersson. Normal gut microbiota modulates brain development and behavior. *Proceedings of the National Academy of Sciences U.S.A.* 108:3047–3052, 2011.

Dinan, T. G., C. Stanton, and J. F. Cryan. Psychobiotics: A novel class of psychotropic. *Biological Psychiatry* 74:720–726, 2013.

Dominguez-Salas, P., S. E. Moore, M. S Baker, A. W. Bergen, S. E. Cox, R. A. Dyer, et al. Maternal nutrition at conception modulates DNA methylation of human metastable epialleles. *Nature Communications* doi: 10.1038/ncomms4746, 2014.

Elbert, T., S. Heim, and B. Rockstroh. Neural plasticity and development. In C. A. Nelson and M. Luciana, Eds. *Handbook of Developmental Cognitive Neuroscience*, pp. 191–204. Cambridge, Mass.: MIT Press, 2001.

Epstein, H. T. Growth spurts during brain development: Implications for educational policy and practice. In J. S. Chard and A. F. Mirsky, Eds. *Education and the Brain*. Chicago: University of Chicago Press, 1978.

Flechsig, P. *Anatomie des menschlichen Gehirns und Ruckenmarks.* Leipzig: Georg Thieme, 1920.

Gibb, R., C. Gonzalez, and B. Kolb. Prenatal enrichment and recovery from perinatal cortical damage: Effects of maternal complex housing. *Frontiers in Behavioral Neuroscience* doi: 10.3389/fnbeh.2014.00223, 2014.

Giedd, J. N., and J. L. Rapoport. Structural MRI of pediatric brain development: What have we learned and where are we going? *Neuron* 67:728–734, 2010.

Gogtay, N., J. N. Giedd, L. Lusk, K. M. Hayashi, D. Greenstein, A. C. Valtuzis, T. F. Nugent III, D. H. Herman, L. S. Clasen, A. W. Toga, J. L. Rapoport, and P. M. Thompson. Dynamic mapping of human cortical development during childhood and adolescence. *Proceedings of the National Academy of Sciences of the U.S.A.* 101:8174–8179, 2004.

Gould E., P. Tanapat, N. B. Hastings, and T. J. Shors. Neurogenesis in adulthood: A possible role in learning. *Trends in Cognitive Science* 3:186–192, 1999.

Guttman, E. Aphasia in children. *Brain* 65:205–219, 1942.

Halliwell, C., W. Comeau, R. Gibb, D. O. Frost, and B. Kolb. Factors influencing frontal cortex development and recovery from early frontal injury. *Developmental Rehabilitation* 12:269–278, 2009.

Hebb, D. O. *The Organization of Behavior.* New York: McGraw-Hill, 1949.

Hécaen, H. Acquired aphasia in children and the ontogenesis of hemispheric functional specialization. *Brain and Language* 3:114–134, 1976.

Hicks, S. P., and C. J. D'Amato. Effects of ionizing radiation on developing brain and behavior. In G. Gottlieb, Ed. *Studies on the Development of Behavior and the Nervous System*, pp. 35–72. New York: Academic Press, 1973.

Himmler, B.T., S. M. Pellis, and B. Kolb. Juvenile play experience primes neurons in the medial prefrontal cortex to be more responsive to later experiences. *Neuroscience Letters* 556:42–45, 2013.

Hirsch, H. V. B., and D. N. Spinelli. Modification of the distribution of receptive field orientation in cats by selective visual exposure during development. *Experimental Brain Research* 13:509–527, 1971.

Holloway, V., D. G. Gadian, F. Vargha-Khadem, D. A. Porter, S. G. Boyd, and A. Connelly. The reorganization of sensorimotor function in children after hemispherectomy. *Brain* 123:2432–2444, 2000.

Johnson, D. E., D. Guthrie, A. T. Smyke, S. F. Koga, N. A. Fox, C. H. Zeanah, and C. A. Nelson. Growth and associations between auxology, caregiving environment, and cognition in socially deprived Romanian children randomized to foster vs ongoing institutionalized care. *Archives of Pediatric Adolescent Medicine* 164:507–516, 2010.

Kennard, M. Cortical reorganization of motor function. *Archives of Neurology* 48:227–240, 1942.

Kolb, B. *Brain Plasticity and Behavior.* Hillsdale, NJ: Lawrence Erlbaum, 1995.

Kolb, B., W. Comeau, and R. Gibb. Early brain injury, plasticity, and behavior. In C. A. Nelson and M. Luciana, Eds. *Handbook of Developmental Cognitive Neuroscience*, 2nd ed. MIT Press: Cambridge, Mass., 2008.

Kolb, B., and R. Gibb. Brain plasticity and recovery from early cortical injury. *Developmental Psychobiology* 49:107–118, 2007.

Kolb, B., and R. Gibb. Tactile stimulation facilitates functional recovery and dendritic change after neonatal medial frontal or posterior parietal lesions in rats. *Behavioural Brain Research* 214:115–120, 2010.

Kolb, B., R. Gibb, and G. Gorny. Experience-dependent changes in dendritic arbor and spine density in neocortex vary with age and sex. *Neurobiology of Learning and Memory* 79:1–10, 2003.

Kolb, B., R. Gibb, G. Gorny, and I. Q. Whishaw. Possible brain regrowth after cortical lesions in rats. *Behavioural Brain Research* 91:127–141, 1998.

Kolb, B., C. Halliwell, and R. Gibb. Factors influencing neocortical development in the normal and injured brain. In M. S. Blumberg, J. H. Freeman, and S. R. Robinson, Eds. *Developmental and Comparative Neuroscience: Epigenetics, Evolution, and Behavior.* New York: Oxford University Press, 2010.

Kolb, B., R. Mychasiuk, A. Muhammad, and R. Gibb. Brain plasticity in the developing brain. *Progress in Brain Research*, 207:35–64, 2013.

Kolb, B., R. Mychasiuk, A. Muhammad, Y. Li, D. O. Frost, and R. Gibb. Experience and the developing prefrontal cortex. *Proceedings of the National Academy of Sciences U.S.A.* 109 Suppl. 2:17186–17193, 2012.

Krashen, S. D. Lateralization, language learning, and the critical period: Some new evidence. *Language Learning* 23:63–74, 1973.

Kuhl, P. K. The role of early experience in early language development: Linguistic experience alters the perception and production of speech. In N. A. Fox, L. A. Leavitt, and J. G. Warhol, Eds. *The Role of Early Experience in Infant Development*, p. 120. New Brunswick, N.J.: Johnson & Johnson Consumer Companies, 1999.

Lawler, J. M., C. E. Hostinar, S. B. Mliner, and M. R. Gunnar. Disinhibited social engagement in postinstitutionalized children: Differentiating normal from atypical behavior. *Developmental Psychopathology* 26:451–464, 2014.

Lenneberg, E. *Biological Foundations of Language.* New York: John Wiley, 1967.

Malanga, C. J., and B. E. Kosofsky. Does drug abuse beget drug abuse? Behavioral analysis of addiction liability in animal models of prenatal drug exposure. *Developmental Brain Research* 147:47–57, 2003.

McCarthy, G. Quoted in Krashen, S. D. Lateralization, language learning, and the critical period: Some new evidence. *Language Learning* 23:63–74, 1973.

Moriguchi, Y., and K. Hiraki. Prefrontal cortex and executive function in young children: A review of NIRS studies. *Frontiers in Human Neuroscience* doi:10.3389, 2013.

Mortera, P., and S. Herculano-Houzel. Age-related neuronal loss in the rat brain starts at the end of adolescence. *Frontiers in Neuroanatomy* doi: 10.3389/fnana.2012.00045, 2012.

Mychasiuk, R., S. Zahir, N. Schmold, S. Llnytskyy, O. Kovalchuk, and R. Gibb. Parental enrichment and offspring development: Modifications to brain, behavior and the epigenome. *Behavioural Brain Research* 228:294–298, 2012.

National Institute on Drug Abuse (NIDA, 2009). http://www.drugabuse.gov/publications/topics-in-brief/prenatal-exposure-to-drugs-abuse

Oberlander, T. F., R. J. Bonaguro, S. Misri, M. Papsdorf, C. J. Ross, and E. M. Simpson. Infant serotonin transporter (SLC6A4) promoter genotype is associated with adverse neonatal outcomes after prenatal exposure to serotonin reuptake inhibitor medications. *Molecular Psychiatry* 13:83–88, 2008.

Overman, W. H., and J. Bachevalier. Inferences about functional development of neural systems in children via the application of animal tests of cognition. In C. A. Nelson and M. Luciana, Eds. *Developmental Cognitive Neuroscience*, pp. 109–124. Cambridge, Mass.: MIT Press, 2001.

Overman, W. H., J. Bachevalier, M. Turner, and A. Peuster. Object recognition versus object discrimination: Comparison between human infants and infant monkeys. *Behavioral Neuroscience* 106:15–29, 1992.

Paus, T., M. Keshavan, and J. N. Giedd. Why do so many psychiatric disorders emerge during adolescence? *Nature Reviews Neuroscience* 9:947–957, 2008.

Petanjek, Z., M. Judas, G. Simic, M. R. Rasin, H. B. M. Uylings, et al. Extraordinary neoteny of synaptic spines in the human prefrontal cortex. *Proceedings of the National Academy of Sciences U.S.A.* 108:13281–13286, 2011.

Piaget, J. *Biology and Knowledge*. Chicago: University of Chicago Press, 1971.

Rakic, P. Neurogenesis in adult primate neocortex: An evaluation of the evidence. *Nature Reviews Neuroscience* 3:65–71, 2002.

Rakic, P., A. E. Ayoub, J. J. Breuning, and M. H. Dominguez. Decision by division: Making cortical maps. *Trends in Neuroscience* 32:291–301, 2009.

Rasmussen, T., and B. Milner. Clinical and surgical studies of the cerebral speech areas in man. In K. J. Zulch, O. Creutzfeldt, and G. C. Galbraith, Eds. *Cerebral Localization*. Berlin and New York: Springer, 1975.

Rasmussen, T., and B. Milner. The role of early left-brain injury in determining lateralization of cerebral speech functions. *Annals of the New York Academy of Sciences* 299:355–369, 1977.

Riva, D., and L. Cazzaniga. Late effects of unilateral brain lesions sustained before and after age one. *Neuropsychologia* 24:423–428, 1986.

Russell, R., and M. Espir. *Traumatic Aphasia*. Oxford: Oxford University Press, 1961.

Rutter, M., T. G. O'Connor, and the English and Romanian Adoptees (ERA) Study Team. Are there biological programming effects for psychological development? Findings from a study of Romanian adoptees. *Developmental Psychology* 40:81–94, 2004.

Schneider, G. E. Is it really better to have your brain injury early? A revision of the "Kennard Principle." *Neuropsychologia* 17:557–583, 1979.

Shaw, P., K. Eckstrand, W. Sharp, J. Blumenthal, J. P. Lerch, D. Greenstein, L. Clasen, A. Evans, J. Giedd, and J. L. Rapoport. Attention-deficit/hyperactivity disorder is characterized by a delay in cortical maturation. *Proceedings of the National Academy of Sciences U.S.A.* 104:19649–19654, 2007.

Sheridan, M. A., N. A. Fox, C. H. Zeanah, K. A. McLaughlin, and C. A. Nelson. Variation in neural development as a result of exposure to institutionalization early in childhood. *Proceedings of the National Academy of Sciences U.S.A.* 109:12927–12932, 2012.

Sowell, E. R., B. S. Peterson, P. M. Thompson, S. E. Welcome, A. L. Henkenius, and A. W. Toga. Mapping cortical change across the human life span. *Nature Neuroscience* 6:309–315, 2003.

Sowell, E. R., P. M. Thompson, C. M. Leonard, S. E. Welcome, E. Kan, and A. W. Toga. Longitudinal mapping of cortical thickness and brain growth in normal children. *Journal of Neuroscience* 24:8223–8231, 2004.

Sturman, D. A., and B. Moghaddam. The neurobiology of adolescence: Changes in brain architecture, functional dynamics and behavioral tendencies. *Neuroscience and Biobehavioral Reviews* 35:1704–1712, 2011.

Teuber, H.-L. Recovery of function after brain injury in man. In *Outcomes of Severe Damage to the Nervous System*, Ciba Foundation Symposium 34. Amsterdam: Elsevier-North Holland, 1975.

Toga, A. W., P. M. Thompson, and E. R. Sowell. Mapping brain maturation. *Trends in Neuroscience* 29:148–159, 2006.

Vargha-Khadem, F., L. J. Carr, E. Brett, C. Adams, and M. Mishkin. Onset of speech after left hemispherectomy in a nine-year-old boy. *Brain* 120:159–182, 1997.

Vargha-Khadem, F., and G. V. Watters. Development of speech and language following bilateral frontal lesions. *Brain and Language* 25:167–183, 1985.

Villablanca, J. R., D. A. Hovda, G. F. Jackson, and C. Infante. Neurological and behavioral effects of a unilateral frontal cortical lesion in fetal kittens II: Visual system tests, and proposing a "critical period" for lesion effects. *Behavioral Brain Research* 57:79–92, 1993.

Wiesel, T. N., and D. H. Hubel. Comparison of the effects of unilateral and bilateral eye closure on cortical unit responses in kittens. *Journal of Neurophysiology* 28:1029–1040, 1965.

Werker, J. F., and R. C. Tees. Developmental changes across childhood in the perception of non-native speech sounds. *Canadian Journal of Psychology* 37:278–286, 1983.

Woods, B. T. The restricted effects of right-hemisphere lesions after age one: Wechsler test data. *Neuropsychologia* 18:65–70, 1980.

Woods, B. T. Impaired speech shadowing after early lesions of either hemisphere. *Neuropsychologia* 25:519–525, 1987.

Woods, B. T., and H.-L. Teuber. Early onset of complementary specialization of cerebral hemispheres in man. *Transactions of the American Neurological Association* 98:113–117, 1973.

24 신경발달장애

읽지 못하는 삶

열아홉 살인 P양은 간호보조원으로 일하던 중 일에 몹시 흥미를 느껴 간호학과에 진학하는 것을 고려하게 되었다. 그녀는 고등학교를 마치지 않았고 성적이 대체로 좋지 않았기 때문에 진학 후 잘 적응할 수 있을지 조언을 구하기 위해 우리를 찾았다.

P양은 언어 능력에 문제가 있었고, 특히 독해 능력이 매우 약해서 운전면허 필기시험도 통과하지 못했다. 간호 교육을 받고자 하는 그녀를 고려하여 우리는 독해 능력에 대한 검사와 더불어 종합신경심리검사를 시행하기로 결정하였다. 검사 결과, 읽기에 어려움이 있음이 재확인되었다. 웩슬러 성인용 지능검사에서 전체 IQ 점수는 85점이었으나, 언어성 IQ 점수가 74점인데 반해 동작성(비언어성) IQ 점수는 106점으로 무려 32점이나 높았다.

이러한 차이는 좌반구 기능에 대한 특수 검사들에 따라 재확인되었다. 그녀의 언어성 기억, 언어 유창성, 맞춤법, 읽기 능력, 그리고 산수 점수는 매우 낮았으나, 공간적 능력을 비롯하여 비언어성 기억은 좋은 수준이었으며, 위스콘신 카드분류 검사와 셈즈 신체 위치 검사(Semmes Body-Placing Test)에서의 수행 역시 좋았다. 요컨대 그녀가 11세까지 학교를 다녔음에도 그녀의 언어 능력은 6세 수준이었던 데 반해 그밖의 다른 능력들은 그 연령대에 걸맞는 일반적인 수준이었다.

The Kobal Collection at Art Resource, NY

그녀의 부족한 언어 능력을 고려하여 우리는 P양에게 간호학과 교육과정을 소화하는 것이 무리일 것이라고 조언해주었다. 또한 우리는 그녀가 필수적인 언어 능력을 제대로 발달시키기 어려울 것으로 판단했는데, 그녀의 다섯 형제자매 역시 어느 누구도 제대로 글을 읽지 못한다는 것을 발견했기 때문이다. 우리는 P양에게 그녀가 절대로 지적장애를 가지고 있는 것은 아니며, 단지 어떤 이들이 음악에 전혀 소질이 없는 것과 마찬가지로 그녀는 언어 능력에 소질이 없을 뿐이라고 설명해주었다. 덧붙여 이렇게 부족한 부분은 다른 방법으로 얼마든지 메울 수 있다고 말해주었고, 그녀에게 운전면허시험을 구두로 볼 기회를 마련해주자 그녀는 무사히 합격하였다.

마지막으로 우리는 P양의 문제를 그녀의 남편에게도 설명해주었다. 그녀의 남편은 석사학위를 지니고 있었으며, 결혼한 지 얼마 되지 않았을 때부터 부인이 은행 잔고를 관리하거나 요리 레시피를 읽는 일 등을 전혀 해내지 못하는 것을 보고 크게 힘들어하고 있었다. 이제 부부는 아내가 지니고 있는 문제에 대해 이해를 하게 되었으니 집안일을 잘 분담하여 그녀가 가진 문제의 영향력을 최소화할 수 있게 되기를 바란다.

위의 사례 보기는 학습장애라고도 불리는 신경발달장애의 한 유형을 잘 보여주고 있다. 학습장애는 주로 특정 과목에서의 수행이 평균 수준에 크게 미달하는 것으로 정의되며, 뇌의 발달 이상에 기인하는 것으로 추정된다. P양의 언어 능력 장애는 그녀가 학교에 적응하는 것에 몹시 힘들고 좌절감을 느끼게 만들었고 성인이 된 이후에도 지속적으로 여러 가지 문제를 발생시켰다. 학습장애를 가진 수많은 사람들이 일상생활에 적응하는 데 어려움을 겪으며, 특히 심각한 신경발달장애를 가진 이들은 평생 동안 다양한 수준의 도움과 보살핌을 필요로 한다.

이 장에서는 학습, 주의, 사회적 행동, 그리고 지적 기능에서의 신경발달장애를 살펴본다. 또한 18.7절에서 소개되었던 서번트, 즉 정신장애가 일반 대중의 능력을 훨씬 뛰어넘는 재능과 결합된 사례에 대해 더 상세히 다룬다(아마 더스틴 호프만이 서번트 증후군이 있는 실존 인물인 킴 픽의 삶을 연기한 영화 레인 맨을 본 사람도 있을 것이다). 신경발달장애의 성인기 예후에 관한 연구들을 조망하며 이 장을 마무리할 것이다.

◎ 24.1 신경발달장애

학교를 다니는 대부분의 아동들은 핵심 교과를 습득해야 한다. 어떤 아동들은 학교 교육 과정에서 요구되는 수준에 전혀 도달하지 못하며, 또 어떤 아동들은 학습을 하기는 하지만 그 과정에서 어려움을 겪는다. 이들 중 일부는 다음 학년으로 진급하지 못하고, 일부는 특정 과목 내용을 제대로 익히지 못한 채 졸업하며, 또 일부는 기초 지식 중 어느 하나도 이해하지 못한 상태에서 졸업하기도 한다. 학습에 실패하는 아동들에게는 교육 경험이 정서와 사고방식에 있어 평생 지워지지 않는 상처를 남긴다.

아동이 학교에서 겪는 학습장애의 모든 원인이 신경 발달적인 것은 아니다. 어떤 아동은 불행한 가정생활의 영향을 받거나, 학대를 경험하거나, 학교생활을 지루하고 무의미한 것으로 느끼거나, 학교를 싫어하거나, 교사를 싫어하거나, 신체적 장애를 가지고 있을 수 있다. 하지만 학습장애는 뇌의 기능장애나 뇌 손상으로 인해 발생할 수도 있다. 일부 학교는 학습 문제의 원인을 평가하고 구별하기 위한 체계를 갖추고 있지만, 대부분의 학교는 평가나 치료를 위한 어떠한 방편도 가지고 있지 않다. 하지만 학교가 학습 문제에 대처하기 위한 수단을 갖추고 있지 못한 상황에서도 아동이 효과적으로 학습을 하지 못한다면 그러한 이유가 뇌 손상이나 기능장애, 혹은 그 밖에 다른 것에 있는지 알아낼 필요가 있다.

신경발달장애의 공식적인 정의는 대인관계 기술과 지적 성취는 물론 학교 내에서의 어려움까지의 매우 넓은 범위의 학교 관련 문제들을 포괄한다. 읽기 능력은 학교에서 성공적으로 적응하기 위해 핵심적인 요소이므로 읽기장애, 즉 **난독증**(dyslexia, '손상'을 의미하는 그리스어 *dys*와 '단어'를 의미하는 *lexia*의 합성어)은 신경발달장애 연구에서 핵심적이다. 세계보건기구(WHO, 1992)는 난독증을 다음과 같이 정의한다. 난독증이란, '관습적인 가르침, 학습에 충분한 지능 수준, 사회문화적 기회에도 불구하고 글을 읽는 것을 학습하는 데 어려움을 겪는 것으로 보여지는 장애이다. 많은 경우 기질적(정신적 또는 신체적)으로 존재하는 근본적인 인지장애에 따라 발생한다.'

이러한 정의와 그 밖의 다른 유사한 정의들은 다소 문제를 내포하고 있다. '관습적인 가르침'은 어떤 것을 의미하는가? '충분한 지능 수준'이란? 만족스러운 정의에 도달하기까지의 어려움을 이해하기 위해서는 난독증에 관한 현대적 개념 뒤에 존재하는 역사적 배경을 아는 것이 도움이 된다.

신경발달장애 이해의 역사적 배경과 진화

난독증은 뇌 손상으로 인한 언어 능력의 상실인 실어증(aphasia)과 같은 맥락 속에서 생겨났다. 1895년 글래스고의 안과 의사였던 James Hinshelwood는 읽기를 학습하지 못하는 학생에게는 이러한 학습의 전제 조건에 해당하는 뇌 영역이 부재하거나 비정상이라고 제안했으며, 1년 뒤 영국 시퍼드에서 일반의로 근무하던 Pringle Morgan 역시 이와 같이 주장했다. 본질적으로는 태어나기 전 혹은 출생 후 초기에 갖게 된 **발달 난독증**(developmental dyslexia)이 읽기를 학습한 이후 뇌 손상으로 인해 발생하게 되는 **후천성 난독증**(acquired dyslexia)과 유사하다고 할 수 있다(19.7절 참조). 수학과 같은 다른 영역에서의 학습장애도 마찬가지로 어떠한 근본적인 뇌 문제 때문에 발생할 수 있다.

Samuel T. Orton(1937)은 난독증이 해부학적 부재와 같은 구조적 문제가 아니라 지연된 기능에 의한 것이라고 제안했다. 그는 난독증이 왼손잡이와 상관이 있으며 글을 읽거나 쓸 때 글자나 단어를 뒤집으려는 경향성과도 상관이 있다는 것을 지적했다. 그는 이러한 난독증을 거울상지각장애(strephosymbolia, 그리스어로 '일그러진 상징'을 의미)라고 명명했다. Orton은 이러한 현상은 사물의 이미지를 반전시키는 것으로 간주되는 비우세 반구(대체로 우반구)가 지나치게 우세해지거나 적절히 통제되지 못하기 때문에 나타난다고 생각했다. 만약 교사가 현명하거나 인내심이 강하다면 교육을 통해 독서 시 좌반구의 '정상적인' 우세성을 확립하여 문제를 해결할 수 있다고 제안했다.

사회학자들과 교육심리학자들이 학습장애에 관심을 갖기 시작했을 무렵, 많은 이들은 신경학적 요인보다는 환경적 요인이 학습장애를 유발한다고 여겼다. 이러한 입장은 아마도 신경학적 요인에 비해 환경적 요인들이 훨씬 간단하게 반전될 수 있다는 희망에서 비롯되었을 것이다.

학습장애(learning disability)라는 용어는 Samuel A. Kirk의 1963년 연설에서 처음 사용되었다. Kirk는 아동의 학교 문제에 관하여 더욱 자세한 기술법을 주장했지만, 감각장애와 정신장애는 그가 정의한 학습장애에서 제외되었다. 그의 연설과 장애에 대한 정의에 영향을 받은 청중들은 이후 학습장애아동협회(Association for Children with Learning Disabilities)를 설립하였고 Kirk가 만든 표현을 더욱 대중화하였다. 최근에는 미국정신의학회(2013)의 정신장애 진단 및 통계 편람(*Diagnostic and Statistical Manual of Mental Disorders*, DSM-5)에서도 이 용어를 채택하였다.

Edward Fry(1968)는 학습장애를 지칭하는 용어가 오랜 시간 동안 지나치게 많고 다양하게 혼용되어 왔다는 것과 그로 인해 혼란과 부정확한 이미지가 생겨났다는 점을 강조하기 위해 장난스럽게 '셀프 용어 제조기(Do-It-Yourself Terminology Generator)'를 출판하였다. 이를 통해 약 2,000가지의 다양한 용어를 만들어낼 수 있는데, 독자들이 직접 경험해볼 수 있도록 **표 24.1**에 일부를 수록하였다. 이따금씩 널리 사용되는 용어가 경멸적인 의미를 내포하게 됨에 따라 더이상의 사용이 꺼려지고 대체할 새로운 용어를 필요로 하게 되는 경우가 있다. 예를 들면, DSM-IV에서는 지체(retarded)라는 용어를 지능검사에서 특정 영역대의 낮은 점수를 기록하는 것으로 정의했지만 DSM-5에서는 이러한 부분이 삭제되었다.

오늘날에는 뇌기능에 대한 이해와 행동

표 24.1 셀프 용어 제조기

방법 : 첫 번째 열에서 아무 단어나 선택한 후, 두 번째와 세 번째 열에서 단어를 골라 첫 번째 고른 단어에 붙여 볼 것. 결과가 마음에 들지 않으면 다시 시도해보라. 의미는 거의 같을 것이다.

이차의(secondary)	신경의(nervous)	결함(deficit)
최소한의(minimal)	뇌(brain)	기능이상(dysfunction)
경증의(mild)	대뇌의(verebral)	손상(damage)
가벼운(minor)	신경학적인(neurological)	장애(disorder)
만성의(chronic)	신경계의(neurologic)	비동기화(desynchronization)
퍼져 있는(diffuse)	중추신경계(CNS)	핸디캡(handicap)
특정한(specific)	언어(language)	장애(disability)
주요한(primary)	읽기(reading)	지체(retardation)
발달의(developmental)	지각의(perceptual)	결함(deficiency)
비조직적인(disorganized)	충동적인(impulsive)	손상(impairment)
유기의(organic)	시운동의(visual-motor)	병리(pathology)
서투른(clumsy)	행동(behavior)	증후군(syndrome)
기능하는(functional)	심리신경의(psychoneurologic)	복합(complex)

출처 : Fry, E. A do-it-yourself terminology generator. *Journal of Reading* 11:428–430, 1968. Copyright © 1968 by the International Reading Association (www.reading.org).

검사, 뇌영상, 그리고 학습장애의 원인인 것으로 보이는 뇌 영역을 식별해내는 기법들이 향상됨에 따라 신경발달장애의 증상과 치료에 관련된 진단 역시 향상되었다. 신경과학자들은 이제 많은 근거에 의해 인간이 음악, 수학, 또는 공간 탐색과 같은 일부 영역에서 선택적 장애를 보이더라도 그밖에는 문제가 없으며 오히려 또 다른 영역에서는 매우 훌륭한 행동 기능을 보일 수 있다는 것을 인식하고 있다. 또한 신경과학자들은 삶의 초기에 존재하는 다양한 요인들이 뇌 건강과 나아가 적절한 학습 적응에 기여한다는 점도 인정한다.

신경발달장애의 발생률

미국 학습장애협회(National Association for Learning Disabilities)는 미국 내 학령기 인구의 5%가 학습장애인 것으로 추산한다. 신경발달장애의 유병률을 추산하는 데 있어서 가장 큰 어려움은 이것이 점진적으로 드러나는 장애라는 점이다. 아동이 초등학교에 입학하면 학습장애로 분류되는 경우가 많지 않은데, 가장 큰 이유는 아동이 평균적인 기준에서 얼마나 뒤처졌는지 추정하는 것이 학습장애를 진단하는 보편적인 방법이기 때문이다. 예를 들면, 표준화된 검사에서 학업 진도가 평균보다 2년 늦은 것으로 나타난다면 학습장애로 진단한다.

이러한 기준을 사용하면 6세 아동은 1% 미만이, 7세 아동은 2%가 학습장애이며, 19세에서는 25%가 학습장애 기준을 충족시킨다. 이렇듯 발생률이 증가하는 형태가 나타나는 것은 학습장애 환자들이 또래보다 뒤처지는 비율이 그들의 장애 정도에 비례하기 때문이다.

유병률 계산 과정을 더욱 복잡하게 만드는 요소는 학교마다 제각각인 학업 성취도이다. 성취도 검사는 학년별 수행 수준을 판단하기 위해 주로 사용되지만, 학습장애가 없는 학생들이라고 해서 모두 같은 수준의 수행을 보이는 것도 아니다. 교사들로 하여금 반에서 특별히 도움을 필요로 하는 학생들의 수를 보고하도록 함으로써 유병률을 계산할 수도 있겠지만, 특수교육을 위한 자원을 갖추지 못해서 이러한 정보를 제공할 수 없는 학교들이 많다.

그럼에도 불구하고 전국교육성취도평가(National Assessment of Educational Progress)는 2014년도를 기준으로 미국 내 학령기 아동의 약 3분의 1이 기본적인 읽기 능력이 부족하며 독해 능력이 나아지지 않는다고 밝혔다. 진단 내용을 학급 내 특별 지원과 연결시키는 것 역시 신경발달장애의 발생률에 영향을 준다. 예를 들면, 자폐스펙트럼장애의 진단과 학생 지도에 대한 특별 지원금을 결부시키자 자폐스펙트럼장애 진단 발생률이 증가했다.

신경발달장애의 유형

DSM-5는 **표 24.2**에 요약되어 있는 신경발달장애를 포함하여 아동기 장애의 많은 범주들을 인식하고 있다. 신경발달장애의 분류와 발생률은 대부분 공립학교 시스템에서 의사소통장애, 자기조절, 그리고 특정 학업 영역에 주안점을 두는 것에 부합한다. **표 24.3**에는 신경발달장애와 연관될 수 있는 증상들이 나열되어 있다.

행동, 읽기, 산수, 그리고 맞춤법에 좋은 수행을 보이는 것이 강조되며, 학습장애 분류는 이러한 영역에 초점을 맞추고 있다. 많은 학교에서 미술, 음악, 그리고 체육 수업이 이루어지고 있기는 하지만 이 같은 영역들에서 성적이 좋지 않다고 해서 병원으로 보내는 경우는 드물다. 만약 읽기 대신 미술이 초기 학교 생활에서 핵심 과목이었다면 아마 학습장애의 유형 분류는 달라졌을 것이다. 그렇기는 해도 장애는 읽기, 공간적 방위, 수학, 그리고 사회적 기술을 습득하는 데 방해가 될 수 있다. 다음으로는 읽

표 24.2 DSM-5의 신경발달장애 유형 분류

진단 범주	내용
지적장애	개념적(언어 등), 사회적(대인 관계), 그리고 실용적(자기관리)인 영역에서의 적응적 기능에 영향을 주는 장애
의사소통장애	언어적 · 비언어적 의사소통에서의 장애
자폐스펙트럼장애	사회적 상호작용에서의 장애, 반복적 행동 패턴
주의력결핍 과잉행동장애 (ADHD)	세부적인 정보에 주의 실패, 수다스럽거나 계속 꼼지락거리거나 상황에 맞게 잠자코 앉아 있지 못하는 등으로 대표되는 과잉행동
특정학습장애	정규 교육 중 읽기, 쓰기, 산수 또는 수학적 추론 기술 등에 지속적인 어려움

출처 : American Psychiatric Association. *Diagnostic and Statistical Manual of Mental Disorders*, 5th ed. Washington, D.C.: American Psychiatric Association, 2013.

표 24.3 신경발달장애와 연관된 증세

1. 과잉행동
2. 지각-운동 결함
3. 정서적 불안정성
4. 전반적인 협응장애
5. 주의장애(짧은 주의 지속 기간, 주의산만, 보속증)
6. 충동성
7. 기억과 사고 장애
8. 특히 읽기(난독증), 산수, 쓰기, 맞춤법을 포함하는 영역에서의 특정학습장애
9. 말하기와 듣기 장애
10. 신경학적 징후와 불규칙한 EEG

기장애에 대해 중점적으로 알아보도록 하자.

24.2 읽기에 영향을 주는 학습장애

읽기장애에 관한 연구는 학습장애 분석에 있어 가장 중심이라고 할 수 있으며, 읽기의 복합성은 얼마나 다양한 요인들이 수행에 영향을 줄 수 있는지 보여준다. 읽기는 글자 식별 기술, 음운적 기술(규칙에 의거하여 글자를 소리로 변환), 표기소 연합 기술(단어의 시각적 전체를 사용하여 이전에 배운 적 있는 소리에 접근), 배열 기술(여러 개의 소리들을 분석하고 순서대로 결합), 그리고 단기기억 기술(글을 읽고 그로부터 순차적으로 추출한 정보의 조각들을 기억 속에 유지)을 필요로 한다.

습득한 정보들은 **어휘집**(lexicon, 단어와 그 의미, 단어들이 결합되는 규칙에 대한 지식, 그리고 단어들이 연합되어 사용될 수 있는 개념 정보에 관한 기억)을 비롯하여 모두 중요하다. 따라서 읽기는 다중 처리 과정이며 단계적인 행동이라고 할 수 있다(19.1절 참조). 그런 의미에서 읽기 과정이 방해 받을 수 있는 방법 역시 많을 것이라고 예상해볼 수 있다. 다음 절에서는 읽기의 유형, 읽기장애의 원인, 그리고 읽기에 있어 신경심리평가의 역할에 대하여 다룰 것이다.

읽기의 유형

읽기를 익히는 방법에는 (1) 단어의 소리를 해독하는 음성학적인 방법과, (2) 단어의 이미지를 통해 소리에 접근하는 표기소적인 방법 등 두 가지가 있다. 음성학적 또는 **음운적 읽기**(phonological reading)는 글자 하나나 여러 개를 소리(음소)로 변환시킴으로써 단어 의미의 단서로 사용한다. 단어 집단을 분석하여 얻은 소리는 발음으로 이어지게 되고, 이는 이후 단어의 의미와 연결들을 담고 있는 어휘집을 불러낸다. **표기소적 읽기**(graphemic reading, 어휘적 읽기 또는 전체 단어 읽기로도 불림)는 단어를 통째로 외우는 것이다. 영어 단어는 불규칙적이고 암기해야만 하는 단어들이 많다. 또한 아라비아숫자 (1, 2, 3)와 도로 표지판 등의 국제 상징 기호들은 표기소적 읽기를 통해서만 읽고 학습할 수 있다.

따라서 읽기를 능숙하게 하기 위해서는 두 가지 전략이 모두 필요하다. 음운적 읽기를 학습하고 능숙해지고 나면 점차 표기소적 읽기에 의존하게 된다. 이러한 발전은 왜 읽기에 능숙한 사람이 교정 작업 시 오타를 발견하는 데 어려움을 겪는지를 설명할 수 있다. 이들은 음운적으로 읽는 대신 표기소적

으로 읽기 때문에 단어의 일부만 읽고도 의미를 알아차리고 다음 단어로 주의를 이동할 수 있다. 단어 내에서 실제로 읽는 부분이 아닌 곳에 오탈자가 있다면 눈치채지 못할 것이다.

이러한 두 가지 읽기 과정의 차이로 인해 연령대별로 다른 종류의 읽기장애가 발생한다. 음운적 절차에 무능한 아동은 읽기 초기 과정에서 어려움을 겪는다. 음운적 절차에는 문제가 없으나 표기소적 절차에 문제가 있는 아동은 나중에 힘들어한다. 음운적 읽기에 장애가 있는 경우 표기소적 읽기로 이행하지 못한다. 게다가 이러한 장애들은 읽기를 잘하지 못하는 사람들의 분류를 철저하게 하지 못한다.

청각 단기 기억이 좋지 못한 사람은 글을 읽고도 제대로 된 감을 잡지 못한다. 읽어나가면서 단어와 구절을 금방 잊어버리기 때문이다. 이러한 유형의 장애는 나이가 많은 사람에게서 특히 두드러지며 글이 복잡해지면 더욱 심해진다. 장기 기억이 좋지 않은 사람은 해독 기술에 문제가 없지만 단어의 의미 정보를 회상하지 못하기 때문에 단어를 이해하지 못할 수 있다. 이는 영어밖에 할줄 모르는 사람이 이탈리아어로 쓰인 글을 읽을 때 마주하는 상황과 유사하다. 이 사람은 단어의 의미를 모르더라도 일반적인 음성 규칙에 따라 단어를 소리내어 읽을 수는 있겠지만 자신이 무슨 내용을 읽고 있는지 전혀 이해하지 못할 것이다. 사실 치매 환자들이 종종 이런 식으로 행동한다. 이들은 글을 읽을 수 있지만 글의 내용은 아무것도 이해하지 못한다.

학습장애의 원인에 대한 연구를 더욱 어렵게 만드는 것은 읽기 교육 방법이 천차만별이라는 점이다. 읽기 교육을 음운적 읽기로 시작해야 한다고 주장하는 측과 표기소적 읽기, 즉 '전체 단어 읽기'로 시작해야 한다고 주장하는 측의 의견 충돌은 '전쟁'으로 알려져 있다. Carol Connor와 동료들(2014)은 알고리듬 기반 개인별 교습과 같이 읽기에 대한 보다 과학적인 접근을 이용하면 두 가지 체계의 장점을 극대화시킬 수 있다고 제안했다. 이러한 접근법은 개인별 맞춤 평가와 교습을 통해 읽기 능력을 키울 것을 강조한다. 알고리듬 접근은 전자책 등 새로운 기술을 활용할 수 있는데, 전자책은 사용자들이 책의 크기, 글자체 종류와 글씨 크기, 자간, 글씨나 배경의 색을 변경할 수 있게 해주며, 터치 한 번으로 단어의 발음을 들을 수 있는 기능도 제공한다.

읽기장애의 원인

읽기장애가 직접적으로 분명하게 보인다면 이를 이해하는 데 훨씬 도움이 될 것이다. 하지만 불행히도 현실은 그렇지 않다. 언어는 인간의 정신 과정에 있어 상위 수준의 역할을 하므로 다른 행동들에 영향을 주기도 하고 받기도 한다. 난독증 환자들은 주의, 안구 운동, 뇌 발달, 기억, 협응력, 공간적 능력, 운동의 순차적 배열, 지도 읽기, 그리고 시공간 처리에서의 장애와 같이 개인차뿐 아니라 상당히 넓은 범위의 증상군을 보인다. 읽기장애와 연관된 증상이 이렇듯 다양하고 복합적임에도 불구하고 음운 이론, 주의 이론, 감각 이론, 그리고 운동 이론을 포함하는 몇몇 이론은 일차적인 원인이 있음을 상정한다.

음운장애

언어와 읽기의 장애는 의식적으로 단어를 구성 말소리로 분해하는 과정, 즉 **음소** 인식 능력에 문제가 있는 것에서부터 생겨난 것일 수 있다. 초기 연구는 아직 읽기를 시작하지 않은 아동의 소리 분류 능력에 대해 기술하였다(Bradley & Bryant, 1983). 이 연구에서는 아동에게 3~4개의 단어를 주고 그중 다른 단어들과 소리(음소)가 같지 않은 단어를 골라내도록 지시했다. 예를 들면, 'hill, pig, pin'과 같은 일련의 단어 중에서는 'hill'이 정답이고, 'cot, pot, hat' 중에서는 'hat'이 정답이며, 'pin, bun, gun' 중에서는 'pin'을 골라내야 한다.

실험에 참가했던 아동들이 조금 더 성장하고 읽는 법을 배우기 시작하자 처음 소리 분류 과제를 잘하지 못했던 아이들은 이후 읽기와 맞춤법에서 또래보다 뒤쳐졌다. 이러한 결과는 각운과 두운에 대한 초기 둔감성이 차후 읽기장애를 야기한다고 주장했다. 이는 특히 초기에 장애를 보였던 아동에게 각운과 두운에 특별 훈련을 시키자 읽기 훈련을 시작하기 전보다 읽기에 장애를 훨씬 덜 보였기 때문이다. 뇌영상 연구의 메타분석 결과는 음소 사용과 재인의 장애는 좌반구 언어 영역과 연관이 있음을 제안한다(DeWitt & Rauschecker, 2012). 이러한 시각에서 보면 읽기장애는 뇌의 언어 처리 체계 내에서의 장애에 기인한다.

주의장애

일부 이론가들은 읽기장애가 언어 사용과 직접적으로 관련되지 않은 문제에서 기인할 수도 있다고 제안한다. 읽기장애 환자들은 움직임 산출의 장애가 있는 것처럼 모든 감각 양식에서 자극을 분리하는 데 장애를 나타낸다. 따라서 언어장애 환자들은 자극 간 간격이 길어야 2개의 분리된 자극(빛, 촉각 등)을 탐지할 수 있으며, 빠른 움직임 반응을 하는 데 문제가 있을 수 있다. 소리의 주파수 구별에 장애가 있어 배경 소음에 가려진 표적 소리를 탐지하는 데에도 어려움을 겪을 수 있다.

주의 가설은 '느린 주의 이동'이 중심적인 문제라고 제안한다. 즉 난독증의 원인이 되는 것은 글자를 식별하고 해당 글자에 연관된 소리를 식별해내는 능력이 아니라 글자에 주의를 주고 선택하는 능력이라는 것이다(Ruffino et al., 2014). 이는 읽기장애가 두정엽 연합피질에서 발생한다고 제안한다. 해당 영역은 모든 감각계로부터 입력을 받고 이후 글을 읽을 때 안구 운동과 같은 운동을 일으키는 역할을 한다. 이러한 주의장애는 주의를 전환하지 못하는 것으로 이어지고 많은 감각 영역에 영향을 주어 읽기장애를 유발하게 된다.

감각장애

읽기는 단어를 시각적으로 탐지하는 능력과 청각적으로 탐지하는 능력, 둘 모두에 달려 있기 때문에 감각장애 역시 읽기장애와 관련하여 연구되어 왔다. 난독증 환자들은 조용한 조건에서는 말소리를 듣는 데 어려움이 없지만 시끄러운 조건에서는 어려움을 겪는다. 이는 난독증 환자들이 감각 구별에 장애가 있음을 시사한다(Dole et al., 2014).

Paula Tallal과 동료들(1993; 개관은 Tallal, 2013 참조)은 학습장애가 있는 아동의 감각 탐지 능력을 살펴보았고, 그들이 빠르게 잇따라 발생하는 소리를 탐지하는 데 장애가 있음을 발견하였다. 예를 들어, 2개의 소리가 매우 짧은 간격으로 잇따라 제시되면 학습장애가 있는 아동은 이 2개의 소리를 하나의 소리로 들을 것이다. 2개의 소리 사이의 간격이 점진적으로 증가하다 보면 어느 순간 2개의 구분된 소리로 들리는 시점이 있다. 대부분의 사람들은 이 간격이 약 10~40ms만 되어도 2개의 소리를 구별할 수 있다. 읽기장애가 있는 일부에게는 이보다 긴 간격이 필요하다(그림 24.1).

이와 같은 발견이 언어장애와 관련되는 점은 **파열음**('바', '다', '가', '파', '타')이 소리가 몹시 빠르게 변하는 과도기를 가지고 있다는 것이다. 이같은 소리의 변화는 일반적으로 약 40ms 내에 발생한다. 읽기장애 환자들은 파열음이 자극으로 제시되면 다른 자음과 구별하지 못하는 반면, 모음은 어려움 없이 탐지할 수 있다. 또한 파열음이 제시되어도 과도기가 길어지면 무리 없이 탐지할 수 있다. 영아기에

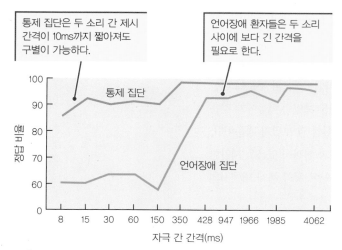

통제 집단은 두 소리 간 제시 간격이 10ms까지 짧아져도 구별이 가능하다.

언어장애 환자들은 두 소리 사이에 보다 긴 간격을 필요로 한다.

그림 24.1 ▲

소리 탐지 능력 통제 집단과 언어장애 집단이 각각의 자극간 간격 조건에서 2개의 소리를 구별할 수 있는 시행의 비율
(Data source: Tallal et al., 1993.)

탐지 문제를 보인다면 이후 언어장애를 보일 것으로 예측이 가능하다.

Tallal과 동료들은 언어 관련 장애의 교정은 소리 구별 훈련에 초점을 맞추어야 한다고 제안한다. 예를 들면, 이들은 아동이 특정 속도로 제시되는 '다'와 '데'를 구별하지 못한다면 우선 제시 속도를 느리게 해서 각 소리가 길게 늘어지도록 들려주면 조금 더 쉽게 구별할 수 있게 된다고 판단했다.

Tallal 연구 팀은 패스트 포워드(Fast ForWord®)라는 컴퓨터 게임을 고안해냈다. 이 게임은 이용자가 언어적 자극 간 또는 비언어적 자극 간 정확한 구별을 할 때마다 보상이 주어져서 단순한 것에서부터 점진적으로 보다 복잡한 것들의 구별까지 가능하게 만들어준다. 또한 연구 팀은 청각적으로 조작된 말소리를 통해 음운적 구별을 가르치는 컴퓨터 듣기 훈련도 설계했다. 이 컴퓨터 기반 훈련은 참가자의 초기 수행 수준을 측정하고 참가자에게 몇 주간 강도 높은 일일 훈련을 시키는데, 이후 참가자의 수행 수준은 표준에 가까워지게 된다. 소리의 처리 속도 훈련은 구별 과제에서 시간적 통합을 개선시킨다(자세히 보기 참조).

대세포 시각 이론은 청각적 감각 이론과 유사하지만, 읽기장애가 시각계의 대세포 경로, 즉 흑백 시각과 운동 정보를 처리하는 부분에서 시작된다고 가정한다는 것이 차이점이다. 아동의 시각 운동 탐지에 문제가 생기면 종이 위의 단어가 마구 뛰어 돌아다니는 것처럼 보이기 때문에 글을 읽는 것이 어려울 수 있다. 대세포 이론은 아동이 색 필터를 통해 글을 읽거나 한쪽 눈으로만 글을 읽으면 단어의 움직임 지각이 감소하여 읽기가 개선될 수 있다고 제안한다. Olumide Olulade와 동료들(2013)은 배측 흐름의 움직임 정보 처리 영역인 V5의 fMRI 영상을 관찰한 결과, 읽기 능력이 좋지 못한 사람들에게서 V5의 활동이 느리다는 결론을 내렸지만, 읽기장애가 대세포 활동 장애의 원인이지 결과가 아니라고 주장했다.

운동장애

읽기장애의 운동 이론 중 하나는 소뇌 이론이다(Mariën et al., 2014). 고전적으로 움직임과 연관지어졌던 소뇌는 읽기와 관련 있는 기술인 타이밍 맞추기, 협응, 그리고 주의와 같은 상위 인지 기능에도 관여를 한다. 성인기 소뇌의 손상이 언어 능력을 전혀 파괴하지는 않지만, 소뇌 이론이 제안하는 바에 따르면 상위 기능에 민감한 검사를 실시할 경우 장애가 드러날 수 있다.

언어 기능에 있어 소뇌의 정확한 역할에 대하여 아직 합의가 이루어지지는 않았지만, 소뇌의 기능 이상은 언어 학습에 장애를 초래할 것으로 예상된다. 특히 읽기는 빠른 감각 정보 처리와 주의 이동을 요하며, 소뇌 이론은 이러한 측면들에서의 소뇌의 기능 이상이 읽기장애에 반영이 된다고 제안한다. Catherine Stoodley와 John Stein(2013)은 난독증에 있어 소뇌의 역할을 지지하는 증거들을 검토하며, 언어 네트워크의 이상이 소뇌의 이상을 포함하기는 하지만 소뇌의 이상이 난독증의 원인인 것은 아니라고 주장했다.

다중 원인 접근

크게는 학습장애, 작게는 읽기장애의 원인에 대한 눈에 띄게 다양한 이론들 중 많은 경우는 견고한 실험, 관련 장애의 특성을 민감하게 반영하는 검사, 그리고 뇌영상과 부검 연구 결과들에 의해 뒷받침된

자세히 보기 | 난독증 환자와 통제 집단의 소리 지각 뇌영상 연구

읽기 학습에 대해 어려움을 타고난 선천적 난독증은 인구의 5~20%에 영향을 주고 있지만 아직 그 신경 기저는 알려지지 않았다. 많은 연구들은 이들이 글자의 시각적 지각을 청각적 소리 표상으로 변환하는 데 장애를 가지고 있는 것이라 제안한다(Murphy et al., 2014). 따라서 근본적인 장애는 언어 이해를 위해 필수적인 능력인 감각 신호를 빠르게 변환하는 처리에서 발생할 가능성이 있는 것이다. 이러한 빠른 처리 이론(rapid-processing hypothesis)은 빠르게 변화하는 청각 신호들을 구별하는 훈련을 받은 환자들에게서 신호들을 구별하는 능력이 향상되고 그에 따라 청각적 언어를 이해하는 능력 역시 향상된다고 제안한다.

Elise Temple과 동료들(2003)은 선천적 난독증 병력이 있는 성인들과 통제군을 대상으로 빠른 청각 신호를 구별하는 검사를 실시하였고 검사 수행 중의 뇌 활성화를 fMRI를 통해 관찰하였다. fMRI 결과 선천적 난독증을 지닌 성인에게서 순간적으로 빠르게 변화하는 청각 자극에 대해 특정한 형태의 신경 반응 두절이 있음을 밝혀냈다. 통제 집단에서 가장 큰 활성화는 좌반구 전두피질 영역, 특히 브로드만 영역 46번과 10번, 9번에 해당하는 중전두회와 상전두회에서 관찰되었다.

난독증 환자들은 느린 자극 대비 빠른 자극에 반응할 때 좌반구 전두 영역에서의 활성화가 증가되지 않았다. 아래 그림은 빠르거나 느린 비언어 청각 신호의 예시(A)와 빠른 청각 자극에 대한 난독증 환자와 통제 집단 참가자들의 fMRI 반응의 예시(B)이다. 읽기장애가 없는 참가자에게서 좌반구 전두피질의 활성화가 더 큰 것에 주목하자.

이후 연구진은 빠른 처리를 향상시키도록 고안된 훈련 프로그램에 난독증 환자들을 참가시킨 뒤 이들을 대상으로 다시 fMRI 스캔을 실시하였다. 훈련 후 일부 참가자들은 빠른 청각 처리와 청각 언어 이해에서 향상된 수행을 보였고, 이들의 fMRI 결과 역시 좌반구 전두피질에서의 유의미하게 증가된 활성화를 나타냈다.

종합해보면 이러한 결과들은 난독증 환자의 소집단이 빠르게 변화하는 청각 신호에 대한 민감하게 반응하는 데 장애가 있으며 fMRI가 장애의 진단과 치료에 도움을 줄 수 있다는 점들을 시사한다.

Murphy, C. F. B., L. O. Pagan-Neves, and H. F. Wertzner. Auditory and visual sustained attention in children with speech sound disorder. *PLoS ONE* 9:e93091, 2014.

Temple, E., G. K. Deutsch, R. A. Poldrack, S. L. Miller, P. Tallal, M. M. Merzenich, and J. D. Gabrieli. Neural deficits in children with dyslexia ameliorated by behavioral remediation: Evidence from functional MRI. *Proceedings of the National Academy of Sciences of the U.S.A.* 100:2860–2865, 2003.

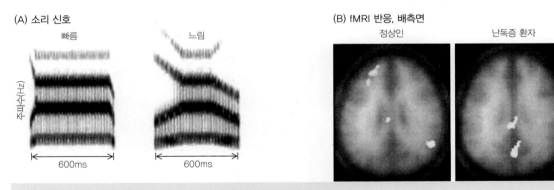

(A) 소리 신호 · 빠름 · 느림 · 주파수(Hz) · 600ms · 600ms

(B) fMRI 반응, 배측면 · 정상인 · 난독증 환자

난독증 환자와 정상인의 소리 지각 분석. (A) 검사와 훈련에 자극으로 사용된 빠르거나 느린 비언어 청각 신호. (B) 빠른 청각 신호에 대한 난독증 환자와 정상인의 fMRI 반응

(A): E. Temple. Brain mechanisms in normal and dyslexic readers. *Current Opinion in Neurobiology* Vol. 12, Issue 2:178~183, 2002. © Elsevier. (B): E. Temple et al., *Proceedings of the National Academy of Sciences of the United States of America* 97, 25:13907~13912, 2000. Copyright © 2000 National Academy of Sciences, U.S.A.

다. 이렇듯 광범위한 증거들에 대한 간결한 해석은 읽기장애 환자들의 소집단들이 각기 다른 장애 유형을 나타낼 가능성이 있다는 것이다. Franck Ramus와 동료들(2003)은 17명이라는 적은 수의 읽기장애 환자들에게 광범위한 일련의 인지, 감각, 운동, 읽기 검사들을 실시함으로써 단일 연구 내에서 기존의 모든 이론들을 평가하려는 시도를 했다.

연구진들은 참가자들이 모두 소리를 이용하는 데 있어 언어장애가 있음을 발견했다. 참가자들 중 일부는 시각 영역과 청각 영역 모두에서 감각장애가 있었다. 두 번째 부분 집단은 운동장애가 있었고, 대부분 청각장애를 함께 가지고 있었다. 세 번째 부분 집단은 언어장애가 있었지만 감각이나 운동장애 증세를 전혀 보이지 않았다. Ramus와 동료들은 읽기장애의 주요한 원인이 언어 관련 뇌 영역에 기인한 언어 처리에 있지만, 주의, 감각, 운동 기능에 관련된 다른 영역들에서도 추가적인 문제가 있어 장애의 일부 원인이 될 수 있다고 제안했다.

Amaia Carrion-Castillo와 동료들(2013)은 읽기장애의 다중 원인을 지지하며 9개의 다른 영역에서 유전자 변이가 난독증에 관여할 것으로 여겨지는 아홉 가지의 염색체를 관찰한 결과를 요약하였다. 이 아홉 가지 영역 중 어디에서든 후보 유전자들은 식별되기만 하면 많은 변이를 가지고 있을 가능성이 높다. 연구는 해당 영역에서 유전자들을 식별하고 이들이 난독증에 미치는 특정한 효과를 밝히는 방향으로 진행되었고, 난독증 위험군에 대한 종단 연구의 도움을 받았다. 예를 들어, 네덜란드 난독증 프로그램(Dutch Dyslexia Program)은 난독증 위험군에 속한 아동 300명을 추적 연구하였다(van der Leij & Maassen, 2013). 이 프로그램은 난독증이 생긴 아동과 그렇지 않은 아동의 유전자 비교를 가능하게 하였고, 특정 읽기장애를 개인의 유전자 결과와 상관지었다.

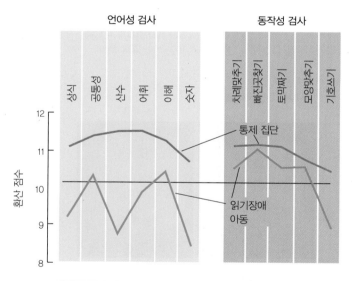

그림 24.2 ▲

ACID 프로파일 선천적 난독증 아동과 통제 집단의 기능검사 프로파일. 읽기장애 아동이 특징적으로 보이는 산수, 기호 쓰기, 상식, 숫자(ACID) 소검사에서의 낮은 점수에 주목하자.
(Data sources: Rugel, 1974, and Whishaw and Kolb, 1984.)

신경심리평가

난독증에 대한 평가는 신경심리검사가 장애를 식별해내고 교정 전략을 제안해줄 수 있다는 가정에 기반을 두고 있다. 신경심리검사 전략은 실제로 장애에 대한 종합적인 평가를 제공하여 이 장의 서두 사례 보기에 소개되었던 P양의 사례와 같이 상담에 도움을 줄 수 있다. 신경심리검사는 신경 발달적 손상이 원인이라는 증거와 교육 환경에 추가적인 자원이 필요하다는 증거 모두를 제시하기 때문에 양측의 지지를 동시에 받는다.

신경심리검사는 넓은 범위의 과제에서의 수행을 평가하여 뇌기능의 모든 영역에 대한 이해를 돕는다(28.3절 참조). 학습장애 아동의 대부분은 난독증이나 난산증(계산 능력이 없는 장애)만을 단독으로 가지고 있지 않다. 그보다는 교사나 부모가 알아차리지 못할 수도 있는 여러 개의 연합된 증세를 지니게 된다. 이렇게 연합된 장애를 발견하는 것은 주변의 어른들로 하여금 학습장애 아동들이 겪는 어려움을 이해할 수 있도록 해준다. 또한 신경심리검사는 핵심적인 읽기장애를 가진 아동을 정서나 사회적 원인에 의한 문제를 가진 아동으로부터 구별해낼 수 있게 돕는다.

많은 연구들은 학습장애 아동들의 IQ 소검사 결과에 초점을 맞춘다. 이러한 분석은 학습장애와 웩슬러 아동용 지능검사(WISC)의 소검사에서의 수행을 상관지으려는 시도이다. **그림 24.2**는 여러 연구 결과들의 한데 묶어 총 1,521명의 읽기장애 아동과 554명의 통제 집단 아동의 검사 결과를 비교하여 보여준다(Rugel, 1974).

난독증 환자 집단은 산수, 기호쓰기, 상식, 숫자 등 4개의 소검사에서 낮은 점수를 기록했다. 이러한 많은 연구들에서는 전형적으로 이 ACID 프로파일이 관찰된다. 난독증 아동은 특징적으로 통제 집단 아동이 비해 전체 IQ 점수가 평균적으로 7점 정도 낮지만 이들의 평균 점수는 대략 100점이다. 8세 이상의 아동은 ACID 프로파일을 보이는 반면, 8세 미만의 아동은 아직 상식이나 산수 기술을 습득하지 않았기 때문에 이 소검사들에서 장애가 나타나지 않을 수도 있다(Whishaw & Kolb, 1984). 산수와 기호 쓰기에서의 장애가 보편적으로 관찰되기는 하지만, 이러한 장애가 반드시 읽기장애와 관련되어 있다는 합의는 이루어진 바 없다.

많은 연구자들은 난독증 환자들의 언어성 IQ 점수와 동작성 IQ 점수 간에 차이가 크다는 점을 지적했다(P양의 결과를 떠올려보자). 일부 전문가들은 난독증이 이러한 점수들에 근거하여 두 가지 유형으로 나뉠 수 있다고 믿었다. 하지만 일반적으로 난독증 아동은 소검사마다 크게 다른 점수를 보인다. 일부 소검사들에서는 높은 영역대의 점수를, 다른 소검사들에서는 낮은 영역대의 점수를, 그리고 동시에 또 다른 소검사들에서는 평균적인 점수를 기록할 수 있다. 그럼에도 불구하고 경험이 풍부한 상담자에게는 아동의 IQ 프로파일 패턴이 중요한 정보를 줄 수도 있다.

복합 검사 배터리 내의 다른 검사들에서 난독증 아동과 통제군 아동의 수행을 비교해보면, 다른 검사들 역시 부분적으로 피검자의 나이에 따라 두 집단의 결과가 차이를 보인다. 연령에 따른 차이는 다음 세 검사에서 특히 명확하다.

- 좌우변별검사(**그림 24.3**)에서는 아동의 나이가 8세 미만일 경우 난독증 아동이든 통제군 아동이든 관계없이 우연 수준의 수행을 보인다. 8세 이상이 되면 통제군 아동은 수행이 좋아지지만 난독증 아동은 지속적으로 우연 수준을 넘지 못한다.
- 또 다른 차이는 단어유창성검사(예 : "'S'로 시작하는 단어를 최대한 많이 말해보시오."와 같은 문제)에서 나타난다. 8세 미만에서는 난독증 아동과 통제군 아동의 점수가 비슷하지만, 이보다 연령이 높아지면 차이가 점점 커지기 시작한다. 이는 통제군 아동의 경우 연령이 증가함에 따라 유창성 수행도 따라 향상되는 반면 난독증 아동은 연령 증가에 상관 없이 유창성이 거의 같은 수준에 머무른다는 점을 시사한다.
- 세 번째 패턴은 셈즈 신체 위치 검사(또 다른 종류의 좌우변별검사)를 통해 얻을 수 있다. 이 검사는 성인에서만 유의미한 집단 차이를 보이는데, 성인 통제 집단의 수행이 사실상 완벽하기 때문에 집단 간 차이가 나타나게 되는 것이다. 이러한 결과들은 비록 검사가 아동에게 어느 정도 성공적으로 시행될 수 있다고는 하더라도 더 어린 아동에 대한 검사 결과를 해석할 때에는 각별히 주의가 필요하며 다른 연령대에 재검사를 하는 것이 가치가 있음을 시사한다.

학습장애를 조사하기 위한 신경심리검사들은 기능장애에 관한 특정 검사들을 동반해야 한다. 예를 들어 난독증 검사를 할 때에는 읽기검사가 함께 시행되어야 한다. 많은 보조 검사들 역시 학습장애의 특정한 양상에 관한 통찰을 제공할 수 있다(Asbjornsen et al., 2014).

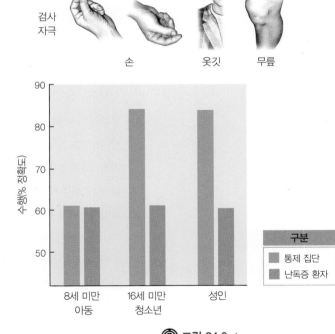

🎯 **그림 24.3** ▲

수행 비교 난독증 환자와 통제 집단의 좌우변별검사 점수는 청소년기와 성인기에서 유의미한 집단 차이가 관찰되지만 8세 미만 아동에서는 관찰되지 않는다.

(Data from Whishaw and Kolb, 1984.)

◎ 24.3 비언어적 신경발달장애

이 절에서 다루는 여섯 가지의 비언어적 신경발달장애(주의력결핍 과잉행동장애, 뇌성마비, 수두증, 자폐스펙트럼장애, 취약 X 증후군, 태아알코올스펙트럼장애)를 지닌 아동은 공통적으로 주변 환경의 이해, 가장과 예상, 타인의 얼굴과 정서적 제스처의 해석, 그리고 숙련된 운동 기능을 수행하는 데 어려움을 겪는다. 이러한 장애들은 이들이 성인이 되었을 때 독립적으로 생활하는 데 심각한 걸림돌이 된다.

주의력결핍 과잉행동장애

충동성, 과잉행동, 그리고/또는 무주의와 같은 핵심적 행동 증상으로 특징지어지는 **주의력결핍 과잉행동장애**(attention-deficit/hyperactivity disorder, ADHD)는 장애를 지닌 아동이 학교에서 행동 문제를 일으킨다는 점에서 다른 유형의 학습장애와 구별된다. 보통 학교에서의 수행의 모든 측면이 지장을 받는다. ADHD 아동은 과잉행동뿐 아니라 학교에서의 부적응 원인이 될 가능성이 있는 특정학습장애를 지닐 수도 있다.

미국 질병통제예방센터(CDC)는 미국 아동의 약 5%가 ADHD로 진단받으며 남아의 경우가 여아의 경우보다 2배가량 많다고 보고한다. ADHD의 진단은 꾸준히 증가해왔으며, 일부 관할 구역에서는 학령기 아동의 12%까지 적용되기도 한다. ADHD가 여아에게서 비교적 적게 진단되는 것은 부분적으로는 증상의 차이에서 비롯되었을 수 있다. 여아는 대부분 무주의를 보일 확률이 높고 활동적으로 행동하는 경우가 적은 반면, 남아는 과잉행동과 충동성을 보이는 경우가 많기 때문이다.

DSM-5는 ADHD의 진단을 위한 2개의 주요 진단기준을 포함하고 있으며 이들 각각에 대한 몇 가지 증상을 열거하였다. 진단이 확정되려면 기능과 발달을 저해하는 증상이 명시된 개수만큼 나타나야 한다.

1. **무주의**. 16세까지의 아동에게서 6개 이상, 17세 이상 청소년과 성인에게서 5개 이상의 무주의 증상, 적어도 6개월간 증상이 지속되며 발달 수준에 적합하지 않다. 증상들은 세부사항에 주의 기울이기, 과제에 주의 유지하기, 듣기, 지시 따르기, 조직화하기, 일 마무리하기 등에서의 무능뿐 아니라 과제 회피와 주의 산만을 포함한다.
2. **과잉행동과 충동성**. 16세까지의 아동에게서 6개 이상, 17세 이상 청소년과 성인에게서 5개 이상의 과잉행동–충동성, 적어도 6개월간 삶에 지장을 주며 발달 수준에 적합하지 않은 정도로 증상이 지속된다. 증상들은 꼼지락거리기, 잠자코 앉아 있지 못하는 것, 뛰어다니기, 지나치게 수다스러움, 차례를 지키며 놀지 못하는 것 등을 포함한다.

추가적인 진단 조건 역시 만족해야 한다. 몇몇 무주의 또는 과잉행동–충동성 증상이 12세 이전에 나타나며, 몇 가지 증상이 두 가지 이상의 상황에서 나타나야 한다(예 : 집, 학교, 또는 직장, 친구나 친척들과 함께 있는 상황, 다른 여러 활동을 하는 상황 등). 또한 증상들이 사회적 기능 또는 학교나 직장에서의 기능의 질을 감소시키거나 지장을 준다는 명확한 근거가 있어야 한다.

과잉행동 아동은 영아기에 질 낮고 불규칙적인 수면, 배앓이, 그리고 섭식 문제를 보이며, 같은 자세로 오랫동안 안겨 있는 것을 좋아하지 않는다. 이후 이들은 걸음마를 익힌다기보다는 뛰어다니는 것을 학습하는 것처럼 보이며, 모든 것을 손으로 만져보고 가지고 놀기 시작한다. 유치원에 들어갈 무렵부터는 요구가 많고, 무주의하며, 다른 아동들과 함께 잘 놀지 않는다. 이러한 행동 문제 때문에 가족 외에는 과잉행동 아동을 거부할 수 있다.

과잉행동 아동이 학교에 들어갈 때쯤이면 이들의 높은 활동 수준, 좌절에 대한 낮은 인내, 부족한 집중력, 그리고 낮은 자존감으로 인해 전문가를 찾아 평가를 받게 된다. 이러한 아동 중 많은 경우는 청소년기가 되면 학교에서 실패하며, 25~50%가량은 법적인 문제를 마주하기도 한다. 이들은 잠시도 가만히 있지 못하고, 학교를 그만두고, 사회적 관계를 맺고 안정적인 고용 상태를 유지하는 데 실패한다.

과잉행동은 아동에게서 관찰되는 가장 흔한 행동장애이다. 정의의 차이와 과잉행동을 용인하는 정도에 있어 문화적 차이가 존재하므로 발생률 추산은 조금씩 다르다. 미국 정신의학회는 과잉행동의 유병률이 3~5% 사이이며 여아보다 남아에게서 더 높은 발생률이 나타난다고 제안한다.

많은 뇌영상 연구들은 ADHD 환자들이 넓은 범위의 구조적·연결적 변칙성을 보임을 시사한다(Rubia et al., 2014). 과잉행동의 원인 역시 광범위하게 제안되어 왔으며 뇌 손상, 뇌염, 유전, 음식 알러지, 높은 납 농도, 그리고 다양한 집과 학교 환경 등이 포함된다. 또한 이러한 증거들은 뇌의 전두 영역 회로, 특히 기저핵을 포함하는 복측 전두 영역이 자기 조절 행동을 손상시켜 ADHD의 원인이 될 수 있음을 시사한다. 자기 조절의 장애는 진행 중인 활동에 지장을 줄 뿐 아니라 경험으로부터 학습할 수 없게 한다(Berger et al., 2013).

치료에는 아동과 부모를 대상으로 하는 심리상담과 집과 학교 환경을 세심하게 구성하는 것이 포함된다. 정신자극제를 이용한 약물치료도 1960년대부터 시작되어 현재까지 일반적으로 이루어지고 있다. 여기에는 애더럴, 콘서타, 덱세드린, 리탈린 등의 약이 포함된다. 스트라테라와 인투니브와 같은 비정신자극계 약물 역시 효과적이라고 알려져 있으며, 항우울제도 종종 치료제로 처방되곤 한다.

장기적인 해결책으로서 약물치료가 얼마나 효과적인지에 관해서는 논란이 있다(Taylor, 2014). 어떤 국가에서는 불법적인 약물 사용을 우려하여 약물치료가 지나치게 적게 처방되는 한편, 또 어떤 국가에서는 과다하게 처방되어 ADHD로 진단받은 사람의 수보다 약물 사용자의 수가 더 많기도 하다. 약물은 당장 눈앞에 놓인 과제에 집중할 수 있도록 도움을 줌으로써 ADHD의 증상을 통제할 수 있으며, 같은 이유로 제6장의 서두 사례 보기에서 보았듯이 인지 향상제로 사용되기도 한다. 결과적으로 처방약은 지하 약물 시장으로 흘러들어가 마약처럼 사용되거나 인지 향상의 목적으로 사용된다.

뇌성마비

뇌성마비는 본래 태아기 발달 과정이나 출생 과정에서 발생한 뇌 외상이 원인이 되어 주로 운동 기능에 영향을 주는 장애로서 정의되었다. 하지만 어떤 경우든 단순하게 정의를 내리는 것은 쉽지 않다. 첫째, 외상은 출생 전에 발생할 수도 있지만 당연히 출생 후 첫 5년 내에 발생할 수도 있다. 둘째, 운동 증상은 팔이나 다리 하나에만 나타나는 가벼운 장애부터 신체 전체의 움직임을 손상시키는 보다 심각한 장애까지의 다양한 형태를 취할 수 있다. 셋째, 인지와 정서의 장애, 뇌전증, 그리고 다른 신체 기능의 장애를 포함하여 다양한 종류의 장애가 함께 나타날 수 있다. 넷째, 혈전, 감염, 광범위한 외상적 뇌 손상을 포함하여 다양한 원인이 있을 수 있다.

그 결과, 뇌성마비는 정확히 병, 증후군, 또는 심지어 질환으로 불릴 수도 없다. 뇌성마비는 사람마다 뇌 손상의 종류에 따라 다른 형태로 나타난다. 따라서 **뇌성마비**(cerebral palsy)라는 용어는 비진행성 뇌 이상에 의해 장애가 발생하여 매우 다양한 방면에서 장애를 나타내는 환자들을 범주화한다는 관리적인 측면에서 가장 유용하게 사용된다. 뇌성마비는 뇌 손상이 근본적인 원인이기 때문에 완전한 치유는 불가능하지만, 환자에게 도움을 주기 위해 종종 치료요법이나 훈련이 사용되며, 더 중요하게는 환경 수정이 이루어지기도 한다.

뇌성마비는 1853년 런던의 의사 William Little에 의해 처음 기술되었다. 그는 일부 아기들에게서 보여지는 운동 기능 장애가 이상 분만, 난산, 조산, 또는 질식에 의해 발생한다는 것을 알아챘다. 또한 그는 장애의 영속성 및 연합된 지적장애, 성격에 미치는 영향(과민성과 분노발작 등), 그리고 뇌전증에 대해서도 인식하였다. 중요한 것은 그가 이러한 문제들이 부적절한 훈련과 교육이 뒤따름으로써 보다 심화될 수 있다고 지적했다. 이후 뇌성마비에 대한 정의는 운동과 관련되지 않은 다른 많은 증상들을 포함하려는 시도를 하였다(Colver et al., 2014).

뇌성마비의 발생률은 1,000명의 3.5명꼴로 추산된다. 가장 큰 영향력을 가지는 조산은 발생률을 100배까지 높일 수 있다. 뇌성마비 환자 수는 남성과 여성에게서 동등하게 나타난다. 장애의 정도에 대한 추정치를 살펴보면, 약 10%의 환자는 특별한 도움을 필요로 하지 않고, 약 65%는 때때로 도움을 필요로 하며, 약 25%는 특수학교 교육이나 보호 간호를 필요로 한다. 뇌성마비를 운동 증상으로 범주화하면, 환자의 약 50%는 경직성(spastic, 사지가 잘 움직여지지 않음), 약 25%는 **무정위운동형**(athetoid, 느린 불수의적 움직임을 보임), 약 10%는 강직성(rigidity, 관절 부근 근육이 뻣뻣함), 그리고 약 10%는 **운동실조형**(ataxic, 수의적 운동이 어려움)으로 분류된다.

뇌성마비를 일으키는 많은 원인들 가운데 가장 흔한 원인이 **표 24.4**에 정리되어 있다. 피질척수로, 기저핵, 뇌간, 그리고 소뇌에서의 병변이 운동장애의 주원인으로 추정되기는 하지만 병변과 임상적 결과 사이의 관계를 명백히 하기는 쉽지 않다. 더욱이 증상이 운동 기능에만 국한된 것이 아니라 뇌에 의해 통제되는 어떠한 기능도 포함시킬 수 있기 때문에 신경계 어느 부위에서 발생하는 병변이든 원인으로 작용할 수 있다.

뇌성마비에 대한 특별한 치료법은 없다. 하지만 물리치료, 척추에 작은 병변 만들기, 근육이 움직이지 못하게 하는 보톡스 주사하기 등의 방법들이 근육 경련을 완화하고 팔다리의 움직임을 촉진시키는 데 사용되고 있다. 환자들의 삶의 질을 향상시키는 데 있어 가장 중요한 요인은 신체적 보살핌 개선, 교육 기회의 증진, 사회적 웰빙 조성과 같은 환경적 변화이다.

수두증

뇌척수액 부피의 증가로 특징지어지는 **수두증**(hydrocephalus)은 크게 두 가지 원인에 의해 발생한다. 첫 번째는 성인에게 더 흔하게 발생하는 것으로 주변 뇌 조직의 위축에 의한 이차적 결과로 뇌실의 확대가 이루어지는 것이다. 두번째는 수두증의 보다 일반적인 원인이자 특히 영아에게서 흔히 관찰되는 방식으로 뇌척수액 흐름의 차단으로 인해 하나 또는 그 이상의 뇌실에 압력이 가해져 결국 뇌실이 확장되는 것이다. 단순히 뇌척수액의 과생성이 수두증을 야기하는지는 확실치 않다.

그림 24.4는 건강한 뇌의 뇌실계를 주조하여 만든 그림이다. 살아 있는 뇌에서 뇌실은 뇌척수액으로 채워져 있다(Mortazavi, Adeeb, & Grissenauer, 2014). 일반적으로 성인의 뇌척수액 부피는 약 130ml에 불과하며, 이 중 3분의 1은 척수의 요수조(lumbar cistern) 내에 존재한다. 뇌척수액은 뇌실, 특히 대부분 측뇌실의 맥락총에서 생성된다(Mortazavi, Grissenauer, & Adeeb, 2014). 생성된 뇌척수액은 몬로(Monro)의 뇌실간공(일명 창문으로 불림)을 통해 제3뇌실로 흘러 들어가며, 중뇌수도를 통해 제4뇌실까지 이동한다. 이후 최종적으로 제4뇌실 천정의 3개의 작은 구멍을 통해 빠져나간다. 이 구멍들은 각각 바깥쪽에 위치한 2개의 루시카공(foramina of Luschka)과 안쪽의 마장디공(foramen

표 24.4   뇌성마비의 잠재적 원인

유전적

정적 : 가족성 무정위운동증, 가족성 하지대마비, 가족성 진전

진행성 : 바이러스성 혹은 원인 불명의 탈수초성 질환(염색체파손은 대사 관련 질환이므로 뇌성마비에서는 드물게 나타남)

선천적(태아기에 발생)

감염성 풍진, 톡소플라스마증, 거대세포포함병, 단순포진, 그 밖의 바이러스성 또는 감염성 인자

모성 산소결핍, 일산화탄소 중독, 목 졸림, 빈혈, 척추마취와 관련된 저혈압, 태반경색, 태반조기박리

태아기 뇌출혈, 임신중독증, 직접적인 외상, 모성출혈, 선천적 특이체질

태아기 산소결핍, 탯줄의 꼬임 혹은 뒤틀림

기타 독소, 약물

주산기(출산 과정 중 발생)

기계적 산소결핍 : 기도폐쇄, 약물을 이용한 과잉진정으로 인한 마취, 전치태반 또는 태반조기박리, 척추마취와 관련된 저혈압, 머리가 나올 때 지연이 동반되는 둔위분만

외상 : 난산과 관련된 출혈, 분만의 불균형과 변위, 갑작스러운 압력의 변화, 급속분만, 제왕절개

출산 문제 : 재태 기간에 비해 작은 아기, 조산, 미숙, 이상성숙, 과숙, 고빌리루빈혈증과 동족면역 인자(Rh인자로 인한 핵황달, ABO식 혈액형 부적합), 용혈성질환, 호흡곤란장애, 매독, 뇌수막염, 그리고 그 외 감염, 약물중독 반응, 저혈당 반응, 저칼슘 반응

출생 후–영아기

외상 : 경막하혈종, 두개골 골절, 뇌좌상

감염 : 뇌수막염, 뇌염, 뇌농양

혈관장애 : 선천적 뇌동맥류, 혈전증, 색전증, 고혈압성뇌증, 갑작스러운 혈압의 변화

독소 : 납, 비소, 석유화학 추출물

산소결핍 : 일산화탄소 중독, 목 졸림, 고고도와 심부압박으로 인한 산소결핍, 저혈당

종양과 후기 신경발달장애 : 종양, 낭종, 진행성 수두증

출처 : Denhoff, E. Medical aspects. In W. M. Cruickshank, Ed., Cerebral Palsy Syracuse, N.Y.: Syracuse University Press, 1976, p. 35. Reprinted with permission.

of Magendie)이다. 이후 뇌척수액은 뇌척수막과 척수의 지주막 아래에 위치한 지주막하강으로 유입되고, 혈관으로 흡수되어 혈류를 타고 운반된다.

　뇌실 내의 순환은 양측의 뇌실간공 중 어디에서든 차단될 가능성이 있으며, 흐름이 막히면 뇌실 내 압력을 높여 측뇌실을 부풀게 한다. 또한 중뇌수도 차원에서 뇌척수액 순환이 차단되면 첫 3개의 뇌실에서, 제4뇌실 천정의 구멍이 닫히면 뇌실계 전체에서 수두증이 발생하게 된다. 어떠한 경우이든 뇌척수액의 흐름이 갑작스럽게 차단되면 두개 내 압력을 빠르게 증가시켜 뇌실을 확장시키고 최종적으로 혼수상태에 이르게 한다. 종양 등에 의해 점진적으로 뇌척수액의 흐름이 막히는 경우 뇌실 내의 압력의 증가와 뇌실 확장이 비교적 천천히 일어나게 되므로 그에 따른 증상으로는 서서히 나타나는 시각장애, 마비, 치매 등이 있을 수 있다.

　영아의 수두증은 머리가 눈에 띄게 커지는 것이 특징으로, 일반적으로 생후 초기 몇 개월 안에 발생하며, 신생아 100,000명 중 27명꼴로 걸리게 된다. 이 중 약 14%에서는 기형으로 인해 뇌척수액의 흐름이 막히는 경우이고, 약 4%는 종양에 의해, 그 외 대부분은 염증이나 외상에 의해 수두증이 발생한다. 뇌실은 팽창하면서 대뇌반구를 풍선처럼 만들게 되는데, 영아의 두개골 뼈들은 아직 융합되지 않았기 때문에 지속적인 내부 압력은 머리를 모든 방향으로 확장되게 한다. 이러한 확장이 피질을 손상시키게 되면 지능이 낮아지

그림 24.4 ▼

뇌실　(위) 외측면에서 바라본 건강한 뇌의 뇌실계. (아래) 화살표는 뇌척수액의 흐름 방향을 나타낸다. 뇌실의 좁은 부분(예 : 중뇌수도)에서 뇌척수액의 흐름이 막히면 수두증이 발생할 수 있다.

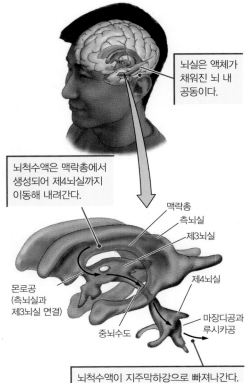

뇌실은 액체가 채워진 뇌 내 공동이다.

뇌척수액은 맥락총에서 생성되어 제4뇌실까지 이동해 내려간다.

맥락총
측뇌실
제3뇌실
제4뇌실
몬로공 (측뇌실과 제3뇌실 연결)
마장디공과 루시카공
중뇌수도

뇌척수액이 지주막하강으로 빠져나간다.

고 치매가 생길 수 있다. 만약 피질이 손상되지 않는다면 피질 조직이 늘려지다 못해 두께가 겨우 1cm 미만으로 얇아지게 되더라도 지능이 온전할 수 있다.

수두증은 한쪽 측뇌실에 밸브를 삽입하고 경정맥을 통과하는 튜브를 삽관하여 심방으로 뇌척수액을 빼내는 방법으로 어느 정도 치료가 가능하다. 만약 치료를 하지 않는다면 수두증 환자들은 대부분 사망하거나 심각한 정신장애 또는 운동장애를 지니게 된다.

자폐스펙트럼장애

자폐증(autism)이라는 용어는 명백한 국소대뇌질환의 징후는 없으나 심각한 사회적 상호작용 장애, 기이하고 좁은 범위의 흥미, 언어와 소통 이상 등의 증상을 보이며, 일부 경우는 지능이 보존되어 있기도 한 아동을 묘사하기 위하여 1940년대에 Leo Kanner와 Hans Asperger에 의해 처음 사용되기 시작했다. 어떤 아동들은 심각한 수준의 장애를 보이고, 어떤 아동들은 스스로 기능할 수 있으며, 또 어떤 아동들은 장애에도 불구하고 음악이나 미술, 수학과 같은 특정 영역에서 특출난 능력을 지니기도 한다.

이 장애는 경미하거나 심각한 증상을 보이는 아동을 전부 포함하기 위해 현재는 **자폐스펙트럼장애**(autism spectrum disorder, ASD)로 불린다. 자폐스펙트럼에 포함되는 것 중 드물지만 매우 심각한 장애로는 여성에게 주로 나타나는 레트 증후군(Rett syndrome)과 남성에게 주로 나타나는 아동기 붕괴성장애(childhood disintegrative disorder)가 있다. 아동의 증상이 구체적인 진단 기준에 부합하지 않을 경우 **달리 명시되지 않은 전반적 발달장애**(pervasive developmental disorder not otherwise specified, PDD-NOS)로 진단하게 된다.

자폐스펙트럼 매핑

ASD는 1,000명 중 3.5명꼴로 발생하는 것으로 추산된다. 여아에 비해 남아에서 4배 정도 흔하며, 알려진 인종적 · 민족적 · 사회적 경계선이 없다. 지난 30년간 발생률이 급격히 증가된 것으로 보고되지만, Ashley Wazana와 동료들(2007)은 이렇듯 눈에 띄는 증가는 단지 장애에 대한 보고가 더 잘 이루어지고 진단이 초기에 이루어지는 것과 같은 방법론적인 요인에 의한 것으로 추정한다.

자폐스펙트럼상의 많은 영아들은 등을 활처럼 휘거나 안겨 있을 때 축 늘어지는 방식으로 양육자와의 신체적 접촉을 피하는 등 태어날 때부터 이상하게 행동한다. ASD로 진단받는 아동의 3분의 1은 1~3세 사이에 이르러 양육자가 증상을 눈치채기 시작하기 전까지 일반적으로 발달한다. 이들의 공통점은 사회적으로 상호작용하는 데 실패하고 늘 같은 것을 고집한다는 점이다. 두 번째 특징은 아마도 이들이 새로운 상황을 이해하고 이에 대처하는 능력이 없기 때문일 수 있다. ASD 환자들은 반복된 신체 움직임(손 펄럭거리기, 흔들거리기), 특이한 얼굴 움직임과 특징, 사람들에 대한 평범하지 않은 반응이나 사물에 대한 별난 애착을 보이며, 일상에서 벗어나는 어떠한 변화에도 저항을 나타낸다. 일부 사례에서는 이에 더해 공격적인 행동 또는 자해 행동을 보이거나 두 가지 행동 모두를 보이기도 한다.

자기 세계 안으로 침잠하는 것이 비교적 덜 심각한 질환은 **아스퍼거 증후군**(Asperger's syndrome)이다. 아스퍼거 증후군 아이들은 비록 침잠하기는 하지만 말을 일찍 배우고 문법을 잘 구사한다. 하지만 이들 역시 폭 좁고 반복적인 놀이를 하고, 친구 관계가 좋지 못하며, 일상적이고 항상 같은 환경을 필요로 한다. 이들은 읽기, 계산, 음악, 미술과 같은 일부 행동 양상에서 뛰어난 모습을 보일 수도 있다. **과독증**(hyperlexia)은 아스퍼거 증후군 아동과 같이 인지장애를 가진 사람이 유독 읽기에는 비범한 능력을 지닌 것을 말한다. 이는 3~5세 사이에 읽기 능력이 조숙하게 발달하는 것으로 특징지어지며,

보통 이런 아동은 스스로 읽기를 터득한다. 많은 경우 아스퍼거 증후군 아동은 발성에 결함이 있고, 억양과 말의 속도와 같은 운율적인 측면에서 변칙성을 보이기 때문에 읽기가 완벽하게 부드럽지 않을 수도 있다. 일반적으로는 독해 능력에 장애가 있고, 정서적으로 침잠하고, 이따금 반향어(echolalia, 타인의 말을 병리적으로 반복하는 증상)를 하며, 자폐 증상을 보인다.

아스퍼거 증후군 환자들은 단어, 텔레비전 프로그램, 거리 이름, 날씨, 생일 등을 기억하는 비범한 능력과 같이 매우 우수한 기억 능력을 발달시킬 수 있다. 흔히 나타나는 기술들로는 달력 계산(1,000년의 기간 내에 어떤 날짜가 주어져도 해당 요일을 계산해내는 능력), 수학적 능력, 처음 접한 곡을 단 한 번 듣는 것만으로도 연주해낼 수 있는 것과 같은 음악적 능력, 조소, 그림 그리기, 특수한 기억 능력 등이 있다. 특히 평생 동안의 모든 날의 날씨, 방문했던 모든 인물들의 이름과 방문 날짜, 35년간 교구에서 있었던 모든 장례식의 날짜와 조문객들의 이름을 회상해내는 등 사소한 것들도 매우 잘 기억한다.

서번트 증후군(savant syndrome) 역시 아스퍼거 증후군과 관련이 있다. 서번트 증후군은 1887년 John Langdon Down에 의해 **백치 천재 증후군**(idiot savant syndrome)이라는 명칭으로 처음 알려졌다. 이 증후군을 지닌 사람들은 좁은 범위의 특수한 능력을 가지고 있으며, 공통적인 증상적 기준에는 지체, 맹목성, 음악적 천재성이 있다. 백치 천재라는 모순적인 용어는 한때 지적장애의 하위 범주를 칭하는 데 사용되었던 백치라는 단어를 '박식한 사람'을 뜻하는 천재라는 단어와 결합하여 만들었다. 이 용어는 현재의 경멸적인 어감에도 불구하고 지속적으로 사용되어왔다. 서번트는 발달장애 또는 정신질환을 가지고 있으면서 특정한 영역에서 자기의 다른 능력들에 비해 월등한 재능을 지녔거나(재능 있는 천재, talented savant) 일반 대중에 비해 뛰어난 재능을 지닌 것(경이로운 천재, prodigious savant)으로 특징지어진다. 서번트 증후군은 여성에 비해 남성에서 약 6배 더 자주 나타난다. 특별한 능력은 갑작스럽게 나타날 수 있으며 마찬가지로 갑작스럽게 사라질 수도 있다.

ASD의 해부학적 상관

다방면에 걸친 연구들은 다양한 유형의 ASD에서의 뇌 이상이 환자가 보이는 장애의 정도와 상관이 있다는 것을 보여준다. 예를 들면, 외현 기억(일상의 사건에 관한 기억)의 장애는 측두엽 이상과 연관될 수 있으며, 암묵 기억(학습한 기술과 조건 반응)의 손상은 두정엽과 소뇌의 이상과 관련 있을 수 있다. 후향 연구들에서 태아기에는 자폐 아동의 머리 크기가 정상이라고 밝혔음에도, 1세가 되면서부터는 이들의 머리와 뇌 크기가 정상에 비해 크다. 이러한 결과는 세포 분열, 세포 상실, 시냅스 가지치기 등 발달과 관련된 가소적 과정이 전형적이지 않다는 것을 시사한다. 발달 과정에서의 이와 같은 변화는 광범위한 뇌 이상을 초래한다.

뇌 구조에서의 보다 구체적인 변화에 대한 가설도 있다. John Allman과 동료들(2005)은 환자들에게서 폰 에코노모 뉴런(그림 10.20 참조)이라고 불리는 커다란 전두피질 세포가 정상적으로 발달하지 못하면서 사회적 발달의 이상을 야기했다고 제안했다. Patricia Rodier(2000)는 자폐증의 한 가지 원인으로 뇌간 발달에 중심적인 유전자의 발현 이상을 꼽았다. 그녀는 자폐증 환자의 뇌에서 교의 꼬리 부분의 한 영역이 작다는 것과 안면 근육을 통제하는 안면신경핵을 포함하여 이 영역 내 몇 개의 핵이 작거나 없다는 것을 발견하였다(**그림 24.5** 위). 많은 자폐 아동은 미세한 안면 이상을 가지고 있으며, 아마도 이는 안면 신경의 이상에 의한 것으로 보인다(**그림 24.5** 아래). 어쩌면 뇌간 발달에 있어 중요한 역할을 하는 *HOSA1* 유전자의 변이나 발현의 방해가 일부 자폐 사례의 원인일 수도 있다.

소뇌가 조건 반응을 통제한다는 증거는 늘 같은 환경을 원하고 새로운 것을 피하는 자폐의 특성 역

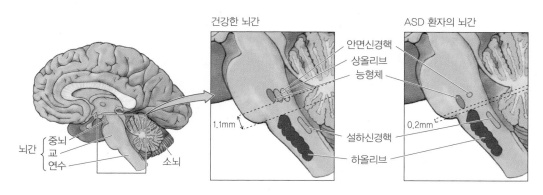

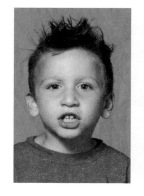
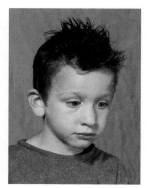

◎ 그림 24.5 ▶

ASD의 해부학적 상관　(위) ASD의 뇌간에서의 변화에는 뇌교의 후측 부분의 크기 감소가 포함된다. 안면신경핵, 상올리브, 능형체 등 이 영역 내 몇 개의 핵이 일반적인 크기보다 작거나 없다. (아래) ASD 아동은 특징적인 신체 이상을 보일 수 있다. 입꼬리가 윗입술에 비해 유난히 내려가 있고, 귀 윗부분이 축 쳐져 있고(왼쪽), 귀가 약간 내려가 있으며 사각형에 가까운 형태이다(오른쪽).

시 소뇌 이상과 관련 있을지 모른다는 점을 시사한다(Becker & Stoodley, 2013). 조건화 학습의 한 가지 특성에는 **습관화**(habituation)가 있는데, 이는 반복적으로 제시된 자극에 대한 반응이 약화되는 것이다. 진행 중인 사건에 대해 습관화하는 능력이 없으면 제시되는 자극을 특히 유해한 것으로 여기게 되기 때문에 같은 상태를 유지하기 위해 해당 자극을 피하게 된다. 이러한 이론은 왜 자폐 환자들이 교통 소음에 대해 다른 대부분의 사람들처럼 빠른 습관화를 보이지 않고 지속적으로 공포스러울 만치 시끄럽게 느끼는지에 관한 설명을 제공할 수 있다.

자폐 환자의 뇌에서 일어나는 네트워크를 규명하기 위해 Feng Shi와 동료들(2013)은 피질 두께가 뇌의 모듈 조직을 나타내는 지수로서 이용될 수 있으며 이에 따라 피질 두께가 유사한 영역들을 하나의 기능적 모듈로 묶어서 보아야 한다는 가설을 제기했다. 연구진은 사춘기 이전 아동들의 피질에서 전두, 두정, 측두 등 3개의 모듈을 식별해냈다. 이후 그들은 이 세 가지 모듈 간 연결성과 모듈 내 연결성을 추산했고, 자폐 집단에서는 모듈 간 연결이 적고, 전두 모듈에서 모듈 내 연결이 증가되어 있음을 발견했다. Feng Shi 연구 팀은 자폐 집단의 전두 모듈은 정상인의 모듈과 비교하여 스스로에게는 더 많이 '말하고' 뇌의 나머지 영역들과는 더 적게 '말하는' 특성을 보인다고 제언했다. 이러한 분석은 사람들로부터 얻은 평균적인 결과를 제시하기는 하지만, 추후 개인별 사례에 대한 연구 역시 ASD 증상의 개인차에 대한 통찰을 줄 수 있을 것이다.

ASD에 대한 유전적 기여

ASD는 유전적 영향을 강하게 받는 것으로 제안되고 있다. 일부 가계에서는 자폐가 유전될 확률이 매우 높은 반면, 또 다른 가계에서는 유전율이 낮다. 일란성 쌍둥이에서도 일치율이 다양하게 보고되고 있으며, 가장 낮은 경우가 약 0.5로 추정된다. 이는 일치율이 높은 축에 속하기는 하지만 후성적 요인 역시 기여함을 가리킨다(Sandin et al., 2014).

ASD의 발생에 있어 유전자의 기여에 관한 일련의 연구들은 염색체 1의 장완(long arm)에 위치한 DUF 1220이 관련 있음을 보여준다. DUF 1220은 유전자를 구성하는 염기서열이며 많은 복제를 만들어낸다. DUF 1220은 불안정하므로 복제 수는 55개에서 90개까지 다양하고 평균은 70개이다. 이러한 측면에서 보면, DUF 1220은 헌팅턴병(27.7절)과 관련 있는 CAG 염기쌍 반복과 비슷하되, 3개의 염기쌍이 반복되는 대신 유전자 전체가 반복된다는 점이 다르다. DUF 1220 반복 수가 많은 것은 ASD의 증상과 상관이 있다(Davis et al., 2014).

DUF 1220의 복제 수를 뇌 발달과 연결시켜주는 증거에는 세 가지가 있다. 첫째, 영장류 계통에서 뇌 크기가 증가하는 것과 함께 복제 수도 증가하는 것이 발견되었으며, 특히 현대 인류에서 큰 증가가 발견되었다. 둘째, 소뇌증을 가진 사람들에게서는 복제 수가 적으며, 대뇌증을 가진 사람들에게서는 복제 수가 많게 나타났다. 셋째, DUF 1220이 뇌 발달에 미치는 영향을 조사한 결과는 복제 수가 늘어나면 뇌세포 생성 역시 증가하는 등 DUF 1220이 뇌세포 분열과 관련 있음을 시사한다.

Davis 연구 팀은 DUF 1220의 불안정성이 인간 뇌가 크게 진화하는 것을 가능하게 했으며 자폐증이라는 유해한 부작용을 낳게 되었다고 제안한다. ASD에서는 증가된 DUF 1220의 복제 수가 잉여 뉴런의 생성을 야기하며 이들이 제거되지 않을 시 뉴런 간 연결이 제대로 이루어지지 않게 된다. 이 이론에는 왜 복제 수가 달라지는지, 그리고 왜 많은 수의 복제가 항상 ASD의 뇌 특징으로 이어지는 것은 아닌지 등 아직 밝혀지지 않은 점들이 남아 있다. 하지만 이 이론은 많은 자폐 환자들의 큰 뇌와 매우 다양한 증상, ASD의 유전적 기저를 설명해준다.

그 외 ASD 발생 원인

또 다른 연구 결과들은 ASD가 바이러스에 의해 발생할 가능성을 지지한다. 예를 들면, 여성이 임신 후 첫 3개월 안에 풍진에 노출될 경우 자폐 아동을 출산할 위험이 높다. 일부는 공업용 독소와 기타 환경오염물질들을 자폐증의 원인으로 추정하기도 하는데, 이를 뒷받침할 증거는 아직 불확실하다. 백신 방부제로 사용되는 수은과 백신 그 자체도 ASD를 촉발할 수 있다는 우려가 있지만 이러한 관점을 지지하는 과학적 증거는 없다. 수은과 자폐의 관계를 밝히기 위해 많은 연구들이 진행되었지만 모두 명확한 증거를 찾는 데 실패했다.

취약 X 증후군

정신장애와 ASD의 공통된 유전적 원인인 **취약 X 증후군**(Fragile-X syndrome)은 남성에게서는 약 2,000명 중 1명, 여성에게서는 4,000명 중 1명꼴로 발생한다. 여성 약 259명 중 1명, 남성 800명 중 1명은 취약 X 유전자를 보유하며 자식에게 물려줄 수 있다. 취약 X 증후군은 안면 이상과 더불어 알아채기 어려울 정도로 가벼운 학습장애부터 심각한 지적장애까지 넓은 범위의 정신장애로 특징지어진다. 이 증후군은 주의장애, 과잉 행동, 불안, 불안정한 기분, 그리고 ASD의 행동적 특징과 연관된다. 신체적 특징으로는 긴 얼굴, 큰 귀, 평발, 관절(특히 손가락)의 과신장 등이 있다. 취약 X 증후군을 가진 남자아이의 대부분은 학습장애를 보이는 반면 여자아이는 3분의 1만이 장애를 보인다는 점에서 일반적으로 남아의 경우 여아에 비해 더욱 심각하게 이 증후군의 영향을 받는 것으로 보인다.

취약 X 증후군은 X 염색체의 장완에 위치한 *FMR1* 유전자의 이상에 의해 발생한다(Bagni & Oostra, 2013). *FMR1*은 정상적으로 기능할 시 mRNA를 뉴런의 축색과 수상돌기 가시 등의 단백질로 번역하는 단백질(FMRP)을 암호화한다. 이 단백질은 시냅스 형성과 성숙에 관여하며 글루타메이트와 GABA 수용기의 생성과 관련이 있다. 변이는 X 염색체 DNA의 CGG 염기쌍 반복 구간에서 일어난다. 이 서열의 반복은 세대에서 세대로 전해짐에 따라 길이가 증가하는 경향이 있다.

CGG 반복의 수가 임계 수준인 약 200을 넘게 되면 확장된 영역이 메틸화(methylation)를 촉진하여 FMR1 유전자의 조촉매 영역을 차단함으로써 FMRP의 생성을 중단시킨다. 부검을 통해 취약 X 증후군 환자의 뉴런을 살펴본 결과, 수상돌기 가시가 제대로 형성되지 못하고 정상보다 더 많은 것이 발견되었다. 즉 건강한 발달과 시냅스의 제거를 위해 FMR1 유전자에 의해 암호화된 단백질이 필요할 가능성이 있다. 취약 X 증후군 아동을 대상으로 한 MRI 스캔 결과를 보면 피질이 얇아지는 현상, 비정상적으로 작은 미상핵, 뇌 세포의 일반적인 손실을 의미하는 뇌실 크기의 증가가 관찰된다.

여성에게서는 남성에 비해 일반적으로 증상이 덜 심각한데, 이는 여성이 X 염색체를 2개 가지고 있기 때문이다. 즉 여성의 경우에는 만약 X 염색체 하나에 이상이 생기면 보통 나머지 하나가 필수 단백질을 제조해낼 수 있다. 이러한 차이는 적어도 이론적으로는 정상적으로 복제된 FMR1 유전자가 뇌세포에 삽입될 수 있다면 신경학적 이상이 감소될 수 있음을 시사한다.

취약 X 증후군의 동물 모델이 다수 만들어졌는데, 그중 Fmr1 유전자제거생쥐 모델이 가장 집중적으로 연구되었다. 이 쥐들은 뇌전증, 학습장애, 과잉 행동 등 인간의 취약 X 증후군 증상과 유사한 증상을 보이는 경향이 증가했다. 이에 따라 실험실 접시에서 배양된 뉴런과 취약 X 유전자가 없었던 쥐에서 생성된 뉴런을 이용하여 유전자대체요법이 연구되었다.

FMRP는 글루타메이트와 GABA 수용기 모두에 영향을 주기 때문에 실험 연구와 임상적 시도들은 글루타메이트 수용기에 대한 길항제 또는 GABA 수용기에 대한 효능제 약물을 사용하여 수행되어 왔다. 글루타메이트 수용기에 작용하는 길항제를 이용한 치료는 일부 환자에게 효과적인 것으로 보고되어 왔으며, GABA 수용기에 작용하는 효능제를 이용한 치료는 환자들의 일부 사회적 장애를 개선하는 것으로 보고되고 있다. 따라서 취약 X 증후군 환자들의 치료가 성공할 수 있다는 희망이 존재한다.

태아알코올스펙트럼장애

태아 알코올 증후군이라는 용어는 알코올 중독 어머니에게서 태어난 아동이 보이는 신체적 기형과 지적 장애 패턴을 묘사하기 위해 Kenneth Jones와 David Smith에 의해 1973년 처음 만들어졌다. 이러한 장애들은 현재 **태아알코올스펙트럼장애**(fetal alcohol spectrum disorder, FASD)에 포함되어 있다.

그림 24.6A에 묘사되어 있듯이 FASD 아동들은 매끈한 인중, 얇은 윗 입술, 그리고 짧은 안검열(눈꺼풀 사이 거리) 등 변칙적인 얼굴 특징을 보일 수 있다. 또한 이들은 뇌회의 이상과 함께 뇌의 크기가 작은 것(그림 24.6B)부터 뇌의 크기는 정상이지만 피질세포의 군집과 정렬에 이상이 있는 것까지 넓은 범위의 뇌 이상도 보인다. 이들의 신체적 특징에는 키가 작고 마른 경향이 있는 것도 포함된다.

FASD의 특정한 행동 증상은 그들의 해부학적 이상과 관련되어 있다. 아동들은 흔히 과잉행동 및 다른 사회적 문제와 더불어 다양한 정도의 학습장애와 낮은 지능 점수를 보인다.

FASD에 대한 인식은 임산부의 알코올 소비의 영향에 대해 광범위한 관심을 자극했다. 알코올 중독 어머니의 약 6%에서 자녀가 뚜렷한 FASD를 가지고 있는 것으로 밝혀졌다. 발생률은 알코올 남용의 지역적 패턴과 정도에 따라 지리적으로 크게 차이를 보인다. Ann Streissguth와 Paul Connor(2001)는 미국의 신생아들이 약 700분의 1에서 100분의 1의 확률로 FASD를 가지게 된다고 제안했다. 보육원과 교도소에서 특히 발생률이 높은 것으로 보아 이들이 위험군임을 알 수 있다

(A)

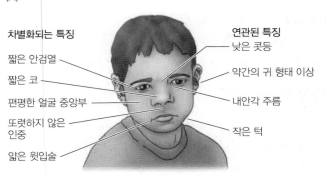

차별화되는 특징
짧은 안검열
짧은 코
편평한 얼굴 중앙부
또렷하지 않은 인중
얇은 윗입술

연관된 특징
낮은 콧등
약간의 귀 형태 이상
내안각 주름
작은 턱

(B)

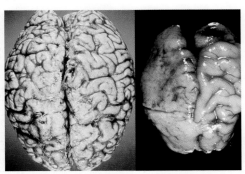

⊚ **그림 24.6** ▲

태아알코올스펙트럼장애 (A) FASD의 얼굴 특징. (B) 건강한 아동의 뇌(왼쪽)에서 보이는 특징적인 뇌회의 형태가 FASD 아동의 뇌에서는 극도로 덜 발달되어 있다.

(Part A: Research from Streissguth and Connor, 2001. Part B: Courtesy of Sterling K. Clarren, M.D., Professor of Pediatrics, University of British Columbia Faculty of Medicine.)

(Lange et al., 2013).

태아 알코올 증후군의 진단은 실무율에 따르지 않는다(Pruett et al., 2013). 알코올에 의해 발생한 이상은 거의 알아채기 어려울 정도의 신체적·심리적 영향에서부터 완전한 FASD에 이르기까지 넓은 범위에 걸쳐 있다. 장애의 심각도는 기타 다양한 개인적 요인뿐 아니라 임신 기간 동안 언제, 얼마나 많이, 그리고 얼마나 자주 알코올을 소비하였는지와 관련이 있다. 최악의 경우는 임신 후 첫 3개월 기간에 음주를 하는 것인데, 불행히도 이 기간에는 많은 여성들이 아직 자신의 임신 사실을 알지 못하는 경우가 많다. 또한 심각한 FASD는 혈중 알코올 농도를 높이는 폭음에 의해서도 발생하기 쉽다. 또 다른 요인들에는 산모의 영양 부족과 니코틴을 포함한 다른 약물의 사용 등이 있다.

FASD가 제기하는 가장 중요하고도 복잡한 문제는 과연 얼마만큼의 음주량이 임산부에게 지나치게 많은 알코올 소비라고 할 수 있는지이다. 알코올이 태아에 미치는 영향은 매우 많은 요인들에 달려 있기 때문이다. 완벽하게 안전하기 위해서는 임신 기간 동안은 물론이고 임신 전 몇 달간도 술을 전혀 마시지 않는 것이 가장 좋다. 이러한 결론은 임신 중 술을 하루에 한 잔 마시는 것만으로도 자녀의 지능 점수 감소로 이어질 수 있다는 연구 결과에 의해 뒷받침된다. 이와 같은 권고는 두 가지 이유로 여성뿐 아니라 남성에게도 확대된다. 즉 남성이 알코올을 소비하면 부인 역시 그렇게 되기 쉽다는 점과 알코올이 정자에 후성적 변화를 야기하여 태아 발달에 영향을 줄 수 있다는 점 때문에 남성에게도 부인의 임신 기간 중 술을 마시지 않도록 권한다(Abel, 2004; Stouder et al., 2011).

FASD는 심각하게 진행된 형태와 상대적으로 경미한 형태 모두 중요한 가르침을 준다. 알코올은 널리 쓰이는 약물로서 부적절하게 사용되면 위험한 반면 적당하게 사용되면 건강상의 이익도 가져다준다. 그럼에도 임신부는 알코올을 완전히 피해야 한다. 하지만 FASD 아기 출산의 위험군에 속하는 대부분의 여성들은 종종 가난하고 교육 수준이 낮음과 더불어 임신 전부터 알코올 소비 문제를 지니고 있으며 산전관리에 대한 접근성도 부족하다. 많은 경우 이들은 알코올이 태아에게 미치는 위험에 대해 무지하고 임신 중 금주를 해야 할 필요성을 이해하지 못한다.

알코올이 특징적인 영향력을 나타내는 메커니즘과 관련된 의견들에는 후성적 영향뿐 아니라 세포 분열과 성숙에 대한 일반적인 영향이 있다. 이 중 흥미로운 발상은 K^+ 이온이 세포막을 자유롭게 넘나들도록 함으로써 뉴런과 뉴런이 아닌 세포막에서 정상적인 안정 전위를 유지하는 데 중요한 Kir2.1이라는 칼륨 채널에 미치는 영향과 관련된다(Bates, 2013). 이 채널이 닫히게 되면 세포 대사에 미치는 후속 효과가 세포 자살이라는 결과를 낳는다. 이러한 효과는 FASD의 신체적 이상과 뇌 이상에 의한 것일지도 모른다. FASD에 대한 Kir2.1의 역할에 관해서는 유전자의 변이와 쥐에서 해당 유전자를 제거하는 것이 FASD의 신체적·행동적 증상과 유사한 증상을 초래한다는 증거들을 통해 지지된다. 알코올은 Kir2.1 채널에 억제적 효과를 지니며, 이는 Kir2.1 채널의 조절장애가 FASD의 발달에 기여한다는 것을 시사한다.

◎ 24.4 신경발달장애에 대한 발달적 영향

1세기 전에는 신경발달장애가 유전되는 것으로 널리 받아들여졌다. 하지만 그 무렵부터는 구조적 손상과 독 작용, 호르몬 영향, 그리고 환경적 박탈과 같은 비유전적 요인들 역시 신경발달장애의 발생률에 영향을 미치는 것이 명확해지기 시작했다.

구조적 손상과 독 작용

난독증과 같은 아동기 학습장애가 뇌 손상을 입은 성인에게서 나타나는 증상과 유사하다면 과연 출산 외상, 뇌염, 산소결핍, 또는 어린 시절 사고 등 이와 유사한 구조적 손상이 학습장애를 야기하는 것은 아닌가 하는 의문이 생기게 된다. 물론 극소수의 장애 아동에게 있어서는 이것이 사실일 수 있지만, 성인의 뇌 손상과 연합된 많은 신경학적 증상들은 아동에게서 전형적으로 관찰되지 않는다. 예를 들어, 발달적 난독증 아동은 뇌 손상에 의해 난독증이 발생한 성인에게서 높은 비율로 나타나는 **반맹증**(시야의 절반이 보이지 않는 것)이나 **암점**(시야 내의 맹점)이 나타나지 않는다. 이와 마찬가지로 EEG와 CT 스캔 연구 결과들은 보통 구조적 손상 가설을 지지하지 않는다. 즉 이미 알려진 뇌 손상과 상관된 EEG와 유사한 형태로 나타나는 비정상적인 EEG는 신경발달장애와 일관된 상관을 보이지 않는다.

뇌 구조에서 보다 미미한 변화가 발생하는 데에는 많은 경우들이 있다. 가능한 원인으로는 부실한 영양, 약물 사용, 그리고 환경 오염물에 대한 노출과 같은 요인들이 있다. 분명 수은이나 기타 중금속 등의 환경적 독소에 노출되는 것은 학습장애로 이어질 수 있다. Jessica Reyes(2014)에 의해 검토되었듯이, 환경적 독소와 학습장애 및 범죄의 발생률과의 인과 관계를 추론하는 것이 가능하다. 예를 들면, 그녀는 1970년대 자동차 휘발유에서 납을 제거하고 난 뒤 학생들의 학교에서의 수행 향상과 강력 범죄의 감소가 뒤따랐다는 점에 주목했다. 그럼에도 불구하고 일반적으로 후향적 연구를 통해 독성물질의 존재 여부와 양을 밝히는 것은 쉽지 않으며, 독소가 신경발달장애의 원인물질이라고 규명하는 것 역시 마찬가지로 어렵다.

호르몬 영향 : Geschwind-Galaburda 이론

여성보다 남성에게서 신경발달장애의 발생률이 높다는 사실은 발달 과정에서 남성의 뇌를 구별 짓는 호르몬이 장애의 발생에 기여하는지 여부에 대한 의문을 제기한다. Norman Geschwind와 Albert Galaburda(1985)는 생식 호르몬이 뇌 발달과 학습에 영향을 줄 수 있다고 제안했다. 그들이 세운 가설은 **측두평면**(좌반구에서 말소리를 표상하는 청각피질의 베르니케 영역)이 비대칭이라는 관찰 결과에 근거를 두고 있다. 즉 측두평면은 대부분의 오른손잡이의 경우 좌반구에서는 크고 우반구에서는 작다. 이러한 전형적인 해부학적 비대칭성은 좌반구의 언어 우세성을 낳는 신경학적 비대칭성의 기반으로 여겨진다. 남성은 이와 같은 비대칭적 패턴에서 크게 벗어나는 양상을 보이므로 테스토스테론이 이에 관여할 가능성이 있다.

태아기 발달 중 남성의 생식선은 성인 수준에 버금가는 높은 수준의 테스토스테론을 생성한다. Geschwind-Galaburda 이론은 태아의 급증하는 테스토스테론이 좌반구의 발달을 지연시켜 그만큼의 공간과 시간을 우반구가 크게 발달하는 데 쓰게 한다고 제안한다. 즉 일반적으로 남성은 우반구에 비교적 더 잘 발달된 영역을 갖게 되어 뛰어난 공간적 기술을 보유하게 되는 것으로 보인다.

테스토스테론에 의해 발생한 비대칭성이 우반구 영역들을 특히 크게 만든다면 나이에 비해 발달된 수학적 추론 능력과 같은 특별한 능력이 생길 수 있다. 하지만 그 대신 테스토스테론은 뇌 이상과 학습장애의 원인 역시 될 수 있다. 이 이론은 테스토스테론이 면역계 발달에도 영향을 주어 자가면역질환(편두통, 알레르기, 천식, 갑상선 장애, 궤양성 대장염 등)에 대한 취약성을 증가시킨다고 제안하며 일반적인 남성이나 특히 뛰어난 능력을 가진 남성들에게서 이러한 질환의 발생률이 높은 현상을 설명하였다.

Geschwind-Galaburda 이론은 여성들이 남성들에 비해 언어 관련 과제를 잘하고 남성들이 여성들에 비해 공간 과제를 잘하는 경향이 있다는 일반적인 관찰 결과를 설명한다는 점에서 흥미롭다. 또한 이 이론은 남성에게서 조숙성과 학습장애 모두 발생률이 높은 현상에 대해서도 설명을 제공한다. 나아가 Geschwind-Galaburda 이론이 제안한 우뇌 편향 우세성은 조숙성을 보이는 아동과 학습장애 환자에서 왼손잡이 발생률이 높은 점도 설명할 수 있다.

테스토스테론이 뇌에 미치는 영향은 그것이 면역계에 미치는 영향과 유사한 면이 있으므로, Geschwind-Galaburda 이론은 조숙성을 보이거나 학습장애인 남성 인구에서 자가면역질환 발생률이 높은 것에 대한 설명도 제공한다. 이에 더해 이 이론은 여성에게서 역시 호르몬 기능의 일탈이 학습장애, 조숙성, 왼손잡이, 자가면역질환의 발생률 증가를 낳는다는 점도 고려한다. 이 이론의 또 다른 매력적인 측면은 검증 가능하며 동물 모델을 활용하여 탐구해볼 수도 있다는 것이다.

처음으로 학습장애 환자의 뇌를 정밀 조사한 것은 뇌출혈로 사망한 열두 살 남자아이의 뇌를 대상으로 한 것이었다(Drake, 1968). 이 아동의 지능은 정상 범위 내에 속했으나 학교생활을 하면서 산수, 작문, 읽기에 장애를 보였다. 부검 결과, 두정엽에서 비전형적인 뇌회 패턴이 관찰되었고, 뇌량은 위축되어 있었으며, 피질로 이동했어야 할 뉴런들이 밑의 백질에서 발견되었다.

이후 Albert Galaburda 연구 팀(2006)은 평균 지능에도 불구하고 읽기장애가 있었던 20세 남성의 뇌를 조사하였다. 육안 검사에서는 특별한 점이 발견되지 않았으나, 현미경 검사에서는 몇 가지 이상이 나타났다. 특히 좌반구의 전두피질과 두정피질에서 왜소다뇌회증(polymicrogyria, 뇌회가 작고 많은 것)과 기타 구조상의 이상이 발견되었다. 이상이 나타난 뇌 영역 위치는 **그림 24.7**에 표시되어 있다. 피질 아래 시상의 내측 슬상핵과 외후측핵의 이상 역시 관찰되었다. 이 연구 팀은 최초의 연구 이후 다른 사례들에서도 유사한 결과들을 보고하였다.

높은 수준의 생식 호르몬이 뇌 발달에 영향을 줄 수 있다는 증거는 태아의 혈청 호르몬 수준과 이후 ASD 진단 간의 상관을 살펴본 최근 연구 결과에서도 찾을 수 있다(Baron-Cohen et al., 2014). 이러한 관계는 ASD 증상들이 지나친 남성 뇌 특징과 어느 정도 관련 있으며, 성 호르몬의 과발현이 발달상의 뇌의 후성적 프로파일을 변화시킨다는 점을 시사한다.

환경적 박탈

환경적 박탈은 신체적·지능적 기능에 오래도록 지속되는 영향을 남길 수 있다(12.3절과 23.5절 참조). 고아원에서 자라 물리적인 보살핌은 적절하게 받았지만 사회적 자극은 부족했던 아동은 성공하기 어렵다. 이들은 신체적 발달과 지적 발달 모두 연령 기준에 미치지 못한다. 1970년대에는 공산주의 정권이 루마니아를 지배하며 모든 형태의 산아 제한과 낙태를 금지했었다. 이에 따라 원

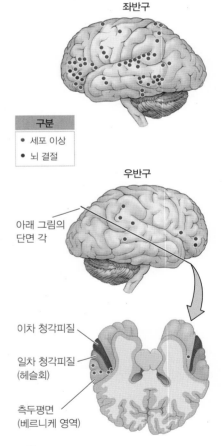

좌반구

우반구

구분
• 세포 이상
• 뇌 결절

아래 그림의 단면 각

이차 청각피질

일차 청각피질 (헤슬회)

측두평면 (베르니케 영역)

그림 24.7 ▲

이론에서 제안한 호르몬의 영향 빨간색과 파란색 점은 각각 읽기장애로 진단받은 환자의 뇌 부검에서 발견된 세포 이상과 뇌의 결절을 나타낸다. 수평 단면도는 양 반구 측두평면의 전형적인 비대칭적 패턴을 보여준다.

(Research from Galaburda et al., 2006.)

치 않는 임신이 셀 수 없이 많이 이루어졌고, 결과적으로 원치 않게 태어난 많은 아이들은 고아원에 맡겨져 형편없는 조건에서 자라게 되었다.

공산주의 정권이 무너지고 외부 세계가 개입하면서부터 수백 명의 고아원 아이들이 전 세계로 입양되어 갔다. 이들은 처음에는 영양 상태가 좋지 않고 덩치가 작은 상태였으나 입양된 가정에서 자라며 놀라울 정도로 상태가 좋아졌다. 평균 키와 정상 체중에 가까워졌고, 대부분 건강한 운동 및 인지 발달을 이루었다. 하지만 상당수가 학습장애였고, 성인과 안정애착을 맺거나 친구들과 건강한 관계를 맺는 데 어려움을 겪는 등 심리사회적 문제를 안고 있었다. 생후 6개월 이전에 입양되었던 아동은 이보다 늦게 입양된 아동에 비해 유의미하게 나은 결과를 보였다(Miller et al., 2009).

후기 산업화 사회의 사람들은 다양한 정도의 박탈을 겪던 개발도상국의 아이들을 지속적으로 입양하고 있다. 경제적으로 가장 선진적인 국가들에서조차 많은 아동들이 다양한 정도의 박탈과 학대로 고통받는다. 그렇기에 환경적 박탈은 지속적으로 학습장애의 주된 원인 중 하나로 꼽힌다. 아동이 세 살이 되기 전에 중재가 이루어지는 것이 가장 효과적이며(Bulut, 2013), 박탈로 고통받는 많은 아동 중 이보다 나이가 많은 아이들에게는 중재가 덜 효과적이다.

생일 효과

환경적 박탈의 약간 다른 형태로서 **생일 효과**(birthday effect)라는 것이 있다. 이는 아동이 운동과 학교 생활에서 성공하는 데 있어 아동의 생일이 미치는 영향을 의미한다. 생일 효과는 Roger Barnsley(1985)와 동료들이 북미 하키 선수들의 생일을 살펴본 연구에서 처음 소개되었다. 연구진은 시니어 하키 리그 내에서 선수의 탄생 월과 선수 인원수의 부적 상관을 발견했다. 30%가 넘는 선수들의 생일이 일사분기에 몰려 있었으며(1월생은 16%에 달했다), 사사분기에 생일이 있는 선수는 15%가 못 되었다(12월생은 5%에 불과했다). 그에 더해 압도적으로 많은 스타 선수들의 생일이 일사분기에 속했다.

이와 같은 생일의 차이는 하키 리그 초반에는 관찰되지 않지만 리그가 진행되면서 점차 나타나게 된다. 이에 대한 해설은 명백하다. 선수들은 나이에 따라 주니어 리그에 들어가게 되는데, 8세 미만의 아동이 속하는 하키 그룹인 마이트(Mite)에 들어가기 위해서는 리그에 들어가는 해 1월 1일에서 12월 31일 사이에 여덟 살이 되어야 한다. 처음 리그에 들어가는 아동의 생일은 모든 월에 골고루 분포되어 있지만, 이들 중 1월생은 사실상 12월생 아동에 비해 1년 가까이 일찍 하키를 시작하는 셈이다. 남들보다 어리고 작은 아동은 시초부터 발달적으로 불리한 위치에 있게 된다. 이들은 큰 선수들에 비해 시합 시간과 강화를 더 적게 받게 되며, 따라서 도중에 그만둘 확률도 높아진다. 고등학교 미식축구와 같이 팀에 입단하는 나이에 구애받지 않는 운동 종목의 경우, 부모들이 자녀가 학교에 입학하는 시기를 미룸으로써 운동하는 데 유리하게끔 생일 효과를 이용하기도 한다.

학업 성취에 있어 상대적 나이의 효과를 연구한 결과 역시 유사하게 나타났다. Lars Lien과 동료들(2005)은 생일 효과를 이해하는 부모라면 알다시피 학급 친구들보다 어린 나이에 학교에 입학한 아동이 자신보다 나이가 많은 학급 친구들에 비해 유의미하게 낮은 수행을 보이며 정서 문제도 더 많이 경험하는 것을 발견했다. 사회경제적 기술들은 학교 교육 전반에 걸쳐 최적의 학습을 위한 중요한 전제조건이다(Huang, 2014).

생일 효과의 또 다른 흥미로운 형태는 조산아에게서 관찰된다. 출산 예정일보다 일찍 태어난 아동 중 실제 태어난 생일에 맞춰 학교에 입학한 아동은 임신 기간을 다 채우고 나서 태어날 것으로 '예정되었던' 생일에 맞춰 학교에 입학한 아동에 비해 수행이 좋지 못하다(Odd, 2013). 따라서 성숙 연령이 학습장애의 일차적인 요인은 아닐지라도 학습장애 아동의 수행을 악화시킬 수는 있다.

🎯 24.5 신경발달장애의 성인기 예후

신경발달장애 아동의 결과에 대한 관점들은 낙관적인 정도에 따라 다양하다. 가장 낙관적인 연구 결과는 MacDonald Critchley(1964)에 의해 보고된 것으로, 연구의 대상이었던 20명의 난독증 남자아이들은 사립학교를 다니며 훈련 방법들을 이용한 특수교육을 받았다. 이들이 성장했을 때 이 중 2명은 의사, 2명은 대학 교수, 1명은 변호사, 2명은 연구과학자, 6명은 기업 경영주 또는 경영인, 1명은 학교 교장, 3명은 교사, 1명은 배우, 1명은 공장감독, 그리고 나머지 1명은 기능공이 되었다. 비록 이 같은 결과가 절대적인 것은 아닐 수 있지만, 대중매체들은 주기적으로 다양한 사립학교에서의 학습장애 아동의 유사한 성공 결과를 보고했다.

대부분의 예후 연구들에서는 결과가 그렇게 낙관적이지 않으며, 면밀하게 살펴본 연구들에서는 오히려 학업적인 예후에 대해 비관적인 결과를 보고한다. Otfried Spreen(1988)은 203명의 학습장애 환자들 및 이들과 같은 연령대의 건강한 통제 집단을 대상으로 평가, 개인 면담, 부모 면담, 그리고 그 외기타 관찰들을 실시하여 오랜 기간 학업적 발전 과정을 추적하였다. 그가 보고한 바에 따르면 학습장애 집단은 불행하고 보통은 짧은 학력을 지니게 되며 이후 실망과 실패로 가득한 불행한 사회생활을 보냈다. 또한 환자 집단은 상대적으로 고등 훈련을 받거나 전문직을 갖게 될 기회를 많이 얻지 못했다. 하지만 이들이 일반인들에 비해 청소년 비행이나 정신과적 문제 발생률이 높은 것은 아니었다. 학습장애 환자들과 그 부모들은 실제적인 정보를 고려한다면 대부분 의견이 일치했지만, 부모들은 학습장애로 인해 자녀들이 웰빙, 행복, 사회적 상호작용에서 자녀들이 스스로 느끼는 것보다 더 심각하게 영향을 받는다고 여기는 경향이 있었다.

이러한 환자들의 어린 시절에 대한 기억은 통제군에 비해 덜 자세한 편이다. 이들은 나이가 들면서 미래에 대해 조금 더 구체적인 계획을 세울 수 있게 되고 직업에 더 잘 적응할 수 있게 되지만 동시에 학교 경험에 대해 부정적으로 묘사하는 경향이 많아진다. 궁극적으로 여성들의 사회적 적응은 남성에 비해 좋지 못했다. 학습장애가 환자들의 어린 시절에 미친 영향력은 이들이 성인이 된 이후의 정신건강은 물론이고 신체적 건강에까지 부정적인 결과를 초래한다(Haider et al., 2013).

요약하자면 학습장애 아동 개개인이 지니는 특정 인지장애에 대해 주의 깊은 평가를 실시하는 것은 매우 유용하다. 문제 영역이 식별되고 나면 장애로 인한 어려움을 감소하기 위한 특수교육 프로그램을 고안해낼 수 있다. 장애 아동이 학습할 수 없다는 것이 명백하게 드러나는 기술은 가르치려고 노력하는 것에 큰 의미가 없을 수 있다. 그 대신 이러한 아동에게는 직업을 얻기 위해 유용한 기술을 가르치는 데 초점을 맞추어 교육 프로그램을 진행하는 것이 옳을 수 있다.

학습장애 아동과 부모에게 있어 상담은 교육 과정에서 중요한 부분을 차지한다. 상담은 교육 시스템에 대한 부정적인 태도를 극복하게 하는 것뿐 아니라 아동이 겪는 고유한 어려움을 이해하고 가능하면 그러한 어려움을 피할 수 있는 전략을 고안해내는 데 초점을 맞추어야 한다. 어린 시절 경험한 학습장애는 평생 동안에 걸쳐 영향력을 미칠 수 있으므로 이에 맞추어 성인 적응을 위한 상담과 지지 또한 이루어져야 한다. 마지막으로 개인별 맞춤 주의와 연습의 효과는 아무리 강조를 해도 부족하다. 학습은 시간과 반복이 요구되는 과정이며, 기술 습득에 있어 아주 작은 증진이라도 존재한다면 이는 이로운 결과를 가져올 수 있다.

요약

24.1 신경발달장애

아동기에 나타나 일생 동안 지속되는 다양한 장애들은 학교, 직장, 사회적인 상황에서 환자들의 발전을 방해한다. 학교에서 읽기 능력의 습득은 가장 중요하며, 읽기장애를 초래하는 장애들은 만족스러운 학업적 발전을 이루는 데 걸림돌이 될 수 있다.

24.2 읽기에 영향을 주는 학습장애

읽기는 복합적인 활동이며 다양한 방법으로 방해를 받을 수 있다. 이에 관한 연구들은 빠른 감각 변별, 기억, 섬세한 운동 기술에서의 장애뿐 아니라 음운 인식과 주의 전환의 장애와 같은 원인에 초점을 맞춰 진행되고 있다.

24.3 비언어적 신경발달장애

ADHD와 ASD, 뇌성마비와 수두증, 그리고 취약 X 증후군과 태아 알코올 증후군 등 언어와 관련 없는 장애도 학업적·사회적 어려움으로 이어진다. 많은 질환이 일반적이고 만성적인 손상과 연관되어 있으며 손상의 정도는 사례마다 다르다. 원인으로는 뇌 발달 과정에서 유전적으로 발생한 이상, 태아기의 뇌 손상, 임신 중 알코올 섭취와 같은 유해한 환경적 영향 등이 있다.

24.4 신경발달장애에 대한 발달적 영향

뇌기능과 발달의 성공에 환경적 조건이 영향을 줄 수 있다. 이러한 환경적 조건에는 뇌 부상, 호르몬, 독소, 약물 등의 영향, 환경적 박탈 등이 있다. 아동이 학교에 입학하는 나이와 같이 미묘한 요인이라도 학교에서의 성공에 상당히 큰 영향을 줄 수 있다.

24.5 신경발달장애의 성인기 예후

경미한 신경발달장애 환자들은 이후 충분히 적응적인 삶을 살기도 하지만, 장애의 영향과 부정적인 학습 경험은 오래도록 지속된다. 심각한 신경발달장애 환자들은 평생토록 도움과 보살핌을 필요로 한다.

참고문헌

Abel, E. L. Paternal contribution to fetal alcohol syndrome. *Addiction Biology* 9:127–133, 2004.

Allman, J. M., K. K. Watson, N. A. Tetreault, and A. Y. Hakeem. Intuition and autism: A possible role for von Economo neurons. *Trends in Cognitive Sciences* 9:367–373, 2005.

American Psychiatric Association. *Diagnostic and Statistical Manual of Mental Disorders*, 4th ed. Washington, D.C.: American Psychiatric Association, 1994.

American Psychiatric Association. *Diagnostic and Statistical Manual of Mental Disorders*, 5th ed. Washington, D.C.: American Psychiatric Association, 2013.

Asbjornsen, A. E., J. E. Obrzut, and J. D. Oyler. A cross-cultural comparison of verbal learning and memory functions in reading disabled American and Norwegian adolescents. *Scandinavian Journal of Psychology* 55:115–122, 2014.

Bagni, C., and B. A. Oostra. Fragile X syndrome: From protein function to therapy. *American Journal of Medical Genetics* 161:2809–2821, 2013.

Barnsley, R. H., A. H. Thompson, and P. E. Barnsley. Hockey success and birth date: The relative age effect. *Canadian Association of Health, Physical Education, and Recreation* November–December, 23–27, 1985.

Baron-Cohen, S., B. Auyeng, B. Nørgaard-Pedersen, D. M. Hougaard, M. W. Abdallah, L. Melgaard, A. S. Cohen, B. Chakrabarti, L. Ruta, and M. V. Lombardo. Elevated fetal steroidogenic activity in autism. *Molecular Psychiatry* doi:10.1038/mp.2014.48, 2014.

Bates, E. A. A potential molecular target for morphological defects of fetal alcohol syndrome: Kir2.1. *Current Opinion in Genetics & Development* 23:324–329, 2013.

Becker, E. B. E., and C. J. Stoodley. Autism spectrum disorder and the cerebellum. *International Review of Neurobiology* 113:1–34, 2013.

Berger, I., O. Slobodin, M. Aboud, J. Melamed, and H. Cassuto. Maturational delay in ADHD: Evidence from CPT. *Frontiers in Human Neuroscience* 7:691. doi:10.3389/fnhum.2013.00691. eCollection 2013.

Bradley, L., and P. E. Bryant. Categorizing sounds and learning to read: A causal connection. *Nature* 301:419–421, 1983.

Bulut, S. Intelligence development of socio-economically disadvantaged pre-school children. *Annales de Psicologia* 29:855–864, 2013.

Carrion-Castillo, A., B. Franke, and S. E. Fisher. Molecular genetics of dyslexia: An overview. *Dyslexia* 19:214–240, 2013.

Cobrinik, L. Unusual reading ability in severely disturbed children. *Journal of Autism and Childhood Schizophrenia* 4:163–175, 1974.

Colver, A., C. Fairhurst, and P. O. D. Pharoah. Cerebral palsy. *The Lancet* 383: 1240–1249, 2014.

Connor, C. McD., M. Spencer, S. L. Day, S. Giuliani, S. W. Ingebrand, and F. J. Morrison. Capturing the complexity: Content, type, and amount of instruction and quality of the classroom learning environment synergistically predict third graders' vocabulary and reading comprehension outcomes. *Journal of Educational Psychology* 106(3):762–778, August 2014.

Critchley, M. *Developmental Dyslexia*. Springfield, Ill.: Charles C Thomas, 1964.

Cruickshank, W. M., Ed. *Cerebral Palsy*. Syracuse, N.Y.: Syracuse University Press, 1976.

Davis, J. M., V. B. Searles, N. Anderson, J. Keeney, L. Dumas, and J. M. Sikela. DUF1220 dosage is linearly associated with increasing severity of the three primary symptoms of autism. *PLoS Genetics* 10:e1004241, 2014.

DeWitt I., and J. P. Rauschecker. Phoneme and word recognition in the auditory ventral stream. *Proceedings of the National Academy of Sciences U.S.A.* 21:109(8):E505-14, 2012.

Dole, M., F. Meunier, and M. Hoen. Functional correlates of the speech-in-noise perception impairment in dyslexia: An MRI study. *Neuropsychologia* 60:103–114, June 4, 2014.

Drake, W. Clinical and pathological findings in a child with a developmental learning disability. *Journal of Learning Disabilities* 1:468–475, 1968.

Fry, E. A do-it-yourself terminology generator. *Journal of Reading* 11:428–430, 1968.

Galaburda, A. M., J. LoTurco, F. Ramus, R. H. Fitch, and G. D. Rosen. From genes to behavior in developmental dyslexia. *Nature Neuroscience* 9:1213–1217, 2006.

Geschwind, N., and A. M. Galaburda. *Cerebral Lateralization*. Cambridge, Mass.: MIT Press, 1985.

Haider, S. I., Z. Ansari, and L. Vaughan. Health and wellbeing of Victorian adults with intellectual disability compared to the general Victorian population. *Research in Developmental Disabilities* 34:4034–4042, 2013.

Hinshelwood, J. Word blindness and visual memory. *Lancet* 2:1564–1570, 1895.

Huang, F. L. Further understanding factors associated with grade retention: Birthday effects and socioemotional skills. *Journal of Applied Developmental Psychology* 35:79–93, 2014.

Lange, S., K. Shield, and J. Rehm. Prevalence of fetal alcohol spectrum disorders in child care settings: A meta-analysis. *Pediatrics* 132:E980–E995, 2013.

Lien, L., K. Tambs, B. Oppedal, S. Heyerdahl, and E. Bjertness. Is relatively young age within a school year a risk factor for mental health problems and poor school performance? A population-based cross-sectional study of adolescents in Oslo, Norway. *BMC Public Health* 5:102, 2005.

Little, W. J. *Deformities of the Human Frame*. London: Longmans, 1853.

Mariën, P., H. Ackermann, M. Adamaszek, C. H. Barwood, A. Beaton, J. Desmond, E. De Witte, A. J. Fawcett, I. Hertrich, M. Küper, M. Leggio, C. Marvel, M. Molinari, B. E. Murdoch, R. I. Nicolson, J. D. Schmahmann, C. J. Stoodley, M. Thürling, D. Timmann, E. Wouters, and W. Ziegler. Consensus paper: Language and the cerebellum: an ongoing enigma. *Cerebellum* 13(3):386–410, June 2014.

Miller, L., W. Chan, L. Tirella, and E. Perrin. Outcomes of children adopted from Eastern Europe. *International Journal of Behavioral Development* 23(4)289–298, 2009.

Mortazavi, M. M., N. N. Adeeb, and C. J. Griessenauer. The ventricular system of the brain: A comprehensive review of its history, anatomy, histology, embryology, and surgical considerations. *Child's Nervous System* 30:19–35, 2014.

Mortazavi, M. M., C. J. Griessenauer, and N. Adeeb. The choroid plexus: A comprehensive review of its history, anatomy, function, histology, embryology, and surgical considerations. *Child's Nervous System* 40:205–214, 2014.

National Assessment of Educational Progress. *The Nation's Report Card* National Center for Education Statistics, Washington, D.C., 2014.

Odd, D., D. Evans, and A. Emond. Preterm birth, age at school entry and educational performance. *PLoS One* 8, e76615, 2013.

Olulade, O. A., E. M. Napoliello, and G. F. Eden. Abnormal visual motion processing is not a cause of dyslexia. *Neuron* 79(1):180–190, July 10, 2013.

Orton, S. T. *Reading, Writing, and Speech Problems in Children*. New York: Norton, 1937.

Pruett, D., E. H. Waterman, and A. B. Caughey. Fetal alcohol exposure: Consequences, diagnosis, and treatment. *Obstetrical and Gynecological Survey* 68:62–69, 2013.

Ramus, F., S. Rosen, S. C. Dakin, B. L. Day, J. M. Castellote, S. White, and U. Frith. Theories of developmental dyslexia: Insights from a multiple case study of dyslexic adults. *Brain* 126:841–865, 2003.

Reyes, J. W. *Childhood Lead and Academic Performance in Massachusetts*, Federal Reserve Bank of Boston Working Paper, 2014.

Rodier, P. M. The early origins of autism. *Scientific American* 282(2):56–63, 2000.

Rubia, K., A. Alegria, and H. Brinson. Imaging the ADHD brain: Disorder-specificity, medication effects and clinical translation. *Expert Review of Neurotherapeutics* 14:519–538, 2014.

Ruffino, M., S. Gori, D. Boccardi, M. Molteni, and A. Facoetti. Spatial and temporal attention in developmental dyslexia. *Frontiers in Human Neuroscience* 22:331.doi: 10.3389/fnhum.2014.00331, 2014.

Rugel, R. P. WISC subtest scores of disabled readers: A review with respect to Bannatyne's categorization. *Journal of Learning Disability* 17:48–55, 1974.

Sandin, S., P. Lichtenstein, and R. Kuja-Halkola. The familial risk of autism. *Journal of the American Medical Association* 17:1770–1777, 2014.

Shi, F., L. Wang, C-W. Wee, and D. S. Shen. Altered modular organization of structural cortical networks in autistic children. *PLoS ONE* 8(5): e63131.doi:10.1371/journal.pone.0063131, 2013.

Spreen, O. *Learning Disabled Children Growing Up*. New York: Oxford

University Press, 1988.

Stoodley, C. J., and J. F. Stein. Cerebellar function in developmental dyslexia. *The Cerebellum* 12:267–276, 2013.

Stouder, C., E. Somm, and A. Paoloni-Giacobino. Prenatal exposure to ethanol: A specific effect on the H19 gene in sperm. *Reproductive Toxicology* 31:507–512, 2011.

Streissguth, A. P., and P. D. Connor. Fetal alcohol syndrome and other effects of prenatal alcohol: Developmental cognitive neuroscience implications. In C. A. Nelson and M. Luciana, Eds. *Handbook of Developmental Cognitive Neuroscience*, pp. 505–518. Cambridge, Mass.: MIT Press, 2001.

Tallal, P. Fast ForWord®: The birth of the neurocognitive training revolution. *Progress in Brain Research* 207:175–207, 2013.

Tallal, P., S. Miller, and R. H. Fitch. Neurobiological basis of speech: A case for the preeminence of temporal processing. In P. Tallal, A. M. Galaburda, R. R. Llinas, and C. von Euler, Eds. *Temporal Information Processing in the Nervous System*. New York: New York Academy of Sciences, 1993.

Taylor, E. Uses and misuses of treatments for ADHD. The second Birgit Olsson lecture. *Nordic Journal of Psychiatry*, Volume 68 Issue 4: 236–242, 2014.

van der Leij, A., and B. Maassen. Dutch Dyslexia Programme. *Dyslexia* 19:189–190, 2013.

Wazana, A., M. Bresnahan, and J. Kline. The autism epidemic: Fact or artifact? *Journal of the American Academy of Child Adolescent Psychiatry* 46:721–730, 2007.

Whishaw, I. Q., and B. Kolb. Neuropsychological assessment of children and adults with developmental dyslexia. In R. N. Malatesha and H. A. Whitaker, Eds. *Dyslexia: A Global Issue*. The Hague: Martinus Nijhoff, 1984.

World Health Organization. International Classification of Diseases and related health problems (ICD-10). Geneva, WHO, 1992.

25

성인 뇌의 가소성, 회복, 재활

 사례 보기 | 뇌진탕

2011년 초 과거 시카고베어스의 디펜스백이었던 데이브 더슨이 50세의 나이에 총을 쏘아 자살했다. 그는 현역 시절 미국 프로미식축구 리그에서 11시즌을 뛰며 2개의 슈퍼볼 우승 팀에 속해 있었고 수많은 상을 거머쥐었다. 더슨은 그의 뇌를 연구에 사용해달라는 유서를 남겼다.

그는 프로 선수로서 최소 열 번의 뇌진탕을 겪었지만 경기를 그만둘 정도로 심각한 경우는 없었다. 미식축구 선수생활을 은퇴한 후 더슨은 하버드에서 경영학 학위를 받았다. 이후 성공적인 비즈니스 경력을 쌓던 중, 그는 갑자기 의사결정과 분노 조절의 문제를 경험하기 시작했다. 결국 그의 사업과 결혼은 파탄이 났다.

그의 자살 이후 보스턴대학교 소속 외상성뇌증 연구센터의 신경과학자들은 장기 종단 연구의 일부로서 더슨의 뇌를 연구했다. 더슨에게 내려진 진단은 **만성 외상성뇌병증**(chronic traumatic encephalopathy, CTE)으로, 다수의 뇌진탕이나 유사한 폐쇄성 뇌 손상(26.3절 참조) 이력을 지닌 사람들에게서 발견되는 진행성 퇴행성 질환이며, 신경섬유매듭, 반점(플라크), 그리고 세포 상실로 인한 뇌 위축과 뇌실 확장을 보이는 것이 특징이다.

뇌진탕(concussion) 또는 경증 외상성 뇌 손상은 스포츠에서 빈번하게 발생하며, 특히 미식축구, 하키, 럭비와 같이 선수들끼리 직접적인 신체 접촉이 일어나는 종목에서 매우 흔하다. 2012~2013년 시즌 동안 미국 고등학생에게 발생한 스포츠 관련 뇌진탕은 294,000건으로 집계되었으며, 캐나다 내 두 대학 하키 팀(하나는 남성 팀, 다른 하나는 여성 팀)에서는 2011~2012 시즌에 45명의 선수 중 11명이 뇌진탕을 경험했다(Helmer et al., 2014). 미국 프로 미식축구 리그는 선수들 3명 중 1명꼴로 이후 삶에서 인지적인 문제를 안고 살게 될 것으로 추산했다. 뇌진탕은 넘어지는 사고나 차량사고에 의해서도 발생한다. 뇌진탕의 발생률은 1,000명 중 6명 이상인 것으로 보인다.

뇌진탕은 대부분 의식하지 못한 채 지나가곤 한다. 뇌진탕 환자들

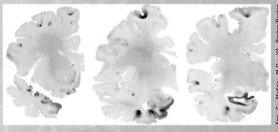

에게는 가만히 휴식을 취하도록 하는 것이 일반적인 치료법인데, 진단을 받은 사람들은 비교적 짧은 휴식기 이후 눈에 띄는 병리적 증상이 거의 나타나지 않는다. Helmer의 연구에서는 MRI 확인 결과 부상 후 72시간 후 백질에서 염증성 변화를 발견했다. 이러한 문제는 2개월 이후 다시 환자의 뇌를 스캔해보았을 때에는 해결되어 있었다. 그렇지만 뇌진탕과 이후 삶에서 나타나는 퇴행성 질환(알츠하이머병을 포함한 치매, 파킨슨병, 운동 뉴런 질환, CTE)의 관계는 잘 확립되어 있는 편이다. 이러한 관계는 뇌진탕이 시간이 지남에 따라 결국 CTE로 발달할 수 있는 병리적 사건의 물꼬를 틀 수 있음을 시사한다(Gavett et al., 2010).

환자의 사후 부검에서 세포의 죽음을 검사하기 위해 연구자들은 뉴런 퇴행성을 민감하게 알려주는 **타우 단백질**(tau protein, 그림에서 어두운 갈색으로 표시)의 축적물을 염색한다. 더슨의 전측 우반구를 관상면으로 절단한 3개의 단면을 보면 전두피질과 내측두엽에서 뇌 조직의 퇴행성을 확인할 수 있다.

CTE에 대해 아직 모르는 것이 많다. 확실한 것은 특히 미식축구나 하키 선수들 같은 프로운동선수들이 CTE를 앓는다는 것이다. 뇌진탕을 예방하기 위해 아동기부터 분명히 많은 조심을 해야 하며 반드시 치료를 받을 필요가 있다. 비록 뇌진탕의 적절한 치료법이 무엇인지는 아직 잘 모르지만 말이다.

데이브 더슨의 경험은 뇌 손상 이후의 기능 회복이 얼마나 어려운지 생생하게 보여준다. 건강한 뇌가 일단 손상을 입게 되면 평생토록 손상된 회로를 감당해야 한다. 손상된 뇌가 노화 관련 변화에도 대처를 하게 되면서 증상이 손상 이후 오랜 시간이 지난 이후에 나타나는 일도 드물지 않다. 그렇지만 뇌의 가소성과 더불어 환자들이 손상된 기능을 보완하는 법을 학습함에 따라 종종 일부 기능이 복구되기도 한다. 우선은 건강한 뇌의 10개의 가소성 원칙을 살펴봄으로써 이 장을 시작하려고 한다. 이후 이 장의 나머지에서는 뇌가 손상에 어떻게 반응하는지, 그리고 마지막으로 다양한 재활 프로토콜이 어떻게 손상된 뇌에서 변화를 일으키는지를 알아볼 것이다.

25.1 뇌 가소성의 원칙

뇌의 가소성에 관한 세부사항에 대해서는 아직 알아야 할 것이 많다. 지금부터는 뇌에서 가소적 변화를 지배하는 원칙을 확인함으로써 뇌의 가소성에 대해 알려진 것에는 어떤 것들이 있는지 살펴보고 가소성의 본질을 이해하는 데 필요한 틀을 잡아보도록 하자.

원칙 1 : 가소성은 모든 신경계에 공통으로 나타나며, 이하 모든 원칙이 잘 지켜진다

비록 뇌의 가소성에 대한 최신 연구가 포유류를 대상으로 이루어지기는 했지만, 가소성과 관련된 많은 초기 개념들은 무척추동물 및 조류와 같은 비포유류들을 연구하며 나온 것이다. 예쁜꼬마선충과 같이 뉴런이 302개밖에 없는 가장 단순한 동물도 감각(냄새 등)과 결과(가벼운 전기충격) 간의 연합을 학습할 수 있다. 이러한 변화들은 전 계통발생에 걸쳐 매우 유사하게 나타난다. 어떠한 동물이든 연합을 학습하기 위해서는 신경계가 학습한 내용을 부호화하는 변화를 거쳐야만 한다.

원칙 2 : 가소성은 여러 수준에서 분석될 수 있다

표 25.1에 요약된 바와 같이 신경과학자들은 뇌의 가소성을 가장 복잡하게는 행동에서부터 가장 단순하게는 분자에 이르기까지 범위의 다양한 수준에서 연구한다.

행동

새로운 정보를 학습하고 기억하는 데에는 신경계 세포의 변화, 즉 학습된 정보의 신경적 기록을 이루는 변화가 수반된다. 행동적 변화 연구가 신경계 연구에 어떤 기여를 했는지에 관한 종합적인 개관은 본문에서 다룰 수 있는 영역을 벗어나 있지만, 다음 예시를 보면 이러한 연구가 어떻게 진행되는지는 대략적으로 알 수 있을 것이다.

인간은 시각적으로 재배열된 세상에 순응하는 데 있어 놀라운 능력을 보여준다. Wolfgang Köhler (1964)는 연구 참가자들에게 시야를 뒤바꾸고 좌우를 반전시켜 보여주는 프리즘으로 만들어진 특수한 안경을 착용시켰다. 즉 이 안경을 착용한 참가자들은 위아래가 뒤집히고 좌우 반전된 세상을 보게 되었다. 안경을 지속적으로 착용하는 처음 며칠간은 온통 뒤죽박죽된 세상 속에서 사물에 접근하거나 원하는 곳으로 나아가는 것이 혼란스럽고 힘겹지만, 며칠이 지나자 세상이 그 자체로 올바른 것처럼 받아들여지게 되었다. 참가자들은 다시 옷을 입고, 식사를 하고, 걸어다니고, 그 외 다른 일상적인 활동을 쉽게 영위할 수 있게 되었다. 한 참가자는 스키나 자전거를 타는 것처럼 복잡한 활동까지도 수행할 수 있게 되었다. 이후 안경을 벗자 처음 프리즘을 착용했을 때처럼 세상이 다시금 뒤틀린 것처럼 보였고 새롭게 순응하는 시간이 필요했다.

▲ 예쁜꼬마선충은 땅에서 사는, 길이 약 1mm의 작은 회충으로서 뉴런, 시냅스, 게놈이 기술된 첫 종이다.
(Sinclair Stammers/Science Source.)

표 25.1 가소성 : 분석 수준

1. 행동
2. 신경 영상
3. 피질 지도(침투성 및 비침투성)
4. 생리학(장기증강, 단위 기록, 자극)
5. 시냅스 조직
6. 유사 분열 활동
7. 분자 구조

Köhler의 실험 참가자들이 보여준 변형된 시각 세계에 대한 순응은 각각 뇌의 특정 영역에서의 변화와 연관된 몇 가지 행동적 변화를 포함한다(Sugita, 2001). 그중 한 가지는 전운동피질이다. 건강한 원숭이에게 이러한 프리즘을 씌우면 인간 참가자가 그랬던 것과 마찬가지로 원숭이들도 변화에 순응을 한다. 하지만 원숭이의 전운동피질을 비활성화시키면 순응에 큰 어려움을 겪게 된다. 또 다른 변화 장소는 후두정피질이다. Dottie Clower와 동료들(1996)은 PET를 이용하여 프리즘에 순응할 때 국부 혈류 변화가 나타나는 위치를 확인했는데, 참가자들이 눈으로 보고 사물에 접근할 때 후두정피질의 활성화가 크게 증가하는 것을 발견했다.

건강한 원숭이들이 프리즘에 순응하면서 시각피질의 세포 속성도 따라 변화하는 것이 발견되었다(Sugita, 2001). 보통 V1 영역의 세포들은 대측 시야에만 반응하는데, 순응이 일어나자 세포들이 동측 시야의 자극에도 반응하기 시작했다. 이러한 변화는 프리즘이 제거되고 나서 곧 사라졌다. V4 영역 등 그 외 다른 복측 경로에서도 유사한 변화가 관찰되었다.

프리즘 순응을 돕는 가소적 변화들이 어떤 것이든 간에 이러한 가소적 변화들은 시냅스 조직에서의 변화와 일치하는 것으로 여겨진다. 인간과 원숭이 모두에서 나타난 순응의 일관성과 의존성이 순응에 필요한 연결망이 이미 존재한다는 것을 시사하기는 하지만 말이다. 만약 그렇다면 순응은 단지 '정상적인' 시각적 세계를 보는 데 사용되는 연결들의 효율을 향상시키는 것뿐일지도 모른다.

시각적 순응을 일으키는 뇌의 가소적 변화의 본질에 대하여 아직 모르는 것이 많지만, 행동적 변화가 극적인 새로운 상황을 연구함으로써 분명히 연구자들은 신경계의 가소성에 대해 추론할 수 있다. 그러한 과정들을 이해하는 것은 건강한 뇌가 어떻게 기능하는지와 관련된 일반적인 관심사일 뿐 아니라 손상 이후 기능적 회복을 촉진할 수 있는 방법에 대한 통찰력을 제공해줄 수도 있다. 한 예로, Yves Rossetti가 뇌졸중 환자들에게서 나타난 대측 무시 증상의 회복을 자극하는 데 프리즘 순응 기법을 사용했다는 것을 상기해보자(그림 22.11 참조).

피질 지도

8.1절과 10.1절에서 살펴본 바와 같이 각 감각계의 여러 지도는 외부 세계에 대한 지형적 표상을 가지고 있다. 운동피질과 체감각피질을 나타내는 호문쿨루스는 이러한 표상들의 예를 보여준다. 운동피질 지도의 크기와 조직은 미세 전극으로 직접 자극하거나 자기장을 이용하여 움직임을 유도하는 경두개자극법, 혹은 기능 뇌영상을 통해 참가자가 다양한 행동을 취할 때 활성화되는 영역을 표시하는 방법으로 알아낼 수 있다.

쥐, 원숭이, 그리고 인간을 대상으로 한 연구 결과들에서 특수한 운동 훈련이 운동피질 지도 구성요소들의 크기를 증가시킬 수 있음이 밝혀졌다. 바이올린 연주자의 운동 지도는 비연주자들에 비해 왼손가락에 대한 표상이 크다고 23.3절에서 소개했던 연구 결과를 상기해보자. Randy Nudo와 동료들(1996, 1997)은 다람쥐원숭이에게 음식을 작거나 큰 구멍 속에서 꺼내도록 훈련시킨 후 운동 지도에서 나타나는 변화를 직접 살펴보았다(**그림 25.1A**). 훈련받은 원숭이들이 작은 구멍 속에서 음식을 얻기 위해서는 섬세하게 손끝으로 집어야 했고, 큰 구멍 속에서 꺼내기 위해서는 손 전체와 손목의 큰 움직임이 필요했다. 이후 연구진들이 미세 전극으로 운동피질 지도를 확인한 결과, 집게 집기를 사용했던 집단에서는 손가락을 표상하는 영역들이 증가된 반면, 큰 움직임을 구사한 집단에서는 이와 같은 변화가 나타나지 않은 것을 발견하였다(그림 25.1B).

운동 지도와 마찬가지로 감각 지도 역시 경험에 의해 변화된다. 예를 들면, **Christo Pantev**와 동

(A)

어려운 과제

한 집단은 작은 구멍에서
음식을 꺼내도록 훈련받았다.

단순한 과제

또 다른 집단은 큰 구멍에서
음식을 꺼내도록 훈련받았다.

그림 25.1 ▲

운동 훈련의 효과 (A) 운동 기술 습득과 사용이 다람쥐원숭이의 운동피질의 기능적 조직에 어떻게 다양한 영향을 주는지 시험하기 위해 작거나 큰 구멍에서 작은 음식 깔판을 꺼내는 연습 과정을 훈련 절차에 포함시켰다. 큰 구멍에는 원숭이가 손 전체를 집어 넣을 수 있었지만 작은 구멍에는 손가락 1~2개밖에 넣을 수 없었다. (B) 피질에 미세 전극 자극을 가하여 제작한 팔이 움직이는 동안의 뇌 활성화 지도는 작은 구멍에서 음식을 꺼내도록 훈련받은 원숭이에게서는 체계적인 신경적 변화를 보여주지만(왼쪽) 큰 구멍으로 훈련한 원숭이에게서는 그렇지 않다(오른쪽).
(Information from Nudo et al., 1997.)

(B)

손가락, 손목, 팔의 운동 표상의 지도가 표시되었다.

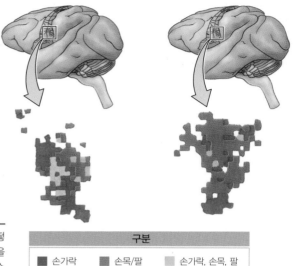

구분		
■ 손가락	■ 손목/팔	■ 손가락, 손목, 팔

어려운 과제에 임했던 원숭이의 뇌에서 기술을
습득하며 발생한 신경적 변화에 부합하게 손가락
표상이 더 크게 나타났다.

료들(1998)은 MEG를 사용하여 음악가에게서 음계의 피질 표상이 비음악가보다 25% 증가된 것을 발견하였다. 이러한 영역의 확대는 음악가들이 음악 훈련을 시작한 나이와 상관이 있었다. Josef Rauschecker(2001)는 어릴 때의 시력 상실 결과로 청각 반응 영역이 두정엽과 후두엽(정상적인 시각을 가진 사람들에게서는 결코 청각 기능을 가지지 않는 영역들)으로까지 확장된다는 것을 알아차린 연구자로서, 그는 이러한 발견이 시각장애인이 비시각장애인에 비해 뛰어난 음악 능력이 있음을 일반화시키는 데 신뢰성을 부여한다고 주장하였다.

Michael Merzenich와 동료들(Nahum et al., 2013 개관 참조)에 의해 진행된 체감각 표상의 가소성에 관한 광범위한 연구는 지도 조직이 피질의 구심성 입력을 조작함으로써 변화될 수 있음을 보였다. 예를 들면, 1~2개의 손발가락으로부터 입력을 받는 구심성 뉴런이 끊어지게 될 경우 나머지 손가락이나 발가락들의 표상이 확장되며, 이들의 민감성이 증가되는 것으로 보인다. 만약 2개의 손가락이 함께 봉합되게 되면, 지도에서 이전에는 2개의 독립된 손가락 영역이었던 곳이 1개의 손가락 영역으로 대체된다.

이러한 변화들이 항상 순응적인 것은 아니다. **국소 손 근긴장 이상**(focal hand dystonia), 즉 근긴장 증가로 인해 하나 이상의 손발가락의 운동 통제를 상실하는 증상은 악기 연주자들이 평생 동안 연주하면서 행하는 것과 같은 손가락들의 반복적이고 동기화된 움직임들의 결과로 발생할 수 있다. 골프 선수들에게서는 특히 이러한 질환이 '입스(yips)'라고 불리운다. Thomas Elbert와 동료들(2001)은 국소 손 근긴장 이상 증세를 지닌 연주자들의 체감각 지도를 연구하여 이들의 손가락 표상들간의 거리가 마치 물갈퀴 모양으로 손가락이 붙어 있는 사람들에게서와 마찬가지로 정상보다 짧음을 발견했다. 아마도 음악 훈련이 뜻하지 않게 손가락들의 표상 지도가 합쳐지는 결과를 낳은 것으로 보인다. 근긴장 이상은 환자의 손가락이 독립적이고 비동기화된 움직임을 행하도록 훈련시킴으로써 치료가 가능하다는 추

대조군 원숭이에서는 체감각피질의 이 영역이 팔과 얼굴을 표상한다.

이러한 정상적인 패턴은 정상적인 얼굴로 그려진다.

(A)

몸통　다리
팔
얼굴

(B)

신경이 끊어진 원숭이에서는 체감각피질에서 원래 팔을 표상하던 영역이 얼굴 영역의 확장으로 대체되었다.

이러한 확장은 길어진 얼굴로 그려진다.

얼굴
몸통　다리

그림 25.2 ▲

체감각 가소성 건강한 원숭이(A)와 신경이 끊어진 원숭이(B)를 대상으로 전기적 기록에 의해 매핑한 신경 얼굴 표상. (B)에서 신경 얼굴 영역의 아랫부분이 확장된 것에 주목하자. (Information from Pons et al., 1991, p. 1858.)

정이 가능한데, 실제 Victor Candia와 동료들(1999)이 이를 증명하였다.

체감각 가소성의 또 하나 잘 알려진 예는 절단 수술을 받은 인간과 원숭이들을 연구한 많은 문헌들에서 반복적으로 기술된다. 한 고전적인 연구에서 Tim Pons와 동료들(1991)은 신경 절단으로 인해 12년 전부터 한쪽 팔로부터의 체감각 입력이 박탈되었던 원숭이의 체감각 표상을 매핑하였다. 연구진들은 신경이 끊어진 손과 팔 영역이 같은 쪽 얼굴에 가해진 촉각 자극에 반응하는 것을 발견하였다. 가장 놀라운 점은 **그림 25.2**에 표시한 것과 같이 지도상의 변화가 1cm 이상의 넓은 범위에서 나타났다는 것이다.

인간을 대상으로 한 유사한 연구에서도 비슷한 결과가 나타났다(Elbert et al., 2001 개관 참조). 하지만 그렇다면 원래의 지도는 어떻게 된 걸까? Vilayanur Ramachandran과 William Hirstein(1998)이 입증한 바에 따르면, 원래의 지도는 그대로 남아 있으며, 얼굴을 가볍게 자극함으로써 탐지할 수 있다(그림 25.3). 다른 연구들에서도 팔 외의 다른 신체 부위의 절단 이후 유사한 감각 지도 재배열을 보고하였다. Salvatore Aglioti(1999)는 양쪽 유방의 절제술을 받은 여성들에게서 유두의 체감각 표상이 귓불로 이전된 것을 발견하였다(Ramachandran & Blakeslee, 1998 저서 참조).

그림 25.3 ▼

절단된 손의 매핑 (A) 절단 수술을 받은 사람의 얼굴을 면봉으로 가볍게 쓰다듬면 이들은 사라진 손이 가볍게 건드려지는 것과 같은 감각을 경험한다. (B) 절단 환자들의 얼굴의 여러 부위를 건드리는 것이 각각 손의 어떤 부위에 감촉을 느끼게 하는지 알아냄으로써 얼굴에 손의 표상을 매핑하는 것이 가능하다. 일반적인 체감각피질 지도에서와 마찬가지로 엄지손가락의 표상 영역이 비교할 수 없을 만큼 크다.
(Information from Ramachandran and Hirstein, 1998, p. 1603.)

생리학

뇌 가소성의 생리학적 연구에서 검증되는 일반적인 가설은 전기적 자극이 신경계를 변화시킬 수 있다는 것이다. 사용되는 두 주요 방법은 **장기증강**과 **점화**이다.

해마에 고주파의 전기적 자극이 짧은 시간 동안 주어지면 자극에 의해 활성화되는 시냅스의 효율성에 장기적인 변화가 발생하는데(Bliss & Lømo, 1973), 이를 **장기증강**(long-term potentiation, LTP)이라고 부른다. 연구에서의 절차는 다음과 같다. 수 초 동안 전류의 짧은 펄스가 뉴런에 전달되고, 자극된 뉴런으로부터 신호를 받는 것으로 알려진 뉴런에서 반응의 크기가 기록되었다(**그림 25.4A**). 자극에 대한 안정적인 흥분성 시냅스 후 전위(excitatory postsynaptic potential, EPSP) 반응이 기록된 후, 자극이 고주파의 연사로 바뀌어 이 신경계를 강하게 자극

(A)

면봉

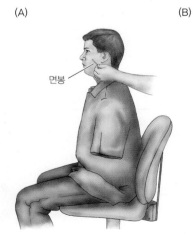

(B)

엄지손가락
엄지
손바닥
검지
중지

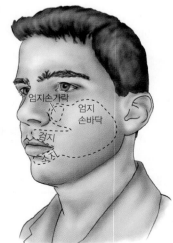

(A) 강화된 반응

절차

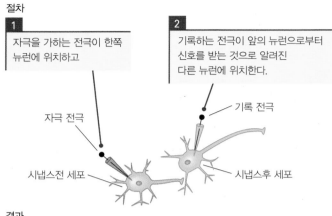

1
자극을 가하는 전극이 한쪽
뉴런에 위치하고

2
기록하는 전극이 앞의 뉴런으로부터
신호를 받는 것으로 알려진
다른 뉴런에 위치한다.

자극 전극

기록 전극

시냅스전 세포

시냅스후 세포

결과

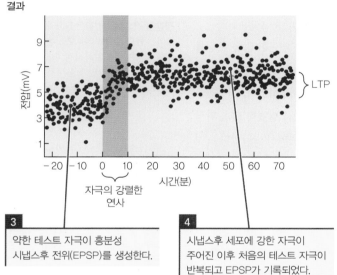

전압(mV)

자극의 강렬한
연사

시간(분)

LTP

3
약한 테스트 자극이 흥분성
시냅스후 전위(EPSP)를 생성한다.

4
시냅스후 세포에 강한 자극이
주어진 이후 처음의 테스트 자극이
반복되고 EPSP가 기록되었다.
그 결과 LTP가 발생하였다.

(B) 강화된 시냅스 형성

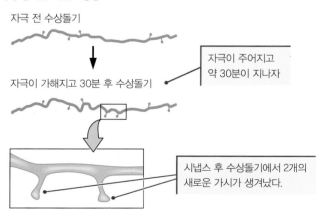

자극 전 수상돌기

자극이 가해지고 30분 후 수상돌기

자극이 주어지고
약 30분이 지나자

시냅스 후 수상돌기에서 2개의
새로운 가시가 생겨났다.

그림 25.4 ▲

장기증강 (A) 그래프의 각 점은 하나의 테스트 자극에 반응한 EPSP의 크기를 나타낸다. (B) LTP와 함께 새로운 수상돌기 가시가 자라날 수 있다.
(Data source: Bliss and Lømo, 1973.)

하였다(이러한 연사를 훈련 자극이라고 생각하자). 짧은 휴지기가 지나고, 원래의 테스트 펄스가 다시 주어지자 반응(EPSP)의 크기가 이전보다 커짐으로써 LTP가 일어났음을 보였다.

최적의 실험 조건에서는 이렇듯 강화된 반응이 무기한으로 지속되며, 시냅스 후 뉴런의 수상돌기 길이 및 가시 밀도의 변화와 상관을 보일 수 있다(그림 25.4B). 이러한 시냅스에서의 변화는 어떻게 학습이 일어나는가를 설명하는 일반적인 모델로 채택되어 왔다.

점화(kindling)는 처음에는 경련을 일으키지 않던 자극에 반복적으로 노출된 이후 지속적인 발작 활동으로 발달되는 것을 의미한다. LTP와 마찬가지로 점화 역시 학습에 활성화되는 것과 유사한 기제를 활성화시키는 것으로 여겨진다. 이는 전뇌 구조 대부분에서 관찰되며, LTP와 유사하게 시냅스 조직에서의 변화 및 향신경성 성장 인자의 생성과 같은 다양한 분자 수준의 사건들과 관련되어 있다(Teskey, 2001 개관 참조).

시냅스 조직

시냅스 조직은 수상돌기의 분기(arborization)를 보여주는 Golgi 염색 및 시냅스 수와 사이즈를 살펴볼 수 있는 전자 현미경 기술을 이용하여 연구되어 왔다. 이 두 가지 접근법 모두 사후 조직 검사인 것을 고려하면 인간 뇌에서의 시냅스 변화를 연구하는 것은 상당히 제한적일 수밖에 없다.

인간의 시냅스를 연구했던 일련의 연구들에서 Bob Jacobs와 동료들(1993)은 직업과 같은 주요한 인생 경험이 수상돌기 가지의 구조를 변화시킬 수 있을 것으로 예상했다. 연구진들은 몸통 영역, 손가락 영역, 연상회의 체감각세포를 비교하여 큰 개인차를 발견했다(그림 25.5). 특히 높은 수준의 손가락 기술을 익히고 이를 긴 시간 동안 유지해온 사람들(법원 속기사 등)에게서 몸통과 손가락 뉴런의 큰 차이가 나타났다. 반면 전문화된 손가락 사용이 훨씬 덜 요구되어 비교적 손가락 뉴런이 복잡하게 발달할 필요가 없는 판매 대리인 등의 직업을 가진 사람들의 뇌에서는 몸통과 손가락의 차이가 없었다.

실험실 동물의 뇌 조직에 대한 Golgi 염색 연구 결과도 인간 연구에서의 결론을 지지한다. 초파리와 벌에서부터 쥐, 고양이, 그리고 원숭이에 이르기까지 실험했던 모든 종의 동물에서 경험 의존적 변화가 관찰되었다(Kolb & Whishaw, 1998 개관 참조).

유사분열 활동

포유류에서 후각구와 해마는 평생에 걸쳐 기존의 회로에 새로운 뉴런들을 추가한다. 후각구 세포는 측뇌실 벽을 따라 뇌실하 영역에서 줄기세포의 유사분열에 의해 생겨난다(그림 23.2 참조). 후각 전구세포는 뇌실하 영역의 앞부분에서부터 문측 이동 흐름(rostral migratory stream)을 따라 이동하여 후각구에 다다른 후 뉴런으로 분화한다. 이와 반대로 해마의 전구세포는 **그림 25.6**에 그려져 있듯이 과립세포층과 문(hilus) 사이에 위치한다.

건강하고 손상이 없는 뇌의 대뇌피질에서 새로운 뉴런이 생성되는지에 관한 논쟁은 격렬하지만, 손상을 입은 대뇌피질에서 새로운 뉴런이 만들어진다는 것에는 의심의 여지가 별로 없다. 이러한 사실은 생성되는 피질세포 수를 증가시키는 것이 피질 손상의 치료라는 아이디어로 이어졌다. 하지만 손상되지 않은 대뇌피질에서 생성되는 뉴런은 그 수가 상당히 적다.

후각구와 해마에서 새롭게 생겨난 뉴런은 어떠한 기능을 하는 것으로 여겨지지만 그 기능의 특성에 관해서는 아직 알려져 있지 않다. 다만 새로운 뉴런이 생성될 경우 이들을 위한 공간이 생기지 않으면 뇌강(brain cavity)이 채워지게 된다는 원칙에 의해 몇 가지 가능성이 제시된다. 즉 새로운 뉴런은 상실된 뉴런들을 대체하기 위해 생성되거나, 오래된 뉴런의 사멸을 자극하거나, 또는 새로 생겨난 뉴런 자체가 짧은 기간만 생존할 운명을 띠고 있을 수 있다.

새로운 뉴런은 오래된 뉴런을 대체할 가능성이 높다. 하지만 이들의 생존이 확실한 것은 아니며, 많은 종류의 경험에 의해 영향을 받을 수 있다. 해마 뉴런의 생성과 생존에 영향을 주는 몇 가지 요인이 **표 25.2**에 요약되어 있다. 동물이 신경심리학적 문제를 푸는 데 해마를 동원하면 새로운 과립세포의 생존율이 상승함에 특히 주목하자.

이에 따라 세포의 생존이 과제의 성공적인 습득과 관련 있다고 추측해볼 수 있다. 만약 그렇다면 이는 세포 증식이나 생존, 또는 둘 모두에 문제가 발생할 경우 학습 능력이 손상될 수 있다는 것을 시사한다. 스트레스는 해마의 세포 증식 및 생존의 감소와 상관 있으며, 스트레스가

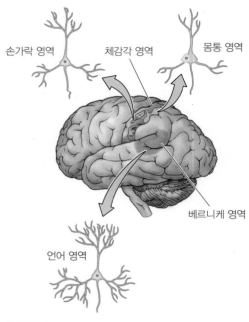

그림 25.5 ▲

경험과 신경 복잡성 몸통 영역을 표상하는 세포들은 손가락 영역을 표상하는 세포에 비해 적은 노력을 들이는 계산 작업을 하며, 따라서 덜 복잡한 구조를 지닌다. 이와 대조적으로 상위 인지 기능에 관여하는 세포들(언어 기능을 담당하는 베르니케 영역 등)은 손가락 기능에 관여하는 세포들에 비해 훨씬 부담이 큰 계산 작업을 수행하고, 구조 역시 더욱 복잡하다.

그림 25.6 ▼

해마의 신경 생성 (A) 해마의 단면도가 치상회를 보여주고 있다. 이 치상회에서 과립세포가 수상돌기를 위로 뻗고 축색을 추체세포로 보낸다. (B) 세포분열과 이동 시기 동안 전구세포는 미숙 뉴런으로 분화하고, 가야 할 위치로 이동하며, 성숙한 연결을 성장시킨다.

(Information from Ormerod, B. K., and L. A. M. Galea. Mechanism and function of adult neurogenesis. In C. A. Shaw and J. C. McEachern, Eds. *Toward a Theory of Neuroplasticity*, Lillington, N.C.: Taylor & Francis, 2001, pp. 85 – 100.)

표 25.2 다양한 요인이 세포 증식과 해마의 과립세포 생존에 미치는 영향

요인	증식에 미치는 영향	생존에 미치는 영향
부신스테로이드	감소	변화 없음
노화(쥐)	감소	감소?
부신적출술	증가	증가
치상회 병변	증가	증가
쳇바퀴 활동	증가	알려지지 않음
고수준의 에스트라디올	증가	증가
세로토닌 효능제(예 : 프로작)	알려지지 않음	증가
해마 의존적 학습	변화 없음	증가
계절(햇빛의 감소)	증가	증가
점화	증가	변화 없음
스트레스에 노출	감소	감소?

출처 : Ormerod and Galea, 2001.

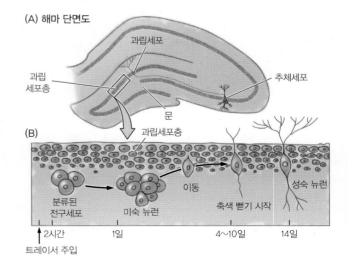

(A) 해마 단면도

과립세포

과립세포층

추체세포

문

(B) 과립세포층

분류된 전구세포

미숙 뉴런

이동

축색 뻗기 시작

성숙 뉴런

2시간 1일 4~10일 14일

트레이서 주입

정신적 효율성을 감소시키고 특히 일부 형태의 기억을 손상시킨다는 증거와 합치한다.

어쩌면 더 흥미로운 것은 만성적인 스트레스와 우울의 관계와 세로토닌 생산을 자극하는 항우울제 (플루옥세틴과 같은 선택적 세로토닌 재흡수 억제제) 역시 뉴런의 생성을 증가시킨다는 연구 결과이다. 이러한 결과들은 항우울제를 사용하는 치료 활동이 항우울제의 신경 생성 촉진 능력으로 인해 심적 활동을 변화시킬 가능성이 있는 것과 관련되어 있을 수 있다는 점을 시사한다.

분자 구조

피질 지도나 Golgi 염색, 또는 생리학적 기법을 이용하여 경험에 대한 반응으로 뇌가 변화한다는 것을 보인 연구들은 현상학적이라고 할 수 있다. 즉 이들은 현상을 기술하고 분류하기는 하지만 원인을 설명하지는 못한다. 뇌가 왜, 어떻게 변화하는지 알고 싶다면 실제로 시냅스 변화를 만들어내는 기제를 살펴볼 필요가 있다. 마지막 분석에서는 단백질들이 어떻게 다르게 생산되는지, 즉 결과적으로 경험이 유전자에 어떤 영향을 미치는지 살펴봐야 한다.

유전자칩 배열 등의 유전자 선별 기법은 뇌 조직의 매우 작은 부분들을 분석할 수 있게 해주며 어떤 유전자가 특정 경험의 영향을 받았는지 알아낼 수 있게 해준다. 유전자칩 기법은 각 위치별로 다른 유전자를 식별하는 소형 기준격자망(지름 약 1cm)이 있어 총 10,000여 개에 달하는 유전자들을 식별할 수 있는 칩을 조직 호모제네이트(균질액)에 노출시킨다. 조직 내에 특정 유전자가 있으면 칩의 어느 한 위치의 물질과 반응을 하게 된다.

이러한 기법은 의심할 여지없이 강력하며, 예를 들어 만약 실험 동물이 결핍된 환경이 아닌 복잡한 환경에서 사육되었을 경우 어느 유전자가 변화하는지에 대한 많은 정보를 제공한다. 하지만 아직 이와 같은 변화가 뇌기능에 대해 무엇을 말해주는지는 명확하지 않다. 예를 들면, 각기 다른 기간 동안 복잡한 환경에서 자란 쥐들은 경험에 대한 반응으로 100개(Rampon et al., 2000의 연구에서 선별된 11,000개의 유전자 중)가 넘는 유전자의 활동에서 유의미한 증가를 보였다.

유전자가 변화한다는 것을 아는 것은 시작에 불과하다. 진짜 알아내야 할 문제는 그러한 변화가 무엇을 의미하는가이다. 그렇지만 경험이 어떻게 유전자를 변화시키는지 이해하려는 노력은 특히 뇌의 손상 이후 가소성을 어떻게 증가(혹은 감소)시킬 수 있는지 이해하는 데 있어 중요한 과정이다.

원칙 3 : 두 가지 일반적인 유형의 가소성은 경험으로부터 얻을 수 있다

건강한 뇌에서 가소성은 두 가지 유형으로 구별될 수 있다(Black, Greenough, & Wallace, 1997). 경험 기대적 가소성(experience-expectant plasticity)은 대부분 발달 과정 중에 발생한다. 각기 다른 뇌 체계들이 발달하기 위해서는 특정한 유형의 경험이 필요하다. 그림 23.14에 기술된 일차 시각피질의 시각 우세기둥의 발달이 좋은 예이다.

경험 의존적 가소성(experience-dependent plasticity)은 기존의 신경적 조화에 수정을 가하는 변화를 나타낸다. 경험 의존적 가소성은 다양한 상황에서 볼 수 있는데, 문제 해결 방법을 학습하거나, 일반적인 경험이나 향정신성 약물 또는 손상과 같은 이상 경험에 대한 반응으로 지형적 표상이 확장 또는 축소되는 상황 등이 있다. 이러한 경험들은 대부분 한 개체 내 다른 뇌 영역에서 시냅스 수를 증가시키기도 하고 감소시키기도 한다. 두 가소성 유형에서 가장 중요한 점은 시냅스의 변화가 경험에 의해 나타난다는 것과 발달에서 기본 표현형으로 형성된 것에 수정을 가한다는 것이다.

원칙 4 : 행동적 변화가 유사하더라도 각기 다른 가소성 변화와 상관 있을 수 있다

새로운 문제해결 방법을 학습하는 것과 같은 행동적 변화가 일부 뇌 영역에서 시냅스 수를 증가시키는 등 다른 과제를 학습할 때 다른 뇌 영역(들)에서 관찰한 것과 유사한 가소성 변화를 낳는다는 결론을 내리기 쉽다. 하지만 시냅스 수의 변화는 신경망의 변화를 나타내기 때문에 한 과제의 학습에서는 시냅스 수가 증가하지만 다른 학습에서는 그 수가 감소할 수도 있다. 사실 한 가지 과제를 학습할 때에도 뇌의 한 부분에서는 시냅스가 증가하는 한편 다른 영역에서는 감소할 수 있다. 심지어 한 피질기둥 내처럼 같은 영역이라고 하더라도 한 층에서 시냅스 수가 증가하는 동시에 다른 층에서는 감소할 수도 있다. 시냅스의 변화는 단순히 새로운 행동 기저에 존재하는 신경적 조화에서의 변화를 반영하는 것이다.

다양한 뇌 영역에서 나타나는 독특한 가소성 변화는 분자 단위에서 살펴볼 수 있다. 예를 들면, Richelle Mychasiuk과 동료들(2013)은 암페타민 등의 향정신성 약물에 대한 반응으로 전전두피질과 해마의 유전자 발현이 완전히 다르게 변화하는 것을 발견했다. 유전자 발현의 다른 변화는 같은 경험과 연관된 두 영역의 시냅스 변화에 각기 다른 기제가 있음을 시사한다.

원칙 5 : 경험 의존적 변화는 상호작용적이다

인생을 살아가면서 우리는 뇌 조직을 변화시킬 수 있는 무수히 많은 경험을 마주한다. 일생 동안의 경험이 어떻게 상호작용하는지, 즉 메타가소성(metaplasticity)이라는 특성에 대한 규명을 시도한 실험적 연구는 사실상 최근까지 거의 없었다. Terry Robinson과 동료들은 이러한 연구 문제를 다루는 일련의 연구들(Robinson & Kolb, 2004 개관 참조)을 진행했다. 그들은 실험 동물에게 자극제(암페타민, 코카인, 메틸페니데이트, 또는 니코틴)를 투여한 후 복잡한 환경에 배치했다(예 : Kolb et al., 2003).

복잡한 환경은 보통 수상돌기의 분기와 수상돌기 가시 밀도의 큰 증가를 낳지만, 이러한 증가는 이전에 노출되었던 자극제에 의해 완전히 저지된다. 이에 복잡한 거주 환경이 약의 효과를 바꿀 수 있는지 의문이 발생하는데, 실제로 그러하다. 수개월간 복잡한 환경에서의 생활을 경험한 실험 동물들에게 니코틴을 재투약하자 약에 대한 반응이 훨씬 감소하였다. 즉 약물 중독의 취약성에 대한 개인차 원인 중 하나는 약물에 노출되기 이전의 경험과 관련되어 있을 가능성이 높다.

일상 속의 흔한 경험 중 하나는 스트레스이다. 스트레스는 수상돌기의 형태와 세포생성에 두드러지는 변화를 야기하는 것으로 알려져 있다(McEwen, 2007 개관 참조). 그렇다면 스트레스가 약물, 뇌 부상, 복잡한 환경 등과 관련된 다른 경험 의존적 변화들과 상호작용한다고 해도 별로 놀라울 것이 없다.

원칙 6 : 가소성은 연령에 따라 다르게 나타난다

나이를 먹는다는 것에 관한 보편적인 진리는 나이가 들수록 새로운 운동 과제의 학습이 어려워진다는 것이다. 나이 마흔에 테니스를 배워 잘할 수 있게 되는 것은 가능할지 몰라도 이때 처음 테니스를 접한 사람이 윔블던에서 우승하게 될 가능성은 없다. 즉 유사한 경험에 대해서도 전 생애에 걸쳐 뇌의 가소성이 다르게 변화한다. 유사한 경험이라도 연령대에 따라 다른 가소적 반응을 촉발시키는 것이다. 예를 들면, 뇌가 활발하게 시냅스 가지치기를 하는 청년기에는 테니스처럼 복잡한 기술을 학습하는 것이 더 이상 빠르게 가지치기가 일어나지 않는 중년기와 다른 가소적 변화를 유도할 것이라고 예상할 수 있다.

가소성에 있어 연령 차이가 발생하는 또 다른 원인은 메타가소성이 이전 경험에 따라 변화한다는 점이다. 예를 들어 일단 뇌가 니코틴에 의해 변화하고 나면 이후 삶에서 다른 경험들에도 다르게 반응할 가능성이 높다. 또한 23.6절에서 살펴보았듯 손상을 당한 연령대에 따라 가소적 변화에 차이가 나타나는데, 다음으로는 이러한 현상이 발달 기간에만 국한되는 것이 아니라 성인기에도 나타난다는 것을 확인할 것이다.

원칙 7 : 가소적 변화는 시간에 따라 다르게 나타난다

시냅스의 변화는 안정적일 수도 있고 시간이 경과함에 따라 변화할 수도 있다. 예를 들면, 복잡한 환경에 배치된 쥐는 이러한 거주 환경에 놓인 지 4일이 지나면 내측 전전두피질의 수상돌기 길이에서 증가를 보이는데, 이 증가는 일시적이다. 14일이 지나자 사라진 것이다. 반면 감각피질에서는 4일 경과 후 변화의 징후를 보이지 않았지만 14일 후 명확하고 영구적으로 보이는 변화를 나타냈다(Comeau et al., 2010). 이와 같은 시냅스 조직에서의 변화 패턴은 유전자 발현과 관련이 있을 가능성이 있다. 예를 들면, Rampon과 동료들(2000)은 유전자에 따라 복잡한 주거 환경에 대한 반응으로 급성 또는 만성적으로 발현하는 것을 발견했다.

원칙 8 : 가소성은 특정 경험이 해당 경험자와 얼마나 관련성을 지니는지에 따라 달라진다

어떤 행동은 단 한 번의 시행만으로 학습이 일어날 수 있는 한편, 또 어떤 행동은 학습이 전혀 불가능한 것처럼 보이기도 한다. 예를 들어 음식 혐오는 단 한 번 아팠던 경험과 연관될 수 있으며, 이러한 현상을 맛 혐오 학습(taste aversion learning)이라고 부른다. 만약 아픈 것과 짝지어진 새로운 맛의 음식을 마주하게 된다면 우리는 이 맛에 대해 즉각적이고 영구적인 혐오를 보이게 될 것이다. 이런 유형의 학습은 명백히 우리의 생존과 관련 있으며, 뇌는 맛-질병 연합을 형성할 준비가 확실히 되어 있다. 이와 달리 상대성 이론을 학습하는 것은 고통스러울 정도로 느린데, 이는 학습 자료가 우리의 웰빙 관련성과 동떨어져 있음을 반영하는 것이다.

원칙 9 : 가소성은 경험의 강도 또는 빈도와 관련되어 있다

어떤 학습은 한 번의 시행을 통해서도 일어날 수 있지만 대부분의 학습은 이보다 훨씬 느리며 경험에 여러 번 노출되어야 가능하다. 느린 행동적 변화는 또한 느린 가소적 변화를 반영할 가능성이 있다. 흔히 어떤 것에 전문가가 되기 위해서는 백만 번의 반복이 필요하다고 한다. 물론 실험적 증거는 이보다 훨씬 적은 수의 반복으로도 큰 차이를 만들어낼 수 있음을 보이지만 말이다. 예를 들면, 쥐에게 매일 암페타민을 투여하되 반복 횟수를 달리하자(예 : 0, 2, 8, 20, 40회), 투여량이 더해진 만큼 전전두 뉴런의 가소적 변화 크기에서 단계적인 증가가 나타났다(예 : Kolb et al., 2003). 이러한 증가는 선형적으로 나타난 것이 아니라 투여량이 많아질수록 증가폭이 작아졌는데, 이는 마치 우리가 테니스와 같이 새로운 행동을 학습할 때 처음에는 실력 향상 속도가 빠르지만 시간이 지날수록 느려지는 것과 유사하다.

원칙 10 : 가소성은 부적응적일 수 있다

지금까지는 뇌의 가소적 변화의 긍정적인 측면을 중점적으로 살펴보았다. 하지만 가소적 변화에는 어두운 면 역시 존재한다. 예를 들면, 암페타민, 코카인, 니코틴, 모르핀 등의 향정신성 약물에 대한 노출은 약물에 따라 세부적인 변화 양상에 차이가 있기는 하지만 일반적으로 수상돌기 길이와 수상돌기가시 밀도에 변화를 야기한다(Robinson & Kolb, 2004 개관 참조).

약물 중독의 일부 부적응적 행동들은 전전두세포 형태의 약물 관련 변화에 의한 것으로 제안되고 있다. 어쨌든 약물 중독은 전두엽 손상 환자들을 연상시키는 많은 행동적 증상을 낳는다. 가소성이 이상한 결과를 초래하는 또 다른 예에는 병리적인 통증의 발달, 질병에 대한 병리적 반응, 뇌전증, 치매 등이 있다.

뇌 지도의 변화 역시 부적응적일 수 있다. 하나 또는 그 이상의 손가락에 대한 운동 통제력을 상실하는 국소 손 근긴장 이상은 악기 연주자들이 하는 것처럼 반복적으로 동기화된 손가락 움직임을 구사하는 것으로 인해 발생할 수 있다. Thomas Elbert와 동료들(2001)은 국소 손 근긴장 이상을 앓는 연주자들의 체감각 지도를 연구하여 이들의 손가락간 표상이 정상보다 가깝게 붙어 있는 것을 발견했다. 아마도 악기 연주 훈련이 뜻하지 않게 손가락들의 표상이 융합되는 결과를 낳은 것으로 보인다. 이러한 연구 결과는 근긴장 이상 환자들로 하여금 독립적이고 비동기화된 손가락 운동을 하도록 함으로써 치료될 수 있음을 시사한다. 실제로 Victor Candia와 동료들(1999)의 연구가 이를 증명했다.

◎ 25.2 가소성이 손상 이후 기능 회복에 도움을 줄 수 있는가

임상신경학자들은 신경계 손상 이후 기능의 부분적인 회복이 가능한 것은 알고 있었지만, 이러한 회복의 매개 과정의 성질과 정확한 기제에 대한 이해는 부족하다. 여기서 중요한 것은 '회복'이라는 단어에 대해 일반적으로 받아들여지는 정의가 없다는 것이다. 이는 기능이 완전히 돌아오는 것을 의미할 수도 있고, 기능의 뚜렷한 호전일 수도 있으며, 혹은 어느 정도이든 호전되는 것을 의미할 수도 있다. 또 다른 문제는 손상 이후의 신경계에서 어떠한 가소적 변화가 일어나는가에 관한 지식이 없다는 것이다. 이러한 변화의 성질을 이해하는 것은 회복 과정을 개념화하는 데 영향을 줄 것이다. 우선 손상 이후의 뇌 가소성과 행동을 살펴보기에 앞서 이러한 문제들을 간단히 다루고 넘어가도록 하자.

보상 작용과 회복

'세 다리 고양이 문제'에서 보이는 보상 작용에 대해 생각해보자. 고양이가 자동차에 치이면 대부분 뒷다리에 심각한 부상을 입는다. 이에 보통 수의사들은 상처 입은 다리를 절단하는 치료를 한다. 이 고양이는 처음에는 돌아다니는 데 큰 어려움을 겪어 주인들로 하여금 자기 고양이가 낫지 못하고 죽어버리는 것은 아닌가 하는 절망적인 의문을 갖게 한다. 다행히 고양이는 금방 기운을 차린다. 수 주 이내로 절단 수술을 받기 이전만큼 민첩하게 움직일 수 있게 된다. 이러한 기동성의 복원은 많은 경우 거의 완벽에 가깝기 때문에 움직임만 보고는 고양이에게 다리가 하나 없다는 것을 의식하지 못할 수도 있다. 이러한 고양이는 잃어버린 기능을 다시 얻었지만 잃어버린 다리를 회복한 것은 아니다. 그보다는 이러한 장애에 대한 보상 작용으로 움직이기 위한 새로운 행동적 전략을 발달시켰다고 할 수 있다.

많은 이들은 이것이 바로 뇌 손상 이후 뇌에서 일어나는 일과 같다고 주장한다. 뇌에 손상을 입은 뒤 사람들은 상실한 행동이나 능력 자체를 회복하는 것이 아니라 대신 이를 보상하기 위한 새로운 방법을 발달시키는 것이다. 우리가 앞서 다루었던 사례 하나를 다시 떠올려보자. 13.4절에서 소개되었던 B.K.라는 인물은 뇌졸중을 겪고 중심와의 4분의 1에서 패턴 시각을 상실해 좌상측 시야 결함을 보였다.

B.K.는 처음에는 글을 읽을 수 없었고 얼굴을 재인하는 데 심각하게 문제가 있었다. 시간이 흐르고 그는 앞의 두 가지 능력 모두 다시 얻었는데, 이는 그의 잃어버린 시각 기능이 어떤 마법 같은 방법에

의해 복원되었기 때문이 아니다. 대신 B.K.는 암점으로 사라져서 보이지 않던 단어의 일부분을 시야의 하단부에 잡히도록 시선을 이끄는 방법을 터득한 것이다. 마찬가지로 얼굴을 볼 때에도 그는 시선을 상대의 오른쪽 눈에 고정하여 얼굴의 대부분이 제대로 기능하는 시야상에 위치하게 함으로써 그 사람을 알아볼 수 있게 되었다. 단 B.K.가 이러한 전략들을 의식적으로 학습한 것은 아니라는 점에 주목해야 한다. 이와 같은 전략들은 자발적으로 발달한 것이다. 따라서 그가 글을 읽고 얼굴을 재인하는 능력을 '회복'했다고 할지라도 그의 원래 행동이 돌아온 것은 아니다.

뇌 손상 이후 기능 호전은 모두 보상적인 것일까, 아니면 일부는 정말 기능적 복구에 의한 것일까? 23.6절에 명시했듯이 영아의 뇌에서는 명백히 일부 기능적 회복이 가능하다. 좌반구 절제술 이후 부분적으로 언어 기능이 돌아오는 것이 가장 좋은 예이다. 하지만 여기에서 말하는 '회복' 역시 완전하지는 않다. 여기에도 보상 작용이 포함된다고 할 수 있는데, 절제술 이후 우반구가 말하는 것을 통제하게 되는 것이 다른 일반적인 우반구 기능들을 희생하고 발달한 결과이기 때문이다. 극단적인 시각으로는 기능이 실제로 복구되는 것이 손상을 입은 뇌가 새 것으로 대치되어 기존의 뇌처럼 기능할 수 있어야만 가능하다고 할 수 있다. 이는 가까운 시일 내에는 성인 뇌를 대상으로 실현시키기 어려운 요구이다.

따라서 재활을 연구하는 목적은 뇌의 가소적 반응을 자극하여 가능한 최상의 보상 작용을 이끌어내는 것이다. 예를 들면, 앞서 살펴보았듯이 뇌의 피질 지도는 사지절단술 등의 경험에 대한 반응으로 변화할 수 있다. 그렇다면 만약 뇌 자체가 손상을 입을 경우 피질 지도가 재조직화되도록 촉진할 방법 또한 있지 않을까? 하지만 이 경우 뇌 손상 이후의 가소적 변화가 기능적 결과를 오히려 악화시키게 될 수도 있다.

팔이 절단되는 대신, 팔에 대한 피질 내 표상이 뇌졸중에 의해 손상되었다고 한번 가정해보자(즉 뇌에서 팔에 대한 표상이 '절단'된 것이라고 할 수 있다). 팔의 표상이 얼굴 영역에서 다시 나타난다면 이 환자의 팔 움직임은 좋아질지 모르지만 얼굴 움직임은 나빠질 것이다. 만약 이러한 변화가 말하는 기능과 간섭을 일으킨다면 이는 더 이상 사소한 문제가 아니다. 다행히도 가소적 변화의 악영향은 그다지 흔치 않다.

뇌가 손상을 입으면 어떤 일이 발생하는가

뇌 손상의 특정한 즉각적 원인(뇌졸중 등)은 찾을 수 있을지라도 이후 뇌에 초래되는 손상은 단일한 사건에 의해 발생하는 것이 아니다. 그보다는 처음 발생한 사건 뒤에 잇따라 발생한 연속적인 세포의 사건들이 손상을 입은 부위뿐 아니라 다른 뇌 영역까지 심각하게 손상시킬 수 있다. 뇌졸중 이후 뇌동맥 하나로 향하는 혈액의 공급이 막히는 경우 어떤 일이 발생하는지 생각해보자.

혈류가 부족한 허혈 상태는 어떤 일련의 사건들을 야기하는데, 이는 이후 혈류량이 회복되더라도 지속된다. **그림 25.7**에서 볼 수 있듯이 처음 몇 초에서 몇 분 동안은 환부에서 pH와 세포막 속성의 변화를 포함하여 이온의 균형에 변화가 발생한다. 이러한 이온 변화는 다량의 글루타메이트가 방출되거나 칼슘 채널이 정상적인 때보다 오래 열려 있는 것과 같은 다양한 병리적 사건을 일으킨다. 칼슘 채널의 개방은 결국 해로울 만큼 많은 칼슘 이온이 세포 내로 이동하게 하는데, 이는 직접적인 유독한 영향을 유발할 뿐 아니라 뉴런에 해로운 다양한 이차전령 경로를 자극한다.

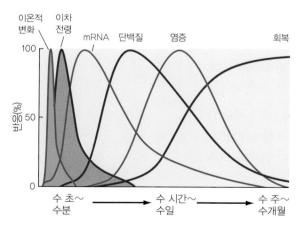

🎯 그림 25.7 ▲

허혈의 결과 뇌졸중 이후 발생하는 연속적인 변화. 처음 수 초에서 수 분간 이온적 변화가 일어나고, 뒤따라 이차전령과 RNA의 생산이 이어진다. 곧이어 단백질 생산의 변화와 염증이 발생하며, 수 시간에서 수 일간 천천히 안정 상태가 된다. 이후 수 주에서 수개월, 혹은 수년에 걸쳐 회복이 일어난다.

뒤따르는 몇 분에서 몇 시간 동안은 mRNA가 자극되어 뉴런에서 단백질 생산의 변화가 발생하며, 이는 세포에 악영향을 줄 수 있다. 이후 뇌 세포 조직에 염증이 생기고 부어오르며 환부의 세포 상태를 위협한다. 마지막으로 **기능해리(diaschisis)**라고 불리는 신경쇼크가 발생한다. 이를 명명한 Constantin von Monakow(1960)는 뇌가 손상을 당하면 국소적인 신경 조직과 기능이 상실되는 것뿐 아니라 손상을 입은 영역과 관련이 있는 영역들 역시 흥분 또는 억제가 갑자기 멈추게 된다고 언급하였다. 입력에서의 이러한 급작스러운 변화는 환부와 인접한 영역은 물론 제법 떨어진 영역에서도 기능의 일시적인 상실로 이어질 수 있다.

뇌졸중은 손상이 발생한 반구에서 대사 또는 포도당 사용에서의 변화로 이어지거나 두 가지 변화 모두 발생할 수도 있으며, 이는 며칠 동안 지속될 수 있다. 기능해리와 마찬가지로 이러한 대사성 변화도 건강한 조직의 기능에 심각한 영향을 미칠 수 있다. 예를 들면, 피질에 뇌졸중이 발생한 이후 해당 반구의 나머지 영역 전반에서 대사율이 약 25% 정도 감소했다.

뇌 손상의 치료는 손상 후 발생하는 다양한 연쇄 반응들을 대상으로 한다. 예를 들면, **신경보호약물(neuroprotectant)**은 칼슘 채널을 막거나 이온의 불균형을 예방하여 허혈 삽화 이후 연쇄적으로 발생하는 해로운 사건들로부터 뉴런들을 보호할 수 있다. 또 다른 약물들은 부종을 감소시켜주거나 대사 활동을 증진시킬 수 있다. 신경보호약물과 소염제의 효과는 가소성과 기능적 보상 작용을 자극하기 위한 치료의 효과와는 다소 차이가 있다.

◎ 25.3 기능 복구의 예

많은 경우 기능의 복구는 천천히 일어난다. 기능 복구 단계 및 그와 연관된 행동들을 살펴보면 기능이 천천히 다시 출현하는 양상이 영아기의 발달 단계 순서와 닮아 있다. 우선 피질 뇌졸중 이후 관찰할 수 있는 기능 복구의 두 가지 흔한 예시, 즉 운동과 언어의 회복을 살펴보자. 그리고 나서 머리 부상을 당한 군인과 신경외과 수술을 받은 환자 등 두 특정 집단에서 기능 호전의 몇 가지 특징을 본 후, 마지막으로 뇌 손상 이후 환자들의 직장 복귀와 '정상적인' 삶 영위에 대한 전망을 살펴보도록 하자.

운동피질 손상 이후 회복

Tom Twitchell(1951)은 중대뇌동맥에서의 혈전증, 색전증, 또는 뇌졸중에 의해 손상이 발생한 부위의 대측 신체에 마비가 나타나는 **편마비**로부터 회복하는 것에 대해 기술하였다. 편마비는 뇌에 손상이 발생하자 즉시 나타났는데, 환자의 근육이 완전히 힘을 잃었고, 반사적 운동과 수의적 운동이 모두 상실되었다. 편마비의 회복 순서는 Twitchell(1965)이 기술한 영아의 뻗기와 쥐기 반응 발달과 매우 흡사하다.

회복은 며칠에서 몇 주에 걸쳐 다음과 같은 순서에 따라 나타났다. 즉 (1) 반사 작용이 복구되고, (2) 강직성이 발달하며, (3) 다른 운동의 일부 또는 이러한 운동에 의해 촉진된 쥐기 반응이 나타난 뒤, 마지막으로 (4) 어깨, 팔꿈치, 손목, 그리고 손 운동의 순차적(처음에는 굴근, 이후에는 신근) 회복을 수반하는 수의적 쥐기의 발달이 나타났다(그림 9.20 참조). 수의적 쥐기는 손가락들의 독립적인 운동이 잘 발달될 때까지 지속적으로 개선되었다. 팔 움직임의 완전한 회복이 나타나는 경우 이는 병변 이후 23~40일이 지날 즈음 관찰되었다. 환자의 약 30%가 회복의 마지막 단계까지 도달했으며, 나머지는 이전 단계에서 회복이 멈추었다.

실어증으로부터의 회복

Andrew Kertesz(1979)는 환자들 사례를 통해 실어증으로부터의 회복의 전망을 검토하였다. **그림 25.8**은 그가 관리하던 각 하위 집단 내 전형적인 환자들의 회복 과정을 나타낸다[그래프의 *y*축에 표기된 '실어증 지수'는 스스로 말하기, 유창성, 이해, 따라 말하기 등의 능력을 검사하는 웨스턴 실어증 검사(Western Aphasia Battery)에서 환자들이 받은 점수를 나타낸다]. Kertesz는 다음과 같이 일반화하였다.

1. 외상(머리 부상) 환자들은 가장 **빠른** 회복을 보였으며, 대부분 거의 완전한 회복을 이루었다. 반면 뇌졸중 환자들의 회복은 가장 덜 뚜렷했으며, 일부 집단에서는 거의 관찰되지 않았다.

2. 초기 장애는 **명칭 실어증**(익숙한 사물의 이름을 대지 못하는 언어장애) 환자들에게서 가장 덜 심각하며, 전실어증 환자들에게서 가장 심각하다. 다른 하위 집단 환자들은 중간 수준의 심각도를 보인다. 초기 장애를 감안하면 실제 회복 속도는 모든 집단에서 대체로 유사했다.

3. 회복이 일어나면 환자들은 다른 단계들 중 하나로 나아가지만 명칭 실어증 환자들에서는 보통 회복이 멈췄다.

4. 대부분의 회복은 첫 3개월 안에 일어났다(그림 25.8에서는 외상성 환자들에만 표시). 또한 6개월 동안 추가적인 회복이 더 일어났으며, 그 후 6개월 동안에는 조금 덜 나타났다. 이후에는 회복이 거의 나타나지 않았다.

5. 환자의 나이가 적을수록 회복이 잘된다는 증거들이 발견되었다. 환자의 지능, 직업, 성별은 큰 영향이 없었다.

6. 뇌 손상에 가장 저항력이 강한 언어 구성 요소들은 이름 대기, 모방, 명사 이해, 그리고 '예/아니요' 반응이었으며, 이들은 부분적으로 우반구에 의해 중재되는 기능일 수 있다.

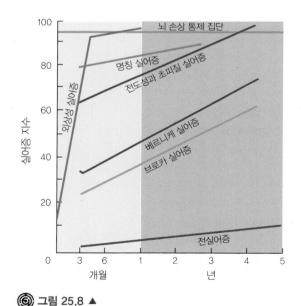

⊙ 그림 25.8 ▲

실어증으로부터의 회복 다양한 언어장애를 지닌 뇌졸중 환자와 외상성 실어증 환자들의 초기 장애 정도와 회복. 그래프의 각 선은 대표 환자들로부터 기록된 것이다.

(Data source: Kertesz, 1979.)

외상성 병변으로부터의 회복

Hans-Leukas Teuber(1975)는 개방성 뇌 손상을 당한 참전용사들을 대상으로 이들이 부상당하고 일주일 뒤에 첫 번째, 그리고 20년 뒤에 두 번째 검사를 실시하여 그 결과를 가지고 이들의 장애를 기술하였다. 이 환자들은 훌륭한 연구 대상이다. 이들은 군에 입대한 후 표준화된 검사를 받았고, 젊은 시절에 부상을 당했으며, 부상 직후의 상태가 문서화되어 있고, 지속적인 후속 관찰을 통해 회복의 종류와 정도가 잘 기록될 수 있기 때문이다. **그림 25.9**에 요약된 Teuber의 연구 결과들은 평균적으로 참전용사 환자들의 42%는 운동장애, 36%는 체감각장애, 43%는 시각장애, 그리고 24%는 초기 난어증으로부터 일부 회복했음을 보인다.

Teuber의 분석에 대한 두 가지 의견은 밀접한 관련이 있다. 첫째, 그가 살펴본 환자 중 50% 이상은 전혀 회복을 보이지 않았으며, 75% 이상이 난어증으로부터 회복하지 못함을 보인 것은 고무적이지 않다. 후자의 비율은 Alexander Luria(1972)가 자신의 난어증 환자 중 66%가 전혀 회복하지 못했음을 보고한 것과도 일치한다. 둘째, Teuber의 분석은 그가 사용한 평가가 정량적이지 않다는 점에서 제한적이다. 즉 회복의 정도를 추산하지 못한다.

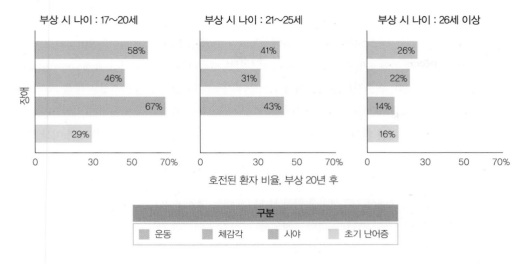

부상 시 나이 : 17~20세 / 부상 시 나이 : 21~25세 / 부상 시 나이 : 26세 이상

17~20세	21~25세	26세 이상
58%	41%	26%
46%	31%	22%
67%	43%	14%
29%	16%	16%

호전된 환자 비율, 부상 20년 후

구분
운동 체감각 시야 초기 난어증

그림 25.9

뇌 외상으로부터의 회복 운동신경계에서 증상(반사 변화, 마비, 약화)이 기록된 일부 신체 영역(사지, 얼굴 측면), 체감각계에서 관찰된 감각 상실, 시야(손상된 것으로 알려진 사분면 개수의 감소), 그리고 난어증으로 해석되는 증상들에 대하여 첫 검사(부상 1주 후)와 후속 검사(20년 후)에 근거하여 추산한 호전된 환자의 비율. 부상을 입었을 때의 나이가 어릴수록 호전되는 비율이 높은 것에 주목하라. (Data source: Teuber, H.-L. Recovery of function after brain injury in man. In Outcome of Severe Damage to the Nervous System: Ciba Foundation Symposium 34. Amsterdam: Elsevier North-Holland, 1975. Figs. 10 & 11, pp. 176–177.)

Jay Mohr와 동료들(1980)은 베트남 참전용사들을 대상으로 더 많은 환자들을 연구했다. 일반적으로 Mohr 연구 팀은 뇌의 관통상 이후 기능의 많은 회복이 관찰함으로써 Teuber의 분석과 일치하는 결과를 보고했다. 사실 Mohr는 Teuber의 연구 결과보다 더 많은 실어증으로부터의 회복을 보고했으며(34%), 부상 이후 회복이 수년간 지속됨을 보였다.

더욱 최근에는 Josef Zihl과 이브 Yves von Cramon(1986)은 불빛의 위치를 찾는 연습이 부분 실명 환자들의 시야를 확장시켰으며 연습 없이는 있을 수 없는 호전을 낳았다고 보고했다. 참전용사들 연구에서 보고된 환자들에게 특수치료가 미치는 영향이 무엇인지는 알 수 없다.

외과적 병변으로부터의 회복

뇌종양을 제거하거나 뇌전증을 완화하기 위한 외과적 수술은 종종 뇌의 온전하고 제대로 기능하던 부분들을 손상시킨다. 종양 제거술을 받은 환자들을 대상으로 이러한 손상을 평가하고 회복을 가늠하기 위해 수술 후 며칠 이내와 최대 20년 후에 검사를 실시한다. 불행히도 회복 사례가 너무 드물어 다양한 검사-재검사 간격으로 나누어 분석한 결과는 보고되지 않는다. 수술 며칠 전, 수술 후 20일 이내, 그리고 수술 1년 후부터 20년 후에 검사를 진행했던 몇몇 연구들의 결과가 **표 25.3**에 요약되어 있다. 배외측 전두엽의 병변 이후에는 카드분류 검사에서 회복이 나타나지 않았고, 우반구 측두엽 병변 이후에는 Rey 복합 도형 검사(그림 15.16C 참조)에서 회복이 관찰되지 않았으며, 두정엽 병변 이후에는 손가락

표 25.3 피질 병변 환자들의 신경심리검사 수행

검사	병변	수술 전	수술 후	후속	통제 집단	참고문헌
카드분류 범주	전두엽	3.3	1.4	1.3	4.6	Milner, 1963
카드분류 오류	전두엽	54.9	73.2	78.2	37.7	Milner, 1963
Rey 복합 도형 점수	우반구 측두엽	31.2	30.6	29.8	34.9	Taylor, 1969
손가락 위치 감각	우반구 측두엽	15.4	15.3	13.8	24.2	Taylor, 1969
장애 발생률(%)	중앙					
동측		24.0	14.0	6.0	—	Taylor, 1969
대측		36.0	43.0	65.0	—	Taylor, 1969
팔 운동 모방하기	좌반구 두정엽		73.0	75.8	90.2	Kolb & Milner, 1981

위치 감각이나 팔 운동 모방하기에서 회복이 나타나지 않았다.

회복이 관찰되지 않았던 사례는 다른 연구들에서도 보고되었다. Marilyn Jones-Gotman과 Brenda Milner(1977)는 환자 집단에게 수술 2주 이내와 1년 이상 경과 후 자발적 그리기 과제(spontaneous drawing task)를 주었다. 연구진은 환자들에게 5분 동안 가능한 한 많은 명명 불가한 사물을 그리도록 지시하였다(그림 16.9 참조). 모든 환자 집단이 통제 집단에 비해 수행 수준이 떨어지기는 했지만 그중 우반구 전두엽 병변을 지닌 환자들이 가장 심각했으며, 수술 직후 검사를 받은 환자와 1년 이상 경과 후 검사를 받은 환자들 간에는 수행의 차이가 없었다.

또한 양 반구의 내측두엽 제거 이후에는 기억이 거의 회복되지 않는 것으로 보인다. Milner와 동료들은 14년간의 추적 연구에서 기억상실증 환자 H.M.(제18장 참조)의 IQ 점수가 수술 전에는 104, 수술 2년 후에는 112, 9년 후에는 118이었다고 보고했다. 하지만 이러한 지능검사 점수 향상에도 불구하고 순행성 기억상실증은 그가 여생을 살아가는 동안 본질적으로 변치 않고 남아 있었다.

오랜 기간 병변을 지니고 살아온 환자들을 대상으로 한 연구들에서는 일부 검사에서 어느 정도의 회복이 확인되었다. Milner는 1975년에 발표한 연구에서 좌반구 측두엽 병변을 지닌 환자들의 기억점수가 수술 전에는 12, 수술 후 초기에 4.4, 그리고 5~20년 후 재검사 결과 8이었다고 보고했다. 이는 유의미한 호전이다. Colin Blakemore와 Murray Falconer(1967)도 이와 유사하게 86명의 측두피질 절제 환자들을 대상으로 절제 수술 후 최장 10년간 쌍연합 학습을 연구하였다. 이 환자들은 젊었는데, 연구진은 환자들의 장애가 2~3년간 지속되었으며, 이후 점진적인 회복이 이루어지는 것을 발견했다.

향상된 기억에 대한 한 가지 설명은 Marilyn Jones(1974)의 연구에서 찾아볼 수 있는데, 연구진이 좌반구 측두엽 환자들에게 기억에 심상을 이용하도록 가르치자(예 : '부케-코끼리' 단어쌍을 기억하기 위해 코끼리 코에 부케가 들어 있는 장면을 상상하도록 하였다) 상당한 기억 향상이 나타난 것이다. 따라서 환자들에게서 관찰된 기억 회복은 그들이 대안적인 기억 전략을 발달시켰기 때문일 수 있다. 또 다른 가능성은 측두피질이 빠른 기억 저장을 가능하게 하는 특수한 특성을 지녔을 수 있다는 것이다. 또한 그러한 특성은 뇌전증이 특히 발생하기 쉽게 만들 수 있다. 어느 측두피질이든 온전히 남아 있다면 다른 뇌 영역들에서는 불가능한 특별한 가소적 능력을 유지할 수 있다.

일상으로의 복귀

일을 하고 생계를 유지하는 것은 많은 행동적 능력과 능력들의 구성에 달려 있다. 뇌 손상에 의한 영향은 일부 능력에 대해 더 크게 나타날 수 있지만 환자들은 다양한 방법으로 이를 보상할 수 있다. 예를 들면, 한국전쟁에서 부상당한 참전용사들에게 적용되었던 것과 같이 유급 고용이 회복의 한 측정치로 사용될 경우 회복률은 약 80%로 상당히 높은 편이다(Dresser et al., 1973). 이는 지금껏 문헌에서 보았던 어떤 것보다 높은 수치이며, 행동적 보상 등의 요인들이 작용함을 강하게 시사한다.

이러한 높은 회복률은 고용되지 않았던 나머지 20% 환자들의 장애를 최소화하는 것은 아니다. 더욱이 이는 고용의 질은 고려하지 않는다. 사실 일을 한다는 것은 회복을 나타내는 데 있어 민감한 지수가 아닐지도 모른다. 예를 들어, 폐쇄성 뇌 손상을 입은 54명의 환자 중 48명이 2년 내에 직장으로 돌아가기는 했지만 많은 경우 직장 활동이 제한적이었으며, 그들의 완전한 업무 능력을 되찾지 못했다고 보고했다(Oddy & Humphrey, 1980).

참전용사들은 일상의 다른 측면들 역시 제한적이었는데, 이 환자들이 여가 활동과 사회적 접촉을 완전히 재개하지 못했기 때문이다. 흥미롭게도 모든 사회적 관계 중 형제와의 관계가 가장 감퇴하였다. 연구자들은 이러한 환자들에 대한 치료가 이들을 직장으로 돌려보내는 것뿐만 아니라 여가 활동과 사회적 관계를 추구하는 방향으로도 제공되어야 한다고 강조했다.

뇌 손상의 만성적인 영향과 환자들이 대처하는 방법을 살펴보는 한 가지 방법은 뇌 손상을 입은 환자들의 자기보고를 연구하는 것이다. 일반적으로 자기보고는 별로 중시되지 않지만, 자기보고는 회복에 대한 의문을 해결하는 데 귀중한 통찰을 제공할 수 있다. 임상심리학자였던 Fredrick Linge는 자동차 사고에서 뇌 손상을 입은 후 자신이 겪은 변화를 묘사하였다.

Linge는 사고를 당하고 일주일 동안 혼수상태에 있었으며, 크게 회복할 것이라는 기대를 받지 못했다. 그럼에도 사고가 있은 지 약 1년 후, 그는 힘든 임상 진료 환경으로 복귀하는 데 성공했다. 그렇지만 그는 뇌 손상으로 인해 변했고, 그에 대처하기 위해 생활방식과 업무 패턴의 조정이 필요했다. 그는 이러한 조정을 다음과 같이 기술하였다.

> 뇌 손상을 안고 살아가는 방법을 학습하는 데 있어서 나는 시행착오를 통해 어떤 것들이 큰 도움이 되고 또 어떤 것들이 대처를 방해하는지 알아냈다. 나는 정보를 가장 잘 학습하고 유지하기 위해 가능한 한 많은 방해물을 제거하고 현재 수행 중인 과제에 정신적 에너지를 집중하려고 노력한다. … 과거에는 다소 무질서한 생활방식을 즐겼지만, 지금은 '모든 것에 각자를 위한 자리가 있는 것과 그 모든 것이 제자리에 있는 상태'를 원한다. 기억하는 것이 어려울 때는 순서와 습관이 일상의 세부적인 것들을 쉽게 헤쳐나갈 수 있게 해준다.
>
> 나는 사고 이전만큼 분노에 잘 대처할 수가 없다. … 한번 화가 나면 '브레이크를 채우는 것'이 불가능하며, 이는 직접적으로 나의 뇌 손상 때문이다. 나 스스로가 이러한 상태에 이르는 것이 굉장히 두려우며, 화나게 하는 상황을 피하거나 지나치게 화를 돋우기 전에 상황을 처리하는 것 외에는 아직 진정으로 만족스러운 해결책을 찾지 못했다.
>
> 한 가지만 생각하는 마음 덕분에 나는 이전과 달리 하루하루를, 지나친 걱정 없이 지내며 삶의 단순한 것들을 즐길 수 있게 되었다. 또한 눈앞의 기본적인 문제에 집중하고 예전보다 타인에게 더욱 공감할 수 있게 됨으로써 보다 효과적인 치료사가 된 것 같다. (Linge, 1980, pp. 6-7)

Linge의 자기보고는 회복에 대한 평가가 재취업이나 재개된 사회적 접촉 수준과 같은 측정으로 국한될 수 없다는 것을 보여준다. 이러한 측정들은 환자가 변화한 방식이나 새롭게 학습한 대처 기제를 나타내는 데 실패할 수 있다. Linge는 그가 스스로를 되찾을 수 있도록 기꺼이 도와주는 주변 사람들이 있는 사회적 환경에 놓여 있었던 전문적인 심리학자였다. 많은 사람들은 이렇게 대단한 지지 체계와 자원을 가지고 있지 않으며, 따라서 회복이 훨씬 힘들다. 또한 Linge의 코멘트는 뇌 손상 환자들이 외부 환경뿐 아니라 내부 환경 역시 변화시켜야 한다는 것을 보여준다.

◎ 25.4 손상된 뇌의 가소성에 대한 연구

건강한 뇌의 가소성이 다양한 수준에서 연구될 수 있는 것과 마찬가지로 손상된 뇌에서도 여러 수준의 연구가 가능하다. 현재까지 대부분의 연구는 기능영상법 또는 뇌 자극을 통해 지도의 변화를 밝히는 것에 초점을 맞추어왔다. 순서대로 각 방법을 살펴보도록 하자.

뇌 손상 이후 기능영상법

뇌졸중 이후 관찰되는 기능의 변화는 대뇌 가소성에 대한 훌륭한 통찰을 제공한다. 만약 환자가 뇌졸중으로 인해 피질 영역의 상당 부분을 상실했음에도 회복할 수 있다면 뇌의 남아 있는 부분들에서 어떠한 종류의 변화가 발생했다는 결론을 내릴 수 있다. 기능영상법, 특히 PET, fMRI, TMS는 뇌졸중 이후 몇 주, 몇 개월 동안 기능 호전과 상관 있을 것으로 여겨지는 대뇌 활동을 기록하는 데 반복적으로 사용이 가능하다. 이러한 연구들에 대한 개관 결과, 다음과 같은 결론을 내릴 수 있다(특히 Johansson, 2012; Rijntjes & Weiler, 2002 참조).

1. **일차 체감각피질이 뇌졸중으로부터 피해를 입지 않았다면 시간이 지나면서 기능 호전이 일어날 확률이 높다.** 뇌졸중 직후 편마비가 발생하고 원심신경섬유로가 손상되더라도 남아 있는 피질은 다시 활성화될 수 있다. 기능 호전은 이러한 활성화가 나타나는 것과 상관이 있다.

2. **팔이 움직이는 동안 운동 영역의 활성화는 부상당한 부위 주변의 피질 영역을 끌어들인다.** 이에 더해 특정한 움직임은 운동피질의 더 넓은 영역을 활성화시킨다. 예를 들면, 손이나 팔 움직임은 얼굴 영역 일부를 활성화시키는데, 아마도 얼굴 영역으로부터 나오는 온전한 추체로섬유 때문인 것으로 보인다(그림 25.3 참조).

3. **뇌졸중 환자의 움직임은 통제 집단에 비해 더 넓은 피질 영역(특히 두정엽과 전운동 영역)을 활성화시킨다.** 이러한 활성화 영역은 언어와 운동 기능 모두에서 확장되어 나타난다. 하지만 이 장의 자세히 보기에서 볼 수 있듯이 회복과 활성화의 관계는 간단하지만은 않다.

4. **재조직화는 한쪽 반구에만 제한된 것이 아니다.** 즉 유사한 변화가 양 반구 모두에서 나타난다. 따라서 편측 운동 과제를 수행하는 것은 보통 대측의 피질만을 크게 활성화시키지만, 뇌졸중 환자들의 뇌는 증가된 양 반구 활성화를 보인다. 대측 반구의 증가된 활성화는 특히 언어장애를 지닌 환자들에게서 두드러지는데, 이들에게서는 언어 영역의 반대편 상응 영역에서 활성화가 관찰된다.

5. **재조직화 능력은 뇌졸중 크기 및 연령의 증가에 따라 감소한다.** 뇌졸중의 크기와의 관계는 불완전하게 손상된 영역(예 : 베르니케 영역)이 기능 호전의 좋은 예측변수이기 때문일 가능성이 크다. 초기 장애의 심각도가 예후와 상관이 있었다는 점을 상기해보라(그림 25.8 참조). 아마도 초기 장애의 정도는 부상의 정도와 관련이 있을 것이다.

6. **뇌졸중 환자들 간에도 변산성이 크다.** 변산성은 뇌졸중 이전 활성화 정도의 개인차와 관련 있을 수 있으며, 이는 특히 언어에서 그러하다. 뇌졸중 이후 언어 기능에 가장 큰 양 반구 활성화를 보이는 환자들은 왼손잡이들이 그렇듯이 뇌졸중을 겪기 전에도 이미 어느 정도 양 반구가 활성화되었을 가능성이 있다. Michel Rijntjes와 Cornelius Weiller(2002)는 언어 과제 중 우반구가 활성화되는 정도는 매우 다양하며, 베르니케 실어증에서 회복을 보인 환자들의 활성화 패턴은 건강한 뇌에서 관찰되는 우반구 활성화 영역의 최대치와 몹시 비슷하다고 보고했다.

결과적으로 뇌졸중 이후 기능 호전은 기능영상 연구들에서 볼 수 있듯이 남아 있는 뇌의 기능적 조직화에서의 변화에 부합한다. 하지만 이러한 연구들은 좋은 회복을 보여준 환자들에 대해서만 보고한다. 그럼에도 이와 같은 연구들은 환자들이 받았을 치료에 대한 자세한 정보는 별로 제공하지 않는다.

뇌 손상 이후 생리학적 매핑

Randy Nudo(1997)와 동료들은 다람쥐원숭이의 운동피질에서 손과 손가락 영역들을 매핑하였다. 그들이 원숭이의 손가락 영역의 일부를 제거하자 대측의 손 사용이 감소하였다. 운동피질을 다시 매핑한 결과, 이 원숭이들이 **그림 25.10**에 나타난 바와 같이 팔, 손목, 손가락의 하단부를 움직일 수 없게 되었음이 발견되었다. 손 영역이 피질 지도에서 사라졌고, 팔의 상단부에 대한 표상만이 남아 있었다.

자세히 보기 | 회복 연구를 위한 영상 기법 사용

Nick Ward와 Richard Frackiowiak(2006)은 fMRI를 사용하여 뇌졸중 환자들과 통제군의 등척성 쥐기 과제(isometric hand-grip task) 수행 시의 뇌 활동을 연구했다. 이러한 과제의 장점은 참가자에 따라 능력에 차이는 있지만 모든 참가자들이 수행할 수는 있다는 것이다. 실험은 다음 두 가지 연구 질문에 대한 답을 찾는 것을 목표로 하였다.

1. 과제 관련 활성화 패턴이 통제군과 뇌졸중 환자 집단에서 다르게 나타나는가?
2. 과제 관련 뇌 활성화의 정도와 예후가 상관이 있는가?

기존 문헌에 따르면 더 나은 회복을 보인 환자들에게서 회복을 돕는 것으로 여겨지는 병변 주변부 영역의 활성화가 크게 나타날 것이 명백해 보였다. 결과는 놀라울 정도로 다르게 나타났다.

20명의 뇌졸중 환자는 모두 피질 경색이 있었지만 이것이 M1까지 뻗어 있지는 않았다. 쥐기 과제는 운동피질, 전운동피질, 보조운동피질, 그리고 두정피질을 포함하는 피질과 피질하 영역의 운동 네트워크를 활성화시켰다. 절반가량의 환자들은 통제 집단과 비교하여 피질의 과활성화를 보였다. 이와 같은 새로운 활성화는 예상했던 운동 영역에서뿐만 아니라 병변이 있는 반구의 전전두피질과 뇌섬엽, 대측 반구의 M1과 S1에서도 발견되었다.

이상하게도 Ward와 Frackowiak이 fMRI 활성화와 회복 간의 상관 분석을 해보자 그림 (A)에 나타나 있듯 몇몇 뇌 영역에서 역상관이 관찰되었다. 특히 두드러졌던 것은 예후가 좋지 않았던 환자들의 경우 양 반구 둘 다에서 대규모의 활성화가 나타났다는 점이다.

이에 대해 가능한 한 가지 설명은 회복이 좋지 못했던 환자들에게서는 경색이 M1의 직접적인 접근을 어렵게 만들어 덜 효율적인 병렬적 경로의 활성화가 필요했을 수 있다는 것이다. 이와 같은 결과를 다른 연구자들이 뇌 영역 활성화와 회복 간의 정적 상관을 발견했던 이전 연구 결과들과 조화시키기 위해 Ward와 Frackowiak

은 회복에 대한 측정치가 핵심적인 차이임을 제안하고 자세한 예후 측정치의 중요성을 강조했다.

이후 이들은 뇌 활성화와 회복이 종단적으로 어떻게 연관되는지 알아보기 위해 각 환자에게 일정 시간에 걸쳐 반복적으로 fMRI 촬영을 한 후 수행 결과와 예후의 상관을 분석했다. 예상했던 바와 같이 뇌졸중 직후에는 운동 영역에서 양 반구의 과활성화가 나타났는데, 시간이 경과하자 이러한 활성화가 감소하였고, 그림 (B)에서 보이듯 다른 영역들이 활성화를 보이기 시작했다.

Ward와 Frackowiak은 뇌졸중 이후 시점별로 각기 다른 기제가 회복을 촉진했을 수 있다고 제안했다. 초기에는 모든 수의적 운동이 운동 영역의 대규모 활성화와 연관되지만, 시간이 지남에 따라 운동 통제에 대한 새로운 학습이 해부학적 손상의 정확한 양 및 위치와 관련 있게 된다. 이러한 결론은 쥐 모델을 연구하여 M1 손상 이후의 회복이 쥐가 잃어버린 움직임을 새롭게 학습하는 것과 관련 있다고 제안했던 Ian Whishaw와 동료들에 의해 지지되었다(예 : Alaverdashvili et al., 2008).

(A)

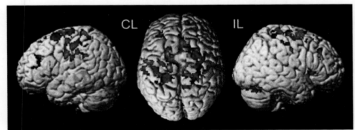

(B)

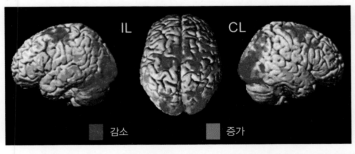
□ 감소   □ 증가

Alaverdashvili, M., A. Foroud, D. H. Lim, and I. Q. Whishaw. "Learned baduse" limits recovery of skilled reaching for food after forelimb motor cortex stroke in rats: A new analysis of the effect of gestures on success. *Behavioural Brain Research* 188:281–290, 2008.
Ward, N. S., and R. S. J. Frackowiak. The functional anatomy of cerebral reorganization after focal brain injury. *Journal of Physiology, Paris* 99:425–436, 2006.

(A) 20명의 환자에게서 회복과 과제 관련 fMRI 뇌 활성화의 선형적 역상관이 나타났던 뇌 영역. (가운데 그림에서 전두엽은 윗부분에 해당한다. CL : 병변의 대측, IL : 병변의 동측). (B) 회복 함수로써 과제 관련 뇌 활성화의 선형적 변화를 살펴보기 위한 단일 환자의 종단적 분석 결과(다회기). 이 환자는 좌반구의 뇌교 경색으로 인해 우반신에 편마비가 있었다. 결과는 표준화된 뇌 이미지 위에 제시되었다. 빨간색 영역은 과제 관련 활성화에서 회복 관련 감소를 나타내며, 초록색 영역은 그만큼 회복된 영역을 나타낸다.
(Ward, N. S., and S. J. Frackowiak. The functional anatomy of cerebral reorganization after focal brain injury. *Journal of Physiology, Paris* 99(4–6):425–436, 2006. © Elsevier.)

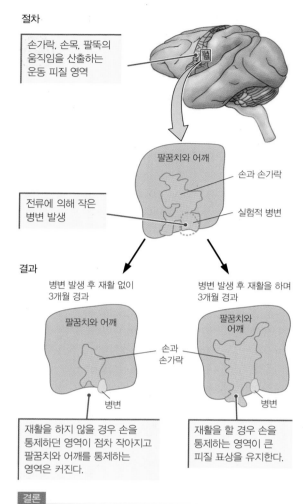

절차

손가락, 손목, 팔뚝의
움직임을 산출하는
운동 피질 영역

팔꿈치와 어깨

손과 손가락

전류에 의해 작은
병변 발생

실험적 병변

결과

병변 발생 후 재활 없이
3개월 경과

병변 발생 후 재활을 하며
3개월 경과

팔꿈치와 어깨

팔꿈치와
어깨

손과
손가락

병변

병변

재활을 하지 않을 경우 손을
통제하던 영역이 점차 작아지고
팔꿈치와 어깨를 통제하는
영역은 커진다.

재활을 할 경우 손을
통제하는 영역이 큰
피질 표상을 유지한다.

결론

재활은 손의 움직임 상실과 손의 피질 표상 감소를 막아준다.

그림 25.10 ▲

사용하지 않으면 잃게 된다

(Information from Nudo et al., 1996.)

Nudo 연구 팀은 다른 원숭이들에게도 같은 절차를 실험했는데, 다만 이번에는 수술 이후 손상의 영향을 받는 팔에 대한 치료를 제공했다. 멀쩡한 팔을 묶음으로써 강제로 병변의 영향을 받는 팔을 사용하도록 만든 것이다. 이후 연구진이 다시 운동 지도를 살펴보자 손과 손가락 영역은 그대로 존재했으며, 수술에 의해 직접적으로 제거된 영역만이 사라져 있었다. 그럼에도 불구하고 팔을 계속 사용하도록 치료한 결과, 사라진 영역에서 표상되던 손가락들의 움직임에도 어느 정도 회복이 나타났다. 아마도 남아 있는 손가락들의 피질 표상이 피질 표상을 상실한 손가락들의 움직임도 중재를 한 것으로 보인다.

Nudo의 실험에서는 치료의 중요성이 핵심이다. 치료는 손상되지 않은 피질의 기능 및 이곳에서 표상되는 움직임을 유지하는 데 반드시 필요하다. 또한 치료는 병변 이후 손상된 신체 부위의 보상 작용을 촉진시킬 수도 있다.

Nudo와 동료들이 발견한 가소성의 형태는 Paul Bucy와 동료들(1964)이 보고한 다음 사례에서의 회복도 설명할 수 있다. 이들은 불수의적 움직임에 대한 치료로서 뇌간 아랫부분의 추체로가 절단된 한 남성을 연구하였다. 수술 후 첫 24시간 동안 그에게는 완전한 이완성(flaccid) 편마비 증세가 나타났으며, 이후 사지에 어느 정도의 수의적 움직임이 돌아왔다. 10일이 경과하자 부축을 받으면 일어서서 걸을 수 있게 되었다. 24일 경과 후 그는 부축 없이도 걸을 수 있게 되었다. 7개월 내에 회복이 최대치에 달한 것으로 보였고, 그는 약간의 불편함이 있기는 했지만 발, 손, 손가락, 발가락을 움직일 수 있었다.

2년 반이 지난 뒤 부검해본 결과, 그의 추체로섬유의 약 17%만이 온전한 것으로 나타났다. 그의 손가락과 발가락 움직임이 회복된 것은 원래대로라면 전체 추체로가 해야 할 일을 남아 있는 이 17%가 해냈기 때문으로 보인다. 만약 이 환자가 마비된 팔다리를 사용하지 않았다면 그의 회복은 훨씬 낮은 수준이었을 것이라고 조심스럽게 추측해본다.

◎ 25.5 회복에 영향을 주는 변인

병변의 크기와 더불어 몇 가지 다른 변인들 역시 뇌 손상으로부터의 회복 속도에 영향을 준다. 하지만 나이, 성별, 우세손, 지능, 성격 등과 같은 변인들은 많은 연구에서 충분히 논의되지 않았다. 이는 이러한 변인들의 측정이 어렵거나, 환자 집단이 적어 통계학적 타당도가 낮거나, 혹은 단순히 연구자들이 이들을 중요하게 고려하지 않았기 때문이다. 종합적으로 보면 환자가 젊고, 지능이 높고, 낙관적이고, 왼손잡이에 여성일 경우 뇌 손상으로부터의 회복이 최상일 것으로 보인다.

젊다는 것은 측정하기 가장 쉬운 변인의 하나이다. Teuber와 동료들(1975)은 여러 가지의 검사 결과, 머리 부상을 입은 군인들의 회복 정도가 17~20세 집단에서 21~25세 집단보다 크며, 26세 이상 집단에서 가장 적은 것을 발견했다(그림 25.9 참조). Milner(1975)는 좌반구 후측두엽의 말하기 영역 부근이 제거된 40세 이상의 환자들은 같은 손상을 입은 더 젊은 환자들에 비해 낮은 회복을 보인다고 보고했다. 하지만 Kertesz(1979)의 연구 결과에서 보이듯이 이러한 연령 효과가 회복 연구에서 항상 유의미하게 관찰되는 것은 아니다.

나이가 다양한 종류의 뇌 손상의 시작에 기여하는 요인이라는 사실은 연령 효과의 분석을 복잡하게 만든다. 뇌졸중과 다른 뇌 이상은 노년층에서 흔한데, 이들은 정상적인 노화 과정에 의해 운동 기능과 인지 기능이 낮아질 가능성이 더 높다. 따라서 이들에게서는 노화에 의해 회복 여부가 분명하지 않게 되는 경향이 있을 수 있다.

손잡이와 성별은 같은 이유로 뇌 손상의 예후에 영향을 줄 수 있다. 12.2절에서 뇌영상 연구 결과 여성의 뇌가 남성의 뇌에 비해 기능 편재화가 덜 나타난다는 점에서 여성과 남성의 뇌는 해부학적으로도, 기능적 조직에서도 차이가 있다고 주장했던 몇 가지 이론을 다루었던 것을 상기해보라. 앞서 다루었던 뇌 손상 환자들의 뇌영상 연구 결과들을 고려할 때, 만약 여성에게서 양 반구 기능 활성화가 더 크다면 기능적 회복 역시 여성에게서 더 클 것이다. 마찬가지로 가족성 왼손잡이는 오른손잡이에 비해 편재화가 덜 나타나는 것으로 보이므로 뇌 손상 이후 손상되지 않은 영역들을 활용하는 데 이점이 있을 것이다.

지능이 높고 보통 잘 교육받은 사람들은 지능이 낮은 사람들에 비해 회복이 더 잘 되는 것으로 여겨진다. 이러한 차이를 낳는 명확한 원인은 없다. 높은 지능을 가질 수 있도록 하는 어떠한 신경적 특성이 손상에 대해서도 이점을 제공할 가능성은 있지만 말이다. 지능이 높은 사람의 뇌는 가소성이 높아 손상에 더 잘 대처할 수 있다는 가설도 생각해볼 수 있지만 증명하기가 쉽지는 않다. 아니면 유동성 지능(16.4절 참조)이 높은 사람들은 지능이 낮은 사람들에 비해 손상에 대한 보상 작용 전략을 더 잘 세울 수 있을 가능성도 있다.

지능이 매우 높은 사람은 그렇지 않은 사람에 비해 궁극적으로 회복이 좋을 수 있기는 하지만, 실제로 장애가 남아 있는 정도는 둘이 같을 수 있다. 이는 단순히 지능이 높은 사람이 보통 더 높은 수준의 기능을 하기 때문이다. 따라서 우리 경험에 따르면 지능이 높은 사람은 회복되지 않은 장애가 삶의 질에 미치는 부정적 영향에 대하여 다른 사람들에 비해 더 많은 불평을 한다.

성격이 회복에 미치는 영향은 평가하기 어렵긴 하지만 낙관적이고, 외향적이고, 태평한 사람들이 뇌 손상의 예후가 더 좋은 편인 것으로 여겨진다. 한 가지 이유는 회복에 대해 낙관적인 사람이 재활 프로그램을 더 잘 따라 할 가능성이 높다는 것이다. 불행히도 뇌 손상은 성격에 악영향을 준다. 예를 들면, 환자들은 손상 이후 우울증을 겪을 수 있고, 그 결과 이들은 우울증이 치료되기 전에는 회복이 거의 되지 않거나 그 속도가 느릴 것이다. 실제로 뇌졸중 환자들은 현재 흔히 SSRI 등의 항우울제를 처방 받으며, 이러한 약물들은 환자의 회복을 도울 것으로 여겨진다.

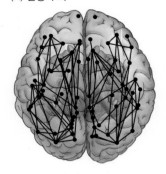

(A) 남성의 뇌

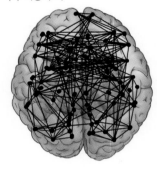

(B) 여성의 뇌

▲ 배측에서 바라 본 뇌 네트워크의 DTI 분석 결과는 남성에게서 더 큰 반구 내 연결 (A)을, 여성에게서 더 큰 반구 간 연결(B)을 보여준다.

(Ingalhalikar, M., A. Smith, D. Parker, T. D. Satterthwaite, M. A. Elliott, K. Ruparel, H. Hakonarson, R. E. Gur, R. C. Gur, and R. Verma. Sex differences in the structural connectome of the human brain. *Proceedings of the National Academy of Sciences U.S.A.* 111: 823–828, 2013, Figure 2.)

◎ 25.6 뇌 손상 이후 회복에 대한 치료적 접근

이제 뇌 손상 이후 회복에 대한 다섯 가지 주요 실험적인 치료적 접근을 살펴보는 것으로 이 장을 마무리하도록 하겠다.

1. 재활 과정은 다양한 실험적 · 행동적 · 심리적 치료로 이루어진다.
2. 약물치료는 수술 직후 기간 동안 회복을 촉진시키기 위한 목적으로 사용된다.
3. 뇌의 자극은 뇌 활동을 증가시킨다.
4. 뇌 조직 이식과 줄기세포 유도기법은 건강한 뇌기능을 복원시킬 수 있을 것이라는 기대로 발달되었다.

5. 균형 잡힌 식사는 가소적 변화를 위한 기본 재료를 제공한다.

　재활 과정은 널리 쓰이며 여러 결과가 혼재되어 있다. 약물치료, 자극, 이식 기법, 그리고 식이요법은 이제 막 동물 실험 단계를 지나 초기 임상 시행으로 넘어가고 있다.

재활

뇌 손상 환자들을 일종의 재활 프로그램에 참가시켜야 하는 것이 옳을 것이다. 하지만 놀랍게도 신경과학자들은 여러 종류의 재활 기법들이 지니는 가치 또는 재활 프로그램을 시작하는 최적의 시기, 심지어 재활치료를 시행하는 최적의 기간과 관련해서도 아직 많은 정보를 가지고 있지 않다. 언어치료와 물리치료는 종종 효과적인 것으로 여겨지기도 하지만, 특정 치료가 지니는 효과(치료에 의해 발생하는 변화의 종류 및 그 변화가 발생하는 이유와 기제)에 대해서는 논의의 여지가 있다(Teasell et al., 2009; Nahum et al., 2013 개관 참조).

　예를 들어, 언어치료를 받고 있는 환자는 언어 훈련뿐 아니라 매일 치료사와 접촉도 하고 있다는 것을 생각해보자. 이러한 상호작용의 상당 부분은 사회적이며 엄밀하게 언어적인 것과 관련이 없다. 이와 같은 자극의 중요성은 말로 다할 수가 없다. 예를 들면, 뇌졸중 전용 병동에 입원한 환자가 외래환자에 비해 결과가 좋다는 증거들이 많이 보고되고 있다. 전용 병동에서는 다양한 전문적인 재활 치료사들이 함께 일하며 일과 시간 대부분 동안 환자들에게 사회적 자극을 제공한다.

　실험실 동물 연구 결과, 기능 회복을 최적화시키는 가장 성공적인 단 하나의 치료 전략은 이들을 복잡하고 자극적인 환경에 두는 것이다. 하지만 재활치료가 유용하다는 것을 시사하는 이러한 결과들은 특정 유형의 훈련이 운동 지도를 변형시킬 수 있음을 강조한다. 다음의 세 가지 예, 즉 운동치료, 촉각 자극, 그리고 인지 재활에 대해 살펴보자.

운동치료

뇌졸중 이후 많은 환자들이 초기 편마비를 앓고, 손상되지 않은 반대편 팔다리를 사용하는 전략을 발달시키며, 그러한 과정에서 손상된 팔다리를 사용하지 않게 된다는 관찰에 기초하여, Edward Taub와 동료들은 **건측상지제한운동치료**(constraint-induced movement therapy)를 발달시켰다(Unwatte & Taub, 2013). 이 치료의 목표는 환자의 건강한 쪽 팔다리를 묶음으로써 손상된 팔다리를 이용해 일상 활동을 수행하도록 하여 수 주 동안 하루에 서너 시간가량 환자로 하여금 손상된 팔다리를 사용하도록 유도하는 것이다.

　환자들은 또한 손상된 팔다리를 쓰는 연습을 할 수 있도록 물건을 집거나 잡지 페이지를 넘기는 것과 같은 다양한 과제를 부여받는다. 건측상지제한운동치료는 불편한 팔다리를 사용함에 있어 때때로 극적인 호전을 촉진하는 데 효과적이다. 이러한 호전에 대한 한 가지 설명은 운동 훈련이 뇌의 가소적 변화를 자극하여 병변의 영향을 받은 팔과 손의 운동 표상의 확장으로 이어졌다는 것이다.

　Joachim Leipert(2005)와 동료들은 TMS를 이용하여 건측상지제한운동치료 이전과 12일 이후를 비교함으로써 이러한 증가를 측정하였다. 이들은 훈련이 마비되었던 손을 표상하는 피질 영역의 극적인 증가를 촉진했음을 발견했다(훈련 12일 후 지도 크기가 50% 증가했으며, 6개월 경과 후에도 여전히 존재했다). 지도 확장의 장소는 환자마다 달랐는데, 이는 아마도 손상을 입은 정확한 영역이 환자마다 달랐기 때문인 것으로 보인다. Nudo 연구 팀이 원숭이를 대상으로 진행했던 유사한 연구에서도 이와 비슷한 결과가 나타났다(그림 25.10 참조).

촉각 자극

촉각 자극은 그것이 마사지이든 가벼운 자극이든 간에 환자에게 상당한 도움을 줄 수 있다. 물리치료사들은 오래전부터 뇌 손상 환자들 치료에 마사지를 이용해왔지만 마사지의 효율성을 살펴본 연구는 많지 않다. 하지만 피질 손상을 입은 성인기와 영아기 쥐를 대상으로 한 실험실 연구 모두 손상 후 2~3주 동안 하루에 서너 번 15분씩 쥐에게 부드러운 브러쉬를 이용하여 가벼운 터치를 가한 결과 촉각 자극의 이점이 있음을 보고했다(예 : Gibb et al., 2010; Kolb & Gibb, 2010). 이러한 자극은 부상 부위 인근 피질의 수상돌기 길이 또는 가시 밀도의 변화와 상관이 있다. 이는 피부에 의해 섬유아세포성장인자-2(fibroblast growth factor-2, FGF-2)와 같은 신경영양인자의 분비량이 증가되는 기제가 작용한 것으로 제안된다. 이러한 인자들은 혈뇌장벽을 통과해 뇌의 FGF-2 수용기를 자극한다.

인지 재활

뇌 손상 환자들이 겪는 가장 중대한 문제는 엄밀히 감각이나 운동장애가 아니라 기억장애나 공간 방향감각 장애 등의 보다 복잡한 인지 문제이다. 이 같은 환자들은 인지 재활이 필요하며, 이러한 재활은 뇌 손상 없이 노화하는 성인을 대상으로 하는 인지 훈련의 급성장 분야에서 찾을 수 있다. Nori Jacoby와 Merav Ahissar(2013)가 이와 관련된 문헌들을 검토했는데, 비록 환자들이 훈련을 통해 호전이 되고 이는 나이 든 뇌에서도 상당한 가소성이 나타날 수 있음을 시사하는 것이기는 하지만, 대개 만성적인 효과는 약하며, 새로운 과제에 일반화되는 데에는 제한적이라는 결론을 내렸다(그러나 Merzenich, 2013 참조).

그럼에도 불구하고 이러한 훈련 프로그램을 개선시키려는 관심이 지대하다(Nahum et al., 2013; Van Vleet & DeGutis, 2013). 병원에서 환자들을 치료하는 것은 비싸기 때문에 '지역 신경재활(community neurorehabilitation)'이라고 불리는 외래환자 프로그램이 추진된다(Chard, 2006 개관 참조). 아직 이와 같은 프로그램의 장기적인 이점은 잘 연구되지 않았지만 몇 가지 인지 프로그램이 현재 뇌 손상 성인들에게 제공되고 있다(Prigatano, 2001; Wilson, 2011 참조).

하지만 더 큰 문제는 임상 환경 밖에서 인지장애에 대처하는 어려움에 있다. 예를 들면, 공간 방향감각 장애를 앓는 환자는 다양한 지필 과제를 연습함으로써 어느 정도 효과를 볼 수 있을지는 모르지만, 결국 자신의 집을 찾아가는 등의 실생활 문제에서는 지속적으로 어려움을 겪을 수 있다. 따라서 뇌 손상 치료는 환자 개개인과 관련된 기법을 개발하는 치료사의 독창성을 요한다.

우리는 행글라이더 추락사고로 대규모 뇌 손상을 입은 오토바이경주 선수의 우울증을 치료할 수 있는 방안을 추천해달라는 요청을 받은 적이 있다. 그때 우리는 반쯤 농담 삼아 삼륜오토바이를 타게 해보는 것이 어떻겠냐는 제안을 했고, 그의 보호자들은 바로 그에게 한 대를 제작해주었다. 그의 태도는 극적으로 개선되었고, 곧 삼륜오토바이를 타고 병원 부지와 시내를 돌아다니게 되었다. 이러한 운동과 태도 변화는 그가 다른 과제들과 씨름하는 데에도 도움을 주어 회복을 증진시켰다.

일부 환자들에게는 대체 시스템이 유용할 수 있다. 예를 들면, 시각 정보를 비디오 카메라로 녹화하여 컴퓨터를 통해 촉각 메시지로 변환한 뒤 피부에 제시함으로써 시각을 일부 대체할 수도 있다. 특히 컴퓨터와 같은 다양한 기계는 특정 과제를 수행하는 데 사용될 수 있다. 기억 문제가 있는 환자들에게는 마이크로소프트에서 개발한 센스캠(SenseCam)이라는 시스템이 도움이 될 수 있다.

센스캠 사용법은 간단하다. 우선 사용자가 작은 카메라를 목에 걸고 있으면 이 카메라가 정해진 시간마다(예 : 20분마다 한 번씩) 자동으로 사진을 찍는다. 하루 일과가 끝나면 사용자는 사진들을 컴퓨

▲ 센스캠
(Source: Microsoft.)

터에 다운로드받아서 하루를 되돌아본다. Silva와 동료들(2013)은 연구 참가자들이 그날 있었던 일에 대한 기억을 더 잘하게 될 뿐만 아니라 다른 신경심리검사들에서의 기억 수행까지 더 좋아졌다고 보고했다. 이 기술이 임상 환경으로 이식되면서 기억장애를 안고 있는 뇌 손상 환자들에게 상당한 도움을 줄 것으로 보인다.

기타 행동치료

로봇 장치(예 : Hidler et al., 2009), 행동 조성, 양측성 상지 훈련(Lin et al., 2010), 체중지지 러닝머신 훈련(Dobkin et al., 2006; Duncan et al., 2007), 과제 지향적 물리치료(Jonsdottir et al., 2010), 음악치료(Schneider et al., 2007) 또한 효과적인 치료법으로 증명되었다. 이들이 효과가 있는 이유는 알려지지 않았지만, 아마도 이러한 치료가 시냅스 변화로 이어지기 때문인 것으로 보이며, 비침습적 영상법이나 경두개 직류 자극(transcortical direct current stimulation, tDCS)을 이용한 매핑 연구를 통해 밝힐 수 있을 것이다. 실제로 Amengual과 동료들(2013)의 연구에서 음악 지지 치료를 시행한 후 TMS를 이용하여 향상된 운동 기능이 훈련 이후 피질 흥분성이 증가한 가소적 변화와 상관 있음을 발견했다.

약물치료

뇌 손상의 영향을 완화하는 데 약물치료를 이용하려는 관심은 오래되었다. 간단히 말하면 뇌의 가소적 변화를 촉진하는 화합물을 사용하는 것이다. 예를 들면, 암페타민, 니코틴, 마리화나 등의 향정신성 약물은 건강한 뇌의 피질과 피질하 회로에서의 변화를 자극한다.

약물치료는 손상된 뇌에 이러한 화합물을 사용함으로써 기능 회복을 촉진할 가능성이 있는 시냅스 변화를 자극하기를 기대하는 것이다(Feeney, 1997 개관 참조). 연구 결과들은 뇌 손상 직후 약물치료와 경험이 결합되면 회복 속도가 증가될 수 있음을 시사한다. 실험실에서의 이러한 치료들의 성공은 뇌졸중 환자들에게 암페타민을 투여하는 임상 시행들로 이어졌는데, 여기에서는 긍정적인 결과와 그렇지 않은 결과가 혼재되어 있다. 핵심 요인은 병변의 크기인데, 자극제가 좁은 범위의 손상에 가장 효과적이기 때문이다. 그럼에도 많은 임상 시행들은 큰 병변을 지닌 환자들에 초점을 맞추어왔고, 성공은 제한적이다.

다른 유형의 약물치료는 뇌 손상 이후 축색 발아를 증진시키는 화합물을 사용한다. 하지만 손상된 뇌는 자발적으로 Nogo-A와 같은 내생적 화합물을 생성하는데, 이는 축색의 발아 및 재생성과 시냅스의 형성을 억제한다(Kempf & Schwab, 2013 개관 참조). Nogo-A의 항체를 투여하는 것은 축색의 생성을 자극하고 피질의 추체 뉴런 시냅스 형성을 증가시키며, 이러한 변화는 쥐와 원숭이 연구 모두에서 기능 회복과 상관이 있는 것으로 밝혀졌다(예 : Hamadjida et al., 2012). Nogo-A는 핍돌기교세포와 일부 뉴런에서 발견되는 내생적 분자이므로, Nogo-A의 발현이 건측상지제한운동치료와 같은 다른 치료들에 의해서도 영향을 받을 수 있으리라 추측해볼 수 있는데, 실제로 그러한 것으로 보인다(예 : Zhao et al., 2013).

전기 자극

뇌 손상의 한 가지 영향은 병변 주위 영역의 활동 저하이다. 이에 대하여 2000년대 초에는 혈압 증가시키기(Hillis, 2007), 낮은 수준의 전기적 자극 가하기(Teskey et al., 2003), TMS 사용(Rauschecker et al., 2002) 등 몇 가지 전략이 개척되었다. 이 기법들은 모두 합병증 위험을 안고 있는 것처럼 보이지만 예비 임상 시행 결과 합병증 없이 매우 전망이 좋은 것으로 나타났다.

미주신경 자극은 전기적 자극의 새로운 형태를 제공한다. 낮은 수준의 미주신경 자극은 아세틸콜린과 노르에피네프린을 방출시킨다. 미주신경 자극은 직접적인 약물 투여에 비해 시간적으로 정밀한 통제가 가능해서, 예를 들면 다양한 형태의 행동치료 동안 사용될 수 있다는 장점이 있다(Hays et al., 2013 개관 참조). 미주신경 자극은 안전하며, 60,000명 이상의 난치성 뇌전증과 우울증 환자들에게서 관리 효과를 인정받은 방법이다. 실험실 연구는 미주신경 자극이 쥐의 기억을 증진시키고 뇌졸중을 치료하는 데 효과가 있음을 보였으며, 이러한 성공은 인간을 대상으로 한 임상 시행에서 뇌 손상 이후 감각, 운동, 인지 기능 장애를 치료하는 것으로 전환되고 있다.

뇌 조직 이식과 줄기세포 유도기법

포유류에서 신경조직을 이식한다는 생각과 실제로 그렇게 이행하기 위한 기법들은 100년 이상의 역사를 가지고 있다. 하지만 최근까지도 신경 이식이 실용적으로 활용될 가능성은 멀게만 느껴졌었다. 1980년대 연구자들은 미숙 세포를 포함한 태아 조직이 특정 뇌 영역에서 추출되어 이식 대상자의 적절한 영역에 삽입된다면 태아 조직이 성장하여 숙주의 뇌에 통합된다는 것을 발견했다. 이러한 절차는 신피질과 같은 복잡한 회로의 손상을 회복하는 데에는 현실성이 없지만, 뇌간의 도파민성 세포 등 특정한 세포 유형을 이식하는 것은 파킨슨병 환자처럼 이 세포가 없는 환자들에게 도움을 줄 수도 있다(제6장 사례 보기 참조).

현재 100명 이상의 파킨슨병 환자들이 태아 줄기세포 이식을 받았다. 일부 사례에서는 호전이 보고되었지만, Curt Freed와 동료들(2001)의 대규모 연구 결과는 고무적이지 않다. 대체로 증상의 경감은 적거나 지속 기간이 짧았다. 어쩌면 이식된 세포가 인간의 큰 뇌에서 충분히 자라지 못할 수도 있고, 적절하게 뇌 회로의 일부로 섞여 들어가지 못할 수도 있으며, 혹은 애초에 도파민성 세포를 상실하게 했던 병의 과정에 다시 영향을 받았을 수도 있다.

태아 조직 이식에 대한 또 다른 접근은 성장인자를 이용하여 숙주의 뇌 내에서의 줄기세포 성장을 자극하는 것이다. 뇌는 성인기에도 새로운 뉴런을 만드는 것이 가능한 것으로 알려져 있으므로 손상 후에 새로운 뉴런의 생산을 강화하는 것이 가능할 것이라는 가설을 세울 수 있다. 만약 이 새로운 뉴런이 손상된 위치로 이동하여 뇌의 일부로 통합되도록 유도될 수 있다면, 그곳에서 어느 정도 수준의 기능을 복원하는 것이 가능할 수 있다.

많은 연구들이 손상 이후 신경줄기세포의 증식을 자극하는 데 다양한 성장인자를 사용해왔다(Dibajnia & Morshead, 2013 개관 참조). 많은 성장인자들이 각각의 수용기에 직접적으로 작용하지만, 또 많은 경우 전구세포의 증식을 중재하기도 한다. Dibajnia와 Morshead(2013)는 성장인자가 면역 반응을 조절하고, 손상 주변 영역의 뉴런을 보호하며, 혈관을 생산하는 것을 통해 간접적인 효과 또한 보일 수 있다고 지적했다.

몇 가지 중대한 문제들이 신경전구세포(뉴런, 성상세포, 핍돌기교세포로 분화할 수 있는 줄기세포) 증식의 증가를 위한 화합물의 사용이 임상으로 이동하는 것을 가로막는다. 이러한 화합물들은 많은 경우 강력한 미토겐(세포분열을 촉진하는 화학물질)으로서, 잠재적인 해로운 영향으로 이어질 수 있다. 또 다른 문제는 활성인자의 전달 경로이다. 주변 경로(정맥, 피하, 복강)는 광범위하고 체계적인 효과를 낳을 수 있고, 필요한 수의 뉴런을 생산할 만큼 충분히 많은 양의 활성인자들이 뇌에 진입하지 못할 수 있다. 뇌 조직이나 뇌실로의 직접 주사는 침습적이며 또 다른 합병증으로 이어질 수 있다. 이에 더해 증식하는 세포는 설치류에 비해 인간에게서 훨씬 더 먼 거리를 이동해야 한다는 문제도 있다. 마지막으로 나이 든 뇌는 뇌실하 영역에 신경전구세포가 적으므로 변화를 가져올 만큼 많은 세포를 자극하는 것이 더 어려울 수 있다. 확실히 임상적 활용은 아직 시간이 더 걸릴 것으로 보인다.

식이요법

비타민과 미네랄 보조제는 뇌 손상으로부터의 회복을 촉진할 수 있다. 주산기의 실험실 동물에게 콜린 식이보조제를 투여하면 다양한 공간 탐색 과제에서 공간 기억이 증진되며 해마와 신피질에서 신경성장인자 수준이 증가된다. 비타민/미네랄 보조제가 다양한 장애를 가진 성인 및 청소년의 기분을 개선시키고 공격성을 감소시키며, ASD 아동의 사회적 철회와 분노를 감소시킬 수 있다는 증거들이 발견되고 있다(Rucklidge & Kaplan, 2013; Popper, 2014 개관 참조). 이러한 보조제를 사용한 연구들에서 뇌 손상 이후의 회복을 다룬 경우는 별로 없다. 다만, 몇몇 연구들에서 실험실 동물의 초기 뇌 손상 이후 보조제의 사용이 회복을 증진시켰다고 보고했다(예 : Halliwell et al., 2009).

요약

25.1 뇌 가소성의 원칙

뇌는 정적인 기관이 아니며, 일생 동안 지속적으로 변화한다. 뇌과학자들은 이러한 뇌 가소성의 근원으로서 다음의 열 가지 기본 원칙을 밝혔다.

1. 가소성은 모든 신경계에 공통으로 나타나며, 이하 모든 원칙이 잘 지켜진다.
2. 가소성은 여러 수준에서 분석될 수 있다.
3. 두 가지 일반적인 유형의 가소성은 경험으로부터 얻을 수 있다.
4. 행동적 변화가 유사하더라도 각기 다른 가소성 변화와 상관 있을 수 있다.
5. 경험 의존적 변화는 상호작용적이다.
6. 가소성은 연령에 따라 다르게 나타난다.
7. 가소적 변화는 시간에 따라 다르게 나타난다.
8. 가소성은 특정 경험이 해당 경험자와 얼마나 관련성을 지니는지에 따라 달라진다.
9. 가소성은 경험의 강도 또는 빈도와 관련되어 있다.
10. 가소성은 부적응적일 수 있다.

25.2 가소성이 손상 이후 기능 회복에 도움을 줄 수 있는가

뇌 손상은 기능 상실의 주요 원인이다. 손상을 일으키는 분자 사건의

연쇄반응은 뇌 손상이 발생하고 첫 48시간 내에 전개되며, 이후 회복에는 수년이 걸린다. 뇌는 손상에 따른 기능장애를 상쇄하도록 대처할 수는 있지만 진정한 기능의 회복은 상실한 뇌 조직을 다시 생성하고 기존의 연결을 복원하지 않는 이상 불가능할 것이다. 기능 복구의 현실적인 정의는 환자가 그럭저럭 받아들일 만한 삶의 질을 다시 획득하는 정도에 기초해야 할 것이다.

25.3 기능 복구의 예

뇌 손상 이후 기능의 복원은 느리게 진행되며, 기능이 서서히 다시 나타나는 것이 영아의 발달 단계와 유사하다.

25.4 손상된 뇌의 가소성에 대한 연구

손상된 인간의 뇌의 가소성에 대한 대부분의 연구들은 비침습적 뇌영상법을 사용하여 감각 지도 및 운동 지도에서 변형된 뇌 활성화 패턴을 보인다. 회복 과정에서 뇌 활성화에 동적인 변화가 발생하는 것으로 보이며, 이는 시간의 흐름에 따라 각기 다른 회복 과정을 나타낸다.

25.5 회복에 영향을 주는 변인

회복은 개개인마다 상당한 변산성을 보인다. 기능의 호전은 환자의 나이, 우세손, 성별, 지능, 성격, 그리고 치료와 같은 다양한 요인에 의해 영향을 받는다.

25.6 뇌 손상 이후 회복에 대한 치료적 접근

현재 뇌 손상 치료에는 (1) 손상된 팔다리 또는 인지 과정의 반복적인 사용을 강조하는 재활, (2) 뇌 가소성을 자극하고 염증을 감소시키기 위한 약물치료, (3) 뇌 활동 또는 미주신경 활동을 증가시키기 위한 전기적 자극, (4) 병이나 손상으로 상실한 뉴런을 대체하기 위한 신경생성의 내생적 유도 또는 줄기세포의 이식으로 이루어지는 줄기세포 치료, 그리고 마지막으로 (5) 식이요법이 포함된다.

참고문헌

Aglioti, S. "Anomalous" representations and perceptions. In J. Grafman and Y. Christen, Eds. *Neuronal Plasticity: Building a Bridge from the Laboratory to the Clinic*, pp. 79–91. New York: Springer, 1999.

Amengual, J. L., N. Rojo, M. Vecina de las Heras, J. Marco-Pallarés, J. Grau-Sánchez, S. Schneider, L. Vaquero, M. Juncadella, J. Montero, B. Mohammadi, F. Rubio, N. Rueda, E. Duarte, C. Grau, E. Altenmüller, T. F. Münte, and A. Rodríguez-Fornells. Sensorimotor plasticity after music-supported therapy in chronic stroke patients revealed by transcranial magnetic stimulation. *PLoS ONE* 8:e61883. doi:10.1371/journal.pone.0061883, 2013.

Black, J. E., W. T. Greenough, and C. S. Wallace. Experience and brain development. *Child Development* 58:539–559, 1997.

Blakemore, C. B., and M. A. Falconer. Long-term effects of anterior temporal lobectomy on certain cognitive functions. *Journal of Neurology, Neurosurgery, and Psychiatry* 30:364–367, 1967.

Bliss, T. V. P., and T. Lømo. Long-lasting potentiation of synaptic transmission in the dentate area of the anesthetized rabbit following stimulation of the perforant path. *Journal of Physiology* 232:331–356, 1973.

Bucy, P. C., J. E. Keplinger, and E. B. Siqueira. Destruction of the "pyramidal tract" in man. *Journal of Neurosurgery* 21:385–398, 1964.

Candia, V., T. Elbert, E. Altenmuller, H. Rau, T. Schafer, and E. Taub. Constraint-induced movement therapy for focal hand dystonia in musicians. *Lancet* 353:42, 1999.

Chard, S. E. Community neurorehabilitation: A synthesis of current evidence and future research directions. *NeuroRx: Journal for American Society for Experimental NeuroTherapeutics* 3:525–534, 2006.

Clower, D. M., J. M. Hoffman, J. R. Voraw, T. L. Faber, R. P. Woods, and G. E. Alexander. Role of posterior parietal cortex in the recalibration of visually-guided reaching. *Nature* 383:618–621, 1996.

Comeau, W., R. McDonald, and B. Kolb. Learning-induced structural changes in the prefrontal cortex. *Behavioural Brain Research* 214:91–101, 2010.

Dibajnia, P., and C. M. Morshead. Role of neural precursor cells in promoting repair following stroke. *Acta Pharmacologia Sinica* 34:78–90, 2013.

Dobkin, B., D. Apple, H. Barbeau, M. Basso, A. Behrman, D. Deforge, J. Ditunno, G. Dudley, R. Elashoff, L. Fugate, S. Harkema, M. Saulino, and M. Scott. Weight-supported treadmill vs over-ground training for walking after acute incomplete SCI. *Neurology* 66:484–493, 2006.

Dresser, A. C., A. M. Meirowsky, G. H. Weiss, M. L. McNeel, A. G. Simon, and W. F. Caveness. Gainful employment following head injury. *Archives of Neurology* 29:111–116, 1973.

Duncan, P. W., K. J. Sullivan, A. L. Behrman, S. P. Azen, S. S. Wu, S. J. E. Nadeau, et al. Protocol for the Locomotor Experience Applied Poststroke (LEAPS) trial: A randomized controlled trial. *BMC Neurology* 39:1471–2377, 2007.

Elbert, T., S. Heim, and B. Rockstroh. Neural plasticity and development. In C. A. Nelson and M. Luciana, Eds. *Handbook of Developmental Cognitive Neuroscience*, pp. 191–204. Cambridge, Mass.: MIT Press, 2001.

Feeney, D. M. From laboratory to clinic: Noradrenergic enhancement of physical therapy for stroke or trauma patients. *Advances in Neurology* 73:383–394, 1997.

Freed, C. R., P. E. Greene, R. E. Breeze, W. Y. Tsai, W. DuMouchel, R. Kao, S. Dillon, H. Winfield, S. Culver, J. Q. Trojanowski, D. Eidelberg, and S. Fahn. Transplantation of embryonic dopamine neurons for severe Parkinson's disease. *New England Journal of Medicine* 344:710–719, 2001.

Gavett, B. E., R. A. Stern, R. C. Cantu, C. J. Nowinski, and A. C. McKee. Mild traumatic brain injury: A risk factor for neurodegeneration. *Alzheimer's Research Therapy* 25:18 doi:10.1186/alzrt42.

Gibb, R., C. L. R. Gonzalez, W. Wegenast, and B. Kolb. Tactile stimulation facilitates recovery following cortical injury in adult rats. *Behavioural Brain Research* 214:102–107, 2010.

Halliwell, C., W. Comeau, R. Gibb, D. O. Frost, and B. Kolb. Factors influencing frontal cortex development and recovery from early frontal injury. *Developmental Rehabilitation* 12:269–278, 2009.

Hamadjida, A., A. F. Wyss, A. Mir, M. E. Schwab, A. Belhaj-Saif, and E. M. Rouiller. Influence of anti-Nogo-A antibody treatment on the reorganization of callosal connectivity of the premotor cortical areas following unilateral lesion of primary motor cortex (M1) in adult macaque monkeys. *Experimental Brain Research* 223:321–340, 2012.

Hays, S. A., R. L. Rennaker, and M. P. Kigard. Targeting plasticity with vagus nerve stimulation to treat neurological diseases. *Progress in Brain Research* 107:275–300, 2013.

Helmer, K. G., O. Pasternak, E. Fredman, R. I. Preciado, I. K. Koerte,

T. Sasaki, M. Mayinger, A. M. Johnson, J. D. Holmes, L. A. Forwell, E. N. Skopelja, M. E. Shenton, and P. S. Echlin. Hockey concussion educational project, Part 1. Susceptibility-weighted imaging study in male and female ice hockey players over a single season. *Journal of Neurosurgery* 120:864–872, 2014.

Hidler, J., D. Nichols, M. Pelliccio, K. Brady, D. D. Campbell, and J. H. Kahn.

Multicenter randomized clinical trial evaluating the effectiveness of the Lokomat in subacute stroke. *Neurorehabilitation Neural Repair* 23:5–13, 2009.

Hillis, A. E. Pharmacological, surgical, and neurovascular interventions to augment acute aphasia recovery. *American Journal of Physical Medicine and Rehabilitation* 86:426–634, 2007.

Jacobs, B., M. Schall, and A. B. Scheibel. A quantitative dendritic analysis of Wernicke's area in humans II: Gender, hemispheric, and environmental factors. *Journal of Comparative Neurology* 327:97–111, 1993.

Jacoby, N., and M. Ahissar. What does it take to show that a cognitive training procedure is useful? A critical evaluation. *Progress in Brain Research* 107:121–140.

Johansson, B. B. Multisensory stimulation in stroke rehabilitation. *Frontiers in Human Neuroscience* doi:10.3389/fnhum.2012.

Jones, M. K. Imagery as a mnemonic aid after left temporal lobectomy: Contrast between material-specific and generalized memory disorders. *Neuropsychologia* 12:21–30, 1974.

Jones-Gotman, M., and B. Milner. Design fluency: The invention of nonsense drawings after focal cortical lesions. *Neuropsychologia* 15:653–674, 1977.

Jonsdottir, J., D. Cattaneo, M. Recalcati, A. Regola, M. Rabuffetti, and M. Ferrarin. Task-oriented biofeedback to improve gait in individuals with chronic stroke: Motor learning approach. *Neurorehabilitation and Neural Repair* 24:478–485, 2010.

Kempf, A., and M. E. Schwab. Nogo-A represses anatomical and synaptic plasticity in the central nervous system. *Physiology* 28:151–163, 2013.

Kertesz, A. *Aphasia and Associated Disorders*. New York: Grune & Stratton, 1979.

Köhler, W. Perceptual organization and learning. *American Journal of Psychology* 7:311–315, 1958.

Kolb, B., and R. Gibb. Tactile stimulation facilitates functional recovery and dendritic change after neonatal medial frontal or posterior parietal lesions in rats. *Behavioural Brain Research* 214:115–120, 2010.

Kolb, B., G. Gorny, Y. Li, A. N. Samaha, and T. E. Robinson. Amphetamine or cocaine limits the ability of later experience to promote structural plasticity in the neocortex and nucleus accumbens. *Proceedings of the National Academy of Sciences U.S.A.* 100:10523–10528, 2003.

Kolb, B., and B. Milner. Performance of complex arm and facial movement after focal brain lesions. *Neuropsychologia* 19:491–504, 1981.

Kolb, B., R. Mychasiuk, A. Muhammad, and R. Gibb. Plasticity in the developing brain. *Progress in Brain Research* 107:35–64, 2013.

Kolb, B., and I. Q. Whishaw. Brain plasticity and behavior. *Annual Review of Psychology* 49:43–64, 1998.

Leipert, J. Transcranial magnetic stimulation in neurorehabilitation. *Acta Neurochirurgica Supplement* 93:71–74, 2005.

Lin, K. C., Y. A. Chen, C. L. Chen, C. Y. Wu, and Y. F. Chang. The effects of bilateral arm training on motor control and functional performance in chronic stroke: A randomized controlled study. *Neurorehabilitation and Neural Repair* 24:42–51, 2010.

Linge, F. What does it feel like to be brain-damaged? *Canada's Mental Health* 28:4–7, 1980.

Luria, A. R. *The Man with a Shattered World*. New York: Basic Books, 1972.

McEwen, B. S. Physiology and neurobiology of stress and adaptation: Central role of the brain. *Physiological Reviews* 87:873–904, 2007.

Merzenich, M. *Soft-wired: How the New Science of Brian Plasticity Can Change Your Life*. San Francisco: Parnassus Publishing, 2013.

Milner, B. Effect of different brain lesions on card sorting. *Archives of Neurology* 9:90–100, 1963.

Milner, B. Psychological aspects of focal epilepsy and its neurosurgical management. *Advances in Neurology* 8:299–321, 1975.

Milner, B., S. Corkin, and H.-L. Teuber. Further analysis of the hippocampal amnesic syndrome: 14-year follow-up study of H.M. *Neuropsychologia* 6:215–234, 1968.

Mohr, J. P., G. H. Weiss, W. F. Caveness, J. D. Dillon, J. P. Kistler, A. M. Meirowsky, and B. L. Rish. Language and motor disorders after penetrating head injury in Viet Nam. *Neurology* 30:1273–1279, 1980.

Mychasiuk, R., A. Muhammad, and B. Kolb. Persistent gene expression changes in NAc, mPFC, and OFC associated with previous nicotine or amphetamine exposure. *Behavioural Brain Research* 256:655–661, 2013.

Nahum, M., H. Lee, and M. M. Merzenich. Principles of neuroplasticity-based rehabilitation. *Progress in Brain Research* 107:141–174, 2013.

Nudo, R. J., E. J. Plautz, and G. W. Millikan. Adaptive plasticity in primate motor cortex as a consequence of behavioral experience and neuronal injury. *Seminars in Neuroscience* 9:13–23, 1997.

Nudo, R. J., B. M. Wise, F. SiFuentes, and G. W. Milliken. Neural substrates for the effects of rehabilitative training on motor recovery after ischemic infarct. *Science* 272:1793, 1996.

Oddy, M., and M. Humphrey. Social recovery during the year following severe head injury. *Journal of Neurology, Neurosurgery, and Psychiatry* 43:798–802, 1980.

Ormerod, B. K., and L. A. M. Galea. Mechanism and function of adult neurogenesis. In C. A. Shaw and J. C. McEachern, Eds. *Toward a Theory of Neuroplasticity*, pp. 85–100. Lillington, N.C.: Taylor & Francis, 2001.

Pantev, C., R. Oostenveld, A. Engelien, B. Ross, L. E. Roberts, and M. Hoke. Increased auditory cortical representation in musicians. *Nature*

392:811–814, 1998.

Pons, T. P., P. E. Garraghty, A. K. Ommaya, J. H. Kaas, E. Taum, and M. Mishkin. Massive cortical reorganization after sensory deafferentation in adult macaques. *Science* 272:1857–1860, 1991.

Popper, C. Single-micronutrient and broad-spectrum micronutrient approaches for treating mood disorders in youth and adults. *Child and Adolescent Psychiatric Clinics of North America* 23:591–672, 2014.

Prigatano, G. P. *Principles of Neuropsychological Rehabilitation.* New York: Oxford University Press, 2001.

Ramachandran, V. S., and S. Blakeslee. *Phantoms in the Brain.* New York: HarperCollins, 1998.

Ramachandran, V. S., and W. Hirstein. The perception of phantom limbs: The D. O. Hebb lecture. *Brain* 121:1603–1630, 1998.

Rampon C., C. H. Jiang, H. Dong, Y. P. Tang, D. J. Lockhart, P. G. Schultz, J. Z. Tsien, and Y. Hu. Effects of environmental enrichment on gene expression in the brain. *Proceedings of the National Academy of Sciences U.S.A.* 97:12880–12884, 2000.

Rauschecker, J. P. Cortical plasticity and music. *Annals of the New York Academy of Sciences* 930:330–336, 2001.

Rauschecker, J. P. Cortical map plasticity in animals and humans. *Progress in Brain Research* 138:73–88, 2002.

Rijntjes, M., and C. Weiller. Recovery of motor and language abilities after stroke: The contribution of functional imaging. *Progress in Neurobiology* 66:109–122, 2002.

Robinson, T. E., and B. Kolb. Structural plasticity associated with drugs of abuse. *Neuropharmacology* 47(Suppl. 1):33–46, 2004.

Rucklidge, J. J., and B. J. Kaplan. Broad-spectrum micronutrient formulas for the treatment of psychiatric symptoms: A systematic review. *Expert Reviews* 13: 49–73, 2013.

Schneider, S., P. E. Schonle, E. Altenmuller, and T. Munte. Using musical instruments to improve motor skill recovery following a stroke. *Journal of Neurology* 254:1339–1346, 2007.

Silva, A. R., S. Pinho, L. M. Macedo, and C. J. Moulin. Benefits of Sense-Cam: Review on neuropsychological test performance. *American Journal of Preventive Medicine,* 44:402–407, 2013.

Sugita, Y. Global plasticity of adult visual system. In C. A. Shaw and J. C. McEachern, Eds. *Toward a Theory of Neuroplasticity,* pp. 44–50. Philadelphia: Taylor & Francis, 2001.

Taylor, L. Localization of cerebral lesions by psychological testing. *Clinical Neurosurgery* 16:269–287, 1969.

Teasell, R., N. Foley, K. Salter, S. Bhogal, N. Bayona, J. Jutai, and M. Speechley. *Evidence-Based Review of Stroke Rehabilitation,* 12th ed. *Top Stroke Rehabilitation* 16:463–488, 2009.

Teskey, G. C. Using kindling to model the neuroplastic changes associated with learning and memory, neuropsychiatric disorders, and epilepsy. In C. A. Shaw and J. C. McEachern, Eds. *Toward a Theory of Neuroplasticity,* pp. 347–358. Lillington, N.C.: Taylor & Francis, 2001.

Teskey, G. C., C. Flynn, C. D. Goertzen, M. H. Monfils, and N. A. Young. Cortical stimulation improves skilled forelimb use following a focal ischemic infarct in the rat. *Neurological Research* 25:794–800, 2003.

Teuber, H.-L. Recovery of function after brain injury in man. In *Outcome of Severe Damage to the Nervous System: Ciba Foundation Symposium 34.* Amsterdam: Elsevier North-Holland, 1975.

Twitchell, T. E. The automatic grasping response of infants. *Neuropsychologia* 3:247–259, 1965.

Twitchell, T. E. The restoration of motor function following hemiplegia in man. *Brain* 74:443–480, 1951.

Unwatte, G., and E. Taub. Constraint-induced movement therapy: A method for harnessing neuroplasticity to treat motor disorders. *Progress in Brain Research* 107:379–401, 2013.

Van Vleet, T. M., and J. M. DeGutis. The nonspatial side of spatial neglect and related approaches to treatment. *Progress in Brain Research* 107:327–350, 2013.

von Monakow, C. Lokalisation der Hirnfunktionen. *Journal für Psychologie und Neurologie* 17:185–200, 1911. Reprinted in G. von Bonin. *The Cerebral Cortex.* Springfield, Ill.: Charles C Thomas, 1960.

Wilson, B. A. 'Cutting edge' developments in neuropsychological rehabilitation and possible future directions. *Brain Impairment* 12, 33–42, 2011.

Zhao, S., M. Zhao, T. Xiao, J. Jolkkonen, and C. Zhao. Constraint-induced movement therapy overcomes the intrinsic axonal growth-inhibitory signals in stroke rats. *Stroke* 44:1698–7105, 2013.

Zihl, J., and D. von Cramon. Visual field rehabilitation in the cortically blind? *Journal of Neurology, Neurosurgery, and Psychiatry* 49:965–967, 1986.

26 신경학적 장애

인생은 스트레스로 가득 차 있다. 일상적인 상황에서는 이에 잘 대처할 수 있다. 하지만 일부 사건들은 신체적으로 매우 위협적이거나 정서적으로 충격이 심해, 이에 따른 장기적인 후속 결과를 경험하게 하기도 하며, 모든 신체적 위험이 사라지고 난 이후에도 오랜 기간 플래시백과 악몽이 지속되게 한다. 이러한 증상들은 정서적 마비와 **외상후 스트레스장애**(post-traumatic stress disorder, PTSD)의 진단으로 이어질 수 있다.

Courtesy Albert "Skip" Rizzo, Ph.D., USC/ICT

PTSD를 촉발할 수 있는 충격적인 사건들에는 심한 폭행, 자연재해 또는 인재(人災), 사고, 전쟁 등이 포함된다. 이라크와 아프가니스탄 전쟁 참전군인들 중 전투에 직접적으로 노출되지 않은 다수를 포함해서 전체 중 약 6분의 1에서 침투적 사고, 스트레스 관련 회피적 사고, 부정적 인지와 기분, 그리고 각성과 반응의 변화 등이 포함된 PTSD 증상이 나타났다. 신경학적 기저의 이해 및 새로운 PTSD 치료법의 발견은 큰 관심을 끌었지만, 그럼에도 치료는 여전히 어려우며, 대부분의 환자들은 치료를 못 받거나 거의 받지 못한다.

PTSD의 명칭이 붙게 된 1980년대에 들어와서야 이 장애는 불쾌한 경험을 억압하려는 개인의 '심리적'인 문제로 분류가 되었다. 치료는 정신요법이었다. 환자들은 그들이 견딘 스트레스 경험에 대해 상상하고 이야기하도록 독려를 받았다. 오늘날 PTSD는 신경학적 질환으로서 널리 받아들여지고 있으며, 더 다양한 치료법들이 이용 가능하다.

가상현실(VR) 노출치료법[virtual-reality (VR) exposure therapy]에서는 통제된 가상 몰입 환경에서 사실적인 거리의 장면, 소리, 그리고 냄새를 조합하여 사람들이 외상적 사건을 다시 체험하도록 한다(Gonçalves et al., 2012). 사진에 소개된 가상의 이라크 및 아프가니스탄 전쟁 시뮬레이션은 참전군인들이 아이들과 놀기와 같은 사건으로 시작해서 점차 스트레스 요인을 증가시켜 궁극적으로는 장갑 수송차량 주변의 가상 공간에서 길가의 폭탄이 폭발하는 것과 같은 외상적 사건들을 경험하도록 맞추어져 있다.

가상의 이라크를 사실적으로 만들기 위해 기계 장치는 빵 굽는 냄새부터 몸의 냄새, 화약 냄새와 고무 타는 악취에 이르기까지 다양한 냄새를 풍긴다. 스피커는 소리를 들려주고 참가자의 의자 아래에 위치한 서브우퍼는 진동을 재현한다. 현재 가상현실 노출치료는 군인, 경찰, 소방관, 그리고 다른 긴급구조원들이 실제 스트레스에 노출되기 전에 시행되어 PTSD 발병을 예방하기 위한 수단으로 사용되고 있다(Rizzo et al., 2011).

스트레스가 어떻게 뇌, 특히 전두엽과 해마를 손상시키는지(Wingenfeld & Wolf, 2014), 왜 어떤 사람들은 극도의 스트레스 사건을 겪고도 PTSD를 경험하지 않는지, 그리고 PTSD가 이전의 스트레스 요인, 당뇨, 두부 외상 등의 건강에 관련된 사건들과 관련된 정도(Costanzo et al., 2014) 등을 포함해서 많은 것이 알려지지 않은 채 남아 있다. 그렇다 해도 PTSD를 견디고 있는 사람들의 대부분을 위한 평가 및 치료 옵션은 빈약하다. 예를 들면, 참전군인의 절반 이상이 어떤 평가나 치료도 받지 못하고 있다.

스트레스 사건에 대한 반응은 한때 주로 심리적인 것으로 생각되었다. 그러나 오늘날 의학 및 심리학계에서는 PTSD의 반응 특성이 뇌의 물리적 변화 역시 촉발할 수 있음을 인식하고 있다. 이 장은 신경과 전문의가 전형적으로 환자에게 시행하는 검사에 대한 기술로 시작해서 혈관 손상과 두부 외상에서 뇌전증에 이르기까지, 그리고 종양, 두통, 감염에서 척수장애 및 수면장애에 이르기까지 여러 일반적인 신경학적 장애와 그 치료법에 대해 알아볼 것이다.

26.1 신경학적 검사

신경계 장애를 가진 것으로 의심되는 사람들은 보통 뇌 손상이나 기능장애치료 전문의인 **신경과 전문의**(neurologist)에게 검사를 받는다. 신경과 전문의는 환자의 병력을 확인하고 환자의 신체 상태에 대한 전반적 평가를 시행한 후, 병력이나 초기 검사결과에 따라 아마도 추가 검사[예 : 뇌전도(EEG)나 뇌영상촬영, 신경심리검사]를 추천할 것이다. 초기 평가 마무리 단계에 신경과 전문의는 사례 요약을 작성한다.

환자의 병력

신경과 전문의가 시행하는 첫 단계는 환자에게 문제점에 대해 질문하는 것이다. 환자들의 배경, 특히 병력, 사고 이력, 그리고 두통이나 의식 상실, 수면장애와 같은 증상의 발생 등에 대한 정보를 수집한다. 뇌전증을 포함한 많은 질병이 높은 가족 발병률을 보이기 때문에 가족력 역시 검토된다.

병력을 검토하면서 신경과 전문의는 환자의 행동을 관찰하고, 정신 상태를 평가하고, 얼굴 세부특징의 이상이나 비대칭 여부를 살피며, 말하기에 이상이 있는지를 듣고 자세를 관찰한다. 환자의 각성 상태는 경계 상태의, 졸린, 혼미한, 혼란한 등과 같은 형용사로 묘사된다. 환각이나 망상의 증거가 있을 경우 보고된다. 얼굴 표정과 행동을 통해 환자가 동요 상태에 있는지, 불안한지, 우울한지, 무신경한지, 안절부절못하는지의 여부를 알 수 있다.

신경과 전문의는 일련의 숫자를 말해주고 환자가 이를 반복하도록 하게 해서 기억의 몇 가지 간단한 측면들을 검사해볼 수 있다. 또한 신경과 전문의는 환자가 왼손잡이인지 오른손잡이인지를 관찰하고 가족들의 우세손 이력에 대해 질문을 할 수도 있다. 우세손은 어느 쪽 반구가 언어를 통제하는지에 대한 단서가 될 수 있기 때문이다. 단어의 의미를 묻거나, 운율 또는 단어를 반복하도록 하거나(예 : '라-라', '타-타'), 물건의 이름을 말하거나 읽고 쓰기와 같은 여러 가지의 다양한 말하기 검사를 할 수도 있다.

신체검사

신경과 전문의는 환자의 신경계 기능평가를 위한 신체검사 과정에서 다양한 도구를 사용한다. 이 도구들은 혈압 측정용 띠와 같은 기본적인 것에서 정교한 영상 기술에 이르기까지 다양하다(**그림 26.1**). 측정 테이프에는 머리와 신체 크기, 피부 병변의 크기 등이 기록되며, 청진기를 통해 심장과 혈관의 소리를 듣는다. 검이경(檢耳鏡, otoscope)으로 외이도와 고막을 검사하고 손전등으로 동공 반사를, 압설자(壓舌子, 혀를 누르는 기구)로 구역질 반사 및 복부, 족저 반사들을 유도한다.

커피는 냄새를 평가하는 데, 소금과 설탕은 맛을 평가하는 데 유용하다. 256Hz의 소리굽쇠(tunning fork)는 진동 감각 및 청각을 검사한다. 면 조각으로는 각막 반사

그림 26.1 ▼

피질 두께와 PTSD 푸른색 음영은 PTSD를 보이지 않는 참전군인들의 뇌(아래)와 비교해서 PTSD를 보이는 참전군인들의 평균화된 뇌(위)에서의 피질 두께 감소를 나타낸다.

(Geuze, E., Westenber, H.G.M., Heinecke, A., de Kloet, C.S., Goebel, R & Vermetten, E. Thinner prefrontal cortex in veterans with posttraumatic stress disorder. *NeuroImage*, Vol. 41, Issue 3:675–681 Figure 2, page 678, 2008 © Elsevier.)

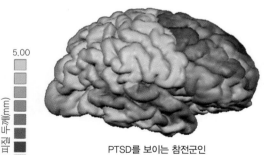

PTSD를 보이는 참전군인

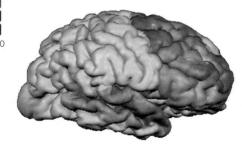

PTSD를 보이지 않는 참전군인

5.00

피질 두께(mm)

0.00

를 유도하여 가벼운 접촉에 대한 민감성을 검사할 수 있다. 플라스틱 관으로는 온도 감각을 검사하고, 핀으로는 통증 감각을, 그리고 고무망치로는 무릎 반사와 같은 근육신장반사를 검사할 수 있다. 동전이나 열쇠는 접촉을 통한 물체 재인을 검사하는 데 유용하게 쓰이기도 한다.

신경학적 검사에서 중요한 부분은 머리에 관한 연구이다. 크기나 형태와 같은 일반적 특징들이 평가되고, 뇌신경 12쌍의 감각 및 운동 기능에 대한 상세한 검사가 이루어진다. 이 검사에서 발견되는 뇌신경의 기능 이상은 신경계 손상의 위치와 특성에 대한 중요한 단서가 될 수 있다.

신체의 다른 부분에 있는 운동계를 검사해서 근육 부피, 근긴장, 힘을 평가하고 떨림과 같은 불수의적 근육 움직임의 발생을 검사하며 반사 상태를 평가한다. 이에 더해 환자들에게 직선을 따라 발을 세우고 걷는 것이나 신경과 전문의의 손가락과 자신의 코를 반복적으로 만지기, 빠르게 번갈아 손가락 움직이기나 발을 최대한 빠르게 두드리는 것과 같은 과제를 수행하도록 해서 협응 능력을 검사한다. 일반적으로 모든 근육이 머리로부터 발쪽의 순서로 검사되며, 각각의 상태가 표준 차트에 기록된다.

감각검사에는 통증 자극, 접촉 및 온도에 대한 민감도 검사 및 진동 감각 분석, 관절 위치 감각, 2점 감별, 촉각 위치, 대상 식별, 그리고 뭉툭한 물체로 피부에 그린 숫자나 문자를 식별하는 능력의 분석 등이 포함된다. 감각검사를 통해 개별 감각계의 기능평가를 할 수 있으며, 가능한 장애의 위치에 대한 정보를 얻을 수 있다.

유력해 보이는 신경계 문제는 혈액, 타액, 대변 검사와 EEG, CT, MRI를 이용한 신경평가를 통해 더 상세히 조사가 이루어진다. 예를 들어 PTSD의 신경 기저를 이해하고 치료법을 개발하는 데 있어서 뇌영상법은 측두엽과 전두피질 내의 해마와 편도체의 부피가 양 반구 모두에서 유의미하게 감소되어 있다는 것을 밝혀내었다. 감소된 피질 두께는 대뇌피질의 혈류량 감소 및 전두-측두엽 기능에 관한 신경심리학적 검사에서의 수행 결함과 관련되어 있다.

PTSD를 유발할 수 있는 선행요인에는 해마 및 편도체와 같은 뇌 영역의 부피 감소, 스트레스에 대한 민감성, 낮은 사회적 지지와 같은 특징을 지닌 삶의 배경 등이 포함된다(van Zuiden et al., 2013). 예를 들어, 갑작스러운 재앙적 사건에 대응하여 사람들은 흔히 일련의 적응적 반응을 보인다. 초기의 반응은 '충격'이다. 각 개인은 무감각해지고 반응을 하지 못한다. 뒤이어 피암시 기간이 나타나며, 이 기간에 사람들은 지시를 잘 따르게 된다.

마지막 단계는 회복으로, 재앙 사건에 대한 경험담과 반복되는 논의로 이루어진 과장된 대화가 특징이다. 아마도 회복 단계가 나타나지 않는다면 스트레스의 해소는 없게 되고, 계속되는 스트레스는 환자의 PTSD 증상 발현을 유도할 것이다. 가상현실(VR) 노출치료가 회복 단계를 대체할 수 있을 것으로 생각된다.

26.2 뇌혈관장애

혈관의 문제는 건강한 중추신경계 기능에 영향을 줄 수 있다. 왜냐하면 혈관질환이나 손상은 뇌 영역으로의 산소 및 포도당 흐름을 크게, 심지어는 완전히 감소시킬 수 있기 때문이다. 이러한 간섭이 10분 이상 지속된다면 영향을 받은 영역의 모든 세포가 죽게 된다. 대뇌혈관계의 대부분의 질병은 동맥에서 발생하며(그림 3.5 참조), 정맥 배액 질병은 중추신경계에서는 드물다. 뇌혈관질환은 서구 세계에서 가장 흔한 사망 및 만성장애의 원인 중 하나이다.

뇌혈관질환의 유형

뇌혈관발작(cerebral vascular accident, CVA), 즉 **뇌졸중**(stroke)은 혈류 차단의 결과로 갑작스럽게 나타나는 신경학적 증상을 말한다. 뇌졸중은 다양한 혈관장애의 결과로 나타날 수 있지만, 모든 혈관질환이 뇌졸중을 유발시키는 것은 아니다. 기능장애는 수개월에서 수년에 걸쳐 서서히 시작될 수 있다. 뇌졸중은 흔히 경색을 발생시켜 특정 영역으로의 혈류 공급을 막아 그 영역의 조직을 죽게 한다. 뇌졸중은 전 세계적으로 가장 흔한 사망원인이다. 당신이 이 절을 읽고 있는 동안에도 미국에 있는 누군가는 뇌졸중에 걸린다.

모세혈관과 같이 작은 혈관의 흐름이 차단되면 큰 혈관 손상에 따르는 파괴적인 결과보다는 그 효과가 제한적이다. 뇌졸중 또는 다른 뇌혈관 질환이 혈관의 한정된 부분에만 있다면(그리고 혈관계의 다른 부분들은 상대적으로 건강하다면), 예후는 다소 괜찮을 수도 있다. 왜냐하면 주변 영역의 혈관들이 혈액 공급이 박탈된 영역의 적어도 일부에는 혈액을 공급할 수 있기 때문이다. 반면에 약화되어 있거나 질병이 있는 혈관으로부터 주로 혈액을 공급받는 영역에 뇌졸중이 영향을 미친다면 혈액 보충의 가능성이 없기 때문에 그 결과는 훨씬 심각해진다. 또한 주변부의 약화된 영역들 자체가 높은 뇌졸중 위험에 노출된다.

장기적으로 건강한 뇌의 작은 혈관 손상은 상당한 기능 회복을 보이는 좋은 예후를 나타낸다. 기존의 혈관 손상이 있을 경우 새로운 손상의 효과는 매우 가변적이다. 손상의 효과가 누적되어 뇌 조직의 기능을 없애 심각한 결과를 초래할 수도 있다. 다른 손상과 마찬가지로 혈관 손상에 따른 행동 증상은 손상의 위치에 따라 달라진다.

중추신경계에 영향을 미치는 수많은 혈관질환 가운데, 가장 흔한 것은 허혈, 편두통 뇌졸중, 뇌출혈, 혈관종, 동정맥 동맥류이다.

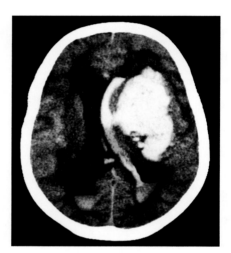

▲ 배측면에서 바라본 뇌혈관 사고로 인한 내출혈 부위(노란색/주황색)가 적외선 CT 스캔에 나타나 있다. 뇌의 앞쪽이 그림의 위쪽이다. 혈액의 큰 덩어리(혈종)가 우측 상단에 보이고, 왼쪽으로 혈액이 파열된 뇌실을 채우고 있다. 더 왼쪽에는 건강한 뇌실(검은색)이 뇌척수액의 순환이 이루어지도록 하고 있다. 이 뇌졸중의 결과, 실어증과 편마비가 발생하였다.
(ZEPHYR/Science Source)

대뇌 허혈

허혈(ischemia, 국소 빈혈)은 혈관이 막혀 뇌로의 충분한 혈액 공급을 방해하는 종류의 질병을 말한다. 예를 들어, **혈전증**(thrombosis)의 경우 혈관 내의 일부 혈액이 응고되어 그 자리에 마개나 혈전을 형성한다. **색전증**(embolism)은 큰 혈관으로부터 작은 혈관으로 밀려들어와 순환을 막는 혈전 또는 다른 종류의 마개 덩어리가 생긴 경우를 말한다. 색전증은 혈전, 공기방울, 기름이나 지방 침전, 또는 종양에서 분리된 소량의 세포들에 의해 생길 수 있다. 흥미롭게도 색전증은 뇌의 좌반구 중대뇌동맥에 가장 빈번히 영향을 준다(그림 3.5 참조).

혈류의 감소는 혈관을 좁히는 다른 요인에 의해서도 발생할 수 있다. 혈관이 좁아지는 가장 흔한 예는 **뇌 동맥경화증**(cerebral arteriosclerosis)이라 불리는, 동맥이 두껍게 되거나 단단해지는 증상이다. 허혈이 일시적인 경우는 **뇌혈관 부전**(cerebral vascular insufficiency) 또는 **일과성 허혈**(transient ischemia)로 부를 수 있고, 시간 경과와 함께 다양한 특성의 장애가 나타난다. 일시적 발병의 시작은 갑작스러울 때가 많으며, 많은 경우 순간적인 어지럼증 또는 의식 손상 등의 경험을 하게 된다.

편두통 뇌졸중

다른 유형에 비해서 상대적으로 드물지만 **편두통 뇌졸중**(migraine stroke)은 40세 이하, 그중에서도 특히 여성이 겪는 뇌졸중의 상당 부분을 차지한다고 생각되고 있다. 이 뇌졸중의 직접적인 원인은 아마도 일종의 혈관 수축으로 생각되지만, 혈관 수축의 원인은 알려지지 않고 있다.

1800년대 후반부터 의사들은 편두통 뇌졸중이 뇌경색과 영구적 신경장애를 일으킬 수 있다는 점을 깨닫게 되었다. 전형적인 편두통 뇌졸중은 감각 기능의 손상(특히 시각, 예를 들면 13.4절 B.K.의 사례), 피부 감각 마비(특히 팔), 움직임의 어려움, 그리고 실어증을 포함하는 다양한 신경학적 증상과 함께 일시적인 허혈 발작으로 나타난다. 그러나 정확한 증상은 영향을 받는 혈관에 따라 달라지며, 후대뇌 동맥에서 가장 흔하게 발생한다.

뇌출혈

뇌출혈(cerebral hemorrhage)은 뇌 조직 내부로의 다량의 출혈을 말한다. 가장 흔한 원인은 고혈압이다. 다른 원인들로는 뇌동맥의 선천성 결함, 백혈병과 같은 혈액장애, 뇌 손상, 그리고 독성 화학물질 등이 있다. 뇌출혈은 갑작스럽게 시작되고, 짧은 시간의 출혈로도 치명적일 수 있다. 뇌출혈은 보통 각성 상태일 때 발생하는데, 아마도 각성 상태에서 활동량이 많아 혈압이 높아질 수 있기 때문인 것 같다. 뇌출혈의 예후는 좋지 않으며, 특히 환자가 48시간 이상 의식을 잃은 경우 더욱 좋지 않다.

혈관종 및 동맥류

혈관종(angioma)은 정상적인 혈류 방향을 바꾸는 선천적인 비정상 혈관들의 집단이다. 이들 모세혈관, 정맥, 또는 **동정맥 기형**(arteriovenous malformation, AVM)은 확장된 피질 혈관의 집합체로, 이들은 하나 이상의 대동맥과 대정맥에 의해 각각 혈류를 공급받고 배출하며, 대부분 중대뇌동맥 영역에 있다. 이들은 혈류의 양과 패턴 이상을 초래하고 선천적으로 취약하기 때문에, 혈관종은 뇌졸중을 유도하거나 혈관 주변 영역의 혈액 분포에 이상을 초래할 수 있다. 경우에 따라 주변의 뇌 조직을 치료한 후 동맥혈이 정맥으로 직접 흐르는 것을 제한하거나 때로는 흐름을 막을 수도 있다.

동맥류(aneurysm)는 혈관 탄성의 국지적 결함으로 인한 혈관 확장이다. 이는 마치 풍선이 부푼 것처럼 혈관이 확장된 것으로 보이며, 취약해서 파열되기 쉽다. 비록 동맥류는 일반적으로 선천적인 결함에 기인하지만 고혈압, 동맥 경화, 색전증 또는 감염에 의해서도 발생할 수 있다. 동맥류의 특징적 증상은 심한 두통이다. 이 두통은 수년에 걸쳐 나타날 수 있는데, 이는 동맥류가 통증 수용기가 많은 경막(dura mater)에 압박을 가하기 때문이다.

◎ 뇌혈관질환의 치료

뇌혈관질환의 치료법은 다양하며, 약물치료와 수술도 포함된다. 혈전을 제거 또는 용해시키기 위한 항응고제 치료(예 : 조직 플라스미노겐 활성화 인자 또는 t-PA)는 허혈성 삽화에 한정해 3시간 이내에 시행될 경우에만 유용하다. 출혈이 의심되는 경우는 출혈을 악화시킬 수 있으므로 항응고제 치료를 실시하지 않는다. 그러므로 뇌졸중의 발생과 치료까지의 시간을 단축시키는 데 모든 노력을 기울이는 것이 매우 중요하다.

뇌졸중 발생 후 세포 죽음을 유도하는 변화를 제한하는 신경보호제를 투여할 수 있다. 이 보호제들에는 칼슘 통로를 차단하거나, 부종을 감소시키고, 신경 활동을 조절하는 약물들이 포함된다. 다양한 항혈소판제들(아스피린은 그중 하나이다)은 혈액 응고의 가능성을 낮출 수 있으므로 뇌졸중에 취약한 사람들을 위한 예방 조치가 될 수 있다. 일단 뇌졸중이 발생하면 며칠에 걸쳐 다양한 뇌의 변화가 일어난다(그림 25.7 참조). 이 과정들을 감소시키기 위한 치료에는 혈관 확장제, 혈압을 낮추는 약물, 그리고 뇌부종(손상된 조직 내 또는 주변의 체액 축적)을 줄이기 위한 식염수 또는 스테로이드 처치가 포함된다.

수술법이 항상 실용적인 것은 아니다. 예를 들어, 유일하게 동맥류를 확실히 치료할 수 있는 방법은 완전한 제거법인데, 실현 가능한 방법이 아니다. 동맥류는 파열 방지를 위해 다양한 플라스틱 물질을 입히기도 한다. 뇌출혈의 경우 파열된 혈관으로부터 뇌의 나머지 부분 혈압을 낮추기 위한 수술이 필요할 수도 있다.

혈관질환에 대한 가장 효과적인 접근은 예방이다. 미국 심장협회(American Heart Association)와 미국 국립보건원(National Institutes of Health)을 비롯한 단체들은 일차 치료기관이나 혈관 의사들과 마찬가지로 예방에 관한 조언을 제공한다. 뇌졸중의 예방 및 치료 두 가지 모두를 위한 절차의 개발은 활발히 연구되고 있는 영역이다(Kersten et al., 2014). 복합적으로 심혈관 질병과 당뇨병 위험을 증가시키는 **대사 증후군**(metabolic syndrome) 발생빈도의 증가, 비만 및 인슐린 이상을 포함하는 의학적 장애들의 조합 등의 요인과 마찬가지로, 연령 역시 피할 수 없는 위험요인이다. 따라서 예방 조치에는 건강식과 체중 조절, 운동, 스트레스 조절, 알콜 섭취 절제, 그리고 금연 등과 같은 생활방식의 선택이 포함되며, 혈압 조절을 위한 약물치료 역시 포함된다.

🎯 26.3 외상성 뇌 손상

외상성 뇌 손상(TBI)은 일반적으로 교통사고나 산업재해, 전쟁 부상, 스포츠 부상 및 기타 사고에 의해 발생한다(제1장 사례 보기 참조). 미국 국방성 및 퇴역군인 뇌손상센터(Defense and Veteran's Brain Injury Center)에 따르면 이라크와 아프가니스탄 전쟁에서 부상당한 25만 명 이상의 미군 병사들이 지속적인 TBI를 입었다. 미국 내에서는 머리 충격에 의한 대뇌 외상 또는 부상은 40세 이하에서 가장 흔한 형태의 뇌 손상이다. 뇌 외상에 대한 지식이 증가함에 따라 연간 TBI 발생 추정치 역시 증가하고 있다(Ghobrial et al., 2014). TBI 발생은 유방암, AIDS, 척수 손상 및 다발성 경화증을 모두 합친 것보다 약 8배 정도 많은 것으로 추정된다.

두부 손상 발생의 가장 중요한 요인은 연령과 성별이다(**그림 26.2**). 스포츠는 TBI 발생의 약 20% 정도를 설명하며, 신체접촉이 일어나는 종목인 미식축구, 하키, 럭비, 라크로스 등에서의 부상이 가장 흔하다(Selassie et al., 2013). 축구에서의 헤딩도 TBI를 일으킬 수는 있지만 부상의 발생이나 부상 정도에 대해서는 추가 연구가 필요하다. 스포츠에서 발생하는 TBI는 **뇌진탕**(가벼운 TBI)의 과소 보고 및 반복적인 부상의 추적 문제 때문에 평가에 어려움이 있다. 아동들과 노인은 넘어졌을 때 머리 부상을 당할 가능성이 더 높으며, 15~30세 사이의 남성은 특히 자동차 및 오토바이 사고로 머리 부상을 입을 가능성이 크다.

🎯 **그림 26.2** ▶

미국의 외상성 뇌 손상 응급실, 입원 및 사망 기록에 근거한 10만 명당 TBI의 연간 발생률

(Data source : Centers for Disease Control report *TBI in the United States: Emergency Department Visits, Hospitalizations, and Deaths*, 2004; 2012.)

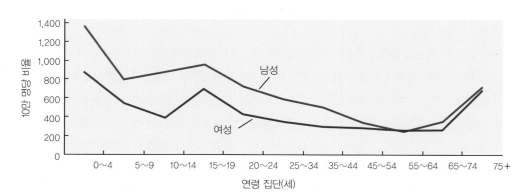

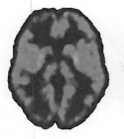 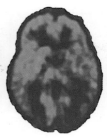 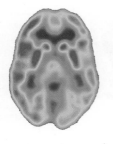

뇌진탕(가벼운 TBI)　심한 TBI　건강한 뇌

CMRglc
mg/100mg/min

⊚ **그림 26.3** ◄

(왼쪽) 뇌진탕 이후 감소된 포도당 대사를 보이는 PET 영상. (가운데) 심각한 뇌 외상 이후의 대사. (오른쪽) 건강한 뇌의 포도당 대사 영상

(Courtesy UCLA/Bergsneider.)

　두부 외상은 직접적인 뇌 손상을 일으켜 뇌기능에 영향을 줄 수 있다. 또한 혈액 공급의 방해, 출혈 유발, 뇌압 증가, 부종을 발생시켜 뇌가 감염에 노출되도록 한다. 뇌 조직의 상처는 추후 뇌전증의 병소가 될 수도 있다. 포도당 대사에 관한 뇌영상은 TBI 후 뇌 활성화가 장기간 감소하는 것을 보여주고 (그림 26.3), 뇌진탕을 겪은 사람들의 90%는 사고 1년 후까지도 편두통과 비슷한 두통을 겪는다.

　TBI 는 여러가지 다른 결과를 초래할 수도 있다. 예를 들어 뉴욕의 교도소에 수감된 청소년들을 대상으로 한 연구에 따르면 이들 중 TBI 경험을 보고한 수감자가 50%에 달했다(Kaba et al., 2014). 뇌 외상의 두 가지 주요 유형은 개방성 및 폐쇄성 두부 손상이다.

개방성 두부 손상

개방성 두부 손상은 두개골이 총격이나 탄도에 의해 두개골이 관통되거나 또는 뼛조각이 뇌를 관통함으로써 발생하는 TBI이다. 부상을 입은 피해자가 의식을 잃지 않는 경우가 흔히 있다.

　가브리엘 '개비' 기퍼즈의 사례에서 볼 수 있듯이 개방성 두부 손상 이후의 회복은 놀라울 정도일 수도 있다. 2011년 1월 한 암살자가 미국 애리조나주 하원의원이었던 기퍼즈의 머리를 저격했다. 총알은 그녀의 두개골 좌측 앞쪽에서 뒤로 빠져나가면서 좌반구를 완전히 관통하였다. 두개골의 일부와 뇌에 박힌 뼛조각들이 제거된 후에 그녀는 유도된 혼수상태에 들어갔다. 그녀는 이어서 여러 차례의 재건 수술을 받았고, 집중적인 재활 훈련을 통해 걷기, 상당한 수준의 언어 능력, 그리고 왼손으로 글을 쓰는 능력을 익혔다. 그녀는 하원의원직에서는 사임했지만 전직 우주비행사였던 남편 마크 켈리와 함께 책임 있는 총기소유권을 지지하는 등 정치 활동을 계속하고 있다(Giffords et al., 2011).

　개방성 두부 손상은 신속하고 자발적인 회복이 될 수 있는 독특한 증상을 나타내는 경향이 있다. 신경학적 징후는 매우 특정적일 수 있고, 손상 효과의 다수가 피질의 작은 영역을 수술로 절제한 효과와 유사하다. 일련의 전쟁으로부터 발생한 개방성 두부 손상에 따른 신경학적 증상의 특이성에 따라 이들의 신경심리학적 결과에 대한 다수의 연구들이 수행되었다(Newcombe, 1969; Luria, 1973; Teuber et al., 1960).

폐쇄성 두부 손상

폐쇄성 두부 손상은 뇌에 다양한 기계적 압력을 가할 수 있는 타격이 머리에 가해진 결과로 발생한다(그림 26.4).

▲ (위) 죽음에 이를 뻔한 2011년 1월 두부 총격 수일 전, 가브리엘 기퍼즈 하원의원(애리조나주)이 존 베이너 하원의장과 함께 선서를 하고 있다. 1년 후 그녀는 회복에 집중하기 위해 의원직을 사퇴하였다. (아래) 제한적이지만 언어 능력을 되찾은 기퍼즈는 2013년까지 총기 구매자에 대한 배경 조사 지원을 주장하기 위한 순방을 계속하였다. 그녀의 신체 오른쪽의 움직임은 여전히 제한된 채로 남았다.

(Top: AP/Wide World Photos. Bottom: Al Drago/MCT/ Newscom.)

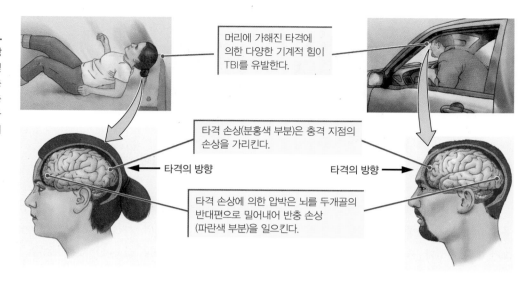

TBI의 결과 폐쇄성 두부 손상에서 가장 빈번하게 손상되는 뇌의 영역들이 분홍색 및 파란색 음영으로 표시되어 있다. 타격은 충격지점의 타격 손상 및 반대편 지점의 반충 손상을 모두 발생시킬 수 있는데, 이는 뇌가 두개골의 앞쪽, 뒤쪽, 또는 양쪽으로 압착되기 때문이다.

머리에 가해진 타격에 의한 다양한 기계적 힘이 TBI를 유발한다.

타격 손상(분홍색 부분)은 충격 지점의 손상을 가리킨다.

타격의 방향

타격의 방향

타격 손상에 의한 압박은 뇌를 두개골의 반대편으로 밀어내어 반충 손상 (파란색 부분)을 일으킨다.

- 두개골이 골절되지 않더라도 뼈가 안쪽으로 눌려 뇌가 충격을 받은 지점에는 타격에 의한 손상, 즉 **타격 손상**(coup)이라 불리는 타박상이 발생한다.

- 타격 손상에 의한 압력은 뇌를 반대편 또는 두개골의 끝부분까지 밀어 **반충**(反衝) **손상**(contrecoup)이라 불리는 추가적인 타박상을 발생시킨다.

- 뇌의 움직임은 신경섬유의 비틀림이나 절단을 유발시켜 미세 병변을 일으킬 수 있다. 이 병변은 뇌의 어디에서도 발생할 수 있지만, 전두엽과 측두엽에서 가장 흔히 발생한다. 또한 신경섬유의 비틀림과 절단은 뇌의 주요 신경섬유로, 특히 뇌량이나 전교련 같이 정중선을 가로지르는 신경로들을 손상시킬 수도 있다. 그 결과 두 반구 간의 연결이 끊어져 분리 증후군이 나타날 수 있다(17.5절 참조).

- 충격에 의한 멍과 염좌는 대뇌 출혈을 일으킬 수 있다. 혈액은 두개골 내에 갇히게 되므로 점점 커지는 **혈종**(hematoma)이 되어 주변 구조에 압력을 가하게 된다.

- 신체의 다른 부분에 대한 타격과 마찬가지로 뇌에 가해진 타격은 부종을 일으키며, 부종 역시 뇌 조직에 압박을 가하게 된다.

교통사고로 인한 폐쇄성 두부 손상은 타격이 가해질 때 머리가 움직이고, 이로 인해 충격의 속도와 뇌 전반에 걸친 작은 병변들의 정도가 증가하기 때문에 특히 더 위험하다. 장기간 **혼수상태**(coma, 의식상실)에 있는 교통사고 환자의 컴퓨터단층촬영(CT) 영상은 곳곳에 퍼진 뇌 손상과 확장된 뇌실을 보여주며, 이는 좋지 않은 예후를 가리키는 신호이다.

폐쇄성 두부 손상은 혼수상태를 동반하는 경우가 흔하다. Muriel Lezak과 동료들(2012)에 따르면, 의식불명의 기간은 사망률, 지적 손상, 그리고 사회 기능 장애와 직접적으로 상관되어 있기 때문에 손상 심각도의 측정 척도가 될 수 있다. 혼수상태가 오래 지속될수록 심각한 손상 및 사망의 가능성 역시 증가한다.

폐쇄성 두부 손상으로 인한 행동적 효과는 두 가지이다. (1) 타격 손상 또는 반충 손상 병변 지점의 피질에 의해 매개되는 특정 기능의 개별적 손상, (2) 뇌 전반에 걸친 광범위한 외상에 의한 보다 일반화된 손상이다. 개별적 손상은 폐쇄성 두부 손상에 가장 취약한 영역인 전두엽과 측두엽의 손상과 가장 흔히 관련되어 있다. 보다 일반화된 손상은 뇌 전체에 분산된 미세 병변 및 열상의 결과이며, 정신적 속도, 전반적 인지효율성의 감소를 포함한 복잡한 인지 기능의 상실이 특징이다.

환자들은 자신의 지능평가 결과가 평균 이상으로 유지될 때조차, 사고 이전만큼 집중하거나 일을 할 수 없다고 불평하는 경우가 흔하다. 우리가 경험한 바로는 고도로 숙련된 사람들이 폐쇄성 두부 손상에 가장 큰 영향을 받는데, 이는 사고 이전의 능력 수준으로의 회복을 막는 인지적 결함에 대한 자각이 매우 예민하기 때문이다.

전두엽 및 측두엽에 가해진 폐쇄성 두부 손상은 성격과 사회적 행동에도 중요한 영향을 미치는 경향을 보인다. 심각한 두부 손상을 입은 교통사고 피해자 중 상대적으로 소수만이 학업을 재개하거나 생계 활동을 이어가지만, 일터로 되돌아가더라도 그들의 업무 능력은 사고 이전에 비해 낮은 수준이다.

종종 폐쇄성 두부 손상의 만성적 결과는 어떤 뚜렷한 신경학적 징후도 동반하지 않는 경우가 많기 때문에, 이런 경우 환자들의 신경심리평가 결과의 참조가 권장된다(제28장의 주제). 철저한 신경심리평가는 간소화된 검사에서 명백하게 나타나지 않은 인지적 결함을 밝혀내고자 하는 경우에 특히 유용하다. **표 26.1**에 폐쇄성 두부 손상의 병리학적 결과들이 요약되어 있다.

일단 두부 손상을 입은 사람은 이후에도 같은 부상을 당할 가능성이 큰데, 이는 손상 이후의 행동 변화로 더 부주의해지기 때문이고, 또한 부상을 유발할 만한 활동을 계속하기 때문이다. 가벼운 두부 손상의 효과라도 누적될 수 있다. 예를 들면, 한 권투선수가 경험한 의식 상실이 발생한 기간이 거의 없거나 매우 짧더라도, 권투선수가 상당한 수준의 머리 부상을 입는다는 사실은 잘 알려져 있다. 반복적인 뇌진탕을 겪는 권투선수들은 결과적으로 **권투선수 치매**(dementia pugilistica, DP)를 겪을 수 있는데, 이는 흔히 '펀치드렁크 증후군'으로 알려져 있다(Foerstl et al., 2010).

반복적 두부 손상은 여러 접촉성 스포츠에서 발생하기 쉽지만, 각각의 발생은 상대적으로 경미하기 때문에 그 효과의 추적이 어렵다. 예를 들면, 익스트림 파이팅* 경기의 30%는 머리 가격 때문에 중단되지만, TBI를 발생시킨 머리 가격의 횟수는 알 수가 없다. 놀랍게도 권투보다 익스트림 파이팅에서의 두부 손상 사례가 더 적은데, 이는 부상이 생겼을 때 격투선수가 탭을 외치거나 한 선수에게 유리한 상황이 생길 경우 경기가 즉각 중단되기 때문이다.

또 다른 연구 관심 영역은 선수 경력 동안 다발적인 뇌진탕의 위험이 있는 미식축구, 아이스하키 및 기타 운동 경기들에서 발생하는 뇌진탕의 영향이다(제25장 사례 보기 참조). 반복적인 뇌진탕을 겪은 사람들의 약 10%, 그리고 미식축구 리그 선수들 3명 중 1명 정도는 나중에 치매 증상을 보일 수 있고, 연령이 높아짐에 따라 전두 및 측두 피질에서 신경 퇴행의 표식인 **타우 단백질**의 축적이 나타난다(Tartaglia et al., 2014). 뇌진탕의 횟수와 그 이후의 만성 외상성 뇌병증(chronic traumatic encephalopathy, CTE) 간의 관계, 또는 현재의 뇌진탕 이후 경쟁으로부터 안정시키는 치료가 최적의 조치인지에 대한 이해는 낮은 수준이다. 그러나 경쟁으로부터의 휴식은 즉각적인 반복 발생 가능성을 제거해주는 효과를 분명히 가지고 있다.

두부 손상에 대한 행동적 평가

신경학적 방사선 측정치가 두부 손상 이후의 신경계 상태에 대한 객관적 지표를 제공할 수 있긴 하지만, 신경계 통합 기능 측정에 가장 중요한 척도는 행동이다. 머리 부상 직후 가장 뚜렷한 행동 증상 두

표 26.1   폐쇄성 두부 외상에 따르는 뇌 손상

충격 직후의 일차 뇌 손상

타격 손상 및 반충 손상에 의한 타박상

신경섬유의 절단 혹은 늘어남

육안으로 보이는 병변과 미세 병변

두개골의 관통이나 골절로 인한 열상 및 우울

이차 손상

두개 내 출혈 및 부종

허혈성 또는 출혈에 의한 손상

뇌압의 증가 및 염좌

다발성 손상 효과와 저산소증

지연성 손상 효과

회백질 및 백질의 퇴행

수두증

---

* 역자 주 : 규칙이 거의 없는 킥복싱과 유사한 격투 경기

가지는 혼수상태 및 기억상실증이다. 혼수상태의 깊이에 대한 임상적 판단은 한 세대 전까지만 해도 주관적이고 신뢰도가 낮았으나 글래스고 혼수 척도(Glasgow Coma Scale, GCS; 표 26.2)에 의해 의식 불명의 정도 및 의식 불명으로부터의 회복 정도에 대한 객관적 지표를 얻을 수 있게 되었다. 다른 유사 척도들과 뇌영상 기법들이 결과를 좀 더 보완해줄 수 있으나 GCS는 여전히 가장 유용한 혼수상태 측정 척도이다(Knox et al., 2014).

이 척도는 세 가지 지표, 즉 개안(E), 운동 반응(M), 언어 반응(V)을 통해 각성을 평가하고 지표점수들을 합산한다. 8점 이하의 점수는 심한 폐쇄성 두부 손상의 기준으로 자주 사용되며, 9~12점까지의 점수는 중등도 부상의 기준이다. 뇌 손상의 정도 측정치로서의 이 척도가 가지는 단점은 병원에 입원한 뇌 손상 환자들 중 많게는 50% 정도가 13~15점 사이의 점수를 기록한다는 것이다. 이 점수는 혼수상태가 없음을 나타내지만, 이러한 환자들도 여전히 이후에는 두부 손상으로 인한 여러가지 결과들을 겪게 될 수 있다.

외상후 기억상실증(PTA)을 겪는 기간은 부상심각도의 대안적 측정치이다. PTA의 정의는 다양하지만(어떤 정의는 혼수상태의 기간을 포함하기도 하고, 다른 정의들은 순행성 기억상실증의 기간만으로 한정하기도 한다) 기억상실증의 기간이 이후의 기억장애와 상관되어 있음을 잘 보여주는 증거들이 있다. 일반적으로 사용되는 PTA 척도는 다음과 같다. 10분 이하로 지속되는 기억상실증은 매우 경미한 부상에 해당된다. 10~60분 정도 지속되는 기억상실증은 경미한 부상에 해당된다. 1~24시간 지속되는 기억상실증은 중등도의 부상에 해당되고, 1~7일 정도 지속되는 기억상실증은 심한 부상에 해당된다. 7일 이상 지속되는 기억상실은 매우 심각한 부상에 해당된다.

표 26.2　글래스고 혼수 척도

반응	점수	각성지표
개안(E)		
눈을 뜨지 않음	1	눈 주위의 부기 때문이 아님
통증 자극에 눈을 뜸	2	통증 자극이 흉부나 사지에 가해진 경우
언어 자극에 눈을 뜸	3	발화나 함성에 대한 비특정적 반응. 눈을 뜨라는 지시에 복종하는 것을 의미하지는 않음
자발적 개안	4	눈을 뜸. 온전한 의식을 의미하는 것은 아님
운동 반응(M)		
무반응	1	무기력한
신장(伸長) 반응	2	'제뇌(除腦)', 내전(內轉) 운동. 어깨의 내부 회전, 팔의 회전
이상굴절 반응	3	'피질제거', 이상굴절. 어깨의 내부회전
움츠림	4	정상 굴절 반응. 통증 자극에 대해 어깨회전을 통한 움츠림
국소적 반응	5	통증 자극이 눈 위나 손가락 끝에 가해진 경우 사지를 움직여 피함
지시에 복종	6	단순한 지시를 따름
언어 반응(V)		
무반응	1	(별도의 설명이 필요 없음)
이해 불가능한 언어 반응	2	신음소리 또는 앓는 소리. 그러나 식별 가능한 단어가 없음
부적절한 언어 반응	3	이해할 수 있는 발화(예 : 고함이나 욕설). 그러나 지속적이고 일관적인 대화가 없음
혼란스러운 반응	4	환자들은 대화체로 질문에 반응하지만 반응에는 다양한 정도로 지남력상실 및 혼란스러움이 나타남
지남력이 있는 반응	5	시간, 장소, 사람에 대한 정상적 지남력

주 : 척도의 총점은 개안(E), 운동 반응(M), 언어 반응(V) 점수의 합이다(3~15점).
출처 : Research from Teasdale, G., and B. Jennett. The Glasgow Coma Scale. *Lancet* 2:81－84, 1974.

기억상실증을 측정치로 사용하는 방법의 문제점은 측정을 위한 일관된 방법이 없다는 것이다. 연구자들은 회고적 질문, 지남력 상실의 측정, 또는 드물게 신경심리평가 방법 사용 등 다양한 방법으로 기억상실증을 평가한다. 각 방법은 서로 다른 심각도의 추정치를 산출하며, 따라서 부상의 정도에 대해서도 서로 다른 추정을 한다. 그 외에 평가에는 숙련된 기술이 필요하지만, 숙련된 평가자는 매우 드물다는 점도 문제이다.

두부 손상으로부터의 회복과 예방

보고된 바에 의하면 두부 외상으로부터의 회복은 2~3년에서 수년 동안 지속될 수 있지만 인지 기능 회복의 대부분은 부상 이후 6~9개월 사이에 이루어진다(Karr, 2014). 기억 기능의 회복은 일반 지능 회복보다는 다소 느린 것으로 보이며, 최종적인 기억 수행의 수준은 다른 인지 기능에 비해 낮다. 안구 운동 이상으로 추정할 수 있는 뇌간 손상 환자들은 더 좋지 않은 인지 기능 결과를 보이는데, 이는 아마도 초기 언어장애나 반신마비를 보이는 환자들에게도 해당될 것이다.

경미한 TBI의 효과에 따른 신경심리학적 기능평가의 난점은 뇌진탕이 신경심리검사에서 발견된 유의한 변화를 초래하지는 않는 경우가 많다는 것이다. 눈에 띄는 손상이 발견된 경우 인지 기능 회복에 대한 예후는 좋지만, 폐쇄성 두부 손상에 의해 유의한 변화가 자주 나타나는 영역인 사회적 기능과 성격의 회복에 대해서는 낙관하기가 어렵다. 많은 연구 결과들은 사회적 상호작용, 지각된 스트레스 수준 및 여가 활동 즐기기와 관련된 삶의 질이 눈에 띄게 감소하며, 이 감소는 만성적이라는 결론을 지지한다(Gregorio et al., 2014).

두부 손상은 예방 가능하며, 가장 좋은 예방법은 뇌진탕이 심각한 즉각적·지속적·누적 효과를 가진다는 것을 인식하는 것이다(Solomon & Kuhn, 2014). 스포츠 활동에서의 뇌진탕은 적절한 규정의 도입과 안전 지도 강조, 그리고 보호용 헤드기어의 개발 등으로 최소화시킬 수 있다. 작업 현장에서의 뇌진탕도 예방 가능하며, 주요 산업 현장에서는 작업장 교육이 우선적으로 시행되고 있지만, 소규모 산업이나 농업 현장에서는 널리 시행되고 있지 않다. 이외에 두부 손상의 주요 원인에는 차량 사고 및 전투 등이 포함된다. 마찬가지로 예방을 위한 방법은 많이 있다.

26.4 뇌전증

뇌전증(epilepsy, 간질)은 발작, 즉 부상이나 감염, 종양 등에 의한 상흔의 결과로 나타나는 뇌신경세포들의 자발적이고 비정상적인 방전에 의한 뇌장애를 말한다. 뇌전증의 정의에는 적어도 한 번의 뇌전증성 발작 발생이 필요하지만, 이 장애는 의식의 혼란과 그로 인한 신경생물학적·인지적·심리적·사회적 결과와 연합된 재발성 발작 특성을 가지는 경우가 많다.

EEG에 나타나는 여러 유형의 재발성 뇌전증 발작은 의식의 혼란과 관련되어 있다(그림 7.5 참조). 뇌전증 삽화는 경련, 발작, 격발(fits), 급성발작(attack) 등으로 불려왔으나, 이 용어 중 어떤 것도 완전히 만족스럽지는 않다. 왜냐하면 삽화의 특징이 변화무쌍하기 때문이다. 뇌전증 발작은 흔하다. 20명 중 1명은 생애 동안 최소 한 번의 발작을 경험한다.

증후군성 발작(symptomatic seizures)은 감염이나 외상, 종양, 혈관 기형, 독성 화학물질, 고열, 신경학적 장애와 같은 특정 사례들로 확인이 가능하다. **특발성 발작**(idiopathic seizure)은 다른 중추신경계 질환 없이 자발적으로 발생하는 것으로 보인다. **표 26.3**에 발작을 촉진시킬 수 있는 다양한 상황이 요약되어 있다. 그 범위가 놀라울 정도이긴 하지만, 일관된 특징은 뇌가 상대적으로 비활성화되고 환자가 움직임이 없는 상태에서 뇌전증 발작 가능성이 가장 높다는 것이다.

오래전부터 뇌전증은 가족력이 있는 것으로 알려져 왔지만, 그 발병률은 단일 유전자 모형이 예측하는 것보다 더 낮게 나타난다. 그보다는 특정 유전인자를 가진 사람들이 환경적 상황에 따라 발작을 일으키는 성향이 있는 것으로 보인다. 뇌전증의 가장 현저한 임상적 특징은 발작 간 간격의 광범위한 변화인데, 이는 몇 분, 몇 시간에서 몇 주, 심지어는 몇 년까지이다. 사실 이 장애를 가진 모든 사람 또는 대부분의 사람들에게서 기대되는 기본적인 증상들을 기술하는 것은 거의 불가능하다. 그러나 동시에 여러 유형의 뇌전증에서 공통적으로 일어나는 세 가지의 특별한 증상은 다음과 같다.

1. **전조의 시작.** 뇌전증 발작 또는 편두통의 시작에 앞서 나타나는 주관적인 감각적, 지각적 경험 또는 운동 현상
2. **의식의 상실.** 완전히 의식이 붕괴하는 정도에서 멍하게 허공을 응시하는 정도에 걸쳐 나타나며, 발작이 있었다는 사실 자체나 의식을 잃은 기간에 대한 기억상실이 수반되는 경우가 흔하다.
3. **운동.** 특징이 다양하기는 하지만 발작에는 운동 요인이 공통적으로 존재한다. 어떤 사람들은 발작 동안 떨기도 하고 손을 문지르거나 입을 우물거리는 등의 자동적 운동이 나타나기도 한다.

전형적으로 EEG는 뇌전증 진단을 확증할 수 있도록 해준다. 그러나 일부 뇌전증 환자들의 경우 특별한 상황(예 : 깜박이는 빛에 의해 어려움을 겪거나 수면 중 뇌파 기록 등)을 제외하고는 이러한 방식으로 발작이 나타나는 것을 증명하기가 어렵다. 더욱이 뇌전증을 암시하는 뇌파를 보이는 사람들 모두가 실제로 발작을 일으키는 것도 아니다. 어떤 추정치는 비정상적 EEG 패턴을 가진 사람 중 5분의 1이 발작을 나타낸다고 제안하는데, 이는 뇌전증을 가진 것으로 생각되는 사람들의 숫자보다 훨씬 더 많다.

발작의 분류

여러 해 동안 뇌전증 분류를 위한 여러가지의 도식들이 생겨났다. 여기서는 가장 공통적으로 인식되는 네 가지 유형인 **초점성 발작, 대발작, 무긴장발작, 근간대성 경련**에 대해 논의할 것이다.

초점성 발작

1870년 John Hughlings-Jackson은 초점성 발작이 아마도 운동이 처음 나타나는 신체 부위를 표상하는 신피질의 한 지점(병소)에서 기원할 것이라고 가정했다. 그 후 그의 가설은 옳은 것으로 증명되었다. **초점성 발작**(focal seizure)은 한 지점에서 시작되어 퍼져나간다. 예를 들어, 잭슨 초점성 발작(Jacksonian focal seizure)에서 발작은 신체 한 부위(예 : 손가락이나 발가락 또는 입)의 꿈틀거리는 움직임으로 시작해서 인접한 부위로 퍼진다. 발작이 손가락에서 시작했다면 경련은 다른 손가락으로, 이어서 손, 팔 등으로 퍼져나가 소위 '잭슨 행진'을 일으킨다.

복합 부분 발작(complex partial seizure)은 주로 측두엽에서 기원하는 경우가 많고 전두엽에서는 덜 빈번한 초점성 발작의 한 유형으로, 다음 세 가지의 공통적인 증상 발현 특징을 가진다. (1) 강제적·반복적 사고, 갑작스러운 기분 변화, 데자뷰, 환각 등과 같이 발작의 전조가 되는 주관적 경험들, (2) **자동증**(automatism) 또는 **자동 행동**, 즉 의식적인 의지 없이 비반사적인 행동을 하는 것, 입맛을 다시거나 우물거리거나 단추를 푸는 행동 등과 같은 정형화된 행동의 반복, (3) 긴장되거나 얼어붙은 자세를 취

표 26.3 취약한 사람들의 발작을 촉진하는 요인

약물
　알코올
　강장제
　과도한 항경련제
　페노티아진
　삼환계 항우울제
정서적 스트레스
발열
호르몬 변화
　부신 스테로이드
　부신피질자극호르몬(ACTH)
　월경
　사춘기(puberty)
과호흡 증후군
감각 자극
　깜박이는 불빛
　웃음소리
　읽기, 말하기, 기침
　음악이나 종소리와 같은 소리
수면
수면 박탈
외상

출처 : Information from Pincus, J. H., and G. J. Tucker. *Behavioral Neurology*. New York: Oxford University Press, 2003.

할 때와 같은 자세의 변화이다.

대발작

대발작(generalized seizure)은 초점 시작 없이 양측 대칭적으로 일어나며, 정형화된 운동과 의식상실의 특징을 보인다. 대발작은 전형적으로 3단계로 이루어져 있다. (1) 긴장 단계에서는 몸이 뻣뻣해지고 호흡이 멈춘다. (2) 간대성 단계에서는 주기적인 떨림이 발생한다. (3) 발작 후 우울 단계에서는 환자가 감정을 상실하거나 혼란스러워한다. 대발작의 약 50%가량은 전조 증상이 나타난다.

무긴장 발작과 근간대성 경련

무긴장 발작(akinetic seizure)은 원래 아이들에게서만 나타났었다. 일반적으로 이 증상을 보이는 아이들은 갑자기 쓰러지곤 한다. 이 발작은 종종 매우 짧게 지속되며, 불과 몇 초 후에 일어날 수도 있다. 그러나 쓰러지는 것은 위험할 수 있기 때문에 발작을 약으로 통제할 수 있을 때까지는 아이들이 패딩 처리된 헬멧을 쓰도록 하는 것이 일반적인 권고사항이다. **근간대성 경련**(myoclonic spasm)은 신체의 갑작스러운 굽힘이나 펼침이 나타나고 종종 울부짖음과 함께 시작하는 대규모의 발작이다.

◎ 뇌전증의 치료

뇌전증에 대한 최선의 치료는 디페닐히단토인(DPH, 다일란틴), 페노바르비탈, 또는 여러 다른 약물 중 하나와 같은 항경련제의 사용이다. 항경련제는 세포막을 안정시켜 신경세포의 비정상적 발화를 억제한다. 만약 약물을 투여해도 발작 문제가 만족스럽게 완화되지 않으면 초점성 발작 환자의 경우에는 비정상 기능을 보이는 병소를 제거하기 위한 수술을 시행할 수 있다. **뇌심부 자극**(DBS; 그림 7.9 참조)은 약물에 반응하지 않는 환자들을 치료하기 위해 실험적으로 사용되어 왔다. 전측 시상, 해마, 그리고 소뇌 자극 이후에 시행되는 치료는 효과가 있을 수 있지만, 뇌심부 자극 치료는 침습적이며 장기간의 시험을 통한 추가 평가가 필요하다(Sprengers et al., 2014).

26.5 종양

종양(tumor)은 주위의 조직과는 독립적으로 성장하고 지속되며 생리학적인 용도가 없는 새로운 조직의 덩어리이다. 뇌종양은 신경세포가 아닌 교세포나 다른 지지 세포에서 발생한다. 종양이 성장하는 속도는 발생의 시초가 된 세포의 유형에 따라 크게 달라진다. 종양은 다른 원인에 비해 신경학적 질병의 비율이 상대적으로 높고, 자궁 다음으로 뇌에서 흔하게 발견된다.

양성 종양은 제거 후에는 재발하지 않지만, 악성 종양은 진행성인 경우가 많으며 생명을 위협한다. 양성과 악성 종양을 구별하는 데에는 여러 이유가 있지만, 양성 종양 역시 종종 외과의사가 접근하기 어려운 곳에 있을 수 있기 때문에 악성 종양만큼 심각할 수 있다. 여러 유형의 종양이 뇌에 영향을 미치며, 종양의 형성에 면역성을 가진 뇌 영역은 없다.

뇌종양은 별개의 개체 또는 **피포성**(encapsulated) 종양의 형태로 발달할 수 있고 뇌의 다른 부위에 압박을 가한다(**그림 26.5**). 일부 피포성 종양은 동시에 낭종(cyst)이 될 수도 있다. 이들은 뇌 안에 보통 종양세포가 배열된, 체액으로 차 있는 공간을 형성한다. 두개골은 크기가 고정되어 있기 때문에 피포성 낭종 내 내용물의 증가는 뇌를 압박하게 되고, 결과적으로 기능장애를 초래한다. 이와 대조적으로 소위 **침투성 종양**은 주변 조직으로부터 뚜렷하게 분리되어 있지 않다(**그림 26.6**). 침투성 종양은 건강한

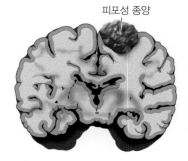

피포성 종양

그림 26.5 ▲

피포성 종양 경막에서 생겨난 수막종이 대뇌 우반구를 압박하는 것을 보여주는 전두 단면. 종양이 뇌로 침투하지는 않는 것에 주목하라.

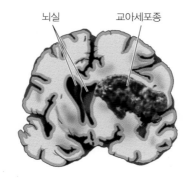

뇌실　　교아세포종

그림 26.6 ▲

침투성 종양　대뇌 우반구의 교아세포종 (glioblastoma. 교세포에서 발생한 악성 종양)을 보여주는 전두 단편. 종양이 뇌실계를 밀어내면서 뇌 조직에 침투하는 것에 주목하라(어두운 부분).

세포를 파괴하거나, 건강한 세포 또는 주변에 있는 세포(신경세포와 교세포 모두)의 자리를 차치하여 세포 기능을 방해할 수 있다.

　종양은 다양한 방식으로 행동에 영향을 미친다. 종양이 위치한 부분의 손상으로 인한 기능장애는 물론, 두통, 구토, 시각원반이 붓는 증상(시신경부종), 심박의 저하(서맥), 정신의 둔감, 복시(diplopia), 그리고 마지막으로 경련 등이 포함되는 일반적인 증상은 뇌내압 증가의 결과로 나타난다. 뇌종양들은 어디에서 발생했는지에 따라 다음과 같이 구별된다.

- **신경교종**(glioma)은 교세포에서 발생해서 뇌 조직에 침투하는 약 45%의 뇌종양에 대한 일반적 용어이다. 상대적으로 양성으로부터 심한 악성에 걸쳐서 신경교종은 치료에 대한 반응성이 크게 다르다.
- **수막종**(meningiomas)은 뇌를 보호하는 바깥층인 뇌막에 부착되어 증식한 것이다. 수막종은 뇌 조직의 외부에서 성장하고, 표피에 감싸여 있으며, 모든 종류의 뇌종양 중에서 가장 양성이다(그림 26.5 참조). 그러나 수막종이 뇌를 침범하지 않는다 해도 다발성인 경우가 많고 뇌에 압박을 가해 기능을 방해하며 발작이 증상으로 나타나는 경우가 빈번하다. 대부분의 수막종은 대뇌반구 위에 위치하지만 일부는 반구 사이에서 발달하여 제거하기가 더 어렵게 된다. 수막종을 완전히 제거한다면 거의 재발하지 않는다. 그러나 수막종이 있을 때 이들이 두개골을 침식하는 것은 드문 일이 아니다.
- **전이성 뇌종양**(metastatic tumor)은 신체의 다른 영역, 주로 폐나 유방의 종양세포들이 전이되어 생겨난다(전이는 한 기관 또는 신체 부위로부터 직접적으로 연결되어 있지 않은 다른 기관이나 부위로 질병이 옮겨가는 것을 말한다). 실제로 뇌종양이 폐암의 첫 지표가 된다는 증거가 드물지 않다. 뇌로의 전이는 보통 다발성이므로 치료가 더 복잡해지고 예후도 좋지 않다.

　뇌종양을 가장 직접적으로 치료하는 방법은 수술이며, 수술은 또한 명확한 조직학적 진단을 내리기 위한 유일한 방법이기도 하다. 가능하기만 하다면 뇌종양은 제거되지만, 신체 다른 부위의 종양과 마찬가지로 성공 여부는 조기 진단에 달려 있다. 방사선 치료는 특정 유형의 뇌종양에 유용한 치료법이 될 수 있다. 화학요법은 아직까지 뇌종양 치료에 성공적이었다고는 할 수 없는데, 이는 약물이 혈뇌장벽을 통과해서 종양에 침투하기가 어려운 이유 때문이기도 하다.

26.6 두통

두통을 경험한 적 없는 사람은 극히 드물다. 두통은 편두통과 같이 그 자체로 신경학적 질환이 될 수도 있고, 종양이나 감염과 같은 신경질환에 의해 나타날 수도 있으며, 긴장성 두통에서처럼 심리적 요인, 특히 스트레스의 결과일 수도 있다. 두개골 내부의 통증 민감성 구조들이 두통을 유발할 수 있는데, 이 구조들로는 경막, 대뇌동맥, 정맥동, 그리고 5, 9, 10번 뇌신경 분지, 그리고 첫 번째와 세 번째 경추신경 분지 등이 있다(그림 3.12와 3.14 참조). 통증은 이 구조들의 압박, 변위, 또는 염증 등에 의해 유발될 수 있다.

두통의 유형

특정한 유형의 두통에는 편두통, 신경질환과 관련된 두통, 근수축성 두통, 그리고 비편두통성 혈관 두통이 포함된다.

편두통

어느 시대를 막론하고 인구의 약 5~20% 정도가 생애 중에 아마도 가장 흔한 신경장애인 편두통('두개골의 반'을 뜻하는 그리스어 *hemi*와 *kranion*에서 유래)으로 고통을 겪는다. 세계신경학 연맹(World Federation of Neurology)은 편두통을 "강도, 빈도, 지속 시간이 매우 다양한 두통의 반복적 발생이 특징인 일련의 장애로 발생은 일반적으로 편측성이고, 보통 식욕부진, 메스꺼움, 구토 등과 관련된다. 때때로 신경학적, 그리고 기분장애가 선행하거나 이들과 연합되어 나타난다."고 정의하고 있다. 여러 유형의 편두통 중에는 고전적 편두통, 일반 편두통, 군집성 두통, 그리고 편마비 편두통과 안과 편두통이 있다.

고전적 편두통(classic migraine)은 편두통 환자의 약 12%에서 나타나며 보통 20~40분간 지속되는 전조 증상과 함께 시작된다. 최초의 신경심리학자라고도 할 수 있는 Karl Lashley(1941)는 고전적 편두통을 앓았고, 자신의 시각적 전조 증상을 주의 깊게 기술하였는데, 이는 많은 편두통 환자들에게 공통적인 것으로 밝혀졌다(그림 26.7). 시각 전조 증상은 하나 이상의 대뇌동맥의 수축(협착)이 후두엽의 허혈을 일으켰기 때문으로 생각된다. PET 연구의 결과들은 전조 증상 동안에 후측 피질의 혈류가 감소함을 보였고, 이 감소는 주요 혈관의 위치에 관계없이 분당 약 2ml의 속도로 퍼져나간다. 주요 혈관과는 독립적으로 혈류 감소가 확산되는 이유는 알려져 있지 않지만, 이는 혈관 변화가 신경 변화에 따라서 나타날 수 있다는 점을 암시한다.

실제 두통은 혈관 수축이 반전되고(신경장애가 끝나고) 혈관의 확장이 시작되면서 나타난다. 두통은 머리 한쪽에서의 극심한 통증으로 경험되는데, 종종 같은 쪽으로 퍼져나가며 때로는 반대편까지 확산되기도 한다. 심한 두통은 메스꺼움이나 구토를 동반하기도 하고, 몇 시간 또는 심지어 며칠간 지속될 수도 있다. 고전적 편두통이 있는 것으로 생각되는 사람들 중 상당수는 두통을 겪지 않지만 전조 증상은 경험한다.

일반 편두통(common migraine)은 가장 흔하며, 편두통을 앓는 사람들의 80% 이상에서 나타난다. 고전적 편두통에서와 같은 뚜렷한 전조 증상은 없지만, 소화기계통의 또는 다른 부위의 '신호'가 발생 전에 나타날 수 있다. **군집성 두통**(cluster headache)은 머리나 얼굴의 편측 통증으로, 두 시간 이상 지속되는 경우는 드물지만 몇 주일 또는 몇 개월 동안 반복적으로 발생한다. 때로는 일련의 군집성 두통 이후 그다음 번의 발생까지 오랜 기간이 걸릴 수도 있다. 나머지 두 유형의 편두통인 **편마비 편두통**(hemiplegic migraine)과 **안과 편두통**(ophthalmologic migraine)은 상대적으로 드물며, 신체의 한쪽 또는 한쪽 눈 움직임의 소실이 나타난다.

편두통 발생의 빈도는 일주일에 한 번 정도부터 일생에 한 번 정도까지로 매우 다양하다. 편두통이 잦은 경우 일반적으로 연령 증가와 함께 발생이 감소하며 보통은 중년기에 사라진다. 편두통은 일반적으로 청소년기 이전에는 드물다고 생각되었지만, 현재는 아이들 역시 편두통을 겪는 것으로 파악되었다. 이 연령 집단에서의 실제 발병률은 불확실하다.

그림 26.7 ▼

편두통성 암점의 전개 편두통성 암점이 진행될 때 가장 왼쪽 사진에 있는 작은 하얀 x를 응시하는 사람들은 작은 선 조각들을 보게 될 것이다. 이 줄무늬로 된 영역은 점차 밖으로 퍼져나가는 동시에 선 조각들이 있던 자리는 불투명한 영역(암점)이 되어 약 15~20분 이내에 시야를 완전히 차단한다. 잠시 후에는 정상 시력이 회복된다.

(Tyler Olson/Shutterstock.)

X = 시선고정점

신경질환과 관련된 두통

두통은 많은 신경계 장애에서 나타나는 증상으로, 일반적으로 통증에 민감한 구조들의 뒤틀림으로 인해 나타난다. 두통을 유발하는 흔한 질환에는 종양, 두부 외상, 감염, 혈관 기형 및 심한 고혈압 등이 포함된다. 이 두통들의 특징이나 발생 위치는 기저의 원인에 따라 다양하다. 예를 들며, 뇌종양으로 인한 두통은 특히 종양의 초기 성장 단계에서 거의 항상 종양이 있는 쪽에 위치한다. 뇌종양에 의해 유발된 두통은 특징적인 심각도가 없고, 가벼운 정도에서 극심한 정도까지 다양하다. 이와 마찬가지로 고혈압에 의한 두통 역시 거의 항상 후두 영역에서 나타나지만 다양한 심각도를 보인다.

근수축성 두통

가장 일반적인 두통은 긴장성 또는 신경성 두통이라고도 불리는 **근수축성 두통**(muscle-contraction headache)이다. 이 두통은 지속적인 스트레스와 긴장, 특히 일정 시간 동안의 좋지 않은 자세로 인한 두피와 목 근육의 지속적인 수축에 의해 발생한다. 환자들은 통증이 지속적이고 비맥동적(nonpulsing)이고 꽉 조이는 느낌, 짜내는 듯한 느낌, 짓눌리거나 머리가 바이스(vise)에 끼인 듯한 느낌으로 묘사한다. 일부 환자들은 무언가 기어가는 감각을 호소하기도 한다. 불안, 현기증, 그리고 눈앞에 밝은 반점이 보이는 증상이 두통에 수반되기도 한다. 일부의 경우 카페인이 근수축성 두통을 악화시킬 수 있는데, 이는 아마도 카페인이 일반적으로 자극제이기도 하고 불안을 악화시키기 때문일 수도 있다.

비편두통성 혈관 두통

뇌동맥의 확장과 관련된 두통은 다양한 질병과 조건에 의해 유발될 수 있다. 가장 일반적인 원인은 발열, 산소결핍, 빈혈, 높은 고도, 신체 활동, 저혈당, 음식, 그리고 화학작용제 등이다. 또 두통은 비강의 축농이나 부종에 의해 발생할 수도 있다. 이는 종종 **혈관운동비염**이라 불리며, 스트레스에 대한 국지적 혈관 반응으로 생각된다.

◎ 두통의 치료

편두통은 발생 시에 특정 약물로, 그리고 발생 사이에는 예방 조치를 통해 치료한다. 급성 발생일 경우 종종 카페인과 함께 제공되기도 하는 **에르고타민**(ergotamine) 복합제가 두통을 완화하는 데 유용한데, 아마도 뇌동맥을 수축시켜, 통증의 원인인 혈관 확장을 감소시키기 때문인 것 같다. 대부분의 편두통 환자들 경우에 빛이 전혀 없는 암실에서는 두통이 감소한다. 그럼에도 다양한 약물치료는 개개인별로 효과적일 수 있고 행동치료 및 생활방식의 변화 역시 효과를 가질 수 있다.

신경계 질환에서 발생한 두통에 대한 가장 확실한 치료는 질환 자체를 치료하는 것이다. 긴장성 두통을 완화하기 위한 것에는 근이완제나 마이너진정제의 사용, 긴장된 근육에 열을 가하거나 자세를 교정하는 것 등이 있다. 두통이 지속적일 경우 휴식을 촉진시켜주는 바이오피드백이 도움이 된다. 마지막으로 스트레스를 유발시키는 일상의 상황을 피함으로써 두통을 예방할 수 있다.

26.7 감염

감염(infection)은 질병을 일으키는 (병원성) 미생물에 의한 신체 침범과 이들 및 이들이 생성하는 독소에 대한 신체 조직의 반응이다. 중추신경계는 바이러스, 박테리아, 균류, 후생(metazoan) 기생충 등을 포함하는 광범위한 감염 매체들에 의해 침범당할 수 있기 때문에 감염의 진단 및 치료는 임상신경학에서 중요한 부분이다. 신경계 감염은 일반적으로 신체 다른 부분, 특히 귀, 코, 인후의 감염으로부터 전파되지만 두부 외상, 두개골 골절, 또는 수술의 결과로 뇌에 직접적으로 발생할 수도 있다. 신경계 감염이 특히 심각한 이유는 감염된 뉴런과 교세포가 죽으면서 영구적 병변을 남기기 때문이다.

감염은 여러 과정을 통해 신경세포를 죽인다.

- 신경계의 혈액 공급을 방해하여 혈전증이나 모세혈관 출혈을 일으키거나 심지어 큰 혈관을 완전히 막는다.
- 뇌세포의 포도당 또는 산소 대사를 방해하여 세포를 죽인다.
- 신경세포막의 특성을 변화시켜 뉴런의 전기적 성질을 바꾸거나 기초 효소 과정을 방해하여 다양한 비정상적 상태를 만들어낸다.
- 감염에 대한 방어작용의 부산물인 고름을 형성하는데. 고름은 기본적으로 백혈구와 그 부산물, 감염성 미생물의 부산물, 그리고 퓨리스액(liquor puris)이라 불리는 액체로 구성되어 있다. 고름은 신경 기능을 적어도 두 가지 방식으로 손상시킨다. 뉴런을 둘러싼 세포외액의 구성을 변화시켜 신경 기능을 변화시키고, 고름의 존재가 뇌를 압박하여 정상 기능을 방해하게 된다.
- 부종을 일으켜 뇌 조직을 압박해 기능장애를 일으킨다.

신체 다른 부위의 감염에 의해 이차적으로 발생한 신경계 감염은 혈압 저하, 혈액순환의 변화, 발열, 전신병감(general malaise), 두통, 섬망 등을 포함하는 다른 감염의 증상을 동반한다. 덧붙여 대뇌 감염의 증상은 뇌압 증가의 일반적 증상, 즉 두통, 현기증, 메스꺼움, 경련, 정신착란과 특정 뇌기능의 장애와 연합된 증상들이 모두 포함된다.

감염 진단 테스트에는 도말검사(smear)나 배양검사와 같이 통상적인 감염 확인법뿐 아니라 뇌척수액의 분석이 포함된다. 컴퓨터단층촬영(CT)이나 기타 뇌 스캔 방법이 감염성의 신경계 질환을 진단하고 찾아내는 데 사용되기도 한다.

중추신경계 감염의 유형

바이러스, 박테리아(세균), 진균(균류), 및 기생충의 네 가지 유형 감염이 중추신경계에 영향을 준다.

바이러스성 감염

바이러스는 DNA 또는 RNA로 만들어질 수 있는 핵산의 피포성 집합체로, 독립적인 대사 능력이 없고 살아 있는 숙주세포 내에서만 복제가 되는 특징을 가진다. 소아마비나 광견병 등을 일으키는 일부 바이러스들은 항신경성을 띤다. 이들은 중추신경계 세포들에 특별한 친화성을 가지고 있다. 대조적으로 범친화성 바이러스(볼거리나 단순포진 등을 일으킴)는 중추신경계뿐 아니라 다른 신체 조직도 공격한다. 신경계 내에서 대부분의 바이러스성 감염은 세인트루이스 뇌염, 광견병, 그리고 소아마비로 인한 병변과 같이 광범위한 뇌 영역들에 영향을 주는 비특정적 병변을 발생시킨다.

모기의 최적 서식지는 기후 변화와 함께 점차 확장되고 있다. 그 결과 모기에 의한 감염 역시 확대되고 있다. 1930년대에 우간다에서 처음 확인된 웨스트 나일 바이러스는 1999년 뉴욕에 출현했으며, 현재는 북미와 유럽 전역에 퍼져 있다. 감염자의 약 80%는 별다른 증상을 보이지 않는다. 나머지 20%에서는 **바이러스성 뇌막염**(viral meningitis), 즉 감염으로 인한 뇌의 3중 보호막의 염증이 뇌 자체를 감염시키고 신경 손상을 유발할 수 있는 위협으로 작용하며, 이는 일부 사람들에게서는 매우 심하고 오래 지속되며 때로는 치명적이기까지 하다.

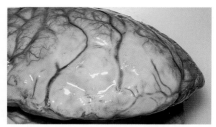

▲ 세균성 뇌막염에 감염된 뇌의 전측 표면에 고름이 보인다.
(Biophoto Associates/Science Source.)

박테리아 감염

박테리아(bacterium)는 엽록소가 없고 단순 세포분열로 번식하는 미생물(일반적으로 단세포)의 느슨한 속칭이다. 중추신경계의 박테리아 감염은 대개 혈류를 통한 이들 유기체의 침범 결과로 발생한다. 박테리아 감염에 의한 가장 흔한 신경학적 질병은 수막염과 뇌농양이다.

박테리아(세균성) 뇌막염(bacterial meningitis)에서는 중추신경계를 감싸는 세 층의 뇌막이 다양한 박테리아에 감염되어 염증이 발생한다. **뇌농양**(brain abscesses) 역시 신체 다른 곳의 감염에 따르는 다양한 박테리아에 의해 생성된다. 농양은 감염된 부위 세포의 괴사를 일으키는 화농성(고름을 생성하는) 박테리아의 작은 집합체로 시작된다. 박테리아가 증식함에 따라 더 많은 뇌 세포를 파괴하고, 농양은 점차 확장되는 덩어리(속은 비어 있는 경우가 많다)처럼 되어 뇌내압을 증가시킨다.

진균 감염

진균 감염(mycotic infection)은 균류가 신경계를 침범하는 것을 말한다. 균류는 효모, 곰팡이, 버섯 등을 포함해서 엽록소가 없고, 살아 있거나 죽은 유기물에서 살아가는 하위 식물(일부 분류 체계에서)의 큰 집단에 속한다. 보통 중추신경계는 진균 감염에 저항력이 강하지만, 암이나 결핵 등과 같은 질병으로 저항성이 약해진 뇌에 균류가 침범할 수 있다.

기생충 감염

기생충(parasite)은 다른 유기체(즉 숙주)에 또는 그 내부에서 숙주를 희생시켜 살아가는 유기체이다. 여러 종류의 기생충이 중추신경계를 침범해서 질병을 일으킬 수 있다. **아메바성 감염**(amebiasis, 아메바성 이질)은 원생동물(원생동물은 단세포동물을 말함)인 이질아메바(entamoeba histolytica)의 침범으로 발생하며, 뇌염과 뇌농양을 유발한다. **말라리아**(malaria)는 말라리아원충속 원생동물에 의해 발생하는데, 감염된 모기에 물림으로써 전파된다. 대뇌 말라리아는 말라리아원충이 뇌의 모세혈관을 감염시켜 발생하며, 국소 출혈과 이에 따른 신경 퇴화를 일으킨다.

◎ 중추신경계 감염 치료

치료는 감염 유형에 따라 달라진다. 바이러스성 감염은 특별한 해독제가 없기 때문에 치료가 매우 어렵다. 인간면역결핍바이러스(HIV)와 에이즈를 치료하기 위한 많은 연구 노력과 더불어 다양한 항바이러스제가 개발되고 있지만, 바이러스성 감염은 여전히 치료가 어렵다. 일반적인 옵션은 질병이 그대로 진행되도록 놔두는 것이다. 때때로 환자를 편안하게 하기 위해 진정제가 투여되기도 한다. 이 일반적 규칙의 예외는 광견병 치료이다. 광견병 바이러스를 가진 동물과 접촉했을 때에는 질병이 실제로 발생하기 전에 면역성을 생성하기 위해 2~4주에 걸쳐 광견병 백신을 투여한다. 광견병은 일단 발병하면 치명적이다.

세균성 대뇌 감염은 항생제의 도입과 함께 흔치 않게 되었다. 일부 사례의 경우 뇌내 압력을 낮추기 위해 농양을 배액하거나, 부종이나 고름 형성을 줄이기 위해 뇌척수액을 제거하는 척추 천자(spinal tap)를 실시해야 할 필요도 있다. 농업 및 축산업을 포함해서 항생제의 과용 결과 항생제 내성 박테리아, 일명 '슈퍼박테리아(super bug)'가 출현하게 되었다. 새로운 항생제 연구는 박테리아의 내성을 따라잡는 데 애를 먹고 있다. 항생제는 진균 및 기생충 감염 관련 질병 치료에도 자주 사용되지만, 이들 역시 만족스러운 수준으로 치료가 되지는 않는다.

26.8 운동 뉴런 및 척수 장애

척수 또는 대뇌피질-척수 경로의 손상으로 인해 여러 가지 운동장애가 발생할 수 있는데, 여기에는 중증근무력증, 소아마비, 다발성 경화증, 양측하지마비(대마비), 브라운-세카르 증후군, 편마비(반신마비) 등이 포함된다. **표 26.4**에 운동장애의 설명에 일반적으로 사용되는 의학용어들이 열거되어 있다. 27.7절에서 파킨슨병, 투렛 증후군, 헌팅턴병과 같은 운동장애들의 행동적 증상을 살펴볼 것이다.

중증근무력증

근육 수용기의 장애인 **중증근무력증**(myasthenia gravis, 심각한 근육 약화)은 아주 약간의 운동에 의해서도 근육피로가 나타나는 것이 특징이다. 이 증상은 약간의 운동이나 작업 이후, 긴 대화가 끝날 때쯤, 또는 때때로 움직임의 수차례 반복 이후에조차 나타날 수 있다. 휴식을 통해 회복을 느낄 수 있다.

근육 약화의 빠른 발병이 중증근무력증과 다른 질병, 즉 우울이나 일반 피로와 구별되는 점이다. 근육의 병리적 증상을 보이는 눈에 띄는 신호는 없다. 중증근무력증은 어느 연령에도 나타날 수 있지만 생후 30년쯤에 시작될 가능성이 가장 높으며, 남성보다 여성에게서 더 흔히 나타난다.

신체의 모든 근육이 영향을 받을 수 있지만 대개 뇌 신경과 연결된 근육들이 먼저 영향을 받는다. 이 경우 초기 증상은 복시(겹보임), 안검하수(눈꺼풀 처짐), 목소리의 약화, 그리고 씹고 삼키기나 머리를 든 채로 있기가 어려운 것 등이다. 팔다리만 영향을 받는 사람들도 있다. 일반적으로 증상은 하루가 끝날 때 가장 뚜렷하고, 수면 후에는 완화된다. 중증근무력증의 심각도는 사람에 따라 경증인 한쪽 안검

표 26.4 운동장애 기술에 많이 사용되는 용어

실행증(apraxia). 마비 증상이나 다른 운동 및 감각 손상이 없는 상태에서 자발적 운동을 하거나 따라 할 수 없는 증상. 대개 신피질의 손상에 따라 나타난다.

운동실조증(ataxia). 운동 협응의 실패 또는 불규칙한 근육 활동. 흔히 소뇌 손상 이후 나타난다.

무정위운동증(athetosis). 느리고 구불구불하며 비틀린 움직임이 멈추지 않으며 특히 손에서 많이 나타나고, 추체외로계(extrapyramidal system)의 기능 이상에 기인한다.

강경증(capalepsy). 자세는 유지하지만 자발적 움직임이 감소 또는 소실되는 근육 경직. 도파민 손실에 기인한 파킨슨병의 특징 증상이다.

탈력발작(cataplexy). 의식은 있지만 근긴장이 없는 상태에서 움직임과 자세 잡기를 전혀 못하는 증상이다.

무도병(chorea). 직역하면 '춤추기'로, 잘 협응된 것처럼 보이지만 비자발적으로 일어나는 광범위한, 끊임없이 불규칙하게 급격한 움직임을 뜻한다.

편마비(hemiplegia). 신체 한쪽의 완전한 또는 부분적인 마비. 일반적으로 반대편의 운동피질이 손상된 후에 나타난다.

경증마비(palsy). 일반적으로 출산 전후의 뇌 손상에 기인한 지속성 운동장애를 말한다.

마비(paralysis). 신체 부위의 완전한 운동 상실(더 흔함) 또는 감각 상실. 보통 운동 뉴런의 손상 경우 영구적이며, 운동피질(4번 영역) 손상후에는 일시적이다.

양측하지마비(paraplegia). 척수 손상 후의 하체와 다리의 마비 또는 부전(不全)마비이다.

강직(spasticity). 중력에 반하는 자세를 유지하도록 하는, 특정 근육 집단에서의 긴장도 증가. 경직된 상태로부터 사지를 움직여주면 처음에는 저항이 증가하다가 근긴장이 갑자기 사라진다(접는 칼 반사, clasp-knife reflex)*. 추체외 운동 섬유의 손상에 의해 생기는 것으로 생각된다.

지연성 운동장애(tardive dyskinesia). 특히 입과 혀에서의 느리고 지속적인 움직임. 대개 장기간의 항정신병 약물 치료 이후 나타난다.

* 역자 주 : 접이식 칼날에 힘을 가하면 처음에는 힘이 들다가 어느 단계에 오면 자동으로 접힘을 생각해보라.

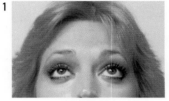

▲ 위를 보도록 했을 때, 중증근무력증 환자 (1)의 눈꺼풀은 쉽게 피로해져 쳐진다(2와 3). 이 사람의 눈꺼풀은 몇 분의 휴식 후에 정상적으로 열린다(4).

(Courtesy of Y. Harati, M.D., Baylor College of Medicine, Houston, Texas.)

하수가 나타나는 것부터 호흡마비에 의한 사망 위험까지 있는 일반화된 약화까지 다양하다.

근육의 약화는 근육의 아세틸콜린 수용기의 결핍 때문에 정상적인 근육 신경전달 이루어지지 않아 발생한다. 이 수용기들은 환자 자신의 면역계에 있는 항체에 의해 공격받았을 수 있다. 중증근무력증의 치료에는 두 가지 목적이 있다. 첫째, 아세틸콜린 치료를 통해 증상을 완화한다. 둘째, 흉선절제(항체 생성을 줄이기 위한 흉선의 외과적 제거)와 면역억제제가 병의 진행을 늦추기 위해 사용된다. 이러한 치료법들의 발달로 현재 사망률은 매우 낮다.

소아마비

운동 뉴런 세포체의 이상인 **소아마비**(poliomyelitis)는 척수의 운동 뉴런과 때로는 뇌신경의 운동 뉴런에 특별한 친화성을 보이는 바이러스에 의해 유발되는 급성 전염병이다. 운동 뉴런의 상실은 마비와 근육 소모를 일으킨다. 만약 호흡중추의 운동 뉴런이 공격받는다면 질식으로 인한 사망도 발생할 수 있다.

1950~1960년대에 솔크(Salk) 백신과 세이빈(Sabin) 경구 백신이 개발되기 전까지 북미 지역에서 소아마비는 때로는 산발적으로, 때로는 유행성으로 발생했다. 그 이후로 이 병은 잘 통제되어 오고 있다. 어째서 바이러스가 운동 뉴런에 특별한 친화성을 보이는지는 과학적 질문거리로 남아 있다. 한 가지 가능성은 바이러스가 아세틸콜린 합성을 방해한다는 것이다. 소아마비에서 회복되거나 초기에 가벼운 증상만을 보인 사람은 수년 후에 **소아마비 증후군**으로 불리는 피로나 약화 증상을 보일 수 있다.

다발성 경화증

수초화된 운동 섬유의 질병인 **다발성 경화증**(multiple sclerosis, MS, *sclerosis*은 그리스어로 '단단함'을 의미)은 수초의 상실이 특징이며, 주로 운동로(motor tract)에서 나타나지만 감각로에서도 발생한다. 수초의 손실은 균일하지 않으며, 그보다는 **경화성 반점**(sclerotic plaque)이라 불리는 작고 단단하며 국소적인 상처로 된 부분 단위로 손상이 일어나는데, 수초뿐 아니라 때로는 축색이 파괴되기도 한다 (99쪽 자세히 보기 참조).

다발성 경화증은 일반적으로 성인기에 처음 나타나는 낯선 증상을 일으킨다. 초기 증상은 얼굴, 사지, 신체의 감각 상실, 시야의 흐림, 하나 이상의 팔다리에서의 감각 및 통제의 상실 등이다. 종종 이들 조기 증상은 완화된 후 몇 년 동안 나타나지 않을 수도 있다. 그러나 어떤 경우에는 환자가 병상에 누워 있게만 될 정도로 병이 불과 수년 만에 빠르게 진행되기도 한다.

다발성 경화증의 원인은 아직 밝혀지지 않았다. 원인으로서 제안된 것들에는 박테리아 감염, 바이러스, 환경 요인, 그리고 중추신경계의 면역 반응 등이 포함된다. 종종 한 가정에서 여러 명의 사례가 보이기도 하는데, 이는 다발성 경화증이 유전적 소인과 관련이 있음을 시사한다. 다발성 경화증은 북유럽 지역에서 가장 흔하고, 북미에서는 다소 덜하며, 일본 및 더 남쪽이나 열대성 국가들에서는 드물다. 다발성 경화증이 흔한 지역에서는 발생률이 10만 명당 50명으로서 가장 흔한 구조적 신경계 질환의 하나이다. 파킨슨병만이 발생률에서 비슷할 뿐이다.

다발성 경화증의 여성 대 남성의 비율은 약 3 : 2이고, 병의 진행은 남성보다 여성에서 더 빠른 경우가 많다. 북반구 고위도 지역에서의 다발성 경화증 유행은 비타민 D의 결핍이 관련이 있을 수 있다는 의문을 제기했다. 비타민 D는 태양광 및 기름기가 많은 생선에서 얻을 수 있는데, 고위도 지역에서는 이 두 가지를 얻기가 상대적으로 어렵다.

Duan과 동료들(2014)에 따르면 비타민 D가 아동기의 수초 생성 및 성인기에서의 유지에 중요하다고 한다. 그러나 신경계에서 비타민 D의 역할은 다양하기 때문에 비타민 D의 결핍이 다발성 경화증에 관련이 있는지의 여부 및 어떤 역할을 하는지는 확실하지 않다.

건강한 신체 조직을 공격하는 면역세포들을 파괴하는 새로운 약물인 알렘투주맙(alemtuzumab, 렘트라다) 치료법은 다발성 경화증 치료의 가능성을 보여주고 있다. 뇌-컴퓨터 인터페이스(BCI) 기술의 발달 역시 급격한 진행성 다발성 경화증 환자들의 이동을 돕는 것에 대한 가능성을 보여준다.

양측하지마비

척수의 완전 절단으로 인해 야기되는 **양측하지마비**(paraplegia, 그리스어 *para*는 '나란히, 함께', *plegia*는 '중풍(뇌졸중)'을 의미)의 경우 양쪽 하지가 마비되며, **사지마비**(quadriplegia)의 경우 모든 팔다리가 마비된다. 척수가 절단된 직후 모든 활동은 신체 끝부분에서 절단된 부위 쪽으로 중단되기 시작하고 모든 운동, 감각, 반사 역시 끝부분에서 절단 부위 쪽에 걸쳐 사라진다. 반사 행동의 상실로 인해 체온조절의 통제 기능이 사라지고(땀 분비가 중단되어 피부는 차고 건조한 상태가 된다), 방광조절 역시 되지 않는다[요폐(尿閉)방지를 위해 방광의 배액이 필요하게 된다]. 척수쇼크라 불리는 이러한 상태는 4일에서 약 6주까지 지속된다.

점진적으로 일부 척수 반사는 약 1년 후 안정 상태에 도달하기 전에 회복되기도 한다. 예를 들면, 핀으로 찌르기는 **삼중 반응**(triple response), 즉 엉덩이, 무릎 및 발목 굽힘과 같은 철수 반사를 다시 일으킬 수도 있다. 손상 지점보다 더 아래에서는 감각, 자발적 운동 또는 체온조절 통제 기능의 회복이 불가능하다. 결국 신근 활동 자체는 체중을 잠시 지탱할 만큼 충분히 강해질 수 있지만, 척수 회로가 뇌로부터의 촉진 신호에 너무 의존적이기 때문에 척수 기능 부재 시 장시간 서 있을 수는 없게 된다.

브라운-세카르 증후군

브라운-세카르 증후군(Brown-Séquard syndrome)은 척수와 나란한 방향으로 한쪽 편이 절단된 결과를 말한다(**그림 26.8**). 일부 상행과 하행 신경 경로들은 척수를 교차하고 일부는 그렇지 않기 때문에 절단 부위 아래의 양측 신체에는 서로 다른 증상이 나타나게 된다. 절단면의 반대편에서는 통증 및 온도 감각이 상실되며, 이는 이들 경로들이 척수에 진입하는 지점에서 교차하기 때문이다. 그러나 미세 촉각 및 압각은 남아 있게 되는데, 이 경로들은 연수에 이를 때까지는 반대편으로 교차하지 않기 때문이다. 절단면 쪽의 미세 촉각과 압각은 멀리 떨어진 근육 조직의 감각과 자발적 운동과 마찬가지로 상실되지만 통각과 온도 감각은 남는다. 걷는 능력은 2~3일 이내에 회복이 되는데, 걷기는 신체 양측의 통제를 받기 때문이다.

편마비

편마비(hemiplegia)의 특징은 신체 한쪽면의 자발적 운동 상실과 자세 긴장의 변화, 그리고 다양한 반사 상태의 변화이다. 편마비는 운동 증상이 나타나는 쪽과 반대편의 신피질 및 기저핵의 손상에 의해 발생한다. 유아기에는 이러한 손상이 출생 시의 상처, 뇌전증, 또는 발열에 의해 생길 수 있다(유아기 편마비는 보통 뇌성마비와 함께 논의된다. 24.3절 참조). 젊은 성인의 경우 편마비는 대개 선천성 동

그림 26.8 ▼

척수 편절단

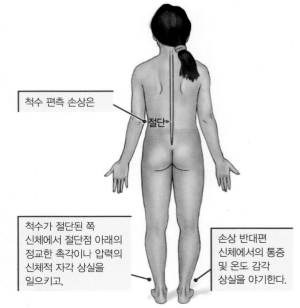

척수 편측 손상은 → 절단

척수가 절단된 쪽 신체에서 절단점 아래의 정교한 촉각이나 압력의 신체적 자각 상실을 일으키고,

손상 반대편 신체에서의 통증 및 온도 감각 상실을 야기한다.

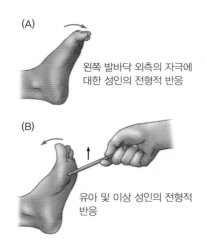

(A)

왼쪽 발바닥 외측의 자극에
대한 성인의 전형적 반응

(B)

유아 및 이상 성인의 전형적
반응

그림 26.9 ▲

편마비의 효과 (A) 왼쪽 발바닥 외측의 자극에 대한 성인의 전형적 반응. (B) 유아 및 이상 성인의 전형적 반응. 바빈스키 반사라 알려져 있다.

맥류의 파열이나 색전증, 종양, 두부 손상 등에 의해 발생한다. 하지만 편마비 사례의 대부분은 중년 또는 고령자에게서 발견되며, 보통은 고혈압이나 혈관의 변성에 의한 출혈에 기인한다.

편마비를 일으키는 손상은 진단적으로 중요한 여러가지 반사에도 영향을 미친다. 건강한 사람들의 경우 뭉툭한 물체로 발바닥을 긁으면 모든 발가락을 굽히게 된다. 대조적으로 편마비를 가진 사람은 발가락, 특히 엄지발가락을 위로 펴며, 발가락들을 부채처럼 펼치는 반응을 보인다(**그림 26.9**).

바빈스키 반사(Babinski sign) 또는 **신근족저 반응**(extensor plantar response)이라 불리는 이 반응은 신근의 활동과 이에 종종 동반되는 무릎 및 둔부에서의 다리 굽힘에 의해 나타난다. 이 반응은 운동피질 또는 추체로 손상에 따른 이상굽힘 반응들 가운데 하나이다. 편마비에서는 두 가지의 반사가 나타나지 않는다. 하나는 **복부 반사**(abdominal reflex)로, 건강한 사람들의 경우 타격이 가해졌을 때 복부 근육이 움츠러들게 된다. 또 하나는 **거고근 반사**(cremasteric reflex)로서 건강한 남성의 경우 안쪽 허벅지에 타격이 가해졌을 때 고환이 움츠러드는 반사이다.

편마비의 회복 정도는 다양하며, 치료는 하나 또는 여러 가지가 조합된 목적을 가지고 시행된다. 환자는 마비되지 않은 쪽을 사용하도록 훈련받을 수도 있고, 강직의 정도와 남아 있는 능력이 허용하는 한에서 마비된 쪽을 사용하도록 훈련받을 수도 있다. 또는 강직을 줄이고 자발적 제어를 최대화하는 운동을 하는 훈련을 받을 수도 있다. Berta Bobath(1970)가 자세히 기술한 마지막 방법은 강직의 강도는 자세와 관련되어 있다는 사실에 기초한다. 구부림은 강직을 줄여주며, 팔을 뻗고 머리를 팔 쪽으로 돌리면 굴곡 강직이 완화된다. 이러한 지식에 의해 일부 환자들은 마비된 팔다리를 상당한 정도로 사용할 수 있게 된다.

◎ 26.9 수면장애

수면의 필요성은 사람마다 상당히 다를 뿐 아니라 같은 사람이라도 생애의 각 단계마다 다르다. 매일 밤 8시간의 수면이 건강에 좋다는 말을 모두 들어보았을 것이다. 실제로는 조금 자는 사람도 있고 많이 자는 사람도 있다. 일부는 극히 짧은 수면으로도 건강을 유지하는 반면, 어떤 사람들은 10~12시간을 자기도 한다. 적절한 수면에 대한 정의는 개인의 수면 기록의 맥락에서 결정되어야 한다. 수면은 일생의 약 3분의 1을 차지하기 때문에 다양한 장애와 연관되어 있고, 이는 결코 놀라운 것이 아니다.

수면 관련 장애를 가진 사람들은 보통 수면검사실에서 하루에서 이틀에 걸쳐 검사를 받는다(**그림 26.10**). 전산화된 **폴리그래프**(다용도기록계)는 이들의 뇌파를 기록하여 뇌전도(EEG; 그림 26.10A), 근육 활동의 기록인 **근전도**(electromyogram, EMG; 그림 26.10B), 그리고 안구운동 기록인 **안전도**(electrooculogram, EOG; 그림 26.10C)를 생성하고, 체온계는 수면 중 체온을 측정한다. 이 기록들로 수면-각성 행동을 포괄적이고 신뢰할 수 있게 설명할 수 있다.

이 모든 기록들의 절차는 소형화될 수 있기 때문에 집에서 스마트폰으로 수면을 모니터링하는 것도 가능하다. 착용 가능한 전자장비들의 출현 역시 유사한 편리함을 제공할 것으로 전망된다.

EEG 기록은 뇌파 활동의 뚜렷한 패턴을 추적하며 수면 상태의 주요 측정법이다. 수면은 수면 전 기간 동안 주기적으로 교차하는 최소 두 가지 상태로 구성된다. 하나는 생생한 꿈을 꾸는 것이 특징으로, 꿈을 꾸는 동안 빠른 안구 운동, 즉 REM이 발생한다. 다른 하나는 **비REM**(non-REM, NREM) 수면이다. 두 상태 모두 수많은 하위 범주가 있다.

그림 26.11은 전형적인 야간 수면 중에 기록된 건강한 사람의 뇌파를 요약해서 보여준다. (A)는 각

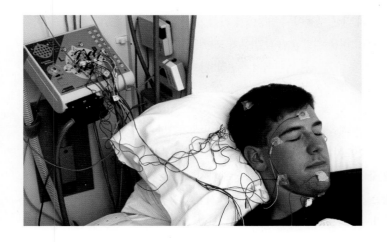

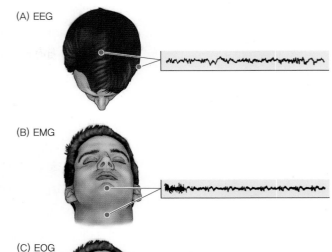

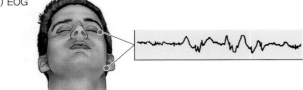

성 및 수면의 4단계와 연합된 EEG 패턴을 보여준다. 1~4단계까지의 진행에서 주요한 특징적 변화는 EEG 파형이 점차 크고 느려진다는 것이다. 이들 수면 단계에 붙여진 숫자는 수면이 상대적으로 얕은 잠인 1단계에서 깊은 잠인 4단계로 옮겨간다는 것을 가정한다. REM 수면의 EEG는 각성 상태와 유사한 점을 주목하라.

　그림 26.11B는 밤이 지나가는 동안 한 수면 단계에서 다른 단계로의 수면 주기를 보여준다. 수면 깊이는 네 수면 단계를 오르내리는 단계 및 각 수면 단계가 얼마나 오래 지속되는지로 표시된다. 수면 주기의 초기는 4단계 수면이 우세하고, 후반에는 REM 수면이 우세한 것에 주목하라.

　전형적으로 뇌간의 중심부는 REM 수면 동안 근육의 마비를 일으키기 때문에 급속안구운동과 손가락 및 발가락, 그리고 다른 신체 부위의 짧은 경련과는 별도로 몸 전체적으로는 움직임이 거의 없다. 그렇다 해도 꿈을 꾸는 동안의 EEG는 참가자가 각성 상태에 있을 때의 패턴과 유사하다. 비REM 수면은 휘적거리거나 뒤척이는 등의 큰 움직임과 다양한 진폭의 느린 EEG가 특징이다.

　수면장애는 일반적으로 크게 두 가지로 나뉜다. (1) **기면증**(narcolepsy)은 과다 수면 또는 REM 수면을 포함하는 짧고 부적절한 수면 삽화가 특징으로 종종 다른 증상들과 연합되어 나타난다. (2) **불면증**(insomnia)는 불충분한 수면이 특징으로 잠들지 못하거나 잠에서 매우 자주 깨는 증상이다. 이 두

그림 26.10 ▲

수면-실험실 프로토콜 수면 중인 참가자에 부착된 전극으로부터의 판독된 신호로 (A) 뇌파 활동, (B) 근육 활동, (C) 안구운동을 기록한다.

(HANK MORGAN/Science Source/Getty Images.)

그림 26.11 ◀

수면 주기 (A) 각성 및 네 가지의 비REM 수면 단계, 그리고 REM 수면 단계와 연합된 EEG 패턴. (B) 전형적인 야간 수면에서 사람은 대략 90분 정도의 수면 상태 주기를 여러 번 반복한다. 수면의 초기에는 비REM 수면이 우세하며, 수면의 후반부에는 REM 수면이 우세하다. 각 수면 단계의 지속 시간은 각 막대 그래프의 두께로 나타나 있으며, 막대의 색깔은 (A)에 표시된 수면 단계의 색 표시와 일치한다. 각 단계 수면의 깊이는 막대의 상대적 길이로 표현된다.

(Information from Kelley, D.D. Sleep and Dreaming. In E.R. Candle, H.H. Schwartz, and T.M. Jesse, Eds., *Principles of Neural Science*. New York: McGrawHill, 2000, p. 938.)

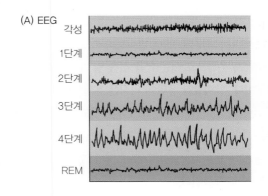

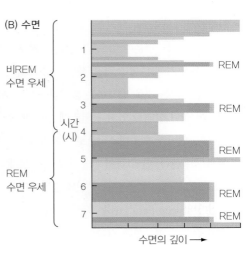

가지의 장애 외에도 수면 동안의 다른 행동이 수면장애를 가진 사람을 괴롭힐 수 있다. 야경증, 몽유병, 이갈이, 근간대성 경련(갑작스러운 격렬한 움직임)등이 포함된다. 일반적으로 이들은 일시적이고 빈도가 높지 않거나 심하게 지장을 줄 정도는 아니어서 수면장애로 분류되지는 않는다.

기면증

기면증을 가진 사람은 저항하기 어려울 정도로 잠에 대한 충동이 생기거나 부적절한 시간에 잠에 빠져버리기도 한다. 증상의 발생은 빈도가 높지 않을 수도 있고, 또는 하루에 수차례일 수도 있다. 기면증은 놀라울 정도로 흔하다. 인구의 약 0.02% 정도가 이 증상을 가지고 있는 것으로 추정되고 있다. 남성과 여성 동등하게 영향을 받는 것으로 보인다. 기면증을 가진 사람의 가족들에서도 발병률이 높다. 기면증과 관련된 유전적 변이가 쥐와 개 모델 모두에서 확인되었고, 인간의 경우에도 기면증의 유전적 근거에 대한 증거가 존재한다.

기면증 중에는 펩티드 계열 신경전달물질인 히포크레틴(오렉신)을 만드는 시상하부 뉴런의 손실과 관련이 되어 있는 것도 있다. 면역계 기능에서 중요한 역할을 하는 6번 염색체상에 있는 *HLA-DQB1* 유전자의 대립 유전자는 일부 기면증 사례와 연관되어 있다. 연구자들은 기면증이 자가면역질환, 즉 통상적으로 외인성 물질을 공격하는 면역계가 시상하부의 히포크레틴 뉴런들을 죽임으로써 발생할 수 있다고 제안한다(Mignot, 2014). *HLA-DQB1*과 기면증 간의 정확한 관계는 아직 불확실하다. 유전자는 공통이라 해도 모든 매개체가 기면증으로 발전하는 것은 아니다. 증상은 보통 10~20세 사이에 나타나고, 일단 수면발작이 나타나면 평생에 걸쳐 계속된다. 암페타민과 유사한 자극제 및 삼환계 항우울제가 기면증 치료에 유용한 것으로 밝혀졌다.

기면증의 변종들에는 수면발작, 탈력발작, 수면마비, 그리고 입면시환각 등이 포함된다. 비록 이들 장애가 동시에, 또는 동일인에게 한꺼번에 나타나지는 않지만, 상호 관련되어 있다고 생각될 정도로 자주 함께 발생한다.

- **수면발작**(sleep attack)은 짧은, 종종 견딜 수 없을 정도의 수면 삽화(아마도 서파의 비REM, 낮잠과 같은 수면이다)로, 약 15분 정도 지속되며 언제라도 발생할 수 있다. 수면발작이 다가오는 것을 때때로 알아챌 수 있기도 하지만 아무 경고 없이 발생할 수도 있다. 지루한 순간 또는 식후에 가장 발생하기 쉽지만 성행위나 스쿠버다이빙 또는 야구 경기와 같은 활동 중에도 발생할 수 있다. 짧은 수면 발작 후에는 완전한 각성 상태가 되어 몇 시간 동안은 발작 없는 상태가 지속된다.

- **탈력발작**(cataplexy, 그리스어의 *cata*는 '아래'를, *plexy*는 '부딪침'을 의미)은 근육 긴장의 완전 상실 또는 갑작스러운 마비로, 그 결과 주저앉거나 완전히 쓰러지게 된다. 발작은 아주 갑작스럽게 나타날 수 있기 때문에 쓰러질 경우 부상을 입기 쉽다. 부분적으로 이는 근육 긴장 및 반사 능력의 상실이 넘어지는 것을 방지하는 움직임을 막기 때문이다. 탈력발작 동안에 의식은 유지되며, 만약 눈꺼풀이 열린 상태로 있거나 열리게 된다면 발작 동안에 일어난 일들을 보았다는 것도 회상할 수가 있다. 수면발작과는 대조적으로 탈력발작은 보통 웃거나 화났을 때와 같이 정서적으로 흥분된 상태에서 발생한다. 만일 정서 반응이 엄격히 통제되는 상태라면 발작을 막을 수도 있다. 탈력발작은 아마도 REM 또는 꿈을 꾸는 수면의 갑작스러운 발생으로 생각된다.

- **수면마비**(sleep paralysis)는 각성 상태에서 수면으로의 이행 시 발생한다. 수면마비 삽화는 보통 짧지만 길게는 20분까지 지속되기도 한다. 만약 학급을 대상으로 한 조사 결과가 발생빈도의 실제 지

표라면 인구의 약 절반이 수면마비를 경험한 적이 있는 것이 된다. 탈력발작과는 대조적으로 수면마비를 겪는 사람은 접촉이나 이름을 부르는 것으로 쉽게 각성이 되고, 만약 발작을 경험한다면 웅얼거리거나 또는 수면을 깨우는 다른 방법에 의해 발작을 끝낼 수 있다. 수면마비는 아마도 각성은 하지만 여전히 꿈 수면과 연합된 마비 상태가 지속되는 것으로 보인다.

- **입면시환각**(hypnagogic hallucination, 그리스어의 *hypnos*는 '잠'을, *gogic*은 '~로 들어가다'를 의미)은 잠이 들거나 깨어날 때의 수면마비 동안에 나타나는 환청, 환시, 또는 환촉 삽화이다. 환각은 일반적으로 무서운 내용일 때가 많다. 괴물이나 무시무시한 무언가가 근처에 잠복해 있는 것 같은 느낌을 받기도 한다. 유사한 환각이 탈력발작 삽화 동안에 일어날 수도 있다. 한 가지 신기한 특징은 환각 상태 중에도 의식이 있고, 무슨 일이 일어나는지를 자각할 수 있다는 것이다. 따라서 환각과 현실이 뒤섞일 수 있게 되므로 환각은 더더욱 기괴한 경험이 된다. 사실상 입면시환각은 사람이 의식 상태에 있을 때 꿈을 꾸는 것이다.

불면증

잠을 못 자거나 잘 자지 못하거나 또는 자주 깨어난다고 주장하는 사람들에 대한 연구 결과는 불면증이 다양한 원인을 가질 수 있음을 보여준다. 그럼에도 수면이 불량한 사람의 잠들기 전 및 수면 동안의 체계적 뇌파 기록은 이들이 잠들기까지 걸리는 시간을 다소 과장한다는 점을 보여준다. 그러나 잠을 잘 못 자는 사람들은 실제로 꿈을 꾸는 수면이 감소하고, 자는 동안 더 많이 움직이며, 정상 수면을 하는 사람들에 비해 수면 단계 간 전환이 더 자주 일어난다. 또한 서파 수면으로부터 깨어났을 때에도 이들은 자고 있지 않았다고 주장한다. 드문 사례이지만 단백질이 비정상적으로 접히는 **프라이온병**(prion disease)은 만성적인 불면증을 초래할 수 있으며 이는 결국 치명적으로 작용한다(Blasé et al., 2014).

EEG 기준에 의하면 불량수면자는 잠을 자기는 하나 수면을 통한 회복 효과를 완전히 누리지 못하는 것 같다. 조사에 따르면 많게는 14%의 사람들이 불면증을 가지고 있다고 주장하지만, 원인은 다양하며 일반적인 요인, 가령 불안, 우울, 수면에 대한 두려움, 환경의 교란, 시차 등이 포함된다. 불면증은 악몽이나 야경증, 수면 무호흡증(수면 중 호흡을 멈추는 것), **하지불안 증후군**(RLS, 자세히 보기 참조), 근간대성 경련(비자발적 근수축), 특정 종류의 약물 사용, 특정 종류의 뇌 손상 등과 연합되어 있을 수 있다.

악몽은 잠에서 깨어나게 할 정도의 강렬하고 무서운 꿈이다. 이보다 덜 흔한 것이 **야경증**으로, 이는 공황이나 비명 또는 이와 유사한 발성을 동반하는, 싸우거나 도망치려는 시도를 말한다. 악몽은 꿈을 꾸는 수면 중에 일어나지만, 야경증은 비REM 수면 동안에 발생한다. 야경증은 보통 짧으며(1~2분 정도), 각성 후에는 잊혀진다. 두 현상 모두 성인보다 아이들에게서 더 흔히 나타나는데, 이는 아마도 성인은 불편한 꿈에 대한 경험이 더 많아 이들에 의해 쉽게 각성되지 않기 때문으로 보인다. 두 증상 모두 수면을 방해하고 교란하기에 충분하며, 불면증을 야기한다.

수면 무호흡증(sleep apnea, 그리스어의 '호흡하지 않음'에서 유래)은 수면 중에 숨을 쉬지 못하는 증상이다. 숨을 쉴 수 있도록 뇌가 근육에 신호를 보내지 못하기 때문에, 호흡을 하기 위해서는 잠에서 깨어야 한다. 수면 중 주기적인 호흡 중단은 한 번에 10초에서 3분까지 나타나는데, 두 가지의 유형이 있다.

폐쇄성 수면 무호흡증(obstructive sleep apnea)은 주로 꿈을 꾸는 도중에 발생하며, 꿈 수면에 의한 마비 기간 동안 구강 인두가 막혀 발생한다. 환자들은 거의 예외 없이 코골이(공기 통로의 수축 때문에 호흡이 어려워진 결과로 나는 소리)의 전력을 가지고 있다. 폐쇄 증상은 외과적 개입 또는 기도 개방을 유지시켜주는 다양한 착용 장비를 통해 감소시킬 수 있다.

중추성 수면 무호흡증(central sleep apnea)은 중추신경계 장애로 인해 발생한다. 주로 남성에게서 발생하며, 횡격막과 부속 근육이 움직이지 않는 것이 특징이다[수면 무호흡증 및 영아 돌연사 증후군 (SIDS)과의 관련성에 대한 정보는 124쪽 자세히 보기 참조].

수면 무호흡증은 비만에 의해 유발되거나 악화될 수 있는데, 비만은 공기 통로를 좁게 하고, 고혈압 이나 당뇨를 포함한 다른 많은 대사 증후군의 증상과 연관되어 있다. 두 유형의 수면 무호흡증을 탐지 하고 진단하기 위해서는 밤을 세워 기록하는 과정이 필수적이다. 두 유형 모두 수면을 방해하는데, 무

자세히 보기   하지불안 증후군

윌리스–에크봄병(Willis–Ekbom disease)이라고도 불 리는 하지불안 증후군(RLS)은 다리에 무언가 움직이거 나 기어가는 듯한, 또는 따끔거리거나 잡아당기는 느낌, 또는 통증과 같은 불쾌한 감각을 경험하는 수면장애이 다. 이러한 감각들은 일반적으로 종아리 부위에서 발생 하지만 허벅지부터 발목까지 어디에서라도 느껴질 수 있다. 한쪽 또는 양쪽 다리 모두 영향을 받을 수도 있으 며, 일부의 경우 이 감각이 팔에서도 느껴지기도 한다. RLS를 보이는 사람 중 약 15%는 한쪽 다리에서만 증 상을 보인다(Garcia-Borreguero & Williams, 2014).

RLS는 100명당 5명 정도에서 나타날 수 있고, 증후 군 성향은 유전적일 수 있다. 다른 원인들로는 철분의 부 족, 파킨슨병, 빈혈, 신부전, 당뇨, 그리고 말초 신경장애 등이 있다. RLS는 비타민 D 결핍과 관련이 있다고 알 려졌지만, 오히려 비타민 D 수준이 높은 여름에 발병률 이 더 높은 것으로 보고되었다. 임산부의 일부가 특히 임 신 후기에 RLS를 경험하기도 한다. 이들 중 대부분에서 는 출산 후 4주 이내에 증상이 사라지는 것이 보통이다.

다리의 산소 수준 측정 결과는 말초 저산소증(산소부 족)이 RLS와 관련되어 있을 수 있다는 점을 시사한다. 구토 억제제(프로클로르페라진이나 메토클로프라미드), 항경련제(페니토인 또는 드로페리돌), 항정신병제(할로 페리돌 또는 페노티아진 유도제), 그리고 일부 감기약 및 알레르기 약 등을 포함하는 약 중 일부는 증상을 악 화시킬 수도 있다. RLS가 흔하기는 하지만 약을 필요 로 하는 사람들의 수는 확실하지 않다.

RLS를 보이는 사람들은 감각이 발생할 때 다리를 움 직이려는 참을 수 없는 충동을 나타낸다. 많은 사람들이

수면 중 주기적 사지 운동(PLMS)이라 불리는 관련 수 면장애를 함께 보이며, 이 장애는 10~60초마다 비자 발적으로 다리를 움츠리거나 굽히는 운동을 하는 것이 특징이다. 일부 환자들의 경우 하룻밤에 수백 번의 움직 임을 경험할 수 있고, 이로 인해 깨어나거나 수면이 방

B. W. Hoffmann/Envision

해되고, 함께 자는 사람을 불편하게 할 수도 있다. 이러 한 장애를 가진 사람들은 밤에 잘 자지 못하고 낮 동안 에 졸음을 느낄 수 있다.

RLS는 남녀 모두에게 영향을 미치며, 증상은 어느 연 령에서도 시작될 수 있지만 고연령자에게서 더 심하다. 증상을 경험하는 젊은 사람들의 경우 때때로 '성장통'을 겪는 것으로 생각되거나, 학교에서 가만히 앉아 있지를 못하므로 과잉행동을 보이는 것으로 간주되기도 한다.

RLS에 대한 실험실 검사는 없으며 의사조차 신체검 사에서는 아무 이상도 발견할 수 없다. 이 장애는 중추 신경계에서 기원할 가능성이 큰데, 다리가 없는 환자 들에게서도 증상이 보고된 적이 있기 때문이다. 증상 의 직접적인 원인은 흑질선조 경로의 도파민 수준 저 하인 것 같지만 다리의 움직임을 동반하는 뇌의 변화 는 광범위하다.

철분이 도파민의 합성 및 사용에 관여하기 때문에 어 떤 사람들은 철분 보충을 통해 증상을 개선하고자 한다. 철분에 반응이 없는 사람들에게는 도파민을 증가시켜 파킨슨병을 치료하기 위한 약물인 L–도파가 유용한 것 으로 밝혀졌고, 프라미펙솔(미라펙스와 시프롤)과 같은 도파민 수용기 효능제 역시 효과가 입증되었다. RLS 증 상 치료법에는 마사지, 운동, 스트레칭, 온욕 등이 포함 된다. 또한 환자들은 카페인 섭취를 제한하거나 벤조디 아제핀을 복용함으로써, 또는 두 가지를 모두 함으로써 수면을 더 잘 취할 수 있다.

Garcia-Borreguero, D., and A.M., Williams. An update on restless legs syndrome (Willis–Ekbom disease): Clinical features, pathogenesis and treatment. *Current Opinion in Neurology* 27:493–501, 2014.

호흡증의 영향을 받은 사람은 산소 부족 때문에 부분적으로 또는 완전히 깨어나기 때문이다. Caterina Tonon과 동료들(2007)에 따르면 수면 무호흡증에서 발생하는 산소결핍은 뇌의 신경세포 손실을 초래할 수 있다. 따라서 수면 무호흡증은 낮 시간 졸림의 원인으로 의심되며 진단이 쉽다. 그리고 체중 감소와 수면 중 기도의 음압을 발생시켜주는 착용 장치를 통해 치료 가능하며, 수면을 향상시킬 수 있다.

대부분의 향정신성 약물은 자극제건 진정제이건 결국 불면증을 유도한다. 최면제와 진정제는 처음에는 수면을 촉진시킬 수 있지만 습관화가 되면 효과가 없어진다. 더욱이 약물이 수면을 유도하더라도 꿈 수면은 유도하지 않으므로 약물 사용자는 수면이 박탈된 느낌을 계속 받는다. 자극제는 직접적으로 수면을 감소시키지만 가장 큰 효과는 서파 수면의 감소에 있는 것으로 보인다. 약물 사용을 중단하면 약물 유도성 불면증은 보통 사라진다.

요약

26.1 신경학적 검사

신경과 전문의는 환자들의 신경계 검사를 시행하고, 병력을 확인하며 상태를 평가하여 치료를 권고하는 의학 전문의이다. 뇌의 외상과 질병에 기인한 신경계 손상을 진단하고 치료하는 데 전문적이지만 일부의 사람들에게는 뇌 손상을 유발시킬 수도 있는 PTSD와 같은 상태를 검사하기도 한다.

26.2 뇌혈관장애

혈관 수축을 수반하는 혈관장애 또는 뇌출혈은 장애와 사망의 가장 흔한 원인이다. 치료법에는 혈관을 손상시키는 대사 증후군을 줄이기 위한 생활 습관의 변화와 혈압의 감소를 포함하는 대사질환을 조절하는 약물치료 등이 있다.

26.3 외상성 뇌 손상

뇌 외상에는 두개골과 뇌가 관통되는 개방성 두부 손상과 뇌가 타격에 의해 타박상을 입는 폐쇄성 두부 손상이 포함된다. 외상성 뇌 손상은 아주 낮은 연령 및 고연령에서 흔히 발생하며, 스포츠 경기 중 우연한 뇌진탕과 같은 매우 가벼운 손상으로도 발생할 수 있다.

26.4 뇌전증

뇌전증에는 여러 종류의 발작, 부상, 감염, 또는 종양으로 인한 반흔의 결과로 나타나는 뇌신경세포의 비정상적 발화 등이 포함된다. 뇌전증의 치료법에는 이러한 주 원인을 다루는 치료와 약물요법, 그리고 난치성인 경우에는 뇌심부 자극과 선택적 뇌수술 등이 있다.

26.5 종양

뇌종양의 종류는 신경교종, 수막종, 전이성 뇌종양 등이다. 치료법에는 종양을 제거하는 뇌수술과 종양의 증상을 치유하기 위한 치료법 및 약물요법 등이 있다.

26.6 두통

두통에는 뇌졸중, 종양, 뇌 감염등과 같은 신경질환과 편두통, 근육 수축, 비편두통성 혈관 두통 등이 있다. 주 원인에 대한 행동 및 약물 치료법이 시행된다.

26.7 감염

바이러스, 박테리아, 진균 및 기생충 감염은 뇌에 영향을 준다. 혈뇌장벽이 중추신경계 조직으로의 용이한 접근을 차단하기 때문에 감염될 경우 약물에 의한 치료가 어렵다. 새로운 치료 옵션에는 항생제 내성 박테리아에 대한 진행 중인 연구 분야가 있으며 바이러스 연구 역시 활발히 수행되고 있다.

26.8 운동 뉴런 및 척수 장애

운동 뉴런 및 척수 장애에는 중증근무력증, 소아마비, 다발성 경화증, 그리고 척수의 부분적 또는 완전 절단에 의한 부상 등이 있다. 운동장애의 치료는 물리치료, 약물치료, 뇌-컴퓨터 인터페이스가 포함된다.

26.9 수면장애

수면장애에는 잠이 들지 못하는 불면증, 과도한 수면인 기면증 등이 있다. 이 장애들은 중추신경계에 기원을 두고 있을 수 있지만, 수면 중 호흡을 하지 못하는 수면 무호흡증과 약물 사용 관련 장애들 역시 포함된다. 착용형 컴퓨터의 소형화 및 발전은 개인의 수면 모니터링 및 수면장애의 진단과 치료 개선의 전망을 밝게 한다.

참고문헌

Blasé, J. L., L. Cracco, L. B. Schonberger, R. A. Maddox, Y. Cohen, I. Cali, and E. D. Belay. Sporadic fatal insomnia in an adolescent. *Pediatrics* 133(3):e766–770, 2014.doi:10.1542/peds.2013-1396.Epub February 2, 2014.

Bobath, B. *Adult Hemiplegia: Evaluation and Treatment*. London: Heinemann Medical Books, 1970.

Costanzo, M. E., Y. Y. Chou, S. Leaman, D. L. Pham, D. Keyser, D. E. Nathan, M. Coughlin, P. Rapp, and M. J. Roy. Connecting combat-related mild traumatic brain injury with posttraumatic stress disorder symptoms through brain imaging. *Neuroscience Letters* 577C:11–15. doi:10.1016/j.neulet.2014.05.054.June 4, 2014.

Duan, S., Z. Lv, and X. Fan. Vitamin D status and the risk of multiple sclerosis: A systematic review and meta-analysis *Neuroscience Letters* 570:108–113, 2014.

Förstl, H., C. Haass, and B. Hemmer. Boxing—acute complications and late sequelae from concussion to dementia. *Deutsches Arzteblatt International* 107:835-U18, 2010.

Ghobrial, G. M., P. S. Amenta, and M. Maltenfort. Longitudinal incidence and concurrence rates for traumatic brain injury and spine injury—A twenty year analysis. *Clinical Neurology and Neurosurgery* 123:174–180, 2014.

Giffords G., M. Kelly, and J. Zaslow. *Gabby: A Story of Courage and Hope*. Scribner: New York, 2011.

Gonçalves, R., A. L. Pedrozo, E. L. Coutinho, I. Figueira, and P. Ventura. Efficacy of virtual reality exposure therapy in the treatment of PTSD: A systematic review. *PLoS ONE* 7(12):e48469.doi:10.1371/journal .pone.0048469, 2012.

Gregorio, G. W., K. R. Gould, and G. Spitz. Changes in self-reported pre- to postinjury coping styles in the first 3 years after traumatic brain injury and the effects on psychosocial and emotional functioning and quality of life. *Journal of Head Trauma and Rehabilitation* 29:43–53, 2014.

Kaba, F., P. Diamond, and A. Haque. Traumatic brain injury among newly admitted adolescents in the New York City jail system. *Journal of Adolescent Health* 54:615–617, 2014.

Karr, J. E., C. N. Areshenkoff, and M. A. Garcia-Barrera. The neuropsychological outcomes of concussion: a systematic review of meta-analyses on the cognitive sequelae of mild traumatic brain injury. *Neuropsychology*, 28(3):321–336, 2014.

Kersten, P., A. McCambridge, M. Kayes, A. Theadom, and K. M. McPherson. Bridging the gap between goal intentions and actions: A systematic review in patient populations. *Disability and Rehabilitation* 7:1–8, 2014.

Knox, D. B., M. J. Lanspa, C. M. Pratt, K. G. Kuttler, J. P. Jones, and S. M. Brown. Glasgow Coma Scale score dominates the association between admission Sequential Organ Failure Assessment score and 30-day mortality in a mixed intensive care unit population.*Journal of Critical Care* 29:780–785, 2014.

Lashley, K. S. Patterns of cerebral integration indicated by the scotomas of migraine. *Archives of Neurology and Psychiatry* 46:331–339, 1941.

Lezak, M. D., D. B. Howiesen, E. D. Bigler, and D. Tranel. *Neuropsychological Assessment*, 5th ed. New York: Oxford University Press, 2012.

Luria, A. R. *The Working Brain*. New York: Penguin, 1973.

Mignot, E. J. M. History of narcolepsy at Stanford University. *Immunologic Research* 58:325–339, 2014.

Newcombe, F. *Missile Wounds of the Brain*. London: Oxford University Press, 1969.

Pincus, J. H., and G. J. Tucker. *Behavioral Neurology*. New York: Oxford University Press, 2003.

Rizzo, A., T. D. Parsons , B. Lange, P. Kenny, J. G. Buckwalter, B. Rothbaum, J. Difede, J. Frazier, B. Newman, J. Williams, and G. Reger. Virtual reality goes to war: A brief review of the future of military behavioral healthcare. *Clinical and Psychological Medical Settings* 18:176–187, 2011.

Selassie, A. W., D. A. Wilson, and E. E. Pickelsimer. Incidence of sport-related traumatic brain injury and risk factors of severity: A population-based epidemiologic study. *Annals of Epidemiology* 23:750–756, 2013.

Solomon, G. S., and A. Kuhn. Relationship between concussion history and neurocognitive test performance in National Football League draft picks. *American Journal of Sports Medicine* 42:934–939, 2014.

Sprengers, M., K. Vonck, E. Carrette, A. G. Marson, and P. Boon. Deep brain and cortical stimulation for epilepsy. *Cochrane Database Systematic Reviews* 6:CD008497.doi:10.1002/14651858.CD008497. pub2.June 17, 2014.

Tartaglia, M. C., L.-N. Hazrati, K. D. Davis, R. E. A. Green, R. Wennberg, D. Mikulis, L. J. Ezerins, M. Keightley, and C. Tator. Chronic traumatic encephalopathy and other neurodegenerative proteinopathies. *Frontiers in Human Neuroscience* 8: 8–30, 2014.

Teasdale, G., and B. Jennett. *The Glasgow Coma Scale. Lancet* 2:81–84, 1974.

Teuber, H.-L., W. S. Battersby, and M. B. Bender. *Visual Field Defects after Penetrating Wounds of the Brain*. Cambridge, Mass.: Harvard University Press, 1960.

Tonon, C., R. Vetrugno, R. Lodi, R. Gallassi, F. Provini, S. Iotti, G. Plazzi, P. Montagna, E. Lugaresi, and B. Barbiroli. Proton magnetic resonance spectroscopy study of brain metabolism in obstructive sleep apnea syndrome before and after continuous positive airway pressure treatment. *Sleep* 30:305–311, 2007.

van Zuiden, M., A. Kavelaars, and E. Geuze. Predicting PTSD: Pre-existing vulnerabilities in glucocorticoid-signaling and implications for preventive interventions. *Brain Behavior and Immunity* 30:305–311, 2013.

Wingenfeld, K., and O. T. Wolf. Stress, memory, and the hippocampus. *Frontiers in Neurological Neuroscience*.34:109–120. doi:10.1159/000356423.Epub April 16, 2014.

27 정신장애 및 관련 장애

T 부인은 열여섯 살이었을 때 처음으로 조현병 증상을 경험하기 시작했는데, 사람들이 자신을 응시한다는 강한 느낌을 받곤 했다. 이와 같은 자의식(self-consciousness) 때문에 그녀는 피아노 공연을 그만두어야 했다. 또한 자의식 때문에 남들 앞에 나서지 못했고, 이어서 타인이 자신에 대해 이야기한다는 망상, 심지어 그들이 자신을 해칠 계획을 한다는 의심을 하기에 이르렀다. 초기의 질병 증상은 간헐적이었고, 발병 삽화 간의 시기에는 지능과 따뜻한 성품, 그리고 포부도 회복되어 수년간의 대학 생활을 마치고 결혼 후 세 아이를 양육할 수 있었다. 셋째 아이의 출산 이후 28세가 되었을 때 그녀는 환각을 경험하기 시작했고 처음으로 정신병원에 가야 했다.

현재 45세인 T 부인은 결코 건강한 상태가 아니다. 그녀는 거리

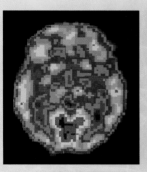 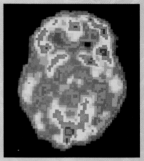

Hank Morgan/Science Source

이 PET 영상은 조현병에 동반되는 대사활동의 변화를 밝혀준다. 전전두피질(스캔 이미지의 윗부분)에서의 비정상적으로 낮은 혈류량이 특징이다. 대조적으로 오른편의 영상은 조현병 증상이 없는 건강한 사람의 뇌를 보여준다.

에서 공룡을, 그리고 냉장고에서 살아 있는 동물을 목격하곤 했다. 환각이 일어나는 동안 그녀는 앞뒤가 안 맞는 거의 시적인 방식으로 말하고 글을 쓴다. 환각이 나타나지 않을 때에는 정신이 다소 맑았지만, 그런 때마저 때때로 그녀의 목소리가 잠옷만 입은 채 한밤중에 고속도로를 과속으로 달리는 것과 같은 위험한 일을 하도록 유도하곤 한다. … 뚜렷한 자극이 없는 때조차도 T 부인은 식품점에서 천사를 보는 것과 같은 기괴한 환시를 겪곤 한다. 이런 경험들 때문에 그녀는 항상 생각에 사로잡히고 혼란스러우며 겁에 질린 상태가 되어 요리나 피아노 연주와 같은 일상적인 일도 할 수 없게 되었다. (Gershon & Rieder, 1992, p. 127)

이 장은 뚜렷한 뇌 손상 없이 인지 기능에서의 극적인 이상이 특징인 행동장애에 초점을 두고 있다. 일반적으로 정신질환(mental illness)으로 간주되는 장애들(조현병, 정동장애, 불안장애)로 시작해서, 혈관계 질환의 결과로 나타나는 정신과적 증상들을 살펴볼 것이다. 또한 정신외과의 역사를 간략히 본 후 파킨슨병과 같은 운동장애들의 신체적·정신적 측면에 대한 조사 결과를 살펴볼 것이다. 이어서 노화와 관련된 치매에 대해 논의하고, 행동에서 미량영양소의 역할에 대한 논의로 이 장을 마무리할 것이다.

27.1 뇌와 행동

René Descartes가 마음-신체 문제를 처음 제기한 이래 수세기에 걸쳐 정신병리에 관한 심리학적 관점과 생물학적 관점의 대비는 이원론자와 일원론자 간의 논쟁을 투영해왔다. 1.2절에 기술된 바와 같은

이러한 양극단의 철학적 관점들처럼 마음–신체 문제는 아직도 해결되지 않았다.

종교나 시학(poetry)은 정신 이상(madness)을 영혼의 고통으로 보았다. 정신 이상은 현대소설뿐 아니라 고전소설에서도 중요한 소재이다. 셰익스피어의 맥베스와 오셀로, 또는 도스토예프스키의 백치를 떠올려보라. 반면 역사적으로 의학은 비록 대부분의 경우 많은 증거나 성과가 없긴 했지만, 정신 이상을 다양한 체액과 기관의 장애로 설명해왔다.

지난 40여 년간 정신의학적 또는 행동적 혼란에는 생화학적 · 해부학적 · 경험적 · 유전적 기초가 있다는 것이 명백해졌다. 또한 조현병과 같이 '정신병'이라 불리는 행동장애와, 파킨슨병처럼 '운동장애'라 불리는 것들 간의 구분이 그렇게 뚜렷하지 않다는 것 역시 명백해졌다.

정신장애를 이해하는 데 있어서 어려운 점 가운데 하나는 진단이다. 미국 정신의학회가 1980년 정신질환의 진단 및 통계 편람 3판(DSM-III)을 출간했을 때만 해도, 장애의 객관적 범주들을 나열하는 것이 연구의 실용적인 초안 작성과 정교화에 도움이 될 것이라 생각되었다. 불행히도 그렇게는 되지 않았다. DSM-III 진단은 의문시되지도, 또한 검증되지도 않았다.

뒤이은 DSM-5까지의 개정판들 역시 유사한 문제를 겪었다. 전 미국 국립정신보건원(NIMH)의 소장이었던 Steven Hyman(2012)은 DSM에 근거해 인식되는 장애들은 최선의 가용한 자료를 바탕으로 분류되어야 한다고 강조하였다. 함께 묶일 만한 후보들은 정상 및 비정상의 인간 **커넥톰**(connectome, 유기체 신경계의 구조적 연결망에 대한 포괄적 지도)에 관해 누적되는 자료들과 관련되는 것들이다. 예를 들면, Hyman은 높은 공병 수준과 쌍둥이 연구들의 결과는 공포 기반의 불안장애와 우울증이 같은 범주로 묶여야 한다는 것을 시사한다고 하였다. NIMH에서는 이러한 접근법을 적극적으로 독려하고 있으며, 2013년 영상법, 유전학, 그리고 인지신경과학을 포함하는 다양한 출처들로부터 나온 통합된 자료에 근거해 진단을 변환시키기 위한 연구 영역 규준(Research Domain Criteria, RDoC) 계획을 시작하였다. 현재 RDoC는 연구의 틀이고 아직 임상적 도구는 아니다. 진단과 정신장애 치료에 필요한 정보를 줄 수 있는 증거를 사용하고자 하는 목표의 달성에는 10여 년은 걸릴 것으로 예상된다.

27.2 조현병

조현병(schizophrenia)은 기이한 병이다. 언제나 조현병적인 행동을 식별하는 것이 조현병을 정의하는 것보다 더 쉽다. 아마도 보편적으로 인정되는 조현병 진단기준은 다른 신경계 장애나 정동장애의 존재를 배제하고, 그 자체로 정의하는 것일 것이다.

이 장의 사례 보기에서 기술된 T 부인의 사례에서 볼 수 있듯이 DSM-5에는 조현병의 다섯 가지 증상이 나열되어 있다.

1. **망상**. 즉 왜곡된 현실에 대한 신념. T 부인은 사람들이 자신에게 맞서기 위한 계획을 세우고 있다는 의심을 품었다.
2. **환각**. 외부 자극이 없는데도 목소리를 듣는다든가, T 부인 사례에서와 같이 거리에서 공룡을 보는 것과 같은 변조된 지각이다.
3. **와해된 언어**. 앞 뒤 안 맞는 진술이나 무의미한 운율. T 부인의 화법과 글은 앞뒤가 안 맞았지만 시적이었다.
4. **와해 또는 지나치게 동요하는 행동**. T 부인의 위험한 야간 드라이브가 그 예이다.

5. **사회적 또는 직업적 역기능을 초래하는 기타 증상.** T 부인이 피아노 연주나 식사조차 할 수 없도록 방해했던 경험이다.

모든 환자가 이들 증상 전부를 보이는 것은 아니다. 오히려 여러 환자에게서 관찰되는 증상들은 이 질적이며, 이는 증상들의 생물학적 상관 역시 이질적임을 시사한다. DSM-5에서는 적어도 2개의 증상 이 6개월간 지속되어야 하고, 그중에도 최소 1개월간은 증상이 활발해야 함을 명시하고 있다.

조현병의 증상을 분류하는 대안적인 방법은 이들을 유형 I과 유형 II로 범주화하는 것이다. **양성 증상**이라고도 불리는 유형 I에는 망상, 환각, 그리고 와해되거나 기괴한 행동 등과 같은 특징이 포함된다. 유형 II의 특징은 **음성 증상**으로서 정서둔마, 사회적 철수, 그리고 언어의 부족 등이 이에 속한다.

비록 조현병은 한때 점진적으로 악화되어 결국 암울한 최종 결과로 이어지는 특징을 가지는 것으로 생각되었으나, 이는 정확한 관점은 아닌 듯하다. 대부분의 환자들은 초기 몇 년이 지난 후에 상당히 안 정된 수준에 머무르는 것으로 보이며, 신경심리학적 기능의 감퇴에 관한 증거는 거의 없다. 증상들은 T 부인의 경우에서처럼 나타났다 사라지곤 하지만, 증상의 심각도는 초기 몇 년이 지난 이후에도 비교 적 일정한 수준을 유지한다.

조현병 환자 뇌의 구조적 이상

많은 연구들이 사후부검에서 얻은 조직 또는 MRI나 CT를 통해 조현병 환자들 뇌의 대략적인 구조적 특징을 보아왔다. 결과들마다 다르긴 하지만, 대부분의 연구자들은 조현병 환자들의 뇌가 건강한 뇌에 비해 가볍고 뇌실이 확장되어 있다는 것에 동의한다. 또한 조현병 환자의 뇌는 전두엽의 크기가 작거나 적어도 전전두피질의 뉴런 개수의 감소뿐 아니라 해마방회의 두께 감소를 보이는 것으로 생각되어왔다.

세포 구조에 관한 연구들의 결과는 전전두피질과 해마 모두의 이상을 보여준다. 배외측 전전두 세 포들은 단순한 수상돌기 구조를 가지고 있고, 이는 더 적은 수의 시냅스 연결을 뜻한다. **그림 27.1A**에 나와 있는 해마의 추체세포들은 그림 27.1B에서처럼 무분별한 정향을 보인다. 조현병 환자 뇌에서 또 한 가지 흥미로운 세포 구조의 이상은 배외측 전전두피질(DLPFC)에서 관찰된다. 배외측 전전두피질 에 있는 GABA 뉴런들의 일부는 저하된 작업 기억과 관련된 GABA 합성 감소를 보인다(Lewis et al., 2005 개관 참조; GABA는 전뇌의 주요 억제성 신경전달물질이다).

연구자들은 조현병 환자들이 위스콘신 카드분류 검사(그림 16.10 참조)와 같은 과제를 수행하는 동 안 뇌 활동을 보기 위해 신경 영상법을 사용한다. 예를 들면, Daniel Weinberger와 동료들(1992)의 실 험 결과, 대조 집단은 카드분류 과제 수행 동안 유의미한 전전두피질 활동을 보였지만, 조현병 환자들 은 그렇지 않았다. 한 흥미로운 연구 보고에서 Karen Berman과 Daniel Weinberger(1992)는 조현병

(A)

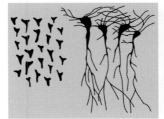

구조화된 (건강한) 추체세포

(B)

비구조화된(조현병) 추체세포

그림 27.1 ◀

의심되는 뇌 구조   정상 뇌(A)와 조현병 뇌(B) 해마의 추체세포 방향 예시. 이 세포들 이 보이는 제멋대로의 방향에 주목하라.

(Research from Kovelman, J.A. and A.B. Scheibel. A neurohistologic correlate of schizophrenia, *Biological Psychiatry* 19: 1601–1621, 1984, Fig. 5, p. 1613.)

▼ 중뇌변연 도파민 경로

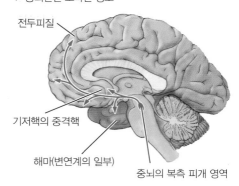

전두피질
기저핵의 중격핵
해마(변연계의 일부)
중뇌의 복측 피개 영역

표 27.1　조현병에서의 생화학적 변화

뇌척수액에서의 도파민 대사 감소
선조피질 D_2 수용기의 증가
특정 피질 영역에서의 D_3, D_4 mRNA 발현 감소
피질의 글루타메이트 감소
피질의 글루타메이트 수용기 증가
대상피질의 글루타메이트 흡수 지점 감소
전전두피질에서 GABA 합성에 필요한 mRNA 감소
대상피질에서 $GABA_a$-결합 지점 증가

D : 도파민, GABA : 감마아미노뷰티르산
출처 : *The Neurology of Mental Illness*, edited by Charney, Nestler, and Bunney (1999), Table 19.1 from chapter "The neurochemistry of Schizophrenia," by Byne, Kemegther, Jones, Harouthunian, and Davis, p238 © 1999 by Oxford University Press, Inc. By permission of Oxford University Press, USA.

발병에서 차이가 나는 일란성 쌍둥이(즉 한 사람만 조현병인 경우)를 연구하였다. PET 스캔 결과는 휴식 상태와 통제 조건에서 쌍둥이들 간에 차이가 없었지만, 카드분류 과제를 하는 동안에는 조현병에 걸린 쌍둥이의 뇌는 건강한 쌍둥이의 뇌에 비해 약한 전두엽 활성을 보였다. 이 결과는 조현병 환자들의 전전두피질이 구조적·기능적으로 비정상이라는 가설과 일치하는 것이다.

조현병 환자 뇌의 생화학적 이상

전전두피질로 향하는 중요한 경로 중 하나는 중뇌 피개 영역에서 시작되는 중뇌변연 도파민 계로의 입력이다. 도파민성 기능의 간섭은 실험 동물들의 인지적 과제 수행을 혼란시킨다. 따라서 전두엽의 도파민 활동의 이상이 적어도 몇몇 조현병 증상을 일으킬 수 있다는 추론은 합리적이다.

조현병에서 도파민의 역할에 대한 가장 강력한 증거는 **항정신병 약물**(antipsychotic drug) [**신경이완제**(neuroleptic drug) 또는 **메이저 진정제**(major tranquilizer)로도 불림]의 작용에 관한 연구에서 찾을 수 있다. 이 약물들은 원칙적으로 최면 효과 없이 정신 운동 활동에 영향을 주며, 도파민 시냅스와 도파민 효능제(코카인, 암페타민, L-도파 등)에 작용한다. 도파민 효능제들은 고전적인 편집성 조현병의 증상과 거의 유사한 정신병적 증상을 유도할 수 있다. 조현병 증상은 환자가 암페타민을 복용할 경우 더욱 강해진다.

표 27.1에 조현병과 관련된 주요 신경화학적 변화들이 요약되어 있다. 특히 도파민과 도파민 수용기의 이상뿐 아니라 글루타메이트 및 글루타메이트 수용기, 그리고 GABA와 GABA 결합 부위에서의 이상이 나와 있다. 새로운 비정형 항정신병 약물들은 보다 다양한 신경전달 물질의 작용을 겨냥하고 있으며 세로토닌(5-HT₂)과 알파 아드레날린 수용기들의 작용을 억제하는 효과를 포함한다. 개별 환자들마다 이상의 정도는 변화폭이 크며, 어떻게 신경화학적 이상이 특정 증상과 관련되어 있는지는 아직 알려지지 않고 있다.

◎ 신경발달장애로서의 조현병

조현병의 증상들은 전형적으로 사춘기 후반에 발달하기 시작하며, 오랫동안 신경발달장애로 생각되어 왔다. David Lewis와 Pat Levitt(2002)는 조현병에 걸리게 된 사람들은 태아기나 출산 전후에 산모의 영양 부족, 감염, 출산 합병증과 같이 잠재적으로 유해한 사건을 경험했을 가능성이 크다고 결론 내렸다. 나중에 조현병을 앓게 된 사람들의 홈비디오 분석에서는 임상 증상이 나타나기 수년 전부터 다양한 행동(운동, 인지, 사회)에서 미묘하지만 신뢰성 있게 관찰되는 혼란이 있었음이 밝혀졌다. 추가로 사춘기 동안 뇌, 특히 전두엽에서의 이상이 늦게 나타난다는 증거도 있다.

최근에는 조현병이 유전적 소인 및 환경의 영향의 조합에 관련된 후성적 변화를 반영하며, 궁극적으로 이를 통해 임상적 증후군에 이르는 발달 궤적을 확립할 수 있다는 생각이 대두되고 있다. 단일한 유전자가 연루되는 것 같지는 않으며, 초기 환경의 부정적 영향이 조현병의 후성적 변화에 기여하는 유전자 발현의 변화를 촉발하는 정도 역시 알려지지 않았다.

Barbara Lipska, Daniel Weinberger와 동료들(2001)은 그림 27.1B에 설명된 것과 같은 초기 해마 이상이 적어도 부분적으로는 조현병 환자의 전전두피질의 구조적·기능적 이상 발생의 원인일 것이라 제안하였다. 그들은 흥미로운 동물 모델을 개발했는데, 이 모델에서 출산 시기에 해마 손상을 받게 된 쥐들은 전전두피질의 도파민 체계가 비정상적으로 발달했다. 단지 동물들만 전전두피질 기능 손상 증상을 가진 것이 아니라, 조현병 환자들처럼 쥐들 역시 배외측 전전두 영역 추체세포들의 시냅스 사이의 공간 감소를 보인다. 그러나 놀랍게도 쥐들의 경우 안와전두 영역 세포들에서는 시냅스 공간의 증가가 나타났다.

◎ 조현병의 인지적 증상

조현병의 일반적 경향으로는 환각과 망상(양성 증상), 그리고 정서와 언어의 결핍(음성 증상) 등이 지목되지만, 가장 파괴적인 증상은 인지 능력에서 나타난다. 조현병에서의 인지적 기능은 아마도 삶의 질과 기능에 있어 가장 중요한 결정요인일 것이다.

조현병 환자들은 작업 기억, 일화 기억, 언어, 집행 기능, 주의, 그리고 감각 처리와 같이 다양한 범위에서 결함을 보인다(Deanna Barch & Alan Ceaser, 2012 개관 참조). 2000년 이래로 연구자들은 전전두피질의 이상과 관련된 작업 기억의 결함에 초점을 두는 경향을 보여왔다. 그러나 다양한 인지적 증상은 두정 및 중측두 영역의 네트워크를 혼란시키는 배외측 전전두피질의 기능 이상과 함께 서로 엮여 있다. 그러므로 전전두피질로 향하는 도파민, GABA, 그리고 글루타메이트 입력 경로의 이상은 전전두피질이 깊숙이 관여하는 회로와 네트워크의 활동의 혼란을 초래한다.

그러나 Barch와 Ceaser는 조현병의 다양한 인지적 결함들을 적어도 두 가지 관점에서 볼 수 있다고 언급했다. 통합된 기제는 아마도 핵심적인 인지결함에 관여하는 심리적인 기제일 것이다(**그림 27.2** 왼쪽). 이들은 이 기제를 **사전 통제**(proactive control)라고 칭했다. 또는 통합된 기제는 생물학적 이상이 곧바로 인지적 이상으로 이어지는 신경학적 기제일 수도 있다(그림 27.2 오른쪽). 이 차이는 중요하다.

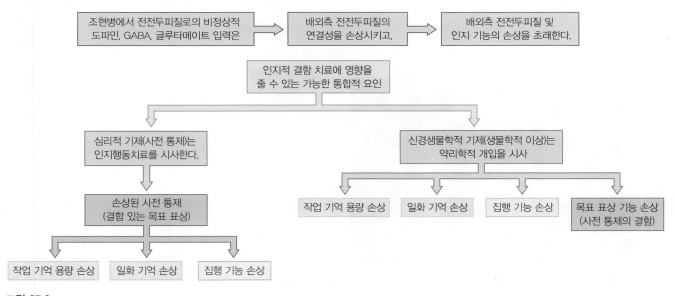

그림 27.2 ▲

조현병의 인지 기능 장애   (위) 두 가지 잠재적 경로가 조현병 환자들의 배외측 전전두피질 기능 결함, 목표 표상, 그리고 다른 인지적 손상과 연결되어 있는 것으로 보인다. (왼쪽) 여기에 제안된 심리학적 기제에서는 생물학적인 이상이 핵심적인 사전 통제 기능을 손상시킨다. 이 결함 있는 목표 표상은 곧이어 다른 인지적 결함을 초래한다. (오른쪽) 신경생물학적 기제에서는 생물학적 이상이 직접적으로 목표 표상을 포함하여 여러 인지 기능에 영향을 준다.

(Information from Barch, D.M., and A. Ceaser, Cognition in schizophrneia: Core psychological and neural mechanisms. *Trends in Cognitive Sciences* 16:27–34, 2012, Figure 3.)

왜냐하면 신경학적 관점은 직접적인 약리학적 개입의 필요성을 암시하는 반면에 심리학적 관점은 인지 치료가 더 효과적일 것을 시사하기 때문이다.

신경학적 개입은 현재 주류 치료법인 항정신병 약물의 투약을 포함한다(Minzenberg & Carter, 2012). 이 약물들은 양성 증상을 완화시키는 데 효과적이지만, 초기의 신경이완약물들에 비해 운동 부작용이 더 적은 새로운 비정형성 약물들조차도 인지 기능 결함에는 제한적인 효과를 보인다. 그 외의 신경생물학적 치료에서는 경두개 자기자극(TMS)이나 직접적으로 두피를 통한 피질 자극이 이용된다. 이러한 치료법들의 유용성, 특히 인지적 증상에 대한 판단은 아직 유보 상태이다.

그러나 인지적 훈련 절차는 조현병의 인지 기능을 개선하는 데 유망한 것으로 보인다. **인지행동치료**(cognitive behavioral therapy, CBT)는 역기능적 사고와 부적응적 행동을 제거하기 위해 문제 중심적이고 행동 지향적인 구조화된 치료법을 사용한다(예 : Morrison, 2009). 이 치료법에는 동기의 상실이나 사회적 철수 등의 음성 증상 치료를 위한 사회적 기술 훈련과 활동계획 학습뿐 아니라 환각과 망상과 같은 양성 증상 치료를 위한 대처 전략의 향상법 개발이 포함된다. 행동치료의 또 다른 유형은 뇌 손상을 입은 사람들의 훈련 경험에서 비롯되었다. 이 유형은 기억이나 전전두 기능 등의 다양한 인지 기능을 겨냥한 인지 훈련 소프트웨어 패키지를 사용한다. Michael Minzenberg와 Cameron Carter(2012)의 개관 논문은 인지적 훈련 절차가 조현병을 앓는 사람들의 인지 기능 개선에 매우 유망하다고 결론 내리고 있다.

27.3 기분장애

비록 DSM-5에서 여러 유형의 기분장애들이 분류되고 있지만, 여기서는 정서의 연속선상 두 극단을 표상하는 우울과 조증에 초점을 둘 것이다. **주요우울증**(major depression, 또는 임상적 우울증)의 주 증상은 장기간에 걸친 무가치감과 죄책감, 정상적인 섭식 습관의 혼란, 불규칙한 수면, 행동의 전반적인 둔화, 그리고 자살에 대한 빈번한 사고 등이다. 대조적으로 **조증**(mania)은 과도한 행복감과 같은 극단적으로 흥분된 정신적 상태이다. 조증을 보이는 사람은 종종 거창한 계획을 세우고 제어할 수 없는 과잉행동을 보인다. **양극성장애**(bipolar disorder)는 조증 기간이 때로는 갑작스럽게 우울 기간으로 바뀌었다가 다시 조증으로 돌아오거나, 조증과 정상 행동이 교대로 나타난다.

우울증의 신경화학적 측면

고혈압 치료를 위해 레세르핀을 투약한 환자들이 자주 심각한 우울에 빠진다는 관찰 결과는 우울증의 신경생물학적 근거에 대한 통찰의 출처였다. 레세르핀은 노르에피네프린, 도파민, 세로토닌과 같은 모노아민계 신경전달물질을 고갈시킨다. 이로부터 우울증에서는 모노아민이 감소되어 있을 것이라는 추측이 가능하다. 자살 희생자들에 대한 부검 연구의 결과는 이 가설을 지지한다.

▲ 다른 치료법들과 병행하는 신체 활동은 웰빙을 향상시키고 우울증의 효과를 막아줄 수 있다. 신체적 활동은 도파민 수준을 높이고 BNDF와 같은 신경성장인자의 생산을 증가시키기 때문이다.

(GreatStock/Masterfile.)

지난 20년 동안의 연구 결과 우울증에 대한 그림은 더 복잡해졌다. 왜냐하면 개별 모노아민에 대해 여러 종류의 수용기들이 존재하며, 우울증에서 특정 모노아민 수용기들이 파괴될 수 있다는 점이 명백

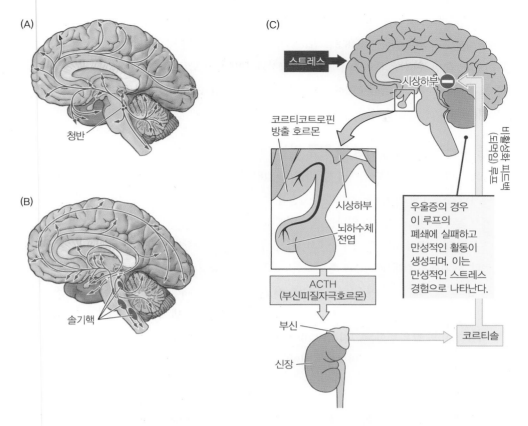

(A)

청반

(B)

솔기핵

(C)

스트레스

시상하부

코르티코트로핀
방출 호르몬

시상하부

뇌하수체
전엽

ACTH
(부신피질자극호르몬)

부신

신장

코르티솔

우울증의 경우
이 루프의
폐쇄에 실패하고
만성적인 활동이
생성되며, 이는
만성적인 스트레스
경험으로 나타난다.

해졌기 때문이다. 한층 더 복잡한 점은 우울증을 치료하기 위한 항우울제의 작용을 명쾌하게 설명하는 통합된 이론이 없다는 것이다. 예를 들면, 신경성장인자(brain-derived neurotrophic, BDNF, 즉 성장을 촉진하는 인자)가 항우울제의 작용에 아마도 중요한 역할을 할 것이다. 뇌에서 유래한 신경성장인자는 항우울제에 의해 상향 조절되고 스트레스에 의해 하향 조절된다. BDNF가 뉴런과 시냅스의 성장 및 생존을 향상시키는 것을 감안할 때, BDNF 기능장애는 뉴런이나 시냅스의 손실을 유발해 모노아민 체계에 악영향을 미칠 것이다.

BDNF 생성을 낮추는 데 있어 스트레스의 역할은 중요하다. 왜냐하면 모노아민은 **그림 27.3**에서 보이는 시상하부-뇌하수체-부신 회로, 즉 **HPA 축**을 통한 호르몬의 생성과 분비를 조절한다는 것이 명확해졌기 때문이다. 가장 잘 확립된 이상 현상은 하이드로코르티손(코르티솔)의 과다분비이다. 부신피질에서 분비되는 호르몬인 코르티솔은 스트레스 반응과 연합되어 있다.

스트레스를 받을 경우 그림 6.21에 나와 있듯 시상하부는 코르티코트로핀 방출 호르몬을 분비하고, 이는 뇌하수체를 자극해 부신피질자극호르몬(ACTH)을 생산한다. ACTH는 혈관을 따라 순환하면서 부신에서의 코르티솔 생산을 자극한다. 이 연쇄 작용을 시작하는 시상하부 뉴런들은 청반의 노르에피네프린성 뉴런에 의해 조절된다. 우울증 상태에서 신체의 스트레스 반응이 비정상적이라는 가능성은 중요한 함의를 갖는다. 왜냐하면 스트레스 관련 호르몬과 신경전달물질들은 대뇌피질 기능에 광범위한 영향을 미치기 때문이다.

우울증 치료를 위한 주요 약물인 플루옥세틴(프로작)의 개발은 신경성장인자와 흥미로운 관계를 가지고 있다. 플루옥세틴은 **선택적 세로토닌 재흡수 억제제**(selective serotonin reuptake inhibitor, SSRI)로 피질에서의 세로토닌의 양을 효과적으로 증가시킨다. 그러나 세로토닌과는 별개로 플루옥세틴은 해마에도 중요한 방식으로 작용한다. 스트레스 관련 호르몬인 글루코코르티코이드 분비 상승의 지속은 해마 과립세포의 죽음을 초래한다(18.2절 참조). 이 과립세포의 죽음은 BDNF 생산의 감소로 인한 결과일 수 있다. 플루옥세틴은 해마에서의 BDNF 생산과 신경 생성 모두를 촉진시켜 과립세포 숫자의 순증가를 가져온다. 따라서 우울증에서 플루옥세틴의 효과는 HPA 축과 행동 간의 관계에 대해 많은 것을 알려준다.

우울증의 신경병리학적 이상 및 혈류 이상

우울증의 일반적 증상들로부터 대뇌 활성화의 광범위한 감소를 예상할 수 있는데, 이는 초기 PET 연구들에서의 공통된 발견이었다. 하지만 우울증을 앓는 사람들의 뇌에서는 특히 전전두피질 및 연합 영역들에서 놀라울 정도의 차이가 있다는 것이 명백해졌다.

사후부검 및 구조적 MRI 연구 모두에서 우울증 환자 및 양극성장애 환자들 간 유사한 뇌 이상이 발견되었다. 여기에는 전대상피질, 후측 안와전두피질(OFC), 중격핵, 그리고 해마의 회백질 감소 또는 두께의 감소 등이 포함된다(예 : Price & Drevets, 2012). 또한 전대상피질(ACC)과 배외측 전전두피질(DLPFC), 그리고 편도체에서의 교세포(주로 핍돌기교세포) 및 시냅스의 상실 역시 영상 연구를 통해 밝혀졌다. 이와 같은 변화는 그림 20.12B에 나와 있는 편도체 네트워크와 그림 16.6에 제시된 전전두 기본상태 네트워크의 이상을 반영하는 것이다.

자세히 보기 　기분장애에서의 피질 대사 및 해부학적 이상

기분장애는 우울증으로만 이루어진 '단극성' 과정 또는 우울과 조증 일화가 교대로 나타나는 '양극성' 과정으로 나타날 수 있다.

Wayne Drevets와 동료들(1997)은 약물 처방을 받지 않은 단극성 및 양극성장애 피험자들(두 집단 모두 우울 단계에 있었고 기분장애의 가족력이 있었다) 및 대조 집단으로부터 대뇌혈류의 PET 영상을 수집하였다. 대조 집단과 우울 집단 간에 가장 큰 차이를 보인 뇌 영역은 뇌량의 가장 앞쪽 영역인 슬상(genu)의 바로 아래 위치한 내측 전두 영역이었다. 이 영역은 슬상하 전전두피질(subgenual prefrontal cortex)로 불린다. PET 영상에 나와 있듯이, 이 영역에서 약 12%의 혈류 감소가 나타났다.

후속 연구들에서는 조증 단계의 양극성 피험자들과 대조 집단이 비교되었고, 선행 연구와 동일한 슬상하 영역에서의 유의미한 활동 증가가 발견되었다. 한 양극성장애 환자는 우울 단계에서는 혈류 감소를, 조증 단계에서는 혈류 증가를 보였다.

우울 환자들이 보이는 혈류 감소는 시냅스 활동 또는 조직 부피의 변화에 기인할 수 있기 때문에, 연구자들은 기분장애 환자와 대조군의 MRI 영상을 병행 연구에서 수집했다. 단극성 집단과 양극성 집단 모두에서 좌반구 슬상하 전전두피질의 회백질 부피가 약 39% 감소했다. 이 부피 감소는 기분 상태에 관계없이 나타났다.

Drevets 연구 팀은 기분장애에서의 회백질 감소가 기분 삽화 발생 경향과 관련된 뇌 발달의 이상 또는 병으로 인한 퇴행성 변화에 해당될 수 있다고 결론 내렸다.

내측면　　　　**횡단면**

우반구에서 구획의 위치　　뇌량

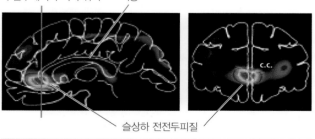

슬상하 전전두피질

c.c.

PET 영상에서 나타난 우울증에서의 감소된 활동. 특히 뇌량 바로 아래 영역(슬상하 전전두피질)에서의 대사 및 혈류 감소가 보인다.
(Drevets, W.C., J.L., Price, J.R. Simpson, R.D. Todd, T.Reich, M. Vannier, and M.E. Raichle. Subgenual prefrontal cortex abnormalities in mood disorders. *Nature* 386:826, 1997, Figure 2.)

Drevets, W.C., J.L. Price, J.R. Simpson, R.D. Todd, T.Reich, M.Vannier, and M.E. Raichle. Subgenual prefrontal cortex abnormalities in mood disorders. *Nature* 386:824–827, 1997.

신경 영상 연구들에서 우울증의 심각도는 전대상피질과 복내측 전전두피질(자세히 보기 참조)에서의 혈류 및 대사량 감소와 상관이 있다는 점이 밝혀졌다. 증상이 완화된 환자들의 경우 이 영역들에서의 혈류 증가가 나타난다. Raymond Dolan과 동료들(1994)은 감소된 활동이 우울증에서의 감퇴한 기억 및 주의 처리와 관련된다고 제안하였다.

또한 PET 연구들은 편도체에서의 포도당 대사의 비정상적 증가와 우울 증상 정도 간에 상관이 있음을 보였다. 편도체는 자극에 정서적 중요성을 부여한다(20.3절 참조). 편도체 활동은 코르티솔의 분비를 자극하는데, 이는 우울증에서 HPA 축 활동의 증가를 시사하는 것이다. 안와전두피질의 활동 증가는 편도체 활동의 조절 또는 억제와 상관되어 있을 수 있다.

우울증을 앓는 사람들의 공통적 증상 중 하나는 '불안(unease)' 또는 '두려움(dread)'의 감각이다. 이는 평소에는 무의식적 인지 처리 과정을 돕는 교감신경 활성화에 의한 신체 표지(20.4절 참조)가 과활성화되었기 때문인 것으로 생각된다(예 : Bechera et al,, 2005). 우울증에서는 전전두–전대상 피질의 이상이 교감신경 활동을 증가시키는 것으로 생각된다. 전전두피질은 교감신경 활동에 관여하는 다양한 피질하 영역들과 광범위한 연결을 이루고 있다. 이 피질하 영역들에는 편도체, 시상하부, 중뇌수도 주변 회백질 영역, 청반, 봉선핵(raphe), 그리고 뇌간의 자율 영역들이 포함된다.

우울증에서의 신경병리학적 이상 및 혈류 이상에 대한 이해가 깊어짐에 따라 기분장애가 신경생물학적 기초를 가지고 있다는 것이 명백해졌다. 그러나 우울증의 증상이 다양하듯이, 우울증을 앓는 사람들이 정확히 같은 이상을 나타낸다고 보기는 어렵다.

양극성장애의 신경생물학적 측면

양극성장애를 보이는 사람들의 뇌에서 일관된 변화를 발견하는 것은 우울증의 경우보다 더 어렵다. 뇌의 변화가 발견될 경우에는 환자들 간의 일관성은 다소 떨어지지만, 그 효과는 전형적으로 우울증에서 관찰되는 것과 유사하다. Robert Post와 Susan Weiss(1999)는 정신사회적 스트레스 요인이 많은 기분장애 삽화를 유발하지만, 기분장애 성향을 가진 사람들에서는 외부 스트레스 요인과 무관하게 삽화가 자발적으로 반복된다고 가정하였다.

이 삽화들은 매일 반복되는 주기 속에서 급격히 빈도가 증가할 수 있다. 양극성 삽화는 항우울제와 같은 약물이나 산후 조증, 그리고 우울 삽화에 의해서도 유발될 수 있고, 그 후에는 외부 사건과는 무관한 자발적인 과정으로까지 발전할 수 있다. 이런 상태가 되면 약물의 효과는 점점 더 약해진다.

William Moorhead와 동료들(2007)은 개별 환자마다 최소 한 번에서 많게는 여섯 번의 양극성 삽화를 보였던 4년에 걸친 기간의 마지막에 MRI 스캔을 실시했다. 모든 환자들은 대조 집단에 비해 측두엽(방추회와 해마)과 소뇌에서 회백질의 감소를 보였다(그림 27.4). 중요한 점은 삽화의 발생횟수와 회백질의 양, 그리고 인지 기능 결함 간에 정적인 관계가 발견되었다는 것이다. 이는 양극성장애가 점진적인 신경퇴행적 측면을 가지고 있다는 점을 암시한다.

양극성장애의 자발적인 재발 원인은 무엇일까? 한 가지 가능성은 양극성장애 환자들의 뇌가 스트레스 자극이나 약물에 특히 민감하고, 또한 기분장애의 삽화가 실제로 뇌를 변화시킬 수 있다는 것이다. 이러한 변화의 모델 중 하나는 약물(또는 스트레스) 유도 민감성인데, 다음에 간략히 살펴볼 것이다(보다 자세한 논의는 Post & Weiss, 1999 연구 참조).

만약 동물들이 반복적으로 스트레스나 정신운동 자극을 받게 되면 행동 반응이 점차 증가하게 된다. 이 증가된 반응성은 도파민 수용 영역들, 특히 전전두엽에서의 신경화학, 신경형태학적 변화 모두

그림 27.4 ▼

양극성장애에서의 뇌 위축 양극성장애 환자의 회백질 손실 영역(노란색 부분)을 보여주는 MRI 스캔 영상

(Moorhead, T. W., J. McKirdy, J. E. Sussmann, J. Hall, S. M. Lawrie, E. C. Johnston, and A. M. McIntosh. Progressive gray matter loss in patients with bipolar disorder. *Biological Psychiatry* 62(8):894 – 900, 2007. © Elsevier.)

좌반구   우반구

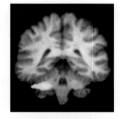
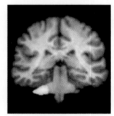
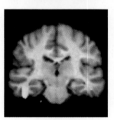
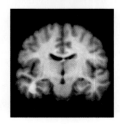

와 상관되어 있다. Terry Robinson과 Bryan Kolb(2004)는 남용된 약물들이 내측 전전두 영역과 안와 전전두 영역들에 각각 다른 영향을 미친다는 것을 발견했는데, 이 발견은 우울증을 앓는 사람들 간에도 유사 영역에서 혈류와 대사 과정의 차이가 있었다는 점을 연상시킨다. 그러므로 취약한 사람들에게 어떤 종류의 삽화들은 뇌의 민감성을 증가시켜 형태학적 변화를 일으킬 수도 있을 것이다.

양극성장애의 이해에 있어 이 **민감화 모형**(sensitization model)을 더욱 흥미롭게 만드는 세 가지 요인이 있다.

1. **실험 동물 및 사람들에게서 민감성 및 약물 효과의 정도에는 큰 개인차가 나타난다.** 유전적으로 취약한 개인들은 아마도 스트레스원에 특히 민감할 것이다. 그리고 스트레스원에 대한 반응에서 더 빠르고 아마도 더 큰 신경학적 변화가 발생할 것이다.

2. **코카인과 같은 정신운동 자극제의 남용은 완전한 조증 삽화와 관련이 있다.** 이는 조증과 정신운동자극제-유도 신경 변화 간의 연결점을 시사한다.

3. **양극성장애를 가진 사람들은 약물 남용의 고위험 단계에 있다.** 이는 그들이 약물 효과에 특히 민감하다는 것을 시사한다.

민감화 모형은 아직 가설 단계이지만, 이해 및 치료가 어려운 것으로 판명된 양극성장애를 잘 설명한다. 민감화의 효과를 효과적으로 반전시킬 수 있는 치료법을 찾는 것이 연구자들의 과제이다.

◎ 27.4 불안장애

모든 사람은 때때로, 특히 위험에 처한 경우 불안을 느낀다. 그러나 불안장애는 상황에 적절하지 않은 극심한 공포와 불안이 나타난다는 특징을 가진다. DSM-5에 여러 가지의 불안장애가 열거되어 있는데, 10명 중 4명 정도는 생애 동안에 이 가운데 하나를 경험하게 된다. 이들 중 가장 흔한 장애는 다음과 같다.

1. **공황장애**(panic disorder). 경고나 외부 상황과의 뚜렷한 관계없이 반복적으로 발생하는 강렬한 공포

2. **외상후 스트레스장애**(posttraumatic stress disorder, PTSD). 외상성 사건 후 수개월 또는 수년간 사건과 관련된 반복적인 기억과 꿈에 의한 생리적 각성이 특징

3. **범불안장애**(generalized anxiety disorder). 동요, 활력의 감소, 집중의 어려움, 성급함, 근육 긴장, 그리고 수면장애를 포함하는 증상 중 적어도 세 가지의 불안 증상과 연합된 지속적인 불안 상태

4. **강박장애**(obsessive-compulsive disorder, OCD). 강박적(상습적)으로 반복되는 행위(예 : 손 씻기)와 반복적이고 불쾌한 사고(강박사고)

5. **특정공포증**(specific phobia). 뚜렷하게 정의된 대상이나 상황에 대한 공포를 수반한다. 공황장애는 공포증과 연결되는 경우가 많다. 공포증의 예로는 부정적 평가에 대한 공포로 인해 사회적 상황을 회피하는 **사회불안장애**(사회공포증)와 탈출하거나 도움받을 기회가 없는 공공장소나 상황에 대한 두려움인 **광장공포증** 등이 있다.

이들 불안장애를 하나로 엮어주는 것은 두려움(공포)이다. 신경네트워크 모형에서는 편도체에 의해

생성되는 공포 반응의 통제에 있어 전대상피질, 내측 전전두피질, 안와전두피질 그리고 해마의 역할이 중요시된다(그림 20.13 참조). 공포로 인한 신체 증상은 전측 뇌섬엽과 뇌섬엽에서 연결된 편도체 및 안와전두피질에서 발생하는 것으로 생각된다(Mathew et al., 2008 개관 참조).

구조적 MRI 연구들에서는 외상후 스트레스장애를 가진 병사들의 해마 부피 감소 및 배외측 전전두피질 두께 감소가 관찰되었다(예 : Geuze et al., 2008; 그림 26.1 참조). 피질 두께의 감소는 기억측정치와 상관이 있었는데, 이는 기능적 이상이 피질의 두께 및 해마의 수축과 관련되어 있음을 시사하는 것이다. 또한 혈관에서 코르티코트로핀 방출 인자(CRF) 농도의 증가로 나타나는 HPA 축의 이상이 일부 불안장애의 특징일 수 있다는 증거가 있다.

불안장애의 치료는 주로 약물 개입에 초점이 맞추어져 왔다. 그러나 비록 **항불안제**(anxiolytics), 즉 불안 완화 약물들(예 : 바리움이나 아티반 등), 신경안정제, 벤조디아제핀, 진정최면제, SSRI 등은 증상을 완화시킬 수 있겠지만, 이 약물들은 불안장애의 근원에 직접적으로 작용하는 것은 아니다. Sanjay Mathew와 동료들(2008)은 불안장애의 약물치료 경향을 살펴본 후 CRF 수용기 길항제와 글루타메이트 수용기 길항제의 사용을 제안하였다. 이 둘은 강력한 항불안 효과를 가지는 것으로 생각된다.

약물치료의 일관되지 않은 효과는 뇌심부 자극(DBS), 경두개 자기자극(TMS), 미주신경 자극을 포함하는 여러 가지의 다른 치료법들의 개발에 박차를 가했다. 현재까지 인지행동치료는 약물요법을 포함해서 모든 다른 불안 치료법들만큼 효과적인 것으로 밝혀졌다. 인지행동치료의 성공은 대부분의 불안장애가 학습된다는 것과, 불안의 신경생물학적 상관은 학습이 기능적 회로를 변화시키는 방식을 반영한다는 아이디어에 신빙성을 가져다주었다. 일반적으로 인지행동치료는 일종의 소거훈련, 즉 공포 유발 대상이나 맥락에의 점진적 노출을 포함한다. 한 예로, 외상후 스트레스장애에 이용되는 **가상현실 노출치료**가 있다(제26장 사례 보기 참조). 치료법에 대한 개관을 보려면 Ressler와 Mayberg의 연구(2007)를 참조하라.

27.5 뇌혈관질환의 정신과적 증상

뇌졸중 등과 같이 중추신경계에 영향을 미치는 혈관질환은 오랫동안 우울증과 관련지어져 왔다. 뇌졸중 이후의 우울증 발생 범위는 25~50% 정도로 추정되고 있으며, 뇌졸중 환자에게 항우울제를 처방하는 것은 미국에서 흔한 일이다. 아직 연구가 미진한 부분은 뇌졸중 이후 다른 정신과적 장애의 유병률이다.

우울증과 조증의 관계로 볼 때 일부 환자들이 뇌졸중 이후 조증을 보일 것이라고 기대되지만, 실제 발생률은 극히 낮다(약 0.5% 이하). 27.3절에 언급되었듯이 내측 측두 영역이 조증 증상에 관여한다는 관점에서 보면 조증이 발생하기 위해서는 뇌졸중에 이 영역의 손상이 포함되어야 한다.

뇌졸중 환자 중 약 25% 정도가 뇌졸중 후 불안(범불안장애가 전형적이다)을 보이고, 좌반구 뇌졸중을 겪은 환자들은 우울도 빈번히 경험한다(Chemerinsk & Levine, 2006 개관 참조). 가장 선호되는 처방은 SSRI인데, 뇌졸중 가능성이 높은 고연령자들의 경우 항불안제를 잘 견디지 못하기 때문이다.

뇌졸중과 관련된 두 가지의 다른 장애는 20.4절과 20.5절에서 논의했던 **파국 반응**, 그리고 통제되지 않는 웃음이나 울음 등의 특징을 가지는 **병리적 정동**이다. 뇌졸중을 경험한 환자들 중 11~50% 정도에서 발병하는 것으로 추정된다.

▲ CBT의 한 형태인 체계적 둔감화는 공포증의 극복을 도와준다. 거미공포증이 있는 한 여성이 그녀의 손위에 있는 가짜 거미를 견디는 것을 학습하고 있다. 동물 공포증을 가진 사람들 중 최대 90%가 약 2~3시간에 걸친 단일 소거훈련 후에 두려움을 극복한다. (Lea Paterson/Science Source.)

27.6 정신수술

조현병, 정동장애, 그리고 불안장애 치료제들이 개발되기 전에는 유용한 치료법이 거의 없었다. 1930년 대에 출현한 한 가지 치료법은 외과수술이었다. 더 이상 널리 쓰이지는 않지만, 조현병과 우울증에서 외과적 치료는 검토해볼 필요가 있다. 보다 깊이 있는 논의를 접하려면 Eliot Valenstein이 저술한 두 단행본인 *The Psychosurgery Debate*(1980)와 *Great and Desperate Cures*(1986)를 추천한다.

정신수술(psychosurgery)은 다루기 힘들 정도로 심각한 정신장애를 완화시키거나 행동을 바꿀 목 적으로 일부 뇌 영역을 파괴하는 방법이다. 현대의 정신수술을 초기의 조잡한 **백질절제**(lobotomy) 절차와 구별하기 위해서 **정신과적 수술**(psychiatric surgery)이라는 용어가 대안으로 제안되고 있다. 신경질환의 결과로 발생한 증상을 완화시키고 손상된 영역의 회복을 목적으로 하는 **신경외과수술** (neurosurgery)은, 환자가 심한 행동 및 정서적 증상을 가지고 있는 경우라도 정신수술의 하나로 간주 되지는 않는다. 만성적인 통증을 완화시키기 위한 뇌 수술은 전형적인 정신수술의 하나로 간주되는데, 그 이유는 수술이 건강한 뇌 조직에 행해지고, 심각한 정서적 혼란은 종종 만성 통증을 수반하기 때문 이다.

정신 일탈(mental aberration)이 뇌기능의 혼란과 관련되어 있다는 믿음은 유사 이전까지 거슬러 올 라간다. 주술적·의학적 목적으로 두개골을 여는 실습(천공술)은 적어도 기원전 2000년부터 광범위하 게 행해졌다(그림 1.13A 참조). 현대적인 정신수술은 포르투갈의 신경학자인 Egas Moniz로부터인 것 으로 생각되며, 그는 1935년에 최초의 전두엽 수술을 도입하였다.

이후 미국에서 Walter Freeman과 James Watts에 의해 수정된 절차로는 관자놀이에 드릴로 천 공하는 Freeman-Watts 절차와 Freeman의 외측 경안와 절차 등이 있다(**그림 27.5A**). 전 세계적으 로 얼마나 많은 정신수술이 시행되었는지 정확히 추정하는 것은 불가능하지만, Valenstein(1986)은 1936~1978년 사이 미국 내에서의 가장 정확한 추정치는 35,000건이라고 생각했다.

1950년대 중반 항정신병 약물의 도입 이후 정신외과 수술의 건수는 급격히 감소하였으나, 이 약물 들은 상당수의 정신과 환자들에게는 도움이 되지 않았다. 따라서 행동 변화를 위한 외과적 개입에 대 한 관심은 지속되었으나, 1960년대 이래 신경과학의 발전과 더불어 정신수술 절차는 변화하였다. 현 재 정신수술의 대상은 약 13가지이며, 그림 27.5B에 요약되어 있다. 이 절차들은 일반적으로 원래의 절제술 절차보다 작은 병변을 발생시키며, 실제 시행은 매우 드물다.

새로운 세대의 항정신병 약물이 개발되었다는 것은 사실상 모든 사람들이 어떤 방식으로든 정신활 동 약물에 반응을 보인다는 것을 의미하는 것과 같았다. 첨언하자면 가장 흔한 형태의 정신수술(즉 전

그림 27.5 ▶

정신수술의 대상 (A) 경안와(transorbital) 절제술의 절차에서는 특수한 외과용 나이프 (백질절개기)가 안구 바로 위 안와 뼈를 통 해 삽입되어 하측 전두피질을 뇌의 나머지 영역에서 분리한다. (B) 현재도 이용되는 정 신수술의 대략적인 대상영역들. *전두엽 절 차* : (1) 양내측 절제술, (2) 피질하 백질 이트 륨(yttrium) 병변, (3) 안와 하부절제(orbital undercutting), (4) 양전두 입체정위 미상하 부 신경로 절단술, (5) 전측 낭절개술(내부 낭 섬유의 파괴), (6) 중뇌로비 절제술(문측 대상 절제술과 유사하지만 손상범위가 뇌량의 슬 상을 침범한다). *대상 절제술* : (7) 전측 대상 절제술, (8) 중대상 절제술, (9) 후측 대상 절 제술. *편도절제술* : (10) 편도절제술 또는 편 도핵 파괴술. *시상절제술* : (11) 복내측, 중심 정중(centromedian), 또는 부섬유속(para-fascicular) 신경핵의 시상 절제술, (12) 전측 시상 절제술. *시상하부 절제술* : (13) 후측, 복 내측, 또는 외측 시상하부 구획들

(Part B: information from Valenstein, 1980.)

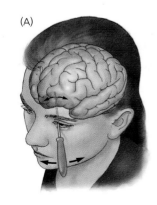

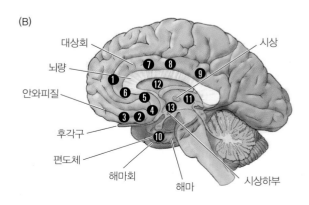

(A)

(B)

대상회

뇌량

안와피질

후각구

편도체

해마회

시상

해마

시상하부

두엽 절제술)은 전전두피질 영역을 뇌의 나머지 영역들과 분리시켰고, 조현병과 우울증 모두와 관련된 이상이 있다는 것을 보았다. 정신수술의 난점은 전전두 영역의 이상 활동이 제거되더라도 정상 활동에 의해 대체되는 것은 아니라는 것이다. 약물치료의 목적이 그것이다.

27.7 운동장애

운동장애로 분류되는 질병군에서는 기저핵의 기능장애와 관련된 것으로 보이는 움직임 및 자세의 이상이 특징인 임상 증상이 나타난다. 이 질병들의 비록 가장 뚜렷한 증상은 운동의 어려움이지만, 인지적 변화 역시 발생하며 운동장애의 진행에 따라 더욱 뚜렷해진다. 실제로 많은 환자들에게서 조현병과 유사한 증상이 나타난다. 따라서 운동장애가 제26장에서 신경학적 장애의 하나로 논의되었지만, 비운동 행동 증상들의 본질을 고려하면 이번 장에서도 논의될 수 있다.

임상적으로 운동 증상에 따라 두 질병군을 구분할 수 있다. (1) **운동감소경직 증후군**이라 불리는 움직임의 손실(예 : 파킨슨병), 그리고 (2) **과잉운동긴장 증후군**으로 알려진 운동 활동의 증가(예 : 투렛 증후군)이다.

◉ 과잉운동장애

과잉운동장애들에 대한 초기 기록은 19세기로 거슬러 올라가는데, 주로 헌팅턴병이나 투렛 증후군으로 고통받는 여성들에 초점을 두고 히스테리 증상으로서의 운동 활동 증가를 강조하였다.

헌팅턴병

1850년대 후반 여덟 살의 George Huntington이 아버지와 함께 고향인 뉴욕을 달리고 있을 때 키가 크고 마른 여성 2명과 마주쳤는데, 그들은 몸을 비틀고 얼굴을 찡그리고 있었다. 이 여성들을 본 것은 어린 Huntington에게 깊은 인상을 남겼고, 그의 아버지와 할아버지의 뒤를 따라 의사가 된 후 그 병을 연구하였다. 1872년 22세가 되었을 때 Huntington은 '그 병'에 대한 최초의 완전한 기술을 할 수 있었다.

미국에서 이 질병의 역사는 1630년 잉글랜드의 뷰레스 마을에서부터 찾을 수 있다. 뷰레스와 그 인근에 사는 모든 가족들은 그 당시 마녀로 낙인찍히고 재판을 받게 되었다. 1630년 몇몇 가족들은 존 윈스롭의 함대에 탑승한 700명 승객과 더불어 미국으로 향했다. 1653년 윈스롭의 함대와 함께 도착했던 엘린 월키(익명)는 분명히 그 장애를 가지고 있었다. 왜냐하면 마녀재판을 받고 교수형에 처해졌기 때문이다. 그녀의 손녀도 재판을 받았으나 1692년 사면되었다.

헌팅턴병(Huntington's disease)은 무도(*chorea*는 그리스어의 '춤'에서 기원)라 불리는 비정상적 움직임뿐 아니라 지능 저하 및 성격의 변화를 초래한다. 최초의 증상은 보통 30~50세 사이에 나타나지만 더 일찍 나타날 수도 있다. 최초의 불수의적 움직임은 증상의 시작 후 보통 1년 이내에 나타난다. 이 움직임은 처음에는 경미하며, 계속해서 꼼지락거리는 정도이지만 점차 심해져서 거의 멈출 수 없게 되고 불규칙해져서, 특정 패턴도 없게 된다.

행동 증상에는 최근 기억의 손상, 습득한 지식 조작 능력의 결함, 느려진 정보 처리 과정 등이 포함된다. 정서적 변화에는 불안, 우울, 조증, 그리고 조현병과 비슷한 정신병적 증상 등이 있다. 젊은 환자들의 경우 자살이 흔하지는 않지만, 이들의 질병은 고령 때 발병한 환자들보다 진행이 빠르다. 평균적

▲ 1930년대 대공황 때의 농장 노동자들과 수많은 사람들에게 포크송으로 영감을 주었던 우디 거스리는 1967년 사망 전 수년간 헌팅턴병 증상에 시달렸다. 거스리의 다섯 자녀 중 2명이 같은 병에 걸렸고, 그의 어머니는 질병으로 진단되지는 않았지만 유사한 증상으로 사망하였다. 그의 미발표 가사 및 작품은 woodyguthrie.org에 보존되어 있다.

(Woody Guthrie, 1943. Photograph by Robin Carson. Courtesy of Woody Guthrie Publications, Inc.)

으로 환자는 발병 후 약 12년 정도 생존한다.

헌팅턴병은 세계적으로 연간 치사율이 100만 명당 1.6명 정도인 희귀병이다. 백인 유럽인과 그들의 자손에게서 가장 흔하고, 아시아나 아프리카 인종 집단에서는 매우 드물다. 헌팅턴병은 상동염색체 우성대립유전자의 완전 침투에 의해 유전적으로 전이된다. 이는 병에 걸린 사람의 자손들 중 절반이 발병한다는 것을 의미하는데, 유전학 상담의 발달로 점차 감소 추세에 있다(그림 2.9B 참조). 지금은 유전자의 대략적인 위치도 알려졌으며, 증상이 나타나기 전(태아 때조차도) 가족 중 누군가가 병에 걸릴지의 여부를 판단하는 표지(마커)의 사용도 가능하다(Gusella et al., 1993).

헌팅턴병 환자들의 뇌에서는 피질이 수축되고 얇아져 있는 것이 부검 시 관찰된다. 기저핵은 심한 위축 및 현저한 신경세포의 손실을 보인다. 이 병에 대한 가장 유력한 설명은 기저핵에 존재하는 다양한 신경전달물질 체계 간의 불균형이다. 이들 신경전달물질 체계의 단순화된 모형이 **그림 27.6A**에 나와 있다. 이 모형은 다음을 포함한다.

1. 피질에서 기저핵으로의 글루타메이트 투사
2. 기저핵으로부터 운동시작에 관여하는 중뇌 핵인 흑질로의 GABA 투사
3. 흑질로부터 기저핵으로의 도파민 투사
4. 기저핵의 아세틸콜린(ACh) 뉴런들

그림 27.6B에 나와 있듯이 연구자들은 흑질-선조 도파민 경로는 대체로 손상되지 않은 채, 기저핵의 내재(GABA와 ACh성) 뉴런들이 질병의 진행 중에 사멸한다고 가정한다. GABA 경로에 의한 도파민 신경세포들의 억제 감소는 기저핵에서의 도파민 분비를 증가시킨다. 이러한 도파민계의 과잉활동이 얼마나 정확한지는 명확하지 않지만, 특징적인 무도 행동을 발생시키는 것으로 생각된다.

다양한 신경심리학적 연구의 결과, 헌팅턴병 환자들이 광범위한 기억 및 지각 검사에서 손상을 보인다는 것이 밝혀졌다(Fedio et al., 1979; Wexler, 1979 참조). 환자들은 특히 다양한 전두엽 기능검사에서 저조한 수행을 보인다[예 : 시카고 단어 유창성 검사와 첨필(스타일러스)-미로 검사 등]. 부모 중 적어도 한 사람이 환자인 사람들, 따라서 위험군으로 분류되는 사람들은 전두엽 기능검사에서만 수행이 저조한 것으로 보이며, 이는 질병에 대한 예측인자로서의 유용할 수 있음을 시사한다.

투렛 증후군

1885년 Georges Gilles de la Tourette은 **투렛 증후군**(Tourette's syndrome)에 대해 서술하였다. 중요한 점은 그의 묘사가 아직도 놀라울 정도로 뛰어나다는 점이다. 그의 개관 이전까지 이 증후군은 미분류된 무도병 또는 히스테리의 한 증상으로 여겨졌고, 지역에 따라 다양한 명칭으로 불렸다. 이 증상은 나이가 들면서 점차 진화하고 더욱 정교해지는 경향이 있다. Gilles de la Tourette은 세 단계의 증상을 기술하였다. 첫 단계에서는 복합적인 틱(얼굴, 팔다리 또는 전신의 경련)이 유일한 증상이다. 두 번째 단계에서는 불분명한 외침(울음)이 틱 증상에 수반된다. 세 번째 단계에서는 **반향어**(echolalia, 타인의 행위와 말을 반복하는 것)와 **외설증**(coprolalia, 본래 '대변'을 의미하지만 현대적 의미는 '외설적' 또는 '선정적'인 그리스어의 *copro*와 담화를 뜻하는 *lalia*에서 유래)이 있는 조음 단어들을 내뱉는 행동이 틱과 불분명한 외침 증상에 추가된다.

Georges Gilles de la Tourette은 증후군의 주요 특징을 대부분 설명해주는 다음의 사례를 보고하였다.

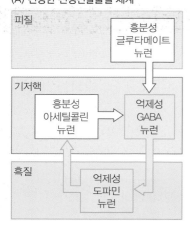

(A) 건강한 신경전달물질 체계

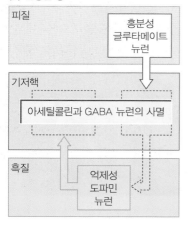

(B) 헌팅턴 병

그림 27.6 ▲

헌팅턴병의 신경화학적 진행 기저핵의 아세틸콜린과 GABA 뉴런들이 사멸하는 것으로 생각되며, 그 결과 도파민 뉴런이 GABA의 억제로부터 풀려나 과잉 활동을 보이고 비정상적 움직임을 생성하게 된다. GABA 세포의 사멸은 글루타메이트 경로의 과도한 활동으로 인한 것으로 보인다.

15세의 X 양은 1883년 겨울에 보르도의 롱샹 수치료(hydrotherapy) 기관에서 수개월간 무도병 발작 및 저속하고 외설적인 말을 시끄럽게 내뱉는 행동에 대한 치료를 받았다. X 양의 지능은 우수했고, 교사의 수업 내용을 매우 쉽게 학습했으며 피아노 연주도 뛰어났다. 그녀는 키가 컸고 체격도 좋았지만, 잘 훈육되지는 않았다.

　　X 양이 아홉 살 때 얼굴과 팔, 그리고 다리에 격렬하고 불규칙한 무도성 틱 증상이 나타나기 시작했다. 그와 동시에 때때로 저속한 단어들을 말하기도 했다. 수개월 뒤 증상 발작은 사라졌지만 몇 년 후 다시 나타났다. 틱 증상은 어깨에 다시 나타나기 시작해서 팔과 얼굴에도 나타났으며, 시끄러운 후두음을 내뱉었다. 그녀가 13세가 되었을 때 이 또렷하지 않았던 소리는 뚜렷하게 조음이 되었다. 이 당시 가장 자주 말한 단어들은 "저리가, 꺼져버려, 멍청한 놈"이었다. 얼마 후에 말하는 단어들은 점점 더 빈번하고 또렷해졌고, 거칠고 외설스러워졌으며, 그녀는 현재까지 이런 상태이다.

　　X 양은 상류층 가정에서 자랐다. 훌륭한 교육도 받았다. 그녀는 어머니의 곁을 떠난 적이 없고, 어머니는 그녀를 끊임없이 다정하게 사랑으로 보살펴주었다. 그녀가 끊임없이 내뱉는 말들, 예를 들어 "신의 이름으로, 빌어먹을, 젠장" 등을 어떻게, 어디에서 알게 되었는지 의문일 수밖에 없다. 그녀가 평온하고 정상적인 상태일 때, 이런 단어들은 결코 입 밖으로 나오지 않았다. (Gilles de la Tourette, 1885, pp. 41-42; translated by Lorna Whishaw)

Gilles de la Tourette은 증후군을 가진 사람들이 지적이고 생산적일 수 있으며, 신경증적 또는 정신병적이지는 않을 수 있음을 알았다. 그는 또한 그 증후군이, 또는 적어도 일부분은 가족 내에서 출현하므로 유전적으로 보인다고 언급하였다. 발열 시에는 증상이 줄어들거나 사라짐에도 불구하고 치료법은 없었기 때문에, 이 증후군은 평생 동안 지속되는 것 같다고 지적하였다.

　　여러 해 동안 투렛 증후군을 가진 많은 환자들은 사고뭉치, 히스테리, 조현병 환자 등으로 잘못 진단되어 왔다. 그들은 지적인 것처럼 보이면서도 기괴한 행동을 했기 때문에 의심의 여지가 없었다. 투렛 증후군에 대한 관심이 다시 증가하면서 북미 지역 투렛학회의 활동이 확대되었고, 뇌기능과 관련된 장애의 원인을 이해하려는 시도가 증가하였다.

　　미국 질병통제예방센터의 2012년 연구에 의하면 투렛 증후군의 발생률은 지난 수십 년간 360명당 1명 정도로 증가했다(Bitsko et al., 2014). 증후군이 시작되는 평균 연령 범위는 2~15세 사이로, 중간값은 7세이며, 사례의 97%에서 11세 이전에 증상이 발생한다. 가장 빈번한 증상은 눈, 머리, 또는 얼굴(97%), 팔(81%), 다리와 몸통(55%)에서의 틱 증상이다. 만지기나 때리기, 또는 뛰기와 같이 복잡한 움직임은 전체 사례의 30~40%에서 나타난다. 외설증은 많게는 사례의 60% 정도에서 나타나고 그중 3분의 1에서는 증상이 사라진다.

　　비록 전두-두정 회로에서의 이상도 관찰되기는 하지만, 투렛 증후군은 아마도 기저핵과 같은 피질하 영역에서 기원하는 것으로 생각된다(그림 27.7). 투렛 증후군 환자들의 뇌에 대한 부검 조사는 거의 이루어지지 않았고, 시행된 조사들 중 한 조사에서만 기저핵 내의 과도한 소세포 개수가 보고된 반면, 다른 조사들은 세포들이 정상인 것으로 보고되었다. 현재까지 가장 일관된 증상의 개선은 기저핵의 도파민계 이상을 겨냥하는 약물인 할로페리돌과 같은 항도파민성 약물로부터 나타났다. 노르에피네프린 수용기 효능제인 클로니딘 역시 일부 사례에 효과가 있는 것으로 보인다.

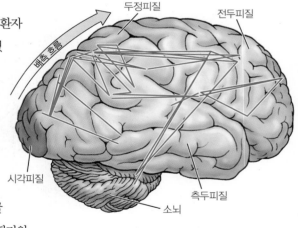

그림 27.7 ▲

투렛 증후군에 연합된 피질의 변화 투렛 증후군을 가진 젊은 성인들의 fMRI 분석 결과. 연결 증가(초록색)와 연결 감소(빨간색)를 보이는 뇌 영역들은 두정피질과 전두피질을 연결하는 배측 흐름 구조들의 이상을 시사한다. (Information from Church, J.A., D.A. Fair, N.U. Dosenbach, A.L. Cohen, F.M. Miezen, S.E., Petersen, and B.L., Schlagger. Control networks in paediatric Tourette syndrome show immature and anomalous patterns of functional connectivity. *Brain* 132(Pt. 1):225–238, 2009, Fig 4A, p. 233.)

일반적으로 신경심리학 연구들의 결과는 우반구에 관련된 인지 기능 일부의 이상을 시사한다. 예를 들면, Robert Sutherland와 동료들(1982)은 투렛 증후군을 보이는 아동들 및 성인들로 구성된 대규모 표본 집단에 복합 검사 배터리를 시행하였고, 환자들이 특히 그리기와 복잡한 기하학적 그림 기억을 잘 못하는 것을 발견하였다. 이 환자들의 Rey 복합 도형 검사에서 보인 저조한 수행은 특히 놀랍다. 우수한 언어성 지능검사 점수를 보인 환자들조차 대조 집단의 아동들, 심지어 조현병 환자들에 비해서도 수행이 매우 저조했기 때문이다. Rey 복합 도형 검사에서 관찰된 시공간 처리의 어려움은 현실에서도 유사하게 나타날 수 있다. 투렛 증후군을 가진 다수의 환자들은 일상생활에서 물건의 위치를 기억하는 것에 대한 어려움을 호소한다.

운동감소장애

1817년 런던의 의사였던 James Parkinson은 여러 가지의 운동 증상이 '경련 마비'라 불리는 독특한 상태를 보이는 동일한 집단으로 간주될 수 있다고 주장하는 에세이를 출간하였다(Parkinson, 1955). 그의 관찰은 그의 결론이 옳았다는 것을 보였다는 것뿐 아니라 런던의 거리에서 병에 걸린 사람들의 움직임을 먼 거리에서 관찰한 경우도 있었다는 점에서 흥미롭다. 프랑스의 신경학자인 Jean-Martin Charcot는 James Parkinson이 병의 본질적인 성질을 파악했던 것을 기리기 위해 경련 마비라는 명칭을 개정할 것을 제안하였다.

파킨슨병(Parkinson's disease)은 상당히 흔하다. 발병 추정치는 전 세계에 걸쳐 인구의 0.1~1%로 다양하고, 발병률은 연령 증가와 함께 급격히 상승한다. 전 세계에 걸친 약 1,000만 명의 파킨슨병 환자들 중에서도 기대수명이 더 긴 나라들에서의 발병률이 더 높다. 예를 들면, 미국에는 약 100만 명의 환자가 있으며, 서유럽과 북미에서 점차 고령화되는 인구를 고려할 때, 앞으로 수십 년간 발생률은 더 증가할 것이 확실하다. 미국과 캐나다에서는 9분에 한 사람씩 진단이 내려지고 있다.

파킨슨병의 네 가지 주요 증상은 떨림, 근육 경직, 비자발적 움직임, 그리고 자세의 교란이다. 각 증상은 여러 신체 부위에 다양한 조합으로 나타날 수 있다. 일부 증상들은 비정상적 행동을 반영하고(양성 증상), 다른 증상들은 정상 행동의 손실을 반영하므로(음성 증상), 파킨슨병의 증상들을 이들 두 가지 주요 범주로 살펴볼 것이다.

양성 증상

파킨슨병에서 양성 증상은 흔하기 때문에 이 증상은 건강한 상태에서는 나타나지 않지만 병의 진행에 따라 억제에서 풀리는 것으로 생각된다. 가장 흔한 양성 증상은 다음과 같다.

1. **휴지 상태일 때의 떨림.** 자발적인 움직임 중 또는 수면 중 휴지 상태에서 팔다리의 교차 움직임. 손의 떨림은 종종 '알약 굴리기'처럼, 즉 마치 알약을 엄지와 검지 사이에서 굴리는 것과 같이 보인다.

2. **근육 경직.** 신근과 굴근에서 동시에 증가하는 근육 긴장은 특히 관절에서 팔다리가 수동적으로 움직일 때 뚜렷하게 나타난다. 움직임은 저항을 받게 되지만, 충분한 힘으로 짧은 거리를 움직일 수 있고 다시 저항을 받게 된다. 따라서 관절의 완전한 수동적 굽힘 또는 펼침은 일련의 단계적 움직임으로 구성되어, '톱니바퀴 경직'이라는 용어가 생겼다.

3. **비자발적 움직임.** 이 증상은 때때로 경련이나 뻣뻣함(경직)을 완화시키기 위해 자세를 계속 바꾸는 것으로 나타나지만, 대개는 뚜렷한 이유가 없다. **정좌불능증**(akathesia)이나 격렬한 동요로 불리는 작은 움직임 또는 자세의 변화는 비활동 상태에서 자주 발생한다. 다른 비자발적 움직임은 안구

운동발작(oculogyric crisis, 머리와 눈의 한쪽으로의 비자발적 전환) 동안에 나타나는 것 등과 같은 자세의 왜곡으로, 수 분에서 수시간 동안 지속된다.

음성 증상

James Purdon Martin(1967)은 흔히 나타나는 음성 증상을 상세히 분석한 후 파킨슨병 중증 환자들을 다섯 집단으로 분류하였다.

1. **자세장애.** 고정장애는 다른 신체 부위들에 대해 한 신체 부위(머리, 팔다리 등)를 정상적인 위치에 유지하지 못하거나, 유지에 어려움을 겪는 현상들이다. 따라서 머리가 아래로 처지거나 서 있는 사람의 경우 무릎을 꿇을 정도까지 몸을 점점 구부릴 수도 있다. **평형장애**는 스스로 서 있거나 앉아 있기가 어려운 증상이다. 증상이 심하지 않은 경우에도 환자들은 한쪽 다리로 서 있기 어렵거나, 어깨가 가볍게 밀쳐졌을 때 자세를 바로 잡는 발디딤이나 스스로 버티는 힘이 없이 수동적으로 넘어질 수도 있다.

2. **직립장애.** 환자들은 누운 상태에서 일어나는 데 어려움을 겪는다. 병이 많이 진행된 환자들은 구르기조차 어려워하는데, 이는 잠을 잘 때 문제가 될 수 있다.

3. **이동장애.** 정상적인 이동에는 체중이 한쪽 팔다리에서 다른 쪽으로 옮겨지는 동안 중력으로부터 몸을 버티면서 발을 내딛고 균형을 잡는 과정이 필요하다. 파킨슨병 환자들은 발을 내딛기 시작하는 단계에서부터 어려움을 겪는다. 그들이 실제로 걸을 때, 체중을 한쪽 다리에서 다른 쪽으로 옮기는 도중 평형을 유지하는 것이 어렵기 때문에 상당히 넓은 곳에서도 작은 걸음으로 발을 끌며 걷는다. 걷기 시작한 환자는 가속보행을 보이기도 한다. 즉 점차 발걸음이 빨라지다가 앞으로 달려나가는 것이다.

4. **언어장애.** 환자의 친척들이 가장 잘 알아챌 수 있는 증상은 화자의 목소리에 음조(운율)이 거의 없다는 것이다.

5. **운동불능증.** 멍한 얼굴 표정이나 눈 깜박임의 감소, 걸을 때 팔 휘두름, 자발적인 말, 또는 전형적으로 안절부절못하는 행동 등과 같은 움직임의 결핍 또는 느려짐이 나타난다. 또한 경직 증상이 없을 때에도 두드리기와 같은 반복 움직임을 잘 못하기도 한다. 꼼짝하지 않고 수시간 동안 앉아만 있는 경우는 운동불능증이 가장 심하게 나타난 예이다.

파킨슨병의 유전적 위험 인자

대다수의 파킨슨병 환자들이 유전된 것으로 보이지는 않지만, 환자 중 약 25%가량은 같은 병을 가진 친척이 있다. 수많은 연구자들과 연구 기관들이 13,000건 이상의 파킨슨병 사례와 유럽인 혈통을 가진 거의 100,000명의 대조군을 분석하여 20여 개 이상의 유전자 변이를 확인하였다(Nalls et al., 2014). 그 결과는 유전자 변이의 정도가 심할수록, 발병의 위험성이 증가한다는 것을 보여준다.

파킨슨병의 진행

파킨슨병의 양성 및 음성 증상은 흔히 한 손의 떨림, 팔다리 끝부분의 가벼운 경직 등으로 서서히 시작된다. 이어서 움직임이 느려지고 눈 깜박임의 감소와 정서 표현의 결핍으로 인해 얼굴이 마스크처럼 경직된다. 그 후에는 팔은 움직이지 않은 채 늘어지고 몸이 굽어지며, 걸음을 끌게 된다. 말 역시 느려지고 음조가 단순해진다. 침을 삼키기 어려워 흘리기도 한다.

비록 이 병은 진행성이지만, 증상이 악화되는 속도는 다양하다. 5년 내에 장애가 올 정도로 빠르게 진행되는 경우는 거의 없고, 보통 10~20년이 경과한 후에 증상에 의한 장애가 발생한다. 근육 경직이 다소 덜한 한 사람이 우리에게 와서 말했다. "움직임의 둔화가 의식은 되지만 그러려고 한 것은 아닙니다. 말하자면 마음속에서는 계획을 세우는 거죠. 예를 들어, 내가 병마개를 따고 싶다고 합시다. 그러면 나는 계획적으로 근육을 움직이려는 노력을 기울여요. 이 과정이 느리다는 걸 알고 있지만 속도를 높일 수가 없어요. 하지만 언제나 병을 따긴 합니다."

파킨슨병의 가장 기묘한 점은 증상이 나타났다 사라졌다 하는 것이다. 즉 증상들은 갑자기 나타났다가 또 갑자기 사라지기도 한다. 병의 부분적인 완화는 흥미롭거나 자극적인 상황에 대한 반응으로도 나타날 수 있다. Oliver Sacks(1973)는 한 사건을 이야기했는데, 해변에서 파킨슨병 환자가 휠체어를 박차고 일어나 물에 빠진 사람을 구하기 위해 파도로 돌진했고, 그 직후 휠체어에 돌아와 앉은 다음 다시 움직이지 못하게 되었다는 것이었다. 일부 증상들이 활성화 상황에서 완화되는 것은 흔한 일이지만, 이 사례에서처럼 극적인 경우는 거의 없다.

파킨슨병의 원인

파킨슨병의 주요 세 가지 유형은 특발성, 뇌염후성, 그리고 약물 유도성 파킨슨병이다. 또한 동맥경화증, 매독, 종양, 일산화탄소 중독, 또는 망간 중독 등의 결과로 나타날 수도 있다.

명칭에서 암시하듯이 **특발성**(idiopathic) 파킨슨병의 원인은 알려져 있지 않다. 그 기원은 가계, 또는 노화 과정의 일부일 수 있지만, 바이러스 때문으로도 생각된다. 특발성 유형은 50세 이상의 연령에서 가장 자주 발병한다.

뇌염후성(postencephalitic) 유형은 1916~1917년 겨울에 나타나 1927년에 사라진 수면병(기면성 뇌염, encephalitis lethargica)에 기원을 두고 있다. 비록 증상이 너무 다양해서 환자들 간에 유사하게 보이는 경우는 거의 없었음에도 Constantin von Economo(1931)는 독특한 패턴의 뇌 손상을 입증하였는데, 그것은 흑질 세포들의 사멸이었다. 많은 경우에 환자들이 뇌염으로부터는 완전하게 회복이 되는 것처럼 보였지만, 그중의 대부분에서 신경학적 또는 정신과적 장애와 파킨슨병이 이어서 나타났다. 수면장애의 최초 발생과 파킨슨병의 후속 발생 간의 잠복기에 관해서는 충분히 설명된 적이 없다. 뇌염을 앓은 적이 없는 파킨슨병 환자에 관해서는 바이러스 입자 또는 바이러스 특정 물질이 원인이라는 증거를 밝혀지지 않았지만, 여전히 바이러스가 원인일 것이라고 생각되고 있다.

약물 유도성 파킨슨병은 가장 최근에 나타났으며, 다양한 약물들, 특히 레세르핀이나 여러 종류의 페노티아진, 부티로페논 유도물질 등의 주요 진정제 투약과 연관되어 있다. 증상은 가역적으로 나타날 때가 많지만, 실제 장애 증상과의 구별은 쉽지 않다.

외부 약제는 파킨슨병 증상을 매우 빠르게 유발시킬 수 있다. J. William Langston과 동료들(1983, 2008)은 합성 헤로인의 오염물질인 MPTP가 도파민 세포에 심각한 독성을 가지는 MPP+로 변환된다고 보고했다. 상당수의 젊은 마약 사용자들이 오염된 마약을 사용한 지 얼마 안 되어 완전한 파킨슨 증후군을 보인다는 것이 밝혀졌다(제6장 사례 보기 참조). 이 발견은 다른 약물들도 유사한 효과를 유발할 수 있음을 시사한다. 캐나다의 밴쿠버, 핀란드 헬싱키에서의 환자 입원에 따른 추후 인구통계학적 연구 결과는 40세 미만의 연령에서 파킨슨병 환자의 발생률이 증가했다는 것이었다. 이 발견은 물과 공기에 MPTP와 유사한 방식으로 작용하는 환경 독소가 포함되어 있을 수도 있다는 점을 시사한다.

흑질의 세포들은 전두피질과 기저핵, 그리고 척수로 뻗어 나가는 섬유 조직의 기점에 있다. 이 투사 경로에 있는 시냅스의 신경전달물질은 도파민이다. 파킨슨병을 앓았던 사망자의 뇌에 대한 생물학적 분석과 도파민의 주요 대사 산물(소변으로 배출되는 호모바닐린산)의 분석 결과 뇌에 있는 도파민의 양이 90% 이상, 때로는 탐지 불가능할 정도로 감소되었다는 것이 밝혀졌다. 그러므로 파킨슨병의 원인은 도파민의 부족, 또는 약물 유도성의 경우 도파민 작용의 부족인 것이 어느 정도 확실한 것으로 보인다. 하지만 일부의 경우 도파민의 고갈이 모든 문제를 설명하지는 못한다. 왜냐하면 노르에피네프린의 감소 역시 기록되었고, 수많은 연구 결과에서 기저핵 세포들의 퇴화 역시 나타나기 때문이다.

◎ 파킨슨병의 치료

파킨슨병에 관해 확실히 알려진 치료제는 없으며, 흑질의 진행성 악화를 초래하는 요인이 밝혀지기 전까지 치료제가 나올 수는 없을 것이다. 그러므로 치료법은 증상을 대상으로 지지와 편안함을 제공하는 데 중점을 둔다. 심리적 요인은 파킨슨병의 주요 증상에 영향을 미치며, 예후는 환자가 얼마나 장애에 잘 대처했는가에 크게 영향을 받는다. 따라서 환자들은 증상의 의미, 병의 본질, 그리고 생산적인 삶을 오래 영위할 수 있는 잠재력에 대한 상담을 조기에 받아야 한다. 물리치료는 통증이 심한 근육 경련을 완화하기 위한 열(찜질)이나 마사지와 같은 간단한 조치와 운동을 약화시키는 변화에 대처하기 위한 훈련과 운동으로 구성된다.

약리학적 치료는 두 가지의 주요 목적을 가진다. 첫째는 남아 있는 도파민 시냅스의 활동을 증가시키는 것이고, 둘째는 적절한 도파민 활동의 부재로 인해 지나친 활동을 보이는 구조들을 억제하는 것이다. 뇌에서 도파민으로 변환되는 L-도파, 아만타딘, 암페타민, 모노아민 산화효소(MAO) 억제제, 그리고 삼환계 항우울제와 같은 약물들은 효과적인 도파민 전달을 촉진시킨다. 자연적으로 발생하는 항콜린성 약물인 아트로핀과 스코폴아민 등과 합성 항콜린성 약물인 벤즈트로핀(코젠틴)과 트리헥시페니딜(아르테인) 등의 약물은 적절한 도파민 활동이 없을 때 지나친 활동을 보일 수 있는 콜린성 활성화 체계를 차단한다.

유망한 치료법 중 하나는 도파민 생성 세포들의 수를 증가시키는 것이다. 가장 단순한 방법은 배아 도파민 세포를 기저핵으로 이식하는 것이다. 1980~1990년대에 이 치료법은 성공적일 때도 있고 그렇지 않기도 했다. 보다 새로운 치료법으로 태아 줄기세포를 이식하여 도파민 표현형을 유도하도록 하거나, 내인성 줄기세포를 자극하여 기저핵쪽으로 이동시키는 방법을 통해 도파민 세포의 수를 늘리는 것 등이 제안되고 있다. 비록 Ole Isacson과 동료들(Hallett et al., 2014)이 미량의 액화 도파민 세포들이 선조체에 이식된 5명의 환자에게서 이식 14년 후에도 도파민이 생성되고 있었다는 보고를 했지만, 이 두 가지 치료법은 아직 실험 단계이다.

마지막으로 파킨슨병 치료를 위한 뇌심부 자극법의 발달은 7.2절에 자세히 나와 있다. 뇌간의 일부에 삽입된 전극들은 위험성이 없는 것은 아니지만 떨림과 운동불능증을 모두 완화시킬 수 있다. 그래도 가장 효과적인 치료법은 약물과 뇌심부 자극 치료의 조합으로 보인다.

▼ 파킨슨병 환자에게 리드미컬한 운동은 신경 흥분과 억제부터 행동의 손실과 발산 간 균형 회복에 도움이 되는 것으로 보인다. 댄스 교실에 참가하는 환자들은 음악에 맞추어 움직이는 것이 근육 통제 능력 회복에 도움이 된다고 말한다. 운동과 음악은 고갈된 도파민을 회복시키는 치료에 도움을 줄 수 있다. (Copyright Katsuyoshi Tanaka, courtesy Mark Morris Dance Group.)

◎ 파킨슨병의 심리학적 측면

파킨슨병 환자들의 심리적 증상은 운동 증상만큼이나 다양하다. 상당수의 환자들은 그들의 운동 증상을 반영하는 인지 증상을 가지고 있다. 예를 들면, Oliver Sacks(1973)는 인지 기능에서 나타나는 부정적 효과, 즉 감정, 성욕, 동기, 그리고 주의의 결핍을 보고하기도 하였고, 어떤 환자들은 어떤 활동을 시작하거나 계속하려는 의지가 보이지 않는 상태로 몇 시간 동안 앉아 있기도 한다. 우리의 경험에 따르면 환자들은 사고 능력이 보통 느려 보일 뿐 아니라 대화의 내용을 처리하는 것처럼 보이지 않기 때문에 치매와 쉽게 혼동된다. 그러나 사실은 단지 처리만 느릴 뿐이다.

신경심리학 연구들의 결과에 의하면 파킨슨병 환자들은 전두엽 또는 기저핵 손상 환자들이 보이는 증상과 유사한 인지적 증상(예 : 위스콘신 카드분류 검사에서의 문제)을 보이기도 하는 것으로 나타났다. 기저핵과 전두엽의 기능은 서로 밀접히 관련되어 있고, 전두엽으로의 도파민 투사 경로는 기저핵으로의 투사 경로와 마찬가지 방식으로 퇴화할 것으로 예상되기 때문에 이러한 연합 관계가 놀라운 것은 아니다. 약물치료로는 검사 성취도가 뚜렷하게 개선되지는 않는다.

파킨슨병 환자들의 인지 기능 둔화는 알츠하이머병에서의 변화와 유사한 면이 있으며, 사후 연구 결과들은 확실한 치매의 징후가 없더라도 대부분의 파킨슨병 환자들에게서 알츠하이머와 유사한 이상이 있다는 증거를 밝혔다(**그림 27.8**). 다른 집단을 대상으로 한 신경심리학적 조사 결과들도 파킨슨병 환자들의 일반 인지 기능 악화의 가능성을 확인하였다. 예를 들면, Francis Pirozzolo와 동료들(1982)은 파킨슨병 환자들이 동일 연령대의 대조 집단에 비해 웩슬러 성인 지능검사의 여러 소검사들[상식, 숫자 외우기, 기호 쓰기, 토막 짜기, 그리고 언어 기억(논리적 이야기 및 쌍 연합) 측정]에서 심각한 손상을 보임을 발견했다. 마지막으로 François Boller와 동료들(1984)은 파킨슨병 환자들이 지능 손상과는 별개로 광범위한 시공간 과제 수행 역시 저조하다는 것을 밝혔다.

그림 27.8 ▼

중뇌 루이체 파킨슨병과 알츠하이머병 간 가장 잘 연구된 유사점은 루이체(Lewy body, 화살표)로, 흑질에서 가장 자주 발견된다. 세포 내의 이러한 원형의 섬유성 조직 형성은 비정상적 신경미세섬유 대사 과정의 신호로 생각된다.

(Biophoto Associates/Science Source.)

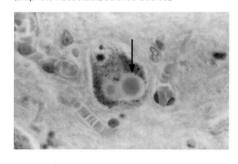

27.8 치매

북미와 유럽의 현재 인구 통계는 기록된 역사상에서 상당히 독특하다. 1900년에는 인구의 약 4%가 65세에 달했다. 2030년까지는 인구의 약 20%가 65세를 넘을 것이고, 미국에서만 약 6,000만 명에 달할 것이다. 치매는 65세 이상 인구의 약 5~7%에, 80세 이상에서는 25~50%에 영향을 미친다. 또한 모든 치매 환자는 삶의 질에 영향을 미치는 인지장애를 가지고 있다(Hebert et al., 2003; Prince et al., 2013 참조).

미국에서는 노인 중 3분의 1 정도가 치매로 사망하는 것으로 추정되며, 2014년에 추정된 사례 수는 520만 명이다. 대략 20년 내에 미국의 노인 중 약 1,000~2,000만 명이 경미한 정도에서 심각한 정도에 이르는 인지적 손상을 겪게 될 것으로 예상되고 있다. 이 전망을 세계의 다른 선진국들로 확대시켜보면, 그 사회경제적 비용은 엄청날 것이다. 모든 사람이 나이가 들면 우울해지거나 건망증이 심해지고 치매에 걸리는 것은 아니다. 많은 사람들은 고령에 이르기까지 활기차고 건강하게 생산적인 삶을 즐긴다. 문제는 우리가 어떻게 그 건강한 집단에 속할 수 있느냐는 것이다. 현재로서 가장 좋은 조언은 걷기와 같은 운동을 매일 하고, 적극적이고 활기찬 사회생활을 하라는 것이다.

치매(dementia)는 후천적이며 지속적인 지능손상 증후군이다. DSM-5에서는 다양한 치매의 진단을 주요신경인지장애(major neurocognitive disorder, NCD)와 경도신경인지장애(mild neurocognitive disorder, mild NCD)의 두 범주로 분류하였다.

NCD는 DSM-5에 "개별적으로 지식이 풍부한 정보원이나 임상의의 관심(우려)에 기초한, 이전 수준의 수행에 비해 현저한 인지 능력의 감소 증거, 그리고 공식적인 검사 또는 그에 준하는 임상가의 평가에서 적절한 규준보다 2표준편차 이하의 범위에 속하는 검사 수행으로 나타나는 신경인지 과제 수행의 감소"로 정의된다. 인지 손상은 독립적인 기능을 간섭할 만큼이어야 하고 다른 정신장애에서 기인하는 것이 아니어야 한다(예 : 주요우울장애 등). 경도 NCD 역시 유사하게 정의되지만, DSM-5에서는 이전 수행에 비해 약간의 인지 기능 감소, 그리고 규준에서 1~2표준편차 범위에 속하는 신경인지검사 수행, 그리고 인지 손상이 독립적인 기능을 간섭하지는 않음을 강조하고 있다.

▲ 인지 기능을 자극하는 활동(이 여성들은 브리지 게임을 자주 한다)은 노화에 따른 신경망과 일반 인지 기능 쇠퇴 방지에 도움이 된다.

(Sandy Huffaker/*The New York Times*/Redux.)

표 27.2에 요약되었듯이 치매는 의심되는 원인에 따라 구분될 수 있다. 원인에는 손상된 단백질의 축적(타우 또는 알파시누클레인), 혈관 문제, 또는 만성 외상성 뇌질환(제25장 사례 보기 참조) 등과 같은 여러 조건이 포함된다. 치매의 가장 일반적인 형태는 **알츠하이머병**(Alzheimer's disease)으로, 65세 이상에서 나타나는 치매의 약 65%를 차지하며, 1906년에 사례 연구를 발표했던 독일의 의사 Alois Alzheimer의 이름을 따라 명명되었다. Alzheimer가 일련의 임상적 · 신경병리학적 발견을 기술했던 사례 연구의 환자는 51세의 여성이었다.

알츠하이머병의 해부학적 상관

1990년대까지도 알츠하이머병을 확인하고 연구하는 유일한 방법은 사후(死後) 병리학적 연구였다. 하지만 이는 썩 좋은 방법은 아니었는데, 어떤 변화가 먼저 발생하고 그 뒤에 어떤 결과가 따르는지 알

표 27.2 치매의 유형

타우병 : 뉴런 내 타우 단백질의 축적
알츠하이머병 : 타우단백질이 아밀로이드를 형성하고 뉴런 내부에 얽힘
피질기저 퇴행 : 피질과 기저핵에서의 뉴런 상실과 수축
전두측두엽장애(FTD) : 전두엽과 측두엽에서의 뉴런 상실
진행성 핵상마비(PSP) : 뇌간 상부의 뉴런 상실

시누클레인병 : 뉴런 내 알파시누클레인 단백질의 축적
루이소체 치매 : 뉴런 내의 루이소체 형성을 유발
파킨슨병으로 인한 치매

혈관성 치매와 혈관성 인지 손상 : 내뇌 혈관의 손상
다발성 경색 치매
피질하 혈관성 치매(빈스방거병)

혼합성 치매
알츠하이머병과 혈관성 증상 등을 비롯한 장애들의 결합으로 나타나는 치매

그 외의 치매
프라이온병으로 인한 치매(예 : 크로이츠펠트 야콥병)
헌팅턴병
이차 치매(예 : 윌슨 병, 다발성 경화증, 뇌염)
머리의 부상 : 반복적 뇌 외상에서 비롯된 만성 외상성 뇌질환
감염성 치매[예 : 후천성면역결핍증(AIDS) 치매, 매독]
약물 관련 치매 : 만성적인 알코올 또는 엑스터시와 같은 향정신성 약물 사용

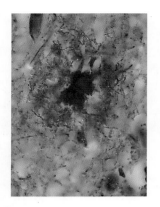

그림 27.9 ▲

신경반 알츠하이머병 환자의 대뇌피질에서 흔히 발견되며, 중심부의 아밀로이드(중앙의 검은 부분)가 퇴행성 세포의 찌꺼기들로 둘러싸인 형태로 되어 있다.

(Dr. Cecil H. Fox/Science Source.)

수가 없었기 때문이다. 그럼에도 신피질과 변연방피질에서 광범위한 변화가 발생한다는 것뿐만 아니라 여러 신경전달물질 체계에서도 관련된 변화가 나타난다는 것은 명백해졌다. 이 변화들 중 단독으로 임상 증상과 상관이 되는 것은 없다. 흥미롭게도 뇌간의 대부분, 소뇌, 그리고 척수는 알츠하이머병으로 인한 황폐화 속에서도 해를 입지 않는다.

신경(아밀로이드)반

노인성(老人性)반이라고도 불리는 신경반(neuritic plaque)은 타우 단백질의 축적 결과로 대뇌피질에서 주로 발견된다. 피질 내에서 신경반 밀도의 증가는 인지 기능 악화의 정도와 상관이 있다. 신경반의 중심에는 아밀로이드라는 균일 단백질이 있고, 그 주위를 퇴행성 세포 조각들이 둘러싸고 있다(그림 27.9).

이 조각들에는 축색과 수상돌기, 그리고 신경세포의 다른 요소들이 포함된다. 신경반은 비알츠하이머병 환자나, 다른 요인에 의한 치매 환자에서도 발견된다는 점에서 일반적으로는 비특이적인 현상으로 생각되고 있다.

쌍나선 필라멘트

신경섬유엉킴(neurofibrillary tangle)으로도 알려진 쌍나선(雙螺旋) 필라멘트(paired helical filament)는 대뇌피질과 해마 모두에서 발견되며, 타우 단백질과 관련이 있는 것으로 생각된다. 해마의 후측은 전측에 비해 더 심각한 영향을 받는다. 광현미경을 이용한 조사를 통해 필라멘트가 이중 나선 구조를 가지고 있음이 밝혀졌다. 이들은 주로 인간의 조직검사를 통해 기술되었으며, 알츠하이머병 환자뿐 아니라 다운 증후군, 파킨슨병, 그리고 기타 치매 환자들에게서도 관찰되었다.

신피질의 변화

신피질의 변화는 일정한 방식으로 나타나지 않는다. 피질이 수축, 퇴화하고 병의 진행에 따라 전체 부피의 3분의 1 정도를 잃게 되더라도(아래 사진 A와 B를 비교해보라) 일부 영역은 상대적으로 잘 보존된다. 그림 27.10에 인간 뇌의 외측면 및 내측면이 나와 있는데, 음영으로 된 부분이 퇴화된 영역을 가리킨다. 붉은색이 짙을수록 퇴화의 정도가 심각한 것이다.

그림 27.10에서 일차 감각 및 운동 영역, 특히 시각피질과 감각운동피질이 보존되어 있는 것에 주목하라. 후두정피질, 하측두피질 및 변연피질에 극심한 변화가 나타난 후측피질에 비해 전두엽은 영향을 덜 받았다.

변연방피질 변화

알츠하이머병에 걸렸을 때 가장 심각한 퇴행성 변화를 겪는 영역은 변연계이다. 변연계 중에서도 비

▶ 건강한 노인의 뇌(A)와 세포 수축으로 인해 쪼그라든 알츠하이머 환자 노인의 뇌(B)를 비교해보라.

(Courtesy of the Nun study. University of Minnesota.)

(A) 건강한 뇌

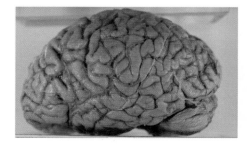

(B) 알츠하이머병에 걸린 뇌

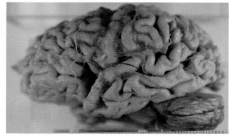

내피질이 가장 초기에, 그리고 심각하게 영향을 받는다(그림 27.10B). 비내피질이 세포 상실의 확실한 증거를 보여주며, 이것이 알츠하이머병의 이해에 중요한 함의를 갖는다는 점에 여러 연구자들이 동의한다. 비내피질은 신피질로부터 해마 및 관련 구조에 정보를 전달하고, 이어서 다시 신피질로 정보를 전달하는 주요 중계소이다(그림 18.8B 참조). 비내피질의 손상은 기억 손실과 연합되어 있고, 기억 손실은 이 병의 초기에 발생하여 지속되는 증상이라는 점을 생각해보면, 변연계 영역에서의 퇴행성 변화가 기억 손실을 초래할 가능성이 매우 높다.

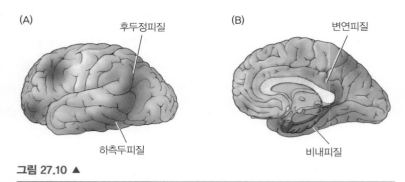

그림 27.10 ▲

피질의 위축 평균적인 알츠하이머병 사례에 해당하는 뇌의 외측(A) 및 내측(B)에서 본 퇴화의 정도와 분포. 색이 어두울수록 퇴화가 심한 것을 나타낸다. 흰색 영역은 잘 보존되어 있으며 기본적인 변화 정도만 식별된다.
(Research from Brun, 1983.)

세포 변화

여러 연구들이 알츠하이머병 환자의 피질세포 손실을 기술하고 있지만, 이는 아직 논쟁 중이다. 많은 뉴런들이 상당한 감소를 보이는 것 같지만, 이 세포들은 사라지기보다는 수축을 하는 것 같다. 하지만 피질 위축의 더 광범위한 원인은 **그림 27.11A**에 나와 있듯이 수상돌기 가시의 손실인 것으로 보인다. 이러한 변화의 원인은 아직 모른다. 하지만 그림 27.11B에 보이듯 해마 뉴런들의 퇴화가 단순히 노화의 결과는 아니다. 건강한 사람들은 50~70대 사이에 오히려 수상돌기의 길이와 가시가 증가한다(Coleman & Flood, 1987 참조). 초고령에 접어들어서야 전형적인 알츠하이머병의 신경세포와 유사해보이는 퇴화가 시작될 뿐이다.

(A) 피질추체세포

정상 성인 패턴 / 알츠하이머병의 초기 단계 / 알츠하이머병의 진행 단계 / 알츠하이머병의 최종 단계

신경전달물질 변화

1970년대에 연구자들은 파킨슨병에 대한 L-도파 치료법과 유사한 방식의 알츠하이머병 치료법을 찾고자 했다. 가장 유력한 후보 신경전달물질은 아세틸콜린이었다. 불행히도 알츠하이머병은 훨씬 복잡한 것이었는데, 아세틸콜린 이외의 다른 신경전달물질들 역시 변화하는 것이 뚜렷했기 때문이다. 노르아드레날린, 도파민, 그리고 세로토닌이 감소했고, 글루타메이트를 수용하는 NMDA(*N*-methyl-D-asparate) 수용기 및 APMA(α-amino-3-hydroxy-5-methylisoazole-4-proprionic acid) 수용기 역시 마찬가지였다.

이러한 신경전달물질 변화에서 가장 흥미로운 특징은 개별 환자에서 관찰되는 신경전달물질의 절대적 감소라기보다는 감소의 패턴이다. 비록 비슷한 연령대의 대조집단 역시 모든 신경전달물질의 감소 패턴을 도표로 나타낼 경우 신경전달물질의 감소를 보이지만, 알츠하이머병 환자들은 둘 이상의 신경전달물질에서 훨씬 큰 폭의 감소를 보인다는 점에서 대조집단과 구별된다.

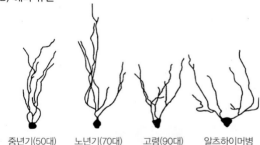

(B) 해마 뉴런

중년기(50대) / 노년기(70대) / 고령(90대) / 알츠하이머병

그림 27.11 ▲

알츠하이머병의 신경병리학 (A) 군데군데의 가시 상실과 수상돌기, 특히 수평 분지 개수의 감소에 의해 피질추체세포에서 병의 초기 단계가 나타난다. 이어지는 단계에서 기저 수상돌기들이 거의 전부 손실되며, 최종 단계까지 손실이 계속된다. (B) 건강한 성인의 해마 수상돌기 평균 길이는 중년기에서 노년기에 접어들 때까지 증가하고, 고령이 되어서야 감소한다. 알츠하이머병에 걸린 뇌의 수상돌기들은 노화와 관련된 성장을 보이지 않는다.
(Part A: drawn from Golgi-stained sections of human prefrontal cortex: information from Scheibel, 1983. Part B: information fro Selkoe, 1992.)

알츠하이머병의 추정 원인

알츠하이머병의 원인 또는 원인들은 아직 알려져 있지 않다. 노인 인구의 증가 및 그에 따른 알츠하이머 환자의 증가에 따라 다음에 요약된 것과 같이 여러 가지의 가능한 원인을 찾기 위해 방대한 연구들이 진행 중이다.

유전적 취약성과 단백질 이상

알츠하이머병에 걸린 구성원이 있는 가족들의 경우 병의 빈도는 증가한다. 형제가 병에 걸린 경우 발병의 위험성은 3.8%, 부모 중 한 사람이 병에 걸린 경우는 10%까지 증가한다.

분자유전학적 방법의 적용을 통해 세 가지의 알츠하이머 취약 유전자들이 발견되었다. 이들은 베타-아밀로이드 전구 단백질(B-APP), 그리고 막관통 단백질인 프리세닐린 1과 프리세닐린 2를 부호화한다. 이 유전자들의 취약성은 이례적으로 높은 알츠하이머병 발병률을 보인 가족들에 대한 조사를 통해 알려졌다. B-APP 유전자는 21번 염색체에 있는데, 이 염색체는 다운 증후군에서 이상을 나타낸다. 다운 증후군을 가진 사람들은 40세 이전에 거의 예외 없이 치매가 발생한다.

B-APP 유전자의 이상이 어떻게 치매를 발생시키는지는 알려져 있지 않지만, 아밀로이드반의 형성과 신경섬유의 엉킴을 유발하는 것으로 생각된다. 두 가지 제안된 원인은 모두 단백질의 이상과 관련되어 있다. 첫 번째로 제안된 원인은, 뉴런에서 자연적으로 발견되고 미세소관을 안정시키는 기능을 하는 타우 단백질에 결함이 생겨 미세소관 기능의 이상이 발생한다는 것이다. 타우 단백질의 이상은 16번 염색체에 있는 MAPT 유전자 이상의 결과로 생각된다. 두 번째로 제안된 원인은 프리세닐린 단백질에서 찾을 수 있는데, 조기 발병 환자들에게서는 이들 막관통 단백질을 생산하는 유전자들의 돌연변이가 발견된다는 것이다.

미량 금속

초기의 동물 연구들은 동물에게 알루미늄염이 주어진 후에 알츠하이머병과 유사한 신경섬유 퇴화가 나타난다는 점을 확인했다. 이 단서에 대한 후속 연구들은 알츠하이머병 환자들의 뇌에서 정상 농도의 10~30배에 이르는 알루미늄 농도 증가를 발견했다. 현재로서는 이러한 축적의 원인을 모르며, 축적이 감소되도록 하는 것이 치료에 도움이 될지의 여부도 알 수 없다.

면역 반응

몇몇 연구자들은 노년기에 면역계가 자기 자신의 몸을 인식하는 능력을 상실한다고 여긴다. 그 결과 면역계는 신경 퇴행을 유발하는 항뇌 항체를 생성한다. 즉 신체가 자기 자신의 뉴런을 죽이기 시작하게 되어, 그 결과 치매로 이어진다는 것이다.

혈류

역사적으로 알츠하이머병은 부실한 혈액순환의 결과로 생각되었다. PET 연구의 결과, 뇌로 전달되는 혈액의 양과 신경 조직에 의해 혈액에서 추출되는 포도당의 양이 극적으로 감소한다는 것이 밝혀졌다.

건강한 사람의 경우 뇌로 가는 혈류는 30~60세 사이에 20% 이상 감소하지만, 뇌는 보다 효율적인 산소 흡수로 이를 보완한다. 알츠하이머병의 경우 혈류 감소가 증가하지만, 이에 대한 보상 기제가 없다. 가장 심한 혈류의 감소는 퇴행 변화가 가장 크게 나타나는 뇌 영역들에서 발견된다(그림 27.10 참조). 혈류 및 포도당 대사의 감소가 뇌에서의 퇴행적 변화의 원인인지 또는 변화에 따라 이차적으로 발생하는 것인지의 여부는 아직 알 수 없다.

건강한 추체세포

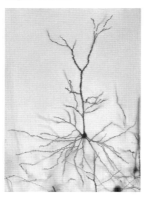

손상된 뉴런

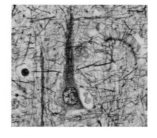

▲ 치매에서 악화되고 있는 뉴런 뉴런의 병리학적 변화는 알츠하이머병과 관련되어 있다.

(Part A: Couresy Bryan Kolb. Part B: SPL/Science Source.)

🎯 알츠하이머병의 임상 증상과 진행

느린 발병과 꾸준한 진행은 알츠하이머병의 가장 잠행적 특징으로, 최근의 기억부터 점차 오래된 기억을 빼앗고, 마침내 가족들을 알아보는 능력과 독립적으로 기능할 수 있는 능력까지도 빼앗아간다. 병의 진행은 점진적이다. 환자는 경증부터 중증에 이르는 범위의 여러 점진적 단계마다 수개월에서 수년을 보내게 된다. 기능 손상은 인지 기능의 다섯 가지 측정치, 즉 집중, 최근 및 과거의 기억, 정향, 사회 기능, 그리고 자기 관리 모두에 걸쳐 나타난다(예 : Reisberg, 1983 참조).

알츠하이머병의 독특한 해부학적 변화 패턴을 볼 때, 인지적 변화의 독특한 패턴 역시 기대해볼 수도 있다. 패턴을 발견하는 것은 매우 중요하다. 왜냐하면 알츠하이머병 환자들이 보이는 증상은 우울증이나 다경색 치매와 같은 다른 장애들에서의 증상들과 종종 혼동되기 때문이다. 우울증 환자와 알츠하이머병 환자들을 관리하는 접근법이 확연히 다르다는 점을 생각하면, 감별진단은 매우 유용할 것이다.

알츠하이머병의 신경심리검사

웩슬러 성인용 지능검사의 지능 소검사 척도들이 알츠하이머병의 손상 패턴과 뇌혈관 질환에 의한 손상 패턴을 구분하는 데 사용될 수 있다(Fuld, 1983 참조). 알츠하이머병 환자들은 기호쓰기와 토막짜기에서 심각한 손상을 보이며, 이어서 물체 조립, 유사성과 숫자폭, 그리고 상식과 어휘력 검사에서 다소 가벼운 손상을 보인다. 숫자 거꾸로 세기, 숫자판 없는 시계를 보고 시간 말하기, 그리고 물체에 이름 붙이기 등도 알츠하이머병에 민감한 또 다른 검사들이다. 덧붙여 알츠하이머병 환자들은 전형적으로 양 반구 기능에 대한 검사에서 장애를 보이며, 이러한 손상은 갑작스럽게 나타나지 않는다.

아마도 알츠하이머병 환자들에게서 가장 두드러진 손상은 기억 수행일 것이다. 사실상 모든 기억 신경심리검사들에서 동일 연령대의 대조 집단에 비해 기억 결함이 발견된다. 알츠하이머병 환자들은 특히 대상의 이름을 떠올리거나 범주 내에서 개체를 구별하는 것에 취약하다.

F.Jacob Huff와 동료들(1986)은 이러한 명칭 실어증(anomia) 장애의 특징은 단순히 정보를 인출하는 것의 어려움이라기보다는 특정 대상과 그 이름에 대한 정보의 상실이라 결론 내렸다. 명명의 어려움은 단순히 기억의 어려움에 기인하는 것 같지는 않다. 왜냐하면 알츠하이머병 환자들은 요구되는 인지 처리의 복잡성이 증가할수록 다양한 언어 기능 손상이 더욱 뚜렷하게 나타나기 때문이다. 그러므로 날씨 등에 대한 단순한 대화를 할 때 환자들의 언어는 평범한 것 같지만 보다 복잡한 토론이 요구된다면 언어 사용의 어려움은 뚜렷해진다.

발병 연령의 고려

비록 알츠하이머병은 단일한 장애로 생각되어 왔지만, 발병 때의 연령으로부터 다양한 인지적·해부학적 변화를 예측할 수 있을 것이라는 증거들이 최근에 나타나고 있다. Giovani Frisoni와 동료들(2007)은 조기 발병(65세 이전) 알츠하이머병 환자들과 후기 발병(65세 이후) 환자들의 MRI 영상을 비교하여 조기 발병 환자들이 후기 발병 환자들에 비해 대뇌 반구에 걸쳐 더 넓은 범위의 위축을 보이지만 해마에서는 위축을 덜 보인다는 것을 발견하였다. 그러므로 발병 연령에 따라 뇌 위축의 패턴이 달라지는 듯 보이는데, 이는 선행 요인 또는 병인이 다를 수 있음을 암시한다.

◎ 27.9 미량영양소와 행동

오래전인 1920년대에는 여러 단편적인 출처들을 통해 기분장애는 식이 비타민 및 미네랄과 관련이 있을 것이라 생각되었다. 좋지 않은 영양 상태가 행동장애와 관련되어 있을 것이라는 생각은 표면적으로는 그럴듯하다. 그러나 상당한 회의론이 계속되었는데, 우리 몸이 요구하는 미량의 미네랄과 비타민을 포함해서, 어떻게 **미량영양소**(micronutrient)가 기분에 영향을 줄 수 있는지에 대해 아무도 합리적인 개념 설명을 하지 못했기 때문이다.

대부분의 연구들은 한 번에 한 가지의 미량영양소(그중에서도 엽산, 아연, 비타민 D_3, 비타민 B_{12})를 조사하였다. 그러나 Julia Rucklidge와 Bonnie Kaplan(2013)은 개관 논문에서 "한 가지 질병에 한 가지 영양소"라는 생각은 이미 낡은 생각이라 주장했다. 인간은 여러 가지의 영양소를 함께 균형 있게 사용하도록 진화했기 때문이다. 이들은 뇌 대사의 복잡성이 감안된, 미량영양소들의 조합을 이용한 연구의 필요성을 강조하였다.

뇌의 기능에 영향을 미치는 것은 개별 영양소보다는 영양소의 조합인 것으로 보인다. Rucklidge와 Kaplan은 기분장애(우울 또는 양극성장애), ADHD, 약물 남용 및 의존성, 자폐 또는 반사회 행동 환자들을 대상으로 했던 60개의 연구를 요약하였다. 이 연구들 모두에서 무작위 시행이 이루어진 것은 아니지만, 광범위한 미량영양소 치료들이 도움이 된다는 결과가 압도적이었다. 이에 연구자들은 기분장애 연구들이 행동에 중요한 영향력을 미치고, 대규모 임상 표본을 대상으로 한 활발한 연구 시도를 하는 것에 대한 당위성을 제공해준다고 결론지었다. 비슷한 개관에서 Popper(2014) 역시 유사한 결론에 도달했다.

또한 Rucklidge와 Kaplan은 법의학 집단에서 폭력적인 공격 행동을 줄이기 위한 미량영양소의 효능에 대한 자료들이, 수감자 집단 내 공격 행동을 줄이기 위한 개입으로서의 미량영양소 보충제 사용 등을 포함해서 일관성이 충분하다고 결론 내렸다. 비록 자폐증과 ADHD 연구들에서 얻은 자료가 고무적이긴 하지만, 미량영양소 성분 및 결과의 다양성은 보다 효과적인 보완점을 지닌 연구들이 수행되어야 할 것을 시사한다. 미량영양소는 스트레스도 감소시킬 수 있음을 보였는데, 특히 고용량의 비타민 B가 사용될 경우에 그렇다.

Bonnie Kaplan과 동료들(2007)은 기분과 미량영양소 간에 뚜렷한 관련성이 있는지에 관한 증거들을 수집했다. 개관 논문에서 그들은 기분장애의 증상이 다음과 같은 것들을 반영할 수 있음을 제안하였다.

1. 선천적 신진대사의 오류
2. 유전자 발현의 변형
3. 비정상적인 유전자 메틸화와 관련된 환경적 상호작용에 의한 후성적 변화. 즉 DNA 서열의 변화 없이 발생하는 유전자 조절의 변화
4. 영양 이상의 장기간 잠복 효과. 느리게 진행되는 심혈관계 질환에 비유할 수 있다.

행동 증상의 치료를 위한 복합 미량영양소 접근법에 관한 연구는 이제 시작 단계이다. 언뜻 보기에는 이런 접근이 광범위한 정신과적 증상들에 걸쳐 효과를 가질 수 있다는 것이 놀랍거나 타당하지 않아 보일 수 있지만, 출생 전의 식이요법과 장내 세균 모두가 유전자 발현에 영향을 미친다는 증거가 증가하고 있다. 예를 들면, Paula Dominguez-Salas와 동료들(2014)은 임신 때 모체의 영양 상태가 신생아의 유전자 발현을 조절한다는 것을 밝혔다(그림 23.13 참조). 그들은 잠비아에서 습한 계절 또는 우기(雨期)에 잉태된 아이들의 DNA 메틸화를 비교하였다. 두 계절 간에 임산부들의 식이요법은 상당히 달랐고, 다양한 유전자 발현의 패턴이 나타났다.

많은 연구들에서 다양한 패턴의 유전자 발현이 뇌 발달 및 행동의 차이와 관련된다는 것이 밝혀졌

다. 이와 유사하게 장내의 세균성 유기체들이 뇌와 행동 모두의 변화를 유발할 수 있다는 증거도 있다 (Cryan & Dinan 2012; Dinan et al., 2013 개관 참조). 장내 세균이 영양소의 흡수에 영향을 준다는 점을 생각해보면, 내장과 뇌-행동 연계 간의 관련성이 있을 수 있다. 예를 들면, 장내 세균의 특정 집단 은 미량영양소 수준의 감소와 관련될 수 있고, 이는 다시 기분장애와 같은 행동 증후군과 관련된다. 이 와 같은 일련의 추론들을 통해 사이코바이오틱스(psychobiotics)라 불리는 특정 장내 세균의 보충을 해 주는 화합물이 행동장애 치료를 위해 사용될 수 있다는 아이디어가 제안되었다. 향후 10년간 미량영양 소와 사이코바이오틱스에 관한 활발한 연구와 토론이 이루어질 것으로 보인다.

요약

27.1 뇌와 행동

역사적으로 정신의학과 신경학은 하나의 분야였다. 오늘날 이 두 전 문 분야는 분리되어 있지만, 많은 환자들에게 그 구분은 단지 임의적 이다. 신경학의 영역인 뇌 질환은 전통적으로 정신의학에서 다루는 심각한 심리적 장애를 일으킬 수 있다. 연구자들은 장해와 질병 간 관 계를 겨우 이해하기 시작하는 단계에 있다.

27.2 조현병

발달 과정 중에, 보통 사춘기 후반에 나타나는 질병인 조현병은 특히 배외측 전전두피질과 내측 측두 영역의 구조 및 기능 이상과 관련되 어 있다. 가장 심각한 증상은 인지 기능의 손상이다. 조현병은 단일한 장애라기보다는 정도의 차이를 보이는 양성 및 음성 증상들의 연속선 상에 있는 것으로 보인다. 지난 30년간 치료는 주로 약물을 이용한 것 이었지만, 행동치료를 단독으로 적용하는 것이나 약물치료와의 조합 에 대한 관심이 증가하고 있다.

27.3 기분장애

주요 기분장애는 우울증과 양극성장애로, 양극성장애에서는 우울과 조증 삽화가 교대로 나타난다. 두 장애 모두 시상하부-뇌하수체-부 신피질(HPA) 축을 통한 스트레스에 대한 반응의 이상과 관련되어 있 다. 우울증은 비정상적으로 높은 안와전두피질, 편도체, 뇌섬엽의 활 동, 저하된 배외측 전전두피질(DLPFC) 활동과 연합되어 있다. 항우 울제는 모노아민 수준을 증가시켜 편도체의 활동을 감소시키는 것으 로 보인다. 양극성장애는 약물을 포함한 스트레스원에 대한 뇌의 과 민 반응의 결과로 나타날 수 있다. 이 반응은 곧이어 안와피질이나 편 도체 또는 두 영역 모두에서의 신경화학적·형태학적 변이를 일으킨 다. 반복되는 양극성 삽화는 해마와 방추회의 위축과 관련된다.

27.4 불안장애

정신과적 장애의 가장 흔한 유형으로서 불안장애의 많은 범주와 하위 유형들이 존재한다. 이들을 하나로 엮어주는 것은 편도체 활동의 향 상에서 비롯되는 공포감의 증가이다. 신경망 모형은 편도체에 의해 생성되는 공포 반응의 조절에 있어 전대상피질, 내측 전전두피질, 안 와전두피질, 그리고 해마의 역할을 강조하고 있다. 항불안제와 인지 행동치료는 거의 동일한 치료 효과를 가지는 것으로 밝혀졌다.

27.5 뇌혈관질환의 정신과적 증상

가장 흔한 뇌졸중 후 정신과적 증상은 우울, 일반화된 불안, 파국 반 응, 그리고 병리학적 정서 등이다.

27.6 정신수술

조현병과 우울증을 위한 수술치료(오늘날에는 거의 쓰이지 않지만)는 1930년대에 개발되었다. 가장 잘 알려진 정신수술법인 전두엽 절제 술은 약물치료가 널리 쓰이기 시작한 1950년대 후반까지 조현병 치 료를 위해 흔히 쓰였다.

27.7 운동장애

전통적으로 과잉 및 과소 운동 모두를 포함하는 운동장애는 신경학적 인 것으로 생각되어 왔지만, 카테콜아민 및 아세틸콜린 신경전달물 질 체계의 불균형으로 인한 심각한 심리적 이상을 유발될 수도 있다. 이 화학적 변화는 전두엽 및 측두엽 기능에 중요한 영향을 미치는 것 으로 보이며, 투렛 증후군이나 파킨슨병과 같은 장애에서 뚜렷하게 나타나는 다양한 행동 불균형을 초래한다. 치료는 약물을 이용하지 만 파킨슨병이나 헌팅턴병과 같은 진행성 질병에 대해서는 병의 진행 을 막지 못한다.

27.8 치매

치매는 주로 인구학적 변화뿐 아니라 만성 외상성 뇌염을 유발하는 반복적인 뇌 손상 등과 같은 다양한 원인이 파악되면서 점차 큰 사회적 문제로 생각되고 있다. 현재까지 가장 일반적인 치매는 알츠하이머병으로서, 이 병은 전뇌의 다양한 병리학적 변화와 관련되어 있다. 분자유전학 연구들이 병을 유발시킬 수 있는 적어도 세 가지 유전자를 밝혔지만, 정확한 원인(들)은 알려지지 않고 있다.

27.9 미량영양소와 행동

오래전부터 식이요법이 행동에 영향을 미친다는 것이 알려져 왔다. 미량영양소가 건강한 뇌기능과, 특히 기분장애를 이해하는 데 중요하다는 생각을 뒷받침하는 증거들이 축적되고 있다. 기분 및 스트레스 관련 질환을 치료하기 위한 미량영양소 요법은 특히 고무적이다. 점점 많은 연구 결과들이 특정 장내 세균의 보충제(사이코바이오틱스)가 행동장애를 치료할 수 있음을 보여주고 있다.

참고문헌

American Psychiatric Association. *Diagnostic and Statistical Manual of Mental Disorders-Fifth Edition* (DSM-5). Arlington, VA: American Psychiatric Association, 2013.

Barch, D. M., and A. Ceaser. Cognition in schizophrenia: Core psychological and neural mechanisms. *Trends in Cognitive Sciences* 16:27–34, 2012.

Bechara, A., H. Damasio, D. Tranel, and A. R. Damasio. The Iowa Gambling Task and the somatic marker hypothesis: Some questions and answers. *Trends in Cognitive Sciences* 9:159–164, 2005.

Berman, K. F., and D. R. Weinberger. Regional cerebral blood flow in monozygotic twins concordant and discordant for schizophrenia. *Archives of General Psychiatry* 49:927–934, 1992.

Bitsko, R. H., J. R. Holbrook, S. N. Visser, J. W. Mink, S. H. Zinner, R. M. Ghandour, and S. J. Blumberg. A national profile of Tourette syndrome, 2011–2012. *Journal of Developmental and Behavioral Pediatrics* 35:317–322, 2014.

Boller, F., D. Passafiume, M. C. Keefe, K. Rogers, L. Morrow, and Y. Kim. Visuospatial impairment in Parkinson's disease: Role of perceptual and motor factors. *Archives of Neurology* 41:485–490, 1984.

Brun, A. An overview of light and electron microscopic changes. In B. Reisberg, Ed. *Alzheimer's Disease, the standard reference*. New York: The Free Press, 1983.

Byne, W., E. Kemegther, L. Jones, V. Harouthunian, and K. L. Davis. The neurochemistry of schizophrenia. In D. S. Charney, E. J. Nestler, and B. S. Bunney, Eds. *The Neurobiology of Mental Illness*, pp. 236–245. New York: Oxford University Press, 1999.

Charney, D. S., E. J. Nestler, and B. S. Bunney, Eds. *The Neurobiology of Mental Illness*. New York: Oxford University Press, 1999.

Chemerinski, E., and S. R. Levine. Neuropsychiatric disorders following vascular brain injury. *The Mount Sinai Journal of Medicine* 76:1006–1014, 2006.

Coleman, P. D., and D. G. Flood. Neuron numbers and dendritic extent in normal aging and Alzheimer's disease. *Neurobiology of Aging* 8:521–545, 1987.

Cryan, J. F., and T. G. Dinan. Mind-altering microorganisms: The impact of the gut microbiota on brain and behavior. *Nature Reviews Neuroscience* 13: 701–712, 2012.

Dinan, T.G., C. Stanton, and J. F. Cryan. Psychobiotics: A novel class of psychotropic. *Biological Psychiatry* 74:720–726, 2013.

Dolan, R. J., C. J. Bench, R. G. Brown, L. C. Scott, and R. S. J. Frackowiak. Neuropsychological dysfunction in depression: The relationship to regional cerebral blood flow. *Psychological Medicine* 24:849–857, 1994.

Dominguez-Salas, P., S. E. Moore, M. S. Baker, A. W. Bergen, S. E. Cox, R. A. Dyer, A. J. Fulford, Y. Guan, E. Laritsky, M. J. Silver, G. E. Swan, S. H. Zeisel, S. M. Innis, R. A. Waterland, A. M. Prentice, and B. J. Hennig. Maternal nutrition at conception modulates DNA methylation of human metastable epialleles. *Nature Communications* 5:3746. doi:10.1038/ncomms4746, 2014.

Fedio, P., C. S. Cox, A. Neophytides, G. Canal Frederick, and T. N. Chase. Neuropsychological profile of Huntington's disease: Patients and those at risk. *Advances in Neurology* 23:239–256, 1979.

Frisoni, G. B., M. Pievai, C. Testa, F. Sabattoli, L. Bresciani, M. Bonetti, A. Beltramello, K. M. Hayashi, A. W. Toga, and P. M. Thompson. The topography of grey matter involvement in early and late onset Alzheimer's disease. *Brain* 130:720–730, 2007.

Fuld, P. A. Psychometric differentiation of the dementias: An overview. In B. Reisberg, Ed. *Alzheimer's Disease*. New York: The Free Press, 1983.

Gershon, E. S., and R. O. Rieder. Major disorders of mind and brain. *Scientific American* 267(3):126–133, 1992.

Geuze, E., H. G. M. Westenberg, A. Heinecke, C. S. de Koet, R. Goebel, and E. Vermetten. Thinner prefrontal cortex in veterans with post-traumatic stress disorder. *NeuroImage* 41:675–681, 2008.

Gilles de la Tourette, G. Étude sur un affection, nerveuse characterisée par l'incoordination motrice accompagnée d'écholalie et de copralalie (jumping, latah, myriachit). *Archives of Neurology* 9:19–42, 158–200, 1885.

Gusella, J. F., M. E. MacDonald, C. M. Ambrose, and M. P. Duyao. Molecular genetics of Huntington's disease (Review). *Archives of Neurol-*

ogy 50:1157–1163, 1993.

Hallett, P. J., O. Cooper, D. Sadi, H. Robertson, I. Mendez, and O. Isacson. Long-term health of dopaminergic neuron transplants in Parkinson's disease patients. *Cell Reports* 7:1755–1761, 2014.

Hebert, L. E., P. A. Scherr, J. L. Bienias, D. A. Bennett, and D. A. Evans. Alzheimer disease in the U.S. population: Prevalence estimates using the 2000 census. *Archives of Neurology* 60:1119–1122, 2003.

Huff, F. J., S. Corkin, and J. H. Growdon. Semantic impairment and anomia in Alzheimer's disease. *Brain and Language* 28:235–249, 1986.

Hyman, S. E. Interview with Steve Hyman. *Trends in Cognitive Sciences* 16:3–5, 2012.

Kaplan, B. J., S. G. Crawford, C. J. Field, and J. S. A. Simpson. Vitamins, minerals, and mood. *Psychological Bulletin* 133:747–760, 2007.

Kovelman, J. A., and A. B. Scheibel. A neurohistologic correlate of schizophrenia. *Biological Psychiatry* 19:1601–1621, 1984.

Langston, J. W. *The Case of the Frozen Addicts*. New York: Pantheon, 2008.

Langston, J. W., P. Ballard, J. W. Tegrud, and I. Irwin. Chronic parkinsonism in humans due to a product of meperidine-analog synthesis. *Science* 219:979–980, 1983.

Lewis, D. A., T. Hashimoto, and D. W. Volk. Cortical inhibitory neurons and schizophrenia. *Nature Reviews Neuroscience* 6:312–324, 2005.

Lewis, D. A., and P. Levitt. Schizophrenia as a disorder of development. *Annual Review of Neuroscience* 25:409–432, 2002.

Lipska, B. K., Z. Z. Khaing, C. S. Weickert, and D. R. Weinberger. BDNF mRNA expression in rat hippocampus and prefrontal cortex: Effects of neonatal ventral hippocampal damage and antipsychotic drugs. *European Journal of Neuroscience* 14:135–144, 2001.

Martin, J. P. *The Basal Ganglia and Posture*. London: Ritman Medical Publishing, 1967.

Mathew, S. J., R. B. Price, and D. S. Charney. Recent advances in the neurobiology of anxiety disorders: Implications for novel therapies. *American Journal of Medical Genetics* 148C:89–98, 2008.

Minzenberg, M. J., and C. S. Carter. Developing treatments for impaired cognition in schizophrenia. *Trends in Cognitive Sciences* 16:35–42, 2012.

Moorhead, T. W., J. McKirdy, J. E. Sussmann, J. Hall, S. M. Lawrie, E. C. Johnstone, and A. M. McIntosh. Progressive gray matter loss in patients with bipolar disorder. *Biological Psychiatry* 62:894–900, 2007.

Morrison A. K. Cognitive behavior therapy for people with schizophrenia. *Psychiatry* 6: 32–39, 2009.

Nalls, M. A., N. Pankratz, C. M. Lill, C. B. Do, D. G. Hernandez, M. Saad, A. L. DeStefano, E. Kara, J. Bras, M. Sharma, C. Schulte, M. F. Keller, S. Arepalli, C. Letson, C. Edsall, H. Stefansson, X. Liu, H. Pliner, J. H. Lee, R. Cheng; International Parkinson's Disease Genomics Consortium (IPDGC); Parkinson's Study Group (PSG); Parkinson's Research: The Organized GENetics Initiative (PROGENI);

23andMe; GenePD; NeuroGenetics Research Consortium (NGRC); Hussman Institute of Human Genomics (HIHG); The Ashkenazi Jewish Dataset Investigator; Cohorts for Health and Aging Research in Genetic Epidemiology (CHARGE); North American Brain Expression Consortium (NABEC); United Kingdom Brain Expression Consortium (UKBEC); Greek Parkinson's Disease Consortium; Alzheimer Genetic Analysis Group, M. A. Ikram, J. P. Ioannidis, G. M. Hadjigeorgiou, J. C. Bis, M. Martinez, J. S. Perlmutter, A. Goate, K. Marder, B. Fiske, M. Sutherland, G. Xiromerisiou, R. H. Myers, L. N. Clark, K. Stefansson, J. A. Hardy, P. Heutink, H. Chen, N. W. Wood, H. Houlden, H. Payami, A. Brice, W. K. Scott, T. Gasser, L. Bertram, N. Eriksson, T. Foroud, and A. B. Singleton. Large-scale meta-analysis of genome-wide association data identifies six new risk loci for Parkinson's disease. *Nature Genetics* 46:989–993, 2014.

Parkinson, J. Essay on the shaking palsy. Reprinted in M. Critchley, Ed. *James Parkinson*. London: Macmillan, 1955.

Pirozzolo, F. J., E. C. Hansch, J. A. Mortimer, D. D. Webster, and M. A. Kuskowski. Dementia in Parkinson's disease: A neuropsychological analysis. *Brain and Cognition* 1:71–83, 1982.

Popper, C. W. Single-micronutrient and broad-spectrum micronutrient approaches for treating mood disorders in youth and adults. *Child Adolescent Psychiatry Clinics of North America* 23:591–672, 2014.

Post, R. M., and S. R. B. Weiss. Neurobiological models of recurrence in mood disorder. In D. S. Charney, E. J. Nestler, and B. S. Bunney, Eds. *The Neurobiology of Mental Illness*, pp. 365–384. New York: Oxford University Press, 1999.

Price, J. L., and W. C. Drevets. Neural circuits underlying the pathophysiology of mood disorders. *Trends in Cognitive Sciences* 16:61–71, 2012.

Prince, M., R. Bryce, E. Albanese, A. Wimo, W. Ribeiro, and C. P. Ferri. The global prevalence of dementia: A systematic review and meta-analysis. *Alzheimer's Dementia* 9:63–75, 2013.

Reisberg, B. Clinical presentation, diagnosis, and symptomatology of age-associated cognitive decline and Alzheimer's disease. In B. Reisberg, Ed. *Alzheimer's Disease*. New York: The Free Press, 1983.

Ressler, K. J., and H. S. Mayberg. Targeting abnormal neural circuits in mood and anxiety disorders: From the laboratory to the clinic. *Nature Neuroscience* 10:1116–1142, 2007.

Robinson, T. E., and B. Kolb. Structural plasticity associated with drugs of abuse. *Neuropharmacology* 47(Suppl. 1):33–46, 2004.

Rucklidge, J. J., and B. J. Kaplan. Broad-spectrum micronutrient formulas for the treatment of psychiatric symptoms: A systematic review. *Expert Reviews in Neurotherapeutics* 13:49–73, 2013.

Sacks, O. *Awakenings*. New York: Doubleday, 1973.

Scheibel, A. B. Dendritic changes. In B. Reisberg, Ed. *Alzheimer's Disease*. New York: The Free Press, 1983.

Selkoe, D. J. Aging brain, aging mind. *Scientific American* 267(3):135–142, 1992.

Sutherland, R. J., B. Kolb, W. M. Schoel, I. Q. Whishaw, and D. Davies. Neuropsychological assessment of children and adults with Tourette's syndrome: A comparison with learning disabilities and schizophrenia. *Advances in Neurology* 35:311–322, 1982.

Valenstein, E. S., Ed. *The Psychosurgery Debate.* San Francisco: W. H. Freeman and Company, 1980.

Valenstein, E. S. *Great and Desperate Cures.* New York: Basic Books, 1986.

Von Economo, C. *Encephalitis Lethargica: Its Sequelae and Treatment.* London: Oxford University Press, 1931.

Weinberger, D. R., K. F. Berman, R. L. Suddath, and E. F. Torrey. Evidence for dysfunction of a prefrontal-limbic network in schizophrenia: An MRI and regional cerebral blood flow study of discordant monozygotic twins. *American Journal of Psychiatry* 149:890–897, 1992.

Wexler, N. S. Perceptual-motor, cognitive, and emotional characteristics of persons at risk for Huntington's disease. *Advances in Neurology* 23:257–272, 1979.

28

신경심리평가

어느 오후 직장에서 퇴근하여 집으로 가기 위해 운전을 하던 32세의 간호사이며 네 아이의 어머니인 R.L.은 신호등의 빨간불을 보고 차를 멈추었다. 뒤에 오던 차가 그녀의 차를 들이받았고 이로 인해 그녀의 머리가 뒤로 젖혀졌다가 다시 앞으로 돌아오는 동안 머리받침대와 옆 유리창에 차례로 부딪쳤다. 그녀는 몇 분 동안 의식을 잃었지만 응급차가 도착할 즈음 의식을 회복하였다. 그러나 그녀는 혼란스러워하였고 말을 잘하지 못하였으며 경추 손상으로 말미암아 등과 목에 심한 통증을 경험하였다. 몇 개의 척추뼈가 손상되었다.

R.L.은 일주일 정도 입원하였다. CT와 MRI 스캔에서 뇌 손상은 발견되지 않았다. 그럼에도 불구하고 폐쇄성 두부외상(그림 26.4 참조)의 많은 징후가 나타났다. 뛰어난 음악가였던 R.L.은 악보를 기억해서 피아노를 연주할 수 있었지만 더 이상 악보를 읽을 수 없었다. 구어 능력의 결함을 보였고 전혀 읽지 못하였다.

R.L.의 상태는 호전되지 않았고, 실행증을 보이기도 하였다. 예를 들어 그녀는 화장을 어떻게 하는가를 자주 인식하지 못하였는데, 즉 립스틱을 어떻게 사용하는지를 알지 못하였다. 교통사고가 난 지 1년 후 우리가 그녀를 만났을 때 그녀는 우울해하였는데, 이는 신경과 주치의가 계속해서 그녀가 장애를 보이는 이유를 발견할 수 없다고 말하였기 때문이었다.

16.3절에 기술되어 있는 것처럼 전두엽 환자들에서 가장 흔하게 관찰되는 특성이 환경으로부터 오는 피드백을 활용하여 자신의 행

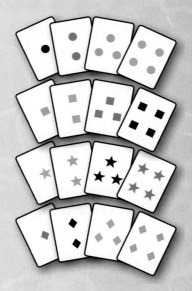

동을 규제하거나 바꾸지 못하는 것이다. 이 중 하나가 '반응 억제'이다. 전두엽 병변을 갖는 환자들은 다양한 검사 상황, 특히 문제해결을 위해 반응을 변화하는 것이 요구되는 검사에서 지속적으로 보속 반응을 보인다. 전두엽 손상 환자의 이러한 특성을 위스콘신 카드분류 검사가 잘 보여준다.

그림에 제시되어 있는 것처럼 카드묶음을 수검자에게 제공한다. 4개의 자극 카드를 일렬로 제시한 후 수검자에게 카드묶음 속의 카드를 하나씩 4개의 카드 중 하나에 놓게 한다. 수검자는 카드를 색채, 숫자와 모양의 범주에 따라 분류할 수 있다. 수검자에게 분류 범주에 관한 정확한 정보가 주어지지 않고 단지 수검자의 선택이 정확한지 혹은 정확하지 않은지만을 알려준다. 만약 수검자가 연속해서 열 번을 정확하게 분류하면 수검자에게 알리지 않은 채 정반응 범주가 다른 것으로 바뀐다.

전두엽 손상을 가지는 사람들의 경우 반응 전략을 전환하는 것이 특히 어렵다. R.L.은 카드분류검사의 수행을 매우 어려워하였다. 교통사고를 당한 지 1년이 지났지만 평균 이상의 지적 수준을 가진 그녀가 심각한 실독증뿐만 아니라 언어 유창성과 언어 기억의 심각한 결함을 가지고 있는 것을 신경심리평가가 보여주었다. 그로부터 약 20년이 지난 지금도 R.L은 악보를 읽을 수 없고 글을 읽는 것을 매우 어려워한다.

폐쇄성 외상성 뇌 손상을 가진 사람들은 신경영상 스캔에서 뇌 손상의 사인을 거의 혹은 전혀 보이지 않음에도 불구하고 심각한 인지 결함을 가지며, 어떤 경우에는 손상 전 생활 방식을 유지하지 못할 정도로 심각하다. 많은 사람들에서 신경학적 장애의 정도가 신경심리검사에서만 명확하게 드러난다.

신경심리평가의 근본적인 역할이었던 진단 역할이 1980년대의 전성기, 즉 임상 훈련을 받은 신경심리학자와 신경심리평가가 신경학적 평가의 필수라고 여겼던 시기 이후 급격하게 변하였다. 이 장에서 우리는 신경심리평가의 변화된 역할, 변화가 제공하는 기회, 신경심리평가의 합리적 근거와 목표, 평가를 실시할 때의 문제점과 세 가지 실제 평가 사례를 살펴보겠다.

28.1 신경심리평가의 변화

신경심리평가는 신경과학과 정신과학에 뿌리를 두고 있다. 이 분야의 개척자 중 한 사람인 Kurt Goldstein은 신경과학, 심리학, 정신과학을 전공한 임상가이다. 제2차 세계대전 후 Goldstein과 다른 이들은 신경과적 장애를 가진 환자들, 특히 전쟁터에서 돌아온 군인들을 위한 심리평가의 개발을 서둘렀고, 그 결과 1940년대 말 심리평가가 전통적인 의학에서 분리되었다. 최초의 신경심리검사는 '기능적 장애'보다 '기질적 장애(뇌병리)'로 말미암아 뇌기능의 이상을 가진 사람들을 확인하기 위해 개발되었다.

검사 개발자들은 뇌 손상을 측정하는 단일 검사의 절단점수에 근거하여 뇌 손상 환자와 뇌 손상이 없는 환자를 구분할 수 있다고 믿었으나 곧 이것이 불가능한 것을 알게 되었다. 점차 더 정교한 검사 절차들이 서로 멀리 떨어져 있는, 즉 유럽, 북미, 오스트레일리아 등의 연구 팀들에 의해 개발되었다. 주요 인물로는 Oliver Zangwill(케임브리지), Freda Newcombe(옥스퍼드), Alexander Luria(모스크바), Brenda Milner와 Laughlin Taylor(몬트리올), Edith Kaplan과 Hans-Leukas Teuber(보스턴), Arthur Benton(아이오와시티)과 Kevin Walsh(멜버른) 등이 있다.

1980년대 초에 이르러서는 신경심리학이 단지 몇 엘리트 연구 팀에만 국한되지 않고 대신 임상신경심리학이라는 새로운 분야가 클리닉과 병원에 싹트기 시작하였다. 이후 다음의 세 가지 요인, 즉 기능 뇌영상, 인지신경과학과 관리의료 서비스(managed health care)가 신경심리평가의 역할을 변하게 하였다. 세 요인 각각을 간략하게 살펴보자.

기능 뇌영상

앞 장들의 자세히 보기에 기능 영상법의 중요성이 기술되어 있다. 신경영상법이 개발되기 전에는 뇌 손상 혹은 뇌질환의 효과를 행동 증상을 통해 추론하였지만 신경영상법은 다양한 장애, 즉 제23∼27장에 걸쳐 기술되어 있는 신경장애, 발달장애, 행동장애의 뇌기능 변화를 확인하는 것을 가능하게 하였다.

기능 뇌영상법의 발달과 더불어 임상신경심리학자의 주된 역할이 진단에서 재활, 특히 뇌졸중과 두부 외상 등과 같은 만성질환의 재활로 바뀌게 되었다. 그림 28.1에 제시되어 있듯이 2000년대 초에 이를 때까지 신경심리학자들이 담당하는 환자 10명 중 약 3명은 재활과 관련되고 4명은 의학적 의뢰(medical referral)와 관련되었다. 가장 흔한 의뢰 요구가 환자의 전반적인 인지 기능을 평가하는 것이었다.

가장 정교한 기능영상기법조차 특정 유형의 뇌 손상, 특히 두부 외상을 가진 환자가 갖는 행동장애의 정도를 예견하지 못하는데, 이를 R.L.의 사례를 통해서 알 수 있다. 이 장의 서두 사례 보기에서 보여주듯이 폐쇄성 두부 손상을 가진 환자의 경우 철저한 신경심리평가를 통해서만 장애의 특성과 정도를 알 수 있다(Christensen & Uzzell, 2000; Zillmer, 2004; Zillmer et al., 2008). 평가가 신경학, 신경심리학, 궁극적으로 환자에게 상당한 도움을 제공할 수 있다.

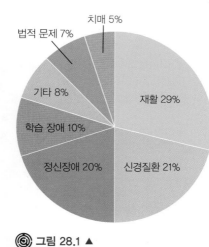

그림 28.1 ▲

신경심리평가 의뢰사유 신경심리평가를 받은 환자들 중 70%가 재활 혹은 의학적 및 정신과적 문제와 관련되어 있다.

(Information from Zillmer and Spiers, 2001.)

Eric Zillmer(2004)는 미국신경심리학회 회장 취임식에서 '신경심리학의 미래'라는 주제로 취임사를 하였다. 그는 신경심리학이 뇌의 산물인 행동의 평가를 통해 뇌를 연구하는 주된 방법이라고 주장하였다. 비록 신경영상기법이 보완적인 측정 도구로서 유용하지만 이 기법은 기능(function)이 아닌 구조(structure)를 측정한다. 신경학자인 Allan Ropper와 Brian Burrell(2014)은 눈, 귀와 뇌를 사용하는 경험 많은 임상가와 의사들이 복잡한 기술을 사용하는 이들만큼 효과적으로 신경학적 문제들을 진단할 수 있다고 주장한다. 인지 기능에 관한 신경심리평가의 장점은 인지 기능을 양적으로, 객관적으로 측정하는 것인 반면 영상 근거 신경과학은 질적으로, 주관적으로 측정한다.

인지신경과학

임상신경심리학의 성장은 개개 임상가들로 하여금 다양한 방법을 사용하게 하였다. 검사의 선택은 평가하고자 하는 장애와 목적에 따라 다르다. 1950년대 초부터 1990년대 초에 이를 때까지 검사 배터리들이 개발되었고, 각 배터리는 서로 다른 측면에 초점을 맞추었다(표 28.1). Halstead-Reitan 배터리를 포함한 많은 검사들이 **절단점수**(cutoff score)를 사용하는데, 특정 점수 이하의 수행을 보이는 것이 항상 뇌 손상의 지표가 될 수 없다.

절단점수의 사용이 초래하는 어려움 중 하나가 대뇌 조직화가 다음의 요인들, 즉 성, 우세손, 연령, 교육수준, 문화와 생의 경험 등에 따라 달라진다는 것이다. 또 다른 문제는 문제해결에 사용되는 전략이다. 즉 검사 수행 시 서로 다른 전략들이 사용될 수 있으며 이에 따라 서로 다른 피질 영역들이 활성화된다. 피질 손상의 증상은 매우 명확할 수 있다(13.4절에 기술된 색맹 화가인 J.I.의 사례 참조). 마지막으로 많은 검사들이 다양한 문제해결을 요구하기 때문에 검사 수행이 지능 수준에 따라 달라진다. 이 모든 요인이 절단점수의 사용을 어렵게 한다.

검사 배터리의 개발에 따르는 심각한 약점이 검사 구성 혹은 사용에 신경학적 이론이 부재하다는 것이었다. 뇌기능에 관한 지식을 주로 임상 관찰을 통해 획득하였고 Alexander Luria 외의 어떤 임상가들도 뇌가 어떻게 기능하여 인지를 생산하는가에 관한 전반적 이론을 개발하려고 하지 않았다(그림 10.17 참조).

1990년대 인지신경과학의 출현은 뇌와 인지에 관한 이론적 이해를 급격하게 변화시켰다. 사례 연구가 다시 인기를 끌기 시작하였는데, 각 사례 연구는 정교한 인지 이론과 구조 및 기능 영상기법에 근거

표 28.1 **신경심리검사 배터리**

검사 배터리	유형	기본 참고문헌
Benton's neuropsychological investigation	복합	Benton et al., 1983
Boston Process Approach	복합	Kaplan, 1988
Oxford neuropsychological procedures	복합	Newcombe, 1969
Montreal Neurological Institute approach	복합	Taylor, 1979
Frontal-lobe assessment	복합	Stuss & Levine, 2002
Western Ontario procedures	복합	Kimura & McGlone, 1983
Halstead-Reitan Battery	표준화	Reitan & Davison, 1974
Luria's neuropsychological investigation	표준화	Christensen, 1975
Luria-Nebraska Battery	표준화	Golden, 1981
CANTAB	전산화	Robbins et al., 1998

하였다(Shallice, 1988). 이와 같이 좀 더 인지에 치우친 접근들은 개인 사례와 집단에서 신경 네트워크와 연결이 어떻게 손상되었는가를 이해하기 위해 구조방정식 모델과 같은 다변량 통계법을 사용한다. 검사 개발에도 이러한 지식이 적용되고 있고 이러한 인지적 접근이 앞으로도 신경심리평가를 지속적으로 변화시킬 것이다.

인지신경과학의 가장 큰 공헌이 우반구 전두엽의 기능을 밝힌 것일 수 있다(Stuss & Levine, 2002 개관 참조). 역사적으로 우반구 전두엽의 기능은 신경심리평가로 밝혀지지 않았다. 기능 영상법과 신경심리검사의 발달로 말미암아 우반구 전두엽이 사회 인지(social cognition, 20.6절 참조)와 같은 기능에 관여하는 것을 이해하게 되었다.

관리의료 서비스

최근 몇십 년 동안 개업 심리학자들이 당면하는 가장 큰 도전은 비용일 것이다(Zillmer, 2004). 의료비의 증가로 말미암아 임상가들은 시간이 많이 소요되고 비싼 신경심리 서비스에 드는 시간과 비용을 감소시켜야 하는 압박을 받고 있다. 특히 영상 기법이 뇌의 기능 이상을 더 빠르고 더 정확하게 평가한다고 이해됨에 따라 개개 환자에게 실시하는 신경심리검사의 수를 줄여야 된다는 비합리적인 압박감을 가지게 되었다.

명백하게 영상법이 신경심리평가의 목적을 바꾸게 하였지만 R.L.과 같은 두부 외상과 이 책을 통해 살펴본 TBI의 많은 경우 신경심리평가가 인지장애를 밝힐 수 있는 유일한 방법이다. Gary Groth-Marnat(1999)는 심리학자들이 다음을 고려하여 평가 절차를 개발하고 발전시켜야 한다고 제안한다.

• 치료의 선택과 치료 결과와 가장 관련된 진단 절차에 초점
• 비용을 절감할 수 있는 상황 확인
• 효율적인 시간 소요
• 치료 계획, 병의 경과 모니터와 결과 평가의 통합

임상평가가 의료비용의 도전에 살아남을 수 있도록 조절되어야 하는 점은 분명하다. 그러나 많은 경우 신경영상기법으로 진단이 가능하지 않고 신중한 평가만이 진단을 가능하게 한다는 것을 다시 한 번 강조한다. 따라서 환자에게 가장 좋은 것은 팀워크, 즉 의학, 심리학과 의료관리의 전문가들이 상호 협조하여 혈액검사에서 신경영상까지를 포함하는 의학적 검사와 신경심리평가를 병행하는 것이다.

28.2 신경심리평가의 합리적 근거

1990년대에 이를 때까지 신경심리학자들은 표 28.1에 요약되어 있는 검사들을 선택하여 사용하였다. 검사 스펙트럼 중 한 극이 **표준화 검사 배터리**(standardized test battery)인데, 이 검사 배터리는 **기질**(organicity), 즉 **생물적**(organicity, 기질적) 원인으로 인한 비정상적인 행동 진단에 관한 고정된 준거를 가지고 있다. 따라서 기질 준거는 뇌병리와 직접적으로 관련된 행동 증상과 관련되지 않은 행동 증상을 구분하는 데 사용된다. 이러한 검사들은 실시, 채점과 해석이 비교적 단순하다는 장점을 가지고 있다. 검사의 실시에 검사의 이론적 근거 혹은 뇌조직의 뉘앙스를 이해할 필요가 거의 없다. 그러나 검사의 해석에는 이러한 것들의 이해가 필요하다. Halstead-Reitan 배터리와 Luria-Nebraska 배터리가 대표적인 표준화 검사 배터리이다.

이보다 더 최근 들어 케임브리지대학교의 Trevor Robbins와 동료들이 표준화 및 전산화 배터리, 즉 CANTAB(Cambridge Neuropsychological Test Automated Battery)을 개발하였는데 이 배터리는 매우 구조화된 방법으로 실시된다는 장점을 가지고 있다(예 : Robbins et al., 1994; 1998). CANTAB은 연구 목적으로 매우 널리 사용되어 왔고 임상 현장에도 점차 사용되고 있다. CANTAB을 사용한 논문이 600편 이상 발표되었지만 이 배터리와 이보다 더 오래전에 개발된 검사 배터리를 직접적으로 비교한 연구는 아직까지 발표되지 않았다(Smith et al., 2013 참조).

검사 스펙트럼의 다른 극이 **개별화 검사 배터리**(individualized test battery)인데, 이 검사 배터리의 실시와 해석에 이론적 지식이 요구된다. 이 평가는 양적보다 질적으로 이루어진다. 각 환자에게 실시되는 검사가 환자의 발병 원인과 각 검사 수행의 질적 특성에 맞추어진다. 한 예가 Luria의 신경학적 접근인데, 이 접근은 검사 배터리보다는 환자 평가의 전략처럼 여겨진다(Luria-Nebraska 배터리는 Luria의 절차를 더 구조적이고 양적으로 개발하기 위한 시도였지만 결과는 전혀 다른 분석을 하게 하였다).

복합 검사 배터리(composite test battery)는 표준화 검사 배터리와 개별화 검사 배터리 사이의 중간 정도에 위치한다. 각 검사가 공식적인 절차에 따라 실시되고 각 검사는 비교 준거를 가지고 있지만 검사 수행의 질적 분석과 패턴 분석이 실시된다. 한 예가 Boston Process Approach(표 28.2)이다. Arthur Benton과 동료들(Benton et al., 1983; Benton, 1994)은 개인 맞춤형으로 사용될 수 있는 다른 복합 배터리에 관해서 기술하였는데, 여기에는 Muriel Lezak와 동료들(2012), Pat McKenna와 Elizabeth Warrington(1986), William Milberg와 동료들(1986), Freda Newcombe(1969), Aaron Smith(1981), Laughlin Taylor(1979)와 Kevin Walsh(1991)가 포함된다.

검사 스펙트럼에서 각 배터리는 검사 개정과 발달, 평가의 대상이 되는 임상군에 따라 끊임없이 바뀌고 있다. 그러나 검사 선택에서의 한 가지 제한점이 임상신경심리학자의 교육(훈련)이다. 이론에 근거하여 개발된 검사를 사용할 경우에는 대뇌 조직화 이론에 관한 이해가 요구된다.

표 28.2 Boston Process Approach 배터리에서 사용되는 대표적 검사

지적 기능과 개념 기능
Wechsler Adult Intelligence Scale IV
Raven's Standard Progressive Matrices
Shipley Institute of Living Scale
Wisconsin Card-Sorting Test
Proverbs test

기억 기능
Wechsler Memory Scale IV
Rey Auditory Verbal Learning Test
Rey Complex-Figure Test
Benton Visual-Recognition Test
Consonant trigrams test
Cowboy Story-Reading Memory Test

언어 기능
Narrative writing sample
Tests of verbal fluency
Visual-perceptual functions
Cow-and-circle experimental test
Automobile puzzle
Parietal-lobe battery
Hooper Visual Organization Test

학습 능력
Wide Range Achievement Test

자기 통제력과 운동 기능
Proteus Maze Test
Stroop Color-Word Interference Test
Luria Three-Step Motor Program
Finger tapping

검사 선택에 미치는 요인

이 책 전체를 통해 여러분은 서로 다른 피질 영역의 제한된 병변이 특정 행동 변화를 야기하는 것을 살펴보았다. 이 지식을 역으로 적용하면 아직 알려지지 않은 뇌 손상의 위치를 알수 있다. 다시 말하면 특정 행동 변화를 통해 이 변화를 초래한 뇌 영역 혹은 영역들을 예상할 수 있다.

그러나 이럴 경우 문제가 발생한다. 특정 연구 목적에 따라 뇌 손상 환자들이 자주 연구 대상으로 선택된다. 예를 들어 빨리 전이되는 종양을 가진 환자들은 연구 대상으로 선택되지 않는데 이는 이들을 대상으로 한 연구의 결과를 해석하기 어렵기 때문이다. 반면 신경외과 수술을 받은 환자들이 이상적인 연구 대상인데 이는 이들의 뇌 손상 정도를 알 수 있기 때문이다. 따라서 신경장애의 발병 원인이 평가를 어렵게 할 수 있다고 예상할 수 있다. 실제 두부 외상에서처럼 광범위한 기능 이상을 가지는 사람들의 검사 수행과 제한된 뇌 영역을 수술로 제거한 사람들의 검사 수행이 매우 다르다.

임상가가 특정 발병 원인에 적합한 검사를 선택한 후에도 다음의 중요한 문제들이 해결되어야만 한다. 첫째, 검사들이 얼마나 민감한가이다. 만약 광범위한 뇌 영역이 기능 이상을 보이면 검사가 기능

이상에 특히 민감할 필요가 없다. 반면 제한된 뇌 영역에 병변이 있을 경우 특정 행동 효과가 나타난다. 예를 들어 우반구 체감각 영역 중 얼굴의 체감각을 담당하는 영역에 병변이 있을 경우 감지하기 어려울 만큼 미묘한 감각 변화가 발생하기 때문에 비언어 유창성(nonverbal fluency)에 민감한 검사가 사용되지 않는 한(예 : 그림 16.9 참조) 수많은 검사를 사용해도 인지적 변화를 관찰하지 못한다.

또 다른 문제는 다양한 요인들이 뇌 병리와 상호작용하여 검사 결과의 해석을 어렵게 한다는 것이다. 연령, 인종 혹은 문화적 배경이 검사 수행에 영향을 미칠 수 있다. 따라서 28.1절에 기술된 것처럼 엄격한 절단 준거를 가지는 검사의 점수는 해석될 수 없다.

지능 또한 검사 수행에 관한 평가자의 기대를 변하게 할 수 있다. 즉 지능지수가 130인 사람이 언어 기억검사의 수행은 저하되지만 지능지수가 90인 사람의 수행과 비교하면 정상적으로 수행한 것처럼 보일 수 있다. 따라서 신경심리평가는 양적 측정을 목적으로 하는 표준화 심리측정평가와는 달리 융통성 있게 실시되어야 한다. 이 융통성이 해석을 어렵게 하고 신경심리평가뿐만 아니라 신경심리학과 신경학 기초에 관한 집중적인 훈련을 요구한다(융통성 있는 배터리에 관련된 법적 논의에 대해서는 Bigler, 2008 참조).

마지막으로 검사 수행의 차이는 성별과 우세손 같은 요인들과 관련된다(제12장 참조). 이에 덧붙여서 검사 수행은 인구통계학적 변인들에 의해 편향될 수 있다. 예를 들어 세 도시 주민들을 대상으로 두부 외상의 효과를 조사한 한 연구에서 연구자들은 한 도시에 거주하는 건강한 참여자들의 수행이 다른 도시에 거주하는 뇌 손상 환자들의 수행만큼 낮은 것을 발견하였다. 인구통계학적 변인들의 차이가 검사 수행에 영향을 미치기 때문에 이 변인들을 검사 결과의 해석 시 반드시 고려해야 한다.

신경심리평가의 목적

임상심리학에서의 평가 목적은 장애를 진단하고 이 장애로 말미암아 초래된 행동 변화를 기술하는 것이다. 예를 들어 학습에 도움이 되기 위해 학령기 아동에게 지능검사와 성취검사를 실시하는데, 이를 통해 아동이 특정 문제(예 : 단기 기억의 결함, 읽기 속도의 저하)를 가지고 있는가를 확인한다. 이와 유사하게 성격검사가 행동장애, 예를 들어 범불안장애를 확인하고 치료하기 위해 사용된다.

임상신경심리학의 목표는 이와 다소 다른 목표를 가지고 있다. 즉 신경심리평가의 목적은 다음과 같다.

- **개인의 전반적인 대뇌기능의 수준과 대뇌기능의 이상 및 위치를 확인하는 것을 목표로 한다.** 평가를 통해 개인의 인지 능력에 관한 정확하고 편향되지 않는 정보를 제공한다.
- **환자의 돌봄과 재활을 용이하게 한다.** 일련의 평가는 회복률과 이전 생활방식으로 돌아갈 잠재력에 관한 정보를 제공한다.
- **다른 진단 연구들이 불명확한 결과를 제공할 경우 경미한 장애를 확인한다.** 이에 대한 예로는 두부 외상의 효과와 퇴행성 질환의 초기 증상들이다.
- **왼손잡이 혹은 아동기 때 뇌 손상을 경험한 사람의 경우처럼 흔치 않은 뇌 조직화를 확인한다.** 이 정보는 외과의사들에게 특히 유용한데, 이들은 수술 도중 중요한 영역, 예를 들어 일차 언어 영역을 부주의로 제거하는 것을 원하지 않는다. 이러한 정보는 행동 측정을 통해서만 얻을 수 있다.
- **초점 뇌전증(focal epilepsy)과 같은 장애에서 나타나는 비정상적인 EEG를 확증한다.** 실제로 일차적 증거는 행동평가에서 나타나는데, 이는 비침습적 영상법을 포함한 방사선 절차로는 발작을 일으키

는 비정상적 뇌조직을 확인할 수 없다.

- **뇌 손상 후의 기능 회복을 평가한다.** 회복에 관한 평가는 재활 계획을 세우는 것뿐만 아니라 특히 종양 혹은 혈관장애의 의학적 치료의 효과를 알아보는 데에도 도움이 된다.
- **현실적 기대를 촉진시킨다.** 환자와 환자의 가족이 환자의 후유증을 이해하도록 도와주는 것이 현실적인 생의 목표를 정하고 재활 프로그램을 계획하는 것을 용이하게 한다.

신경심리평가에서의 지능 측정

대부분의 신경심리평가는 전반적인 지적 수준의 측정에서부터 시작한다. 지적 수준의 측정에 주로 웩슬러 검사들이 사용되는데, 이 검사들은 인지 기능의 기본 수준을 평가하는 데 매우 유용하다. 가장 최근의 개정판이 2008년도에 출판된 웩슬러 성인용 지능검사 제4판(Wechsler Adult Intelligence Scale-Fourth Edition, WAIS-IV)인데, 이 검사는 16~90세 연령층에 대한 규준을 가지고 있다. WAIS-IV는 10개의 핵심 소검사와 5개의 보충 소검사로 구성되어 있다.

10개의 핵심 소검사들로 전체 지능지수(Full Scale IQ, FSIQ)를 측정한다. 웩슬러 척도의 이전 판들(Weschler-Bellevue, WAIS-R, WAIS-III)은 언어성 IQ와 동작성 IQ의 측정에 각각 다른 소검사들을 사용하였다. WAIS-IV에서는 이 두 지능지수가 5개의 조합점수, 즉 일반능력 지수(General Ability Index, GAI), 언어이해 지수(Verbal Comprehension Index, VCI), 지각추론 지수(Perceptual Reasoning Index, PRI), 작업기억 지수(Working Memory Index, WMI)와 처리속도 지수(Processing Speed Index, PSI)로 대체되었다. 전체 지능지수(FSIQ)는 평균이 100이고 표준편차가 15이며, 매뉴얼에 의하면 언어성 IQ와 동작성 IQ는 각각 VCI와 PRI 지수로 대체되었다(Hartman, 2009).

WAIS-IV의 장점은 WAIS-III보다 실시 시간이 덜 소요되는 것인데(약 70분 대 80분 이상), 이는 쉽게 피로를 느끼는 환자에게 검사를 실시할 때 특히 이롭다. GAI만을 사용하여 지능지수를 추정할 수 있는데, GAI는 3개의 VCI 소검사들과 3개의 PRI 소검사들로 측정된다. GAI는 FSIQ와 0.97의 상관을 가지며 기억 및 운동 기능의 장애를 갖는 노인 혹은 성인장애자들의 보다 '순수한' 추정 지능을 제공한다(Hartman, 2009).

5개의 WAIS-IV 지수가 신경심리평가에 얼마나 유용한가에 대해서는 아직 충분한 연구가 이루어지지 않고 있지만 아마 유용할 것이라는 것을 시사하는 단서는 존재한다. 예를 들면 성인 ADHD가 정상 통제군에 비해 WMI와 PRI에서 유의하게 저하된 수행을 보인다(Theilling & Petermann, 2014). 이와 유사하게 TBI 환자들이 신경학적 장애가 없는 건강한 통제군에 비해 처리속도에서 낮은 수행을 보인다(Donders & Strong, 2014).

비록 WAIS 이전 판들의 언어성 검사와 동작성 검사가 각각 좌반구와 우반구 기능의 측정을 위해 고안된 것은 아니지만 FSIQ의 핵심 소검사들이 좌우 반구 기능을 추정하는 데 유용한 것으로 밝혀지고 있다. VCI와 PRI 모두를 통해 측정되는 FSIQ는 평균이 100이고 표준편차가 15이다. 언어이해 지수와 지각추론 지수 점수가 10점 이상으로 차이가 있을 경우 임상적으로 의미가 있는 것으로 받아들여진다(이 해석이 통계적으로 엄격하지는 않지만).

웩슬러 검사의 이전 판들에 대한 많은 연구 결과는 좌반구에 명확한 병변이 있을 경우 동작성 IQ보다 언어성 IQ 점수가 비교적 낮은 반면 우반구에 명확한 병변이 있을 때는 동작성 IQ 점수가 비교적 낮다. 반면 광범위한 병변이 있을 경우에도 낮은 동작성 IQ 점수가 관찰되는 경향이 있으며 이로 말미앞아 언어성 IQ 점수와 동작성 IQ 점수의 차이가 임상적으로 유용하지 않다는 잘못된 믿음을 가지게 되었다. 비록 동작성 IQ 점수의 저하가 항상 관찰되지 않지만 낮은 언어성 IQ는 비교적 드물기 때문에 간과해서는 안 된다고 연구 결과가 밝히고 있다.

Elizabeth Warrington과 동료들(1986)이 편측성 뇌 손상을 가지는 656명의 환자들을 대상으로 실시한 후향적 연구에서 WAIS-R의 소검사들의 점수와 IQ 점수를 평가하였다. 이들의 연구 결과는 전반적으로 좌반구 병변은 언어성 IQ 점수를 저하시키는 반면 우반구 병변은 동작성 IQ 점수를 낮게 하는 것을 보여주었다. 후두엽 병변은 예외였다.

그러나 좌반구 병변 환자들의 53%와 우반구 병변 환자들의 43%는 언어성 IQ 점수와 동작성 IQ 점수의 차이가 10점 미만이었다. 좌반구 병변 환자들의 6%와 우반구 환자들의 3%에서는 두 IQ 점수의 차이가 반대 방향으로 10점 이상이었다(좌반구 두정엽 혹은 측두두정 병변을 가지는 환자들이 언어 장애를 가지고 있음에도 불구하고 IQ 점수의 큰 저하를 보이지 않았다는 점이 흥미롭다. Warrington의 연구에서 언어 기술이 언급되지 않은 점으로 미루어 실어증 환자들이 연구 대상에서 제외되었을 수 있다. 저자들의 경험에 의하면 언어장애를 가지는 환자들은 예상한 대로 매우 낮은 언어성 IQ 점수를 보인다).

Warrington은 WAIS-R의 소검사, 즉 4개의 언어성 소검사(산수, 공통성, 숫자따라외우기와 어휘)와 3개의 동작성(비언어성) 소검사(빠진곳찾기, 토막짜기와 차례맞추기)들도 분석하였다. 전반적으로 좌반구 전두, 측두와 두정엽 손상 환자들이 4개의 언어성 검사에서 매우 낮은 수행을 보였지만, 이 좌반구 환자들 사이에서 유의한 차이는 관찰되지 않았다. 동작성 검사의 수행이 병변 위치에 관해서는 정보를 제공하지 않았는데, 이는 우반구 두정엽 손상 환자들만이 토막짜기와 차례맞추기에서 유의하게 저하된 수행을 보였기 때문이다. WAIS-IV에서도 이와 유사한 결과가 관찰될 것으로 여겨진다.

손상 후 지능검사는 병전 지적 수준을 추정하지 않는 한 유용하지 않다. 손상 전의 지능점수에 관한 단서가 있지 않는 한 낮은 IQ 점수가 뇌 손상으로 초래되었다고 여길 수 없다. 병전 지능지수에 관한 추정은 대부분 환자의 교육수준, 직업과 사회경제적 배경에 근거하고 비공식적이다. Robert Wilson과 동료들(1979)은 병전 IQ를 추정하는 통계적 절차를 기술하였다.

웩슬러 검사와 관련된 다른 검사가 웩슬러 기억검사(Wechsler Memory Scale, WMS-IV)와 웩슬러 아동용 지능검사(Wechsler Intelligence Scale for Children, WISC-IV)이다. 비록 WMS-IV와 WAIS-IV 모두 기억을 측정하지만 각 검사는 서로 다른 기억 기능을 측정하며 서로 상호 보완적이다 (예 : Lepach et al., 2013).

신경심리평가의 범주

Eric Zillmer와 Mary Spiers(2001)가 2,000명의 신경심리학자들을 대상으로 조사한 결과 가장 자주 사용되고 있는 신경심리검사의 범주 10개를 확인하였고, 이에 관한 것이 **표 28.3**에 요약되어 있다. 현재 사용 가능한 신경심리검사에 관한 책이 여럿 있지만 가장 광범위하게 신경심리검사를 소개하는 것이 Muriel Lezak과 동료들(2012)과 Otfried Spreen과 Esther Strauss(1991)가 출판한 책이다.

Deborah Waber와 동료들(2007)은 6~18세 아동의 신경심리검사 수행을 종단적으로 조사한 연구를 발표하였는데, 이 연구는 다양한 신경심리검사에 대한 규준 자료를 제공한다. 많은 신경심리검사의 경우 원점수가 6~10세에 이를 때까지 가파르게 증가하다가 청소년기 동안 증가 속도가 감소한다. 검사 수행보다 가계 소득이 IQ와 성취점수를 예견하였다. 신경심리검사 점수들이 MRI로 측정한 발달 자료와 연결되어 있다.

스포츠 의학에서 신경심리평가의 사용이 증가하고 있고, 특히 뇌진탕을 경험한 운동선수들의 병의 경과를 추적하는 데 신경심리검사가 사용되고 있다. Alison Cernich와 동료들(2007)이 뇌진탕의 경과를 모니터하고 관리하는 데 사용하기 위해 개발한 검사 배터리(Automated Neuropsychological Assessment Metrics Sports Medicine Battery, ASMB)를 소개하였다. ASMB는 현재 적절한 규준을 갖추기 위해 그리고 뇌진탕의 위험이 높은(예 : 미식축구와 아이스하키) 스포츠 선수들을 예비 테스트하기 위해 개선되고 있다. 이러한 유형의 배터리는 매우 유용한데, 이는 프로 축구 팀과 대학하키 팀에 소속되어 있는 다수의 운동선수들이 두부 손상으로 말미암아 장기적인 영향을 받고 있기 때문이다.

표 28.3 신경심리평가에 포함되는 열 가지 기능

추상적 추론과 개념화(예 : 문제해결, 집행 기능)
주의(예 : 선택, 지속, 전환 혹은 무시)
일상 활동(예 : 배변, 옷 입기, 섭식)
정서 및 심리적 고통(예 : 우울, 충동성)
언어(예 : 수용성 및 표현성 언어, 실어증)
기억(예 : 언어, 시각, 작업)
운동(예 : 손재주, 속도, 힘)
지남력(예 : 장소와 시간 인식)
감각과 지각(예 : 시력, 맛/냄새, 촉각)
시공간(예 : 구성, 길 찾기, 얼굴 인식)

출처 : Zillmer and Spiers, 2001.

28.3 신경심리검사와 뇌 활성화

뇌기능의 이상을 확인하기 위해 개발된 신경심리검사는 이 검사가 특정 대뇌 영역의 활성화를 측정한다고 가정하고 있다. 그러나 인지 과정은 광범위하게 분포되어 있는 신경 네트워크의 활성화에 의해일어난다(19.3절 참조). 특정 검사의 수행 동안 어느 뇌 영역이 활성화하는가를 조사하는 한 방법이 참여자들이 하나 혹은 그 이상의 검사를 수행하는 동안 비침습적 영상 기법을 사용하는 것이다.

거의 대부분의 연구들이 위스콘신 카드분류 과제와 같은 전두엽 검사 수행 동안 뇌 활성화를 측정하였다. Julie Alvarez와 Eugene Emory의 메타 연구(2006)는 참여자들이 위스콘신 카드분류 검사, 스트룹 검사와 시카고 언어유창성 검사(이 검사들에 관해서는 16.3절 참조)를 수행하는 동안 전두 영역의 활성화가 명확하게 관찰되는 것을 밝히고 있다. 그러나 감각 처리 등과 같은 비인지적 기능과 관련된 전반적인 활성화를 감소하기 위해 감산법(그림 7.15 참조)을 사용하더라도 활성화가 다른 대뇌 영역들에서도 나타난다. 이와 같은 광범위한 활성화는 전두피질이 여러 뇌 네트워크에 포함되기 때문에일어나는 것으로 추측된다. 앞 장들, 예를 들어 그림 16.17, 17.3, 20.12가 이를 설명하고 있다.

이와 같은 결과는 신경심리검사 수행의 해석이 전통적인 뇌 구조 위치 접근, 즉 뇌 구조와 기능이 분리될 수 없다고 여기는 것에서부터 연결성과 확장된 신경 네트워크의 접근으로 바뀌어야 된다는 것을 제안한다. 실제로 우리는 뇌의 제한된 영역에 손상을 입은 수십 명의 환자들이 우리의 경험에 근거하여 기대한 증상을 보이지 않는 것과 예상하지 못한 증상을 보이는 것을 관찰해왔다.

신경심리학자들은 다음의 사실, 즉 뇌 조직화에 상당한 개인차가 존재하고 교육과 특정 경험(예 : 비디오게임을 하는지 혹은 하지 않는지)이 큰 영향을 미치며 노인들의 인지 작용에 개인차가 존재하는 것을 명심해야 한다. 이 모든 요인이 검사 수행과 뇌 활성화 모두에 영향을 미친다.

28.4 수검자의 노력 문제

신경심리학자들이 당면하는 주요 과제는 수검자가 지시대로 검사를 수행하는지 혹은 인지 결함을 과장함으로써 꾀병을 부리는지를 판단하는 것이다. 미국 정신의학회에서 출판한 *DSM-5*(2013)에는 꾀병을 "일의 회피, 재정적 보상, 범죄기소의 모면 혹은 약물 획득 등과 같은 외적 유인가를 얻기 위해 신체 및 심리 증상을 의도적으로 거짓으로 꾸미거나 과장하는 경우"로 정의하고 있다.

Paul Green과 동료들(2001)은 904명의 환자들에게 노력검사(test of effort)를 포함한 신경심리검사 배터리를 실시하였다. 최선을 다하지 않은 환자들이 중등도에서 심각한 뇌 손상을 가진 환자들의 수행보다 4.5배 정도나 더 낮은 수행을 보였다. 이 결과에 근거하여 저자들은 노력이 뇌 손상보다 검사 수행에 더 큰 영향을 미친다고 결론 내렸다. 추적검사에서도 Green(2007)은 노력검사에서의 수행 저하가 기억검사뿐만 아니라 배터리에 포함된 모든 검사의 수행에 영향을 미치는 것을 관찰하였다.

비록 우리는 경험 많은 임상가가 꾀병을 탐지할 수 있을 것이라고 희망하지만 실제로 잘 탐지하지 못한다. 노력 부족을 평가하는 유일한 방법이 특정 노력검사를 사용하는 것이다. 지난 몇 년 동안 출판된 여러 검사 중에 가장 민감한 검사가 Merille Hiscock이 개발한 강제선택 숫자기억검사(Forced Choice Digit Memory Test)인 것으로 알려져 있다(예 : Guilmette et al., 1994 참조).

이 검사는 매우 단순하다. 수검자에게 숫자(예 : 56093)를 제시한 직후 2개의 숫자, 즉 먼저 제시한 숫자와 새로운 숫자(예 : 56093과 82104)를 보여주면서 두 숫자 중 어느 것을 보았는가를 반응하게 한다. 댈하우지대학교의 Jeanette McGlone은 매우 심각한 기억상실증 환자조차 방해를 받지 않는 한 32시행 모두에서 정답을 맞춘다고 보고하였다(McGlone, 2007). 기억장애를 가지고 있다고 가장하는 사람들은 우연 수준만큼 낮은 점수를 보이는데, 이는 과제 수행을 성실하게 하지 않은 것과 모든 평가를 무효화하는 것을 시사한다. 90% 이상의 정답률이 강제선택 숫자기억검사의 채점에서 절단점으로 사용된다.

비록 꾀병의 실제 유병률은 알려져 있지 않지만 두부 외상 혹은 독성물질에 노출된 사람들 중 적어도 20% 정도가 의도적으로 검사 수행을 성실하게 하지 않는다. 이 추정치는 검사 측정이 재정적 보상 등과 같이 수검자에게 어떤 이점을 제공할 수 있는 경우에는 강제선택 숫자기억검사와 같은 검사를 사용할 필요가 있음을 강조한다.

검사 수행의 동기는 보상을 원하는 경미한 두부 외상 환자와 법원으로부터 자녀양육 평가를 받을 것을 명령받은 사람들의 신경심리검사 수행을 비교함을 통하여 가장 명확하게 알 수 있을 것이다. 전자는 수행을 잘하지 못함으로써 재정적 보상을 받을 수 있는 반면 후자는 수행을 잘함으로써 양육권을 받을 수 있다. Lloyd와 동료들(2007)은 보상을 받기 원하는 집단이 양육권을 받기 원하는 집단보다 23배 정도 노력검사의 점수가 낮음을 관찰하였다. 실제로 경미한 TBI 환자군이 심각한 환자군보다 2배 정도 더 낮은 검사 수행을 보인다. 이러한 효과는 인지적 기술의 차이로 설명되지 않고 대신 외적 유인가의 차이로 설명된다.

◎ 28.5 사례

신경심리학 이론과 평가의 기본 원리들을 살펴보았다. 이제 3명의 환자의 병력과 검사 결과의 해석에 이제까지 살펴본 검사와 이론을 적용해보기로 하자. 이는 신경심리평가에 신경심리검사들이 어떻게 사용되는가를 설명한다.

저자인 우리들이 몬트리올 신경연구소에 재직하고 있기 때문에 우리가 사용한 평가 배터리는 Brenda Milner, Laughlin Taylor와 동료들이 신경외과 수술을 받은 환자들을 조사한 연구에서 사용한 검사에 기초한다. 대부분의 검사들은 이 책의 여러 곳, 특히 두정엽, 측두엽과 전두엽 기능을 측정하는 신경심리평가를 기술한 제 14장~16장에서 이미 소개되었다.

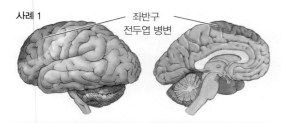

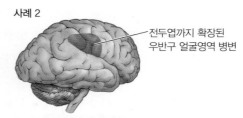

사례 1	수술 전	수술 후
전체 IQ	115	102
언어성 IQ	111	103
동작성 IQ	117	99
기억지수	118	108
언어성 회상	20	14
비언어성 회상	10.5	10
카드분류	1 범주*	1 범주*
손가락-위치 감각	좌 우 60/60 60/60	좌 우 60/60 60/60
그리기 : 모사	36/36	35/36
회상	21/36	24/36

* 유의하게 낮은 점수

사례 2	수술 전	수술 후
전체 IQ	97	97
언어성 IQ	100	106
동작성 IQ	94	88*
기억지수	94	92
언어성 회상	13.5	14.0
비언어성 회상	3.5*	7.0
카드분류	0 범주*	1 범주*
손가락-위치 감각	좌 우 55/60* 59/60	좌 우 54/60* 60/60
그리기 : 모사	28/36*	26.5/36*
회상	4/36*	9.5/36*

* 유의하게 낮은 점수

 그림 28.2 ▲

수술 전후에 실시된 신경심리검사 결과 (두 사례)

사례 1 : 좌반구 종양으로 인한 뇌전증

33세 남성은 입원하기 4년 전부터 발작을 경험하고 있었다. 입원 당시에 실시된 신경학적 검사에서는 이상이 발견되지 않았지만 발작 빈도가 증가하고 있었고 발작 시 그의 머리와 눈을 오른쪽으로 돌리는 특징을 보였는데 이는 발작에 보조운동피질이 관여함을 시사한다. 방사선 검사 및 뇌파검사 결과는 좌반구 전두엽 병변을 시사하였고(**그림 28.2** 왼쪽), 이 결과는 저분화성 성상세포종(poorly differentiated astrocytoma)을 제거하는 수술에서 확인되었다.

수술 전 실시된 검사에서 환자는 위스콘신 카드분류 검사에서만 수행 저하를 보였는데, 즉 그는 다수의 보속 오반응과 한 범주만을 정확하게 분류하였다. 수술 2주 후 지능지수, 기억지수와 지연언어회상 점수가 저하되었지만 이 검사들의 수행이 근본적으로 서로 동일한 비율로 유지되었다.

만약 이 환자가 유사한 병변을 가지는 다른 환자와 같다면 수술 1년 후 추적검사에서 그의 지능지수와 기억점수가 수술 전의 수준으로 회복될 것이다. 그러나 카드분류 검사의 수행은 향상되지 않을 것이다.

사례 2 : 우반구 감염으로 인한 뇌전증

26세 남성은 뇌내 종양으로 인한 뇌막염을 앓기 시작한 8년 전부터 발작을 경험하였다. 추후 그는 얼굴 왼쪽과 왼손에서 시작되는 발작을 보이기 시작하였는데, 발작이 약물로 통제되지 않았기 때문에 수술을 받게 되었다.

수술 전 이 환자는 지능과 일반 기억검사에서 정상 수준을 보였지만 지연언어회상검사에서는 수행 저하를 보였다. 그는 왼팔과 다리의 쇠약과 더불어 왼손의 손가락 위치 감각의 경미한 결함을 보였고, 이는 우반구 중앙 부위의 손상을 시사한다. 이에 덧붙여서 그는 Rey 복합 도형을 모사하고 회상하는 데 어려움을 보였고 위스콘신 카드분류 검사를 수행하지 못하였는데, 이는 그의 병변이 전두엽과 측두엽으로까지 확장된 것을 시사한다.

우반구 얼굴 영역과 우반구 전두엽의 일부 영역이 수술을 통해 제거되었다(그림 28.2 오른쪽). 이후 일부 뇌전증성 이상이 전두엽과 상측두회에 여전히 존재하였다. 수술 후에 실시된 검사에서 그는 언어성 IQ 점수와 장기 언어 기억에서 향상을 보였지만 카드분류 검사, 왼손의 손가락 위치 감각과 Rey 복합 도형의 모사와 회상에서 여전히 어려움을 보였다. 그의 동작성 IQ 점수(지각추론 지수)도 저하되었다.

손가락 위치의 어려움이 이 환자와 같은 사례에서 예상되지만 카드분류 검사와 Rey 복합 도형 검사의 수행이 지속적으로 저하되어 있는 것은 그의 우반구가 기능하지 못함을 시사한다. 이 기능 이상은 전두엽과 측두엽 영역에서 측정한 뇌파 기록에도 반영되어 있었다.

사례 3 : 재활

37세 남성은 약 15년 전에 교통사고를 당하였다. 6주 동안 혼수상태에 있었으며 뇌감염으로 인한 이차 손상을 경험하였다. 사고 당시 그는 신문방송학 석사과정생이었고 영문학 전공으로 학부를 우수한 성적으로 졸업하였다.

우리가 그를 처음 만났을 때 그는 심각한 운동장애를 가지고 있었고 지팡이를 사용하여 걸었으며 실행증과 운동실조 증상을 보였다. 그는 특히 급하거나 스트레스를 받을 때는 단어를 발음하는 것을 매우 어려워하였지만 언어 능력을 측정하는 토큰 검사에서는 어떠한 실어 증상을 보이지 않았다. 즉 그의 언어 문제는 전적으로 입 근육의 협응장애(구어장애, anarthria) 때문에 초래된 것이었다.

사고 이후 이 남성은 자신의 부모와 함께 거주하였고 자신의 핸디캡에 대처하는 데 필요한 사회적 기술을 배우지 못하였다. 간략하게 말하면 그는 마치 정신지체를 가지고 있는 것처럼 취급되었고 그의 가족이 전적으로 그를 돌보았다. 실제 환자는 자신이 지적장애를 가지고 있다고 믿었고 재활을 받는 것을 주저하였다.

가족의 요청에 따라 우리는 그의 지적 잠재 능력을 평가하기 위해 철저한 평가를 실시하였다. 우리도 놀랄 만한 결과가 나왔다. 그의 지적 수준은 우수(WAIS 언어성 IQ 점수가 127이었다)에 속하였고, 비록 운동 기술이 요구되는 몇 검사에서 수행 저하를 보였지만 대부분의 검사 수행이 평균 혹은 평균상에 속하였다. 명백한 운동 핸디캡에도 불구하고 이 남성은 전혀 지적장애를 가지고 있지 않았다.

그러나 그의 비언어적 기억은 매우 저하되어 있었다. 검사 결과에 근거하여 우리는 그와 그의 가족에게 환자가 스스로 자신을 돌볼 수 있다고 알려주었으며 직업치료를 받기를 권하였다. 현재 그는 캐나다의 공인회계사인데, 이는 미국의 공인회계사(CPA)와 동일한 것이다.

요약

28.1 신경심리평가의 변화

기능 및 구조적 뇌영상 기법의 발달은 신경과학과 임상신경심리학에 매우 큰 영향을 미쳤다. 신경심리평가가 뇌 손상의 병소 위치를 확인하는 데 주된 역할을 해왔으나 영상 기법이 이 역할을 대신하게 되었다. 그러나 영상 기법은 모든 신경학적 기능 이상을 탐지하지 못한다. 대신 뇌기능의 가장 민감한 척도가 행동이며 신경심리평가를 사용한 행동 분석은 MRI 혹은 CT로 찾지 못하는 기능 이상, 특히 TBI, 뇌전증과 경미한 뇌졸중에서의 기능 이상을 확인하는 데 유용하다.

신경심리평가에 사용되는 검사들과 검사 결과의 활용이 변하였는데, 이는 부분적으로는 인지신경과학이 지속적으로 발달하고 신경영상기법이 향상되기 때문이다. 검사는 여전히 진단에 중요하게 사용되고 있고 재활에까지 그 중요성이 확대되고 있다. 신경심리평가의 역할 변화에는 경제적 문제도 포함된다. 즉 관리의료 서비스로 말미암아 포괄적인 신경심리평가에 소요되는 비용이 도전을 받고 있는

데, 특히 효과와는 상관없이 평가와 대체 가능한 영상 자료가 존재하는 경우에는 더욱 그러하다.

28.2 신경심리평가의 합리적 근거

다양한 임상신경심리평가 도구가 현재 존재하며, 검사 선택과 평가 목적은 특정 임상 질문에 따라 달라진다. 검사 결과의 분석에는 다양한 변인, 즉 연령, 성별, 우세손, 문화적 배경, IQ 점수와 생의 경험 등이 고려되어야 한다.

28.3 신경심리검사와 뇌 활성화

신경심리검사가 타당한가를 측정하는 한 방법이 수검자가 검사를 수행하는 동안 뇌 활성화를 측정하는 것이다. 비록 예상되는 뇌 영역들의 활성화가 증가하지만, 이 영역 외의 영역들의 활성화도 증가하는데, 이는 광범위한 신경 네트워크가 인지에 관여하기 때문이다. 이러한 결과는 검사 수행과 지엽적인 뇌 영역의 활성화가 반드시 동일하지 않다는 것을 깨우쳐준다.

28.4 수검자의 노력 문제

신경심리검사의 수행에 최선을 다하지 않는 것이 특히 신경심리평가에 근거하여 보상을 받기를 원하는 사람들을 평가하는 데 심각한 문제를 초래한다. 만약 수검자가 일종의 보상을 얻기 위해 검사 수행에 최선을 다하지 않는다면 이는 평가 전체를 무효화시킨다. 노력 부족의 탐지에 몇 가지 단순한 검사들이 시행된다.

28.5 사례

기술적인 발전에도 불구하고 사례들이 신경심리평가가 기능 이상을 초래하는 뇌 영역의 위치를 확인하고 재활 계획을 세우는 데 여전히 중요하다는 것을 보여준다.

참고문헌

Alvarez, J. A., and E. Emory. Executive function and the frontal lobes: A meta-analytic review. *Neuropsychology Review* 16:17–42, 2006.

American Psychiatric Association. *Diagnostic and Statistical Manual of Mental Disorders*, 5th ed. Washington, D.C.: American Psychiatric Association, 2013.

Benton, A. L. Neuropsychological assessment. *Annual Review of Psychology* 45:1–23, 1994.

Benton, A. L., D. de S. Hamsher, N. R. Varney, and O. Spreen. *Contributions to Neuropsychological Assessment: A Clinical Manual*. New York: Oxford University Press, 1983.

Bigler, E. D. Response to Russell's (2007) and Hom's (2008) commentary on "A motion to exclude and the 'fixed' versus 'flexible' battery in 'forensic' neuropsychology." *Archives of Clinical Neuropsychology* 23:755–761, 2008.

Cernich, A., D. Reeves, W. Sun, and J. Bleiberg. Automated neuropsychological assessment metrics sports medicine battery. *Archives of Clinical Neuropsychology* 22:S101–S114, 2007.

Christensen, A.-L. *Luria's Neuropsychological Investigation*. New York: Spectrum, 1975.

Christensen, A.-L., and B. P. Uzzell. *International Handbook of Neuropsychological Rehabilitation*. New York: Plenum, 2000.

Donders, J., and C. A. Strong. Clinical utility of the Wechsler Adult Intelligence Scale-Fourth Edition after traumatic brain injury. *Assessment*, in press, 2014.

Flaro, L., P. Green, and E. Robertson. Word memory test failure 23 times higher in mild brain injury than in parents seeking custody: The power of external incentives. *Brain Injury* 21:373–383, 2007.

Golden, C. J. A standardized version of Luria's neuropsychological tests. In S. Filskov and T. J. Boll, Eds. *Handbook of Clinical Neuropsychology*. New York: Wiley-Interscience, 1981.

Green, P. The pervasive effect of effort on neuropsychological tests. *Archives of Clincial Neuropsychology* 18:43–68, 2007.

Green, P., M. L. Rohling, P. R. Lees-Haley, and L. M. Allen. Effort has a greater effect on test scores than severe brain injury in compensation claimants. *Brain Injury* 15:1045–1060, 2001.

Groth-Marnat, G. Financial efficacy of clinical assessment: Rationale guidelines and issues for future research. *Journal of Clinical Psychology* 55:813–824, 1999.

Guilmette, T. J., W. Whelihan, F. R. Sparadeo, and G. Buongiorno. Validity of neuropsychological test results in disability evaluations. *Perceptual Motor Skills* 78:1179–1186, 1994.

Hartman, D. E. Wechsler Adult Intelligence Scale IV (WAIS-IV): Return of the gold standard. *Applied Neuropsychology* 16:85–87, 2009.

Kaplan, E. A process approach to neuropsychological assessment. In T. Boll and B. K. Bryant, Eds. *Clinical Neuropsychology and Brain Function: Research, Development, and Practice*, pp. 129–167. Washington, D.C.: American Psychological Association, 1988.

Kimura, D., and J. McGlone. *Neuropsychology Test Procedures*. Manual used at the University Hospital, London, Ontario, Canada, 1983.

Lepach, A. C., M. Daseking, F. Petermann, and H. C. Waldmann. The relationships of intelligence and memory assessed using the WAIS-IV and the WMS-IV (article in German). *Gesundheitswesen* 75:775–781, 2013.

Lezak, M. D., D. B. Howieson, B. Diane, E. D. Bigler, and D. Tranel. *Neuropsychological Assessment*, 5th ed. New York: Oxford University

Press, 2012.

McGlone, J. Personal communication, August 2007.

McKenna, P., and E. K. Warrington. The analytical approach to neuropsychological assessment. In I. Grant and K. M. Adams, Eds. *Assessment of Neuropsychiatric Disorders*. New York: Oxford University Press, 1986.

Milberg, W. P., N. Hebben, and E. Kaplan. The Boston Process Approach to neuropsychological assessment. In I. Grant and K. M. Adams, Eds. *Assessment of Neuropsychiatric Disorders*. New York: Oxford University Press, 1986.

Newcombe, F. *Missile Wounds of the Brain*. London: Oxford University Press, 1969.

Reitan, R. M., and L. A. Davison. *Clinical Neuropsychology: Current Status and Application*. New York: Wiley, 1974.

Robbins, T. W., M. James, A. M. Owen, B. J. Sahakian, A. D. Lawrence, L. McInnes, and P. M. Rabbitt. A study of performance on tests from the CANTAB battery sensitive to frontal lobe dysfunction in a large sample of normal volunteers: Implications for theories of executive functioning and cognitive aging. Cambridge Neuropsychological Test Automated Battery. *Journal of the International Neuropsychology Society* 4:474–490, 1998.

Robbins, T. W., M. James, A. M. Owen, B. J. Sahakian, L. McInnes, and P. M. Rabbit. Cambridge Neuropsychological Test Automated Battery (CANTAB): A factor analytic study of a large sample of normal elderly volunteers. *Dementia* 5:266–281, 1994.

Ropper, A. H., and B. D. Burrell. *Reaching Down the Rabbit Hole*. New York: St. Martin's Press, 2014.

Shallice, T. *From Neuropsychology to Mental Structure*. Cambridge, U.K.: Cambridge University Press, 1988.

Smith, A. Principles underlying human brain functions in neuropsychological sequelae of different neuropathological processes. In S. B. Filskov and T. J. Boll, Eds. *Handbook of Clinical Neuropsychology*. New York: Wiley-Interscience, 1981.

Smith, P. J., A. C. Need, E. T. Cirulli, O. Chiba-Falek, and D. K. Attix. A comparison of the Cambridge Automated Neuropsychological Test Battery (CANTAB) with "traditional" neuropsychological testing instruments. *Journal of Clinical and Experimental Neuropsychology* 35:319–328, 2013.

Spreen, O., and E. Strauss. *A Compendium of Neuropsychological Tests*. New York: Oxford University Press, 1991.

Stuss, D. T., and B. Levine. Adult clinical neuropsychology: Lessons from studies of the frontal lobes. *Annual Review of Psychology* 53:401–433, 2002.

Taylor, L. B. Psychological assessment of neurosurgical patients. In T. Rasmussen and R. Marino, Eds. *Functional Neurosurgery*. New York: Raven Press, 1979.

Theiling, J., and F. Petermann. Neuropsychological profiles on the WAIS-IV of ADHD adults. *Journal of Attention Disorders* in press, 2014.

Waber, D. P., C. De Moor, P. W. Forbes, R. Almli, K. N. Botteron, G. Leonard, D. Milovan, T. Paus, and J. Rumsey. The NIH MRI study of normal brain development: Performance of a population based sample of healthy children aged 6 to 18 years. *Journal of the International Neuropsychological Society* 13:1–18, 2007.

Walsh, K. W. *Understanding Brain Damage*, 2nd ed. London: Churchill Livingstone, 1991.

Warrington, E. K., M. James, and C. Maciejewski. The WAIS as a lateralizing and localizing diagnostic instrument: A study of 656 patients with unilateral cerebral excisions. *Neuropsychologia* 24:223–239, 1986.

Wilson, R. S., G. Rosenbaum, and G. Brown. The problem of premorbid intelligence in neuropsychological assessment. *Journal of Clinical Neuropsychology* 1:49–56, 1979.

Zillmer, E. A. National Academy of Neuropsychology: President's address. The future of neuropsychology. *Archives of Clinical Neuropsychology* 19:713–724, 2004.

Zillmer, E. A., and M. V. Spiers. *Principles of Neuropsychology*. Belmont, CA: Wadsworth, 2001.

Zillmer, E. A., M. V. Spiers, and W. C. Culbertson. *Principles of Neuropsychology*, 2nd ed. Belmont, CA: Wadsworth, 2008.

용어해설

가상현실 노출치료[virtual-reality(VR) exposure therapy] 개인이 외상성 사건들을 되살려보도록 하여 점차 스트레스에 둔감해지도록 하는 통제된 가상 몰입 환경을 이용한 치료. 인지행동치료 참조

가시 뉴런(spiny neuron) 수상돌기 가시가 있는 흥분성 뉴런군

가우울증(pseudodepression) 전두엽 손상 이후의 성격 변화로, 무관심, 냉담, 자발성의 상실이 뚜렷한 증상이지만 환자의 낙담이나 의기소침함과 동반되지 않는다.

가정신병질(pseudopsychopath) 전두엽 손상 이후의 성격 변화로, 미성숙한 행동, 요령과 자제의 부족, 그리고 다른 정신질환의 행동과 같은 증상들이 명백하지만 동등한 정신병리학상의 정신적 혹은 정서적 요소들이 동반되지 않는다.

간뇌(diencephalon) 시상하부, 시상, 시상상부로 구성된 뇌 영역

간상체(rod) 낮은 빛 수준에서 기능하는 로돕신을 함유하는 광수용기 세포

갈망-선호이론(wanting-and-liking theory) 약물이 특정 단서와 연합할 경우 단서 자체가 약물에 대한 갈망을 일으킨다는 이론. 유인가-민감화 이론이라고도 불린다.

감각(sensation) 환경으로부터 오는 물리적 혹은 화학적 에너지를 감각계가 부호화하고 이를 신경계 활동으로 변환한다.

감각 경로(sensory pathway) 감각 정보를 뇌로 전달하는 신경섬유

감각 무시(sensory neglect) 유기체가 감각 자극에 반응하지 않는 상태

감각 실어증(sensory aphasia) 베르니케 실어증 참조

감각운동 변형(sensorimotortransormation) 어떤 움직임이 실제로 이루어지고 있는지에 대한 감각적 피드백과 움직임에 대한 계획을 이용하여 서로 다른 신체 부위(눈, 몸, 팔 등)의 움직임을 통합하는 신경적 계산. 감각운동 변형은 후두정피질의 세포가 보내는 움직임과 관련된 신호 그리고 감각과 관련된 신호 모두에 의존한다.

감각인식(stereognosis) 촉각 지각. 촉각을 통한 물체 인식

감마 아미노뷰티르산(gamma-aminobutyric acid, GABA) 뉴런을 억제시키는 아미노산계 신경전달물질

감염(infection) 병원성 미생물의 신체 조직 침투 또는 조직 내 증식과 미생물 존재 및 이들이 생성하는 독성 물질에 대한 신체 조직의 반응

감정(affect) 어디에서 오는지 혹은 무엇인지에 관계없는 자극에 대한 의식적·주관적 느낌. 감정적 행동은 내적이며 주관적이다.

강박장애(obsessive-compulsive disorder, OCD) 강박적으로 반복되는 행위(예 : 손 씻기)와 반복적이고 불쾌한 사고(강박사고)가 특징인 행동적 상태

개별화 검사배터리(individualized test battery) 개인의 발병 원인과 개인의 검사 수행의 질적 특성을 알아보기 위해 사용되는 일련의 신경심리검사

갭결합(gap junction) 결합 전과 후 세포막이 융합되어 한 뉴런에서 다른 뉴런으로 이온이 직접 통과할 수 있도록 이온 채널이 연결된다.

거고근 반사(cremasteric reflex) 안쪽 허벅지 타격에 대한 고환 수축 반응

거울 뉴런(mirror system neuron) 영장류 전운동피질에 위치하는 세포로 한 개체가 다른 개체가 행하는 특정 행동을 관찰할 때 발화. 핵심 거울 뉴런계는 목적 달성에 사용되는 많은 움직임에 반응하고 분산된 거울 뉴런계는 목표가 없는 움직임에 반응한다.

건측상지제한운동치료(constraint-induced movement therapy) 기능 회복 향상을 위해 환자의 건강한 팔다리를 속박하고 손상된 팔다리를 사용하도록 하는 치료 절차

게놈(genome) 한 종의 유전자 총체

격자세포(grid cell) 해마형성체의 신경세포. 전체공 간을 격자로 나누는 듯한 규칙적인 간격의 노드들을 지날 때 발화한다.

결정 지능(crystallized intelligence) 이전의 학습과 경험을 통해 얻은 지식을 유지하고 사용하는 능력. 유동 지능 참조

결정적 시기(critical period) 일부 사건이 개인에게 오랫동안 영향을 미치는 발달 단계. 민감기라고도 부른다.

결합 문제(binding problem) 뇌가 어떻게 단일 혹은 다양한 감각 및 운동 사건을 하나의 통합된 지각 혹은 행동으로 결합하는가에 관한 철학적 의문

결합탐색(conjunction search) 감각 체계로 하여금 감각 정보의 특정 조합을 탐색할 수 있도록 하는 기제의 존재를 가정하는 주의이론의 개념

경계 확장(boundary expansion) 공간적 수행과 관련된 검사에서 나타나는 현상으로 기억상실증 환자는 그림의 전체 프레임 크기에 맞춰 사물을 그리는 반면 일반인들은 프레임에 비해 작은 크기로 줄여서 표현한다. 결과적으로 사물과 프레임(경계) 간의 간격이 확장된다. 다양한 감각영식에서 발견된다.

경두개 자기자극(transcranial magnetic stimulation, TMS) 자기 코일이 두개골 위에 위치하여 두개골 아래의 뇌를 자극하는 비침습적 기법. 행동을 유발하거나 진행 중인 행동을 방해하기 위해 사용한다.

경막(dura mater) 두 겹의 단단한 조직층으로 뇌를 느슨하게 감싸고 있는 막

경쟁적 억제제(competitive inhibitor) 날로르핀과 날록손과 같은 약물로, 결합 부위에서 아편제와 경쟁하여 아편제의 작용을 봉쇄하기 때문에 아편 중독의 치료에 사용한다.

계산불능증(acalculia) 수학적 연산을 수행하지 못하는 장애

고등제뇌(high decerebration) 뇌간의 손상으로 인하여 유지되는 가장 상위의 구조가 중뇌인 경우

고전적 조건화[classical (Pavlovian) conditioning] 무의식적 학습의 한 형태로 중립 자극들이 행동 반응을 일으키는 자극들과 연합되는 현상

고전적 편두통(classic migraine) 후두 피질의 허혈을 발생시키는 하나 이상의 뇌동맥의 수축과 함께 발생한다고 생각되는 시각적 전조 증상이 선행하는 주기적 두통의 복합 증상. 두통은 혈관수축 이후 확장과 함께 시작되며, 보통 한쪽 반구의 측두엽 쪽에서 발생하고, 종종 과민, 메스꺼움, 구토, 변비 또는 설사, 광선눈통증 등이 동반된다. 일반 편두통 참조

골지체(Golgi body) 뉴런에서 만들어진 단백질을 포장하는 세포기관

공간적 통합(spatial summation) 인접한 두 사건이 서로 합해지는 경향. 따라서 인접한 2개의 시냅스후 전위가 합해지거나 감해진다.

공감(empathy) 다른 사람의 입장을 고려하는 능력

공감각(synesthesia) 감각의 혼재. 한 감각 자극을 다른 감각 양식으로 지각하는 능력. 말 그대로 '함께 느낌'

공포 조건화(fear conditioning) 유해한 자극이 중립자극과 연합되어 정서적 반응을 일으키는 학습의 한 형태

공황장애(panic disorder) 경고 신호나 외부 상황의 뚜렷한 관련성 없이 반복적으로 발생하는 강렬한 공포의 경험

과독증(hyperlexia) 종종 읽은 내용의 의미를 이해하지 못한 채로 과도한 읽기에 빠지거나 매우 능숙한 읽기 능력을 보이는 상태

과립세포(granule cell) 해마의 감각세포. 외형적으로는 둥근 모양으로 피라미드 모양을 한 피라미드 세포와 대조적이다.

과분극화(hyperpolarization) 세포막이 나트륨 이온의 유입을 막아 뉴런이 흥분하는 것이 더 어렵게 되는 과장. 과분극화 동안 세포막 안의 전위가 밖에 비해 더 음전위를 띤다.

관념운동 실행증(ideomotor apraxia) 사물을 조작하라는 요청을 받았을 때 움직임이 어떻게 수행되어야 하는지에 대한 전반적 개념이 상실된 경우 이를 설명하기 위해 사용되는 용어

관통로(perforant pathway) 해마와 내측두(변연계) 영역에 연결시키는 신경 경로. 손상되었을 경우 주요 해마 기능 손상을 발생시킨다.

광유전학(optogenetics) 살아 있는 조직의 목표세포를 통제하기 위해 유전학과 빛을 결합하는 유전자 도입 기법

교(pons) 후뇌의 한 구조로, 대부분 소뇌와 척수로 가는 운동 섬유로 구성된다.

교감신경(sympathetic nerve) 자율신경계의 일부로서 신체로 하여금 '싸움 혹은 도주' 반응을 하게 하거나 격한 활동을 하게 한다. 부교감신경과 비교

교련(commissure) 중추신경계의 좌우면의 상응 부위를 연결하는 섬유다발

교세포(glia) 절연, 영양분 공급. 지지, 뉴런의 회복과 찌꺼기 제거에 관여하는 신경계 세포

교아세포(glioblast) 다양한 교세포로 분화되는 전구세포

교양질(substantia gelatinosa) 척수의 후각의 배측 부위를 형성하는 젤라틴처럼 보이는 영역

교차(decussation) 뇌의 한 면에서 다른 면으로 교차하는 섬유 밴드

교차내성(crossed-tolerance) 화학적으로 관련된 약물에 대한 내성으로 말미암아 새로운 약물에 대한 반응이 감소하는 경우

교차 양식 매칭(cross-modal matching) 물체의 감각적 특징을 감각 양식을 교차하여 매칭하는 능력(예 : 이전에 촉각으로 지각했던 물체를 시각적으로 지각하는 능력)

구(sulcus, 복수형 sulci) 주름으로 인해 생긴 피질의 틈(들어간 부분)

구상속(uncinate fasciculus) 측두피질과 전두피질을 연결하는 신경섬유 경로. 갈고리 혹은 구부러진 신경로

구성 실행증(constructional apraxia) 공간 조직화가 손상된 시운동 장애

구심로 차단(deafferentation) 주로 감각 섬유의 손상으로 말미암아 감각 입력이 상실되거나 신경계의 구조 혹은 영역으로 가는 구심성 입력의 상실

구심성(afferent) 중추신경계 영역으로, 정보를 전달한다.

구심성 마비(afferent paresis) 중심후회(3-1-2번 영역)의 손상으로 인한 운동성 피드백의 상실로, 어설픈 움직임을 일으킨다.

구아닐뉴클레오티드 결합 단백질(guanyl-nucleotide-binding protein) 대사성 수용기로부터의 정보를 다른 수용기 혹은 이차 전령으로 전달하는 단백질

구음장애(dysarthria) 조음 기관의 불균형으로 인해 발생하는 발화 어려움

국소빈혈(ischemia) 혈전에 의해 혈관이 협착된 결과 뇌혈류가 막히는 경우

군집성 두통(cluster headache) 머리나 얼굴 한쪽 편에서 극심한 고통이 나타나는 편두통과 유사한 장애로, 2시간 넘게 지속되는 경우는 거의 없으나 수주일 또는 수개월에 걸쳐 반복 발생한다.

굴곡반사(flexion) 사지를 신체 쪽으로 가져오는 반사

굴근(flexor muscle) 관절에서 사지를 구부리게 하는 근육

궁상속(arcuate fasciculus) 베르니케 영역과 브로카 영역을 연결하는 긴 섬유다발

귓바퀴(pinna) 외이의 바깥에 위치하는 구조

근간대성 경련(myoclonic spasm) 갑작스러운 신체부위의 굽힘 또는 펼침이 나타나는 대규모 발작으로 울부짖음과 함께 시작되는 경우가 많다.

근수축성 두통(muscle-contraction headache) 지속적인 스트레스와 긴장, 특히 일정 시간 동안의 좋지 않은 자세에 의해 두피와 목의 근육이 지속적으로 수축된 결과로 발생하는 긴장성 또는 신경성 두통

근위(proximal) 한 지점과 가까이

근육긴장 이상(dystonia) 근긴장의 불균형. 일반적으로 과도한 근긴장

근전도(electromyogram, EMG) 말초 신경의 전기적 반응 및 근육의 전기적 활동 신호 기록

글루코코르티코이드(glucocorticoid) 코르티솔과 코르티코스테론과 같은 스테로이드 호르몬으로 스트레스에 대한 반응으로 분비되는, 단백질과 탄수화물 신진대사에 중요한 일군의 호르몬

글루타메이트(glutamate, Glu) 뉴런을 흥분시키는 아미노산계 신경전달물질

금단 증상(withdrawal symptom) 약물 사용을 중단할 경우 약물중독자가 보이는 신체 및 심리적 행동

기뇌조영술(pneumoencephalography) 뇌척수액을 요추 천자로 주입된 공기로 대체하는 비침습적 엑스레이 기법

기능 국재화(localization of function) 서로 다른 뇌 영역이 서로 다른 기능을 가진다는 이론

기능근적외선 분광기록법(functional near-infrared spectroscopy, fNIRS) 피질 조직을 통과하는 빛을 모아 혈액-산소 소모량을 영상화하는 비침습적인 역동적 기법. 광단층촬영영술의 형태

기능자기공명영상법(functional magnetic resonance imaging, fMRI) 특정 행동의 수행 동안 철분, 산소 등의 변화를 측정하는 자기공명영상법. 휴지기 혹은 행동 동안의 대뇌혈류 측정에 사용한다. 자기공명영상법 참조

기둥(column) 수직으로 조직화되어 있는 가상적인 피질 조직화 단위. 피질 내 연결로 하나의 기능 단위로 여겨지며 모듈이라고도 불린다.

기면증(narcolepsy) 개인이 지나친 수면에 압도되거나 부적절하고 반복적이며 짧은 수면 삽화(REM 수면 포함)를 경험하는 경우

기본상태 네트워크(default network) 참가자가 특정한 인지 과제를 하고 있기보다 쉬고 있을 때 활성화되는 연결된 뇌 영역들로, 과거에 대해 생각하거나(자서전 기억) 미래에 대해 생각하거나 혹은 이런저런 생각을 하는 것과 같은 유도된 과제에서도 활성화된다. 현출성 네트워크 참조

기분안정제(mood stabilizer) 양극성장애의 치료에 사용되는 리튬, 발프로에이트와 같은 약물. 전형적으로 장애의 한 극의 강도를 낮춤으로써 다른 극이 일어날 가능성을 낮춘다.

기생충(parasite) 다른 유기체 위에 또는 그 안에 살면서 이익을 취하는 식물 또는 동물

기억상실증(amnesia) 기억이 부분적 혹은 완전히 상실되는 경우

기저막(basilar membrane) 음파를 신경 활동으로 변환하는 수용기가 있는 와우관 구조

기저핵(basal ganglia) 피질하 전뇌핵(미상핵, 피각, 담창구)으로 시상과 중뇌를 연결하고 사지와 신체의 수의적 움직임을 조율

길항제(antagonist) 신경전달물질의 기능을 봉쇄하는 물질

꿈 수면(dream sleep) 근육이 마비되고 뇌의 감각 입력이 봉쇄되며 뇌가 깨어 있는 상태의 활성화를 보이고 생생한 꿈을 꾸는 수면 단계

나트륨-칼륨 펌프(sodium-potassium pump) 나트륨 이온을 세포 밖으로 보내고 칼륨 이온을 세포 안으로 보내는 펌프와 같은 기제

난독증(dyslexia) 읽기에서 어려움을 보이는 증상

난산증(dyscalculia) 산술연산 수행에 어려움을 보이는 증상

난어증(dysphasia) 중추신경계의 손상으로 인해 초래되는 언어장애

난원창(oval window) 내이의 한 영역으로, 증폭된 고막진동을 소골로부터 전달받아 기저막을 자극한다.

내성(tolerance) 반복적인 약물 사용으로 인한 약물에 대한 반응 감소

내수용기(interoceptive receptor) 신체 내에서 일어난 정보에 반응하는 수용기. 외수용기와 비교

내피세포(endothelial cell) 단일 층에서 발견되는 얇고 평평한 세포로, 혈관을 형성한다.

노르에피네프린(norepinephrine, NE) 뇌와 자율신경계의 교감부에서 발견되는 신경전달물질이며 포유류에서 심박률을 증가시킨다.

노르에피네프린성 뉴런(norepinephrinergic neuron) 시냅스에 노르에피네프린을 함유하고 있거나 신경전달물질로, 노르에피네프린을 사용하는 뉴런

농도기울기(concentration gradient) 세포막의 두 면의 이온 농도 차이

뇌 가소성(brain plasticity) 신경가소성 참조

뇌간(brainstem) 시상하부, 중뇌와 후뇌(일부 학자들은 시상과 기저핵을 포함)

뇌농양(brain abscesses) 뇌 내에 고름이 모여 있는 것. 감염의 결과로 붕괴된 조직에서 생성된다.

뇌동맥경화증(cerebral arteriosclerosis) 동맥 혈관벽이 두꺼워지고 단단해지며 탄성의 저하로 나타나는 상태. 궁극적으로 치매를 유발한다. 뇌혈관부전과 일과성허혈 참조

뇌량(corpus callosum) 두 대뇌반구의 상응 지점을 연결하는 교련(섬유계). 분리뇌는 뇌량이 절단된 경우

뇌량 무발생(callosal agenesis) 선천적으로 감소되거나 존재하지 않는 대뇌 반구의 연결성. 비정상적 발달의 결과로 뇌량 미발달

뇌량 절제술(commissurotomy) 뇌량의 절단을 통한 두 반구의 외과적 분리

뇌량 절제술(commissurotomy) 뇌량절단을 통한 두 대뇌 반구의 의과적 분리

뇌섬엽(insula) 외측(실비안)열의 조직. 미각과 청각과 연관된 피질을 포함한다.

뇌성마비(cerebral palsy) 비진행성 뇌 이상에 기인한 치료 불능 범주에 속하는 장애. 환자들에게는 치료요법이나 훈련, 환경 수정 등이 종종 도움이 된다.

뇌신경(cranial nerve) 머리로 혹은 머리로부터 감각 및 운동 신호를 전달하는 12쌍의 신경

뇌실막세포(ependymal cell) 뇌척수액을 만들고 분비하는 교세포

뇌실하 영역(subventricular zone) 성인의 뇌실을 둘러싸고 있는 신경줄기세포 내벽

뇌 이론(brain theory) 뇌가 행동을 생산한다고 주장하는 이론

뇌자도(magnetoencephalogram, MEG) 두개골 밖에 위치한 탐지기로 기록한 자기 전위

뇌전도(electroencephalograms, EEG) 두개골 혹은 뇌로부터 뇌의 전기적 활동을 기록하는 그래프로 많은 뉴런의 등급전위를 나타낸다.

뇌전증(epilepsy) 뇌 손상, 감염, 종양으로 말미암아 초래되는 뇌 뉴런의 자발적이고 비정상적인 발화. 의식장애를 동반하는 반복적인 발작이 특징

뇌졸중(stroke) 혈류가 심하게 막힌 결과로 갑작스럽게 나타나는 신경학적 증상

뇌진탕(concussion) 경미한 외상성 뇌 손상을 일컫는 용어

뇌척수막(meninges) 뇌와 척수를 감싸고 있는 세 층의 보호 조직(경막, 지주막과 유중뇌. 배아의 세 주요 뇌실 중 하나. 배아 포유류 뇌에서 추후 시개와 피개를 구성하고 성숙한 어류, 양서류와 파충류에서는 시각과 청각을 담당

뇌척수액(cerebrospinal fluid, CSF) 염화나트륨 용액으로 뇌의 쿠션 역할을 하고 대사찌꺼기를 제거하는 역할을 한다. CSF는 뇌 안의 뇌실을 채우고 지주막하강의 지주막 아래를 따라 뇌를 순환한다.

뇌출혈(cerebral hemorrhage) 뇌 내부의 출혈

뇌하수체(pituitary gland) 시상하부의 기저부에 위치하는 뉴런 집단

뇌혈관발작(cerebral vascular accident, CVA) 뇌졸중 참조

뇌혈관부전(cerebral vascular insufficiency) 뇌로 가는 혈액량이 부족한 증상

뇌화지수(encephalization quotient, EQ) 특정 몸무게를 가지는 포유동물의 실제 뇌크기 대 추정된 뇌크기 비율

뉴런(neuron) 정보를 전달하고 저장하는 신경세포. 신경계의 기본 단위. 세포체(소마)와 많은 수상돌기와 하나의 축색으로 구성된다.

뉴런 이론(neuron theory) 뇌 구조와 기능의 단위가 뉴런이라고 주장하는 이론

뉴로펩티드(neuropeptide) 신경전달물질처럼 작용하는 다기능 아미노산 체인으로 세포의 DNA 지시에 따라 mRNA로부터 합성. 펩티드계 신경전달물질은 호르몬처럼 작용하고 학습에 기여한다.

능동-수송체계(active-transport system) 특정 물질을 세포막 안과 밖으로 수송하기 위한 단백질 펌프. 수송체 참조

니코틴(nicotine) 담배 혹은 합성물로부터 얻는 독성의 알칼로이드

다감각 피질(polymodal cortex) 가지 이상의 감각 양식으로부터 감각 입력을 받는 피질(예 : 시각과 청각)

다능성 신경줄기세포(neural stem cell) 신경계의 어떤 다른 유형의 뉴런이나 교세포라도 발생시킬 수 있는 자가 갱신 다능성 세포

다발성 경화증(multiple sclerosis, MS) 운동 및 감각 섬유의 탈수초화로 인해 발생하는 질환

다운증후군(Down syndrome) 염색체 21번의 추가로 인해 발병되며 지적장애와 다른 결함이 특징

다중 흔적 이론(multiple-trace theory) 기억상실의 여러 형태는, 측두엽 손상에 선택적으로 취약하거나 자서전적, 사실 및 일반화된 의미 기억 등 다양한 형태로 부호화된 기억의 형태. 언제 형성된 기억인지 그 시간에 따라 선택적으로 영향을 받을 수 있다는 이론

단기 기억(short-term memory) 감각적 사건 정보나 움직임, 인지적 정보(예 : 숫자, 단어, 이름)들을 회상하는 데 사용되는 순서 정보 등에 대한 신경학적 기록을 매우 짧은 기간 동안 유지하는 체계. 최신 기억, 시간적 기억, 작업 기억 참조

달리 명시되지 않는 전반적 발달장애(pervasive developmental disorder not otherwise specified, PDD-NOS) DSM-5의 특정 기준에는 부합하지 않는 자폐스펙트럼장애의 한 형태

담화(discourse) 언어기제의 가장 높은 수준. 문장들이 어우러져 의미 있는 서술을 구성한다.

대뇌반구 절제술(hemispherectomy) 대뇌반구를 제거하는 수술

대뇌피질(cerebral cortex) 대뇌반구의 표면에 있는 회백질의 바깥층으로, 여섯 하위층을 형성하는 뉴런과 시냅스연결로 구성된다. 피질, 신피질 참조. 대상피질과 비교

대사성 수용기(metabotropic receptor) 다른 수용기에 영향을 미치거나 세포의 다른 과정에 영향을 미치는 이차전령으로 작용하는 세포막 단백질. 신경전달물질 결합 부위를 가지고 있지만 미

세공을 가지고 있지 않으며 G 단백질과 연결된다.

대사 증후군(metabolic syndrome) 비만, 인슐린 이상 등을 포함하는 의학적 장애들의 조합으로, 종합적으로 심혈관 질환과 당뇨의 위험성을 증가시킨다.

대상피질(cingulate cortex) 대뇌반구의 내측벽을 따라 뇌량 위에 위치한 3~4층의 변연피질

대측(contralateral) 참조 지점과 반대되는 신체면

대측 무시(contralateral neglect) 손상 부위의 대측에 있는 신체 혹은 공간에 대한 무시. 무시라고도 부른다.

델타파(delta rhythm) 깊은 수면과 관련된 느린 뇌파활동 패턴

도약(saccade) 시 고정점을 바꿀 때 동시에 일어나는 양쪽 눈의 일련의 비자발적이며 급하고 빠르고 작은 움직임

도약 전도(saltatory conduction) 수초화된 축색을 따라 신경충동이 전파되는 것으로 한 랑비에 결절에서 다른 결절로 점프하는 것이 특징

도파민(dopamine, DA) 협응 운동, 주의와 학습, 강화 행동에 중요한 역할을 하는 아민계 신경전달물질

돌연변이(mutation) 다른 유형의 대립유전자를 생산하는 대립유전자 변화

동등 잠재력(equipotentiality) 주어진 뇌 영역의 각 부분들이 보통은 전체 영역에 의해 통제되는 행동을 부호화하거나 실행할 수 있다는 가설

동맥류(aneurysm) 혈관 탄성의 국지적 결함으로 인한 혈관의 확장. 동맥이나 정맥 혈관벽의 확장에 의해 낭(sac)이 형성되며 혈액으로 차 있고 파열되기 쉽다.

동반 방출(corollary discharge) 전두엽에서 두정피질과 측두피질로 보내는 신호로, 감각 체계가 운동 반응을 기대하도록 미리 조절한다. 따라서 감각 체계는 외부 세계의 변화를 자발적 움직임에 대한 정보라는 견지에서 해석할 수 있다. 재입력(reafference)이라고도 알려져 있다.

동시 소거(simultaneous extinction) 두 가지 자극이 각각 주어지면 무엇인지 말할 수 있지만 동시에 주어질 때는 한 가지만 말할 수 있는 체지각 이상. 대측 무시에서 회복되는 두 번째 단계는 무시되는 측면에 대한 자극에 대해 대측면에서 자극이 주어진 것처럼 반응하는 것으로 특징지어진다.

동정맥기형(arteriovenous malformations, AVM) 동맥과 정맥 혈류 모두의 이상으로, 다량의 혈관들이 엉켜 피질 표면에 놓인 형태로 나타나는 경우가 대부분이다.

동측(ipsilateral) 참조 지점과 동일한 신체면

동형접합적(homozygous) 한 특성에 대한 대립유전자가 동일한 경우

두개검사(cranioscopy) 두개골의 돌출된 부위와 함몰된 부위를 정하기 위해 골상학에서 사용하는 측정 기법

두 점 민감성(two-point sensitivity) 피부에 제시된 2개의 동일한 점을 구별하는 능력. 두 점이 한 점보다는 두 점으로 지각되는

최소한의 지점이 역치이다. 두점 구별이라고도 불린다.

두정면(planum parietale) 외측(실비안)열 내에서 청각피질(헤실회)과 함께 전측 및 후측 상측두 평면(aSTP와 pSTP)을 구성하는 영역

두정엽(parietal lobe) 전두엽 뒤와 두정뼈 아래에 있는 뇌 영역

둔주 상태(fugue state) 일시적으로 갑작스럽게 개인의 과거와 관련된 기억을 상실하는 상태. 집으로 가는 길을 잃거나 자신의 정체성에 대한 기억을 잃고 방황하는 현상을 동반한다.

등골(stirrup) 중이의 소골 중 하나

등급전위(graded potential) 자극의 강도에 따라 변하는 뉴런 혹은 수용기 전위

디옥시리보산(deoxyribonucleic acid, DNA) 2개의 서로 연결된 나사선실로 구성된 길고 복잡한 거대 분자. 유기체의 유전 정보를 담고 있다.

랑비에 결절(nodes of Ranvier) 축색의 수초를 형성하는 슈반세포들 사이의 공간으로 여기에는 전압민감성 이온 채널이 많이 존재한다. 랑비에 결절은 신경충동의 전파가 빨리 일어나게 한다.

랜드마크 실인증(landmark agnosia) 자신의 위치를 인식하는 능력의 손상. 이미 친숙한 건물이나 랜드마크를 활용해서 공간 내에서 이동하는 능력의 손상

렌쇼 고리(Renshaw loop) 척수를 떠나는 운동뉴런의 축색부지가 가까이에 있는 CNS 개재 뉴런과 시냅스를 형성하는 연결고리로 개재 뉴런은 다시 운동 뉴런의 세포체와 시냅스를 형성한다.

로(tract) 중추신경계 내에서 같이 이동하는 큰 축색 집단. 섬유경로라고도 한다.

루엔케팔린(leu-enkephalin) 아편제의 일부 효과를 내는 펩티드계 신경전달물질

리소좀(lysosome) 소화 효소를 가지고 있는 작은 세포내 구조로 전자현미경을 통해 많은 유형의 세포들에서 관찰된다.

마음-신체 이론(mind-body problem) 비물질적인 마음과 물질적인 신체가 어떻게 상호작용하는가를 설명하는 이론

마음 이론(theory of mind) 다른 사람이 무엇을 생각하고 무엇을 하려는지 예상하는 능력. 사회 인지라고도 불린다.

마이크로미터(micrometer) 100만분의 1미터 혹은 1,000분의 1밀리미터. 인간을 포함한 대부분의 동물의 뉴런은 1~20마이크로미터로 매우 작다.

말라리아(malaria) 적혈구에 기생하는 원충(Plasmodium)속의 원생동물에 의한 감염성 열병. 감염된 모기에 물림으로써 전파된다. 뇌 말라리아는 말라리아원충이 뇌의 모세혈관을 감염시켜 국소 출혈과 그에 따른 뉴런 퇴행을 유발할 때 발생한다.

말비빔(word salad) 무작위 단어들이 한데 뭉쳐 있는 듯한 형태의 담화

말초신경계(peripheral nervous system, PNS) 뇌와 척수 바깥에 위치하는 모든 뉴런에 대한 집합적 명칭. 손상 후 재상될 수 있다.

망상질(reticular matter) 세포체와 축색이 혼합되어 있는 신경계 영역으로 회색과 흰색으로 얼룩덜룩하게 보이거나 망처럼 보인다.

망상체(reticular formation) 척수에서부터 시상에 이르는 뇌간을 가로질러 핵과 섬유가 혼재하는 곳. 수면-각성과 행동 각성과 관련이 있다. 망상활성화 체계라고도 부른다.

머리방향 세포[head-direction (HD) cell] 동물이 특정 방향을 향해 있을 때 발화되는 해마형성체 신경세포

메니에르병(Meniere's disease) 중이의 장애로 현기증과 균형상실이 특징

메트엔케팔린(met-enkephalin) 아편제의 일부 효과를 내는 펩티드계 신경전달물질

명명 실어증(amnesic aphasia, 기억상실증 실어증) 물체를 명명하는 데 어려움을 겪는 실어증. 말하는 동안 의도하지 않은 음운, 단어, 구문 등을 생성한다.

명암도 지표(gray level index, GLI) 세포체와 신경망의 밝기 차이를 계산하는 컴퓨터-생성 명암 패턴

모노아민 산화효소 억제제[monoamine oxidase (MAO) inhibitor] 모노아민 산화효소가 도파민, 노르아드레날린과 세로토닌을 분해하는 것을 봉쇄하는 항우울제

모듈(module) 수직으로 조직화되어 있는 가상적인 피질 조직화 단위. 피질 내 연결로 하나의 기능 단위로 여겨지며 기둥이라고도 불린다.

모티브(motif) 피질활성화 파를 형성하는 반복적인 요소로 피질 체계들 사이의 기능적 연결성(생득적 기능관련성)을 시사한다.

무가시 뉴런(aspiny neuron) 수상돌기 가시가 없는 억제성 뉴런군

무긴장 발작(akinetic seizure) 일시적인 근육 마비를 초래하는 발작으로, 경고 증상 없이 갑작스럽게 쓰러지는 것이 특징이며 주로 아이들에게 나타난다.

무운율증(aprosodia) 음성의 톤이 바뀐 말을 발화하지 못하거나 그에 대한 의미를 이해하지 못하는 상태

무의식적 추론(unconscious inference) 인식을 벗어난 처리 기제로 관찰자들이 지식을 사용해 지각하고 의사결정을 내리는 경험을 통해 학습하는 것

무후각증(anosmic) 후각의 상실 증상

문화(culture) 교육과 경험을 통해 한 세대에서 다음 세대로 전달되는 복잡한 학습된 행동

물질남용(substance abuse) 약물을 치료 목적보다는 심리 및 행동적 변화를 위해 사용하는 경우

물질론(materialism) 비물질적인 마음을 언급하지 않더라도 행동을 신경계의 작용으로 설명할 수 있다는 철학적 입장

물질의존(substance dependence) 중독 참조

미상피각(caudate putamen) 전두엽 아래에 위치하는 큰 핵 집단으로 기저핵의 주요 구조

미세교세포(microglia) 혈액에서 생산되는 교세포로, 세포 회복을 돕고 신경계의 부스러기를 제거한다.

미세섬유(microfilament) 작은 관과 같은 것으로 세포 내의 세포질의 모양, 움직임, 유동성을 조율하는 기능을 가진다.

미소시냅스후 전위(miniature postsynaptic potential, MPP) 작은 흥분성 혹은 억제성 등급 전위로 진폭은 시냅스에서 분비되는 신경전달물질의 양자수에 달려 있다.

미토콘드리아(mitochondria) 세포의 에너지를 생산하는 세포기관

민감화(sensitization) 동일한 용량의 약물에 대한 반응이 증가하는 경우. 반복적인 약물에의 노출이 자극에 대한 반응을 강화시키는데, 이는 자극이 새롭거나 학습화가 일어난 후에는 더 강하기 때문이다.

밀리볼트(millivolt) 1,000분의 1 볼트

밀리초(millisecond) 1,000분의 1초

바비튜레이트(barbiturate) 진정효과를 가지는 약물로 치료 목적과 마취유도제로 사용된다.

바빈스키 반사(Babinski sign) 발바닥 자극에 대해 엄지발가락을 위쪽으로 펼치는 비정상적 반응. 뇌척수로 손상의 지표로 신근족저 반응(extensor plantar response)으로도 불린다.

바이러스성 뇌막염(viral meningitis) 바이러스 감염에 의한 뇌의 삼중 보호막의 염증

박테리아(bacterium) 엽록소가 없고 단순 세포분열로 증식하는 일반적으로 단세포로 구성된 미생물의 총칭

박테리아 뇌염(bacterial meningitis) 박테리아 감염에 의한 뇌의 삼중 보호막의 염증

반고리관(semicircular canal) 한 면이 열려 있는 중이 구조로서, 균형에 관여하는 수용기 단위로 작용한다.

반구(hemisphere) 대뇌와 소뇌의 좌우면. 종뇌를 구성하는 각 구조들이 좌우반구에 각각 하나씩 위치한다.

반구절제술(hemispherectomy) 대뇌반구를 제거하는 수술

반충 손상(contrecoup) 머리에 가해진 타격이 뇌를 두개골의 첫 타격지점과 반대편으로 밀어내어 부딪히게 하여 생기는 뇌 손상

반향 위치(echolocalization) 물체에 반사되어 나오는 음파를 사용하여 물체와 물체의 위치를 인식하는 능력

발달 지형적 지남력 장애(developmental topographic disorientation, DTD) 선택적인 공간 지각 및 항해 능력 상실로 특징지어지는 인지장애. 대개 뇌의 배측 경로 투사 손상으로 인해 발생한다고 여겨지며 종종 유전적으로 다른 가족 구성원들에게도 나타나고 평생에 걸쳐 지속된다.

발달난독증(developmental dyslexia) 적절한 지도와 기회가 있었음에도 불구하고 읽기 능력의 학습을 하지 못하는 증상. 후천성 난독증과 대조

방사교세포(radial glial cell) 이동 중인 뉴런이 적합한 목적지를 향해 따라갈 수 있는 작은 '고속도로'를 형성해주는 세포

방향감각(orientation) 방향

배외측 전전두피질(DLPFC) 브로드만 9번과 46번을 구성하는 피질. 후두정 피질과 상측두구와 상호 연결성을 가진다. 행동 선택과 시간 기억에 관련된 움직임에 관여한다.

배측 흐름(dorsal stream) 일차 시각피질에서 두정엽으로 향하는 시각 처리 경로. 대상에 대한 움직임 안내에 관여한다.

백질(white matter) 뇌세포를 서로 연결하는 수초화된 축색들이 풍부한 신경계 영역

범불안장애(generalized anxiety disorder) 동요, 활력 감소, 집중력 저하, 성급함, 근긴장, 수면장애 등이 포함된 증상 중 적어도 세 가지 이상과 관련된 지속적인 불안 상태

베르니케 실어증(Wernicke's aphasia) 단어를 말하는 능력이 온전함에도 불구하고 의미 있는 말하기 혹은 듣기를 할 수 없다. 감각 실어증이라고도 부른다. 유창실어증 참조

베르니케 영역(Wernicke's area) 언어 이해를 통제하는 이차 청각피질(측두평면의 일부로서 브로드만 22번 영역에 해당). 후측 언어 영역이라고도 한다.

베타 엔도르핀(beta-endorphin) 내인성 모르핀을 의미하며 아편제와 유사한 작용을 하는 펩티드계 신경전달물질

베타파(beta rhythm) 각성 상태 혹은 깨어 있는 상태와 관련된 빠른 뇌파활동 패턴

벨-마장디 법칙(Bell-Magendie law) 척수의 배측 혹은 후측은 감각을 담당하고 복측 혹은 전측은 운동을 담당한다는 원리

변연계(limbic system) 신피질과 뇌간 사이에 위치하는 전뇌 구조로 정서 및 동기 행동을 통제하고 특정 유형의 정서에 관여한다. 대상피질, 편도체, 해마, 시상하부 등이 포함된다. 파충류 뇌, 변연엽으로도 불린다.

변연방피질(paralimbic cortex) 변연피질 가까이에 위치하는 세 층의 피질 영역으로, 대상피질과 같은 변연피질에 직접적으로 연결된다.

병식결여증(anosodiaphoria) 질병에 대한 무관심

보톨리누스 독소(botulinum toxin, 보툴린) 시냅스에서 아세틸콜린의 분비를 봉쇄하는 독성 박테리아로 임상에서는 원치 않는 근육의 움직임을 봉쇄하는 데 사용한다.

복부반사(abdominal reflex) 복부 타격에 대한 복부 근육의 수축

복셀(voxel) 측정이 이루어진 영역으로 뇌영상법의 해상도를 의미한다.

복합 검사배터리(composite test battery) 일정한 방식으로 실시되는 일련의 신경심리검사로, 비교 규준을 가지는 동시에 검사 결과의 질적 및 패턴 분석도 고려한다.

복합 부분 발작(complex partial seizure) 주로 측두엽에서 시작하는 초점성 발작. 주관적 느낌(예 : 강제적이고 반복적인 사고, 갑작스러운 기분 변화, 데자뷰, 환각 등), 자동증, 운동 증상 등이 특징으로 나타나며, 측두엽 발작으로 불리기도 한다.

부교감신경(parasympathetic nerve) 자율신경계의 일부로서 신체를 '안정과 소화'를 취하게 한다. 교감신경과 비교

부분발작(partial seizure) 하나 혹은 제한된 뇌 영역에만 국한되어 초래되는 비정상적인 전기적 활동

부재고통 실인증(asymbolia for pain) 고통의 의미 혹은 반응을 이해하지 못하는 증상

분기도(cladogram) 진화 분기가 일어난 시간 순서에 근거하여 유기체를 분류하는 계통 수

분리(disconnection) 손상이나 수술로 인해 뇌의 두 영역을 연결하고 있는 섬유다발이 손상되고, 그로 인해 두 영역이 더 이상 신호를 주고받지 않게 되는 상태

분리 증후군(disconnection syndrome) 뇌의 특정한 한 영역의 손상에 의해서보다는 둘 혹은 그 이상의 영역 간 분리로 인해 발생하는 행동학적 증후군

분산된 위계(distributed hierarchy) 뉴런의 광범위한 네트워크가 행동을 표상한다는 이론으로, 일부 네트워크는 다른 네트워크에 비해 더 복잡한 행동에 관여한다.

불면증(insomnia) 잠들지 못하거나 잠에서 빈번히 깨는 증상

불연속 이론(discontinuity theory) 언어는 급진적으로 진화하였고 현대 인류가 등장한 지난 20만 년 내에 갑자기 발생하였다는 이론

브라운-세카르 증후군(Brown-Sequard syndrome) 척수의 한쪽 편 손상으로 인한 신체 한쪽의 마비. 관절 감각의 상실 및 반대편의 통증 및 온도 감각의 상실

브로카 실어증(Broca's aphasia) 정상적인 이해 능력과 발성 기제를 가지고 있음에도 불구하고 말을 유창하게 하지 못하는 실어증. 표현 혹은 비유창 실어증이라고도 한다.

브로카 영역(Broca's area) 좌반구(전두판개)의 전측 언어 영역으로 운동피질과 더불어 말하기에 필요한 움직임을 생산하고, 이 부위의 손상은 브로카 실어증을 초래한다.

비내피질(entorhinal cortex) 측두엽의 내측면의 피질 영역으로 신피질 입력을 해마체로 보내는 주요 경로. 알츠하이머병에서 자주 퇴행된다.

비유전적 문화 요소(meme) 한 문화 내에서 사람들 사이에 전달되는 생각, 행동 혹은 스타일

비특정 구심성(nonspecific afferent) 일반적 기능, 즉 피질이 정보를 처리할 수 있도록 피질의 활성화 수준 및 각성 수준을 유지하는 기능을 가지는 경우. 정보를 피질의 광범위한 영역으로 전달한다. 특정 구심성과 비교

빨리 적응하는 수용기(rapidly adapting receptor) 신체에 자극이 제시되면 이 자극에 빨리 반응하는 체감각 수용기

사건관련전위(event-related potentials, ERP) 감각 사건의 순차적 처리 과정과 관련된 복잡한 뇌의 파형

사지마비(quadriplegia) 척수 손상 또는 절단으로 인한 팔다리의 마비

사회 인지(social cognition) 개인이 타인의 의도에 관한 가설을 세울 수 있는 능력. 마음 이론이라고도 한다.

산화질소(nitric oxide, NO) 신경전달물질처럼 작용하는 가스로 혈관을 확장하고 소화를 도우며 세포의 신진대사를 활성화시킨다.

삼차 영역(tertiary area) 이차 영역으로부터 정보를 받거나 정보를 보내는 피질 영역으로, 특정 감각 및 운동 기능에 관여하지 않는 피질 영역으로 구성된다. 언어, 계획, 기억과 주의 등의 복잡한 활동을 매개한다. 연합피질 참조

삼환계 항우울제(tyicyclic antidepressant) 세로토닌 재흡수 수송체를 봉쇄하는 3개의 고리의 화학적 구조를 가진 1세대 항우울제

상구(superior colliculi) 눈의 망막으로부터 정보를 받고 시각 관련 행동을 매개하는 중뇌의 시개에 위치하는 핵

상대적 불응기(relatively refractory) 활동전위의 후기 단계로, 다른 활동전위가 생성되기 위해서는 더 강한 전류가 요구되고, 이 시기 동안 칼륨 이온 채널은 여전히 열려 있다.

색전증(embolism) 큰 혈관으로부터 작은 혈관으로 밀려들어온 혈전이나 다른 종류의 마개(공기 방울, 지방 축적물, 또는 작은 세포 덩어리)에 의한 혈액순환의 방해

색채 항상성(color constancy) 조명과 관계없이 한 대상의 지각된 색채가 다른 색채에 비해 동일하게 지각되는 현상

생일 효과(birthday effect) 일부 입학생은 평균보다 생일이 빠르고 일부는 생일이 늦을 때 운동이나 학교에서의 성공적인 생활에 생일이 미치는 영향으로, 연령에 따른 이점이 다르게 나타남을 말한다.

서번트 증후군(savant syndrome) 다양한 정도의 신경발달장애가 특별한 때로는 정상범위를 훨씬 넘는 정도의 기술을 수반하여 나타나는 상태

선택적 세로토닌 재흡수 억제제(selective serotonin reuptake inhibitos, SSRIs) 세로토닌이 시냅스전 종말로 재흡수되는 것을 봉쇄하는 삼환계 항우울제

성대근(vocal cord) 성대 근육에 붙어 있는 후두 점막의 주름. 성대

성상세포(astrocyte) 별 모양의 교세포로, 중추신경계 내의 뉴런들을 구조적으로 지지하고 뉴런과 혈관 사이에 물질을 수송한다.

성장폭발(growth spurt) 발달 중 비교적 짧은 시간 지속되는 급격한 성장

성호르몬[gonadal (sex) hormone] 테스토스테론과 같이 생식 기능을 통제하고 남성 혹은 여성의 외모와 성정체감에 관여하는 일군의 호르몬

세관(tubule) 세포 내에 존재하는 다양한 작은 물질로, 세포 구조를 지지하고 세포 내의 물질 이동을 돕고 물질수송의 경로로 작용한다.

세로토닌(serotonin, 5-HT) 기분과 공격성, 식욕과 각성, 통증 지각과 호흡을 조율하는 기능을 가지는 아민계 신경전달물질

세부특징 탐색(feature search) 감각 자극으로부터 색과 같이 특정한 세부특징을 찾기 위한 인지 전략

세포구축 지도(cytoarchitectonic map) 세포구축, 즉 세포의 조직, 구조와 분포에 근거하여 작성된 피질 지도

세포군(cell assembly) 동일한 감각 입력을 받기 때문에 서로 기능적으로 연결된 가상적인 세포 집합. Donald Hebb은 세포군이 지각, 기억과 사고의 근거가 된다고 제안한다.

세포내성(cellular tolerance) 혈액 내의 알코올 효과를 감소시키기 위한 뉴런활성화의 적응. 그 결과 혈중 알코올 수준이 높음에도 불구하고 술 취함의 행동 사인이 감소

세포내액(intracellular fluid) 뉴런과 교세포 내에 존재하는 액체

세포외액(extracellular fluid) 뉴런과 교세포를 둘러싸고 있는 액체

세포외유출(excytosis) 벽을 통과하기에 너무 큰 분자들이 세포로부터 분비되는 과정

세포자살(apoptosis) 유전적으로 프로그램된 세포 죽음

세포체(cell body) 세포핵과 단백질 합성에 필요한 기관이 위치하는 세포의 핵심적인 영역. 소마라고도 불린다.

세포체간 시냅스(somasomatic synapse) 두 세포체 사이의 시냅스

소거(extinction) 강화가 철회되었을 때 어떤 행동이 일어날 가능성이 줄어드는 것에 대하여 학습 이론에서 사용하는 용어. 체지각 이상은 주로 이차 신체 피질(PE와 PF영역), 특히 우반구 두정엽의 손상과 동반된다. 하나 혹은 두 가지 자극이 동시에 제공될 때 이에 대해 보고한다.

소골(ossicles) 중이에 있는 뼈로서 추골, 침골, 등골로 구성된다.

소뇌(cerebellum) 학습과 숙련된 움직임의 협응에 관여하는 후뇌의 주요 구조. 큰 뇌를 가지는 동물에서는 다른 정신과정의 협응에도 관여한다.

소마(soma) 세포체 참조

소분자 전달물질(small-molecule transmitter) 음식물의 전구물질로부터 축색종말에서 합성되어 신속하게 작용하는 신경전달물질

소아마비(poliomyelitis) 급성 전염성의 바이러스성 질병에 의해 초래되는 운동뉴런 세포체의 장애. 운동 뉴런의 소실은 마비 및 근손실을 일으키며, 호흡 중추의 운동 뉴런이 공격받을 경우 질식에 의해 사망할 수 있다.

소엽(flocculus) 소뇌의 복측면에서 돌출된 작은 엽으로 전정계로부터 정보를 받아 균형 통제에 관여한다.

손가락 실인증(finger agnosia) 손가락을 구분하지 못한다. 자가국소실인증의 가장 흔한 형태

송과선(pineal gland) 시상하부의 내분비선으로, 일주율과 계절성 바이오리듬에 영향을 미치는 호르몬을 생산한다.

수뇌(myelencephalon) 척수뇌. 포유류 후뇌의 후측 부위로서, 연수와 제4뇌실을 포함한다.

수두증(hydrocephalus) 뇌척수액의 흐름이 막혀 뇌압이 증가하고 특히 유아에서 뇌가 부풀어 오르는 질환. 지적장애를 초래할 수 있다.

수렴적 사고(convergent thinking) 질문에 대한 단일한 해답을 찾는 것(예 : 2+2=?). 반면에 확산적 사고는 다양한 해답을 구한다.

수막종(meningioma)　뇌수막에서 발생하는 피포성 종양

수면마비(sleep paralysis)　잠에서 각성 상태로 이행하지 못하는 상태. 입면시환각 참조

수면무호흡증(sleep apnea)　수면 동안에 숨을 쉬지 않는 현상. 뇌에서 근육으로 호흡신호가 전달되지 않기 때문에 호흡을 위해서는 잠에서 깨어나야만 한다.

수면발작(sleep attack)　경고 신호와 함께 또는 경고 신호 없이 발생할 수 있으며, 서파수면, 비REM 수면, 낮잠과 유사한 짧고 자주 나타나는 견딜 수 없을 정도의 수면 삽화

수상돌기 가시(dendritic spine)　수상돌기의 표면적을 증가시키는 돌출부위로 다른 세포의 축색과 접하는 부위

수상돌기(dendrite)　뉴런의 세포막이 확장된 가지로 세포의 면적과 다른 세포로부터의 정보 수집을 증가시킨다.

수상돌기간 시냅스(dendrodendritic synapse)　두 수상돌기 사이의 시냅스

수송단백질(transporter protein)　능동적으로 물질을 세포 안과 밖으로 펌프하는 세포막 단백질. 펌프라고도 불린다.

수용기(receptor)　다른 분자가 붙을 수 있는 세포막의 단백질

수용장(receptive field)　감각 수용기를 활성화시키는 자극이 위치하는 영역

수의적 움직임(voluntary movement)　적응적 목적을 위해 동물이 한 장소에서 다른 장소로 이동하는 움직임. 도구적·목적적 혹은 조작적 움직임이라고도 불린다.

수초(myelin)　중추신경계의 신경섬유를 감싸는 절연 지방. 중추신경계에서는 핍돌기세포에 의해 생성되고 말초신경계에서는 슈반세포에 의해 생성한다.

순행 간섭(proactive interference)　이미 학습한 내용이 새로운 학습을 간섭하는 현상

순행성 기억상실증(anterograde amnesia)　두부 손상, 전기 충격 요법, 혹은 특정 퇴행성 질환과 같은 간섭에 의해 새로운 기억을 습득 할 수 없는 현상. 역행성 기억상실증과 비교

순행성 방향 장애(anterograde disorientation)　뇌 손상 후 지속되는 공간적 방향성의 상실

슈반세포(Schwann cells)　감각 및 운동 축색을 수초화하는 말초신경계 내의 교세포

스테로이드 호르몬(steroid hormone)　콜레스테롤로부터 합성되는 지용성 화학 메신저

슬상선조 경로(geniculostriate pathway)　눈에서 시상의 외측슬상핵을 거쳐 시각피질(17, 18, 19번 영역)과 20, 21번으로 연결되는 경로. 형태, 색채와 패턴 지각을 통제

습관화(habituation)　반복되는 자극의 제시에 대해 반응이 점점 약해지는 학습 행동

시각 운동실조증(visual ataxia)　대상이 어디에 위치하는가를 인식하지 못하는 증상

시각 형태 실인증(visual form agnosia)　사물의 형태를 보지 못하거나 사물이나 사물의 그림을 인식하지 못하는 증상

시각 흐름(opitc flow)　관찰자가 공간 내에서 앞으로 나아갈 때 일어나는 시자극의 흐름

시각형태 실인증(visual form agnosia)　물체 형태를 볼 수 없거나 물체 혹은 물체의 그림을 인식하지 못하는 증상

시간 기억(temporal memory)　사건의 순서를 시간이 지난 후에 기억하는 것

시간 의존적 역행성 기억상실증(time-dependent retrograde amnesia)　전형적으로 외상성 뇌 손상에 의해 유발되는 기억상실증으로서, 그 중증도는 기억상실이 현재로부터 얼마나 오래전 과거까지 영향을 주는지에 따라 결정된다. 일반적으로 시간이 경과함에 따라 줄어들며, 종종 부상 이전에 있었던 시간에 대해서 짧게는 몇 초에서 1분 정도에 대한 기억상실은 계속 남아 있기도 한다.

시간적 통합(temporal summation)　매우 작은 시간 차이를 두고 일어나는 두 사건이 서로 합해지는 경향. 매우 가까운 시간에 일어나는 두 시냅스후 전위는 서로 합해지거나 감해진다.

시개(tectum)　중뇌의 지붕. 중뇌수도 위에 위치하고 시각과 청각 자극에의 정향반응에 관여하는 상구와 하구가 포함된다.

시개시상침 경로(tectopulvinar pathway)　망막에서 상구(시개), 시상침(시상)을 거쳐 두정엽 및 측두엽의 시각 영역으로 연결되는 경로. 시자극의 위치에 관여한다.

시냅스(synapse)　축색 종말과 다른 세포 사이의 정보전달이 이루어지는 접합 부위

시냅스 소낭(synpatic vesicle)　신경전달물질을 함유하는 작은 구조

시냅스전막(presynaptic membrane)　시냅스에서 전달물질을 보내는 뉴런의 세포막(축색종말)

시냅스틈(synaptic cleft)　시냅스전막과 시냅스후막을 분리하는 틈

시냅스후막(postsynaptic membrane)　시냅스에서 전달물질을 받는 뉴런의 세포막(수상돌기 가시)

시상(thalamus)　간뇌에 위치하는 핵 집단으로 모든 감각계로부터 오는 정보를 통합하여 적절한 피질 영역으로 보낸다.

시상상부(epithalamus)　계통발생적으로 시상에서 가장 원시적인 영역을 형성하는 핵집단. 일주율과 계절 리듬에 영향을 미치는 멜라토닌을 분비하는 송과선이 이곳에 위치

시상침(pulvinar)　시각피질과 상구로부터 정보를 받고, 이를 측두엽과 두정엽의 이차 및 삼차 영역으로 연결하는 시상핵

신경(nerve)　중추신경계 밖의 축색(신경섬유)의 큰 집단

신경가소성(neuroplasticity)　환경의 변화에 대한 적응력과 부상에 대한 보상력을 향상시키는 물리적·화학적 변화에 대한 신경계의 잠재성. 가소성 또는 뇌가소성으로도 불린다.

신경경제학(neuroeconomics)　뇌가 어떻게 의사결정을 하는지를 이해하고자 하는 학제 간 분야

신경과 전문의(neurologist) 신경계 장애, 뇌 손상, 또는 기능장애 치료 전문의

신경관(neural tube) 뇌 발달 초기 단계의 구조로서, 이 구조에서 뇌와 척수가 발달한다.

신경교종(glioma) 교세포에서 발생한 뇌종양

신경망(neuropil) 수초화되지 않은 축색, 수상돌기와 교세포 돌기로 구성된 신경계 영역으로 세포체가 비교적 적고 시냅스 밀도가 높은 영역

신경발달장애(neurodevelopmental disorder) 일반적으로 특정 교과 과목에서의 평균보다 유의미하게 낮은 수행으로 정의되는 장애로, 그 기원은 뇌 발달의 이상에 있는 것으로 보이지만 주의, 사회적 행동, 학습, 일반지능 기능장애를 모두 아우른다. 학습장애로도 불린다.

신경보철학(neuroprosthetics) 상실된 생물적 기능을 대체하기 위한 컴퓨터 기반 도구를 개발하는 분야

신경심리학(neuropsychology) 뇌기능과 행동 사이의 관련성을 연구하는 분야

신경외과수술(neurosurgery) 알려진 신경질환의 결과로 인한 증상을 완화시키기 위해 손상을 복구하기 위한 의도로 시행되는 뇌수술. 정신수술과 비교

신경이완제(neuroleptic drug) 일반적으로 최면효과 없이 정신운동 활동에 영향을 주는 항정신병 작용제. 항정신병 약물 또는 진정제로도 불린다.

신경전달물질(neurotransmitter) 한 뉴런이 목표에 분비하는 화학 물질로 흥분성 혹은 억제성 효과를 가진다.

신경절(ganglion, 복수형 ganglia) 뇌처럼 작용하는 신경세포의 집합

신경절세포(ganglion cell) 시신경을 형성하는 망막세포

신경줄기세포(neural stem cell) 자기재생이 가능하고 다중 잠재력을 가지는 세포로, 신경계에서 여러 유형의 뉴런과 교세포가 생성되게 한다.

신경충동(nerve impulse) 축색을 따라 활동전위가 움직이거나 전파되는 것으로, 세포체와 가까운 부위에서 시작하여 축색을 따라 이동한다.

신근(extensor muscle) 사지를 뻗게 하는 근육

신근족저 반응(extensor plantar response) 발바닥을 펼치는 움직임을 보이는 것

신선조체(neostriatum) 미상핵과 기저핵. 선조체라고도 한다.

신전반사(extension) 사지를 밖으로 뻗는 반사

신진대사 내성(metabolic tolerance) 간, 혈액과 뇌에서 알코올을 분해하는 효소의 증가로 말미암아 알코올이 더 빨리 신진대사가 되어 혈중 알코올 수준이 감소한다.

신체 실인증(asomatognosia) 자신의 몸에 대한 지식이나 감각적 지각의 상실. 몸의 한쪽 혹은 양쪽에서 일어날 수 있다. 대부분

의 경우 우반구 두정엽의 손상으로 인해 발생한다.

실독증(alexia) 읽기 능력의 상실

실모사증(acopia) 기하학적 모양을 따라 하지 못하는 증상

실문법증(agrammatism) 동사를 사용하여 문법에 맞게 말하거나 쓰지 못하는 장애

실비안 열(Sylvian fissure) 외측열 참조

실서증(agraphia) 쓰는 능력의 저하 혹은 상실

실어증(aphasia) 이해력과 발성 기제가 정상임에도 불구하고 언어를 말하거나 이해하지 못하는 증상

실인증(agnosia) 감각 자극을 부분적 혹은 완전히 인식하지 못하는 것으로, 이 결함이 기초적인 감각 결함 혹은 낮은 각성수준으로 초래되지 않는 경우

실행증(apraxia) 마비나 다른 운동 혹은 감각 손상이 없는 상태에서 자발적 동작을 하거나 따라 하지 못한다. 특히 물체를 적절하게 사용하는 능력의 상실을 보인다.

심리측정학(psychometrics) 인간의 능력을 측정하는 과학 분야

아나볼릭 스테로이드(anabolic steroid) 테스토스테론과 관련되는 합성 호르몬으로 근육구성(아나볼릭)과 남성화(안드로제닉) 효과를 가진다. 아나볼릭-안드로제닉 스테로이드로 불리기도 한다.

아동기(유아기) 기억상실증[childhood (infantile) amnesia] 유아기 혹은 어린 시절의 사건들을 회상하지 못하는 증상

아메바성 감염(amebiasis) 아메바성 이질로도 불리며 아메바, 특히 Entamoeba histolytica에 의해 뇌염 및 뇌농양이 유발되는 감염

아미노산(amino acid) NH_2를 포함하는 생물학적으로 활동적인 화합물질군

아세틸콜린(acetylcholine, ACh) 말초 및 중추신경계에서 최초로 발견된 신경전달물질로 체성신경계의 골격근을 활성화시키고 자율신경계의 내부 기관을 흥분 혹은 억제시킨다.

아세포(blast) 미성숙한 뉴런 혹은 교세포

아스퍼거 증후군(Asperger's syndrome) 상대적으로 양호한 언어 소통을 보이지만 사회적 의사소통의 어려움을 보이는 자폐스펙트럼장애. 고기능 자폐증으로 불리기도 한다.

아편성 진통제(opioid analgesics) 모르핀과 같이 수면 유도(수면)와 통증 완화(진통)의 속성을 가지는 약물

안과 편두통(ophthalmologic migraine) 시력에 영향을 미치는 편두통

안면실인증(prosopagnosic) 시력의 손상이나 의식, 주의력의 저하로 설명되지 않는 얼굴인식 장애. 자연발생적인 경우는 드물고, 우측 혹은 양측 두정엽 손상에 따른 이차적 증상으로 간주된다.

안와전두피질(orbitofrontal cortex, OFC) 브로드만 47번과 11, 12, 13번 영역의 외측면을 포함하는 피질 영역. 모든 감각 정보를 받고 자율신경계에 영향을 미쳐 정서와 보상과 관련된 의사결정에 중요하게 작용하는 생리적 변화를 일으킨다.

안전도(electrooculogram, EOG)　두 눈을 두 고정점 사이에서 일정한 거리를 움직이는 동안의 뇌전도 기록

안정전위(resting potential)　세포막 사이의 정상적인 전압. 동물에 따라 안정전위가 60~90mV이다.

알츠하이머병(Alzheimer's disease)　노화와 관련된 퇴행성 뇌질환으로, 초기에는 점진적인 기억상실이 나타나고 이후 범치매로 발전한다.

알코올 근시(alcohol myopia)　알코올의 영향하에서 나타나는 근시안적 행동으로 지엽적이고 즉각적인 단서는 눈에 띄는 반면 잠재적인 행동의 결과를 무시하는 경우

암몬각(Ammon's horn)　신화에 등장하는 뿔 모양을 따서 이름을 붙인 해마의 한 회(gyrus)

암묵 기억(implicit memory)　학습한 기술, 조건화된 반응, 사건 등에 대해 의식적이거나 의도적이지 않은 기억. 외현기억과 비교

암페타민(amphetamine)　시냅스에서 도파민 분비를 증가시키는 약물. 코카인과 같이 도파민 재흡수를 봉쇄한다.

야생형(wild type)　한 집단에서 관찰되는 가장 흔한 대립유전자

약시(amblyopia)　안구 자체의 뚜렷한 손상은 없는 시력 장애

양극성장애(bipolar disorder)　우울 기간, 정상행동 기간과 조증 기간이 교대로 나타나는 것이 특징인 기분장애

양극세포(bipolar cell)　망막에 위치하는 세포

양자(quantum)　단일 시냅스 소낭에 있는 신경전달물질의 양으로 시냅스후 전위의 변화가 일어나게 한다.

양전자방출단층촬영술(positron-emission tomography, PET)　산소, 포도당 등의 화합물의 소모량 변화를 측정하여 혈류의 변화를 탐지하는 영상 기법. 뉴런의 신진대사 활동을 분석하는 데 사용한다.

양측하지마비(paraplegia)　척수 손상으로 인한 다리 마비

어휘집(lexicon)　단어들과 그 의미들을 저장하는 기억저장소

억제성 시냅스후 전위(inhibitory postsynaptic potential, IPSP)　세포막 전위를 증가시키는 작은 국지적 변화로서 활동 전위의 가능성을 낮춘다.

에르고타민(ergotamine)　편두통과 긴장성 두통 치료에 사용되는 약. 통증을 줄이기 위해 뇌동맥을 수축시키는 작용을 한다.

에피네프린(epinephrine, EP)　스트레스를 받을 경우 '싸움 혹은 도주' 반응을 위해 신체를 준비시키는 호르몬으로 작용하는 화학적 메신저 혹은 중추신경계에서는 신경전달물질로 작용한다.

엔도르핀(endorphin)　내인성 모르핀의 약어. 신경전달물질에 작용하는 펩티드계 호르몬으로 통증 혹은 즐거움의 감정과 관련되고 모르핀, 헤로인과 코데인과 같은 아편제의 효과를 모방한다.

역전파(back propagation)　활동전위가 뉴런의 수상돌기 방향으로 역이동하는 것으로 학습의 기저가 되는 가소적 변화에 역할을 하는 것으로 여겨진다.

역치전위(threshold potential)　전압민감성 나트륨 및 칼륨 채널을 열어 활동전위를 생성하는 세포막 전압수준으로 약 50밀리볼트이다.

역행성 기억상실증(retrograde amnesia)　기억상실증이 발생하기 이전의 사건들을 기억하지 못하는 증상. 순행성 기억상실증과 비교

연관통(referred pain)　신체 내부 기관의 통증을 신체 표면에서 느끼는 통증

연속 이론(continuity theory)　언어는 점증적으로 진화한다는 이론. 인류의 조상이 가진 유전적·행동적 유사성이 현대 인류에 와서 유례없이 변형되면서 언어를 만들어냈다는 이론. 불연속 이론과 대조

연수(medulla oblongata)　척수의 바로 전측에 위치하는 후뇌 부위

연합피질(association cortex)　이차 영역으로부터 정보를 받거나 정보를 보내는 피질 영역으로, 특정 감각 및 운동 기능에 관여하지 않는 피질 영역으로 구성된다. 언어, 계획, 기억과 주의 등의 복잡한 활동을 매개한다. 전전두피질과 삼차 영역 참조

열(fissure)　신피질의 주름으로 말미암아 생긴 틈으로 뇌실까지 뻗어 있다.

염색체(chromosome)　세포핵에 있는 DNA와 단백질을 포함하는 구조. DNA에는 각 유기체의 특성과 기능을 결정하는 유전자가 위치한다.

영아 돌연사 증후군(sudden infant death syndrome, SIDS)　1세 미만의 건강하게 보이는 유아가 갑작스럽게 이유 없이 사망하는 경우

오실로스코프(oscilloscope)　전기 변화를 시각적으로 보여주는 도구

와우관(cochlea)　청각 수용기 세포가 위치하는 내이 구조로서 청각에 중추적인 역할을 한다.

외상성 뇌 손상(traumatic brain injury, TBI)　머리에 받은 타격으로 인해 뇌에 입은 손상. 뇌진탕 참조

외상후 스트레스장애(posttraumatic stress disorder, PTSD)　외상성 사건 이후 수개월 또는 수년 이후에 사건과 관련된 기억이나 꿈으로부터 파생되는 생리학적 각성이 특징인 증후군

외수용기(exteroceptive receptor)　신체 밖에서 일어난 사건에 반응하는 수용기. 내수용기와 비교

외측 피질척수로(lateral corticospinal tract)　외측 척수의 경로로 추체에서 뇌간의 반대면으로 교차하여 움직임에 관한 정보 전달

외현 기억(explicit memory)　기억 항목을 인출하고 그 항목을 의식적으로 인식할 수 있는 기억. 의식적이고, 의도적으로 사건, 사실, 개인적 경험(일화 기억)을 회상하는 것으로, 개념적이고 하향적 처리가 일어나며 개인은 정보를 저장하기 위해 재조직화한다. 암묵기억과 비교.

운동 경로(motor pathway)　체성신경계를 통해 뇌와 척수를 신체의 근육과 연결하는 신경섬유

운동감소증(hypokinetic symptom)　뇌 손상으로 초래된 움직임의 어려움. 운동과다증과 비교

운동과다증(hyperkinetic symptom)　뇌 손상으로 초래된 과도한 불수의적 움직임. 운동감소증과 비교

운동불능증(akinesia)　전혀 혹은 거의 움직이지 못하는 상태

운동장애(dyskinesia)　움직임 장애

운동피질(motor cortex, M1)　전두피질의 4번 영역. 근육의 움직임을 생산한다.

운율(prosody)　음성의 톤. 발화와 관련된 강세, 높낮이, 리듬의 변화로서 다양한 의미를 전달하는 데 활용한다.

원심성(efferent)　중추신경계로부터 정보를 근육 혹은 내분비선으로 전달되는 성질

원위(distal)　한 지점에서 멀리 떨어진

위계적 조직화(hierarchical organization)　정보가 뇌에서 순차적으로 처리되고 위계의 높은 수준으로 올라갈수록 더 복잡한 행동이 처리된다는 원리

유기인산염(organophosphate)　살충제, 제초제와 사린가스를 포함한 화학무기의 제조에 사용되는 매우 큰 독성을 띠는 화합물

유동 지능(fluid intelligence)　추상적 관계를 보고 논리적 추론을 하는 능력. 결정지능 참조

유막(pia mater)　적당히 단단한 조직으로 뇌의 표면에 붙어 있는 막

유모세포(hair cell)　와우관에 위치하는 청감각 수용기

유전자 도입 동물(transgenic animal)　한 종의 다수 혹은 단일 유전자를 다른 종의 게놈에 이식시켜 다음 세대로 전달하여 발현되게 하는 기법으로 만들어진 동물

유전자(gene)　특정 단백질 합성을 부호화하는 DNA 부분

유전자형(genotype)　개인의 유전적 구성

유창 실어증(fluent aphasia)　단어를 발음할 수 있지만 의미 있는 말을 하지 못하는 언어 장애. 주로 좌반구 후측 피질의 손상으로 초래된다. 베르니케 실어증 참조

음소(phoneme)　단어나 단어의 일부분을 구성하는 소리의 단위

음운적 읽기(phonological reading)　의미를 알아내기 위해 단어의 부분들을 소리로 변환시키는 방법에 의존하는 읽기

음위상 표상(tonotopic representation)　저주파수에서부터 고주파수에 이르는 음파를 체계적으로 처리하는 청각 속성

의미 기억(semantic memory)　기억이 획득된 시간과 장소와 독립적으로 저장된 세상지식에 대한 기억

의미론(semantics)　언어에서 의미에 대한 연구 분야

의식(consciousness)　깨어 있는 상태. 감각에 의해 형성된 인상에 대한 마음의 반응성

이석기관(otolith organ)　전정 정보를 제공하는 내이 구조

이소지각증(allesthesia)　대측 무시의 회복 단계로, 무시되던 쪽에 있는 자극이 손상되지 않은 쪽에 있는 것처럼 반응하기 시작하는 것으로 특징지어진다.

이온(ion)　양전위 혹은 음전위를 띠는 원자나 분자

이온성 수용기(ionotropic receptor)　세포막에 박혀 있는 단백질로, (1) 신경전달물질의 결합 부위이며, (2) 이온 흐름을 직접적으로 조율하는 미세공으로 작용하여 세포막전위의 빠른 변화를 일으킨다.

이원론(dualism)　두 요인, 즉 마음과 신체가 인간의식을 일으킨다는 철학적 입장

이중 경로 이론(dual-route theory)　문자화된 언어를 읽는 것은 두 가지의 다른, 하지만 서로 상호작용하는 어휘적 혹은 비어휘적 과정에 의해 이루어진다는 이론

이차 영역(secondary area)　일차 영역으로부터 입력을 받는 피질 영역으로 더 복잡한 감각, 지각 및 운동 기능에 관여한다.

이차전령(second messenger)　신경전달물질(첫 번째 전령)에 의해 활성화되면 생화학적 과정을 개시하는 메시지를 전달하는 화학 물질

이탈(disengagement)　주의가 한 자극에서 다른 자극으로 옮겨지는 과정

이형접합적(heterozygous)　한 특성에 대해 2개의 대립유전자가 서로 다른 경우

인류 조상(hominid)　생존하거나 사라진 모든 유형의 인간을 포함하여 직립보행을 하는 영장류를 일컫는 일반적 용어

인지적 인식(autonoetic awareness)　개인 자아에 대한 인식, 자기 인식

인지질(phospholipid)　인을 포함하는 머리와 지방질의 꼬리 2개를 가지는 분자. 세포막의 이중층을 구성한다.

인지행동치료(cognitive behavioral therapy, CBT)　역기능적 사고와 부적응적 행동을 제거하기 위한 문제 중심, 행위 지향의 구조화된 치료법. 가상현실 노출치료 참조

일과성허혈(transient ischemia)　뇌 영역들로의 혈액공급이 일시적으로 잘 되지 않는 증상

일반 편두통(common migraine)　편두통을 앓는 사람들의 80% 이상에서 나타나는 가장 흔한 유형의 편두통으로, 소화기 계통 또는 다른 부위 신호 이외의 뚜렷한 전조 증상은 없다.

일산화탄소(carbon monoxide, CO)　신경전달물질처럼 작용하는 가스로, 세포의 신진대사를 활성화시킨다.

일시적 전기억상실증(transient global amnesia)　오래된 기억의 손실과 새로운 기억의 형성이 불가능해지는 증상. 갑작스러운 발병으로 나타나며 보통 짧은 시간 동안 지속된다.

일차 영역(primary area)　주요 감각계로부터 정보를 받거나 근육으로 정보를 보내는 신피질 영역

일차 운동피질(primary motor cortex, M1)　브로드만 44번 영역에 해당하는 신피질 영역으로, 여기서 피질척수로가 시작한다.

일화(자서전) 기억[Episodic (autobiographic) memory]　개인과 관련된 인생의 경험에 대한 기억

입면시환각(hypnagogic hallucination) 잠이 들거나 깨어날 때의 수면마비 동안 나타나는 환청, 환시, 환촉 삽화

입체감각 실인증(astereognosis) 만져서 물체의 속성을 인식하지 못하는 증상

자가국소 실인증(autopagnosia) 자신의 신체 부위를 가리키거나 이름을 말하지 못하는 증상(예 : 손가락 실인증)

자가수용기(autoreceptor) 세포막에 있는 자가수용기로 자신이 분비한 전달물질에 반응

자기 인지적 인식(autonoetic awareness) 자아 혹은 자기 지식에 대한 자각

자기 중심 방향장애(egocentric disorientation) 공간에서 자신의 위치를 인식하는 데 어려움을 겪는 현상

자기공명분광술(magnetic resonance spectroscopy, MRS) MRI를 수정한 기법으로, 뉴런 기능의 지표, 예를 들어 거대분자(DNA, RNA, 대부분의 단백질과 인지질), 세포막, 소기관(예 : 미토콘드리아)과 교세포의 변화를 확인하는 기법

자기공명영상법(magnetic resonance imaging, MRI) 뇌에 강한 자기장과 무선주파수를 통과시킨 후 수소원자로부터 방출된 방사선을 측정하여 삼차원의 정적 뇌영상을 생산하는 기법. 기능자기공명영상(fMRI) 참조

자기수용감각(proprioception) 신체, 사지 및 머리의 위치와 움직임 지각

자동 행동(automatic behavior) 고정된 순서와 연결된 정형화된 행동 단위(예 : 치장하기와 씹기). 반사적, 완료적, 반응성 행동으로도 불린다.

자동적 움직임(automatic movement) 털 손질하기, 음식 씹기 등과 같이 일련의 순서로 일어나는 고정 행동의 단위

자연 선택(natural selection) 어떻게 새로운 종이 진화하고 시간이 지남에 따라 어떻게 종들이 변하는가를 설명하는 다윈의 이론. 개채 간의 표현형 차이는 유기체와 환경 간의 상호작용 결과이다.

자율신경계(Automatic Nervous System, ANS) 신체의 내부 기관과 내분비선의 기능을 제어하는 말초신경계의 한 부분

자폐스펙트럼장애(autism spectrum disorder, ASD) 경도에서 중증도에 이르기까지 자폐증의 특징을 보이는 인지 증상들의 범위 총칭. 심한 증상일 경우 심각한 사회적 상호작용의 손상, 기괴하거나 매우 좁은 범위의 관심, 언어와 의사소통에서의 뚜렷한 이상, 반복적이고 틀에 박힌 운동 등이 나타난다.

작업 기억(working memory) 단기 기억 참조

장기증강(long-term potentiation, LTP) 고빈도의 자극반복 결과로 세포의 시냅스후 반응 변화가 장기간 지속되는 현상

장면 구성 이론(scene construction theory, SCT) 정보가 생물학적으로 유용해지기 위해서는 과거의 경험, 현재의 맥락, 미래 전망들이 혼합되어야 한다는 이론

장소세포(place cell) 해마형성체에서 특정 위치에 최대로 반응하는 특징을 지니는 신경세포. 장소-방향 세포는 위치뿐 아니라 방향과 움직임의 속도 또한 부호화한다.

재공고화 이론(reconsolidation theory) 기억은 하나의 흔적 혹은 신경기제로 형성되기보다는 회상될 때마다 재구성되고 다른 기억들과 함께 정교화될 수 있다는 이론

재입력(reafference) 신경계의 한 부분이 다른 부분의 활동에 대해 확인하는 것. 동반 방출 참조

재진입(reentry) 피질 영역이 자신에게 정보를 보낸 영역에 영향을 미칠 수 있다는 상호작용 기제. 결합 문제를 해결하는 기제로 제안된다.

저장과립(storage granule) 신경전달물질을 함유하는 소낭 여러 개를 저장하는 구조

적핵(red nucleus) 피개의 전측에 위치하는 핵으로, 운동 정보 전달에 중요한 역할을 한다.

전구세포[progenitor (precursor) cell] 줄기세포에서 유도된 전구체로, 뉴런과 교세포를 생성하고 이동시킨다.

전근(ventral root) 척수의 복측(인간의 경우 전측)으로부터 운동 정보를 전달하는 섬유로 구성된 신경

전기자극치료(electroconvulsive therapy, ECT) 우울을 치료하기 위해 사용되었던 최초의 전기 뇌자극 치료 방법. 기억을 손상시킬 수 있으며 경두개 자기자극(TMS)과 같은 비침습적 치료의 출현에 따라 거의 사용하지 않게 된다.

전기적 시냅스(electrical synapse) 갭결합 참조

전뇌(prosencephalon) 배아 포유류 뇌의 가장 전측 부위. 성숙한 어류, 양서류와 파충류에서는 후각을 담당한다.

전대뇌동맥(anterior cerebral artery, ACA) 경동맥에서 시작하여 안와전두, 배외측 전두, 전대상피질, 뇌량과 선조체를 포함한 피질의 내외측 부위로 흐르는 동맥

전대상피질(ACC) 섬피질뿐 아니라 운동, 전운동, 전전두 피질과도 광범위한 양방향 연결성을 구성하는 폰 에코모노 뉴런을 포함하는 내측 영역

전도 실어증(conduction aphasia) 전측과 후측 언어 영역의 단절로 말미암아 초래되는 유창실어증 유형. 말소리의 생산은 가능하지만 한 영역에서 다른 영역으로 전달되지 못하기 때문에 언어장애를 초래한다.

전두엽(frontal lobes) 중심구 앞에 위치하는 모든 신피질과 연결

전령 RNA(messenger RNA, mRNA) DNA로부터 합성되는 리보핵산으로 리보좀에 부착하여 단백질 합성에 필요한 아미노산 순서를 정한다.

전신발작(generalized seizure) 병소발병 없이 양반구의 대칭적인 발작으로 의식상실, 고정된 움직임 패턴이 특징이며, 강직성, 간대성과 발작후 우울증의 세 단계가 나타난다.

전압 민감성 채널(voltage-sensitive channel) 세포막 전위의 변화에 따라 개폐되는 뉴런 세포막의 좁은 통로

전압기울기(voltage gradient) 두 영역의 전압차이로 두 영역이 서

로 연결되어 있으면 전류가 생기게 한다.

전운동피질(premotor cortex, PMC) 운동피질 바로 앞에 위치하는 6, 8, 44번 전두엽 영역. 움직임 레퍼토리가 위치하여 다른 개체의 움직임을 인식하고 이와 유사하거나 다른 행동을 선택하게 한다.

전이성 뇌종양(metastatic tumor) 신체의 다른 부위에서 발생한 종양 세포가 전이되어 발생한 뇌종양

전장(claustrum) 인간 뇌에서 뇌섬엽 영역 아래에 위치한 얇은 회백질의 판. 이 영역의 연결성은 피질의 거의 모든 영역에서 입력을 받고 또 거의 모든 영역으로 다시 투사한다는 점에서 독특하다.

전전두피질(prefrontal cortex, PFC) 운동피질, 전운동피질과 대상피질 전측에 위치하는 넓은 전두엽 영역. 시상의 배내측핵으로부터 정보를 받는 배외측, 복내측과 안와전두 영역이 포함. 계획, 전략, 정서행동에 중요한 역할

전정계(vestibular system) 신체 위치와 머리 움직임에 반응하는 내이의 수용기 세트로 구성된 체감각계

전체(gestalt) 통합되고 일관된 전체

전측 피질척수로(anterior corticospinal tract) 몸통의 움직임에 대한 지시를 피질에서 척수로 전달하는 경로. 추체에서 뇌간의 반대면으로 교차하지 않는다.

전통적 방사선촬영술(conventional radiography) 엑스레이 절차

절단점수(cutoff score) 임의적인 경계 점수. 신경심리평가에서 이 점수 이하는 기능 이상을 의미한다.

절대적 불응기(absolutely refractory) 새로운 활동전위가 생성되지 못하는 활동전위 단계

점화(priming) 같거나 비슷한 자극의 반복 제시에 대해 신경계가 민감해지도록 하는 실험적 기법

정서 기억(emotional memory) 자극이나 사건의 감정적인 측면에 대한 기억으로 각성을 일으키고, 매우 선명하며, 즉각적으로 떠오르는 특징을 지닌다.

정서(emotion) 주관적 감정에 대한 인지적 해석

정신수술(psychosurgery) 중증 또는 난치성의 정신 질환을 완화시키거나 행동을 바꾸기 위한 목적으로 뇌의 일부 영역을 파괴하는 수술. 신경외과수술과 비교

정신약물학(psychophamacology) 약물이 신경계와 행동에 미치는 효과를 연구하는 분야

정신운동 활성화(psychomotor activation) 행동과 인지적 활동의 증가. 약물 복용의 특정 수준에서는 에너지와 통제감을 경험한다.

정좌불능증(akathesia) 내적인 불안부터 앉거나 누워 있을 수 없을 정도에 걸치는 운동 동요 상태

제뇌경직(decerebrate rigidity) 지나친 근육긴장. 항중력근의 지나친 긴장 때문에 사지를 뻗고 머리를 위로 구부린다. 뇌간과 소뇌 병변으로 초래된다.

조증(mania) 지나친 행복감으로 특징되는 극심한 흥분 상태의 비정상적 정신 상태

조직 플라스미노겐 활성화 물질(tissue plasminogen activator, t-PA) 허혈성 뇌졸중의 치료약물. 발병 3시간 내에 투약할 경우 혈전을 분해하여 영향을 받은 영역으로 혈류가 정상적으로 흐르게 한다.

조직화 가설(organizational hypothesis) 발달 과정 동안 호르몬이 조직분화를 변화시킨다는 가설(예 : 테스토스테론이 뇌를 남성화시킴)

조현병(schizophrenia) 망상, 환각, 비구조화된 화법, 무딘 정서, 동요 또는 부동(不動) 등이 특징인 행동 장애로 여러 관련 증상들을 보인다.

조현병의 도파민 가설(dopamine hypothesis of schizophrenia) 조현병 증상이 도파민의 지나친 활성화로 초래된다는 가설

종 특유 행동(species typical behavior) 한 종의 모든 구성원에서 관찰되는 행동 특징

종(species) 상호 교배하는 유기체 집단

종말단추(terminal button) 종족 참조

종양(tumor) 신생물(新生物), 즉 독립적이고 지속적으로 성장하며 건강한 조직을 둘러싸고 생리학적인 용도가 없는 새로운 조직의 덩어리

종열(longitudinal fissure) 뇌의 두 대뇌반구를 구분하는 깊은 틈. 시상열이라고도 알려져 있다.

종족(end foot) 축색의 끝부위로 정보를 다른 뉴런으로 전달. 종말단추라고도 불린다.

주요우울장애(major depression) 장기적인 무가치감과 죄책감, 섭식습관의 혼란, 수면장애, 느려진 행동, 자살에 대한 빈번한 사고 등이 특징이 기분 장애. 임상 우울증으로도 불린다.

주의(attention) 감각 환경의 일부분 또는 자극의 한 수준으로 의식을 선택적으로 좁히거나 집중시키는 것

주의력결핍/과잉행동장애(attention-deficit/hyperactivity disorder, ADHD) 충동성, 과잉행동과 부주의의 핵심 증상이 특징인 발달장애

준비 전위(readiness potential) 움직임이 일어나기 직전에 나타나는 사건관련전위

중뇌수도(cerebral aqueduct) 제3뇌실과 제4뇌실을 연결하고 뇌척수액을 뇌간의 기저부에서 제4뇌실로부터 순환계로 빠지게 한다.

중뇌수도 주변 회백질(periaqueductal gray matter, PAG) 중뇌수도를 둘러싸고 있는 중뇌의 핵으로 종 특유의 행동과 관련된 회로가 위치하고 통증 조율에 중요한 역할을 한다.

중다양식 피질(multimodal cortex) 서로 다른 감각 유형(예 : 시각과 청각을 서로 결합하는 기능을 가지고 있는 피질)

중대뇌동맥(middle cerebral artery, MCA) 외측(실비안)열을 따라 전두엽의 복측 부위. 대부분의 두정엽과 측두엽을 포함한 피질

의 외측면으로 흐르는 동맥

중독(addiction) 약물을 자주 사용한 결과 약물남용뿐만 아니라 신체적 의존까지 발달된 경우. 내성과 약물사용을 중단할 경우 불쾌하고 위험한 금단증상 경험한다.

중심전회(precentral gyrus) 중심구 앞에 위치하는 회. M1 혹은 일차 운동피질이라고도 불린다.

중증근무력증(myasthenia gravis) 감각장애나 위축 증상 없이 나타나는 근육계의 피로 및 약화 상태. 시냅스에 작용하는 아세틸콜린이 감소한 결과로 나타난다.

중추성수면무호흡증(central sleep apnea) 주로 남성에게 나타나는 중추신경계 장애에서 파생되는 수면장애로, 횡격막과 부속근육이 움직이지 않는 것이 특징이다.

중추신경계(Central Nervous System, CNS) 뼈(두개골, 척추)에 둘러싸여 있는 뇌와 척수. 손상을 입으면 재생되지 않는다.

증후군성 발작(symptomatic seizures) 감염, 외상, 종양, 혈관 기형, 독성 화학물질, 고열, 또는 다른 신경학적 장애 등과 같이 특정한 원인에 의한 발작

지각(perception) 뇌에 의한 감각의 주관적 해석

지연-반응 검사(delayed-response test) 참가자가 이름이 적힌 액자 아래에 놓인 보상을 보게 하는 행동 과제. 참가자의 시야는 몇 초 동안 막혀 있은 후 보상에 대해 회상하도록 허락받는다.

지주막(arachnoid) 얇은 섬세한 조직으로 뇌의 굴곡을 따라 위치한다.

지형 기억(topographic memory) 세상의 조직화된 구조에 대한 기억

지형적 조직화(topographic organization) 신체 혹은 감각 기관이 탐지하는 감각 세계 영역의 신경-공간 재표상

지형적 지남력 장애(topographic disorientation) 뇌 손상으로 인해 현저한 환경적 단서와 연결시켜 길을 찾는 능력을 상실한 상태. 대부분 지형적 실인증이나 기억상실증으로 발생한다.

진균 감염(mycotic infection) 진균류에 의한 신경계 침습

진정제(major tranquilizer) 도파민2(D_2) 수용기를 차단하는 약물로, 주로 조현병 치료에 쓰인다. 신경이완제 또는 항정신병 약물로도 불린다.

질병인식 불능증(anosognosia) 질병이나 몸의 문제에 대해 지각하거나 인정하는 능력의 상실. 보통 우반구 두정 손상과 동반된다.

채널(channel) 서로 다른 이온들이 세포막을 통과하게 하여 막전위에 영향을 미친다. 서로 다른 채널은 서로 다른 이온 혹은 막전위변화에 의해 개방된다.

처리 깊이 효과(depth-of-processing effect) 예를 들어 의미나 모양에 대해 좀 더 많은 생각을 한 대상에 대한 기억의 향상 효과

척수(spinal cord) 척주 안에 있는 중추신경계의 한 부분

천공(trephining) 주로 두개골의 뼈디스크를 제거하는 것

천천히 적응하는 수용기(slowly adapting receptor) 신체에 감각 자극이 제시되는 동안 반응하는 체감각 수용기

청각 흐름(auditory flow) 개인이 음원을 지나치거나 음원이 개인을 지나칠 때 지각되는 소리의 변화

체감각 뉴런(somatosensory neuron) 신체의 감각 수용기에서 척수로 정보를 전달하는 뉴런. 수상돌기와 축색이 서로 연결되어 있어 세포체로의 정보 전달 없이 빠르게 정보를 전달한다.

체계 공고화 이론(system consolidation theory) 해마는 새로운 기억을 공고화하고, 이를 영구히 보존하기 위한 작업이 이 기억들을 신피질의 새로운 장소에 저장한다는 이론

초점성 발작(focal seizure) 국지적으로 시작되어 퍼져나가는 발작 (예 : 한 손가락에서 몸 전체로 퍼지는 발작)

초피질 실어증(transcortical aphasia) 단어를 따라하거나 이해하고 물체를 명명할 수 있지만 자발적으로 이야기하지 못하거나 따라 하더라도 이해하지 못하는 실어증. 고립 증후군이라고도 불린다.

최신 기억(recency memory) 단기 기억, 시간 기억, 작업 기억 참조

최후 영역(area postrema) 혈액 내의 독성물질에 민감하게 반응하여 구토를 일으키게 하는 뇌간 핵

추골(hammer) 중이의 소골 중 하나

추상체(cone) 색채 지각과 높은 시력에 관여하는 광수용기 세포

추정 전달물질(putative transmitter) 신경전달물질로 여겨지지만 아직 입증되지 않은 화학물질

추체 영역(pyramidalis area) 브로드만 4번 영역

추체(pyramid) 원뿔 모양의 구조. 뇌간의 복측면에서 피질척수로가 돌출된 것을 의미한다.

추체로(pyramidal tract) 피질척수로. 신피질 영역에서 척수로 가는 경로이며, 뇌간의 추체에서 교차한다.

추체세포(pyramidal cell) 피라미드 모양의 세포체를 가지는 신경세포로 피질의 한 영역에서 다른 영역으로 정보를 보낸다.

축색 끝가지(teleodendria) 축색의 미세한 끝가지

축색 측부지(axon collateral) 축색의 주요 가지

축색(axon) 다른 뉴런(혹은 근육, 내분비선)으로 메시지를 전달하는 뉴런의 뿌리 혹은 단일 섬유

축색간 시냅스(axoaxonic synapse) 두 축색 사이의 시냅스

축색근 시냅스(axomuscular synapse) 축색과 근육 사이의 시냅스

축색분비 시냅스(axosecretory synapse) 축색과 혈관 사이의 시냅스로, 호르몬처럼 신경전달물질이 혈관으로 분비된다.

축색세포외액 시냅스(axoextracellular synapse) 신경전달물질을 세포외 공간으로 분비하는 시냅스

축색세포체 시냅스(axosomatic synapse) 축색과 세포체 사이의 시냅스

축색소구(axon hillock) 소마와 축색의 접합부로 활동전위가 시작된다.

축색수상돌기 시냅스(axodendritic synapse) 축색과 수상돌기 사

이의 시냅스

축색시냅스 시냅스(axosynaptic synapse) 축색과 다른 시냅스 사이의 시냅스

출혈성 뇌졸중(hemorrhagic stroke) 뇌출혈로 인한 초래되는 심각한 뇌졸중

취약 X 증후군(fragile-X syndrome) 정신장애 및 자폐스펙트럼장애의 가장 흔한 유전적 원인으로 X 염색체상의 FMRI1 유전자의 이상에 의해 발생한다.

측두-두정 접합 부위(temporoparietal junction) 두엽과 두정엽이 실비안 열의 끝과 만나는 구역

측두엽(temporal lobe) 측두뼈 가까이에 있는 외측열 아래에 위치하는 피질과 연결 영역

치매(dementia) 지적 기능의 조직적 상실

치상회(dentate gyrus) 해마형성체의 한 영역

침골(anvil) 중이의 소골 중 하나로, 고막의 진동을 내이로 연결한다.

컴퓨터단층촬영술(computed tomography, CT) 삼차원의 정적 뇌영상을 생산하는 엑스레이 기법

코르사코프 증후군(Korsakoff's syndrome) 시상핵의 기능 감퇴와에 의한 일련의 증상들로 만성적인 알코올 중독에 의해 발생한다. 비타민 B(티아민)의 부족으로 인한 중추신경계의 대사 장애이며 종종 만성적 알코올 중독에 동반된다.

코르티 기관(organ of Corti) 기저막이 위치하는 기관으로, 청각에 관여하는 감각수용기, 유모세포와 다양한 유형의 지지세포가 위치한다.

코히어런스 이론(coherence theory) 뇌활동이 몇 개의 의식적 '상태'로 구성되기보다는 연속적인 상태, 즉 높은 일관성(뇌가 게으른 상태)에서 낮은 일관성(뇌가 적극적으로 정보처리)으로 존재한다는 이론

콜린성 뉴런(cholinergic neuron) 아세틸콜린을 주요 신경전달물질로 사용하는 뉴런. 콜린성이라는 용어는 아세틸콜린을 주요 전달물질로 사용하는 어떤 뉴런에도 적용된다.

쿠라레(curare) 남미 식물의 씨로부터 추출한 독성물질로 아세틸콜린 수용기를 봉쇄한다.

클뤼버-부시 증후군(Kluver-Bucy syndrome) 양측 측두엽의 손상으로 발생하는 여러 형태의 정서적 증상들. 특히 과도한 성적행동, 모든 것을 입으로 탐색하려는 행동, 시각 실인증 등의 특징을 보인다.

탈력발작(cataplexy) 모든 근육 활동과 근긴장의 소실로 인해 주저 앉게 되는 상태. 종종 다른 사람들 사이에서 웃음, 분노, 공포 등과 같은 정서적 자극에 의해 촉발되기도 하며 기면증과 연관된 경우가 많다.

탈분극화(depolarization) 양이온의 유입으로 뉴런 안과 밖의 전위차 감소

탈억제 이론(disinhibition theory) 알코올이 판단을 통제하는 피질을 선택적으로 억압하고 욕망과 같은 원시적 본능에 관여하는 피질하 구조를 억압하지 않는다고 주장하는 이론

태아알코올스펙트럼장애(fetal alcohol spectrum disorder, FASD) 알코올 중독 어머니에게서 태어난 아이들에게서 관찰되는 신체적·지적 장애

터너 증후군(Turner's syndrome) 여성이 하나의 X 염색체만을 지니는 유전적 조건. 터너 증후군을 지닌 여성은 심각한 공간 능력 손상을 보인다.

테스토스테론(testosterone) 고환에서 분비되는 성호르몬으로 남성화에 기여

테슬라(tesla) 자기장의 강도를 측정하는 단위

테이삭스병(Tay-Sachs disease) 특정 지방을 분해하는 데 필요한 효소를 부호화하는 유전자의 상실로 인해 초래되는 선천적 뇌질환. 출생 후 4~6개월에 증상이 나타나고 발작, 시력상실, 운동 및 정신 능력의 퇴행으로 특징되며 5세경에 사망한다.

통각(nociception) 통증, 온도 및 가려움 지각

통사론(syntax) 문법적 규칙을 따라 단어들이 결합되는 방식. 구문, 절, 문장 등을 형성하며 인간 언어에만 나타나는 고유한 특징으로 여겨진다.

통증 관문(pain gate) 미세한 촉각 및 압각 경로가 통증 및 온도 경로의 활성화를 감소시킨다는 가상적인 신경회로

투렛 증후군(Tourette's syndrome) 틱, 불수의적 발성(조잡한 언어와 동물소리), 신체, 특히 얼굴과 머리의 기이한 불수의적 움직임이 특징인 기저핵 장애

투사 지도(projection map) 감각계에서부터 뇌까지 혹은 신피질에서 뇌간과 척수의 운동계까지 연결되는 축색을 추적하여 작성한 피질 지도

특발성 발작(idiopathic seizure) 별다른 중추신경계 질환 없이 자발적으로 발생하는 것으로 보이는 발작

특정 구심성(specific afferent) 비교적 제한된 피질 영역, 주로 하나 혹은 두 층으로 정보(예 : 감각 정보)를 보낸다. 비특정 구심성과 비교

파이소스티그민(physostigmine) 아세틸콜린을 분해하는 효소인 아세틸콜린에스트라제를 억제하는 아세틸콜린 효능제인 약물로, 많은 용량은 독성을 띤다.

파킨슨병(Parkinson's disease) 뇌의 도파민 부족과 관련된 운동계 장애로 진전, 근육 경질, 불수의적 움직임과 정서 및 기억 변화가 특징이다.

펌프(pump) 세포막에 있는 단백질로 물질이 세포막을 건너게 한다. 수송체라고도 불린다.

페로몬(pheromone) 화학적 신호로 작용하고 동일 종의 생리적 과정 혹은 행동에 영향을 미치는 냄새나는 생화학적 물질

펩티드 호르몬(peptide hormone) 세포의 DNA에 의해 합성되는 화학 메신저로 목표 세포의 생리 과정에 영향을 미친다.

편도체(amygdala) 측두엽의 기저부에 위치하는 아몬드 모양의 핵

집단. 정서와 종특유 행동에 관여하는 변연계에 포함된다.

편두통 뇌졸중(migraine storke)　감각 기능(특히 시력) 손상, 피부 감각상실(특히 팔), 이동장애 및 실어증 등이 포함되는 다양한 신경학적 증상이 수반되는 일과성 허혈 발작

편마비 편두통(hemiplegic migraine)　신체 한쪽편의 마비를 일으키는 편두통

편마비(hemiplegia)　뇌 손상 대측 신체의 마비

편재화(lateralization)　뇌의 한 대뇌반구에 기능이 주로 위치하는 경우

폐쇄성 수면 무호흡증(obstructive sleep apnea)　주로 REM 수면 동안 호흡기관의 협착으로 인해 발생하는 호흡의 상실. 꿈을 꿀 때의 마비 상태 동안 구강 인두가 막혀 발생하는 것으로 생각된다.

포먼트(formant)　각 자음에 특정적인 음파의 집합

폴리그래프(polygraph)　혈압, 맥박, 호흡률, 피부전도 등을 동시에 기록하는 도구. 거짓말 탐지기로 널리 알려져 있다.

폴리펩티드(polypeptide)　펩티드 결합에서 의해 서로 연결된 2개 이상의 아미노산을 함유하는 펩티드

표기소적 읽기(graphemic reading)　음절 각각의 소리보다는 전체 이미지(표기소)로부터 기억된 단어 의미를 추출하는 방식의 읽기. 어휘적(읽기 또는 전체 단어 읽기로도 불린다.

표준화 검사배터리(standardized test battery)　기질성(**organicity**)에 관한 고정된 준거를 가지는 일련의 신경심리검사로 뇌병리 유무에 따른 행동 증상을 구분하는 데 사용한다.

표현 실어증(expressive aphasia)　담화를 이해할 수는 있지만 생성하는 데 어려움을 겪는 실어증

표현형 가소성(phenotypic plasticity)　하나 이상의 표현형을 발현하는 개인의 능력

표현형(phenotype)　관찰 가능하거나 측정 가능한 개개 특성

프리세션(precession)　회전체의 회전축이 이를 가로지르는 다른 선에 비해 상대적으로 느리게 회전하는 현상으로, 원뿔 모양을 나타낸다.

피개(tegmentum)　중뇌의 바닥. 중뇌수도 아래에 위치하고 움직임, 종특유의 행동과 통증 지각에 관여하는 감각 및 운동로와 핵이 집합적으로 위치한다.

피부분절(dermatome)　척수 부위와 상응하는 피부 부위

피질(cortex)　뇌의 여섯 층으로 된 외표면. 이 책에서는 신피질과 같이 사용된다.

피질맹(cortical blindness)　맹시 참조

피질박리(decortication)　뇌의 신피질 제거

피질연수로(corticobulbar tract)　신피질에서부터 얼굴 운동 뉴런을 움직이는 뇌간의 하위 영역으로 연결되는 하향로

피질척수로(corticospinal tract)　대뇌피질의 V층에서 시작하여 척수로 연결되는 하향로. 추체로라고도 불린다.

핍돌기세포(oligodendrocyte)　축색을 수초화하는 중추신경계 내의 교세포

하구(infeior colliculi)　청각 정보를 받아 청각 자극에 대한 정향반응을 매개하는 중뇌의 시개에 위치하는 핵

하등제뇌(low decerebrate)　후뇌와 척수가 서로 연결되어 있으나 이 두 영역이 뇌의 다른 부위와는 연결되어 있지 않는 상태

학습-검사 감각 양식 전환(study-test modality shift)　같은 자극 양식으로 익히고 검사할 때에 비해 제시된 양식(예 : 읽기)과 다른 양식(예 : 말하기)으로 검사할 경우 수행이 저하되는 현상

학습된 내성(learned tolerance)　약물 영향하에서의 행동 수행 경험으로 인해 추후 약물 영향을 받음에도 불구하고 행동 수행이 향상되는 경우

학습장애(learning disability)　신경발달장애 참조

합성생물학(synthetic biology)　생물학적 도구와 체계를 고안하고 개발하며 생명공학에 초점을 둔다.

항불안제(antianxiety agent)　불안을 감소시키는 약물로 마이너 진정제, 벤조디아제핀과 진정제가 포함된다.

항상성 호르몬(homeostatic hormone)　신체 내부의 신진대사 균형을 유지하고 생리과정을 제어하는 일군의 호르몬

항정신병 약물(antipsychotic drug)　도파민 시냅스에 작용하고 정신운동 활성화에 영향을 미치는 약물. 신경이완제 혹은 메이저 진정제라고도 불린다.

해마(hippocampus)　내측두엽의 전측에 위치한 변연계 구조로서 종특유 행동, 기억, 공간 이동에 관여하고 스트레스에 취약하다.

해마술 뇌궁(fimbria fornix)　해마와 시상, 전전두엽, 기저핵, 시상 하부 영역을 연결하는 경로

핵막(nuclear membrane)　세포핵을 둘러싸고 있는 막

향신경성 요소(neurotropic factor)　발달 중인 뉴런의 성장과 분화를 도와주고 특정 뉴런이 성년기까지 살아남도록 작용하는 영양 화합물

향정신성 약물(psychoactive drug)　기분, 사고 및 행동을 변화시키는 약물로서, 신경심리 질환의 치료에 사용되거나 남용되기도 한다.

허혈(ischemia, 국소빈혈)　혈관의 기능적 수축 또는 혈전에 의한 실제 폐색에 기인하는 뇌로의 혈류 공급 결핍

헌팅턴병(Huntington's disease)　무도병(끊임없는 움직임, 비자발적이고 경련하는 듯한 움직임)으로 특징지어지며 점진적인 치매에 이어 사망에 이르게 되는 유전병

헤슬회(Heschl's gyrus)　청각 영역과 대략 일치하는 측두엽의 회. 횡측두회라고도 알려져 있다.

현출성 네트워크(salience network)　전대상피질, 보조운동피질, 전측 섬피질 간의 연관된 활성화로. 다른 뇌 네트워크를 조절하며 행동적 변화가 필요할 때 가장 활성화된다. 기본상태 네트워크 참조

혈관조영술(angiography)　조영제로 채워진 혈관의 방사선 사진

혈관종(angioma) 모세혈관, 정맥 등을 포함하는 비정상적 혈관들의 집합 및 동정맥 기형들로, 혈류 이상을 유발시킨다.

혈뇌장벽(blood.brain barrier) 모세혈관 세포들이 단단히 결합되어 독성물질을 포함한 물질이 뇌로 들어가는 것을 봉쇄한다.

혈전증(thrombosis) 혈액 응고에 의해 형성된 혈관 내 혈전이나 마개가 형성된 자리에 남아 있는 증상

형태소(morpheme) 발화의 가장 작은 의미 있는 단위

호문쿨루스(homumculus) 감각 혹은 운동 피질에 있는 인간 신체 표상으로 뇌 영역에 있는 신체의 지형적 표상

혼수상태(coma) 뇌 손상 또는 질병에 의한 깊은 무의식 상태

확산(diffusion) 확산 혹은 넓게 퍼지는 과정

확산적 사고(divergent thinking) 문제에 대한 다양한 해답을 구하는 것(예 : 펜을 사용하는 방법은 몇 가지나 있는가?). 반면 수렴적 사고는 단일한 답을 구한다.

확산텐서영상법(diffusion tensor imaging, DTI) 자기공명영상 기법으로 물 분자의 지향성 운동을 감지함으로써 뇌 내의 섬유 경로를 영상화할 수 있다. DTI 신경다발 추적방식으로 뇌의 경로와 연결성 지도를 그릴 수 있다.

환각제(psychedelic drug) 감각과 지각을 변화시키는 약물. 리세르그산 디에틸아미드, 메스칼린과 실로시빈

활동전위(action potential) 짧은 시간 동안 일어나는 축색 극의 큰 역전. 세포막이 칼륨 이온과 나트륨 이온의 유입을 허용하기 때문에 초래한다.

활성화 체계(activating system) 단일 신경전달물질을 통해 뇌 활성화를 조율하는 신경경로. 세포체는 뇌간의 핵에 위치하고 축색은 뇌의 넓은 영역에 분포되어 있다.

회(gyrus, 복수형 gyri) 신피질의 주름으로 인해 생긴 돌출부

회백질(gray matter) 주로 세포체와 모세혈관으로 구성된 뇌 영역

효능제(agonist) 시냅스의 기능을 증가시키는 물질

후근(posterior root) 감각 정보를 척수의 후측 부위로 전달하는 섬유로 구성된 신경. 전근과 비교

후뇌(rhombencephalon) 배아 포유류 뇌에서 후측에 위치하는 방으로 후뇌와 수뇌로 구분한다. 성숙한 어류, 양서류와 파충류에서는 움직임과 균형을 통제한다.

후대뇌동맥(posterior cerebral artery, PCA) 후두엽과 해마체를 포함한 피질의 복후측으로 흐르는 혈관

후두(larynx) '소리상자', 목소리 기관. 공기는 성대를 포함하고 9개의 연골(갑상연골, 환상연골, 후두개, 피열연골, 소각연골, 쐐기연골)로 이루어진 하부인두와 기도 사이를 통과한다.

후두엽(occipital lobe) 머리의 뒷부분 아래 피질 부위

후성유전학(epigenetics) 환경 경험과 관련된 유전자 발현의 차이

후천성 난독증(acquired dyslexia) 뇌 손상에 의한 읽기 능력의 상실. 읽기 학습이 되지 않는 발달난독증과 구별된다.

후측 두정피질(posterior parietal cortex) 차체감각 영역의 후측에 있는 두정의 PE, PF, 그리고 PG 영역

후측 피질(posterior cortex) 중심열 후측에 위치하는 신피질. 움직임의 목표를 정하고 다양한 경로를 통해 시각, 촉각과 청각 정보를 전두 영역으로 보낸다.

휴지기 fMRI(resting state fMRI, re-fMRI) 휴지 상태(특정 과제를 수행하지 않는 상태)의 철분, 산소 등의 변화를 측정하는 기능자기공명영상법

흑거미독(black widow spider venom) 흑거미독으로 시냅스에서 아세틸콜린 분비를 증가

흑질(substantia nigra) 도파민을 함유하는 축색의 세포체가 있는 중뇌의 핵. 전뇌와 연결되며 보상행동에 중요하다. 인간 조직에서 이 영역이 검게 보이기 때문에 흑질이라는 이름이 붙었다(라틴어로 '검은 물질'이라는 의미).

흥분성 시냅스후 전위(excitatory postsynaptic potential, EPSP) 탈분극화가 일어나게 하는 작은 세포막 전위의 변화이며 세포발화의 가능성을 증가시킨다.

히스타민(histamine, H) 각성을 통제하는 아미노산계 신경전달물질로 평활근을 수축시켜 알레르기 반응을 일으키고 천식을 유발하며 기도를 수축시킨다.

2세대 항우울제(second-generation antidepressant) 삼환계 항우울제(1세대 항우울제)의 작용과 유사한 약물이지만 세로토닌 재흡수 수송체에 더 선택적으로 작용한다. 비정형 항우울제라고도 불린다.

BOLD 대비(BOLD contrast) 혈액 산소 수준 의존 대비의 머리글자로 fMRI에서 사용되는 측정법. 뇌의 상대적 활성화 수준의 지표

찾아보기

저자 소개

Bryan Kolb 펜실베이니아주립대학교에서 박사학위를 받았고 이후 캐나다 웨스턴온타리오대학교와 몬트리올 신경학 연구소에서 박사후 과정을 밟았다. 1976년부터 앨버타의 레스브리지대학교에 재직하고 있으며 현재 신경과학과 교수인 동시에 신경과학 이사회 회장을 맡고 있다. 그는 현재 출생전후 요인들, 예를 들어 촉각자극, 향정신성 약물, 스트레스, 손상 등이 발달 중인 대뇌피질을 변화시키는지와 이러한 변화가 어떻게 행동과 관련되는가를 연구하고 있다. 캐나다 학술원, 캐나다 심리학회, 미국 심리학회와 심리과학회의 회원이고 캐나다 첨단연구기관(Canadian Institute for Advanced Research)의 아동뇌발달 프로그램의 선임연구원이다. 그는 캐나다 심리학회와 뇌, 행동 및 인지과학회로부터 헵상을 수상하였다. 또한 그는 브리티시컬럼비아대학교, 톰슨리버스대학교, 콘코디아대학교에서 명예박사학위를 받았다. 그는 레스브리지대학교로부터 뛰어난 연구 업적으로 잉그리드의장 금메달을 받았고 우수강의상을 받았으며 Key to the City of Lethbridge를 받았다. Kolb 부부는 말을 훈련하고 서부승마대회에 참여시킨다.

Ian Q. Whishaw 웨스턴대학교에서 박사학위를 취득하였고 현재 레스브리지대학교 신경과학 교수로 재직 중이다. 그는 텍사스대학교, 미시간대학교, 케임브리지대학교와 스트라스부르대학교의 방문교수를 역임하였다. 그는 클레어홀, 케임브리지, 캐나다 심리학회, 미국 심리학회와 캐나다 학술원 회원이다. 캐나다 인간사회 동메달과 연구 업적으로 잉그리드의장 금메달을, 그리고 레스브리지대학교로부터 우수강의상과 헵상을 수상했다. 그는 Key to the City of Lethbridge를 받았고 톰슨리버스대학교와 레스브리지대학교에서 명예박사학위를 받았다. 그의 연구 주제는 숙련된 움직임과 뇌질환의 신경학적 근거이다. 사회정보연구소는 그를 가장 많이 인용되는 신경과학자 중 한 사람으로 인정하였다. 그의 취미는 말을 훈련하는 것과 서부승마대회에 참여하는 것이다.

역자 소개

김명선

이화여자대학교 교육심리학과 학사
고려대학교 대학원 심리학과 석사
미국 조지아대학교 대학원 심리학과 박사
서울대학교 BK21 인간생명과학연구단 박사후과정
현 성신여자대학교 심리학과 교수

김제중

서울대학교 심리학과 학사
서울대학교 대학원 심리학과 석사
미국 밴더빌트대학교 대학원 심리학과 박사
미국 하버드의과대학 매클린병원 신경정신과 박사후과정
서울대학교 뇌인지과학과 박사후과정
현 덕성여자대학교 심리학과 부교수

진영선

경북대학교 교육학과 학사
미국 플로리다대학교 대학원 심리학과 석사
미국 플로리다대학교 대학원 심리학과 박사
미국 메릴랜드대학교(UMUC) 심리학과 객원교수
캐나다 맥마스터대학교 방문연구원
현 경북대학교 심리학과 교수

한상훈

연세대학교 심리학과 학사
연세대학교 대학원 심리학과 석사
미국 듀크대학교 대학원 심리뇌과학 박사
미국 듀크대학교 인지신경과학센터 박사후 연구원
현 연세대학교 심리학과/인지과학과 협동과정 부교수